EUROPA-FACHBUCHREIHE
für elektrotechnische
und elektronische Berufe

W0467310

Tabellenbuch Informations-, System- und Automatisierungstechnik

Tabellen · Formeln · Normanwendungen

10. neu bearbeitete und erweiterte Auflage

Bearbeitet von Lehrern und Ingenieuren an beruflichen Schulen, Fachhochschulen und Produktionsstätten (siehe Rückseite).

Ihre Meinung interessiert uns!

Teilen Sie uns Ihre Verbesserungsvorschläge, Ihre Kritik, aber auch Ihre Zustimmung zum Buch mit.

Schreiben Sie uns an die E-Mail-Adresse: **lektorat@europa-lehrmittel.de**

Die Autoren und der Verlag Europa-Lehrmittel Herbst 2011

VERLAG EUROPA-LEHRMITTEL · Nourney, Vollmer GmbH & Co. KG
Düsselberger Straße 23 · 42781 Haan-Gruiten

Europa-Nr.: 31118 ohne Formelsammlung
Europa-Nr.: 33722 mit Formelsammlung

Autoren des Tabellenbuchs Informations- und Systemtechnik, Automatisierungstechnik:

Monika Burgmaier	Studiendirektorin	Stuttgart
Ulrich Freyer	Dipl.-Ing., Analyst für Medientechnik	Köln
Oliver Gomber	Studiendirektor	Freiburg
Bernhard Grimm	Oberstudienrat	Sindelfingen, Leonberg
Gregor Häberle	Dr.-Ing., Abteilungsleiter	Friedrichshafen
Klaus Günter	Oberstudienrat	Leonberg
Gerhard Mangold	Dipl.-Ing., Studienprofessor	Tettnang
Jörg Andreas Oestreich	Dipl.-Ing., Studienrat	Schwäbisch Hall
Werner Philipp	Dipl.-Ing., Oberstudienrat	Heilbronn
Bernd Schiemann	Dipl.-Ing.	Stuttgart
Dietmar Schmid	Dr.-Ing., Professor	Essingen

Lektorat und Leitung des Arbeitskreises:

Bernd Schiemann

Bildbearbeitung:

Zeichenbüro des Verlags Europa-Lehrmittel, Ostfildern

Diesem Buch wurden die neuesten Ausgaben der DIN-Blätter und der VDE-Bestimmungen zugrunde gelegt. Verbindlich sind jedoch nur die DIN-Blätter und VDE-Bestimmungen selbst.

Die DIN-Blätter können von der Beuth-Verlag GmbH, Burggrafenstraße 6, 10787 Berlin, bezogen werden. Die VDE-Bestimmungen sind bei der VDE-Verlag GmbH, Bismarckstraße 33, 10625 Berlin, erhältlich.

10. Auflage 2011
Druck 5 4 3 2
Alle Drucke derselben Auflage sind parallel einsetzbar, da bis auf die Behebung von Druckfehlern untereinander unverändert.

ISBN 978-3-8085-3140-2 (ohne Formelsammlung)
ISBN 978-3-8085-3386-4 (mit Formelsammlung)

Umschlaggestaltung: Idee Bernd Schiemann, Stuttgart; Ausführung: Michael M. Kappenstein, Frankfurt a. Main

http://www.europa-lehrmittel.de

Satz: Tutte Druckerei GmbH, Salzweg
Druck: M.P. Media-Print Informationstechnologie GmbH, 33100 Paderborn

Vorwort zur 10. Auflage

Das Buch ist ein umfassendes Nachschlagewerk für die Bereiche Kommunikationstechnik, Systemtechnik, Medientechnik, Automatisierungstechnik und Informationstechnik.

- Kompakte und übersichtliche Darstellung der wichtigsten Inhalte für die entsprechenden Berufe.
- Informationen zur Abschlussprüfung der Kammern in den Elektroberufen.
- Formeln für Berufsanfänger sind gelb hinterlegt.

Berücksichtigung neuer Normen, z. B.: DIN VDE 0100-410, 0100-540, 701/702, DIN EN 60027-2, 3.

Besonderes Augenmerk wurde auf die *Übersichtlichkeit* der Darstellung gelegt. Deshalb werden die Informationen in strenger Gliederung tabellenartig präsentiert. Die im Bereich der Kommunikationstechnik unumgänglich zahlreichen Berechnungsformeln sind als Größengleichungen nach DIN 1303 angegeben.

Zur schnellen *Orientierung* dienen den Benutzern ein Griffregister, das Inhaltsverzeichnis am Buchanfang und ein ausführliches Sachwortverzeichnis am Buchende.

Das Buch enthält die Hauptabschnitte:

G Mathematik, Physik, Chemie, Elektrotechnische Grundlagen,

S Bauelemente, Baugruppen, Schaltungen der Baugruppen,

C Digitaltechnik, Computertechnik,

M Messen, Steuern, Regeln,

Ü Übertragung und Verarbeitung von Signalen,

T Telekommunikation, Datenübertragung, Internet,

K Technische Kommunikation, Werkstoffe, Verbindungstechnik,

B Betrieb und sein Umfeld, Anhang.

Neu:
Lineares Netzteil und Schaltnetzteil, FPGA mit VHDL, Grafikformate, 3D-Drucker, PIC-Controller, C für Mikrocontroller, Energieeffizienz, Zustandsmaschinendiagramme, Digitale Regelung, Kleinmotoren, Piezo-Motoren, Pneumatische Ventile, DVB-1, DVB-2, Breitbandkabelnetze, Kopfstellen für Kabelnetze, IPTV, Hybrid-Fernsehen, 3D-TV, Video-Codierung und Audio-Codierung, Richtfunktsysteme, Gefahrenmeldeanlagen, LTE Long Term Evolution, Voice-over-IP-Telefonie, VoIP-Telefonanlagen, WLAN analysieren, WLAN-Sicherheit, Sicheres Passwort, MAC-Adresse, Subnetze bilden, Flachbaugruppen, Leiterplattenfertigung.

Eine Vielzahl von Seiten wurde völlig neu gestaltet oder überarbeitet.

Wichtige allgemeine Änderungen sind die durchgeführte Betriebsmittelkennzeichnung nach DIN EN 61346-2. Normänderungen der Schaltzeichen wurden berücksichtigt. Es bestehen aber auch verschiedene Normen nebeneinander, deren Inhalte voneinander abweichen. Dies trifft z. B. bei Stromverzweigungen, mit und ohne Punkt oder den Verstärkerzeichen Rechteck oder Dreieck zu.

Wer arbeitet mit dem Tabellenbuch Informationstechnik und Systemtechnik Automatisierungstechnik?

Auszubildende in den folgenden Berufen:

- Elektroniker/in
  - für Geräte und Systeme
  - für Automatisierungstechnik
- Informationselektroniker in den Schwerpunkten
  - Bürosystemtechnik
  - Geräte- und Systemtechik
- Elektroniker/in Fachrichtung Informations- und Telekommunikationstechnik
- Systemelektroniker/in und Systeminformatiker/in

Schüler folgender Bildungsgänge:

- Informationstechnisches Gymnasium, Fachgymnasium, Fachoberschule und Berufsoberschule, Berufskollegs

Studenten der Fachschulen für Technik und der Hochschulen.

Inhaltsverzeichnis

G Mathematik, Physik, Chemie, Elektrotechnische Grundlagen

S Bauelemente, Baugruppen, Schaltungen der Baugruppen

C Digitaltechnik, Computertechnik

M Messen, Steuern, Regeln

Ü Übertragung und Verarbeitung von Signalen

Inhaltsverzeichnis

T Telekommunikation, Datenübertragung, Internet

K Technische Kommunikation, Werkstoffe, Verbindungstechnik

B Betrieb und sein Umfeld, Anhang

Mathematik, Physik, Chemie, Elektrotechnische Grundlagen

Verwendete Formelzeichen Used formula symbols

Kleinbuchstaben

Formelzeichen	Bedeutungen
a	Beschleunigung
b	1. Breite 2. Ladungsträgerbeweglichkeit
c	1. spez. Wärmekapazität 2. elektrochemisches Äquivalent 3. Ausbreitungsgeschwindigkeit von Wellen
d	1. Durchmesser 2. Abstand 3. Verlustfaktor 4. Differenztonfaktor 5. Klirrfaktor
e	1. Elementarladung 2. Regeldifferenz
f	Frequenz
g	1. Fallbeschleunigung, Ortsfaktor 2. Tastgrad 3. Übertragungsmaß
h	Höhe
i	zeitabhängige Stromstärke
k	1. Verkürzungsfaktor 2. allgem. Konstante
l	1. Länge, 2. Abstand
m	1. Masse 2. Modulationsgrad 3. Strangzahl 4. Zahl der Stufen
n	1. Umdrehungsfrequenz, Drehzahl 2. ganze Zahl 1, 2, 3 ... 3. Brechzahl
p	1. Polpaarzahl 2. Druck
q	1. Querstromverhältnis 2. Verdampfungswärme
r	1. Radius, 2. Rate, 3. differenzieller Widerstand 4. Rückführgröße 5. Ruck
s	1. Strecke, Dicke 2. Siebfaktor 3. Schlupf, bezogener 4. Korrektur 5. Welligkeitsfaktor
t	Zeit
u	zeitabhängige Spannung
$ü$	1. Übersetzungsverhältnis 2. Übersteuerungsfaktor
v	Geschwindigkeit
w	1. Energiedichte 2. Führungsgröße
x	Regelgröße
y	Stellgröße
z	1. ganze Zahl, z. B. Lagenzahl, Schrittzahl 2. Störgröße

Großbuchstaben

Formelzeichen	Bedeutungen
A	1. Fläche, Querschnitt 2. Ablenkkoeffizient 3. Dämpfungsmaß 4. Auflösung
B	1. magn. Flussdichte 2. Blindleitwert 3. Gleichstromverhältnis 4. Bandbreite 5. Zahlenbasis
C	1. Kapazität 2. Wärmekapazität 3. Taktanzahl 4. Zählerkonstante
D	1. Elektr. Flussdichte 2. Dämpfungsfaktor 3. Dynamikbereich
E	1. elektr. Feldstärke 2. Beleuchtungsstärke
F	1. Kraft, 2. Faktor 3. Fehler
G	1. Leitwert, Wirkleitwert 2. Verstärkungsmaß
H	magnetische Feldstärke
I	Stromstärke
J	1. Stromdichte 2. Trägheitsmoment
K	1. Konstante 2. Kopplungsfaktor 3. Lichtgleichwert 4. Koeffizient
L	1. Induktivität, 2. Pegel
M	1. Kraftmoment 2. Speicherkapazität
N	1. Zahl 2. Nachrichtenmenge
P	1. Leistung, Wirkleistung 2. Bit-, Zeichen-, Blockfehler
Q	1. Ladung, 2. Wärme 3. Blindleistung 4. Gütefaktor, Güte
R	1. Federrate 2. Wirkwiderstand
S	1. Scheinleistung 2. Steilheit 3. Übertragungsgröße 4. Schlankheitsgrad 5. Signal
T	1. Periodendauer 2. Übertragungsfaktor 3. Temperatur in K
U	Spannung
V	1. Volumen 2. Verstärkungsfaktor
W	Arbeit, Energie
X	Blindwiderstand
Y	Scheinleitwert
Z	1. Impedanz, Scheinwiderstand 2. Wellenwiderstand 3. Schwingungswiderstand

Griechische Kleinbuchstaben

Formelzeichen	Bedeutungen
α (alpha)	1. Winkel 2. Temperaturkoeffizient
β (beta)	1. Winkel 2. Kurzschluss-Stromverstärkungsfaktor
γ (gamma)	1. Winkel 2. spez. Leitfähigkeit
δ (delta)	1. Verlustwinkel 2. Modulationsindex
ε (epsilon)	Permittivität
ε_0	elektr. Feldkonstante
ζ (zeta)	Arbeitsgrad, Nutzungsgrad
η (eta)	Wirkungsgrad
ϑ (theta)	Temperatur in °C
λ (lambda)	1. Wellenlänge 2. Leistungsfaktor
μ (müh)	Permeabilität
μ_0	magn. Feldkonstante
π (pi)	Zahl 3,141 5926...
ϱ (rho)	1. spezif. Widerstand 2. Dichte
σ (sigma)	1. Streufaktor 2. Rauschabstand
τ (tau)	Zeitkonstante
φ (phi)	Winkel, insbesondere Phasenverschiebungswinkel
ω (omega)	Winkelgeschwindigkeit, Kreisfrequenz

Griechische Großbuchstaben

Formelzeichen	Bedeutungen
Δ (Delta)	Differenz z. B. $\Delta\hat{f}$ Frequenzhub $\Delta\hat{\varphi}$ Phasenhub
Θ (Theta)	elektrische Durchflutung
Λ (Lambda)	magnetischer Leitwert
Φ (Phi)	1. magnetischer Fluss 2. Lichtstrom
Ψ (Psi)	elektrischer Fluss
Ω (Omega)	Raumwinkel

Spezielle Formelzeichen werden gebildet, indem man an die Formelzeichen-Buchstaben einen Index oder mehrere Indizes anhängt oder sonstige Zeichen dazu setzt.

Verwendete Indizes und Zeichen   Used indexes and characters

Indizes, Zeichen	Bedeutungen
Ziffern, Zeichen	
0	1. Leerlauf 2. im Vakuum 3. Bezugsgröße
1	1. Eingang 2. Reihenfolge
2	1. Ausgang 2. Reihenfolge
3, 4, …	Reihenfolge
^	Maximalwert, Höchstwert, z. B. $\hat{u}$
ˇ	Tiefstwert, Kleinstwert, z. B. $\check{u}$
^ˇ	1. Spitze-Tal-Wert, z. B. $\hat{\check{u}}$ 2. Schwingungsbreite
′	1. bezogen auf, 2. Hinweis, 3. Ableitung, z. B. u'
△	in Dreieckschaltung
Y	in Sternschaltung
Kleinbuchstaben	
a	1. Abschalten 2. Ausgang 3. außen 4. Abfall 5. Anker
ab	abgegeben
auf	aufgenommen
b	1. Betrieb 2. Bit-, 3. Blindgröße
c	1. Grenz- (cut-off) 2. Form (crest)
d	1. Gleichstrom betreffend 2. Dauer-, 3. Digit-, 4. Dämpfung
e	1. Eingang 2. Empfang
eff	Effektivwert
f	1. Frequenz 2. Abfalls- (fall)
ges	Gesamt-
h	hoch, oben
i	1. innen, 2. induziert 3. Strom-, 4. ideell 5. Ist- 6. Impuls
j	Sperrschicht (von junction)
k	1. Kurzschluss- 2. kinetisch
m	1. magnetisch 2. Mittelwert 3. Messwerk 4. moduliert
max	maximal, höchstens
mec	mechanisch
min	minimal, mindestens

Indizes	Bedeutungen
n	1. Bemessungs-, Nenn- 2. Rausch- (noise)
o	Oszillator-
p	1. parallel 2. Pause 3. Puls, 4. potenziell 5. Brumm-, 6. Druck
r	1. in Reihe 2. relativ, bezogen auf 3. Anstiegs- (rise) 4. Resonanz 5. rated (Bemessungswerte)
s	1. Sieb- 2. Signal 3. Serie 4. Störstrahlung 5. in Wegrichtung 6. Stoß- 7. Lautstärke 8. Soll-,
sch	Schritt
t	tief, unten, Totzeit
th	thermisch, Wärme-
tot	total, gesamt
u	Spannungs-
v	1. Vor-, 2. Verlust 3. visuell, Licht-, 4. Vergleich
w	1. Wirk-, wirksam 2. Führungsgröße 3. Wellen-, 4. Welligkeit 5. Wind-
x	1. unbekannte Größe 2. in x-Richtung
y	1. Stellgröße 2. in y-Richtung
z	Zwischen-
zu	zugeführt
Großbuchstaben	
A	1. Strommesser 2. Antenne 3. Anker- 4. Abstimm- 5. Anode 6. Anzug, Anlauf 7. Anlagenerdung 8. Abtast-
B	1. Basis 2. Betrieb 3. Betriebserdung (Netz) 4. Bau-, 5. Blau
C	1. Kollektor 2. kapazitiv 3. Takt 4. Cluster 5. koerzitiv
D	1. Drain, 2. Daten
E	1. Emitter 2. Entladen 3. Erde
F	1. Vorwärts- (forward) 2. Fläche 3. Fehler-, 4. Farbe

Indizes	Bedeutungen
G	1. Gain 2. Gate 3. Gewicht 4. Glättung 5. Grün
H	1. Hysterese 2. Hall- 3. Höhe
K	1. Katode 2. Kopplung (Gegen-) 3. Kühlkörper 4. Kippen 5. Kanal, Strecke
L	1. induktiv, 2. Last, 3. Level 4. links 5. Laden 6. höchstzul. Berührungs- 7. Lorentz-
M	Mitkopplung
N	1. Bemessungs-, 2. Nutz-
Q	Quer-
R	1. Rückwärts- (reward) 2. Wirkwiderstand 3. Diode, Z-Diode 4. Drossel, 5. rechts 6. Regel-, 7. Rot 8. Ruhe
S	1. Source 2. Schleife- 3. Sattel- 4. Schalt- 5. Schleusen- 6. Sektor
T	1. Transformator- 2. Träger 3. Spur (track)
U	Umgebung
V	1. Spannungsmesser 2. Verstärkungs- 3. Video- 4. Vertikal-
X	am X-Eingang
Y	1. am Y-Eingang 2. Luminanz-
Z	1. Zener-, 2. Zeile 3. zulässig
Griechische Kleinbuchstaben	
α (alpha)	in Richtung des Winkels α
σ (sigma)	Streuung
φ (phi)	Phasenverschiebung betreffend
Griechische Großbuchstaben	
Δ (Delta)	eine Differenz betreffend

Die Indizes können kombiniert werden, z. B. bei U_{CE} für Kollektor-Emitter-Spannung. Zur Kennzeichnung von Werkstoffen können die Symbole für das Material verwendet werden, z. B. P_{vCu} für Kupferverlustleistung.

G

Größen und Einheiten Quantities and units

Größe	SI-Einheit (sonst. Einh.)	Einheitenzeichen, Einheitengleichung
Länge, Fläche, Volumen, Winkel		
Länge	Meter (Zoll, Inch)	m 1″ = 25,4 mm
Fläche	Quadratmeter	m^2
Volumen	Kubikmeter (Liter)	m^3 1 l = (1/1000) m^3 = 1 dm^3 = 1000 cm^3
Winkel (ebener)	Radiant (Grad)	rad $1° = \frac{\pi}{180}$ rad
Raumwinkel	Steradiant	sr
Zeit, Frequenz, Geschwindigkeit, Beschleunigung		
Zeit	Sekunde (Minute) (Stunde) (Tag) (Jahr)	s 1 min = 60 s 1 h = 60 min = 3600 s 1 d = 24 h 1 a
Frequenz	Hertz	1 Hz = 1/s
Drehzahl, Umdrehungsfrequenz	je Sekunde (je Minute)	1/s = 60/min
Kreisfrequenz	je Sekunde	1/s
Geschwindigkeit	Meter je Sekunde	m/s $1\ km/h = \frac{1}{3{,}6}\ m/s$
Winkelgeschwindigkeit	Radiant je Sekunde	rad/s
Beschleunigung	Meter je Sekunde Quadrat	m/s^2
Mechanik		
Masse	Kilogramm (Tonne)	kg 1 t = 1000 kg
Dichte	–	kg/m^3, kg/dm^3
Trägheitsmoment	–	$kg \cdot m^2$
Kraft	Newton	1 N = 1 $kg \cdot m/s^2$
Impuls	Newtonsekunde	1 Ns = 1 $kg \cdot m/s$
Druck	Pascal (Bar)	1 Pa = 1 N/m^2 1 bar = 0,1 MPa
Arbeit, Energie	Joule (Elektronvolt)	1 J = 1 Nm = 1 Ws 1 eV = 0,1602 aJ
Leistung	Watt	1 W = 1 J/s = 1 Nm/s
Elektrizität		
elektrische Ladung, elektrischer Fluss	Coulomb	1 C = 1 As
Flächenladungsdichte, elektrische Flussdichte	Coulomb je Quadratmeter	C/m^2
Raumladungsdichte	Coulomb je Kubikmeter	C/m^3
elektr. Spannung, elektr. Potenzial	Volt	1 V = 1 J/C
elektr. Feldstärke	Volt je Meter	1 V/m = 1 N/C
elektr. Kapazität	Farad	1 F = 1 As/V = 1 C/V
elektr. Strombelag	Ampere je Meter	A/m
Permittivität, Dielektrizitätskonstante	Farad je Meter	1 F/m = 1 C/(Vm)
elektr. Stromstärke	Ampere	1 A = 1 C/s
elektr. Stromdichte	Ampere je m^2	A/m^2
Spannungsanstiegsgeschwindigkeit	–	1 V/s
elektr. Widerstand, Wirkwiderstand, Blindwiderstand, Scheinwiderstand	Ohm	1 Ω = 1 V/A
elektr. Wirkleitwert, Blindleitwert, Scheinleitwert	Siemens	$1\ S = \frac{1}{1\ \Omega}$
spezifischer elektr. Widerstand	Ohmmeter	1 Ωm = 100 Ωcm 1 $\Omega mm^2/m$ = 1 μΩm
elektrische Leitfähigkeit	S/m	1 Sm/mm^2 = 1 MS/m
Wirkleistung	Watt	1 W = 1 V · 1 A
Blindleistung	(Var) od. W	1 var = 1 V · 1 A
Scheinleistung	(VA) od. W	1 VA = 1 V · 1 A
Induktivität	Henry	1 H = 1 Vs/A
Arbeit, Energie	Joule (Wattstunde) (Elektronvolt)	1 J = 1 Ws 1 Wh = 3,6 kNm 1 eV = 0,1602 aJ
Magnetismus		
magnetische Durchflutung, magn. Spannung	Ampere	A
magn. Feldstärke, Magnetisierung	Ampere je Meter	A/m
magnetischer Fluss	Weber	1 Wb = 1 Vs
magn. Flussdichte, magn. Polarisation	Tesla	1 T = 1 Vs/m^2
Induktivität	Henry	1 H = 1 Vs/A
Permeabilität	Henry je Meter	1 H/m = 1 Vs/(Am)
magn. Widerstand	–	1/H = A/Vs
magn. Leitwert	Henry	H
Elektromagnetische Strahlung (außer Licht)		
Strahlungsenergie	Joule	1 J = 1 Nm = 1 Ws
Strahlungsleistung	Watt	1 W = 1 J/s
Strahlstärke	Watt/Steradiant	W/sr
Strahldichte	–	$W/(sr \cdot m^2)$
spezifische Ausstrahlung, Bestrahlungsstärke	–	W/m^2

Größen und Einheiten (Fortsetzung) Quantities and units (continued)

Größe	SI-Einheit (sonst. Einh.)	Einheitenzeichen, Einheitengleichung
Licht, Optik		
Lichtstärke	Candela	cd
Leuchtdichte	Candela je m^2	cd/m^2
Lichtstrom	Lumen	lm
Lichtausbeute	Lumen je Watt	lm/W
Lichtmenge	Lumensekunde (Lumenstunde)	lm s 1 lm h = 3600 lm s
spezifische Lichtausstrahlung	Lumen je Quadratmeter	lm/m^2
Beleuchtungsstärke	Lux	1 lx = 1 lm/m^2
Belichtung	–	Lux · s
Brechwert von Linsen	– (Dioptrie)	1/m 1 dpt = 1/m
Wärme		
Celsius-Temperatur	Grad Celsius	°C
thermodynamische Temperatur	Kelvin	K
Temperatur-differenz	Kelvin	K
Wärme, innere Energie	Joule	1 J = 1 Ws
Wärmestrom	Watt	1 W = 1 J/s
Wärmewiderstand (von Bauelementen)	Kelvin je Watt	K/W
Wärmeleitfähigkeit	–	W/(K · m)
Wärmeübergangs-koeffizient	–	W/(K · m^2)
Wärmekapazität, Entropie	Joule je Kelvin	J/K
spezifische Wärmekapazität	–	J/(kg · K)
Chemie, Molekularphysik		
Stoffmenge	Mol	mol
Stoffmengen-konzentration	–	mol/m^3
stoffmengenbe-zogenes Volumen (molares Volumen)	–	m^3/mol
Molalität	–	mol/kg
molare Masse	–	kg/mol
molare Wärme-kapazität	–	J/(mol · K)
Diffusions-koeffizient	–	m^2/s

Größe	SI-Einheit (sonst. Einh.)	Einheitenzeichen, Einheitengleichung
Kernreaktion, ionisierende Strahlung		
Aktivität einer radioaktiven Substanz	Becquerel	
Energiedosis	Gray	1 (
Energiedosisrate	Gray je Sekunde	Gy/
Äquivalentdosis	Sievert	1 Sv
Äquivalentdosis-rate	Sievert je Sekunde	1 Sv/s = 1 J/(k
Ionendosis	Coulomb je Kilogramm	C/kg
Ionendosisrate	Ampere je Kilogramm	1 A/kg = 1 C/(kg · s)
Akustik		
Schalldruck	Pascal	1 Pa = 1 N/m^2
Schalldruckpegel	Dezibel	dB
" , bewertet	–	dB (A)
Lautstärkepegel	Phon	phon ≈ dB (A)
Schallschnelle	Meter je Sekunde	m/s
Schallgeschwindig-keit (Ausbreitungs-geschwindigkeit)	Meter je Sekunde	m/s
Schallfluss	–	1 m^3/s = 1 m^2 · 1 m/s
Schallintensität	–	W/m^2
spezifische Schallimpedanz	–	Pa · s/m
akustische Impedanz	–	Pa · s/m^3
mechanische Impedanz	–	N · s/m
äquivalente Absorptionsfläche	Quadratmeter	m^2
Sonstige Bereiche		
Entfernung in der Astronomie	(Astronomische Einheit) Parsec (Parallaxensekunde)	1 AE = 149,6 Gm = 149 597 870 691 m 1 pc = 30,857 Pm
Masse in der Atomphysik	(atomare Masseneinheit)	1 u = 1,66 · 10^{-27} kg
Fläche von Grundstücken	Ar Hektar	1 a = 100 m^2 1 ha = 100 a = 10 000 m^2

orsätze, Potenzen, Schreibweise von Angaben
Prefixes, exponents, style of descriptions

hen

n	Vorsatz	Bedeutung	Vorsatzzeichen	Vorsatz	Bedeutung
	Yokto	10^{-24}	da	Deka	10^{1}
	Zepto	10^{-21}	h	Hekto	10^{2}
	Atto	10^{-18}	k, K	Kilo	10^{3}
	Femto	10^{-15}	M	Mega	10^{6}
	Piko	10^{-12}	G	Giga	10^{9}
n	Nano	10^{-9}	T	Tera	10^{12}
µ	Mikro	10^{-6}	P	Peta	10^{15}
m	Milli	10^{-3}	E	Exa	10^{18}
c	Zenti	10^{-2}	Z	Zetta	10^{21}
d	Dezi	10^{-1}	Y	Yotta	10^{24}

ei Bitraten: 1 kbit/s = 10^3 bit/s = 1000 bit/s; 1 Mbit/s = 10^6 bit/s = 1000 kbit/s; 1 Gbit/s = 10^9 bit/s.

Vorsätze für Größen der Computertechnik (nach IEC 60027-2)

Faktor (binär)	IEC-Name	Vorsatz-zeichen	Ursprung	SI-Herkunft	Vorsatz-zeichen	Faktor (dezimal)
2^{10}	kibi	Ki	kilobinary	Kilo	k	$(10^3)^1 = 10^3$
2^{20}	mebi	Mi	megabinary	Mega	M	$(10^3)^2 = 10^6$
2^{30}	gibi	Gi	gigabinary	Giga	G	$(10^3)^3 = 10^9$
2^{40}	tebi	Ti	terabinary	Tera	T	$(10^3)^4 = 10^{12}$
2^{50}	pebi	Pi	petabinary	Peta	P	$(10^3)^5 = 10^{15}$
2^{60}	exbi	Ei	exabinary	Exa	E	$(10^3)^6 = 10^{18}$
2^{70}	zebi	Zi	zettabinary	Zetta	Z	$(10^3)^7 = 10^{21}$
2^{80}	yobi	Yi	yottabinary	Yotta	Y	$(10^3)^8 = 10^{24}$

Rechenregeln für Vorsätze

Ersatz durch Zehnerpotenzen

Man ersetzt die Vorsatzzeichen durch die Zehnerpotenzen und fasst diese rechnerisch zusammen. Zuletzt ersetzt man das Ergebnis der Zusammenfassung wieder durch den Vorsatz.

Beispiel 1:

$P = U \cdot I = 600\,\text{mV} \cdot 2\,\text{mA} = 1200\,\text{mV} \cdot \text{mA}$
$= 1200 \cdot 10^{-3}\,\text{V} \cdot 10^{-3}\,\text{A} = 1200 \cdot 10^{-6}\,\text{VA}$
$= 1{,}2 \cdot 10^{-3}\,\text{W} = \mathbf{1{,}2\,mW}$

Stehen Vorsätze unter dem Quadratwurzelzeichen, so muss die Zehnerpotenz unter dem Wurzelzeichen geradzahlig gemacht werden, damit die Quadratwurzel aus dieser Zehnerpotenz leicht gezogen werden kann.

Beispiel 2:

$f = 1/(2\pi\sqrt{L \cdot C}) = 1/(2\pi\sqrt{1{,}5\,\text{mH} \cdot 22\,\text{pF}})$
$= 1/(2\pi \cdot \sqrt{1{,}5 \cdot 10^{-3}\,\text{H} \cdot 22 \cdot 10^{-12}\,\text{F}})$
$= 1/(2\pi \cdot \sqrt{33 \cdot 10^{-15}\,\Omega\text{s} \cdot \text{s}/\Omega})$
$= 1/(2\pi \cdot \sqrt{3{,}3 \cdot 10^{-14}\,\text{s}^2})$
$= 1/(2\pi \cdot 1{,}82 \cdot 10^{-7}\,\text{s}) = 1/(1{,}14 \cdot 10^{-6}\,\text{s})$
$= 10^6\,\text{Hz}/1{,}14 = \mathbf{876\,kHz}$

Gegenseitiges Aufrechnen

Meist ist es möglich, den Vorsatz der Ergebniseinheit unmittelbar zu berechnen. Wenn die Einheit m (Meter) vorkommt, darf diese nicht mit dem Vorsatz Milli (m) verwechelt werden. Deshalb steht m für Meter immer hinten, m für Milli aber vorn.

Multiplizieren (Malnehmen)

1 k · 1 µ = 1 m	1 m · 1 m = 1 µ
1 M · 1 µ = 1	1 m · 1 µ = 1 n
1 m · 1 k = 1	1 p · 1 M = 1 µ

Dividieren (Teilen)

1/1 µ = 1 M	1 k/1 M = 1 m
1/1 m = 1 k	1 M/1 k = 1 k
1/1 k = 1 m	1 µ/1 k = 1 n

Beispiel:

$P = U \cdot I = 800\,\text{mV} \cdot 4\,\text{mA}$
$= 3200\,\mu\text{W} = \mathbf{3{,}2\,mW}$

Berechnung mit Taschenrechner

Man gibt für die Vorsatzzeichen die Zehnerpotenzen ein.

Tastenbeschriftungen:

[EE] oder [EXP]

[+/–] oder [–]

Beispiel:

$P = U \cdot I = 620\,\text{mV} \cdot 22\,\text{mA}$

620 [×] 22 = und dann

[×] [1] [EXP] [6] [+/–] [=]

0.01364

oder 620 [EE] 3

[+/–] [×] 22 [EE] 3 [+/–]

Ergebnis:

$P = 0{,}01364\,\text{W} = \mathbf{13{,}64\,mW}$

Für beliebige Potenzen oder Wurzeln wird [x^y] oder [y^x] verwendet.

Schreibweise von Ergebnissen und Angaben

Größenangaben

Größen sind so anzugeben, dass der Zahlenwert zwischen 0,1 und 1000 liegt.

Einheiten mit Vorsätzen sind anschaulicher als Zehnerpotenzen.

Beispiel: $3{,}1 \cdot 10^{-8}\,\text{s} = 31 \cdot 10^{-9}\,\text{s}$
$= 31\,\text{ns}$

Einheitenprodukt

Produkte von Einheiten können mit oder ohne Malpunkt (·) geschrieben werden.

Beispiele:

Newtonmeter N · m oder Nm;
Ω · m oder Ωm
Milli (m) steht davor.

Quotient von Einheiten

Darstellung als Bruch oder Potenz.

Beispiel: $\frac{\text{m}}{\text{s}}$ oder m/s oder $\text{m} \cdot \text{s}^{-1}$

$\frac{1}{\text{s}}$ oder 1/s oder s^{-1}

Die 1 kann bei vorgesetzter Zahl entfallen.

Beispiel: $3000\,\text{s}^{-1} = 3000/\text{s}$

Naturkonstanten Physical constants

Formelzeichen	Benennung	Zahlenwert	Einheit(en)
Atomistik			
u	atomare Masseneinheit	$1{,}66055 \cdot 10^{-27}$	kg
m_e	Ruhemasse des Elektrons	$0{,}91095 \cdot 10^{-30}$	kg
m_p	Ruhemasse des Protons	$1{,}6726 \cdot 10^{-27}$	kg
m_n	Ruhemasse des Neutrons	$1{,}6749 \cdot 10^{-27}$	kg
m_H	Ruhemasse des Wasserstoffatoms	$1{,}6735 \cdot 10^{-27}$	kg
m_a	Ruhemasse des Alphateilchens	$6{,}6447 \cdot 10^{-27}$	kg
m_{He}	Ruhemasse des Heliumatoms	$6{,}6465 \cdot 10^{-27}$	kg
m_p/m_e	Massenverhältnis Proton/Elektron	1836	–
r_e	Elektronenradius	$2{,}82 \cdot 10^{-15}$	m
r_H	Bahnradius des Wasserstoffatoms	$52{,}92 \cdot 10^{-12}$	m
r_K	Radius eines Atomkerns	$1{,}2 \cdot 10^{-15} \cdot \sqrt[3]{A}$ A = Atommassenzahl	m
e	elektrische Elementarladung	$0{,}16022 \cdot 10^{-18}$	C = As
h	Planck-Konstante (Wirkungsquantum)	$0{,}66262 \cdot 10^{-33}$	Js = Ws²
c_0	Lichtgeschwindigkeit in Vakuum	$299{,}7925 \cdot 10^{6}$	m/s
R	Rydbergkonstante	$10{,}968 \cdot 10^{6}$	1/m
W_{e0}	Ruheenergie des Elektrons	$81{,}872 \cdot 10^{-15}$; $(0{,}511 \cdot 10^{6})$	J = Ws; eV (Elektronenvolt)
W_{p0}	Ruheenergie des Protons	$150{,}33 \cdot 10^{-12}$; $(0{,}9383 \cdot 10^{9})$	J = Ws; eV (Elektronenvolt)
Kinetische Gastheorie			
L	Loschmidtsche Zahl	$0{,}60221413 \cdot 10^{24}$	Moleküle/mol
V_{mol0}	Molvolumen eines idealen Gases bei 0°C und 1013 hPa = 101,3 kPa	$22{,}414 \cdot 10^{-3}$	m³/mol
N_A	Avogadro-Konstante	$0{,}60221413 \cdot 10^{24}$	1/mol
T_0	absoluter Temperatur-Nullpunkt	0	K
ϑ_0	absoluter Temperatur-Nullpunkt	−273,15	°C
k	Boltzmann-Konstante	$13{,}806 \cdot 10^{-24}$	J/K
σ	Stefan-Boltzmann-Konstante	$56{,}697 \cdot 10^{-9}$	$W/(m^2 \cdot K^4) = J/(m^2 \cdot K^4 \cdot s)$
R	universelle Gaskonstante	8,3143	$J/(K \cdot mol)$
Elektrizität			
ε_0	elektrische Feldkonstante	$8{,}8542 \cdot 10^{-12}$	$As/(Vm) = A^2 \cdot s^4/(kg \cdot m^3)$
μ_0	magnetische Feldkonstante	$1{,}2566 \cdot 10^{-6}$	$Vs/(Am) = kg \cdot m/(A^2 \cdot s^2)$
Z_0	Wellenwiderstand des Vakuums	376,7	Ω
F	Faraday-Konstante	$96{,}486 \cdot 10^{3}$	As/mol = C/mol
e/m_e	spezifische Ladung des Elektrons	$0{,}17588 \cdot 10^{12}$	As/kg = C/kg
e/m_p	spezifische Ladung des Protons	$95{,}791 \cdot 10^{6}$	As/kg = C/kg
Gravitation			
G	Gravitationskonstante	$66{,}72 \cdot 10^{-12}$	$Nm^2/kg^2 = m^3/(kg \cdot s^2)$
g_E	Fallbeschleunigung auf der Erde	9,80665	m/s² = N/kg
m_E	Masse der Erde	$5{,}977 \cdot 10^{24}$	kg
ϱ_E	spezifische Dichte der Erde	5,517	kg/dm³
$m_\odot$	Masse der Sonne	$1{,}99 \cdot 10^{30}$	kg
$g_\odot$	Fallbeschleunigung auf der Sonne	273,6	m/s²
$\varrho_\odot$	spezifische Dichte der Sonne	1,41	kg/dm³
m_M	Masse des Erdmondes	$73{,}50 \cdot 10^{21}$	kg
g_M	Fallbeschleunigung auf dem Erdmond	1,620	m/s²
ϱ_M	spezifische Dichte des Erdmondes	3,342	kg/dm³

Chemische Grundlagen Chemical basics

Begriff	Erklärungen	Beispiele
Grundstoff (chemisches Element)	a) Stoff, der sich chemisch nicht weiter zerlegen lässt. b) Stoff aus Atomen gleicher Art (gleiche Protonenzahl im Kern).	Schwefel (S), Kohlenstoff (C) Kupfer (Cu), Eisen (Fe)
Atom	Kleinstes, chemisch nicht weiter zerlegbares Teilchen eines Stoffes.	Kupfer-Atom, Wasserstoff-Atom, Neon-Atom
Isotop	Atom desselben Grundstoffs mit gleicher Protonenzahl, aber verschiedener Zahl der Neutronen. Die Isotope eines Elements haben die gleichen chemischen Eigenschaften.	Natürlicher Wasserstoff ist ein Gemisch aus Isotopen (mit den relativen Atommassen 1, 2 und 3): ^1_1H, ^2_1H, ^3_1H
Chemische Verbindung	Stoff, der aus verschiedenen Grundstoffen aufgebaut ist. Eine chemische Verbindung hat andere Eigenschaften als ihre Grundstoffe.	Wasser (H_2O) enthält Wasserstoff und Sauerstoff.
Molekül	Kleinstes, aus mehreren Atomen aufgebautes Teilchen einer chemischen Verbindung oder einer Atomgruppe aus gleichen Atomen.	Wassermolekül H_2O, Wasserstoffmolekül H_2
Relative Atommasse (in Atommasseneinheiten)	Als Atommasseneinheit u wurde $^1/_{12}$ der Masse des am häufigsten vorkommenden Kohlenstoffisotops $^{12}_6C$ festgelegt. $^{12}_6C$ hat also die Atommasse 12,00000 u.	Natürlicher Kohlenstoff Mischelement (C): 12,01115 u Wasserstoff (H): 1,00797 u
Relative Molekülmasse	Summe der relativen Atommassen der Atome eines Moleküls.	Wasser (H_2O): $2 \cdot 1\,u + 16\,u = 18\,u$
Wertigkeit	a) Zahl der Wasserstoffatome, die ein Atom chemisch binden oder ersetzen kann. b) Zahl der Elektronen, die ein Atom beim Verbinden mit anderen Atomen aufnehmen oder abgeben kann.	In H_2O H ist einwertig und O ist zweiwertig.
Analyse	Zerlegen einer chemischen Verbindung; auch Feststellen der Zusammensetzung einer Verbindung.	$2\,HgO \rightarrow 2\,Hg + O_2$
Synthese	Aufbauen einer chemischen Verbindung.	$Fe + S \rightarrow FeS$
Oxidation	a) Verbinden eines Stoffes mit Sauerstoff. b) Elektronenabgabe eines Atoms oder Ions.	$2\,Cu + O_2 \rightarrow 2\,CuO$ $Cu \rightarrow Cu^{2+} + 2e^-$
Reduktion	a) Wegnahme von Sauerstoff. b) Elektronenaufnahme eines Atoms oder Ions.	$CuO + H_2 \rightarrow Cu + H_2O$ $Cu^{2+} + 2e^- \rightarrow Cu$
Gemenge	Mischung verschiedener Stoffe in beliebigen Mengenverhältnissen.	Luft (21% Sauerstoff und 78% Stickstoff + weitere Stoffe)
Lösung	Flüssigkeit, die einen oder mehrere Stoffe in feinster Verteilung (als Moleküle oder Ionen) enthält.	Zuckerlösung, Elektrolyte
Legierung	Mischung verschiedener Metalle oder Mischung von Metallen und Metallverbindungen.	Lötzinn, legierter Stahl
Säure	Verbindung, die positive Wasserstoff-Ionen H^+ abspalten kann. Mit Wasser entstehen Hydronium-Ionen H_3O^+. Der pH-Wert ist kleiner als 7.	Schwefelsäure (H_2SO_4) Salzsäure (HCl) schwefelige Säure (H_2SO_3)
Base	Verbindung, die in Lösung Hydroxid-Ionen OH^- bilden kann. Der pH-Wert ist größer als 7. Eine Lauge ist die Lösung einer Base in Wasser.	Natronlauge (NaOH) Kalilauge (KOH) Calciumhydroxid ($Ca(OH)_2$)
Salz	Verbindung, die positive Ionen (Metall-Ionen oder NH_4^+-Ionen) und negative Ionen (Säurerest-Ionen, z. B. Cl^-, SO_4^{2-}) enthält.	Natriumchlorid (NaCl) Kupfer(II)-sulfat ($CuSO_4$) Zinkchlorid ($ZnCl_2$)

Periodensystem, Atombau, chemische Bindung
Periodic system, atomic structure, chemical combination

Periodensystem der Elemente (chemische Zeichen siehe folgende Seite)

Gruppe	I a	I b	II a	II b	III a	III b	IV a	IV b	V a	V b	VI a	VI b	VII a	VII b	VIII a	VIII b			Schale
1. Periode	$^{1}_{1}H$														$^{4}_{2}He$				K
2. Periode	$^{7}_{3}Li$		$^{9}_{4}Be$		$^{11}_{5}B$		$^{12}_{6}C$		$^{14}_{7}N$		$^{16}_{8}O$		$^{19}_{9}F$		$^{20}_{10}Ne$				L
3. Periode	$^{23}_{11}Na$		$^{24}_{12}Mg$		$^{27}_{13}Al$		$^{28}_{14}Si$		$^{31}_{15}P$		$^{32}_{16}S$		$^{35}_{17}Cl$		$^{40}_{18}Ar$				M
4. Periode	$^{39}_{19}K$		$^{40}_{20}Ca$			$^{45}_{21}Sc$		$^{48}_{22}Ti$		$^{51}_{23}V$		$^{52}_{24}Cr$		$^{55}_{25}Mn$		$^{56}_{26}Fe$	$^{59}_{27}Co$	$^{59}_{28}Ni$	N
		$^{64}_{29}Cu$		$^{65}_{30}Zn$	$^{70}_{31}Ga$		$^{73}_{32}Ge$		$^{75}_{33}As$		$^{79}_{34}Se$		$^{80}_{35}Br$		$^{84}_{36}Kr$				
5. Periode	$^{85}_{37}Rb$		$^{88}_{38}Sr$			$^{89}_{39}Y$		$^{91}_{40}Zr$		$^{93}_{41}Nb$		$^{96}_{42}Mo$		$^{97}_{43}Tc$		$^{101}_{44}Ru$	$^{103}_{45}Rh$	$^{106}_{46}Pd$	O
		$^{108}_{47}Ag$		$^{112}_{48}Cd$	$^{115}_{49}In$		$^{119}_{50}Sn$		$^{122}_{51}Sb$		$^{128}_{52}Te$		$^{127}_{53}J$		$^{131}_{54}Xe$				
6. Periode	$^{133}_{55}Cs$		$^{137}_{56}Ba$			$^{139}_{57}La$	L[1]	$^{179}_{72}Hf$		$^{181}_{73}Ta$		$^{184}_{74}W$		$^{186}_{75}Re$		$^{190}_{76}Os$	$^{192}_{77}Ir$	$^{195}_{78}Pt$	P
		$^{197}_{79}Au$		$^{201}_{80}Hg$	$^{204}_{81}Tl$		$^{207}_{82}Pb$		$^{209}_{83}Bi$		$^{209}_{84}Po$		$^{210}_{85}At$		$^{222}_{86}Rn$				
7. Periode	$^{223}_{87}Fr$		$^{226}_{88}Ra$			$^{227}_{89}Ac$	A[2]												Q

[1] Lanthaniden	$^{140}_{58}Ce$	$^{141}_{59}Pr$	$^{144}_{60}Nd$	$^{145}_{61}Pm$	$^{150}_{62}Sm$	$^{152}_{63}Eu$	$^{157}_{64}Gd$	$^{159}_{65}Tb$	$^{163}_{66}Dy$	$^{165}_{67}Ho$	$^{167}_{68}Er$	$^{169}_{69}Tm$	$^{173}_{70}Yb$	$^{175}_{71}Lu$	[illegible]
[2] Aktiniden	$^{232}_{90}Th$	$^{231}_{91}Pa$	$^{238}_{92}U$	$^{237}_{93}Np$	$^{244}_{94}Pu$	$^{243}_{95}Am$	$^{247}_{96}Cm$	$^{247}_{97}Bk$	$^{251}_{98}Cf$	$^{254}_{99}Es$	$^{257}_{100}Fm$	$^{256}_{101}Md$	$^{255}_{102}No$	$^{256}_{103}Lr$	O

Atombau und chemische Bindung

Modell	Erklärungen

Ruhemassen: Proton $167{,}26 \cdot 10^{-21}$ g
Neutron $167{,}49 \cdot 10^{-21}$ g
Elektron $0{,}91095 \cdot 10^{-30}$ g

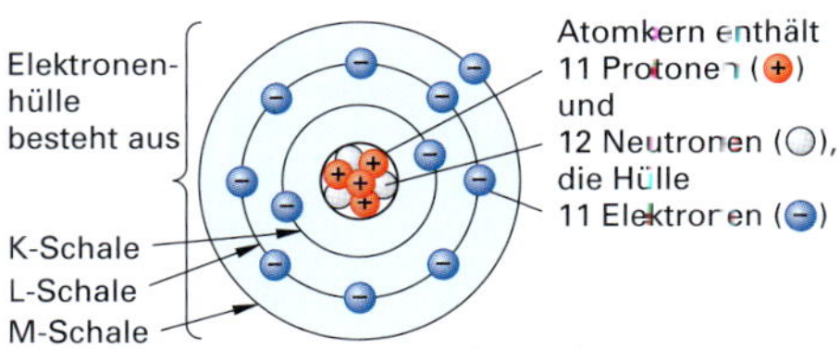

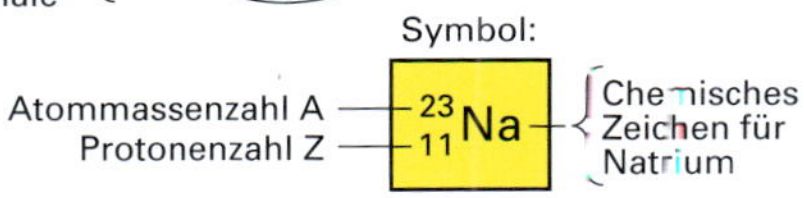

Atommodell von Rutherford[1] und Bohr[2]

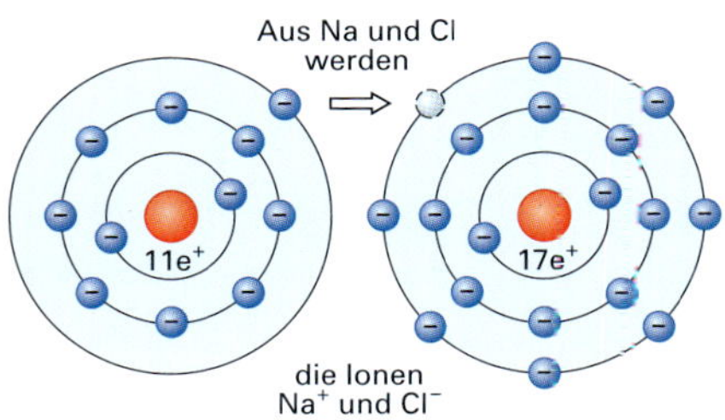

Ionenbindung

Atommassenzahl = Protonenzahl + Neutronenzahl
Protonenzahl = Ordnungszahl im Periodensystem der Elemente

Die **Ionenbindung** (heteropolare Bindung) entsteht durch Elektronenübergang von einem Atom zum anderen. Dabei neigen Atome mit 1 bis 3 Außenelektronen (meist Metalle) zur Abgabe von Elektronen. Atome mit 5 bis 7 Außenelektronen (meist Nichtmetalle) nehmen dagegen leicht Elektronen auf. Die beteiligten Atome erreichen dadurch Edelgas-Struktur. Die unterschiedlich geladenen Ionen ziehen sich an und bilden einen Ionenkristall.

Die **Atombindung** (homöopolare Bindung) wirkt zwischen zwei Atomen durch ein oder mehrere (höchstens drei) gemeinsame Elektronenpaare. Beide Atomkerne ziehen die Bindungselektronen an.

Die **polarisierte Atombindung** entsteht zwischen zwei Atomen, wenn ein Kern das gemeinsame Elektronenpaar stärker anzieht als der andere.

Bei der **Metallbindung** geben die Metallatome Außenelektronen ab. Die entstehenden Metallionen bilden ein räumliches Gitter (Metallkristallgitter). Zwischen den Metallionen können sich die abgegebenen Elektronen frei bewegen. Die Anziehung zwischen den Metallionen und den freien Elektronen hält den Kristall zusammen. Die freien Elektronen gleichen die elektrischen Ladungen der Ionen aus. Sie verursachen die typischen Metalleigenschaften.

[1] Baron Ernest Rutherford, neuseeländ. Atomphysiker, 1871–1937
[2] Niels Bohr, dän. Physiker, 1885–1962

Chemische Grundstoffe (Elemente) Chemical elements

Grundstoff	chem. Zeichen	Ordnungszahl	Wertigkeiten	relative Atommasse
Actinium	Ac	80	3	227
Aluminium	Al	13	3	26,9815
Americum	Am	95	2, **3**, 4, 5, 6	(243)
Antimon	Sb	51	**3**, 4, **5**	121,75
Argon	Ar	18	0	39,948
Arsen	As	33	3, 5	74,9216
Astat	At	85	**1**, 3, 5, 7	(210)
Barium	Ba	56	2	137,34
Berkelium	Bk	97	**3**, 4	(249)
Beryllium	Be	4	2	9,0122
Blei	Pb	82	**2**, 4	207,19
Bor	B	5	3	10,811
Brom	Br	35	**1**, 3, **5**	79,909
Cadmium	Cd	48	2	112,40
Calcium	Ca	20	2	40,08
Californium	Cf	98	3	(251)
Cäsium	Cs	55	1	132,905
Cer	Ce	58	**3**, 4	140,12
Chlor	Cl	17	**1**, 3, 4, 5, 7	35,453
Chrom	Cr	24	2, **3**, 4, 5, **6**	51,996
Curium	Cm	96	3	(247)
Dysprosium	Dy	66	3	162,50
Einsteinium	Es	99		(254)
Eisen	Fe	26	**2**, **3**, 6	55,847
Erbium	Er	68	3	167,26
Europium	Eu	63	2, **3**	151,96
Fermium	Fm	100		(257)
Fluor	F	9	1	18,9984
Francium	Fr	87		(223)
Gadolinium	Gd	64	3	157,25
Gallium	Ga	31	1, 2, **3**	69,72
Germanium	Ge	32	2, **4**	72,59
Gold	Au	79	1, **3**	196,967
Hafnium	Hf	72	4	178,49
Helium	He	2	0	4,0026
Holmium	Ho	67	3	164,93
Indium	In	49	1, 2, **3**	114,82
Iridium	Ir	77	1, 2, **3**, **4**, 6	192,2
Jod	J	53	**1**, 3, 5, 7	126,9044
Kalium	K	19	1	39,102
Kobalt	Co	27	2, 3, 4	58,9332
Kohlenstoff	C	6	2, 3, **4**	12,01115
Krypton	Kr	36	0	83,80
Kupfer	Cu	29	1, **2**, 3	63,546
Lanthan	La	57	3	138,91
Lawrencium	Lr	103		(256)
Lithium	Li	3	1	6,939
Lutetium	Lu	71	3	174,97
Magnesium	Mg	12	1	24,312
Mangan	Mn	25	1, **2**, 3, **4**, **7**	54,938
Mendelevium	Md	101		(256)
Molybdän	Mo	42	2, 3, 4, 5, **6**	95, 94
Natrium	Na	11	1	22,9898
Neodym	Nd	60	3	144,24
Neon	Ne	10	0	20,183

Grundstoff	chem. Zeichen	Ordnungszahl	Wertigkeiten	relative Atommasse
Neptunium	Np	93	3, **4**, 5, **6**	(237)
Nickel	Ni	28	1, **2**, 3, 4	58,71
Niob	Nb	41	2, 3, 4, **5**	92,906
Nobelium	No	102		(255)
Osmium	Os	76	2, 3, 4, **6**, **8**	190,2
Palladium	Pd	46	**2**, 3, 4	106,4
Phosphor	P	15	1, **3**, 4, **5**	30,9738
Platin	Pt	78	1, **2**, 3, **4**, 6	195,09
Plutonium	Pu	94	2, 3, **4**, 5, 6	(242)
Polonium	Po	84	**2**, 4, 6	(209)
Praseodym	Pr	59	**3**, 4, 5	140,907
Promethium	Pm	61	3	(145)
Protactinium	Pa	91	3, 4, **5**	(231)
Quecksilber	Hg	80	1, 2	200,59
Radium	Ra	88	2	(226,03)
Radon	Rn	86	0	(222)
Rhenium	Re	75	1, **2**, 3, **4**, 5	186,2
Rhodium	Rh	45	1, 2, **3**, 4, 6	102,905
Rubidium	Rb	37	1	85,47
Ruthenium	Ru	44	2, 3, **4**, 5, 6	101,07
Samarium	Sm	62	2, **3**	150,35
Sauerstoff	O	8	2	15,9994
Scandium	Sc	21	3	44,956
Schwefel	S	16	**2**, 4, **6**	32,064
Selen	Se	34	2, **4**, 6	78,96
Silber	Ag	47	**1**, 2	107,87
Silicium	Si	14	2, **4**	28,086
Stickstoff	N	7	1, 2, **3**, 4, **5**	14,0067
Strontium	Sr	38	2	87,62
Tantal	Ta	73	2, 3, 4, **5**	180,948
Technetium	Tc	43	4, 6, 7	(97)
Tellur	Te	52	2, **4**, 6	127,60
Terbium	Tb	65	**3**, 4	158,924
Thallium	Tl	81	1, 3	204,37
Thorium	Th	90	3, 4	232,038
Thulium	Tm	69	3	168,934
Titan	Ti	22	2, 3, **6**	47,90
Uran	U	92	2, 3, 4, 5, **6**	238,03
Vanadium	V	23	2, 3, 4, **5**	50,942
Wasserstoff	H	1	1	1,00797
Wismut	Bi	83	2, **3**, 5	208,98
Wolfram	W	74	2, 3, 4, **5**, **6**	183,85
Xenon	Xe	54	0	131,30
Ytterbium	Yb	70	2, **3**	173,04
Yttrium	Y	39	3	88,905
Zink	Zn	30	2	65,37
Zinn	Sn	50	**2**, 4	118,69
Zirkonium	Zr	40	2, 3, **4**	91,22

Ordnungszahl *Z*: Platznummer im Periodensystem, Anzahl der Protonen im Atomkern.
Wertigkeit: Zahl der Wasserstoffatome, die ein Atom binden oder ersetzen kann.
Relative Atommasse A_r: Vielfaches der Atommasseneinheit $u = 1{,}66057 \cdot 10^{-24}\ \mathrm{g} = 1{,}66 \cdot 10^{-27}\ \mathrm{kg}$.
(Die eingeklammerten Werte der relativen Atommassen sind unsicher.)

Stoffwerte Values of materials

Feste Stoffe

Stoff	Dichte	Schmelztemperatur	Mittlere spez. Wärmekapazität bei 20 °C	Wärmeleitfähigkeit bei 20 °C	Längenausdehnungskoeffizient 0 °C bis 100 °C	Spezifischer Widerstand bei 20 °C	Elektrische Leitfähigkeit	Temperaturkoeffizient bei 0 °C bis 100 °C
Formelzeichen	ϱ	ϑ	c	λ	α	ϱ	γ	α
Einheit	kg/dm³	°C	kJ/(kg · K)	W/(K · m)	10^{-6} · 1/K	Ω · mm²/m	$\frac{m}{\Omega \cdot mm^2}$	10^{-3} · 1/K
Metalle, unlegiert								
Aluminium (99,5%)	2,70	658	0,94	204	23,8	0,0278	35,38	4,0
Blei	11,3	327	0,13	34,7	29	0,208	4,8	4,22
Chrom	7,19	1890	0,46	69	8,4	0,13	6,7	–
Eisen	7,87	1536	0,47	81	12	0,10	10	6,67
Gold	19,3	1064	0,13	310	14,2	0,022	45,7	3,98
Kupfer	8,96	1083	0,39	384	17	0,0178	56	3,9
Magnesium	1,74	650	1,05	172	24,5	0,044	22,7	4,1
Nickel	8,91	1455	0,45	59	13	0,095	10,5	5,5
Silber	10,5	960	0,23	407	19,7	0,0167	60	4,1
Zink	7,13	420	0,39	113	29	0,0625	16	4,2
Zinn	7,29	232	0,23	65,7	23	0,115	8,7	4,63
Metall-Legierungen								
E-AlMgSi 0,5	2,7	–	–	–	23	0,0328	30,5	3,6
CuNi 44	8,9	1280	0,41	22,6	13,5	0,49	2,04	–0,08 … +0,04
CuNi 20 Mn 10	8,5	1030	0,41	22,2	16	0,49	2,04	–0,02 … +0,02
Cu-Zn-Leg.	8,4 ··· 8,7	900 ··· 1000	0,39	105	18,5	0,05 … 0,07	20 … 14	–
St 37-2	7,9	1460	0,49	48 ··· 58	11,5	0,14 … 0,18	7,1 … 5,5	–
X 5 CrNi 18 9	7,9	1450	0,51	14	16	0,7	1,43	–
Nichtmetalle								
Eis	0,92	0	2,09	2,3	51	–	–	–
Quarz (SiO_2)	2,1 ··· 2,5	1480	0,8	9,9	8	–	–	–
Porzellan	2,3 ··· 2,5	~1600	~1,2	~,6	4	10^{12}	–	–
Polystyrol	1,05	–	1,3	0,17	70	10^{10}	–	–
Germanium	5,32	937	0,31	55	6,1	etwa 890	0,001	–
Silicium	2,33	1423	0,75	83	4,2	etwa 1000	0,001	–

Flüssigkeiten

Stoff	Dichte	Schmelztemperatur	Siedetemperatur	Spez. Verdampfungswärme	Mittl. spez. Wärmekapazität bei 20 °C	Wärmeleitfähigkeit bei 20 °C	Volumenausdehnungskoeffizient 0 °C ··· 100 °C
Formelzeichen	ϱ	ϑ	ϑ	q_v	c	λ	γ
Einheit	kg/dm³	°C	°C	kJ/kg	kJ/(kg · K)	W/(K · m)	1/K
Benzol, rein	0,88	+ 5,5	80	394	1,70	0,15	0,00125
Diethylether	0,71	–116	35	377	2,28	0,13	0,0016
Glyzerin	1,26	+ 18	290	–	2,37	0,29	0,0005
Petroleum	0,76 ··· 0,86	– 70	> 150	314	2,16	0,13	0,001
Quecksilber	13,5	– 39	357	285	0,14	10	0,00018
Spiritus 95%	0,81	–114	78	854	2,43	0,17	0,0011
Wasser destil.	1,00	0	100	2256	4,18	0,60	0,00018

Gase

Stoff	Chemische Formel	Dichte bei 1013 hPa	Schmelztemperatur	Siedetemperatur	Spez. Wärmekapazität bei 20 °C und 1013 hPa, p = konstant	V = konstant	Wärmeleitfähigkeit bei 20 °C
Formelzeichen		ϱ	ϑ	ϑ	c_p	c_V	λ
Einheit		kg/m³	°C	°C	kJ/(kg · K)	kJ/(kg · K)	W/(K · m)
Acetylen, Ethin	C_2H_2	1,17	– 84	– 82	1,64	1,33	0,021
Chlor	Cl_2	3,22	–102	– 34	0,50	0,34	0,010
Kohlendioxid	CO_2	1,98	–	– 78	0,32	0,63	0,016
Luft	–	1,29	–220	–191	1,01	0,72	0,026
Sauerstoff	O_2	1,43	–219	–183	0,91	0,65	0,026
Stickstoff	N_2	1,25	–210	–196	1,04	0,74	0,026
Wasserstoff	H_2	0,09	–259	–253	14,24	10,10	0,18

Körper und Masse Solids and mass

Körper

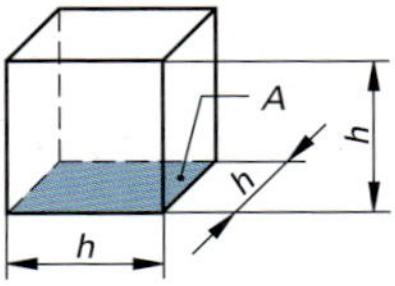

Würfel

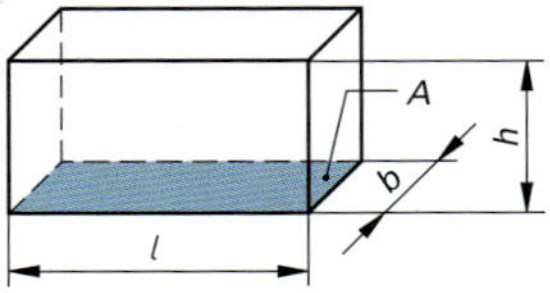

Gerades vierseitiges Prisma

Gleich dicke Körper

Volumen = Grundfläche · Höhe

$V = A \cdot h$

Würfel	Vierkantprisma	Zylinder
$A = h^2$	$A = l \cdot b$	$A = \frac{\pi \cdot d^2}{4}$
$V = h^3$	$V = l \cdot b \cdot h$	$V = \frac{\pi \cdot d^2 \cdot h}{4}$
$A_O = 6 \cdot h^2$	$A_O = 2 \cdot (l \cdot b + l \cdot h + b \cdot h)$	$A_O = \pi \cdot d \cdot h + \frac{\pi \cdot d^2}{2}$

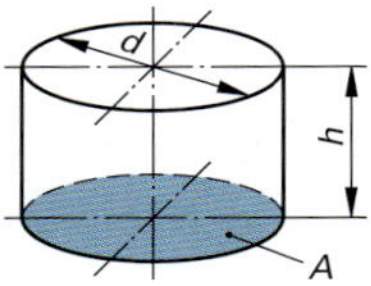

Zylinder

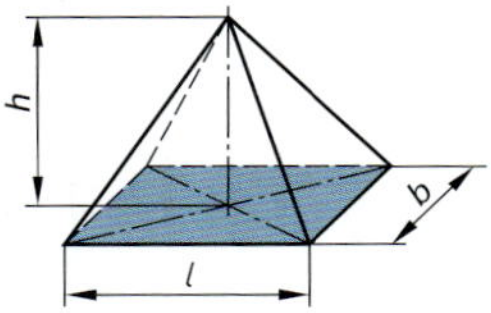

Pyramide

Spitze Körper

Volumen $= \frac{1}{3}$ · Grundfläche · Höhe

$V = \frac{A \cdot h}{3}$

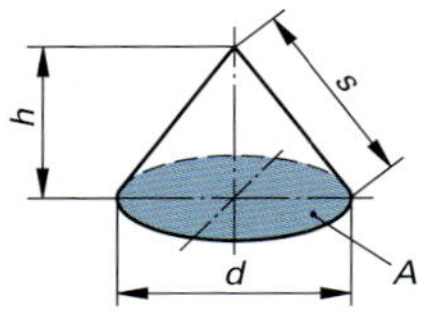

Kegel

Pyramide

$A = l \cdot b$

$V = \frac{l \cdot b \cdot h}{3}$

Kegel

$A = \frac{\pi \cdot d^2}{4}$

$V = \frac{\pi \cdot d^2 \cdot h}{12}$

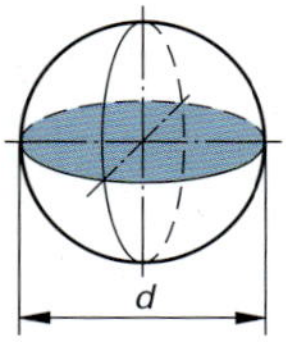

Kugel

Kugel

$V = \frac{\pi \cdot d^3}{6}$

Kugeloberfläche

$A_O = \pi \cdot d^2$

Einheiten des Volumens:
m^3, dm^3 = l (Liter), cm^3
$1\,m^3 = 1000\,dm^3 = 10^6\,cm^3$

Masse und Dichte

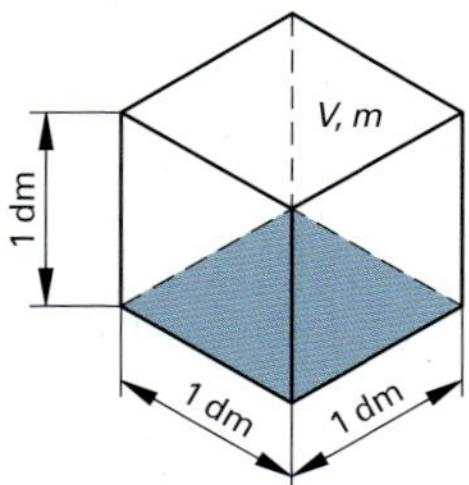

Dichte

Dichte $= \frac{\text{Masse}}{\text{Volumen}}$

$\varrho = \frac{m}{V}$

Einheiten der Dichte: $\frac{kg}{dm^3}$, $\frac{g}{cm^3}$, $\frac{t}{m^3}$; auch $\frac{g}{l}$ (bei Gasen)

Masseberechnung bei Drähten: $m = \varrho \cdot A \cdot l$

Setzt man hierbei A in mm^2 ein und l in m, erhält man m in g; A in mm^2, l jedoch in km, ergibt m in kg.

A	Grundfläche	d	Durchmesser	m	Masse
A_O	Oberfläche	h	Höhe	V	Volumen
b	Breite	l	Länge	ϱ	Dichte

Mechanische Größen Mechanical quantities

Darstellungen

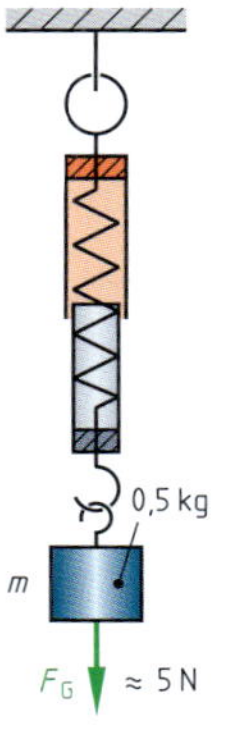

Kraftmessung

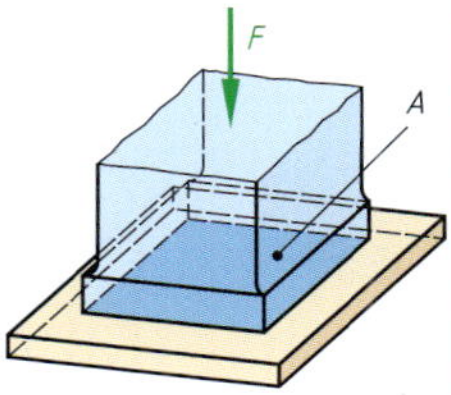

Auflagedruck

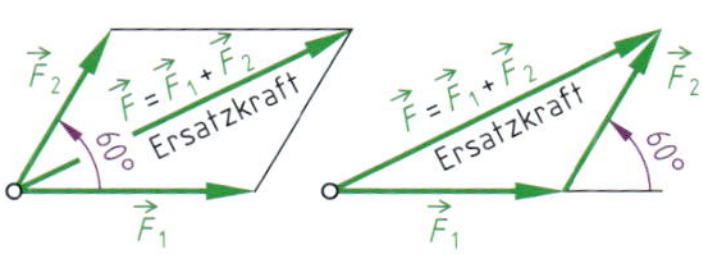

Kräfteaddition

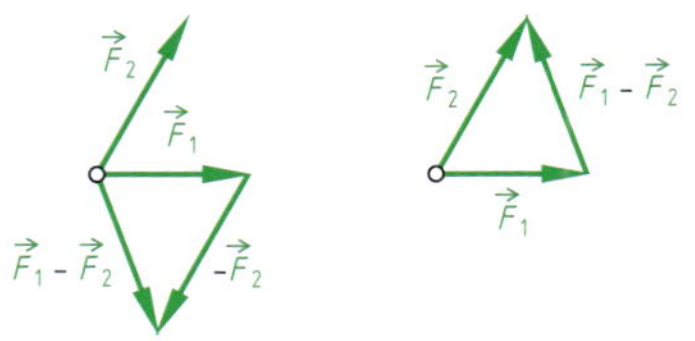

Kräftesubtraktion

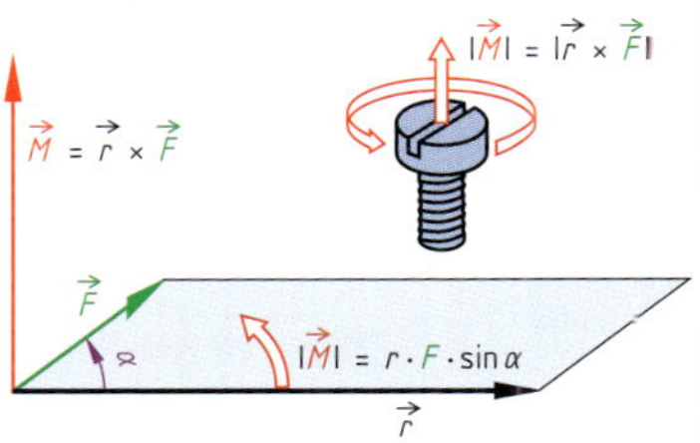

Kraftmoment als Vektorprodukt

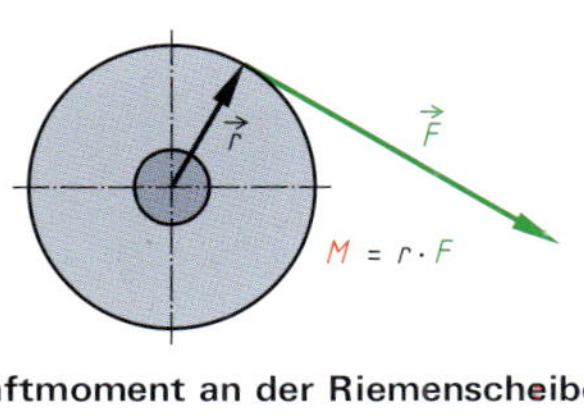

Kraftmoment an der Riemenscheibe

Erklärungen

Die *Masse* eines Körpers ist unabhängig von Ort und Umgebung. Die Masse gibt Auskunft über das Trägheitsverhalten des Körpers beim Beschleunigen. Die Messung der Masse erfolgt auf einer Balkenwaage durch Vergleich mit geeichten Massen. Die Masseneinheit ist das Kilogramm (kg).

Die *Gewichtskraft* eines Körpers auf einem Planeten, z. B. der Erde, entsteht durch die Anziehungskraft zwischen Planet und Körper. Beim Kraftmesser tritt als Kraftwirkung eine Verformung ein, die ein Maß für die Kraft ist. Die Einheit der Gewichtskraft ist das Newton[1] (N).

Eine Kraft ist allgemein in der Lage, einen Körper zu beschleunigen (siehe Beschleunigung).

Darstellung von Kräften

Kräfte sind *Vektoren*. Für die Kraftwirkung sind Angriffspunkt, Richtung und Betrag maßgebend. Der Kraftvektor lässt sich durch eine Pfeilstrecke $\vec{F}$ (sprich: Vektor F) darstellen. Die Pfeilspitze gibt die Wirkungsrichtung der Kraft an, die Länge der Pfeilstrecke gibt den Betrag $F = |\vec{F}|$ (sprich: Betrag des Vektors F) an. Der Anfangspunkt A der Pfeilstrecke ist der Angriffspunkt der Kraft. Für die Zeichnung von Kraftvektoren verwendet man einen Kräftemaßstab, z. B. 1 mm ≙ 20 N oder $M_F = 20$ N/mm.

Kräfteaddition

Die Ersatzkraft von zwei Kraftvektoren kann man mithilfe eines Kräfteparallelogramms oder durch geometrische Addition der Kraftvektoren bestimmen.

Kräftesubtraktion

Man kann eine Kraft $\vec{F}_2$ von einer Kraft $\vec{F}_1$ abziehen, indem man zu $\vec{F}_1$ die negative Kraft $-\vec{F}_2$ addiert. $-\vec{F}_2$ hat die entgegengesetzte Richtung wie $\vec{F}_2$.

Druck

Wirkt eine Kraft senkrecht zu einer Fläche, so ruft sie dort einen Druck hervor. Die Druckeinheit ist das Pascal (Pa).

Kraftmoment

Wirkt eine Kraft so auf einen Hebel, dass dieser sich drehen will, so liegt ein Kraftmoment (Moment, Drehmoment) vor. Das Kraftmoment ist ein Vektor, der senkrecht auf der Ebene zwischen Hebelarm und Kraft steht. Die Einheit des Kraftmoments ist das Newtonmeter (Nm).

Formeln

$$F_G = m \cdot g$$

- F_G Gewichtskraft, $[F_G]$ = N
- m Masse, $[m]$ = kg
- g Fallbeschleunigung, Ortsfaktor, $[g]$ = m/s²

An der Erdoberfläche gilt g = 9,81 m/s² = 9,81 N/kg.

[1] Isaac Newton, engl. Physiker 1643 bis 1727

$$F = m \cdot a$$

- F Kraft, $[F]$ = kg · m/s² = N
- m Masse, $[m]$ = kg
- a Beschleunigung, $[a]$ = m/s²

$$p = \frac{F}{A}$$

- p Druck, $[p]$ = N/m² = Pa
- F Kraft
- A Fläche senkrecht zur Kraft

$$\vec{M} = \vec{r} \times \vec{F}$$

$$M = r \cdot F \cdot \sin\alpha$$

Für $\alpha = 90°$:

$$M = r \cdot F$$

- M Kraftmoment, $[M]$ = Nm
- r Hebelarm
- F Kraft
- α Winkel zwischen $\vec{r}$ und $\vec{F}$

Mechanische Arbeit und mechanische Energie
Mechanical work and mechanical energy

Darstellung	Erklärungen	Formeln

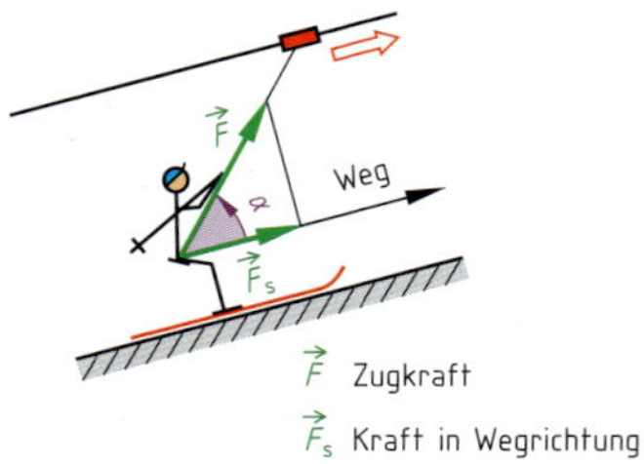

Zugkraft bei einem Schlepplift

Die Einheit der Arbeit ist das Newtonmeter (Nm) mit dem besonderen Einheitennamen Joule (J) (sprich: Dschul).

Die Arbeit ist das Produkt zweier Vektoren, selbst ist sie jedoch kein Vektor, sondern ein Skalar. Die Arbeit ist also das *skalare Produkt* von $\vec{F} \cdot \vec{s}$.

$$W = \vec{F} \cdot \vec{s} \Rightarrow W = F \cdot s \cdot \cos\alpha$$

Die Fähigkeit zum Verrichten einer Arbeit nennt man *Energie* oder Arbeitsvermögen. Formelzeichen und Einheit der Energie sind dieselben wie bei der Arbeit. Mit dem Begriff Arbeit sagt man etwas über den Vorgang aus, mit dem Begriff Energie etwas über den Zustand eines Systems.

$$W = F_s \cdot s$$

$[W] = \text{Nm} = \text{J}$

Für gleichgerichtete $\vec{F}$ und $\vec{s}$:

$$W = F \cdot s$$

$$W = F \cdot s \cdot \cos\alpha$$

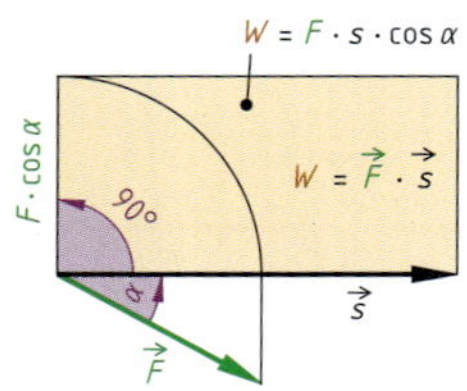

Skalares Produkt

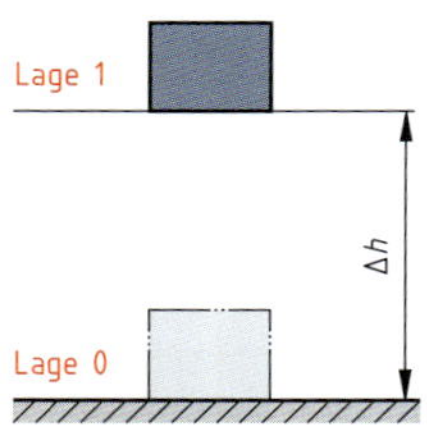

Potenzielle Energie

Potenzielle Energie (Lageenergie)

Potenzielle Energie ist das in Lage 1 gespeicherte Arbeitsvermögen gegenüber einer Lage 0 (Bezugslage). Für die potenzielle Energie ist also die Bezugslage maßgebend.

Gegen Bezugslage:

$$W_p = m \cdot g \cdot \Delta h$$

$$\Delta W_p = m \cdot g \cdot \Delta h$$

$[W_p] = \text{J}$
$g = 9{,}81\ \text{N/kg}$

Spannenergie

Wird eine Feder im elastischen Bereich gespannt, so speichert sie Spannenergie (potenzielle Federenergie). Die Federrate R ist bei einer bestimmten Feder konstant und kennzeichnet ihr elastisches Verhalten

$$R = \frac{\Delta F}{\Delta s}$$

$$\Delta W_s = \frac{1}{2} \cdot R \cdot (\Delta s)^2$$

$[W_s] = \text{J}$

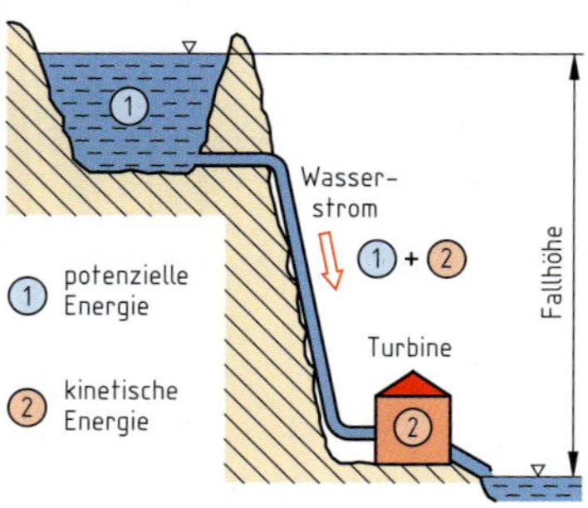

Energieumwandlung bei einem Stausee

Kinetische Energie (Bewegungsenergie)

Die kinetische Energie ist unabhängig von der Bezugslage. Die kinetische Energie eines Körpers kann nur so groß wie seine potenzielle Energie werden, wenn Arbeit weder zugeführt noch abgegeben wird.

$$W_k = \frac{1}{2} \cdot m \cdot v^2$$

$$[W_k] = \text{kg}\,\frac{\text{m}^2}{\text{s}^2} = \text{Nm}$$

$$= \text{Ws}$$

R	Federrate	h	Höhe	W_s	Spannenergie
F	Kraft	m	Masse	W_p	potenzielle Energie
F_s	Kraft in Wegrichtung	s	Weglänge	α	Winkel zwischen $\vec{F}$ und $\vec{s}$
g	Fallbeschleunigung ($g = 9{,}81$ N/kg)	W	Arbeit	Δ	Zeichen für Differenz (Änderung)
		W_k	kinetische Energie		

Die Bedeutung weiterer Formelzeichen ist aus den Bildern erkennbar.

G

Bewegung mit konstanter Geschwindigkeit v

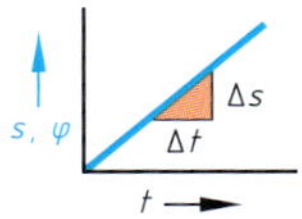

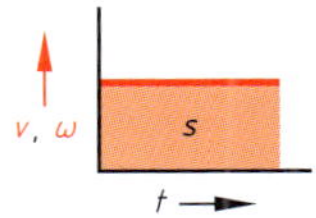

Gleichförmige Bewegung

$[v] = \frac{m}{s}$

$$v = \frac{\Delta s}{\Delta t}$$

$$v = \frac{s}{t}$$

Bewegung mit konstanter Beschleunigung a

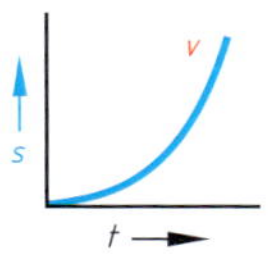

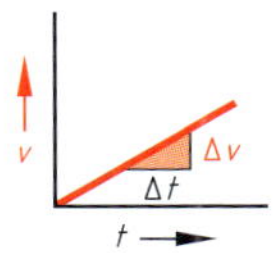

Gleichmäßig beschleunigte Bewegung

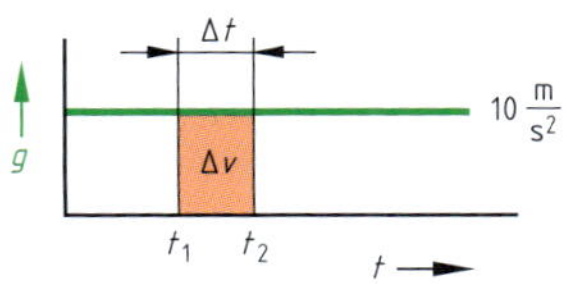

Freier Fall

$[a] = \frac{m}{s^2}$

Bei $a > 0$ liegt eine *beschleunigte* Bewegung vor, bei $a < 0$ eine *verzögerte* Bewegung. Die zeitliche Änderung der Beschleunigung $\Delta a / \Delta t$ heißt *Ruck*.

$[r] = \frac{m}{s^3}$

Beim freien Fall ist die Erdbeschleunigung

$g = 9{,}81 \frac{m}{s^2} \approx 10 \frac{m}{s^2}$

$$a = \frac{\Delta v}{\Delta t}$$

$$a = \frac{v}{t}$$

$$v = a \cdot t$$

$$s = \frac{1}{2} \cdot a \cdot t^2$$

$$v_m = \frac{\Delta s}{\Delta t}$$

$$r = \frac{\Delta a}{\Delta t}$$

Beim freien Fall:

$$v = g \cdot t$$

$$h = \frac{1}{2} \cdot g \cdot t^2$$

Bewegung mit konstanter Winkelgeschwindigkeit ω

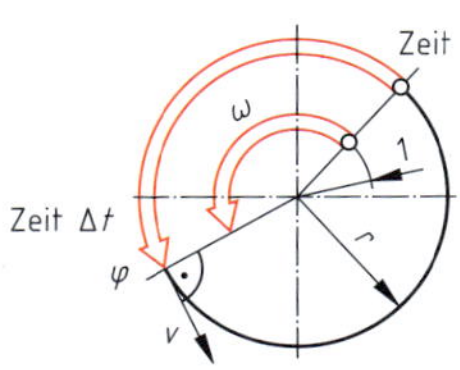

Gleichmäßig kreisende Bewegung

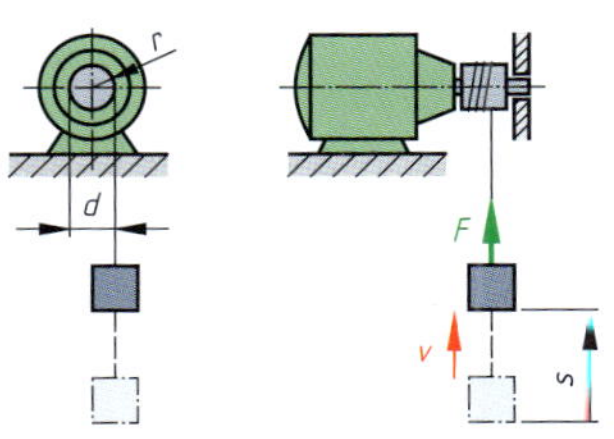

Leistung eines Hebezeugs

$\omega = \frac{\Delta \varphi}{\Delta t}$

$[\omega] = \frac{rad}{s}$

$[\varphi] = rad$

$[T] = s$

$$v = 2 \cdot r \cdot \pi \cdot n$$

$$v = \omega \cdot r$$

$$n = \frac{1}{T}$$

$$\omega = 2\pi \cdot n$$

$$P = \frac{\Delta W}{\Delta t}$$

$$P = \frac{W}{t}$$

$$P_{ab} = F \cdot v$$

$$P_{ab} = \frac{F \cdot s}{t}$$

$$P_{ab} = \pi \cdot F \cdot d \cdot n$$

$$P_{ab} = M \cdot \omega$$

$$\zeta = \frac{W_{ab}}{W_{auf}}$$

$$\eta = \frac{P_{ab}}{P_{auf}}$$

$$\eta = \eta_1 \cdot \eta_2 \cdot \ldots$$

$$P_v = P_{auf} - P_{ab}$$

a	Beschleunigung	P_{auf}	Leistungsaufnahme	W_{ab}	abgegebene Arbeit
d	Durchmesser	P_v	Verlustleistung	W_{auf}	aufgenommene Arbeit
F	Kraft	r	Halbmesser, Radius, Ruck	Δ	Zeichen für Differenz
g	Fallbeschleunigung, Ortsfaktor	s	Weg	η	Wirkungsgrad (eta)
h	Fallhöhe	t	Zeit	π	Zahl 3,14159265 ...
M	Kraftmoment	T	Umlaufdauer	φ	zurückgelegter Winkel
n	Umdrehungsfrequenz, Drehzahl	v	Geschwindigkeit	ω	Winkelgeschwindigkeit, Kreisfrequenz
P	Leistung	v_m	mittlere Geschwindigkeit	ζ	Arbeitsgrad (zeta)
P_{ab}	Leistungsabgabe	W	Arbeit		

Ladung, Spannung, Stromstärke Charge, voltage, current

Darstellungen	Begriffserklärungen	Formeln

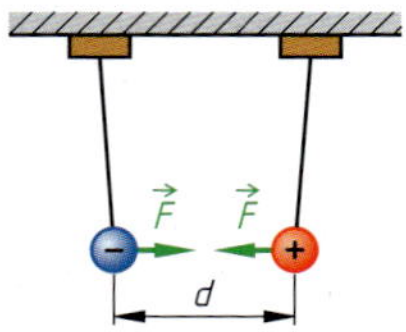

Anziehung ungleichnamiger Ladungen

Die Einheit für die *Ladung* ist die Amperesekunde (As). Der besondere Einheitenname für die Amperesekunde das Coulomb (C).

$\varepsilon_0 \approx 8{,}85$ pF/m

Bei Batterien und Akkumulatoren wird die Ladung meist in Amperestunden (Ah) angegeben.

Umrechnung:
1 Ah = 3 600 As = 3 600 C

Bei Kugeln in Luft:

$$F = \frac{Q_1 \cdot Q_2}{4 \cdot \pi \cdot \varepsilon_0 \cdot d^2}$$

Bei I = konstant und ungeladenem Körper:

$$Q = I \cdot t$$

Bei I = konstant und geladenem Körper:

$$\Delta Q = I \cdot \Delta t$$

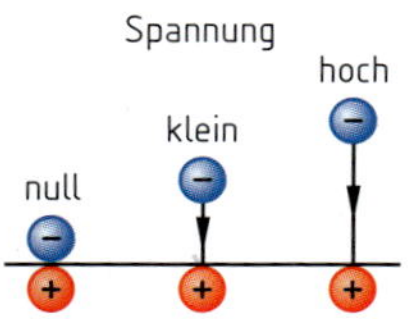

Elektrische Spannung

Das Arbeitsvermögen je Ladung wird als *Spannung U* bezeichnet. Dafür ist als Einheit Volt (V) festgelegt.
Für die *Arbeit W* gilt als Einheit Joule (J). Es kann aber auch die Einheit Wattsekunde (Ws) verwendet werden.

Umrechnung: 1 J = 1 Ws

$$U = \frac{W}{Q}$$

$$U = \frac{\Delta W}{\Delta Q}$$

$$[U] = [W]/[Q] = \text{J/C} = \text{Ws/As} = \text{W/A} = \text{V}$$

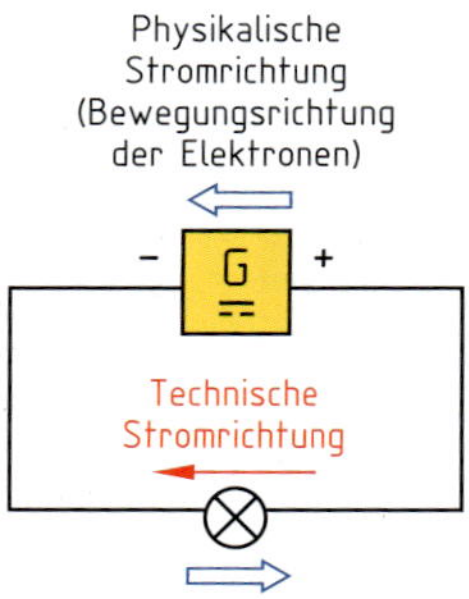

Bewegungsrichtung der Elektronen, Stromrichtung

Die Änderung der elektrischen Ladung pro Zeiteinheit wird als *Stromstärke I* bezeichnet.

$$I = \frac{\Delta Q}{\Delta t}$$

$$[I] = \frac{\text{C}}{\text{s}} = \frac{\text{As}}{\text{s}} = \text{A}$$

Die Geschwindigkeit der Ladungen bezogen auf die elektrische Feldstärke wird als *Ladungsträgerbeweglichkeit b* bezeichnet.

$$b = \frac{v}{E}$$

$$[b] = \frac{\text{m/s}}{\text{V/m}} = \frac{\text{m}^2}{\text{Vs}}$$

Die auf den Leiterquerschnitt bezogene Stromstärke wird als *Stromdichte J* bezeichnet.

$$J = \frac{I}{A}$$

$$[J] = \frac{\text{A}}{\text{m}^2}$$

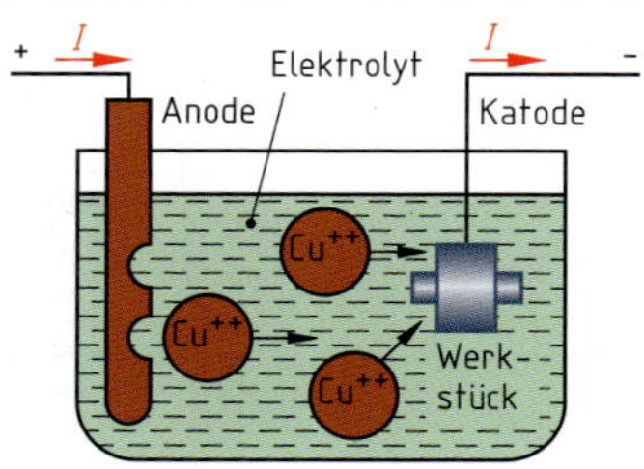

Wanderung von Kupferionen beim Galvanisieren

Die beim Stromdurchgang durch einen Elektrolyten abgeschiedene Stoffmasse *m* ist proportional zur hindurch gegangenen Ladungsmenge.

$$m \sim Q$$

Die in einer Sekunde bei einer Stromstärke von 1 A durch Elektrolysewirkung abgeschiedene Stoffmasse wird als *elektrochemisches Äquivalent c* bezeichnet.

$$c = \frac{m}{I \cdot t}$$

$$[c] = \frac{\text{mg}}{\text{A} \cdot \text{s}}$$

A	Leiterquerschnitt	I	Stromstärke	v	Geschwindigkeit
b	Ladungsträgerbeweglichkeit	J	Stromdichte	W	Arbeit, Energie
c	elektrochemisches Äquivalent	m	abgeschiedene Stoffmasse	Δt	Zeitabschnitt
d	Abstand der Kugelmittelpunkte	Q	elektrische Ladung	ΔQ	Ladungsänderung
E	elektrische Feldstärke	t	Zeit	ΔW	Arbeitsänderung
F	Kraft	U	Spannung	ε_0	elektrische Feldkonstante

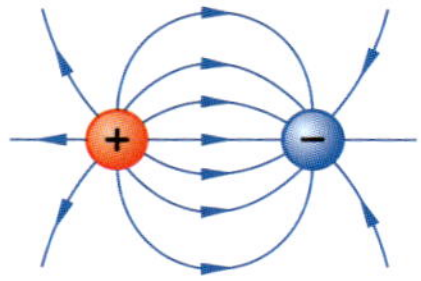

Elektrisches Feld

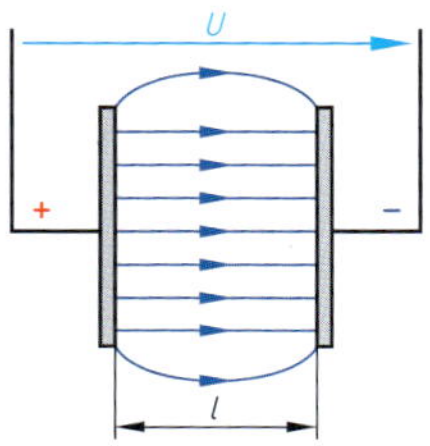

Homogenes elektrisches Feld zwischen den Platten

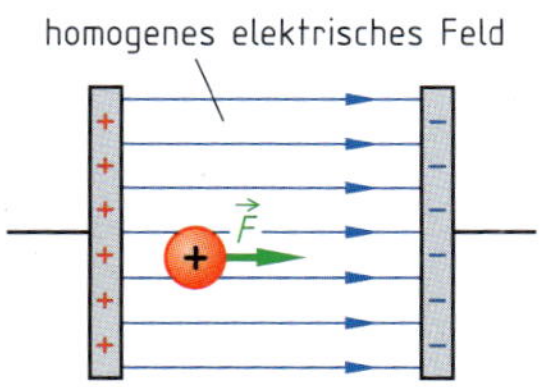

Kraftwirkung auf geladenen Körper

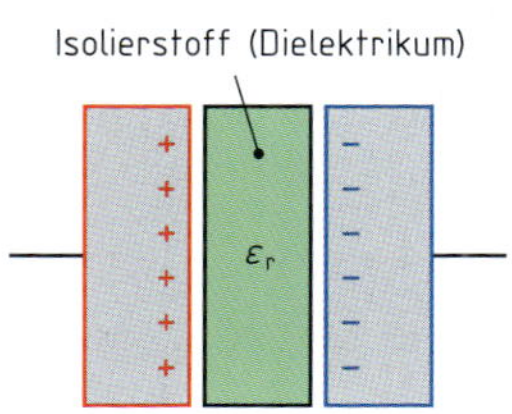

Isolierung

Isolierstoff, Dielektrikum	Permittivitätszahl ε_r
Aluminiumoxid	6 … 9
Glas	5 … 16
Glimmer	6 … 8
Hartpapier	4
Keramik	10 … 50000
Polystyrol	2,5
Quarz	2 … 4
Tantalpentoxid	26
Transformatorenöl	2,2 … 2,4
Zellulosepapier	4
Luft	1

Jede elektrische Ladung ist von einem Kraftfeld, dem elektrischen Feld, umgeben.

Die Richtung der elektrischen Feldlinien ist gleich der Richtung der Kraft, die auf eine positive Punktladung ausgeübt wird. Die elektrischen Feldlinien beginnen also an der Oberfläche des positiv geladenen Körpers und enden an der Oberfläche des negativ geladenen Körpers. Sie treten an den geladenen Körpern in Luft oder Vakuum senkrecht ein bzw. aus.

Jede elektrische Spannung erzeugt ein elektrisches Feld.

Verlaufen die elektrischen Feldlinien zwischen den geladenen Körpern parallel mit voneinander gleichen Abständen, so spricht man von einem homogenen elektrischen Feld.

E elektrische Feldstärke
U Spannung zwischen den geladenen Körpern
l Abstand der geladenen Körper voneinander

$[E] = \frac{V}{m}$

Beim homogenen Feld:

$$E = \frac{U}{l}$$

Je größer die elektrische Feldstärke und die elektrische Ladung eines Körpers sind, umso größer ist die Kraft, die auf diesen geladenen Körper im elektrischen Feld einwirkt.

F Kraft auf einen geladenen Körper
E elektrische Feldstärke
Q elektrische Ladung des Körpers

$[F] = \frac{V}{m} \cdot C = \frac{V}{m} \cdot As = \frac{Ws}{m} = \frac{Nm}{m} = N$

$$F = E \cdot Q$$

Die Energiedichte des elektrischen Feldes ist die im elektrischen Feld gespeicherte Energie je Volumen des elektrischen Feldes.

w Energiedichte des elektrischen Feldes
D elektrische Flussdichte
E elektrische Feldstärke
W elektrische Energie
V Volumen

$[w] = \frac{As}{m^2} \cdot \frac{V}{m} = \frac{Ws}{m^3}$

$$w = \frac{1}{2} \cdot D \cdot E$$

$$W = w \cdot V$$

Durch Einbringen eines Isolierstoffes in ein elektrisches Feld erhöht sich die elektrische Flussdichte. Isolierstoffe unterscheiden sich in der Permittivitätszahl ε_r.

Die Permittivitätszahl ε_r eines Isolierstoffes gibt an, wievielmal größer die elektrische Flussdichte wird, wenn statt Vakuum bzw. Luft der entsprechende Isolierstoff als Dielektrikum verwendet wird.

Die Permittivität (lat. permittere = durchdringen) ist das Produkt aus elektrischer Feldkonstante und Permittivitätszahl.

ε Permittivität
ε_0 elektrische Feldkonstante
$\varepsilon_0 = 8{,}85 \cdot 10^{-12} \frac{As}{Vm}$
ε_r Permittivitätszahl
D elektrische Flussdichte im Dielektrikum
E elektrische Feldstärke
D_0 elektrische Flussdichte im Vakuum

$$\varepsilon = \varepsilon_0 \cdot \varepsilon_r$$

$D = \varepsilon \cdot E$

$$D = \varepsilon_0 \cdot \varepsilon_r \cdot E$$

$$D = \varepsilon_r \cdot D_0$$

G

Widerstand und Leitwert Resistance and conductance

Darstellungen	Erklärungen	Formeln

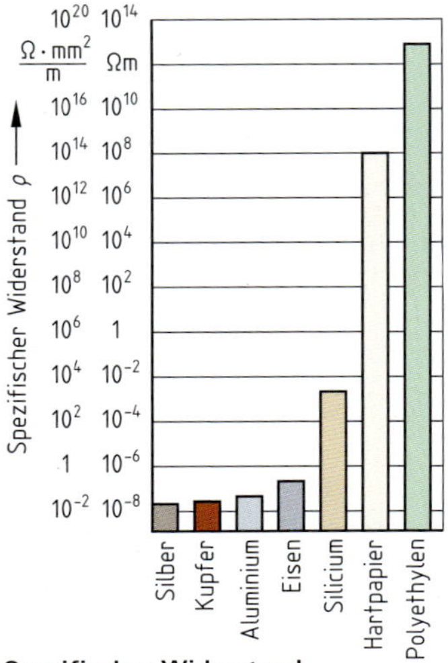

Spezifischer Widerstand

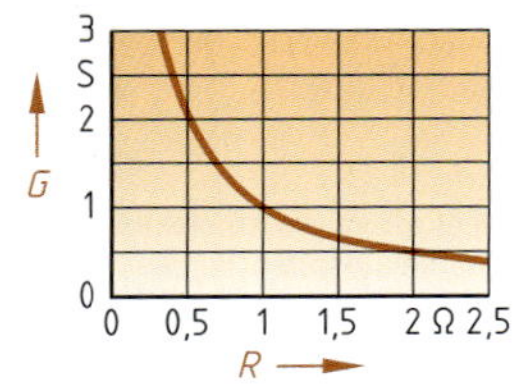

Leitwert und Widerstand

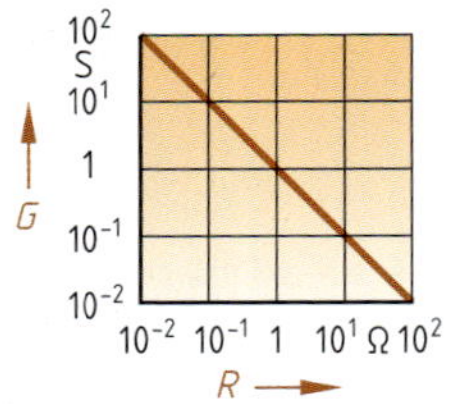

Leitwert und Widerstand in logarithmischer Darstellung

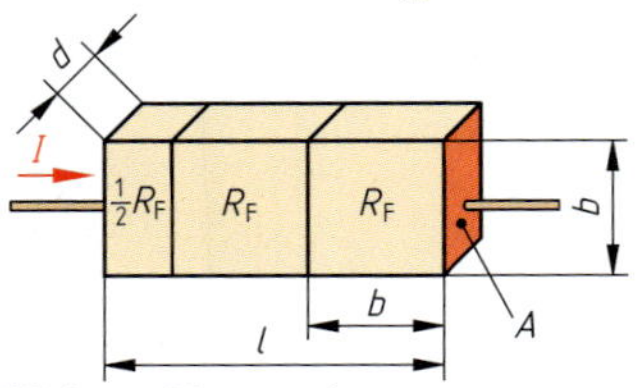

Flächenwiderstand

Der Widerstand *R* (die Resistanz) hängt von den Abmessungen der Strombahn (Länge und Querschnitt des Leiters) und einem Werkstoffkennwert dem *spezifischen Widerstand* ab **(Bild)**. Der spezifische Widerstand wird meist für 20 °C angegeben. Der Widerstand hat die Einheit Ohm (Ω), benannt nach *Georg Simon Ohm* (1789 bis 1854).

$$1\ \Omega m = 10^6\ \frac{\Omega \cdot mm^2}{m}$$

$$1\ \Omega cm = 10^4\ \frac{\Omega \cdot mm^2}{m}$$

$$1\ \Omega m = 100\ \Omega\ cm$$

Der Kehrwert des spezifischen Widerstandes ist die *Leitfähigkeit*. Die Leitfähigkeit ist entsprechend dem spezifischen Widerstand ein Werkstoffkennwert und wird meist für 20 °C angegeben.

Zahlenwerte für ϱ und γ siehe **Seite 19 „Stoffwerte"**.

Der Widerstand begrenzt den Strom im Stromkreis. Er kann berechnet werden, indem man den Quotienten aus anliegender Spannung und durchfließendem Strom berechnet.

Der *Leitwert G* ist der Kehrwert des Widerstandes **(Bild)**. Die Einheit des Leitwertes ist Siemens (S), benannt nach *Werner von Siemens* (1816 bis 1892).

Elektrische Leitfähigkeit γ_{20} von Leiterwerkstoffen in m/(Ω · mm²)

Kupfer	56	Silber	60
Aluminium	35,38	Kohle	bis 12

Temperaturkoeffizient α in 1/K

Kupfer	$3{,}9 \cdot 10^{-3}$	Nickelin	$0{,}15 \cdot 10^{-3}$
Aluminium	$3{,}8 \cdot 10^{-3}$	Manganin	$0{,}02 \cdot 10^{-3}$

Der Widerstand eines leitfähigen Werkstückes mit quadratischer Fläche und bestimmter Dicke bei beliebiger Seitenlänge des Quadrates nennt man *Flächenwiderstand* **(Bild)**. Man gibt den Flächenwiderstand in Ohm je Quadrat an.

Widerstandswerte sind wärmeabhängig, siehe **Seite 29 „Wärme"**.

Formeln

$$R = \frac{\varrho \cdot l}{A}$$

Bei Leiterwerkstoffen (z. B. Drähten):

$$[\varrho] = \frac{\Omega \cdot mm^2}{m}$$

Bei Isolierstoffen und Halbleitern:

$$[\varrho] = \Omega \cdot m$$

$$\gamma = \frac{1}{\varrho}$$

$$R = \frac{l}{\gamma \cdot A}$$

$$[\gamma] = \frac{m}{\Omega \cdot mm^2}$$

$$R = \frac{U}{I}$$

$$[R] = \frac{V}{A} = \Omega$$

$$G = \frac{1}{R}$$

$$[G] = \frac{1}{\Omega} = S$$

$$R = \frac{\varrho \cdot l}{d \cdot b}$$

$$R_F = \frac{\varrho}{d}$$

$$[R_F] = \frac{\Omega}{Quadrat} = \frac{\Omega}{\square} = \Omega$$

$$N = \frac{l}{b}$$

$$R = R_F \cdot N$$

A	Querschnitt des Leiters	l	Länge des Leiters	U	Spannung
b	Breite	N	Zahl der Flächenwiderstände	γ	Leitfähigkeit
d	Dicke	R	Widerstand	γ_{20}	Leitfähigkeit, bezogen auf 20 °C
G	Leitwert	R_F	Flächenwiderstand	ϱ	spezifischer Widerstand
I	Stromstärke				

Ohm'sches Gesetz, elektrische Leistung, elektrische Arbeit
Ohm's law, electrical power, electrical work

Darstellungen	Erklärungen	Formeln

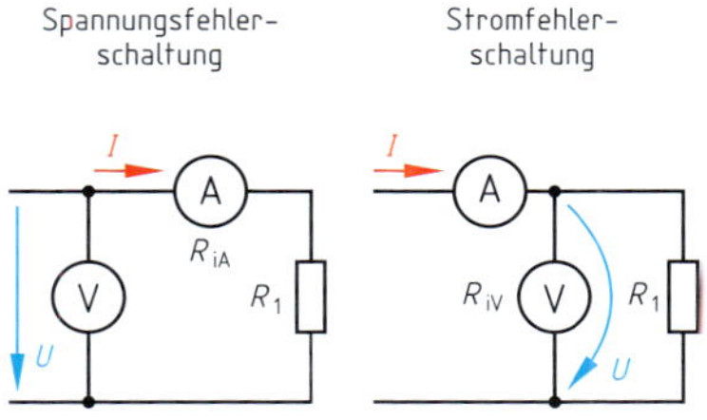

Leistungsmessung mit Strommesser und Spannungsmesser

Ohm'sches Gesetz

Benannt nach dem Physiker *Georg Simon Ohm* (1789 bis 1854).
Mit Strommesser und Spannungsmesser können der Widerstand und die Leistung bestimmt werden. Bei großen Widerständen ($R_1 \gg R_{iA}$) verwendet man die *Spannungsfehlerschaltung*, bei kleinen Widerständen ($R_1 \ll R_{iV}$) die *Stromfehlerschaltung* **(Bild)**.

$$I = \frac{U}{R}$$

$$[I] = \frac{V}{\Omega} = A$$

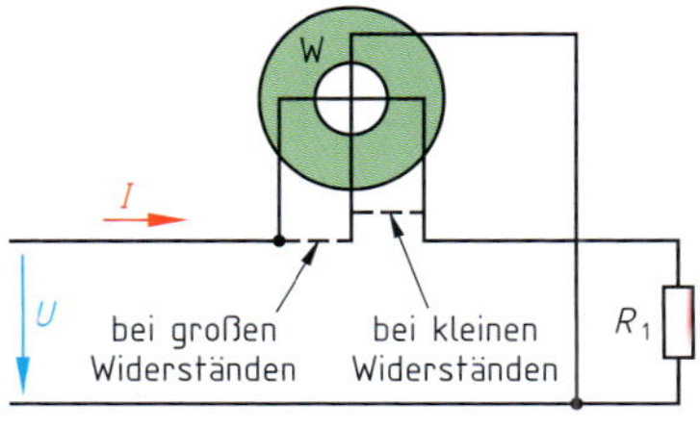

Leistungsmessung mit dem Leistungsmesser

Elektrische Leistung *P*

Die Größe der Stromwirkung, z. B. Wärme, Licht, Magnetfeld, hängt vom Produkt Spannung mal Stromstärke ab. Dieses Produkt heißt elektrische Leistung und hat die Einheit Watt (W).

Die Leistungsmessung ist so durchzuführen, dass der Eigenverbrauch der Messinstrumente bzw. der Pfade das Messergebnis möglichst wenig beeinflusst **(Bild)**.

Setzt man in die Gleichung $P = U \cdot I$ für $U = I \cdot R$ oder für $I = U/R$, so erhält man die Gleichungen:

Bei AC mit Wirklast und DC:

$$P = U \cdot I$$

$[P] = V \cdot A = VA = W$

$[P] = J/s = Nm/s = W$

$$P = I^2 \cdot R$$

$[P] = A^2 \cdot \Omega = W$

$$P = \frac{U^2}{R}$$

$$[P] = \frac{V^2}{\Omega} = W$$

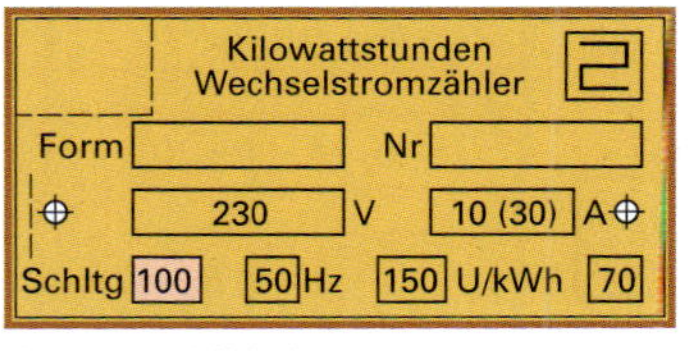

Leistungsschild eines Wechselstromzählers

Zur Leistungsmessung mit dem Zähler misst man die Zeit für eine Umdrehung der Zählerscheibe und berechnet mit Hilfe der *Zählerkonstanten* C_z die Leistung **(Bild)**.

Die Zählerkonstante gibt an, wie viele Umdrehungen der Zählerscheibe einer kWh entsprechen.

$$P = \frac{n}{C_z}$$

$$[P] = \frac{\frac{\text{Umdr.}}{\text{h}}}{\frac{\text{Umdr.}}{\text{kWh}}} = \text{kW}$$

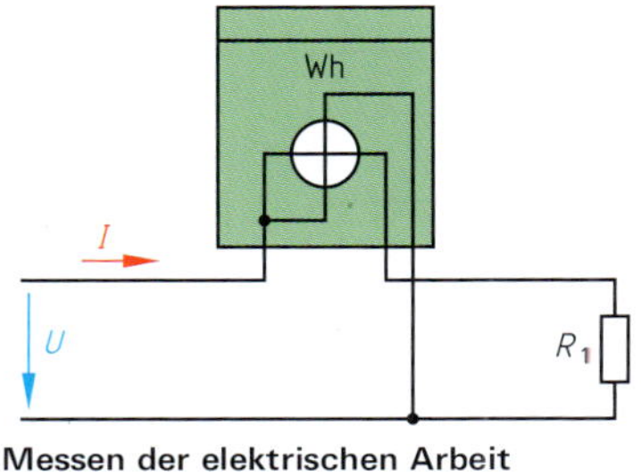

Messen der elektrischen Arbeit mit dem kWh-Zähler

Elektrische Arbeit *W*

Die elektrische Arbeit ist umso größer, je größer die Leistung ist und je länger diese Leistung erbracht wird. Die Einheit der elektrischen Arbeit ist die Wattsekunde (Ws) mit dem besonderen Einheitennamen Joule (J) oder aber die Kilowattstunde (kWh).

Die elektrische Arbeit kann direkt mit dem kWh-Zähler **(Bild)** oder indirekt mit dem Leistungsmesser und einem Zeitmesser bestimmt werden.

$$W = U \cdot Q = U \cdot I \cdot t = P \cdot t$$

$$W = P \cdot t$$

$[W] = W \cdot s = Ws = J$

$[W] = kW \cdot h = kWh$

1 kWh = 1000 Wh = 3600000 Ws

DC von Direct Current = Gleichstrom
AC von Alternating Current = Wechselstrom
C_z Zählerkonstante in Umdrehungen je kWh
I Stromstärke
n Zählerscheibenumdrehungen je Stunde
P elektrische Leistung
Q elektrische Ladung
R Widerstand
t Zeit
U Spannung
W elektrische Arbeit

Nichtlinearer Widerstand, Vierpol Non-linear resistance, four-pole circuit

Arbeitspunkt bei Reihenschaltung von nichtlinearem Widerstand und linearem Vorwiderstand

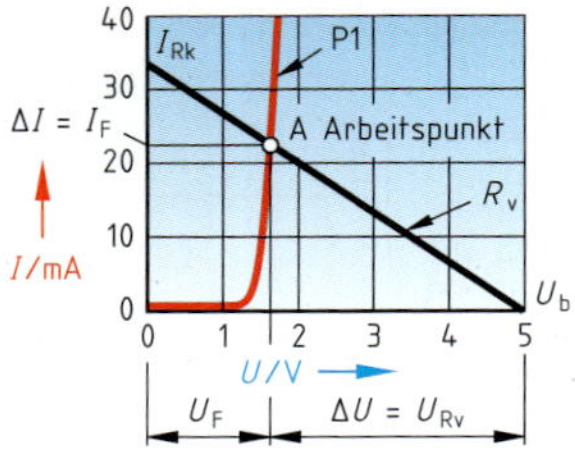

Kennlinien von LED P1 und R_v

Ermittlung von R_v:

1. U_b und I_F festlegen **(Bild)**.
2. Im Kennlinienfeld Gerade U_b nach A eintragen.
3. Aus Kennlinienfeld U_{Rv} und I_F entnehmen.
4. R_v berechnen.

Bei gegebenem R_v erhält man A als Schnittpunkt der Geraden von U_b nach $I_{Rk} = U_b/R_v$ mit der Kennlinie.

Bei Reihenschaltung von LED P1 und linearem Vorwiderstand R_v:

$$R_v = \frac{U_{Rv}}{I_F}$$

$$U_{R_v} = U_b - U_F$$

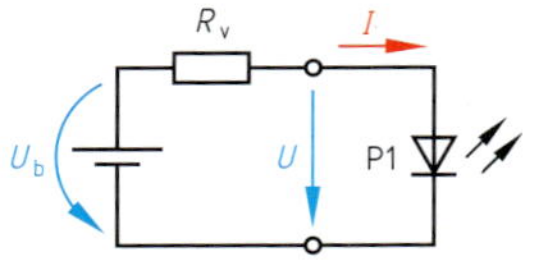

Differenzieller Widerstand r

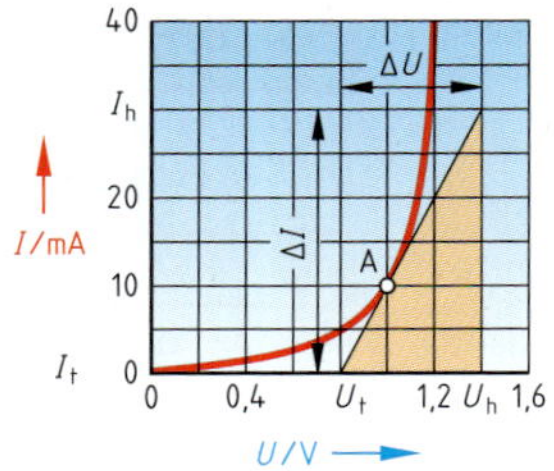

Ermittlung des Widerstandes r

Nichtlineare Widerstände, z. B. Dioden, haben eine nichtlineare (gekrümmte) Kennlinie **(Bild)**.

Den differenziellen Widerstand r im Arbeitspunkt A ermittelt man aus der Steigung der Kennlinie in A. Man legt dazu in A eine genügend lange Tangente zur Kennlinie und entnimmt aus dem Kennlinienfeld ΔU und ΔI.

$$r = \frac{\Delta U}{\Delta I}$$

$$\Delta U = U_h - U_t$$

$$\Delta I = I_h - I_t$$

$I(U)$-Kennlinie steigend $\Rightarrow r > 0$

$I(U)$-Kennlinie fallend $\Rightarrow r < 0$

h-Parameter (hybride[1] Parameter) von Vierpolen

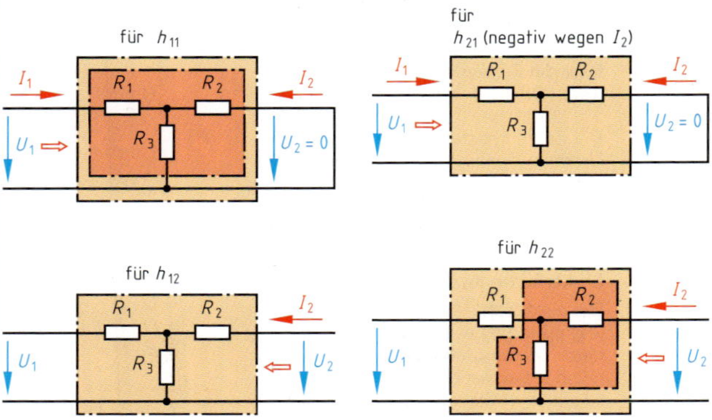

Vierpole aus Widerständen zur Berechnung der h-Parameter

$$U_1 = h_{11} \cdot I_1 + h_{12} \cdot U_2$$

$$I_2 = h_{21} \cdot I_1 + h_{22} \cdot U_2$$

$$h_{11} = \frac{U_{1n}}{I_{1n}}$$ mit $R_L = 0$ und $U_2 = 0$

$$h_{12} = \frac{U_{1n}}{I_{2n}}$$ mit $R_L = \infty$ und $I_2 = 0$

$$h_{21} = \frac{I_{2n}}{I_{1n}}$$ mit $R_L = 0$ und $U_2 = 0$

$$h_{22} = \frac{I_{2n}}{U_{2n}}$$ mit $R_p = \infty$ und $I_1 = 0$

A	Arbeitspunkt
h_{11}	Kurzschluss-Eingangswiderstand
h_{12}	Leerlauf-Spannungsrückwirkung
h_{21}	Kurzschluss-Stromverstärkungsfaktor
h_{22}	Leerlauf-Ausgangsleitwert
I_1	Eingangsstromstärke
I_2	Ausgangsstromstärke
I_{1n}	Eingangsstromstärke bei den genannten Bedingungen
I_{2n}	desgl. Ausgangsstromstärke
I_F	Vorwärtsstrom im Punkt A
I_{Rk}	Stromstärke bei R_v an U_b
I_h	Stromstärke bei U_h
I_t	Stromstärke bei U_t
r	Differenzieller Widerstand
R_p	Widerstand am Eingang
R_L	Widerstand am Ausgang (Lastwiderstand)
R_v	Vorwiderstand
U_1	Eingangsspannung
U_2	Ausgangsspannung
U_{1n}	Eingangsspannung bei den genannten Bedingungen
U_{2n}	desgl. Ausgangsspannung
U_b	Betriebsspannung
U_F	Vorwärtsspannung im Punkt A
U_h	höhere Spannung
U_t	tiefere Spannung
U_{Rv}	Spannung an R_v
ΔI	Stromstärkenänderung
ΔU	Spannungsänderung

[1] hybrid = zweierlei Herkunft

Darstellungen	Erklärungen	Formeln

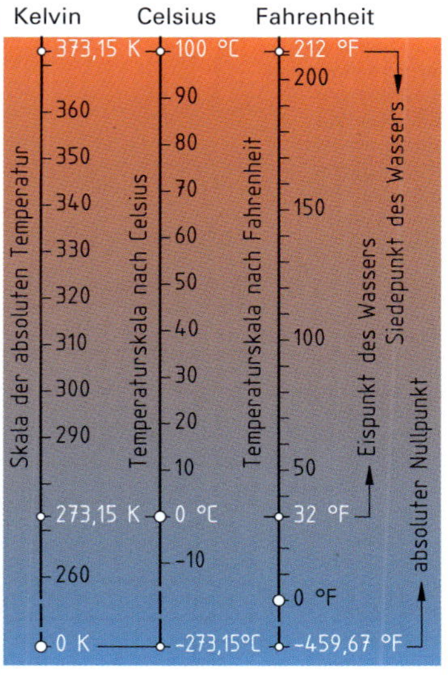

Temperaturskalen

Die *Wärme Q* ist die Energie, die einem Körper beim Erwärmen zugeführt oder beim Abkühlen entzogen wird. Die Wärme wird in Joule (J) gemessen (1 J = 1 Nm = 1 Ws).

Die *Temperatur* zeigt den Wärmezustand eines Stoffes an. Sie wird in Kelvin (K), Grad Celsius (°C) oder Grad Fahrenheit (°F) gemessen (**Bild**).

$$T = \vartheta + 273{,}15\ \text{K}$$

$$\vartheta_F = \frac{9}{5} \cdot \vartheta + 32\,°\text{F}$$

$$\vartheta = \frac{5}{9} \cdot (\vartheta_F - 32\,°\text{F})$$

Der Widerstand der Leiterwerkstoffe und der Halbleiterwerkstoffe hängt von der Temperatur ab. Der *Temperaturkoeffizient* α gibt an, um wie viel Ohm sich ein Widerstand von 1 Ω je Kelvin ändert. Er ist bei Kaltleitern positiv und bei Heißleitern negativ. (Zahlenwerte von α **siehe Seite 19 „Stoffwerte"**).

$$\Delta R = \alpha \cdot R_1 \cdot \Delta T$$

$$R_2 = R_1 + \Delta R$$

$$R_2 = R_1 \cdot (1 + \alpha \cdot \Delta T)$$

$$[\alpha] = \frac{1}{\text{K}}$$

Die *Wärmekapazität C* ist die Wärme, die zur Temperaturerhöhung eines Körpers um 1 K erforderlich ist. Sie hängt von der Masse und vom Werkstoff des Körpers ab.

$$C = \frac{Q}{\Delta T}$$

$$[C] = \frac{\text{J}}{\text{K}}$$

Spezifische Wärmekapazitäten *c* zwischen 0 °C und 100 °C	
Werkstoff	c in $\frac{\text{kJ}}{\text{kg} \cdot \text{K}}$
Aluminium	0,94
Eisen	0,47
Glas	0,8
Keramikkühlkörper	0,78
Kupfer	0,39
Messing	0,39
Silber	0,23
Polyvinylchlorid	0,88
Maschinenöl	1,67
Wasser	4,186

Die *spezifische Wärmekapazität c* gibt die Wärme Q an, die notwendig ist, um 1 kg eines Stoffes um 1 K zu erwärmen. Die zur Erwärmung eines Stoffes erforderliche Wärme (oder bei Abkühlung frei werdende Wärme) hängt von der Masse, von der mittleren spezifischen Wärmekapazität und von der Temperaturänderung des Stoffes ab.

$$c = \frac{Q}{m \cdot \Delta T}$$

$$Q = m \cdot c \cdot \Delta T$$

$$[c] = \frac{\text{kJ}}{\text{kg} \cdot \text{K}}$$

Voraussetzung für eine selbsttätige *Wärmeübertragung* ist ein Temperaturgefälle (**Bild**). Dabei geht die Wärme von Zonen höherer Temperatur zu Zonen niedrigerer Temperatur über.

Das *Wärmeleitvermögen* der einzelnen Stoffe ist unterschiedlich. Metalle sind gute Wärmeleiter. Sie erwärmen sich schnell und kühlen sich auch schnell wieder ab. Gase und Flüssigkeiten sind schlechte Wärmeleiter, wenn die Wärmeströmung (Konvektion) verhindert wird.

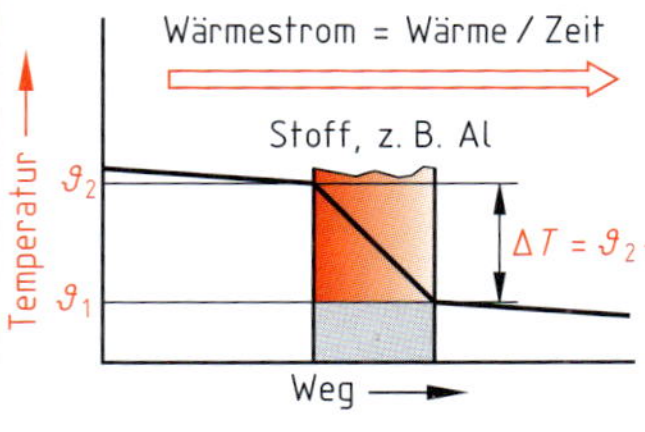

Wärmedurchlass eines Körpers

Der *Wärmewiderstand* R_{th} eines Körpers hängt von seiner Wärmeleitzahl λ und seinem Volumen ab. Er gibt an, wie groß die Temperaturdifferenz $\Delta\vartheta$ zwischen gegenüber liegenden Körperflächen ist, wenn die Wärme von 1 J in der Zeit von 1 s übertragen wird.

$$R_{th} = \frac{\Delta T}{P_v}$$

$$[R_{th}] = \frac{\text{K}}{\text{W}}$$

C	Wärmekapazität	R_1	Widerstand bei ϑ_1	α	Temperaturkoeffizient
c	spezifische Wärmekapazität	R_2	Widerstand bei ϑ_2	ϑ	Temperatur in Celsiusgraden
m	Masse	R_{th}	Wärmewiderstand	ϑ_F	Temperatur in Fahrenheitgraden
P_v	Wärmeleistung	T	absolute Temperatur in Kelvin	ΔT	Temperaturunterschied in Kelvin
Q	Wärme			ΔR	Widerstandsänderung

Kühlung von Halbleiter-Bauelementen   Cooling of semiconductor components

Darstellung	Erklärungen	Formeln

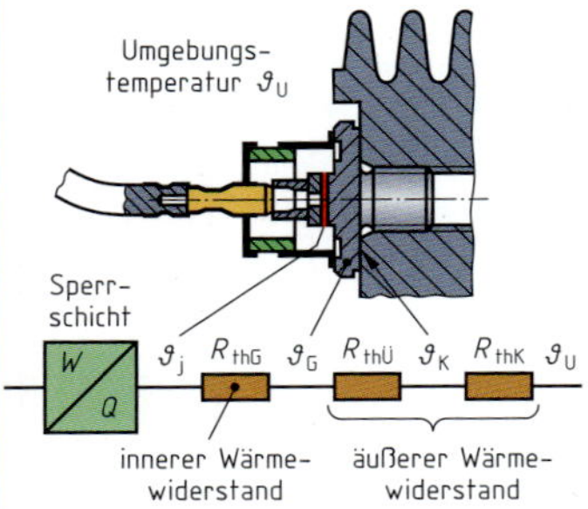

Aufteilung der Wärmewiderstände

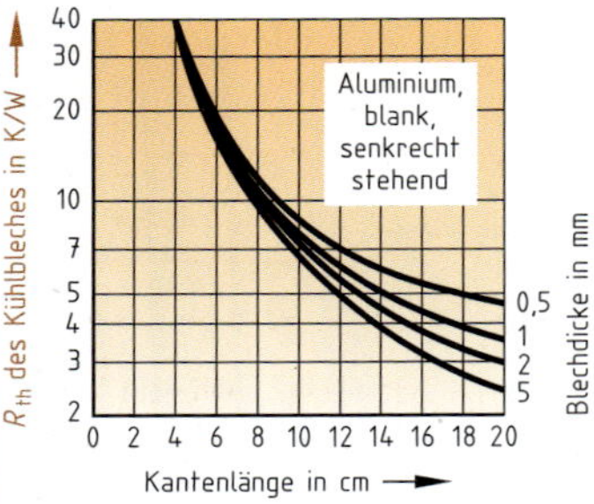

Kühlkörper-Wärmewiderstand

In allen Bauelementen tritt wegen der elektrischen Verlustleistung Wärme auf. Diese muss nach außen abgegeben werden, weil sonst die Temperatur zu hoch und das Bauelement zerstört wird, insbesondere wenn eine Sperrschicht vorhanden ist. Die Kühlung reicht aus, wenn der *Wärmewiderstand* von der empfindlichsten Stelle bis an die Umgebung so klein ist, dass die Verlustleistung abgeführt werden kann, ohne dass unzulässig hohe Temperaturen auftreten.

In *Datenblättern* wird für Bauelemente ohne Kühlkörper als Wärmewiderstand der gesamte Wärmewiderstand R_{thU} zwischen Sperrschicht und Umgebung angegeben, für Bauelemente mit Kühlkörper aber der innere Wärmewiderstand R_{thG} zwischen Sperrschicht und Gehäuse.

Der Kühlkörper-Wärmewiderstand R_{thK} hängt von Größe, Form und Farbe des Kühlkörpers **(Bild)** sowie der Dichte und Geschwindigkeit der Kühlluft ab. Die in Datenblättern angegebenen Kühlkörper-Wärmewiderstände gelten für Höhen unter 1000 m und für Konvektionskühlung (Kühlung durch Strömung der erwärmten Luft). Wenn *Kühlbleche* verwendet werden, muss bei waagrechter Anordnung die Kühlfläche das 1,2-Fache einer senkrechten Kühlfläche betragen, bei geschwärzter Kühlfläche das 0,9-Fache einer blanken Kühlfläche.

$$R_{th} = R_{thG} + R_{thÜ} + R_{thK}$$

$$[R_{th}] = \frac{K}{W}$$

$$R_{th} = \frac{\Delta T}{P_v}$$

Bei LED-Systemen:

$$R_{tht} = R_{thÜ} + R_{thK}$$

$$R_{thÜ} + R_{thK} = \frac{\vartheta_G - \vartheta_U}{P_V}$$

$$R_{thG} = \frac{\vartheta_j - \vartheta_G}{P_v}$$

$$R_{th} = \frac{\vartheta_j - \vartheta_U}{P_v}$$

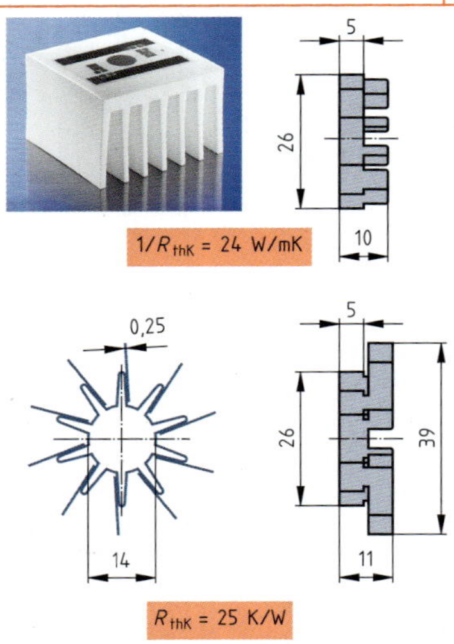

Aufsteckbare Leichtkühlkörper

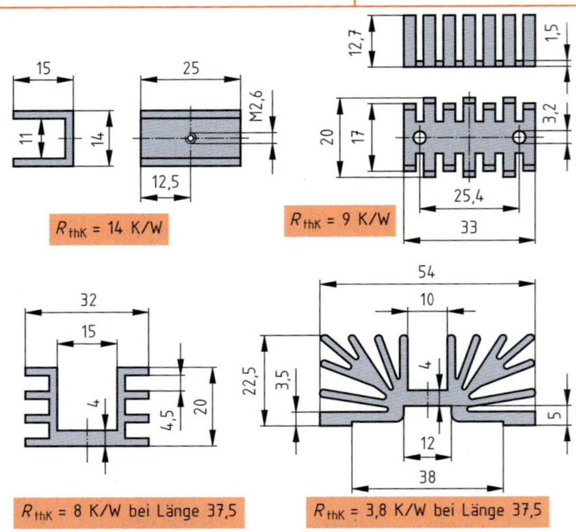

Profilkühlkörper und Fingerkühlkörper

P_v	Verlustleistung	R_{thK}	R_{th} des Kühlkörpers	ΔT	Temperaturunterschied
R_{th}	Wärmewiderstand	R_{thU}	R_{th} zwischen Sperrschicht und Umgebung	ϑ_G	Gehäusetemperatur
R_{thG}	R_{th} zwischen Sperrschicht und Gehäuse	$R_{thÜ}$	R_{th} zwischen Gehäuse und Kühlkörper	ϑ_j	Sperrschichttemperatur
R_{tht}	Gesamtwärmewiderstand			ϑ_K	Kühlkörpertemperatur
				ϑ_U	Umgebungstemperatur

Thermische Belastbarkeit von Halbleiterbauelementen

Thermic capacity of semiconductor elements

Kennlinien	Erklärungen	Bemerkungen, Formeln

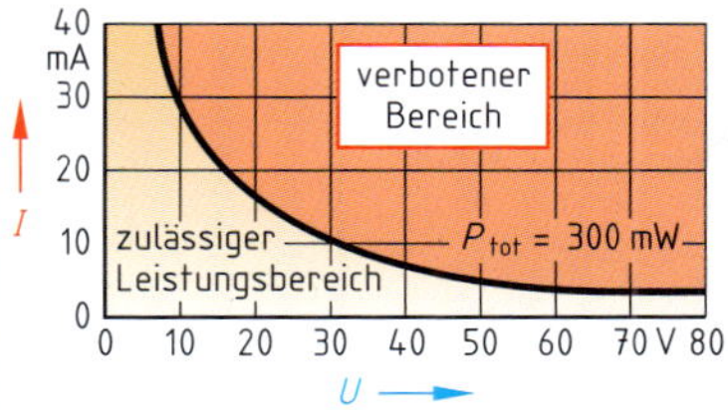

Verlustleistungshyperbel

Die höchstzulässige Sperrschichttemperatur wird bei der höchstzulässigen Verlustleistung eines Halbleiterbauelements erreicht. Die Verlustleistung eines Bauelementes berechnet man aus den Produkten von Spannungen und zugehörigen Stromstärken **(Bild)**. Die Bauelemente dürfen nur mit Spannungen und zugehörigen Stromstärken unterhalb der Leistungshyperbel P_{tot} betrieben werden.

für Silicium $\vartheta_{j\,max} < 200\,°C$
für Germanium $\vartheta_{j\,max} < 110\,°C$

Beim bipolaren Transistor:

$$P_v = U_{CE} \cdot I_C + U_{BE} \cdot I_B$$

Für große Werte von B gilt:

$$P_v \approx U_{CE} \cdot I_C$$

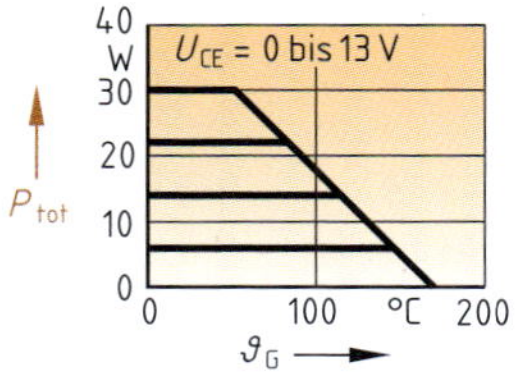

Temperaturabhängige Belastbarkeit

Die Hersteller von Halbleiterbauelementen geben in Schaubildern die zulässige Gesamtverlustleistung P_{tot} in Abhängigkeit von der Gehäusetemperatur ϑ_G an.

$$P_{tot} = \frac{\vartheta_{j\,max} - \vartheta_U}{R_{th}}$$

$$R_{th} = R_{thG} + R_{thÜ} + R_{thK}$$

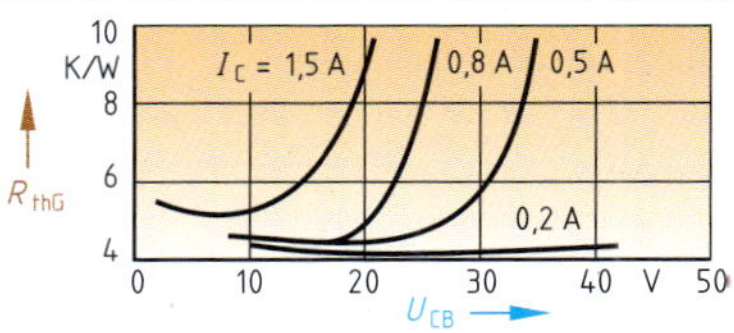

Abhängigkeit des Wärmewiderstands

Durch Stromeinschnürungen auf dem Halbleiterkristall können stellenweise hohe Temperaturen auftreten, obwohl die maximale Verlustleistung nicht erreicht ist. Der Kristall schmilzt dadurch lokal auf und das Bauelement wird zerstört.

Ursache sind die angelegte Spannung und die zugehörige Stromstärke. Größere Spannungen verringern den am Stromfluss beteiligten Querschnitt im Halbleiter, sodass es zu einer Vergrößerung des Wärmewiderstandes R_{thG} kommt **(Bild)**.

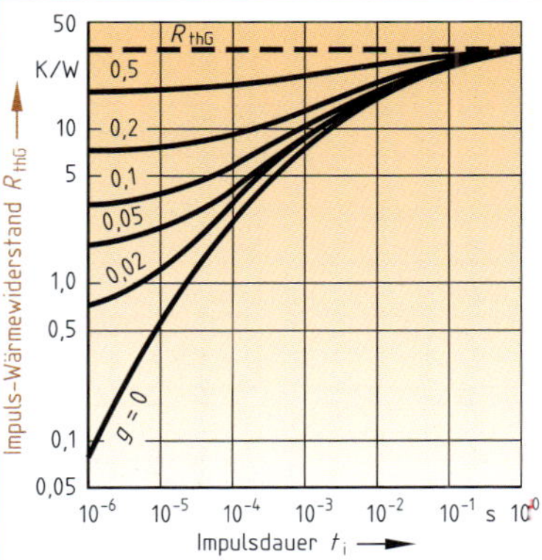

Impuls-Wärmewiderstand

Im Schaltbetrieb darf die höchstzulässige Verlustleistung überschritten werden **(Bild)**. Dies ist dann zulässig, wenn die kurzzeitig auftretenden Verluste das System nicht über die maximal zulässige Sperrschichttemperatur erwärmen. Ständig wechselnde thermische Beanspruchung verringert die Lebensdauer des Halbleiterbauelements. Die Lebensdauer hängt ab von der thermischen Amplitude und der Änderungsgeschwindigkeit des thermischen Impulses.

$$g = \frac{t_i}{T}$$

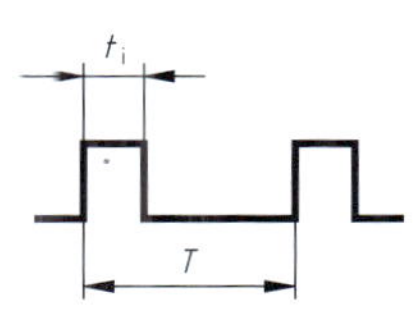

Bei dem Tastgrad $g = 0{,}5$ sind Impulsdauer und Pausendauer gleich lang.

g	Tastgrad (Duty factor)	R_{thG} (R_{thjG})	innerer Wärmewiderstand	t_i	Impulsdauer
I_B	Basisstrom			U_{BE}	Basis-Emitterspannung
I_C	Kollektorstrom	R_{thK} (R_{thKU})	Wärmewiderstand zwischen Kühlkörper und Kühlmittel	U_{CB}	Kollektor-Basisspannung
P_{tot}	höchstzulässige Verlustleistung			U_{CE}	Kollektor-Emitterspannung
P_v	Verlustleistung	$R_{thÜ}$ (R_{thGK})	Wärmewiderstand zwischen Gehäuse und Kühlkörper	ϑ_G	Gehäusetemperatur
R_{th} (R_{thU})	Wärmewiderstand, allgemein			ϑ_j	Sperrschichttemperatur
		T	Periodendauer	ϑ_U	Umgebungstemperatur

Kapazität und Schaltvorgänge von Kondensatoren

Capacitance and switching capacitors

Ansichten	Erklärungen	Formeln
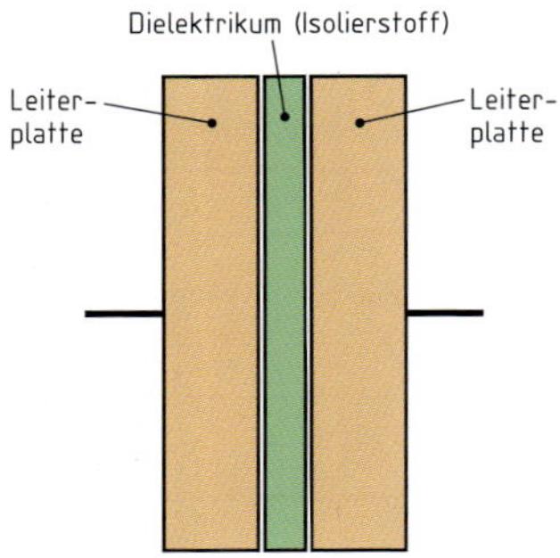 **Kondensator (Prinzip)**	Die Kapazität eines Kondensators gibt die Ladung je Volt angelegter Spannung an. Die Einheit der Kapazität ist Amperesekunde je Volt (Einheitenzeichen As/V). Der besondere Einheitenname dafür ist das Farad (Einheitenzeichen F, nach Faraday, engl. Physiker). Ein Kondensator hat die Kapazität 1 F, wenn eine konstante Ladestromstärke von 1 A in der Zeit 1 s an ihm die Spannung um 1 V erhöht. Übliche Kondensatorkapazitäten liegen im Bereich von µF (Mikrofarad) und nF (Nanofarad).	$C = \frac{Q}{U}$ $[C] = \frac{\text{As}}{\text{V}} = \frac{\text{C}}{\text{V}} = \text{F}$ $Q = C \cdot U$ $[Q] = \frac{\text{A} \cdot \text{s}}{\text{V}} \cdot V = \text{As} = C$ Beim Plattenkondensator: $C = \frac{\varepsilon_0 \cdot \varepsilon_r \cdot A}{l}$ $\varepsilon_0 \approx 8{,}85\ \text{pAs/(Vm)}$
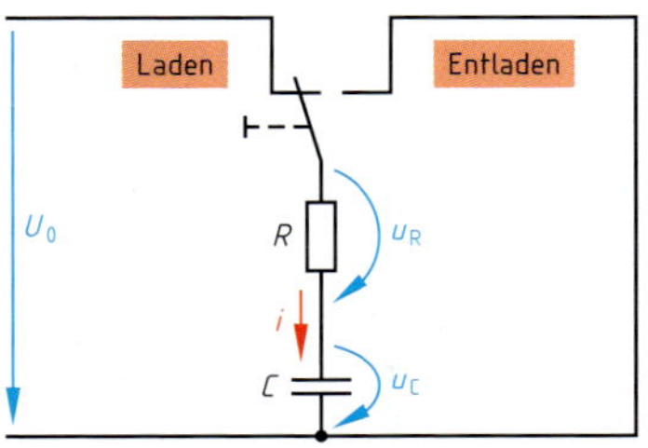 **Kondensator und Widerstand an Gleichspannung**	Ein Kondensator speichert im elektrischen Feld elektrische Energie. Die Verlustenergie beim Laden ist gleich groß wie die gespeicherte Energie. Legt man einen Kondensator über einen Widerstand an Gleichspannung, so steigt die Spannung am Kondensator vom Anfangswert bis zum Endwert nach einer Exponentialfunktion an **(Bild)**. Während der Dauer der Zeitkonstanten 1 τ nimmt die Spannung jeweils um das 0,63-Fache des bis zum Endwert fehlenden Restes zu. Nach 5 τ liegt nahezu die volle Spannung am Kondensator.	$W = \frac{1}{2} \cdot C \cdot U^2$ $W = \frac{1}{2} \cdot Q \cdot U$ $\tau = R \cdot C$ $[\tau] = \Omega \cdot \frac{\text{As}}{\text{V}} = \frac{\text{V}}{\text{A}} \cdot \frac{\text{As}}{\text{V}} = \text{s}$

Lade- und Entladevorgänge am Kondensator

Spannung am Kondensator	Strom durch den Kondensator	Formeln: Beim Laden	Formeln: Beim Entladen
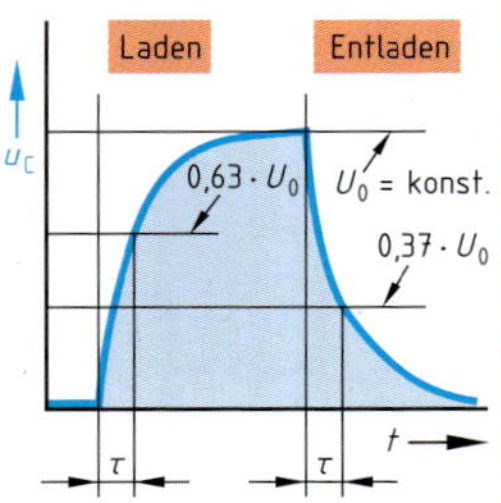	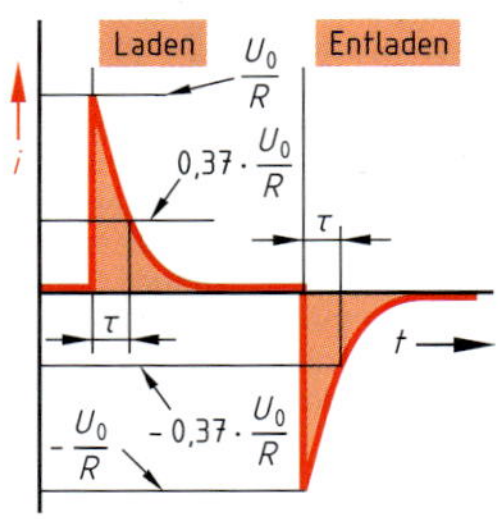	$i = \frac{U_0}{R} \cdot e^{-t/\tau}$ $u_R = U_0 \cdot e^{-t/\tau}$ $u_R = U_0 - u_C$ $u_C = U_0(1 - e^{-t/\tau})$	$i = -\frac{U_0}{R} \cdot e^{-t/\tau}$ $u_R = -U_0 \cdot e^{-t/\tau}$ $u_C = U_0 \cdot e^{-t/\tau}$ $u_R = -u_C$

A gleichartig geladene Plattenoberfläche
C Kapazität
Q elektrische Ladung, Einheit Coulomb
R Widerstand
U_0 Gleichspannung
W elektrische Energie
i Stromstärke
l Plattenabstand
u_C Spannung an C
u_R Spannung an R
τ Zeitkonstante

Kondensatorwerte und Kennzeichen siehe **Seite 65** und **Seite 66**.

Magnetische Größen und Magnetisierungskennlinien
Magnetic quantities and magnetization characteristics

Ansicht	Erklärungen	Formeln
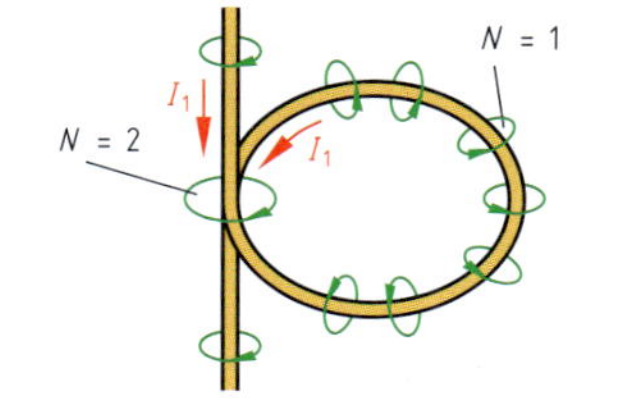 **Durchflutung einer Windung**	Die *Durchflutung* Θ ist das Produkt aus Stromstärke und Windungszahl **(Bild)**. Der *magnetische Widerstand* R_m hängt von den Abmessungen des Weges ab, auf dem sich die Feldlinien ausbreiten, und von der Permeabilitätszahl, einer stofftypischen Größe **(Bild)**. Magnetische Feldkonstante: $\mu_0 = 1{,}257\,\frac{\mu\text{Vs}}{\text{Am}}$	$\Theta = I \cdot N$ $[\Theta] = \text{A}$ $R_m = \frac{l}{\mu_0 \cdot \mu_r \cdot A}$ $[R_m] = \frac{\text{A}}{\text{Vs}}$
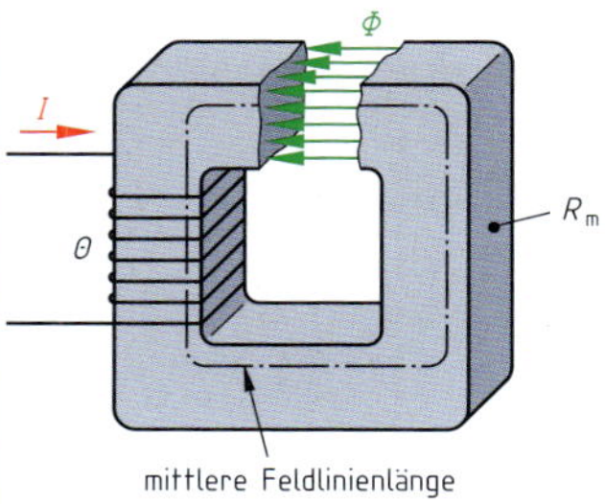 **Magnetischer Fluss**	Der Kehrwert des magnetischen Widerstandes heißt *magnetischer Leitwert* Λ. Einheitenname: Henry (H), benannt nach dem amerik. Physiker *Joseph Henry* (* 1797 bis 1878). Der *magnetische Fluss* Φ ist die Gesamtheit aller Feldlinien eines Magneten oder einer Spule **(Bild)**. Einheitenname : Weber (Wb).	$\Lambda = \frac{1}{R_m}$ $[\Lambda] = \frac{\text{Vs}}{\text{A}} = \Omega\text{s} = \text{H}$ $\Phi = \frac{\Theta}{R_m}$ $[\Phi] = \text{Vs} = \text{Wb}$
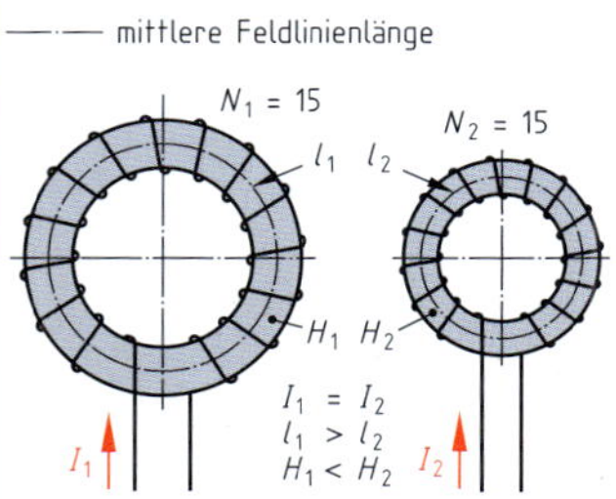 **Ringspulen**	Die *magnetische Flussdichte* B (Induktion) gibt den magnetischen Fluss eines Magneten oder einer Spule an, der eine Fläche von 1 m² senkrecht durchsetzt **(Bild)**. Einheitenname: Tesla (T), benannt nach dem serbischen Physiker *Nicola Tesla* (* 1856 bis 1943). Das Verhältnis der magnetischen Flussdichte zur magnetischen Feldstärke nennt man *Permeabilität* μ. Die Permeabilität ist das Produkt aus magnetischer Feldkonstanten und Permeabilitätszahl **(Bild)**. Zahlenwerte siehe **Seite 34 „Magnetwerkstoffe"**.	Im homogenen Magnetfeld: $B = \frac{\Phi}{A}$ $\quad w = \frac{1}{2} \cdot B \cdot H$ $[B] = \frac{\text{Vs}}{\text{m}^2} = \text{T}$ $\quad [w] = \frac{\text{J}}{\text{m}^3}$ $\mu = \frac{B}{H}$ $\quad \mu = \mu_0 \cdot \mu_r$ $[\mu] = \frac{\text{Vs}}{\text{Am}}$ Bei Spulen mit Eisenkern: $H = \frac{\Theta}{l}$ $\quad H = \frac{N \cdot I}{l}$ $[H] = \frac{\text{A}}{\text{m}}$

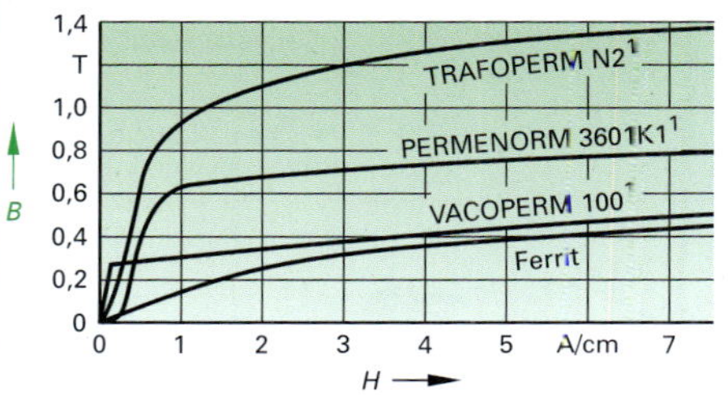

$B(H)$-Kennlinien

Magnetwerkstoffe Seite 34

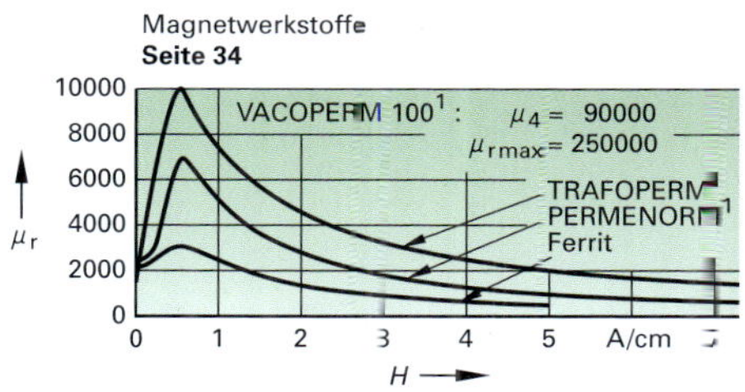

$\mu_r(H)$-Kennlinien

A Querschnitt, Polfläche, durchflutete Fläche	N Windungszahl	μ_0 magnetische Feldkonstante
B magnetische Flussdichte	R_m magnetischer Widerstand	μ_r Permeabilitätszahl
H magnetische Feldstärke	w Energiedichte	Θ Durchflutung, magnetische Spannung
I Stromstärke	Φ magnetischer Fluss	¹ Handelsnamen der Vacuumschmelze Hanau
l mittlere Feldlinienlänge	Λ magnetischer Leitwert	
	μ Permeabilität	

G

Magnetwerkstoffe Magnetic materials

Weichmagnetische Werkstoffe

Handelsname Kurzname	Flussdichte bei Sättigung in mT	Koerzitivfeldstärke in kA/m	Permeabilitätszahl bei $H = 4$ mA/cm μ_4	Permeabilitätszahl Höchstwert $\mu_{r\,max}$	Curie-Temperatur in °C	Anwendungsbeispiele
MUMETALL[3] E3	800	1,2	50000	140000	400	Messwandler, Magnetköpfe
VACOPERM 100[3] E4	970	2,5	90000	250000	400	RCD (FI-Schalter)
TRAFOPERM N2[3] C5	2030	10	2000	35000	750	Netztransformatoren
HYPERM 50[1] F3	1500	6	5000	50000	470	Übertrager, Relais
HYPERM 5T[1] C5	2000	8	1500	35000	750	Schnittbandkerne

Weichmagnetische Ferrite

SIFERRIT-Werkstoff[2]		Flussdichte in mT	Koerzitivfeldstärke in A/m	Anfangspermeabilität μ_{rA}	günstigstes Frequenzgebiet in MHz	Curie-Temperatur in °C	Anwendungsbeispiele
U 17	bei Sättigung	300	1500	10	10 bis 220	500	im KW-Bereich
K 12	bei Sättigung	145	1200	24	3 bis 40	400	im KW-Bereich
K 1	bei Sättigung	360	500	80	1,5 bis 12	350	im KW-Bereich
M 33	bei Sättigung	400	100	700	0,2 bis 1,0	200	im MW-Bereich
N 22	bei Sättigung	390	30	1800	0,001 bis 0,2	145	im NF-Bereich
T 26	bei Sättigung	390	20	2200	–	145	Übertrager
N 30	bei Sättigung	390	13	4300	–	150	Übertrager
T 38	bei Sättigung	380	4	10000	–	130	Übertrager
R 473	remanent	160	480	–	–	600	Speicher-Ferrit
R 461	remanent	280	32	–	–	370	Schalt-Ferrit
R 402	remanent	190	32	–	–	210	Transfluxor-Ferrit

Hartmagnetische Werkstoffe

Werkstoff Handelsname	Remanenzflussdichte in mT	Koerzitivfeldstärke in kA/m	Max. Energiedichte in kJ/m³	Permeabilitätszahl μ_r	Dichte in kg/dm³	Anwendungsbeispiele
AlNiCo 12/6 KOERZIT 160[1]	650	54	12	4000 bis 5600	7,1	Mikrofone, Tonabnehmer
FeCoVCr 11/2 KOERFLEX 300 Band[1]	800	24	11	2000 bis 8000	8,2	Motoren, Kupplungen
Hartferrit 7/21 KOEROX 200[1]	190	125	6,5	1200	4,9	Dauermagnetmotoren
SIFERRIT DB1[2]	215	135	7	1200	5	Elektromotoren in Kfz
CROVAC 23[3]	1150	55	37	–	7,6	Hysteresekupplungen
VACOZET 200[3]	1400	1,5	1,5	–	8,6	Reedschalter

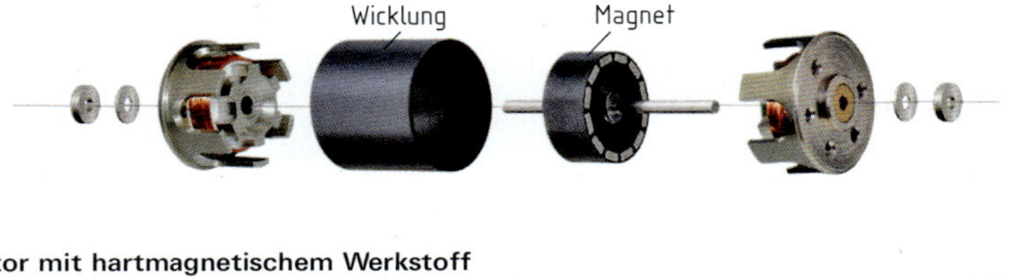

Mikromotor mit hartmagnetischem Werkstoff

[1] Handelsname der Krupp Widia Magnettechnik, Essen;
[2] Handelsname der Siemens AG;
[3] Handelsname der Vacuumschmelze Hanau;

Formeln siehe **Seite 33 „Magnetische Größen und Magnetisierungskennlinien"**.

Induktion, Induktivität, Spule an Gleichspannung
Induction, inductance, coil at DC

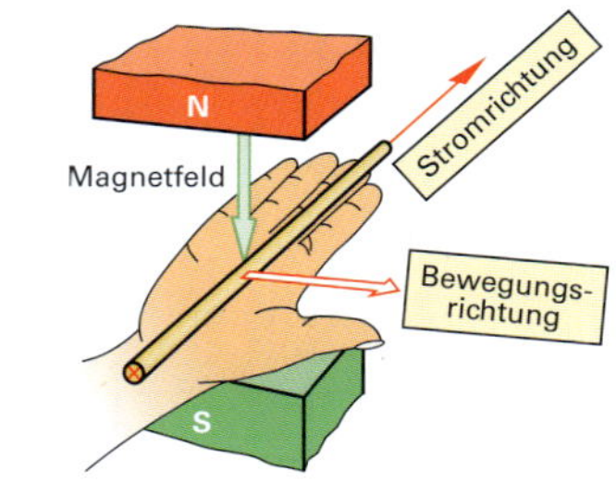

Rechte-Hand-Regel

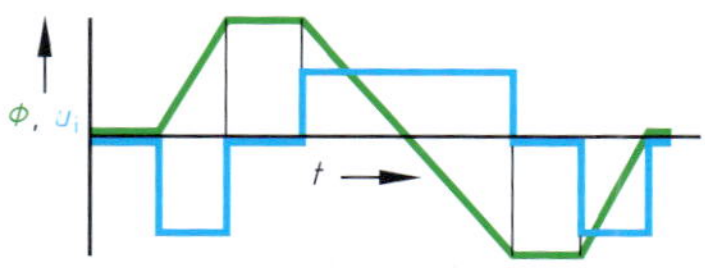

Induktionsspannung durch Flussänderung

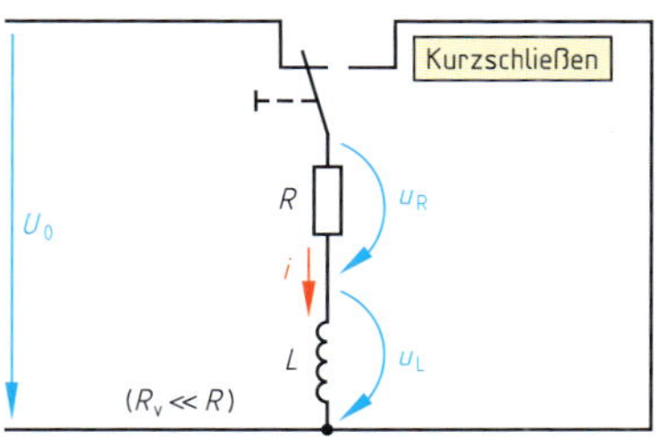

Spule und Widerstand an Gleichspannung

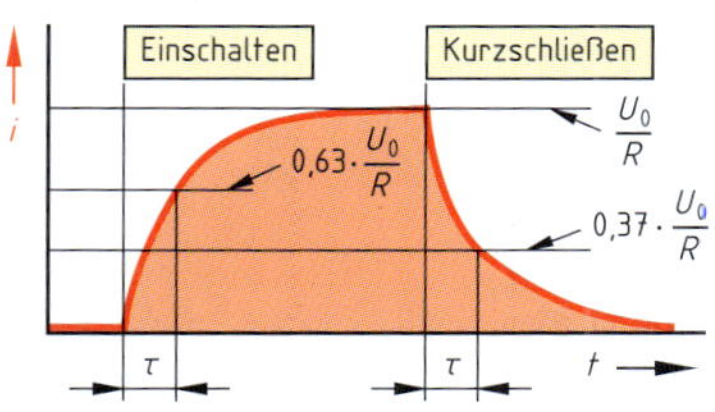

Strom durch die Spule

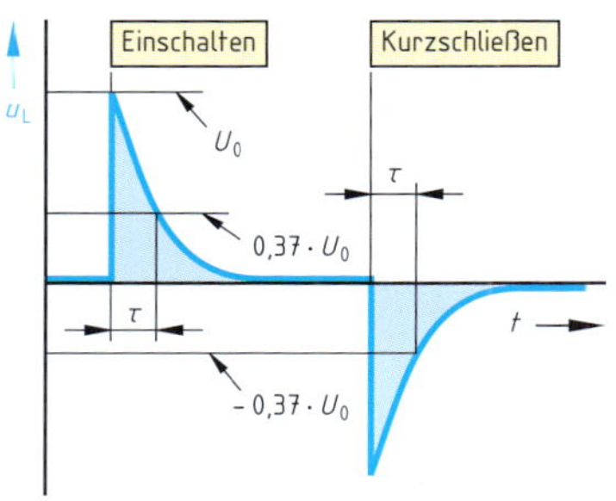

Spannung an der Spule

Ändert sich das Magnetfeld um einen Leiter, so wird in ihm eine elektrische Spannung induziert.

Die Richtung des Stromes, der von der induzierten Spannung hervorgerufen wird, lässt sich mit der Rechte-Hand-Regel ermitteln **(Bild)**.

$$u_i = -N \cdot \frac{\Delta\Phi}{\Delta t}$$

$$[u] = \frac{\text{Vs}}{\text{s}} = \text{V}$$

Bei bewegten Leiterschleifen:

$$u_i = B \cdot l \cdot v \cdot z$$

$$[u_i] = \frac{\text{Vs}}{\text{m}^2} \cdot \text{m} \cdot \frac{\text{m}}{\text{s}} = \text{V}$$

- u_i induzierte Spannung
- N Windungszahl
- $\Delta\Phi$ Flussänderung
- Δt Zeit, in der die Flussänderung erfolgt
- B magnetische Flussdichte
- l wirksame Breite des Magnetfeldes
- v Umfangsgeschwindigkeit der Leiterschleifen
- z Zahl der Leiterschleifen

$$u_i = -N \cdot \frac{\Delta\Phi}{\Delta t} = -N \cdot \frac{\mu_r \cdot \mu_0 \cdot A \cdot N}{l} \cdot \frac{\Delta i}{\Delta t} = -N^2 \cdot A_L \cdot \frac{\Delta i}{\Delta t}$$

- μ_0 magnetische Feldkonstante ($\mu_0 \approx 1{,}257$ µVs/Am)
- μ_r Permeabilitätszahl
- A Querschnittsfläche des Kernes
- l_m mittlere Feldlinienlänge
- Δi Änderung der Stromstärke
- A_L Spulenkonstante
- L Induktivität
- W elektrische Energie
- L Induktivität
- I Stromstärke

$$u_i = -L \cdot \frac{\Delta i}{\Delta t}$$

$$[u_i] = \text{H} \cdot \frac{\text{A}}{\text{s}} = \text{V}$$

$$L = N^2 \cdot A_L$$

$$[L] = \frac{\text{Vs}}{\text{A}} = \text{H}$$

$$A_L = \frac{\mu_r \cdot \mu_0}{l_m} \cdot A$$

$$[A_L] = \frac{\text{Vs}}{\text{A}} = \text{H}$$

Legt man eine Spule an Gleichspannung, so nimmt der Strom während 1 τ jeweils um das 0,63-Fache des bis zum Endwert fehlenden Restes zu. Nach 5 τ fließt nahezu der volle Strom **(Bild)**.

$$W = \frac{1}{2} \cdot L \cdot I^2$$

$$[W] = \frac{\text{Vs}}{\text{A}} \cdot \text{A}^2 = \text{Ws} = \text{J}$$

$$\tau = \frac{L}{R}$$

$$[\tau] = \frac{\text{H}}{\Omega} = \frac{\text{Vs}}{\text{A} \cdot \Omega} = \frac{\text{Vs} \cdot \text{A}}{\text{A} \cdot \text{V}} = \text{s}$$

- τ Zeitkonstante
- L Induktivität
- R Widerstand des Stromkreises
- R_v Wirkwiderstand der Spule
- i Stromstärke
- U_0 Gleichspannung
- t Zeit
- u_R Spannung an R
- u_L Spannung an L

Beim Einschalten:

$$i = \frac{U_0}{R} \cdot (1 - e^{-t/\tau})$$
$$u_R = U_0 \cdot (1 - e^{-t/\tau})$$
$$u_L = U_0 \cdot e^{-t/\tau}$$

Beim Kurzschließen:

$$i = \frac{U_0}{R} \cdot e^{-t/\tau}$$
$$u_R = U_0 \cdot e^{-t/\tau}$$
$$u_L = -U_0 \cdot e^{-t/\tau}$$

Lenz'sche Regel

Der durch Induktion hervorgerufene Strom ist stets so gerichtet, dass er seine Ursache zu hemmen sucht.

(Heinrich Lenz, russischer Physiker, 1804–1865)

Strom im Magnetfeld Current in magnetic field

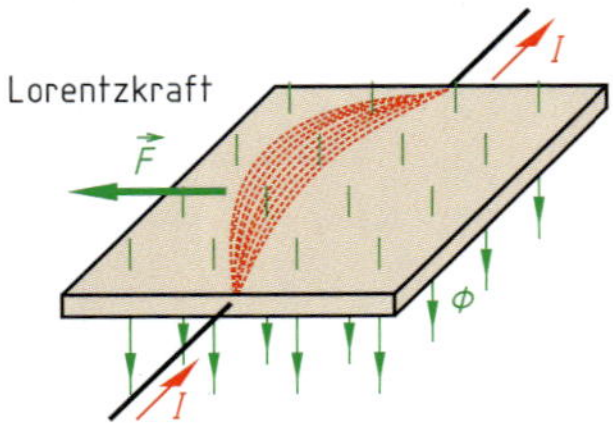

Lorentzkraft bei einem N-Leiter

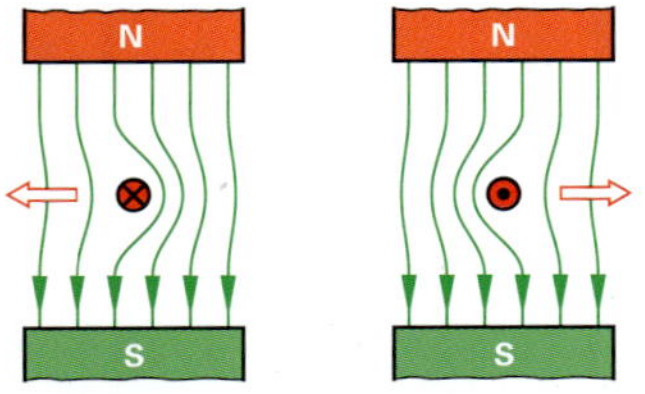

Resultierendes Magnetfeld und Ablenkung des stromdurchflossenen Leiters

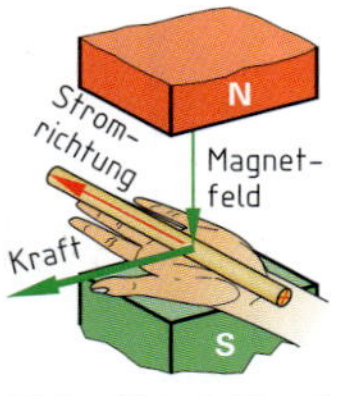

Linke-Hand-Regel

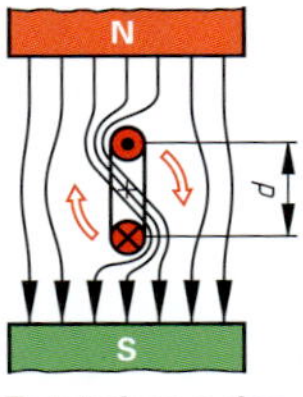

Entstehung des Kraftmoments

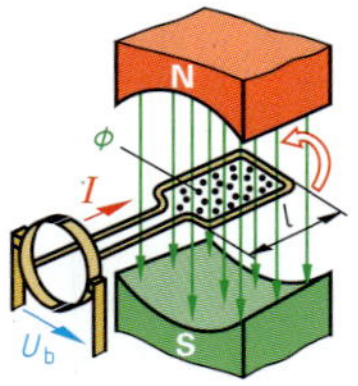

Entstehung der Drehbewegung

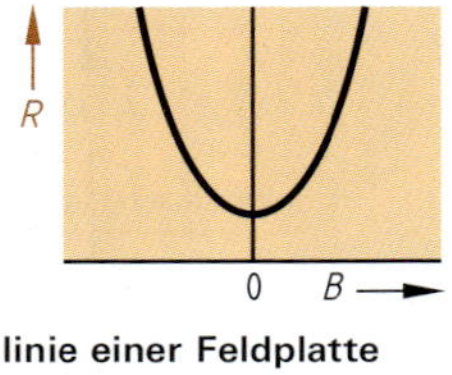

Kennlinie einer Feldplatte

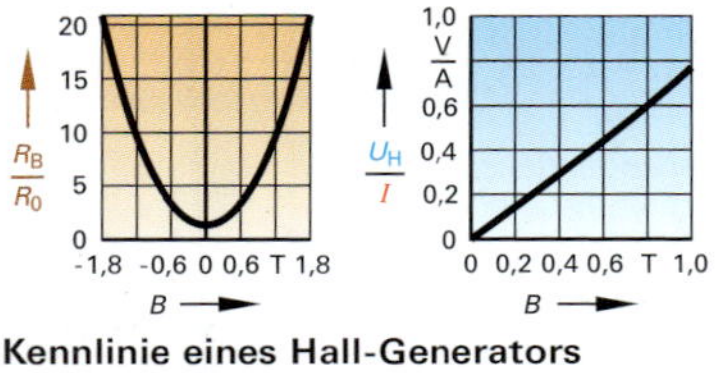

Kennlinie eines Hall-Generators

Auf einen Strom im Magnetfeld wirkt eine Kraft senkrecht zum Strom und senkrecht zum Magnetfeld. Die Kraft wird von den Ladungsträgern auf den Leiter übertragen **(Bild)**.

- F Kraft (Lorentzkraft[1])
- Q Ladung
- v Geschwindigkeit der Ladungsträger senkrecht zum Magnetfeld
- B magnetische Flussdichte
- I Stromstärke
- l wirksame Breite des Magnetfeldes
- t Zeit
- z Anzahl der Leiter
- α Winkel zwischen Leiter und Feldlinien

Die Richtung der Kraft kann man mithilfe der Linke-Hand-Regel ermitteln **(Bild)**.

Die Drehrichtung hängt von der Stromrichtung in der Spule und von der Richtung des Magnetfeldes ab. Die Spule dreht sich, bis ihre Feldlinien dieselbe Richtung haben wie das Magnetfeld. Führt man den Strom der Spule über einen Stromwender (Kommutator) zu, wird eine andauernde Drehung erreicht (Motor).

- M Kraftmoment (Drehmoment)
- F Lorentzkraft einer Spulenseite
- d Abstand der Spulenseiten

Feldplatten sind magnetfeldabhängige Widerstände. Die Widerstandszunahme ist von der magnetischen Flussdichte abhängig **(Bild)**.

In einem *Hall-Generator* (Hall-Sonde) erzeugen ein Steuerstrom und ein Magnetfeld eine Spannung.

Die Richtung der Hallspannung hängt von der Stromrichtung und von der Richtung des Magnetfeldes ab **(Bild)**.

- U_H Hallspannung
- R_0 Grundwiderstand (Widerstand ohne Magnetfeld)
- R_B Widerstand im Magnetfeld
- R_H Hallkoeffizient
- I Stromstärke
- B magnetische Flussdichte
- s Dicke des Plättchens

$$F = Q \cdot v \cdot B$$

$$[F] = \mathrm{As} \cdot \frac{\mathrm{m}}{\mathrm{s}} \cdot \frac{\mathrm{Vs}}{\mathrm{m}^2} = \frac{\mathrm{Ws}}{\mathrm{m}} = \mathrm{N}$$

$$F = Q \cdot v \cdot B = I \cdot t \cdot \frac{l}{t} \cdot B$$

Bei einem Leiter und $\alpha = 90°$:

$$F = I \cdot l \cdot B$$

$$[F] = \mathrm{A} \cdot \mathrm{m} \cdot \frac{\mathrm{Vs}}{\mathrm{m}^2} = \frac{\mathrm{Ws}}{\mathrm{m}} = \mathrm{N}$$

Allgemein:

$$F = z \cdot I \cdot l \cdot B \cdot \sin\alpha$$

Mehrere Leiter und $\alpha = 90°$:

$$F = z \cdot I \cdot l \cdot B$$

$$M = F \cdot d$$

$$[M] = \mathrm{N} \cdot \mathrm{m} = \mathrm{Nm}$$

$$U_H = \frac{R_H \cdot I \cdot B}{s}$$

$$[U_H] = \frac{\mathrm{m}^3 \cdot \mathrm{A} \cdot \mathrm{Vs}}{\mathrm{As} \cdot \mathrm{m} \cdot \mathrm{m}^2} = \mathrm{V}$$

[1] Hendrik A. Lorentz, holländischer Physiker 1853 bis 1928
[2] Edwin H. Hall, amerikanischer Physiker 1855 bis 1938

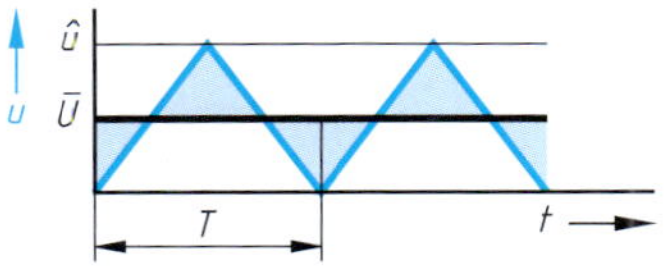

Arithmetischer Mittelwert einer dreieckförmigen Mischspannung

Der *arithmetische Mittelwert* einer periodischen Größe ist gleich der Höhe des flächengleichen Rechtecks **(Bild)**.

$$\bar{U} = \frac{1}{T} \cdot \int_0^T u(t)\,\mathrm{d}t$$

$\bar{U}$	arithmetischer Mittelwert der Spannung (sprich: U quer)
T	Periodendauer
$u(t)$	Funktionsgleichung der Spannung

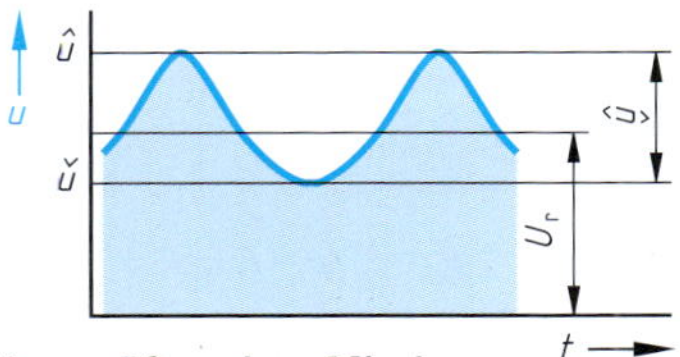

Kenngrößen einer Mischspannung

$$\hat{\check{u}} = \hat{u} - \check{u}$$

$$U_r = \frac{1}{T} \cdot \int_0^T |u(t)|\,\mathrm{d}t$$

$\hat{\check{u}}$	Spitze-Tal-Wert
$\hat{u}$	Maximalwert
$\check{u}$	Minimalwert
U_r	Gleichrichtwert der Spannung (Rectified Value, **Bild**)
T	Periodendauer
$u(t)$	Funktionsgleichung der Spannung

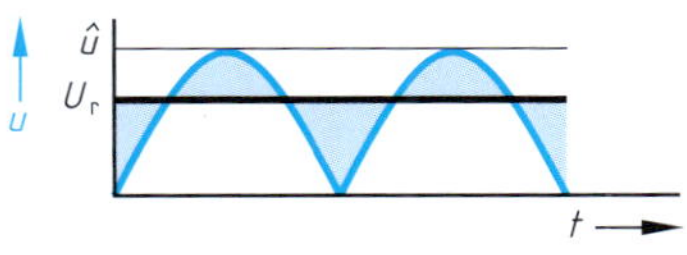

Gleichrichtwert einer sinusförmigen Spannung

Der *Effektivwert* einer periodischen Größe ist die Wurzel aus dem arithmetischen Mittelwert während einer oder mehreren Perioden **(Bild)**.

$$U = \sqrt{\frac{1}{T} \cdot \int_0^T u^2(t)\,\mathrm{d}t}$$

U	Effektivwert der Spannung (Root Mean Square RMS)
T	Periodendauer
$u(t)$	Funktionsgleichung der Spannung

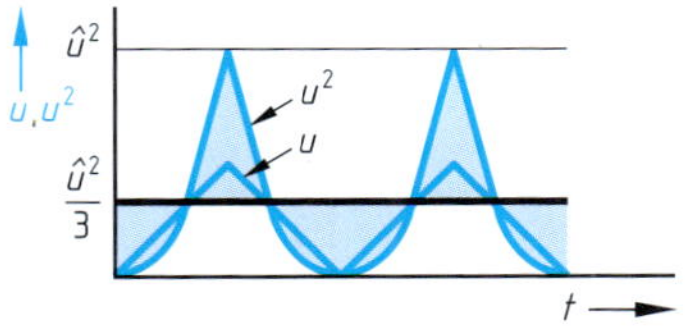

Effektivwert einer dreieckförmigen Mischspannung

Bei Sinusgrößen:

$$u = \hat{u} \cdot \sin(\omega t + \varphi)$$

u	Augenblickswert der Spannung
$\hat{u}$	Amplitude (Scheitelwert)
ω	Kreisfrequenz
t	Zeit
φ	Nullphasenwinkel

Der *Scheitelfaktor* hängt von der Schwingungsform ab.

$$F_c = \frac{\hat{u}}{U}$$

$$F = \frac{U}{U_r}$$

F_c	Scheitelfaktor (Crestfaktor)
F	Formfaktor
$\hat{u}$	Maximalwert der Wechselspannung
U	Effektivwert der Wechselspannung

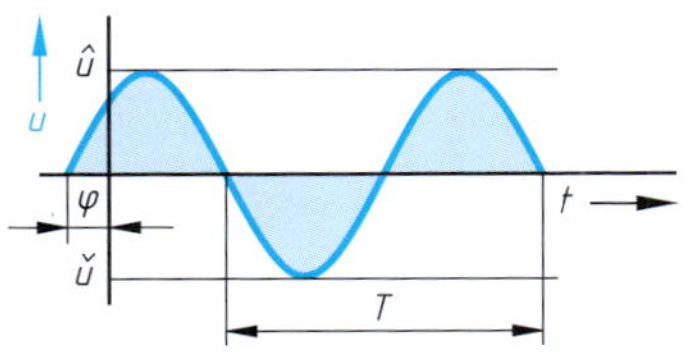

Sinusförmige Spannung

Alle Formeln gelten entsprechend auch für andere Wechselgrößen, z. B. für Wechselströme.

Scheinwiderstände (Impedanzen) nehmen Scheinleistung auf. Wirkwiderstände von Impedanzen nehmen dabei Wirkleistung auf, Blindwiderstände Blindleistung.

$$S = \sqrt{P^2 + Q^2}$$

$[S]$ = VA oder W

$$S = U \cdot I$$

$$P = S \cdot \cos\varphi$$

$[P]$ = W

$$Q = S \cdot \sin\varphi$$

$[Q]$ = var oder W

S	Scheinleistung
P	Wirkleistung
Q	Blindleistung
U	Spannung (Effektivwert)
I	Stromstärke (Effektivwert)
φ	Phasenverschiebungswinkel zwischen Strom u. Spannung

Signal-art	Sinus	Dreieck, Sägezahn	Rechteck, symmetr.
U_r	$0{,}636 \cdot \hat{u}$	$0{,}5 \cdot \hat{u}$	$\hat{u}$
U	$\hat{u}/\sqrt{2}$	$\hat{u}/\sqrt{3}$	$\hat{u}$
F_c	$\sqrt{2}$	$\sqrt{3}$	1
F	1,11	1,15	1

Signalfaktoren bei Wechselgrößen

Frequenz, Wellenlänge, Impuls Frequency, wavelength, pulse

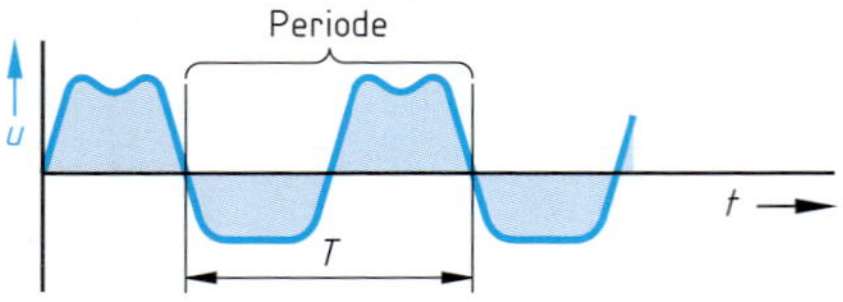

Wechselspannung

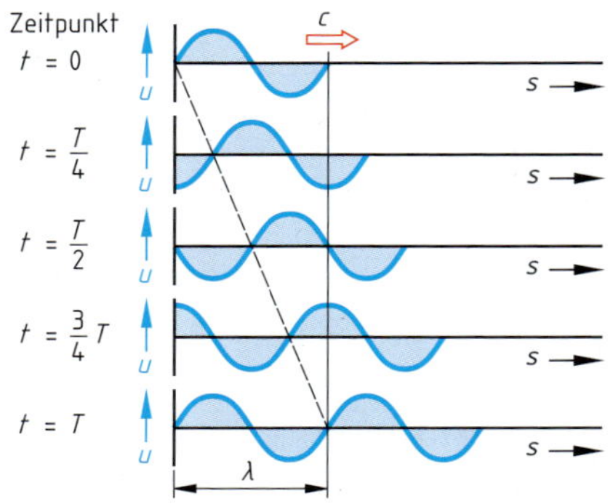

Entstehung einer Welle

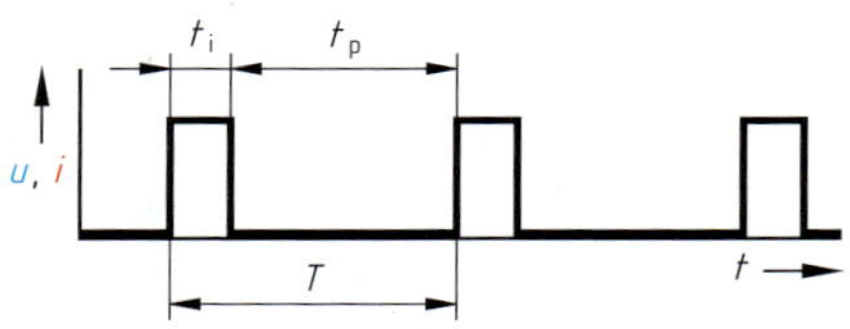

Pulsvorgang

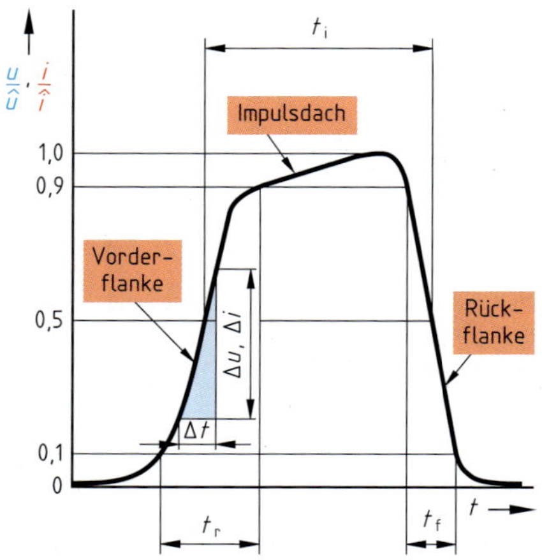

Benennungen beim Impuls

Periodendauer T

Zeitdauer, in welcher der Wert der physikalischen Größe eine volle Periode (Schwingungsdauer) durchläuft.

$[f] = \text{Hz (Hertz)}$

$[T] = \text{s}$

$$f = \frac{1}{T}$$

Bei Sinusschwingung:

$[\omega] = \frac{1}{\text{s}}$

$$\omega = 2 \cdot \pi \cdot f$$

Frequenz f

Zahl der Schwingungen je Sekunde.

$$\lambda = c \cdot T \qquad \lambda = \frac{c}{f}$$

Welle

Schwingung, die sich mit der Ausbreitungsgeschwindigkeit c fortpflanzt.

Lichtgeschwindigkeit:

$$c_0 = \frac{1}{\sqrt{\varepsilon_0 \cdot \mu_0}}$$

$c_0 = 299.792.458 \, \frac{\text{m}}{\text{s}} \approx 0{,}3 \cdot 10^9 \, \frac{\text{m}}{\text{s}}$

Wellenlänge λ

Wegstrecke für eine volle Schwingung.

Elektromagnetische Wellen in Luft und Vakuum:

$$\lambda = c_0 \cdot T \qquad \lambda = \frac{c_0}{f}$$

Elektromagnetische Wellen in beliebiger Materie:

$$\lambda = \frac{c_0}{\sqrt{\varepsilon_r \cdot \mu_r}} \cdot T \qquad \lambda = \frac{c_0}{f \cdot \sqrt{\varepsilon_r \cdot \mu_r}}$$

Schallwellen in Luft (bei $\vartheta = 20\,°\text{C}$):

$$\lambda = 340 \, \frac{\text{m}}{\text{s}} \cdot T \qquad \lambda = 340 \, \frac{\text{m}}{\text{s}} \cdot \frac{1}{f}$$

Schallwellen in Wasser:

$$\lambda = 1480 \, \frac{\text{m}}{\text{s}} \cdot T \qquad \lambda = 1480 \, \frac{\text{m}}{\text{s}} \cdot \frac{1}{f}$$

Pulsvorgang

Periodische Folge von Impulsen mit einem definierten Verhältnis der Impulsdauer zur Pausendauer.

$$T = t_i + t_p$$

$$g = \frac{t_i}{T}$$

Impuls

Einmalige, stoßartige Änderung des Signalwertes (Spannung, Strom) von endlicher Dauer.

Beim Spannungsimpuls:

$$S = \frac{\Delta u}{\Delta t}$$

Beim Stromimpuls:

$$S = \frac{\Delta i}{\Delta t}$$

c Ausbreitungsgeschwindigkeit, c_0 Lichtgeschwindigkeit, f Frequenz, g Tastgrad, s Wegstrecke, S Flankensteilheit, T Periodendauer, t_f Abfallzeit (von Fall Time), t_i Impulsdauer, t_p Pausendauer, t_r Anstiegszeit (von Rise Time), Δi Stromdifferenz, Δt Zeitdifferenz, Δu Spannungsdifferenz, ε_r Permittivitätszahl, ε_0 elektrische Feldkonstante, ϑ Temperatur, λ Wellenlänge, μ_r Permeabilitätszahl, μ_0 magnetische Feldkonstante, ω Kreisfrequenz.

Lichtgrößen Quantities of light

Darstellungen	Erklärungen	Formeln

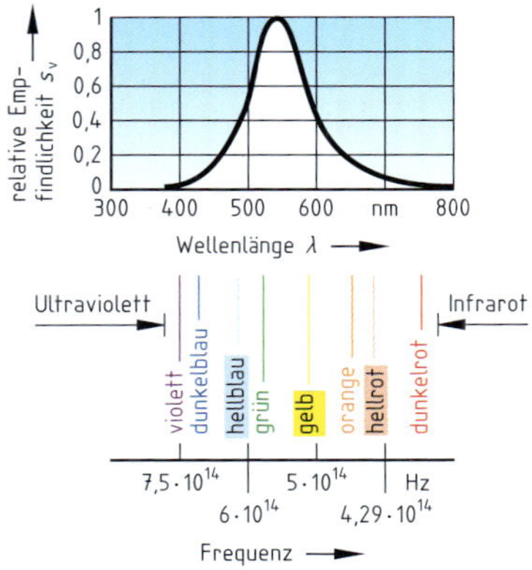

Farbempfindlichkeit des menschlichen Auges

Strahlungsleistung P ist die abgestrahlte Leistung eines Strahlers.

Strahlstärke I_e (Strahlungsstärke) ist die Strahlungsleistung je Raumwinkel Ω. Ein Raumwinkel von 1 sr (Steradiant) liegt vor, wenn ein kegelförmiger Ausschnitt aus der Einheitskugel (Kugel mit Radius 1 m) eine Ausschnittsfläche auf der Kugeloberfläche von 1 m² bewirkt.

$$I_e = \frac{P}{\Omega}$$

$[I_e]$ = W/sr

Multipliziert man bei einer Strahlung mit der Wellenlänge von 555 nm die Strahlungsleistung mit dem *Lichtgleichwert* (fotometrisches Strahlungsäquivalent), so erhält man den Lichtstrom Φ_v. Bei anderen Wellenlängen ist die relative Empfindlichkeit des Auges s_v zu berücksichtigen **(Bild)**.

Bei beliebigem λ:

$$\Phi_v = P \cdot K \cdot s_v$$

Bei λ = 555 nm:

$$\Phi_v = P \cdot K$$

$[\Phi_v]$ = Lumen = lm
K = 683 m/W

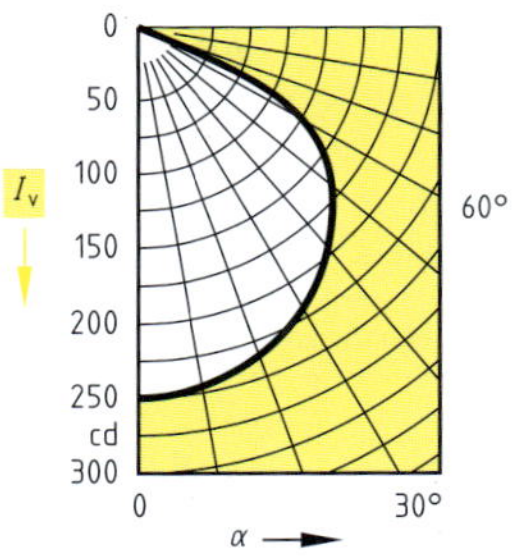

Lichtstärkeverteilungskurve einer direkt strahlenden Lichtquelle mit 1000 lm

Die *Lichtstärke* I_v entspricht dem in eine bestimmte Richtung von der Lichtquelle ausgestrahlten Lichtstrom. Man entnimmt die Lichtstärke von Lichtquellen einer Lichtstärkeverteilungskurve **(Bild)**. Bei den Lichtstärkeverteilungskurven bezieht sich die Angabe der Lichtstärke auf einen Lichtstrom von 1000 lm.

$$I_v = \frac{\Phi_v}{\Omega}$$

$[I_v]$ = lm/sr = cd
= Candela

Die *Leuchtdichte* L_v gibt die Lichtstärke je leuchtende sichtbare A Fläche an.

$$L_v = \frac{I_v}{A}$$

$[L_v]$ = cd/m²

Die *Beleuchtungsstärke* E_v gibt den Lichtstrom an, der von der Lichtquelle aus auf der zu beleuchtenden Fläche senkrecht auftrifft.

$$E_v = \frac{\Phi_v}{A}$$

$[E_v]$ = lm/m² = lx
= Lux

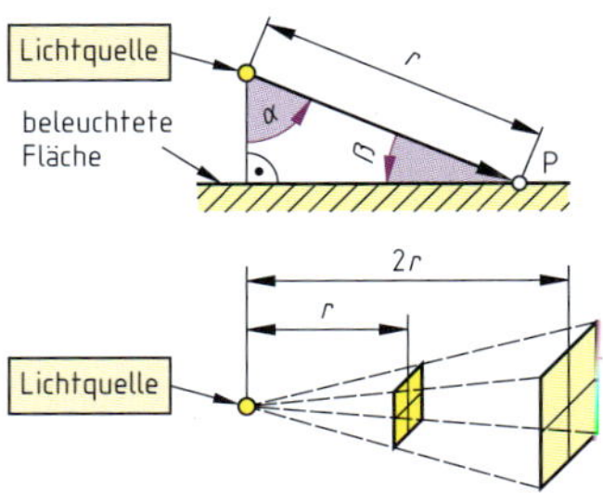

Beleuchtungsstärke bei Einfallswinkel < 90°

Liegt die zu beleuchtende Fläche nicht senkrecht zur Strahlung, so verringert sich die Beleuchtungsstärke **(Bild)** mit dem Sinus des Einfallwinkels.

$$E_{vP} = \frac{I_v}{r^2} \cdot \sin\beta$$

Durch Verteilung des Lichtstromes auf eine immer größer werdende Fläche nimmt die Beleuchtungsstärke mit dem Quadrat des Abstandes von der Lichtquelle ab.

$$E_{vP} = \frac{I_v}{r^2} \cdot \cos\alpha$$

- A leuchtende, sichtbare Fläche oder beleuchtete Fläche
- E_v Beleuchtungsstärke
- E_{vP} E_v im Punkt P
- I_e Strahlstärke
- I_v Lichtstärke
- K Lichtgleichwert (bisher M_v)
- L_v Leuchtdichte
- P Strahlungsleistung
- r Abstand des Punktes P von der Lichtquelle
- s_v relative Empfindlichkeit des menschlichen Auges
- α Neigungswinkel gegen Senkrechte
- β Einfallswinkel der Lichtstrahlung
- λ Wellenlänge
- Φ_v Lichtstrom
- Ω Raumwinkel

Mathematische Zeichen Mathematical characters

Zeichen	Bedeutung	Beispiel
Allgemeine Zeichen		
( )	Nummerieren von Formeln	$U = I \cdot R \quad (1)$
…	und so weiter bis	$k = 1, 2, 3, \ldots, n$
…	und so unbegrenzt weiter	$n = 1, 2, 3, \ldots$
		$\sqrt{2} = 1{,}41421\ldots$
Logik, Schaltalgebra		
$\neg a$, $\bar{a}$	Negation NICHT *a* (not *a*)	$\overline{a \wedge b} = \bar{a} \vee \bar{b}$
$\wedge$	Konjunktion, UND (AND)	$a \wedge b$ oder $\wedge (a, b)$
$\vee$	Disjunktion, ODER (OR)	$a \vee b$ oder $\vee (a, b)$
$\bar{\wedge}$	NICHT UND (NAND)	$a \bar{\wedge} b = \overline{a \wedge b}$
$\bar{\vee}$	NICHT ODER (NOR)	$a \bar{\vee} b = \overline{a \vee b}$
Mengenlehre		
$\in$	Element von	$a \in M$: *a* ist Element von *M*
$\subset$	Teilmenge von	$M_1 \subset M_2$
$\cup$	Vereinigungsmenge	$\{1, 2\} \cup \{3, 4\} = \{1, 2, 3, 4\}$
$\cap$	Schnittmenge, Durchschnitt	$\{1, 2, 3\} \cap \{2, 3, 4, 5\} = \{2, 3\}$
$\setminus$	Differenzmenge	$\mathbb{N}_+ = \mathbb{N} \setminus \{0\}$
Arithmetik		
$=$	gleich	$P = U \cdot I$
$\neq$	nicht gleich	$4 \neq 5$
$\Rightarrow$	daraus folgt	$a \cdot b = c \Rightarrow a = c/b$
$\sim$	proportional	$u \sim r$
$\approx$	angenähert gleich, rund, etwa	$\pi \approx 3{,}14$
$\triangleq$	entspricht	$1\,\text{cm} \triangleq 20\,\text{N}$
$<$	kleiner als	$2 < 3$
$>$	größer als	$5 > 2$
$\leq$	höchstens gleich	$a \leq 10$
$\geq$	mindestens gleich	$n \geq 7$
$\ll$	klein gegen, wesentlich kleiner	$R \ll 100\,\text{k}\Omega$
$\gg$	groß gegen, wesentlich größer	$R_x \gg R_n$
$\cdot$, $\times$	mal	$a \cdot b = ab$, $12 \cdot 3 = 36$
$\frac{\ }{\ }$,	durch, geteilt	$\frac{7}{2}$
/, :	durch, zu, dividiert	a/b, $R_1 : R_2 = R_3 : R_4$
%	Prozent, vom Hundert	$1\% = 10^{-2}$, $50\% = 0{,}5$
‰	Promille, vom Tausend	$1‰ = 10^{-3}$, $8‰ = 0{,}8\%$
( ), [ ], { }, ⟨ ⟩	runde, eckige, geschweifte, spitze Klammer	$[a(b - c) + d]^2$
$\|z\|$	Betrag von *z*	$\|4\| = 4$, $\|-7\| = 7$
$n!$	*n* Fakultät	$n! = 1 \cdot 2 \cdot 3 \cdot \ldots \cdot n$, $3! = 6$
Σ	Summe	$\Sigma I = I_1 + I_2 + I_3 + \ldots$
$\sqrt{\ }$, $\sqrt[n]{\ }$	Quadratwurzel aus, *n*-te Wurzel aus	$\sqrt{16} = 4$, $\sqrt[3]{8} = 2$

Zeichen	Bedeutung	Beispiel
π	Pi	$\pi = 3{,}14159\ldots$
∞	Unendlich	$n = 1, 2, 3, \ldots, \infty$
$\rightarrow$	gegen, nähert sich	$x \rightarrow a$: *x* nähert sich dem Wert *a*
$f(x)$	Funktion von *x*	$f(I) = I^2 \cdot R$
i oder j	imaginäre Einheit	$i^2 = j^2 = -1$
$\underline{Z}$	komplexe Größe *Z*	$\underline{Z} = R + jX = Z \cdot e^{j\varphi}$
Geometrie		
$\parallel$	parallel	$g_1 \parallel g_2$, R1 $\parallel$ R2
$\uparrow\uparrow$	gleichsinnig parallel	$g \uparrow\uparrow h$
$\uparrow\downarrow$	gegensinnig parallel	$g_1 \uparrow\downarrow g_2$
$\perp$	rechtwinklig zu senkrecht auf	$g \perp h$
$\triangle$	Dreieck	$\triangle$ ABC
$\cong$	kongruent (deckungsgleich)	$\triangle ABC \cong \triangle DEF$
$\sim$	ähnlich	$\triangle P_1P_2P_3 \sim \triangle ABC$
$\measuredangle$	Winkel	$\measuredangle ABC = \measuredangle(\overline{BA}, \overline{BC})$,
$\overline{AB}$	Strecke AB	$\overline{P_1P_2}$
$\overset{\frown}{AB}$	Bogen AB	$\overset{\frown}{AB} = \measuredangle \gamma$
Vektoren		
$\vec{A}$, $\vec{B}$	Vektor $\vec{A}$, Vektor $\vec{B}$	$\vec{C} = \vec{A} + \vec{B}$
$\|\vec{A}\|$, *A*	Betrag des Vektors $\vec{A}$	$\|\vec{F}\| = 50\,\text{N}$, $F = 50\,\text{N}$
Differenzieren, Integrieren		
Δ	Differenz	$\Delta U = U_2 - U_1$
y'	*y* Strich	y' ist die erste Ableitung von *y*
$\frac{dy}{dx}$	d*y* nach d*x*	erster Differenzial-quotient $y' = dy/dx$
$\int$	Integral	$\int f(x)\,dx$, $A = \int_a^b f(x)\,dx$
Logarithmen, Exponenten		
a^x	*a* hoch *x*	5^3, 10^x
e^x	Exponentialfunktion	$e^1 = 2{,}71828182846\ldots$
$\log_a$	Logarithmus zur Basis a	$\log_3 9 = 2$
lg	Zehnerlogarithmus	$\lg x = \log_{10} x$, $\lg 2 = 0{,}30102\ldots$
lb	Zweierlogarithmus	$\text{lb}\, x = \log_2 x$, $\text{lb}\, 8 = 3$
ln	natürlicher Logarithmus	$\ln x = \log_e x$, $\ln 10 = 2{,}302585\ldots$
Trigonometrie		
sin	Sinus	$\sin\alpha$
cos	Kosinus (Cosinus)	$\sin^2\alpha + \cos^2\alpha = (\sin\alpha)^2 + (\cos\alpha)^2 = 1$
tan	Tangens	$\tan\alpha = \frac{\sin\alpha}{\cos\alpha}$
cot	Kotangens (Cotangens)	$\cot\alpha = \tan^{-1}\alpha$
arcsin	Arkussinus	$\sin\alpha = x \Rightarrow \arcsin x = \alpha$
arccos	Arkuskosinus	$\cos\alpha = x \Rightarrow \arccos x = \alpha$
arctan	Arkustangens	$\tan\alpha = x \Rightarrow \arctan x = \alpha$

Rechenregeln der Algebra Rules of calculation for algebra

Aufgabenstellung	Bemerkungen	Beispiele
Summieren $a+b+c=a+c+b$ $=(a+b)+c=a+(c+b)$ $+(+a)=+a \quad -(+a)=-a$ $-(-a)=+a \quad +(-a)=-a$	*Kommutativgesetz*: Glieder eines Summenterms darf man vertauschen. *Assoziativgesetz*: Glieder eines Summenterms darf man zu Teilsummen zusammenfassen.	$2+4+5=2+5+4=$ $=(2+4)+5=2+(5+4)=11$ $5+(-3)=2$ $7-(-4)=11$
Multiplizieren $a\cdot b\cdot c=a\cdot c\cdot b=$ $=(a\cdot b)\cdot c=a\cdot(c\cdot b)$ $(+)\cdot(+)\rightarrow + \quad (-)\cdot(+)\rightarrow -$ $(-)\cdot(-)\rightarrow + \quad (+)\cdot(-)\rightarrow -$ $a(b+c)=ab+ac$ $(a-b)\cdot(c+d)=ac+ad-bc-bd$	Beim Multiplizieren gelten Kommutativgesetz und Assoziativgesetz. Faktor · Faktor = Produkt *Distributivgesetz*: Beim Produkt aus Faktor und Summenterm multipliziert man jedes Glied des Summenterms mit dem Faktor.	$2\cdot4\cdot5=2\cdot5\cdot4=$ $=(2\cdot4)\cdot5=2\cdot(5\cdot4)=40$ $5(4+3)=5\cdot4+5\cdot3=35$ $(5-3)(7+1)=$ $=5\cdot7+5\cdot1-3\cdot7-3\cdot1=$ $=35+5-21-3=16$
Dividieren, Bruchrechnen $a/b=a:b=c$ $\frac{a}{b}\cdot\frac{c}{d}=\frac{a\cdot c}{b\cdot d}=ac/(b\cdot d)$ $\frac{a}{b}:\frac{c}{d}=\frac{a\cdot d}{b\cdot c}=ad/(b\cdot c)$ $\frac{a}{b}+\frac{c}{d}=\frac{a\cdot d+c\cdot b}{b\cdot d}$ **Kürzen, Erweitern** $\frac{a\cdot c}{b\cdot c}=\frac{a}{b};\ \frac{a}{b}=\frac{a\cdot d}{b\cdot d}$	Dividend/Divisor = Quotient Vorzeichenregelung wie bei Multiplikation. Zähler mal Zähler geteilt durch Nenner mal Nenner. Multiplikation mit Kehrwert des zweiten Bruches. Hauptnenner suchen, erweitern, Zähler addieren. Wert des Bruches bleibt unverändert, wenn Zähler und Nenner mit derselben Zahl multipliziert oder durch dieselbe Zahl dividiert werden	$8/2=8:2=4$ [8] [÷] [2] [=] $\frac{8}{2}\cdot\frac{6}{3}=\frac{8\cdot6}{2\cdot3}=8$ [8] [×] [6] [÷] [(] [2] [×] [3] [)] [=] $\frac{8}{2}:\frac{6}{3}=\frac{8\cdot3}{2\cdot6}=2$ $\frac{3}{2}+\frac{5}{7}=\frac{3\cdot7+5\cdot2}{2\cdot7}=\frac{31}{14}$ $\frac{3c}{7c}=\frac{3}{7};\ \frac{5}{9}=\frac{5d}{9d}$
Potenzieren $a^m\cdot a^n=a^{m+n}$ $a^m/a^n=a^{m-n}$ $a^m\cdot b^m=(a\cdot b)^m$ $(a^m)^n=a^{m\cdot n}$ $a^0=1$ (mit $a \neq 0$) **Radizieren** (Wurzelziehen) $\sqrt[n]{a}=a^{1/n}$ $\sqrt{a}=a^{1/2}$ $\sqrt[n]{a^m}=a^{m/n}$ $\sqrt[n]{a}\cdot\sqrt[n]{b}=\sqrt[n]{a\cdot b}$	a Basis, m, n Exponenten a Radikand, n Wurzelexponent	$3^2\cdot3^3=3^{2+3}=3^5=243$ [3] [x^y] [2] [×] [3] [x^y] [3] [=] $3^2/3^3=3^{2-3}=3^{-1}=1/3$ $6^2\cdot2^2=(6\cdot2)^2=12^2=144$ $(2^2)^3=2^{2\cdot3}=2^6=64$ $5^0=1$ $\sqrt{16}=16^{1/2}=4$ $\sqrt[3]{64}=\sqrt[3]{2^6}=2^{6/3}=2^2=4$ [6] [4] [INV] [$y^{1/x}$] [3] [=]
Logarithmieren $\log(a\cdot b)=\log a+\log b$ $\log(a/b)=\log a-\log b$ $\lg x=\ln x/\ln 10=0{,}4343\cdot\ln x$ $\mathrm{lb}\,x=\lg x/\lg 2=3{,}3219\cdot\lg x$	log Logarithmus, allgemein; Basis ist jeweils anzugeben. lg Zehnerlogarithmus lb Zweierlogarithmus ln natürlicher Logarithmus	$\log(3\cdot4)=\log 3+\log 4$ $\log(6/3)=\log 6-\log 3$ $\lg 0{,}01=-2;\ (10^{-2}=0{,}01)$ $\mathrm{lb}\,32=5;\ (2^5=32)$ $\ln 2{,}718=1\ (\exp(1)=2{,}718)$
Gleichung $a=b\cdot x+c\Rightarrow bx+c=a$ $a\cdot(-1)=(bx+c)\cdot(-1)$ **Ungleichung** $a>b+c\Rightarrow b+c<a$ $(b+c)\cdot(-1)>a\cdot(-1)$ $1/a<1/(b+c)$	Die beiden Seiten einer Gleichung darf man vertauschen oder durch den gleichen Rechenvorgang ändern. Aus > wird < und umgekehrt bei Seitentausch, Multiplikation mit (−1) und Kehrwertbildung.	$10=3\cdot x+4\Rightarrow 3\cdot x+4=10$ $-10=-3x-4$ $10-4=3x$ $6/3=x\Rightarrow x=2$ $10>3+4\Rightarrow 3+4<10$ $-(3+4)>-10$ $1/10<1/(3+4)$

Winkel und Winkelfunktionen Angles and trigonometric functions

Winkel

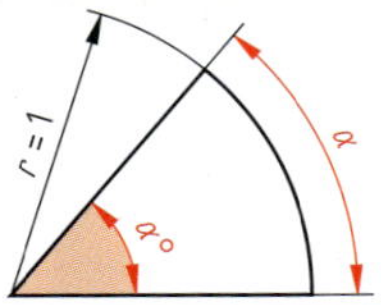

Winkel werden in den Einheiten Grad oder Radiant angegeben. Winkeleingaben beim Taschenrechner:

DEG (degree = Grad) Vollwinkel = 360°
RAD (Radiant, rad) Vollwinkel = 2π
GRAD (Neugrad) Vollwinkel = 400°

Die Einheit Radiant (rad) entspricht dem Bogenmaß im Einheitskreis.

$$\alpha = \alpha° \cdot \frac{\pi}{180°}$$

α Winkel in rad
$\alpha°$ Winkel in Grad

Bezeichnungen am rechtwinkligen Dreieck

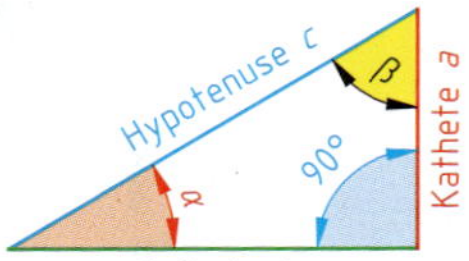

Die längste Seite (c) des rechtwinkligen Dreiecks nennt man **Hypotenuse**. Sie liegt dem rechten Winkel gegenüber. Die beiden **Katheten** a und b bilden den rechten Winkel. Dem spitzen Winkel α gegenüber liegt dessen **Gegenkathete** (a). Die dem Winkel α anliegende Kathete ist dessen **Ankathete** (b). Einen Winkel in einem rechtwinkligen Dreieck kann man durch das **Verhältnis zweier Dreiecksseiten** festlegen. Das Seitenverhältnis hängt von der Größe des Winkels ab. Deshalb nennt man die Seitenverhältnisse im rechtwinkligen Dreieck **Winkelfunktionen** (Funktion = Abhängigkeit).

Winkelfunktionen

Bildliche Darstellung	Bezeichnung der Seitenverhältnisse	Anwendung auf Winkel α	Kurven der Winkelfunktionen
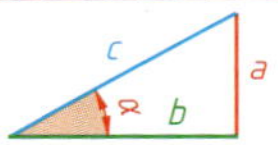	Sinus = $\frac{\text{Gegenkathete}}{\text{Hypotenuse}}$	$\sin\alpha = \frac{a}{c}$	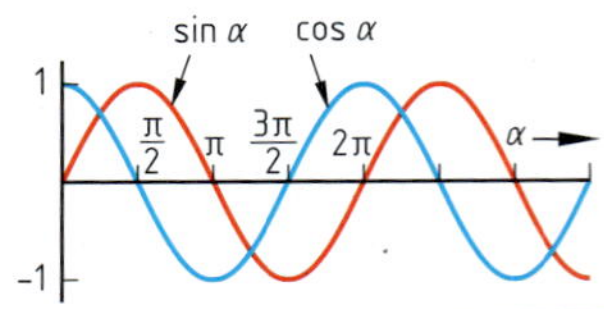
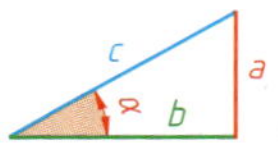	Kosinus = $\frac{\text{Ankathete}}{\text{Hypotenuse}}$	$\cos\alpha = \frac{b}{c}$	
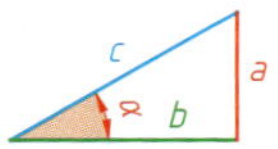	Tangens = $\frac{\text{Gegenkathete}}{\text{Ankathete}}$	$\tan\alpha = \frac{a}{b}$	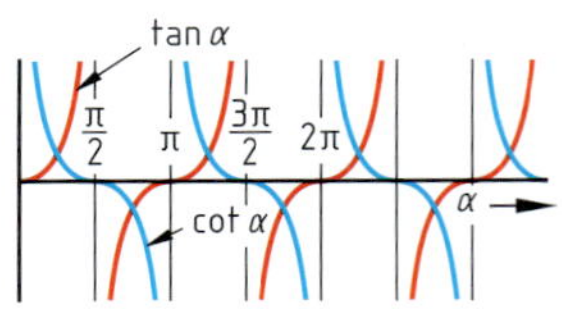
	Kotangens = $\frac{\text{Ankathete}}{\text{Gegenkathete}}$	$\cot\alpha = \frac{b}{a}$	

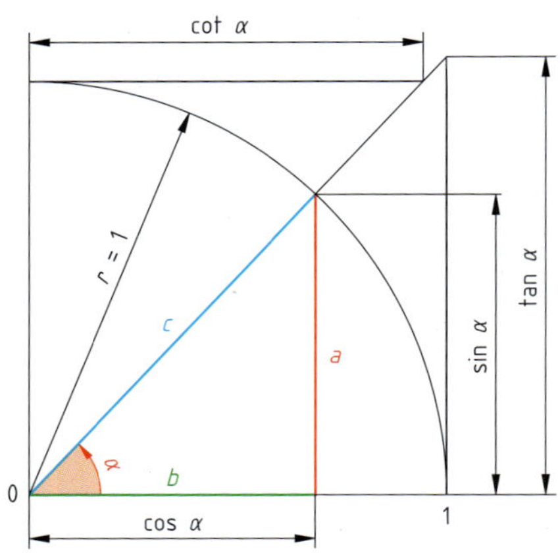

Darstellung am Einheitskreis im Quadrant I

Die Winkelfunktionen lassen sich im Einheitskreis (Kreis mit Radius $r = 1$) als Seitenlängen ablesen **(Bild)**.

Die zwei senkrecht aufeinander stehenden Durchmesser teilen den Einheitskreis in vier Quadranten (I, II, III und IV).

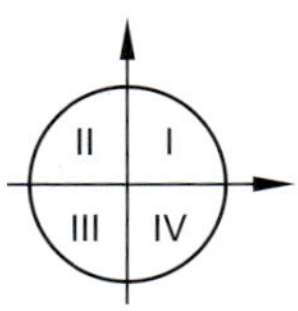

I : $0° < \alpha < 90°$
II : $90° < \alpha < 180°$
III : $180° < \alpha < 270°$
IV : $270° < \alpha < 360°$

Quadrant	I	II	III	IV
sin cos	+ +	+ −	− −	− +

Winkelfunktionen Trigonometrical functions

Reduktionsformeln

Funktion	$\beta = 90° \pm \alpha$	$\beta = 180° \pm \alpha$	$\beta = 270° \pm \alpha$	$\beta = 360° - \alpha$
$\sin\beta$	$+\cos\alpha$	$\mp\sin\alpha$	$-\cos\alpha$	$-\sin\alpha$
$\cos\beta$	$\mp\sin\alpha$	$-\cos\alpha$	$\pm\sin\alpha$	$+\cos\alpha$
$\tan\beta$	$\mp\cot\alpha$	$\mp\tan\alpha$	$\mp\cot\alpha$	$-\tan\alpha$
$\cot\beta$	$\mp\tan\alpha$	$\pm\cot\alpha$	$\mp\tan\alpha$	$-\cot\alpha$

Allgemeine trigonometrische Beziehungen

$\sin^2\alpha + \cos^2\alpha = 1$

$\frac{\sin\alpha}{\cos\alpha} = \tan\alpha$

$\frac{\cos\alpha}{\sin\alpha} = \cot\alpha$

$\cot\alpha = \frac{1}{\tan\alpha}$

$$\sin\alpha = \sqrt{1-\cos^2\alpha} = \frac{\tan\alpha}{\sqrt{1+\tan^2\alpha}} = \frac{1}{\sqrt{1+\cot^2\alpha}}$$

$$\tan\alpha = \frac{\sin\alpha}{\sqrt{1-\sin^2\alpha}} = \frac{\sqrt{1-\cos^2\alpha}}{\cos\alpha} = \frac{1}{\cot\alpha}$$

$$\sin(\alpha \pm \beta) = \sin\alpha \cdot \cos\beta \pm \cos\alpha \cdot \sin\beta$$

$$\cos\alpha = \sqrt{1-\sin^2\alpha} = \frac{1}{\sqrt{1+\tan^2\alpha}} = \frac{\cot\alpha}{\sqrt{1+\cot^2\alpha}}$$

$$\cot\alpha = \frac{\sqrt{1-\sin^2\alpha}}{\sin\alpha} = \frac{\cos\alpha}{\sqrt{1-\cos^2\alpha}} = \frac{1}{\tan\alpha}$$

$$\cos(\alpha \pm \beta) = \cos\alpha \cdot \cos\beta \mp \sin\alpha \cdot \sin\beta$$

$$\sin\alpha \cdot \sin\beta = \frac{1}{2}(\cos(\alpha-\beta) - \cos(\alpha+\beta))$$

$$\sin\alpha \cdot \cos\beta = \frac{1}{2}(\sin(\alpha-\beta) + \sin(\alpha+\beta))$$

$$\cos\alpha \cdot \cos\beta = \frac{1}{2}(\cos(\alpha-\beta) + \cos(\alpha+\beta))$$

$$\sin^2\alpha = \frac{1}{2}(1-\cos 2\alpha)$$

$$\cos^2\alpha = \frac{1}{2}(1+\cos 2\alpha)$$

$$\sin 2\alpha = 2\sin\alpha \cdot \cos\alpha$$

$$\cos 2\alpha = \cos^2\alpha - \sin^2\alpha$$

$$\tan 2\alpha = \frac{2\tan\alpha}{1-\tan^2\alpha}$$

$$\cot 2\alpha = \frac{\cot^2\alpha - 1}{2\cot\alpha}$$

$$\sin\frac{\alpha}{2} = \sqrt{\frac{1}{2}(1-\cos\alpha)}$$

$$\cos\frac{\alpha}{2} = \sqrt{\frac{1}{2}(1+\cos\alpha)}$$

Berechnungen im allgemeinen Dreieck

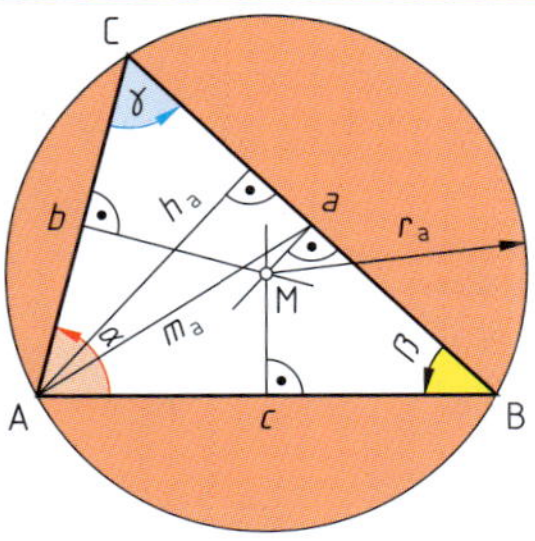

Umkreis und Größen des Dreiecks

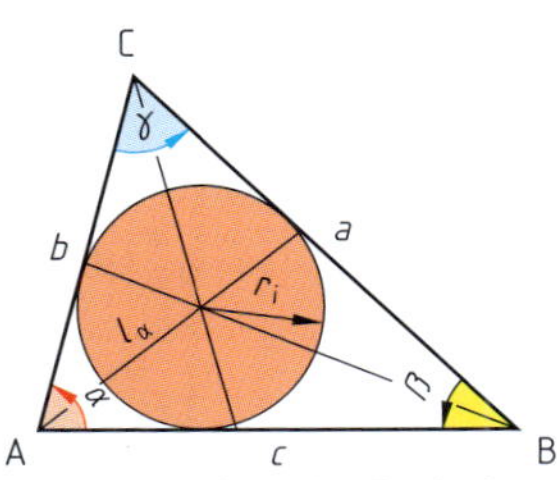

Inkreis und Größen des Dreiecks

Sinussatz $\quad \frac{a}{\sin\alpha} = \frac{b}{\sin\beta} = \frac{c}{\sin\gamma} = 2r_a$

Kosinussatz $\quad a^2 = b^2 + c^2 - 2bc \cdot \cos\alpha$
$b^2 = a^2 + c^2 - 2ac \cdot \cos\beta$
$c^2 = a^2 + b^2 - 2ab \cdot \cos\gamma$

Tangenssatz $\quad \frac{a+b}{a-b} = \frac{\tan[1/2(\alpha+\beta)]}{\tan[1/2(\alpha-\beta)]}$

Fläche $\quad A = \frac{1}{2}ab \cdot \sin\gamma = 2r_a^2 \cdot \sin\alpha \cdot \sin\beta \cdot \sin\gamma$

Höhe auf a $\quad h_a = b \cdot \sin\gamma = c \cdot \sin\beta$

Seitenhalbierende auf a $\quad m_a = \frac{1}{2}\sqrt{b^2 + c^2 + 2bc \cdot \cos\alpha}$

Winkelhalbierende von a $\quad l_a = \frac{2bc \cdot \cos(\alpha/2)}{b+c}$

Radius des Umkreises $\quad r_a = \frac{a}{2 \cdot \sin\alpha} = \frac{b}{2 \cdot \sin\beta} = \frac{c}{2 \cdot \sin\gamma}$

Radius Inkreis $\quad r_i = 4r \cdot \sin(\alpha/2) \cdot \sin(\beta/2) \cdot \sin(\gamma/2)$

Winkelgleichung $\quad \alpha + \beta + \gamma = 180°$

Halbwinkelsatz $\quad \tan\frac{\alpha}{2} = \sqrt{\frac{(s-b)(s-c)}{s(s-a)}} = \frac{r_i}{s-a} \cdot s$
$= \frac{1}{2}(a+b+c)$

Funktionen Functions

Benennung, Formeln	Graphen	Beispiele
Lineare Funktion (Gerade) $y = m \cdot x + b$ Sonderfall: (Ursprungsgerade) $y = m \cdot x$ m Steigung b y-Achsenabschnitt	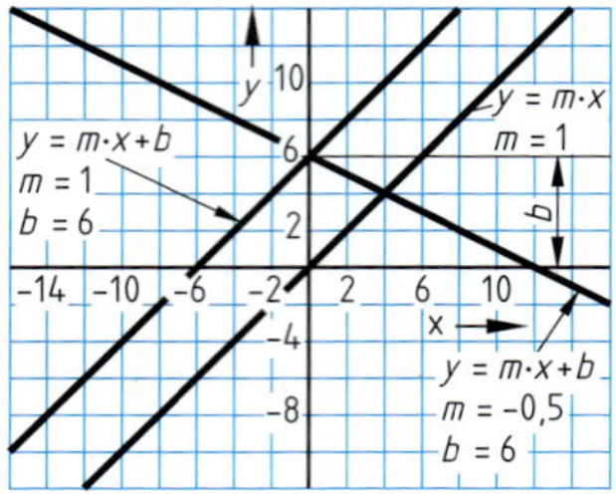	Stromstärke bei konstantem Widerstand $I = \frac{U}{R}$ Klemmenspannung bei konstanter Quellenspannung und konstantem Innenwiderstand $U_K = U_0 - I \cdot R_i$ Verhältnis von Widerstand R_2 bei ϑ_2 zu Widerstand R_1 bei ϑ_1 bei konstantem Temperaturbeiwert $\frac{R_2}{R_1} = \alpha \cdot \Delta T + 1$ Ladung bei konstanter Kapazität $Q = U \cdot C$
Kehrwertfunktion (Hyperbel) $y = \frac{a}{x}$	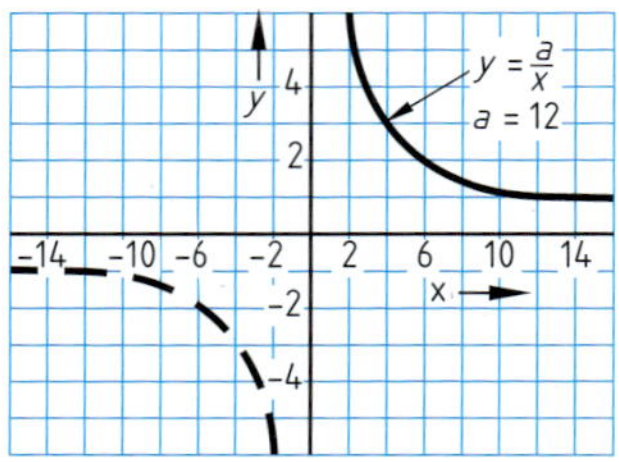	Stromstärke bei konstanter Leistung $I = \frac{P}{U}$ Frequenz $f = \frac{1}{T}$ Leistung bei konstanter Arbeit $P = \frac{W}{t}$ kapazitiver Blindwiderstand $X_C = \frac{1}{\omega \cdot C}$ Meist wird nur der positive Ast der Hyperbel verwendet.
Quadratische Funktion (Parabel) $y = a \cdot x^2 + b$ Sonderfall: $y = a \cdot x^2$ a Öffnung b y-Achsenabschnitt	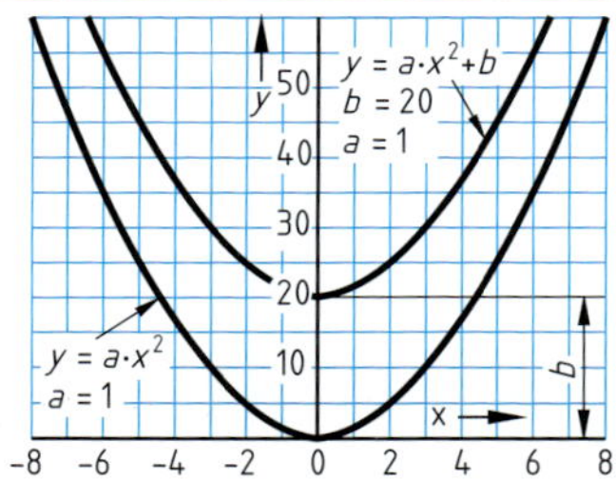	Leistung bei konstantem Widerstand $P = R \cdot I^2$ $P = \frac{U^2}{R}$ Kreisfläche $A = \frac{\pi}{4} \cdot d^2$ gleichmäßig beschleunigte Bewegung $s = \frac{a}{2} \cdot t^2$
Exponentialfunktionen (e-Funktion) $y = a \cdot e^{-x}$ $x = -\ln\left(\frac{y}{a}\right)$ $y = a \cdot (1 - e^{-x})$ $x = -\ln\left(1 - \frac{y}{a}\right)$	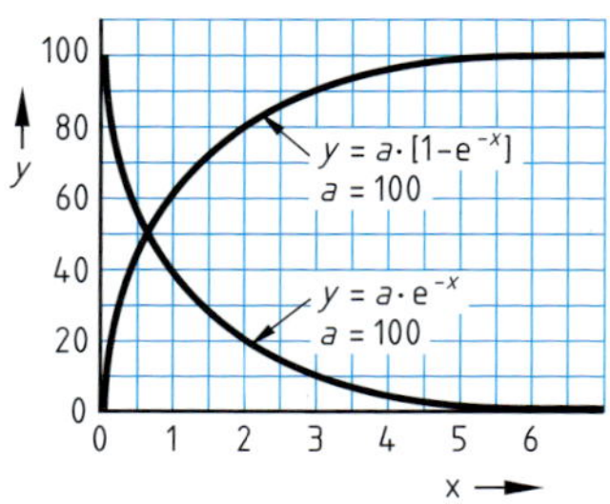	Einschalten einer Spule $i_L = \frac{U_0}{R} \cdot (1 - e^{-\frac{t}{\tau}})$ Laden eines Kondensators $u_C = U_0 \cdot (1 - e^{-\frac{t}{\tau}})$ Ausschalten einer einer Spule $i_L = \frac{U_0}{R} \cdot e^{-\frac{t}{\tau}}$ Entladen eines Kondensators $u_C = U_0 \cdot e^{-\frac{t}{\tau}}$ Eulersche Zahl, e = 2,71828, benannt nach dem Mathematiker *Leonhard Euler* (1707 bis 1783).
Logarithmische Funktion (Zehnerlogarithmus) $y = a \cdot \lg x$ Durch Auflösen nach x erhält man die Potenzfunktion $x = 10^{\frac{y}{a}}$ (mit $x > 0$)	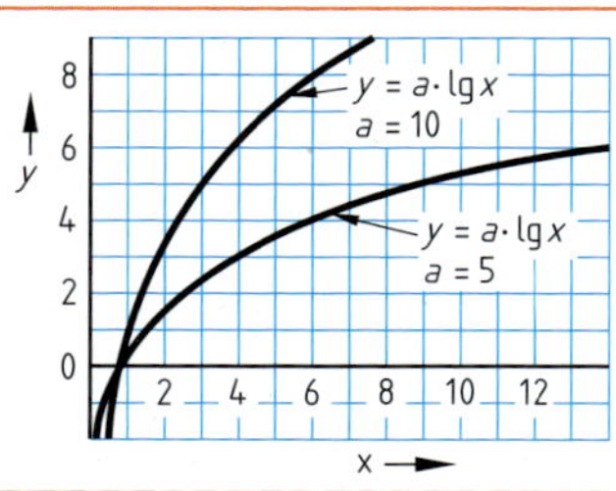	Spannungspegel $L_u = 20 \cdot \lg \frac{U}{U_0}$ dB Leistungspegel $L_p = 10 \cdot \lg \frac{P}{P_0}$ dB Gleichtaktverstärkungsmaß $v_{CM} = 20 \cdot \lg \frac{U_2}{U_{1CM}}$ dB Rauschabstandsmaß $A_\sigma = 10 \cdot \lg \frac{P_s}{P_n}$ dB

Komplexe Rechnung   Calculate with complex numbers

Darstellung einer komplexen Zahl

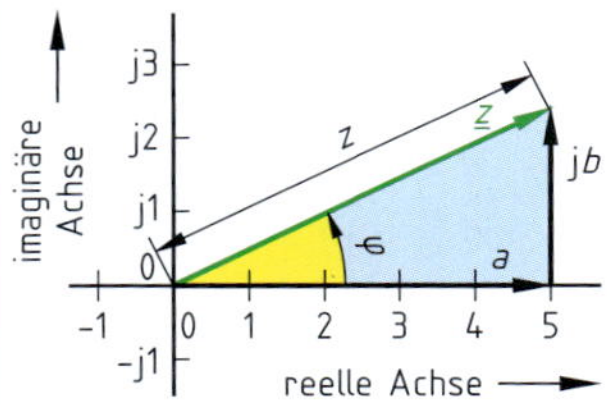

Komplexe Zahlenebene

Eine komplexe Zahl $\underline{z}$ stellt einen Punkt in der komplexen Zahlenebene dar. Die Einheit der imaginären Achse ist $j = \sqrt{-1}$. Für die Festlegung einer Zahl $\underline{z}$ sind zwei Angaben nötig.

- $\underline{z}$ komplexe Zahl
- a Realteil von $\underline{z}$; (Re $\underline{z}$)
- b Imaginärteil von $\underline{z}$; (Im $\underline{z}$)
- z Betrag von $\underline{z}$
- φ Argument von $\underline{z}$
- $e^{j\varphi}$ Richtungseinheitsvektor von $\underline{z}$

Arithmetische Form:

$$\underline{z} = a + jb$$

Trigonometrische Form:

$$\underline{z} = z \cdot (\cos\varphi + j\sin\varphi)$$

Exponentialform:

$$\underline{z} = z \cdot e^{j\varphi}$$

Umrechnung der Komponenten

$$a = z \cdot \cos\varphi \qquad b = z \cdot \sin\varphi \qquad z = \sqrt{a^2 + b^2} \qquad \varphi = \arctan\frac{b}{a} \qquad \cos\varphi + j\sin\varphi = e^{j\varphi}$$

$$j^1 = j \qquad j^{-1} = 1/j = -j \qquad j^2 = -1 \qquad e^{j\varphi} + e^{-j\varphi} = 2\cos\varphi \qquad e^{j\varphi} - e^{-j\varphi} = j\,2\sin\varphi$$

Grundrechenarten mit komplexen Zahlen

Darstellung in komplexer Ebene	Operation		Formel
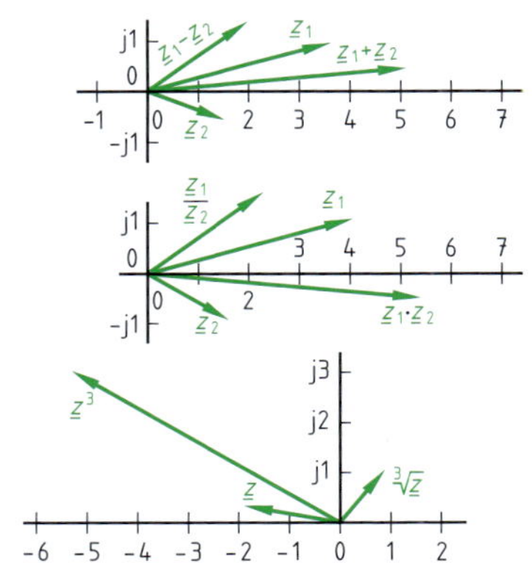	Addition	$\underline{z} = \underline{z}_1 + \underline{z}_2$	$\underline{z} = (a_1 + a_2) + j\,(b_1 + b_2)$
	Subtraktion	$\underline{z} = \underline{z}_1 - \underline{z}_2$	$\underline{z} = (a_1 - a_2) + j\,(b_1 - b_2)$
	Multiplikation	$\underline{z} = \underline{z}_1 \cdot \underline{z}_2$	$\underline{z} = z_1 \cdot z_2 \cdot e^{j(\varphi_1 + \varphi_2)}$
	Division	$\underline{z} = \frac{\underline{z}_1}{\underline{z}_2}$	$\underline{z} = \frac{z_1}{z_2} \cdot e^{j(\varphi_1 - \varphi_2)}$
	Potenz	$\underline{z} = \underline{z}_1^n$	$\underline{z} = z_1^n \cdot e^{jn\cdot\varphi_1}$
	Wurzel	$\underline{z} = \sqrt[n]{\underline{z}_1}$	$\underline{z} = \sqrt[n]{z_1} \cdot e^{j(\varphi_1/n)}$

Rechnen mit konjugiert komplexen Zahlen

Die Zahlen $\underline{z}$ und $\underline{z}^*$ sind zueinander konjugiert. Die Zahl $\underline{z}^*$ ist die Spiegelung von $\underline{z}$ an der reellen Achse.

$\underline{z} = a + jb$ und $\underline{z}^* = a - jb$

$\underline{z} = z \cdot e^{j\varphi}$ und $\underline{z}^* = z \cdot e^{-j\varphi}$

Operation	Formel	Bemerkungen
Addition	$\underline{z} + \underline{z}^* = 2 \cdot a$	reell, doppelter Realteil
Subtraktion	$\underline{z} - \underline{z}^* = j2 \cdot b$	imaginär, doppelter Imaginärteil
Multiplikation	$\underline{z} \cdot \underline{z}^* = z^2 = a^2 + b^2$	reell
Division	$\frac{\underline{z}}{\underline{z}^*} = e^{j2\varphi}$	Betrag ist eins
Rational machen des Nenners	$\frac{1}{\underline{z}} = \frac{\underline{z}^*}{\underline{z} \cdot \underline{z}^*} = \frac{a}{a^2 + b^2} - j\frac{b}{a^2 + b^2} = \frac{a}{z^2} - j\frac{b}{z^2}$	Trennung in Realteil und Imaginärteil erforderlich, wenn der Nenner komplex ist.

G

Reihen Mathematical sequences

Begriffe

Bezeichnung	Schreibweise	Sprechweise	Bedeutung	Sonderfälle
Fakultät	$n!$	n-Fakultät	$n! = 1 \cdot 2 \cdot 3 \ldots n$	$0! = 1;\quad 1! = 1;\quad \frac{n!}{(n-1)!} = n$
Binomialkoeffizient	$\binom{n}{k}$	n über k	$\binom{n}{k} = \frac{n!}{k! \cdot (n-k)!}$	$\binom{n}{0} = 1;\quad \binom{n}{1} = n;\quad \binom{n}{n} = 1$

Endliche Reihen

Bezeichnung	Eigenschaft	n-tes Glied	Summe der ersten n-Glieder
Arithmetische Progression	$a_n - a_{(n-1)} = r$	$a_n = a_1 + (n-1) \cdot r$	$s_n = \frac{n}{2} \cdot (a_1 + a_n)$
Geometrische Progression	$\frac{a_n}{a_{(n-1)}} = q$	$a_n = a_1 \cdot q^{(n-1)}$	$s_n = a_1 \cdot \frac{(1-q^n)}{(1-q)}$
Binomische Reihe	$(1 \pm x)^n = 1 \pm \binom{n}{1} \cdot x + \binom{n}{2} \cdot x^2 \pm \binom{n}{3} \cdot x^3 + \pm \ldots$		Für $n \in R$ endet die Reihe nach dem $(n+1)$ ten Glied.

Unendliche Reihen: Potenzreihen

Konvergenz: Eine unendliche Reihe konvergiert, wenn die Summe sämtlicher Glieder einen endlichen Wert s hat.
$\lim\limits_{n \to \infty} (s_n) = s$

Funktion	Reihenentwicklung	konvergiert für
Binomische Reihen		
$(1 \pm x)^m$ für $m > 0$	$1 \pm mx + \frac{m \cdot (m-1)}{2!} \cdot x^2 + \ldots + (\pm 1)^n \cdot \frac{m \cdot (m-1) \ldots (m-n+1)}{n!} \cdot x^n$	$\lvert x \rvert < 1$
$(1 \pm x)^{-m}$ für $m > 0$	$1 \mp mx + \frac{m \cdot (m+1)}{2!} \cdot x^2 + \ldots + (\mp 1)^n \cdot \frac{m \cdot (m+1) \ldots (m+n+1)}{n!} \cdot x^n$	$\lvert x \rvert < 1$
$\sqrt{1 \pm x}$	$1 \pm \frac{1}{2} \cdot x - \frac{1}{8} \cdot x^2 \pm \frac{1}{16} \cdot x^3 - \frac{5}{128} \cdot x^4 \pm \ldots$	$\lvert x \rvert < 1$
Trigonometrische Funktionen für Winkel (x in rad)		
$\sin x$	$x - \frac{x^3}{3!} + \frac{x^5}{5!} - \frac{x^7}{7!} + \frac{x^9}{9!} \ldots - (-1)^n \cdot \frac{x^{(2n-1)}}{(2n-1)!} \pm \ldots$	$\lvert x \rvert < \infty$
$\cos x$	$1 - \frac{x^2}{2!} + \frac{x^4}{4!} - \frac{x^6}{6!} + \frac{x^8}{8!} \ldots - (-1)^n \cdot \frac{x^{(2n-2)}}{(2n-2)!} \pm \ldots$	$\lvert x \rvert < \infty$
$\tan x$	$x + \frac{1}{3} x^3 + \frac{2}{15} x^5 + \frac{17}{315} x^7 + \frac{62}{2835} x^9 + \ldots$	$\lvert x \rvert < \frac{\pi}{2}$
$\cot x$	$\frac{1}{x} - \frac{x}{3} - \frac{x^2}{45} - \frac{2 \cdot x^5}{945} - \frac{x^7}{4725} \ldots$	$0 < \lvert x \rvert < \pi$
Exponentialfunktion und Logarithmusfunktion		
e^x	$1 + \frac{x}{1!} + \frac{x^2}{2!} + \frac{x^3}{3!} + \frac{x^4}{4!} + \frac{x^5}{5!} + \ldots + \frac{x^n}{n!} + \ldots$	$\lvert x \rvert < \infty$
$\ln x$	$2 \cdot \left[\frac{(x-1)}{(x+1)} + \frac{1}{3} \cdot \left(\frac{x-1}{x+1} \right)^3 + \frac{1}{5} \cdot \left(\frac{x-1}{x+1} \right)^5 + \ldots + \frac{1}{(2n-1)} \cdot \left(\frac{x-1}{x+1} \right)^{(2n-1)} \right]$	$x > 0$
Umkehrfunktionen		
$\arcsin x$	$x + \frac{1}{6} \cdot x^3 + \frac{3}{40} \cdot x^5 + \frac{5}{112} \cdot x^7 + \ldots$	$\lvert x \rvert < 1$
$\arccos x$	$\frac{\pi}{2} - x - \frac{1}{6} \cdot x^3 - \frac{3}{40} \cdot x^5 - \frac{5}{112} \cdot x^7 - \ldots$	$\lvert x \rvert < 1$
$\arctan x$	$x - \frac{x^3}{3} + \frac{x^5}{5} - \frac{x^7}{7} + \ldots - (-1)^n \cdot \frac{x^{(2n-1)}}{(2n-1)} \pm \ldots$	$\lvert x \rvert < 1$
$\operatorname{arccot} x$	$\frac{\pi}{2} - x - \frac{x^3}{3} + \frac{x^5}{5} - \frac{x^7}{7} + \ldots - (-1)^n \cdot \frac{x^{(2n-1)}}{(2n-1)} \pm \ldots$	$\lvert x \rvert < 1$

Fourier-Analyse Analysis by Fourier

Signale	Zeitfunktionen	Funktionsgleichung	Frequenzspektrum
Rechteck-wechsel-spannung	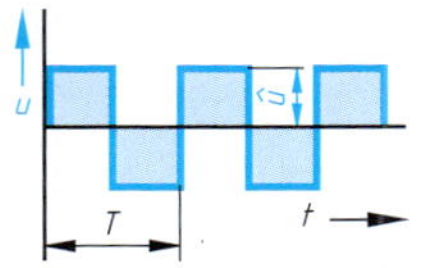	$u(t) = \frac{4\hat{u}}{\pi} \cdot (\sin\omega t + \frac{1}{3}\sin 3\omega t + \frac{1}{5}\sin 5\omega t + \ldots)$	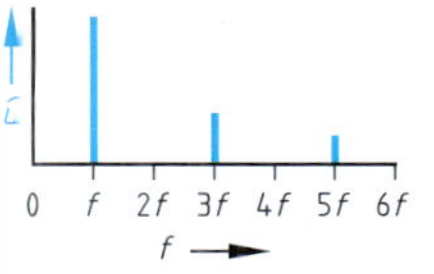
Rechteck-misch-spannung	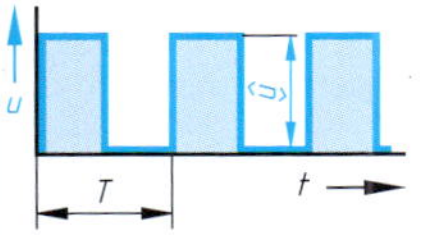	$u(t) = \frac{\underset{\vee}{\hat{u}}}{2} + \frac{2\underset{\vee}{\hat{u}}}{\pi} \cdot (\sin\omega t + \frac{1}{3}\sin 3\omega t + \frac{1}{5}\sin 5\omega t + \ldots)$	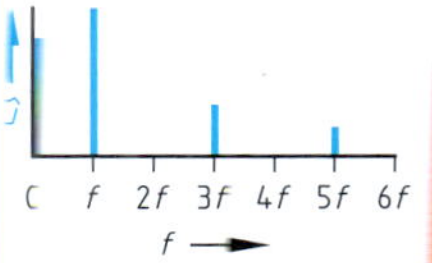
Dreieck-wechsel-spannung	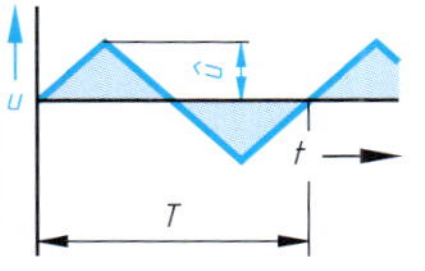	$u(t) = \frac{8\hat{u}}{\pi^2} \cdot (\sin\omega t - \frac{1}{9}\sin 3\omega t + \frac{1}{25}\sin 5\omega t - \ldots)$	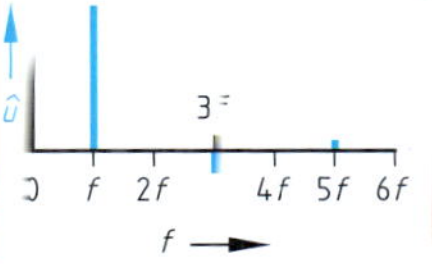
Sägezahn-wechsel-spannung	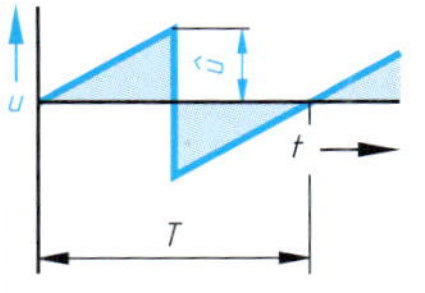	$u(t) = \frac{2\hat{u}}{\pi} \cdot (\sin\omega t - \frac{1}{2}\sin 2\omega t + \frac{1}{3}\sin 3\omega t - \frac{1}{4}\sin 4\omega t + \ldots)$	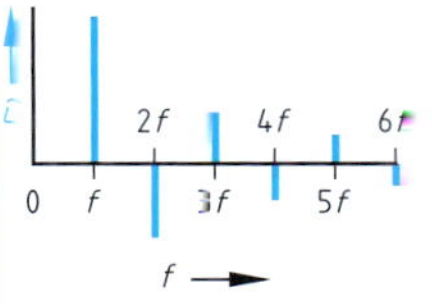
Rechteck-impulse	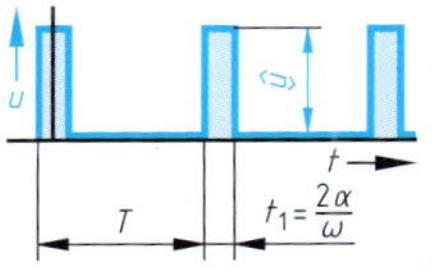	$u(t) = \frac{2\underset{\vee}{\hat{u}}}{\pi} \cdot \left(\frac{\alpha}{2} + \frac{\sin\alpha}{1} \cdot \cos\omega t + \frac{\sin 2\alpha}{2} \cos 2\omega t + \frac{\sin 3\alpha}{3} \cos 3\omega t + \ldots\right)$	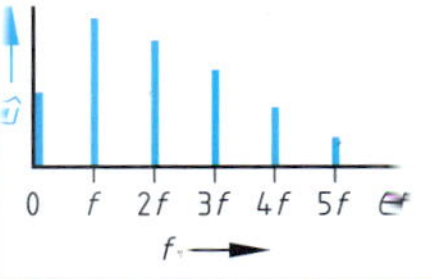
Nadel-impulse	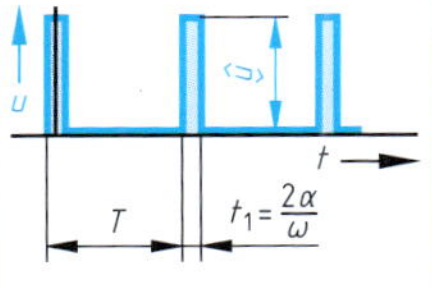	Wenn $\alpha \ll 7° \Rightarrow \alpha \approx \sin\alpha, \Rightarrow$ alle Amplituden gleich groß $u(t) \approx \frac{2\underset{\vee}{\hat{u}}}{\pi} \cdot \left(\frac{\alpha}{2} + \alpha \cdot \cos\omega t + \alpha \cdot \cos 2\omega t + \alpha \cdot \cos 3\omega t + \ldots\right)$	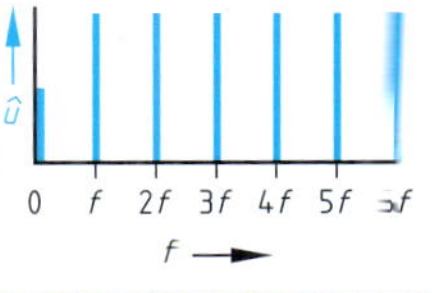
Spannung nach Einweg-schaltung E1	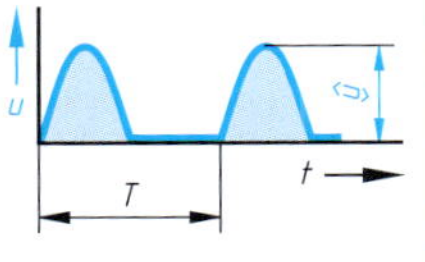	$u(t) = \frac{\underset{\vee}{\hat{u}}}{\pi} + \frac{\underset{\vee}{\hat{u}}}{2} \cdot \sin\omega t - 2\frac{\underset{\vee}{\hat{u}}}{\pi} \cdot \left(\frac{1}{3} \cdot \cos 2\omega t + \frac{1}{15}\cos 4\omega t + \frac{1}{35}\cos 6\omega t + \ldots\right)$	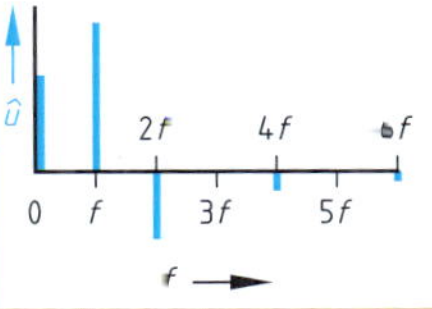
Spannung nach Brücken-schaltung B2	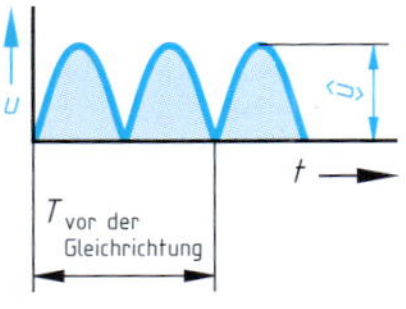	$u(t) = \frac{2\underset{\vee}{\hat{u}}}{\pi} \cdot \left(1 - \frac{2}{3}\cos 2\omega t - \frac{2}{15}\cos 4\omega t - \frac{2}{35}\cos 6\omega t - \ldots\right)$	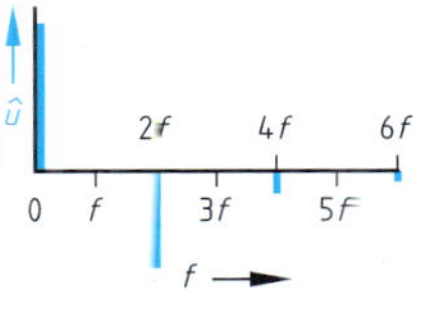

f Frequenz, t Zeit, t_1 Impulsbreite, T Periodendauer, $u(t)$ periodische Zeitfunktion der Spannung, $\hat{u}$ Maximalwert (Scheitelwert), $\underset{\vee}{\hat{u}}$ Spitze-Tal-Wert, $\alpha = \pi \cdot (t_1/T)$, ω Kreisfrequenz.

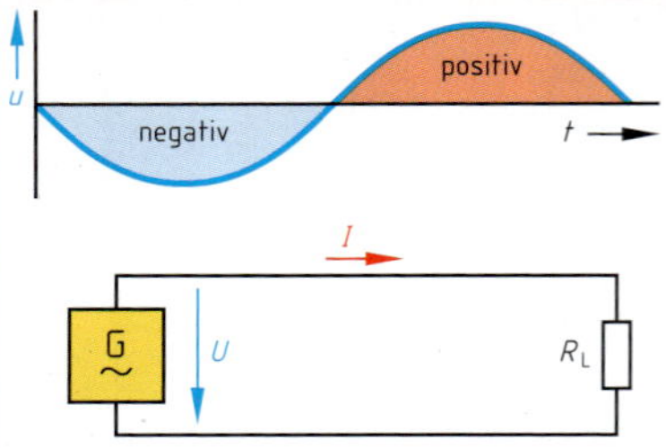

Definition von positiv und negativ bei einer Wechselspannung

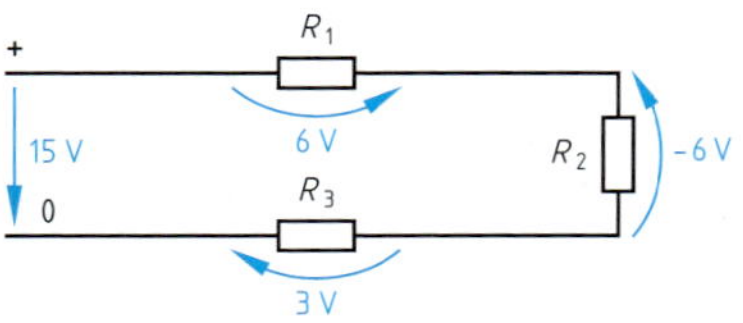

Beispiele von Spannungsbezugspfeilen

Beispiele von Strombezugspfeilen

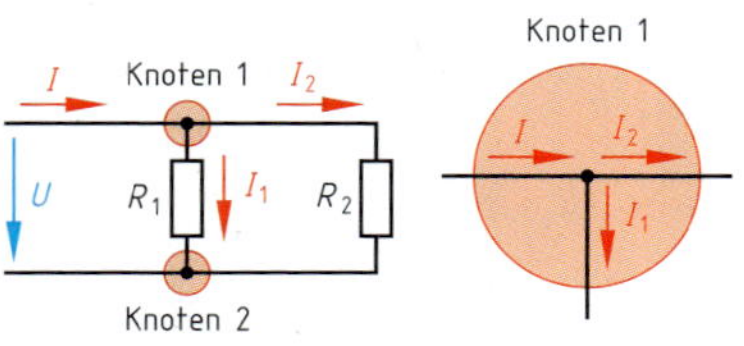

Knoten in einem Netzwerk

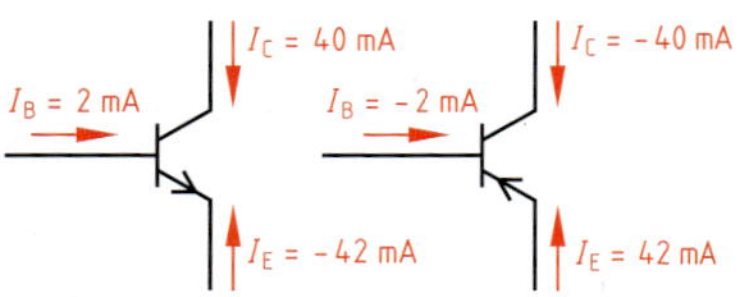

Beispiele für die Knotenregel

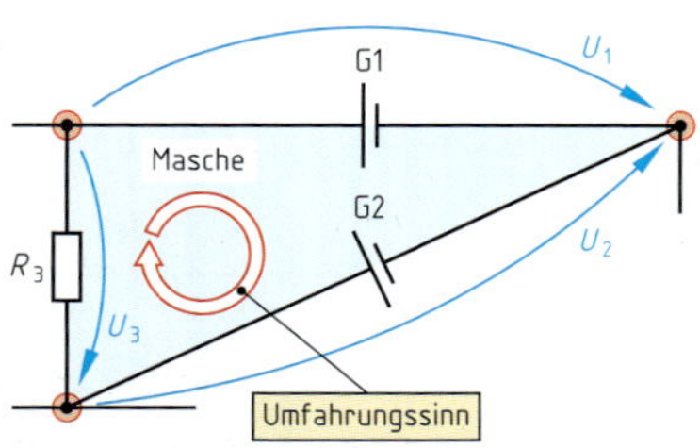

Anwendung der Maschenregel

Eine Spannung oder einen Strom als positiv oder als negativ zu bezeichnen ist nur sinnreich, wenn in einer Schaltung oder durch Übereinkunft angegeben wird, was unter positiver Richtung zu verstehen ist **(Bild)**. Das erfolgt im Schaltplan durch Eintragen von *Spannungsbezugspfeilen* und *Strombezugspfeilen*.

Spannungsbezugspfeile setzt man in blauer oder in schwarzer Farbe gerade oder gebogen zwischen die Punkte der Schaltung, deren Spannung angegeben werden soll, also entsprechend dem Anschluss eines Spannungsmessers **(Bild)**.

Strombezugspfeile setzt man, möglichst in roter Farbe, neben den Leiter oder neben das Bauelement, dessen Strom angegeben werden soll. Strombezugspfeile dürfen nicht über einen Anschluss mit Stromverzweigung gezeichnet werden, da sich dort die Stromstärke ändert. Es ist auch zulässig, Strombezugspfeile in die Leiter einzutragen.

Spannungsbezugspfeile werden vom höheren Spannungswert, z. B. dem Pluspol, zum niedrigeren Spannungswert, z. B. dem Minuspol, gesetzt. Setzt man den Spannungsbezugspfeil entgegen dieser Regel, z. B. weil die Spannung nicht bekannt ist, so ergibt die Berechnung der zugehörigen Spannung einen negativen Wert. Das Entsprechende gilt bei Verbrauchern für die Strombezugspfeile.

Knotenregel (erster Kirchhoff'scher Satz)

In jedem Knoten fließt soviel Strom zu wie ab. Setzt man die Strombezugspfeile wie im **Bild** „Knoten in einem Netzwerk", so erhält man:

I zufließender Strom

$I_1, I_2 \ldots$ abfließende Ströme

$$I = I_1 + I_2 + \ldots$$

Strombezugspfeile können grundsätzlich in beliebiger Richtung gesetzt werden. Setzt man alle Strombezugspfeile zum Knoten hin wie im **Bild** „Beispiele für die Knotenregel", erhält man die Knotenregel in der allgemeinen Schreibweise:

$I_1, I_2, I_3 \ldots$ zufließende Ströme

$$I_1 + I_2 + I_3 + \ldots = 0$$

ΣI Summe der Ströme

$$\Sigma I = 0$$

Bei Transistoren hat man vereinbart, die Strombezugspfeile in Richtung zum Transistor hin zu setzen **(Bild)**. Dadurch ist mindestens eine Stromstärke negativ.

Maschenregel (zweiter Kirchhoff'scher Satz)

Fährt man in einem Netzwerk von einem Knoten auf einem beliebigen Stromweg zum selben Knoten zurück, so durchfährt man mehrere Spannungen, die positiv oder negativ sein können **(Bild)**. Positiv zählt man die Spannungen, wenn der Umfahrungssinn dieselbe Richtung hat wie der Spannungsbezugspfeil, negativ, wenn die Richtung entgegengesetzt ist.

Die Summe der Teilspannungen ist gleich null, wenn man in einem Netzwerk von einem Knoten auf beliebigem Weg zu ihm zurückfährt. Für **Bild** „Anwendung der Maschenregel":

$U_1, U_2, U_3 \ldots$ Teilspannungen

$$-U_3 + U_1 - U_2 = 0$$

ΣU Summe der Teilspannungen

$$\Sigma U = 0$$

R-, L-, C-Schaltungen   R L C circuits

Reihenschaltungen

Bei der Reihenschaltung ist die Stromstärke überall gleich groß und die Summe der Teilspannungen gleich der angelegten Gesamtspannung.

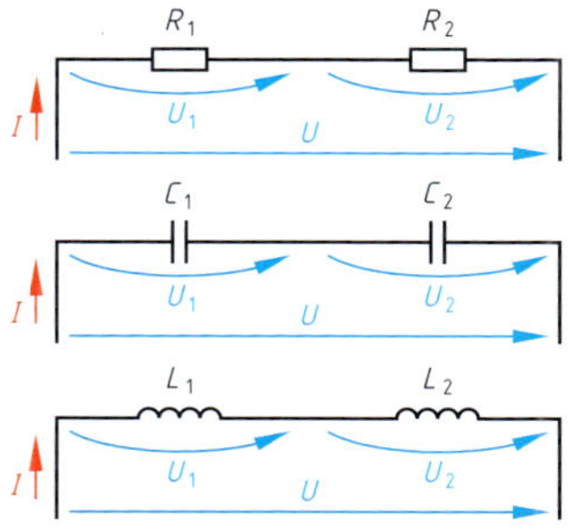

$$U = U_1 + U_2 + \ldots$$

$$R = R_1 + R_2 + \ldots$$

$$\frac{U_1}{U_2} = \frac{R_1}{R_2}$$

$$\frac{1}{C} = \frac{1}{C_1} + \frac{1}{C_2} + \ldots$$

Bei Wechselspannung:

$$\frac{U_1}{U_2} = \frac{C_2}{C_1}$$

Bei n gleichen Kondensatoren

$$C = \frac{C_1}{n}$$

Bei zwei Kondensatoren:

$$C = \frac{C_1 \cdot C_2}{C_1 + C_2}$$

Bei Wechselspannung:

$$\frac{U_1}{U_2} = \frac{L_1}{L_2}$$

Bei Spulen ohne magnetische Kopplung:

$$L = L_1 + L_2 + \ldots$$

Parallelschaltungen

Bei der Parallelschaltung ist überall dieselbe Spannung und die Summe der Teilstromstärken gleich der Gesamtstromstärke.

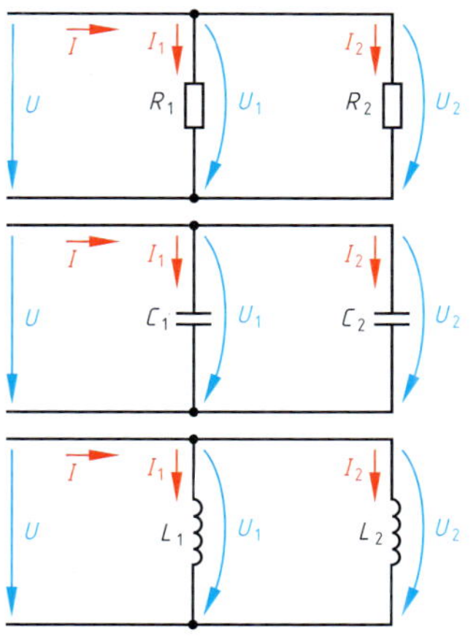

$$I = I_1 + I_2 + \ldots$$

$$\frac{1}{R} = \frac{1}{R_1} + \frac{1}{R_2} + \ldots$$

$$\frac{I_1}{I_2} = \frac{R_2}{R_1}$$

Bei n gleichen Widerständen:

$$R = \frac{R_1}{n}$$

Bei zwei Widerständen:

$$R = \frac{R_1 \cdot R_2}{R_1 + R_2}$$

Bei Wechselstrom:

$$\frac{I_1}{I_2} = \frac{C_1}{C_2}$$

$Q = Q_1 + Q_2$; $U \cdot C = U \cdot C_1 + U \cdot C_2$

$$C = C_1 + C_2 + \ldots$$

Bei Wechselstrom:

$$\frac{I_1}{I_2} = \frac{L_2}{L_1}$$

Bei Spulen ohne magnetische Kopplung:

$$\frac{1}{L} = \frac{1}{L_1} + \frac{1}{L_2} + \ldots$$

Bei n gleichen Spulen:

$$L = \frac{L_1}{n}$$

Bei zwei Spulen:

$$L = \frac{L_1 \cdot L_2}{L_1 + L_2}$$

Gemischte Schaltungen

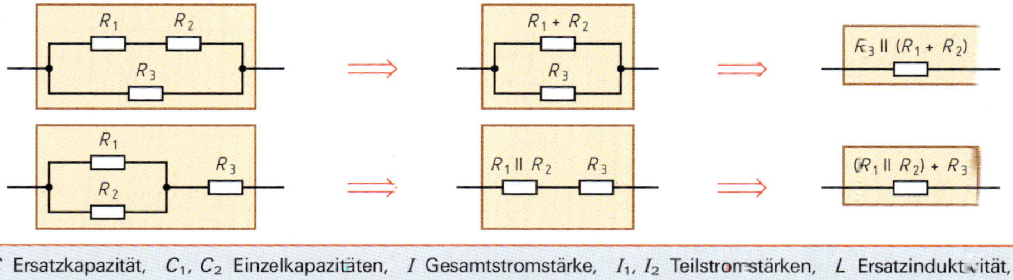

C Ersatzkapazität, C_1, C_2 Einzelkapazitäten, I Gesamtstromstärke, I_1, I_2 Teilstromstärken, L Ersatzinduktivität, L_1, L_2 Einzelinduktivitäten, n Ganze Zahl 1, 2, 3…, Q Gesamtladung, Q_1, Q_2 Einzelladungen, R Ersatzwiderstand, R_1, R_2, R_3 Einzelwiderstände, U Gesamtspannung, U_1, U_2 Teilspannungen, $\parallel$ Zeichen für parallel.

Ersatzspannungsquelle und Anpassung, Ersatzstromquelle
Equivalent voltage source and matching, equivalent current source

Ersatzspannungsquelle und Anpassung

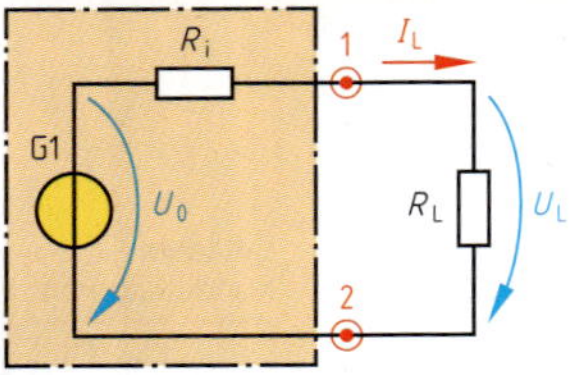

Spannungserzeuger

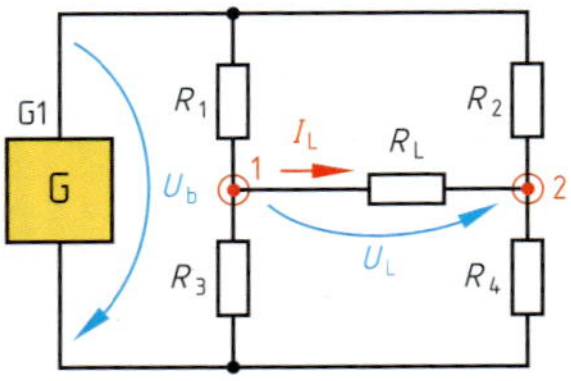

Wheatstone-Brücke als Beispiel eines linearen Netzwerkes

Jeder Spannungserzeuger besitzt einen *Innenwiderstand* R_i und eine *Quellenspannung* U_0 **(Bild)**. Die Arbeit, die der Erzeuger abgibt, verteilt sich auf die Widerstände R_i und R_L.

Bei Leistungsanpassung sind die abgegebene Leistung P_{ab} und die Verlustleistung in R_i gleich groß.

Ersatzspannungsquelle

Ein lineares Netzwerk (geradliniger Verlauf der Strom-Spannungs-Kennlinie) verhält sich wie ein Spannungserzeuger. Zur Berechnung von Stromstärke und Spannung an einem Widerstand R_L (zwischen den Anschlüssen 1 und 2) eines linearen elektrischen Netzwerkes ersetzt man das Netzwerk durch eine *Ersatzspannungsquelle* mit *Ersatzinnenwiderstand* R_i' und *Ersatzspannung* U_0' **(Bilder, unten)**.

Allgemein:

$$U_L = U_0 - R_i \cdot I_L \qquad U_L = U_0 \cdot \frac{R_L}{R_i + R_L}$$

$$I_L = \frac{U_0}{R_i + R_L} \qquad I_k = \frac{U_0}{R_i} \qquad \eta = \frac{R_L}{R_i + R_L}$$

Bei Spannungsanpassung:

$$R_L \gg R_i \qquad U_L \approx U_0 \qquad \eta = 1$$

Bei Stromanpassung:

$$R_L \ll R_i \qquad I_L \approx I_k \qquad \eta \approx 0$$

Bei Leistungsanpassung:

$$R_L = R_i \qquad P_{max} = \frac{U_0^2}{4\,R_i} \qquad \eta \approx 0{,}5$$

Bestimmung von U_0'

Lastwiderstand R_L von den Anschlüssen 1 und 2 entfernen und die Ersatzspannung berechnen:

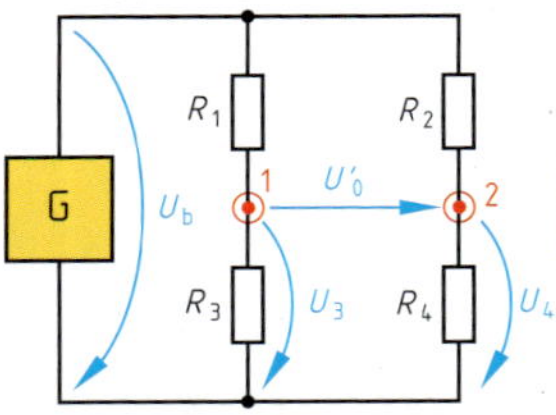

Bestimmung von R_i'

Spannungserzeuger überbrücken und den Widerstand an den Anschlüssen 1 und 2 berechnen:

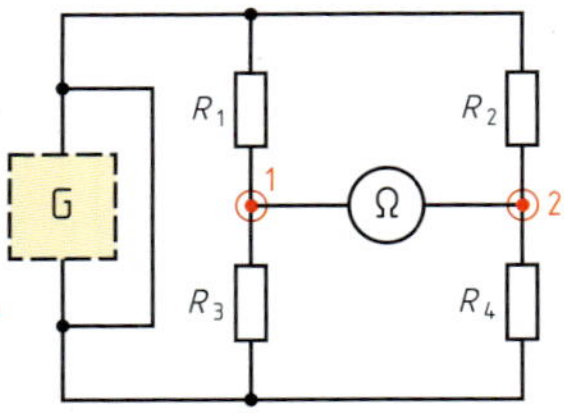

Ersatzspannungsquelle allgemein:

$$U_L = U_0' \cdot \frac{R_L}{R_i' + R_L} \qquad I_L = \frac{U_L}{R_L}$$

Bei der Wheatstone-Brücke **(Bild)**:

$$U_0' = U_b \cdot \left(\frac{R_3}{R_1 + R_3} - \frac{R_4}{R_2 + R_4}\right)$$

$$R_i' = \frac{R_1 \cdot R_3}{R_1 + R_3} + \frac{R_2 \cdot R_4}{R_2 + R_4}$$

Ersatzstromquelle

Bestimmung von I':

Die gewählten Anschlüsse 1 und 2 überbrücken und den Ersatzstrom berechnen.

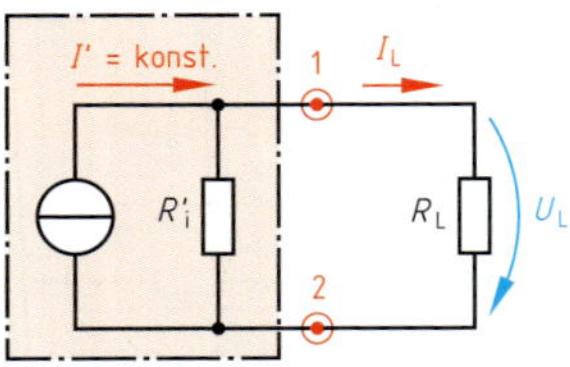

Ersatzstromquelle

Bestimmung von R_i':

Wie bei der Ersatzspannungsquelle.

Jedes lineare Netzwerk lässt sich bezüglich der Anschlüsse 1 und 2 auch durch eine wirkungsgleiche *Ersatzstromquelle* mit *Ersatzinnenwiderstand* R_i' und *Ersatzstrom* I' ersetzen **(Bild)**.

Der konstante Ersatzstrom I' fließt in die Parallelschaltung der Widerstände R_i' und R_L. Wird der Lastwiderstand R_L überbrückt, dann ist $I_L = I'$. Entfernt man R_L, dann fließt der ganze Ersatzstrom I' durch R_i'.

Ersatzstromquelle allgemein:

$$I_L = I' \cdot \frac{R_i'}{R_i' + R_L} \qquad U_L = I_L \cdot R_L$$

Bei der Wheatstone-Brücke:

$$I' = \frac{U_b \cdot (R_2 \cdot R_3 - R_1 \cdot R_4)}{R_3 \cdot R_4 \cdot (R_1 + R_2) + R_1 \cdot R_2 \cdot (R_3 + R_4)}$$

$$R_i' = \frac{R_1 \cdot R_3}{R_1 + R_3} + \frac{R_2 \cdot R_4}{R_2 + R_4}$$

I_L	Laststrom	R_i'	Ersatzinnenwiderstand	U_0'	Ersatzspannung
I_k	Kurzschlussstrom	R_L	Lastwiderstand	U_3, U_4	Teilspannungen
I'	Quellenstrom, Ersatzstrom	R_1, R_2, R_3, R_4	Teilwiderstände	U_b	Betriebsspannung
P_{max}	maximale Leistung	U_L	Spannung am Lastwiderstand	η	Leistungswirkungsgrad
R_i	Innenwiderstand	U_0	Quellenspannung, Urspannung		

Spannungsteiler Voltage divider

Schaltungen	Erklärungen	Formeln

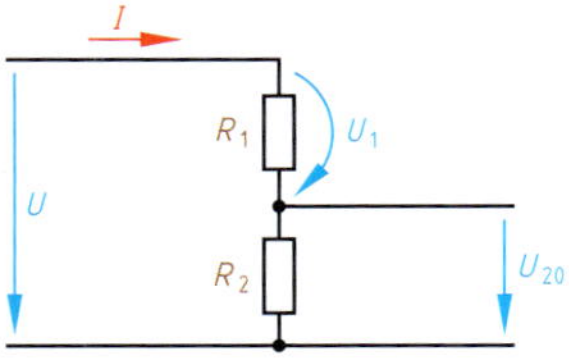

Unbelasteter Spannungsteiler

Die Teilspannung U_{20} verhält sich zur Gesamtspannung U wie der Teilwiderstand R_2 zum Widerstand $R_1 + R_2$ **(Bild)**. Die Teilspannungen U_1 und U_{20} stehen im gleichen Verhältnis zueinander wie die entsprechenden Teilwiderstände R_1 und R_2.

Beim unbelasteten Spannungsteiler:

$$\frac{U_{20}}{U} = \frac{R_2}{R_1 + R_2}$$

$$\frac{U_1}{U_{20}} = \frac{R_1}{R_2}$$

$$U = U_1 + U_{20}$$

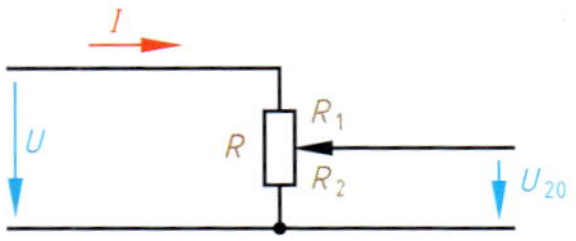

Potenziometer als Spannungsteiler

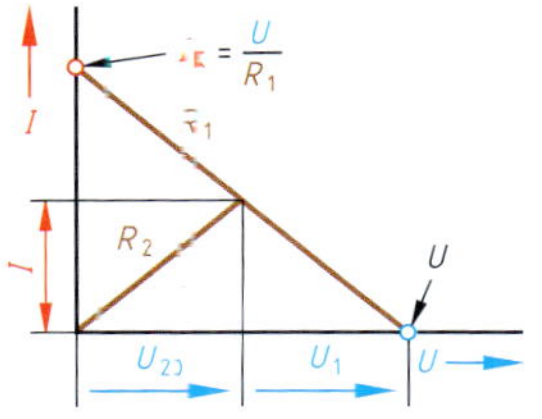

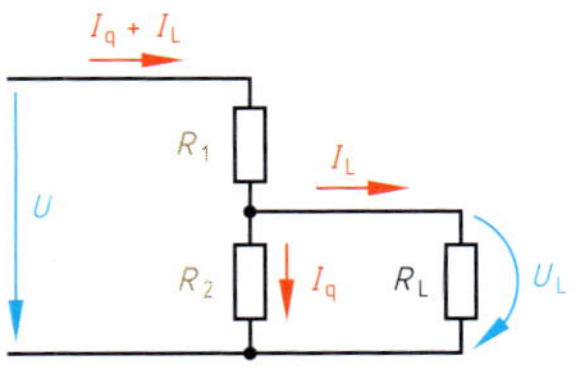

Belasteter Spannungsteiler

Für $U_{20} = 0$ ergibt sich $U_1 = U$. Für eine bestimmte Spannung U_{20} ergibt sich ein Strom I. Daraus kann R_2 berechnet werden.

ΔU_L ist umso kleiner, je größer das Querstromverhältnis q gewählt wird, z. B. $q \geq 10$, in der Praxis $q \approx 5$.

$$q = \frac{I_q}{I_L} = \frac{R_L}{R_2}$$

$$\Delta U_L = U_{20} - U_L$$

$$R_2 = R_L \cdot \frac{U}{U_L} \cdot \left(\frac{U_{20} - U_L}{U - U_{20}}\right)$$

$$\frac{U_L}{U} = \frac{R_2 \cdot R_L}{R_1 \cdot R_2 + R_2 \cdot R_L + R_L \cdot R_1}$$

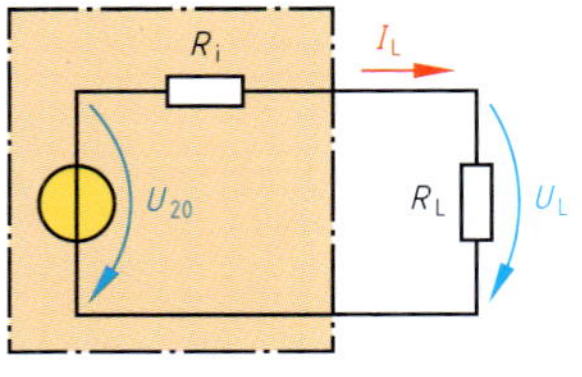

Ersatzschaltung des belasteten Spannungsteilers

Das Verhalten des Spannungsteilers kann man auch mit einer Ersatzspannungsquelle mit der Urspannung U_{20} und dem Innenwiderstand R_i berechnen **(Bild**, siehe Ersatzspannungsquelle).

$$U_L = U_{20} - R_i \cdot I_L$$

$$I_L = \frac{U_{20}}{R_i + R_L}$$

Bestimmung von R_i

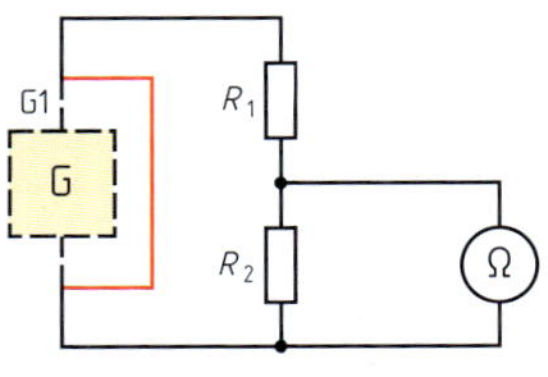

Bestimmung von U_{20}

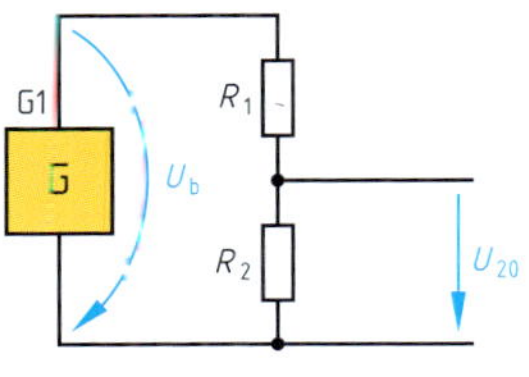

$$R_i = \frac{R_1 \cdot R_2}{R_1 + R_2}$$

$$U_{20} = \frac{R_2}{R_1 + R_2} \cdot U$$

Ersatzspannungsquelle beim Spannungsteiler

I_L	Laststrom	R_L	Lastwiderstand
I_K	Kurzschlussstrom	U	Gesamtspannung
I_q	Querstrom	U_L	Teilspannung (bei Belastung)
q	Querstromverhältnis	U_{20}	Leerlaufspannung, Urspannung
R_1, R_2	Teilwiderstände	U_1, U_{20}	Teilspannungen
R_i	Innenwiderstand	ΔU_L	Abnahme der Spannung an R_2 gegenüber dem unbelasteten Fall

Netzwerkumwandlung zwischen Stern- und Dreieckschaltung

Network transformation between star circuit and delta circuit

Schaltungen	Formeln, Erklärungen

Spannungen und Ströme bei Stern und Dreieck

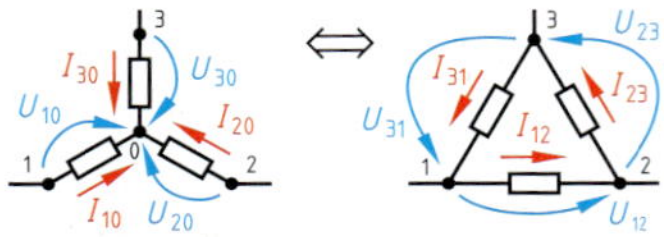

Es sind drei Bezugspunkte (1, 2, 3) vorhanden.
Beim Stern zeigen die Spannungspfeile von diesen zum Sternpunkt (Nullpunkt). Beim Dreieck verlaufen die Spannungspfeile in mathematischer Drehrichtung, also gegen den Uhrzeiger.
Die technischen Stromrichtungen ergeben sich aus den Spannungspfeilen.

Stern-Dreieck-Umwandlung bei Gleichspannung

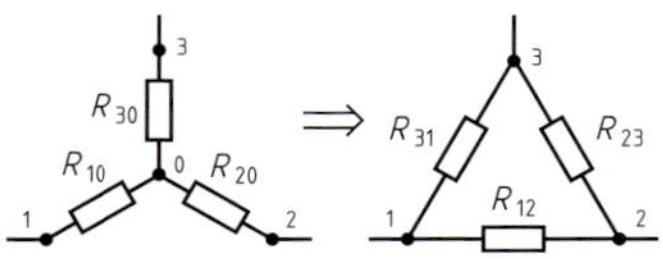

$$R_{12} = \frac{R_{10} \cdot R_{20}}{R_{30}} + R_{10} + R_{20} \qquad U_{12} = U_{10} - U_{20} \qquad I_{12} = \frac{U_{12}}{R_{12}}$$

$$R_{23} = \frac{R_{20} \cdot R_{30}}{R_{10}} + R_{20} + R_{30} \qquad U_{23} = U_{20} - U_{30} \qquad I_{23} = \frac{U_{23}}{R_{23}}$$

$$R_{31} = \frac{R_{30} \cdot R_{10}}{R_{20}} + R_{30} + R_{10} \qquad U_{31} = U_{30} - U_{10} \qquad I_{31} = \frac{U_{31}}{R_{31}}$$

Dreieck-Stern-Umwandlung bei Gleichspannung

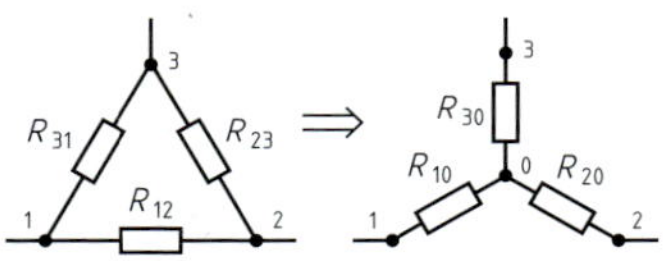

$$R_{10} = \frac{R_{12} \cdot R_{31}}{R_{12} + R_{23} + R_{31}} \qquad U_{10} = \frac{1}{2}(U_{12} - U_{31}) \qquad I_{10} = \frac{U_{10}}{R_{10}}$$

$$R_{20} = \frac{R_{23} \cdot R_{12}}{R_{12} + R_{23} + R_{31}} \qquad U_{20} = \frac{1}{2}(U_{23} - U_{12}) \qquad I_{20} = \frac{U_{20}}{R_{20}}$$

$$R_{30} = \frac{R_{31} \cdot R_{23}}{R_{12} + R_{23} + R_{31}} \qquad U_{30} = \frac{1}{2}(U_{31} - U_{23}) \qquad I_{30} = \frac{U_{30}}{R_{30}}$$

Stern-Dreieck-Umwandlung bei Wechselspannung

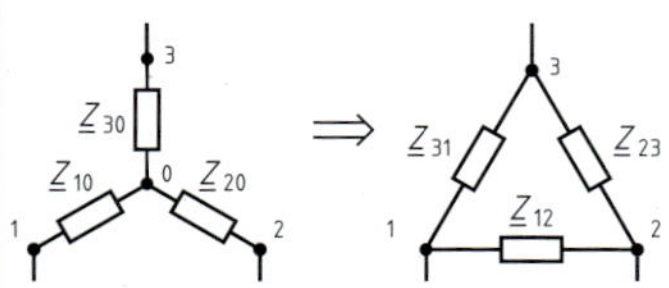

$$\underline{Y}_{12} = \frac{\underline{Y}_{10} \cdot \underline{Y}_{20}}{\underline{Y}_{10} + \underline{Y}_{20} + \underline{Y}_{30}} \quad ⇨ \quad \underline{Z}_{12} = \frac{1}{\underline{Y}_{12}} = \frac{\underline{Y}_{10} + \underline{Y}_{20} + \underline{Y}_{30}}{\underline{Y}_{10} \cdot \underline{Y}_{20}}$$

$$\underline{Y}_{23} = \frac{\underline{Y}_{20} \cdot \underline{Y}_{30}}{\underline{Y}_{10} + \underline{Y}_{20} + \underline{Y}_{30}} \quad ⇨ \quad \underline{Z}_{23} = \frac{1}{\underline{Y}_{23}} = \frac{\underline{Y}_{10} + \underline{Y}_{20} + \underline{Y}_{30}}{\underline{Y}_{20} \cdot \underline{Y}_{30}}$$

$$\underline{Y}_{31} = \frac{\underline{Y}_{30} \cdot \underline{Y}_{10}}{\underline{Y}_{10} + \underline{Y}_{20} + \underline{Y}_{30}} \quad ⇨ \quad \underline{Z}_{31} = \frac{1}{\underline{Y}_{31}} = \frac{\underline{Y}_{10} + \underline{Y}_{20} + \underline{Y}_{30}}{\underline{Y}_{30} \cdot \underline{Y}_{10}}$$

Die Admittanzen und Impedanzen sind komplexe Größen!

Dreieck-Stern-Umwandlung bei Wechselspannung

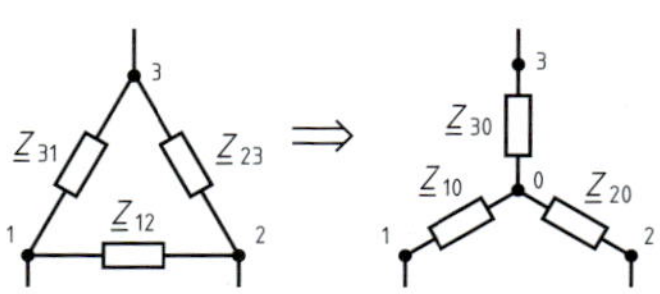

$$\underline{Z}_{10} = \frac{\underline{Z}_{12} \cdot \underline{Z}_{31}}{\underline{Z}_{12} + \underline{Z}_{23} + \underline{Z}_{31}} \quad ⇨ \quad \underline{Y}_{10} = \frac{1}{\underline{Z}_{10}} = \frac{\underline{Z}_{12} + \underline{Z}_{23} + \underline{Z}_{31}}{\underline{Z}_{12} \cdot \underline{Z}_{31}}$$

$$\underline{Z}_{20} = \frac{\underline{Z}_{12} \cdot \underline{Z}_{23}}{\underline{Z}_{12} + \underline{Z}_{23} + \underline{Z}_{31}} \quad ⇨ \quad \underline{Y}_{20} = \frac{1}{\underline{Z}_{20}} = \frac{\underline{Z}_{12} + \underline{Z}_{23} + \underline{Z}_{31}}{\underline{Z}_{12} \cdot \underline{Z}_{23}}$$

$$\underline{Z}_{30} = \frac{\underline{Z}_{23} \cdot \underline{Z}_{31}}{\underline{Z}_{12} + \underline{Z}_{23} + \underline{Z}_{31}} \quad ⇨ \quad \underline{Y}_{30} = \frac{1}{\underline{Z}_{30}} = \frac{\underline{Z}_{12} + \underline{Z}_{23} + \underline{Z}_{31}}{\underline{Z}_{23} \cdot \underline{Z}_{31}}$$

Die Impedanzen und die Admittanzen sind komplexe Größen!

Admittanz = komplexer Scheinleitwert; Impedanz = komplexer Scheinwiderstand.

Netzwerkumwandlung zwischen Reihen- und Parallelschaltung
Network transformation between series circuit and parallel circuit

Schaltungen	Formeln, Erklärungen

Konzept

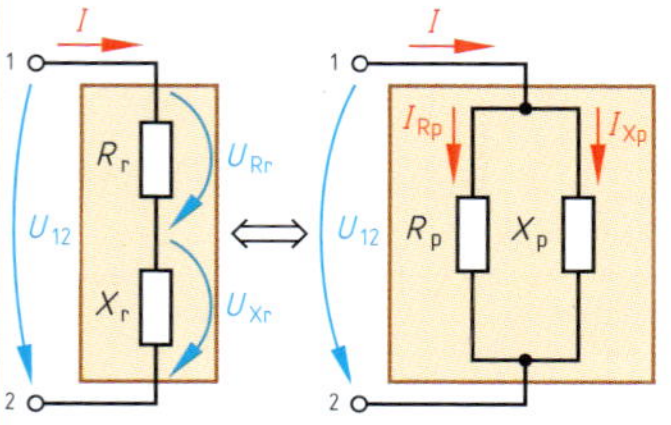

Bezogen auf die Anschlusspunkte 1 und 2 sollen Reihenschaltung und Parallelschaltung aus Wirk- und Blindwiderstand den selben Impedanzwert aufweisen.

$$Z_r = Z_p = \frac{1}{Y_r} = \frac{1}{Y_p} \quad \Leftrightarrow \quad \sqrt{R_r^2 + X_r^2} = \frac{R_p \cdot X_p}{\sqrt{R_p^2 + X_p^2}}$$

$$\varphi_r = \varphi_p$$

Umwandlung zwischen RL-Reihenschaltung und RL-Parallelschaltung

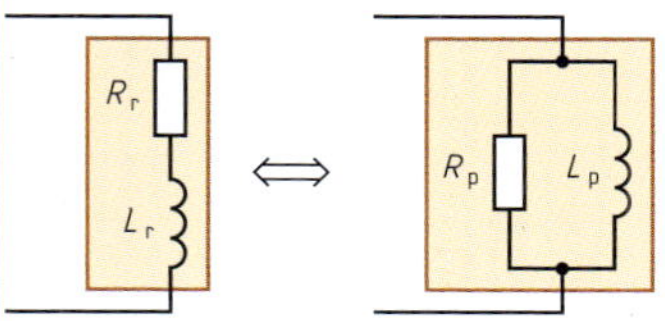

$$R_p = \frac{R_r^2 + (\omega \cdot L_r)^2}{R_r}$$

$$L_p = \frac{R_r^2 + (\omega \cdot L_r)^2}{\omega^2 \cdot L_r}$$

$$R_r = \frac{\frac{1}{R_p}}{\left(\frac{1}{R_p}\right)^2 + \left(\frac{1}{\omega \cdot L_p}\right)^2}$$

$$L_r = \frac{\frac{1}{\omega^2 \cdot L_p}}{\left(\frac{1}{R_p}\right)^2 + \left(\frac{1}{\omega \cdot L_p}\right)^2}$$

Umwandlung zwischen RC-Reihenschaltung und RC-Parallelschaltung

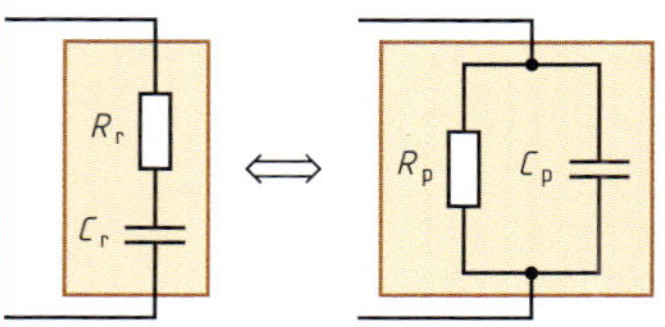

$$R_p = \frac{R_r^2 + \left(\frac{1}{\omega \cdot C_r}\right)^2}{R_r}$$

$$C_p = \frac{\frac{1}{\omega^2 \cdot C_r}}{R_r^2 + \left(\frac{1}{\omega \cdot C_r}\right)^2}$$

$$R_r = \frac{\frac{1}{R_p}}{\left(\frac{1}{R_p}\right)^2 + (\omega \cdot C_p)^2}$$

$$C_r = \frac{\left(\frac{1}{R_p}\right)^2 + (\omega \cdot C_p)^2}{\omega^2 \cdot C_p}$$

Umwandlung zwischen RLC-Reihenschaltung und RLC-Parallelschaltung

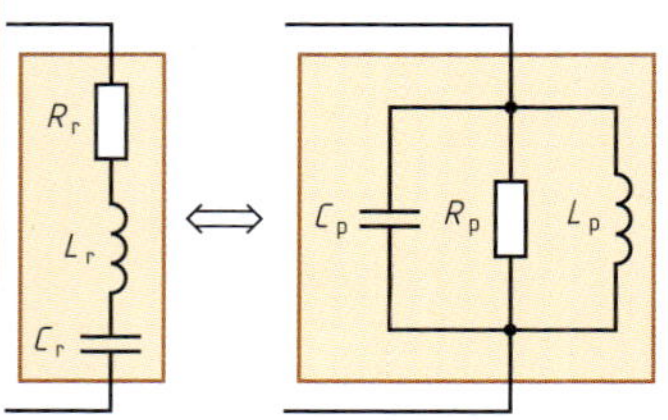

$$X_p = \frac{1}{\omega \cdot C_r} + \frac{R_r^2 \cdot \omega \cdot C_r}{1 - \omega^2 \cdot L_r \cdot C_r}$$

$$C_p = \frac{\omega \cdot L_p - X_p}{\omega^2 \cdot L_p \cdot X_p}$$

$$R_p = R_r + \frac{(1 - \omega^2 \cdot L_r \cdot C_r)^2}{R_r \cdot (\omega \cdot L_r)^2}$$

$$L_p = \frac{X_p}{\omega \cdot (1 - \omega \cdot C_p \cdot X_p)}$$

$$X_r = \frac{\omega \cdot L_p \cdot R_p^2 \cdot (1 - \omega^2 \cdot L_p \cdot C_p)}{R_p^2 \cdot (1 - \omega^2 \cdot L_p \cdot C_p)^2 + (\omega \cdot L_p)^2}$$

$$C_r = \frac{1}{\omega \cdot (X_r - \omega \cdot L_r)}$$

$$R_r = \frac{R_p \cdot (\omega \cdot L_p)^2}{R_p^2 \cdot (1 - \omega^2 \cdot L_p \cdot C_p)^2 - (\omega \cdot L_p)^2}$$

$$L_r = \frac{\omega \cdot C_r \cdot X_r - }{\omega^2 \cdot C_r}$$

Y	Scheinleitwert (Admittanz)	ω	Kreisfrequenz	r	Index für Reihenschaltung
Z	Scheinwiderstand (Impedanz)	C	Kapazität	U	Spannung
R	Wirkwiderstand	L	Induktivität	I	Strom
X	Blindwiderstand	p	Index für Parallelschaltung	φ	Phasenverschiebungswinkel

Diagramme von Grundschaltungen Diagrams of basic circuits

Eine Sinuslinie wird erzeugt, wenn der Abstand der Zeigerspitze von der waagrechten Achse eines entgegen dem Uhrzeigersinn rotierenden Zeigers in Abhängigkeit vom Drehwinkel aufgezeichnet wird. Eine Sinuslinie kann vereinfacht durch einen Zeiger dargestellt werden. Der Zeiger muss hierbei so gelegt werden, dass die Höhe seiner Zeigerspitze dem Anfangswert der Wechselgröße entspricht. Der Winkel zwischen zwei Zeigern gibt den Phasenverschiebungswinkel zweier zugehörender Wechselgrößen an. Man unterscheidet Zeigerdiagramme für Stromstärke, Spannung und Leistung. Widerstandsdreiecke und Leitwertdreiecke entsprechen den Zeigerdiagrammen.

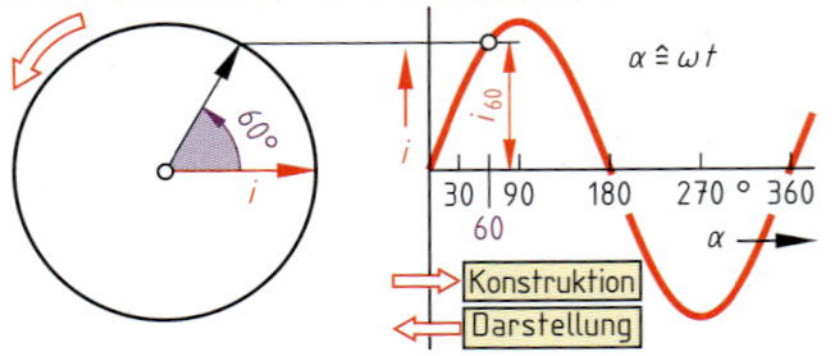

Konstruktion und Darstellung einer Sinuslinie durch einen Zeiger

Schaltung	Stromstärke und Spannung	Widerstand oder Leitwert	Leistung

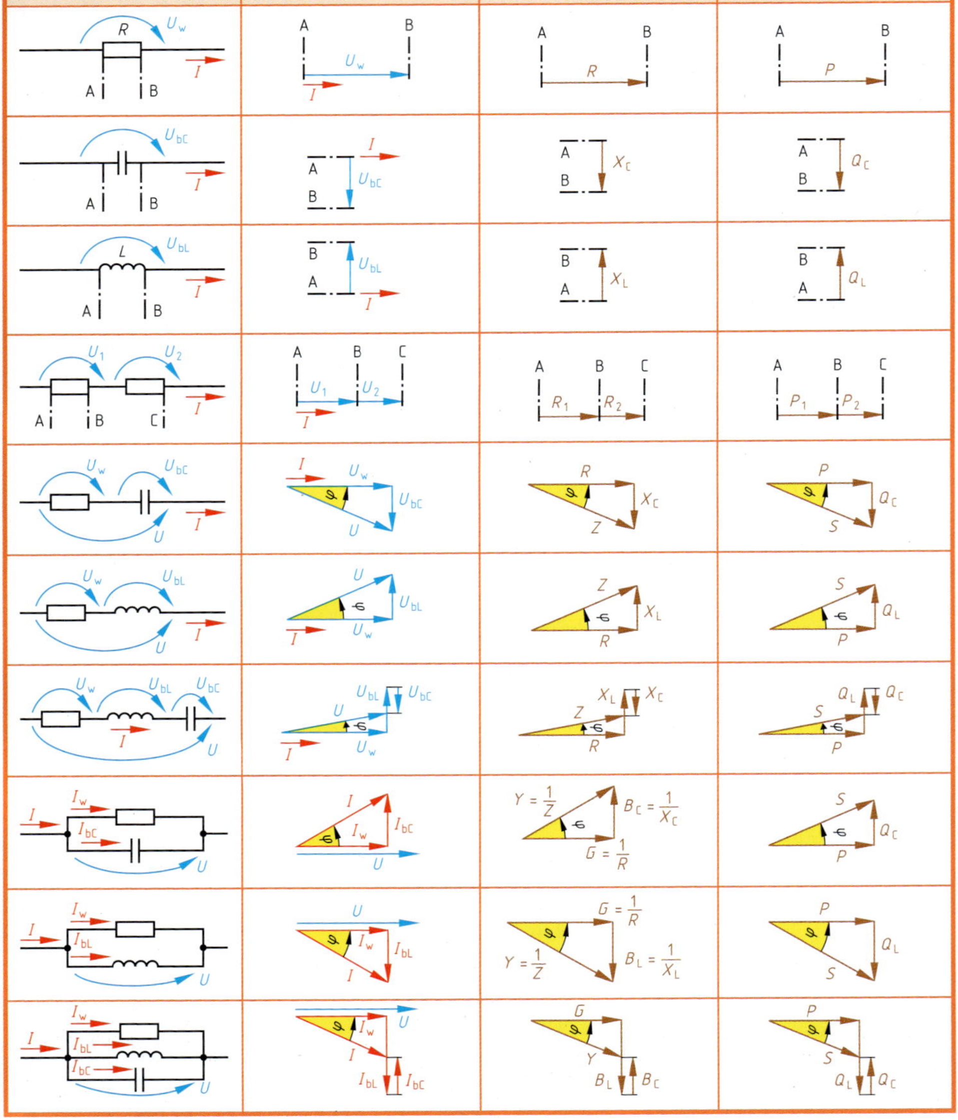

Blindwiderstände, RC-Schaltungen, RL-Schaltungen
Reactive resistance, RC-networks, RL-networks

Blindwiderstände

$[X_C] = \Omega = \frac{s}{F}$

$[X_L] = \Omega = \frac{H}{s}$

$X_C = \frac{1}{\omega \cdot C}$

$X_L = \omega \cdot L$

RC- und RL-Reihenschaltung

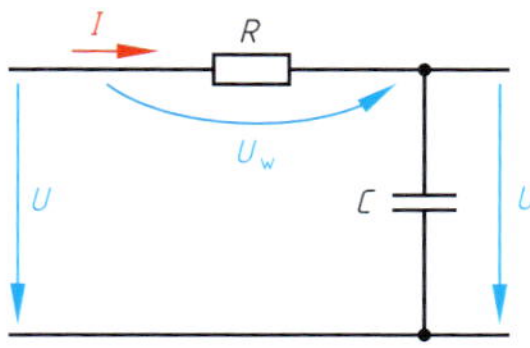

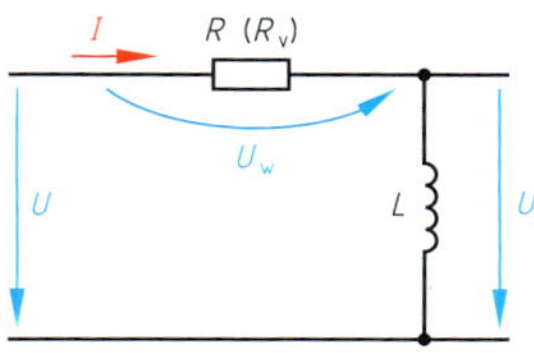

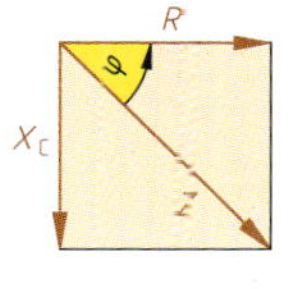

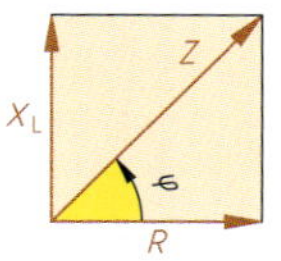

$U = \sqrt{U_w^2 + U_b^2}$

$Z = \sqrt{R^2 + X^2}$

$\tan\varphi = \frac{U_b}{U_w}$ | $\tan\varphi = \frac{X}{R}$ | $X = \frac{U_b}{I}$ | $R = \frac{U_w}{I}$

$\sin\varphi = \frac{U_b}{U}$ | $\sin\varphi = \frac{X}{Z}$ | $Z = \frac{U}{I}$

$\cos\varphi = \frac{U_w}{U}$ | $\cos\varphi = \frac{R}{Z}$

Die Ersatzschaltung der Spule mit Verlusten wird durch die Reihenschaltung aus L und R_v dargestellt.

$Q = \frac{X_L}{R_v}$

$\delta = 90° - \varphi$

RC- und RL-Parallelschaltung

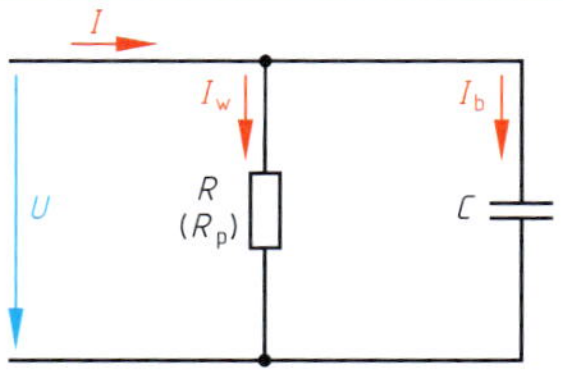

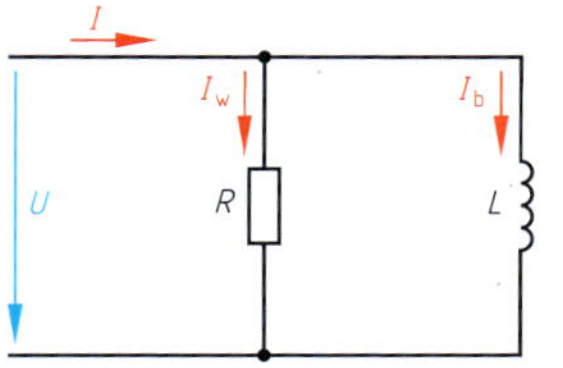

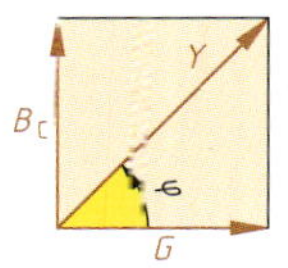

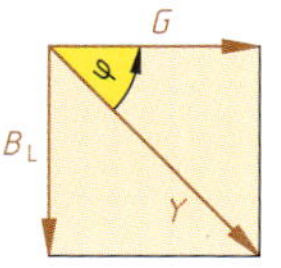

$I = \sqrt{I_w^2 + I_b^2}$

$Y = \sqrt{G^2 + B^2}$

$\tan\varphi = \frac{I_b}{I_w}$ | $\tan\varphi = \frac{B}{G}$ | $G = \frac{1}{R}$ | $R = \frac{U}{I_w}$

$\sin\varphi = \frac{I_b}{I}$ | $\sin\varphi = \frac{B}{Y}$ | $B = \frac{1}{X}$ | $X = \frac{U}{I_b}$

$\cos\varphi = \frac{I_w}{I}$ | $\cos\varphi = \frac{G}{Y}$ | $Y = \frac{1}{Z}$ | $Z = \frac{U}{I}$

Die Ersatzschaltung des Kondensators mit Verlusten wird durch die Parallelschaltung aus C und R_p dargestellt.

$d = \frac{X_C}{R_p}$

$\delta = 90° - \varphi$

B, B_C, B_L	Blindleitwerte	Q	Gütefaktor	X, X_C, X_L	Blindwiderstände
C	Kapazität	R	Wirkwiderstand	Y	Scheinleitwert
d	Verlustfaktor	R_v	Reihenverlustwiderstand	Z	Scheinwiderstand
G	Wirkleitwert	R_p	paralleler Verlustwiderstand	δ	Verlustwinkel
I	Stromstärke	U	Spannung	φ	Phasenverschiebungswinkel
I_b	Blindstromstärke	U_b	Blindspannung	ω	Kreisfrequenz
I_w	Wirkstromstärke	U_w	Wirkspannung		
L	Induktivität				

RLC-Schaltungen, Schwingkreise RLC-networks, resonant circuits

Reihenschaltung

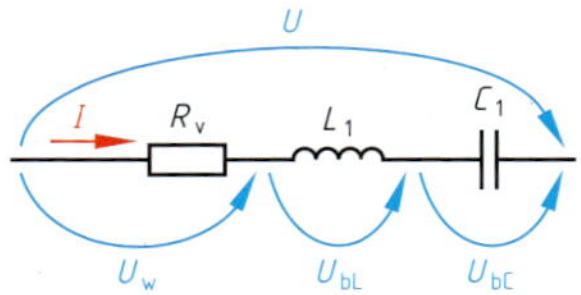

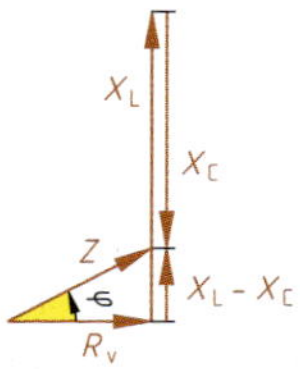

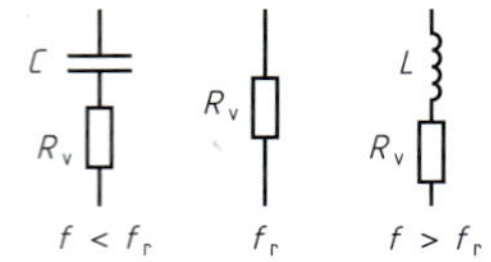

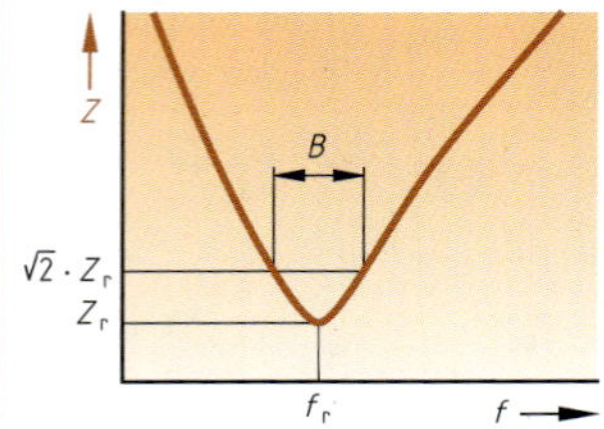

$$U = \sqrt{U_w^2 + (U_{bL} - U_{bC})^2}$$

$$Z = \sqrt{R^2 + (X_L - X_C)^2}$$

$$Z_r = R_v$$

$$f_r = \frac{1}{2\pi \cdot \sqrt{L \cdot C}}$$

$$Q = \frac{f_r}{B} = \frac{X_r}{R_v}$$

Parallelschaltung

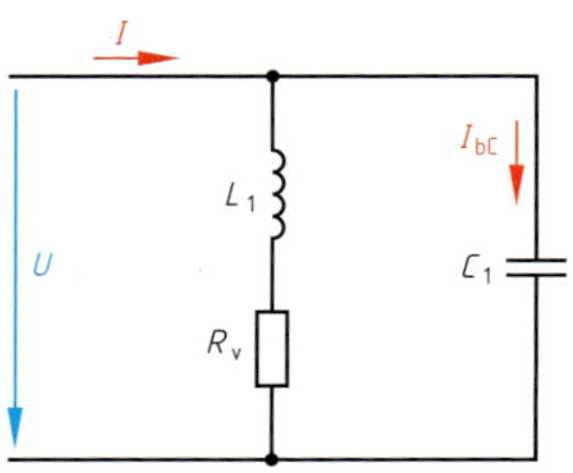

(Verluste in Reihe zu L)

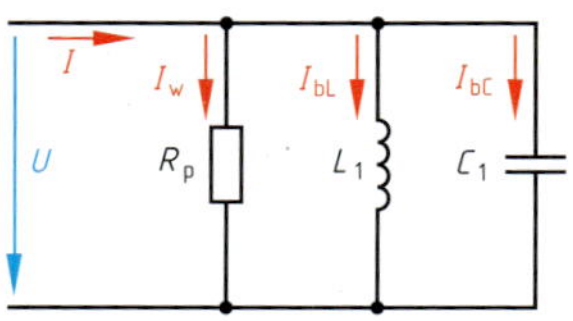

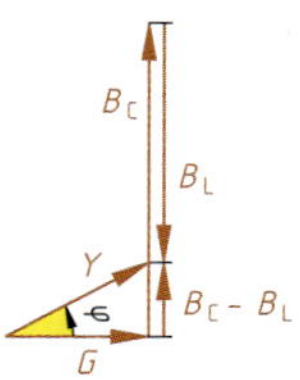

(Verluste parallel zu L)

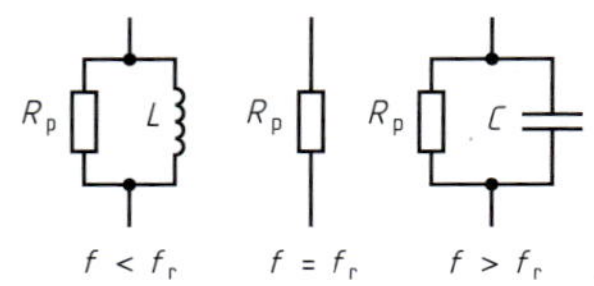

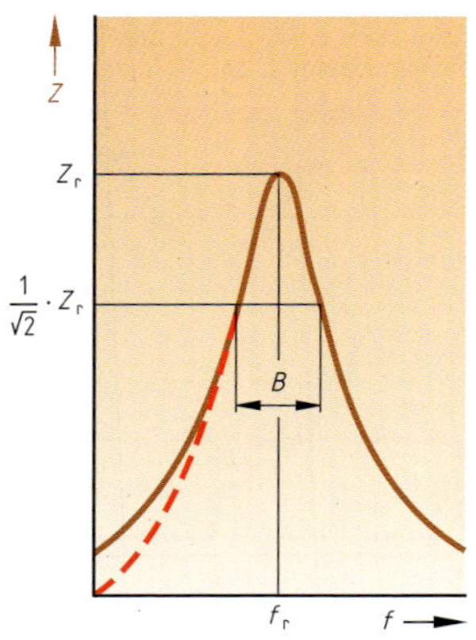

Verlauf für Schaltung mit R_v

Verlauf für Schaltung mit R_p, L und C parallel

$$Y = \frac{\sqrt{R_v^2 + [B_C \cdot (R_v^2 + X_L^2) - X_L]^2}}{R_v^2 + X_L^2}$$

$$f_r = \frac{1}{2\pi} \sqrt{\frac{1}{L \cdot C} - \frac{R_v^2}{L^2}}$$

$$Q = \frac{f_r}{B} = \frac{X_r}{R_v}$$

Der Verlustwiderstand der Spule kann in einen parallelen Verlustwiderstand umgerechnet werden. Siehe Netzwerkumwandlung

$$R_p \approx \frac{L}{C \cdot R_v}$$

$$I = \sqrt{I_w^2 + (I_{bC} - I_{bL})^2}$$

$$Y = \sqrt{G^2 + (B_L - B_C)^2}$$

$$Z_r = R_p$$

$$f_r = \frac{1}{2\pi \sqrt{L \cdot C}}$$

$$Q = \frac{f_r}{B} \approx \frac{R_p}{X_0}$$

B	Bandbreite	I_w	Wirkstromstärke	U_w	Wirkspannung
B_C, B_L	Blindleitwerte	L	Induktivität	X_C, X_L	Blindwiderstände
C	Kapazität	Q	Gütefaktor	X_r	Blindwiderstand bei der Resonanzfrequenz
f	Frequenz	R	Wirkwiderstand		
f_r	Resonanzfrequenz	R_v	Verlustwiderstand der Spule	Y	Scheinleitwert
G	Wirkleitwert	R_p	paralleler Verlustwiderstand	Z	Schweinwiderstand
I	Stromstärke	U	Spannung	Z_r	Scheinwiderstand bei der Resonanzfrequenz
I_{bC}, I_{bL}	Blindstromstärken	U_{bC}, U_{bL}	Blindspannung		
				φ	Phasenverschiebungswinkel

Tiefpässe und Hochpässe   High-pass filters and low-pass filters

Schaltung, Benennung | **Verhalten bei Sinusspannung** | **Formeln**

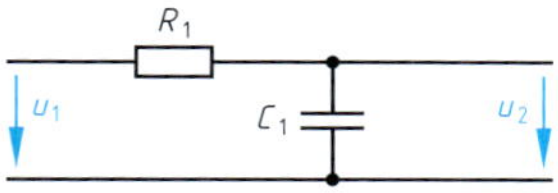

RC-Tiefpass

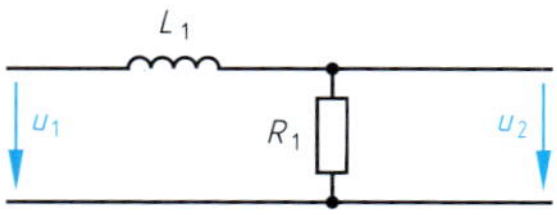

RL-Tiefpass

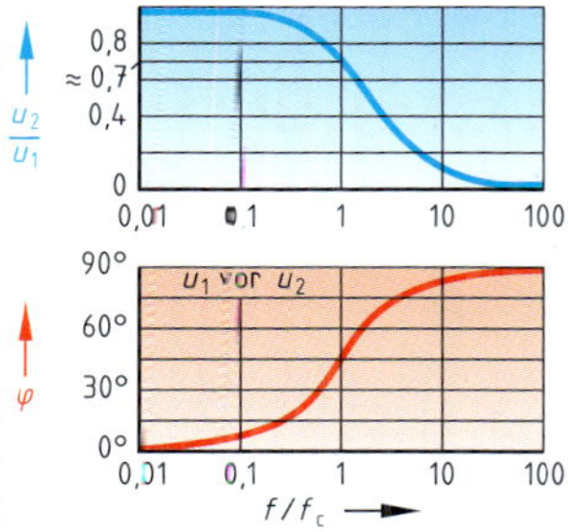

$$f_c = \frac{1}{2\pi \cdot \tau}$$

$$\tau = F_1 \cdot C_1$$

$$\tau = \frac{L_1}{R_1}$$

Bei Grenzfrequenz f_c

$$X = R$$

$$u_2 = \frac{1}{\sqrt{2}} \cdot u_1$$

$$\varphi = 45°$$

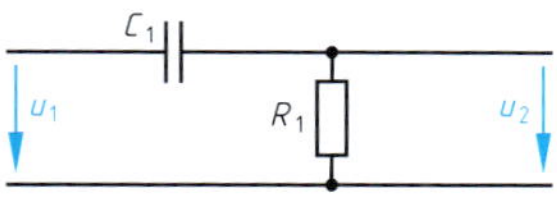

RC-Hochpass

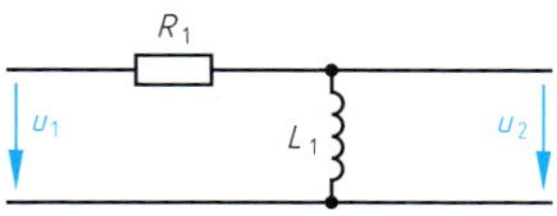

RL-Hochpass

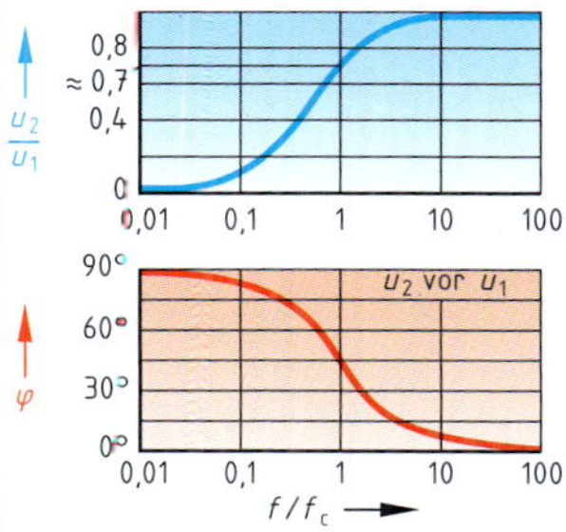

RC-Tiefpass und RL-Hochpass:

$$\varphi = \arccos \frac{U_2}{U_1} = \arctan \frac{R}{X}$$

RC-Hochpass und RL-Tiefpass:

$$\varphi = \arccos \frac{U_2}{U_1} = \arctan \frac{X}{R}$$

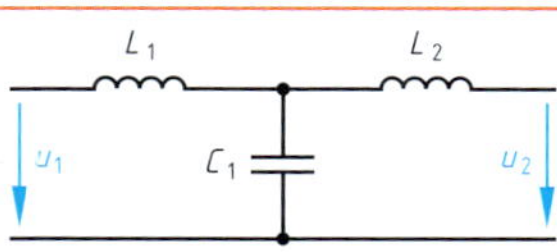

LC-Tiefpass in T-Schaltung

$$L_1 = L_2 = L$$

$$f_c = \frac{1}{2\pi \cdot \sqrt{L \cdot C_1}}$$

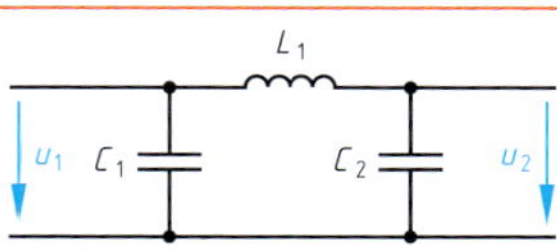

LC-Tiefpass in π-Schaltung

$$C_1 = C_2 = C$$

$$f_c = \frac{1}{2\pi \cdot \sqrt{L_1 \cdot C}}$$

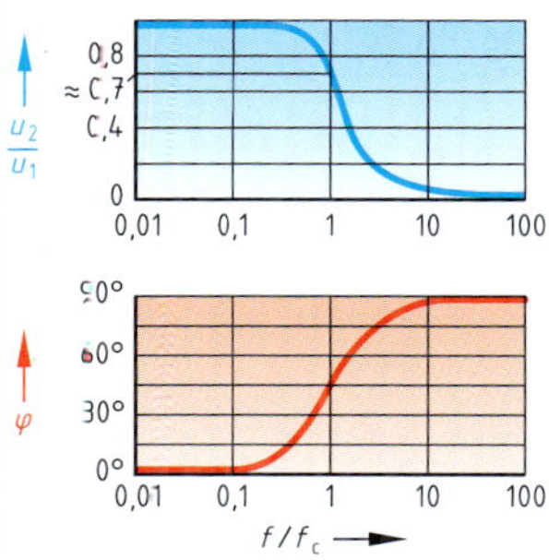

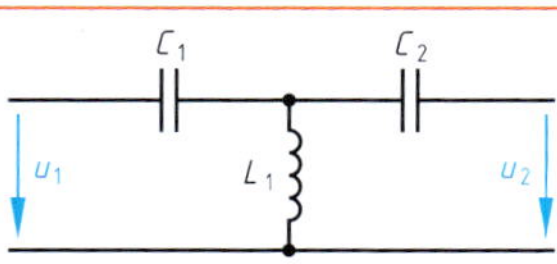

LC-Hochpass in T-Schaltung

$$C_1 = C_2 = C$$

$$f_c = \frac{1}{2\pi \cdot \sqrt{L_1 \cdot C}}$$

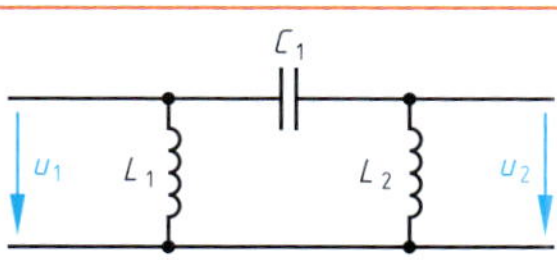

LC-Hochpass in π-Schaltung

$$L_1 = L_2 = L$$

$$f_c = \frac{1}{2\pi \cdot \sqrt{L \cdot C_1}}$$

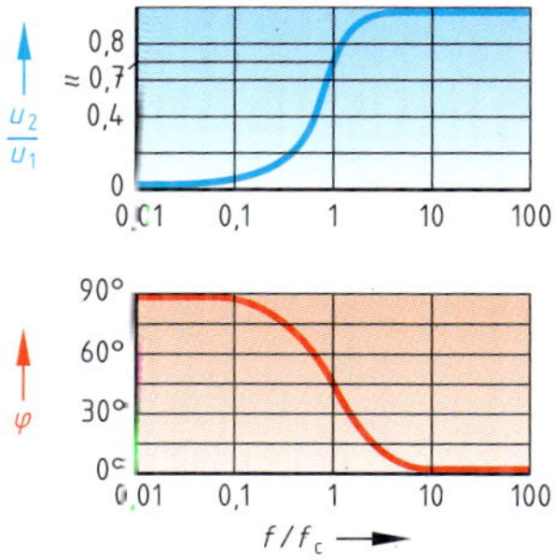

C Kapazität, f Frequenz, f_c Grenzfrequenz, L Induktivität, R Widerstand, X Blindwiderstand der Spule oder des Kondensators, φ Phasenverschiebungswinkel zwischen u_2 und u_1, τ Zeitkonstante

Impulsformer und Dämpfungsglieder   Pulse forming and attenuation elements

Verformung von Rechteckspannungen durch RC-Schaltungen und RL-Schaltungen

Schaltungen, Benennung

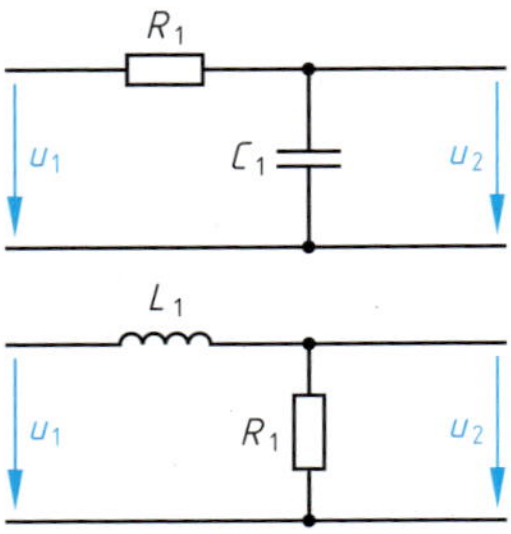

Integrierschaltungen

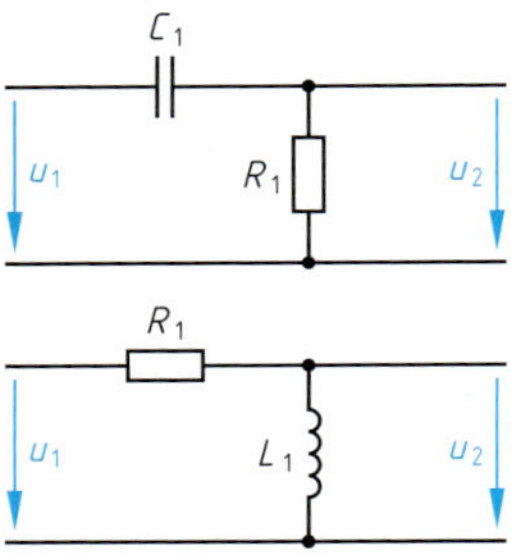

Differenzierschaltungen

Spannungsverläufe

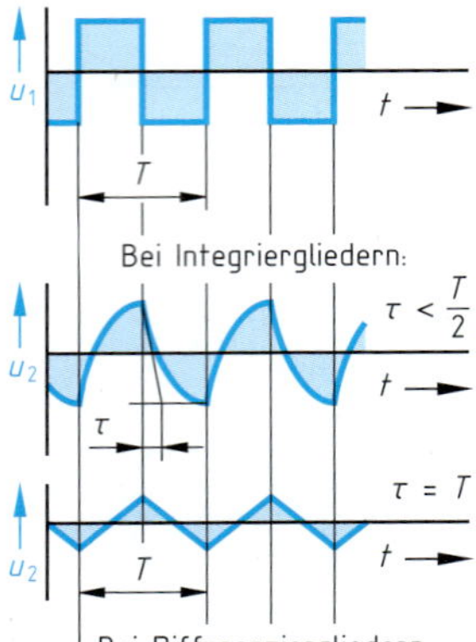

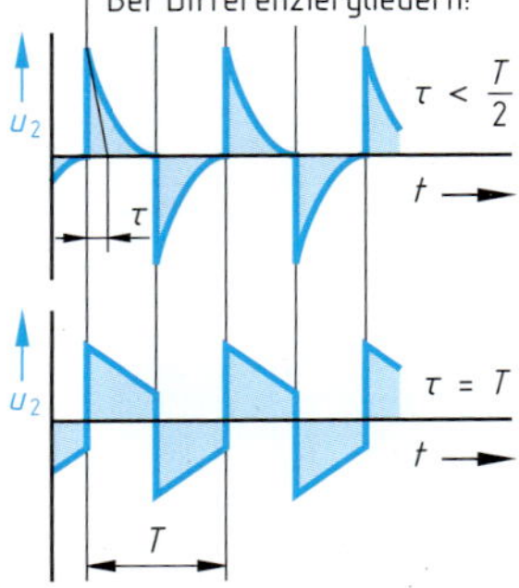

Formeln

$$\tau = R_1 \cdot C_1$$

$$\tau = \frac{L_1}{R_1}$$

Bei Integriergliedern für $0 < \tau < \frac{T}{2}$:

$$u_2 = (\hat{u}_1 + \hat{u}_2) \cdot (1 - e^{-t/\tau}) - \hat{u}_2$$

Bei Integriergliedern für $\frac{T}{2} < \tau < T$:

$$u_2 = (\hat{u}_1 + \hat{u}_2) \cdot e^{-t/\tau} - \hat{u}_1$$

Bei Differenziergliedern für $0 < \tau < \frac{T}{2}$:

$$u_2 = \hat{u}_2 \cdot e^{-t/\tau}$$

Bei Differenziergliedern für $\frac{T}{2} < \tau < T$:

$$u_2 = -\hat{u}_2 \cdot e^{-t/\tau}$$

Dämpfungsglieder

Schaltung

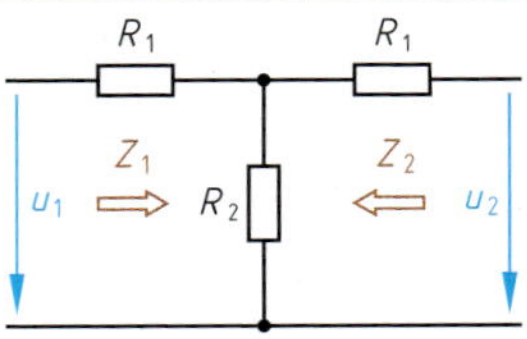

T-Glied, unsymmetrisch

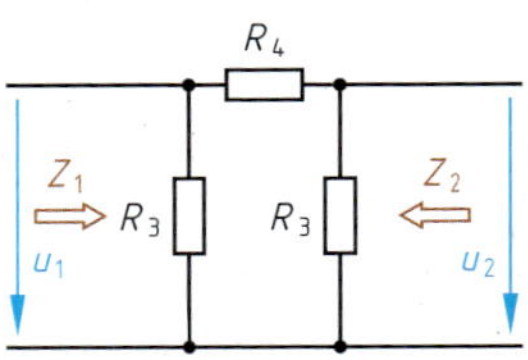

π-Glied, unsymmetrisch

Faktoren

A in dB	k_1	k_2
1	0,058	8,67
3	0,17	2,83
6	0,332	1,338
10	0,519	0,702
20	0,818	0,202
40	0,98	0,02

A in dB	k_3	k_4
1	17,24	0,115
3	5,88	0,353
6	3,01	0,747
10	1,93	1,425
20	1,22	4,95
40	1,02	50

Formeln

Bedingung: $Z_W = Z_1 = Z_2$

$$D_u = \frac{u_1}{u_2} \qquad A = 20 \cdot \lg D_u \text{ dB}$$

$$R_1 = Z_W \cdot k_1 \qquad k_1 = \frac{D_u - 1}{D_u + 1}$$

$$R_2 = Z_W \cdot k_2 \qquad k_2 = \frac{2 \cdot D_u}{D_u^2 - 1}$$

$$R_3 = Z_W \cdot k_3 \qquad k_3 = \frac{D_u + 1}{D_u - 1}$$

$$R_4 = Z_W \cdot k_4 \qquad k_4 = \frac{D_u^2 - 1}{2 \cdot D_u}$$

A Dämpfungsmaß, C Kapazität, D_u Spannungsdämpfungsfaktor, dB Dezibel, f Frequenz, k_1, k_2, k_3, k_4 Faktoren, L Induktivität, R, R_1, R_2, R_3, R_4 Widerstände, u_1 Eingangsspannung, u_2 Ausgangsspannung, t Zeit, T Periodendauer, τ Zeitkonstante, Z_W Wellenwiderstand, Z_1 Eingangswiderstand, Z_2 Ausgangswiderstand.

Bandpässe, Bandsperren, Bandfilter — Bandpass filters, bandstop filters

Schaltung, Benennung	Durchlasskurven
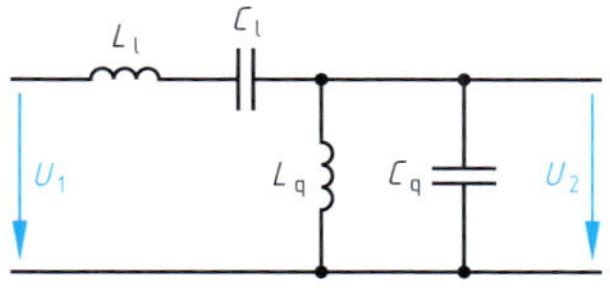 LC-Bandpass, Grundglied	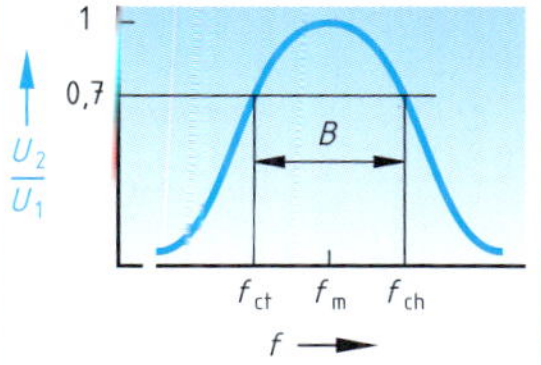
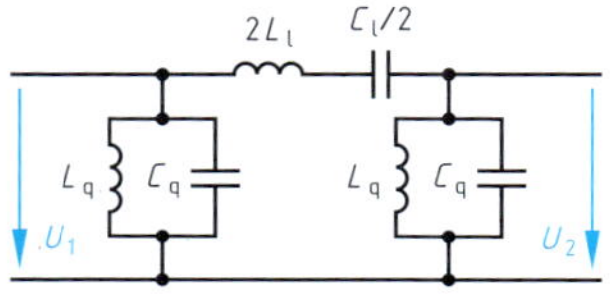 LC-Bandpass, π-Glied	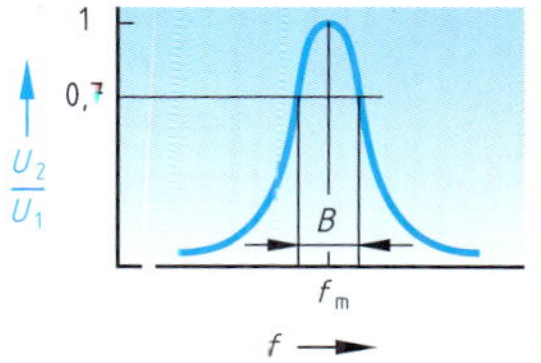
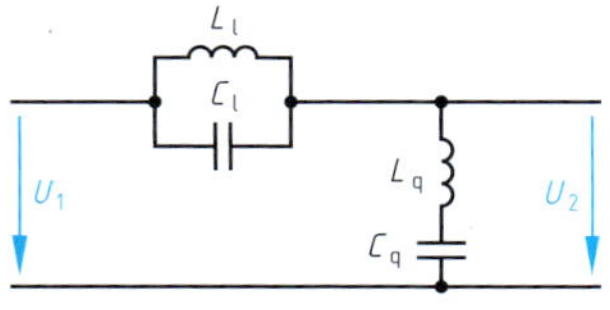 LC-Bandsperre, Grundglied	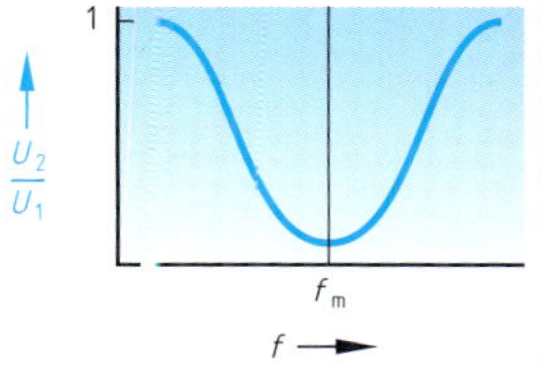
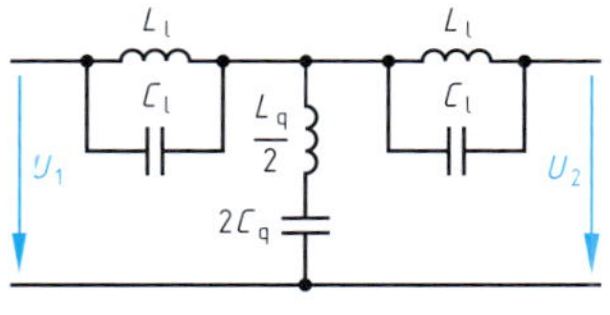 LC-Bandsperre, T-Glied	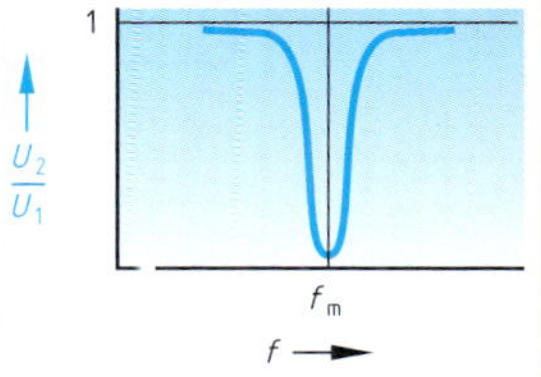
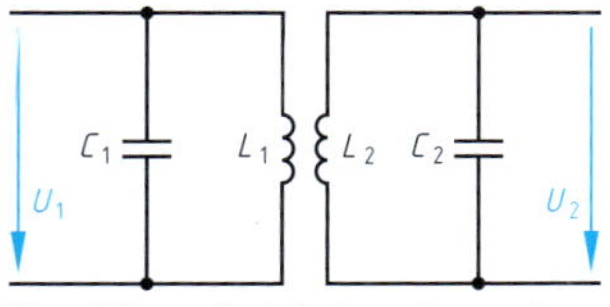 Bandfilter, induktiv gekoppelt	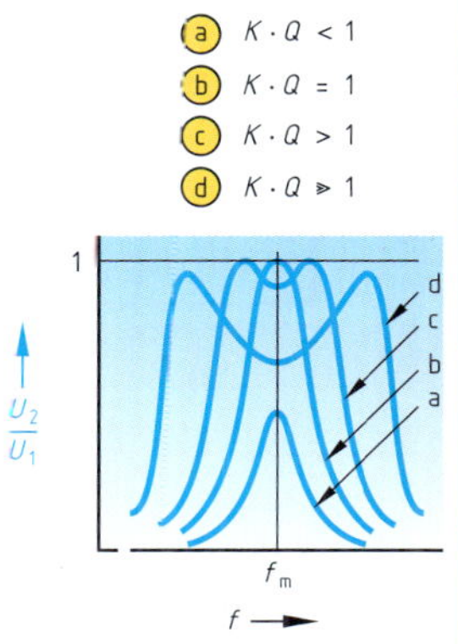
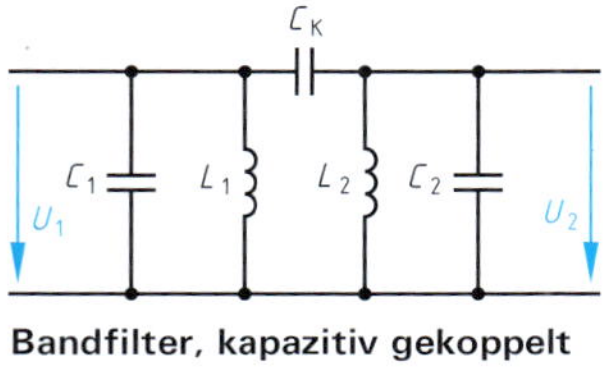 Bandfilter, kapazitiv gekoppelt	

Formeln

Allgemein:

$$f_m = \frac{1}{2\pi \cdot \sqrt{L_l \cdot C_l}} \qquad f_m = \frac{1}{2\pi \cdot \sqrt{L_q \cdot C_q}}$$

$$B = f_{ch} - f_{ct} \qquad f_m = \sqrt{f_{ch} \cdot f_{ct}}$$

$$f_{ch} = \frac{1}{2} \cdot \left(\sqrt{B^2 + 4 \cdot f_m^2} + B\right)$$

$$f_{ct} = \frac{1}{2} \cdot \left(\sqrt{B^2 + 4 \cdot f_m^2} - B\right)$$

$$X_r = \sqrt{\frac{L_l}{C_q}} \qquad X_r = \sqrt{\frac{L_q}{C_l}}$$

Beim T-Glied: $X_r = 1{,}25 \cdot R_L$ — Beim π-Glied: $X_r = 0{,}8 \cdot R_L$

Bei Bandpässen:

$$L_l = \frac{X_r}{2\pi \cdot B} \qquad C_l = \frac{B}{2\pi \cdot f_m^2 \cdot X_r}$$

$$L_q = \frac{B \cdot X_r}{2\pi \cdot f_m^2} \qquad C_q = \frac{1}{2\pi \cdot B \cdot X_r}$$

Bei Bandsperren:

$$L_l = \frac{B \cdot X_r}{2\pi \cdot f_m^2} \qquad C_l = \frac{1}{2\pi \cdot B \cdot X_r}$$

$$L_q = \frac{X_r}{2\pi \cdot B} \qquad C_q = \frac{B}{2\pi \cdot f_m^2 \cdot X_r}$$

Bei Bandfiltern:

$$f_m = \frac{1}{2\pi \cdot \sqrt{L_1 \cdot C_1}} \qquad f_m = \frac{1}{2\pi \cdot \sqrt{L_2 \cdot C_2}}$$

$$Q = \frac{X_r}{R_r} \qquad Q = R_p \cdot X_r$$

$K \cdot Q$	Kopplung	
< 1	unterkritisch	a
= 1	kritisch	b
> 1	überkritisch	c
≫ 1	stark überkritisch	d

B Bandbreite, C_K Kapazität des Koppelkondensators, C_l Kapazität im Längszweig, C_q Kapazität im Querzweig, f_{ch} obere Grenzfrequenz, f_{ct} untere Grenzfrequenz, f_m Bandmittenfrequenz, *K* Koppelfaktor, L_l Induktivität im Längszweig, L_q Induktivität im Querzweig, *Q* Schwingkreisgüte, R_L Lastwiderstand, R_p Parallelverlustwiderstand, R_r Reihenverlustwiderstand, X_r Blindwiderstand von Spule oder Kondensator bei Resonanzfrequenz.

G

Komplexe Rechnung für Grundschaltungen Complex calculation of basic-circuits

Schaltung und Ortskurve	Formeln	
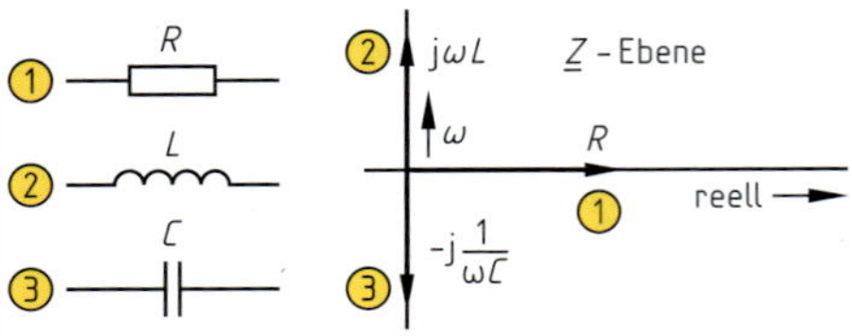	$\underline{Z} = R$	$\underline{Y} = \frac{1}{R}$
	$\underline{Z} = \mathrm{j}\omega L = \mathrm{j}X_L$	$\underline{Y} = -\mathrm{j}\,\frac{1}{\omega L} = -\mathrm{j}B_L$
	$\underline{Z} = -\mathrm{j}\,\frac{1}{\omega C} = -\mathrm{j}X_C$	$\underline{Y} = \mathrm{j}\omega C = \mathrm{j}B_C$
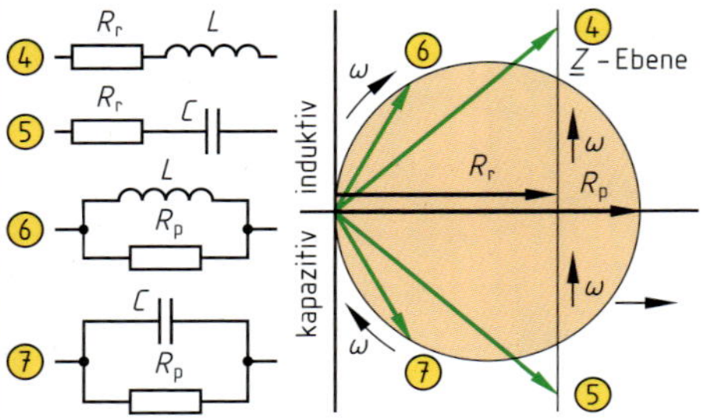	$\underline{Z} = R_r + \mathrm{j}\omega L$	$\underline{Y} = \frac{1}{R_r + \mathrm{j}\omega L}$
	$\underline{Z} = R_r - \mathrm{j}\,\frac{1}{\omega C}$	$\underline{Y} = \frac{1}{R_r - \mathrm{j}\,\frac{1}{\omega C}}$
	$\underline{Z} = \frac{\mathrm{j}\omega L R_p}{R_p + \mathrm{j}\omega L}$	$\underline{Y} = \frac{1}{R_p} - \mathrm{j}\,\frac{1}{\omega L}$
	$\underline{Z} = \frac{R_p}{1 + \mathrm{j}\omega C R_p}$	$\underline{Y} = \frac{1}{R_p} + \mathrm{j}\omega C$
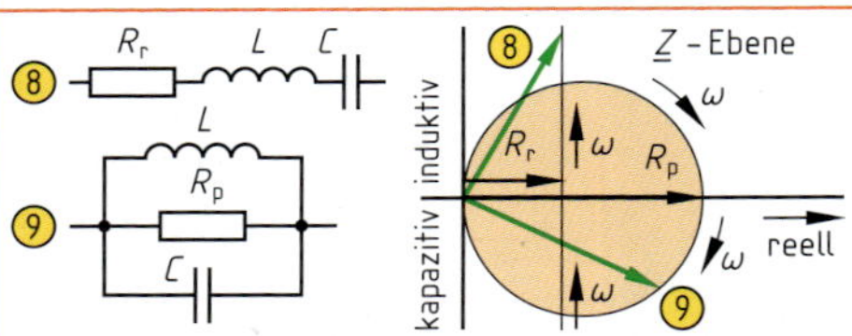	$\underline{Z} = R_r + \mathrm{j}\left(\omega L - \frac{1}{\omega C}\right)$	$\underline{Y} = \frac{1}{R_r + \mathrm{j}\left(\omega L - \frac{1}{\omega C}\right)}$
	$\underline{Z} = \frac{1}{\frac{1}{R_p} + \mathrm{j}\left(\omega C - \frac{1}{\omega L}\right)}$	$\underline{Y} = \frac{1}{R_p} + \mathrm{j}\left(\omega C - \frac{1}{\omega L}\right)$

Komplexe Ersatzschaltungen

Reihenschaltung / Parallelschaltung	Parallel-Ersatzschaltung	Reihen-Ersatzschaltung
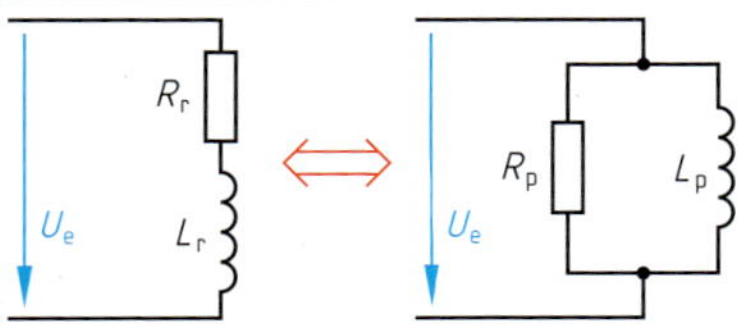	$R_p = R_r \cdot \left[1 + \left(\frac{\omega \cdot L_r}{R_r}\right)^2\right]$	$R_r = R_p \cdot \frac{1}{1 + \left(\frac{R_p}{\omega \cdot L_p}\right)^2}$
	$L_p = L_r \cdot \left[1 + \left(\frac{R_r}{\omega \cdot L_r}\right)^2\right]$	$L_r = L_p \cdot \frac{1}{1 + \left(\frac{\omega \cdot L_p}{R_p}\right)^2}$
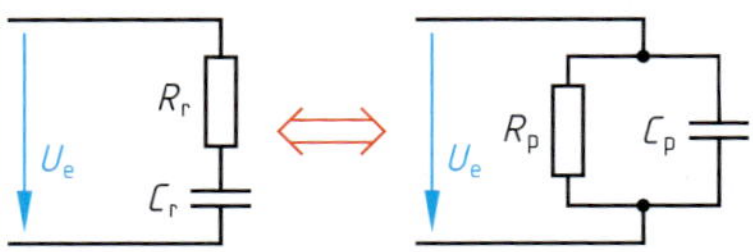	$R_p = R_r \cdot \left[1 + \frac{1}{(\omega \cdot R_r \cdot C_r)^2}\right]$	$R_r = R_p \cdot \frac{1}{1 + (\omega \cdot R_p \cdot C_p)^2}$
	$C_p = C_r \cdot \frac{1}{1 + (\omega \cdot R_r \cdot C_r)^2}$	$C_r = C_p \cdot \left[1 + \frac{1}{(\omega \cdot R_p \cdot C_p)^2}\right]$

Scheinwiderstands-Messbrücken

Schaltung	Abgleichbedingungen		
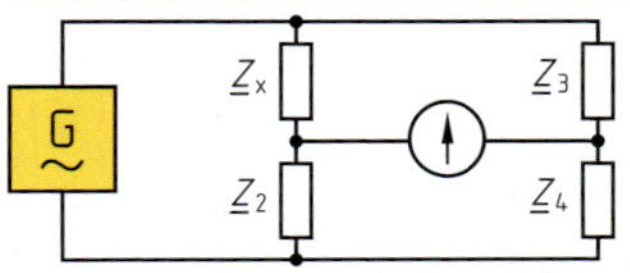	$\underline{Z}_x = \frac{\underline{Z}_2 \cdot \underline{Z}_3}{\underline{Z}_4}$	$\underline{Z}_x = \underline{Z}_2 \cdot \underline{Z}_3 \cdot \underline{Y}_4$	$\tan \delta_x = \frac{\mathrm{Re}\,(\underline{Z}_x)}{\mathrm{Im}\,(\underline{Z}_x)}$

$\underline{Z}_x$ Scheinwiderstand des Messzweiges; $\underline{Z}_2$, $\underline{Z}_3$, $\underline{Z}_4$ Scheinwiderstände der restlichen Brückenzweige; $\underline{Y}_4$ Scheinleitwert des 4. Brückenzweiges; Re ($\underline{Z}_x$) Wirkanteil, Im ($\underline{Z}_x$) Blindanteil, δ_x Verlustwinkel und tan δ_x Verlustfaktor des Scheinwiderstandes $\underline{Z}_x$

$\underline{Z}$ komplexer Widerstand, $\underline{Y}$ komplexer Leitwert, R Wirkwiderstand, ω Kreisfrequenz, L Induktivität, C Kapazität, R_r Reihenersatzwiderstand, R_p Parallelersatzwiderstand, L_r Reihenersatzinduktivität, L_p Parallelersatzinduktivität, C_p Parallelersatzkapazität, C_r Reihenersatzkapazität.

Dreiphasenwechselspannung (Drehstrom)

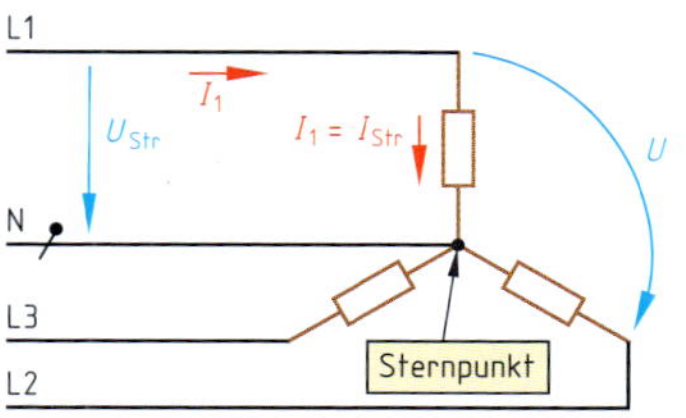

Sternschaltung (Y)

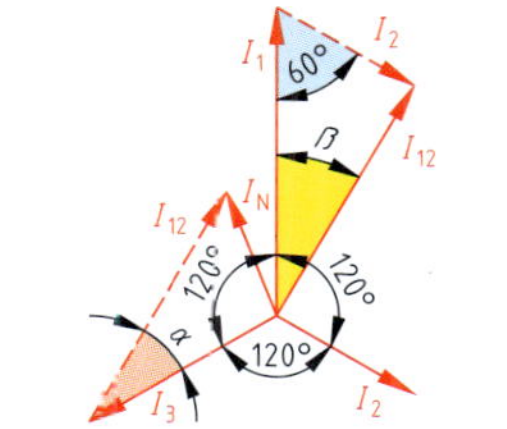

Sternschaltung (Y), unsymmetrische Belastung

Bei Sternschaltung:

$$I = I_{Str}$$

$$U = \sqrt{3} \cdot U_{Str}$$

Bei Dreieckschaltung:

$$U = U_{Str}$$

$$I = \sqrt{3} \cdot I_{Str}$$

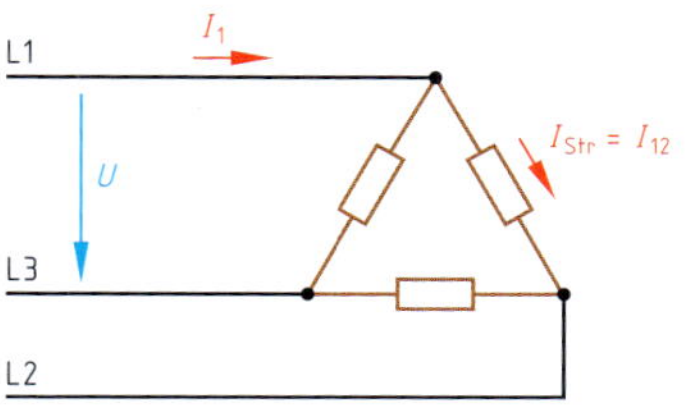

Dreieckschaltung (Δ)

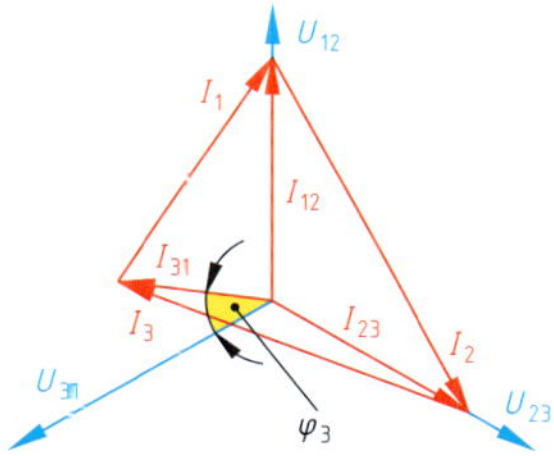

Dreieckschaltung (Δ) unsymmetrische Belastung

Bei symmetrischer Last:
$[S] = \mathrm{V \cdot A = VA}$

$$S = \sqrt{3} \cdot U \cdot I$$

$[P] = \mathrm{V \cdot A = W}$

$$P = \sqrt{3} \cdot U \cdot I \cdot \cos\varphi$$

$[Q] = \mathrm{V \cdot A = var}$

$$Q = \sqrt{3} \cdot U \cdot I \cdot \sin\varphi$$

Bei Wirklast:

$$P_{Str} = I_{Str}^2 \cdot R_{Str}$$

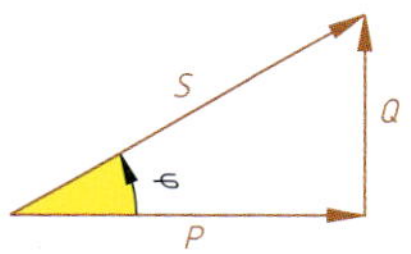

Leistungsdreieck (induktiv)

Bei Sinusform:

$$\sin\varphi = \frac{Q}{S} \qquad \cos\varphi = \frac{P}{S}$$

Bei Nichtsinusform:

$$\lambda = \frac{P}{S}$$

Bei symmetrischer Last:

$$P = 3 \cdot P_{Str}$$

$$P_{\Delta} = 3 \cdot P_{Y}$$

$$S^2 = P^2 + Q^2$$

Kompensation von Blindleistung

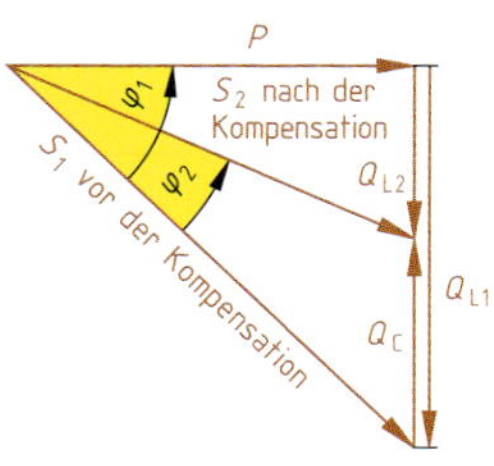

Parallelkompensation

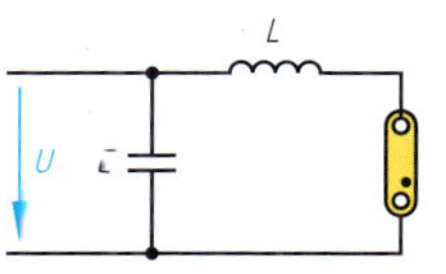

Rechengang:

$$\tan\varphi_1 = \frac{Q}{P} \Rightarrow Q = P \cdot \tan\varphi_1$$

$$\tan\varphi_2 = \frac{Q_L}{P} \Rightarrow Q_L = P \cdot \tan\varphi_2$$

$$Q_C = Q_L - Q$$

$$Q_C = P \cdot (\tan\varphi_1 - \tan\varphi_2)$$

$$C = \frac{Q_C}{\omega \cdot U^2}$$

$$\frac{C}{\mu F} = \frac{3000\,\mathrm{Hz}}{f} \cdot \left(\frac{230\,\mathrm{V}}{U_{bC}}\right)^2 \cdot \frac{Q_C}{\mathrm{kvar}}$$

oder:

$Q = S_1 \cdot \sin\varphi_1$
$Q_L = S_2 \cdot \sin\varphi_2$
$Q_C = Q_L - Q$

Das Leistungsdreieck ist in Anlehnung an die Ströme der Parallelschaltung dargestellt.

C	Kapazität	P_Y	Leistung in Y	U	Leiterspannung
$\cos\varphi$	Leistungsfaktor	Q	Blindleistung	U_{bC}	Kapazitive Blindspannung
f	Frequenz	Q_C	Kapazitive Blindleistung	U_{Str}	Strangspannung
I	Leiterstrom	Q_L	Induktive Blindleistung	λ	Leistungsfaktor
I_{Str}	Strangstrom	R_{Str}	Strangwiderstand	φ	Phasenverschiebungswinkel
P	Leistung	S	Scheinleistung	φ_1	φ vor der Kompensation
P_{Str}	Strangleistung	$\sin\varphi$	Blindfaktor	φ_2	φ nach der Kompensation
P_{Δ}	Leistung in Δ	$\cos\varphi$	Wirkfaktor	ω	Kreisfrequenz

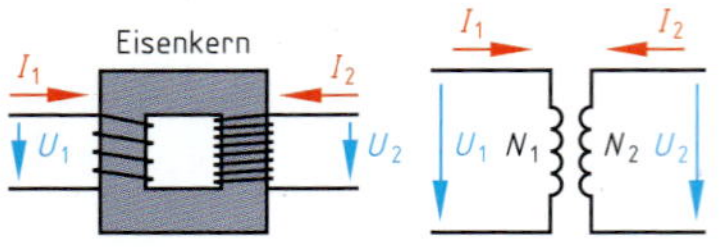

Bezugspfeile beim Transformator

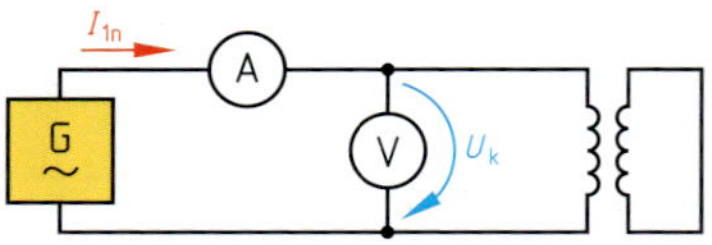

Messen der Kurzschlussspannung

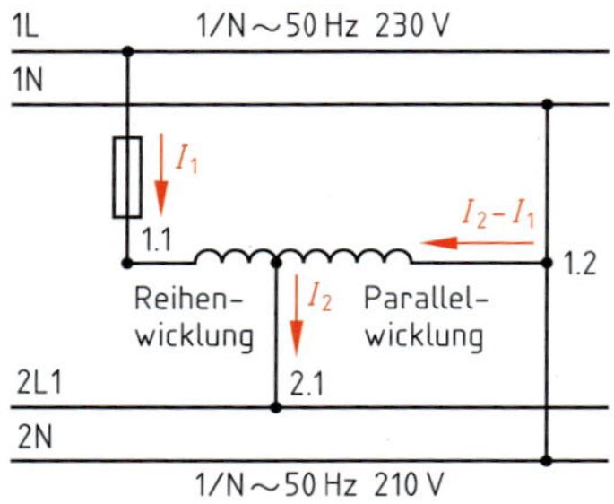

Schaltung des Spartransformators

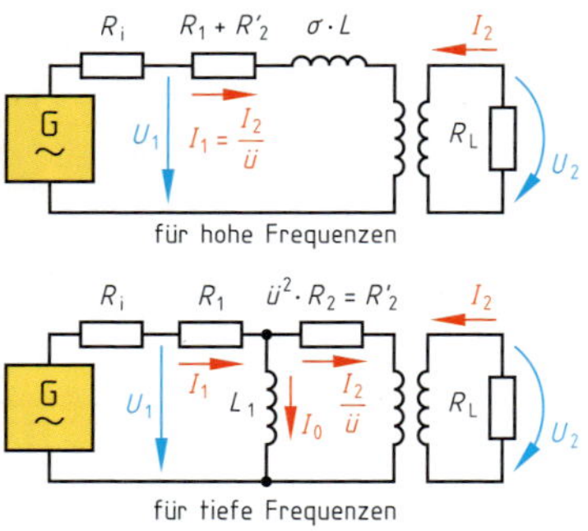

Ersatzschaltpläne für Übertrager

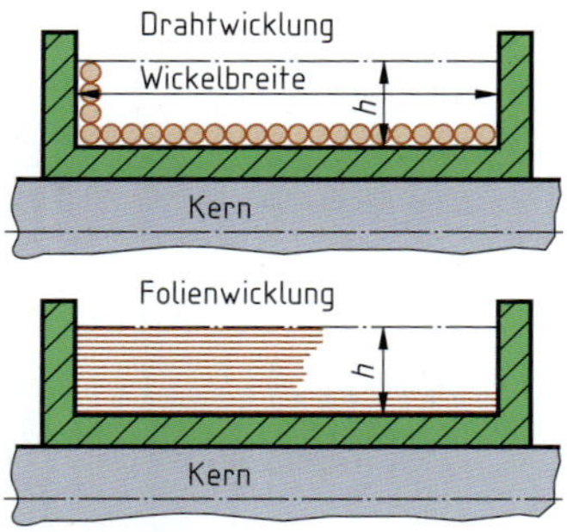

Wicklungsaufbau

Idealer Transformator

U_0 Leerlaufspannung
$\hat{B}$ magn. Flussdichte (Scheitelwert)
A Eisenquerschnitt $\quad \frac{2\pi}{\sqrt{2}} \approx 4{,}44$
f Frequenz
N Windungszahl
U_1 Eingangsspannung
U_2 Ausgangsspannung
N_1 Windungszahl d. Eingangswicklung
N_2 Windungszahl d. Ausgangswicklung
$ü$ Übersetzungsverhältnis
I_1, I_2 Stromstärken
Θ_1, Θ_2 Durchflutungen
Z_1, Z_2 Scheinwiderstände
R_1, R_2 Wirkwiderstände
C_1, C_2 Kapazitäten
L_1, L_2 Induktivitäten (Index 1 für Eingangsseite, Index 2 für Ausgangsseite)

Bei Sinusspannung:

$$U_0 = N_2 \cdot 2\pi \cdot f \cdot \hat{B} \cdot A/\sqrt{2}$$

$$U_0 = 4{,}44 \cdot \hat{B} \cdot A \cdot f \cdot N$$

Bei Wechselspannung:

$$\frac{U_1}{U_2} = \frac{N_1}{N_2} \qquad ü = \frac{U_1}{U_2}$$

$$\frac{I_1}{I_2} = \frac{N_2}{N_1} \qquad \Theta_1 = \Theta_2$$

$$\frac{R_1}{R_2} = ü^2 \qquad \frac{Z_1}{Z_2} = ü^2$$

$$\frac{C_1}{C_2} = \frac{1}{ü^2} \qquad \frac{L_1}{L_2} = ü^2$$

Realer Transformator

K Kopplungsfaktor
σ Streufaktor
Φ_σ magnetischer Streufluss
Φ_1 magnetischer Hauptfluss
L_σ Streuinduktivität
L_1 Eingangsinduktivität

$$K = \frac{U_2/U_1}{N_2/N_1} \qquad U_2 = K \cdot \frac{U_1 \cdot N_2}{N_1}$$

$$\sigma = \frac{\Phi_\sigma}{\Phi_1} \qquad \sigma = \frac{L_\sigma}{L_1}$$

u_k bezogene Kurzschlussspannung
U_k gemessene Kurzschluss-spannung
U_n Transformator-Bemessungsspannung
I_{kd} Dauerkurzschlussstrom
I_n Bemessungsstrom
i_s Stoßkurzschlussstrom

$$u_k = \frac{U_k \cdot 100\%}{U_n} \qquad u_k = \frac{U_k}{U_n}$$

$$I_{kd} = \frac{I_n}{u_k} \qquad i_s \leq 2{,}54 \cdot I_{kd}$$

S_B Bauleistung
U_1 Oberspannung
U_2 Unterspannung
S_D Durchgangsleistung

Beim Spartransformator:

$$S_B = \frac{U_1 - U_2}{U_1} \cdot S_D$$

f_{ct}, f_{ch} untere bzw. obere Grenz-frequenz ($X_L = R$)
R_i Innenwiderstand des Erzeugers
X_L induktiver Blindwiderstand
R_1, R_2 Wicklungs-Wirkwiderstände
σL Streuinduktivität
R_L Lastwiderstand
R'_2 auf Eingangsseite wirkendes R_2

Beim Übertrager:

$$f_{ct} = \frac{1}{2\pi L_1} \cdot \frac{(R_i + R_1)\, ü^2 (R_2 + R_L)}{R_i + R_1 + ü^2 (R_2 + R_L)}$$

$$f_{ch} = \frac{1}{2\pi L_\sigma} \cdot [R_i + R_1 + ü^2 (R_2 + R_L)]$$

Wicklungsaufbau

l Drahtlänge
z Lagenzahl
N Windungszahl
N_1 Windungszahl je Lage
d_m mittlerer Windungsdurchmesser
h Wickelhöhe
d Drahtdurchmesser

$$z \approx \frac{h}{d}$$

$$N \approx N_1 \cdot z$$

$$l \approx \pi \cdot d_m \cdot N$$

Bauelemente, Baugruppen, Schaltungen der Baugruppen

Bauarten von Widerständen Types of resistors

Bezeichnungen Ausführungsarten	Bauformen	Anschlussart, Kennwerte (Auswahl)	Bemerkungen
Kohle-Schichtwiderstände axial axial gewendelt	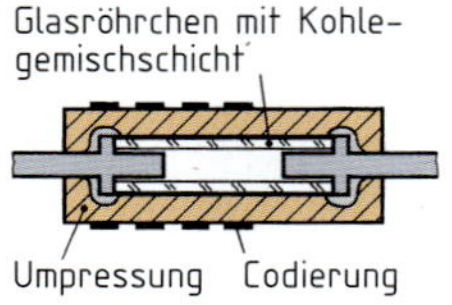 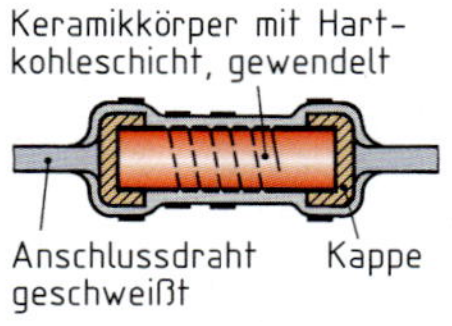	Widerstandswerte Reihe E12, E24, Temperaturbereich −55 °C bis +125 °C, Toleranzen ±5% und ±10%, zul. Betriebsspannung ≤500 V, Ausfallrate 10^{-9} 1/h, Isolationswiderstand $>10^4$ MΩ, Isolationsspannung AC 1000 V, Bemessungsbelastbarkeit 0,25 W bis 1 W, fast induktionsfrei. Drahtanschluss, Temperaturbereich −55 °C bis +125 °C, Toleranz ±5%, Bemessungsbelastbarkeit 0,25 W, 0,5 W.	Widerstandsschicht aus Kohlegemisch, Schichtzusammensetzung bestimmt Widerstandswert, Widerstandsschicht ungewendelt, besonders gute Wärmeableitung über Anschlussdrähte im hohlen Schichtträgerrohr, kappenlose Kontaktierung, Codierung nach IEC-Farbcode. Widerstandswert wird durch Einbrennen einer Wendel mit einem Laserstrahl eingestellt.
Metall-Schichtwiderstände Metallschicht Metallglasurschicht Metalloxidschicht SMD-Ausführungen: zylindrisch: MELF-Widerstand rechteckig: Chip-Widerstand	 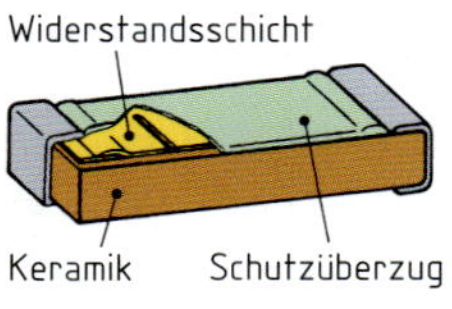	Drahtanschluss, Temperaturbereich −55 °C bis 125 °C, Toleranzen ±0,02% bis ±5%, Isolationswiderstand $>10^5$ MΩ, Isolationsspannung AC 1000 V, Bemessungsbelastbarkeit ≈0,2 W bis 6 W. Oberflächenmontierung, Toleranzen ±1%, ±2%, ±5% Temperaturbereich −55 °C bis +150 °C, Lötwärmebeständigkeit bei 325 °C und für 10 s: $\Delta R/R \pm 2\%$, Bemessungsbelastbarkeit 0,7 W bis 1,5 W.	Widerstandsschicht aus Metallfilm mit Pulverbeschichtung, Metallglasur oder Metalloxid, gewendelt oder ungewendelt, Dickschicht-Netzwerke in Metallglasur, Präzisionswiderstände. Oberflächenbestückung von Leiterplatten durch Kleben und Löten bei SMT, Präzisionswiderstände, Hauptanwendung in der Miniaturtechnik, Codierung: Farbcode.
Drahtwiderstände axial vertikal rechteckig quadratisch		Drahtanschluss, Schellen, Widerstandswerte/Toleranz: Reihe E24/± 5% Reihe E12/±10% Hochlastwiderstände bis 5 W.	Widerstandselement: Widerstandsdraht (z. B. Konstantan). Umhüllung: Lack, Phenolharz. Kennzeichnung: Wertaufdruck oder Farbcode.
Potenziometer Schicht-Drehwiderstände Draht-Drehwiderstände Trimmpotenziometer Wendelpotenziometer	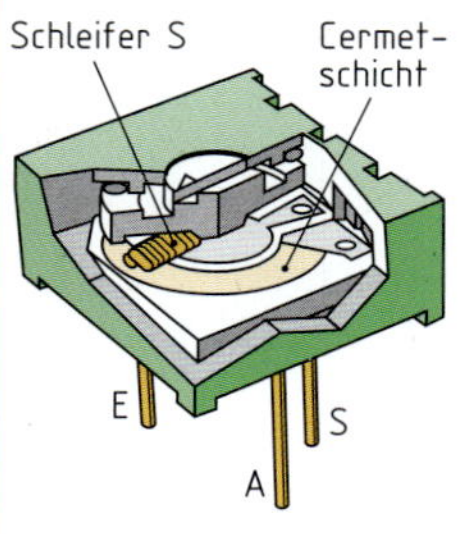	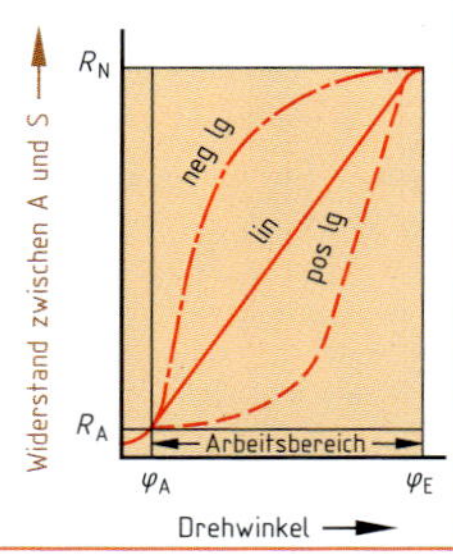	Widerstandselement: Kohleschicht, Widerstandsdraht. Träger: Schichtpressstoff, Keramikkörper. Trimmpotenziometer haben Schleifer, die mittels Schraubendreher einstellbar sind. Wendelpotenziometer haben als Widerstandselement Draht in Wendelform. Cermet von Ceramic Metal = Keramikmetall (TiN).
Dickschicht-Netzwerke Hybride Widerstände	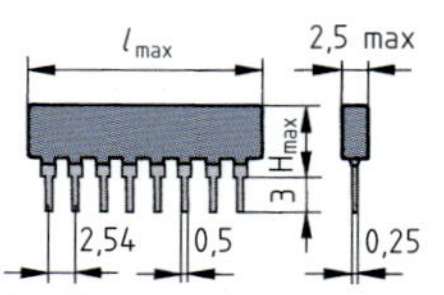	Hohe Zuverlässigkeit, thermischer Gleichlauf, Stabilität, Toleranz ±1%, standardisierte Größen, Widerstandswerte bis über 10 MΩ, Bemessungslast $\leq 160 \frac{mW}{mm^2}$	Substrat: Al-Oxid-Keramik. Leiterbahnen: Palladium-Silberlegierung. Hybride: Herstellung im Siebdruckverfahren.

SMD Surface Mounted Device = oberflächenmontierbares Bauteil; MELF Metal Electrode Faced Bonding = Metallschichtoberfläche; SMT Surface Mounted Technology = Oberflächenmontagetechnik.

S

Fertigungswerte für Widerstände

E-Reihen und Toleranzen	**E6** ±20%	1,0		1,5		2,2		3,3		4,7		6,8	
	E12 ±10%	1,0	1,2	1,5	1,8	2,2	2,7	3,3	3,9	4,7	5,6	6,8	8,2
	E24 ±5%	1,0 1,1	1,2 1,3	1,5 1,6	1,8 2,0	2,2 2,4	2,7 3,0	3,3 3,6	3,9 4,3	4,7 5,1	5,6 6,2	6,8 7,5	8,2 9,1
	E48 ±2%	1,00 1,05 1,10 1,15	1,21 1,27 1,33 1,40	1,47 1,54 1,62 1,69	1,78 1,87 1,96 2,05	2,15 2,26 2,37 2,49	2,61 2,74 2,87 3,01	3,16 3,32 3,48 3,65	3,83 4,02 4,22 4,42	4,64 4,87 5,11 5,36	5,62 5,90 6,19 6,49	6,81 7,15 7,50 7,37	8,25 8,66 9,09 9,53
	E96 ±1%	1,00 1,02 1,05 1,07 1,10 1,13 1,15 1,18	1,21 1,24 1,27 1,30 1,33 1,37 1,40 1,43	1,47 1,50 1,54 1,58 1,62 1,65 1,69 1,74	1,78 1,82 1,87 1,91 1,96 2,00 2,05 2,10	2,15 2,21 2,26 2,32 2,37 2,43 2,49 2,55	2,61 2,67 2,74 2,80 2,87 2,94 3,01 3,09	3,16 3,24 3,32 3,40 3,48 3,57 3,65 3,74	3,83 3,92 4,02 4,12 4,22 4,32 4,42 4,53	4,64 4,75 4,87 4,99 5,11 5,23 5,36 5,49	5,62 5,76 5,90 6,04 6,19 6,34 6,49 6,65	6,81 6,98 7,15 7,32 7,50 7,68 7,87 8,06	8,25 8,45 8,66 8,87 9,09 9,31 9,53 9,76
R-Reihen	**R10**	1,00	1,25	1,60	2,00	2,50	3,15	4,00	5,00		6,30	8,00	
	R20	1,00 1,12	1,25 1,40	1,60 1,80	2,00 2,24	2,50 2,80	3,15 3,55	4,00 4,50	5,00 5,60		6,30 7,10	8,00 9,00	

Kennzeichnungen

Alphanumerische Kennzeichnung von Widerständen und Kondensatoren

Widerstände	R27	2R7	27R	K27	2K7	27K	M27	2M7	27M
	0,27 Ω	2,7 Ω	27 Ω	0,27 kΩ	2,7 kΩ	27 kΩ	0,27 MΩ	2,7 MΩ	27 MΩ
Kondensatoren	3p9	39p	n39	3n9	39n	µ39	3µ	39µ	m39
	3,9 pF	39 pF	0,39 nF	3,9 nF	39 nF	0,39 µF	3,9 µF	39 µF	0,39 mF

Zweizeichencode für SMD

Wert	1	1,1	1,2	1,3	1,5	1,6	1,8	2,0	2,2	2,4	2,7	3,0	3,3	3,6	3,9	4,3	4,7	5,1	5,6	6,2	6,8	7,5	8,2	9,1
Code	A	B	C	D	E	F	G	H	J	K	L	M	N	P	Q	R	S	T	U	V	W	X	Y	Z

Auf den Buchstaben folgt die Multiplikatorziffer: L2 = $2{,}7 \cdot 10^2\ \Omega$; W3 = $6{,}8 \cdot 10^3\ \Omega$

Dreizeichencode für SMD

Bis 9,9 Ω:	1R2 = 1,2 Ω	von 10 Ω bis 99 Ω:	27R = 27 Ω	ab 100 Ω:	221 = 220 Ω; 223 = 22 kΩ

R ersetzt die Kommastelle; 3. Ziffer ist Multiplikator, 1 = 10; 2 = 100; 3 = 1000; 4 = 10 000 …

Farb-Kennzeichnung von Widerständen und Kondensatoren (Werte für 1. und 2. Ring in Ω oder pF)

Farben der Ringe oder Punkte		schwarz (sw)	braun (br)	rot (rt)	orange (or)	gelb (gb)	grün (gn)	blau (bl)	violett (vl)	grau (gr)	weiß (ws)	gold (au)	silber (ag)	ohne Farbe
1. Ring	1. Ziffer	–	1	2	3	4	5	6	7	8	9	–	–	–
2. Ring	2. Ziffer	0	1	2	3	4	5	6	7	8	9	–	–	–
3. Ring[1]	Multiplikator	10^0	10^1	10^2	10^3	10^4	10^5	10^6	10^7	10^8	10^9	0,1	0,01	–
4. Ring[1]	Toleranz in %	–	±1	±2	–	–	±0,5	±0,25	±0,1	–	–	±5	±10	±20
5. Ring[1]	Zul. Betriebsspannung in V	–	100	250	300	400	500	630	700	800	900	1000	2000	500
6. Ring	TK[2] in ppm[3]	250	100	50	15	25	20	10	5	1	–	–	–	–

[1] Bei Widerständen mit kleiner Toleranz (meist Metallfilm-Widerständen) ist der 3. Ring eine weitere Ziffer. Der 4. Ring gibt dann den Multiplikator an, der 5. Ring die Toleranz in %. Bei Kondensatoren bedeutet der 5. Ring oder Punkt die zulässige Betriebsspannung in V.

[2] TK von Temperaturkoeffizient, TK = α wird in 1/K angegeben. [3] ppm = parts per million = 10^{-6}.

S

Farbkennzeichnung von Widerständen und Kondensatoren
Color identification of resistors and capacitors

Bauelemente	Kennzeichnungen	Bemerkungen
Widerstände		
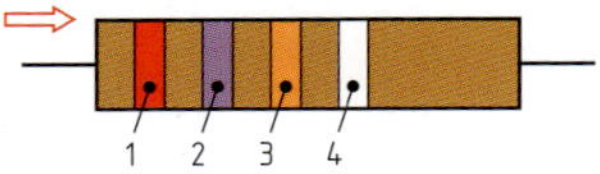 **Kohleschichtwiderstand**	Ziffernreihenfolge in Leserichtung: 1 2 3 4 rt vl or au 2 7 10^3 ±5% ⇒ 27 kΩ ± 5% (E24)	Kohleschichtwiderstände haben in der Regel höhere Toleranzen, also nur 4 Ringe. Bei ±20% fehlt der 4. Ring. ⇒ Leserichtung
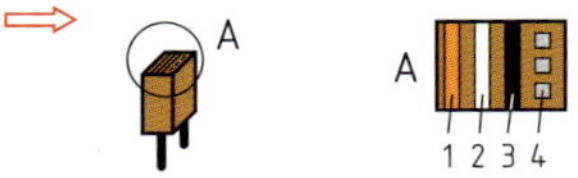 **Metallglasurschichtwiderstand**	Ziffernreihenfolge in Leserichtung: 1 2 3 4 or ws sw ag 3 9 10^0 ±10% ⇒ 39 Ω ± 10% (E12)	Der Farbstreifen mit Unterbrechungen entspricht dem 4. Ring und kennzeichnet die Toleranz des Widerstandswertes.
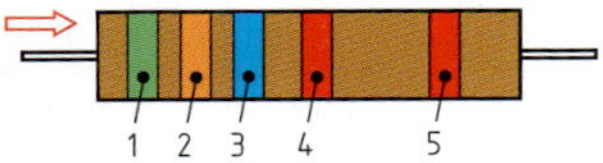 **Metallfilmwiderstand**	Ziffernreihenfolge in Leserichtung: 1 2 3 4 5 gn or bl rt rt 5 3 6 10^2 ±2% ⇒ $536 \cdot 10^2\,\Omega = 53600\,\Omega \pm 2\%$	Der Abgleich auf den genauen Widerstandswert erfolgt durch Verkleinern der Widerstandsfläche mit einem Laserstrahl.
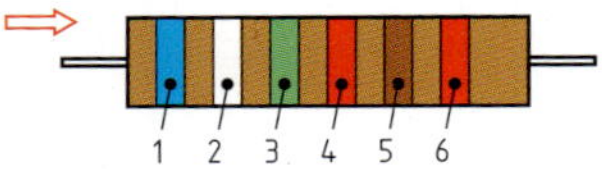 **Metallschichtwiderstand**	Ziffernreihenfolge in Leserichtung: 1 2 3 4 5 6 bl ws gn rt br rt 6 9 8 10^2 ±1% 50 ppm ⇒ $698 \cdot 10^2\,\Omega \pm 1\% = 69800\,\Omega \pm 1\%$ = 69,8 kΩ mit Temperaturkoeffizient $\alpha = 50 \cdot 10^{-6}\,1/\mathrm{K}$	Bei einer Temperaturänderung von 20 K verändert sich der Wert um 27,4 Ω. $698 \cdot 10^2\,\Omega \cdot 20\,\mathrm{k} \cdot 50 \cdot 10^{-6}\frac{1}{\mathrm{K}} =$ $= 69{,}8\,\Omega$.
 **NTC-Widerstand**	Ziffernreihenfolge in Leserichtung: 1 2 3 4 bl gr sw ag 6 8 10^0 ±10% ⇒ $68 \cdot 10^0\,\Omega = 68\,\Omega \pm 10\%$	NTC von Negative Temperature Coefficient, negativer Temperaturkoeffizient. NTC-Widerstände sind Heißleiter. Nennwert des Widerstands bei 20 °C.
Kondensatoren		
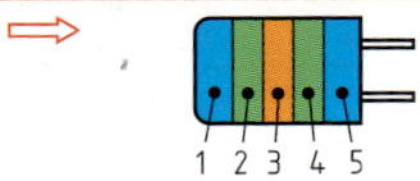 **Dünnfilmkondensator**	Ziffernreihenfolge in Leserichtung: 1 2 3 4 5 bl gr or gr bl 6 8 10^3 ±5% 630 V ⇒ $68 \cdot 10^3$ pF ± 5% = 68000 pF ± 5%	Für die Betriebsspannungen gilt meist abweichend bl = 630 V und rt = 250 V.
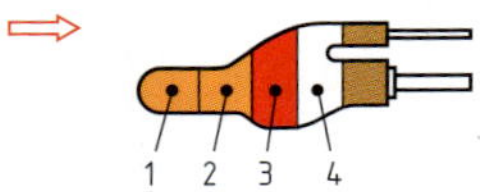 **Keramikkondensator**	Ziffernreihenfolge in Leserichtung: 1 2 3 4 or or rt – 3 3 10^2 ±20% ⇒ $33 \cdot 10^2$ pF ± 20% = 3,300 nF ± 20%	Die zulässige Betriebsspannung wird meist mit Kleinbuchstaben gekennzeichnet, z. B. mit einem f für 500 V.
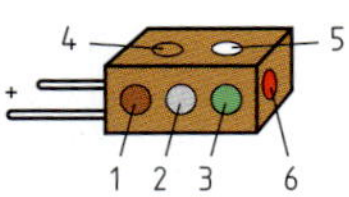 **Tantalkondensator**	Ziffernreihenfolge in Leserichtung: 1 2 3 4 5 6 br gr gn – ws rt 1 8 10^5 ±20% 50 V +Pol ⇒ $18 \cdot 10^5$ pF ± 20% = 180 nF ± 20%	Es werden meist firmeneigene Farbkennzeichnungen verwendet. Bei gepolten Tantalkondensatoren wird der Anschluss für die positive Elektrode durch den 6. Farbpunkt und/oder einen längeren Anschlussdraht gekennzeichnet.

sw (BK) schwarz (black)
br (BN) braun (brown)
gr (GY) grau (grey)
ws (WH) weiß (white)
rt (RD) rot (red)
or (OG) orange (orange)
au (GD) gold (gold)
ag (SR) silber (silver)
gb (YE) gelb (yellow)
gn (GN) grün (green)
englische Bezeichnungen in Klammern.
bl (BU) blau (blue)
vl (VT) violett (violet)

Abhängige Widerstände (PTC, NTC, VDR, LDR)
Dependent resistances (PZC, NTC, VDR, LDR)

Name, Schaltzeichen Bauformen (Beispiel)	Wirkungsweise, Anwendungen	Typische Kennlinie	Kenngrößen
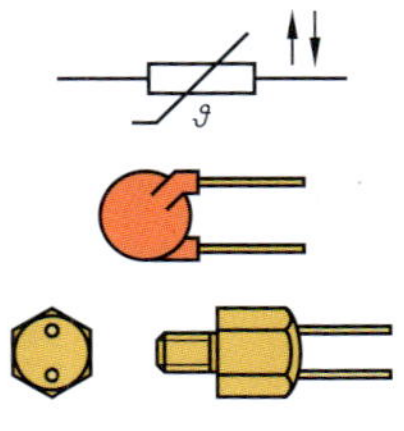 Heißleiter, NTC-Widerstand	Heißleiter sind temperaturabhängige Halbleiterwiderstände aus Oxidkeramik, z. B. Titandioxid mit Eisenoxid. Ihr Widerstandswert nimmt mit steigender Temperatur ab. **Anwendungen:** Fremderwärmte Heißleiter für Mess-, Regel- und Kompensationszwecke. Eigenerwärmte Heißleiter für Relaisverzögerung, Einschaltstrombegrenzung, Stromregelung.	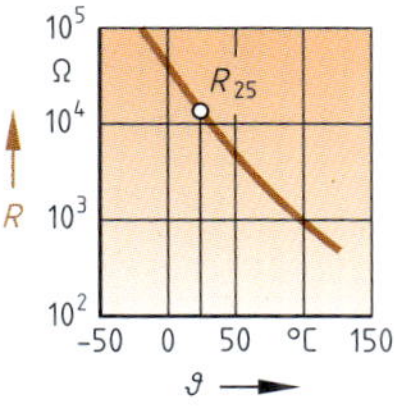	Temperaturkoeffizient $\alpha = -0{,}02/K$ bis $-0{,}06/K$ Bemessungswiderstand (Kaltwiderstand) $R_N = 20\ \Omega$ bis 1000 kΩ Bezugstemperatur $-25\,°C$ bis $100\,°C$ Temperaturbereich $-55\,°C$ bis $300\,°C$
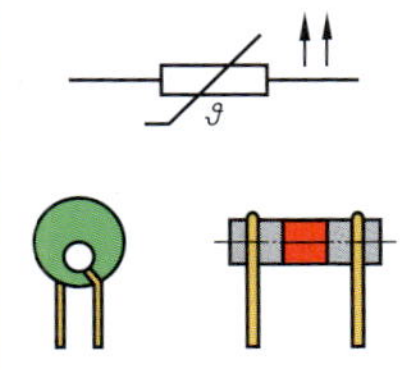 Kaltleiter, PTC-Widerstand	Kaltleiter sind temperaturabhängige Halbleiterwiderstände aus metalloxidhaltiger Keramik, z. B. Bariumtitanat mit Zusatz von Eisenoxid. Ihr Widerstandswert steigt sehr stark an, wenn eine bestimmte Temperatur überschritten wird (Bezugstemperatur ϑ_B). **Anwendungen:** Überlastschutz, Temperaturfühler in der Mess-, Regelungs- und Steuerungstechnik, selbstregelnde Heizelemente.	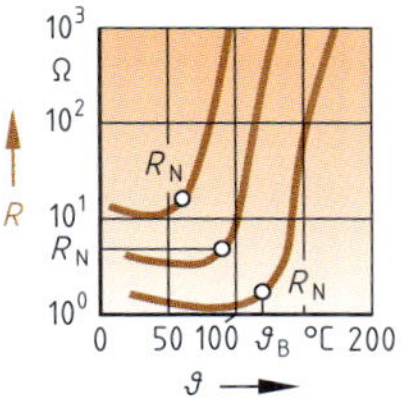	Temperaturkoeffizient $\alpha = 0{,}07/K$ bis $0{,}6/K$ Bemessungswiderstand $R_N = 1{,}5\ \Omega$ bis $5000\ \Omega$ Bezugstemperatur (Umschlagtemperatur) $\vartheta_B = 0\,°C$ bis $120\,°C$
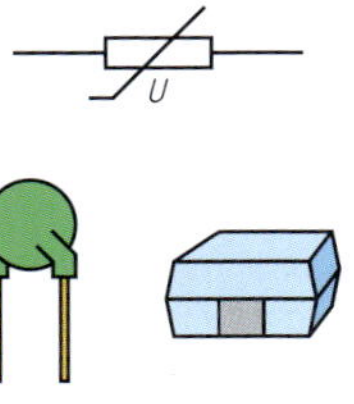 Varistor, VDR	Varistoren sind spannungsabhängige Widerstände aus Siliciumkarbidkeramik oder Metalloxidkeramik, meist ZnO. Ihr Widerstandswert nimmt mit steigender Spannung ab. **Anwendungen:** Überspannungsschutz, Kontaktschutz, Funkenlöschung, Strom- und Spannungsstabilisierung (SiC).	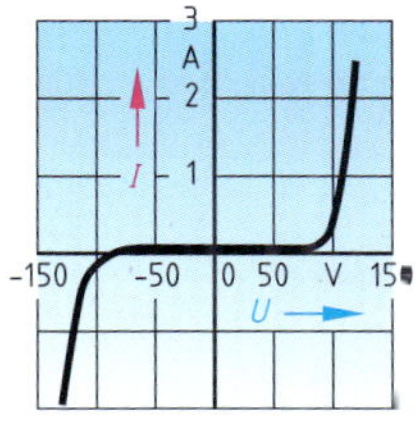	Bemessungsspannung (Metalloxid-Typen) $U_{\sim} = 4\ V$ bis $1000\ V$ Stoßstrombelastbarkeit $I_{max} = 400\ A$ bis $4500\ A$ (8 µs bis 20 µs) Referenzwerte (SiC-Typen) $U_{ref} = 8\ V$ bis $330\ V$ $I_{ref} = 1\ mA$ bis $10\ mA$
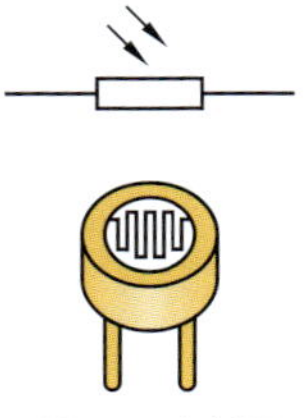 Fotowiderstand, LDR	Fotowiderstände sind lichtabhängige Halbleiterwiderstände z. B. aus Bleisulfid (PbS) oder Cadmiumsulfid (CdS) oder Indiumantimonid (InSb). Ihr Widerstandswert nimmt mit steigender Beleuchtungsstärke ab. **Anwendungen:** Beleuchtungsstärkemessung (Belichtungsmesser), lichtabhängige Steuerungen, Dämmerungsschalter.	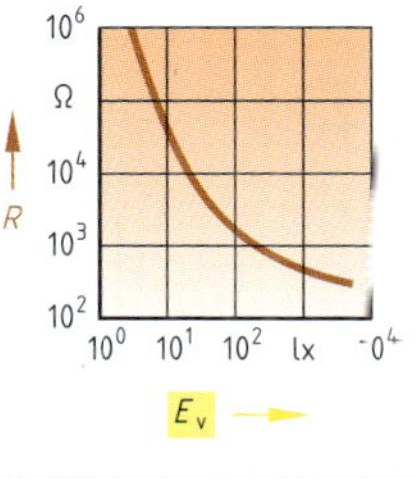	Dunkelwiderstand ≥ 10 MΩ Hellwiderstand < 1 kΩ Betriebsspannung 10 V bis 300 V. Maximum der spektralen Empfindlichkeit: CdS bei $\lambda = 675\ nm$ PbS bei $\lambda = 2500\ nm$ InSb bei $\lambda = 6000\ nm$

E_v Beleuchtungsstärke, LDR von Light Dependant Resistor = lichtabhängiger Widerstand, NTC von Negative Temperature Coefficient = negativer Temperaturkoeffizient, PTC von Positive Temperature Coefficient = positiver Temperaturkoeffizient, R_N Bemessungswiderstand, R_{25} Widerstandswert bei 25 °C, VDR von Voltage Dependant Resistor = spannungsabhängiger Widerstand, λ Wellenlänge.

Bauarten von Kondensatoren Types of capacitors

Bauformen	Ansichten (Beispiele)	Daten	Anwendungen, Bemerkungen
Folienkondensatoren			
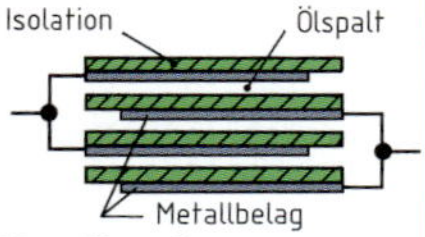 **Metallpapier-Kondensator (MP-Kondensator)**		C 0,01 µF bis 50 µF U 200 V bis 20 kV $\tan\delta$ 10^{-2} bis 10^{-3} −40 °C bis +85 °C α < $0{,}5 \cdot 10^{-3}$/K MP Metallpapier DMP Doppelmetallpapier MKV Metallkunststoff, vergossen	Glättungs-, Hochspannungs- und Koppelkondensatoren. Mittlere Eigeninduktivität, durch kleine Baugröße gegen zu hohe Temperatur empfindlich, Selbstheilung bei Durchschlag.
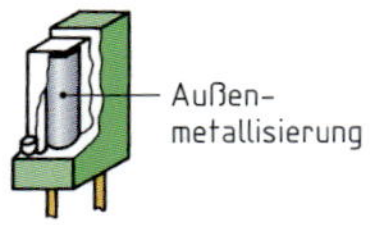 **Metallisierter Kunststofffolien-Kondensator**	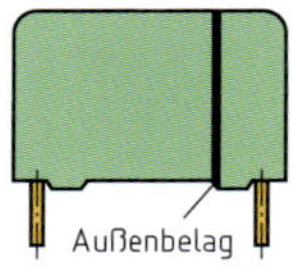	C 10 nF bis 10 µF U 25 V bis 630 V $\tan\delta$ 10^{-2} bis $5 \cdot 10^{-3}$ ϑ −40 °C bis +100 °C (je nach Kunststoff) $\alpha \leq -0{,}2 \cdot 10^{-3}$/K	Koppelkondensatoren, Schwingkreiskondensatoren, Abblockkondensatoren, in RC-Schaltungen. Mittlere Eigeninduktivität. Selbstheilung bei metallisierten Kunststofffolien.
Keramikkondensatoren			
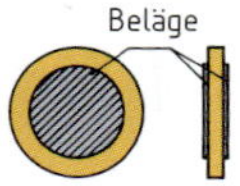 **Rundscheibenkondensator**	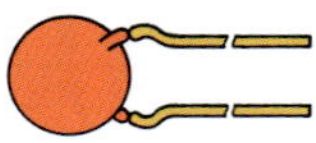	C 1 pF bis 22 nF U 100 V bis 3 kV $\tan\delta$ 10^{-2} bis $1{,}5 \cdot 10^{-3}$ ϑ −55 °C bis +125 °C	Koppelkondensatoren und Abblockkondensatoren. Große Toleranzen (−20% bis +80%).
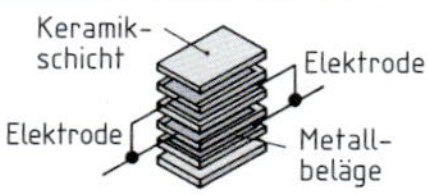 **Schichtkondensator**	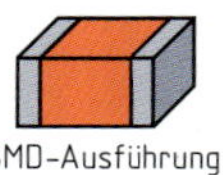	C 4,7 pF bis 2,2 µF U 25 V bis 200 V $\tan\delta$ $3 \cdot 10^{-2}$ bis $1{,}5 \cdot 10^{-3}$ ϑ −55 °C bis +125 °C α $\pm 30 \cdot 10^{-6}$/K	Auch als Chip für Oberflächenmontage (**Bild**). (SMD Surface Mounted Device = oberflächenmontiertes Bauelement). Abmessungen siehe **S. 73 „Verarbeitung von SMD"**.
Elektrolytkondensatoren			
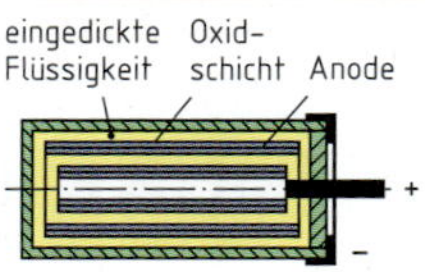 **Aluminium-Kondensator**	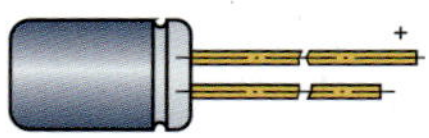	C 0,47 µF bis 0,1 F U 6,3 V bis 600 V ϑ −40 °C bis +85 °C Brauchbarkeitsdauer: 70000 h bis 90000 h bei Bemessungsbedingungen.	Sieb-, Glättungs-, Koppelkondensatoren. Energiespeicher. Gepolte Elektrolytkondensatoren nur für Gleichspannung. Auf richtige Polung ist zu achten. Durch Austrocknen Kapazitätsabnahme.
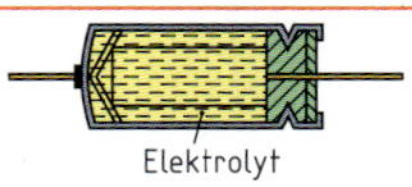 **Tantal-Kondensator**	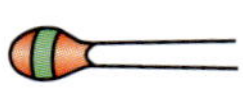	C 0,1 µF bis 680 µF U 3 V bis 80 V ϑ −55 °C bis +125 °C (ab +85 °C Spannungsminderung).	Siebkondensatoren und Koppelkondensatoren. Es gibt sie als Sinterausführung trocken und mit Elektrolyt sowie als Chipausführung.
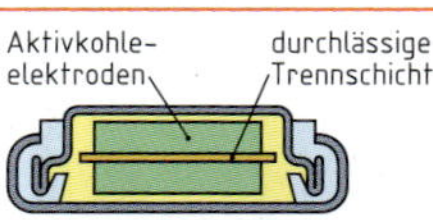 **Doppelschichtkondensatoren, UltraCap-Kondensatoren**		C 0,1 F bis 60 F U_N = 2,5 V, $U_{N\,max}$ = 3 V ϑ −25 °C bis +70 °C Toleranzen −20% bis +80% Module für U = 12,5 V bis 55 V und C = 100 F bis 5000 F	Bauformen: Massekondensatoren für kleinere Kapazitäten, Wickelkondensatoren für große Kapazitäten.

C Kapazität, α Temperaturkoeffizient (TK), $\tan\delta$ Verlustfaktor bei 1000 Hz, ϑ Temperatur, U zulässige Betriebsspannung.

Spulen Coils

Bauformen	Anwendungen, Bemerkungen	Formeln, Daten
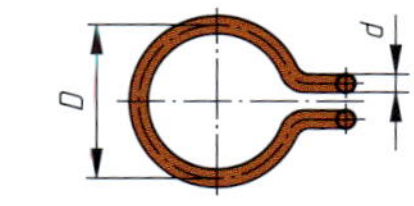 **Schleifenspule**	Leistungsauskopplung in KW-Sendern und UKW-Sendern. Abgleich: Vergrößern von D erhöht die Induktivität.	$L \approx 2\pi \cdot \frac{D}{\mathrm{cm}} \cdot \left(2{,}3\,\lg \cdot \frac{8 \cdot D}{d} - 2\right)\,\mathrm{nH}$
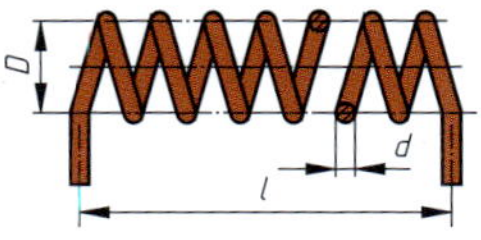 **Luftspule**	Sender- und Empfängerspulen Abgleich: Zusammendrücken erhöht, Auseinanderziehen erniedrigt die Induktivität.	$L \approx \frac{\pi \cdot N \cdot \left(\frac{D}{\mathrm{cm}}\right)^2}{\frac{l}{\mathrm{cm}} + 0{,}45 \cdot \frac{D}{\mathrm{cm}}}\,\mathrm{nH}$ Üblich: $l \geq 10 \cdot D$
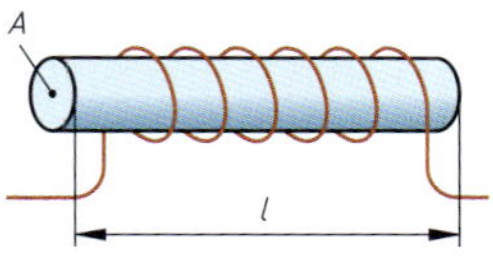 **Zylinderspule mit Eisenkern**	μ_r gibt den Faktor an, um den die magnetische Leitfähigkeit des Kerns größer ist als die der Luft. Siebdrosseln zur Spannungsglättung und Dämpfung von Oberschwingungen. Auch als U- und I-Kerne für Wechselspannung mit geblechtem Aufbau.	$L = \mu_r \cdot \mu_0 \cdot \frac{A}{l_m} \cdot N^2$ $\quad L = A_L \cdot N^2$ $\mu_0 = 1{,}256 \cdot 10^{-6}\,\frac{\mathrm{Vs}}{\mathrm{Am}}$ $[A_L] = \mathrm{H}$ $\quad A_L = \mu_r \cdot \mu_0 \cdot \frac{A}{l_m}$
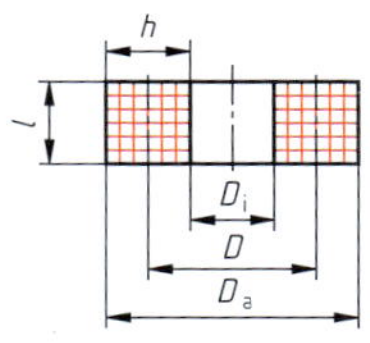 **Scheibenspule**	In Lautsprecherweichen, als Energiespeicher. 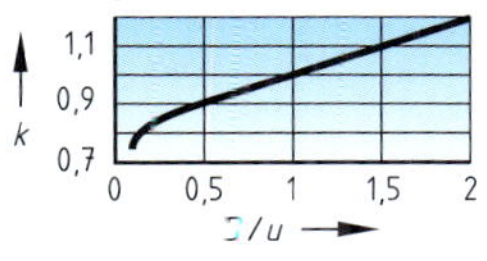 Formfaktor k für Scheibenspulen	$L \approx 10{,}5 \cdot k \cdot N^2 \cdot \frac{D}{\mathrm{cm}}\,\mathrm{nH}$ $D = \frac{D_i + D_a}{2}$ $\quad u = 2 \cdot l + 2 \cdot h$
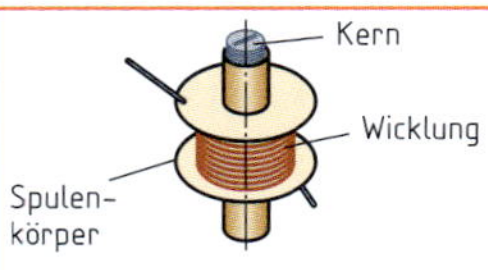 **Stiftkernspule**	Empfängerspulen im ZF-, LW-, MW- und KW-Bereich, ZF- und LW-Spulen werden oft auch als Kreuzwickel ausgeführt. Abgleich: Kernstellung verändern	siehe folgende Tabelle

Frequenz	Kernfarbe
75 kHz bis 12 MHz	rosa
6 MHz bis 60 MHz	rot
12 MHz bis 100 MHz	grün
60 MHz bis 260 MHz	ohne Farbe

Bauformen	Anwendungen, Bemerkungen	Formeln, Daten
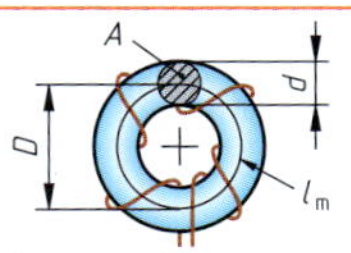 **Ringkernspule**	Funkentstördrosseln für Thyristor-Schaltungen. Als Ferritperlen zur Vermeidung von HF-Schwingungen verwendet. Oft auch mit rechteckförmigem Querschnitt.	$L = \mu_r \cdot \mu_0 \cdot \frac{A}{l_m} \cdot N^2$ mit $\frac{A}{l_m} = \frac{d^2}{D}$ $\mu_0 = 1{,}256 \cdot 10^{-6}\,\frac{\mathrm{Vs}}{\mathrm{Am}}$ $[A_L] = \mathrm{H}$ $\quad L = A_L \cdot N^2$
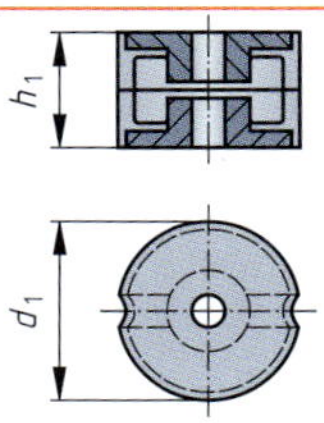 **Schalenkernspule**	Tonfrequenzspulen hoher Güte. Energiespeicher in Schaltnetzteilen. Schalenkerne werden mit und ohne Luftspalt (z. B. N30) gefertigt. Kerne mit Luftspalt ergeben hohe Güten. Ausführungen oft mit Abgleichkern (Induktivität um 10% bis 30% änderbar).	siehe folgende Tabelle

Kerne ∅ × Höhe in mm × mm	Werkstoffe A_L in nH K1	N48	N30	N26
9 × 5	25			
11 × 7	40	160	3200	
14 × 9	40	160	4200	
18 × 11	40	160	5600	
22 × 14			7000	1250
26 × 16		630	9000	1000
30 × 19		1000	10500	2000
36 × 22		250	13500	3600

A	Fläche (Kernquerschnitt)	H	Einheit Henry	u	Umfang zur Ermittlung von k
A_L	Spulenkonstante	k	Formfaktor für Scheibenspulen	μ_0	magnetische Feldkonstante
d	Leiterdurchmesser	l	Spulenlänge	μ_r	Permeabilitätszahl
D	Leiterschleifendurchmesser	l_m	mittlere Feldlinienlänge	i	Index für innen
d_1	Durchmesser	L	Induktivität	a	Index für außen
h	Wicklungshöhe	N	Windungszahl	m	Index für mittel

S

Bezeichnungen von Halbleiterbauelementen
Nomenclature of semiconductor components

Schlüssel für Halbleiter-Einzelbauelemente

Erster Buchstabe (Halbleiterwerkstoff)	Zweiter Buchstabe (Art des Bauelements)		Folgende Zeichen
A Germanium B Silicium C Galliumarsenid oder anderes Material mit Bandabstand > 1,3 eV D z. B. Indiumantimonid mit Bandabstand > 0,6 eV R Verbindungshalbleiter, z. B. Cadmiumsulfid (polykristalliner Halbleiterwerkstoff)	A Diode B Kapazitätsdiode C NF-Transistor D NF-Leistungs-transistor E Tunneldiode F HF-Transistor H Hall-Feldsonde, Magnetdiode K Hallgenerator L HF-Leistungs-transistor M Hallgenerator	N Optokoppler P Strahlungsempfind-liches Bauelement Q Strahlungserzeugen-des Bauelement S Schalttransistor T Thyristor, Triac U Leistungs-Schalttransistor W Oberflächenwellen-Bauelemente Y Leistungsdiode Z Z-Diode	Für Standardtypen besteht die Bezeichnung aus zwei Buchstaben und drei Ziffern, für Industrietypen (professionelle Typen) aus drei Buchstaben und zwei Ziffern. Der dritte Buchstabe und die Ziffer dienen der laufenden Kennzeichnung.
Eine weitere Zahl zeigt bei Leistungsgleichrichtern und Thyristoren die höchstzulässige periodische Vorwärts-Spitzensperrspannung U_{FRM} oder die größte zulässige periodische Rückwärts-Spitzensperrspannung U_{RRM} an, jedoch immer den kleineren Wert von beiden. **Beispiel:** BTW 30/800	Weitere Zusatzbuchstaben zeigen kleinere Veränderungen. Diese Buchstaben haben keine feste Bedeutung, mit Ausnahme des Buchstabens R, der die entgegengesetzte Polarität zum Grundtyp abgibt, z. B. Basisanschluss mit Emitteranschluss vertauscht. **Beispiel:** BCW 60 R	Bei Z-Dioden: Buchstabe: Angabe der Toleranz der Z-Spannung A: ±1 %; B: ±2 %; C: ±5 %; D: ±10 %; E: ±20 %. Zahl: Wert der Z-Spannung. Das V zwischen den Ziffern ersetzt das Komma. **Beispiel:** BZY 85/C 6V3	Im Bezeichnungssystem nach JEDEC (von Joint Electronic Device Engineering Council, amerik. Normungsstelle) wird die Zahl der Sperrschichten gekennzeichnet, z. B. Dioden mit 1 N, Transistoren mit 2 N und jeweils zwei bis vier Ziffern. **Beispiel:** 1N 4007 2N 3055

Beispiele für Halbleiterbezeichnungen

Bezeichnungen, Bilder	Bezeichnungen, Bilder	Erklärungen
CQR45 LED 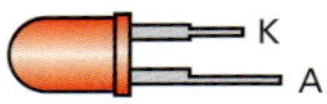	CQY36 Infrarotstrahlende LED (IRED) 	C Galliumarsenid Q Strahlungserzeugendes Bauelement Typen: R45, Y37
BC140 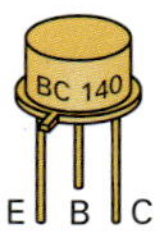	BC337/338 	Si-NF-Transistoren B Silicium C NF-Transistor Typ: 140 337/338: U_{CEmax} 50 V/30 V
BD131 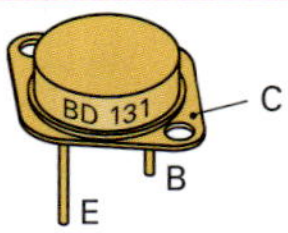	BUT11 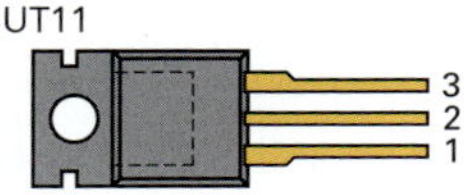	Si-NF-Leistungstransistoren B Silicium D NF-Leistungstransistor U Leistungsschalttransistor Typen: 131, 11
BT136/500 Triac 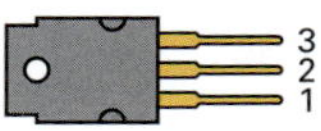	BT148/400 SMD-Thyristor 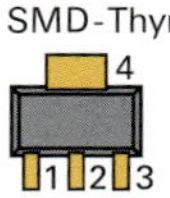	B Silicium T Thyristor, Triac Typen: 136, 148 500 V, 400 V maximale Sperrspannungen
BZX79/C5V7 Z-Diode 	BAS40-06 SMD-Schottky-Dioden 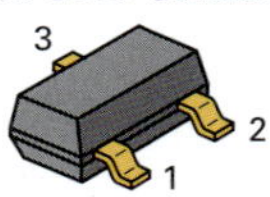	Z-Diode, mit 5% Toleranz $U_Z = 4{,}7\,V$ Schottky-Diode, U_R 40 V 06 Zwei Dioden mit gemeinsamen Anodenanschluss

Gehäuseformen von Halbleiterbauelementen
Forms of housings of semiconductors

Diskrete Bauelemente

DO 7
Beispiel:
1N3070

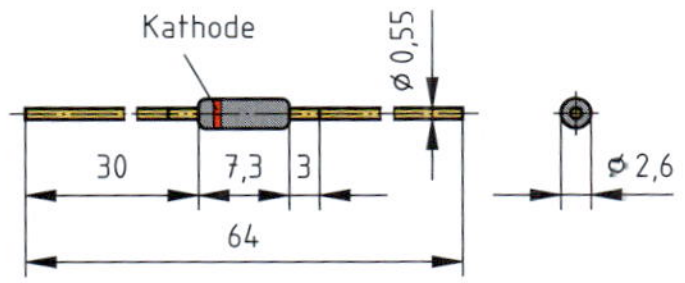

DO 15
Beispiel:
1N4001 …
1N4007

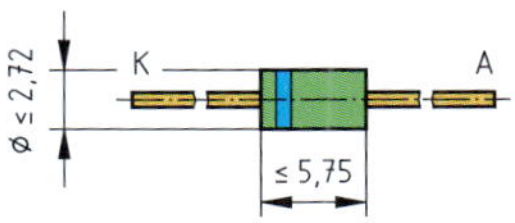

DO 13
Beispiel:
BZD 10
C9V1

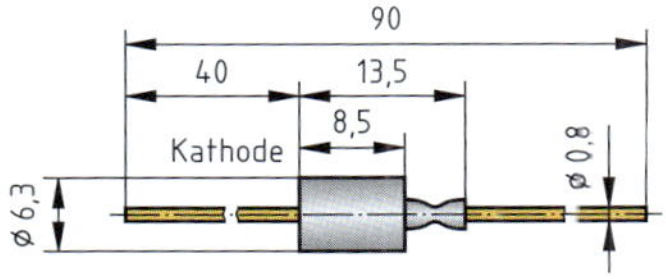

TO 220
Beispiel:
BUP200

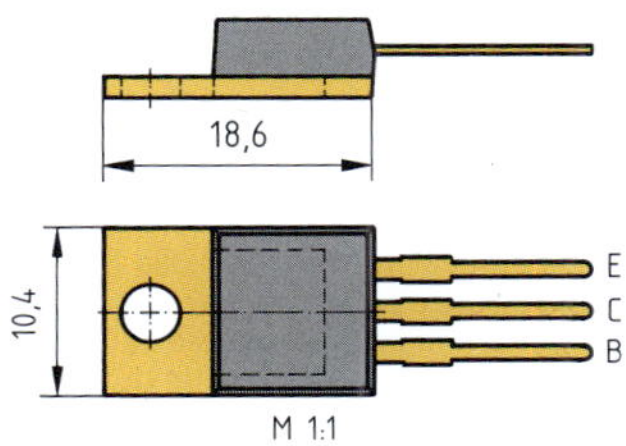

TO 3
Beispiel:
2N3055

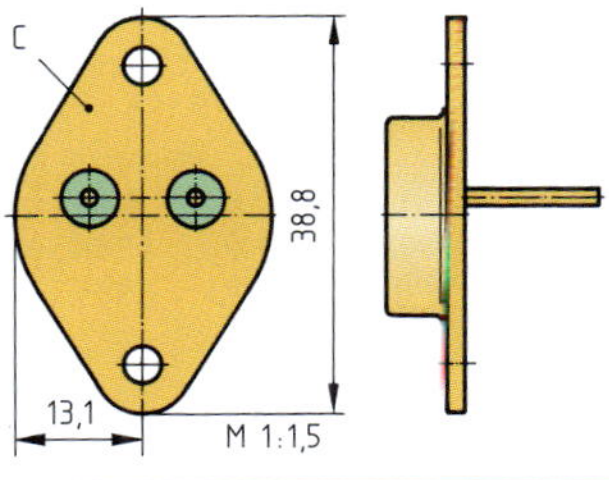

SOT 93
Beispiel:
TO218
BDV92

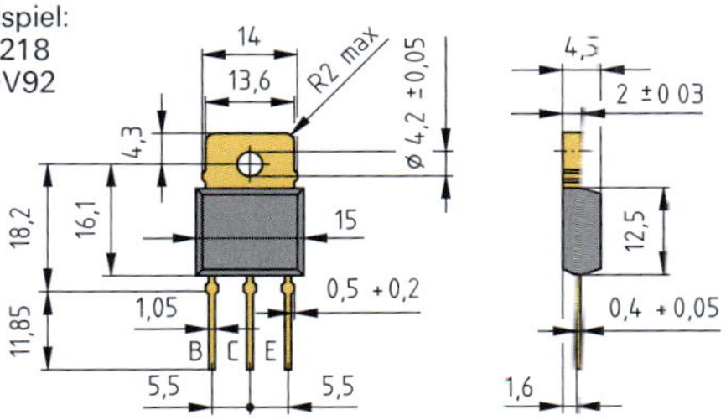

Gleichrichterbaugruppen

Einphasen-Brückengleichrichter
$U = 40$ V bis 380 V
$I = 0{,}9$ A

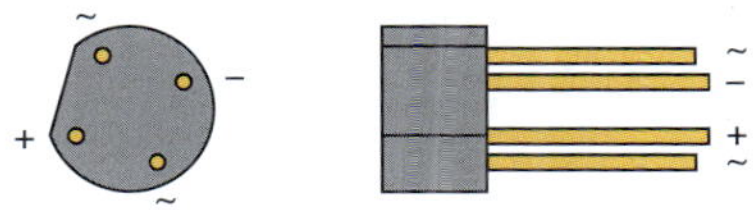

Einphasen-Brückengleichrichter
$U = 50$ V bis 1000 V
$I = 2$ A

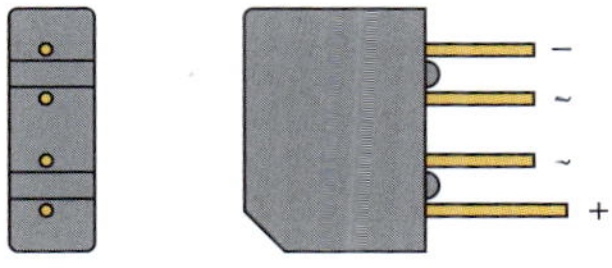

Einphasen-Brückengleichrichter
$U = 200$ V bis 1000 V
$I = 40$ A

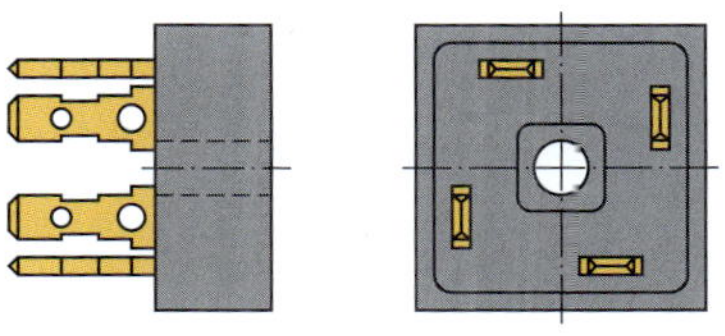

3-Phasen-Gleichrichterbrücke
$U = 800$ V bis 1800 V
$I = 27$ A bis 35 A

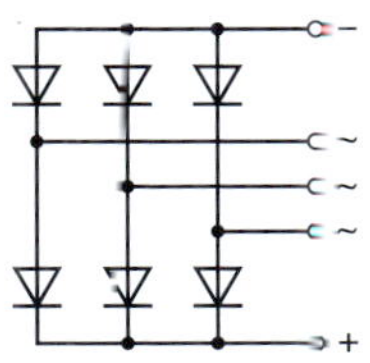

2-Dioden-Modul
$U = 3000$ V
$I = 2 \times 650$ A

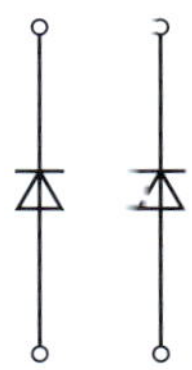

DO Diodes Outline
TO Transistor Outline
SOT Small Outline Transistor

1N …, 2N … sind amerikanische Bezeichnungen nach JEDEC.
JEDEC Joint Electron Device Engineering Council
Halbleiterbezeichnungen siehe **vorhergehende Seite**

Einbau von Halbleiterbauelementen   Fitting of semiconductors components

Einbauarten	Maßnahmen

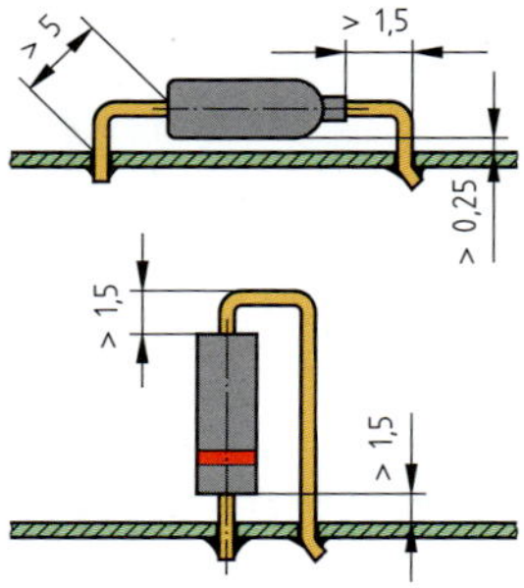

Einbau von Dioden

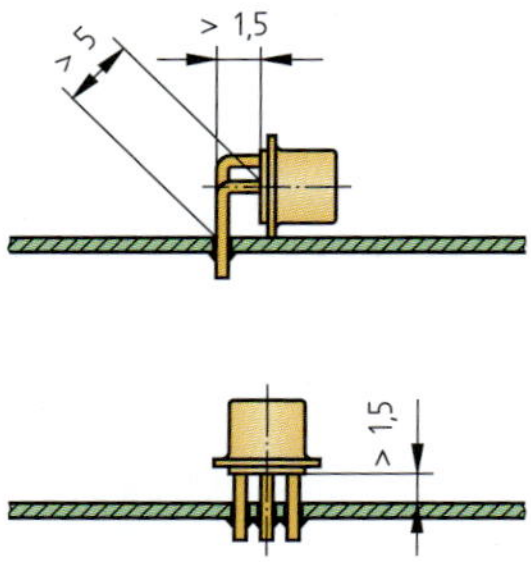

Einbau von Transistoren

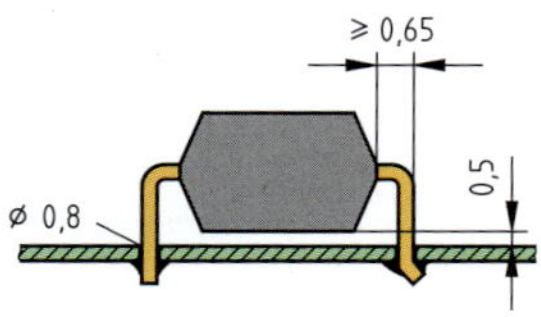

Einbau von IC mit Kunststoffgehäuse

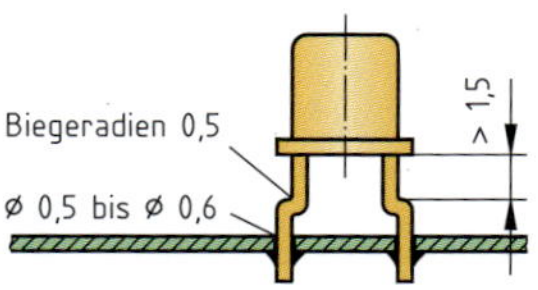

Einbau von IC im Gehäuse TO5

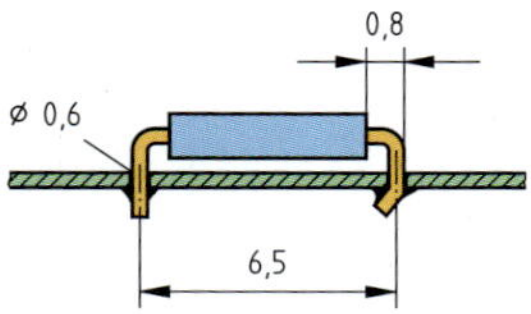

Einbau von IC mit Flachgehäuse

Der *Abstand* zwischen Halbleiterbauelementen und Wärmeerzeugern ist so groß zu wählen, dass die Umgebungstemperatur für die Halbleiterbauelemente nicht zu hoch und damit die höchstzulässige Sperrschichttemperatur im Betrieb nicht überschritten wird.

Die *Einbaulage* der Halbleiterbauelemente ist beliebig. Die Anschlussdrähte müssen jedoch beim Biegen zwischen der Biegestelle und dem Halbleitergehäuse so gehalten werden, dass eine mechanische Beanspruchung des Gehäuses vermieden wird. Das Abwinkeln der Anschlussdrähte unmittelbar am Gehäuse führt zu Materialspannungen und Rissen. Das Bauelement wird dadurch zerstört, häufig erst nach einiger Zeit.

Der *Bohrungsdurchmesser* sollte 0,1 mm bis 0,2 mm größer sein als der Durchmesser der Anschlussdrähte der Bauelemente.

Alle IC und MOSFET müssen elektrostatisch geschützt werden. Die Gefährdung dieser Bauelemente entsteht durch die elektrostatische Entladung, z. B. von Personen.

Maßnahmen zum *elektrostatischen Schutz* der IC und MOSFET, damit die Aufladungsspannung möglichst unter 200 V bleibt:

- Erhöhung der relativen Luftfeuchtigkeit auf Werte > 60%.
- Einsatz von antistatischen Werkstoffen am Arbeitsplatz.
- Arbeitsplätze mit hochohmig leitenden Belägen ausstatten.
- IC bis zum Einbau in der Verpackung belassen.
- Die zu lötenden Anschlüsse und das Lötbad bzw. der Lötkolben müssen mit Masse verbunden sein.
- Bauteile nur bei abgeschalteter Betriebsspannung ausbauen bzw. einsetzen.
- Bauteile zur Lagerung mit den Anschlüssen auf leitenden Gummi oder leitendes Styropor stecken.

Beim *Einlöten* von Halbleiterbauelementen darf das Bauelement thermisch nicht überlastet werden. Die Sperrschichttemperatur darf für Bauelemente aus Silicium höchstens 200 °C und für Bauelemente aus Germanium höchstens 110 °C erreichen. Diese Temperaturgrenzwerte dürfen maximal eine Minute lang vorherrschen. Lötdauer und Lötstellentemperatur beeinflussen sich gegenseitig und hängen von der Anzahl der gleichzeitig gelöteten Anschlussdrähte sowie von der Drahtlänge zwischen der Lötstelle und dem Gehäuse ab.

Bauelement	Kolbenlötung			Tauchlötung		
	Temperatur der Kolbenspitze in °C	Abstand Lötstelle – Gehäuse in mm	maximale Lötzeit in s	Badtemperatur in °C	Abstand Lötstelle – Gehäuse in mm	maximale Lötzeit in s
Dioden						
Kunststoffgehäuse	≤ 245	≥ 5	10	≤ 245	≥ 4	5
	≤ 245	1,5–5	3			
Metallgehäuse				≤ 245	≥ 1,5	5
Transistoren						
Kunststoffgehäuse	230 bis 260	≥ 4	8			
Metallgehäuse	230 bis 250	≥ 5	5	≤ 240	≥ 5	10
				≤ 240	≥ 3	5
ICs						
IC-DIL-Gehäuse	≤ 265	–	10	≤ 240	–	4
	≤ 250	≥ 3	15	≤ 250	≥ 3	5
	≤ 300	≥ 3	12	≤ 300	≥ 3	4
	≤ 350	≥ 3	8			
IC-Flachgehäuse	≤ 250	–	15	≤ 250	–	5
	≤ 300	–	12	≤ 300	–	2
Flat-pack	≤ 350	–	7			

Verarbeitung von SMD — Processing of SMD

Bauelemente	Erklärungen, Bemerkungen

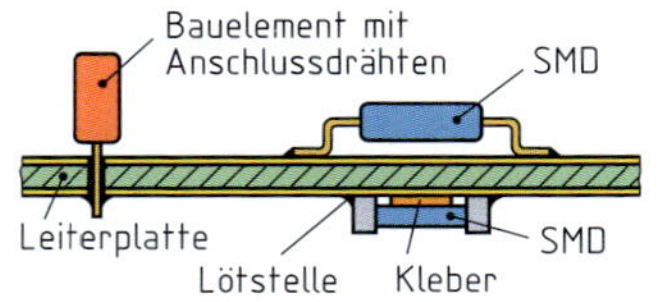

Bestückung mit SMD und herkömmlichem Bauteil

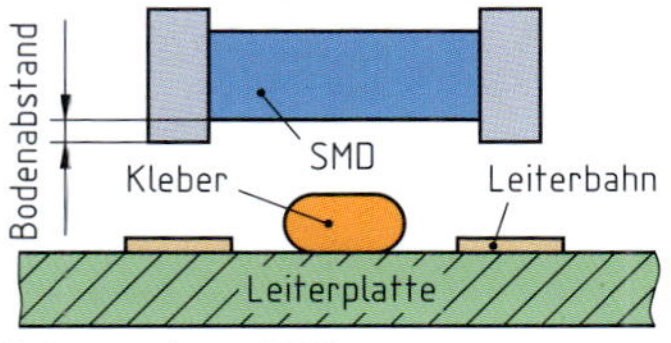

Fixieren eines SMD

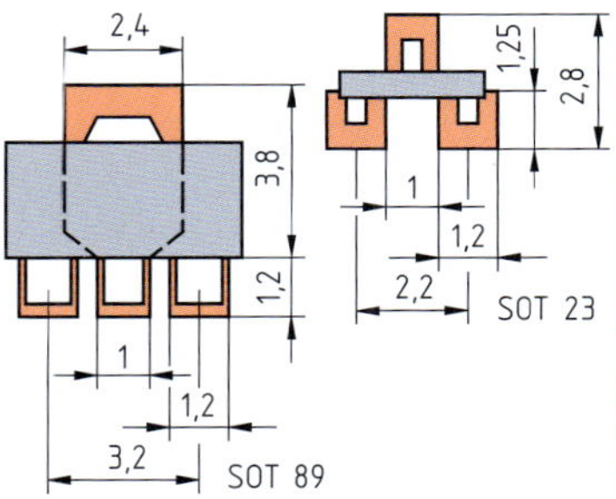

Abmessungen von Einbauplätzen für SOT-Gehäuse

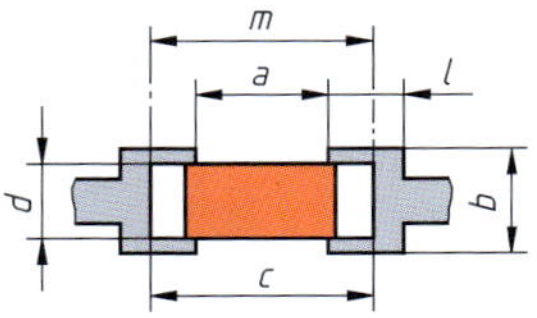

Abmessungen von Einbauplätzen für zylinder- und quaderförmige SMD

Art	Bauelement		Anschlussfleck			
mm	*c*	*d*	*l*	*b*	*m*	*a*
quaderförmig	2	1,25	1,1	2,1	2	0,9
	3,2	1,6	1	2,4	3,2	2,2
	3,2	2,5	1	3,3	3,2	2,2
	4,5	3,2	2,2	4	4,5	2,3
zylindrisch	3,5	1,5	1,2	1,6	2,8	1,6
	5,9	2,2	2,1	2,3	4,8	2,7

Allgemeines: SMD (von **S**urface **M**ounted **D**evices = oberflächenmontierbare Bauteile) haben keine Drahtanschlüsse. Ihre elektrischen und mechanischen Verbindungen erhalten sie über lötfähige, flächige Anschlusskontakte oder durch kurze Anschlussbeinchen **(Bild)**. SMD können auf einer Seite oder auf beiden Seiten der Leiterplatine montiert werden. Dazu werden sie plan mit Lötpaste oder nichtleitendem Kleber auf der Leiterplatte fixiert und anschließend gelötet.

Fixieren der SMD: Der Kleber kann mithilfe eines Dosiergerätes, eines Stiftes oder im Siebdruckverfahren aufgebracht werden. Die Form des Kleberpunktes auf der Leiterplatte und das Bauelement müssen so gestaltet sein, dass kein Kleber auf die Kontaktflächen gelangt. Der Kleber härtet durch eine Wärmebehandlung aus und erlaubt dadurch das Wenden der Leiterplatte zum Löten **(Bild)**.

Die Lötpaste (Lötzinn) wird auf den Einbauplatz, z. B. im Siebdruckverfahren, gebracht. Die SMD werden beim Bestücken positioniert und haften auf der Lötpaste.

Verbindungstechnik:

Flussmittel: Kolophonium 1.1.3 (F-SW 32).

Lote: Für Schwall- und Schlepplöten SnAgCu, für andere Lötverfahren SnAg.

Reinigungsmittel: Isopropylalkohol.

Badlöten (Schwall-Löten, Schlepplöten, Tauchlöten): Die SMD müssen mit Kleber fest auf der Leiterplatte fixiert sein. Badtemperatur zwischen 240 °C und 260 °C; Lötzeit zwischen 1 s und 3 s. Bei großer SMD-Dichte auf der Lötseite besteht die Gefahr, dass sich Lötbrücken bilden und Anschlussstellen nicht benetzt werden (Lötschatten).

Das Badlöten ist für quaderförmige und zylinderförmige SMD und für Halbleiter-SMD im SO-Gehäuse und SOT-Gehäuse geeignet.

Reflow-Löten (= Wiederaufschmelzlöten; Kondensationslöten, Heißgaslöten, Bügellöten, IR-Löten): Nach dem Bestücken der SMD wird die Verbindung durch Aufschmelzen der Lötpaste hergestellt. Löttemperatur: < 215 °C, Lötdauer: 5 s bis 10 s.

Die Reflow-Lötverfahren sind bei der Verarbeitung von IC im PLCC-Gehäuse, LCCC-Gehäuse und Mikropack-Gehäuse sowie bei einigen Sonderbauformen, z. B. Trimmer, einzusetzen.

Kolbenlötung: SMD sollten nur bei Reparaturen mit einem temperaturgeregelten Miniaturlötkolben gelötet werden. Temperatur der Lötkolbenspitze < 370 °C, Lötzeit < 3 s.

Beim Einlöten darf nur die Leiterbahn erhitzt werden. Die Lötkolbenspitze darf niemals am SMD angesetzt werden. Die Anschlüsse von SMD müssen plan und exakt auf den Print-Lötflächen aufliegen. Die Anschlüsse einer Seite eines IC sind mit einer breiten Lötkolbenspitze gemeinsam anzulöten (1 cm in 5 s). Flussmittelrückstände müssen getrocknet werden, z. B. mit einem Föhn.

Ausbau von SMD: Beim Ausbau von SMD wird das Ablösen der Leiterbahn vermieden, wenn diese nicht unzulässig lange und unzulässig stark erwärmt werden.

- Bei quaderförmigen SMD Lötzinn an den Lötstellen absaugen.
- Beide Kontaktflächen gleichzeitig erwärmen und SMD mit der Pinzette abheben.
- IC-Anschlüsse (z. B. bei Flatpack-IC) mit spitzem Seitenschneider durchtrennen.
- Abgeschnittene IC-Beine mit breiter Lötkolbenspitze erwärmen und vom Print entfernen.
- Printspuren mit Entlötlitze säubern.
- Ausgebaute SMD nicht wieder verwenden.

S

Elektrische Belastbarkeit von Halbleiterbauelementen
Power rating of semiconductors

Strombelastbarkeit und Spannungsbelastbarkeit von Dioden

Formelzeichen, Begriff	Erklärungen	Schaltungen, Kennlinien
I_{FAV}	Höchster arithmetischer Mittelwert des Stromes in Vorwärtsrichtung.	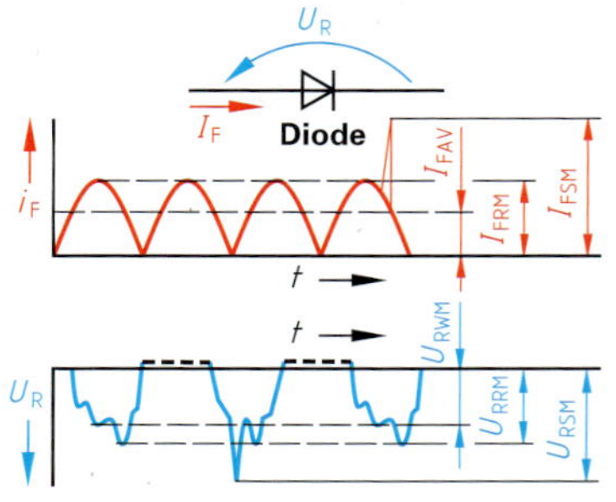
I_{FRM}	Höchstwert periodischer Stromimpulse in Vorwärtsrichtung.	
I_{FSM}	Höchstwert nicht periodischer Stromimpulse in Vorwärtsrichtung.	
I_F	Höchstwert des Gleichstromes in Vorwärtsrichtung.	
U_{RRM}	Höchstwert periodischer sinusförmiger Spannungsimpulse in Rückwärtsrichtung.	
U_{RSM}	Höchstwert nicht periodischer Spannungsimpulse in Rückwärtsrichtung.	
U_{RWM}	Höchstwert periodischer sinusförmiger Spannungsimpulse mit Netzfrequenz in Rückwärtsrichtung.	
U_R	Höchstwert der Gleichspannung in Rückwärtsrichtung.	Ströme und Spannungen an der Diode

Strombelastbarkeit und Spannungsbelastbarkeit von bipolaren Transistoren

Formelzeichen, Begriff	Erklärungen	Schaltungen, Kennlinien
I_{CM}, $I_{C\,max}$	Scheitelwert des sinusförmigen Kollektorstromes $f \geq 25$ Hz.	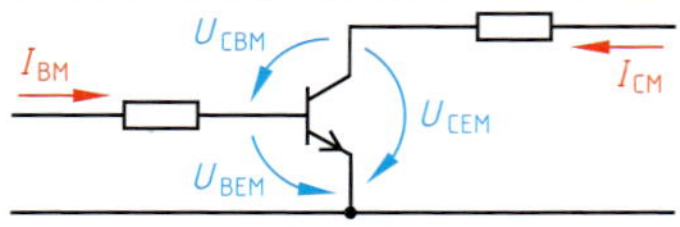 Bipolarer Transistor
I_{CAV}	Höchster arithmetischer Mittelwert des Kollektorstromes.	
I_{BM}, $I_{B\,max}$	Scheitelwert des Basisstromes.	
$U_{(BR)}$	Spannung in Sperrrichtung, von der ab eine Spannungserhöhung einen steilen Anstieg des Sperrstromes hervorruft.	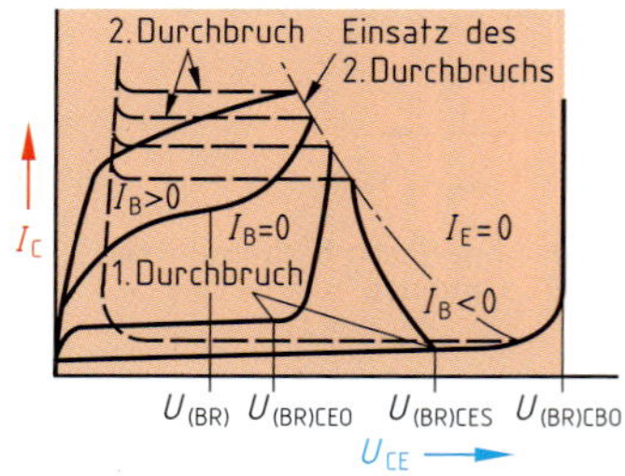 Ausgangskennlinienfeld
$U_{(BR)\,CBO}$	Kollektor-Basis-Durchbruchspannung bei nicht angeschlossenem Emitter ($I_E = 0$).	
$U_{(BR)\,CES}$	Kollektor-Emitter-Durchbruchspannung bei kurzgeschlossener Basis-Emitter-Diode ($I_B < 0$).	
$U_{(BR)\,CER}$	Kollektor-Emitter-Durchbruchspannung bei parallel geschaltetem Widerstand R zur Basis-Emitter-Diode ($I_B < 0$).	
$U_{(BR)\,CEO}$	Kollektor-Emitter-Durchbruchspannung bei nicht angeschlossener Basis ($I_B = 0$).	
$-U_{(BR)\,BEO}$	Emitter-Basis-Durchbruchspannung bei nicht angeschlossenem Kollektor ($I_C = 0$).	
SOAR (von Safe Operating Area = sicherer Arbeitsbereich für Transistoren)	Der maximale Betriebsbereich ist durch vier Geraden festgelegt. ① Kollektorstrom-Grenzwert I_{CM} bzw. I_{CAV} ② Maximal zulässige Verlustleistung P_{tot} ③ Grenze für zweiten Durchbruch ④ Kollektor-Emitter-Spannungsgrenzwert $U_{(BR)\,CEO}$ Das Schaubild wird in zwei Bereiche unterteilt: Ⓖ Gleichstrombetrieb Ⓡ Rechteckpulsbetrieb Die Grenzen ①, ② und ③ lassen sich bei Pulsbetrieb erweitern, wobei die Erweiterung vom Tastgrad g und der Impulsdauer t_i abhängen. Beide Koordinatenachsen im SOAR-Diagramm verwenden logarithmische Teilung.	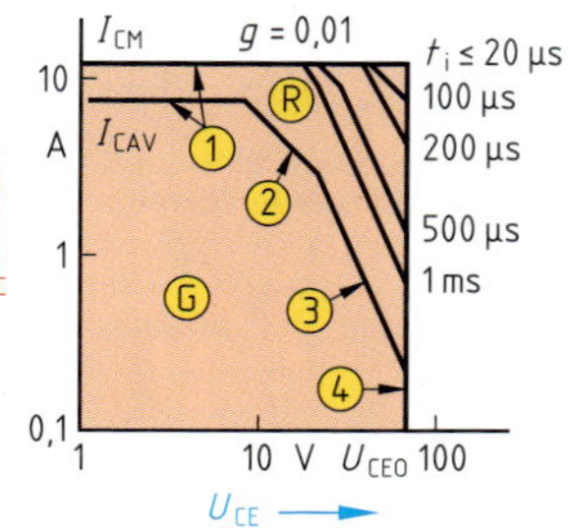 SOAR-Diagramm

Strombelastbarkeit und Spannungsbelastbarkeit von Feldeffekttransistoren

Formelzeichen, Begriff	Erklärungen	Schaltungen, Kennlinien
$I_{D\,max}$, $I_{S\,max}$	Höchstwerte von Drainstrom bzw. Sourcestrom.	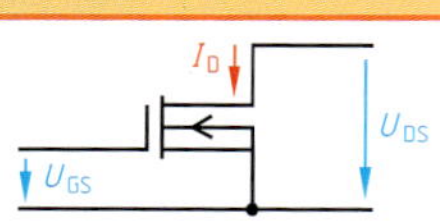 Feldeffekttransistor
$U_{(BR)\,DSS}$	Drain-Source-Durchbruchspannung bei Kurzschluss zwischen Gate und Source ($U_{GS} = 0$).	
$U_{(BR)\,DSV}$	Drain-Source-Durchbruchspannung bei bestimmter Sperrspannung zwischen Gate und Source.	

Dioden Diodes

Strukturen, Bezeichnungen	Gehäuse (Beispiele)	Schaltzeichen Bezugspfeile	Typische Kennlinien	Anwendungen, Daten
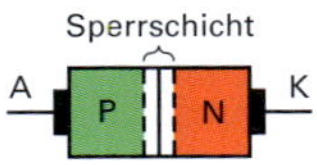 **Flächendiode**	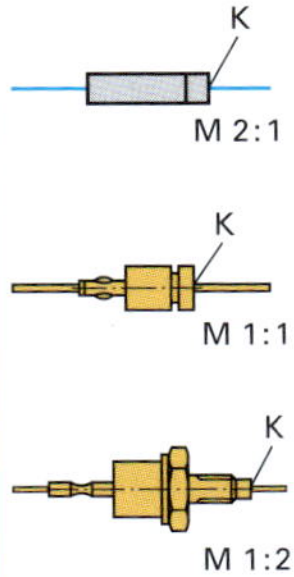	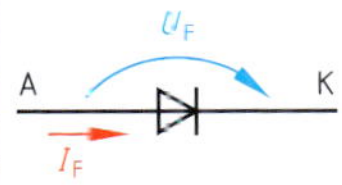	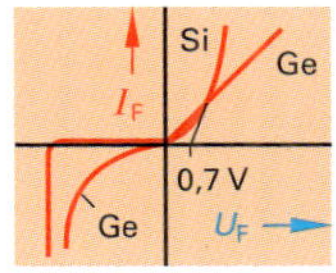	Siliciumdiode: $U_R \leq 3{,}5\,kV$, $I_F \leq 3\,kA$, $U_S \approx 0{,}8\,V$ Germaniumdiode: $U_R \leq 100\,V$, $I_F \leq 1\,A$ $U_S \approx 0{,}3\,V$
 **Z-Diode**		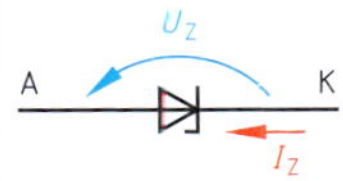	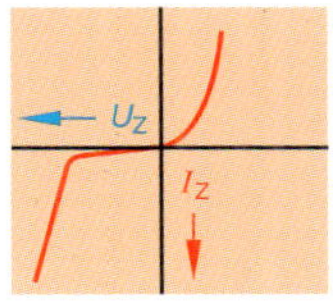	Spannungsbegrenzung, Stabilisierung, Überlastschutz. $U_Z = 1{,}8\,V$ bis $200\,V$
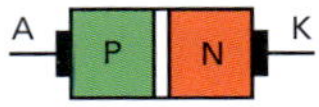 **Suppressordiode**	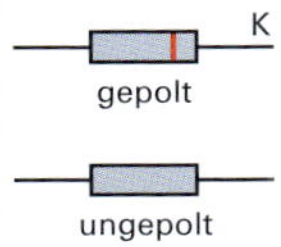	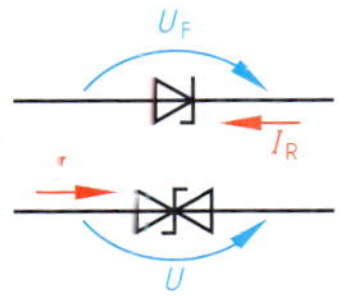	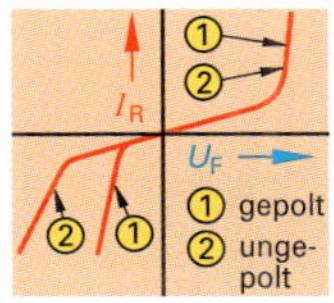	Schutzbeschaltung vor zu hohen Spannungsspitzen. $U_R = 20\,V$ bis $600\,V$ $I_R = 6\,A$ bis $50\,A$ Betrieb in Rückwärtsrichtung.
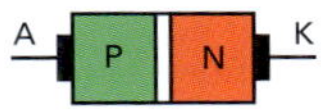 **Kapazitätsdiode**	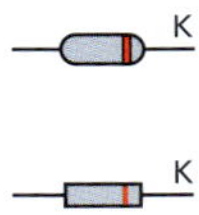	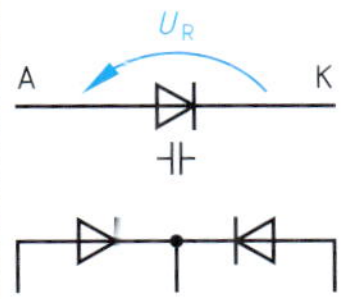	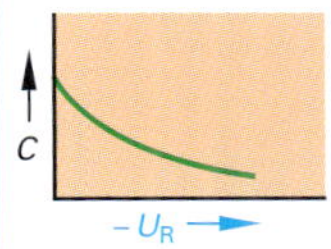	Zur Einstellung der Frequenz von Schwingkreisen anstelle von Drehkondensatoren. $U_R = 2\,V$ bis $30\,V$ $C = 60\,pF$ bis $5\,pF$ Oft als Doppeldiode.
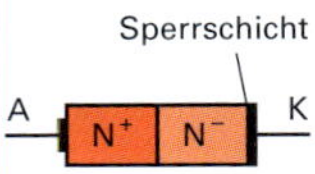 **Schottky-Diode**		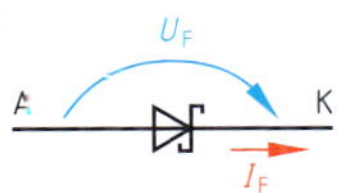	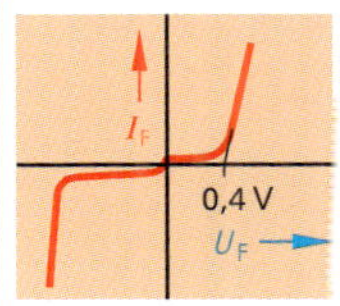	Metallkontakt K ist Elektronenlieferant, dadurch sehr kleine Schleusenspannung, Gleichrichtung kleiner Spannungen. $U_R \approx 70\,V$ $I_F \leq 3000\,A$ $U_S \approx 0{,}4\,V$
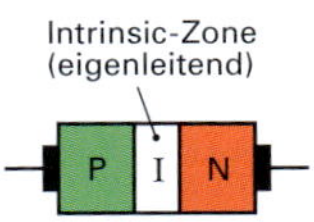 **PIN-Diode**		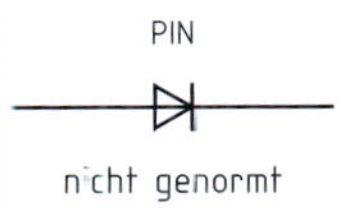	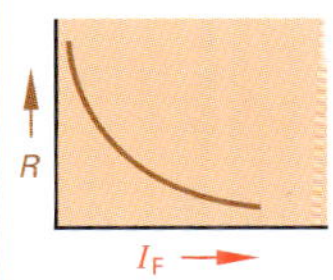	In der Hochfrequenztechnik ab 10 MHz als veränderliche Widerstände in Dämpfungsgliedern in π-Schaltung.
 **Magnetdiode**	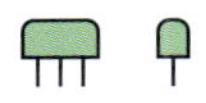 Doppeldiode	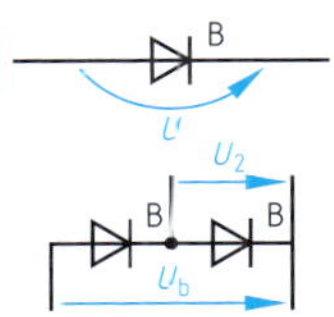	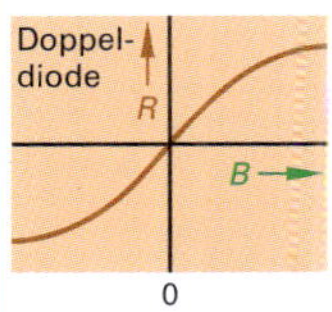	Fühler für Magnetfeld, z. B. in Elektronikmotoren. Meist Doppeldiode aus zwei in Reihe geschalteten Dioden.

A Anode
K Katode
N^+ starke N-Dotierung
N^- schwache N-Dotierung
P^+ starke P-Dotierung

C Kapazität
I_F Vorwärtsstrom (Durchlassstrom)
I_R Rückwärtsstrom (Sperrstrom)
I_Z Z-Strom

U_F Vorwärtsspannung (Durchlassspannung, F von forward)
U_R Rückwärtsspannung (Sperrspannung, R von reverse)
U_S Schleusenspannung
U_Z Z-Spannung

Bipolare Transistoren Bipolar transistors

Strukturen, Bezeichnungen	Gehäuse (Beispiele)	Schaltzeichen, Bezugspfeile	Typische Kennlinien	Anwendungen, Bemerkungen
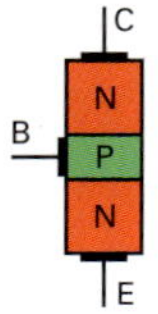 **NPN-Transistor**	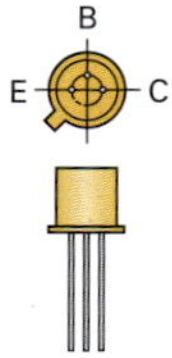	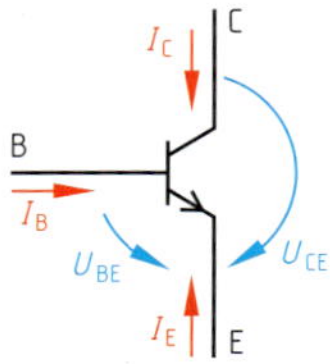	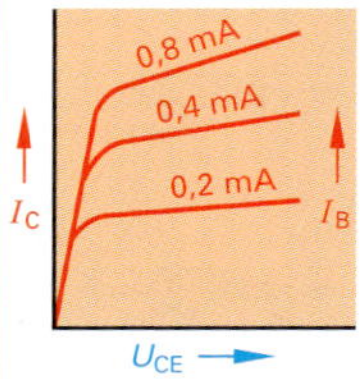	NF-Verstärker, Komplementär-Endstufen, HF-Verstärker, Oszillatoren, Mischstufen, Leistungsstufen in Netzteilen, Schalter. B = 50 bis 1000 NPN-Transistoren: I_C = 1 mA bis 30 A U_{BE} = 0,7 V PNP-Transistoren: I_C = −1 mA bis −30 A U_{BE} = −0,7 V
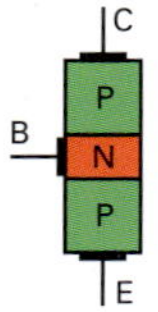 **PNP-Transistor**		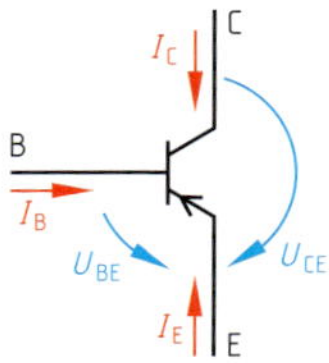	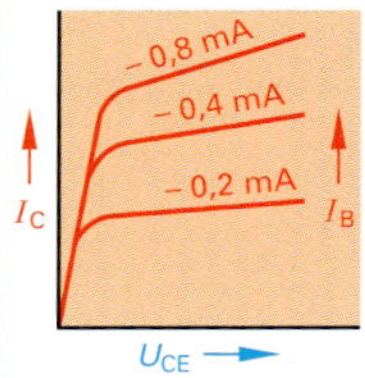	
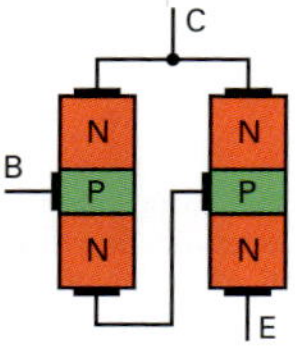 **Darlington-Transistor**	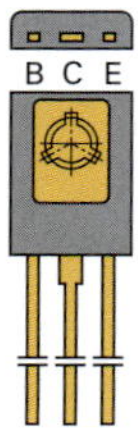	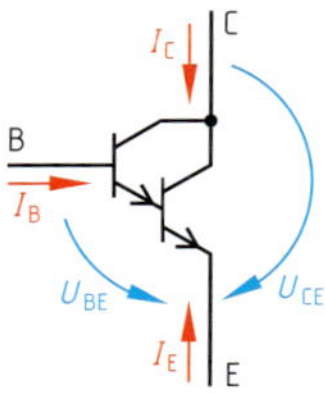	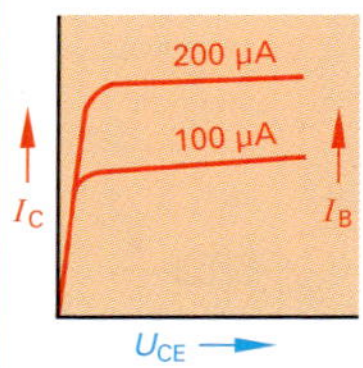	Leistungsverstärker für: Relaissteuerungen, Regelschaltungen, Breitbandverstärker. Leistungsschalter, Stellglieder. Darlingtonstufen bestehen aus zwei in einem Gehäuse befindlichen Transistoren. Der Stromverstärkungsfaktor ist sehr groß.
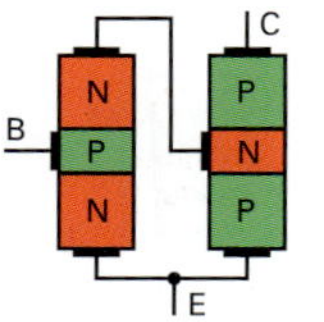 **Komplementär-Darlington-Transistor**	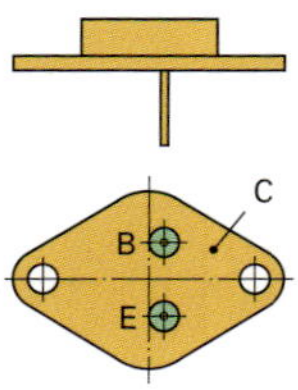	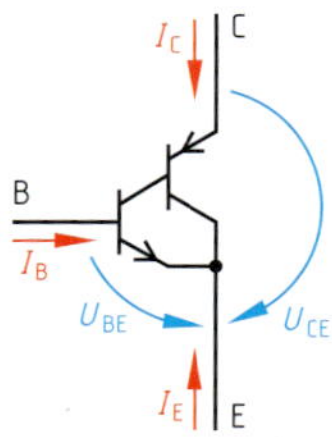	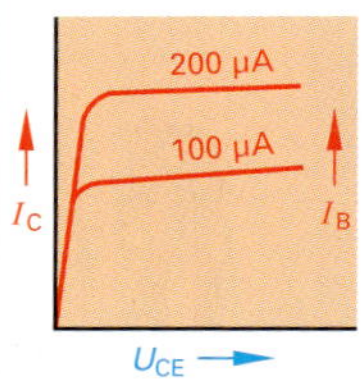	
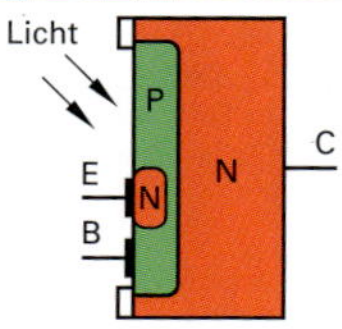 **Foto-Transistor**	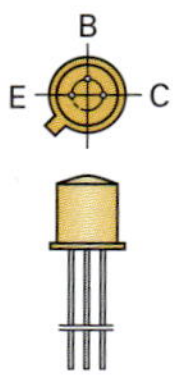	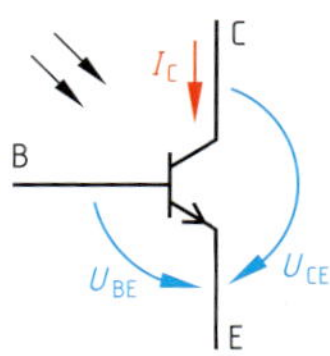	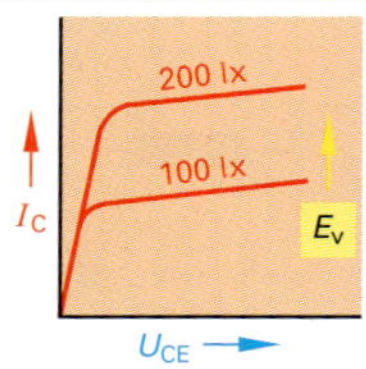	Optische Abtastung von Lochscheiben, Rasterscheiben und Barcodes. In Optokopplern. Fototransistoren gibt es mit und ohne Basisanschluss.
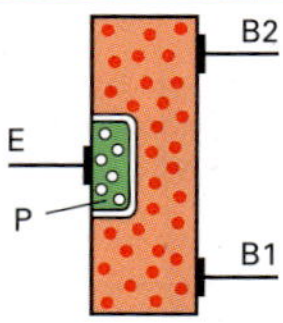 **Doppelbasis-Transistor (UJT)**	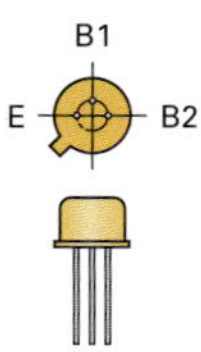	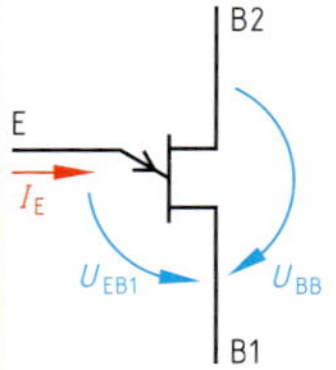	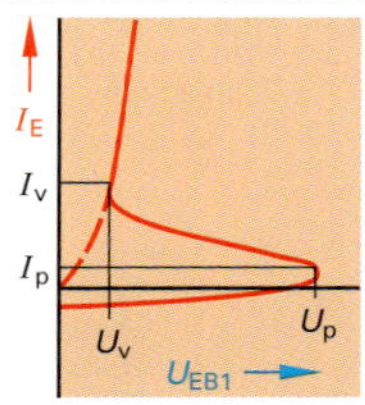	Zum Zünden von Thyristoren. I_v Talstrom I_p Höckerstrom U_v Talspannung U_p Höckerspannung Auch Doppelbasis-Diode genannt.

B Basis, B Gleichstromverhältnis, C Kollektor, E Emitter, E_v Beleuchtungsstärke, I_B Basisstrom, I_C Kollektorstrom, UJT Unijunction Transistor

Feldeffekttransistoren (Unipolare Transistoren) Field-effect transistors

Strukturen, Bezeichnungen	Gehäuse (Beispiele)	Schaltzeichen, Bezugspfeile	Typische Kennlinien	Anwendungen
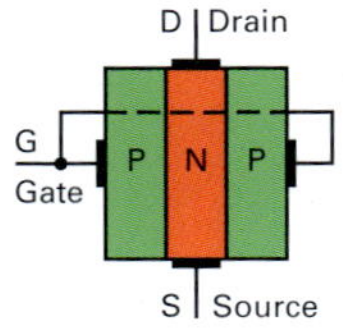 **J-FET mit N-Kanal**		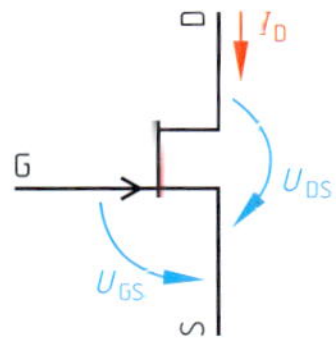	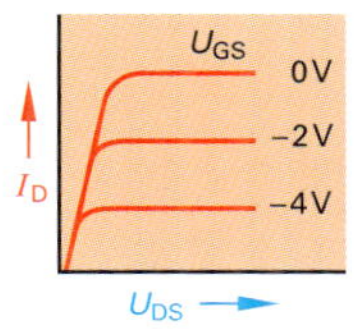	Verstärkerschaltungen, Schalter für analoge Signale, Vorverstärker für Mikrofon, HF-Verstärker, Oszillatoren, Quarzoszillatoren, Mischstufen, Regelungsglieder, in Operationsverstärkern.
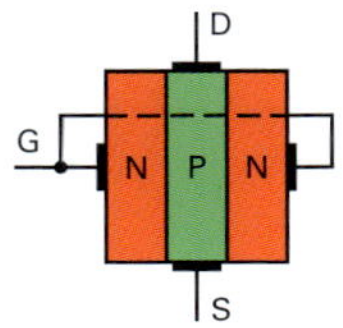 **J-FET mit P-Kanal**		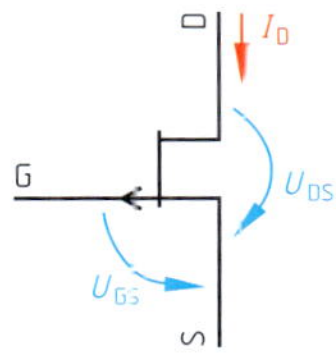	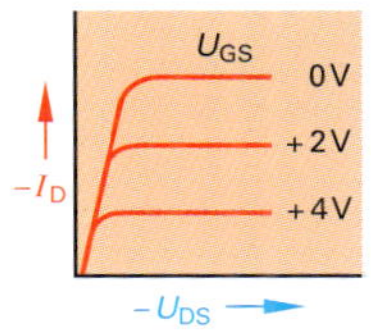	
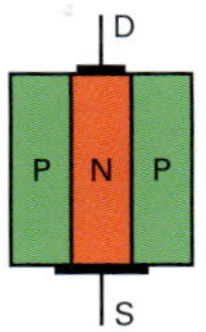 **J-FET mit N-Kanal als Strombegrenzer**	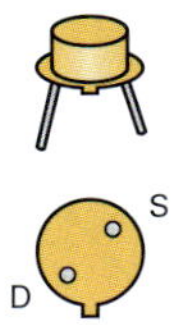	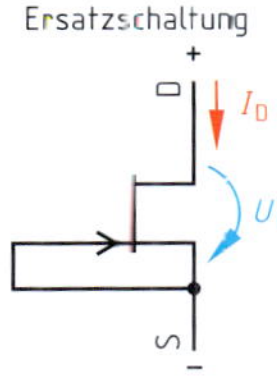	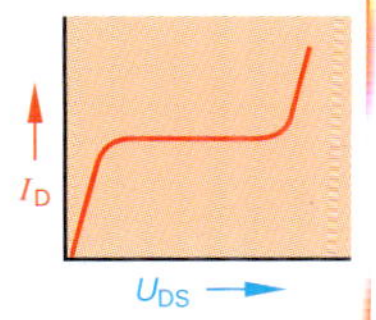	Stabilisierung, Strombegrenzung.
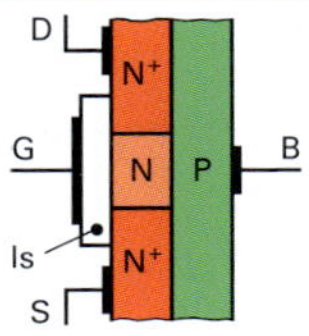 **Selbstleitender IG-FET**		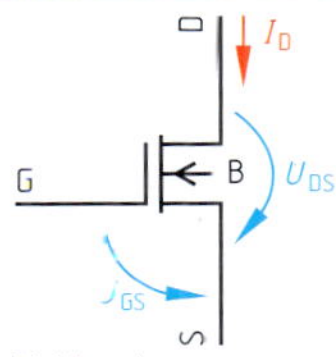 N-Kanal	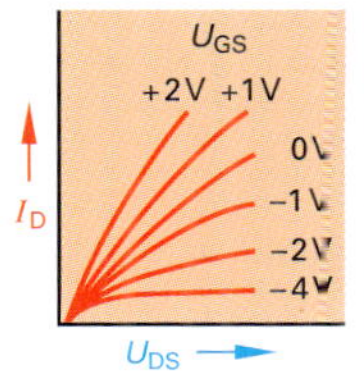	Verstärkerschaltungen, insbesondere für Eingangsstufen, HF-Verstärker, Regelungsglieder, in Operationsverstärkern in integrierten Schaltungen.
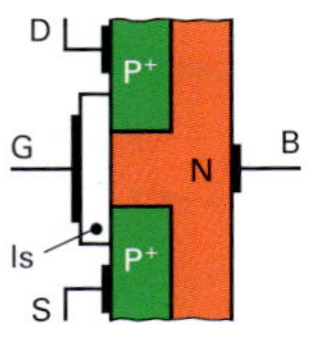 **Selbstsperrender IG-FET**	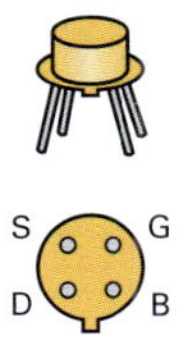	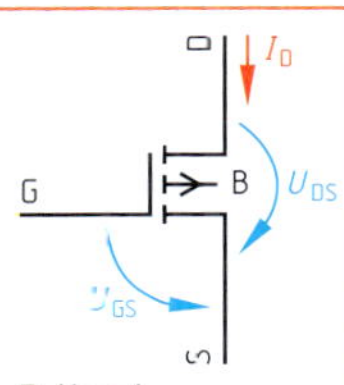 P-Kanal	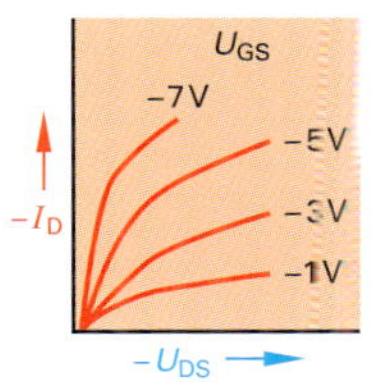	
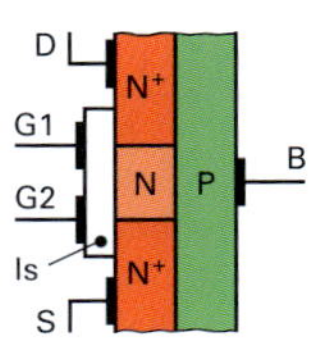 **Dual-Gate-IG-FET**	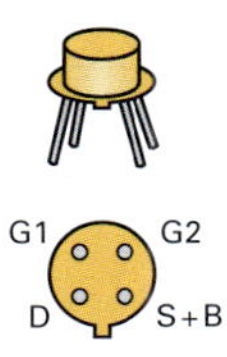	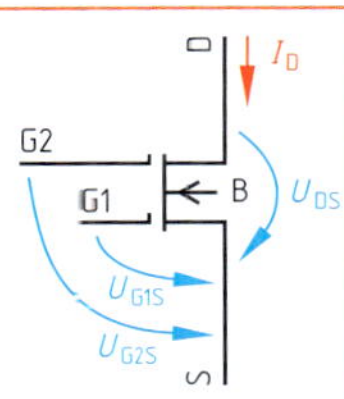 N-Kanal	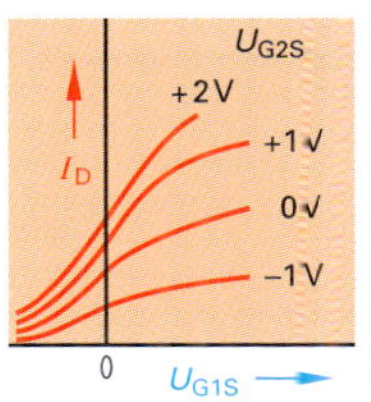	Verstärker- und Mischerschaltungen bis 300 MHz, in integrierten Schaltungen.

D Drain, G Gate, S Source, B Substrat, P^+ stark P-dotiert, N^+ stark N-dotiert

Kennlinien des bipolaren Transistors BC 107
Characteristics of the bipolar transistor BC 107

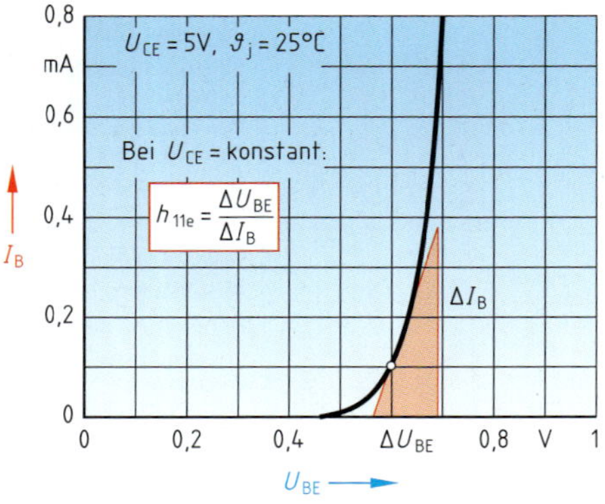

Eingangskennlinie für Emitterschaltung

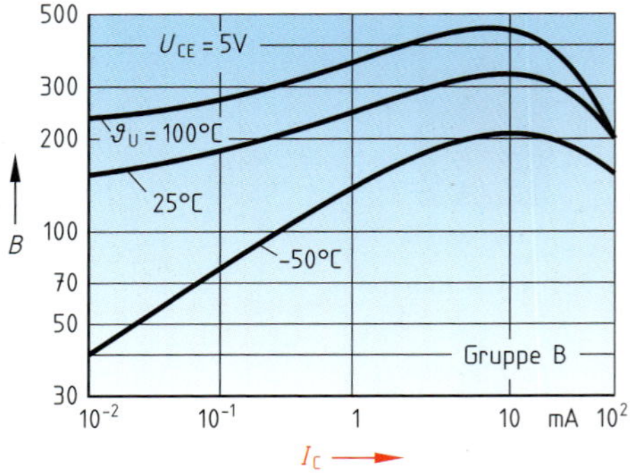

Gleichstromverhältnis in Abhängigkeit vom Kollektorstrom

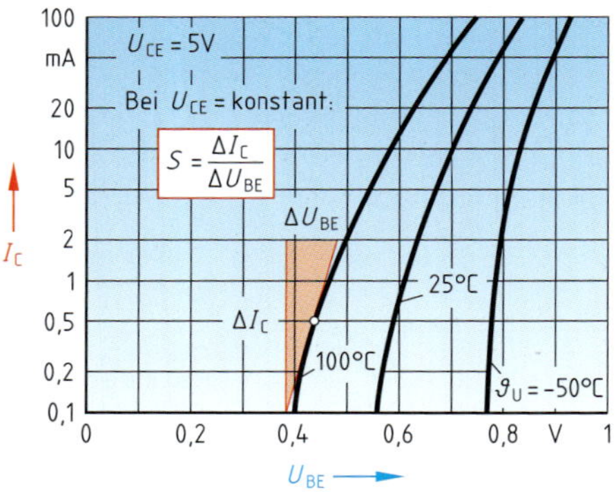

Spannungssteuerkennlinien

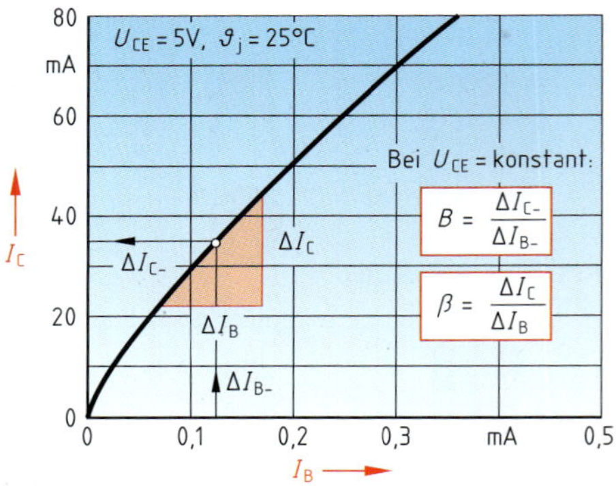

Stromsteuerkennlinien

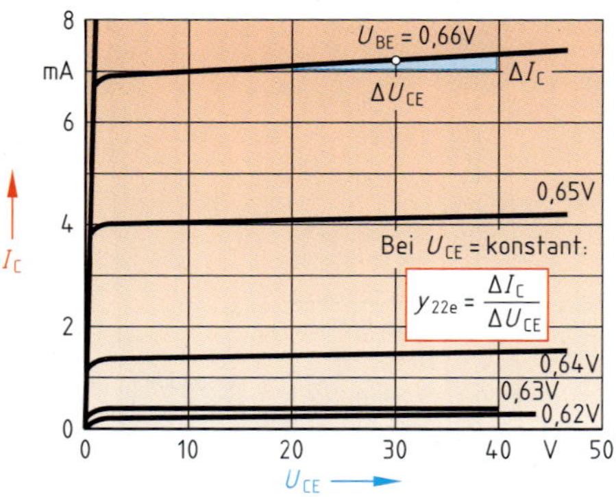

Ausgangskennlinien für Emitterschaltung

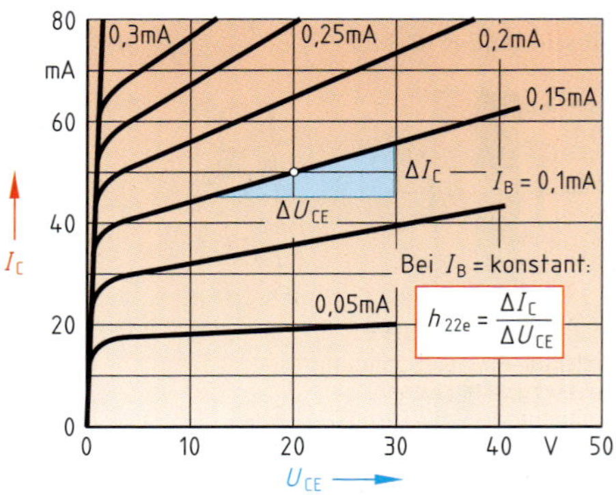

Ausgangskennlinien für Emitterschaltung

B Gleichstromverhältnis, h_{11e} Kurzschluss-Eingangswiderstand, h_{22e} Leerlauf-Ausgangsleitwert, I_B Basisgleichstrom, I_C Kollektorgleichstrom, S Steilheit ($S = y_{21e}$), U_{BE} Basis-Emitter-Spannung, U_{CE} Kollektor-Emitter-Spannung, y_{22e} Kurzschluss-Ausgangsleitwert, β Kurzschluss-Stromverstärkungsfaktor ($\beta = h_{21e}$), Δ … Änderung von …, ϑ_j Sperrschichttemperatur, ϑ_U Umgebungstemperatur.

Kennwerte und Grenzdaten des bipolaren Transistors BC107
Characteristic values and limits of the bipolar transistor BC107

Weitere Kennlinien

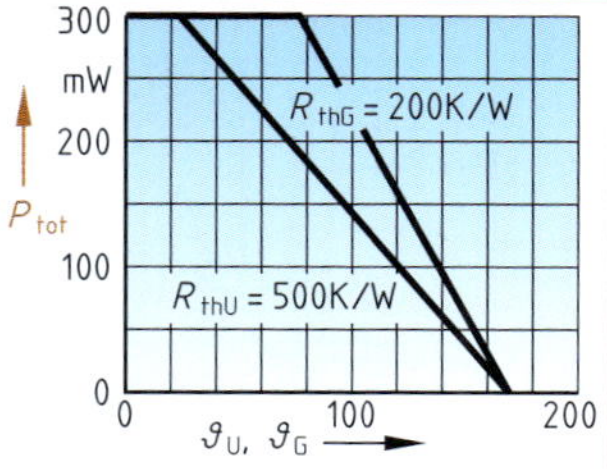

Zulässige Gesamtverlustleistung in Abhängigkeit von der Temperatur

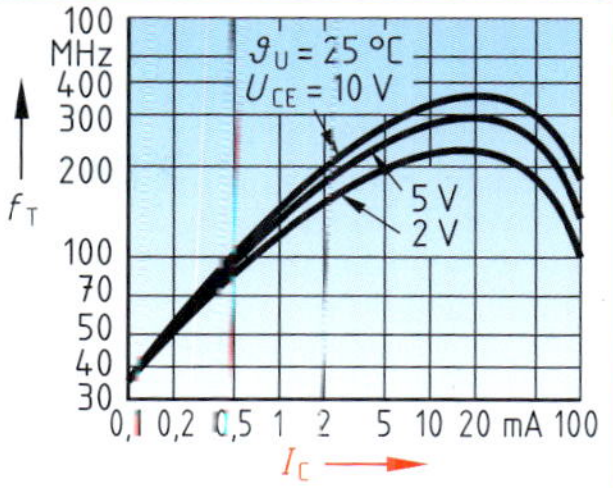

Transitfrequenz in Abhängigkeit vom Kollektorstrom

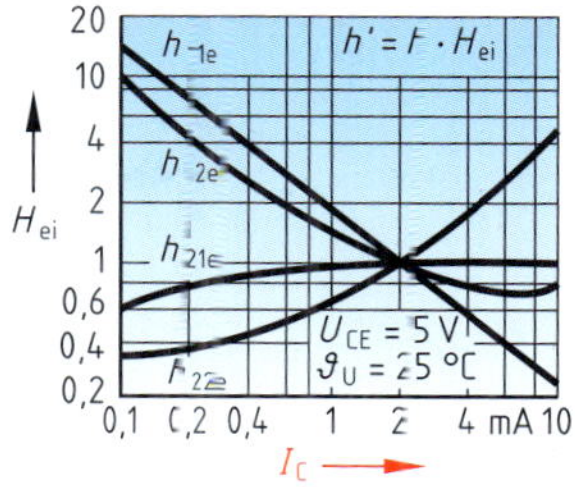

Korrekturfaktor H_{ei} in Abhängigkeit vom Kollektorstrom

Kennwerte für BC107 bei $\vartheta_U = 25\,°C$

Größe, Formelzeichen	Werte		Größe, Formelzeichen	Werte
h-Parameter	Stromverstärkungsgruppe A	 B	Kollektorreststrom I_{CEO} bei $U_{CE} = 50$ V bei $U_{CE} = 50$ V, $\vartheta_U = 125\,°C$	 0,2 (< 15) nA 0,2 (< 4) µA
Kurzschluss-Stromverstärkungsfaktor h_{21e}	220 125 bis 260	330 240 bis 500	Kollektor-Emitter-Durchbruch-Spannung $U_{(BR)CEO}$ bei $I_C = 2$ mA	> 45 V
Kurzschluss-Eingangswiderstand h_{11e}	2,7 kΩ 1,6 bis 4,5 kΩ	4,5 kΩ 3,2 bis 8,5 kΩ		
Leerlauf-Ausgangsleitwert h_{22e}	18 (< 30) µS	30 (< 60) µS	Emitter-Basis-Durchbruch-Spannung $U_{(BR)EBO}$ bei $I_E = 1$ µA	> 6 V
Leerlauf-Spannungsrückwirkung h_{12e}	$1{,}5 \cdot 10^{-4}$	$2 \cdot 10^{-4}$		
Gleichstromverhältnis B bei $U_{CE} = 5$ V, $I_C = 0{,}01$ mA bei $U_{CE} = 5$ V, $I_C = 2$ mA bei $U_{CE} = 5$ V, $I_C = 100$ mA	 90 170 120	 150 290 200	Transitfrequenz f_T bei $U_{CE} = 3$ V, $I_C = 0{,}5$ mA bei $U_{CE} = 5$ V, $I_C = 10$ mA	 85 MHz 250 (> 150) MHz
Kollektor-Emitter-Sättigungsspannung U_{CEsat} bei $I_C = 10$ mA, $I_B = 0{,}5$ mA bei $I_C = 100$ mA, $I_B = 5$ mA	 0,07 (< 0,2) V 0,2 (< 0,6) V		Kollektor-Basis-Kapazität C_{CBO} bei $U_{CB} = 10$ V, $f = 1$ MHz Emitter-Basis-Kapazität C_{EBO} bei $U_{EB} = 0{,}5$ V, $f = 1$ MHz	 3,5 (< 6) pF 8 pF
Basis-Emitter-Sättigungsspannung U_{BEsat} bei $I_C = 10$ mA, $I_B = 0{,}5$ mA bei $I_C = 100$ mA, $I_B = 5$ mA	 0,73 (< 0,83) V 0,87 (< 1,05) V		Rauschmaß a_r bei $U_{CE} = 5$ V, $I_C = 0{,}2$ mA, $R_G = 2$ kΩ, $f = 1$ kHz	2 (< 10) dB
Basis-Emitter-Spannung U_{BE} bei $U_{CE} = 5$ V, $I_C = 0{,}1$ mA bei $U_{CE} = 5$ V, $I_C = 2$ mA bei $U_{CE} = 5$ V, $I_C = 100$ mA	 0,55 V 0,62 V 0,83 V		Gehäuse Wärmewiderstand Sperrschicht-Gehäuse R_{thG} Sperrschicht-umgebende Luft R_{thU}	TO 18 < 200 K/W < 500 K/W

Grenzdaten

Größe, Formelzeichen	Werte	Größe, Formelzeichen	Werte
Kollektor-Emitter-Spannung bei kurzgeschlossener Emitterdiode U_{CES}	50 V	Kollektor-Spitzenstrom I_{CM} Basistrom I_B	200 mA 50 mA
Kollektor-Emitter-Sperrspannung bei $I_B = 0$ U_{CEO}	45 V	Gehäuse	TO 18
Emitter-Basis-Sperrspannung bei $I_C = 0$ U_{EBO}	6 V	Verlustleistung bei $\vartheta_U = 25\,°C$ P_{tot} Sperrschichttemperatur ϑ_j	300 mW 175 °C
Kollektorstrom I_C	100 mA	Lagerungstemperaturbereich ϑ_S	−55 °C bis 175 °C

f Frequenz, *h* Parameter für den gegebenen Arbeitspunkt, *h'* Parameter für den gewählten Arbeitspunkt, I_B Basisstrom, I_C Kollektorstrom, P_{tot} Gesamtverlustleistung, R_G Generator-Innenwiderstand, U_{CE} Kollektor-Emitter-Spannung, ϑ_G Gehäusetemperatur, ϑ_U Umgebungstemperatur.

Thyristor Thyristor

Begriffe und Kennlinien

Begriff	Erklärung
Blockierbereich	Bereich der Vorwärtsrichtung, in dem der Thyristor nicht leitet, weil der Steuerstrom fehlt.
Freiwerdezeit	Zeitdauer, nach der die Sperrschicht frei von Ladungsträgern ist, wenn ohne Zündstrom der Haltestrom unterschritten wird.
Gate (Tor)	Anschluss an einer Halbleiterschicht für die Steuerung.
Haltestrom I_H	Kleinster Vorwärtsstrom, bei dem der Thyristor noch leitet.
Kippspannung U_k	Vorwärtsspannung, bei welcher der blockierende (sperrende) Thyristor bei gleich bleibendem Gatestrom leitend wird.
Nullkippspannung U_{k0}	Kippspannung ohne Gatestrom.
Rückwärtsrichtung	Die der Schaltrichtung entgegengesetzte Richtung vom Strom und Spannung.
Schneller Thyristor	Thyristor mit kleiner Freiwerdezeit.
Vorwärtsrichtung, Schaltrichtung	Die Richtung der Spannung von Anode zu Katode, bei welcher der Thyristor schaltbar ist.
Vorwärtsspannung U_F	In Vorwärtsrichtung anliegende Spannung.
Vorwärtsstrom I_F	In Vorwärtsrichtung fließender Strom.
Zündpulsdauer t_{GP}	Mindestdauer eines Zündimpulses.
Zündstrom I_G	Der Gatestrom, der das Umschalten vom sperrenden in den leitenden Zustand bewirkt.
Zündzeit t_G	Zeitdauer, nach welcher der Zündstrom den Thyristor leitend gemacht hat.

Kennlinien

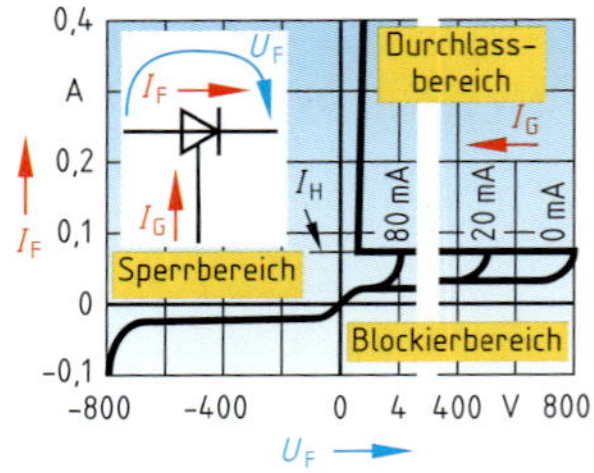

Kennlinie eines Thyristors

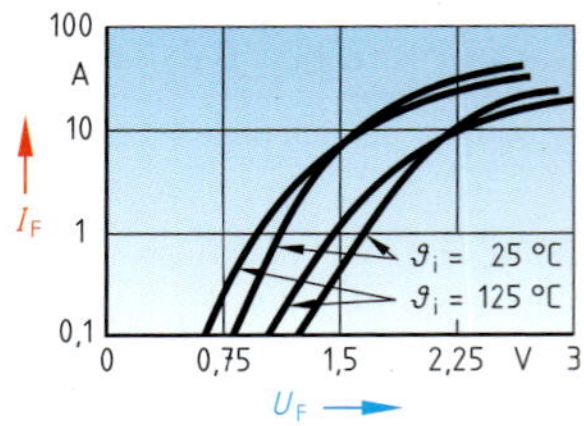

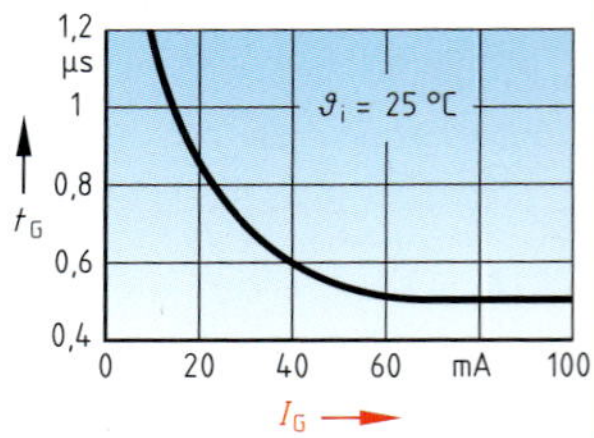

Kennlinien eines Thyristors für $I_{Fmax} = 22$ A

Wirkungsweise

Aufbau

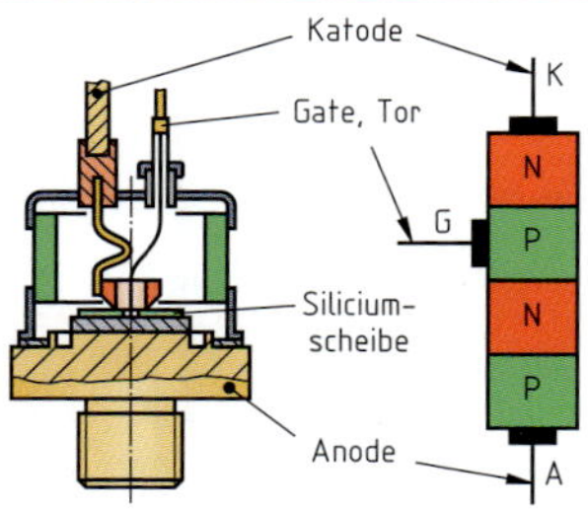

Rückwärts sperrende Thyristortriode

Erklärung

Der Thyristor (Kunstwort aus Thyratron = schaltbare Röhre und Resistor = Widerstand) ist ein Halbleiterbauelement mit wenigstens vier aufeinander folgenden Halbleiterzonen wechselnden Leitfähigkeitstyps, z. B. PNPN. Das Einschalten kann z. B. durch einen Steuerstrom erfolgen, das Abschalten erfolgt beim Unterschreiten des Haltestroms I_H. Beim *Abschaltthyristor* (GTO-Thyristor, GTO von gate turn off = Torabschaltung) wird der Thyristor über einen Gatesteuerstrom gesperrt. Die Abschaltleistung beträgt etwa 20% der abzuschaltenden Leistung.

Daten (Beispiele)

Rückwärts sperrende Thyristortriode:

I_{Fmax} 0,4 A bis 4,5 kA
U_{Rmax} 50 V bis 8 kV
$U_F \approx 2$ V bis 3 V
$f_S \leq 100$ kHz

GTO-Thyristor:

I_{Fmax} = 0,4 A bis 3 kA
U_{Rmax} = 50 V bis 5 kV
U_F ≈ 2 V bis 3 V
f_S ≤ 10 kHz

f_S Schaltfrequenz
I_G Gatestrom (Steuerstrom)
I_{Fmax} maximal zulässiger Vorwärtsstrom
I_F Vorwärtsstrom
I_H Haltestrom
t_G Zündzeit
t_{GD} Mindestdauer für Zündimpuls
U_F Vorwärtsspannung
U_R Rückwärtsspannung
U_{Rmax} maximal zulässige Rückwärtsspannung
ϑ_j Sperrschichttemperatur

Thyristorarten Types of thyristors

Aufbau Bezeichnung	Gehäuse (Beispiele)	Schaltzeichen, Bezugspfeile	Typische Kennlinie	Anwendungen, Spezialformen
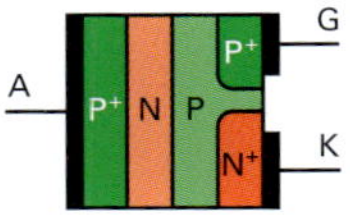 P-Gate-Thyristor	z. B. TO 48 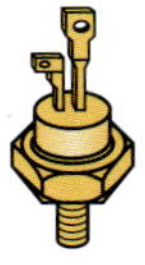 etwa M 1:5	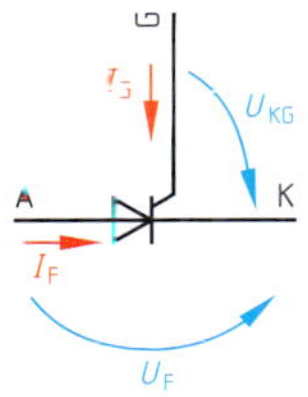	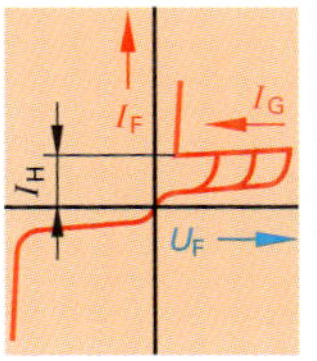	Steuerbare Gleichrichter, kontaktloser Wechselstromsteller. 100 V bis 4500 V, 0,4 A bis 1000 A. Für höchste Leistungen Scheibenthyristor mit Wasserkühlung.
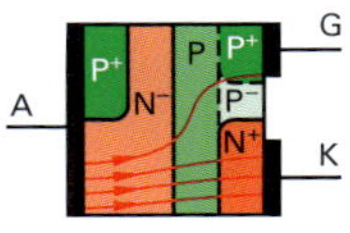 GTO-Thyristor	z. B. TO 66  etwa M 1:2	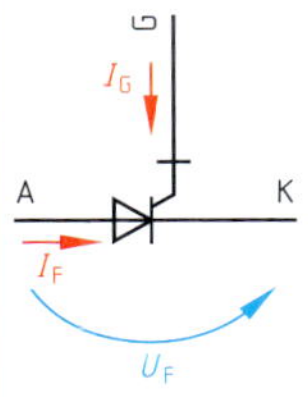	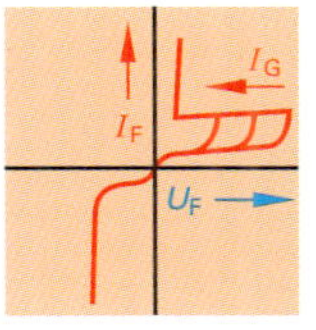	Auch an Gleichspannung durch Spannungsimpuls am Gate abschaltbar. Als Gleichstromschalter, z. B. in Gleichstromstellern. 100 V bis 2500 V, 0,4 A bis 1000 A.
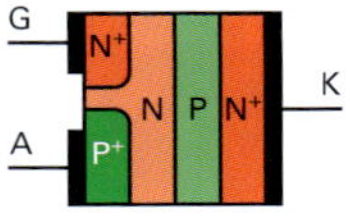 N-Gate-Thyristor	z. B. TO 39  etwa M 1:1	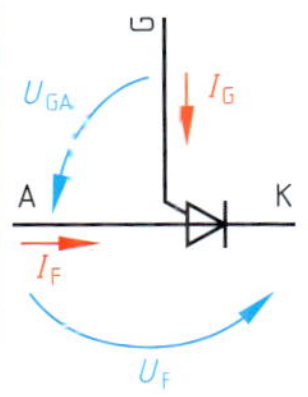	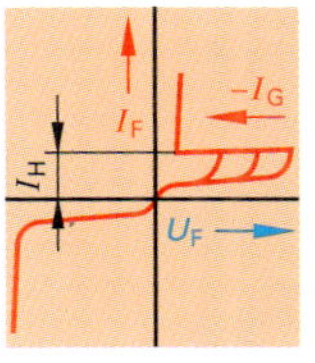	Wie P-Gate-Thyristor, jedoch nur für kleinere Leistungen. Beschaltet mit einem Spannungsteiler wird der N-Gate-Thyristor als PUT (Programmierbarer Unijunction-Transistor) bezeichnet.
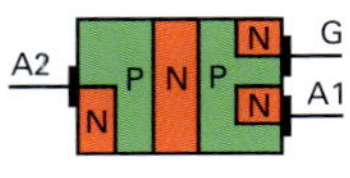 Triac	z. B. TO 220 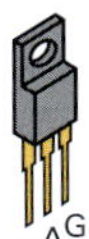 etwa M 1:2	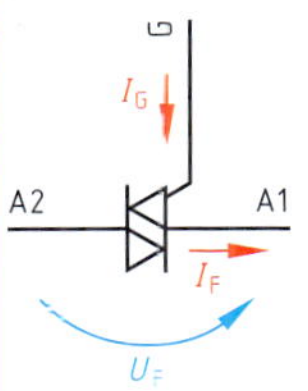	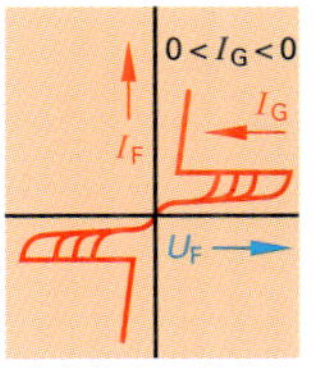	Wechselstromsteller, z. B. für Dimmer oder Elektrowerkzeuge. 100 V bis 600 V, 0,4 A bis 120 A. Ausführung als Foto-Triac möglich.
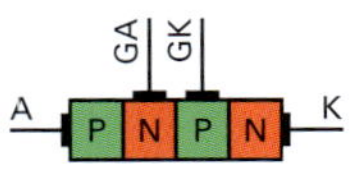 Thyristortetrode		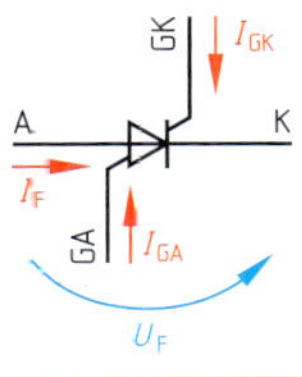	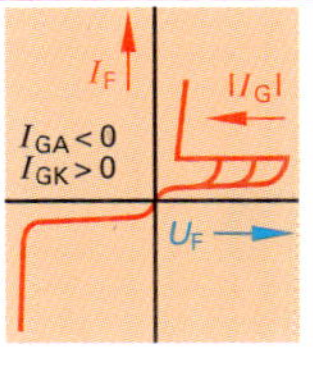	Universell anwendbarer Thyristor, jedoch nur für kleine Leistung. Ausführung als Fotothyristor möglich.
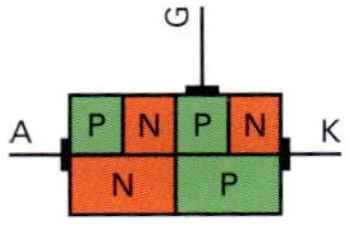 Rückwärts leitender Thyristor	z. B. TO 126 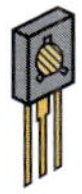 etwa M 1:2	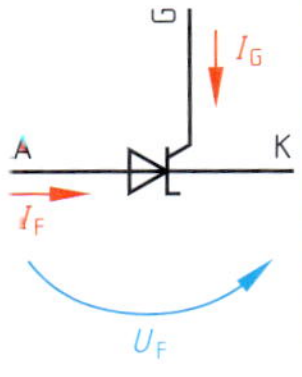	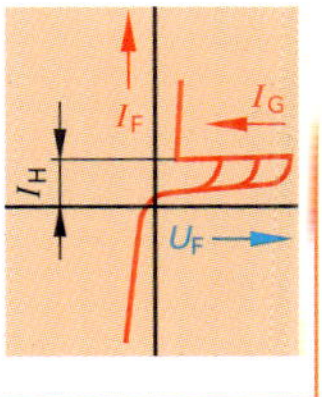	Für Wechselrichterschaltungen an Stelle von P-Gate-Thyristor mit gegenparalleler Diode. 100 mV bis 4500 V, 0,4 A bis 1000 A. Mit größerer Rückwärtsspannung asymmetrisch sperrender Thyristor (ASCR).

A Anode, G Gate, K Katode, A1 Hauptanschluss 1, A2 Hauptanschluss 2, GA anodenseitiges Gate, GK katodenseitiges Gate, I_F Vorwärtsstrom, I_G Gatestrom, I_{GA} Strom des anodenseitigen Gates, I_{GK} Strom des katodenseitigen Gate, I_H Haltestrom, U_F Vorwärtsspannung, U_{GA} Gate-Anoden-Spannung, U_{GK} Gate-Katoden-Spannung.

S

Triggerdioden, Sonderthyristoren, IGBT — Trigger diodes, special thyristors, IGBT

S

Aufbau Bezeichnung	Gehäuse (Beispiele)	Schaltzeichen, Bezugspfeile	Typische Kennlinie	Anwendungen, Spezialformen
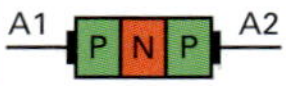 Diac	 etwa M 1 : 1	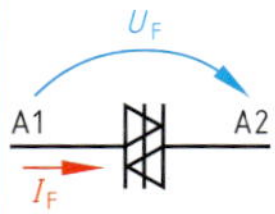	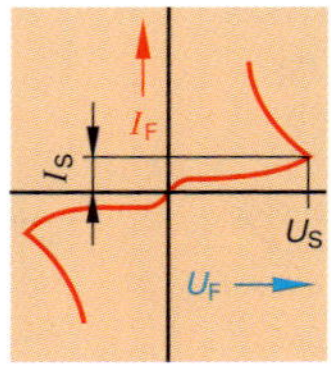	Triggerdiode für Triacs. Schaltspannung 35 V, 1 mA bis 10 mA.
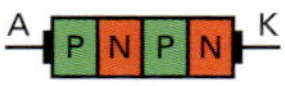 Vierschichtdiode	 etwa M 1 : 1	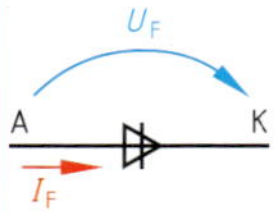	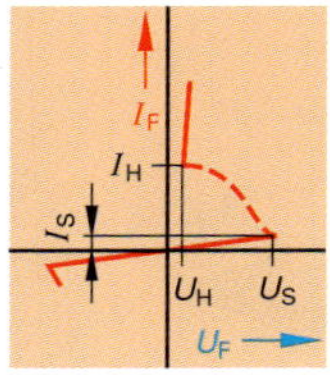	Triggerdiode für P-Gate-Thyristoren und Triacs. Schaltspannung von 20 V bis 200 V, 1 mA bis 45 mA.
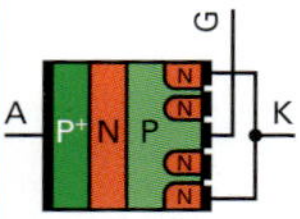 Thyristor mit Zündthyristor	z. B. TO 48 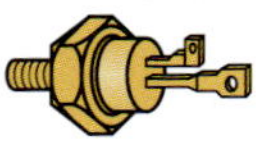 etwa M 1:5 z. B. TO 66  etwa M 1:2	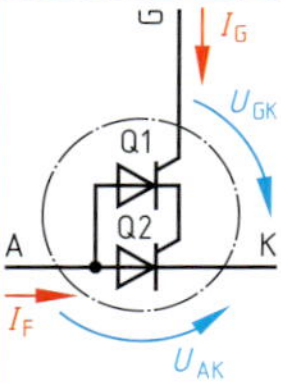	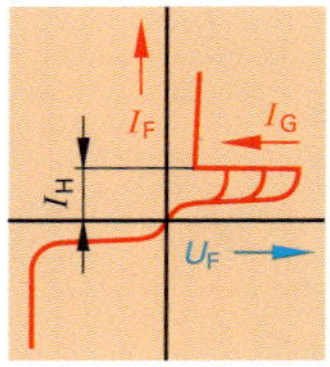	Bei Thyristoren großer Leistung, damit der Zündvorgang schnell und mit wenig Verlustwärme erfolgt. 100 V bis 4500 V, 50 A bis 1000 A.
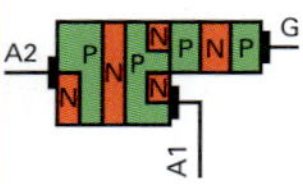 Ditriac	z. B. TO 126 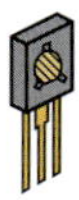 etwa M 1:2	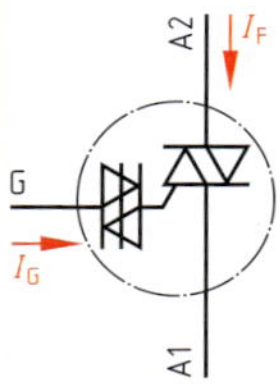	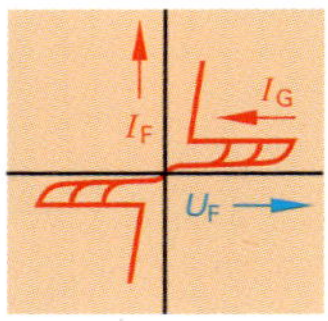	Als Stellglied für Wechselstrom, z. B. in Elektrowerkzeugen.
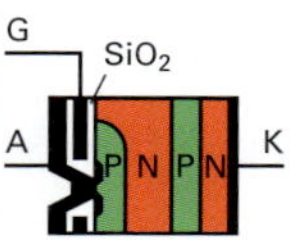 MCT, Spannungsgesteuerter Thyristor	z. B. TO 48 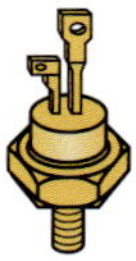 etwa M 1:5	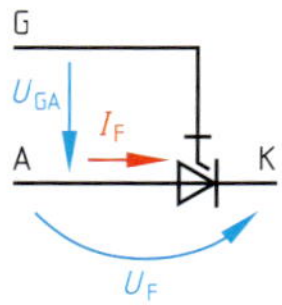	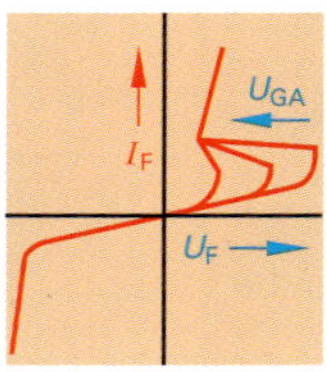	MCT von MOS-Controlled-Thyristor = MOSFET-gesteuerter Thyristor. Enthält einen FET zum Einschalten ($U_{GA} < 0$) und einen FET zum Ausschalten ($U_{GA} > 0$). U_{GA} muss dauernd anstehen. $U_F \leq 1{,}5$ V, $U_R \leq 1{,}6$ kV, $I_F \leq 800$ A.
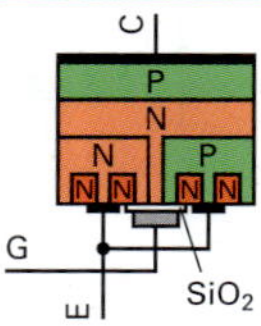 IGBT	z. B. TO 220  etwa M 1:2	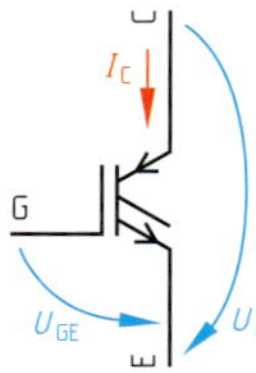	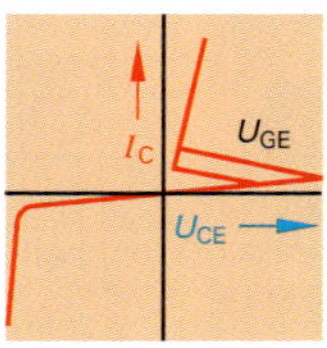	IGBT von Insulated Gate Bipolar Transistor = Bipolarer Transistor mit isoliertem Gate. U_F von 2 V bis 5 V, $U_R \leq 1600$ V, $I_F \leq 1$ kA, Frequenzen bis 20 kHz. In IGBT-Modulen sind oft Freilaufdioden oder Rückstromdioden enthalten.

A Anode, G Gate, K Katode, A1 Hauptanschluss 1, A2 Hauptanschluss 2, I_F Vorwärtsstrom, I_G Gatestrom, I_H Haltestrom, I_S Schaltstrom, U_F Vorwärtsspannung, U_H Haltespannung, U_S Schaltspannung, U_{AK} Spannung zwischen Anode und Katode, U_{GK} Spannung zwischen Gate und Katode.

Bauelemente zur Potenzialtrennung Components of buffer isolation

Arten

Prinzipschaltungen, Benennungen | **Erklärungen, Anwendungen**

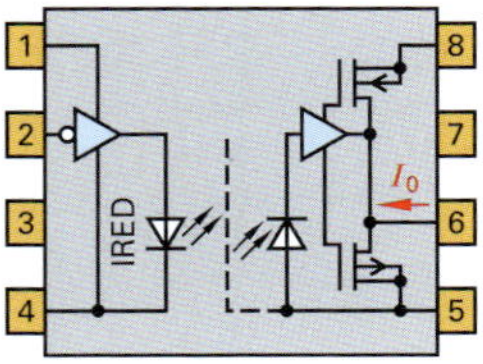

Optokoppler

Als Sender werden bei Optokopplern meist infrarot strahlende Galliumarsenid-Lumineszenzdioden (IRED) verwendet. Die Infrarotstrahlung gelangt über einen transparenten Isolator zum Empfängerbauelement. Der Empfänger wandelt das optische Signal in einen Strom um, dessen Größe von der Strahlungsleistung abhängt. Als Strahlungsempfänger werden Fotodioden, Fototransistoren oder Fotothyristoren verwendet.
Galvanische Trennung bis 6 kV.
www.avagotech.com

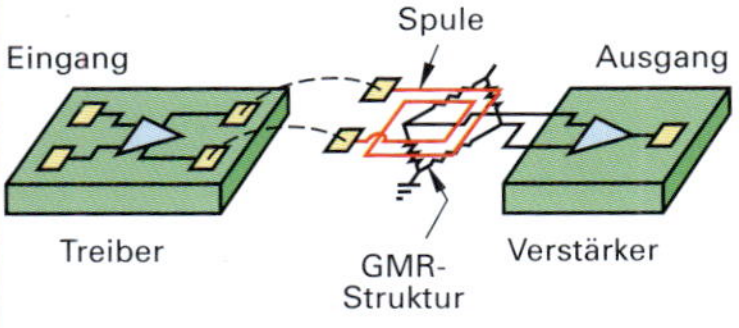

GMR-Koppler

GMR von Giant magnetic resistivity = riesiger magnetischer spezifischer Widerstand. In einem Multilayer mit ferromagnetischen (NiFe) Schichten und paramagnetischen (Cu) Schichten führt das Anlegen eines Magnetfeldes zu einem geringeren elektrischen Widerstand, das Entfernen des Magnetfeldes zu einem erhöhten Widerstand. Beim GMR-Koppler gelangt das Eingangssignal auf eine in Planartechnik hergestellte Eingangswicklung eines Transformators. Die Ausgangswicklung besteht aus einer GMR-Struktur in Brückenschaltung.
Datenkoppler bei Mehrfach-AD-Umsetzern.
www.nve.com

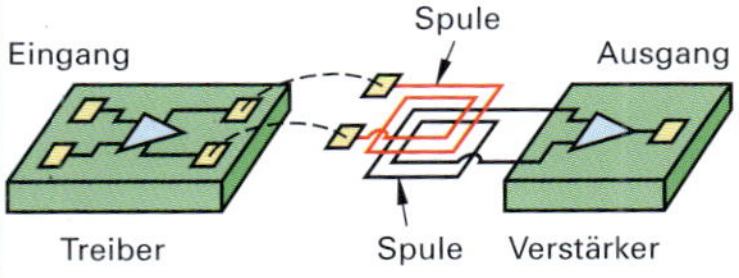

iCoupler

iCoupler = Isolations-Koppelglied.

Der iCoupler besteht aus einem als Chip gefertigten Mikrotransformator. Eingangswicklung und Ausgangswicklung liegen übereinander und werden durch eine Si-Schicht getrennt. Ein iCoupler Kanal besteht aus einem Treiber für die Eingangswicklung und einem Verstärker für die Ausgangswicklung.
Datenkoppler für RS-485- und RS-232-Schnittstellen, CAN-Bus.
www.analog.com

Kenngrößenvergleich

Kenngröße	Optokoppler	GMR-Koppler	iCoupler
Datenübertragungsrate in Mbit/s	12,5 bis 50	100	100
Versorgungsstrom am Eingang I_e in mA	6	0 bis 10	0 bis 10
Versorgungstrom am Ausgang I_e in mA	4	2 bis 6	2 bis 30
Übertragungsverhältnis CTR $= I_a/I_e$ (von Current Transfer Ratio)	<1	<1	>1
Laufzeitverzögerung t in ns	<40	<15	<16
Verzögerungs-Skew t in ns	<10	<6	<16
Impulsverbreitenverzerrung t in ns	<2 bis 8	<3	<2
Empfindlichkeit gegen Magnetfelder	keine	gering	mittel

Anwendungen

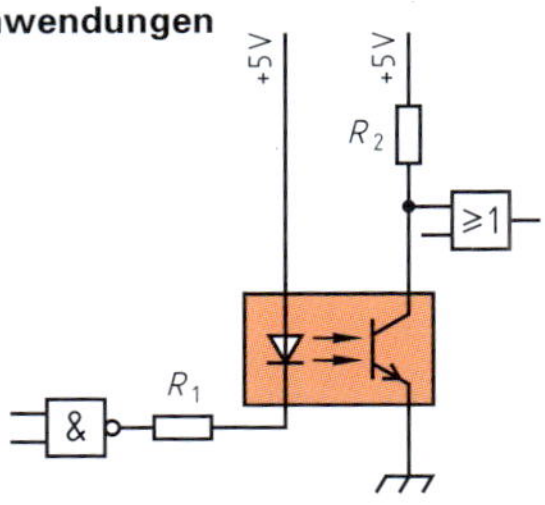

TTL-Ansteuerung, nicht invertierend

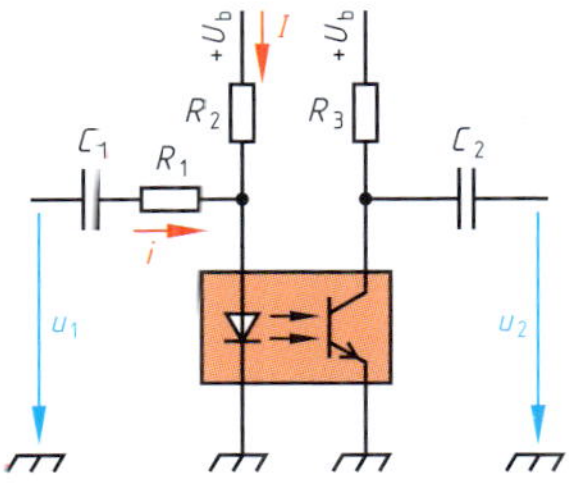

NF-Übertragung

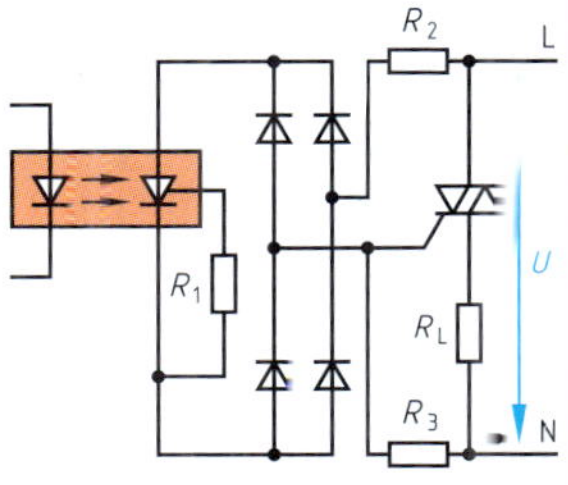

Zündstufe für einen Triac

Fotoelektronische Bauelemente Opto-electronic components

S

Strukturen, Bezeichnungen	Schaltzeichen, Bezugspfeile	Typische Kennlinien	Eigenschaften, Anwendungen
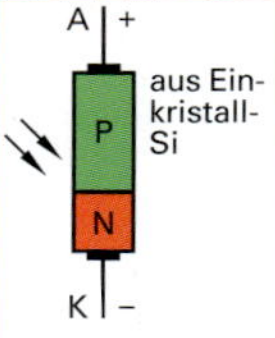 Fotoelement	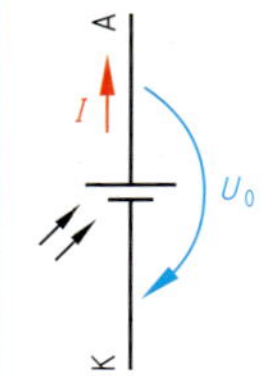	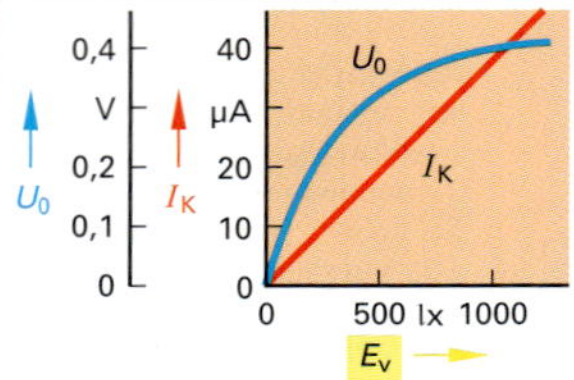	Einkristallines-Si: $\eta \approx 15\%$ $U_0 \approx 0{,}4$ V bei 1 klx Polykristallines Si: $\eta \approx 10\%$ GaAs: $\eta \approx 26\%$; $U_0 \approx 0{,}9$ V bei 1 klx Selen: $U_0 \approx 0{,}3$ V bei 1 klx Solarzellen meist aus polykristallinem Si ($U_0 \approx 560$ mV bei 1 klx; $P \approx 10$ mW/cm^2; $\eta \approx 10\%$)
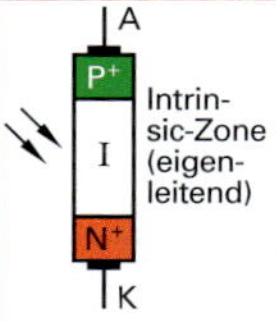 Foto-PIN-Diode	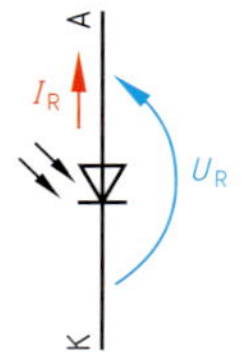	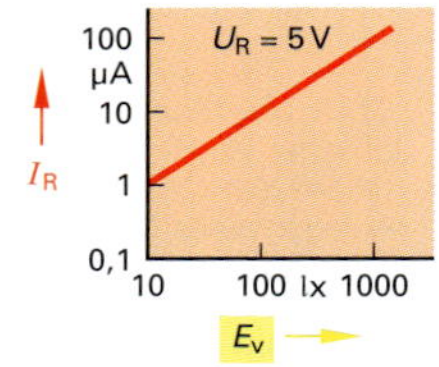	Hohe Fotoempfindlichkeit, kurze Ansprechzeit, kleine Sperrschichtkapazität, dadurch hohe mögliche Schaltfrequenz bis 500 MHz. Anwendung als schneller Foto-Detektor in der Lichtleitertechnik, bei Infrarot-Tonübertragung und Infrarot-Fernsteuerung.
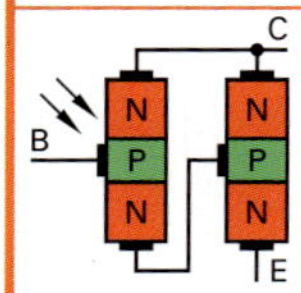 Foto-Darlington-transistor	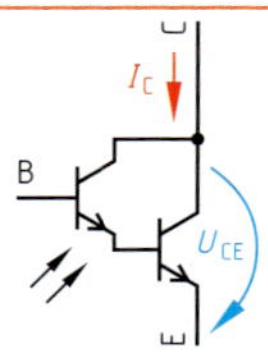	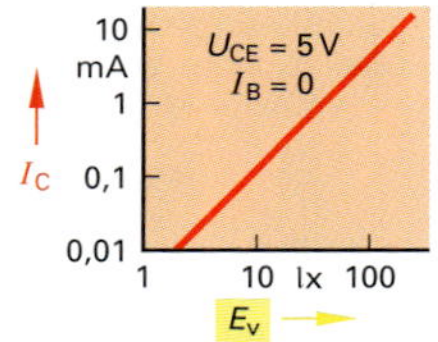	Fototransistor, dem ein weiterer Transistor in Darlingtonschaltung nachgeschaltet ist. Dadurch steigt die Stromverstärkung, die obere Grenzfrequenz hingegen sinkt. Für direkte Ansteuerungen von Relais, Magnetventilen und Kleinmotoren.
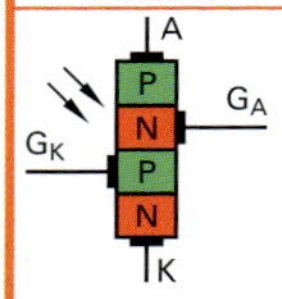 Foto-Thyristor-tetrode	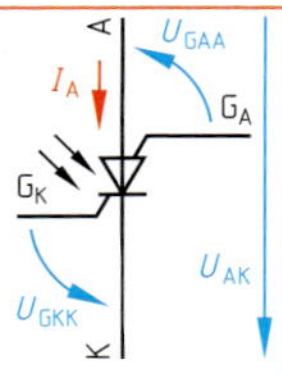	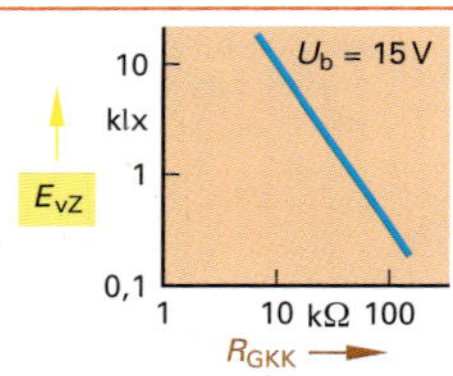	Zündung über Lichtimpuls von etwa 20 µs Dauer sowie durch Zündstrom über P-Gate G_K oder N-Gate G_A. $E_{vZ} = 1$ klx bei $U_b = 15$ V, $R_L = 1$ kΩ und $R_{GKK} = 27$ kΩ Anwendung als lichtgesteuerter elektronischer Schalter zum direkten Schalten größerer Ströme.
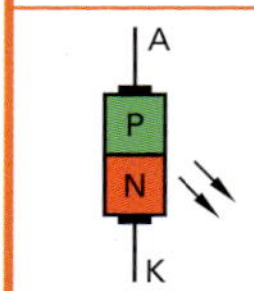 IRED (infrarot-strahlende LED)	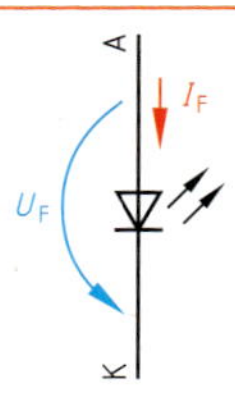	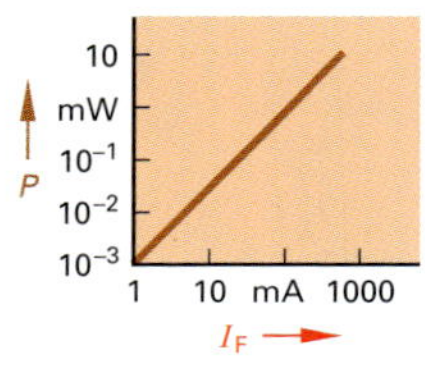	GaAs für λ von 800 nm bis 950 nm; InGaAsP oder InP für λ um 1300 nm. Erreichbare Werte: 3 mW Strahlungsleistung bei 100 mA Vorwärtsstrom. Für Signalübertragungen bis 5 Mbit/s geeignet. Mit $\lambda > 900$ nm zur unsichtbaren Beleuchtung für Video-Überwachungssysteme und Kameras an Türsprechanlagen bei Dunkelheit.
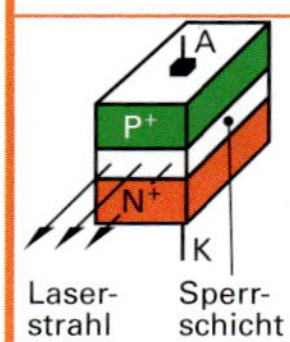 Laserdiode	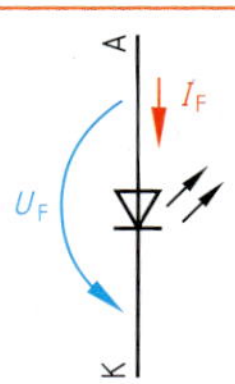	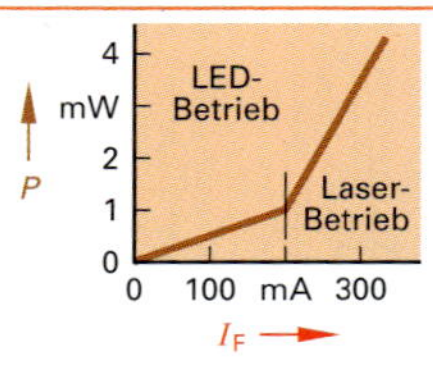	Zum Beispiel aus GaAs oder GaAlAs. Beim Laser benötigt man einen Resonator, um eine positive Rückkopplung zu erreichen. Unterschiede zur LED bzw. IRED: gerichtete Abstrahlung, hohe Leuchtdichte, kohärente Strahlung. Strahldichte bis zu 200 kW/(sr · cm^2) möglich.

A Anode, B Basis, C Kollektor, E Emitter, E_e Bestrahlungsstärke, E_v Beleuchtungsstärke, E_{vZ} Zündbeleuchtungsstärke, G_A N-Gate, G_K P-Gate, I_A Anodenstrom, I_C Kollektorstrom, I_F Vorwärtsstrom, I_K Kurzschlussstrom, I_R Rückwärtsstrom, K Katode, klx Kilolux Einheit für Beleuchtungsstärke, N$^+$ starke N-Dotierung, P Strahlungsleistung, P$^+$ starke P-Dotierung, R_{GKK} Widerstand zwischen P-Gate und Katode, R_L Lastwiderstand, U_0 Leerlaufspannung, U_{AK} Anoden-Katoden-Spannung, U_b Betriebsspannung, U_{CE} Kollektor-Emitter-Spannung, U_F Vorwärtsspannung, U_{GAA} Gate-Anodenspannung, U_{GKK} Gate-Katendspannung, U_R Rückwärtsspannung, η Wirkungsgrad, λ Wellenlänge.

Halbleiterwerkstoffe Semiconductor materials

Werkstoffnamen	Chemische Formeln	Bemerkungen, Daten	Anwendungen
Bariumtitanat	$BaTiO_3$	Kaltleiter oder PTC-Widerstand $R_0 = 0{,}6\ \Omega$ bis $6\ k\Omega$, $\Delta R/R_0$ bis 10^4	Temperaturfühler, Überstrombegrenzung, Füllstandsfühler.
Cadmiumsulfid Cadmiumsulfidselenid Cadmiumselenid	CdS CdSSe CdSe	Fotowiderstände $\lambda = 450$ nm bis 750 nm	Für Beleuchtungsstärkemessung, lichtabhängige Sensoren.
Gallium-Aluminiumarsenid	GaAlAs	Halbleiterlaser, $\lambda = 800$ nm bis 900 nm, LD, $\lambda = 805$ nm, $P_s = 1$ mW bis 15 mW, $\eta \leq 0{,}35\,\%$	Laserdrucker, optische Abtastung von CD, optische Nachrichtenübertragung im freien Raum, LWL-Sender.
Galliumarsenid	GaAs	FET bis $f_c \leq 25$ GHz, IC bis $f_c \leq 8$ GHz	Verstärker für Satellitenempfänger, Operationverstärker und digitale Schaltkreise.
Galliumarsenid, mit Zink dotiert	GaAs : Zn	Leuchtdioden (LED) $\lambda = 640$ nm, $U_F = 1{,}6$ V bei $I_F = 20$ mA	Signalanzeigen in versch. Farben Rote LED (Normalrot)
Galliumarsenidphosphid	GaAsP	$\lambda = 585$ nm, $U_F = 2{,}2$ V bei $I_F = 10$ mA	Gelbe LED
Galliumphosphid, mit Zinkoxid bzw. Stickstoff dotiert	GaP : ZnO GaP : N	$\lambda = 640$ nm, $U_F = 1{,}6$ V bei $I_F = 10$ mA $\lambda = 565$ nm, $U_F = 2{,}3$ V bei $I_F = 10$ mA	Rote LED (Dunkelrot) Grüne LED
Galliumindiumarsenid	GaInAs	$d = 50$ µm bis 300 µm, $U_R = 5$ V, $f_c = 1{,}5$ GHz, $\lambda = 900$ nm bis 1700 nm,	Fotodioden
Gallium-Aluminiumarsenid Galliumarsenid	GaAlAs u. GaAs	IRED, $P_s = 1$ mW bis 5 mW, $I_F = 100$ mA, $f_c \leq 150$ MHz, $\lambda = 850$ nm bis 880 nm	Für LWL-Sender, Sender für Optokoppler.
Galliumantimonid	GaSb	Tunneldioden, $U_F = 1{,}4$ V	Oszillatoren im GHz-Bereich.
Germanium	Ge	Dioden, Transistoren $\vartheta_j < 85\,°C$, $\lambda = 900$ nm bis 1700 nm	Gleichrichter, Verstärker, Fotodioden, Sensoren für γ-Strahlung.
Indiumarsenid Indium-Arsenidphosphid	InAs InAsP	Hallgeneratoren	Für Magnetfeldmessungen
Indium-Galliumarsenid-phosphid und Indiumphosphid	InGaAsP und InP	IRED $P_s = 0{,}2$ mW bis 0,6 mW, $I_F \leq 100$ mA, $f_c \leq 350$ MHz, $\lambda = 1350$ nm und 1550 nm	Für LWL-Sender
Indiumantimonid	InSb	$\lambda = 6000$ nm (Infrarot)	Infrarotempfänger für Bewegungsmelder.
Indiumantimonid und Nickelantimonid	InSb und NiSb	Magnetfeldabhängige Widerstände $R_0 = 60\ \Omega$ bis $1\ k\Omega$ für $B = 0$ T $\Delta R/R_0 = 1{,}6$ bis 3 bei $B = 0{,}3$ T	Feldplatten oder magnetisch steuerbare Widerstände.
Nickeloxid und Titandioxid, Eisen(III)-oxid und Titandioxid	NiO und TiO_2, Fe_2O_3 und TiO_2	Heißleiter, auch Thermistor (von Thermal Resistor) oder NTC-Widerstand (NTC von Negative Temperature Coefficient).	Temperatursensoren, z. B. Wicklungsschutz, Temperaturkompensation, Spannungsstabilisierung, Relaisanzugsverzögerung.
Bleisulfid Bleiselenid	PbS PbSe	Lichtabhängige Sensoren $\lambda = 2500$ nm bis 3500 nm	Fotowiderstände für Infrarotstrahlung.
Silicium	Si	$\vartheta_j < 185\,°C$, $U_F = 0{,}7$ V, $f_c \leq 4$ GHz PIN-Fotodioden $\lambda = 600$ nm bis 1000 nm, $U_F = 10$ V für $\lambda = 900$ nm, $f_c = 50$ MHz	Dioden, Transistoren, IC LWL-Empfänger, Empfänger in Optokopplern.
Siliciumcarbid	SiC	Spannungsabhängige Widerstände (Varistoren) $\lambda = 480$ nm	Überspannungsschutz, Spannungsbegrenzung, Spannungsstabilisierung. Blaue LED
Zinkoxid, Zinkoxid mit Wismutoxid dotiert	ZnO, ZnO : BiO_2	Spannungsabhängige Widerstände, $U_b = 4$ V bis 1100 V, W_{max} bis 15000 J in z. B. 2 s	Überspannungsschutz, Spannungsbegrenzung, Spannungsstabilisierung.
Zinksulfid	ZnS	Sensoren	Fotowiderstände für Licht und Infrarotstrahlung.

B magnetische Flussdichte, d Durchmesser, f Frequenz, f_c Grenzfrequenz, I_F Durchlassstrom, IRED Infrarote Strahlung sendende Diode, LD Laserdiode, LED Licht sendende Diode, LWL Lichtwellenleiter, P_s Strahlungsleistung, U_b Betriebsspannung, U_F Vorwärtsspannung, U_R Rückwärtsspannung, R_0 Leerlaufwiderstand, ΔR Widerstandsänderung, W_{max} max. Energieaufnahme, ϑ Temperatur, ϑ_j Sperrschichttemperatur, λ Wellenlänge, η Wirkungsgrad. Nach dem Doppelpunkt stehen in den oben stehenden chemischen Formeln die Dotierungswerkstoffe.

Batterien Batteries

Bauformen

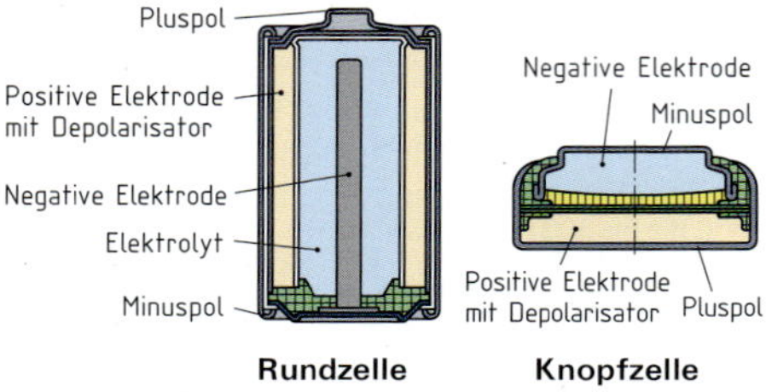

Batterien werden auch als Primärelemente bezeichnet. Sie bestehen aus zwei verschiedenen Elektroden und einem Elektrolyten. Außerdem enthalten sie einen Depolarisator, der den entstehenden Wasserstoff zu Wasser oxidiert. Bei allen Bauformen und elektrochemischen Systemen bilden der Depolarisator und die positive Elektrode eine Einheit. Der Elektrolyt ist entweder eingedickt oder von einer Papierlage oder einem Vlies aufgesaugt. Während des Gebrauchs wird der Elektrolyt durch die Wasserbildung am Depolarisator dünnflüssiger. Deshalb werden auslaufsichere Zellen mit einem isolierten Stahlblech-Mantel umgeben.

Systeme

Benennungen	Alkalische Braunsteinzellen	Zink-Luft-sauerstoffzellen	Silberoxid-zellen	Lithiumzellen (verschiedene Systeme)
Positive Elektrode mit Depolarisator	Mangandioxid MnO_2	Aktivkohle mit Bindemittel	Silberoxid Ag_2O	Thionylchlorid $SOCl_2$, Mangandioxid MnO_2 Carbonfluorid $(CF)_n$ Chromoxid CrO_x
Negative Elektrode	Zink (Pulver) Zn	Zink Zn	Zink (Pulver) Zn	Lithium Li
Elektrolyt	alkalisch (Kalilauge)	leicht sauer (Manganchlorid)	alkalisch (Kalilauge)	anorganisch oder organisch, flüssig oder fest
Spannung je Zelle	1,5 V	1,45 V	1,55 V	3,0 V (unbelastet 3,3 ... 3,8 V)
Energiedichte	0,3 Wh/cm³	0,8 Wh/cm³	0,4 Wh/cm³	bis 1 Wh/cm³
Bezeichnung	siehe unten	AS 4, AR 40	SR 48 SR 07	alle Bauformen (siehe unten)
Selbstentladung	~ 3%/Jahr	~ 3%/Jahr	~ 3%/Jahr	~ 1%/Jahr
Anwendungen Eigenschaften	Geräte der Unterhaltungs-elektronik, Filmkameras	Signalanlagen, Weidezaungeräte, Hörgeräte. Umweltfreundlich!	Uhren, Taschenrechner, Hörgeräte, Fotogeräte	Fotogeräte, Taschenrechner, Uhren, Medizinelektronik. Lange lagerfähig (bis 10 Jahre) konstante Spannung, große Energiedichte

Bezeichnungen und Kennwerte

Handelsnamen	Kurzbezeichnungen			Werte von Alkalizellen				
	Europa	USA	Japan	Maße in mm	Höhe in mm	Bemes-sungs-spannung in V	Bemes-sungs-strom in mA	Nutzungs-dauer bei I_N
Rundzellen:								in h
Microzelle	R 03	AAA	UM 4	∅10,5	44	1,5	4	≈ 180
Ladyzelle	R 1	N	UM 5	∅12	30	1,5	4	≈ 145
Mignonzelle	R 6	AA	UM 3	∅14,5	50	1,5	30	≈ 50
Halb-Mignonzelle	R 3	½ AA		∅14,5	25	1,5	15	≈ 50
Babyzelle	R 14	C	UM 2	∅26	50	1,5	30	≈ 150
Monozelle	R 20	D	UM 1	∅34	61	1,5	60	≈ 150
Flachzellen:								
Normalbatterie	3 R 12	–	–	62 × 22	67	4,5	50	≈ 60
Energieblock	6 F 22	–	–	26,5 × 17,5	48	9	9	≈ 60
Kompaktbatterie	6 F 100	–	–	66 × 52	81	9	50	≈ 150
Knopfzellen:	Bezeichnung nicht einheitlich			∅10 bis 30	1,2 bis 7,7	1,45 V bis 3 V je nach System		

I_N Bemessungsstrom

Bezeichnungsschlüssel (gemäß IEC)

1. Buchstabe (Funktionskomponenten):

ohne Zink-Braunstein
L Zink-Alkali/Mangan
M Zink-Quecksilberoxid
N Zink-Braunstein-Quecksilberoxid
P Zink-Luft
S Zink-Silberoxid

2. Buchstabe (Bauform):

R Rundzelle, Knopfzelle
F Flachzelle
S Quadratische Zelle

Akkumulatoren Accumulators

Systeme

Benennungen	Blei-Akkumulator (Pb)	Nickel-Cadmium-Akkumulator (NiCd)	Nickel-Metall-Hydrid-Akkumulator (NiMH)	Lithium-Ionen-Akkumulator (Li-Ion)	Polymer-Akkumulator (Pm)
Bemessungsspannung je Zelle in V	2,0	1,2	1,2	3,4 bis 3,7 (je nach System)	2,0 bis 4,0 (je nach System)
Negative Elektrode	Pb (geladen)	Cd (geladen)	MH (Metallhydrid) (geladen)	Lithiumverbindungen	Kohlenstoff
Positive Elektrode	PbO_2 (geladen)	Nickelhydroxid NiO(OH) (geladen)	Nickelhydroxid NiO(OH) (geladen)	Mangandioxid oder Vanadiumpentoxid	organisch, (z. B. Polyanilin)
Elektrolyt	Schwefelsäure H_2SO_4	Kalilauge KOH	Kalilauge KOH	organisch mit Lithiumsalzen	leitfähiges Polymer mit Lithium
Energiedichte	0,5 · NiMH	0,7 · NiMH	1,0 · NiMH	1,7 · NiMH	1,7 · NiMH
Ladezyklen	bis 500	bis 1.000	bis 1.000	über 600	über 1.000
Memoryeffekt	nein	ja	nein	nein	nein
Selbstentladung	~ 6% / Monat	~ 15% / Monat	~ 20% / Monat	bis 2% / Monat	nicht bekannt
Umweltproblematik	ja, Sondermüll	ja, Sondermüll	ja	wenig	nein
Besonderheiten	Vorrangig für Pufferbetrieb geeignet, Ausfall durch Tiefentladung	Hohe Strombelastbarkeit, Schnellladung möglich	Gegenüber NiCd größere Selbstentladung, aber geringeres Gewicht	Keine hohe Strombelastbarkeit, bei Überladung Brand- und Explosionsgefahr	Unempfindlich gegen Überladung, sehr flache Bauform
Anwendungen	Stationäre Notstromversorgung, Stromversorgung im Kfz	Ältere Elektrowerkzeuge, Spielzeug	Laptop, Camcorder, MP3-Spieler, Mobiltelefon	Laptop, Camcorder, neuere Elektrowerkzeuge, Mobiltelefon	Ersatz für Speicherkondensatoren

Blei(Pb)-Akku

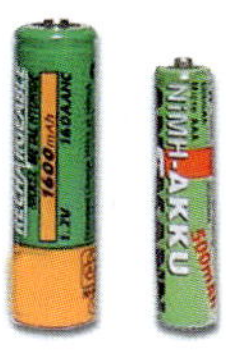

NiMH-Akkus

Li-Ion-Akku

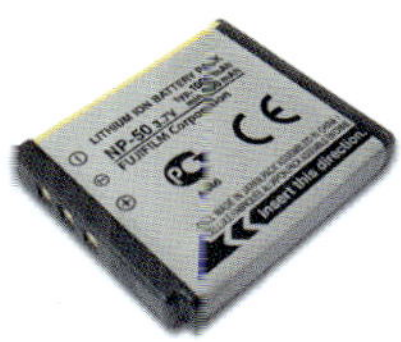
Li-Ion-Akku-Pack

Wiederaufladbare Alkali-Mangan-Zelle

Bemessungsspannung je Zelle in V	Energiedichte	Ladezyklen	Selbstentladung	Memoryeffekt	Umweltproblematik
1,5	2 · NiCd	etwa 25	~ 0,5% /Monat	nein	nein

Achtung: Besondere Ladegeräte erforderlich, da sonst starke Erwärmung und Explosionsgefahr! Nicht verwechseln mit gleichnamigen Primärzellen! Aufdruck: **Rechargeable** (wiederaufladbar) **Alkaline**.

Energiedichte: Kapazität bezogen auf das Volumen. Es wäre auch der Bezug auf die Masse möglich.
Ladezyklen: Zahl der Wiederaufladungen nach Entladung bis zur zulässigen Entladespannung.
Memoryeffekt: Kapazitätsverlust durch nicht vollständige Entladung, entsteht z. b. bei Ni-Cd-Akkumulator durch chemische Vorgänge auf der Cadmiumelektrode (Kristallisierung), mittels Tiefentladung und Wiederaufladung teilweise zu beseitigen.
Polymer, Polymerisat: Chemische Verbindung aus gleichartigen Molekülen (z. B. durch Kettenbildung).
Pufferbetrieb: Ständiges Nachladen durch paralleles Ladegerät (z. B. durch Generator beim Akku im Kfz).

Relais Relays

Aufbau (Prinzip)

Ansicht	Wirkungsweise	Bauformen
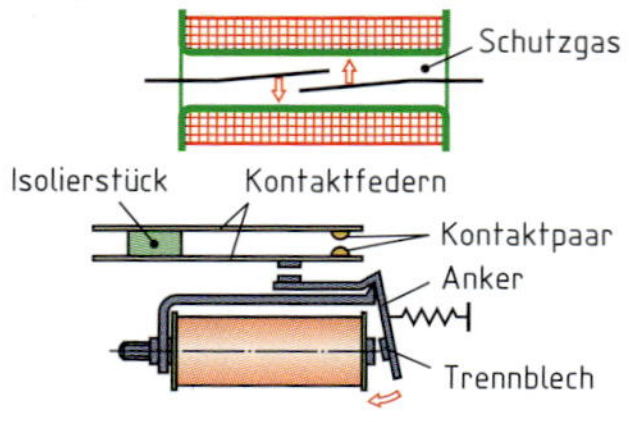	*Direkte Einwirkung des Magnetfeldes*: Eisenteile im Inneren der Erregerspule ziehen einander an, wenn infolge des Erregerstromes ein magnetischer Fluss vorhanden ist. *Indirekte Einwirkung des Magnetfeldes*: Ein Elektromagnet zieht einen Anker an, durch den Kontakte geschlossen und/oder geöffnet werden.	Relais mit trockenen Zungenkontakten in Schutzgas (Reed-Relais, Herkon-Relais). Relais mit quecksilberbenetzten Zungenkontakten (z. B. Butterflyrelais). Zahlreiche Bauformen (Rundrelais, Flachrelais, Ovalrelais, Kammrelais, gepolte Relais, Leistungsrelais, Haftrelais).

Relaiszeiten

Zeitlicher Verlauf	Begriffe	Werte
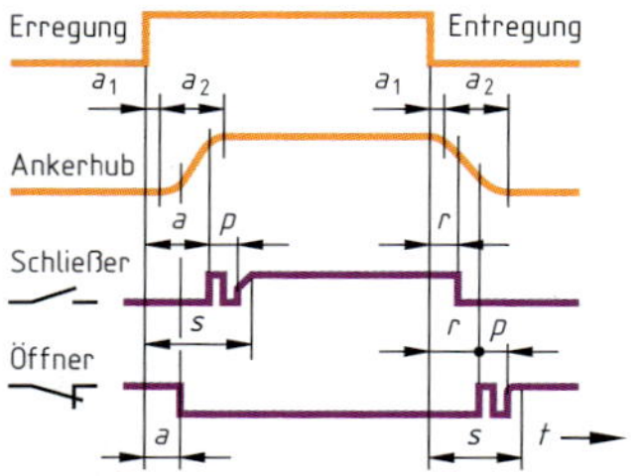	a *Ansprechzeit*: Zeit bis zum ersten Schaltvorgang.	Reed-Relais, z. B. $a = 1$ ms. Flachrelais, z. B. $a = 8$ ms.
	a_1 *Anlaufzeit*: Zeit bis zum Beginn der Ankerbewegung.	Etwa 20% von der Ansprechzeit a.
	a_2 *Hubzeit*: Zeit nach a_1 bis Ende der Ankerbewegung.	Etwa 80% von der Ansprechzeit a.
	r *Rückfallzeit*: Zeit bei der Entregung bis zum Schließen bzw. Öffnen.	Bei unverzögerten Relais etwa so groß wie die Ansprechzeit a.
	s *Schaltzeit*	
	p *Prellzeit*	Etwa 10% von der Ansprechzeit a.

Wicklung

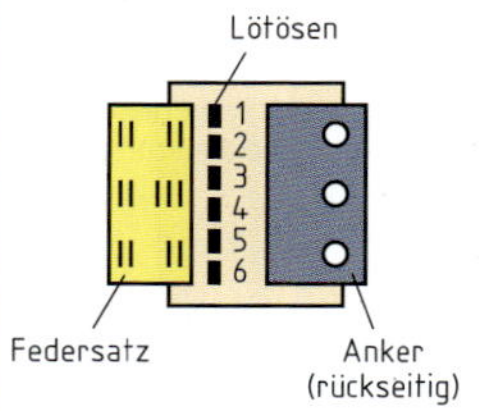

Relais in Gebrauchslage (Zählung der Lötösen)

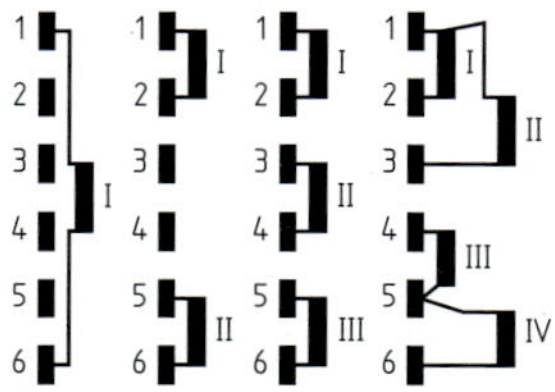

Belegung der Lötstifte für 1 bis 4 Wicklungen

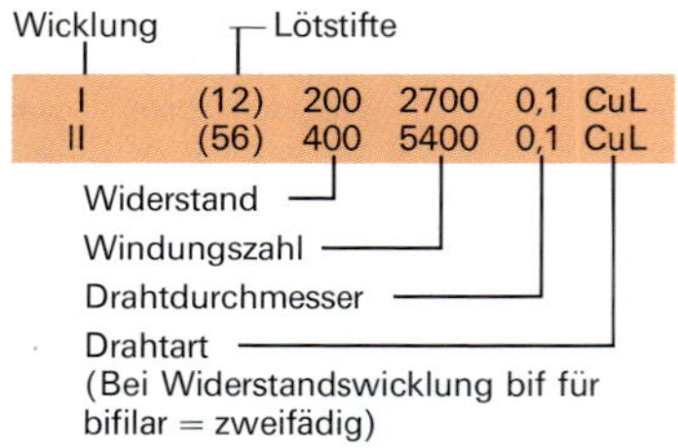

Relaisaufdruckzettel

Kontaktarten (Beispiele)

Kennzahl, Benennung	Kontaktbild	Schaltzeichen	Kennzahl, Benennung	Kontaktbild	Schaltzeichen
1 Schließer	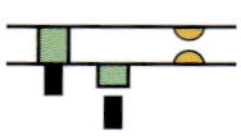		11 Zwillingsschließer	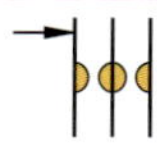	
2 Öffner	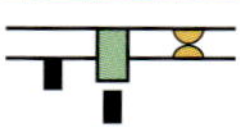		1 – 1 Schließer-Schließer	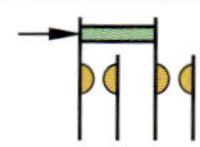	
21 Wechsler	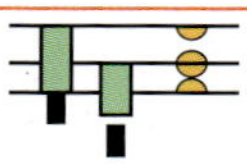		1 + 1 Folgeschließer-Schließer	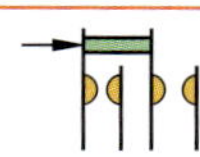	
1 + 2 Folgewechsler	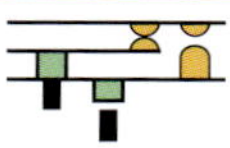		2 – 11 Getrennter Öffner-Zwillingsschließer	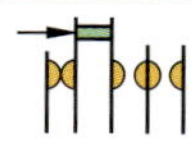	

Relaisarten   Types of relays

Bauformen	Schaltungen	Bemerkungen
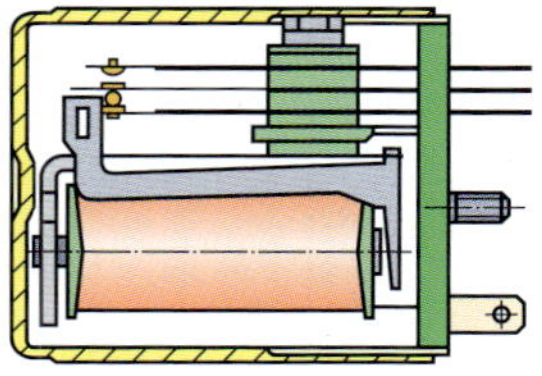 **Kammrelais**	Je nach Polung von Anzugsverzögerung oder Abfallverzögerung. Für Schaltzeitverkürzungen: 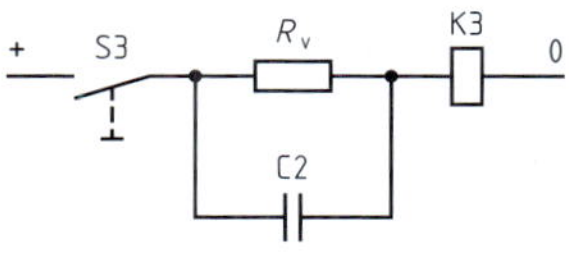 C2 für Anzugszeitverkürzung	Die Kontaktfedern werden durch ein *kammförmiges* Betätigungsteil bewegt. Dadurch ist gewährleistet, dass die Betätigung gleichzeitig erfolgt und einzelne Kontakte nicht kleben bleiben. Zum Schutz gegen Verstaubung und Beschädigung ist das Relais durch eine meist durchsichtige Haube abgedeckt.
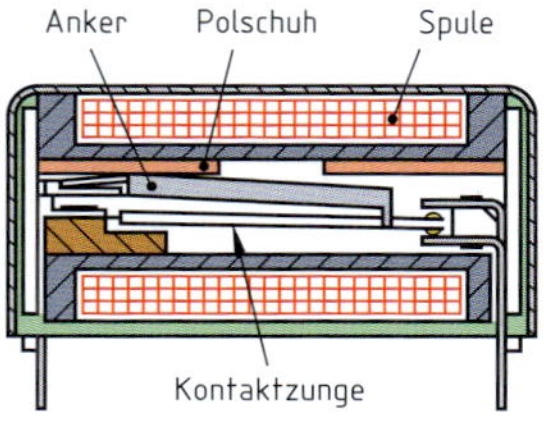 **Miniatur-Flachrelais**	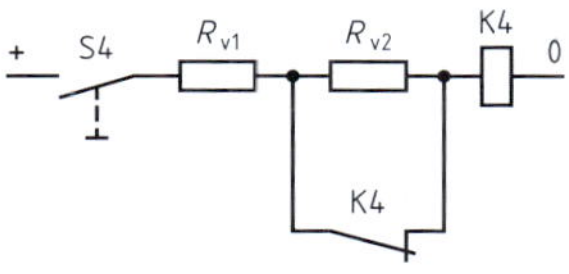 R_{V2} für Abfallzeitverkürzung	Anker und Kontakte sind im Spuleninneren, das als Schutzrohr ausgebildet ist. Das Metallgehäuse schließt den magnetischen Kreis und schirmt die Kontakte ab, sodass keine Störungen abgestrahlt werden. Schaltzeiten 2 ms bis 4 ms.
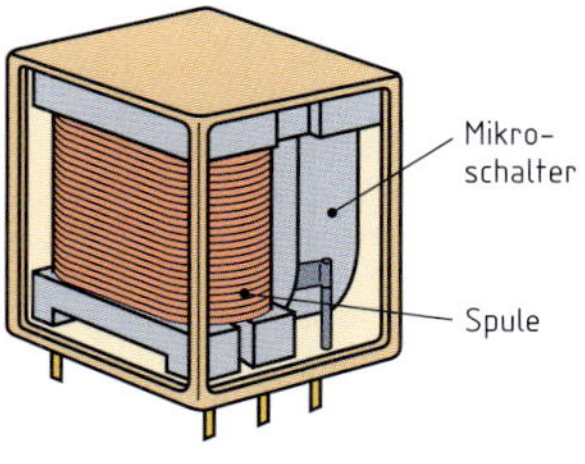 **Mikroschalter-Relais**	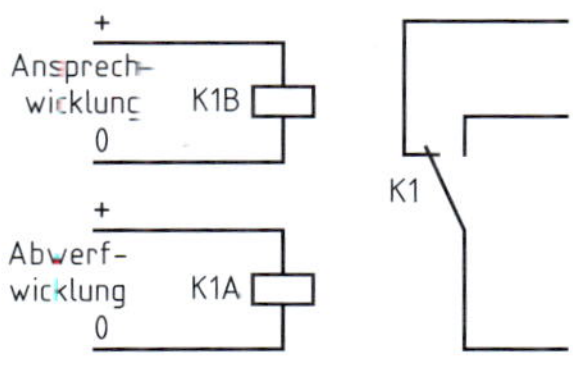 	Der Anker betätigt einen gekapselten Mikroschalter. Das Relais ist meist als bistabiles Relais (Haftrelais) ausgeführt. Nach einem Stromimpuls bleibt der Anker kleben. Nach einem weiteren Stromimpuls durch die Abwerfwicklung kehrt der Anker in die Ruhelage zurück. Schaltzeiten 5 ms bis 10 ms.
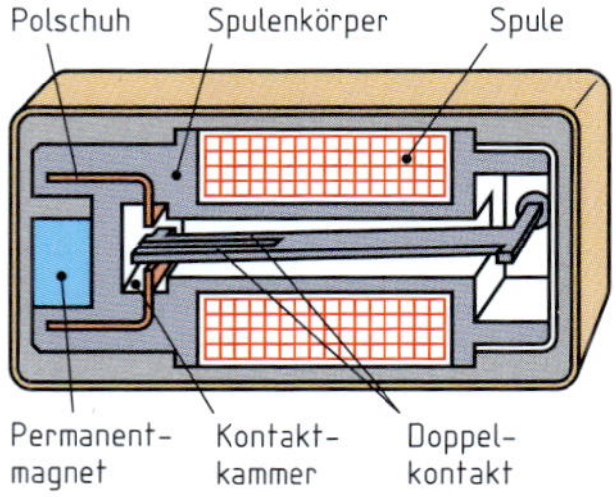 **Miniatur-Reedrelais**	Bei Ausführung als gepoltes Relais (mit Dauermagnet) und mit Wechsler 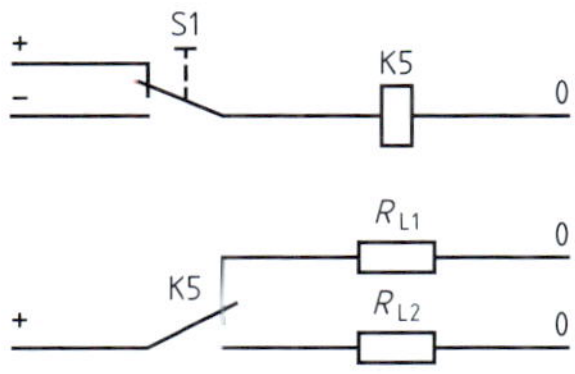 	Die einzelnen Elemente (Reed-Kontakt in Schutzgas, Spule, Gehäuse) sind ein geschlossenes System, evtl. mit einem Dauermagneten. Relais mit Dauermagneten sind gepolte Relais. Dadurch wird mit einem schwachen Erregerstrom eine hohe Kontaktkraft erzielt. Die Ansteuerung ist allerdings stromrichtungsabhängig. Schaltzeitverzögerung und Schaltzeitverkürzung wie beim Flachrelais.
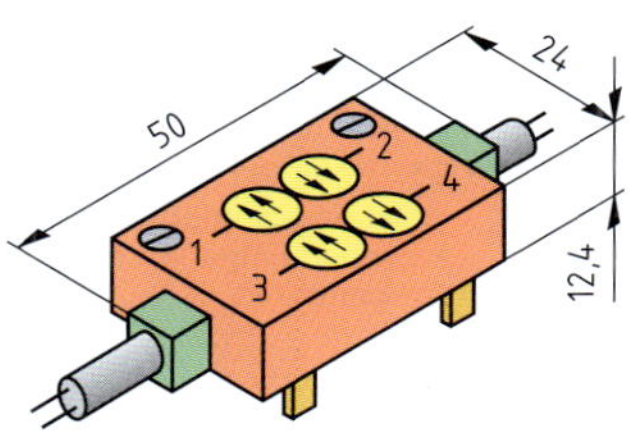 **Optisches Relais**	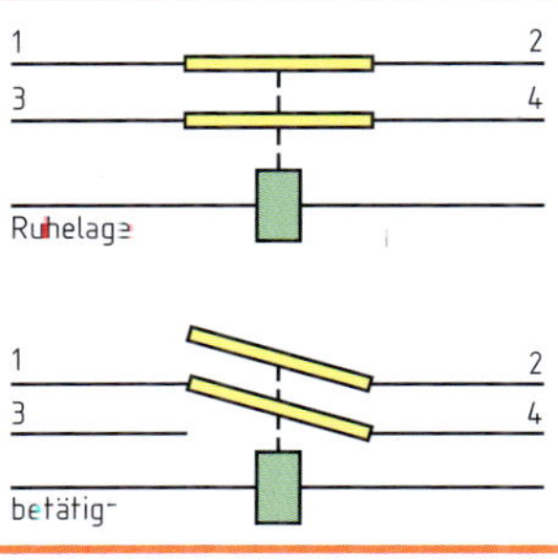 	Mit dem optischen Relais können z. B. Glasfaserleiter mechanisch umgeschaltet werden. Elektrische Werte: Steuerspannung 5 V oder 12 V. Ansprechzeit ≤ 7 ms. Optische Werte: Wellenlänge $\lambda = 600$ nm bis 1600 nm. Einfügungsdämpfung 1 dB bis 1,5 dB.

S

S

Halbleiter-Relais SSR Solid State Relays SSR

Schaltungen	Erklärungen	Daten
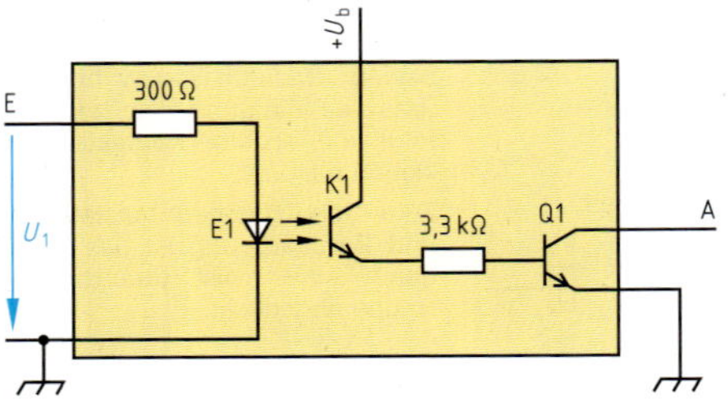 **DC-Schalter mit DC-Ansteuerung (unipolar)**	Nach Anlegen der Steuerspannung U_1 sendet E1 Infrarotstrahlung aus. Diese schaltet den Fototransistor K1 in den leitenden Zustand. Damit leitet auch Q1 und der Ausgangswiderstand wird fast 0 Ω. Betriebsspannung U_b erforderlich. DC von Direct Current = Gleichstrom	Steuerspannungen für EIN +5 V, für AUS ≤ 1 V. Steuerkreis ist TTL-kompatibel. Steuerstrom 14 mA, Hilfsstrom 12 mA. Schaltspannung 4 V bis 16 V. Schaltstrom ≤ 0,5 A. Isolationsspannung zwischen Eingang und Ausgang 4 kV.
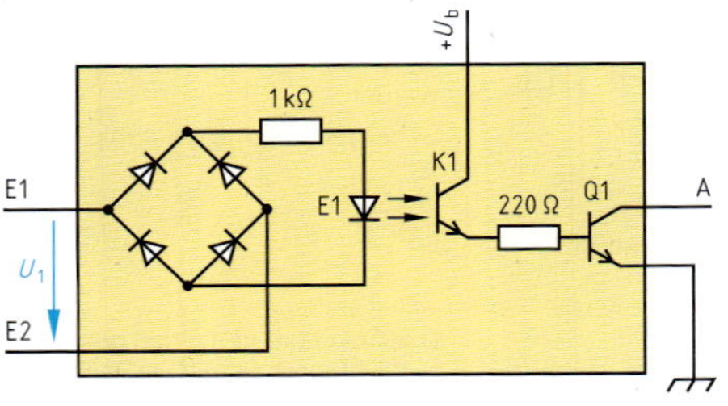 **DC-Schalter mit DC/AC-Ansteuerung (bipolar)**	Eine Eingangsgleichspannung oder Eingangswechselspannung U_1 steuert über eine Brückengleichrichterschaltung die IRED E1 an. Diese Diode schaltet mit ihrer Infrarotstrahlung den Fototransistor K1 und damit auch Q1 durch. Betriebsspannung U_b erforderlich. AC von Alternating Current = Wechselstrom	Steuerspannung für EIN ±10 V bis ±32 V für AUS ≤ 3 V. Steuerstrom 25 mA. Hilfsstrom 12 mA. Schaltspannung 4 V bis 30 V. Schaltstrom ≤ 0,5 A. Isolationsspannung U_{ps} zwischen Eingang und Ausgang 4 kV.
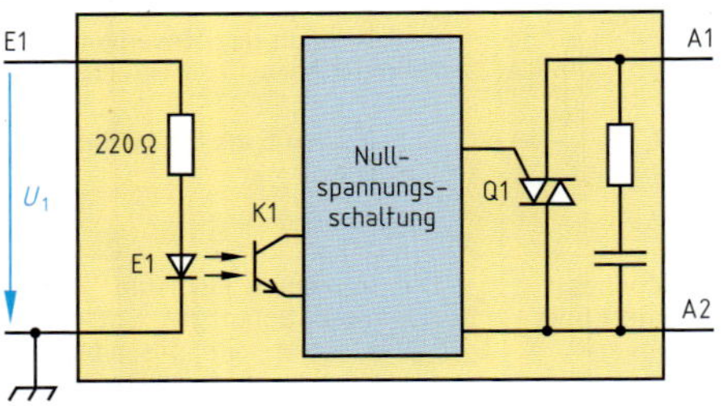 **AC-Schalter mit DC-Ansteuerung (unipolar)**	Nach Anlegen der Steuerspannung U_1 wird K1 durch die Infrarotstrahlung von E1 leitend. Der Fototransistor K1 steuert mit der Nullspannungsschaltung den Triac Q1. Die Nullspannungsschaltung bewirkt, dass der Triac-Strom immer von null aus ansteigt. Dadurch werden Netzstörungen und Funkstörungen verringert.	Steuerspannungen für EIN +5 V, für AUS < 1 V. Steuerkreis ist TTL-kompatibel. Steuerstrom 12 mA. Schaltspannung 24 V AC bis 240 V AC. Schaltstrom 20 mA Minimum, 3 A Maximum. Isolationsspannung zwischen Eingang und Ausgang 5 kV.
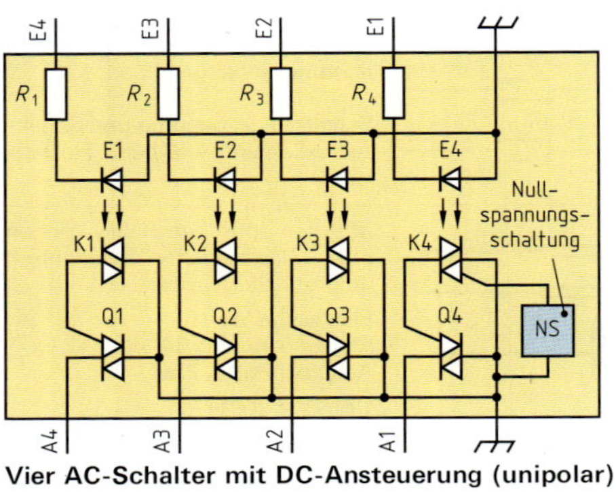 **Vier AC-Schalter mit DC-Ansteuerung (unipolar)**	Jeder Eingang steuert über E1 bis E4 K1 bis K4 an. K4 hat eine Nullspannungsschaltung (NS). Der Foto-Triac K4 und die drei Foto-Diacs K1 bis K3 steuern die Leistungs-Triacs Q1 bis Q4 der Ausgänge A1 bis A4 an. Die Eingänge E1 bis E4 und die Ausgänge A1 bis A4 haben jeweils einen gemeinsamen Masseleiter.	Eingangsspannung 6 V, Eingangsströme 1 × 16 mA, 3 × 8 mA. Schaltspannung 400 V. Schaltströme 1 × 16 A, 3 × 3 A. Nullspannungsschaltung wirkt ab 35 V. Spannungsanstiegsgeschwindigkeit: < 30 V/µs, gemessen bei 267 V. Isolationsspannung zwischen Eingang und Ausgang 4 kV.

IRED von Infrared Emitting Diode = Infrarote Strahlung sendende Diode.

Kleintransformatoren Small transformers

Kernbleche

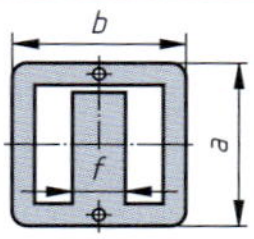

M-Kernblech

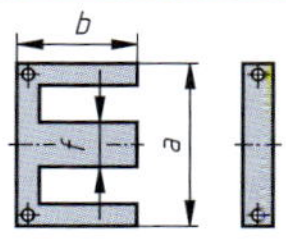

EI-Kernblech

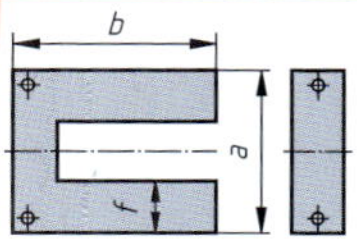

UI-Kernblech

Philbert-Kernbleche (nicht genormt)

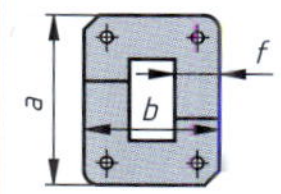

PU-Kernblech

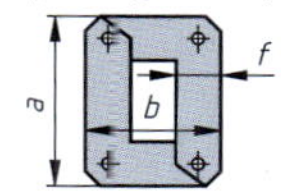

PI-Kernblech

Kurz-zeich.	M 20	M 30	M 42	M 65	M 102	EI 30	EI 130	EI 150	EI 170	EI 231	UI 30	UI 60	UI 102	UI 150	UI 210	P 40	P 48	P 60	P 68	P 76	P 85	P 108	P 180
a	20	30	42	65	102	30	130	150	170	231	30	60	102	150	210	60	72	90	102	114	129	162	270
b	20	30	42	65	102	20	87,5	100	118	176	40	80	136	200	280	30	36	45	51	57	64,5	81	135
f	5	7	12	20	34	10	35	40	45	65	10	20	34	50	70	10	12	15	17	19	21,5	27	45

Berechnung von Transformatoren mit M-Kernblechen und EI-Kernblechen für $\hat{B} = 1{,}2\,T$

Bem.-leistung	bei 1 Eingangswicklung und 1 oder 2 Ausgangswicklung in VA	4,5	12	26	48	62	120	180	230	280	350	420	500
	bei mehr Wicklungen in VA	3	9	21	40	52	100	160	210	260	320	380	460
Kern	Kernblech	M 42	M 55	M 65	M 74	M 85	M 102a	M 102b	EI 130a	EI 130b	EI 150a	EI 150b	EI 150c
	Maß *a* in mm	42	55	65	74	85	102		130		150		
	Kernbreite *f* in mm	12	17	20	23	29	34		35		40		
	Pakethöhe in mm	15	20	27	32		35	52	35	45	40	50	60
	Eisenmasse in kg	0,14	0,33	0,62	0,88	1,3	2	3	2,4	3	3,5	4,4	5,[illegible]
	Eisenquerschnitt bei Füllfaktor 0,9 in cm^2	1,6	3,0	4,9	6,7	8,4	11	16	11	14	14	18	2[illegible]
	nutzbare Fensterhöhe in mm	6,5	7,5	9	10	9	12		24		28		
	nutzbare Fensterbreite in mm	24	30	35	43	46	58		61		68		
Wicklung	Eingangswicklung: Wdg. je V[1]	19,5	10,9	7,05	5,23	4,18	3,26	2,19	3,22	2,52	2,48	1,98	1,[illegible]6
	Ausgangswicklung: Wdg. je V[1]	29,1	13,53	8,13	5,81	4,58	3,50	2,30	3,44	2,65	2,60	2,08	1,[illegible]2
	Wirkungsgrad ≈	0,6	0,7	0,77	0,83	0,84	0,88	0,89	0,9	0,91	0,92	0,93	0,[illegible]4
	Stromdichte innen in $\frac{A}{mm^2}$	4,6	3,9	3,4	3,1	3,0	2,5	2,3	1,7	1,7	1,5	1,5	1,4
	Stromdichte außen in $\frac{A}{mm^2}$	5,3	4,4	3,7	3,4	3,4	2,8	2,7	2,2	2,1	1,9	1,9	1,8
	mittlere Windungslängen in mm: innere Hälfte	73	95	120	140	150	170	205	200	220	230	250	2[illegible]0
	äußere Hälfte	98	125	150	180	185	215	250	280	300	325	345	3[illegible]5
	ganz außen	111	138	167	200	203	235	270	320	340	370	390	4[illegible]0
	Kupfermasse in kg	0,04	0,09	0,16	0,23	0,3	0,5	0,6	1,6	1,8	2,5	2,7	3,0

[1] Die angegebenen Windungszahlen gelten bei angeschlossenen Wirkleistungsverbrauchern (ohmsche Belastung).

Beispiel: Kleintransformator 230 V/24 V, Belastung 280 W bei $\cos\varphi = 1$. Gesucht: Kern und Wicklungen.

Lösung: Ausgangsleistung $S = P/\cos\varphi = 280\,W/1 = 280\,VA \Rightarrow$ Kern EI 130b

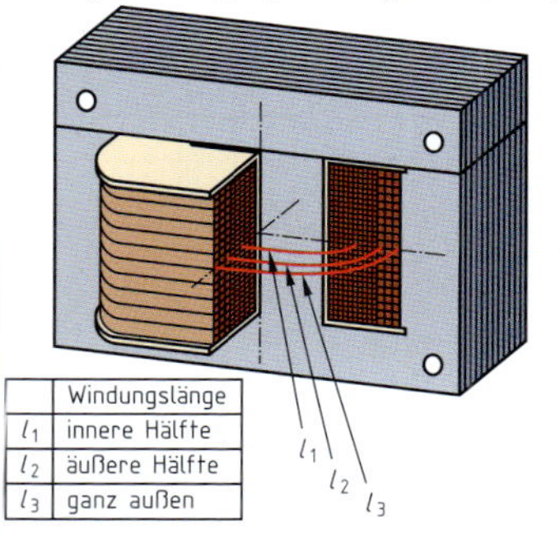

Eingangswicklung Windungszahl $N_1 = 2{,}52\,\frac{1}{V} \cdot 230\,V = 580$

Leistungsaufnahme $S_{zu} = \frac{S}{\eta} = \frac{280\,VA}{0{,}91} = 308\,VA$

Stromaufnahme $I_1 = \frac{S_{zu}}{U} = \frac{308\,VA}{230\,V} = 1{,}34\,A$

Stromdichte (innen) $J_1 = 1{,}7\,A/mm^2$

Drahtquerschnitt $A_1 = \frac{I_1}{J_1} = \frac{1{,}34\,A}{1{,}7\,A/mm^2} = 0{,}788\,mm^2$

Ausgangswicklung Windungszahl $N_2 = 2{,}65\,\frac{1}{V} \cdot 24\,V = 63{,}6 \approx 64$

Stromabgabe $I_2 = \frac{S}{U} = \frac{280\,VA}{24\,V} = 11{,}66\,A$

Stromdichte (außen) $J_2 = 2{,}1\,A/mm^2$

Drahtquerschnitt $A_2 = \frac{I_2}{J_2} = \frac{11{,}66\,A}{2{,}1\,A/mm^2} = 5{,}56\,mm^2$

Bezeichnung von Stromrichterschaltungen Identification of power converters

S

Kennzeichen der Grundschaltungen

Kennbuchstabe	Schaltungsfamilie	Kennzahlen	Benennungen
E	Einwegschaltung	Pulszahl *p* ($p = 1, 2, 3, 6$)	p = 3 Sternschaltung M3
M	Mittelpunktschaltung, Sternschaltung		p = 6 Sternschaltung M6
B	Brückenschaltung		p-Puls-Brückenschaltung
D	Verdopplerschaltung (praxisüblich, nicht genormt)		Verdopplerschaltung, Zweipuls-Verdopplerschaltung
V	Vervielfacherschaltung (praxisüblich, nicht genormt)		p-Puls-Vervielfacherschaltung
P	Polygonschaltung	Phasenzahl *m*	m-Phasen-Wechselwegschaltung
W	Wechselwegschaltung		m-Phasen-Polygonschaltung

Ergänzende Kennzeichen

Kennzeichen	Bedeutung	Kennzeichen	Bedeutung
A	anodenseitig	P	Parallelschaltung
C	vollgesteuerte Schaltung	Q	Löschzweig
F	Nebenwegzweig	R	Rücklaufzweig
FC	gesteuerter Nebenwegzweig	S	Reihenschaltung
H	halb gesteuert	U	ungesteuerte Schaltung
HA	anodenseitig halb gesteuert	Y	Sternschaltung ohne N-Anschluss
HK	katodenseitig halb gesteuert	Z	im Zweigpaar halb gesteuerte Zweipuls-Brückenschaltung
I	Gegenparallelschaltung (I von invers)		
K	katodenseitig	+	Verbindungszeichen für mehrere Grundschaltungen oder Sätze
L	Zweigpaar in Zweiwegschaltungen		
N	Sternschaltung mit N-Anschluss		

Beispiele

Benennungen, Kennzeichen	Schaltungen	Benennungen, Kennzeichen	Schaltungen
Mittelpunktschaltung M2CK, M2C, M2K, M2	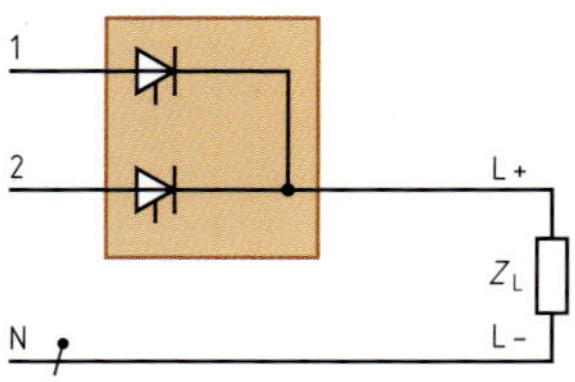	Einphasen-Wechselwegschaltung W1C, W1	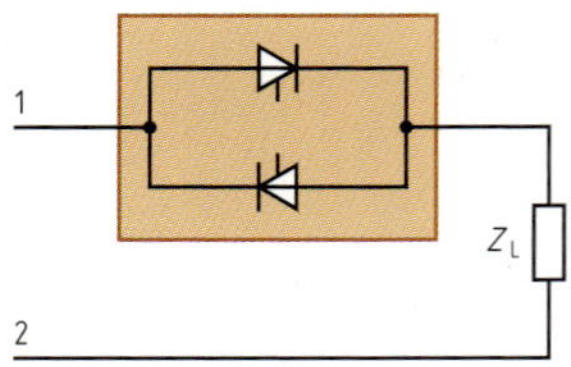
Brückenschaltung vollgesteuert B2	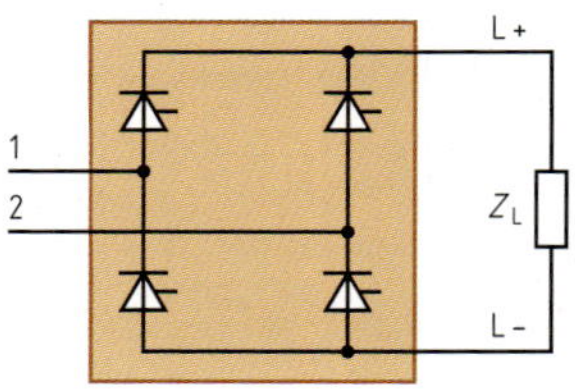	Dreiphasen-Polygonschaltung P3C, P3	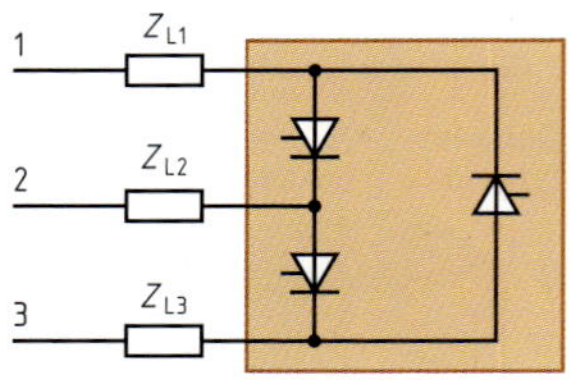
Brückenschaltung halbgesteuert mit Freilaufdiode B6HKF, B6HF, B6KF, B6F, B6	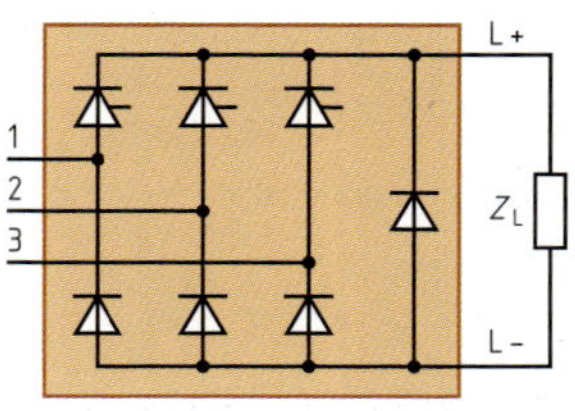	Brückenschaltung mit steuerbarem Kurzschlusszweig (B2U) + (E1C)	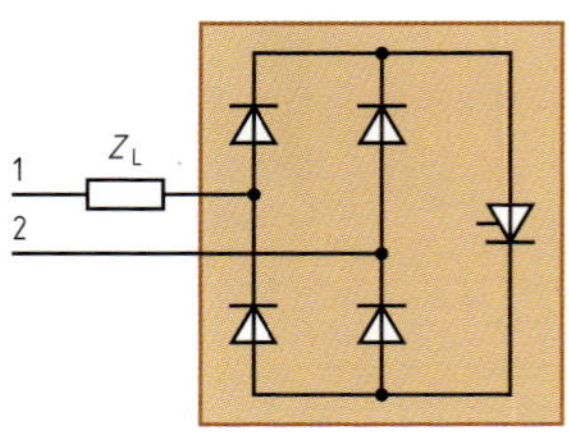

Gleichrichterdioden

Anodenanschluss	Der Anschluss, an dem der Vorwärtsstrom in die Diode eintritt.
Dauergleichstrom I_{FAV}	Höchster zulässiger Gleichstrom in Vorwärtsrichtung (F von forward = vorwärts).
Durchlassrichtung, Vorwärtsrichtung	Stromrichtung, bei der die Diode den kleineren Widerstand hat.
Vorwärtsspannung U_F, Vorwärtsstrom I_F	Spannung, die an einer Diode auftritt, wenn der Strom in Durchlassrichtung fließt. Dieser Strom heißt Vorwärtsstrom oder Durchlassstrom.
Grenzscheitel-sperrspannung $\hat{u}_R$	Höchster zulässiger Scheitelwert einer sinusförmigen Spannung in Sperrrichtung (R von reverse = rückwärts).
Höchste zulässige Gleichsperrspannung U_{Rmax}	Höchste Gleichspannung in Rückwärtsrichtung, die dauernd anliegen darf.
Höchste zulässige periodische Spitzen-sperrspannung	Höchster zulässiger Augenblickswert von periodischen Spannungen in Rückwärtsrichtung. Nichtperiodische Spannungsspitzen, z. B. durch Schalten, sind nicht berücksichtigt.
Höchste zulässige Stoßspitzenspannung	Höchster zulässiger Wert der Rückwärtsspannung. Dieser Spitzenwert darf nicht überschritten werden.
Katodenanschluss	Der Anschluss, an dem der Vorwärtsstrom aus der Diode austritt.
Bemessungssperr-spannung U_n	Dauernd zulässiger Scheitelwert der periodischen Rückwärtsspannung (Sperrspannung).
Bemessungsstrom I_n	Mittelwert des dauernd zulässigen Vorwärtsstromes. Der Bemessungsstrom wird für die Einwegschaltung und für ohmsche Belastung angegeben.
Sperrrichtung, Rückwärtsrichtung	Stromrichtung, bei der die Diode den größeren Widerstand besitzt.
Rückwärtsspannung U_R Rückwärtsstrom I_R	In Sperrrichtung anliegende Spannung, die einen in Sperrrichtung fließenden Strom hervorruft. Dieser Strom heißt Rückwärtsstrom oder Sperrstrom.

Gleichrichtergeräte, Gleichrichtersätze

Anschlussspannung	Effektivwert der höchsten Wechselspannung zwischen zwei wechselstromseitigen Klemmen des Gleichrichters.
Gleichrichterschaltung	Elektrische Schaltung des Gleichrichtersatzes mit zugehörigem Transformator oder Drosselspule.
Gleichspannung, Gleichstrom	Mittelwert der abgegebenen Spannung bzw. des abgegebenen Stromes.
Ideelle Leerlauf-gleichspannung U_{di}	Leerlaufgleichspannung eines verlustlosen Gleichrichtersatzes.
Kommutierung	Übergang des Stromes von einem Zweig zum nächsten.
Zweig	Teil eines Gleichrichtersatzes zwischen einem Wechselstromanschluss und einem Gleichstromanschluss.
Belastung bei Gegenspannung	B – Belastung eines Gleichrichtersatzes mit Akkumulatorenbatterie, M – Belastung eines Gleichrichtersatzes mit Gleichstrommaschine, C – Belastung eines Gleichrichtersatzes mit Kapazität (Kondensator),
Belastung mit Lichtbogen	Li – Belastung eines Gleichrichtersatzes mit Lichtbogenschweißeinrichtung, Lichtbogenofen, Bogenlampe,
Widerstandsbelastung	W – Belastung eines Gleichrichtersatzes mit Wirkwiderständen oder induktiven Widerständen.
Betriebsarten	Wie bei Betriebsarten von elektrischen Maschinen S1, S2, S3, S6.

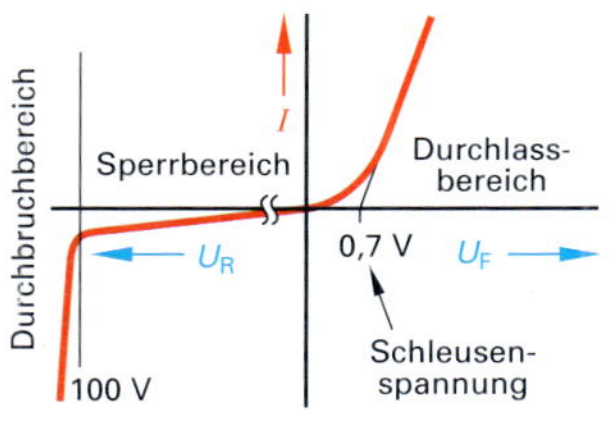

Kennlinie einer Gleichrichterdiode

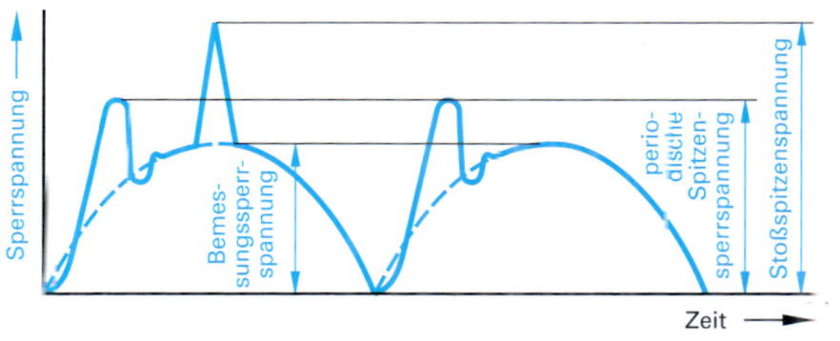

Spannungen bei Gleichrichterdioden

Gleichrichtung, Glättung, Siebung Rectification, smoothing, filtering

Spannung und Spektren am Ausgang von Gleichrichterschaltungen

Gleichrichter-schaltung	Spannungsverlauf	Amplitudenspektrum	Pulsfrequenz f_p
Einweg-schaltung E1	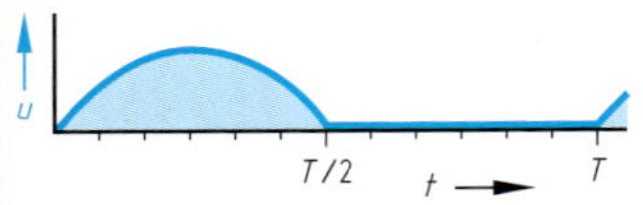	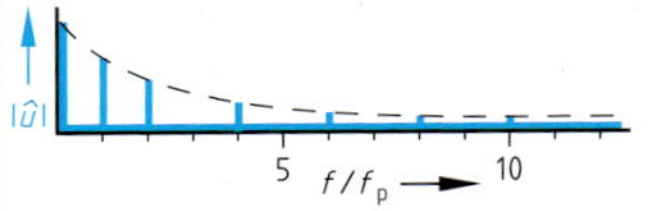	$1 \cdot f$
Zweipuls-Mittelpunkt-Brücken-schaltung M2	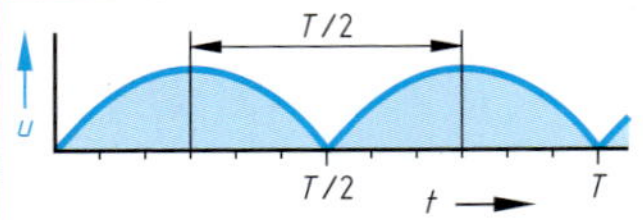	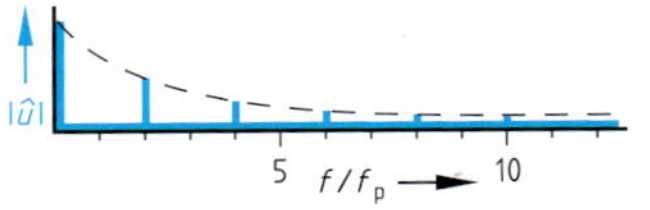	$2 \cdot f$
Dreipuls-Mittelpunkt-schaltung (Sternschaltung) M3	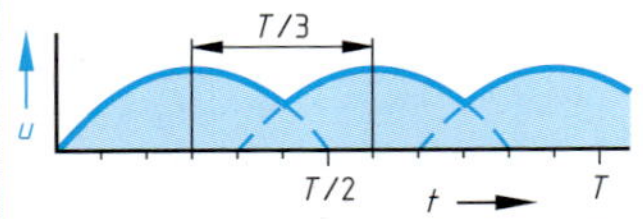	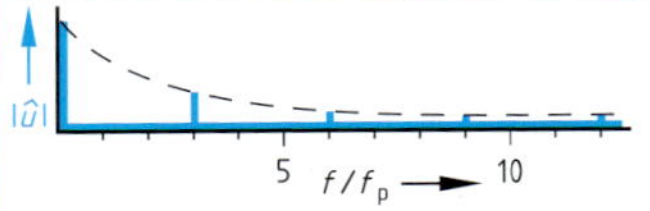	$3 \cdot f$

Glättung

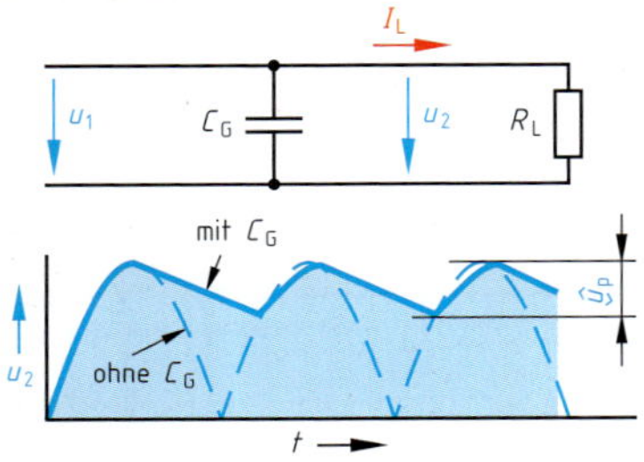

f_p bei 50 Hz	k
50 Hz = 1 · 50 Hz	4,33
100 Hz = 2 · 50 Hz	$\frac{4{,}33}{2}$
150 Hz = 3 · 50 Hz	$\frac{4{,}33}{3}$
n · 50 Hz	$\frac{4{,}33}{n}$

$$U_p \approx \frac{\hat{u}_p}{2 \cdot \sqrt{3}}$$

$$U_p \approx \frac{\sqrt{3} \cdot I_L}{8 \cdot f_p \cdot C_G}$$

$$U_p = k \cdot \frac{\frac{I_L}{\text{mA}}}{\frac{C_G}{\mu\text{F}}}$$

Siebung

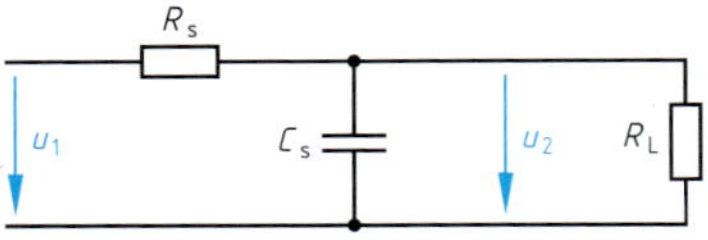

RC-Siebglied

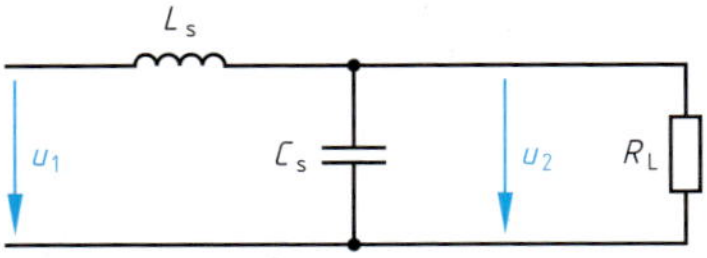

LC-Siebglied

Bei einem Siebglied: $s = \frac{U_{p1}}{U_{p2}}$

Bei Kettenschaltung von Siebgliedern: $s = s_1 \cdot s_2 \cdot s_3 \cdot \ldots$

Bei RC-Siebgliedern mit $R_s \gg \frac{1}{\omega_p \cdot C_s}$ und $R_L \gg \frac{1}{\omega_p \cdot C_s}$: $s \approx \omega_p \cdot C_s \cdot R_s$

Bei LC-Siebgliedern mit $\omega_p \cdot L_s \gg \frac{1}{\omega_p \cdot C_s}$ und $R_L \gg \frac{1}{\omega_p \cdot C_s}$: $s \approx \omega_p^2 \cdot C_s \cdot L_s$

Welligkeit $w = \frac{U_p}{U}$

C_G	Glättungskapazität	R_L	Lastwiderstand	U	Gleichspannung
C_s	Siebkapazität	R_s	Siebwiderstand	U_p	Effektivwert der Brummspannung
f	Frequenz	t	Zeit	U_{p1}	Effektivwert der Brummspannung am Eingang
f_p	Pulsfrequenz	T	Periodendauer	U_{p2}	Effektivwert der Brummspannung am Ausgang
I_L	Laststrom	u_1	Spannung am Eingang	$\lvert\hat{u}\rvert$	Betrag der Amplitude der Spannung
k	Koeffizient	u_2	Spannung am Ausgang	s	Siebfaktor
L_s	Siebinduktivität	$\hat{u}_p$	Spitze-Tal-Wert der Brummspannung	w	Welligkeit
n	Pulszahl der Gleichrichterschaltung			ω_p	Pulskreisfrequenz

Gleichrichterschaltungen Circuits for rectifiers

Benennungen	Schaltungen	Ausgangsspannungsverläufe	Formeln, Bemerkungen
Einwegschaltung E1	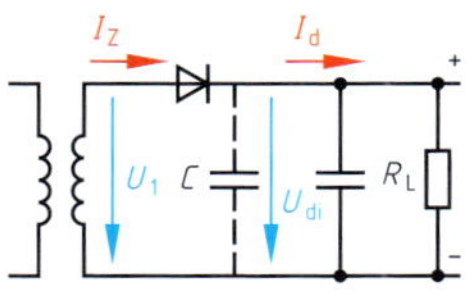	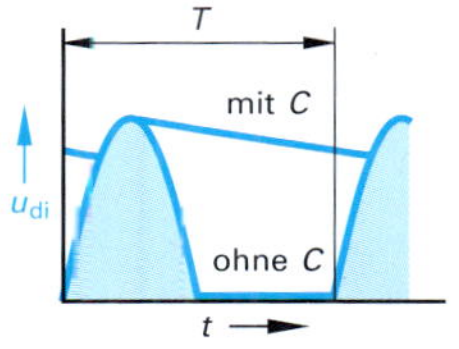	$I_Z \approx I_d$ $P_T/P_d = 3{,}1$ Belastung mit Gegenspannung (Kondensator oder Akkumulator als Last) verdoppelt die Rückwärtsspannung. Spannung an R_L Ohne C: $U_{di}/U_1 = 0{,}45$ Mit C: $U_{di}/U_1 = 1{,}41$ $T = 20$ ms
Zweipuls-Mittelpunkt-Schaltung M2	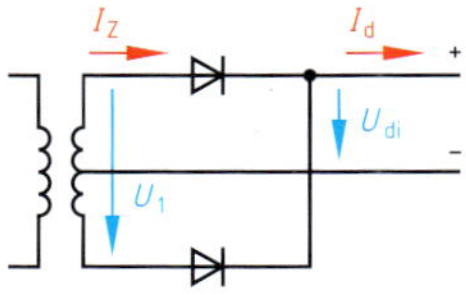	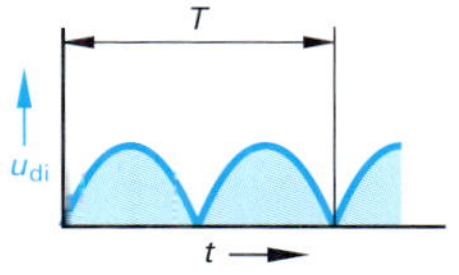	Anschluss an Transformator mit Mittelabgriff. $I_Z \approx I_d/2$ $P_T/P_d = 1{,}5$ $U_{di}/U_1 = 0{,}45$ (ohne C) Umgekehrter Anschluss von beiden Dioden führt zu entgegengesetzter Polung.
Dreipuls-Mittelpunkt-Schaltung (Sternschaltung) M3	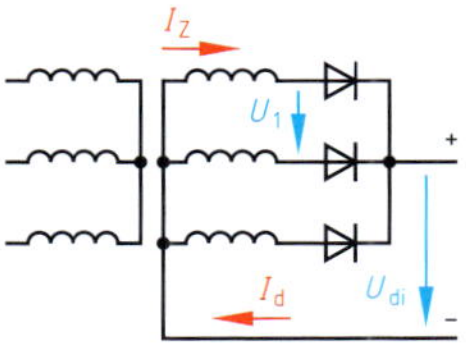	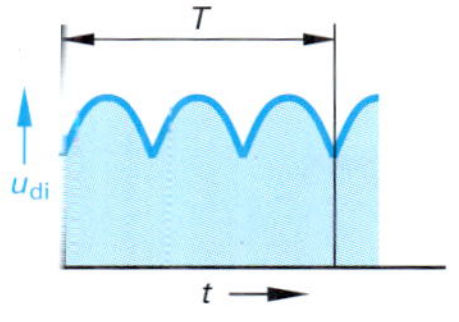	$I_Z \approx I_d/3$ $P_T/P_d = 1{,}5$ $U_{di}/U_1 = 0{,}676$ Anschluss ohne Transformator an das Versorgungsnetz meist unzulässig, da sonst Gleichstrom im Neutralleiter fließt.
Doppel-Dreipuls-Mittelpunktschaltung M3.2	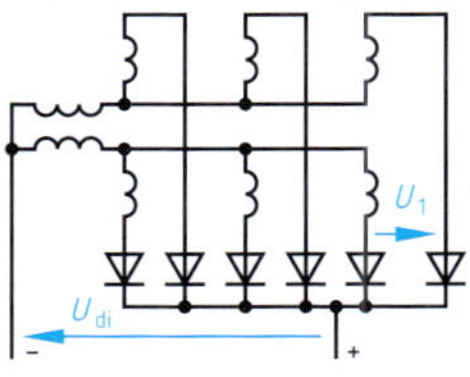	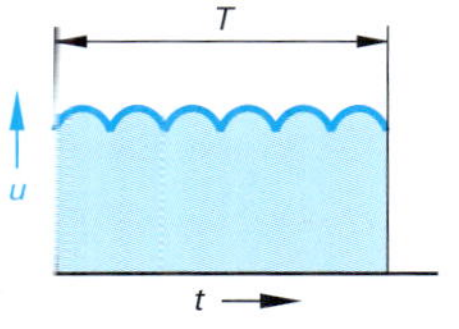	$U_{di}/U_1 = 0{,}68$ $P_T/P_d = 1{,}3$ $I_Z = I_d/6$ Bei Entlastung steigt die Spannung an.
Zweipuls-Brückenschaltung B2	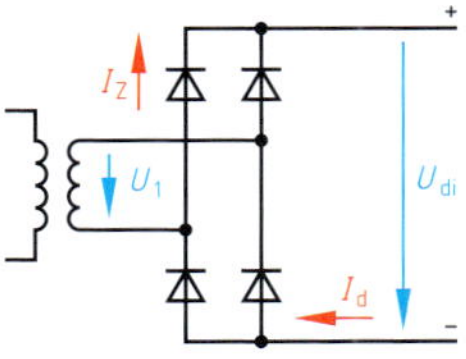	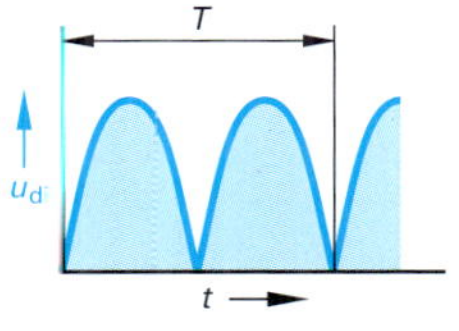	$I_Z = I_d/2$ $P_T/P_d = 1{,}23$ $U_{di}/U_1 = 0{,}9$ Häufigste Schaltungen für den Anschluss an das Einphasennetz, insbesondere als Gleichrichter bis 75 W. Nachteil: Spannungsfall $2 \cdot U_F$
Einpuls-Einwegschaltungen für pos. und neg. Spannung E1	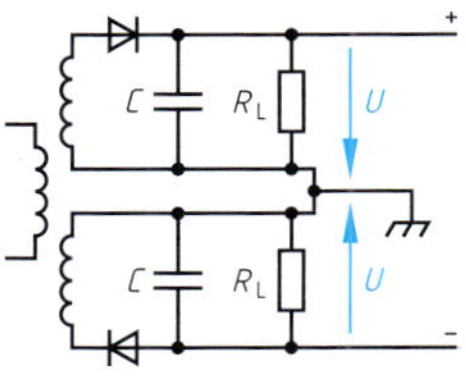	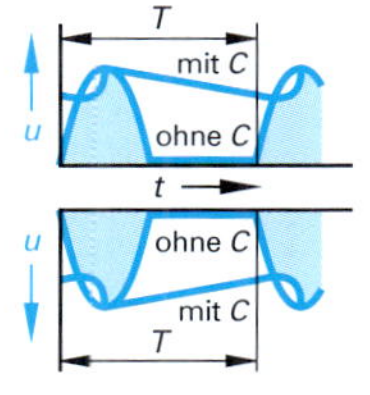	Für Schaltungen mit Operationsverstärkern benötigt man oft zwei gleich große Betriebsspannungen mit verschiedener Polarität. Dazu werden oft zwei Schaltungen E1 mit gegensinniger Polung der Dioden verwendet, die über Masse miteinander verbunden sind.

I_d Lastgleichstrom,
I_Z Strom im Zweig,
P_d Gleichstromleistung,
P_T Transformatorbauleistung,
U_1 Anschlussspannung (Effektivwert),
U_{di} ideelle Leerlaufgleichspannung bei voller Aussteuerung (ohne Diodenverluste),
T Zeit.

Stromrichterschaltungen Power converters

Benennungen	Schaltungen	Erklärungen
Gleichstrommotor am Wechselstromnetz	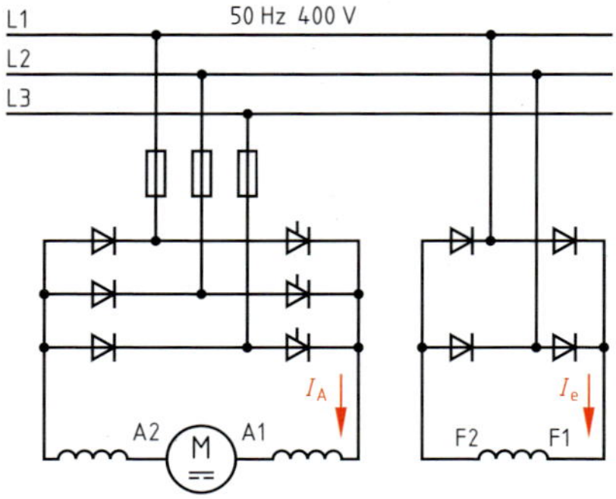 Ankerwicklung mit B6H- und Erregerwicklung mit B2U-Gleichrichterschaltung	Als Stromrichterschaltung wird oft die Ankerwicklung in B6H- und die Erregerwicklung in B2U-Gleichrichterschaltung ausgeführt. Bei Leistungen bis etwa 4 kW nimmt man eine B2H (halbgesteuerte Zweipulsbrückenschaltung), für größere Leistungen eine B6H (halbgesteuerte Sechspulsbrückenschaltung) zur Drehzahlsteuerung über die Ankerwicklung. Die Thyristoren dienen zur Steuerung des Ankerstroms I_A. Anstelle der Thyristoren können auch IGBTs oder Transistoren eingesetzt werden.
Gleichstrommotor im Vierquadrantenbetrieb	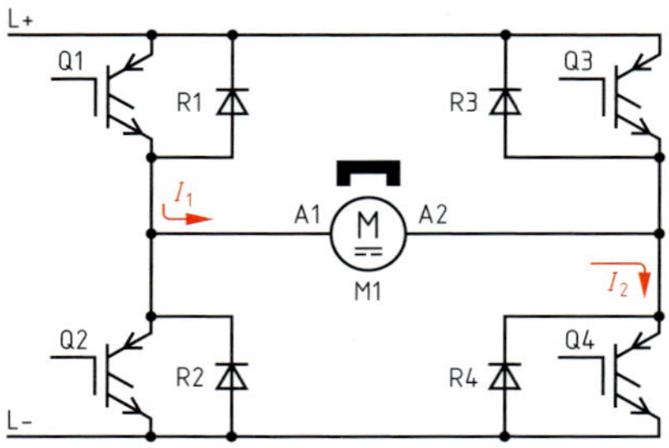 Brückenschaltung aus IGBTs und Rückstromdioden	Hier wird eine Brückenschaltung aus IGBTs Q1 bis Q4 eingesetzt, um den Gleichstrommotor im Vierquadrantenbetrieb (siehe auch Seite 98) steuern zu können. Werden die IGBTs Q1 und Q4 angesteuert, so arbeitet M1 als Motor im Rechtslauf (1. Quadrant). Im Generatorbetrieb erfolgt die Einspeisung über die Dioden (Rückstromdioden) in das Gleichstromnetz. Anstelle der IGBTs können auch (GTO-) Thyristoren oder Transistoren eingesetzt werden.
Wechselrichter	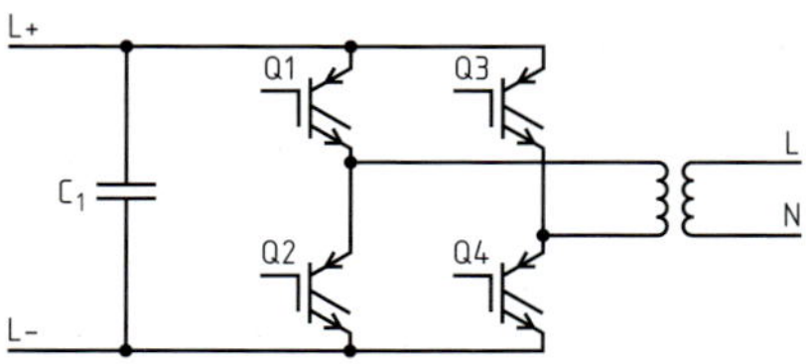 Schaltung für eine Fotovoltaik-Anlage	Die IGBTs Q1 bis Q4 arbeiten als Wechselrichter, wie sie z. B. in Fotovoltaikanlagen zum Einsatz kommen.
Umrichter (Frequenzumrichter)	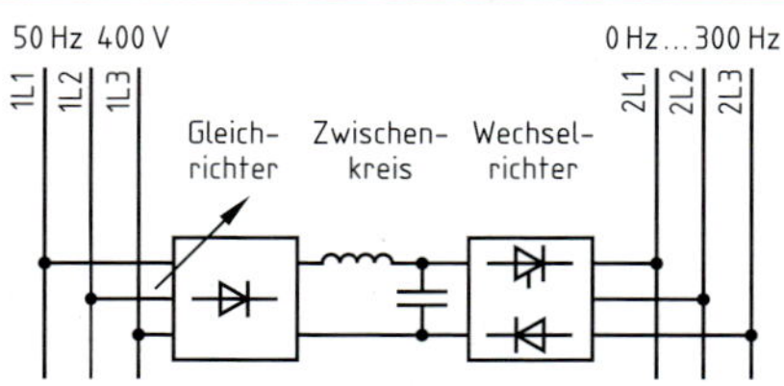 Umrichter mit Zwischenkreis	(Frequenz-)Umrichter kommen bei der Drehzahlsteuerung von Drehfeldmotoren zum Einsatz. Sie richten eine Wechselspannung von z. B. 50 Hz in eine Wechselspannung mit anderer Frequenz um. Der Gleichrichter erzeugt aus der Netzspannung eine einstellbare Gleichspannung, die im Zwischenkreis geglättet wird. Der Wechselrichter erzeugt eine Wechselspannung, deren Amplitude von der Höhe der zugeführten Gleichspannung abhängt. Mit einstellbarer Frequenz des Wechselrichters wird zusätzlich zur Amplitude auch die Frequenz der Ausgangswechselspannung steuerbar.

I_A Strom in Ankerwicklung
I_E Strom in Erregerwicklung
M Drehmoment des Motors
n Drehzahl des Motors

S

Spannungsvervielfacherschaltungen, Arten der Stromrichter
Voltage multiplier circuits, kinds of power converters

Spannungsvervielfacher

Benennung	Schaltung	Spannungsverlauf am Lastwiderstand R_L	Formeln, Bemerkungen
Einpuls-Verdoppler-schaltung (Delonschaltung) D1	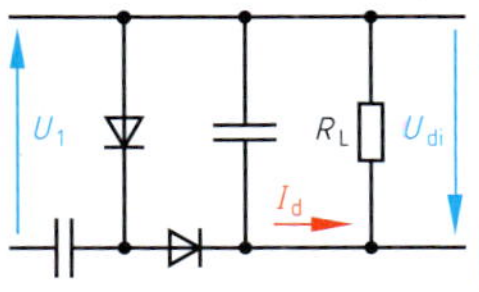	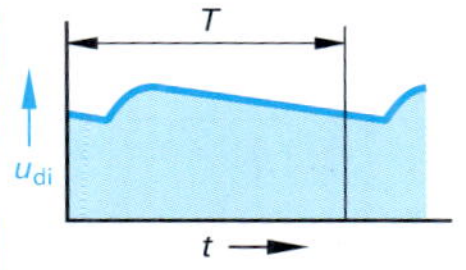	$I_Z = I_d$ $U_{di}/U_1 = 2 \cdot \sqrt{2} = 2{,}83$ $P_T/P_d = 1{,}55$
Zweipuls-Verdoppler-schaltung D2	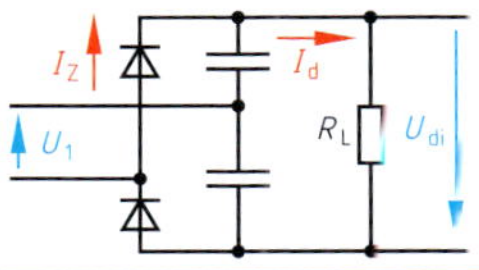	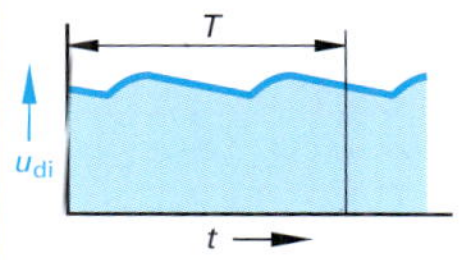	$I_Z = I_d$ $U_{di}/U_1 = 2 \cdot \sqrt{2} = 2{,}83$ $P_T/P_d = 1{,}55$
Einpuls-Vervierfacher-schaltung (Villardschaltung) 4V1	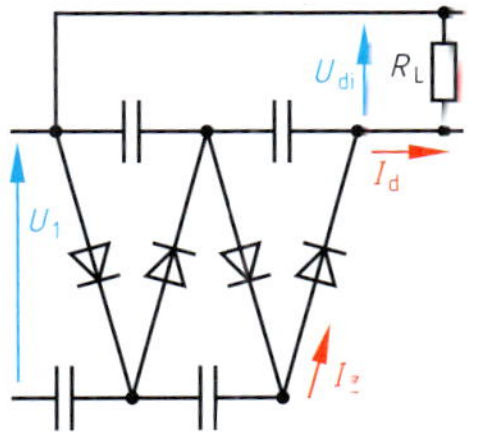	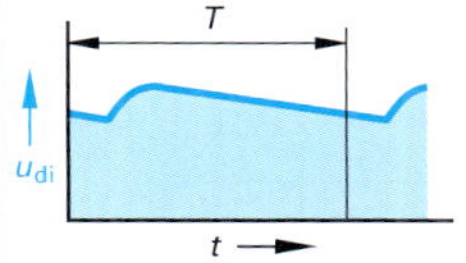	$I_Z = I_d$ $U_{di}/U_1 = 4 \cdot \sqrt{2} = 5{,}66$ $P_T/P_d = 1{,}55$ Schaltung wird z. B. für die Hochspannungserzeugung im Fernsehgerät (Kaskadenschaltung) verwendet.
Dreipuls-Vervierfacher-schaltung 4 V3	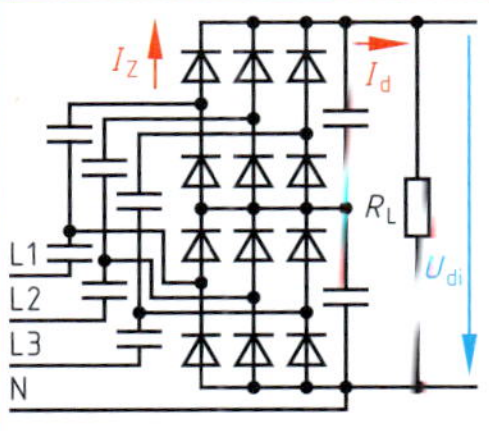	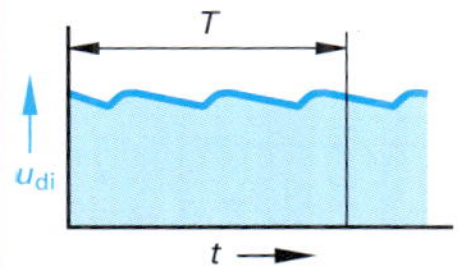	$I_Z = I_d/3$ $U_{di}/U_1 = 4 \cdot \sqrt{2} = 5{,}66$ $P_T/P_d = 1{,}2$ z. B. für die Spannungsversorgung von elektrostatischen Filtern der Rauchgasentstaubung.

Arten der Stromrichter

Art	Aufgabe	Ventile	Anwendungen
Gleichrichter, ungesteuert	AC-Spannung in feste DC-Spannung	nur Dioden	Netzgleichrichter
Gleichrichter, gesteuert	AC-Spannung in einstellbare DC-Spannung	Thyristoren, z. T. Thyristoren und Dioden	Für drehzahlgesteuerte Gleichstromantriebe
Wechselrichter	DC-Spannung in AC-Spannung	Transistoren, IGBTs oder Thyristoren	Versorgung von Batteriegeräten
Gleichstrom-steller	DC-Spannung in einstellbare DC-Spannung	Transistoren, IGBTs oder GTO-Thyristoren	Für drehzahlgesteuerte Gleichstromantriebe
Gleichrichter-Wechselrichter	Wahlweise AC in DC oder DC in AC	Thyristoren	Für Gleichstromantriebe mit Nutzbremsung
Umrichter	AC in AC mit einstellbarer Frequenz	Gleich- und Wechselrichterteil wie **Seite 96 „Stromrichterschaltungen“**.	Für drehzahlgesteuerte Antriebe mit Kurzschlussläufermotoren
Wechselstrom-steller	AC in einstellbare AC-Spannung	Thyristoren	Für Dimmer

I_d Lastgleichstrom, I_Z Strom im Zweig, P_d Gleichstromleistung, P_T Transformatorbauleistung, U_1 Anschlussspannung (Effektivwert, bei Drehstrom Dreieckspannung), U_{di} ideelle Leerlaufgleichspannung (ohne Diodenverluste). Delon und Villard Erfinder der Schaltungen D und V.

Stromrichter für Antriebe Power converters for drives

Quadranten bei elektrischen Antrieben

Erklärung	Form 1 (zu bevorzugende Form)	Form 2
Quadranten ① bis ④ von elektrischen Antrieben je nach Art der Motorkennlinie (Unterschiede in Quadranten ② und ④)	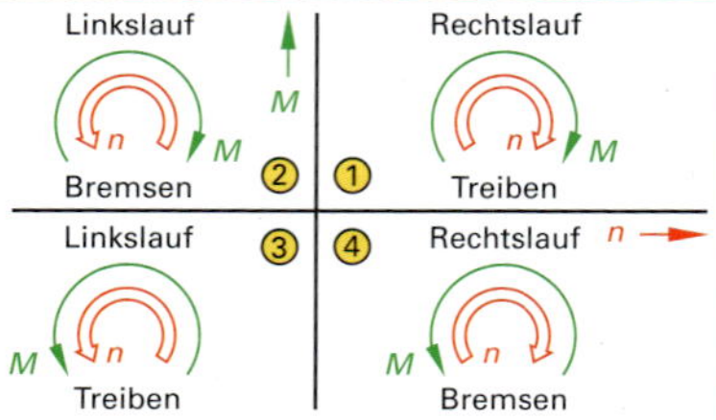	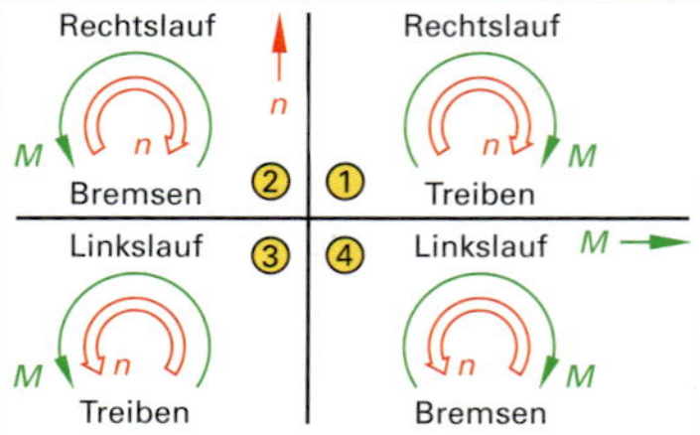

Stromrichter für Gleichstromantriebe

Art, Eignung	Schaltung der Leistungsteile	Bemerkungen, Anwendungen
Halbgesteuerte Brückenschaltung B6HK für den Anker und ungesteuerte Brückenschaltung B2 für Erregerwicklung Quadrant ① oder ③	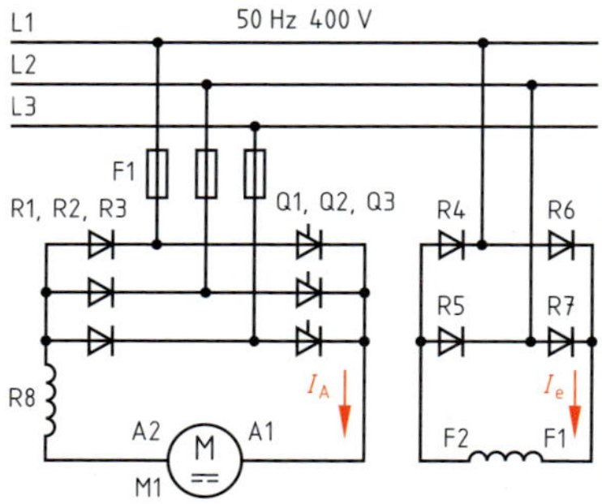	Diese Gleichrichterschaltung dient zur Drehzahlsteuerung von fremderregten Gleichstrommotoren, die nur in *einer* Drehrichtung arbeiten müssen. Die Gleichrichterschaltung B2 wird bei Motorleistungen bis etwa 4 kW angewendet, darüber Schaltung B6U. Die Drehrichtung kann mit einem Wendeschalter im Ankerkreis geändert werden. Nutzbremsung ist nicht möglich. Die Schaltung wird nur bei einfachen Antrieben angewendet.
Halbgesteuerte Brückenschaltung (B2HK) + (B2HA) für den Anker Quadranten ① und ③	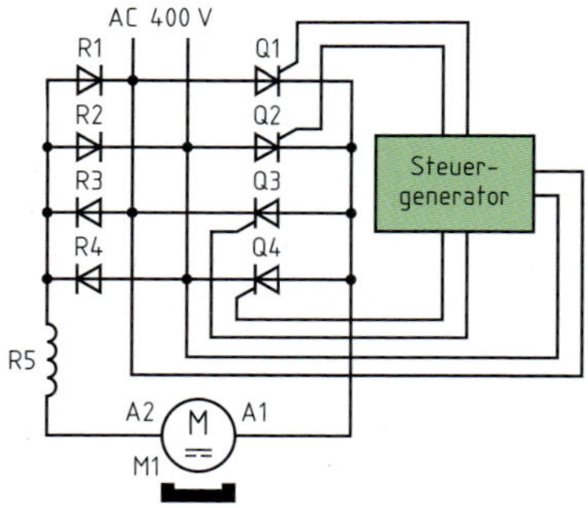	Bei diesem Umkehrgleichrichter sind zwei Brückenschaltungen gegenparallel an den Anker des fremderregten Motors angeschlossen. Der Taktgeber für die Anschnittsteuerung muss so beschaffen sein, dass entweder nur die eine oder die andere Brückenschaltung arbeitet. Die Drehzahl des Motors kann durch Änderung der Ansteuerung beeinflusst werden. Bei Motorleistungen über etwa 4 kW werden B6-Schaltungen verwendet. Nutzbremsung ist nicht möglich. Die Schaltung wird bei Antrieben mit beiden Drehrichtungen verwendet.
Vollgesteuerte Brückenschaltung (B6C)|(B6C) für den Anker Quadranten ①, ②, ③, ④	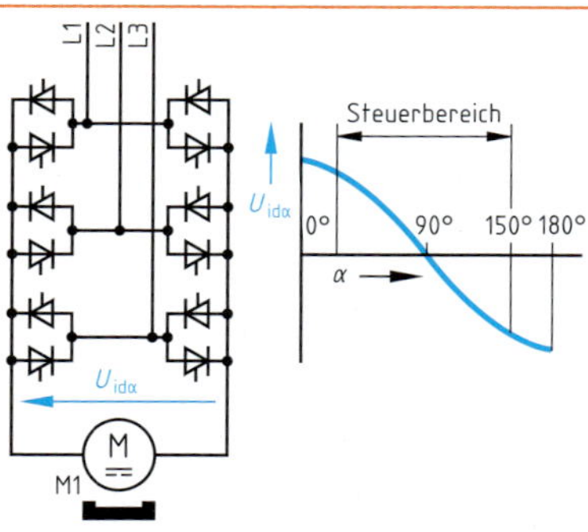	Für diesen Zweirichtungs-Stromrichter für beide Drehrichtungen (Umkehrstromrichter) ist je nach Ansteuerung der einen oder der anderen vollgesteuerten Brückenschaltung Gleichrichterbetrieb oder Wechselrichterbetrieb möglich. Wird immer mit derselben Drehrichtung gearbeitet, dann genügt eine vollgesteuerte Brückenschaltung B6C. Nutzbremsung ist möglich. Bei Motorleistungen bis etwa 4 kW verwendet man B2-Schaltungen. Anwendung bei hochwertigen Antrieben, z. B. von Werkzeugmaschinen.

S

Schaltungen	Erklärungen	Formeln

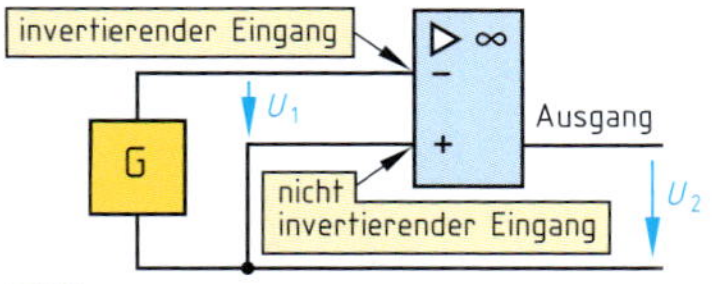

Differenzansteuerung

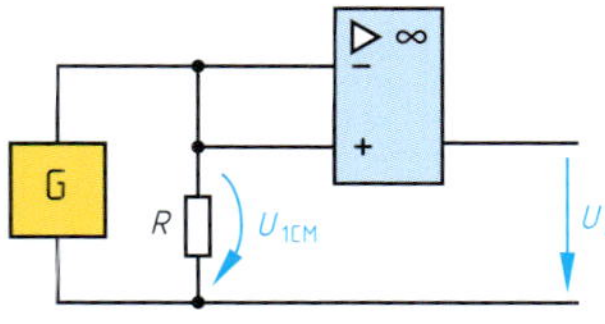

Gleichtaktansteuerung

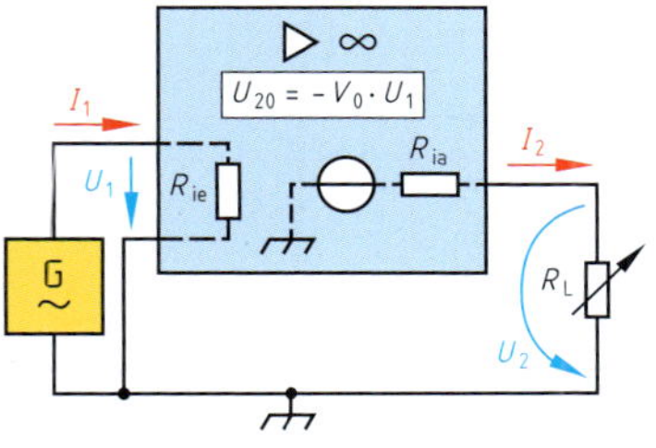

Ersatzschaltplan für einen Operationsverstärker

Die Anschlüsse für die positive und negative Betriebsspannung werden üblicherweise nicht gezeichnet. Beim Operationsverstärker unterscheidet man zwischen *Differenzansteuerung* **(Bild)** und *Gleichtaktansteuerung* **(Bild)**. Wird nur einer der beiden Eingänge angesteuert, dann entspricht dies einer Differenzansteuerung.

Der *Gleichtakt-Unterdrückungsfaktor* V_{CMRR} ist das Verhältnis der Eingangsspannung bei Gleichtaktansteuerung zur Eingangsspannung bei Differenzansteuerung, die jeweils am Ausgang die gleiche Spannung verursachen.

Die Frequenzkompensation erfolgt intern oder extern durch ein RC-Glied **(Bild)**.

Die *Eingangs-Offset-Spannung* U_{10} ist die am Differenzeingang notwendige Gleichspannung, damit die Ausgangsspannung im nicht angesteuerten Betrieb null ist. Manche Operationsverstärker haben einen internen Nullabgleich.

Wenn ein Operationsverstärker voll ausgesteuert ist, kann die Ausgangsspannung der Eingangsspannung nur bis zu einer bestimmten Anstiegsgeschwindigkeit folgen, d.h. die Ausgangsspannung wird dreieckförmig mit konstanter Anstiegsgeschwindigkeit *SR*.

$$G_0 = 20 \cdot \lg \frac{U_2}{U_1}$$

$[G_0] = \text{dB}$

$$G_{CM} = 20 \cdot \lg \frac{U_2}{U_{1CM}}$$

$[G_0] = \text{dB}$

$$G_{CMRR} = G_0 - G_{CM}$$

$$R_{ie} = \frac{U_1}{I_1}$$

$$R_{ia} = \frac{\Delta U_2}{\Delta I_2}$$

$$SR = \frac{\Delta U_2}{\Delta t}$$

$$B = \frac{SR}{2\pi \cdot U_{2max}}$$

$$f_c = \frac{f_D}{V}$$

S

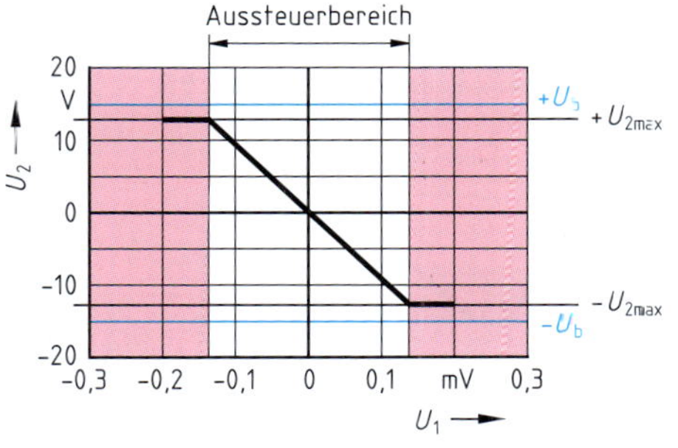

Übertragungskennlinie eines Operationsverstärkers

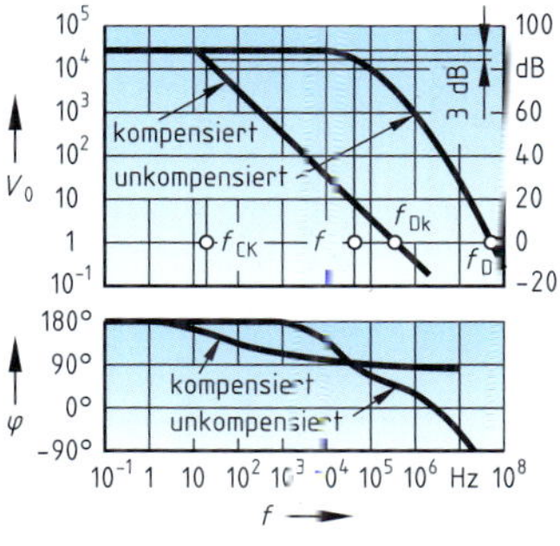

Frequenzkompensation

B	Großsignalbandbreite (U_2 noch unverzerrt)
f_c	Grenzfrequenz
f_D	Durchtrittsfrequenz
G_0	Leerlauf-Spannungsverstärkungsmaß in dB bei Differenzansteuerung
G_{CM}	Gleichtakt-Verstärkungsmaß in dB (CM von Common Mode Voltage Gain)
G_{CMRR}	Gleichtakt-Unterdrückungsmaß in dB (CMRR von Common Mode Rejection Ratio)
I_1	Eingangsstrom
R_{ia}	Ausgangsinnenwiderstand
R_{ie}	Eingangsinnenwiderstand bei Differenzansteuerung
SR	Maximale Anstiegsgeschwindigkeit der Spannung bei voll ausgesteuertem Operationsverstärker (SR von slew rate = Anstiegsgeschwindigkeit)
U_1	Spannung zwischen invertierendem und nicht invertierendem Eingang
U_{1CM}	Eingangsspannung bei Gleichtakt-Ansteuerung
U_2	Ausgangsspannung
U_{2max}	maximale unverzerrte Ausgangsspannung
V	Spannungsverstärkungsfaktor
V_0	Leerlauf-Spannungsverstärkungsfaktor
k	kompensiert
c	von to cut = abschneiden
ΔI_2	Änderung des Ausgangsstromes
Δt	Zeitänderung
ΔU_2	Änderung der Ausgangsspannung

Bedeutung weiterer Formelzeichen ist aus den Bildern erkennbar.

Schaltungen mit Operationsverstärkern 1 Circuits with operational amplifiers 1

S

Schaltung	Ersatzschaltung	Signalverläufe	Formeln
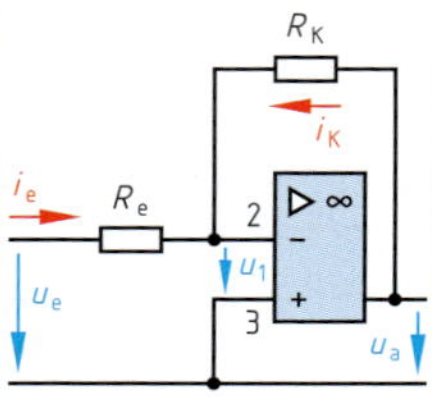 Invertierender Verstärker	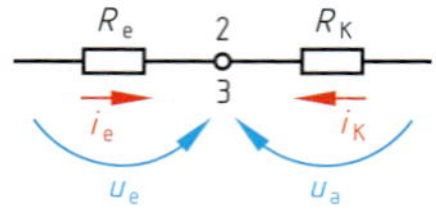	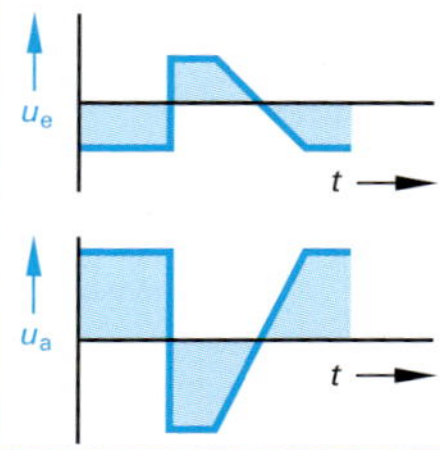	$i_e + i_K = 0$; $\frac{u_e}{R_e} + \frac{u_a}{R_K} = 0$; $\frac{u_a}{R_K} = -\frac{u_e}{R_e}$; **$u_a = -\frac{R_K}{R_e} \cdot u_e$**
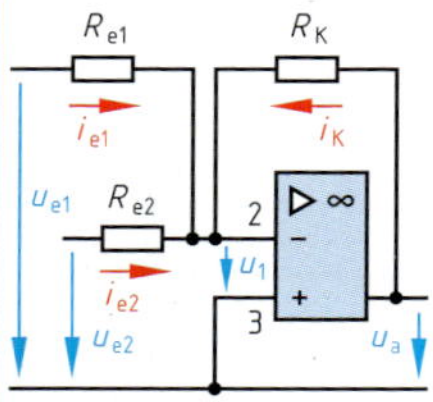 Summierverstärker	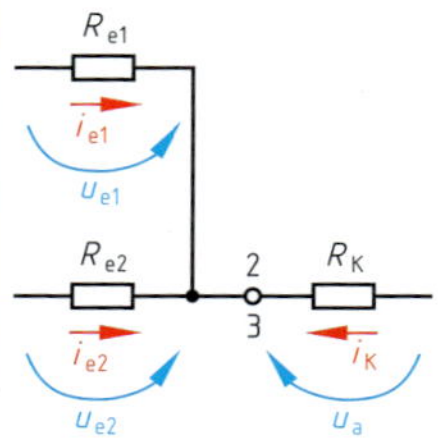	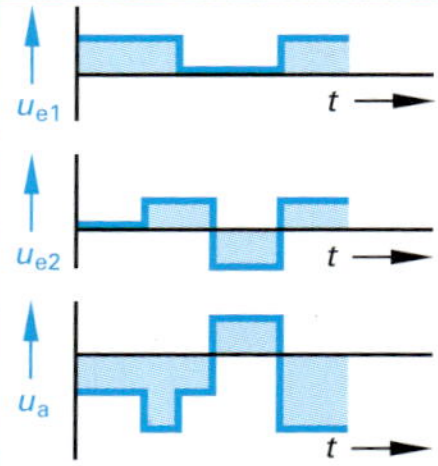	$i_{e1} + i_{e2} + i_K = 0$; $\frac{u_{e1}}{R_{e1}} + \frac{u_{e2}}{R_{e2}} + \frac{u_a}{R_K} = 0$; $\frac{u_a}{R_K} = -\left(\frac{u_{e1}}{R_{e1}} + \frac{u_{e2}}{R_{e2}}\right)$; **$u_a = -\left[\frac{R_K}{R_{e1}} \cdot u_{e1} + \frac{R_K}{R_{e2}} \cdot u_{e2}\right]$**
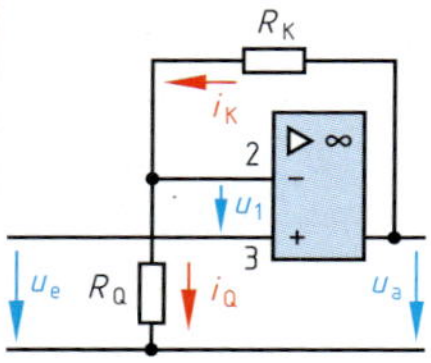 Nicht invertierender Verstärker	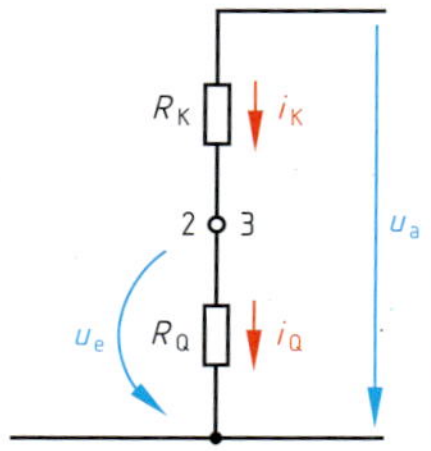	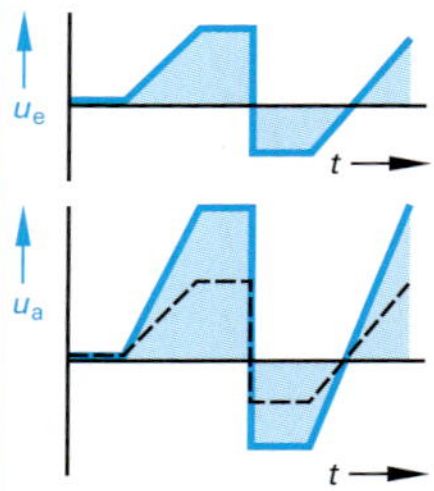	$u_a = u_e + i_K \cdot R_K$; $i_K = i_Q = u_e / R_Q$; $u_a = u_e + \frac{u_e}{R_Q} \cdot R_K$; **$u_a = \left(1 + \frac{R_K}{R_Q}\right) \cdot u_e$**
Impedanzwandler Spannungsfolger	Anpassung hochohmiger Eingänge	- - - Impedanzwandler; —— Nichtinvertierender Verstärker; hier: $R_K = R_Q \Rightarrow u_a = 2 \cdot u_e$	Beim Impedanzwandler ist R_K überbrückt. $\Rightarrow R_K = 0\ \Omega$; **$u_a = u_e$**
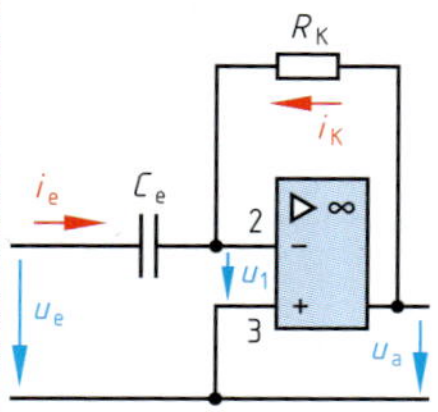 Differenzier-Invertierer	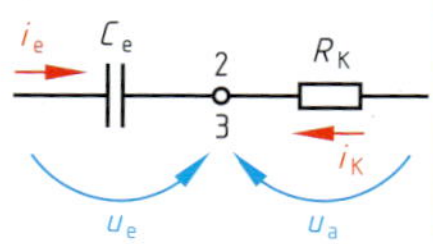	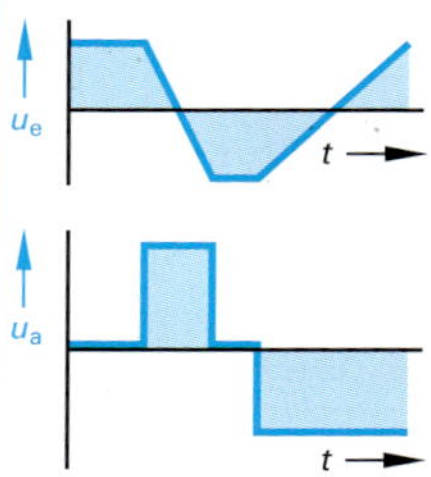	$u_a = i_K \cdot R_K$; $i_K = -i_e = -C_e \cdot \frac{\Delta u_e}{\Delta t}$; **$u_a = -R_K \cdot C_e \cdot \frac{\Delta u_e}{\Delta t}$**; Bei Sinusspannungen: **$U_{a\sim} = \omega \cdot R_K \cdot C_e \cdot U_{e\sim}$**; $U_{a\sim}$ eilt $U_{e\sim}$ um 90° nach.
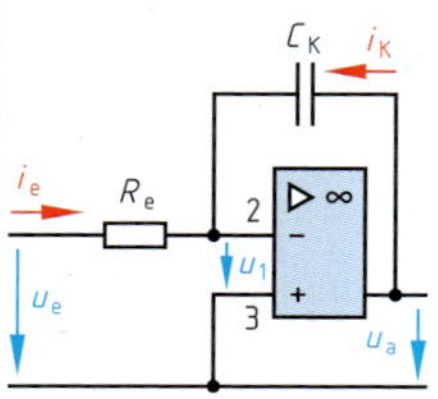 Integrier-Invertierer	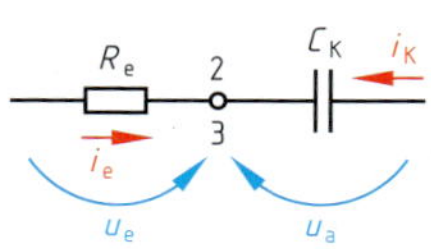	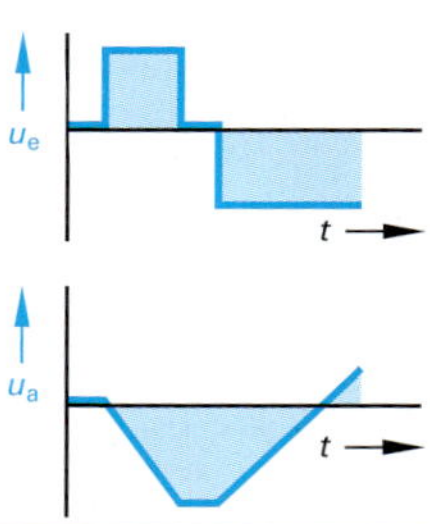	$i_K = C_K \cdot \frac{\Delta u_a}{\Delta t} = -\frac{u_e}{R_e}$; **$\Delta u_a = -\frac{u_e \cdot \Delta t}{R_e \cdot C_K}$**; Bei Sinusspannungen: **$U_{a\sim} = \frac{1}{\omega \cdot R_e \cdot C_K} \cdot U_{e\sim}$**; $U_{a\sim}$ eilt $U_{e\sim}$ um 90° vor.

Schaltungen mit Operationsverstärkern 2 — Circuits with operational amplifiers 2

Schaltung	Übertragungskennlinie	Signalverläufe	Formeln
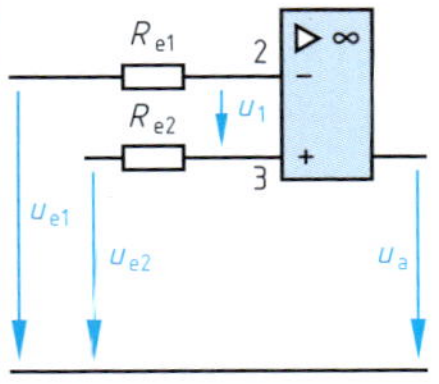 Spannungskomparator	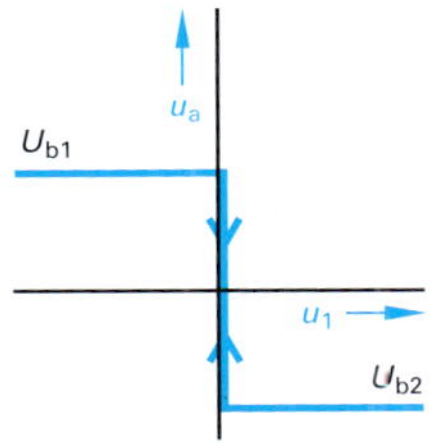	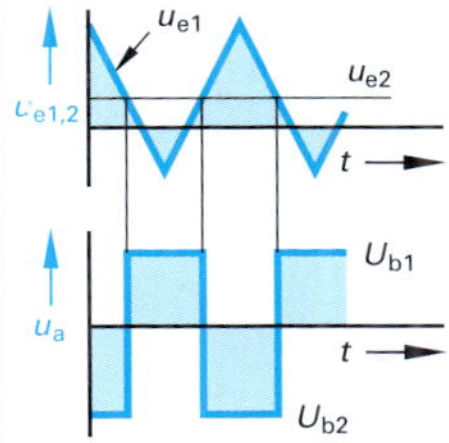	$u_1 = u_{e1} - u_{e2}$ Volle Aussteuerung bei $u_{e1} \neq u_{e2}$ Für $u_{e1} > u_{e2}$: $u_a \approx U_{b2}$ Für $u_{e1} < u_{e2}$: $u_a \approx U_{b1}$
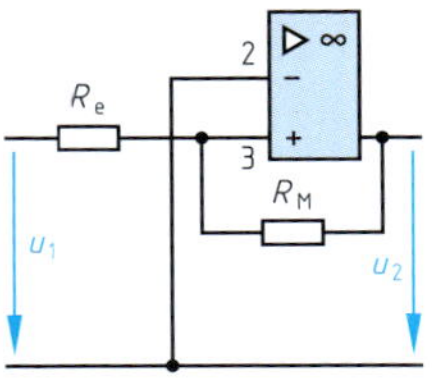 Nicht invertierender Schwellwertschalter	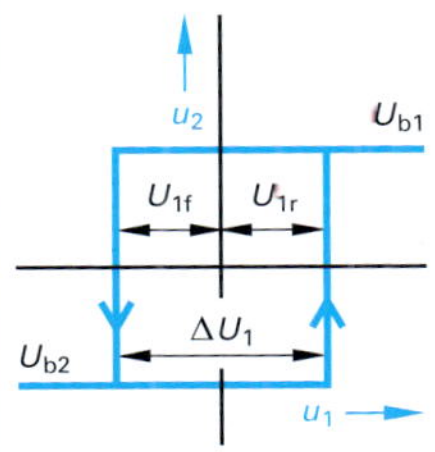	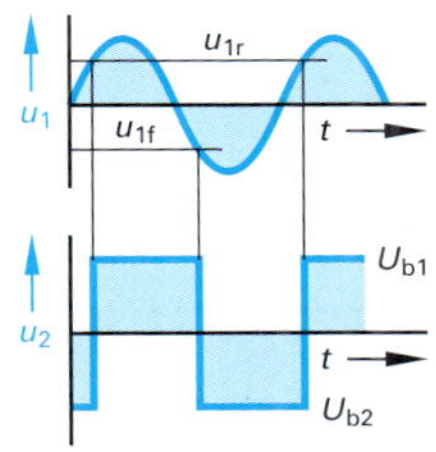	Die Ausgangsspannung u_2 springt ins *Positive*, sobald die *steigende* Eingangsspannung u_1 den *positiven* Wert U_{1r} erreicht hat. Schaltdifferenz ΔU_1: $\Delta U_1 = U_{1r} - U_{1f}$ $\Delta U_1 \approx \frac{R_e}{R_M} \cdot (U_{b1} - U_{b2})$
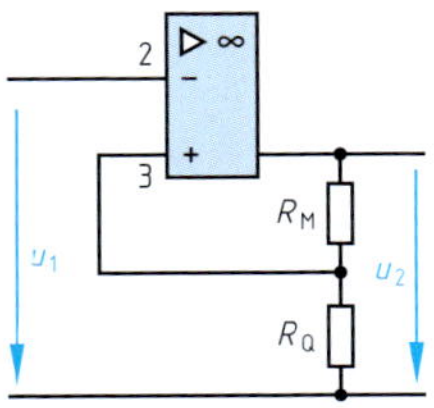 Invertierender Schwellwertschalter	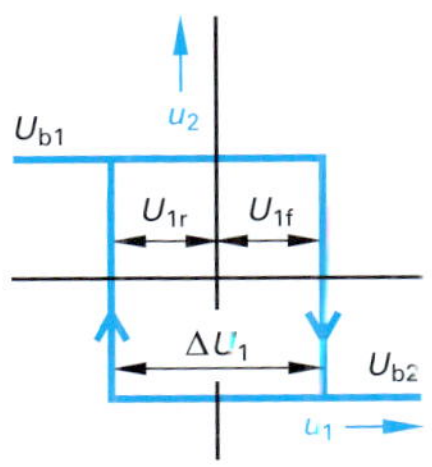	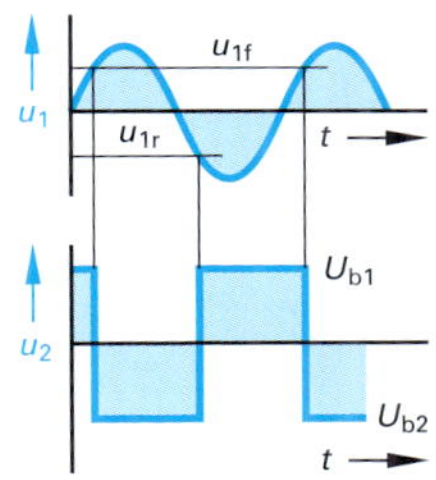	Die Ausgangsspannung u_2 springt ins *Positive*, sobald die *sinkende* Eingangsspannung u_1 den *negativen* Wert U_{1r} erreicht hat Schaltdifferenz ΔU_1: $\Delta U_1 = U_{1f} - U_{1r}$ $\Delta U_1 \approx \frac{U_{b1} - U_{b2}}{\left(1 + \frac{R_M}{R_Q}\right)}$
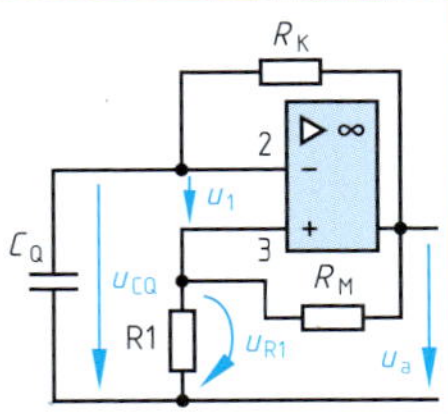 Astabile Kippschaltung	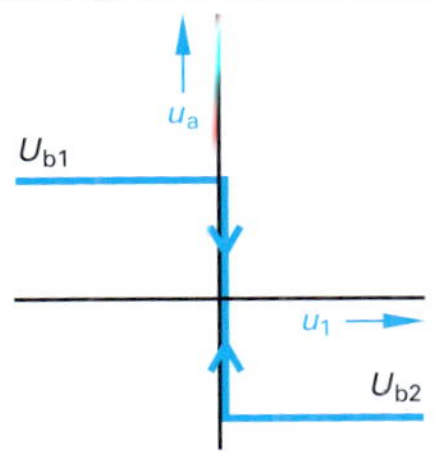	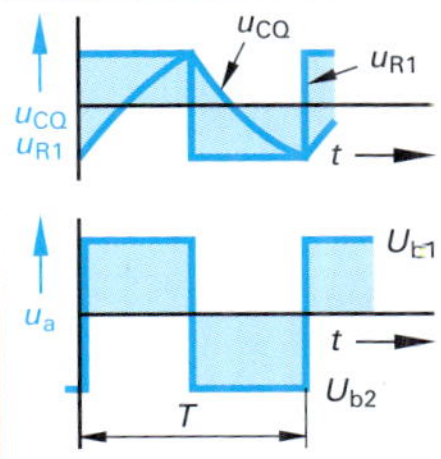	$u_1 = u_{CQ} - u_{R1}$ Für $\lvert U_{b1} \rvert = \lvert U_{b2} \rvert$: $T = 2 \cdot R_K \cdot C_Q \cdot \ln(\alpha)$ $\alpha = \left(1 + 2 \cdot \frac{R_1}{R_M}\right)$ $f = \frac{1}{T}$
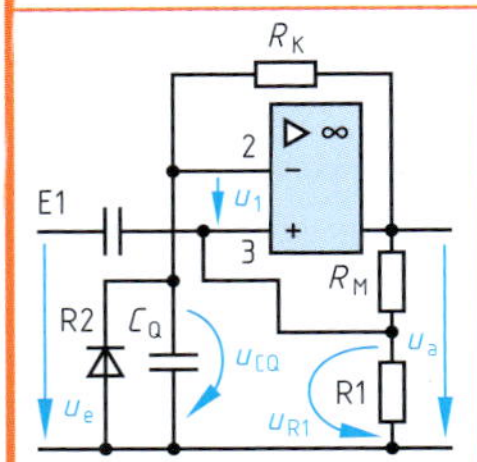 Monostabile Kippschaltung	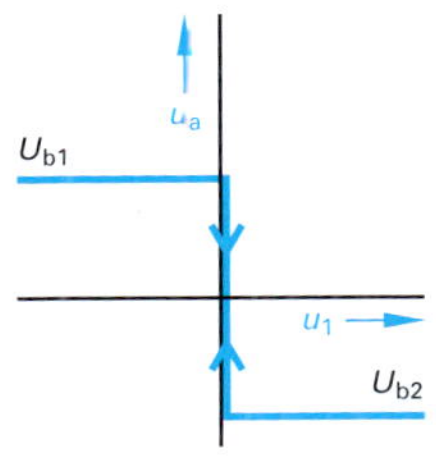	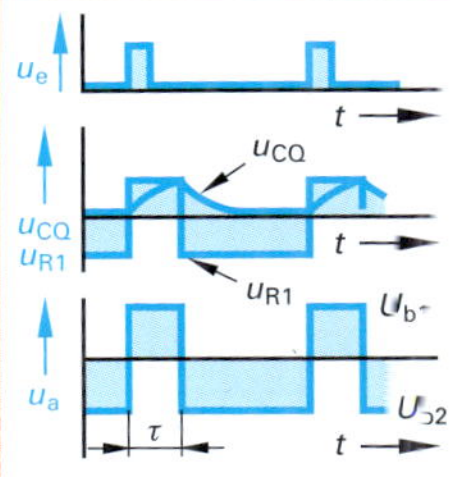	$u_1 = u_{CQ} - u_{R1}$ Für $\lvert U_{b1} \rvert = \lvert U_{b2} \rvert$: $t_i \approx R_K \cdot C_Q \cdot \ln(\beta)$ $\beta = (1 + R_1/R_M)$ *Negative* Ausgangsimpulse erhält man, wenn man R2 *umpolt* und E1 mit *negativen* Impulsen ansteuert.

f Frequenz, T Periodendauer, t_i Impulsdauer, U_{b1} positive Betriebsspannung, U_{b2} negative Betriebsspannung, U_{1f} Schwellwert für sinkende Eingangsspannung, U_{1r} Schwellwert für steigende Eingangsspannung, ΔU_1 Schaltdifferenz, β Teilerverhältnis.

Schaltungen mit Operationsverstärkern 3 Circuits with operational amplifiers 3

Schaltung	Ersatzschaltung	Signalverläufe, Bemerkungen	Formeln
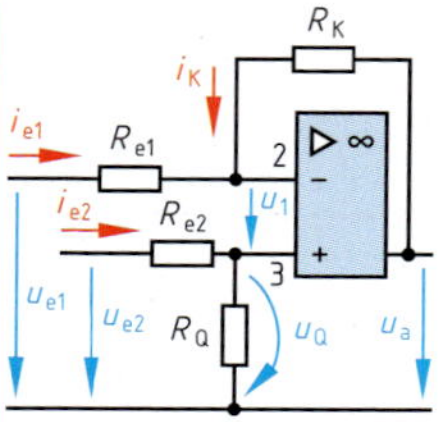 Subtrahierverstärker	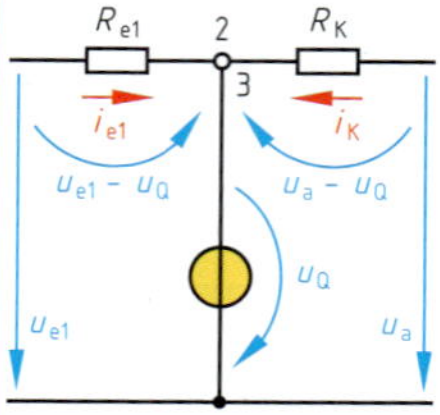	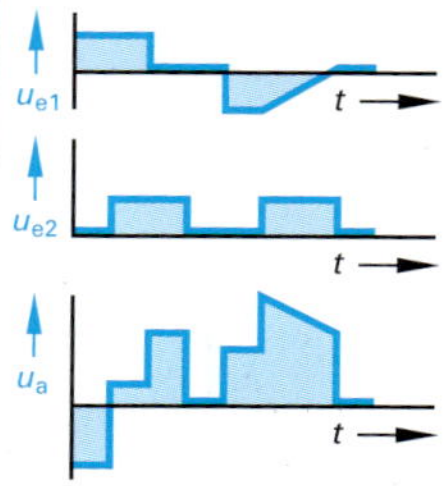	$u_Q = \frac{R_Q}{R_{e2}+R_Q}\cdot u_{e2}$ $u_a = \frac{1+R_K/R_{e1}}{1+R_{e2}/R_Q}\cdot u_{e2} - u_{e1}\cdot R_K/R_{e1}$ Differenzverstärker: $R_K/R_{e1} = R_Q/R_{e2} = V_u$ $u_a = V_u\cdot(u_{e2}-u_{e1})$
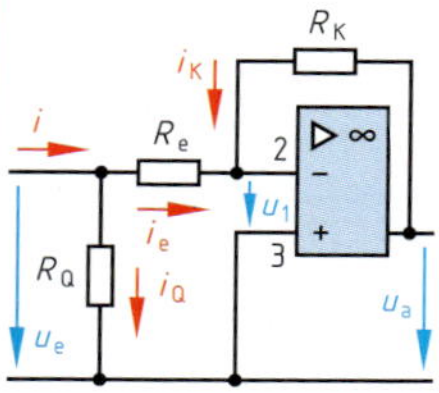 Strom-Spannungs-Umsetzer	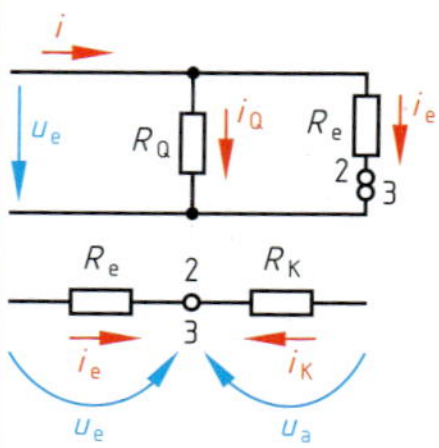	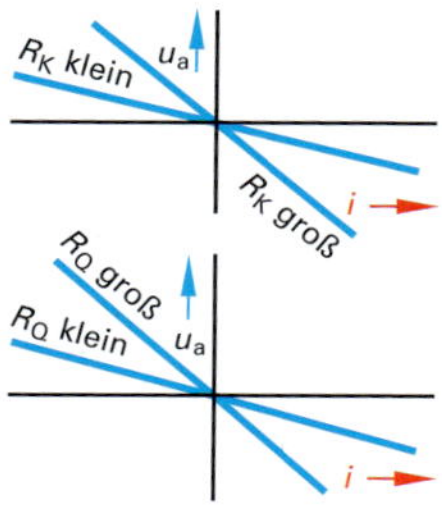	$u_e = \frac{R_Q\cdot R_e}{R_Q+R_e}\cdot i$ Invertierender Verstärker: $u_a = -\frac{R_K}{R_e}\cdot u_e$ $u_a = -\frac{R_K}{(1+R_e/R_Q)}\cdot i$
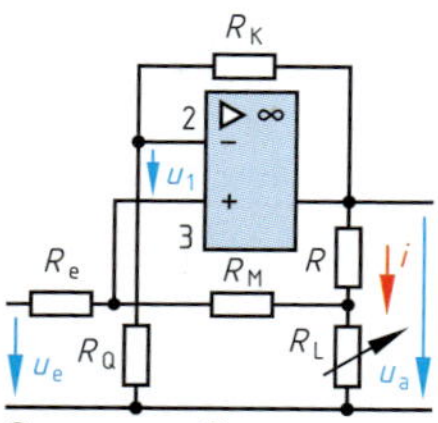 Spannungs-Strom-Umsetzer	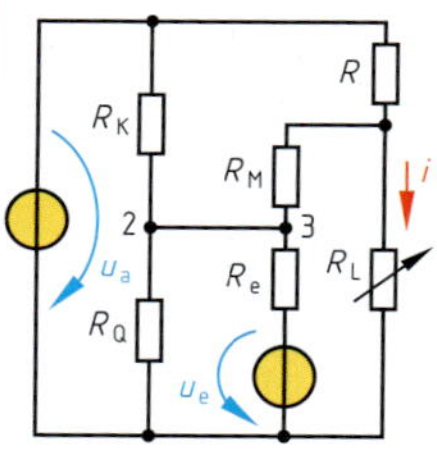	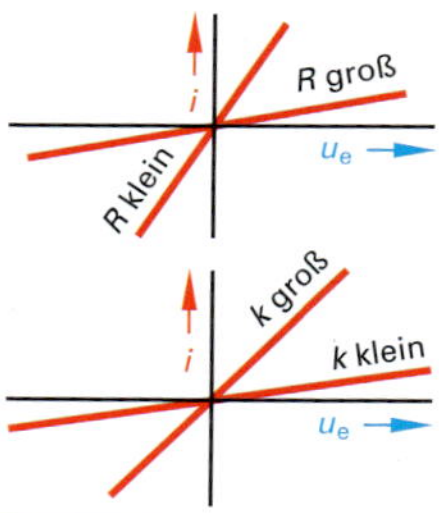	Bemessen der Schaltung: 1. Gleiche Teilerverhältnisse k $R_K/R_Q = R_M/R_e = k$ 2. $R_M \gg R$ $i = \frac{k}{R}\cdot u_e$
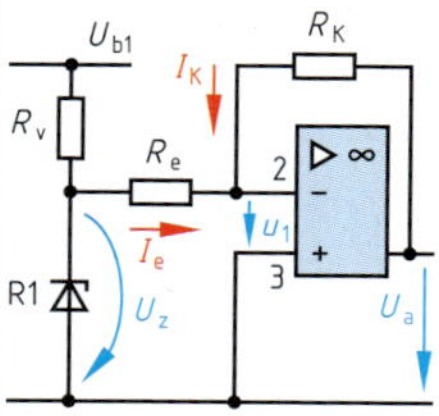 Konstantspannungsquelle	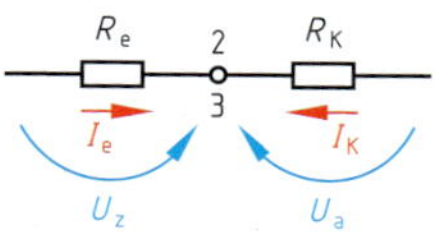	R1 ist eine Z-Diode mit von der Temperatur unabhängiger Z-Spannung: $U_z = 5{,}6$ V (Reihe E12) oder $U_z = 6{,}2$ V (Reihe E24). Eine positive Ausgangsspannung U_a erhält man durch Umpolen von R1 und Anlegen von R_v an die negative Betriebsspannung U_{b2}.	$I_e + I_K = 0$ $\frac{U_z}{R_e} + \frac{U_a}{R_K} = 0$ $U_a = -\frac{R_K}{R_e}\cdot U_z$
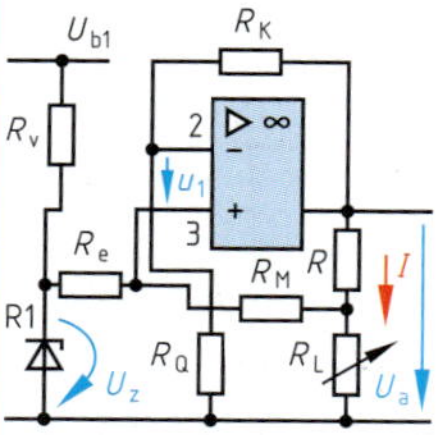 Konstantstromquelle	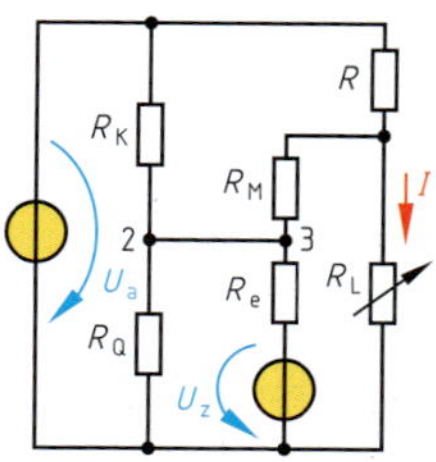	Bei dieser Schaltung fließt der Konstantstrom I über die gemeinsame Masseleitung ab. Für R1 verwendet man $U_z = 5{,}6$ V oder $U_z = 6{,}2$ V. Negativen Strom I erhält man durch Umpolen von R1 und Anlegen von R_v an die negative Betriebsspannung U_{b2}.	Bemessen der Schaltung: 1. Gleiche Teilerverhältnisse k $R_K/R_Q = R_M/R_e = k$ 2. $R_M \gg R$ $I = \frac{k}{R}\cdot U_z$

Sinusoszillatoren Sinewave oscillators

Selbsterregungsbedingungen, Frequenzbestimmung

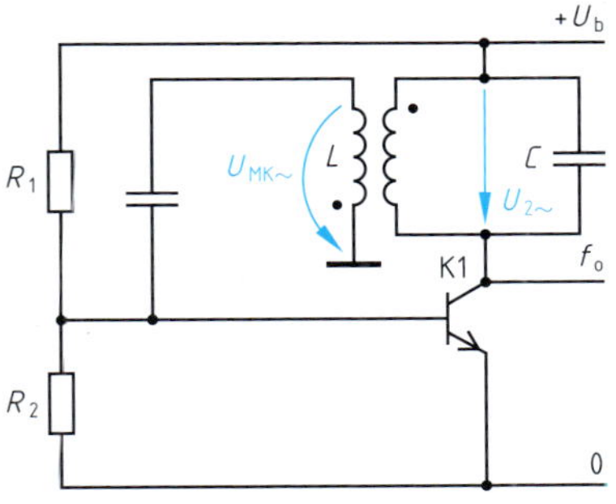

Meißner-Oszillatorschaltung in Emitterschaltung mit Reihenspeisung

K Mitkopplungsfaktor
$U_{MK\sim}$ Mitkopplungsspannung
$U_{2\sim}$ Ausgangsspannung
V_u Spannungsverstärkungsfaktor
φ_K Phasenverschiebungswinkel zwischen Spannung $U_{MK\sim}$ und Eingangsspannung

Die Punkte (●) am Übertrager bedeuten, dass der Phasenverschiebungswinkel zwischen $U_{2\sim}$ und $U_{MK\sim}$ 180° beträgt.

$$K = \frac{U_{MK\sim}}{U_{2\sim}}$$

Amplitudenbedingung für Selbsterregung:

$$K \cdot V_u > 1$$

Amplitudenbedingung nach Einschwingen:

$$K \cdot V_u = 1$$

Phasenbedingung:

$$\varphi_K = 0°$$

Beim LC-Oszillator:

$$f_o = \frac{1}{2\pi \cdot \sqrt{L \cdot C}}$$

Art	Phasenschieber Oszillator mit drei RC-Gliedern		Wien-Brücken-generator
	R im Querzweig	R im Längszweig	
m	$2\pi \cdot \sqrt{6}$ = 15,4	$2\pi / \sqrt{6}$ = 2,56	2π

Frequenzbestimmung

f_o Schwingfrequenz
L Induktivität
C Kapazität
R Widerstand
m schaltungsabhängiger Faktor **(Tabelle)**

Beim RC-Oszillator:

$$f_o = \frac{1}{m \cdot R \cdot C}$$

Schaltungen

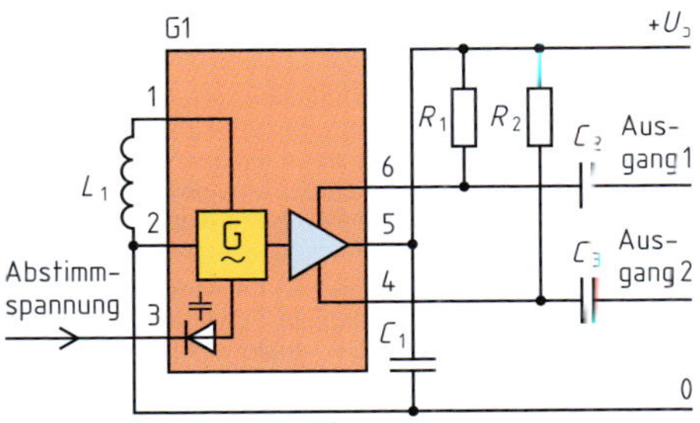

Spannungsgesteuerter Oszillator (VCO) mit IC

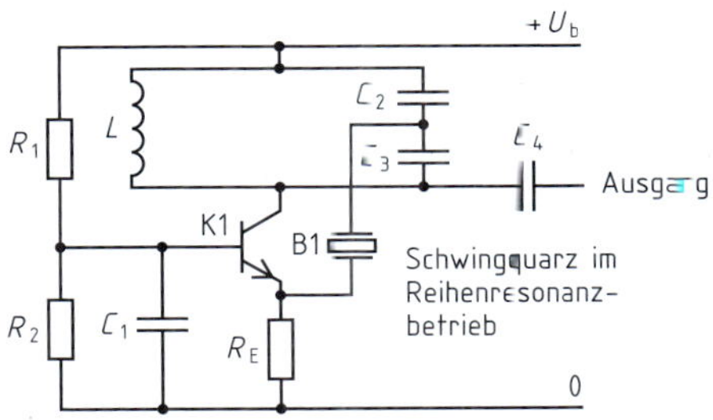

Kapazitive Dreipunktschaltung (Colpitts-Schaltung) in Basisschaltung mit Reihenspeisung, quarzstabilisiert

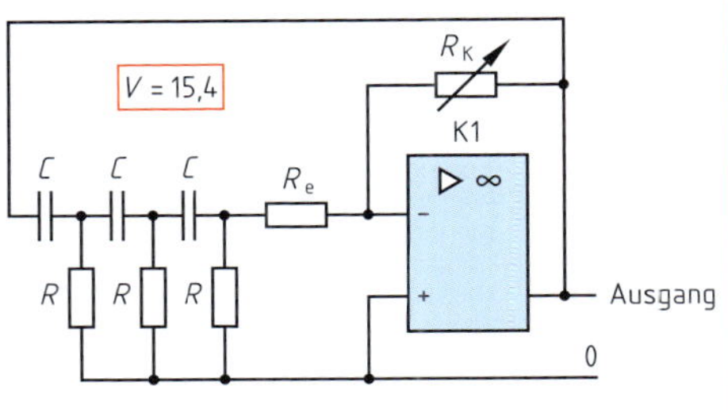

Phasenschieber-Oszillator mit invertierendem Verstärker, drei RC-Glieder, *R* im Querzweig

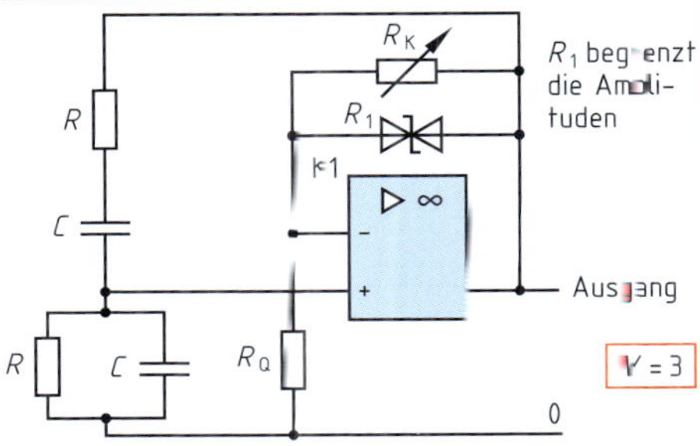

Wien-Brückengenerator mit nicht invertierendem Verstärker

Phasenregelkreis PLL Phase locked loop PLL

Schaltungen, Kennlinie	Zeitablaufdiagramme für digitalen Phasendetektor	Bemerkungen

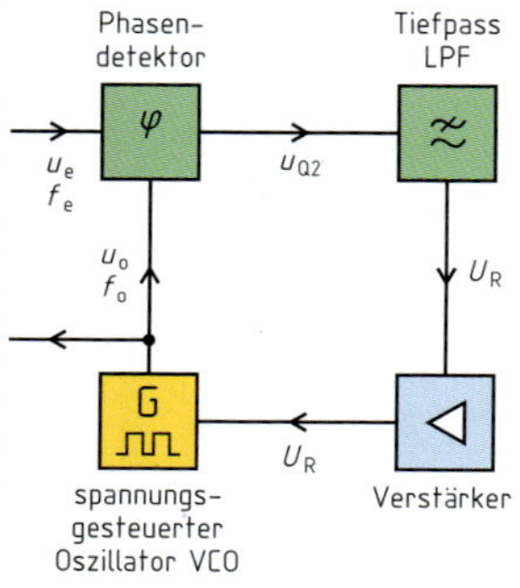

Übersichtsschaltplan

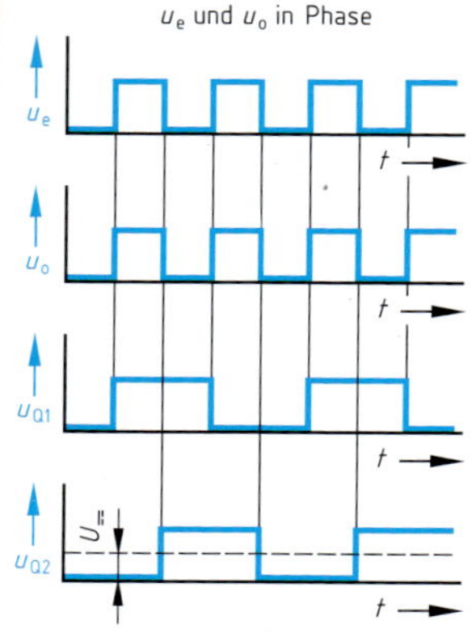

Der Phasendetektor liefert bei einer Frequenzdifferenz ($f_o - f_e$) bzw. bei einer Phasenverschiebung zwischen u_o und u_e eine Ausgangsspannung, die mithilfe des Tiefpasses LPF (Low Pass Filter) in eine Regel-Gleichspannung U_R umgewandelt wird (**Bild**). Diese Gleichspannung regelt den Oszillator nach, bis Frequenz- und Phasengleichheit vorliegen. Der Phasenregelkreis ist dann eingerastet (locked).

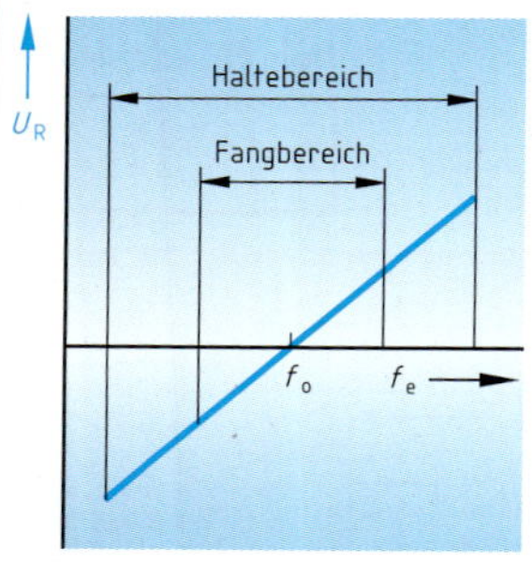

Kennlinie

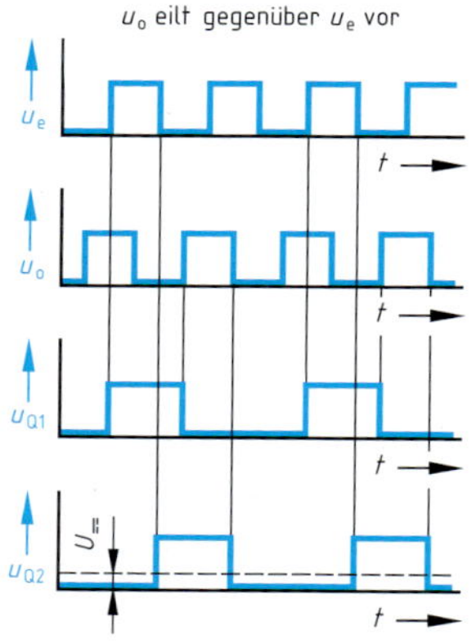

Damit die PLL-Schaltung (Phase Locked Loop) einrasten kann, muss sich f_e bis zum Fangbereich (lock-in range) annähern (**Kennlinie**).

Wenn die PLL-Schaltung eingerastet ist, wird f_o innerhalb des Haltebereichs (hold-in range) auf f_e nachgeregelt.

Als spannungsgesteuerter Oszillator VCO (Voltage Controlled Oscillator) können LC-Oszillatoren und astabile Kippschaltungen eingesetzt werden.

Die Nachstimmung der LC-Oszillatoren erfolgt z. B. mit Kapazitätsdioden.

Forderungen an den VCO:
Lineare Regelcharakteristik, hohe Regelsteilheit, großer Frequenzregelbereich. Der Verstärker verkleinert den verbleibenden Phasenfehler.

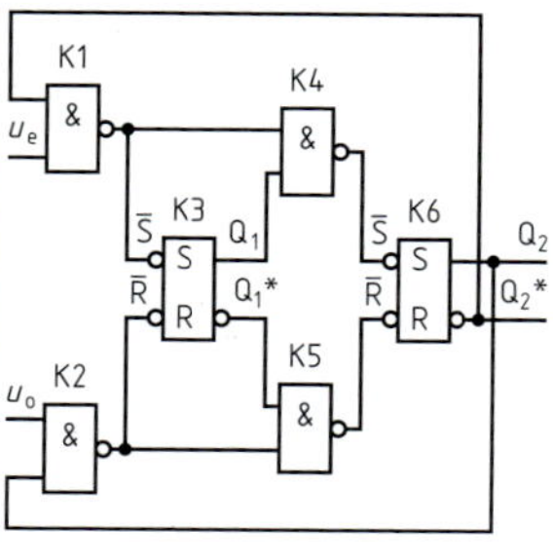

Digitaler Phasendetektor

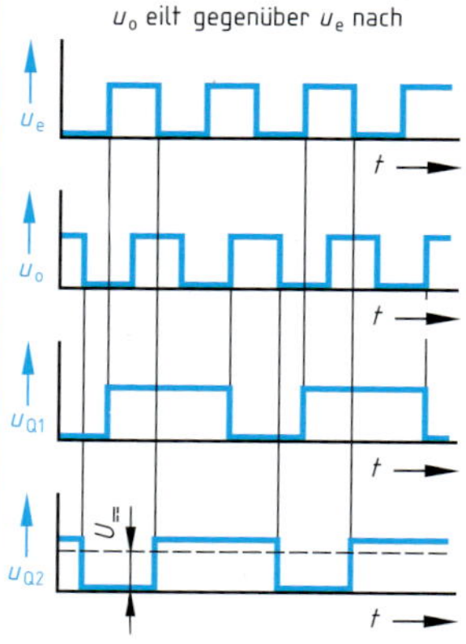

Der Phasendetektor vergleicht die Oszillatorspannung u_o mit der Referenzspannung u_e in Frequenz und Phase und leitet daraus eine der Abweichung proportionale Regel-Gleichspannung U_R abzuleiten.

Der Phasendetektor kann als analoge oder als digitale Schaltung aufgebaut werden. Der analoge Phasendetektor wirkt wie ein Multiplizierer, an dessen Ausgang u. a. eine Spannung mit der Differenzfrequenz $f_o - f_e$ entsteht.

Der digitale Phasendetektor kann z. B. mit zwei $\overline{RS}$-Flipflop **(Bild)** aufgebaut werden.

Die Spannung u_{Q2} wird z. B. mit einem RC-Glied integriert, um am Ausgang des Tiefpasses eine Gleichspannung zu erhalten.

Kompensiert man die bei Phasengleichheit sich einstellende Gleichspannung mit einer entsprechenden Gleichspannung, so erhält man bei nacheilender u_o eine positive und bei voreilender u_o eine negative Ausgangsgleichspannung.

f_e	Referenzfrequenz	u_o	Oszillatorspannung
f_o	Oszillatorfrequenz	u_{Q1}, u_{Q2}	Ausgangsspannungen des digitalen Phasendetektors
u_e	Referenzspannung	U_R	Regel-Gleichspannung.

Aktive Filter Active filters

Schaltungen	Übertragungskurven	Formeln, Bemerkungen
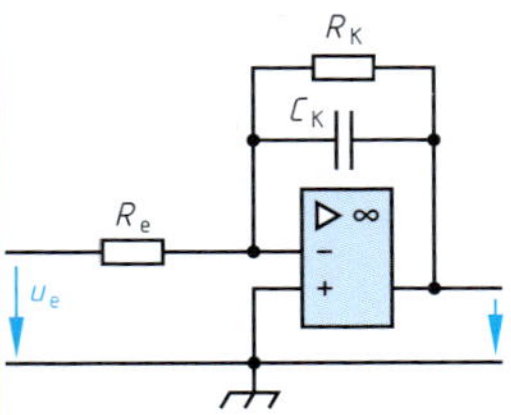 **Tiefpass 1. Ordnung**	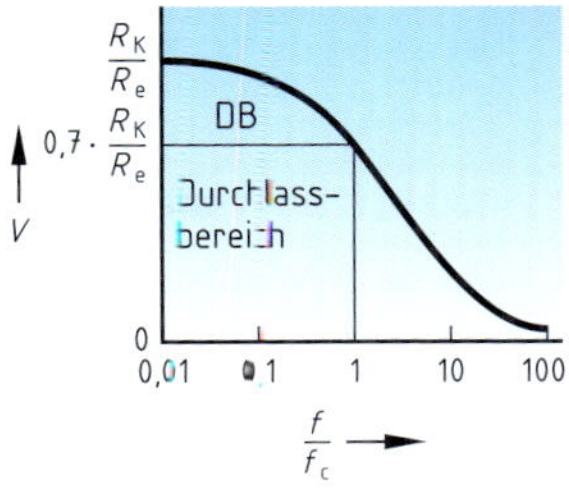	$V = \frac{Z_K}{R_e}$ $Z_K = \frac{R_K \cdot X_{CK}}{\sqrt{R_K^2 + X_{CK}^2}}$ im Durchlass-bereich DB: $V \approx \frac{R_K}{R_e}$ bei f_c: $V = 0{,}7 \frac{R_K}{R_e}$ $f_c = \frac{1}{2\pi \cdot R_K \cdot C_K}$
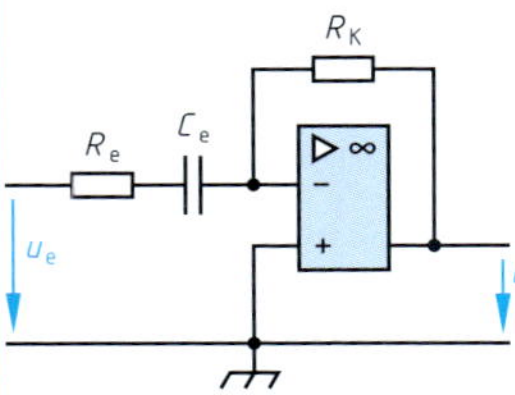 **Hochpass 1. Ordnung**	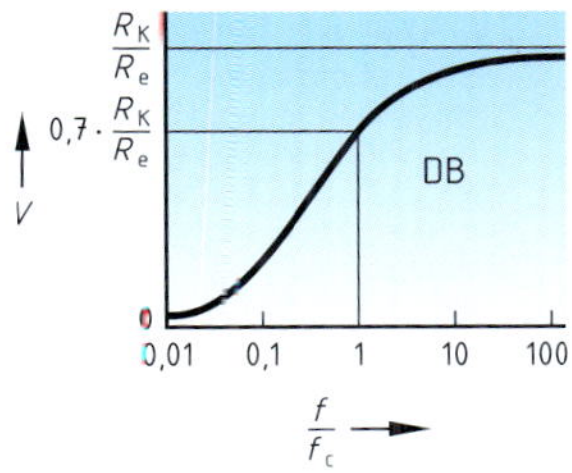	$V = \frac{R_K}{Z_e}$ $Z_e = \sqrt{R_e^2 + X_{Ce}^2}$ im Durchlass-bereich DB: $V \approx \frac{R_K}{R_e}$ bei f_c: $V = 0{,}7 \frac{R_K}{R_e}$ $f_c = \frac{1}{2\pi \cdot R_e \cdot C_e}$
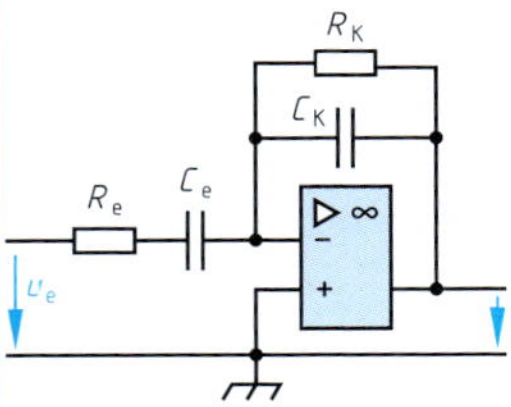 **Bandpass 1. Ordnung**	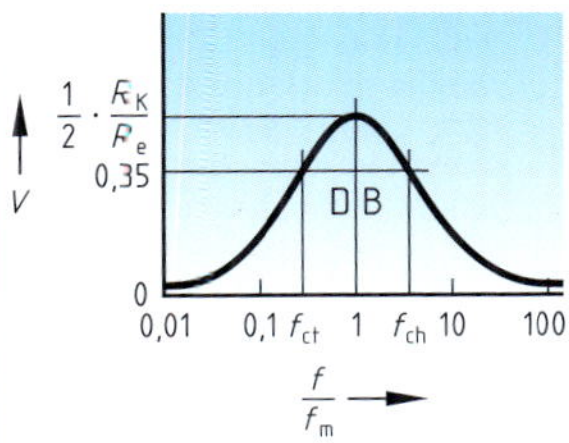	$V = \frac{Z_K}{Z_e}$ $Z_K = \frac{R_K \cdot X_{CK}}{\sqrt{R_K^2 + X_{CK}^2}}$ bei f_m: $Z_e = \sqrt{R_e^2 + X_{Ce}^2}$ $V = \frac{1}{2} \cdot \frac{R_K}{R_e}$ Bei f_{ct} ist $a = 0{,}41$ Bei f_{ch} ist $a = 2{,}41$ $f_{ct,ch} = \frac{a}{2\pi \cdot R_e \cdot C_e} = \frac{a}{2\pi \cdot R_K \cdot C_K}$
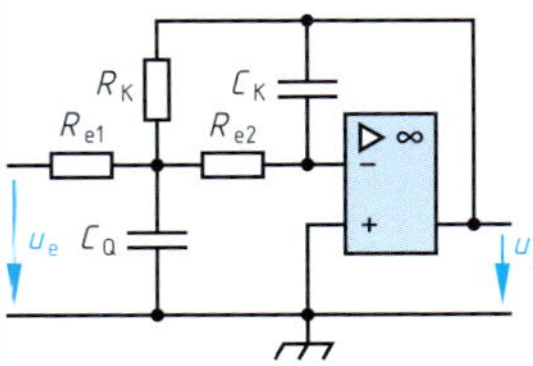 **Tiefpass 2. Ordnung**	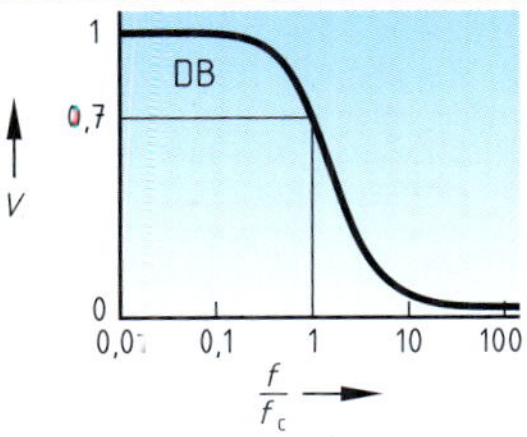	$C_K = \frac{a}{6\pi \cdot f_c \cdot R}$ $C_Q = \frac{3 \cdot b}{2\pi \cdot a \cdot f_c \cdot R}$ im Durchlass-bereich DB: $V \approx 1$ $R_{e1} = R_{e2} = R_K = R$ Bei der Filtercharakteristik Butterworth 2. Ordnung betragen $a = 1{,}414$ und $b = 1{,}0$
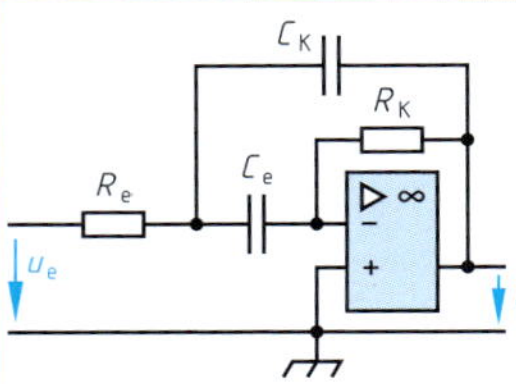 **Bandpass 2. Ordnung**	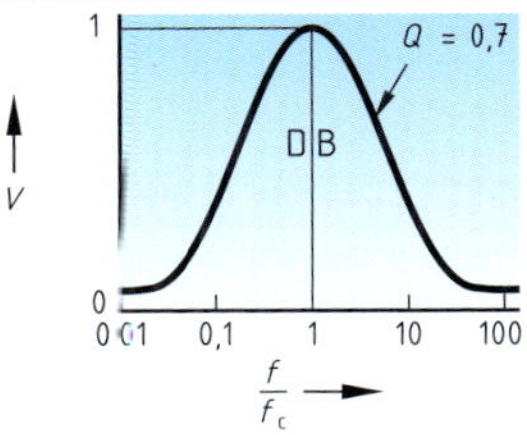	$C_e = C_K = C$ $f_c = \frac{1}{2\pi \cdot C \cdot \sqrt{R_e \cdot R_K}}$ im Durchlass-bereich DB: $V = 2 \cdot Q^2$ $Q = \frac{1}{2} \cdot \sqrt{\frac{R_K}{R_e}}$

a, b	Koeffizienten	R, R_e, R_{e1}, R_{e2}, R_K	Widerstände
C, C_e, C_K, C_Q	Kapazitäten der Kondensatoren	V	Spannungsverstärkungsfaktor
f_c	Grenzfrequenz	X_{Ce}, X_{CK}	Blindwiderstände
f_m	Mittenfrequenz	Z_e	Scheinwiderstand der Reihenschaltung R_e und C_e
Q	Güte	Z_K	Scheinwiderstand der Parallelschaltung R_K und C_K

S

Schaltnetzteile Switched power packs

Typen	Wirkungsweisen	Eigenschaften, Anwendungen
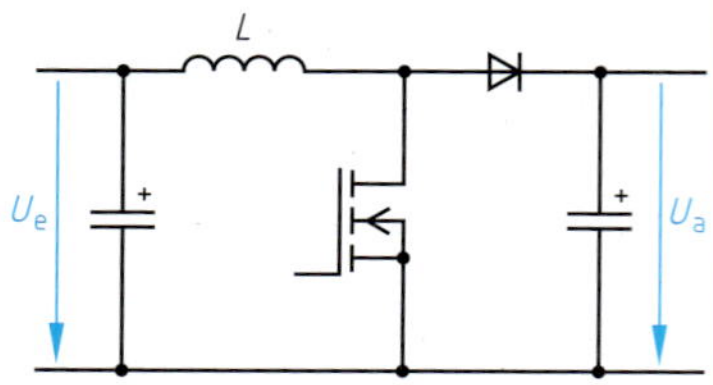 **Aufwärtswandler**	Der Aufwärtswandler (Boost-converter, Step-up converter) setzt eine Eingangsspannung in eine höhere Spannung um. Der Transistor arbeitet als Schalter, der meist pulsweitenmoduliert angesteuert wird.	Nicht kurzschlussfest, keine Netztrennung möglich, Ausgangsspannung lastabhängig. Batteriegespeiste Geräte, z. B. Notebooks, Handys, Fotoblitzgeräte.
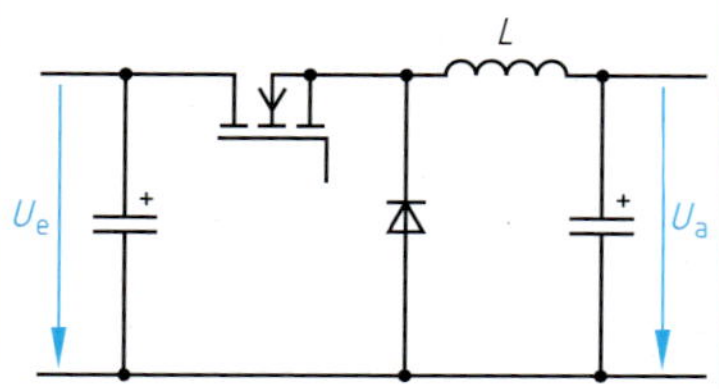 **Abwärtswandler**	Der Abwärtswandler (Buck-converter, Step-down converter) setzt eine Eingangsspannung in eine niedrigere Ausgangsspannung um. Der Transistor arbeiter als pulsweitenmodulierter Schalter.	Lastunabhängige Ausgangsspannung. Der Transistor wird mit hoher Frequenz im kHz-Bereich geschaltet. Hoher Wirkungsgrad. Ersetzt längsgeregelte lineare Netzteile, auf Motherboards zur Prozessorversorgung.
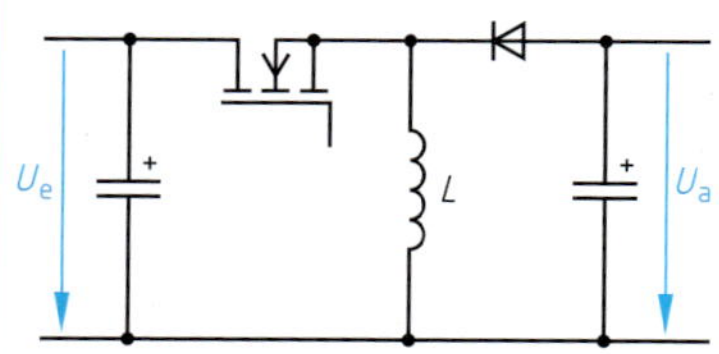 **Invertierender Wandler**	Der invertierende Aufwärtswandler (Buck-Boost converter) setzt eine positive Eingangsspannung in eine negative Ausgangsspannung um.	Nicht kurzschlussfest, keine Netztrennung möglich. Spannungswandler für serielle Schnittstellen, z. B. +5 V in −12 V umsetzen.
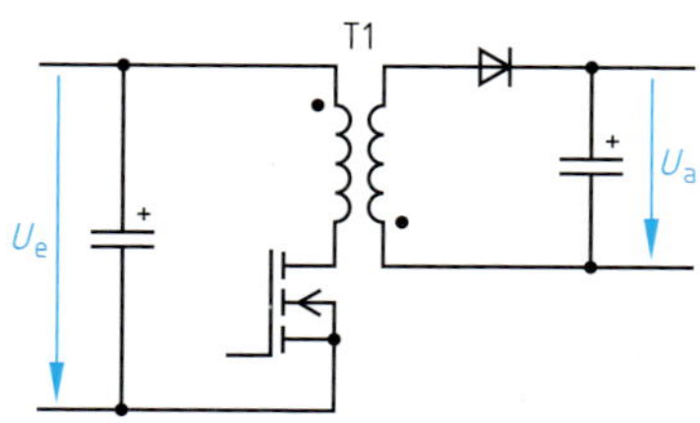 **Sperrwandler**	Sperrwandler (Flyback converter) setzt meist hohe Eingangsspannung in niedrige Ausgangsspannung um. Mit mehreren Wicklungen sind verschiedene Ausgangsspannungen möglich.	Kurzschlussfest, galvanische Netztrennung, nur eine Ausgangsspannung kann die Regelspannung erzeugen. Für netzbetriebene Elektronikgeräte, z. B. Fernseher, PC- und Notebook-Netzteile.
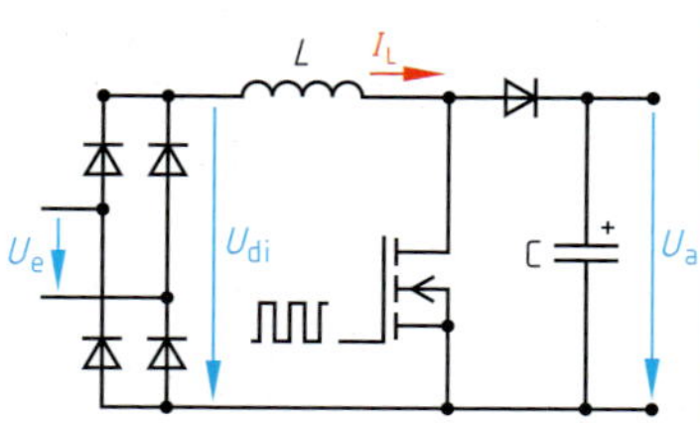 **Leistungsfaktorvorregler (PFC)**	Leistungsfaktorvorregler (Power Factor Preregulator, Power Factor Correction) wird dem eigentlichen Netzteil vorgeschaltet. Der Transistor regelt den Strom in der Induktivität so, dass er proportional zur Eingangsspannung ist **(Bild)**.	Es wird ein Aufwärtswandler verwendet, dessen Transistor so gesteuert wird, dass der Eingangsstrom sinusförmig wird. Die Ausgangsspannung ist nahezu konstant. 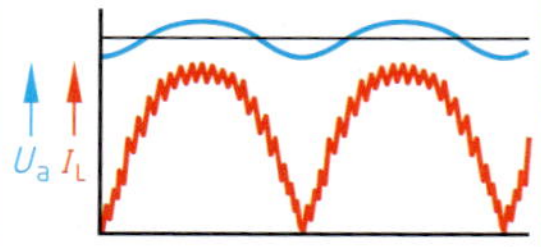

Schaltungen	Komponenten

Lineares Netzteil

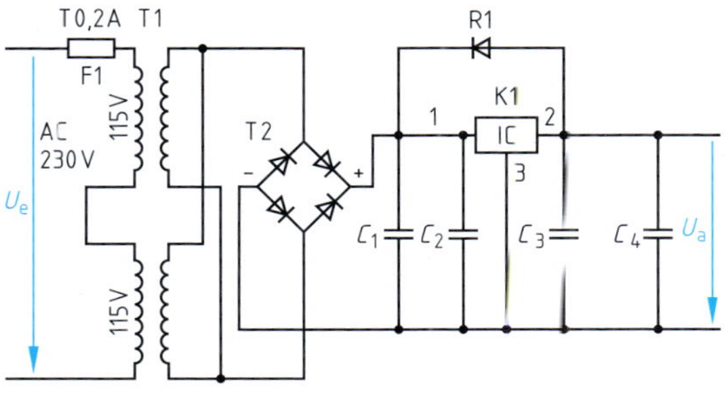

- T1 Transformator, Flachtransformator oder Ringkerntransformator, z. B. für 115 V/230 V umschaltbar.
- T2 Gleichrichter, Brückengleichrichter, z. B. B40C2200 für 40 V und 2,2 A.
- C1 Ladekondensator, z. B. 4700 µF
- C2 verhindert Schwingungen, z. B. 0,1 µF
- C3 Siebkondensator, z. B. 2200 µF
- C4 verbessert Regelverhalten, z. B. 0,1 µF
- K1 Spannungsregler, z. B. 7812 für $U_a = +12\,V$
- R1 Schutzdiode für Ausschalten, wenn z. B. die Spannung U_2 negativ wird.

Schaltnetzteil

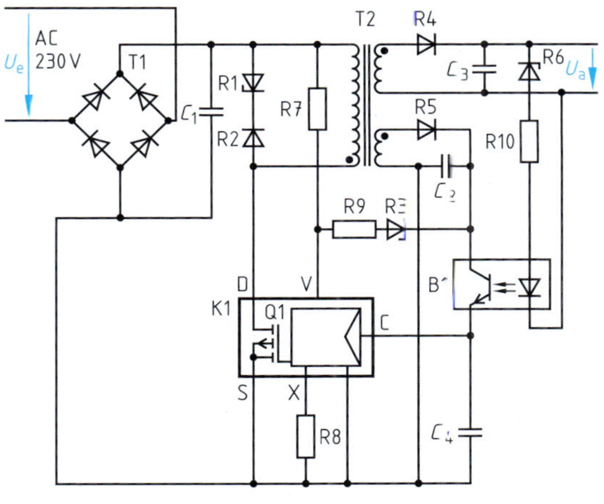

- T1 Gleichrichter, Brückengleichrichter, z. B. für 1000 V und 2,2 A.
- T2 Transformator, mit Ferritkern für Frequenzen bis 2 MHz, hier mit Zusatzwicklung für den Regelkreis.
- R2 Schaltdiode im Eingangskreis
- R4, R5 Gleichrichterdioden
- R1, R3, R6 Z-Dioden
- C1 Netzfilterkondensator
- C2, C3 Glättungskondensatoren
- C4 verhindert Schwingungen
- B1 Optokoppler mit IRED und Fototransistor
- K1 Schaltregler-IC mit CMOS-FET-Leistungsschalter Q1.
  - C Reglereingang
  - V Eingang zur Auswertung von 0 V, Unterspannung und Überspannung.
  - X Externe Strombegrenzung oder Fernsteuereingang für Standby.
- R7, R8, R9, R10 Wirkwiderstände.

Vergleich zwischen linearem Netzteil und Schaltnetzteil

Eigenschaften der Linearnetzteile		Eigenschaften der Schaltnetzteile	
Vorteile	**Nachteile**	**Vorteile**	**Nachteile**
• billig • robust • geringe Störstrahlung • bis 75 W keine PFC erforderlich • sehr zuverlässig	• großes Gewicht • großes Volumen • geringer Wirkungsgrad • oft Kühlkörper wegen der Verlustwärme • ab 75 W externe PFC notwendig.	• leicht • kleineres Volumen • Verwendung kleinerer Transformatoren und Siebmittel durch hohe Schaltfrequenzen • Wirkungsgrade bis $\eta > 90\,\%$ • großer Regelbereich durch Pulsweitenmodulation • PFC bis Wirkfaktor $\cos\varphi = 1$	• Maßnahmen gegen Störemission notwendig • magnetische Schirmung durch Gehäuse notwendig • oft große Anzahl von Bauelementen • höhere Ausfallrate • schlechtes Regelverhalten bei schnellen Lastwechseln oder kleiner Last • Schwingneigung bei zu kleiner Last

PFC von Power Factor Correction = Leistungsfaktorkorrektur

S

Spannungsstabilisierung Voltage stabilization

Schaltungen | Wirkungsweise, Formeln | Formeln, Daten

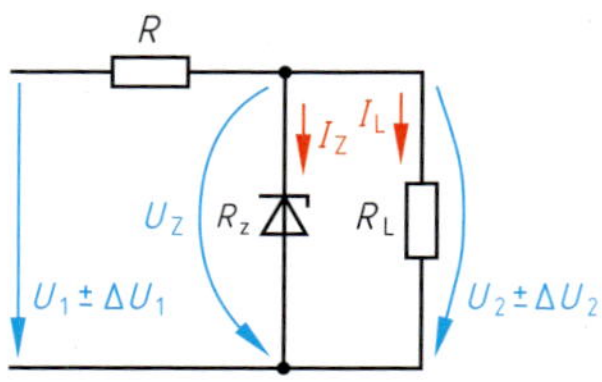

Spannungsstabilisierung mit Z-Diode

Der mögliche Laststrombereich wird durch den Arbeitsbereich der Z-Diode begrenzt. Beim maximalen Laststrom muss noch der minimale Zenerstrom fließen, beim minimalen Laststrom darf die maximale Verlustleistung der Z-Diode nicht überschritten werden.

$$R_{min} = \frac{U_{1\,max} - U_z}{I_{zmax} + I_{Lmin}}$$

$$R_{max} = \frac{U_{1\,min} - U_z}{I_{zmin} + I_{Lmax}}$$

$$\Delta U_{2i} = -\Delta I_L \cdot r_z$$

$$\Delta U_{2u} \approx \Delta U_1 \cdot \frac{r_z}{R}$$

$$\Delta U_2 \approx \Delta U_{2u} + \Delta U_{2i}$$

$$I_{zmax} = \frac{P_{tot}}{U_z}$$

$$I_{zmin} = 0{,}1 \cdot I_{zmax}$$

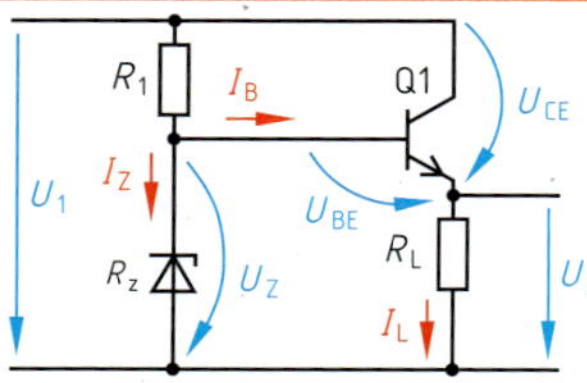

Spannungsstabilisierung mit Längstransistor

Der Laststrombereich ist das $(B+1)$-fache vom Arbeitsbereich der Z-Diode. Die maximal zulässige Verlustleistung des Transistors Q1 bestimmt den maximalen Laststrom.

$$U_2 = U_z - U_{BE}$$

$$U_{CE} = U_1 - U_2$$

$$I_B = \frac{I_L}{B+1}$$

$$R_1 = \frac{U_1 - U_z}{I_B + I_z}$$

$$I_{Lmax} \approx \frac{P_{tot}}{U_{CE}}$$

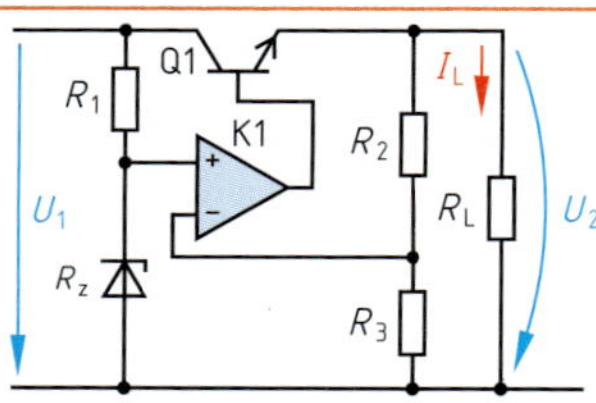

Spannungsstabilisierung mit Operationsverstärker

Der Operationsverstärker K1 arbeitet als Subtrahierverstärker. Seine Eingänge liegen in der Diagonalen der Brücke aus R_1, R_Z, R_2 und R_3. Er verstärkt die Regeldifferenz aus Istwert U_{R5} und Sollwert U_z und steuert das Stellglied Q1 an. Q1 stellt die Spannung U_2 so lange nach, bis die Regeldifferenz fast null ist.

$$U_2 \approx U_z \cdot \left(\frac{R_2}{R_3} + 1\right)$$

$$U_1 = U_{CE} + U_2$$

$$I_{Lmax} \approx \frac{P_{tot}}{U_{CE}}$$

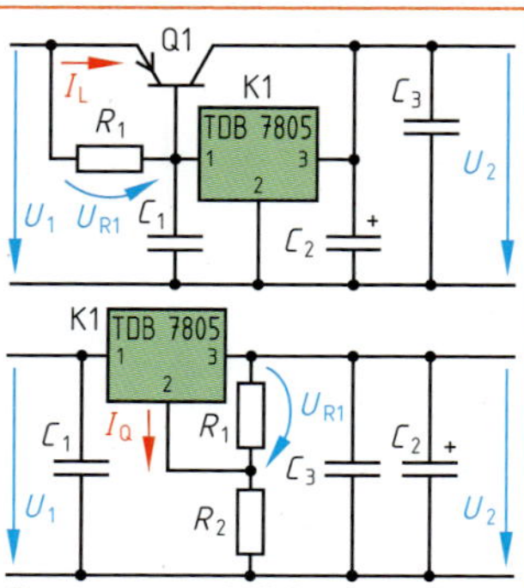

Spannungsstabilisierung mit Festspannungsregler

Die Ausgangsspannung U_2 des Festspannungsreglers K1 wird bei der Fertigung des IC festgelegt. Sie liegt zwischen den Anschlüssen 2 und 3 des IC. Durch die Parallelschaltung von Q1 zu K1 kann die Ausgangsleistung der Schaltung vergrößert werden. Bei $U_{R1} > 0{,}7$ V leitet Q1 und der Laststrom I_L teilt sich auf K1 und Q1 auf.

U_2 kann vergrößert werden, indem Anschluss 2 des IC an den Ausgang des Spannungsteilers $R_1 R_2$ gelegt wird. Die Ausgangsspannung kann jedoch die Eingangsspannung nicht überschreiten. $I_W \approx 0$ mA

$C_1 = C_3 \approx 100$ nF dienen der Vermeidung von Regelschwingungen.

Festspannungsregler

Typ	Ausgangsgrößen
7805	5 V/1 A
7905	− 5 V/1 A
7810	10 V/1 A
78L12	12 V/0,1 A
79L12	−12 V/0,1 A
78S24	24 V/2 A
79S24	−24 V/2 A

$$U_2 \approx U_{R1} \cdot \left(\frac{R_2}{R_1} + 1\right)$$

Gehäusetypen: TO92, TO220, TO3

- B Gleichstromverhältnis
- I_L Laststrom
- I_Q Ruhestrom
- P_{tot} maximale Verlustleistung
- r_z differenzieller Widerstand der Z-Diode
- ΔI_L Laststromschwankung
- ΔU_{2u} Ausgangsspannungsschwankung bei Eingangsspannungsschwankung
- ΔU_{2i} Ausgangsspannungsschwankung bei Laststromschwankung
- ΔU_1 Eingangsspannungsschwankung

Indizes max und min geben Größtwert und Kleinstwert an.

Weitere Formelzeichen sind aus den Bildern erkennbar.

USV-Arten und Klassifizierung
Types and Classification

Anlagenarten

Schaltung	Eigenschaften, Erklärung	Bemerkungen
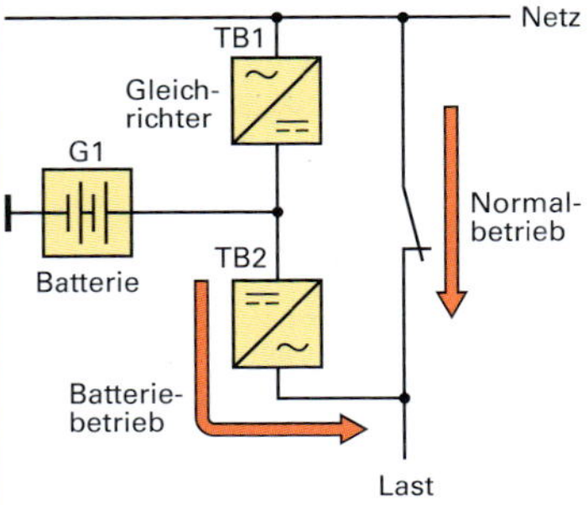 **VFD (Offline-Betrieb)**	**VFD** (von Voltage and Frequency Dependent), d. h. alle Eingangsgrößen sind gleich den Ausgangsgrößen. **Normalbetrieb:** Die Last wird aus dem Netz versorgt. Der Wechselrichter arbeitet in passiver Bereitschaft. **Batteriebetrieb:** Bei Über-/Unterschreiten der Netzspannung oder vollständigem Netzausfall wird nach kurzer Umschaltzeit < 10 ms vom Akkumulator und vom Wechselrichter gespeist.	Der Wechselrichterzweig ist parallel zum Netz geschaltet, aber nur bei Bedarf aktiv. Für die Aufladung der Batterie (Akkumulator) ist der Wechselrichter funktionslos. Wirkung der Schaltung bei ● Netzausfall, ● Spannungsschwankungen, ● Spannungsspitzen. **Vorteile:** Geringer Kostenaufwand, geringes Schutzniveau. **Nachteile:** Zu große Umschaltzeit z. B. für Computernetze oder Telefonanlagen, dauernde Ladung des Akkumulators führt zu Kapazitätsverlusten, kleiner Wirkungsgrad.
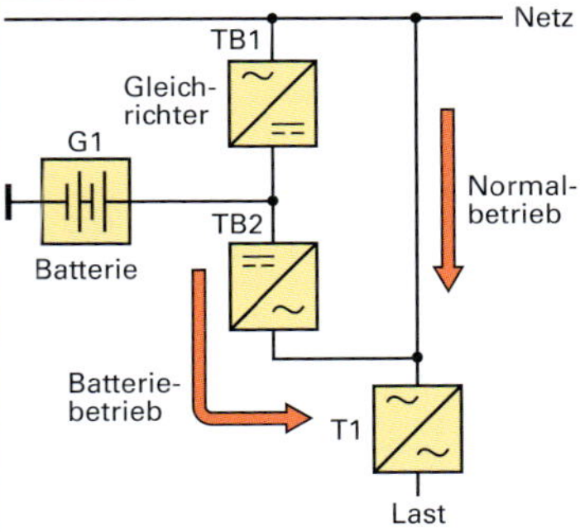 **VI (Hybrid-Betrieb)**	**VI** (von Voltage Independent), d. h. die Kurvenform und die Frequenz der Ausgangsspannung sind synchron zur Eingangsspannung. **Normalbetrieb:** Die Last wird aus dem Netz versorgt. Der Wechselrichter arbeitet immer. **Batteriebetrieb:** Bei Über-/Unterschreiten der Netzspannung oder vollständigem Netzausfall wird die Last vom Wechselrichter gespeist. Meist wird ein Akkumulator als Batterie verwendet.	Der Wechselrichterzweig ist parallel zum Netz geschaltet und dauernd in Betrieb. Netz und Wechselrichter werden z. B. über einen Transformator gekoppelt. Es treten nur geringe Umschaltzeiten auf. Wirkung der Schaltung bei ● Netzausfall, ● Spannungsschwankungen, ● Spannungsspitzen, ● Unter-/Überspannungen. **Vorteile:** Überspannungen und Unterspannungen sind ausgleichbar. **Nachteil:** Kleiner Wirkungsgrad.
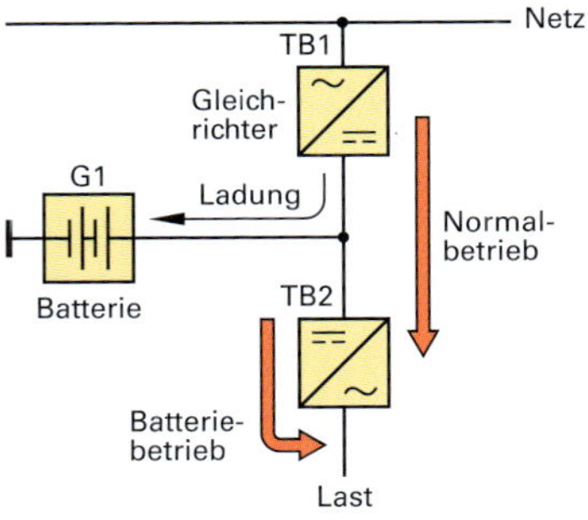 **VFI (Online-Betrieb)**	**VFI** (von Voltage and Frequency Independent), d. h. die Ausgangsspannung und die Ausgangsfrequenz sind unabhängig von Schwankungen der Eingangsspannung und der Eingangsfrequenz. **Normalbetrieb:** Die Lastversorgung erfolgt immer über den Wechselrichter. **Batteriebetrieb:** Bei Über-/Unterschreiten der Netzspannung oder vollständigem Netzausfall wird die Last vom Akkumulator über den Wechselrichter gespeist.	Die Schaltung ist in Reihe zwischen Netz und Last geschaltet, d. h. die Anlage ist immer in Betrieb (USV-Dauerbetrieb). Speisenetz und Lastnetz können mit unterschiedlichen Spannungswerten und Frequenzwerten betrieben werden. Wirkung der Schaltung bei ● Netzausfall, ● Spannungsschwankungen, ● Spannungsspitzen, ● Unter-/Überspannungen, ● Frequenzschwankungen, ● Spannungsoberschwingungen, ● Spannungspulse. **Vorteile:** Größte Sicherheit. **Nachteile:** Aufwändig.

Klassifizierungscode für USV

	V F H	S S	1 2 3
	Bei Netzbetrieb	1. Buchstabe: Netzbetrieb 2. Buchstabe: Batteriebetrieb	1. Ziffer: Netzbetrieb, Batteriebetrieb 2. Ziffer: Lastsprung bei linearer Last 3. Ziffer: Lastsprung bei nichtlinearer Last
Code-bedeutung	VFI: s. o. VFD: s. o. VI: s. o.	S: Sinusform mit Verzerrung d < 8% X: Sinusform mit Verzerrung d > 8% Y: Spannung kann nichtsinusförmig sein d von distortion	1: Unterbrechungsfrei 2: Spannungsunterbrechung bis 1 ms 3: Spannungsunterbrechung bis 10 ms 4: Eigenschaften beim Hersteller erfragen.

S

USV-Systeme (Unterbrechungsfreie Stromversorgungssysteme, Fortsetzung)
Uninterruptable power supply systems continued

Schaltungen	Erklärungen	Bemerkungen, Daten
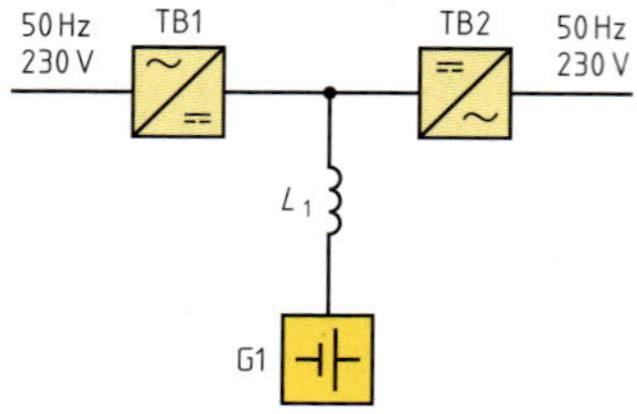 **Prinzip der USV**	Die Akkumulatorenbatterie G1 wird vom Gleichrichter TB1 ständig geladen und speist über L_1 und Wechselrichter TB2 die Last. L_1 ist erforderlich, damit im Netz keine impulsartige Belastung auftritt **(Bild, rechts)**. **Vorteil:** Preiswert **Nachteile:** Kleiner Wirkungsgrad, wegen L_1 kleiner $\cos\varphi$, beim Akkumulator kann ein Kapazitätsverlust eintreten (Memoryeffekt).	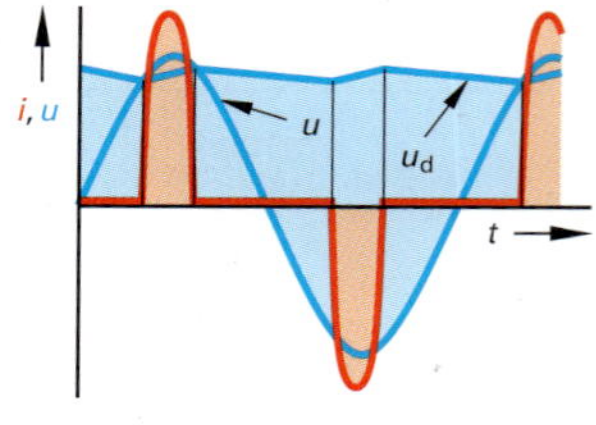 **Stromverlauf bei zu kleiner Glättungsdrossel**
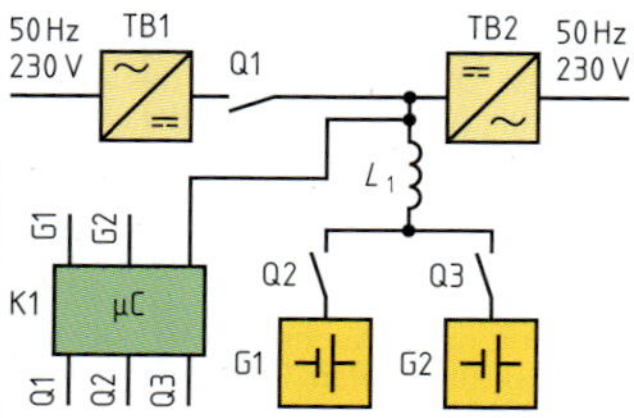 **Schaltung mit überwachten Akkumulatoren**	Die Last wird über L_1 und den Wechselrichter TB2 ständig aus den Akkumulatoren G1 oder G2 gespeist. G1 und G2 werden bei Bedarf über TB1 und Q1 geladen. Ein Mikrocontroller K1 überwacht die Spannung von G1 und G2 und steuert die Schalter Q1, Q2, Q3 an.	Bei vorhandener Netzspannung sind Q1 und z. B. Q3 offen und G1 trägt die Last. Bei sinkender Spannung von G1 schließt Q1, sodass G1 geladen wird. Nach Vollladung von G1 öffnen Q1 und Q2. Q3 schließt und G2 trägt die Last. Bei sinkender Spannung von G2 schließt Q1 und der Vorgang wiederholt sich entsprechend. S_n 200 VA bis 200 kVA. **Vorteil:** Kein Memoryeffekt. **Nachteile:** Kleiner Wirkungsgrad, wegen L_1 kleiner $\cos\varphi$.
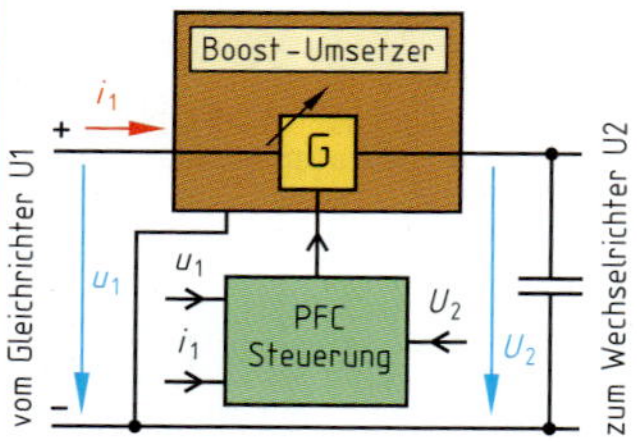 **Übersichtsplan des Boost-Umsetzers**	Der Boost-Umsetzer (Boost = Ladedruck) bewirkt einen sinusförmigen Netzstrom und damit einen $\cos\varphi \approx 1$. Der Umsetzer ist ein Sperrwandler, dessen Transistor durch eine Impulsfolge so angesteuert wird, dass zur gleichgerichteten Spannung in jeder Halbperiode eine Zusatzspannung addiert wird **(Bild, rechts)**. Die Stromaufnahme folgt deshalb der gleichgerichteten Spannung und der Netzstrom ist sinusförmig.	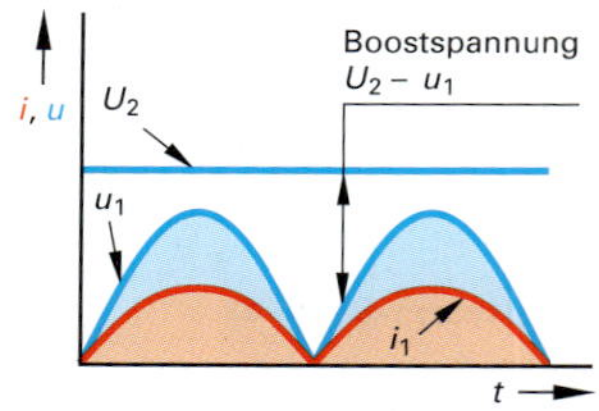 **Stromverlauf mit PFC-Korrektur**
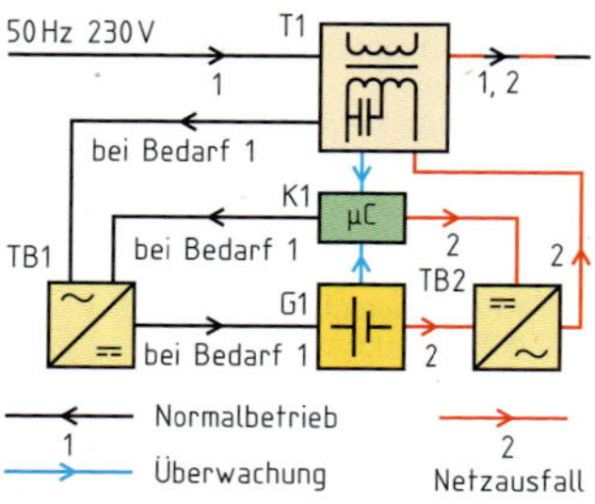 **USV-System mit ferroresonantem Transformator**	Der ferroresonante Transformator gleicht Spannungsschwankungen aus. Bei Netzausfall speist die Energie der Felder des Kernes und des Kondensators für einige Halbperioden die Last. Während dieser Zeit steuert der Mikrocontroller K1 den Wechselrichter an, der nach seinem Anlauf die Last übernimmt. S_n von 500 VA bis etwa 20 kVA. **Vorteile:** Akkumulator arbeitet nur bei Netzausfall, großer Wirkungsgrad, Memoryeffekt durch entsprechende Steuerschaltung vermeidbar.	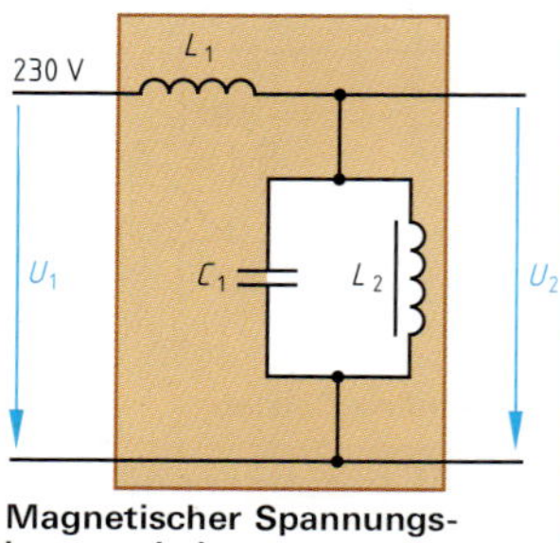 **Magnetischer Spannungskonstanthalter**

$\cos\varphi$	Wirkfaktor		t	Zeit		K1	Mikrocontroller (µC)		Q1, Q2, Q3	Schalter	
i	Strom (zeitabhängig)		u	Spannung (zeitabhängig)		C1	Kondensator		T1	Transformator	
i_1	Stromaufnahme		U	Spannung		G1, G2	Batterien		TB1	Gleichrichter	
S_n	Bemessungs-Scheinleistung		U_1	Eingangsspannung		L_1, L_2	Induktivitäten		TB2	Wechselrichter	
			U_2	Ausgangsspannung							

PFC Power factor correction = Leistungsfaktorkorrektur.

Digitaltechnik, Computertechnik

C

Begriffe der Informationstechnik Terms of information technology

Begriff	Erklärung
Informationsdarstellung, Zahlendarstellung	
alphanumerische Zeichen	Zeichen aus Zeichenvorrat, der Buchstaben, Ziffern und Sonderzeichen enthält.
Binärzeichen	Zeichen aus Zeichenvorrat mit zwei Zeichen, meist 0 und 1.
Bit	Kurzform für Binärzeichen.
bit	Einheit für die Anzahl der Binärentscheidungen.
Byte	1 Byte enthält 8 Bits.
Code	Zuordnung von Zeichen eines Zeichenvorrats zu denjenigen eines anderen Zeichenvorrates.
Daten	Zeichen, die eine Information darstellen.
digital	Darstellung mit Ziffern.
Festpunkt-schreibweise	Punkt bzw. Komma der an der Rechnung beteiligten Zahlen wird an einem festen Platz relativ zum Zahlenanfang oder Zahlenende angenommen.
Gleitpunkt-schreibweise	Exponentielle Zahlendarstellung mit $x \cdot b^y$, x Mantisse, b Basis, y Exponent, b ist natürliche Zahl, z. B. E für 10, x, y sind Festpunktzahlen.
numerische Zeichen	Zeichenvorrat aus Ziffern und Sonderzeichen zur Zahlendarstellung.
Signal	Physikalische Darstellung von Informationen.
Wort	Größte von einem Prozessor auf einmal verarbeitbare Bitfolge, z. B. 8, 16, 32, 64 bit.
Zeichen	Element zur Informationsdarstellung.
Ziffer	Element einer Zahl.
Digitale Rechensysteme	
Akkumulator	Speicher in Rechenwerk, der zuerst den Operand und später das Ergebnis enthält.
ALU	Arithmetisch-logische Einheit, führt arithmetische Berechnungen und logische Verknüpfungen durch.
Ausgabewerk	Überträgt Daten von der Zentraleinheit nach außen.
Befehlszähler	Enthält die Adresse des nächsten auszuführenden Befehls.
Code-Umsetzer, Coder	Den Zeichen des einen Codes werden die Zeichen eines anderen Codes zugeordnet.
Decodierer, Decoder	Code-Umsetzer, welcher die durch den Coder bewirkte Funktion rückgängig macht.
Eingabewerk	Steuert die Datenübertragung aus den Eingabeeinheiten in die Zentraleinheit.
Festwertspeicher	Sein Inhalt kann nur gelesen werden (ROM).
Flipflop	Speicherelement für ein Bit.

C

Begriff	Erklärung
Funktionseinheit	Nach Aufgabe oder Wirkung abgrenzbare Einrichtung.
Leitwerk	Steuert die Reihenfolge der Befehlsausführung, entschlüsselt die Befehle, gibt die zur Ausführung erforderlichen digitalen Signale ab.
Modulo-n-Zähler	Kehrt nach n Schritten der Zähleinheit 1 in seinen ursprünglichen Zustand zurück.
Multiplexer	Übergibt die Nachrichten mehrerer Nachrichtenkanäle an einen Nachrichtenkanal.
Peripheriegerät	Gerät zur Dateneingabe, Datenausgabe oder Datenspeicherung außerhalb des Computers.
Prozessor	Umfasst Leitwerk und Rechenwerk.
Puffer	Speicher zur vorübergehenden Datenaufnahme.
Rechenwerk	Führt die Rechenoperationen durch (s. ALU).
Speicher	Funktionseinheit zur Datenspeicherung.
Taktgeber	Steuert den zeitlichen Ablauf der einzelnen Operationen.
Zentraleinheit	Umfasst Prozessoren, Eingabewerke, Ausgabewerke, Zentralspeicher.
Zentralspeicher	Speicher, zu dem Leitwerk, Rechenwerk, Eingabewerk, Ausgabewerk Zugriff haben.
Zugriffszeit	Zeitdauer, um Daten von einem Speicher zu holen.
Betriebsarten	
Batchbetrieb	Siehe Stapelbetrieb.
Dialogbetrieb	Wechsel von Fragen und Antworten zwischen Benutzer und Computer zur Aufgabenlösung an Datenstationen, wobei der Computer die Syntax (Satzbau-Regeln) prüft.
Interaktivbetrieb	Dialogbetrieb.
Mehrprogramm-betrieb	Gleichzeitige Verarbeitung mehrerer Programme auf einer Datenverarbeitungsanlage im Multiplexbetrieb (Multitasking-Betrieb).
Multiplexbetrieb	Bearbeitung mehrerer Aufgaben abwechselnd in Zeitabschnitten verzahnt (quasiparallel).
Online-Betrieb	Peripheriegeräte (externe Geräte) arbeiten nur in Verbindung mit einem zentralen Computer.
Offline-Betrieb	Externe Geräte können kleinere Aufgaben selbstständig und unabhängig vom zentralen Computer lösen.
Realzeitbetrieb	Die Programme zur Verarbeitung anfallender Daten sind ständig betriebsbereit (Echtzeitbetrieb).
Stapelbetrieb	Vor der Programmabarbeitung müssen alle Daten vorliegen.

Begriffe der Informationstechnik (Fortsetzung)
Terms of information technology (continued)

Begriff	Erklärung
Programmierung	
Adresse	Wort zur Kennzeichnung eines Speicherplatzes.
Adressteil, Adressenteil	Enthält die Adresse von Operanden oder Befehlswörtern.
Algorithmus	Rechenvorschrift zum Lösen einer Aufgabe in einer Reihe von aufeinanderfolgenden Schritten.
Anweisung	Arbeitsvorschrift in einer beliebigen Programmiersprache.
Assemblierer	Übersetzt Assemblerprogramm in (binäre) Maschinensprache.
Befehl	Anweisung, die sich in der benutzten Sprache nicht mehr in Unteranweisungen zerlegen lässt.
Befehlsliste	Liste, die alle Befehle einer Programmiersprache umfasst.
Befehlsvorrat	Gesamtheit aller zulässigen Befehle.
Befehlswort	Wort, das vom Computer als Befehl interpretiert wird.
Betriebssystem	Programm, das den Betrieb eines Computers ermöglicht.
Datenfluss	Organisatorischer Ablauf von Daten.
Datenflussplan	Darstellung des Datenflusses mit Hilfe von Sinnbildern, Text und Verbindungslinien.
Emulator	Hardware-Software-System, mit dem die Eigenschaften eines Computers nachgebildet werden.
Generator	Programm, das in einer Sprache abgefasste Programme oder Anweisungsfolgen erzeugt.
Interpreter, Interpretierer	Programm zur Übersetzung eines Programmes in einer höheren Programmiersprache in die Maschinensprache, jedoch erst bei der Programmbearbeitung.
Compiler, Kompilierer	Programm zur Übersetzung eines Programmes in einer höheren Programmiersprache in die Maschinensprache vor dem eigentlichen Programmablauf.
Maschinensprache	Maschineninterne Codierung der Befehle, meist im Binärcode. Die Codierung ist anlagenabhängig (maschinenorientiert).
Operandenteil	Teil des Befehlswortes, in dem der Operand oder seine Adresse steht.
Operationsteil	Teil des Befehlswortes, der die auszuführende Operation angibt.
Programm	Folge von Anweisungen zur Lösung einer bestimmten Aufgabe.
Programmablaufplan	Darstellung des Programmablaufes mit Sinnbildern, Text und Verbindungslinien.
Programmbaustein	Ein funktionsmäßig geschlossener Programmblock.
Programmiersprache	Sprache zum Abfassen von Programmen, problemorientiert: für spezielle Aufgabenbereiche geschaffen.
Programmschleife	Folge von Befehlen, die wiederholt durchlaufen wird.
Prozedur	Programmbaustein zur Lösung wiederkehrender Rechenprozesse.
Register	Kleine Einheit zur Informationsspeicherung, meist eines Wortes.
Simulator	Programm, mit dem auf einem Computer ein System oder ein Prozess nachgebildet wird.
Struktogramm	Grafisches Hilfsmittel zur Darstellung von Programmabläufen mit definierten Blöcken.
Strukturierte Programmierung	Aufbau eines Programms aus möglichst einfachen Unterprogrammen.
Symbolische Programmiersprache	Assemblersprache, maschinenorientiert.
Übersetzer	Programm für das Übersetzen von in einer Programmiersprache (Quellsprache) geschriebenen Programmen in eine andere Programmiersprache (Zielsprache).
Kommunikation, Internet	
DMZ	Demilitarisierte Zone, Verbund von Computern, die sich zwischen zwei Netzwerken durch Firewalls geschützt befinden.
Domäne	Adress-Bereich in einem Netzwerk, in dem mehrere Computer organisatorisch eingebunden sind.
Host	Computer, der übergeordnete Dienste anbietet, z. B. zur Speicherung, Bereitstellung und Übertragung von Daten.
JPEG	Joint Photographic Experts Group. Format für komprimierte Darstellung von Bildern.
Provider	Dienstleister, der den Zugang zum Internet anbietet.
SPAM	Spam = Sülze, Müll. E-Mail mit uninteressantem Inhalt.
Trojanisches Pferd, Trojaner	Bei einer Programminstallation über einen Download wird auch ein Virusprogramm unbemerkt mitinstalliert.
Virus	Computerprogramm, welches sich unbemerkt in den Computer einbringt und Abläufe stört bzw. Software zerstört.
Wurm	Zerstörerisches Programm, welches sich über das Netzwerk oder das Internet weiterverbreitet.
XML	Extensible Markup Language. Sprache zum Beschreiben von Dokumenten und deren Struktur.

Zahlensysteme, Dualzahlen Number systems, dual numbers

Zahlensysteme

Begriffe	Erklärung	Beispiele
Basis B	Grundlage des Zahlensystems	$B = 10$ im Dezimalsystem
Anzahl der Ziffern B	Anzahl der Ziffern = Basiswert	10 Ziffern im Dezimalsystem
Ziffer 0, Ziffer $(B-1)$	kleinste Ziffer, größte Ziffer	0 bzw. 9 im Dezimalsystem
Stellenwert einer Ziffer	Potenz der Basis	Potenz von 10 im Dezimalsystem
1. Stelle links vom Komma	Stellenwert B^0	8^0 im Oktalsystem
n-te Stelle links vom Komma	Stellenwert B^{n-1}	16^{n-1} im Hexadezimalsystem
1. Stelle rechts vom Komma	Stellenwert B^{-1}	2^{-1} im Dualsystem
n-te Stelle rechts vom Komma	Stellenwert B^{-n}	10^{-n} im Dezimalsystem
Potenzwert	Produkt aus Stellenwert mal Ziffer	$27 = 2 \cdot 10^1 + 7 \cdot 10^0$ im Dez.-System
Übertrag 1 in nächsthöhere Stelle	Erfolgt, wenn die größte Ziffer um 1 überschritten wird.	$9 + 1 = 10$ im Dezimalsystem, Übertrag bei $9 + 1$
Bezeichnung	Z_B Zahl Z, B Basis als Index	13_{10} Zahl 13 im Dezimalsystem

Rechnen mit Dualzahlen

Regeln	Verfahren	Beispiele
Addition $0 + 0 = 0$ $0 + 1 = 1$ $1 + 0 = 1$ $1 + 1 = 10$	Dualzahlen werden stellenweise untereinander geschrieben. Die Addition erfolgt stellenweise von rechts. Bei $1 + 1$ tritt ein Übertrag von 1 in die nächsthöhere Stelle auf.	1 1 0 0 1 0 + 1 0 0 1 1 (Überträge: 1 1) 1 0 0 0 1 0 1
Subtraktion $0 - 0 = 0$ $1 - 0 = 1$ $1 - 1 = 0$ $10 - 1 = 1$	Dualzahlen werden stellenweise untereinander geschrieben und von rechts stellenweise subtrahiert. Bei $0 - 1$ wird von der nächsthöheren Stelle eine 1 entlehnt.	1 1 1 0 1 − 1 0 1 1 (1) 1 0 0 1 0
Subtraktion durch Komplementaddition *Verfahren ohne Vorzeichenstelle* Subtrahend 1 0 0 1 0 1er-Komplement 0 1 1 0 1 + 1 2er-Komplement 0 1 1 1 0	Vom Subtrahenden wird durch Invertierung das 1er-Komplement gebildet. Daraus wird durch Addition von 1 das 2er-Komplement gebildet und zum Minuenden addiert. Erfolgt ein Übertrag in der höchsten Stelle, so wird dieser gestrichen. Erfolgt kein Übertrag in der höchsten Stelle, so ist das Ergebnis negativ. Den Zahlenwert erhält man durch Bildung des 2er-Komplements.	**Beispiel 1:** 1 0 1 1 0 − 1 0 1 Subtrahend 0 0 1 0 1 1er-Komplement 1 1 0 1 0 2er-Komplement 1 1 0 1 1 1 0 1 1 0 + 1 1 0 1 1 (Überträge: 1 1 1 1) ~~1~~ 1 0 0 0 1 ≙ 1 0 0 0 1
Verfahren mit Vorzeichenstelle Vorzeichenstelle 0 ⇒ positive Zahl Vorzeichenstelle 1 ⇒ negative Zahl 1er-Komplement des Subtrahenden addieren. Übertrag in Vorzeichenstelle ⇒ +1 zur letzten Stelle. Kein Übertrag ⇒ Ergebnis invertieren.	Vom Subtrahenden wird das 1er-Komplement gebildet und zum Minuenden addiert. Tritt ein Übertrag in der Vorzeichenstelle auf, so wird dieser zur 1. Stelle der Ergebniszahl addiert, ist kein Übertrag vorhanden, so wird die Ergebniszahl invertiert. Das Ergebnis ist dann negativ.	**Beispiel 2:** 1 1 0 1 − 1 1 0 0 | 1 1 0 1 + 1 | 1 0 0 1 (Überträge: 1 1 1) 1 0 | 0 1 1 0 └──→ + 1 0 | 0 1 1 1 **Beispiel 3:** 1 1 1 − 1 0 1 1 0 | 0 1 1 1 + 1 | 0 1 0 0 (Übertrag: 1) 1 | 1 0 1 1 = − 1 0 0

Multiplikation und Division
$1 \cdot 1 = 1$ $0 : 1 = 0$
$1 \cdot 0 = 0$ $1 : 1 = 1$
$0 \cdot 0 = 0$
	Die Multiplikation erfolgt wie bei Dezimalzahlen durch stellenverschobene Addition der Teilprodukte. Entsprechend erfolgt die Division.	1 0 1 · 1 1 0
		1 0 1
		  1 0 1
		    0 0 0
		1 1 1 1 0

C

Rechnen mit Hexadezimalzahlen und mit BCD-Codes
Calculating with hexadecimal numbers and BCD-codes

Rechenregeln

Regel	Verfahren	Beispiel
Addition von Hexadezimalzahlen Es gelten dieselben Regeln wie bei der Addition von Dezimalzahlen.	Ist die Summe der zu addierenden Hexadezimalziffern größer als F, so erfolgt ein Übertrag von 1 (Wert 16_{10}) in die nächsthöhere Stelle.	5 B F 3 + 6 E A 7 1 1 C A 9 A
Subtraktion von Hexadezimalzahlen Es gelten dieselben Regeln wie bei der Subtraktion von Dezimalzahlen.	Ist die zu subtrahierende Hexadeziмalziffer größer als die zugehörige Ziffer des Minuenden, so erfolgt eine Entlehnung von 1 (Wert 16_{10}) von der nächsthöheren Stelle.	8 C F E − 5 D B F 1 1 2 F 3 F
Addition im 8-4-2-1-Code Tetradenweise Addition. Bei Tetradenübertrag oder Pseudotetrade (PT) erfolgt Tetradenkorrektur durch Addition von 0110.	Die in Tetraden (Vierergruppen) verschlüsselten Dezimalziffern werden von rechts nach links addiert. Das Ergebnis wird entsprechend den Korrekturregeln für BCD-Codes (Binary Coded Decimal) berichtigt.	$58_{10} + 72_{10} = 130_{10}$ 58_{10}: 0101 1000 72_{10}: + 0111 0010 1 1 1 1100 1010 PT: + 0110 0110 1 1 1 1 1 130_{10}: 0001 0011 0000
Subtraktion im 8-4-2-1-Code Zum Minuenden wird das Neunerkomplement des Subtrahenden addiert. Korrekturregeln wie bei der Additon. Übertrag 1 in höchste Stelle ⇒ Addition von 1 in niederwertigste Tetrade, Ergebnis positiv. Übertrag 0 in höchste Stelle ⇒ Ergebnis negativ, Betrag durch Neunerkomplementbildung der Ergebnistetraden.	Vom Subtrahenden bildet man das Neunerkomplement jeder Tetrade. Dann geht man wie bei der Addition vor. Tritt eine 1 als Übertrag in die höchste Stelle auf, so ist das Ergebnis positiv. Es muss deshalb eine 1 zur niederwertigsten Tetrade addiert werden. Tritt kein Übertrag in die höchstwertige Stelle auf, so ist das Ergebnis negativ. Den Betrag der Ergebniszahl erhält man durch Bildung des Neunerkomplements der Ergebnistetraden.	$97_{10} - 36_{10} = 61_{10}$ 97_{10}: 1001 0111 -36_{10}: + 0110 0011 1 1 1111 1010 PT: + 0110 0110 1 1 1 1 1 1 1 0110 0000 Erg. positiv + 1 61_{10}: 0110 0001

Umrechnungstabelle Dezimal ↔ Hexadezimal

	0	1	2	3	4	5	6	7	8	9	A	B	C	D	E	F
0	0	16	32	48	64	80	96	112	128	144	160	176	192	208	224	240
1	1	17	33	49	65	81	97	113	129	145	161	177	193	209	225	241
2	2	18	34	50	66	82	98	114	130	146	162	178	194	210	226	242
3	3	19	35	51	67	83	99	115	131	147	163	179	195	211	227	243
4	4	20	36	52	68	84	100	116	132	148	164	180	196	212	228	244
5	5	21	37	53	69	85	101	117	133	149	165	181	197	213	229	245
6	6	22	38	54	70	86	102	118	134	150	166	182	198	214	230	246
7	7	23	39	55	71	87	103	119	135	151	167	183	199	215	231	247
8	8	24	40	56	72	88	104	120	136	152	168	184	200	216	232	248
9	9	25	41	57	73	89	105	121	137	153	169	185	201	217	233	249
A	10	26	42	58	74	90	106	122	138	154	170	186	202	218	234	250
B	11	27	43	59	75	91	107	123	139	155	171	187	203	219	235	251
C	12	28	44	60	76	92	108	124	140	156	172	188	204	220	236	252
D	13	29	45	61	77	93	109	125	141	157	173	189	205	221	237	253
E	14	30	46	62	78	94	110	126	142	158	174	190	206	222	238	254
F	15	31	47	63	79	95	111	127	143	159	175	191	207	223	239	255

Hexadezimal → Dezimal
Die erste Hexadezimalziffer steht in der Spalte. Die zweite Hexadezimalziffer steht in der Zeile. Im Schnittpunkt von Spalte und Zeile steht die gesuchte Dezimalzahl. Zum Beispiel: $5A_H = 90_D$.

Dezimal → Hexadezimal
Gesucht wird die Hexadezimalzahl. Die erste Ziffer der Hexadezimalzahl ist die zugehörige Spalte, die zweite Ziffer die zugehörige Reihe. Zum Beispiel: $125_D = 7D_H$.

Zahlenumwandlungen Numerical transformations

Umwandlungen Dual – Dezimal – Oktal – Hexadezimal

Art	Verfahren	Beispiele
Dualzahlen in Dezimalzahlen	Addition der Potenzwerte Multiplikations-Additions-Verfahren	$101{,}01 = 1 \cdot 2^2 + 0 \cdot 2^1 + 1 \cdot 2^0 + 0 \cdot 2^{-1} + 1 \cdot 2^{-2} = 5{,}25$ 1 | 1 | 0 | 1 | 0 1 | $2 \cdot 1 + 1 = 3$ | $2 \cdot 3 + 0 = 6$ | $2 \cdot 6 + 1 = 13$ | $2 \cdot 13 + 0 = 26$ $11010_2 = 26_{10}$
Dezimalzahlen in Dualzahlen	Zerlegung in eine Summe von Zweierpotenzen Resteverfahren: Fortlaufendes Teilen durch 2, Notierung von Ergebnis und Rest, bis auf 0 geteilt ist. Die Reste bilden die gesuchte Dualzahl, von unten nach oben gelesen.	$9 = 1 \cdot 2^3 + 0 \cdot 2^2 + 0 \cdot 2^1 + 1 \cdot 2^0 = 1001$ 59 : 2 = 29 Rest 1 29 : 2 = 14 Rest 1 14 : 2 = 7 Rest 0 7 : 2 = 3 Rest 1 3 : 2 = 1 Rest 1 1 : 2 = 0 Rest 1 Leserichtung ↑ $59_{10} = 111011_2$
Oktalzahlen in Dezimalzahlen	Umwandlung der Ziffern in Dualzahlen, danach Umwandlung der Dualzahlen in Dezimalzahlen nach dem Potenzwert- oder Multiplikations-Additions-Verfahren.	7 3 5 111 011 101 ⇓ 1 | 1 | 1 | 0 | 1 | 1 | 1 | 0 | 1 | 3 | 7 | 14 | 29 | 59 | 119 | 238 | 477 $735_8 = 477_{10}$
Hexadezimalzahlen in Dezimalzahlen	Umwandlung der Ziffern in Dualzahlen, danach Umwandlung der Dualzahlen in Dezimalzahlen nach dem Potenzwert- oder Multiplikations-Additions-Verfahren.	2 B C 0010 1011 1100 ⇓ 1 | 0 | 1 | 0 | 1 | 1 | 1 | 1 | 0 | 0 | 2 | 5 | 10 | 21 | 43 | 87 | 175 | 350 | 700 $2BC_{16} = 700_{10}$
Dezimalzahlen in Hexadezimalzahlen	Umwandlung in Dualzahlen, Bildung von Vierergruppen (Tetraden) von rechts und Umwandlung in Hexadezimalzahlen.	$112_{10} = 1 \cdot 2^6 + 1 \cdot 2^5 + 1 \cdot 2^4 + 0 \cdot 2^3 + 0 \cdot 2^2 + 0 \cdot 2^1 + 0 \cdot 2^0 = 0111\,0000_2$ 7 0 $112_{10} = 70_{16}$

Beim **oktalen Zahlensystem** werden drei aufeinander folgende Dualzahlen zu einer Ziffer zusammengefasst. 8 Ziffern (0 1 2 3 4 5 6 7) bilden den Zeichenvorrat.

$101\ 101\ 100_2$

101: $1 \cdot 2^2 \quad 0 \cdot 2^1 \quad 1 \cdot 2^0$ → $4 + 0 + 1$

101: $1 \cdot 2^2 \quad 0 \cdot 2^1 \quad 1 \cdot 2^0$ → $4 + 0 + 1$

100_2: $1 \cdot 2^2 \quad 0 \cdot 2^1 \quad 0 \cdot 2^0$ → $4 + 0 + 0$

554_8

Beim **hexadezimalen Zahlensystem** werden vier aufeinander folgende Dualzahlen zu einer Ziffer zusammengefasst. 16 Ziffern (0 1 2 3 4 5 6 7 8 9 A B C D E F) bilden den Zeichenvorrat.

$1\ 1010\ 1100_2$

1: $1 \cdot 2^0$ → 1

1010: $1 \cdot 2^3 \quad 0 \cdot 2^2 \quad 1 \cdot 2^1 \quad 0 \cdot 2^0$ → $8 + 0 + 2 + 0$

1100_2: $1 \cdot 2^3 \quad 1 \cdot 2^2 \quad 0 \cdot 2^1 \quad 0 \cdot 2^0$ → $8 + 4 + 0 + 0$

$1AC_{16}$

Umwandlung zwischen römischen Zahlen und arabischen Zahlen

I	1	VIII	8	XX	20	D	500
II	2	IX	9	XXX	30	DC	600
III	3	X	10	XL	40	DCC	700
IV	4	XI	11	L	50	CM	900
V	5	XII	12	C	100	M	1000
VI	6	XIII	13	CC	200	MD	1500
VII	7	XIV	14	CD	400	MCM	1900

C

Binärcodes Binary codes

BCD-Codes[1] für Messwerterfassung, Datenübertragung, Kryptografie

Dezimal-ziffer	Gray[3]-Code	O'Brien-Codes I	O'Brien-Codes II	Tompkins-Codes I	Tompkins-Codes II	Hamming[4]-Code[2]	Libaw-Craig-/ Johnson-Code
0	0000	0000	0001	0000	0010	0000000	00000
1	0001	0001	0011	0001	0011	0000111	00001
2	0011	0011	0010	0011	0111	0011001	00011
3	0010	0010	0110	0010	0101	0011110	00111
4	0110	0110	0100	0110	0100	0101010	01111
5	0111	1110	1100	1110	1100	0101101	11111
6	0101	1010	1110	1111	1101	0110011	11110
7	0100	1011	1010	1101	1001	0110100	11100
8	1100	1001	1011	1100	1011	1001011	11000
9	1101	1000	1001	1000	1010	1001100	10000

BCD-Codes[1] mit Stellenwertigkeit zur Zahlenverschlüsselung

Dezimal-ziffer	8-4-2-1-Code	2-4-2-1-Code	White-Code	2-aus-5-Code[2]	1-aus-10-Code
0	0000	0000	0000	11000	0000000001
1	0001	0001	0001	00011	0000000010
2	0010	0010	0011	00101	0000000100
3	0011	0011	0101	00110	0000001000
4	0100	0100	0111	01001	0000010000
5	0101	0101	1000	01010	0000100000
6	0110	0110	1001	01100	0001000000
7	0111	0111	1011	10001	0010000000
8	1000	1110	1101	10010	0100000000
9	1001	1111	1111	10100	1000000000
Stellen-werte	8421	2421	5211	74210 (nicht für 0)	9876543210

Codeumsetzung: Gray ⇒ 8-4-2-1 ⇒ 7-Segmente (geht über Ziffer 9 hinaus bis 15)

Dezimal-ziffer	Gray ABCD	8-4-2-1 EFGH	7-Segmente abcdefg
0	0000	0000	1111110
1	0001	0001	0011000
2	0011	0010	0110111
3	0010	0011	0111101
4	0110	0100	1010011
5	0111	0101	1101101
6	0101	0110	1101111
7	0100	0111	0111000
8	1100	1000	1111111
9	1101	1001	1111101

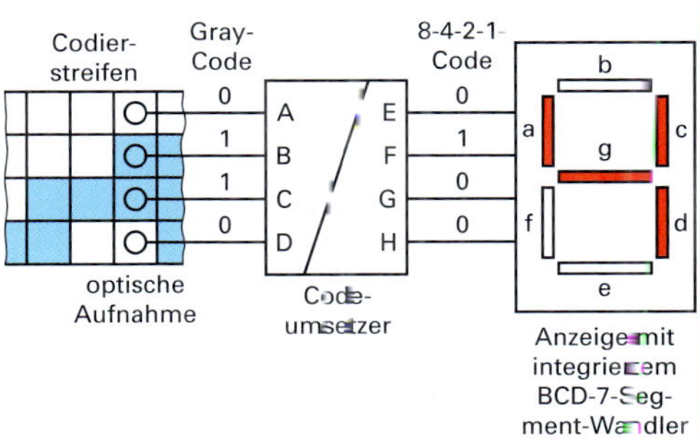

Positionserfassung mit Anzeige

[1] Mit BCD-Codes (von Binary Coded Decimal = binär codiertes Zehnersystem) werden die einzelnen Ziffern von Dezimalzahlen binär durch die Zeichen 0 und 1 verschlüsselt, so ist 85 im Gray-Code 1100 0111.

[2] Fehlererkennung möglich.

[3] Gray, Frank, amerikan. Elektroingenieur.

[4] Hamming, Richard Wesly, amerikan. Mathematiker, 1915–1998

C

Bar-Codes Bar codes

Code-2/5-5-Striche Industrial

Numerischer Code, aufgebaut mit zwei breiten und drei schmalen Strichen. Die Informationen bestehen nur aus Strichen, die Lücken enthalten keine Informationen. Ein breiter Strich (S) bedeutet 1, ein schmaler Strich bedeutet 0. Wie bei allen Bar-Codes beginnen die Informationsfolgen mit einem Start-Zeichen und enden mit einem Stopp-Zeichen.

Zeichen	S1	S2	S3	S4	S5
1	1	0	0	0	1
2	0	1	0	0	1
3	1	1	0	0	0
4	0	0	1	0	1
5	1	0	1	0	0
6	0	1	1	0	0
7	0	0	0	1	1
8	1	0	0	1	0
9	0	1	0	1	0
0	0	0	1	1	0
Start	1	1	0		
Stopp	1	0	1		

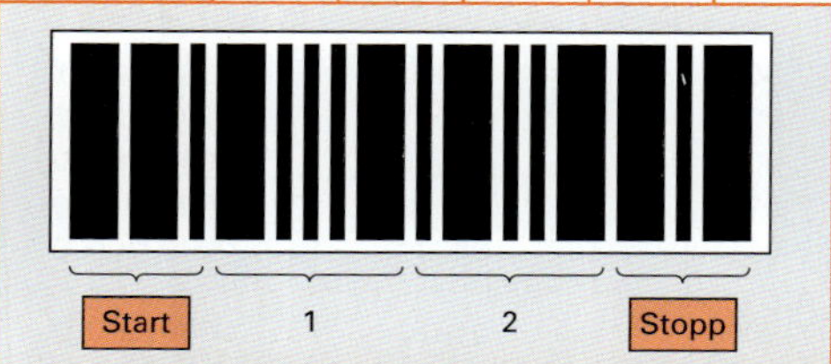

Code-2/5-überlappend (Interleaved)

Numerischer Code, aufgebaut mit zwei breiten und drei schmalen Strichen bzw. zwei breiten und drei schmalen Lücken. Die erste Ziffer wird mit fünf Strichen dargestellt, die folgende zweite durch die Lücken der ersten, 1 bedeutet eine breite Position (P, Strich oder Lücke), 0 bedeutet eine schmale Position.

Zeichen	P1	P2	P3	P4	P5
1	1	0	0	0	1
2	0	1	0	0	1
3	1	1	0	0	0
4	0	0	1	0	1
5	1	0	1	0	0
6	0	1	1	0	0
7	0	0	0	1	1
8	1	0	0	1	0
9	0	1	0	1	0
0	0	0	1	1	0
Start	0	0			
Stopp	1	0			

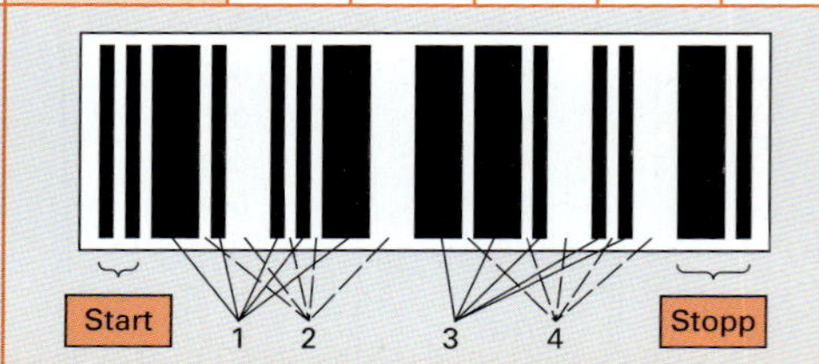

C

EAN-Code (Europäische Artikel-Nummerierung, 13-stellig)

Numerischer Code, alle Striche und Lücken stellen Informationen dar. Die Verschlüsselung nach dem 13-stelligen EAN-Code erfolgt mit 12 Ziffern, wobei nach sechs Ziffern ein Trennzeichen steht. Der EAN-Code umfasst die Zeichensätze A, B und C. Für deutsche Artikel sind die linken sechs Ziffern in der Zeichensatzfolge ABAABB verschlüsselt, die rechten sechs Ziffern sind ausschließlich mit dem Zeichensatz C verschlüsselt. Die binäre Information 1 ist durch einen Strich dargestellt, die binäre Information 0 mit einer Lücke.

Zeichen	Zeichensatz A	Zeichensatz B	Zeichensatz C
1	0011001	0110011	1100110
2	0010011	0011011	1101100
3	0111101	0100001	1000010
4	0100011	0011101	1011100
5	0110001	0111001	1001110
6	0101111	0000101	1010000
7	0111011	0010001	1000100
8	0110111	0001001	1001000
9	0001011	0010111	1110100
0	0001101	0100111	1110010
Start	101		
Stopp	101		
Trennzeichen	01010		

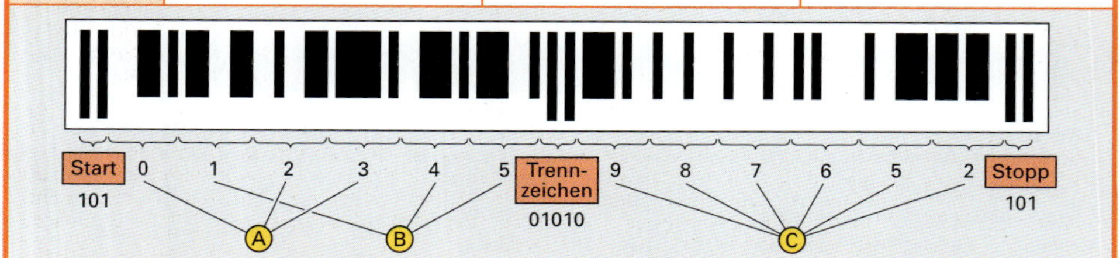

ASCII-Code im Unicode ASCII-Code in Unicode

Genormter ASCII-Code (7-Bit-Code)

Dez	Hex	Zch	Dez	Hex	Zch	Dez	Hex	Zch	Dez	Hex	Zch	Dez	Hex	Zch	Dez	Hex	Zch
0	0		22	16	■	44	2C	,	65	41	A	86	56	V	107	6B	k
1	1	☺	23	17	↨	45	2D	-	66	42	B	87	57	W	108	6C	l
2	2	●	24	18	↑	46	2E	.	67	43	C	88	58	X	109	6D	m
3	3	♥	25	19	↓	47	2F	/	68	44	D	89	59	Y	110	6E	n
4	4	♦	26	1A	→	48	30	0	69	45	E	90	5A	Z	111	6F	o
5	5	♣	27	1B	←	49	31	1	70	46	F	91	5B	[	112	70	p
6	6	♠	28	1C	∟	50	32	2	71	47	G	92	5C	\	113	71	q
7	7	•	29	1D	↔	51	33	3	72	48	H	93	5D	]	114	72	r
8	8	◘	30	1E	▲	52	34	4	73	49	I	94	5E	^	115	73	s
9	9	○	31	1F	▼	53	35	5	74	4A	J	95	5F	_	116	74	t
10	A	◙	32	20		54	36	6	75	4B	K	96	60	`	117	75	u
11	B	♂	33	21	!	55	37	7	76	4C	L	97	61	a	118	76	v
12	C	♀	34	22	"	56	38	8	77	4D	M	98	62	b	119	77	w
13	D	♪	35	23	#	57	39	9	78	4E	N	99	63	c	120	78	x
14	E	♫	36	24	$	58	3A	:	79	4F	O	100	64	d	121	79	y
15	F	□○	37	25	%	59	3B	;	80	50	P	101	65	e	122	7A	z
16	10	►	38	26	&	60	3C	<	81	51	Q	102	66	f	123	7B	{
17	11	◄	39	27	'	61	3D	=	82	52	R	103	67	g	124	7C	|
18	12	↕	40	28	(	62	3E	>	83	53	S	104	68	h	125	7D	}
19	13	‼	41	29	)	63	3F	?	84	54	T	105	69	i	126	7E	~
20	14	¶	42	2A	*	64	40	@	85	55	U	106	6A	j	127	7F	⌂
21	15	§	43	2B	+												

Erweiterungen im Unicode

Dez	Hex	Zch	Dez	Hex	Zch	Dez	Hex	Zch	Dez	Hex	Zch	Dez	Hex	Zch	Dez	Hex	Zch
128	80	€	150	96	–	172	AC	¬	193	C1	Á	214	D6	Ö	235	EB	ë
129	81	□	151	97	—	173	AD		194	C2	Â	215	D7	×	236	EC	ì
130	82	‚	152	98	˜	174	AE	®	195	C3	Ã	216	D8	Ø	237	ED	í
131	83	ƒ	153	99	™	175	AF	¯	196	C4	Ä	217	D9	Ù	238	EE	î
132	84	„	154	9A	š	176	B0	°	197	C5	Å	218	DA	Ú	239	EF	ï
133	85	…	155	9B	›	177	B1	±	198	C6	Æ	219	DB	Û	240	F0	ð
134	86	†	156	9C	œ	178	B2	²	199	C7	Ç	220	DC	Ü	241	F1	ñ
135	87	‡	157	9D	□	179	B3	³	200	C8	È	221	DD	Ý	242	F2	ò
136	88	ˆ	158	9E	ž	180	B4	´	201	C9	É	222	DE	þ	243	F3	ó
137	89	‰	159	9F	Ÿ	181	B5	µ	202	CA	Ê	223	DF	ß	244	F4	ô
138	8A	Š	160	A0		182	B6	¶	203	CB	Ë	224	E0	à	245	F5	õ
139	8B	‹	161	A1	¡	183	B7	·	204	CC	Ì	225	E1	á	246	F6	ö
140	8C	Œ	162	A2	¢	184	B8	¸	205	CD	Í	226	E2	â	247	F7	÷
141	8D	□	163	A3	£	185	B9	¹	206	CE	Î	227	E3	ã	248	F8	ø
142	8E	Ž	164	A4	×○	186	BA	º	207	CF	Ï	228	E4	ä	249	F9	ù
143	8F	□	165	A5	¥	187	BB	»	208	D0	Ð	229	E5	å	250	FA	ú
144	90	□	166	A6	¦	188	BC	¼	209	D1	Ñ	230	E6	æ	251	FB	û
145	91	‘	167	A7	§	189	BD	½	210	D2	Ò	231	E7	ç	252	FC	ü
146	92	’	168	A8	¨	190	BE	¾	211	D3	Ó	232	E8	è	253	FD	ý
147	93	“	169	A9	©	191	BF	¿	212	D4	Ô	233	E9	é	254	FE	þ
148	94	”	170	AA	ª	192	C0	À	213	D5	Õ	234	EA	ê	255	FF	ÿ
149	95	*	171	AB	«												

ASCII-Steuerzeichen (Beispiele)

Dez	Befehl	Bedeutung	Dez	Befehl	Bedeutung
2	STX	Start of Text = Textanfang	13	CR	Carriage Return = Wagenrücklauf
3	ETX	End of Text = Textende	17	DC1	Device Control = Gerätesteuerzeichen (weitere 18, 19, 20 = DC2, DC3, DC4)
7	BEL	engl. Bell = Klingel			
10	LF	Line Feed = Zeilenvorschub	26	SUB	Substitution = Zeichen ersetzen
12	FF	Form Feed = Formularvorschub	27	ESC	Escape = Umschaltung (Taste)

Der Unicode als 16-Bit-Code wurde als internationaler Standard definiert, um die Zeichen aller europäischen Sprachen sowie insbesondere die Zeichen im Chinesischen, Japanischen und Koreanischen abzubilden. In den ersten 128 Plätzen ist der ASCII-Code (American Standard Code for Information Interchange) untergebracht. Von den möglichen 65 536 Zeichen des Unicode sind derzeit etwa 40 000 Zeichen vergeben. Die ersten 32 Zeichen sind meist Steuerzeichen, die anderen Zeichen sind auch Bestandteil des ANSI-Codes (American National Standards Institut).

Binäre Verknüpfungen Binary operations

Schaltzeichen	Benennung der Verknüpfung	Schalterdarstellung	Schaltfunktion (Sprechweise)	Wertetabelle		
				b	a	x
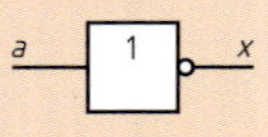	NICHT (NOT) Invertierung (Negation)	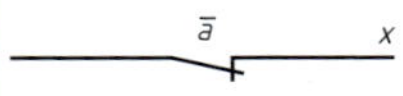	$x = \overline{a}$ (*a* nicht)		0 1	1 0
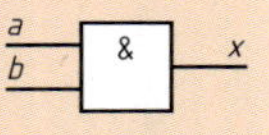	UND (AND) (Konjunktion)		$x = a \wedge b$ (*a* und *b*)	0 0 1 1	0 1 0 1	0 0 0 1
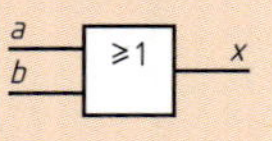	ODER (OR) (Adjunktion, Disjunktion)	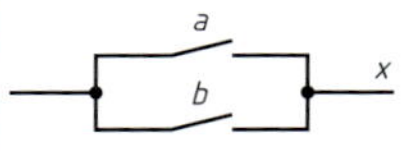	$x = a \vee b$ (*a* oder *b*)	0 0 1 1	0 1 0 1	0 1 1 1
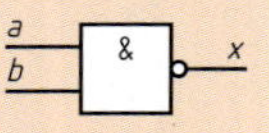	NAND	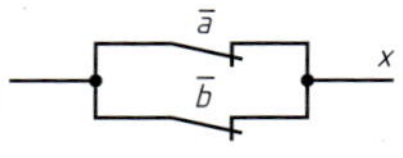	$x = \overline{a \wedge b} = a \overline{\wedge} b$ (*a* nand *b*)	0 0 1 1	0 1 0 1	1 1 1 0
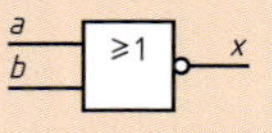	NOR	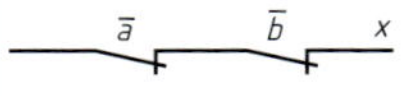	$x = \overline{a \vee b} = a \overline{\vee} b$ (*a* nor *b*)	0 0 1 1	0 1 0 1	1 0 0 0
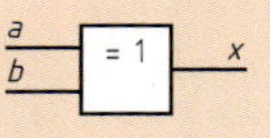	Exklusiv-ODER, XOR (Antivalenz)	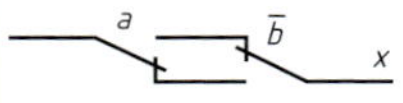	$x = (a \wedge \overline{b}) \vee (\overline{a} \wedge b)$ $= a \nleftrightarrow b$ (*a* antivalent *b*)	0 0 1 1	0 1 0 1	0 1 1 0
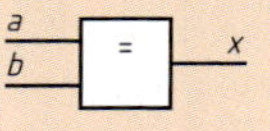	Exklusiv-NOR, XNOR (Äquivalenz)	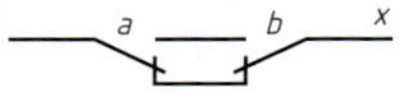	$x = (a \wedge b) \vee (\overline{a} \wedge \overline{b})$ $= a \leftrightarrow b$ (*a* äquivalent *b*)	0 0 1 1	0 1 0 1	1 0 0 1
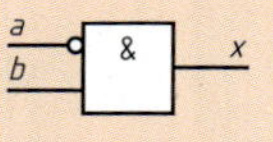	Inhibition	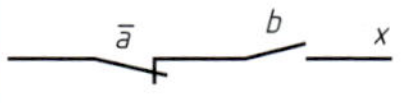	$x = \overline{a} \wedge b$ (*a* nicht und *b*)	0 0 1 1	0 1 0 1	0 0 1 0
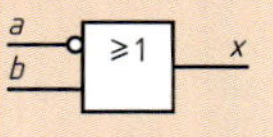	Implikation, Subjunktion	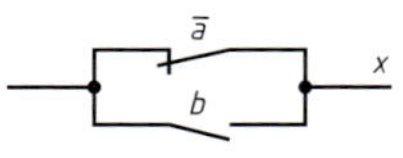	$x = \overline{a} \vee b = a \rightarrow b$ (*a* Pfeil *b*)	0 0 1 1	0 1 0 1	1 0 1 1
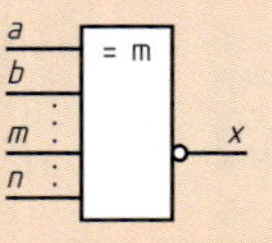	*m* aus *n*	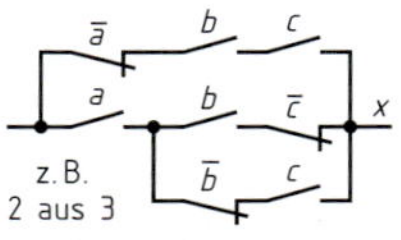 z. B. 2 aus 3	$x = (\overline{a} \wedge b \wedge c) \vee$ $\vee\, a[(b \wedge \overline{c}) \vee (\overline{b} \wedge c)]$	$x = 1$ wenn und nur wenn an *m* von *n* Eingängen Wert 1 anliegt ($m < n$)		

Gleichwertige Darstellung von binären Elementen mit & und ⩾1

Ein gleichwertiges Schaltzeichen wird nach folgenden Regeln gebildet, gilt nicht für NICHT-Element:

1. Alle & werden ⩾1;
2. Alle ⩾1 werden &;
3. Alle Anschlüsse werden gegenüber dem Ausgangszustand invertiert.

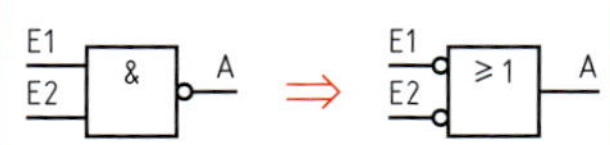

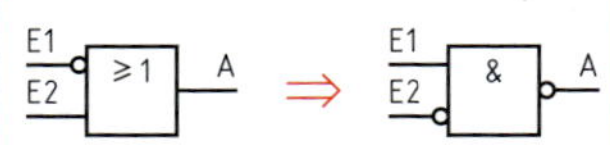

Gesetze und Regeln der Schaltalgebra (boolesche Algebra)
Laws and rules of the Boolean algebra

Einfache Regeln

Regel	Erklärung	Regel	Erklärung
$0 \wedge a = 0$ $1 \wedge a = a$ $0 \vee a = a$ $1 \vee a = 1$ $\overline{1} = 0 \quad \overline{0} = 1$	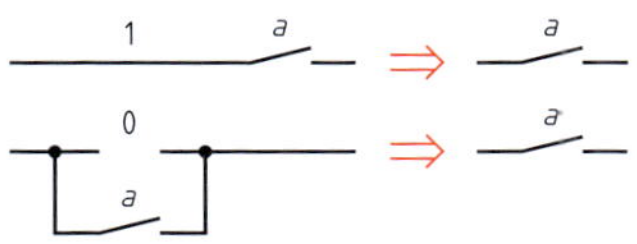 Negation von 1 ist 0 und umgekehrt.	$a \wedge a = a$ $a \wedge \overline{a} = 0$ $a \vee a = a$ $a \vee \overline{a} = 1$ $\overline{\overline{a}} = a$	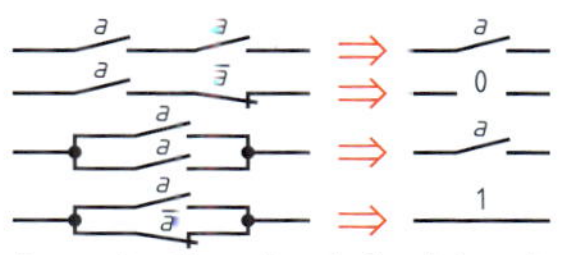 Doppelte Negation hebt sich auf.

Grundgesetze

Gesetz	Erklärung	Bemerkungen
Kommutativgesetze Form 1: $a \wedge b = b \wedge a$, $a \vee b = b \vee a$ Form 2: $a \cdot b = b \cdot a$, $a + b = b + a$	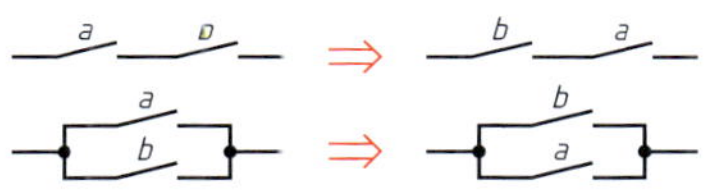	Innerhalb eines UND-Terms bzw. eines ODER-Terms dürfen die Variablen beliebig vertauscht werden UND: $\wedge$, $\cdot$; ODER: $\vee$, $+$
Assoziativgesetze $a \wedge b \wedge c = (a \wedge b) \wedge c$ $= a \wedge (b \wedge c)$ $= (a \wedge c) \wedge b$ Entsprechend mit $\vee$	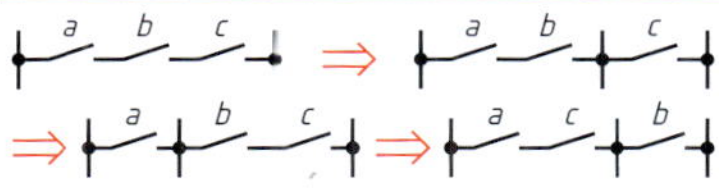 Entsprechend mit $\vee$	Die Variablen, die über eine Funktion miteinander verknüpft sind, dürfen beliebig zusammengefasst werden. Entsprechend mit ODER.
Distributivgesetze $(a \wedge b) \vee (a \wedge c) = a \wedge (b \vee c)$ $(a \vee b) \wedge (a \vee c) = a \vee (b \wedge c)$	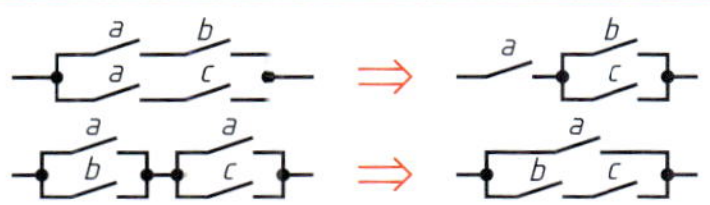	Das Gesetz gestattet das Ausklammern von Variablen. Gesetz wird durch Ausmultiplizieren zweier Klammern gewonnen.
de morgansche Gesetze $\overline{a \wedge b} = \overline{a} \vee \overline{b}$ $\overline{a \vee b} = \overline{a} \wedge \overline{b}$	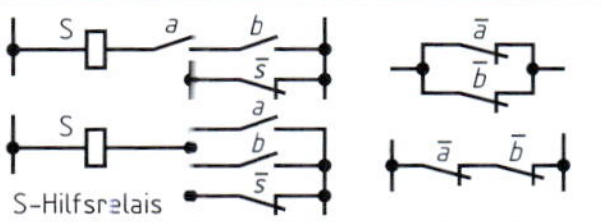	Mit Hilfe der de morganschen Gesetze kann man schaltalgebraische Terme invertieren.

Abgeleitete Regeln

Regel	Schalterdarstellung
$a \vee (a \wedge b) = a$ $a \wedge (a \vee b) = a$	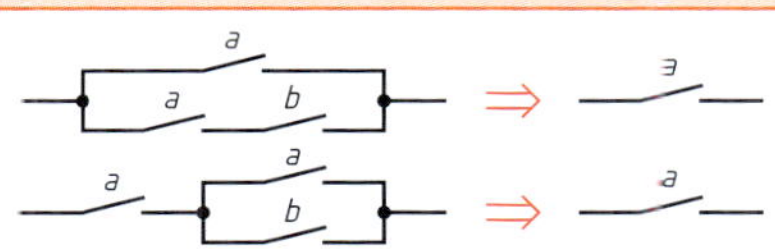
$a \vee (\overline{a} \wedge b) = a \vee b$ $a \wedge (\overline{a} \vee b) = a \wedge b$	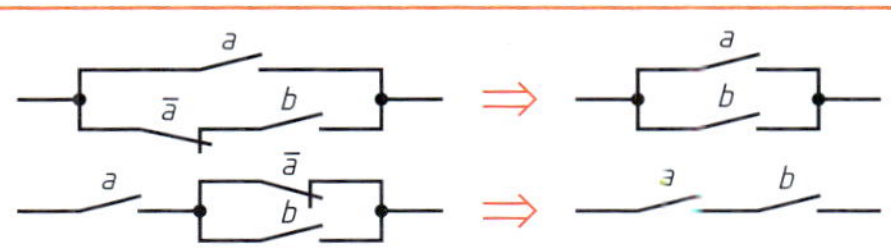
$\overline{a} \vee (a \wedge b) = \overline{a} \vee b$ $\overline{a} \vee (a \wedge \overline{b}) = \overline{a} \vee \overline{b}$	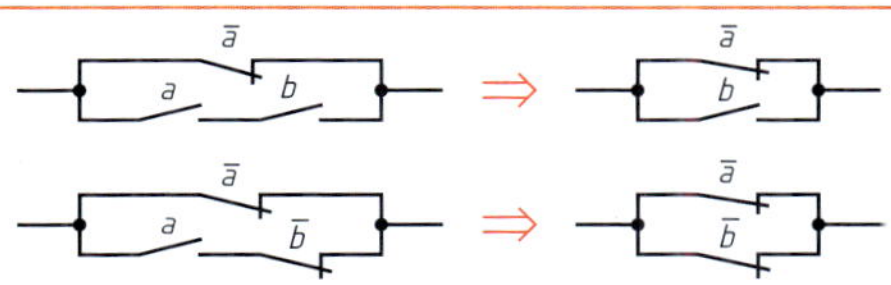
$(a \vee b) \wedge (\overline{a} \vee c)$ $= (a \wedge c) \vee (\overline{a} \wedge b)$	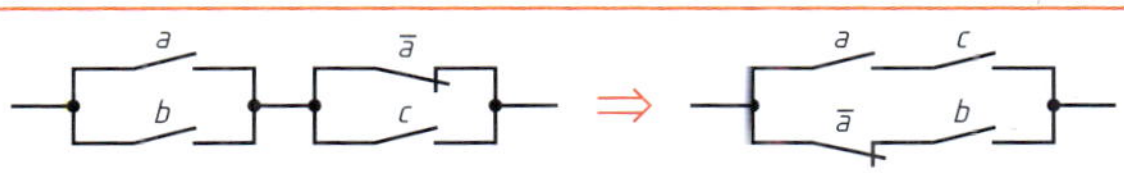

Ungetaktete Flipflops (Bistabile Kippschaltungen)
Unclocked flip-flops (bistable multivibrators)

Benennungen	Schaltzeichen	Wertetabelle				Zeitablaufdiagramm
Asynchrone Flipflops (Flipflops ohne Takteingang)						
SR-Flipflop, RS-Flipflop, Set-Reset-Flipflop, Latch, RS-FF	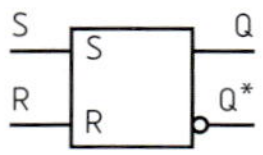	S	R	Q	Q*	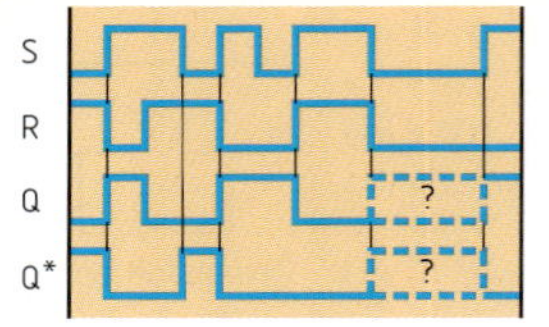
		0 0 1 1	0 1 0 1	q_n 0 1 0	$\bar{q}_n$ 1 0 0	
		1 → 0	1 → 0	0 1 oder	1 0	
$\overline{RS}$-Flipflop, $\overline{SR}$-Flipflop	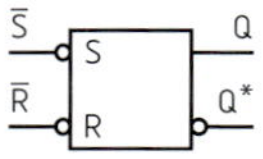	$\overline{S}$	$\overline{R}$	Q	Q*	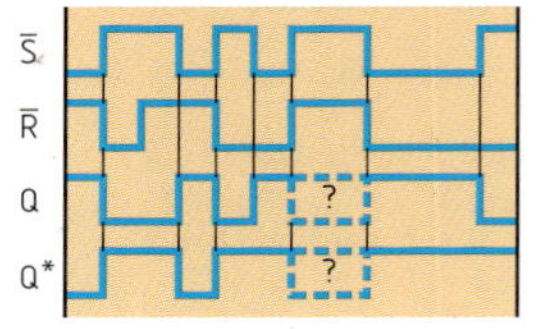
		0 0 1 1	0 1 0 1	1 1 0 q_n	1 0 1 $\bar{q}_n$	
		0 → 1	0 → 1	0 1 oder	1 0	
SL-Flipflop, RS-Flipflop mit dominierendem S-Eingang	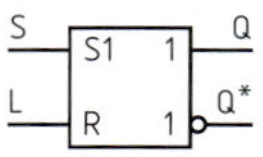	S	L	Q	Q*	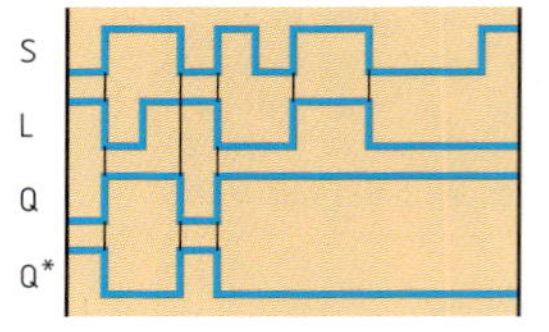
		0 0 1 1	0 1 0 1	q_n 0 1 1	$\bar{q}_n$ 1 0 0	
EL-Flipflop, RS-Flipflop mit dominierendem R-Eingang	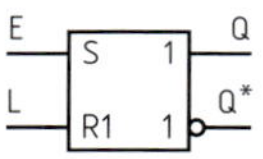	E	L	Q	Q*	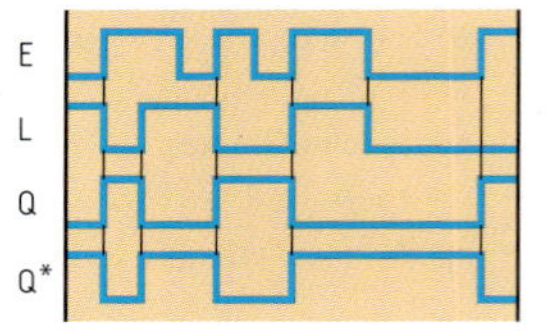
		0 0 1 1	0 1 0 1	q_n 0 1 0	$\bar{q}_n$ 1 0 1	
$\overline{R}$S-Flipflop mit dominierendem $\overline{R}$-Eingang	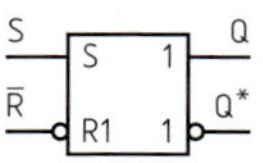	S	$\overline{R}$	Q	Q*	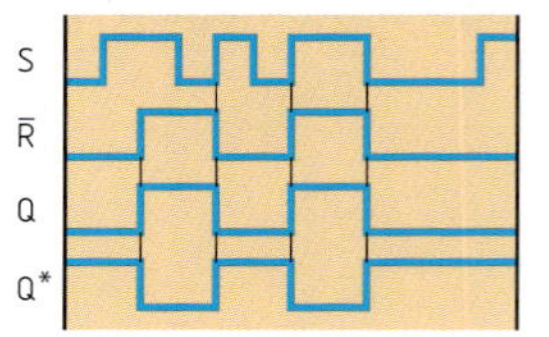
		0 0 1 1	0 1 0 1	0 q_n 0 1	1 $\bar{q}_n$ 1 0	

Handelsform von Flipflops

Kippschaltungen haben fast immer die Form von ICs (integrierten Schaltkreisen). Im IC vom **Bild** sind sechs $\overline{RS}$-Flipflops enthalten. Dabei sind die $\overline{R}$-Eingänge der Flipflops auf einen einzigen Anschluss (Pin) zusammengefasst. Dadurch ist das Rücksetzen aller Flipflops nur gemeinsam möglich.

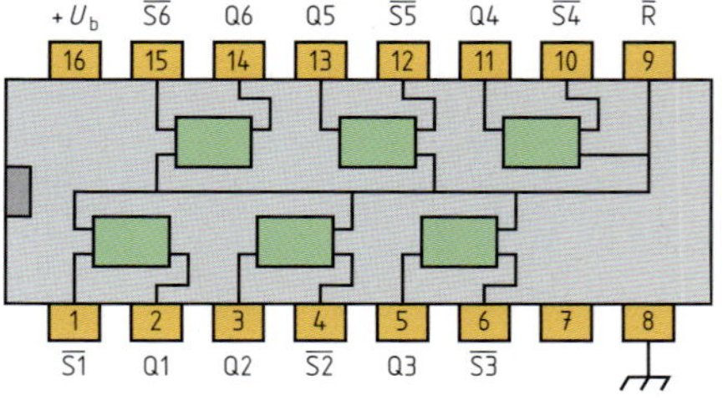

L (von Latch = Riegel) L-Eingang, Q Flipflop-Ausgang, Q* komplementärer (gegensätzlicher) Flipflop-Ausgang, q_n Signal an Q vor der Änderung am Eingang, $\bar{q}_n$ Signal an Q* vor der Änderung am Eingang, R Rücksetzeingang, S Setzeingang, ¯ über Buchstaben bedeutet Invertierung, d.h. $\overline{R} = 0 \Rightarrow R = 1$.

C

Getaktete Flipflops (Bistabile Kippschaltungen)
Clocked flip-flops (bistable multivibrators)

Benennungen	Schaltzeichen	Wertetabelle	Zeitablaufdiagramm

Synchrone Flipflops (Flipflops mit Takteingang)

Einflanken-gesteuertes JK-Flipflop, mit positiver (p) Flanke (fl) gesteuert. JK-FF, pfl

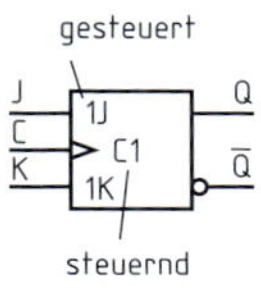

C	J	K	Q	$\bar{Q}$
0,1	X	X	q_n	$\bar{q}_n$
↑	0	0	q_n	$\bar{q}_n$
↑	0	1	0	1
↑	1	0	1	0
↑	1	1	$\bar{q}_n$	q_n

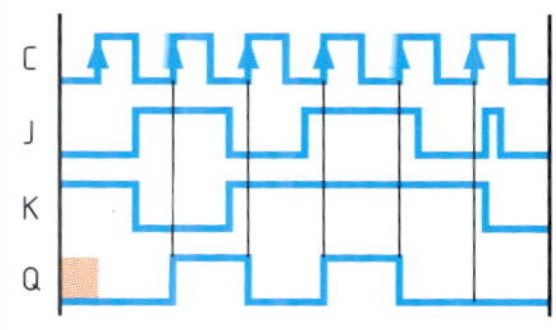

Einflanken-gesteuertes JK-Flipflop, mit negativer (n) Flanke (fl) gesteuert. JK-FF, nfl

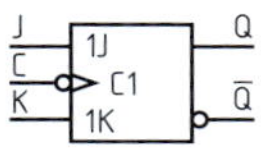

C	J	K	Q	$\bar{Q}$
0,1	X	X	q_n	$\bar{q}_n$
↓	0	0	q_n	$\bar{q}_n$
↓	0	1	0	1
↓	1	0	1	0
↓	1	1	$\bar{q}_n$	q_n

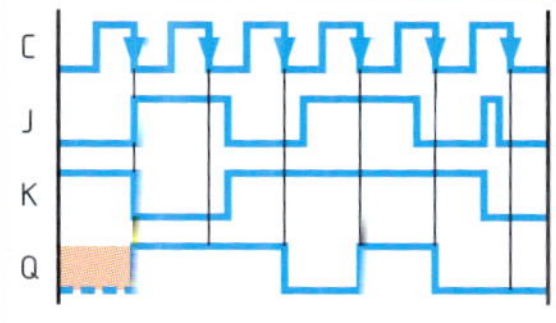

Zweiflanken-gesteuertes T-Flipflop, Trigger-Flipflop, T-FF, pfl

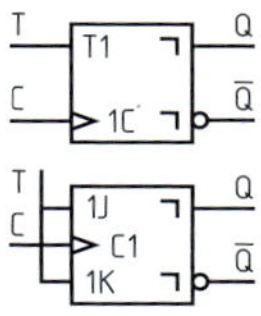

C[1]	T	Q	$\bar{Q}$
↑	0	q_n	$\bar{q}_n$
↑	1	$\bar{q}_n$	q_n

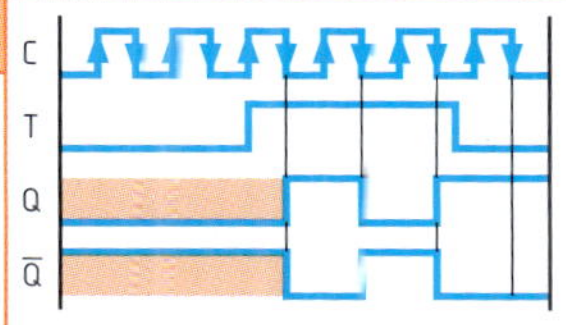

Zweiflanken-gesteuertes JK-Flipflop (Master-Slave-JK-Flipflop) mit positiver Flanke[1] gesteuert

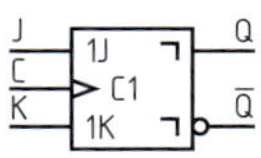

C[1]	J	K	Q	$\bar{Q}$
0,1	X	X	q_n	$\bar{q}_n$
↑	0	0	q_n	$\bar{q}_n$
↑	0	1	0	1
↑	1	0	1	0
↑	1	1	$\bar{q}_n$	q_n

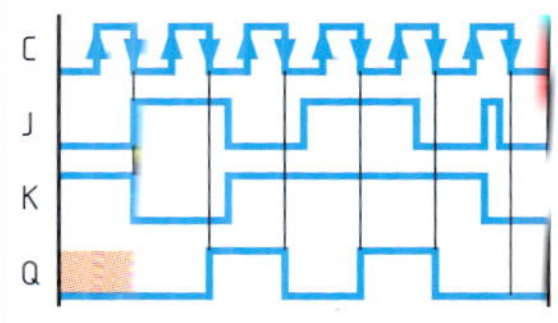

D-Flipflop, taktzustands-gesteuert (tz), Verzögerungs-Flipflop takt-zustands-gesteuert (tz)

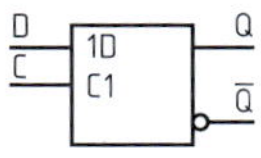

C	D	Q	$\bar{Q}$
0	0	q_n	$\bar{q}_n$
0	1	q_n	$\bar{q}_n$
1	0	0	1
1	1	1	0

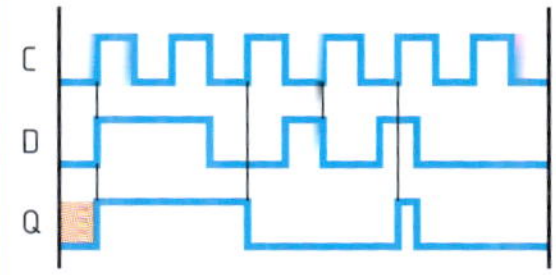

Kombinierte Flipflops

Zweiflanken-gesteuertes JK-Flipflop, mit positiver Flanke[1] gesteuert, S-Eingang und R-Eingang taktunabhängig (tu)

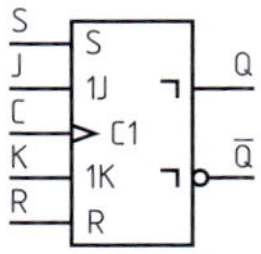

Für den JK-Teil gilt die Wertetabelle des entsprechenden JK-Flipflops. Die Eingänge R und S haben Vorrang vor den Eingängen J und K. R setzt den Ausgang Q taktunabhängig auf null zurück. Mit dem Eingang S kann der Ausgang Q auf den Wert 1 voreingestellt werden.

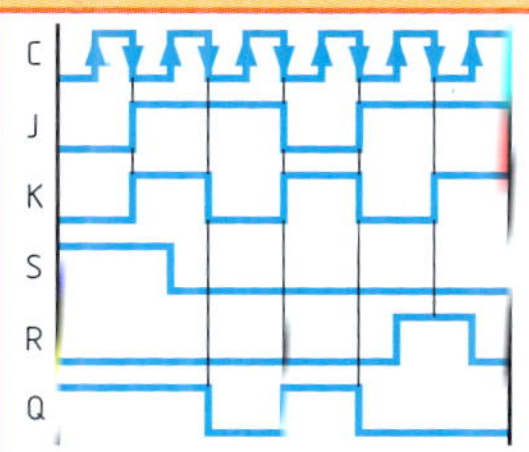

[1] Angegeben ist die Ansteuerung des Master-Flipflops, am Ausgang des Slave-Flipflops erscheint das Signal um die Dauer eines Taktimpulses verzögert.

Kennzeichen für angenommenen Anfangszustand des Flipflops.

C Takteingang (von Clock = Uhr, Taktgeber), J J-Eingang, K K-Eingang, D D-Eingang, Q Ausgang, $\bar{Q}$ komplementärer (gegensätzlicher) Ausgang, q_n Signal an Q beim vorhergehenden Takt, $\bar{q}_n$ Signal an $\bar{Q}$ beim vorhergehenden Takt, R Rücksetzeingang, S Setzeingang, X beliebig 0 oder 1.

C

KV-Diagramme für kombinatorische Schaltungen
KV diagrams for combinatory circuits

③ b_3	② b_2	① b_1	④ y_{H1}	Zeile
0	0	0	1	0
0	0	1	0	1
0	1	0	0	2
0	1	1	0	3
1	0	0	1	4
1	0	1	1	5
1	1	0	0	6
1	1	1	0	7

Wertetabelle (Ziffern in den Kreisen geben die zweckmäßige Reihenfolge bei der Aufstellung der Wertetabelle an)

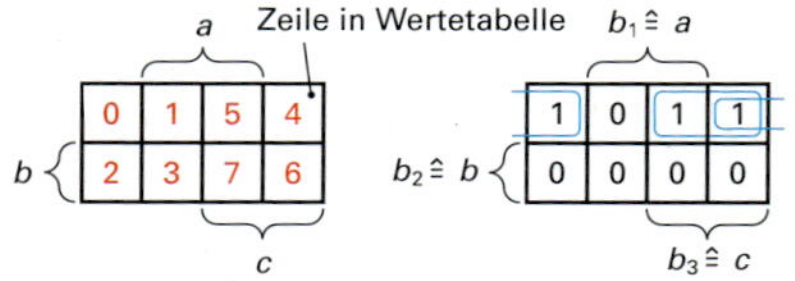

KV-Diagramm für drei unabhängige Variable

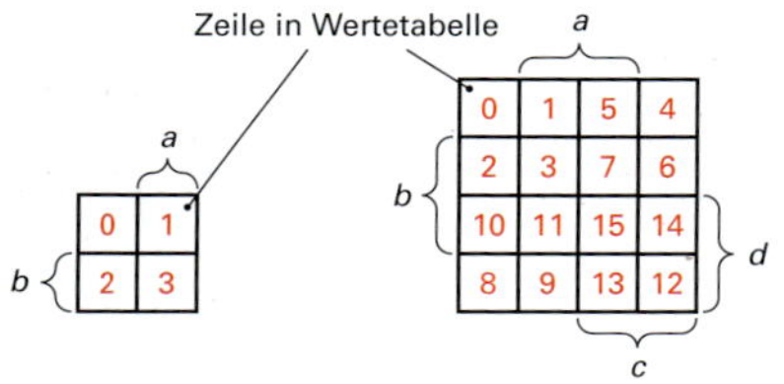

KV-Diagramme für zwei und vier unabhängige Variable

Wertetabelle und KV-Diagramm

Die Aufgabe formuliert man so, dass mit UND sowie ODER die Aufgabe beschrieben wird.

Beispiel: Eine LED soll leuchten, wenn 0-Signale von den Fühlern B1 UND B2 UND B3 kommen ODER allein B3 ein 1-Signal abgibt ODER 1-Signale von B1 UND B3 UND ein 0-Signal von B2 kommen. Die Schaltfunktion lautet:

$$\underbrace{y_{H1}}_{\text{abhängige Variable}} = \underbrace{(\overline{b}_1 \wedge \overline{b}_2 \wedge \overline{b}_3) \vee (\overline{b}_1 \wedge \overline{b}_2 \wedge b_3) \vee (b_1 \wedge \overline{b}_2 \wedge b_3)}_{\text{verknüpfte unabhängige Variablen}}.$$

Die Schaltfunktion kann meist mittels einer *Wertetabelle* minimiert (vereinfacht) werden. In der Wertetabelle erhält jede Variable eine Spalte. Die Reihenfolge der unabhängigen Variablen ist beliebig. In die rechte Spalte der Eingangsvariablen wird von oben nach unten abwechselnd 0 und 1 eingetragen, in der Spalte links daneben abwechselnd 00 und 11, usw. Jede Zeile der Wertetabelle enthält eine Information über die abhängige Variable. Diese Information jeder Zeile lässt sich in das *KV-Diagramm* (Erfinder Karnaugh und Veitch) übertragen. Dabei muss die Felderbezeichnung, z. B. b_1, b_2, b_3, der Reihenfolge in der Wertetabelle entsprechen. Steht in der Zeile der Wertetabelle eine 1 für die abhängige Variable, dann wird in das entsprechende Feld des KV-Diagramms ebenfalls eine 1 eingetragen. Für zwei unabhängige Variable bzw. vier unabhängige Variable können nach dem gleichen Schema die Zeilen der Wertetabelle in die Felder des KV-Diagramms übertragen werden.

Schaltfunktionen lassen sich *minimieren*, wenn man im KV-Diagramm mehrere Felder zusammenfassen kann.

Im obigen Beispiel:

$$y_{H1} = (\overline{b}_1 \wedge \overline{b}_2) \vee (\overline{b}_2 \wedge b_3) = \overline{b}_2 \wedge (\overline{b}_1 \vee b_3)$$

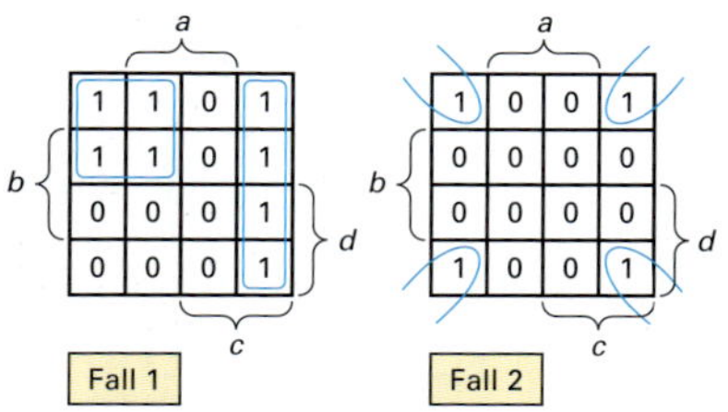

Minimierung mit KV-Diagrammen

Weitere Beispiele

Im Fall 1 kann man die vier Einsen links oben als $\overline{c} \wedge \overline{d}$ zusammenfassen. Die vier untereinanderstehenden Einsen können als $c \wedge \overline{a}$ ausgedrückt werden. Die so minimierte Schaltfunktion lautet $y = (\overline{c} \wedge \overline{d}) \vee (c \wedge \overline{a})$.

Im Fall 2 können die an den Kanten stehenden Einsen zu Blöcken zusammengefasst werden. Die dazugehörende Schaltfunktion lautet $y = \overline{a} \wedge \overline{b}$.

Überwiegen in der Wertetabelle für die abhängige Variable die Einsen, sucht man für die Nullzeilen die Felder im KV-Diagramm. Fasst man im KV-Diagramm die Nullfelder zusammen, so muss die ermittelte Schaltfunktion noch negiert werden.

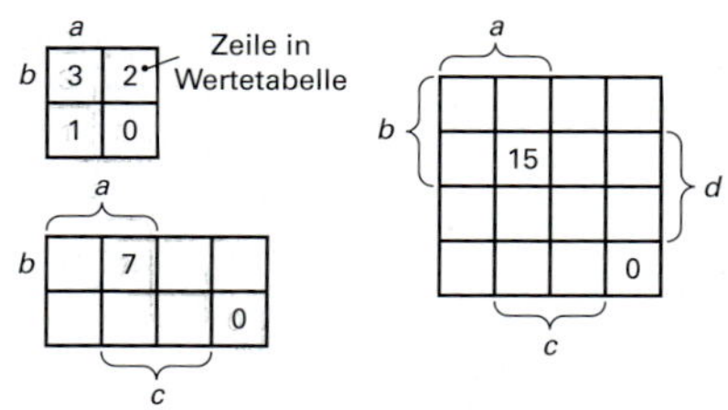

KV-Diagramme (Alternativen)

Alternative KV-Diagrammdarstellungen

Das Zuordnen der unabhängigen Varibalen zu den Feldern im KV-Diagramm kann verschiedenartig erfolgen. Das Zusammenfassen der Felder erfolgt jedoch immer in gleicher Weise. Die ermittelte Schaltfunktion unterscheidet sich aufgrund der verschiedenartigen Darstellungen der KV-Diagramme nicht. Es gibt noch weitere hier nicht abgebildete Darstellungen von KV-Diagrammen.

C

KV-Diagramme für sequenzielle Schaltungen KV diagrams for sequential circuits

Wertetabelle, Schaltfunktionen	KV-Diagramme

Zweistufiger Binärzähler 0, 1, 2, 3 (Modulo-4-Zähler)

q_{2n}	q_{1n}	q_{2n+1}	q_{1n+1}	Zeile
0	0	0	1	0
0	1	1	0	1
1	0	1	1	2
1	1	0	0	3

$q_{1n+1} = \overline{q}_{1n} = (0 \wedge q_{1n}) \vee (1 \wedge \overline{q}_{1n})$

$q_{2n+1} = (\overline{q}_{1n} \wedge q_{2n}) \vee (q_{1n} \wedge \overline{q}_{2n})$

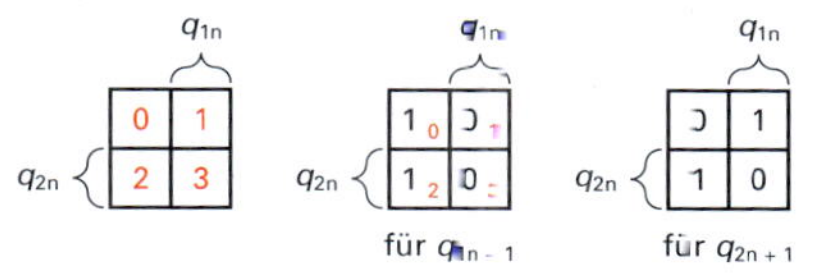

Dreistufiger Binärzähler 0, 1, 2, 3, 4, 5 (Modulo-6-Zähler)

q_{3n}	q_{2n}	q_{1n}	q_{3n+1}	q_{2n+1}	q_{1n+1}	Zeile
0	0	0	0	0	1	0
0	0	1	0	1	0	1
0	1	0	0	1	1	2
0	1	1	1	0	0	3
1	0	0	1	0	1	4
1	0	1	0	0	0	5
1	1	0	X	X	X	6
1	1	1	X	X	X	7

In der Wertetabelle steht X für Zustände, die der dreistufige Zähler 0 bis 7 nicht einnehmen kann. Im KV-Diagramm können die X-Felder beim Zusammenfassen als 0 oder 1 angenommen werden.

$q_{1n+1} = \overline{q}_{1n} = (0 \wedge q_{1n}) \vee (1 \wedge \overline{q}_{1n})$

$q_{2n+1} = (\overline{q}_{1n} \wedge q_{2n}) \vee (q_{1n} \wedge \overline{q}_{3n} \wedge \overline{q}_{2n})$

$q_{3n+1} = (\overline{q}_{1n} \wedge q_{3n}) \vee (q_{2n} \wedge q_{1n} \wedge \overline{q}_{3n})$

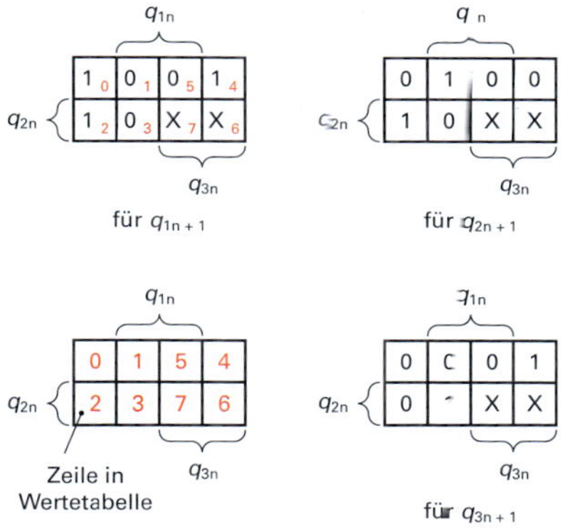

Vierstufiger dekadischer Zähler 0, 1, 2, 3, 4, 5, 6, 7, 8, 9 (Modulo-10-Zähler)

q_{4n}	q_{3n}	q_{2n}	q_{1n}	q_{4n+1}	q_{3n+1}	q_{2n+1}	q_{1n+1}
0	0	0	0	0	0	0	1
0	0	0	1	0	0	1	0
0	0	1	0	0	0	1	1
0	0	1	1	0	1	0	0
0	1	0	0	0	1	0	1
0	1	0	1	0	1	1	0
0	1	1	0	0	1	1	1
0	1	1	1	1	0	0	0
1	0	0	0	1	0	0	1
1	0	0	1	0	0	0	0
1	0	1	0	X	X	X	X
.	.	.	.	X	X	X	X
1	1	1	0	X	X	X	X
1	1	1	1	X	X	X	X

In der Wertetabelle steht X für Zustände, die der vierstufige Zähler 0 bis 9 nicht einnehmen soll.

$q_{1n+1} = (0 \wedge q_{1n}) \vee (1 \wedge \overline{q}_{1n})$

$q_{2n+1} = (\overline{q}_{1n} \wedge q_{2n}) \vee (q_{1n} \wedge \overline{q}_{4n} \wedge \overline{q}_{2n})$

$q_{3n+1} = ((\overline{q}_{1n} \vee \overline{q}_{2n}) \wedge q_{3n}) \vee (q_{1n} \wedge q_{2n} \wedge \overline{q}_{3n})$

$q_{4n+1} = (\overline{q}_{1n} \wedge q_{4n}) \vee (q_{1n} \wedge q_{2n} \wedge q_{3n} \wedge \overline{q}_{4n})$

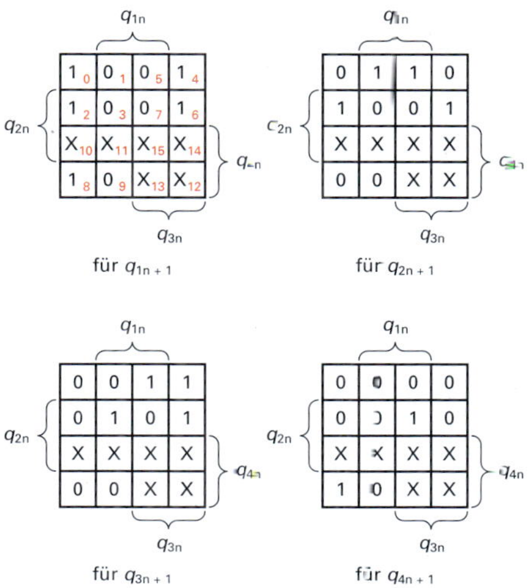

C

Entwurf von Zählern   Design of counters

Beispiele | Lösungsweg für den Entwurf

Synchroner Zähler mit T-Flipflops

KV-Feld	Spalte 1			Spalte 2			Spalte 3		
	Zeitpunkt n			Zeitpunkt $n+1$			Zeitpunkt n		
	q_{3n}	q_{2n}	q_{1n}	q_{3n+1}	q_{2n+1}	q_{1n+1}	t_{3n}	t_{2n}	t_{1n}
0	0	0	0	0	0	1	0	0	1
1	0	0	1	0	1	0	0	1	1
2	0	1	0	0	1	1	0	0	1
3	0	1	1	1	0	0	1	1	1
4	1	0	0	1	0	1	0	0	1
5	1	0	1	0	0	1	1	0	0
6	1	1	0	x	x	x	x	x	x
7	1	1	1	x	x	x	x	x	x

Wertetabelle des Zählers 1 bis 5

Bei Zählern, die nicht mit dem ersten möglichen Zählerstand beginnen, sondern z. B. beim Vorwärtszähler mit 3, muss die Wertetabelle so aufgestellt sein, dass nach dem ersten möglichen Zählerstand, z. B. beim Vorwärtszähler nach 0, auf den Zählstandsbeginn, z. B. 3, gesprungen wird.

Durch Verbinden der Eingänge J und K entsteht ein T-Flipflop.

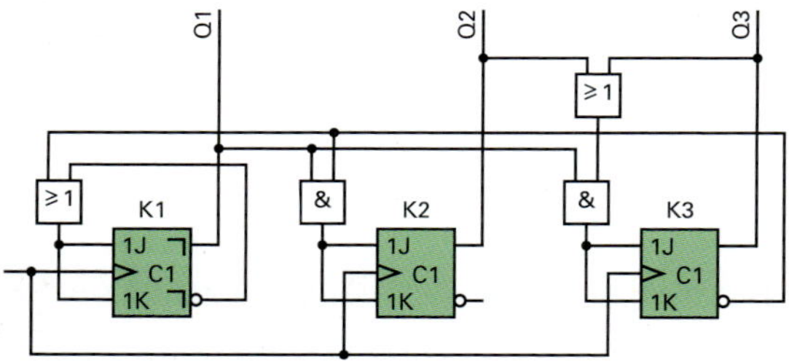

Synchroner Zähler 1 bis 5

1. Ermitteln der Anzahl der Flipflops, wobei $z \leq 2^n$ sein muss.
2. In Wertetabelle Spalte 1 eintragen.
3. In Wertetabelle in Spalte 2 die Zählerzustände eintragen, die nach dem Takt vorhanden sein müssen.
4. Wechseln von Spalte 1 nach Spalte 2 die Ausgangswerte der Flipflops q_{in} zu q_{in+1}, so wird in Spalte 3 bei t_{in} eine 1 eingetragen, sonst eine 0.
5. Nicht vorkommende Zählerzustände der Spalte 1 werden in den Spalten 2 und 3 mit x gekennzeichnet.
6. Die minimierten Schaltfunktionen für t_{in} in Abhängigkeit von q_{in} aufstellen, z. B. mit KV-Diagramm.

für t_{1n} (oben: q_{1n} über den mittleren Spalten; links: q_{2n} für die untere Zeile; unten: q_{3n} über den rechten Spalten)

	1	1	0	1
q_{2n}	1	1	X	X

für t_{2n}

	0	1	0	0
q_{2n}	0	1	X	X

für t_{3n}

	0 (0)	0 (1)	1 (5)	0 (4)
q_{2n}	0 (2)	1 (3)	X (7)	X (6)

KV-Diagramme zur Wertetabelle

$t_{1n} = \overline{q}_{1n} \vee \overline{q}_{3n}$

$t_{2n} = q_{1n} \wedge \overline{q}_{3n}$

$t_{3n} = q_{1n} \wedge (q_{2n} \vee q_{3n})$

Asynchroner Zähler mit T-Flipflops

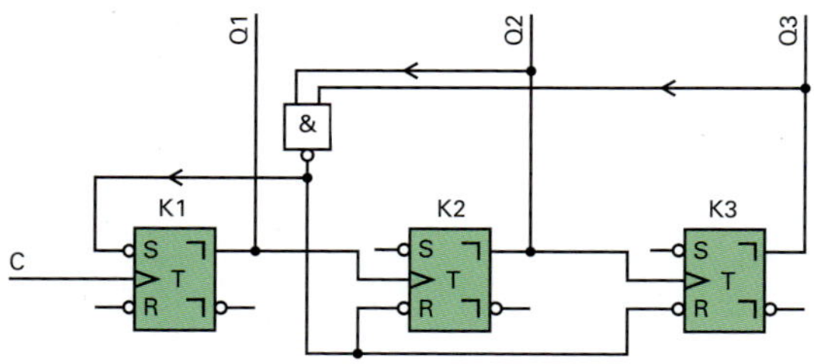

Asynchroner Zähler 1 bis 5 mit T-Flipflops

Am einfachsten geht man vom asynchronen Zähler 0 bis 7 bzw. 0 bis 15 oder vom entsprechenden Rückwärtszähler aus und setzt über die R-Eingänge zurück, sobald der gewünschte Zählerstand erreicht ist.

1. Ermittlung der Anzahl der Flipflops, wobei $z \leq 2^n$ sein muss.
2. Zeichnung des asynchronen Zählers für den vollen Zählbereich für z Flipflops.
3. Überlegung, bei welchem Zählerstand Rücksetzen oder erneutes Setzen erforderlich ist, hier im Beispiel bei 6.
4. Verwirklichung des Rücksetzens bzw. Setzens durch UND-Elemente.

n Anzahl der Flipflops
q Verknüpfung für Ausgang Q
t_i Verknüpfung für Eingang T
z größtmögliche Dualzahl +1

Indizes:
i Zählstufe
n vor der Ansteuerung
n + 1 nach der Ansteuerung

C

Frequenzteiler

Schaltung, Zeitablaufdiagramm	Erklärung, Formeln

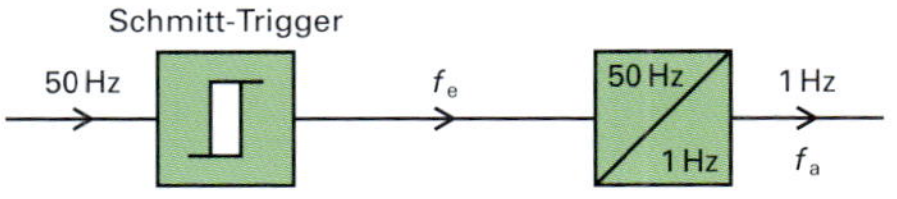

Frequenzteilung mit Modulo-50-Zähler

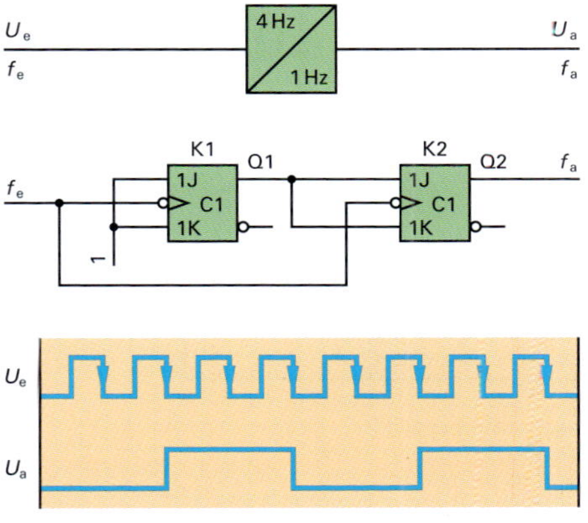

Frequenzteilung mit Modulo-4-Zähler

Als Frequenzteiler werden Zähler verwendet. Bei nicht rechteckförmigen Spannungen muss ein Schmitt-Trigger zur Impulsformung vorgeschaltet werden **(Bild)**. Die Frequenz kann durch jedes Teilerverhältnis geteilt werden, wenn der Zähler so weit zählen kann, z. B. bis 4 **(Bild)**. Meist wird nur ein Teil der größtmöglichen Bitzahl verwendet. Entsprechend spricht man z. B. beim Teilen durch 3 von einem Modulo-3-Teiler.

$$k_f = \frac{f_e}{f_a}$$

$$k_f \leq 2^n$$

$$n \geq \text{lb}\, k_f$$

$$n \geq \frac{\lg k_f}{\lg 2}$$

Entwurf einer Teilerschaltung:

1. Ermittlung der Eingangsfrequenz und der gewünschten Ausgangsfrequenz.
2. Berechnung des Teilerverhältnisses.
3. Ermittlung der erforderlichen Anzahl von Flipflops aus dem Teilerverhältnis. Dabei muss $k \leq 2^n$ sein.
4. Entwurf der entsprechenden synchronen oder asynchronen Zählerschaltung.

Synchrone Zähler

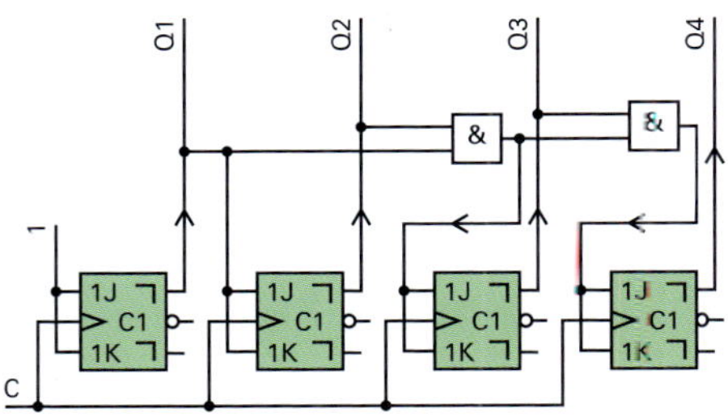

Vierstufiger synchroner Zähler 0 bis 15 mit zu T-Flipflops geschalteten JK-Flipflops

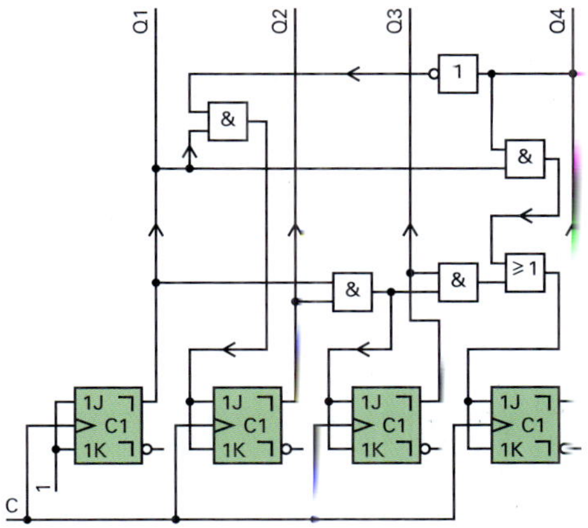

Synchroner Zähler 0 bis 9 mit zu T-Flipflops geschalteten JK-Flipflops

f_a	Ausgangsfrequenz	lb	Zweierlogarithmus
f_e	Eingangsfrequenz	lg	Zehnerlogarithmus
k_f	Teilerverhältnis	U_e	Eingangsspannung
n	Anzahl Flipflops	U_a	Ausgangsspannung

C

Synchrone Zählerschaltungen Synchronous counter circuits

Zähler aus synchronen Zähldekaden

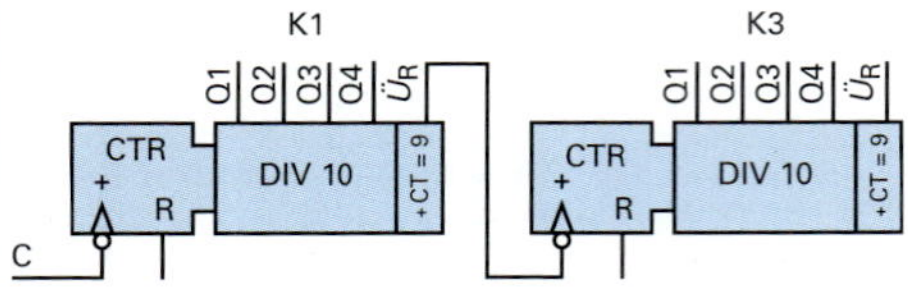

Zählschaltung von 0 bis 99 aus zwei Zähldekaden DIV10

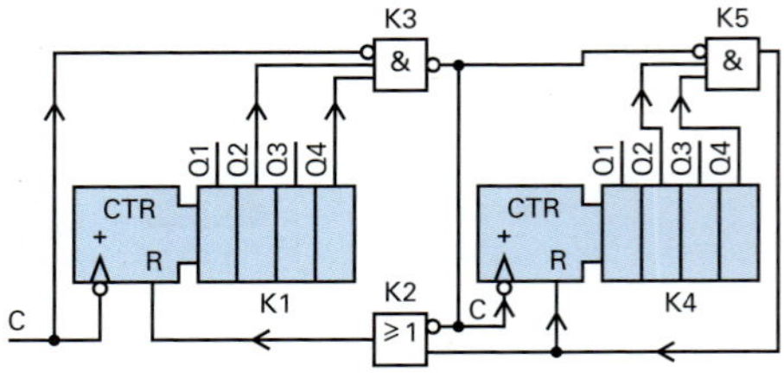

Zählschaltung von 0 bis 99 aus zwei Zählschaltungen von je 0 bis 15

C

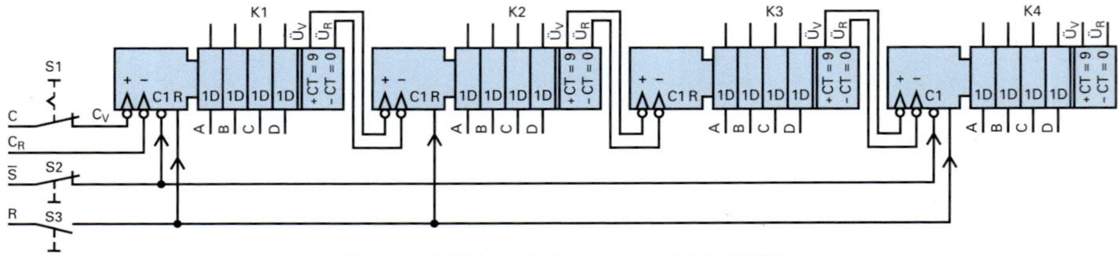

Dezimalzählerschaltung von 0 bis 9999

Zähler mit TTL-IC oder CMOS-IC

Typ	Art	Strom-aufnahme in µA	Eingangs-spannung in V		Zähl-frequenz in MHz	Ausgangs-spannung in V		Betriebs-spannung in V	Sockel
			min H	max L		min H	max L		
7493	4-Bit-Binärzähler	0,05	3,5	1,5	2	4,5	0,5	5	1
74161	Binärzähler pfl, Ü	0,05	3,5	1,5	3	4,5	0,5	5	2
74163	Binärzähler pfl, Ü	0,05	3,5	1,5	3	4,5	0,5	5	2
74169	Binärzähler pfl, Ü	0,05	3,5	1,5	3	4,5	0,5	5	2
74191	4-Bit-Vorwärts-Rückwärts-Binärzähler Ü, nÜ	0,05	3,5	1,5	4	4,5	0,5	5	3
74193	4-Bit-Vorwärts-Rückwärts-Binärzähler Ü, nÜ	0,05	3,5	1,5	4	4,5	0,5	5	3
4017A	5-stufiger Johnson-Dezimalzähler	0,3	3,5	1,5	2,5	4,99	0,01	3 bis 15	4

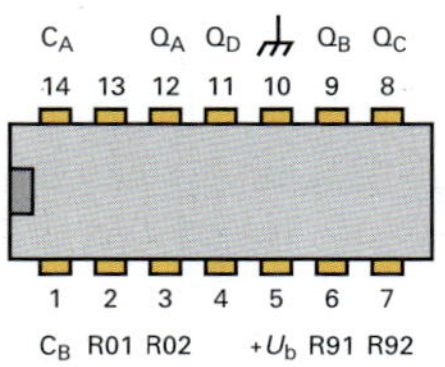

Sockel 1

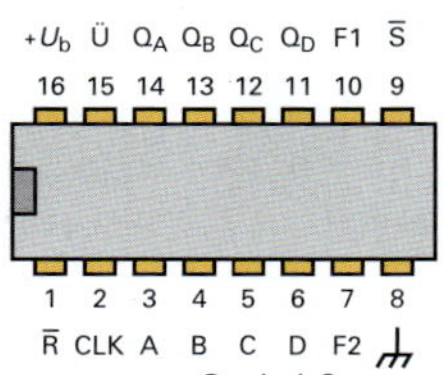

Sockel 2

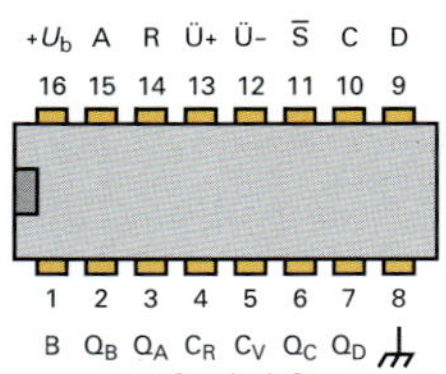

Sockel 3

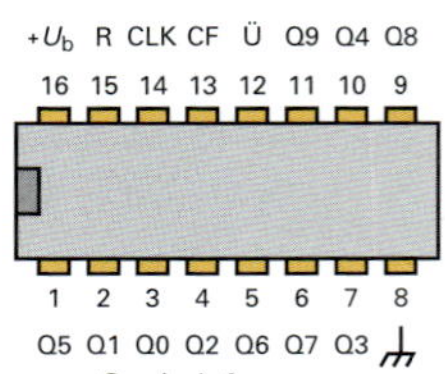

Sockel 4

A, B, C, D Eingänge zur Voreinstellung des Zählers, C_A, C_B, CLK Takteingänge, C_r Takt für rückwärts, C_v Takt für vorwärts, CF Taktfreigabeeingang, F1, F2 Freigabeeingänge (enable), pfl mit positiver Flanke getriggert, Q_A bis Q_D Ausgänge, Q0 bis Q9 Ausgänge, R Rücksetzeingang, R01, R02 Rücksetzen auf 0, R91, R92 Rücksetzen (Setzen) auf 9, S Setzeingang, U_b Betriebsspannung, Ü, Ü+ positiver Übertrag (bei 9), nÜ, Ü– negativer Übertrag (bei 0)

Asynchrone Zähler Asynchronous counters

Vorwärtszähler

Rückwärtszähler

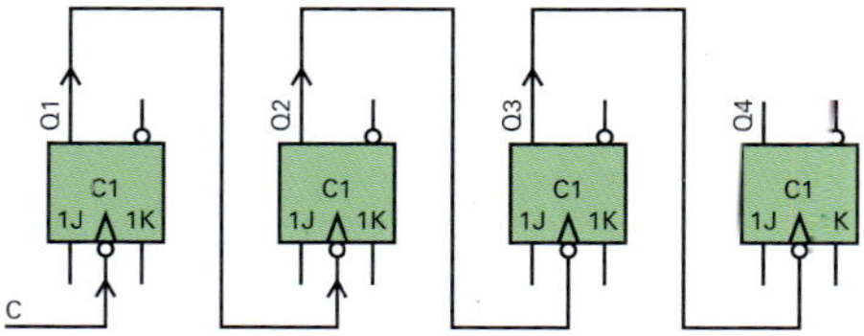

Dualzähler 0 bis 15

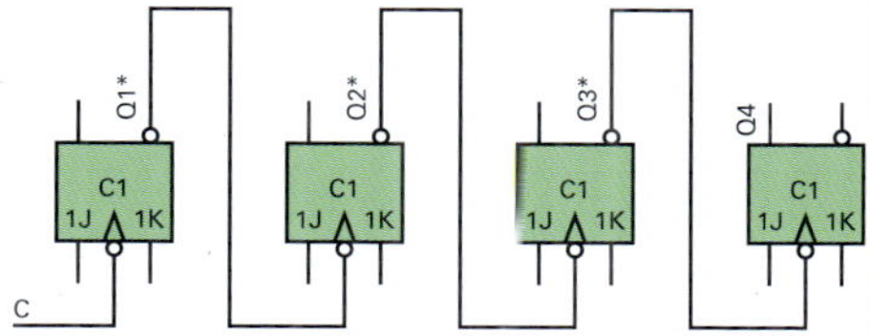

Dualzähler 15 bis 0

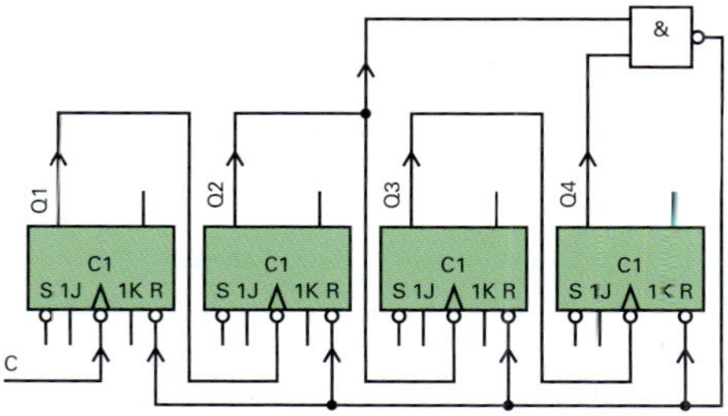

Dualzähler 0 bis 9

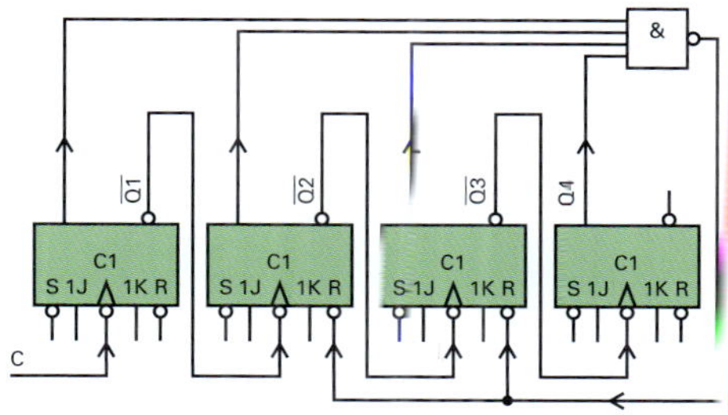

Dualzähler 9 bis 0

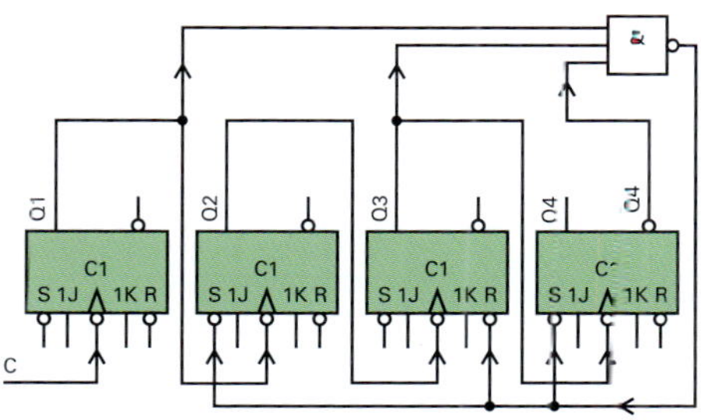

Zähler im Aiken-Code

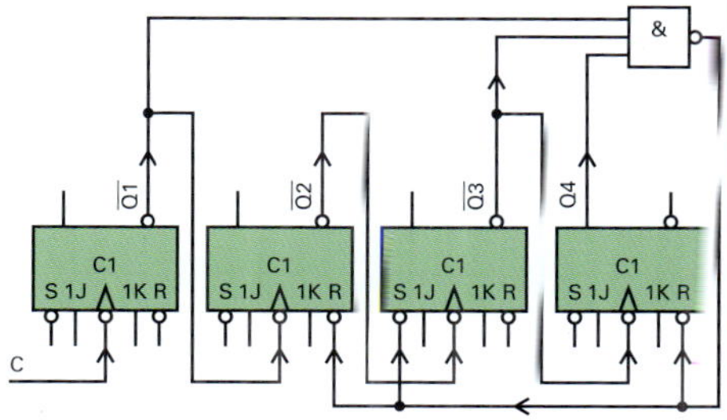

Zähler im Aiken-Code

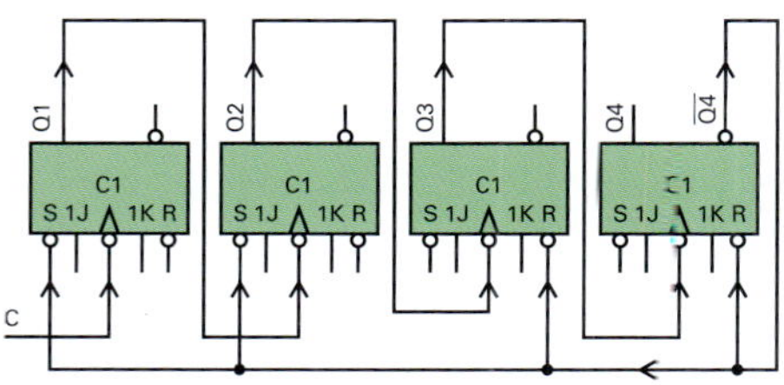

Dualzähler 3 bis 7

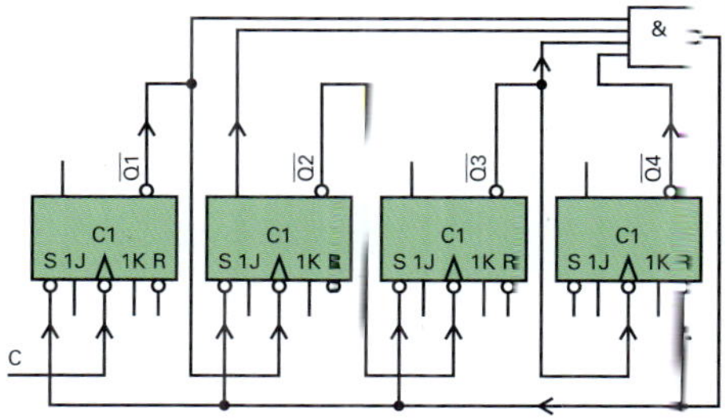

Dualzähler 7 bis 3

An den nicht beschalteten J-Eingängen, K-Eingängen, S-Eingängen und R-Eingängen müssen H-Pegel liegen.

Schieberegister Shift register

Schaltung, Schaltzeichen	Zeitablaufdiagramm

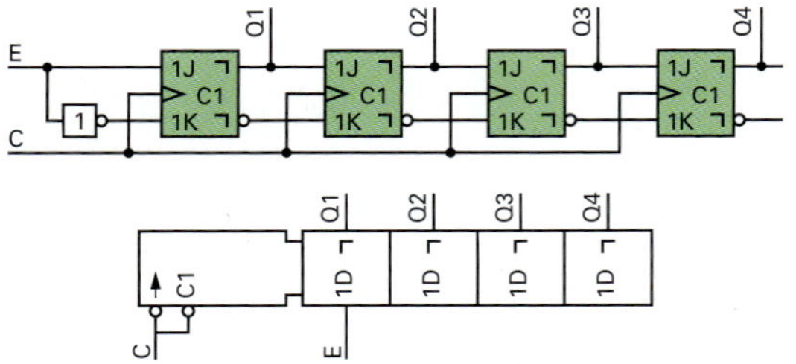

4-Bit-Schieberegister für serielles Einlesen

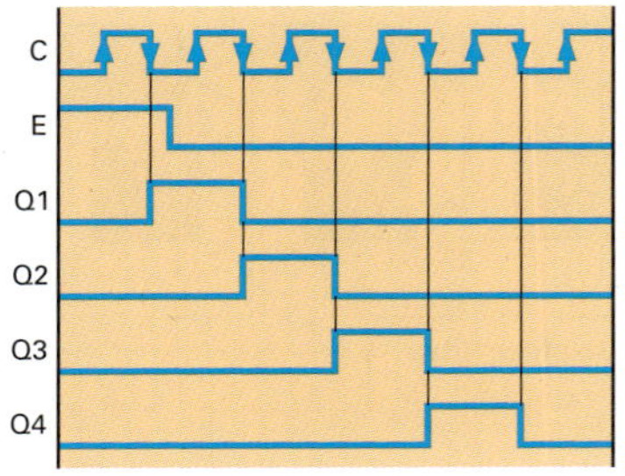

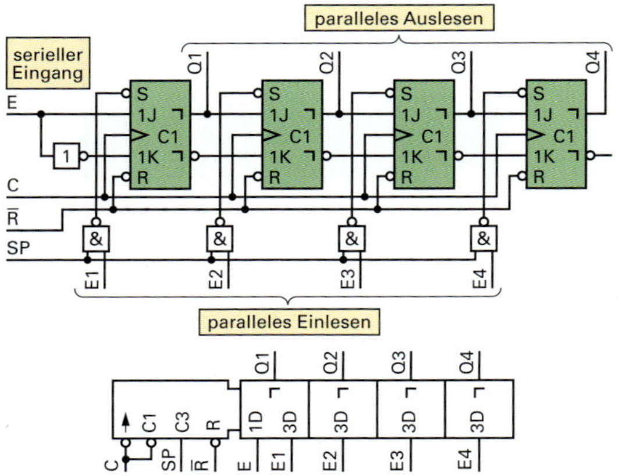

4-Bit-Schieberegister für wahlweise seriellen oder parallelen Betrieb

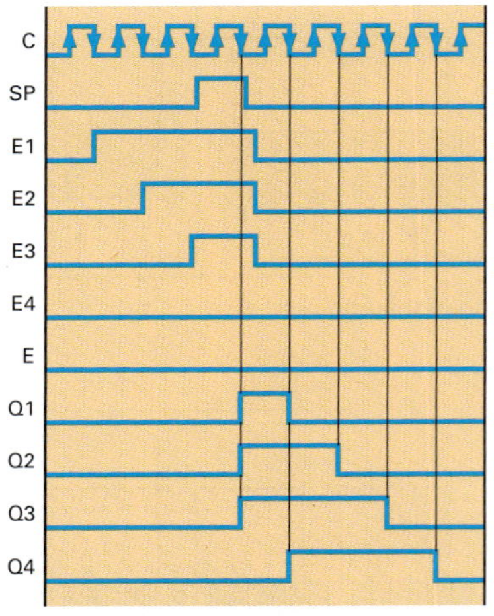

Neben 4-Bit-Schieberegister als IC gibt es auch 8-Bit-, 16-Bit-, 64-Bit-Schieberegister als IC. Durch entsprechendes Zusammenschalten einzelner IC kann man mehrstufige Schieberegister aufbauen.

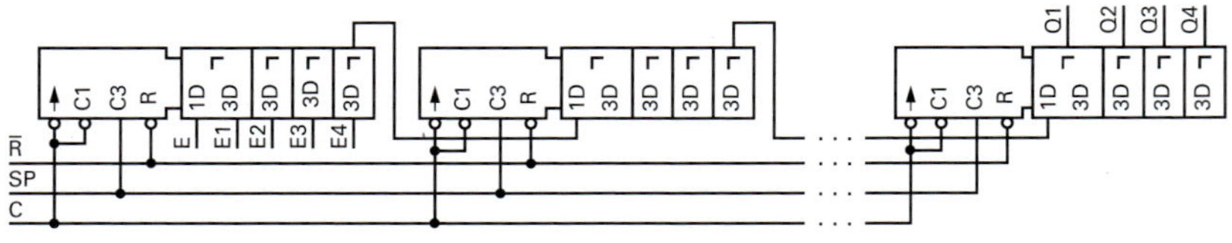

Mehrstufiges Schieberegister zum Schieben in einer Richtung

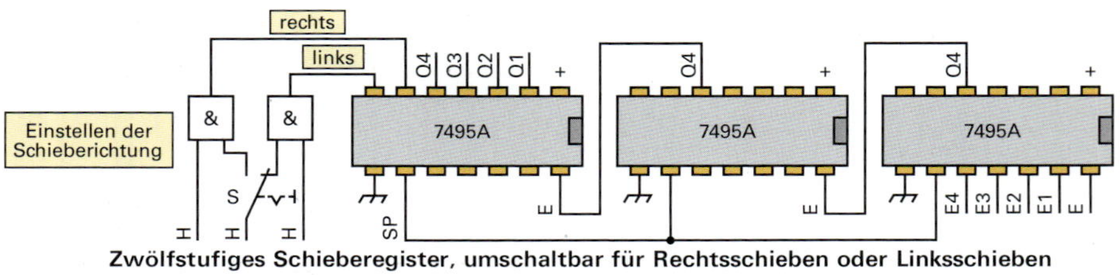

Zwölfstufiges Schieberegister, umschaltbar für Rechtsschieben oder Linksschieben

C Takt-, Clockeingang, E serieller Eingang, E1 bis E4 parallele Eingänge, H H-Pegel, Q1 bis Q4 parallele Ausgänge, Q4 serieller Ausgang, R Rücksetzeingang, SP Betriebsarteneinstellung seriell, parallel.

Programmierbare Logikbausteine PLD Programmable logic device

Typen	Aufbau, Struktur	Erklärung, Anwendungen
ROM (EPROM, PROM)	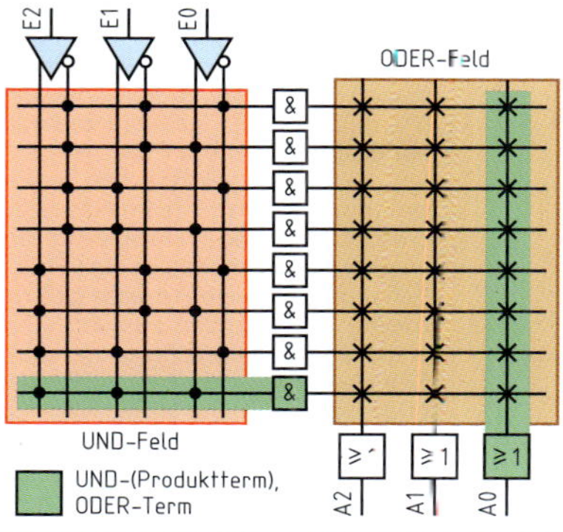	*Festwertspeicher* bestehen aus einem festprogrammierten UND-Feld und einem programmierbaren ODER-Feld. Jede mögliche Eingangskombination wählt einen *Produktterm* (UND-Term) im UND-Feld aus. Die Zahl der Eingänge *n* bestimmt die Anzahl der Produktterme mit 2^n und damit die Größe des UND-Feldes. Jede weitere Variable verdoppelt die Produkttermzahl. Mit Festwertspeichern können auch Funktionen programmiert werden. Dazu wird die vollständige ODER-Normalform hergestellt und jeder vorhandene Term mit 1, alle anderen Terme mit 0 programmiert.
FPLA	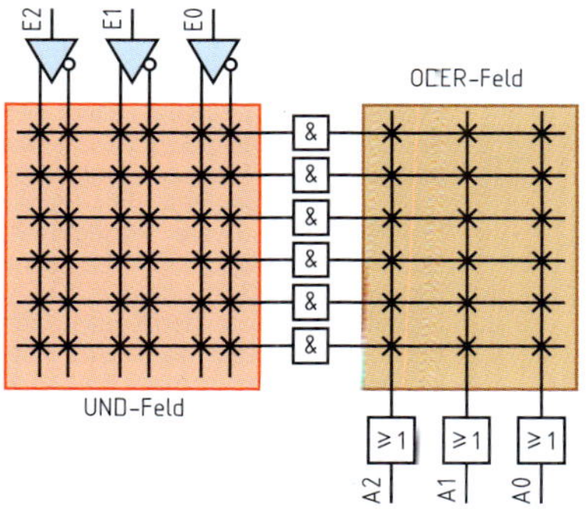	Anwendungsbezogene *programmierbare Logik* besteht aus einem programmierbaren UND-Feld und einem programmierbaren ODER-Feld. Das UND-Feld wird nicht vollständig ausgewertet (z. B. 6 Produktterme). Die vorhandenen Produktterme benutzen je einen ODER-Term, teilen sich einen ODER-Term oder teilen sich alle ODER-Terme. Für Anwendungen mit Ausgangsfunktionen die alle gebildeten Produktterme nutzen. Durch die Programmierbarkeit beider Felder wird die Verwirklichung von Schaltfunktionen einfach. Für die Programmierung werden spezielle Programme und Programmiergeräte verwendet.
GAL, PAL, ISP	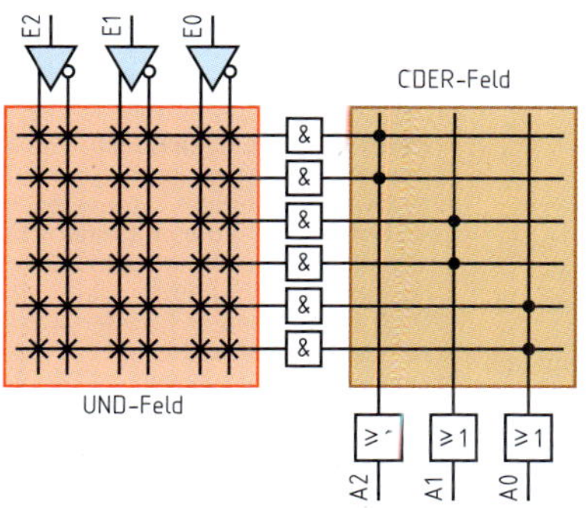	*Programmierbare Feld-Logik* besteht aus einem programmierbaren UND-Feld und einem festprogrammierten ODER-Feld. Die Zahl der Ausgangs-Terme ist durch die Größe des festverdrahteten ODER-Feldes gegeben. Die zu programmierende Funktion muss in passender ODER-Normalform vorliegen oder entsprechend umgeformt werden. Dies kann z. B. mit dem KV-Diagramm geschehen. GAL erlauben die Verwirklichung der meisten Logikfunktionen mit kleinem Aufwand an Produkt-Termen und ODER-Termen. Für die Programmierung werden spezielle Programme und ein Programmiergerät verwendet.

Darstellung von Verknüpfungen

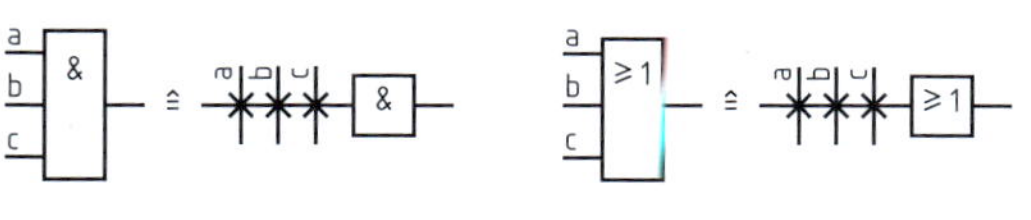

Verbindungsarten (im Chip)

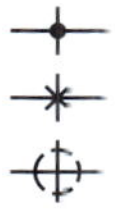

GAL (Generic Array Logic) = Auswählbare Feld-Logik;
PLD (Programmable Logic Device) = programmierbarer Logikbaustein;
ROM (Read Only Memory) = Festwertspeicher;
FPLA (Field Programmable Logic Array) = feldprogrammierbare Logikanordnung;
PAL (Programmable Array Logic) = programmierbare Feld-Logik.

C

FPGA mit VHDL

Begriff	Ansicht, Beispiel	Erklärungen
FPGA	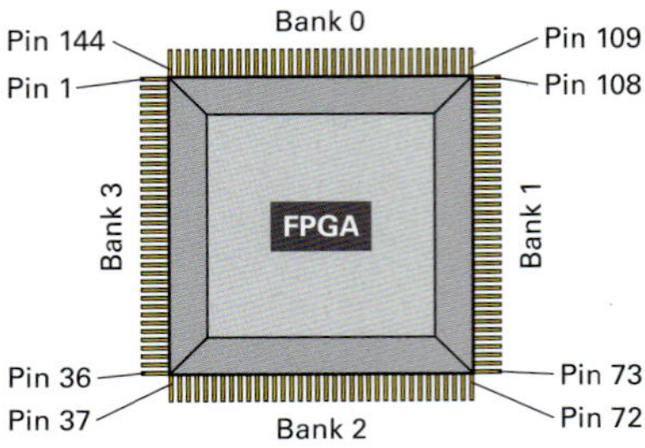 **144-poliger FPGA**	Ein FPGA (Field Programmable Gate Array) gehört zur Gruppe der PLDs (Programmable Logic Devices = programmierbare Logikschaltungen). Diese bestehen aus vorgefertigten Logikschaltungen, welche mithilfe einer Software verknüpft werden. Soll ein programmierter FPGA andere Aufgaben erfüllen, können die elektrischen Verknüpfungen umprogrammiert werden. Im Gegensatz zu einem Microcontroller, der ein Programm über seinen Kern sequenziell abarbeitet, ist ein FPGA eine Hardware-Schaltung, die viele Prozesse gleichzeitig und unabhängig voneinander ausführt. Durch den hardwaremäßigen Signalfluss und durch die parallele Signalverarbeitung ist ein FPGA deutlich schneller und leistungsfähiger als ein Mikrocontroller.
FPGA-Architektur	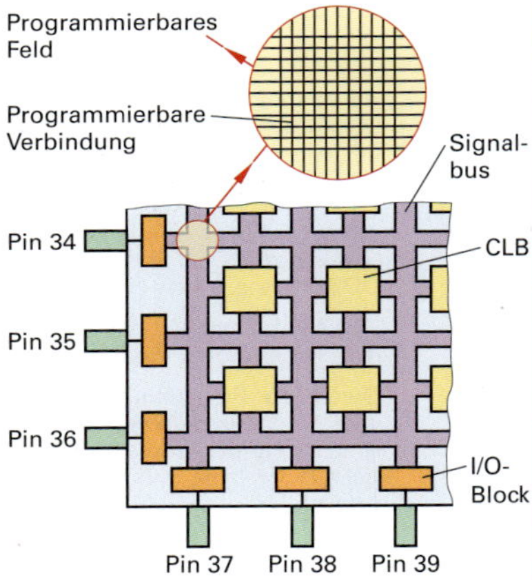 **Aufbau eines FPGAs**	FPGAs besitzen an den Anschlüssen (Pins) meist I/O-Blöcke oder Gates, die je nach Funktion mithilfe von Steuerbits unterschiedlich konfiguriert werden können, z.B. als Eingang, speichernder Ausgang oder nicht speichernder Ausgang. Dazu enthalten die I/O-Blöcke in beide Signalrichtungen D-Flipflops. Einige Pins werden für die Spannungsversorgung, Masse und verschiedene Takt- und Steuersignale benötigt. Im Bauelement befinden sich CLBs (Combinatorial Logic Blocks = kombinatorische Logikblöcke), welche ebenfalls über Steuerbits durch die Programmiersoftware konfiguriert werden. Die CLBs enthalten auch SRAM-Speicherzellen. Zwischen den CLBs und den I/O-Blöcken verlaufen Signalbusse, die an den Kreuzungen programmierbare Felder bilden. In jedem Feld **(Bild)** können kreuzende Leiter je nach Bedarf verbunden oder wieder getrennt werden. Das Umschalten der Verbindungen geschieht elektrisch mithilfe von Feldeffekttransistoren mit schwebenden (floating) Gates. Abhängig ist die FPGA-Architektur vom Bauelementehersteller, z.B. Xilinx, Altera, Lattice, Cypress, AMD.
FPGA-Programmierung	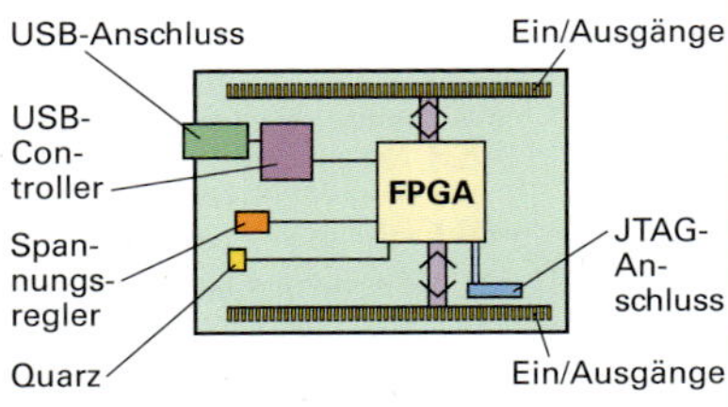 **Platine mit FPGA**	Programmiert wird ein FPGA auf einer Platine im IC-Sockel. Die Programmerstellung erfolgt oft in der herstellerunabhängigen Hardwarebeschreibungssprache VHDL (Very high speed integrated circuit Hardware Description Language), ist aber auch mit der Software C oder mit einem Schaltplaneditor, mit welchem Symbole verknüpft werden, möglich. Das erstellte Programm wird übersetzt und der FPGA konfiguriert, z.B. über den USB-Anschluss oder den JTAG-Anschluss. Die Funktionen des konfigurierten FPGA werden vor der Benutzung simuliert und getestet.

VHDL	ENTITY and_ports IS
	    PORT (in1, in2: IN bit; and_out: OUT bit);
	END and_ports;
	ARCHITECTURE and_archi OF and_ports IS
	BEGIN
	    and_out <= in1 AND in2;
	END and_archi;
	CONFIGURATION and_ports_config OF and_ports IS
	    FOR and_archi
	    END FOR;
	END and_ports_config;
	VHDL-Programm UND-Verknüpfung
		VHDL-Programme enthalten folgende Elemente:
		• ENTITY (Schnittstellenbeschreibung), in der Signale definiert werden, z.B. die Signale *in1, in2* und *and_out* vom Signaltyp Bit **(Bild)**.
		• ARCHITECTURE (Architektur), in der Modelle oder Funktionen in verschiedenen Formen, z.B. logisch, algorithmisch oder struktural beschrieben werden, z.B. die UND-Funktion algorithmisch **(Bild)**.
		• CONFIGURATION (Konfiguration), ordnet Modelle und Funktionen den Schnittstellen zu, z.B. die Architektur *and_archi* der Entity *and_ports* **(Bild)**.

JTAG = Joint Test Action Group, standardisierte Programmier- und Testschnittstelle für Logikbausteine.

Festwertspeicher ROM Permanent memories ROM

Speicher	Speicherelement, Speicherzelle	Erklärungen	Bemerkungen
ROM	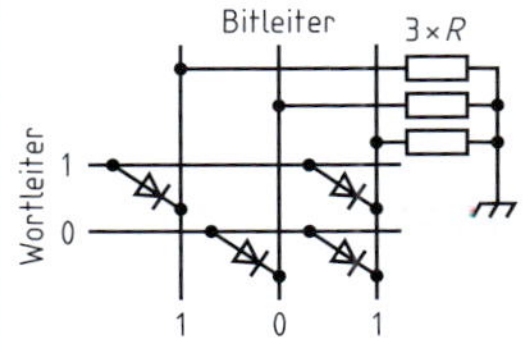	ROM (von Read Only Memory) ist ein Nur-Lese-Speicher. Der Speicherinhalt besteht aus einer Diodenmatrix, die nach einer Maske programmiert wird. Die Herstellung erfolgt in bipolarer Technik oder NMOS-Technik.	Die Herstellung lohnt nur bei großen Stückzahlen. In ROM werden feste Tabellen oder Startprogramme für Betriebs-Systeme abgelegt. Typische Speichergrößen sind 4 KB; 16 KB; 32 KB bei Wortbreiten von 4 bit bis 16 bit.
PROM	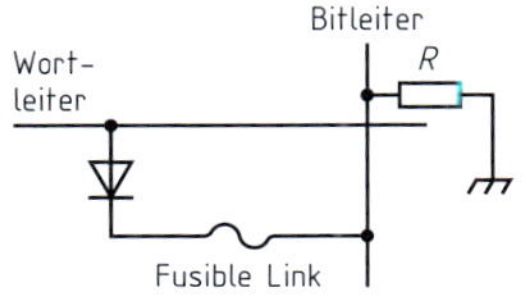	PROM (von Programmable ROM) ist ein programmierbarer ROM. Der Anwender programmiert den PROM durch bitweises Herausbrennen von NiCr- Schmelzsicherungen (fusible link) mit einem Programmierstrom.	PROMs sind nur einmal programmierbar, d. h. sie werden bei fehlerhafter Programmierung unbrauchbar. Typische Kapazitätswerte sind: 256 Byte; 512 Byte; 1 KB; 2 KB
EPROM	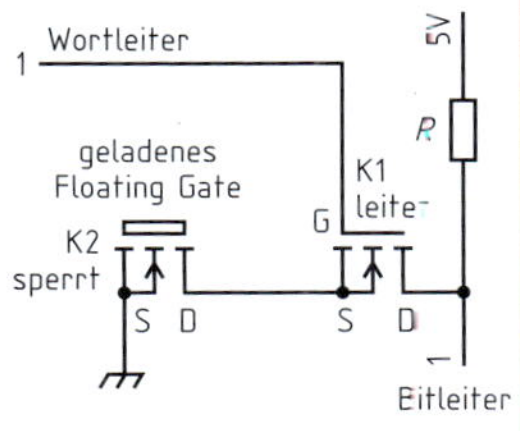	EPROM (von Erasable PROM) ist ein löschbarer PROM. Die Speicherelemente besitzen einen FAMOS-Transistor[1] K2 dessen schwebendes Gate (floating Gate) beim Programmieren negativ geladen wird. Beim Löschen wird die Gateladung wieder abgebaut, K2 leitet dann.	Der Löschvorgang erfolgt mit UV-Strahlung über das Quarzglasfenster des Bauteils und dauert bis zu 10 Minuten. Der EPROM ist somit mehrmals programmierbar. Typische Werte: 2 KB bis 512 KB bei Wortbreiten mit 8 bit oder 16 bit.
EEPROM	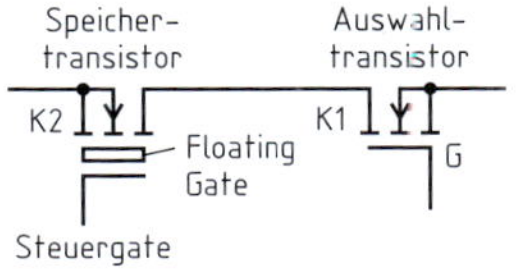	EEPROM (von Electrically EPROM) ist ein elektrisch löschbarer EPROM. Ladungsträger des schwebenden Gates werden durch angelegte Spannung in beide Richtungen bewegt.	Das Löschen und Programmieren erfolgt byteweise in der Anwenderschaltung. Programmspeicher für veränderbare Programme, z. B. SPS. Typische Werte: 2 KB bis 64 KB.
Flash-EPROM	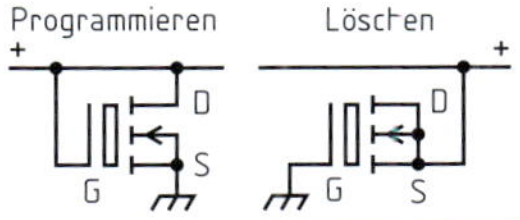	Flash-EPROM (Blitz-EPROM) bestehen aus Eintransistorzellen, die wie beim EPROM geladen und wie beim EEPROM gelöscht werden.	Das Löschen geschieht chipweise, das Programmieren, byteweise in der Anwenderschaltung. 1 KB bis 256 KB. Löschzeit 1 s.
NV-RAM	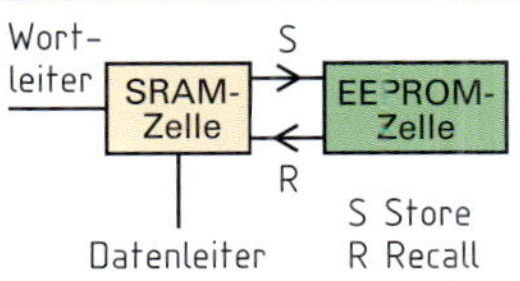	NV-RAM (von Non Volatile Random Access Memory) ist ein nicht flüchtiger Speicher mit wahlfreiem Zugriff. Jede Speicherzelle besteht aus einer SRAM-Zelle und einer EEPROM-Zelle.	Bei Spannungsausfall werden die Daten von den RAM-Zellen in die EEPROM-Zellen geladen und bei Spannungsrückkehr wieder automatisch zurückgeladen.

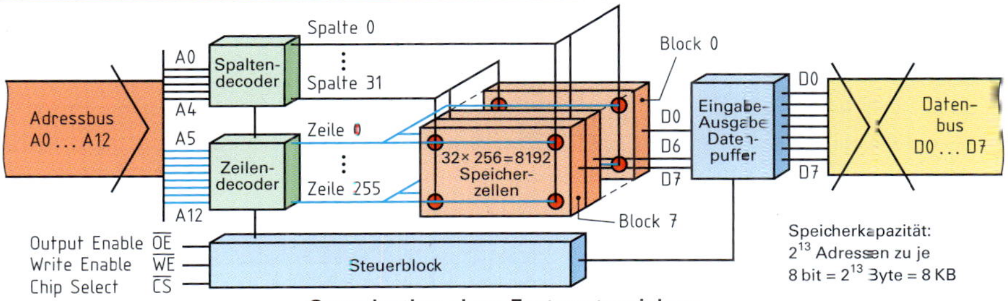

Organisation eines Festwertspeichers

[1] von FAMOS Kunstwort aus Floating Avalanche Injection MOS = MOS-Transistor mit schwebendem Gate

C

Flüchtige Speicher RAM   Temporary memories RAM

Speicher	Speicherelement	Erklärungen	Symbol, Größe
SRAM	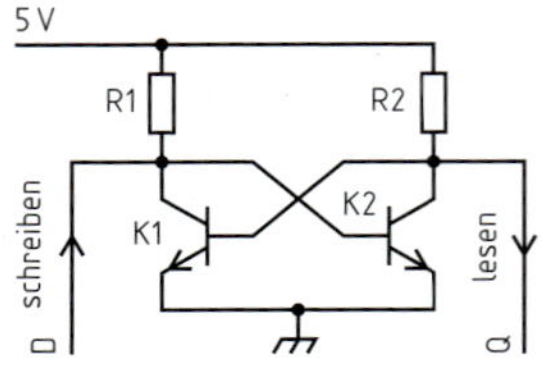 **TTL-Speicherelement** 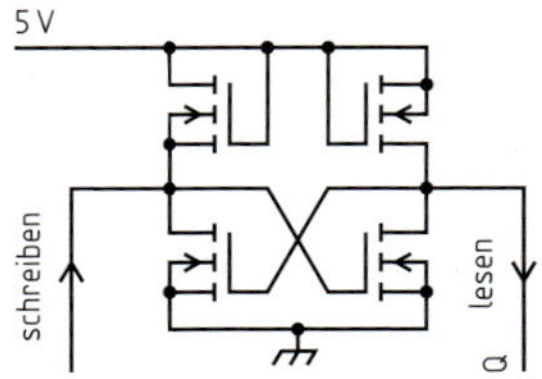 **N-MOS-Speicherelement**	SRAM von Static Random Access Memory = statischer Speicher mit wahlfreiem Zugriff besteht aus Flipflop-Speicherelementen. Diese sind entweder in TTL-Technik oder mit N-Kanal-MOS-FET aufgebaut. RAM sind flüchtige Speicher, d.h. sie verlieren die gespeicherte Information mit dem Abschalten der Betriebsspannung. SRAM gibt es in Form von IC, z.B. als 74LS319 oder in integrierter Form, z.B. als Cache-Speicher in Mikroprozessoren. Das Beschreiben und Auslesen eines SRAM-Speicherelements geschieht entweder über einen gemeinsamen E/A-Anschluss oder über getrennte Anschlüsse wie beim 74LS319. SRAM sind die schnellsten Speicher, verfügen z.B. über Kapazitäten von 2 Kbit bis 18 Mbit und benötigen Spannungen zwischen 2,3 V und 5 V.	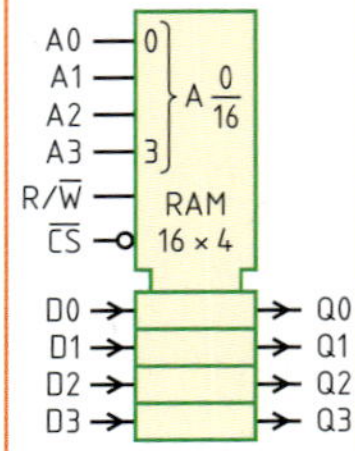 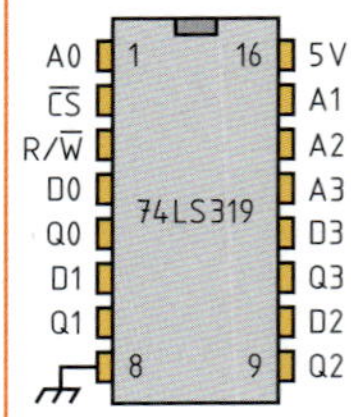
DRAM	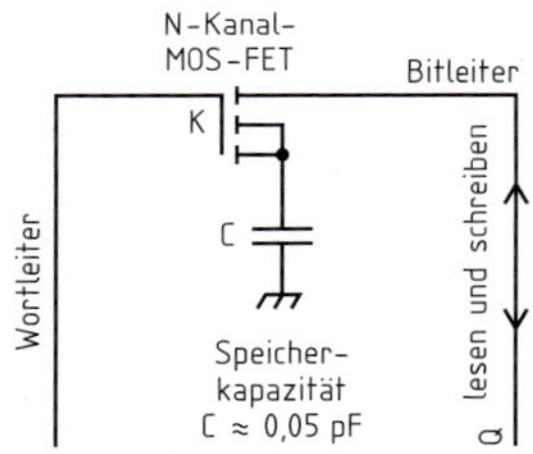 **TTL-Speicherelement**	Beim DRAM (dynamischer RAM) wird eine 1-Bit-Information in Form einer Kondensatorladung gespeichert, auf welche über einen FET zugegriffen wird. Alle Ladungen im DRAM müssen z.B. alle 3 ms aufgefrischt werden (Refresh-Zyklus). DRAM haben eine sehr hohe Integrationsdichte und werden z.B. für den PC-Arbeitsspeicher verwendet. Über die Anschlüsse CAS und RAS wird die ganze Adressbusbreite nacheinander als Spaltenadresse und als Reihenadresse einer Speichermatrix verwendet.	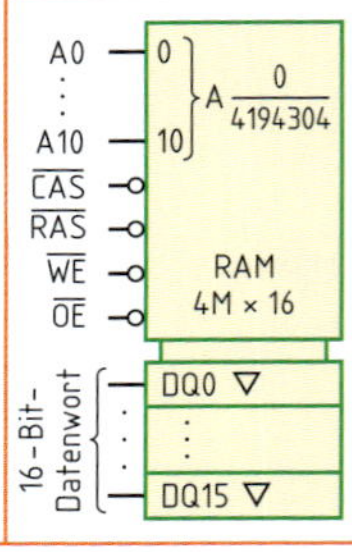

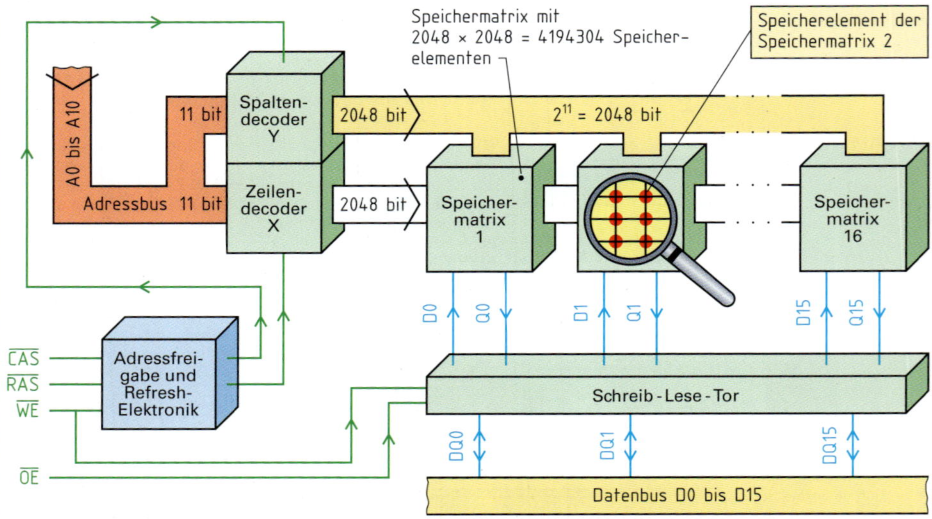

Aufbau eines 64-Mbit-DRAM-Speichers (4M × 16 bit)

CAS Column Address Select = Spaltenadresse auswählen
RAS Row Address Select = Reihenadresse auswählen
WE Write Enable = Schreibfreigabe
OE Output Enable = Ausgangsfreigabe

RAM-Speichermodule RAM memory modules

Modularten

Art	Erklärungen	Bemerkungen
SDRAM	Synchronous DRAM = synchroner DRAM, z. B. PC133 – 333 – 530.	Mehrere RAM-ICs sind auf einer Steckplatine aufgelötet und bilden ein Speichermodul.
DDR-SDRAM	Double Data Rate-SDRAM = SDRAM mit doppelter Datenrate, z. B. PC3200 DDR – 400. Sowohl mit der positiven Taktflanke wie auch mit der negativen Taktflanke wird ein Datenwort übertragen.	Die Sonderform DDR2-Modul arbeitet intern mit der halben Taktfrequenz des außen angelegten Taktes. Die Sonderform DDR3-Modul arbeitet intern mit einem Viertel der externen Taktfrequenz.
RD-RAM (Rambus)	Rambus-DRAM = DRAM der Firma Rambus. Auf dem Speichermodul sind RAM-ICs an einen Datenkanal (Rambus-Channel) angeschlossen.	Leere Steckplätze der Hauptplatine (Mainbord) müssen mit Dummy-Modulen bestückt werden, um die Sockel zu überbrücken.

Eigenschaften und Kenngrößen

Modulformen	DIMM von Dual In Line Memory Module = Speichermodul mit beidseitig in einer Linie angebrachten Anschlüssen (Pin). SO-DIMM von Small Outline DIMM sind kleine Ausführungen der Module für den Laptop.	Die Speichermodule haben je nach Speicherart unterschiedlich viele Pins und besitzen an der Steckleiste ein oder zwei Kerben zum richtigen Einbau des Moduls. Die Modulbauformen bei RD-RAMs werden mit RIMM (Rambus Inline Memory Module) und SO-RIMM bezeichnet.
Speicherbandbreite	Ist die effektive Bitrate des Arbeitsspeicher, d. h. aller eingebauten Module. Sie ist das Produkt aus effektiver Taktfrequenz, Speicherbusbreite und Kanalzahl.	Bandbreite eines einzelnen PC 3200 DDR2 – 400 – Moduls: 400 MHz · 64 bit · 1 = 25600 Mbit/s = 3200 MB/s = 3,2 GB/s
Timing, Latenzzeit	Zeiten, welche die Daten vom Schreibleseverstärker zum Ausgangsregister, von einer Speicherzeile in den Schreibleseverstärker oder umgekehrt benötigen.	Die Zeiten sind z. B. im mittleren Zahlenblock der Bezeichnung PC133 – 333 – 510 enthalten. Alle drei Zeiten betragen hier 3 Taktzyklen. Oft werden die Zeiten statt in Taktzyklen auch in Nanosekunden angegeben, z. B. 12 ns.

Kennwerte

Speicherart	Kapazität in MB	Form	Pin-Zahl	Spannung in V	Modulbezeichnung (Beispiel)	Takt in MHz (Beispiel) extern / intern / effektiv	Busbreite in bit	Bandbreite in GB/s
SDRAM	128 / 256	DIMM	168	3,3 / 1,5	PC133	133 / 133 / 133	64	1,066
	/ 512	SO-DIMM	144	3,3	PC150	150 / 150 / 150	64	1,2
DDR	256 / 512	DIMM	184	2,5	PC3200 DDR 400	200 / 200 / 400	64	3,2
	/ 1024	SO-DIMM	200	2,5	PC2700 DDR 333	167 / 167 / 333	64	2,7
DDR2	512 /	DIMM	240	1,8	PC6400 DDR2 - 800	400 / 200 / 800	64	6,4
	1024	SO-DIMM	200	1,8	PC4300 DDR2 - 533	266 / 133 / 533	64	4,264
DDR3	2048 /	DIMM	240	1,5	PC12800 DDR3 - 1600	800 / 200 / 1600	64	12,8
	4096	SO-DIMM	204	1,5	PC8500 DDR3 - 1066	533 / 133 / 1066	64	8,528
RD-RAM	256	RIMM16	184	2,5	PC1066	533 / 533 / 1066	16	2,1
	/ 512	RIMM32	232	2,5	RIMM4200	533 / 533 / 1066	32	4,2
	/ 1024	SO-RIMM	160	1,8	SORIMM PC800	400 / 400 / 800	16	1,6

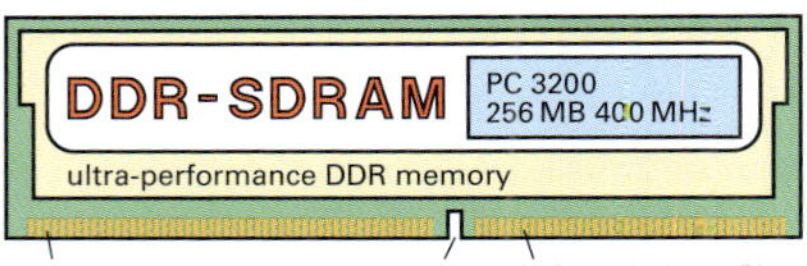

DDR-SDRAM-Speichermodul

RD-RAM-Speichermodul

C

Digital-Analog-Umsetzer DAU Digital-to-analog-converter DAC

Prinzipien	Erklärungen	Kenngrößen
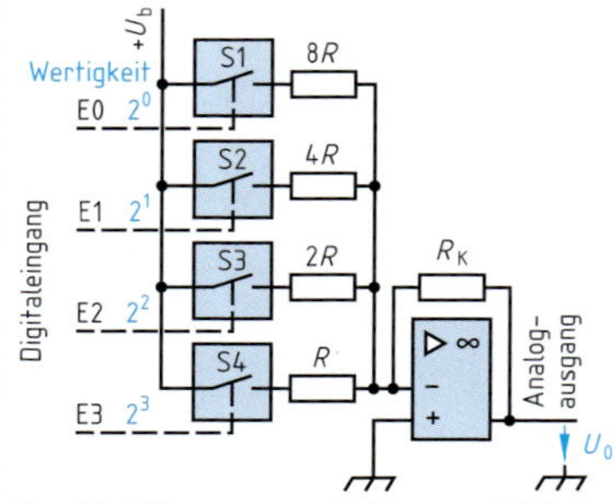 **Parallel-Umsetzer mit Stromaddition**	Der Parallel-Umsetzer besteht aus einem Operationsverstärker, welcher als *Summier-Verstärker* Teilströme addiert. Die Teilströme entsprechen den Wertigkeiten der Binärstellen. Bei einem 8-4-2-1-codierten Binärsignal sind die Teilströme im Verhältnis 8/4/2/1 gestuft. Die Eingangswiderstände des Operationsverstärkers stehen dann im Verhältnis 1/2/4/8. Die im **Bild** dargestellten Schalter werden als elektronische Schalter ausgeführt, der DA-Umsetzer selbst als IC zumeist in CMOS-Technik. Anstelle der gestuften Widerstände zur Wichtung der Teilströme verwendet man Widerstandsnetzwerke mit Längswiderständen und Querwiderständen im Verhältnis R : 2R. Diese Umsetzer nennt man auch R-2R-Umsetzer.	Wortlänge: 8 bit bis 18 bit Umsetzfrequenz: z. B. 500 MHz Anwendung: Steuerung analoger Regelstrecken, z. B. Steller für Motoren, Servoventile und Pumpen.
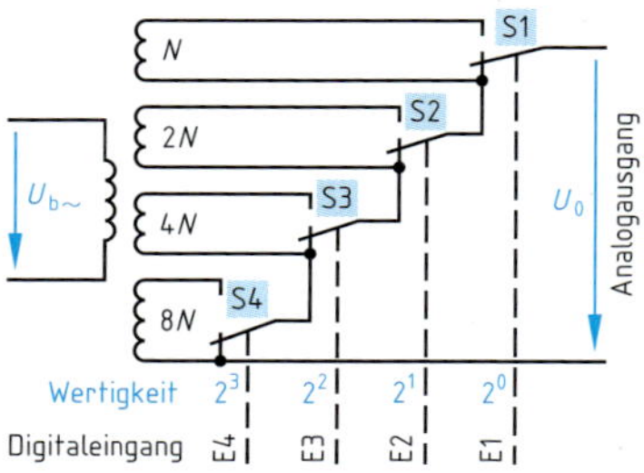 **Parallel-Umsetzer mit Wechselspannungen**	Zur Parallel-Umsetzung mit Wechselspannungen verwendet man einen *Transformator* mit mehreren Ausgangswicklungen. Die Eingangswicklung wird mit Wechselspannung gespeist. Die Schalter, welche durch die Digitalsignale gesteuert werden, verbinden die Ausgangswicklungen miteinander. Diese DA-Umsetzung erfolgt sehr genau, aber nicht besonders schnell. Die Anzahl der Binärstellen des Eingangssignals bestimmt die Anzahl der Ausgangswicklungen und Schalter. Die Windungszahlen der Ausgangswicklungen sind so bemessen, dass ein Binärcode angewendet werden kann.	Wortlänge: bis 10 bit Umsetzfrequenz: z. B. 5 Hz Anwendung: Steuerung von z. B. Leuchten, Heizungsreglern.
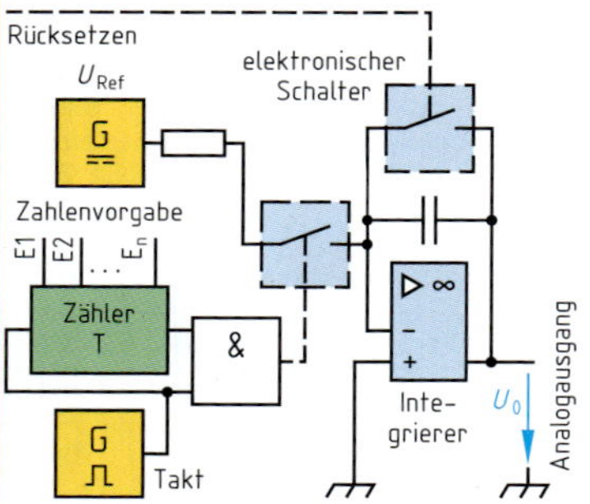 **Serien-Umsetzer mit Integrierer**	Beim Serien-Umsetzer wird der Kondensator eines als *Integrierer* geschalteten Operationsverstärkers durch Stromimpulse aufgeladen. Die Zahl der Stromimpulse ist proportional zur Ausgangsspannung des Integrierers. Über einen Zähler, eine UND-Verknüpfung und einen Frequenzgenerator wird die Anzahl der Stromimpulse erzeugt. Ein Schalter setzt den Integrierer zyklisch auf null.	Wortlänge: bis 16 bit Umsetzfrequenz: z. B. 100 kHz Anwendung: Steuerung analoger Regelstrecken, z. B. Steller für Motoren, Servoventile und Pumpen.
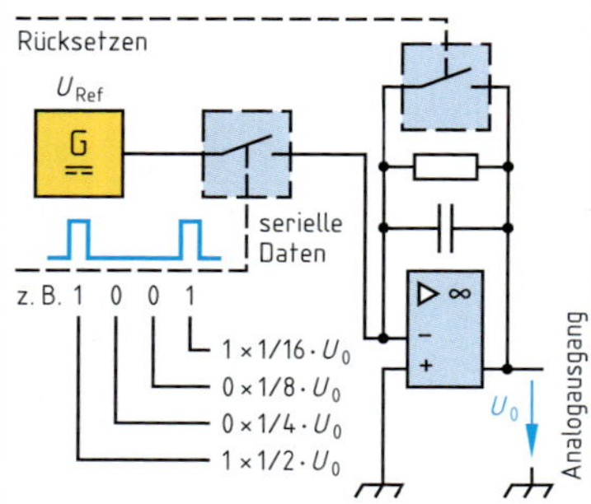 **Stufen-Umsetzer mit Integrierer**	Mit dem Stufen-Umsetzer werden seriell vorliegende Datenwörter in analoge Spannungen umgesetzt. Jedes Bit mit dem Wert 1 verursacht ein gleichstarkes Aufladen des Kondensators des als *Integrierer* geschalteten Operationsverstärkers. Über einen Widerstand wird der Integrierer ständig entladen und zwar so, dass sich die Impuls-Aufladespannung von einem Takt zum nächsten halbiert. Ein Bit mit dem Wert 1 an der 1. Stelle bewirkt nach 4 Takten nur noch 1/16 U_0. Ein Bit mit dem Wert 1 an der 2. Stelle bewirkt nach 3 Takten 1/8 U_0. Ein Bit mit dem Wert 1 an der 3. Stelle bewirkt nach 2 Takten 1/4 U_0 und ein Bit mit Wert 1 an der 1. Stelle bewirkt 1/2 U_0.	Wortlänge: 8 bit Umsetzfrequenz: z. B. 10 Hz Anwendung: Z. B. Steuerung von Leuchten und Heizungsreglern.

C

Analog-Digital-Umsetzer ADU Analog-to-digital-converter ADC

Prinzipien	Erklärungen	Kenngrößen

Momentanwert-Umsetzer

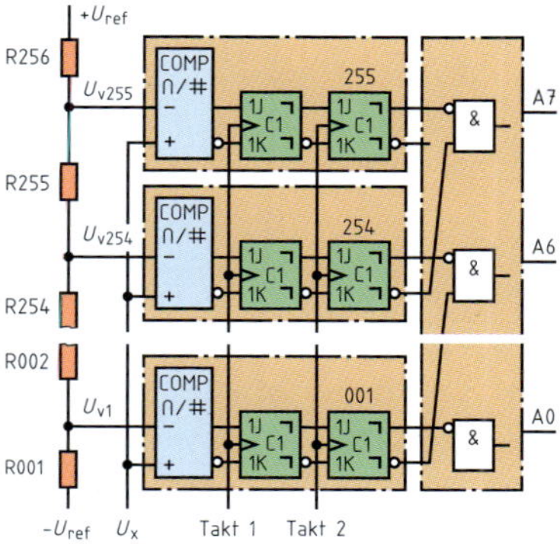

Parallel-Umsetzer (Flash-Umsetzer)

Die analoge Eingangsspannung U_x wird mit bekannten Vergleichsspannungen U_v verglichen. Für einen 8-Bit-AD-Umsetzer sind 255 Vergleichsspannungen und 255 Komparatoren erforderlich. Die Vergleichsspannungen erzeugt man mit einem Spannungsteiler. Bei den Komparatoren mit $U_x < U_v$ ist die Komparatorausgangsspannung positiv, bei allen anderen negativ. Mit den Flipflops wird das Ausgangssignal im Takt des Umsetzers zwischengespeichert.
In einer Codierschaltung wird zunächst derjenige Komparator ermittelt, bei dem $U_v > U_x$ ist, und zwar durch eine UND-Verknüpfung mit dem jeweils nächsten Komparator. Mit weiteren Codierstufen erhält man dann das 8-Bit-Ausgangssignal an den Ausgängen A0 bis A7.

Auflösung:
6 bit bis 12 bit

Umsetzzyklus:
2 ns bis 200 ns

Umsetzfrequenz:
bis 500 MHz
bei 6 bit,
bis 5 MHz
bei 12 bit

Anwendung:
Digitalisierung von Videosignalen, digitale Oszilloskope.

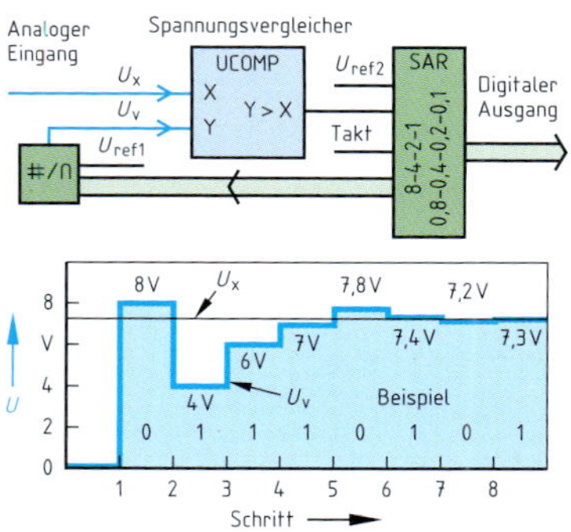

Sukzessive-Approximations-Umsetzer

Der Sukzessive-Approximations-Umsetzer ist ein Stufenumsetzer mit einem SAR (von Successive Approximation Register = Register für schrittweise Annäherung). Dabei steuert das SAR einen DA-Umsetzer. Das Ausgangssignal des DA-Umsetzers wird mit der Messspannung verglichen.
Das SAR beginnt mit seinem MSB (Most Significant Bit = höchstwertigem Bit), z. B. entsprechend 8 V. Je nach Ausgangsspannung des Vergleichers gibt das SAR die Werte 0 oder 1 für die jeweiligen Bits aus. Dadurch wird in immer kleiner werdenden Stufen die Ausgangsspannung des DA-Umsetzers an die Messspannung angenähert. Die Folge der Bits des SAR ist dann der (angenäherte) Digitalwert der Messspannung.

Auflösung:
8 bit bis 18 bit

Umsetzzyklus:
0,5 µs bis 100 µs

Umsetzfrequenz:
bis 2 MHz
bei 8 bit,
bis 10 kHz
bei 18 bit

Anwendung:
Digitale Signalverarbeitung.

Integrierende Umsetzer

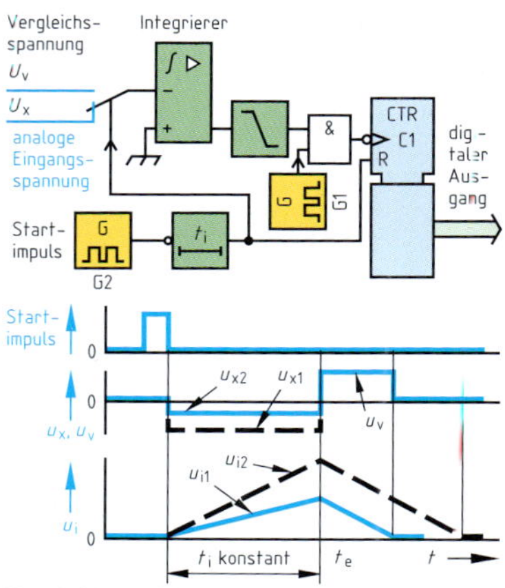

Dual-Slope-Umsetzer

Der Kondensator eines Integrierers wird durch die analoge Eingangsspannung U_x während einer konstanten Integrationszeit aufgeladen. Die erreichte Kondensator-Endspannung U_i ist proportional zu dem Mittelwert der Messspannung U_x. Nach Ablauf der Integrationszeit wird der Kondensator über eine konstante Vergleichsspannung U_v entladen.
Die Entladezeit ist umso länger, je höher der Kondensator aufgeladen war. Die Entladezeit wird über eine Impulszählung als Digitalwert erfasst. Dieser Digitalwert entspricht der mittleren Messspannung.
Die angezeigte Messspannung U_x ist nur von der Referenzspannung U_v abhängig, nicht jedoch von den Bauelementtoleranzen des Integrierers.

Auflösung:
12 bit bis 20 bit

Umsetzzyklus:
10 ms bis 1 s

Umsetzfrequenz:
bis 100 Hz
bei 12 bit,
bis 1 Hz
bei 20 bit

Anwendung:
Digitalvoltmeter (siehe **Seite 67 „Digitales Multimeter DMM“**).

C

Digitale Schaltkreise Digital circuits

Schaltkreisfamilien

Schaltkreisart	Unterfamilie	Bezeichnung	Beispiel	Betriebsspannung
TTL Transistor-Transistor-Logic	Std-TTL	Standard-Transistor-Transistor-Logik	z.B. 7400 (4 NAND)	U_b = 4,75 V bis 5,25 V
	S-TTL	Schottky-TTL	z.. 74S04 (6 NICHT)	U_b = 4,75 V bis 5,25 V
	LS-TTL	Low-Power-Schottky-TTL	z.B. 74LS08 (4 UND)	U_b = 4,75 V bis 5,25 V
	ALS-TTL	Advanced-Low-Power-Schottky-TTL	z.B. 74ALS32 (4 ODER)	U_b = 4,75 V bis 5,25 V
	AS-TTL	Advanced-Schottky-TTL	z.B. 74AS161 (Zähler)	U_b = 4,75 V bis 5,25 V
	F-TTL	Fast-Schottky-TTL	z.B. 74F257 (Multiplexer)	U_b = 4,75 V bis 5,25 V
CMOS Complementary-Metal-Oxide-Semiconductor	Std-CMOS	Standard-CMOS	z.B. 4001 (4 NOR)	U_b = 3 V bis 15V
	ACMOS	Advanced-CMOS	z.B. 74AC86 (4 XOR)	U_b meist 1,5 V bis 5,5 V
	HCMOS	High-Speed-CMOS	z.B. 74HC76 (2 JK-FF)	U_b = 2 V bis 6 V
	HCTMOS	HCTMOS TTL-kompatibel	z.B. 74HCT02 (4 NOR)	U_b = 4,5 V bis 5,5 V
	LVCMOS	Low-Voltage-CMOS	z.B. 74LVC08 (4 UND)	U_b meist 1,2 V bis 3,6 V
	LVT-CMOS	Low-Voltage-CMOS TTL-kompatibel	z.B. 74LVT244 (8 Treiber)	U_b meist 2,7 V bis 3,6 V
	ABT-CMOS	Advanced-Bi-CMOS TTL-kompatibel	z.B. 74ABT573 (8 D-FF)	U_b =4,5 V bis 5,5 V
ECL	ECLT	Emitter-Coupled-Logik TTL-kompatibel	z.B. 100ELT20 (Wandler)	U_b = 4,75 V bis 5,25 V

Kenngrößen

Unterfamilie	$U_{EL,max}$	$U_{EH,min}$	$U_{AL,max}$	$U_{AH,min}$	Mittlere Signallaufzeit	Gatterleistungsaufnahme	Fan Out
LS-TTL	0,8 V	2 V	0,5 V	2,7 V	9 ns	2 mW	50
ALS-TTL	0,8 V	2 V	0,35 V	3,2 V	5 ns	1,3 mW	20
F-TTL	0,8 V	2 V	0,35 V	3,4 V	3,5 ns	4 mW	25
AC-MOS	$0{,}2 \cdot U_b$	$0{,}7 \cdot U_b$	> 0 V	$\approx U_b$	3 ns	Statisch im nW-Bereich, steigt aber mit zunehmender Schaltfrequenz in den mW-Bereich	> 1000
HCT-MOS	0,8 V	2 V	> 0 V	$\approx U_B$	12 ns		> 50
LVCMOS	$0{,}3 \cdot U_b$	$0{,}7 \cdot U_b$	> 0 V	$\approx U_b$	4ns		> 1000

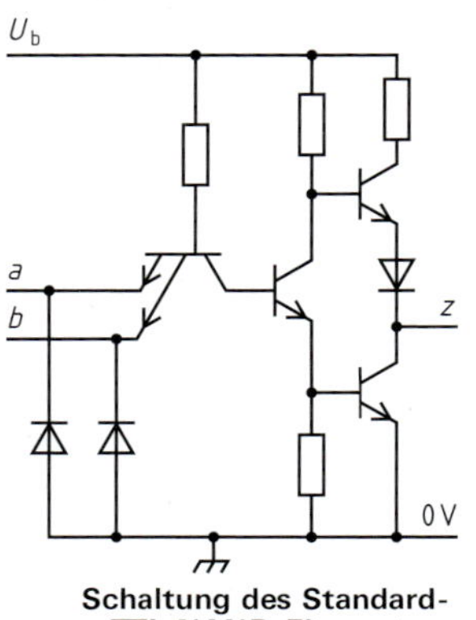

Schaltung des Standard-TTL-NAND-Elements

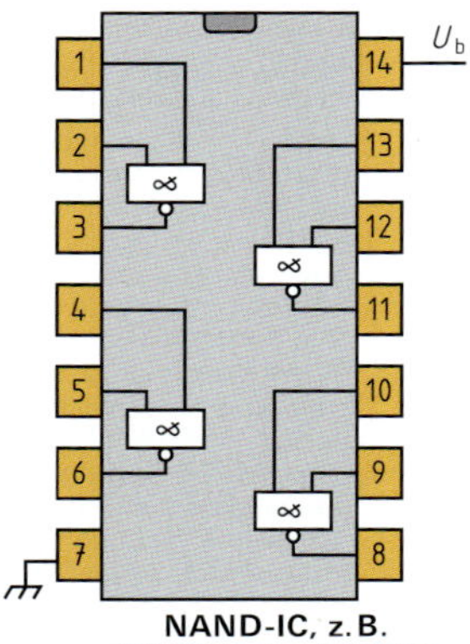

NAND-IC, z.B. 74LS00 oder 74HC00

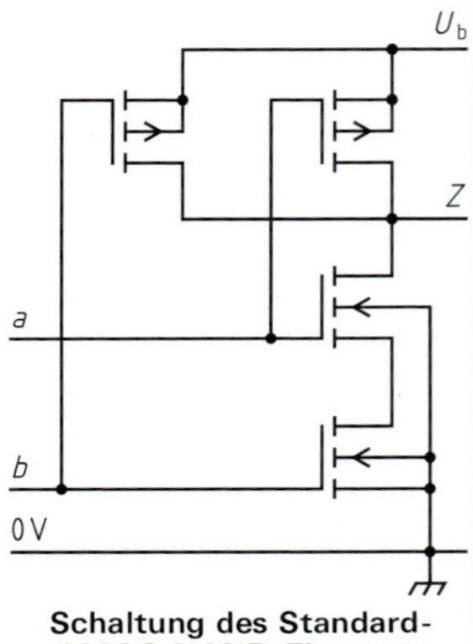

Schaltung des Standard-CMOS-NAND-Elements

U_b Versorgungsspannung; $U_{EL,max}$ maximale Eingangsspanung bei Low-Pegel; $U_{EH,min}$ minimale Eingangsspanung bei High-Pegel; $U_{AL,max}$ maximale Ausgangsspanung bei Low-Pegel; $U_{AH,min}$ minimale Ausgangsspanung bei High-Pegel; Fan Out Ausgangslastfaktor; Die genauen Werte der Kenngrößen hängen bei CMOS-Elementen vom einzelnen IC und dessen angelegter Versorgungsspannung ab.

Binäre Verknüpfungsglieder

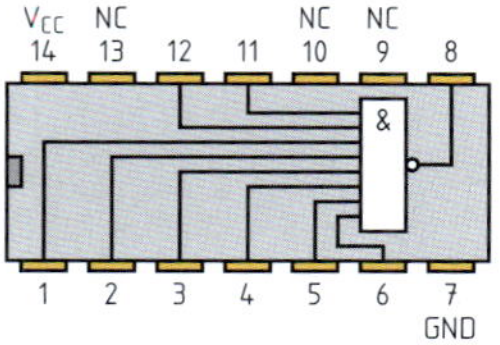

NAND-Element mit 8 Eingängen
7430

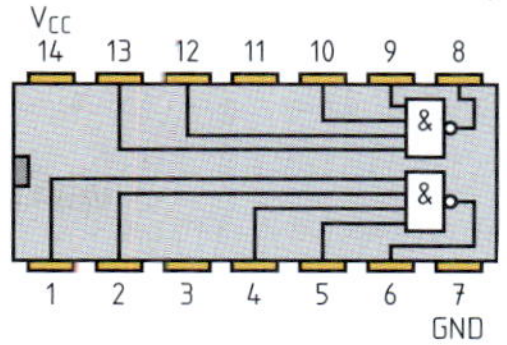

2 NAND-Elemente mit je
4 Eingängen
7420

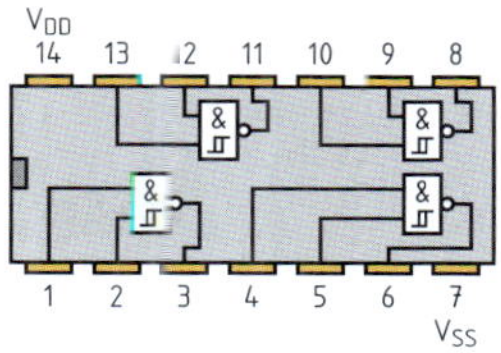

4 NAND-Elemente mit je
2 Schmitt-Trigger-Eingängen
4093

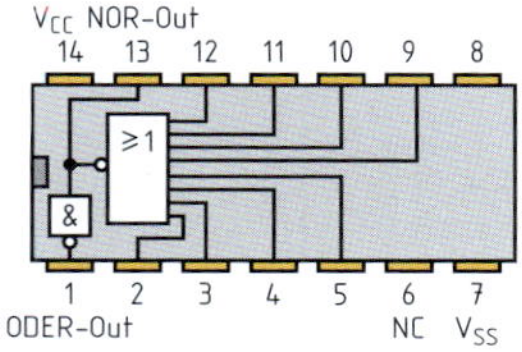

NOR-Element mit 8 Eingängen
4078

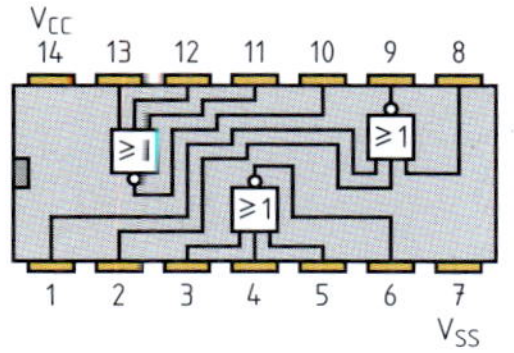

3 NOR-Elemente mit je 3 Eingängen
4025

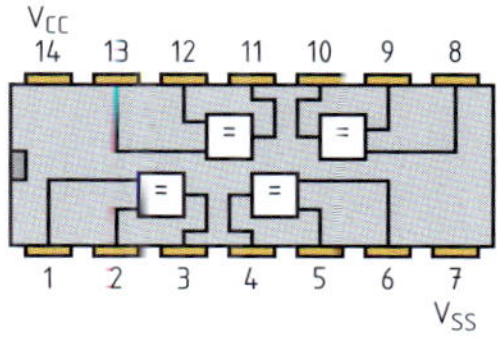

4 Exklusiv-NOR-Elemente mit je
2 Eingängen
4077, 4030, 4507

Flipflops

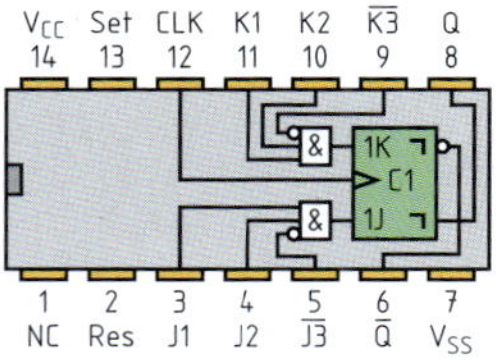

einflankengesteuerte JK-Flipflop
4095/96

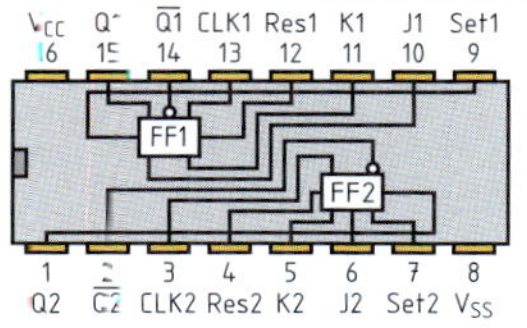

2 einflankengesteuerte JK-Flipflops
mit Setz- und Rücksetzeingang
4027

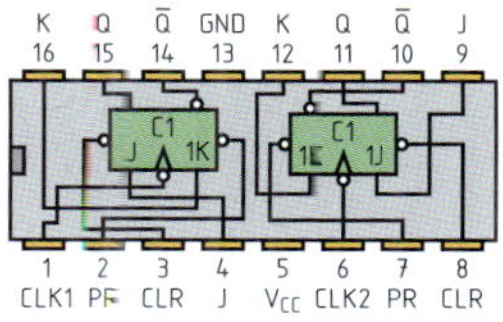

2 einflankengesteuerte JK-Flipflops
mit Setz- und Rücksetzeingang
7476

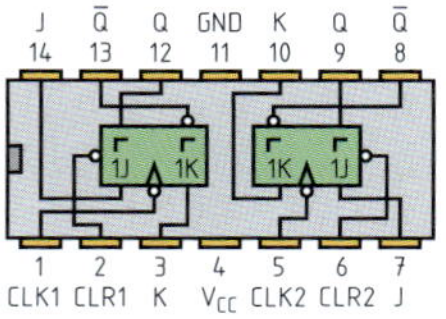

2 einflankengesteuerte JK-Flipflops
mit Rücksetzeingang
7473

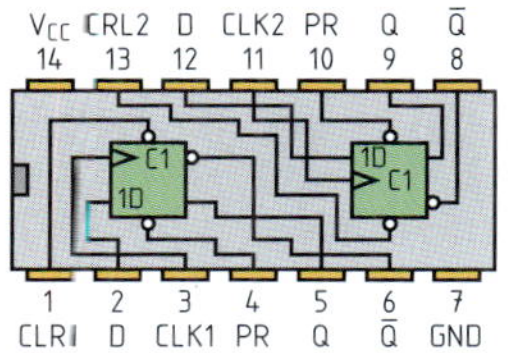

2 D-Flipflop
7474

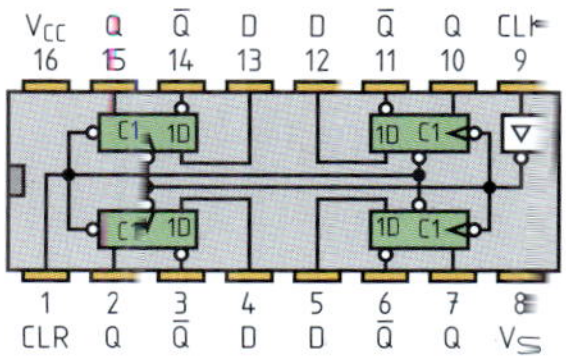

4 D-Flipflop
40175

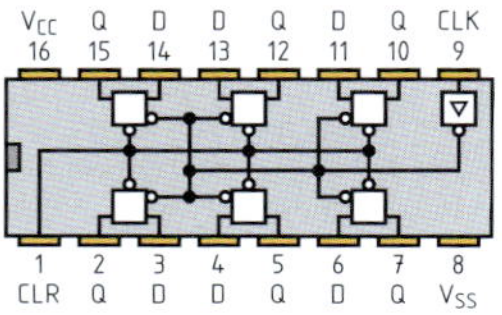

6 D-Flipflop
40174

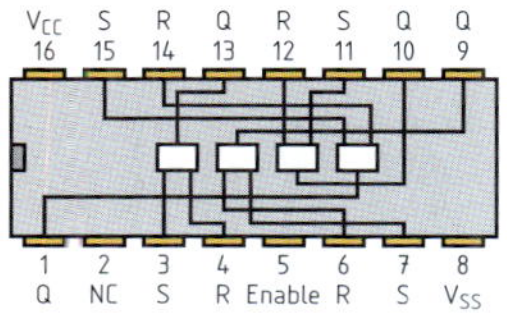

4 RS-Flipflop
4044

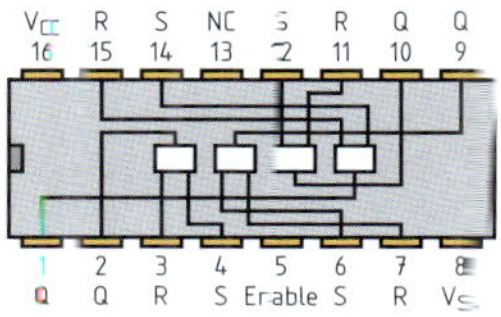

4 RS-Flipflop
4043

CLK Takteingang, CLR Löscheingang, D D-Eingang, disable sperren, enable freigeben, GND Masse, Input Eingang, J J-Eingang, K K-Eingang, Latch Speicher, NC Not connected kein Anschluss, Output Ausgang, PR Preset Vorsetzeingang, Q Ausgang, Q̄ zu Q komplementärer Ausgang, R, Res Reset Rücksetzeingang, S, Set Setzeingang, V_{CC} positive Betriebsspannung, V_{SS} Masseanschluss, DIL Dual-In-Line.

Gehäuse für Integrierte Schaltkreise (IC) Housings of integrated circuits (IC)

C

Benennung	Ansichten	Benennung	Ansichten
20 A 4 (DIL 4)	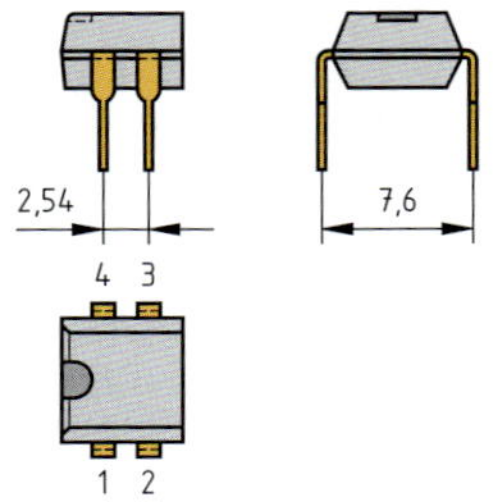	5 H 6 (TO 78)	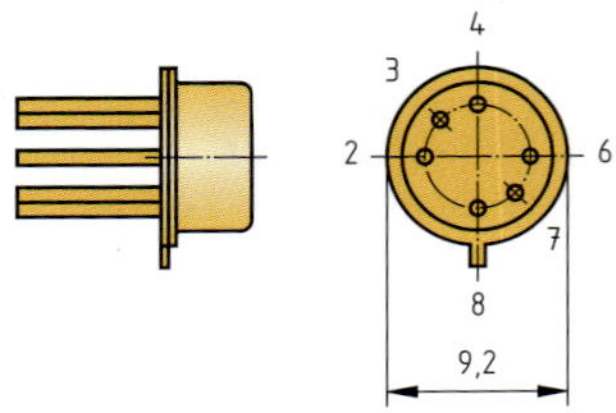
20 A 8 (DIL 8)	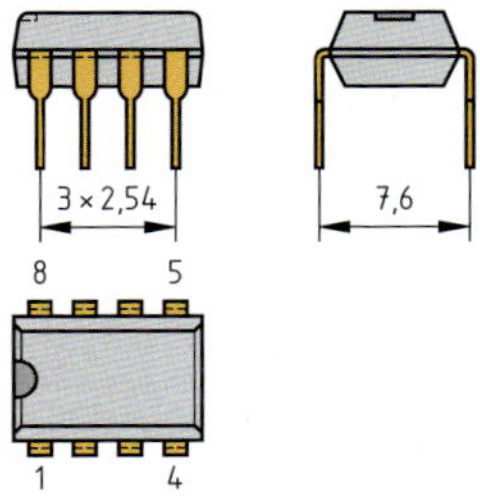	5 G 8 (TO 78)	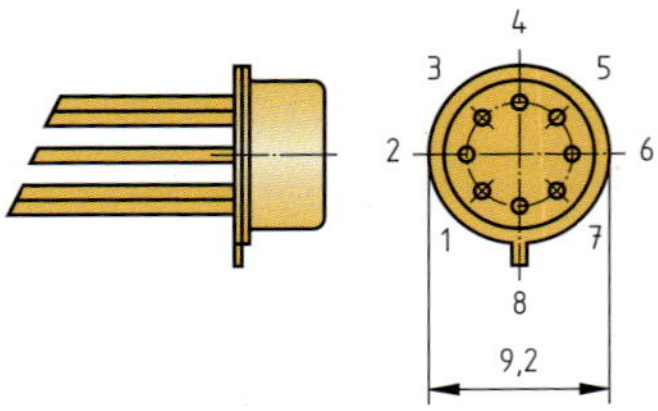
20 A 14 (DIL 14)	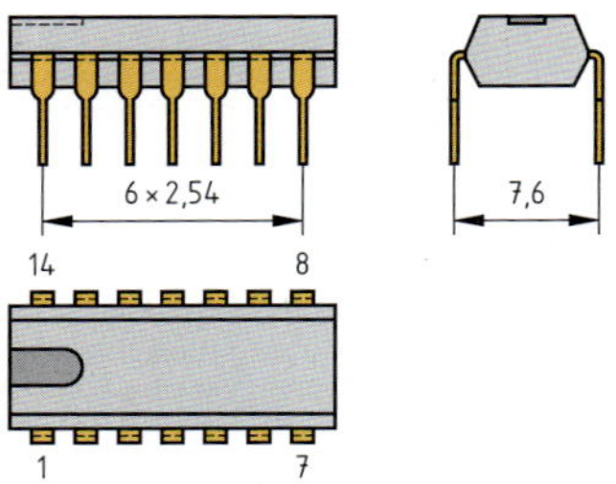	5 J 10 (TO 100)	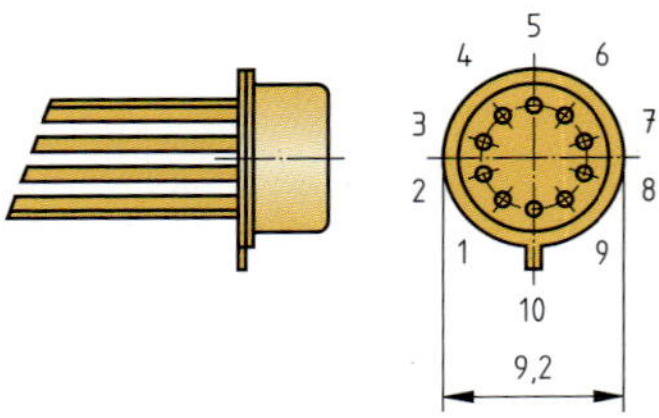
20 A 14 (QIL 14)	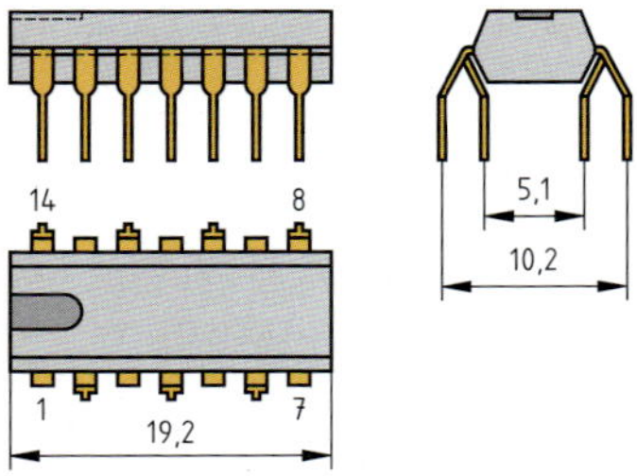	TO 220 AB (TOP 66)	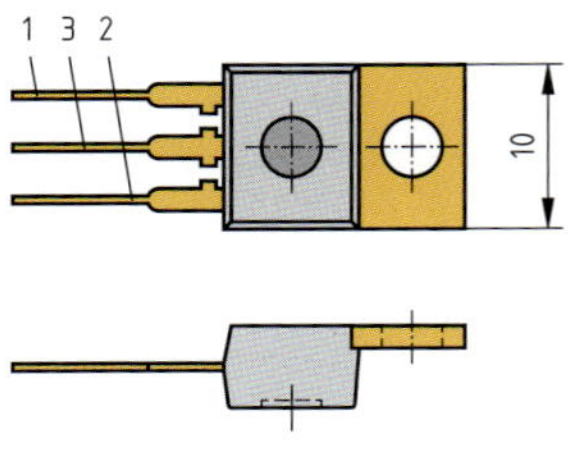
20 A 16 (DIL 16)	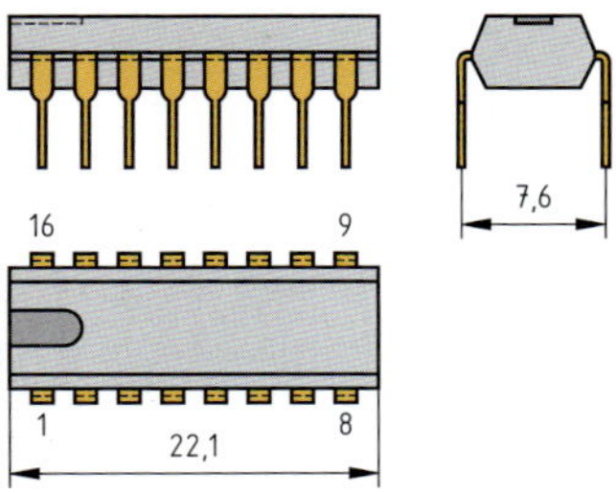	Miniatur-gehäuse	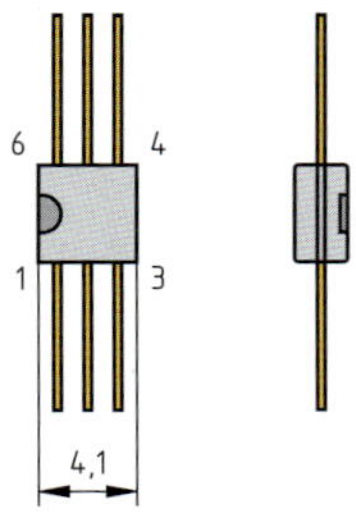

Betriebssystem Windows | Operating system Windows

Aktion	Vorgang	Vorgehensweise (→ Menüpunkt anwählen)	Bemerkungen
Umgang mit Desktop	Programm starten	Programm-Icon auf Desktop-Benutzeroberfläche durch Doppelklicken anwählen.	Die meist verwendeten Programme sollten mittels Icon auf dem Windows-Hauptbild dargestellt sein. Ikon von griech. eikon = Bild, bildhaftes Symbol. Im Englischen Icon.
	Windows-Explorer (Explorer) starten	Cursor auf Start stellen → rechte Maustaste → Windows-Explorer.	Mit dem Programm-Modul Explorer wird die Dateiverwaltung durchgeführt.
	Programm mit Ikon auf Desktopoberfläche platzieren	Im Explorer das Programm in seinem Ordner mit rechter Maustaste anklicken → Verknüpfung erstellen, verknüpfte Datei mit Maus nach Desktop ziehen (kopieren).	Ordner sind Dateienverzeichnisse. Eine Verknüpfung zu einer Datei ist eine Pfadfestlegung zu dieser Datei.
	Programm-Icon löschen	Im Explorer Desktop anklicken, gewünschtes Programm anklicken, dann Organisieren → Löschen.	Gelöscht wird nur die Verknüpfung des Programmes im Desktop-Ordner.
	Start	Start → Alle Programme	Programm für Ausführung anwählen.
Umgang mit Ordnern	Ordner anlegen	Im Explorer über Kontext-Menü rechte Maustaste → Neu → Ordner.	Im Explorer muss im Ordnerbaum der Platz des neuen Ordners markiert sein.
	Ordner löschen	Im Explorer Organisieren → Löschen.	Ordner muss markiert sein.
	Dateien kopieren	Im Explorer in der Verzeichnisstruktur die gewünschte Datei anklicken und mittels Mausbewegung in den Zielordner kopieren.	Dateien können nach Anklicken und durch Ziehen bei gedrückter linker Maustaste in einen neuen Ordner kopiert werden.
	Dateien löschen	Im Explorer Organisieren → Löschen.	Die zu löschende Datei muss markiert sein. Durch Drücken der Shift-Taste lassen sich mehrere Dateien markieren.
	Dateien umbenennen	Im Explorer Organisieren → Umbenennen, neuen Namen eingeben.	Die gewünschte Datei muss markiert sein.
Eingriffe in die System-steuerung	Neuen Drucker einrichten	Start → Geräte und Drucker → Drucker hinzufügen.	Der Druckeranschluss muss gewählt werden → weiter, dann den Druckerhersteller wählen, dann den Drucker wählen.
	Hardware installieren	Start → Geräte und Drucker → Gerät hinzufügen.	Dem angebotenen Dialog ist zu antworten.
	Software installieren	Start → Systemsteuerung → Programme → Installieren von Programmen.	Von CD/DVD kann ein Programm installiert werden. Vorhandenes Windows-Programm kann deinstalliert werden.
	Länderspezifika einstellen	Start → Systemsteuerung → Zeit, Sprache und Region, Dialog folgen.	Eingaben und Anzeigen von Zahlen, Währung, Uhrzeit und Datum können eingestellt werden.

Ausschnitt aus Windows-Explorer zur Dateienverwaltung

C

Linux Linux

Begriff	Darstellung, Beispiele	Erklärungen
Distribution	SuSE, RedHat, Debian, Ubuntu, Knoppix.	Eine Distribution (Verteilung) ist ein kommerziell vertriebenes Software-Paket; fast kostenlos erhältliche Software, wie z. B. Linux mit anderen Programmen und Installationsroutinen zusammen.
Partition	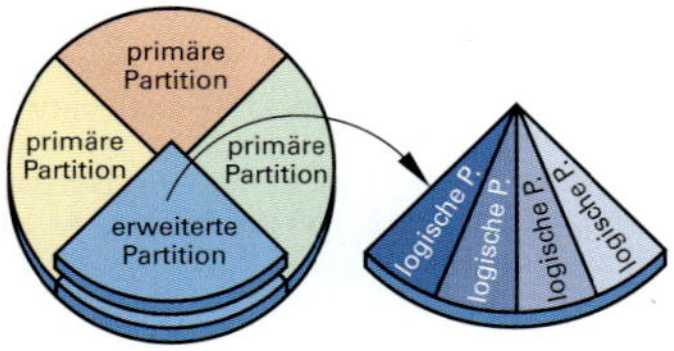	Partition von lat. partitio = Einteilung. Eine Festplatte kann in vier primäre Partitionen eingeteilt werden. Eine dieser vier Partitionen kann als erweiterte Partition angelegt werden. Die erweiterte Partition kann bis zu vier logische Partitionen enthalten.
Festplatten-bezeichnung	hda1: erste primäre Partition der ersten EIDE-Festplatte. hda2: zweite primäre Partition der ersten EIDE-Festplatte. hdb3: dritte primäre Partition der zweiten EIDE-Festplatte. hda6: zweite logische Partition der ersten EIDE-Festplatte. sdb5: erste logische Partition der zweiten SCSI-Festplatte.	Die ersten beiden Buchstaben geben den Festplattentyp an: ● hd für EIDE-Festplatten ● sd für SCSI-Festplatten Der dritte Buchstabe gibt die Festplattennummer an. Die folgenden Ziffern kennzeichnen die Partition: ● 1 bis 4 für primäre Partitionen, ● 5 bis 8 für logische Partitionen.
Festplatten-einteilung	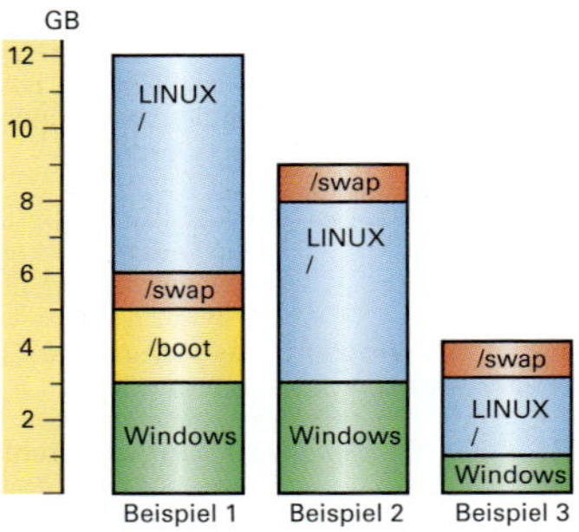	**Root-Partition:** Enthält das Root-Verzeichnis mit allen Dateien für das Betriebssystem und die Nutzerdaten. **Boot-Partition:** Diese Partition wird benötigt, um Linux zu starten, wenn das Root-Verzeichnis über dem Zylinder 1024 der Festplatte liegt. **Swap-Partition:** Dient zum Auslagern von Dateien zur Laufzeit. Die Swap-Partition soll mindestens 128 MB groß sein. Richtwert: Halb so groß wie der Arbeitsspeicher. **Windows-Partition:** Windows muss in die erste primäre Partition der ersten Festplatte, z. B. hda1 installiert werden.
Verzeichnis-struktur	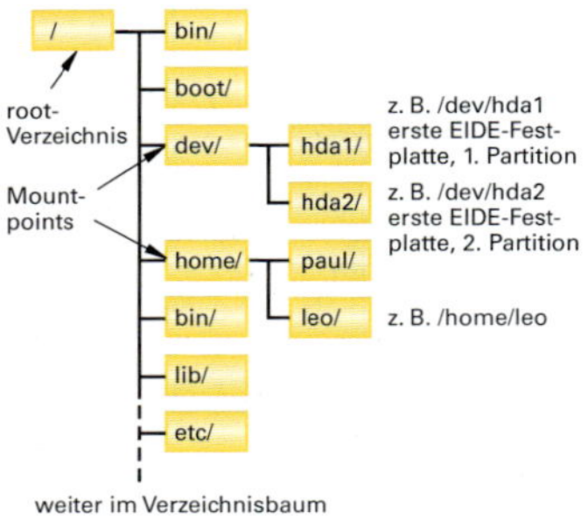	Das root-Verzeichnis ist das übergeordnete Verzeichnis und wird mit / (slash) bezeichnet. Linux und Unix binden Geräte, z. B. DVD-Laufwerke oder Festplatten in das Dateisystem ein. Das Einbinden nennt man mounten (to mount = montieren). Im root-Verzeichnis sind dies die Mountpoints. Mountpoints: ● dev (von device) ist das Verzeichnis für periphere Geräte, ● bin (von binary) ist das Verzeichnis für Betriebssystemdateien und ● etc ist das Verzeichnis für Programme und Daten zur Systemverwaltung.
Dateisysteme	Ext3, Ext4 (von Extended File System)	Ext 4 verwaltet Speicher bis 1 Exabyte.
Bootprogramme, Bootloader	GRUB	Bootloader werden zum Auswählen eines installierten Betriebssystems verwendet. GRUB (von **GR**and **U**nified **B**ootloader) ist der GNU-Bootloader.

C

Programmierplattformen und Programmiersprachen
Frameworks and programming languages

Name	Bedeutung, Quelle	Bemerkungen, Anwendungen
Frameworks		
.NET Framework	Software-Plattform für Anwendungsprogramme von Microsoft. Framework = Rahmenstruktur, Programmiergerüst.	Es wird eine gemeinsame Laufzeitumgebung für die Programmiersprachen Small Basic, Visual Basic, C#, F#, C++ verwendet.
Eclipse	Software-Plattform für Java-Anwendungen.	Java-Entwicklungsplattform. Verwendet wird für die Laufzeitumgebung der Java-Byte-Code.
VCL.NET	Visual component Library, Firma Embarcadero.	Komponentenbibliothek für Windows-Anwendungen, z. B. der Borlandsprachen Delphi, C++, C, C#
Programmiersprachen für allgemeine Anwendungen		
C	1972 von Dennis Ritchie entwickelt.	Erstellung von Betriebssystemen und Anwenderprogrammiersprache, z. B. bei Mikrocomputern.
C++ C#	C++ und C# sind objektorientierte Ergänzungen zu C.	Die wichtigste Erweiterung ist das Klassenkonzept. Daten, auch Eigenschaften definiert man zusammen mit den Operationen (Methoden) in einer Klasse. Eine Klasse ist ein Muster (engl. Template), nach dem gleichartige Objekte (Instanzen) erzeugt werden.
PASCAL	Nach dem franz. Mathematiker Blaise Pascal (1623 bis 1663) benannt.	An der ETH-Zürich entwickelt und 1983 genormt.
Delphi	Seit 1996, von INPRISE Corporation entwickelt.	Delphi ist eine objektorientierte Programmiersprache für Programme mit Windows-Benutzeroberflächen.
JAVA	Objektorientierte Programmiersprache, seit 1994, begonnen bei der Firma SUN Inc.	Sprache für Anwendungen, wie z. B. dem Internet. Die Anwenderprogramme befinden sich auf Netzservern und nicht mehr auf dem Computer des Nutzers.
Visual Basic (VB)	Seit 1998, von Microsoft Inc. entwickelt.	Visual Basic (VB) ist objektorientiert. Zur Erstellung von Benutzeroberflächen und von Programmen für Windows-Client/Server-Anwendungen, sowie für Web-Seiten.
Small Basic	Ist eine einfache Variante mit 15 Schlüsselwörtern. Für Kinder ab 10 Jahren.	Small Basic ist .NET basiert. Es besteht aus einer Entwicklungsumgebung und Bibliotheken, z. B. für Grafiken und Animationen.
Programmiersprachen für spezielle Anwendungen		
ANSYS	Analysis Systems = Systemanalysen.	Berechnung von Bauteileigenschaften unter Einwirkung von Belastungen mithilfe der Finite-Elemente-Methode (FEM).
AutoCAD/ Inventor	CAD-System der Autodesk Incorporated	Weitverbreitetes CAD-System, AutoCAD insbesondere als 2D-CAD-System, Inventor als 3D-CAD-System. Lauffähig auf PC.
FLOTRAN	FLOW-Translation = Darstellung von Fließvorgängen.	Ergänzung zu ANSYS zur Berechnung und Darstellung von Strömungsvorgängen mithilfe der Finite-Elemente-Methoden.
HTML	Hypertext Markup Language = Sprache für Verweise auf Hypertexte.	Mit HTML werden Internet-Seiten erstellt, die mit www-Browsern dargestellt werden können.
XML	Extensible Markup Language, Erweiterte Sprache für Verweise.	XML ist eine Teilmenge von SGML (Standard Generalized Markup Language). Neben der zu übermittelnden Information und Struktur eines Dokuments kann auch das Layout variabel beschrieben werden.
Maple	Am Massachusetts Institute of Technology (MIT) entwickelt.	Sprache zur Lösung und Darstellung mathematischer Probleme.
SQL	Standard Query Language = Standard Abfragesprache, seit 1980.	Mit SQL werden Datenbanken erstellt.
VRML	Virtual Reality Modelling Language = Sprache zur Modelldarstellung in virtueller (scheinbar) Wirklichkeit.	Mit VRML (sprich: wörmel) können Objekte, z. B. Roboter, beweglich dargestellt werden und vom Internet-Benutzer aus gesteuert werden.
BASIC	Beginners All Purpose Symbolic Instruction Code = Symbolorientierter Allzweck-Befehlscode für Anfänger.	

Bestandteile von Programmiersprachen Components of programming languages

C

Anweisungsart	Erklärung	Bemerkungen
Eingabe-anweisungen	Eingabeanweisungen ermöglichen, dass der Benutzer des zu erstellenden Programmes Texte oder Zahlen in den Computer über dessen Tastatur eingeben kann. Auch das Programmieren einer Mausbenutzung oder das Einlesen von Daten aus einer Datei oder Datenbank erfordert Eingabeanweisungen.	Die Sprachworte (Schlüsselworte) für Eingabeanweisungen sind je nach verwendeter Programmiersprache verschieden. Sprachworte wie z. B. cin, read, input, get oder scan sind oft Bestandteil von Eingabeanweisungen.
Ausgabe-anweisungen	Ausgabeanweisungen ermöglichen, dass der Benutzer des zu erstellenden Programmes Texte oder Zahlen aus dem Computer auf ein Ausgabegerät ausgeben kann, z. B. einen Bildschirm oder Drucker. Auch das Ausgeben von Daten in eine Datei oder Datenbank erfordert eine Ausgabeanweisung.	Typische Sprachworte in Ausgabeanweisungen sind je nach Programmiersprache cout, write, print, put.
Strukturierte Anweisungen	Strukturierte Anweisungen dienen der Programmierung von Programmverzweigungen oder von Programmwiederholungsschleifen. Eine Programmverzweigung sowie die Zahl der Schleifenwiederholungen hängen von einer Bedingung ab, die während des Programmablaufes geprüft wird. • Anweisung *Wenn-Dann-Sonst*. Dient zum Programmieren einer Verzweigung. Wenn eine Bedingung erfüllt ist, wird der eine Programmzweig abgearbeitet, im anderen Fall der andere. • Zählanweisung. Dient zum Programmieren einer Zählschleife. Ein Programmteil wird entsprechend eines Zählerwertes mehrfach durchlaufen. • Anweisung *Solange*. Dient zum Programmieren einer Programmwiederholungsschleife, bei der die Bedingung zum Wiederholen am Schleifenanfang geprüft wird. • Anweisung *Wiederholung*. Dient zum Programmieren einer Programmwiederholungsschleife, bei der die Bedingung zum Wiederholen am Schleifenende geprüft wird. • Auswahl-Anweisung: Dient zum Programmieren von Fallunterscheidungen in Abhängigkeit eines Variablenwertes.	Für die Anweisung *Wenn-Dann-Sonst* werden meist die Sprachworte if, then, else verwendet. Die Zählanweisung erfolgt z. B. über das Sprachwort for und eine Zählvariable. Für die Anweisung *Solange* wird meist das Sprachwort while verwendet. 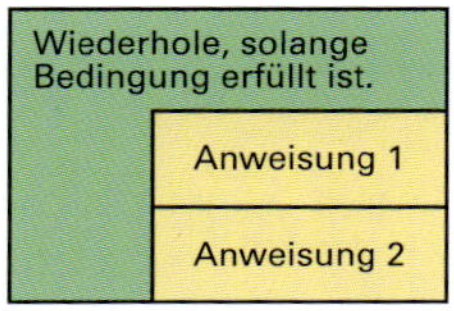 **Struktogramm für Anweisung *Solange*** Für die Anweisung *Wiederholung* werden Sprachworte wie z. B. repeat, until, do loop until verwendet. Für die Auswahl-Anweisung werden Sprachworte wie select, case, switch verwendet. 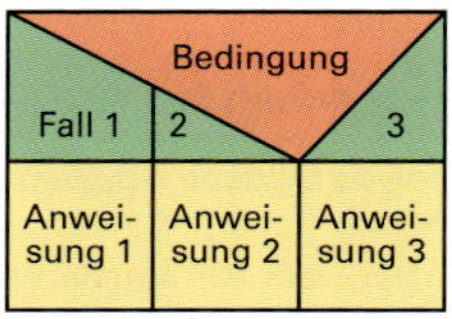 **Struktogramm für Auswahl-Anweisung**
Mathematische Anweisungen	Mit mathematischen Anweisungen werden arithmetische und trigonometrische Berechnungen durchgeführt. Bei der Zuweisungsanweisung, z. B. a=a+1, ist zu beachten, dass links und rechts vom Gleichheitszeichen nicht der gleiche Wert steht. Im Beispiel wird der Wert unter a um 1 erhöht und wieder unter a abgespeichert. Programmiersprachen besitzen nicht für alle mathematischen Funktionen die entsprechenden Sprachworte. Daher müssen mathematische Funktionen oft durch programmierbare Grundfunktionen nachgebildet werden.	In arithmetischen Anweisungen werden die Operatoren +, −, *, / verwendet. Als trigonometrische Funktionen kann man Sinus, Kosinus, Tangens, Arkustangens, manchmal auch Hyperbolikus-Funktionen verwenden. Es gibt noch weitere Funktionen für Absolutwertbildung, e-Funktion, natürlichen Logarithmus, ganzzahliges Runden, Wurzelziehen oder Umrechnungen in hexadezimale Zahlen oder Oktalzahlen.
Boolesche Anweisungen, Vergleichs-anweisungen	Boolesche Anweisungen verwenden boolesche Operatoren. Boolesche Anweisungen sind meist Zuweisungsanweisungen. Vergleichsanweisungen sind Wenn-Dann-Anweisungen und benutzen Vergleichsoperatoren.	Boolesche Operatoren sind UND, ODER, Exklusiv-ODER, NICHT und Äquivalenz. Ferner Operatoren für bitweises Schieben. Als Vergleichsoperatoren werden größer, kleiner, größer gleich, kleiner gleich und ungleich verwendet.

Grafikformate Image file formats, graphics file formats

Begriffe	Erklärung	Bemerkung
Alphakanal	Digitaler Wert, der in Rastergrafiken ergänzend zu den Farbinformationen die Transparenz (Durchsichtigkeit) der einzelnen Pixel speichert.	Bei einem Wert von 0 ist ein Pixel völlig durchsichtig, beim Maximalwert von 255 vollkommen undurchsichtig.
Bilddatei	Abbildung eines Dokumentes als Bilddatei in digitaler Form.	Der Inhalt der Datei wurde entweder digital errechnet oder durch Analog-Digitalumsetzung digitalisiert.
Bildauflösung	Anzahl der Bildelemente (Pixel, Punkte) je Längeneinheit, die bei der Ausgabe am Bildschirm, auf Film, Druckform oder Papier wiedergegeben werden können.	Meist ausgedrückt in Bildpunkte (dots) pro cm (dpcm) oder Inch (dpi). Hohe Auflösung bedeutet gute Detailwiedergabe, aber auch hohe Datenmenge.
Farbtiefe	Anzahl der gleichzeitig darstellbaren Farben pro Pixel. Eine niedrige Farbenzahl erspart Speicherplatz.	8 Bit pro Pixel ergeben 256 Farben, bei 24 Bit pro Pixel sind 16,7 Mio. Farben möglich.
Kompressionsverfahren	Verfahren zur Reduktion des Speicherbedarfs von Daten.	Bei der verlustfreien Komprimierung bleiben alle Daten erhalten.
Metaformat	Es erweitert die beliebig skalierbaren Vektorgrafiken mit der Möglichkeit, Rastergrafiken als Füllung zu benutzen.	Windows Enhanced Metafile (EMF) ist eine Weiterentwicklung des Microsoft Windows Metafile-Grafikdateiformates (WMF).
Pixel	Der kleinste ansprechbare (adressierbare) Bildpunkt (z.B. Bildschirm, Drucker, Scanner, Digitalkamera).	Abkürzung aus dem Englischen von Picture und cell. Kein Punkt im mathematischen Sinne, sondern eine Fläche.
Pixelgrafik	Rasterformat, bei dem jedes Pixel durch entsprechende Daten beschrieben wird.	Der Speicherbedarf ist insbesondere bei hoher Bildqualität (hoher Auflösung) sehr groß.
Vektorgrafik	Strichbilder werden in Form von Linienstücken dargestellt, definiert durch Angabe von Anfangs- und Endpunkt sowie Strichbreite.	Geringer Speicherbedarf, skalierbar ohne Qualitätsverlust, nicht für fotorealistische Bilder geeignet.

Vergleich der Grafikformate

Abkürzung, Bezeichnung	Orientierung/ Format	relative Dateigröße	Komprimierung/ Qualitätsverlust	maximale Farbtiefe	besondere Eignung
BMP, Bitmap	pixelorientiert	groß	ohne Kompr. kein Qualitätsverlust	bis zu 24 bit (16,7 Mio. Farben)	Desktop-Hintergründe
GIF, Graphics Interchange Format	pixelorientiert	bei großen gleichfarbigen Flächen gering, bei Fotos hoch	kein Qualitätsverlust	8 Bit (256,216 Farben)	Grafiken mit farblich einheitlichen Flächen; Internet
JP(E)G, Joint Photographic Experts Group	pixelorientiert	wenig Speicherplatzverbrauch	stufenlose Komprimierung, Verlust	24 Bit (16,7 Mio. Farben)	gut geeignet für Fotos im Internet
PNG, Portable Network Graphics	pixelorientiert	wenig Speicherplatzverbrauch	verlustlose Komprimierung, kein Qualitätsverlust	24 Bit (16,7 Mio. Farben)	Ersatz für GIF und JPG, auch im Internet
TIF(F), Tagged Image File Format	pixelorientiert	groß	nicht genormt, kein Qualitätsverlust	24 Bit (16,7 Mio. Farben)	gescannte Vorlagen, die später weiterbearbeitet werden
PCX, PC-PaintBrush Format	pixelorientiert	mittel	jede Farbebene wird getrennt	24 Bit (16,7 Mio. Farben)	Fotobearbeitung
WMF/EMF, Windows Metafile bzw. Enhanced Metafile	vektororientiert (+ pixelorientiert)	hoch, weil Vektor- und Pixeldaten gespeichert werden	verlustfrei zu vergrößern	24 Bit (16,7 Mio. Farben)	Bilder, die nachträglich vergrößert werden sollen, z. B. Cliparts

Textverarbeitung mit Word Text processing with Word

Aktion	Merkmal	Vorgehensweise	Bemerkungen
Schrift verändern	Schriftart	Menüreiter (MR) Start → Schriftart → Schriftart (→ nächsten Menüpunkt anwählen)	Schriftart auswählen, mit OK bestätigen. Oft über Schaltfläche direkt auswählbar.
	Schriftgröße	MR Start → Schriftart → Größe	Größe auswählen, mit OK bestätigen. Oft über Schaltfläche direkt auswählbar.
	Schrifttyp	MR Start → Schriftart → Schriftschnitt	Schrifttyp auswählen, mit OK bestätigen. Oft über Schaltfläche direkt auswählbar (F, *K*, <u>U</u>).
Text bearbeiten	Ausschneiden	Text mit Cursor markieren, dann Schaltfläche mit Symbol Schere betätigen.	Nach Ausschneiden ist der Text gelöscht und befindet sich im Zwischenspeicher.
	Kopieren	Text mit Cursor markieren, dann Schaltfläche mit Symbol „2 Seiten" betätigen.	Nach Kopieren befindet sich der Text im Zwischenspeicher. Anschließend muss mit Einfügen fortgefahren werden.
	Einfügen	Zieltextstelle mit Cursor anklicken, dann Schaltfläche mit Einfügen bzw. Symbol Ansteckunterlage betätigen.	Der Inhalt des Zwischenspeichers wird an der ausgewählten Textstelle eingefügt.
	Seitenwechsel	MR Start → Absatz → Zeilen- und Seitenumbruch.	Unter MR Ansicht mit „Lineal" die Lineale der Seitenränder ein-/ausblenden zum Verändern.
	Satzart	MR Start → Schaltflächen linksbündig, rechtsbündig, zentriert oder Blocksatz anwählen.	Vorhandene Textteile sind zuvor zu markieren.
Text speichern, drucken, einlesen	Speichern	MR Datei → Speichern, MR Datei → Speichern unter, dann Laufwerk und Verzeichnis auswählen.	Mit nur Speichern wird das Dokument ohne Eingriffsmöglichkeit im aktuell eingestellten Verzeichnis gespeichert.
	Drucken	MR Datei → Drucken, dann Drucker und Seiten auswählen, OK betätigen.	Mit Seitenlayout sind zuvor Papierformat und Seitenränder einzustellen.
	Seitenrand	MR Seitenlayout → Einzug oder Abstand	Seitenränder in cm eingeben.
	Format	MR Seitenlayout → Einzug oder Abstand	Einstellen von z. B. Hochformat, Querformat.
Tabellen bearbeiten	Anzahl Spalten	MR Einfügen → Tabelle → Tabelle einfügen, Anzahl Spalten eingeben.	Über Schaltfläche Tabelle mittels Mausführung auch einstellbar.
	Anzahl Zeilen	MR Einfügen → Tabelle → Tabelle einfügen, Anzahl Zeilen eingeben.	Über Tabellentools/Layout → Löschen können Spalten, Zeilen und Zellen einer Tabelle gelöscht werden.
	Elementbreite	Mit Cursor die gewünschte Spaltenlinie anfahren, Mausklick und mit Maus die Linie verschieben. Komplette Spalte wird verändert.	Soll nur ein Element verändert werden, ist dieses zuvor zu markieren.
	Sortieren	Tabellentools/Layout → Daten → Sortieren.	In Spalten oder über Tabellenzeilen.
Grafiken darstellen	Textrahmen	Cursor in der Seite positionieren. → MR Einfügen → Textfeld	Textfeld zuerst positionieren, dann kann der Text geschrieben werden.
	Linien	MR Einfügen → Formen, Linie auswählen.	Mit Schaltfläche Formenarten sind Farben, Strichstärken, Pfeilspitzen einstellbar.
	Kreis	MR Einfügen → Formen, Form auswählen.	Schaltfläche Füllfarbe für farbigen Kreis.
	Schatten	Zeichentools/Format → Schatteneffekte, Schatteneffektart auswählen.	Das gewünschte Element für Schattendarstellung ist zuvor anzuklicken.
	Verschieben	Gewünschtes Element anklicken, mit Maus neu positionieren, dann Mausklick.	Verschiebbar sind Textrahmen und die grafischen Elemente.

C

Ausschnitt aus MS Word

Access als relationale Datenbank

ACCESS verwendet zur Strukturierung der Daten das *relationale Datenbanksystem* (Datenbank mit Beziehungen bzw. Verknüpfungen der Tabellen untereinander). Dabei werden Datensätze, also zusammengehörige Informationen, in Tabellen aufgenommen und indiziert. Der Index fungiert als ***Primärschlüssel***. Mit dem Primärschlüssel wird ein Datensatz eindeutig identifiziert. Duplikate in einem Primärschlüsselfeld sind nicht möglich.

Tabellenaufbau

In einer Zeile wird der *Datensatz* aufgenommen, das sind alle zusammengehörenden Informationen wie z. B. Name und Adresse.
Die Spalten beinhalten immer die gleiche Information, z. B. Vorname.
In der Spalte können auch leere Felder stehen.
Eine Zelle der Tabelle heißt *Datenfeld*.

Tabelle erstellen

Für eine neue Tabelle muss immer zuerst die Struktur festgelegt werden. Dies geschieht in der *Entwurfsansicht*.

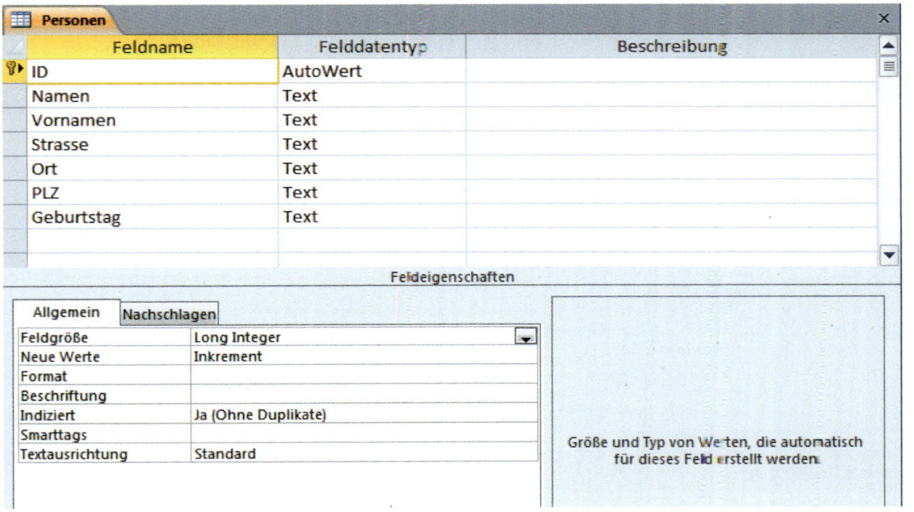

Tabelle in der Entwurfsansicht (Ausschnitt)

Feldname	Felddatentyp	Beschreibung	Feldeigenschaften	Primärschlüssel
Hier wird ein treffender Name für die Spalte der Tabelle gewählt.	Formate bzw. Datentypen werden festgelegt z. B.: • Text • Memo • Zahl • Datum/Uhrzeit • Währung • AutoWert • Ja/Nein	Um spätere Administrationsarbeiten zu erleichtern, ist es sinnvoll, hier eine nähere Beschreibung des Feldes einzugeben.	Hier kann für jedes Feld individuell festgelegt werden, wie die Daten gespeichert, angezeigt und bearbeitet werden sollen. Diese Eigenschaften und Einstellmöglichkeiten sind vom Feldtyp abhängig. Z. B. definiert die Feldgröße die maximale Größe eines Textfeldes. Standardeinstellung ist hier 255 Zeichen.	Der Primärschlüssel eignet sich für solche Felder, die den Datensatz eindeutig identifizieren. Es müssen in dieser Spalte alle Werte unterschiedlich sein. Standardmäßig wird das ID-Feld mit dem Primärschlüssel versehen.

Tabelle fertig stellen

Nachdem die Struktur der Tabelle festgelegt ist, wird die Tabelle (im Beispiel unter dem Namen FERSONEN) gespeichert. Es empfiehlt sich, für Tabellennamen Großbuchstaben zu verwenden.
Jetzt können die Datenfelder ausgefüllt werden. Diese Tabellendarstellung heißt *Datenblattansicht*.

Datenbankprogramm Access (Fortsetzung)
Database program Access (continued)

PERSONEN

ID	Name	Vorname	Strasse	Ort	PLZ	Geburtstag	Zum Hinzufügen klicken
1	Müller	Peter	Amtsgasse 16	Neustadt	77777	23.03.1965	
2	Schmitt	Lisa	Hauptstr. 49	Nirgendwo	88888	14.09.1969	
3	Schmitt	Max	Schlossallee 23	Altdorf	66666	04.08.1962	
* (Neu)							

Tabelle in Datenblattansicht

Die Umschaltung in die Entwurfsansicht erfolgt über das Symbol: Ansicht

Sortieren

Arten	Vorgehen	Arten	Vorgehen
In Tabelle	Auf das Pfeilsymbol neben dem Feldnamen klicken → In Drop-Down-Menü auf *Von A bis Z sortieren* bzw. auf *Von Z bis A* sortieren klicken.	Über Menü Sortieren und Filtern	Im Menüband-Kontextregister *Sortieren und Filtern* auf das Feld: Aufsteigend bzw. auf Absteigend klicken.

C

Filtern

Arten	Vorgehen, Wirkungen	Arten	Vorgehen, Wirkungen
Auswahlbasierter Filter	Cursor in das ausgewählte Feld setzen. In Menüband-Kontextregisterkarte Sortieren und Filtern → Feld: Auswahl anklicken. Kriterium auswählen z. B. ist gleich „Nirgendwo"	Formularbasierter Filter	In Menüband-Kontextregisterkarte *Sortieren und Filtern* → Feld: Erweitert anklicken. Formularbasierter Filter wählen.
Spezialfilter	In Menüband-Kontextregisterkarte *Sortieren und Filtern* → Feld: Erweitert anklicken. In Dop-Down-Menü auf *Spezialfilter/-sortierung* klicken.	Filter entfernen	In Menüband-Kontextregisterkarte *Sortieren und Filtern* Filter ein/aus anklicken.

Auswahlabfrage

In Menüband auf Registrierkarte *Erstellen* wechseln, dort in Kontext-Registerkarte *Abfragen* Feld *Abfrageentwurf* wählen. Fenster Tabelle anzeigen erscheint. Auf Feld *Hinzufügen* klicken.
In kleinem Fenster erscheinen die Felder der gewählten Tabelle.
Jetzt in Fenster *Tabelle anzeigen* auf *Schließen* klicken. Dann gewünschte Felder im kleinen Fenster durch Doppelklick übernehmen und mit gewünschten Kriterien versehen.

Zur Ausführung auf Ausführen klicken.

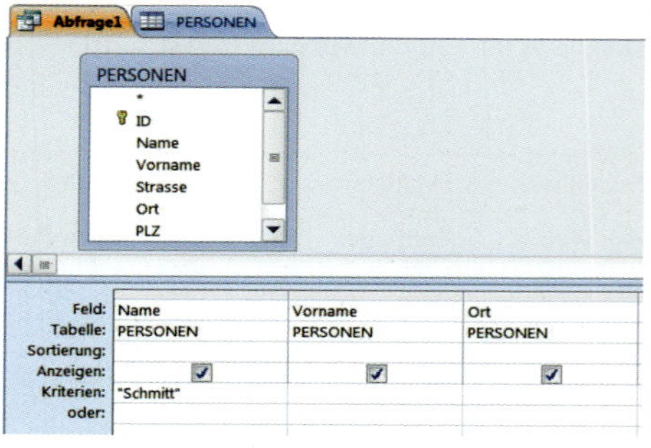

Beispiel einer Auswahlabfrage

Autoformular

In Menüband auf Registrierkarte *Erstellen* wechseln, dann in Kontextregisterkarte *Formulare* auf das Symbol *Formular* klicken.

Autobericht

In Menüband auf Registrierkarte *Erstellen* wechseln, dann in Kontextregisterkarte *Berichte* auf das Symbol *Bericht* klicken. Das Layout kann verändert (verbessert) werden, indem in der Kontextregisterkarte *Ansichten* auf das Symbol *Ansicht* geklickt und nach Klick auf *Entwurfsansicht* bearbeitet wird.

Tabellenkalkulation Excel — Spreadsheet program Excel

Element	Erklärung	Element	Erklärung
Menüband ①	Hier befinden sich die Registerkarten mit allen Befehlen.	Kontextregisterkarte ⑤	Innerhalb einer Registrierkarte sind die einzelnen Befehle zusammengefasst, hier z.B. die Formatierungen für Zahlen.
Symbolleiste für Schnellzugriff ②	Diese Symbole sind in allen Registerkarten vorhanden. Eigene Symbole können eingefügt werden.	Blattregister ⑥	Es zeigt die vorhandenen Tabellenblätter der Mappe an.
Registerkarte Datei ③	Bei Anklicken dieser Registrierkarte öffnet sich das Backstage-Menü mit den wichtigsten Schaltflächen wie z.B. Neu, öffnen, Speichern, Speichern unter, Drucken.	Statusleiste ⑦	Sie enthält nützliche Informationen und zusätzliche Elemente zur Steuerung. (Sie ist unten nicht vollständig abgebildet.)
		Bildlaufleisten ⑧	Mit ihnen kann man scrollen, d.h. das Bild horizontal bzw. vertikal bewegen. (Die vertikale Bildlaufleiste ist unten nicht abgebildet.)
Titelleiste ④	Sie informiert über die soeben geöffnete Mappe.	Bearbeitungsleiste ⑨	Sie zeigt den Inhalt der soeben aktivierten Zelle.

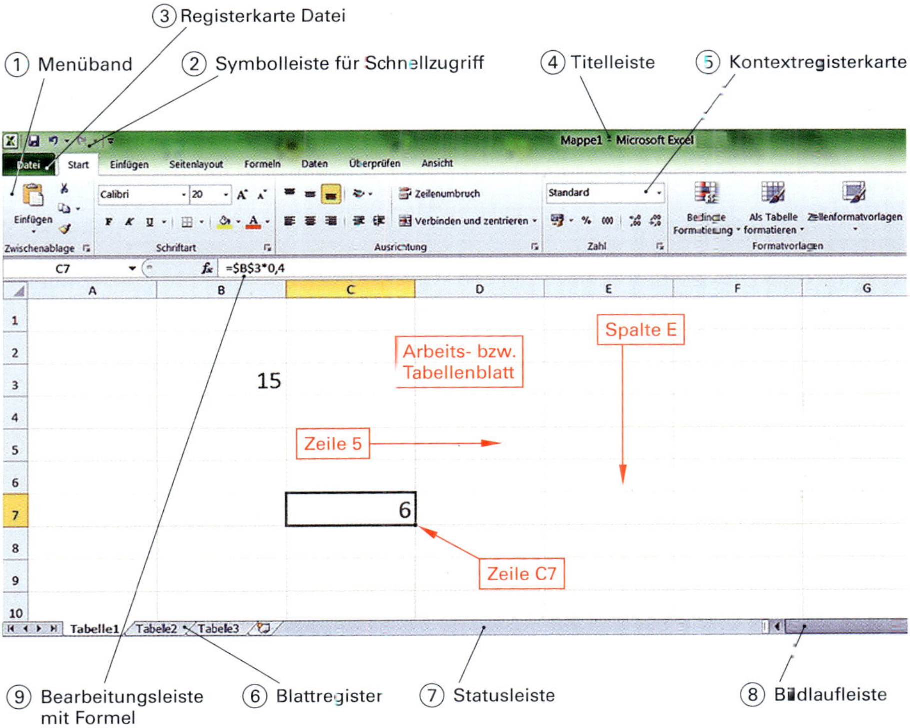

Excel-Arbeitsfläche

C

Formeln anwenden

Berechnungen werden in Excel mit Formeln durchgeführt, die eine Verknüpfung der angegebenen Zellen bewirken. Eingeleitet wird eine Formel mit dem Zeichen =

Verknüpfungen	Beispiele	Erklärungen
Summenbildung	= a1 + a2 + a3 = Summe(a1:a3)	Summmenbildung der Zellen von a1 bis a3.
Grundrechenarten	= a1 + a2 = b2 – b3 = d2 * d5 = a6/a7	Addiert die Zahl in Zelle a1 zur Zahl in a2. Subtrahiert Zahl in h3 von Zahl in b2. Multipliziert Zahl in d2 mit Zahl in d5. Dividiert Zahl in a6 durch Zahl in a7.
WENN	= Wenn(a2>a1;10;0)	**Wenn** Zelleninhalt von a2 größer ist als der Zelleninhalt von a1; **dann** soll die Ergebniszelle den Inhalt 10 annehmen; **sonst** soll der Zellinhalt 0 sein.
MITTELWERT	= Mittelwert(a1;b2;c6) = Mittelwert(b2:b12)	Berechnet den arithmetischen Mittelwert der 3 Zellen. Berechnet den arithmetischen Mittelwert der Spalte B von b2 bis b12.
MAX MIN	= Max(a1;b2;c1) = Min(a5:d5)	Gibt die größte der 3 Zahlen an. Gibt die kleinste Zahl der Zeile 5 von a5 bis d5 an.
ABS	= Abs(d3)	Liefert den Absolutwert der Zahl in d3.
GANZZAHL	= Ganzzahl(b5)	Rundet die in b5 stehende Zahl auf die nächst kleinere ganze Zahl ab.
RUNDEN	= Runden (c4;2)	Rundet die Zahl in c4 auf 2 Nachkommastellen auf bzw. ab.
ABRUNDEN	= Abrunden (c8;1 }	Rundet die Zahl in c8 auf eine Nachkommastelle ab.
AUFRUNDEN	= Aufrunden(c6;2)	Rundet die Zahl in c6 auf 2 Nachkommastellen auf.
SVERWEIS	=Sverweis(a4;Tabelle2!;2)	Sucht nach einem Wen, wie in Zeile a4 angegeben, in der Tabelle2 in der 2. Spalte von links.
HEUTE	Heute( )	Liefert die fortlaufende Zahl des heutigen Datums. Ist die Zelle als Datum formatiert, steht dort das heutige Datum.
Mathematische Funktionen. (Weitere über *fx*)	= a3 ^ a3 = PI( ) = Wurzel(b4)	Erhebt die Zahl in Zelle a3 zur 3. Potenz. (a3 hoch 3) Gibt den Wert der Zahl π mit 15 Stellen Genauigkeit zurück. Berechnet die Quadratwurzel der Zahl in Zelle b4.

C

Kopieren

Zelleninhalt	Bereich markieren → Kontextregisterkarte Zwischenablage → Kopiersymbol anklicken. Bereich markieren → Tastenkombination Strg und C gleichzeitig drücken.
Formel	Mit der Maus Zelle am rechten unteren quadratischen Punkt anfassen und mit gedrückter linker Maustaste nach unten bzw. in Richtung der gewünschten Kopie ziehen.
Tabellenblatt	Rechter Mausklick auf Blattregister → Verschieben oder kopieren → Ziel wählen (z. B. Tabelle 2) → Häkchen bei Kopie erstellen.

Einfügen

Formel	Kontextregisterkarte Zwischenablage → bei Einfügen auf Pfeilsymbol klicken → unter Einfügen auf Formelsymbol *fx* klicken.
Leerzeile Neue Spalte	Kontextregisterkarte Zellen → bei Einfügen auf Pfeilsymbol klicken → Blattzeilen einfügen bzw. Blattspalten einfügen anklicken.
Tabellenblatt	Kontextregisterkarte Zellen → bei Einfügen auf Pfeilsymbol klicken → Blatt einfügen anklicken oder im Blattregister das Symbol Tabellenblatt einfügen (ganz rechts) anklicken.

Löschen

Zelleninhalt	Zelle markieren, mit Entf-Taste löschen.
Zelle, Zeile, Spalte oder Tabellenblatt	Kontextregister Zellen → bei Löschen auf Pfeilsymbol klicken → nach Wahl auf Zellen löschen – Blattzeilen löschen – Blattspalten loschen oder Blatt löschen.
Alles, Formate, Inhalte, Kommentare, Hyperlinks	nach Markieren des Bereichs auf Kontextregister Bearbeiten → Löschen → nach Wahl auf Alle Löschen – Formate löschen – Inhalte löschen – Kommentare löschen oder Hyperlinks löschen.

Programmdokumentation Program documentation

Dokumentationsteil	Dokumentationsinhalt	Hilfsmittel, Methoden
Aufgabenstellung	Darstellung der zu lösenden Aufgabe in verständlicher Form. Randbedingungen, z. B. vorhandene Computeranlage, sind anzugeben. Auf zu berücksichtigende Normen und Richtlinien ist zu verweisen. Der Auftraggeber erstellt die Aufgabenbeschreibung.	Texte, Grafiken, Blockschaltbilder: Lastenheftersteilung.
Aufgabenlösung	Gliederung der gestellten Aufgabe anhand von Funktionen in Unteraufgaben, Beschreibung der Unteraufgaben, Erläuterung zu verwendender Lösungsverfahren und Lösungsalgorithmen, Darstellung notwendiger Geräte und zu beschaffender Standardsoftwarepakete.	Texte, Grafiken, Blockschaltbilder, Tabellen: Pflichtenheftererstellung.
Programm-kennzeichnung Programm-kenngrößen	Angabe des Programmnamens, des Namens des Programmentwicklers, des Fertigstellungsdatums, des letzten Änderungsdatums, der aktuellen Versionsnummer. Angabe der Programmgröße in MB, anfallende Datenmengen in MB. Bei Bedarf auch Angabe von Reaktionszeiten, Verarbeitungszeiten, ferner Angabe der verwendeten Programmiersprache, des verwendeten Compilers, der verwendeten Programmbibliothek, des verwendeten Datenbanksystems.	Texte. Manches ist hiervon im Programm auch als Kommentar notwendig.
Programm-beschreibung	Darstellung und Erläuterung der Programmstruktur, Beschreibung des Programmablaufes, Beschreibung des Datenflusses, Beschreibung der einzelnen Programmblöcke, Darstellung und Erläuterung der programmtechnischen Realisierung von Datenschnittstellen, Erläuterung von Zugriffsalgorithmen auf programmexterne Dateien.	Texte, Tabellen, Programmablaufpläne, Struktogramme, Blockschaltpläne. Manches ist hiervon auch im Programm als Kommentar notwendig.
Programmdaten und Datenschnittstellen	Beschreibung der Daten für die Programmeingabe und Programmausgabe. Darstellung und Erläuterung von Datenschnittstellen, d. h. Beschreibung sämtlicher Daten an Datenübergabestellen in den einzelnen Programmblöcken. Beschreibung der temporären, also der nur während des Programmlaufs existierenden Daten. Erläuterung aller Variablen und Konstanten mit den zugehörigen Datenformaten.	Texte, Tabellen, Datenflusspläne. Manches ist hiervon auch als Kommentar im Programm notwendig.
Programmtest	Beschreibung der durchgeführten Tests mit Angabe der Testhilfsmittel sowie der Testumgebung (Hardware, Software).	Texte, Grafiken, Tabellen.
Programm-installation	Beschreibung notwendiger Programmanpassungen bei der Inbetriebnahme hinsichtlich z. B. Betriebssystem, peripherer Geräte, verwendeter Standardsoftwarepakete. Beschreibung der Vorgehensweise bei der Programminstallation.	Texte, Grafiken, Ablaufpläne, Tabellen.
Programmbetrieb	Angaben über verwendete Computeranlage, verwendete Peripheriegeräte, verwendetes Netzwerk, Erläuterung der Programmbedienung, des Programmaufrufes. Angaben zur Datensicherung. Angaben zum Wiederanlauf des Programmes nach Unterbrechungen. Beschreibung von Programm-Meldungen und Programm-Menüs. Erläuterung von Betriebsarten.	Texte, Grafiken: Erstellung von Handbüchern (Bedienungsanleitung, Schulungsunterlagen).
Programmwartung	Beschreibung derjenigen Programmstellen, die im Laufe der Zeit verändert wurden, mit Angabe der Änderungsgründe und der Namen der ausführenden Programmierer. Die Dokumentationsteile Programmbeschreibung und Programmdaten sind zu berücksichtigen.	Texte, Grafiken Programmablaufpläne, Struktogramme, Datenflusspläne, Tabellen. Manches ist hiervon auch im Programm als Kommentar notwendig

Programmdokumentationen sind computerunterstützt mit Textverarbeitungsprogrammen und Grafikprogrammen oder speziellen Programmdokumentations-Programmen zu erstellen.

C

Dateneingabegeräte Data input devices

Darstellungen	Funktionsweisen	Beispiele, Kenngrößen
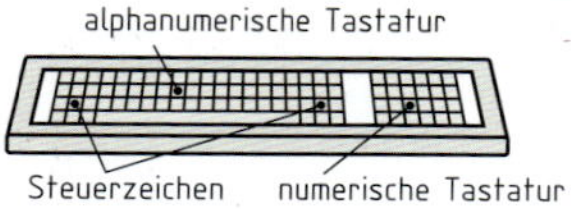 **Tastatur**	Für Tastaturen verwendet man Einzeltasten, Folientasten, Membrantasten, Piezotasten oder Leitgummitasten. Eine besonders wichtige Eigenschaft der Tasten ist die Prellfreiheit.	Tastenanordnung, Tastenbelegung, Tastenversatz und Tastenmittenabstand sind genormt. Bei PC hat die Tastatur meist 102 Tasten.
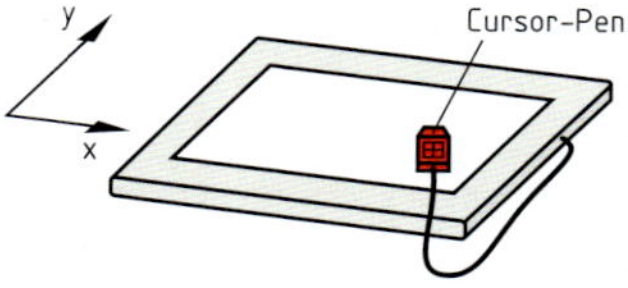 **Digitizer, Grafiktablett**	Digitizer[1] verwendet man zum Digitalisieren grafischer Vorlagen, z. B. von Zeichnungen. Die Lage des Cursors (Markierers) oder Pens (Schreibstiftes) auf der Digitizerplattform liefert an den Rechner Koordinatenwerte für die x-Achse und die y-Achse.	Auflösung bei Messverfahren: magnetisch 0,1 mm kapazitiv 0,1 mm bis 0,02 mm magnetostriktiv 0,1 mm bis 0,02 mm akustisch 0,5 mm
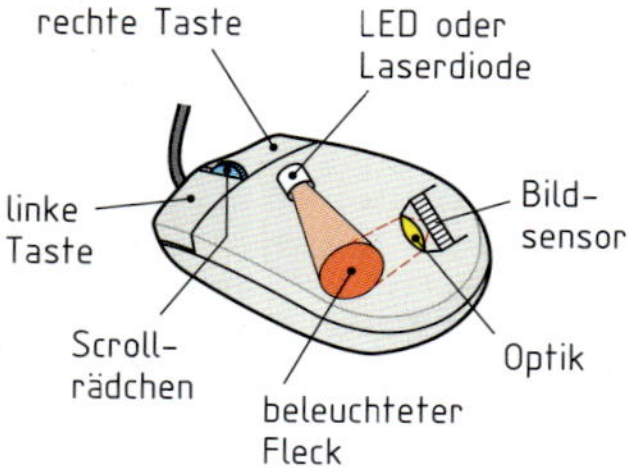 **Maus**	Die Maus ist ein wichtiges Eingabegerät beim Arbeiten am PC. Die Maus ist als optische Maus ein kleines bildverarbeitendes System. Durch Bewegen der Maus wird die Mausunterlage abgescannt. Relativ zur Mausorientierung wird eine Bildschirmcursorbewegung nach oben und unten und nach rechts und nach links ausgelöst. Mit meist zwei Tasten können durch „Mausklick" Aktionen erfolgen. Ein „Scrollrad" ermöglicht weitere Aktionen, z. B. das fortlaufende Durchblättern von Bildschirmseiten.	Auflösung: Ca. 30 × 30 Pixel im Bildfenster Bildwiderholrate ca. 1500 Bilder/s Bildbeleuchtung mit LED oder Laserdiode Schnittstellen zum Computer: • PS/2 (veraltet), • RS 232 (veraltet), • USB. Kabellose Signalübertragung über einen am PC angeschlossenen Sender/Empfänger: • Infrarotübertragung, • Funkübertragung (Funkmaus).
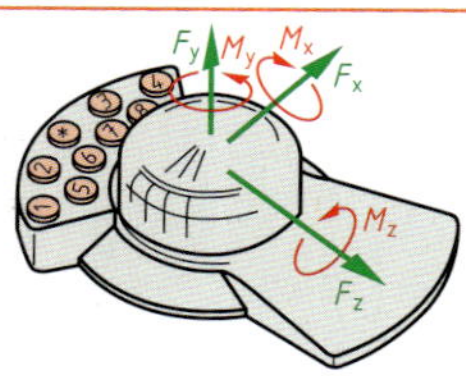 **6D-Steuerkopf (Space-Mouse)**	Der 6D-Steuerkopf (Space-Mouse = Raum-Maus) reagiert auf drei Kräfte und drei Momente. Bildschirmobjekte kann man damit – rechts/links verschieben, – rauf/runter verschieben, – vergrößern/verkleinern, – drehen um die x-Achse, – drehen um die y-Achse, – drehen um die z-Achse.	Die Space-Mouse ermöglicht mit einer Hand zugleich ein bis sechs Signale mit Vorzeichen auszulösen. Verwendet wird dieser Steuerkopf zur Bildschirmsteuerung bei der 3D-Darstellung (dreidimensionale Darstellung) in CAD-Anwendungen und zur Bewegungssteuerung von Robotern.
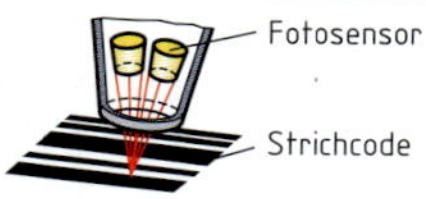 **Strichcodeleser (Reflexleser)**	Der Strichcodeleser (Barcodeleser) wird als Stift über den Strichcode gestreift. Die Strichbreite bzw. Strichlücke führt zu einem entsprechenden Pulssignal, das über den angeschlossenen Rechner als Zahlenfolge decodiert wird.	Strichcodeleser gibt es als handgeführte Stifte oder als Laserscanner zum Erfassen von Strichcodierungen mit weitem Leseabstand (< 2 m).
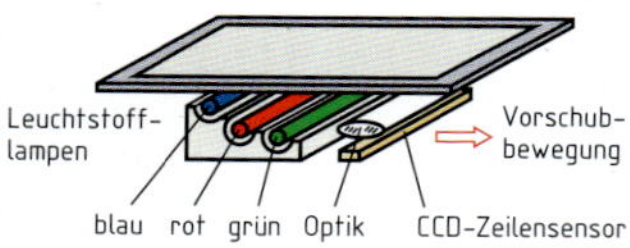 **Scanner**	Scanner[2] tasten Text- und Bildvorlagen optisch ab und erzeugen ein Datenfile. Farbscanner beleuchten die Vorlage mit rotem, grünem und blauem Licht und erzeugen zunächst ein RGB-Videosignal, das anschließend in Daten umgewandelt wird.	Scanner haben meist eine in Stufen wählbare Auflösung bis z. B. 1200 dpi[3]. Durch Interpolation werden auch vielfach höhere Werte erzielt. Der Computeranschluss erfolgt z. B. über eine SCSI-Schnittstelle oder USB-Schnittstelle.
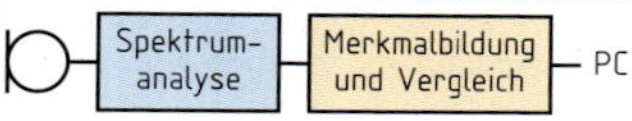 **Spracheingabe**	Bei der Spracheingabe wird für Buchstaben oder Worte eine Frequenzanalyse durchgeführt.	Spracheingabekarten erfassen einzelne Worte und fortlaufend gesprochene Texte.

[1] digitizer = Digitalisierer [2] to scan = abtasten [3] dpi von dots per inch = Punkte je Zoll

C

Datenausgabegeräte Data output devices

Darstellungen	Funktionsweisen	Beispiele, Kenngrößen
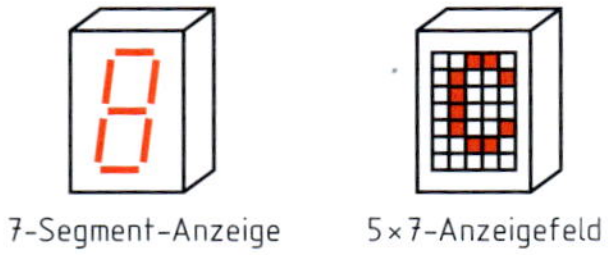 **LED-Display**	Mehrere Lumineszenzdioden (LED) sind auf kleinen Bausteinen als Segmente oder in Matrixform angebracht. 4 Zeichen sind meist auf einem Chip darstellbar. Mitintegriert sind Speicher, Decoder und Treiber. Anzeigezeilen erhält man durch Aneinanderreihen mehrerer Chips.	Anzeigefelder mit 40 Zeichen und 12 Zeilen. Darstellbar sind alle Ziffern, Buchstaben und Sonderzeichen. Die Farbe ist rot, grün, gelb oder blau.
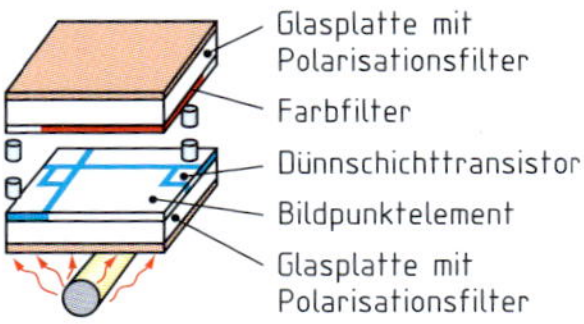 **TFT-Display**	Beim TFT-Display (von Thin Film Transistor = Dünnfilmtransistor) besteht das Display aus einer Matrix von TFT-Zellen, wobei jede Zelle durch einen Transistor geschaltet wird. Parallel zu jeder Zelle wird ein Bildpunkt-Kondensator geschaltet und mit dem Amplitudenwert des Videosignals geladen. Die rückwärtig eingebaute Beleuchtung gewährleistet auch im Hellen gut erkennbare kontrastreiche Bilder. Im Durchlichtverfahren sind Bildprojektionen möglich.	Auflösung bei: VGA: 640 × 480 Pixel SVGA: 800 × 600 Pixel XGA: 1024 × 1280 Pixel Displaygrößen: z.B. 17″ Im Vergleich zu Katodenstrahlröhren (CRT) höhere Lebensdauer, niederer Energieverbrauch, geringeres Gewicht, keine Hochspannung, keine Röntgenstrahlung, größerer Blickwinkel.
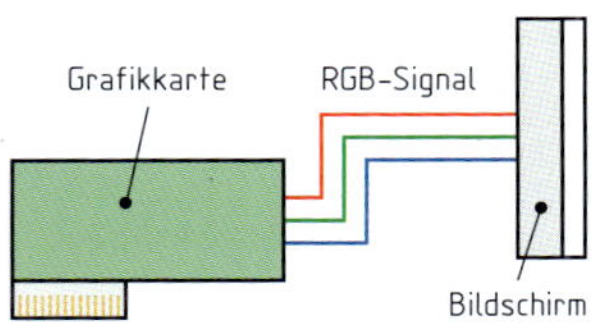 **Datensichtgeräte**	Als Bildschirm werden Flachbildschirme verwendet, früher Katodenstrahlröhren (CRT, von Cathode Ray Tube). Die Flachbildschirme sind in Plasmatechnik als TFT-Display hergestellt.	Anzeigefelder mit 80 Zeichen und 24 Zeilen oder als grafisches Display mit z.B. 1280 × 1024 Bildpunkten und 8 bit Farbintensität für jede der Farben Rot, Grün, Blau. Damit erhält man etwa 16,7 Mio. Farben. Bildschirmgrößen: klein 14″, 15″ mittel: 17″ groß: 20″, 28″ (für CAD)
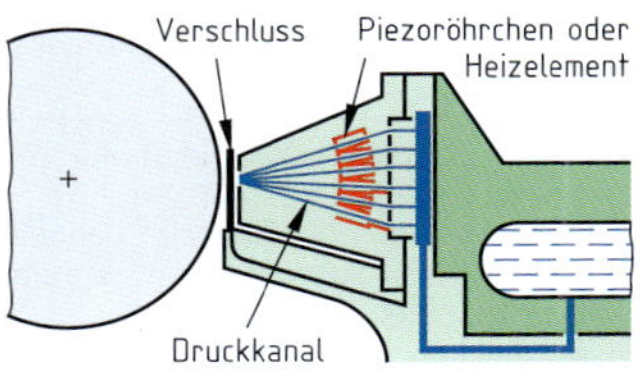 **Tintendrucker**	Beim *Tintendrucker* sind haarfeine Tintenkanäle in Reihen angeordnet. Die Tintenkanäle sind mit einem piezokeramischen Röhrchen oder einem Heizelement ummantelt. Durch einen Spannungsimpuls an das Piezoröhrchen wird der Druck im Tintenkanal impulsartig stark erhöht und ein Tröpfchen wird aus der Düse ausgestoßen und auf das Papier geschossen. Ein Stromimpuls im Heizelement bewirkt eine Verdampfung. Durch die Druckwelle wird ein Tintentröpfchen ausgestoßen.	Anzahl der Düsen: 30, 48, 64 Auflösung: z.B. 300 dpi. Schreibgeschwindigkeit: z.B. 660 Zeichen/s. Tintendrucker werden auch zur Darstellung von Grafiken oder Fotos verwendet. Sie sind geeignet für dokumentechtes Schreiben, da man die Tinte nicht wegkratzen kann.
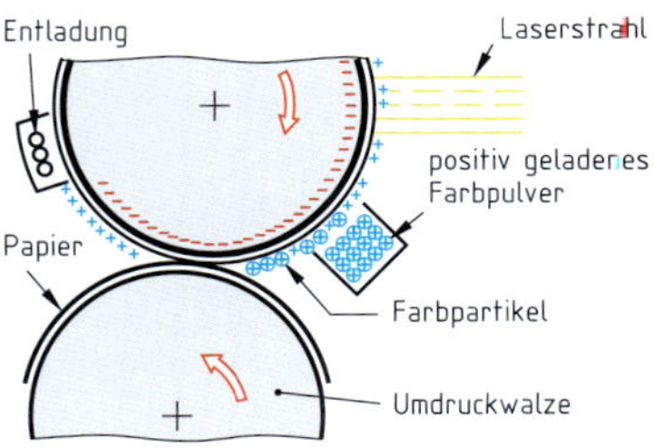 **Laserdrucker**	Beim *Laserdrucker* wird der Laserstrahl mit einem schnell rotierenden Polygonspiegel abgelenkt und erzeugt belichtete Punkte auf der Fotoleitertrommel. Die belichteten Bereiche werden elektrisch leitend. Positiv aufgeladenes Farbpulver (Toner) bleibt an diesen Stellen haften und wird durch Umdruck auf das Papier gebracht. Beim Farblaserdrucker durchläuft das Papier den Druckprozess jeweils für die Farben Schwarz, Magenta, Cyan und Gelb.	Mit dem Laserdrucker wird höchste Schriftqualität erreicht. Bei Laserdruckern kann man Grafik und Text kombinieren und fast alle Schriftarten sind verfügbar. Laserdrucker sind auch für die Herstellung von Druck-Erzeugnissen geeignet. Auflösung z.B. 1200 dpi.

C

Drucker Printer

Druckverfahren	Zeichenerzeugung, Druckerarten	Anwendungen, Kenngrößen
Matrixdrucker **Nadeldrucker** 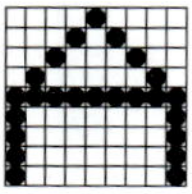	Impact-Druckwerk (von impact = Zusammenprall) Zeichenabdruck durch mechanischen Anschlag einer Nadel auf ein Farbband. Dieses überträgt das Zeichen mit matrixförmig angeordneten Punkten auf das Papier.	In Büros, in denen häufig Durchschläge erstellt werden müssen, z.B. selbst durchschreibende Formulare. Mit 9, 18 oder 24 Nadeln Druckgeschwindigkeit z.B. Entwurf: 500 Zeichen/s Letterquality: 150 Zeichen/s.
Tintendrucker 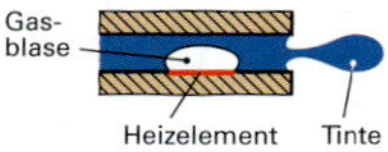 **Bubble-Jet-Verfahren** 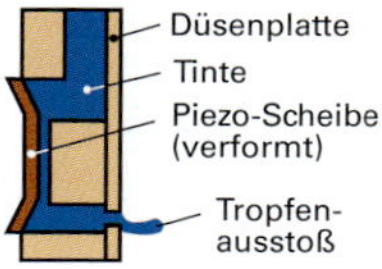 **Piezo-Verfahren** 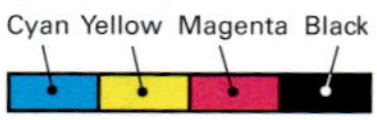	**Bubble-Jet-Verfahren:** Kurzzeitige Erhitzung der Tinte führt zur Bildung einer Gasblase, die sich ausdehnt und dabei ein Tintentröpfchen ausstößt, das auf das unbeschichtete Druckpapier trifft. **Piezo-Verfahren**: Durch einen Spannungsimpuls wird ein Piezo-Kristall verformt, der dabei ein Tintentröpfchen in Richtung Papier ausstößt. Das Zeichen wird durch eng zusammen liegende Tintenpunkte gebildet. Farbpunkte werden mithilfe von meist vier Tinten der Farben **C**yan, **Y**ellow, **M**agenta und Black (CYMK) gebildet. K steht für Key (von keyplate = schwarz druckende Platte im Offsetdruck)	Für Vollfarbdrucke im Privatbereich und Bürobereich. Häufig auch als Fotodrucker eingesetzt, dann aber mit mehr als vier Farbpatronen und speziellem Fotopapier. **Tinten:** ● Tinte auf Wasserbasis Trocknet relativ langsam ● Tinte mit Pigmentfarben Gute Farbsättigung Auch für spezielle Farben wie metallic, gold. Druckgeschwindigkeit: bis 20 Seiten/min in Farbe
Thermodrucker, Thermotransfer-drucker 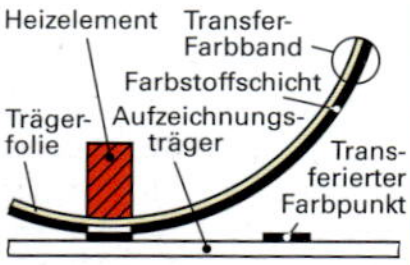	Der Druckkopf des **Thermodruckers** erhitzt mithilfe von matrixförmig angeordneten Widerständen das hitzeempfindliche beschichtete Druckpapier auf dem sich der erhitzte Punkt verfärbt. Eng beieinander liegende Punkte bilden die Zeichen. Beim **Thermotransferdrucker** schmilzt der erhitzte Punkt die Farbbeschichtung einer Folie auf das unbeschichtete Druckpapier.	Druckelement von Faxgeräten. Druckgeschwindigkeit: ca. 120 Zeichen/s
Thermosublimations-drucker	Hier wird die feste Druckfarbe so stark erhitzt, dass sie verdampft und sich auf dem Papier niederschlägt.	Für Drucke mit fotorealistischer Qualität.
Laserdrucker, LED-Drucker 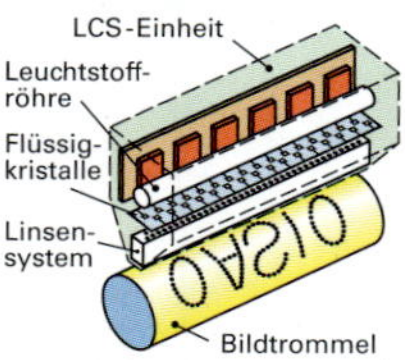 **LCS-Drucker** 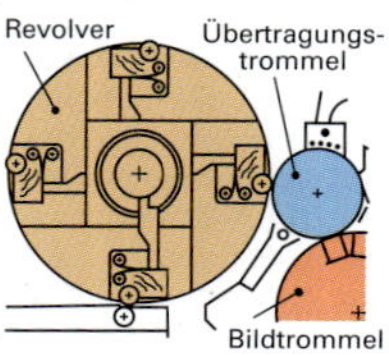 **Farblaserdrucker (Revolver-Prinzip)**	**Laserdrucker** Ganzseitendruck Der Laserstrahl schreibt auf eine aufgeladene Fototrommel, die an diesen Stellen entladen wird und das gegensätzlich geladene Tonerpulver anzieht. Die ebenfalls geladene Papieroberfläche zieht den Toner von der Trommel. Dieser Toner wird dann durch Hitze auf dem unbeschichteten Papier fixiert. **LED-Drucker** Statt Laserlicht wird hier die Fototrommel über eine selbst fokussierende Glasfaseroptik mit LED-Licht entladen. **LCS-Drucker** Die Belichtung erfolgt über eine Flüssigkristallleiste, die das Licht der Leuchtstoffröhre nur an den zu druckenden Punkten durchlässt. **Farblaserdrucker** (mit CYMK-Toner) **Inline-Prinzip:** Farbtoner ist in der Reihe angeordnet. **Revolver-Prinzip:** Tonerkartuschen in rotierendem Magazin untergebracht	Universell einsetzbarer Drucker. Vornehmlich als schnelles PC-Ausgabegerät verwendet. Druckgeschwindigkeit: 50 Seiten/min S/W Als Vollfarbdrucker oder Fotodrucker einsetzbar. Druckgeschwindigkeit: bis 20 Seiten/min in Farbe.

LED von Light Emitting Diode = Licht aussendende Diode, LCS von Liquid Crystal Shutter = Flüssigkristall-Verschluss

C

Arten	Funktionen	Anwendungen Kennwerte
Analogkopierer ● mit Linsenoptik ● mit Glasfaseroptik ● mit Fotohalbleitern, z. B. CdS Cadmiumsulfid Se Selen Si amorphes Silicium OPC Organischer Fotohalbleiter 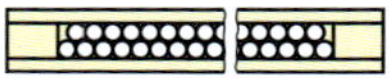 **Glasfaserleiste** 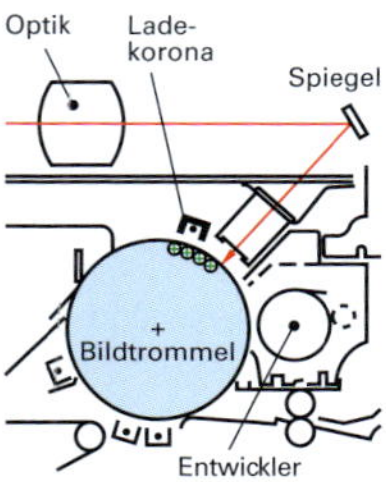 **Aufbau eines Analogkopierers**	**Ladung** Der Fotohalbleiter der Bildtrommel wird mit einer Gleichspannung von 5 kV bis 30 kV elektrostatisch aufgeladen. **Belichtung** Über eine Halogenstablampe und eine Linsen- oder Glasfaseroptik wird die aufgeladene Bildtrommel belichtet. Die Ladung wird an den belichteten Stellen abgebaut. **Entwicklung** Mit einer Magnetwalze wird der elektrostatisch aufgeladene Toner an die Bildtrommel herangeführt und aufgrund der Ladungsunterschiede angezogen. **Vorentladung** Die Trommeloberfläche wird mit der PTL (Vorentladungslampe) belichtet, damit der Toner mit geringerer Kraft auf der Bildtrommel gehalten und dadurch der Wirkungsgrad des anschließenden Transfer- und Separationsvorgangs erhöht wird. **Transfer** Das Papier wird aufgeladen und zieht durch die gegensätzliche Ladung den Toner von der Trommel auf die Papieroberfläche. **Separation** Da das Papier von der Trommel angezogen wird, muss es elektrostatisch über die Separationskorona und mechanisch mithilfe von Separationsklauen oder Separationsbändern abgelöst werden. **Fixierung** Das Tonerstaubbild wird durch beheizte Walzen auf das Papier geschmolzen. **Reinigung, Neutralisierung** Der auf der Trommel haftende Resttoner wird mechanisch über Abstreifer oder Bürsten und elektrostatisch mithilfe einer Korona entfernt. Das Ladungsbild wird mit einer PCL (Vorladungslampe) gelöscht.	Mit Linsenoptik: Größere Bürogeräte Mit Glasfaseroptik: Tischgeräte CdS und Se sind giftig und werden deshalb kaum noch verwendet. Zubehör bzw. Erweiterungen (auch für Digitalkopierer): ● ADF-Einheit für selbsttätigen Einzug einzelner oder mehrer Originale, ● Duplexfunktion für Rückseitenkopie, ● Finisher zur Anfertigung von Broschüren, ● Sorter zum Sortieren aufeinander folgender Seiten.
Digitalkopierer **CCD-Element** 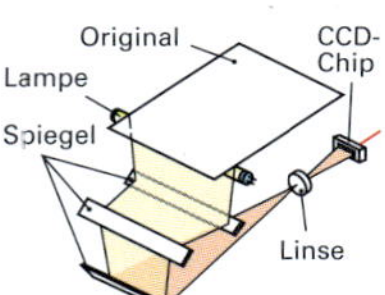 **Bilderfassung mit Digitalkopierer**	Bilderfassung mit CCD-Scanner Bildbearbeitung: ● Vergrößern, Verkleinern (stufenlos) ● Horizontale oder vertikale Schriftbildverschiebung ● Helligkeits- und Kontrastregelung ● Schärferegelung ● Buchkopieren Buchmitte und Buchränder werden erkannt und ausgeblendet ● Spiegelbilderzeugung ● Schwarz-Weiß-Umkehrung ● Bildwiederholung Belichtung der Fototrommel mit Laserlicht Bildübertragung wie beim Analogkopieren: Entwicklung, Transfer, Separation, Fixierung.	Digitalkopierer eignen sich besonders als Netzwerkkopierer innerhalb eines LAN. Vergrößern, Verkleinern z. B. 50% bis 200%; Auflösung z. B. 600 dpi × 600 dpi; Druckgeschwindigkeit: bis zu 100 Seiten/min (Großkopierer).
Vollfarbkopierer 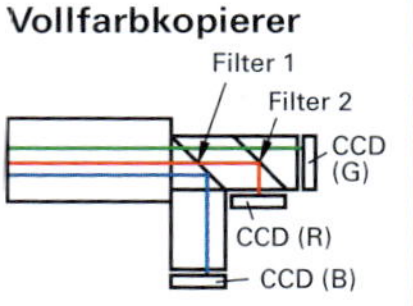 **Dichroitische Prismen**	Arbeitet als Digitalkopierer Bilderfassung in den drei Grundfarben Rot, Grün und Blau mithilfe von ● Prismen mit Filterbeschichtung (dichroitische Prismen) ● mit einer CCD mit Filterbeschichtung ● über Belichtung mit farbigem Licht.	Druckgeschwindigkeit: Bis zu 40 Seiten/min in Farbe.

ADF von Automatic Document Finder = Automatische Originalzuführung
CCD von Charge Coupled Device = Ladungsübertragungselement
LAN von Local Area Network = Lokales Datennetz
OPC von Organic Photo Carrier = organischer Fotohalbleiter
PCL von Pre Charging Lamp = Vorladungslampe
dichroitisch: in zwei Farben trennend
PTL von Pre Transfer Lamp = Vorentladungslampe

3D-Drucker 3D-printer

Funktionsprinzipien

Slicen

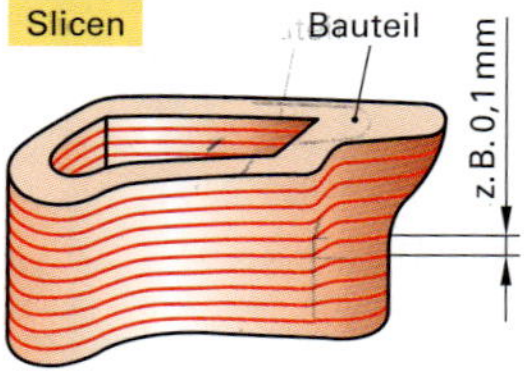

Direktdruckverfahren

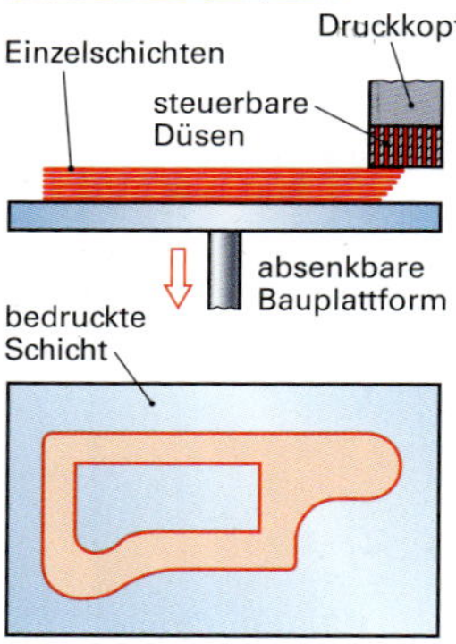

Pulververfahren

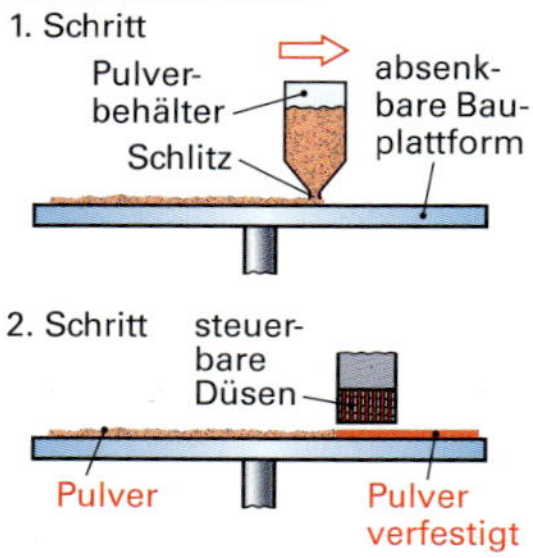

Erklärungen

Mit 3D-Druckern werden Bauteile beliebiger Form direkt aus 3D-CAD-Modellen hergestellt (generative Fertigung). Über eine spezielle Software werden die 3D-Modelle in etwa Zehntelmillimeter starke Schichten zerlegt (sliced, von to slice = schneiden). Mit einem Druckkopf, ähnlich dem Druckkopf eines Tintenstrahldruckers, wird auf einer schichtweise absenkbaren Bauplattform das herzustellende Bauteil Schicht für Schicht gedruckt. Dabei sind mehrere einzelsteuerbare Druckdüsen im Druckkopf angeordnet, z. B. 48, so dass ein ganzer Streifen in Y-Richtung gedruckt wird. Der nächste Streifen wird beim Druckkopfrücklauf um eine Streifenbreite in X-Richtung versetzt gedruckt. Nach dem Druck einer Schicht wird die Bauplattform um die Schichtdicke, z. B. 1/10 mm abgesenkt. Der Bauprozess dauert je nach Bauteilgröße bis zu mehreren Stunden.

Bei den **Direktdruckverfahren** wird meist ein an der Luft aushärtender Kunststoff verdruckt. Die Druckköpfe haben im Unterschied zu den Tintenstrahldruckern große Medienbehälter oder sind umschaltend an Tanksysteme mit unterschiedlichen Flüssigkeiten (hartaustrocknend, weichaustrocknend, unterschiedlich farbgebend, reinigend) ausgestattet.

Bei den **Pulversystemen** wird zunächst eine dünne Pulverschicht mit einem Schlitzbeschichter aufgetragen und dieses Pulver wird anschließend über den Drucker mit einem Kleber im Bauteilbereich verklebt. Als Pulvermaterial werden z. B Metallpulver, Polymerpulver, Keramikpulver, Graphitpulver verwendet. Das nicht verklebte Pulver wird am Ende des Bauteilprozesses abgeschüttelt. Die Bauteile erhalten durch die unterschiedlichen Pulverwerkstoffe unterschiedliche Eigenschaften, sie können z. B. anschließend gesintert und damit weiter verfestigt werden oder als Abformmodelle für übliche Gießverfahren genutzt werden.

Bemerkungen, Kenngrößen

Bauraummaße:
B × T × H:
bis 2000 × 1000 × 700 mm

Druckauflösung:
< 40 µm

Schichtstärke:
< 100 µm

Baufortschritt:
5 bis 20 mm/h, abhängig von der Bauteilgeometrie und der gewählten Schichtdicke

Bauteilwerkstoffe:
Direktdruckverfahren: Harze auf Kunststoffbasis
Pulververfahren: Metallgranulate, häufig PMMA-Pulver (Polymethylmethacrylat), jeweils mit diversen Stabilisierungszusätzen.
Korngrößen: < 40 µm

Mechanische Eigenschaften:
Werkstoffabhängig und abhängig von der Nachbehandlung.
Durch Infiltration der Mikroholräume kann man die Bauteilfestigkeit erhöhen, ebenso durch Sintern bei den Metallwerkstoffen. Die Zugfestigkeiten sind z. B. bei PMMA-Werkstoffen etwa 4 MPa.

Kommunikationsschnittstellen:
STL (Surface-Tesselation Language = Oberflächen-Dreiecks-Sprache, STL ist ein Standardausgabeformat bei CAD-Systemen). Der Slicingprozess findet im CAD-System statt.
Ethernet: Der Slicingprozess findet im 3D-Drucker statt.

Geräteaufbau und typisches Bauteil

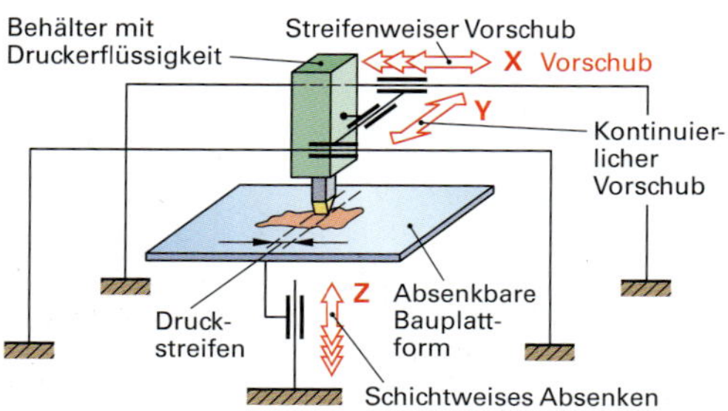

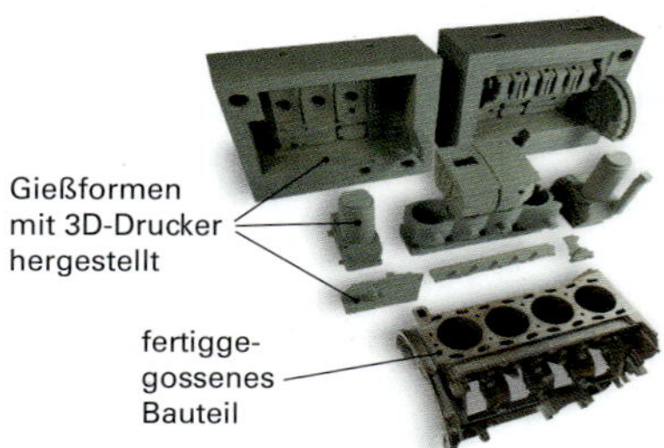

Magnetspeicher und magneto-optischer Speicher
Magnetic and magnetooptical storage

Arten	Erklärungen	Daten
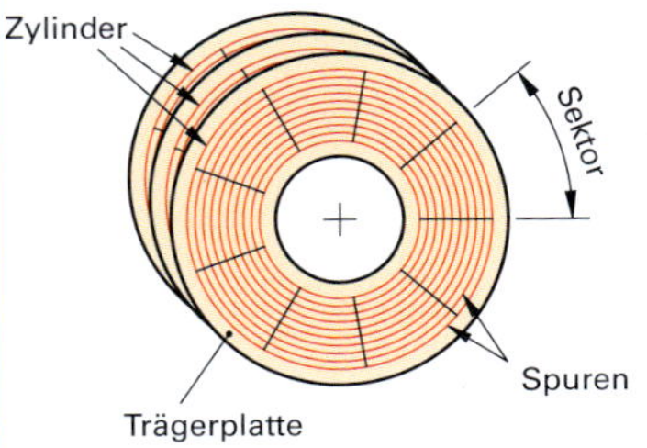 **Festplattenspeichereinheit**	Trägerplatte aus Aluminium oder Glaskeramik, auf beiden Seiten mit Eisenoxid beschichtet. Die Magnetschichten der Platte werden in Spuren (tracks) und Sektoren eingeteilt **(Bild)**. Die Information wird in den Spuren gespeichert. Schreibköpfe und Leseköpfe schreiben bzw. lesen berührungslos auf der Platte. Eine oder mehrere Platten bilden eine Speichereinheit (Laufwerk). Zylinder sind übereinanderliegende Spuren aller Scheiben.	Plattengröße: 3,5″ und 2,5″ M 2 GB bis 500 GB n 3800/min bis 15000/min r_b 1 MB/s bis 16 MB/s t_Z 8 ms bis 26 ms L_{pR} 30 dB (A) bis 52 dB (A) L_{pB} 35 dB (A) bis 56 dB (A) Plattenzahl je Laufwerk: 1 bis 8 Lebensdauer: ≥ 5 Jahre
 **Wechselfestplattensystem**	Plattenaufbau wie bei den Festplattenspeichern. Speichereinheiten bestehen aus ein oder zwei Platten, vom Laufwerkgehäuse aus angetrieben. Sie werden für den Datentransport oder die Datensicherung verwendet.	M 10 GB bis 2 TB n 4600/min bis 5400/min r_b bis 22 MB/s beim Lesen r_b bis 22 MB/s beim Schreiben t_Z 10 ms bis 18 ms
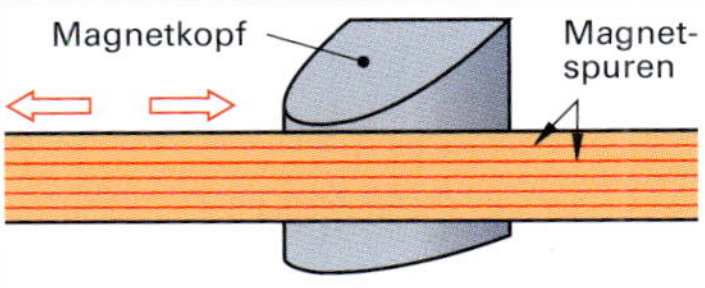 **Längsspuraufzeichnung**	**Längsspurverfahren (DLT)** (von Digital Linear Tape = Digital-Linearband). Die Spuren werden nacheinander serpentinenförmig benutzt. An den Bandenden erfolgt ein Richtungswechsel.	M 40 MB bis 320 GB (komprimiert) r_b 5 MB/s bis 33 MB/s t_Z ≤ 500 s Spurenzahl: 14 bis 72 je Richtung m 250 Lebensdauer: ≥ 30 Jahre
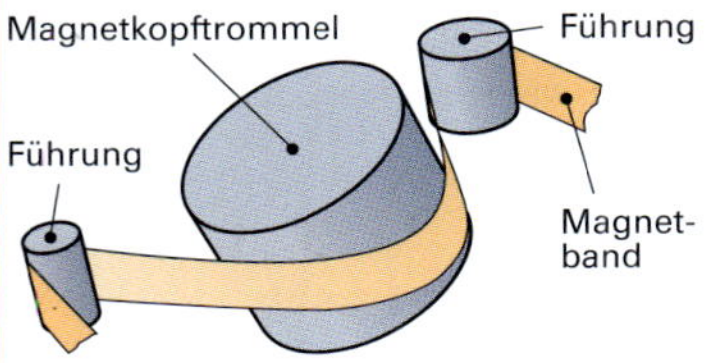 **Schrägspuraufzeichnung**	**Schrägspurverfahren (DAT)** (DAT von Digital Audio Tape = Digitales Audioband.) Das Band wird mit einem Winkel von 6° an einer Magnetkopftrommel mit je einem Lesekopf und Schreibkopf vorbeigeführt. Das Verfahren wird auch bei Videorecordern verwendet.	M 1,3 GB bis 20 GB r_b 1 MB/s bis 2,4 MB/s t_Z 62 s Bandlänge: 90 m bis 170 m m 25 Kopftrommelumdrehungszahl: n 2000/min bis 8500/min Lagerzeit: ≥ 10 Jahre
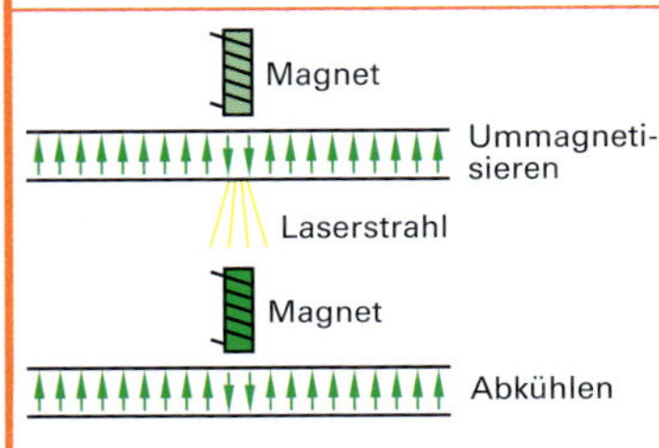 **Schreiben beim MOD-Speicher**	MOD von Magnetic Optical Disk = Magnetisch-optische Diskette. Die zu beschreibende Stelle der Magnetschicht wird mit einem Laserstrahl auf ≥ 150 °C erhitzt und mit einem äußeren Magnetfeld ummagnetisiert. Die Magnetfeldrichtung bleibt nach dem Abkühlen erhalten. Polarisierte und nicht polarisierte Bereiche reflektieren Laserlicht unterschiedlich. Beim Lesen wird diese Reflexion optisch ausgewertet.	Plattengröße: 5,25″ und 3,5″ Plattendicke: 1,2 mm M 650 MB bis 10,4 GB n 3300/min bis 4300/min r_{bR} 4 MB/s r_{bW} 1,33 MB/s t_Z 20 ms bis 30 ms 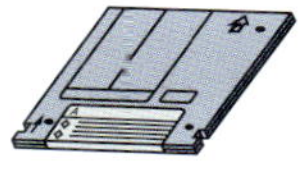

L_{pB}	Laufgeräusch in Betrieb	r_b	Bitrate	B	Index für in Betrieb
L_{pR}	Laufgeräusch in Ruhe	r_{bR}	Bitrate für das Lesen von Daten	R	Index, Zeichen für Lesen (von Read)
M	Speicherkapazität	r_{bW}	Bitrate für das Schreiben von Daten	W	Index, Zeichen für Schreiben (von Write)
m	Anzahl der Aufzeichnungen	t_Z	mittlere Zugriffszeit		
n	Drehzahl				

Optische Speicher Optical memories

Art, Datenträger	Erklärungen	Typische Daten
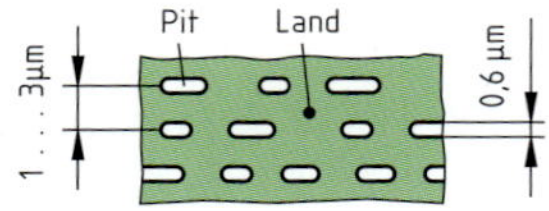 **Spuren der CD-ROM** 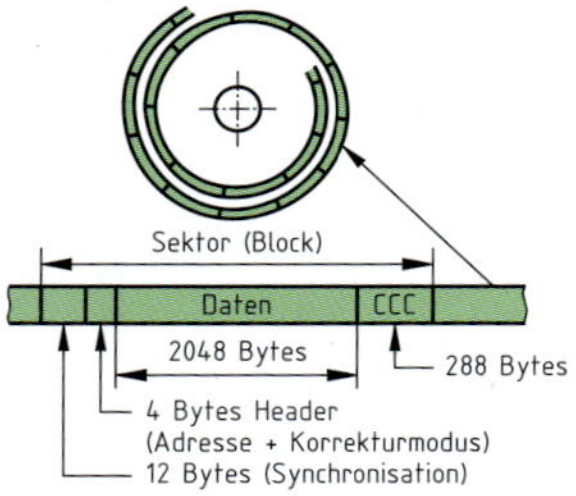 **Einteilung der CD-ROM**	Bei der CD-ROM (von Compact Disc Read Only Memory) verläuft eine Spur spiralförmig von innen nach außen. Die Spur ist in Blöcke (Sektoren) eingeteilt. Die Information wird z. B. mit einem Laserstrahl in Form von Pits (Gruben) bei der Herstellung eingebrannt. Das Lesen erfolgt mittels Laserstrahl von unten her. CD-R (R von Recordable = aufzeichenbar). Speicherschicht ist ein organischer Farbstoff, dessen Reflexionseigenschaft durch den Laserstrahl beim Schreiben bleibend verändert wird. Beim Beleuchten mit einem Laserstrahl entstehen verschieden reflektierende Zonen, die ausgewertet werden.	M 600 MB bis 740 MB r_b 2 MB/s t_Z 150 ms bis 300 ms Sektorenzahl: etwa 300 000 Lagerzeit: 70 Jahre bis 200 Jahre n 200/min (außen) bis 500/min (innen) t_Z 150 ms bis 300 ms Durchmesser: 120 mm Dicke: 1,2 mm Wellenlänge: 635 bzw. 650 nm (Rot) Laserstrahldurchmesser: 0,6 µm Es gibt CD-ROM-Laufwerke mit mechanischen Drehzahlen, die das Vielfache von n sind, z. B. $8 \cdot n$.
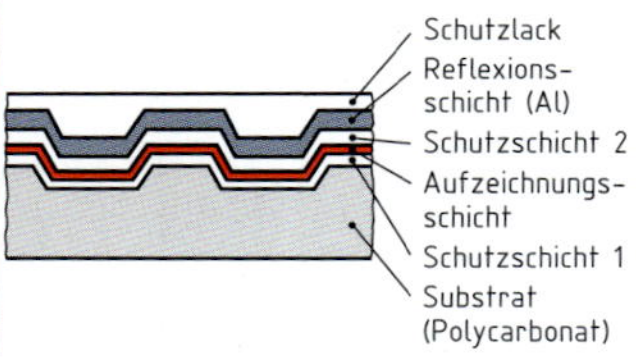 **DVD-RAM, DVD-R, CD-RW**	CD-RW und DVD-RAM (von Digital Versatile Disc = Digitale vielseitig verwendbare Scheibe) verwenden das Phase-Change-Verfahren (Change = Wechsel). Je nach Erwärmung durch Laserstrahl entstehen bei Abkühlung amorphe oder kristalline Zonen in einer Metallschicht. Bei DVD-R erfolgt die kristalline Umformung nur einmal.	**CLV: C**onstant **L**inear **V**elocity Die Drehzahl des Mediums variiert, die Bitrate bleibt deshalb konstant. **CAV: C**onstand **A**ngular **V**elocity Die Drehzahl des Mediums bleibt konstant, die Bitrate wird von innen nach außen größer. R Zeichen für Lesen (von Read) W Index, Zeichen für Schreiben (von Write)
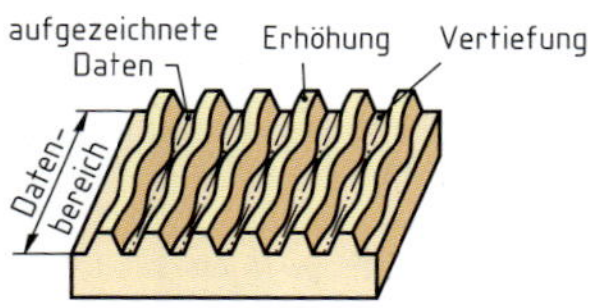 **DVD + RW**	In der Substrat-Schicht verläuft eine sinusförmig und hochfrequent gewundene Datenspur. Die Daten werden in Vertiefungen (Grooves) gespeichert.	Die Lands (Erhöhungen) dienen als Führungsspur für den Laserstrahl. Mit CAV kann eine schnellere Positionierung des Laserstrahls erfolgen als bei CLV, da die Drehzahl nicht zusätzlich verändert werden muss.
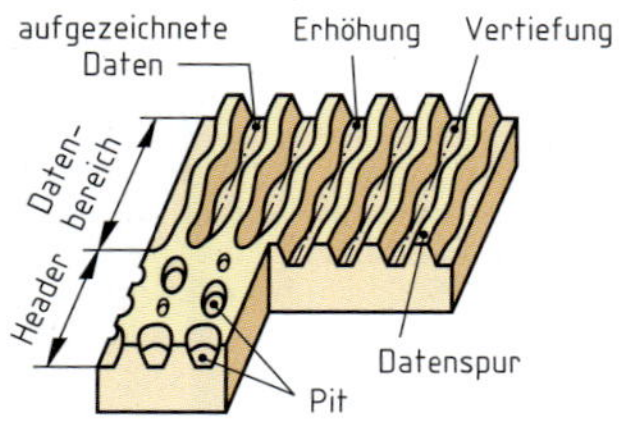 **DVD – RW**	Die Daten werden abwechselnd in den vorgepressten Vertiefungen (Grooves) und in den dazwischen liegenden Erhöhungen (Lands) geschrieben (wobbled). Jedem Sektor ist zur Identifizierung ein Header vorangestellt.	Die Sektoren sind im Zoned-CLV-Verfahren, (Mischung zwischen CAV und CLV) angeordnet. Eine DVD ist in 35 Zonen aufgeteilt. Innerhalb der Zone ist die Drehgeschwindigkeit konstant.

DVD-ROM-Formate

DVD-5	DVD-9	DVD-10	DVD-18
1 Layer, 1 Seite	2 Layer, 1 Seite	1 Layer, 2 Seiten	2 Layer, 2 Seiten
Kapazität	Kapazität	Kapazität	Kapazität
4,7 GB = $4{,}7 \cdot 2^{30}$ B	8,5 GB = $8{,}5 \cdot 2^{30}$ B	9,4 GB = $9{,}4 \cdot 2^{30}$ B	18 GB = $18 \cdot 2^{30}$ B
einschichtig, einseitig bespielbar	zweischichtig, einseitig bespielbar	einschichtig, beidseitig bespielbar	zweischichtig, beidseitig bespielbar

M Speicherkapazität n Drehzahl t_Z mittlere Zugriffszeit.
m Anzahl der Aufzeichnungen je CD r_b Bitrate Layer = Schicht.

C

Mikroprozessoren (Auswahl) Microprocessors (selection)

Typ	Hersteller	Breite Adressen/ Daten bit	Takt MHz	Adressbereich real/ virtuell	Bemerkungen
8085	Intel	8/8	5,7	64 KB	118 Befehlsgrundformen, 7 Anwender-Spezialregister. CISC-Architektur. Anwendung Kleinsteuerungen.
8086	Intel	16/16	5,8	1 MB	88 Befehlsgrundformen, 8 Anwender-Spezialregister. Kann Programme des 8085 bearbeiten. Für Gleitpunktarithmetik gibt es den dazu passenden Co-Prozessor 8087 (FPU, Floating Point Unit). CISC-Architektur. Anwendung Kleinsteuerungen.
Pentium	Intel	36/64	600, 1200, 2500, 3000, 3200, 3400, 3800	64 GB/ 64 TB	Anzahl Befehle ca. 300, Befehle zur Grafikverarbeitung und Kommunikation, viele Spezialregister, kann die Programme der älteren Intel-Prozessoren 8086, 80186, 80286, 80486 verarbeiten. Besitzt integrierte FPU. Befehlsabarbeitung erfolgt nach Pipelineverfahren (bis 20-stufig, mehrere Befehle sind gleichzeitig in unterschiedlicher Abarbeitungstiefe in Bearbeitung). Cache Level 1 für Befehle und Daten 128 KB, Cache Level 2 512 KB, externer Cache Level 32 MB. Erweiterte CISC-Architektur. Anwendung PC, Server.
Intel Gore i7	Intel	64/64	2,5 GHz, 3,5 GHz	1 TB	Multikernprozessor (6 Kerne) mit FPU, ein Kern umfasst ALU, Registersatz, EA-Einheit. Jeder Kern kann 2 Aufgaben parallel bearbeiten. Cache 12 MB. Leistung 55 W. Anwendung: PC, Workstation; insbesondere für Grafikbearbeitung.
AMD K10 Phenom	AMD	48/64	3,7 GHZ	256 TB	Mehrkernprozessor (6 Kerne), L3-Cache 6 MB gesamt für alle Kerne, Datenanbindung zwischen Prozessorkern und L2-Cache 256 Bit breit, L2-Cache je Kern 512 KB, Befehlssatz x86, AMD64. L1-Cache mit je 64 KB für Daten und Befehle je Kern. FPU enthalten. Bis 125 W Leistung. Anwendung bei PC, Workstation, mittlere Server.
Cortex A9	ARM	32/64	2 GHz	1 TB	Multikernprozessor (bis zu 4 Kernen). L1-Cache je Kern mit je 32 KB Befehle und Daten; L2-Cache für alle Kerne bis 8 MB. Befehlsabarbeitung in 8-stufiger Pipeline. FPU mit 64/128 bit breiten Registern. Leistung je Kern 0,4 W. Anwendung bei Smartphones, iPad, Camcorder.

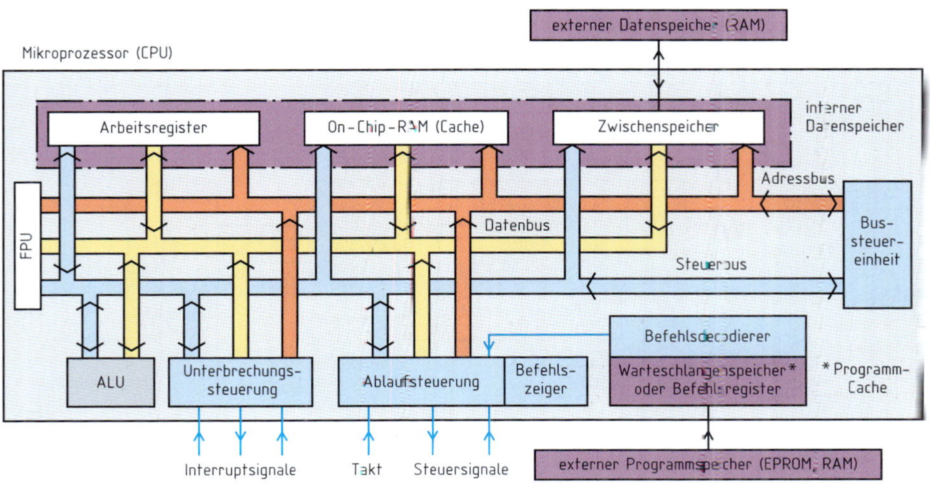

Struktur eines Mikroprozessors

Aufbau des Mikroprozessors Pentium   Structure of the microprocessor Pentium

Funktions-einheiten	Aufgaben	Bemerkungen
Bus-Interface-Einheit	Koordiniert das Datenübertragen, das Nachladen von Befehlen und das Ausführen von Steuerungsfunktionen zwischen Mikroprozessor und externen Einheiten.	Datenbus mit Breite 64 bit, Adressbus mit Breite von 32 bit. Der Datenbus kann Daten mit einer Breite von 8 bit, 16 bit, 32 bit und 64 bit übertragen. Schreibvorgänge und Lesevorgänge erfolgen mit Paritätsprüfungen.
Cache-speicher-einheit	Enthält Kopien häufig benutzter Befehle, Operanden und allgemeiner Daten. Auf Daten im Cachespeicher (Cache = Lager) greift der Prozessor ohne Schreib-Lesezyklen zu. Daten werden blockweise mit 16 Byte eingelesen.	Es wird mit drei Cachespeichern gearbeitet (Level 1, Level 2, Level 3). Die Cachespeicher sind Zwischenspeicher zur Geschwindigkeitssteigerung beim Nachladen der Befehle und Daten aus dem Hauptspeicher sowie bei deren Verarbeiten.
Befehls-nachlade-Einheit	Lädt blockweise mit 16Byte Befehle aus dem Cachespeicher nach, und zwar bereits bevor diese Befehle benötigt werden. Dadurch entfallen Wartezeiten infolge Nachladens über den Systembus.	Die Befehlsnachlade-Einheit schickt den Befehlscode an die Decodiereinheit des Mikroprozessors und Adressierungsangaben im Befehl an die Segmentierungseinheit.
Segmen-tierungs-einheit	Führt im Zusammenwirken mit den Segmentregistern die Adressberechnungen aus. Auf die ermittelten Adressen wird von der Paging-Einheit und der Cache-Speichereinheit zugegriffen.	Die Mikroprozessoren Pentium können 16383 Speichersegmente mit einer Größe von je 4 GB bearbeiten.
Paging-Einheit	Erlaubt den Umgang mit Datenbeständen, für die der Arbeitsspeicher zu klein ist. Für ihn werden von der Paging-Einheit Datenblöcke (Seiten, page = Seite) von 8 KB aufbereitet. Sie enthält die 64 meist benutzten Adressen, die zu Seiten mit Nutzdaten zeigen.	Die von der Segmentierungseinheit berechneten Adressen enthalten Angaben zu einem Seitenverzeichnis, einer Seitentabelle und einer Nutzdatenseite. Im Seitenverzeichnis wird auf eine Seitentabelle und dort auf eine Nutzdatenseite gezeigt.
Integer-Einheit	Führt Ganzzahloperationen und boolesche Operationen sowie Schiebeoperationen aus. Sie besitzt acht Hauptarbeitsregister mit je einer Breite von 64 bit, Spezialregister und eine ALU.	Zwei Busse mit einer Breite von je 32 bit verbinden die Integer-Einheit und die Gleitkommaeinheit. Somit können Operanden mit einer Breite von 64 bit übertragen werden.
Gleit-komma-einheit (FPU)	Führt neben Addition, Subtraktion, Multiplikation und Division reeller Zahlen auch mathematische Funktionen, wie Sinus, Kosinus, Tangens, Arkustangens, Logarithmus oder Wurzelziehen, aus.	Der Mikroprozessor bearbeitet in der integrierten Gleitkommaeinheit (Floating Point Unit) mit acht Datenregistern die mathematischen Befehle gleichzeitig mit seinen anderen Befehlen.

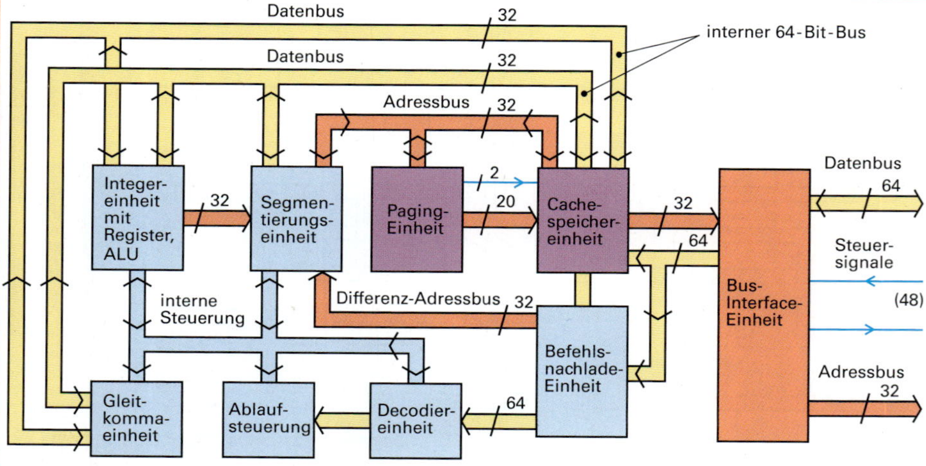

Struktur des Mikroprozessors Pentium

Die genannten Einheiten arbeiten gleichzeitig an mehreren Befehlen (Pipeline-Verfahren).

Begriffe	Übersetzung, Herkunft	Erklärungen, Daten
ALU (**A**rithmetic **L**ogic **U**nit)	Arithmetische logische Einheit	Rechenwerk. Mit dem Rechenwerk wird gerechnet, verglichen und mit einem zusätzlichen Register werden Schiebeoperationen ausgeführt.
Akkumulator (Accumulator)	Akkumulator = Summierer	Register zum Ausführen von Rechenoperationen. Enthält vor der Befehlsausführung einen Operanden und nach der Befehlsausführung das Ergebnis. Wird auch als Zwischenspeicher verwendet.
Befehlszähler (Program counter)	Zähler für die Befehlsadressierung	Ein Zähler, der die Adresse des jeweils nächsten Befehls enthält.
Datenzeigerregister (Data pointer register)	Register mit einer Breite von 8 bit oder 16 bit	Der Inhalt des Registers wird als Adresse interpretiert. Diese zeigt auf die nächste zu verwendende Speicherstelle des Datenspeichers.
Interrupts, externe oder interne	Interrupt = Unterbrechung.	Programmunterbrechungen können von außen durch Signale an den Anschlüssen INT0 oder INT1 und durch Signale, welche die Baugruppen im Controller erzeugen, wie z. B. die Zeitgeber, ausgelöst werden. Externe Interrupts sind vorrangig vor internen Interrupts.
Mikrocontroller-steuerung	Controller = Steuergerät.	Erzeugt die Steuersignale und die internen Taktsignale, die zum Betrieb des Mikrocontrollers nötig sind.
Port	Port = Hafen. Hier Anschlusspunkt für Leiter oder Leitungen. Auch: EA, Eingabe-Ausgabekanal.	Es sind z. B. vier Eingabe- und Ausgabekanäle P0 bis P3 (mit z. B. je acht parallelen Leitern) vorhanden. Oft sind die Anschlüsse mehrfach belegt, z. B. P3.4 ist auch der Anschlusspunkt für den Zeitgeber T0 **(Bild)**.
Programm-Status-Register (Program status register)	Bitweise setzbares Register.	Enthält Bedingungsbits, deren Setzen oder Zurücksetzen unter bestimmten Bedingungen von Registern, z. B. dem Akkumulator, erfolgt.
Speichersteuerung	Für extern anschließbare RAM und EPROM	Stellt die Signale zur Steuerung externer Speicher zur Verfügung.
Registersatz (Register set)	Anordnung von gleichen Registern.	Es sind z. B. vier Registersätze mit je acht Registern vorhanden.
Serieller Port (Serial port)	Anschlusspunkt für die serielle Schnittstelle, für bitweise Eingabe und Ausgabe von Daten.	Enthält Register für die Parallel-Serien-Umsetzung und Serien-Parallel-Umsetzung sowie oft einen Bitratengenerator für z. B. 1,2 kbit/s bis 9,6 kbit/s.
Stapelzeigerregister (Stack pointer)	Register mit 8 bit	Adressiert einen festgelegten Speicherbereich, der Registerinhalte während der Unterprogrammbearbeitung zwischenspeichert.
Takterzeugung	Oszillatorschaltung	Es wird eine Taktfrequenz von z. B. 12 MHz erzeugt.
Zeitgeber/Zähler (Timer, counter)	Timer = Zeitgeber. Zähler- und Registerschaltung.	Die Eingänge T0 und T1 steuern über UND-Elemente die Zählung von Taktimpulsen, oder die Zähler geben nach einer programmierbaren Zeit ein Signal ab.

C

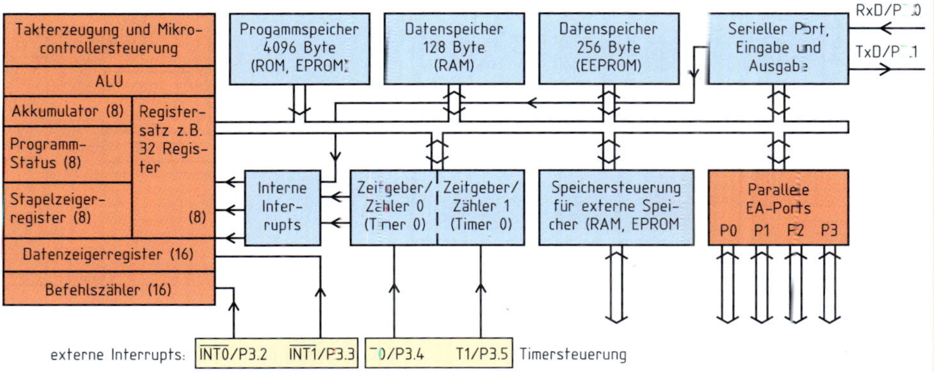

Baugruppen eines Mikrocontrollers

INT0 und INT1 Interruptanschlüsse,
P0 bis P3 Port0 bis Port3,
P3.0 bis P3.7 Anschlussleiter 0 von Port3 bis Anschlussleiter 7 von Port3,
T0 und T1 Timeranschlüsse,
RxD von Receive Data = Daten empfangen,
TxD von Transmit Data = Daten senden.
Speicher können auch andere Größen haben.

Mikrocontroller 80515 Microcontroller 80515

Zusätzliche Funktionen im Vergleich zum 8051/8751	Erklärungen
AD-Umsetzer. Acht Eingänge AN0...AN7 werden im Multiplexbetrieb einstufig oder zweistufig ausgewertet.	Bei zweistufiger Umsetzung wird eine Auflösung von bis zu 10 bit erreicht.
Interrupt-Controller, Unterbrechungssteuerung.	Es wurden zwei Vorrangebenen für die Interruptausführung und sieben Interrupts zugefügt.
Port 1 mit den Zweitbelegungen: INT2...INT6, CC0...CC3, T2EX, CLKOUT, T2.	Zusätzlich zur EA-Funktion kann der EA-Kanal 1 den Zeitgeber-Zähler T2 steuern und die Interrupts INT2 bis INT6 auslösen.
Port 4 und Port 5	Gleiche Eigenschaften wie z. B. Port 2.
Bitratengenerator der Baugruppe Serielle Schnittstelle. Ein Stoppbit ist zusätzlich durch Programmierung einschaltbar.	Erzeugung der Bitraten 4,8 kbit/s und 9,6 kbit/s. Es können Datenworte mit Wortlängen bis zu 11 bit erzeugt werden.
Zeitgeber-Zähler T2 für einen 16-Bit-Zählbereich. Enthält einen Vorteiler für den Faktor 2. Steuert vier Vergleichs- und Fangregister CC1...CC3 und CRC.	Damit können Impulslängen gemessen, Impulsverhältnisse berechnet oder z. B. zwei Impulslängen verglichen werden.

C

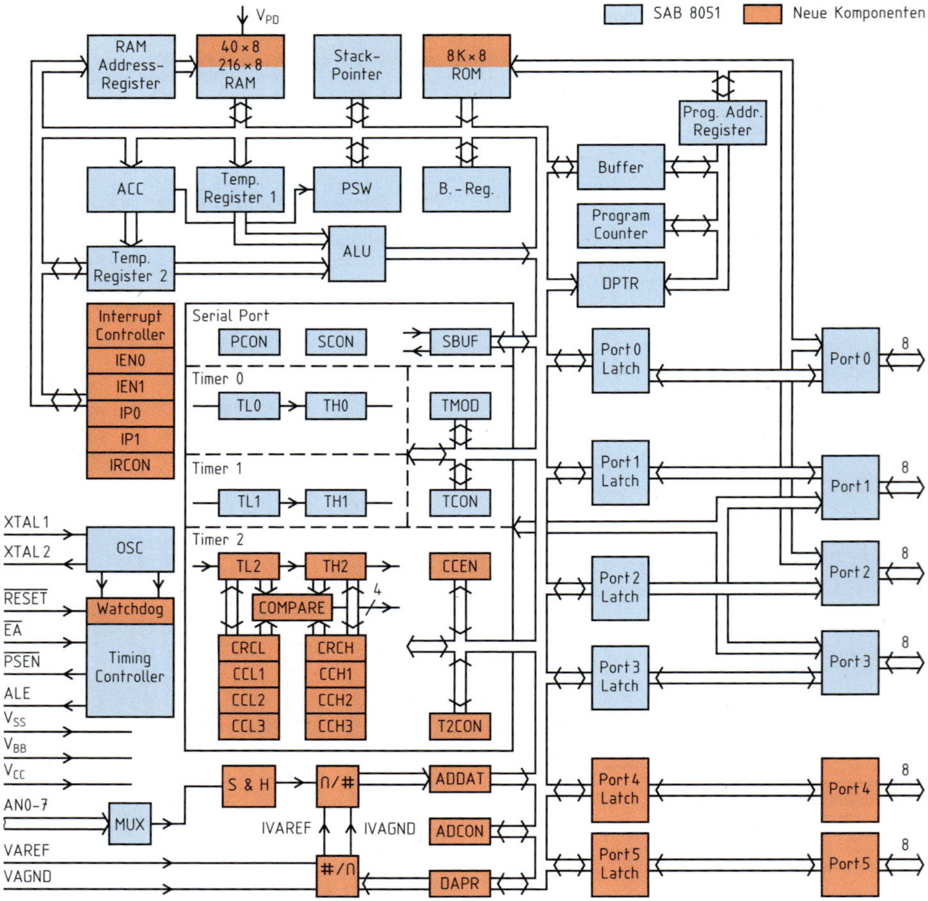

Blockschaltplan des Mikrocontrollers 80515

AN von griech. analog = singgemäß,
CC von to compare = vergleichen und to capture = fangen,

T2EX von T2 external reload = Timer 2 extern setzbar,
V_{PD} von Voltage Power Down = Spannung für Leistungsabsenkung.

Befehlsliste für die Mikrocontroller-Familie 805xx
List of keywords for microcontrollers of family 805xx

Befehl	Code	Anzahl Bytes/Takte	Flags	Erklärungen
Übertragungsbefehle				
MOV A, #data	01110111	2/1	–	Lädt Datenbyte direkt in den Akkumulator.
MOV A, R*n*	11101*rrr*	2/1	–	Lädt den Inhalt des Registers *n* in den Akkumulator.
MOV A, @R*i*	1110011*i*	1/1	–	Lädt den durch R*i* adressierten Wert in den Akkumulator.
MOV R*n*,#data	01111*rrr*	2/1	–	Lädt ein Datenbyte in das Register *n*.
MOV@R*i*, A	1111011*i*	1/1	–	Lädt den Akkumulatorinhalt in die durch R*i* adressierte Speicherstelle.
MOVX A, @R*i*	1110001*i*	1/1	–	Lädt den durch Register R*i* adressierten Inhalt in den Akkumulator.
PUSH direct	11000000	2/2	–	Der Stackzeiger wird um 1 erhöht und ein Registerinhalt in die so adressierte Speicherstelle geschrieben.
POP direct	11010000	2/2	–	Der Registerinhalt der durch den Stackzeiger adressierten Speicherstelle wird zurückgeschrieben und der Stackzeiger um 1 erniedrigt.
XCH A, R*n*	11001*rrr*	1/1	–	Tauscht den Inhalt von R*n* mit dem Akkumulatorinhalt.
Arithmetische und logische Befehle				
ADD A, R*n*	00101*rrr*	1/1	C, O, A	Registerinhalt R*n* wird zum Akkumulator addiert. Ergebnis steht im Akkumulator.
ADD A,# data	0010011*i*	1/1	C, O, A	Addiert den Zahlenwert zum Akkumulatorinhalt.
DEC A	00010100	1/1	–	Dekrementiert den Akkumulatorinhalt um 1.
DEC R*n*	00011*rrr*	1/1	–	Dekrementiert den Inhalt des Registers R*n* um 1.
INC R*n*	00001*rrr*	1/1	–	Inkrementiert den Inhalt des Registers R*n* um 1.
SUBB A, R*n*	10011*rrr*	1/1	C, O, A	Subtrahiert den Registerinhalt vom Akkumulatorinhalt.
MUL AB	10100100	1/4	C = 0, O	Multipliziert den Akkumulatorinhalt mit dem Inhalt von Register B. Nach der Multiplikation steht das höherwertige Byte im Register B.
DIV AB	10000100	1/4	C = 0, O	Dividiert den Akkumulatorinhalt durch den Inhalt von Register B. Der ganzzahlige Teil des Quotienten steht im Akkumulator, der Rest in B.
ANL A, R*n*	01011*rrr*	1/1	–	Logisches UND, ODER, XOR von R*n* mit dem Akkumu-
ORL A, R*n*	01001*rrr*	1/1	–	lator. Ergebnis steht im Akkumulator.
XRL A, R*n*	01101*rrr*	1/1	–	
RL A	00100011	1/1	–	Schiebt alle Bits im Akkumulator um 1 nach links. Bit 7 nach Bit 0.
SWAP A	11000100	1/1	–	Tauscht die untere mit der oberen Akkumulatorhälfte.
Sprungbefehle und Bitbefehle				
ACALL adr11	xxx10001 xxxxxxxx	2/2	–	Absoluter Sprung in ein Unterprogramm. adr11 (x…x) überschreibt die niederwertigen 11 Bit des Befehlszählers PC (Program Counter).
LCALL adr16	00010010	3/2	–	Absoluter Sprung in ein Unterprogramm. adr16 gibt beliebige Stelle im 64 KB-Speicherbereich an.
RET	00100010	1/2	–	Springt an die Adresse des nächsten auszuführenden Befehls im Hauptprogramm.
RETI	00110010	1/2	–	Rücksprung von einem Interrupt-Unterprogramm.
JZ rel	01100000	2/2	–	Sprung, wenn Akkumulatorinhalt = 0 (JZ) bzw. ≠ 0
JNZ rel	01110000	2/2	–	(JNZ). Adressenberechnung wie bei ACALL.
JC rel	00011000	3/2	–	Relativer Sprung, wenn C = 1 (JC) bzw. C = 0 (JNC).
JNC rel	01010000	2/2	–	Adressbereich von –128 bis +127 (11111111 bis 01111111).
JB bit, rel	00110000	3/2	–	Relativer Sprung, wenn das direkt adressierte Bit gesetzt ist.
SETB bit	11010010	2/1	–	Setzt ein direkt adressiertes Bit im internen RAM oder SFR.
CLR bit	11000010	2/1	–	Setzt ein direkt adressiertes Bit im internen RAM oder SFR zurück.
CLR A	11100100	1/1	–	Setzt alle Bits des Akkumulators auf null.
CLR C	11000011	1/1	C = 0	Setzt das Carryflag auf null.

i indizierte Registernummerierung *i* = 0 oder *i* = 1,
rrr für Registernummerierung 0 bis 7 mit *r* = 0 oder *r* = 1,
C von Carry = Übertragsbit, O von Overflowflag = Überlaufbit,
AC von Auxiliaryflag = Hilfsbit für Dezimalüberträge,
n Registernummerierung *n* zwischen 0 und 7,
rel von relativ Wertebereich von –128 bis +127 (7 Bits plus Vorzeichen),
SFR Spezialfunktionsregister.

PIC 16F887 Programmable Integrated Circuit

Anschlussbelegung 40-PIN Dual-Inline PDIP

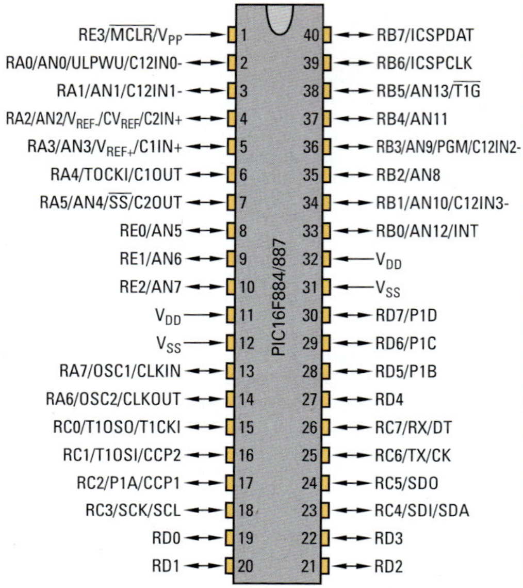

Eigenschaften	Größe / Art
Programmspeicher	14 KB Flash-EEPROM
CPU Geschwindigkeit	5 MIPS
Befehlsbreite	14 Bit
RAM Speicher	368 B
Datenspeicher	256 B
Serielle Schnittstellen	1 USART, 1 I²C, SPI
PWM-Module	1 CCP, 1 ECCP
Timer-Module	2 × 8 Bit, 1 × 16 Bit
AD-Umsetzer	16 channel, 10 Bit
Komparatoren	2
Temperaturbereich	–40 °C bis 125 °C
Versorgungsspg.	2 V bis 5,5 V
PIN-Anzahl	40 PDIP, 44 TQFP
Gesamtverlustleistung	800 mW

44 PIN Gehäuse TQFP

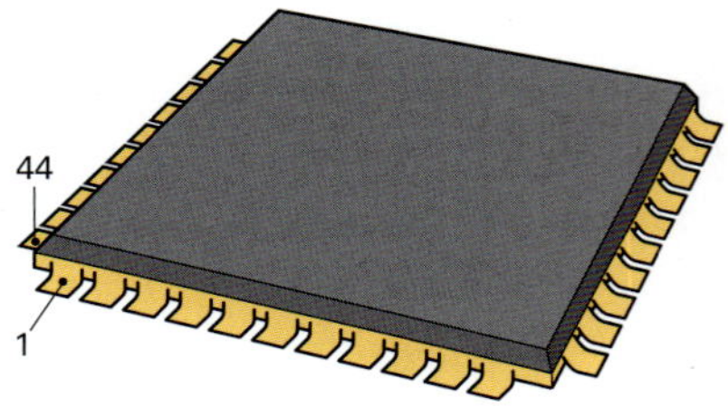

C

16F887 Namen und Funktion der Anschlüsse (Pin-Mehrfachbelegung)

5 Ein-/Ausgabe-Ports: Port A RA0–RA7, Port B RB0–RB7, Port C RC0–RC7, Port D RD0–RD7, Port E RE0–RE3

PIN	Name	Beschreibung
1	/MCLR	Reset, Low-Pegel
	VPP	Programmierspg.
2	ANO	Analog Kanal 0
	ULPU	Stand-by-Modus Ende
	C12INO	Komparator C1 oder C2 negativer Eingang
3	AN1	Analog Kanal 1
	C12IN1–	Komparator C1 oder C2 negativer Eingang
4	AN2	Analog Kanal 2
	VREF–	ADU neg. Referenzspg.
	CVREF	Komparator Spanungsreferenz Ausgang
	C2IN+	Komparator C2 positiver Eingang
5	AN3	Analog Kanal 3
	VREF+	ADU pos. Referenzspg.
	C1N+	Komparator C1 positiver Eingang
6	TOCKI	Timer 0, Takteingang
	C1OUT	Komparator C1 Ausgang
7	AN4	Analog Kanal 4
	/SS	Auswahleingang Slave
	C2OUT	Komparator C2 Ausgang
8	AN5	Analog Kanal 5
9	AN6	Analog Kanal 6
10	AN7	Analog Kanal 7

PIN	Name	Beschreibung
11	V_{DD}	pos. Versorgungsspg.
12	V_{SS}	Ground (Masse)
13	OSC1	Quarz Eingang
	CLKIN	Externer Takteingang
14	OSC2	Quarz Ausgang
	CLKOUT	FOSC/4-Ausgang
15	T1OSO	Timer 1, Oszillatorausgang
	T1CKI	Timer 1, Takteingang
16	T1OSI	Timer 1, Oszillatoreingang
	CCP2	PWM 2, Erfassen/Vergleichen
17	P1A	PWM Ausgang
	CCP1	PWM 2, Erfassen/Vergleichen
18	SCK	SPI Takt
	SCL	I²C™ Takt
19	RDO	Ein-/Ausgang Port D
20	RD1	Ein-/Ausgang Port D
21	RD2	Ein-/Ausgang Port D
22	RD3	Ein-/Ausgang Port D
23	SDI	SPI Daten Eingang
	SDA	I²C Dateneingang/-ausgang
24	SDO	SPI Daten Ausgang
25	TX	USART asynchr. Ausgang
	CK	USART synchroner Takt

PIN	Name	Beschreibung
26	RX	USART asynchr. Eingang
	DT	USART synchrone Daten
28	P1B	PWM Ausgang
29	P1C	PWM Ausgang
30	P1D	PWM Ausgang
31	V_{SS}	Ground (Masse)
32	V_{DD}	pos. Versorgungsspg.
33	AN12	Analog Kanal 12
	INT	Externer Interrupt
34	AN10	Analog Kanal 10
	C12IN3–	Komparator C1 oder C2 negativer Eingang
35	AN8	Analog Kanal 8
36	AN9	Analog Kanal 9
	PGM	ICSP-Programmierfreigabe
	C12IN2–	Komparator C1 oder C2 negativer Eingang
37	AN11	Analog Kanal 11
38	AN13	Analog Kanal 13
	/T1G	Timer 1 externe Freigabe
39	ICSPCLK	Serielle Programmierung Takt
40	ICSPDAT	Serielle Programmierung Daten

ECCP Enhanced Capture/Compare PWM, I²C Inter-Integrated Circuit, MIPS Million Instructions Per Second, PDIP Plastic Dual Inline Package, PWM Pulsweitenmodulation, SPI Serial Peripheral Interface, TQFP Thin Quad Fiat Package, USART Universal Synchronous/Asynchronous Receiver Transmitter.

C-Zeichen, -Datentypen und -Operatoren
C characters, data types and operators

<table>
<tr><th>Ausdrucke,
Schlüsselworte</th><th>Erklärungen</th><th>Beispiele</th><th>Bemerkungen,
Wertebereiche</th></tr>
<tr><td>Zeichen</td><td></td><td></td><td></td></tr>
<tr><td>( )</td><td>Runde Klammern</td><td>main( )</td><td>Kennzeichnet eine Funktion mit Parameterliste, z. B. main( ).</td></tr>
<tr><td>{...}</td><td>Geschweifte Klammern</td><td>{... Anweisungsteil ...}</td><td>Kennzeichnet den Anweisungsteil z. B. von Hauptprogramm, Funktion, Blöcken.</td></tr>
<tr><td>[ ]</td><td>Eckige Klammern</td><td>[i], [i] [j]</td><td>Kennzeichnet Vektoren und Vektorfelder.</td></tr>
<tr><td>/*...*/, //...</td><td>Kommentarzeichen</td><td>/*Kommentar*/,
//Kommentar</td><td>Kommentar steht zwischen den Sternen oder nach //.</td></tr>
<tr><td>*</td><td>Asterix, Stern</td><td>*Z
3*5</td><td>Indirekter Variablenzugriff bei Zeigern, Multiplikationsoperator.</td></tr>
<tr><td>#</td><td>Nummerzeichen</td><td>#define MAX 333</td><td>Im ganzen Programm gilt MAX=333.</td></tr>
<tr><td>'</td><td>Hochkomma</td><td>'M</td><td>Darstellung eines Zeichens, z. B. M, mit dem Datentyp char.</td></tr>
<tr><td>.</td><td>Punkt</td><td>3.17
Monat.Mai</td><td>Dezimalpunkt (Dezimalkomma)
Mai ist Komponente des Verbundes Monat.</td></tr>
<tr><td>,</td><td>Komma</td><td>zahl1, zahl2</td><td>Trennung von Variablen.</td></tr>
<tr><td>\</td><td>Backslash</td><td>\n</td><td>Zeilenvorschub, ESCAPE-Zeichen.</td></tr>
<tr><td>⟨...⟩</td><td>Winkelklammern</td><td>#include ⟨stdio.h⟩</td><td>Fügt die Standard-Eingabe- und -Ausgabefunktionen beim Compilieren ein.</td></tr>
<tr><td>Datentypen</td><td></td><td></td><td></td></tr>
<tr><td>char</td><td>character (Zeichen)</td><td>char Alpha;</td><td>Der Variablen Alpha wird z. B. ein 7-Bit-ASCII-Zeichen zugeordnet.</td></tr>
<tr><td>unsigned char[1]
signed int
unsigned int[1]
long int
unsigned long int[1]</td><td>unsigned, o. Vorzeichen
integer (ganze Zahl)
integer ohne Vorzeichen
lange Integerzahl
Vorzeichenlose lange Integerzahl</td><td>unsigned char Alpha;
signed int Zahl;
int Zahl;
long int Zahl;
unsigned long int zahl;</td><td>0 bis 255 ≙ 1 B
−32768 bis +32767 ≙ 2 B
0 bis 65535 ≙ 2 B
−2147483648 bis +2147483647 ≙ 4 B
0 bis 4294967295 ≙ 4 B</td></tr>
<tr><td>float
double</td><td>fließen; Gleitpunktzahl
zweifache Genauigkeit</td><td>float x;
double z;</td><td>$\pm 3.4 \cdot 10^{-38}$ bis $\pm 3.4 \cdot 10^{+38}$ ≙ 4 B
$\pm 1.7 \cdot 10^{-308}$ bis $\pm 1.7 \cdot 10^{+308}$ ≙ 8 B</td></tr>
<tr><td>Operatoren</td><td></td><td></td><td></td></tr>
<tr><td>+,−,*,/,%</td><td>Arithmetische Operatoren</td><td>3*4=12, 4/8=0.5,
9%4=1</td><td>% liefert z. B. den Teilerrest (Modulo)</td></tr>
<tr><td>=</td><td>Zuweisung</td><td>a=3</td><td>Die Konstante a erhält den Wert 3.</td></tr>
<tr><td>+=, −=,
*=, %=</td><td>Kurzschreibweisen für Zuweisungen mit arithmetischen Operatoren.</td><td>a+=3 ≙ a=a+3
b*=4 ≙ b=b*4</td><td>Zu a wird die Zahl 3 addiert.
Die Zahl b wird mit 4 multipliziert.</td></tr>
<tr><td><, <=, >, >=</td><td>Vergleichsoperatoren</td><td>a>=b</td><td>Vergleicht, ob a≥b.</td></tr>
<tr><td>==, !=</td><td>gleich, ungleich</td><td>a==b, c!=d</td><td>Prüft auf Gleichheit.
Prüft auf Ungleichheit.</td></tr>
<tr><td>++
−−</td><td>Inkrement
Dekrement</td><td>a=++i, a=i++
b=−−i, b=i−−</td><td>Zuweisung erfolgt nach oder vor dem Inkrementieren (Dekrementieren) von i.</td></tr>
<tr><td>~</td><td>Bitkomplement
(Einerkomplement)</td><td>a=10110011
~a=01001100</td><td>Aus 0 wird 1 und umgekehrt.</td></tr>
<tr><td>&
|</td><td>bitweise UND
bitweise ODER</td><td>a=10101010,
b=1110000,
a&b=10100000,
a|b=11111010</td><td>bitweise UND-Verknüpfung,
bitweise ODER-Verknüpfung</td></tr>
<tr><td>&&
||</td><td>logisches UND
logisches ODER</td><td>a≠0, b≠0: a&&b=1,
a=0, b≠0: a||b=1</td><td>Haben die Zahlen a und b beide einen Wert >0, ist das Ergebnis 1 bei && sowie bei ||.</td></tr>
<tr><td>≪,
≫</td><td>links schieben,
rechts schieben</td><td>a≪4</td><td>Den Inhalt von a um 4 Binärstellen nach links schieben.</td></tr>
</table>

C-Schlüsselworte Keywords in C

Ausdrucke, Schlüsselwort	Erklärungen	Beispiele	Bemerkungen
Ausdrucksanweisung, Verbundanweisung und Strukturanweisungen			
;	Der Strichpunkt beendet eine einfache Anweisung.	a=400; wert=a/(z+2);	Ein Ausdruck wird durch Anfügen eines Strichpunktes zur Anweisung.
{...; ...; ...;}	Verbundanweisung	{a=2; b=2*x; c=x+y;}	Die Anweisungen werden der Reihe nach ausgeführt.
if ... ...;	wenn	if (a<b) c=0;	Ist die Bedingung a<b erfüllt, wird c=0.
if ... ...; else ...;	wenn ... dann	if (a<b) c=0; else c=1;	Ist die Bedingung a<b erfüllt, wird c=0, andernfalls wird c=1.

switch ... case ...	Schalter ... (für den) Fall ...	switch (a)
		{case'1': print("\n Fall1"); break;
		case'2': print("\n Fall2"); break;
		}
			Fallunterscheidung, je nach Wert von a wird entsprechend Fall 1 oder Fall 2 ausgewählt.
			Mit break wird an das Ende der switch-Anweisung gesprungen.

while ...	während, solange	a=3; while(a>0) a=a−1;	Während a>0 wird die Variable a dekrementiert. Bei a=0 wird die Schleife nicht ausgeführt.
do ... while	tue ... während (solange)	i=3; do − −i; while (i>0);	Schleife wird bearbeitet, solange i>0. Also mindestens einmal.

for (...; ...; ...) ...;	für	n=2;
		for (x=1.2; x<=n; x+=0.2)
		x=x*x;
			Vom Anfangswert 1.2 bis zum Endwert 2.0 wird mit einer Schrittweite von 0.2 die Zahl x quadriert (1.44, 1.96, 2.56, ...).

goto ...	gehe zu ...	if (fehler) goto error; {...; Anweisungen; ...;} error: /*Fehlerbehandlung*/;	Wenn die Variable fehler=0 ist, wird zur Marke (kenntlich an :) error gesprungen.

break	unterbrechen	for (i=0; i<n; i++)
		{
		if (a[i]=10) break;
		}
			Bricht eine Schleife ab oder springt an das Ende einer switch-Anweisung.

continue	fortsetzen	for (i=0; i<n; i++)
		{
		if (c= =3) {break;}
		if (a[i]<b) continue;
		}
			Hat c den Wert 3, wird der Schleifendurchgang abgebrochen und die Schleife wird mit dem nächsten i-Wert fortgesetzt.

Eingabefunktionen und Ausgabefunktionen (aus der Bibliotheksdatei stdio.h)			
getchar( )	Zeichen holen	c=getchar( );	Ordnet der Variablen c ein Zeichen von der Tastatur zu. Bestätigung mit Eingabetaste, ohne Darstellung auf dem Bildschirm.
getch( )	Zeichen holen	c=getch( );	Ordnet der Variablen c ein Zeichen von der Tastatur zu, ohne Darstellung des Zeichens auf dem Bildschirm.
getche( )	Zeichen holen	c=getche( );	Ordnet der Variablen c ein Zeichen von der Tastatur zu, mit Darstellung des Zeichens auf dem Bildschirm.
char *gets(s)	String holen	char *gets(s);	Liest eine Zeichenkette von der Tastatur ein und speichert sie in der Variablen s.
printf("...", ...)	formatiert drucken	printf("\nHallo");	Schreibt Hallo in eine neue Zeile.
putchar( )	Zeichen ausgeben	char c='A'; putchar(c);	Gibt das in der Variablen c gespeicherte Zeichen A aus.
char...puts(s)	String ausgeben	char s[ ]="ABC"; puts(s);	Gibt die im String s gespeicherte Zeichenkette ABC aus.
scanf("...", ...)	formatiert abfragen	int k; scanf("%d", &k);	Mit %d wird eine dezimale Ganzzahl eingelesen und der Variablen k zugewiesen.

Messen, Steuern, Regeln

Zeigermessgeräte Measuring instruments with needles

Aufbau, Art	Wirkungsweise	Eigenschaften
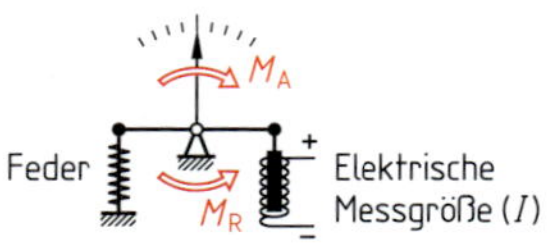 **Aufbau eines Zeigermesswerks**	Messwerke von Zeigermessgeräten arbeiten meist mit elektromagnetischer Umsetzung der Messgröße in eine Kraft. Der Zeiger dreht sich so weit, bis das Antriebsmoment M_A und das Moment der Rückstellfeder M_R gleich groß sind.	Messwerke mit Rückstellfeder sind schwingungsfähige Systeme. Es ist deshalb eine Dämpfung erforderlich. 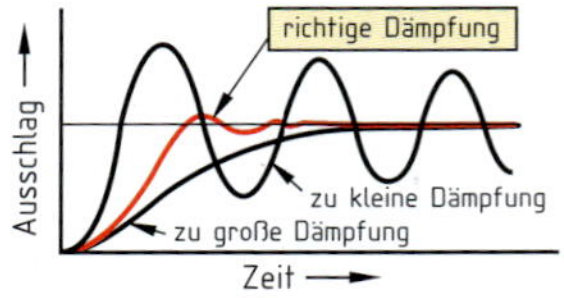
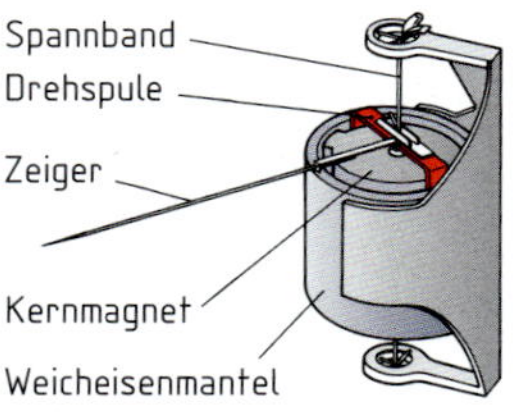 **Drehspulmesswerk**	Prinzip: Stromdurchflossene Spule im Magnetfeld dreht sich. Bei Spannbandaufhängung entfällt Lagerreibung. Spannband ist zugleich Stromzuführung und Rückstellfeder. Dämpfung durch Wirbelströme im Aluminiumrähmchen, das die Drehspule trägt.	Stromart: DC, mit Gleichrichter AC, Eigenverbrauch: 1 µW bis 0,1 W, Stromstärke: µA, Skalenteilung: linear, Genauigkeit: ab Klasse 0,1, Angezeigter Wert bei AC: Gleichrichtwert, für Sinusgrößen kalibriert in Effektivwert, Dämpfung: Wirbelstromdämpfung, Anwendungen: Vielfachmessgeräte, Galvanometer

Sinnbilder auf der Messgeräteskala

Symbol	Bedeutung	Symbol	Bedeutung	Symbol	Bedeutung
	Drehspulmesswerk mit Dauermagnet, allgemein		Elektrodynamisches Messwerk (eisenlos)		Gleichstrom (DC)
					Wechselstrom (AC)
	Drehspul-Quotientenmesswerk		Elektrodynamisches Messwerk (eisengeschlossen)		Gleich- und Wechselstrom (DC und AC)
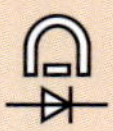	Drehspulmesswerk mit Gleichrichter	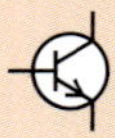	Elektronische Anordnung im Messpfad (Verstärker)		Drehstrom-Messgerät mit 1 Messwerk
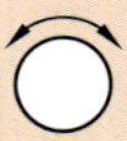	Nullsteller		Abschirmung gegen magnetische Felder		Prüfspannung 500 V
	Gebrauchsanleitung beachten (Achtung!)	1,5	Genauigkeitsklasse		Prüfspannung über 500 V, hier 2 kV

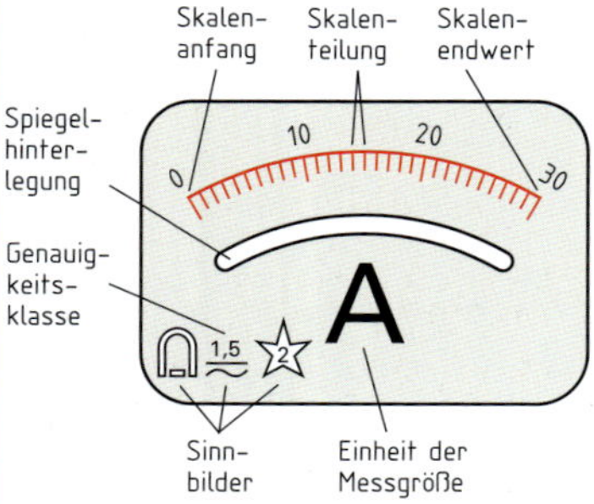

Klasseneinteilung:

	Feinmessgeräte			Betriebsmessgeräte			
Klasse	0,1	0,2	0,5	1	1,5	2,5	5
Relative Fehlergrenze ±	0,1 %	0,2 %	0,5 %	1 %	1,5 %	2,5 %	5 %

Die Genauigkeitsklasse gibt an, welcher Fehler in Prozent vom Skalenwert höchstens auftreten darf. Dieser Fehler kann im gesamten Anzeigebereich auftreten. Deshalb soll im letzten Drittel der Skala abgelesen werden.

Beispiel: Skalenendwert 3 A, Genauigkeitsklasse 1,5.

$$\text{Fehlergrenze } G = \frac{\pm 1{,}5 \cdot 3\,\text{A}}{100} = \pm 0{,}045\,\text{A} = \pm 45\,\text{mA}$$

M

Digitales Multimeter DMM Digital multimeter DMM

Ansicht, Messverfahren	Bemerkungen, Formeln

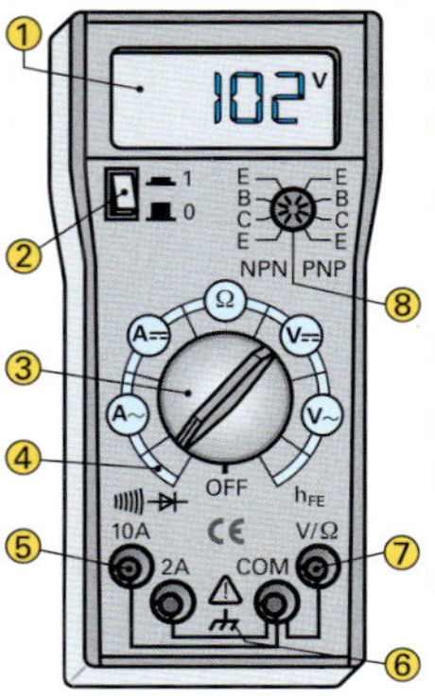

① LCD-Anzeige
② EIN/AUS-Schalter
③ Messbereichsumschalter
④ Schalterstellung für Durchgangsprüfung mit akustischem Signal
⑤ Eingang zur Messung von Strömen bis 10 A
⑥ gemeinsame Masse
⑦ Eingang zur Messung von Spannungen und Widerständen
⑧ Transistorsteckplatz zur Messung des Kurzschluss-Stromverstärkungsfaktors

Digitale Multimeter messen meist die Werte von Gleichspannungen und Gleichströmen, die Effektivwerte von Sinusspannungen und Sinusströmen, Wirkwiderstandswerte und den Kurzschluss-Stromverstärkungsfaktor h_{FE} ($=h_{21e}$) von bipolaren Transistoren. Man testet mit ihnen den Durchgang bei Leitungen und PN-Übergängen. Die Messung aller Größen wird auf eine Gleichspannungsmessung zurückgeführt. Ein hochohmiger elektronischer Messverstärker sorgt für ein sehr genaues Messergebnis (Messfehler < 0,1 %). Damit die Genauigkeit auch in der Anzeige erhalten bleibt, wird anstelle eines Zeigermesswerkes eine höher auflösende LCD-Anzeige verwendet. Die Anzahl der maximal möglichen unterschiedlichen Einzelwerte pro Messbereich bezeichnet man als Anzeigeumfang, z. B. 1000 (000 bis 999). Die Genauigkeitsangabe, z. B. 0,5 % ± 1 Digit, bezieht sich immer auf den angezeigten Messwert. Der Eingangswiderstand ist immer für alle Messbereiche gleich, z. B. 80 MΩ bei der Spannungsmessung.

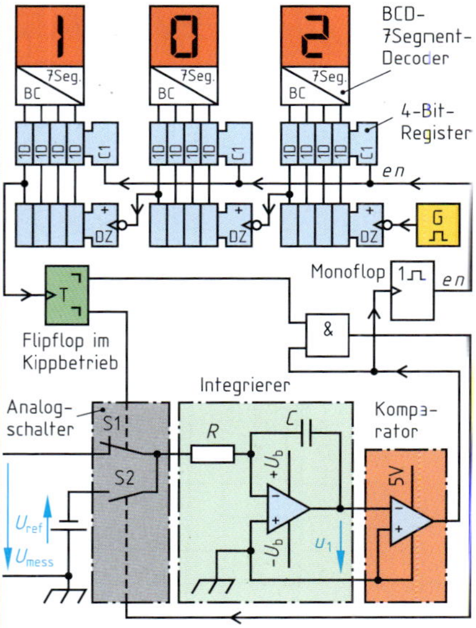

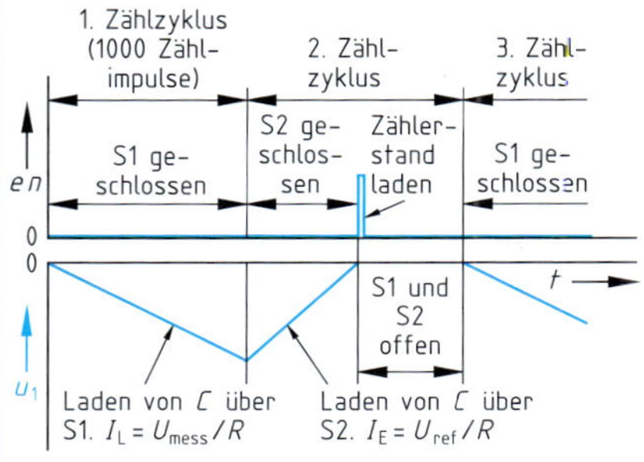

Als Messverfahren bei digitalen Multimetern wird fast ausschließlich das Dual-Slope-Verfahren eingesetzt (dual = zwei und slope = Rampe, Gefälle). Es ist zwar nicht sehr schnell, dafür aber sehr genau. Der erforderliche Analog-Digital-Umsetzer besteht aus einem integrierenden Rampenwandler (**Bild**). Mithilfe der Messspannung U_{mess} wird der Kondensator C mit dem Gleichstrom I_L geladen. Die Spannung u_1 (t) nimmt linear ab. Der Ladevorgang beginnt beim Zählerstand 000 und endet beim Zählerstand 999. Er hat damit genau die Dauer von 1000 Zählimpulsen, also einem Zählzyklus. Nach dem Ladevorgang wird der Schalter S1 geöffnet und gleichzeitig S2 geschlossen. C wird nun über die Referenzspannungsquelle U_{ref} mit dem Gleichstrom I_E entladen. Ist C entladen ($u_1 = 0$), öffnet der nachgeschaltete Komparator über das UND-Element (Bild) den Schalter S2. Gleichzeitig wird mit dem Monoflop (Bild) ein Freigabeimpuls *en* (von enable = freigeben) erzeugt, welcher den aktuellen Zählerstand in drei 4-Bit-Register lädt. Die Anzeige zeigt den in den Registern gespeicherten Spannungswert an. Dieser wird dort in jedem zweiten Zählzyklus aktualisiert.
Da der Ladestrom I_L und der Entladestrom I_E durch genau dieselben Bauelemente fließen, beeinflussen Bauelementetoleranzen den Messwert nicht. Beim Laden und Entladen wird genau dieselbe Ladungsmenge transportiert.

$$t_L = 1000 \cdot T \qquad t_E = n \cdot T$$

$$\Downarrow \qquad \Downarrow$$

$$Q_L = I_L \cdot t_L \qquad Q_E = I_E \cdot t_E \qquad I_L = \frac{U_{mess}}{R} \qquad I_E = \frac{U_{ref}}{R}$$

$$Q_L = Q_E \quad \Rightarrow \quad I_L \cdot 1000 \cdot T = I_E \cdot n \cdot T$$

$$U_{mess} = \frac{n}{1000} \cdot U_{ref}$$

Da die Spannung U_{mess} einen Mindestwert nicht unterschreiten darf, ist bei der Messung von sehr kleinen Strömen der Innenwiderstand des digitalen Multimeters groß, z. B. 1 kΩ im µA-Bereich.

en Freigabeimpuls, I_L Ladestrom, I_E Entladestrom, n Zählimpulszahl beim Entladen, Q_L/Q_E Ladungsmengen beim Laden/Entladen, R Integrierwiderstand, t_L Ladezeit, t_E Entladezeit, T Generatortaktperiodendauer, U_{mess} Messspannung, U_{ref} Referenzspannung.

M

Leistungsmesser, Arbeitszähler Power meter, kWh-meter

Leistungsmesser mit elektrodynamischem Messwerk

AC: 3200
DC: 1210

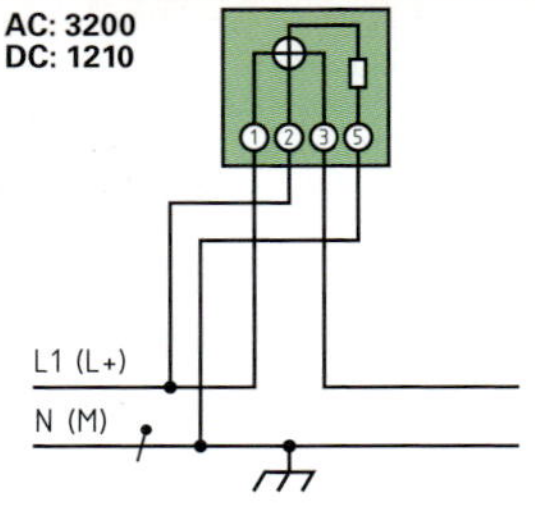

3301

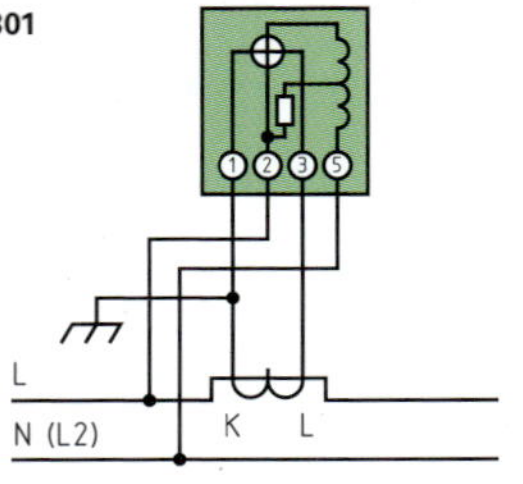

6201

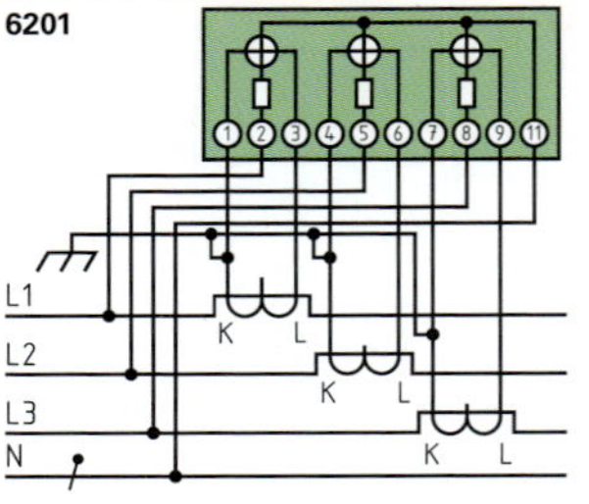

Wirkleistungsmesser mit Messzusatz (Hall-Sonde)

AC: 3200
DC: 1210

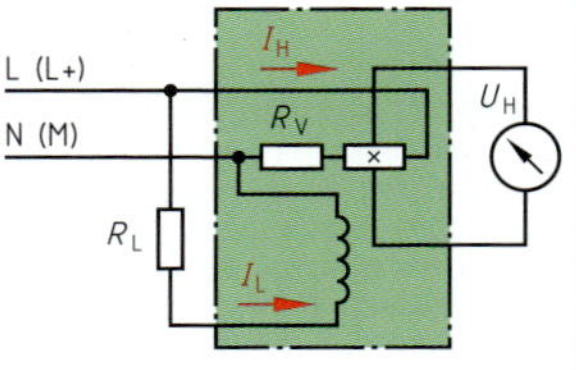

Prinzipschaltung für AC und DC

3301

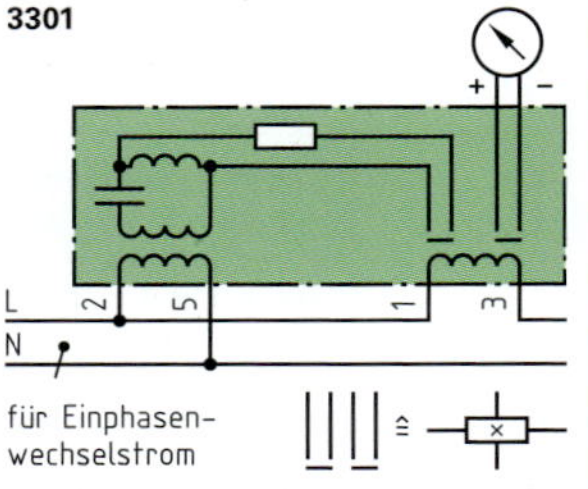

4200

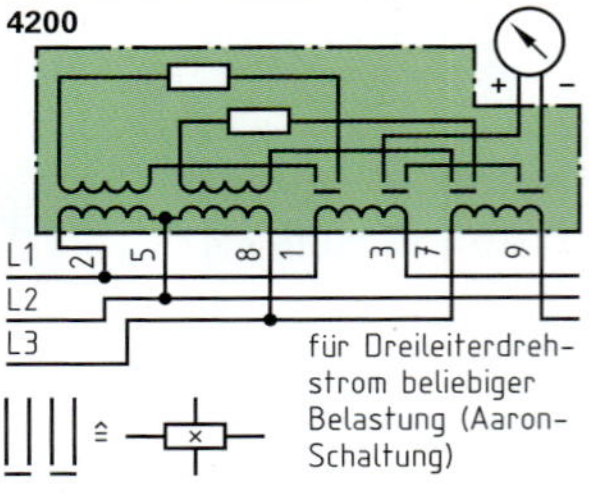

Arbeitszähler (kWh-Zähler)

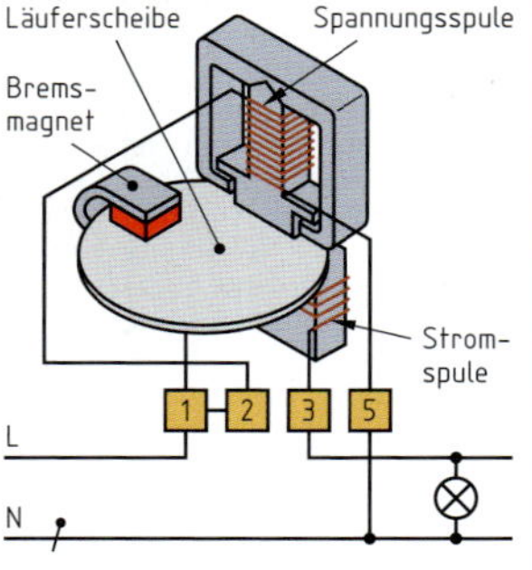

Induktionsmesswerk

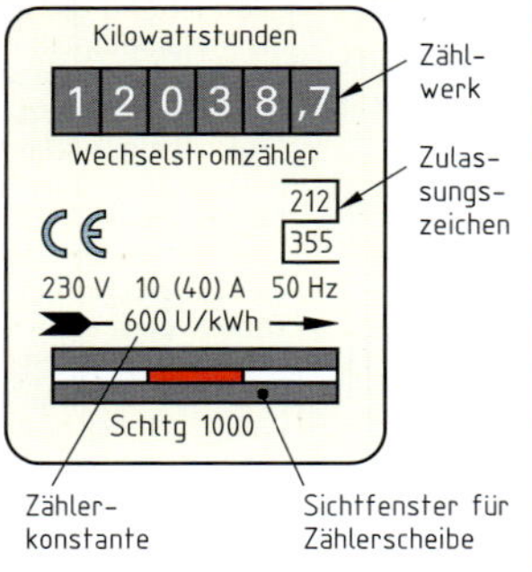

Leistungsschild

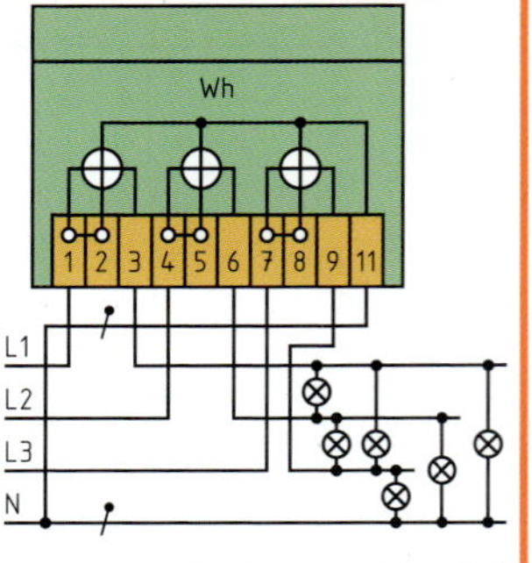

Anschluss dreipolig (ohne Wandler)

Schaltungsnummern für Leistungsmessgeräte

Ziffer	Stromart (1. Stelle)	Messgröße (2. Stelle)	Messart (3. Stelle)	Anschlussart (4. Stelle)
0		Strom	alle Fälle, außer 1 … 6.	unmittelbar
1	Gleichstrom-Zweileiter	Spannung	L+-Leiter in Stromspule	an Stromwandler
2	Gleichstrom-Dreileiter	Wirkleistung	L−-Leiter in Stromspule	an Strom- u. Spannungs-Wandler
3	Einph.-Wechselstrom	Blindleistung	N-Leiter angeschlossen	an Nebenwiderstände
4	Dreileiter-Drehstrom symm. Belastung	Leistungsfaktor	N-Leiter angeschlossen	
5	Dreileiter-Drehstrom, beliebige Belastung		eingebauter Nullpunkt-Widerstand	
6	Vierleiter-Drehstrom, beliebige Belastung		eingebaute Kunst-schaltung	

Kennzeichnungsbeispiel: 3 3 0 1

Stromart: Einphasenwechselstrom
Messgröße: Blindleistung
Anschlussart: an Stromwandler
Messart: ohne besondere Angabe

M

Schaltungen	Erklärungen, Formeln

Spannungsmessung

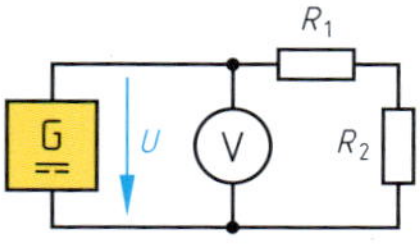

Messung der Gesamtspannung

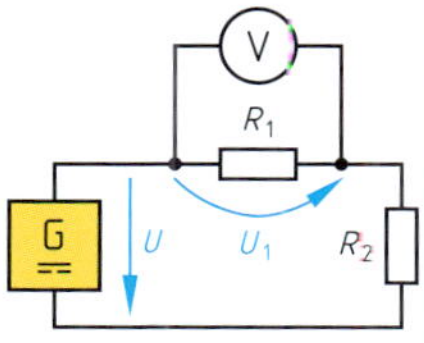

Messung einer Teilspannung

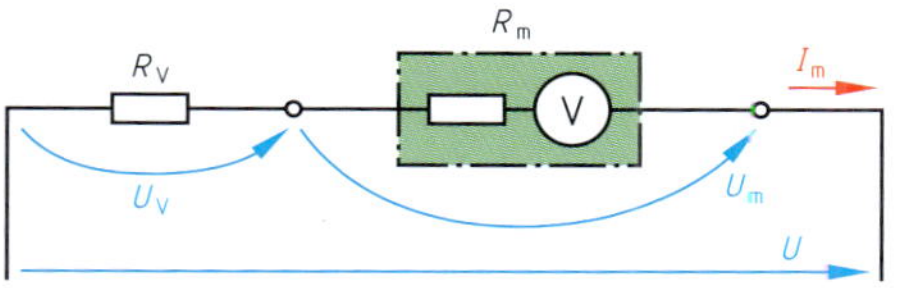

Messbereichserweiterung mit Vorwiderstand

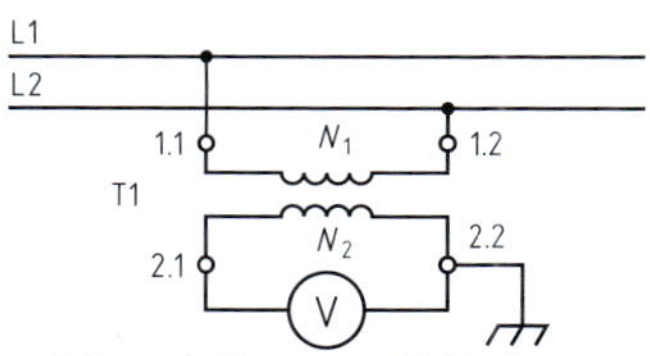

Messbereichserweiterung mit Spannungswandler

Das Multimeter wird parallel zur Messspannung geschaltet, d. h. mit den Anschlüssen des Erzeugers oder eines Verbrauchers verbunden. Der Messwerkwiderstand R_m sollte möglichst groß sein.

Messbereichserweiterung:

- U Messspannung (Messbereichsendwert)
- U_m Spannung am Messwerk bei Vollausschlag
- I_m Stromstärke im Messwerk bei Vollausschlag
- R_m Messwerkwiderstand
- R_V Vorwiderstand

$$R_V = \frac{U - U_m}{I_m}$$

$$R_V = \frac{U}{I_m} - R_m$$

Bei hohen Wechselspannungen werden Spannungswandler verwendet.

- U_{1n} Eingangsbemessungsspannung
- U_{2n} Ausgangsbemessungsspannung
- $\ddot{u}_{NV}$ Bemessungsübersetzungsverhältnis von T1 für Spannungen
- N_1 Windungszahl der Eingangswicklung
- N_2 Windungszahl der Ausgangswicklung

$$\ddot{u}_{NV} = \frac{U_{1n}}{U_{2n}} = \frac{N_1}{N_2}$$

Die Ausgangsseite des Spannungswandlers darf nicht kurzgeschlossen werden.

Strommessung

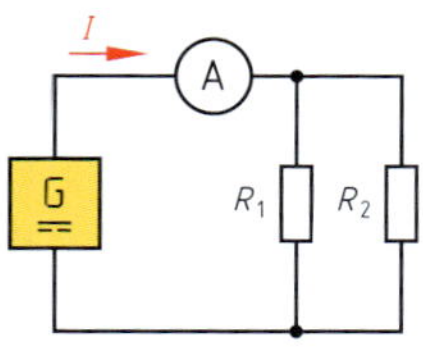

Messung des Gesamtstroms

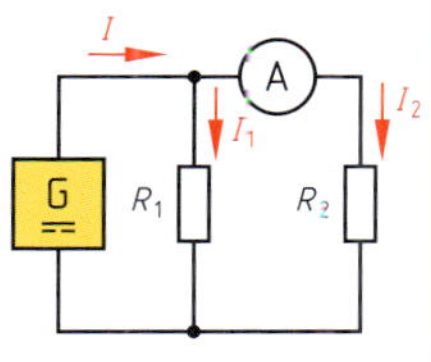

Messung eines Teilstroms

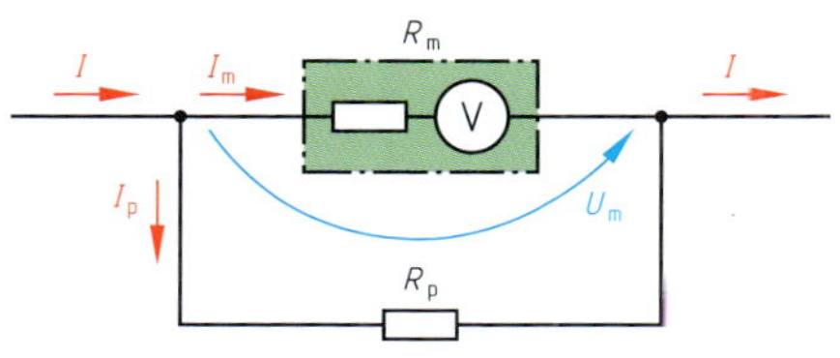

Messbereichserweiterung mit Nebenwiderstand (Shunt)

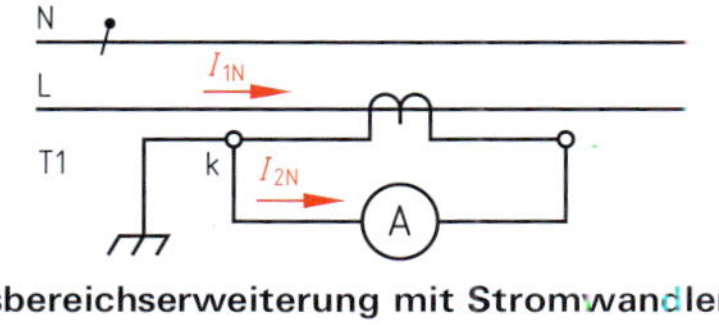

Messbereichserweiterung mit Stromwandler

Das Multimeter wird in den Stromkreis geschaltet. Der Messwerkwiderstand R_m sollte möglichst klein sein.

Messbereichserweiterung:

- I Messstrom (Messbereichsendwert)
- I_m Stromstärke im Messwerk bei Vollausschlag
- U_m Spannung am Messwerk bei Vollausschlag
- R_p Nebenwiderstand („Shunt")
- R_m Messwerkwiderstand

$$R_p = \frac{U_m}{I - I_m}$$

$$R_p = \frac{I_m \cdot R_m}{I - I_m}$$

Bei großen Wechselströmen werden Stromwandler verwendet.

- I_{1n} Eingangsbemessungsstrom
- I_{2n} Ausgangsbemessungsstrom
- $\ddot{u}_{NA}$ Bemessungsübersetzungsverhältnis von T1 für Ströme
- N_1 Windungszahl der Eingangswicklung
- N_2 Windungszahl der Ausgangswicklung

$$\ddot{u}_{NA} = \frac{I_{1n}}{I_{2n}} = \frac{N_2}{N_1}$$

Stromwandler dürfen nicht im Leerlauf, d. h. nicht ohne angeschlossenen Strommesser, betrieben werden. Ohne Strommesser muss die Ausgangsseite kurzgeschlossen werden.

Widerstandsmessung und Leistungsmessung — Resistance and power measuring

Schaltungen	Erklärungen, Formeln

Indirekte Widerstandsmessung

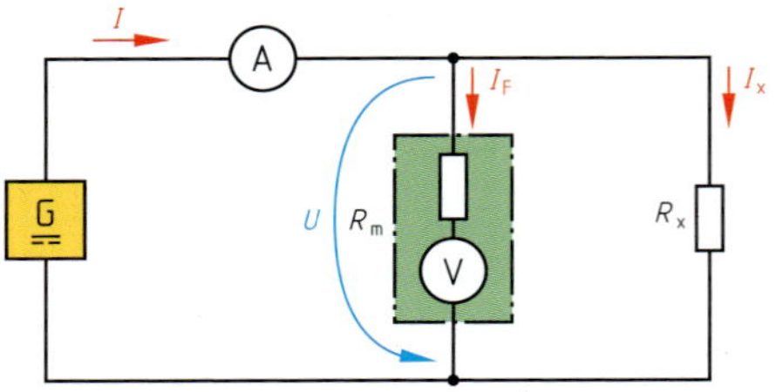

Stromfehlermethode

Die Schaltung darf nur für kleine Widerstände verwendet werden ($R_x <$ etwa $\frac{1}{20} \cdot R_m$ des Spannungsmessers). Bei größeren Widerständen wird das Messergebnis durch den Fehlerstrom I_F verfälscht. In diesem Fall wird der Fehlerstrom in der Rechnung berücksichtigt.

$R_x < \frac{1}{20} \cdot R_m$:

$$R_x \approx \frac{U}{I}$$

$R_x > \frac{1}{20} \cdot R_m$:

$$R_x = \frac{U}{I - I_F} = \frac{U}{I - \frac{U}{R_m}}$$

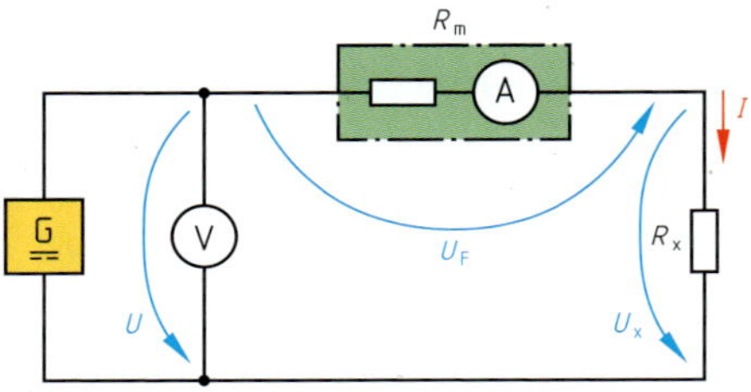

Spannungsfehlermethode

Die Schaltung darf nur für große Widerstände verwendet werden ($R_x >$ etwa 20 R_m des Strommessers). Bei kleineren Widerständen wird das Messergebnis durch die Fehlerspannung U_F verfälscht. In diesem Fall wird die Fehlerspannung in der Rechnung berücksichtigt.

$R_x > 20\ R_{iA}$:

$$R_x \approx \frac{U}{I}$$

$R_x < 20\ R_{iA}$:

$$R_x = \frac{U - U_F}{I} = \frac{U}{I} - R_m$$

Leistungsmessung bei Wechselstrom

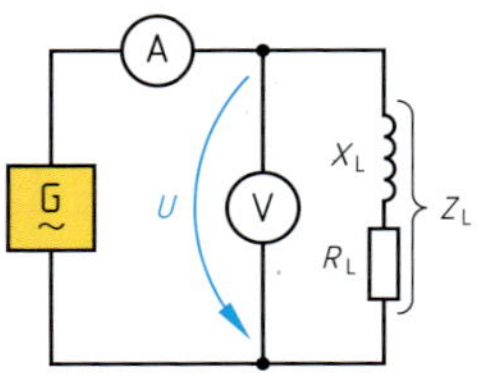

Messung der Scheinleistung (Stromfehlermethode)

Die Bedingungen für die Anwendung der jeweiligen Messmethode sind dieselben wie bei den Grundschaltungen (siehe oben). Maßgebend ist der Innenwiderstand des Strompfades bei der Spannungsfehlermethode bzw. des Spannungspfades bei der Stromfehlermethode.

$Z_L < \frac{1}{20} \cdot R_m$:

$$S \approx U \cdot I$$

$Z_L > \frac{1}{20} \cdot R_m$:

$$S = U \cdot I - \frac{U^2}{R_m}$$

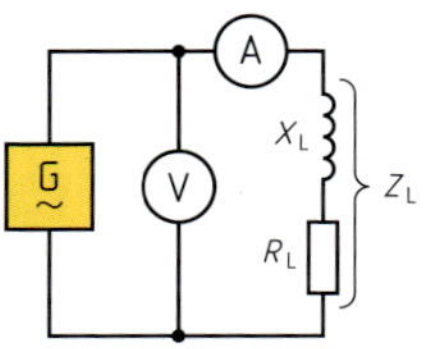

Messung der Scheinleistung (Spannungsfehlermethode)

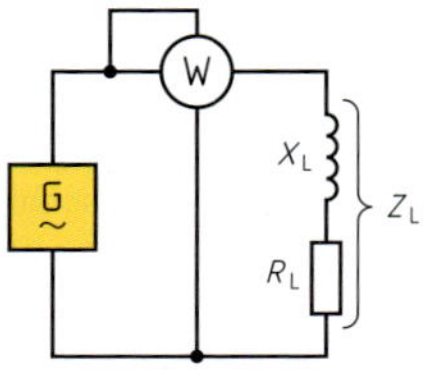

Messung der Wirkleistung (Spannungsfehlermethode)

$Z_L > 20\ R_m$:

$$S \approx U \cdot I$$

$Z_L < 20\ R_m$:

$$S = U \cdot I - I^2 \cdot R_m$$

$$P = P_m - I^2 \cdot R_m$$

Ermittlung der Blindleistung:

$$Q = \sqrt{S^2 - P^2}$$

I	angezeigte Stromstärke,	Q	Blindleistung,	U	angezeigte Spannung,
I_F	Fehlerstrom,	R_m	Messwerkwiderstand,	U_F	Fehlerspannung,
I_x	Strom durch Messwiderstand,	R_x	Messwiderstand,	X_L	induktiver Blindwiderstand,
P	Wirkleistung,	S	Scheinleistung,	Z_L	Lastwiderstand
P_m	angezeigte Wirkleistung,				

M

Oszilloskop Oscilloscope

Frontseite und Bedienelemente des Oszilloskops

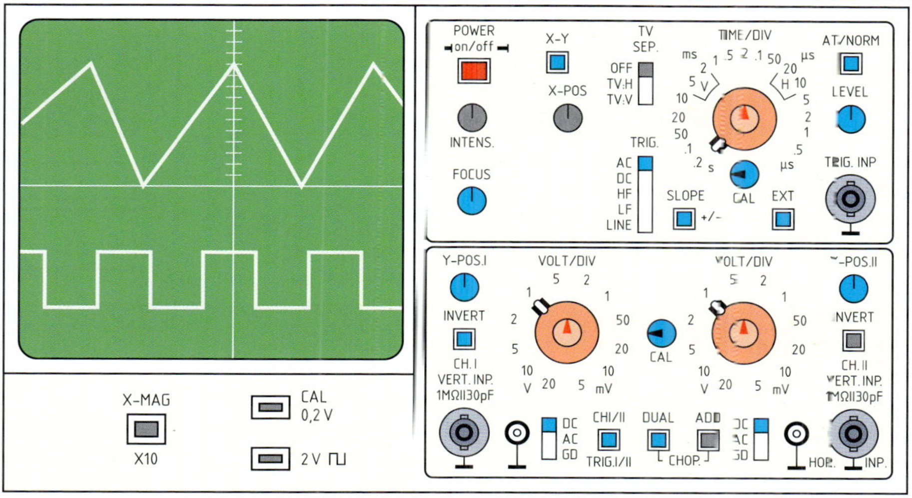

Begriffe beim Oszilloskop

Englische Bezeichnung	Deutsche Bezeichnung, Wirkung	Englische Bezeichnung	Deutsche Bezeichnung, Wirkung
AC	Wechselspannung	+/–	positive/negative Flanke
CAL(ibrate)	Kalibriert	AUTO, AT	freischwingend
CH(annel)	Kanal	ADD	Signaladdition
DC	Gleichspannung	DUAL	Zweikanalbetrieb
FOCUS	Schärfe	EXT(ernal)	von außen
GD(Ground)	Masse	HF/LF	hohe/tiefe Frequenzen
HOR(izontal)	Horizontal	INT(ernal)	intern, geräteeigen
ILLUM(ination)	Rasteraufhellung	LEVEL	Pegel der Triggerung
INP(ut)	Eingang	LINE	Triggerung mit Netzfrequenz
INTENS(ity)	Helligkeit	NORM(al)	normal triggerbar
Y, INV, INVERT	Signalumkehr	SLOPE	Anstieg des Triggersignals
MAG(nification)	Vergrößerung	TIME/DIV	Zeit je Teileinheit
POWER(ON/OFF)	Netzschalter (Ein/Aus)	TRIG I/II	Triggerung durch Kanal I/II
VOLT/DIV(ision)	VOLT je Teileinheit	X-MAG	Zeiteinteilung
X-Y	XY-Betrieb	X10	Mit Faktor 10 vergrößert
Y-POS(ition) I, II	Senkrechte Verschiebung		

Zweikanaloszilloskop

Schaltung

Ein elektronischer Schalter legt die beiden Eingänge abwechselnd an die Oszilloskopröhre.

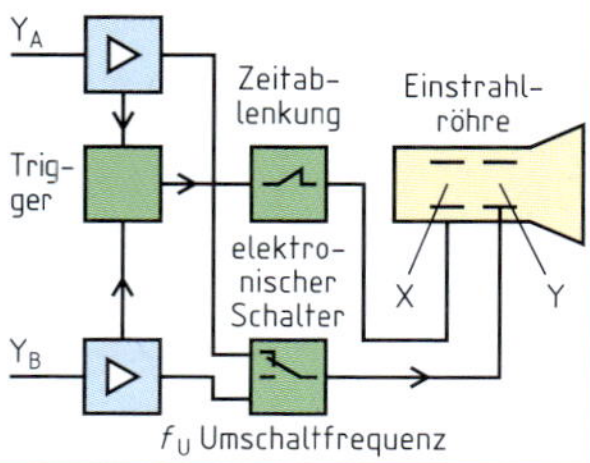

Chopper-Betrieb bei niederen Messfrequenzen f_M

Der Elektronenstrahl springt zwischen beiden Messkurven hin und her (chopped = zerhackt), $f_M < f_U$.

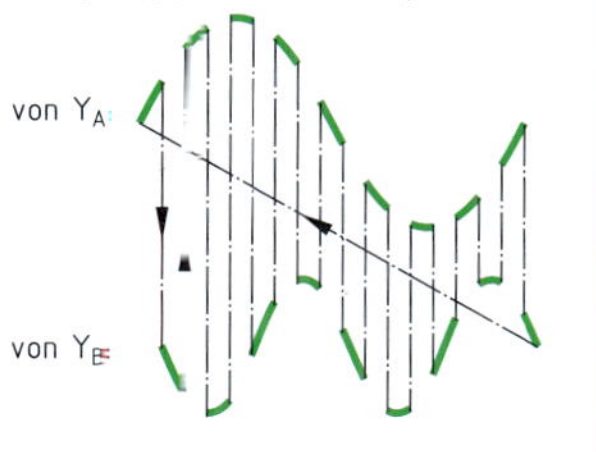

Alternating-Betrieb bei hohen Messfrequenzen f_M

Die beiden Messkurven werden abwechselnd geschrieben (alternating = abwechselnd), $f_M > f_U$.

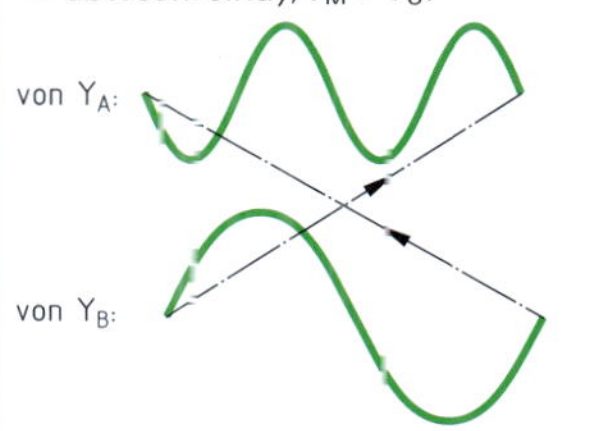

M

Messungen mit dem Oszilloskop Measuring by oscilloscope

Spannungsmessung

Ohne X-Ablenkung

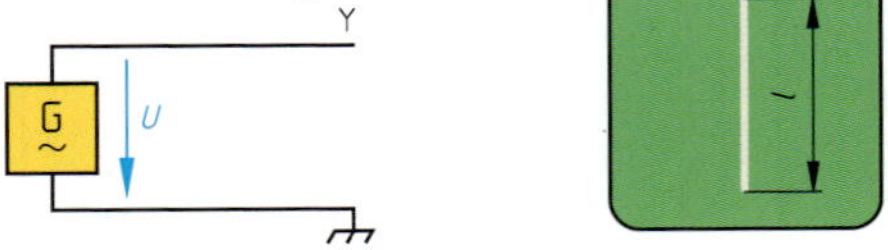

$\hat{\check{u}}$ Spitze-Tal-Spannung
l Strichlänge
A_y Y-Ablenkkoeffizient
U Spannung (Effektivwert)

$$\hat{\check{u}} = l \cdot A_y$$

$$U = \frac{\hat{\check{u}}}{2 \cdot \sqrt{2}}$$

Strommessung (mit Hilfswiderstand)

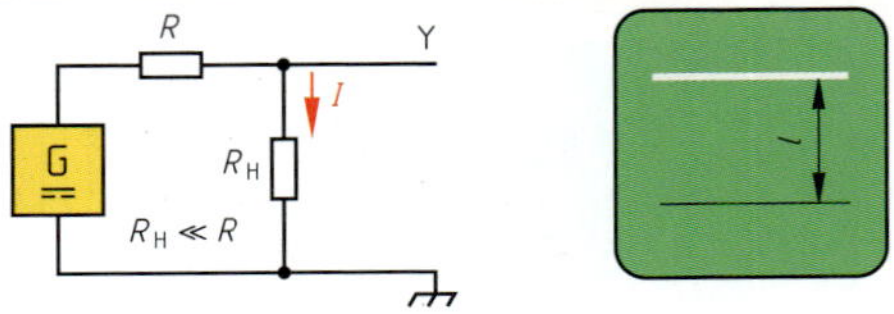

U Spannung
I Stromstärke
R_H Hilfswiderstand (Shunt)
A_y Y-Ablenkkoeffizient
l Länge der Nulllinien-Verschiebung

$$U = l \cdot A_y$$

$$I = \frac{U}{R_H}$$

Messung der Phasenverschiebung mit Lissajous-Figuren

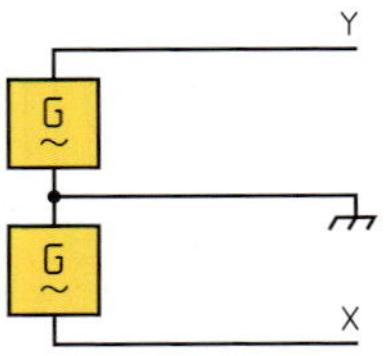

Bedingung: $f_1 = f_2$

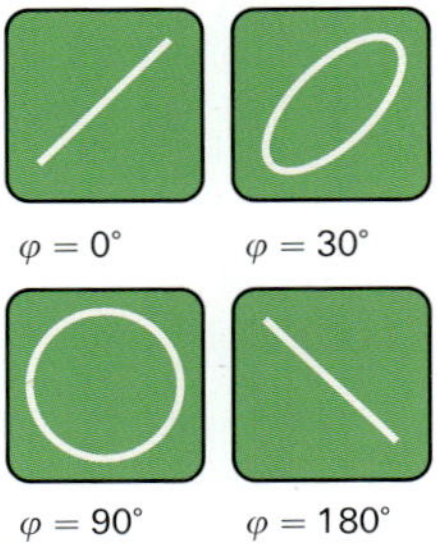

Messung der Phasenverschiebung mit Zweikanaloszilloskop

Beispiel: Phasenverschiebung φ zwischen U und I an Kondensator $R_H \ll X_C$

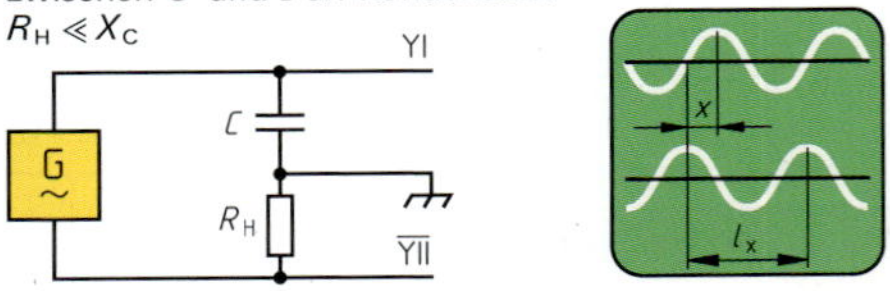

$$\frac{\varphi}{x} = \frac{360°}{l_x} \Rightarrow \varphi = \frac{x}{l_x} \cdot 360°$$

l_x Periodendauer
Oszilloskop mit Trenntransformator betrieben.

Frequenzmessung mit Vergleichsfrequenz

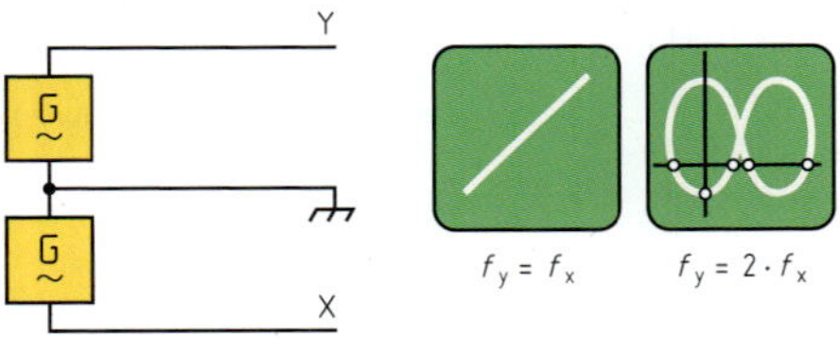

f_y/f_x Frequenzverhältnis
m Schnittpunktezahl mit der waagrechten Achse
n Schnittpunktezahl mit der senkrechten Achse

$$\frac{f_y}{f_x} = \frac{m}{n}$$

Frequenzmessung mit Zeitablenkung

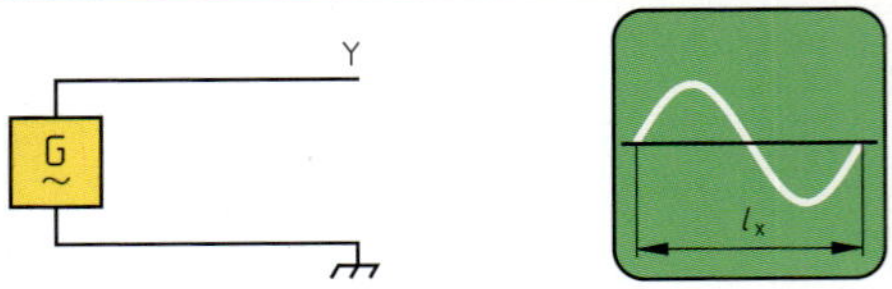

T Periodendauer
l_x Abstand in cm bzw. DIV
A_x Zeitablenkkoeffizient in s/cm bzw. s/DIV
f Frequenz

$$T = l_x \cdot A_x$$

$$f = \frac{1}{T}$$

Messung der Impulsanstiegszeit eines Verstärkers

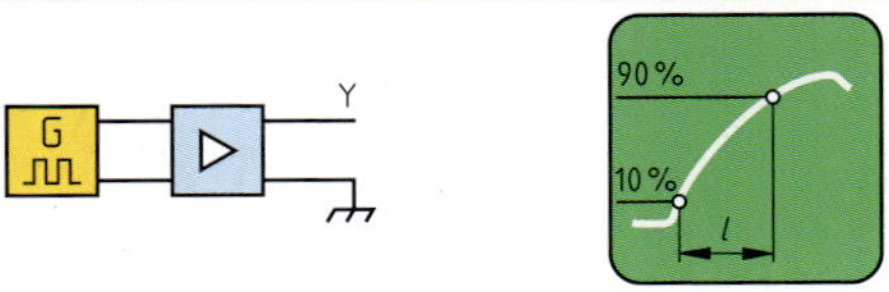

t_r Anstiegszeit
l Länge in cm bzw. DIV
A_x Zeitablenkkoeffizient in s/cm bzw. s/DIV

$$t_r = l \cdot A_x$$

Messung des Impuls-Tastgrades

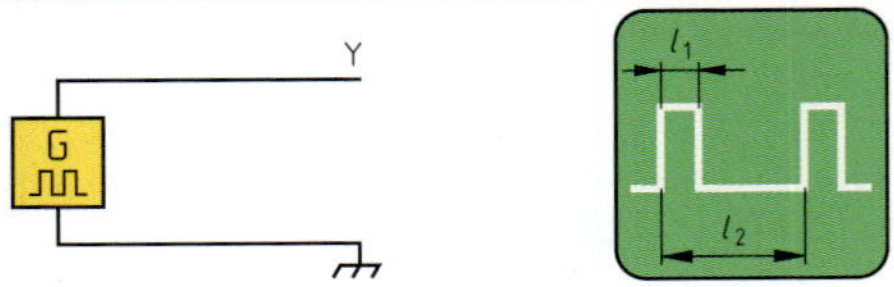

t_i Impulsdauer
l_1, l_2 Abstände in cm bzw. DIV
T Periodendauer
A_x Zeitablenkkoeffizient in s/cm
g Tastgrad

$$t_i = l_1 \cdot A_x$$

$$T = l_2 \cdot A_x$$

$$g = \frac{l_1}{l_2} = \frac{t_i}{T}$$

M

$U(I)$-Kennlinie einer Diode

Zeitablenkung abgeschaltet

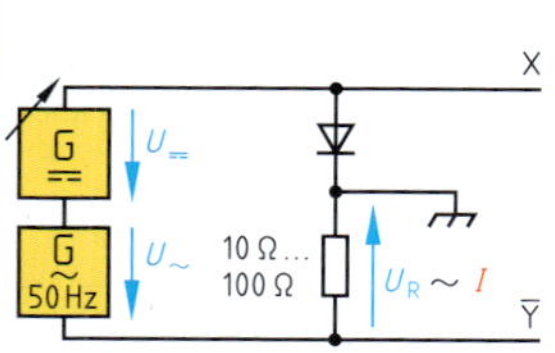

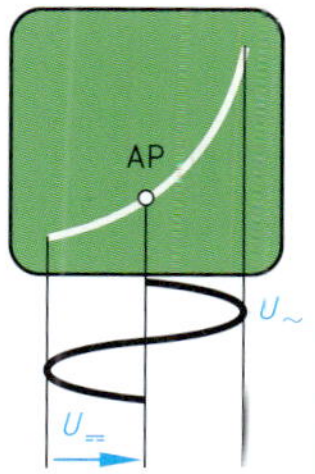

Mit DC-Vorspannung gewünschten Ausschnitt der Kennlinie einstellen.
Oszilloskop mit Trenntransformator betreiben.

$U(I)$-Kennlinie eines Diac

Zeitablenkung abgeschaltet

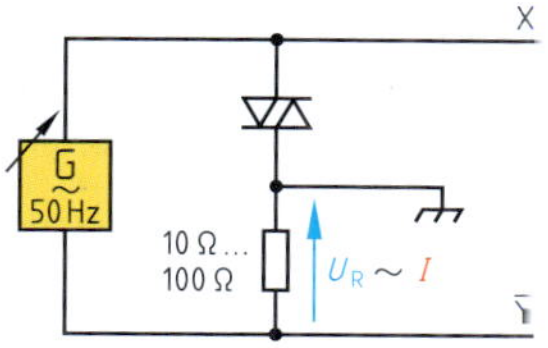

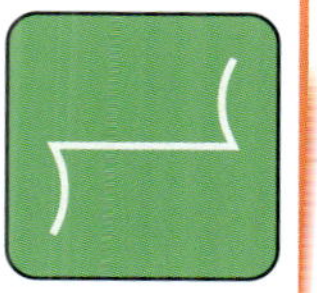

Wechselspannung bis zum Erreichen der Schaltspannung des Diac steigern.
Oszilloskop mit Trenntransformator betreiben.

Ausgangskennlinien eines Transistors

Zeitablenkung abgeschaltet

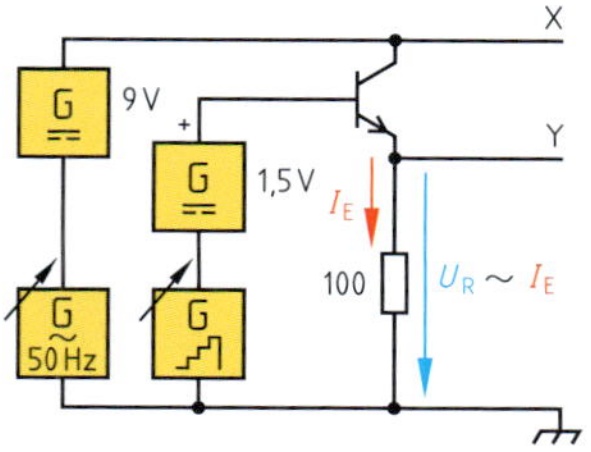

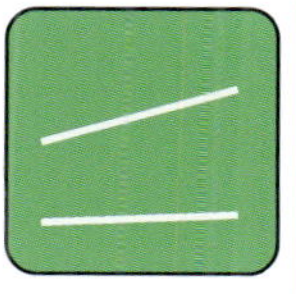

Kennlinienschar durch Treppenspannungsgenerator anstelle von Rechteckgenerator.

Hysteresis-Kurve eines Eisenkerns

Zeitablenkung abgeschaltet

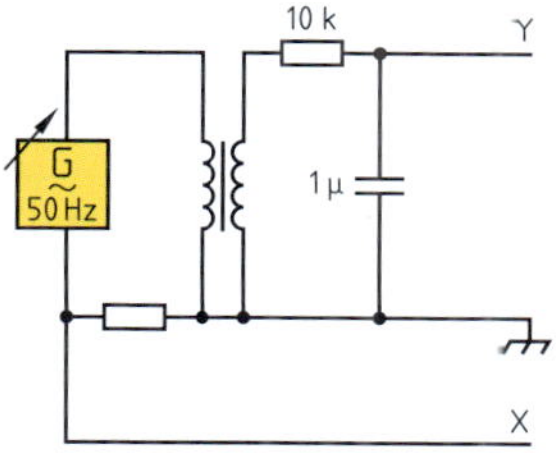

RC-Glied zum Ausgleich der Phasenverschiebung zwischen Magnetisierungsstrom und Induktionsspannung.

Messung des Modulationsgrades

Mit Zeitablenkung

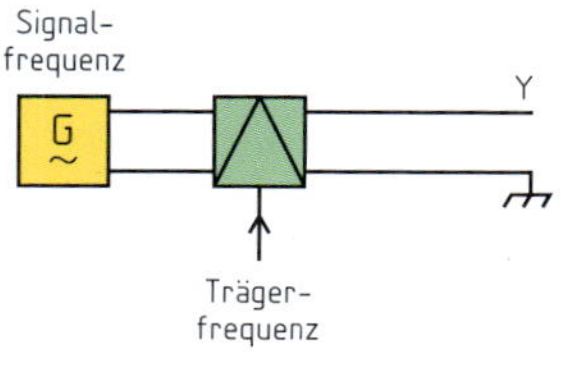

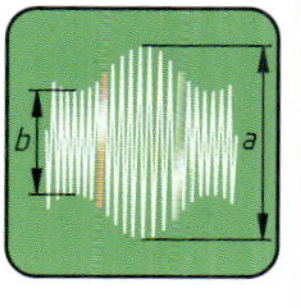

m Modulationsgrad
a Größte Amplitude
b Kleinste Amplitude

$$m = \frac{a-b}{a+b}$$

Messung der Gruppenlaufzeit

Mit Zeitablenkung

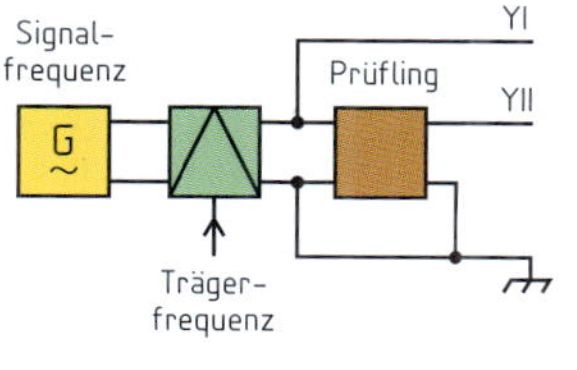

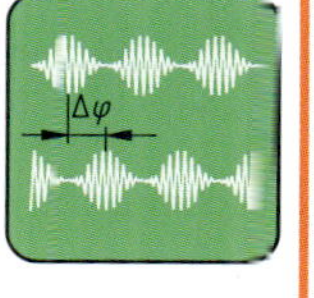

t_G Gruppenlaufzeit
$\Delta\varphi$ Phasenverschiebung der Hüllkurve
f_S Signalfrequenz

$$t_G \approx \frac{\Delta\varphi}{360° \cdot f_S}$$

Resonanzkurve eines Schwingkreises

Zeitablenkung abgeschaltet

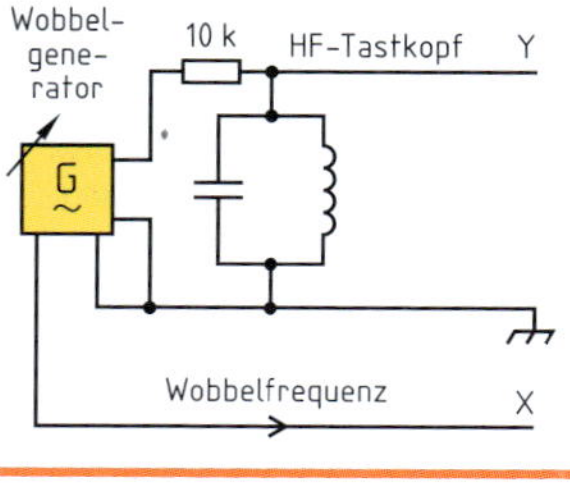

Durchlasskurve eines Bandfilters

Zeitablenkung abgeschaltet

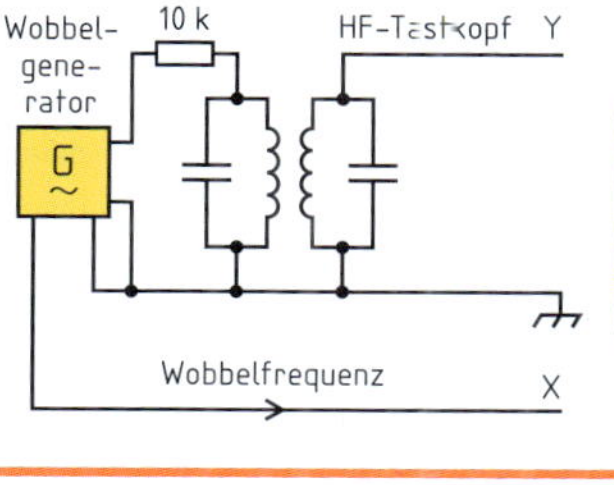

M

Analoge Wegmessung, berührend Analog position measurement, touching

Arten (vereinfachte Darstellung)	Wirkungsweisen	Kenngrößen	Anwendungen (Beispiele)
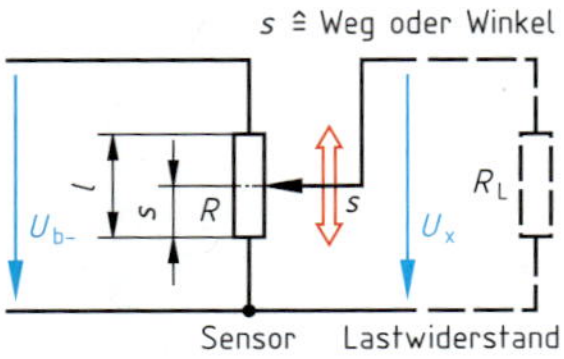 **Linearpotenziometer**	**Änderung des Widerstandsverhältnisses** Das Potenziometer wird als Spannungsteiler geschaltet. Unbelastet ist die Sensorspannung U_x proportional zum Verschiebeweg *s* bzw. zum Drehwinkel.	Messbereich: 10 mm bis 2 m Messunsicherheit: 0,1 % Grenzfrequenz: bis 10 Hz	Messtaster, Wegmesssysteme für Koordinatentische an Mikroskopen, Erfassen der Fingerbewegung bei Robotergreifern.
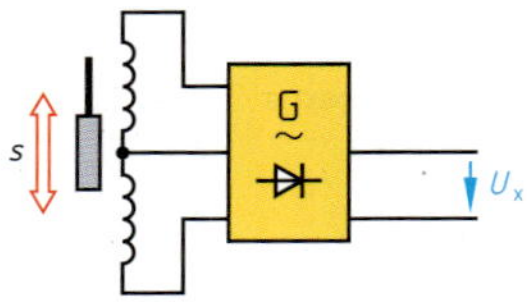 **Differenzialspulen-Sensor**	**Änderung des induktiven Widerstandsverhältnisses** In einer Spule mit Mittenanzapfung ist ein ferromagnetischer Kern beweglich gelagert. Bei Verschieben des Kernes aus der Mitte nimmt der induktive Widerstand der einen Spule zu und der anderen ab.	Messbereich: ±1 mm bis ±1 m Messunsicherheit: 0,1 % Grenzfrequenz: 1 kHz bis 10 kHz	Erfassen von Schwingungen an Maschinen, Neigungsgeber (Inklinometer).
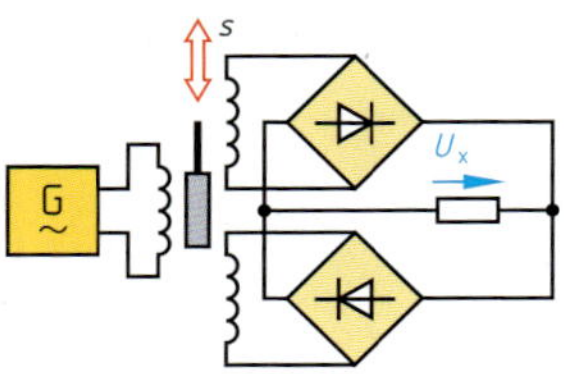 **Differenzialtransformator**	**Änderung der magnetischen Kopplung** Der Transformator hat einen beweglichen, ferromagnetischen Kern. Durch Verschieben des Kerns ändert sich die magnetische Kopplung zu den beiden Sekundärwicklungen im Gegentakt.	Messbereich. ±0,1 mm bis ±10 mm Messunsicherheit: 0,01 % Grenzfrequenz: bis 10 kHz	Messen kleinster Verschiebewege bei Messtastern und an Messmaschinen.
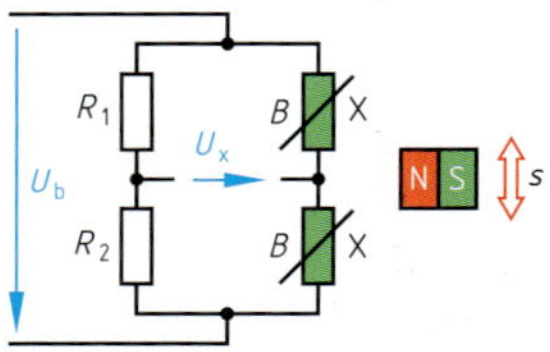 **Feldplatten-Sensor**	**Änderung der magnetischen Durchflutung** Durch Verschieben des beweglichen Magnets wird die magnetische Durchflutung der beiden Feldplatten im Gegentakt verändert.	Messbereich: ±0,1 mm bis ±2 mm Messunsicherheit: 1 % Grenzfrequenz: bis 50 kHz	Geber für Nullpunktposition bei Maschinentischen, Miniaturtaster z. B. für berührendes Erfassen von Schweißfugen.
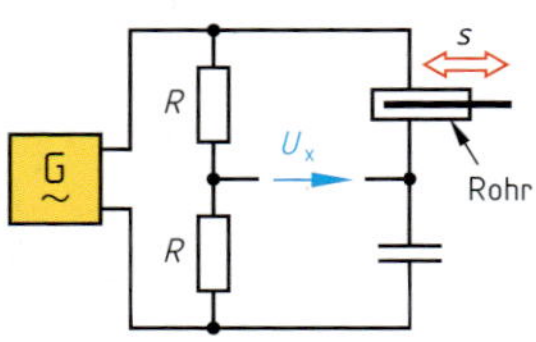 **Kapazitiver Sensor**	**Änderung der Kapazität** Durch Verschieben eines Aluminiumkerns in einem Aluminiumrohr mit innerer Isolierung wird der kapazitive Blindwiderstand verändert.	Messbereich: 10 mm bis 2 m Messunsicherheit: 0,1 % Grenzfrequenz: bis 10 kHz	Wegmessung bei großer Schockbelastung, z. B. Erfassung der Kolbenbewegung an Druckgussmaschinen.
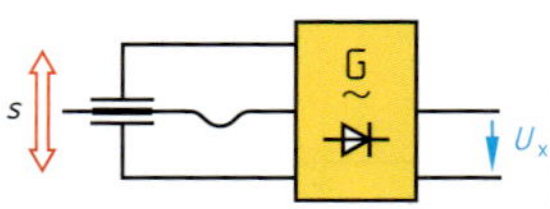 **Differenzial-Kondensator**	**Änderung des kapazitiven Widerstandsverhältnisses** Durch Verschieben einer mittleren Kondensatorplatte gegenüber zwei festen Platten verändert sich der kapazitive Blindwiderstand im Gegentakt.	Messbereich: ±0,1 mm bis ±1 mm Messunsicherheit: 0,01 % Grenzfrequenz: bis 50 kHz	Feintaster, Neigungsgeber, Schichtdickenmessung.

Analoge Wegmessung, berührungslos — Analog position measurement, touchless

<table>
<tr><th>Arten
(vereinfachte Darstellung)</th><th>Wirkungsweisen</th><th>Kenngrößen</th><th>Anwendungen
(Beispiele)</th></tr>
<tr><td>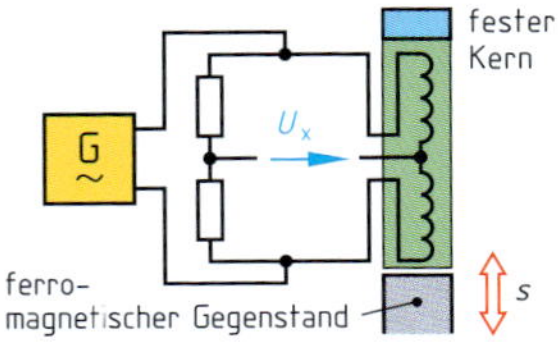

Induktiver Wegsensor</td><td>Änderung des induktiven Widerstandes
Mit Annäherung eines ferromagnetischen Gegenstandes wird der induktive Wechselstromwiderstand einer Spule verändert und die Brückenschaltung verstimmt.</td><td>Messbereich:
1 mm bis 5 mm
Messunsicherheit:
0,1 µm
Grenzfrequenz:
bis 2 kHz</td><td>Messung von Vibration, Rundlauf, Lagerspiel.</td></tr>
<tr><td>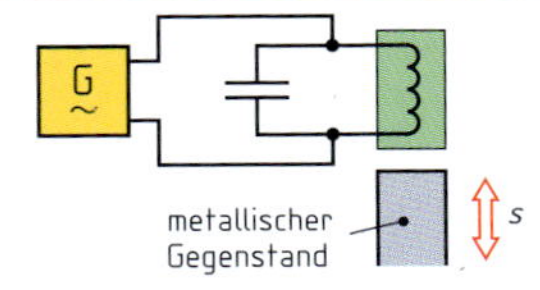

Induktiver Wirbelstrom-Wegsensor</td><td>Änderung der Schwingkreisdämpfung
Ein Schwingungskreis wird in Resonanz gebracht. Das Wechselfeld der Spule führt mit kleiner werdendem Abstand eines metallischen Gegenstandes zu stärker werdenden Wirbelströmen.</td><td>Messbereich:
1 mm bis 10 mm
Messunsicherheit:
0,1 µm
Grenzfrequenz:
bis 2 kHz</td><td>Messung von Vibration, Rundlauf, Lagerspiel, Schichtdicke nichtleitender Werkstoffe.</td></tr>
<tr><td>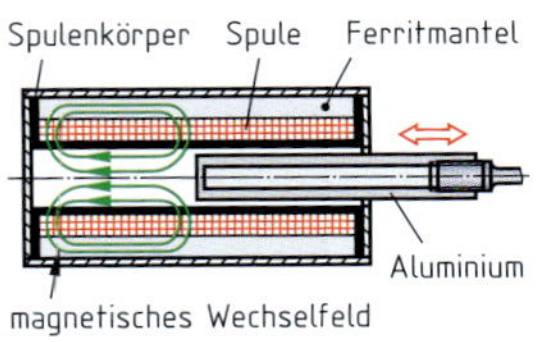

FLDT-Sensor</td><td>Änderung des Blindwiderstandes
Der FLDT-Sensor (Fast Linear Displacement Transducer = schneller linearer Wegaufnehmer) besteht aus einer Spule mit einem Ferritmantel. In diese taucht ein bewegliches Aluminiumrohr ein. Gemessen wird die Induktivität.</td><td>Messbereich:
10 mm bis 500 mm
Messunsicherheit
1 %
Grenzfrequenz:
10 kHz</td><td>Messung mechanischer Bewegungen</td></tr>
<tr><td>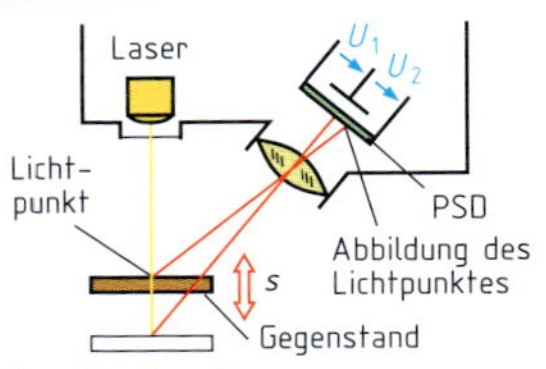

Fotodioden-Sensor</td><td>Lageänderung eines reflektierten Lichtpunktes
Bei Verschieben des Gegenstandes ändert sich die Lage des durch die Optik auf einer PSD (von Photo Sensitive Diode = lichtempfindliche Flächendiode) abgebildeten Lichtpunktes.</td><td>Messbereich:
10 mm ± 1 mm bis 200 mm ± 20 mm
Messunsicherheit:
1 %
Grenzfrequenz:
1 kHz</td><td>Ermittlung von Maßabweichungen im Karosseriebau.</td></tr>
<tr><td>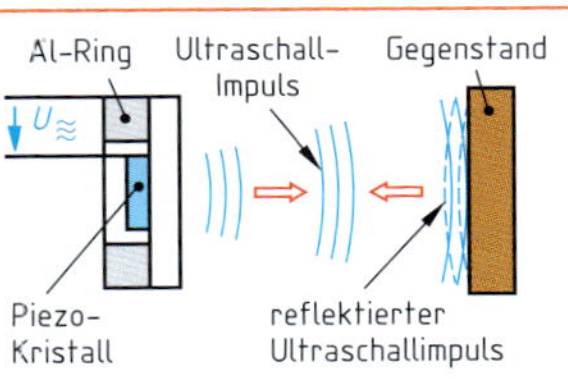

Ultraschall-Sensor</td><td>Ultraschall-Laufzeitmessung
Ein Piezokristall wird mit hochfrequenter Wechselspannung intervallweise zu Schwingungen angeregt. Dabei werden Ultraschall-Impulspakete gesendet. Die Zeitdauer bis zum Eintreffen des Echos wird erfasst.</td><td>Messbereich:
ab 10 mm bis 10 m
Messunsicherheit
1 mm
Grenzfrequenz
0,3 Hz</td><td>Ermittlung von Höhenprofilen, z. B. zur Bestimmung von Waren auf Transportbändern.</td></tr>
<tr><td>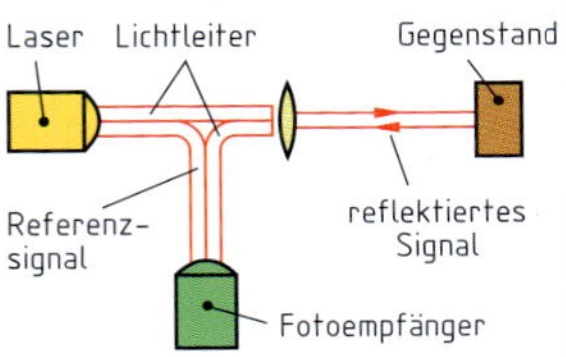

Lichtwellen-Sensor</td><td>Laufzeitmessung von Licht oder IR
Mit einem Laser werden Impulse erzeugt und über einen halbdurchlässigen Spiegel einerseits direkt und andererseits als Reflexion auf den Fotoempfänger abgestrahlt. Die Laufzeit zwischen beiden Signalen ist proportional zur Entfernung des Gegenstandes.</td><td>Messbereich:
ab 10 m
Messunsicherheit:
1 mm
Grenzfrequenz:
10 kHz</td><td>Ermittlung von Abständen zu bewegten Objekten, z. B. Flugzeugen.</td></tr>
</table>

M

Näherungsschalter Approach switches

Arten

Schaltzeichen	Aufbau, Prinzipien	Erklärungen	Eigenschaften
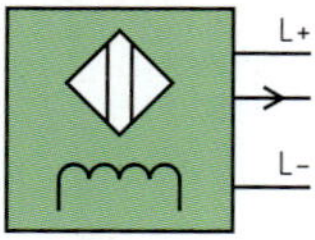 **Induktiver Näherungsschalter**	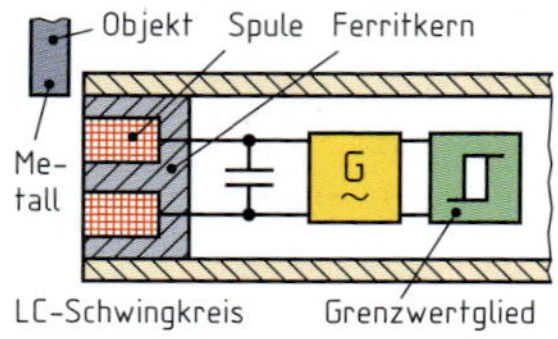	Bei Annäherung eines metallischen Objekts wird der Schwingkreis des Näherungsschalters durch *Wirbelstrombildung im Objekt* stark gedämpft.	Bemessungsschaltabstand: s_n = 1 mm bis 150 mm Spulendurchmesser: $d \approx 0{,}3 \cdot s_n$ Schaltfrequenz: f = 100 Hz bis 3 kHz Schaltdifferenz: $\Delta s \approx 0{,}1 \cdot s_n$
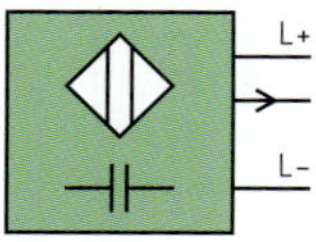 **Kapazitiver Näherungsschalter**	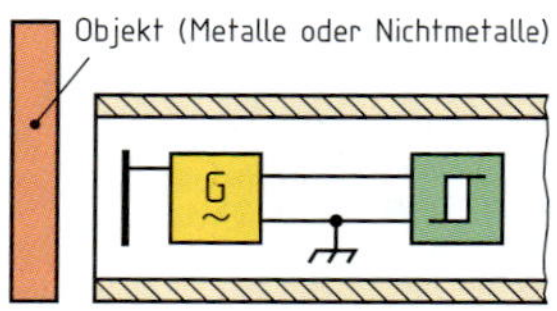	Bei Annäherung eines metallischen oder auch nicht metallischen Objekts verändert sich das *Dielektrikum* eines Kondensators und somit seine Kapazität. Bei Überschreiten eines eingestellten Kapazitätswertes schwingt der Oszillator an.	Bemessungsschaltabstand: s_n = 20 mm bis 40 mm Arbeitsabstand: Metalle: $s_a \approx 1 \times s_n$ Glas: $s_a \approx 0{,}5 \times s_n$ H_2O: $s_a \approx 1 \times s_n$ Öl: $s_a \approx 0{,}1 \times s_n$ Schaltdifferenz: $\Delta s \approx 0{,}25\, s_n$
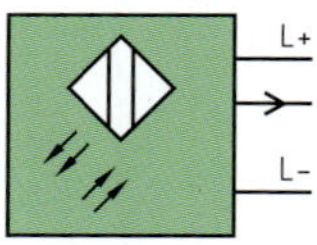 **Optoelektronischer Näherungsschalter**	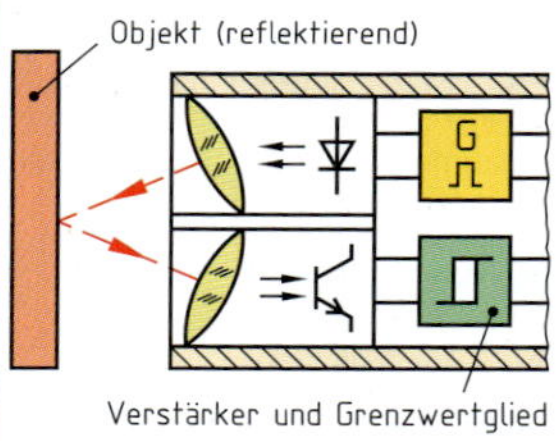	Über eine IRED (Infrarot-LED) wird pulsierende Infrarotstrahlung abgestrahlt und bei Annäherung eines Objekts von diesem *reflektiert*. Über einen Fototransistor wird die reflektierte Infrarotstrahlung erfasst. Infrarotstrahlung anderer Frequenz bleibt unberücksichtigt.	Bemessungsschaltabstand ohne Reflektor: $s_n \approx$ 100 mm Bemessungsschaltabstand mit Reflektor: $s_n \approx$ 2000 mm Schaltdifferenz: $\Delta s \approx 0{,}2 \times s_n$ Schaltfrequenz: f bis 5 Hz
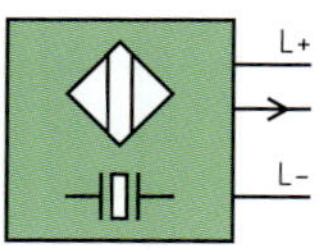 **Ultraschall-Näherungsschalter**	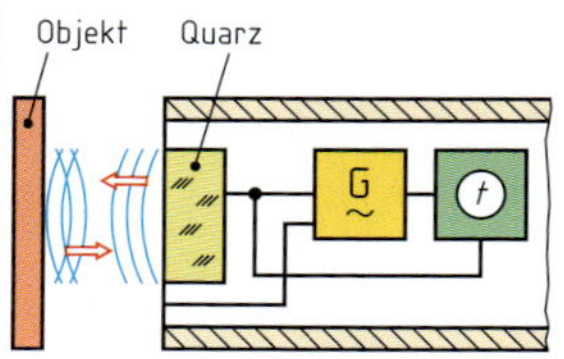	Mit einem Schwingquarz werden Ultraschallschwingungen mit etwa 200 kHz erzeugt und als Pulspakete abgestrahlt. Das *Echo* wird über denselben Quarz aufgenommen. Die Schalllaufzeit wird mit einer einstellbaren Zeit verglichen.	Bemessungsschaltabstand: $s_{n\,min} \approx$ 50 mm $s_{n\,max} \approx$ 10000 mm Schaltdifferenz: $\Delta s \approx 0{,}02 \times s_n$ Schaltfrequenz: f bis 4 Hz bei kleinem Schaltabstand, f bis 2 Hz bei großem Schaltabstand

Kenngrößen, Definitionen

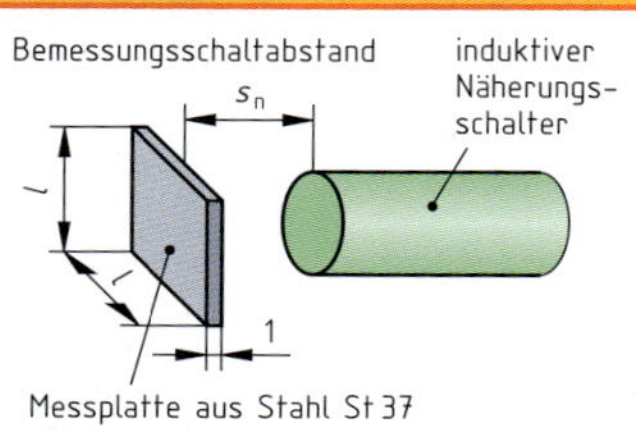

s_n Bemessungsschaltabstand:	Schaltabstand bei Annäherung mit Messplatte.
s_a Arbeitsabstand:	Schaltabstand bei Annäherung mit Gegenständen des gewählten Werkstoffs.
Δs Schaltdifferenz: (Schalthysterese)	Wegdifferenz zwischen Einschaltpunkt und Ausschaltpunkt bei Annäherung mit Messplatte.
f Schaltfrequenz:	Maximal mögliche Anzahl von Impulsfolgen je Sekunde.

Ausgangssignale

Schließerausgang: Der Näherungsschalter schließt bei Annäherung eines Objekts einen Stromkreis.

Öffnerausgang: Der Näherungsschalter öffnet bei Annäherung eines Objekts einen Stromkreis.

AS-Interface: Der Näherungsschalter enthält ein integriertes Aktor-Sensor-Interface (AS-Interface) und liefert bei Annäherung eines Objekts ein Signal mit dem Wert 1.

M

Wegmessung und Winkelmessung   Position measurement and angle measurement

Arten (vereinfachte Darstellung)	Wirkungsweisen	Kenngrößen	Anwendungen (Beispiele)
Zyklisch analoge Wegmessung und Winkelmessung			
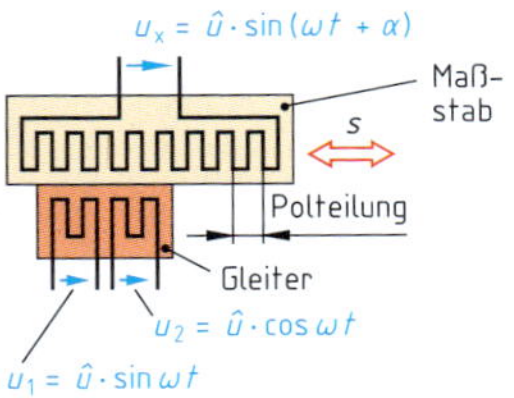 **Inductosyn** (benannt nach der Inductosyn Inc., USA)	**Änderung der Phase, Zählen der Pole** Die Spannung u_x wird vom Gleiter in den Maßstab induktiv übertragen. Bei Verschieben des Maßstabs um eine Polteilung ändert sich der Phasenverschiebungswinkel gegen u_1 zwischen 0° und 360°. Der Phasenverschiebungswinkel wird als analoge Größe erfasst und digital ausgewertet.	Messbereich: 300 mm bis mehrere Meter Messunsicherheit: ±1 µm bzw. ±0,003°	Wegmessung bei NC-Maschinen, als Rundinductosyn, auch Winkelmessung an Rundtischen.
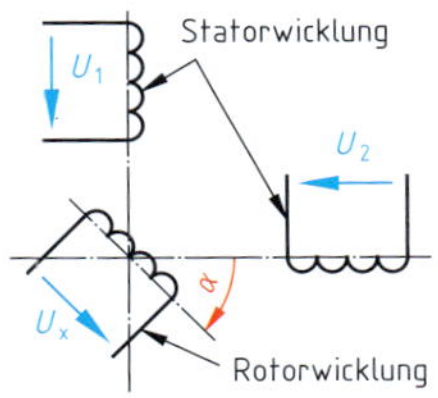 **Drehmelder**	**Änderung der Phase** Die Wirkungsweise entspricht der des Inductosyn. Beim 2-poligen Drehmelder entsteht im Rotor bei dem Drehwinkel α eine Spannung mit einem Phasenverschiebungswinkel α. Zum Erfassen von Drehwinkeln mehrerer Umdrehungen werden weitere Drehmelder über Untersetzungsgetriebe angetrieben oder die Umdrehungen gezählt.	Messbereich: 360° bis 1000 × 360° Messunsicherheit: bis ±0,03°	Winkelmessung bei Vorschubspindelantrieben, Winkelmessung bei Gelenkantrieben von Robotern.
Digitale Wegmessung und Winkelmessung			
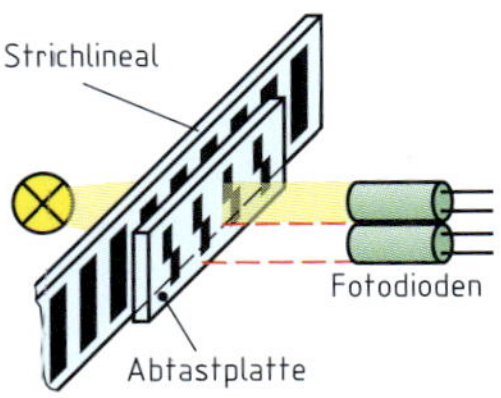 **Inkrementale Wegmessung**	**Zählen der Inkremente** Auf einem Glaslineal sind feine Metallstriche aufgedampft. Abgetastet werden die Striche mit einer Abtastplatte. Bei Bewegung des Lineals entstehen an den Fotodioden 2 Signale, die um 90° phasenverschoben sind. Sie werden als Rechtecksignale über einen Zähler gezählt oder als sin/cos-Signale mit bis zu 10 000facher Auflösung je Signalperiode ausgewertet.	Lineal: Messbereich: bis 30 m Auflösung: 1 nm bis 1 µm Scheibe: Messbereich: bis 4096 × 1 Umdr. Auflösung: bis 22 Bits/Umdr.	Weg- und Winkelmessung bei NC-Maschinen, Robotern, Feintaster, Maßbänder.
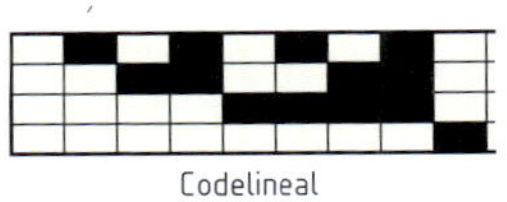 **Digital-absolute Wegmessung**	**Lesen und Decodieren** Auf einem Glaslineal oder Kunststofflineal ist ein Binärcodemuster aufgedampft. Als Code werden der Dualcode, der Gray-Code und 8-4-2-1-BCD-Code verwendet.	Codelineal: Messbereich: bis 1 m Auflösung: 1 µm Winkelcodierer: Messbereich: bis 4096 × 1 Umdr.	Weg- und Winkelmessung bei NC-Maschinen, Robotern, Pelgeräten.
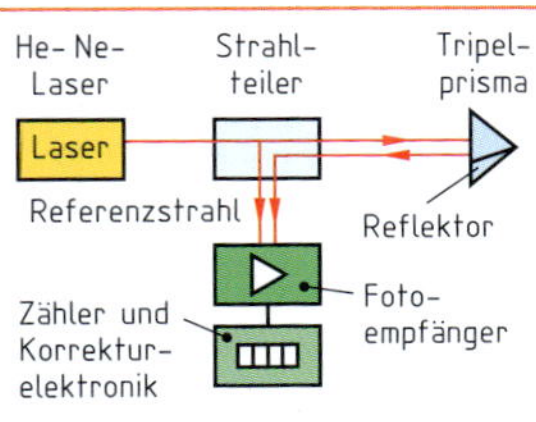 **Laser-Interferometer**	**Zählen der Interferenzstreifen** Bei Bewegung des Tripelprismas als Reflektor entstehen durch Überlagerung des reflektierten Lichtes mit dem Referenzstrahl, im Abstand der Lichtwellenlänge, Helligkeitsschwankungen, welche gezählt werden.	Messbereich: unbegrenzt Messunsicherheit ≦ ±0,01 µm	Messung von Längen, Geradheit, Rechtwinkligkeit und Ebenheit an Maschinen und Werkstücken.

M

Geschwindigkeitsmessung Velocity measurement

Arten (vereinfachte Darstellung)	Wirkungsweisen	Kenngrößen	Anwendungen (Beispiele)
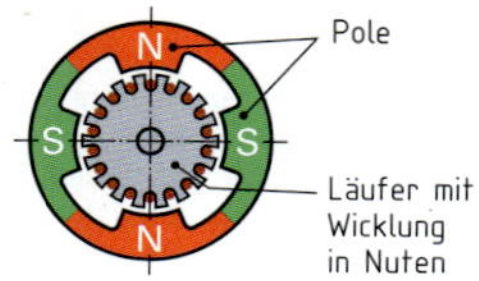 **DC-Tachogenerator**	Durch Drehen der Läuferwicklung in einem starken Magnetfeld entsteht die Tachospannung als induzierte Läuferspannung. Diese Spannung wird über einen Stromwender nach außen übertragen.	Messbereich: 0,1 min^{-1} bis 10^4 min^{-1} Messunsicherheit: ±1% Rippelspannung: etwa 0,1% der Messspannung	Drehzahlmessung bei drehzahlgeregelten Antrieben für *zwei* Drehrichtungen.
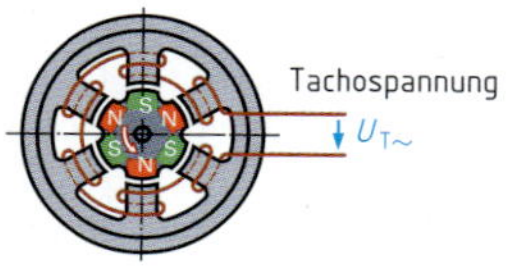 **AC-Tachogenerator**	Durch Drehen des Läufers entsteht in der Ständerwicklung eine induzierte Wechselspannung. Diese wird meist zur weiteren Anwendung gleichgerichtet.	Messbereich: 0,1 min^{-1} bis 10^5 min^{-1} Messunsicherheit: ±1%	Drehzahlmessung bei drehzahlgeregelten Antrieben für *eine* Drehrichtung.
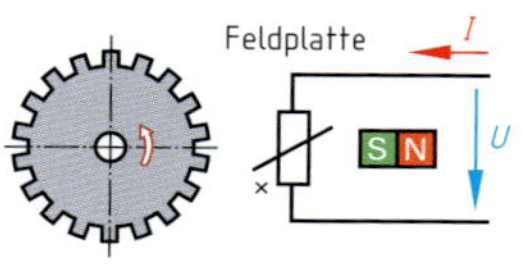 **Drehzahlsensor**	Durch die Zahnung der Scheibe oder durch wechselnde Magnetisierung am Umfang einer runden Scheibe entstehen bei ihrer Drehung ein pulsierender magnetischer Fluss durch die Feldplatte und so ein pulsierender Strom.	Messbereich: bis 10^3 Impulse je Umdr. bei Zahnscheiben, bis 10^6 Impulse je Umdrehung bei Magnetscheiben.	Digitale Drehzahlerfassung bei Fahrzeugantrieben.
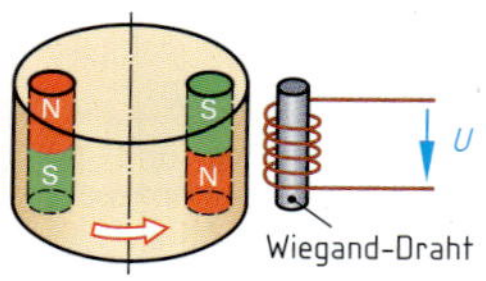 **Drehzahlsensor**	Durch die rotierenden Dauermagnete ändert sich die Magnetisierungsrichtung im Wieganddraht plötzlich und induziert in der umhüllenden Spule einen Spannungspuls.	Messbereich: bis 10^5 min^{-1}	Digitale Drehzahlerfassung bei Kalandern, bei Fahrzeugantrieben, bei Fahrradtachos.
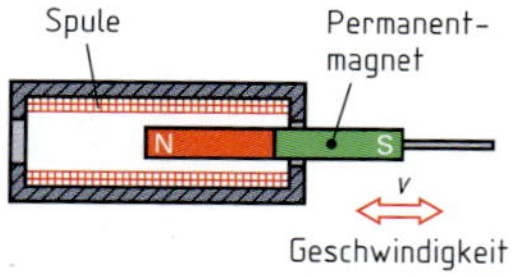 **Tauchmagnetsensor**	Bei Bewegung des Magnetkernes wird in der Spule eine Spannung induziert. Bemessungslängen: 1 mm bis 500 mm.	Messbereich: 1 mm/s bis >10 m/s Messunsicherheit: ±1% Grenzfrequenz: 100 kHz	Geschwindigkeitsmessung bei kleinen Hublängen, Messen von Schwinggeschwindigkeiten.
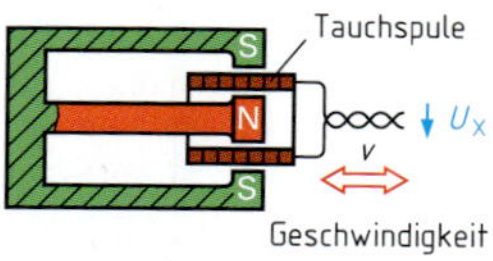 **Tauchspulensensor**	Bei Bewegung der Spule im Feld des Dauermagneten entsteht in der Spule eine induzierte Spannung. Bemessungslängen: 1 mm bis 10 mm	Messbereich: 1 mm/s bis >10 m/s Messunsicherheit: ±0,1% Grenzfrequenz: 100 kHz	Messen von Schwinggeschwindigkeiten.
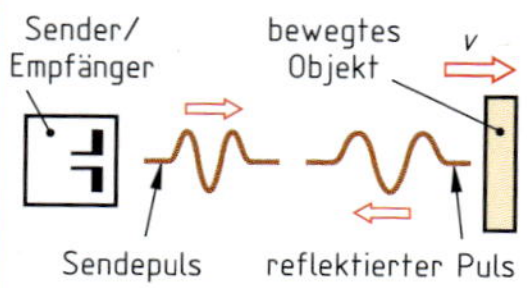 **Radar-Sensor**	Der reflektierte Radarpuls hat aufgrund des Doppler-Effekts bei bewegtem Objekt eine andere Frequenz als der Sendeimpuls.	Messbereich: 10 mm/s bis >10 km/s Messunsicherheit: ≦±0,1%	Geschwindigkeitsmessung bei Fahrzeugen, Sensoren zur Türöffnung in Warenhäusern.

M

Messen von Kräften und Dehnungen — Force measurement and strain measurement

Arten (vereinfachte Darstellung)	Wirkungsweisen, Messspannungen	Kenngrößen, Bemerkungen	Anwendungen (Beispiele)
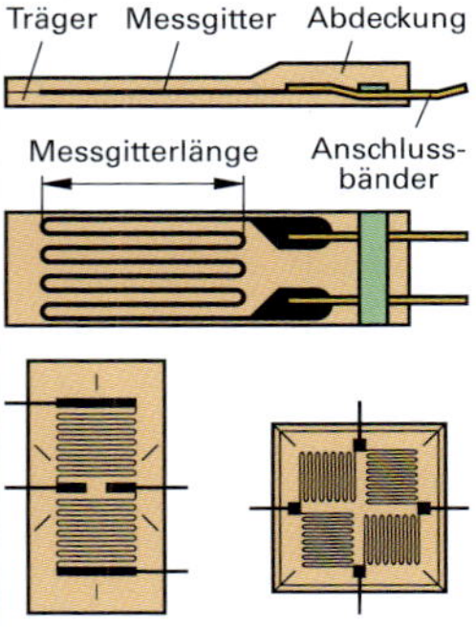 **Dehnungsmessstreifen (DMS)**	Die Wirkung eines DMS beruht auf der Widerstandserhöhung eines Leiters, weil dieser durch Dehnung verlängert und dabei gleichzeitig im Querschnitt verkleinert wird. DMS-Leiterwerkstoffe: Konstantan (60% Cu, 40% Ni) *k*-Faktor (Empfindlichkeitsfaktor) ≈ 2 Chrom-Nickel (80% Cr, 20% Ni) *k*-Faktor ≈ 2 Silicium bei Halbleiter-DMS *k*-Faktor ≈ 150	Messbereich: Länge des DMS: 2 mm bis 200 mm Dehnungen: $0{,}1\ \frac{\mu m}{m}$ bis $\frac{1\ mm}{m}$ Messunsicherheit: $\pm 1\,‰$ des Messbereichs Grenzfrequenz: bei Trägerfrequenz-Messbrücken $\approx$ 1 kHz, bei Gleichspannungs-Messbrücken $\approx$ 50 kHz.	Messung von Dehnungen an Werkstücken, Messung von mech. Spannungen in Werkstücken, Messung von Kräften, Drehmomenten, Biegemomenten und Beschleunigungen aufgrund von Bauteildehnungen.
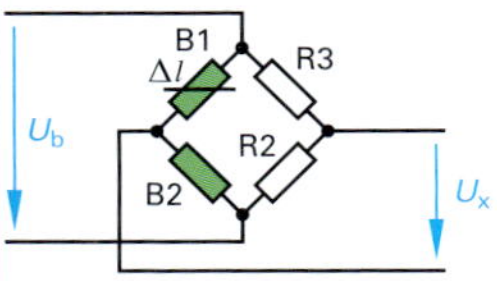 **Viertelbrückenschaltung**	$U_x = \frac{1}{4} \cdot k \cdot \varepsilon \cdot U_b$ ε Dehnung ($\Delta l/l$) k Faktor U_x Messspannung U_b Betriebsspannung	Die Viertelbrückenschaltung wird stets mit einem Kompensations-DMS zur Temperaturkompensation betrieben. Bei Temperaturänderungen ändern sich die Widerstände von B1 und B2 etwa gleich.	Erfassen einer Belastung 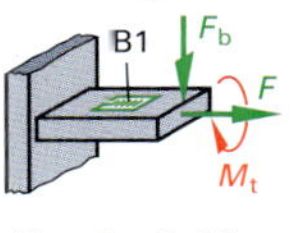 $U_x \sim F_b, F, M_t$
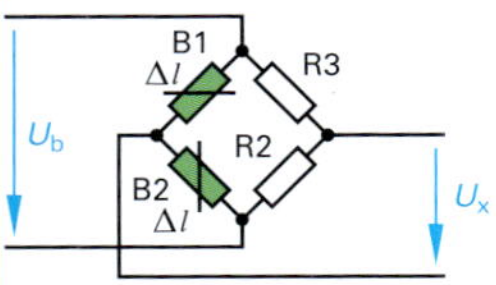 **Halbbrückenschaltung**	$U_x = \frac{1}{2} \cdot k \cdot \varepsilon \cdot U_b$ ε Dehnung ($\Delta l/l$) k Faktor U_x Messspannung U_b Betriebsspannung	Die Halbbrückenschaltung ist doppelt so empfindlich wie die Viertelbrückenschaltung hinsichtlich der Dehnung. Sie ist unempfindlich gegen Temperaturänderungen.	Biegemomentmessung 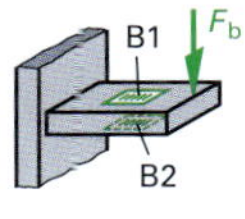 $U_x \sim F_b$
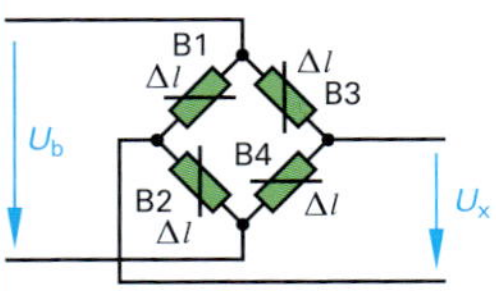 **Vollbrückenschaltung**	$U_x = k \cdot \varepsilon \cdot U_b$ ε Dehnung ($\Delta l/l$) k Faktor U_x Messspannung U_b Betriebsspannung	Die Vollbrückenschaltung hat vierfache Empfindlichkeit gegenüber der Viertelbrückenschaltung. Sie ist unempfindlich gegenüber Temperaturänderungen.	Torsionsmomentmessung 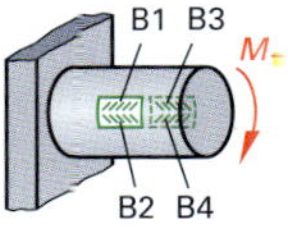 $U_x \sim M_t$
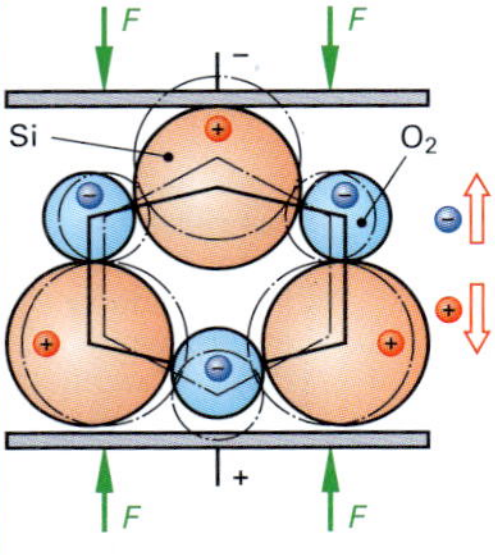 **Piezo-Sensor (Molekülmodell)**	Piezoelektrische Sensoren erzeugen bei Belastung durch Zugkräfte, Druckkräfte oder Schubkräfte eine elektrische Ladungsverschiebung und dadurch eine Spannung. Werkstoffe sind Quarzkristalle und Blei-Zirkonat-Titanat-Kristalle. Beim Längseffekt entsteht die elektrische Ladung in Kraftrichtung, beim Quereffekt senkrecht zur Kraftrichtung.	Messbereich: Stauchung $< 1\ \mu m$ Kräfte: mN bis MN Untere Grenzfrequenz: etwa 0,01 Hz Obere Grenzfrequenz: etwa 100 kHz	Schwingungsmessung, Kraftmessung, z. B. Erfassen von Zerspanungskräften, Erfassen von Beschleunigungskräften.

Temperaturmessung Temperature measurement

Arten (vereinfachte Darstellung)	Wirkungsweisen Formeln, Kennlinien	Kenngrößen	Anwendungen (Beispiele)
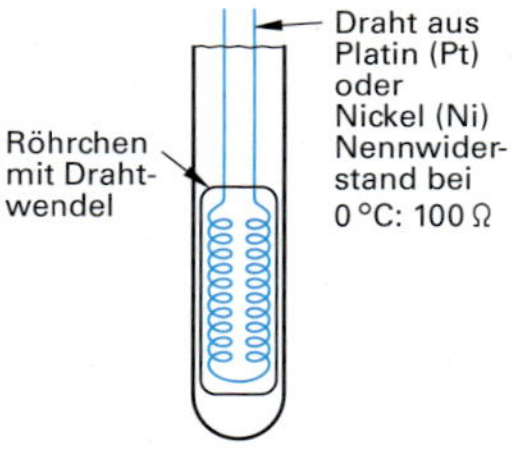 **Metallthermometer**	$R_2 = R_1 \cdot (1 + \alpha \cdot \Delta T)$ R_2 Widerstand bei Temperatur ϑ_2 R_1 Widerstand bei Temperatur ϑ_1 ΔT Temperaturdifferenz α Temperaturkoeffizient $\alpha_{Pt} = 0{,}00385/K$ $\alpha_{Ni} = 0{,}00617/K$	Messbereich: Bei Pt: −220 °C bis 1000 °C Bei Ni: −60 °C bis 200 °C Messunsicherheit: ±0,01 K im Bereich von 0 °C bis 200 °C, sonst ±0,5%. Ansprechzeit: in Flüssigkeit < 10 s in Luft > 1 min	Temperaturmessung bei chemischen Reaktoren.
Bauformen: 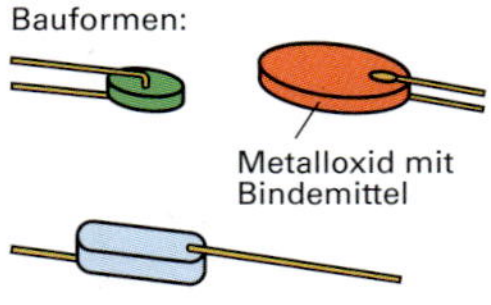 **Heißleiter (NTC-Widerstand)**	$R_2 = R_1 \cdot e^{\left[b \cdot \left(\frac{1}{\vartheta_2} - \frac{1}{\vartheta_0}\right)\right]}$ R_2 Widerstand bei Temperatur ϑ_2 R_1 Widerstand bei Temperatur ϑ_1 ϑ_2 Temperatur ϑ_0 Bezugstemperatur b Kenngröße (z. B. 4000 K)	Messbereich: −40 °C bis 400 °C Messunsicherheit: etwa ±2% Ansprechzeit: 10 s bis 1 min	Temperaturregelung bei Tiefkühltruhen, bei Waschmaschinen, Temperaturüberwachung bei elektrischen Anlagen, z. B. Computern.
Bauformen: 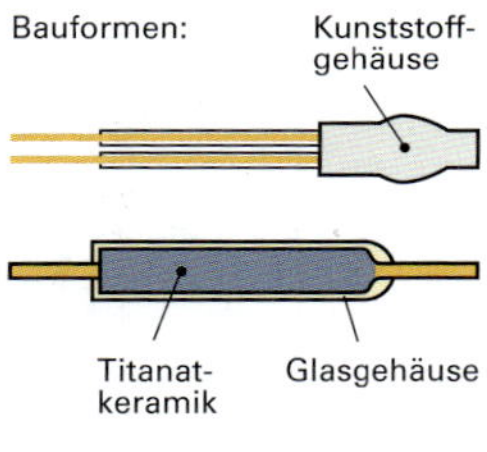 **Kaltleiter (PTC-Widerstände)**	Der Widerstand von Titanatkeramik ändert sich bei Überschreiten der Bemessungstemperatur ϑ_N sehr stark. 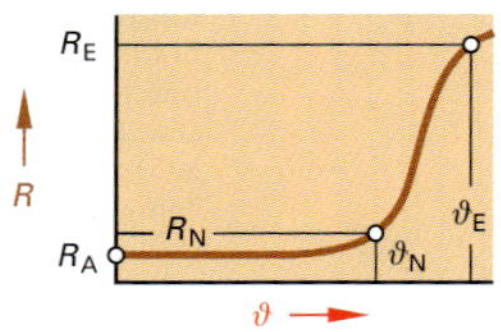 	Bemessungstemperatur: 60 °C bis 200 °C Messunsicherheit: etwa ±5% Ansprechzeit: 10 s bis 1 min	Sensor für Übertemperatur bei Motoren und in elektrischen Anlagen, z. B. Computern.
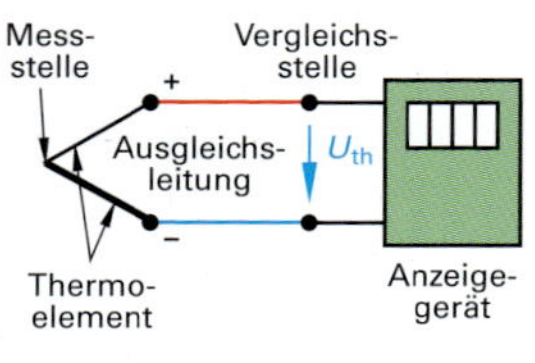 **Thermoelemente**	Die Thermospannung U_{th} entsteht beim Erwärmen verschiedener Metalle. Platin-Platinrhodium: 0,0065 mV/K Nickelchrom-Konstantan: 0,056 mV/K Eisen-Konstantan: 0,05 mV/K Kupfer-Konstantan: 0,04 mV/K	Messbereich: meist von −200 °C bis 1600 °C bei Platin, 800 °C bei Nickelchrom, 600 °C bei Eisen, 500 °C bei Kupfer Messunsicherheit: etwa ±1% Ansprechzeit: 10 ms bis 1 min	Temperaturmessung bei schnellveränderlichen Temperaturen, z. B. in Gießformen
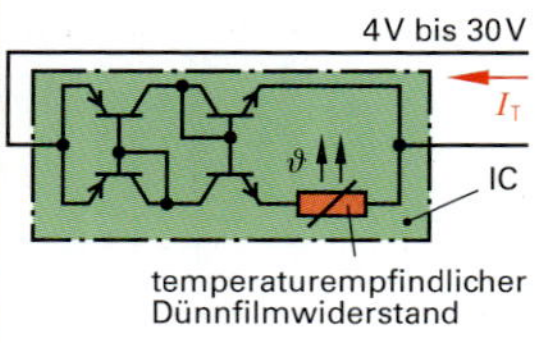 **Temperatur-Strom-Umsetzer**	Der Temperatur-Strom-Umsetzer liefert als integrierter Schaltkreis einen, zur absoluten Temperatur proportionalen, eingeprägten Strom I_T, z. B. mit 1 µA/K. Eine Kalibrierung ist nicht erforderlich.	Messbereich: −60 °C bis 150 °C Messunsicherheit: ±1% Ansprechzeit: 10 s bis 1 min	Temperaturmessung, vor allem in Verbindung mit Auswertung durch Computer, z. B. Erfassen von einem Temperaturfeld.

M

Bildsensoren, CCD Image sensors CCD

Aufbau	Erklärungen	Bemerkungen

Prinzip

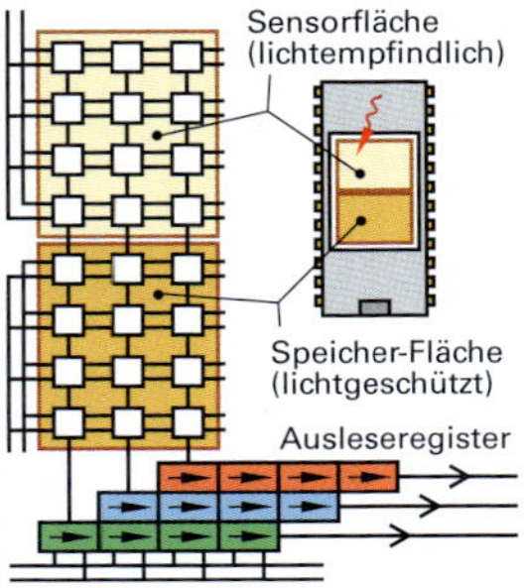

CCD-Chip mit Bildauswahl (FT)

Halbleiterbildaufnehmer sind Chips. Die Oberfläche besteht aus einer lichtempfindlichen MOS-Struktur mit Zeilen und Spalten. Ein Teil des Chips ist abgedeckt und dient als Transport- und Zwischenregister. Die Farbcodierung erfolgt durch Farbfilter über den einzelnen Bildpunkten (Pixel).

Die durch Belichtung im Fototeil entstehenden Ladungen werden durch Taktimpulse zunächst in den Zwischenspeicher und anschließend in ein Ausgangsregister verschoben (→) und von dort ausgelesen. Der Transport erfolgt jeweils während des Zeilenrücklaufs im Fernsehbild.

Die einzelnen Ladungen verdrängen beim Vorrücken (→) in die nächsten Speicherzellen die dortigen Ladungen. Deshalb spricht man von Ladungskopplung (CCD von Charge Coupled Device = ladungsgekoppelter Schaltkreis).
Es gibt auch Bildsensoren auf der Basis von lichtempfindlichen CMOS-Schaltkreisen. Sie sind hochintegriert mit einem Verstärker für jeden Bildpunkt. Man nennt diese Bildsensoren APS (von Active Pixel Sensor = aktiver Pixelsensor). Im Unterschied zum CDD-Chip werden die Bildsignale nicht als Ladungsströme dargestellt, sondern direkt als ein Spannungssignal.

Betriebsarten und Farbfilter

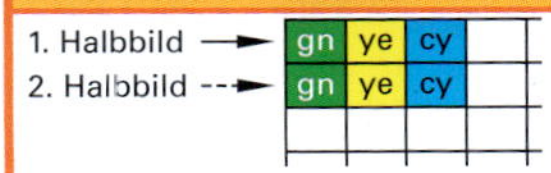

Farbfilter bei Bildauswahl (FT)

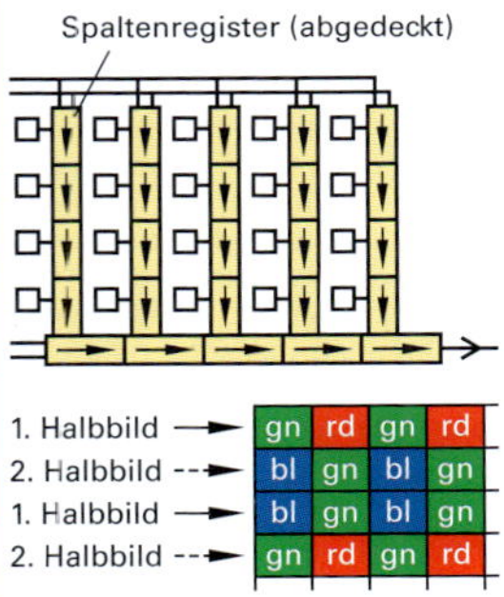

Spaltenauswahl

Bei der Bildauswahl werden die vollständigen Halbbilder in den abgedeckten Zwischenspeicher und von dort in das Ausgangsregister übertragen (siehe oben).

Bei der Spaltenauswahl oder Zwischenzeilenauswahl (IL-Auswahl von engl. interline) werden die Halbbilder zeilenweise über spaltenförmig angeordnete Transportregister in die Ausgangsregister übertragen.

Das Farbfilter besteht aus senkrechten Streifen mit den drei Grundfarben Grün (green), Rot (red), Blau (blue) über den ganzen Sensor. Statt Blau und Rot können auch Gelb (yellow) und Cyan (cyan) verwendet werden.
Vorteil: Einfacher Aufbau von Chip und Farbfilter

Das Farbfilter hat Mosaikstruktur. Die Farbpunkte sind gegeneinander versetzt. Für das vollständige Farbsignal werden die Farbinformationen von zwei aufeinander folgenden Zeilen eines Halbbildes benötigt.
Vorteil: Höhere Farbauflösung.

Baugrößen von CCD-Chips (Beispiele)

Formate (Bilddiagonale)	Chip-Abmessungen	Zahl der Bildpunkte (Pixel)	Zahl der nutzbaren Bildpunkte	Größe eines Bildpunktes	Anwendungen
1/6″ (2,6 mm)	2,9 mm × 3,3 mm	537(H) × 597(V)	290 000	4,9 µm × 3,15 µm	Medizin, Endoskopie
1/2″ (12,7 mm)	7,5 mm × 11 mm	780(H) × 576(V)	440 000	8,2 µm × 13,7 µm	Camcorder, Videokameras
1″ (25,4 mm)	20 mm × 25 mm	1920(H) × 1152(V)	2 000 000	–	Wissenschaft, Studiokameras

Das optische Format in Zoll wurde von den früheren Bildaufnahmeröhren bzw. von den zugehörigen Kameraobjektiven übernommen.

Elektrische Kenngrößen (Beispiel 1/2″-CCD)

Bandbreite des Videosignals	Signal-Rauschabstand	Empfindlichkeit	Leistungsaufnahme	Betriebsspannung	Videoausgang
3,5 MHz	> 50 dB	20 mV/lx	4 W	12 V	1 V an 75 Ω

H Horizontal, V Vertikal, 1″ = Zoll = 1 Inch = 25,4 mm, (→) Verschieberichtung der Ladungen, Pixel = Kunstwort von picture element = Bildpunkt.

M

Digitales Messen Digital measuring

Messverfahren, Messgrößen	Erklärungen, Anwendungen, Fehler

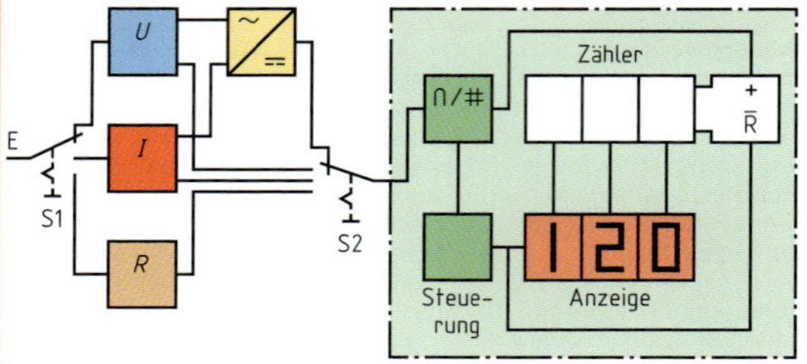

Spannungsmessung, Strommessung, Widerstandsmessung

Alle AC-Messgrößen werden in eine proportionale Gleichspannung umgewandelt und dann wie die übrigen Messgrößen einem AD-Umsetzer zugeführt. Die Steuerung erfolgt oft durch Mikrocontroller. Nicht für sich schnell ändernde Messgrößen geeignet. Bereichsumschaltung manuell oder automatisch.

Die Messgenauigkeit wird durch Abweichungen bei der Anzeige der letzten Stelle verfälscht.

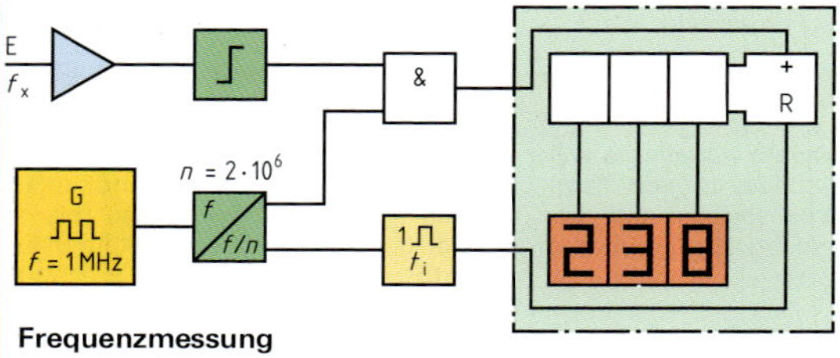

Frequenzmessung

Frequenzzähler zählen Impulse je Zeiteinheit. Die Genauigkeit ist deshalb von der Stabilität der Zeitbasis und der Anzahl der gezählten Impulse abhängig. Es sind Torzeiten von 0,1 s oder 1 s üblich. Für Frequenzen über 0,5 GHz werden oft besondere Vorteiler verwendet, für welche die Zeitbasis entsprechend geschaltet wird. Bei hochgenauen Frequenzzählern wird die Zeitbasis durch Vergleich mit einem Zeitzeichensender, z. B. DCF 77 kontrolliert.

Der Messfehler ist bei niedrigen Frequenzen groß.

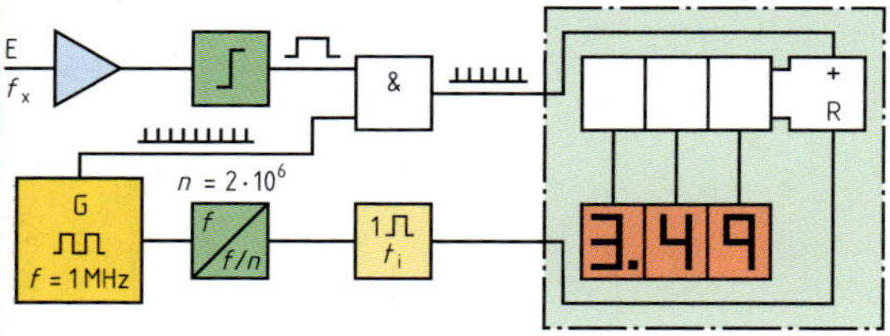

Periodendauermessung

Zeitmessgeräte (Stoppuhren) zählen die von der Zeitbasis erzeugten Impulse in Abhängigkeit von der zu messenden Zeit. Die Genauigkeit ist von der Zeitbasis und der Impulszahl abhängig. Je länger die Messzeit ist, desto genauer wird gemessen. Deshalb muss geprüft werden, ob eine Frequenzmessung oder eine Zeitmessung genauer ist. Oft haben Zählgeräte einen Frequenz-Zeit-Umschalter.

Der Messfehler ist bei kleinen Messzeiten groß.

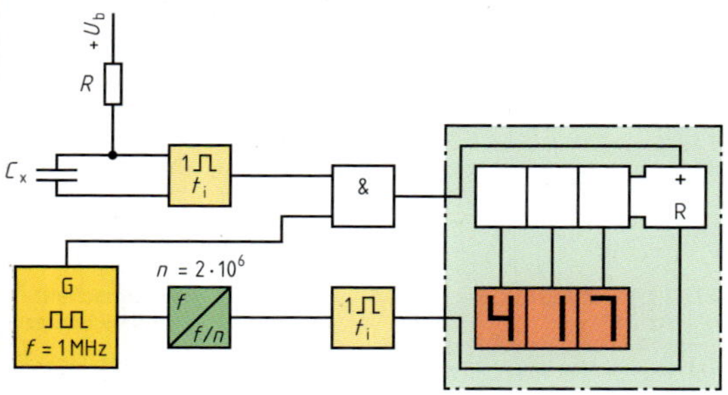

Kapazitätsmessung

Die Messzeit ergibt sich aus der Kippzeit einer monostabilen Kippschaltung. Da die instabile Zeit $t \approx 0{,}7 \cdot R \cdot C_x$ ist, wird der Wert von R im jeweiligen Messbereich so gewählt, dass die Anzeigeeinheit direkt die entsprechenden Kapazitätswerte anzeigt.

Zusätzlich zu dem bei der Zeitmessung auftretenden Fehler kommt der Fehler durch die monostabile Kippschaltung.

C_x Messkondensator,	R Widerstand,	t_x Messzeit,
f_x Messfrequenz,	R Rücksetzeingang,	U Spannung,
I Messstrom,	t_i Impulsdauer,	U_b Betriebsspannung.

DCF 77: Rufzeichen des von der DTAG betriebenen Zeit- und Normalfrequenzsenders der Physikalisch-Technischen Bundesanstalt (PTB) auf 77,5 kHz in Mainflingen bei Frankfurt/Main.

M

Datenerfassung für das Messen mit dem Computer
Data acquisition for measuring by PC

Schaltung, Prinzip	Erklärungen, Wirkungsweise	Daten, Anwendung
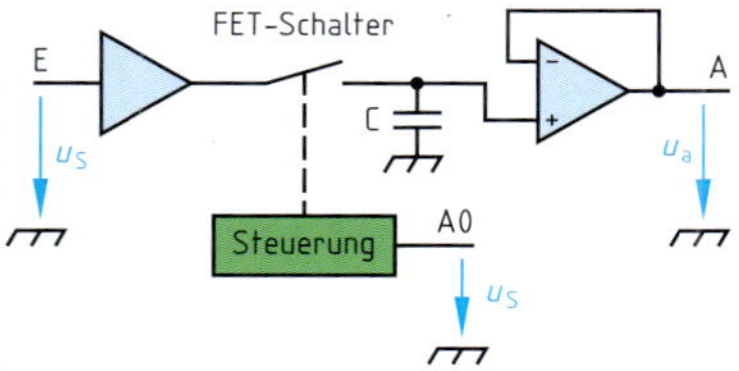 **Sample-and-Hold-Schaltung**	Eine Sample-and-Hold-Schaltung (Abtast- und Halte-Schaltung, S&H, SH) speichert den Eingangsspannungswert zu einem bestimmten Zeitpunkt in einem Kondensator. Der Kondensator hat eine kleine Kapazität (schnelle Aufladung). Deshalb muss der folgende Verstärker einen sehr großen Eingangswiderstand haben. Es gibt zwei Betriebszustände: Abtasten: Schalter geschlossen (Sample). Halten: Schalter geöffnet (Hold).	Stromverhältnis Sample zu Hold bis $2 \cdot 10^9$, Anstiegszeit bis 10 V/µs, Abtastzeit ≥ 50 ns, Eingangsspannung u_e bis ±10 V.
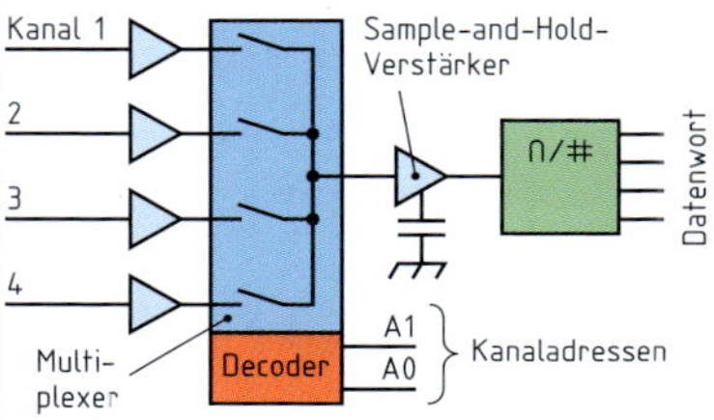 **Serielle Abfrage, serielle Auswertung**	Mit Schaltern werden die Eingangskanäle meist nacheinander abgefragt. Die Kanalsteuerung wird mit einem Decoder über die Kanaladressen vorgenommen. Der analoge Augenblickswert wird zwischengespeichert (Sample-and-Hold-Kreis) und einem AD-Umsetzer (Analog-Digital-Umsetzer, ADU) zugeführt. Nach Übergabe des Datenwortes wird der nächste Kanal zyklisch angewählt und entsprechend ausgewertet.	Zwei bis acht schaltbare Kanäle, ein Sample-and-Hold-Kreis, ein AD-Umsetzer.
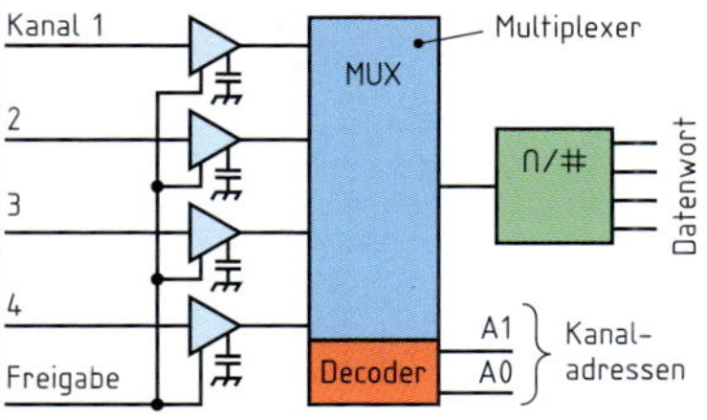 **Parallele Abfrage, serielle Auswertung**	Die Eingangskanäle werden zum gleichen Zeitpunkt parallel abgefragt und jeweils einem Sample-and-Hold-Kreis zugeführt. Der Multiplexer schaltet meist in zyklischer Reihenfolge die Ausgänge der Sample-and-Hold-Kreise auf den AD-Umsetzer. Nach Übergabe des Datenwortes wird der nächste Kanal entsprechend ausgewertet.	Zwei bis acht schaltbare Kanäle, vier Sample-and-Hold-Kreise, ein AD-Umsetzer.
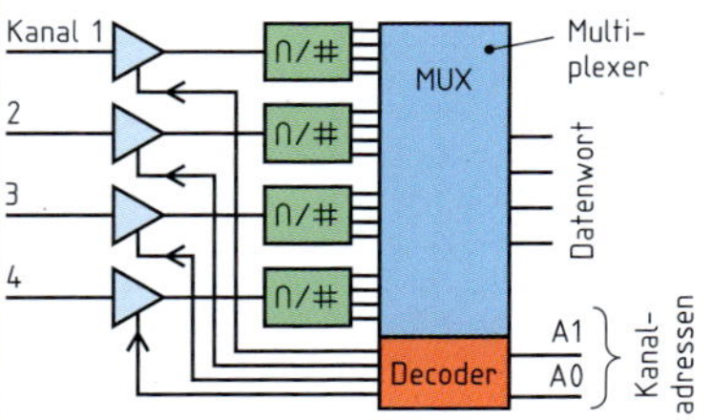 **Parallele Abfrage, digitale Auswertung**	Die Eingangskanäle werden zum gleichen Zeitpunkt parallel abgefragt und jeweils einem Sample-and-Hold-Kreis zugeführt. Jeder Sample-and-Hold-Kreis ist mit einem eigenen AD-Umsetzer verbunden. Die Datenworte der einzelnen Kanäle werden nacheinander in meist zyklischer Reihenfolge am Multiplexer-Ausgang zur Verfügung gestellt.	Zwei bis vier schaltbare Kanäle, vier Sample-and-Hold-Kreise, ein Digitalmultiplexer.
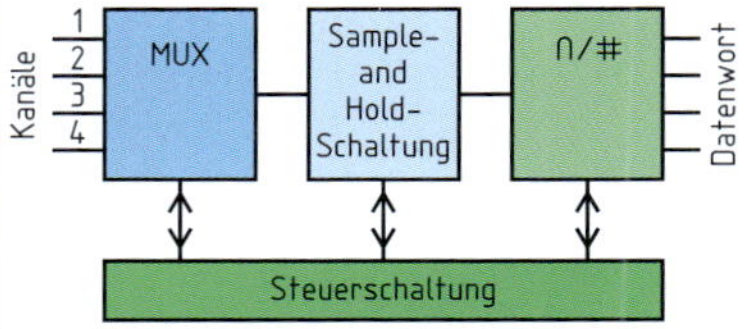 **Sampling-AD-Umsetzer**	Ein analoger Multiplexer wählt einen Kanal aus. Das Eingangssignal dieses Kanals wird der Sample-and-Hold-Schaltung (Abtast- und Halteschaltung) zugeführt. Ein AD-Umsetzer wandelt den Analogwert in ein Datenwort um. Eine Steuerschaltung steuert die drei Baugruppen.	Umsetzgeschwindigkeit bis 20 MHz. Auflösung bis 12 bit Oft sind Sampling-AD-Umsetzer in Mikrocontrollern integriert.

AD Analog-Digital
A0, A1 Adressleiter zur Anwahl;
R_{ON} Durchgangswiderstand;
u_a Ausgangsspannung;
u_e Eingangsspannung;
u_s Schaltspannung;
Gate = Tor;
Hold von to hold = halten;
Sample = Probe, Muster.

M

Messwerterfassung mit dem PC Measuring data acquisition with the PC

Hardware zur Messwerterfassung

Art	Erklärung	Beispiel, Daten
Sensoren	Umsetzung der Messgrößen in ein elektrisches Signal.	Thermoelement für Temperaturmessung.
Signal-Konditionierung	Umsetzung der Signale in eine Form, die zur Weiterverarbeitung in der folgenden Stufe geeignet ist.	Potenzialfreiheit herstellen, Verstärkung, Rauscheinfluss durch Filter beseitigen, auch Spannungs-Strom-Umsetzung.
Steckkarte für PC (Datenerfassungskarte)	Umsetzung des konditionierten Signals z. B. in Bitfolgen, die vom PC weiterverarbeitet werden können.	Das analoge konditionierte Signal wird durch einen AD-Umsetzer digitalisiert.
Karte mit analogen Eingängen und digitalen Ausgängen	Karte mit bis zu 64 Analogeingängen, die z. B. über einen Multiplexer und AD-Umsetzer an die 48 Ausgänge gelegt werden.	Die Wortbreite jedes Kanals beträgt 8 bit bis 32 bit. Die Abtastrate bis MS/s (S = Samples = Abtastungen).
Multifunktionskarte	Karte mit allen Arten von Eingängen und Ausgängen.	Die Werte entsprechen denen der übrigen Karten.
Herkömmliches Messgerät	Übliche Messgeräte mit einer geeigneten Schnittstelle, z. B. USB oder RS 232, können ihre Messwerte an die Datenerfassungskarte des PC abgeben.	Das Messgerät arbeitet . meist unabhängig vom PC (Stand-Alone-Betrieb). Die Messwerte werden aber von Zeit zu Zeit zum PC übertragen.

M

Virtuelle Instrumente (VIs)

Bildschirmansicht	Erklärung
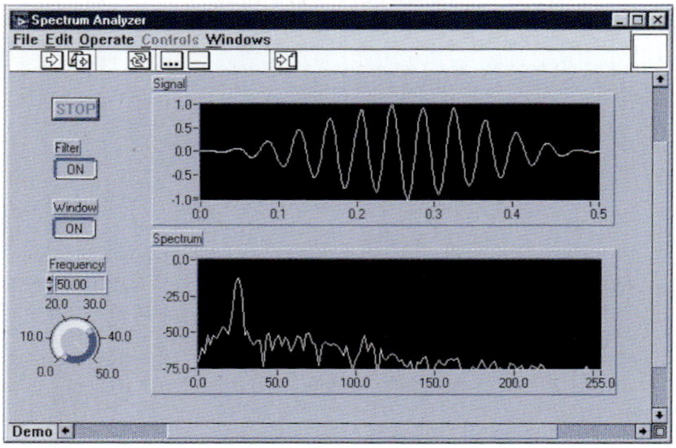 **Front Panel (Bedienoberfläche) eines virtuellen Instruments (VIs)**	Der PC wird mit einer speziellen Software betrieben, welche auf dem Bildschirm die Ansicht der Frontseite (Front Panel) eines Messgerätes erzeugt (**Bild**). Die Schalter und Drehköpfe können mit der Maus betätigt werden. Über Buttons (Schaltflächen) können weitere Parameter verändert werden. Oft benutzte grafische Software-Systeme sind • LabVIEW, HPVEE oder DASYLab. Einfache VIs können auch selbst programmiert werden. Bei den drei genannten objektorientierten grafischen Software-Systemen wird die Aufgabe in einem Blockdiagramm angegeben und über Paletten (z. B. Bedienelementepalette) in das Front-Panel eines VIs umgesetzt.

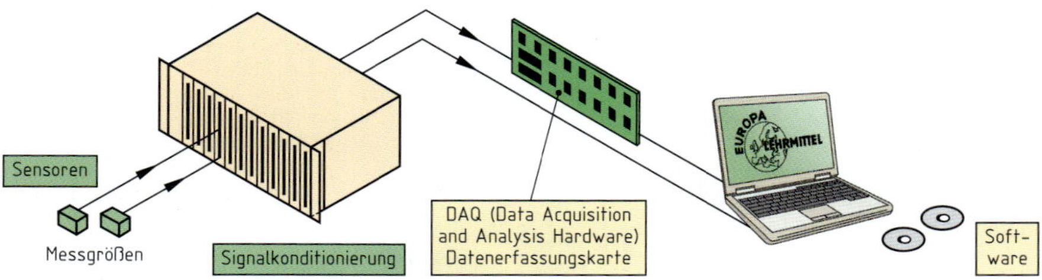

Bestandteile eines Datenerfassungssystems (DAQ-Systems)

Allgemeine Begriffe bei Messkarten

Begriff	Erklärung	Bemerkungen, Beispiele
AD-Umsetzer, ADU, ADC	Modul zur Umsetzung (Konvertierung) von Analogsignalen in Digitalsignale.	Bei sehr hoher Wandlungsrate Parallel-Umsetzer, sonst Umsetzer für schrittweise Annäherung.
Bandbreite	Frequenzbereich der erfassbaren Signale	30 Hz bis 20 MHz. In diesem Bereich gilt aber nicht die angegebene Genauigkeit.
CMRR	Common Mode Rejection Ratio (Gleichtakt-Unterdrückungsverhältnis) Kenngröße des auf der Messkarte enthaltenen Operationsverstärkers.	70 dB bei Verstärkungsfaktor 1
Eingangsimpedanz	Scheinwiderstand, der am Eingang der Messkarte gemessen werden kann.	80 kΩ, 100 kΩ, 10 GΩ
Eingangskanal	Weg für die Erfassung der Messdaten eines Sensors.	8, 12 oder 16 Kanäle
Einstellzeit	Zeit, welche bis zur Ausgabe eines Ergebnisses vergeht.	0,1 ms
Externer Speicher	Speicher außerhalb der Datenerfassungskarte	128 KB bis 5 GB
Messbereich	Bereich, für den die angegebene Genauigkeit gilt.	−10 V bis +10 V und 0 Hz bis 1 MHz
On-Board-Speicher	Speicher auf der Datenerfassungskarte.	Je nach Art von 8 KB bis 2 MB
Quantisierungsfehler	Fehler, der bei der Quantisierung eines bisherigen Analogsignals entstehen kann.	Maximal 1 % oder 0,1 % bei Verstärkungsfaktor 1000.
Wandlungsrate, Abtastrate	Anzahl der je Sekunde maximal durchführbaren AD-Umsetzungen.	100 kHz bzw. 100 kSPS = 100 Kilosamples Per Second (100000 Abtastungen je Sekunde).

Genauigkeit bei Messungen mit dem PC

Begriff	Ansicht	Erklärung, Formeln
Auflösung in bit	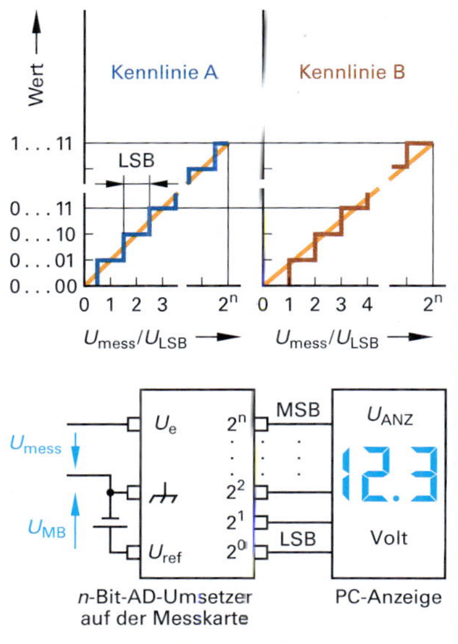	Eine 12-Bit-Karte hat eine Auflösung von $n = 12$ bit.
Quantisierungskennlinie		Ordnet der gemessenen Spannung einen digitalen Wert zu. Kennlinie A: linear, idealer Umsetzer Kennlinie B: gleichmäßige Abschnitte
Auflösung in Quantisierungsschritten		Zahl A der Abschnitte $A = 2^n$
Messbereich U_{MB}		Für $0\,V < U_{mess} < 12\,V$ ist: $U_{MB} = 12\,V$ Für $-5\,V < U_{mess} < 5\,V$ ist: $U_{MB} = 10\,V$
Auflösung in Volt A_V		Kennlinie A: $A_V = \frac{U_{MB}}{2^n - 1}$ Kennlinie B: $A_V = \frac{U_{MB}}{2^n}$
LSB, Least Significant Bit		Bit mit der niedrigsten Wertigkeit. $U_{LSB} = A_V$
Maximaler Quantisierungsfehler		Kennlinie A: $F_{max} = \pm 0{,}5\,U_{LSB}$ Kennlinie B: $F_{max} = \pm U_{LSB}$
relativer Quantisierungsfehler		$f = \frac{U_{ANZ} - U_{mess}}{U_{mess}}$ $f = \frac{F}{U_{mess}} \cdot 100\,\%$

A Auflösung,
A_V Auflösung in Volt,
F absoluter Messfehler
f relativer Messfehler,
n Anzahl der Bits
U_{ANZ} angezeigte Spannung
U_{LSB} Spannungswert des LSB
U_{MB} Messbereich
U_{mess} gemessene Spannung

Fernwirksysteme Remote control system

Baugruppen

Art	Erklärungen	Daten, Beispiele
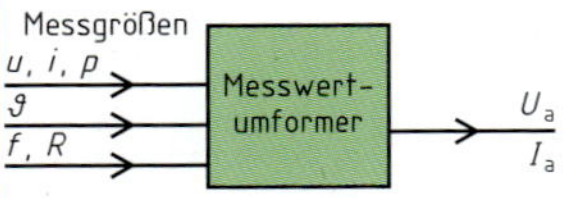 **Sensoren und Messwertumformer**	Mit Sensoren werden die zu wandelnden Größen erfasst. Messumformer wandeln die Messgrößen in die gewünschten Signale um. Übertragungseinrichtungen leiten diese weiter.	Umdrehungsfrequenz: 20/min bis 7000/min Temperatur: −40 °C bis 160 °C Für das Messen von Spannungen, Strömen und Leistungen von Generatoren und Motoren.
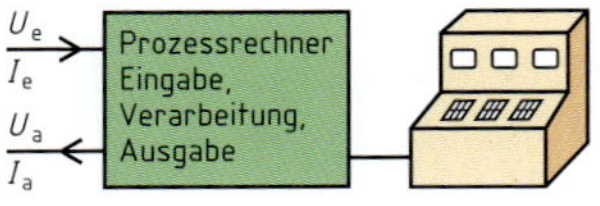 **Zentrale**	In der Zentrale werden die eingehenden Signale ausgewertet und im Leitstand angezeigt. Auswertungen erfolgen automatisch oder durch Dialog mit dem Bedienpersonal.	Je nach der anfallenden Datenmenge wird ein PC oder eine SPS (Speicher programmierbare Steuerung) verwendet.
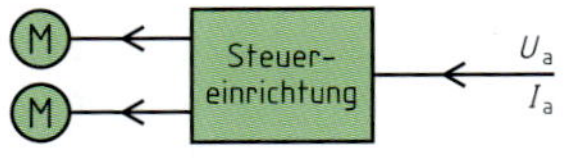 **Aktoren und Steuereinrichtung**	Steuereinrichtungen setzen die Signale der Zentrale so um, dass über entsprechende Aktoren die Anlage gesteuert werden kann.	Aktoren sind Schütze, Relais, Ventile, Pumpen, Servomotoren.

Messwertübertragung

Übertragungsart	Erklärungen	Daten
 **Gleichstromleitung**	Die Messgröße kann als eingeprägte Mess-Spannung U_a oder als eingeprägter Messstrom I_a übertragen werden. Meist werden verdrillte Zweidrahtleitungen verwendet.	Ausgangsgleichspannungen U_a von 1 V bis 10 V. Kurzschlussstrom ≤ 50 mA. Ausgangsgleichströme I_a 2,5 mA, 5 mA, 10 mA, 20 mA. Leerlaufspannung ≤ 30 V.
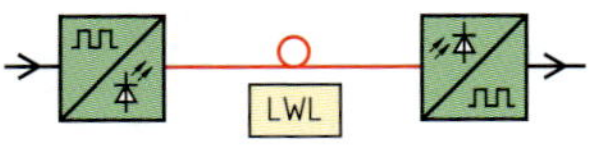 **Glasfaserleitung (LWL)**	Sender und Empfänger für Glasfaserleitungen werden zur optischen Übertragung von digitalen Daten verwendet. Der Sender arbeitet mit IRED, LED oder Laserdiode, der Empfänger mit einer Fotodiode.	Bitrate für TTL-Übertragung: bis 5 Mbit/s. Bitrate für V.24-Übertragung: bis 100 kbit/s. Übertragungsentfernung je nach Leitungstyp: 200 m bis 3000 m.
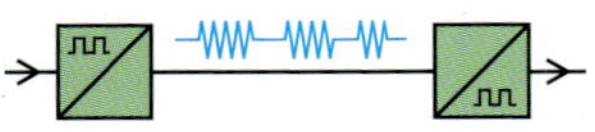 **Tonfrequenz**	Die Pulsfrequenz schaltet den Tonfrequenzsender entsprechend ein und aus. Der Tonfrequenzempfänger arbeitet als AM-Empfänger, der das jeweilige Sendesignal selektiv ausfiltert und eingeprägte Ausgangssignale abgibt.	Frequenzbereich 300 Hz bis 3,4 kHz. Kanalzahl 1 bis 25. Frequenzabstand 120 Hz/Kanal. Sendepegel ≤ 625 mV bei 1 Kanal. Sendesummenpegel ≤ 385 mV je Kanal.
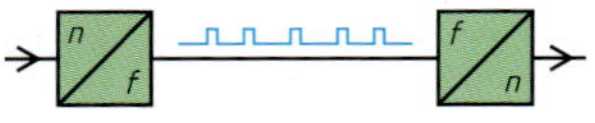 **Pulsfrequenz**	Auf der Sendeseite wird die Eingangsgröße in eine proportionale Pulsfrequenz umgeformt. Auf der Empfangsseite wird aus den Sendepulsen mit einem Frequenz-Spannungs-Umsetzer ein zur Frequenz proportionaler, eingeprägter Gleichstrom oder eine eingeprägte Gleichspannung erzeugt.	Frequenzbereich 5 Hz bis 15 Hz. Für u_e = 0 V ist bei unipolarem Eingang f_0 = 5 Hz, bei bipolarem Eingang f_0 = 10 Hz. Impulsform rechteckförmig. Tastgrad g = 0,5. Spannungspegel bei Einfachimpulsen 20 V, bei Doppelimpulsen ±20 V.

f_0 ungetastete Frequenz
g Tastgrad
I_e Eingangsstrom
I_a Ausgangsstrom
LWL Lichtwellenleiter
n Umdrehungsfrequenz, Drehzahl (als Beispiel für Messgröße)
p Druck
t Zeit
U_a Ausgangsspannung
U_e Eingangsspannung
ϑ Temperatur

M

Messumformer und Signalumsetzer für Fernwirksysteme
Measuring converter and signal transducer for remote control systems

Bauformen und Schaltungen	Erklärungen	Daten
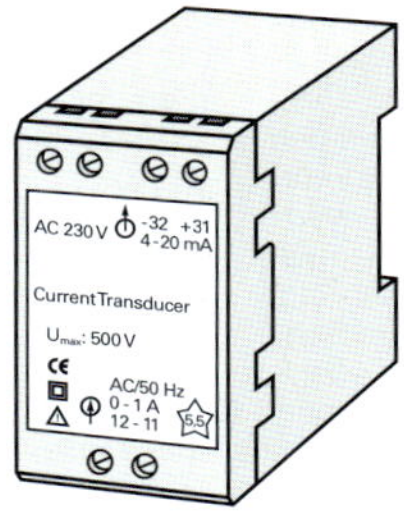 **Messumformer**	Messumformer gibt es für das Messen von Wechselspannungen und Wechselströmen. Messumformer, die ihre Betriebsspannung dem Messsignal entnehmen, nennt man passive Umformer. Diese Umformer sind nur für sinusförmige Eingangsgrößen geeignet. Messumformer mit eigener Betriebsspannung werden aktive Umformer genannt.	Eingangsspannungen: AC 40 V bis 500 V. Nennfrequenzen: AC 50 Hz und 60 Hz. Eingangsbemessungsströme: AC 1 A bis 10 A. Die Messumformer besitzen eine Schnappbefestigung für Hutschienen mit 35 mm Breite.
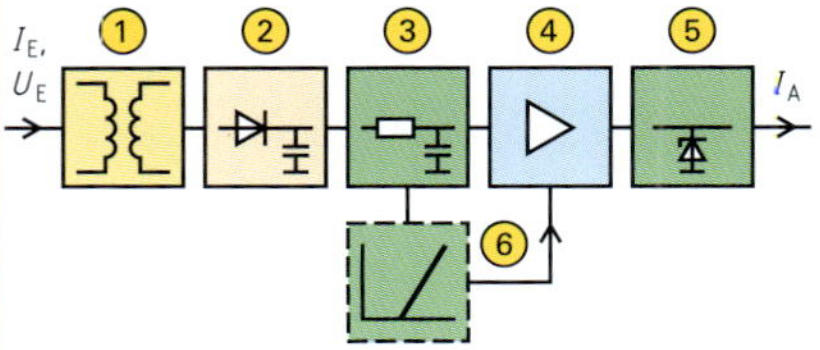 **Übersichtsschaltplan eines passiven Messumformers** 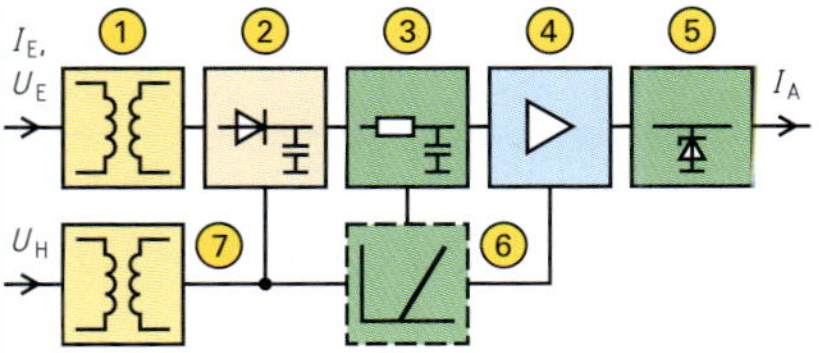 **Übersichtsschaltplan eines aktiven Messumformers**	Das Eingangssignal U_e oder I_e wird über einen Transformator ① an die Gleichrichterbaugruppe ② angeschlossen. Ein Tiefpass-Filter ③ beseitigt Störfrequenzen und steuert den Ausgangsverstärker ④ an. Eine Schutzbeschaltung ⑤ schützt den Ausgang bei Kurzschluss und Überspannungen. Mit einer Nullpunktunterdrückungsschaltung ⑥ kann der Ausgangsstrom gedehnt dargestellt werden. ⑦ Transformator für die Betriebsspannung.	Ausgangsströme der Messumformer: 0 mA bis 1 mA, 0 mA bis 2,5 mA, 0 mA bis 5 mA, 0 mA bis 10 mA und 0 mA bis 20 mA. Restwelligkeit 0,5% von $\hat{I}_E$. Einstellzeit $\leq$ 350 ms für 99% vom Endwert von $\hat{I}_A$. Eingangssignale aktiver Messumformer: Sinussignal, Rechtecksignal, Dreiecksignal und phasenangeschnittene Signale. Hilfsspannung: $U_H = 24$ V
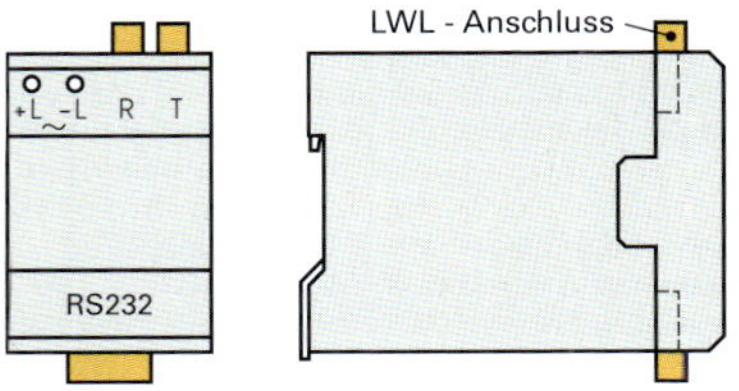 **Signalumsetzer für LWL** 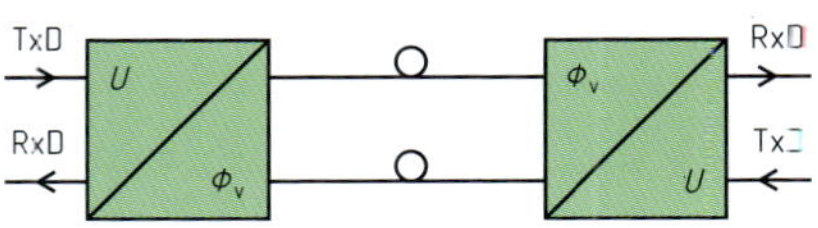 **Übersichtsschaltplan einer Übertragungsstrecke mit Signalumsetzern für LWL**	Für die störsichere Datenübertragung werden Signalumsetzer mit LWL (Lichtwellenleiter, Glasfaserleiter) verwendet. Es gibt Signalumsetzer für die Schnittstelle RS232 mit 9-poligem Sub-D-Stecker und die Schnittstelle RS485 mit Schraubanschlüssen A und B. Der Anschluss der Lichtwellenleiter erfolgt mit SMA-Schraubanschlüssen. R von to receive = empfangen RxD von Receive data = Datenempfang T von to transmit = senden TxD von Transmit data = Sendedaten	Glasfaserdurchmesser: 50 µm oder 125 µm. Maximale Glasfaserlänge: 3000 m. Bei RS232-Schnittstelle Licht Aus ≙ L-Pegel und Licht Ein ≙ H-Pegel. Die Zuordnung ist umschaltbar. Bei RS485-Schnittstelle Licht Ein ≙ H-Pegel und Licht Aus ≙ L-Pegel. Betriebsspannung U_b AC oder DC.

I_e Eingangsstrom
I_A Ausgangsstrom
$\hat{I}_A$ Spitze-Tal-Wert von I_A
U Signalspannung
U_b Betriebsspannung
U_e Eingangsspannung
Φ_v Lichtstrom
SMA Subminiatur-Adapter

M

Programmierbarer Messumformer für Fernwirksysteme
Programmable measuring converter for remote control systems

Funktionen und Schaltungen	Erklärungen	Bemerkungen, Daten

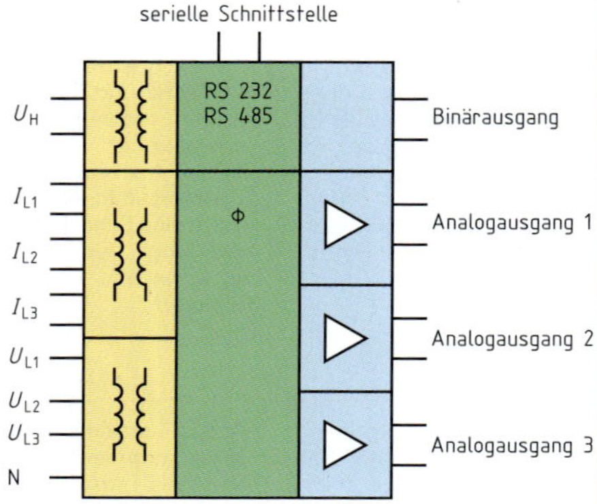

Prinzipschaltplan

Es sind drei Leiterspannungen und drei Leiterströme gleichzeitig auswertbar. Die Eingangswechselgrößen werden in zur Messgröße proportionale Gleichspannungen gewandelt. An jedem der analogen Ausgänge können Spannung, Strom, Wirkleistung, Blindleistung, Scheinleistung, Leistungsfaktor, Phasenwinkel oder Frequenz ausgegeben werden. Der Binärausgang liefert z. B. Impulse zur Arbeitsmessung.

Eingangsspannungen AC 230 V/400 V.
Bemessungsfrequenzen $16\frac{2}{3}$ Hz, 50 Hz und 60 Hz.
Eingangsströme 1 A bis 10 A.
Der Messumformer besitzt eine Schnappbefestigung für Hutschienen mit 35 mm Breite.
Binärausgang 256 Impulse/h bis 7200 Impulse/h.
Schnittstellen RS232 oder RS485 mit Bitraten von 2,4 kbit/s bis 19,2 kbit/s.

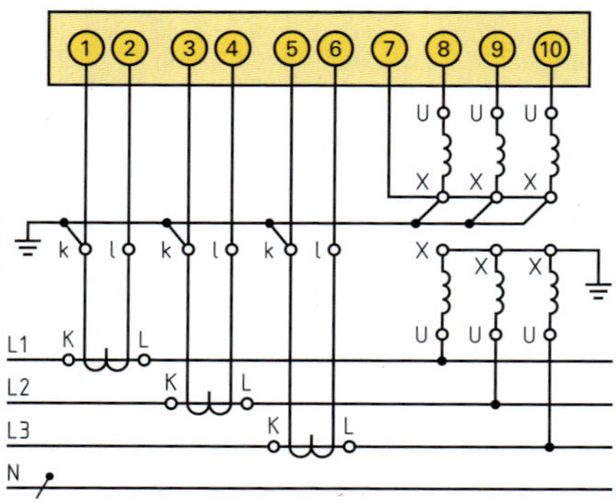

Anschlussplan für ein Vierleiter-Drehstromnetz mit beliebiger Belastung

Strangströme:
I_1 an Klemmen 1 und 2,
I_2 an Klemmen 3 und 4,
I_3 an Klemmen 5 und 6.
Spannungen:
U_1 an Klemme 8,
U_2 an Klemme 9,
U_3 an Klemme 10.
N-Leiter an Klemme 7.
Es können neun vom Messumformer erzeugte Signale auf dem Bildschirm eines PC in digitaler und analoger Form ausgegeben werden.

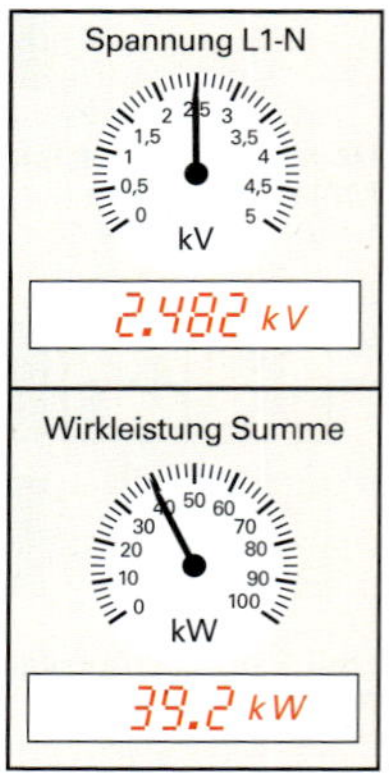

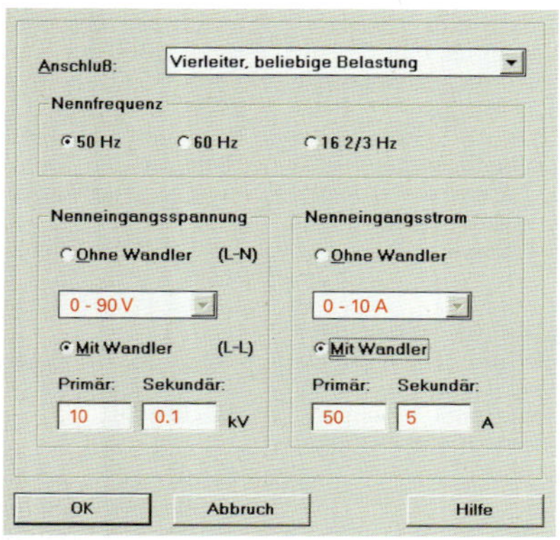

Fenster (Ausschnitt) zum Einstellen der Eingangsgrößen

Grundeinstellungen
- Anschlussart auswählen
- Bemessungsfrequenz (Nennfrequenz) anklicken
- Eingangsspannung wählen
- Eingangsstrom wählen

Ausgänge
- Ausgang anklicken
- Messgröße einstellen
- Messbereich einstellen
- Ausgangssignalart einstellen

Kalibrieren (Einmessen)
- Sollwert eingeben
- Kalibrierschaltfläche im Menü Gerät anklicken

Dreileiter oder Vierleiter, beliebige Belastung.
50 Hz, 60 Hz, $16\frac{2}{3}$ Hz.
Ohne Wandler, mit Wandler.
Ausgang 1, Ausgang 2, Ausgang 3 oder Binärausgang.
Wirkleistung: 1 W bis 100 MW.
Strom: 0 bis 20 mA.
Spannung: 70 V, 230 V, 400 V.
Gerät wird auf die neuen Werte eingestellt.

Störungen bei der Messsignalübertragung
Disturbances in measurement signal transmission

Schaltungsbeispiele	Ursachen	Abhilfemaßnahmen

Störungen durch galvanische Kopplungen

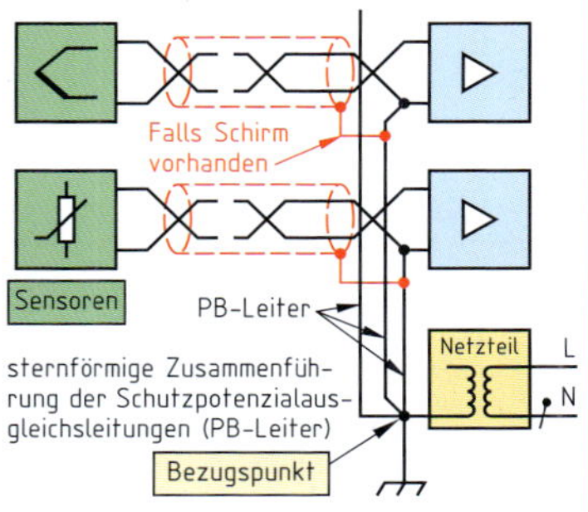

Ursachen: Galvanische Störbeeinflussungen entstehen durch gemeinsame Stromwege eines Messstromkreises mit anderen Stromkreisen, z. B. anderen Messstromkreisen, Steuerstromkreisen oder Leistungsstromkreisen. Durch den gemeinsamen Bezugsleiter verschiedener Sensoren oder anderer elektronischer Baugruppen entstehen durch den Leitungswiderstand und durch den Übergangswiderstand in den Anschlüssen oder Steckverbindungen *Spannungsfälle*, die sich direkt dem Messsignal überlagern.

Abhilfemaßnahmen: Galvanische Störbeeinflussungen verhindert man durch Vermeiden gemeinsamer Bezugsleiter, auch innerhalb eines Schaltschrankes, und durch Potenzialtrennung der Stromkreise. Eine Potenzialtrennung erfolgt elektromagnetisch durch Transformatoren für jeden Stromkreis oder elektromechanisch über Relais oder optoelektronisch durch Optokoppler.
Die Schutzpotenzialausgleichsleiter PB (von Protective Bonding) führt man sternförmig auf einen Bezugspunkt. Der Bezugspunkt wird mit dem Schutzleiter PE verbunden.

Störungen durch induktive Kopplungen

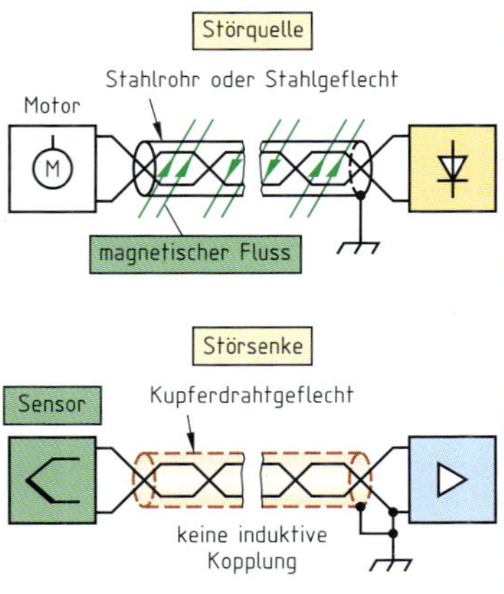

Ursachen: Induktive Einstreuungen entstehen durch *induktive Kopplung* zweier Stromkreise oder durch andere *elektromagnetische Felder*. Die induktive Kopplung entsteht durch eine Leiterschleife, z. B. gebildet aus Signalleiter und Bezugsleiter.
Das Verdrillen der Leiter der *Störquelle* bewirkt, dass die magnetischen Felder nach jeder Dralllänge die Richtung ändern, sodass ihre Wirkung nach außen schwach ist.
Das Verdrillen der Leiter der *Störsenke* bewirkt, dass ein einfallendes magnetisches Wechselfeld Spannungen induziert, deren Richtung nach jeder Dralllänge verschieden ist. Dadurch heben sich die induzierten Spannungen weitgehend auf.

Abhilfemaßnahmen: Durch Schirmung und Verdrillen der Messleitungen vermindert man magnetische Einstreuungen. Magnetische Störungen können durch magnetische Leiter aus ferromagnetischem Werkstoff oder durch Wirbelstromschirme, z. B. aus Aluminiumfolie oder aus Kupferdrahtgeflecht, abgeschirmt werden.
Stahlblechgehäuse und das Verlegen der Leitungen in Stahlrohren oder in Kabeln mit Stahlgeflechtummantelung ermöglichen eine Abschirmung der von der Störquelle erzeugten elektromagnetischen Felder und eine Abschirmung gegen elektromagnetische Felder, die in die Leitung der Störsenke eintreten wollen.

Störungen durch kapazitive Kopplungen

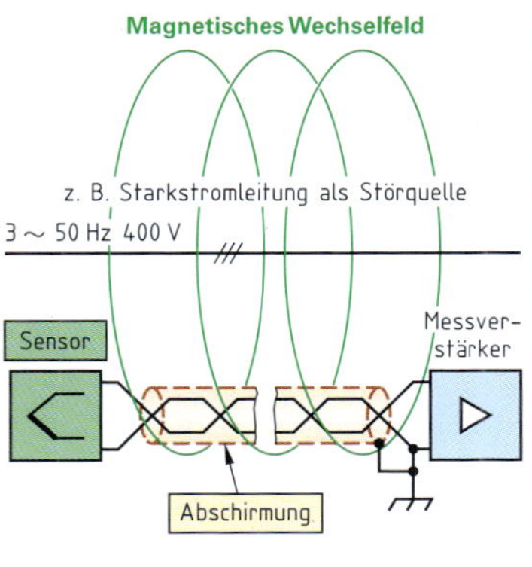

Ursachen: Kapazitive Einstreuungen entstehen durch ungewollte Kapazitäten zwischen Leitern von verschiedenen Stromkreisen, z. B. durch die Leitungskapazität parallel verlaufender Leitungen zweier verschiedener Stromkreise.
Störquellen wirken umso stärker, je kürzer die Spannungsanstiegszeit in den störenden Stromkreisen ist und je hochohmiger der gestörte Stromkreis ist.

Abhilfemaßnahmen: Zur Verringerung kapazitiver Einstreuungen sind gemeinsame Kabelkanäle mit anderen Leitungen zu vermeiden. Kapazitive Einstreuungen vermeiden Schirme aus möglichst gut leitendem Werkstoff, z. B. versilbertem Kupfergeflecht.
Messleitungen sollen in möglichst weitem Abstand von anderen Leitungen und nicht parallel zu diesen verlegt werden. Gemeinsame Kabelkanäle sind zu vermeiden. Sind mehrere Leitungen zu einer Messstelle verlegt, kann es bei Blitzeinschlägen in der Nähe zu hohen Induktionsspannungen kommen. Diese können ohne Überspannungsschutz die Messgeräte zerstören.

M

Messungen an Verstärkern   Measurements at amplifiers

Eingangssignale	Messschaltungen	Ausgangssignale	Formeln, Erklärungen
Spannungs-Verstärkungsmaß (Voltage gain)			
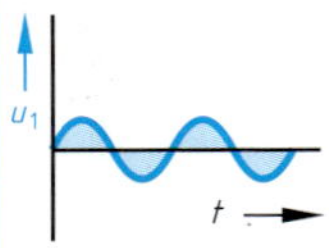	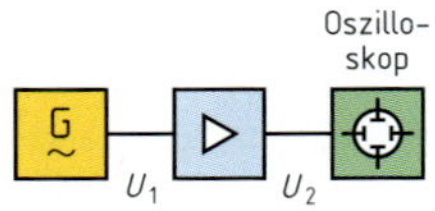	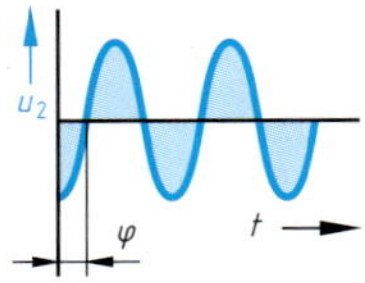	$G_u = 20 \cdot \lg \frac{U_2}{U_1}$ dB Mit $V_U = \frac{U_2}{U_1}$: $G_u = 20 \cdot \lg V_u$ dB
Übertragungskurve (Frequency response)			
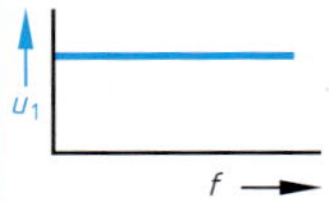	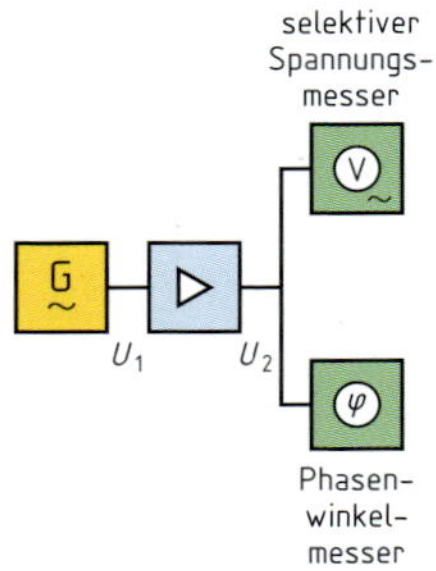	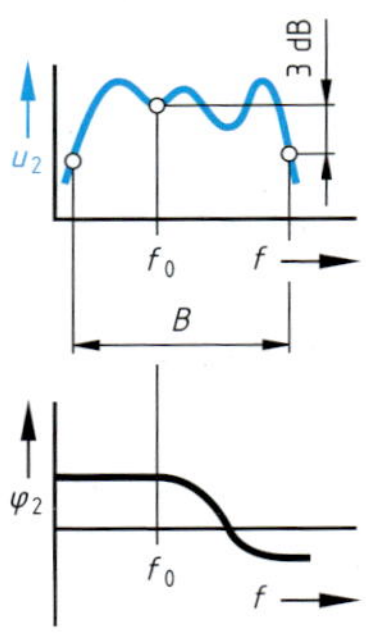	Die Übertragungskurve gibt das Verhältnis der Ausgangsspannung (nach Betrag und Phase) zur Eingangsspannung (mit konstanter Amplitude und Phase) in Abhängigkeit von der Frequenz an. Amplituden-Übertragungskurve: $U_2 = f(f)$ bei $U_1 = \text{const.}$ Phasen-Übertragungskurve: $\varphi_2 = f(f)$ bei $\varphi_1 = 0°$ Bandbreite B ist die Differenz zwischen den Frequenzen, bei denen die Verstärkung bezogen auf den Wert bei der Referenzfrequenz f_0 um einen bestimmten Wert (meist 3 dB, also Faktor 0,707) zurückgegangen ist.
Aussteuerungsbereich (Dynamic range)			
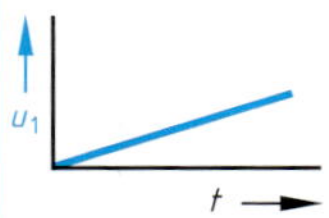	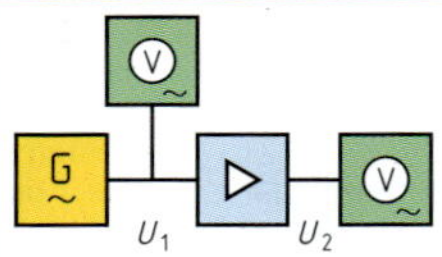	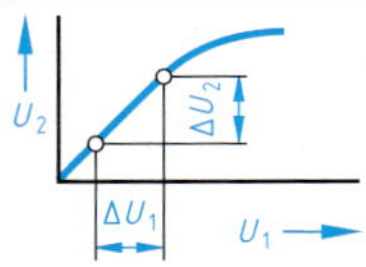	Der eingangsseitige Aussteuerungsbereich ΔU_1 ergibt den ausgangsseitigen Aussteuerungsbereich ΔU_2. Die untere Grenze ist durch das Rauschen gegeben, die obere Grenze durch die nichtlinearen Verzerrungen.
Klirrfaktor/Klirrdämpfungsmaß (Distortion factor)			
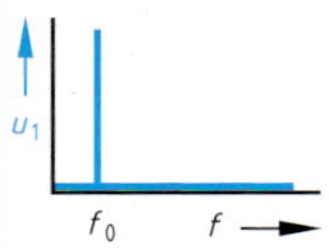	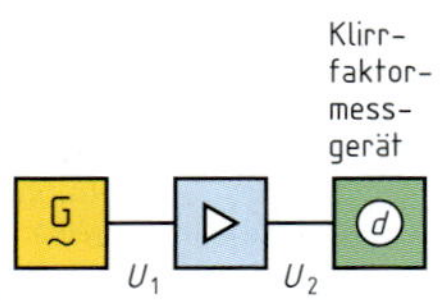	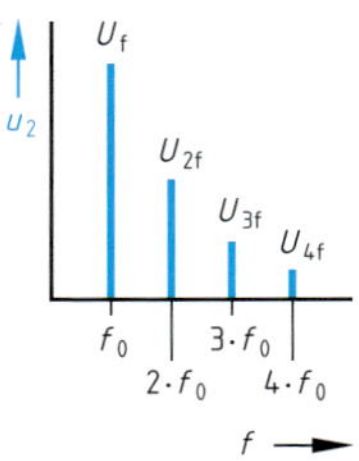	$d = \sqrt{\frac{(U_{2f})^2 + (U_{3f})^2 + \ldots}{(U_f)^2 + (U_{2f})^2 + (U_{3f})^2 + \ldots}}$ $A_d = 20 \cdot \lg \frac{1}{d}$ dB $A_d = -20 \cdot \lg d$ dB

A_d	Klirrdämpfungsmaß	U_1	Eingangsspannung	U_{4f}	Spannung des Ausgangssignals mit der vierfachen Bezugsfrequenz $4 \cdot f_0$
B	Bandbreite	U_2	Ausgangsspannung	V_u	Spannungs-Verstärkungsfaktor
d	Klirrfaktor	U_f	Spannung des Ausgangssignals mit der Bezugsfrequenz f_0	φ	Phasenverschiebungswinkel
f	Frequenz	U_{2f}	Spannung des Ausgangssignals mit der doppelten Bezugsfrequenz $2 \cdot f_0$	φ_1	Phasenverschiebungswinkel des Eingangssignals
f_0	Bezugsfrequenz	U_{2ges}	Spannung des Ausgangssignals mit allen Spektralanteilen (Gesamtausgangsspannung)	φ_2	Phasenverschiebungswinkel des Ausgangssignals
G_u	Spannungs-Verstärkungsmaß	U_{3f}	Spannung des Ausgangssignals mit der dreifachen Bezugsfrequenz $3 \cdot f_0$	ΔU_1	Eingangsspannungsdifferenz
t	Zeit			ΔU_2	Ausgangsspannungsdifferenz
u_1	Zeitabhängige Eingangsspannung				
u_2	Zeitabhängige Ausgangsspannung				

M

Eingangssignale	Messschaltungen	Ausgangssignale	Formeln, Erklärungen

Differenztonfaktor (Intermodulation distortion)

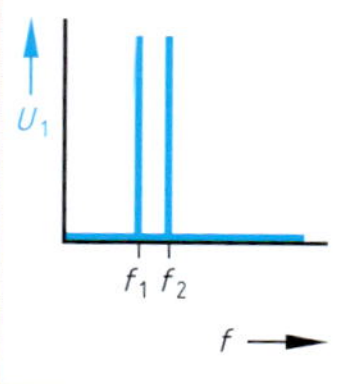

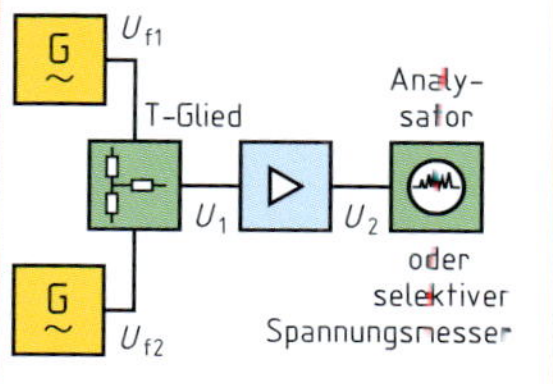

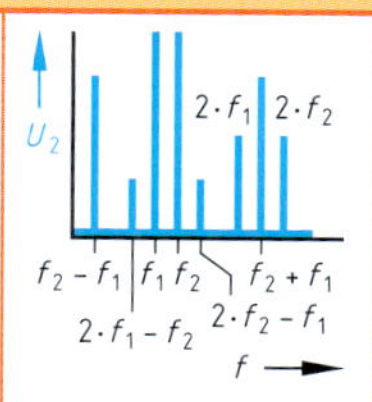

$$d_2 = \frac{U_{f2} - U_{f1}}{\sqrt{2} \cdot U_{2ges}}$$

$$d_3 = \frac{U_{2\cdot f1 - f2} + U_{2\cdot f2 - f1}}{\sqrt{2} \cdot U_{2ges}}$$

Intermodulationsabstand (Intermodulation ratio)

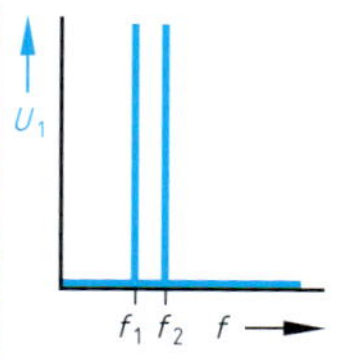

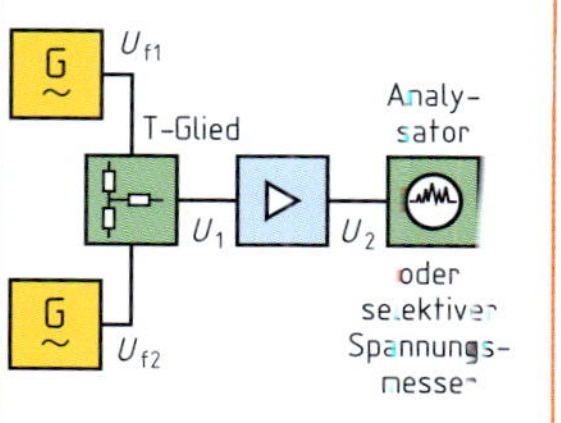

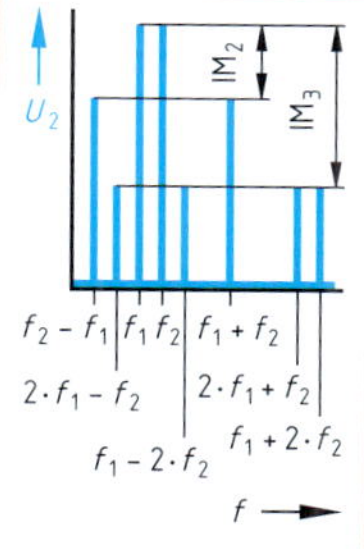

$$\mathrm{IM}_2 = 20 \cdot \lg \frac{|U_{f1} \pm U_{f2}|}{U_{f1}}\ \mathrm{dB}$$

$$\mathrm{IM}_3 = 20 \cdot \lg \frac{|U_{f1} \pm 2 \cdot U_{f2}|}{U_{f1}}\ \mathrm{dB}$$

oder

$$\mathrm{IM}_3 = 20 \cdot \lg \frac{|2 \cdot U_{f1} \pm U_{f2}|}{U_{f1}}\ \mathrm{dB}$$

(der kleinere Wert von IM_3 ist maßgebend)

Signal-Rausch-Abstand (Signal-to-Noise Ratio SNR)

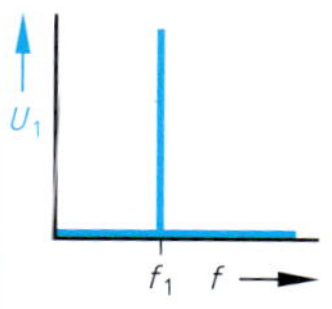

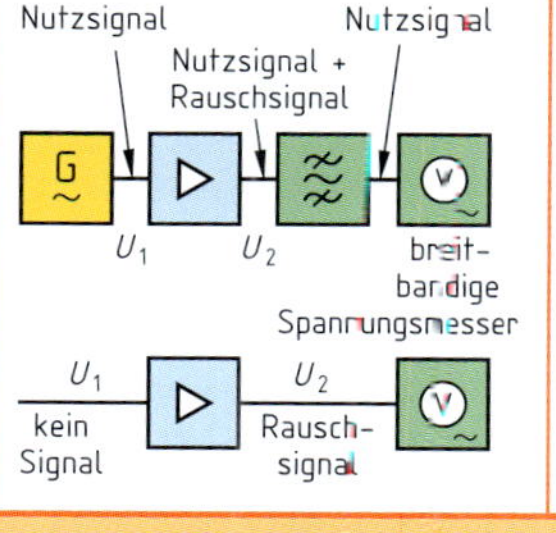

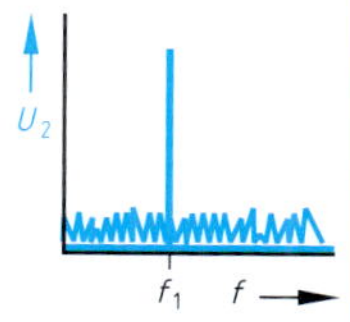

Mit Bandpass für Nutzsignal:

$$\sigma_u = 20 \cdot \lg \frac{U_s}{U_n}\ \mathrm{dB}$$

Ohne Bandpass für Nutzsignal:

$$\sigma_u = 20 \cdot \lg \frac{U_s + U_n}{U_n}\ \mathrm{dB}$$

Rauschleistungsabstand (Noise Power Ratio NPR)

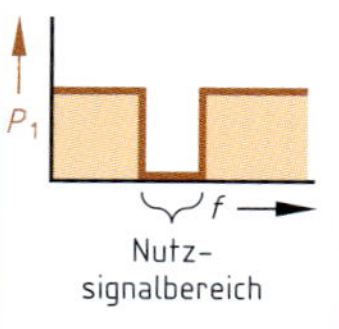

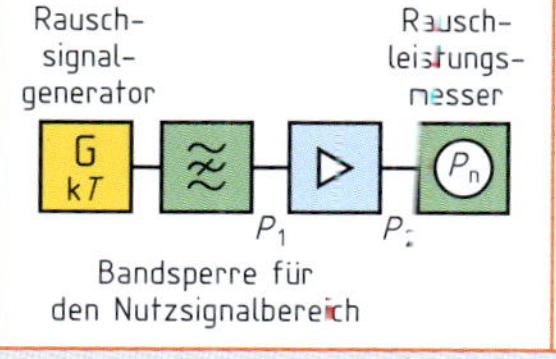

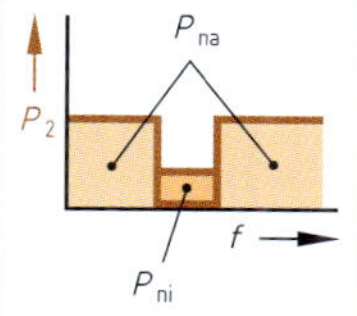

Der Rauschleistungsabstand ist das 10fache vom logarithmierten Verhältnis der Rauschleistungen innerhalb (Index i) und außerhalb (Index a) des Nutzsignalbereiches.

$$\sigma_p = 10 \cdot \lg \frac{P_{ni}}{P_{na}}\ \mathrm{dB}$$

---

d_2 Differenztonfaktor 2. Ordnung
d_3 Differenztonfaktor 3. Ordnung
f_1 Kleinere Prüffrequenz
f_2 Größere Prüffrequenz
IM_2 Intermodulationsabstand 2. Ordnung
IM_3 Intermodulationsabstand 3. Ordnung
P_1 Eingangsleistung
P_2 Ausgangsleistung
P_n Rauschleistung
P_{na} Rauschleistung außerhalb des Nutzsignalbereiches
P_{ni} Rauschleistung innerhalb des Nutzsignalbereiches
t Zeit
U_1 Eingangsspannung
U_2 Ausgangsspannung
U_{2ges} Spannung des Ausgangssignals mit allen Spektralanteilen
U_{f1} Spannung des Ausgangssignals mit der kleineren Prüffrequenz
U_{f2} Spannung des Ausgangssignals mit der größeren Prüffrequenz
U_n Rauschsignal-Spannung
U_s Nutzsignal-Spannung
σ_u Rauschspannungsabstand
σ_p Rauschleistungsabstand

M

Logikanalysator Logic analyzer

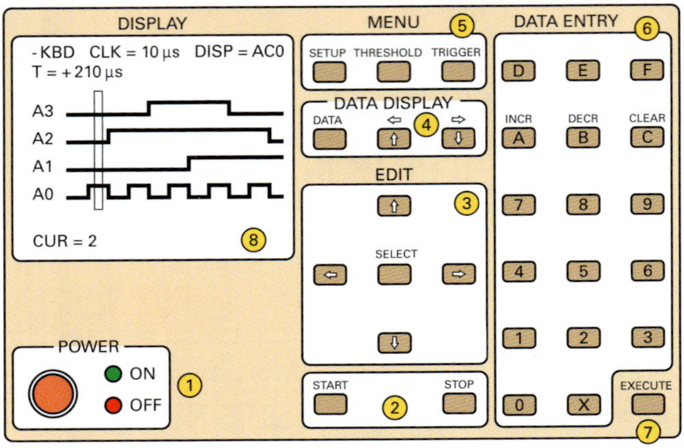

Frontansicht Logikanalysator

① Power-On/Off-Taste
② Start-Stopp-Feld
③ EDIT-Feld
④ DATA DISPLAY
⑤ MENU
⑥ DATA ENTRY
HEX-Zahlenfeld
Funktionstasten A, B, C
⑦ EXECUTE-Taste
⑧ Bildschirm mit Menüangaben

Zubehör:
EA-Anschlüsse (IO-Probes)

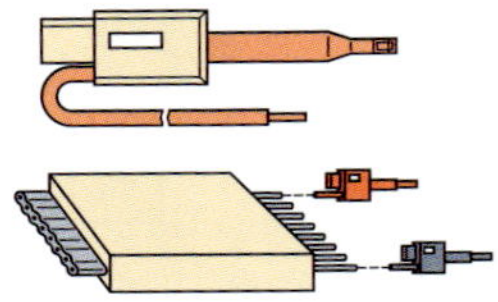

Bezeichnungen	Bedeutungen	Erklärungen
A (Address)	Adresse	Gibt die Zuordnung zwischen Bildschirmadresse und Datenleitung des Daten-Tastkopfes an.
AC (Aquisition)	Erlangung, Erwerbung	Sammelt die gewünschten Daten im Datenerfassungsspeicher.
CLEAR (to clear)	Löschen, klären	Löscht die letzte Eingabe des Tastenfeldes.
CLK (Clock)	Uhr, Takt	Gibt die Taktrate an, mit der Daten erfasst werden, z. B. 10 µs.
CUR (Cursor)	Lichtfleck, Lichtmarke	Zeigt die Position im Bildschirmmenü oder in der Datendarstellung an.
DATA	Daten	Daten eingeben (Tasten) oder anzeigen (Bildschirm).
DECR (to decrement)	Abwärtszählen	Dient zum schrittweisen Anschauen des Speicherinhaltes (von höheren zu niedrigeren Adressen).
DISPLAY	Anzeigeeinheit	Bildschirm
EDIT (to edit) ③	Herausgeben	Mit den Editiertasten können Menüeinstellungen vorgenommen werden.
ENTRY ⑥	Eintritt, Eingang	Dient in Verbindung mit EDIT zur Dateneingabe.
EXECUTE ⑦ (to execute)	Ausführen	Übernimmt die eingegebenen Bedingungen (Arbeitsweise, Daten, Anzeige, usw.) in den Speicher.
INCR (to increment)	Aufwärtszählen	Speicherinhalt aufwärtszählend anschauen.
IO (Input-Output)	Eingabe-Ausgabe	Ein- und Ausgabeleitungen des Datentastkopfes.
KBD (Keyboard)	Tastatur	Tastenfeld des Logikanalysators.
MENU ⑤	Menü, Speisekarte	Funktionsauswahl über die Tastatur.
Probe	Sonde	Anschluss des Analysators an das Messobjekt.
SELECT (to select)	Auswählen, auslesen	Erlaubt (mit dem Cursor) die Anwahl bestimmter Betriebsbedingungen.
SETUP (to set up)	Einrichten	Schaltet den Analysator von paralleler in serielle Betriebsart um und umgekehrt.
START ②	Anfang, Anlauf, Start	Startet die Datenerfassung.
STOP ②	Halt, Stopp	Beendet die Datenerfassung.
THRESHOLD	Schwelle	Setzt die Schwellenspannung z. B. auf TTL-Schwelle $U = +1{,}4\,V$ ($U < 1{,}4\,V \mathrel{\widehat{=}} L$, $U > 1{,}4\,V \mathrel{\widehat{=}} H$). Meist veränderbar.
Timing Probe	Messzeit	Datenaufnahmezeit mit dem Datentastkopf.
Trigger	Drücker, Abzug	Startet die Datenerfassung ab einem eingestellten Datenwort. Es kann am Anfang, in der Mitte oder am Ende der Datenerfassung getriggert werden.
X (Don't care)	Sorglos, belanglos	Wert kann beliebig sein, z. B. 0 oder 1.

Art der Informationsdarstellung

Benennungen	Kennzeichen	Übersichtsschaltplan
Analoge Steuerung	Die Signalverarbeitung erfolgt mit überwiegend analogen Signalen durch stetig wirkende Funktionsglieder, z. B. mit Operationsverstärkern und Potenziometern. **Beispiel:** Drehzahlsteuerung bei elektrischen Antrieben.	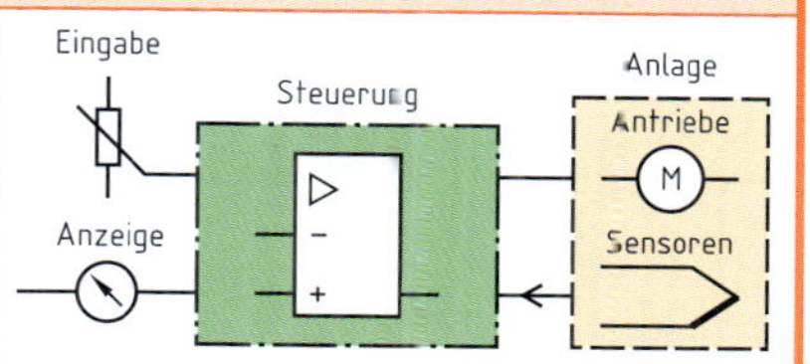
Binäre Steuerung	Die Eingangssignale und die Ausgangssignale sind binär und nicht Bestandteil einer binärcodierten Informationsdarstellung. Die Signalverarbeitung erfolgt mit Verknüpfungsgliedern, Zeitgliedern und Speichergliedern. **Beispiel:** Steuerung eines Garagentorantriebs.	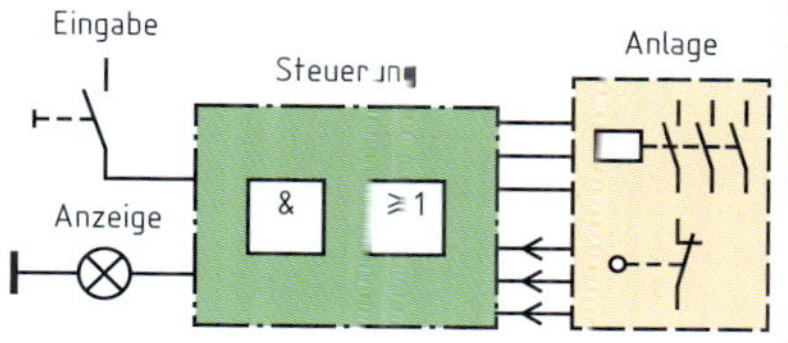
Digitale Steuerung	Die Signalverarbeitung erfolgt digital mit überwiegend digitalen Funktionseinheiten, wie z. B. Mikrocomputern, Mikrocontrollern, Zählern, Registern, Rechenwerk (ALU), digitalen Speichern. Zur Steuerung werden also alphanumerische Zeichen verwendet. **Beispiel:** Numerische Steuerung einer Werkzeugmaschine.	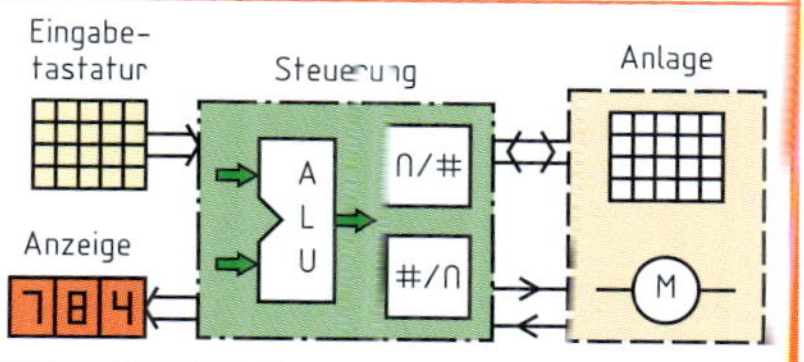

Art der Signalverarbeitung bei binärer und bei digitaler Steuerung

Benennung	Definition	Beispiele, Erläuterungen
Taktsynchrone Steuerung	Die Signalverarbeitung erfolgt synchron zu einem Taktsignal.	Steuerung einer Datenübertragung, interne Steuerung von Mikroprozessoren, Steuerschaltungen in Lichtschranken.
Asynchrone Steuerung	Die Änderung der Eingangssignale bestimmt direkt den Steuerungsablauf.	Relaissteuerungen mit Selbsthaltekontakten, Datenübertragung mit Quittierung.
Verknüpfungssteuerung	Die Signalzustände (Signalkombination) der Eingangssignale bestimmen die Signalzustände der Ausgangssignale.	Steuerung von Anzeigefeldern und Bedienfeldern, einfache Maschinensteuerungen, Codeumsetzer.
Ablaufsteuerung	Eine Steuerung mit schrittweisem Programmablauf.	Steuerung von Werkzeugmaschinen, Rührwerken, Waschmaschinen.

Programmverwirklichung

Benennung	Definition	Beispiele, Erläuterungen
VPS (Verbindungsprogrammierte Steuerung)	Das Programm ist durch die Art der Funktionsbausteine und deren Verbindungen festgelegt. Man unterscheidet festprogrammierte und umprogrammierbare Steuerungen. Festprogrammierte Steuerungen arbeiten immer mit demselben Programm. Umprogrammierbare Steuerungen können durch Verändern der Schaltungsverbindungen mit unterschiedlichen Programmen arbeiten.	**Festprogrammiert:** Relaissteuerungen sind durch die Verdrahtung meist festprogrammiert, ebenso binäre Steuerungen durch die Verbindungen der Bahnen auf den Leiterplatten. **Umprogrammierbar:** Das Programm kann, z. B. durch Steckverbinder (jumper), Diodenmatrizen oder Schalter, umgestellt werden.
SPS (Speicherprogrammierbare Steuerung)	Das Programm ist im Programmspeicher durch Anweisungen festgelegt. Man unterscheidet austauschprogrammierbare SPS und freiprogrammierbare SPS.	**Austauschprogrammierbar:** Das Programm ist z. B. in ROM-Speichern hinterlegt. Der Austausch erfolgt mechanisch durch Wechseln der Speicherelemente. **Freiprogrammierbar:** Das Programm kann ohne mechanischen Eingriff gewechselt werden. Verwendet werden z. B. RAM, EEPROM als Programmspeicher.

Steuerungstechnik Controls technology

Begriff	Beispiel	Bemerkungen
Halte-glied-steuerung (praxis-übliche Be-zeichnung)	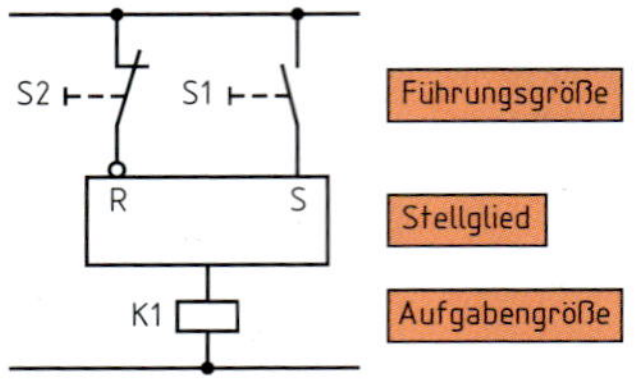 **Ansteuerschaltung für den Motor eines Video-Bandlaufgerätes**	Eine Haltegliedsteuerung ist z.B. eine Schaltung mit Flipflops. Diese hält auch dann an ihrem Ausgang das Signal, wenn S1 nicht mehr betätigt ist, vergleichbar einer Schützsteuerung mit Selbsthaltekontakt. Ein Video-Bandlaufgerät besitzt eine Taste Play (to play = spielen) und eine Taste Stop zum Beeinflussen der Aufgabengröße. Das Starten und Stoppen des Videobandes erfolgt über eine Haltegliedsteuerung. Die Taste Play muss während des Abspielens nicht ständig gedrückt sein.
Führungs-steuerung (praxis-übliche Be-zeichnung)	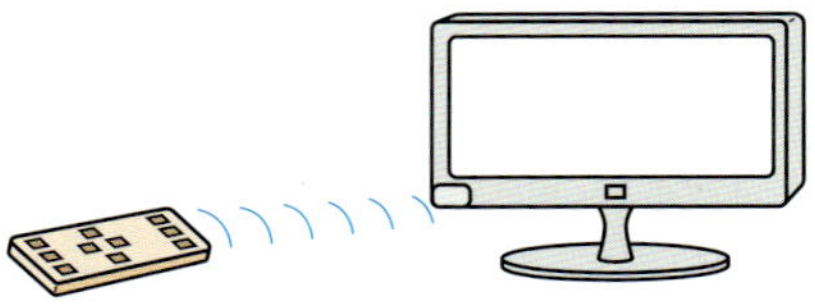 **Fernsteuerung eines Fernsehgerätes**	Bei der Führungssteuerung wird durch Ändern der Führungsgröße die Aufgabengröße (Steuergröße) unmittelbar geändert. Bei der Lautstärkesteuerung eines Fernsehgerätes über eine Fernsteuerung ist die Lautstärke die Steuergröße. Die intensitätsmodulierten Infrarotsignale sind die Führungsgröße. Das Stellglied ist im Decodiermodul enthalten, der die Spannung für den Lautsprecher steuert.
Ablauf-steuerung (Folge-steuerung)	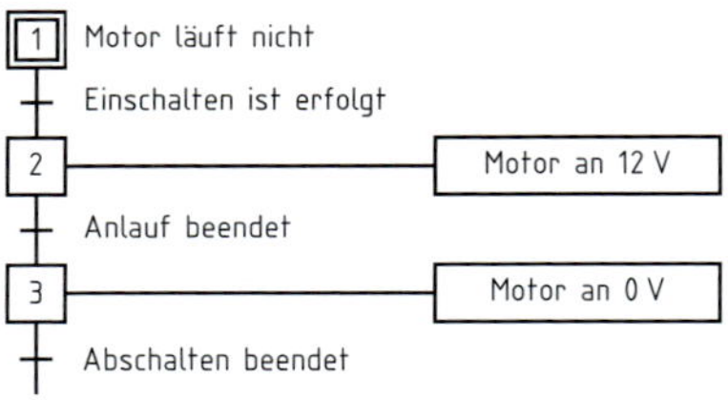 **Teil eines Funktionsplans für DVD-Wechsler**	Bei einer Ablaufsteuerung (Folgesteuerung) erfolgt der nächste Steuerschritt erst, wenn der vorhergehende Schritt abgeschlossen ist. Das Weiterschalten kann zeitabhängig oder prozessabhängig erfolgen. Ablaufsteuerungen werden mit Wegdiagrammen, Zustandsdiagrammen oder Funktionsplänen dargestellt. Ablaufsteuerungen finden Anwendung, z.B. in Datensicherungsanlagen, Druckern, Anrufbeantwortern, DVD-Wechslern.

Zeitgeführte Ablauf-steuerung	`Sub Zeitmesser_Timer( )`
	`Anzeige.Caption = Time$`
	`IF Time$ >= Startzeit Then Faxon`
	`End Sub`
	Zeitgesteuerter Start einer Prozedur zur Ansteuerung eines Faxgerätes
		Die einzelnen Steuerungsschritte sind von der Zeit abhängig. Realisiert werden zeitgeführte Ablaufsteuerungen meist mit Computer durch Programmanweisungen, die auf die Uhr (Timer) des Computers zugreifen.
		Beispiele von zeitgeführten Ablaufsteuerungen findet man in Faxgeräten, Videoaufzeichnungsgeräten, Datensicherungsanlagen.

Steuer-kette	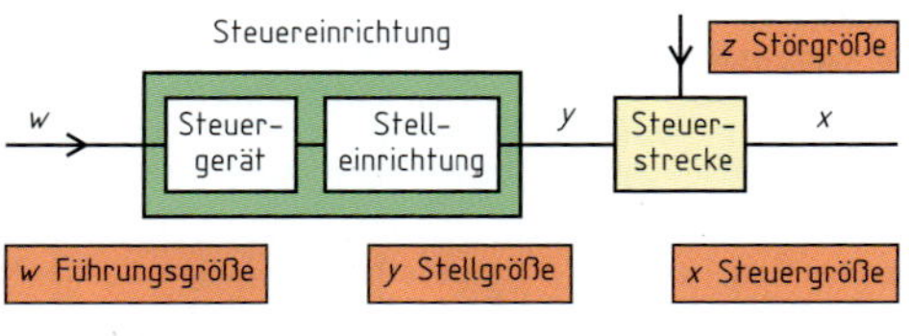 **Offener Wirkungsweg einer Steuerkette**	Die Steuergröße *x*, meist gleichzeitig die Aufgabengröße *x*, soll der Führungsgröße *w* in vorgegebener Abhängigkeit folgen. Die Führungsgröße *w* ist die Eingangsgröße der Steuerkette. Die Aufgabengröße *x* wird von der Steuereinrichtung beeinflusst. Die Steuerstrecke ist der aufgabengemäß zu beeinflussende Teil der Steuerungsanlage (Steuerkette). Die Störgröße *z* wirkt auf die Steuerkette von außen in unerwünschter Weise ein.

Führungssteuerungen und Ablaufsteuerungen werden meist durch Mikrocontroller, PC oder Speicherprogrammierbare Steuerungen (SPS) verwirklicht.

Anschlüsse von Niederspannungsschaltgeräten

Anschlüsse	Art	Anschlüsse	Art
A1 A2 B1 B2 C1 C2 D1 D2	Schützspule Zweite Wicklung einer Schützspule Arbeitsstromauslöser Unterspannungsauslöser	E1 E2 U1 U2 X1 X2	Verriegelungsmagnete Motor Leuchtmelder (1 Anfang, 2 Ende)

Kennzahlen von Schützen und Befehlsgeräten

Kennzahl	Bedeutung	Schaltzeichen	Kennzahl	Bedeutung	Schaltzeichen
01	Motorschütz mit 3 Hauptschaltgliedern und 1 Hilfsschaltglied	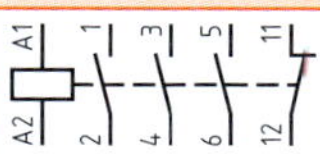	21	Taster mit 2 Schließern und 1 Öffner	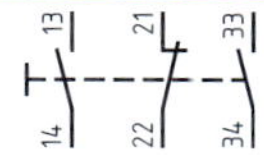
12	Motorschütz mit 3 Hauptschaltgliedern und 3 Hilfsschaltgliedern	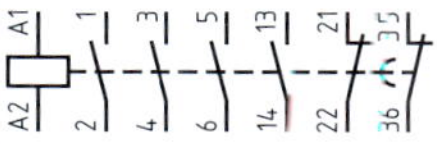	10	Taster mit 1 Schließer und Leuchtmelder mit Lampentransformator	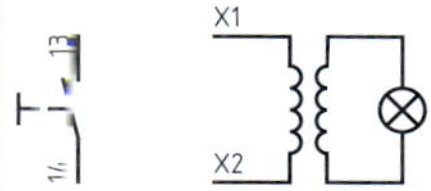
22	Hilfsschütz mit 2 Schließern und 2 Öffnern	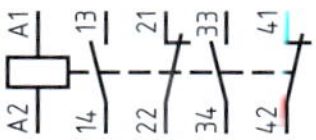	11	Leuchttaster mit 1 Schließer und 1 Öffner	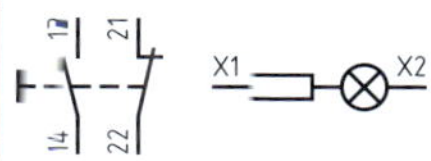
10	Motorschütz mit Motorschutzrelais	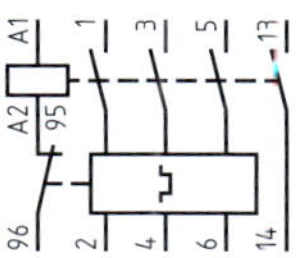	21	Unterspannungsauslöser mit 1 Wechsler und 1 Schließer	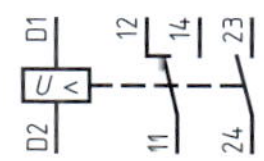

Farben für Leuchtmelder und Leuchttaster (EN 60204-1)

Farbe	Bedeutung bei leuchtendem Leuchtmelder	Aufgaben des Leuchttasters
Grün	Die Maschine oder die Anlage ist startbereit.	Start der Maschine oder der Anlage
Weiß	Die Maschine oder die Anlage ist in Betrieb.	Start einer Maschineneinheit
Rot	Gefahrbringender Zustand	Halt. Bei NOT-HALT muss die rote Farbe auch ohne Beleuchtung erkennbar sein.
Gelb	Achtung oder Vorsicht	Start einer Bewegung zur Beseitigung von Gefahr
Blau	Zwingend: Anzeige eines Zustands, der eine Handlung durch den Bediener erfordert.	

Kennzeichnung der Schaltglieder

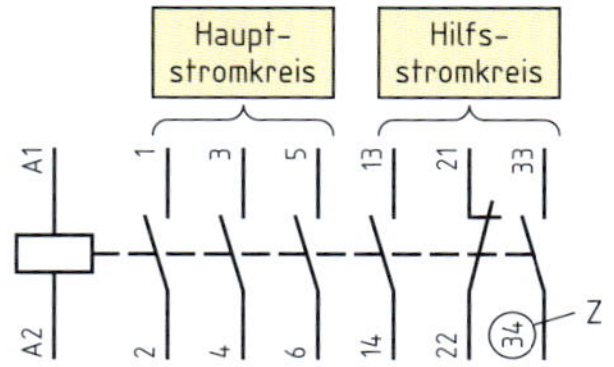

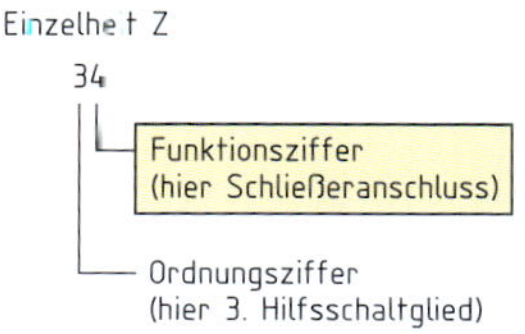

Die Ordnungsziffer (Oz.) nummeriert die Hilfsschaltglieder. Ausnahme 9 kennzeichnet das Hilfsschaltglied von Überlast-Schutzeinrichtung. Die an die Ordnungsziffer angehängte Funktionsziffer (Fz.) gibt die Art des Schaltgliedes an.

Anschlüsse	Arten	Anschluss mit Ordnungsziffer	Arten	Anschluss mit Funktionsziffer	Art des Schaltgliedes
1–2 3–4 5–6	Schaltglied (meist Schließer) für den Hauptstromkreis	1., 2., 3. . z.B. 11, 12	Hilfsschaltglieder in Reihenfolge der Anordnung	.1, .2 .3, .4 Y1, Y2, Y4	Öffner – Hilfsschaltglied Schließer – Hilfsschaltglied Wechsler – Hilfsschaltglied
zwei Ziffern z.B. 11, 21, ...	Hilfsschaltglieder z.B. Öffner – Eingänge	9. z.B. 95, 96	Hilfsschaltglied für Überlast-Schutzeinrichtung	.5, .6 .7, .8	Öffner- / Schließer- } Hilfsschaltglied mit besonderer Funktion

Elektronische Leistungssteuerung Electronic power control

Bezeichnung	Liniendiagramme	Bemerkungen, Schaltungsprinzip
Symmetrische Anschnittsteuerung (symmetrische Phasenanschnittsteuerung)	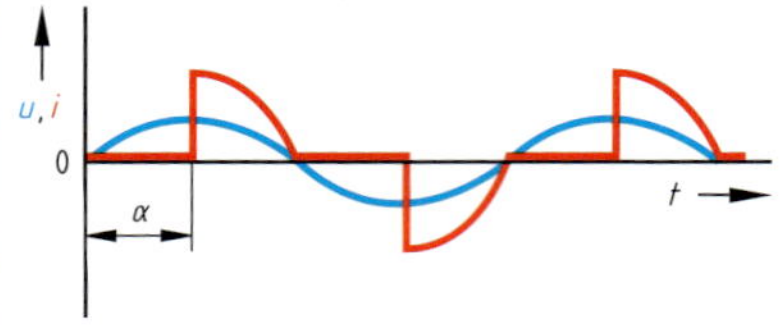	Häufiges Verfahren zur Steuerung von Wechselstromlasten, insbesondere von Beleuchtungsanlagen mittels Dimmer. Nachteile: Blindleistungsbedarf und Oberschwingungen. 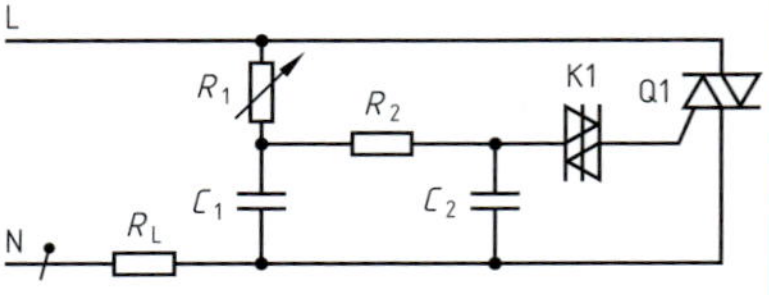
Symmetrische Abschnittsteuerung (symmetrische Phasenabschnittsteuerung)	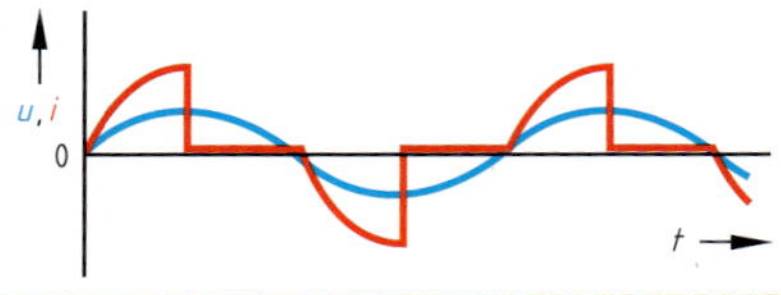	Weniger häufiges Verfahren zur Steuerung von Wechselstromlasten. Das Einschalten erfolgt mittels Nullspannungsschalter, das Abschalten mit GTO-Thyristor (über das Gate abschaltbarer Thyristor) oder mit Transistor. Vorteil gegenüber Anschnittsteuerung: Weniger Oberschwingungen.
Symmetrische Vielperiodensteuerung (symmetrische Schwingungspaketsteuerung)	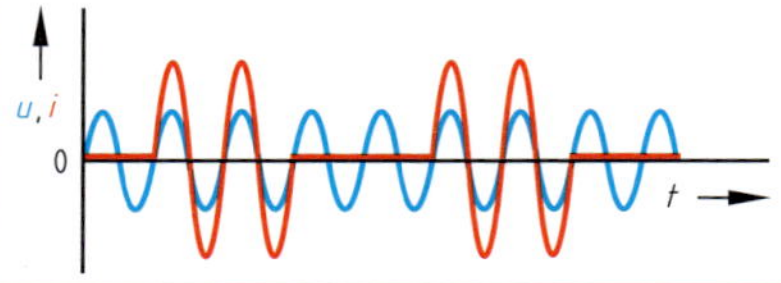	Häufiges Verfahren zur Steuerung von Wechselstromlasten, insbesondere von elektrischen Heizungsanlagen. Nicht geeignet zur Beleuchtungssteuerung und zur Drehzahlsteuerung. Einschalten erfolgt durch Nullspannungsschalter, Abschalten durch Thyristor infolge Unterschreiten des Haltestromes.
Unsymmetrische Anschnittsteuerung	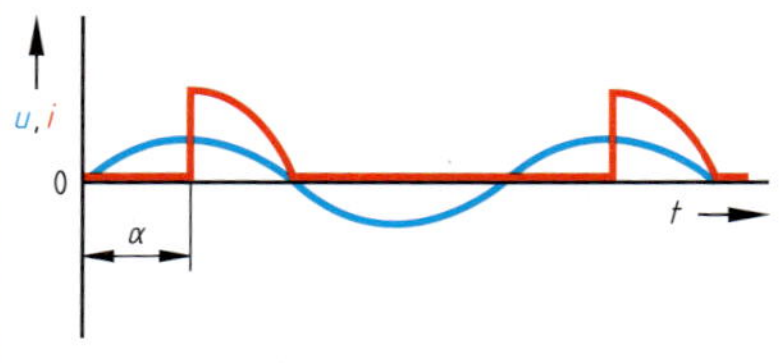	Häufiges Verfahren zur Steuerung von Gleichstromlasten, insbesondere von Gleichstrommotoren. Nachteile: Wie bei symmetrischer Anschnittsteuerung, zusätzlich Magnetisierung vorgeschalteter Transformatoren. 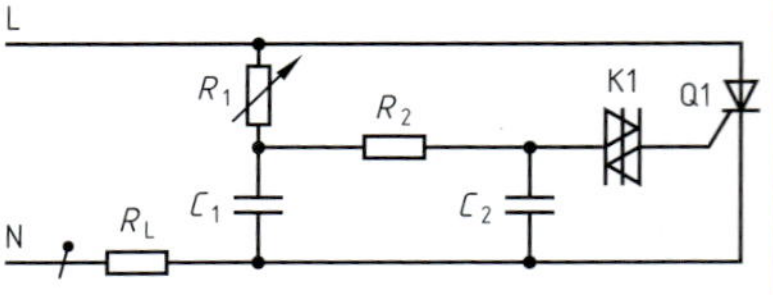
Symmetrische Sektorisierung	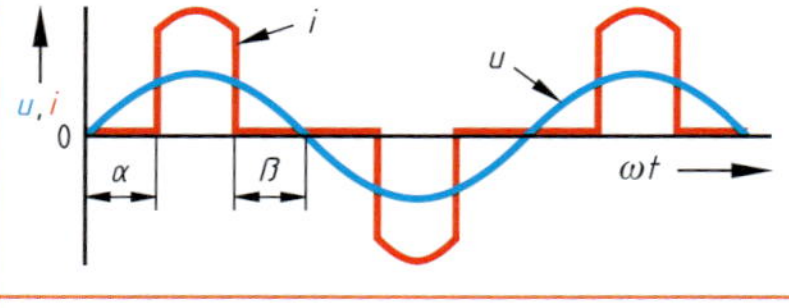	Verfahren zur Steuerung von Wechselstromlasten, z. B. bei Dimmern vom Typ RLC. Bei dieser Kombination aus Anschnittsteuerung und Abschnittsteuerung ergibt sich keine Phasenverschiebung. Die impulsförmige Netzbelastung erzeugt aber Oberschwingungen.
Unsymmetrische Vielperiodensteuerung	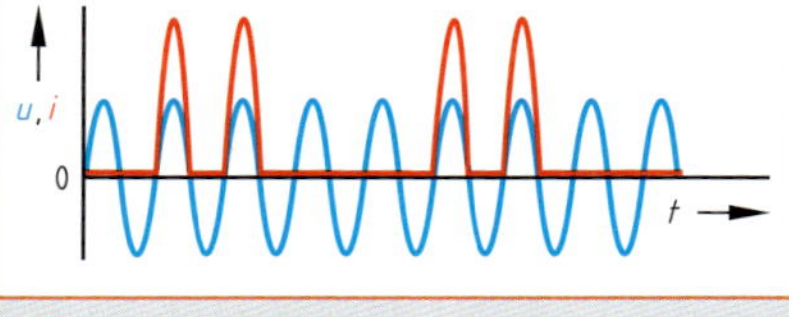	Verfahren zur Steuerung von Gleichstromlasten, bei denen stromlose Pausen von mehreren Perioden möglich sind, z. B. beim Laden von Akkumulatoren. Einschalten und Abschalten wie bei der symmetrischen Vielperiodensteuerung. Nachteil ihr gegenüber: Magnetisierung vorgeschalteter Transformatoren.

Die Anschnittsteuerung (Phasenanschnittsteuerung) darf nur angewendet werden, wenn eine andere Steuerung, z. B. mit Schwingungspaketen, nicht möglich ist, z. B. bei der Helligkeitssteuerung von Lampen. Alle elektronischen Steuerungen rufen störende Einflüsse im Netz (Netzrückwirkungen) hervor. Deshalb schreibt der Verteilungs-Netz-Betreiber in seinen technischen Anschlussbedingungen (TAB) Grenzwerte vor.

i Laststromstärke, t Zeit, u Anschlussspannung, α Zündwinkel, Steuerwinkel.

M

Schalten mit Transistoren   Switching by transistors

Schaltungen	Kennlinien	Erklärungen

Schalten von Wirklast

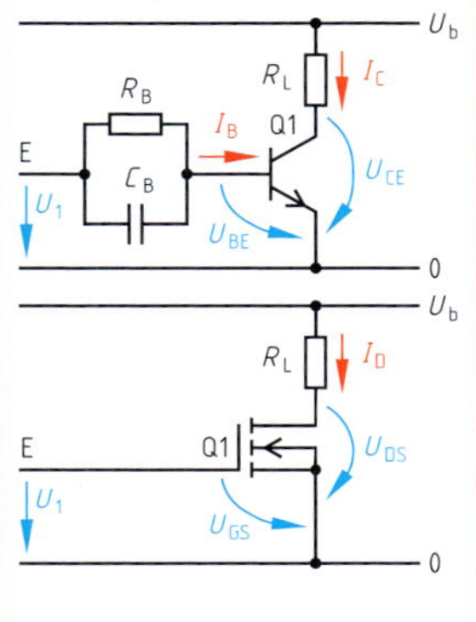

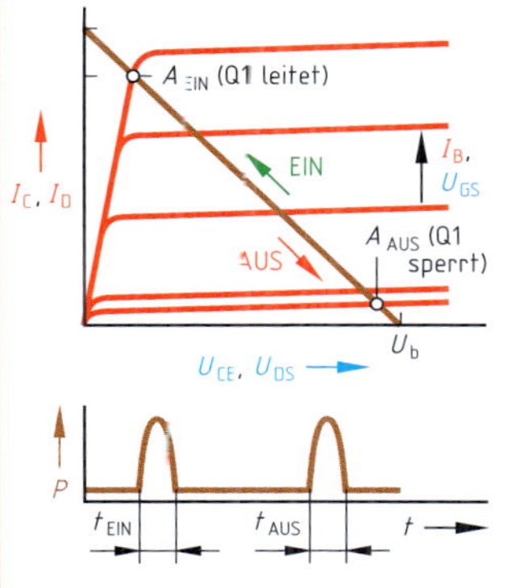

	EIN	AUS
I_C	I_C	I_{CEO}
I_B	$ü \cdot \frac{I_C}{B}$	0
P_v	$I_C \cdot U_{CEsat}$	$\approx I_{CEO} \cdot U_b$

$$R_B = \frac{U_1 - U_{BE}}{I_{BÜ}} \qquad R_L = \frac{U_b - U_{CEsat}}{I_C}$$

$ü = 2$ bis 5

A_{EIN} Arbeitspunkt, wenn Q1 leitet.
A_{AUS} Arbeitspunkt, wenn Q1 sperrt.

Schalten von Signallampen oder LED, Gleichstromstellern, Leistungsschaltverstärkung.

Schalten von induktiver Last

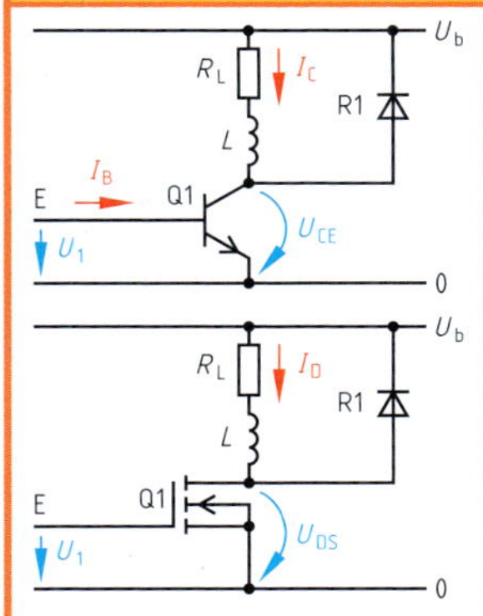

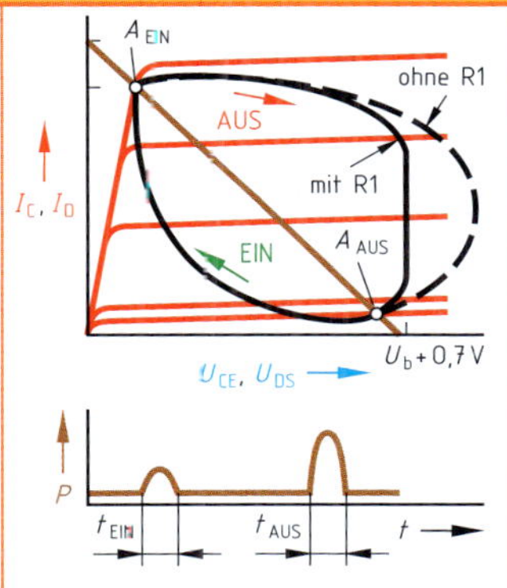

Die Höhe der Induktionsspannungsspitze ist von der Größe der Induktivität und der Transistorabschaltzeit abhängig. Mit der Freilaufdiode R1 wird die Induktionsspannungsspitze auf $U_b + 0{,}7$ V begrenzt.

Größte Verlustleistung im Transistor beim Abschalten.

A_{EIN} Arbeitspunkt, wenn Q1 leitet.
A_{AUS} Arbeitspunkt, wenn Q1 sperrt.

Schalten von Relais, Gleichstromschützen, Zugmagneten, Hubmagneten, Gleichstrommotoren, Magnetventilen.

Schalten von kapazitiver Last

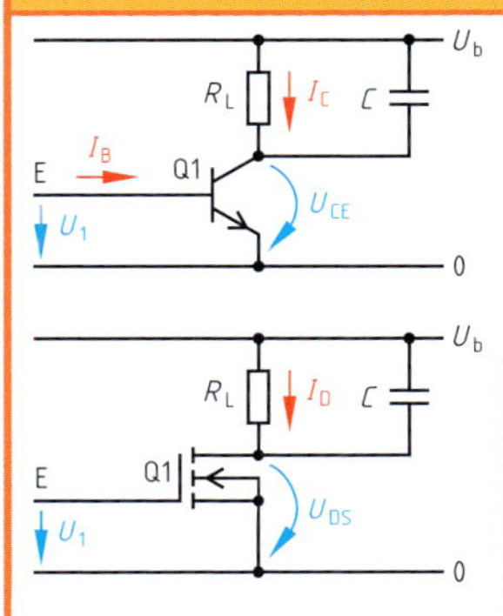

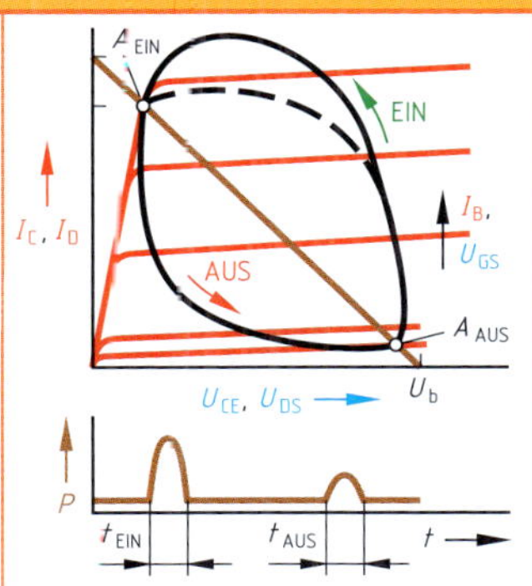

Mit zunehmender Größe der Kapazität wird die Form der durchlaufenen Umschaltkurve an die Rechteckform angeglichen.

Größte Verlustleistung im Transistor beim Einschalten.

A_{EIN} Arbeitspunkt, wenn Q1 leitet.
A_{AUS} Arbeitspunkt, wenn Q1 sperrt.

Schaltnetzteile mit Glättungskondensatoren.

B	Gleichstromverhältnis	I_D	Drainstrom	U_{BE}	Basis-Emitter-Spannung
C_L	Lastkondensator	L	Induktivität	U_{CE}	Kollektor-Emitter-Spannung
C_B	Basiskondensator	P_v	Verlustleistung	U_{CEsat}	Kollektorsättigungsspannung
I_B	Basisstrom	R_L	Lastwiderstand	U_{DS}	Drain-Source-Spannung
$I_{BÜ}$	Übersteuerungsstrom	U_1	Eingangsspannung	U_{GS}	Gate-Source-Spannung
I_{CEO}	Kollektorstrom, offene Basis	U_b	Betriebsspannung	ü	Übersteuerungsfaktor

Zündschaltungen für Thyristoren und Triacs Ignition circuits for thyristors and triacs

Schaltung	Spannungsverläufe, Stromverläufe	Wirkungsweise
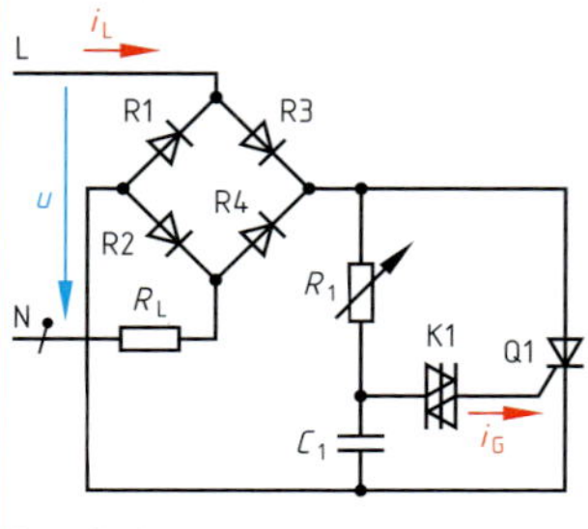 **Anschnittsteuerung**	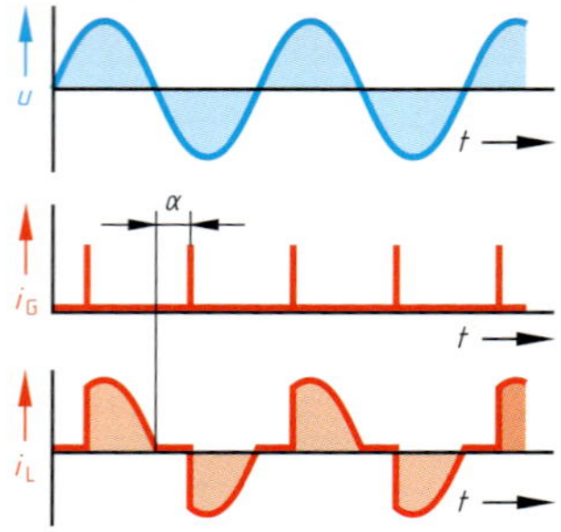	Kondensator C_1 lädt sich über den Widerstand R_1 auf. Sobald die Kondensatorspannung die Höhe der Zündspannung des Diac K1 erreicht hat, schaltet dieser durch und zündet den Thyristor Q1. Je nach Lage des Zündimpulses zum Nulldurchgang der Wechselspannung u erfolgt die Zündung mehr oder weniger verzögert. Der Laststrom i_L fließt durch R_L, R1, R4 bzw. R2, R3 und Q1. C_1 entlädt sich über R_1 und Q1. Beim Nulldurchgang sperrt Q1. Danach wiederholt sich der Vorgang.
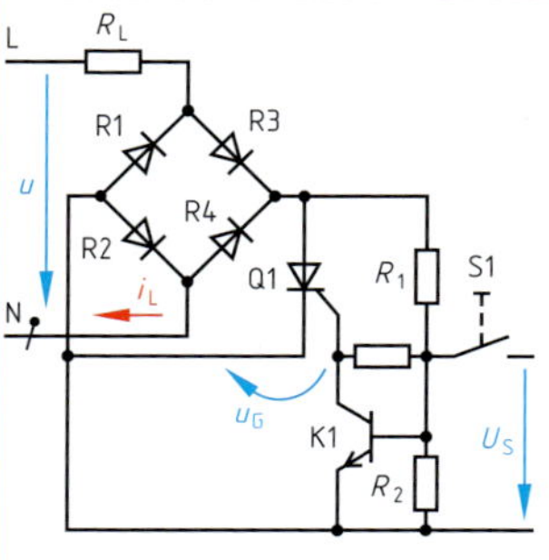 **Nullspannungsschalter**	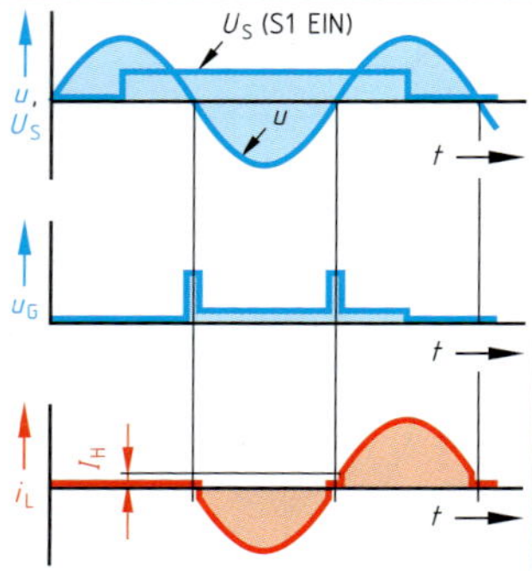	Durch Schließen des Schalters S1 fließt in den Thyristor Q1 ein Gatestrom, der Q1 zündet. Die Gatespannung wird über Transistor K1 kurzgeschlossen, wenn die an der Basis anliegende, durch den Spannungsteiler R_1/R_2 bestimmte Spannung größer als 0,6 V wird. Dadurch wird verhindert, dass Q1 zu anderer Zeit als in unmittelbarer Nähe des Nulldurchgangs gezündet wird. Der Transistor K1 bewirkt also das Zünden des Thyristors im Nulldurchgang der angelegten Wechselspannung u. Wird S1 geöffnet, so löscht Q1 im darauffolgenden Nulldurchgang.
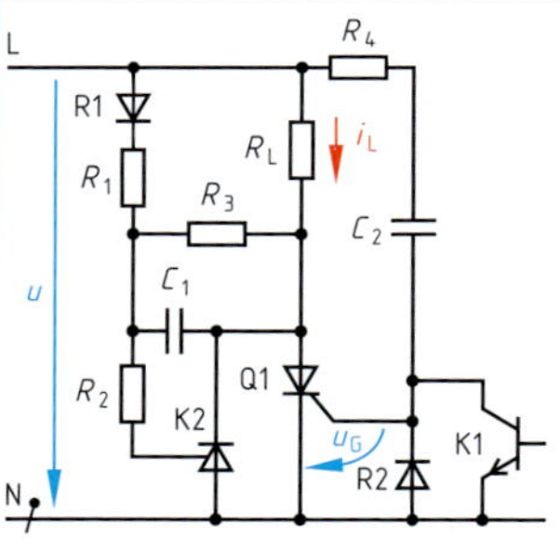 **Vollwellensteuerung**	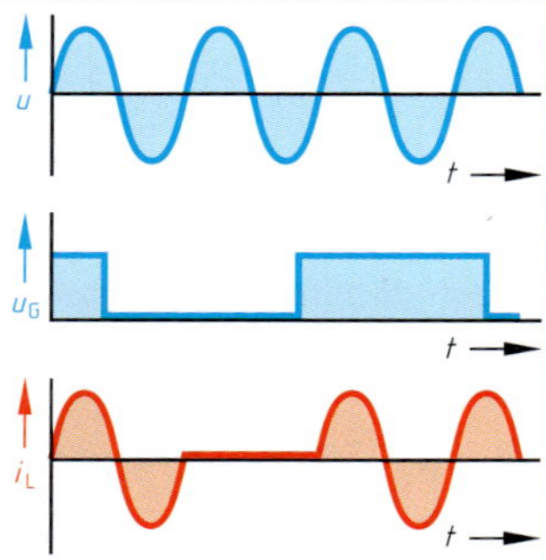	Der Thyristor Q1 erhält über den Kondensator C_2 seinen Zündstrom von der angelegten Wechselspannung u und zündet jeweils zum Beginn der positiven Halbperiode, wenn nicht sein Steuereingang durch Transistor K1 kurzgeschlossen ist. Während Q1 leitet, wird Kondensator C_1 über R1, R_1 und Q1 aufgeladen. Beim Nulldurchgang sperrt Q1, und Thyristor K2 wird von der in C_1 gespeicherten Ladung gezündet. Beim nächsten Nulldurchgang sperrt K2 wieder. Danach wiederholt sich der Vorgang.
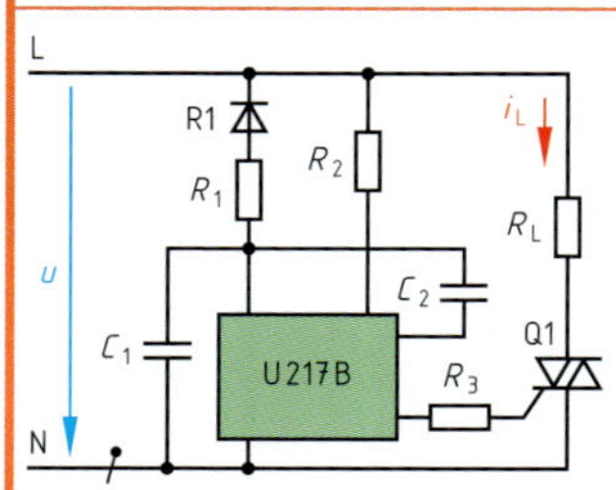 **Schwingungspaketsteuerung mit IC**	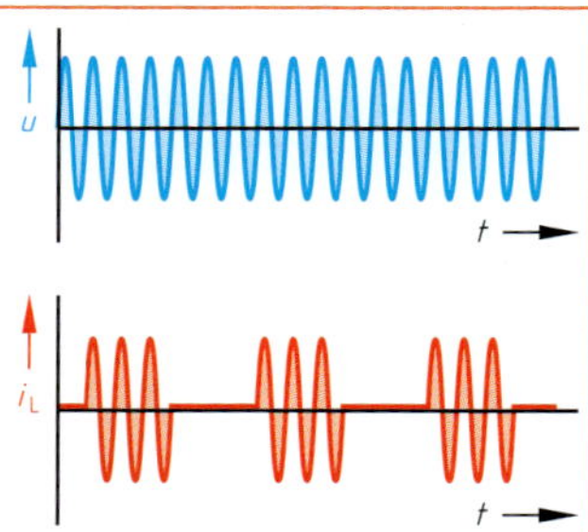	Bei der symmetrischen Schwingungspaketsteuerung wird der Stromdurchgang durch den Triac während einer ganzen Zahl von Schwingungen freigegeben und während einer ganzen Zahl folgender Schwingungen gesperrt. Die Schwingungsimpulspakete steuern also die Last. Durch einen einstellbaren Tastgrad kann die mittlere Leistungsaufnahme des Verbrauchers verändert werden.

i_G Gatestrom, I_H Haltestrom, i_L Laststrom, t Zeit, u Netzspannung, u_G Gatespannung, U_S Steuerspannung, α Zündwinkel.

Bemessung von Thyristorschaltungen

Schaltungen, Diagramm	Erklärungen	Formeln
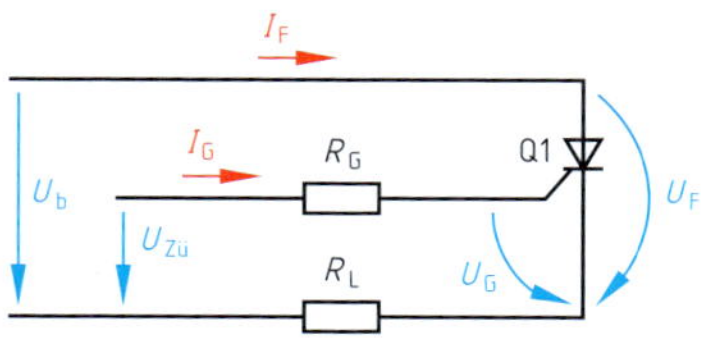 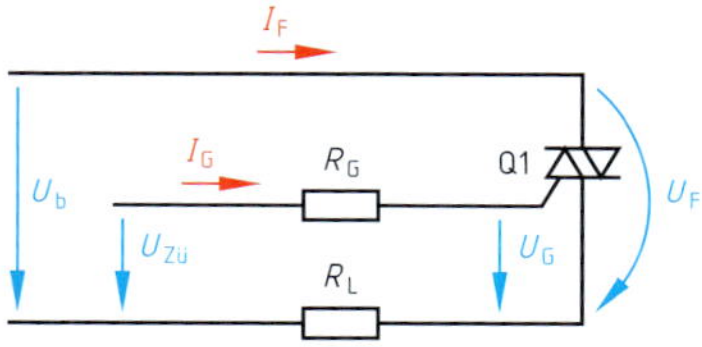 **Größen für das Zünden**	Bei Betriebsspannungen $U_b \geq 20\,V$ kann der Laststrom I_F näherungsweise nach der folgenden Formel berechnet werden: $I_F \approx \frac{U_b}{R_L}$ Die zum Zünden des Thyristors erforderliche Gatespannung bzw. den erforderlichen Gatestrom erfährt man aus dem Datenblatt bzw. dem Zünddiagramm des Thyristors. $\hat{u}_G = 2\,V \ldots 10\,V$	$I_F = \frac{U_b - U_F}{R_L}$ $R_F = \frac{U_F}{I_F}$ $P_v = U_F \cdot I_F + U_G \cdot I_G$ $P_v \approx 1{,}1 \cdot U_F \cdot I_F$ $R_G = \frac{\hat{u} - \hat{u}_G}{\hat{i}_G}$
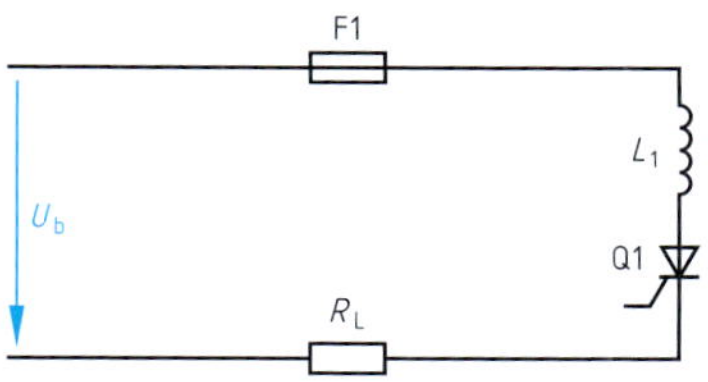 **Beschaltung mit Überstrom-Schutzeinrichtung und Schutzdrossel**	Die Thyristoren müssen vor zu hoher Spannung, zu starker Erwärmung und zu großer Stromanstiegsgeschwindigkeit geschützt werden. Deshalb müssen überflinke Sicherungen verwendet werden, deren i^2t-Wert höchstens so groß sein darf wie der i^2t-Wert des Thyristors. $i_{max} = 1{,}41 \cdot \sqrt{\frac{i^2 \cdot t}{T/2}}$	$L_1 = \frac{U_{bmax}}{di/dt}$ Bei Sinusspannung: $L_1 = \frac{\sqrt{2} \cdot U_b}{di/dt}$

Insulated Gate Bipolar Transistor IGBT

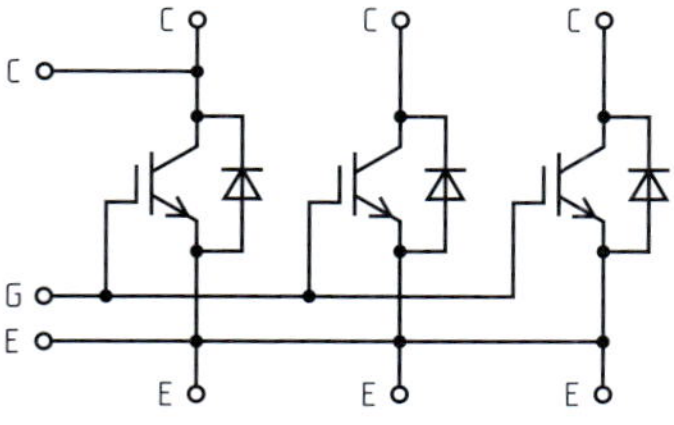

Schaltung eines IGBT-Moduls (mit vereinfachtem Schaltzeichen)

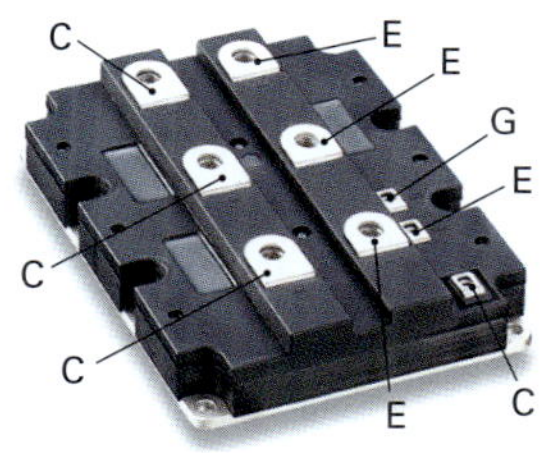

Modulansicht

$\hat{u}_G = -2\,V$ bis $+20\,V$

$U_{CEmax} \leq 1{,}7\,kV$

$I_F \leq 3{,}4\,kA$

$P_v \leq 15\,kW$

$f_{max} \leq 300\,kHz$

di/dt_{max}	höchstzulässige Stromanstiegsgeschwindigkeit	i^2t	Grenzlastintegral des Thyristors	U_{bmax}	größte Betriebsspannung
f_{max}	höchste Frequenz	L_1	Induktivität der Schutzdrossel	U_{CEmax}	Kollektor-Emitter-Spannung
F1	Sicherung (Fuse)	P_v	Verlustleistung des Thyristors	U_F	Vorwärtsspannung
I_F	Vorwärtsstrom (hier Laststrom)	R_G	Gatewiderstand	U_G	Gatespannung, Effektivwert
$\hat{i}_G$	Gatestrom (Maximalwert)	R_F	Vorwärtswiderstand des Thyristors	$U_{Zü}$	Zündspannung
$\hat{i}_{Gmax}$	größter Gatestrom	R_L	Lastwiderstand	$\hat{u}_G$	Gatespannung (Scheitelwert)
I_G	Gatestrom, Effektivwert	T	Periodendauer der Spannung	$\hat{u}$	Zündspannung (Scheitelwert)
i_{max}	größte Stromstärke des Thyristors	U_b	Betriebsspannung		

M

Lampenschaltungen mit Dimmern   Lamp circuits with dimmers

M

Art	Bemerkungen, Übersichtsschaltplan	Schaltung
Prinzip der Dimmerschaltung	R1 Ladewiderstand für C1 K1 Triggerdiode (Diac) Q1 Triac R2 C2 Netzwerk zur Verringerung der Schalthysterese Je nach Einstellung von R1 findet ein symmetrischer Phasenanschnitt statt.	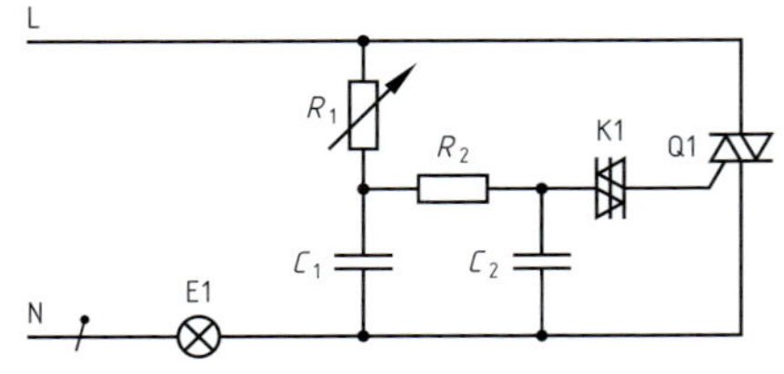
Dimmer mit Leistungszusatz Q2 (Innenschaltung dargestellt)	Dimmer haben eine Bemessungsleistung von 300 W bis 1000 W bei Glühlampenlast. Sind vier Anschlussklemmen vorhanden, kann ein Leistungszusatz angeschlossen werden. Die Wirk-Grundlast muss mindestens 20 W betragen, weil sonst die Zündspannung nicht ausreicht (siehe nebenstehende Schaltung).	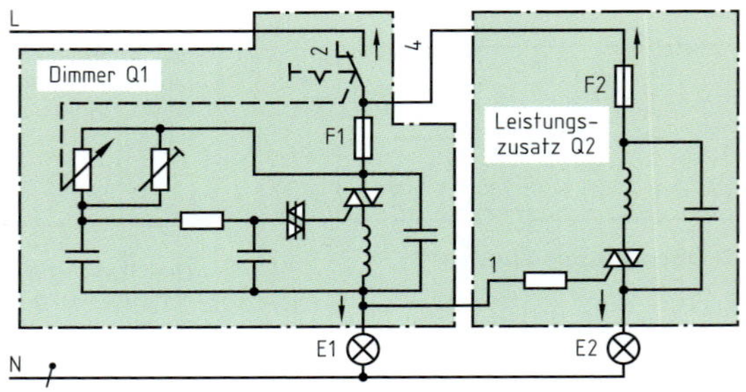
Dimmer mit Leistungszusatz Q2 (übliche Darstellung, Dimmer beleuchtet)	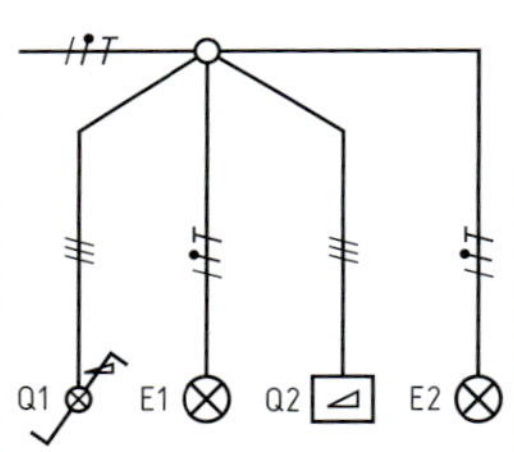	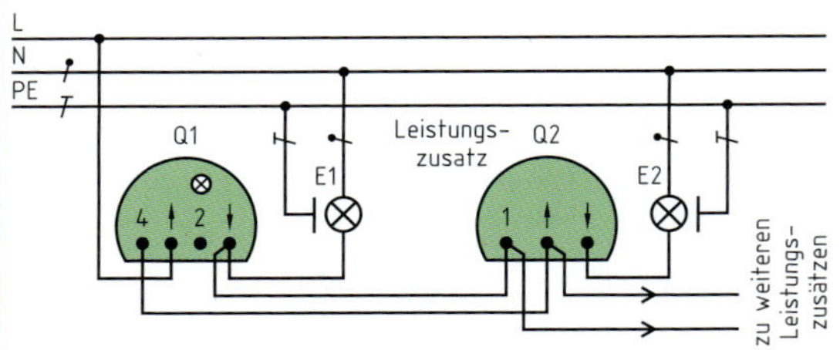
Wechselschaltung mit beleuchtetem Wechselschalter und beleuchtetem Dimmer	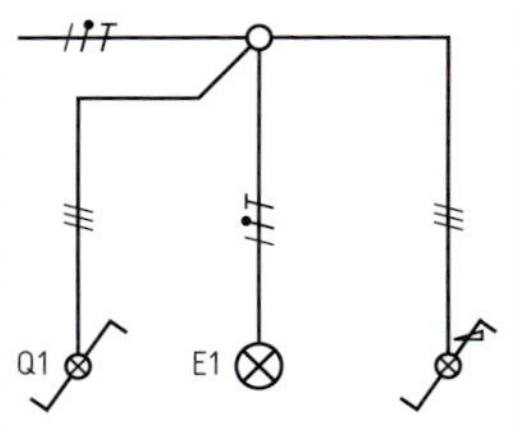	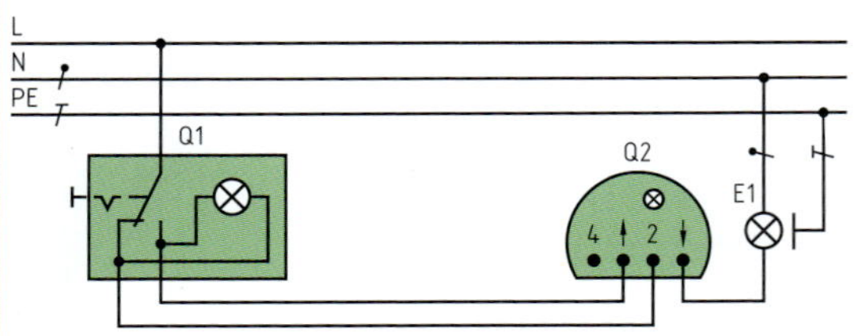
Ausschaltung mittels Tastdimmer oder mittels Zeitdimmer	Beim Tastdimmer ändert sich der Phasenanschnitt mit der Dauer der Tasterbetätigung. Beim Zeitdimmer sinkt die Spannung der Lampe nach einer einstellbaren Zeit allmählich auf null.	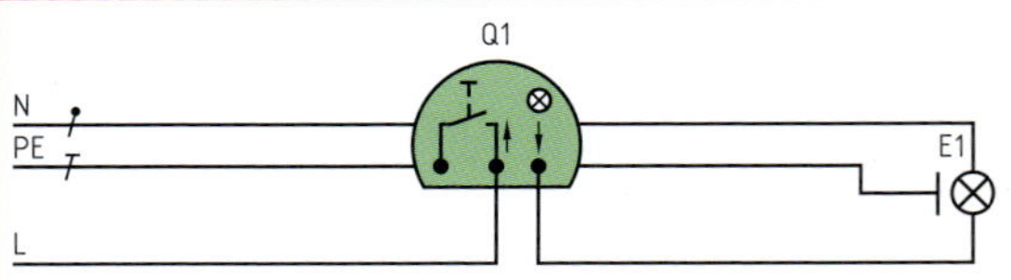
Wechselschaltung mit Zeitdimmer und Zeitdimmer-Nebenstelle	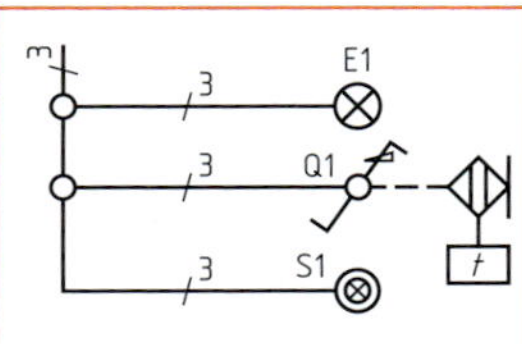	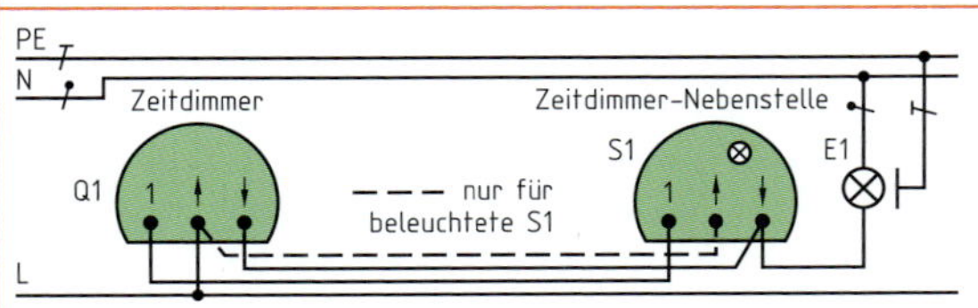

Lampenschaltungen mit elektronischen Transformatoren
Lamp circuits with electronic transformers

Art	Erklärung, Übersichtsschaltplan	Schaltung
Prinzip des elektronischen Transformators.	u_n wird gleichgerichtet und dann in wechselnder Richtung mit 40 kHz an die Eingangswicklung des Transformators gelegt. ● Kleine Baugröße ● Keine Geräusche ● Spezialdimmer erforderlich.	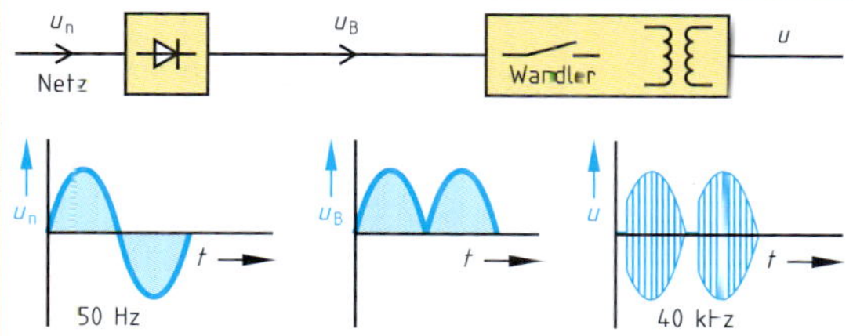
Schaltung eines elektronischen Transformators (Steuerschaltung nicht dargestellt).	Q2 wird in jeder Halbperiode über K1 angesteuert. Q1 und Q2 werden abwechselnd vom Steuergenerator angesteuert. Dadurch fließt durch die Eingangswicklung von T1 ein Strom wechselnder Richtung aus C_2 und C_3. Die Steuerspannung kann aus der Schaltung entnommen werden.	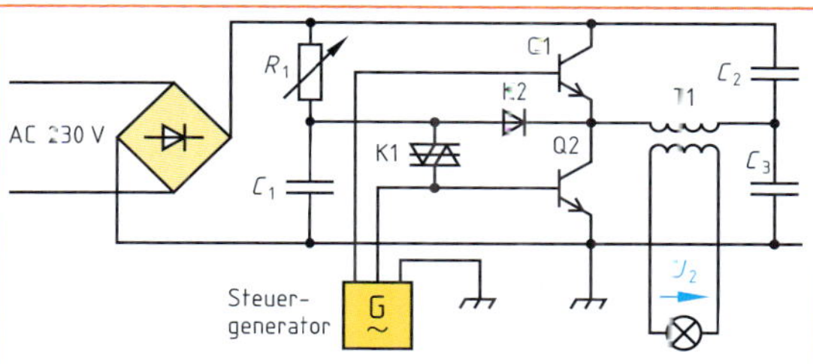
Prinzip des elektronischen Dimmers.	Der Dimmer ist für die Ansteuerung der elektronischen Transformatoren geeignet. Dabei werden die 100-Hz-Abschnitte mit Abschnittsteuerung gesteuert.	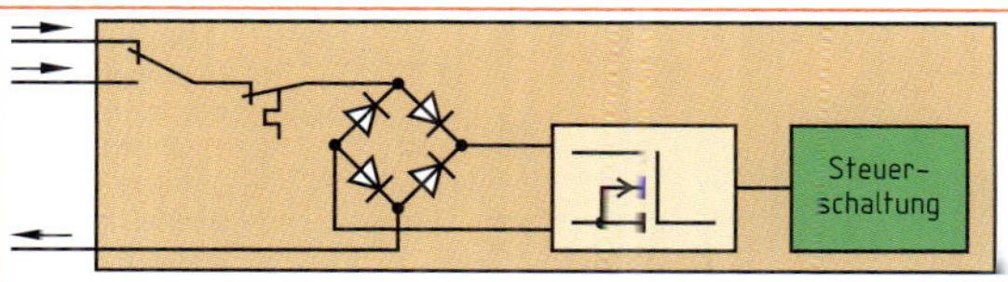
Elektronisches Vorschaltgerät (EVG) für Leuchtstofflampe.	Zum Starten erfolgt die Vorheizung aus dem EVG. Dabei liegt im Heizstromkreis ein Kaltleiterwiderstand, sodass nach kurzer Zeit der Heizstromkreis fast stromlos ist. Ein Starter ist nicht erforderlich. ● Keine Brummgeräusche, ● höhere Lichtausbeute als bei 50 Hz und ● Dimmen möglich.	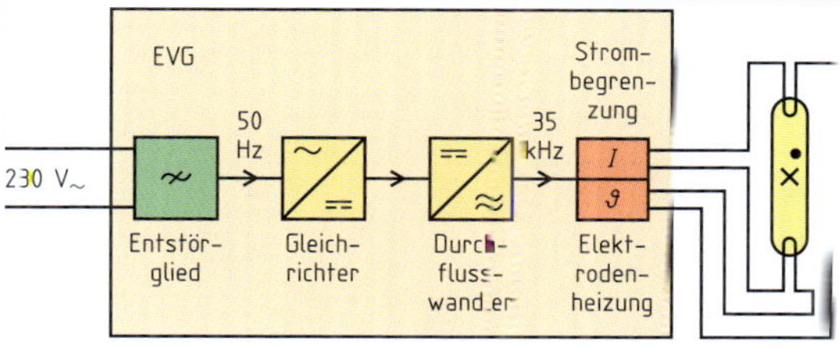
Ausschaltung mit elektronischem Transformator und elektronischem Dimmer.	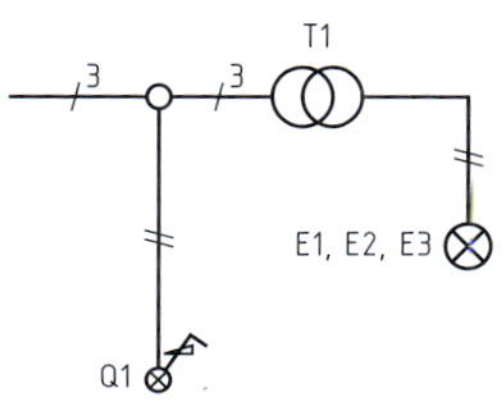	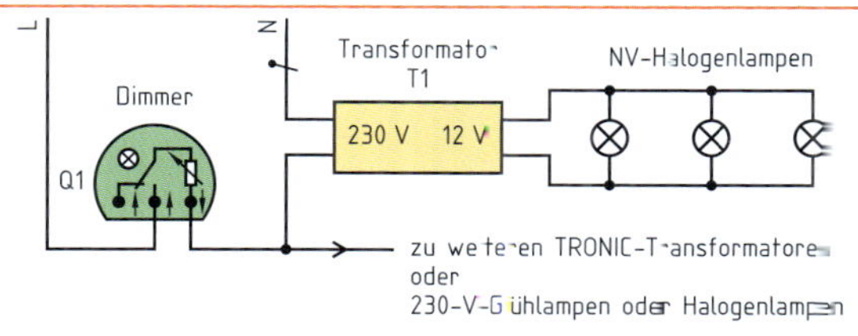
Wechselschaltung mit elektronischem Transformator und elektronischem Dimmer.	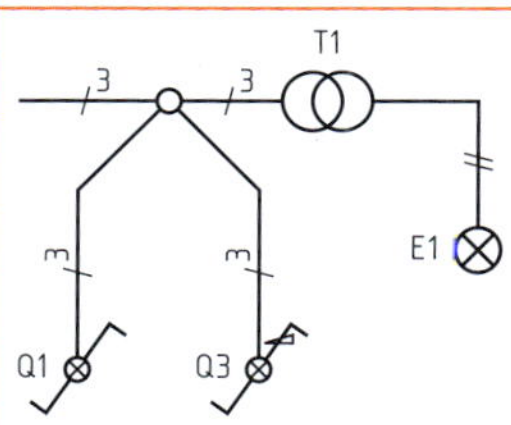	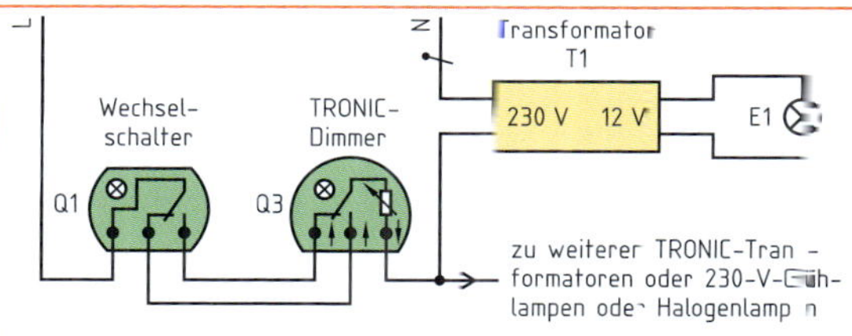

M

Signalkopplungen für SPS und Mikrocomputer
Signal coupling for PLC and microcomputers

Schaltung	Erklärungen, Anwendungen	Daten
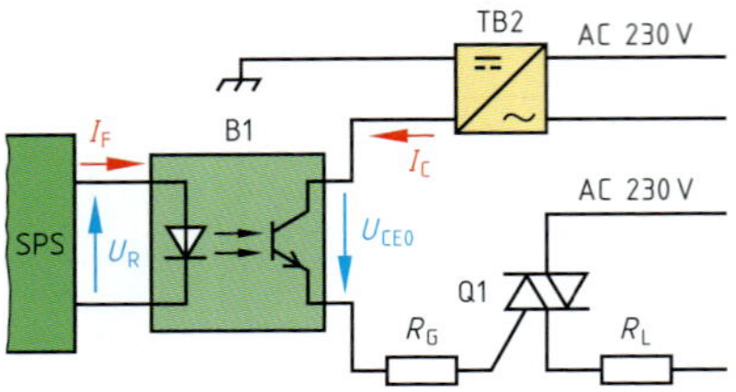 **Optokoppler**	Optokoppler B1 mit IRED (Infrarot emittierende Diode) und Fototransistor oder Fotothyristor trennen galvanisch den Steuerkreis und den Lastkreis, auch bei unterschiedlichen Versorgungsspannungen. Der Fototransistor benötigt eine galvanisch entkoppelte Betriebsspannung U_b.	IRED: Vorwärtsstrom $I_F = 60$ mA Sperrspannung $U_R = 5$ V Fototransistor: $I_C = 100$ mA, $U_{CEO} = 30$ V Stromübertragungsverhältnis: CTR $= I_C/I_F \geq 0{,}5$ bei $I_F = 10$ mA $U_{Ip} = 8000$ V
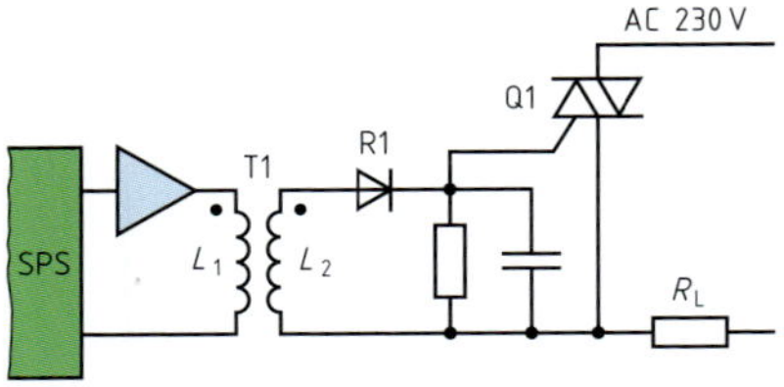 **Zündübertrager**	Ein Schaltspannungsverstärker sorgt für eine genügend große Zündspannung am Gate des Triac. Seine Betriebsspannung U_b kann z. B. der SPS entnommen werden. Zündübertrager werden für die Ansteuerung von Thyristoren und Triac mit galvanischer Trennung von Steuerkreis und Lastkreis verwendet.	Übertragerübersetzungsverhältnis von T1: $ü = 1:1$. Maximal zulässige Dauerspannungen zwischen den Wicklungen: $U_{Is} = 40$ V, $U_p = $ AC 3,1 kV. Induktivitäten: $L_1 = 150$ mH, $L_{2\sigma} = 400$ µH Koppelkapazität zwischen Eingangswicklung und Ausgangswicklung: $C_K = 20$ pF
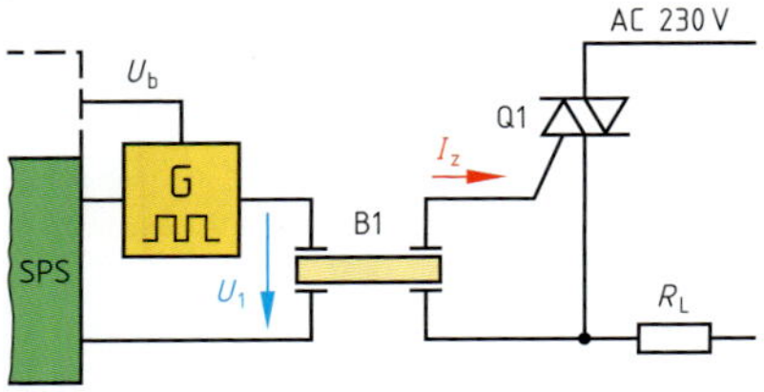 **Piezo-Zündkoppler**	Die elektrischen Impulse des Impulsgenerators werden in mechanische Schwingungen im Piezo-Keramikmaterial umgeformt und anschließend wieder in eine Spannung umgesetzt. Piezo-Zündkoppler B1 verwendet man zur Ansteuerung von Thyristoren, Triac und FET-Schaltern. Steuerkreis und Lastkreis sind galvanisch getrennt.	Stromübertragungsverhältnis $ü > 1:1$. Zündstrom $I_z = 100$ mA Steuerspannung $\hat{u}_1 = 4$ V Steuerfrequenz $f = 92$ kHz $P_{max} = 1{,}5$ W bei 120 °C U_{Ip} DC 4 kV R_{Is} 10 GΩ
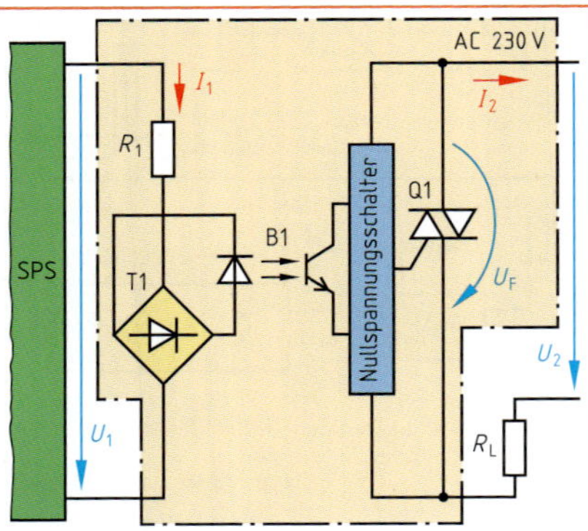 **Elektronisches Lastrelais**	Eine IRED steuert den Ausgangskreis mit Triac über einen Fotoempfänger, einen Verstärker und einen IC-Nullspannungsschalter an. Anwendung: als Schalter für Wechselstrom und als Treiber für Leistungsthyristoren und Leistungstriac. Nullspannungsschalter schalten beim Nulldurchgang die Spannung ein. Sie werden in Schaltungen für Wechselstromsteller verwendet.	Steuerkreis: U_1 50 V AC bis 280 V AC $I_1 \leq 10$ mA $U_{Rü} \geq 10$ V AC $R_1 \approx 30$ kΩ Lastkreis: U_2 24 V AC bis 280 V AC U_{2max} 600 V AC I_2 0,1 A bis 40 A U_F 1,85 V f 47 Hz bis 63 Hz $t_e = t_a = 33$ ms

CTR Stromübertragungsverhältnis (Current Transfer Ratio)
I_C Kollektorstrom
I_F Vorwärtsstrom
I_z Zündstrom
L_1, L_2 Induktivitäten
$L_{2\sigma}$ Streuinduktivität von L_2
P_{max} höchstzulässige Verlustleistung
R_G Gatewiderstand
R_{Is} Isolationswiderstand
R_L Lastwiderstand
U_{CEO} Kollektor-Emitter-Spannung bei offener Basis
U_{Is} höchstzulässige Isolationsspannung
U_{Ip} höchstzulässige Isolationsprüfspannung
U_p Prüfspannung zwischen Eingangswicklung und Ausgangswicklung.
$U_{Rü}$ Rückfallspannung
U_1 Eingangsspannung
U_2 Ausgangsspannung
U_F Vorwärtsspannung
t_e Einschaltzeit
t_a Ausschaltzeit

M

Programmverarbeitung

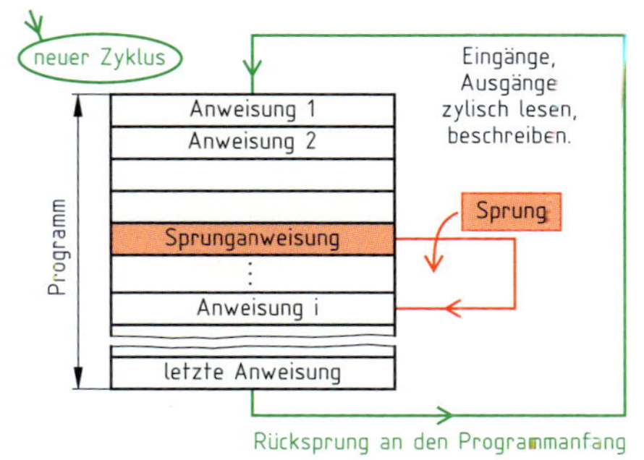

Beschaltung einer SPS

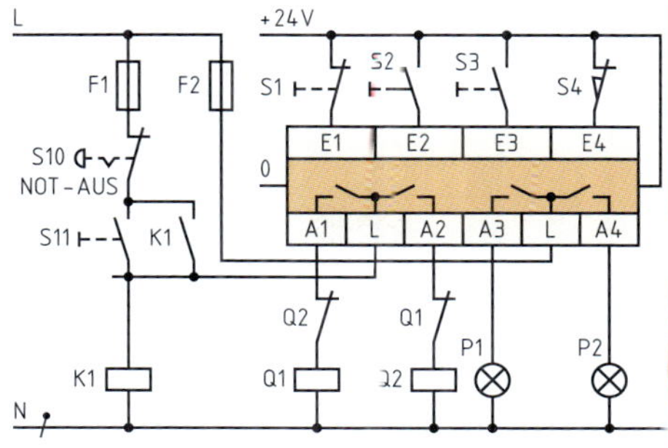

Begriffe	Erklärung
Ausgabeeinheit	Verbindet die Steuersignale mit den Stellgliedern, z. B. Schützen.
AWL	Anweisungsliste, enthält die einzelnen Programmbefehle.
Datenbaustein DB	Speicherbereich im RAM zum Speichern von Istwerten, Grenzwerten, Texten.
Eingabeeinheit	Verbindet die SPS mit den verschiedenen Signalgebern.
Funktionsbaustein FB	Programmteil zum Umsetzen von Steuerungs-Teilaufgaben, DB zugeordnet. Vom SPS-Hersteller z.T. lieferbar.
Funktion FC	Baustein zum Umsetzen auch mathematischer Funktionen. Auch vom SPS-Hersteller lieferbar.
FUP	Funktionsplan, entspricht dem Blockschaltplan binärer Verknüpfungen, auch Funktionsbausteinsprache FBS genannt.
Handhabungsbefehle (Handling-Befehle)	Steuern die SPS. Sie werden ohne Zeilennummern eingegeben.
Kommunikationsbaugruppe	Steckbare Baugruppe zur Kommunikation, z. B. über ein Netzwerk (LAN).

Begriffe	Erklärung
Kommunikationsprozessor	Steckbare Baugruppe zur seriellen Verbindung z. B. zweier SPS oder zu E/A-Baugruppen.
KOP	Kontaktplan, entspricht dem Stromlaufplan. Es werden andere Symbole für Schließer, Öffner und Schützspulen verwendet.
Merker	RAM-Speicher.
Organisationsbaustein OB	Baustein, der beim Eintreffen eines Ereignisses aufgerufen wird.
Programm	Folge von Steueranweisungen.
Simulator	Simuliert die Eingangssignale für die Eingabeeinheit.
SCL	Von Structured Control Language. Höhere Programmiersprache zur Programmierung von SPS.
Zähler	Standard-Funktion, oft eigener Geräte-Einschub.
Zeitglied	Standard-Funktion zur Erzeugung von Verzögerungszeiten, z. B. Ausschaltverzögerungen.
Zykluszeit	Zeitdauer der Bearbeitung der Anweisungen des sich zyklisch wiederholenden Programmes.

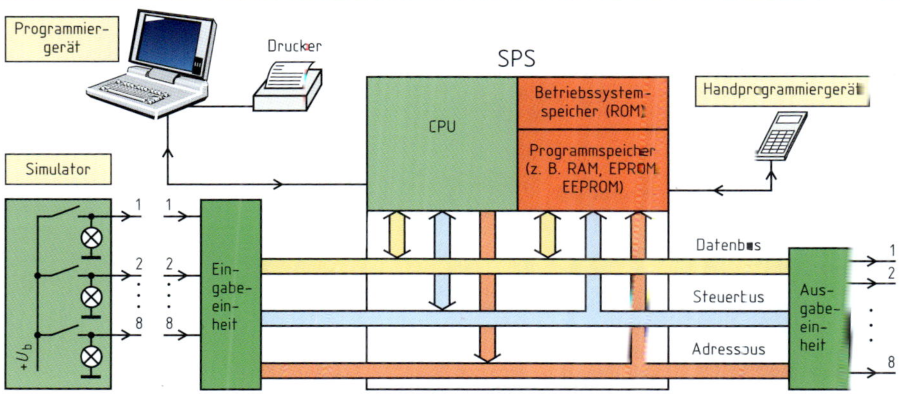

Aufbau einer SPS

M

Speicherprogrammierbare Steuerungen SPS (Fortsetzung)
Programmable logical controls PLC (continued)

Symbole für SPS

Benennung	Symbol für FUP	Symbol für KOP	Benennung	Symbol, Bemerkung
UND	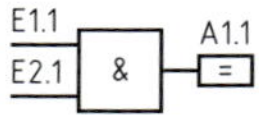	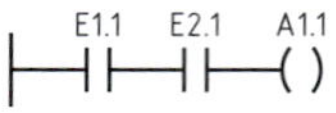	Zeitglied	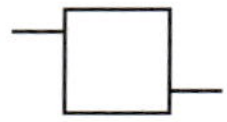 Kennzeichen des Zeitverhaltens wird eingetragen (herstellerabhängig).
ODER	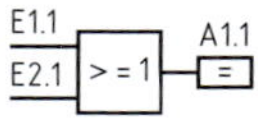	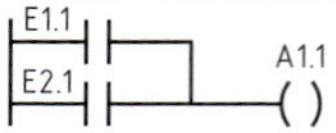	Impuls	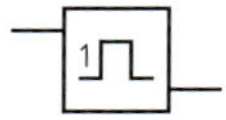 Realisierung durch Abfallverzögerung
NICHT Eingang	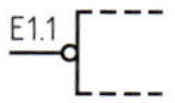	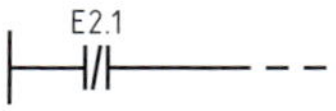	Einschaltverzögerung	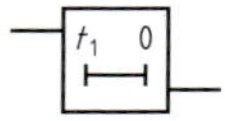 t_1 wird Verzögerungszeit, z. B. 100 ms (herstellerabhängig).
NICHT Ausgang	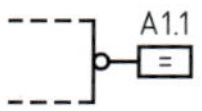		Ausschaltverzögerung	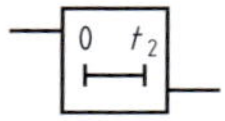 t_2 wird Verzögerungszeit, z. B. 50 ms (herstellerabhängig).
Exklusiv ODER	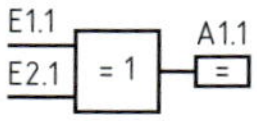	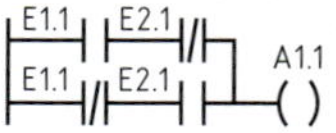	RS-Speicher	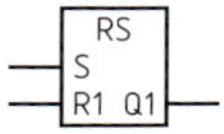 dominierendes Rücksetzen
Zuweisung	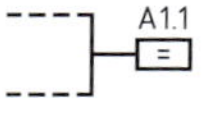		SR-Speicher	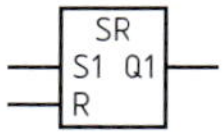 dominierendes Setzen
Setzen	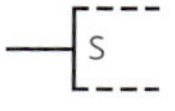		Zählen vorwärts	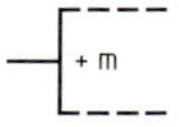 Zählen (+ 1) bei Signalwechsel von „0" nach „1"
Rücksetzen	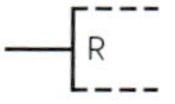		Zählen rückwärts	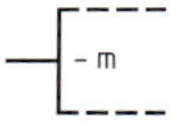 Zählen (− 1) bei Signalwechsel von „0" nach „1"

Zeichen für Anweisungen der AWL

Zeichen	Benennung	Zeichen	Benennung
U, AND, &	UND-Verknüpfung	NE	Not equal, Vergleich ungleich, < >
O, OR	ODER-Verknüpfung	LE	Less equal, Vergleich kleiner gleich
XOR	Exklusiv-ODER-Verknüpfung	LT	Less than, Vergleich kleiner als, <
LD, L	Load, Wert laden in Akkumulator	CAL	Call, Aufruf eines Funktionsbausteins
ST	Store, Speichern eines Wertes unter eine Adresse	RET	Return, Rücksprung aus Funktion oder Funktionsbaustein
ADD	Addition	JMP	Jump, Sprung auf eine Marke
SUB	Subtraktion	S, SL	Setzen eines Speichers, set latch
MUL	Multiplikation	R, RL	Rücksetzen eines Speichers, reset latch
DIV	Division		
GT	Greater than, Vergleich größer, >	SIN	Sinusfunktion
GE	Greater equal, Vergleich größer gleich	COS	Kosinusfunktion
EQ	Equal, Vergleich gleich, =	SHL	Shift left, Bits im Akkumulatorregister nach links schieben
NOP	No Operation, leere Anweisung		

Aufbau einer Steueranweisung

Ein SPS-Programm besteht aus einer Folge von Steueranweisungen. Eine Steueranweisung setzt sich aus dem *Operationsteil* und dem *Operandenteil* zusammen. Der Operationsteil gibt die auszuführende Operation an, z. B. eine UND-Verknüpfung. Der Operandenteil enthält die Adresse, auf welche die Operation wirken soll, z. B. den Eingang E 1.2.

Bei Signalgabe durch (externe) Schließer oder Öffner ist zu berücksichtigen, dass die SPS nur prüft, ob an den Eingängen Spannung für den erforderlichen Schaltvorgang vorhanden ist oder nicht.

Operation	Operand	
	Kennzeichen	Parameter

Beispiel für Einschalten durch Schließer an E 0.1 und Abschalten (ohne Rücksetzen) durch Öffner an E 0.2:

```
U  E 0.1
U  E 0.2
=  A 0.1
```

Regel	Kontaktplan	Funktionsplan	Anweisungsliste
Verknüpfungen beginnen geräteabhängig mit dem UND-, dem Lade- oder dem ODER-Befehl und enden mit einer Zuweisung.	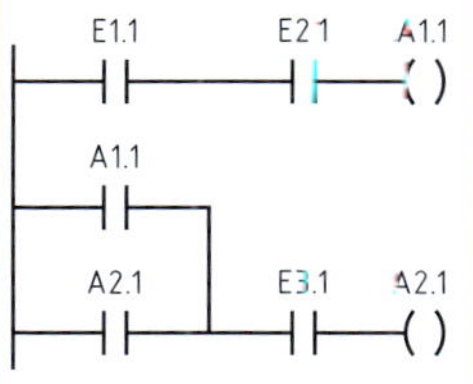	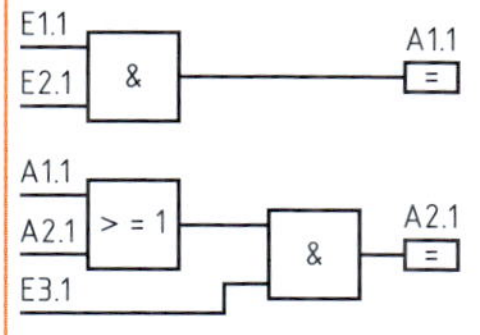	U E1.1 U E2.1 = A1.1 U A1.1 O A2.1 U E3.1 = A2.1
Ein Operand kann mehrfach programmiert werden.	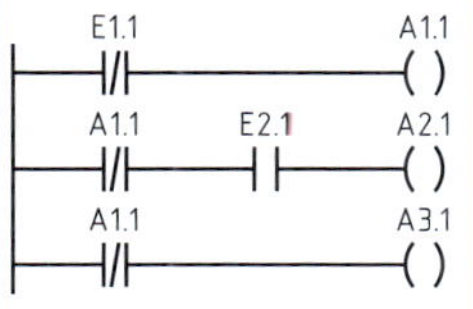	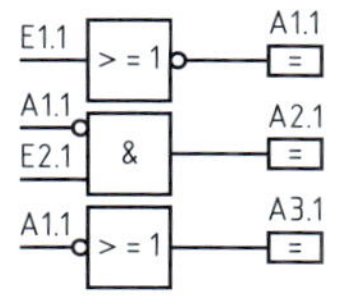	UN E1.1 = A1.1 UN A1.1 U E2.1 = A2.1 UN A1.1 = A3.1
Geräteabhängig kann ein Befehl bzw. eine Verknüpfung von Befehlen mehrere Operanden, z.B. Ausgänge, ansteuern.	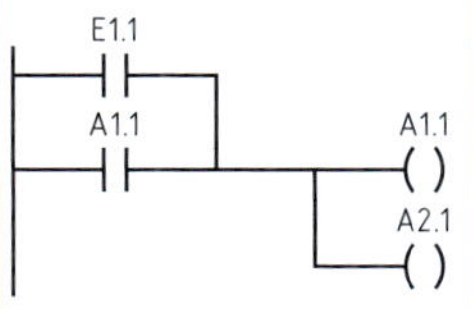	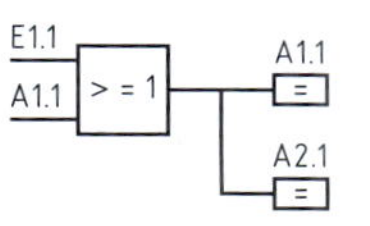	U E1.1 O A1.1 = A1.1 = A2.1
Zum Speichern von Zwischenergebnissen dienen Merker (Hilfsspeicher).	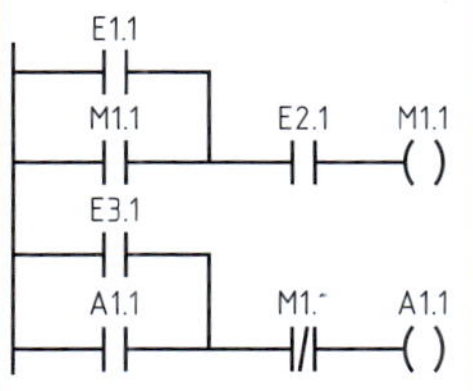	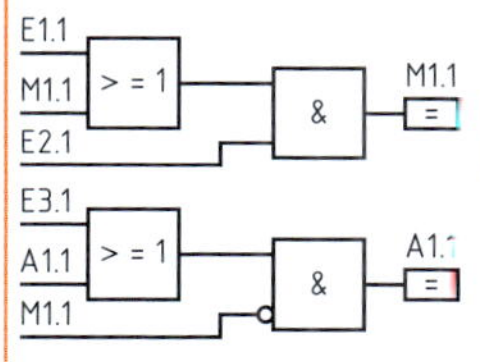	U E1.1 O M1.1 U E2.1 = M1.1 U E3.1 O A1.1 UN M1.1 = A1.1
Eine ODER-Verknüpfung muss vor einer UND-Verknüpfung programmiert werden, wenn keine Klammern gesetzt oder keine Merker verwendet werden.	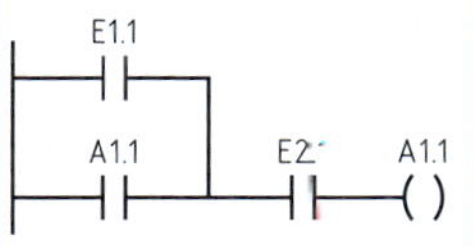	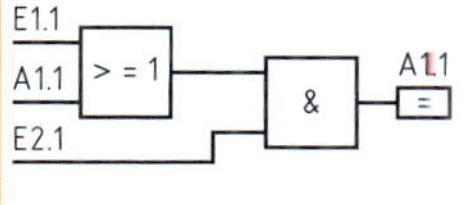	U E1.1 O A1.1 U E2.1 = A1.1
Mittels Klammertechnik ist die ODER-vor-UND-Regel nicht zu beachten. Allerdings wird adurch etwas mehr Rechenzeit benötigt.	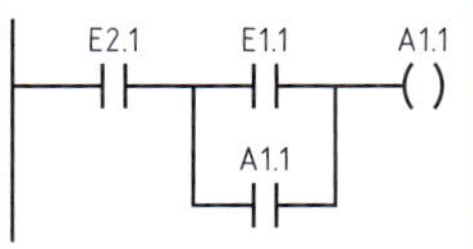	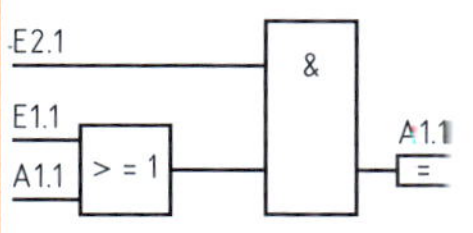	U E2.1 U(U E1.1 O A1.1) = A1.1
Programmierung mit Speicher: Es dominiert (herrscht vor) die Funktion, die in der AWL *nach* der nicht dominierenden Funktion steht.	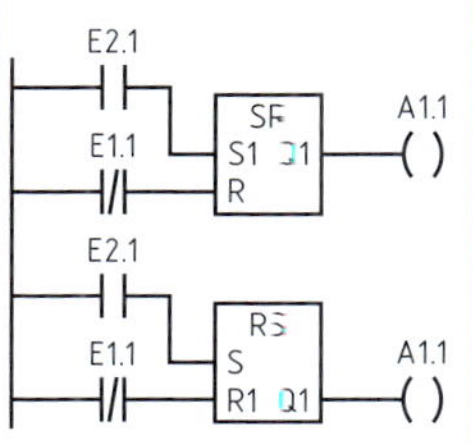	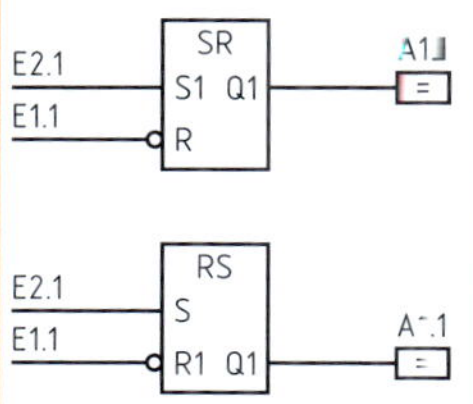	dominierendes Setzen: UN E1.1 RL A1.1 U E2.1 SL A1.1 dominierendes R-Setzen: U E2.1 SL A1.1 UN E1.1 RL A1.1

M

Programmierbeispiele für SPS   Programming examples for PLC

Stromlaufplan	Kontaktplan	Funktionsplan	Anweisungsliste
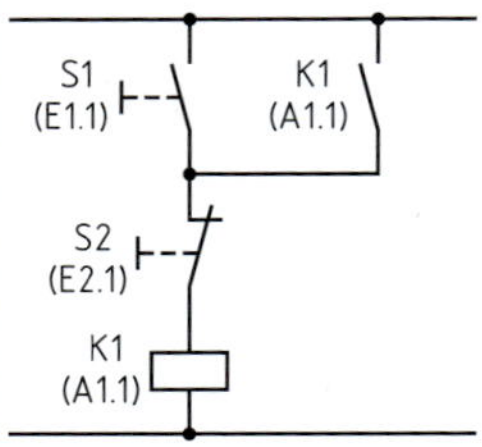	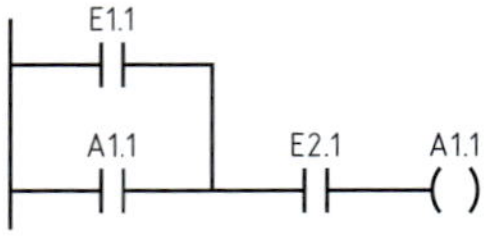	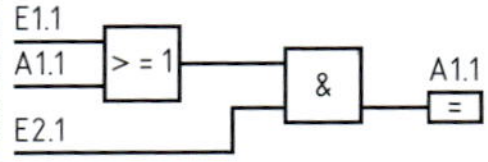	U E1.1 O A1.1 U E2.1 = A1.1
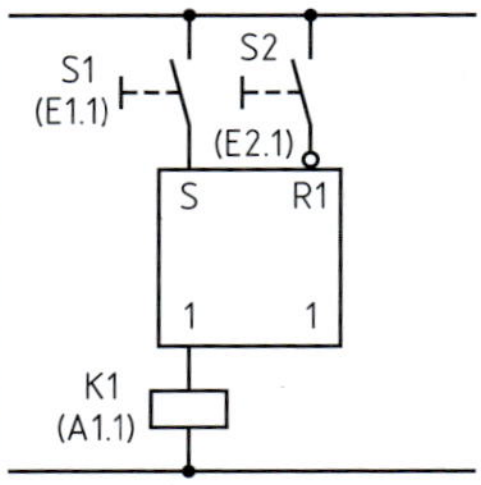	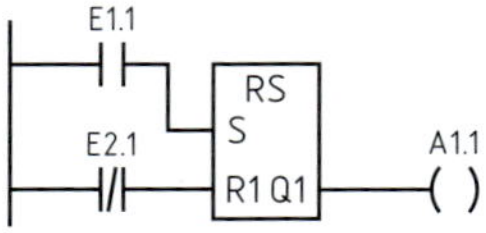	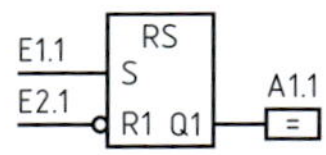	U E1.1 SL A1.1 UN E2.1 RL A1.1
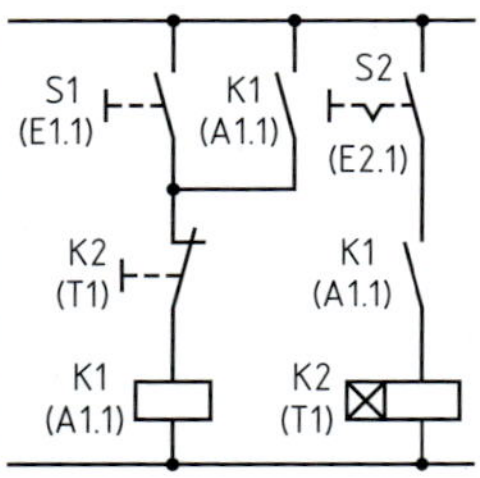	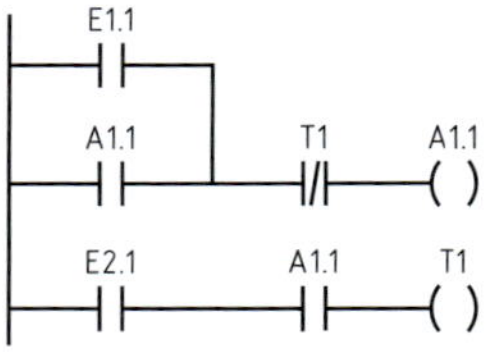	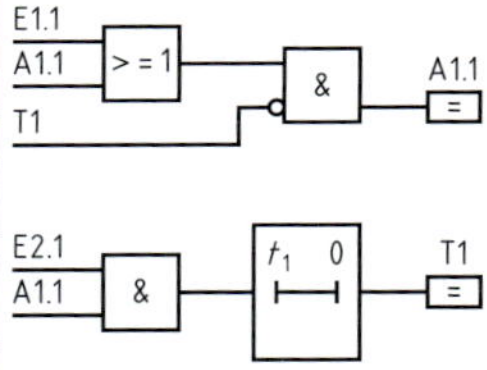	U E1.1 O A1.1 UN T1 = A1.1 U E2.1 U A1.1 = T1
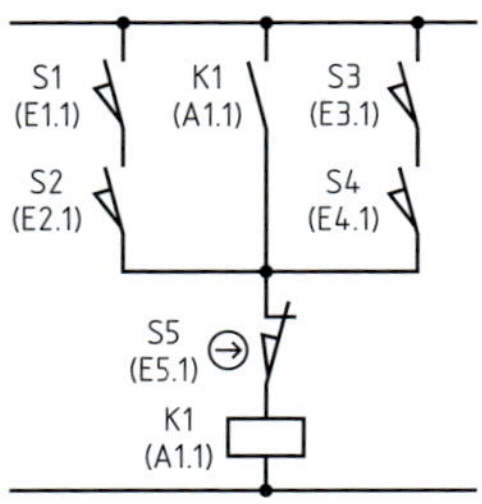	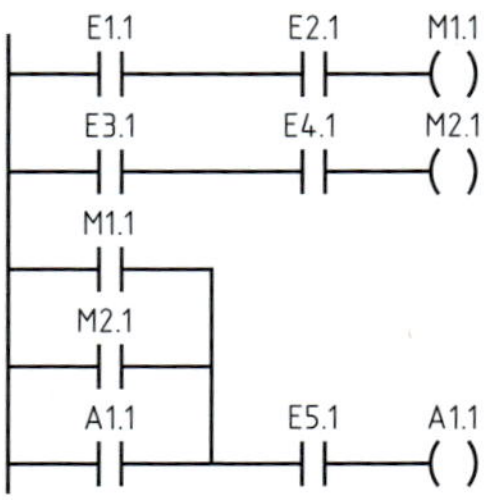	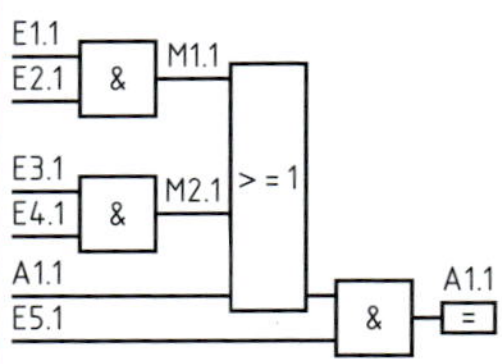	U E1.1 U E2.1 = M1.1 U E3.1 U E4.1 = M2.1 O M1.1 O M2.1 O A1.1 U E5.1 = A1.1
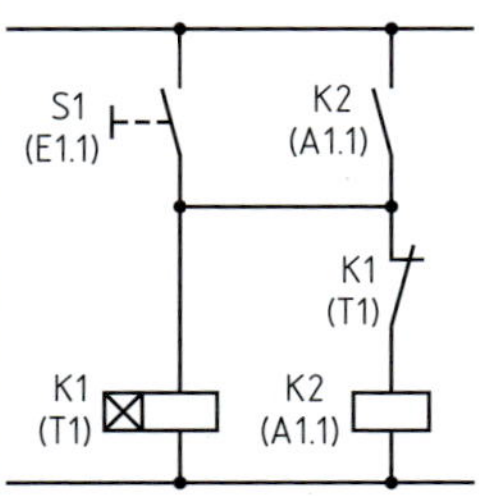	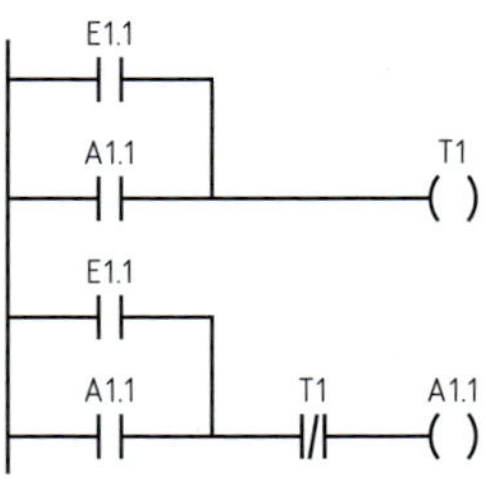	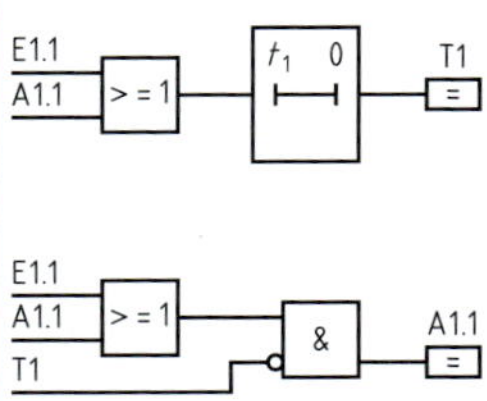	U E1.1 O A1.1 = T1 U E1.1 O A1.1 UN T1 = A1.1

M

Programmieren von Zählern und Zeitgliedern in SPS
Programming of counters and time elements in PLC

Funktion	Kontaktplan	Anweisungsliste	Bemerkungen
Vorwärts-zähler mit Startwert 20	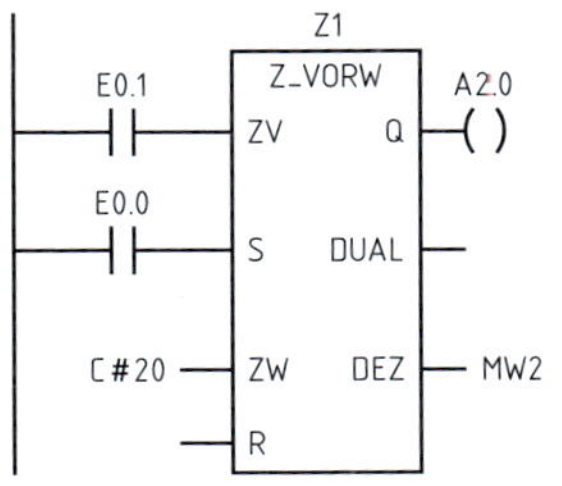	U E 0.1 ZV Z 1 U E 0.0 L C#20 S Z 1 L Z 1 T MW 2 U Z 1 = A 2.0	Der Vorwärtszähler Z1 wird mit dem Startwert 20 geladen, wenn E 0.0 von 0 auf 1 wechselt. Wechselt der Signalzustand an E 0.1 von 0 auf 1, wird der Zähler Z1 um 1 erhöht. A 2.0 ist 1, wenn der Zählerwert ungleich null ist. Mit L Z1 wird der Zählerwert dualcodiert in den Akkumulator geladen, dann ins Merkerwort 2, mit LC Z1 ist BCD-codiertes Auslesen möglich.
Rückwärts-zähler von 10 bis 0	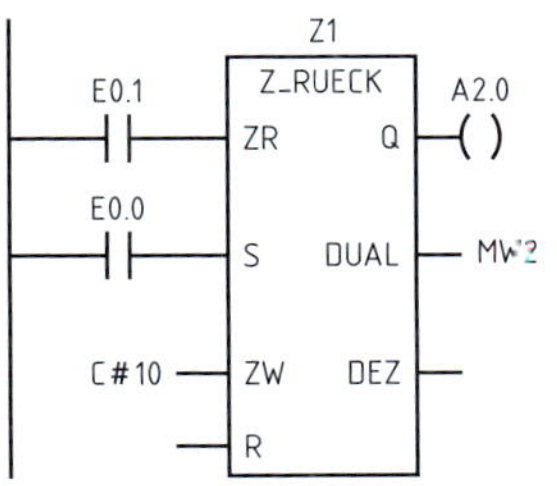	U E 0.1 ZR Z 1 U E 0.0 L C#10 S Z 1 L Z 1 T MW 2 U Z 1 = A 2.0	Der Rückwärtszähler Z1 wird mit dem Startwert 10 geladen, wenn E 0.0 von 0 auf 1 wechselt. Wechselt der Signalzustand an E 0.1 von 0 auf 1, wird der Zählerwert um 1 erniedrigt. A 2.0 ist 1, wenn der Zählerwert ungleich null ist. Mit L Z1 wird der Zählerwert dualcodiert in den Akkumulator geladen, mit LC Z1 BCD-codiert.
Einschalt-verzöge-rung mit Zeitwert 100 ms	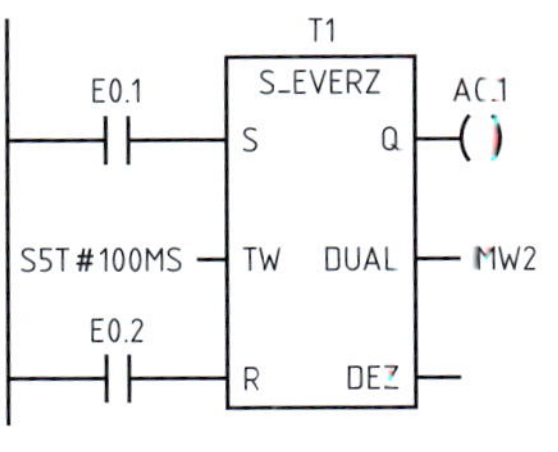	U E 0.1 L S5T#100MS SE T 1 U E 0.2 R T 1 L T 1 T MW 2 U T 1 = A 0.1	Wechselt der Signalzustand an E 0.1 von 0 nach 1, wird die Zeit im Zeitglied T1 gestartet. Wechselt der Signalzustand an E 0.1 erneut von 0 nach 1 bevor die Zeit abgelaufen ist, wird sie erneut gestartet. Mit SE T1 wird die Einschaltverzögerungsfunktion programmiert. Stunden (H), Minuten (M), Sekunden (S) und Millisekunden (MS) können eingestellt werden, z.B. 3 h, 5 min 10 s mit L S5T#3H5M10S.
Ausschalt-verzöge-rung mit Zeitwert 10 s	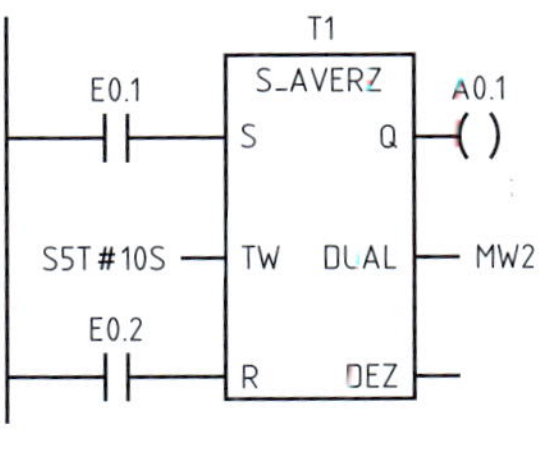	U E 0.1 L S5T#10S SA T 1 U E 0.2 R T 1 LC T 1 T MW 2 U T 1 = A 0.1	Wechselt der Signalzustand an E 0.1 von 1 nach 0, wird die Zeit im Zeitglied T1 gestartet. Mit SA T1 wird die Ausschaltverzögerungsfunktion programmiert. Das Signal an A 0.1 bleibt bis zum Ablauf der Zeit auf 1. Der aktuelle Zeitwert kann über L bzw. LC dualcodiert oder BCD-codiert abgefragt werden.

DEZ	aktueller Wert BCD-codiert	S	Setzen	ZR	Rückwärtszählen
DUAL	aktueller Wert dualcodiert	R	Rücksetzen	ZW	Zählerwert
L	Laden dualer Wert	T	Transferieren, Übertragen	LC	Laden BCD-codiert
MW	Merkerwort (2 Byte)	TW	Zeitwert Voreinstellung		
Q	binärer Ausgang	ZV	Vorwärtszählen		www.automation.com

M

Elementare Datentypen in SPS   Elementary Data Types in PLC

Durch Speicherplatzgröße charakterisierte Datentypen

Schlüsselwort	Speicherplatzgröße	Wertebereiche	Erläuterungen
BIT	1 bit	FALSE (0); TRUE (1)	Verwendung dieser Datentypen: – Adressierung absoluter Variablen – Adressierung der Eingangs-, Ausgangs- und Merkerbereiche. BYTE, WORD, DWORD können als Container dienen, in denen z. B. arithmetischen Datentypen enthalten sind. Dabei muss die Speicherplatzgröße übereinstimmen.
BYTE	8 bit	16#00 ... 16#FF	
WORD	16 bit = 2 Byte	16#0000 ... 16#FFFF	
DWORD	32 bit = 4 Byte = 2 Word	16#0000_0000 ... 16#FFFF_FFFF	

Anordnung der Speicherbereiche für BIT, BYTE, WORD, DWORD bei Siemens S7

Anordnung der Speicherplätze für Eingänge, Ausgänge, Merker

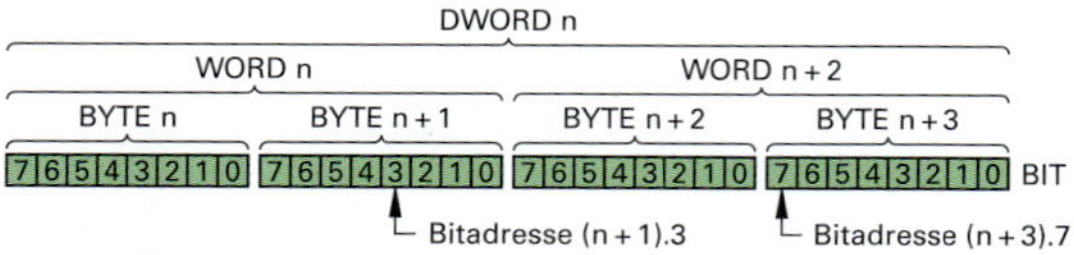

In den Eingangs-, Ausgangs- und Merkerbereichen kann mit BIT, BYTE, WORD und DWORD zugegriffen werden.
Beispiele:
E5.3 ∈ EB5 ∈ EW4 ∈ ED4
E7.7 ∈ EB7 ∈ EW6 ∈ ED4

Arithmetische Datentypen

Schlüsselwort	Speicherplatzgröße	Wertebereiche	Erläuterungen
INT	16 bit	−32768 ... 32767	INT und DINT dienen zur Darstellung ganzer Zahlen. Die Darstellung negativer Zahlen erfolgt im Zweierkomplement.
DINT	32 bit	L# −2147483648 ... L# 2147483647	
REAL	32 bit	+/− 1,175495E−38 bis +/− 3,402823E+38	REAL dient zur Darstellung von Gleitkommazahlen, sehr großen und sehr kleinen Zahlen.

Anwendung der BCD – Darstellung bei Zeitbausteinen und Zählbausteinen der Siemens S7

Schlüsselwort	Speicherplatzgröße	Zeitbasis	Zeitbereiche	Erläuterungen
S5TIME	16 bit	10 ms 0,1 s 1 s 10 s	0 ... 9s990ms 0 ... 99s900ms 0 ... 16min39s 0 ... 2h46min30s	Bei Zeitbausteinen in S7-Programmen wird der Wertebereich 0 ... 999 mit der ausgewählten Zeitbasis multipliziert.

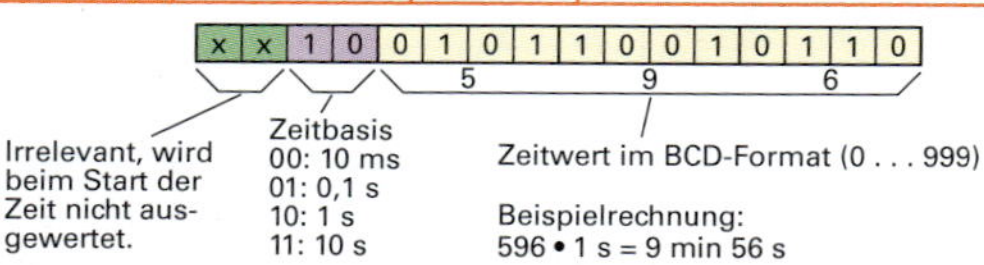

Beispiel für Wert vom Typ S5TIME: S5T# 9min56s

Bei Zählbausteinen wird der Setzwert in dreistelligem BCD-Format angegeben. Die vier höchstwertigen BIT (ganz links) sind irrelevant und werden nicht ausgewertet.

Beispiel für Zählwert: C# 596

Stellenwerte im Zweierkomplement (Integerdarstellung)

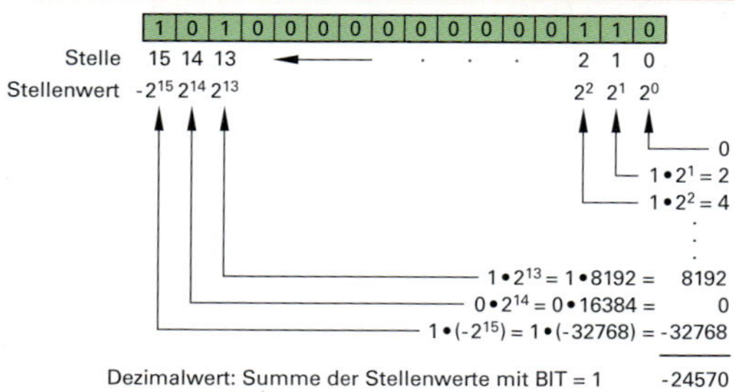

Die Stellen werden von rechts nach links gezählt.
Niederstwertige Stelle: 0
Höchstwertige Stelle: 15 (Typ INT)
31 (Typ DINT)

Die Stellenwerte entsprechen den Zweierpotenzen 2^n
Ausnahme: Der Stellenwert der höchstwertigen Stelle wird negativ gezählt.

Umrechnung in Dezimalwert:
Summe der Stellenwerte mit BIT = 1

Negative Zahl: Höchstwertiges BIT stets 1
Positive Zahl: Höchstwertiges BIT stets 0

M

SPS Wortverarbeitung Processing of Data Words in PLC

Funktion	Erklärung	Programmbeispiele, Inhalt der Akkumulatoren
Zwischen-speichern	Zwischenspeicherung erfolgt in Registern (meist 32 bit breit), die als Akkumulatoren (Akkus) dienen. Bei Wortbefehlen werden die Akkumulatoren beschrieben und ausgewertet. Jede CPU verfügt über mindestens zwei Akkus.	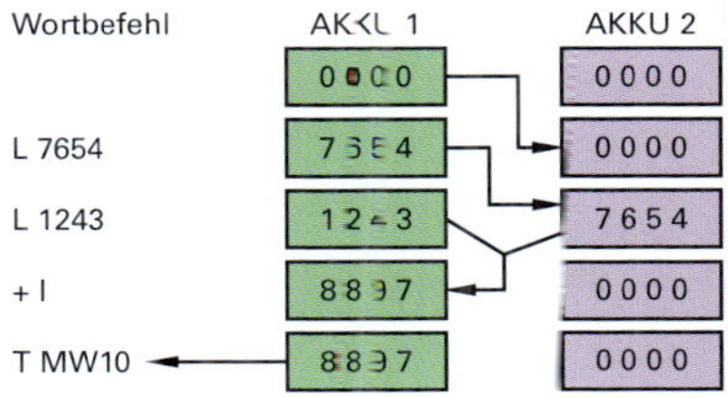 Die Integer 7654 und 1243 werden addiert und anschließend in MW10 übertragen.
Laden	Zur Durchführung der Wortfunktionen müssen die Daten in die Akkus übertragen werden. Mit Befehl „Laden" wird Akku 1 beschrieben, zugleich wird der bisherige Inhalt von Akku 1 nach Akku 2 übertragen.	
Transferieren	Das Ergebnis jeder Wortfunktion befindet sich in Akku 1. Mit „Transferieren" wird der Inhalt von Akku 1 auf die gewählte Speicheradresse übertragen. Dabei bleiben die Akkus unverändert.	
Vergleichen	Der Wert der beiden Akkus wird verglichen. Das Ergebnis des Vergleichs ist ein boolescher Wert (0/1). Zur korrekten Durchführung des Vergleichs müssen die Datentypen beider Akkus übereinstimmen. Folgende Vergleiche sind für INT (I), DINT (D) und REAL (R) möglich: > (größer) < (kleiner) == (gleich) <> (ungleich) >= (größer oder gleich) <= (kleiner oder gleich) Beispiel: <R (Vergleich von zwei REAL-Zahlen auf „kleiner") ==D (Vergleich von zwei DINT-Zahlen auf „gleich")	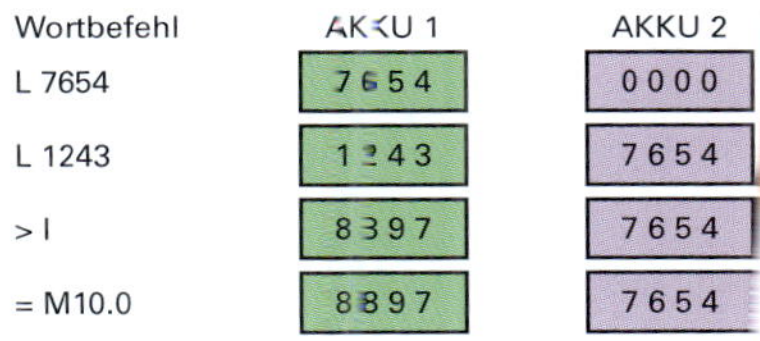 Die Integer 7654 und 1243 werden auf „größer" verglichen. Wegen 7654 > 1243 gilt: M10.0 = „TRUE".
Festpunkt-Funktionen	Als arithmetische Funktionen für Ganzzahlen (INT und DINT) stehen die vier Grundrechenarten (+; −; *; /) zur Verfügung sowie mitunter zusätzlich die MODULO-Funktion (MOD). Zur korrekten Durchführung der Berechnung müssen die Datentypen beider Akkus übereinstimmen.	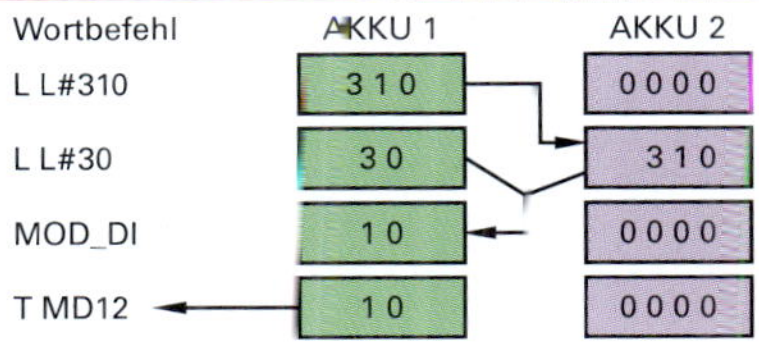 Der Doppelinteger 310 wird durch 30 geteilt. Der Divisionsrest beträgt 10 und wird in MD12 übertragen.
Gleitpunkt-funktionen	Als arithmetische Funktionen für Gleitkommazahlen (REAL) stehen neben den vier Grundrechenarten zusätzlich meist Winkelfunktionen, Quadrat und Wurzel sowie Exponentialfunktion und Logarithmus zur Verfügung.	
Schieben/ Rotieren	Beim Schieben und Rotieren wird die Richtung und die Anzahl der Bit angegeben. Beim Schieben werden leere Bitstellen mit 0 aufgefüllt. Beim Rotieren werden hinausgeschobene Bitstellen auf der anderen Seite wieder angefügt.	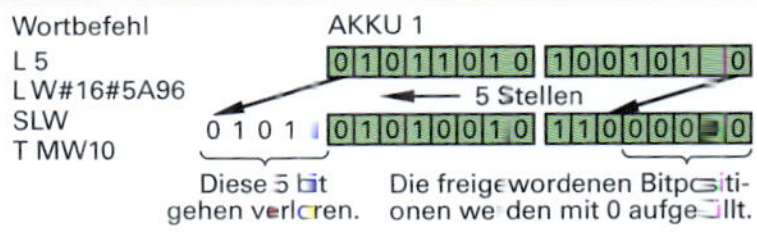 Das Wort 16# 5A96 wird geladen, um 5 Stellen nach links verschoben und dann in MW10 übertragen.
Wort-ver-knüpfungen	Die in AKKU 1 und AKKU 2 liegenden Daten werden bitweise miteinander verknüpft. Das Ergebnis der Verknüpfung findet sich in Akku 1. Die Verknüpfungen AND, OR, XOR stehen zur Verfügung. Beispiel: Bit 0 in Akku 1 wird mit Bit 0 in Akku 2 XOR-verknüpft. Da beide BIT „FALSE", steht nach Abschluss der Verknüpfung in Bit 0 von Akku 1 „FALSE". Bit 1 in Akku 1 wird mit Bit1 in Akku 2 XOR-verknüpft. Da ein BIT „FALSE" und ein Bit „TRUE", steht nach Abschluss der Verknüpfung in Bit 1 von Akku 1 „TRUE".	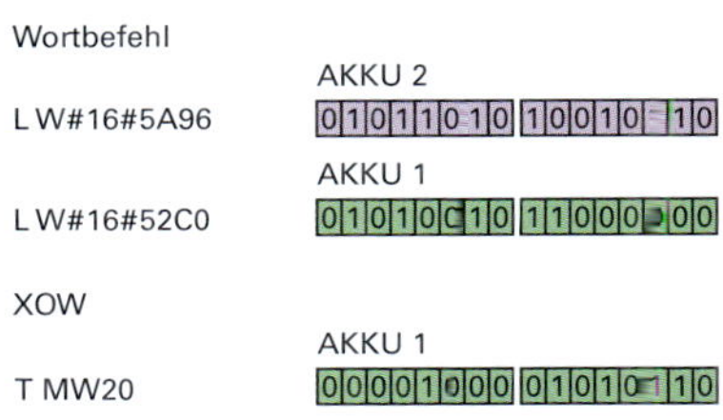 Die Bits in Akku 1 und Akku 2 werden mit XOR verknüpft und dann nach MW20 übertragen.

M

Modulare SPS-Programmierung Modular Programming Style in PLC

Programmierung mit Variablen

Bei modularer (bibliotheksfähiger) SPS-Programmierung werden innerhalb des Moduls **ausschließlich lokale Variablen (Formalparameter) oder Konstante** verwendet.
Es dürfen **keine** E/A-Adressen oder globale Variable verwendet werden.

Lokale Variablen sind nur innerhalb des Moduls definiert. Auf globale Variablen kann im ganzen Programm zugegriffen werden.

Die Zuordnung von E/A-Adressen oder globalen Variablen (Aktualparametern) zu den im Modulkopf deklarierten lokalen Variablen erfolgt erst beim Aufruf des Moduls.
Zu verknüpfende Variablen müssen denselben Datentyp besitzen.

Merkmale	Programmbeispiele, Vereinbarungen	Erläuterungen

Definition des Modulkopfs (Header, Schnittstelle)

Schnittstelle

Schnittstelle	Name	Datentyp	Adresse	Anfangswert
IN				
EIN	EIN	Bool	0.0	FALSE
AUS	AUS	Bool	0.0	TRUE
Verzoegerung	Verzoegerung	s5Time	2.0	s5T#3s
Zeitbaustein	Zeitbaustein	Timer	4.0	
Zaehlbaustein	Zaehlbaustein	Counter	6.0	
OUT				
Langsam	Langsam	Bool	8.0	FALSE
Schnell	Schnell	Bool	8.0	FALSE
IN_OUT				
STAT				
Selbsthaltung	Selbsthaltung	Bool	10.0	FALSE
TEMP				
Umrechnung	Umrechnung	Int	0.0	

Jede im Modul verwendete lokale Variable muss deklariert werden.

- IN: Eingangsparameter (nur Abfrage möglich, read only)
- OUT: Ausgangsparameter (Beschreiben vorgesehen, Abfrage z. T. möglich)
- IN/OUT: Durchgangsparameter (Beschreiben und Abfrage möglich)
- STAT: Interne Zustandsvariable (lokaler Speicher, Speichern über mehrere Zyklen möglich)
- TEMP: Interne temporäre Variable (nach Ende des Modulaufrufs gelöscht)

Adressen werden vom Programm vergeben (nur für interne Zwecke).

Anfangswerte können nur deklariert werden, wenn Speicherinstanz vorhanden ist.

Aufruf eines Moduls ohne Speicherinstanz (FC15)

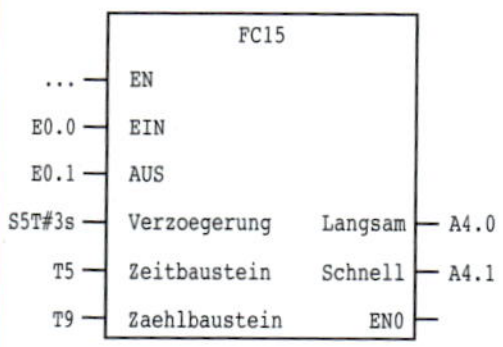


```
CALL  FC     15
 EIN              :=E0.0
 AUS              :=E0.1
 Verzoegerung     :=S5T#3s
 Zeitbaustein     :=T5
 Zaehlbaustein    :=Z9
 Langsam          :=A4.0
 Schnell          :=A4.1
```

Ein Modul kann mehrfach an verschiedenen Orten im Programm aufgerufen werden. Bei jedem Aufruf können den Variablen unterschiedliche Adressen zugeordnet werden. Alle Parameter benötigen eine Zuweisung.
Das Modul hat kein „Gedächtnis", Datenspeicherung ist nur in Ausgangs- und Durchgangsparametern möglich.

Aufruf eines Moduls mit Speicherinstanz (FB27 mit Instanz-DB12)

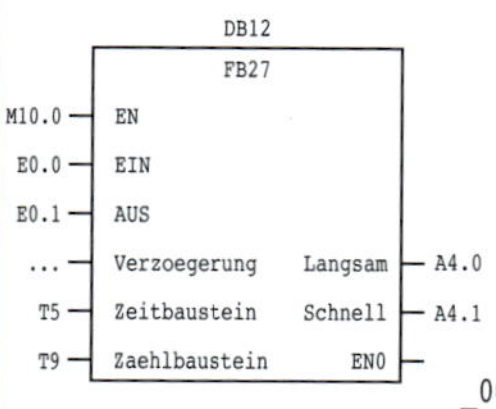


```
      U     M10.0
      SPBNB _001
      CALL  FB     27 ,DB12
       EIN             :=E0.0
       AUS             :=E0.1
       Verzoegerung    :=
       Zeitbaustein    :=T5
       Zaehlbaustein   :=Z9
       Langsam         :=A4.0
       Schnell         :=A4.1
_001: NOPO
```

Ein Modul mit Speicherinstanz speichert den Wert der lokalen Variablen (nicht TEMP). Wird beim Aufruf des Moduls einem der Parameter nichts zugewiesen, verwendet das Programm den letzten verfügbaren Wert oder den Anfangswert (z. B. Verzögerung).
Das Modul wird nur bearbeitet, wenn M10.0 = 1 (Eingang EN).
Ohne Beschaltung des Eingang EN wird das Modul stets bearbeitet.

Beispiele für Code innerhalb eines Moduls

Bereits deklarierte lokale Variablen werden gekennzeichnet (Präfix #).

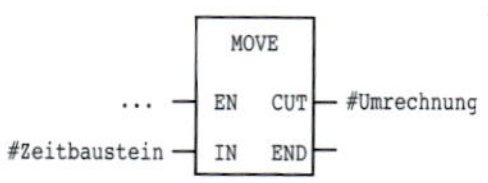


```
L  #Zeitbaustein
T  #Umrechnung
```

Die aktuelle Laufzeit von #Zeitbaustein wird in die Integer-Variable #Umrechnung übertragen.

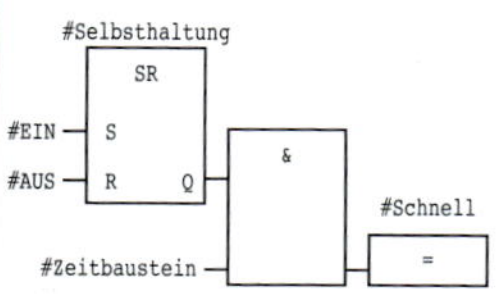


```
U  #EIN
S  #Selbsthaltung
U  #AUS
R  #Selbsthaltung
U  #Selbsthaltung
U  #Zeitbaustein
=  #Schnell
```

Durch Betätigen von #EIN (E0.0) wird #Selbsthaltung (Stat. Variable) gesetzt, durch Betätigen von #AUS (E0.1) rückgesetzt.
Ist #Selbsthaltung = 1 und die Zeit des #Zeitbaustein (T5) abgelaufen, wird Ausgang #Schnell (A4.1) aktiviert.

M

Risikominimierung

Darstellung	Erläuterungen
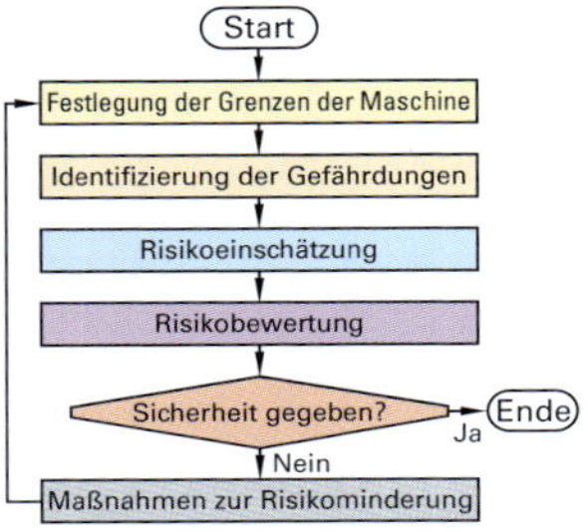 **Prozess zur Risikominimierung nach EN ISO 12100-1**	Für jede identifizierte Gefährdung muss das Risiko eingeschätzt werden. Dies kann z. B. mit Hilfe des Risikographen (siehe unten) geschehen. Durch die Bewertung des Risikos wird festgelegt, ob und welche Maßnahmen zur Risikominderung geroffen werden müssen. Dabei wird eine Sicherheitsfunktion spezifiziert. Hierzu gehört auch die Planung einer Testfunktion. Die Umsetzung der Sicherheitsanforderungen muss überprüft und dokumentiert werden. Maßnahmen zur Risikominimierung sind insbesondere – inhärend sichere Konstruktion z. B. durch Vermeidung von Scher-, Klemm-, Quetschstellen – technische Schutzmaßnahmen, z. B. Schutztüren, Zweihandschaltungen – Benutzerinformation, z. B. Warnschilder

Performance Level (PL) nach EN ISO 13849-1

Darstellung	Risikoeinschätzung	Erläuterungen
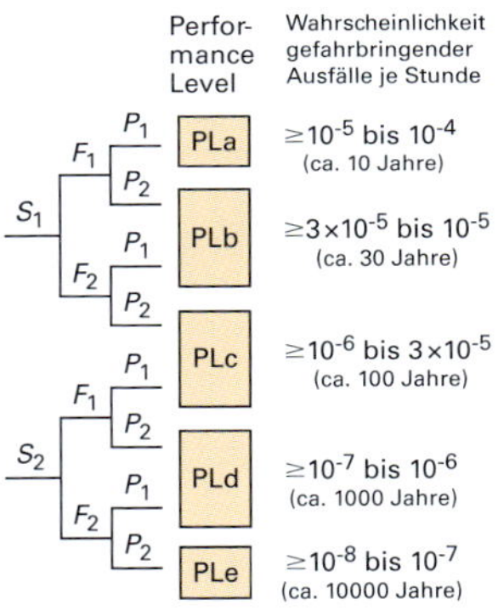 **Bestimmung des erforderlichen Performance Level durch Risikograph**	Je nach Schwere (S), Häufigkeit (F) und Möglichkeit zur Vermeidung (P) werden Performance Level (PL) gefordert. 1. Schwere möglicher Verletzungen: S1: reversibel (vollständige Ausheilung möglich) S2: irreversibel (bleibende Schäden) 2. Häufigkeit des Zugriffs in den Gefahrenbereich F1: selten (nur bei Umbau- und Wartungsmaßnahmen) F2: häufig (regelmäßig während des bestimmungsgemäßen Betriebs) 3. Wahrscheinlichkeit, dass der Gefährdung ausgewichen werden kann P1: hoch (Bewegungen der Maschine langsam und geräuschvoll) P2: niedrig (Bewegungen der Maschine schnell oder leise)	Der erreichbare PL hängt ab von der Struktur der Hardware: – Redundanz – Diversität der eingesetzten Bauteile und Schaltungsstrukturen – mittlere Zeit bis zu einem gefährlichen Versagen (MTTFd: Mean Time to Failure dangerous), z. B. die mittlere Lebensdauer eines Schütz in Abhängigkeit von Schalthäufigkeit und Schaltleistung – Fehleraufdeckungsgrad einer Sicherheitsfunktion (DC), z. B. durch regelmäßige Funktionskontrolle der Hardware Bei mehreren Teilsystemen addieren sich deren Ausfallwahrscheinlichkeiten, so dass meist für das Gesamtsystem nur ein geringerer PL erreichbar ist.

M

Abkürzungen und Begriffe

Begriff	Erklärung	Begriff	Erklärung
B10	Wert für elektromechanische, verschleißbehaftete Komponenten. Anzahl der Schaltspiele, bei der 10 % der Prüfstücke ausgefallen sind	PL	Performance Level Eine von fünf Stufen (PLa bis PLe), die die Fähigkeit spezifizieren, eine Sicherheitsfunktion, z. B. das Stillsetzen der Antriebe, auch bei vorhersehbaren Fehlern auszuführen.
DC	Diagnostic Coverage Umfang automatischer Funktionstests. Je besser die Sicherheitsfunktionen getestet werden, desto höher ist die erreichbare Sicherheitsintegrität.	SIL	Safety Integrity Level Eine von vier Stufen zur Festlegung der Anforderungen an die Sicherheitsintegrität. Dabei wird die höchste Stufe SIL4 im Maschinenbau nicht verwendet.
MTTF/ MTTFd	Mean Time to Failure (dangerous) Mittlere Zeit bis zu einem (gefährlichen) Ausfall eines Bauelements oder eines Geräts	SIL-CL	Safety Integrity Level – Claim Limit Die Komponenten sind in der Lage, höchstens die Anforderungen an den genannten SIL zu erfüllen.
PFHd	Probability of dangerous failure per hour Wahrscheinlichkeit eines gefahrbringenden Ausfalls pro Stunde	SRECS	Safety Related Electrical Control System Sicherheitsbezogenes elektrisches Steuerungssystem einer Maschine.

Instandhaltung Maintenance

Begriffe	Erklärungen	Bemerkungen, Beispiele
Instandhaltung	Alle Maßnahmen zur Bewahrung und Wiederherstellung des Sollzustands sowie zur Feststellung und Beurteilung des Istzustands.	Begriffe der Instandhaltung sind in DIN 31051 definiert. Instandhaltung soll die Leistungsfähigkeit einer Anlage erhalten und für eine möglichst hohe Verfügbarkeit sorgen. Instandhaltung besteht aus Wartung, Inspektion, Instandsetzung und Verbesserung.
Wartung	Maßnahmen zur Bewahrung des Sollzustands.	Z. B. Reinigen, Konservieren, Schmieren, Verbrauchsmaterial nachfüllen, Nachstellen und Justieren.
Inspektion (Revision)	Maßnahmen zur Feststellung und Beurteilung des Istzustands.	Zustand und Zustandsänderungen mit Sollzustand vergleichen, Wartung und Instandsetzung veranlassen.
Instandsetzung	Maßnahmen zur Wiederherstellung des Sollzustands.	Z. B. Ausbessern, Bearbeiten fehlerhafter Teile, Austauschen, Ersetzen fehlerhafter Teile.
Verbesserung	Maßnahmen zur Erhöhung der Funktionsfähigkeit der Anlage.	Die geforderte Funktion wird nicht geändert, z. B. Ersatz einer Schützsteuerung durch SPS.
Verfügbarkeit einer Anlage		
Verfügbarkeit	Wahrscheinlichkeit, ein technisches System in einem funktionsfähigen Zustand vorzufinden (Zeitverfügbarkeit).	Weitere Kriterien der Verfügbarkeit sind der verfügbare Anteil der Anlagenleistung und die Verfügbarkeit eines nicht permanent eingeschalteten Systems.
MTBF (Mean Time between Failure)	Mittlere Betriebszeit der Maschine zwischen zwei technischen Ausfällen.	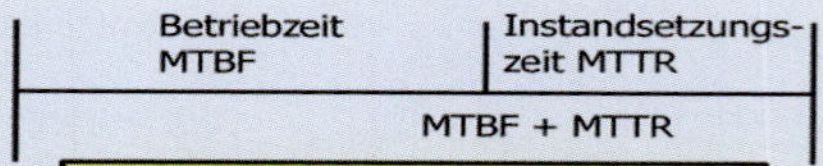
MTTR (Mean Time to Repair)	Mittlere Instandsetzungszeit der Maschine bei technischen Ausfällen.	$\text{Verfügbarkeit} = \frac{\text{MTBF}}{\text{MTBF} + \text{MTTR}}$
Instandhaltungsstrategien		
Vorbeugende Instandhaltung	In festen Zeitzyklen oder nach Ablauf einer festgelegten Betriebsstundenzahl werden Instandhaltungsmaßnahmen durchgeführt.	Zeitpunkt und Dauer der Instandsetzung werden geplant. Der Zeitrahmen für die Arbeiten ist streng eingegrenzt, z. B. Ölwechsel bei Kfz.
Störungsabhängige Instandhaltung	Sobald eine Störung eingetreten ist, wird mit Vorbereitung und Durchführung der Instandhaltungsmaßnahmen begonnen.	Zeitpunkt und Dauer der Instandsetzung sind unvorhersehbar, z. B. Drahtbruch bringt Maschine zum Stillstand. Instandsetzung: Fehlersuche und Fehlerbehebung.
Zustandsabhängige Instandhaltung	Im Anschluss an Inspektion oder durch laufende Überwachung werden Instandhaltungsmaßnahmen festgelegt.	Regelmäßige oder kontinuierliche Überwachung erforderlich, z. B. Auswechseln von Pufferbatterien, Auswechseln der Kohlebürsten von Gleichstrommotoren.
FMEA (Failure Mode and Effect Analysis)	Der Einfluss vorhersehbarer Fehler wird durchdacht, um so Schwachstellen der Maschine im Vorfeld zu beobachten oder zu beseitigen.	Betriebsstörungen gehen etwa zur Hälfte auf konstruktive Schwachstellen einer Maschine zurück. FMEA (Fehlermöglichkeitsanalyse) kann als Basis für technische Verbesserungen zur Erhöhung der Verfügbarkeit einer Anlage dienen.
Fehlersuchstrategien am Beispiel Zylinder fährt nicht aus		
Vorwärtsstrategie	Ein Sensorsignal erzeugt keine Reaktion. Vorwärts wird die Energieversorgung Sensor, Signalzustand Sensor überprüft.	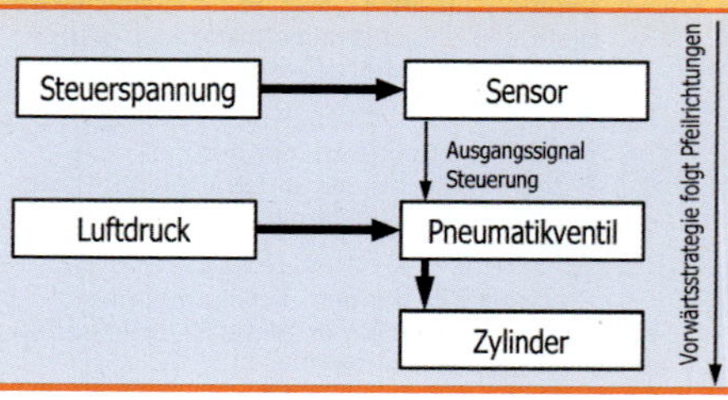
Rückwärtsstrategie	Der Fehler wird am Aktor festgestellt. Rückwärts wird z. B. Verschlauchung, Pneumatikventil, Luftdruck überprüft.	

M

Angabe der Energieeffizienz

Gültigkeit dieser EU-Label ab 20. 12. 2010

Energielabel (Etikett) Flachbildfernsehgerät	Erklärungen www.stromeffizienz.de

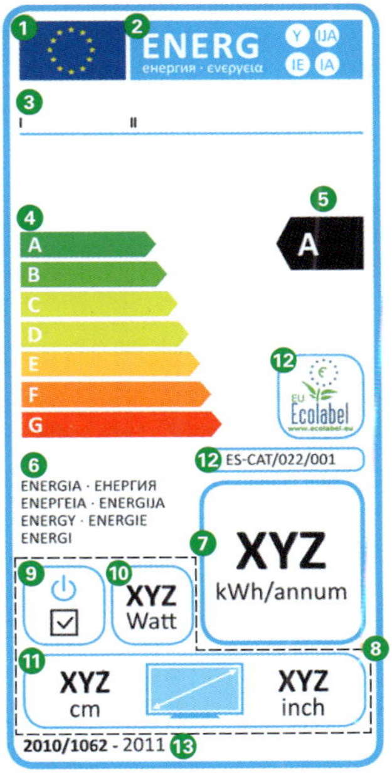

① EU-Zeichen
② Kennzeichen für Sprachneutralität
③ Hersteller und Modell
④ Energieeffizienzklasse
⑤ Zeigt die erreichte Enegieeffizienzklasse an
⑥ Übersetzung: Energie in europäische Sprachen
⑦ Energieverbrauch E in kWh/annum (= Jahr)
⑧ Zusätzliche produktspezifische Informationen in Form von Piktogrammen, abhängig von der Gerätekategorie.
⑨ Netzschalter vorhanden (☑ ja, ☒ nein)
⑩ Leistungsaufnahme in Watt
⑪ Bilddiagonale (cm/Zoll)
⑫ EU-Ecolabel evtl. mit Registrierungsnummer
⑬ Bezeichnung der Regulierung (Gültigkeitszeitraum)

Bei Flachbildgeräten wird die Effizienzklasse stufenweise bis 2020 auf A+++ verschärft.

4 Varianten der Energieeffizienzstufen 1 bis 7

Var/ Stufe	1	2	3	4	5	6	7
1	A	B	C	D	E	F	G
2	A+	A	B	C	D	E	F
3	A++	A+	A	B	C	D	E
4	A+++	A++	A+	A	B	C	D

$EEI = P/P_{ref}$ $E = 1{,}46 \cdot P$

EEI Energieeffizienzindex, *P* aufgenommene Leistung, P_{ref} Bezugsleistung der EU, *E* jährlicher Energieverbrauch im Ein-Zustand in kWh

Gerätespezifische Piktogramme

Piktogramm	Bedeutung	Piktogramm	Bedeutung
1	Maximale Geräuschemission in dB bei Kühl-, Gefriergeräten und Geschirrspülmaschinen	5a, 5b	Wasserverbrauch in Litern Waschmaschine mit 220 Waschzyklen, Spülmaschine mit 280 Spülzyklen
2a,2b	Maximale Geräuschemission in dB bei a) Waschen b) Schleudern	6a, 6b	Waschmaschinen a) Beladung in kg b) Schleuderwirkungsklasse (A bis G) Spülmaschine, Trockenwirkung, Angabe in Trockenwirkungsklasse (A bis G)
3a, 3b	Nettovolumen von a) Kühlschrank, b) Gefrierschrank		
4	Fassungsvermögen eines Weinlagerschranks in Standardflaschen	7	Spülmaschine, maximale Beladung in Maßgedecken

Festlegung der Energieeffizienzklassenbereiche

Kennung	EEI-Bereich	Kennung	EEI-Bereich	Kennung	EEI-Bereich
A+++	EEI < 0,1	B	0,30 ≤ EEI ≤ 0,42	F	0,90 ≤ EEI ≤ 1,00
A++	0,1 ≤ EEI ≤ 0,16	C	0,42 ≤ EEI ≤ 0,60	G	1,00 ≤ EEI
A+	0,16 ≤ EEI ≤ 0,23	D	0,60 ≤ EEI ≤ 0,80		
A	0,23 ≤ EEI ≤ 0,30	E	0,80 ≤ EEI ≤ 0,90		

dB Dezibel, log. Verhältnis zweier Zahlenwerte
log Verhältnis zweier Zahlenwerte

M

GRAFCET, Funktionspläne der Ablaufsteuerungen
GRAFCET, sequential function charts

Symbole, Pläne	Beschreibungen	Bemerkungen, Beispiele

Die Sprache GRAFCET

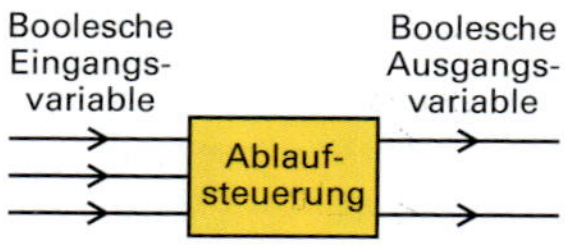

Funktion

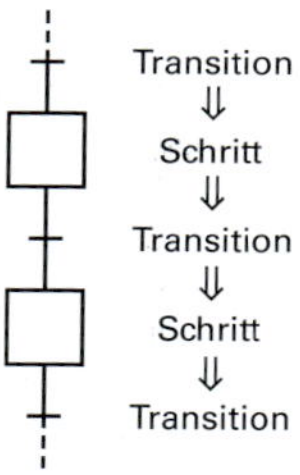

Struktur

GRAFCET (von franz. GRAphe Fonctionnel de Commande Etape Transition = funktionelle grafische Darstellung für Ablaufsteuerungen) ist eine Sprache zum Entwurf und zur funktionellen Darstellung für schrittweise ablaufenden Steuerungen mit booleschen Eingangsvariablen und Ausgangsvariablen. Darüber hinaus können auch nicht-boolesche Variable, wie z. B. Zahlen (digitale Variable) berücksichtigt werden. Der Ablauf ist in Schritte mit quadratischen Symbolelementen und in Wirkungslinien mit Transitionen (Übergangsbedingungen) gegliedert und ist im einfachsten Fall eine lineare, von oben nach unten verlaufende Kette.

Als ein GRAFCET werden auch die entstehenden Pläne und Planteile bezeichnet.

Die Norm für GRAFCET ist EN 60848. Sie hat die bisherige Norm DIN 40719, Blatt 6 abgelöst. GRAFCET ist gegenüber dieser DIN-Norm eindeutiger und universeller verwendbar und zwar auch als eine Entwurfssprache.

Mit GRAFCET können unabhängig von der technischen Steuerungsrealisierung Abläufe beschrieben und entwickelt werden. So können damit sowohl Ablaufsteuerungen mit integrierten Schaltungen und Computern als auch mit SPS entwickelt werden.

Eine gewisse Verwandtschaft zu der SPS-Programmiersprache nach IEC 1131-3 ist gegeben. Aus einem GRAFCET kann relativ leicht in ein SPS-Programm nach IEC 1131-3 umgesetzt werden.

Schrittarten

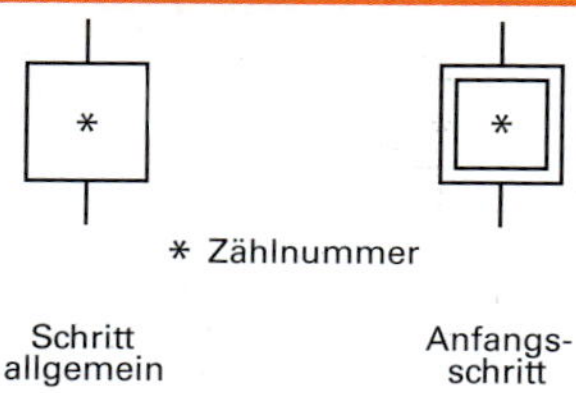

Schritt, Anfangsschritt
Schritte werden durch Rechtecke, meist Quadrate dargestellt und durch eine Bezeichnung (anstelle des Sterns) in der oberen Mitte des Symbols gekennzeichnet. Schritte sind entweder aktiv oder passiv. Die Schrittvariable heißt X*. Sie hat den Wert 1 (TRUE) oder 0 (FALSE).

Der Schritt mit der Kennung 7 hat die Schrittvariable X7.

Der Anfangsschritt 1 ist zu Beginn aktiv (X7 = 1).

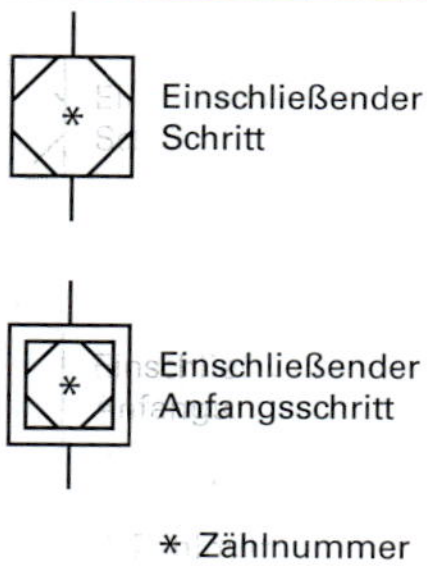

Einschließender Schritt
Ein einschließender Schritt enthält auch andere Schritte, evtl. auch weitere einschließende Schritte. Der einschließende Schritt kann durch ein Teil-GRAFCET näher dargestellt werden. Dabei ist in der oberen Rahmenlinie der Schrittname und in der unteren Rahmenlinie die Schrittkennung angegeben.

Ein einschließender Anfangsschritt ist Teil der Anfangssituation und enthält mindestens einen eingeschlossenen Anfangsschritt.

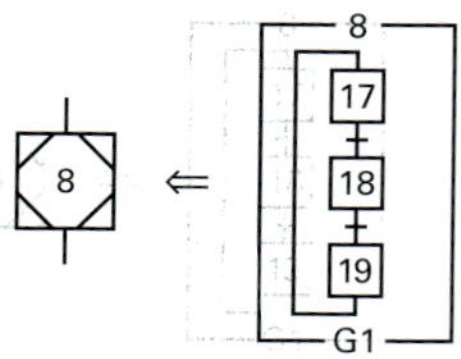

Der einschließende Schritt 8 schließt das Teil-GRAFCET mit der Kennung G1 ein. Das Teil-GRAFCET enthält selbst den Ablauf für die Schritte 17, 18, 19.

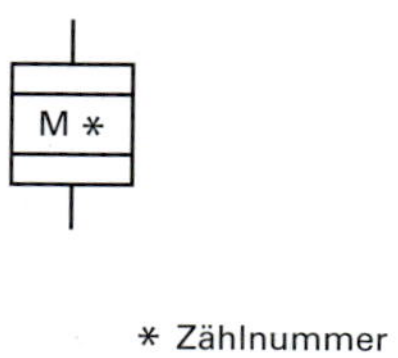

Makroschritt

Makroschritt
Ein Makroschritt enthält ein oder mehrere Teil-GRAFCETs. Sind diese Teil-GRAFCETs durchlaufen, so ist der Makroschritt durchlaufen und die ihm folgende Transition zur Weiterschaltung freigegeben. Makroschritte ermöglichen eine übersichtliche Strukturierung von komplexen Steuerungsabläufen und geben den Entwicklern die Möglichkeit Teilaufgaben gleichzeitig von unterschiedlichen Personen mit unterschiedlichen Systemen zu erstellen.

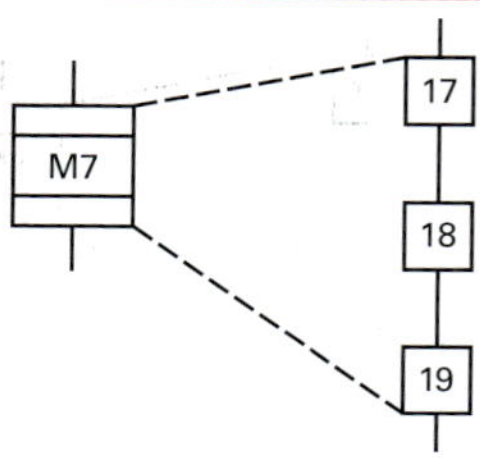

Der Makroschritt M7 umfasst die Teilschritte 17, 18, 19.

Symbole, Pläne	Beschreibungen	Bemerkungen, Beispiele
Aktionen		
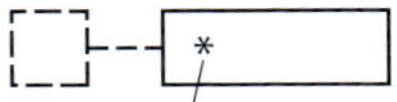 **Aktion allgemein**	**Aktionen** sind stets mit einem Schritt verknüpft. Der Aktionsblock ist an den Schrittblock angehängt und enthält die Zuweisungs-Kennzeichnung. Die Zuweisungs-Kennzeichnung erfolgt in Form eines Textes oder eines Befehls. Sind bei einem Schritt mehrere Aktionen auszuführen, so können mehrere Aktionsblöcke in unterschiedlicher Anordnung angehängt werden (siehe Beispiele). Eine Aktion, ohne weitere kennzeichnende Elemente, ist immer kontinuierlich wirkend, d. h. der benannten Ausgangsvariablen wird der Wert 1 zugewiesen, z. B. der Motor M1 gestartet.	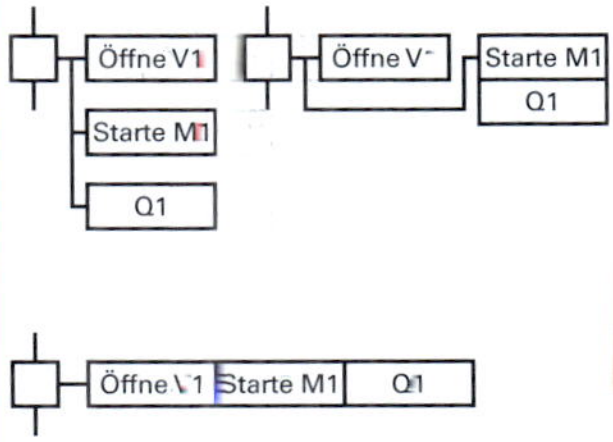 **Darstellung kontinuierlich wirkender Aktionen**
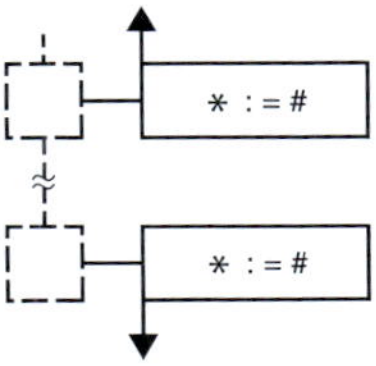 **Gespeichert wirkende Aktion**	**Gespeichert wirkende Aktion** Aktionen können bei Erreichen eines Schrittes aktiviert werden und bei einem der nachfolgenden Schritte wieder deaktiviert werden. Der Variablen * wird bei der Aktivierung der Wert # zugeordnet. Der Aktionsblock erhält als Aktivierungsblock einen nach oben gerichteten Pfeil, als Deaktivierungsblock einen nach unten gerichteten Pfeil.	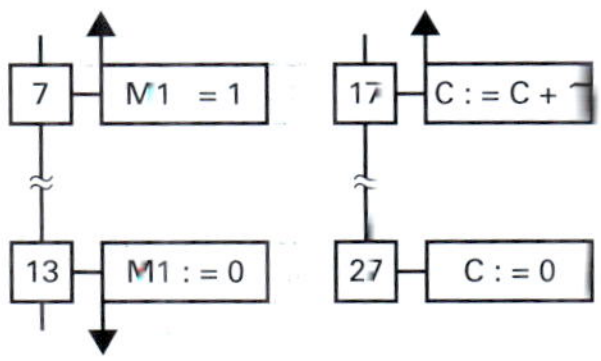
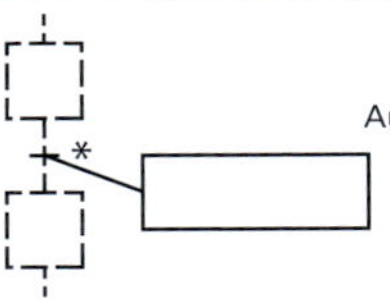 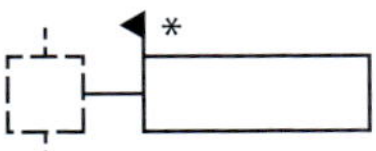 **Aktion bei Auslösung und Aktion bei Ereignis**	**Aktion bei Auslösung** ist eine gespeicherte Aktion. Sie wird bei erfüllter Transition * ausgelöst. **Aktion bei Ereignis** ist eine gespeicherte Aktion. Sie ist wirksam im aktuellen Schritt unter der Voraussetzung, dass der Ausdruck * erfüllt ist.	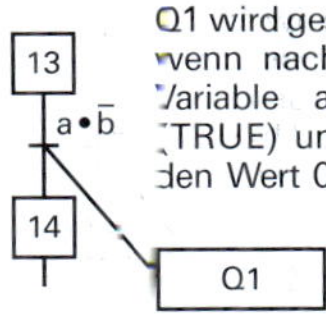 Q1 wird geschaltet (TRUE), wenn nach Schritt 13 die Variable a den Wert 1 (TRUE) und die Variable b den Wert 0 (FALSE) hat. 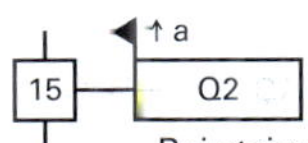 Bei steigender Signalflanke a und aktivem Schritt 15 wird Q2 geschaltet (TRUE).
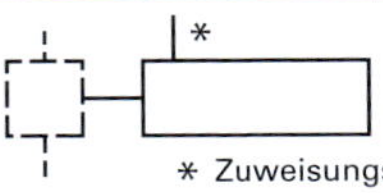 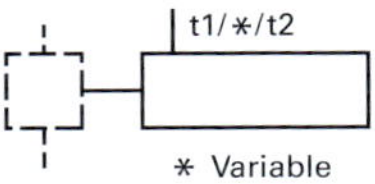 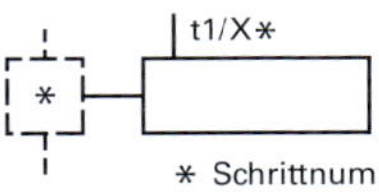 **Aktion bei Zuweisungsbedingung**	Die kontinuierliche Aktion wird durch die **allgemeine Zuweisungsbedingung** * gesteuert. Ist diese erfüllt (TRUE bzw. 1), so wird die Aktion ausgeführt. Bei **der zeitabhängigen Zuweisungsbedingung** ist diese erst nach der Zeit t1, nach Einsetzen der steigenden Flanke ( ) der steuernden Variablen (*) erfüllt. Sie ist nicht mehr erfüllt nach dem Einsetzen der abfallenden Flanke ( ) und der weiteren Zeit t2. Eine **verzögerte Aktion** ergibt sich, wenn der aktuelle Schritt (X*) erst nach Ablauf der Zeit t1 den zugehörige Aktion setzt. Bei Negation der Zuweisungsbedingung $\overline{t1/X^*}$ entsteht eine **zeitbegrenzte Aktion**, begrenzt auf die Zeit t1.	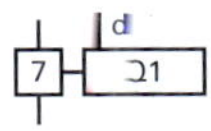 Q1 wird geschaltet (TRUE), wenn Schritt 7 aktiv ist und die Variable d den Wert 1 (TRUE) hat. 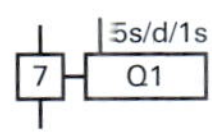 Q1 wird in Schritt 7 TRUE, wenn nach steigender Flanke von d weitere 5 s vergangen sind und FALSE, wenn nach fallender Flanke 1 s vergangen ist. 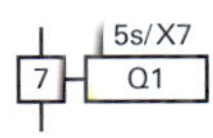 Q1 wird 5 s nach der Aktivierung von Schritt 7 TRUE.

M

GRAFCET, Funktionspläne der Ablaufsteuerungen (Fortsetzung)
GRAFCET, sequential function charts, (continued)

Symbole, Pläne	Beschreibungen	Bemerkungen, Beispiele
Transitionen		
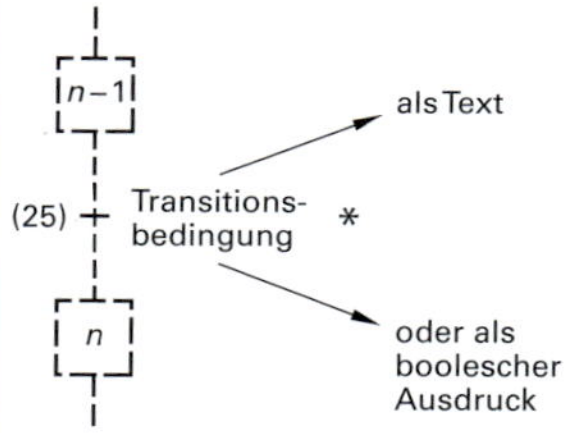 **Transition**	**Transitionen** Die *Transition*, d. h. der Übergang von einem Schritt zum nächsten, wird dargestellt durch eine Verbindungslinie mit Querstrich. Die Wirkungsrichtung ist von oben nach unten. Ist die Transitionsbedingung * erfüllt, also im Wert gleich 1 und ist die Transition freigegeben, d. h. ist der Vorgängerschritt ($n-1$) aktiv, dann wird der Folgeschritt (n) aktiv und der Schritt $n-1$ wird deaktiviert.	Die Transition wird auf der rechten Seite der Wirkungslinie entweder textuell beschrieben oder mit einem booleschen Ausdruck. Linksseitig kann ein Transitionsname eingetragen sein, z. B. auch eine Nummer. In EN 60848 werden bei den booleschen Ausdrücken für die UND-Verknüpfung das Zeichen * verwendet und für die ODER-Verknüpfung das Zeichen +. Achtung: UND ⇒ *, ODER ⇒ +
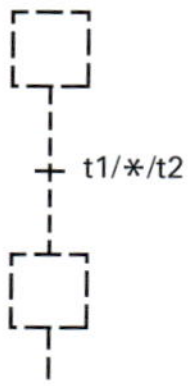 **Zeitabhängige Transition**	Mit der **zeitabhängigen Transitionsbedingung** erfolgt ein Weiterschalten zum folgenden Schritt erst, nach der Zeit t1, gezählt nach Erscheinen der steigenden Flanke der Variablen * und nach Ablauf einer Zeit t2, nach Erscheinen der abfallenden Flanke von *. Der * steht für eine zeitverzögernde Variable, z. B. eine Eingangsvariable oder auch eine Schrittvariable. Wählt man die Zeit t2 gleich null und setzt als Variable * den Schritt X ($n-1$), so wird der Folgeschritt n um die Zeit t1 abfallverzögert ausgeführt.	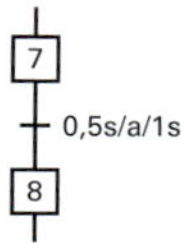 **Beispiel 1:** Wenn Schritt 7 erfüllt ist wird erst 0,5 s nach dem Wechsel der Eingangsvariable a von 0 → 1 die Transitionsbedingung erfüllt und 1 s nach dem Wechsel der Variablen a von 1 → 0 wieder verworfen. 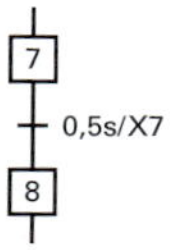 **Beispiel 2:** Wenn Schritt 7 erfüllt ist, wird 0,5 s danach die Transition wirksam. Der Schritt 7 ist also nur 0,5 s aktiv.
Ablaufstrukturen		
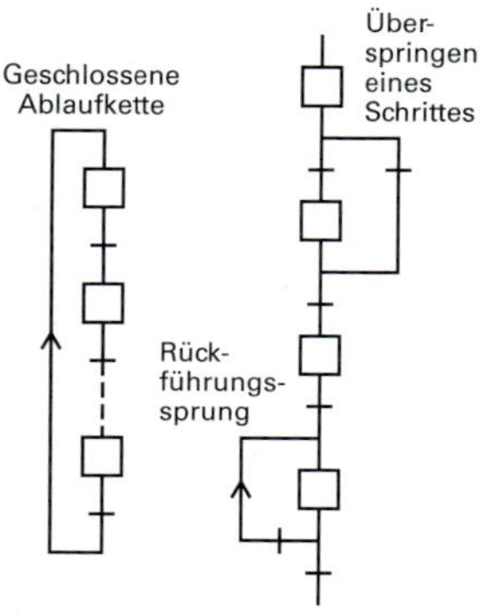	**Geschlossene Ablaufkette.** Die geschlossene Ablaufkette ist eine Folge von Schritten. Kennzeichnend ist, dass jeder Schritt nur eine nachfolgende und eine vorangehende Transition hat. Diese vorangehende Transition wird durch einen einzigen Schritt freigegeben. Die geschlossene Ablaufkette führt von ihrem letzten Schritt auf sich selbst zurück. **Überspringen von Schritten.** Einzelne Schritte oder eine ganze Schrittkette kann übersprungen werden. **Rückspringen.** In einem Ablauf kann auch zurückgesprungen werden.	Eine geschlossene Ablaufkette hat mindestens einen Anfangsschritt und sie ist einem zwangssteuernden Befehl eines übergeordneten Teil-GRAFCET unterworfen. Sie muss in einen einschließenden Schritt eingebunden sein. Ein Überspringen von Schritten ist durch eine Ablaufverzweigung (Ablaufauswahl) möglich, z. B. wenn die Schritte in der Kette nicht mehr relevant sind. Die Transitionen für die Auswahl der Ablaufpfade müssen exclusiv sein, also mit *entweder oder* beschreibbar, damit eine eindeutige Auswahl getroffen wird. Auch kann durch Rücksprung ein wiederholtes Durchlaufen von Abläufen erfolgen, solange bis eine aufgestellte Bedingung, z. B. eine gesetzte Zahl erfüllt ist.
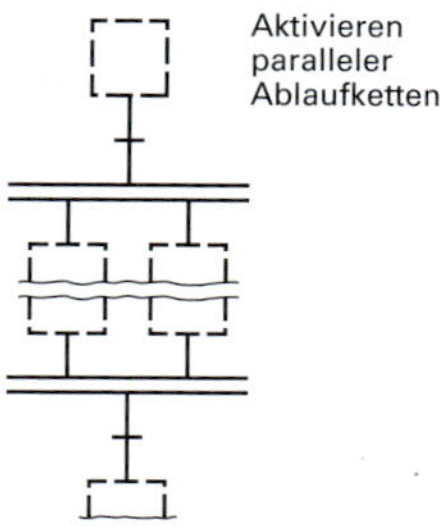	**Aktivieren paralleler Ablaufketten.** Es können mehrere parallel angeordnete Ablaufketten durch eine Transition aktiviert werden. Die parallelen Ablaufketten werden unabhängig voneinander abgearbeitet. **Synchronisieren paralleler Ablaufketten.** Parallele Ablaufketten können wieder zusammengeführt werden. Die Aktivierung der nachfolgenden Kette erfolgt erst, wenn in allen parallelen Ablaufketten die vorangehenden Schritte aktiviert sind.	**Beispiel:** Bauteil spannen, Brenner spülen und Draht zuführen muss durchlaufen sein, bevor das Schweißen beginnt. Wartezeit 0,5 s. 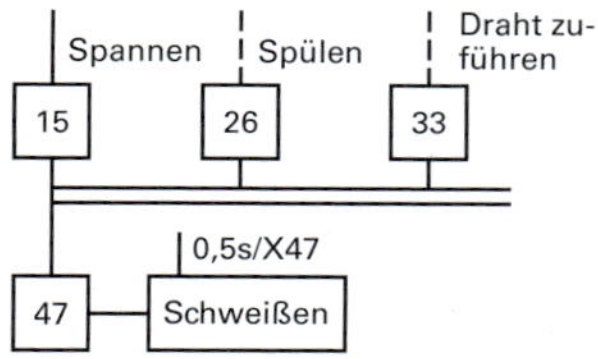

M

Zustandsübergangsdiagramme State machines

Aufbau, Funktion	Erläuterung	Bemerkung

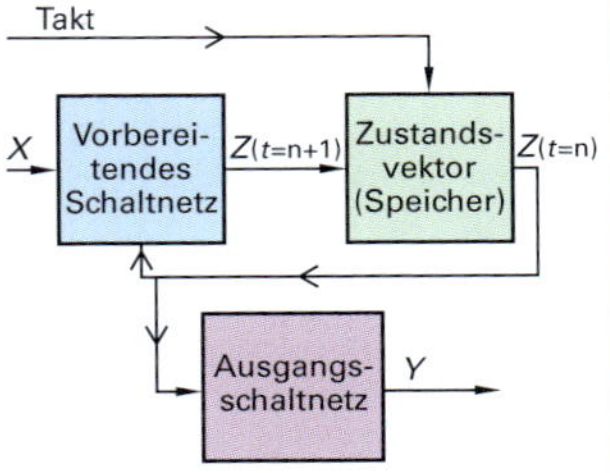

Modell eines Moore-Automaten

X	Eingangsvariablen (Übergangsbedingungen)
Y	Ausgangsvariablen
$Z(t=n)$	Zustandsvariablen zum Zeitpunkt $t = n$
$Z(t=n+1)$	Zustand der Vorbereitungseingänge. Beim nächsten Takt werden diese Werte von den Zustandsvariablen übernommen.

Im vorbereitenden Schaltnetz werden die Übergangsbedingungen mit den Zustandsvariablen logisch verknüpft. Dadurch wird der Zustand des Speichers nach dem nächsten Taktsignal festgelegt. Das Ausgangsschaltnetz kann entfallen, wenn die Zustandsvariablen direkt auf die Ausgänge gelegt werden.

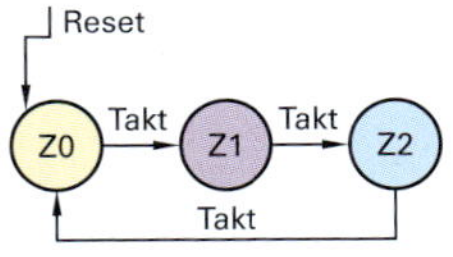

Zustandsübergangsdiagramm

Zustand	Codierung Q1	Q0
Z0	0	0
Z1	0	1
Z2	1	0

Zugehörige Zustandscodierung

Jeder Zustand wird durch einen Kreis gekennzeichnet. Im Kreis wird der Zustandsname eingetragen. Die Pfeile stellen die Möglichkeiten eines Zustandsübergangs dar und werden mit den Übergangsbedingungen gekennzeichnet. Falls die Zustände nicht selbsterklärend sind, muss zusätzlich eine Zustandscodierung angegeben werden.

Wenn ein Schaltwerk offensichtlich getaktet wird, kann die Angabe des Takts als Übergangskriterium wegfallen.

Nicht angegebene Zustandscodierungen sind meist technisch ausgeschlossen (don't care-Fall).

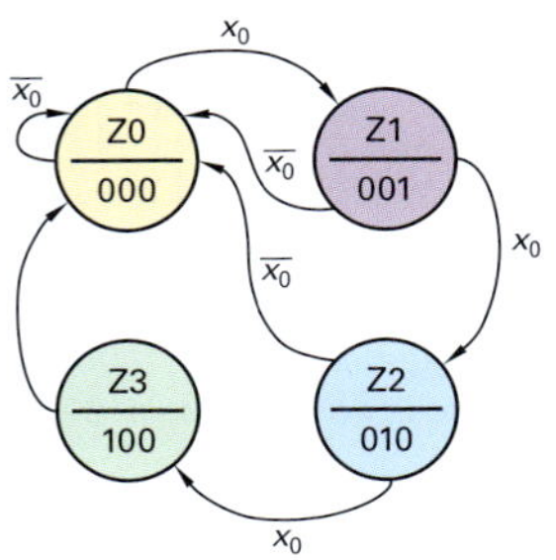

Zustandsübergangsdiagramm mit Angabe der Ausgangswerte

Den Zuständen Z werden bestimmte Ausgangswerte des Schaltwerkes zugeordnet. Die Angabe der Ausgangswerte erfolgt durch einen waagerechten Strich von den Zustandsnamen getrennt.

Die Übergangsbedingungen hängen von den Eingangsvariablen X ab. Der Übergang von $Z3$ nach $Z0$ erfolgt unbedingt: Der Übergang erfolgt beim nächsten Takt. Falls im Zustand $Z0$ die Eingangsvariable $x_0 = 0$, bleibt der Zustand $Z0$ erhalten. Die Darstellung des Pfeils für diesen Zustandsübergang kann entfallen.

Spalte 1			Spalte 2		Spalte 3		
Zeitpunkt n			Zeitpunkt n + 1		Zeitpunkt n		
X0	Z1	Z0	Z1	Z0	Y2	Y1	Y0
0	0	0	0	0	0	0	0
0	0	1	0	0	0	0	1
0	1	0	0	0	0	1	0
0	1	1	0	0	1	0	0
1	0	0	0	1	0	0	0
1	0	1	1	0	0	0	1
1	1	0	1	1	0	1	0
1	1	1	0	0	1	0	0

Zugehörige Zustandsübergangstabelle

In Spalte 1 werden die Istzustände Z^n vor dem Takt sowie die Übergangsbedingungen X eingetragen. In Spalte 2 werden die Zustände der Vorbereitungseingänge $Z(t=n+1)$ nach dem Takt eingetragen. In Spalte 3 werden die Ausgangsvariablen Y in Abhängigkeit von den Zustandsvariablen $Z(t=n)$ eingetragen.

Bei Moore-Automaten hängen die Ausgangsvariablen Y ausschließlich von den Zustandsvariablen Z ab.

Bei Mealy-Automaten hängen die Ausgangsvariablen Y außer von den Zustandsvariablen Z auch von den Eingangsvariablen X ab.

M

Regelungstechnik Closed loop control engineering

Begriff	Erklärung	Bemerkungen
Abtastregelung	Die Regeleinrichtung ist mit einem Computer verwirklicht. Die Regelgröße wird nur zu den Abtastzeitpunkten mit der Führungsgröße verglichen.	Die Eingangssignale der Regeleinrichtung werden mit Analog-Digitalumsetzern digitalisiert. Das Ausgangssignal wird bei Bedarf von einem Digital-Analogumsetzer bearbeitet.
Festwertregelung	Die Führungsgröße ist auf einen festen Wert eingestellt.	Von der Regeleinrichtung muss nur die Störgröße ausgeregelt werden.
Folgeregelung	Die Regelgröße muss der sich ändernden Führungsgröße angepasst werden.	Zeitgeführte Regelungen sind Folgeregelungen.
Führungsgröße *w*	Die Eingangsgröße (der Sollwert) des Regelkreises. Ihr soll die Regelgröße in vorgegebener Abhängigkeit folgen.	Die Führungsgröße wird von der Regelung nicht beeinflusst. Die Regelung muss Störungen und Sollwertänderungen ausregeln.
Mehrpunktregelung	Die Stellgröße kann nur endlich viele unterschiedliche Werte annehmen.	Zweipunktregeleinrichtungen oder Dreipunktregeleinrichtungen.
Messeinrichtung	Dient zur Messung der Regelgröße und zur Erzeugung der Rückführgröße.	In ihr werden bei Bedarf Signalumsetzungen durchgeführt.
Regeldifferenz *e*	Differenz zwischen Führungsgröße und Rückführgröße, $e = w - r$.	Rückführgröße und Regelgröße können identisch sein.
Regelglied	Das Regelglied korrigiert den Regelgrößenverlauf.	Die gebräuchlichsten Regelglieder sind P-Glieder, PI-Glieder, PD-Glieder und PID-Glieder.
Regelgröße *x*	Die zu beeinflussende Ausgangsgröße des Regelkreises.	Die Regelgröße soll dem Verlauf der Führungsgröße angepasst werden.
Regelkreis	Umfasst Regeleinrichtung, Regelstrecke, Messeinrichtung und Rückführung.	Ein Regelkreis besitzt wegen der Rückführung einen geschlossenen Wirkungsweg.
Regelstrecke	Der nach Aufgabe zu beeinflussende Teil einer Anlage.	Regelstrecken werden mit Übertragungsgliedern, wie P-Glieder, I-Glieder und Totzeitglieder, dargestellt.
Rückführgröße *r*	Eine aus der Messung der Regelgröße hervorgegangene Größe.	Die Rückführgröße wird zum Vergleichsglied zurückgeführt.
Stelleinrichtung	Umfasst den Steller und das Stellglied.	Beim Schütz als Stelleinrichtung sind der Schützantrieb der Steller und die Schützkontakte das Stellglied.
Stellgröße *y*	Die Eingangsgröße der Regelstrecke.	Die Stellgröße überträgt die steuernde Wirkung auf die Strecke.
Störgröße *z*	Beeinflusst den Verlauf der Regelgröße in unerwünschter Weise.	Die Störgröße kann auch auf die Regeleinrichtung wirken.
Zeitdiskrete Regelung	Eine zeitdiskrete Regelung liegt vor, wenn die Regelgröße mit einem Computer geregelt wird.	Die Regelung kann über Mikrocomputer, PC, SPS oder Prozessrechner erfolgen (siehe Abtastregelung).
Zeitkontinuierliche Regelung	Die Regelung des Regelgrößenverlaufs erfolgt zeitlich ununterbrochen z. B. über beschaltete Operationsverstärker.	Im Regelkreis kommen nur analoge Signale vor.

M

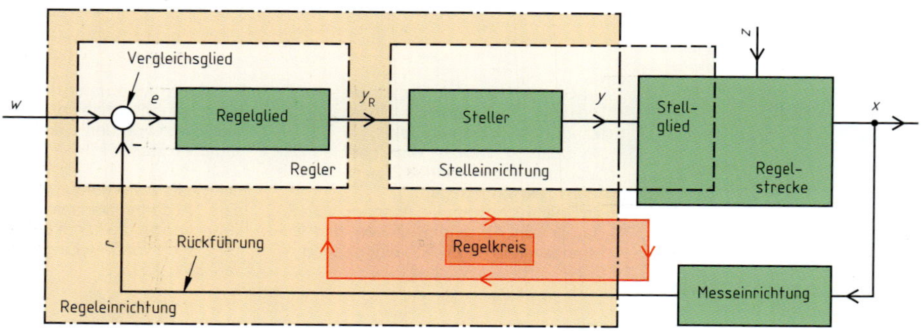

Struktur des Regelkreises

e Regeldifferenz, *r* Rückführgröße, *w* Führungsgröße, *x* Regelgröße, *y* Stellgröße, y_R Reglerausgangsgröße, *z* Störgröße

Arten

Schaltzeichen, Benennung	Verlauf der Reglerausgangsgröße	Verlauf von Regelgröße, Stellgröße	Bemerkungen
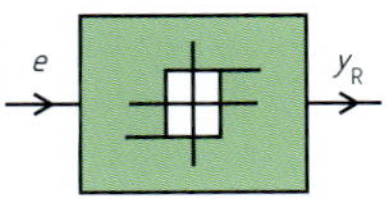 **Zweipunktregelglied**	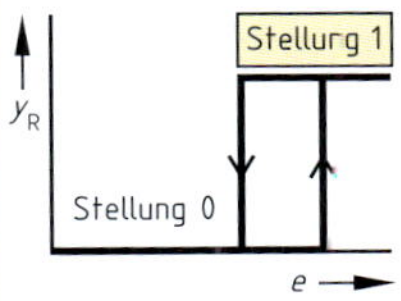	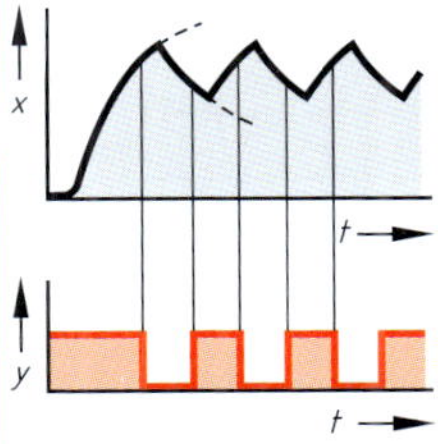	Bei *Zweipunktreglern* gibt es zwei Stellungen, z. B. EIN und AUS. Solche Regler eignen sich für einfache regelungstechnische Aufgaben, z. B. Thermostatregelungen. Die Umschaltzeitpunkte der Regelgröße sind außer vom Verlauf der Stellgröße auch vom Trägheitsverhalten und Totzeitverhalten der Regelstrecke abhängig.
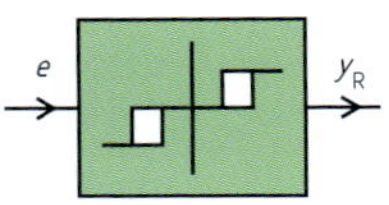 **Dreipunktregelglied**	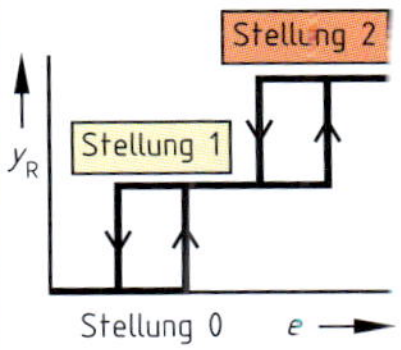	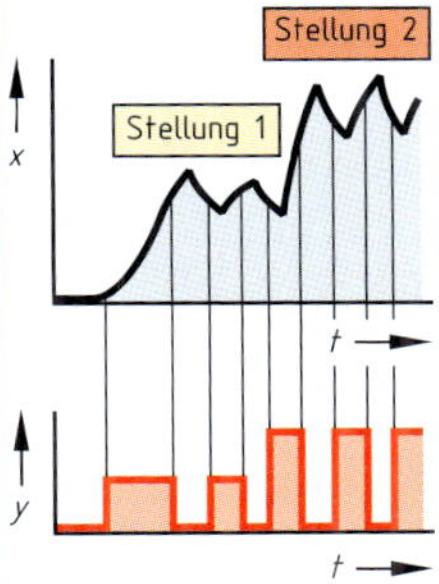	Bei *Dreipunktreglern* gibt es drei Stellungen. Eine Dreipunktregelung findet z. B. Anwendung zur Regelung von zwei Geschwindigkeiten eines Bildschirmcursors eines Zoomobjektives oder der Folge Motorrechtslauf-Stopp-Linkslauf. Aus einem Dreipunktregler kann ein Zweipunktregler realisiert werden. Die Umschaltzeitpunkte der Regelgröße sind wie beim Zweipunktregler vom Trägheitsverhalten der Regelstrecke abhängig.

Anwendungen (Programmteile in C)

Beispiel	Bemerkungen

`temp_ein=22; delta_temp=5; kuehl_ein=1;`
`do`
`{`
`temp=255-inp(0x316);`
`if temp>temp_ein then outp(0x318, kuehl_ein);`
`if temp<temp_ein-delta_temp then outp(0x318, 0);`
`sleep(10);`
`ende=inp(0x320);`
`}`
`while (ende==255);`
Temperaturregler als Zweipunktregler
	Eine Klimaanlage für einen IT-Raum arbeitet mit einem Zweipunktregler. Regelgröße ist die Temperatur. Die Schalttemperaturen werden z. B. über eine Tastatur eingegeben. Über einen Temperatursensor, der z. B. an der Portadresse Hex 316 (316H) angeschlossen ist, kann einem Computer die Raumtemperatur mitgeteilt werden. Über die Portadresse Hex 318 (318H) erfolgt das Einschalten bzw. Ausschalten des Kühlungsaggregats. Über die Portadresse Hex 320 (320H) erfolgt das Beenden des Regelungsprozesses.
	Nebenstehender Auszug eines C-Programmes zeigt die Programmierung eines Zweipunktreglers zur Temperaturregelung.

`temp1_ein=22; temp2_ein=27; delta_temp=3;`
`luft1=1; luft2=2;`
`do`
`{`
`temp=255-inp(0x316);`
`if temp>temp2_ein then outp(0x318, luft2);`
`if temp<temp1_ein-delta_temp then outp(0x318, 0);`
`if temp<temp2_ein-delta_temp then`
`outp(0x318, luft1);`
`sleep(10);`
`ende=inp(0x320);`
`}`
`while (ende==255);`
Regelung eines Lüfters mit Dreipunktregler
	Ein Lüfter einer Computeranlage arbeitet temperaturabhängig mit zwei unterschiedlichen Umdrehungsgeschwindigkeiten. Bei hoher Temperatur dreht sich der Lüfter schnell, bei niedrigerer Temperatur dreht er sich langsamer und bei noch niedrigerer Temperatur steht der Lüfter still.
	Nebenstehender Auszug eines C-Programmes zeigt die Programmierung eines Dreipunktreglers zur Temperaturregelung.

e Regeldifferenz, *t* Zeit, *x* Regelgröße, *y* Stellgröße, y_R Reglerausgangsgröße

M

Übertragungsglieder und stetige Regler
Transmission elements and continous control elements

Schaltzeichen	Sprungantwort	Bode-Diagramm	Bemerkungen
Proportionalglied P-Glied 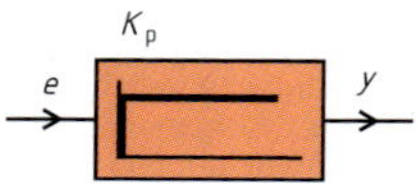 $F = K_p$	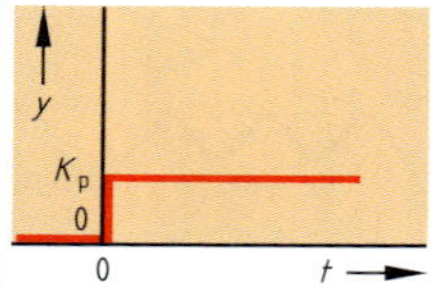	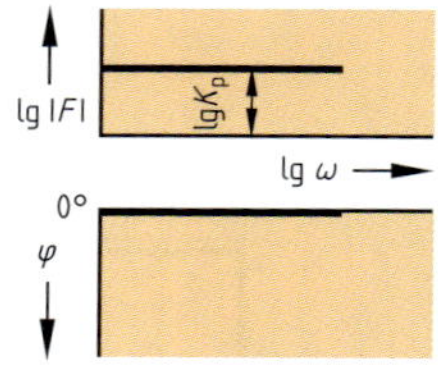	Der P-Regler besteht aus einem P-Glied. Bei Regelstrecken mit P-Verhalten ohne I-Verhalten gibt es eine bleibende Regelabweichung. Verwendung bei Strecken mit I-Verhalten.
Integrierglied I-Glied 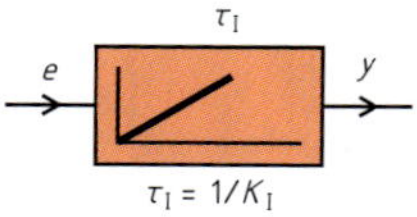 $F(j\omega) = K_I/j\omega$	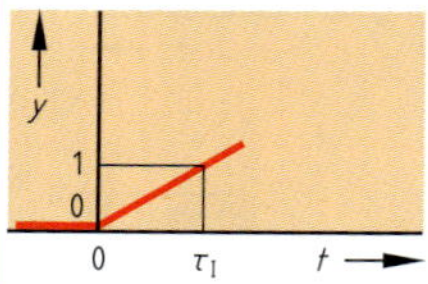	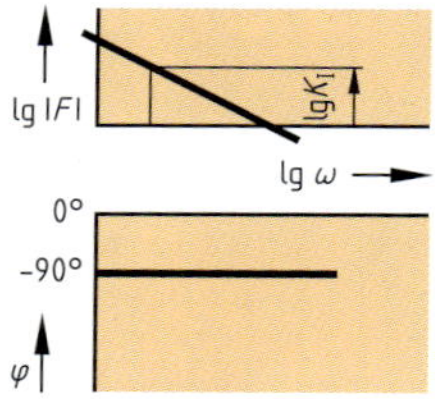	Der I-Regler besteht aus einem I-Glied. Langsame Arbeitsweise. Verwendung bei Regelstrecken mit P-Verhalten. Bei Strecke mit I-Verhalten neigt der Regelkreis zur Instabilität.
Differenzierglied D-Glied 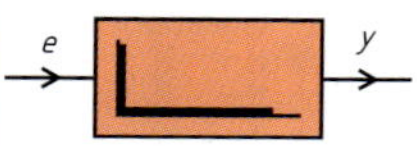 $F(j\omega) = K_D \cdot j\omega$	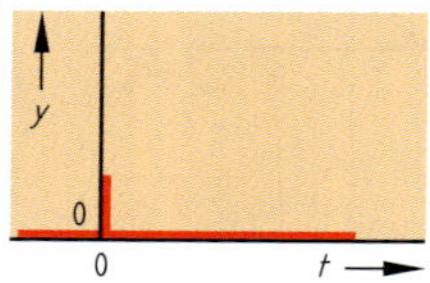	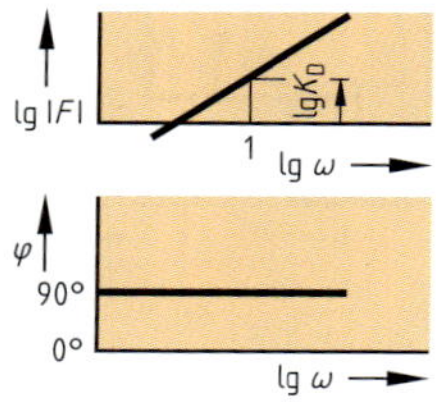	Differenzierglieder sind in PD- bzw. PID-Reglern enthalten. Sie differenzieren ihre Eingangsgrößen.
Totzeitglied 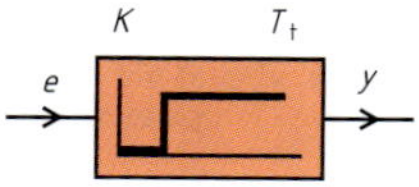 $F(j\omega) = e^{-j\omega \cdot T_t}$	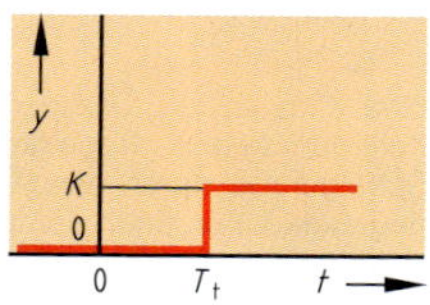	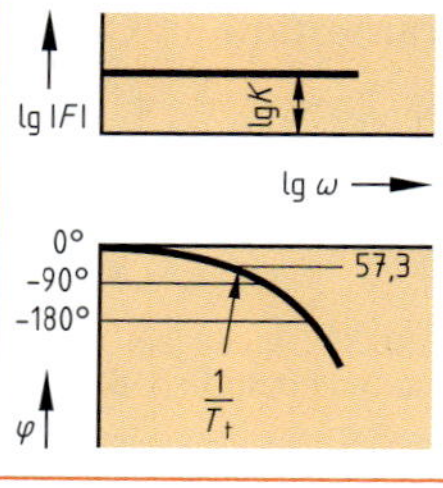	Tritt auf, wenn ein Computer im Regelkreis ist. Die Totzeit entspricht der Rechenzeit, mit der das Computerprogramm z. B. zyklisch durchlaufen wird. Als Totzeit bezeichnet man die Zeit, bis sich die Änderung der Eingangsgröße in der Ausgangsgröße bemerkbar macht.
Verzögerungsglied 1. Ordnung 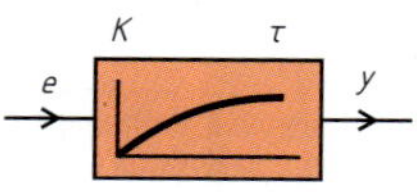 $F(j\omega) = \frac{K}{1 + j\omega \cdot \tau}$	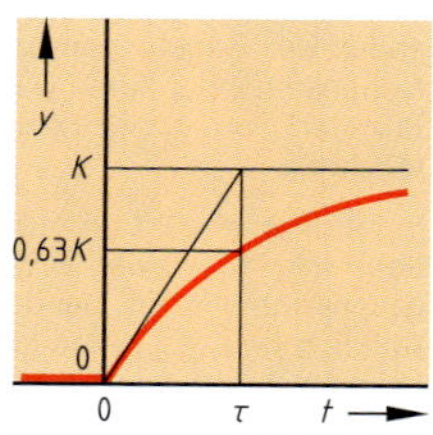	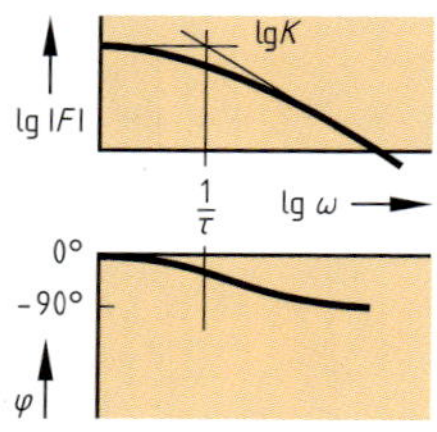	Besteht aus Gegenkopplung von I-Glied und P-Glied. Beispiel: Reihenschaltung von Wirkwiderstand und Induktivität, z. B. Elektromotor.

Regelstrecken und Regeleinrichtungen lassen sich mit Übertragungsgliedern aufbauen. Zum Kennzeichnen der Übertragungsglieder wird in den Übertragungsblock die Sprungantwort, auch Übergangsfunktion genannt, eingezeichnet. Als Sprungantwort bezeichnet man die Ausgangsfunktion y, wenn als Eingangsfunktion e der Einheitssprung wirkt.

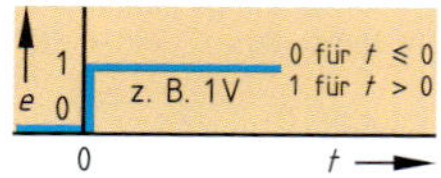

Einheitssprung

e Eingangsgröße, $F(j\omega)$ komplexe Übertragungsfunktion Ausgangsgröße/Eingangsgröße, f Frequenz, K Verstärkungsfaktor (Index D für D-Glied, I für I-Glied, P für P-Glied), T_t Totzeit, t Zeit, y Ausgangsgröße, φ Phasenverschiebungswinkel Ausgangsgröße zu Eingangsgröße, τ Zeitkonstante (Index I zu I-Glied), ω Kreisfrequenz, $\omega = 2 \cdot \pi \cdot f$

M

Übertragungsglieder und stetige Regler (Fortsetzung)
Transmission elements and continous control elements (continued)

Schaltzeichen	Sprungantwort nach Norm	Bode-Diagramm	Bemerkungen
Verzögerungsglied 2. Ordnung 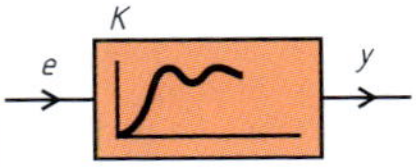 $F(\mathrm{j}\omega) = \dfrac{K}{1 + \mathrm{j}\omega\tau_1 - \omega^2\tau_2^2}$	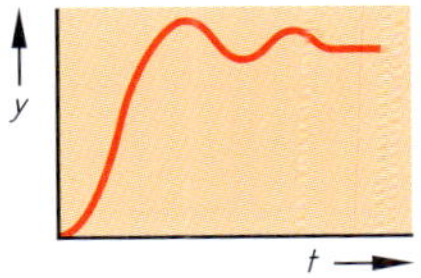	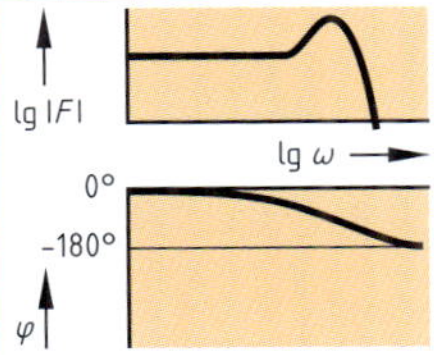	Reihenschaltung zweier Verzögerungsglieder 1. Ordnung. Beispiel: Reihenschaltung von Wirkwiderstand, Kapazität und Induktivität.
Vorhalteglied 1. Ordnung 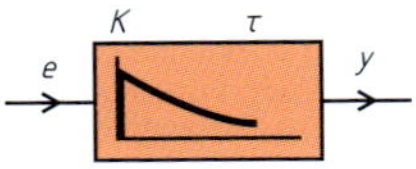 $F(\mathrm{j}\omega) = \dfrac{K \cdot \tau \cdot \mathrm{j}\omega}{1 + \mathrm{j}\omega\tau}$	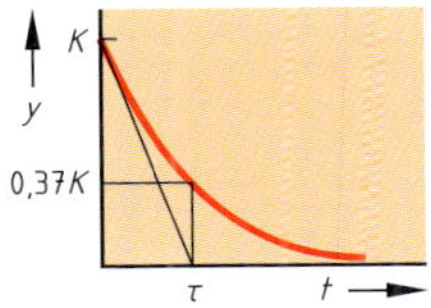	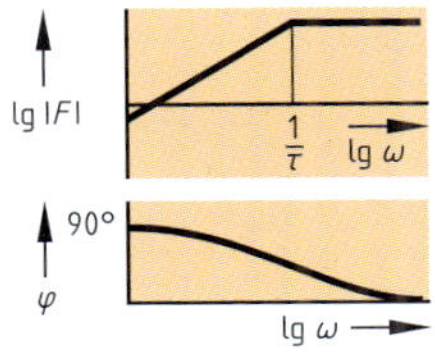	Besteht aus Gegenkopplung von P-Glied und I-Glied. Beispiel: Reihenschaltung von Wirkwiderstand und Kapazität.
PI-Regler 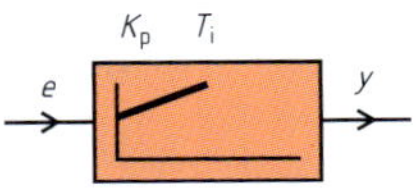 $F(\mathrm{j}\omega) = K_P\left(1 + \dfrac{1}{\mathrm{j}\omega T_i}\right)$	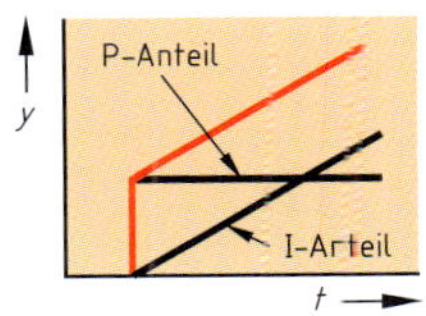	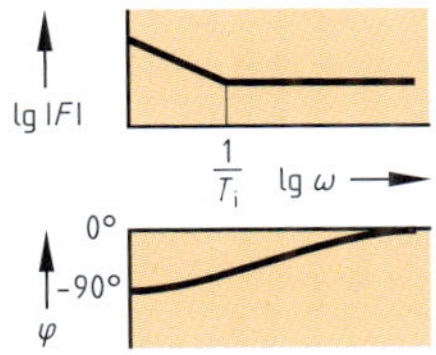	Parallelschaltung aus P-Glied und I-Glied. Regeldifferenz wird schnell und vollständig ausgeregelt, insbesondere bei Folgeregelung. K_P Kennwert P-Regler T_i Nachstellzeit
PD-Regler 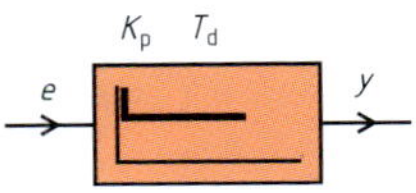 $F(\mathrm{j}\omega) = K_P(1 + \mathrm{j}\omega T_d)$	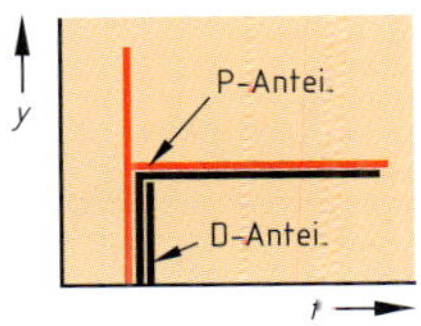	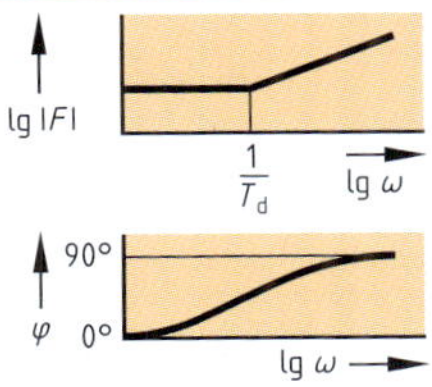	Parallelschaltung von P-Glied und D-Glied, Verwendung bei Regelstrecke mit I-Verhalten, dann schnelles und vollständiges Ausregeln der Regeldifferenz. T_d Vorhaltezeit
PID-Regler 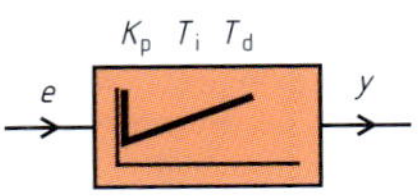 $F(\mathrm{j}\omega) = K_P\left(1 + \dfrac{1}{\mathrm{j}\omega T_i} + \mathrm{j}\omega T_d\right)$	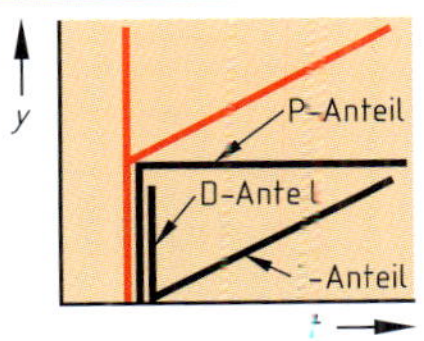	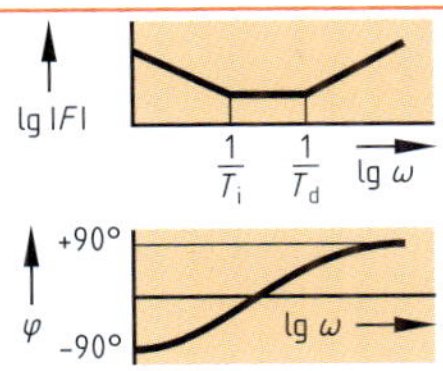	Parallelschaltung von P-Glied, I-Glied und D-Glied. Verglichen mit PI-Regler wird die Regeldifferenz bei gleicher Dämpfung schneller oder bei gleicher Schnelligkeit besser gedämpft und vollständig ausgeregelt.

Weitere Übertragungsglieder

Multiplizierglied	Dividierglied	Kennlinienglied mit 1 Eingang	Kennlinienglied mit 2 Eingängen
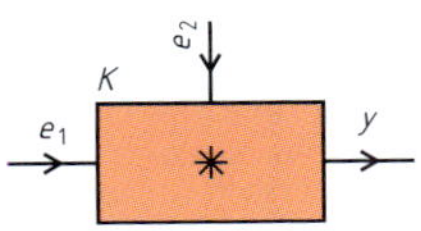 $y = K \cdot e_1 \cdot e_2$	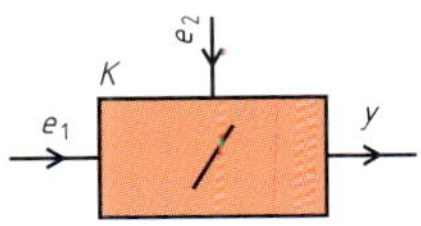 $y = K\dfrac{e_1}{e_2}$	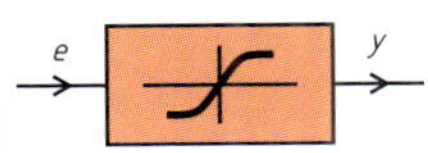 $y = F(e)$	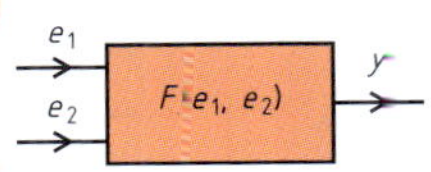 $y = F(e_1, e_2)$

e, e_1, e_2 Eingangsgröße, $F(e)$ Funktion in Abhängigkeit von e, $F(\mathrm{j}\omega)$ komplexe Übertragungsfunktion Ausgangsgröße / Eingangsgröße, K Verstärkungsfaktor, t Zeit, y Ausgangsgröße, φ Phasenverschiebungswinkel Ausgangsgröße zu Eingangsgröße, ω Kreisfrequenz, $|F|$ Betrag von $F(\mathrm{j}\omega)$, $*$ Zeichen für Multiplikation, / Zeichen für Division.

M

Regler mit Operationsverstärkern
Control elements with operational amplifiers

M

Schaltung	Reglerantwort nach Norm	Formeln	Bemerkungen
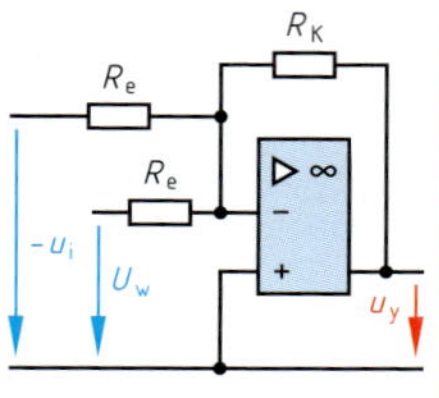 **P-Regler**	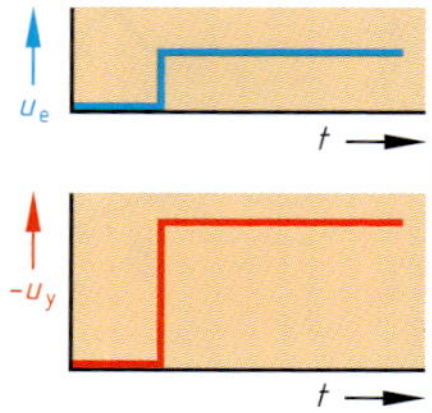	$-u_y = \frac{R_K}{R_e} \cdot (U_w - u_i)$ $K_P = \frac{R_K}{R_e}$ $u_e = (U_w - u_i)$ $u_y = K_P \cdot u_e$	Die Ausgangsspannung u_y (Stellgröße) ist proportional zur Regeldifferenzspannung u_e (Regeldifferenz). Es bleibt eine Regeldifferenz. Einfache Einstellung über K_P.
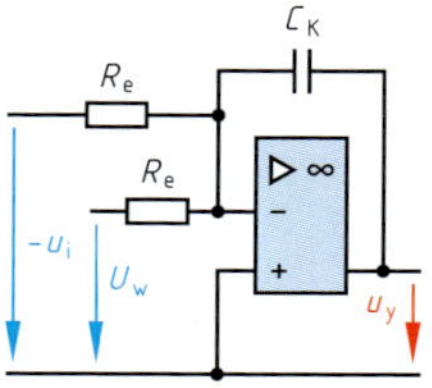 **I-Regler**	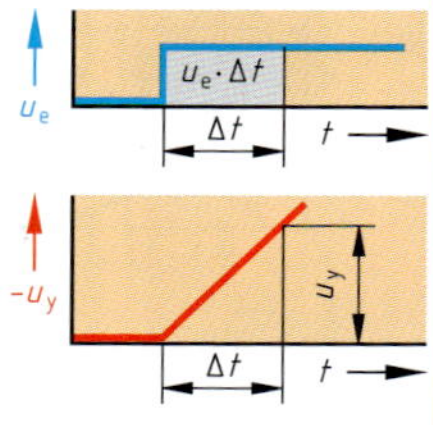 Sprungantwort	$K_I = \frac{1}{R_e \cdot C_K}$ $K_P = \frac{R_K}{R_e}$ $T_I = R_e \cdot C_K$ $T_n = R_K \cdot C_K$ $-u_y = K_I \cdot u_e \cdot \Delta t$ $-u_y = K_P \cdot \frac{u_e \cdot \Delta t}{T_n}$	Die Regeldifferenzspannung u_e bewirkt eine zu ihr proportionale Änderungsgeschwindigkeit $\Delta u_y / \Delta t$ der Ausgangsspannung u_y. Langsame, aber vollständige Ausregelung. Einstellung mit K_P und T_n. Geeignet bei Regelstrecken mit P-Verhalten.
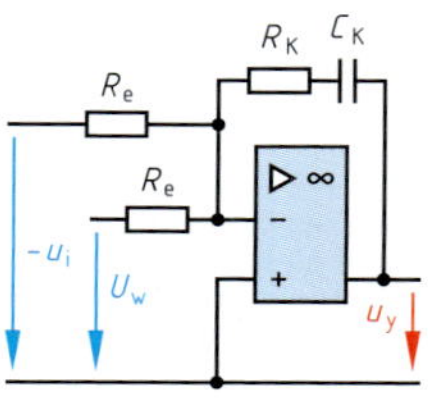 **PI-Regler**	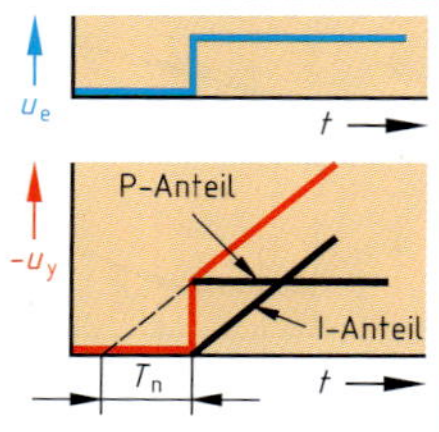 Sprungantwort	$-u_y = \frac{R_K}{R_e} \cdot u_e + \frac{u_e \cdot \Delta t}{R_e \cdot C_K}$ $K_P = \frac{R_K}{R_e}$ $T_n = R_K \cdot C_K$ $-u_y = K_P \cdot \left(u_e + \frac{u_e \cdot \Delta t}{T_n}\right)$	Der Regler vereinigt die Eigenschaften des P-Reglers mit denen des I-Reglers. Vollständiges Ausregeln der Regeldifferenz wird erreicht. Einstellung mit K_P und T_n. Geeignet bei Regelstrecken mit P-Verhalten.
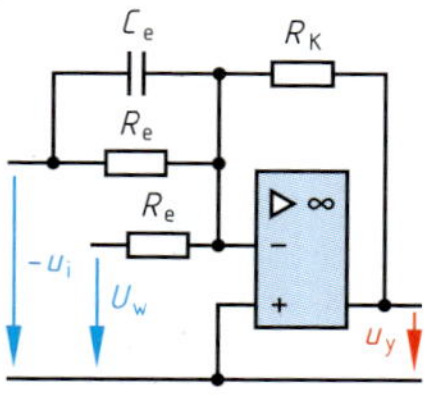 **PD-Regler**	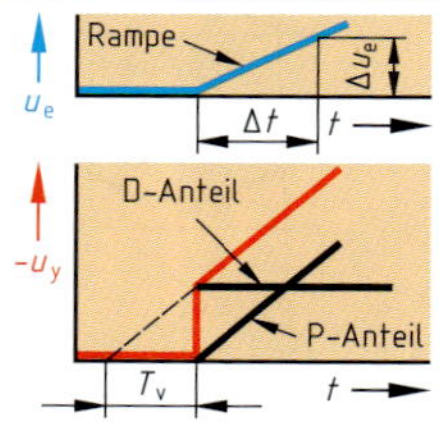	$-u_y = \frac{R_K}{R_e} \cdot u_e + R_K \cdot C_e \cdot \frac{\Delta u_e}{\Delta t}$ $K_P = \frac{R_K}{R_e}$ $T_v = R_e \cdot C_e$ $-u_y = K_P \cdot \left(u_e + T_v \cdot \frac{\Delta u_e}{\Delta t}\right)$	Schnelles Ausregeln der Regeldifferenz durch den D-Anteil des Reglers. Reglereinstellung mit K_P und T_n. Vollständiges Ausregeln bei Regelstrecken mit I-Verhalten.
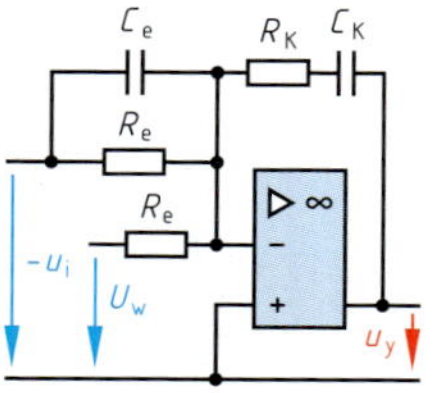 **PID-Regler**	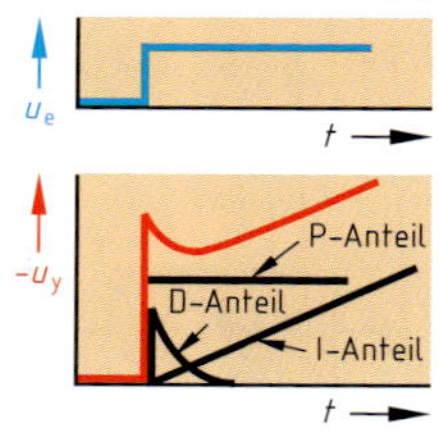 Sprungantwort	$K_P = \frac{R_K}{R_e}$ $T_n = R_K \cdot C_K$ $T_v = R_e \cdot C_e$ $-u_y = K_P \cdot \left(u_e + \frac{u_e \cdot \Delta t}{T_n} + T_v \cdot \frac{\Delta u_e}{\Delta t}\right)$	Der D-Anteil bewirkt ein schnelles, der I-Anteil ein vollständiges Ausregeln. K_P, T_n und T_v werden so an die Regelstrecke angepasst, dass Schwingen vermieden wird und gleichzeitig die Ausregelung möglichst rasch verläuft.

K_I Integrierkoeffizient
K_P Proportionalkoeffizient
T_I Integrierzeit
T_n Nachstellzeit
T_v Vorhaltezeit
u_e Regeldifferenz-Spannung
u_i Istspannung (Regelgröße)
U_w Sollspannung (Führungsgröße)
u_y Ausgangsspannung (Stellgröße)
Δu_e Änderung der Spannung u_e während der Zeit Δt
Δt Zeitabschnitt

Regelstrecken Controlled System

Ausgangsverhalten von Regelstrecken

Begriff	Erklärung	Bemerkungen
Statisches Verhalten von Regelstrecken	Die Ausgangsgröße (Regelgröße x) stellt sich nach Änderung der Eingangsgröße (Stellgröße y) sofort auf einen neuen Wert ein.	Es werden zu verschiedenen Eingangssignalen die zugehörigen Ausgangssignale ermittelt und als Kennlinie dargestellt. Das statische Verhalten wird durch den Übertragungsbeiwert $K_S = \Delta x / \Delta y$ beschrieben.
Dynamisches Verhalten von Regelstrecken	Der Verlauf der Regelgröße x nach einer Änderung der Stellgröße y ist zeitabhängig.	Das Zeitverhalten des Ausgangssignals wird bei festgelegten Eingangssignalen beobachtet.

Verfahren zur Untersuchung von Zeitverhalten der Regelstrecken

Verfahren	Zeitlicher Verlauf	Erklärung
Sprungantwort	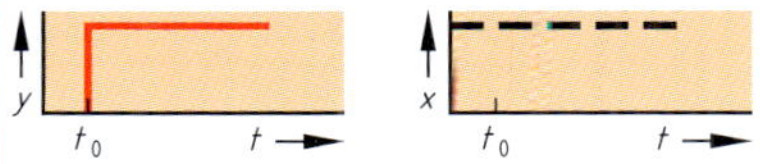	Beobachtung des zeitlichen Verlaufs der Ausgangsgröße nach einer sprungartigen Änderung der Eingangsgröße
Impulsantwort	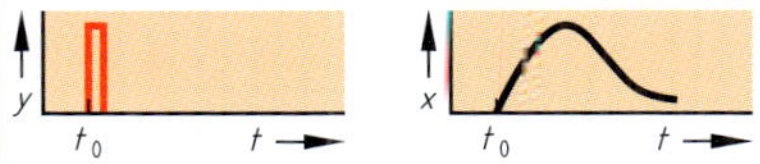	Zeitlicher Verlauf der Ausgangsgröße bei einem Nadelimpuls als Eingangsgröße.
Anstiegsantwort	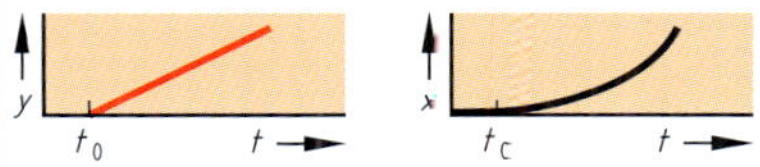	Darstellung des Verlaufs der Ausgangsgröße, wenn die Eingangsgröße mit definierter Änderungsgeschwindigkeit ansteigt.
Sinusantwort	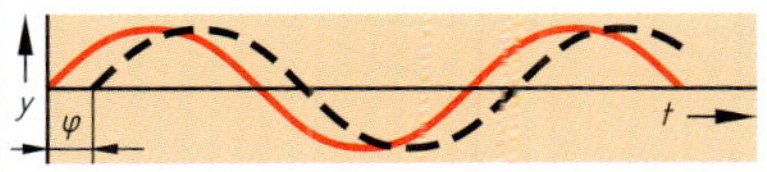	Die Eingangsgröße hat sinusförmigen Verlauf. Darstellung des Frequenzganges und des Phasenganges im Bodediagramm (Seite 222).

Tabelle Regelstrecken

Bezeichnung der Regelstrecke		Sprungantwort	Schaltbild	Übertragungsbeiwert	Beispiel	
					Regelstrecke	Regelgröße
Regelstrecken mit Ausgleich	PT_0	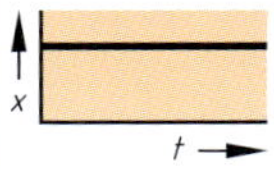	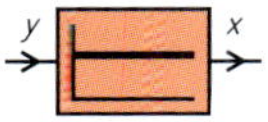	$K_S = \dfrac{\Delta x}{\Delta y}$	Elektrischer Widerstand 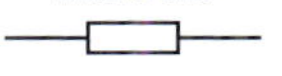	Spannung U
	PT_1	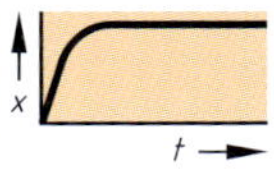	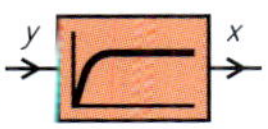	$K_S = \dfrac{\Delta x}{\Delta y}$	Druckluftkessel 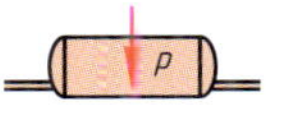	Druck p
	PT_n	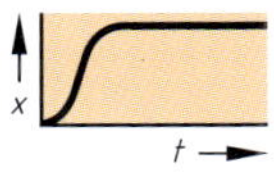	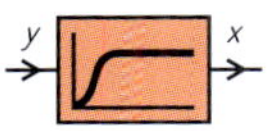	$K_S = \dfrac{\Delta x}{\Delta y}$	Heizung 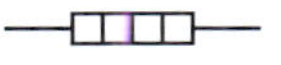	Temperatur ϑ
Regelstrecken ohne Ausgleich	IT_0	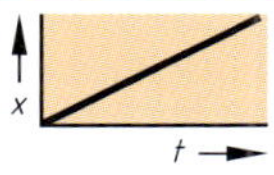		$K_{SI} = \dfrac{\Delta x}{\Delta t \cdot \Delta y}$	Behälter 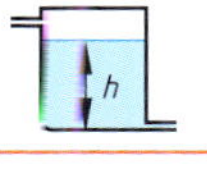	Füllstand h
	IT_n	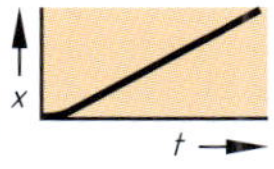	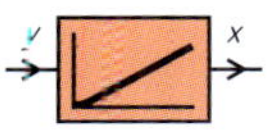	$K_{SI} = \dfrac{\Delta x}{\Delta t \cdot \Delta y}$	Spindel 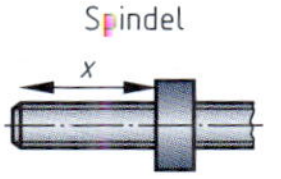	Lage x

M

Digitale Regelung Digital automatic control

Struktur

Art | **Erläuterungen, Anwendungen**

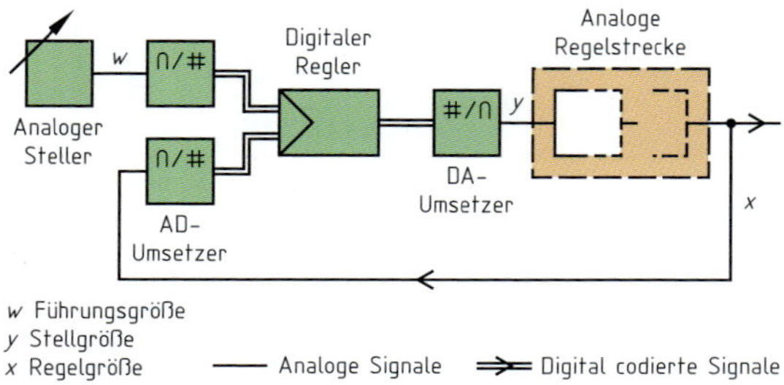

Digitale Regelung, analoge Regelstrecke

Der digitale Regler arbeitet wie ein analoger Regler in einer analogen Umgebung. Die analogen Größen werden in digitale Größen umgesetzt. Der Regelalgorithmus, z. B. PID-Algorithmus wird digital ausgeführt. Der Takt für die DA-Umsetzung und für die AD-Umsetzung sollte mit dem Rechenzyklus des Reglers synchronisiert sein, damit nicht zusätzliche Wartezeiten und damit Totzeiten entstehen. Digitale Regelungen sind aufgrund der taktgesteuerten Computertechnik stets totzeitbehaftet und verursachen zusätzliche Phasenverschiebung im Regelkreis. Die Taktzeit sollte klein sein gegenüber der Summe aller Zeitkonstanten der Regelstrecke.

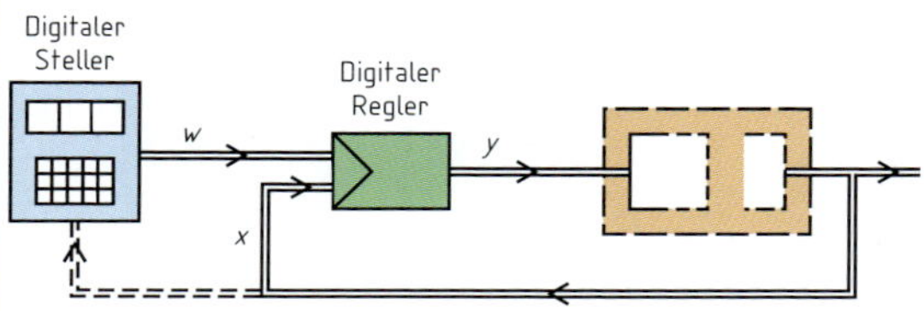

Digitale Regelung, digitale Regelstrecke

Die Regelstrecke hat für das Stellsignal einen Digitaleingang für seriell oder parallel codierte Signale und erzeugt die Regelgröße als seriell oder parallel codiertes Signal. Ein Beispiel ist die Lageregelung bei numerisch gesteuerten Maschinen (NC). Der digitale Lageregler ist Bestandteil der NC und erzeugt als Stellgröße ein digitales Steuersignal zur getakteten Ansteuerung des Transistorstellers. Der Servomotor bewegt den Maschinenschlitten und ein digitales Wegmesssystem erzeugt die digitale Regelgröße.

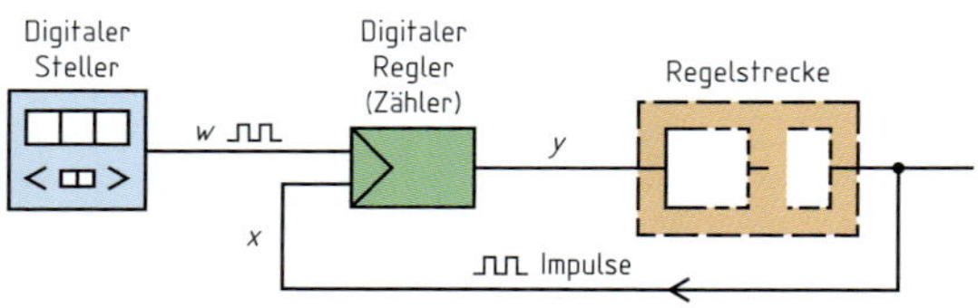

Digital-inkrementelle Regelung

Die Regelung arbeitet mit Inkrementen (Zuwachswerten), dargestellt in Form von Impulsen. Der Regler enthält einen Zähler. Er addiert ankommende Führungsgrößenimpulse und subtrahiert rückgeführte Impulse aus der Regelstrecke. So entsteht als Zählerstand die Regeldifferenz. Entsprechend zu diesem Zählerstand wird die Regelstrecke mit einem Stellsignal gesteuert, z. B. bei einer Drehzahlregelung mit Impulsen eines Impulsgebers.

Gerätetechnische Verwirklichung

Arten | **Programmierung, Parametrierung** | **Erläuterungen**

Industrie-PC

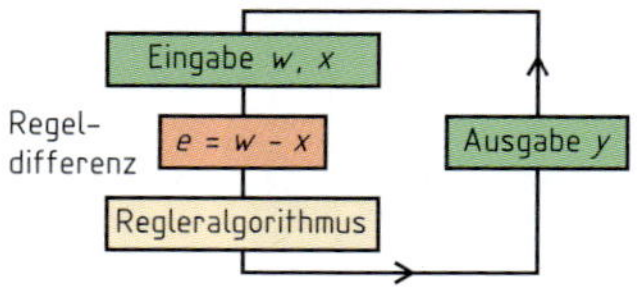

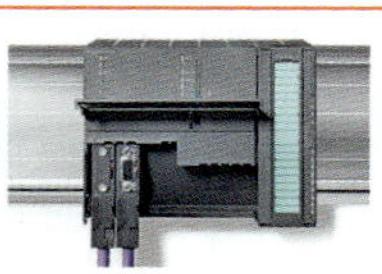

SPS

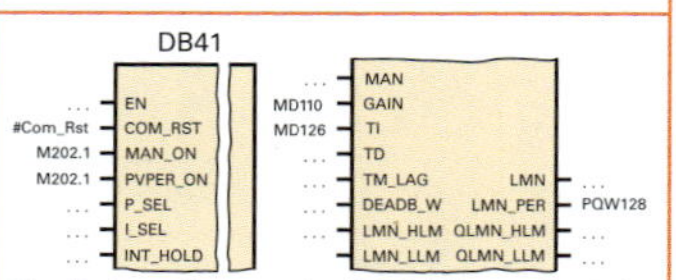

Funktionsbaustein (FB) (Ausschnitt)

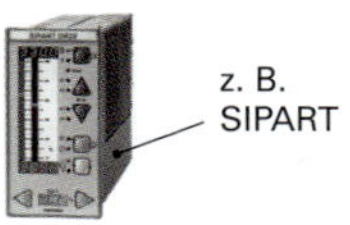

Kompaktregler

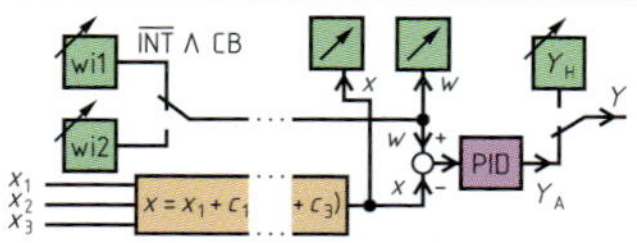

Schalter zur Strukturierung

Mit einem Computer, einer SPS oder einem digitalen Kompaktregler wird in einer zyklischen Folge die Regeldifferenz $e = w - x$ ermittelt. Abhängig vom gewählten Regelagorithmus, z. B. PID, wird die Stellgröße y berechnet und an das Stellglied ausgegeben. Für eine stabil arbeitende Regelung muss sichergestellt werden, dass die Zykluszeit wesentlich kleiner ist als die Summe der im Regelkreis aufeinanderfolgenden Verzögerungszeiten und Totzeiten.
Für besonders reaktionsschnelle Regelungen mit kleinen Zeitkonstanten in der Regelstrecke (< 4 ms) werden bei SPS und PC spezielle Regelkreiskarten mit eigenen Prozessoren verwendet. Regelkreise mit großen Zeitkonstanten, z. B. bei PH-Wert-Regelungen von Abwässern können mehrere Regelkreise und sonstige Steuerungsaufgaben von einem Computer bewältigt werden. Digitale Regler sind häufig selbstoptimierend und prozessüberwachend. Von Vorteil ist die bequeme Reglereinstellung über PC oder auch durch Teleprogrammierung.

M

Digitalisierung, Abtastung und Totzeit

Wertdiskretisierung

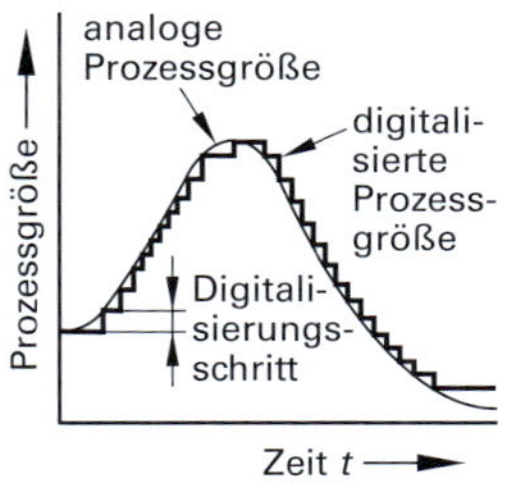

Die digitale Regelung ist dadurch gekennzeichnet, dass die Signale, z. B. die zu regelnde Größe (Prozessgröße), digitalisiert wird oder digital vorliegt, z. B. als Sollwertsignal einer Steuerung. Das Prozesssignal ist stets ein Signal mit endlicher Auflösung, gegeben durch die geringwertigste Stelle. Man nennt dies *Wertdiskretisierung*.

Bei einer 8-Bit-Digitalisierung ist die Wertdiskretisierung $2^{-8} = 1/256 = 0{,}0039 \approx 0{,}4\,\%$, d. h. das digitalisierte Signal ist durch die Digitalisierung im Wert von 0,4 % gegenüber der Maximalgröße unsicher.

Zeitdiskretisierung

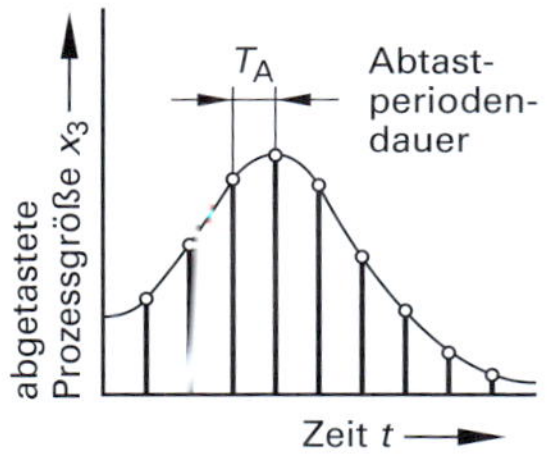

Taktgesteuerte digitale Systeme, z. B. Computer und Mikroprozessoren, bearbeiten bzw. verändern die Rechengrößen nur zu bestimmten (diskreten) Zeiten. Man spricht von Zeitdiskretisierung. Zur Berechnung der Regelgröße ist bei einer digitalen Regelung ein sich zyklisch wiederholender Rechenablauf erforderlich, z. B. Prozessgröße holen, Prozessgröße mit Regelgröße vergleichen, Regeldifferenz ausgeben. Die Zeit zwischen zwei Rechenzyklen wird als Abtastzeit T_A bezeichnet. Die digitale Regelung greift gegenüber dem Prozessgeschehen verspätet ein, im Mittel um $0{,}5 \cdot T_A$. Dies entspricht einem Totzeitverhalten mit der Totzeit $T_t = 0{,}5 \cdot T_A$.

Totzeitbildung

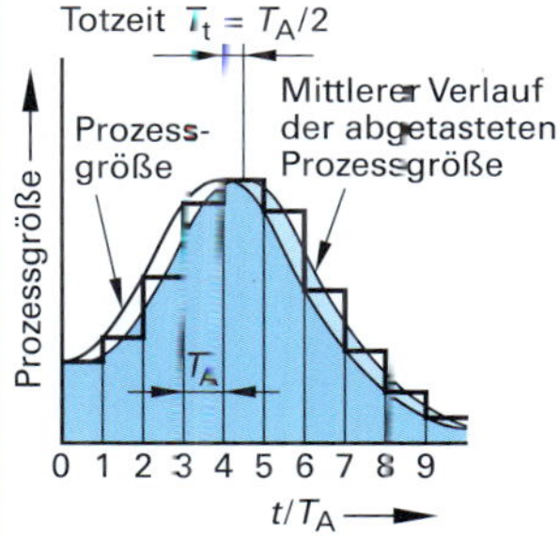

Eine Totzeit ist bei einer digitalen Regelung systembedingt vorhanden und nur dann vernachlässigbar gering, wenn sie wesentlich kleiner ist (mehr als 10 Mal kleiner) als die Summe aller Verzögerungszeiten und Totzeiten der Regelstrecke. Merkliche Totzeiten haben Phasenverschiebungen zur Folge, diese verschlechtern das dynamische Verhalten eines Regelkreises.

Sprungantwort eines PID-Reglers, Regelalgorithmen

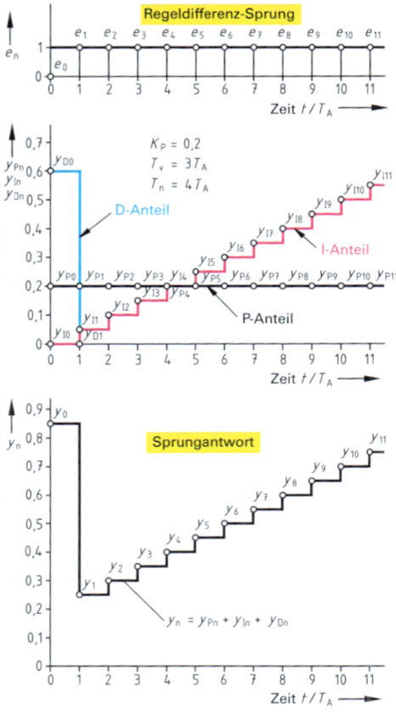

PID-Stellungsalgorithmus

Die Stellgröße y setzt sich zusammen aus:

- einem P-Anteil der proportional zur Regeldifferenz e ist,
- einem I-Anteil der dem Zeitintegral der Regeldifferenz entspricht,
- einem D-Anteil, der dem zeitlichen Differenzialquotienten der Regeldifferenz entspricht.

Die Regeldifferenz liegt zu den Abtastzeitpunkten T_A, $2\,T_A$, $3\,T_A$, …, $n\,T_A$, als eine Folge von Zahlenwerten e_1, e_2, e_3, …, e_n vor.

Numerische Integration: Es werden die Regeldifferenzen $e_1 + e_2 + \ldots + e_n$ aufsummiert.

Numerische Differenziation: Es wird die Differenz zwischen zwei aufeinander folgenden Regeldifferenzen $e_n - e_{n-1}$ gebildet. Zum Zeitpunkt $n \cdot T_A$ erhält man die Stellgröße y_n.

$$y_n = K_p\left[e_n + \frac{T_A}{T_n}(e_1 + e_2 + \ldots + e_n) + \frac{T_v}{T_A}(e_n - e_{n-1})\right]$$

PID-Geschwindigkeitsalgorithmus. Zur Berechnung der Stellgröße wird der Zuwachs Δy_n ermittelt und dieser dem Wert der in einem Speicher abgelegten Stellgröße hinzuaddiert.

$$\Delta y_n = K_p\left[e_n - e_{n-1} + \frac{T_A}{T_n} \cdot e_n + \frac{T_v}{T_A}(e_n - 2\,e_{n-1} + e_{n-2})\right]$$

K_p Proportionalbeiwert
y_n Stellgröße zum Zeitpunkt nT
e_n Regeldifferenz zum Zeitpunkt nT_A
n Zählvariable
Δy_n Zuwachswert der Stellgröße zum Zeitpunkt $n\ T_A$

Kleinsteuerung Logo! Control relay Logo!

Systemaufbau

Aufbau	Erklärungen	Daten, Bemerkungen
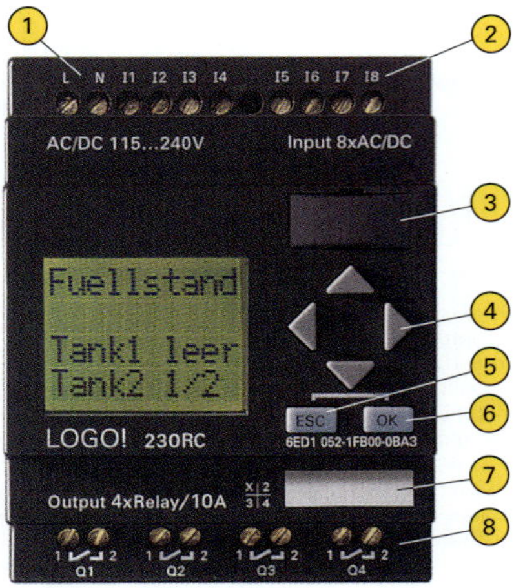	1 Betriebsspannung L, N 2 Eingänge I1 bis I8 3 EPROM-Speichereinheit 4 Cursor-Tasten ◂ nach links ▸ nach rechts ▴ nach oben ▾ nach unten 5 Steuertaste ESC 6 Steuertaste OK 7 Anzeige-Display 8 Ausgänge Q1 bis Q4 Das Grundgerät gibt es mit Display und Bedienelementen und ohne als Logo! Pure. Logo! Pure wird verwendet, wenn keine Parameter zu ändern oder keine Informationsmeldungen nötig sind.	Betriebsspannung je Typ DC 12 V, 24 V, AC 24. V, AC/DC 115 V bis 240 V. Zahl der Eingänge 8, davon bei den DC-Typen 2 analog nutzbar. Zahl der Ausgänge 4. Je Ausgang ein Relais, mit Dauerstrom I = 10 A bei DC 24 V Transistorausgänge mit I = 0,3 A. Schaltfrequenz bei ohmscher Last 2 Hz, induktiver Last 0,5 Hz. Es gibt Erweiterungsmodule für 16 Eingänge und Ausgänge, Analogmodule mit z. B. 2 Eingängen, Kommunikationsmodelle für z. B. EIB/KNX oder As-i-Bus.

M

Programmierungsarten

Vorgehen	Erklärungen	Bemerkungen
Softwareprogrammierung am PC Programm Logo!Soft Comfort starten → Co → I → Eingangssymbol mit gedrückter linker Maustaste auf Zeichenfläche ziehen. Co → Q → Ausgang auf Zeichenfläche, wie oben. GF → & → Grundfunktion auf Zeichenfläche, wie oben. → Cursor auf Elementanschlüsse, diese mit betätigter linker Maustaste verbinden. → Simulation starten Eingänge I einschalten → Anzeigesymbol Lampe leuchtet bei Funktion. Menü Extras → PC → Logo, Schaltprogramm wird in das Steuerrelais übertragen, → ESC → > Start, Programmablauf wird gestartet.	Schaltungen werden als Funktionspläne entworfen. Bei der Softwareprogrammierung kann vom Eingang zum Ausgang programmiert werden. Nichtbenutzte Eingänge müssen mit Pegel lo (low) oder hi (high) verbunden werden. Leiter mit H-Pegel haben rote Farbe. Fertige Schaltung in einem Simulationslauf testen.	Schachtelungstiefe: Beginnend von den Ausgängen Q können je nach Typ des Steuerrelais zwischen 9 Verknüpfungsebenen und 58 Verknüpfungsebenen von digitalen Funktionen programmiert werden. Schaltprogramm über serielle Leitung zum Steuerrelais übertragen. Mit ESC → > Start starten.
Handprogrammierung ESC ▸ [> Program.. / PC/Card.. / Clock / Start] OK ▸ [> Edit Prg / Prg Name / Clear Prg / Password] ▸ Q1 OK ... ESC ▸ > Start Programmablauf wird gestartet. Bei laufendem Programm wird Zeit und Datum angezeigt. Programmänderung ESC ▸ [> STOP / Set Param / Set Clock / Prg Name] OK ▸ [> Program.. / PC/Card.. / Clock / Start] (weiter wie oben) ESC ▸ > Start Programmablauf wird gestartet.	Unprogrammiertes Steuerrelais zeigt den Text: No Program Press ESC Mit ESC Start-Menü anwählen. Mit Cursortasten auf Zeile Program... Mit OK Editor-Menü anwählen. Mit Cursortaste auf Edit Prg. Mit OK Programmeingabe mit Auswahl eines Ausgangs, z. B. Q1, beginnen.	Auswählbare digitale Grundfunktionen: AND Reihenschaltung, mit Schließern OR Parallelschaltung mit Schließern NOT Inverter NAND Parallelschaltung von Öffnern NOR Reihenschaltung mit Öffnern XOR Wechsler Funktionsblöcke für: Zeitfunktionen, Stromstoß, Selbsthaltung, analoge Signale.

> Cursorsymbol auf dem Display des Steuerrelais, → nächster Vorgang. Logo!Pure kann nur mit Software programmiert werden. Programmstart erfolgt mit einer RUN/STOP-Taste auf dem Steuerrelais.

Systemaufbau

Bauform und Anzeige	Erklärungen	Daten, Bemerkungen
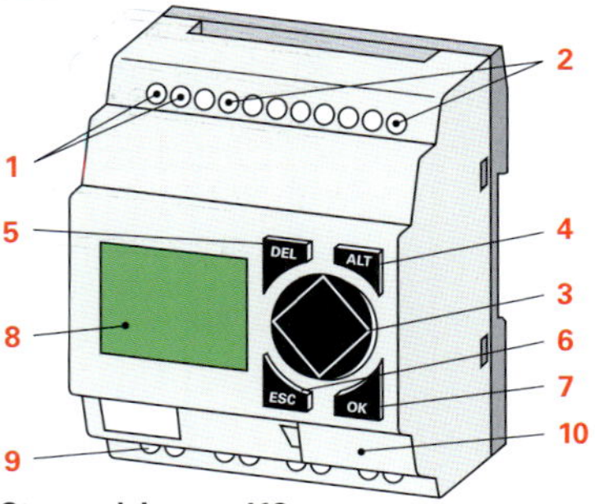 **Steuerrelais easy 412**	1 Betriebsspannung 2 Eingänge I1 bis I8 3 Cursor-Tasten ◁▷△▽ 4 Steuertaste ALT 5 Steuertaste DEL 6 Steuertaste ESC 7 Steuertaste OK 8 Anzeige-Display 9 Ausgänge Q1 bis Q4 10 Anschluss für Speicherkarte oder PC-Verbindung über V.24-Schnittstelle	Betriebsspannung je nach Typ: DC 24 V, AC 115 V bis AC 240 V. Eingänge: 8 bis 12, bei den DC-Typen 2 analog nutzbar. Ausgänge: 4 bis 8. Bei AC Relais-Ausgänge mit I = 10 A bei ohmscher Last und I = 3 A bei induktiver Last, bei DC 24 V parallel schaltbare Transistorausgänge mit I = 0,5 A.
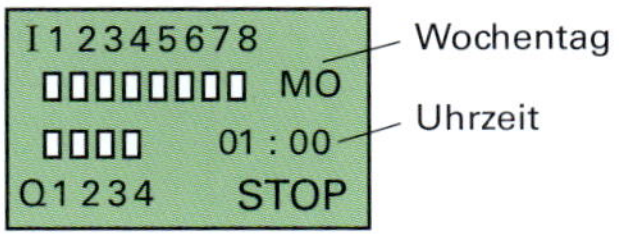 **Statusanzeige bei laufendem Programm**	▮ Ein ▯ Aus bei Eingängen und Ausgängen	Es werden der Wochentag, die Uhrzeit und die Betriebsart RUN oder STOP gezeigt.
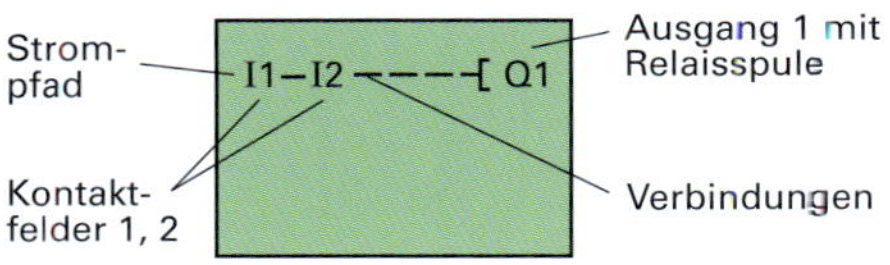 **Schaltplananzeige bei Anwahl von STOP**	Schaltplanelemente: I Kontakt Eingang Q Kontakt Ausgang --- Verbindungen -[Kontakt Relaisspule	Es werden Kontaktfelder, Strompfade, Spulenfelder und die Verbindungen angezeigt. www.moeller.de

Programmierung einer Reihenschaltung

Vorgehen	Erklärungen	Bemerkungen
Softwareprogrammierung am PC Programm easy-soft starten → Menü Schaltplan → Neu → Menü Ansicht → Darstellung → Darstellungsart → Gerät OK → Doppelklick auf Cursor → I,1 OK → Linie einfügen → Doppelklick auf Cursor → I,2 OK → Linie einfügen → Doppelklick auf Cursor → [Q,1 OK → Datei speichern → Menü Simulation → Wirkungsweise I/R → Schließer rastend OK → Menü Simulation → I/Q-Fenster OK → Menü Simulation → RUN → I1, I2 anklicken → Leuchte Q1 Ein. Menü Online → Schaltplan → Auf Gerät übertragen → Gerät mit ▽ auf STOP OK → RUN wird angezeigt.	Die Schaltung wird auf dem Bildschirm vom Eingang aus zum Ausgang hin entworfen. Fertige Schaltung durch Simulation testen, Schaltprogramm über serielle Leitung zum Steuerrelais übertragen. Programmlauf starten, es erscheint die Anzeige RUN im Hauptmenü, Schaltung ist in Betrieb.	Schaltungen lassen sich als Verdrahtungsplan, Stromlaufplan oder KOP entwerfen. Der Verdrahtungsplan setzt die Programmierschritte der Handprogrammierung am Bildschirm um. Funktionsblöcke für: Zeitfunktionen, Stromstoß, Selbsthaltung, analoge Signale.
Handprogrammierung Einschalten → Statusanzeige erscheint → OK PROGRAMM.. LOESCHE PROG → OK PROGRAMM RUN/STOP PARAMETER STELLE UHR OK → → Schaltplananzeige erscheint → I OK → 1 OK → I OK → 1 △ 2 OK ALT ↙ ▷▷ OK -[Q OK 1 OK → Statusanzeige erscheint. Programmablauf starten: ESC → PROGRAMM ESC ▽ RUN OK, Schaltung arbeitet. Schaltung testen: → PROGRAMM OK Schaltplananzeige zeigt I1–I2 ----[Q1.	Anwählbare Menüpunkte blinken. Die easy-Betriebsarten sind RUN oder STOP. Bei easy wird vom Eingang zum Ausgang „verdrahtet". Nach Anschluss an die Betriebsspannung und dem Anschluss von 2 Schaltern an I1 und I2 wird das Steuerrelais getestet: Beide Schalter betätigen, Lampe an Q1 leuchtet.	Anwählbare digitale Grundfunktionen: UND Reihenschaltung, mit Schließern ODER Parallelschaltung mit Schließern NAND Parallelschaltung, mit Öffnern NOR Reihenschaltung mit Öffnern XOR Reihenschaltung und Parallelschaltung von Öffnern und Schließern

M

Alphanumerische Kennzeichnung der Anschlüsse
Alphanumeric identification of connections

Elektrische Maschinen

Kennzeichen	Bei umlaufenden Maschinen	Bei Transformatoren	Beispiele
Ziffer vor dem Kennbuchstaben	Unterscheidung gleichartiger Wicklungen, z.B. für verschiedene Umdrehungsfrequenzen (Drehzahlen).	Unterscheidung von Oberspannung (kleinere Ziffer) und Unterspannung (größere Ziffer).	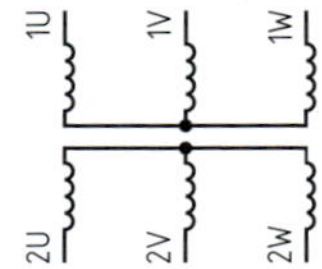
Kennbuchstabe für Art der Wicklung	A Ankerwicklung B Wendepolwicklung C Kompensationswicklung D Reihenschluss-Feldwicklung E Nebenschluss-Feldwicklung F Fremderregte Feldwicklung H Hilfswicklung Längsachse J Hilfswicklung Querachse K, L, M } auf der Sekundärseite von Induktionsmaschinen, z.B. Schleifringläutermotoren Z Hilfswicklung Kondensatormotor U, V, W, N wie bei Transformatoren	U Strang 1 V Strang 2 W Strang 3 N Sternpunkt Bei Spannungswandlern entfällt der Kennbuchstabe, z.B. 1.1 Anfang Oberspannung 2.2 Ende Unterspannung Bei Stromwandlern: K, L Primärwicklung (K Kraftwerksseite) k, l Sekundärwicklung Bei Drosselspulen: Bezeichnungen entsprechend wie bei Transformatoren	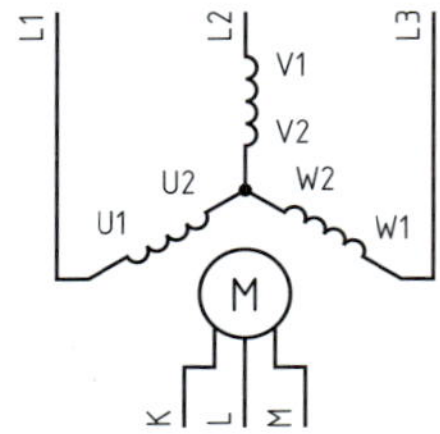 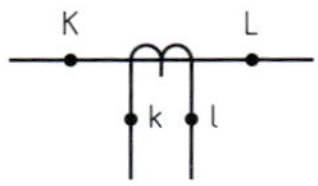
Ziffer nach dem Kennbuchstaben	1 Anfang 2 Ende Weitere Ziffern für Abgriffe zwischen 1 und 2	1 Anschluss an Netzleiter (Anfang) 2 Anschluss an Sternpunkt oder Netzleiter (Ende) Weitere Ziffern für Abgriffe zwischen 1 und 2	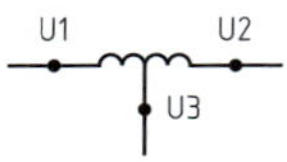

M

Stromrichtersätze und Stromrichtergeräte

Kennzeichen	Bei Stromrichtersätzen	Bei Stromrichtergeräten	Beispiele
Kennbuchstabe für Art des Anschlusses	A Anodenseitiger Anschluss K Katodenseitiger Anschluss G Steueranschluss 1 (Gate) H Steueranschluss 2 (Hilfskatode) M Zusammenschaltung zu Gleichstromanschluss	C Gleichstromanschluss (+ bei Gleichrichterbetrieb) D Gleichstromanschluss (– bei Gleichrichterbetrieb) U, V, W, N } Wechselstromanschlüsse (entsprechend wie bei Transformatoren)	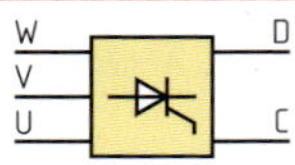 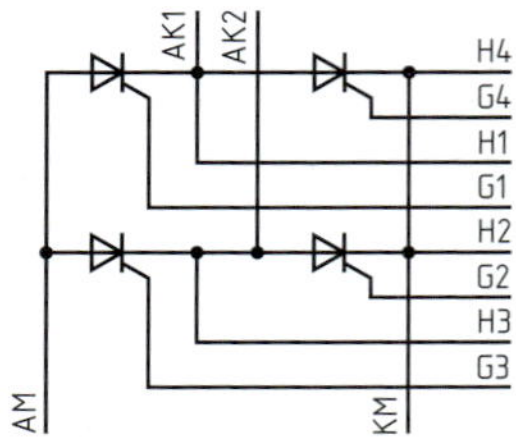
Ziffer nach dem Kennbuchstaben	Reihenfolge der Pulszahl	1 Eingang 2 Ausgang	

Weitere Beispiele zur Kennzeichnung

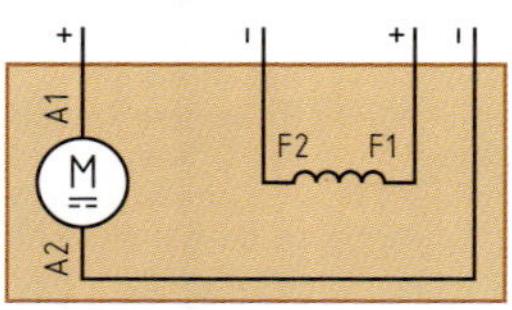

Fremderregter Motor

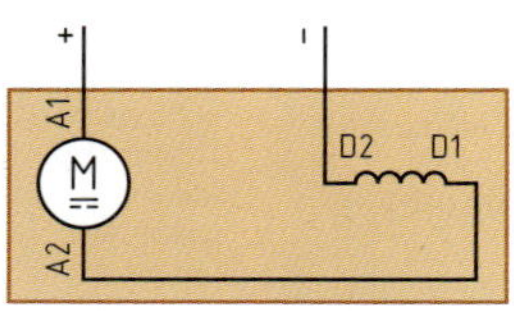

Reihenschlussmotor

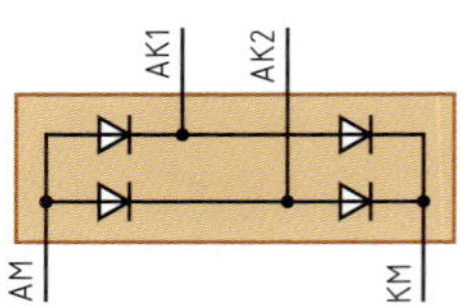

Stromrichter B2U

Betriebsarten

Betriebsart	Leistung, Temperatur	Betriebsbedingungen, Bemerkungen, Anwendungen
Dauerbetrieb **S1**	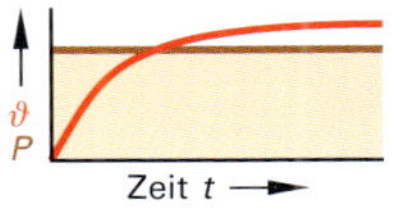	Unter Bemessungslast wird eine gleichbleibende Temperatur erreicht, die auch bei längerem Betrieb nicht mehr ansteigt. Das Betriebsmittel kann pausenlos unter Bemessungslast arbeiten, ohne dass die zulässige Temperatur überschritten wird. Beispiel: Antriebsmotor für Wasserwerkspumpe.
Kurzzeitbetrieb **S2**	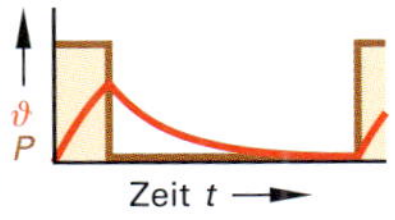	Die Betriebsdauer unter Bemessungslast ist kurz im Vergleich zur folgenden Pause. Genormt sind Betriebsdauern von 10 min, 30 min, 90 min. Diese Zeit kann das Betriebsmittel unter Bemessungslast arbeiten, ohne dass die zulässige Temperatur überschritten wird. Beispiel: Antriebsmotor für Kühlschrank.
Aussetzbetriebe **S3, S4, S5**	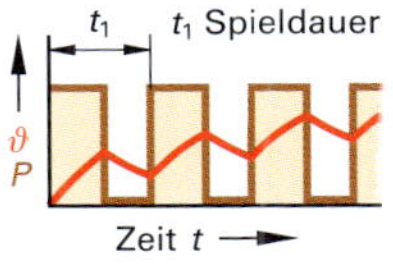	Betriebsdauer unter Bemessungslast ist kurz; die folgende Pause auch. Das Betriebsmittel kann unter Bemessungslast nur während der angegebenen Einschaltdauer ED in % der Spieldauer arbeiten. Genormte ED: 15%, 25%, 40%, 60%. Die Spieldauer beträgt 10 min, wenn nicht anders angegeben. Beispiele: Hebezeugmotor (S3) Antriebsmotor für Schalttisch (S4), Antriebsmotor für Positionierung (S5).
Ununterbrochener periodischer Betrieb mit Aussetzbelastung **S6**	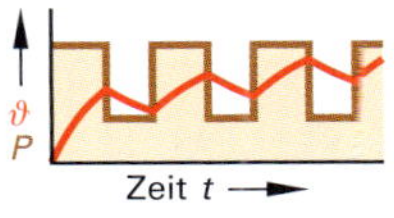	Diese Betriebsart entspricht S3, jedoch bleibt in den Belastungspausen das Betriebsmittel eingeschaltet, arbeitet also im Leerlauf. Einschaltdauer und Spieldauer (Betriebsdauer + Pausendauer) werden wie bei S3 angegeben. Beispiel: Bohrmaschine (sofern leer durchlaufend).
Ununterbrochener periodischer Betrieb mit elektrischer Bremsung **S7**	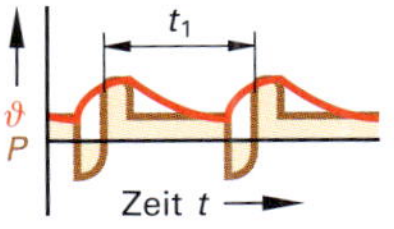	Die Maschine läuft an, wird belastet und danach elektrisch gebremst, z. B. durch Einspeisen von Gleichstrom. Die Maschine kann in dieser Weise pausenlos arbeiten, wenn die angegebenen Trägheitsmomente J_M des Motors und J_{ext} der Last sowie die maximale Spieldauer von 10 min nicht überschritten werden. Beispiel: Hauptspindelantrieb einer Drehmaschine.
Ununterbrochener periodischer Betrieb mit Drehzahländerung **S8**	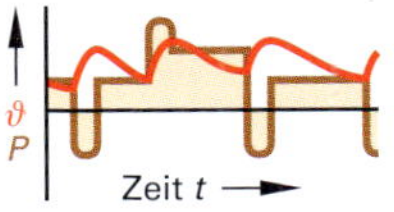	Die Maschine läuft dauernd unter wechselnder Last und mit häufig wechselnder Drehzahl. Die Maschine kann in dieser Weise pausenlos arbeiten, wenn für jede Drehzahl die angegebenen Werte nicht überschritten werden. Beispiel: Antrieb für Exzenterpresse
Ununterbrochener Betrieb mit nichtperiodischer Last- und Drehzahländerung **S9**	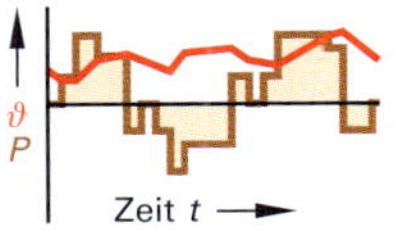	Hier liegt ein Betrieb vor, bei dem sich Last und Drehzahl innerhalb des Betriebsbereiches nicht periodisch ändern. Dabei treten Lastspitzen auf, die weit über der Bemessungsleistung liegen können. Beispiel: Walzwerkantriebe

Grenzübertemperaturen

Teil, Klasse	A	E	B	F	H
1. Einlagige Feldwicklungen	65 K	80 K	90 K	110 K	135 K
2. Sonstige Wicklungen	60 K	75 K	80 K	105 K	125 K
3. Stromwender, Schleifringe	60 K	70 K	80 K	90 K	100 K
4. Sonstige Teile in Berührung mit Wicklungen	60 K	75 K	80 K	100 K	125 K

Art der Kühlung	Luftkühlung	Gaskühlung, z. B. H_2	Wasserkühlung
Höchste Eintrittstemperatur des Kühlmittels	≤ 40 °C	≤ 40 °C	≤ 25 °C

Bei Betrieb in 1000 m bis 4000 m über Meeresspiegel sind die zulässigen Übertemperaturen kleiner, z. B.
Bei Maschinen: um 1 % je 100 m Höhenzunahme über 1000 m,
Bei Transformatoren mit **Selbstkühlung (S):** Öltransformatoren um 2%, Trockentransformatoren um 2,5%,
Fremdlüftung (F): Öltransformatoren um 3%, Trockentransformatoren um 5% je 500 m Höhenzunahme über 1000 m.

M

Berechnungsformeln für rotierende elektrische Maschinen
Calculation formulas for rotating electrical machines

Alle Maschinen:

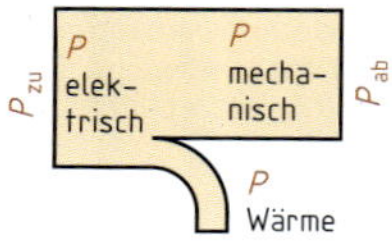

Leistungsfluss

$$P_{kW} = \frac{M \cdot n}{9549}$$

$[n] = 1/\text{min}$ $[M] = \text{Nm}$

$1000 \cdot \dfrac{60}{2 \cdot \pi} = 9549$

$$P = M \cdot \omega$$

$\omega = 2\pi \cdot n$

$[n] = 1/\text{s}$; $[\omega] = 1/\text{s}$

$$\eta = \frac{P_{ab}}{P_{zu}}$$

$$\eta = \eta_1 \cdot \eta_2 \cdot \ldots \cdot \eta_n$$

Bei Gleichstrommotoren:

$$P = U \cdot I \cdot \eta$$

Bei Einphasenmotoren:

$$P = U \cdot I \cdot \eta \cdot \cos\varphi$$

Bei Drehstrommotoren:

$$P = \sqrt{3} \cdot U \cdot I \cdot \eta \cdot \cos\varphi$$

Drehfeldmaschinen

$$n_s = \frac{f \cdot 60}{p}$$

$[n_s] = 1/\text{min}$

$$n_s = \frac{f}{p}$$

$[n_s] = 1/\text{s}$

Bei Synchronmaschine:

$$n = n_s$$

Asynchronmaschine

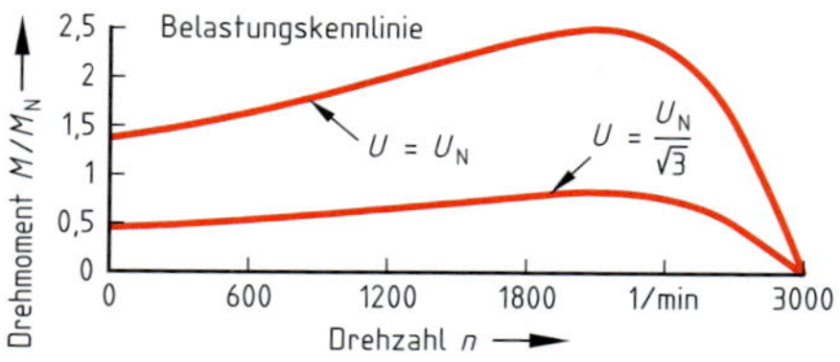

$$s = \frac{n_s - n}{n_s} \cdot 100$$

$$\frac{M}{M_K} = 2 \cdot \frac{s \cdot s_K}{s^2 + s_K^2}$$

$$n = n_s \cdot (1 - s)$$

$$M_K = C_M \cdot U_{Str}^2$$

$$f_L = f \cdot \left(1 - \frac{n}{n_s}\right)$$

$$M \approx M_N \cdot \frac{n_s - n}{n_s - n_N}$$

Fremderregter Gleichstrommotor

Prinzip-schaltbild

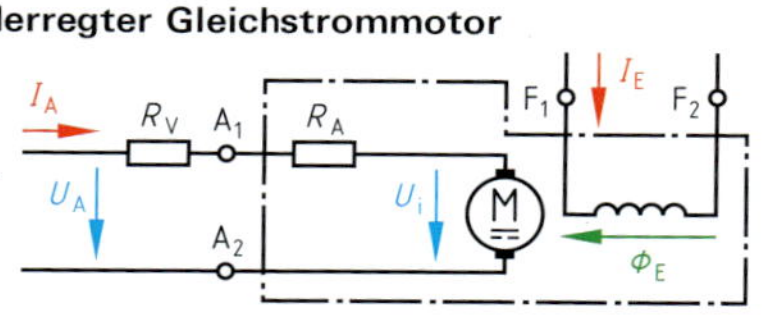

Belastungs-kennlinie

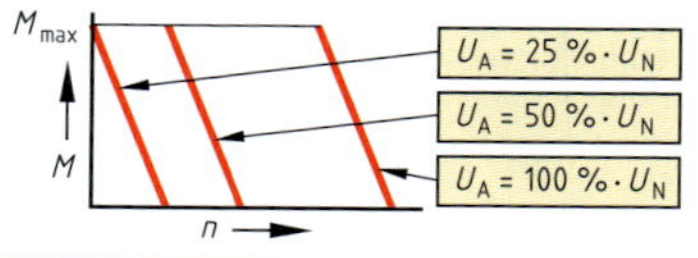

$$U_i = C_M \cdot \Phi_E \cdot 2 \cdot \pi \cdot n$$

$$U_i = U_A - I_A \cdot (R_A + R_V)$$

$$M = C_M \cdot \Phi_E \cdot I_A$$

$$\Phi_E = C_\Phi \cdot I_E$$

$$I_A = \frac{U_A - U_i}{R_A + R_V}$$

Bei I_E, U_A und R_V konstant:

$$n_0 = n_N \cdot \frac{I_{A\,(n=0)}}{I_{A\,(n=0)} - I_N}$$

Bei Stillstand ($n = 0$) gilt:

$$I_{A\,(n=0)} = \frac{U_A}{R_A + R_V}$$

$$M = M_N \cdot \frac{n_0 - n}{n_0 - n_N}$$

Reihenschlussmotor

Prinzip-schaltbild

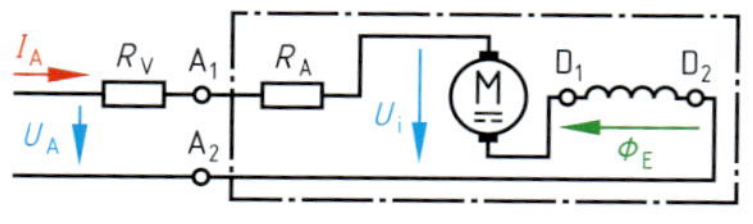

$$U_i = C_M \cdot C_\Phi \cdot I_A \cdot 2 \cdot \pi \cdot n$$

$$U_i = U_A - I_A \cdot (R_A + R_V)$$

$$\Phi_E = C_\Phi \cdot I_A$$

$$M = C_M \cdot C_\Phi \cdot I_A^2$$

$\cos\varphi$	Leistungsfaktor
C_M	Drehmomentkonstante
C_Φ	Erregerflusskonstante
f	Netzfrequenz
f_L	Frequenz im Läufer
I	Stromstärke (Leiterstrom)
I_A	Stromstärke (Ankerstrom)
$I_{A\,(n=0)}$	Ankerstrom bei Stillstand ($n = 0$)
I_E	Stromstärke (Erregerstrom)
M	Kraftmoment, Drehmoment
M_K	Kippmoment
M_N	Bemessungswert Drehmoment
n	Drehzahl, Umdrehungsfrequenz
n_N	Bemessungswert der Drehzahl
n_s	Drehfelddrehzahl, synchrone Drehzahl
n_0	Leerlaufdrehzahl (Gleichstrommotor)
p	Polpaarzahl (halbe Polzahl)
P	Leistungsabgabe mechanisch
P_{ab}	abgegebene Leistung
P_{kW}	Leistungsabgabe in kW
P_{zu}	zugeführte Leistung
R_A	Ankerwiderstand
R_V	Vorwiderstand
s	Schlupf
s_K	Kippschlupf (Schlupf bei Kippmoment)
U	Netzspannung, bei Drehstrom: verkettete Spannung
U_A	Ankerspannung (Gleichstrommotor)
U_i	induzierte Spannung
U_N	Bemessungswert der Spannung
η	Wirkungsgrad
η_1, η_2	Einzelwirkungsgrade
Φ_E	Erregerfluss
ω	Winkelgeschwindigkeit

M

Einphasen-Wechselstrommotoren **Uniphase AC Motors**

Motorart	Asynchronmotoren mit Käfigläufer	Synchronmotoren	Universalmotoren
Schaltzeichen und Anschluss für Rechtslauf	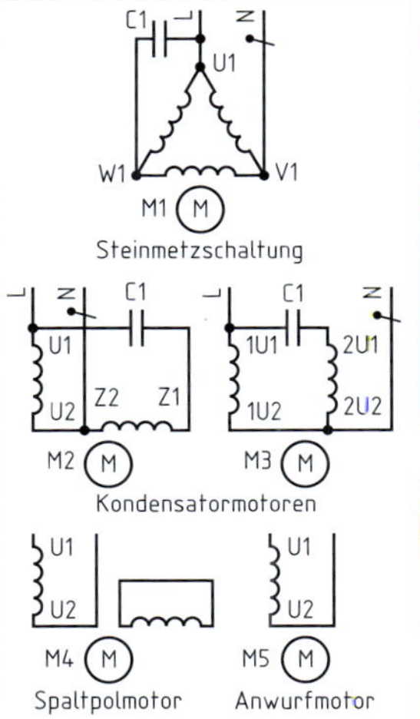	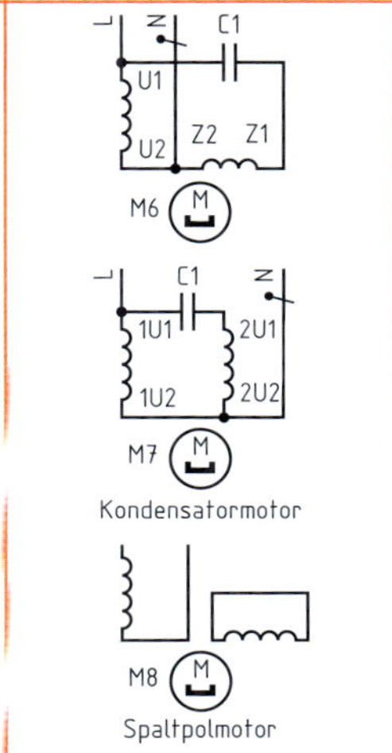	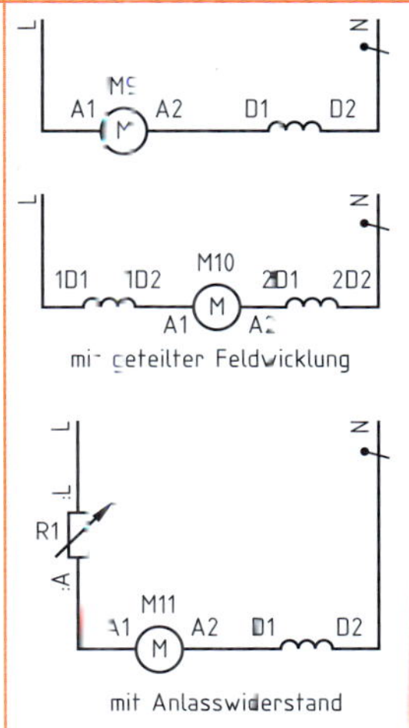
Kraftmomentkennlinien	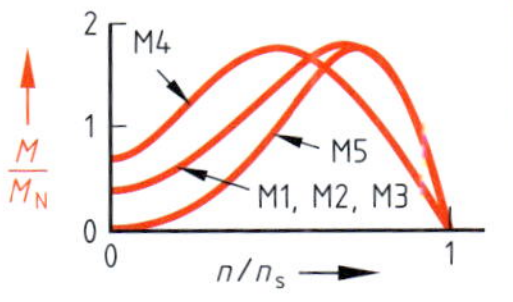	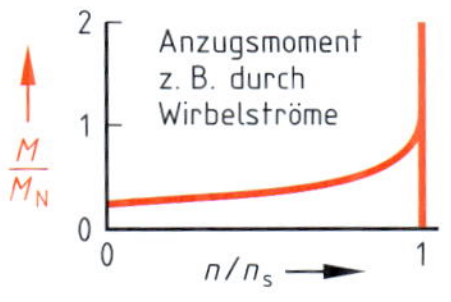	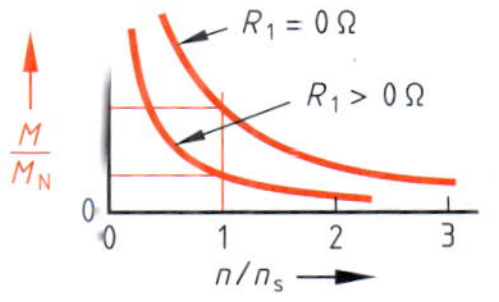
Drehrichtungsumkehr	M1: C1 an U2 und V2 anschließen M2 und M6: Anschlüsse von Z1 und Z2 tauschen M3 und M7: L nach 2U1 verlegen M4 und M8: Nicht umschaltbar. M5: In gewünschter Drehrichtung anwerfen		Anschlüsse von A1 und A2 vertauschen, also Umpolen des Ankers.
M_A/M_N	M1: 0,1 bis 0,5 je nach C1 M2, M3: 0,1 bis 1 je nach C1 M4: bis 0,7 M5: 0	Das Anzugsmoment kommt nur durch Wirbelströme zustande. bis 0,3	M9, M10, M11 bis 3
I_A/I_N	M1, M2, M3, M5: bis 5 M4: bis 2	M6, M7: bis 5 M8: bis 2	M9, M10, M11 bis 4
Kurzzeitige Überlastbarkeit	M1: nicht über die Bemessungsleistung hinaus, da im Dauerbetrieb nur 70% der Bemessungsleistung M2 bis M5: bis $2 \cdot P_N$	M6, M7, M8: bis $2 \cdot P_N$	M9, M10, M11 bis $3 \cdot P_N$
Steuern der Drehzahl	M1, M2, M3, M7: selten durch Polumschaltung M1 bis M8: durch Ändern der Frequenz M4: Schlupfsteuerung durch Ändern der Spannung		Steuerung der Anschlussspannung, z. B. durch Vorwiderstand oder elektronische Steuerung.
Anwendungsbeispiele	M1: Umwälzpumpe; M2: Jalousiemotor; M3: Verdichter, Kühlschrank; M4: Lüfter; M5: Betonmischer; M7: Umwälzpumpe (energiesparend); M8: Antrieb für Uhrwerk		elektrische Handwerkzeuge, Staubsauger

I_A Anzugstrom, I_N Bemessungsstrom (Nennstrom), M Kraftmoment, M_A Anzugsmoment, M_N Bemessungsmoment (Nennmoment), n Umdrehungsfrequenz (Drehzahl), n_s Drehfeldumdrehungsfrequenz, P_N Bemessungsleistung (Nennleistung), R_1 Anlasser-Widerstand

M

Drehstrommotoren und Gleichstrommotoren
Three-phase asynchronous motors and DC Motors

Motorart	Drehstrom-Käfigläufermotor	Drehstrom-Synchronmotor	Fremderregter Gleichstrommotor	Gleichstrom-Reihenschlussmotor
Anschlüsse für Rechtslauf	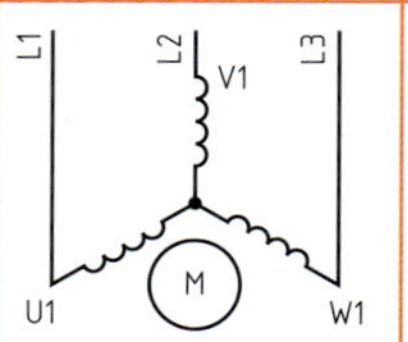	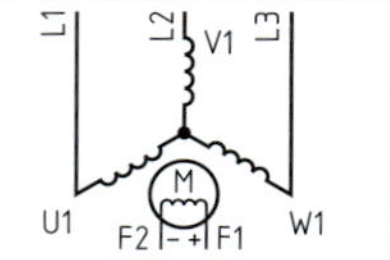 auch mit Dauermagneterregung	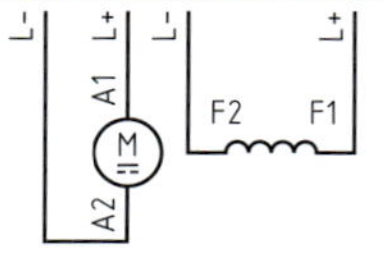 auch mit Dauermagneterregung	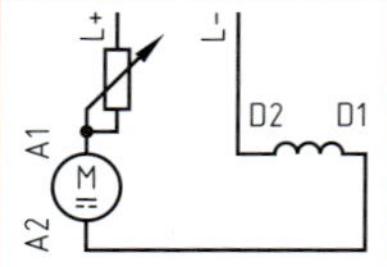 bei Motoren mit Wendepolen B1B2 in Reihe
Lastkennlinie	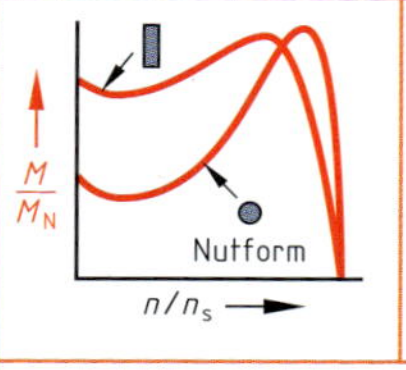	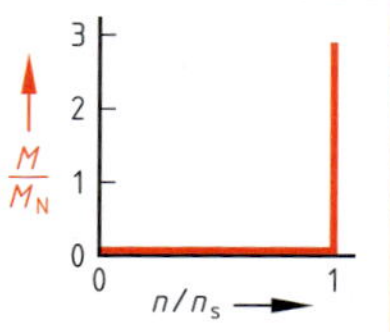	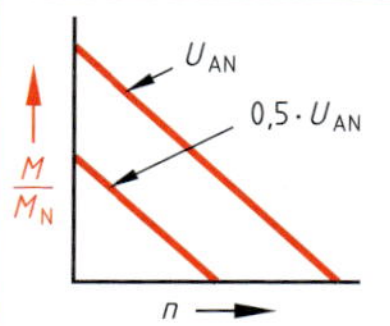	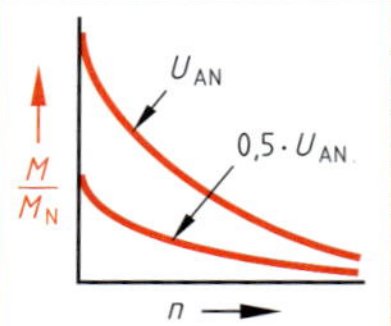
Drehrichtungsumkehr	Durch Vertauschen von zwei Netzleitern, z. B. L1 und L2		Umpolen des Ankerstromkreises	
Schaltungen an den Anschlüssen	bei Sternschaltung 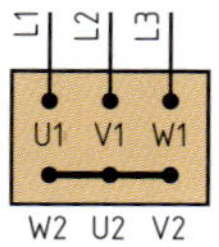 bei Dreieckschaltung 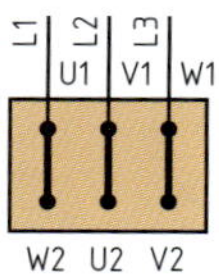	Anschluss des Ständers wie beim Drehstrom-Käfigläufermotor 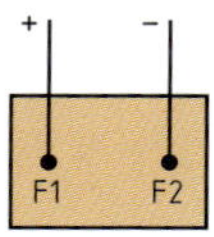	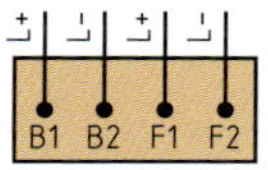 für Rechtslauf 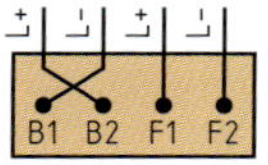 für Linkslauf Bei Motoren ohne Wendepole A statt B	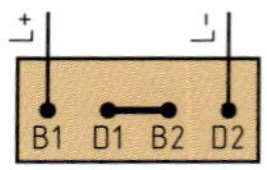 für Rechtslauf 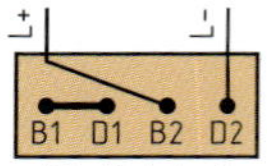 für Linkslauf Bei Motoren ohne Wendepole A statt B
Häufigster Anlauf (Anlassen)	Direktes Einschalten mit Motorstarter, über 4 kW auch Stern-Dreieck-Anlauf	Servomotoren: Anlauf mit zunehmender Frequenz. Sonst mit Anlauf-Käfig wie Käfigläufer	Anlauf mit zunehmender Ankerspannung bei fester Erregung	Anlauf mit zunehmender Spannung
M_A/M_N	0,4 bis 3	Servomotoren: bis 5 sonst mit Anlaufkäfig 0,5 bis 1	Je nach Anlassschaltung bis 2,5	
I_A/I_N	5 bis 8	3 bis 7	Je nach Anlassschaltung bis 2,5	
Steuern der Drehzahl	Frequenzumrichter, Polumschaltung	Durch Steuern der Frequenz durch Umrichter, insbesondere bei Servomotoren.	Durch Steuern der Ankerspannung, z. B. mit Thyristor-Stromrichter. Hohe Drehzahlen durch Feldschwächung.	Durch Steuern der Netzspannung
Drehzahlstellbereich	Bei Polumschaltung bis 1 : 8 sonst bis 1 : 50	Bis 1 : 20000	Ohne Drehzahlregler bis 1 : 10, mit Drehzahlregler bis 1 : 5000	
Elektrisches Bremsen	Nutzbremsung durch Generatorbetrieb; Gegenstrombremsung	Nutzbremsung durch Generatorbetrieb	Nutzbremsung durch Generatorbetrieb, Widerstandsbremsung	Widerstandsbremsung

I_A Anzugsstrom
I_N Bemessungsstrom
M Kraftmoment
M_A Anzugsmoment
M_N Bemessungsmoment
n Umdrehungsfrequenz, Drehzahl
n_S Drehfeldumdrehungsfrequenz, synchrone Drehzahl
U_{AN} Bemessungswert der Ankernennspannung

M

Motorschutz Motor Protection

Schaltungsbeispiele	Auslösekennlinien	Erläuterungen

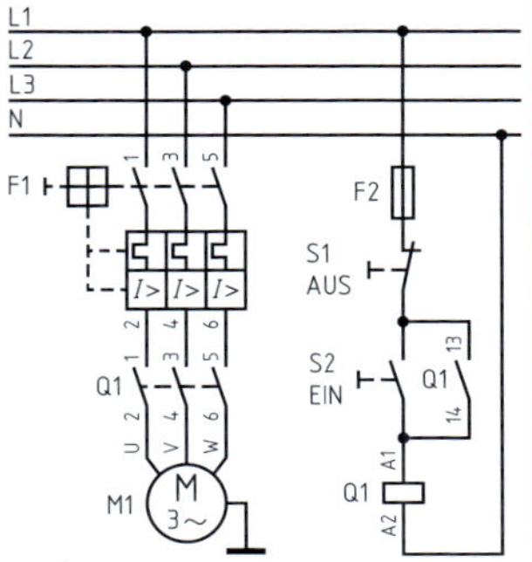

Sicherungsloser Verbraucherabzweig, Leistungsschalter mit thermischem und elektromagnetischem Auslöser (Motorschutzschalter)

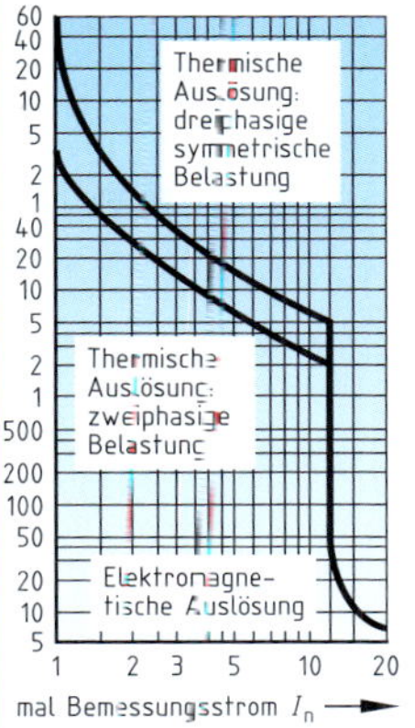

Auslösekennlinie

Leistungsschalter können Kurzschlussströme bis 100 kA abschalten. Deshalb kann bei so gesicherten Motoren auf Schmelzsicherungen verzichtet werden.

Die thermische Auslösung erfolgt stromabhängig verzögert. Der Einstellstrom beträgt $I_E = 0{,}6 \cdot I_N$ bis $1{,}0 \cdot I_N$.

Die elektromagnetische Auslösung spricht bei ca. 12fachem Bemessungsstrom I_N (nicht Einstellstrom) des Leistungsschalters innerhalb von 20 ms an.

Bei unsymmetrischer Belastung erfolgt die thermische Auslösung bis zu 20% unterhalb des Einstellstroms I_E. Deshalb sind bei einphasiger Last alle Kontakte in Reihe zu schalten.

Bei Auslösung wird der Motor allpolig vom Netz getrennt. Deshalb sollte bei Einsatz von Sanftanlaufgeräten besser ein Überlastrelais eingesetzt werden.

Kennlinie bei kaltem Motor. Bei betriebswarmen Motor erfolgt thermische Auslösung in ¼ der Zeit.

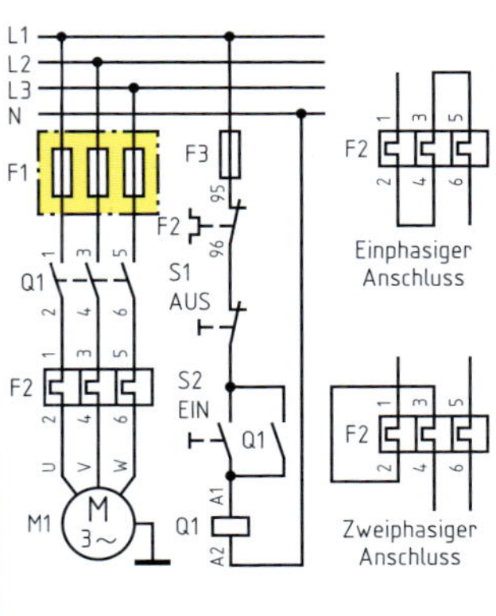

Motorschutz mit thermischem Überlastrelais (F2)

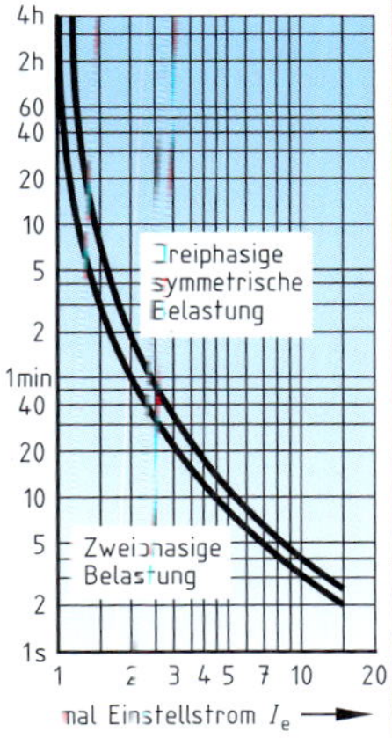

Auslösekennlinie

Thermische Überlastrelais überwachen die Wicklungstemperatur eines Motors indirekt über die Stromaufnahme. Bei Überschreiten des eingestellten Motorstroms um 5 bis 20% wird ein Meldekontakt betätigt.

Bei Ausfall einer Phase erfolgt die Meldung bis zu 20% unterhalb des Einstellstroms I_E. Deshalb müssen auch bei Wechselstrom- und Gleichstrommotoren stets alle drei Strompfade angeschlossen werden.

Überlastrelais verfügen über eine manuell entriegelbare Wiedereinschaltsperre. Diese wird bei Steuerungen mit Dauerkontaktgabe (z. B. Druckwächter, Grenztaster) benötigt.

Thermische Überlastrelais mit Bimetall werden für Einstellströme bis 100 A gefertigt. Bei höheren Strömen werden elektronische Überlastrelais mit Stromwandler (siehe unten) verwendet.

Kennlinie bei kaltem Motor. Bei betriebswarmen Motor erfolgt Auslösung in etwa ¼ der Zeit.

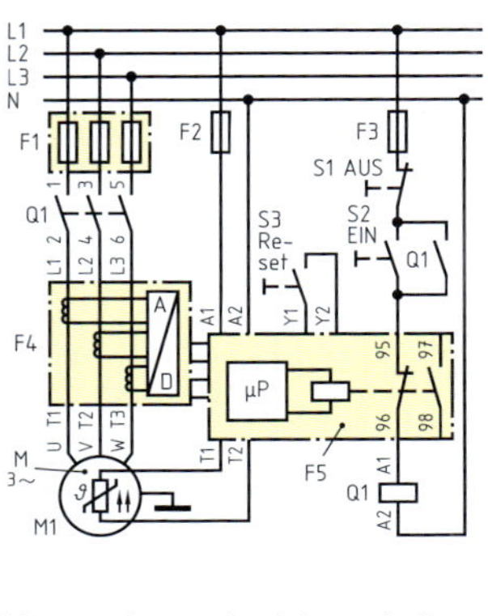

Motorschutz mit elektronischem Überlastrelais (F5)

Die Form der Auslösekennlinie entspricht grundsätzlich der des Überlastrelais.

Verschiedene Auslöseklassen sind wählbar, um auch bei
- Schweranlauf sowie
- Tipp- und Reversierbetrieb

den Motor zu schützen.

Bei symmetrischer dreiphasiger Belastung mit 7,2fachem Einstellstrom aus kaltem Zustand erfolgt die Auslösung:

Auslöseklasse	Auslösezeit
CLASS 5	3 s bis 5 s
CLASS 10	5 s bis 10 s
CLASS 20	10 s bis 20 s
CLASS 30	20 s bis 30 s

Elektronische Überlastrelais überwachen nicht nur den Motorstrom, sondern können direkt die Erwärmung des Ständers mit Hilfe von Kaltleiter-Temperaturfühlern (Thermistorschutz) überwachen. Da es sich um Kaltleiter handelt, wird bei Drahtbruch das Überlastrelais auslösen.

Die Thermistoren schützen bei
- erhöhter Außentemperatur
- verminderter Kühlung
- Lagerverschleiß, Schwergängigkeit.

Die Stromüberwachung schützt bei
- Überlast
- Phasenunsymmetrie oder Phasenausfall
- Überhitzung des Läufers bei blockiertem Motor.

Für den Kurzschlussschutz sind Sicherungen oder Leistungsschalter einzusetzen.

Elektronische Überlastrelais können mit Hilfe von Stromwandlern (F4) Motoren jeder Größe überwachen.

M

Schrittmotoren Stepper motors

Arten, Benennung	Wirkungsweise, Erklärung

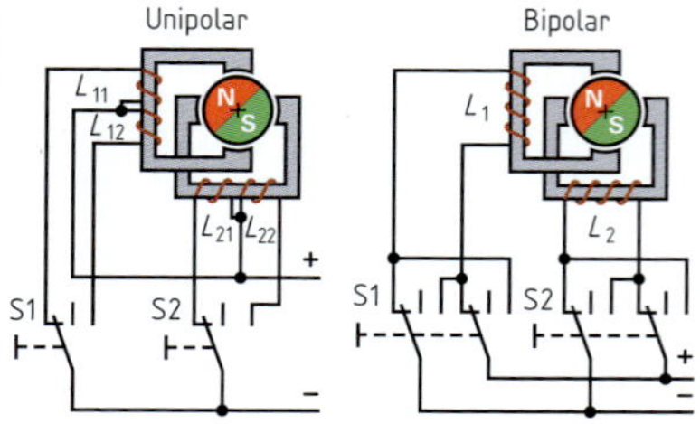

Zweistrang-Schrittmotoren

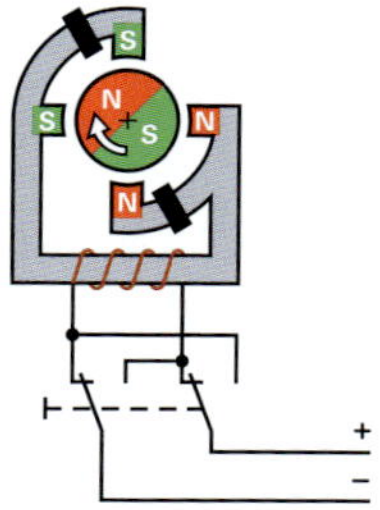

Bipolarer Einstrang-Schrittmotor

Prinzip: Der Dauermagnetläufer dreht sich bei jedem Rechteckimpuls einer Gleichspannung um den Schrittwinkel weiter.

Betrieb: Eine elektronische Ansteuerschaltung liefert die Impulse in der richtigen Reihenfolge.

Arten: Es gibt Einstrang-Schrittmotoren, Zweistrang-Schrittmotoren und Fünfstrang-Schrittmotoren.

Wicklung: Die Wicklung jedes Stranges kann unipolar oder bipolar ausgeführt sein. Bei der unipolaren Form fließt der Strom im Wicklungsstrang in derselben Richtung, bei der bipolaren Form auch in wechselnden Richtungen.

Betriebsarten: Bei Zweistrang-Schrittmotoren werden im Vollschrittbetrieb stets beide Stränge angesteuert (Zweistranganansteuerung). Im Halbschrittbetrieb werden abwechselnd die Einstranganansteuerung und die Zweistranganansteuerung angewendet.

Drehrichtung: Bei Einstrang-Schrittmotoren kann die Drehrichtung wie beim Spaltpolmotor durch Kurzschlussringe im Ständer festgelegt werden, alternativ werden Reluktanzläufer verwendet. Bei den anderen Schrittmotoren wird die Drehrichtung durch die entsprechende Reihenfolge der Stromimpulse festgelegt.

Als Schalter werden Transistoren verwendet.

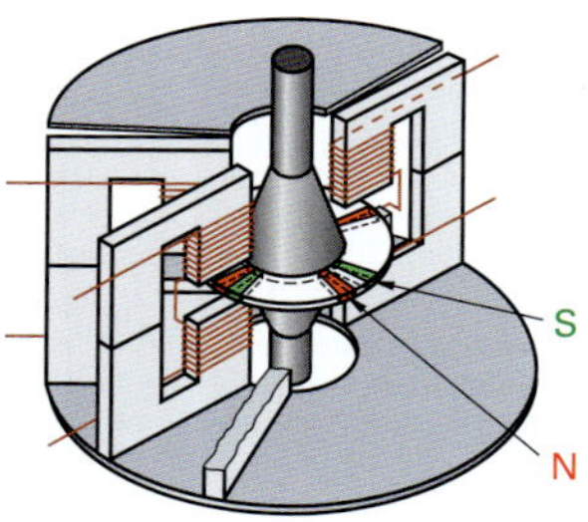

Scheibenmagnet-Schrittmotor

Beim *Scheibenmagnet-Schrittmotor* besteht der Läufer aus einer dünnen Dauermagnetscheibe, auf die viele sektorförmige Pole, z.B. 50 Pole, aufmagnetisiert wurden. Das Trägheitsmoment des Läufers ist wegen seiner kleinen Masse auch klein, sodass ein sehr rasches Hochlaufen möglich ist. Der Ständer besteht aus einer großen Anzahl von Lamellen, die so angeordnet sind, dass im Abstand der Polteilung des Läufers auf jeder Läuferseite abwechselnd Nordpol und Südpol liegen.

Anwendung der Schrittmotoren:

Genaues Positionieren (Erreichen einer vorgegebenen Position) bei Druckern, Plottern, Schreibmaschinen, Büromaschinen, Laufwerken, Festplatten.

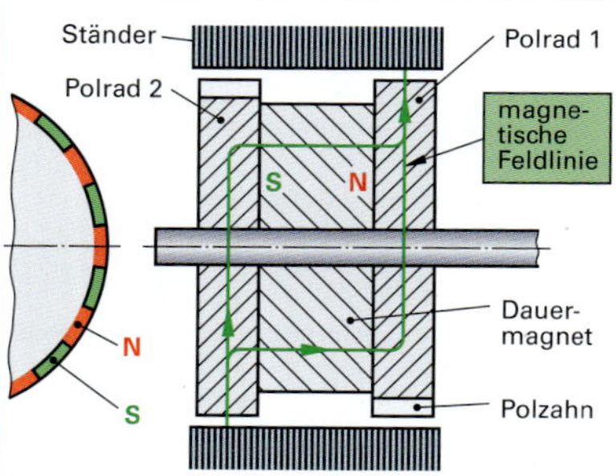

Läufer mit Gleichpolprinzip für Schrittmotor mit kleinem Schrittwinkel

Bei Vollschrittbetrieb:	Bei Halbschrittbetrieb:
$\alpha = \dfrac{360°}{m \cdot 2 \cdot p}$	$\alpha = \dfrac{360°}{2 \cdot m \cdot 2 \cdot p}$
$z_u = m \cdot 2 \cdot p$	$z_u = 2 \cdot m \cdot 2 \cdot p$
$n = \dfrac{f_{sch}}{m \cdot 2 \cdot p}$	$n = \dfrac{f_{sch}}{2 \cdot m \cdot 2 \cdot p}$

Durch eine elektronische Schaltung kann beim Halbschrittbetrieb die Phasenverschiebung in vier Teile geteilt werden, so dass der Vollschritt in acht Mikroschritte geteilt wird (*Mikroschrittbetrieb*).

$2 \cdot p$ Polzahl, f_{sch} Schrittfrequenz, m Strangzahl, n Umdrehungsfrequenz (Drehzahl), z_u Schrittzahl/Umdrehung, α Schrittwinkel.

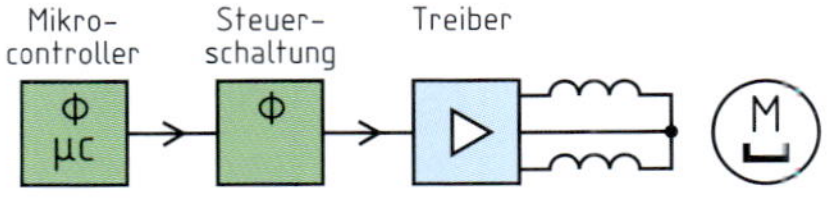

Prinzip einer Schrittmotorsteuerung

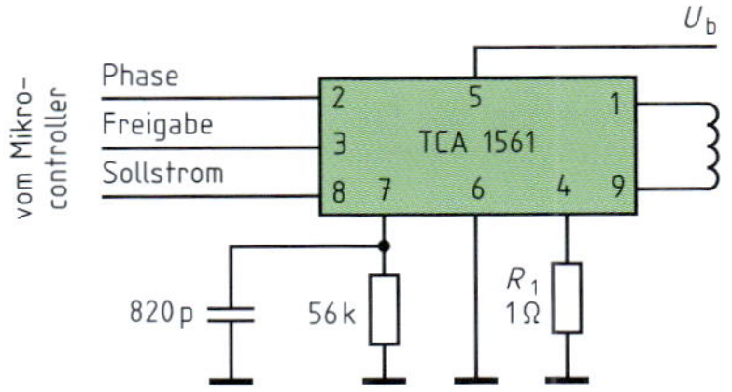

IC-Ansteuerung eines bipolaren Stranges

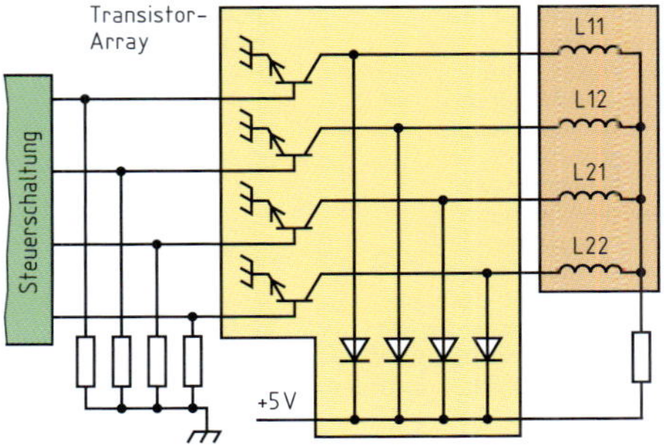

Prinzip einer unipolaren Schrittmotor-Ansteuerschaltung

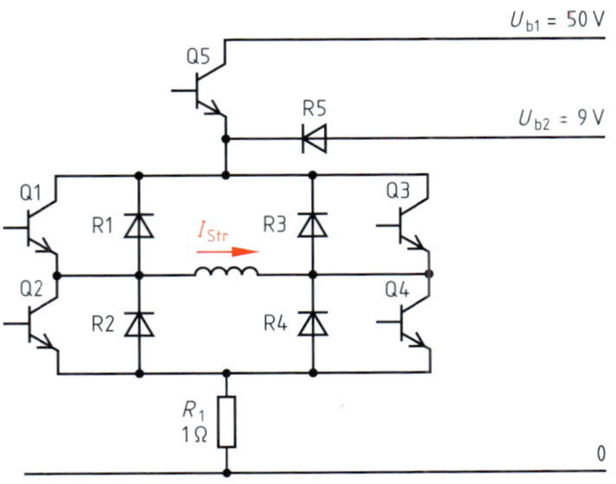

Treiberschaltung mit Hilfsspannung

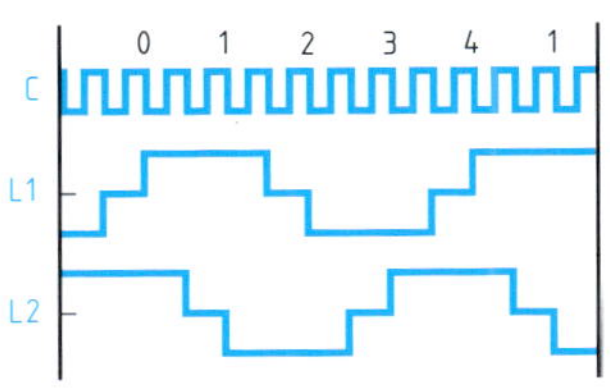

Zeitablaufdiagramm einer bipolaren Zweistrangsteuerung für Halbschrittbetrieb im Rechtslauf

Die Stränge eines Schrittmotors müssen in der richtigen Reihenfolge angesteuert werden, damit sich die gewünschte Drehrichtung einstellt. Schrittmotoren erhalten ihre Spannungen von einer *Treiberschaltung*, die von einer *Steuerschaltung* (Zähler mit nachgeschalteter Logikschaltung) angesteuert wird (**Bild**). Ein *Mikrocontroller* oder ein *Mikroprozessor* liefert die Steuersignale z. B. „Position 0 anfahren", die Richtung und die Anzahl der Impulse einstellen (**Bild**).

Steuerschaltung *und* Treiber können für jeden Strang in einem IC enthalten sein (**Bild**). Der *Sollstrom* kann durch eine Spannung vom Mikrocontroller eingestellt werden. Die Stromrichtung im Strang wird durch die Spannung am Eingang *Phase* festgelegt (**Bild**). Die Pulsfrequenz und damit die Drehzahl des Schrittmotors können durch die RC-Beschaltung eingestellt werden.

Beim unipolaren Zweistrang-Schrittmotor sind vier Transistoren erforderlich (**Bild**), die von einer Steuerschaltung angesteuert werden.

Treiberschaltungen für bipolare Schrittmotoren enthalten oft für jeden Strang vier Transistoren samt Freilaufdioden in einer Brückenschaltung (**Bild**). Werden in Schaltung Bild „Treiberschaltung mit Hilfsspannung" Q1 und Q4 angesteuert, ist der Strangstrom positiv. Werden dagegen Q2 und Q3 angesteuert, ist er negativ. Durch die Hilfsspannung stellt sich der Sollstrom trotz der Induktionsspannung schnell ein (**Bild**). Dabei wird ein Transistor Q5 nur so lange angesteuert, wie der Sollstrom in R1 noch nicht erreicht ist.

Die richtige Taktfolge hängt von der Art des Schrittmotors und von der gewünschten Drehrichtung ab. Für die Zweistrang-Schrittmotoren (vorhergehende Seite) gilt (← Schalterstellung links, → Schalterstellung rechts):

Taktfolge für einen Zweistrang-Schrittmotor			
Schritt-Nr.		Vollschrittbetrieb schwarz Halbschrittbetrieb zusätzl. rot	
⇧ 4 (≙ 0)	⇩ 0 (≙ 4)	←	←
3½	½	←	Mitte
3	1	←	→
2½	1½	Mitte	→
2	2	→	→
1½	2½	→	Mitte
1	3	→	←
½	3½	Mitte	←
0	4	←	←

Das Zeitablaufdiagramm (**Bild**) gibt die idealisierten Spannungen an den Strängen an. Der Strom stellt sich wegen der Induktivität verzögert ein.

Die Start-Stopp-Schrittfrequenz ist meist erheblich kleiner als die maximale Schrittfrequenz. Dies ist bei der Ansteuerung der Schrittmotoren zu beachten. Es gehen sonst Schritte verloren.

Kleinmotoren Small Motors

Gleichspannungs-Kleinmotoren (Small DC Motors)

Aufbau, Benennung	Erläuterung	Typische Daten

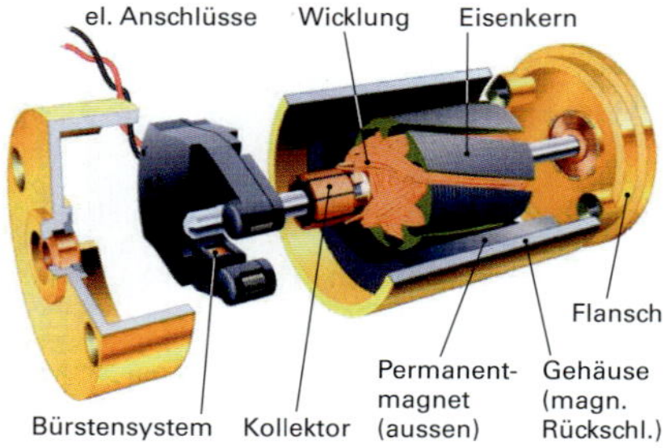

Konventioneller Gleichstrommotor

Konventioneller Gleichstrommotor:
Anker mit Eisenkern bewirkt
- große Schwungmasse
- magnetische Rastmomente
- hohe Überlastbarkeit
- große Induktivität, deshalb Ansteuerung mit PWM problemlos

Konventioneller Gleichstrommotor
d = 30 mm
J = 42 gcm^2
n_{max} = 3000 min^{-1}
M_N = 30 mNm
P_N = 9,5 W
η_{max} = 0,63
τ_{mech} = 7 ms

Anwendungsbeispiel: Türautomation

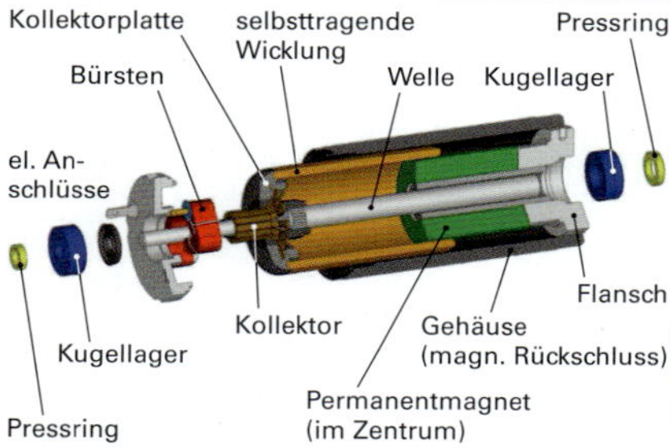

Gleichstrommotor mit Glockenanker

Gleichstrommotor mit Glockenanker:
Glockenanker dreht zwischen Magnet und Motorgehäuse
Eisenloser Anker ohne Rastmomente, deshalb
- geräuscharmer Lauf
- gute Regelbarkeit
- Wirkungsgrad hoch
- kleine Schwungmasse

Kleine Induktivität, deshalb
- hohe Lebensdauer der Bürsten
- bei Ansteuerung mit PWM zusätzliche Induktivität erforderlich

Gleichstrommotor mit Glockenanker:
d = 30 mm
J = 33 gcm^2
n_N = 8000 min^{-1}
M_N = 85 mNm
P_N = 70 W
η_{max} = 0,87
τ_{mech} = 3 ms

Anwendungsbeispiel: Einspritzpumpen

Bürstenlose Motoren, elektronisch kommutierte Kleinmotoren (Brushless Motors, Small EC Motors)

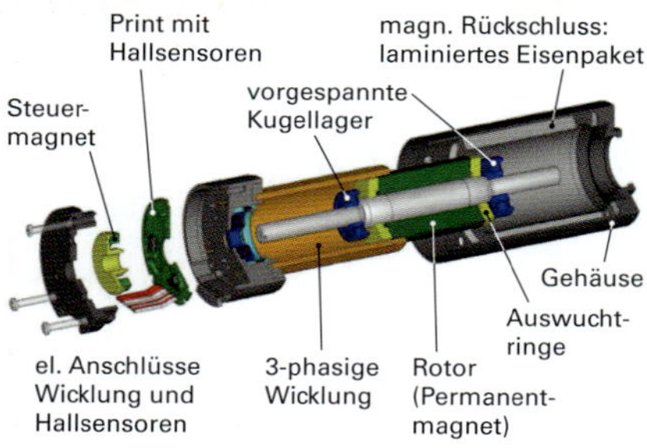

Elektronisch kommutierter Motor (EC-Motor)

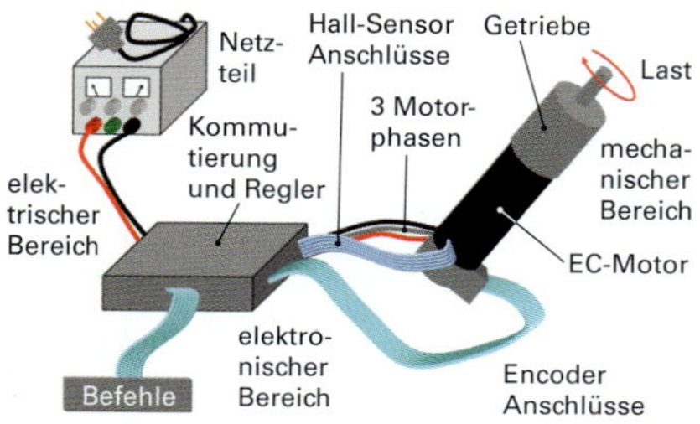

Komponenten eines Antriebssystems für EC-Motoren

Aufbau ähnlich Synchronmotor:
- 3 Phasen im Stator
- Permanentmagneterregter Rotor
- Wicklung in Nuten oder eisenlos.

EC-Motoren können nicht direkt an Gleichspannung angeschlossen werden. Zusammen mit einer elektronischen Kommutierung und Regelung entsteht ein arbeitsfähiger Motor.

Die Lebensdauer der bürstenlosen Motoren wird durch die Lager begrenzt.

Hochleistungsmotoren sind eisenlos gewickelt mit Schrägwicklung (Fa. Faulhaber) oder hexagonaler Wicklung (Fa. Maxon)

Bürstenloser Motor in Hochleistungsausführung
d = 13 mm
J = 0,85 gcm^2
n_N = 74 000 min^{-1}
M_N = 7,8 mNm
P_N = 60 W
η = 0,90
τ_{mech} = 2,1 ms

Anwendungsbeispiel: Zahnarztbohrer

M

Piezo-Motoren Piezo motors

Linearantriebe

Antriebsart	Aufbau, Wirkungsweise	Erklärungen, Anwendung

Stehende Wellen

Feder

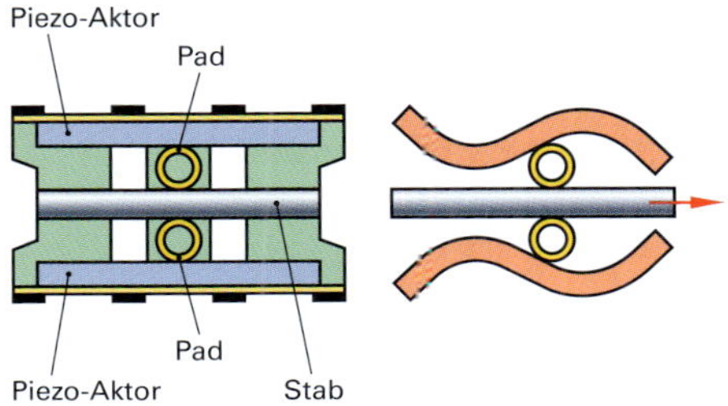

Zwei durch Federkraft vorgespannte Piezo-Aktoren bewegen durch Ausbildung von mechanischen stehenden Wellen einen Stab. Die Pads (Polster) verhindern größeren Abrieb.
v = 50–100 mm/s, Haltekraft 0,3 N bis 4 N, U_b = 3,3 V bis 5 V.

Piezo-Legs

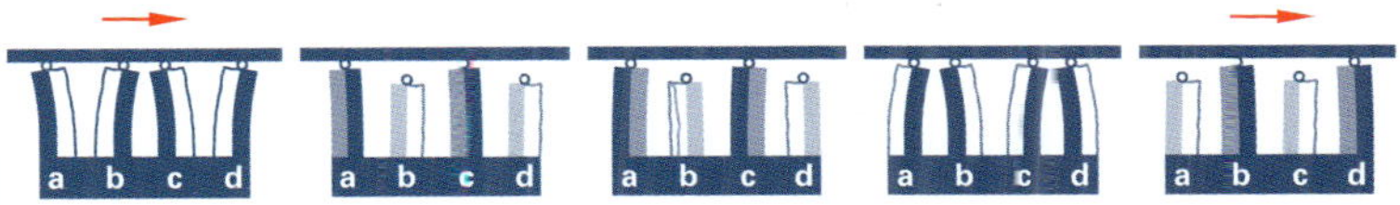

Motorelemente

Mehrere gekoppelte Piezo-Legs (Beine) bewegen durch Zusammenziehen 1 , Biegen 2 , Dehnen 3 und Biegen 4 einen Stab. Bewegungsprinzip der Raupe (Inchworm) v_{max} = 15 mm/s, Haltekraft 12 N, U_b = 0 V bis 42 V.

Roatorische Antriebe

Wanderwellen

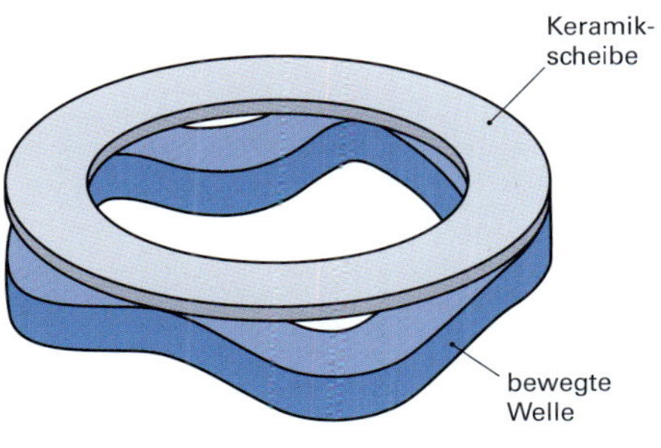

Im Stator wird durch geeignete Anregung zweier gleichartiger, räumlich versetzter Schwingungsformen, die Überlagerung zweier stehender Wellen zu einer umlaufenden Keramikscheibe mit Welle.
Kraftmoment bis 2 Nm, n_{max} bis 100 $^1/_{min}$.

mechatronic.tu-ilmenau.de

Piezo-Legs

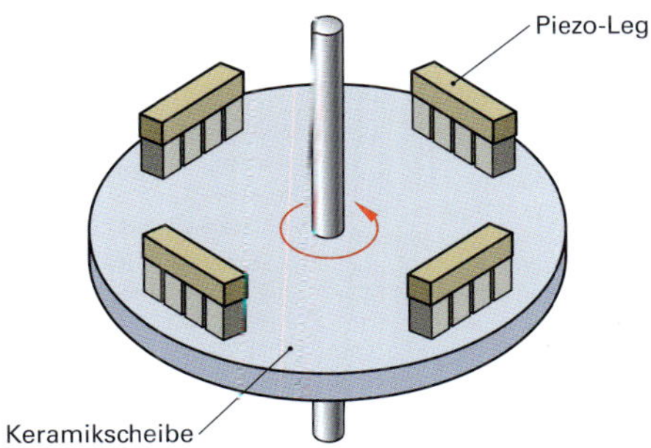

Es sind z. B. vier Motorelemente um 90° versetzt angeordnet. Diese treiben einen Keramikring an, der die Drehbewegung erzeugt.
n_{max} = 13,5 $^1/_{min}$, Auflösung < 1 µrad, Haltemoment > 90 mNm, U_b = 0 V bis 42 V.

www.faulhaber.de

n Umdrehungsfrequenz

M

Servomotoren Servo drives

Benennungen, Aufbauten	Besonderheiten	typische Kenngrößen	Anwendungen
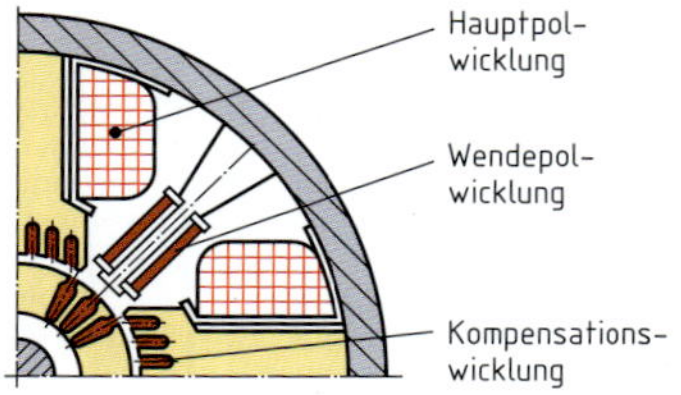 **DC-Servomotor**	Der Anker hat einen kleinen Durchmesser, dafür eine größere Baulänge. Der Motor besitzt eine *Kompensationswicklung* und eine *Wendepolwicklung* und ist dadurch stoßweise belastbar.	M_n = 7 Nm n_0 = 6000/min J = $2 \cdot 10^{-3}$ kgm² τ_{mech} = 24 ms (ohne Zusatz-J) τ_{el} = 10 ms 4 Pole	Für Vorschubantriebe an Werkzeugmaschinen, meist in Verbindung mit einem Untersetzungsgetriebe (typisch 4 : 1). Zusätzlich ist ein Lüfter erforderlich.
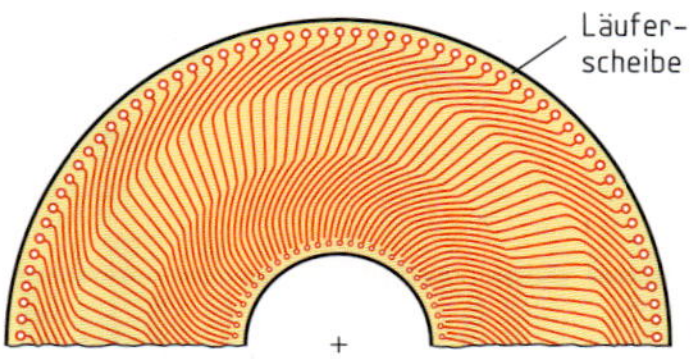 **DC-Scheibenläufer**	Der Anker besteht aus einer eisenlosen, ganz flachen Wicklung in Form einer Scheibe. Der Motor hat daher ein besonders kleines Trägheitsmoment und eine kleine Masse.	M_n = 5 Nm n_0 = 5000/min J = $0{,}8 \cdot 10^{-3}$ kgm² τ_{mech} = 7 ms (ohne Zusatz-J) τ_{el} = 0,5 ms 10 Pole	Für Achsantriebe an Robotern in Verbindung mit Untersetzungsgetriebe (typisch 80 : 1). Für Stellantriebe, für Ventile.
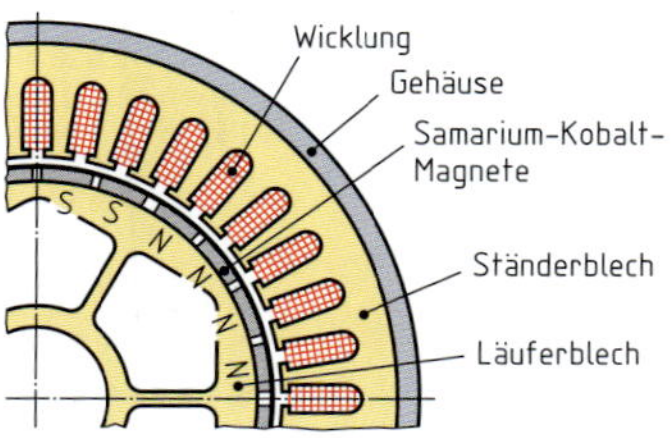 **AC-Servomotor (Synchronprinzip)**	Der Läufer ist z.T. hohl und hat am Umfang Samarium-Kobalt-Permanentmagnete. Ständerwicklung ist eine Drehstromwicklung. Drehlage des Läufers wird über Feldplattensensoren erfasst.	M_n = 14 Nm n_0 = 2000/min J = $4 \cdot 10^{-3}$ kgm² τ_{mech} = 2 ms τ_{el} = 10 ms 6 Pole	Für besonders reaktionsschnelle Vorschubantriebe und Roboterantriebe in Verbindung mit Getrieben. Die mechanische Zeitkonstante erhöht sich durch Zusatzträgheitsmomente nur wenig.
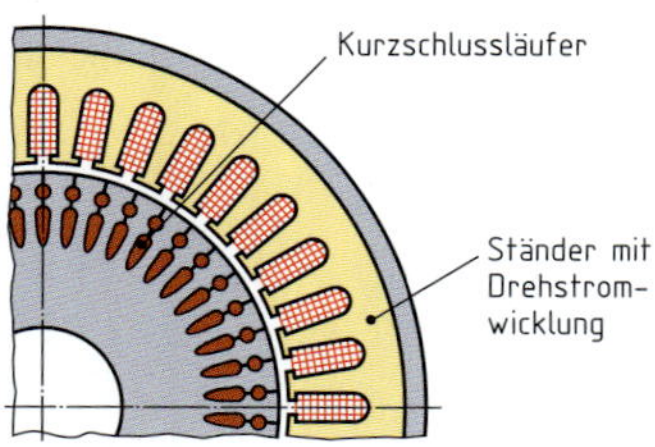 **AC-Servomotor (Asynchronprinzip)**	Der Aufbau entspricht dem gewöhnlichen Drehstromasynchronmotor. Die Stromversorgung erfolgt mit einem Drehstrom-Netzteil unter Einbeziehung der Läuferdrehlage (Vektorregelung).	M_n = 70 Nm n_{max} = 2000/min n_n = 1500/min J = $50 \cdot 10^{-3}$ kgm² τ_{mech} = 10 ms (ohne Zusatz-J)	Für reaktionsschnelle Antriebe an großen Werkzeugmaschinen; auch als Hauptantriebe.
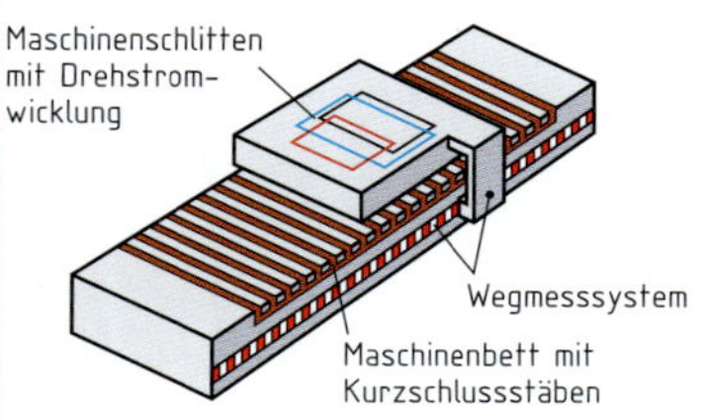 **AC-Linearmotor**	AC-Linearantriebe enthalten eine 3-Phasen-Wicklung im beweglichen Primärteil und Kurzschlussstäbe im ortsfesten Sekundärteil (Asynchronprinzip) oder Dauermagnetstreifen (Synchronprinzip). Die Krafterzeugung entspricht dem AC-Servomotor.	F = 100 N Primärteilmasse: 19 kg Sekundärteilmasse: 41 kg Kühlung: Flüssigkeitskühlung Messsystem: inkrementeller optischer oder magnetischer Linearmaßstab	Linearantriebe werden als hochdynamische Vorschubantriebe eingesetzt. In der Lageregelung K_v-Faktoren (Verhältnis Geschwindigkeit zu Lageregeldifferenz) bis 500 1/s.

F Kraft, K_v-Faktor, M_n Motorbemessungsmoment, n_0 Leerlaufumdrehungsfrequenz (Leerlaufdrehzahl), J Trägheitsmoment, τ_{mech} mechanische Zeitkonstante (nach dieser Zeit erreicht der Motor 63% der gewählten Umdrehungsfrequenz), τ_{el} elektrische Zeitkonstante.

M

Elektropneumatik Electrical pneumatic

Begriff	Erklärung, Ansicht	Bemerkungen, Beispiele
Elektro-pneumatik	Unter Elektropneumatik versteht man die Realisierung von Steuerungen und Regelungen, z. B. in Maschinenanlagen, bei welchen die Steuerlogik meist elektrisch, z. B. mit einer SPS, umgesetzt wird und bei der Aktorik unter anderem Druckluft (griech. pneumus = Luft) als Enegieträger für Arbeitsprozesse verwendet wird. Bei rein pneumatischen Steuerungen wird die für einen Prozess notwendige Steuerlogik mit pneumatischen Ventilen verwirklicht	Der Vorteil einer SPS-gesteuerten elektropneumatischen Anlage liegt darin, dass der Hardwareumfang der Anlage reduziert ist und dass Änderungen der Steuerlogik am Computer durchgeführt werden können. Ein Eingriff in die Mechanik der Anlage ist somit gering oder gar nicht notwendig, z. B. beim Ändern von Zeitverzögerungen. Die Druckluft wird von einem Kompressor erzeugt. Die pneumatischen Ventile leiten sie je nach Schaltstellung zu den verschiedenen Aktoren.
Pneumatische Ventile	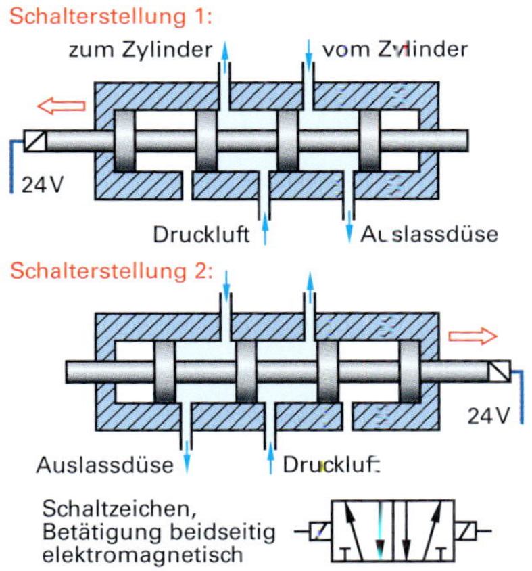 **5/2-Wegeventil (Impulsventil)**	Man unterscheidet vier Arten von Ventilen: • Wegeventile leiten den Luftstrom zu verschiedenen Aktoren oder sperren ihn. Dabei kann das Wegeventil verschiedene Schaltstellungen einnehmen. Z. B. hat ein 5/2-Wege-Ventil 5 Anschlüsse und die 2 Schaltstellungen a und b. • Sperrventile geben den Luftstrom in eine Richtung frei und sperren ihn in entgegengesetzter Richtung, • Stromventile steuern die Luftmenge, die einem pneumatischen Aktor zugeführt wird, • Druckventile regeln den Luftdruck, der einem pneumatischen Aktor zugeführt wird. Je nach Art regeln sie den Ausgangsluftdruck (Druckregelventil), entlüften bei Überdruck (Druckbegrenzungsventil) oder geben den Luftweg erst ab einem Mindestdruck frei (Zuschaltventil). Das Schalten von Ventilen erfolgt elektromechanisch, pneumatisch, mechanisch oder elektromechanisch.
Pneumatische Aktoren	doppelt wirkender pneumatischer Zylinder 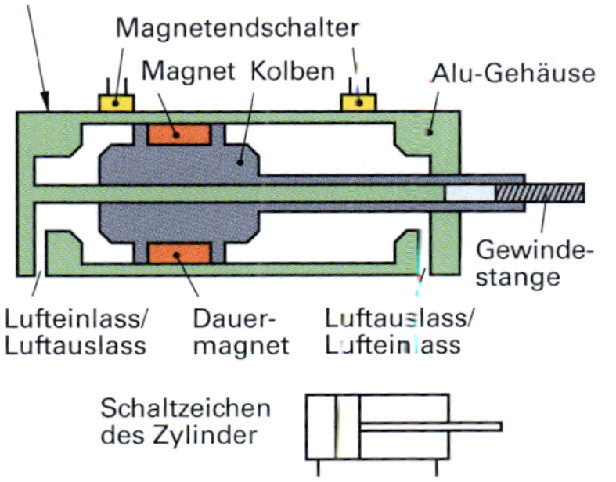	Die wichtigsten pneumatischen Aktoren sind pneumatische Zylinder. Der doppelt wirkende pneumatische Zylinder wird mit Luftdruck ausgefahren und mit Luftdruck eingefahren. Zum Umschalten der Luftwege wird z. B. ein 5/2-Wegeventil benutzt. Einfach wirkende pneumatische Zylinder werden z. B. mit Luftdruck ausgefahren und mit einer Rückstellfeder wieder eingefahren. Da sich im Kolben eines Zylinders Dauermagnete befinden, kann der Steuerung über Magnetschalter das Erreichen der Endpositionen rückgemeldet werden. Weitere pneumatische Aktoren sind Sauggreifer. Ein an den Sauggreifer angeschlossener Vakuumschalter sorgt für Unterdruck. Sauggreifer nehmen z. B. Werkstücke auf und platzieren sie an einem andern Ort.

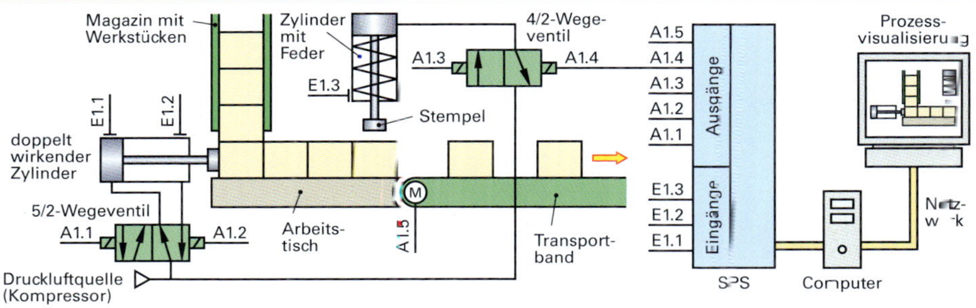

Elektropneumatisch gesteuerte Stempelanlage

M

Aufbau pneumatischer Schaltpläne

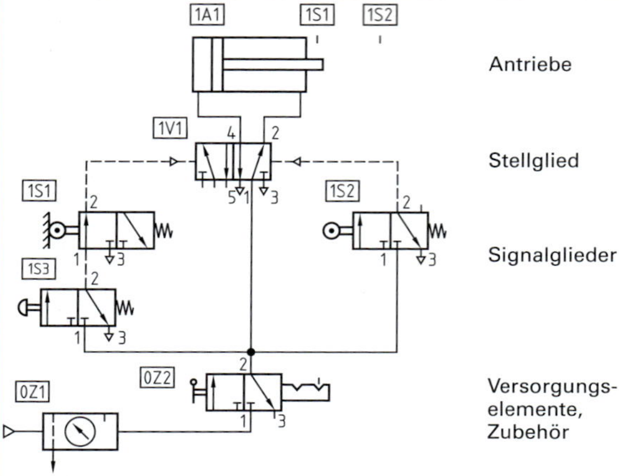

Kennbuchstaben für Bauteile

A: Antriebe, Aktoren (Zylinder)
M: Elektromotoren, Ventilspulen
P: Pumpen, Kompressoren
S: Signalgeber
V: Ventile
Z: Versorgungselemente, Zubehör, Sonstiges

Pneumatische Wegeventile (Schaltzeichen)

Aufbau der Schaltzeichen	
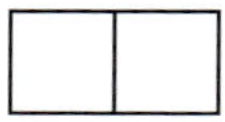	Für jede Schaltstellung ein Rechteck (2 Stellungen)
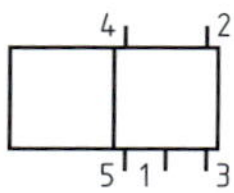	Anschlüsse in Ruhestellung gezeichnet (5 Anschlüsse)
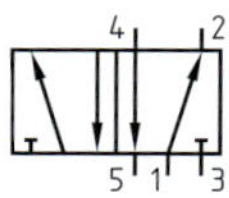	Im Rechteck schematisch dargestellte Strömungswege (5/2-Wegeventil)
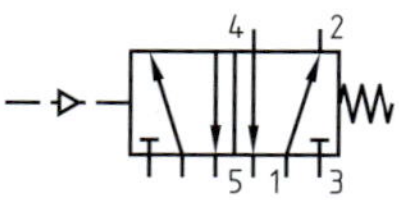	Beidseitig der Rechtecke die Betätigungen (pneumatisch betätigtes 5/2-Wegeventil mit Federrückstellung)
Beispiele für Schaltzeichen	
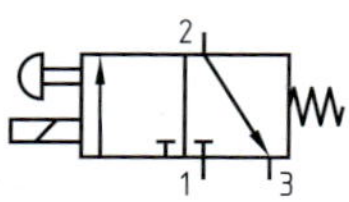	3/2-Wegeventil, elektromagnetisch betätigt, mit Federrückstellung, zusätzliche Handbetätigung
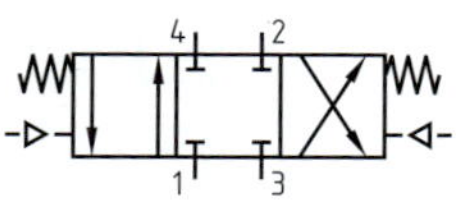	4/3-Wegeventil, beidseitig pneumatisch betätigt, mit Federzentrierung
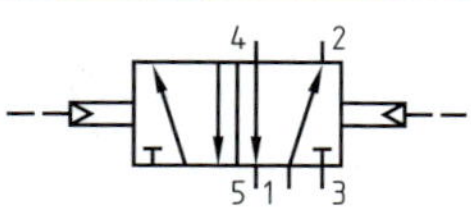	5/2-Wegeventil, beidseitig pneumatisch betätigt mit Vorsteuerstufe (Impulsventil)

Betätigungen	
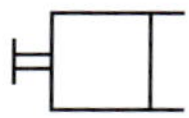	Manuelle Betätigung, allgemein
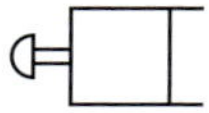	Druckknopf
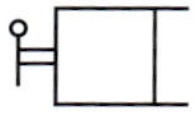	Hebel
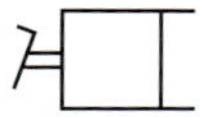	Pedal
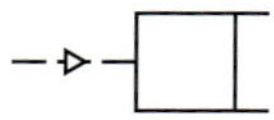	Druckluft
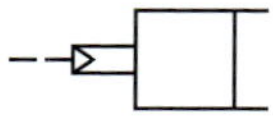	Druckluft, indirekt über Vorsteuerstufe
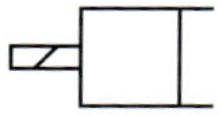	Elektromagnet
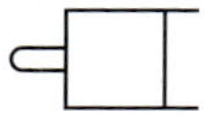	Stößel
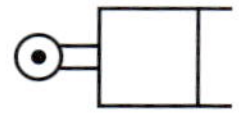	Rollenstößel
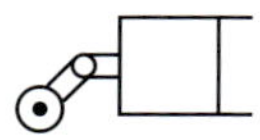	Rollenhebel, nur eine Richtung
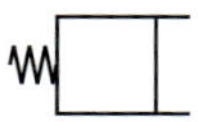	Feder
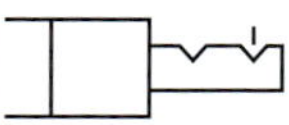	Raste

M

Übertragung und Verarbeitung von Signalen

Akustische Begriffe und Größen   Acoustical terms and quantities

Begriffe	Erklärungen, Formeln	Werte, Bemerkungen

Schall

Schall entsteht durch gerichtete mechanische Schwingungen von Molekülen im Frequenzbereich des menschlichen Hörens (16 Hz bis 20 kHz). Die mechanischen Schwingungen breiten sich in Luft, Flüssigkeiten und festen Körpern als Schallwellen durch Verdichtungen und Verdünnungen aus.

Frequenzbereiche	Schallarten
$f < 16\,\text{Hz}$	Infraschall
$f = 16\,\text{Hz}$ bis $20\,\text{kHz}$	Hörschall
$f > 20\,\text{kHz}$	Ultraschall

Schallgeschwindigkeit

Die **Schallgeschwindigkeit** c ist die Fortpflanzungsgeschwindigkeit der Schallwellen (Einheit: m/s). Sie hängt von den elastischen Eigenschaften und der Dichte des Stoffes ab, in dem sich der Schall ausbreitet.

$$c = \sqrt{\frac{E_{St}}{\varrho}} \qquad [E] = \frac{\text{N}}{\text{m}^2} \qquad [\varrho] = \frac{\text{kg}}{\text{m}^3}$$

Stoffe	c (in m/s)
Luft	340
Wasser	1484
Buchenholz	3400
Stahlbeton	3900
Stahl	5000

Schalldruck/Schallpegel

Der **Schalldruck** p ist der Effektivwert des durch Schallschwingungen hervorgerufenen Wechseldrucks (Einheit: Pa (1 Pa = 1 N/m²)).
Der **Schalldruckpegel** L_p ist das logarithmierte Verhältnis des Schalldruckwertes zum Bezugsschalldruck $p_0 = 20\,\mu\text{Pa}$.

$$L_p = 20 \cdot \lg \frac{p}{p_0}\,\text{dB}$$

Schallquellen	p (in mPa)	L_p (in dB)
Hörschwelle	0,02	0
Normale Sprache	0,2	30
Zimmerlautstärke	6,4	50
Verkehrslärm	64	70
Presslufthammer	600	90
Schmerzgrenze	62 000	130

Schallintensität/Schallintensitätspegel

Die **Schallintensität** I ist die Schall-Leistung P, die durch eine Fläche A von 1 m² senkrecht zur Ausbreitungsrichtung der Schallwellen hindurchtritt (Einheit: W/m²).
Der **Schallintensitätspegel** L_I ist das logarithmierte Verhältnis des Schallintensitätswertes zur Bezugsschallintensität $I_0 = 1\,\text{pW/m}^2$.

$$I = \frac{P}{A} \qquad L_I = 10 \cdot \lg \frac{I}{I_0}\,\text{dB}$$

Die Schall-Leistung P ergibt sich als Quotient aus der Schallenergie W und der Zeit t

$$P = \frac{W}{t}$$

Schallquellen	P
Normale Sprache	7 mW
Musik	100 mW
Autohupe	1 W
Sirene	800 W

Ü

Lautstärke/Lautstärkepegel

Die **Lautstärke** gibt den Empfindungsgrad für Töne verschiedener Frequenz im Verhältnis zu einem gleich lauten Ton mit der Frequenz 1000 Hz an.
Ein Maß für die Lautstärke ist der *bewertete Schalldruckpegel* dB(A) (siehe Seite „Lautstärkemessung“).
Der **Lautstärkepegel** L_N ist das logarithmierte Verhältnis des von der jeweiligen Lautstärke bewirkten Schalldrucks zum Bezugsschalldruck $p_0 = 20\,\mu\text{Pa}$ (Einheit: phon)

$$L_N = 20 \cdot \lg \frac{p}{p_0}\,\text{phon}$$

Der Lautstärkepegel eines beliebigen Schalleindrucks beträgt x phon, wenn von einem menschlichen Hörer der Schall als gleich laut wahrgenommen wird, wie ein Ton mit $f = 1\,\text{kHz}$, dessen Schalldruckpegel x dB beträgt.

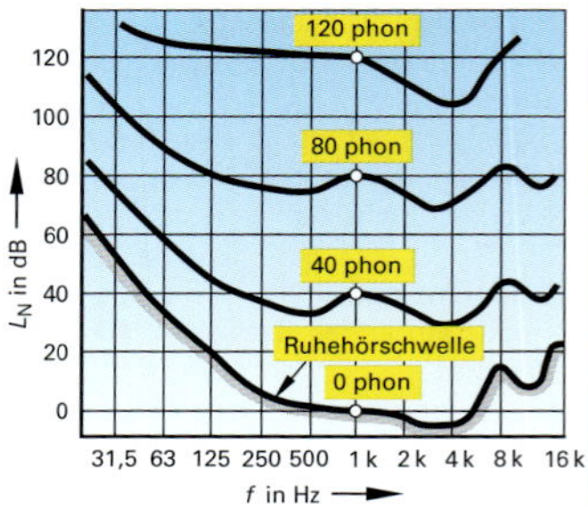

Empfindlichkeitskurve des menschlichen Ohrs

Lautheit

Die **Lautheit** L_S ist ein Maß für die Lautstärkeempfindung des Menschen. Sie ist dem bewerteten Schalldruckpegel dB(A) verhältnisgleich (Einheit: sone). Nach internationaler Festlegung entspricht einem Schalldruckpegel von 40 db(A) eine Lautheit von 1 sone.

Ein Lautstärkeunterschied von 10 dB wird als doppelt bzw. halb so laut empfunden. Die Erhöhung der Lautstärke um 3 dB führt zur Verdopplung des Schalldrucks.

---

c	Schallgeschwindigkeit	E	Schallenergie	L_p	Schalldruckpegel
f	Frequenz	E_{St}	Elastizitätsmodul	L_S	Lautheit
p	Schalldruck	I	Schallintensität	P	Schall-Leistung
p_0	Bezugsschalldruck	I_0	Bezugsschallintensität	W	Schallenergie
t	Zeit	L_I	Schallintensitätspegel	λ	Wellenlänge
A	Fläche	L_N	Lautstärkepegel	ϱ	Dichte

Lautstärkemessung, Raumakustik   Loudness measurement, acoustics of rooms

Begriffe	Erklärungen, Formeln	Werte, Bemerkungen

Lautstärkemessung

Messverfahren

Die Grundgröße für die meisten akustischen Messungen ist der Schalldruckpegel. Es wird mit dem Schallpegelmesser gemessen.

Schallpegelmesser bewerten die Schalldruckpegel nach Frequenz und Zeit.

Frequenzbewertung

Schallpegelmesser (DIN 651) sind mit Bewertungsnetzwerken ausgerüstet, gekennzeichneit mit A, B, C und D. Sie können wahlweise nach Intensität und Art des Schalles eingeschaltet werden. Der meist angewendete A-Pegel entspricht annähernd dem Lautstärkepegel.

- Bewertung A bei normalen Geräuschen.
- Bewertung B bei Schalldruckpegeln > 60 dB(A).
- Bewertung C bei Schalldruckpegeln > 90 dB(A).
- Bewertung D bei Berücksichtigung eines Wahrnehmungsgeräuschpegels von 7 dB.

Der bewertete Schalldruckpegel L_A ergibt sich aus dem Schalldruckpegel L_p und einem Bewertungsfaktor s_A.

$$L_A = L_p + s_A$$

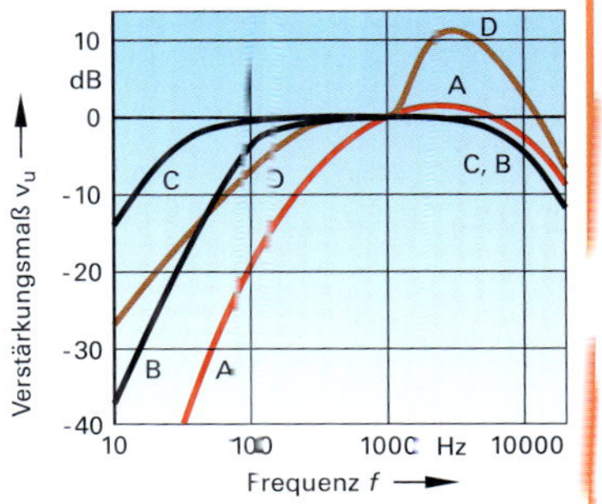

Zeitbewertung

Die Zeitbewertungen S, F und I unterscheiden sich durch die Einstellgeschwindigkeit der Anzeige (Einschwingzeit τ).

- Zeitbewertung S: Bestimmung des Effektivwertes
- Zeitbewertung F: Bestimmung des Effektivwertes bei schwankenden Pegeln
- Zeitbewertung I: Erfassung schnell veränderlicher Schallereignisse.

Zeitbewertungen	Einschwingzeiten
S (von slow = langsam)	τ = 1 s
F (von fast = schnell)	τ = 125 ms
I (von impulse = Impuls)	τ_{ein} = 33 ms τ_{aus} = 1,5 s

Raumakustik

Raumakustische Gestaltung

Ein Raum muss durch geeignete Formung der Raumbegrenzung und/oder durch schallschluckende Verkleidung der Raumbegrenzungsflächen so gestaltet werden, dass ein möglichst gleichmäßiges Schallfeld entsteht.

In geschlossenen Räumen werden Schallwellen von den Raumbegrenzungsflächen reflektiert. Als *Nachhallzeit* ist die Zeit definiert, die vom Abschalten der Schallquelle an verstreicht, bis der Schalldruckpegel um 60 dB gesunken ist.

Die Nachhallzeit t ist vom Raumvolumen V und der äquivalenten Absorptionsfläche A abhängig.

$$t = \frac{0{,}163}{\text{m}} \cdot \frac{V}{A}\ \text{s}$$

Die äquivalente Absorptionsfläche A ergibt sich als Summe aus den Schallabsorptionsgraden α_n und den Teilflächen A_n.

$$A = \alpha_1 \cdot A_1 + \alpha_2 \cdot A_2 + \ldots + \alpha_n \cdot A_n$$

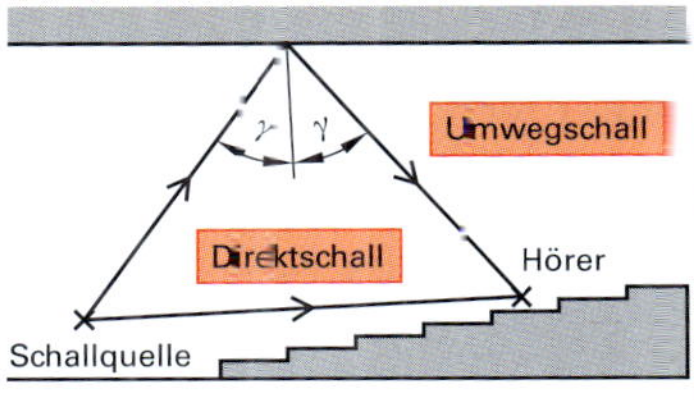

Schallausbreitung in einem Raum

Werkstoffe	Schallabsorptionsgrade α bei 512 Hz
Ziegelmauer, verputzt	0,032
Parkettfußboden	0,06
Filzmatte, 15 mm	0,38
Vorhang, dick u. faltig	0,40

Maßnahmen gegen Lärm

- Minderung von Schallentstehung und Schallabstrahlung durch konstruktive Gestaltung.
- Minderung der Schallausbreitung durch Baumaßnahmen.
- Minderung der Schalleinwirkung durch Gehörschutz.

Zulässiger Lärmpegel

- bis 55 dB(A) bei überwiegend geistiger Tätigkeit
- bis 70 dB(A) bei mechanischen Tätigkeiten z. B. im Büro
- bis 85 dB(A) bei sonstigen Tätigkeiten

A Äquivalente Absorptionsfläche
A_n Teilflächen
L_A Bewerteter Schalldruckpegel,
L_p Schalldruckpegel
V Raumvolumen
s_A Bewertungsfaktor
t Nachhallzeit
α_n Schallabsorptionsgrad
τ Einschwingzeit

Ü

Kenngrößen von Mikrofonen und Lautsprechern
Characteristics of microphones and loudspeakers

Begriffe	Erklärungen	Beispiele, Bemerkungen
Mikrofone		
Bemessungsabschlussimpedanz Z_n	Scheinwiderstand, mit dem das Mikrofon belastet werden soll.	≙ Eingangswiderstand des Verstärkers
Übertragungskoeffizient T $T = \frac{U}{p}$	Verhältnis zwischen der Wechselspannung am Ausgang eines Mikrofons und dem Schalldruck, der auf das Mikrofon einwirkt, wird meist für eine Frequenz von 1000 Hz angegeben.	$[T] = \frac{\text{V}}{\text{Pa}} = \frac{\text{Vm}^2}{\text{N}}$ $T = \frac{U}{p} = \frac{4\ \text{mV}}{2\ \text{Pa}} = 2\ \frac{\text{mV}}{\text{Pa}}$
Übertragungsmaß g $g = 20\lg\frac{T}{T_0}$ in [dB]	20-facher Zehnerlogarithmus des Verhältnisses eines Übertragungskoeffizienten T zu einem Bezugsübertragungskoeffizienten T_0 von $1\ \frac{\text{V}}{\text{Pa}}$	$g = 20\lg\frac{T}{T_0} = 20\lg\frac{2\cdot 10^{-3}}{1}$ $= -54\ \text{dB}$
Richtungsfaktor $\frac{U}{U_V}$ Richtungsmaß D $D = 20\lg\frac{U}{U_V}$ dB	Verhältnis der unter einem Winkel α zur Bezugsachse vom Mikrofon erzeugten Spannung U zu der in der Vorzugsrichtung (Bezugsrichtung) erzeugten Spannung U_V. 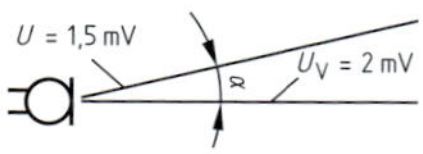 **Bestimmung des Richtungsfaktors**	$\frac{U}{U_V} = \frac{1{,}5\ \text{mV}}{2\ \text{mV}} = 0{,}75$ $D = 20\lg\frac{U}{U_V}$ $= 20\lg 0{,}75$ $D = -2{,}5\ \text{dB}$
Richtcharakteristik	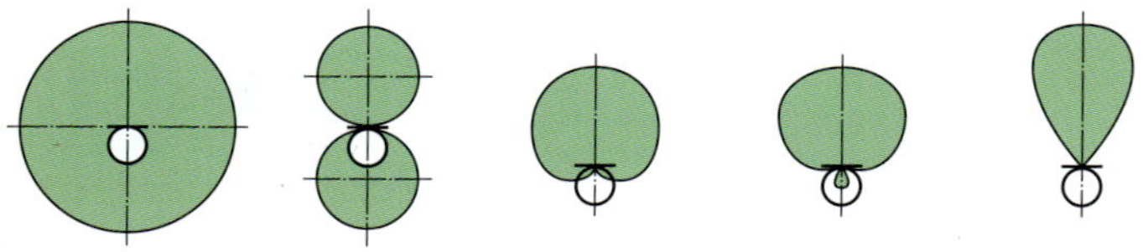 Kugelform, Achterform, Nierenform, Super-Kardiode, Keulenform	
Lautsprecher		
Bemessungsbelastbarkeit P_n	Maximale Leistung, die im Dauerbetrieb nicht überschritten werden darf. Oft wird die Belastbarkeit für die Aussteuerung mit einer Sinusspannung von z. B. 1 kHz angegeben.	Bei Musikwiedergabe kann etwa bis zum doppelten Wert der Bemessungsbelastbarkeit ausgesteuert werden.
Impulsbelastbarkeit P_k	Maximale Leistung, die bei Aussteuerung mit getasteten Sinusspannungen nicht überschritten werden darf.	Überschreiten von P_k kann den Lautsprecher mechanisch beschädigen.
Übertragungskoeffizient T $T = p/U$	Der Schalldruck p wird bei einer bestimmten Frequenz z. B. 1 kHz im Abstand von 1 m gemessen.	$[T] = \frac{\text{Pa}}{\text{V}}$ Umrechnung: $1\ \frac{\text{Pa}}{\text{V}} = 1\ \frac{\text{N}}{\text{m}^2\text{V}} \approx 10\ \frac{\mu\text{bar}}{\text{V}}$
Übertragungsmaß g $g = 20\lg\frac{T}{T_0}$ dB	20-facher Zehnerlogarithmus des Übertragungskoeffizienten T zu dem Bezugsübertragungskoeffizienten $T_0 = 1\ \frac{\text{Pa}}{\text{V}}$ 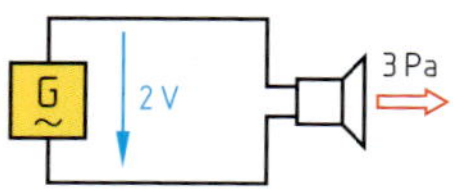 **Zusammenhang von Wechselspannung und Schalldruck**	$T = \frac{p}{u} = \frac{3\ \text{Pa}}{2\ \text{V}} = 1{,}5\ \text{Pa/V}$ $g = 20\lg\frac{T}{T_0}$ $= 20\lg\frac{1{,}5\ \text{Pa/V}}{1\ \text{Pa/V}}$ dB $= 3{,}5\ \text{dB}$

- D Richtungsmaß
- T_0 Bezugsübertragungskoeffizient
- Z_n Nennabschlussimpedanz
- p Schalldruck
- g Übertragungsmaß
- U Spannung
- P_n Bemessungsbelastbarkeit
- T_0 Bezugsübertragungskoeffizient
- T Übertragungskoeffizient
- Z Impedanz
- P_k Impulsbelastbarkeit.

Ü

Mikrofonarten   Types of microphones

Bauformen	Wirkungsweise	Eigenschaften	Anwendungen
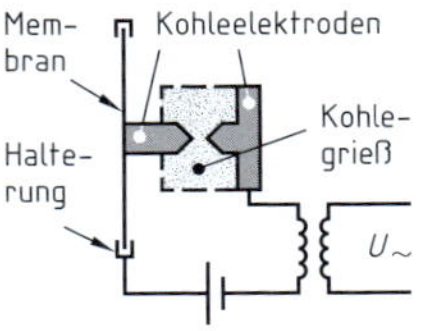 **Kohlemikrofon**	Die Übergangswiderstände zwischen Kohlekörnchen werden durch Schallwellen verändert. Beim Anlegen einer Gleichspannung fließt ein Strom, der im Rhythmus des Schalls schwankt.	$T \approx 1000\ \frac{mV}{Pa}$ $R_i = 100\ \Omega$ bis $500\ \Omega$ $f = 700$ Hz bis 4 kHz $d \approx 25\%$ Rauschen, niedrige Herstellungskosten Betriebsspannung notwendig.	Sprachübertragung, ältere Telefone, veraltet.
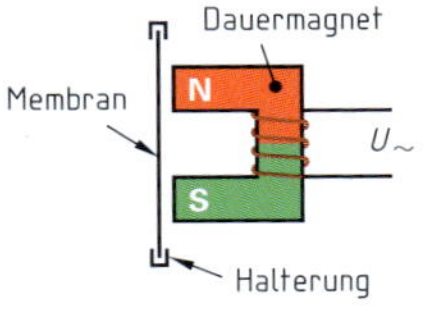 **Elektromagnetisches Mikrofon**	Das Magnetfeld eines Dauermagneten in einer feststehenden Spule wird durch die Schwingungen einer Metallmembran verändert. Dadurch wird in der Spule eine Spannung induziert	$T \approx 10\ \frac{mV}{Pa}$ bis $50\ \frac{mV}{Pa}$ Frequenzbereich $f = 0{,}4$ kHz bis 6 kHz. Verzerrungen $d \approx 10\%$.	Telefonanlagen, Wechselsprechanlagen, Hörgeräte, Diktiergeräte.
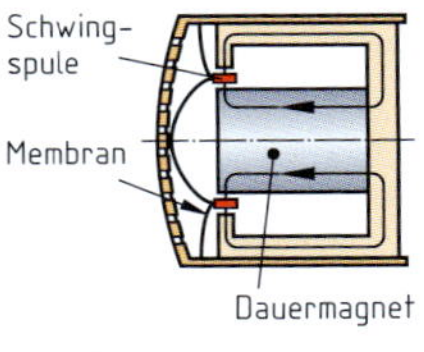 **Tauchspulmikrofon**	Eine Schwingspule wird durch Schallwellen im Magnetfeld eines Dauermagneten hin- und herbewegt. Dadurch entsteht in ihr durch Induktion eine Spannung.	$T = 2\ \frac{mV}{Pa}$ $Z \approx 200\ \Omega$ $f = 50$ Hz bis 12 kHz $d < 1\%$ unempfindlich gegen Störfelder und mechanische Belastung.	Diktiergeräte, Fernsprecher, Tonaufzeichnung u. Tonübertragung, für hochwertige Musikaufnahmen sowie Musikübertragung.
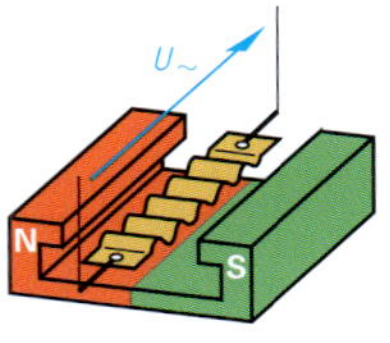 **Bändchenmikrofon**	Ein Aluminiumbändchen wird im Luftspalt eines Dauermagneten im Rhythmus der Schallwellen bewegt. Durch Induktion entsteht an dem Bändchen eine Spannung.	$T \approx 0{,}8\ \frac{mV}{Pa}$ bis $2\ \frac{mV}{Pa}$ $Z \approx 200\ \Omega$ (mit Übertrager) $f = 50$ Hz bis 18 kHz $d \approx 0{,}4\%$ lineare Übertragungskurve, stoßempfindlich	Für hochwertige Sprach- und Musikaufnahmen.
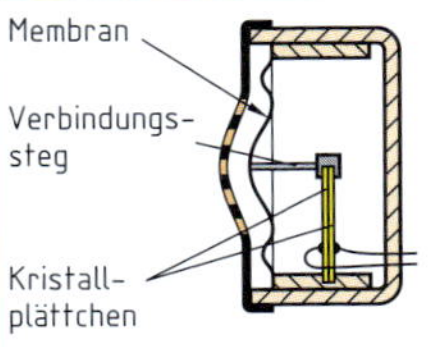 **Kristallmikrofon**	Ein Piezokristall wird durch Schallwellen verformt. Durch den Piezoeffekt wird eine Wechselspannung erzeugt.	$T = 1\ \frac{mV}{Pa}$ bis $15\ \frac{mV}{Pa}$ $C_e \approx 1$ nF $Z \approx 2\ M\Omega$ empfindlich gegen Wärme und Feuchtigkeit klein, leicht, billig.	Kleinstmikrofon, Körperschallmikrofon, Tonaufzeichnung.
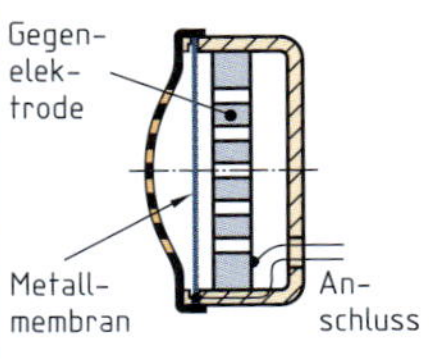 **Kondensatormikrofon**	Der Abstand zweier Metallelektroden wird durch Schallwellen verändert. Die dadurch auftretende Kapazitätsänderung bewirkt beim Anlegen einer Gleichspannung eine Stromänderung bzw. beim Parallelschalten zu dem Schwingkreis eines Generators eine Frequenzmodulation.	$T \approx 10\ \frac{mV}{Pa}$ $C_e \approx 100$ pF $f = 20$ Hz bis 20 kHz sehr hohe Impedanz, $d < 0{,}1\%$, lineare Übertragungskurve, meist Hilfsspannung nötig.	Für hochwertige Studioaufnahmen, als Messmikrofon in Schallmessgeräten. Versorgungsspannung erforderlich.

C_e Eigenkapazität des Mikrofons, d Klirrfaktor, f Frequenz, R_i Innenwiderstand, T Übertragungskoeffizient, Z Impedanz, Scheinwiderstand.

Ü

Lautsprecherarten Types of loudspeakers

Bauformen	Wirkungsweise	Eigenschaften, Anwendungen
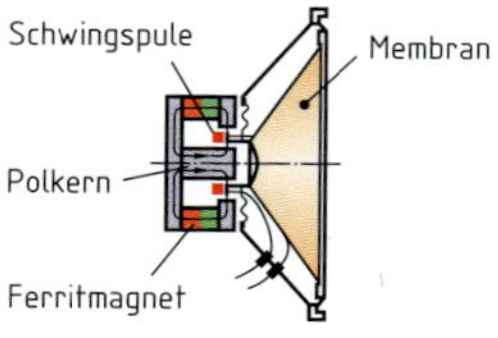 **Dynamischer Lautsprecher**	Eine Schwingspule, die an einer Membran befestigt ist, kann sich frei im Luftspalt eines Dauermagneten bewegen. Beim Anlegen einer Wechselspannung an die Schwingspule wird diese im Rhythmus der Wechselspannung hin- und herbewegt.	$Z \approx 5\,\Omega$ P_n bis etwa 150 W, je nach Frequenzbereich großer Übertragungsbereich, relativ hoher Wirkungsgrad. Für Rundfunk- und Fernsehempfänger, Verstärkeranlagen, Wechselsprechanlagen, hochwertige Kopfhörer.
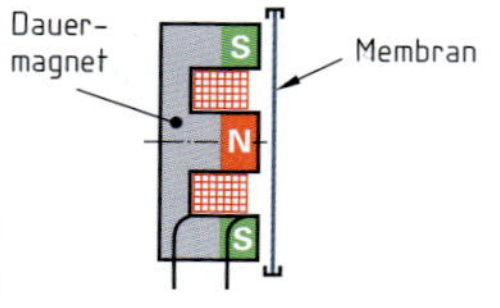 **Magnetischer Lautsprecher**	Eine Stahlmembran wird durch einen Dauermagneten angezogen (vorgespannt). Zusätzlich wirkt auf die Membran das Magnetfeld einer feststehenden Spule, die an Wechselspannung angeschlossen wird.	$Z = 200\,\Omega$ bis $500\,\Omega$ relativ hoher Wirkungsgrad, großer Klirrfaktor, $f \approx 200$ Hz bis 3,5 kHz. Fernhörer, Telefonhörer, einfache Kopfhörer.
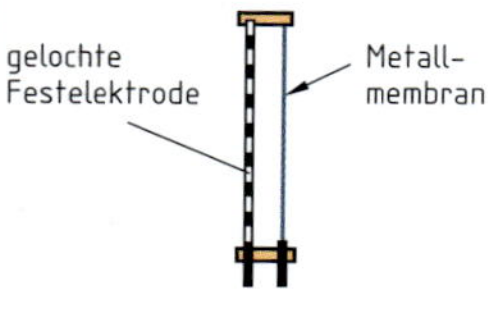 **Elektrostatischer Lautsprecher**	Eine dünne Metallmembran wird von einer festen Metallplatte beim Anlegen einer Gleichspannung angezogen. Eine zusätzliche Wechselspannung an den Platten bewegt die Membran im Rhythmus der Wechselspannung.	Niedriger Wirkungsgrad, für hohe Frequenzen, geringe Leistung, hohe Betriebsspannung notwendig. Hochton-Lautsprecher bei hochwertigen Lautsprecherboxen. An Röhrenverstärker direkt anschließbar.
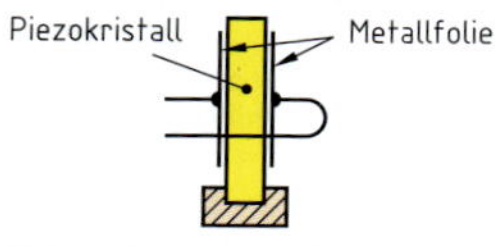 **Kristalllautsprecher**	Ein einseitig eingespanntes Piezokristallplättchen bewegt sich beim Anlegen einer Wechselspannung hin und her.	$Z \approx 30\,\text{k}\Omega$ Einfacher Hochton-Lautsprecher, Türsprechanlagen.
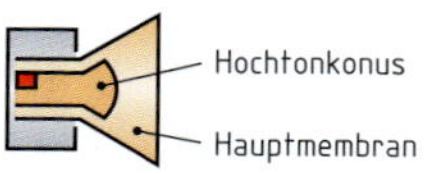 **Breitbandlautsprecher**	Eine Hauptmembran strahlt tiefe Töne ab. Ein Hochtonkonus an der Hauptmembran oder ein Hochtonsystem im Innenraum der Hauptmembran erzeugt die hohen Töne.	Lineare Übertragungskurve von 50 Hz bis 12,5 kHz
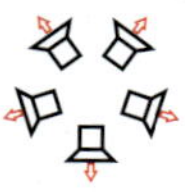 **Lautsprechergruppen**	Strahlergruppen aus Lautsprechern, die z. B. senkrecht übereinander angeordnet sind oder Rundstrahler die kugelförmig angeordnete Lautsprecher enthalten.	Abstrahlung großer Leistung, Beschallung großer Säle oder Räume mit starkem Hall, im Freien.
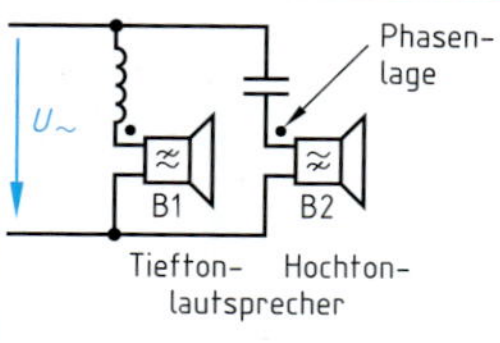 **Lautsprecherkombination mit Fequenzweiche**	Mehrere Lautsprecher mit sich überlappenden Übertragungsbereichen werden so über Frequenzweichen zusammengeschaltet, dass eine fast lineare Übertragungskurve über einen großen Frequenzbereich entsteht.	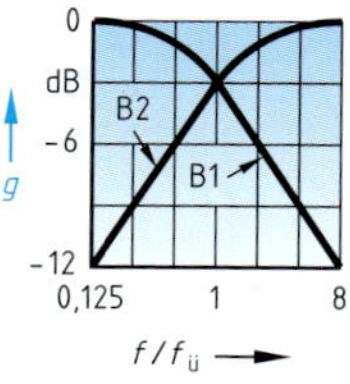 Für sehr hohe Übertragungsqualität bei großem Wirkungsgrad

f Frequenz, $f_ü$ Übernahmefrequenz, *g* Übertragungsmaß, P_n Bemessungsbelastbarkeit, *Z* Impedanz (Scheinwiderstand).

Soundsysteme Sound systems

Art	Darstellung	Erklärung, Daten
Surround-Systeme, Heimkino	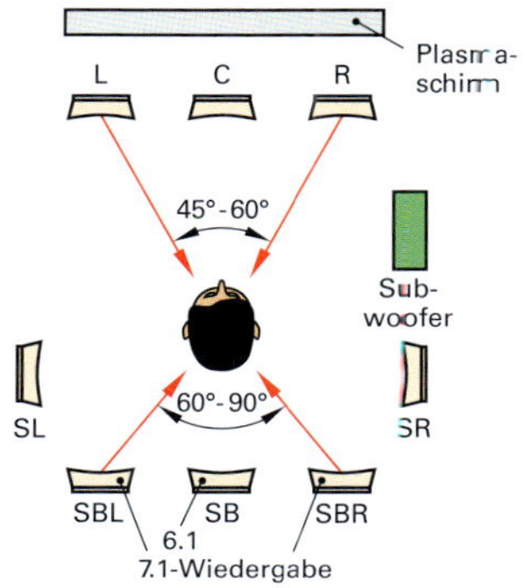 **Boxenanordnung bei 5.1, 6.1 und 7.1**	Surround-Systeme übertragen die Tonkomponenten als Mehrkanalton: ● Stereo-Signal, mit der „Rechts-Links"-Information, ● Dialog-Signale, mit der Information von vorn (Center), ● Hintergrundgeräusche, Informationen kommen von hinten, ● Nebengeräusche, Informationen kommen von der Seite. Einteilung der Lautsprecherboxen: Erste Zahl entspricht der Anzahl der Satelliten-Lautsprecher Zweite Zahl entspricht der Anzahl der Subwoofer 5.1: L, R, C, SL, SR, SW 6.1: L, R, C, SL, SR, SB, SW 7.1: L, R, C, SL, SR, SBL, SBR, SW S Seite, L links, R rechts, C center (Mitte), B back (hinten), SW Subwoofer (Tieftonlautsprecher)
Spiele-Systeme	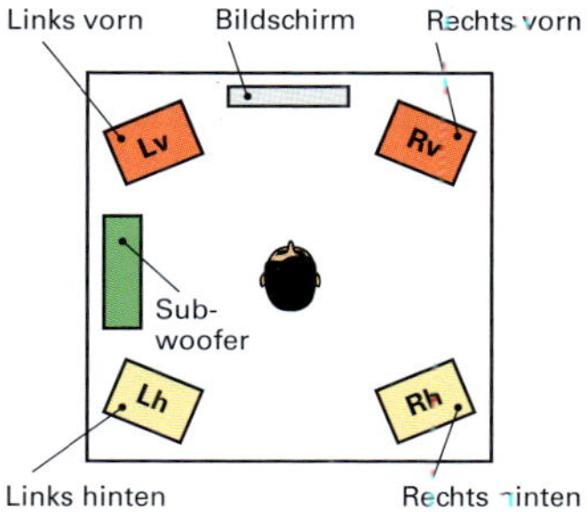 **Sound-System für Spiele**	Bei PC-Spielen wird der Ton von der gerade stattfindenden Aktion gesteuert und zwar mit einem Programm, der Sound-Engine (Tonmaschine) Akustische Richtungsbestimmung durch ● Laufzeitunterschied des Schalls zu den Ohren. Entfernungsbestimmung durch ● Lautstärke und Auswertung des Verhältnisses von Direktschall zu reflektiertem Schall. Programme: DirektSound 3D (direkter Ton 3 dimensional) ● Einfache Raumbeschallung ohne Hall und Echo, ● drei unterscheidbare Entfernungsbereiche. EAX-Sound (Extended Audio X = erweiterte Tonsteuerung) ● 8 bis 32 Tonkanäle steuerbar. EAX 4.1 : Lv, Lh, Rv, Rh, SW
Anschluss-arten	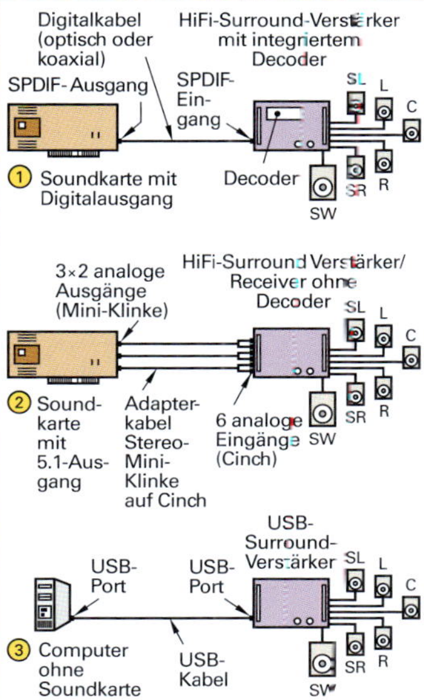 **Verkabelung von Surround-Systemen**	Der Mehrkanalton wird analog oder digital von der Soundkarte zum Surround-System übertragen werden. Digitale Übertragung mit SPDIF-Kabel (SPDIF von Sony/Philips Digital Interface): ● Die Daten werden über Koaxialkabel oder Lichtwellenleiter zum Boxensatz mit Surround-Decoder ① übertragen. ● Die Daten werden über Koaxialkabel oder Lichtwellenleiter zum HiFi-Surround-Verstärker mit integriertem Decoder ② übertragen. Analoge Übertragung mit sechs Leitungen: Es werden an der Soundkarte drei Stereo-Mini-Klinkenstecker verwendet und am Leitungsende sechs Cinch-Stecker. ● Die Daten werden über sechs Leitungen zum Boxensatz mit Surround-Decoder ① übertragen. ● Die Daten werden über sechs Leitungen zum HiFi-Surround-Verstärker mit integriertem Decoder ② übertragen. Übertragung mit USB: ● Zusätzlich zu den Mehrkanalton-Daten ③ können mit USB (Universeller serieller Bus) Steuerdaten übertragen werden, z. B. für Fernsteuerungen.

Ü

Schaltungen mit bipolaren Transistoren, Feldeffekttransistoren
Circuits with bipolar transistors, field-effect-transistors

Emitterschaltung

Grundschaltungen

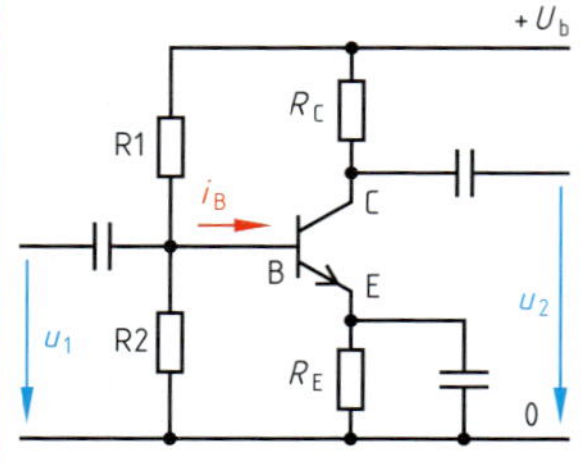

Ersatzschaltungen

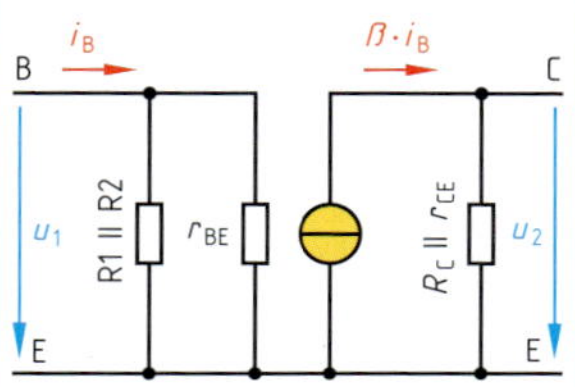

typische Werte

$V_u \approx 100$ bis 10^4
$V_i \approx 100$ bis 500
$V_p \approx 10^3$ bis 10^5
$Z_e \approx 5\,\Omega$ bis $5\,k\Omega$
$Z_a \approx 10\,\Omega$ bis $1\,k\Omega$
$\sphericalangle(u_1, u_2) = 180°$

Kollektorschaltung

Grundschaltungen

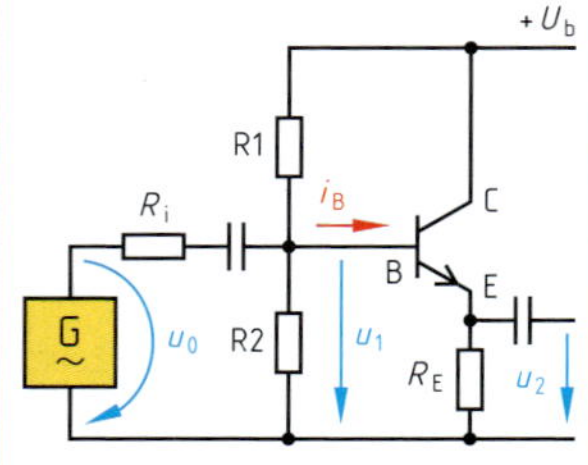

Ersatzschaltungen

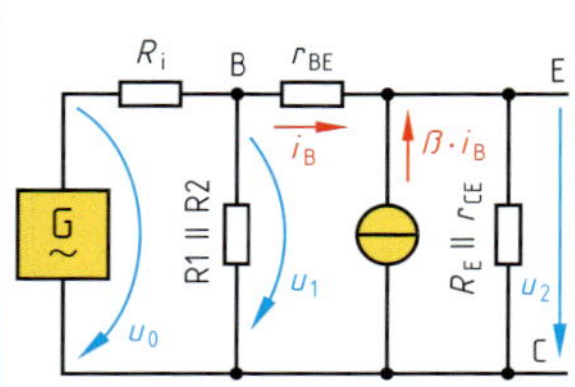

typische Werte

$V_u < 1$
$V_i \approx 10$ bis 500
$V_p \approx 10$ bis 500
$Z_e \approx 500\,\Omega$ bis $5\,M\Omega$
$Z_a \approx 10\,\Omega$ bis $1\,k\Omega$
$\sphericalangle(u_1, u_2) = 0°$

Basisschaltung

Grundschaltungen

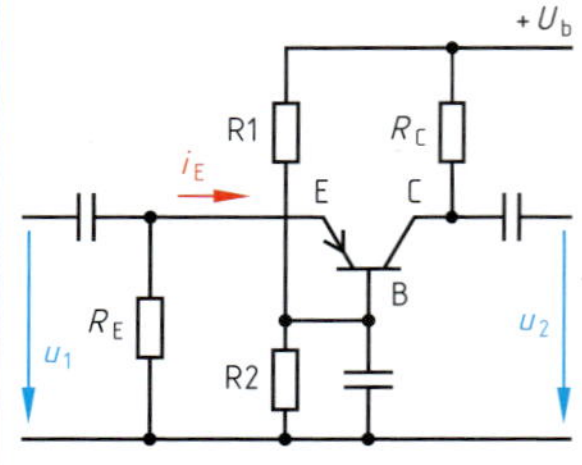

Ersatzschaltungen

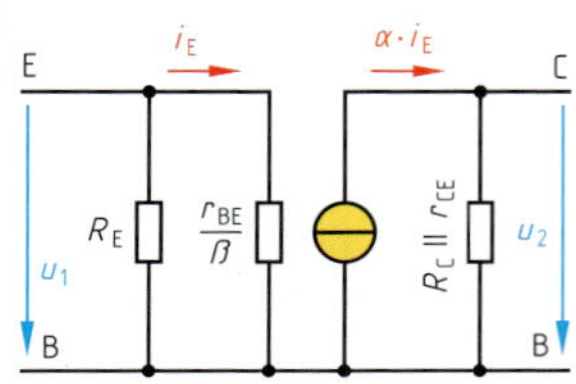

typische Werte

$V_u \approx 100$ bis 10^4
$V_i < 1$
$V_p \approx 100$ bis 10^4
$Z_e \approx 1\,\Omega$ bis $1\,k\Omega$
$Z_a \approx 100\,k\Omega$ bis $10\,M\Omega$
$\sphericalangle(u_1, u_2) = 0°$

Sourceschaltung

Grundschaltungen

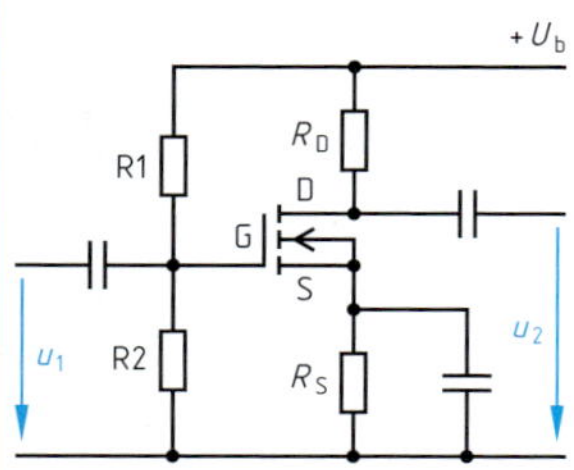

Ersatzschaltungen

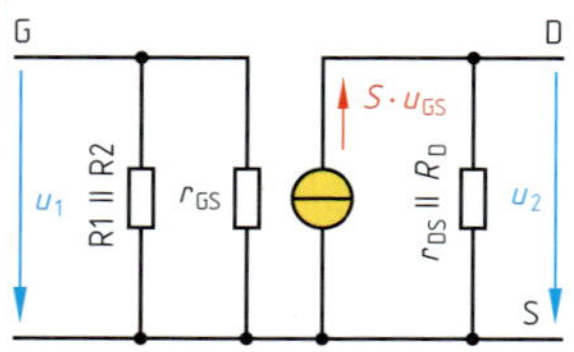

typ. Werte

$V_u \approx 10$ bis 20
$Z_e \approx 2\,M\Omega$
$Z_a \approx 10\,k\Omega$ bis $100\,k\Omega$
$\sphericalangle(u_1, u_2) = 180°$

Drainschaltung

Grundschaltungen

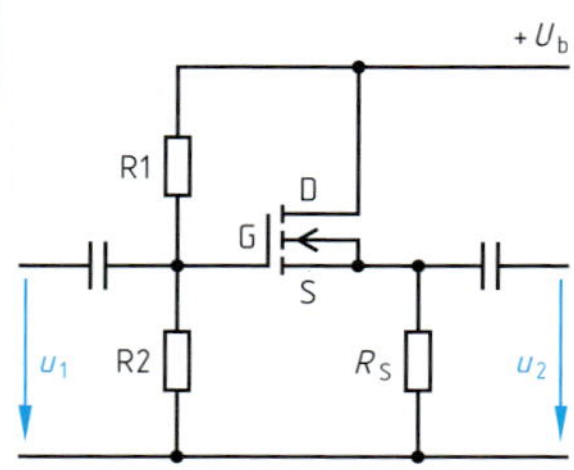

Ersatzschaltungen

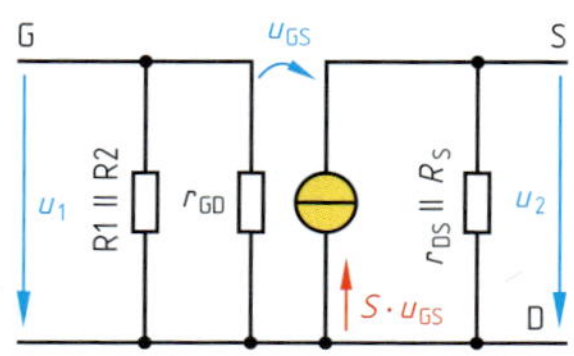

typ. Werte

$V_u < 1$
$Z_e \approx 2\,M\Omega$
$Z_a \approx 400\,\Omega$
$\sphericalangle(u_1, u_2) = 0°$

Gateschaltung

Grundschaltungen

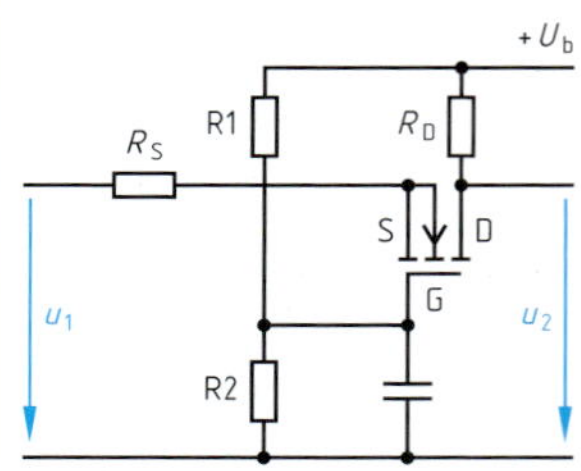

Ersatzschaltungen

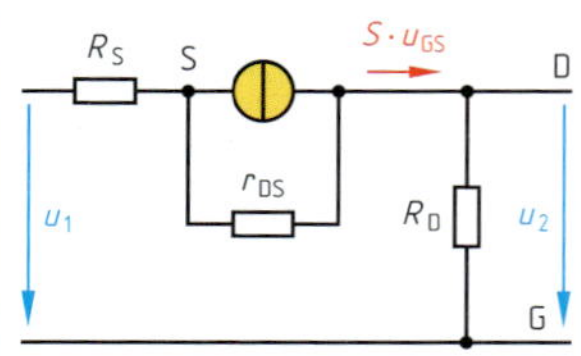

typ. Werte

$V_u \approx 10$ bis 20
$Z_e \approx 500\,\Omega$
$Z_a \approx 10\,k\Omega$ bis $100\,k\Omega$
$\sphericalangle(u_1, u_2) = 0°$

B Basis, b Betrieb, C Kolletor, D Drain, E Emitter, G Gate, I, i Stromstärke, S Source, S Steilheit, R Widerstand, R_i Innenwiderstand, U, u Spannung, V Verstärkungsfaktor, Z Widerstand; ∥ Parallelschaltung, ⊖ Konstantstromquelle.
Ersatzschaltungen, typische Werte gelten für kleine NF-Wechselspannungen und sehr großen Lastwiderstand.

Verstärkungsfaktoren

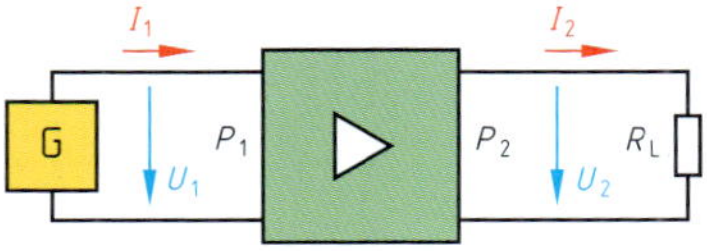

Verstärker als Vierpol

V_i Stromverstärkungsfaktor
V_u Spannungsverstärkungsfaktor
P_1 Eingangsleistung
P_2 Ausgangsleistung
V_p Leistungsverstärkungsfaktor

$$V_i = \frac{I_2}{I_1}$$

$$V_p = V_u \cdot V_i$$

$$V_u = \frac{U_2}{U_1}$$

$$V_p = \frac{P_2}{P_1}$$

Emitterschaltung

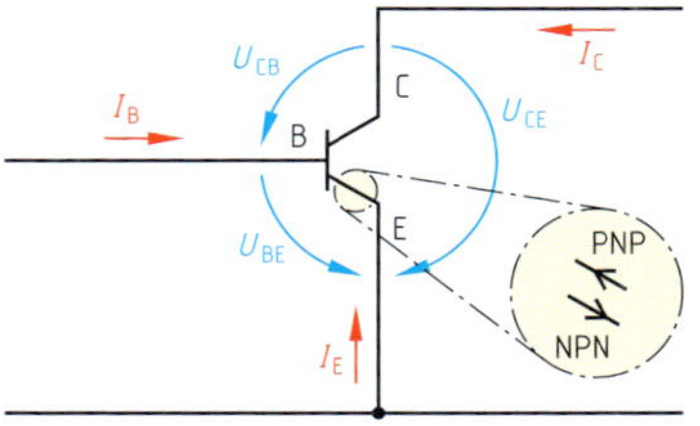

Bezugspfeile beim bipolaren Transistor

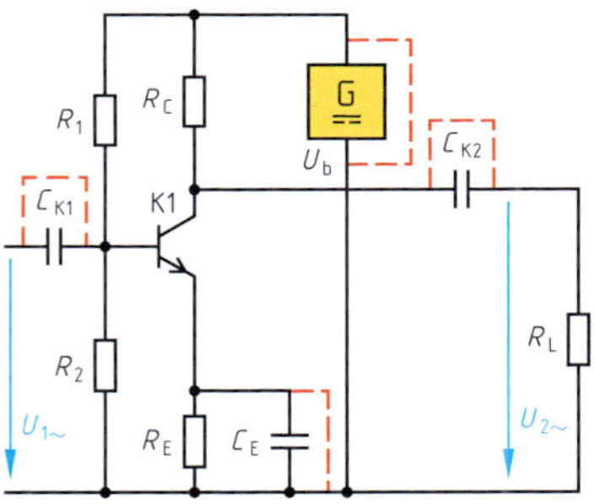

Emitterschaltung mit NPN-Transistor

U_{CE} Kollektor-Emitter-Spannung
U_{BE} Basis-Emitter-Spannung
U_{CB} Kollektor-Basis-Spannung
I_B Basisstrom
I_C Kollektorstrom
I_E Emitterstrom
B Gleichstromverhältnis
P_- Gleichstromleistung
R_1, R_2 Basisspannungsteiler
R_E Emitterwiderstand
R_C Kollektorwiderstand
m Widerstandsverhältnis ($m \approx 5 \dots 10$)
U_{R2} Spannungsabfall an R_2
U_{RE} Spannungsabfall an R_E
U_b Betriebsspannung
U_{RC} Spannungsabfall an R_C
q Querstromverhältnis $q = I_q/I_B$
I_q Querstrom
- - - Überbrückung für Wechselstrom

$$U_{CE} = U_{BE} + U_{CB}$$

$$I_B + I_C + I_E = 0$$

$$B = \frac{I_C}{I_B}$$

$$P_- = U_{BE} \cdot I_B + U_{CE} \cdot I_C$$

$$R_E = \frac{R_C}{m}$$

$$U_{R2} = U_{BE} + U_{RE}$$

$$R_E = \frac{U_{RE}}{I_B + I_C}$$

Für $I_B \ll I_C$:

$$R_E \approx \frac{U_{RE}}{I_C}$$

$$U_{RE} \approx \frac{U_{RC}}{m}$$

$$R_2 = \frac{U_{R2}}{I_q}$$

$$R_1 = \frac{U_b - U_{R2}}{I_B + I_q}$$

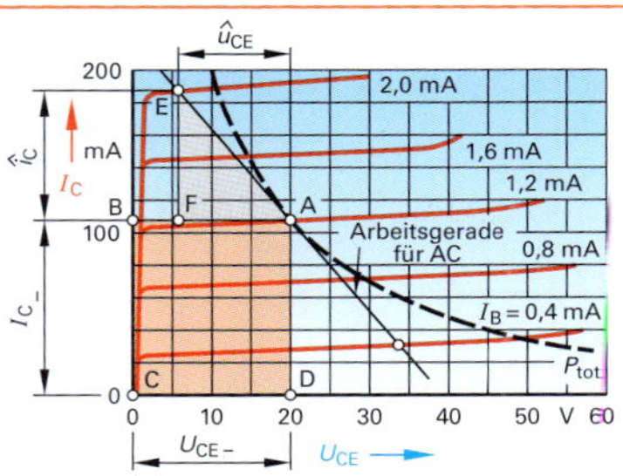

Arbeitsgerade für Gleichstrom und Arbeitspunkt

Wechselstromleistung $P_\sim$	AEF
Gleichstromleistung P_-	ABCD

Arbeitspunkte		
A-Betrieb:	B-Betrieb	C-Betrieb
$U_{CE-} > 0\,V$ $I_C > 0\,A$	$U_{CE-} \approx 0\,V$ $I_C \approx 0\,A$	$U_{CE-} < 0\,V$ $I_C \approx 0\,A$

V_i Stromverstärkungsfaktor
V_u Spannungsverstärkungsfaktor
$\hat{i}_C$ Ausgangswechselstrom (Scheitelwert, Kollektorwechselstrom)
$\hat{i}_E$ Eingangswechselstrom (Scheitelwert, Basiswechselstrom)
$\hat{u}_{CE}$ Ausgangswechselspannung (Scheitelwert, Kollektor-Emitter-Wechselspannung)
$\hat{u}_{BE}$ Eingangswechselspannung (Scheitelwert, Basis-Emitter-Wechselspannung)
$P_\sim$ abgegebene Wechselstromleistung
P_- aufgenommene Gleichstromleistung
I_{C-} Kollektorruhestrom (Kollektorgleichstrom)
U_{CE-} Kollektor-Emitter-Gleichspannung
P_v Verlustleistung
η Wirkungsgrad

$$V_i = \frac{\hat{i}_C}{\hat{i}_B}$$

$$V_u = \frac{\hat{u}_{CE}}{\hat{u}_{BE}}$$

$$P_\sim = \frac{\hat{i}_C \cdot \hat{u}_{CE}}{2}$$

$$P_- \approx I_{C-} \cdot U_{CE-}$$

$$P_v = P_- - P_\sim$$

$$\eta = \frac{P_\sim}{P_-}$$

Ü

Gegentaktschaltungen, Klasse-D-Verstärker und Gegenkopplung

Push-pull amplifier, Class D amplifier and negative feedback

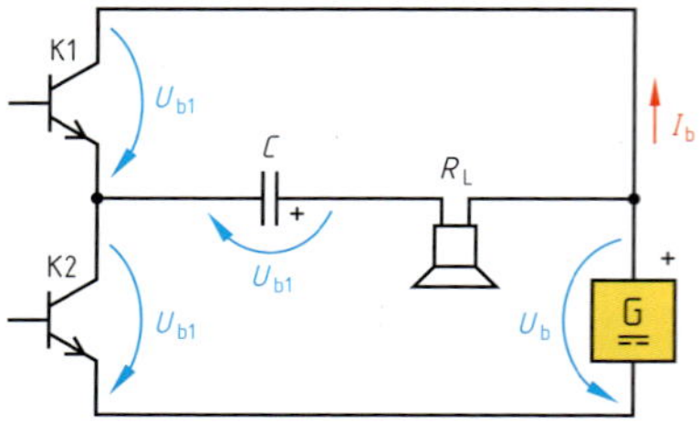

Reihen-Gegentaktschaltung (Prinzip)

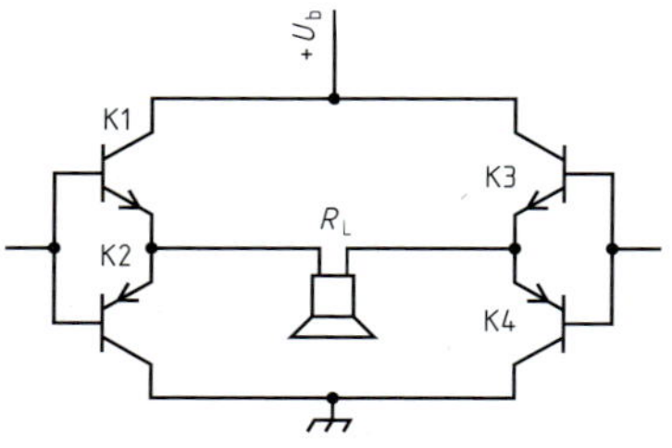

Brückenverstärker

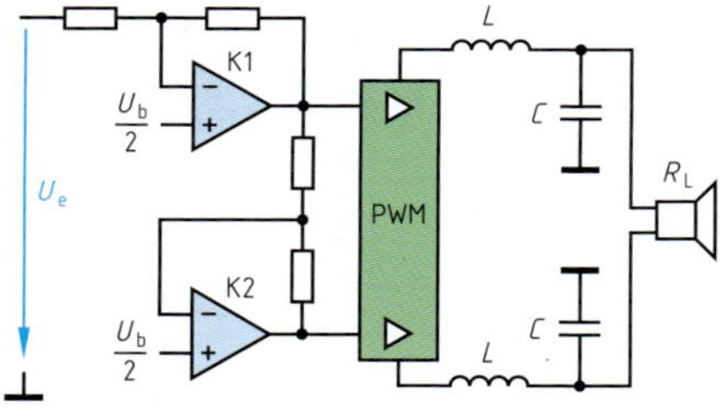

Klasse-D-Verstärker

Bei der *Reihen-Gegentaktschaltung* sind die Transistoren K1 und K2 gleichstrommäßig in Reihe, wechselstrommäßig dagegen parallel geschaltet.

Die im B-Betrieb abgebbare Wechselstromleistung ist jeweils bei Vollaussteuerung etwa zweimal so groß wie im A-Betrieb. Der Wirkungsgrad im A-Betrieb ist theoretisch maximal 50%, man erreicht aber wesentlich weniger.

Bei B-Betrieb beträgt der Wirkungsgrad theoretisch maximal 78%, in der Praxis erreicht man bis zu 70%.

Beim *Brückenverstärker* bilden zwei Reihen-Gegentaktschaltungen mit K1, K2 und K3, K4 eine Brückenschaltung **(Bild)**. Der Brückenverstärker erzielt bei gleicher Betriebsspannung und gleicher Aussteuerung etwa die vierfache abgebbare Wechselstromleistung einer Reihen-Gegentaktschaltung.

Beim Klasse-D-Verstärker wird Pulsweitenmodulation verwendet. Der PWM-Modulator steuert zwei elektronische Leistungsschalter.

K1 und K2 verschieben U_e um $U_b/2$. Dadurch arbeitet die Schaltung nur mit einer Betriebsspannung U_b.

Die LC-Tiefpässe unterdrücken die Oberschwingungen der rechteckförmigen Signale der Leistungsschalter.

Bei B-Betrieb:

$$Z_L \approx \frac{U_{b1}}{I_{Cmax}}$$

$$\eta_{max} \approx \frac{\pi}{4} = 0{,}78$$

$$U_b = 2 \cdot U_{b1}$$

$$P_\sim = \frac{(U_b - 2 \cdot U_{CE})^2}{8 \cdot Z_L}$$

Beim Brückenverstärker:

$$P_\sim = \frac{(U_b - 2 \cdot U_{CE})^2}{2 \cdot Z_L}$$

$\eta_{max} = 0{,}78$

Ruhestrom $\approx 30\,\text{mA}$

$P_\sim = 10\,\text{W}$

$$L = \frac{R_L}{2\pi f_C}$$

$$C = \frac{L}{1{,}5 \cdot R_L^2}$$

Gegenkopplungsarten

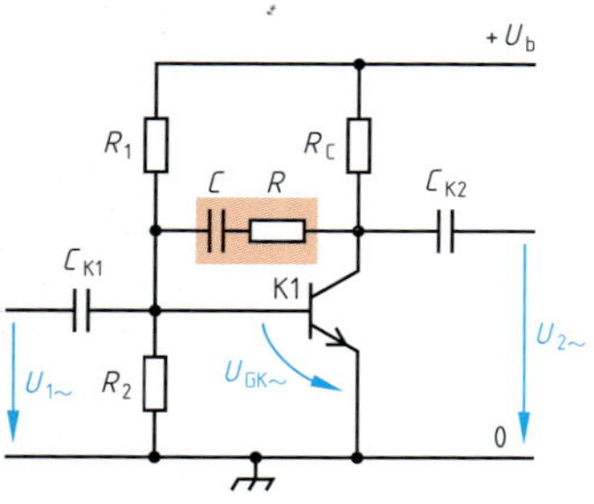

Spannungsgegenkopplung

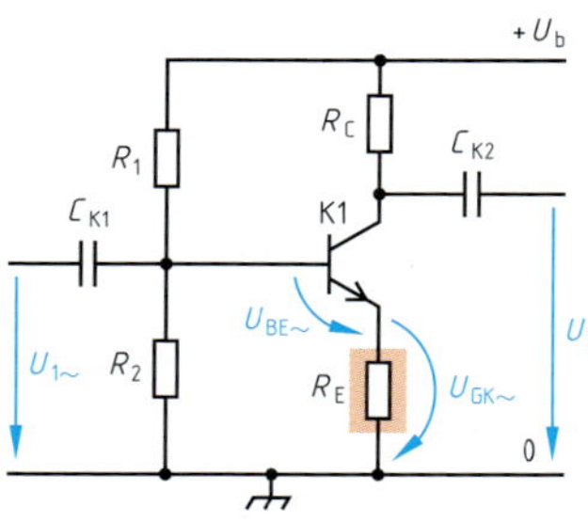

Stromgegenkopplung

$$V'_u = \frac{V_u}{1 + K \cdot V_u}$$

$$K = \frac{U_{GK\sim}}{U_{2\sim}}$$

$$d' = \frac{d}{1 + K \cdot V_u}$$

d	Klirrfaktor ohne Gegenkopplung (bisher k)
d'	Klirrfaktor bei Gegenkopplung (bisher k')
I_b	Betriebsstrom
I_{Cmax}	höchstzulässiger Kollektorstrom
K	Gegenkopplungsfaktor
$P_\sim$	abgebbare Wechselstromleistung
$U_{2\sim}$	Ausgangsspannung
U_b	Betriebsspannung
U_{b1}	Betriebsspannung je Transistor
U_{CE}	Kollektor-Emitter-Spannung
$U_{GK\sim}$	Gegenkopplungsspannung
V_u	Spannungsverstärkungsfaktor ohne Gegenkopplung
V'_u	Spannungsverstärkungsfaktor bei Gegenkopplung
R_L	Lastwiderstand
η_{max}	höchstmöglicher Wirkungsgrad

Ü

Signalübertragung Signal transmission

Begriffe, Darstellungen	Erläuterungen	Beispiele, Anwendungen
Grundbegriffe		
Arten von Signalen ● Nutzsignal ● Störsignal	 Der Nachricht zugeordnetes Signal. Unerwünschtes Signal.	 Audiosignal, Videosignal Rauschsignal
Übertragung von Signalen ● geführte Übertragung ● nicht geführte Übertragung	 Elektrische Leitung, optische Leitung. Luftraum, Vakuum, Wasser, Erdboden.	 Telefon-Festnetz, Kabelfernsehen Satellitenfunk, Mobilfunk
Darstellung von Signalverläufen ● Zeitfunktion $f(t)$ ● Frequenzfunktion $f(f)$	 Werteverlauf abhängig von der Zeit. Werteverlauf abhängig von der Frequenz.	 Oszilloskop Spektrumanalysator
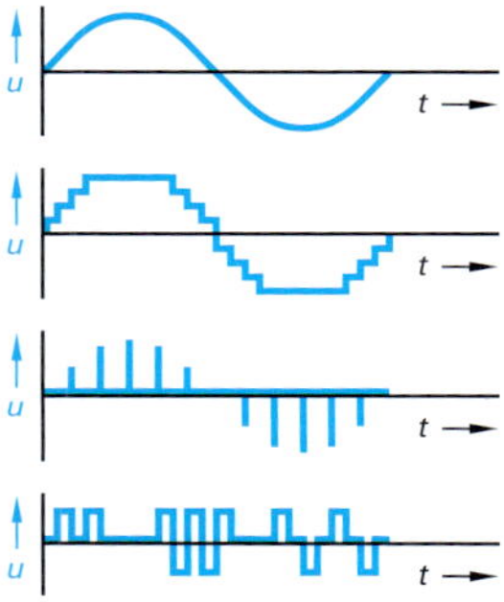	Wertkontinuierliches und zeitkontinuierliches Signal (analoges Signal). Wertdiskretes und zeitkontinuierliches Signal. Wertkontinuierliches und zeitdiskretes Signal. Wertdiskretes und zeitdiskretes Signal (digitales Signal). ● Binäres Signal: Nur 2 Werte möglich. ● Ternäres Signal: Nur 3 Werte möglich.	Sinusförmiges Signal. Abtastung im Analog-Digital-Umsetzer Triggerimpulse Übertragung im ISDN oder in Datennetzen.
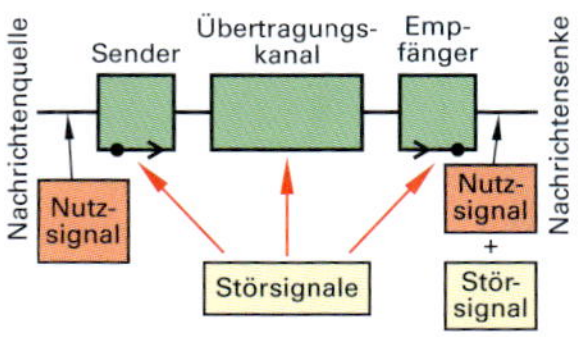	Das Signal der Nachrichtenquelle wird vom Sender in eine für den Transport im Übertragungskanal geeignete Form umgesetzt. Im Empfänger erfolgt die Rückumsetzung in eine für die Nachrichtensenke passende Form. Dabei ist der Einfluss von Störsignalen zu berücksichtigen.	Quelle: Fernsehkamera Sender: Fernsehsender Übertragungskanal: Luftraum Empfänger: Fernsehgerät Senke: Bildröhre oder Flachbildschirm
Übertragungsverfahren		
Modulation, Demodulation	Sinusförmiges Trägersignal	Pulsförmiges Trägersignal
Sinusförmiges Modulationssignal	Amplitudenmodulation AM Frequenzmodulation FM Phasenmodulation PM	Pulsamplitudenmodulation PAM Pulsfrequenzmodulation PFM Pulsphasenmodulation PPM Pulsdauermodulation PDM
Pulsförmiges Modulationssignal	Amplitudenumtastung ASK (Amplitude Shift Keying) Frequenzumtastung FSK (Frequency Shift Keying) Phasenumtastung PSK (Phase Shift Keying)	Digitale Modulation im Basisband **ohne** Trägersignal: ● Pulscodemodulation PCM Sinusförmiges (analoges) Eingangssignal wird in pulsförmiges (digitales) Ausgangssignal gewandelt.
Multiplexierung, Demultiplexierung	Leitungsgebundene Übertragung	Funkgestützte Übertragung
Raumbereich	Raummultiplex SDM (Space Division Multiplex)	Vielfachzugriff im Raumbereich SDMA (Space Division Multiple Access)
Frequenzbereich	Frequenzmultiplex FDM (Frequency Division Multiplex)	Vielfachzugriff im Frequenzbereich FDMA (Frequency Division Multiple Access)
Zeitbereich	Zeitmultiplex TDM (Time Division Multiplex)	Vielfachzugriff im Zeitbereich TDMA (Time Division Multiple Access)

Ü

Wellenausbreitung Wave propagation

Physikalische Effekte

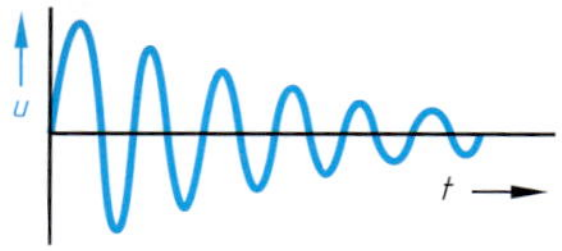

Dämpfung
Maß für die bei der Wellenausbreitung auftretende Verkleinerung der Signalamplitude.

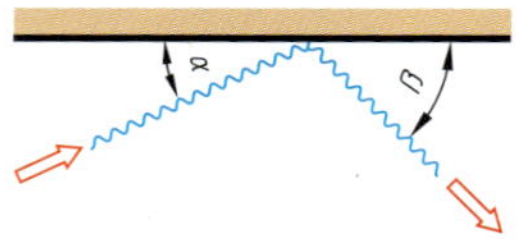

Reflexion
Die unter dem Einfallswinkel α ankommende Welle wird in die Richtung des Winkels β zurückgeworfen.

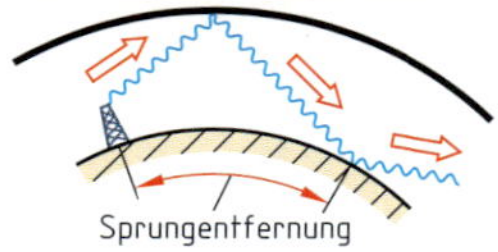

Mehrfachreflexion
Zwei- oder mehrfache Reflexion zwischen reflexionsfähiger Materie.

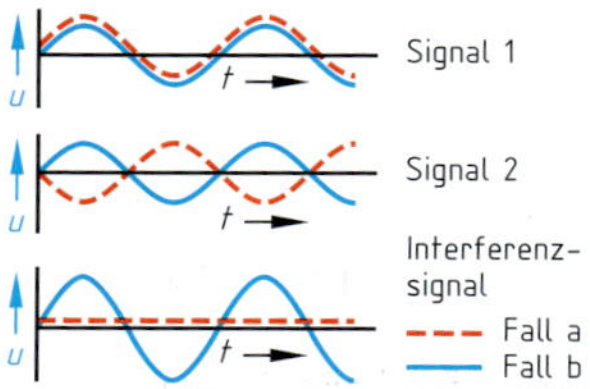

Interferenz
Zwei Wellen am selben Ort überlagern sich.

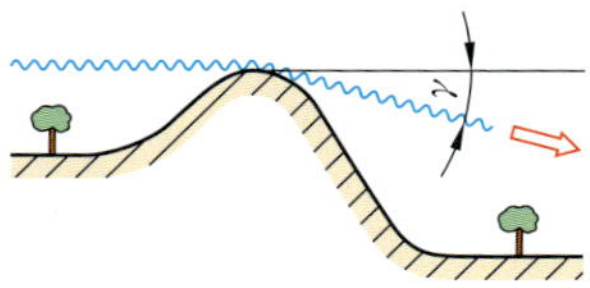

Beugung
Abweichung um den Winkel γ vom geradlinigen Verlauf.

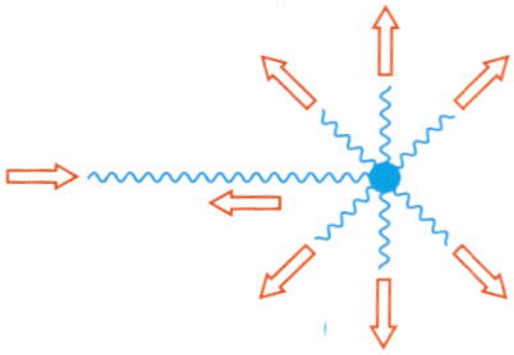

Streuung
Die ankommende Welle wird am Streuungspunkt abgelenkt.

Ausbreitungszonen

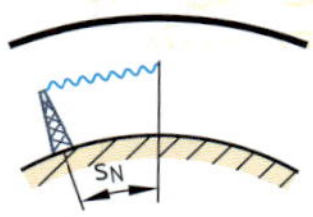

Nahempfangszone
Es ist nur die Bodenwelle vorhanden.

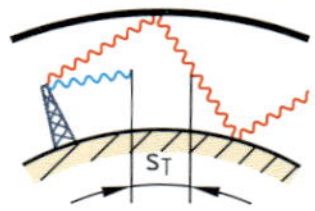

Tote Zone
Es sind weder Bodenwelle, noch Raumwelle vorhanden.

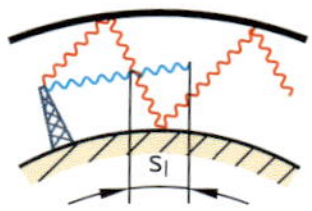

Interferenzzone
Es sind Bodenwelle und Raumwelle gleichzeitig vorhanden.

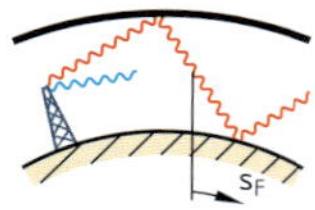

Fernempfangszone
Es ist nur die Raumwelle vorhanden.

Ü

Bodenwelle: Elektromagnetische Welle verläuft parallel zur Erdoberfläche.
Raumwelle: Elektromagnetische Welle entfernt sich von der Erdoberfläche weg in den Raum und wird an Schichten der Atmosphäre zum Teil reflektiert.

Ausbreitungseigenschaften

Wellenbereiche	Eigenschaften	Anwendungen
Längstwellen/ Langwellen	Nur Bodenwelle vorhanden. Ausbreitung längs der Erdoberfläche.	Hör-Rundfunk, Navigationsfunk, Zeitzeichen
Mittelwellen	Tag: nur Bodenwelle. Nacht: Boden- und Raumwelle. Ausbreitung ist von Tages- und Jahreszeit abhängig.	Hör-Rundfunk
Kurzwellen	Meist nur Verwendung der Raumwelle. Weitversorgung durch Mehrfachreflexion. Ausbreitung abhängig von Frequenz, Tageszeit, Jahreszeit und Sonnenfleckenzahl.	Hör-Rundfunk, Amateurfunk, Nachrichtenagenturen
Meterwellen	Quasioptisches Verhalten. Beugung und Reflexion sind möglich.	Hör-Rundfunk, Sprechfunk, Fernseh-Rundfunk
Dezimeterwellen	Ausgeprägtes quasioptisches Verhalten. Durch Bündelung gerichtete Funkverbindungen möglich.	Fernseh-Rundfunk, Richtfunk, Navigationsfunk, Mobilfunk
Zentimeterwellen/ Millimeterwellen	Extrem ausgeprägtes quasioptisches Verhalten. Starke Reflexionen bei Hindernissen.	Richtfunk, Navigationsfunk, Satellitenfunk

Wellenwiderstand einer Leitung, HF-Leitungen als Bauelemente
Characteristic impedance of a line, RF cables as components

Wellenwiderstand Z_0

Ersatzschaltpläne

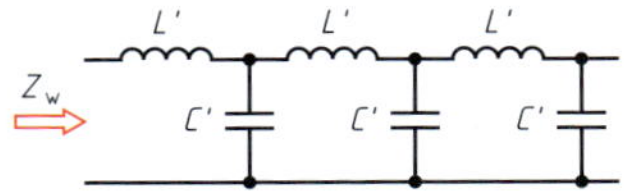

Verlustfreie Leitung

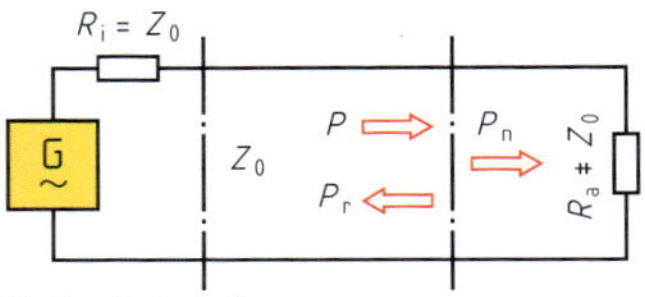

Verlustfreie Leitung bei Abschluss mit $R_a \neq Z_0$

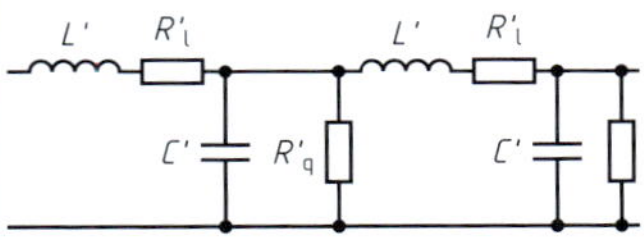

Leitung mit Verlusten

Erklärungen

Der Wellenwiderstand Z_0 einer Leitung ist der Quotient von Spannung und Stromstärke an jedem Punkt der Leitung, wenn keine Reflexionen auftreten. Dies wäre bei einer unendlich langen Leitung der Fall.

Bei einer endlich langen Leitung ist dies bei Abschluss mit einem Wirkwiderstand von der Größe des Wellenwiderstandes gegeben.

Bei einer als verlustfrei angenommenen Leitung (d.h. kein Längs- und Querwiderstand) ist der Wellenwiderstand frequenzunabhängig. Dies gilt näherungsweise auch für Leitungen mit Verlusten, bei Frequenz größer 10 kHz. In diesem Fall überwiegen L' und C' gegenüber R_l' und R_q'.

Bei Frequenzen kleiner 10 kHz überwiegen der ohmsche Längswiderstand und der kapazitive Querwiderstand. Der Wellenwiderstand ist dadurch frequenzabhängig, d.h. ein kapazitiver Scheinwiderstand.

Formeln

Leitung bei $f > 10$ kHz:

$$Z_0 = \sqrt{\frac{L'}{C'}}$$

Leitung bei $f < 10$ kHz:

$$Z_0 = \sqrt{\frac{R_l'}{\omega \cdot C'}}$$

Koaxialleitung:

$$Z_0 = \frac{60}{\sqrt{\varepsilon_r}} \cdot \ln\left(\frac{D}{d_i}\right)\,\Omega$$

Paralleldrahtleitung:

$$Z_0 = \frac{120}{\sqrt{\varepsilon_r}} \cdot \ln\left(\frac{2 \cdot s}{d}\right)\,\Omega$$

HF-Leitungen als Bauelemente

Leerlaufende Leitungen ($Z_a \to \infty$) in Abhängigkeit von der Leitungslänge

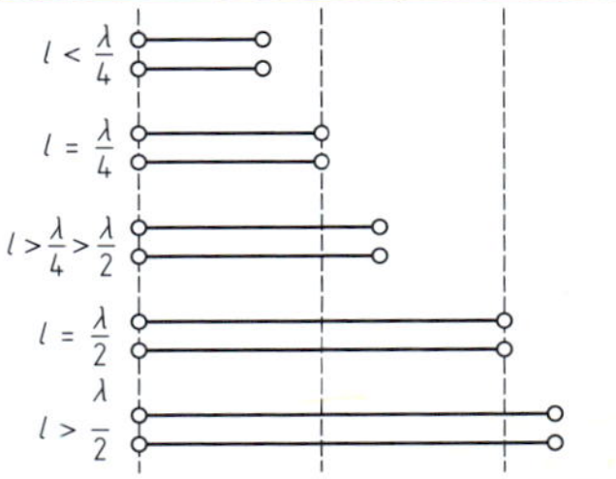

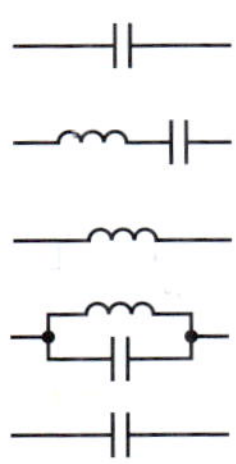

Ansichten, Abmessungen	Elektrische Wirkungen	Anwendungen
$l < \frac{\lambda}{4}$	Kapazität	Stichleitung zur Kompensation von Induktivitäten.
$l = \frac{\lambda}{4}$	Reihenschwingkreis	Saugkreis zur Unterdrückung einer Frequenz.
$l > \frac{\lambda}{4} > \frac{\lambda}{2}$	Induktivität	Stichleitung zur Kompensation von Kapazitäten.
$l = \frac{\lambda}{2}$	Parallelschwingkreis	Sperrkreis zur Sperrung einer Frequenz.
$l > \frac{\lambda}{2}$	Kapazität	Stichleitung zur Kompensation von Kapazitäten.

Kurzgeschlossene Leitungen ($Z_a = 0$) in Abhängigkeit von der Leitungslänge

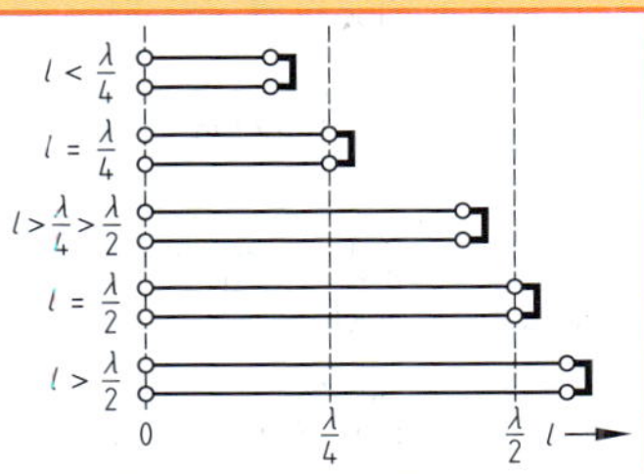

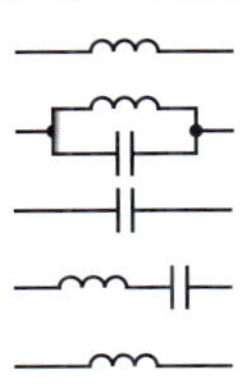

Ansichten, Abmessungen	Elektrische Wirkungen	Anwendungen
$l < \frac{\lambda}{4}$	Induktivität	Stichleitung zur Kompensation von Kapazitäten.
$l = \frac{\lambda}{4}$	Parallelschwingkreis	Sperrkreis zur Sperrung einer Frequenz.
$l > \frac{\lambda}{4} > \frac{\lambda}{2}$	Kapazität	Stichleitung zur Kompensation von Induktivitäten.
$l = \frac{\lambda}{2}$	Reihenschwingkreis	Saugkreis zur Unterdrückung einer Frequenz.
$l > \frac{\lambda}{2}$	Induktivität	Stichleitung zur Kompensation von Kapazitäten.

C' Kapazität je Längeneinheit
d Leiterdurchmesser
d_i Durchmesser des Innenleiters
D Durchmesser des Außenleiters
l Leitungslänge
L' Induktivität je Längeneinheit
P ankommende Leistung
P_r reflektierte Leistung
P_n nutzbare Leistung
s Achsabstand der parallelen Leiter
R_l' Längswiderstand je Längeneinheit
R_q' Querwiderstand je Längeneinheit
Z_0 Wellenwiderstand einer Leitung
ε_r Permittivitätszahl der Isolation
λ Wellenlänge

Dämpfung und Pegel Attenuation and level

Dämpfungsfaktor und Dämpfungsmaß

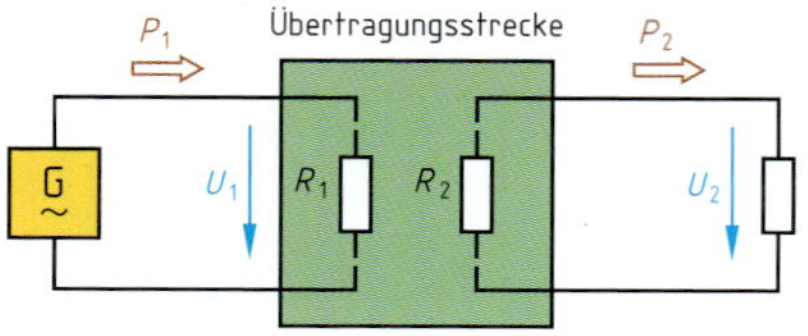

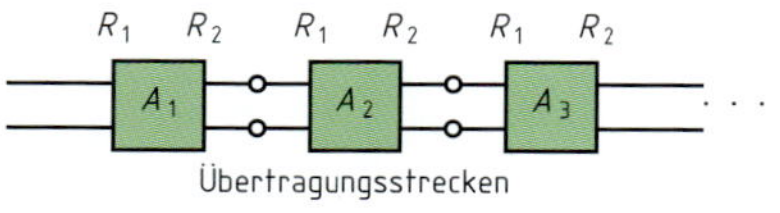

$$D_p = \frac{P_1}{P_2}$$

$$D_u = \frac{U_1}{U_2}$$

$R_1 = R_2$ (für Anpassung)

$$A_p = 10 \cdot \lg \frac{P_1}{P_2}\ \text{dB}$$

$$A_u = 20 \cdot \lg \frac{U_1}{U_2}\ \text{dB}$$

$$G_p = 10 \cdot \lg \frac{P_2}{P_1}\ \text{dB}$$

$$G_u = 20 \cdot \lg \frac{U_2}{U_1}\ \text{dB}$$

$$A_{ges} = A_1 + A_2 + A_3 + \ldots$$

$$G = -A$$

Negatives Dämpfungsmaß = Verstärkungsmaß

Dämpfungsmaß A	$D_u = \frac{U_1}{U_2}$	$D_p = \frac{P_1}{P_2}$	Dämpfungsmaß A	$D_u = \frac{U_1}{U_2}$	$D_p = \frac{P_1}{P_2}$
0 dB	1,00/1	1,00/1	20 dB	10/1	100/1
1 dB	1,12/1	1,26/1	30 dB	31,6/1	1 000/1
2 dB	1,26/1	1,58/1	40 dB	100/1	10 000/1
3 dB	1,41/1	2,0/1	– 3 dB	1/1,41	1/2
4 dB	1,58/1	2,51/1	– 6 dB	1/2	1/4
6 dB	2,00/1	4,0/1	– 10 dB	1/3,16	1/10
10 dB	3,16/1	10,0/1	– 20 dB	1/10	1/100

Rechnung mit Dämpfungsmaßen und Dämpfungsfaktoren:
Dämpfungsmaße werden addiert, Dämpfungsfaktoren werden multipliziert.

$A = A_1 + A_2 \Rightarrow D = D_1 \cdot D_2$

$A = 40\ \text{dB} + 6\ \text{dB} = 46\ \text{dB} \Rightarrow D_u = 100 \cdot 2 = \mathbf{200}$

$D = D_1 \cdot D_2 \Rightarrow A = A_1 + A_2$

$D_u = 5 \cdot 100 = 500 \Rightarrow A = 14\ \text{dB} + 40\ \text{dB} = \mathbf{54\ dB}$

Pegel

Bezugsgrößen der Pegel:

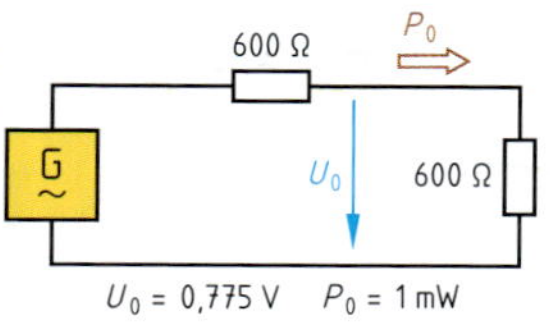

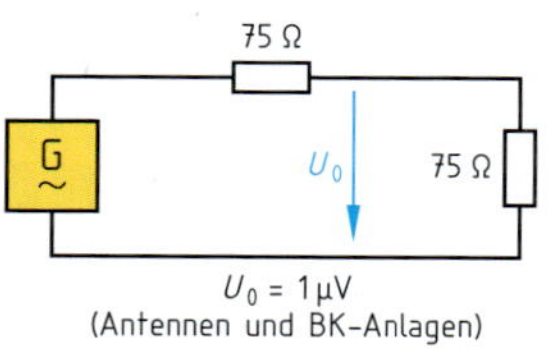

In USA gilt abweichend:
$U_0 = 1\ \text{V}$ an 600 Ω (dBU)

Relative Pegel:

Spannungspegel

$$L_u = 20 \cdot \lg \frac{U}{U_0}\ \text{dB}\ (U_0)$$

Leistungspegel

$$L_p = 10 \cdot \lg \frac{P}{P_0}\ \text{dB}\ (P_0)$$

Absolute Pegel:

Spannungspegel bei $U_0 = 0{,}775\ \text{V}$:

$$L_u = 20 \cdot \lg \frac{U}{0{,}775\ \text{V}}\ \text{dB}\ (0{,}775\ \text{V})$$

Bei Antennen- und BK-Anlagen ($U_0 = 1\ \mu\text{V}$):

$$L_u = 20 \cdot \lg \frac{U}{1\ \mu\text{V}}\ \text{dB}\ (1\ \mu\text{V})$$

Leistungspegel bei $P_0 = 1\ \text{mW}$:

$$L_p = 10 \cdot \lg \frac{P}{1\ \text{mW}}\ \text{dBm}$$

Es sind auch folgende Schreibweisen der dB-Angaben üblich:
- dBµV für dB (µV)
- dBm für dB (mW)

(m von mW).

Ü

A Dämpfungsmaß, A_{ges} gesamtes Dämpfungsmaß, A_u Spannungsdämpfungsmaß, A_p Leistungsdämpfungsmaß, dB Dezibel, D_p Leistungsdämpfungsfaktor, D_u Spannungsdämpfungsfaktor, G Verstärkungsmaß, L Pegel (von Level), P_0 Bezugsleistung, P_1 Eingangsleistung, P_2 Ausgangsleistung, R_1 Eingangswiderstand, R_2 Ausgangswiderstand, U angegebene Spannung, U_0 Bezugsspannung, U_1 Eingangsspannung, U_2 Ausgangsspannung.

Rauschen Noise

Arten

Bezeichnungen	Ursachen	Vorkommen
Thermisches Rauschen (Widerstandsrauschen)	Unregelmäßige thermische Elektronenbewegung in Widerständen ohne außen angelegte Spannung.	Rauschspannung U_n an Widerstand R: $U_n = \sqrt{4 \cdot k \cdot T \cdot R \cdot \Delta f}$ mit $k = 1{,}38 \cdot 10^{-23}\,\text{W/(K} \cdot \text{Hz)}$
Stromrauschen (Funkel-, Schrotrauschen)	Ungleichmäßiger Ladungstransport bei Stromfluss.	Tritt bei allen Strömen auf.
Halbleiterrauschen	Durch Kombination, Diffusion und Stromverteilung bei Halbleitern funktionsbedingtes Rauschen.	Insbesonders bei Dioden und bipolaren Transistoren von Bedeutung.
Antennenrauschen (Atmosphärisches Rauschen, kosmisches Rauschen)	Störeffekte in der Atmosphäre (z. B. Blitzentladungen, Funken) und Rauschquellen im Kosmos.	Die Rauschspannung am Antennenfußpunktwiderstand hängt von der Rauschtemperatur T_n ab. Diese wird mit zunehmender Frequenz kleiner.

Bewertung und Berechnung

Kenngrößen	P_s/P_n	U_s/U_n	A_n
Wahrnehmbarkeitsgrenze	1 : 1	1 : 1	0 dB
Sprachwiedergabe	10 : 1	3,2 : 1	10 dB
Musikwiedergabe	1 000 : 1	32 : 1	30 dB
Bildwiedergabe	10 000 : 1	100 : 1	40 dB

Rauschabstand $\sigma = \dfrac{P_s}{P_n}$

Rauschfaktor $F_n = \dfrac{\sigma_1}{\sigma_2}$

Rauschmaß $A_n = 10 \cdot \lg F_n \text{ dB}$

Rauschen im HF-Bereich

LNBs

Eingangssignal
- SHF-Signal vom Satelliten
- 10,7 GHz bis 12,75 GHz

Ausgangssignal
- Satelliten-Zwischenfrequenz (Sat-ZF)
- 950 MHz bis 2400 MHz

Rauschmaß
- 0,3 dB bis 0,6 dB

Das Rauschemaß weist eine Abhängigkeit von der Frequenz auf.

Antennenverstärker

	VHF Band I	VHF Band III	UHF Band IV, Band V
P_n	$3 \cdot k \cdot T_0$	$5 \cdot k \cdot T_0$	$7 \cdot k \cdot T_0$
L_{una}	27,6 dBµV	27,9 dBµV	33,3 dBµV
G_u	20 dB	18 dB	22 dB

$k \cdot T_0 = 4{,}14 \cdot 10^{-21}$ W/Hz bei $T_0 = 300$ K

Für $B = 7$ MHz, $\vartheta = 300$ K und $R = 75\,\Omega$:

$U_{ne} \approx 1{,}4\,\mu\text{V} \cdot \sqrt{F_n}$

$U_{na} = V_u \cdot U_{ne}$

$L_{una} = 20 \cdot \lg \dfrac{U_{na}}{1\,\mu\text{V}}\,\text{dB}\mu\text{V}$

Reduzierung des Rauschabstands im NF-Bereich

	Wirkungsweisen	Anwendungen
Statische Rauschfilter	Filter mit oberer Grenzfrequenz bis 8 kHz unterdrücken etwa 50 % des hörbaren Rauschens.	NF-Wiedergabegeräte aller Art
Dynamische Rauschfilter	Lautstärkegesteuerte Filter wirken wie statische Rauschfilter, aber nur bei kleiner Lautstärke.	NF-Wiedergabegeräte, Tonaufnahmetechnik
Rauschsperre (Squelch)	Ohne ausreichenden HF-Pegel wird der NF-Teil der Empfänger gesperrt.	Sprechfunkgeräte, UKW-Empfänger mit Stillabstimmung (Muting)
Vorverzerrung, Dolby, High-Com und ähnliche Verfahren	Hohe Frequenzen werden im Sender angehoben und im Empfänger abgesenkt.	UKW-Rundfunk, Tonaufnahmetechnik

A_n	Rauschmaß (n von noise = Geräusch)
B	Bandbreite
F_n	Rauschfaktor
G_u	Spannungsverstärkungsmaß
L_{una}	Rauschspannungspegel am Ausgang
LNB	von Low Noise Blockconverter = rauscharmer Frequenzblock-Umsetzer
P_n	Rauschleistung
P_s	Signalleistung
T_n	Rauschtemperatur
U_{na}	Ausgangsrauschspannung
U_{ne}	Auf den Eingang umgerechnete Rauschspannung
V_u	Spannungsverstärkungsfaktor
σ	Rauschabstand
σ_1	Rauschabstand am Eingang
σ_2	Rauschabstand am Ausgang

Ü

Terrestrische Empfangsantennen Terrestrial reception arials

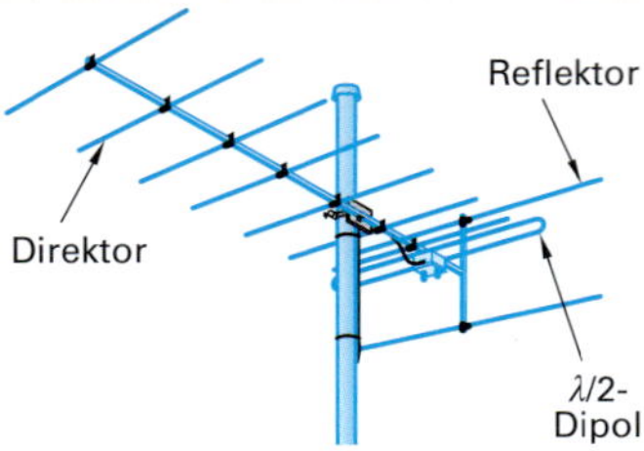

Mehrelemente-Antenne

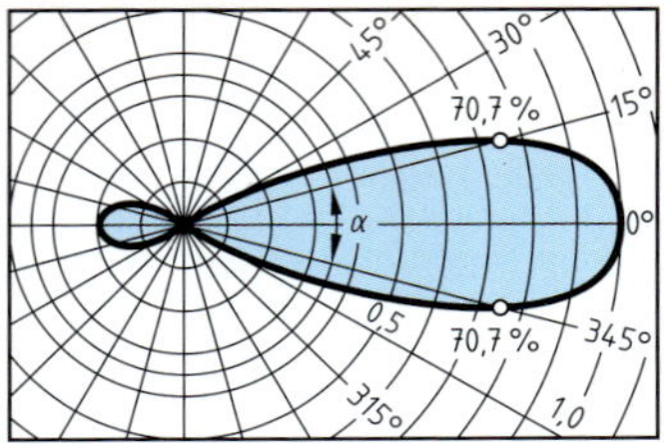

Richtcharakteristik

$$G = 20 \cdot \lg \frac{U_2}{U_1}$$

G Antennengewinnmaß in dB
U_1 Antennenspannung der Bezugsantenne
U_2 Antennenspannung in Vorzugsempfangsrichtung
α Öffnungswinkel
λ Wellenlänge

Antennenformen

Bezeichnung	Anordnung	Kenngrößen	Richtcharakteristiken	
			bei vertikaler Polarisation	
$\lambda/4$-Stabantenne	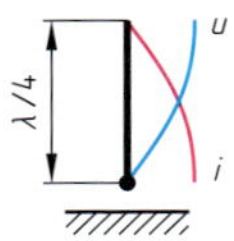	$G = 0\,\text{dB}$ $Z_a \approx 37\,\Omega$ $l_w = \frac{\lambda}{2\pi}$ Z_a Fußpunktwiderstand l_w elektrisch wirksame Antennenlänge	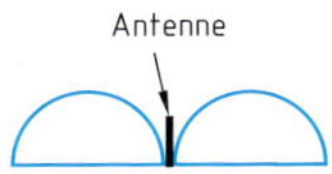	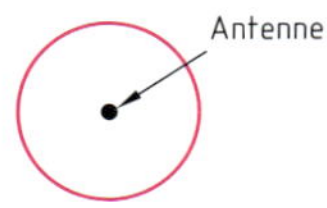
			bei horizontaler Polarisation	
$\lambda/2$-Dipol	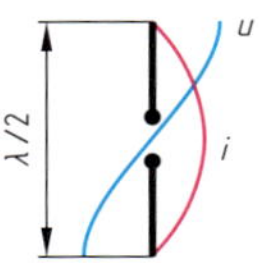	$G = 0\,\text{dB}$ $Z_a \approx 75\,\Omega$ $l_w = \frac{\lambda}{\pi}$	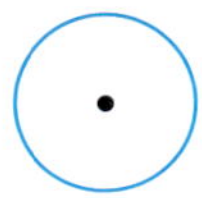	
$\lambda/2$-Faltdipol	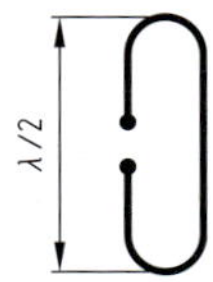	$G = 0\,\text{dB}$ $Z_a \approx 300\,\Omega$ $l_w = \frac{2\lambda}{\pi}$	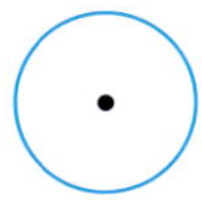	
Mehrelementantenne mit zwei Direktorstäben und einem Reflektor (Yagi-Antenne)	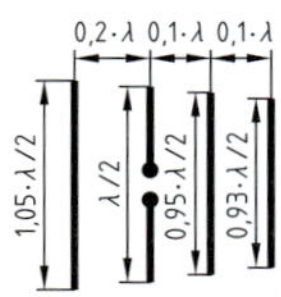	$G \approx 8\,\text{dB}$ $G_{VR} \approx 20\,\Omega$ G_{VR} Vor-Rück-Verhältnismaß		

Mechanische Anforderungen

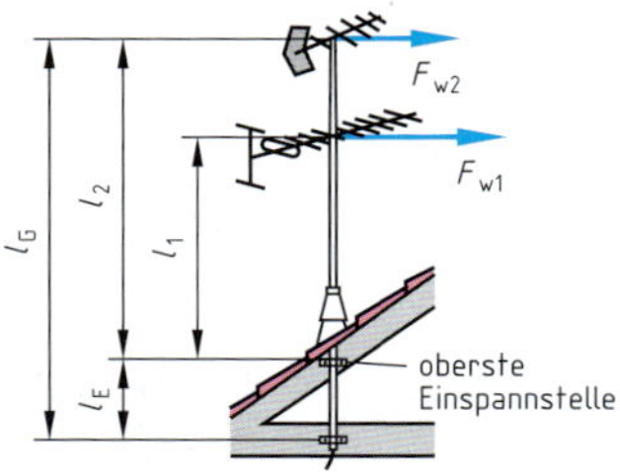

M_{w1} Einspannmoment der Antenne 1
F_{w1} Windlast der Antenne 1
l_1 Abstand von Antenne 1 zu oberster Einspannstelle
M Gesamteinspannmoment aller Antennen
M_N Nutzmoment des Standrohres
l_G gesamte Rohrlänge des Standrohres
l_E Einspannlänge des Standrohres

$$M_{w1} = F_{w1} \cdot l_1$$

$$M_{w2} = F_{w2} \cdot l_2$$

$$M = M_{w1} + M_{w2}$$

$$M_N \geq M$$

$$l_E \geq 1/6 \cdot l_G$$

Ü

Satelliten-Empfangsantennen   Satellite receiving antennas

Merkmale

Bauformen	Durchmesser/ Kantenlängen	Gewinne bei 12 GHz	Öffnungswinkel	Nebenkeulen-unterdrückungen	Windlasten
Offset-Parabolantenne	40 cm bis 150 cm	34 dB bis 44 dB	1,5° bis 3°	gut	280 Nm bis 1300 Nm
Zentralgespeiste Parabolantenne	100 cm bis 250 cm	43 dB bis 45 dB	1,2°	sehr gut	1100 Nm bis 2700 Nm
Planarantenne (Flachantenne)	25 cm bis 50 cm	30 dB bis 35 dB	2° bis 3°	befriedigend	200 Nm bis 450 Nm

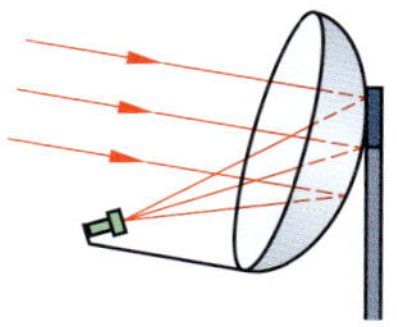

Offset-Parabolantenne

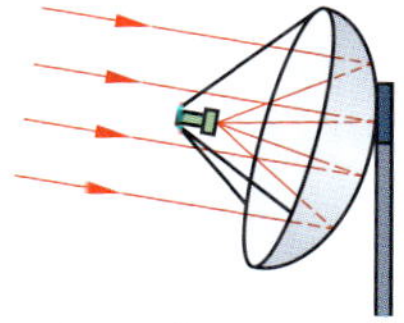

Zentralgespeiste Parabolantenne

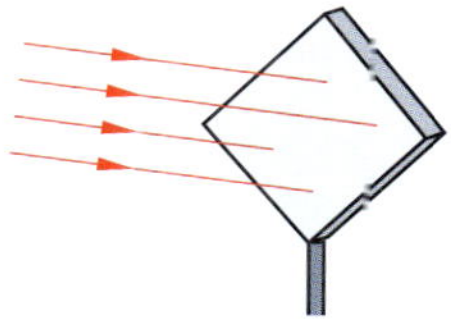

Planarantenne (Flachantenne)

Ausrichtung

Azimutwinkel (Richtungswinkel) α_{AZ}

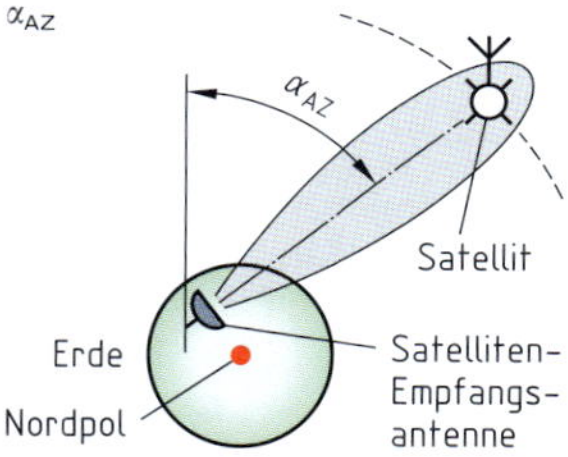

Elevationswinkel (Erhebungswinkel) α_{EL}

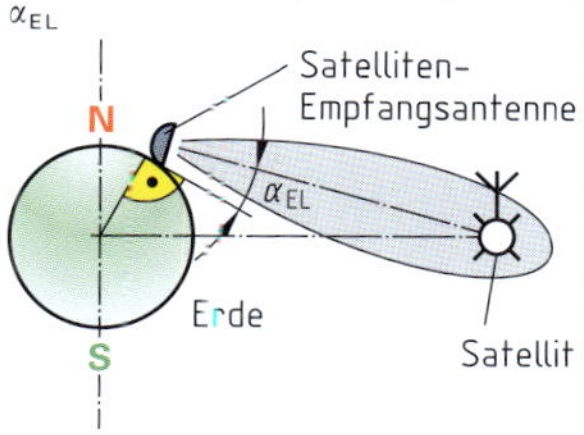

Die Werte für den Azimutwinkel α_{AZ} und den Elevationswinkel α_{EL} sind von der Orbitposition des zu empfangenden Satelliten und den Koordinaten des Empfangsortes abhängig. Sie können entsprechenden Tabellen entnommen werden.
Die Orbitpositionen von Satelliten beziehen sich auf deren geostationäre Lage in 36 000 km über der Äquatorlinie. Üblicherweise erfolgt die Angabe als Längengrad in Ost- oder Westrichtung bezogen auf den Nullmeridian.

LNB

Kenngrößen	Universal-Single-LNB	Universal-Twin-LNB	Universal-Quad-LNB	Universal-Quattro-LNB
Eingangssignalfrequenzen (in GHz)	10,7 bis 12,75	10,7 bis 12,75	10,7 bis 12,75	10,7 bis 12,75
Zahl der Ausgänge	1	2	4	4
Ausgangssignale je Ausgang	wahlweise: UB/H, OB/H, UB/V, UB/H	wahlweise: UB/H, OB/H, UB/V, UB/H	wahlweise: UB/H, OB/H, UB/V, UB/H	UB/H, OB/H, UB/V, OB/V
Oszillatorfrequenz (in GHz)	9,75 und 10,6	9,75 und 10,6	9,75 und 10,6	9,75 und 10,6
Größter Ausgangspegel (in dBµV)	104	104	104	104
Spannungsverstärkungsmaß (in dB)	> 50	> 50	> 55	> 55
Rauschmaß (in dB)	0,3 bis 0,6	0,3 bis 0,6	0,1 bis 0,8	0,1 bis 0,8
Frequenzbandumschaltung	Schaltspannung	Schaltspannung	Schaltspannung	–
Polarisationsumschaltung	Schaltfrequenz	Schaltfrequenz	Schaltfrequenz	–

Mehrfachspeisung

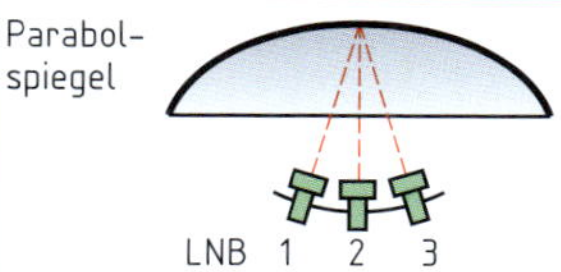

Multifeed-Antenne

Empfang von zwei oder mehr Satelliten in verschiedenen Orbitpositionen mit nur einer Satelliten-Empfangsantenne durch Einsatz von zwei oder mehr vor dem Parabolspiegel nebeneinander angeordneten LNBs.
Bei Mehrfachspeisung können die Satelliten in ihrer Orbitposition bis zu 30° auseinander liegen.
Der Durchmesser des Parabolspiegels muss bei Mehrfachspeisung gegenüber dem Empfang nur eines Satelliten wenigstens 20 Prozent größer sein.

α_{AZ} Azimutwinkel
α_{EL} Elevationswinkel
OB Oberes Band (11,7 GHz bis 12,75 GHz)
UB Unteres Band (10,7 GHz bis 11,7 GHz)
H Horizontale Polarisation
V Vertikale Polarisation
LNB von Low Noise Blockconverter = rauscharmer Frequenzblock-Umsetzer, Multifeed = Mehrfachspeisung.

Oberflächenwellenfilter OFW   Surface acoustic wave filter SAW

Aufbau

Bauformen

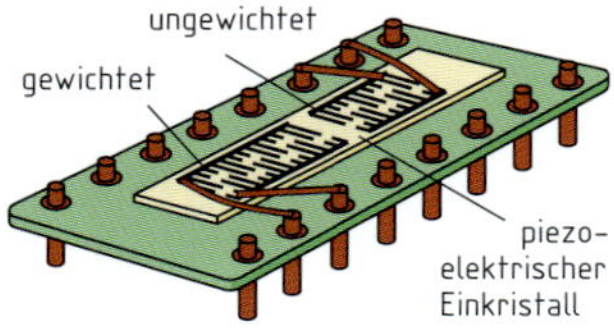

OFW-Bandfilter

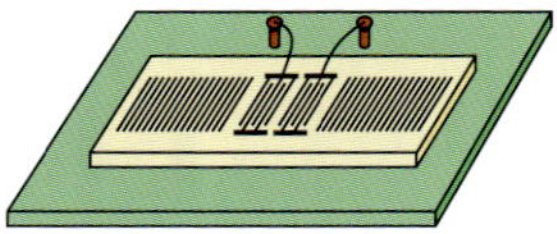

OFW-Einzelkreisresonator

Ansichten

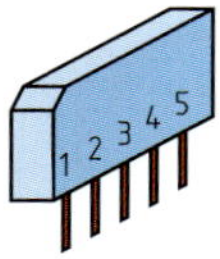

1, 2 Eingang, 3 Masse, 4, 5 Ausgang

Schaltzeichen

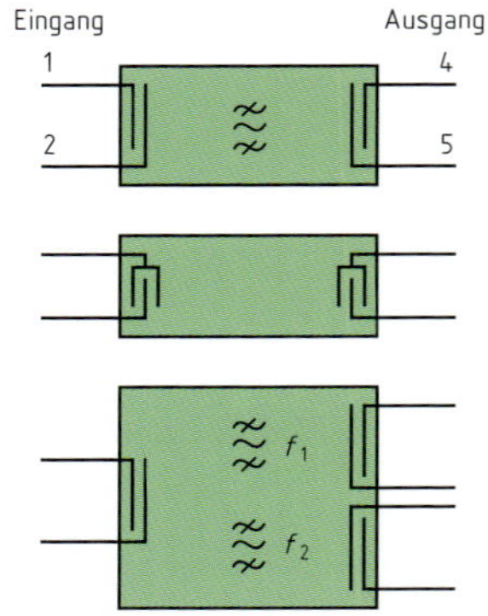

Filterarten (Beispiele)

Übertragungskurve, Art	Ersatzschaltplan	Daten, Bemerkungen
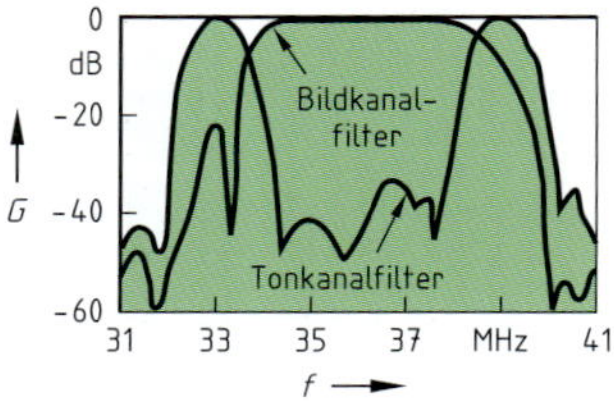 **ZF-Filter für Analog-TV**	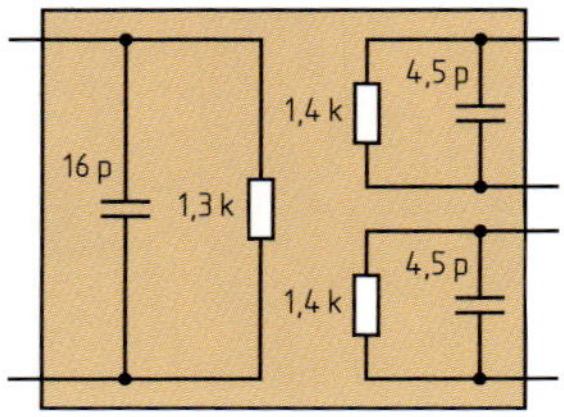	ZF-Filter mit getrennten Ausgängen für den Bildkanal und den Tonkanal. $\Delta\tau = -70$ ns bis -120 ns $f_{BT} = 38{,}90$ MHz, $A = 22$ dB $f_{FT} = 34{,}47$ MHz, $A = 22$ dB $f_{TT} = 33{,}40$ MHz, $A = 22$ dB $f_{NBT} = 31{,}90$ MHz, $A = 76$ dB $f_{NTT} = 40{,}40$ MHz, $A = 73$ dB $f_{NBT} = 30{,}90$ MHz, $A = 69$ dB $f_{NTT} = 41{,}40$ MHz, $A = 70$ dB
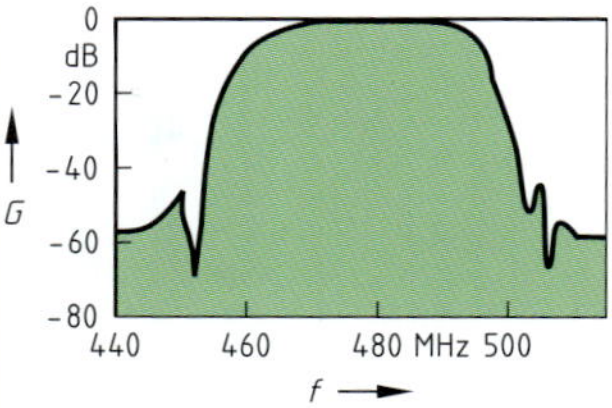 **Satelliten-ZF-Filter**	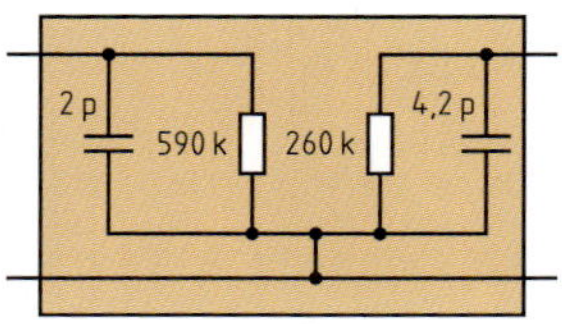	Die Eingangssignale werden durch Mischung auf Kabelkanalfrequenzen umgesetzt. $\Delta\tau = 2{,}3$ ns bis 3,5 ns Für $f < 450$ MHz und $f > 510$ MHz ist die Dämpfung $A > 64$ dB. Für zwei Bandbreiten auch mit zwei Ausgängen, z. B. $B_1 = 18$ MHz und $B_2 = 27$ MHz
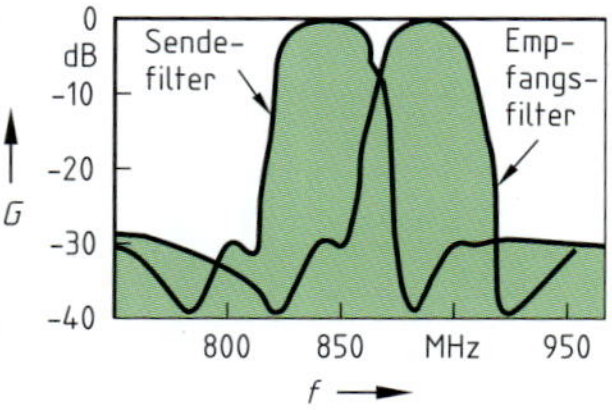 **Filter für Mobiltelefone im D-Netz**	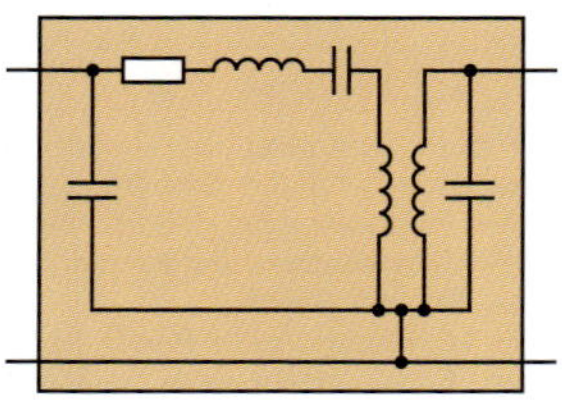	siehe folgende Tabelle

	D-Netze	E-Netze
Sendefilter:	$f_m = 902{,}5$ MHz $B = 35$ MHz $A = 2$ dB	$f_m = 1747{,}5$ MHz $B = 45$ MHz $A = 3$ dB
Empfangsfilter:	$f_m = 947{,}5$ MHz $B = 35$ MHz $A = 3$ dB $A_S = \geq 30$ dB	$f_m = 1842{,}5$ MHz $B = 45$ MHz $A = 4$ dB $A_S \geq 25$ dB

A Dämpfungsmaß
A_S Spiegelfrequenzdämpfungsmaß
B Bandbreite
G Verstärkungsmaß
f_{BT} Bildträgerfrequenz
f_{FT} Farbträgerfrequenz
f_{NBT} Nachbarbildträger
f_{NTT} Nachbartonträger
f_{TT} Tonträgerfrequenz
f_m Mittenfrequenz
$\Delta\tau$ Gruppenlaufzeit
ZF Zwischenfrequenz.

Ü

Digitale Filter Digital filters

Schaltung	Erklärungen	Bemerkungen
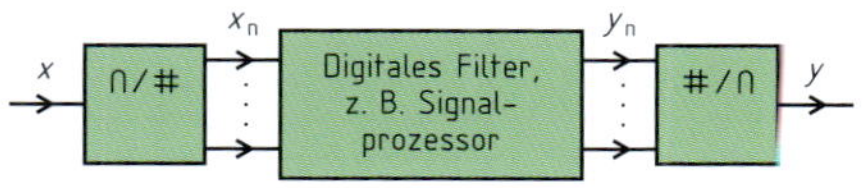 **Prinzip der digitalen Filterung analoger Signale**	Am Filtereingang liegt das Digitalsignal der Breite 6 bit bis 18 bit. Am Filterausgang liegt das durch die *Filtersoftware* umgeformte Digitalsignal derselben Breite.	Ausführung des Filters ist ein IC, z. B. ein schneller Signalprozessor. Die Programmierung erfolgt durch Eingabe von *Filterkoeffizienten* und deren *Verknüpfung*.
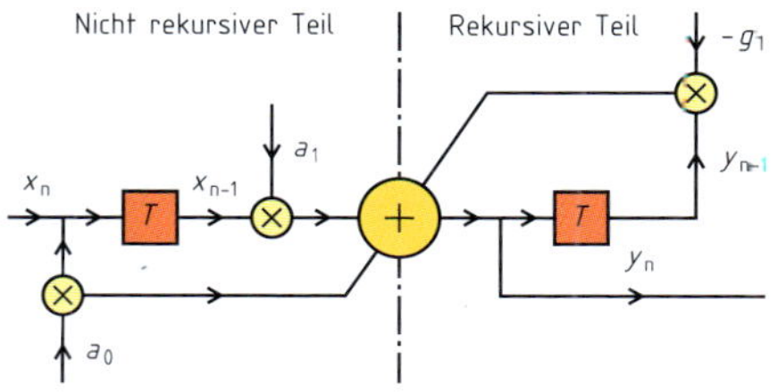 **Digitales Filter 1. Grades**	Das digitale Filter 1. Grades hat im *nicht rekursiven* und im *rekursiven* Teil je ein Verzögerungsglied. Der AD-Umsetzer hat eine Abtastfunktion. Mit jeder Abtastung wird das aktuelle Digitalsignal in das Filter geschoben. Im Filter wird es bei jedem Abtasttakt um eine Stufe weiter geschoben.	Im nicht rekursiven Teil wird das Eingangssignal durch Filterkoeffizienten umgeformt. Im rekursiven Teil erfolgt die Umformung durch gewichtete Bewertung der vorhergegangenen Ausgangssignale. Damit erfolgt im rekursiven Teil eine *Vorhersage* (Prädiktion) des folgenden Ausgangssignals. Dabei tritt ein *Prädiktionsfehler* auf.
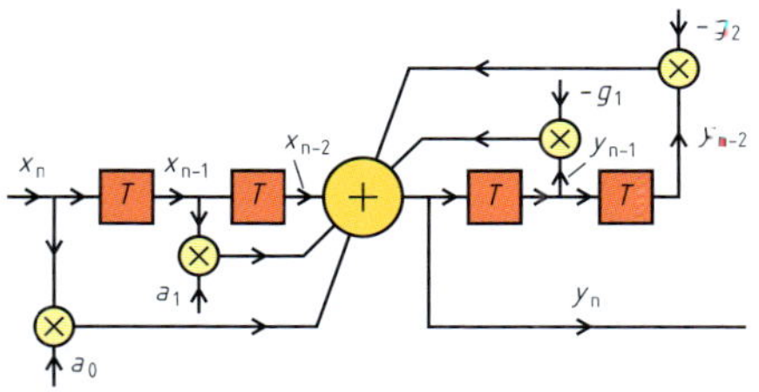 **Digitales Filter 2. Grades**	**Nicht rekursive Filter:** Rekursive Stufen entfallen. Die Impulsantwort des Filters auf einen Impuls am Eingang ist eine beschränkte Impulszahl (FIR-Filter von **F**inite **I**mpulse **R**esponse = endliche Impulsantwort). **Rekursive Filter:** Im nicht rekursiven Teil nur Multiplikation von x_n (IIR-Filter von **I**nfinite **I**mpulse **R**esponse).	Nicht rekursive Filter werden auch *Transversalfilter* genannt (transversal = querlaufend), weil sie das Signal ohne Rückführung durchläuft. Rein rekursive Filter nennt man auch *Prädikatorfilter* (Vorhersagefilter). Je nach Aufgabe können außer einem a-Koeffizienten weitere a-Koeffizienten sowie g-Koeffizienten und die zugehörigen Funktionen entfallen.
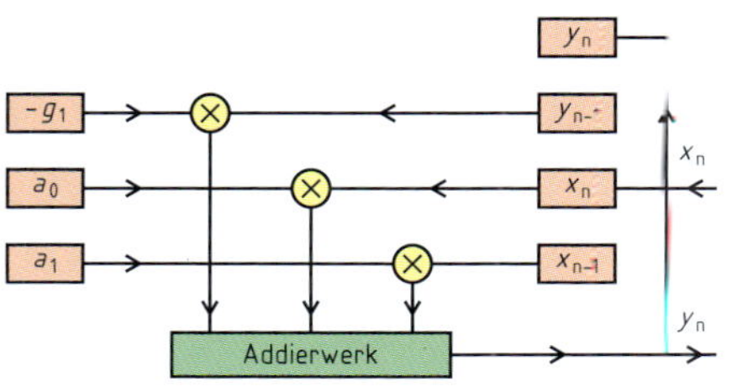 **Rechenwerk für digitales Filter 1. Grades**	Funktionsgleichungen: Beim allgemeinen Filter: $y_n = a_0 \cdot x_n + a_1 \cdot x_{n-1} - g_1 \cdot y_{n-1}$ Beim FIR-Filter: $y_n = a_0 \cdot x_n + a_1 \cdot x_{n-1}$ Beim IIR-Filter: $y_n = a_0 \cdot x_n - g_1 \cdot y_{n-1}$ Die Anordnung der Funktionssymbole kann je nach Ausführung verschieden sein. $0 < g_1 < 1 \Rightarrow$ Hochpass $-1 < g_1 < 0 \Rightarrow$ Tiefpass	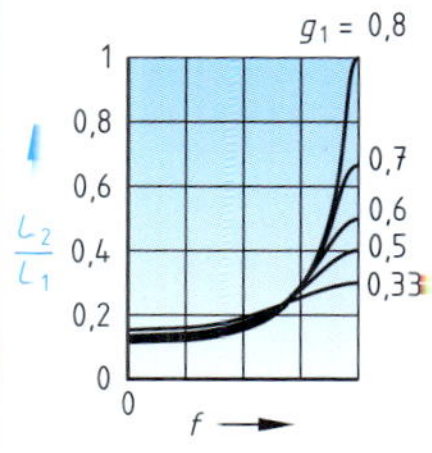 Übertragungskurven von IIR-Filtern 1. Grades

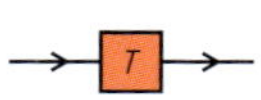

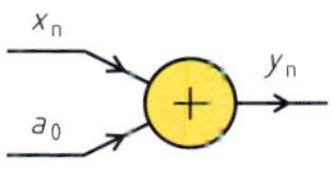

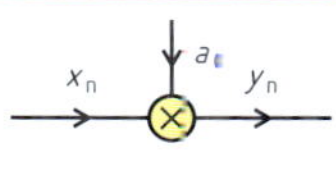

a_0, a_1 Filterkoeffizienten des nicht rekursiven (nicht rückwirkenden) Teils
g_1, g_2 Filterkoeffizienten des rekursiven (rückwirkenden) Teils
n Laufvariable 1, 2, 3, 4, …

x_n Eingangssignal zum Zeitpunkt n
x_{n-1}, x_{n-2} Eingangssignale zu den Zeitpunkten $n-1$, $n-2$
y_n Ausgangssignal zum Zeitpunkt n

y_{n-1}, y_{n-2} Ausgangssignale zu den Zeitpunkten $n-1$, $n-2$

Schwingquarze, keramische Resonatoren   Crystals, ceramic resonators

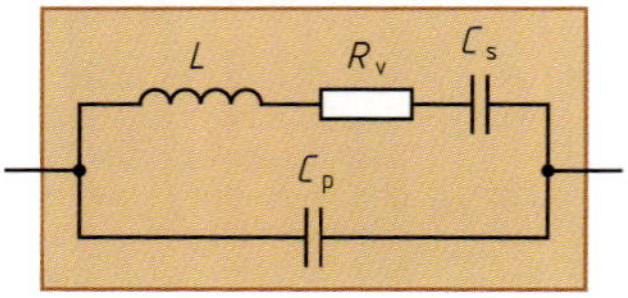

Ersatzschaltplan eines Schwingquarzes

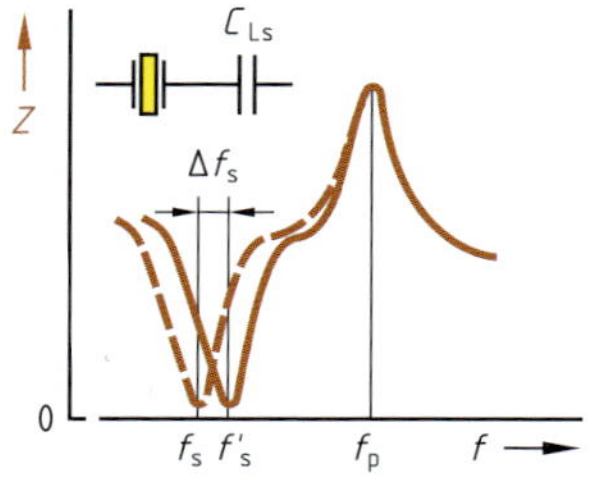

Scheinwiderstand von Schwingquarz und Ziehkapazität in Reihe

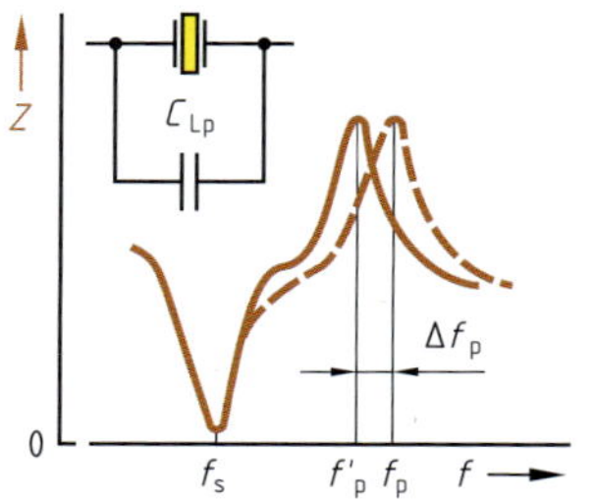

Scheinwiderstand von Schwingquarz und Ziehkapazität parallel

$$f_s = \frac{1}{2\pi \cdot \sqrt{L \cdot C_s}}$$

$$f_p = \frac{1}{2\pi \cdot \sqrt{L \cdot \frac{C_s \cdot C_p}{C_s + C_p}}}$$

$$Q_s = \frac{2\pi \cdot f_s \cdot L}{R_v}$$

$$\frac{\Delta f}{f_s} \approx \frac{C_s}{2 \cdot C_p}$$

Ziehen der Serienresonanzfrequenz durch Kapazität in Reihenschaltung:

$$\frac{\Delta f_s}{f_s} \approx \frac{C_s}{2\,(C_p + C_{Ls})}$$

$$f'_s \approx f_s \cdot \left(1 + \frac{1}{2} \cdot \frac{C_s}{C_p + C_{Ls}}\right)$$

Ziehen der Parallelresonanzfrequenz durch Kapazität Parallelschaltung:

$$\frac{\Delta f_p}{f_s} \approx \frac{1}{2} \cdot \frac{C_s}{C_p} \cdot \frac{C_{Lp}}{C_p + C_{Lp}}$$

$$f'_p \approx f_s \cdot \left(1 + \frac{1}{2} \cdot \frac{C_s}{C_p + C_{Lp}}\right)$$

Die Frequenzen f_s bzw. f_p lassen sich um die relative Frequenzänderung von etwa $\pm 5 \cdot 10^{-3}$ ohne größeren Stabilitätsverlust „ziehen" (verändern). Dadurch ändert sich die Serienresonanzfrequenz von f_s auf f'_s oder die Parallelresonanzfrequenz von f_p auf f'_p.

C, *L* und R_v der Tabelle sind Größen der Ersatzschaltung.

Es gibt neben den Grundschwingungsquarzen auch Oberschwingungsquarze, die mit einer höherzahligen Teilschwingung arbeiten.

Wertebereiche für Grundschwingungsquarze	
f_s	1 kHz bis 30 MHz
C_s	0,003 pF bis 0,3 pF
L	3 mH bis 500 kH
R_v	2 Ω bis 200 kΩ
C_p	1 pF bis 40 pF
Q_s	10^4 bis 10^7

Typische Daten

Keramische Resonatoren			Schwingquarze		
Frequenzen	Frequenztoleranz (bezogen auf f_s)	Alterung je Jahr (bezogen auf f_s)	Frequenzen	Frequenztoleranz (bezogen auf f_s)	Alterung je Jahr (bezogen auf f_s)
375 kHz bis 1250 kHz	± 5000 ppm	± 3000 ppm	32,768 kHz	± 50 ppm	± 3 ppm
1,8 MHz bis 6 MHz	± 5000 ppm	± 3000 ppm	20 kHz bis 165 kHz	± 100 ppm	± 5 ppm
6 MHz bis 13 MHz	± 5000 ppm	± 5000 ppm	4 MHz bis 30 MHz	± 30 ppm	± 5 ppm
14 MHz bis 33,86 MHz	± 5000 ppm	± 3000 ppm	170 MHz bis 210 MHz	± 50 ppm	± 2 ppm

C_{Lp} Ziehkapazität parallel
C_{Ls} Ziehkapazität in Reihe
C_p Parallelkapazität
C_s Serienkapazität
f_p Parallelresonanzfrequenz
f'_p Parallelresonanzfrequenz mit Ziehkapazität parallel
f_s Serienresonanzfrequenz
f'_s Serienresonanzfrequenz mit Ziehkapazität in Reihe
L Induktivität
Q_s Güte bei f_s
R_v Verlustwiderstand
Z Scheinwiderstand
Δf Differenz zwischen f_p und f_s
Δf_p Differenz zwischen f_p und f'_p
Δf_s Differenz zwischen f'_s und f_s

ppm (von **p**arts **p**er **m**illion = Teile je einer Million) = $1/10^6 = 10^{-6}$ = 0,001 ‰ = 0,0001 %

Optische Signalübertragung Optical signal transmission

Betriebsmittel	Erklärungen	Bemerkungen
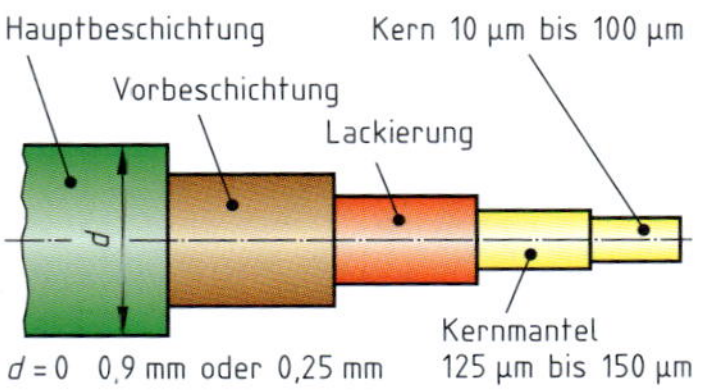 **Aufbau einer Glasfaserleitung (LWL)**	Bei Quarzglasfasern Signalübertragung im Kern mit IR-Strahlung (Infrarotstrahlung). Bei Acrylglasfasern Signalübertragung im Kern mit Licht oder mit IR-Strahlung. Intensitätsmodulation: Die Lichtstärke wird zwischen zwei Werten geändert, d. h. es wird ASK verwendet.	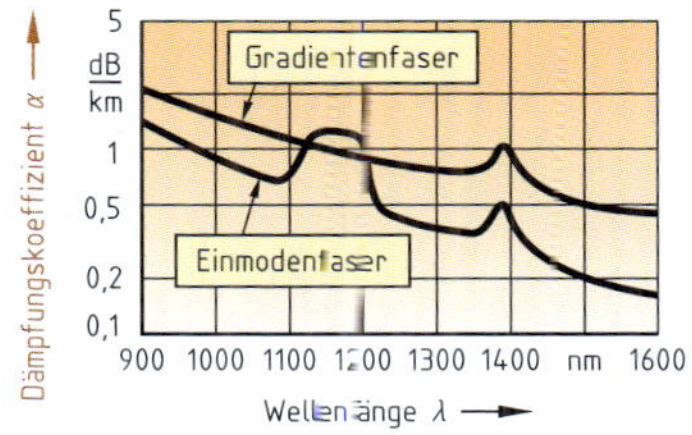 **Dämpfungskoeffizienten von Glasfasern aus Quarzglas**
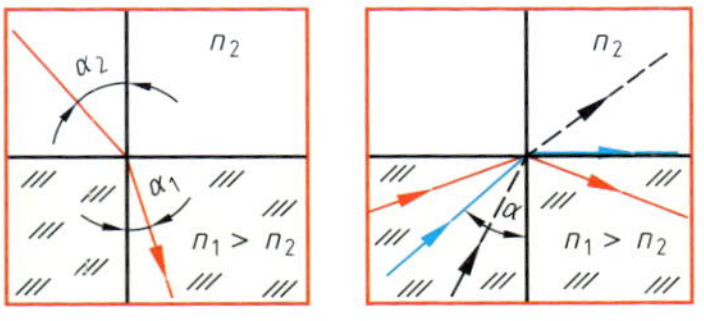 **Brechung und Totalreflexion**	Leitung der Strahlung im Kern infolge Brechung und Reflexion. Brechzahlen n: • Luft ≈ 1 • Acrylglas ≈ 1,49 • Quarz ≈ 1,54	$\frac{\sin \alpha_1}{\sin \alpha_2} = \frac{n_2}{n_1}$ $n = \frac{\sin \alpha_2}{\sin \alpha_1}$ $n = \frac{c_0}{c_1}$ Bei $n_1 > n_2$: $\sin \alpha = \frac{n_2}{n_1}$
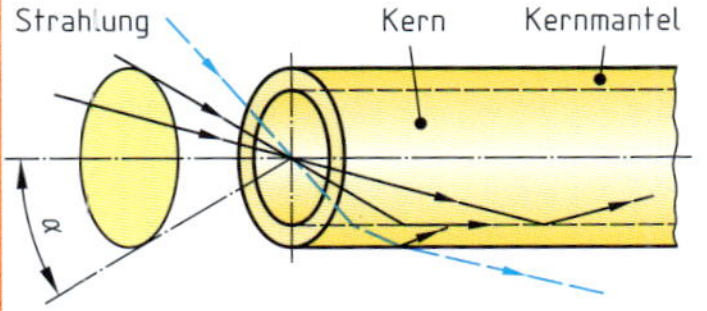 **Akzeptanzwinkel**	Akzeptanzwinkel: Größter Winkel zur Glasfaserachse, bei dem Totalreflexion auftritt. Je öfter diese stattfindet, desto größer ist die Dispersion (Streuung), d. h. die Impulsverbreiterung.	Bei $n_1 > n_2$: $A_N = \sin \alpha$ $A_N = \sqrt{n_1^2 - n_2^2}$ Allgemein: $D = \sqrt{\frac{t_{i2}^2 - t_{i1}^2}{l}}$
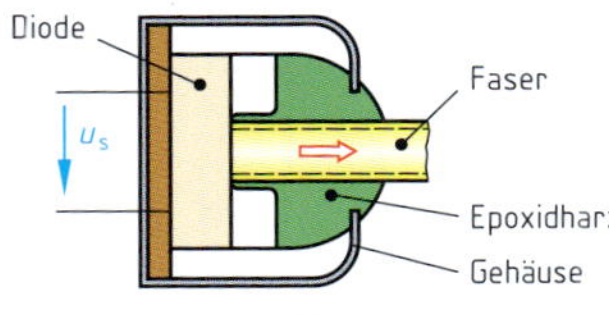 **Einkopplung der Signale in die Glasfaser**	Sender sind IRED (IR-emittierende Dioden), LED (Licht emittierende Dioden) oder LD (Laserdioden). Auskopplung der Signale aus der Glasfaser mit Fotodioden oder Fototransistoren.	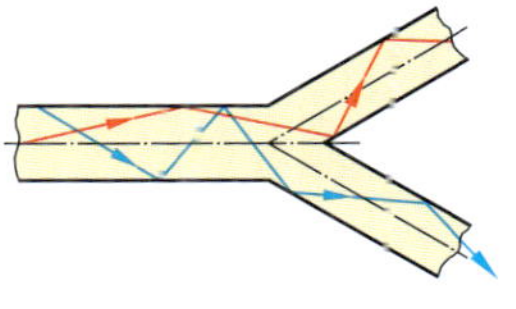 **Gabelkoppler (Prinzip)**
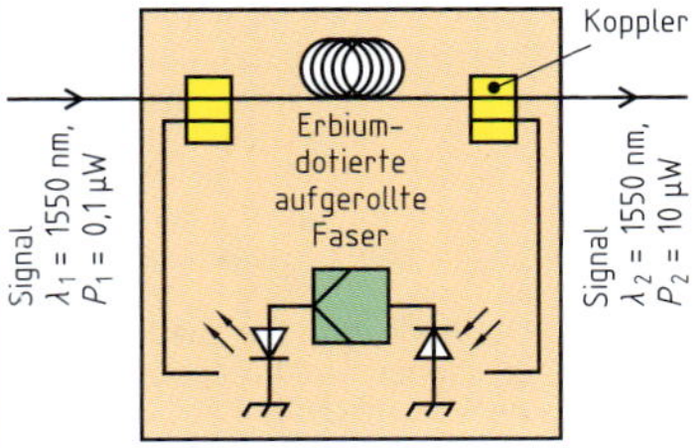 **Optische Verstärker**	Verstärkung: Optisch-elektrische Umsetzung, elektrische Verstärkung und elektrisch-optische Umsetzung. Optische Verstärker: Spezielle Glasfaser, zwei Koppler, Fotodiode zum Ansteuern der Regelelektronik und Pump-Laserdiode.	Verstärkung bei größerer Entfernung oder bei Verzweigungen. Beim optischen Verstärker wird eine energiereiche Strahlung dem mit Erbium dotierten Glasfaserleiter mit den Signalimpulsen zugeführt. Dabei tritt durch Anhebung der Valenzelektronen und den beim Rückfall der Valenzelektronen erzeugten Lichtquanten eine Verstärkung ein.

A_N	numerische Apertur	l	Glasfaserlänge	α	Grenzwinkel bzw. Akzeptanzwinkel
c_0	Lichtgeschwindigkeit in Luft (300 000 km/s)	n	Brechzahl	λ	Wellenlänge
c	Ausbreitungsgeschwindigkeit	P	Leistung		Indizes 1 und 2 für Medium 1 und 2 bzw. bei P und λ für Eingang und Ausgang
D	Dispersion	t_i	Impulsdauer		ASK Amplitudenumtastung.
		u_s	Signalspannung		

Ü

Flachbildschirme und Berührungsbildschirme   Flatscreens and touchscreens

Art und Aufbau	Funktion	Bemerkungen, Kenngrößen
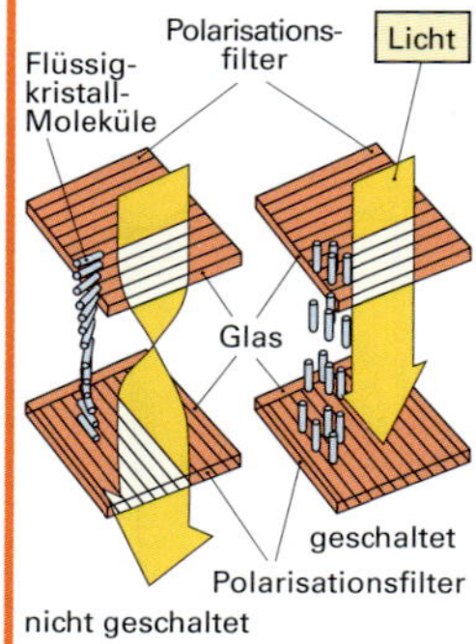 **TFT-Display**	Flachbildschirme mit **TFT-LCD** (Thin Film Transistor Liquid Crystal Displays = Dünnfilm Transistor-Flüssigkristall-Anzeigen) bestehen aus sehr dünnen Schichten mit flüssigen, langgestreckten Kristallmolekülen. Bei nicht angelegter Spannung sind die Kristallmoleküle wendeltreppenförmig zwischen der Frontglasscheibe und der rückwärtigen Glasscheibe angeordnet. Dadurch wird das einfallende polarisierte Licht im Flüssigkristall um 90° gedreht. Bei angelegter Spannung werden die Kristallmoleküle ausgerichtet und bewirken keine Drehung des polarisierten Lichtes. Das nicht gedrehte polarisierte Licht kann die hintere Polarisationsscheibe nicht durchdringen. Damit ist es möglich, den Lichtdurchgang elektrisch zu schalten. Hinter den Flüssigkristallen wird eine Lichtquelle betrieben und über Farbfilter werden rote, grüne und blaue Lichtpunkte erzeugt. Diese sind gleichmäßig über die Displayfläche verteilt.	Die Farbauflösung beträgt z. B. 2^{18} unterschiedliche Farben. Die Schaltmöglichkeit wird beim TFT-Display so ausgenützt, dass für jeden Bildpunkt eine Flüssigkristallzelle (TN-Zelle von Twisted Nematik = gedrehte Stäbchen) durch einen Transistor steuerbar in einem Rasterfeld angeordnet ist. Die TFT-Displays benötigen keine Hochspannung. Die Leistungsaufnahme ist sehr gering und beträgt nur einige Watt. • Kontrast: über 700 : 1 • Einblickwinkel: bis 160° • Auflösung: bis 1280 × 1024 Pixel • Bildpunktraster: typ. 0,28 mm
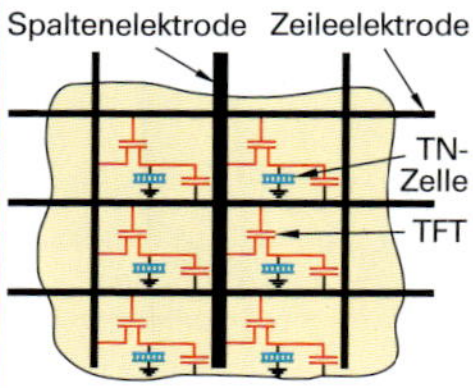 **PDP-Display** 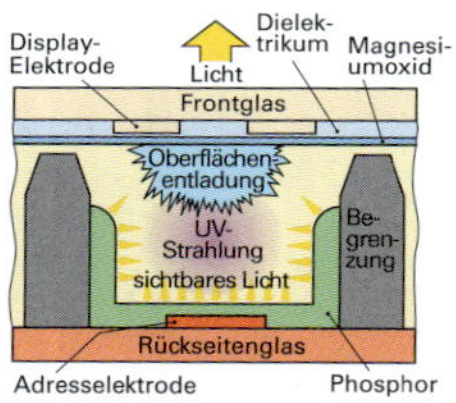 	Bei den **PDP** (Plasma Display Panel = Plasma-Anzeigetafel) ist jeder Bildpunkt ein selbstleuchtendes Element. Dabei wird Phosphor zum Leuchten angeregt und zwar jeweils in den Farben Rot, Grün, Blau. Das Plasmadisplay besteht aus zwei parallelen Glasscheiben mit geringem Abstand zueinander. Die Glasscheiben haben auf der Innenseite ein sich überkreuzendes metallisches Streifengitter mit Elektroden in den Kreuzungspunkten. Zur Bildpunkterzeugung wird Spannung an ein Streifenpaar angelegt. Am Kreuzungspunkt findet dann eine Entladung statt und erzeugt so lange UV-Strahlung, bis über einen Löschimpuls die Entladung gelöscht wird. Die UV-Strahlung wird über fluoreszierenden Phosphor in sichtbares Licht in den Farben Rot, Grün und Blau umgewandelt. Jeder Bildpunkt besteht aus einem rot-, grün- und blaufluoreszierenden Kreuzungspunkt.	PDP-Displays werden mit Auflösungen von z. B. 1280 × 1024 Bildpunkten hergestellt und sind besonders auch für CAD-Anwendungen vorgesehen. PDP-Displays gibt es mit relativ großen Bildschirmflächen, z. B. mit 42" (105,6 cm Bildschirmdiagonale). Damit eignen sich PDP-Displays auch für Präsentationen vor großem Publikum, z. B. auf Messen. • Kontrast: über 400 : 1 • Einblickwinkel: etwa 160° • Auflösung: z. B. 1280 × 1024 Pixel
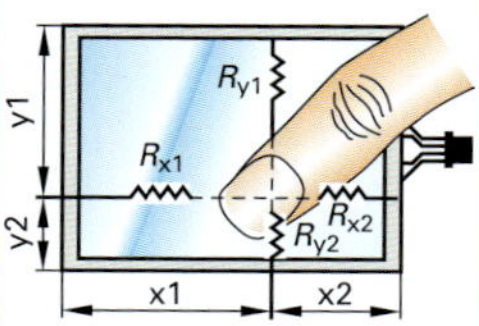 **Widerstandsprinzip** 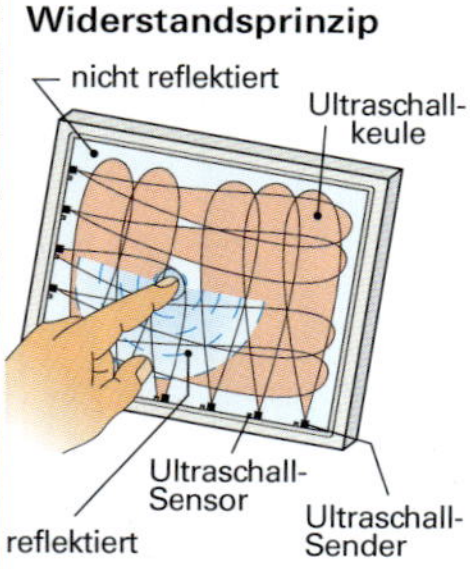 **Touch-Screen**	Beim **Touch-Screen mit Widerstandsschicht** befindet sich auf der Bildschirmoberfläche eine transparente Widerstandsbeschichtung und darüber, durch Isolierpunkte getrennt, eine wiederum transparente Schicht mit leitfähigem Kunststoff. Bei Berührung gibt die leitfähige Kunststoffschicht Kontakt zur Widerstandsschicht auf der Bildschirmoberfläche und schließt damit einen *x*-Stromkreis und einen *y*-Stromkreis. Anhand der Widerstände in diesen beiden Stromkreisen können die Berührpunktkoordinaten bestimmt werden. Der **Touch-Screen mit Ultraschallabtastung** sendet Körperschall-Ultraschallwellen in einem Deckglas des Bildschirms. Durch Reflektoren am Bildschirmrand wird die Ultraschallwelle über die gesamte Bildschirmfläche geführt. Bei Berührung wird die Ultraschallwelle gedämpft. Die Schallsensoren in den vier Bildschirmecken empfangen je nach *x*-, *y*-Koordinate des Berührpunktes die Schallwellen mit reduzierter Schallleistung mit unterschiedlichen Schalllaufzeiten.	Touch-Screens (berührungsempfindliche Bildschirme) ermöglichen Daten- und Signaleingabe durch Berührung der Bildschirmoberfläche mit dem Finger. Der angeschlossene Computer wertet die Berührpunkte entsprechend den *x*/*y*-Koordinaten des Bildschirms aus. Durch die Bildschirmberührung werden virtuelle (scheinbare) Tasten betätigt. Die Auflösung der Berührpunktpositionen liegt bei etwa 100.000 Berührpunkten je inch^2 (bei einer Transparenz der Berührungsschicht von 75%) bei dem Touch-Screen mit Widerstandsschicht. Bei dem Touch-Screen mit Ultraschallabtastung beträgt die Auflösung etwa 150 Berührpunkte je inch^2 bei einer Bildschirmtransparenz von mehr als 90%.

Flachbildschirme Flat screens

<table>
<tr><th>Art</th><th>Darstellung, Aufbau</th><th>Erklärungen</th></tr>
<tr><td>Flach-Bild-schirme</td><td>
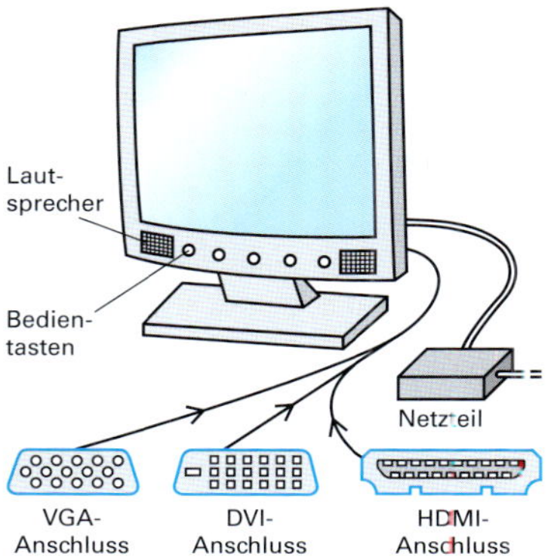

LCD-Bildschirm</td><td>Bei Flachbildschirmen werden die einzelnen Bildpunkte gleichzeitig angesteuert und beim Bildwechsel werden nur Bildänderungen neu aufgebaut. Die Reaktionszeit auf die Spannungsänderung beträgt dabei meist zwischen 2 ms und 25 ms. Gegenüber Röhren-Bildschirmen sind Flachbildschirme platzsparender, flimmerfrei, strahlungsärmer, leichter, langlebiger, haben eine geringere Leistungsaufnahme und ein verzerrungsfreies Bild. Manche Bildschirme haben außer dem VGA-Anschluss zusätzlich einen DVI-Anschluss (von Digital Video Interface = digitale Videoschnittstelle) oder einen HDMI-Anschluss (High Definition Multimedia Interface = hochauflösende Multimediaschnittstelle). Über die beiden letzten müssen die Bildsignale zur Übertragung nicht in Analogsignale umgewandelt werden.
Flachbildschirme besitzen eine feste Bildauflösung, auf welche die Grafikkarte zur verlustfreien Darstellung eingestellt werden muss. Man unterscheidet die Technologien Flüssigkristallanzeige (LCD von Liquid Crystal Display), organische Leuchtdiodenanzeige (OLED von Organic Light Emitting Diode) und Plasmaanzeige.</td></tr>
<tr><td>OLED-Anzeige</td><td>
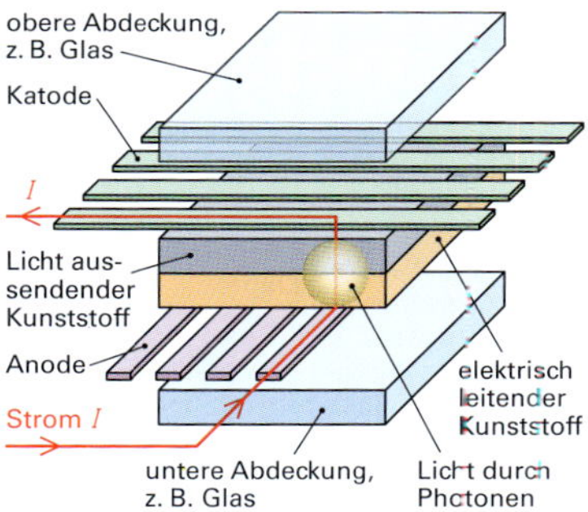

Aufbau von OLED-Anzeigen</td><td>OLEDs verwenden als lichtemittierendes Material organische Kunststoffe anstelle von anorganischen Halbleiterwerkstoffen. Das organische Material wird gegenüber Feuchtigkeit und Sauerstoff durch die obere und untere Abdeckung verkapselt. Sind die Abdeckungen aus flexiblem Material, kann der OLED-Bildschirm gebogen oder aufgerollt werden. Für Bildschirme beim Handy oder Laptop muss eine der Abdeckungen reflektierend sein, während bei Windschutzscheiben für Autos beide Abdeckungen transparent sind.
Fließt Strom durch die Grenzschicht der inneren Kunststoffschichten, wird Licht in Form von Photonen erzeugt. Vorteile von OLEDs gegenüber LCDs und Plasmaanzeigen sind vor allem:
• Größere Helligkeit bei stärkerem Kontrast,
• hohe Bildreaktionsgeschwindigkeit,
• extrem dünne Bauweise und
• niedriger Energieverbrauch.</td></tr>
<tr><td>LCD-Zellen</td><td>
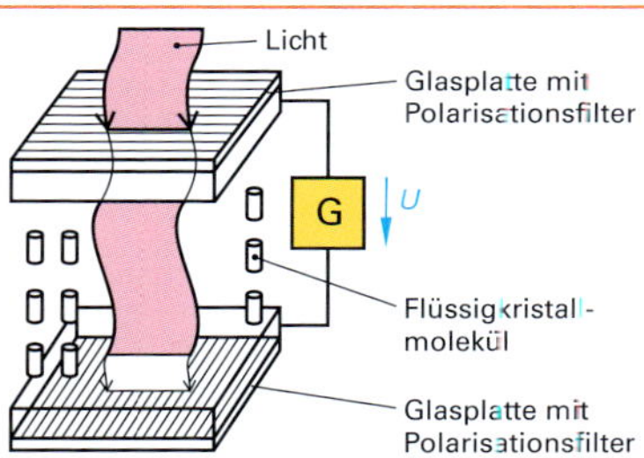

TN-Flüssigkristall-Zelle

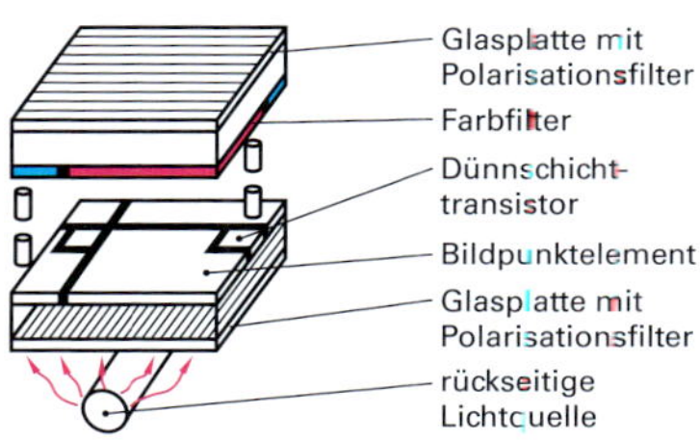

TFT-Aktivmatrixzelle</td><td>LCD-Zellen enthalten stäbchenförmige Moleküle, welche sich bei Temperaturen zwischen −20 °C und +85 °C parallel ausrichten, aber in ihrer Längsrichtung drehbar sind. Über 85 °C bewegen sich die Moleküle im flüssigen Zustand ungeordnet und unter −20 °C verharren die Moleküle unbeweglich im kristallinen Zustand.
In einer TN-Zelle (von Twisted Nematic = gedrehte Stäbchen) werden bei nicht angelegter Spannung die Moleküle parallel zu den Polarisationsebenen gedreht. Dazwischen ordnen sich die Stäbchen wendeltreppenförmig an. Dadurch wird das einfallende, polarisierte Licht im Flüssigkristall um 90° gedreht, sodass es beide Polarisationsfilter durchdringt. Der Bildpunkt erscheint somit hell, da der Lichtstrahl an der unteren Polarisationsebene nicht reflektiert wird.
Unter Spannung werden die Moleküle wie abgebildet senkrecht ausgerichtet. Das polarisierte Licht wird nicht gedreht, kann die untere Polarisationsebene nicht durchdringen und wird an ihr reflektiert. Der Bildpunkt erscheint dunkel.

Bei TFT-Anzeigen (von Thin Film Transistor = Dünnfilmtransistor) wird jede Zelle durch einen eigenen Transistor gesteuert. Parallel zu jeder Zelle ist ein Bildpunktkondensator geschaltet, welcher mit dem Amplitudenwert des Videosignals geladen wird. Die rückwärtig eingebaute Beleuchtung gewährleistet auch im Dunkeln helle, gut erkennbare, hochauflösende Bilder.</td></tr>
</table>

Ü

Elektronische Anzeigeeinheiten Displays

Technologien	Wirkungsweisen	Kenngrößen, Anwendungen
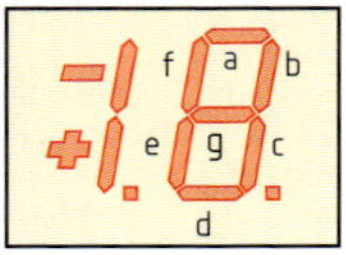7-Segment-Anzeige 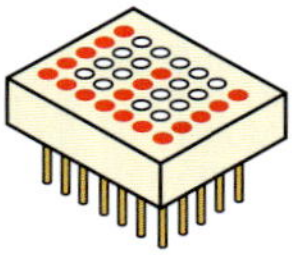5x7 Punktmatrix-Anzeige **Leuchtdioden (LED)**	Lichterzeugung durch Leuchtdioden (GaAsP). 7-Segment-Anzeige: Jedes Segment a bis g ist getrennt ansteuerbar. 5 × 7-Punktmatrix: Große Zeichenauswahl, Ansteuerschaltung meistens integriert. Durch entsprechende Anordnung von Segmenten oder Punkten sind beliebige Zeichen möglich. Mehrfarbige LEDs (Rot/Grün) ermöglichen Mischfarben.	7-Segment-Anzeige: U = 1,6 V bis 1,9 V I = 5 mA bis 20 mA je Segment 5 × 7-Punktmatrix-Anzeige: U = 5 V I = 4 mA bis 6 mA je Punkt Vorteil: Große Helligkeit Nachteil: Leistungsaufnahme (≈ 10 mW/cm²) Anwendungen: Fernsehgeräte (Kanalanzeige), Waagen, Uhren, Informationstafeln.
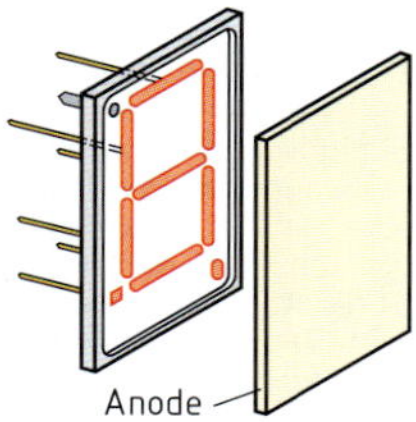7-Segment-Anzeige **Plasma (PD)**	Lichterzeugung durch Gasentladung. Glimmlicht entsteht vor der Katode, die gemeinsame Anode ist transparent. Matrix-Anzeigen (Plasmadot-Anzeigen) haben zeilenförmige und spaltenförmige Elektroden. Sie enthalten meist eine Ansteuerschaltung und Schnittstellen für Busanschluss. Mit Matrix-Anzeigen ist hohe Auflösung erreichbar.	Betriebsspannung: U = 170 V bis 200 V Schaltspannung: U = 30 V I = 0,1 mA je Segment Vorteile: Geringe Leistungsaufnahme, flache Bauweise Nachteil: Hohe Betriebsspannung Anwendungen: Uhren, Informationstafeln, Datensichtgeräte
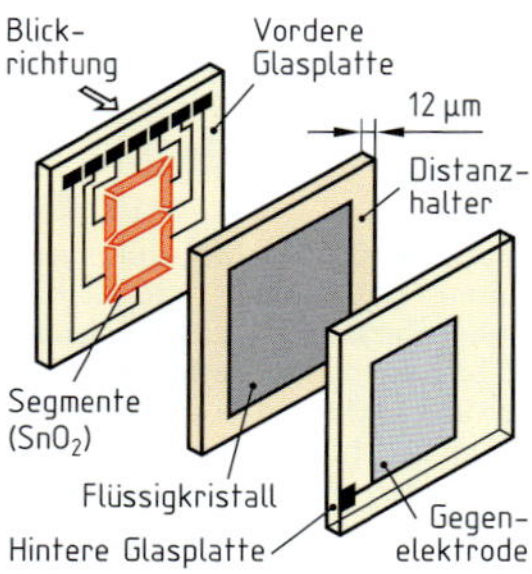7-Segment-Anzeige **Flüssigkristall (LCD)**	Keine eigenständige Lichterzeugung, deshalb Fremdlicht erforderlich. Bestimmte Substanzen, z. B. MBBA (Methoxy-Benzyliden-Butyl-Anilin) haben zwischen 0 °C und 50 °C einen kristallin-flüssigen Zustand. Durchsichtige MBBA-Flüssigkeit wird im elektrischen Feld undurchsichtig durch Drehung der Polarisationsebene oder Lichtstreuung an ungeordneten Kristallen bei Wechselspannung. Farbige Anzeigen durch Einfärben des Flüssigkristalls möglich. Matrix-Anzeigen z. B. mit 640 × 480 Punkten (LCD-Grafik-Module).	U = 2 V bis 5 V Vorteile: Sehr kleine Leistungsaufnahme (≈ 1 µW/cm²), flache Bauweise. Nachteile: Eingeschränkter Betrachtungswinkel. Begrenzter Temperaturbereich, normal 0 °C bis 50 °C, Sonderausführungen −10 °C bis 70 °C. Anwendungen: Uhren, Taschenrechner, Notebooks, PDAs, Fernsehgeräte, Messgeräte, Anzeigefelder bei vielen Geräten der Unterhaltungselektronik und Bürotechnik.
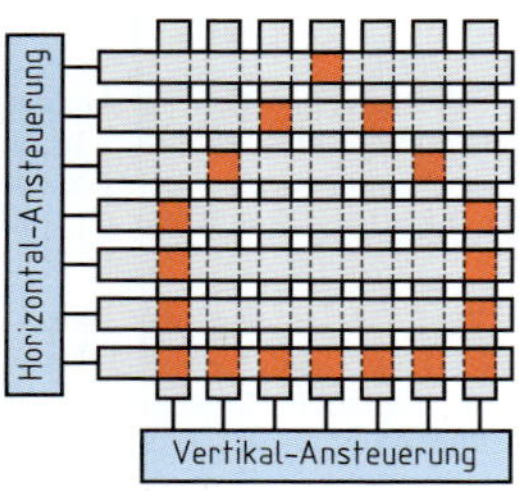**Elektrolumineszenz**	Lichterzeugung durch Anregung von Leuchtstoffen im elektrischen Feld (Elektrolumineszenz). Aufbau ähnlich wie Flüssigkristall-Anzeigen. An Stelle des Flüssigkristalls befindet sich hier jedoch eine isolierende Zwischenschicht mit Leuchtstoffkörnern (meist Zinksulfid dotiert mit Mn und Cu). Ausführung mit Segmenten oder als Matrix.	U = 12 V Vorteile: Guter Kontrast (≥ 15 : 1), flache Bauweise, robust. Nachteil: Leistungsbedarf etwa 6 W bei 640 × 200-Matrix Anwendungen: Anzeigefelder, Informationstafeln, Messgeräte.

Frequenzbereiche für Funktechnik und Kabelnetze
Frequency ranges for radio technology and cable networks

Bezeichnungen			Frequenzen f	Wellenlängen λ
Einteilung der Frequenzbereiche für Signalübertragung				
Niederfrequenz			< 50 kHz	> 6 km
Hochfrequenz			50 kHz bis 1 GHz	6 km bis 30 cm
Höchstfrequenz			1 GHz bis 300 GHz	30 cm bis 1 mm
Infrarot-Strahlung (IR)			0,3 THz bis 384 THz	1 mm bis 780 nm
Licht (rot → orange → gelb → grün → blau → violett)			384 THz bis 789 THz	780 nm bis 380 nm
Ultraviolett-Strahlung (UV)			789 THz bis 30000 THz	380 nm bis 10 nm
Bezeichnung der Frequenzbereiche in der Funktechnik				
Megameterwellen	Extremely Low Frequencies	ELF	< 3 kHz	> 100 km
Myriameterwellen	Very Low Frequencies	VLF	3 kHz bis 30 kHz	100 km bis 10 km
Kilometerwellen	Low Frequencies	LF	30 kHz bis 300 kHz	10 km bis 1 km
Hektometerwellen	Medium Frequencies	MF	300 kHz bis 3 MHz	1 km bis 100 m
Dekameterwellen	High Frequencies	HF	3 MHz bis 30 MHz	100 m bis 10 m
Meterwellen	Very High Frequencies	VHF	30 MHz bis 300 MHz	10 m bis 1 m
Dezimeterwellen	Ultra High Frequencies	UHF	300 MHz bis 3 GHz	1 m bis 10 cm
Zentimeterwellen	Super High Frequencies	SHF	3 GHz bis 30 GHz	10 cm bis 1 cm
Millimeterwellen	Extremely High Frequencies	EHF	30 GHz bis 300 GHz	1 cm bis 1 mm

Frequenzbereiche und ihre Nutzung für die Aussendung elektromagnetischer Wellen sind von der Internationalen Fernmeldeunion (ITU/UIT) international verbindlich festgelegt.

Frequenzbereiche für Hör-Rundfunk

148,5 kHz bis 283,5 kHz	Langwelle (LW)
526,5 kHz bis 1606,5 kHz	Mittelwelle (MW)
	Kurzwelle (KW)
2,3 MHz bis 2,495 MHz	120-m-Band
3,2 MHz bis 3,4 MHz	90-m-Band
3,95 MHz bis 4,0 MHz	75-m-Band
4,75 MHz bis 4,995 MHz	60-m-Band
5,005 MHz bis 5,06 MHz	60-m-Band
5,95 MHz bis 6,2 MHz	49-m-Band
7,1 MHz bis 7,3 MHz	41-m-Band
9,5 MHz bis 9,9 MHz	31-m-Band
11,65 MHz bis 12,05 MHz	25-m-Band
13,6 MHz bis 13,8 MHz	22-m-Band
15,1 MHz bis 15,6 MHz	19-m-Band
17,55 MHz bis 17,9 MHz	16-m-Band
21,45 MHz bis 21,85 MHz	13-m-Band
25,67 MHz bis 26,1 MHz	11-m-Band
87,5 MHz bis 108 MHz	Ultrakurzwelle (UKW), Band II
1452,0 MHz bis 1467,5 MHz	L-Band

Frequenzbereiche für Amateurfunk (Auswahl)

7,0 MHz bis 7,1 MHz	40-m-Band
14,0 MHz bis 14,35 MHz	20-m-Band
21,0 MHz bis 21,45 MHz	15-m-Band
24,89 MHz bis 24,99 MHz	12-m-Band
28,0 MHz bis 29,7 MHz	10-m-Band
144 MHz bis 146 MHz	2-m-Band
430 MHz bis 440 MHz	70-cm-Band[1]
1,24 GHz bis 1,3 GHz	23-cm-Band[1]
2,32 GHz bis 2,45 GHz	13-cm-Band[1]

Frequenzbereiche für Mobilfunk und WLAN

791 MHz bis 862 MHz	LTE800
890 MHz bis 960 MHz	GSM900
1710 MHz bis 1880 MHz	GSM1800
1880 MHz bis 1900 MHz	DECT
1900 MHz bis 2200 MHz	UMTS
2400 MHz bis 2483,5 MHz	WLAN (2,4-GHz-Bereich)
2500 MHz bis 2900 MHz	LTE2600
5150 MHz bis 5725 MHz	WLAN (5,4-GHz-Bereich)

Frequenzbereiche für Fernseh-Rundfunk

Terrestrische Sender für DVB-T		
174 MHz bis 230 MHz	Band III	Kanal 5 bis 12
470 MHz bis 606 MHz	Band IV	Kanal 21 bis 37
606 MHz bis 790 MHz	Band V	Kanal 38 bis 60
Satellit		
10,7 GHz bis 12,75 GHz	Band VI	Vertikale und horizontale Polarisation

Frequenzbereiche für Kabelnetze

47 MHz bis 68 MHz	Kanal K2 bis K4[2]
109 MHz bis 174 MHz	Kanal S2 bis S10
174 MHz bis 230 MHz	Kanal K5 bis K12
230 MHz bis 300 MHz	Kanal S11 bis S20
302 MHz bis 470 MHz	Kanal S21 bis S41
470 MHz bis 606 MHz	Kanal K21 bis K37
606 MHz bis 862 MHz	Kanal K38 bis K69

7-MHz-Kanal: K2 bis K4, S6 bis S20
8-MHz-Kanal: S2, S3, S4, S21 bis K69

[1] Bereich wird teilweise oder vollständig mit anderen Funkdiensten geteilt.
[2] Kanal K2 bis K4 entfallen für die Programmverteilung, wenn Kabelnetz Rückkanal aufweist.

Analoge Modulation   Analog modulation

Arten

Deutsche Bezeichnungen	Englische Bezeichnungen	Trägersignale	Modulationssignale	Betroffene Parameter
Amplitudenmodulation Frequenzmodulation Phasenmodulation	**A**mplitude **M**odulation (AM) **F**requency **M**odulation (FM) **P**hase **M**odulation (PM)	sinusförmig sinusförmig sinusförmig	sinusförmig sinusförmig sinusförmig	Amplitude Frequenz Phase
Pulsamplitudenmodulation	**P**ulse **A**mplitude **M**odulation (PAM)	pulsförmig	sinusförmig	Amplitude
Pulsfrequenzmodulation	**P**ulse **F**requency **M**odulation (PFM)	pulsförmig	sinusförmig	Frequenz
Pulsphasenmodulation	**P**ulse **P**hase **M**odulation (PPM)	pulsförmig	sinusförmig	Phase
Pulsdauermodulation/ Pulsweitenmodulation	**P**ulse **D**uration **M**odulation (PDM)/ **P**ulse **W**idth **M**odulation (PWM)	pulsförmig	sinusförmig	Pulsdauer

Gegenüberstellung von AM und FM

	Amplitudenmodulation (AM)		Frequenzmodulation (FM)	
Zeitlicher Verlauf des modulierten Signals	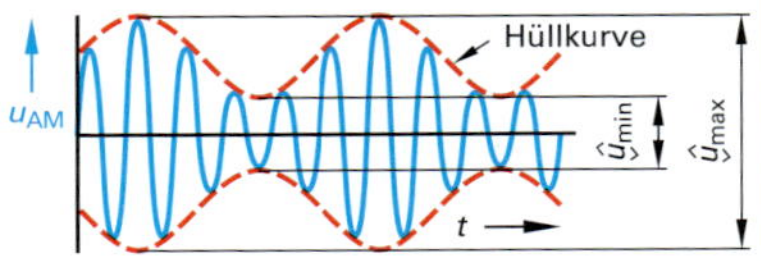		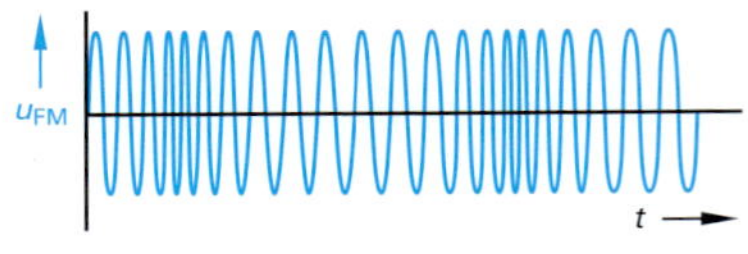	
Frequenzspektrum des modulierten Signals	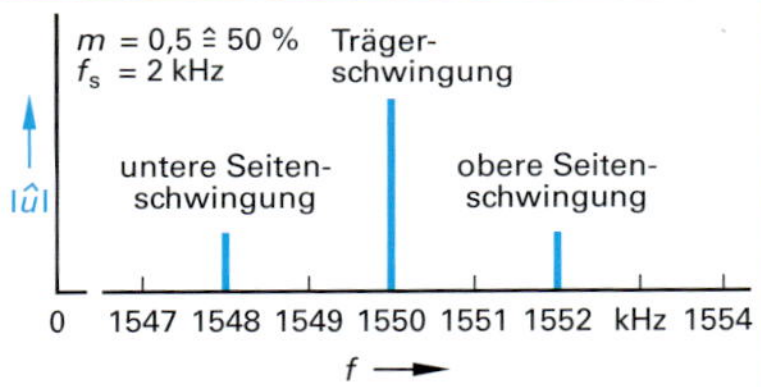		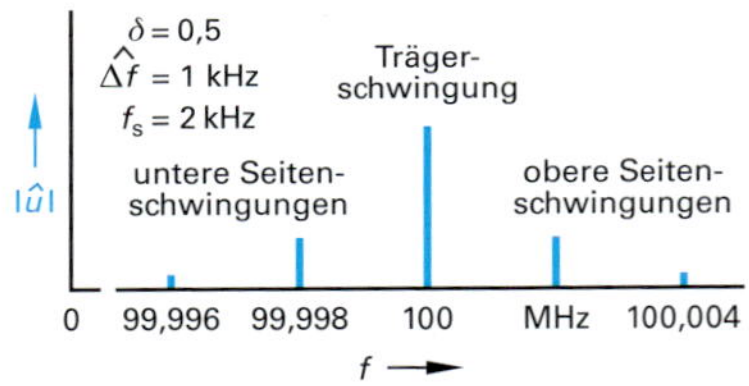	
Wirkung der Modulation und Bandbreite	Modulationsgrad $m = \frac{\hat{u}_s}{\hat{u}_T} = \frac{\hat{u}_{max} - \hat{u}_{min}}{\hat{u}_{max} + \hat{u}_{min}}$	Bandbreite $B = 2 \cdot f_{s\,max}$	Modulationsindex $\delta = \frac{\hat{\Delta f}}{f_s}$	Bandbreite $B \approx 2 \cdot (\hat{\Delta f}_{max} + f_{s\,max})$

Pulsmodulation

Pulsamplitudenmodulation

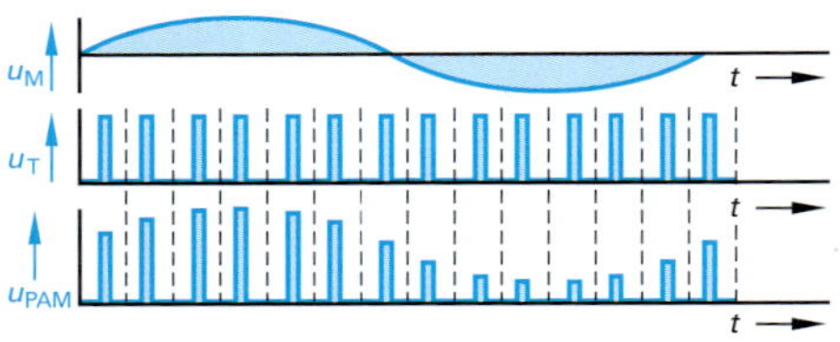

Pulsfrequenzmodulation

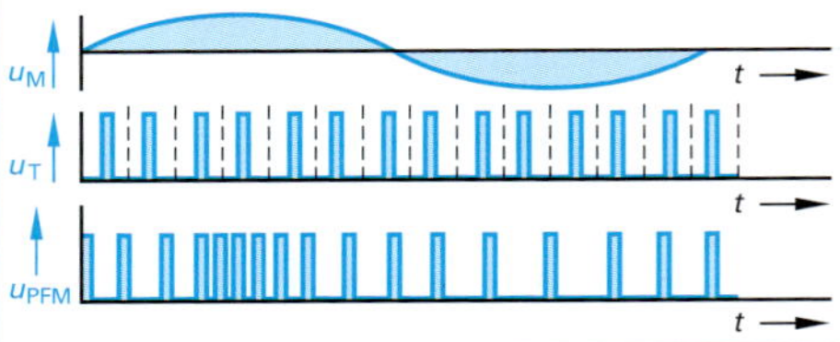

Pulsphasenmodulation

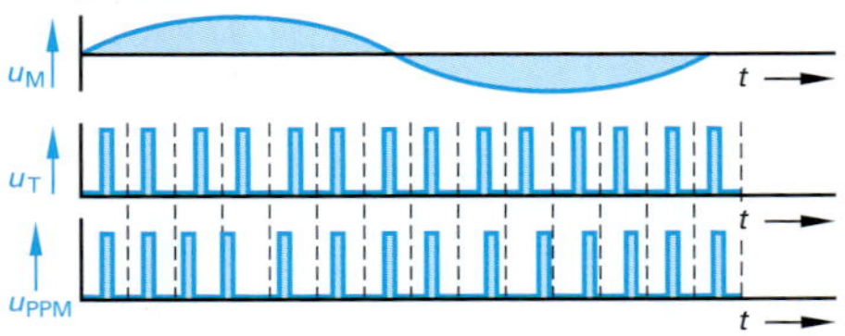

Pulsdauermodulation/Pulsweitenmodulation

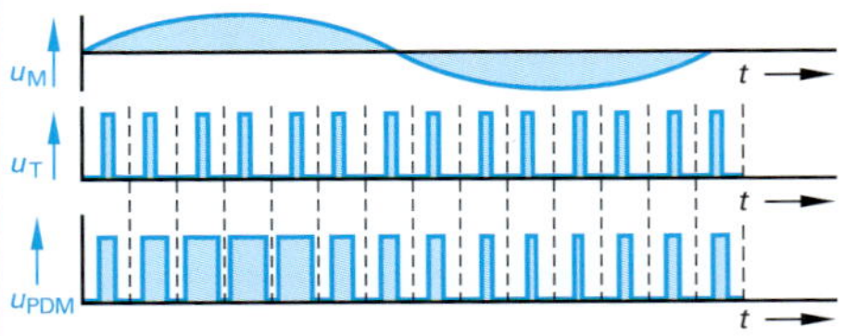

Ü

Digitale Modulation und Pulscodemodulation PCM
Digital modulation and pulse code modulation

Konzept der digitalen Modulation: Systematische Beeinflussung eines Parameters eines sinusförmigen Trägersignals durch ein pulsförmiges Modulationssignal.

Arten

Deutsche Bezeichnungen	Englische Bezeichnungen	Träger-signale	Modulations-signale	Betroffene Parameter
Amplitudenumtastung	**A**mplitude **S**hift **K**eying (ASK)	sinusförmig	pulsförmig	Amplitude
Frequenzumtastung	**F**requency **S**hift **K**eying (FSK)	sinusförmig	pulsförmig	Frequenz
Phasenumtastung	**P**hase **S**hift **K**eying (PSK)	sinusförmig	pulsförmig	Phase
Quadratur-Amplitudenmodulation	**Q**uadrature **A**mplitude **M**odulation (QAM)	sinus- und kosinusförmig	pulsförmig	Amplitude und Phase

Spezifikationen

	ASK	FSK	PSK	QAM
Zeitfunktion	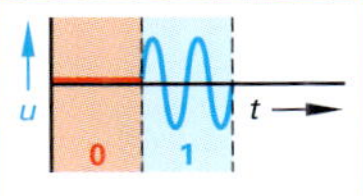	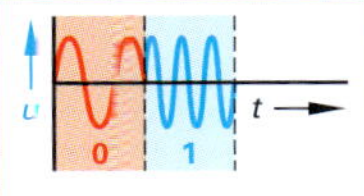	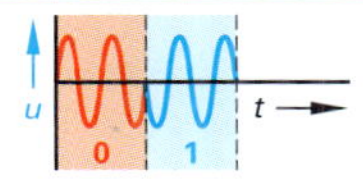	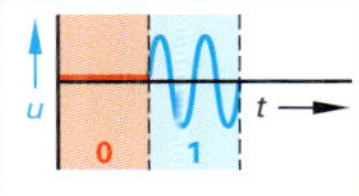
Frequenzfunktion	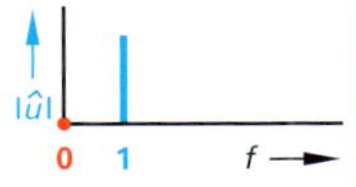	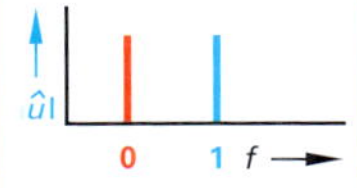	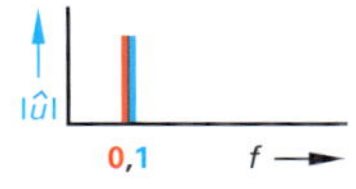	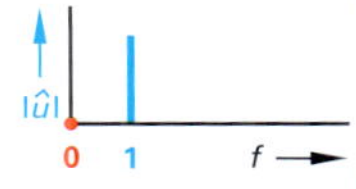
Zeigerbild	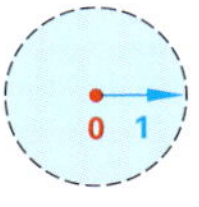	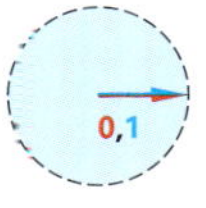	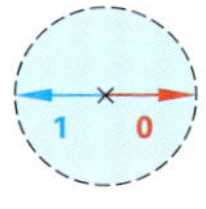	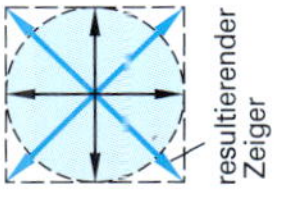
Anmerkungen	Der Amplitudenwert für Zustand 0 muss ausreichenden den Unterschied zum Amplitudenwert für den Zustand 1 haben.	Zwischen den beiden Frequenzen ist ausreichender Unterschied erforderlich, um fehlerfreien Empfang zu gewährleisten.	Die Zahl der jeweils erreichbaren Zustände wird durch Angabe als Zahl vor der Abkürzung PSK gekennzeichnet (z. B. 16-PSK).	Die Zahl der jeweils erreichbaren Zustände wird durch Angabe als Zahl vor der Abkürzung QAM gekennzeichnet (z. B. 64-QAM).

Pulsecodemodulation PCM

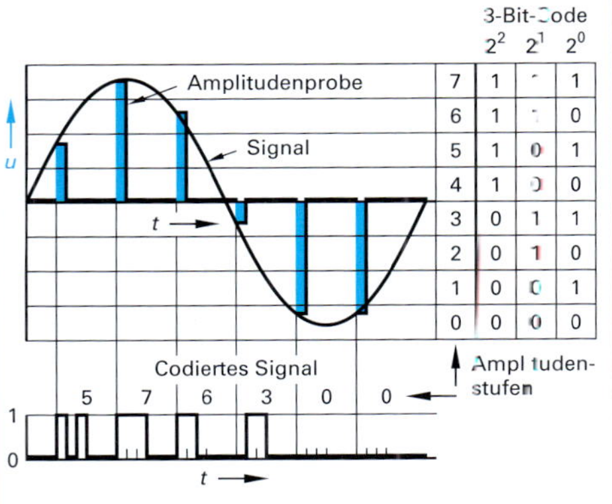

Durch Pulscodemodulation wird ein analoges Signal in eine Bitfolge umgesetzt. Es handelt sich um eine **digitale Modulation im Basisband**, bei der kein Trägersignal zum Einsatz kommt.
Zuerst erfolgt die Einteilung des analogen Signals in feste Zeitschritte (Zeitquantisierung). Die Abtastwerte jedes Zeitschritts werden je nach ihrer Höhe den einzelnen Amplitudenstufen zugeordnet (Wertequantisierung) und anschließend mit dem vereinbarten Code in Bitfolge umgesetzt (Codierung).
Bei einem 3-Bit-Code sind nur $2^3 = 8$ Amplitudenstufen codierbar.
Mit dem oft verwendeten 8-Bit-Code lassen sich $2^8 = 256$ Amplitudenstufen codieren.
Damit der relative Quantisierungsfehler konstant bleibt, wird nichtlineare Quantisierung verwendet, d. h. die Amplitudenstufen in der Mitte sind klein und werden zum positiven und negativen Schwingungsmaximum hin immer größer (Kompandierung).

Ü

Demodulation Demodulation

AM-Demodulation

Hüllkurvengleichrichter

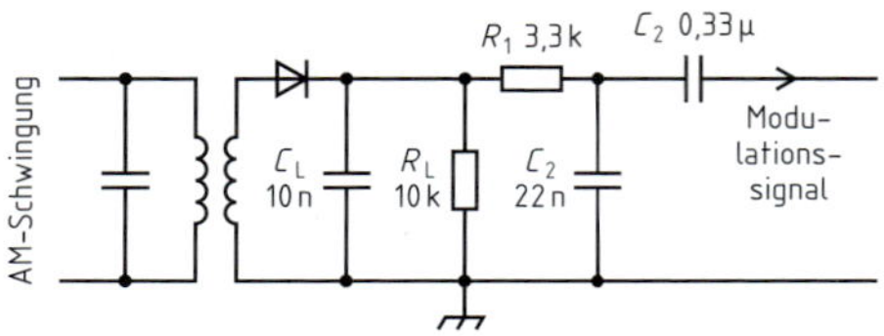

$$\frac{1}{f_s} > C_L \cdot R_L > \frac{1}{f_T} \qquad R_1 = \frac{1}{2 \cdot \pi \cdot f_c \cdot C_1}$$

Produktdemodulator

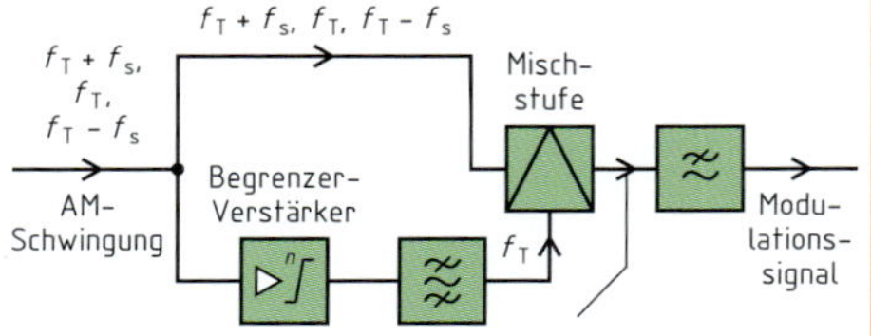

Signalanteile nach Mischung

$f_T + (f_T + f_s) = 2 \cdot f_T + f_s$	$(f_T + f_s) - f_T = f_s$
$f_T + f_T = 2 \cdot f_T$	$f_T - f_T = 0$
$f_T + (f_T - f_s) = 2 \cdot f_T - f_s$	$f_T - (f_T - f_s) = f_s$

FM-Demodulation

Verhältnisdiskriminator (Ratiodetektor)

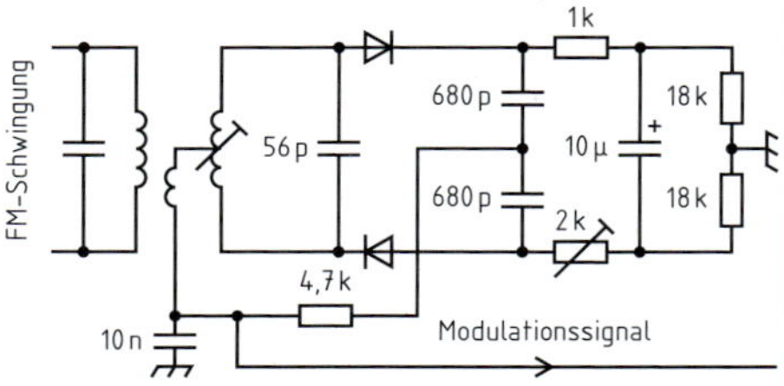

Prinzip: Umwandlung von FM in AM und anschließende AM-Demodulation.

PLL-Demodulator

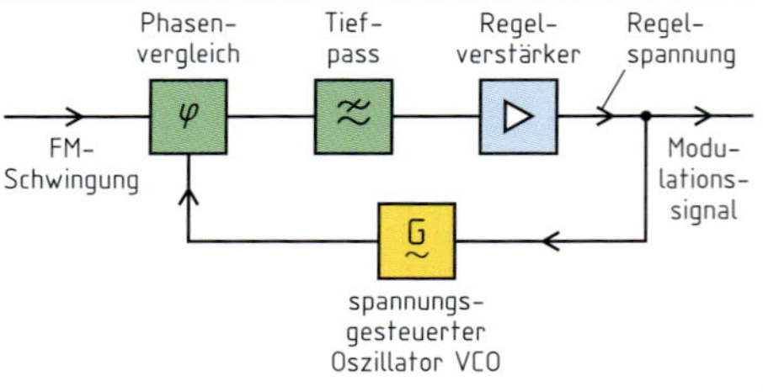

Die Regelspannung für den spannungsgesteuerten Oszillator des IC schwankt im Takte der Signalfrequenz.

Ü

ASK-Demodulation

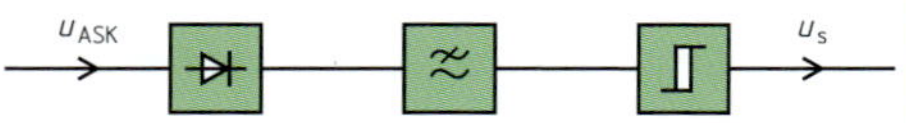

Es handelt sich bei der ASK um eine Amplitudenmodulation (AM) mit rechteckförmigem Modulationssignal. Für die Demodulation sind deshalb im Prinzip alle Schaltungen für AM-Demodulation verwendbar. Im einfachsten Fall reicht Gleichrichtung mit nachgeschaltetem Tiefpass aus.

FSK-Demodulation

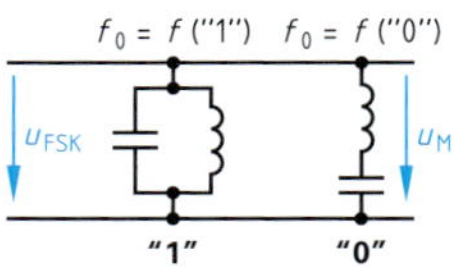

Rückgewinnung des Modulationssignals durch Verwendung von Schwingkreisen.

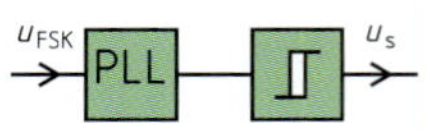

Rückgewinnung des Modulationssignals durch Einsatz von Phasenregelkreisen (phase locked loop PLL).

PSK-Demodulation

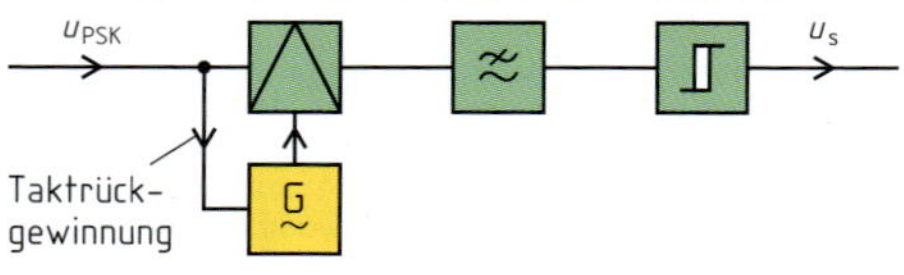

Es handelt sich um einen Phasenregelkreis, bei dem durch den Bezug auf die Taktfrequenz die Phasenlage der Impulse wiedergewonnen wird.

QAM-Demodulation

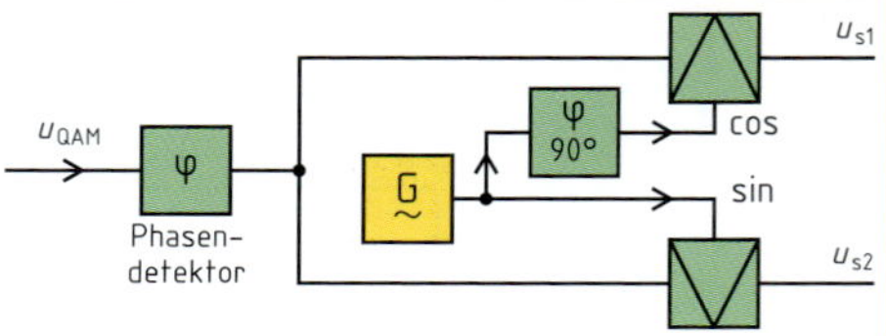

Zuerst wird die Phasenlage jedes Zeigers festgestellt und dann werden durch Mischung mit einem sinusförmigen und kosinusförmigen Trägersignal die Amplituden der beiden Modulationssignale ermittelt.

f_s Modulationsfrequenz
f_T Trägerfrequenz
u_s Signalspannung
u_{ASK} ASK-Signalspannung
u_{FSK} FSK-Signalspannung
u_{PSK} PSK-Signalspannung
u_{QAM} QAM-Signalspannung

Spezifikationen

Begriffe	Erklärungen	Bemerkungen
Frequenzbereiche	Die Frequenzbereiche geben an, zwischen welchen kleinsten und größten Frequenzen die Selektion stattfinden kann.	Frequenzbereiche für den Rundfunk sind LW (Langwellen), MW (Mittelwellen), KW (Kurzwellen) und UKW (Ultrakurzwellen).
Empfindlichkeit	Mindestpegel des hochfrequenten Eingangssignals, um ein Ausgangssignal mit festgelegten Signal-Rauschabstand zu erreichen.	Kleiner Pegelwert bedeutet große Empfindlichkeit. Die Angabe erfolgt in dBµV.
Maximal zulässige Eingangsspannung	Der Höchstwert darf nicht überschritten werden, weil sonst der Empfänger übersteuert wird und unter Umständen sogar Schäden auftreten.	Die maximal zulässige Eingangsspannung kennzeichnet das Großsignalverhalten eines Empfängers.
Mischverfahren	Schaltungstechnisches Konzept zur Bildung der Zwischenfrequenz f_{ZF} aus der Empfangsfrequenz f_e und der Oszillatorfrequenz f_o.	• Additive Mischung: Erfordert Bauelement mit nicht linearer $I(U)$-Kennlinie. • Multiplikative Mischung: Erfordert Bauelement mit zwei Eingängen.
Zwischenfrequenz (ZF)	Durch Mischung aus Empfangsfrequenz f_e und Oszillatorfrequenz f_o gewonnenes Signal mit konstanter Frequenz.	ZF bei LW/MW/KW: 460 kHz ZF bei UKW: 10,7 MHz
Spiegelfrequenzfestigkeit	Unterdrückung des Signals eines Senders auf der Spiegelfrequenz f_{SP} gegenüber dem Sender auf der gewählten Frequenz.	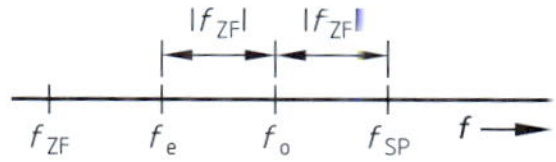

Arten

Bezeichnungen	Übersichtsschaltpläne	Erläuterungen
Geradeausempfänger	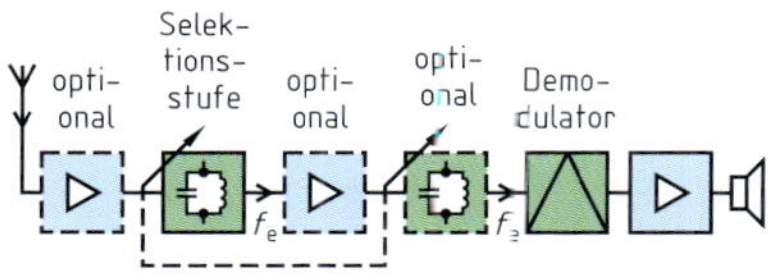	Das Eingangssignal wird ohne Umsetzung dem Demodulator zugeführt. Bei einer Selektionsstufe: Einkreiser Bei zwei Selektrionsstufen: Zweikreiser
Überlagerungsempfänger mit einfacher Überlagerung (Super)	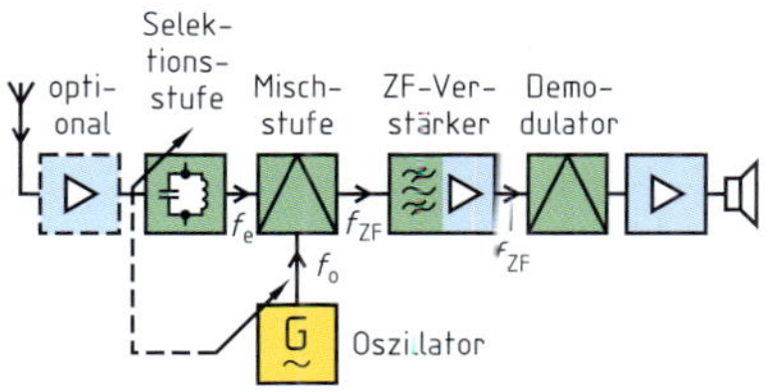	Beim Super wird die einstellbare Empfangsfrequenz f_e mithilfe eines gleichlaufenden Oszillator auf eine konstante Zwischenfrequenz f_{ZF} umgesetzt. $f_{ZF} = f_o - f_e$ Geeignet für beliebige Empfangs-Frequenzbereiche
Überlagerungsempfänger mit Direktmischung (ZF-0-Empfänger)	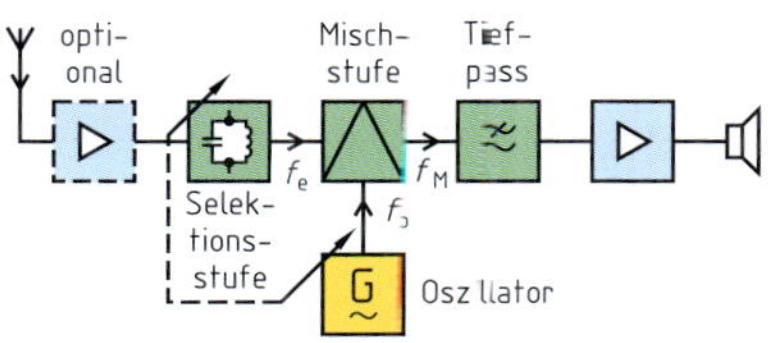	Beim ZF-0-Empfänger wird die Oszillatorfrequenz so gewählt, dass keine Zwischenfrequenz entsteht, sondern unmittelbar die Umsetzung auf die Signalfrequenz erfolgt. $f_s = f_o - f_e$
Überlagerungsempfänger mit zweifacher Überlagerung (Doppel-Super)	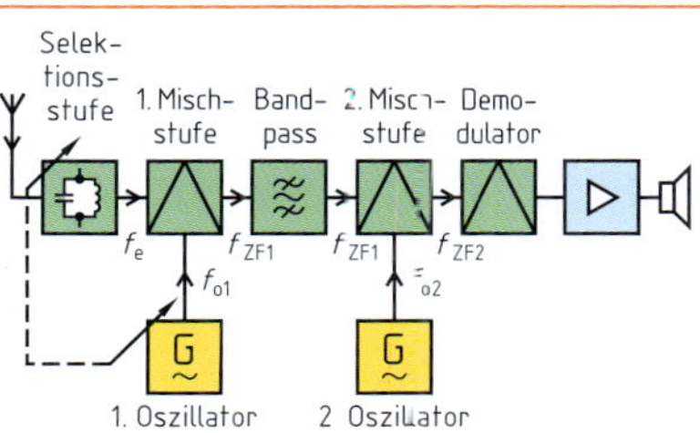	Beim Doppel-Super wird das Empfangssignal zuerst in eine möglichst hohe Zwischenfrequenz f_{ZF1} umgesetzt, um Spiegelfrequenzen f_{SP} zu vermeiden. Danach erfolgt die Umsetzung in die beim Super übliche kleinere Zwischenfrequenz f_{ZF2}. $f_{ZF1} > f_{ZF2}$ $f_{ZF1} = f_{o1} - f_e$ $f_{SP} = f_e + 2 \cdot f_{ZF1}$ $f_{ZF2} = f_{o2} - f_{ZF1}$

Hörfunk-Stereofonie Radio stereophony

Arten	Spektrum, Schaltungen	Erklärungen

Stereo-Multiplexsignal

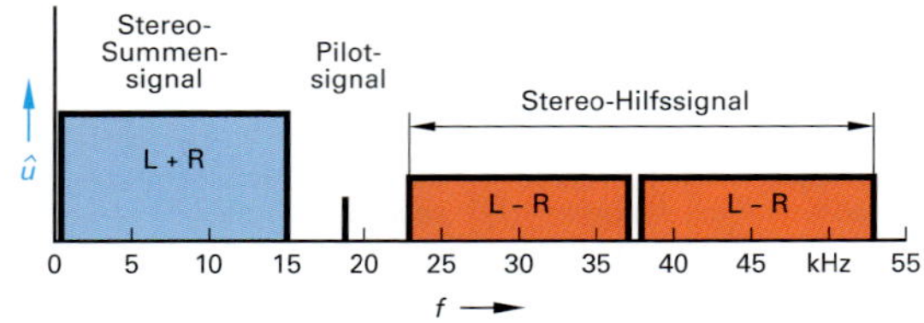

Frequenzspektrum

Das Stereo-Summensignal enthält den vollständigen Klangeindruck und kann auch mit jedem Mono-Empfänger wiedergegeben werden.

Das Stereo-Hilfssignal ergibt zusammen mit dem Stereo-Summensignal am Empfangsort den Richtungseindruck.

Stereo-UKW-Sender

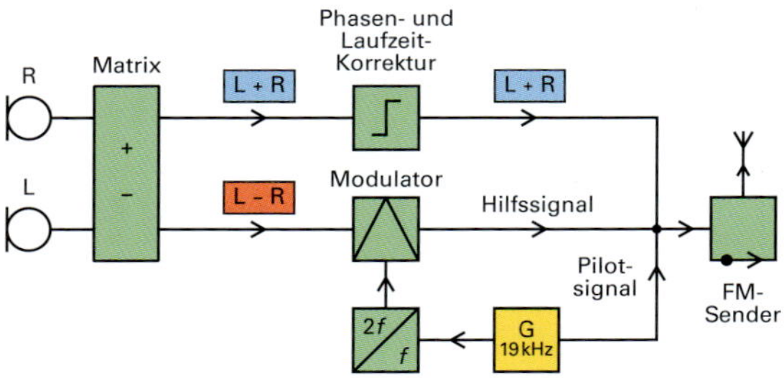

Übersichtsschaltplan

Der Stereo-UKW-Sender erzeugt das Stereo-Multiplexsignal, mit dem im FM-Sender die HF-Schwingung mit der Sendefrequenz frequenzmoduliert wird. Addition und Subtraktion der Mikrofonsignale L und R bildet die Stereosignale. In einem Modulator wird mit dem Differenzsignal L – R die Hilfsträgerschwingung amplitudenmoduliert. Dabei entsteht das Stereo-Hilfssignal, die Hilfsträgerschwingung wird unterdrückt.

Matrix-Decoder

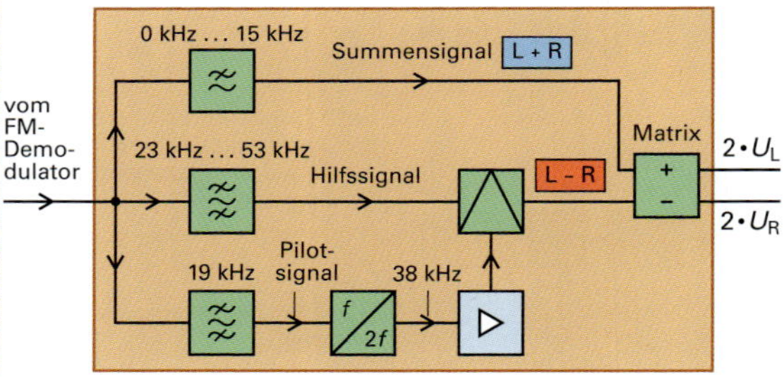

$(U_L + U_R) + (U_L - U_R) = 2 \cdot U_L$

$(U_L + U_R) - (U_L - U_R) = 2 \cdot U_R$

Übersichtsschaltplan

Das Stereo-Multiplexsignal wird durch Filter in Summensignal, Hilfssignal und Pilotsignal zerlegt. Die Frequenz des Pilotsignals wird verdoppelt und dem Demodulator zur Demodulation des Hilfssignals zugeführt. In der Matrix werden aus dem Summensignal und dem Differenzsignal durch Summen- und Differenzbildung das L-Signal und das R-Signal gewonnen.

Ü

Schalter-Decoder mit PLL

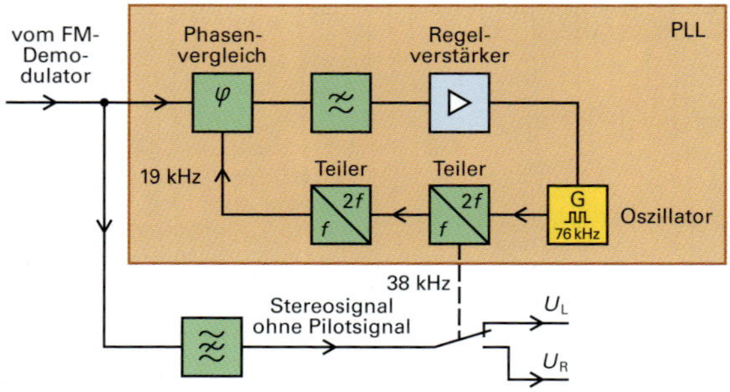

Übersichtsschaltplan

Bei Stereo-Decodern, die als IC aufgebaut sind, wird die Erzeugung der 38-kHz-Schaltspannung mit einer PLL-Schaltung durchgeführt (PLL von Phase Locked Loop = Phasenregelkreis). Die 38-kHz-Spannung dient als Schaltspannung für einen elektronischen Schalter. Dieser Schalter legt das Stereosignal im 38-kHz-Takt abwechselnd an zwei Ausgänge. Dort kann man das L-Signal und das R-Signal abgreifen.

Radio-Daten-System RDS   Radio data system RDS

Übertragungssystem

Systemparameter	Werte	Bemerkungen
Norm	EN 50067	Europäische Norm
Brutto-Bitrate	1187,5 bit/s	Nutzdaten + Fehlerschutz
Netto-Bitrate	731 bit/s	Gruppenweise Übertragung der RDS-Funktionen.
Trägerfrequenz	57 kHz	Phasenverschiebung gegenüber ARI-Träger um 90°
Modulationsverfahren	Zweiseitenband – AM mit unterdrücktem Träger	Rückgewinnung des Trägersignals durch Verdreifachung des 19-kHz-Pilotsignals.
Hilfsträgerfrequenz	1,1875 kHz	Dient zur Modulation des Trägerfrequenzsignals.
Modulation des Hilfsträgers	Phasenumtastung	Es gilt auch die Bezeichnung Bi-Phasen-Codierung.
Hub des Hilfsträgersignals	1 kHz bis 7 kHz	In Deutschland sind 2 kHz üblich.
Datengruppe	104 bit / 87,6 ms	Besteht aus 4 Datenblöcken
Datenblock	26 bit	Besteht aus RDS-Information und Fehlerschutz.
Fehlerschutz je Datenblock	10 bit	Ermöglicht Fehlererkennung und Fehlerkorrektur.
Zahl der Gruppen	16 (0, 1, 2, …, 15)	PI-Code in Block 1.
Übertragung der Gruppen	zyklisch gestaffelt (gemäß Wichtigkeit)	Die Gruppen werden unterschiedlich häufig übertragen.

Funktionen (Auswahl)

Bezeichnungen (englisch)	Kurzformen	Erläuterungen	Gruppenzuordnungen
Program Identification	PI	Code zur eindeutigen Kennzeichnung jedes Programms. Der Code ist vierstellig und besteht aus Buchstaben und Ziffern.	alle Gruppen
Program Service Name	PS	Programmname, zur Anzeige mit maximal 8 alphanumerischen Zeichen im Empfänger.	0
Program Type	PTY	Es sind 6 Arten von Musikprogrammen und 9 Arten von Wortprogrammen in der Norm festgelegt.	alle Gruppen
Alternative Frequencies	AF	Liste der Frequenzen, auf denen das Programm auch noch abgestrahlt wird.	0
Traffic Program Identification	TP	Anzeige, wenn der Sender Verkehrsfunk ausstrahlt.	alle Gruppen
Traffic Announcement Identification	TA	Kennzeichnet eine laufende Verkehrsfunk-Durchsage.	0, 15
Enhanced Information concerning other Networks	EON	Ermöglicht die automatische Umschaltung auf Verkehrsfunk-Durchsagen und die automatische Rückschaltung auf das ursprüngliche Programm.	14B

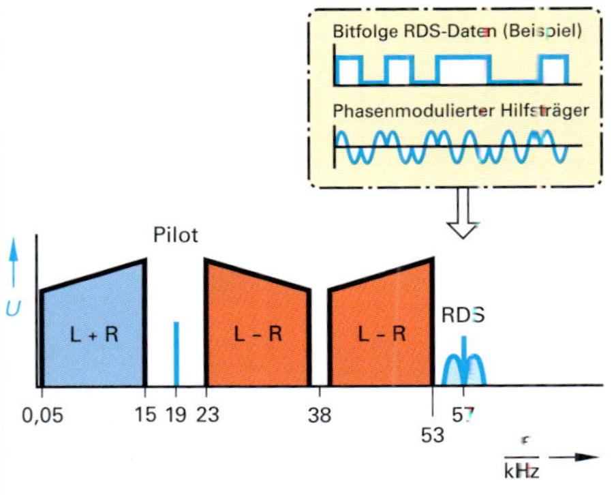

Spektrum des Stereo- und RDS-Signals

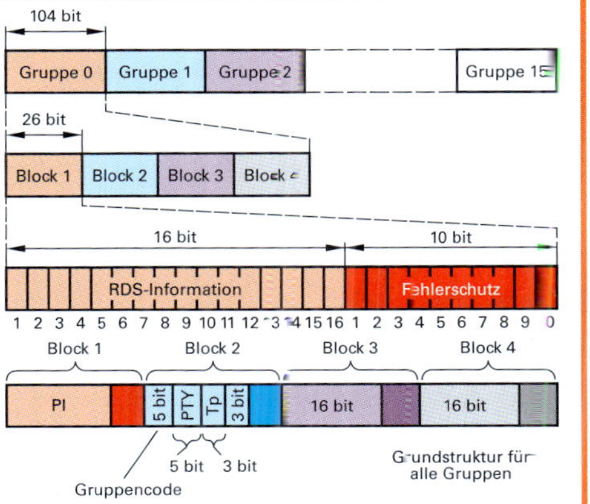

Datenstruktur des RDS-Signals

AM Amplitudenmodulation
R rechter Stereokanal
L linker Stereokanal
RDS Radio-Daten-System

Terrestrischer digitaler Hörfunk T-DAB Terrestrial digital audio broadcasting

Systemparameter

Begriffe	Werte
Norm	ETS 300401 (Europäischer Standard)
Datenreduktionsverfahren	MUSICAM (gemäß ISO/IEC 11172-3)
Abtastfrequenzen	32 kHz, 44,1 kHz, 48 kHz
Brutto-Bitrate	2,4 Mbit/s
Bandbreite DAB-Frequenzblock	1,536 MHz
Übertragungsverfahren	COFDM
Frequenzbereiche für DAB	174 MHz bis 230 MHz (VHF) und 1452 MHz bis 1467,5 MHz (L-Band)
Capacity Units (CU)	864 je MSC, 1 CU ≙ 2,666 kbit/s

	Mode 1	Mode 2	Mode 3	Mode 4
Bitrate MSC (in kbit/s)	2304	2304	2304	2304
Bitrate FIC (in kbit/s)	96	96	128	96
Rahmendauer (in ms)	96	24	24	48
Symbole je Rahmen	76	76	153	76
Symboldauer (in µs)	1250	312,5	156,25	625
Schutzintervalldauer (in µs)	250	62,5	31,25	125
Einsatzfrequenzen	< 375 MHz	< 1,5 GHz	< 3 GHz	< 750 MHz
Senderabstand für Gleichwellennetz	75 km	18,8 km	9,4 km	48 km

Übertragungsverfahren

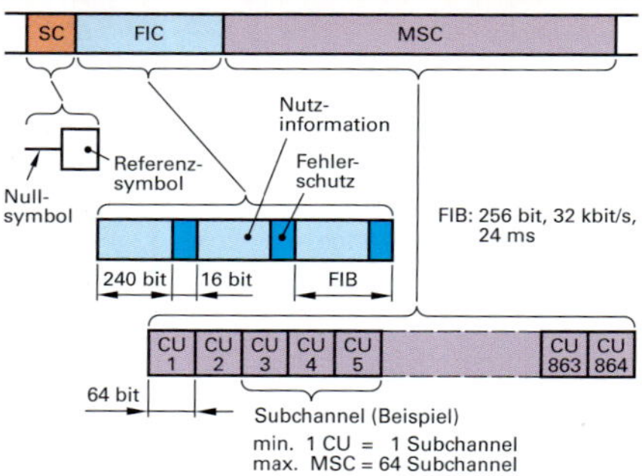

DAB-Rahmenstruktur (bezogen auf Mode 1 und 2)

Fehlerschutz (Protection Level PL)

Audio-Bitrate	Übertragungskapazität (in CU)				
	PL 1	PL 2	PL 3	PL 4	PL 5
64 kbit/s	70	58	48	42	32
96 kbit/s	104	84	70	58	48
128 kbit/s	140	116	96	84	64
192 kbit/s	208	168	140	116	95
256 kbit/s	280	232	192	168	128

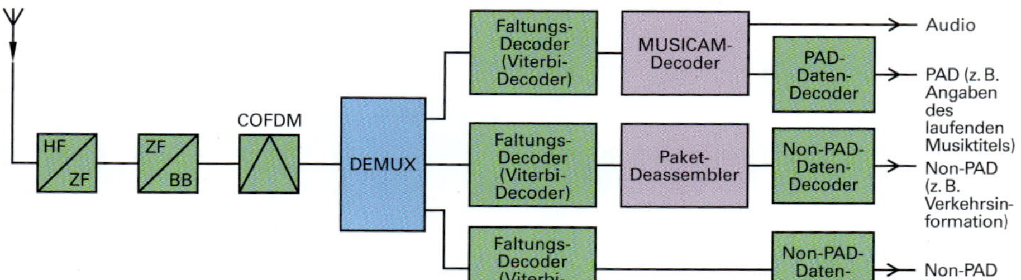

Übersichtsschaltplan DAB-Empfänger

BB Basisband, **COFDM** von Coded Orthogonal Frequency Division Multiplex = codierter orthogonaler Frequenzmultiplex, **CU** von Capacity Unit = Einheit der Übertragungskapazität, **ETS** von European Telecommunations Standard = Europäische Telekommunikations-Norm, **FIB** von Fast Information Block = Informationsblock im Steuerungskanal, **FIC** von Forward Information Channel = Steuerungskanal, **HF** Hochfrequenz, **MSC** von Main Service Channel = Dienstekanal, **MUSICAM** von Masking Pattern Universal Subband Integrated Coding and Multiplexing = Teilband-Codierungsverfahren, **PAD** von Programme Associated Data = programmbezogene Daten, **PL** von Protection Level = Fehlerschutzklasse, **SC** von Synchronisation Channel = Synchronisierungskanal, **T-DAB** von Terrestrial Digital Audio Broadcasting = terrestrischer digitaler Hörfunk, **ZF** Zwischenfrequenz.

Terrestrischer digitaler Hörfunk DRM — Terrestrical Digital Radio Mondiale DRM

Begriffe	Erläuterungen, Werte
DRM	Digitales Hörfunkübertragungsverfahren in den Hörfunkfrequenzbereichen unterhalb 30 MHz
Standard	IEC 62272-1 Digital Radio Mondiale (DRM); System, Specification
Frequenzbereiche	148,5 kHz bis 283,5 kHz / 526,5 kHz bis 1505,5 kHz / 5,95 MHz bis 26,1 MHz
Kanalraster	9 kHz, 10 kHz oder ganzzahlige Vielfache davon
Quellencodierung ● für Audiosignale	**AAC** (Advanced Audio Coding) + **SBR** (Spectral Band Replication) Von dem zugeführten Audiosignal werden nur Anteile bis etwa 6 kHz übertragen und die höherfrequenzten Anteile durch SBR im Signal codiert verschachtelt. Auf der Empfangsseite lässt sich das Gesamtsignal bis etwa 15 kHz wiedergewinnen.
● für Sprachsignale	**CELP** (Code-excited Linear Prediction Algorithmus) CELP ermöglicht optimale Sprachverständlichkeit bei 8 kbit/s bis 10 kbit/s.
Multiplexierung	● **MSC** (Main Service Channel) Der MSC umfasst alle zu übertragenden Dienste (Audio, Sprache, Daten) in 400 ms langen Rahmen und ermöglicht zwei Schutzklassen (normal und hoch). Bis zu vier Dienste sind gleichzeitig realisierbar. ● **FAC** (Fast Access Channel) Der FAC beinhaltet alle Übertragungsparameter, die der Empfänger für die dem jeweiligen Dienst entsprechende richtige Decodierung benötigt. Das FAC-Signal besteht aus 64 bit und tritt in jedem MSC-Rahmen auf. ● **SDC** (Service Description Channel) Das SDC-Signal tritt periodisch alle 1,2 s auf und beinhaltet alle Informationen über die Decodierung des Multiplexsignals.
Kanalcodierung	Als Fehlerschutz kommen folgende Verfahren zum Einsatz: ● FEC (Forward Error Correction) ● Pilotsignale ● Zeitinterleaving: 2,4 s bei KW; 0,8 s bei LW/MW ● Frequenzinterleaving Coderate: 0,5 bis 0,8 (bei KW: 0,5)
Modulation	Mehrträgerverfahren **COFDM** (Coded Orthogonal Frequency Division Multiplex) Zahl der Träger: etwa 200 pro Symbol Modulation der Träger: QPSK (nicht für MSC), 16-QAM, 64-QAM
Ausbreitung	DRM ist für Gleichwellenbetrieb (Single Frequency Network (SFN)) geeignet. Dabei weist jeder Sender im Netz dieselbe Frequenz auf. DRM beherrscht Mehrwegeempfang und Fading.
Empfang	DRM-Empfänger arbeiten invers zur Stufenfolge des DRM-Senders: Selektion, Demodulation, Kanaldecodierung, Demultiplexierung, Quellendecodierung, Digital-Analog-Umsetzung.
Perspektive für DRM	Die Standardisierung für den Einsatz von DRM bis 120 MHz ist unter der Bezeichnung DRM+ (sprich: DRM plus) eingeleitet.

Aufbereitung des DRM-Signals

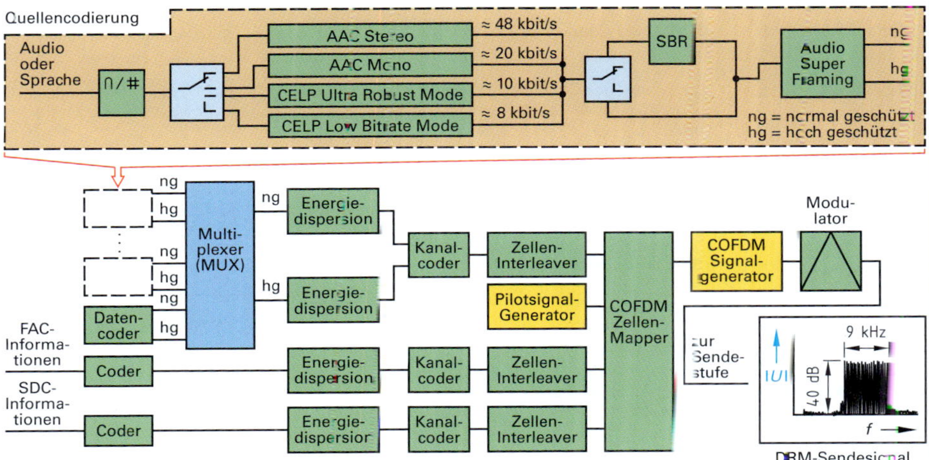

Übersichtsschaltplan DRM-Sendeseite

Digitales Fernsehen 1. Generation DVB-S, -C, -T
Digital Television First Generation DVB-S, -C, -T

Begriffe / Arten	DVB S SATELLITE	DVB C CABLE	DVB T TERRESTRIAL
Norm	EN 300 421	EN 300 429	EN 300 744
Frequenzbereich	10,7 GHz bis 12,75 GHz	109 MHz bis 862 MHz	UHF-Kanäle bis 790 MHz
Bandbreite (typisch)	27 MHz oder 36 MHz	8 MHz	8 MHz
Modulation	QPSK 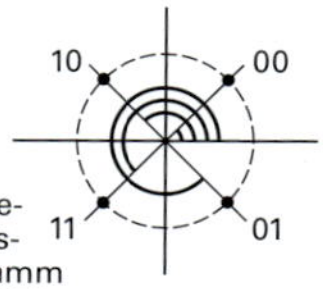 Konste-lations-diagramm für QPSK	64-QAM 256-QAM 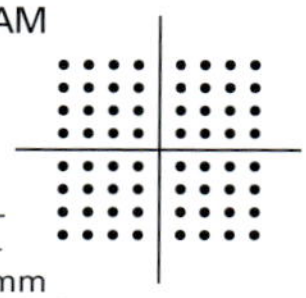 Konste-lations-diagramm für 64-QAM	Mehr-Träger-Signal COFDM • 2 k (= 1705 Träger) • 8 k (= 6817 Träger) Trägermodulation • QPSK • 16-QAM • 64-QAM
Symbolrate (typisch)	27,5 MS/s	6,9 MS/s	5,4 MS/s
Netto-Bandbreiten-ausnutzung	1,57 (bit/s)/Hz 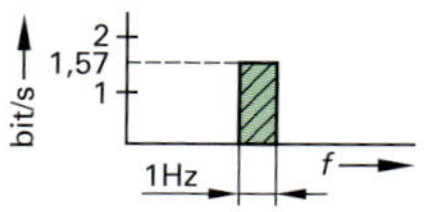	4,8 (bit/s)/Hz bei 64-QAM 6,4 (bit/s)/Hz bei 256-QAM	0,62 (bit/s)/Hz bis 1,32 (bit/s)/Hz bei QPSK 1,24 (bit/s)/Hz bis 2,64 (bit/s)/Hz bei 16-QAM 1,87 (bit/s)/Hz bis 3,95 (bit/s)/Hz bei 64-QAM
Rahmenlänge (Nutzdaten)	188 Byte	188 Byte	188 Byte
Innerer Fehlerschutz	Faltungscode mit Punktie-rung	Faltungscode mit Punktie-rung	Faltungscode mit Punktie-rung
Äußerer Fehlerschutz	RS (204, 188)-Code	RS (204, 188)-Code	RS (204, 188)-Code
Netto-Bitrate	26,1 Mbit/s bei Coderate 1/2 bis 45,6 Mbit/s bei Co-derate 7/8	38,5 Mbit/s bei 64-QAM 51,3 Mbit/s bei 256-QAM	13,1 Mbit/s bei Coderate 3/4 13,27 Mbit/s bei Coderate 2/3
Kleinster zulässiger Störabstand	4,1 dB bei Coderate 1/2 5,9 dB bei Coderate 2/3 6,9 dB bei Coderate 3/4 7,9 dB bei Coderate 5/6 8,5 dB bei Coderate 7(8	28 dB bei 64-QAM 29,5 dB bei 256-QAM	3,1 dB bis 16,3 dB bei QPSK 8,8 dB bis 22,8 dB bei 16-QAM 14,4 dB bis 27,9 dB bei 64-QAM
Schutzintervall	nicht vorhanden	nicht vorhanden	1/4, 1/8, 1/16, 1/32

Ü

COFDM von Coded Orthogonal Frequency Division Multiplex = codierter orthogonaler Frequenzmultiplex, **QAM** Quadratur-Amplitudenmodulation, **QPSK** von Quadrature Phase Shift Keying = vierwertige Phasenumtas-tung, **RS** Reed-Solomon
Weitere Begriffe, siehe Sachwortverzeichnis

Digitales Fernsehen 2. Generation DVB-S2, -C2, -T2
Digital Television Second Generation DVB-S2, -C2, -T2

Begriffe / Arten	DVB S2	DVB C2	DVB T2
Norm	EN 302 307	EN 302 769	EN 302 755
Frequenzbereich	10,7 GHz bis 12,75 GHz	109 MHz bis 862 MHz	UHF-Kanäle bis 790 MHz
Bandbreite (typisch)	27 MHz oder 36 MHz	8 MHz	8 MHz
Modulation	QPSK 8-PSK 16-APSK 32-APSK 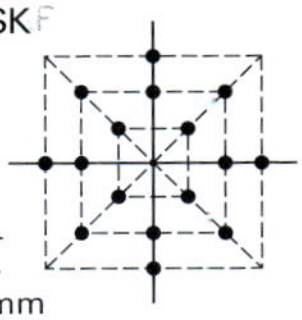 Konstellationsdiagramm für 16-APSK	Mehr-Träger-Signal COFDM mit folgender Trägermodulation: • 64-QAM • 256-QAM • 1024-QAM 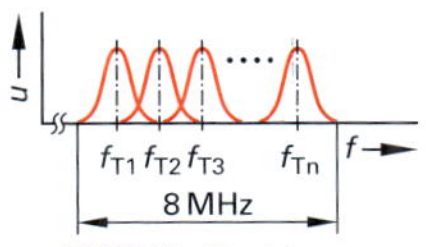 COFDM - Spektrum	Mehr-Träger-Signal COFDM • 1k (= 853 Träger) • 2k (= 1705 Träger) • 4k (= 3401 Träger) • 8k (= 6817 Träger) • 16k (= 13 633 Träger) • 32k (= 27 265 Träger) Trägermodulation • QPSK • 16-QAM • 64-QAM • 256-QAM
Äußerer Fehlerschutz	BCH-Code	BCH-Code	BCH-Code
Innerer Fehlerschutz	LDPC-Code	LDPC-Code	LDPC-Code
Netto-Bitrate	46 Mbit/s bis 59 Mbit/s (0,5 (bit/s)/Hz bis 4,5 (bit/s)/Hz)	~ 39 Mbit/s bei 64-QAM ~ 55 Mbit/s bei 256-QAM ~ 65 Mbit/s bei 1024-QAM	23,9 Mbit/s bei 64-QAM und Coderate 2/3 35,4 Mbit/s bei 256-QAM und Coderate 3/5
Kleinster zulässiger Störabstand	–2 dB bis 16 dB	17 dB bei 64-QAM 22 dB bei 256-QAM 28 dB bei 1024-QAM	14,4 dB bis 39,6 dB
Sonstige Parameter	Coderate: 1/2 bis 9/10 Roll-off-Faktor: 0,2/0,25/0,35	Kanalbündelung	Schutzintervall: 1/4, 19/256, 1/8, 19/128, 1/16 1/32, 1/128
Kapazitätsgewinn MPEG-4 gegen MPEG-2	~ 100 %	~ 100 %	~ 100 %
Kapazitätsgewinn DVB-X2 gegen DVB-X	bis zu 50 %	bis zu 60 %	bis zu 50 %

APSK von Amplitude & Phase Shift Keying = Kombination aus Amplituden- und Phasenumtastung, **BCH** von Bose, Chauduri, Hocquengham, **LDPC** von Low Density Parity Check = Paritätsprüfung mit geringer Datendichte, **PSK** von Phase Shift Keying = Phasenumtastung
Weitere Begriffe, siehe S. 274 und Sachwortverzeichnis

Satelliten-Zwischenfrequenz-Verteilnetze Satellite-IF distribution networks

Verteilnetz mit Universal-Single-LNB für ein Endgerät

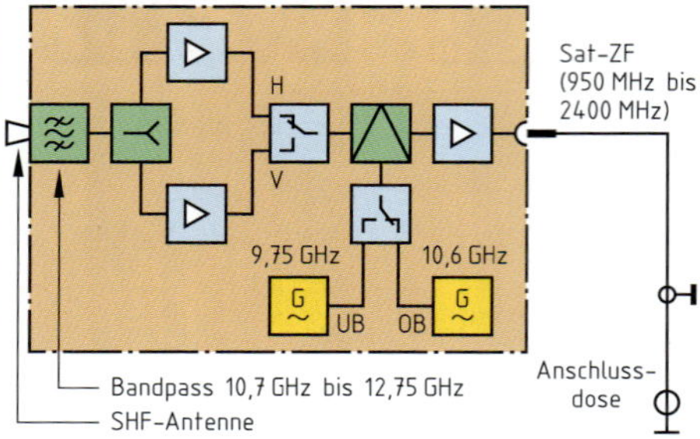

Verteilnetz mit Universal-Twin-LNB für zwei Endgeräte

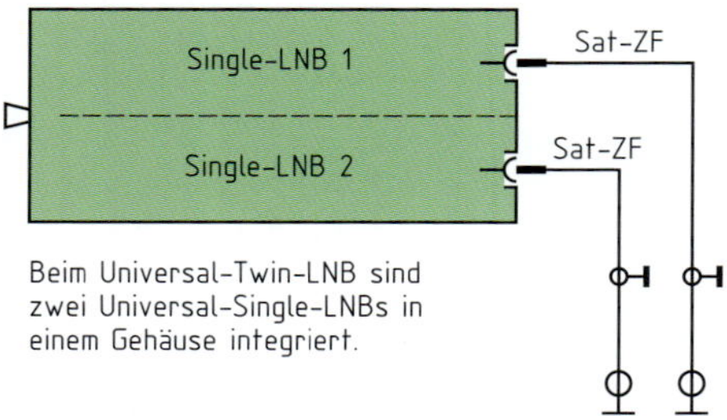

Beim Universal-Twin-LNB sind zwei Universal-Single-LNBs in einem Gehäuse integriert.

Verteilnetz mit Universal-Quad-LNB für vier Endgeräte

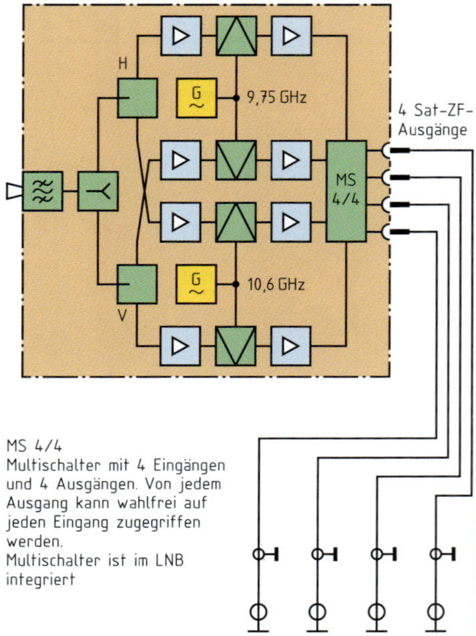

MS 4/4
Multischalter mit 4 Eingängen und 4 Ausgängen. Von jedem Ausgang kann wahlfrei auf jeden Eingang zugegriffen werden.
Multischalter ist im LNB integriert

Ü

Verteilnetz in Sternform mit Universal-Quattro-LNB für 16 Endgeräte

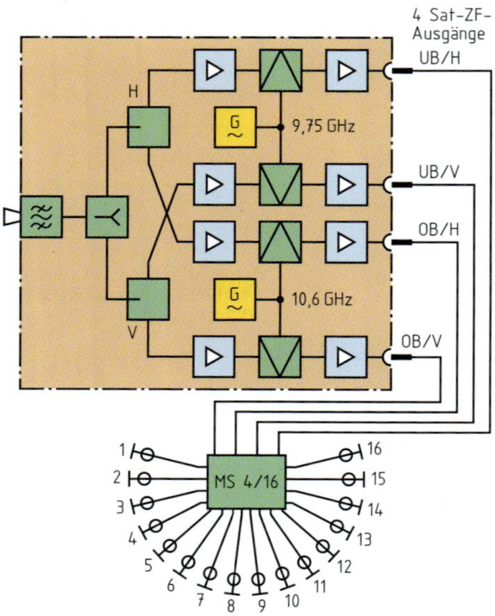

Verteilnetz mit Universal-Quattro-LNB und Multischaltern für *n* Endgeräte

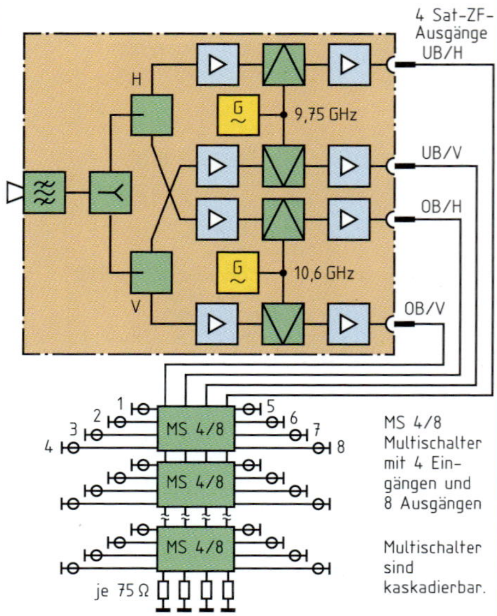

MS 4/8
Multischalter mit 4 Eingängen und 8 Ausgängen

Multischalter sind kaskadierbar.

Terrestrisch empfangene Signale (analog oder digital) können über Frequenzweichen zusätzlich eingespeist werden.

OB	Oberes Band (11,7 GHz bis 12,75 GHz)	H	Horizontale Polarisation	MS	Multischalter
UB	Unteres Band (10,7 GHz bis 11,7 GHz)	V	Vertikale Polarisation	Sat-ZF	Satelliten-Zwischenfrequenz

Breitband-Kabelnetze Broadband cable networks

Struktur

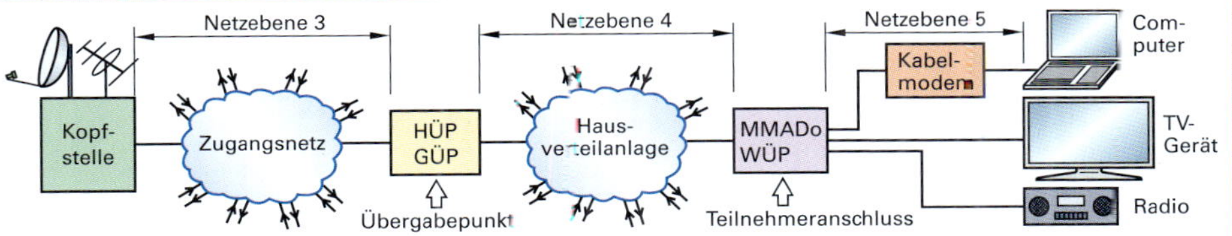

Signalarten	Frequenzbereiche	Pegel	Störabstände
Übergabepunkt			
PAL-AM	125 MHz bis 300 MHz 302 MHz bis 342 MHz 470 MHz bis 502 MHz	66 dB (µV) bis 83 dB (µV) 63 dB (µV) bis 83 dB (µV) 60 dB (µV) bis 83 dB (µV)	CSO: >61,4 dB CTB: >57,9 dB
DVB-C/MPEG-2 oder EuroDOCSIS (mit 64-QAM, Kanalbandbreite 8 MHz und Roll-off-Faktor $r = 0{,}15$)	109 MHz bis 125 MHz 302 MHz bis 470 MHz 470 MHz bis 862 MHz	56 dB (µV) bis 73 dB (µV) 53 dB (µV) bis 73 dB (µV) 50 dB (µV) bis 70 dB (µV)	MER: mindestens 32,4 dB typisch >35,4 dB
DVB-C/MPEG-4 oder EuroDOCSIS (mit 256-QAM, Kanalbandbreite 8 MHz und Roll-off-Faktor $r = 0{,}15$)	302 MHz bis 470 MHz 470 MHz bis 862 MHz	59 dB (µV) bis 79 dB (µV) 56 dB (µV) bis 86 dB (µV)	MER: mindestens 32,4 dB typisch >37,2 dB
UKW-FM/Mono UKW-FM/Stereo	87,5 MHz bis 108 MHz 87,5 MHz bis 108 MHz	62 dB (µV) bis 79 dB (µV) 65 dB (µV) bis 79 dB (µV)	Geräuschspannungsabstand: • Mono: >54 dB • Stereo: >48 dB
Rückweg	5 MHz bis 65 MHz	92 dB (µV) bis 109 dB (µV)	C/I: 25 dB bis 50 dB
Teilnehmeranschluss			
PAL-AM PAL-FM (Sat-ZF)	109 MHz bis 862 MHz 950 MHz bis 2150 MHz	60 dB (µV) bis 77 dB (µV) 47 dB (µV) bis 77 dB (µV)	C/N: 44 dB C/N: 15 dB
DVB-S (Sat-ZF) DVB-S2 (Sat-ZF)	950 MHz bis 2150 MHz 950 MHz bis 2150 MHz	47 dB (µV) bis 77 dB (µV) 47 dB (µV) bis 77 dB (µV)	SNR: 11 dB bis 16 dB SNR: 14 dB bis 19 dB
DVB-C mit 16-QAM DVB-C mit 64-QAM DVB-C mit 256-QAM	109 MHz bis 862 MHz 109 MHz bis 862 MHz 109 MHz bis 862 MHz	41 dB (µV) bis 61 dB (µV) 47 dB (µV) bis 67 dB (µV) 54 dB (µV) bis 74 dB (µV)	SNR: 20 dB SNR: 26 dB SNR: 32 dB
DVB-T mit QPSK DVB-T mit 16-QAM DVB-T mit 64-QAM	109 MHz bis 862 MHz 109 MHz bis 862 MHz 109 MHz bis 862 MHz	26 dB (µV) bis 74 dB (µV) 32 dB (µV) bis 74 dB (µV) 42 dB (µV) bis 74 dB (µV)	SNR: 12 dB bis 23 dB SNR: 18 dB bis 28 dB SNR: 23 dB bis 33 dB
UKW-FM/Mono UKW-FM/Stereo	87,5 MHz bis 108 MHz 87,5 MHz bis 108 MHz	40 dB (µV) bis 70 dB (µV) 50 dB (µV) bis 70 dB (µV)	C/N: 38 dB C/N: 48 dB
Rückweg	5 MHz bis 65 MHz	110 dB (µV)	C/I: 25 dB bis 50 dB

Hinweis: Das Kabelmodem kann optimal zusätzlich auch für Telefonie genutzt werden

CSO von Composite Second Order = Störabstand zwischen dem Trägersignal und dem größten Störprodukten zweiter Ordnung, **CTB** von Composite Third Beat = Abstand zwischen den drei gleichen Trägersignalen und dem größten Störprodukt dritter Ordnung, **C/I** von Carrier to Interference Ratio = Verhältnis zwischen Trägersignal und Interferenzsignal, **C/N** von Carrier to Noise Ratio = Verhältnis zwischen Trägersignal und Rauschsignal, **DOCSIS** von Data over Cable Interface Specification = Spezifikation für Datenübertragung über Kabelnetze, **GÜP** Gebäudeübergabepunkt, **HÜP** Hausübergabepunkt, **MER** von Modulation Error Ratio = Modulationsfehlerverhältnis, **MMADo** Multimedia-Anschlussdose, **WÜP** Wohnungsübergapepunkt.
Weitere Begriffe, siehe Sachwortverzeichnis

Kopfstellen für Kabelnetze   Headends for cable networks

Konzept

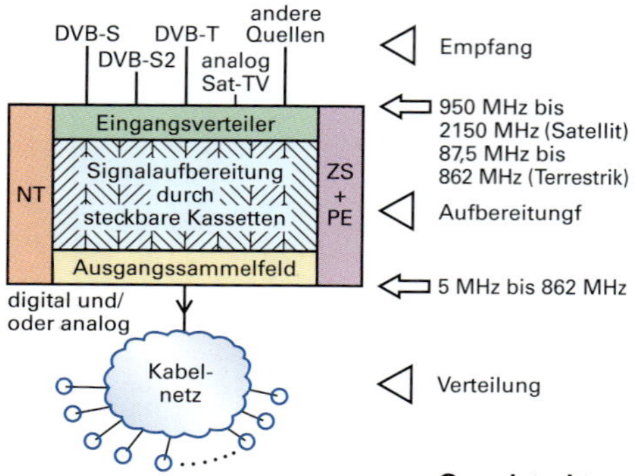

Grundstruktur von Kopfstellen

- Jede Kopfstelle (engl. headend) besteht aus einer Basiseinheit, die mit einer definierten Zahl unterschiedlicher steckbarer Kassetten für bestimmte Aufgaben bestückt werden kann. Deren Leistungsmerkmale sind in der Regel programmierbar.
- Eine Kopfstelle soll empfangene oder zugeführte Fernseh- und Radioprogramme so aufbereiten, dass sie über das nachfolgende Kabelnetz den Nutzern zur Verfügung stehen.
- Baugruppen für Kopfstellen von verschiedenen Herstellern lassen sich nicht gegeneinander austauschen.

NT Netzteil
PE Programmiereinheit
ZS Zentralsteuerung
o Anschlussdose beim Kabelnutzer

Kassetten für die Signalaufbereitung

Eingangssignale	Ausgangssignale	Funktionen	Arbeitsweisen
DVB-S/QPSK	64-QAM oder 256-QAM	Transcoder	Multiplex wird von QPSK auf QAM umgesetzt.
DVB-S/QPSK	COFDM	Transcoder	Multiplex wird von QPSK auf COFDM umgesetzt.
DVB-S2/8-PSK	64-QAM oder 256-QAM	Transcoder	Multiplex wird von 8-PSK auf QAM umgesetzt.
DVB-S2/8-PSK	COFDM	Transcoder	Multiplex wird von 8-PSK auf COFDM umgesetzt.
DVB-T/COFDM	64-QAM oder 256-QAM	Transcoder	Multiplex wird von COFDM auf QAM umgesetzt.
DVB-S/QPSK	PAL-AM	Transmodulator	Ein TV-Programm aus dem QPSK-Multiplex wird in ein analoges TV-Programm umgesetzt.
DVB-S/QPSK	UKW-FM	Transmodulator	Ein Radioprogramm aus dem QPSK-Multiplex wird in ein analoges Radioprogramm umgesetzt.
DVB-T/COFDM	PAL-AM	Transmodulator	Ein TV-Programm aus dem COFDM-Multiplex wird in ein analoges TV-Programm umgesetzt.
DVB-S/QPSK (2 Transponder)	64-QAM oder 256-QAM	Multiplexer	Aus zwei QPSK-Multiplexen werden TV-Programme ausgewählt und dann in einen QAM-Multiplex umgesetzt.
DVB-S2/8-PSK (2 Transponder)	64-QAM oder 256-QAM	Multiplexer	Aus zwei 8-PSK-Multiplexen werden TV-Programme ausgewählt und dann in einen QAM-Multiplex umgesetzt.
Analog Sat-TV/ PAL-FM	PAL-AM	Kanalzug	Ein analoges Satelliten-TV-Programm wird in ein analoges Kabel-TV-Programm umgesetzt.
DVB-T/COFDM	COFDM	Umsetzer	Ein empfangener COFDM-Multiplex wird auf eine andere Frequenz umgesetzt.
Videosignal	PAL-AM	Modulator	Ein Videosignal wird in ein analoges TV-Programm gewandelt.
	64-QAM oder 256-QAM	Modulator	Ein Videosignal wird in ein digitales TV-Programm für das Kabel gewandelt.
Audiosignal	UKW-FM	Modulator	Ein Audiosignal wird in ein analoges Radioprogramm gewandelt.
	64-QAM oder 256-QAM	Modulator	Ein Audiosignal wird in ein digitales Radioprogramm für das Kabel gewandelt.

8-PSK von Eight State Phase Shift Keying = achtwertige Phasenumtastung, **256-QAM** 256-wertige Quadratur-Amplitudenmodulation, **PAL** von Phase Alternating Line = Farbfernsehstandard mit zeilenweisem Phasenwechsel.
Weitere Begriffe siehe Sachwortverzeichnis

Ü

IPTV Internet Protokoll Fernsehen   Internet Protocol Television

Definition: IPTV bedeutet die Übertragung digitaler Fernsehprogramme und Dienste über DSL-Netze als geschlossene Breitbandnetze unter Verwendung des Internet Protokolls (IP).

Konzept

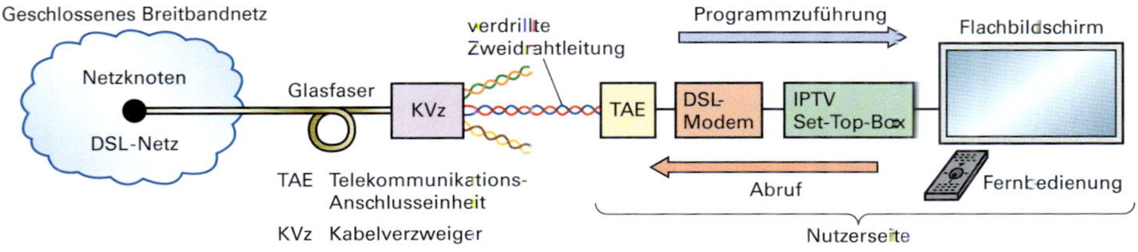

Abgrenzung

IPTV ⇔ DVB-C	Beide Verfahren verwenden unterschiedliche Übertragungsprotokolle und sind deshalb zueinander nicht kompatibel.
IPTV ⇔ Internet-TV	IPTV bezieht sich auf geschlossene Netze, Internet-TV dagegen auf das offene Internet.

Übertragung und Empfang

Infrastruktur	Leitungsgebundene Übertragung
Voraussetzungen: ● Netzanschluss ● Empfänger	 DSL-Anschluss, DSL-Modem Set-Top-Box (STB) für IPTV
Übertragungsprotokoll	TCP/IP (wie für das Internet verbindlich festgelegt)
Signalcodierung (typisch)	VC-1 (Video); H.264 (Audio)
Datenraten	☐ ADSL: 6 Mbit/s bis 25 Mbit/s ☐ VDSL: 25 Mbit/s bis 50 Mbit/s
Betrieb	☐ Abruf der Programme und Dienste vom Netzknoten. ☐ Individuelle Zuführung der Programme und Dienste vom Netzknoten.
Verfahren: ● Unicast ● Multicast	 Jeder Nutzer erhält einen individuellen Datenstrom. Alle angeschlossenen Nutzer erhalten gleichzeitig denselben Datenstrom.
Qualität	Dienstgüte (Quality of Service (QoS)) ist gewährleistet.

Programme und Dienste

Digitale Fernsehprogramme	SDTV, HDTV, 3DTV
Timeshift	Es handelt sich um zeitversetztes Fernsehen. Für die Funktion ist Zwischenspeicherung erforderlich.
VoD (Video on Demand)	Individuelle Bereitstellung von Programmbeiträgen und sonstigen Inhalten auf Abruf durch den Nutzer.
NVoD (Near Video on Demand)	Wiederholte Übertragung von Programmbeiträgen und sonstigen Inhalten zu fest vorgegebenen Anfangszeiten.
Elektronischer Programmführer (Electronic Program Guide (EPG))	Stellt „elektronische" Programmzeitschrift dar und ermöglicht einfache Navigation im Programm- und Diensteangebot.
Untertitel (Subtitle)	Hilfreich bei nicht synchronisierten Beiträgen.
Videotext (= Teletext)	Ermöglicht vielfältige programmbezogene und programmunabhängige Zusatzinformation für den Nutzer.
Mehrkanalton	Hilfreich bei Inhalten, die auch in einer Fremdsprache angeboten werden.

3DTV dreidimensionales Fernsehen, **IP** von Internet Protocol = Übertragungsprotokoll für das Internet, **KVz** Kabelverzweiger, **NVoD** von Near Video on Demand = wiederholte Übertragung von Beiträgen zu festgelegten Anfangszeiten, **QoS** von Quality of Service = Dienstgüte = Übertragung mit gesicherter Qualtität, **TAE** Telekommunikations-Anschlusseinheit, **VoD** von Video on Demand = Abruffernsehen.
Weitere Begriffe siehe S. 274 und Sachwortverzeichnis

Triple Play Triple Play

Konzept: Gleichzeitige Nutzung eines Netzanschlusses für Fernsehen, Internet und Telefonie ohne gegenseitige Beeinflussung

Anlagenkonzepte (Funktionsprinzip)	Arbeitsweise	Kenngrößen/Besonderheiten

Triple Play über das Kabelnetz

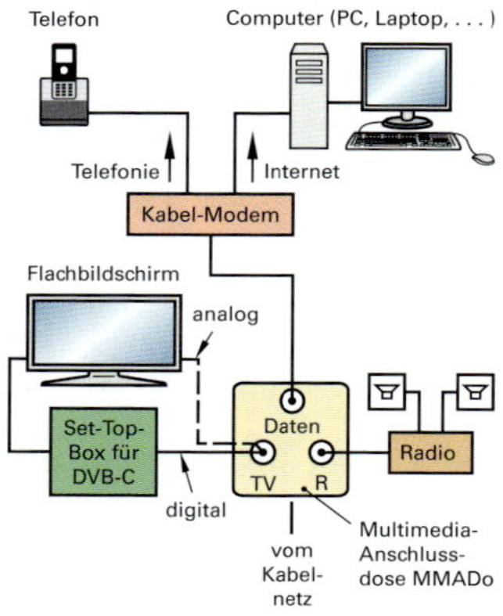

Triple Play über das Kabelnetz

Arbeitsweise

Multimedia-Anschlussdose mit den Anschlüssen TV (für Fernsehen), R (für Radio) und Daten (für Internet und Telefonie) ist erforderlich.

Kabel-Modem ermöglicht mit der CMTS (von Cable Modem Termination System = Kabelmodem-Abschlusssystem) in der Kopfstelle interaktiven Betrieb für Internet und Telefonie auf Basis des DOCSIS (von Data over Cable Service Interface Specifikation = Schnittstellen-Spezifikation für Datenübertragung in Kabelnetzen)-Standards.

Für den Empfang von Fernsehen und Radio sind gegenüber dem bisherigen Kabelanschluss keine Änderungen erforderlich.

Beim Fernsehen kann es sich um analoge und/oder digitale Programme handeln.

Kenngrößen/Besonderheiten

Bitraten im Hinkanal bis 2, 6, 16, 32 Mbit/s

Bitrate im Rückkanal beträgt etwa 15 Prozent des Hinkanals

Frequenzbereich für Hinkanäle: $f = 450$ MHz bis 862 MHz
Frequenzbereich für Rückkanäle: $f = 5$ MHz bis 65 MHz

Anstelle des Computers kann auch ein LAN oder WLAN angeschlossen werden.

An jede CMTS in der Kopfstelle kann nur eine begrenzte Zahl von Teilnehmern angeschlossen werden.

Bei Baumnetzen müssen sich alle angeschlossenen Teilnehmer die Bitrate für das Internet „teilen". Das wird durch die Bezeichnung „shared media" gekennzeichnet.

Triple Play über das Telefonnetz

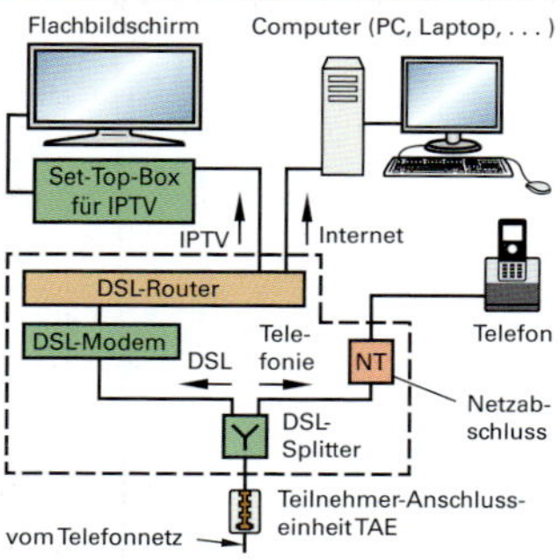

Triple Play über das Telefonnetz

Arbeitsweise

Die Teilnehmer-Anschlusseinheit TAE bleibt unverändert.

Zusätzliche digitale Übertragungskapazitäten für Hin- und Rückkanäle durch DSL.

DSL-Splitter trennt DSL und Telefonie. DSL-Modem ermöglicht in Verbindung mit dem DSLAM (von Digital Subscriber Line Access Multiplexer = Zugangsmultiplexer für digitale Teilnehmer-Anschlussleitungen) im Netzknoten interaktive Datenübertragung für Fernsehen und Internet.

Der DSL-Router ermöglicht den separaten Geräteanschluss für Fernsehempfänger und Computer.

Kenngrößen/Besonderheiten

Bitraten im Hinkanal:
- ADSL: bis 25 Mbit/s
- VDSL: bis 50 Mbit/s

Bitrate im Rückkanal beträgt etwa 15 Prozent des Hinkanals.

Übertragungsverfahren:
- Fernsehen: IPTV
- Internet: DMT

Nicht jeder Teilnehmer-Anschluss ist DSL-fähig.

Fernsehprogramme müssen einzeln vom Netzknoten abgerufen werden.

Triple Play über Satellit

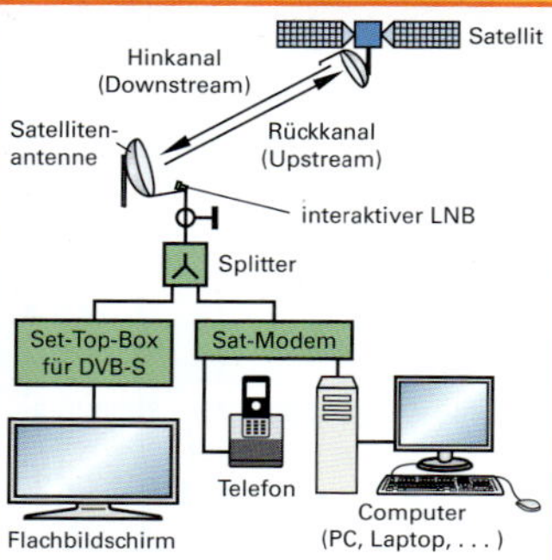

Triple Play über Satellit

Arbeitsweise

Satellitenantenne mit interaktivem LNB erforderlich.

Splitter trennt Fernsehen und interaktive Datenübertragung für Internet und Telefonie.

Sat-Modem bewirkt Aufteilung in Internet und Telefonie.

Es können alle bisherigen Geräte für Fernsehen, Internet und Telefonie weiter verwendet werden.

Kenngrößen/Besonderheiten

Bitraten im Hinkanal:
bis 10 Mbit/s

Bitrate im Rückkanal beträgt etwa 15 Prozent des Hinkanals.

Fernsehen und die interaktive Datenübertragung für Internet und Telefonie werden gegebenenfalls über Satelliten auf unterschiedlichen Orbitpositionen abgewickelt.
Beispiel:
- Fernsehen: Astra 19,2° Ost
- Internet und Telefonie: Astra 23,5° Ost

Es ist dann eine Satellitenantenne mit Mehrfachspeisung (Multifeed) erforderlich.

DMT von Discrete Multiton Transmission = Mehr-Träger-Übertragungsverfahren, IPTV von Internet Protocol Television = Fernsehübertragung auf Basis des Internet-Protokolls, VDSL von Very High Bit Rate Digital Subscriber Line = digitale Teilnehmer-Anschlussleitung mit sehr großer Bitrate.

Ü

Signalverarbeitung im PAL-Farbfernsehempfänger
Signal processing in PAL television set

Konzept

Analoge Signalverarbeitung	Dabei werden in allen Stufen ausschließlich analoge Signale verwendet und entsprechende Schaltungstechnik eingesetzt. Dieses Konzept ist inzwischen veraltet.
Digitale Signalverarbeitung	Dabei wird mit Ausnahme in den HF- und ZF-Stufen ausschließlich mit digitalen Signalen gearbeitet und deren Aufbereitung in entsprechenden Prozessoren durchgeführt. Dieses Konzept ist Stand der Technik und ermöglicht größtmögliche Flexibilität.

Digitale Signalverarbeitung

Stufen	Signale	Funktionen
① HF/ZF-Teil	**E:** VHF- oder UHF-Signal. **A:** FBAS-Signal und Ton-ZF-Signale.	Das HF/ZF-Teil empfängt und selektiert das hochfrequente Signal, setzt es auf die Bild-ZF um, führt die Demodulation durch und gewinnt die Ton-ZF-Signale.
② Videoprozessor	**E:** Digitalisiertes FBAS-Signal. **A:** Digitales Leuchtdichtesignal und digitale Farbartsignale.	Trennung des zugeführten FBAS-Signals in das Leuchtdichtesignal und die Farbartsignale durch digitale Filterung. Durchführung der gewünschten Einstellungen für das Bild.
③ Ablenkprozessor	**E:** Digitalisiertes FBAS-Signal. **A:** Sägezahnförmige Spannungen für die horizontale und vertikale Ablenkung.	Der Ablenkprozessor trennt die Synchronisierimpulse vom FBAS-Signal und gewinnt die horizontalen und vertikalen Synchronisierimpulse. Außerdem werden alle hinsichtlich Amplitude und Linearität erforderlichen Korrekturen für die Ablenksignale durchgeführt.
④ Audioprozessor	**E:** Digitalisierte demodulierte Ton-ZF-Signale. **A:** Digitale NF-Signale.	Der Audioprozessor führt die Stereo-Decodierung, die Deemphasis die Lautstärke- und Klangbildeinstellung, die Stereo-Balance und die Auswertung der Identifikationssignale Mono, Stereo und Zweiton durch.
⑤ Zentrale Steuerschaltung	**E:** Signale von Eingabe an der Fernbedienung oder am Gerät. **A:** Steuersignale für das HF/ZF-Teil, die Prozessoren und die Anzeige.	Die zentrale Steuerschaltung steuert über einen seriellen Bus das HF/ZF-Teil (für die Kanalwahl), den Videoprozessor, den Audioprozessor und den Ablenkprozessor. Außerdem erfolgt kontinuierlich der Soll/Ist-Vergleich für bestimmte Werte und im Bedarfsfall eine Korrektur.
⑥ Taktgenerator	**E:** Farbträger-Burst. **A:** Taktsignal mit der Frequenz 17,73 MHz	Mit dem Farbträger-Burst wird durch einen Phasenregelkreis (PLL) das 4,43-MHz-Signal gewonnen und vervierfacht. Es dient als Taktsignal für die Signalverarbeitung.

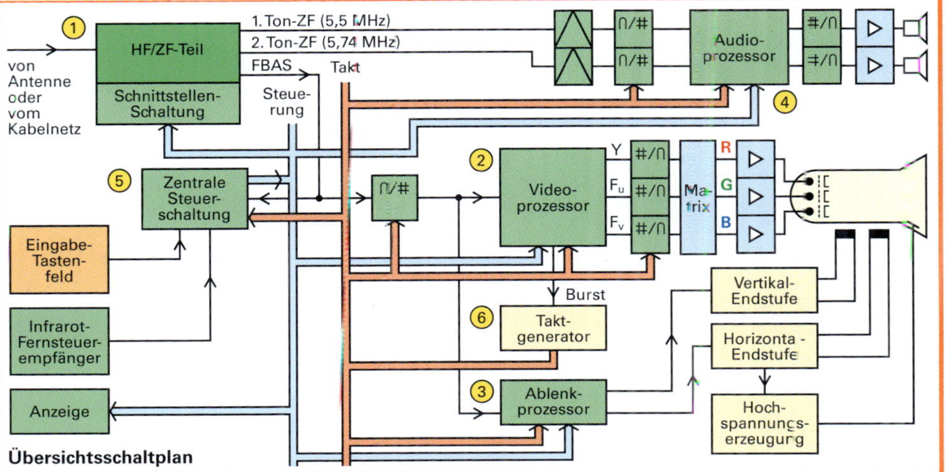

Übersichtsschaltplan

A Ausgang, B Grundfarbe Blau, E Eingang, FBAS Fernsehsignal mit den Anteilen Farbart, Helligkeit, Austastung und Synchronisierung, F_u Farbdifferenzsignal B-Y, F_v Farbdifferenzsignal R-Y, G Grundfarbe Grün, HF Hochfrequenz, UHF von Ultra High Frequencies = Frequenzbereich 300 MHz bis 3 GHz, VHF von Very High Frequencies = Frequenzbereich 30 MHz bis 300 MHz, Y Leuchtdichtesignal, ZF Zwischenfrequenz.

Übertragungsstandards für analoges Farbfernsehen
Transmission standards for analogue color television

Luminanzsignale (Helligkeitsinformation)	Chrominanzsignale (Farbinformation)	Audiosignale (Toninformation)	Signalstrukturen	Bemerkungen
PAL (Phase Alternating Line) und PALplus				
Basisbandbreite: 5 MHz Übertragung durch Restseitenband-AM als Negativ-Modulation (d. h. weiß ≙ 0,1 · $\hat{u}$ schwarz ≙ 0,75 · $\hat{u}$)	Reduzierte Farbdifferenzsignale: $u'_{R-Y} = 0{,}87 \cdot (u_R - u_Y)$ $u'_{B-Y} = 0{,}49 \cdot (u_B - u_Y)$ Basisbandbreite: V-Signal: 1,3 MHz U-Signal: 1,3 MHz Übertragung durch QAM mit Farbträger 4,43 MHz	Basisbandbreite: 15 kHz Übertragung durch FM	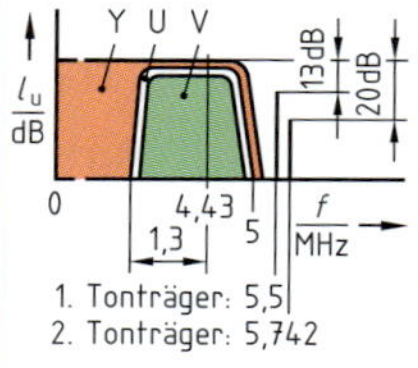	u'_{R-Y} = V-Signal u'_{B-Y} = U-Signal Die Phasenlage des V-Signals wird zeilenweise mit $\varphi = 180°$ umgeschaltet.
PALplus ist für das Bildformat 16 : 9 vorgesehen. Von den 576 sichtbaren Zeilen (der insgesamt 625 Zeilen) eines Bildes wird jede vierte Zeile (d. h. 144 Zeilen) herausgenommen und als Helfer-Signale in 2 Blöcken zu 72 Zeilen im Pegelbereich der Synchronisiersignale übertragen. Empfänger mit Bildformat 16 : 9 verarbeiten diese Signale und fügen die 144 Zeilen wieder richtig in das Bild ein. Empfänger mit Bildformat 4 : 3 ignorieren die Helfer-Signale, da sie im „Ultraschwarz"-Bereich liegen.				PALplus ist eine Weiterentwicklung von PAL und zu diesem kompatibel.
NTSC (National Television System Committee)				
Basisbandbreite: 5 MHz Übertragung durch Restseitenband-AM	Reduzierte Farbdifferenzsignale: $u'_{R-Y} = 0{,}87 \cdot (u_R - u_Y)$ $u'_{B-Y} = 0{,}49 \cdot (u_B - u_Y)$ Gedrehte reduzierte Farbdifferenzsignale: I-Signal $= u'_{R-Y} + 33°$ Q-Signal $= u'_{B-Y} + 33°$ Basisbandbreite: I-Signal: 1,3 MHz Q-Signal: 0,6 MHz Übertragung durch QAM mit Farbträger 4,43 MHz	Basisbandbreite: 15 kHz Übertragung durch FM	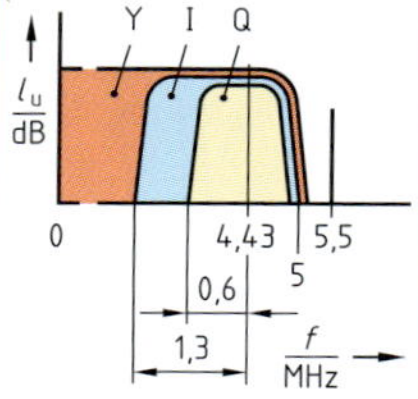	Die beiden gedrehten reduzierten Farbdifferenzsignale werden mit konstanter Phasenlage übertragen. Es erfolgt also keine zeilenweise Umschaltung.
SECAM (Séquentiel Couleur à Mémoire)				
Basisbandbreite: 5 MHz Übertragung durch Restseitenband-AM	Reduzierte Farbdifferenzsignale: $u'_{DR} = -1{,}9 \cdot (u_R - u_Y)$ $u'_{DB} = 1{,}5 \cdot (u_B - u_Y)$ Basisbandbreite: DR-Signal: 1,3 MHz DB-Signal: 1,3 MHz Übertragung durch FM mit folgenden Farbträgern: $f_{FTDR} = 4{,}4$ MHz $f_{FTDB} = 4{,}25$ MHz	Basisbandbreite: 15 kHz Übertragung durch FM	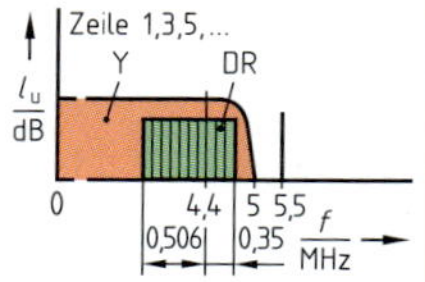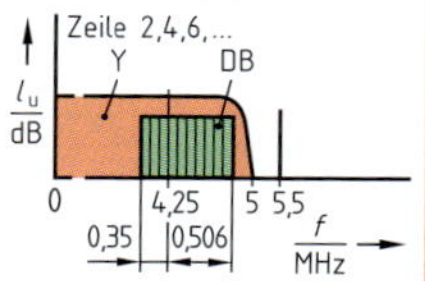	Die reduzierten Farbdifferenzsignale werden zeilenweise im Wechsel übertragen. Maximaler Frequenzhub: DR-Signal +350 kHz/ −506 kHz DB-Signal +506 kHz/ −350 kHz
D2-MAC (Duobinär Multiplexed Analog Components)				
Komprimierte analoge Komponente Y im Zeitmultiplex 34,4 µs / Zeile Kompression: 3 : 2	Komprimierte analoge Komponente C_R (für Rot) und C_B (für Blau). Die Übertragung erfolgt zeilenweise im Wechsel. 17,2 µs / Zeile Kompression: 3 : 1	Vier digitale Tonkanäle 10,3 µs / Zeile Ternäres Signal, Duobinär-Codierung	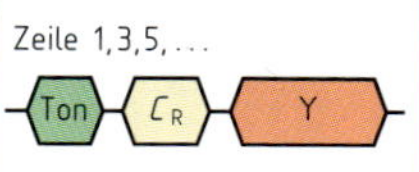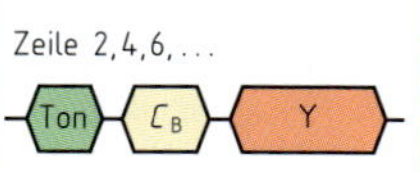	1. Halbbild: Zeile 23 bis 310 2. Halbbild: Zeile 335 bis 625

Ü

Hybrides Fernsehen Hybrid-TV

Konzept

Darstellung von klassichem Fernsehen (Broadcast) und Internetanwendungen (Broadband) auf dem Bildschirm des Fernsehgeräts. Geräte für Hybrid-TV weisen einen Antennenanschluss und einen Internetanschluss auf.

Gegenüberstellung

Klassisches Fernsehen	Internetanwendungen
Broadcast	Broadband (= Breitband)
Unidirektionale Übertragung „Einer-an-Viele“ (Punkt-zu-Multipunkt)	Bidirektionale Übertragung „Einer-an-Einen“ (Punkt-zu-Punkt)
Antennenanschluss erforderlich	Internetanschluss erforderlich
Angebote sind „Push“-Dienste	Angebote sind „Pull“-Dienste
Lineares Fernsehen durch zeitgleichen Empfang	Lineares Fernsehen durch zeitgleichen Empfang (Internet-TV) **und** nichtlineares Fernsehen durch zeitversetzten Empfang (z. B. Mediatheken)
Es handelt sich um professionelle Inhalte.	Es handelt sich um professionelle Inhalte **oder** um von Nutzer erzeugte Inhalte UGC (User Generated Content).

Zugriff auf Internetanwendungen

Begriffe	Aufgaben	Bemerkungen
Browser	Software-Schnittstelle zwischen Hybrid-TV-Gerät und Internet.	Maßgebend ist der Funktionsumfang und die verwendete Programmiersprache.
URL	Ermöglicht den spezifischen Zugriff auf jeden Internetinhalt.	Es handelt sich um die Internetadresse z. B. www.wdr.de
App *Mehrzahl:* Apps	Browser für den unmittelbaren Zugriff auf ein festgelegtes Portal im Internet.	Die Bezeichnung ist die Kurzform von „application“ (= Anwendung). Apps können entweder kostenlos oder gegen Entgelt runtergeladen werden. Apps können entweder kostenlos oder gegen Entgelt genutzt werden.
Icon	Anzeige einer App durch ein Symbol auf dem Bildschirm.	Der Aufruf einer App erfolgt durch Anklicken des Icons mit der Fernbedienung.
Fernbedienung	Steuerung aller Internetanwendungen.	Es werden dafür folgende Tasten benötigt: ● Zifferntasten (0 bis 9) ● Cursortasten (△, ▽, ◁, ▷) ● OK-Taste ● Farbtasten (rot, grün, gelb, blau)
Suchfunktion	Soll zu einem vorgegebenen Begriff die URL finden.	Kann über die URL einer Suchmaschine (z. B. www.google.de) oder eine entsprechende App erfolgen.

HbbTV (Hybrid Broadcast Broadband Television)

Merkmale	Erläuterungen
Nummer des Standards	ETSI TS 102 796
Titel des Standards	Hybrid Broadcast Broadband Television (HbbTV)
Programmiersprache	CE-HTML
Einsatzbereich	Programmbezogene Anwendungen **und** programmunabhängige Anwendungen
Bedienung	Nur Fernbedienung erforderlich.
Red-Button-Funktion	Kennzeichnung einer programmbezogenen Anwendung im laufenden Fernsehprogramm durch roten Punkt in einer Bildecke. Aufruf dieser Anwendung durch die rote Farbtaste der Fernbedienung.

Logo HbbTV

App von Application = Anwendung, **CE** von Consumer Electronics = Unterhaltungselektronik
HbbTV von Hybrid Broadcast Broadband Television = hybrides Rundfunk- und Breitband-Fernsehen
HTML von Hypertext Markup Language = für das Internet relevante Programmiersprache
URL von Universal Ressource Locator = Internetadresse für Anwendungen

Ü

3D-TV

Bei 3D-TV handelt es sich um Stereoskopie, gekennzeichnet durch zwei Teilbilder für jedes Vollbild.

Phasen	Maßnahmen	Erklärungen
Übertragung		
1	Aufnahme	Parallele Erfassung der stereoskopischen Teilbilder.
2	Übertragung im TV-Kanalraster	Übertragungswege: Satellit, Kabel, DSL. Serielle Übertragung der stereoskopischen Teilbilder.
3	Empfang	Jeder HDTV-Empfänger ist für 3D-TV geeignet.
4	Bildwiedergabe	Der Flachbildschirm bzw. Videoprojektor muss mindestens 100 Vollbilder pro Sekunde mit voller Auflösung darstellen und die Blendenbrille (Shutterbrille) synchronisieren können.
Anmerkung: Die Bildauflösung ist bei 3D-TV nur halb so groß wie bei HDTV.		
Speicherung		
1	Aufnahme	Parallele Erfassung der stereoskopischen Teilbilder.
2	Speicherung	Speichermedium: Blu-ray Disc (BD). Die stereoskopischen Teilbilder werden parallel gespeichert.
3	Wiedergabe	Es wird ein für 3D geeigneter BD-Spieler benötigt.
4	Bildwiedergabe	Der Flachbildschirm bzw. Videoprojektor muss mindestens 100 Vollbilder pro Sekunde mit voller Auflösung darstellen und die Blendenbrille (Shutterbrille) synchronisieren können.
Anmkerung: Die Verbindung zwischen 3D-BD-Spieler und Flachbildschirm/Videoprojektor muss über ein HDMI-Kabel 1.4 erfolgen.		
Bildwiedergabe		
1	Reihenfolge der Teilbilder	1L, 1R, 2L 2R, 3L, 3R, … (n – 1)L, (n – 1)R, nL, nR
2	Blendenbrille (= Shutterbrille)	Bewirkt synchronisierte Freischaltung der stereoskopischen Teilbilder für das jeweilige Auge.
3	Betrachter	Jedes Auge sieht nur das für es bestimmte stereoskopische Teilbild. Das Gehirn bildet daraus den dreidimensionalen Bildeindruck.

Gesamtkonzept

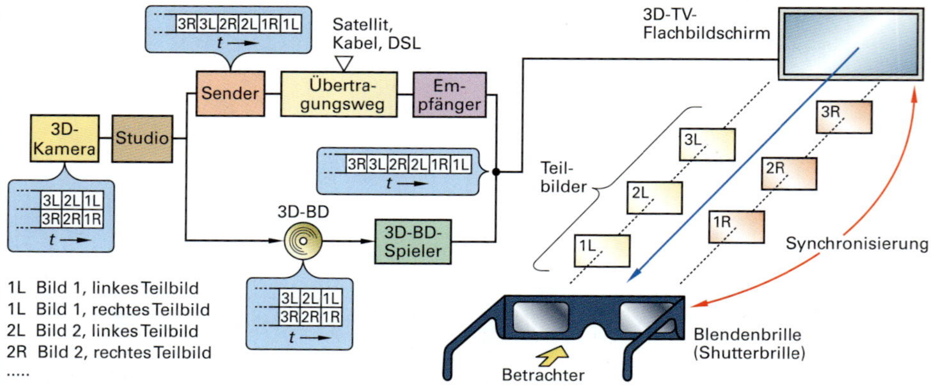

1L/2L/3L/… Teilbilder für das linke Auge, **1R/2R/3R/…** Teilbilder für das rechte Auge, **3D** dreidimensional, **BD** von Blu-ray Disc = Speichermedium in Scheibenform für hochauflösende Inhalte, **HDMI** von High Definition Multimedia Interface = Schnittstelle für hochauflösende Multimedia-Signale.
Weitere Begriffe siehe Sachwortverzeichnis

DVB-Empfang DVB reception

Empfangskonzepte

Set-Top-Box STB	IDTV	MM-PC
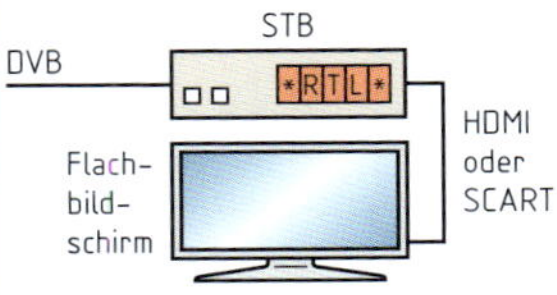 Beim Einsatz der STB (Set-Top-Box) sollte für die Wiedergabe ein Flachbildschirm werden.	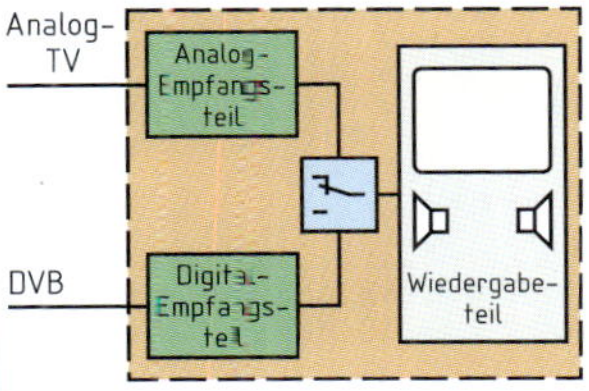	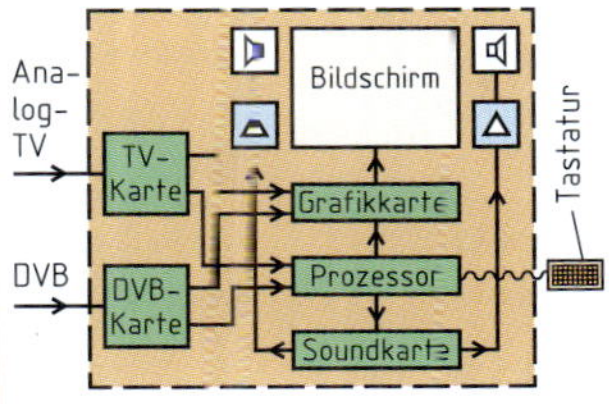

Empfangseinrichtung (Übersichtsschaltplan)

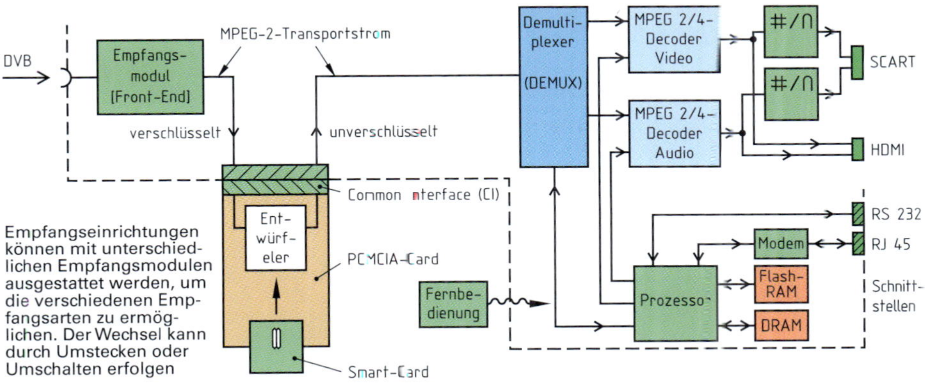

Empfangseinrichtungen können mit unterschiedlichen Empfangsmodulen ausgestattet werden, um die verschiedenen Empfangsarten zu ermöglichen. Der Wechsel kann durch Umstecken oder Umschalten erfolgen

Empfangsmodule (Front ends)

Empfangsarten	Eingangssignale	Funktionseinheiten	Ausgangssignale
DVB über Satellit (DVB-S/DVB-S2)	950 MHz bis 2400 MHz	→ Tuner → Demodulator → Kanaldecoder → Tuner: Sat-ZF; Demodulator: QPSK/QAM; Kanaldecoder: Viterbi, Reed-Solomon (RS)	MPEG-2-Transportstrom
DVB über Kabel (DVB-C)	109 MHz bis 862 MHz	→ Tuner → Demodulator → Kanaldecoder → Tuner: Kabelkanäle; Demodulator: QAM; Kanaldecoder: Reed-Solomon (RS)	MPEG-2-Transportstrom
DVB über terrestrische Sender (DVB-T)	174 MHz bis 790 MHz	→ Tuner → Demodulator → Kanaldecoder → Tuner: Fernsehkanäle; Demodulator: COFDM; Kanaldecoder: Viterbi Reed-Solomon (RS)	MPEG-2-Transportstrom

C von Cable = Kabel, **CI** von Common Interface = Schnittstelle für Module zur Entschlüsselung von Pay-TV-Signalen, **COFDM** von Coded Orthogonal Frequency Division Muiltiplex = Mehrträger-Übertragungsverfahren, bei dem jeder Träger einzeln digital moduliert wird, **DVB** von Digital Video Broadcasting = Digitales Fernsehen, **HDMI** von High Definition Multimedia Interface = Schnittstelle für digitale Fernsehsignale, **IDTV** von Integrated Digital Television = Fernsehgerät mit integriertem digitalen Empfangsteil, **MM-PC** von Multimedia Personal Computer = Computer für multimediale Anwendungen, **MPEG** von Motion Pictures Experts Group = Expertengruppe für die Entwicklung digitaler Fernsehstandards, **QAM** von Quadrature Amplitude Modulation = Digitale Phasen-Amplituden-Modulation, **QPSK** von Quadrature Phase Shift Keying = Vierwertige Phasenumtastung, **S** von Satellit, **SCART** von Syndicat des Constructeurs d'Appareils Radio Recepteurs et Televiseurs = Standardisierte Schnittstelle für analoge Fernsehsignale, **STB** von Set-Top-Box = Empfangsgerät für digitales Fernsehen, **T** von Terrestrial = terrestrisch.

Ü

Hochauflösendes Fernsehen HDTV High definition television HDTV

Begriffe	Werte, Erklärungen	Bemerkungen
HDTV-Übertragung		
Übertragungskonzept	Ansteuerung der einzelnen Bildelemente BE (Picture Elements PEL, Pixel)	Es gilt auch die Bezeichnung Bildpunkte.
Bildformat	16 : 9 (Breite : Höhe)	Wird gegenüber dem Bildformat 4 : 3 als Breitbild (Wide Screen) bezeichnet.
Datenreduktionsverfahren	• MPEG-2 • MPEG-4	Beide Quellencodierungsverfahren sind skalierbar von VHS bis HDTV.
Bitrate für HDTV-Signal	• Bei MPEG-2: 12 Mbit/s bis 18 Mbit/s • Bei MPEG-4: 8 Mbit/s bis 10 Mbit/s	Empfänger muss für das jeweilige Datenreduktionssystem ausgelegt sein.
Übertragungsmodi	Halbbildübertragung → **i-Modus** (Zeilensprungverfahren)	von Interlaced = verschachtelt
	Vollbildübertragung → **p-Modus**	von Progressive = fortschreitend
Übertragungsformate (gekennzeichnet durch Zeilenzahl und Übertragungsmodi)	• **720p** 720 Zeilen und 50 Vollbilder je Sekunde Bildauflösung: 1280 × 720 • **1080i** 1080 Zeilen und 50 Halbbilder je Sekunde Bildauflösung: 1920 × 1080 • **1080p** (= Full-HD) 1080 Zeilen und 50 Vollbilder je Sekunde Bildauflösung: 1920 × 1080	HD ready: Logo an Bildschirmen für 720p und 1080i HD ready 1080p: Logo an Bildschirmen für 720p, 1080i und 1080p HD TV: Logo an Empfängern für 720p und 1080i
HDTV-Wiedergabe		
Empfangsvarianten	• Set-Top-Box (STB) und Flachbildschirm oder Videoprojektor • IDTV (von Integrated Digital Television Set = integriertes digitales Fernsehgerät)	• Beide Geräte müssen für HDTV ausgelegt sein. • Beim IDTV sind die Funktionen der STB und des Bildschirms in einem Gerät zusammengefasst.
Bildschirmarten	• Flachbildschirm (Flat Screen) • Videoprojektor (Beamer) • Rückprojektor	• Bildschirmdiagonalen bis 1,50 m realisierbar. • Sehr große Bildflächen erreichbar. • Geringe Gehäusetiefe.
Bildschirmtechnologien	• LCD (von Liquid Crystal Display) • PD (von Plasma Display) • DLP (von Digital Light Processing)	• Bewährte Technologie. • Ermöglicht große Bildschirme. • Licht wird mit großer Zahl von Mini-Spiegeln gesteuert.
Schnittstellen an den Geräten	• HDMI (von High Definition Multimedia Interface) • DVI (von Digital Visual Interface)	• Gemeinsame Schnittstelle für Bild- und Tonsignale. • Nur für Bildsignale ausgelegt.
Kopierschutz	HDCP (von High Bandwidth Digital Content Protection)	Urheberrechtlich geschützte Beiträge werden für die Verbindung vom Empfänger zum Bildschirm durch HDCP verschlüsselt.
BD-Spieler	Die BD (von Blu-ray Disc) ist eine besonders für die Aufzeichnung von HDTV ausgelegte Form der DVD.	Der BD-Spieler arbeitet mit kurzwelligeren Lasern als übliche DVD-Spieler.

HDTV-Empfang mit Set-Top-Box

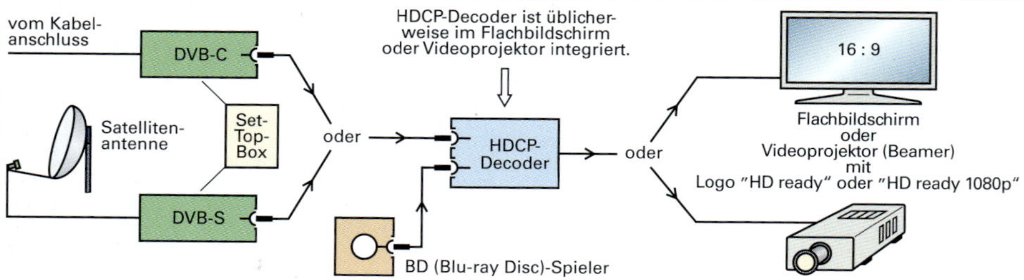

Ü

Videotext für analoges Fernsehen — Teletext for analogue television

Kenngrößen

Begriffe	Werte	Bemerkungen
Seitenhöhe	24 Zeilen	Zeilenzahl ermöglicht ausreichende Lesbarkeit.
Zeilenbreite und Zeichenbreite	40 Zeichen zu 8 bit (7 Zeichenbits, 1 Prüfbit)	Zusätzlich werden jeweils fünf Synchronisierzeichen und Kennungszeichen verwendet.
Zeichenstruktur	Matrix 12 × 20	Die Zeichenhöhe beträgt 20 Fernsehzeilen.
Zeichenarten	32 Steuerzeichen und 160 darstellbare Zeichen	Steuerzeichen sind für einen geordneten Zeilen- und Seitenaufbau erforderlich.
Art der darstellbaren Zeichen	96 alphanumerische und 64 grafische Zeichen	Alphanumerische Zeichen umfassen Buchstaben, Ziffern und Sonderzeichen.
Nutzbare Zeilen: 1. Halbbild 2. Halbbild	 11 … 15, 20, 21 323 … 328, 333, 334	 Je Zeile werden 360 bit übertragen.
Übertragungsgeschwindigkeit	$4{,}1\bar{6}$ Seite je Sekunde	Für die Übertragung einer Seite sind 0,24 s erforderlich.

Seitenzugriff

Verfahren	Wartezeiten	Realisierungen
Übertragungskapazität vergrößern	klein	Nutzung der optionalen Zeilen 11 bis 15 und 323 bis 328, ergänzend zu den Standardzeilen 20 und 21 bzw. 333 und 334.
Seiten vorrangig übertragen	mittel	Übersichtsseiten oder wichtige Seiten mehrfach im Zyklus übertragen.
Sendeseitige Vororganisation der Seiten nach Themenkreisen Table of Pages (TOP)	klein bis sehr klein	Hierarchische Organisation des gesamten Videotext-Angebotes in Blöcken und Gruppen. Decoder speichert inhaltlich zusammengehörende Seiten. Übertragung der Sortierkriterien des Angebotes erfolgt über gesonderte Seiten.

Übertragungsverfahren und Zeichensatz

Bitrate	6,9375 Mbit/s
Schrittdauer	144 ns
Pegel für 1	$0{,}32 \cdot \hat{u}$
Pegel für 0	$0{,}73 \cdot \hat{u}$
Zeilenaufbau:	
Steuerung	16 bit,
Start	8 bit,
Zeilennummer	16 bit,
Seitennummer	16 bit,
Seiten-Subcode (nur 1. Zeile)	32 bit,
Steuerzeichen (nur 1. Zeile)	16 bit,
Daten (nur 1. Zeile)	$32 \cdot 8$ bit,
Daten (2. bis 24. Zeile)	$40 \cdot 8$ bit.

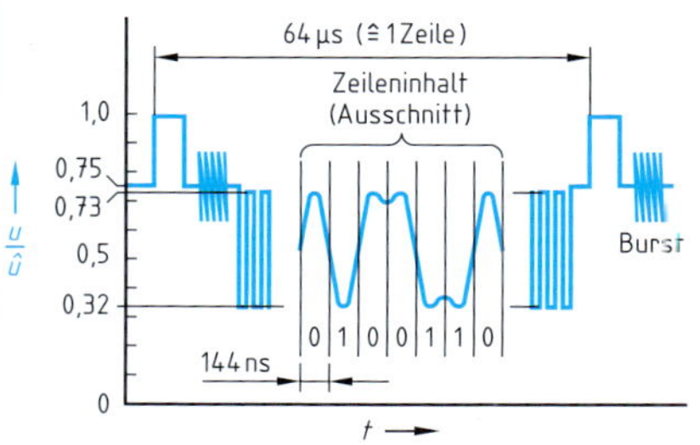

Zeitfunktion des Videotext-Signals

Bit Nr. (1 rechts bis 7 links)			7	0	0	1	1	1	1	0	0	1	1
			6	1	1	0	0	1	1	1	1	1	1
			5	0	1	0	1	0	1	0	1	0	1
4	3	2	1	Zeichen						Grafik			
0	0	0	0		0	§	P	°	p				
0	0	0	1	!	1	A	Q	a	q				
0	0	1	0	"	2	B	R	b	r				
0	0	1	1	#	3	C	S	c	s				
0	1	0	0	$	4	D	T	d	t				
0	1	0	1	%	5	E	U	e	u				
0	1	1	0	&	6	F	V	f	v				
0	1	1	1	˥	7	G	W	g	w				
1	0	0	0	(	8	H	X	h	x				
1	0	0	1	)	9	I	Y	i	y				
1	0	1	0	*	:	J	Z	j	z				
1	0	1	1	+	;	K	Ä	k	ä				
1	1	0	0	,	<	L	Ö	l	ö				
1	1	0	1	-	=	M	Ü	m	ü				
1	1	1	0	.	>	N	^	n	ß				
1	1	1	1	/	?	O	_	o	■				

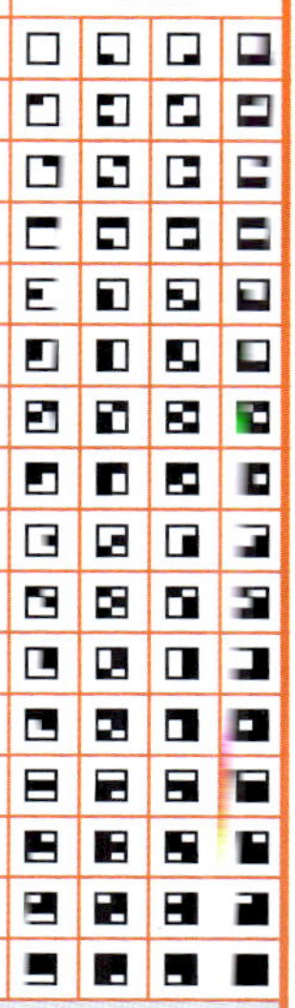

Beispiel: Buchstabe Y ⇒ 1 0 1 1 0 0 1

Video-Programm-System VPS für analoges Fernsehen
Video Programming System VPS for analogue television

Übertragungsverfahren

Begriffe	Werte, Erklärungen
Einsatzbereich	Aufzeichnung von Programmbeiträgen mit Videorekorder, unabhängig von der tatsächlichen Sendezeit.
Übertragungsart	Zweiwertige Phasenumtastung (auch als Bi-Phasen-Codierung bezeichnet).
VPS-Daten	15 Datenworte zu je 8 bit (= 15 Byte)
Übertragungsbereich	Zeile 16 (1. Halbbild)
Bitrate	2,5 Mbit/s
VPS-Label	Dem Programmbeitrag fest zugeordnete Angabe der vorgesehenen Sendezeit. Bleibt auch erhalten, wenn sich diese Zeit ändert. Das VPS-Label besteht aus den Datenworten 11 bis 14.
VPS-Zeit	Eingabe der vorgesehenen Sendezeit des gewünschten Programmbeitrages am Videorekorder.
VPS-Eingabe	Die Eingabe der VPS-Zeit am Videorekorder kann manuell über eine Tastatur am Gerät oder der Fernbedienung erfolgen oder durch Strichcode mit Hilfe eines entsprechenden Lesegerätes.
System-Statuscode	Verwendung, wenn kein VPS-Label gesendet wird. Der Videorekorder muss dann im Schaltuhr-Betrieb arbeiten.
Leer-Statuscode	Verwendung bei Aussendungen, die keine eigentlichen Programmbeiträge sind (z. B. Testbilder).
Unterbrechungs-Statuscode	Verwendung bei Störungen oder geplanten Aufnahmepausen. Der Videorekorder stoppt dann die Aufnahme und wartet auf den Befehl für die Fortsetzung der Aufnahme.

Decoderierung

Schritte	Aktivitäten	Bemerkungen
1	Überwachung der Zeile 16.	Andere Zeilen enthalten keine VPS-Informationen.
2	Trennung der Zeile 16 vom übrigen Signal.	Ermöglicht erst die weitere Signalverarbeitung.
3	Synchronisierung mit Sendeseite.	Wird durch das erste Datenwort erreicht.
4	Decodierung der VPS-Daten.	Es ergeben sich 120 bit/Zeile.
5	Vergleich des gesendeten VPS-Labels mit der am Videorekorder eingestellten VPS-Zeit.	Dient zur Identifizierung des für die Aufzeichnung vorgesehenen Programmbeitrages.
6	Erzeugung der Steuersignale für den Videorekorder.	Als Voraussetzung müssen VPS-Label und VPS-Zeit übereinstimmen.

Ü

Signal

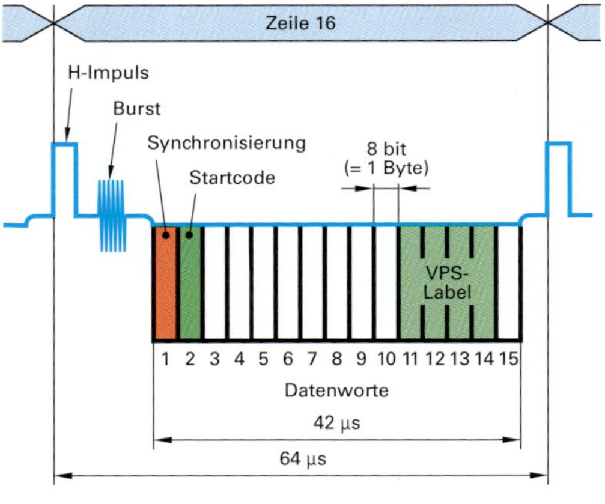

VPS-Signalstruktur

Funktionsprinzip

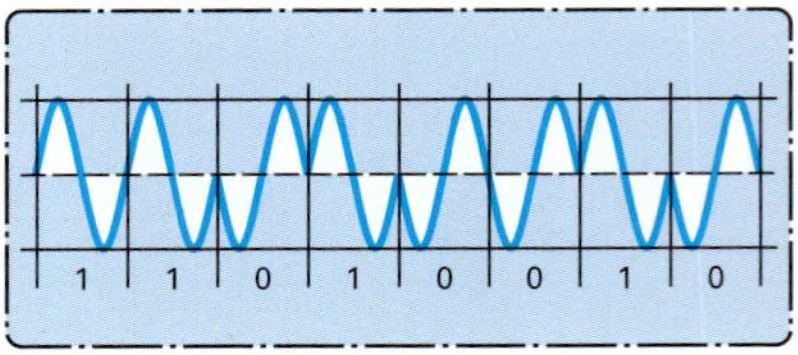

Beispiel für Datenwort

Der VPS-Decoder im Videorekorder vergleicht das übertragene VPS-Label mit der vom Teilnehmer durchgeführten VPS-Eingabe. Bei Übereinstimmung wird die Aufnahme beim Videorekorder gestartet.

Mit dem VPS-Label gekennzeichnete Programmbeiträge werden auch dann vom Videorekorder korrekt aufgezeichnet, wenn diese am gleichen Tag zeitversetzt übertragen werden. Dabei ist es unerheblich, ob es sich um eine zeitliche Verschiebung nach vorne oder hinten handelt.

Baugruppen		Signale	Funktionen
Speisesystem (Feed System) und Parabolspiegel		E: SHF-Signal des ausgewählten Satelliten. A: Hochfrequentes Spannungssignal.	Wandlung des SHF-Signals vom ausgewählten Satelliten in ein entsprechendes Spannungssignal.
Polarisationsweiche		E: SHF-Signal mit linearer Polarisation. A: SHF-Signale mit horizontaler Polarisation (H) und vertikaler Polarisation (V).	Aufteilung der linearen Polarisation in die horizontalen und vertikalen Anteile.
Spiegelfrequenz-Filter		E: SHF-Signal des Nutzfrequenzbereiches und des Spiegelfrequenzbereiches. A: SHF-Signal des Nutzfrequenzbereiches.	Unterdrückung der Spiegelfrequenzen des Empfangsbereiches.
SHF-Verstärker		E: SHF-Signal. A: Verstärktes SHF-Signal.	Verstärkung des höchstfrequenten Signals.
Mischstufe (SHF-Converter, LNC)	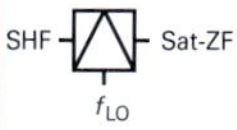	E: SHF-Signal des Nutzfrequenzbereiches. A: Satelliten-Zwischenfrequenzsignal (Sat-ZF-Signal).	Umsetzung des höchstfrequenten Signals in die Sat-ZF-Lage. (950 MHz bis 2150 MHz)
Lokaler Oszillator (LO)		E: Oszillator hat kein Eingangssignal. A: Oszillatorfrequenz.	Hilfsfrequenz für die Umsetzung des empfangenen Frequenzbereiches in die Sat-ZF-Lage. (9,75 GHz, 10,6 GHz)
Bandumschalter		E: SHF-Signal des unteren Bandes (10,7 ... 11,7 GHz), SHF-Signal des oberen Bandes (11,7 ... 12,75 GHz). A: Abhängig von Schaltposition: SHF-Signal des unteren oder oberen Bandes.	Steuerung des Schalters durch Schaltspannung, Schaltfrequenz oder DiSEqC.
Polarisationsumschalter		E: SHF-Signal mit horizontaler Polarisation (H), SHF-Signal mit vertikaler Polarisation (V). A: Abhängig von Schaltposition: SHF-Signal mit horizontaler oder vertikaler Polarisation.	Steuerung des Schalters durch Schaltspannung, Schaltfrequenz oder DiSEqC.
Satelliten-ZF-Verstärker		E: Sat-ZF-Signal. A: Verstärktes Sat-ZF-Signal.	Verstärkung des Sat-ZF-Signals zur Kompensation von Verlusten.
Fernspeiseweiche	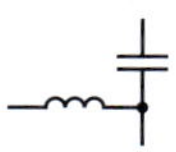	E: Sat-ZF-Signal. A: Sat-ZF-Signal und Betriebsspannung für alle Baugruppen der Außeneinheit.	Abtrennung der über das Koaxialkabel vom Satellitenempfänger der Außeneinheit zugeführten Betriebsspannung für die Baugruppen.
Koaxialkabel	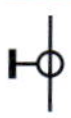	E: Sat-ZF-Signal. A: Sat-ZF-Signal.	Übertragung des Sat-ZF-Signals von der Außeneinheit zum Satellitenempfänger.
Satellitenempfänger (Satellitentuner)	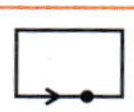	E: Sat-ZF-Signal. A: Videosignal des gewünschten Programms.	Auswahl des gewünschten Programms aus der Sat-ZF, Demodulation und Decodierung.

A Ausgangssignal,
DiSEqC von Digital Satellite Equipment Control = Steuerungssystem für digitale Satellitenanlagen,
E Eingangssignal,
LNC von Low Noise Converter = Rauscharmer Umsetzer, Sat-ZF Satellitenfrequenz,
SHF von Super High Frequencies = Superhohe Frequenzen.

Ü

Digitale Satellitenempfänger Digital satellite receiver

Kenngrößen

Bezeichnungen	Erklärungen, Werte	Bemerkungen
Eingangsfrequenzbereich	950 bis 2150 MHz	Satelliten-Zwischenfrequenz (Sat-ZF)
Empfangsvarianten	• DVB-S (1. Generation) • DVB-S2 (2. Generation)	• Nur für SDTV-Programme • Für SDTV- und **HDTV**-Programme
Programm-Speicherplätze	bis 5000	Jedes einzelne Programm erfordert einen Speicherplatz.
Anzeigefeld (Display)	12 bis 16 Stellen, alphanumerisch	Technologie ist beliebig.
Bildformatumschaltung	4 : 3, 16 : 9, Pan, Scan, Letterbox	Automatische oder manuelle Umschaltung.
Bildschirm-Menü	OSD (von On Screen Display)	Angebot in mehreren Sprachen.
Programmlisten	Sind fast immer vorprogrammiert	Nutzereigene Favoritenliste ist möglich.
Programmlisten-Update	Bei Änderungen der Programmbelegung	Wird vom Plattformbetreiber veranlasst.
Elektronischer Programmführer	EPG (von Electronic Programme Guide)	Informiert über die aktuellen Programme und liefert Vorschau für 7 oder 14 Tage.
Videotext (VT)	bis 800 Seiten Speicher	Darstellung wie beim analogen Fernsehen.
Timer	Zeitgeber für Aufzeichnungs-Programmierung	Meistens sind mehrere Zeiten programmierbar.
Common Interface (CI)	Steckplatz für CA-Modul	Mit CI sind unterschiedliche Verschlüsselungssysteme nutzbar.
Integriertes CA-Modul	Empfang verschlüsselter Programme	CA-Modul muss für das verwendete Verschlüsselungssystem ausgelegt sein.
Software-Update	Bei Änderungen der Geräte-Software	Wird vom Gerätehersteller veranlasst.

Optionen

Begriffe	Erläuterungen
Integrierter Festplattenrekorder	Im Gehäuse des Empfängers ist ein Festplattenrekorder eingebaut und für die Aufzeichnung empfangener Programme verfügbar.
Twin-Receiver	Zwei DVB-S-Empfangsteile in einem Gehäuse.
Kombi-Receiver	Je ein Empfangsteil für DVB-S und DVB-T in einem Gehäuse.

Anschlüsse auf der Geräte-Rückseite

Ü

Bezeichnungen	Erläuterungen	Bezeichnungen	Erklärungen
IF INPUT	Anschluss für Sat-ZF, F-Stecker	AUDIO L	Analoges Audiosignal, rechter Kanal
SCART TV	Anschluss für Wiedergabegerät	AUDIO R	Analoges Audiosignal, linker Kanal
SCART VCR	Anschluss für Aufzeichnungsgerät	SPDIF	Digitales Audiosignal, optisch oder elektrisch
HDMI	Digitales Videosignal, digitales Audiosignal	UHF-Mod	Empfangenes DVB-S-Programm als PAL-Signal
S-Video	Y-Signal, C-Signal	USB 2.0	Schnittstelle für multimediale Anwendungen
YUV	Y-Signal, U-Signal, V-Signal	Data I/O	Schnittselle RS 232 für Software-Update
VIDEO	Analoges Videosignal	RJ-45	Ethernet-Schnittstelle

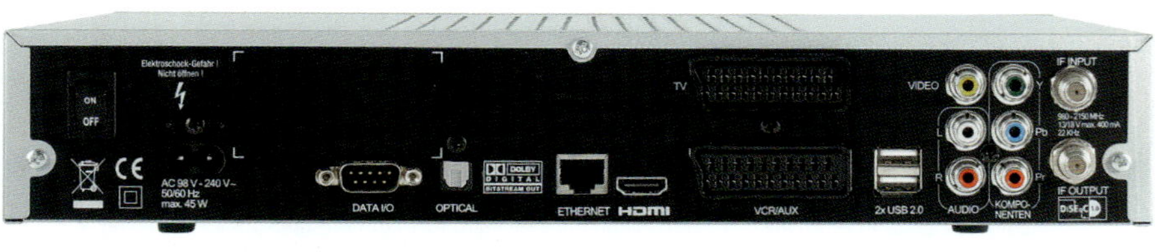

Set-Top-Box für DVB-S (Rückseite)

Kenngrößen

Systemparameter	Daten CD	Daten MD	Systemparameter	Daten CD	Daten MD
Abtastung	optisch	optisch	Fehlerkorrektur	CIRC	CIRC
Speicherung	mechanisch	magnetisch	Kanalcodierung	EFM	EFM
Frequenzbereich	20 Hz bis 20 kHz	5 Hz bis 20 kHz	Plattendurchmesser	12 cm	6,4 cm
			Plattenbeschichtung	–	Terbium Ferrit Kobalt
Dynamik	90 dB	105 dB			
Abtastgeschwindigkeit	1,4 m/s	1,4 m/s	Koerzitivfeldstärke	–	6400 A/m
Abtastfrequenz	44,1 kHz	44,1 kHz	Pitlänge (Größtwert)	3,56 µm	–
Quantisierung	16 bit linear	16 bit linear	Pitlänge (Kleinstwert)	0,97 µm	–
Datenreduktion	–	ATRAC	Pitbreite	0,50 µm	–
Spielzeit	60 min	74 min	Pittiefe	0,11 µm	–

CD-Spieler

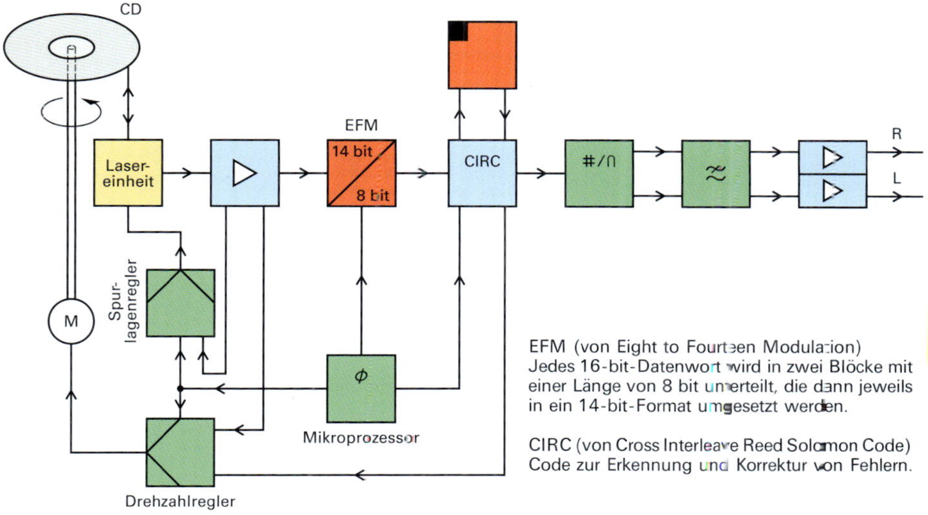

EFM (von Eight to Fourteen Modulation)
Jedes 16-bit-Datenwort wird in zwei Blöcke mit einer Länge von 8 bit unterteilt, die dann jeweils in ein 14-bit-Format umgesetzt werden.

CIRC (von Cross Interleave Reed Solomon Code)
Code zur Erkennung und Korrektur von Fehlern.

Übersichtsschaltplan

Mini Disk (Arbeitsweise)

Aufnahme

Das analoge Eingangssignal wird digitalisiert und im ATRAC-Coder einer Datenreduktion unterzogen. Im CIRC-Coder werden die Fehlerschutzbits hinzugefügt, die EFM-Codierung durchgeführt sowie die Daten verschachtelt, bevor sie zum Aufnahmekopf gelangen.
Die Informationen werden durch einen thermomagnetischen Prozess gespeichert. Hierbei wird die magnetische Schicht der MD durch einen Laser auf über 220 °C erhitzt, so dass diese vorübergehend ihren Magnetismus verliert. Damit können die erwärmten Bereiche mit einem Magnetkopf ummagnetisiert (beschrieben) werden.

Wiedergabe

Zum Auslesen der Information wird wieder der Laserstrahl benutzt. Je nach Magnetisierung erfährt das Laserlicht eine leichte Drehung seiner Polarisationsachse. Diese Drehung kann elektronisch erkannt (detektiert) und in elektrische Impulse umgesetzt werden.
Die ausgelesenen Daten werden im EFM-Decoder wieder in 8-bit-Worte umgesetzt und die CIRC-Verschlüsselung wird wieder aufgehoben. Danach erfolgt die Eingabe der Daten in einen Zwischenspeicher. Dieser Speicher enthält immer Daten für etwa 2 Sekunden (Anti-Schock-Speicher). Verliert der Laser die Spur, dann sucht das Servosystem wieder die richtige Spur. Das so auftretende Signal gelangt dann zum DA-Umsetzer und dem nachgeschalteten Verstärker.

Pit, von pit = Vertiefung, Grube. Pits dienen der Darstellung der auf der CD gespeicherten Daten. Vom Abtastsystem her gesehen sind es Erhöhungen.

Informationsverarbeitung bei der CD Information processing on CD

Darstellungen	Beschreibungen	Daten

Aufbereitung der Information

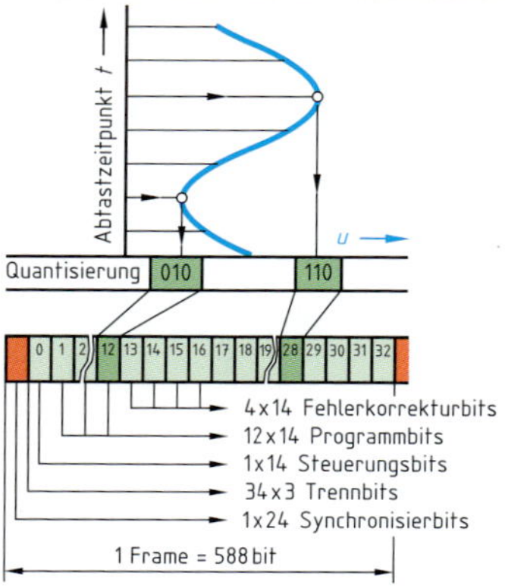

Die Augenblickswerte des Signals werden in regelmäßigen Abständen gemessen (abgetastet) und in eine Dualzahl umgesetzt (Quantisierung und Codierung). Die Verfälschungen des Originalsignals sind umso geringer, je größer die *Abtastfrequenz* und je höher die Anzahl der *Quantisierungsstufen* sind.

Zur Vermeidung von Gleichspannungsanteilen im Digitalsignal werden das 16-bit-L-Signal und das 16-bit-R-Signal durch Codierung in zwei 14-bit-Signale umgesetzt. Den 24 14-bit-Signalen werden Fehlerkorrekturbits, Synchronisierbits, Steuerungsbits und Trennbits hinzugefügt. Diese so entstandenen 588 bit bilden einen Rahmen (Frame).

Abtastfrequenz	44,1 kHz
Quantisierung	16 bit/Kanal
Kanalbitrate	4,3218 Mbit/s
Datenbitrate	2,0338 Mbit/s
Fehlerkorrekturcode	CIRC
Wellenlänge des Lasers	780 nm
Schärfentiefe	4 µm

Speicherung der Information

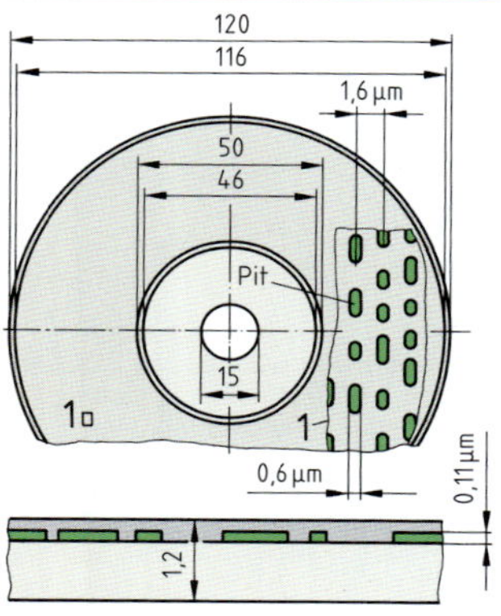

Die Rahmen (Frames) sind auf der CD in einer von innen nach außen führenden spiralförmigen Spur ($l \approx$ 4,5 km, 20635 Umdrehungen) aufgezeichnet.

Die CD besteht aus Polycarbonat als Trägermaterial, dem eine Aluminiumschicht von 70 nm bis 80 nm Dicke aufgedampft ist, welche durch Vertiefungen (Pits) die Information trägt. Diese Informationsschicht ist durch einen Lack geschützt.

Die CD darf sich bei Temperaturen bis 55 °C und einer relativen Luftfeuchtigkeit von 0% bis 95% höchstens um 0,4 mm verbiegen.

Plattendicke	1,2 mm
Spurdurchmesser	
• innen	50 mm
• außen	116 mm
Auslesegeschwindigkeit	1,4 m/s
Umdrehungsfrequenz	
• innen	500/min
• außen	200/min
Spielzeit bei Stereo	60 min
Spurmittenabstand	1,6 µm
Pitlänge (Größtwert)	3,56 µm
Pitlänge (Kleinstwert)	0,97 µm
Pitbreite	0,6 µm
Pittiefe	0,11 µm

Ü

Abtastung der Information

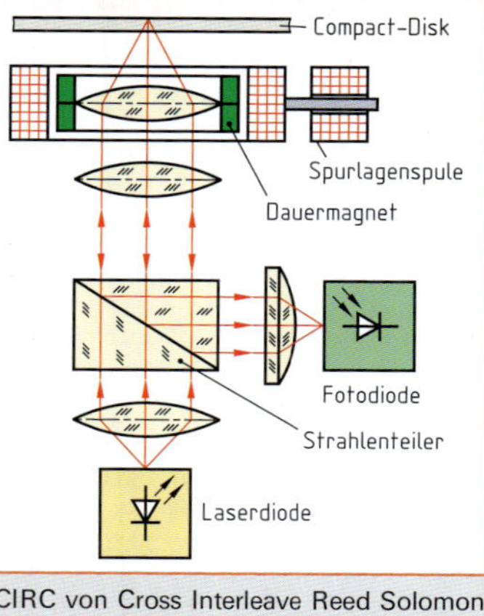

Der Laserstrahl (λ = 780 nm) tastet die Information auf der CD ab. Trifft der Laserstrahl auf eine Vertiefung (Pit), so wird durch Interferenz weniger Licht in das Linsensystem reflektiert als von einer erhabenen Stelle. Die Interferenz schwächt die Strahlung, da die hinlaufende Welle und die reflektierte Welle sich um eine halbe Wellenlänge unterscheiden und sich dadurch gegenseitig schwächen. Der Strahlenteiler trennt die hinlaufende und die reflektierte Welle.

In der Fotodiode entstehen Spannungsimpulse, deren Folge dem Pitmuster auf der CD entspricht. Der Abtastkopf wird radial von innen nach außen bewegt.

Anzahl der Tonkanäle	2/4
Frequenzumfang	20 Hz
bis	20 kHz
Signal-Rauschabstand	> 90 dB
Dynamik	> 90 dB
Kanaldämpfung	> 90 dB
Klirrfaktor	< 0,05%
Gleichlaufschwankung	< 0,05

(hängt von der Konstanz der Quarzfrequenz ab)

CIRC von Cross Interleave Reed Solomon Code = Fehlerkorrekturverfahren, für bis zu 250 Fehler pro Sekunde.

Digitale Bildaufzeichnung Digital video recording

Varianten

Bezeichnungen	Erklärungen
DVD-Rekorder	Die zu speichernden Video- und Audiosignale werden auf DVDs gebrannt.
BD-Rekorder	Die zu speichernden Video- und Audiosignale werden auf BDs gebrannt.
Festplattenrekorder	Wird auch als HDD-Rekorder (von Hard DiscDrive) bezeichnet.
Festkörperrekorder	Wird auch als SSD-Rekorder (von Solid State Drive) bezeichnet. Die zu speichernden Video- und Audiosignale werden auf Karten mit Halbleiterspeicherzellen abgelegt.

Merkmale

Arten	DVD-/BD-Rekorder	HDD-Rekorder	SSD-Rekorder
	DVD Blu-ray Disc		
Speicherart	optisch	magnetisch	elektrisch
Speichertechnik	Lasereinheit	Schreib-/Leseköpfe	Halbleiterspeicherzellen
Speicherformate	• DVD+R, DVD–R • DVD+RW, DVD–RW • DVD-RAM • BD-R • BD-RE • BD-ROM	• Festplatte • Wechselplatte	• integrierte Speicherkarte • steckbare Speicherkarte
Speicherkapazität	bis 50 GB	bis 500 GB	bis 256 GB
Vorteile	portabel	zeitversetzte Wiedergabe (Time Shift)	keine bewegten Teile

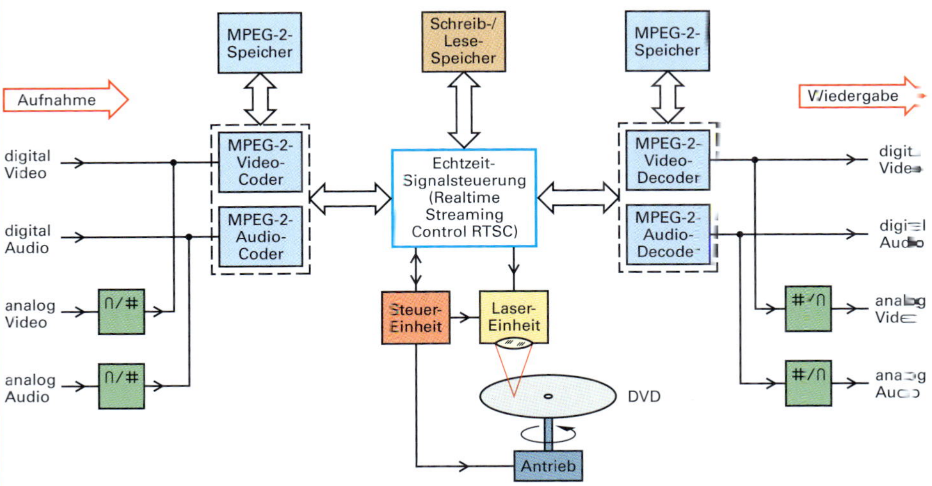

Übersichtsschaltplan für DVD-Rekorder

Ü

Speichermedien DVD und BD Information processing at DVD and BD

Kenndaten

Begriffe	Werte, Erklärungen
Standard für das Datenformat	ISO 13490
Durchmesser	120 mm (wie CD), 80 mm (bei Mini-DVD)
Dicke	1,2 mm (wie CD)
Wellenlänge Laser	DVD: 650 nm (rot) BD: 405 nm (violett)
Durchmesser Laserstrahl	0,6 µm
Pitlänge/Pitbreite/Pittiefe	0,4 bis 1,7 µm/0,3 µm/0,18 µm
Spurverlauf/Spurabstand	Spiralförmig von innen nach außen
Drehzahl	570 min^{-1} bis 1390 min^{-1}

Formate

- **DVD-Video** (DVD-V)
  DVD für Video- und Audioaufzeichnung
  Quellencodierung: MPEG-1, MPEG-2
  Bitrate: 4,69 Mbit/s
- **DVD-Audio** (DVD-A)
  DVD für Audioaufzeichnung
  Abtastung: 48 kHz oder 96 kHz, linear
  Quantisierung: 16 bit, 20 bit, 24 bit
  Quellencodierung: MPEG-1, MPEG-2, Dolby AC3
- **DVD–R/DVD+R** (Nur einmal beschreibbare DVD)
  Aufzeichnungsschicht: Organischer Farbstoff (organic Dye)
  Speicherverfahren: Aufzeichnungsschicht wird in den Vertiefungen (Grooves) durch den Laserstrahl an den Stellen der Pits verfärbt und reflektiert dort beim Lesen der DVD entsprechend weniger.
  Speicherkapazität: 3,95 GB (bei DVD–R), 4,7 GB (bei DVD+R)
  Formatierung: CLV (d. h. Bitrate konstant, Drehzahl variabel)
- **DVD–RW/DVD+RW** (Wiederholt beschreibbare DVD)
  Speicherverfahren: Aufzeichnungsschicht wird beim Schreiben in den Vertiefungen (Grooves) an den Stellen der Pits auf 200 °C erhitzt. Dies führt zu kristallinem Zustand, der bei Abkühlung erhalten bleibt. Löschen erfolgt durch Erhitzung auf 500 °C bis 700 °C und führt wieder zum amorphen Ausgangszustand der Aufzeichnungsschicht.
  Formatierung: CLV (d. h. Bitrate konstant, Drehzahl variabel), bei DVD+RW auch CAV (d. h. Bitrate variabel, Drehzahl konstant).
- **DVD-ROM** (DVD als Nur-Lese-Datenspeicher)
  Schreib-Bitrate: 1,38 Mbit/s; *Lese-Bitrate:* 2,77 Mbit/s
- **DVD-RAM** (DVD als Schreib-Lese-Speicher)
  Formatierung: Kombination aus CLV und CAV
  Bitrate: 3,9 Mbit/s
- **Blu-ray Disc (BD)**
  DVD-Variante mit hoher Speicherkapazität
  – 25 GB bei Single Layer (d. h. 1 Schicht)
  – 50 GB bei Dual Layer (d. h. 2 Schichten)
  Die BD ist besonders geeignet für Inhalte mit hoher Auflösung wie HDTV und 3DTV. Die BD ermöglicht Speicherung als Full-HD.
  Bitrate: 40 Mbit/s (Video); 13,95 Mbit/s (Audio)
  Quellencodierung: MPEG-1, MPEG-2, MPEG-4, VC-1

Hinweis: DVD und BD sind nicht kompatibel!

Ü

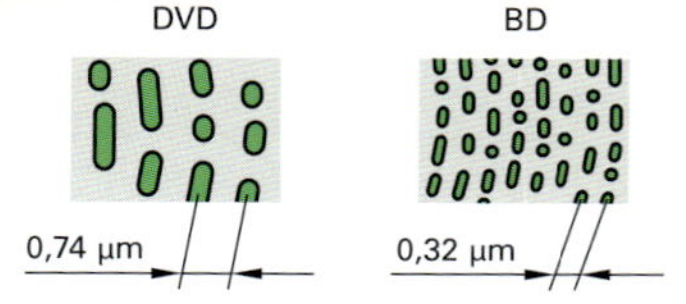

Pitstruktur bei DVD und BD

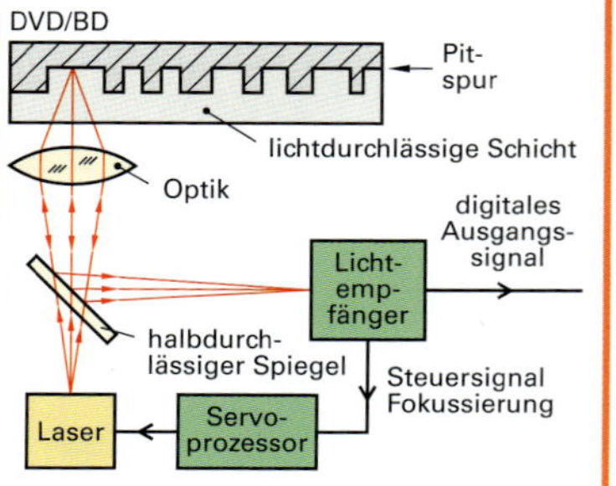

Lesevorgang (Prinzip)

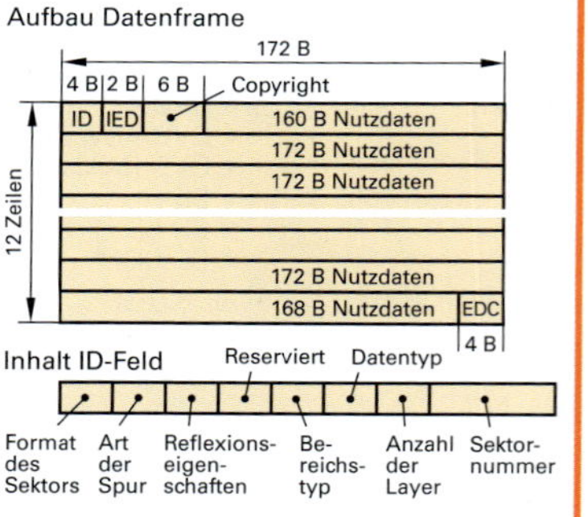

DVD-Datenrahmen

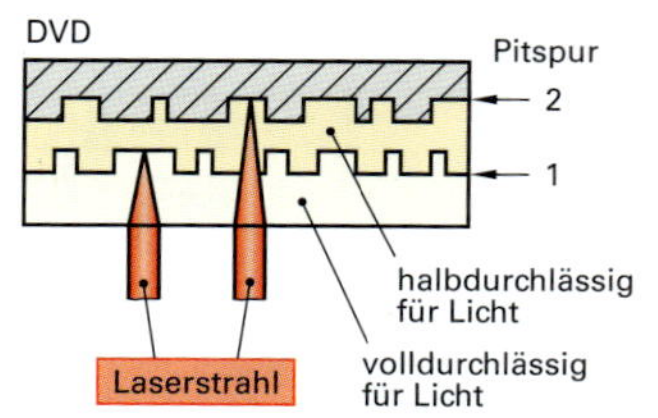

DVD mit 2 Schichten (Dual Layer)

BD	von Blu-ray Disc = DVD-Variante mit hoher Speicherkapazität durch Verwendung kurzwelligerer Laser
CAV	von Constant Angular Velocity = Bitrate konstant, Drehzahl der DVD variabel
CD	von Compact Disc = kompakter digitaler Speicher in Plattenform
CLV	von Constant Linear Velocity = Bitrate variabel, Drehzahl der DVD konstant
DVD	von Digital Versatile Disc = vielfältig verwendbarer digitaler Plattenspeicher
R	von recordable = nur einmal beschreibbar
RW	von rewriteable = wiederholt beschreibbar

Videocodierung und Audiocodierung — Video coding and audio coding

Grundbegriffe	Erklärungen, Spezifikationen	Bemerkungen
Codierung	Reduzierung der Bitrate eines zu übertragenden Signals unter bestimmten Randbedingungen.	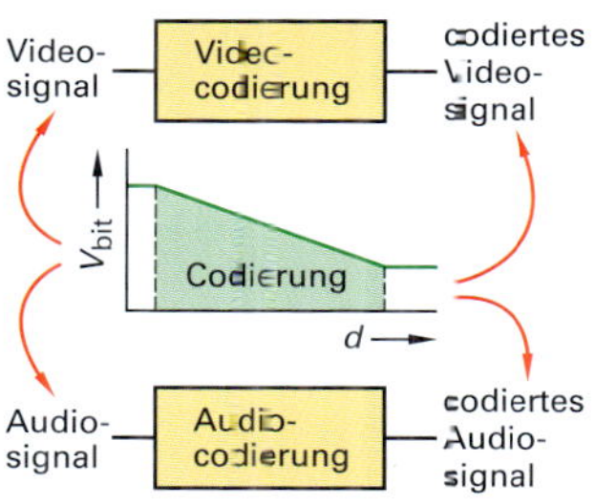
Videocodierung	Reduzierung der Bitrate eines Videosignals ohne subjektiv feststellbare Änderung der Signalqualität.	
Audiocodierung	Reduzierung der Bitrate eines Audiosignals ohne subjektiv feststellbare Änderung der Signalqualität.	
Redundanzreduktion	Unterdrückung aller Signalanteile, die für den Nutzer überflüssig sind.	
Irrelevanzreduktion	Unterdrückung aller Signalanteile, die der Nutzer nicht wahrnehmen kann.	
Datenkompression/ Datenreduktion	Verlustfreie Codierung bei der redundante und irrelevante Anteile des Signals so entfernt werden, dass es für den Nutzer möglichst unmerklich bleibt.	
Videocodierung		
JPEG	• Datenreduktion durch auf Blöcke von Bildelementen bezogene Diskrete Kosinustransformation.	• Festbild • Blockgröße: 8×8 bit (typisch)
MPEG-1	• max. 1,5 Mbit/s, max. 768×576 Bildpunkte • YCbCr-Format, 3×8 bit je Bildpunkt	• Standard: ISO/IEC 11172 • Einsatzbereich: Video-CD • Datenreduktion wie bei JPEG.
MPEG-2	• 4 Mbit/s bis 6 Mbit/s für SDTV • 12 Mbit/s bis 18 Mbit/s für HDTV • 5 Anwendungskategorien (Profile) • 4 Qualitätsstufen (Level) • Es werden räumliche, zeitliche, statistische und psychooptische Redundanz berücksichtigt.	• Standard: ISO/IEC 13818 ITU H.262 • Einsatzbereiche: DVB, DVD • Skalierbarkeit: Bitrate $r = f$ (Bildqualität)
MPEG-4 AVC	• 2 Mbit/s bis 4 Mbit/s für SDTV • 8 Mbit/s bis 12 Mbit/s für HDTV • 7 Anwendungskategorien (Profile) • 15 Qualitätsstufen (Level) • Datenreduktion durch Integertransformation mit Blöcken aus 4×4 Bildpunkten und gegenüber MPEG-1/MPEG-2 verbesserten Bewegungskompensation und Bildvorhersage (engl. Prediction)	• Standard: ISO/IEC 14496 ITU H.264 • Einsatzbereiche: HDTV, DVB, DVD, BD, portabel Video, Multimedia, Digitalkameras, Videokameras, Videokonferenztechnik • Skalierbarkeit: Bitrate $r = f$ (Bildqualität)
Audiocodierung		
MPEG-1 Layer II MUSICAM	• 32 kbit/s bis 384 kbit/s, 256 kbit/2 für Stereo • Abtastfrequenzen in kHz: 32, 44,1, 48 • 6 bit je Abtastung • Teilbandverfahren mit 32 Teilbändern	• Standard: ISO/IEC 11172 • Einsatzbereiche: CD, DVD, DAB • Bewertung der Teilbänder durch psychoakustisches Modell.
MPEG-1 Layer III MP3	• 32 kbit/s bis 448 kbit/s • Abtastfrequenzen in kHz: 16, 22,05, 32, 44,1, 48	• Standard: ISO/IEC 11172 • Einsatzbereiche: Portable Audiosignalspeicher
MPEG-2 AAC	• 96 kbit/s bis 128 kbit/s für Stereo • 320 kbit/s für Raumklang 5.1	• Standard: ISO/IEC 13818 • Einsatzbereiche: DVB, DVD, BD und Festplattenrekorder
MPEG-4 AAC HE	• 64 kbit/s bis 96 kbit/s für Stereo • Verbesserung gegenüber MPEG-2 AAC durch kleinere Bitrate.	• Standard: ITU H.264 • Einsatzbereiche: DVB, DVD, BD und Festplattenrekorder
Dolby Digital AC-3	• 32 kbit/s bis 640 kbit/s • 192 kbit/s bis 224 kbit/s für Stereo • 384 kbit/s bis 448 kbit/s für Raumklang 5.1 • Abtastfrequenz: 48 kHz	• Standard: ATSC A/52 • Es werden folgende Audiokanalkonfigurationen unterstützt: 1.0, 2.0, 2.1, 5.1, 6.1, 7.1
DTS	• 256 kbit/s bis 1536 kbit/s • 1235 kbit/s bei CD • 755 kbit/s bis 1510 kbit/s bei DVD • Abtastfrequenz: 48 kHz • 20 bit je Abtastung	• Einsatzbereich: vorrangig Filme

AAC von Advanced Audio Coding = fortschrittliche Audiocodierung, **ATSC** von Advanced Systems Television Committee = Organisation für die Standardisierung der Fernsehübertragung in den USA, **AVC** von Advanced Video Coding = fortschrittliche Videocodierung, **DCT** von Discret Cosinus Transform = diskrete Kosinustransformation, DTS von Digital Theater Systems (Formenname), **HE** von High Efficiency = hoher Wirkungsgrad, **JPEG** von Joint Picture Experts Group = Gemeinsame Expertengruppe für Bilddatenreduktion.
Weitere Begriffe siehe Sachwortverzeichnis.

Signale und Schnittstellen in der Medientechnik
Signals and interfaces for media technology

Bildsignal

Bezeichnungen	Erklärungen	Signalformen	Signalarten	Vorteile/Nachteile
RGB	Grundfarben Rot (R), Grün (G) und Blau (B)	analog	Quellensignal	Beste Bildqualität Aufwändige Übertragung
FBAS	PAL-Fernsehsignal	analog	Composite Video (Mischsignal)	Standardsignal für analoges Fernsehen
Y/C	Y = Helligkeitssignal (Luminanz) C = Farbsignal (Chrominanz)	analog	Komponentensignal	Getrennte Führung der Signale Y und C verhindert Übersprechen
YUV	Y = Helligkeitssignal (Luminanz) $U = 0{,}492 \cdot (B - Y)$ $V = 0{,}877 \cdot (R - Y)$ U und V sind reduzierte Farbdifferenzsignale	analog	Komponentensignal	Nur kleine Zahl übertragbarer Farbunterschiede
YP_bP_r	Y = Helligkeitssignal (Luminanz) P_b und P_r sind Farbdifferenzsignale auf Basis eines verbesserten Farbmodells	analog	Komponentensignal	Für digitales Fernsehen nicht geeignet
YC_bC_r	Digitale Variante von YP_bP_r, Abtastung von Y, U und V	digital	Komponentensignal	Umfang der Abtastung bestimmt die Signalqualität

Schnittstellen

SCART	Hosiden	Cinch	DVI	HDMI
				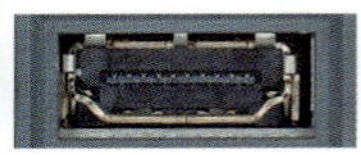
SCART-Buchse 21-polige Steckverbindung Wird auch als Euro-AV bezeichnet	Hosiden-Buchse 4-polige Steckverbindung Wird auch als S-Video oder Mini-DIN bezeichnet	Cinch-Stecker Koaxiale Steckverbindung Wellenwiderstand: 75 Ω	DVI-Buchse 25-polige Steckverbindung 3 parallele Kanäle mit 1,65 Gbit/s je Kanal, 10-Bit-Datenworte	HDMI-Buchse 19-polige Steckverbindung 3 parallele Kanäle mit 3,4 Gbit/s je Kanal 18-Bit-Datenworte

Ü

Nutzungen

Signale	Schnittstellen				
	SCART	Hosiden	Cinch	DVI	HDMI
RGB	X	–	(X)	–	–
FBAS	X	–	X	–	–
Y/C	X	X	–	–	–
YUV	(X)	–	X	–	–
YP_bP_r	(X)	–	X	–	–
YC_bC_r	–	–	–	X	X

Hinweise:

- Bei SCART können RGB, FBAS und Y/C **nicht gleichzeitig** übertragen werden. Für das gewünschte Signal ist jeweils eine Konfigurierung erforderlich.
- Bei Y/C erfolgt eine getrennte Führung des Helligkeits- und Farbsignals.

(X) = in Ausnahmefällen

C_b digitales Farbdifferenzsignal für Grundfarbe Blau, C_r digitales Farbdifferenzsignal für Grundfarbe Rot, **DVI** von Digital Visual Interface = digitale Videoschnittstelle, **HDMI** von High Definition Multimedia Interface = Schnittstelle für hochauflösende Multimedia-Anwendungen, P_b analoges Farbdifferenzsignal für Grundfarbe Blau, P_r analoges Farbdifferenzsignal für Grundfarbe Rot, **SCART** von Syndicat des Constructeurs d'Appareils Radio Récepteurs et Téléviseurs = Schnittstelle für die Verbindung zwischen Geräten mit analogen Eingangs- und Ausgangssignalen für Video und Audio.

Multimedia-Anwendungen Multimedia applications

Art	Rechnerausstattung	Bemerkungen
Anwendung multimedialer Programme	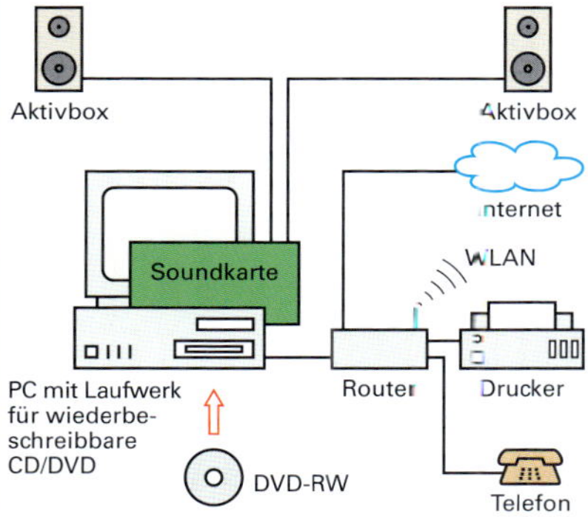	Von einer CD/DVD können z. B. Firmenkataloge genutzt werden. Die komprimierten Daten der CD/DVD werden mit einem speziellen Programm entkomprimiert. Multimediaprogramme können auch aus dem Internet aufgerufen werden, z. B. Informationspräsentationen eines Reisebüros. Durch Eingabe von Suchbegriffen in ein Programm (Suchmaschine), z. B. Google, werden Präsentationen aus dem Internet gezielt aufgerufen. Diese sind meist komprimiert, z. B. im JPEG-Format oder MPEG-Format. Präsentationen können auch mit spezieller Software selbst erstellt werden und dem Internet, z. B. in Form einer Homepage, zur Verfügung gestellt werden. Mit einem CD/DVD-Recorder (Laufwerk für beschreibbare CD/DVD) können multimediale CD/DVD selbst hergestellt werden.
Bildbearbeitung, Tonbild-Show	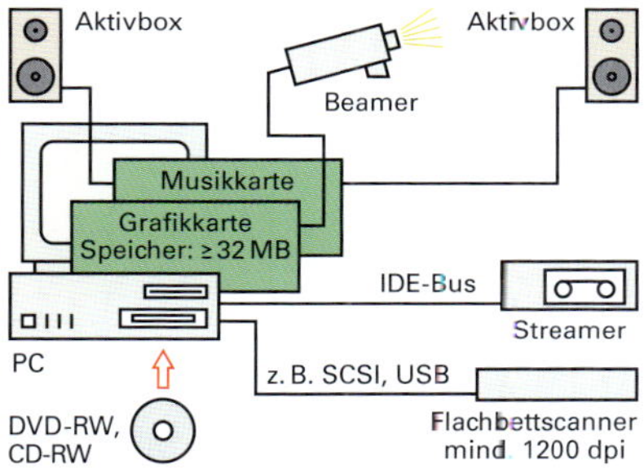	Digitale Bilder auf einer SD-Karte werden über den SD-Slot am PC eingelesen. Fotografierte Dias erhält man z. B. im KODAK-Format auf einer CD/CD-I vom Filmhersteller. Farbnegative werden mit einem Scanner abgetastet. Ein eingelesenes Bild wird im Arbeitsspeicher des Rechners abgelegt. Zur Bearbeitung eines Bildes wird dieses auf die Festplatte kopiert und mit einem Grafikprogramm, z. B. Corel-Photo-Paint oder Paintshop Pro, verändert. Bilder können mit Text abgelegt werden oder zu einer interaktiven Tonbildshow verarbeitet werden. Das Archivieren erfolgt auf einem Streamer, einer beschreibbaren DVD oder einer externen USB-Festplatte.
Videofilmbearbeitung	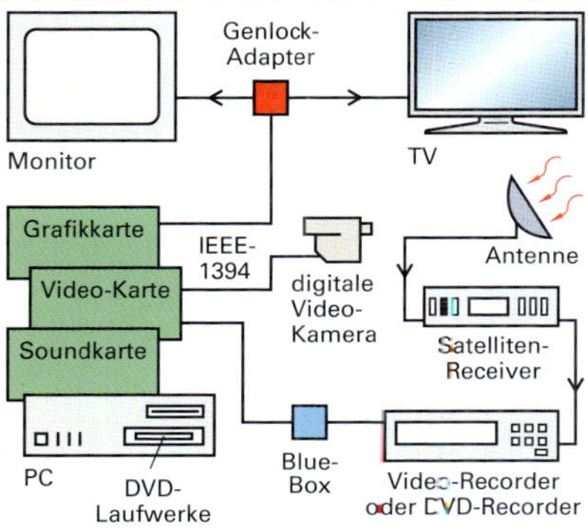	Videofilme müssen entweder mit der Videokamera oder über den Videorecorder aufgenommen werden. Manche Videokarten besitzen auch einen TV-Eingang. Die Bearbeitung erfolgt in Abschnitten (Sequenzen). Eine Sequenz von z. B. 20 min Dauer muss digitalisiert und auf die Festplatte geladen werden, wo sie im AVI-Format etwa 2 GB belegt. Die Sequenz kann mit Ton und Schrifteinblendungen versehen werden. Mit dem Programm AVI-IO können Dateien mit z. B. 400 GB angelegt werden und dann mit Bearbeitungssoftware geschnitten werden. Ein bearbeitetes Video wird wieder analogisiert und auf Videoband abgespeichert oder in digitaler Form auf einer bespielbaren DVD (digitale, vielseitig verwendbare Disk), die bis zu 17 GB Speicherkapazität besitzt, abgespeichert.
Musikbearbeitung	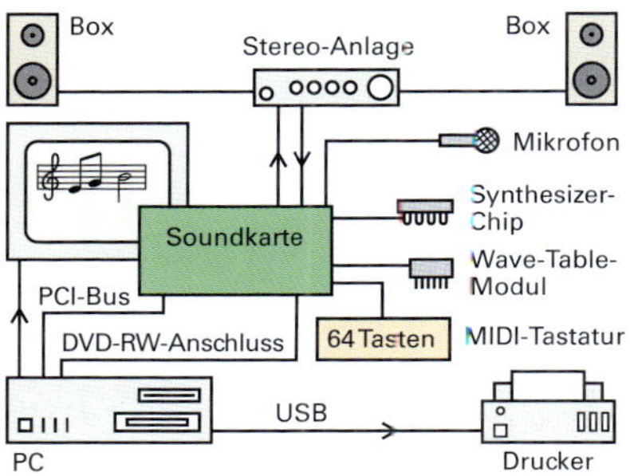	Die Software der Musikkarte kann die auf der MIDI-Tastatur gespielte Musik als Notenfolge am Monitor sichtbar machen. Fertige Musikstücke kann die Musikkarte von der CD in den PC einlesen. Die Musik der Stereo-Anlage muss vor dem Einspeichern erst digitalisiert werden. Die Musikbearbeitung auf der Festplatte des PC erfolgt mit Hilfe der Musikkarte. Eine vierminütige MIDI-Datei belegt dabei etwa 20 KB. Mit dem WAVE-Table-Modul, das oft auf der Musikkarte integriert ist, werden der MIDI-Tastatur verschiedene Musikinstrumente zugeordnet. Mit dem Synthesizer-Chip kann ein über das Mikrofon aufgenommenes akustisches Signal, z. B. das Klirren eines Weinglases, einer Taste zugeordnet werden.

Multimedia Home Platform MHP

Begriffe	Erläuterungen, Bemerkungen
Konzept	Übertragung beliebiger Dienste über DVB (Digital Video Broadcasting), wobei alle MHP-konformen Dienste von allen MHP-fähigen Endgeräten verarbeitet werden können.
Norm	ETSI TS 102 543 Multimedia Home Platform (MHP) Specification 1.1.3
Problemstellung	• Für Dienste gibt es im Gegensatz zu Fernsehprogrammen kein standardisiertes Verfahren der Quellencodierung. • Für DVB-Endgeräte (z.B. Set-Top-Boxen) gibt es kein einheitliches Bestriebssystem. • Ohne MHP wäre für jeden Dienst ein Datencoder auf der Sendeseite und ein Datendecoder auf der Empfangsseite nötig.
Dienste (= Anwendungen, Applikationen)	• Verteildienste (unidirektional, Konzept: push) elektronische Programmführer, • Abrufdienste (unidirektional, Konzept: pull) z.B. Auskunftsdienste, programmbegleitende Informationen, • Interaktive Dienste (bidirektional mit lokaler Interaktivität, Konzept: Datenkarussell) z.B. Videotext, • Interaktive Dienste (bidirektional mit Rückkanal, Konzept: Server) z.B. Internet, e-Commerce.

Profile

Enhanced Broadcasting	Erweitertes Rundfunkübertragungskonzept zur unidirektionalen Abwicklung von Diensten. Es handelt sich um dasselbe Prinzip wie bei der Übertragung von Programmen.
Interactive Broadcasting	Interaktives Rundfunkübertragungskonzept zur bidirektionalen Abwicklung von Diensten. Dafür wird auf jeden Fall ein Rückkanal benötigt.

Merkmale

Konformität	DVB-Endgeräte, welche die MHP-Spezifikation erfüllen, sind mit einem Label (Aufkleber) gekennzeichnet. Auf diesem ist das als Warenzeichen geschützte MHP-Logo dargestellt, durch das der Gerätehersteller die Konformität mit dem MHP-Standard bestätigt. mⓗp **MHP-Logo**
API (Application Programming Interface)	Software-Schnittstelle als Puffer zwischen dem Dienst (der Anwendung) und dem Betriebssystem des DVB-Endgeräts. Jeder Dienst braucht nur für die API geschrieben werden. Jeder Endgerätehersteller kann im Prinzip beliebige Betriebssystem einsetzen, es muss lediglich die Anpassung zwischen API und Betriebssystem erfolgen. Die MHP-API ermöglicht Wettbewerb, also horizontale Märkte für Anwendungen und Endgeräte. 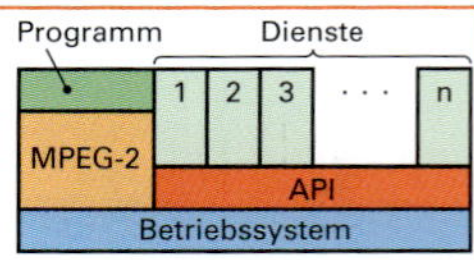 **Schnittstelle API**
Sicherheit	• Der übertragene Dienst darf auf dem Übertragungsweg weder durch Änderungen, Ergänzungen oder Kürzungen verfälscht werden. • Der Urheber bzw. Ursprung eines Dienstes muss eindeutig erkennbar sein. • Der Zugriff auf einen Dienst darf ausschließlich Berechtigten möglich sein. Vorstehende Forderungen werden durch Maßnahmen der Authentifizierung, also Nachweis der Echtheit, oder Zugangskontrolle erfüllt.
Kopierschutz	Die Zulassung von Kopien obliegt rechtlich dem Urheber eines Werks. Es sind folgende Varianten möglich: • Es ist in **keinem** Fall eine Kopie erlaubt. • Es ist nur eine definierte Zahl von Kopien (1, 2, 3, ..., n) erlaubt. • Es ist immer jede beliebige Zahl von Kopien erlaubt.
Zugangskontrolle	Das Konzept der Zugangskontrolle besteht in der Verschlüsselung des zu übertragenden Signals. Dabei erfolgt zuerst die Verwürfelung der Bitfolge, also eine nach bestimmten Kriterien geänderte Reihenfolge der Bits. Auf der Empfangsseite muss die Verwürfelung wieder rückgängig gemacht werden. Der Zugangsberechtigte besitzt dafür einen elektronischen Schlüssel, mit dem er den Entwürfeler einschalten kann. In der Praxis ist der elektronische Schlüssel auf einer SmartCard untergebracht. 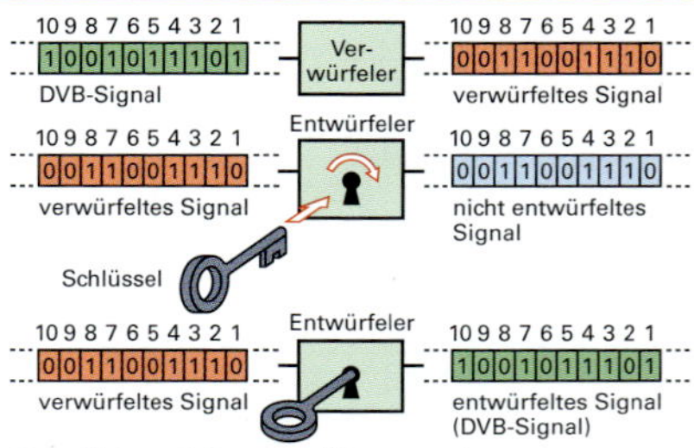 **Conditional Access (Konzept)**

Ü

Verschlüsselungsverfahren Conditional access Systems

Konzept

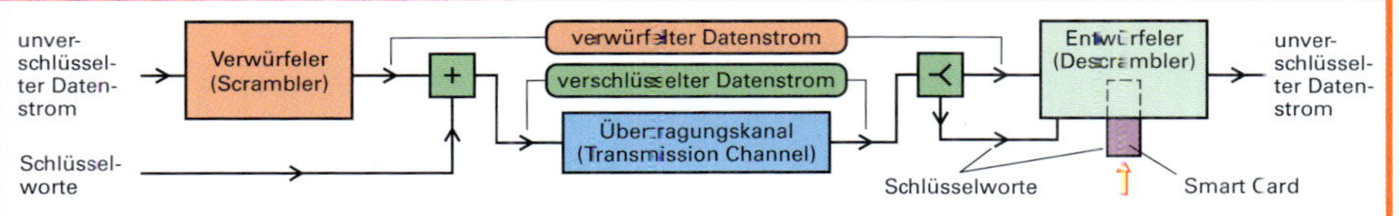

Begriffe

Bezeichnungen	Erklärungen	Bemerkungen
CA-System (CAS)	Technisches System, das den Zugang zu multimedialen Inhalten nur Berechtigten ermöglicht.	Eine typische Anwendung ist das Bezahlfernsehen (Pay-TV).
Verwürfeler	Technische Funktionseinheit, die eine systematische Änderung der Bitfolge im Datenstrom bewirkt.	Es gilt auch die Bezeichnung Scrambler. An dessen Ausgang ergibt sich der verwürfelte Datenstrom.
Entwürfeler	Technische Funktionseinheit, welche die Verwürfelung des Datenstroms rückgängig macht.	Es gilt auch die Bezeichnung Descrambler. An dessen Ausgang ergibt sich wieder der ursprüngliche, nicht verwürfelte Datenstrom.
Verschlüsselung	Ergänzung des verwürfelten Datenstroms durch Schlüsselworte definierter Länge.	Es gilt auch die Bezeichnung Encryption.
Entschlüsselung	Auswertung der im Datenstrom übertragenen Schlüsselworte, um den Entwürfeler aktivieren zu können.	Es gilt auch die Bezeichnung Decryption.
Schlüsselwort	Datenwort zur Steuerung der Zugangsberechtigung.	Es gilt auch die Bezeichnung Key Word.
Smart Card	Intelligente Chipkarte, die dem Nutzer in Verbindung mit den im Datenstrom übertragenen Schlüsselworten den Zugang zu multimedialen Inhalten ermöglicht.	Die Smart Card enthält nutzerspezifische Informationen für die Authentifizierung.
CA-Modul (CAM)	Technische Baugruppe auf der Empfangsseite, die in Verbindung mit der Smart Card den verschlüsselt übertragenen Datenstrom entschlüsselt.	Das CAM umfasst den Entwürfeler, die Leseeinrichtung für die Smart Card (Smart Card Reader) und eine Authentifizierungseinheit für die Schlüsselworte.
Integriertes CA	Im digitalen Empfänger fest eingebautes CA-Modul.	Es gilt auch die Bezeichnung „embedded CA".
Externes CA	CA-Modul wird über eine standardisierte Steckverbindung von außen mit dem digitalen Empfänger verbunden.	Bei externen CAs können unterschiedliche CA-Verfahren durch Tausch des CAM genutzt werden.
Common Interface (CI)	Standardisierte Schnittstelle bei digitalen Empfängern zum Anschluss externer CA-Module.	Bei der geplanten Version CI + soll der Datenstrom für die Übertragung über die Steckverbindung nochmals verschlüsselt werden, um digitale Kopien der Inhalte zu verhindern.
CICAM	Handelsübliche Bezeichnung von CA-Modulen für die Schnittstelle CI.	Jedes CICAM ist mit einer Leseeinrichtung für die Smart Card ausgestattet.
CA-Verfahren	CA-Systeme unterscheiden sich durch den Aufwand bei den Schlüsselworten. Sie werden unter Bezeichnungen wie Nagravision, Cryptoworks, Conax, ... vermarktet.	CA-Verfahren mit unterschiedlichen Bezeichnungen sind nicht kompatibel.

Funktionalität

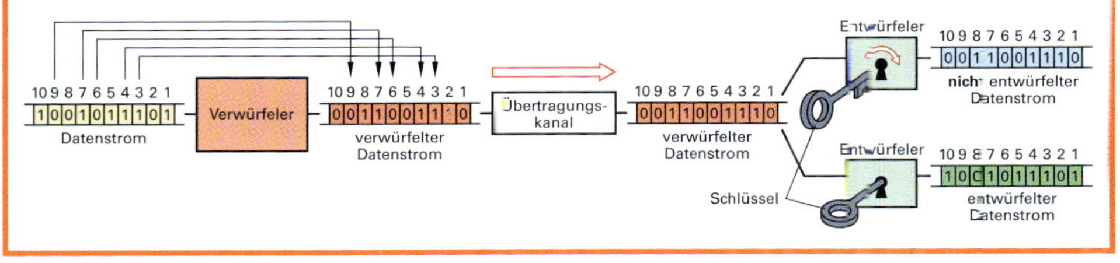

Multimedia Heimvernetzung Multimedia home networking

Funktionen

Begriffe	Erklärungen, Bemerkungen
Empfangen	Es ist drahtloser (= funkgestützter) und leitungsgebundener Empfang zu unterscheiden.
Aufnehmen	Wandlung optischer bzw. akustischer Informationen in Video- bzw. Audiosignale.
Speichern	Speichermedien: CD, DVD, (Wechsel-)Festplatte, Speicherkarten, Speichersticks.
Wiedergeben	Videosignal ⇒ Bildwiedergabe, Audiosignal ⇒ Tonwiedergabe.
Steuern	Zentrale oder dezentrale Steuerung der Gerätefunktionen.

Zugangsnetze

Bezeichnungen	Merkmale, Besonderheiten
Kabelnetze	Koaxialtechnik auf der Nutzerseite, Bitrate ~3 Gbit/s bei f_{max} = 862 MHz.
Satellitennetze	Große Bitrate, f = 10,7 GHz bis 12,75 GHz, mehrere Satelliten(familien) verfügbar.
Mobilfunknetze	In Deutschland sind vier Netze verfügbar, als Endgerät ist ein Mobiltelefon (Handy) erforderlich.
Internet	Geeignet für weltweite Kommunikation und optimalen Zugriff auf Informationen.
Telefonnetz	Klassisches Kommunikationsnetz für weltweite Sprachkommunikation.
DSL-Netze	Von Digital Subscriber Line = Digitaler Teilnehmeranschluss für Bitraten größer 256 kbit/s.
Sendernetze	Terrestrische Sender können mit horizontaler oder vertikaler Polarisation arbeiten.
WLAN	Von Wireless Local Area Network = Funkgestütztes lokales Datennetz.
WiMAX	Funknetze im GHz-Bereich bis 50 km Reichweite.

Komponenten, Geräte und Anlagen

Telekommunikationstechnik	Informationstechnik	Unterhaltungselektronik	
Telefon	Computer	VIDEO	AUDIO
Telefax	Tastatur		
Anrufbeantworter	Maus	Set-Top-Box (STB)	Radio
Klingelanlage	Bildschirm	Flachbildschirm	AV-Receiver
Haustürüberwachung	Server	Videoprojektor (Beamer)	Audio-Verstärker
● Sprechanlage	Drucker	DVD-Spieler	Lautsprecher
● Videoanlage	Modem	BD-Spieler	Kopfhörer
Gefahrenmeldeanlage	Plattenspeicher	DVD-Rekorder	Mikrofon
● Rauch	● stationär	Festplattenrekorder	CD-Spieler
● Temperatur/Feuer	● portabel	Video-iPod	CD-Rekorder
● Wasser	Kartenspeicher	Digitalkamera	MP3-Spieler
● Einbruch	● stationär	Camcorder	Elektronische Musikinstrumente
● Gas	● portabel	Spielekonsole	Fernbedienung
● Bewegung	Stickspeicher	Fernbedienung	

Ü

Media-Center als Zentraleinheit

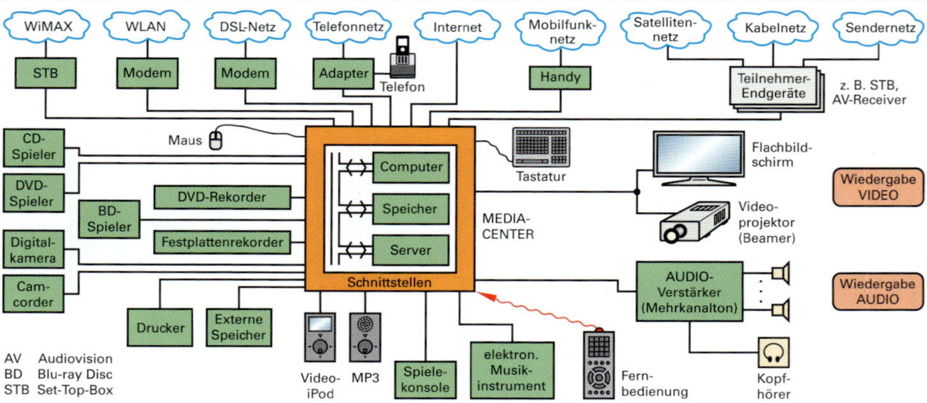

AV Audiovision
BD Blu-ray Disc
STB Set-Top-Box

Begriffe aus der Multimediatechnik Terms of the multimedia technology

Begriffe	Erklärungen	Bemerkungen
Datenreduktion	Reduzierung der Bitrate eines Videosignals oder Audiosignals durch Entfernung der irrelevanten und redundanten Anteile.	Bei Wiedergabe eines datenreduzierten Signals sind subjektiv keine Unterschiede zum ursprünglichen Signal feststellbar.
Edutainment	Kombination aus Ausbildung (Education) und Unterhaltung (Entertainment).	Edutainment ist als „unterhaltende Ausbildung" zu verstehen.
Fehlerschutz	Verfahren, die zu übertragenden Datenströme gegen Störeinflüsse auf dem Übertragungskanal zu schützen.	Fehlerschutz umfasst stets Fehlererkennung und Fehlerkorrektur. Er wird auch als Kanalcodierung bezeichnet.
Infotainment	Kombination aus Information (Information) und Unterhaltung (Entertainment).	Infotainment ist als „unterhaltende Information" zu verstehen.
Interaktivität	Wechselspiel zwischen den Eingaben eines Nutzers und den Reaktionen eines technischen Systems.	Die Entfernung zwischen dem Nutzer bzw. der Eingabeeinheit und dem technischen System ist nicht maßgebend.
Internet	Weltweiter Verbund von Computern, Servern und lokalen Datennetzen, der globale Kommunikation ermöglicht. Für den Zugang zum Internet sind Diensteanbieter (Service Provider) erforderlich.	Im Internet erfolgt paketorientierte Datenübertragung unter Verwendung des einheitlichen Kommunikationsprotokolls TCP/IP.
Kompatibilität	Verträgliches Zusammenwirken von Geräten für definierte Verfahren der Signalübertragung, Signalspeicherung und Signalverarbeitung.	Die Verträglichkeit wird im Regelfall durch Berücksichtigung entsprechender Standards und Verwendung definierter Schnittstellen erreicht.
MPEG-2/MPEG-4	Es handelt sich um skalierbare Datenreduktionsverfahren für Video- und Audiosignale.	MPEG-2 ist im Standard ISO/IEC 13813 festgelegt, für MPEG-4 ist es der Standard ISO/IEC 14496.
Multimedia	Integrierte Nutzung unterschiedlicher digitaler Medien (wie Audio, Video, Text, Grafik, Daten).	Multimedia ist im Regelfall mit Interaktivität verknüpft, was die Verfügbarkeit eines Rückkanals erforderlich macht.
Online	Betriebsart der digitalen Vermarktung von Diensten, bei der jede Maßnahme, z. B. Abfrage, einer unmittelbaren Reaktion des technischen Systems, z. B. Anzeige, führt.	Das Gegenstück von Online ist Offline. Dabei treten Reaktionen nur mittelbar auf, nämlich über einen Zwischenspeicher, z. B. CD-ROM, DVD.
Rückkanal	Vom Nutzer eines Systems zur einspeisenden Stelle gerichteter Übertragungsweg.	Rückkanal ist für Interaktivität erforderlich. Er ist nicht von der beim Hinkanal verwendeten Technologie abhängig.
Server	Computergestützte Funktionseinheiten, die dem Nutzer zentralisiert Dienste und Daten bereitstellen.	Server sind vom Nutzer abrufbare Massenspeicher bestimmter Speicherkapazität mit definierten Zugriffszeiten.
Set-Top-Box (STB)	Set-Top-Boxen sind vollständige Empfänger für das digitale Fernsehen, jedoch ohne Wiedergabeeinrichtung. Die Wiedergabe kann über einen Flachbildschirm, einen Videoprojektor (Beamer) oder das bisherige Fernsehgerät mit Bildröhre erfolgen.	Für den Empfang des digitalen Satellitenfernsehens, des digitalen Kabelfernsehens und des digitalen Antennenfernsehens sind unterschiedliche STBn erforderlich. Mit Set-Top-Boxen ist auch der Empfang verschlüsselt übertragener Programme realisierbar.
Videokonferenz	Konferenz, bei der sich die Teilnehmer an verschiedenen Orten befinden und über Audio- und Videoverbindungen elektronisch miteinander kommunizieren.	Videokonferenzen sind prinzipiell über beliebige Entfernungen möglich, erfordern jedoch entsprechende technische Ausstattung bei den Teilnehmern.
Video-on-Demand (VoD)	Gezielter Abruf von in einem Server gespeicherter Beiträge durch den Nutzer.	VoD erfordert als interaktive Anwendung Hin- und Rückkanal.
(Online-)Community	Kommunikation zwischen Mitgliedern über entsprechende Plattformen gemäß vorgegebener Regeln.	Typische Plattformen sind E-Mail, Chat, Foren, Tauschbörsen, Instant-Messenger und Newsboards.

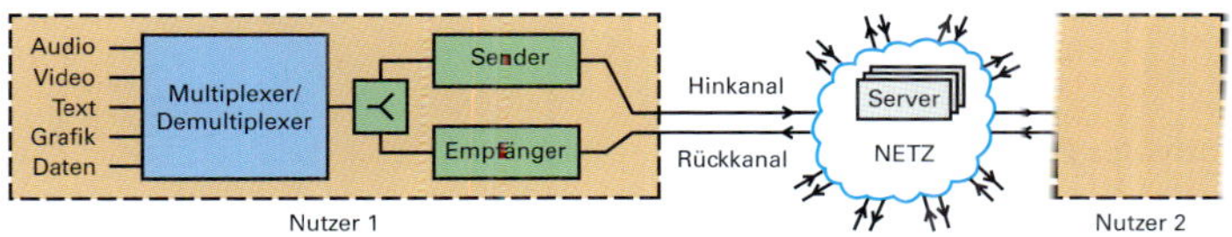

Konzept für Multimedia

MPEG (von Moving Pictures Experts Group) = Expertengruppe für Bewegtbildübertragung.
TCP/IP (von Transmission Control Protocol/Internet Protocol) = Übermittlungsprotokoll für das Internet.

Ü

Podcasting Podcasting

Konzept: Produzieren und in der Regel kostenloses Anbieten von Mediendateien (Audio oder Video) über das Internet als Abrufdienst (On Demand Service)

Begriffe	Erklärungen	Bemerkungen
Podcasting	Es handelt sich um ein Kunstwort aus iPod und Broadcasting.	● iPod: MP3-Spieler der Firma Apple ● Broadcasting: Rundfunkvergleichbare Übertragung
Audio-Podcast	Podcast mit Audio-Dateien beliebiger Inhalte.	Datenformat vorrangig MP3, optional AAC
Video-Podcast	Podcast mit Video-Dateien beliebiger Inhalte.	Datenformat vorrangig MP4. Spieler benötigt entsprechende Abspielsoftware, z. B. Quick Time. Die Bildqualität ist nur für kleine Bildschirme ausgelegt.
Podcaster	Anbieter von Mediendateien für Podcasting	Es kann sich um Audio- oder Videodateien handeln.
Podcatcher-Software	Diese Software ● ermittelt Podcast-Angebote im Internet, ● prüft regelmäßig auf neue Angebote und ● überträgt die Dateien auf Spieler.	Beispiele für Podcatcher-Software: ● www.apple.com/de/itunes/download ● http://juicereceiver.sourceforge.net ● http://wiki.podcast.de
RSS-Feed Really Simple Syndication Feed)	Stellt Kurzinformationen über verfügbare Podcast-Beiträge zur Verfügung und bietet einen Link zum jeweiligen Beitrag an.	Der Nutzer fragt regelmäßig Aktualisierungen des Angebotes ab (Pull Service).

Kennzeichnende Merkmale

- Flexibilität ⇒ Nutzer wählt jeden gewünschten Beitrag durch Abruf (On Demand) aus.
- Individualität ⇒ Nutzer trifft die Auswahl aus den verfügbaren Beiträgen nach persönlichen Gesichtspunkten.
- Mobilität ⇒ Nutzer kann auf jeden ausgewählten Beitrag zu jeder Zeit und an jedem Ort zugreifen.

Ü

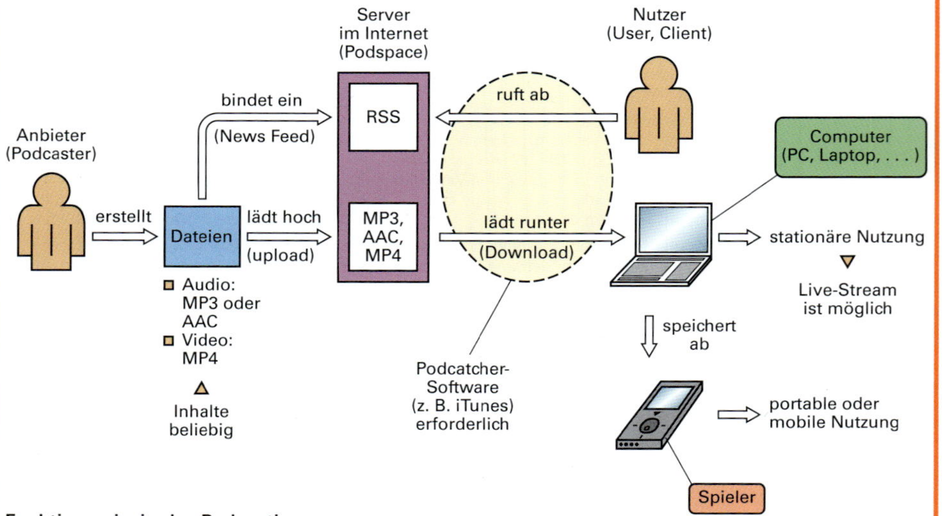

Funktionsprinzip des Podcasting

AAC von Advanced Audio Coding = Audiocodierung des Datenreduktionsverfahren MPEG-4 mit 96 kbit/s für ein Stereosignal, **MP3** Audiocodierung des Datenreduktionsverfahrens MPEG 1 Layer 3 mit 128 kbit/s für ein Stereosignal, **MP4** Codierung multimedialer Inhalte mit dem Datenreduktionsverfahren MPEG4, **RSS** von Really Simple Syndication = wirklich einfache Aktualisierung von Informationen über Podcast-Beiträge.

Satellitennavigation GPS Satellite navigation GPS

Begriffe	Erklärungen, Werte
Segmente des GPS	
Raum-Segment	Satelliten auf Umlaufbahnen um die Erde, die Zeit- und Positionsangaben abstrahlen
Boden-Segment	Monitoring der Satelliten durch Bodenstationen
Nutzer-Segment	GPS-Empfänger zur Berechnung und Anzeige der Position
Raum-Segment	
Zahl der Satelliten	21 (aktiv) + 3 (Reserve)
Bahnhöhe	20 183 km
Zahl der Bahnen	6
Inklination	55°
Sendefrequenzen	1227,60 MHz und 1575,42 MHz
Übertragungsverfahren	CDMA (von Code Division Multiple Access)
Bitrate	50 bit/s
Signallänge je Positionsinformation	1023 bit
Verschlüsselung ● für militärische Nutzung ● für zivile Nutzung	 P-Code (von Precision), Bandbreite: 2 MHz C/A-Code (von Coarse Acquisition), Bandbreite: 20 MHz
Boden-Segment	
Monitorstationen (Kontrollzentren) in ● Colorado/USA ● Hawaii ● Ascension Island ● Diego Garcia ● Kwajalein	Die Monitorstationen überwachen einerseits die Satellitenbahnen und versorgen andererseits die Satelliten mit hochgenauen Zeitinformationen. Im Bedarfsfall erfolgt auch die Bahnkorrektur. Das Boden-Segment wird vom amerikanischen Militär betrieben.
Nutzer-Segment	
GPS-Empfänger	Der GPS-Empfänger empfängt die Satellitensignale, wertet diese aus und zeigt die jeweilige Position an.
Empfängervarianten	● Fest eingebaute Geräte (Fahrzeug, Schiff, Flugzeug) ● Portable Geräte (Handhelds)
Empfangsvoraussetzungen	Es müssen gleichzeitig mindestens 3 Satelliten (höchstens 6 Satelliten) empfangen werden, damit Positionsangaben berechenbar sind.
Differential-GPS (DGPS)	
Aufgabe	Verbesserung der Genauigkeit der Positionsbestimmungen in den Meterbereich.
Konzept	Verwendung von Korrekturdaten, geliefert von einer terrestrischen Bodenstation als Referenzstation.
Referenzstation	Die Referenzstation vergleicht ständig die GPS-Daten mit ihren geodätischen Daten, wertet die Differenz aus und berechnet Korrekturdaten für die GPS-Empfänger beim Nutzer.
Korrekturdaten	Übermittlung erfolgt über UKW-Sender im RDS-Signal oder über Langwellensender.

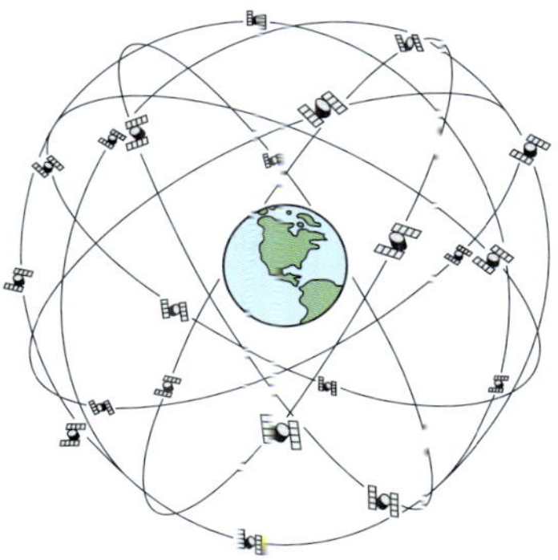

Satellitenkonfiguration bei GPS

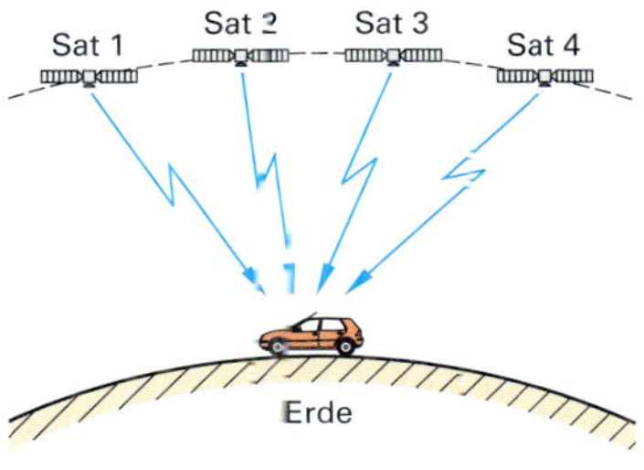

Funktionskonzept von GPS

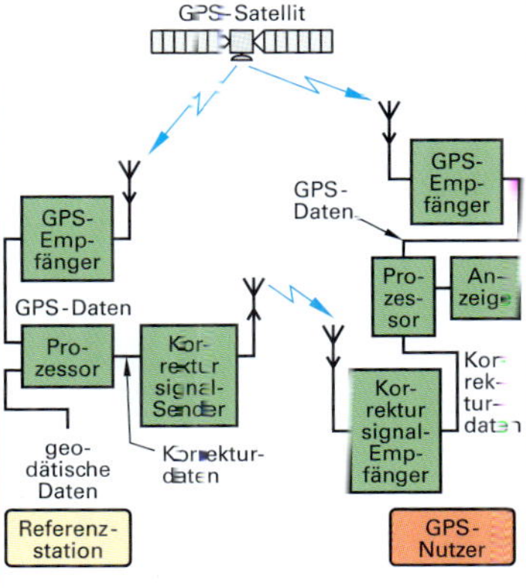

Übersichtsplan DGPS

In Europa befindet sich unter der Bezeichnung Galileo ein dem GPS vergleichbares Satellitennavigationssystem im Aufbau. Es soll 2013 den Regelbetrieb aufnehmen.

C/A-Code	von Coarse Acquisition Code = Code für grobe Positionsbestimmung
CDMA	von Code Division Multiple Access = Vielfachzugriff im Codemultiplex
DGPS	von Differential Global Positioning System = Globales Navigationssystem mit Korrektursignal
Galileo	Europäisches Satelliten-Navigationssystem (im Aufbau)
GPS	von Global Positioning System = Globales Satelliten-Navigationssystem
P-Code	von Precision Code = Code für präzise Positionsbestimmung

Richtfunksysteme Directional radio systems

Art	Wirkungsweise	Erklärung, Daten
Elektro-magnetischer Richtfunk	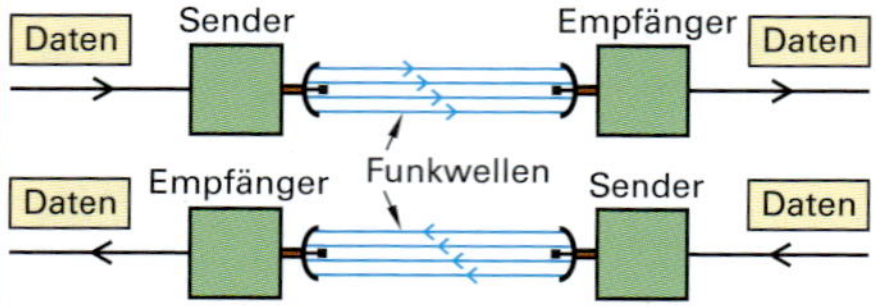 Prinzip einer Richtfunkstrecke mit Duplexbetrieb 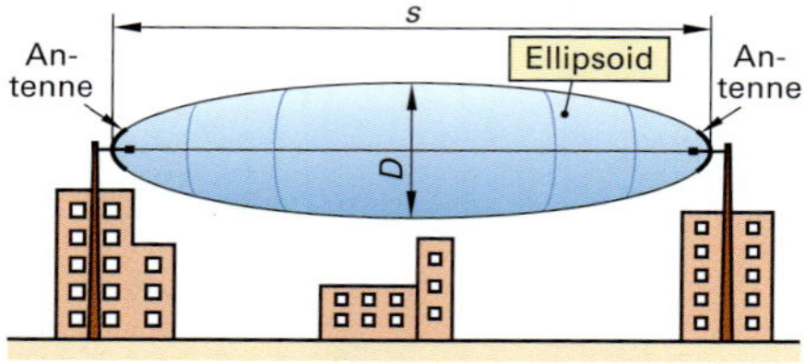 Aufbau der 1. Fresnelzone	Beim Richtfunk wird eine duplexfähige Funkstrecke zwischen zwei Orten aufgebaut. **Frequenzbereich:** 2 GHz bis 60 GHz **Frequenzbänder:** 7 GHz, 13 GHz, 15 GHz, 18 GHz, 23 GHz, 26 GHz, 38 GHz. **Bandbreite:** 200 MHz bis 2 GHz, für eine Übertragungsrichtung. **Bitraten:** 2 Mbit/s bis 140 Mbit/s **Modulationsverfahren:** 4 PSK, 16 QAM, 64 QAM, 128 TCM. **Reichweite:** 5 km bis 50 km, bei freier optischer Sicht zwischen den Antennen, d. h. die 1. Fresnel-Zone **(Bild)** darf kein Hindernis enthalten. **Nachteil:** Übertragung ist wetterabhängig. $D = \sqrt{s \cdot \lambda}$ D größter Durchmesser s Funkfeldlänge λ Wellenlänge
Richtfunk-antennen	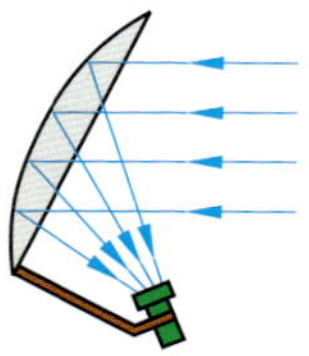 Offset-Parabolantenne 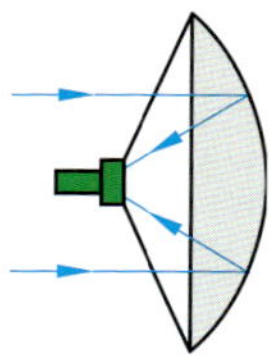 Zentralgespeiste Parabolantenne	**Antenne:** Baugruppe zur Abstrahlung oder zum Empfang elektromagnetischer Wellen. **Sendeantenne:** Die Leitungswelle wird in eine Raumwelle (Funkwelle) umgewandelt. **Empfangsantenne:** Die Raumwelle wird in eine Leitungswelle umgewandelt. Durch Verwendung von Reflektoren, z. B. Parabolspiegeln, werden die Wellen gebündelt. Dadurch verringern sich die Störungen und es kann eine geringere Sendeleistung verwendet werden.
Optischer Richtfunk	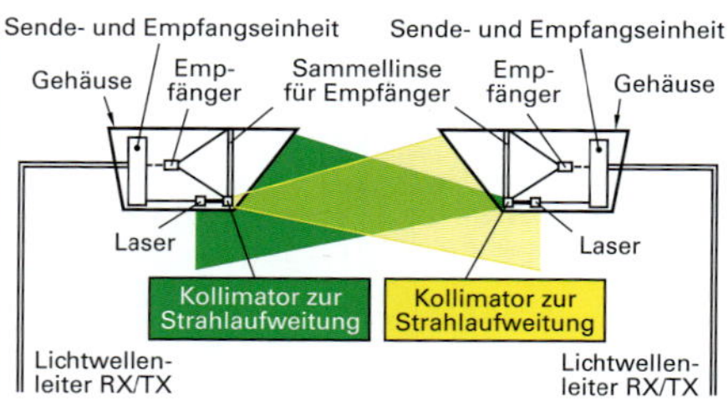	Beim optischen Richtfunk werden zwei gleiche Sende-Empfangseinheiten für den Duplexbetrieb verwendet. Wellenlänge: 850 nm bis 1550 nm. Bitraten: 2 Mbit/s bis 155 Mbit/s. Sender: LED oder VCSEL Empfänger: Foto-PIN-Dioden oder APD-Dioden. Nachteil: Starker Regen oder Schnee beeinträchtigen die Übertragung.
Verbindungs-arten	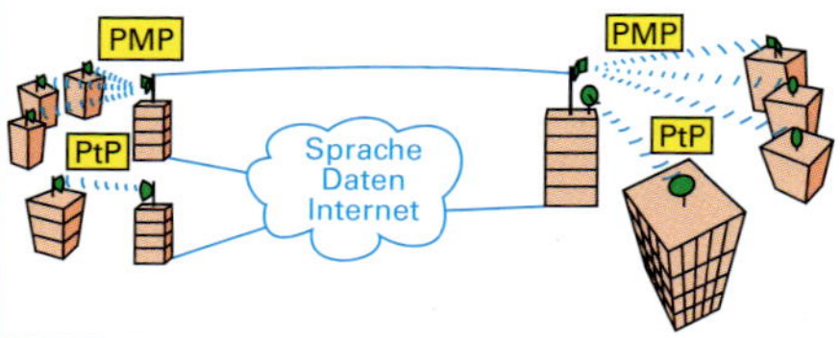	Punkt-zu-Punkt-Verbindungen (Point-to-Point, PtP) verwendet man, wenn kein anderer Zugang möglich ist. Punkt-zu-Mehrpunkt-Verbindungen (Point-to-Multi-Point, PMP) verwenden z. B. Netzbetreiber als drahtlosen Zugang zum Endkunden oder Firmen für eigene Netze.

APD	Avalanche-Foto-Diode = Lawinen-Photodiode	TCM	von Trellis Code Modulation = Gitterpunktmodulation
BNetzA	Bundesnetzagentur	TX	von Transmitter = Sender
PSK	von Phase Shift Keying = Phasenumtastung	VCSEL	von Vertical Cavity Surface Emitting Laser = Senkrecht zur Oberfläche strahlender Laser
QAM	Quadraturamplitudenmodulation		
RX	von Receiver = Empfänger		

Telekommunikation, Datenübertragung, Internet

Ruf- und Sprechanlagen, Haustürüberwachung   Ringing and intercom systems

Prinzipschaltungen

Rufanlagen	Merkmale	Sprechanlagen	Merkmale
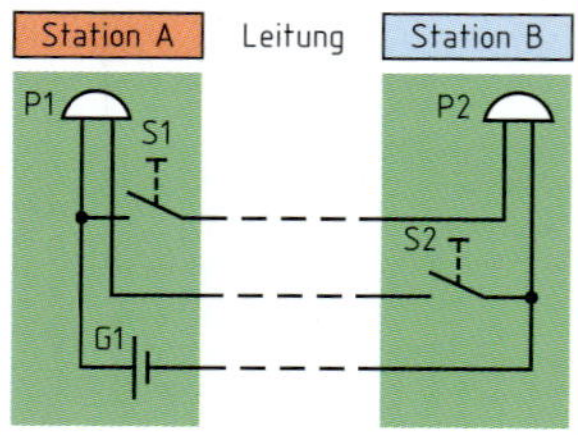 **Gegenrufanlage, dreidrähtig**	Die beiden Stationen rufen sich gegenseitig durch Betätigen der jeweiligen Ruftaste. Die Speisung der Anlage erfolgt aus einer gemeinsamen Spannungsquelle.	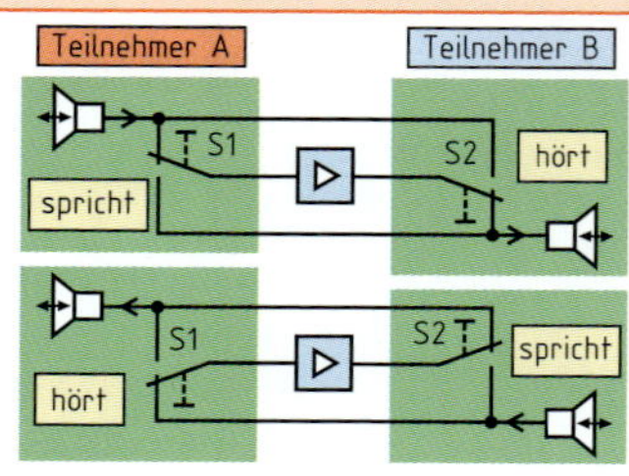 **Wechselsprechanlage**	Der Verstärker wird manuell in die jeweilige Richtung umgeschaltet. **Simplexanlage:** *Sprechen* = Sprechtaste drücken, *Hören* = Sprechtaste loslassen.
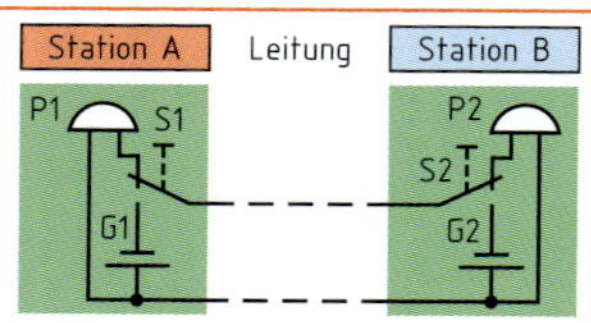 **Gegenrufanlage, zweidrähtig**	Wenn in jeder Station eine Spannungsquelle installiert wird, genügt für die Rufübertragung eine Zweidrahtleitung.	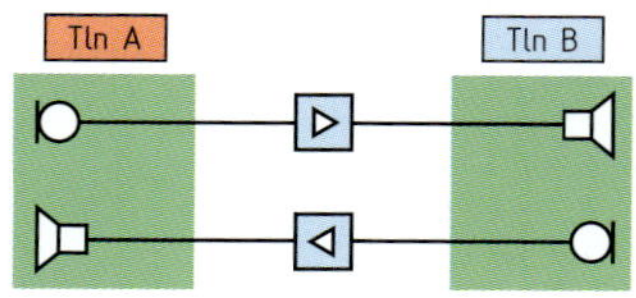 **Gegensprechanlage**	Beide Teilnehmer (Tln) sind gleichzeitig sprechbereit und hörbereit. Nachteil: Akustische Rückkopplung möglich.
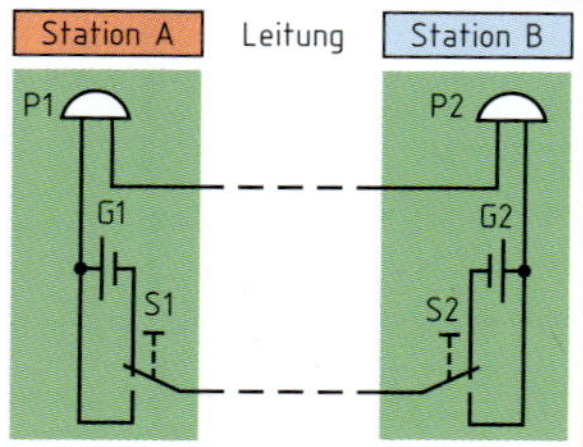 **Gegenrufanlage mit Rufauslösung und Quittierung**	**Rufauslösung:** Bei einem Ruf läutet der Wecker der rufenden Station mit. **Quittierung:** Die gerufene Station unterbricht mit ihrer Ruftaste den Rufstromkreis.	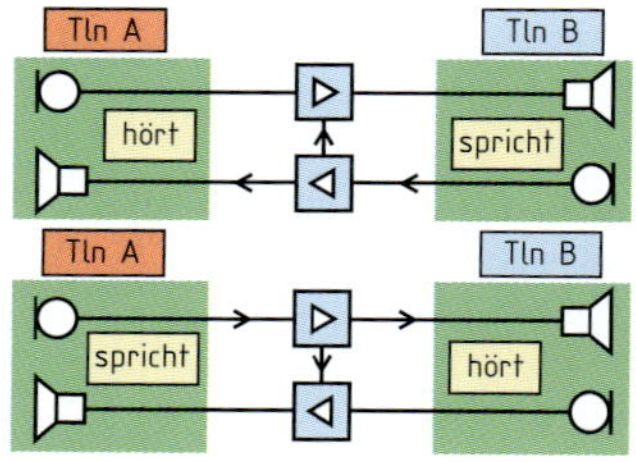 **Sprachgesteuerte Gegensprechanlage**	Die Verstärker werden durch das Sprachsignal über eine elektronische Schaltung in der Sprechrichtung aufgeregelt und in der Gegenrichtung zugeregelt.

Betriebsarten für Sprechanlagen

Stern mit Zentrale		Jeder mit Jedem	
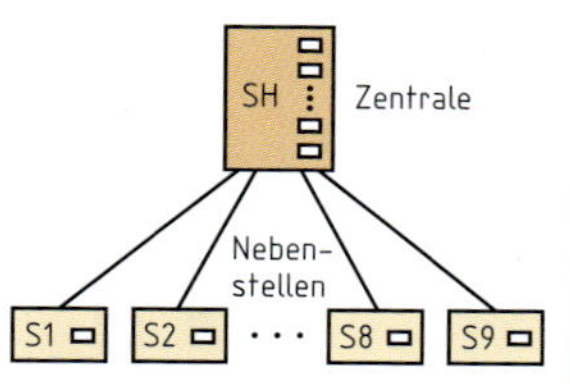	Jede Nebenstelle ist mit der Zentrale verbunden. Der Sprechverkehr ist nur zwischen Zentrale und Nebenstelle möglich.	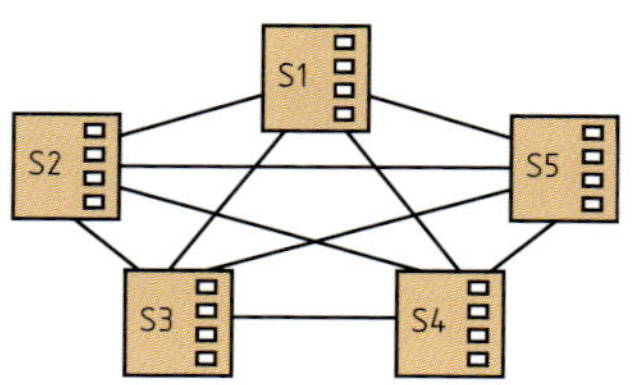	Jede Nebenstelle ist mit jeder anderen Nebenstelle verbunden. Der Sprechverkehr ist zwischen allen Nebenstellen möglich. Eine Zentrale ist nicht vorhanden.

Haustürüberwachung (Audio und Video)

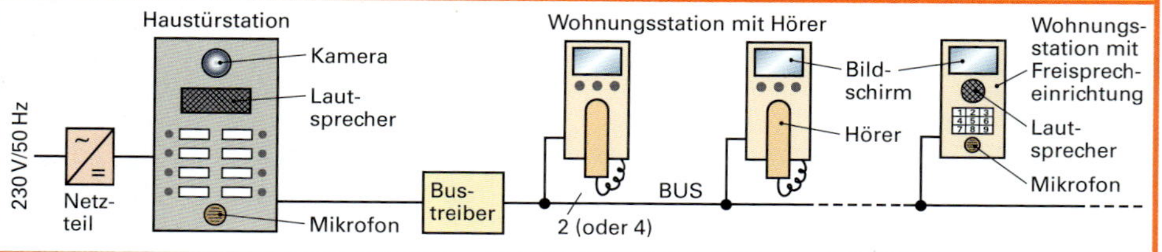

T

Gefahrenmeldeanlagen Danger registration system

Konzept

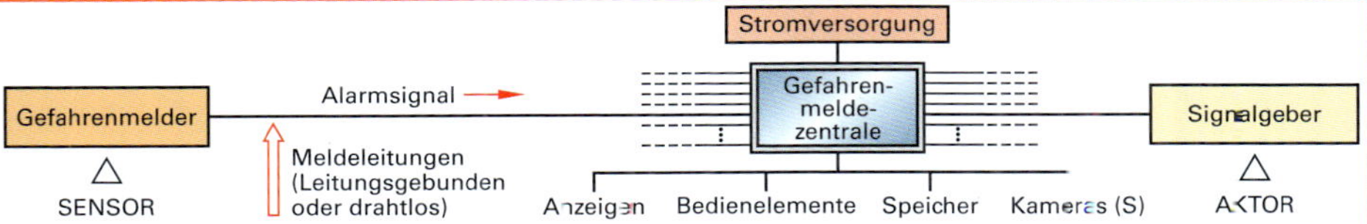

Gefahrenarten			Alarmarten		
Feuer		Folgen können sichtbarer Rauch, unsichtbare Gase und Temperaturanstieg sein.	Stiller Alarm (= Fernalarm)	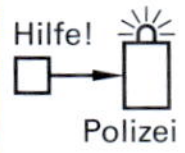	Gefahrenmelder lösen bei einer abgesetzten Stelle, z. B. Polizei, Alarm aus.
Einbruch		Dabei verschafft sich ein Unbefugter Zugang zu Gebäuden, Wohungen oder Räumen.	Akustischer Alarm		Gefahrenmelder lösen unmittelbar akustische Signale mit großer Lautstärke aus.
Überfall		Einbruch, bei dem die im Einbruchsbereich befindlichen Personen unmittelbar bedroht werden.	Optischer Alarm (= Externalarm)	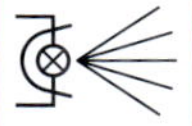	Gefahrenmelder lösen unmittelbar optische Signale mit großer Helligkeit aus.

Feuermeldeanlagen

Brandwirkungen			Brandmelder		
Flüchtige Stoffe	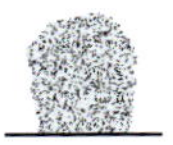	• Rauch [sichtbar] • Gase (CO, CO_2, ...) [unsichtbar]	Optische Rauchmelder		Rauchpartikel in einer Messzelle bewirken durch Streulicht das Alarmsignal.
Strahlung		• Sichtbares Licht • Ultraviolett (UV) • Infrarot (IR)	Ionisationsmelder		Rauchpartikel in einer Messzelle mit radioaktiven Präparat bewirken durch Stromänderung das Alarmsignal.
Konvektion		Temperatur (= Wärmeentwicklung)	Flammenmelder für Licht, UV, IR		Die jeweiligen Wellenlängen der offenen Flamme bewirken das Alarmsignal.

Einbruchmeldeanlagen

Einbruchmelder			Schaltungstechnik	
Kontaktüberwachung	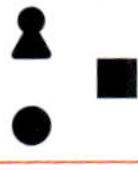	• Schließblechkontakte • Magnetkontakte • elektromechanische Kontakte	Passive Gefahrenmelder mit Ruhestromkontakten	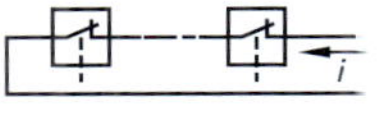
Flächenüberwachung		• Glasbruchmelder • Körperschallmelder • Meldedrähte	Passive Gefahrenmelder mit Arbeitsstromkontakten	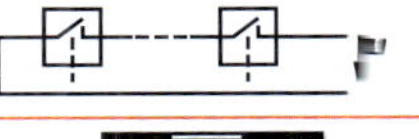
Streckenüberwachung	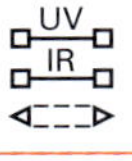	• UV-Lichtschranke • IR-Lichtschranke • MW-Lichtschranke	Bewegungsmelder	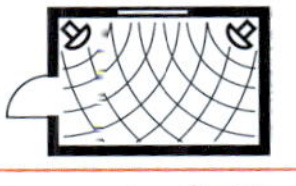
Raumüberwachung		• Ultraschall-Bewegungsmelder • IR-Bewegungsmelder • MW-Bewegungsmelder	Gestreckter Bus	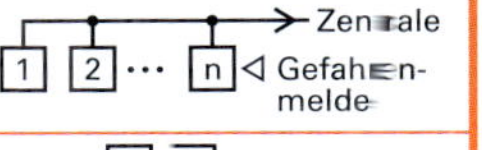
			Ringbus	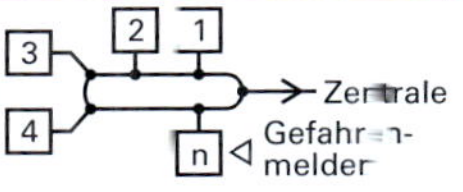

IR Infrarot, **MW** Mikrowellen, **UV** Ultraviolett

T

Telefon-Grundfunktionen (Analog) Telephone basic functions (analog)

Schaltungen	Erklärungen	Bemerkungen, Daten
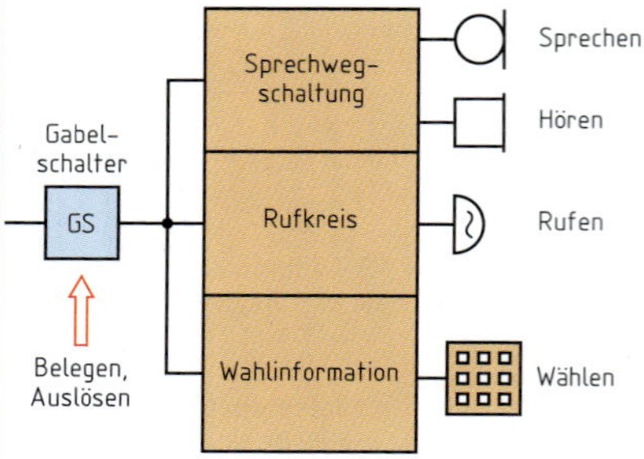 **Grundforderungen an ein Telefon**	Verbindungsablauf 1. Meldung des Gesprächswunsches des Teilnehmers A. 2. Kennzeichnung des anzurufenden Teilnehmers B. 3. Rufsignal beim angerufenen Teilnehmer B. 4. Gesprächsführung (vollduplex = Gespräche in beiden Richtungen gleichzeitig möglich). 5. Meldung des Gesprächsendes.	Durch Schließen der Gleichstromschleife zur Ortsvermittlungsstelle mit dem Gabelschalter. Durch Nummernschalter oder Tastenwahl zur Ortsvermittlungsstelle. Durch Weckerruf, der von der Ortsvermittlungsstelle ausgelöst wird. Akustisch-elektrische Umsetzung, elektrisch-akustische Umsetzung. Durch Öffnen der Gleichstromschleife zur Ortsvermittlungsstelle mit dem Gabelschalter (Auslösen).
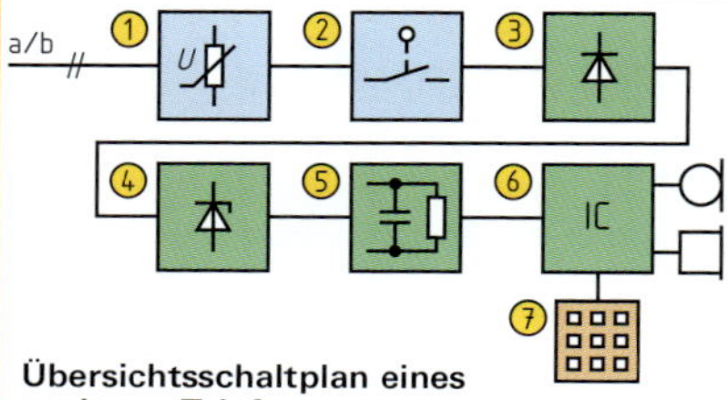 **Übersichtsschaltplan eines analogen Telefons**	Die Leitung zu einem analogen Telefon ist zweiadrig. ① Überspannungsschutz ② Gabelumschalter ③ Verpolungsschutz ④ Spannungsbegrenzung ⑤ Leitungsnachbildung ⑥ Telefon-IC mit Zusatzbeschaltung ⑦ Tastatur	Mit a/b oder La/Lb werden die Leiter eines analogen Telefonanschlusses bezeichnet.
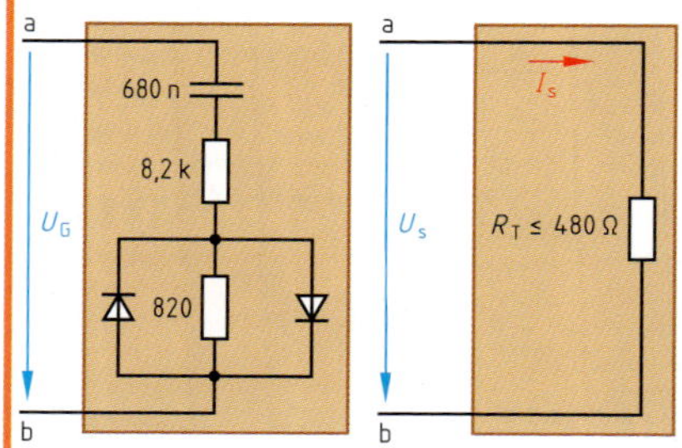 Gabelschalter geöffnet Gabelschalter geschlossen **Telefonersatzschaltung**	Bei geöffnetem Gabelumschalter belastet das Telefon die Ortsvermittlungsstelle nicht. Es ist bereit zur Rufannahme. Die Rufwechselspannung überlagert sich der Leerlaufgleichspannung. Bei geschlossenem Gabelumschalter fließt der Schleifenstrom. An den Klemmen a und b liegt nur noch die geringere Speisespannung U_s.	Leerlaufgleichspannung $U_G = -60$ V ($U_{G\,min} = -12$ V) Rufspannung $U_{Ruf} = 65$ V (55 V … 75 V) Ruf-Frequenz $f_{Ruf} = 25$ Hz ± 8% t_1 (Impulszeit) = 1 s ± 10% t_2 (Pausenzeit) = 4 s ± 10% Schleifenstrom $I_s = 20$ mA … 40 mA Speisespannung $U_{s\,min} \geq 6$ V R_T = Innenwiderstand des Telefons

Anschlussleitung und Stecker

Aufbau	Steckerbelegung	Codierung
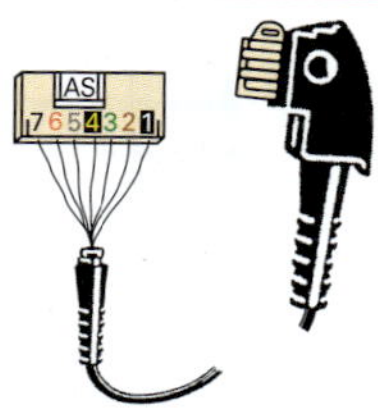 **TAE 6F1/AS7**	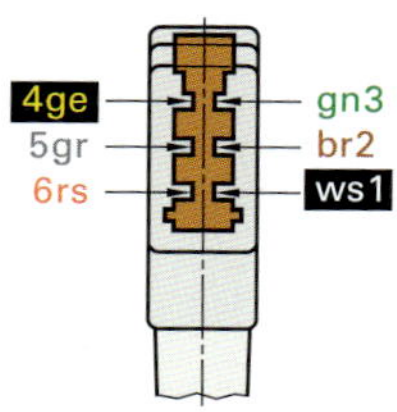 **F-Stecker für Telefon**	Maßstab 1 : 1,7 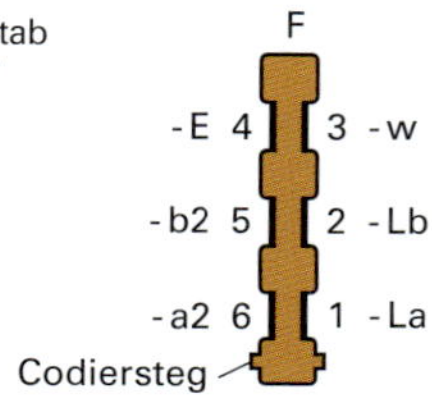 **F-Stecker für Telefon**

br = braun, ge = gelb, gn = grün, gr = grau, ws = weiß.

T

Telekommunikations-Anschlusseinheiten TAE
Telecommunication connection units

Arten	Schaltungen	Codierungen und Kontaktanordnungen	Anwendungen
 TAE 6F	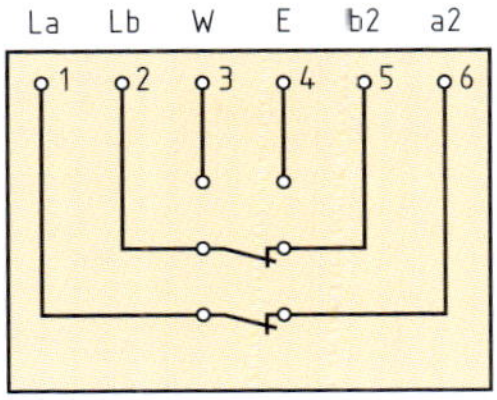	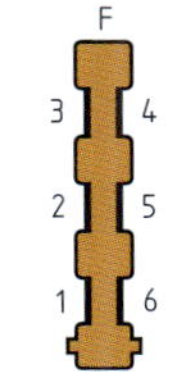 F-Codierung	Steckbarer Anschluss eines Telefons (F-Codierung) F Fernsprechapparat (Telefon), N Nicht-Fernsprechapparat (Zusatzgerät)
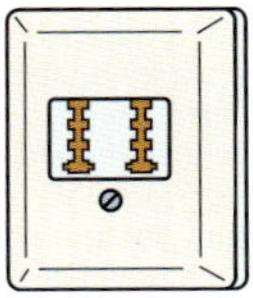 TAE 6FF	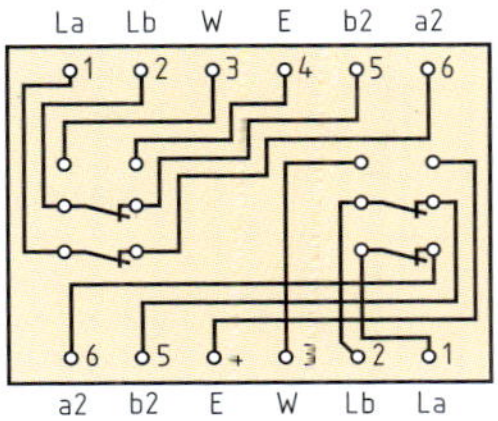	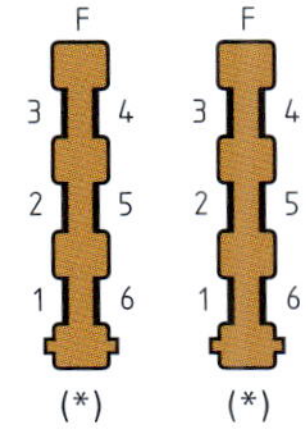	Steckbarer Anschluss für zwei Telefone (mit Durchschaltekontakten). Stecker öffnet die Kontakte. (*) F-Codierung
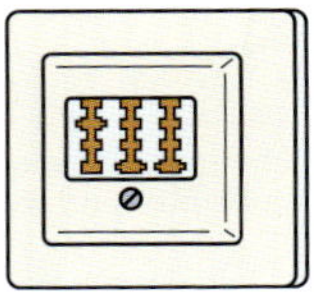 TAE 6NFF	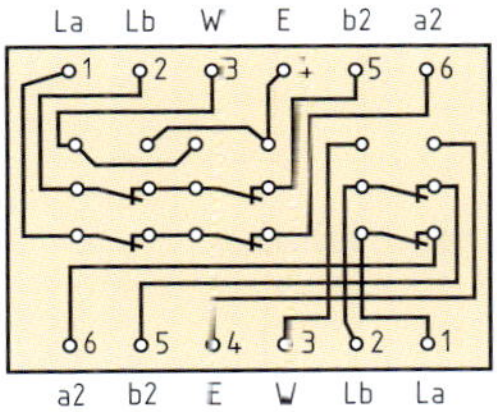	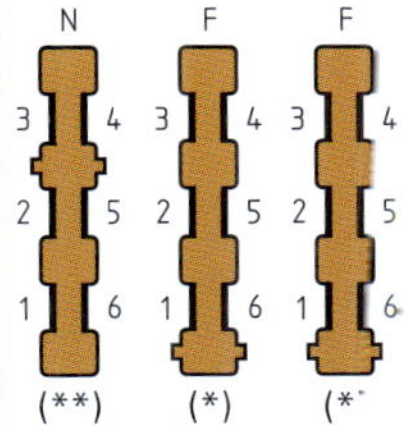	Steckbarer Anschluss für ein Zusatzgerät in Reihenschaltung mit einem Telefon. Zusätzlich kann ein weiteres Telefon in Einzelschaltung gesteckt werden. (*) F-Codierung (**) N-Codierung
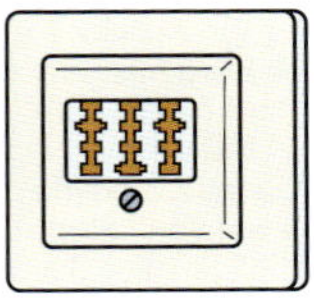 TAE 6NFN	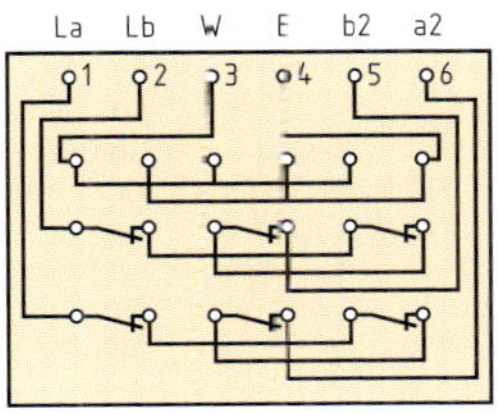	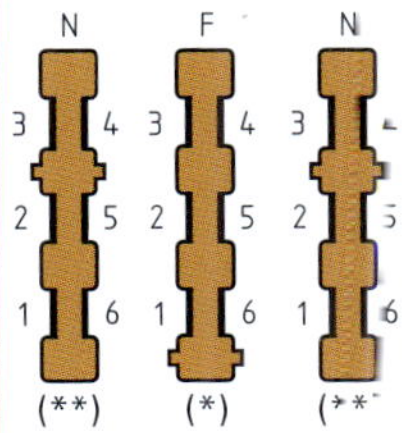	Steckbarer Anschluss für ein Zusatzgerät und ein weiteres Zusatzgerät in Reihenschaltung mit einem Telefon. (*) F-Codierung (**) N-Codierung

Anschluss der TAE

Klemmenbezeichnungen	Adernfarben Installationskabel (Beispiele)	Adernfarben Anschlussschnüre	Bedeutungen
1 oder La	ohne Farbringe 	weiß (WH, von white)	a-Ader der Amtsleitung
2 oder Lb		braun (BR, von brown)	b-Ader der Amtsleitung
3 oder W		grün (GN, von green)	Kontakt für Zusatzgeräte
4 oder E		gelb (YE, von yellow)	Erdkontakt für Nebenstellen
5 oder b2	wie Lb	grau (GY, von grey)	weiter geschaltete Ader Lb
6 oder a2	wie La	rosa (PK, von pink)	weiter geschaltete Ader La

T

Netze der Informationstechnik Networks of information technology

Topologie (Netzform)	Anwendungen	Bemerkungen
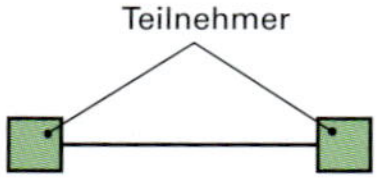 **Punkt-zu-Punkt-Verbindung**	Computertechnik: Von Computer 1 zu Computer 2, von Computer zu Peripheriegerät, von NC (numerische Steuerung) zu PC (Personalcomputer), von PC zu SPS (Speicherprogrammierbare Steuerung). Telekommunikation: Von Sprechstelle 1 zu Sprechstelle 2.	Technisch am einfachsten zu realisieren. Je nach Schnittstellenspezifikation mehr oder weniger begrenzter Datenübertragungsweg, z. B. bei V.24-Schnittstelle (RS 232) gesichert bis 30 m. In der Telekommunikation werden ständig bestehende Punkt-zu-Punkt-Verbindungen als Standverbindungen bezeichnet.
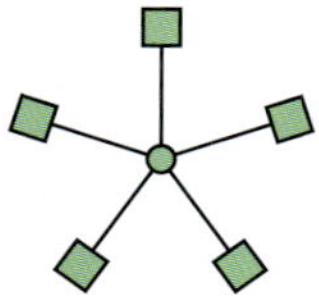 **Sternstruktur**	Computertechnik: Mehrere Computer sind über einen Sternkoppler (Switch oder Hub) gekoppelt. Telekommunikation: Von Teilnehmer 1 bis Teilnehmer *n*. Zentrale Einheit: Vermittlungsstelle.	Alle Teilnehmer sind durch eine eigene Übertragungsleitung mit einer zentralen Einheit verbunden. Abhängig von deren Leistungsfähigkeit erhalten die Teilnehmer zyklische (aufeinander folgende) Übertragungsberechtigungen oder werden über den Sternkoppler ähnlich einer Telefonverbindung durchgeschaltet. Nachteil: hoher Leitungsaufwand.
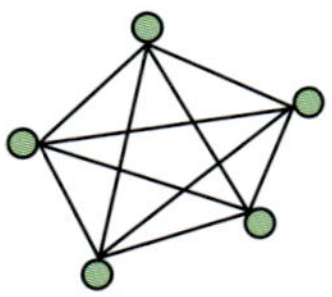 **Maschenstruktur**	Computertechnik: Im Internet. Telekommunikation: Für Vermittlungsstellen vorkommend, nicht für Teilnehmer. Vernetzung der zentralen Vermittlungsstellen (ZVSt).	Die Maschenstruktur ist nur sinnvoll, wenn aufgrund umfangreicher Datenübertragungen die Leitungen stark benützt werden. Vorteil: kürzest mögliche Verbindungswege sowie große Ausfallsicherheit. Nachteil: hoher Leitungsaufwand, aufwändige Erweiterung.
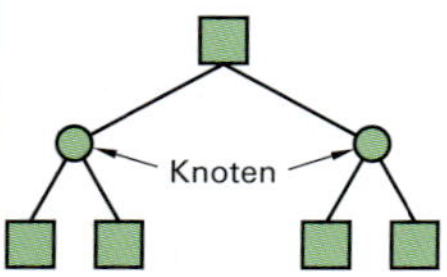 **Baumstruktur**	Computertechnik: Knoten sind Computer, Hubs oder Switches. Telekommunikation: Die Vermittlungsstellen stellen Knoten dar. Netz des Selbstwähldienstes der Telekom.	Hierarchische (nach Rangordnung gegliederte) Systemstrukturen sind sichergestellt. In der Computertechnik dezentrale Ausführung der Anwendungen.
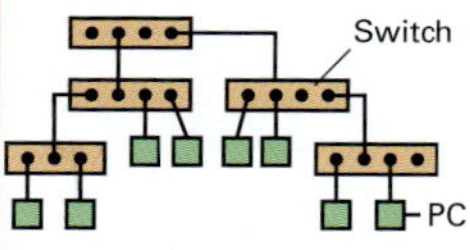 **Kaskadierte Baumstruktur**	In der Computertechnik Aufbau von LANs (Local Area Network). Die Endgeräte (PC) sind an Switches oder Hubs angeschlossen. In diesen ist das Buszugriffsverfahren realisiert, z. B. Ethernet.	Die Verbindung der Switches oder Hubs untereinander erfolgt meist über LWL (Lichtwellenleiter). Die Anbindung der Endgeräte erfolgt über Twisted-Pair-Leitungen (verdrillte Zweidrahtleitung). Die Kaskadierung ermöglicht eine Netzsegmentierung.
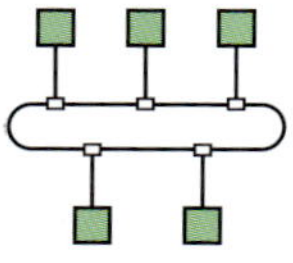 **Ringstruktur**	Computertechnik: Angeschlossen sind Computer 1 bis Computer *n* oder PC 1 bis PC *n*. Bekannt: Tokenring, FDDI-Ring. Telekommunikation: Keine Anwendung.	Alle Teilnehmer sind ringförmig miteinander verbunden und wiederholen jeweils die Nachrichten zum Nachbarn. Weite Übertragungswege sind somit möglich. Nachteil: Es kann immer nur ein Teilnehmer senden. Zur Ausfallsicherheit ist ein Backup-Ring (Sekundärring) erforderlich.
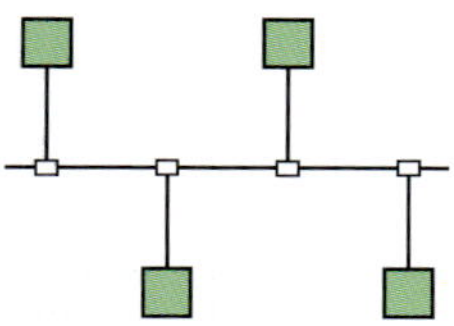 **Busstruktur**	Computertechnik: Mikroprozessorbusse: Datenbus, Adressbus, Steuerbus. Paralleler Bus in Steuerungen (meist herstellerspezifisch). Prozessbus, Feldbus, serieller Bus, z. B. CAN-Bus, für Vernetzung von Betriebsmitteln in Fahrzeugen. Telekommunikation: ISDN ab Netzabschluss zum ISDN-Endgerät.	Alle Teilnehmer sind durch einen gemeinsamen Übertragungsweg miteinander verbunden. Über definierte Buszugriffsverfahren müssen sich die Teilnehmer zur Datenübertragung anmelden. Vorteil: rasche Datenübertragung bei hoher Ausfallsicherheit. Neue Teilnehmer lassen sich einfach zuschalten. Nachteil: Es kann immer nur ein Teilnehmer senden.

Kommunikation offener Systeme Open systems communication

OSI-7-Schichten-Referenzmodell

Schichten	Erklärungen	Anwendungen, Beispiele
1 Bitübertragungs-schicht	**Physical Layer** Beschreibung der mechanischen, elektrischen und optischen Eigenschaften der Datenübertragung, einfache Fehlererkennung.	Festgelegt oder genormt werden z. B. Stecker, Art der zu verwendenden Leitungen, Spannungen. Aufteilung in mehrere Datenkanäle Erkennen von Leitungsunterbrechung.
2 Sicherungs-schicht	**Data Link Layer** Festlegung für eine zuverlässige Datenübertragung, auch wenn z. B. mehrere Teilnehmer auf dieselbe Leitung zugreifen.	Bei Bussystemen, z. B. beim Ethernet, wird durch das Protokoll der Schicht 2 beschrieben, wie ein Zugriff auf den Bus erfolgt. Festgelegt wird auch der Datenrahmen.
3 Vermitt-lungs-schicht	**Network Layer** Festgelegt wird die Datenübergabe von einer Teilstrecke zu anderen Teilstrecken (routing).	Das Protokoll dieser Schicht regelt die Art des Verbindungsaufbaus und Verbindungsabbaus zwischen den Netzknoten und den Endsystemen (Teilnehmern).
4 Transport-schicht	**Transport Layer** Festgelegt werden die Datenblöcke und die Art der Fehlererkennung u. Fehlerbehebung.	Die Transportschicht legt fest, was im Fehlerfalle gemacht wird, z. B. Daten nochmals übertragen.
5 Kommuni-kations-steuerungs-schicht	**Session Layer** Festgelegt wird, wie eine Kommunikation durchgeführt wird, z. B. wenn mehrere Teilnehmer gleichzeitig miteinander in Verbindung treten wollen.	Zu den Steuerungsaufgaben gehört z. B. wie Prioritäten berücksichtigt werden, wie Kennungen (Passwörter) behandelt werden.
6 Darstel-lungs-schicht	**Presentation Layer** Festgelegt werden die Codierungen für die Daten und die Durchführung von Codeumsetzungen.	Das Protokoll dieser Schicht beschreibt z. B. die Art der Datenkompression und Datendekompression, die Art der Bildcodierung, Sprachcodierung und Zeichencodierung.
7 Verarbei-tungs-schicht	**Application Layer** Festlegung der Bedeutung der Daten und der Dateninterpretation.	In der Verarbeitungsschicht erfolgt die eigentliche Informationsverarbeitung, z. B. wird im Falle einer NC-Maschine als Teilnehmer X 100.000 als Fahrbefehl in x-Richtung um 100 mm interpretiert.

Nachrichtenübertragung beim OSI-7-Schichten-Referenzmodell

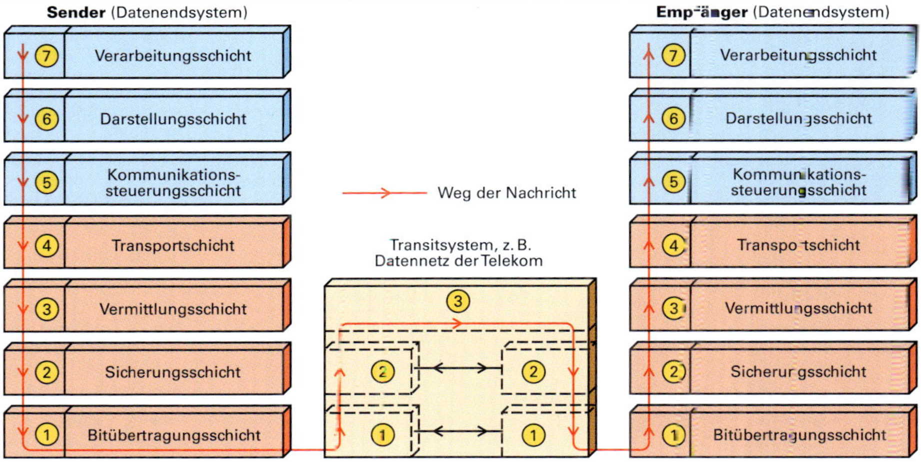

Zum Austausch von Nachrichten zwischen zwei Teilnehmern sind Regeln (Protokolle von Normungsorganisationen) erforderlich. Diese Regeln bestimmen, wie die Nachrichten zu codieren, zu adressieren, zu sichern und im zeitlichen Ablauf zu übertragen sind. Die Nachrichten durchlaufen dabei bei jedem Teilnehmer gleiche Protokollschichten. Für den Nachrichtenaustausch zwischen Teilnehmern, die mit unterschiedlichen Gerätefabrikaten arbeiten, verwendet man meist Protokolle, die nach dem ISO-Referenzmodell OSI (Open System Interconnection = offenes System des Nachrichtenaustauschs) in mehrere Schichten (bis sieben) gegliedert sind.

Bussysteme und Netze Bus systems and networks

Parallele Bussysteme

Bezeichnung	Zahl der Steckerstifte bzw. Adern	Adressenbreite in bit	Datenbreite in bit	max. Länge in m	Übertragungsrate in MB/s	Bemerkung
ISA	2 × 31 + 2 × 18	24	16	0,2	5	PC-Bus
EISA	4 × 31 + 2 × 18 + 2 × 19	32	32	0,2	33	PC-Bus
VESA	2 × 58	32	32	0,2	132	PC-Bus
PCI	2 × 62 (94)	32 (64)	32 (64)	0,2	133 (267)	PC-Bus
PCMIA	68	26	16	0,2	16	PC-Bus
VME-Bus	96	32	32	0,7	25	Gerätebus
SCSI-1 SCSI-2 SCSI-3	50 50 + 68 2 LWL-Fasern	8 16 16	8 16 16	3 oder 25 3 oder 25 3 oder 25	1 20 680	Gerätebus
IEC-Bus	25 oder 24	8	8	20	1	Messgerätebus

Serielle Bussysteme und Netze

Bezeichnungen	Zugriffsverfahren (NORM)	max. Längen je Segment	max. Teilnehmerzahlen	typische Bitraten	Art der Leitungen	Bemerkungen, Anwendungen
Ethernet	CSMA/CD[1] (IEEE 802,3)	500 m	1024	10 Mbit/s 100 Mbit/s 1 Gbit/s	STP, UTP[2] Koax-Leitung, Glasfaserleitung	LAN mit Busstruktur, Bürokommunikation
ATM[3]	ATM-Nutzerschnittstelle	100 m mit UTP oder 10 km mit LWL	32 je Knoten	155 Mbit/s 622 Mbit/s 2,488 Gbit/s	UTP Glasfaserleiter	Breitbandnetz für Daten-, Sprach- und Videokommunikation
IBM-PC-Netz	Token-Ring (IEEE 802.5)	750 m	260	4 Mbit/s 16 Mbit/s	4 Adern je 2 verdrillt	LAN mit Ringstruktur, Bürokommunikation
FDDI-Ring[4]	Token-Passing[5] (IEEE 802,7)	40000 m, 100 km je Ring	1000	100 Mbit/s	2 Glasfaserleiter	WAN mit Ringstruktur Vernetzung von Rechenzentren
BITBUS	Steuerung durch Busmaster	30 m 1200 m	28	2,4 Mbit/s 62,5 kbit/s	2 Adern verdrillt	Feldbus zur Vernetzung von Geräten, z. B. SPS
PROFIBUS[6]	Token-Passing	1200 m	32	500 kbit/s	2 Adern verdrillt	Feldbus zur Vernetzung von Geräten, z. B. SPS
PROFIBUS-DP	Token-Passing	1000 m bei 9,6 kbit/s 100 m bei 12 Mbit/s	32	12 Mbit/s	2 Adern verdrillt oder Glasfaserleiter	Steuerung von Maschinen, Anschluss von Sensoren
CAN[7]	Botschaftsbezogene Priorität	40 m	bis 3032 Botschaftsnamen	1 Mbit/s	Zweidrahtverbindung	Kommunikationsnetz im Kfz, Steuerung von Anlagen
USB[8]	Steuerung durch Host-PC	5 m	127	1,5 Mbit/s und 12 Mbit/s	4 Adern	Peripheriebus: USB 2.0 mit 480 Mbit/s
Interbus-S	Steuerung durch Busmaster	10 m oder 400 m	256	300 kbit/s oder 500 kbit/s	3 × 2 verdr. Adern oder Glasfaserleiter	Feldbus zur Vernetzung von Geräten, z. B. SPS im Nahbereich oder im Fernbereich
AS-i[9]	Steuerung durch Busmaster	100 m	31	167 kbit/s	2 Adern	Feldbus zur Anschaltung von Sensoren und Aktoren

[1] CSMA/CD von Carrier Multiple Access/Collision Detection = Abfrage der Signalträgers bei mehrfachem Zugriff mit Kollisionserkennung; [2] STP von Shielded Twisted Pair = geschirmtes verdrilltes Paar, UTP von Unshielded TP = ungeschirmtes TP; [3] ATM von Asynchron Transfer Mode = asynchrones Übertragungsverfahren; [4] FDDI von Fibre Distributed Data Interface = Glasfaserdatenschnittstelle für verteilte Teilnehmer; [5] Token Passing, token = Zeichen und passing = vorbeiziehen; [6] PROFIBUS von Process Field Bus = Prozess-Feld-Bus; [7] CAN von Control Area Network = Steuerungsfeldnetz; [8] USB von Universal Serial Bus = universeller Bus; [9] AS-i von Aktor-Sensor-Interface.

T

Begriffe und Kurzbezeichnungen im ISDN — Terms and abbreviations for ISDN

Bezeichnungen	Bedeutungen	Erklärungen
1TR6	Technische Richtlinie für das nationale ISDN-Protokoll. Wurde bis zum Jahr 2005 unterstützt.	An Basisanschlüssen können Endgeräte meist wahlweise für 1TR6 oder für Euro-ISDN betrieben werden.
ATM	Asynchronous Transfer Mode. Standardisierte Vermittlungs- und Multiplextechnologie.	Für Daten- und Sprachkommunikation bis zu 600 Mbit/s im Endgerätebereich Anwendung im B-ISDN.
B-ISDN	Breitband-ISDN. Netz auf der Grundlage der ATM-Technologie.	Daten-, Sprach- oder Videosignale mit unterschiedlichen Bitraten werden in Zellen gleicher Länge übermittelt.
B-Kanal	Basiskanal zur Abwicklung von ISDN-Verbindungen mit einer Bitrate von 64 kbit/s.	Für ein Telefongespräch wird ein B-Kanal benötigt, der allerdings auch als Datenkanal genutzt werden kann
Basisanschluss (BA)	Kleinster ISDN-Anschluss mit zwei B-Kanälen für je 64 kbit/s und einem D-Kanal für 16 kbit/s.	Als Mehrgeräteanschluss für die Anschaltung von 8 Endgeräten oder als Anlagenanschluss für eine Tk-Anlage.
CAPI	Common (ISDN) Application Programming Interface. Software-Schnittstelle für ISDN-Anwendungen mit dem PC.	Alle deutschen ISDN-PC-Karten unterstützen den Treiber für 1TR6 und den Treiber für DSS1 (Euro-ISDN).
Dienst (Service)	Oberbegriff für Anwendungen im ISDN.	Beispiele für Dienste sind Telefon, Telefax und Datenübertragung.
D-Kanal	Datenkanal mit 16 kbit/s am Basisanschluss und 64 kbit/s am Primärmultiplexanschluss.	Kann am Basisanschluss im Euro-ISDN zur Paketdatenübermittlung mit 9,6 kbit/s genutzt werden.
DSS1	Digital Subscriber Line Signalling System No. 1, Signalisierungssystem im ISDN.	Protokoll für die Übertragung von Steuerungsdaten im ISDN.
Euro-ISDN	Europaweites ISDN, basierend auf dem Signalisierungsprotokoll DSS1 (Digital Subscriber Signalling).	DSS1 ist zu 1TR6 nicht kompatibel. Neue ISDN-Endgeräte beherrschen nur noch DSS1.
IAE	ISDN-Anschluss-Einheit für das Anschalten von Endgeräten im ISDN der Telekom.	Die 8-polige Westernbuchse der IAE-Dose ist mit den vier Anschlusskontakten 1a, 1b, 2a, 2b verdrahtet.
ISDN-Tk-Anlage	Telekommunikationsanlage mit netzseitigem ISDN-Anschluss (Basis- oder Primärmultiplexanschluss).	TK-Anlagen bieten meist mehrere interne a/b-Schnittstellen für den Betrieb analoger Geräte am ISDN-Anschluss.
ISDN-PC-Karte	Steckkarte für den PC, die den Anschluss des Computers als Endgerät an ISDN ermöglicht.	Passiv: Benutzung des PC-Prozessors. Aktiv: Mit eigenem Prozessor. Hybrid: Mit integriertem Faxmodem.
ISDN-Terminal-adapter	Externer Adapter, der über die serielle Schnittstelle V.24 (COM) mit dem PC zusammengeschaltet wird.	Wird wie ein Modem über Kommandos vom herkömmlichen DFÜ-Programm gesteuert. Treiber sind dafür nicht nötig.
Kanal-bündelung	Zusammenfassung von mehreren B-Kanälen zur Steigerung der Bitrate der Datenübertragung im ISDN.	Eine Bündelung, z.B. der beiden B-Kanäle des Basisanschlusses erhöht die Bitrate auf 128 kbit/s.
MSN	Multiple Subscriber Number. Die Mehrfachrufnummer ist ein Dienstemerkmal im Euro-ISDN.	Für den Basisanschluss können bis zu 10 Rufnummern eingerichtet werden.
NTBA	Network Termination for Basic Access, Netzabschluss für den Basisanschluss.	Enthält Schaltungen für die Schnittstellen U_{k0} und S_0 sowie für die Speisung von bis zu 4 Telefonen.
Primärmultiplex-anschluss (PMXA)	Vierdrähtiger ISDN-Anschluss mit 30 Basiskanälen und einem D-Kanal für jeweils 64 kbit/s.	Durch Bündelung der B-Kanäle ist Datenübertragung mit Bitraten bis zu 2 Mbit/s möglich.
S_0-Schnittstelle	Endgeräteschnittstelle am ISDN-Basisanschluss in Vierdrahttechnik.	Bei einem Mehrgeräteanschluss wird die Endstellenleitung ab dem Netzabschluss NT als S_0-Bus bezeichnet.
TA a/b	Terminaladapter für den Anschluss herkömmlicher analoger Endgeräte an den S_0-Bus.	Mit diesem Adapter ist es möglich, beim Übergang auf ISDN die vorhandenen analogen Endgeräte weiter zu nutzen.
U_{k0}-Schnittstelle	Schnittstelle zwischen der Kupfer-Zweidraht-Anschlussleitung und dem NTBA.	Richtungstrennung der Signale in einer Gabel mit Echokompensation, Übertragung mit 144 kBd.
U_{p0}-Schnittstelle	ISDN-Schnittstelle in Zweidrahttechnik für den Anschluss von ISDN-Endgeräten an Tk-Anlagen.	Im Gegensatz zur S_0-Schnittstelle lassen sich Reichweiten von bis zu 4 km mit Zweidrahtleitungen erzielen.

ISDN-Telekommunikationsanlagen (ISDN-Tk-Anlagen)

ISDN telecommunications systems

Konfiguration (Beispiele)	Bemerkungen

Schnittstellen zur digitalen Ortsvermittlungsstelle (DIVO)

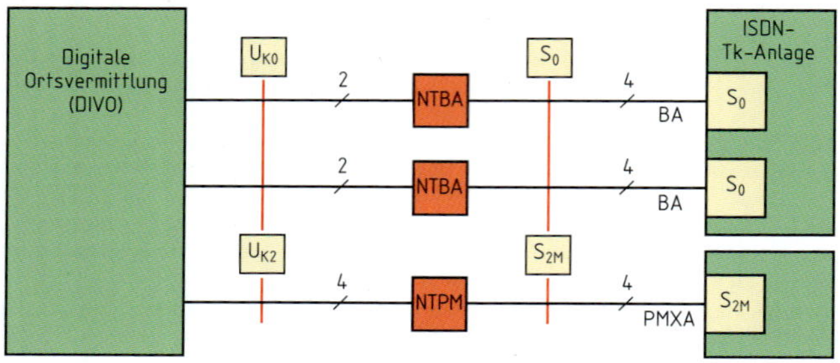

BA Basisanschluss,
NTBA Netzabschluss für BA,
NTPM Netzabschluss für PMXA,
PMXA Primärmultiplexanschluss

Eine ISDN-Tk-Anlage (sie wird auch als ISDN-Nebenstellenanlage bezeichnet) ist ein teilnehmereigenes, digital arbeitendes Vermittlungssystem, das neben der Telefonie auch andere Dienste abwickeln kann.

Kleinere bis mittelgroße ISDN-Tk-Anlagen werden über Basisanschlüsse BA (mit je 2 Nutzkanälen), große ISDN-Tk-Anlagen über Primärmultiplexanschlüsse PMXA (mit je 30 Nutzkanälen) mit dem öffentlichen ISDN verbunden.

Schnittstellen zu den Endgeräten

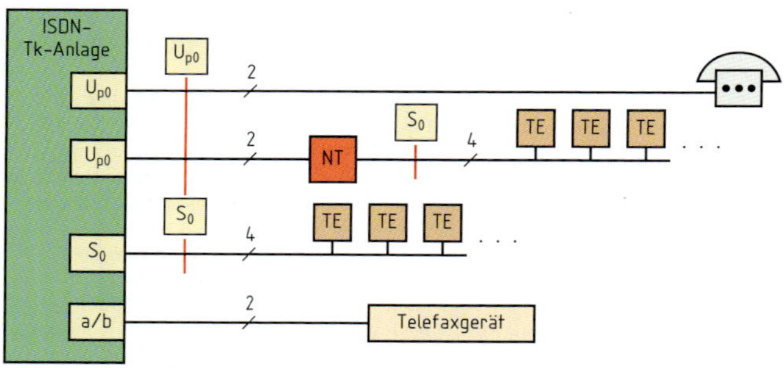

TE ISDN-Endgerät, NT Netzabschluss

Endgeräteseitig sind in den meisten ISDN-Tk-Anlagen vorhanden:

U_{p0}-Schnittstelle für den zweidrähtigen Anschluss von digitalen Endgeräten bis zu 4 km Entfernung,

S_0-Schnittstelle für den vierdrähtigen Anschluss von ISDN-Endgeräten mit einer Reichweite von 150 m bei Busbetrieb und 600 m bei Sternbetrieb,

a/b-Anschluss für analoge Endgeräte.

Primärmultiplexanschluss (PMXA)

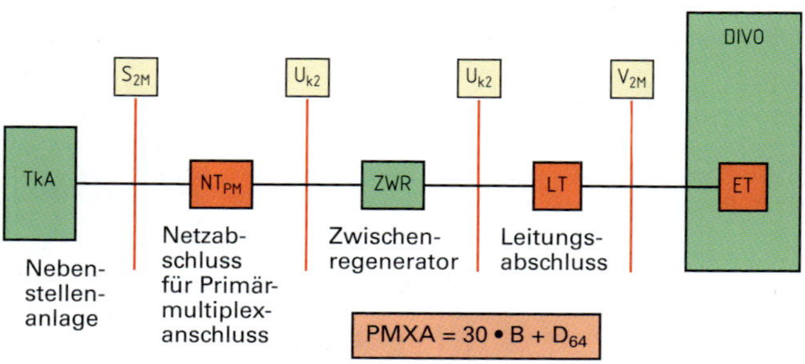

$PMXA = 30 \cdot B + D_{64}$

Telekommunikationsanlage TkA

Mittlere bis größere Nebenstellenanlagen werden über mehrere Basisanschlüsse oder über einen Primärmultiplexanschluss an eine DIVO angeschlossen. Der PMXA bietet über seine S_{2M}-Schnittstelle 30 B-Kanäle (30 Amtsleitungen) und einen D-Kanal mit 64 kbit/s zur Übermittlung von Steuerzeichen an die Vermittlungsstellen des Netzes. Der Anschluss des NT_{PM} an die DIVO erfolgt über eine DSV2-Vierdrahtleitung (U_{k2}-Schnittstelle).

T

ISDN-Basisanschluss ISDN basic access

Installationsarten	Merkmale

ISDN-Anlagenanschluss (Punkt-zu-Punkt-Anschluss)

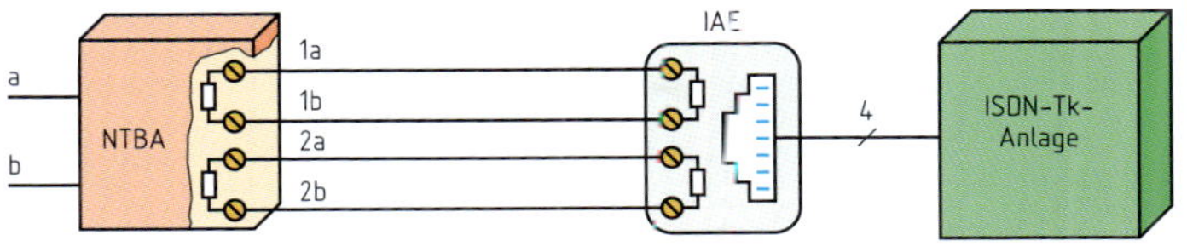

Anschalten von nur einer ISDN-Anschlussdose (IAE) an das NTBA. Zulässige Dämpfung zwischen NTBA und Endgerät (meist eine Tk-Anlage) 6 dB. Maximale Reichweite 1000 m.

ISDN-Mehrgeräteanschluss (NTBA am Anfang des S_0-Busses)

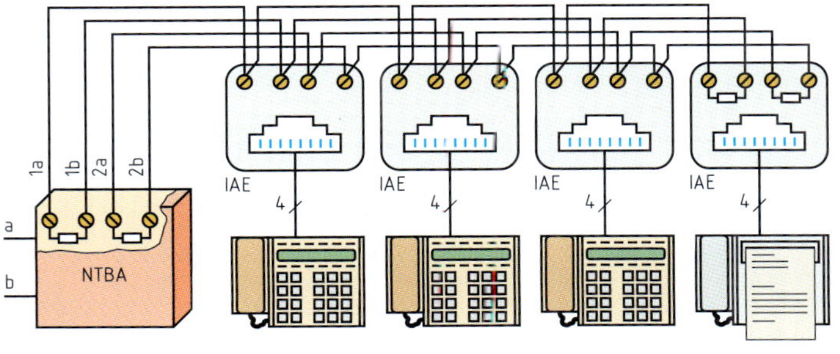

Punkt-zu-Mehrpunkt-Anschluss
Busförmiges (paralleles) Anschalten von bis zu 12 Anschlussdosen. Abschluss der Vierdrahtleitung am Anfang und am Ende durch Abschlusswiderstände von 100 Ω. Anschluss von bis zu acht Endgeräten, davon vier Telefone. Maximale Reichweite (Entfernung NTBA bis letzte IAE) 200 m.

ISDN-Mehrgeräteanschluss (NTBA innerhalb des S_0-Busses)

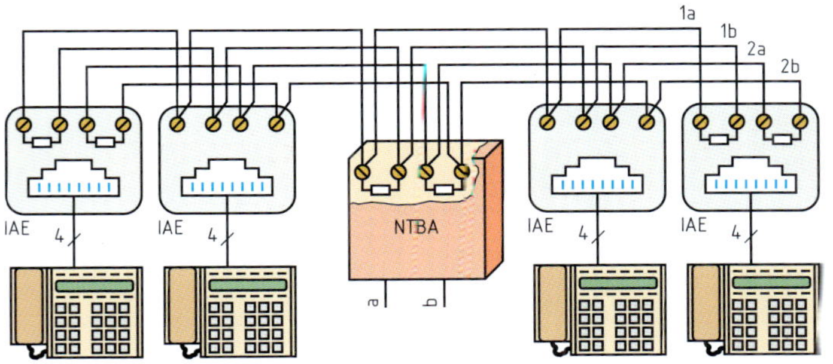

Y-Konfiguration
Anschluss des NTBA an einer beliebigen Stelle innerhalb des S_0-Busses. Die Abschlusswiderstände (100 Ω) bleiben im NTBA eingeschaltet. Zusätzlich werden Abschlusswiderstände in die beiden äußeren Anschlussdosen gesteckt. Maximaler Abstand zwischen den beiden äußeren IAE (Buslänge) 200 m.

Erweiterter passiver Bus

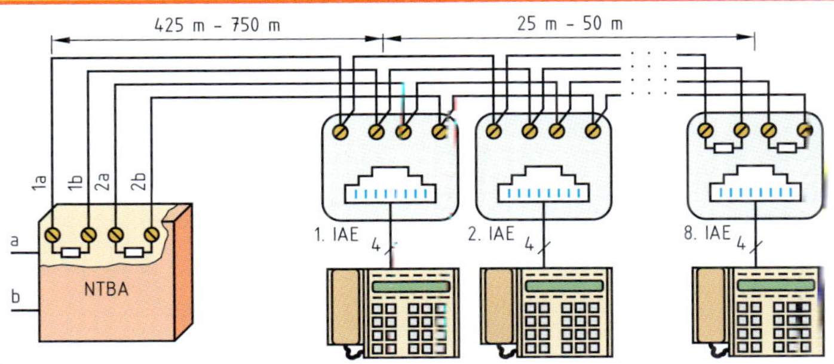

Busförmige Installation von Anschlussdosen innerhalb eines eingeschränkten Bereiches 25 m bis 50 m. Dadurch Verlängerung der Reichweite vom NTBA bis zur letzten IAE bis auf 800 m. Im Gegensatz zum Mehrgeräteanschluss (einfacher passiver Bus) dürfen nur maximal acht Anschlussdosen installiert werden.

NTBA von Network Termination for Basic Access = Netzabschlussgerät für den Basisanschluss, IAE von ISDN-Anschluss-Einheit, Tk-Anlage von Telekommunikationsanlage.

ISDN-Schnittstellen Interfaces of ISDN

Merkmale	S_0-Schnittstelle	U_{k0}-Schnittstelle	U_{p0}-Schnittstelle
Einsatz	Teilnehmerschnittstelle	Leitungsschnittstelle (Kupferleitung)	Leitungsschnittstelle in TK-Anlagen.
Übertragungsverfahren	Vierdrähtig; Vollduplex; je ein Adernpaar für Senderichtung und Empfangsrichtung.	Zweidrähtig; Vollduplex; Trennung der Senderichtung und Empfangsrichtung durch eine Gabelschaltung mit Echokompensation.	Zweidrähtig; Vollduplex; Richtungstrennung durch Zeitgetrenntlageverfahren. Die Übertragungsrichtung wechselt alle 125 µs.
Standards	International (ITU-T)	National	Industrie (VDE, ZVEI)
Reichweite	Bus: 150 m Punkt zu Punkt: 1000 m	bei $d_A = 0{,}4$ mm: 4,2 km; bei $d_A = 0{,}6$ mm: 8 km.	bei $d_A = 0{,}4$ mm: 2,5 km; bei $d_A = 0{,}6$ mm: 3,0 km.
Leitungscode	AMI NRZ	4B3T (MMS 43)	AMI RZ
Bruttobitrate	192 kbit/s	160 kbit/s	384 kbit/s
Leitungsdigitrate	192 kBaud	120 kBaud	384 kBaud
Nettobitrate	144 kbit/s	145 kbit/s	147 kbit/s
Übertragungskanäle	$B + B + D_{16}$	$B + B + D_{16}$ 1 Servicekanal mit 1 kbit/s.	$B + B + D_{16}$ 1 Servicekanal mit 3 kbit/s.
Rahmenaufbau	36 bit $B + B + D_{16}$ 2 bit Synchronisation 10 bit verschieden genutzt	108 bit $B + B + D_{16}$ 11 bit Synchronisation 1 bit Service	36 bit $B + B + D_{16}$ 1 bit Synchronisation 1 bit Service
Rahmenlänge	250 µs	1 ms	98,9 µs; 2 Rahmen (einer je Richtung) + zweimal Zeitlücke (Laufzeiten + Schutzzeiten) in 250 µs.
Sendesignal	$\hat{u} = 0{,}75$ V; Rechteck	$\hat{u} = 2$ V; Halbsinus	$\hat{u} = 2$ V; Halbsinus
Speisung	Maximal vier Telefone können aus dem Netzabschlussgerät gespeist werden.	Speisung des notspeiseberechtigten Telefons aus der Ortsvermittlung.	Speisung der Nebenstelle aus der Tk-Anlage.

Primärmultiplexanschluss

Merkmale	S_{2M}-Schnittstelle	U_{k2}-Schnittstelle	V_{2M}-Schnittstelle
Einsatz	Teilnehmerschnittstelle; Anschluss von Nebenstellenanlagen.	Leitungsschnittstelle (Kupferleitung)	Vermittlungsschnittstelle
Übertragungsverfahren	Vierdrähtig; Vollduplex	Vierdrähtig; Vollduplex	Vierdrähtig; Vollduplex
Standards	International (ITU-T)	International (ITU-T)	International (ITU-T)
Reichweite	150 m bei typischen Leitungen.	Bis zu 3,5 km. Mit Regeneratoren > 3,5 km.	150 m
Leitungscode	HDB3	HDB3	HDB3
Bitraten	Brutto 2048 kbit/s Netto 1984 kbit/s	Brutto 2048 kbit/s Netto 1984 kbit/s	Brutto 2048 kbit/s Netto 1984 kbit/s
Übertragungskanäle	30 Basiskanäle mit je 64 kbit/s 1 Signalisierungskanal mit 64 kbit/s (D_{64}); 1 Synchronisierungskanal mit 64 kbit/s.	30 Basiskanäle mit je 64 kbit/s 1 Signalisierungskanal mit 64 kbit/s (D_{64}); 1 Synchronisierungskanal mit 64 kbit/s.	30 Basiskanäle mit je 64 kbit/s 1 Signalisierungskanal mit 64 kbit/s (D_{64}); 1 Synchronisierungskanal mit 64 kbit/s.
Rahmenaufbau	PCM-30-Rahmen Länge 125 µs	PCM-30-Rahmen Länge 125 µs	PCM-30-Rahmen Länge 125 µs
Sendesignal	$\hat{u} = 3$ V; Rechteck	$\hat{u} = 2{,}36$ V; Halbsinus	$\hat{u} = 3$ V; Rechteck

B Basisband mit 64 kbit/s; D_{16} Hilfskanal mit 16 kbit/s; d_A Aderdurchmesser; $\hat{u}$ Maximalwert der Spannung.
HDB3 von Third Order High Density Bipolar Code.

T

Gruppen

Gruppe 1, Gruppe 2
Diese analogen Faxgeräte sind veraltet und können am Faxverkehr nicht mehr teilnehmen.

Gruppe 3
Die Faxdaten werden bis zur Vermittlungsstelle übertragen.
Übertragungsdauer: max. 1 min/A4-Seite
Auflösung: Standard: 8 Punkte/mm horizontal
3,85 Zeilen/mm vertikal
Bessere Auflösungen: fein, superfein

Gruppe 4
Die Faxdaten werden über das ISDN-Netz, das digitale Fernsprechnetz, übertragen.
Übertragungsdauer: 4 s bis 6 s je A4-Seite
Auflösung: bis 16 Punkte/mm horizontal
bis 15,4 Zeilen/mm vertikal

Funktionen

Scannen:
- mit **CCD** (von Charge Coupled Device = ladungsgekoppeltes Element) und Linsenoptik
- mit **CIS** (von Contact Image Sensor = Kontaktbildsensor) und selbstfokussierender Glasfaseroptik

Drucken:
- Thermodrucker, beschichtetes wärmeempfindliches Papier notwendig
- Tintenstrahldrucker
- Thermotransferdrucker
- Laserdrucker

s. auch **Druckverfahren S. 154**

Übertragen:
- Gruppe 3:
  Analog mit Modem mit Übertragungsgeschwindigkeiten bis max. 33,6 kbit/s.
- Gruppe 4
  Digital über ISDN-Anschluss mit 64 kbit/s.

Merkmale (Gruppe-3-Faxgeräte)

Basismerkmale

Leistungsmerkmale, die zur Teilnahme am Faxverkehr unabdingbar notwendig sind, wie
- **Auflösungen:**
  3,85 Zeilen/mm und
  7,7 Zeilen/mm.
- **Übertragungsgeschwindigkeiten:**
- 2400 bit/s und 4800 bit/s.
- **Mindestübertragungsdauer** einer Zeile: 20 ms.

Ergänzungsmerkmale

Leistungsmerkmale, die über die Basismerkmale hinausgehen wie
- **Auflösungen:**
  15,4 Zeilen/mm.
- **Übertragungsgeschwindigkeiten:**
- 7200 bit/s, 9600 bit/s, 12000 bit/s oder 14400 bit/s.
- **Mindestübertragungsdauer** einer Zeile:
  10 ms, 5 ms oder 0 ms.
- **ECM** (von Error Correction Mode = Fehlerkorrekturverfahren).

Sondermerkmale

Leistungsmerkmale, die zusätzlich zu den Basismerkmalen und Ergänzungsmerkmalen verwendet werden und keine Gewähr für die Kompatibilität der Faxgeräte bieten, wie
- **Übertragungsgeschwindigkeit:**
  28800 bit/s oder 33600 bit/s
- **Geheimsenden**
  (Verschlüsseln der Sendung)
- **Weißsprung**
  (Überspringen leerer Zeilen).

Zusätzliche Leistungs- und Qualitätsmerkmale

Bedienkomfort:
Dual Access ermöglicht Eingabe neuer Faxjobs während des Sendens oder Empfangens.
Zielwahlspeicher (z. B. 10) die mit häufig verwendeten Faxnummern belegt werden können.
Kurzwahlspeicher (z. B. 100) die nach einer zweistelligen Zifferneingabe eingespeicherte Faxnummern wählen.

Hohe Speicherkapazität:
Kapazitätserweiterung z. B. bis 32 MB – das bringt einen Seitenspeicher von 1500 Blatt.
Großer Papiervorrat:
z. B. durch zusätzliche Papierkassette bis 1100 Blatt.
Ersparnis:
Sparmodus beim Druck spart z. B. den Tintenverbrauch.
Netzwerkanschluss

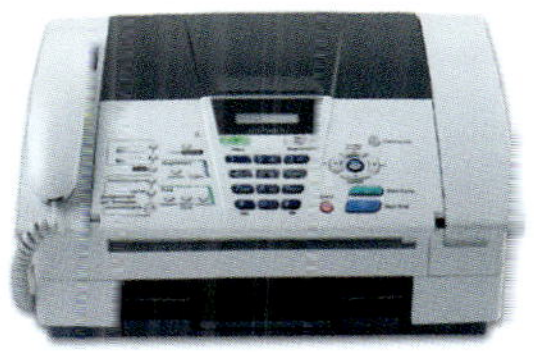
Tintenstrahlfaxgerät Gruppe 3

T

Multifunktionsgeräte

Bei Multifunktionsgeräten ist die Faxfunktion in einem Gerät integriert, das auch als Scanner, Drucker oder Kopierer arbeitet.
Nicht alle auf dem Markt befindlichen Multifunktionsgeräte haben eine Faxfunktion.
Diese Geräte sind vor allem für den Bürogeräteeinsatz eines kleinen Büros gedacht.
Viele Geräte können Fotos ohne Umweg über den Computer ausdrucken.
Nachteilig ist, dass bei Ausfall des Geräts alle Funktionen nicht mehr nutzbar sind.

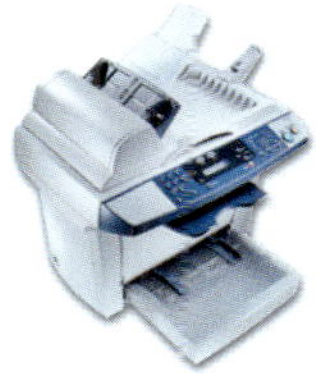
Multifunktionsgerät

Schnurlose Telekommunikation gemäß DECT-Standard
Cordless telecommunication according DECT

Systemmerkmale

Bezeichnung	Bedeutung, Daten	Erläuterungen
DECT	Digital European Cordless Telecommunication = digitale schnurlose Telekommunikation. Die Endgeräte arbeiten mit einer mittleren Sendeleistung von 10 mW.	Eine DECT-Anlage besteht aus einer Basisstation mit Anschluss an das Telefonnetz oder an ISDN sowie aus bis zu sechs schnurlosen Handgeräten, mit denen Gespräche über das öffentliche Netz oder auch interne (kostenlose) Gespräche geführt werden können. Abschaltung oder mindestens 100 000-fache Reduzierung des Kontrollsignals im Stand-by-Betrieb unabhängig von der Anzahl der angemeldeten Mobilteile (= bedingt strahlungsarm).
Frequenzbereich	1880 MHz bis 1900 MHz. Innerhalb der Reichweite der Basisstation von etwa 50 m bis 150 m stehen 120 Kanäle zur Verfügung.	Es werden 10 Trägerfrequenzen mit einem Trägerabstand von 1,728 MHz genutzt. Mit jeweils einer Trägerfrequenz werden 12 Vollduplex-Kanäle zwischen Basisstation und Handgeräten übertragen.
TDMA	Time Division Multiple Access = Zeitmultiplex-Zugriffsverfahren, durch das ein Funkkanal mehrfach genutzt wird.	Auf der Trägerfrequenz eines Funkkanals werden 24 Zeitschlitze als Sprachkanäle mit einer Bitrate von 1152 kbit/s übertragen.
TDD	Time Division Duplex = Zeitmultiplexverfahren, bei dem Sendedaten und Empfangsdaten auf einem gemeinsamen Träger zeitlich nacheinander übertragen werden.	Auf jeweils einer Trägerfrequenz wird ein vollständiger DECT-Rahmen übertragen, wobei jeweils 12 Zeitschlitze für die Verbindung von der Basisstation zum Handgerät (Downlink) und 12 Zeitschlitze für die Verbindung vom Handgerät zur Basisstation (Uplink) verwendet werden.
DCS	Dynamic Channel Selection = dynamisches Kanalauswahlverfahren, wählt den am wenigsten gestörten Funkkanal (Trägerfrequenz) aus.	Die Auswahl des Funkkanals erfolgt nach dem Kriterium „bester verfügbarer Kanal". Ein Kanal gilt als verfügbar bei einem Nutzsignal-Störsignal-Abstand von $\geq$ 12 dB. Ein Kanalwechsel wird nicht bemerkt.
GFSK	Gaussian Frequency Shift Keying = Frequenzumtastung mit vorgeschaltetem Gaußfilter.	Das Modulationsverfahren beruht auf der Frequenzumtastung (FSK), wobei eine Vorfilterung des Digitalsignals mit einem Gaußfilter vorgenommen wird.
ADPCM	Adaptive Differential Pulse Code Modulation = adaptive Differenz-Pulscodemodulation, bei der die Quantisierungsstufenhöhe durch den Pegel des jeweiligen Signal-Abtastwertes bestimmt wird.	Bei der Differenz-Pulscodemodulation wird der Differenzwert zwischen Signalwert und einem Vorhersagewert (Prädiktor) quantisiert und binär codiert. Große Differenzwerte werden gröber quantisiert als kleine Differenzwerte, wodurch die Bitrate für Sprachübertragung von 64 kbit/s auf 32 kbit/s halbiert werden kann.

Rahmenstruktur

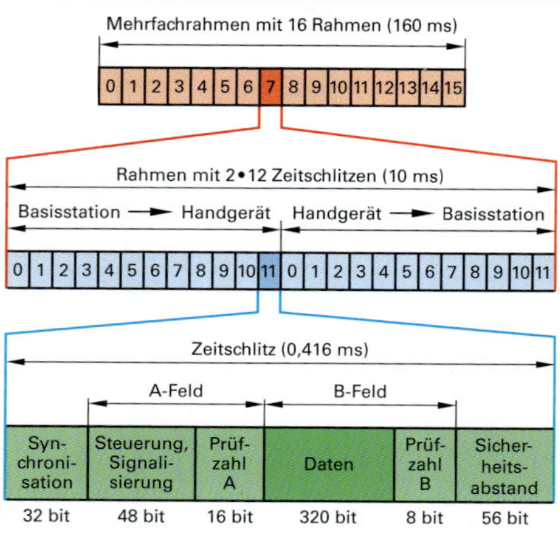

Begriffe	DECT
Frequenzbereich in MHz	1880 bis 1900
Sendeleistung in mW	10
Kanalpaare	120
Kanalraster in kHz	1728
Duplexabstand in MHz	–
Duplexverfahren	TDD
Modulation	GMSK
Zugriffsverfahren	TDMA
Rahmenlänge in ms	10
Übertragungs-Bitrate in kbit/s	1152
Kanalzuweisung	dynamisch
Sprachübertragung	digital
Sprachcodierung	32 kbit – ADPCM
Reichweite im Freien in m	200
Reichweite im Gebäude in m	30
Mobilteil pro Basisstation	1 bis 9
Kommunikation zwischen Mobilteilen eines Telefons	möglich
Abhörsicherheit	ja

GSM Netze und Dienste GSM networks and services

Netze

	D-Netze (GSM 900)	E-Netze (GSM 1800)
Netzstruktur	Zellulares Netz mit Basisstationen und Funkvermittlungsstellen	Zellulares Netz mit Basisstationen und Funkvermittlungsstellen
Zellengröße (Radius)	200 m bis 35 km	200 m bis 8 km
Frequenzen		
● Unterband (Uplink) Mobilstation → Basistation	890 MHz bis 915 MHz	1710 MHz bis 1785 MHz
● Oberband (Downlink) Basisstation → Mobilstation	935 MHz bis 960 MHz	1805 MHz bis 1880 MHz
Duplexabstand	45 MHz	95 MHz
Sendebandbreite	25 MHz	75 MHz
Empfangsbandbreite	25 MHz	75 MHz
Trägerfrequenzen je Zelle	124	372
Kanalzahl bei voller/halber Bitrate	992/1984	2976/5952
Kanalabstand	200 kHz	200 kHz
Übertragungsverfahren	Kombination aus TDMA und FDMA	Kombination aus TDMA und FDMA
Signalübertragung	digital	digital
Vermittlung	digital	digital
Bitdauer	3,692 µs	3,692 µs
Dauer eines Zeitschlitzes	0,577 ms	0,577 ms
Bitrate für Telefax und Daten	9,6 kbit/s	9,6 kbit/s
Sendeleistung Mobilstation (Handy)	1 W (typisch)	0,25 W (typisch)
Nutzungsbereich	Deutschland Europa, teilweise auch außerhalb.	Deutschland Europa, teilweise auch außerhalb.
Netzbetreiber	● D1-Netz: Telekom ● D2-Netz: Vodafone Für jedes Netz sind eine oder mehrere Netzzugangszahlen (Vorwahlnummern) festgelegt.	● E1-Netz: Eplus ● E2-Netz: O_2 Germany Für jedes Netz sind eine oder mehrere Netzzugangszahlen (Vorwahlnummern) festgelegt.
	In den USA sind die Funktelefonnetze GSM 1900 mit den Frequenzen 1850 MHz bis 1910 MHz und 1930 MHz bis 1990 MHz im Einsatz.	

Hinweis: **Das Mobilfunksystem UMTS wird gesondert behandelt.**

Dienste

Bezeichnungen	Bitraten	Besonderheiten
☐ Sprachübertragung		
● Full Rate Codec (FR)	13,0 kbit/s	Ein Gespräch je Zeitschlitz
● Half Rate Codec (HR)	5,6 kbit/s	Zwei Gespräche je Zeitschlitz
● Enhanced Full Rate Codec (EFR)	12,2 kbit/s	Gegenüber FR bessere Sprachqualität
● Adaptive Multirate Codec (AMR)	4,75 kbit/s bis 12,2 kbit/s	Kleine Bitrate = großer Fehlerschutz und umgekehrt
● Adaptive Multirate Codec Wide Band (AMR-WB)	wie AMR	NF-Bandbreite bis 8 kHz
☐ Kurzmitteilungsübertragung		
● Short Message Service (SMS) Kopf [Header]: 31 bit Körper [Body]: maximal 1120 bit	wie bei Sprachübertragung	SMS ermöglicht den Versand von Textnachrichten bis 160 Zeichen
☐ Datenübertragung		
● Circuit Switched Data (CSD)	9,6 kbit/s oder 14,4 kbit/s	14,4 kbit/s sind nur bei geringer Störbeeinflussung möglich

Erweiterungen für Datenübertragung

Bezeichnungen	Bitraten	Besonderheiten
☐ High Speed Circuit Switched Data (HSCSD)	bis 115,2 kbit/s	Leitungsvermittlung, Kanalbündelung
☐ General Packet Radio System (GPRS)	bis 171,2 kbit/s	Paketvermittlung
☐ Enhanced Data Rates for GSM Evolution (EDGE)	bis 384 kbit/s	Paketvermittlung

FDMA von Frequency Division Multiple Access = Vielfachzugriff im Frequenzmultiplex,
GSM von Global System for Mobile Communications = Standard für digitale Mobilfunknetze,
ISDN von Integrated Services Digital Network = Dienste-integrierendes digitales Telekommunikationsnetz,
TDMA von Time Division Multiple Access = Vielfachzugriff im Zeitmultiplex,
UMTS von Universal Mobile Telecommunications System = Standard für weltweite Mobilkommunikation,
Zelle: Gebiet, in dem ein Netzteilnehmer von einer Basisstation erreicht wird.

T

Mobilfunksystem GSM Mobile communication system GSM

Bezeichnung	Bedeutung	Aufgaben
MS Mobilstation	ortsbewegliches Teilnehmergerät mit Rufnummer, dessen Aufenthaltsort dem Netz ständig bekannt ist.	Funkübertragung in den Frequenzbereichen 890 MHz bis 915 MHz und 935 MHz bis 960 MHz.
BTS (BS) Base Transceiver Station	Basisstation. Umfasst alle Einrichtungen für die Funkübertragung und zur Messung der Empfangspegel und der Signallaufzeiten.	Unterhält in einer Funkzelle der Ausdehnung 500 m bis maximal 35 km den direkten Kontakt mit den Mobilstationen MS. Regelt mittels der Pegelmesswerte die Sendeleistungen.
BSC Base Station Controller	Basisstationssteuerung. Besitzt eine Schnittstelle mit den BTS und die Einrichtungen zur Umsetzung der Funkkanäle in terrestrische Kanäle.	Verwaltet die Funkkanäle. Unterstützt die Schnittstelle zwischen Funknetz und MSC und führt eine Bündelung (Konzentration) des Verkehrs durch.
MSC Mobile Switching Center	Mobilvermittlungsstellen. Vermittlungsstelle von GSM-Netzen mit ähnlichem Aufbau und Funktionen wie digitale Vermittlungen im ISDN. Ist mit mehreren BSC und anderen MSC verbunden.	Steuert den Zellwechsel der Mobilstationen und die Netzübergänge bei der Kommunikation zwischen den Teilnehmern des Mobilnetzes und den Teilnehmern stationärer Netze. Ermittelt die Gebühren.
VLR Visitor Location Register	Besucherdatei. Enthält die Daten aller Teilnehmer (Kunden), die sich gerade im Versorgungsbereich der zugehörigen MSC aufhalten.	Speichert die Daten der Mobilstationen, die sich in einem von mehreren benachbarten BTS gebildeten Aufenthaltsbereich (Location Area) aufhalten.
HLR Home Location Register	Heimdatei. Enthält die unveränderlichen (permanenten) Daten der im Versorgungsbereich der zugehörigen MSC angemeldeten Kunden.	Verwaltet die permanenten Daten. Speichert die Adressen der VLR, in deren Bereich sich ihre eigenen Teilnehmer gerade aufhalten.
AC Authentification Center	Authentifizierungszentrum. Direkte Kopplung mit der HLR. Enthält alle Daten und Programme für die einzelnen Sicherheitsverfahren.	Erzeugt alle Schlüssel, die zur Identifikation der Teilnehmer gegenüber dem Netz und zur Verschlüsselung der über die Funkstrecke übertragenen Daten benötigt werden.

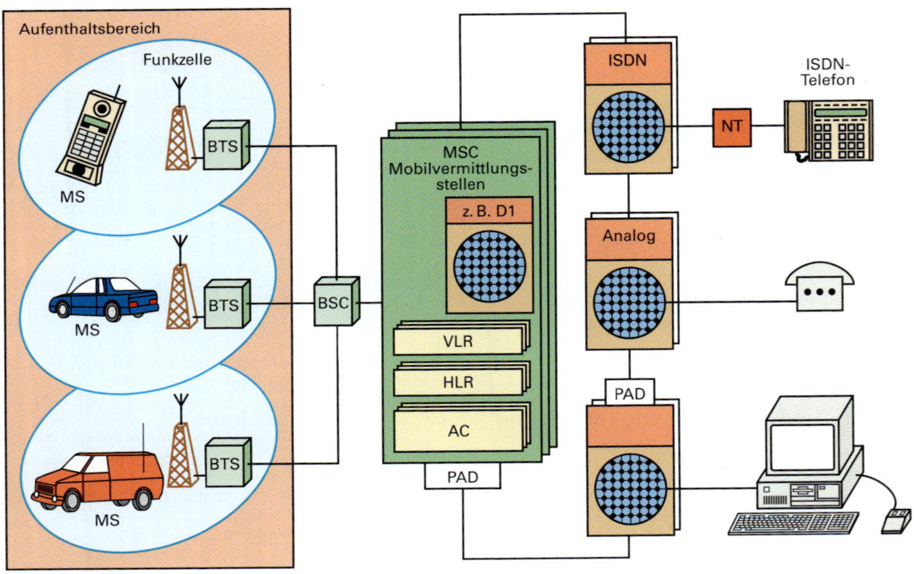

GSM von Global System for Mobile Communications = weltweites System von Mobilfunknetzen (in Deutschland z. B. die Netze D1, D2, E1 und E2). NT von Network Termination = ISDN-Netzabschluss. PAD von Packet Assembly/Disassembly Facility = Paketierungs- und Entpaketierungseinrichtung.

T

Sprachübertragung in GSM-Netzen   Speech transmission at GSM networks

Einheiten	Funktionen	Bemerkungen
AD-Umsetzer	Umsetzung des analogen Sprachsignals in ein Digitalsignal mit der Bitrate 64 kbit/s.	Pulscodemodulation (PCM) wird z. B. auch im ISDN eingesetzt.
Codec	Der GSM-Codec (Coder und Decoder) verringert die Bitrate des PCM-Signals von 64 kbit/s auf 13 kbit/s.	Neben Codecs für 13 kbit/s werden Half-Rate-Codecs für die halbe Bitrate 6,5 kbit/s eingesetzt.
Kanal-coder	Umcodieren und Spreizen (Verteilen) der Bits des Sprachcoders auf 8 Burst[1].	Umcodierung und Spreizung (Interleaving) erhöhen die Übertragungssicherheit.
FEC	Forward Error Correction = Vorwärtsfehlerkorrektur durch Einfügen von zusätzlichen Bits (wodurch sich die Bitrate erhöht).	Mit den zusätzlichen Prüfbits kann die FEC-Einheit im Empfänger Übertragungsfehler erkennen und meist auch korrigieren.
SIM	Subscriber Identity Module = Teilnehmer-Identifizierungskarte. Enthält u. a. die Daten und Algorithmen[2], um die gleichen Schlüssel wie das Netz zu erzeugen.	Nach der Authentifikation[3] wird auf der SIM der Mobilstation ein Schlüssel berechnet, mit dem alle Informationen verschlüsselt werden.
TDMA	Time Division Multiple Access = Vielfachzugriff im Zeitmultiplex.	Im GSM werden meist 8 Sprachkanäle über einen Funkkanal der Breite 200 kHz übertragen.
GMSK	Gaussian Minimum Shift Keying = Modulationsverfahren, bei dem das durch ein Filter geformte Digitalsignal die hochfrequente Trägerschwingung mit vier kontinuierlichen Phasenänderungen um 90° umschaltet. GMSK ist eine Variante der 4-PSK.	Gegenüber der 4-PSK (von Phase Shift Keying) wird die benötigte Übertragungsbandbreite auf etwa die Häfte verringert. Mit GMSK wird das TDMA-Signal der Bitrate 270 kbit/s mit einer HF-Bandbreite von weniger als 200 kHz in einem GSM-Funkkanal übertragen.
TRX	Transceiver = Sender und Empfänger. Sendefrequenzen der Mobilstationen: Frequenzbereich 890 MHz bis 915 MHz; Sendefrequenzen der Basisstationen: Frequenzbereich 935 MHz bis 960 MHz.	Automatische Anpassung der Sendeleistung an die Qualität der Funkstrecke. Bei Kanalstörung Wechsel in den gleichen Zeitschlitz eines anderen Funkkanals (Frequenzspringen).

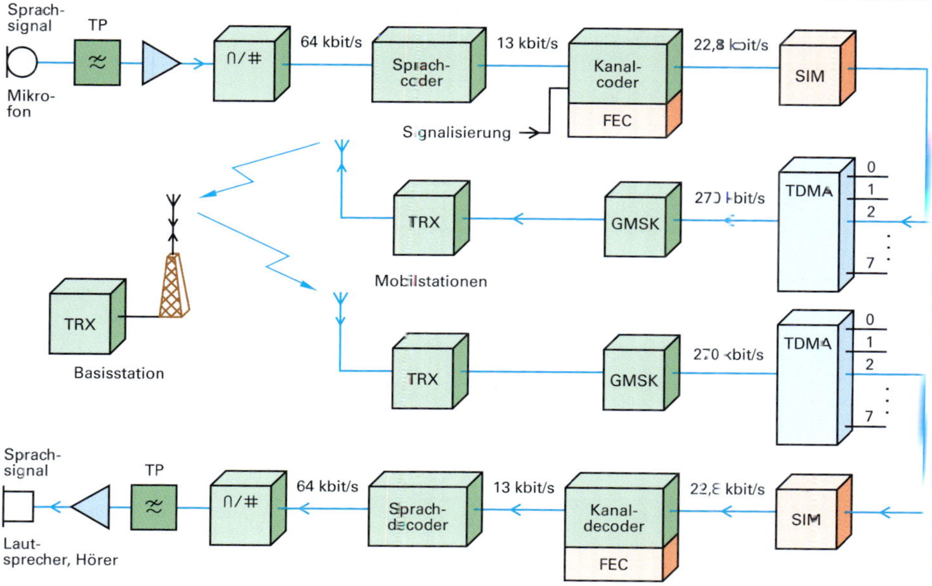

[1] Burst: Kleinste logische Übertragungseinheit im GSM.
[2] Algorithmen: Verarbeitungsvorschriften, z. B. für einen Computer.
[3] Authentifikation: Verfahren zur Identifikation (Kenntlichmachung) der Teilnehmer gegenüber dem Netz.

T

Mobilfunksystem GSM (Funkübertragung)
Mobile radio transmission at GSM networks

<table>
<tr><th>Funktion</th><th>Prinzip</th><th>Bemerkungen</th></tr>
<tr><td>Zeit-multiplex-übertragung (TDMA)</td><td>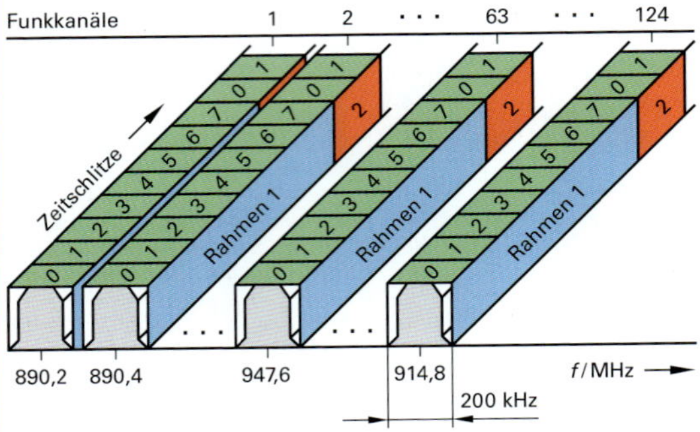
</td><td>Die Sendefrequenzbereiche 890 MHz bis 915 MHz (Mobilstation) und 935 MHz bis 960 MHz (Basisstation) werden jeweils in 124 Funkkanäle (Trägerfrequenzen) mit einer Bandbreite von je 200 kHz aufgeteilt. In jedem Funkkanal werden 8 Zeitschlitze (Verkehrskanäle) nach dem Zeitmultiplexverfahren übertragen. Bei Einsatz von Halbraten-Codecs mit einer Bitrate von 6,5 kbit/s wird nur jeder zweite Rahmen bei einem Gespräch belegt. Der Rahmen dazwischen wird für ein zweites Gespräch genutzt.</td></tr>
<tr><td>Frequenz-sprungverfahren (Frequency hopping)</td><td>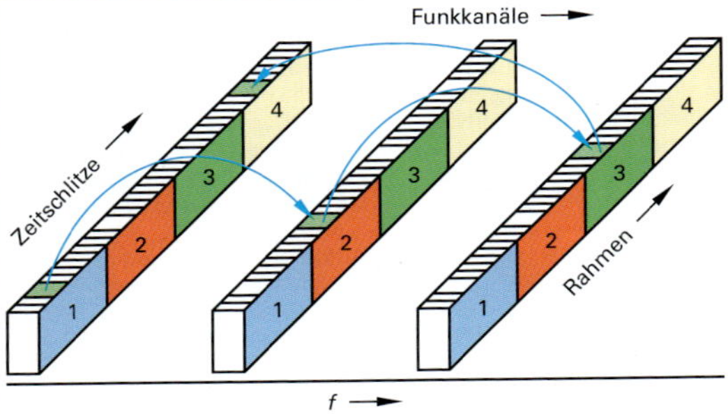
</td><td>Durch Mehrwegeausbreitung der Funkwellen kann gebietsweise Feldstärkeschwund (Fading) auftreten, wodurch die Übertragung auf einem bestimmten Kanal insbesondere bei langsamer Bewegung durch die Fadingzone verschlechtert wird. Wenn freie Frequenzen vorhanden sind, kann die Basisstation in diesem Fall die Mobilstation auffordern, nach einem vorgegebenen Verfahren Frequenzwechsel durchzuführen.</td></tr>
<tr><td>Kanal-codierung und Fehlerschutz (Channel coding and error protection)</td><td>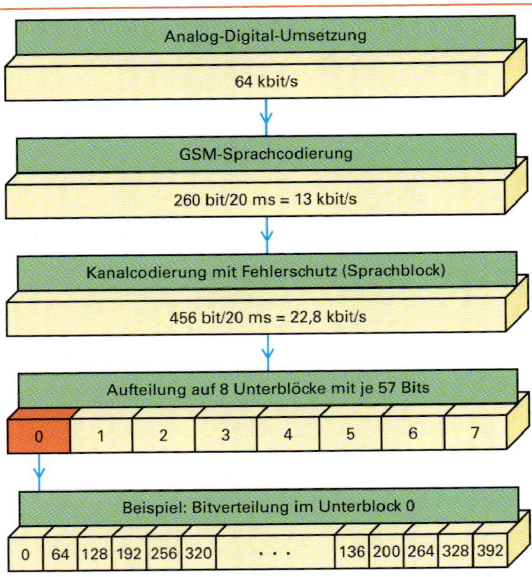
</td><td>Nach Umsetzung des Analogsignals in ein herkömmliches PCM-Signal mit der Bitrate von 64 kbit/s reduziert der Sprachcodec die Bitrate auf 13 kbit/s. Der Kanalcodierer fügt den 260 Bits eines Blocks mit der Dauer 20 ms 196 Bits für Fehlererkennung und Fehlerkorrektur zu, wodurch sich eine Bitrate von 22,8 kbit/s ergibt. Anschließend werden die Bits 0 bis 455 des Sprachblocks auf 8 Unterblöcke mit je 57 Bits aufgeteilt. Die 8 Unterblöcke werden mit benachbarten Sprachblocks gemischt. Jeweils zwei Unterblöcke aus unterschiedlichen Sprachblocks werden in einem Zeitschlitz (Burst) übertragen. Im Falle des Verlusts eines Bursts gehen nur 1/8 aller Bits eines Sprachblocks verloren und können wahrscheinlich korrigiert werden.</td></tr>
</table>

GSM von Global System for Mobile Communications = weltweites Mobilfunk-System, PCM von Pulscodemodulation = Verfahren zur Digitalisierung von Analogsignalen, TDMA von Time Division Multiple Access = Zeitmultiplex-Zugriff.

Mobilfunksystem UMTS Mobile radio system UMTS

Frequenzbereiche	Nutzungen	Übertragungsverfahren
UMTS-Kernband		
1900 MHz bis 1920 MHz	UTRAN-Sendefrequenzen für Mobil- und Basisstationen	TDD (Time Division Duplex)
1920 MHz bis 1980 MHz	UTRAN-Sendefrequenzen für Mobilstationen	FDD (Frequency Division Duplex) mit Codespreizung
1980 MHz bis 2010 MHz	URAN-Uplink-Frequenzen für Mobil- und Basisstationen	CDMA (Code Division Multiple Access)
2020 MHz bis 2025 MHz	UTRAN-Sendefrequenzen für Mobil- und Basisstationen	TDD (Time Division Duplex)
2110 MHz bis 2170 MHz	UTRAN-Sendefrequenzen für Basisstationen	FDD (Frequency Division Duplex) mit Codespreizung
2170 MHz bis 2200 MHz	URAN-Downlink-Frequenzen für MSS	CDMA (Code Division Multiple Access)

Netzstruktur

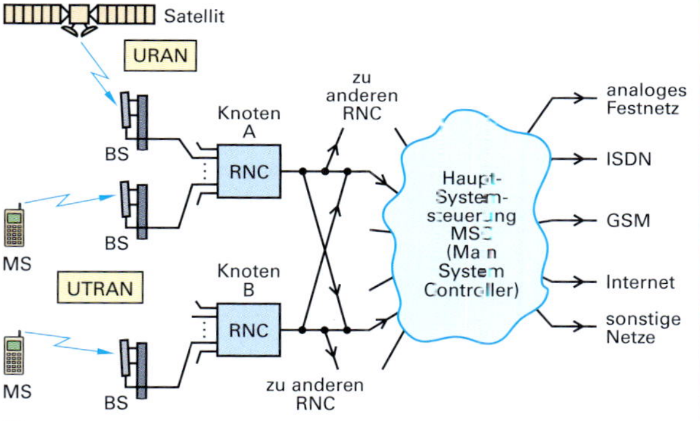

Übersichtsplan

Das zellular aufgebaute UMTS-Netz besteht aus einem terrestrischen und einem satellitengestützten Funknetz. Funkverbindungen werden zwischen den Basisstationen BS und den Mobilstationen MS (z. B. Handys) aufgebaut. Die Basisstationen sind mit den Funkvermittlungsstellen RNC (von Radio Node Controller) als Netzknoten verbunden. Die RNCs sind untereinander über eine leistungsfähige ATM-Infrastruktur verbunden.
Übergeordnet ist die Haupt-Systemsteuerung MSC. Diese stellt auch alle Verbindungen zu Netzen und Systemen außerhalb vor UMTS sicher.

Zellarten	Bitraten	Zellradien	Anwendungen	Spezifikationen
Hauszelle (Home Cell)	2 Mbit/s	< 50 m	in Gebäuden	Duplexabstand: 190 MHz Frequenzblockbreite: 5 MHz Übertragungsbitraten in kbit/s: 64, 128, 384, 1536, 1920, 2048 Netzzugänge ● terrestrisch über UTRAN ● via Satellit über URAN
Pikozelle (Pico Cell)	2 Mbit/s	< 500 m	in Gebäudekomplexen	
Mikrozelle (Micro Cell)	384 kbit/s	1 km bis 2 km	in Stadtteilen und Städten	
Makrozelle (Macro Cell)	384 kbit/s	20 km bis 30 km	in Regionen	
Globalzelle (Global Cell)	144 kbit/s	> 1000 km	länderweit bis weltweit	

ATM von Asynchronous Transfer Mode = Hochgeschwindigkeits-Multiplex- und Vermittlungstechnik für digitale Signale in Zeitvielfachtechnik.
BS Basisstation
CDMA von Code Division Multiple Access = Vielfachzugriff im Codemultiplex
FDD von Frequency Division Duplex = Frequenzgetrenntlage-Verfahren
GSM von Global System for Mobile Telecommunication = Globales Mobilfunksystem der 2. Generation
IMT von International Mobile Telecommunications = Internationaler Standard für UMTS
ISDN von Integrated Services Ditigal Network = Dienste-integrierendes digitales Netz
MS Mobilstation (z. B. Handy)
MSC von Main System Controller = Haupt-Systemsteuerung
MSS von Mobile Satellite Service = mobiler Satellitendienst
RNC von Radio Node Controller = UMTS-Funkvermittlungsstelle
TDD von Time Division Duplex = Zeitgetrenntlage-Verfahren
UMTS von Universal Mobile Telecommunications System = Globales Mobilfunksystem der 3. Generation
URAN von UMTS Radio Access Network = UMTS-Netzzugang über Satellit
UTRAN von UMTS Terrestrial Radio Access Network = UMTS-Netzzugang über terrestrische Sender.

T

LTE Long term evolution (3.9G) Long term evolution (3.9G)

<table>
<tr><th>LTE-Frequenzen</th><th>Frequenzbereiche und Zuweisungen an die Netzbetreiber durch BNetzA</th></tr>
<tr><td>LTE 800
791 MHz bis
862 MHz</td><td>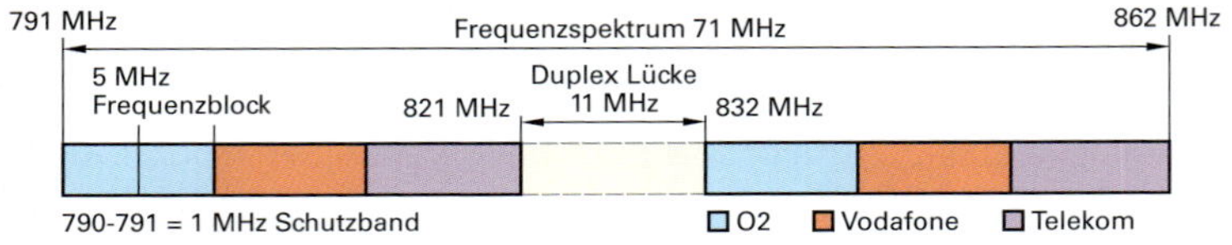
</td></tr>
<tr><td>LTE 2600 (IMT Extension Band)
2500 MHz bis
2690 MHz</td><td>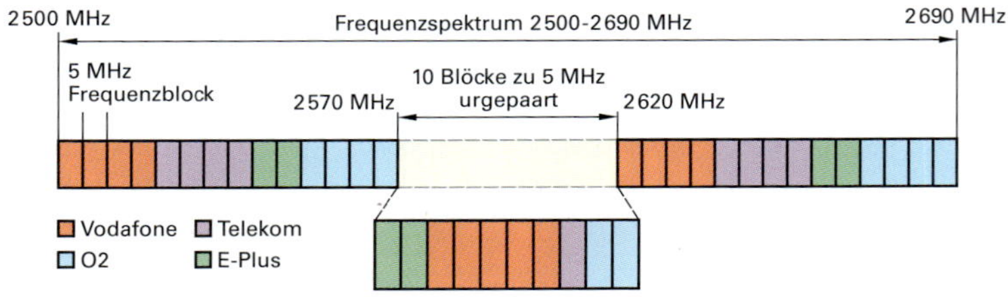
</td></tr>
</table>

<table>
<tr><th>Begriffe</th><th>Darstellungen</th><th>Bemerkungen</th></tr>
<tr><td>Netzstruktur
Zellularer Aufbau wie bei UMTS, GSM</td><td>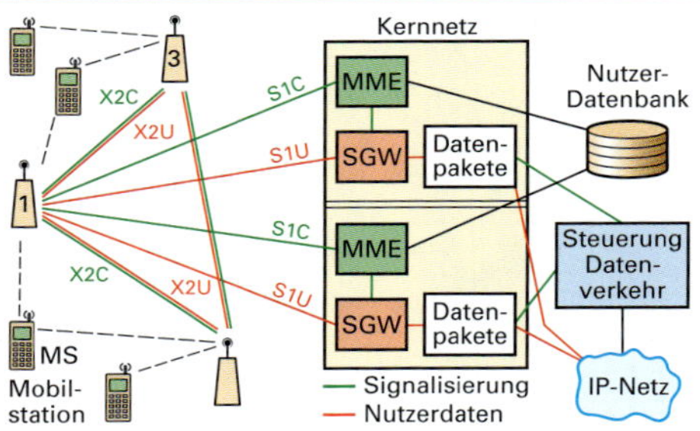
</td><td>Der Funkbetrieb wird zwischen den Basisstationen (eNodeB) und den Mobilstationen abgewickelt.
X2-Schnittstelle:
Austausch von Daten, z. B. zum Handover zwischen eNodeBs.
S1-Schnittstelle zwischen eNodeB und Kernnetz:
C Signalisierung zum SGW (Service Gateway = Dienstschnittstelle) und U für User-Daten zum MME (Mobile Management Entity = Mobil-Verwaltungseinheit).</td></tr>
<tr><td>Modulation
TDD (Time Division Duplex = Duplexbetrieb im Zeitmultiplex)

FDD (Frequency Division Duplex = Duplexbetrieb im Frequenzmultiplex)</td><td>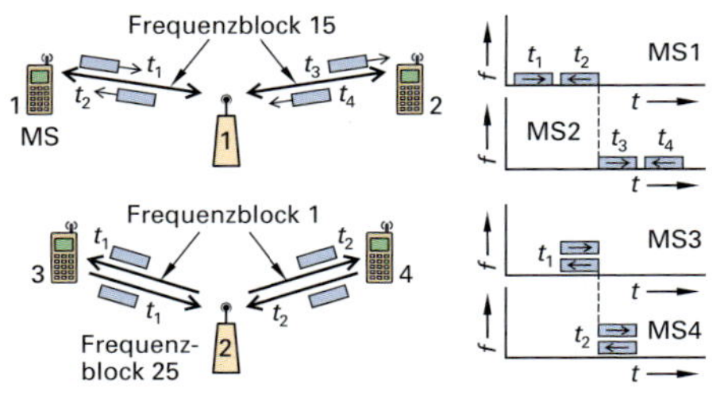
</td><td>Modulationstechnik: OFDMA. Im Nahbereich 64-QAM bis QPSK für Zellenränder.
TDD verwendet eine Trägerfrequenz, Anwendung bei ungepaarten Frequenzblöcken.
FDD verwendet 2 Trägerfrequenzen, bei gepaarten Frequenzblöcken.</td></tr>
<tr><td>Antennentechnik
SISO (Single Input/ Single Output)
MIMO (Multiple Input / Multiple Output)</td><td>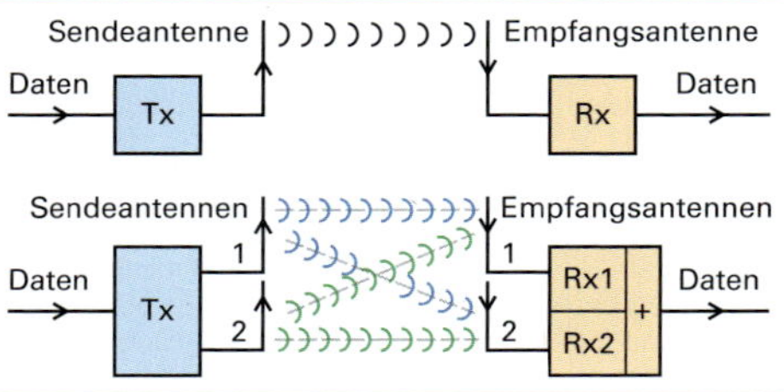
</td><td>MIMO ermöglicht das zeitgleiche Übertragen von mehreren Datenströmen auf der gleichen Frequenz. Ein 2×2-MIMO-System verwendet z. B. 2 Sende- und 2 Empfangsantennen und verdoppelt die Datenrate.
SISO-Technik wird bei UMTS und GSM verwendet.</td></tr>
</table>

BNetzA von Bundes-Netz-Agentur, eNodeB von evolved Node Base = weiterentwickelte Basisstation, IMT Extension Band = Internationales Mobil-Telekommunikations-Erweiterungsband, LTE von Long Term Evolution = langfristige Entwicklung, OFDMA von Orthogonal Frequency Division Multiplex Access = Zugang mit Frequenzmultiplex und 90° Trägerdrehung, QAM, PSK siehe Seite „Pulsmodulationsverfahren für Modems", UMTS-Nachfolgestandard 3.9 Generation.

Funktionsprinzip

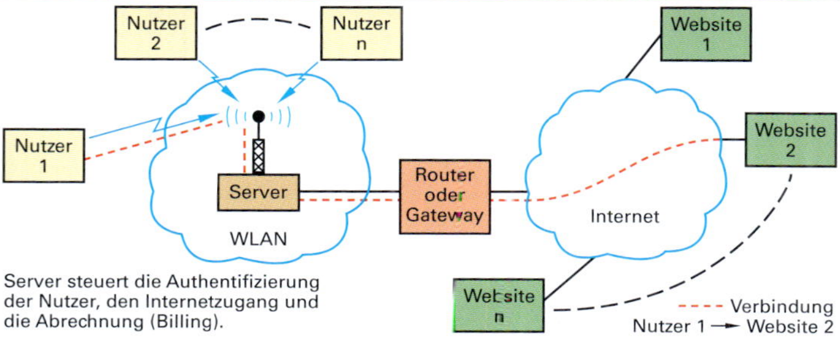

Server steuert die Authentifizierung der Nutzer, den Internetzugang und die Abrechnung (Billing).

Hotspot als Internetzugang

Hotspots sind öffentliche drahtlose Internet-Zugangspunkte.

Hotspots verwenden WLAN-Technologie gemäß Standard

- IEEE 802.11 b
  Bitrate: bis 11 Mbit/s oder
- IEEE 802.11 g
  Bitrate: bis 54 Mbit/s.

Es wird in der Regel im 2,4-GHz-Bereich gearbeitet.

Kriterien

Arten	Erklärungen	Bemerkungen
Geräte für den Hotspot-Zugang	Es sind PCs, Laptops, Notebooks, PDAs und Mobiltelefone (Handys) verwendbar.	Die Geräte müssen WLAN-tauglich sein.
Zugangsarten	mobil, portabel, stationär	Bedeutet hohe Flexibilität für den Internetzugang.
Reichweiten	Hotspots sind stets auf kleine räumliche Bereiche begrenzt.	Es handelt sich um WLANs mit definierten Ausleuchtzonen.
Zugangs-voraussetzungen	Es werden für den Zugang ein Nutzername und ein Passwort benötigt.	Im WLAN-Server wird die Zugangsberechtigung des jeweiligen Nutzers geprüft.
Authentifizierung	Die Nutzer werden vom Hotspot-Betreiber durch eine IP-Adresse oder MAC-Adresse identifiziert.	IP-Adressen werden für Datenpakete in Netzen verwendet, die auf dem Internet-Protokoll (IP) basieren. MAC-Adressen sind Hardware-Adressen von Netzadaptern.
Nutzung	Betreibt ein Anbieter mehrere Hotspots, dann kann der Nutzer in der Regel auf alle diese Hotspots zugreifen.	Es handelt sich um die einfachste Form des Roaming und wird auch als Access Point Roaming bezeichnet.
Sicherheit	● Für die Verschlüsselung der Daten kommt in der Regel der Standard WPA (von WiFi Potected Area) oder die verbesserte Version WPA2 zur Anwendung. ● Für die Datenübertragung wird meist das Protokoll SSL (von Secure Socket Layer) eingesetzt. ● Es besteht keine Kommunikationsmöglichkeit zwischen zwei Nutzern eines Hotspots.	● WPA arbeitet mit dynamischen Schlüsseln und bietet besondere Sicherheit für die Authentifizierung der Nutzer. ● SSL arbeitet mit dem Handschlag-Verfahren (Hand-shake-Procedure) und sichert die Datenübertragung zwischen zwei Stationen. ● Damit ist gegenseitiger Schutz der Daten gewährleistet.
Kosten	Es bestehen folgende Möglichkeiten: ● Kostenlose Nutzung ● Entgelte für zeitbegrenzte Nutzung ● Entgelte für datenvolumenbegrenzte Nutzung.	Beim *Pre-Paid-Verfahren* werden die Entgelte vor der Nutzung bezahlt. Beim *Past-Paid-Verfahren* werden die Entgelte nach der Nutzung abgerechnet.

Verfügbarkeit von Hotspots (Beispiel)

Hotspots sind an vielen Stellen verfügbar. Dazu gehören Bahnhöfe, Flughäfen, Hotels, Schulen, Universitäten, Züge, Restaurants, öffentliche Gebäude und öffentliche Plätze.

Es gibt eine große Zahl von Hotspot-Anbietern. Marktführer ist die Deutsche Telekom mit T-Mobile und T-Home. Sie verfügen über mehr als 20.000 Hotspots.

Der Zugriff auf Hotspots erfordert stets eine vertragliche Regelung mit dem jeweiligen Anbieter.

Voice-over-IP-Telefonie (VoIP-Telefonie)

Varianten	Funktionsprinzip	Erklärungen
VoIP-Telefonie ins Festnetz	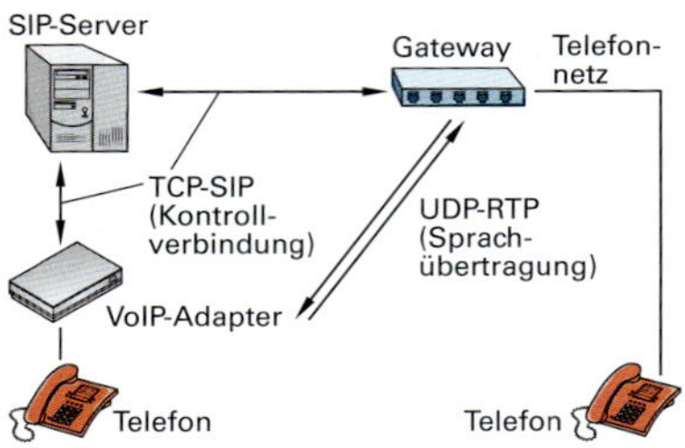	Verbindungen laufen über das Gateway des VoIP-Providers und dann direkt ins Festnetz.
VoIP-Telefonie via Internet	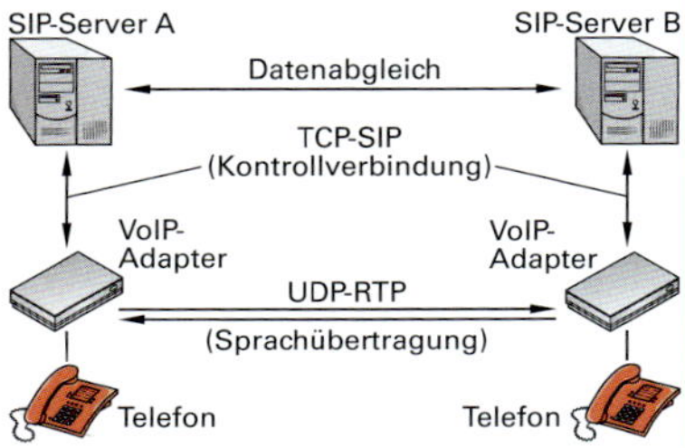	Gespräche laufen direkt von einer Endstelle zur anderen. SIP-Server dienen ausschließlich der Koordination.
VoIP-Telefonie via Internet und Festnetz	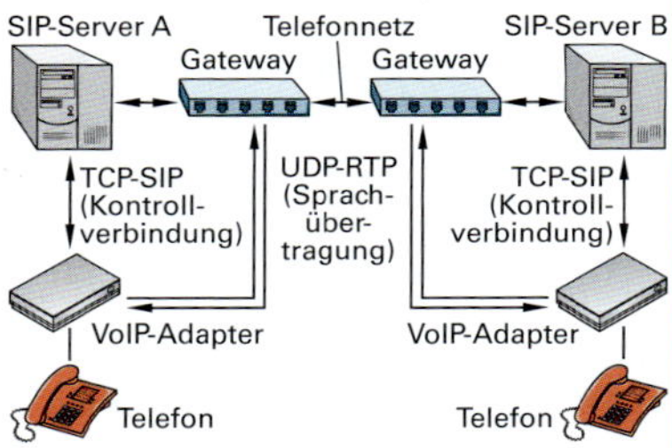	SIP-Provider tauschen keine Nutzerdaten aus. VoIP-Gespräch nimmt den Weg über das Telefonnetz.

Begriffe	Bemerkungen	Erklärungen
VoIP	VoIP = Voice over IP (Stimme über das Internet Protokoll)	Telefonieren über Computernetzwerke nach Internet-Standards (IP = Internet Protokoll).
SIP	Session-Initiation-Protocol (Netzprotokoll zum Aufbau, zur Steuerung und zum Abbau einer Kommunikationssitzung). SIP wurde von der Internet Engineering Task Force (IETF) entwickelt	Die SIP-Adresse ähnelt der einer E-Mail-Adresse: z. B. „sip:12345@provider.de". Das Endgerät des Anrufers schickt eine Nachricht an den Server, der z. B. unter dem Domainname „provider.de" bekannt ist und erhält als Antwort die IP-Adresse des Teilnehmers „12345". Die Verbindung steht, wenn beide Endgeräte die IP-Adresse der Gegenstelle kennen.
SIP-Server	Session-Initiation-Protocol-Server	SIP-Server werden vom VoIP-Anbieter betrieben.
UDP-RTP	Protokoll zur Sprachübermittlung. UDP = User-Datagram-Protocol (Nutzer-Datenpaket-Protokoll) RTP = Real-Time-Transport-Protocol (Echtzeit-Transport-Protokoll)	RTP ist ein Protokoll zur Übertragung von audiovisuellen Daten über IP-basierte Netzwerke (Standard RFC 1889). UDP ist ein verbindungsloses Protokoll zur Übertragung von Datenblöcken.
TCP	Transmission Control Protocol (Übertragungssteuerungsprotokoll)	Dieses Protokoll ist eine Vereinbarung darüber, wie Daten zwischen Computern ausgetauscht werden sollen (siehe auch Seite Protokolle im Internet).

VoIP-Telefonanlage IP-Centrex

Begriffe	Bilder, Bemerkungen	Erläuterungen
Centrex	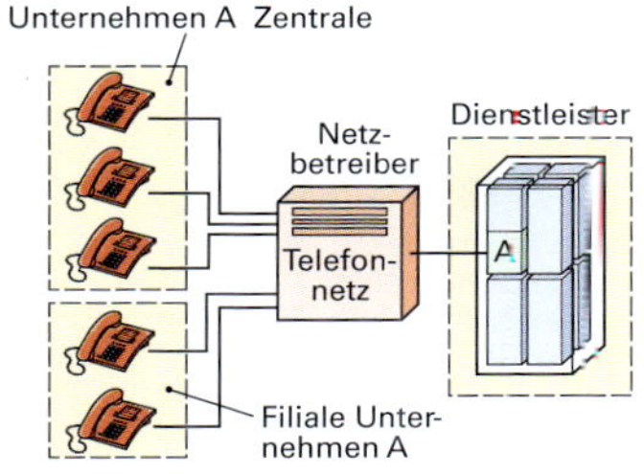	Von Central Office Exchange, stellt die Funktionen einer Telefonanlage für Privatpersonen oder Unternehmen mit Hilfe von Elementen eines öffentlichen Telekommunikationsnetzes (zum Beispiel ISDN) bereit. Die Nutzer zahlen für die Inanspruchnahme der Dienste an den Betreiber eine nutzungsabhängige Gebühr.
Centrex IP		Centrex-Anlage, an die auch VoIP-Telefone angeschlossen werden können.
IP Centrex	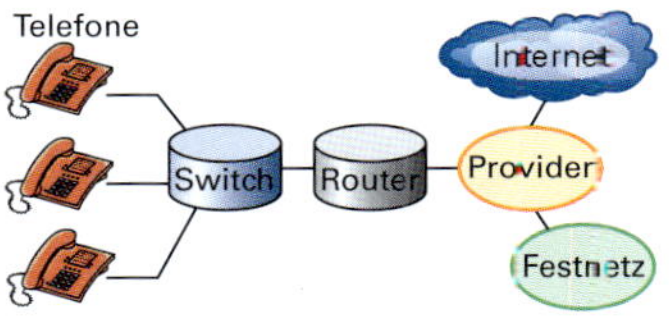	Bezeichnet die Bereitstellung der Funktionen einer Telefonanlage durch einen Anbieter (Provider) über das Internet. Telefonanlagen können beliebig ausgebaut werden. Der Nutzer muss nicht in eine komplette Nebenstellenanlage investieren, sondern benötigt nur die Endgeräte.
IP PBX	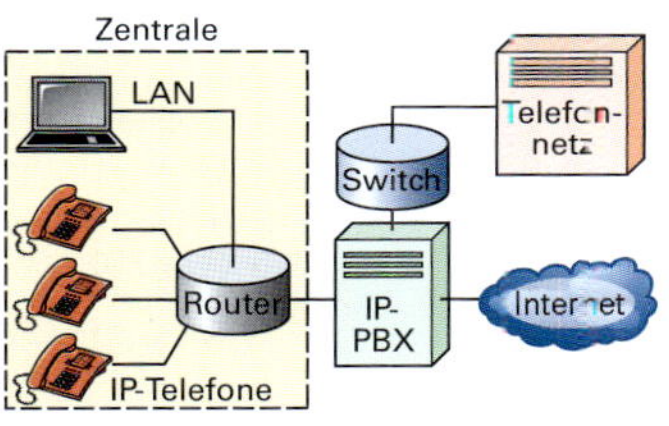	Nebenstellenanlagen, mit IP-Technologie. Es ist nur noch ein einziges Netz für den Sprach- und Datenverkehr notwendig. Die Anlage befindet sich beim Nutzer.
Net PBX	Der Nutzer einer solchen Online-Telefonanlage kann die angeschlossenen Telefongesellschaften frei wählen	Internetbasierte Telefonanlage (PBX = Private Branch Exchange)
PBX	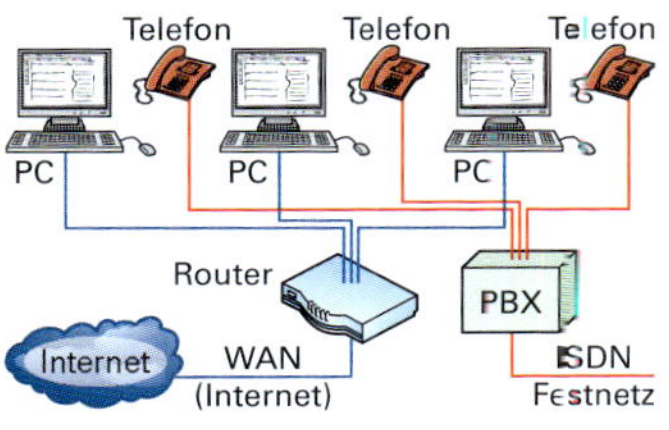	Private Branch Exchange, eine private Vermittlungseinrichtung. Mehrere Endgeräte wie z. B. Telefon, Fax, Anrufbeantworter werden sowohl untereinander als auch mit dem öffentlichen Telefonnetz verbunden. Telefonanlagen und LAN laufen mit getrennter Verkabelung und unabhängig voneinander.

VoIP-Telefonanlage beim Teilnehmer (IP PBX)	IP-Centrex-Lösung beim Provider
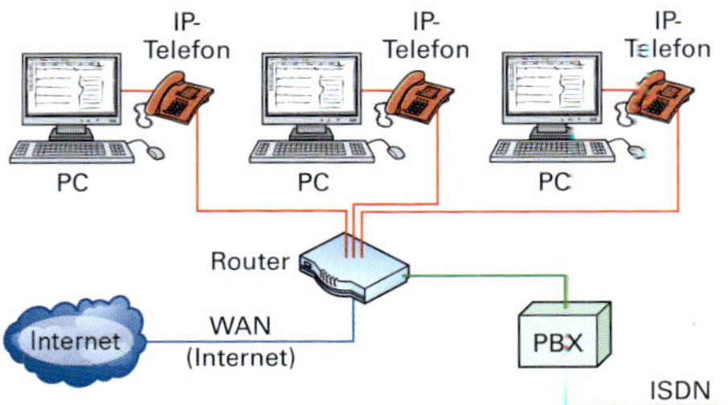 **Telefonverkehr über das Festnetz**	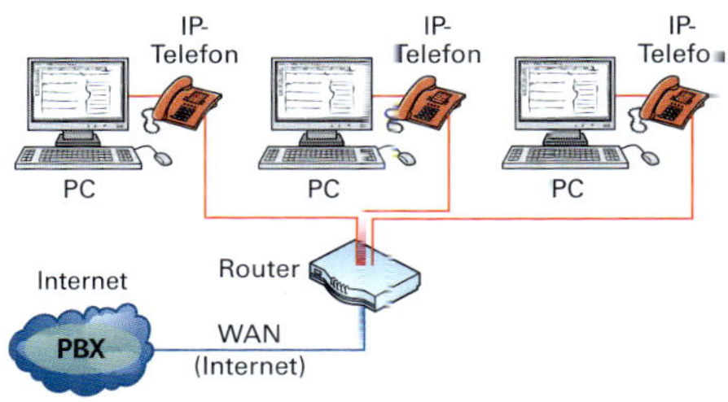 **Telefonanlage ins Internet ausgelagert**

T

WLAN, Bluetooth

WLAN

WLAN- Komponenten

WLAN-PCI-Adapterkarte Für den Einbau in den PC	WLAN-PCMCIA-Einsteckkarte Für Notebooks	USB-WLAN-Adapter Für PC oder Notebook zum Einstecken in den USB-Port
Access Point = Funkhub, der auch Switchfunktion übernehmen kann und einen Übergang zu kabelgebundenen Netzwerken schafft. Mit Outdoor-Richtantennen wird eine Richtfunkverbindung über etwa 2 km möglich.	**WLAN-Rooter** = Rooter, der das kabellose Netzwerk mit dem Internet verbindet. Ausgestattet mit einer Hardware-Firewall. Aber der Funkverkehr zwischen Rooter und Clients muss durch Verschlüsselung mit WPA2 und Zugangskontrolle abgesichert werden.	**Hotspot** = öffentlicher Wireless Access Point, bietet eine kabellose Zugangsmöglichkeit zum Internet, z. B. in Flughäfen, Hotels, Cafes, öffentlichen Plätzen.

WiFi
WiFi ist ein für Marketingzwecke erfundener Kunstbegriff in Anlehnung an den Begriff „HiFi“. Im englischsprachigen Raum ist dies die Bezeichnung für WLAN.

Standards nach IEEE

Norm	Funkfrequenz	Übertragungsgeschwindigkeit	Erläuterung
802.11a	5 GHz	54 Mbit/s	Nachteil: geringe Reichweite, in Europa nutzen auch Militär und Flugsicherung das Frequenzband.
802.11b	2,4 GHz im ISM-Band	11 Mbit/s	Nachteil: langsam, wird abgelöst von 802.11g.
802.11g	wie 802.11b	54 Mbit/s	abwärtskompatibel zu 802.11b.
802.11n	2,4 GHz oder 5 GHz	150–600 Mbit/s	Übertragung über mehrere Pfade (mehrere Antennen).

Bluetooth

Funktionsweise	Geräte	Klassen Sendeleistung Reichweite	Versionen
Sendung im lizenzfreien ISM-Band (zwischen 2,402 GHz und 2,480 GHz). Um Robustheit gegenüber Störungen zu erreichen, verwendet man ein Frequenzsprungverfahren (frequency hopping) bei dem das Frequenzband in 79 Frequenzstufen im 1 MHz-Abstand eingeteilt ist. Diese werden bis zu 1600-mal in der Sekunde gewechselt. Arbeitet als Point-to-Point- oder Point-to-Multipoint- Verbindung (in einem Pikonetz können ein Master und bis zu sieben Slaves gleichzeitig aktiv sein). Übertragungsgeschwindigkeit: max. 25 Mbit/s	Notebooks PC Handy PDA Spielkonsolen Tastaturen Mäuse Audiogeräte Drucker Faxgeräte usw. Derzeit existieren etwa 20 standardisierte Profile für verschiedene Geräteverbindungen.	Klasse 3: 1 mW 10 m Klasse 2: 2,5 mW 20 m Klasse 1: 100 mW 100 m	1.0 veraltet 1.1 Übertragungsgeschw. 732,2 kbit/s 1.2 Übertragungsgeschw. 1 Mbit/s 2.0 Übertragungsgeschw. 2,1 Mbit/s 3.0 theoretische Übertragungsgeschw. 24 Mbit/s 4.0 theoretische Übertragungsgeschw. 25 Mbit/s, stromsparend (Low Energy) und mit verbesserter Fehlerkorrektur  **Bluetooth-USB-Stick**

PCMCIA von PC Memory Card Association = Internationale Vereinigung der PC- Kartenhersteller
IEEE (sprich ei-tripel-i) von Institute of Electrical and Electronics Engineers = Verband der Elektro- und Elektronikingenieure in den USA.
WPA von WI-FI (Wireless Fidelity) Protected Access = geschützter Zugriff (WiFi in Anlehnung an HiFi).

WLAN analysieren Analyzing Wireless LAN

Wirkungsweise im Ruhezustand und Fachbegriffe

Wirkungsweise im Ruhezustand	Der Funk-Router sendet in einstellbaren Intervallen Datenpakete, die Beacons (Leuchtfeuer) genannt werden. Diese enthalten z. B. den Netzwerknamen, eine Liste unterstützter Übertragungsraten und die Art der Verschlüsselung. Dadurch wird der Verbindungsaufbau erleichtert. Beacons arbeiten mit 1 Mbit/s.

Fachbegriffe

Begriff	Erläuterungen, Beispiel	Erklärungen
Vendor	Hersteller, z. B. AVM, CISCO	WLAN-Hersteller
MAC-Adresse	00:1f:3f:7d:27:e7, Länge 6 B	Genormte, physikalische Adresse für jedes LAN-Gerät.
SSID (Service Set Identifier)	Frei wählbarer Name eines Funknetzes, z. B. WLAN1	Namenslange bis 32 Zeichen.
Kanal	1 benutzt die Frequenz $f = 2412$ MHz, 13 benutzt die Frequenz $f = 2472$ MHz	Kanalabstand 5 MHz, Bandbreite je Kanal 22 MHz.
RSSI (Received Signal Strength Indication)	Empfangsfeldstärke, z. B. –60 dBm.	Je größer der Wert, desto höher die übertragbare Datenrate.
Sicherheit[1]	WPA-TKIP oder RSNA-CC	Verschlüsselungsverfahren
Netzwerktyp	Infrastruktur	Ein Funk-Access-Point oder Router koordiniert alle anderen Netzknoten.
Geschwindigkeit (der Datenrate)	54 Mbit/s bis 65 Mbit/s	Feldstärkeabhängige Datenrate.

Anwendung eines Fehlersuchprogramms (in SSIDer)

Art, Benennung	Darstellung, Erklärungen
Liste der WLANs	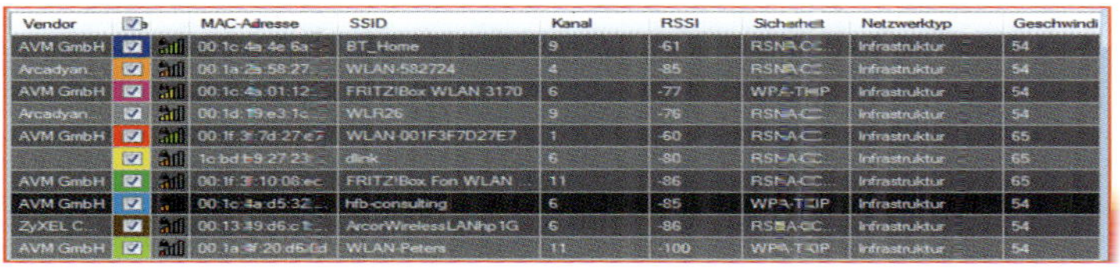
Pegeldiagramm	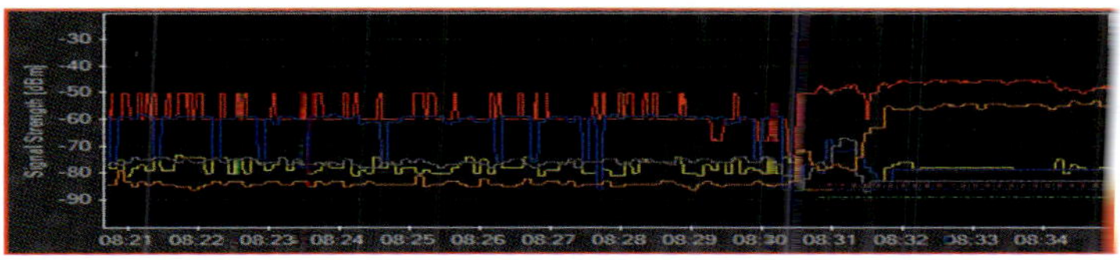 Das Pegeldiagramm gibt die Feldstärke in dBm zu bestimmten Uhrzeiten an Signale: rot und braun ab 8:32 Uhr Beacon-Signale: gelb, grün, violett.
Kanalbelegung im 2,4 GHz-Band	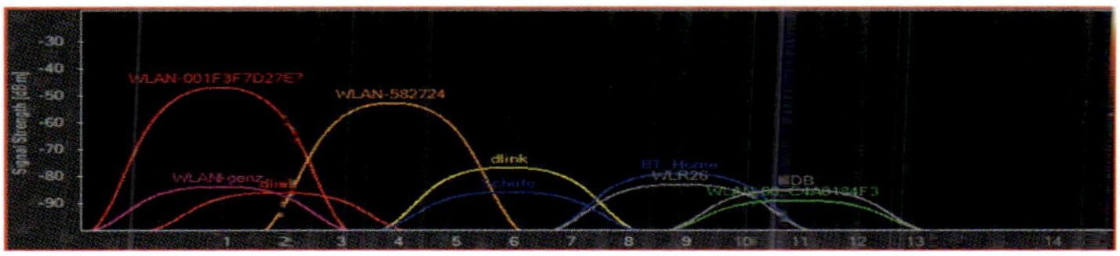 Kanäle 1, 6, 9 und 11 sind doppelt belegt. Kanäle 3, 5, 7, 8, 10, 12, 13 derzeit nicht belegt. Durch die Überlappung stören sich die Funknetze, dadurch werden die Übertragungsgeschwindigkeit r und die Reichweite kleiner.

Liste der WLANs (Bildschirmdarstellung):

Vendor		MAC-Adresse	SSID	Kanal	RSSI	Sicherheit	Netzwerktyp	Geschwindi
AVM GmbH		00:1c:4a:4e:6a:...	BT_Home	9	-61	RSNA-CC...	Infrastruktur	54
Arcadyan...		00:1a:2a:58:27...	WLAN-582724	4	-85	RSNA-CC	Infrastruktur	54
AVM GmbH		00:1c:4a:01:12...	FRITZ!Box WLAN 3170	6	-77	WPA-TKIP	Infrastruktur	54
Arcadyan...		00:1d:19:e3:1c...	WLR26	9	-76	RSNA-CC	Infrastruktur	54
AVM GmbH		00:1f:3f:7d:27:e7	WLAN-001F3F7D27E7	1	-60	RSNA-CC	Infrastruktur	65
		1c:bd:b9:27:23...	dlink	6	-80	RSNA-CC	Infrastruktur	65
AVM GmbH		00:1f:3f:10:06:ec	FRITZ!Box Fon WLAN ...	11	-86	RSNA-CC...	Infrastruktur	65
AVM GmbH		00:1c:4a:d5:32...	hfb-consulting	6	-85	WPA-TKIP	Infrastruktur	54
ZyXEL C...		00:13:49:d6:c...	ArcorWirelessLANhp1G	6	-86	RSNA-CC...	Infrastruktur	54
AVM GmbH		00:1a:4f:20:d6:0d	WLAN-Peters	11	-100	WPA-TKIP	Infrastruktur	54

[1] WPA-TKIP (= WPA2) von Wi-Fi Protected Access, Wi-Fi von Wireless Fidelity, Protected Access = geschützter Zugriff, Temporal Key Integrity Protocol = zeitlicher Schlüssel mit Sicherheitsprotokoll; RSNA von Robust Secure Netwerk Architekture = störunempfindliche, sichere Netzwerkarchitektur; CCMP von Counter Mode with Cipher Block Chaining Message Authentication Code Protocol, kurz: ein Kryptografie-Algorithmus.

T

WLAN-Sicherheit WLAN Security

Begriff	Wirkungsweise	Erklärungen
Drahtlose Kommunikation	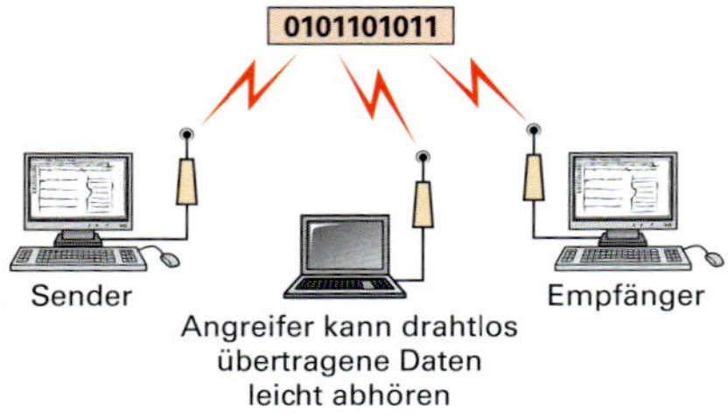 	Ein drahtloses lokales Datennetz (WLAN) sendet ständig Daten an jeden, der über einen entsprechenden Empfänger verfügt, z.B. die SSID in der Antwort der Basisstation (Access point) auf eine Verbindungsanfrage eines Funkteilnehmers (client).
Symmetrisches Schlüsselsystem	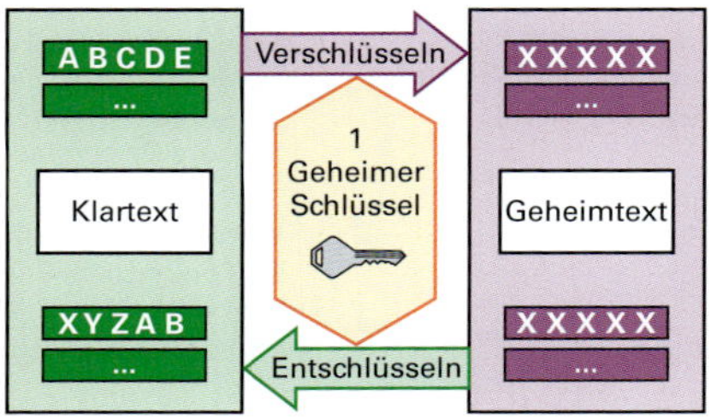 	Symmetrisches Schlüsselverfahren AES: Es wird **ein** geheimer Schlüssel sowohl zum Verschlüsseln (senden) als auch zum Entschlüsseln (empfangen) verwendet, der den Teilnehmern bekannt sein muss. Datenblocklänge: 128 bit Schlüssellängen: 128 bit, 192 bit, 256 bit.
Authentifizierung (Prüfen der Echtheit)	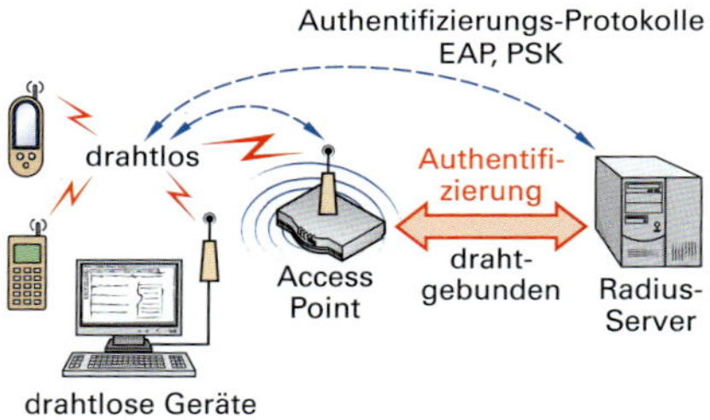 	Bei WLAN wird meist das Authentifizierungsprotokoll EAP verwendet: • Client meldet Authentifizierungsbitte, • Access-Point fordert nach Prüfung beim zuständigen Server den Client zum Senden auf, • dieser antwortet entsprechend, z.B. mit ID, Passwort, • bei erfolgreicher Authentifizierung gibt der Access-Point den Kanal frei.
Verschlüsselungsverfahren (Algorithmen)	WEP. An ein Datenpaket wird eine CRC-Prüfsumme mit 32 bit gehängt. Diese Daten werden mit einer Prüfbitfolge von 24 bit verschlüsselt, der als erstes gesendet wird.	WEP von Wired Equivalent Privacy = Privatsphäre entsprechend (wie bei) verdrahteten Systemen. WEP ist in kurzer Zeit entschlüsselbar, da die Prüfbitfolge (Initialisierungsvektor) nur 24 bit lang und die verwendete CRC-Funktion linear ist.
	WPA basiert auf dem WEP-Verfahren mit einem 48-Bit-langen Initialisierungsvektor und Zeitschlüsseln für jedes Datenpaket. Für kleine WLAN-Netze wird zur Authentifizierung PSK verwendet. Als Schlüssel wird ein Passwort verwendet. Auf Passwortqualität ist zu achten!	WPA-TKIP von Wi-Fi (wireless fidelity = Bezeichnung für WLAN im englisch sprachigen Bereich), Protected Access = geschützter Zugang und TKIP von Temporal Key Integrity Protocol = Zeitschlüssel mit Sicherheitsprotokoll.
	WPA2 von WiFi Protected Access 2. Es verwendet AES. Zu TKIP wird das Verschlüsselungsprotokoll CCMP zugefügt, das einen zusätzlichen 128-Bit-Schlüssel und einen 48-Bit-Initialisator zur Antwortabfrage verwendet. Authentifizierung mit PSK.	WPA2 ist der Nachfolger von WPA. WPA2 und WPA sind nur getrennt verwendbar.

AES von Advanced Encryption Standard = fortschrittlicher Verschlüsselungsstandard ab 10/2000, CCMP von Counter Mode with Cipher Block Chaining Message Authentication Code Protocol etwa = Kryptografie-Algorithmus mit Zähler und Ziffernblockkette, CRC von Cyclic Redundancy Check = Zyklische Redundanzprüfung, EAP von Extensible Authentication Protocol = erweiterbares Authentifizierungsprotokoll, PSK von Pre-shared key = vorher vereinbarter Schlüssel, SSID von Service Set Identifier = Name für alle Geräte im WLAN.

T

Leitungscodes Line codes

Code, Zeitablaufdiagramm	Erklärung	Bemerkungen
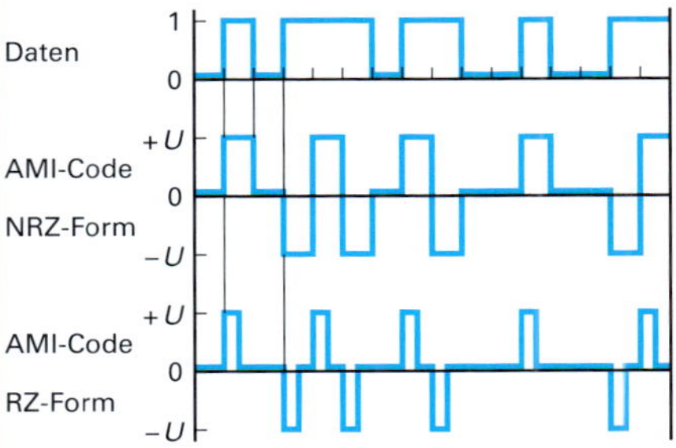 **AMI-Code (Alternate Mark Inversion-Code)**	Die Signalwerte 1 des Datencodes werden im AMI-Code abwechselnd als positive und negative Impulse wiedergegeben, damit der arithmetische Mittelwert der Signalspannung null wird. Die Übertragung des Codes erfordert dadurch weniger Sendeleistung. Die Signalwerte 0 bleiben unverändert. In der NRZ-Form (Non Return to Zero, keine Rückkehr nach null) des AMI-Codes bleiben die Impulsbreiten erhalten. In der RZ-Form (Return to Zero, Rückkehr nach null) werden die Impulse nur mit halber Schrittlänge übertragen, dadurch geht jedes positive und negative Signal unmittelbar auf null zurück.	Der Code ist pseudoternär (scheinbar dreiwertig), d. h. eigentlich binär darstellbar. Der Code ist gleichstromfrei. Die Telekom arbeitet z. B. im ISDN auf dem So-Bus mit dem AMI-Code in der NRZ-Form.
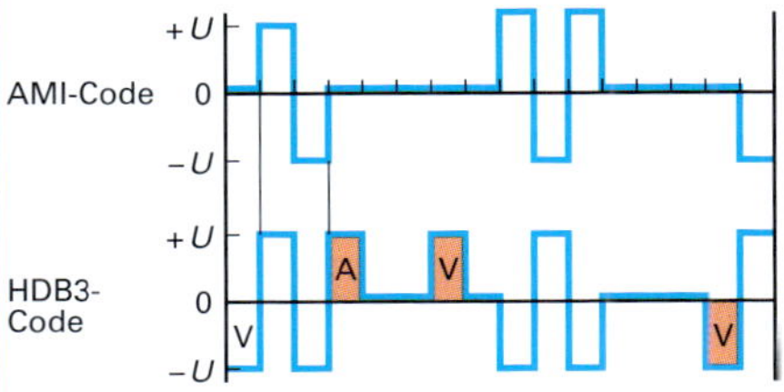 **HDB3-Code (Third Order High Density Bipolar-Code)**	Der HDB3-Code ist ein AMI-Code ohne lange Nullfolgen. Er setzt bei vier aufeinanderfolgenden Signalwerten 0 im AMI-Code anstelle der vierten Null ein V-Bit (Verletzungs-Bit), welches gegen die AMI-Regel (= wechselnde Impulspolarität) verstößt. Befindet sich zwischen zwei solchen Stellen eine gerade Anzahl von Impulsen, wird die erste der Nullen durch ein AMI-Bit (A) ersetzt, bei ungerader Anzahl nicht.	Wegen des Vermeidens langer Nullfolgen ist die Taktregeneration (Taktrückgewinnung) gesichert. Wird bis zu 34 Mbit/s eingesetzt, z. B. bei PCM30 (2 Mbit/s).
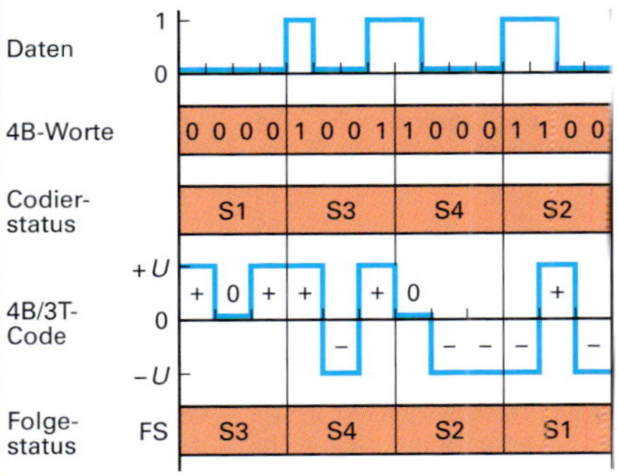 **4B/3T-Code**	Jedes vierstellige Binärwort eines Datencodes wird im 4B/3T-/Code abhängig vom Codierstatus S1, S2, S3 oder S4 in ein dreistelliges Ternärwort umgewandelt, z. B. 0000 in +0+ (+U; 0; +U). Der Folgestatus FS, z. B. S3, ist der Codierstatus für das folgende 4B-Wort, z. B. 1001.	Der Code ist redundant. Die Schrittgeschwindigkeit ist um ein Viertel reduziert. Der Code wird bei Telekom in Koaxialkabeln mit Bitraten ≥ 34 Mbit/s eingesetzt, z. B. zwischen Vermittlungsstelle und der Basisanschluss-Schnittstelle U_{kC} im ISDN.

4B/3T-Code (Auszug)

4-B-Wort	3T-Wort und Folgestatus FS							
	S1	FS	S2	FS	S3	FS	S4	FS
0000	+0+	S3	0−0	S1	0−0	S2	0−0	S3
1000	+00	S2	+00	S3	+00	S4	0−−	S2
1001	+−+	S2	+−+	S3	+−+	S4	−−−	S1
1100	+++	S4	−+−	S1	−+−	S2	−+−	S3

Code, Zeitablaufdiagramm	Erklärung	Bemerkungen
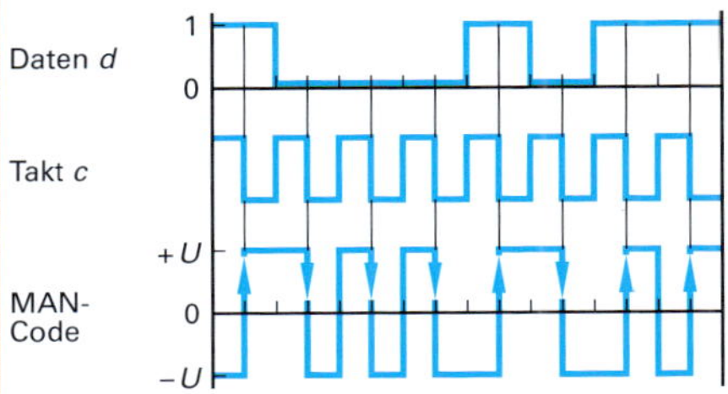 **MAN-Code (Manchester-Code)**	Ein MAN-Code entsteht durch die XOR-Verknüpfung des Taktsignals c mit dem Datensignal d. Dann stellt in der Bitmitte des Datensignals eine steigende Flanke eine 1 dar und eine fallende eine 0. Invertierung von c, d oder XOR dreht das um, sodass beim Code MAN II die 1 durch eine fallende Flanke dargestellt wird.	Der MAN-Code besitzt dieselben Eigenschaften wie der CMI-Code. Er wird in lokaler Netzen (LAN), z. B. beim Ethernet, eingesetzt.

ISDN von Integrated Services Digital Network, Dienste integrierendes digitales Netzwerk;
PCM30 von Pulse Code Modulation 30, Pulscodemodulation mit 30 Kanälen.

Leitungscodes Fortsetzung Line codes continued

Code, Zeitablaufdiagramm	Erklärung	Bemerkungen

Differenzieller Manchester-Code

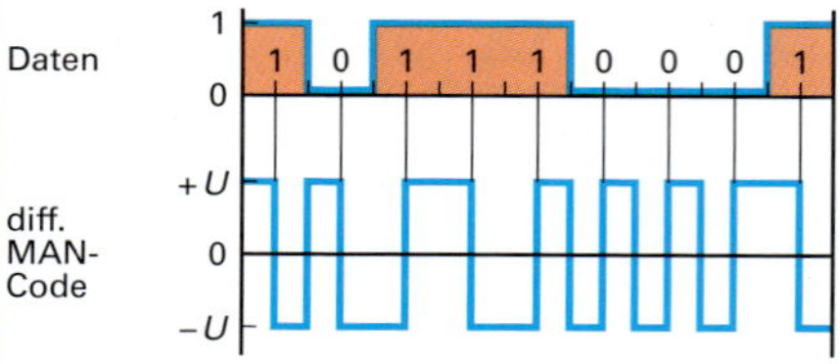

Differenzieller Manchester-Code

Erklärung: Beim differenziellen Manchester-Code findet ein Signalwechsel immer in der Bit-Mitte eines Datenbits sowie auch am Bit-Anfang eines Datenbits mit dem Signalwert 0 statt. Dadurch kann im Gegensatz zum MAN-Gode beim differenziellen MAN-Code jede Bit-Mitte eines beliebigen Datenbits sowohl mit einer steigenden Flanke als auch mit einer fallenden Flanke kodiert sein.

Bemerkungen: Der differenzielle MAN-Code wird auch mit DME von Differential Manchester Encoding bezeichnet. Die Bitrate beträgt bis zu 10 Mbit/s.

4B/5B-Code

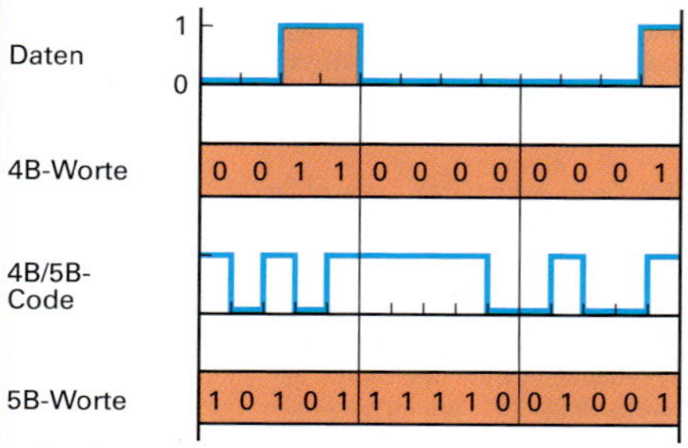

4B/5B-Code

Erklärung: Der 4B/5B-Code ist eine Blockcodierung von 4-Bit-Datenworten in 5-Bit-Datenworte.

Code-Tabelle 4B/5B-Code

4B-Wort	SB-Wort	4B-Wort	SB-Wort
0000	11110	1000	10010
0001	01001	1001	10011
0010	10100	1010	10110
0011	10101	1011	10111
0100	01010	1100	11010
0101	01011	1101	11011
0110	01110	1110	11100
0111	01111	1111	11101

Bemerkungen: Ähnliche Codierungen sind der 8B/10B-Code und 64B/66B-Code. Diese werden im Fast Ethernet und Gigabit Ethernet eingesetzt. Da sie nicht gleichstromfrei sind, muss ihnen z.B. der NRZI-Code oder der MTL-3-Code nachfolgen.

NRZI-Code

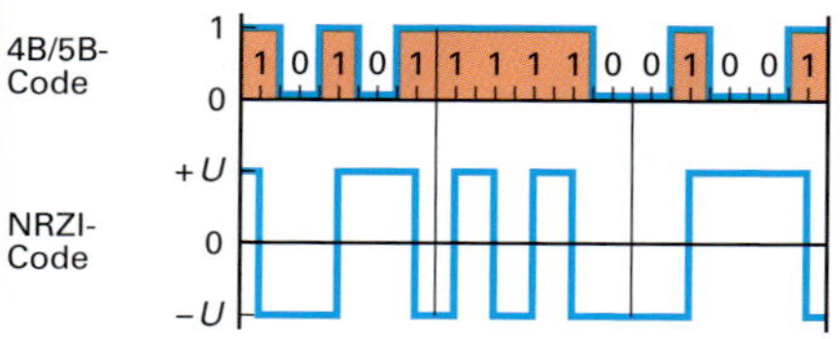

NRZI-Code

Erklärung: Der NRZI-Code (Non Return to Zero Inversion = Keine Rückkehr zu null invertiert) wechselt den Signalpegel bei Sigalwerten 1 des 4B/5B-Code. Da der NRZI-Code auf lange Nullfolgen nicht reagiert, kann nur er allein zur Signalkodierung nicht eingesetzt werden, denn die Taktrückgewinnung wäre nicht gewährleistet.

Bemerkungen: Der NRZI-Code wird mit vorausgehendem 4B/5B-Code im Fast Ethernet 100Base-FX und beim FDDI-Verfahren verwendet.

MLT-3-Code

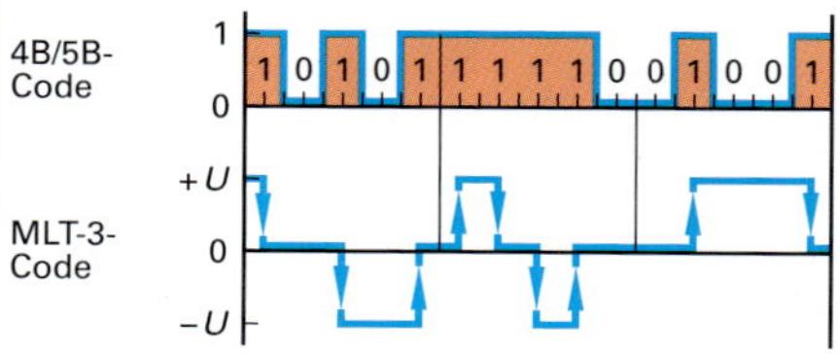

MLT-3-Code

Erklärung: Der MLT-3-Code (MLT von Multilevel Transmission = Mehrebenenübertragung) ändert bei Signalwerten 1 z.B. des 4B/5B-Codes den Ausgangspegel stufenweise abwechselnd aufwärts und abwärts. Er reagiert wie der NRZI-Code auf lange Nullfolgen nicht und ist somit zur Signalcodierung allein nicht geeignet. Er bewirkt Gleichstromfreiheit des vorangehenden Codes.

Bemerkungen: Der MLT-3-Code wird mit vorausgehendem 4B/5B-Code im Fast Ethernet und mit vorausgehendem 8B/10B-Code im Gigabit Ethernet verwendet.

8B/6T-Code

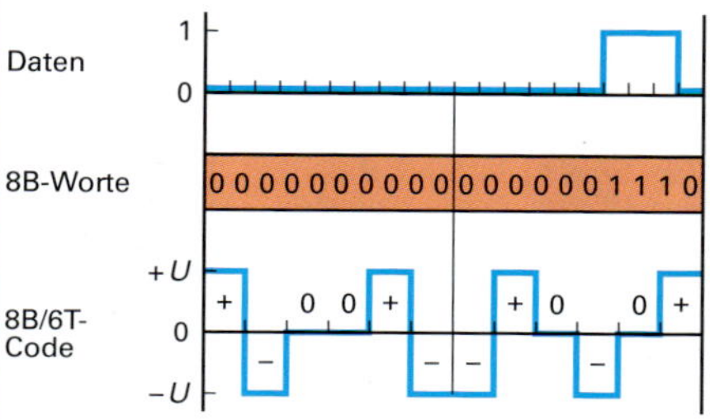

8B/6T-Code

Erklärung: Der 8B/6T-Code (8 binär/6 ternär) ist ein dreistufiger Code mit mindestens zwei Spannungsübergängen. Seine Gleichstromfreiheit macht einen Nachfolgecode wie NRZI oder MLT-3 unnötig.

Code-Tabelle 8B/6T-Code (Auszug)

Datenoktett	SB-Wort	6T-Wort
00	0000 0000	+ − 00 + −
01	0000 0001	0 + − + − 0
OE	0000 1110	− + 0 − 0 +
FE	1111 1110	− + 0 + 00
FF	1111 1111	+ 0 − + 00

Bemerkungen: Der 8B/6T-Code wird im Fast Ethernet 100BaseTX eingesetzt. Der häufige Signalwechsel des 6T-Wortes macht die Rückgewinnung des Taktsignales möglich. Die Frequenz beträgt maximal 37,5 MHz.

PCM-Multiplexsysteme PCM-multiplex systems

Systemdaten

System-bezeichnung	PCM 30	PCM 120	PCM 480	PCM 1920	PCM 7680
Anzahl der Nutzkanäle	30	120	480	1920	7680
Bitrate in Mbit/s Kurzangabe	2,048 2	8,448 8	34,368 34	139,264 140	564,992 565
Rahmendauer in µs	125	100,38	44,7	21,02	4,758
Bits je Rahmen	256	848	1536	2928	2688
Dauer eines Bits in ns	488	118,4	29,1	7,17	1,77
Leitung	Symmetrisches Kabel (verdrilltes Adernpaar)	Symmetrisches Kabel oder Koaxialkabel	Koaxialkabel oder Glasfaser-leitung (LWL)	Koaxialkabel oder Glasfaser-leitung (LWL)	Koaxialkabel oder Glasfaser-leitung (LWL)
Leitungscode	HDB3	HDB3	4B3T (Koax) 5B/6B (LWL)	4B3T (Koax) 5B/6B (LWL)	AM (Koax) 5B/6B (LWL)
Regenerator-abstand in km	2	6,5	4 (Koax) 40 (LWL)	4,5 (Koax) 40 (LWL)	1,5 (Koax) 35 (LWL)
Art des Multiplexens	wortweise	bitweise	bitweise	bitweise	bitweise

5B/6B-Code ist ein Code für Glasfaserleitungen (LWL). Je 5 Bits des Binärsignals werden durch 6 Bits des Leitungssignals ersetzt; die zusätzlichen Bits werden für Taktrückgewinnung und für Überwachungsfunktionen genutzt.

Multiplex-Hierarchie

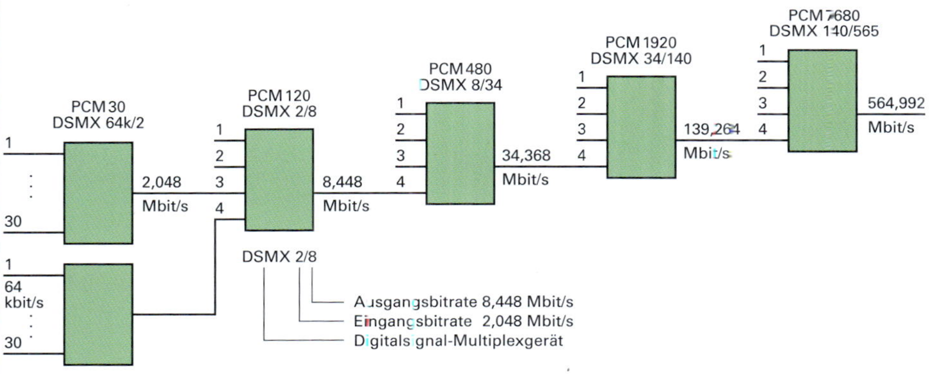

PCM30-Pulsrahmen (Primärmultiplexsignal)

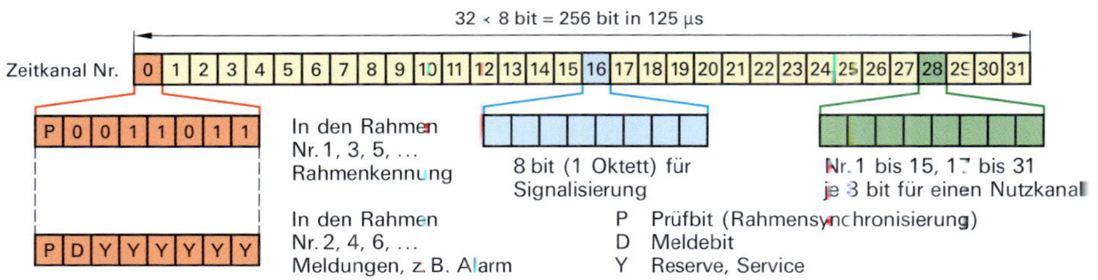

PCM-Koppelnetze PCM exchange technology

Prinzip	Beschreibung

Raumlagenvielfach

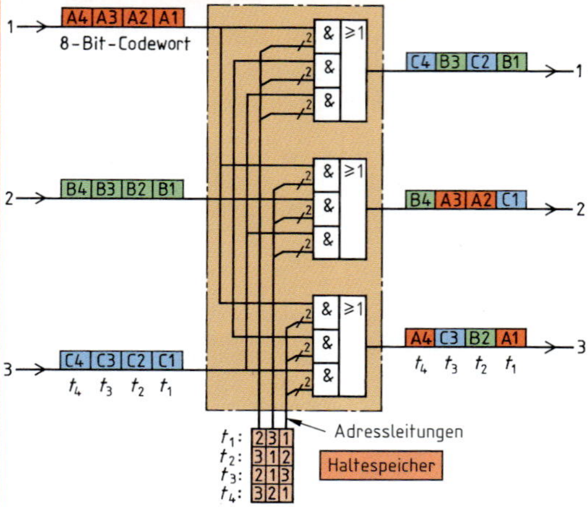

Prinzip des Raumlagenvielfachs (nur eine Richtung dargestellt)

Jedes beliebige 8-Bit-Codewort einer Zubringermultiplexleitung kann zu jeder beliebigen Abnehmermultiplexleitung vermittelt werden. Die Codewörter behalten dabei ihre Zeitlage. Dazu werden die Multiplexer, von denen für jede abgehende Leitung einer vorhanden ist, vom Haltespeicher angesteuert. Dieser besitzt für jeden Multiplexer eine Spalte und für jede Zeitlage eine Zeile. Zu jeder Zeitlage wird jede Zubringermultiplexleitung entsprechend dem im Haltespeicher eingetragenen Vermittlungsziel über jeweils ein UND-Element für die Dauer eines Zeitkanals (Codewort) auf eine Abnehmermultiplexleitung durchgeschaltet.

Beispiel: Die Ziffern in Zeile 1 legen fest, welches Codewort zur Zeitlage 1 auf welche Abnehmerleitung gegeben wird:

Abnehmermultiplexleitung	8-Bit-Codewort
1	B1
2	C1
3	A1

Zeitlagenvielfach

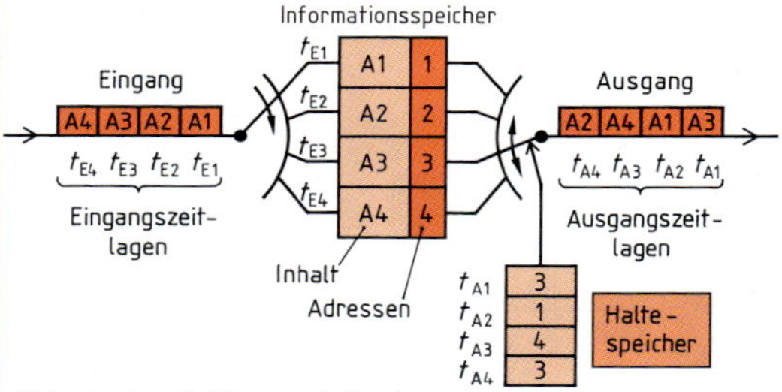

Prinzip des Zeitlagenvielfachs

Die 8-Bit-Wörter einer Zubringerleitung können auf jede Zeitlage einer Abnehmerleitung vermittelt werden. Ankommende Codewörter werden nacheinander in den Informationsspeicher eingelesen. Das Auslesen erfolgt wahlfrei: Die Reihenfolge der Inhalte im Haltespeicher bestimmt, zu welcher Zeitlage ein Codewort aus dem Informationsspeicher auf die Abnehmerleitung gegeben wird.

Beispiel: Zum Zeitpunkt t_{A1} wird der Inhalt der Sprachspeicherzelle mit der Adresse 3 auf die Abnehmerleitung geschaltet.

Zeit-Raumlagenvielfach

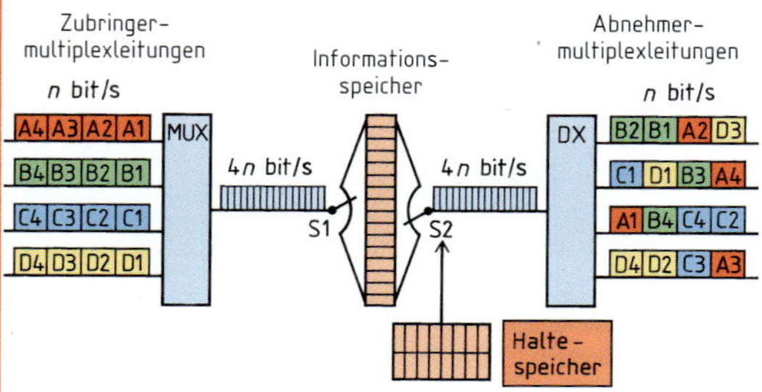

Prinzip des Zeit-Raumlagenvielfachs

Mit diesem Vielfach kann jedes Codewort, das in einer beliebigen Zeitlage auf einer beliebigen Zubringermultiplexleitung ankommt, zu jeder beliebigen Zeitlage jeder beliebigen Abnehmermultiplexleitung vermittelt werden. Der Multiplexer fasst die Zubringerleitungen zusammen. Die Bitrate nach dem Multiplexer ist dann größer als die Rate auf den Zubringerleitungen. Die seriellen Codewörter werden wie beim Zeitlagenvielfach nacheinander in den Informationsspeicher eingelesen.

In einem Zeit-Raumlagenvielfach (ZR-Koppelnetz) ändern die Codewörter entsprechend ihrem Vermittlungsziel die Zeitlage und die Multiplexleitung.

In einem Zeit-Frequenzlagenvielfach, z. B. beim Mobilfunkstandard GSM, ändern die Codewörter entsprechend die Zeitlage und die Frequenzlage.

T

Steuerung der Übertragung gemäß BSC-Protokoll
Transmission control according BSC protocol

Steuerzeichen zur zeichenorientierten Steuerung

Zeichen	Benennung	ISO-7-Bit-Code	Zeichen	Benennung	ISO-7-Bit-Code
ENQ	Stationsaufforderung	05	ETB	Ende des Blockes	07
ACK	Positive Rückmeldung	06	EOT	Ende der Übertragung	04
STX	Anfang des Textes	02	SYN	Zeichensynchronisierung	16
SOH	Anfang des Kopfes	01	NAK	Negative Rückmeldung	15
ETX	Ende des Textes	03	ACK0	Abwechselnde positive	DLE0
DLE	Übertragungsumschaltung	10	ACK1	Rückmeldung	DLE1

Nachrichtenblock

Teile	Erklärungen	Bemerkungen
PAD 1	Leading Pad: 0101-Bitfolge, stellt die Bitsynchronisierung zwischen den Datenstationen sicher.	Bei bestimmten Datenübertragungseinrichtungen darf der Leading Pad fehlen.
SYN	Synchronisierzeichen zur Herstellung und Erhaltung der Zeichensynchronisierung.	Es werden immer mindestens zwei SYN-Zeichen gesendet.
SOH	Start of Heading: Leitet eine Zeichenfolge ein, die als Header (Kopf) bezeichnet wird.	Der Header ist nicht immer erforderlich. Fehlt er, wird der Block durch STX eingeleitet.
Header	Dem Text kann ein Kopf vorangestellt werden, der Zusatzinformationen enthält.	Beispiele für Kopfdaten: Art der Datenquelle, Nummerierung, Datenschutz, Initialisierung (Drucker, Bildschirm).
STX	Start of Text: Leitet den Textteil ein.	Beendet gleichzeitig den Header.
Text	Enthält die eigentliche Nachricht. Sie kann im Prinzip beliebig lang sein. Größere Informationsmengen werden in mehrere Blöcke unterteilt, die voneinander durch das Schlusszeichen ETB getrennt werden.	Transparente Datenübertragung: Jedem tatsächlichen Steuerzeichen wird ein DLE vorangestellt (z. B. DLE STX). Binäre Daten (z. B. Gleitpunktzahlen, Assemblerprogramme) können im Transparentmodus ohne Einschränkung (codeunabhängig) im Textte übertragen werden.
ETB	End of Transmitted Block.	Trennt Textblöcke.
ETX	End of Text: Beendet den Textteil.	Markiert das Textende (letzter Block).
BCC	Block Check Character = Blockprüfzeichen. Wird im Sender und im Empfänger aus den Zeichen im Textteil gebildet.	Im Fehlerfall fordert der Empfänger die Wiederholung des Blocks an **(Bild)**.
PAD 2	Trailing Pad (Bitfolge mit dem Wert 1). Wird an den letzten Block angehängt. Verhindert Verzerrungen durch plötzliches Abschalten.	Die Übertragungsrichtung kann erst nach Empfang von mindestens vier Bits mit dem Wert 1 umgekehrt werden (Halbduplex).

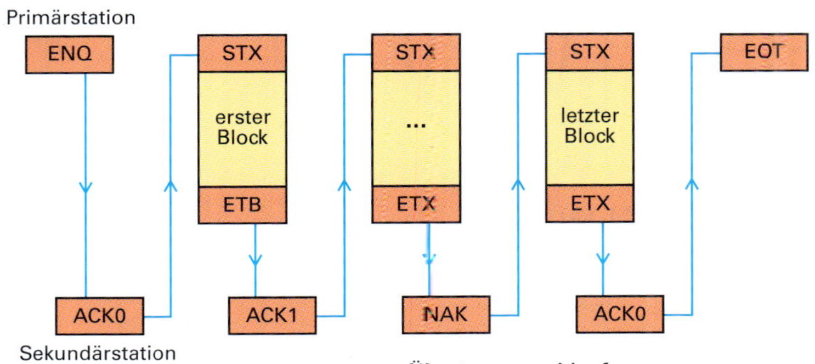

Übertragungsablauf

Das BSC-Protokoll wird z. B. für die Schnittstelle V.24 verwendet.

ACK Acknowledgement, BSC-Protokoll (Binary Synchronous Communications) zur zeichenorientierten Steuerung der synchronen Datenübertragung (von IBM, Grundlage des ISO-Standards 1745), ENQ Enquiry, EOT End of Transmission, NAK Negative Acknowledgement, PAD (von Paddingbits = Polsterbits), informationsfreie Bits.

T

Pulsmodulationsverfahren für Modems Pulsmodulation process for modem

Frequenzumtastung (FSK) für 1 200 bit/s nach V.23

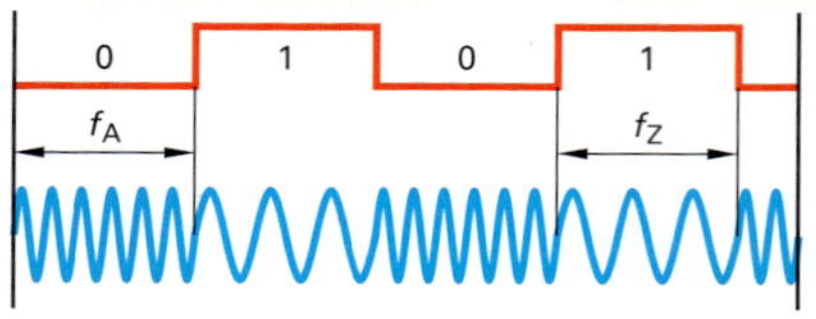

Bitrate	Mitten-frequenz	Binär 1 f_Z	Binär 0 f_A
bis 600 bit/s	1 500 Hz	1 300 Hz	1 700 Hz
bis 1 200 bit/s	1 700 Hz	1 300 Hz	2 100 Hz

4-wertige Phasenumtastung (4-PSK) für 2 400 bit/s nach V.26bis

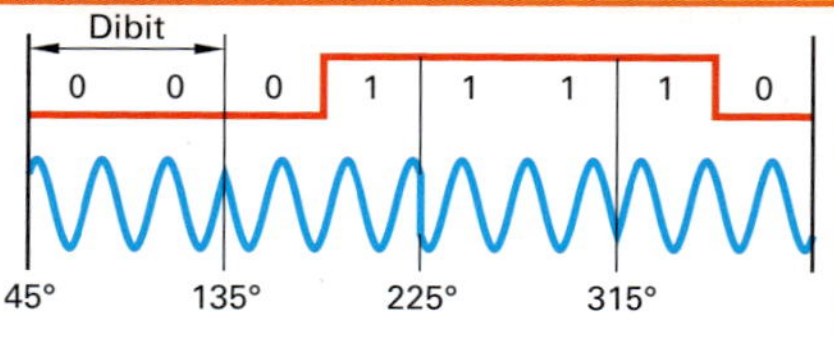

Dibit A	Dibit B	Phasenlage gegen Träger
0	0	45°
0	1	135°
1	1	225°
1	0	315°

8-wertige Phasenumtastung (8-PSK) für 4 800 bit/s nach V.27

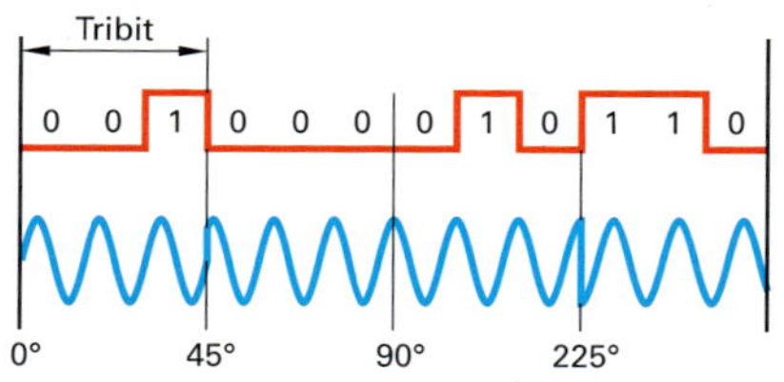

Tribit A	Tribit B	Tribit C	Phasenlage gegen Träger
0	0	1	0°
0	0	0	45°
0	1	0	90°
0	1	1	135°
1	1	1	180°
1	1	0	225°
1	0	0	270°
1	0	1	315°

16-wertige Quadratur-Amplitudenmodulation (16-QAM) für 9 600 bit/s nach V.29

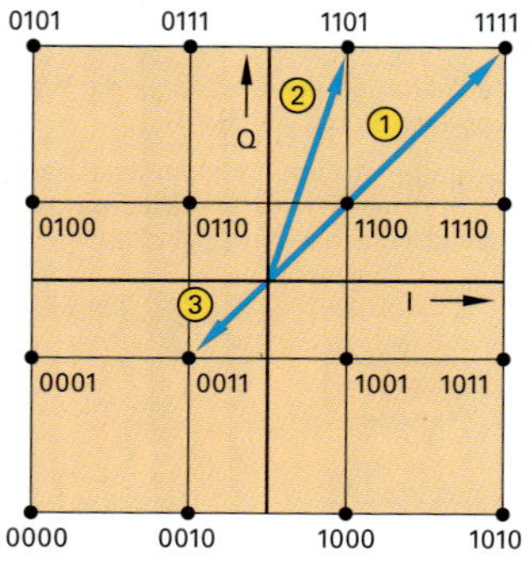

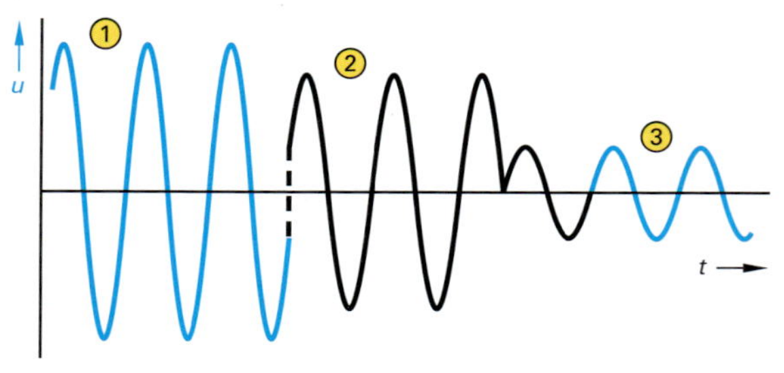

Kenngrößen von PSK- und QAM-Verfahren

Modulationsverfahren	2-PSK	4-PSK	8-PSK	16-PSK	16-QAM	32-QAM	64-QAM
Amplitudenzustände	1	1	1	1	4	5	9
Phasenzustände	2	4	8	16	8	28	52
Trägerzustände	2	4	8	16	16	32	64
Bandbreiteneffizienz in (bit/s)/Hz	0,7	1,4	2,1	2,8	2,8	3,6	4,2

FSK von Frequency Shift Keying = Frequenzumtastung; I von In phase; PSK von Phase Shift Keying = Phasenumtastung; Q von Quadrature phase.

T

Bitfehler in der Datenübertragung — Bit errors of the data transmission

Bezeichnung	Formelzeichen, Erläuterungen	Formel, Messergebnisse
Fehlerhäufigkeiten		
Bitfehler-häufigkeit	P_b Bitfehlerhäufigkeit, BER von Bit Error Rate n_f Zahl der fehlerhaft empfangenen Bits n_b Gesamtzahl der empfangenen Bits	$P_b = \frac{n_f}{n_b}$
Zeichen-fehler-häufigkeit	P_z Zeichenfehlerhäufigkeit, CER von Character Error Rate n_{fz} Zahl der fehlerhaft empfangenen Zeichen n_z Gesamtzahl der empfangenen Zeichen	$P_z = \frac{n_{fz}}{n_z}$
Blockfehler-häufigkeit	P_B Blockfehlerhäufigkeit, BLER von Block Error Rate n_F Zahl der fehlerhaft empfangenen Blöcke n_B Gesamtzahl der empfangenen Blöcke Ein einzelner Bitfehler bewirkt bereits einen Blockfehler, der zu einer Blockwiederholung führt. Meist werden Bitfehler und Blockfehler gleichzeitig gemessen.	$P_B = \frac{n_F}{n_B}$
Fehlerauswertung nach ITU-T-Empfehlung G.821		
Fehlerfreie Sekunden	EFS Error Free Seconds n_{EFS} Zahl der fehlerfreien 1-s-Intervalle n_s Gesamtzahl der verfügbaren Sekunden der Beobachtungszeit Merkmal: $P_b = 0$, Forderung: EFS > 92%.	$EFS = \frac{n_{EFS}}{n_s} \cdot 100\%$
Fehler-behaftete Sekunden	ES Errored Seconds n_{ES} Zahl der fehlerbehafteten 1-s-Intervalle Merkmal: $P_b \leq 10^{-3}$, Forderung: ES ≤ 8%.	$ES = \frac{n_{ES}}{n_s} \cdot 100\%$
Stark fehler-behaftete Sekunden	SES Severely Errored Seconds n_{SES} Zahl der stark fehlerbehafteten Sekunden Merkmal: $P_b > 10^{-3}$, Forderung: SES ≤ 0,2%.	$SES = \frac{n_{SES}}{n_s} \cdot 100\%$
Nicht verfügbare Sekunden	US Unavailable Seconds (nicht verfügbare Sekunden) n_{US} Zahl der nicht verfügbaren 1-s-Intervalle Merkmal: $P_b > 10^{-3}$ oder Unterbrechung. Eine Übertragungszeit wird als nicht verfügbar gewertet, wenn mindestens 10 aufeinanderfolgende stark fehlerbehaftete 1-s-Intervalle auftreten.	$US = \frac{n_{US}}{n_s} \cdot 100\%$
Minuten mit verminderter Qualität	DM Degraded Minutes n_{DM} Zahl der 60-s-Blöcke, die aus fehlerfreien 1-s-Intervallen ($P_b = 0$) und aus fehlerbehafteten 1-s-Intervallen ($P_b \leq 10^{-3}$) gebildet werden n_m Gesamtzahl der verfügbaren Minuten der Beobachtungszeit Forderung: DM ≤ 10%.	$DM = \frac{n_{DM}}{n_m} \cdot 100\%$
Mess-protokoll (Beispiel)	n_{EFS} 65 fehlerfreie 1-s-Intervalle n_{ES} 9 fehlerbehaftete 1-s-Intervalle n_{SES} 3 stark fehlerbehaftete 1-s-Intervalle n_{US} 16 nicht verfügbare 1-s-Intervalle EFI Error Free Intervals (fehlerfreie Intervalle) Die Beobachtungszeit beträgt 94 s. Die für die Fehlerauswertung herangezogene Gesamtzahl der verfügbaren Sekunden der Beobachtungszeit ist $n_s = n_{EFS} + n_{ES} = 74$ s. Messergebnisse, welche die ITU-Forderungen überschreiten, sind mit # gekennzeichnet. Für eine sichere Qualitätsbeurteilung einer Übertragungsstrecke schlägt die ITU als Beobachtungszeit einen Monat vor. In der gesamten Beobachtungszeit wird die Bitfehlerhäufigkeit in den 1-s-Intervallen erfasst und gespeichert. Die normierte Entfernung beträgt 27 500 km. Der Bezug der meist kürzeren Messentfernung zur Normentfernung wird durch Eingabe eines Bewertungsfaktors in das Bitfehlermessgerät hergestellt.	************************ Wandel & Holter IBT-1 ISDN G.821-Messung ------------------------ 09:10 Summenergebnis #### Fehler > G.821 #### EFS: 87.83783% 65 #ES: 12.16216% 9 #SES: 4.05405% 3 #DM: 50.00000% 1 US: 17.77778% 16 EFI: 0.00000% 0 ------------------------ ------------------------ 09 10:10 Stop ************************

ITU-T von International Telecommunication Union – Telecommunication Standards = internationale Fernmeldeunion – Empfehlungen im Bereich der Telekommunikation.

T

Fehlererkennung und Fehlerkorrektur Error detection and error correction

Verfahren	Ansicht, Beschreibung	Erklärungen

Lineare Codierung, Querparität, VRC, Vertical Redundancy Check

Ansicht, Beschreibung:

Nutzbits m Kontrollbit k (Prüfbit)

m_1	m_2	m_3	m_4	k_5	
1	0	0	1	0	⇐ Gerade Parität (even parity)
1	0	0	1	1	⇐ Ungerade Parität (odd parity)

Erklärungen: Bei der Codierung auf gerade Parität enthält der Co-de keine Codeworte mit ungerader Quersumme, bei der Codierung auf ungerade Parität enthält der Code keine Codeworte mit gerader Quersumme. In beiden Fällen wird ein Bitfehler sicher erkannt, kann aber nicht lokalisiert und korrigiert werden.

Lineare Codierung mit Prüfschema, Hammingcode

Ansicht, Beschreibung:

Zahl k der Kontrollbits bei der Stellenzahl s zur sicheren Korrektur von einem Fehler ($e = 1$):

$$k_{min} = \text{lb}(s+1)$$

Prüfschema zur Ermittlung der Kontrollbits:

	m_1	m_2	m_3	m_4
k_5	×	×	×	–
k_6	–	×	×	×
k_7	×	×	–	×

Ermittlung der Kontrollbits für das Nutzwort 1001:

⇒ 1 0 0 – ⇒ k_5 = 1
⇒ – 0 0 1 ⇒ k_6 = 1
⇒ 1 0 – 1 ⇒ k_7 = 0

gesendetes Codewort: 1 0 0 1 | 1 1 0

Übertragungsfehler bei m_3: 1 0 1 1 | 1 1 0

Der Empfänger bildet aus den ankommenden Nutzbits nach dem Prüfschema die Kontrollbits 0 0 0. Es stimmen die Bits k_5 und k_6 nicht überein. Man erkennt im Prüfschema, dass sie durch m_3 bestimmt werden. m_3 muss korrigiert werden.

Erklärungen: Beim Hammingcode wird die Anzahl der Kontrollbits k erhöht, um Fehler automatisch korrigieren zu können. Bei einem 7-stelligen Code benötigt man zur sicheren Korrektur eines Fehlers $k = \text{lb}\,8 = 3$ Kontrollbits (Prüfbits). Somit ist die Nutzbitzahl $m = 7 - 3 = 4$.
Die 3 Kontrollbits sind Paritätsbits, die jeweils aus 3 Nutzbits nach dem abgebildeten Prüfschema ermittelt werden, z. B. ist k_5 die gerade Parität zu m_1, m_2 und m_3.
Der Empfänger arbeitet mit demselben Prüfschema und bildet eigene Kontrollbits, die er mit den ankommenden vergleicht. Bei Nichtübereinstimmung erkennt man im Prüfschema, in welcher Spalte m_i genau diese Kontrollbits gewählt wurden. Bei $e = 1$ wird das entsprechende Nutzbit korrigiert.

Blockcodierung, VRC / LRC, Vertical / Longitudinal Redundancy Check

Ansicht, Beschreibung:

Zahl k der Kontrollbits bei z Nutzworten mit der Nutzbitzahl m zur sicheren Korrektur von einem Fehler:

$$k = m + z + 1$$

Kontrollbitermittlung:

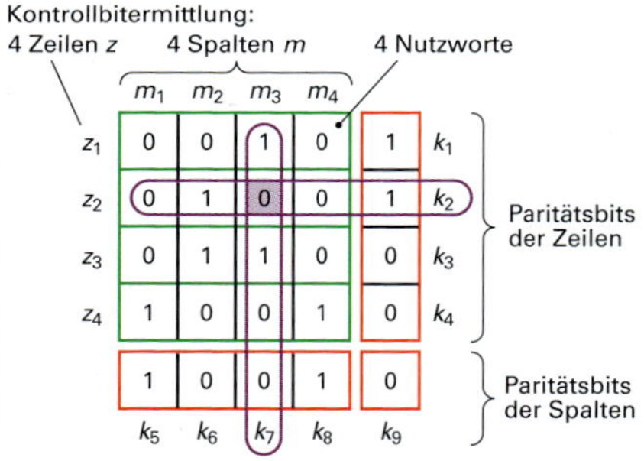

gesendetes Codewort: 0010 | 0100 | 0110 | 1001 | 1100 | 1001 | 0
(Nutzbits: 0010 0100 0110 1001; Blockprüfzeichen BCC: 1100 1001 0)

Erklärungen: Bei der Blockcodierung werden die Kontrollbits aus mehreren Nutzworten durch Bildung der Querparität und Längsparität erzeugt, siehe Ansicht.
Für 4 Codeworte mit jeweils 4 Nutzstellen erzeugt man $k = 4 + 4 + 1 = 9$ Kontrollbits (Prüfbits).
Zuerst werden die Kontrollbits k_1 bis k_4 durch Querparität gebildet und anschließend die Kontrollbits k_5 bis k_8 durch Längsparität. Das Kontrollbit k_9 ist das Paritätsbit der Querparitäten.
Zur Übertragung werden die Kontrollbits als Blockprüfzeichen (BCC = block character check) den Nutzbits angehängt.
Tritt ein Übertragungsfehler auf, z. B. an der dritten Stelle m_3 des zweiten Nutzwortes z_2, so werden die Kontrollbits k_2, k_7 und k_9 verändert.
Der Empfänger führt die gleiche Blockcodierung der Nutzworte durch. Er stellt eine Nichtübereinstim-mung der Kontrollbits k_2, k_7 und k_9 fest und kann den Fehler an der Stelle $(m_3|z_2)$ beheben.

Zyklische Codierung, CRC, Cyclic Redundancy Check

Ansicht, Beschreibung:

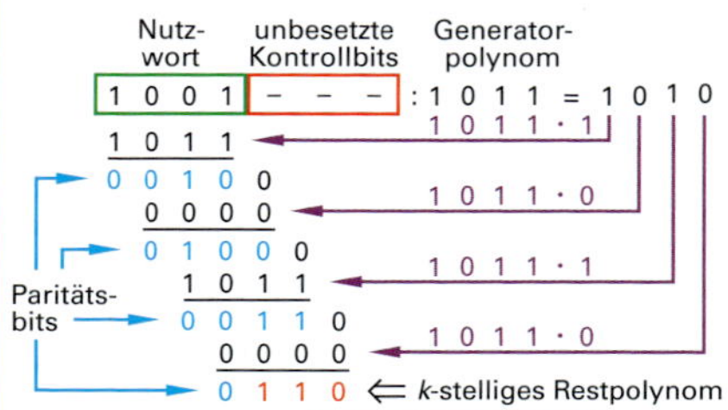

gesendetes Codewort: 1 0 0 1 | 1 1 0

Erklärungen: Die notwendigen Kontrollbits für die Korrektur eines Fehlers ($e = 1$) werden durch eine Polynomdivision gewonnen.
Dazu wird jedes Nutzwort durch das Generatorpolynom dividiert, in der Ansicht 1011. Das Restpolynom, welches bei der Polynomdivision übrig bleibt, bildet die Kontrollbitfolge, in der Ansicht 110.
Zur Datenübertragung werden die Kontrollbits an die Nutzbits angefügt.
Die zyklische Codierung ist ein Spezialfall der Hammingcodierung. Die Nutzbits 1001 ergeben dieselben Kontrollbitwerte 110.

T

Serielle Schnittstellen Serial interfaces

Aufbau, Funktionen	Erklärungen	Bemerkungen, Beispiele
V.24-Schnittstelle, RS-232		
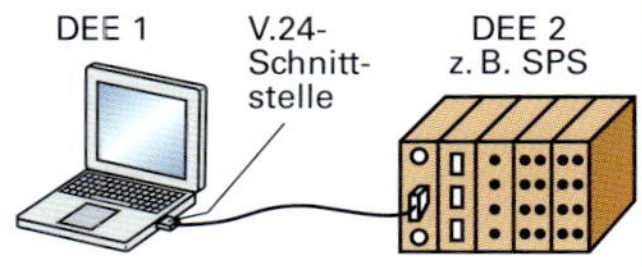 **Aufbau**	Die V.24-Schnittstelle[1] ermöglicht den Datenaustausch zwischen einer Daten-End-Einrichtung (DEE) und einer Datenübertragungseinrichtung (DÜE), z. B. einer Leitung. Die Leitungslänge für eine sichere Übertragung reicht bis 30 m.	Zur Verbindung zweier DEE, z. B. eines PC mit einer SPS, müssen die Signalleiter gekreuzt werden, da die Sendesignale der DEE1 die Empfangssignale der DEE2 sind.
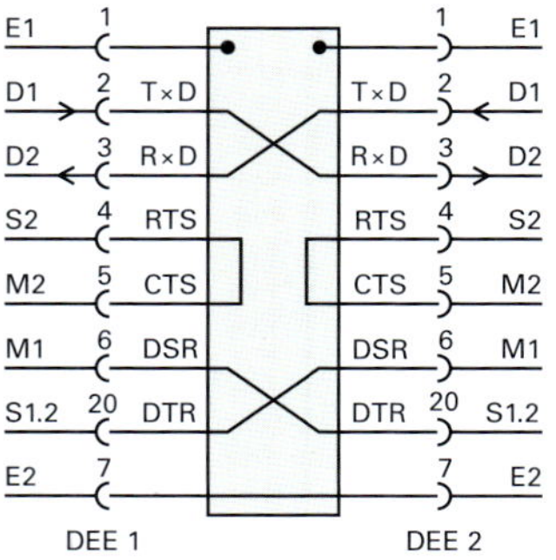 **Steckerbelegung**	E1 Schutzerde E2 Betriebserde D1 (T×D) Sendedaten (Transmitted Data) D2 (R×D) Empfangsdaten (Received Data) S2 (RTS) Sendeteil EIN (Request To Send) M2 (CTS) Sendebereitschaft (Clear To Send) M1 (DSR) Betriebsbereitschaft (Data Set Ready) S1.2 (DTR) Betriebsbereit (Data Terminal Ready) Tx ≙ Transmitter … Rx ≙ Receiver …	Bei der V.24-Schnittstelle gibt es Leiter für Daten, Steuersignale, Taktsignale und zur Stromversorgung sowie für Schutzmaßnahmen. Meist wird nur eine Teilmenge der 25 möglichen Schnittstellenleiter benützt, nämlich: Stifte Nr. 1 und Nr. 7 für Schutzerde und Betriebserde, Stifte Nr. 2 und Nr. 3 für die Datenübertragung, Stifte Nr. 4 und Nr. 20 zur Übertragungssteuerung, Stifte Nr. 5 und Nr. 6 für Meldungen.
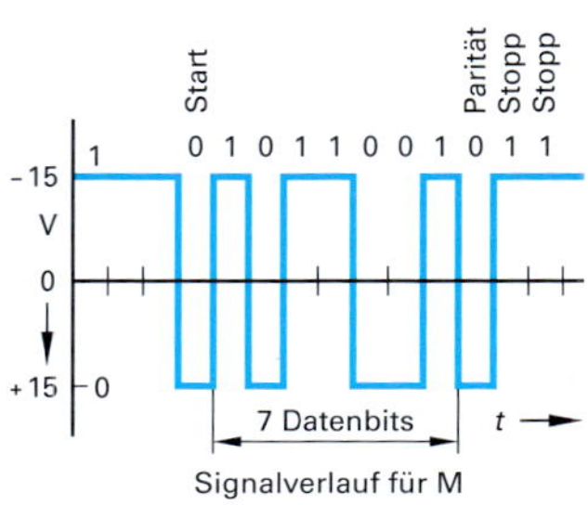 **Signaldarstellung**	Für Datensignale bedeutet der Pegel +3 V bis +25 V ein Signal mit dem Wert 0 und −3 V bis −25 V ein Signal mit dem Wert 1. Für Steuersignale und Meldesignale bedeutet der Pegel +3 V bis +25 V ein Signal mit dem Wert 1 und −3 V bis −25 V ein Signal mit dem Wert 0. Für die *Datendarstellung* wird meist der ISO-7-bit-Code verwendet mit wahlweise 1 oder 2 Stoppbits.	Die Datenübertragung beginnt mit ENQ (von Enquiry = Nachfrage), der Empfänger quittiert mit DLE 0 (von Data Link Escape = Datenverbindung flüchtig). Es folgen STX (von Start of Text = Start des Textes) und die Nutzdaten, dann ETX (von End of Text = Ende des Textes) und EOT (von End of Transmission = Ende der Übertragung).
IrDA-Schnittstelle		
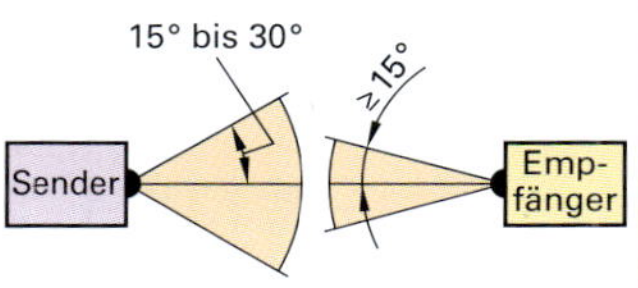 **Infrarot-Datenübertragung**	Bei der IrDa-Schnittstelle (Infrared Data Association) wird Infrarot-Strahlung (850 nm bis 900 nm) als Träger für den Datenaustausch zwischen Geräten, z. B. Laptop, PDA (Personal Digital Assistant), Drucker, Mobiltelefon, Tastatur, über kurze Strecken verwendet. Bei der Punkt-zu-Punkt-Verbindung des Verfahrens nach IrDA-Data oder der Punkt-zu-Multipunkt-Verbindung (IrDA-Control-Verfahren) muss zwischen Sender und Empfänger Sichtverbindung sein.	Das IrDA-Protokoll kennt keine Prozeduren zur Authentisierung (prüfen der Zugangsberechtigung). Beliebige Partner können bei aktivierter Schnittstelle Daten senden und empfangen. Die Bitrate beträgt beim Verfahren nach SIR (von Serial Infrared) meist 9,6 kbit/s bis 115,2 kbit/s oder bei FIR (von Fast Infrared) 4 Mbit/s. Die Entfernungen liegen zwischen 1 cm und 100 cm. Beim Verfahren IrDA-Control sind etwa 5 m Entfernung mit 75 kbit/s möglich.

[1] Die Schnittstellenbeschreibung beruht auf den Empfehlungen V.24 und V.28 der ITU-T (von International Telecommunications Union-Telecommunication Standardization = internationale Telekommunikations-Union-Abteilung Telekommunikationsnormung). Für den Bereich der USA gilt die Norm EIA, RS-232 (EIA von Electronic Industries Association = Elektronik-Industrieverband).

T

RS-485-Schnittstelle RS-485-Interface

Aufbau, Funktionen	Erklärungen	Bemerkungen, Spezifikation
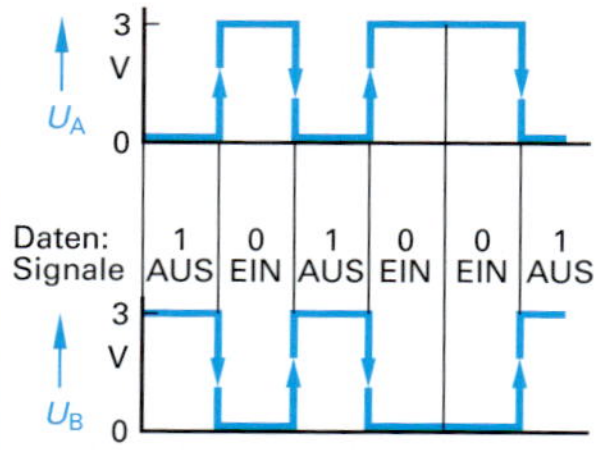 **Symmetrische Signaldarstellung**	Die Signalübertragung mit der RS-485-Schnittstelle erfolgt mit den 2 Signalen A und B, welche über eine Negation verknüpft sind: $A = \overline{B}$ und $B = \overline{A}$. Damit entsteht in der Übertragungsleitung immer ein gegensinniger Signalwechsel. Die Signalauswertung erfolgt über die Spannungsdifferenz $U_{A-B} = U_A - U_B$.	Im Unterschied zur RS-485-Schnittstelle wird bei der RS-232-Schnittstelle (V.24-Schnittstelle) das Übertragungssignal als Spannung gegenüber Masse definiert. Neben der RS-485-Schnittstelle gibt es mit sehr ähnlichen Eigenschaften die RS-422-Schnittstelle und die RS-423-Schnittstelle. Bei diesen Schnittstellen sind die elektrischen Kenngrößen etwas anders definiert. Diese Schnittstellen sind wenig gebräuchlich.
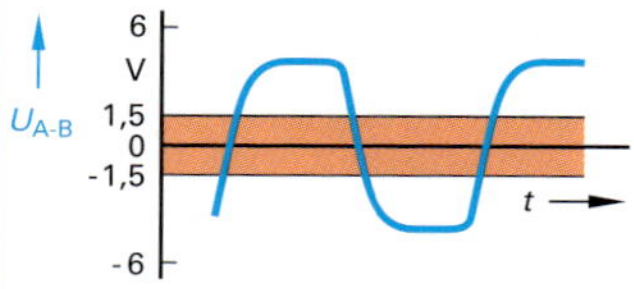 $U_{A-B} = U_A - U_B$ Für Daten: $U_{A-B} > 0\,V \mathrel{\hat=} 1$, $U_{A-B} < 0\,V \mathrel{\hat=} 0$ Für Steuersignale: $U_{A-B} > 0\,V \mathrel{\hat=}$ AUS, $U_{A-B} < 0\,V \mathrel{\hat=}$ EIN **Signalbewertung**	Die Spannungsdifferenz U_{A-B} liefert im Wertebereich von 1,5 V bis 6 V und von −1,5 V bis −6 V auswertbare Signale. Bei Daten werden positive Spannungen dem binären Wert 1 zugeordnet und negative Spannungen dem binären Wert 0. Für Steuersignale sind positive Spannungen definiert für den Zustand AUS und negative Spannungen für den Zustand EIN.	(siehe Tabelle unten)
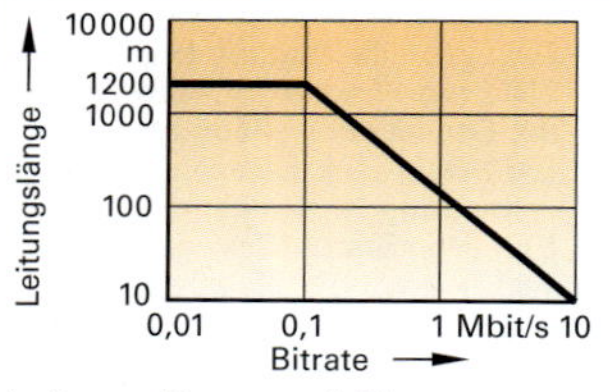 **Leitungslänge und Bitrate**	Die maximale Leitungslänge beträgt bei einer abgeschirmten verdrillten Leitung (STP, von Shielded Twisted Pair) 1200 m bei einer Bitrate von 100 kbit/s. Bei höheren Bitraten reduziert sich die maximale Leitungslänge.	Im Vergleich hierzu beträgt bei der RS-232-Schnittstelle (V.24-Schnittstelle) die Bitrate nur 19,6 kbit/s bei einer max. Leitungslänge von nur 15 m. Die RS-485-Schnittstelle wird vor allem zur Datenübertragung im Bereich von Maschinen und Anlagen verwendet, wo größere Entfernungen zu überbrücken sind.
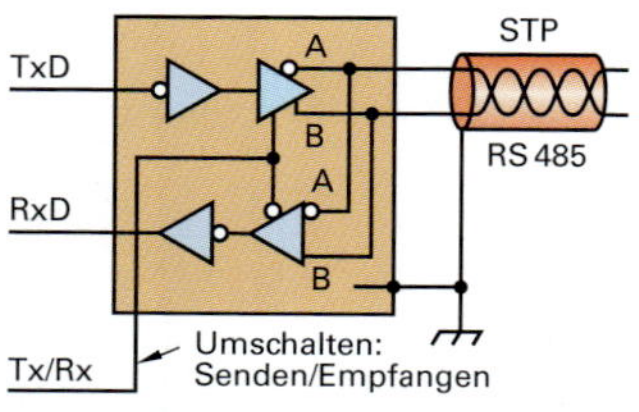 **Schnittstellenumsetzer RS-232/RS-485**	Für den Betrieb der RS-485-Schnittstelle benötigt man Differenztreiberverstärker auf der Sendeseite und Operationsverstärker als Differenzverstärker auf der Empfängerseite. Meist wird die RS-485-Schnittstelle als Vollduplexschnittstelle für Senden und Empfangen betrieben.	Für die RS-485-Übertragung ist meist eine RS-232-Schnittstelle der Ausgangspunkt und der Zielpunkt. RS-232/RS-485-Schnittstellenumsetzer ermöglichen als kompakte Bausteine eine einfache Anschaltung. Es können unter Verwendung einer geeigneten Software auch Netzwerke damit aufgebaut werden.

Parameter	Größe, Wert
Sendespannung (unbelastet)	min. 1,5 V, max. 6 V min. −1,5 V, max. −6 V
Sendespannung (mit 54 Ω belastet)	min. 1,5 V, max. 5 V min. −1,5 V., max. −5 V
Senderkurzschlussstrom	± 250 mA
Senderanstiegsflanke (R_{Last} = 54 Ω, C_{Last} = 50 pF)	30% der Bitzeit
Empfänger-Eingangs-Widerstand	12 kΩ

RS-485-Netzwerk

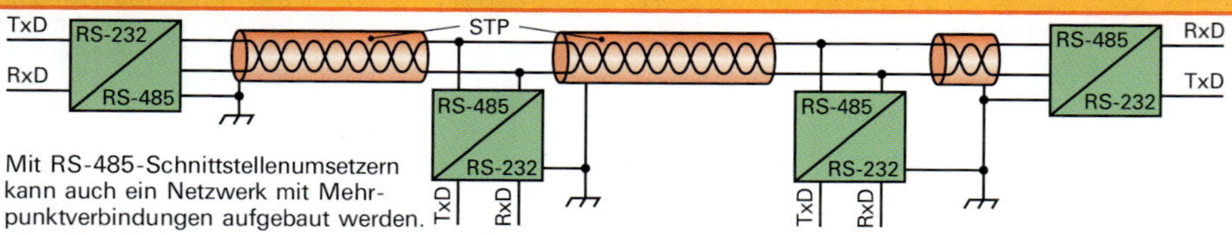

Mit RS-485-Schnittstellenumsetzern kann auch ein Netzwerk mit Mehrpunktverbindungen aufgebaut werden.

Die Schnittstellenbeschreibung beruht auf dem amerikanischen Industriestandard EIA, RS-485: Standard for electrical characteristics of generators and receivers for use in balanced digital multipoint systems/EIA, RS von Electronic Industries Association, Related Standard = Elektronikindustrie-Verband, Normungsbericht.

T

USB USB Universal Serial Bus

Begriff	Ansicht	Erklärungen
Topologie	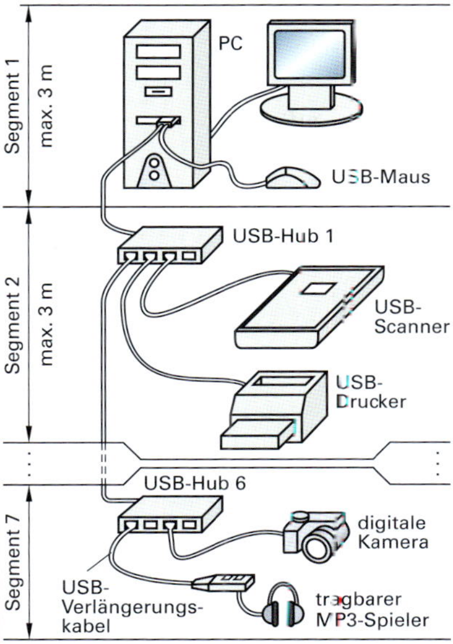	Der USB (Universeller Serieller Bus) ist eigentlich kein Bus, denn er wird sternförmig mit bis zu 7 Ebenen (Segment 1 bis Segment 7) vernetzt. Nach einer maximalen Leitungslänge von 3 m bei USB 3.0 bildet ein Hub (Sternverteiler) den Sternpunkt. Die Steuerung der angeschlossenen Geräte wird vom USB-Controller vorgenommen, der im Chipsatz auf dem PC-Mainboard integriert ist. In den Hubs werden die Datensignale regeneriert und die angeschlossenen Endgeräte mit Strom versorgt (max. 900 mA bei USB 3.0). Insgesamt kann die USB-Vernetzung 70 m Länge mit 127 Geräten betragen, denn so viele können adressiert werden. Kombigeräte, wie Fax-Drucker, werden über zwei Geräteadressen verwaltet. USB-Geräte sind hot-plugging-fähig (hot = heiß und plug = stöpseln), d.h. sie werden vom laufenden Betriebssystem beim Anschließen sofort erkannt und können unter Windows sofort bedient werden. Bei älteren Betriebssystemen, z.B. Win98, muss dagegen der PC neu gestartet werden, wenn z.B. eine USB-Maus angeschlossen wird. Beim ersten Betrieb eines USB-Gerätes muss oft ein Gerätetreiber installiert werden. USB 3.0 arbeitet bidirektional, USB 2.0 dagegen nur unidirektional.
Anschlüsse	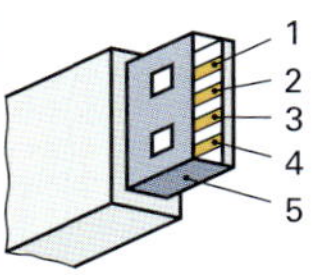USB 2.0-Stecker Typ A 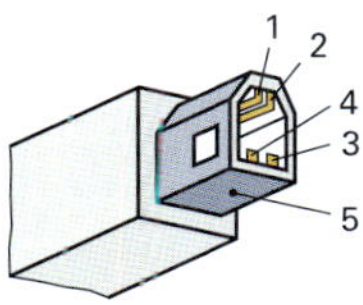USB 2.0-Stecker Typ B 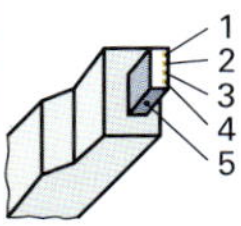USB 2.0-Stecker Typ B mini 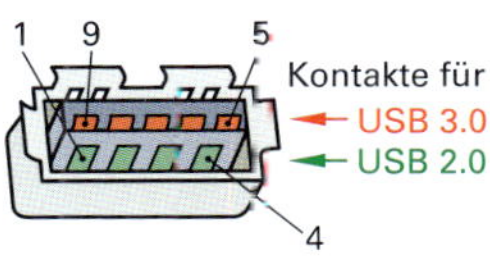USB 3.0-Buchse	Beim Vernetzen von USB-Geräten muss bei der Kabelauswahl auf die beidseitig richtige Steckerbelegung geachtet werden. Man unterscheidet Stecker vom Typ A und Stecker vom Typ B, welche alle das USB-Symbol tragen. Für spezielle Geräte, wie manche digitalen Kameras, sind Sonderstecker vom Typ B mini erforderlich. Die USB-2.0-Kabel sind 4-adrig und sind abgeschirmt. Die Verbindung erfolgt über folgende Signale: 1: 5V-Spannung V_{CC} 2: Masse *GND* 3: Datensignal $-S_D$ 4: Datensignal $+S_D$ 5: Abschirmung USB 3.0-Buchsen besitzen 5 weitere Anschlüsse, dennoch können die USB 2.0-Stecker mit diesen verwendet werden. USB 3.0 ist abwärtskompatibel.
Standards	Kennzeichnung von USB 1.1 Kennzeichnung von USB 2.0 Kennzeichnung von USB 3.0 Symbol für USB 3.0	Beim USB werden drei Standards unterschieden. Beim USB 1.1 erfolgt die Datenübertragung bei langsameren Geräten, wie Maus oder Tastatur, mit bis zu 1,5 Mbit/s (= 0,1875 MB/s) und bei schnelleren Geräten, z.B. Drucker oder Scanner, mit bis zu 12 Mbit/s (= 1,5 MB/s). Bei USB 2.0 ist die Bitrate mit maximal 480 Mbit/s (= 60 MB/s) 40-mal schneller als bei USB 1.1. USB 3.0 ist mit 640 MB/s ca. 10-mal schneller als USB 2.0. Die für die Standards ausgelegten Geräte und Kabel sind mit verschiedenen Symbolen gekennzeichnet. Rechner mit USB 3.0-Controller erkennen USB 2.0-Geräte und übertragen im langsameren USB 2.0-Modus. Werden beim USB 3.0 an einem Hub ein USB 2.0-Gerät und ein USB 3.0-Gerät gleichzeitig betrieben, müssen sich die Geräte die langsamere Bitrate von 480 Mbit/s teilen.

Firewire IEEE 1394 Firewire IEEE 1394

Begriff	Ansicht	Erklärungen

Firewire

Symbole für IEEE1394

Firewire (fire = Feuer und wire = Draht) ist ein serieller Hochleistungsbus, der unter der Bezeichnung IEEE 1394 genormt ist (IEEE von Institute of Electrical and Electronics Engineers). Er wird auch unter den Firmenbezeichnungen iLink oder Lynx geführt.

Topologie

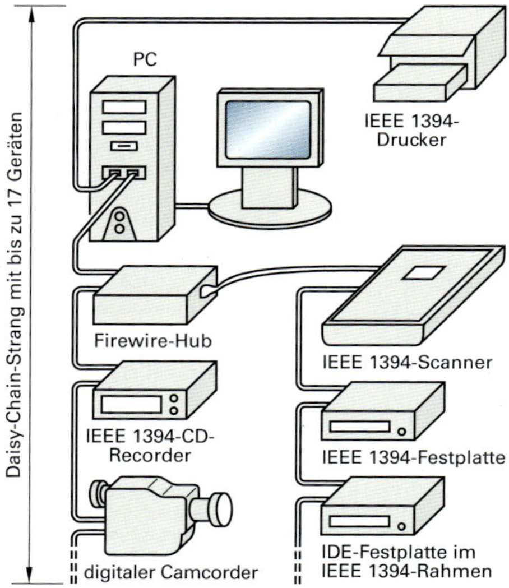

Aufbau eines Bus-Segments

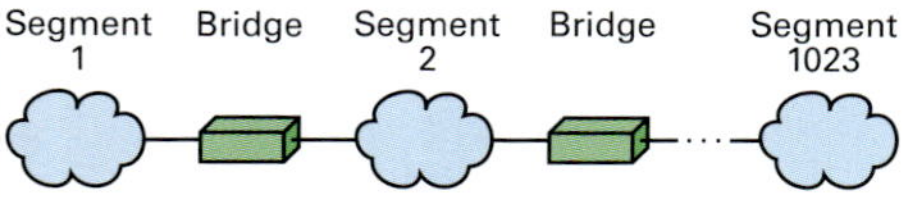

Firewire-Bus mit 1023 Segmenten

IEEE-1394-Geräte haben meist zwei IEEE-1394-Anschlüsse, sodass die Geräte zu einem Daisy-Chain-Strang (daisy chain = Gänseblümchenkette) geschaltet werden können. Zwischen zwei Geräten darf die Kabellänge maximal 4,5 m betragen. Bei 17 Geräten erhält man eine Gesamtlänge von maximal 72 m. Werden in die Gerätekette Firewire-Hubs geschaltet, können weitere Daisy-Chain-Stränge abgezweigt werden, die aber nicht zu Schleifen geschaltet werden dürfen. Man erhält so ein Bus-Segment mit Baumstruktur, in dem bis zu 63 Geräte untereinander kommunizieren. Es können 1023 Bussegmente mit einer Bridge (Brücke) verbunden werden, so dass am gesamten Firewire-Bus maximal 64449 Geräte angeschlossen werden können.

Die IEEE-1394-Geräte können unabhängig von einem PC Daten an andere Geräte im Bus versenden. Man spricht von einer peer-to-peer-orientierten (peer = Punkt) Verbindung. So kann z. B. vom Computer aus ein digitaler Camcorder gesteuert werden, während dieser seine Aufnahme direkt an einen digitalen Videorekorder zur Aufzeichnung sendet. Die datenintensivere Übertragung erhält eine höhere für die ganze Übertragungsdauer konstante Bitrate. Man nennt dies *isochronen Übertragungsmodus* (isochron = gleichzeitig). Steuersignale werden asynchron übertragen.

Standards, Vergleich mit USB 2.0

Standard	IEEE-1394b	IEE-1394a	USB 3.0
Bitrate mit Cu-Kabeln	800 Mbit/s	400 Mbit/s	640 MB/s
Stromversorgung	8 V bis 40 V / 1,5 A		5 V/0,9 A
Isochroner Datentransfer	ja		ab USB 3.0
Anwendung	PC-Peripheriegeräte, Video, Multimedia		PC-Peripheriegeräte

Beim Firewire-Bus werden die Standards IEEE-1394 (IEEE-1394a) und IEEE-1394b unterschieden. Mit dem Standard IEEE-1394b ist bei gleichen Übertragungsmedien eine mindestens doppelt so hohe Bitrate möglich. Darüber hinaus können z. B. mit optischen Übertagungsmedien Bitraten bis 1,6 Gbit/s auf eine Entfernung von 100 m erreicht werden.

Anschlüsse

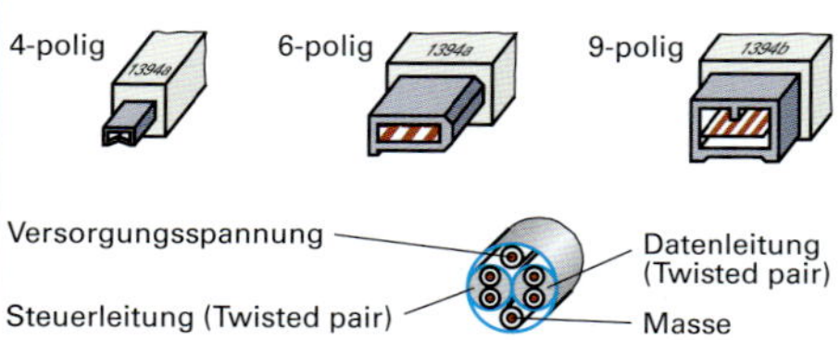

Steckerformen und Leitung

IEEE-1394a hat 4-polige und 6-polige Anschlüsse. Ein Adernpaar ist für den Datentransfer und eines für Steuersignale vorgesehen. Beim 6-poligen Anschluss erfolgt über die zwei übrigen Pins die Stromversorgung der Geräte.
IEEE-1394b hat 9-polige Anschlüsse. Beim Beta-Anschluss können nur Geräte des IEEE-1394b-Standards angeschlossen werden. Der Bilingual-Anschluss (bilingual = zweisprachig) ist abwärtskompatibel und somit für beide Firewire-Standards geeignet.

T

Topologie, Zugriffsverfahren

Darstellungen	Erklärung	Bemerkungen
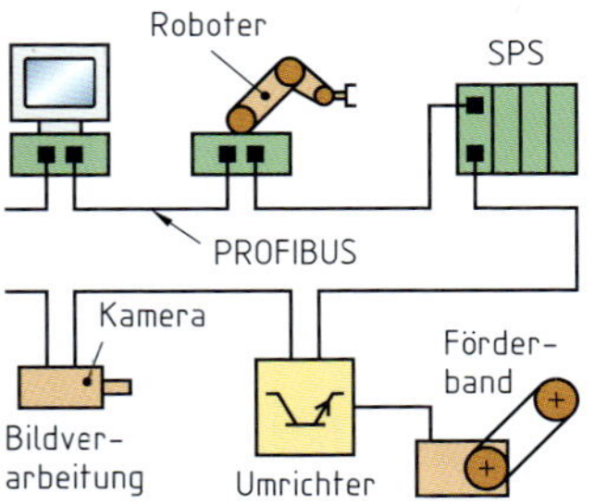 **Topologie**	Der PROFIBUS[1] dient als Feldbus zur Vernetzung von Geräten, z. B. Computer, SPS, Roboter und Antrieben. *Passive Teilnehmer* senden nur, wenn sie von einem *aktiven Teilnehmer* aufgefordert werden. Der PROFIBUS-DP (Dezentrale Peripherie) hat einen etwas eingeschränkten Funktionsumfang zugunsten eines schnellen zyklischen Datenaustausches zwischen einem aktiven Teilnehmer und mehreren passiven Teilnehmern.	Man verwendet meist verdrillte Kupferadern, die von einem Teilnehmer zum andern verlegt werden. PC werden über eine PROFIBUS-Karte angeschlossen. Der Bus arbeitet bidirektional, d. h. die Daten gehen vom sendenden Teilnehmer in beiden Richtungen zu allen anderen Teilnehmern. Die übertragenen Daten bestehen aus 11-Bit-Zeichen (UC-Zeichen[2]).
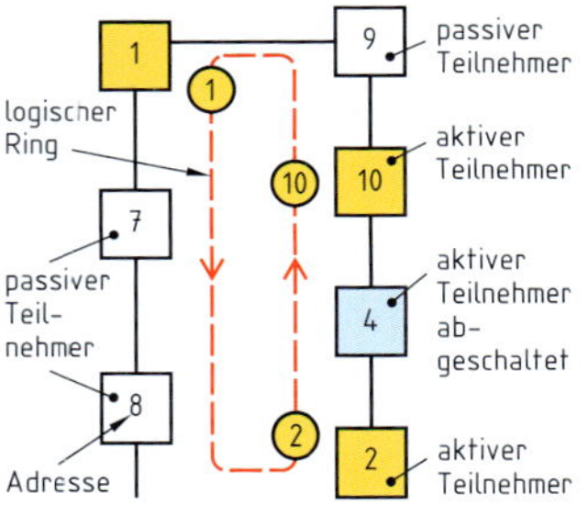 **Zugriffsverfahren**	Als Zugriffsverfahren wird das Token-Bus-Verfahren verwendet. Das System erkennt und verwaltet folgende Betriebszustände: ● Zuschalten und Abschalten eines Teilnehmers, ● defekter Teilnehmer, ● mehrere gleiche Teilnehmeradressen (Störung), ● kein Token vorhanden, ● mehrere Token vorhanden.	Der Token wird entsprechend der Adressnummernfolge von einem aktiven Teilnehmer zum folgenden weitergereicht. Der Token kreist in einem logischen Ring. Wenn in einem PROFIBUS-Netz nur ein aktiver Teilnehmer ist, dann entfällt die Tokenweitergabe. Im PROFIBUS-Netz gibt es die Betriebsarten ● Tokenverwaltung, ● zyklischer Sende- und Anforderungsbetrieb und ● Teilnehmerverwaltung.
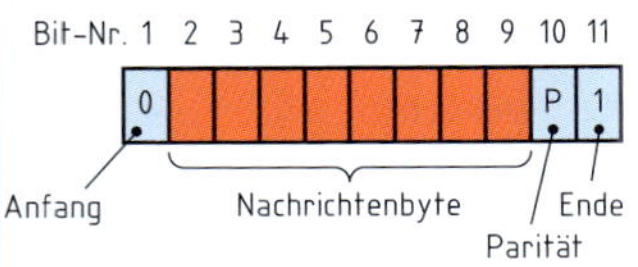 **UC-Zeichen**	Bit-Nr. 1: Zeichenanfang Bit-Nr. 2 bis 9: Datenbits Bit-Nr. 10: Paritätsbit Bit-Nr. 11: Zeichenende	Das Paritätsbit ergänzt die Datenbits auf eine geradzahlige Summe.
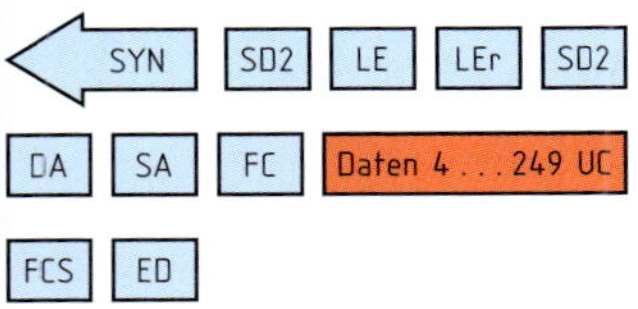 **Frameformat**	SYN Synchronisierzeichen (33 × 0) SDZ Startbytes (0110 1000) LE Datenlänge DA Zieladresse SA Quelladresse FC Kontrollbyte FCS Prüfbyte ED Endbyte	Anstelle eines vollständigen Antworttelegramms gibt es auch Kurzquittierungen mit nur einem Byte. Die Kurzquittierung besteht aus dem SC-Zeichen (von Single Character = Einzelzeichen) mit der Bitfolge 1110 0101.

Kenngrößen

Benennungen	Werte, Arten	Bemerkungen
Bitrate	9,6 kbit/s bis 500 kbit/s, bei PROFIBUS-DP bis 12 Mbit/s	Ein Nachrichtenpaket enthält bei maximal 231 UC-Zeichen 246 Bytes an Nutzdaten.
Leitung	verdrilltes Adernpaar mit Schirm	
Leitungslänge	1200 m	
Codesicherung	Paritätsbit und Frameprüfbyte	
Nachrichtenpaketlänge	261 UC-Zeichen	
Zahl der Teilnehmer	32 ohne Repeater, 122 mit Repeater	

[1] PROFIBUS von Process Field Bus = Prozessfeldbus; [2] UC von Universal Asynchronous Receiver/Transmitter-Character = Universelles asynchrones Empfänger/Sender-Zeichen.

T

CAN-Bus

Topologie, Zugriffsverfahren

Darstellungen | Erklärung | Bemerkungen, Beispiele

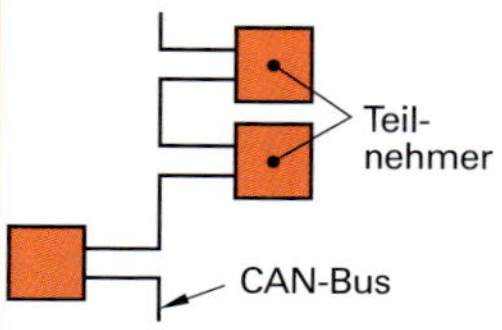

Topologie

CAN[1] ist ein Netzwerk mit Linienstruktur, in dem Nachrichten unterschiedlicher Priorität durch einen Rundruf (broadcasting) übertragen werden. Übertragungsleitung ist ein verdrilltes Adernpaar.

CAN wurde als Steuer- und Nachrichtenbus für Kraftfahrzeuge entwickelt, findet aber auch in der Automatisierungstechnik Anwendung.

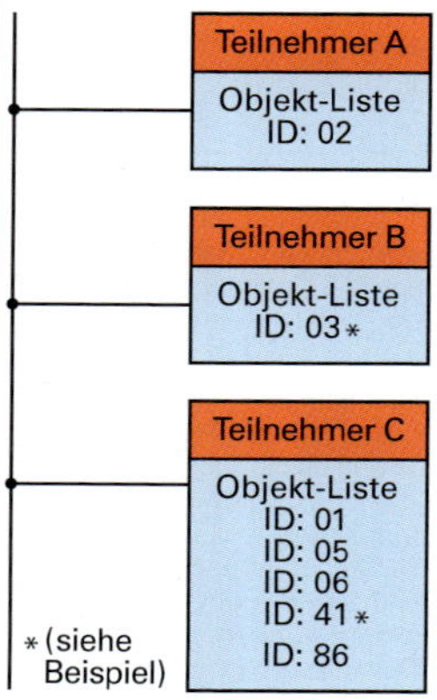

Zugriffsverfahren

Die Bussteuerung ist botschaftsbezogen, d. h. alle Teilnehmer empfangen alle Nachrichten. Diese sind in maximal 2032 Botschaften (Objekte) eingeteilt. Die Teilnehmer senden und verarbeiten nur die Botschaften, die sie betreffen. Diese sind in ihrer Objekt-Liste mit einer Identitätsnummer (ID) eingetragen. Botschaften mit kleiner ID-Nummer haben hohe Priorität.

Wenn der Bus frei ist, kann jeder Teilnehmer senden. Im Nachrichtenkopf (Header) steht die ID-Nummer. Senden mehrere Teilnehmer gleichzeitig, schaltet jeder Teilnehmer sofort von der Betriebsart Senden auf die Betriebsart Empfangen, wenn im Header ein eigenes 1-Bit vor dem 1-Bit eines anderen Teilnehmers kommt.
Beispiel:

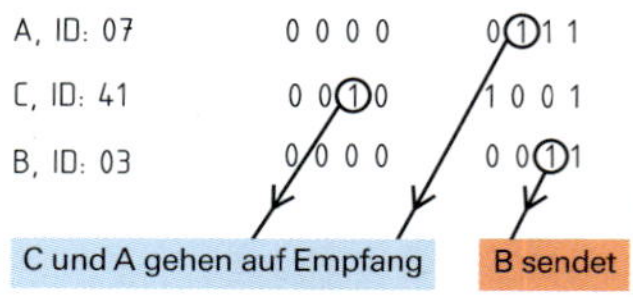

Die erste 1 von links gelesen kommt bei B nach der 1 von C und A, daher sendet B.

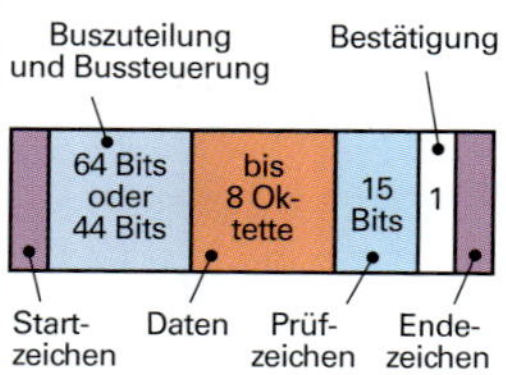

Frameformat

Der Nachrichtenrahmen (Nachrichtenframe) besteht aus 6 Feldern. Das Startzeichen markiert den Beginn einer Botschaft und synchronisiert alle Teilnehmer. Das Buszuteilungsfeld besteht aus dem Identifier der Botschaft und einem Steuerbit.

Der Fehlerschutz erfolgt mit einem Prüfzeichen durch eine CRC-Prüfung und durch Bitstuffing (to stuff = stopfen). Dabei wird vom Sender bei 5 gleichen Bits ein Bit mit anderem Wert hinzugefügt und beim Empfänger dieses Bit wieder entfernt. So haben fehlerfreie Nachrichten nie mehr als 5 Bits mit dem Wert 0 oder 1 in Folge.

Kenngrößen

Benennungen	Werte, Arten	Bemerkungen
Bitrate	max. 1 Mbit/s	CAN-Netzbausteine gibt es als Chip, als PC-Einsteckkarten und als SPS-Anschlussmodule. Die Übertragungssicherheit ist sehr hoch. Im Falle eines Fehlers wird die Nachricht nicht bestätigt und wiederholt.
Gesamtausdehnung	max. 1000 m, 40 m bei 1 Mbit/s	
Zahl der Botschaften	2032	
Datenlänge	0 bis 8 Bytes	
Fehlererkennung	CRC-Check, Format-Check, Empfangs-Check	
Hamming-Distanz[2]	6	

[1] CAN von Controller Area Network = Steuerungs-Flächennetz.

[2] R. W. Hamming, amerik. Wissenschaftler. Die Hamming-Distanz ist eine Maßzahl für die Störsicherheit eines Codes oder einer Nachrichtenübertragung. Bei einer Hamming-Distanz von HD = 6 werden vom Empfänger Fehler sicher erkannt, wenn nicht mehr als 6 Bits gleichzeitig innerhalb einer Nachricht durch Störung verändert sind. Ferner können bis zu 3 Fehler (HD/2) korrigiert werden.

T

Aktor-Sensor-Interface AS-i Actor sensor interface AS-i

Darstellungen	Erklärungen	Bemerkungen, Anwendungen
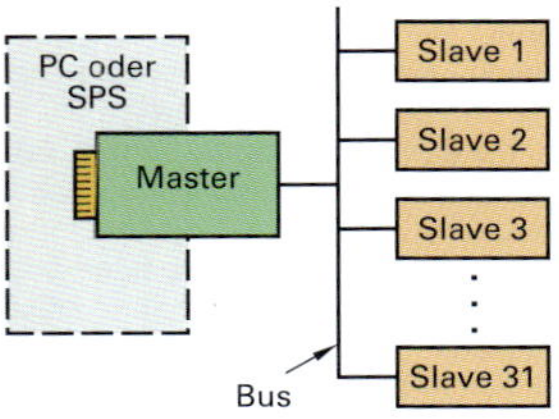 **Struktur**	ASI ist ein Feldbus zum Anschluss von Sensoren, wie z. B. Lichtschranken und von Aktoren, wie z. B. Pneumatikzylinder, über eine einfache Zweidrahtleitung. Die Datenübertragung erfolgt über dieselbe Leitung wie die Stromversorgung der Teilnehmer (Sensoren bzw. Aktoren). Die Bitrate beträgt 167 kbit/s. Der maximale Teilnehmerabstand ist ca. 100 m und es können 31 Teilnehmer angeschlossen werden. Mit Hilfe von Repeatern können Abstand und Teilnehmerzahl noch erweitert werden.	Das ASI-Netz kann sternförmig, baumförmig oder linienförmig realisiert werden. Abschlusswiderstände sind nicht erforderlich. Übliche Sensoren und Aktoren werden über ASI-Koppelmodule angeschlossen. Viele marktgängige Sensoren und Aktoren gibt es mit integrierter ASI-Elektronik.
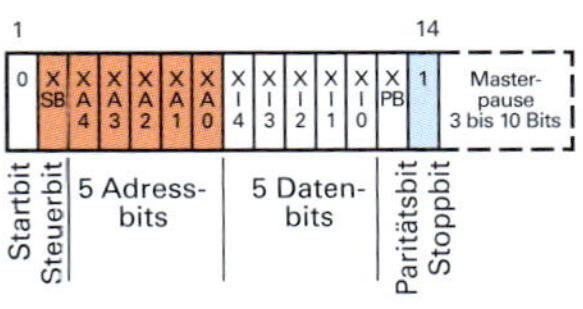 **Bussteuerung**	Die Bussteuerung erfolgt durch einen Master. Er steuert die Teilnehmer, d. h. er fragt die Sensoren der Reihe nach ab bzw. er überträgt an die Aktoren der Reihe nach Signale und wiederholt dies zyklisch (*zyklisches Polling*). Die Zykluszeit hängt von der Zahl der angeschlossenen Slaves ab und beträgt maximal 5 ms. Eine Nachrichtenübertragung besteht aus einem Masteraufruf mit 14 bit, einer Masterpause mit 3 bit bis 10 bit und einer Teilnehmernachricht mit 7 bit sowie einer Teilnehmerpause mit einem Bit. Die Synchronisation erfolgt über ein Startbit und ein Stoppbit. Die Nachrichtenübertragung des Masters enthält entweder Daten, Parameter, Kommandos oder Adressen.	In den 14 Bits der Masternachricht gibt es 5 Bits für die Adressierung der 31 Teilnehmer (Slaves) und 5 Bits für Informationen an den Teilnehmer. Der Teilnehmer überträgt an den Master 4 Datenbits, z. B. den Schaltzustand des Sensors oder auch eine Fehlermeldung. Über Kommandos kann der Master einen Teilnehmer in den Grundzustand bringen (Reset), seine Adresse löschen, eine neue Adresse eintragen sowie einen Status lesen oder löschen. Bei der Installation eines ASI-Feldbusses muss ein Teilnehmer nach dem anderen adressiert werden.
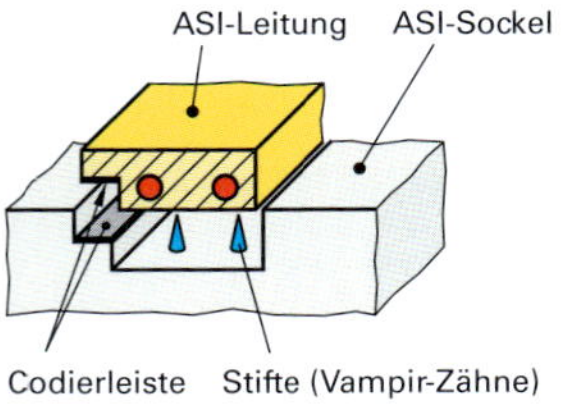 **Anschluss**	Die Daten- und Energieübertragung erfolgt über eine Starkstromleitung H05VV-F 2 × 1,5 (DIN/VDE 0281) oder über eine ASI-Flachbandleitung (gelb). Zur Energieversorgung ist ein spezielles ASI-Netzgerät erforderlich, das die Einkopplung der Datensignale erlaubt.	Mit der speziellen ASI-Leitung ist der Anschluss der ASI-Teilnehmer sehr einfach, nämlich durch Aufsetzen auf Kontakt-Stifte (Vampir-Zähne). Ein Verpolungsschutz ist durch die Codierleiste der ASI-Leitung gegeben.

AS-i-Netz (Beispiel)

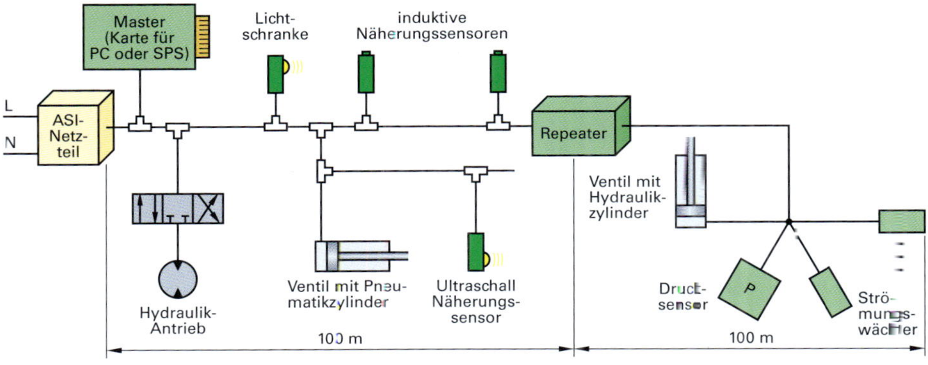

T

INTERBUS

Darstellungen	Erklärungen	Bemerkungen, Anwendungen
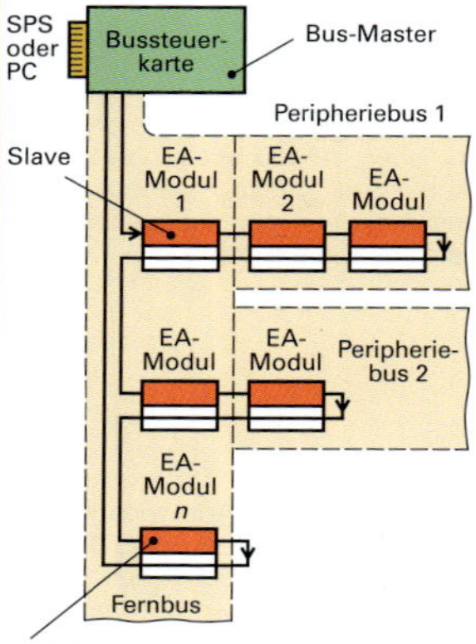 16 bit-Schieberegister maximal 256 EA-Module ⟹ max. Länge des Schieberegister 256 • 16 Bits = 4096 Bits **Struktur**	Der INTERBUS besteht aus einem Bus-Master-Baustein und bis zu 256 Slave-Bausteinen (master = Meister, slave = Sklave). Der Bus-Master und die Slaves sind über eine Ringleitung verbunden. Von der Funktion her arbeitet der Interbus-S wie ein großes Schieberegister, wobei die einzelnen Registerspeicherzellen als Slaves bezeichnet werden, 16 Bits umfassen und örtlich verteilt sind. Die Slaves werden entweder als Peripheriebus mit einer 14-adrigen Leitung und Ein-Ausgabemodulen (EA-Module) verbunden oder mit einer 4-adrigen Leitung bzw. LWL als Fernbus.	Der INTERBUS wird vor allem verwendet zur Anschaltung von Steuergeräten, Sensoren und Aktoren an SPS und zur Vernetzung von SPS. Die maximale Netzlänge beträgt bei jedem Peripheriebus 10 m und beim Fernbus 400 m ohne Repeater und mehrere Kilometer mit Repeater. Die EA-Module haben 8 Eingänge oder Ausgänge für Binärsignale. Die Datenübertragung im Peripheriebus erfolgt mit TTL-Signalen mit einer Bitrate von 300 kbit/s. Zur Datenübertragung beim Fernbus wird eine 4-adrige geschirmte Leitung mit symmetrischer Signalbildung entsprechend der Schnittstellen-Norm RS-485 verwendet oder aber eine Lichtwellenleitung (Glasfaser-LWL bis 2500 m, HCS-Faser bis 800 m). Jeder Fernbus kann bei Übertragung mit 4-adriger geschirmter Leitung 400 m lang sein. Es können maximal 32 Fernbusse aneinander gereiht werden.
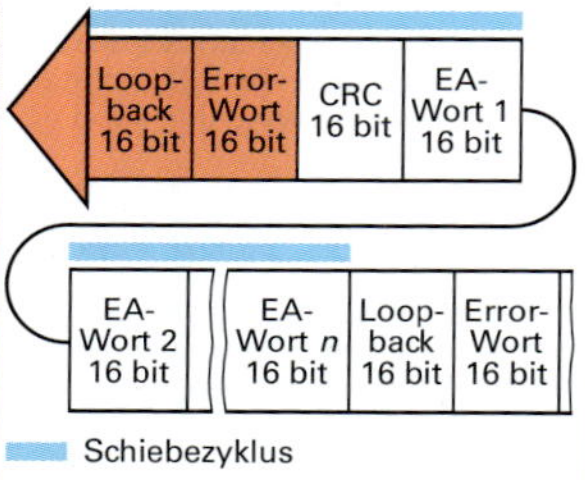 **Nachrichtenrahmen**	Jede Anschaltbaugruppe stellt durch ein oder mehrere 16-bit-EA-Worte ein Teil des Schieberegisters dar. Das Nachrichtenframe besteht aus den 16-bit-EA-Worten, einem CRC-Wort zur Codeprüfung, einem Error-Wort sowie einem Loop-back-Wort. Die Bussteuerkarte schiebt nun dieses lange Nachrichtenframe taktweise durch alle Anschaltbaugruppen, bis das Loop-back-Wort wieder bei ihr ankommt. Jetzt steht jedes EA-Wort in dem zu jedem Modul gehörenden Speicherplatz und kann übernommen werden bzw. neu beschrieben werden.	Alle Daten laufen immer über die Bussteuerkarte. Diese kann in einem Zyklus Daten aufnehmen, z. B. vom EA-Modul 5, und in einem zweiten Zyklus diese übergeben, z. B. an den EA-Modul 1. Die Reihenfolge der EA-Module ist zugleich die Reihenfolge der 16-bit-EA-Worte im Nachrichtenframe. Die Länge des Schieberegisters wird durch die Anzahl der EA-Module bestimmt, ebenso die Dauer eines Schiebezyklusses. Die Zykluszeiten sind minimal 0,39 ms. Sie betragen meist etwa 1 ms bis 3 ms.

INTERBUS-Systemintegration mit Open Control Architektur

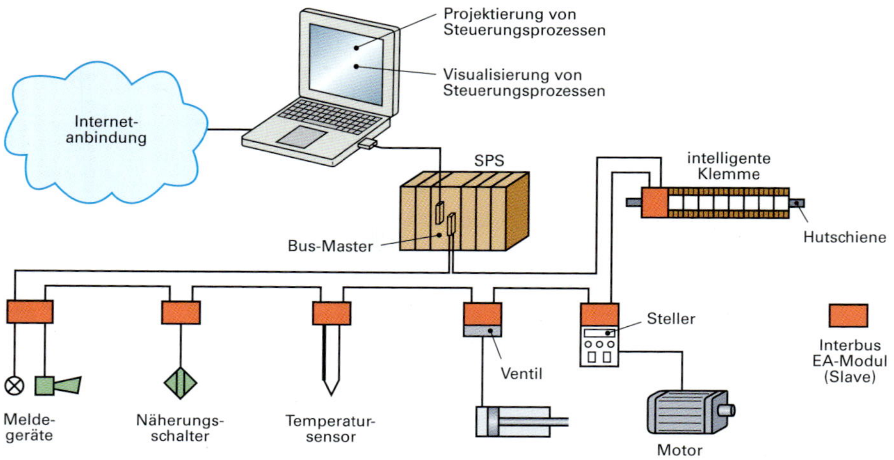

T

Netzwerktechnik mit Ethernet   Ethernet network technology

Begriff	Erklärungen	Bemerkungen
Ethernet	Bezeichnung für ein standardisiertes Netzwerksystem. Alle angeschlossenen Computer teilen sich die mögliche Bitrate. Zugriffsverfahren CSMA/CD.	Technische Neuerungen erlauben auch Bitraten mit 100 Gbit/s (Standard 802.3ba).
IEEE 802.3	Norm für das Ethernet. Herausgegeben vom Institute of Electrical and Electronical Engineers (IEEE), dem Verband amerikanischer Elektroingenieure, Arbeitsgruppe 802.	Teil 3 der Norm beschreibt Systeme und Zugangsverfahren zur Bitübertragungsschicht des OSI-7-Schichten-Modells.
DIX Ethernet V 2.0	Ethernetversion einer Firmengruppe (Digital Equipment, Intel, Xerox). Unterscheidet sich von der Ethernetnorm 802.3 durch den Datenrahmenaufbau.	Die Normen IEEE 802.3 und DIX Ethernet V 2.0 sind nicht kompatibel, können aber über das gleiche Netz laufen. DIX Ethernet V 2.0 ist das ältere Ethernet.
CSMA/CD	Von carrier sense multiple access with collision detection = Vielfachzugriff mit Leitungsabfrage und Kollisionserkennung. Zugriffsverfahren bei beiden Ethernetnormen.	Das Verfahren regelt den Zugriff der Netzstationen auf das Übertragungsmedium. Genormt durch IEEE.
Carrier Sensing (CS)	Signalpegel überwachen. Die sendewillige Station überwacht das Übertragungsmedium auf Datenverkehr (listen before talking = Hören vor dem Sprechen). Während der Übertragung wird der Kanal weiter abgehört (listen while talking = Hören während dem Sprechen).	Das Übertragungsmedium gilt als belegt, wenn nach 0,75-facher und 1,25-facher Bitdauer ein Wechsel des Durchschnittspegels eintritt. Es wird der Manchester-Code verwendet. Meist sind Ethernet-Netze für Halbduplex-Betrieb ausgelegt.
Paketformatierung	Zusammenstellung der Sendedaten zu Paketen von minimal 64 B bis maximal 1518 B.	Den Sendedaten ist jeweils eine Präambel (Datenkopf) mit einer Länge von 8 B vorangestellt.
Interframe Gap (IFG)	Lücke zwischen den Datenpaketen (Rahmen) zur eindeutigen Unterscheidung der Datenpakete.	Normwert ist ein Mindestabstand von 96 bit. Bei 10 Mbit/s entspricht dies einer Zeitspanne von 9,6 µs.
Collision Detection (CD)	Kollisionsentdeckung. Senden mehrere Stationen gleichzeitig, steigt der Signalpegel auf dem Übertragungsmedium. Die Stationen erkennen die Pegeländerung.	Die Zeit zur Kollisionsentdeckung ist auf 51,2 µs festgelegt. Alle Stationen brechen dann die Übertragung ab und senden das Jam-Signal.
Jam-Signal	Von jam = Hemmung. Das Senden des Jam-Signals verkürzt die Zeit der Kollisionsentdeckung durch eine Rahmenfehlermeldung.	Das Jam-Signal besteht aus einer 1010 ...-Folge von 4 B bis 6 B Länge. Es ist kürzer als die kleinste zugelassene Ethernet-Rahmenlänge von 64 B.
Netz-Topologie	Struktur eines Netzwerkes. Gebräuchlich sind bei Ethernet die Busstruktur und die Sternstruktur. Die logische Struktur muss nicht mit der physikalischen Struktur übereinstimmen.	10 Base 2 und 10 Base 5 arbeiten mit Busstruktur. Heute arbeiten fast alle Netze mit Sternstruktur. Logisch bildet das Netz einen Bus, der im Switch bzw. Hub (Sternpunkt) konzentriert ist.
Segment	In LANs bedeuten Segmente Netzabschnitte. Ein Segment wird durch die maximal zulässige Leitungslänge bestimmt.	Mehrere Segmente können durch Repeater (Wiederholverstärker) verbunden werden.

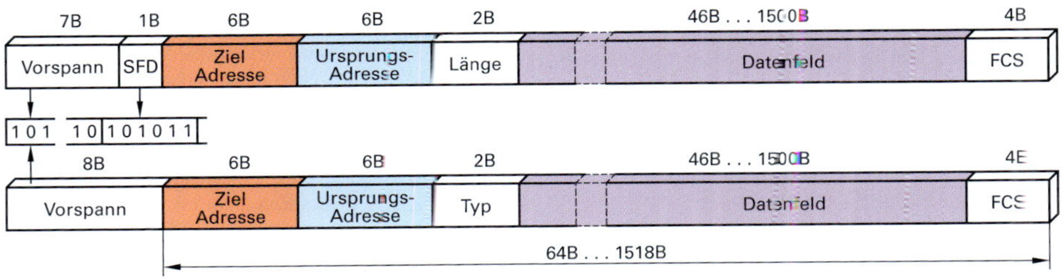

Rahmenstrukturen IEEE 802.3 (oben) und DIX Ethernet V2.0

10 Base-2 = Teil der Norm 802.3 für Koaxialleitung
10 Base-5 = Teil der Norm 802.3 für Koaxialleitung
10 Base-T = Teil der Norm 802.3 für verdrillte Leitungen

ether = Äther (Raum), net = Netz
SFD von Start Frame Delimiter = Start-Rahmengrenze
FCS von Frame Check Sequence = Rahmenprüffolge.

Netzwerktechnik mit Ethernet (Fortsetzung)
Ethernet network technology (continued)

Begriff	Erklärung	Bemerkung
10 Base-2	Ethernet mit 10 Mbit/s über dünne Koaxialkabel (d = 5 mm). Größte Länge eines Segments 185 m. Es sind höchstens 5 Segmente und 4 Repeater erlaubt. Nur 3 Segmente dürfen mit Stationen belegt sein. An ein Segment können bis zu 30 Stationen angeschlossen werden. Die maximale Gesamtlänge eines Netzes für 10 Base 2 beträgt 925 m.	Auch als Cheapernet Cable bezeichnet. Biegeradius > 5 cm, $Z_w = 50\,\Omega$. Leitungsmantel schwarz (RG58 Leitung). Thin Ethernet Leitung (Leitungsmantel grau) hat die bessere Abschirmung. Anschluss durch BNC-Stecker. Die Leitung bildet mit den Stationen ein Bussystem. Beide Leitungsenden müssen mit je einem Abschlusswiderstand von 50 Ω mit BNC-Stecker abgeschlossen werden.
10 Base-5	Ethernet mit 10 Mbit/s über dicke Koaxialleitung (d = 10 mm). Ein Segment darf höchstens 500 m lang sein. Je Segment können 100 Stationen über MAUs angeschlossen werden.	Auch als Yellow Cable bezeichnet (Leitungsmantel gelb). Biegeradius ≥ 25 cm. Bustopologie. Abschlusswiderstand 50 Ω beidseitig. Wird bei Neuanlagen nicht mehr verwendet.
10 Base-T	Ethernet mit 10 Mbit/s über eine sternförmige UTP- oder STP-Verbindung. Der Bus ist hier im Switch bzw. Hub (Sternverteiler) konzentriert. Die Stationen werden über jeweils eine eigene Leitung von maximal 100 m sternförmig an den Switch bzw. Hub angeschlossen.	Es wird vorzugsweise AWG 24 (von American Wire Gauge = amerikanisches Drahtmaß) verwendet. Drahtdurchmesser 0,5 mm. Wellenwiderstand $Z_w = 85\,\Omega$ bis 111 Ω bei einer Einkoppelungsimpedanz von 100 Ω.
100 Base-FX	Ethernet mit 100 Mbit/s über eine sternförmige Glasfaserverbindung. Verwendet werden Multimode-Fasern und Singlemode-Fasern. Die maximale Leitungslänge zwischen Hub und Station beträgt 400 m.	Durch Einsatz von LWL-Switches (Lichtwellenleiter-Schalter) kann die Länge eines Segments auf 2000 m erweitert werden. Das Datensignal wird im 4B-5B-Code in NRZ-I-Form übertragen.
100 Base-TX	Ethernet mit 100 Mbit/s über eine sternförmige UTP- oder STP-Verbindung mit 4 Adern (zwei Leitungspaare). Die maximale Leitungslänge zwischen Hub und Station beträgt 100 m.	Verwendet wird UTP-Leitung der Kategorie 5 (= Cat5), STP-Leitung Typ 1 oder S/STP-Leitung Kategorie 5. 100 Base-Tx ist ein verbreitetes Fast-Ethernet-Verfahren.
100 Base-T	Netzwerk sternförmig mit Twisted-Pair-Leitungen oder Glasfaserleitungen mit 1000 Mbit/s.	Parallele Nutzung von vier Leiterpaaren mit Duplexbetrieb.
1000 Base-LX	Ethernet mit 1 Gbit/s über eine sternförmige Glasfaserverbindung.	Größte Entfernung 3000 m zwischen Station und Hub.
10 Gigabit-Ethernet	Ethernet mit einer Übertragungsrate von 10 Gbit/s. Vollduplex-Betrieb in Punkt-zu-Punkt-Verbindungen.	Das CSMA/CD-Verfahren wird hier nicht mehr angewendet. Als Übertragungsmedien sind LWL oder Twisted-Pair-Leitungen eingesetzt.
Hub	An einen Hub (Nabe, Sternpunkt) werden Stationen oder weitere Hubs in Sterntopologie angeschlossen.	Durch den Einsatz eines Hubs wird der Datendurchsatz eines Netzes nicht erhöht.
MAU	Von Medium Attachement Unit = Koppelmodul zur Koaxialleitung. Auch Transceiver (von Transmitter = Sender und Receiver = Empfänger) genannt.	Die MAU-Schnittstelle ist bei 10 Base 5 über eine maximal 50 m lange Verbindungsleitung mit der Schnittstelle auf der Computerseite verbunden.
Repeater	Netzwerkgerät zur Verbindung zweier Ethernet-Segmente. Die Datensignale werden regeneriert und verstärkt.	Die Leitungsverbindung zwischen zwei Repeatern darf nicht länger als 100 m sein. Bei Entfernungen bis 1 km müssen Remote Repeater (entfernte Wiederholverstärker) eingesetzt werden.
Switch	Netzwerkgerät, das den zentralen Verteiler für ein sternförmiges Netzwerk bildet. Ein Switch bzw. Hub erfüllt auch Repeater-Aufgaben.	Hubs der Klasse I können unterschiedliche Medien (Leitungen) miteinander verbinden. Hubs der Klasse II bieten nur Anschlussmöglichkeiten für eine Leitungsart.
STP	Von Shielded Twisted Pair = geschirmte vieradrige oder achtadrige Leitung. Hier sind jeweils zwei Adern miteinander verdrillt und jedes Adernpaar hat eine eigene Schirmung. Verwendet bei 100 Base-TX.	Leitungen mit einer zusätzlichen Gesamtabschirmung heißen S/STP-Leitungen (von screened = abgeschirmt).
UTP	Von Unshielded Twisted Pair = ungeschirmte vieradrige oder achtadrige Leitung mit Verdrillung. Verwendet bei 10 Base-T.	Eine Schirmung der einzelnen Adernpaare gibt es nicht. Bei der S/UTP-Leitung ist eine Gesamtschirmung vorhanden.

Aufbau eines Ethernet-Netzes für mehrere Computer
Installation of an Ethernet network for several computers

Vorgang	Erklärungen	Bemerkungen, Beispiele
Erstellung des Netzkonzepts		
Zielvorgabe 	Klärung der Ziele, die mit dem Netz erreicht werden sollen: hoher Datendurchsatz und sichere Datenübertragung = Netzwerk mit Ethernet.	Gemeinsame Nutzung von Datenbeständen zentrale Datensicherung, gemeinsame Nutzung von Drucker oder Plotter.
Erstellung eines Konzepts 	Erfassung des Ist-Zustandes. Auflisten aller vorhandenen Hardware-Komponenten und der eingesetzen Software. Festlegen des Sollzustandes. Berücksichtigung künftiger Erweiterungen. Ermittlung der Entfernung zwischen den Rechnern.	Entscheidung darüber, welche Komponenten weiterverwendet, aufgerüstet oder ausgetauscht werden müssen. Faustregel: Längenbedarf L für Kabel: $L = 2 \times$ Luftlinie = Stücklänge inklusive Reserve
Bau des Netzwerkes		
Materialauswahl und Materialbeschaffung 	Einsatz von Leerrohren für künftige Erweiterungen. Biegeradius der Verrohrung nicht kleiner 30 mm. In Wohngebäuden in gegenüberliegenden Ecken jeweils einen Netzwerkanschluss legen. In Bürogebäuden ist eine Doppeldose in jeder Raumecke sinnvoll. Beim Verlegen wählt man CAT5-Kabel. (STP-Kabel = Shielded Twisted Pair) Soll zusätzlich zu dem Datennetz eine Tk-Anlage eingerichtet werden, wird hierfür ebenfalls CAT5-Kabel verlegt. Selbst in kleinen Installationen lohnen sich Patchfelder und ein Switch zum Anschluss mehrer PCs.	Austauschmöglichkeit gegen Glasfaser in der Zukunft. Auch Kupferkabel nicht unter 30 mm biegen oder knicken (Kabelbrüche). Zugänge zu den Leerrohren an Ecken setzen, um das Durchziehen zu erleichtern. Je ein Anschluss für Telefon und Netzwerk. Neben jede Netzwerkdose gehört eine Steckdose für das Stromnetz. Mit CAT5e lässt sich bis 100 m Gigabit-Ethernet übertragen. CAT6 ist für Gigabit-Ethernet überdimensioniert. Bei Bedarf lassen sich so Telefonanschlüsse zu Datenanschlüssen umwidmen. Einfaches Umstecken der Patchkabel genügt bei Systemumstellungen, kein Umklemmen von Kabeln notwendig.
Verlegung 	Auf hinreichende Tiefe der Dosen achten. Kabel beim Verlegen etwa 20 cm aus der Wand ragen lassen, damit das Anschließen leicht fällt. Kann in den Räumen nicht unter Putz verlegt werden, decken flache Kabelkanäle die offenen Leitungen ab. Wird mit Patchkabeln vernetzt, muss bei Wanddurchgängen auf ausreichende Lochgröße geachtet werden. Zwischen PC und Netzwerkdose empfiehlt sich die Verwendung von UTP-Patchkabel.	Normale Installationsdosen bieten oft nicht genügend Platz zum Unterbringen des Kabels. Sorgt für positiven WAF (WAF = Women's Acceptance Factor ;-). Kanäle über der Fußbodenleiste an die Wand montieren und RJ45-Aufputzdosen direkt darüber. Ein RJ45-Stecker misst mit Klinke ca. 15 mm × 15 mm. RJ45-Verbinder transportieren Ethernet- oder ISDN-Signale. Patchkabel sind wegen ihrer schlechteren elektrischen Eigenschaften nicht für längere Verbindungen geeignet. Unshielded Twisted Pair (UTP) vermeide Brummschleifen.
Auflegen der Kabel an Dosen und Patchfeldern 	Am Patchfeld wird zunächst das vorbereitete Kabel mit der Zugentlastung befestigt, damit es beim Montieren der Kabel nicht verrutscht. Mit dem Auflegewerkzeug wird Ader für Ader sanft eingesetzt. Nach dem Auflegen aller acht Adern eines Kabels wird der korrekte Sitz und die Farbzuordnung kontrolliert.	Neben üblichem Elektrowerkzeug sind ein Abisolierer und ein LSA+-Tool sinnvoll. Die kopfseitige Schere trennt überstehende Drahtenden im selben Arbeitsgang ab. Das Auflegen der Kabel in den Auf- und Unterputzdosen erfolgt entsprechend.
Abschlussarbeiten		
Dokumentation und Kontrolle 	Ein Lageplan und die Kennzeichnung der Kabel erleichtern spätere Fehlersuche. Vor dem Verputzen sollten die Kabelwege fotografiert werden. Durchgang und korrekte Paarigkeit lassen sich mit einfachen Prüfgeräten feststellen. Fachfirmen erstellen ein Messprotokoll durch Abnahmemessungen für jede Dose.	Der Lageplan mit allen Dosen und ihren Kennzeichen wird auf Grundrisszeichnungen erstellt und beim Patchfeld oder Serverschrank aufbewahrt. Abnahmemessungen erfordern einen Kabel-Analyzer. Die Messungen bestimmen Frequenzgang, Dämpfung und Übersprechen für jeden Portanschluss.

Gebäudeleittechnik und Gebäudesystemtechnik
Control engineering and system engineering for buildings

Prinzipbild, Benennung	Erklärung	Bemerkungen, Daten
Gebäudeleittechnik		
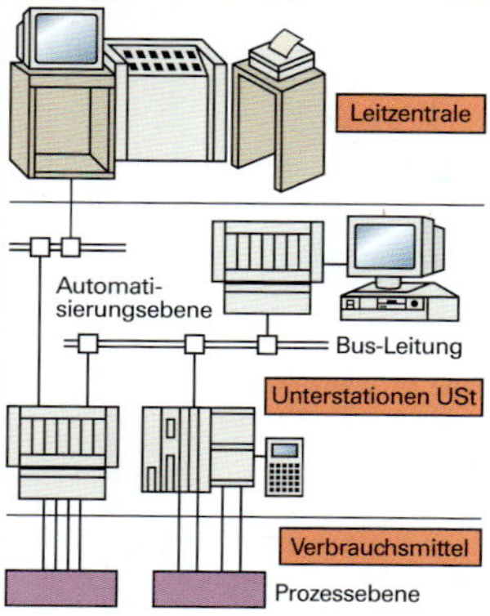 **Anlage mit Gebäudeleittechnik**	Bei der Gebäudeleittechnik befindet sich ein Leitrechner in einer Zentrale, an die über einen Bus Unterstationen mit weiteren Computern angeschlossen sind. Der Leitrechner überwacht und steuert die Automatisierungsebene. Die Rechner der Automatisierungsebene überwachen und steuern die Verbrauchsmittel. Der Leitrechner kann mit den anderen Rechnern über eine Busleitung, z.B. eine Koaxialleitung oder eine Glasfaserleitung, verbunden sein. Bei neuen Anlagen speist jeder Rechner einen Switch (von to switch = schalten), an den sternförmig über vieradrige STP bzw. UTP die Unterstationen bzw. Verbrauchsmittel oder aber weitere Switches angeschlossen sind.	Bei neuen Anlagen haben die Switches eine zentrale Bedeutung. Sie werden eingangsseitig an Glasfaserleitungen oder an Koaxialleitungen angeschlossen. Ein Switch kann z.B. acht Ausgänge haben, und zwar für STP bzw. UTP oder für Glasfaserleitungen oder für Koaxialleitungen. Das Netz der Gebäudeleittechnik ist ein LAN, z.B. ein Ethernet-Netz. Die Rechner der Automatisierungsebene und der Prozessebene können Aufgaben dieser Ebenen oft selbstständig lösen. Switch
Gebäudesystemtechnik		
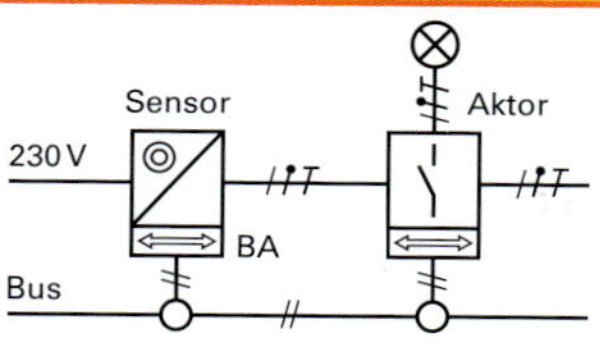 **KNX/EIB (KONNEX/European Installation Bus)**	Bei der Gebäudesystemtechnik sind die Sensoren, z.B. Taster, und die Aktoren, z.B. Schütze, mittels Mikrocontrollern so intelligent, dass kein Leitrechner erforderlich ist. Bei KNX gelangen die Steuersignale vom Sensor über eine Busleitung zum Aktor mit SELV von DC 20 V bis 30 V.	Der Busankoppler BA enthält den Mikrocontroller und eine Eingangsschaltung. Der Bus ist an eine Stromversorgungseinheit, meist ein REG (Reiheneinbaugerät) angeschlossen. Die Stromversorgung der BA erfolgt über eine vieradrige Busleitung, von der aber für die KNX-Anlage nur zwei Adern verwendet werden (siehe folgende Seiten).
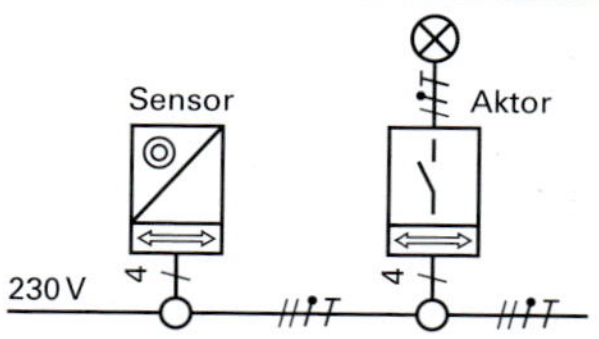 **LCN (Local Control Network)**	Bei LCN wird die 230-V-Leitung, die aber eine zusätzliche Ader haben muss, gleichzeitig als Busleitung verwendet. Dabei erfolgt der Datentransport über die zusätzliche Datenader und den Neutralleiter. Alle Module (Sensoren und Aktoren) besitzen für den Mikrocontroller eine eigene Stromversorgungseinheit.	An ein Universal-Schaltmodul können ein Verbrauchsmittel, z.B. eine Lampengruppe, und mehrere Befehlsgeräte, z.B. Taster, angeschlossen werden. Bis zu 250 Module können über die drei Anschlüsse Außenleiter, Neutralleiter und Datenleiter zu einem Segment verbunden werden.
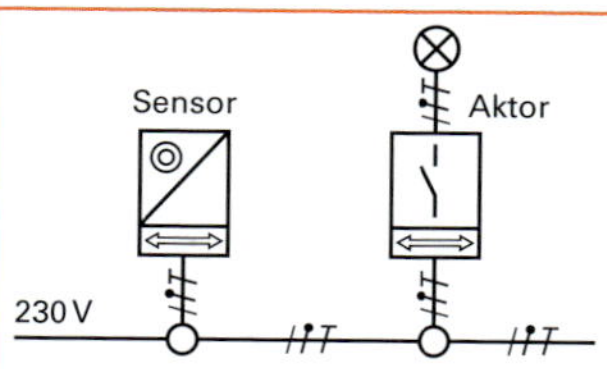 **KNX-PL**	Beim KNX-PL (PL von **P**ower **L**ine) erfolgt die Signalübertragung von den Sensoren zu den Aktoren über das 230-V-Netz, ebenfalls die Stromversorgung der Mikrocontroller über eigene Netzteile. Vom Steuerteil der Sensoren und Aktoren wird die Wechselspannung des 230-V-Netzes durch Bandsperren fern gehalten.	Die Signalübertragung vom Sensor zum Aktor erfolgt durch ein spezielles FSK-Verfahren (Frequenzumtastung). Nicht möglich ist KNX-PL bei Sicherheitsanwendungen, z.B. in Krankenhäusern, und in Netzen mit geringer Frequenzkonstanz oder Spannungskonstanz sowie zur Signalübertragung zwischen verschiedenen Abnehmeranlagen.
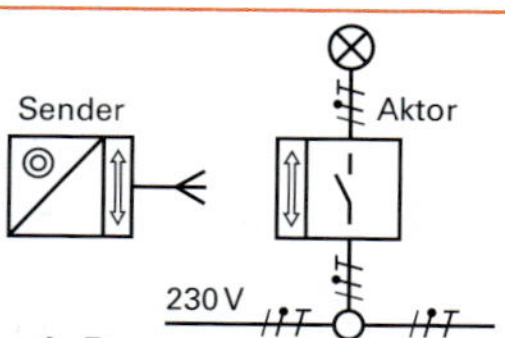 **Funk-Bus**	Beim sogenannten Funk-Bus ist jeder Aktor nur an das 230-V-Netz angeschlossen, welches auch die Stromversorgung für den Mikrocontroller sicherstellt. Die Steuersignale erhält der Aktor über Funk von einem Handsender, der für seine Stromversorgung eine Batterie enthält.	Eine spezielle Codierung der Steuersignale soll eine Beeinflussung durch andere Signale des 230-V-Netzes, z.B. Rundsteueranlagen, verhindern. Trotzdem sollte diese Art der Gebäudesystemtechnik nicht bei Sicherheitsanlagen verwendet werden.

T

KNX

Netzform, Schaltung | Erklärung | Daten

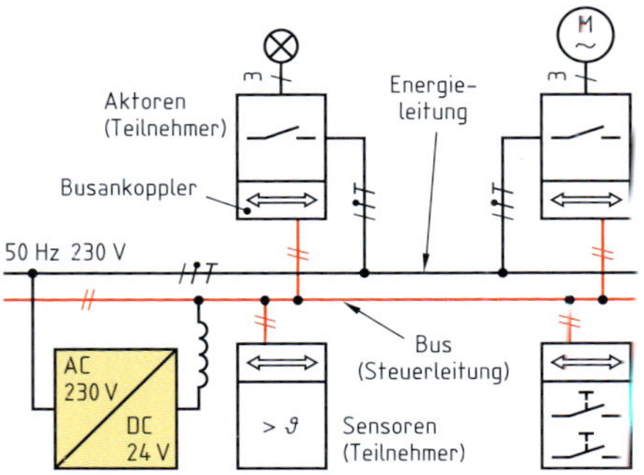

Prinzip der Gebäudesystemtechnik

Sensoren:
Teilnehmer, die Steuersignale aussenden, z. B. Tastsensor, Helligkeitssensor, Rauchmelder oder Zeitsensor (Uhr).

Aktoren:
Lastschalter, die Steuersignale aufnehmen, z. B. Schaltaktoren.

Busankoppler BA:
Über diese Baugruppen sind alle Teilnehmer an den Bus angeschlossen. Der BA enthält einen Mikrocontroller. Deshalb erkennt er bei geeigneter Programmierung die für ihn bestimmten Signale.

Busleitung:
YCYM
2 × 2 × 0,8 oder
J-Y(St)Y
2 × 2 × 0,8.

Netzgerät:
Bemessungsspannung
SELV DC 24 V.

Busspannung:
DC 20 V bis
DC 30 V.

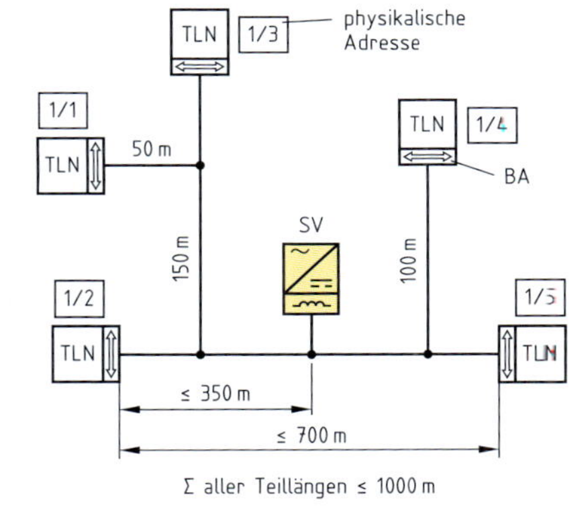

KNX-Leitungslängen bei einer Linie

Linie: Grundeinheit der KNX-Anlage.

Hauptlinie: Busleitung mit eigenem Netzgerät.

Teilnehmer:
Sensoren und Aktoren.

Teilnehmeranzahl:
Maximal 64 je Linie, bei Neuanlagen wegen späterer Erweiterungsmöglichkeit nur 50.

Jeder Teilnehmer hat eine physikalische Adresse.

Koppler (Linienkoppler) verbinden über eine Hauptlinie mehrere Linien zu einem Bereich.

Spannungsversorgung: Meist ein Netzgerät (Spannungsversorgungseinheit) je Linie, bei Bedarf auch zwei.

Leitungslängen:
≤ 1000 m für die gesamte Linie.
≤ 700 m zwischen zwei Teilnehmern.
≤ 350 m zwischen Teilnehmer und Netzgerät.
≥ 200 m zwischen zwei Netzgeräten derselben Linie.

Maximale Linienzahl je Bereich:
15.

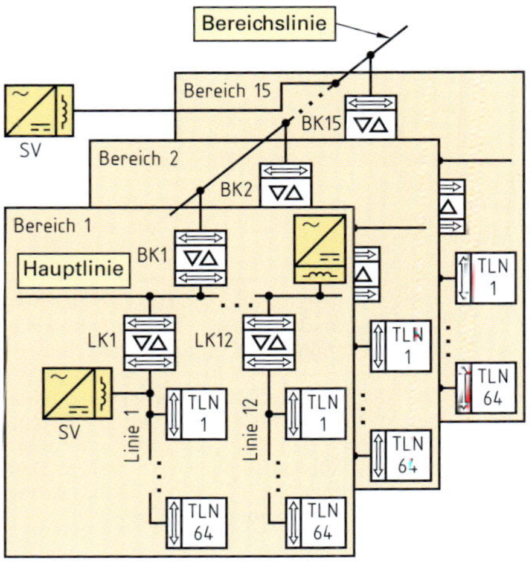

Verbindung der Bereiche bei einer Großanlage

Mittels Koppler (Bereichskoppler) und Bereichslinie können mehrere Bereiche zu einer Anlage zusammengefasst werden.

Koppler: Dasselbe Gerät für Linienkoppler und Bereichskoppler.

Bereichslinie: Busleitung zur Verbindung mehrerer Bereichskoppler, erfordert eigenes Netzgerät.

Aufgaben der Koppler: Verbindung der Linien bzw. der Bereiche und je nach Programmierung der Koppler Filterung der Signale (weiterleiten oder sperren).

Maximale Zahl der Bereiche je Anlage: 15.

Teilnehmer je Bereich:
≤ 15 · 64 = 768
Sensoren oder Aktoren.

Teilnehmer je Anlage:
≤ 15 · 15 · 64
= 14400
Sensoren oder Aktoren

BA Busankoppler, BK Bereichskoppler, KNX KONNEX, LK Linienkoppler, SELV Schutzkleinspannung, SV Spannungsversorgungseinheit, TLN Teilnehmer (Sensor oder Aktor).

T

Projektierung und Inbetriebnahme bei KNX Planning and start-up of KNX

Vorgang	Erklärung	Bemerkungen, Beispiele
ETS auf den PC installieren	ETS (Engineering Tool Software) der KNX-Association. Lieferung erfolgt auf CD-ROM oder als Download verfügbar. Lizensierung mit USB-Dongle oder mit gerätespezifischer Lizenzdatei (Host-ID). ETS gilt für alle von der KNX-Association zertifizierten Geräte, ist also Hersteller übergreifend einsetzbar.	Minimalkonfiguration für ETS3: Pentium-PC mit 1 GHz Taktfrequenz, 1 GB RAM, Festplatte 3 GB, Windows 2000 Prof., XP Prof., Vista Monitor und Grafikkarte mit Auflösung 1024 × 768.
Einlesen der Produktdaten	Die Produktdaten werden von den Geräteherstellern als CD-ROM oder als Download bereitgestellt.	Das Einlesen auf die Festplatte erfolgt nach Aufruf des ETS-Programms „Verwaltung" menügeführt.
Importieren der Produktdaten von der Festplatte in die ETS-Produktdatenbank	Von den eingelesenen Produktdaten werden die erforderlichen Teile in die ETS-Produktdatenbank übernommen (importiert). Das Importieren erfolgt aus dem ETS-Menü „Export/Import" menügeführt. Danach können die Geräte programmiert werden.	Es können nur von EIBA zertifizierte Geräte in die Produktdatenbank übernommen werden. Diese Busteilnehmer (Geräte) sind hauptsächlich Aktoren und Sensoren. Aktoren sind z.B. die Leistungsschalter zum Steuern der Verbrauchsmittel, Sensoren sind beim EIB die Steuerschalter.
Programmieren der Busteilnehmer	Bei KNX bezieht sich „Programmieren" immer auf die Busteilnehmer. Man versteht darunter insbesondere das Laden von Daten in die Busteilnehmer.	Der Ablauf des Programmierens wird nachfolgend beschrieben. Zuerst erfolgt die Projektierung und danach die Inbetriebnahme.
Linien festlegen	Je nach Anlagenumfang Zahl und Art der Linien festlegen.	Die Festlegung erfolgt menügeführt im Menü Linienübersicht der ETS.
Auswahl der Geräte	Für das aktuelle Projekt werden nur die erforderlichen Busteilnehmer aus der ETS-Produktdatenbank ausgewählt (exportiert).	Die Auswahl erfolgt menügeführt durch die ETS.
Auswahl der Applikationen	Für die Busteilnehmer gibt es meist mehrere Anwendungen (Applikationen). Bei einem Sensortaster z.B. Schalten oder Dimmen, bei einem Schaltaktor z.B. Wirkung als Schalter oder Zeitschalter.	Die Auswahl der Applikation des Busteilnehmers erfolgt menügeführt durch die ETS.
Parametrierung	Vorgang, bei dem die Busteilnehmer ihre Adressen und (bei Bedarf) die Anwendungssoftware zugeteilt bekommen.	Die Parameter legen das Anwendungsprogramm fest, z.B. die Abschaltverzögerung bei Schaltaktoren.
Zuordnen der physikalischen Adresse	Jeder Busteilnehmer erhält eine eindeutige physikalische Adresse, die unverändert bleibt. Die Adresse hat den Aufbau Bereich.Linie.Teilnehmer.	Adresse 3.2.5 bedeutet: Bereich 3; Linie 2; Teilnehmer 5.
Zuordnen der Gruppenadresse	Adresse, mit der mehrere Busteilnehmer durch dasselbe Telegramm angesprochen werden. Z.B. erhalten mehrere Sensoren, die denselben Aktor ansteuern, dieselbe Gruppenadresse wie der Aktor.	Die Zuteilung erfolgt menügeführt durch die ETS, z.B. zu 0/1, 0/2 ...
Exportieren der Daten	Die projektierten Daten können gespeichert, exportiert und übertragen werden.	Das Exportieren ist erforderlich, wenn die Projektierung im Büro erfolgt, die Inbetriebnahme aber bei schon eingebauten Geräten.
Inbetriebnahme	Im Inbetriebnahmeprogramm werden die projektierten Daten in die Busteilnehmer geladen. Bei an KNX angeschlossenen Busteilnehmern wird menügeführt das Anwendungsprogramm in den betreffenden Busteilnehmer geladen. Dazu muss die Programmiertaste des Busteilnehmers gedrückt werden.	Der Anschluss des Computers mit den projektierten Daten an KNX erfolgt über die Datenschnittstelle V.24 (RS 232), USB-Schnittstelle oder Ethernet-Schnittstelle. Bei kleinen Projekten kann auch die Projektierung im Inbetriebnahmeprogramm erfolgen.
Dokumentation	Änderungen oder Erweiterungen einer KNX-Anlage sind nur möglich, wenn die Programmierung der Busteilnehmer einwandfrei dokumentiert ist.	Zur Dokumentation gehören die Dateien mit allen Änderungen der jeweiligen Anlage. Außerdem sollten Pläne und sonstige Ausdrucke vorhanden sein.

Systemkomponenten bei KNX System components for KNX

Ansicht	Aufgaben	Daten
Basisgeräte		
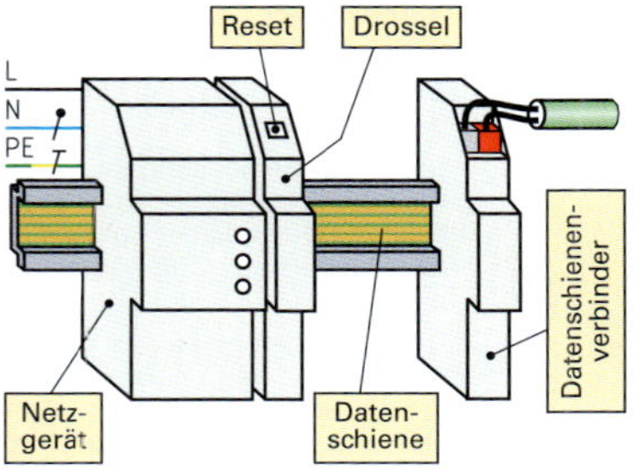 **Basisgeräte zum KNX** REG	**Netzgerät** Erzeugung der Schutzkleinspannung SELV. **Drossel** Sperren des Netzgerätes für die Wechselspannung der Bussignale. **Datenschienenverbinder (DSV)** Verbindung Datenschiene zur Busleitung oder zu weiterer Datenschiene.	**Netzgerät** AC 230 V, 23 VA Bemessungsstrom DC 320 mA oder 640 mA Kurzschlussstrom ≤ 1,5 A Bereitstellung von SELV DC 28 V – 2 V **Drossel** DC 24 V, 500 mA Kurzschlussstrom ≤ 1.5 A **Datenschienenverbinder (DSV)** DSV 2-fach: nur f. KNX-Bus, DSV 4-fach: zusätzlich zum Netzgerät.
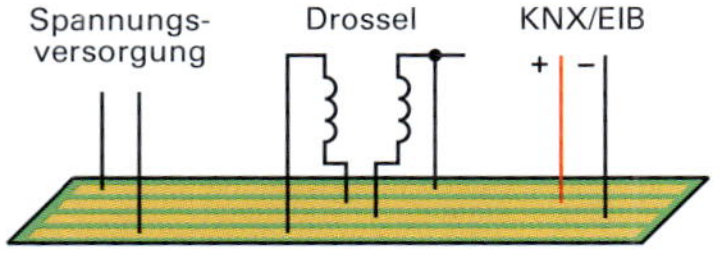 **Datenschiene**	**Datenschiene DS** 1. Versorgung der REG (Reiheneinbaugeräte) mit Betriebsspannung über die beiden äußeren Leiter. 2. Anschluss an den Bus über den Datenschienenverbinder	DS-Längen: 214 mm, 243 mm, 277 mm DC 28 V + 2 V Datenschienen ohne Netzgerät haben bei Anschluss über 2-fachen Datenschienenverbinder nur Spannung an den beiden inneren Leitern.
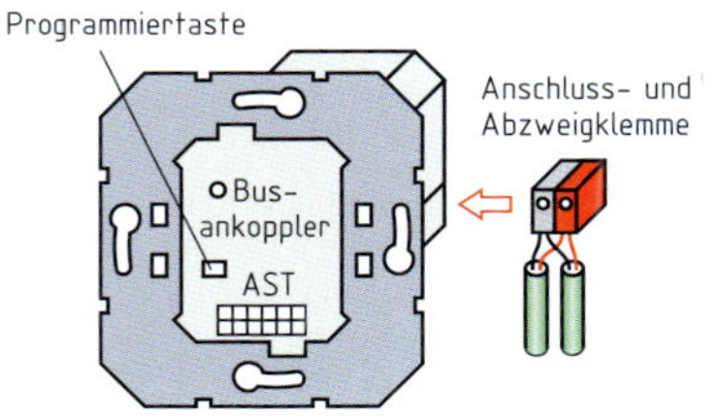 **Busankoppler UP** (Unter Putz)	**Busankoppler BA** Stellt Verbindung zwischen KNX- und Anwendungsmodul (Busteilnehmer) her. Anwendungsmodul kann Sensor oder Aktor sein. Mit Hilfe der Programmiertaste wird die physikalische Adresse übernommen.	BA: Von DC 20 V bis DC 30 V (je nach Entfernung vom Netzgerät). Anschluss über Anschluss- und Abzweigklemme. Eingang von DC 20 V bis DC 30 V Ausgang DC 5 V – 0,4 V, DC 24 V (+ 6 V/– 4 V), ≤ 50 mW.
Aktoren		
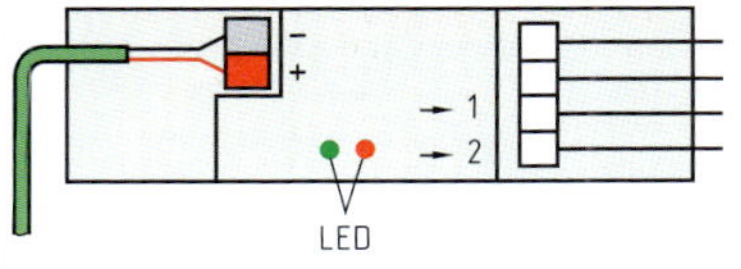 **Schaltaktor EB**	Der Schaltaktor empfängt Telegramme über den Bus und schaltet mit zwei potenzialfreien Schließern die Last. Die Ausgänge können einschaltverzögert und ausschaltverzögert werden.	Ausgang: AC 230 V, 10 A, Verlustleistung < 1 W, Anschluss Klemmleiste 4 × 2,4 mm², Schaltleistung 2000 W Glühlampen, 1000 VA Leuchtstofflampen unkompensiert, 500 VA NV-Halogenlampen.
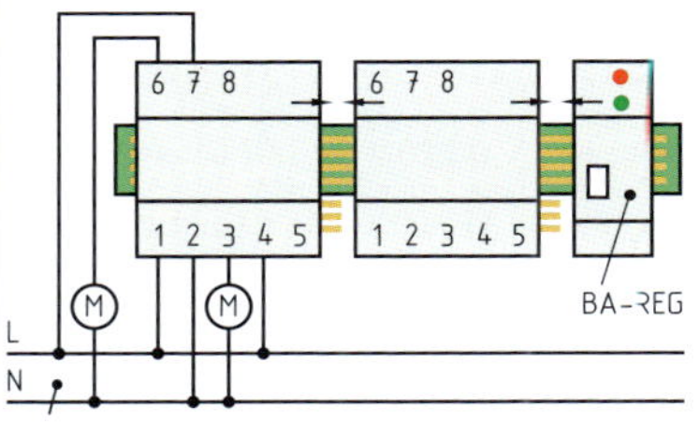 **Schaltaktormodul mit BA-Modul**	Das Schaltaktormodul muss mit einem BA-REG betrieben werden. Es empfängt über die Datenschiene Telegramme und schaltet unabhängig voneinander über potenzialfreie Relais zwei Lasten, z. B. Motoren. Ein weiteres Aktormodul kann angeschlossen werden.	Versorgung über KNX: DC 20 V bis 30 V, typ. 150 mW. Anschluss über AST. Versorgung über Netz: AC 230 V (+ 6% – 10%), 50 Hz, 10 A, etwa 2,5 VA. Ausgänge: 2 mit potenzialfreien Schließern. Schaltleistung 2300 W Glühlampen, 900 W Leuchtstofflampen unkompensiert, 1500 W Leuchtstofflampen-Duoschaltung, 500 VA NV-Halogen.

AC Wechselstrom, AST Anwenderschnittstelle, BA Busankoppler, DC Gleichstrom, EB Einbaugerät, KNX KONNEX, LED Licht emittierende Diode, NV Niedervolt (Niederspannung), REG Reiheneinbaugerät.

T

Sensoren für den KNX Sensors for KNX

Ansicht	Erklärung	Daten, Bemerkungen
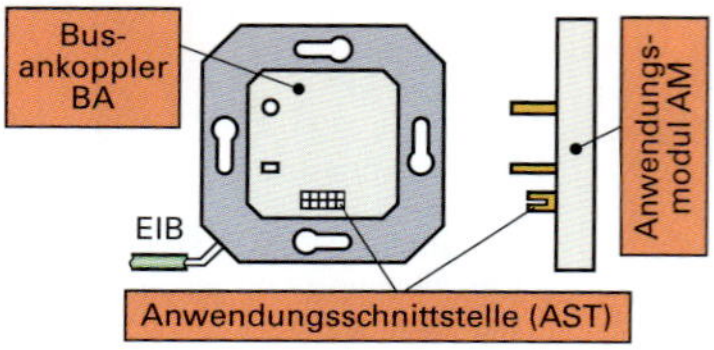 **Aufbau der Sensortaster ST** 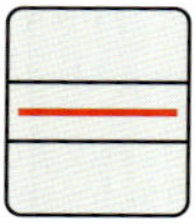 **ST einfach** 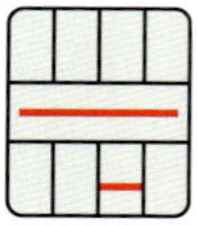 **ST vierfach**	Der Sensortaster ST entsteht durch Aufstecken des AM auf den BA. Je nach AM gibt es 1-fach-, 2-fach- und 4-fach-Sensortaster. Jedes Element besteht aus zwei Schaltwippen und ermöglicht zwei Schaltvorgänge, z. B. oben EIN, unten AUS. Bei jeder Tastenbetätigung wird ein Telegramm gesendet. Das können Telegramme zum Schalten, Dimmen, Ansteuern von Jalousieaktoren und zum Abrufen oder Abspeichern von Lichtszenen (Beleuchtungseinstellungen) sein.	Versorgung über KNX: DC 20 V bis 30 V, max. 150 mW, Anschluss an BA mit 2 × 5poliger Stiftleiste. Befestigung durch Aufschnappen an BA. LED grün Betriebsanzeige, LED rot Funktionsanzeige, z. B. Statusanzeige (Zustandsanzeige). Adressen und Zuordnungen meist je bis 10. Der ST steuert einen Aktor, z. B. Schaltaktor, mit einem Telegramm an. Dieser quittiert den richtigen Eingang. Dadurch leuchtet die Funktionsanzeige auf.
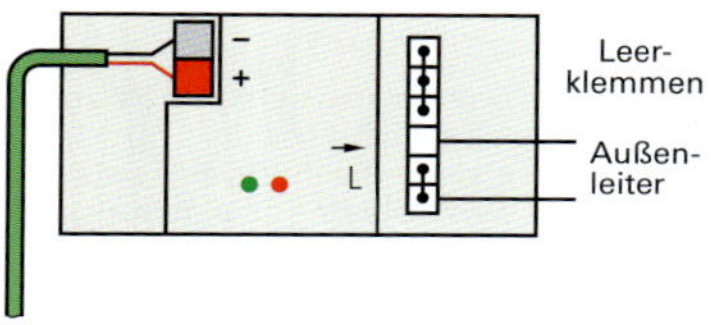 **Dimmaktor EB**	Der Dimmaktor empfängt Telegramme über KNX und schaltet oder dimmt den Ausgang. Für NV-Halogenlampen sind elektronische Transformatoren, z. B. TRONIC-Transformatoren, erforderlich, für Leuchtstofflampen elektronische Vorschaltgeräte EVG. Erweiterbar mit TRONIC-EB-Leistungszusatz.	Versorgung über KNX: DC 20 V bis 30 V, max. 150 mW. Anschluss: KNX-Busklemme. Versorgung über Netz: AC 230 V, Verlustleistung < 4 W. Anschluss: Klemmleiste 2,5 mm². Bemessungsstrom 0,91 A, Schaltleistung 210 W, Glühlampen oder NV-Halogenlampen mit TRONIC-Trafo.
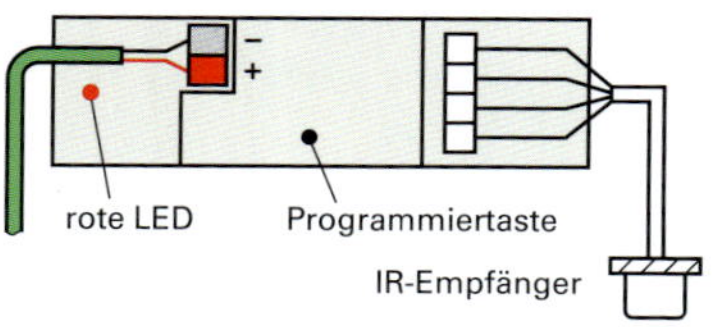 **IR-Schaltsensor als EB**	Der IR-Schaltsensor gibt abhängig von seiner Software beim Empfang eines IR-Signals von einem IR-Handsender oder einem IR-Wandsender ein Telegramm auf den Bus zum Schalten, Dimmen, Jalousieansteuern oder Abrufen einer Lichtszene.	Versorgung über KNX: DC 20 V bis 30 V, max. 150 mW. IR-Strahlung 950 nm, Übertragungsreichweite mit Handsender 12 m, mit Wandsender 10 m. Batterien für Handsender 4 × Mikro 1,5 V, für Wandsender Block 9 V.
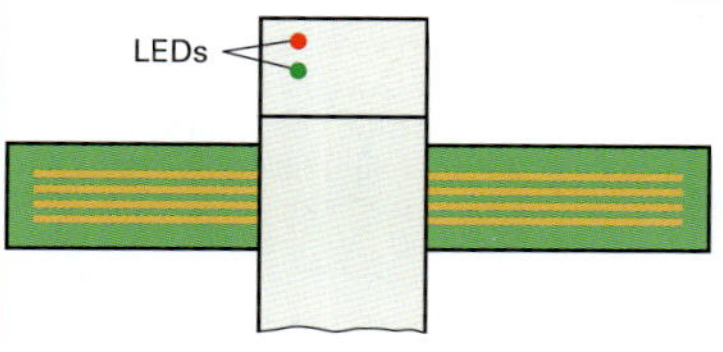 **Verknüpfungsgerät (Controller)**	Das Verknüpfungsgerät empfängt digitale Signale in Telegrammform über den Bus, wertet diese entsprechend der programmierten logischen Verknüpfung (AND, NAND, OR, NOR, XOR, XNOR) aus und sendet das Ergebnis über KNX weiter.	Versorgung über KNX: DC 24 V bis 30 V, typ. 150 mW. Anschluss über Datenschiene. Befestigung durch Aufschnappen auf eine Hutschiene. Je nach Applikation sind Verknüpfungen mit 1, 2, 3 oder 4 binären Elementen (Gattern) möglich.
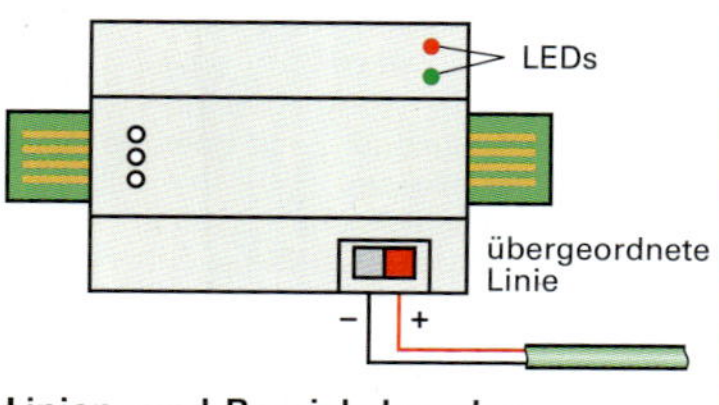 **Linien- und Bereichskoppler**	Der Linien- und Bereichskoppler verbindet als Linienkoppler jede der maximal 15 Linien mit der Hauptlinie oder als Bereichskoppler jeden der maximal 15 Bereiche mit der Bereichslinie. Für jede Linie ist eine eigene Spannungsversorgungseinheit erforderlich.	Versorgung über KNX: DC 20 V bis 30 V, untergeordnete Linie 200 mW, übergeordnete Linie 15 mW. Anschluss untergeordnete Linie über Datenschiene, übergeordnete mit Steckklemme 0,8 mm². Je nach Parametereinstellung werden Telegramme weitergeleitet, gesperrt oder durch eine Filtertabelle ausgewählt.

AC Wechselstrom, AST Anwenderschnittstelle, BA Busankoppler, DC Gleichstrom, EB Einbaugerät, KNX Konnex, LED Licht emittierende Diode, REG Reiheneinbaugerät, ST Sensortaster.

T

DSL-Kommunikation DSL-Communications

Darstellung	Abwärtsbitrate (Downstram)	Aufwärtsbitrate (Upstream)	Art und Länge der Leitung	Bemerkungen, Anwendungen
ADSL Asymmetric Digital Subscriber Line (asymmetrische digitale Teilnehmeranschlussleitung)	z. B. 16 Mbit/s	z. B. 1 Mbit/s	bis 5,5 km Länge, 1 Adernpaar	Internet/Intranet-Anwendungen. Analoge Telefone (POTS, Plain Old Telephone Service = voller alter Telefondienst) und ISDN-Geräte können gleichzeitig mit ADSL über dieselbe Leitung betrieben werden. Internet-TV
VDSL Very High Data Rate DSL (DSL mit sehr großer Bitrate im Downstream)	12,96 Mbit/s 25,86 Mbit/s 51,85 Mbit/s	1,5 Mbit/s 2,3 Mbit/s 13 Mbit/s	bis 1,4 km bis 9,0 km bis 0,3 km jeweils 1 Adernpaar	Bis zum Leitungsanschluss ist eine Glasfaserübertragung erforderlich. Erst die „letzte Meile" zum End-Nutzer erfolgt mit üblicher Telefonleitung.
HDSL High Data Rate DSL (DSL mit großer Bitrate im Downstream)	z. B. 200 Mbit/s	2 Mbit/s	bis 4 km, 3 Adernpaare	Wird zur Datenübertragung in Unternehmen genutzt, z. B. von Banken. Es sind spezielle Modems erforderlich. Telefonverbindungen sind nicht vorgesehen.
SDSL Single Line DSL (DSL mit Einzelleitung)	z. B. 2 Mbit/s	z. B. 2 Mbit/s	bis 3 km, 1 Adernpaar	Wird zur Datenübertragung in Unternehmen genutzt (wie HDSL). Telefonverbindungen sind nicht vorgesehen.

DSL-Aufbau

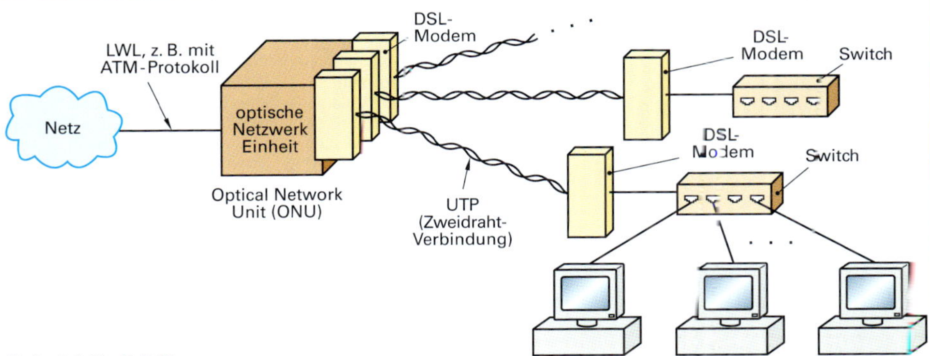

Beispiel für T-DSL

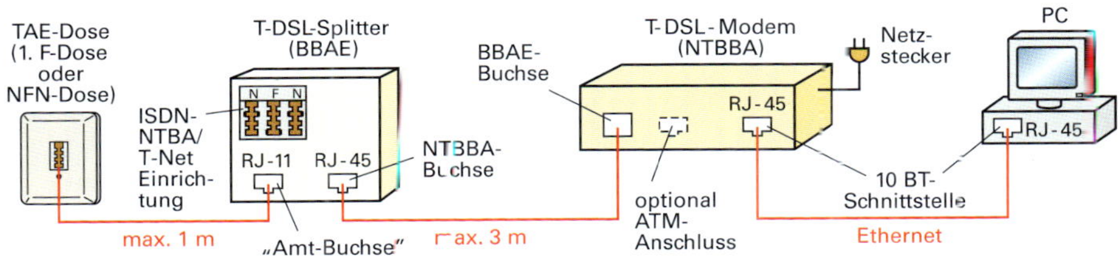

TAE Telekommunikations-Anschlusseinheit; NFN Anschlüsse für Nebenstelle, Telefon, Nebenstelle;
NTBA von Network Termination for Basic Access = Netzabschlussgerät für Basisanschluss;
NTBBA von Network Termination Broadband Access = Netzabschlussgerät für Breitbandanschluss;
BBAE Breitbandanschlusseinheit; 10 BT 10 Base T-Schnittstelle (Ethernet).

ADSL Asymmetric Digital Subscriber Line

Darstellungen	Erklärung	Bemerkungen, Spezifikation
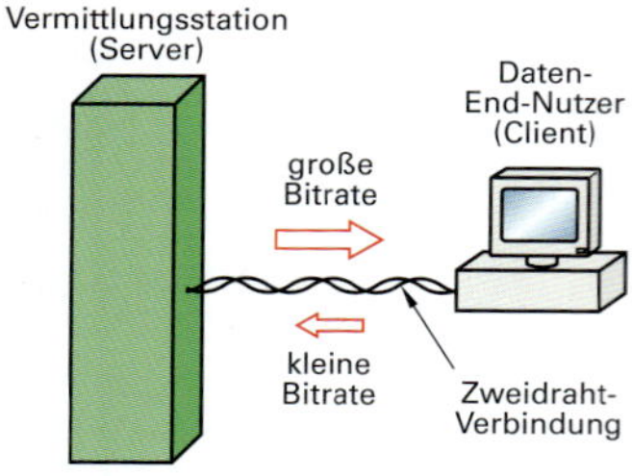 **Asymmetrische Datenübertragung**	ADSL ist eine asymmetrische (ungleiche) Datenverbindung von einer (Telefon-)Vermittlungsstation zu einem Daten-Endnutzer unter Verwendung üblicher Telefon-Zwei-Draht-Leitungen. Die Bitrate zum Daten-Endnutzer (Downstream = Abwärtsstrom) ist hoch und beträgt z. B. 16 Mbit/s. In Gegenrichtung (Upstream = Aufwärtsstrom) ist die Bitrate wesentlich geringer, z. B. nur 600 kbit/s.	ADSL eignet sich besonders für den Datenverkehr im Internet. Hier benötigt man meist hohe Bitraten zum Übertragen von Bildern, Videos, Sprache und Musik vom Service-Provider zum Internet-Nutzer. In umgekehrter Richtung werden oft nur Adressen (URLs) zur Anfrage übertragen. Die tatsächlichen Bitraten sind ortsabhängig und richten sich nach den Möglichkeiten der Signalübertragung durch die vorhandenen Telefonleitungen.
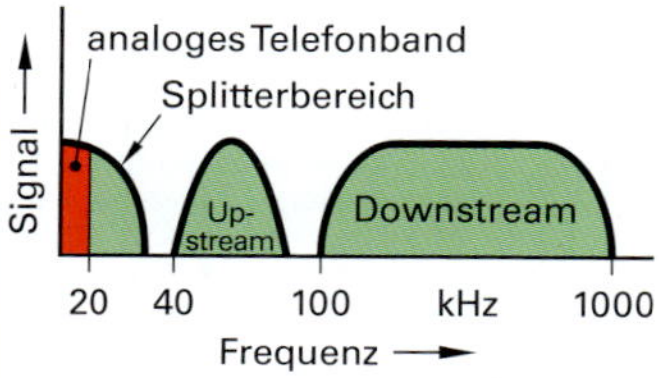 **Carrierless Amplitude Phase-Modulation CAP** 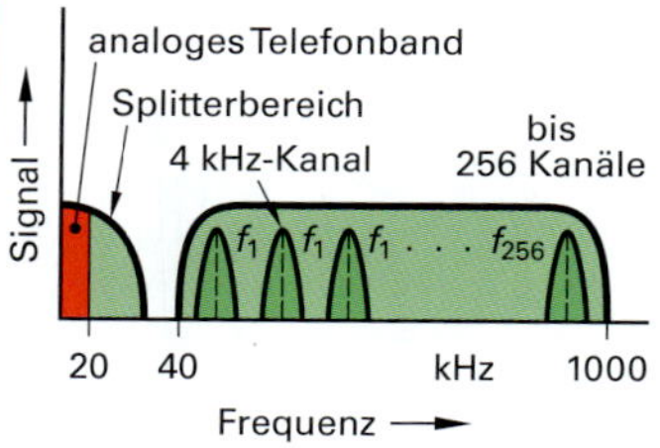 **Discrete Multitone-Modulation DMT**	Man verwendet die CAP-Modulation (Carrierless Amplitude/Phase Modulation = trägerlose Amplituden/Phasen-Modulation) und die DMT-Modulation (Discret Multi Tone = Mehrton). Bei CAP wird eine Art *Quadratur-Amplituden-Modulation* eingesetzt (QAM). Hierbei erfolgt eine gleichspannungsfreie Darstellung der Daten mit Hilfe unterschiedlicher Signalamplituden. *Upstream* und *Downstream* werden in unterschiedlichen Frequenzen betrieben und durch digitale Filter voneinander getrennt. Bei DMT handelt es sich um ein Mehrträgerverfahren. In Downstream-Richtung sind bis zu 256 Kanäle mit 4 kHz Bandbreite in Verwendung, während man in Upstream-Richtung nur 32 Kanäle hat. Die Nutzbitrate ist bei den hochfrequenten Kanälen wegen der stärkeren „Übersprechstörungen" geringer als bei den Kanälen im unteren Frequenzbereich. Die Signalübertragung innerhalb eines Kanals erfolgt mit dem digitalen *Frequenzmulitplexverfahren FDM* (Frequency Division Multiplexing = Frequenzmultiplexen).	Bei einer ADSL-Übertragung wird ein *ADSL-Modem* beim Netzbetreiber und beim Netz-Nutzer benötigt. Das ADSL-Modem übernimmt sowohl ATM-Dienste als auch IP-Protokolle. Über einen *Splitter* (von to split = teilen) teilt man die Übertragung üblicher analoger Telefonsignale von den ADSL-Signalen, sodass analoge Telefonverbindungen weiterhin über dieselbe Zweidraht-Leitung laufen können. ADSL ist auch bei ISDN möglich. Hier beginnt der ADSL-Bereich erst bei den höheren Frequenzkanälen. Ein ADSL-Modem stellt die Daten in Blöcke zusammen und fügt Prüfbits zur Fehlererkennung und Fehlerkorrektur hinzu. Eine besondere Aufgabe für das ADSL-Modem ist das Trennen der Upstream-Signale von Downstream-Signalen, da beide Signale auf derselben Leitung mit derselben Frequenz gesendet werden. Dieses Trennen erfolgt rechnerisch. Jedes Modem kennt seine Sendedaten und kann diese aus den Empfangsdaten subtrahieren. Man spricht von Echo-Cancellation (Echounterdrückung).

T

ADSL-Kommunikation

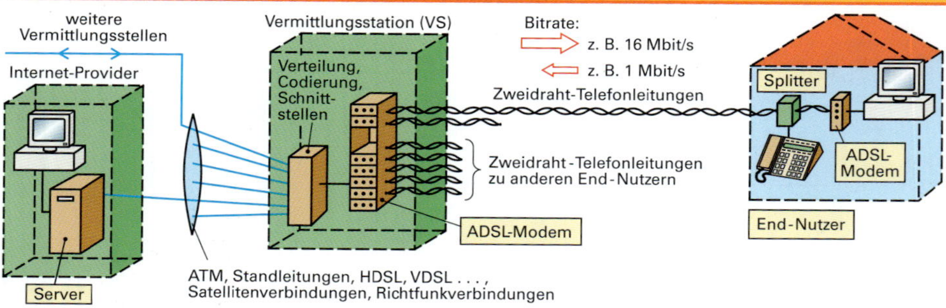

ADSL von Asymmetric Digital Subscriber Line = asymmetrische digitale Teilnehmer-Anschlussleitung.

Powerline Communication PLC

Systemmerkmale

Bezeichnungen	Bemerkungen, Daten	Erläuterungen
Powerline Communication (PLC)	Verfahren zum Übertragen von Daten über bereits vorhandene Energieversorgungsleitungen (Stromleitungen).	Man unterscheidet die Übertragung über das Netz des Stromanbieters und die Übertragung in einem Gebäude (inhouse).
Funktionsweise	Zur Übertragung werden PLC-Modems (Home-Plug-Adapter) an die hausinternen Steckdosen angeschlossen.	Die Übertragung erfolgt mit verschiedenen Modulationsverfahren in standardisierten Frequenzbändern.
Normen	Die CENELEC-Norm EN 50065-1 regelt die Kommunikation über Stromnetze im Frequenzbereich von 3 kHz bis 148,5 kHz.	Damit wird ein Schutz vor Störungen und die elektromagnetischen Verträglichkeit gewährleistet. DIN-EN50065-1 Klassifikation nach VDE0808.
Frequenzbänder	*A-Band* (3 kHz bis 95 kHz), *B-Band* (95 kHz bis 125 kHz), *C-Band* (125 kHz bis 140 kHz) *D-Band* (140 kHz bis 148.5 kHz).	Für Energieversorgungsunternehmen. Für Inhouse-Anwendungen ohne Zugriffsprotokoll. Mit Zugriffsprotokol CSMA. Für Alarm- und Sicherheitssysteme ohne Zugriffsprotokoll.
Modulationsverfahren Orthogonal Frequency-Division Multiplexing	Orthogonales Frequenz-Divisions-Multiplex-Verfahren (OFDM) nach dem Prinzip der Multicarrier-Modulation (Mehrträger-Modulation)	Der Datenstrom wird dabei auf mehrere Teildatenströme mit niedriger Datenrate aufgeteilt. Diese werden jeder für sich mit der Quadraturamplitudenmodulation moduliert. Zum Schluss werden die einzelnen Trägersignale addiert.
Technische Daten eines Home-Plug-Adapters	Übertragungsgeschwindigkeit bis 200 Mbit/s Reichweite: inhouse 200 m 128-Bit Verschlüsselung Leistungsaufnahme max. 5 W, Stand-by: 3,3 W USB- bzw. RJ45-Anschluss Modulation OFDM mit 1155 Trägern	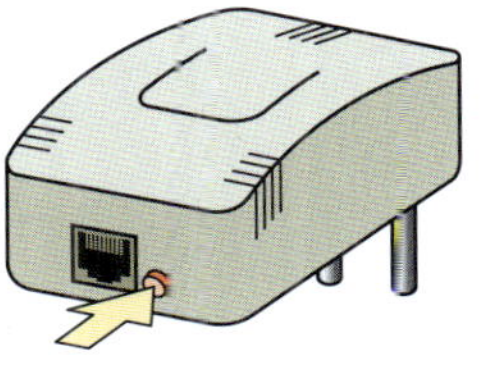 Zur Betätigung für Stand-by-Betrieb
Home-Plug-AV-Standard IEEE 1901 (Electrical and Electronics Engineers)	Zur Übertragung von Multimedia-Daten, 500 Mbit/s (brutto) Frequenzbereich bis 100 MHz.	Kontinuierlicher Datenfluss (kein Stocken oder Aussetzer im Video) und vollständige Übertragung aller Daten-Pakete.

Powerline Inhouse-Netz für Internetnutzung

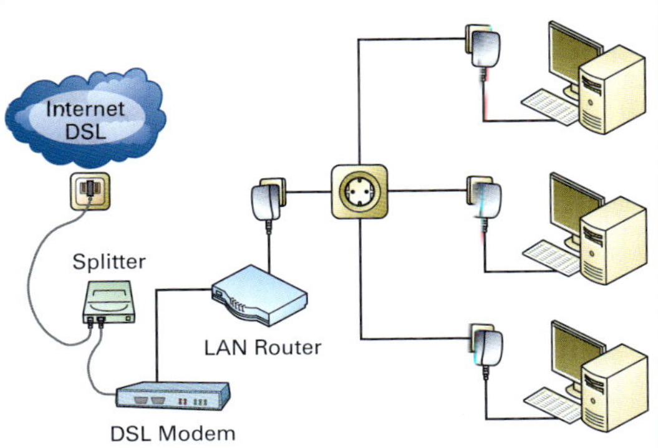

Inhouse-Netz mit Powerline

Blockschaltbild Home-Plug-Adapter

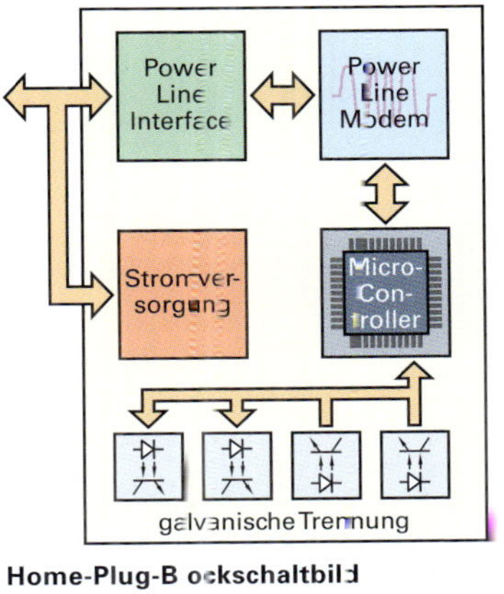

Home-Plug-Blockschaltbild

T

Internet und World Wide Web (WWW) Internet and WWW

Aufbau, Funktion	Erklärungen	Bemerkungen

Internet

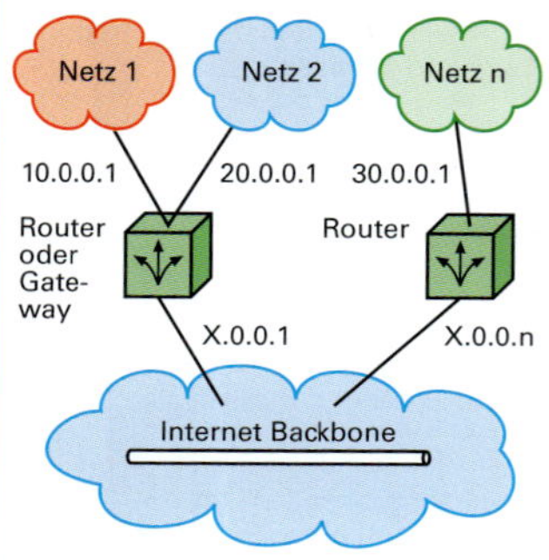

Prinzipieller Aufbau

Durch das Internet sind die Netzwerke von Firmen, öffentlichen Einrichtungen und Universitäten weltweit miteinander verbunden. Über öffentliche Telefonleitungen und Standleitungen werden die Daten ausgetauscht. Das Rückgrat (Backbone) des Internets bilden Datenleitungen mit hoher Leistungsfähigkeit.

Die wichtigsten Internetdienste sind die Dateiübertragung (Filetransfer), die elektronische Post (E-mail), die Rechnerfernsteuerung (Remote Login) sowie das World Wide Web (WWW).

Das Internet ist der größte weltweite Zusammenschluss von Computernetzwerken. Die gemeinsame Basis, welche die verschiedenen Netzwerke verbindet, ist das Transportprotokoll und das Vermittlungsprotokoll TCP/IP. Jeder angeschlossene Rechner hat eine eindeutige Adresse. Über Vermittlungscomputer (Router oder Gateway) werden die einzelnen Datennetze (LAN, WAN) zu einem weltweiten Netz verbunden.
Die Dachorganisation des WWW ist die ICANN (Internet Cooperation for Assigned Names and Numbers = Internetorganisation für die Zuweisung von Namen und Adressen).

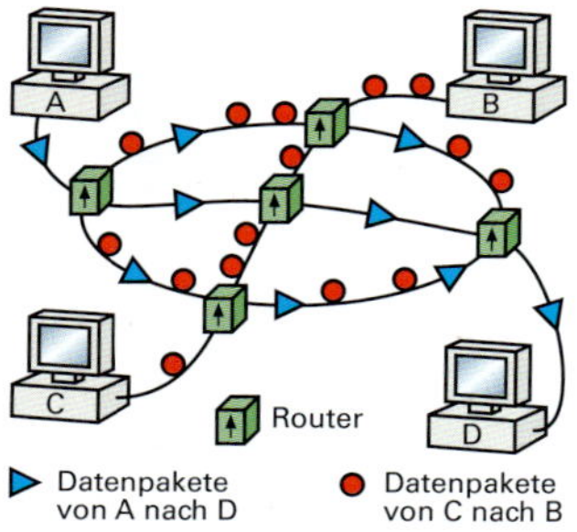

Paketorientiertes Netz

Im Internet wird das Verfahren der Paketvermittlung (Packet Switching) verwendet, d. h. die Datenströme werden in viele Datenpakete aufgeteilt. Das paketorientierte Netzwerk besitzt verschiedene Pfade zwischen den Computern. Die Daten können auf verschiedenen Leitungswegen zum Ziel übertragen werden.

Jedes Datenpaket enthält immer die Adresse des Zielcomputers und die Computeradresse des Absenders. Auf der Netzwerkebene wird das Internet Protokoll IP (von Internet Protocol) eingesetzt, um die Adressierung und die Wegewahl (routing) vorzunehmen. Router leiten die Datenpakete durch die Netzwerke zum Ziel.

World Wide Web (WWW)

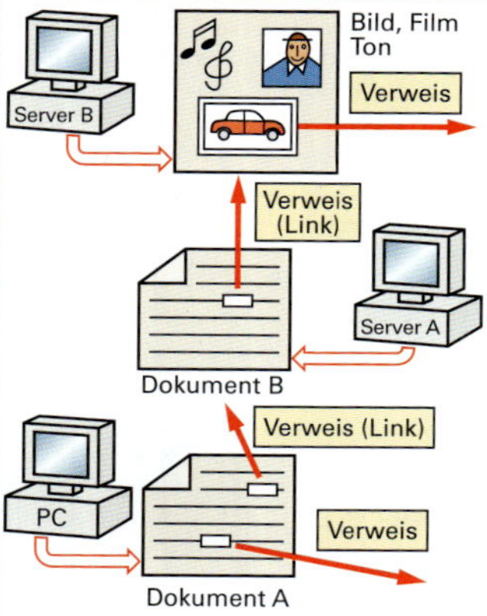

Hypermedia-Prinzip

Das World Wide Web (WWW = weltweites Netz) ist der bekannteste Dienst im Internet. Er besteht aus vielen Hypertextdokumenten (Dateien mit WWW-Seiten), die nicht zentral gespeichert sind. Sie sind auf vielen verschiedenen Diensterechnern (Server) verteilt. Jeder Rechner hat eine eindeutige Zahl als Internetkennung, z. B. 129.143.2.13 und jeder Bereich (Domaine) hat einen eindeutigen Namen, z. B. //www.belwue.de.
Ein Programm, das im lokalen Rechner die empfangenen HTML-Dokumente interpretiert und grafisch darstellt, heißt Browser.
Der Austausch der Hypertextdokumente erfolgt über das HTTP-Protokoll.

Die verwendete Seitenbeschreibungssprache HTML erlaubt in den Text Bilder, Abfragelisten sowie Ton- und Videosequenzen einzufügen. Das Wichtigste sind die Verweise (Links = Verknüpfungen) auf andere Dokumente. Durch Anklicken eines hervorgehobenen Textteiles wird der damit verbundene Internetdienst gestartet.
Der Begriff Web2.0 bezieht sich nicht auf spezifische Technologien oder eine neue Programmversion sondern auf eine veränderte Nutzung des Internets. Die Benutzer erstellen und bearbeiten hierbei vermehrt Inhalte selbst. Typische Beispiele sind Foto- und Videoportale, soziale Online-Netzwerke, aber auch Tauschbörsen, Onlinespiele und virtuelle Welten.

Browser von to browse = durchsuchen, HTML von Hypertext Markup Language = Verknüpfungstext Markierungssprache, HTTP von HyperText Transfer Protocol = Hypertext-Übertragungsprotokoll, IP von Internet Protocol = Internet Protokoll, LAN von Local Area Network = Lokales Netzwerk, Router von route = Reiseroute, TCP von Transmission Control Protocol = Übertragungs-Steuerungsprotokoll, WAN von Wide Area Network = Weitbereichsnetz.

Suchen im Internet Internet search

Wirkungsweise der Suchdienste	Erklärungen	Daten, Bemerkungen

Anwendung der Suchdienste

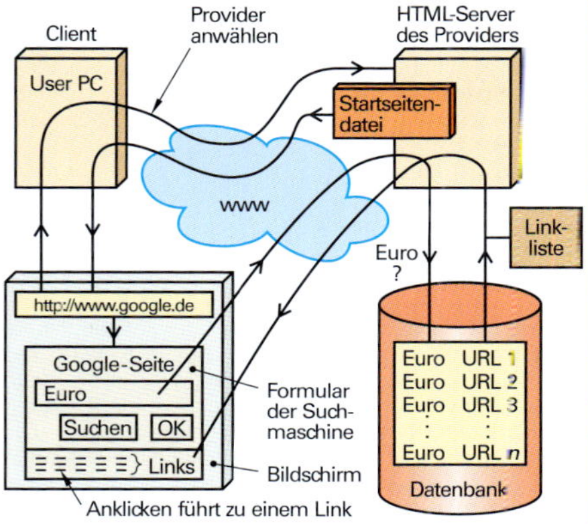

Arbeiten mit einem Suchdienst

Der Nutzer (User) gibt im Browser die Startadresse eines Suchdienst-Providers ein. Der angewählte Provider startet ein Programm, das seine Startseite an den User schickt. Der Nutzer gibt den Suchbegriff ein und klickt den Button Suchen an. Ein gefundener Begriff wird vom Suchprogramm des Providers aus der Datenbank ausgelesen und mit einer Linkliste zum Nutzer übertragen. Aus dieser wählt der User einen passenden Link aus.

Suchmaschinen (Beispiele):
www.bing.de
www.excite.de
www.fireball.de
www.google.de

Suchkataloge (Beispiele):
www.yahoo.de
www.web.de

Oft führen verschiedene Schreibweisen z.B. Google.de oder google.de, zum gleichen Provider.

URL von Uniform Resource Locator = Adresse einer Datei im Internet.

Informationsgewinnung der Suchdienste

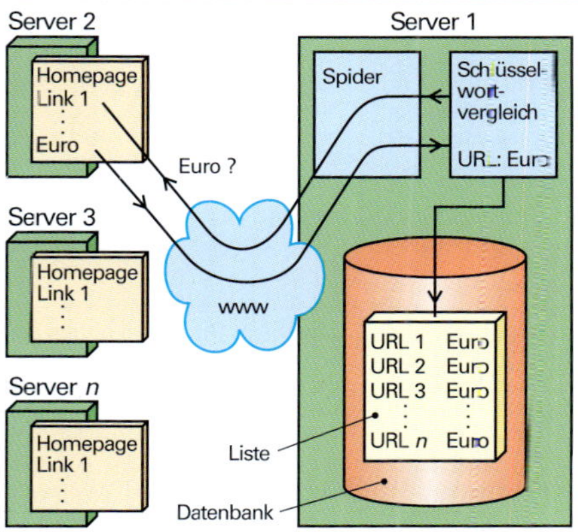

Arbeitsweise einer Suchmaschine

Suchmaschine:
Der Server 1 des Providers durchsucht mit einem Suchprogramm (Spider = Spinne) die Server im Internet ständig nach neuen oder geänderten Seiten und erstellt dabei Listen für die User.

Suchkatalog:
Menschen (Redakteure) durchsuchen das Internet nach Begriffen und erstellen Kataloge für die Nutzer (User).

Beim Arbeiten mittels Suchmaschine ist die Zahl der Treffer für einen Suchbegriff deutlich größer (z. B. Faktor 1000) als beim Arbeiten mittels Suchkatalog. Mit Suchmaschinen können alle Seiten im Internet in wesentlich kürzerem Zeitabstand durchsucht werden als von Redakteuren für Suchkataloge. Bei Suchkatalogen sind unwichtige Informationen ausgefiltert.

Suchen nach Begriffen

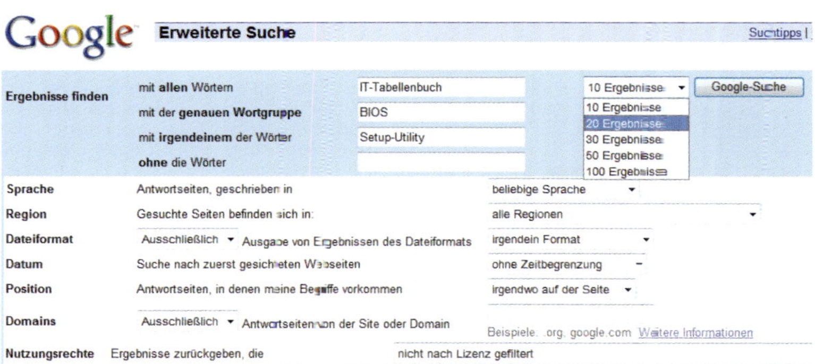

T

Netzwerkknoten im Internet Internet network nodes

Aufbau, Funktion	Erklärung	Bemerkung
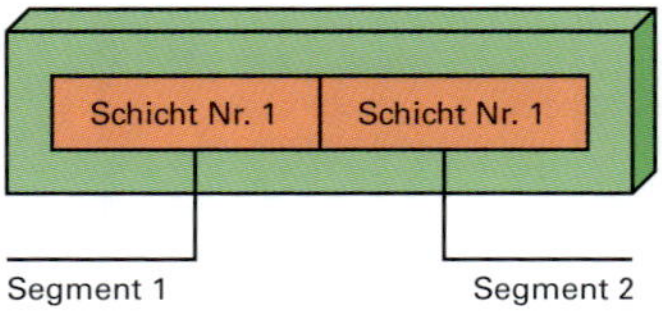 **Repeater**	Ein Repeater (von to repeat = wiederholen) verbindet zwei Netzwerksegmente in einem lokalen Netz. Diese müssen das gleiche Medium (Bitübertragungsschicht, Schicht Nr. 1 des OSI-Schichtenmodells) und das gleiche Zugriffsverfahren verwenden. Aus beiden Segmenten entsteht durch einen Repeater ein logisches Netzwerk. Dies ermöglicht den Ausbau eines Netzes über große Entfernungen.	Ein Repeater erneuert (regeneriert) die Signale. Ein Repeater mit Zwischenspeicher (Buffered Repeater von buffer = Puffer) verbindet Netzwerksegmente zusätzlich auch auf der Sicherungsschicht des OSI-Schichtenmodells (Schicht Nr. 2).
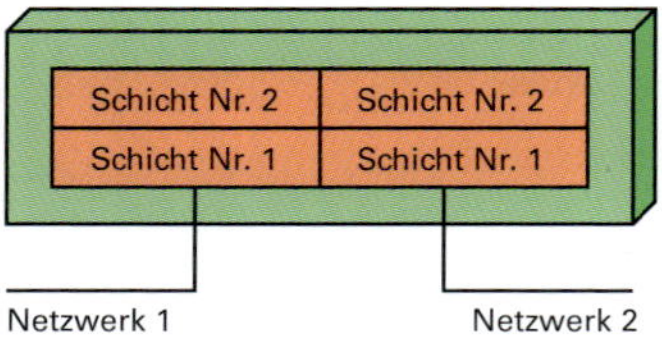 **Bridge**	Eine Bridge (von bridge = Brücke) verbindet zwei lokale Netze in der Sicherungsschicht (Schicht Nr. 2 des OSI-Schichtenmodells). Eine Bridge kann Netze verbinden, die verschiedene Medien und verschiedene Übertragungsgeschwindigkeiten besitzen, aber das gleiche Protokoll verwenden.	Eine Bridge übergibt alle Pakete von einem lokalen Netz an das andere lokale Netzwerk. Beim Internetprotokoll TCP/IP bilden beide Netze eine Einheit. Die Bridge erfüllt auch die Aufgaben eines Repeaters.
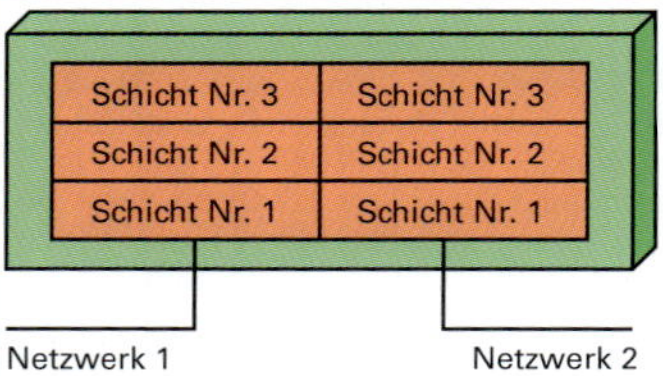 **Router**	Ein Router (von route = Weg) verbindet lokale Netze mit gleichem Protokoll in der Vermittlungsschicht (Schicht Nr. 3 des OSI-Schichtenmodells). Es werden nur die Pakete an das zweite Netz übergeben, die auch tatsächlich dafür adressiert sind. Die Hauptaufgabe des Routers ist die Wegewahl.	Router haben die Aufgabe, den lokalen Netzverkehr von dem übrigen Netzverkehr abzutrennen. Jeder Computer mit zwei Netzadaptern (Netzkarten) kann als Router eingesetzt werden. Ein Router erfüllt auch die Aufgaben einer Bridge und eines Repeaters.
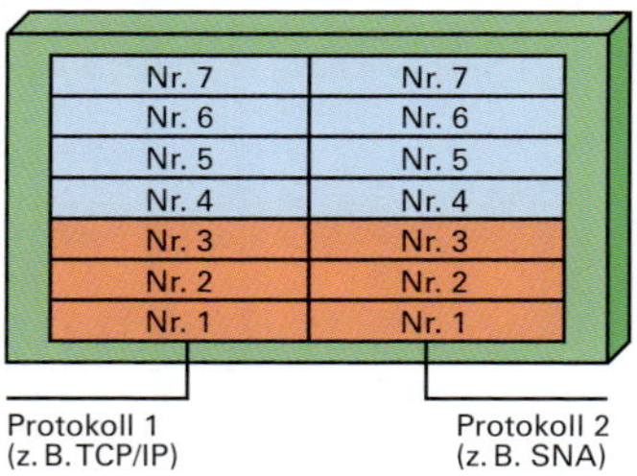 **Gateway**	Ein Gateway (von gate = Tor, way = Weg) ist ein Computer, der Netze mit verschiedenen Protokollen verbinden kann. Die Übersetzung findet in allen sieben Ebenen des OSI-7-Schichtenmodells statt. Gateways sind Netzübergänge, die der Anpassung unterschiedlicher Netze dienen.	Mit einem Gateway können verschiedenartige Netzwerke miteinander verbunden werden, weil eine Umsetzung von Protokoll, Namen und Adressen vorgenommen wird. Ein Gateway kann z. B. ein TCP/IP-Netzwerk (Netz mit Internet-Protokoll) mit einem SNA-Netz (SNA von System Network Architecture = System-Netzarchitektur bei IBM-Großrechnern) verbinden.
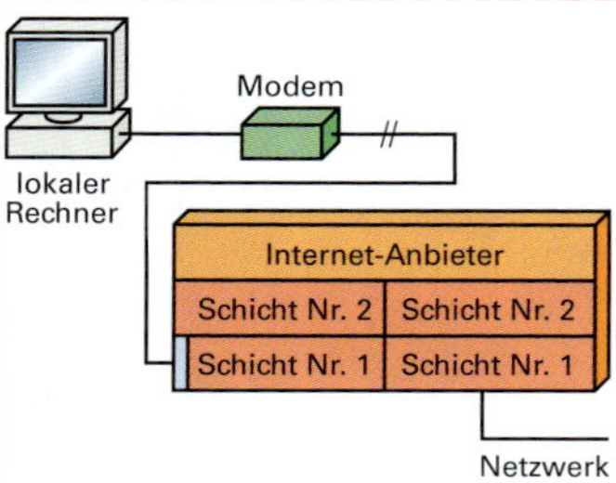 **Modem-Netzwerkanbindung**	Die Netzanbindung eines Einzelcomputers, der nicht dauernd einem Netz angehört, geschieht über Modem (von Modulator/Demodulator) oder ISDN-Verbindung. Das SLIP-Protokoll (von Serial Line Internetprotocol = serielles Internet-Protokoll) oder das PPP-Protokoll (von Point-to-Point Protocol = Punkt-zu-Punkt-Protokoll) ermöglicht die Teilnahme lokaler Computer über Telefonleitungen an Netzen und damit am Internet.	Das SLIP-Protokoll enthält keine Fehlererkennung und verfügt über keine Datenkompression. Es überträgt Daten bis 19,2 kbit/s. Das neuere PPP-Protokoll ist schneller und zuverlässiger als SLIP, da es überprüft, ob die verschiedenen Datenpakete fehlerfrei am Ziel ankommen. Fehlerhaft übertragene Pakete werden von PPP erneut zugestellt. SLIP und PPP arbeiten in der zweiten Schicht des OSI-Schichtenmodells.

T

Netz-Begriffe Network terms

Begriff	Herkunft, Erklärung	Bemerkung
Account	Rechnung. Zugangsberechtigung zu einem Online-Dienst oder Rechner.	Besteht aus einer Benutzerkennung und einem Kennwort.
Backbone	Von backbone = Rückgrat. Hochleistungsdatenleitung zwischen Netzen und Systemen.	Ein Backbone hat üblicherweise eine höhere Übertragungskapazität, als die an ihm angeschlossenen Netze.
Browser	Von to browse = blättern. Bezeichnung eines Programms für den Zugriff auf das World Wide Web (WWW).	Die bekanntesten Browser sind Firefox und Internet Explorer.
Client	Kunde. Computer, der die Leistungsfähigkeit z. B. Programme eines Servers benutzt.	Client-Software macht die von einem Server bereitgestellten Dienste nutzbar.
DNS	Von Domain Name System. Online-System zum Umsetzen von Computernamen.	Computernamen werden in die entsprechenden IP-Adressen umgewandelt.
Download	Herunterladen. Die Übertragung von Daten aus einem anderen Rechner auf den eigenen Rechner.	Das Gegenteil von Download ist Upload.
Firewall	Feuerschutzwand. Ein dem lokalen Rechnernetz vorgeschaltetes Programm, über das alle Zugriffe zum Internet laufen.	Ein Firewall-Computer soll das angeschlossene Netz komplett vor unberechtigten Zugriffen aus dem Internet abschirmen.
FTP	Von File Transfer Protocol = Protokoll für die Dateiübertragung im Internet.	Basiert auf dem Übertragungsprotokoll TCP/IP.
Host	Gastgeber. Computer, der mit einem Netz verbunden ist.	Im Internet sind damit alle Computer gemeint, die bestimmte Dienste wie WWW und FTP anbieten können.
HTML	Von Hypertext Markup Language. Dokumentensprache für die Darstellung von Seiten im WWW.	Ein HTML-Dokument hat die Endung htm oder html. Die einzelnen Befehle in HTML heißen Tags (von tag = Etikett).
HTTP	Von Hypertext Transfer Protocol. Protokoll für die Übertragung von Informationen im WWW.	Client-Computer und Server-Computer übertragen mit HTTP die HTML-Dokumente.
Hyperlink	Überverknüpfung. Verknüpft z. B. Text mit zusätzlicher Information, Bildern oder Internetadressen.	Aktivierung durch Mausklick. Hyperlinks werden auch kurz als Links (Verknüpfungen) bezeichnet.
Hypertext	Dokument, in dem Hyperlinks enthalten sind.	Das Hilfesystem von Windows ist ein Hypertext.
Intranet	Netzwerkkonzept in Internettechnik für geschlossene Nutzergruppen.	Dient dem Informationsaustausch in Unternehmen mit Einsatz eines Browsers in den Clients.
MIME	Von Multipurpose Internet Mail Extensions = Vielzweck-Erweiterung für E-Mail im Internet.	Erlaubt auch den Versand von Binärdateien, Grafikdateien und Videodateien mittels E-Mail.
Name-Server	Computer im Internet, der Adressen nach dem Domain Name System in IP-Adressen umwandeln kann.	Alle Clients für Internet-Dienste benutzen den nächstgelegenen Name-Server.
Newsgroup	Diskussionsforum zu bestimmten Themen im Internet.	Die Diskussion erfolgt über E-Mail.
PPP	Von Point-to-Point-Protocol = Punkt-zu-Punkt-Protokoll. Unterstützt die Übertragung des IP-Protokolls.	Protokoll für den Datenaustausch mit Computern, die sich nur zeitweise in das Internet einwählen.
Provider	Versorger. Bezeichnung für einen Dienstleister, der einen Zugang zum Internet anbietet.	Die Zugangsberechtigung zum Internet ist bei privaten Providern kostenpflichtig.
Proxy-Server	Von proxy = Stellvertreter. Abgerufene WWW-Seiten können auf einem Proxy-Server zwischengespeichert werden.	Der Abruf vom Proxy-Server erfolgt schneller und ist sicherer.
Server	Diener. Im Internet bieten fest angeschlossene Server-Rechner Dienste an.	Ein Computer, der Dateien im Internet anbietet, ist ein FTP-Server.
SLIP	Von Serial Line Internet Protocol = Serielles Internetprotokoll. Standard zur Übertragung von TCP/IP über serielle Verbindungen.	Ein Datentransportprotokoll, das für Modemverbindungen benutzt wird.
Top Level Domain	Endungen der Internet-Adressen (bis drei Stellen) zur Kennzeichnung der Herkunft von Adressen.	Beispiele: „com" für kommerzielle Angebote, „de" für Deutschland.
Upload	„Hinaufladen". Dateiübertragung vom eigenen Rechner auf einen übergeordneten Computer.	Dateien werden meistens in komprimierter Form übertragen.
URL	Von Uniform Resource Locator. Adressierungsform im WWW zur eindeutigen Dokumentenbezeichnung.	Enthält Dienst oder Protokoll, Domain-Adresse und Pfad zum Dokument.

T

Passwörter Passwords

Begriff	Tabelle, Ansicht, Beispiel	Erklärungen

Umgang mit Passwörtern

Passwörter sind erforderlich:
- für die Anmeldung am Betriebssystem,
- beim Online-Banking,
- bei Internet-Konten, z. B. bei eBay,
- für die Anmeldung am E-Mail-Account und
- zur Registrierung an einigen Internetseiten.

Die Vielzahl der heutigen PC-Anwendungen, die nur durch die Vergabe eines Passwortes möglich sind, verleitet viele Menschen, kurze Passwörter zu vergeben. Im schlimmsten Fall wird immer dasselbe verwendet. Ist dieses einmal geknackt, hat der Hacker zu sämtlichen Anwendungen Zugriff.

Anforderungen an Passwörter

Maximale Knackdauer bei Windowspasswörtern

Stellen	benutzte Zeichen aus den Zeichenräumen	Knackdauer
6	A–Z, a–z, 0–9	1 Minute
6	A–Z, a–z, 0–9, typ. Sonderz.	6 Minuten
8	A–Z, a–z, 0–9	2,3 Tage
8	A–Z, a–z, 0–9, typ. Sonderz.	33 Tage
8	A–Z, a–z, 0–9, alle Sonderz.	82 Tage
11	A–Z, a–z, 0–9	270 Jahre

Ein sicheres Passwort sollte:
- lang genug sein, z. B. 10 Stellen,
- Zahlen und Sonderzeichen enthalten,
- nicht im Duden zu finden sein,
- leicht zu merken sein,
- schwer zu erraten sein,
- geheim gehalten werden,
- nicht auf dem PC gespeichert werden,
- in gesicherter Form wiederauffindbar sein und
- in regelmäßigen Zeitabständen geändert werden.

Die Tabelle der maximalen Knackdauer zeigt, dass vor allem die Zeichenlänge wichtig ist, da Knackprogramme 30 000 000 Zeichenvariationen je Sekunde zum Knacken des Passwortes ausprobieren.

Generierungsbeispiel

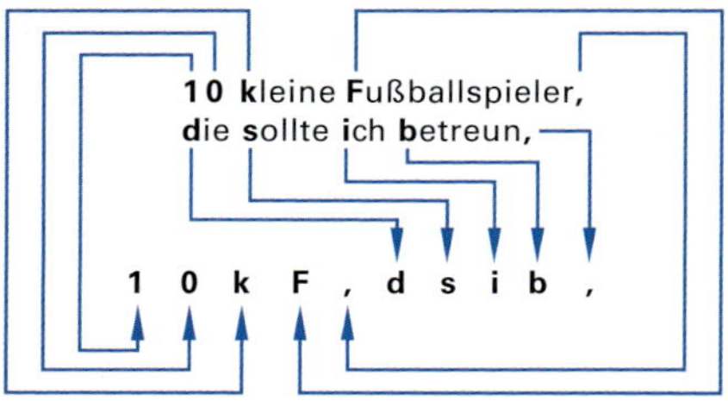

Oft ist es schwierig ein Passwort zu finden, das lang genug ist und darüber hinaus auch noch über Sonderzeichen verfügt. Noch schwieriger ist es, sich ein solches Passwort zu merken. Abhilfe schafft ein Spruch, den man sich einprägt, z. B. 10 kleine Fußballspieler . . . , bei welchem man Anfangsbuchstaben, Zahlen und Satzzeichen für die Passwortbildung verwendet.
Auf die Verwendung aller Sonderzeichen sollte man verzichten, da manche Passwortabfragen diese nicht erkennen, z. B. ß, Ä oder ü.

Passwortverwaltung

Verschiedene Programme, wie KeePass oder PasswortManager, aber auch Internet-Browser wie Mozilla Firefox, verwalten Passwörter. Firefox speichert auf Nachfrage Passwörter verschlüsselt ab und trägt das Passwort bei erneuter Abfrage derselben Internetseite automatisch ein. Ein Programm, wie KeePass, kann für mehrere PC-Nutzer z. B. Passwörter, Web-Formulareinträge oder Kreditkarteninformationen in einer Passwortdatenbank verschlüsselt speichern. Der Zugang erfolgt je Nutzer mit einem Masterpasswort.

Mobile Passwortspeicher

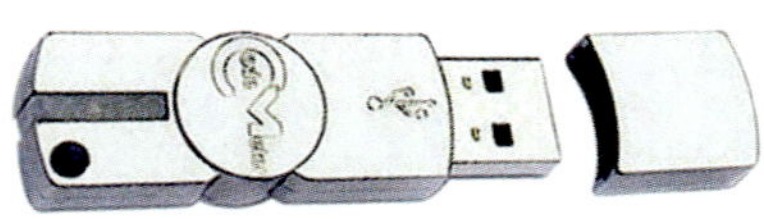

Passwort-Speicherstick

Der mobile Passwort-Speicher ist ein spezieller USB-Stick. Er kann zum einen für aus dem Internet erworbene Software als Dongle (Freischalteinrichtung) dienen, und zum anderen als Passworttresor. Sein Master-Passwort ist an die Stickseriennummer gebunden und man kann diese im Fall des Vergessens online beim Hersteller erfragen, wenn man registriert ist.

m-ID-Stick mit Smart Card

Der mobile Identitäts-Speicher-Stick mit einsetzbarer Smart Card dient als Datentresor. Der Stick ist Kartenleser für die Smart Card. Auf dieser lassen sich Passwörter, verschlüsselte Adressbücher, E-Mail-Konten, Benutzerprofile oder Zertifikate zum Signieren von E-Mails hinterlegen. Internetformulare werden meist automatisch erkannt und die entsprechenden Eingabefelder automatisch ausgefüllt.

T

MAC-Adresse MAC-address

Bezeichnungen	Beschreibungen, Beispiele	Erklärungen

Media-Access-Control-Address (MAC-Adresse)

Üblicherweise erfolgt die Angabe der MAC-Adresse in hexadezimaler Form (z. B. 00-02-44-0C-BC-B3).
MAC-Adresse in einem Ethernet-Typ-II-Rahmen:

00 02 44 0C BC B3	08 00 2A 0B FE FD	08 00	...	FD BB 0D 33
MAC-Adresse des Empfängers	MAC-Adresse des Senders	Typ-feld	Daten 46 bis 1500 Bytes	CRC-Prüf-summe

Anzeige der MAC-Adresse in der DOS-Konsole (ipconfig):

```
Ethernetadapter LAN-Verbindung:
        Verbindungsspezifisches DNS-Suffix:
        Beschreibung . . . . . . . . . . . . : SURECOM EP-320X-R-100/10/M-PCI-Adapter
        Physikalische Adresse . . . . . . . . : 00-02-44-0C-BC-B3
        DHCP aktiviert . . . . . . . . . . . : Nein
        IP-Adresse . . . . . . . . . . . . . : 192.168.100.102
        Subnetzmaske . . . . . . . . . . . . : 255.255.255.0
        Standardgateway . . . . . . . . . . . : 192.168.100.100
```

Die MAC-Adresse wird als physikalische Adresse angezeigt.

Erklärungen: Die MAC-Adresse besteht aus einer 48 Bit großen Zahl. Dabei dienen die ersten 24 Bit der Hersteller-Bezeichnung und die zweiten 24 Bit kennzeichnen die Karte. Die „Media-Access-Control-Address" (Medienzugriffssteuerungs-Adresse) ist weltweit einmalig und wird herstellerseitig vergeben. Sie dient der eindeutigen Identifizierung des Netzwerkadapters eines Gerätes im Rechnernetz. Die MAC-Adresse ist die hardwareseitig festgelegte Adresse der Netzwerkkarte eines IT-Systems (Schicht 2).

Media-Access-Protokolls (MAC-Protokoll)

Kontrollierter Zugriff:
Zugriff auf das Medium findet so statt, dass keine Kollisionen auftreten können (z. B. bei Token Ring, Token Bus)

Konkurrierender Zugriff:
Jeder darf auf das Medium zugreifen. Es gibt Regeln, wie Kollisionen ohne Komplikationen behandelt werden (z. B. bei CSMA/CD)

Erklärungen: Das MAC-Protokoll organisiert den Zugriff auf das Übertragungsmedium. Die Sicherungsschicht im OSI-Referenzmodell fasst mehrere zusammengehörige Datenrahmen (Frames) zusammen und versieht sie mit einem Kopf (Header). Dieser Header enthält Quell- und Zieladressen in Form von MAC-Adressen.

Media-Access-Control im OSI-Modell

OSI-Schicht	Aufgabe im OSI-7-Schichten-Refernezmodell	
7	Verarbeitungsschicht (Anwendung)	
6	Darstellungsschicht	
5	Kommunikationssteuerungsschicht (Sitzung)	
4	Transportschicht	
3	Sicherungsschicht	2a: Logical Link Control
2		2b: Media Access Control
1	Bitübertragungsschicht	

Erklärungen: Das IEEE (Institute of Electrical and Electronics Engineers) unterteilt die Sicherungsschicht (Schicht 2) in die Unterschichten Logical Link Control (2a) und Media Access Control (2b). Die MAC wird hier benötigt, weil ein gemeinsames physikalisches Übertragungsmedium nicht gleichzeitig von mehreren Rechnern verwendet werden kann, ohne dass es zu Datenkollisionen und damit zu Störungen kommt, (siehe Seite 313, OSI-Modell).

Darstellung der MAC-Adresse

Im Standard IEEE 802.3 (Ethernet) und IEEE 802.4 (Token Bus) wird die Hex-Adresse auf dem Medium als Bitfolge übertragen.
Beispiel:

34	12	56	78
00101100	01001000	01101010	00011110
BC	9A		
00111101	01011001		

LSB (Least signifanct bit)
MSB (Most signifanct bit)

Erklärungen: Die Übertragung startet mit dem niederwertigstem Bit (LSB, least significant bit) eines Oktetts. Diese Darstellungsform wird auch als „kanonische Darstellung" bezeichnet und ist heute die übliche Darstellungsform der MAC-Adresse.

MAC-Adressen einiger Hersteller

APPLE: 10-00-E0-xx-xx-xx
ASUS: 00-15-F2-xx-xx-xx
Cisco: 00-60-2F-xx-xx-xx und 00-00-0C-xx-xx-xx
Hewlett Packard: 08-00-09-xx-xx-xx
IBM: 10-00-5A-xx-xx-xx und 00-09-6B-xx-xx-xx
Intel: 00-07-E9-xx-xx-xx und 00-AA-00-xx-xx-xx
Sun Microsystems: 08-00-20-xx-xx-xx

Erklärungen: Einige Hersteller verwenden mehrere MAC-Kennungen, um den MAC-Adressbereich zu vergrößern.
Erwerb eines MAC-Adressraumes über die Organisation IEEE http://standards.ieee.org

ipconfig = Befehl zur Anzeige der Netzwerkdaten in der DOS-Konsole
CSMA/CD = Carrier Sense Multiple Access with Collision Detection (Zugriffsverfahren nach IEEE 802.3)
Oktett = Gruppe aus 8 Bit = 1 Byte
MSB = most significant bit (höchstwertiges Bit)

T

Subnetze bilden Subnetting

Begriffe	Darsteliungen, Prinzipien	Erklärungen
Sub-netze	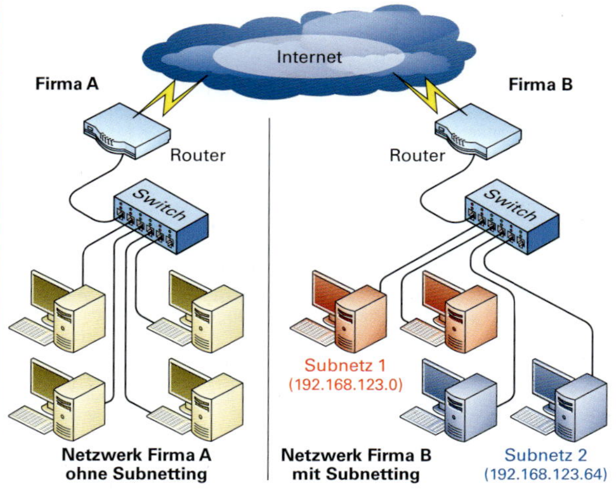	Die Bildung von Subnetzen führt zur Unterteilung eines physikalischen Netzes in mehrere Unternetze (Subnetze). Dabei besteht die IP-Adresse aus einem Netzwerkanteil N und einem Hostanteil H: z. B. Subnetz 1 der Firma B: 192.168.123.0 und Subnetz 2 der Firma B: 192.168.123.64. Beim Subnetting wird nur der Hostanteil der Subnetzmaske betrachtet. Subnetting bietet folgende Vorteile: 1. Aufteilung des Subnetzes ist außerhalb (im Internet) unsichtbar. 2. Ermöglicht das Routing in großen Teilnetzen.

Beispiel für die Subnetzbildung

	Dezimal	Netzadresse N			Hostadresse H
		Oktett 1	Oktett 2	Oktett 3	Oktett 4
Netz-IP-Adresse	192.168.123.000	11000000	10101000	01111011	00000000
Subnetz-maske	255.255.255.192	11111111	11111111	11111111	11000000
UND-Verknüpfung	192.168.123.000	11000000	10101000	01111011	00000000

Im Klasse-C-Netzwerk werden die ersten 3 Oktetts für die Netzadresse und das 4. Oktett für die Hostadresse genutzt. Im Beispiel werden 2 Bits des 4. Oktetts für die Subnetzmaske verwendet. Mit diesen 2 Bits lassen sich 4 Subnetze bilden, wovon aber nur 2 nutzbar sind (siehe Adressierungsbeispiel).

Beispiel für die Adressverteilung

Erste IP-Adressen	Letzte IP-Adressen	Erklärungen
192.168.123.0	–	Netzadresse des Gesamtnetzes (1 . Subnetz)
192.168.123.1	192.168.123.63	Adressbereich nicht nutzbar
192.168.123.64	–	Netzadresse des 2. Subnetzes
192.168.123.65	192.168.123.126	62 adressierbare Hosts im 2. Subnetz
192.168.123.127	–	Broadcast-Adresse des 2. Subnetzes
192.168.123.128	–	Netzadresse des 3. Subnetzes
192.168.123.129	192.168.123.190	62 adressierbare Hosts im 3. Subnetz
192.168.123.191	–	Broadcast-Adresse des 3. Subnetzes
192.168.123.192	192.168.123.254	Adressbereich nicht nutzbar
192.168.123.255	–	Broadcast-Adresse des gesamten Netzwerks

Konventionen und Faustformeln beim Subnetting

Begriffe	Erklärungen	Beispiele (siehe oben)
Konventionen beim Subnetting	Der IP-Adressbereich des 1. Subnetzes ist nicht nutzbar, da hier die Adresse des Gesamtnetzes enthalten ist. Der IP-Adressbereich des 4. Subnetzes ist nicht nutzbar, da hier die Broadcast-Adresse des Gesamtnetzes enthalten ist. Im zweiten und dritten Subnetz ist jeweils die erste (Subnetz-) und letzte (Broadcast-)Adresse nicht nutzbar.	Die Gesamtnetz-Adresse: 192.168.123.0 Die Broadcast-Adresse des Gesamtnetzes: 192.168.123.255
Faustformel	Faustformel zu Berechnung der Anzahl der Subnetze und der möglichen IP-Adressen: Anzahl der IP-Adressen je Subnetz = 256 – 4. Oktett der Subnetzmaske Anzahl der Subnetze = 256/Anzahl der Adressen je Subnetz	Im Beispiel: 256 – 192 = 64 Im Beispiel: 256/64 = 4

IP-Adressklassen im Internet — IP-address classes

Klassen	Formate Internet Protokoll IPv4	Beschreibung
A	0 | Netz-Adresse | Host-Adresse	Jede Internetadresse besteht aus einem 32 Bit-Wort. Die Netzadresse umfasst 8 Bit und beginnt mit 0, die Rechneradresse umfasst 24 Bit. In dezimaler Schreibweise 0.0.0.0 bis 127.255.255.255
B	1 0 | Netz-Adresse | Host-Adresse	Adressbereich B erstreckt sich über 16 384 Netze mit je 65 536 Netzrechnern. Die Netzadresse umfasst 14 Bit, die Hostadresse 16 Bit. Die Adresse beginnt mit 1 und 0. Dezimale Notation: 128.0.0.0 bis 191.255.255.255
C	1 1 0 | Netz-Adresse | Host-Adresse	Der Adressbereich der Klasse C erstreckt sich über 2 097 152 Netze mit je 256 Rechneradressen. Für die Netzadresse sind 21 Bit reserviert, für die Hostadresse sind 8 Bit reserviert. Dezimale Notation: 192.0.0.0 bis 223.255.255
D	1 1 1 0 | Multicast-Adresse	Adressbereich Klasse D erstreckt sich über 268 435 456 Multicast-Adressen und erlaubt die gleichzeitige Zustellung von Datenpaketen an alle Hosts eines Adressbereiches. Dezimale Notation 224.0.0.0 bis 239.255.255.255
E	1 1 1 1 0 | Reserviert für künftige Anwendungen	Der Adressbereich der Klasse E ist reserviert für künftige experimentelle Anwendungen.

Internet Protokoll IPv6

Aufbau einer IPv6-Adresse

Begriffe	Beispiele	Erläuterungen
Adressen-Notation	2F01:0DC8:0000:1448:0000:0000:0000:0028	128 Bit, eingeteilt in 8 Gruppen zu je 16 Bit, dargestellt durch je 4 Hex-Ziffern (0–F), getrennt durch Doppelpunkte.
Verkürzte Gruppen-Notation	2F01:**DC8**:**0**:1448:0000:0000:0000:**28**	Führende Nullen in einem Block können wegfallen.
Verkürzte Adressen-Notation	2F01:**DC8**:**0**:1448::**28**	Aufeinander folgende Vierer-Gruppen mit 0000 dürfen einmal durch :: ersetzt werden.
Netzwerk-Präfix	2F01:0DC8:0000:1448::0028/**64** **2F01:0DC8:0000:1448**:xxxx:xxxx:xxxx:xxxx	Netzwerkadressen sind als Präfix kenntlich (wirksame Bitzahl wird hinter Schrägstrich / angegeben).
Subnetz-Präfix	**2F01:0DC8:0000**:1448 = Global Routing Präfix 2F01:0DC8:0000:**1448** = Subnet Identifier	Global Routing Präfix (48 Bit) und Subnet Identifier (16 Bit) bilden das Subnet Präfix.
Interface Identifier	xxxx:xxxx:xxxx:xxxx:**0000:0000:0000:0028**	64-Bit-Rechneradresse, wird aus der MAC-Adresse der Netzwerkkarte erstellt oder zugewiesen.
Format einer IPv6-Adresse	Format einer IPv6-Adresse: 128 Bits 48 Bits | 16 Bits | 64 Bits Global Routing Präfix | Subnetz Identifier Subnetz Präfix | Interface Identifier	

IP Internet Protocol = Internetprotokoll, IPv4 IP-Version 4, IPv6 IP-Version 6, Global Routing Weltweite Netzwegelenkung, Host = Gastgeber, Interface Schnittstelle, Identifier engl. Bezeichner, MAC Media Access Control = Hardware-Adresse, Multicast Mehrpunktverbindung, Notation Benennung, Präfix lat. Vorsilbe, sub lat. Unter, Subnetz Teilnetz, MAC-Adressen siehe Seite MAC-Adresse.

HTML-Anweisungen HTML instructions

Anweisung	Herkunft, Erklärung	Bemerkungen
Anweisungen für alle HTML-Dokumente		
⟨HTML⟩ … ⟨/HTML⟩	Hypertext Markup Language (Hypertext Markierungssprache)	Typ des Dokuments. Schließt das gesamte Dokument ein.
⟨HEAD⟩ … ⟨/HEAD⟩	Kopfteil (Head = Kopf)	Enthält beschreibende Informationen.
⟨TITLE⟩ … ⟨/TITLE⟩	Titel	Dokumententitel. Muss innerhalb des Kopfteiles stehen.
⟨BODY⟩ … ⟨/BODY⟩	Hauptteil (Body = Körper)	Schließt die darzustellende Information ein.
⟨BODY BGCOLOR = "FFFFFF"⟩ … ⟨/BODY⟩	Hintergrundfarbe des Dokuments (BG = Background)	Farbintensität in hexadezimaler Schreibweise mit je zwei Stellen für rot, grün und blau.
Anweisungen zur Textdarstellung		
⟨H1⟩ … ⟨/H1⟩	heading (Überschrift)	Schriftgrößen von 1 bis 6.
⟨B⟩ … ⟨/B⟩	bold text (kühn)	Text wird im Fettdruck dargestellt.
⟨I⟩ … ⟨/I⟩	italic text	Text wird kursiv dargestellt.
⟨TT⟩ … ⟨/TT⟩	typewriter text (Schreibmaschinenschrift)	Schrift mit gleichbleibendem Zeichenabstand.
⟨U⟩ … ⟨/U⟩	Unterstreichung	Verwechslungsgefahr mit der Darstellung von Verknüpfungen (Links).
⟨BIG⟩ … ⟨/BIG⟩	größer	Eingeschlossener Text wird größer dargestellt.
⟨SMALL⟩ … ⟨/SMALL⟩	kleiner	Eingeschlossener Text wird kleiner dargestellt.
⟨SUB⟩ … ⟨/SUB⟩	subscript (tiefgestellt)	Tiefergestellte, kleinere Buchstaben.
⟨SUP⟩ … ⟨/SUP⟩	superscript (hochgestellt)	Hochgestellte, kleinere Schriftzeichen.
⟨CENTER⟩ … ⟨/CENTER⟩	Zentrierung des Textes	Gilt für Text und Grafik.
⟨BLINK⟩ … ⟨/BLINK⟩	Blinken der Schrift	Zeigt Text in blinkender Schrift.
⟨FONTSIZE = ?⟩ … ⟨/FONT⟩	Schriftgröße	Grundschrift ist Größe 3 (1 bis 7 möglich).
⟨FONTCOLOR = "# FFFFFF"⟩ … ⟨/FONT⟩	Schriftfarbe (rot, grün, blau je zwei hexadezimale Zahlen)	Auf Kontrast zur Hintergrundfarbe achten (FFFF00 = gelb).
⟨!--Text--⟩	Kommentar	Eingeschlossener Text wird nicht angezeigt.
Anweisungen zur Dokumentengliederung		
⟨P⟩ … ⟨/P⟩	paragraph (Abschnitt)	Doppelter Zeilenumbruch.
⟨BR⟩ … ⟨/BR⟩	break (Bruch)	Erzwingt einfachen Zeilenumbruch.
⟨NOBR⟩ … ⟨/NOBR⟩	Kein Zeilenumbruch	Automatischer Zeilenumbruch wird verhindert.
⟨PALIGN = CENTER⟩ … ⟨/P⟩	align = ausrichten, mittig	Text wird zentriert dargestellt.
⟨PALIGN = RIGHT⟩ … ⟨/P⟩	Textausrichtung rechts	Text wird rechtsbündig dargestellt.
⟨HR⟩	horizontal rule (Linie)	Linie vom linken bis zum rechten Rand.
⟨HRWIDTH = 30⟩	Linienlänge in Bildpunkten	Auch Prozentangabe möglich.
⟨HRSIZE = 4⟩	Liniendicke in Bildpunkten	Voreinstellung ist 2 Bildpunkte.
⟨HRNOSHADE⟩	einfache Linie (shade = Schatten)	Linie ohne Schatteneffekt.

HTML-Dokumente können mit jedem Text-Editor erstellt werden. Es werden nur ASCII-Zeichen zwischen Code Nr. 32 und 127 dargestellt. Die Anweisungen werden als Tag (von tag = Etikett) bezeichnet und sind in eckigen Klammern eingeschlossen. Tabulatoren, normale Absätze und mehrere Leerzeichen werden bei der Darstellung ignoriert. Die Darstellung der HTML-Dokumente ist vom verwendeten Browser abhängig. Jedes Eröffnungs-Tag (⟨Beispiel⟩) hat in der Regel auch ein Abschluss-Tag (⟨/Beispiel⟩).

Anweisung	Herkunft, Erklärung	Bemerkungen
Listen		
<OL> <LI>Listeneintrag</LI> <LI>Listeneintrag</LI> </OL>	ordered list (nummerierte Liste)	Jedem Listeneintrag wird automatisch eine laufende Nummer vorangestellt.
<OLTYPE = A> <LI>Listeneintrag</LI> <LI>Listeneintrag</LI> </OL>	nummerierte Liste, beginnend mit Großbuchstaben	Weitere Möglichkeiten sind: Type = a, Kleinbuchstaben Type = I, große römische Ziffern Type = i, kleine römische Ziffern
<OLSTART = (Zahl)>	nummerierte Liste mit vorgegebenem Startwert	Auch bei Buchstaben und römischen Ziffern möglich.
<UL <LI>Listeneintrag</LI> <LI>Listeneintrag</LI> ⋮ </UL>	unnumbered list (unnummerierte Liste)	Jedem Listeneintrag ist ein schwarzer Punkt (Bubble) vorangestellt. Alle Listen können verschachtelt werden.
Grafiken und Verweise (Links)		
<IMGSRC = "bild.gif">	image (Bild), source (Quelle). Die Grafikdatei bild.gif wird angezeigt	Abbildungen müssen im GIF-Format oder im JPEG-Format vorliegen.
<IMGSRC = "bild.gif" ALIGNTOP>	align (Ausrichtung), top (oben). Legt die Lage des Bildes zur Textzeile fest	Weitere Möglichkeiten sind: MIDDLE (mittig), BOTTOM (unten).
<IMGSRC = "bild.gif" ALT = "Text">	alternate (alternativ) Grafik oder Alternativtext	Alternativtext erscheint, wenn Grafik nicht aufgebaut wird.
<A HREF = "bild1.gif"> Text</A>	anchor (Anker) hypertext reference (Querverbindung) Anzeigen einer Grafik	Durch Anklicken von 'Text' wird die Bilddatei bild1.gif angezeigt.
<A HREF = "#Verweisziel"> Text1</A>	# englisches Zeichen für Nummerierung, Absprungmarke	Durch Anklicken von 'Text1' springt die Monitoranzeige zum Verankerungspunkt.
<A NAME = "Verweisziel"> Text2</A>	Verankerungspunkt, Zielmarke	Die Textstelle Text2 im gleichen Dokument wird angezeigt.
<A HREF = "datei.htm"> Text</A>	Querverweis (Link) zu anderer Datei im gleichen Verzeichnis	Durch Anklicken von 'Text' wird der Inhalt von datei.htm angezeigt.
<A HREF = "url"> Suchmaschine</A>	url (uniform resource locator) Internetadresse z. B. http://www.lycos.de	Durch Anklicken von 'Suchmaschine' wird die Verbindung zur angegebenen Internetadresse aufgebaut.
<A HREF = "MAILTO: email-adresse"> Text</A>	mailto (Post schicken) Aufruf eines E-mail-Programms im Browser	Durch Anklicken von 'Text' kann eine Nachricht versendet werden.
Umlaute und Sonderzeichen		
ä Ä ö Ö ü Ü ß < > & "	ä-Darstellung Ä-Darstellung ö-Darstellung Ö-Darstellung ü-Darstellung Ü-Darstellung ß-Darstellung <-Darstellung >-Darstellung &-Darstellung "-Darstellung	Deutsche Umlaute werden sonst nicht in allen Browsern korrekt dargestellt. Sonderzeichen und Steuerzeichen der HTML-Sprache müssen codiert werden.

T

Protokolle im Internet   Internet protocols

Protokollarten

Protokoll	Erklärung	Bemerkung
IP (Internet Protocol)	Verbindungsloses Protokoll: Übertragung von Dateiblöcken (Datagrammen) ohne Empfangsbestätigung. Adressierung mit 32-Bit-Internetadressen. Teilt Pakete bei Bedarf (maximale Paketgröße 65 535 B).	Erlaubt netzübergreifenden Datenverkehr mit Leitweglenkung (Routing). Enthält eine globale Adressierung. Protokoll der Vermittlungsschicht (Schicht 3 des OSI-Schichtenmodells).
TCP (Transmission Control Protocol)	Verbindungsorientiertes Protokoll. Stellt eine voll duplexfähige virtuelle Verbindung zur Verfügung. Die Datenübertragung erfolgt aus Benutzersicht als Datenstrom. Zeitliche Überwachung der gesendeten Daten. Gesicherte Datenübertragung (Empfangsbestätigung). Die Datenkopflänge beträgt 20 B.	Kommunikationsprotokoll für die Vernetzung der verschiedenen Hardwarekombinationen und der unterschiedlichen Betriebssysteme.
UDP (User Datagramm Protocol)	Verbindungsloses Protokoll. Übertragung von Datenblöcken. Minimale Protokollmechanismen. Keine Ende-zu-Ende-Kontrolle. Die Datenkopflänge beträgt nur 8 B.	Kann anstelle von TCP verwendet werden. Schneller Datenaustausch wegen der geringen Paketkopflänge (Header) der Datenpakete.
Telnet (Teletype Network)	Protokoll der Anwendungsschicht innerhalb des TCP/IP-Protokollstapels. Es stellt eine Verbindung zwischen einem Telnet-Server (Dienstleister) und einem Telnet-Client (Kunde) her.	Auf dem Client-Computer wird ein Terminal (Arbeitsstation) des Servers emuliert (nachgebildet). Das Terminal wirkt wie ein zusätzliches Bildschirmgerät am Hauptrechner. Einloggen in andere Systeme möglich.
FTP (File Transfer Protocol)	Steuert die Dateiübertragung über das darunterliegende TCP-Protokoll. Aufgaben sind der Verbindungsaufbau, das Bereitstellen von Kopierdiensten und Übertragungsdiensten sowie der Verbindungsaufbau.	Basisdienst für den Dateitransfer. Dateien können von entfernten Computern auf den eigenen Computer übertragen werden und umgekehrt.
SMTP (Simple Mail Transfer Protocol)	Einfach aufgebautes Protokoll für den Austausch von elektronischer Post (E-Mail). Unterstützt die Übermittlung kurzer Nachrichten in Textform. Die Adressangabe erfolgt nach den Vereinbarungen des DNS (von Domain Name System = Bereichsnamen-Verwaltung).	Baut eine bidirektionale Verbindung zum nächsten Übermittlungsrechner auf, der die Nachricht (Mail) entgegennimmt und weiterleitet. Beispiel für das Domain Name System: info@europa-lehrmittel.de (Nutzername@Hostname.Bereichsname)

Aufbau des TCP-IP-Protokollstapels im Vergleich zum OSI-Schichten-Modell

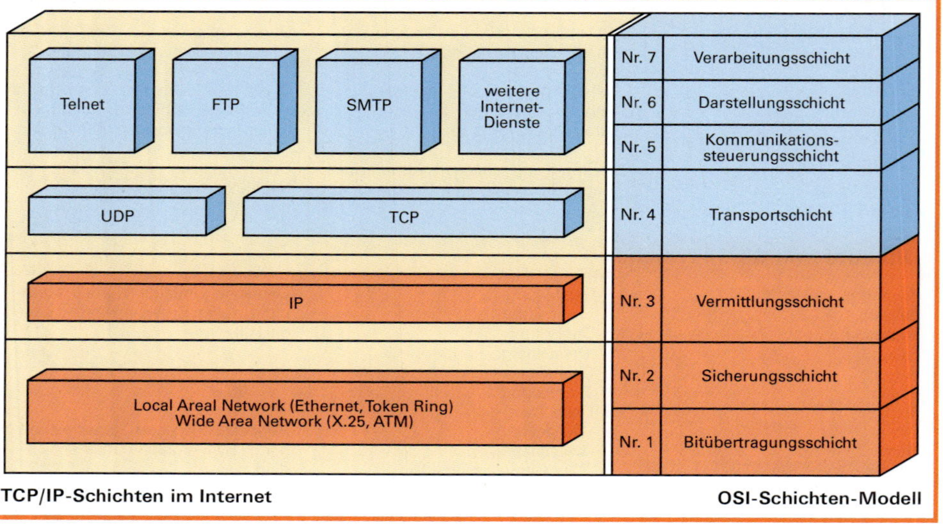

T

Technische Kommunikation, Werkstoffe, Verbindungstechnik

Darstellung von Kennlinien Representation of characteristic curves

Ansicht	Beschreibung	Ergänzungen, Bemerkungen

xy-Koordinaten (rechtwinklige Koordinaten, kartesische Koordinaten)

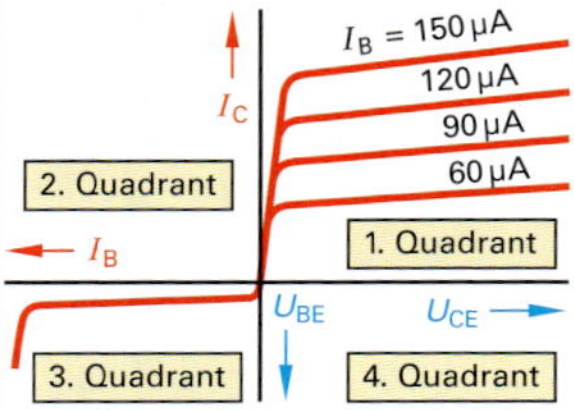

Quadranten-Darstellung

In einem rechtwinkligen Achsenkreuz (Koordinatensystem) zeigt ein Graph (eine Kennlinie) die abhängige Variable in der Senkrechten und die unabhängige Variable (Veränderliche) in der Waagrechten. Werden drei Größen in einem Achsenkreuz dargestellt, hält man für jeweils eine Kurve die dritte Größe als *Parameter* konstant. Dabei entsteht eine *Kurvenschar* mit verschiedenen Parametern.

Quadrant	x-Achse	y-Achse
1	+	+
2	–	+
3	–	–
4	+	–

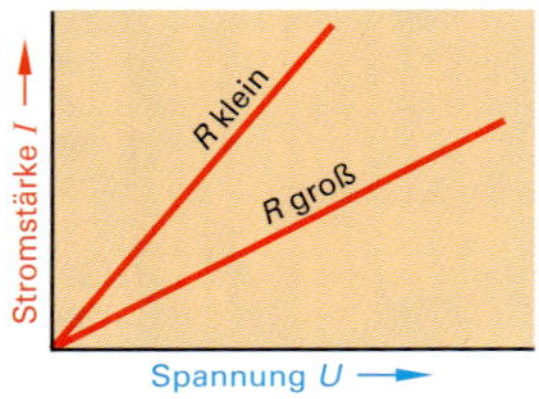

Widerstandskennlinien

Waagrechte Achse (x-Achse, Abszisse) für die unabhängige Variable, z. B. die Ursache oder die Zeit.

Senkrechte Achse (y-Achse, Ordinate) für die abhängige Variable: $I = f(U)$.

Formelzeichen und Einheit neben bzw. unter der Achse, Pfeilspitze zeigt in positive Achsrichtung.

Beschriftung muss von unten lesbar sein, nur ausnahmsweise von rechts (z. B. bei langen Ausdrücken).

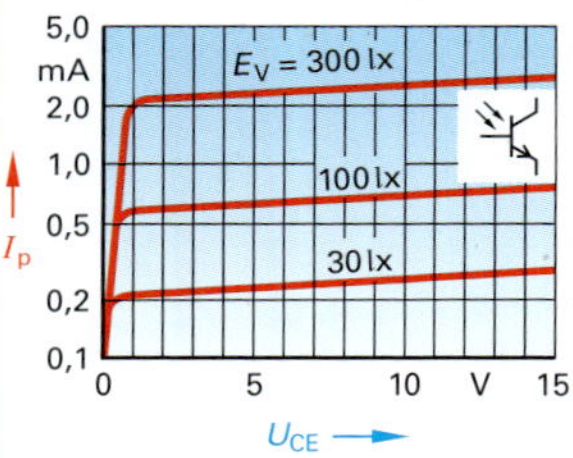

Darstellung mit Netzlinien

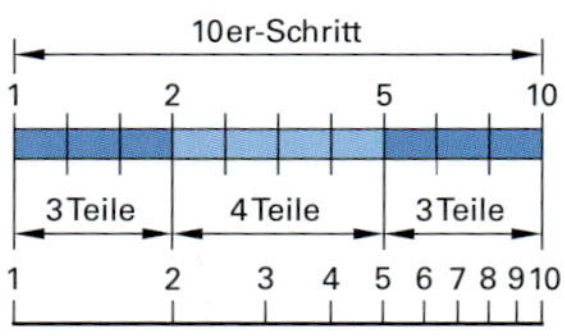

Logarithmische Teilung

Bei der quantitativen Darstellung sind die Achsen in gleichmäßigen oder unterschiedlichen Schritten aufgeteilt. Negative Werte sind mit dem Minuszeichen und die Nullpunkte beider Achsen mit einer Null zu kennzeichnen.

Umfassen die Werte einer Achse einen großen Bereich, teilt man sie im *logarithmischen Maßstab*. Der Abstand von 1 bis 10 ist gleich groß wie der Abstand von 10 bis 100 oder der Abstand von 100 bis 1000.

Diese Dekaden wiederholen sich nach dem gleichen Schema.
Die Ziffer 2 steht z. B. immer bei 30 % des Dekadenwertes, die Ziffer 3 bei knapp 50 % des Dekadenwertes, die Ziffer 4 bei 60 % des Dekadenwertes und die Ziffer 5 bei 70 % des Dekadenwertes.

Das Einheitenzeichen schreibt man bei allen Diagrammen a) zwischen die letzten beiden Zahlen, b) hinter das Formelzeichen oder c) als Bruch: Formelzeichen dividiert durch Einheit.

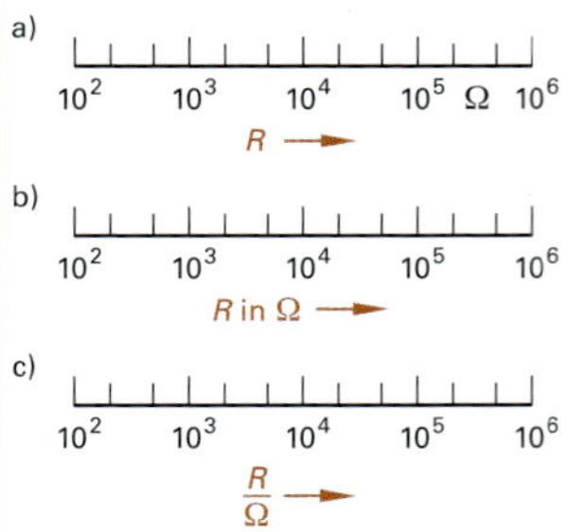

Alternativen der Achsenbeschriftung

Polarkoordinaten

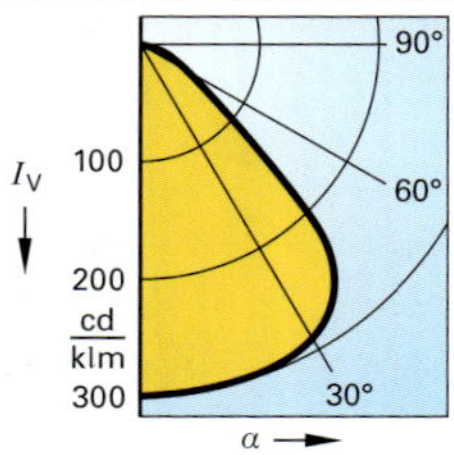

Lichtstärke einer direkt strahlenden Leuchte

Zur Darstellung von *Richtkennlinien* verwendet man Polarkoordinaten. Sie dienen zur Darstellung der Abhängigkeit einer Größe von deren Betrag und Winkel.

Umrechnung in rechtwinklige Koordinaten:

$x = r \cdot \cos\varphi$

$y = r \cdot \sin\varphi$

Umrechnung in Polarkoordinaten:

$r = \sqrt{x^2 + y^2}$

$\varphi = \arctan(y/x)$

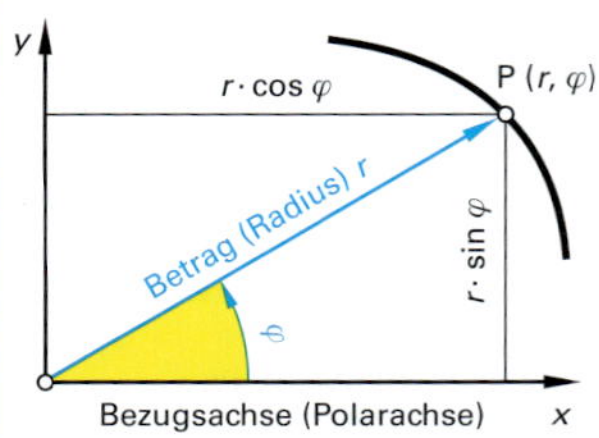

Polarkoordinaten

K

Axonometrische Projektionen

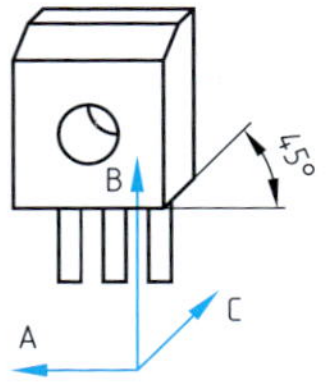

Kabinett-Projektion

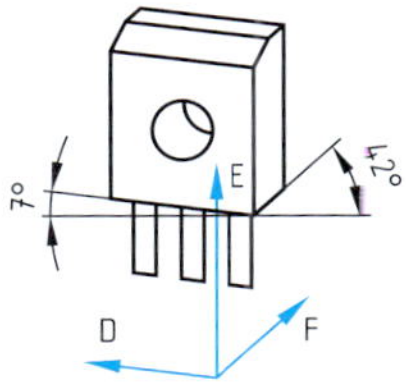

Dimetrische Projektion

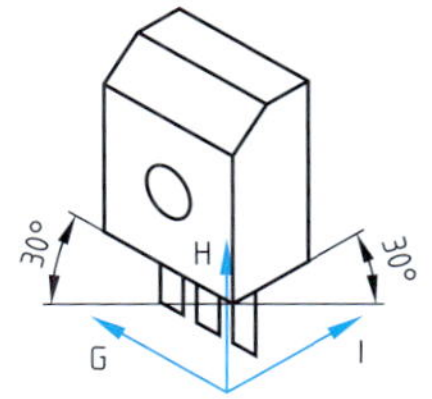

Isometrische Projektion

In Maßstabsgröße dargestellt werden die Kanten in Richtung A, B, D, E, G, H und I.

Um die Hälfte verkürzt werden die Kanten in Richtung C und F.

Normalprojektionen

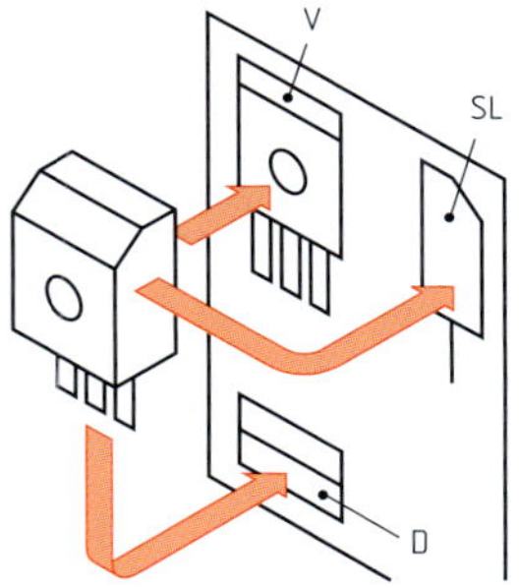

Verschieben und Umklappen bei der Projektionsmethode 1

(Kennzeichen:)

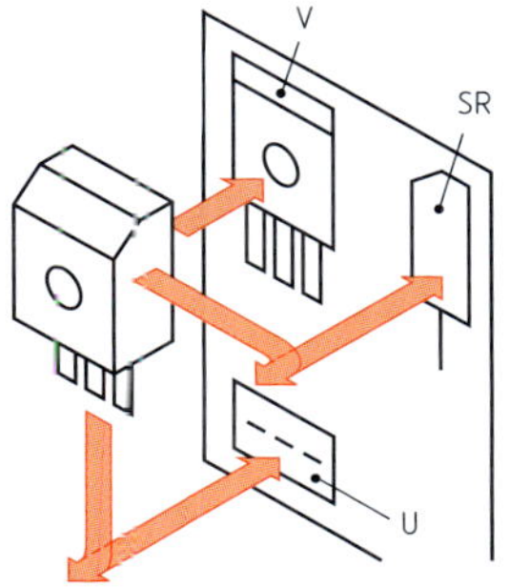

Verschieben und Umklappen bei der Projektionsmethode 3

(Kennzeichen:)

Die Projektionsmethode 1 wird in europäischen Ländern vorwiegend angewendet. In amerikanischen Ländern und meist auch in Datenbüchern, z. B. für Transistoren, wird die Projektionsmethode 3 angewendet.

V	Vorderansicht
D	Draufsicht
SL	Seitenansicht von links
SR	Seitenansicht von rechts
U	Untersicht

Schnitte

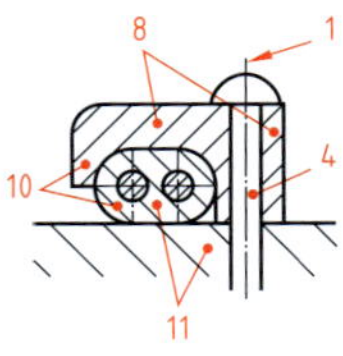

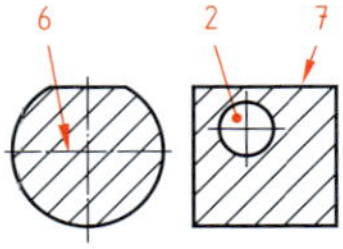

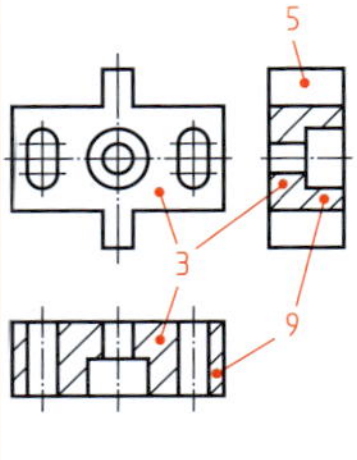

Schnittebene

Durch Längsachse von Bohrung (1) oder quer zur Bohrung (2) gelegt. Schnitte werden nach den gleichen Regeln verschoben und umgeklappt gedacht wie Ansichten (3).

Nieten, Schrauben, Wellen, Bolzen (4), Speichen oder Rippen (5) in Längsrichtung in der Schnittebene liegend nicht geschnitten, sondern ganz dargestellt.

Schraffur

Schnittfläche mit dünnen Volllinien unter 45° zur Achse (6) oder zu den Hauptumrisslinien (7) schraffiert. Alle Schnittflächen desselben Teiles in einer (8) oder verschiedenen Ansichten (9) in gleicher Art schraffiert.

Aneinandergrenzende Schnittflächen verschiedener Teile mit unterschiedlicher Richtung (10) oder unterschiedlichem Abstand (11) schraffiert.

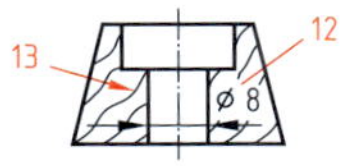

Schraffur für Maßzahl unterbrochen (12). Für Holz (13) oder Wicklung (14) kennzeichnende Schraffur angewendet.

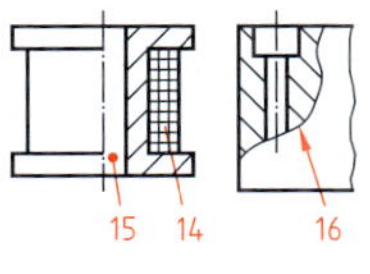

Halbschnitt

Symmetrisches Werkstück zum Teil als Ansicht, zum Teil als Schnitt dargestellt (15).

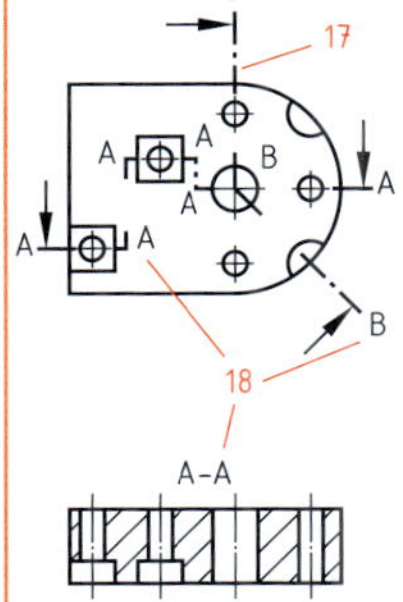

Teilschnitt

Durch dünne Freihandlinie begrenzt (16).

Schnittverlauf

Wo nötig durch breite Strichpunktlinien (17) und, wenn es die Übersicht verbessert, mit Buchstaben (18) bezeichnet.

K

Darstellungsregeln und Maßeintragungen
Rules of representation and dimensionings

Maßeintragung allgemein, Flachwerkstücke

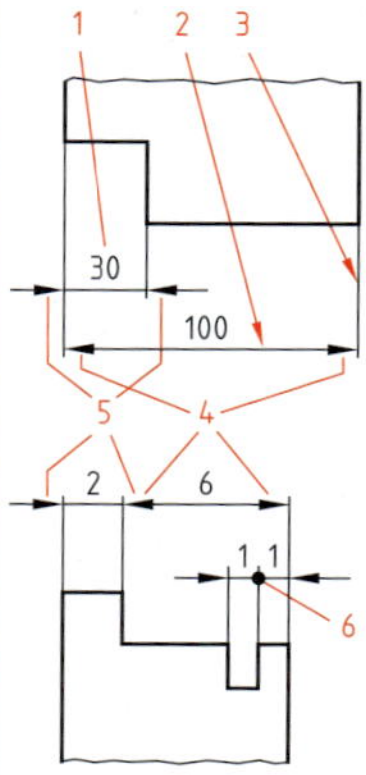

Längenmaße

Millimetermaß ohne Einheit als Maßzahl (1) mit kleinem Abstand über Maßlinie (2) gesetzt. Abstand der Maßlinien untereinander etwa 7 mm, von Körperkanten etwa 10 mm. Maßhilfslinien (3) rechtwinklig zur Maßlinie und etwa 2 mm darüber hinausgezogen.

Innenpfeile (4), wenn auf der Zeichnung 10 oder mehr Millimeter Platz zwischen den Maßhilfslinien ist, sonst Außenpfeile (5); ausgefüllter Punkt (6) zwischen zwei kleinen Maßen.

Körperkanten (7) oder Mittellinien (8) an Stelle von Maßhilfslinien verwendet. Mittellinie im Bereich des Maßes unterbrochen (9), damit dieses frei steht.

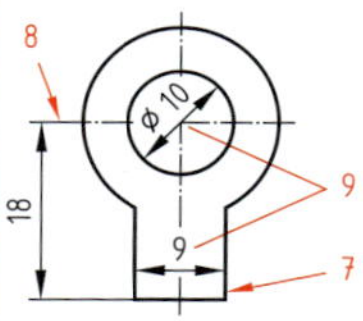

Leselage, Schreibrichtung

Die Leselage der Zeichnung entspricht der Leselage des Schriftfeldes. Schreibrichtung der Maßzahl übereinstimmend mit der Richtung der zugehörigen Maßhilfslinie und von unten oder von rechts lesbar (10), wenn die Zeichnung in Leselage gehalten wird. Es ist auch zulässig, alle Maße in Leselage des Schriftfeldes einzutragen. Dazu werden die nicht horizontalen Maßlinien unterbrochen.

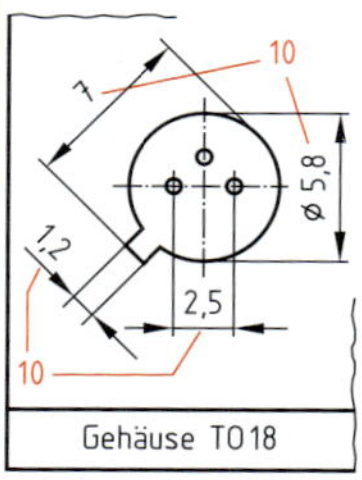

Werkstückdicke

Bei Flachwerkstücken mit Maßbuchstabe *t* und Gleichheitszeichen in (11) oder mit Hinweislinie neben (12) der Darstellung angegeben.

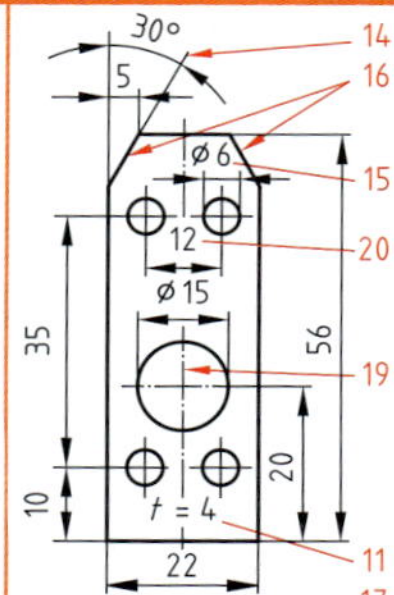

Winkelmaße

Bogenförmige Maßlinie zwischen den Schenkeln (13) des Winkels oder deren Verlängerung in Form von Maßhilfslinien (14).

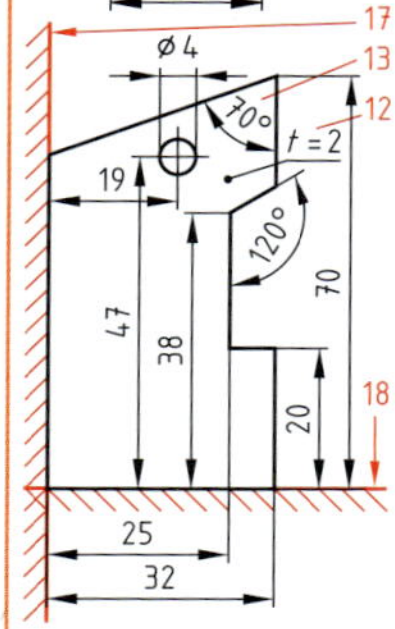

Anordnung der Maße

Jedes Maß nur einmal in der Zeichnung eingetragen, z. B. den Lochdurchmesser (15) für die ganze Lochgruppe der vier gleichen Löcher. Zusammengehörende Maße beieinander angegeben, z. B. bei einer der Anschrägungen (16) sowohl Schrägungswinkel wie Schrägungstiefe.

Von möglichst wenig Bezugselementen aus bemaßen, z. B. von einer Bezugsebene links (17) und einer Bezugsebene unten (18) aus. Beim Bezug auf eine Mittellinie (19) stets den Gesamtabstand (20) der symmetrisch liegenden Elemente eintragen.

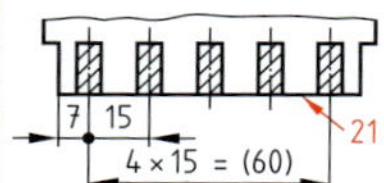

Funktionsmaße

Sind Maße, die mit entsprechenden Maßen eines Gegenstücks übereinstimmen müssen. Vorzugsweise solche Maße eintragen (funktionsbezogene Bemaßung).

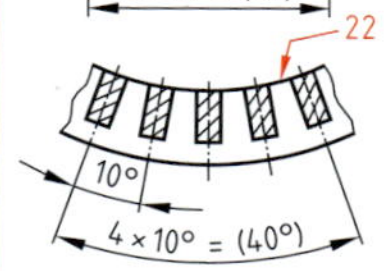

Teilungen

Liegen auf einer Geraden (21) oder auf einem Kreis (22) gleiche geometrische Elemente, so wird vereinfacht bemaßt.

Kreise, Rundungen, Langlöcher, Biegeteile

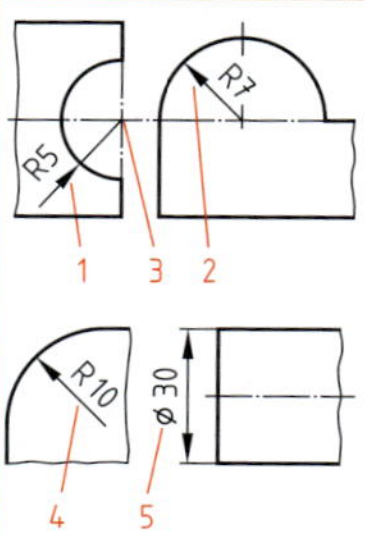

Radien

In allen Fällen durch den vor die Maßzahl gesetzten Großbuchstaben R gekennzeichnet. Maßlinie stets schräg und nur am Kreisbogen von außen (1) oder innen (2) mit Maßpfeil versehen; in der Regel mit (3), in eindeutigen Fällen ohne (4) Mittellinienkreuz.

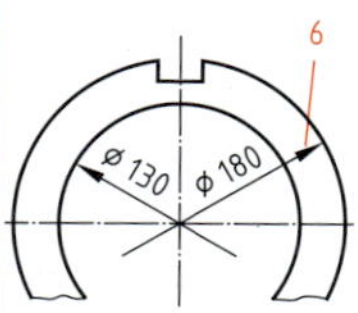

Durchmesserzeichen

Das Symbol ∅ wird bei Bemaßung von Kreisen in jedem Fall vor die Maßzahl gesetzt (5). Abgebrochen gezeichnete Kreise werden nur mit einem Maßpfeil versehen (6).

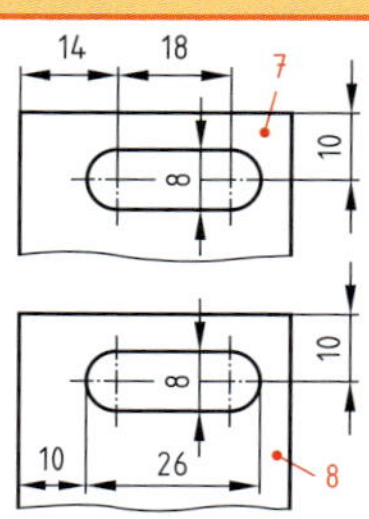

Langlöcher

Mit halbrunden Enden ohne Radiusangabe nach (7) oder (8) bemaßt.

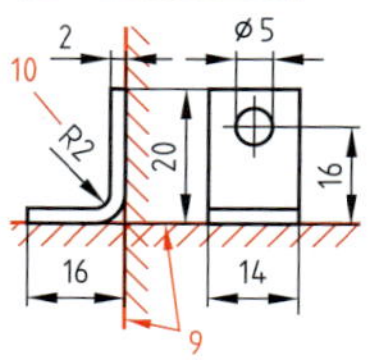

Biegeteile

Bezugsebenen (9) für die Bemaßung winkliger Werkstücke sind stets die Schenkelaußenflächen; bei U-förmigen Werkstücken ist es die Rückenfläche. Eingetragen wird der Biegeinnenradius (10).

K

Darstellungsregeln und Maßeintragungen (Fortsetzung)
Rules of representation and dimensionings (continued)

Zylindrische Grundformen

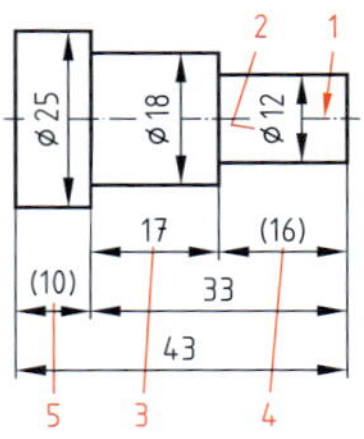

Reiner Drehkörper
Mit liegender Längsachse (1) nur in Vorderansicht dargestellt. Vor Durchmessermaßen wird das Durchmesserzeichen (2) gesetzt. Vorrangig Funktionsmaß (3), daneben Fertigungsmaß (4) eingetragen, aber, um kettenartige Aufteilung in Teillängen zu vermeiden, die eine Teillänge als Hilfsmaß (5) in Klammern gesetzt.

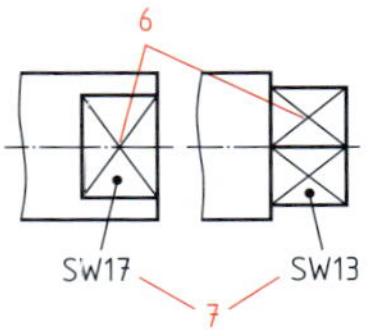

Ebene Flächen
Durch Diagonalenkreuz (6) mit schmalen Volllinien gekennzeichnet (erforderlich, wenn Seitenansicht fehlt, sonst erlaubt).
Schlüsselweitenzeichen SW (7) vor der Maßzahl, wenn der

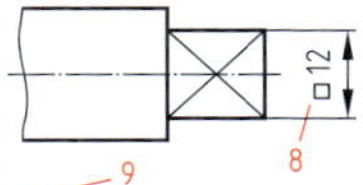

Abstand der Schlüsselflächen nicht bemaßt werden kann, Quadratzeichen □ (8) in jedem Fall vor die Maßzahl gesetzt.

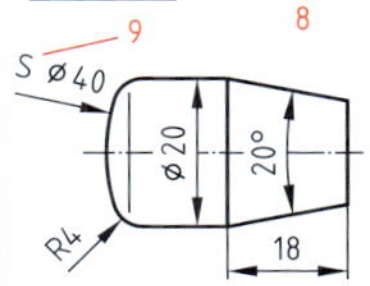

Kugelform
Durch Großbuchstabe S (9) vor dem Durchmesserzeichen bzw. dem Radiuszeichen gekennzeichnet.

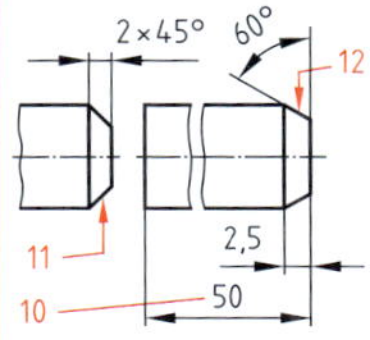

Anschrägung
In Gesamtlänge (10) einbezogen, bei 45°-Winkel (11) vereinfacht bemaßt.

Kegel
Mit zwei Maßen (12) angegeben.

Gewinde

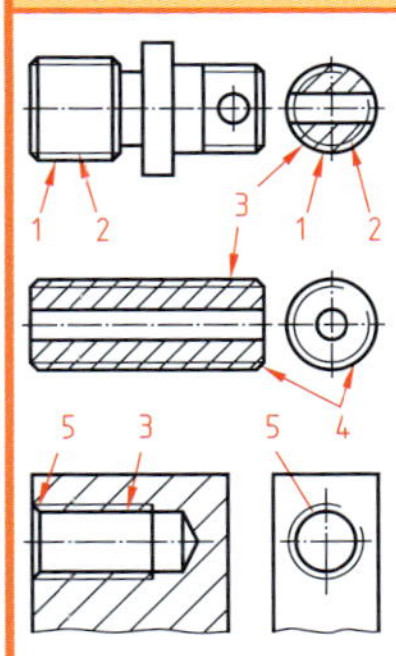

Unverschraubte Gewinde
Durch breite (1) und schmale (2) Volllinien im Abstand der Profiltiefe dargestellt, die breite Volllinie und die Grenze der Schraffur (3) dort, wo vor dem Gewindeschneiden die Werkstoffgrenze war. Anfasungen (4) und Ansenkungen (5), nicht größer als die Profiltiefe, in der Seitenansicht nicht dargestellt.

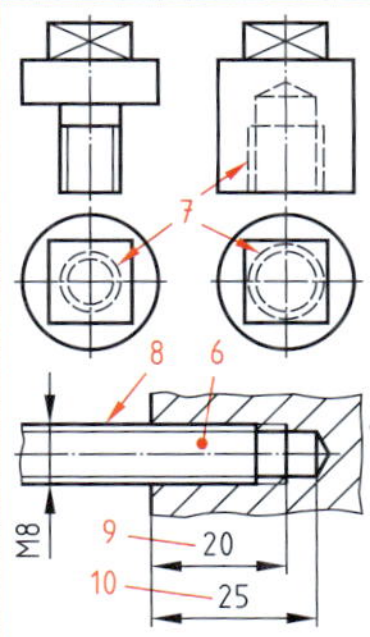

Verschraubte Gewinde
In der Schnittzeichnung wird der Bolzen (6) vorrangig dargestellt.

Verdeckte Gewinde
Gleiche Strichlinien (7) für alle Begrenzungen.

Gewindemaße
Stets beim Gewindeaußendurchmesser (8) eingetragen. Beim Sackloch-Muttergewinde nutzbare Gewindelänge (9) und Bohrlochtiefe (10) bemaßt.

Toleranzangaben

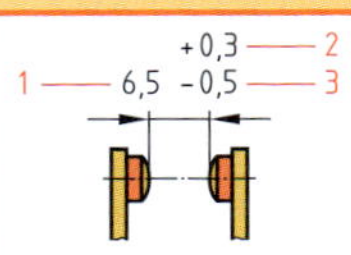

Hinter Nennmaß (1) die Abmaße eingetragen, das obere Abmaß (2) stets über dem unteren Abmaß (3).

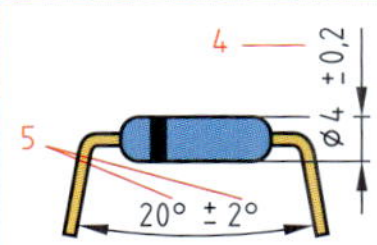

Gleichen Betrag (4) der Abmaße nur einmal, Einheitenzeichen (5) beim Nennmaß und bei den Abmaßen hingeschrieben.

Oberflächenbeschaffenheit

Alle Fertigungsverfahren sind erlaubt.

Materialabtrag vorgeschrieben, z. B. drehen, fräsen.

Materialabtrag unzulässig oder Oberfläche verbleibt im Anlieferungszustand.

Alle Flächen rundum die Kontur müssen die gleiche Oberflächenbeschaffenheit aufweisen.

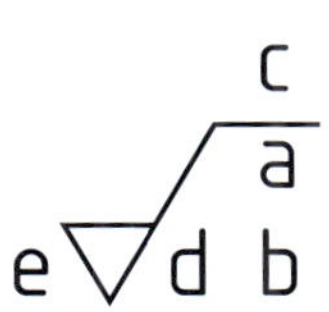

a Oberflächenkenngröße mit Zahlenwert in µm, Übertragungscharakteristik/Einzelmessstrecke in mm

b Zweite Anforderung an die Oberflächenbeschaffenheit (wie bei a beschrieben)

c Fertigungsverfahren

d Sinnbild für die geforderte Rillenrichtung

e Bearbeitungszugabe in mm

K

Funktionsbezogene Dokumente   Function oriented documents

Art	Erklärung	Beispiel
Schaltskizze (nicht genormt)	Meist allpolige Darstellung zur Erklärung der Wirkungsweise oder Anordnung von elektrischen Einrichtungen, z. B. bei Herden, Warmwasserspeichern oder Haushaltsgeräten. Dabei werden Schaltzeichen, nicht genormte Sinnbilder und auch Ansichten verwendet.	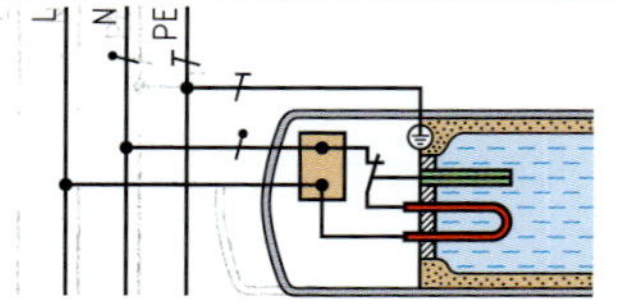
Übersichtsschaltplan	Meist einpolige Darstellung einer Schaltung. Dabei werden einfache Schaltzeichen und Blocksymbole verwendet. Leiterzahl und Betriebsmittelzahl sind je nach Aufgabe des Planes angegeben oder nicht angegeben.	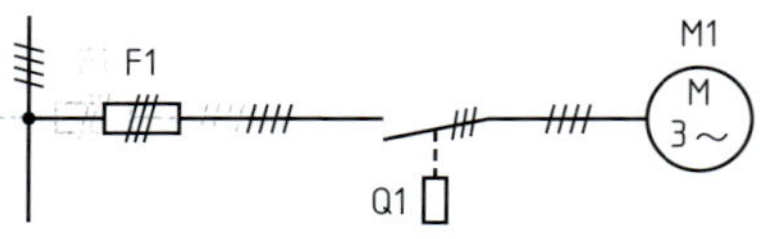
Stromlaufplan in zusammenhängender Darstellung	Allpolige Darstellung der Stromkreise einer Funktionseinheit, Baugruppe oder Anlage mit allen Einzelheiten. Teile desselben Betriebsmittels müssen räumlich zusammenhängend gezeichnet werden. Größe, Form und räumliche Lage der Betriebsmittel bleiben unberücksichtigt. Dabei sind die Teile und Verbindungen mit genormten Symbolen (Schaltzeichen) dargestellt.	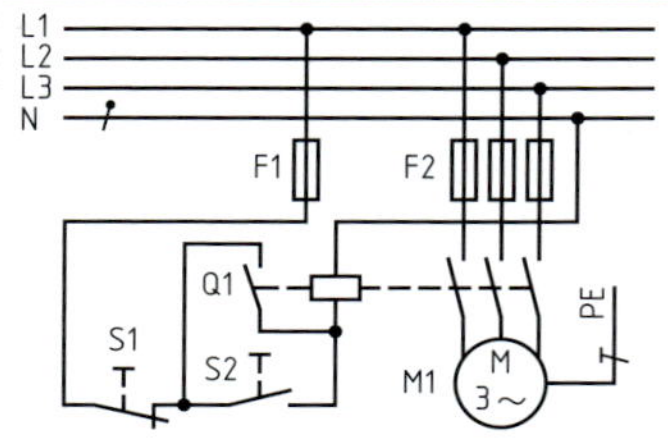
Stromlaufplan in aufgelöster Darstellung	Allpolige Darstellung der Stromkreise nach Stromwegen aufgelöst. Mechanisch zusammengehörige Teile werden durch ihre Betriebsmittelkennzeichnung zueinander in Verbindung gebracht. Stromwege möglichst senkrecht. Leiterverlauf senkrecht und waagrecht. Es werden genormte Symbole verwendet.	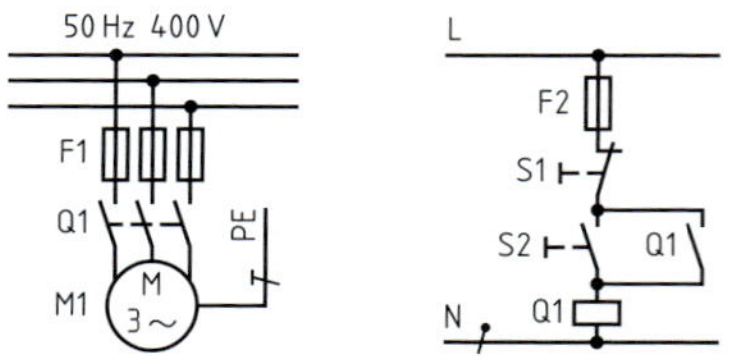
Stromlaufplan in halbzusammenhängender Darstellung	Allpolige Darstellung der Stromkreise, wobei Symbole der Teile mit mechanischer Wirkverbindung auseinandergezogen dargestellt sind. Diese Teile werden durch das Symbol für mechanische Verbindung (gestrichelte Linie) miteinander verbunden. Anwendung: Steuerungen.	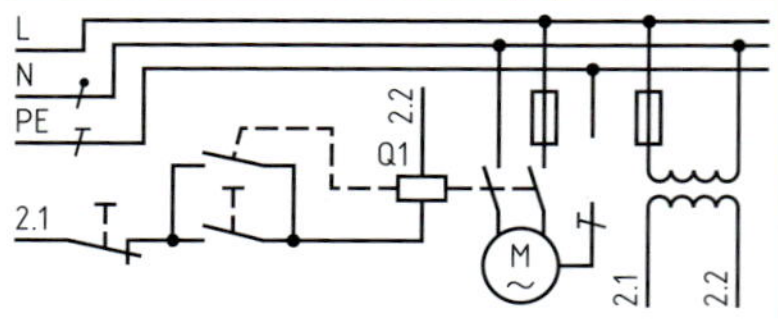
Blockschaltplan	Meist einpoliger Übersichtsschaltplan, bei dem Blocksymbole vorkommen. Gibt es kein in Frage kommendes genormtes Symbol, so können Rechtecke oder Quadrate mit Text verwendet werden. Anwendung: Elektronische Schaltungen, z. B. integrierte Schaltkreise.	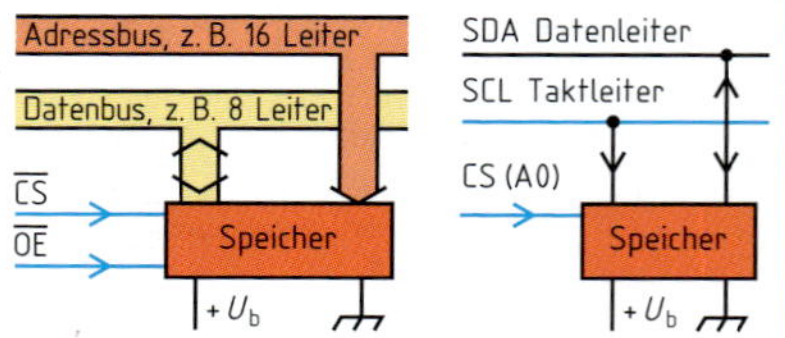
Ersatzschaltplan	Allpolige Darstellung einer vereinfachten Schaltung, die dasselbe Verhalten zeigt wie die ursprüngliche Schaltung. Dabei werden einfache Symbole (Schaltzeichen) verwendet. Anwendung: Zum Verständnis des Verhaltens von Maschinen und Geräten.	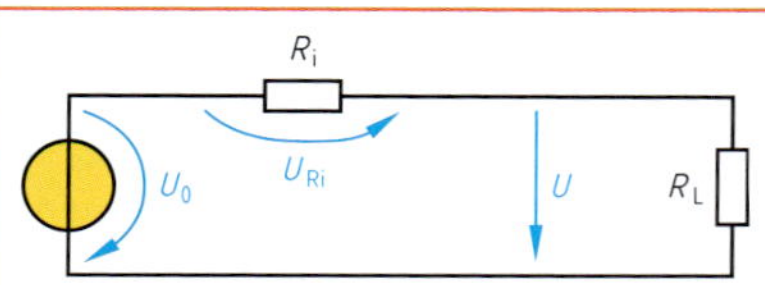

Ausführungsrichtlinien

1. Darstellung im stromlosen Zustand, Schalter in Grundstellung.
2. Klemmen müssen eingetragen werden, wenn es für den Zweck der Zeichnung erforderlich ist.
3. Falls erforderlich, sind Kombinationen der Schaltpläne zulässig.

Funktionsbezogene Dokumente (Forts.) Function oriented documents (cont.)

Art	Erklärung	Beispiel
Funktionsplan	Diagramm, das ein Steuerungssystem oder Regelungssystem beschreibt. Dabei werden genormte Symbole mit Text verwendet. Je nach Aufgabe wird die Grobstruktur oder die Feinstruktur dargestellt. Funktionsplan (FUP) der SPS: Siehe Logik-Funktionsschaltplan.	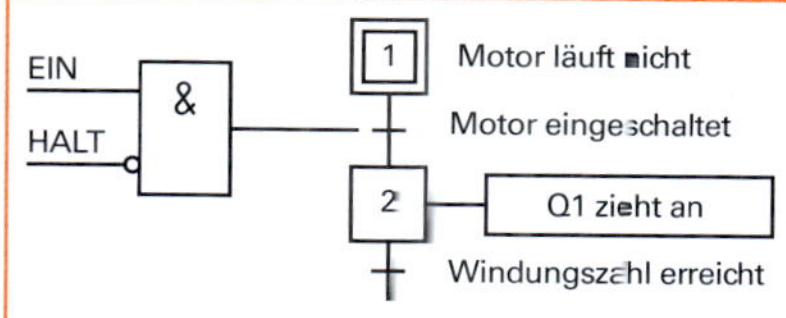
Funktions-schaltplan	Darstellung eines Systems, eines Teils, einer Installation oder einer Software in Form von Schaltkreisen. Die zur Realisierung erforderlichen Mittel müssen dabei nicht berücksichtigt werden. Dabei werden genormte Symbole, genormte Blöcke oder mit freiem Text versehene Blöcke verwendet.	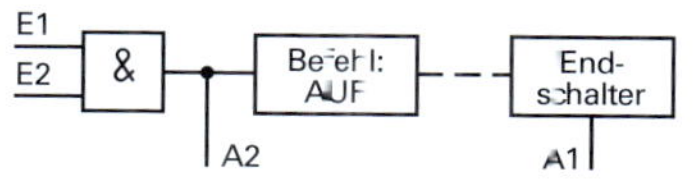
Anschluss-funktions-schaltplan	Allpolige Darstellung einer Funktionseinheit mit Anschlussstellen. Die Beschreibung der Funktion kann durch andere Schaltpläne oder durch Text erfolgen. Dabei werden genormte Symbole oder mit Text versehene Blöcke verwendet. Anwendung: Module zum Zusammenbau von größeren Einheiten.	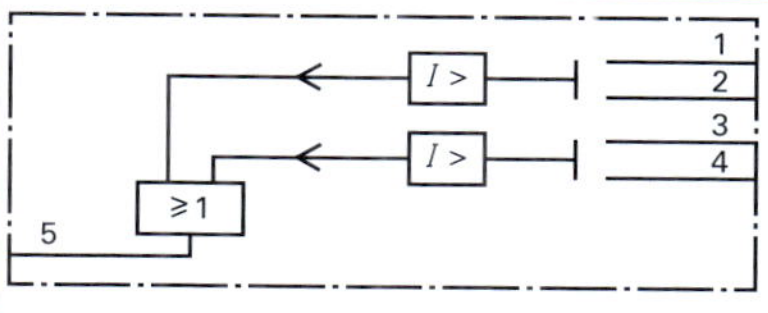
Logik-Funktions-schaltplan (bei SPS: Funktionsplan FUP)	Allpolige Darstellung eines Schaltnetzes, z. B. eines Code-Umsetzers, oder eines Schaltwerkes, z. B. eines Schieberegisters. Dabei werden Schaltzeichen binärer Elemente verwendet. Die Stromversorgung dieser Elemente wird nicht dargestellt. Anwendung: Schaltungen mit binären Elementen.	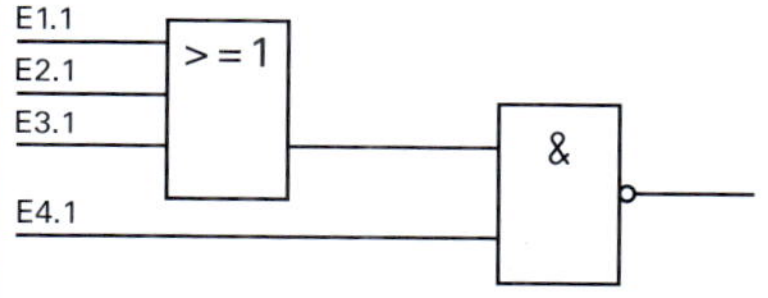
Netzwerk-karte	Einpoliger Übersichtsschaltplan, der ein Netz mit seinen Anlageteilen in einer Landkarte darstellt. Die Anlagenteile, z. B. Maste, Starkstromleitungen, Fernmeldeanlagen, Umspannstationen oder Kraftwerke werden durch genormte Symbole oder vereinfachte Ansichten dargestellt. Anwendung: Dokumentation oder Baupläne von Netzen oder Netzteilen.	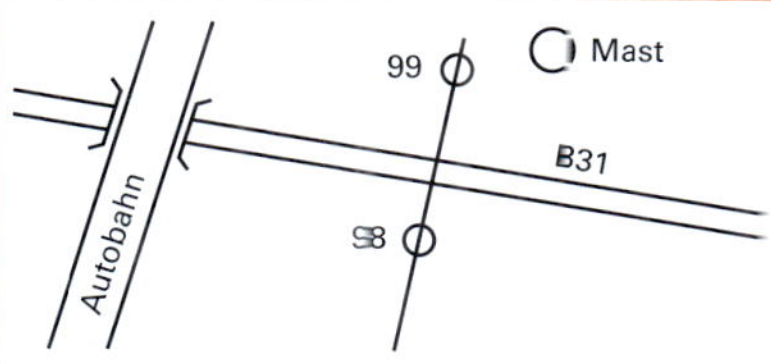
Ablauf-diagramm	Diagramm zur Darstellung der Reihenfolge von Vorgängen oder der Zustände von Teilen eines Systems, z. B. eines Relais. Dabei sind die Vorgänge oder Zustände in einer Richtung, z. B. senkrecht, und die Schritte oder die Zeit im rechten Winkel dazu aufgezeichnet. Anwendung: Ablauf von Schaltvorgängen.	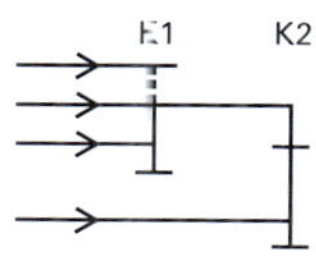
Zeitablauf-diagramm	Darstellung des Ablaufs von Vorgängen im zeitgerechten Maßstab. Die Zeitachse wird meist nicht angegeben. Die Grundlinie des Signalzuges hat den logischen Wert 0 bzw. den Pegel L. Nach oben wird die 1 bzw. der Pegel H aufgetragen. Anwendung: Darstellung des Verhaltens von Schaltnetzen oder von Schaltwerken.	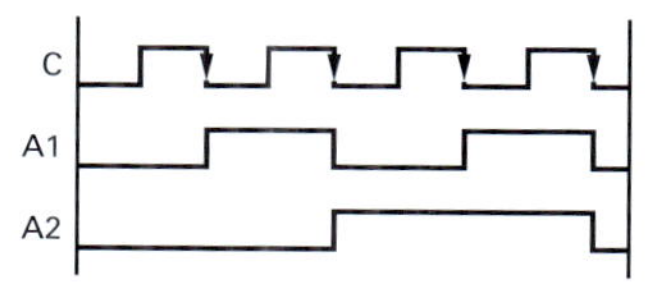
Wirkungsplan (nur für Regelungs-technik und Steuerungs-technik, genormt)	Darstellung der Gesamtheit aller Wirkungen durch rechteckige Blöcke. Die Wirkungsrichtung wird durch Pfeile in den Wirkungslinien dargestellt, insbesondere, wenn von rechts nach links oder von unten nach oben. Addition und Subtraktion wird durch einen Kreis mit Angabe von + und − dargestellt.	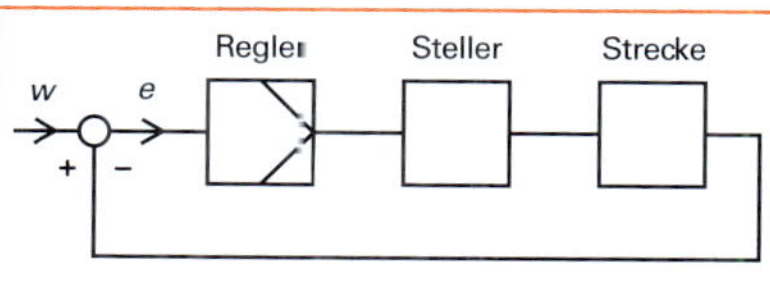

K

Ortsbezogene und verbindungsbezogene Dokumente
Location and connection oriented documents

Art	Erklärung	Beispiel
Ortsbezogene Dokumente		
Installationsplan	Maßstäblicher Plan, der die Lage der Teile eines Systems bzw. einer Anlage ohne die Leitungen zeigt **(Bild links)**.	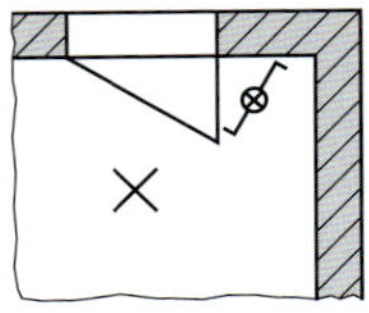 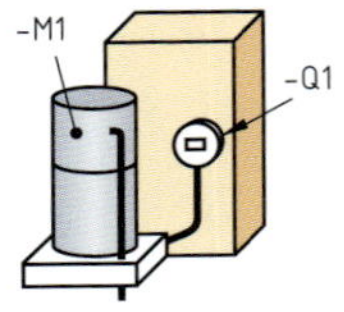
Installationszeichnung	Zeichnung, z. B. Ansicht einer Maschine, welche die Lage der Teile eines Systems ohne die Leitungen zeigt **(Bild rechts)**.	
Installationsschaltplan	Schaltplan, der die Angaben des Installationsplanes und zusätzlich die Leitungen enthält. Die Einzelheiten der Betriebsmittel, z. B. Art der Leitungen, können eingetragen oder in einer Tabelle aufgezählt werden. Anwendung: Planung und Dokumentation der Elektroinstallation.	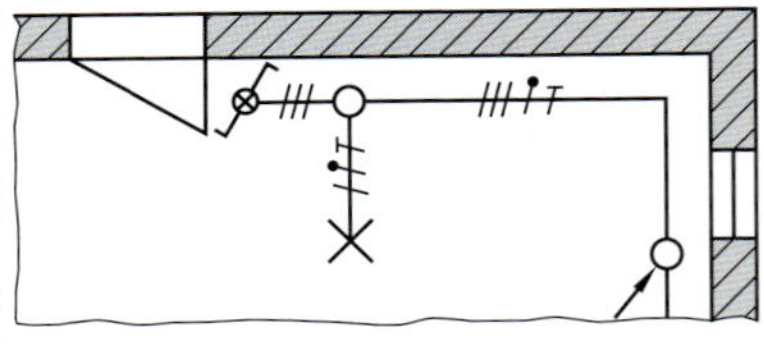
Anordnungsplan	Darstellung der Gestalt und räumlichen Lage von Teilen, die zusammengehören oder zusammengebaut werden. Leitungen werden nicht eingetragen. Die Betriebsmittel werden durch Rechtecke mit Betriebsmittelkennzeichnung oder Text dargestellt. Meist maßstäblich gezeichnet.	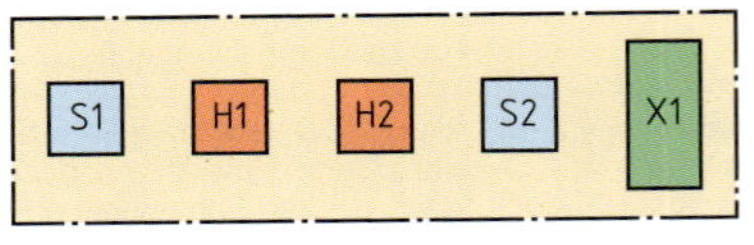
Verbindungsbezogene Dokumente		
Geräteverdrahtungsplan	Lagerichtige und allpolige Darstellung der Verbindungen *innerhalb* einer Baueinheit.	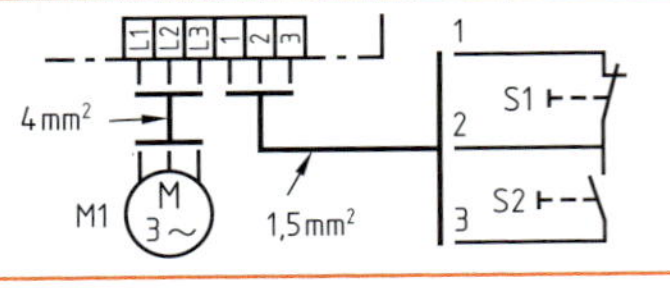
Verbindungsplan	Lagerichtige und allpolige Darstellung der Verbindungen *zwischen* verschiedenen Baueinheiten.	
Anschlussplan	Allpolige Darstellung der Anschlüsse einer elektrischen Einrichtung und der daran angeschlossenen äußeren Verbindungen. Die Anschlüsse werden als Rechtecke, Quadrate, Kreise oder Punkte dargestellt. Meist allpolige Darstellung. Notwendig ist die eindeutige Kennzeichnung der Anschlüsse.	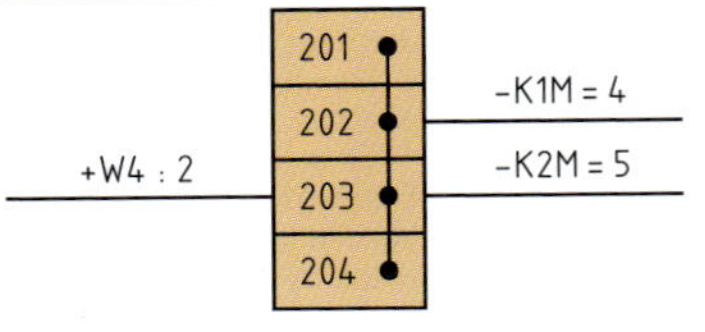
Bestückungsplan (nicht genormt)	Ansicht der Bestückungsseite (Sicht auf die Bauelemente) einer gedruckten Schaltung. Die Bauelemente werden in vereinfachter Ansicht und/oder als Schaltzeichen lagerichtig dargestellt, mit oder ohne Leiterbahnen. Meist maßstäblich dargestellt. Die Bauelemente können in einer Tabelle aufgelistet werden.	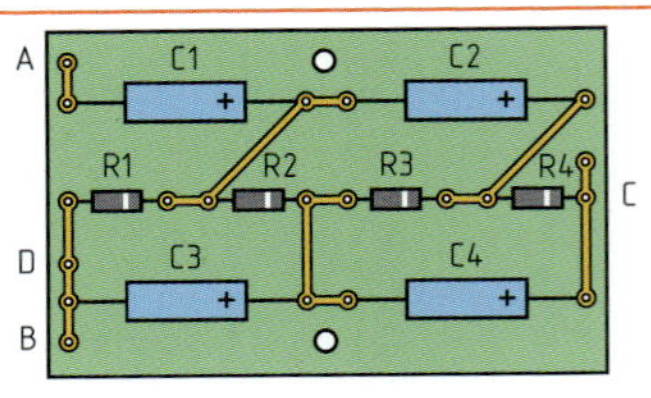
Kabelplan	Schaltplan mit Informationen über Kabel und Leitungen, z. B. Leiterkennzeichnung, Lage der Enden, Kenngrößen, Funktion und Kabelwege. Meist einpolige Darstellung, aber mit Angabe der Leiternummerierung. Kennzeichnung der angeschlossenen Baugruppen ist notwendig.	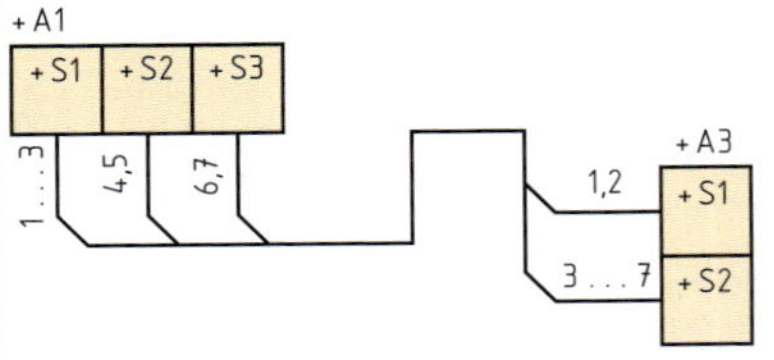

Kennzeichnung der Betriebsmittel in Schaltplänen
Identification of equipment in wiring diagrams

Bisherige Kennbuchstaben der Betriebsmittel bis 2000 — nach zurückgezogener DIN 40719-2

Kennbuchstabe	Betriebsmittel	Beispiele	Kennbuchstabe	Betriebsmittel	Beispiele
A	Baugruppen	Verstärker als Baugruppe	**N**	Verstärker, Regler	Messverstärker
B	Umsetzer	Messumformer, Mikrofon, Quarz	**P**	Messgerät	Spannungsmesser, Oszilloskop
C	Kapazitäten	Kondensator	**Q**	Starkstrom-Schaltgerät	Schutzschalter, Selbstschalter
D	Binäre Elemente, Speicher, Verzögerungseinrichtungen	UND-Element, ODER-Element, Magnetbandgerät, Flipflop	**R**	Widerstände	Heißleiter
			S	Schalter, Wähler	Taster, Drehwähler
E	Verschiedenes	Beleuchtung, Heizung	**T**	Transformator	Spannungswandler
F	Schutzeinrichtungen	Sicherung, Auslöser	**U**	Modulatoren	Frequenzwandler
G	Generatoren, Stromversorgungen	Maschinengenerator, Oszillator	**V**	Röhre, Halbleiter	Diode, Transistor
			W	Übertragungsweg	Kabel, Hohlleiter
H	Meldeeinrichtungen	Meldegerät, z.B. Signallampe	**X**	Klemmen	Steckdose
K	Relais, Schütze	Hilfsschütz, Leistungsschütz	**Y**	Elektrisch betätigte Mechanik	Bremse
L	Induktivitäten	Spule			
M	Motoren	Drehstrommotor, Gleichstrommotor	**Z**	Abschluss, Filter, Ausgleich	Hochpass, Tiefpass

Bisherige Kennbuchstaben für Funktionen

A	Hilfsfunktion	G	Prüfung	N	Messung	T	Zeitmessung Verzögerung
B	Bewegungsrichtung	H	Meldung	P	Proportional	V	Beschleunigung, Bremsen
C	Zählung	I	Integration	Q	Zustand, z.B. Stopp	W	Addieren
D	Differenzieren	K	Tastbetrieb	R	Löschen, Rückstellen	X	Multiplizieren
F	Schutz	M	Hauptfunktion	S	Speichern, Aufzeichnen	Y	Analog
						Z	Digital

Bisherige Vorzeichen für die Art der Kennzeichnung

Vorzeichen	Bedeutung	Vorzeichen	Bedeutung
–	Art, Zählnummer, Funktion	+	Ort
=	Anlage	:	Anschluss

Die Kennzeichnung erfolgt durch alphanumerische Zeichen, z.B. –M2B. Meist wird die Kennzeichnung nach Art, Zählnummern und Funktion angewendet. Wenn keine Verwechslungsgefahr besteht, können dabei die Vorzeichen und sogar überflüssige Buchstaben der alphanumerischen Zeichen entfallen.
Kombinationen der Kennzeichnungsblöcke sind zulässig.

Hinweis: Die o.g. Kennbuchstaben entstammen einer zurückgezogenen Norm. Diese Kennbuchstaben kommen allerdings in bisher erstellten Dokumenten vor.

Kennzeichnung von Leitern und Leiteranschlüssen — vgl. EN 60617-2

Art		Kennzeichnung alphanumerisch	Kennzeichnung durch Schaltzeichen	Art	Kennzeichnung alphanumerisch	Kennzeichnung durch Schaltzeichen
Wechselstromnetz	Außenleiter 1 Außenleiter 2 Außenleiter 3 Neutralleiter	L1 L2 L3 N	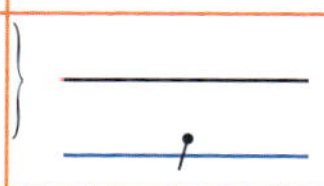	Schutzleiter, nicht geerdet	PU	
				Erder	E	
Gleichstromnetz	Positiv Negativ Mittelleiter	L+ L– M	+ –	Fremdspannungsarmer Erder	TE	
Schutzleiter		PE		Masse	MM	
PEN-Leiter (Funktion PE+N)		PEN		Zusätzlich bei Bedarf: Spannung, Stromart, Frequenz, Querschnitt, Leitungsnummerierung.		

K

Kennbuchstaben der Objekte (Betriebsmittel) in Schaltplänen

Identification letters of objects (equipments) in diagrams

DIN EN 61346-2: 2000

Kennbuch-stabe	Aufgabe des Objekts	Beispiele
A	Zwei oder mehr Zwecke. Nur für Objekte verwenden, wenn kein Hauptzweck erkennbar ist.	Sensorbildschirm, Touch-Screen
B	Umwandlung einer Eingangsvariablen in ein zur Weiterverarbeitung bestimmtes Signal	Sensor, Mikrofon, Messwandler, Messwiderstand, Videokamera, Näherungsschalter, thermisches Überlastrelais, Motorschutzrelais, Bewegungsmelder
C	Speichern von Energie, Information, Material	Kondensator, Festplatte, Pufferbatterie, RAM, ROM, Puffer, Magnetband-Aufzeichnungsgerät, Chipkarte, DVD/CD-Laufwerk, USB-Speicherstick.
E	Bereitstellung von Strahlung oder Wärmeenergie	Glühlampe, Leuchtstofflampe, Heizkörper, Glühofen, Warmwasserspeicher, Laser, Leuchte, Kühlschrank
F	Direkter (selbsttätiger) Schutz eines Energieflusses oder Signalflusses vor unerwünschten Zuständen, einschließlich der Ausrüstung für Schutzzwecke.	Schmelzsicherung, Leitungsschutzschalter, RCD, thermischer Überlastauslöser, Überspannungsableiter, Faraday'scher Käfig, Abschirmung, Schutzvorrichtung
G	Erzeugen eines Energieflusses oder Materialflusses oder von Signalen, die als Informationsträger verwendet werden.	Generator, Batterie, Pumpe, Ventilator, Lüfter, Stromversorgungseinheit, Solarzelle, Brennstoffzelle, Ventilator, Hebezeuge, Fördereinrichtung
K	Verarbeitung (Empfang, Verarbeitung und Bereitstellung) von Signalen oder Informationen (aber nicht Objekte für Schutzzwecke, Kennbuchstabe F).	Hilfsschütz, Transistor, Zeitrelais, Verzögerungsglied, Binärelement, Regler, Filter, Operationsverstärker, Mikroprozessor, Mikrocontroller, Zähler, Multiplexer, Computer
M	Bereitstellung von mechanischer Energie für Antriebszwecke	Elektromotor, Linearmotor, Verbrennungsmotor, Turbine, Hubmagnet, Stellantrieb
P	Darstellung von Informationen	Messinstrumente, Messgeräte, Klingel, Lautsprecher, Signallampe, LED, LCD, Drucker, Manometer, Uhr, elektromechanische Anzeige, Bildschirmgerät
Q	Kontrolliertes Schalten eines Energieflusses, Signalflusses oder Materialflusses	Leistungsschalter, Leistungsschütz, Motoranlasser, Thyristor, Leistungstransistor, IGBT, Motorstarter, Bremse, Stellventil, Kupplung, Trennschalter
R	Begrenzung oder Stabilisierung von Energiefluss, Signalfluss oder Materialfluss	Widerstand, Drosselspule, Diode, Z-Diode, Rückschlagventil, Schaltung zur Spannungsstabilisierung oder zur Stromstabilisierung, Konstanthalter
S	Umwandeln einer manuellen Betätigung in ein Signal zur Weiterverarbeitung	Steuerschalter, Tastatur, Maus, Taster, Wahlschalter, Quittierschalter, Lichtgriffel
T	Umwandlung von Energie oder eines Signals unter Beibehaltung der Energieart oder der Information. Verändern der Form eines Materials.	Leistungstransformator, Gleichrichter, Modulator, Demodulator, AC-Umsetzer, DC-Umsetzer, Frequenzumformer, Verstärker, Antenne, Telefonapparat
U	Halten von Objekten in definierter Lage	Isolator, Kabelwanne, Mast, Spannvorrichtung, Fundament, Montagegestell
V	Verarbeitung von Materialien oder Produkten	Rauchgasfilter, Staubsauger, Waschmaschine, Zentrifuge, Drehmaschine
W	Leiten von Energie oder Signalen	Leiter, Leitung, Kabel, Lichtwellenleiter, Busleitung, Systembus, Sammelschiene
X	Verbinden von Objekten	Steckdose, Klemme, Kupplung, Steckverbinder, Klemmleiste
D, J, Z	für spätere Normung vorgesehen	Reserve, falls die oben angeführte Einteilung nicht ausreichend ist.
I, O	nicht für Kennzeichnung anwendbar	Es besteht Verwechslungsgefahr mit I für Input = Eingang und O für Output = Ausgang.

Im Schaltplan werden die Objekte (Betriebsmittel) mit demselben Kennbuchstaben durchnummeriert, z. B. C1, C2 usw. Maßgebend für den Kennbuchstaben ist der *Verwendungszweck*. So wird ein Transistor zur Signalverarbeitung mit z. B. K1 bezeichnet, ein Transistor zum Steuern oder Schalten einer Last mit Q1.

Wenn die Objekte je nach Betrachtung (Aspekt) verschieden zu werten sind, können vor den Kennbuchstaben Vorzeichen gesetzt werden, und zwar mit der Bedeutung

= Funktionsbezogenheit, – Produktbezogenheit, + Ortsbezogenheit.

Bei Bedarf wird an den Kennbuchstaben als 2. Buchstabe ein Buchstabe für die Unterklasse angehängt.

Schaltzeichen Graphical symbols

Schaltzeichen	Benennung
	Einstellbarkeit, allgemein
	Einstellbarkeit durch mechanische Verstellung
	Einstellbarkeit, stetig
	Einstellbarkeit, stufig
	Veränderbarkeit, unter Einfluss einer physikalischen Größe, linear
	desgleichen, nicht linear
	Sicherung, allgemein
	Widerstand, allgemein
	Heizelement
	Widerstand, veränderbar
	Wirkwiderstand mit Anzapfungen
	Glimmlampe
	Induktivität, Spule,
	Wicklungsstrang
	Induktivität mit Anzapfungen
	Induktivität mit Eisenkern
	desgleichen mit Luftspalt im Eisenkern
	Dauermagnet
	Primärelement, Sekundärelement (langer Strich: Pluspol, kurzer Strich: Minuspol)

Schaltzeichen	Benennung
12 V	Akkumulatorenbatterie 12 V (mit sechs 2-V-Zellen)
12 V	(wahlweise Darstellung)
	Abschirmung
	Begrenzungslinie, Trennlinie
Beispiele	
	Widerstand einstellbar
	einstellbar durch mechanische Verstellung
	stufig einstellbar
	Widerstand, temperaturabhängig, Widerstandsänderung gleichsinnig mit der Temperatur, z. B. PTC
	desgleichen, aber Änderung gegensinnig, z. B. NTC
	spannungsabhängig (gegensinnig)
	Induktivität stetig einstellbar
	stufig einstellbar
	Kondensator einstellbar durch mechanische Verstellung
	Elektrolytkondensator, gepolt
	Durchführungskondensator

Schaltzeichen	Benennung
	Erde
	Körper, Masse (wahlweise Darstellungen)
	Schutzleiteranschluss
	ideale Spannungsquelle
	ideale Stromquelle
Antriebe	
	Mechanische Verbindung (wahlweise Darstellung)
	Handantrieb, allgemein
	Schließer, handbetätigt
	Öffner, handbetätigt
	Handantrieb, durch Drücken
	Handantrieb, durch Ziehen
	Handantrieb, durch Drehen
	Handantrieb, durch Kippen
	Handantrieb, durch Schlüssel
	Betätigung durch Rolle
	durch elektromagnetischen Überstromschutz
	Antrieb durch Pedal
	Antrieb für NOT-AUS-Schalter
	Kennzeichen für zwangsläufige Betätigung

K

Schaltzeichen (Fortsetzung) Graphical symbols (continued)

Schaltzeichen	Benennung
Antriebe	
	durch thermischen Antrieb
	Antrieb für Stromstoßrelais
	Kraftantrieb, allgemein
	Näherungsbetätigung
	Berührungsbetätigung
Sperren und Rasten	
	Auslöseeinrichtung
	Raste
	Raste, nicht eingerastet
	Raste, eingerastet

Schaltzeichen	Benennung
	Sperre, verklinkt
	Sperre, nicht verklinkt
Stellungsangabe	
1 2 3 4	Schaltstellungsdiagramm mit vier Schaltstellungen (Stellung 2 ist Grundstellung)
	Sperre, bei Rechtsbewegung wird Rückgang gesperrt. Von Hand lösbar.
1 2 3 4	Betätigungseinrichtung, nur von Stellung 1 nach 4 und zurück möglich
1 2 3 4	Betätigungseinrichtung, nur im Uhrzeigersinn möglich

Schaltzeichen	Benennung
Kupplungen, Bremsen	
	Kupplung, entkuppelt
	desgl., gekuppelt
	Bremse, geschlossen
	Bremse, offen
Sonstiges	
	Betätigung durch Zähler
	Fehlerort
Absperrorgane (Ventile)	
	Absperrorgan, allgemein, z. B. geschlossen
	Absperrorgan, offen

Schaltzeichen für Schaltgeräte

Schaltzeichen	Benennung
a) b) c)	a) voreilender Schließer b) nacheilender Öffner c) Wechsler ohne Unterbrechung
	Steckerstift
	Steckerbuchse
Kennzeichen	
	selbsttätiger Rückgang (nur bei Bedarf)
	nicht selbsttätiger Rückgang (nur bei Bedarf)
a) b)	Verzögerung a) nach links b) nach rechts
	mechanische Verriegelung
a) b)	bei Bedarf: a) Schützfunktion b) Auslöserfunktion

Schaltzeichen	Benennung
	Überspannungsableiter
Beispiele	
	Öffner, Ausschaltglied
	Wechsler, Umschaltglied
	Zweiweg-Schließer
1 2	Doppelschaltglieder: Schließer 1 schließt vor Schließer 2
	Wechsler ohne Unterbrechung

Schaltzeichen	Benennung
a) b)	nicht von selbst zurückgehender a) Schließer b) Öffner
a) b)	a) Zwillingsschließer b) Zwillingsöffner
	Schließer, schließt verzögert
	Schließer, öffnet verzögert
a) b)	Wischer, Kontaktgabe bei a) Betätigung b) Rückfall
a) b)	Grenztaster a) Schließer b) Öffner

K

Halbleiterbauelemente Semiconductor components

Allgemeine Aufbauelemente

Schaltzeichen	Benennungen
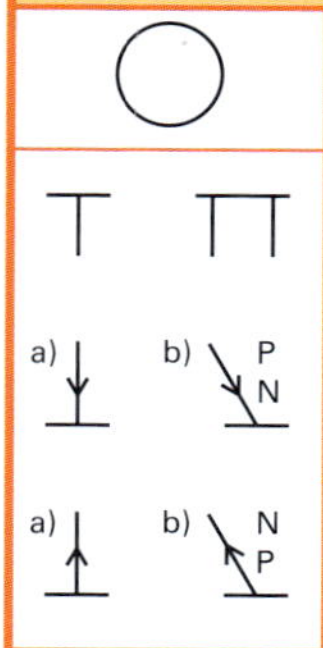	Umrahmung (nur bei Bedarf)
	Halbleiterzone mit Anschlüssen ohne Gleichrichterwirkung
	P-Gebiet beeinflusst N-Zone
	N-Gebiet beeinflusst P-Zone

Kennzeichen

Schaltzeichen	Benennungen
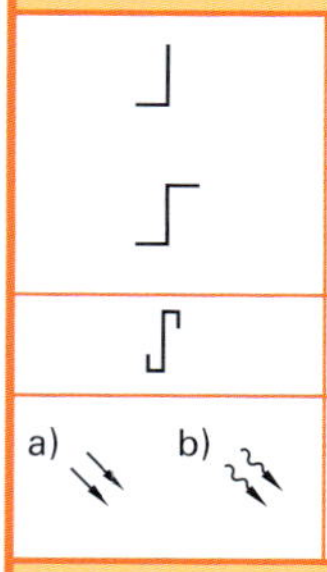	Durchbrucheffekt, in einer Richtung
	desgl., in beiden Richtungen
	Schottkyeffekt
	Strahlung a) Licht b) ionisierend

Halbleiter ohne Gleichrichterwirkung

Schaltzeichen	Benennungen
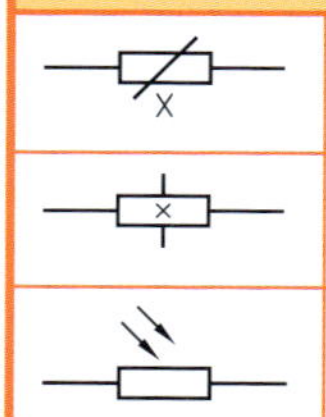	Feldplatte (flussdichteabhängiger Widerstand)
	Hallgenerator
	Fotowiderstand

Dioden

Schaltzeichen	Benennungen
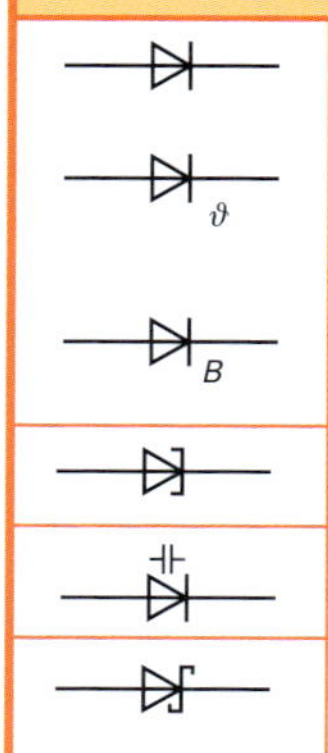	Halbleiterdiode
	Diode, temperaturabhängig
	Diode, flussdichteabhängig (Magnetdiode)
	Tunneldiode
	Kapazitätsdiode
	Schottkydiode

Schaltzeichen	Benennungen
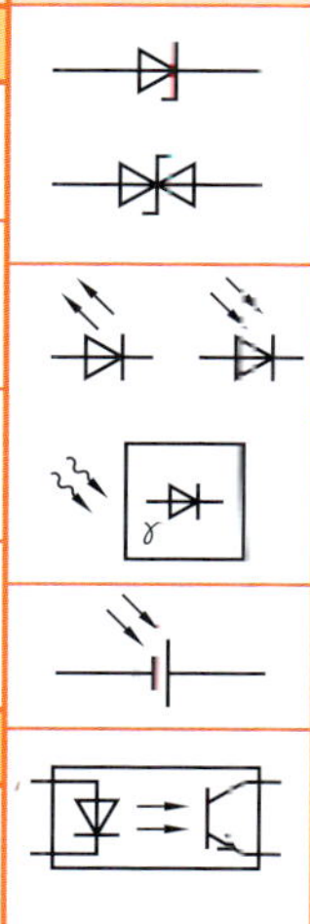	Z-Diode
	Z-Dioden, gegeneinander geschaltet (Begrenzer)
	a) Leuchtdiode (LED) b) Fotodiode
	Strahlungsdetektor, z. B. für γ-Strahlen
	Fotoelement
	Optokoppler, hier mit LED und Fototransistor

Transistoren, bipolar

Schaltzeichen	Benennungen
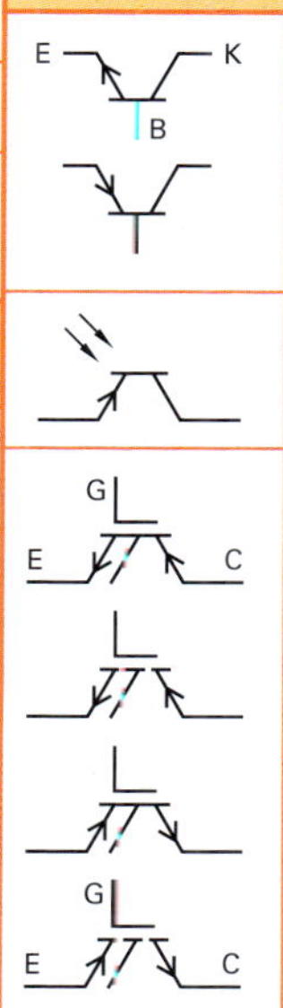	NPN-Transistor B Basis E Emitter K Kollektor PNP-Transistor
	PNP-Fototransistor
	IGBT, N-Kanal (Bipolarer Transistor mit isol. Gate)
	IGBT, Anreicherungstyp, N-Kanal
	IGBT, Verarmungstyp, P-Kanal
	IGBT, Anreicherungstyp, N-Kanal

Transistoren, unipolar

Schaltzeichen	Benennungen
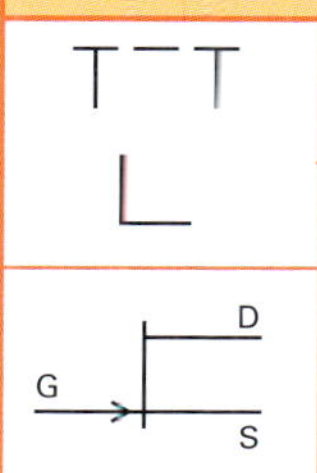	selbstsperrender Kanal (beim Anreicherungstyp)
	Isoliertes Gate (IG)
	Sperrschicht-FET mit N-Kanal D Drain G Gate S Source

Schaltzeichen	Benennungen
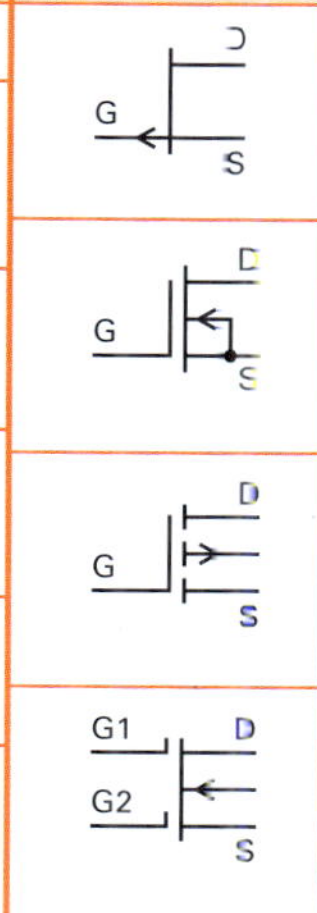	Sperrschicht-FET mit P-Kanal
	Verarmungs-IG-FET mit N-Kanal, Substrat intern mit Source verbunden
	Anreicherungs-IG-FET mit P-Kanal und Substratanschluss
	Dual-Gate-Verarmungs-IG-FET mit N-Kanal und Substratanschluss

Thyristoren

Schaltzeichen	Benennungen
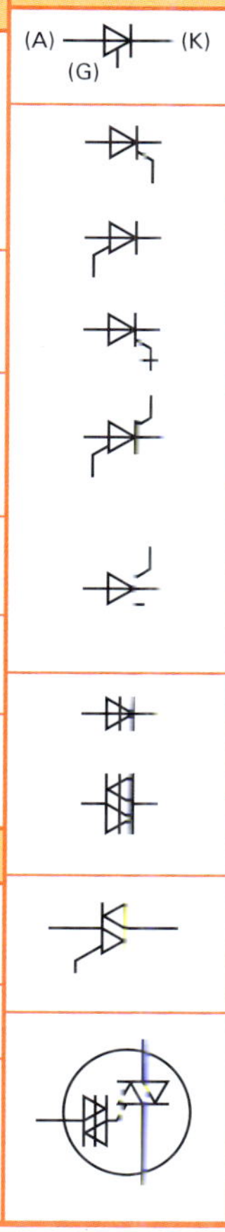	Thyristor, allgemein
	P-Gate-Thyristor
	N-Gate-Thyristor
	Thyristor, abschaltbar (GTO)
	Thyristortetrode
	P-Gate-Thyristor, rückwärts leitend
	rückwärts sperrende Thyristordiode (Vierschichtdiode)
	Diac
	Triac (Zweirichtungsthyristortriode)
	Ditriac

K

Binäre Elemente   Binary elements

Konturen (Grundformen)

Schaltzeichen	Benennung
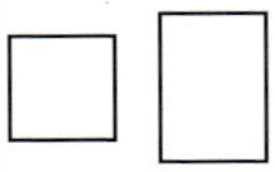	Elementkonturen (beliebiges Seitenverhältnis)
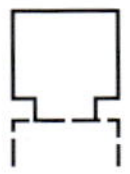	Steuerblockkontur
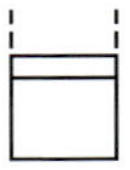	Ausgangsblockkontur
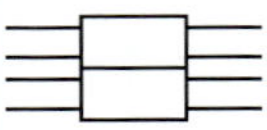	zwei Baugruppen ohne Logikverbindung (erweiterbar)
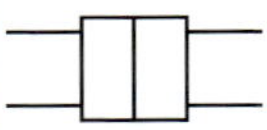	zwei Baugruppen mit Logikverbindung (erweiterbar)

Eingänge, Ausgänge, Verbindungen

Schaltzeichen	Benennung
a) b) 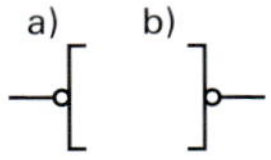	Invertierung, Negierung a) am Eingang b) am Ausgang
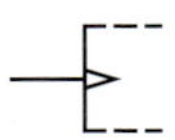 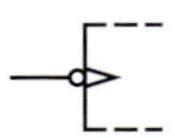	dynamischer Eingang, steigende Flanke desgleichen, aber fallende Flanke
a) 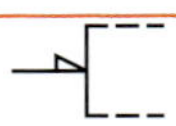 b) 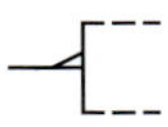	Eingang mit Polaritätsindikator a) extern H ≙ intern L, b) extern L ≙ intern H
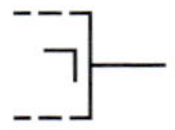	retardierter (verzögerter) Ausgang
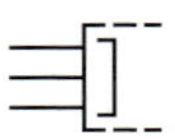	Zusammenfassung (alle Anschlüsse notwendig), nur bei Bedarf
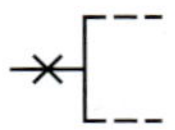	Verbindung ohne binäres Signal

Schaltzeichen	Benennung
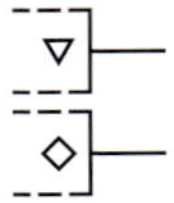	Tristate-Ausgang, (H oder L oder hochohmig)
a)  b) 	Offener Ausgang (Open Collector) a) z. B. PNP b) z. B. NPN

Kennzeichen

Schaltzeichen	Benennung
& a) ≥ 1, b) ⩾ 1 1	UND ODER ODER, z. B. bei SPS
E EN OE D, J, K, R, S, T	Erweiterung Freigabe (Enable) Ausgangsfreigabe (Output Enable) Art der Eingänge
→, ← + –	Schiebeeingang vorwärts, rückwärts Zähleingang vorwärts, rückwärts
A C CS CT G, V I, I M N O, Q R S X	Adressen Steuerung, Übertrag Bauelementauswahl (Chip Select) Inhalt, Zählerstand (Counter) UND (Gate), ODER Eingang (Input) Mode (Art) Invertierung, Negation Ausgang (Output) Rücksetzen Setzen Weg durchgeschaltet

Kombinatorische Elemente

Schaltzeichen	Benennung
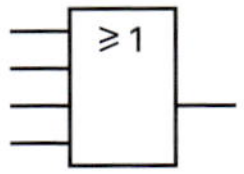 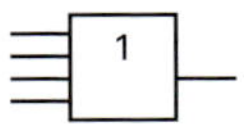	ODER-Element mit 4 Eingängen wahlweise, wenn keine Verwechslung möglich ist
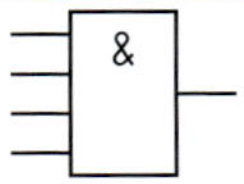	UND-Element mit 4 Eingängen
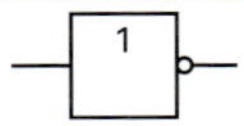	NICHT-Element, Inverter

Schaltzeichen	Benennung
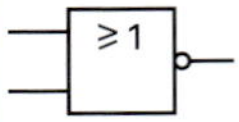	NOR-Element
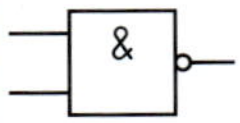	NAND-Element
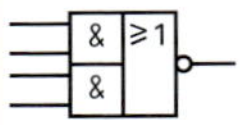	UND-ODER-Inverter
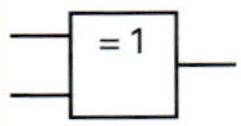	XOR-Element, Exklusiv-ODER-Element (Antivalenz)
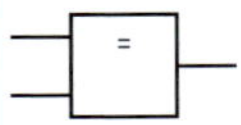	XNOR-Element Exklusiv-NOR-Element (Äquivalenz)
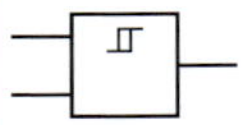	Schmitt-Trigger (Schwellwertelement)

Codeumsetzer

Schaltzeichen	Benennung
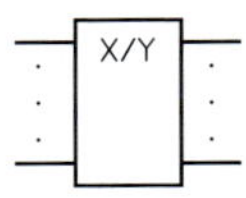	Code-Umsetzer, allgemein. X und Y können durch Code-Angabe ersetzt werden.
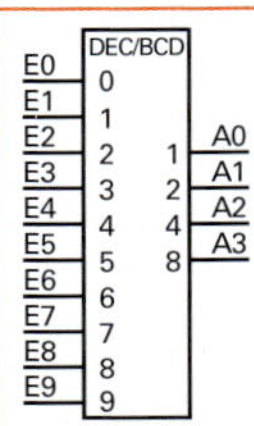	Beispiel: Code-Umsetzer, Dezimal-BCD-Code. A0 und A3 haben 1-Zustände, wenn E9 den 1-Zustand hat.

Multiplexer, Demultiplexer

Schaltzeichen	Benennung
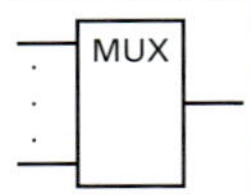	Multiplexer, allgemein
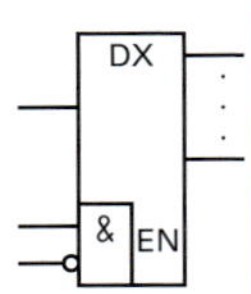	Demultiplexer, mit Freigabe-Schaltung

K

Binäre Elemente (Fortsetzung) Binary elements (continued)

Schaltzeichen	Benennung
Leistungselemente, Treiber	
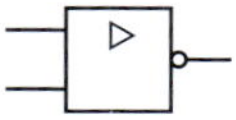	Treiber mit invertiertem Ausgang
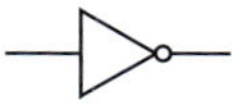	desgleichen, wahlweise Darstellung
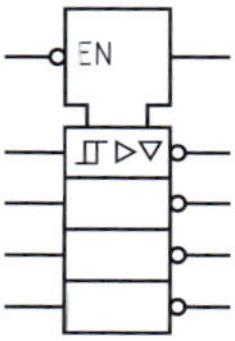	Bustreiber mit 4 Schwellwert-Eingängen und Freigabeschaltung und invertierenden Tri-State-Ausgängen
Verzögerungselemente	
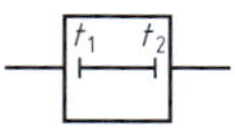	Verzögerung, allgemein, t_1 und t_2 können innerhalb oder außerhalb durch Größenangaben ersetzt werden.
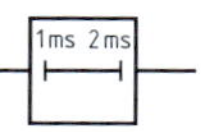	Einschaltverzögerung 1 ms, Abschaltverzögerung 2 ms
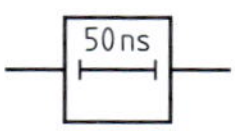	Verzögerung 50 ns
Bistabile Elemente	
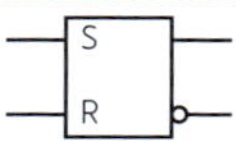	RS-Flipflop
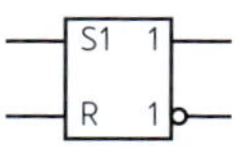	desgleichen, aber dominanter S-Eingang
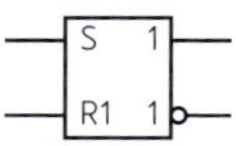	desgleichen, aber dominanter R-Eingang
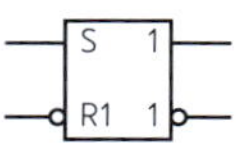	$\overline{R}\overline{S}$-Flipflop, dominanter $\overline{R}$-Eingang
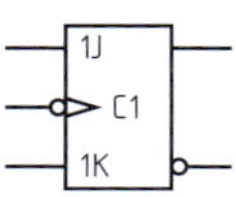	einflanken-gesteuertes JK-Flipflop (negativ taktflankengesteuert)

Schaltzeichen	Benennung
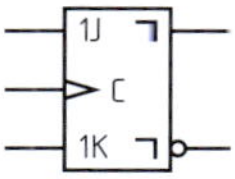	Zweiflanken-gesteuertes JK-Flipflop (Master-Slave-JK-Flipflop)
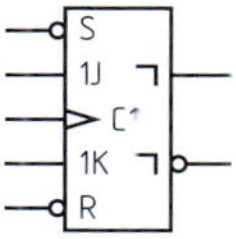	desgleichen, zusätzlich mit taktunabhängigem $\overline{S}$-Eingang und $\overline{R}$-Eingang
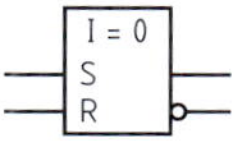	RS-Flipflop, bei Einschaltung Anfangszustand 0 (I von initial)
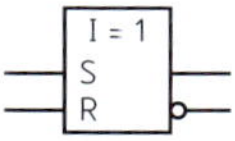	desgleichen, aber Anfangszustand 1
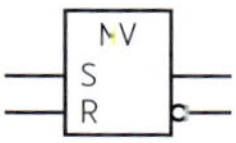	RS-Flipflop, nullspannungssicher
Monostabile Elemente	
	Monoflop, nachtriggerbar, allgemein
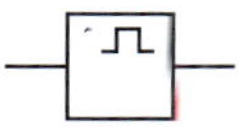	desgleichen, aber nicht nachtriggerbar
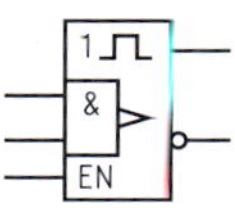	Monoflop, UND-Eingänge mit Flankensteuerung und Freigabeeingang, 2 Ausgänge
Astabile Elemente	
	astabiles Element, allgemein
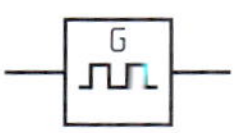	a) mit Steuereingang
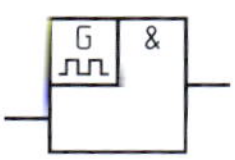	b) andere Darstellung von a)
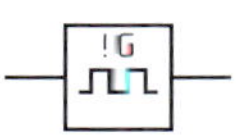	astabiles Element, synchroner Start
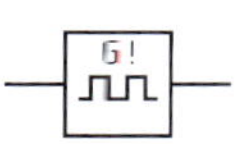	desgleichen, Stopp nach letztem Impuls

Schaltzeichen	Benennung
Zähler	
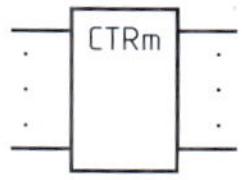	Zähler mit Zykluslänge 2^m, z. B. CTR 4 für 4-Bit-Zähler
CTRDIV m	Kennzeichen für Zähler mit Zykluslängen m, z. B. CTRDIV 10 dekadischer Zähler
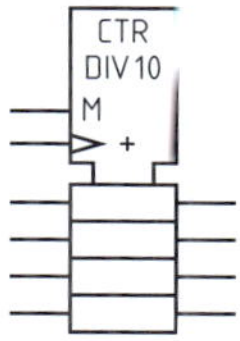	Synchronzähler 0 bis 9 mit Steuereingang M für paralleles Laden
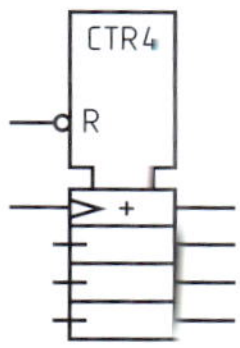	Asynchronzähler für 4 Bits mit Kennzeichnung des asynchronen Vorgangs (nur bei Bedarf).
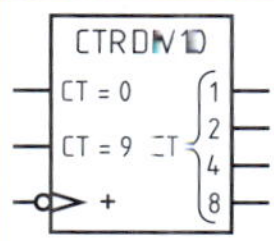	Zähler, dekadisch CT-Zahlen: Zählerstand für interne 1 des Anschlusses
Schieberegister	
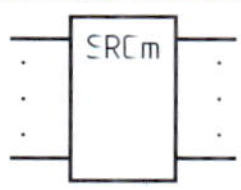	Schieberegister mit *m* Stufen, z. B. SRG8
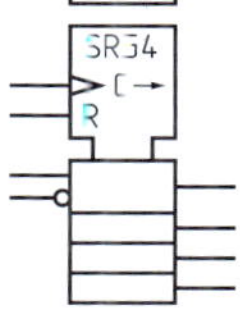	4-Bit-Schieberegister mit serieller Eingabe und paralleler Ausgabe
Speicher	
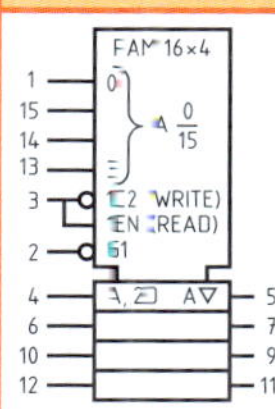	Schreib-Lese-Speicher mit 16 × 4 bit, Ausgänge Tristate

K

Binärelemente und Bussysteme   Binary elements and bus systems

Schaltzeichen	Benennung
Speicher	
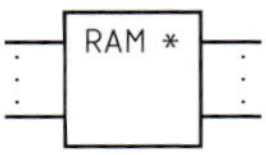	Schreib-Lese-speicher, allgemein. * Anzahl der Adressen und Bits.
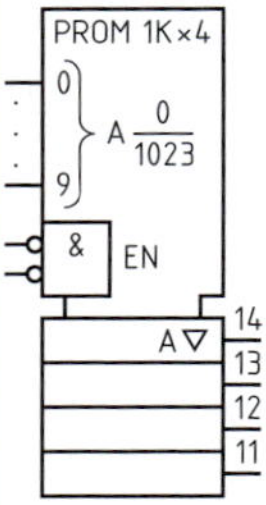	Programmierbarer Nur-Lesespeicher mit Adressen 0 bis 1023 und Wortbreite 4 bit (K steht für 1024) mit 2 Freigabeeingängen und Tristate-Ausgängen.
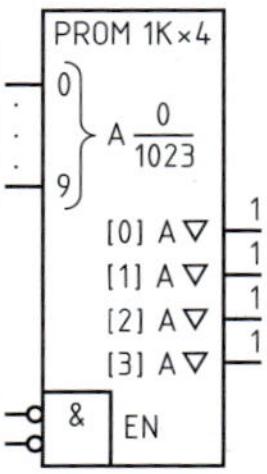	Desgleichen, vereinfachte Form. Die Reihenfolge der Ausgänge ist zu kennzeichnen, hier z. B. durch eingeklammerte Zahlen.

Schaltzeichen	Benennung
Anzeigeelemente	
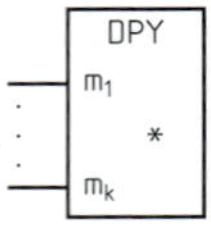	Anzeigeelement, allgemein $m_1 \ldots m_k$ und * sind durch nähere Angaben wie folgend zu ersetzen.
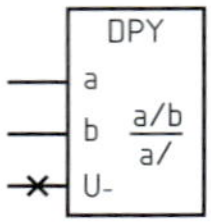	Anzeigeelement für + und −. a und b dürfen weggelassen werden.
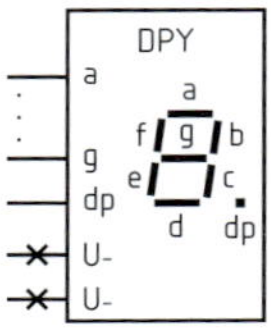	Siebensegmentanzeige mit Dezimalpunkt. Die Bezeichnungen an den Segmenten dürfen weggelassen werden.
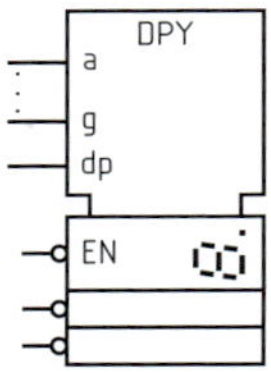	Ziffernanzeige mit drei Siebensegmentziffern und Dezimalpunkt.

Symbol	Benennung
Buskennzeichnung	
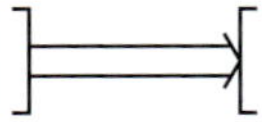	Quelle (links) und Ziel (rechts) einer unidirektionalen Datenleitung
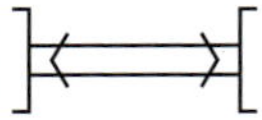	Quelle und Ziel einer bidirektionalen Datenleitung
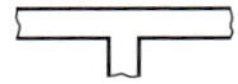	Verbindung von Datenleitungen.
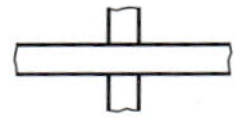	Kreuzung von Datenleitungen.
	Unidirektionaler Bus.
	Bidirektionaler Bus.
Komplexes Element	
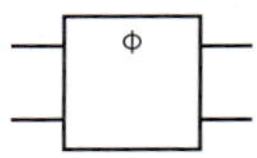	Grundform eines Elements mit komplexer Funktion, z. B. Mikroprozessor.

Beispiele von binären Elementen mit komplexen Funktionen

Schaltzeichen	Benennung
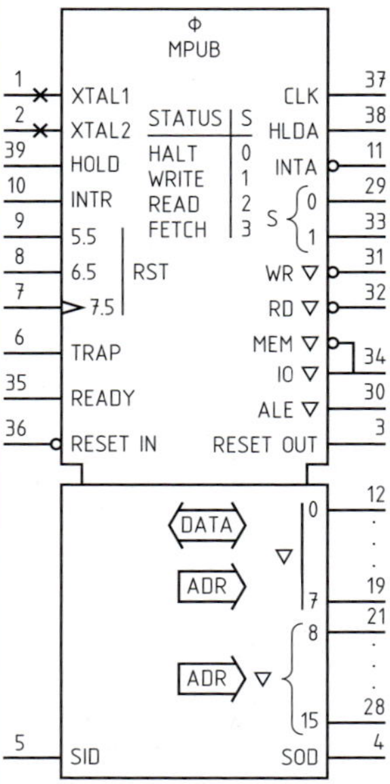	8-Bit-Mikroprozessor XTAL Schwingquarz- oder Oszillatoranschlüsse. INT Interrupt R Request A Acknowledge TRAP INT-Eingang mit Priorität CLK Clock HLD Hold S Status WR Write RD Read MEM Memory IO Input-Output AL Address Latch E ENABLE SID Serial Input Data SOD Serial Output Data
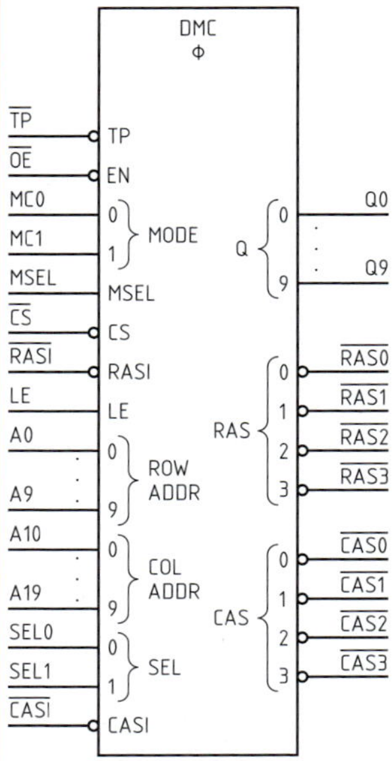	Steuerelement für dynamisches RAM RAS Row Address Strobe CAS Column Address Strobe I Input Q Output A Adress LE Latch Enable MSEL Multiplexer Select MODE Betriebsart SEL Select ROW Zeile COL, Column Spalte CS Chip Select OE Output Enable EN Enable

K

Struktogramm (DIN 66 261), Programmablaufplan (DIN 66 001)
Structured Chart, Program Flowchart

Struktogramm (STG) | Programmablaufplan (PAP)

Verarbeitung (allgemein, Strukturblock, Elementarblock)

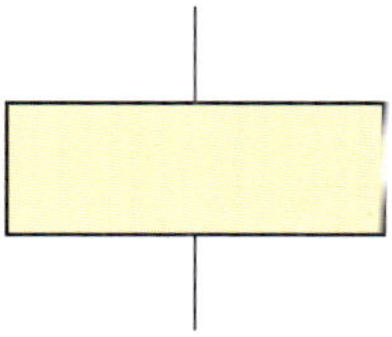

Anwendung: Aufgabenkurzbeschreibungen, Unterprogrammnamen, Anweisungen (Programmierbefehle)

Sequenz (Reihenfolge)

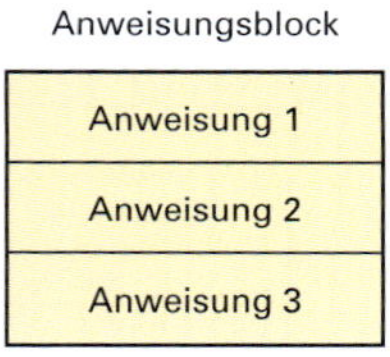

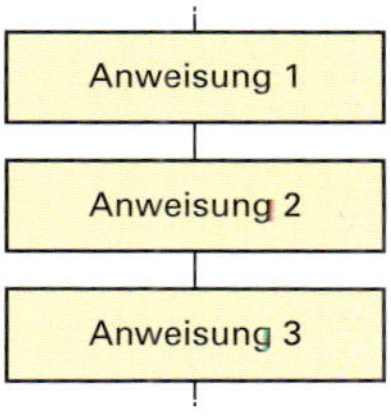

Nacheinander folgende Anweisungen oder Aufgaben, lineare Programmierung

Bedingte Verzweigung

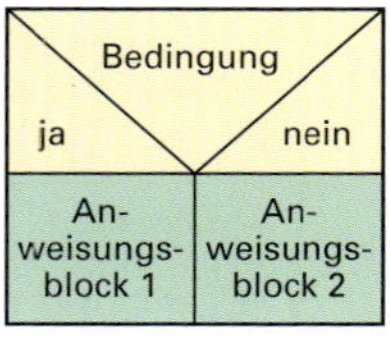

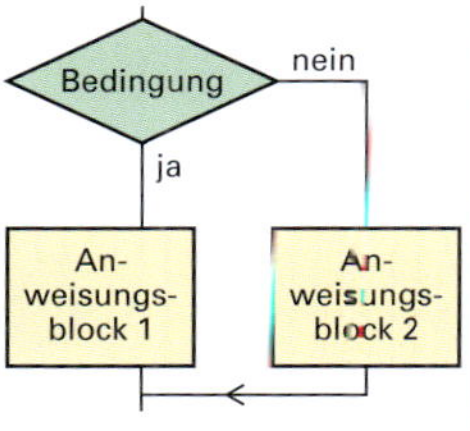

Auswahl einer von zwei möglichen Entscheidungsmöglichkeiten

Verzweigungsblock

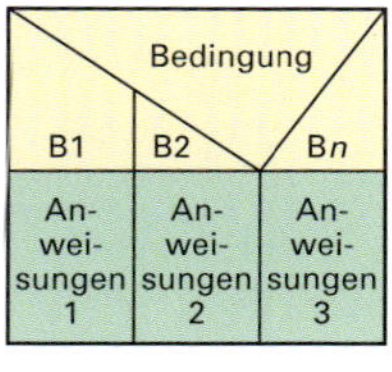

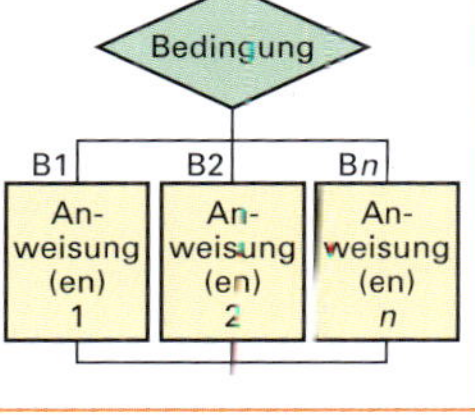

Auswahl einer von mehreren Entscheidungsmöglichkeiten

Struktogramm (STG) | Programmablaufplan (PAP)

Wiederholung mit vorausgehender Prüfung der Bedingung

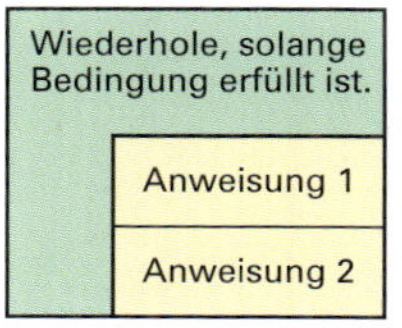

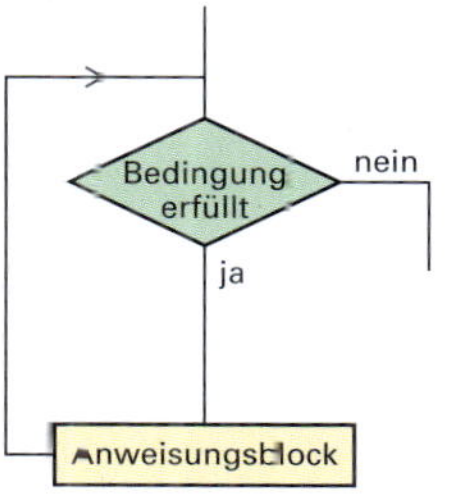

Die Anweisungen werden wiederholt, solange die Bedingung erfüllt ist. Ist die Bedingung bereits zu Beginn nicht erfüllt, werden die Anweisungen nicht ausgeführt.

Wiederholung mit nachfolgender Prüfung der Bedingung

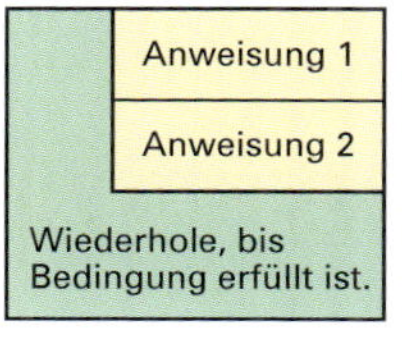

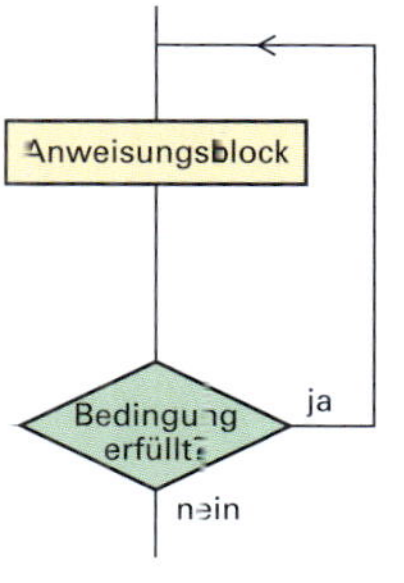

Die Anweisungen werden solange wiederholt, bis die Bedingung erfüllt ist. Die Schleife wird mindestens einmal durchlaufen.

Unterprogrammstrukturen

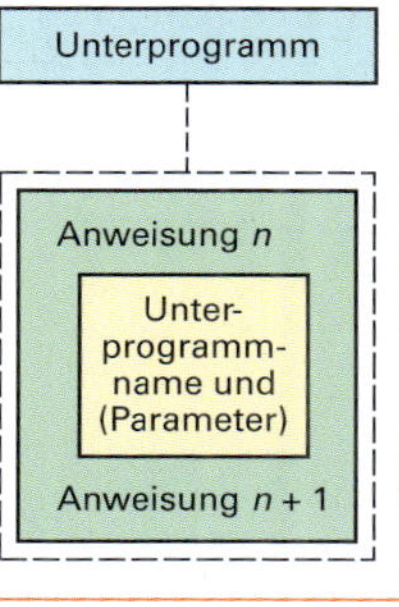

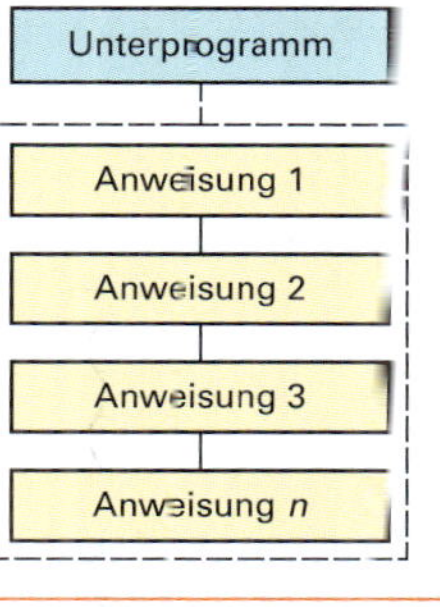

Unterprogramme fassen sich wiederholende Programmteile unter einem Namen zusammen. Datenübergabe erfolgt mit Parametern.

K

Messinstrumente und Messgeräte   Measuring instruments and devices

Schaltzeichen	Benennung
Schaltzeichenelemente	
	Messinstrument, Messgerät allgemein
Form 1 Form 2	Messgerät, allgemein, aufzeichnend
	Integrierendes Messgerät, z. B. Zähler
	Messwerk mit 1 Spannungspfad
	Messwerk mit 1 Strompfad
	Messwerk mit Summen- oder Differenzbildung
	Messwerk zur Produktbildung
	Messwerk zur Quotienten-bildung
Kennzeichen	
	Anzeige, allgemein
	Anzeige mit beiderseitigem Ausschlag
	Anzeige durch Vibration
	Anzeige digital (numerisch)
	Registrierung, schreibend
	Registrierung, punktschreibend
	Trägheit klein
	Trägheit groß
	Größtwert-anzeige
	Kleinstwert-anzeige
	Drehfeldrichtung
	Richtung der Messwert-übertragung
	Kontaktgabe
	Uhrzeit
Beispiele	
	Messinstrument ohne Kennzeich-nung der Mess-größe
	Galvanometer
A	Strommesser, allgemein
V	Spannungsmes-ser, allgemein
mV	Spannungs-messer mit An-gabe der Einheit Millivolt
	Oszilloskop
ϑ	Thermometer, Pyrometer
n	Drehzahlmess-gerät, anzeigend
	Impulszähler, elektrisch betätigt
V-A-Ω	Mehrfachmess-gerät mit Angabe der Einheiten
	Synchronoskop (Synchron-anzeige)
A	Strommesser mit großer Trägheit u. Schleppzeiger für Größtwert
W-var	Zweifachlinien-schreiber für Wirk- und Blind-leistung
kWh	Dreileiter-Drehstromzähler
Ω	Widerstands-messbrücke
	Kreuzzeiger-instrument
	Kurvenschreiber, Oszilloskop
Messgrößenumformer	
	Widerstands-stellungsgeber, Potenziometer
Δl	Dehnungsmess-streifen
+ −	Thermoelement, allgemein
	breitere Linie stellt den Minus-pol dar
	Magnetischer Geber mit be-weglicher Spule
	Induktiver Geber mit Kopplungs-änderung, allgemein
	Kapazitiver Geber
TX	Drehwinkel-geber T von Torque = Drehmoment, X für Transmitter = Sender
TR	Drehwinkel-empfänger R von Receiver = Empfänger

K

Analoge Informationsverarbeitung, Zähler und Tarifschaltgeräte
Analog information processing, kWh-meter and tariff switchgears

Kennzeichen

Symbol	Benennung
–	Invertierung
+	Nichtinvertierung
∩	Analogsignal
#	Digitalsignal
Σ	Summierung
$\frac{d}{dt}$	differenzierend
∫	integrierend
R	Rücksetzen
S	Setzen
H	Halten
SH	Sample-and-Hold
U/f	Umsetzung Spannung in Frequenz
UREG	Spannungsregler
COMP	Vergleicher

Beispiele

Symbol	Benennung
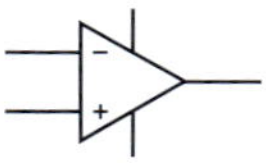	Operationsverstärker, unbeschaltet, praxisübliche Form, auch mit Betriebsspannungsanschlüssen
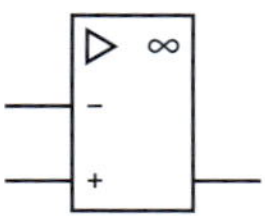	desgleichen, genormtes Symbol, ohne Betriebsspannungsanschlüsse.

Symbol	Benennung
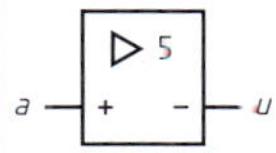	Invertierender Verstärker $u = -5 \cdot a$ $V = 5$
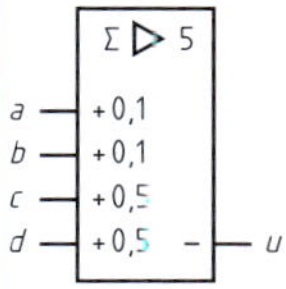	Summierverstärker $u = -5 \cdot (0{,}1\,a + 0{,}1\,b + 0{,}5\,c + 0{,}5\,d)$ $V = 5$
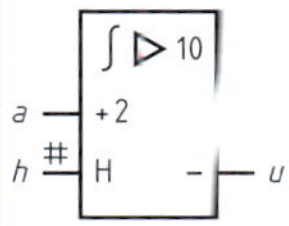	Integrierverstärker wenn $h = 0$ $u = -10 \int_0^t 2a\,dt$
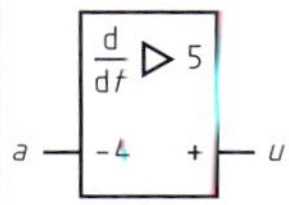	Differenzierverstärker $u = 5 \frac{d}{dt}(-4a)$
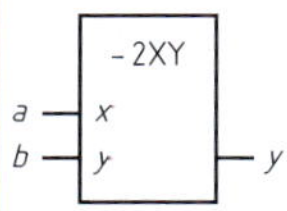	Multiplizierer $u = -2ab$
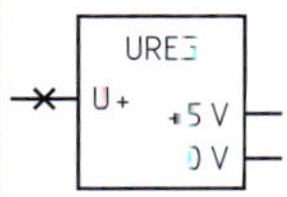	Spannungsregler, positiv feste Spannung

Symbol	Benennung
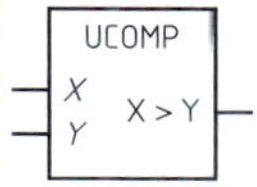	Komparator, Spannungsvergleicher
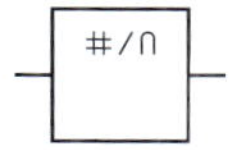	Digital-Analog-Umsetzer (DA-Umsetzer, DAU, DA-Converter, DAC)
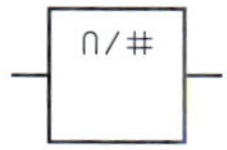	Analog-Digital-Umsetzer (AD-Umsetzer, ADU, AD-Converter, ADC)
	Schließer (geschlossen, solange $e = 1$)
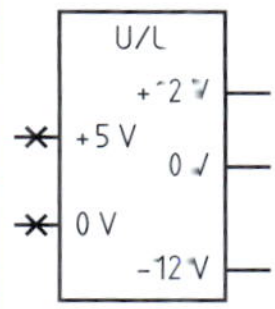	Umsetzer DC-DC, isolierend
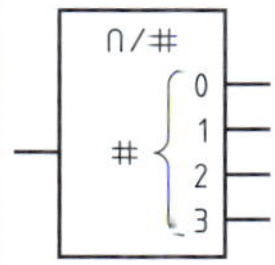	AD-Umsetzer Ausgangssignal in einem 4-Bit-Binärcode

Form 1	Form 2	Benennung
	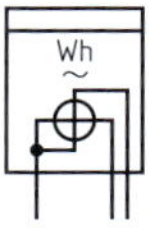	Einphasen-Wechselstromzähler
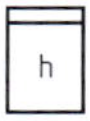	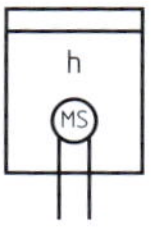	Betriebsstundenzähler
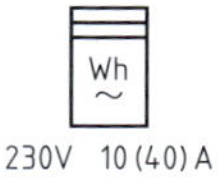	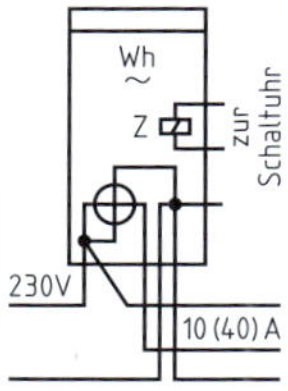	Einphasen-Wechselstrom-Zweitarifzähler

Form 1	Form 2	Benennung
	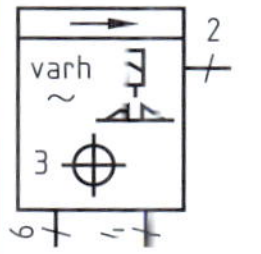	Blindverbrauchzähler
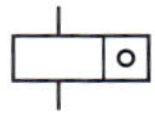	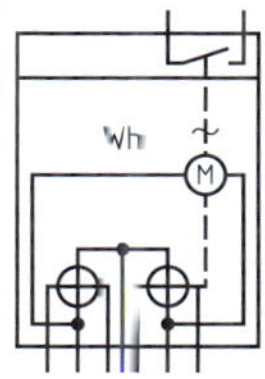	Impulsgeberzähler mit 1 Impuls je 0,1 kWh
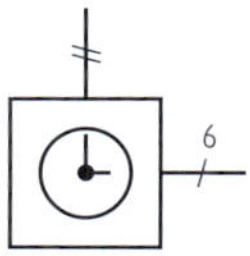	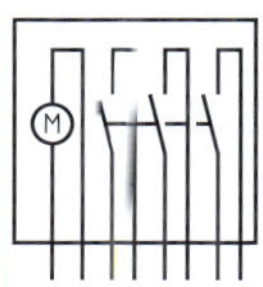	Tarifschaltgerät, z. B. für Rundsteueranlage

K

Schaltzeichen für Übersichtsschaltpläne — Graphical symbols for block diagrams

Grundformen

Schaltzeichen	Benennungen
	Funktionseinheit, allgemein
	wahlweise Darstellung
	Umsetzer, Umrichter, allgemein
	Speicher
	Regler, allgemein
	Einsteller, allgemein
	Modulator, Demodulator, Mischer
	wahlweise Darstellung
	Zentrale Einrichtung
	Verzögerungselement, allgemein

Kennzeichen

Schaltzeichen	Benennungen
	Angabe einer Übertragungsrichtung
	Gleichrichtung
	Kleinst- und Größtwertbegrenzung
	Verstärkung
	Siebung
	Fernsprechen
	Ausbreitung in einer Richtung (simplex)
a) b)	Ausbreitung in beide Richtungen, a) gleichzeitig Senden und Empfangen (vollduplex) b) nicht gleichzeitig Senden und Empfangen (halbduplex)
	Senden
	Empfangen

Generatoren

Schaltzeichen	Benennungen
G	Generator, Oszillator, allgemein
G ~ 4 kHz	Sinusgenerator für 4 kHz
G f	Sinusgenerator mit Frequenzverstellbarkeit
G	Sägezahngenerator
G	Pulsgenerator, Rechteckgenerator

Verstärker, Empfänger, Sender

Schaltzeichen	Benennungen
a) b)	Verstärker, a) allgemein b) wahlweise Darstellung
	Verstärker, veränderbar
	Gegentaktverstärker
	Empfänger, allgemein
	Sender, allgemein

Speicher

Schaltzeichen	Benennungen
	Magnetbandgerät
	Magnetspeicher, allgemein
	Magnetbandspeicher

Stromversorgung

Schaltzeichen	Benennungen
	Wechselrichter
	Gleichrichter
	desgleichen in Brückenschaltung
	Gleichstromumrichter
U const.	Spannungskonstanthalter

Umsetzer

Schaltzeichen	Benennungen
f_1 / f_2	Frequenzumsetzer, allgemein
f_1 / nf	Frequenzvervielfacher, allgemein
f / $\frac{f}{n}$	Frequenzteiler
2^7 / 2^5	Codeumsetzer, z. B. 7-Bit-Binärcode in 5-Bit-Binärcode
	Pulsregenerator

Sonstige Netzwerke

Schaltzeichen	Benennungen
	Vorverzerrer, Preemphase
	Nachentzerrer, Deemphase
	Dynamikkompressor
	Entzerrer, allgemein
	Begrenzer

K

Schaltzeichen der Telekommunikation — Graphical symbols in telecommunications

Telefone, Telefaxgeräte

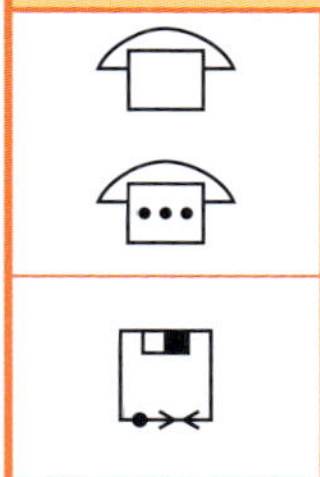

Benennungen
Telefon, allgemein
desgleichen, mit Tastwahlblock
Telefaxgerät, allgemein

Rundfunk, Fernsehen

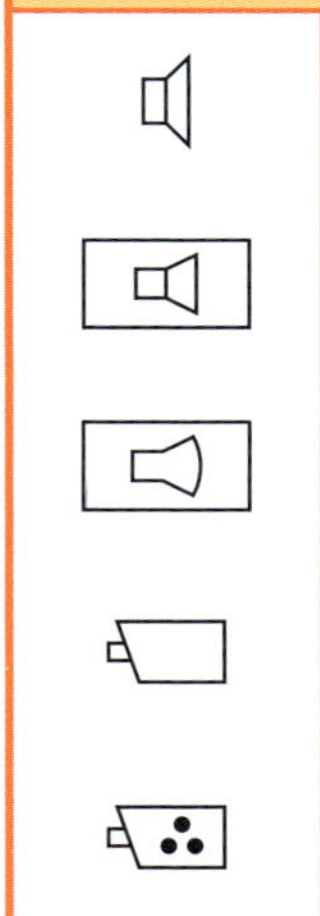

Benennungen
Lautsprecher
Hörfunk-empfangsgerät (Radio)
Fernseh-empfangsgerät
Fernsehkamera
Farbfernseh-kamera

Funkstellen

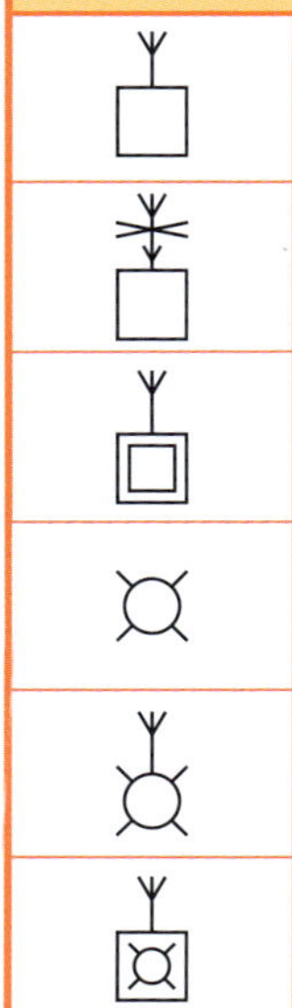

Benennungen
Funkstelle, allgemein
Funkpeil-Empfangsstelle, Funkpeiler
Funkleitstelle
Weltraum-Funkstelle, allgemein
Kommunika-tions-Satellit
Erdfunkstelle zur Funkverbindung mit Satelliten

Signalgeräte

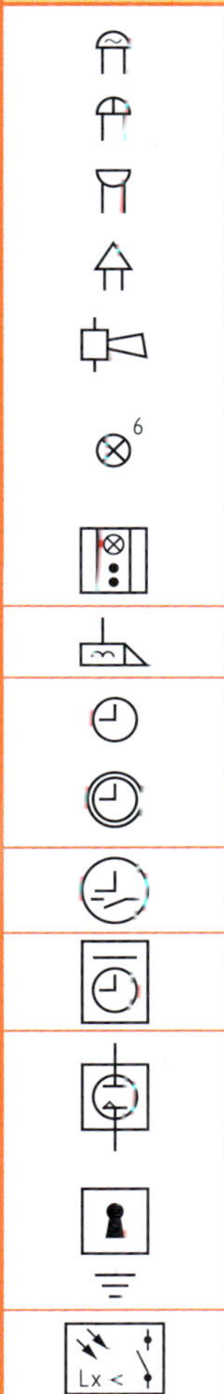

Benennungen
Wecker, Wechsel-stromwecker
Gong
Summer
Sirene
Horn, Hupe
Signallampen-tafel, z. B. für 6 Meldestellen
Ruf- und Abstelltafel
Türöffner
Elektrische Uhr, insb. Nebenuhr
Hauptuhr
Uhr mit, Kontaktgeber
Zeiterfassungs-gerät
Lichtstrahl-melder
Wächtermelder
Dämmerungs-schalter

Signal- und Fernmeldegeräte

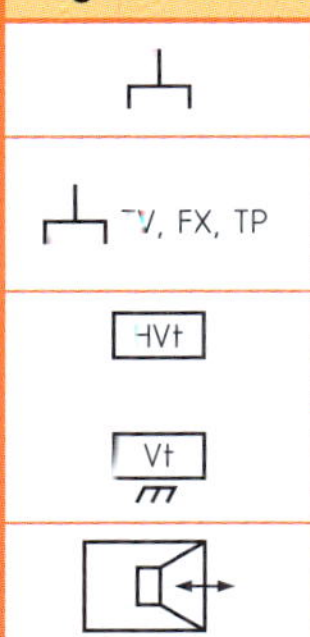

Benennungen
Fernmelde-steckdose, allg.
Steckdose für Fernsehen, Telefax, Telefon
Hauptverteiler
Verteiler auf Putz
Wechselsprech-stelle

Signalübertragung

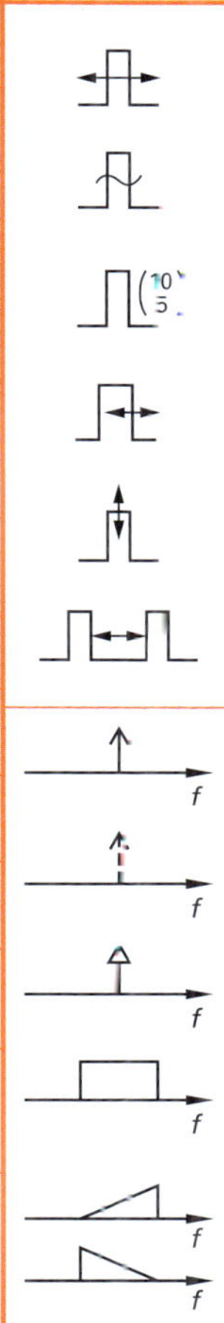

Benennungen
Pulsphasen-modulation (PPM)
Pulsfrequenz-modulation (PFM)
Pulscode-modulation (PCM) z. B. 5-aus-10
Pulsdauer-modulation (PDM)
Pulsamplituden-modulation (PAM)
Pulsabstands-modulation
Trägerfrequenz, allgemein
Trägerfrequenz unterdrückt
Pilotfrequenz, allgemein
Frequenzbereich, allgemein
Frequenzbereich in Regellage in Kehrlage

Fernwirkgeräte

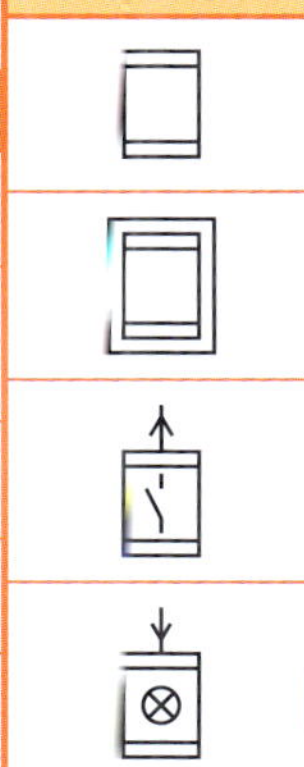

Benennungen
Fernwirkgerät, allgemein
Fernwirkzentrale, allgemein
Fernüber-wachungs-geber
Fernüber-wachungs-empfänger

K

Elektroakustische Wandler und Antennenanlagen
Electroacoustic converters and antenna systems

Mikrofone, Lautsprecher, Fernhörer, Wandlerköpfe

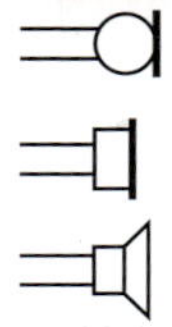

Schaltzeichen	Benennung
(1)	Mikrofon, allgemein
(1)	Fernhörer, allgemein
(1)	Lautsprecher, allgemein

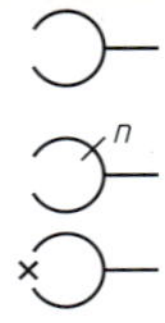

Schaltzeichen	Benennung
(2)	Wandlerkopf, vereinfachte Form
(2)	Magnetkopf für n Spuren
(2)	Löschkopf

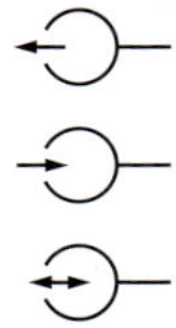

Schaltzeichen	Benennung
(3)	Aufnahmekopf
(3)	Wiedergabekopf
(3)	Aufnahme-Wiedergabekopf

Antennen und Antennenanlagen

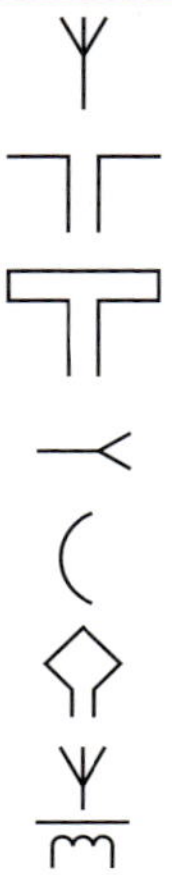

Schaltzeichen	Benennung
(4)	Antenne, allgemein
(4)	Dipol-Antenne, allgemein
(4)	Schleifendipol, Faltdipol
(4)	Hornstrahlerantenne
(4)	Parabolantenne
(4)	Rahmenantenne
(4)	Ferritantenne

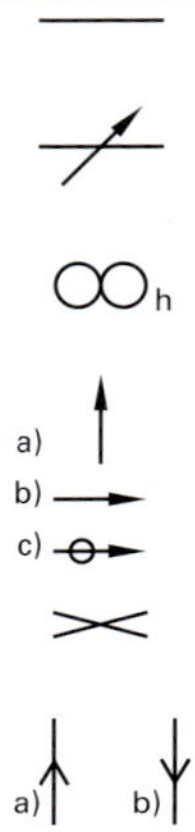

Schaltzeichen	Benennung
(5)	Strahlungsrichtung, Azimut fest
(5)	Strahlungsrichtung, Azimut variabel
(5)	Richtcharakteristik (h = horizontal)
(5)	Polarisationsrichtung a) vertikal b) horizontal c) zirkular
(5)	Peilfunktion
(5)	a) Senden b) Empfang

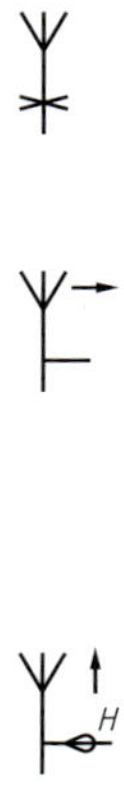

Schaltzeichen	Benennung
(6)	Peilantenne
(6)	Antenne, Polarisation horizontal, Azimut fest
(6)	Richtantenne, Polarisation vertikal, horizontales Richtdiagramm, Azimut fest

Baugruppen

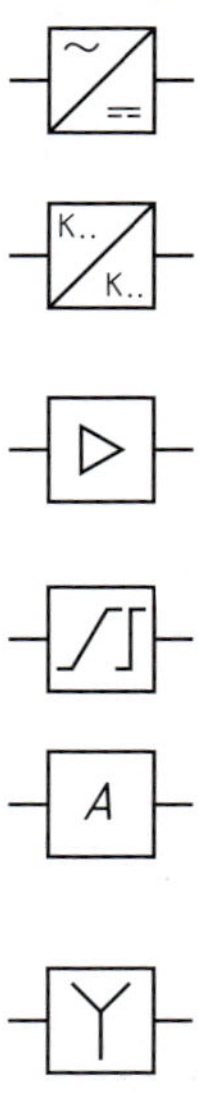

Schaltzeichen	Benennung
(7)	Netzanschlussgerät
(7)	Umsetzer, Konverter z. B. K2 nach K40
(7)	Verstärker (Spitze in Richtung der Verstärkung)
(7)	Entzerrer, allgemein
(7)	festes Dämpfungsglied
(7)	Weiche, allgemein

Verteiler, Abzweiger

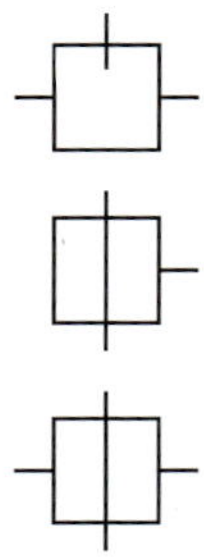

Schaltzeichen	Benennung
(8)	Stammleitungsverteiler (Zweifach-Verteiler)
(8)	Stichleitungsverteiler (Einfach-Abzweiger)
(8)	Stichleitungsverteiler (Zweifach-Abzweiger)

Anschlussdosen, Abschlüsse

Schaltzeichen	Benennung
(9)	Breitbandanschlussdose (nicht für Installationsplan)
(9)	Breitbandanschlussdose mit Abschlusswiderstand

Pässe

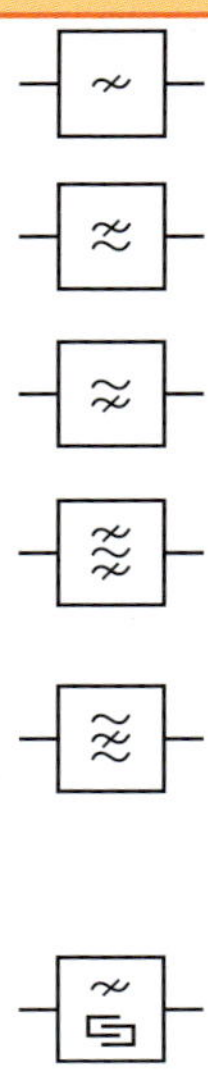

Schaltzeichen	Benennung
(10)	Filter, allgemein
(10)	Tiefpass
(10)	Hochpass
(10)	Bandpass
(10)	Sperrkreis, Bandsperre, Kanalsperre, Trägerfrequenzfalle
(10)	Oberflächenwellenfilter

K

Schaltzeichen für elektrische Maschinen und Anlasser gemäß EN 60617-6
Graphical symbols for electrical machinery and starters

Schaltzeichen	Benennung
Schaltzeichenelemente	
	Nebenschlusswicklung oder fremderregte Wicklung
	Reihenschlusswicklung
	Wendepolwicklung, Kompensationswicklung
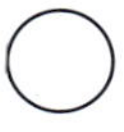	elektrische Maschine, allgemein
Einzutragen sind G, M, GS, MS, C	für Generator, Motor, Synchrongenerator, Synchronmotor, Umformer
 oder 	Gleichstrommotor mit Bürsten (Bürstendarstellung nur, wenn erforderlich)
Einphasentransformatoren	
	Transformator mit getrennter Wicklung, auch Spannungswandler
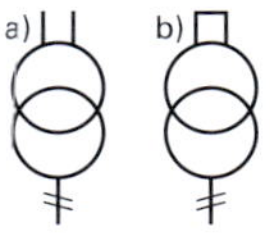	desgleichen, a) Nicht kurzschlussfest b) Bedingt oder unbedingt kurzschlussfest
	Spartransformator, Form 1
	desgleichen, Form 2
	Transformator, einstellbar
	Transformator mit Schirmung

Schaltzeichen	Benennung
Messwandler	
Spannungswandler wie Transformator mit getrennter Wicklung Form 1 oder Form 2	
	Stromwandler, wahlweise Darstellung,
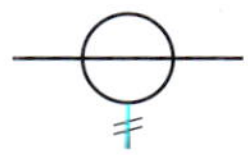	für Übersichtsschaltpläne
Fehlerstromwandler	
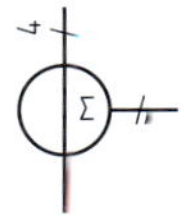	Fehlerstromwandler (Summenstromwandler), Form 1
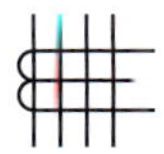	desgleichen, Form 2
Einphasenmotoren	
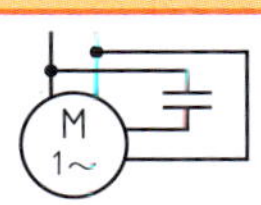	Kondensatormotor mit Betriebskondensator
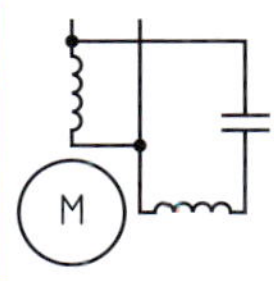	desgleichen, ausführliche Darstellung
	Spaltpolmotor
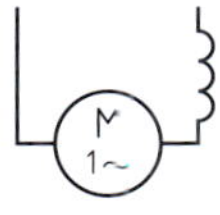	Reihenschlussmotor, einphasig
Gleichstrommotoren	
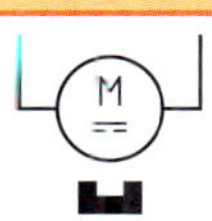	Fremderregter Gleichstrommotor (mit Dauermagneterregung)
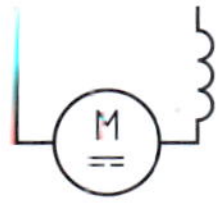	Gleichstrom-Reihenschlussmotor

Schaltzeichen	Benennung
Drehstrommotoren	
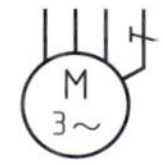	Dreiphasiger Induktionsmotor mit Käfigläufer
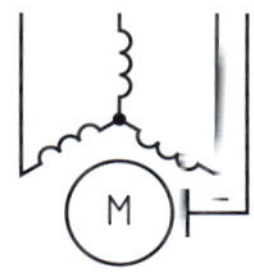	desgleichen, ausführliche Darstellung (Ständer in Y geschaltet)
Sondermotoren	
	Schrittmotor allgemein
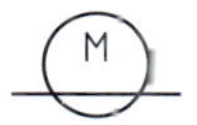	Linearmotor, allgemein
Einphasengenerator	
	Einphasen-Synchron-Generator mit Dauermagneterregung
Gleichstromgeneratoren	
	Gleichstrom-Generator mit Handantrieb
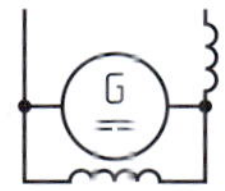	Gleichstrom-Doppelschlussgenerator
Anlasser	
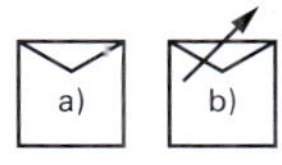	Anlasser a) allgemein b) stetig veränderbar
	Anlasser mit Spartransformator
	Anlasser, über Stromrichter stetig veränderbar
	Sterndreieckschalter

K

Schaltzeichen für Installationsschaltpläne und Installationspläne
Graphical symbols for installation circuit diagrams and installation plans

Schaltzeichen für Installationspläne und Installationsschaltpläne

Schaltzeichen	Benennungen
	Leitung nach oben
	Leitung nach unten
	Leitung nach oben und unten
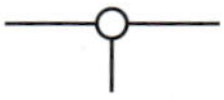	Abzweigdose
	Anschlussdose
 IP44	Starkstrom-Hausanschlusskasten, Schutzart IP 44
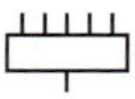	Verteiler
 IP42	Schalter, z. B. dreipolig, Schutzart IP 42
	Leitungsschutzschalter
	Motorschutzschalter
	RCD, FI-Schutzschalter

Schaltzeichen	Benennungen
 a) b)	Schalter a) allgemein b) beleuchtet
 a) b) c)	Ausschalter a) einpolig b) zweipolig c) dreipolig
	Dimmer (Ausschalter)
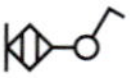	Berührungssensorschalter (Ausschalter)
	Gruppenschalter, 1-polig
	Serienschalter
	Wechselschalter
	Kreuzschalter
	Taster
	Leuchttaster
 a) b)	Einfach-Steckdose für Starkstrom a) ohne, b) mit Schutzkontakt,
 3	Mehrfach-Steckdose, z. B. 3 Dosen
 3, N, PE	Schutzkontaktsteckdose für Drehstrom

Schaltzeichen	Benennungen
	Steckdose, abschaltbar
	Steckdose, verriegelbar
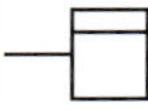 10 A	Zählertafel, mit einer Schmelzsicherung oder einem Leitungsschutzschalter 10 A
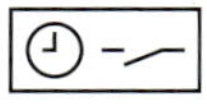	Schaltuhr, z. B. für Tarifumschaltung
	Zeitrelais, z. B. Treppenhausautomat
	Stromstoßschalter
	Leuchtenauslass, allgemein
	Leuchte, allgemein
	Leuchte für Leuchtstofflampe
	Leuchte mit 3 Leuchtstofflampen
 3	praxisübliche Form
	Sicherheitsleuchte
	Sicherheitsleuchte mit eigener Stromversorgung

Schaltzeichen für Leitungen und Leitungsverbindungen

Schaltzeichen	Benennungen
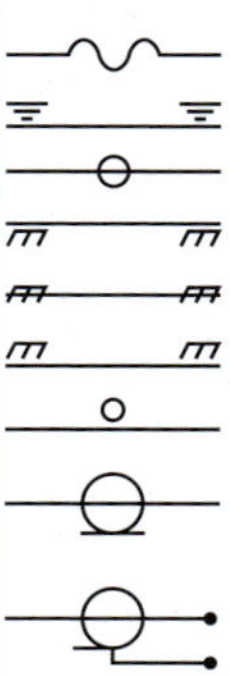	Leitung, allgemein bewegbar unterirdisch oberirdisch auf Putz im Putz unter Putz in einem Kabelkanal
	Koaxialleitung
	Koaxialleitung auf Anschlussstellen geführt

Schaltzeichen	Benennungen
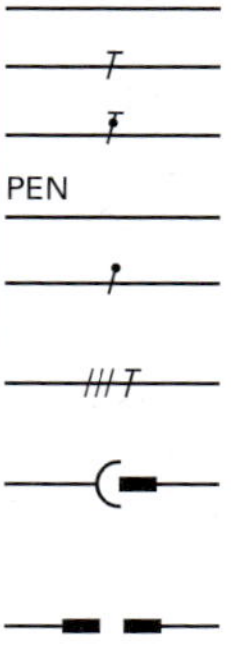 PEN	Leiter, allgemein Schutzleiter, PE PEN-Leiter wahlweise für PEN
	Neutralleiter
	drei Leiter mit Schutzleiter
	Steckverbindung
	Stirnkontaktverbindung

Schaltzeichen	Benennungen
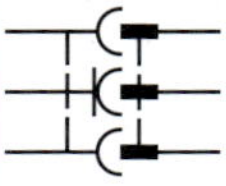	Buchse und Stecker allpolige Darstellung
	T-Verbindungen
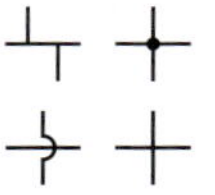	Doppelabzweig von Leitern Leiterkreuzung

K

Schaltzeichen für Röhren, Laser, LWL und Höchstfrequenztechnik
Circuit symbols for tubes, laser, LWL and in super high frequencies

Schaltzeichen	Benennungen
Röhrenkolben	
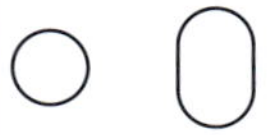	allgemein
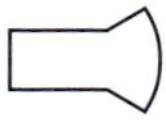	für Katodenstrahlröhre
Katoden, Anoden	
	Heiße Katode
	Kalte Katode
	Anode
Elektronenoptische Elektrode	
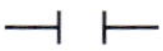	allgemein
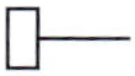	zylindrische Fokussierelektrode
	Fokussierelektrode mit Öffnung
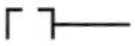	Wehneltzylinder
	Glimmlampe
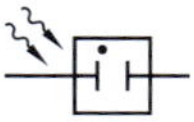	Ionisationskammer, allgemein
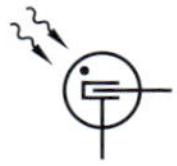	Zählrohr
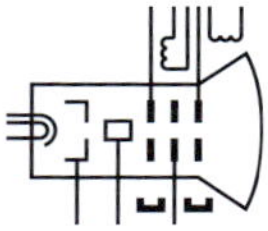	Katodenstrahlröhre mit elektromagnetischer Ablenkung, Permanentmagnete zur Fokussierung, Wehneltzylinder, Katode indirekt geheizt, z. B. Fernsehbildröhre

Schaltzeichen	Benennungen
Mikrowellenröhren	
	Elektronenkanone
	Reflektor
	Röhre mit Resonator
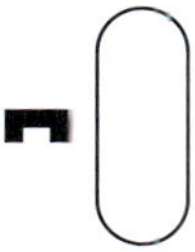	Röhre mit Permanentmagnet, z. B. Magnetron
	Wanderfeldröhre, vereinfachte Darstellung
Laser	
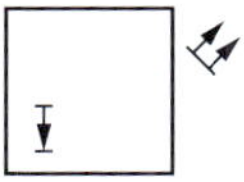	Laser, allgemein (links unten Darstellung des Übergangs einer Energiezone)
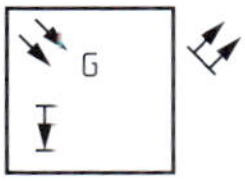	Laser als Generator mit Pumplichtquelle
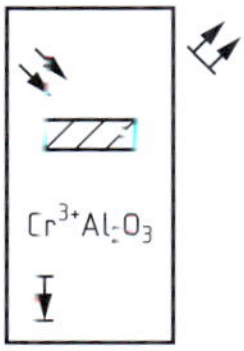	Rubinlaser mit Pumplichtquelle ($Cr^{3+}Al_2O_3$ chem. Zeichen für Rubin)
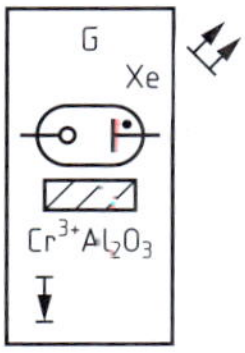	Rubinlaser als Generator mit Xenon-Lampe als Pumplichtquelle

Schaltzeichen	Benennungen
Leitungen	
	Lichtwellenleiter (LWL)
	LWL für Mehrmodenprofil
	LWL für Einmodenprofil
	LWL für Gradientenprofil
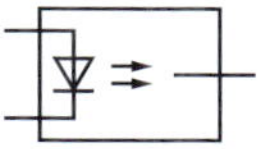	Lichtsender mit Leitung, elektrooptischer Koppler
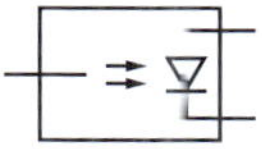	Lichtempfänger mit Leitung, optoelektrischer Koppler
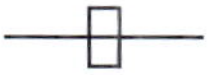	Rechteck-Hohlleitung
	Koaxialleitung
	Streifenleitung mit zwei Leitern
Kopplungen	
	Kopplung, allgemein
	Kopplung mit Hohlleiter
	Sonde auf einer Wellenleitung, z. B. Messleitung
Abschlüsse und Teiler	
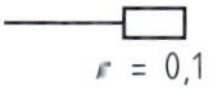	Leitungsabschluss mit Angabe des Reflexionsfaktors
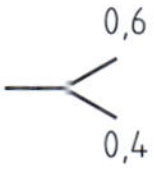	Leistungsteiler mit Angabe des Teilleistungsverhältnisses

K

KNX-Schaltzeichen KNX circuit symbols

Aufbau der Schaltzeichen für KNX

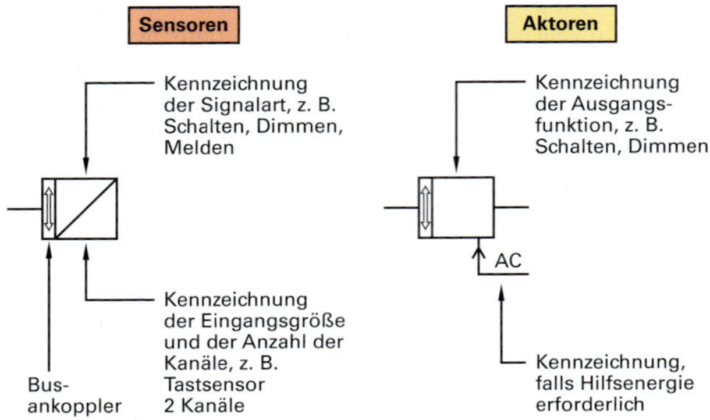

Schaltzeichen	Benennung
Basisgeräte	
	Spannungs-versorgung SV
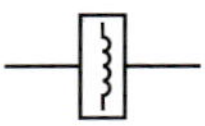	Drossel DR
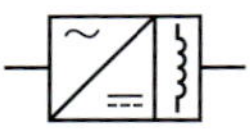	Netzgerät NG, Spannungs-versorgung mit Drossel
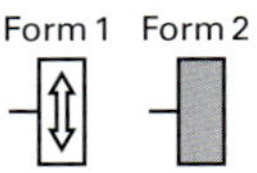	Busankoppler
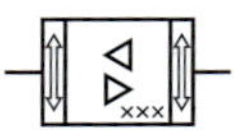	Linienkoppler LK, Bereichskoppler BK, Linienver-stärker LV, xx: LK, BK od. LV
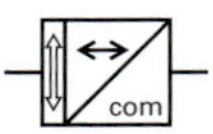	Schnittstelle xxx ersetzen durch com, IP, USB, RS 232
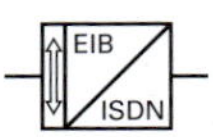	Netzkoppler KNX zu ISDN
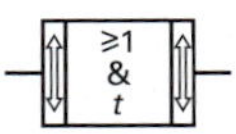	Logikbaugruppe

Schaltzeichen	Benennung
Sensoren	
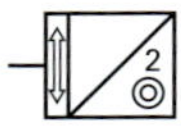	Tastsensor, z. B. Taster mit 2 Schließern
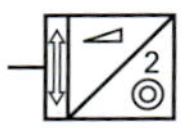	Dimmsensor, z. B. 2 Kanäle
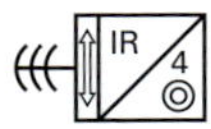	IR-Sender, z. B. 4 Kanäle
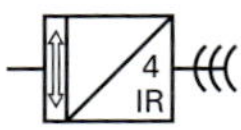	IR-Empfänger/ Decoder, z. B. 4 Kanäle
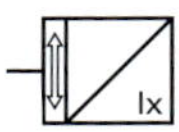	Helligkeits-sensor
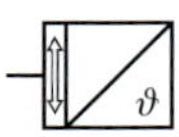	Temperatur-sensor
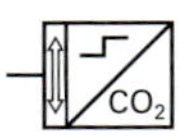	Rauchmelder
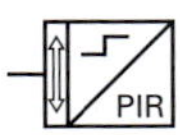	Bewegungs-melder Passiv Infrarot

Schaltzeichen	Benennung
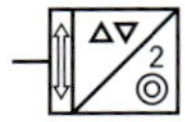	Jalousiesensor, z. B. 2 Kanäle
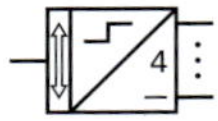	Binärsensor, z. B. 4 Kanäle, z. B. für DC
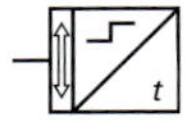	Zeitwertschalter, Zeitschaltuhr
Aktoren	
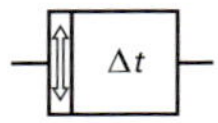	Aktor mit Zeitverzögerung
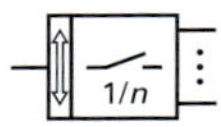	Schaltaktor, Schaltgerät, Binärausgang *n* Kanäle, nicht potenzialfrei
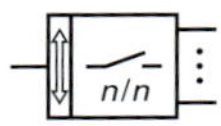	Schaltaktor, *n*-Kanäle, potenzialfrei
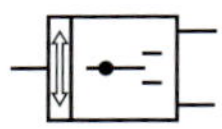	Jalousieaktor, Jalousie-schalter, 2 Kanäle
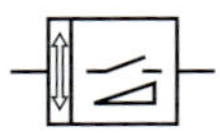	Dimmaktor, Schalt-/Dimm-aktor
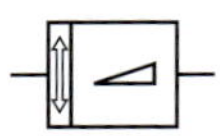	Analogaktor
Sonstige Elemente	
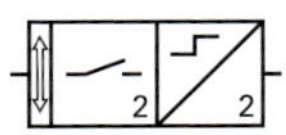	Schaltgerät mit z. B. Binärein-gang, Binär-ausgang, z. B. 2 Kanäle
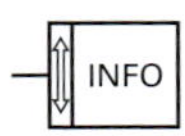	Anzeigeeinheit, Informations-Display

K

Schaltzeichenvergleich Graphical symbols comparison

DIN und ÖNORM / ANSI / BS / IEC	Bedeutung
	Widerstand (Wirkwiderstand, Resistanz)
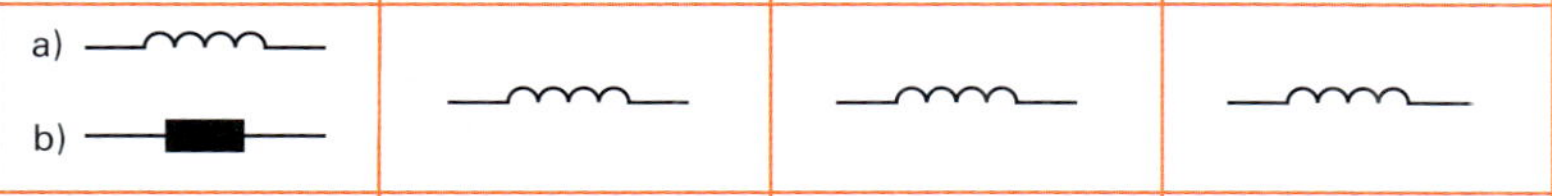	Induktivität, Spule, Wicklung
	Kapazität, Kondensator
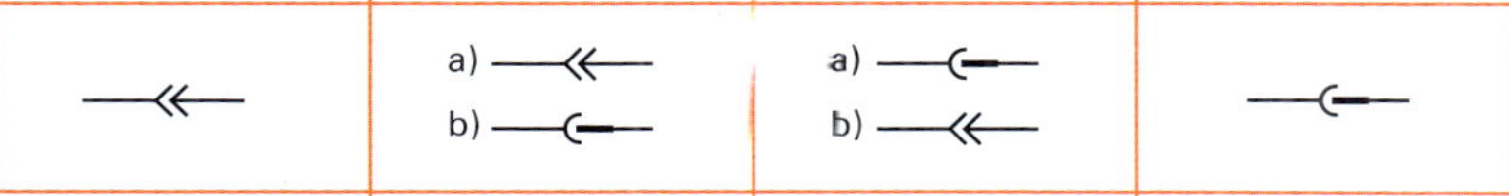	Steckvorrichtung
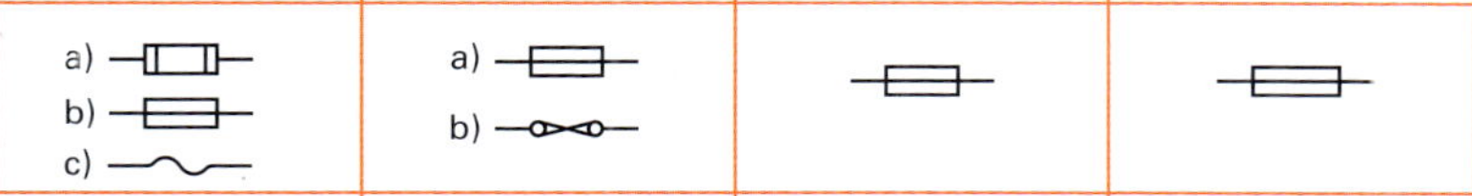	Schmelzsicherung
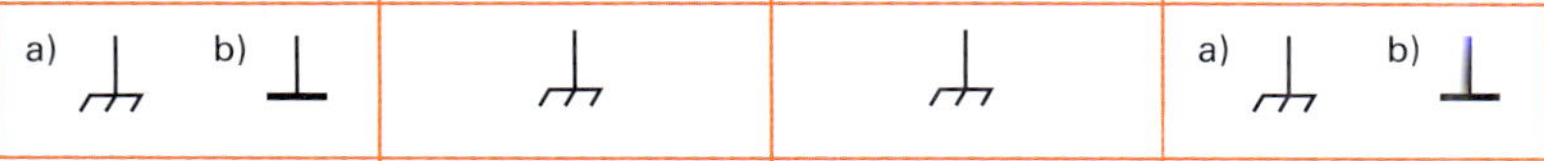	Masse
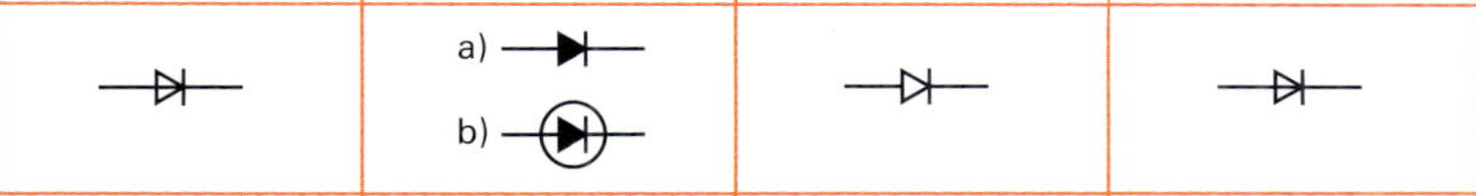	Halbleiterdiode
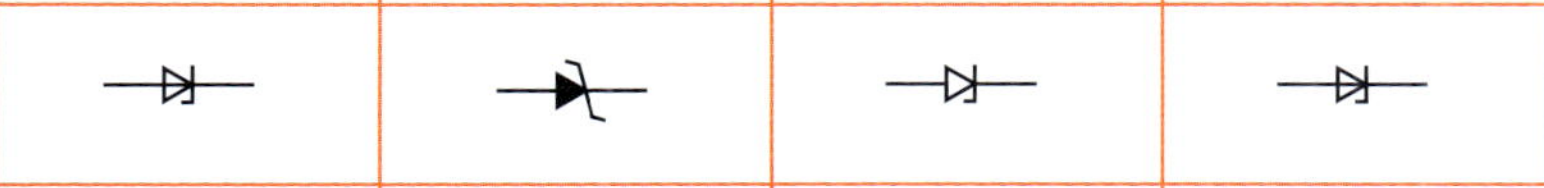	Z-Diode, Begrenzerdiode
	Schottky-Diode
	Schottky-Transistor
	Drehstrommotor mit Käfigläufer
	Einphasen-transformator
	Stromwandler
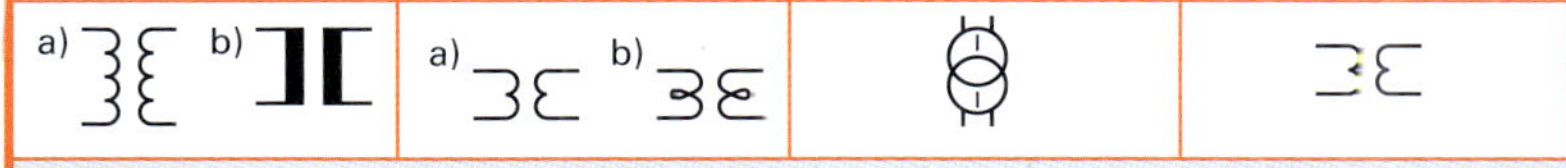	Spannungswandler

ANSI American National Standard Institute, BS British Standard, DIN Deutsches Institut für Normung e.V., IEC International Electrotechnical Commission, ÖNORM Österreichische Norm.

Schaltzeichenvergleich von Komponenten der Elektrotechnik
Comparison of graphical symbols of electric elements

DIN und ÖNORM	USA, z. B. ANSI	BS	IEC	Bedeutung

Antriebe von Schaltgeräten

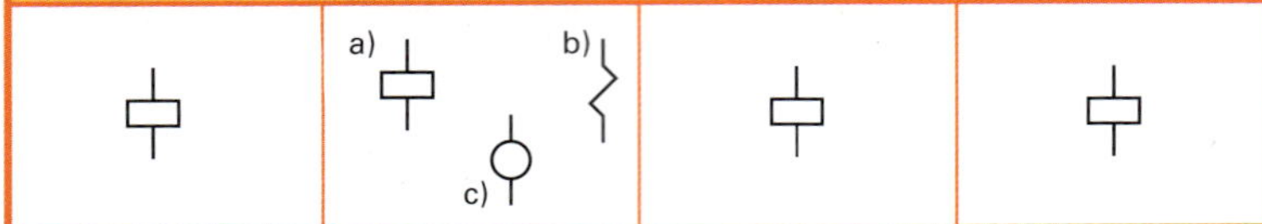

Elektromechanischer Antrieb, z. B. für Schütz

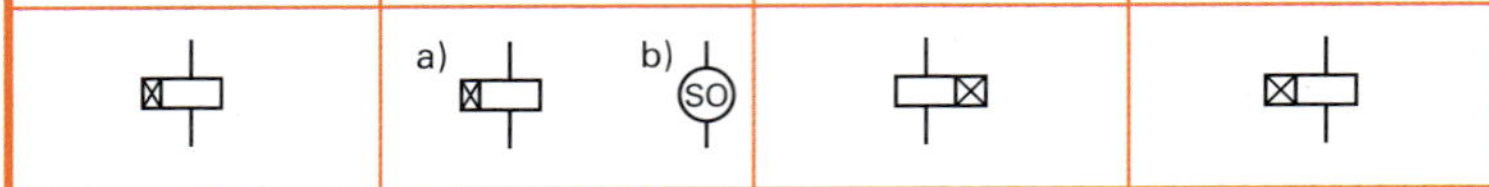

Antrieb mit Anzugsverzögerung, z. B. für Relais

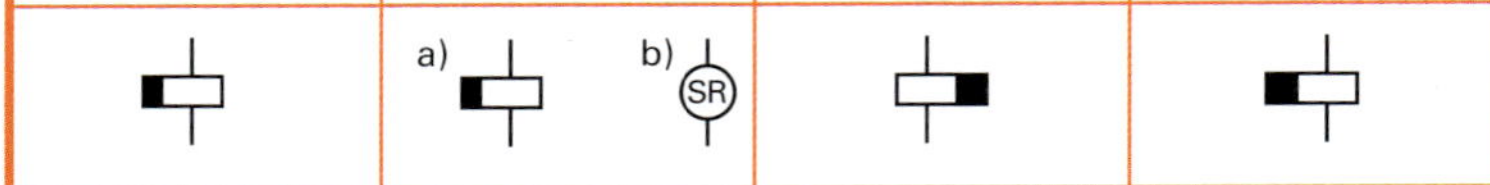

Antrieb mit Abfallverzögerung, z. B. für Relais

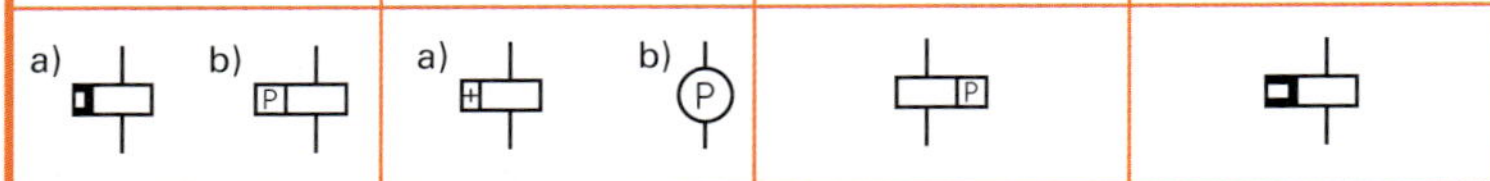

Polarisierter Antrieb, z. B. für Relais (P von polarisiert)

Steckverbinder und Sicherungen

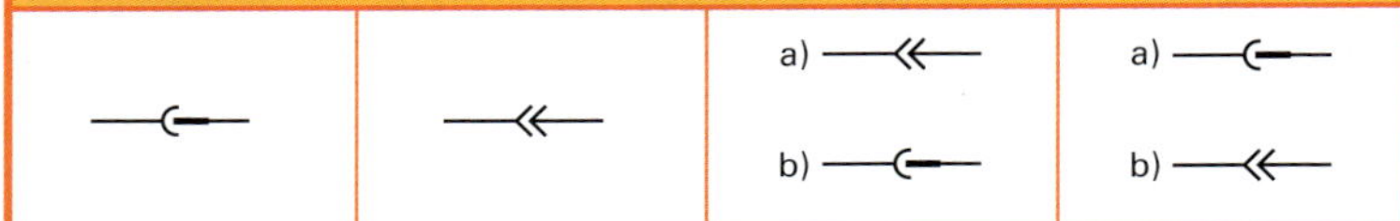

Steckvorrichtung

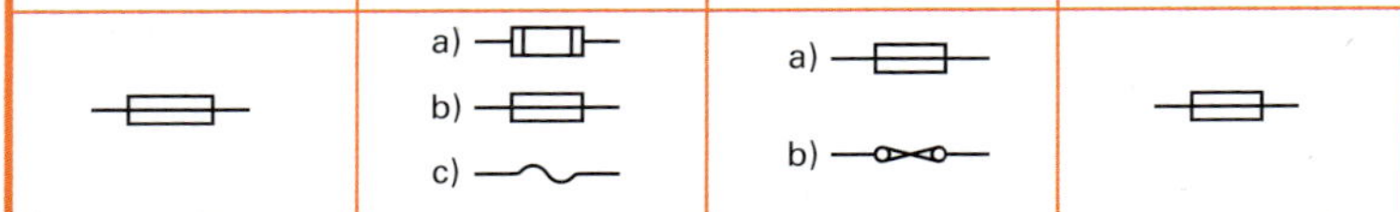

Schmelzsicherung

Schalter

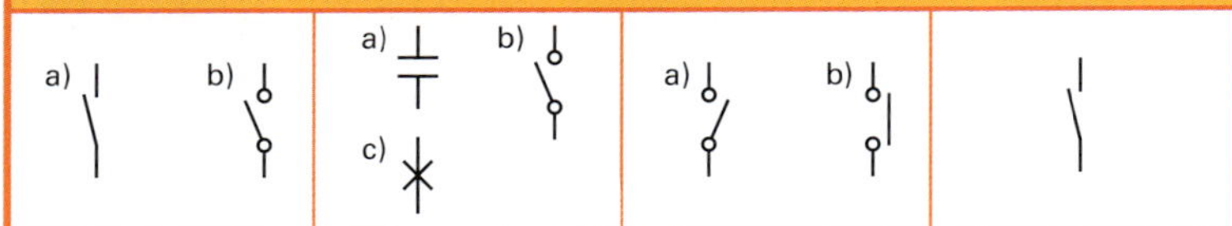

Schließer

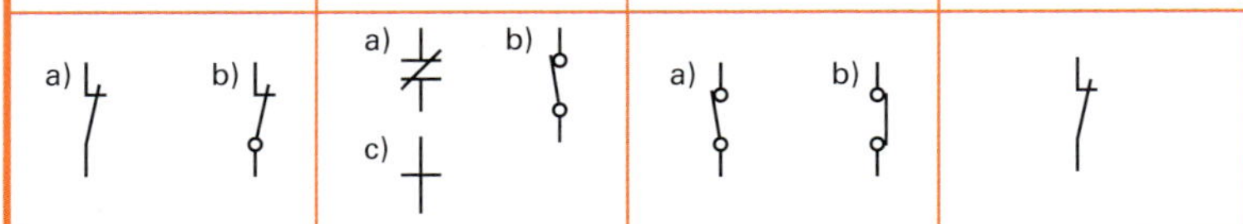

Öffner

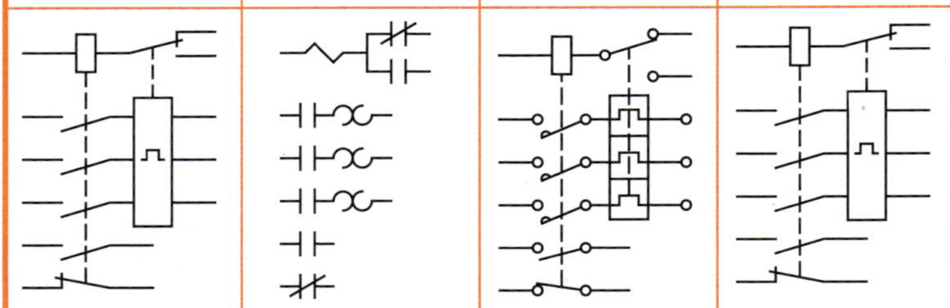

Dreipoliges Schütz mit Motorschutzrelais und zwei Kontakten für Steuerstromkreise (Hilfskontakte)

ANSI American National Standards Institute, BS British Standard, DIN Deutsches Institut für Normung e. V., IEC International Electrotechnical Commission, ÖNORM Österreichische Norm.

K

Schaltzeichenvergleich von analogen Elementen und binären Elementen
Comparison of graphical symbols of analogue and binary elements

DIN und ÖNORM	USA, z. B. ANSI	BS	IEC	Benennung
Analoge Elemente (Verstärker)				
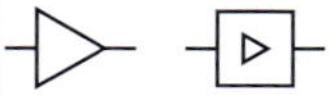	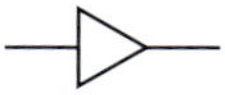	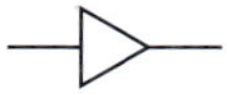	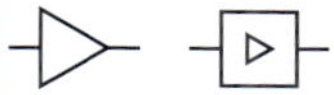	Verstärker, allgemein
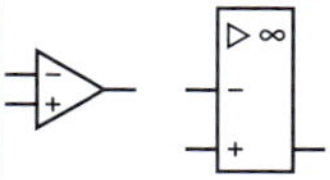	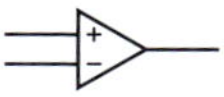	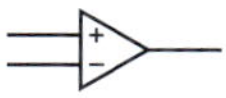	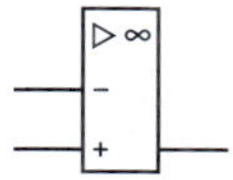	Operationsverstärker, unbeschaltet. IEC-Symbol auch für beschaltet, wenn ∞ durch Angaben der Verstärkung ersetzt ist.
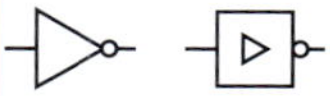	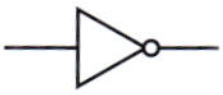	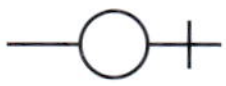	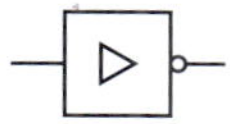	Verstärker, invertierend, z. B. als Anpassglied (Buffer = Puffer).
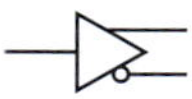		–	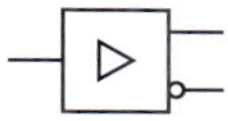	Verstärkerelement mit komplementären Ausgängen
Binäre Elemente				
wie IEC	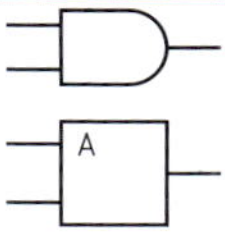	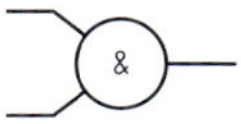	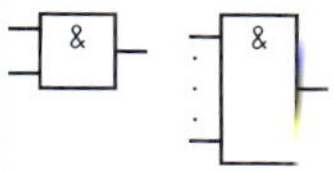	UND-Element
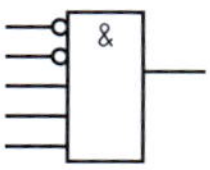	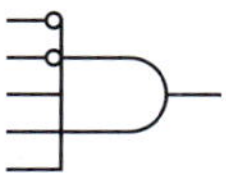	–	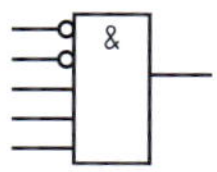	UND-Element mit mehreren Eingängen, teilweise invertiert
wie IEC	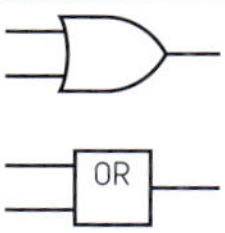	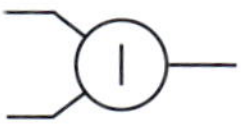	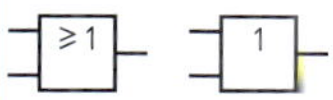 (auch als Rechteck)	ODER-Element (IEC-Symbol b nur wenn Eindeutigkeit sicher ist)
wie IEC oder wie ANSI	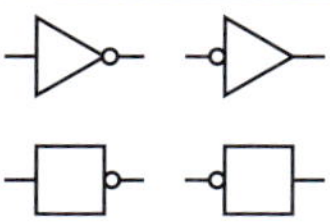	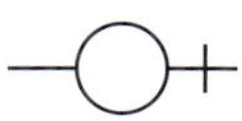	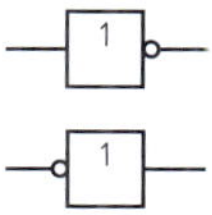	NICHT-Element, Inverterer
wie IEC	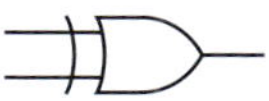	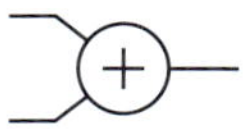	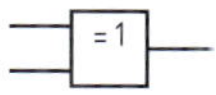	XOR-Element, Exklusiv-ODER, Antivalenz
wie IEC	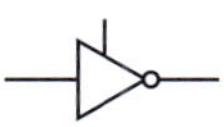	–	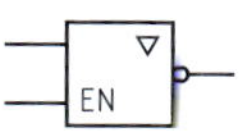	Element mit Tristate-Ausgang hier Invertierer (Tristate = 3 Zustände, H, L oder hochohmig)
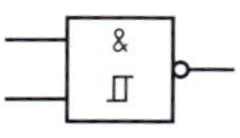	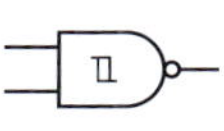	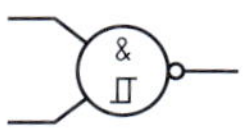	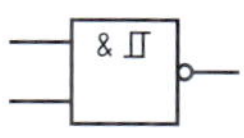	NAND-Element mit Schmitt-Trigger-Eigenschaften

ANSI American National Standards Institute, BS British Standard, DIN Deutsches Institut für Normung e.V., IEC International Electrotechnical Commission, ÖNORM Österreichische Norm.

K

Vergleich pneumatischer und elektrischer Schaltelemente
Comparison table of pneumatic and electrical elements

Spalten: Art, Schaltfunktion | Wertetabelle | Funktion | Pneumatisch | Elektrisch

NICHT
$A = \overline{E}$

E	A
0	1
1	0

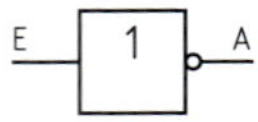

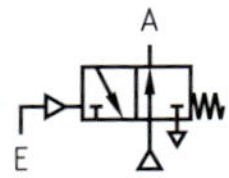

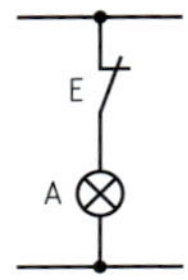

ODER
$A = E1 \vee E2$

E1	E2	A
0	0	0
0	1	1
1	0	1
1	1	1

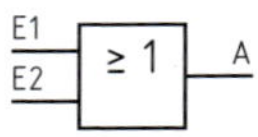

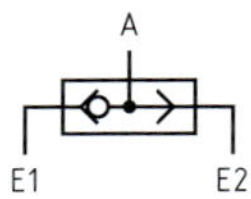

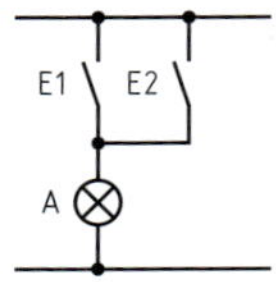

UND
$A = E1 \wedge E2$

E1	E2	A
0	0	0
0	1	0
1	0	0
1	1	1

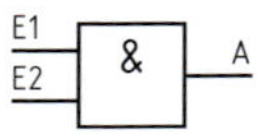

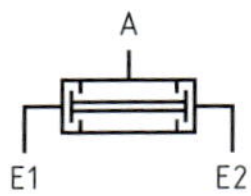

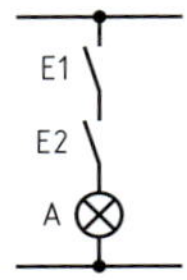

NOR
$A = \overline{E1 \vee E2}$

E1	E2	A
0	0	1
0	1	0
1	0	0
1	1	0

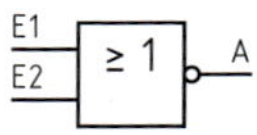

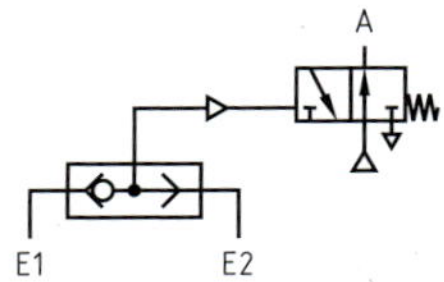

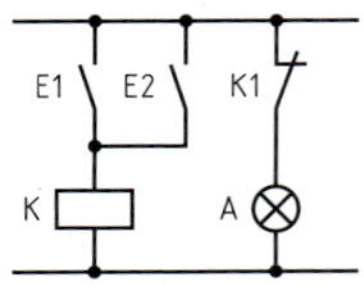

NAND
$A = \overline{E1 \wedge E2}$

E1	E2	A
0	0	1
0	1	1
1	0	1
1	1	0

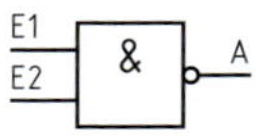

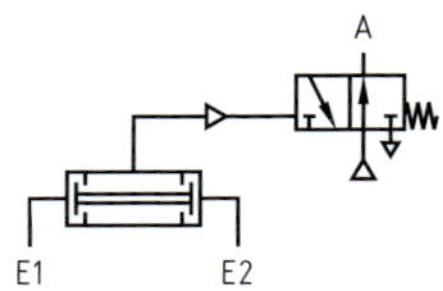

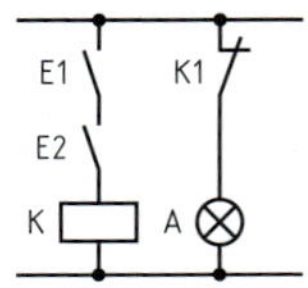

RS-Speicherelement

S	R	A	$\overline{A}$
0	0	a^{n-1}	$\overline{a}^{n-1}$
0	1	0	1
1	0	1	0
1	1	0	1

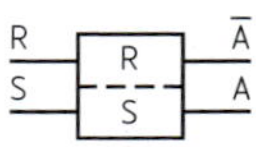

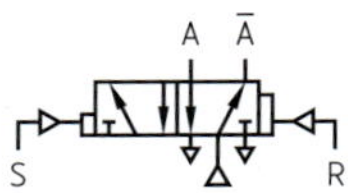

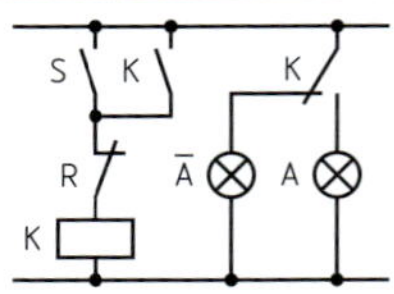

Anzugsverzögerung

I	$t_{abgelaufen}$	Q
0	0	0
1	0	0
1	1	1

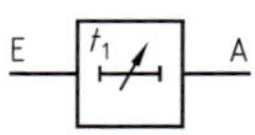

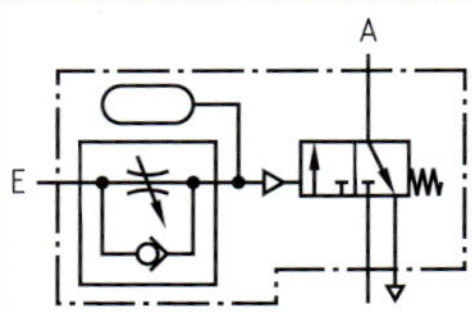

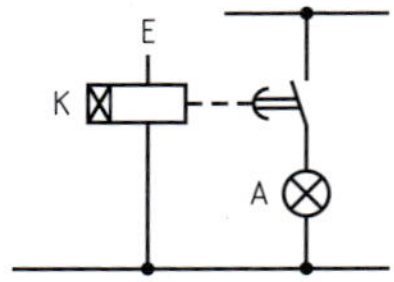

Abfallverzögerung

I	$t_{abgelaufen}$	Q
0	0	0
1	0	1
0	1	0

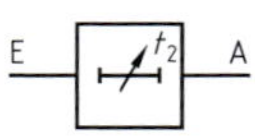

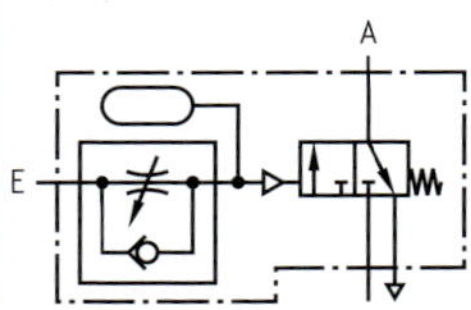

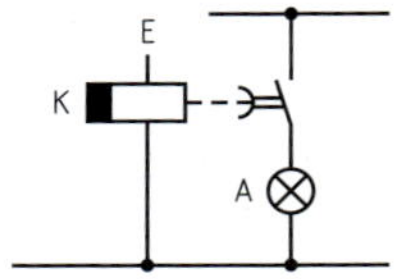

Schaltzeichen für Hydraulik und Pneumatik
Graphical symbols hydraulic and pneumatic

Funktionselemente

- Hydrostrom
- Druckluftstrom
- Strömungsrichtung
- Drehrichtung
- Verstellbarkeit
- Feder
- Drosselung

Pumpen, Kompressoren, Motoren

- Konstant-Hydropumpe, eine Drehrichtung
- Verstell-Hydropumpe, zwei Drehrichtungen
- Kompressor, eine Drehrichtung
- Hydraulik-Verstellmotor, zwei Drehrichtungen
- Pneumatik-Verstellmotor, zwei Drehrichtungen
- Hydraulik-Konstantmotor, eine Drehrichtung
- Pneumatik-Konstantmotor, eine Drehrichtung
- Hydraulik-Drehantrieb
- Pneumatik-Drehantrieb
- Elektromotor

Einfachwirkende Zylinder

- einfachwirkender Zylinder, Rückhub durch nicht definierte Kraft (vereinfacht:)
- einfachwirkender Zylinder, Rückhub durch eingebaute Feder (vereinfacht:)

Doppeltwirkende Zylinder

- doppeltwirkender Zylinder mit einseitiger Kolbenstange (vereinfacht:)
- doppeltwirkender Zylinder mit einseitiger Kolbenstange und beidseitig einstellbarer Endlagendämpfung (vereinfacht:)

Energieübertragung

- Druckquelle hydraulisch
- Druckquelle pneumatisch
- Arbeitsleitung
- Steuerleitung Leckstromleitung
- Umrahmung von Baugruppen
- Leitungsverbindung
- Leitungskreuzung
- Schnellkupplung
- Entlüftung ohne Anschluss
- Entlüftung mit Anschluss
- Geräuschdämpfer
- Behälter
- Druckbehälter
- Hydrospeicher
- Aufbereitungseinheit
- Filter oder Sieb
- Wasserabscheider
- Lufttrockner
- Öler

Sperrventile

- Rückschlagventil, unbelastet
- Rückschlagventil, federbelastet
- Wechselventil (ODER-Funktion)
- Schnellentlüftungsventil
- Entsperrbares Rückschlagventil
- Drosselrückschlagventil
- Zweidruckventil (UND-Funktion)

Druckventile

- Druckbegrenzungsventil
- Folgeventil
- Druckschalter, gibt bei einem voreingestellten Druck ein elektrisches Signal ab

Stromventile

- Drosselventil verstellbar
- 2-Wege-Stromregelventil mit veränderlichem Auslassstrom

K

Kurzzeichen für elektrische Betriebsmittel — Symbols for electric equipment

Prüfzeichen

Kurzzeichen	Erklärung
CE	Bescheinigung des Herstellers für Übereinstimmung mit EU-Richtlinien
GS	„Geprüfte Sicherheit" Sicherheitszeichen zum Maschinenschutzgesetz
◁VDE▷	VDE-Kabelkennzeichen
◁HAR▷	Zusatz bei harmonisierten VDE-Bestimmungen
	Zulassungszeichen für Messwandler und Elektrizitätszähler der Physikalisch-Technischen Bundesanstalt (PTB)
	Funkschutzzeichen. Im freien Ausschnitt: Funkstörgrad G, N, K oder Zahl
	Geräte zugelassen in :
DVE	Deutschland
ÖVE	Österreich
+S	Schweiz
	Frankreich
	USA

Schweißmaschinen

Kurzzeichen	Erklärung
42V	Die Klemmenspannung von 42 V darf im Leerlauf nicht überschritten werden.
K	Schweißgleichrichter für Arbeiten in engen Räumen.

Kondensatoren

Kurzzeichen	Erklärung
F	feuersicher
FP	feuersicher und platzsicher

Kleintransformatoren

Kurzzeichen	Erklärung
	gekapselter Sicherheitstransformator
	offener Sicherheitstransformator
	Steuertransformator
	Spielzeugtransformator (auch Kinderkochgerät, Kinderbügeleisen)
	Haushalt-Spartransformator
	Klingeltransformator
	Handleuchten-transformator
	Auftautransformator
med	Transformator für medizinische und zahnmedizinische Geräte
	Trenntransformator
	Transformator, nicht kurzschlussfest
	Transformator, unbedingt kurzschlussfest
	Sicherheitstransformator, kurzschlussfest
	Rasiersteckdosen-Einheit

Schutzklassen

Kurzzeichen	Erklärung
	Schutzklasse I: Schutzmaßnahme mit Schutzleiter
	Schutzklasse II: doppelte oder verstärkte Isolierung
	Schutzklasse III: Schutzkleinspannung

Leuchten

Kurzzeichen	Erklärung
F	Flammenschutzzeichen; Entzündungstemperatur mindestens 200 °C
	Leuchte für rauen Betrieb
	Stoßfeste Glühlampe
	Erhöhte Sicherheit für Lampen in schlagwetter- und explosionsgeschützten Hängeleuchten
	Vorschaltgerät wird im Fehlerfall nicht zu heiß.

Sonstige Zeichen

Kurzzeichen	Erklärung
	träge Sicherung
	Sicherung eingebaut
H	Gerätedosen, Verbindungsdosen, Kleinverteiler für Hohlwandinstallation
B	Gerätedosen, Verbindungsdosen, Leuchtenanschlussdosen für Installation in Beton

Elektromedizin

Kurzzeichen	Erklärung
	Hochspannungsteil eines Gerätes
	Anschlussstelle für Betriebserdung
CATH	Patientenanschluss an einen Elektrokardiographen, der bei Herzkatheterisierung nicht mit dem Patienten verbunden sein darf.
CORT	Patientenanschluss an einen Elektroencephalographen, der während einer Untersuchung am Gehirn nicht mit dem Patienten verbunden sein darf.

K

Verteilungssysteme und Anwendung der Schutzeinrichtungen mit Schutzleiter
Distribution systems and application of a protection installation with PE-conductor

Schutzform	TN-Systeme	TT-System	IT-System
Schutz durch Überstrom-Schutzeinrichtung (z. B. Leitungsschutzschalter oder Schmelzsicherung)	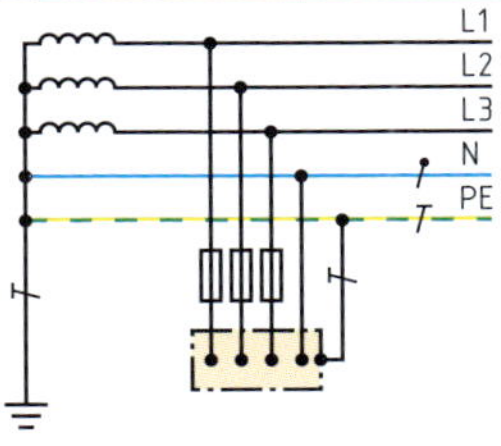 TN-S-System 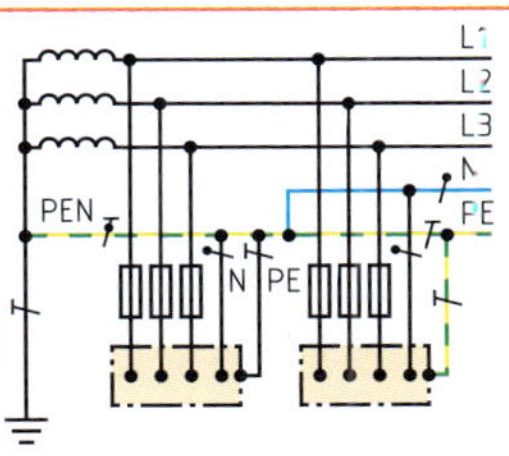 TN-C-S-System Prüfen![1] 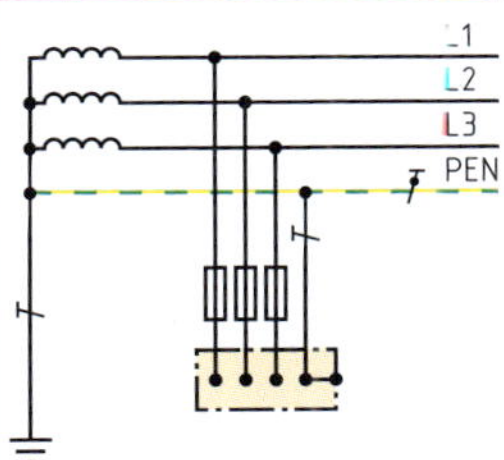 TN-C-System Prüfen![1]	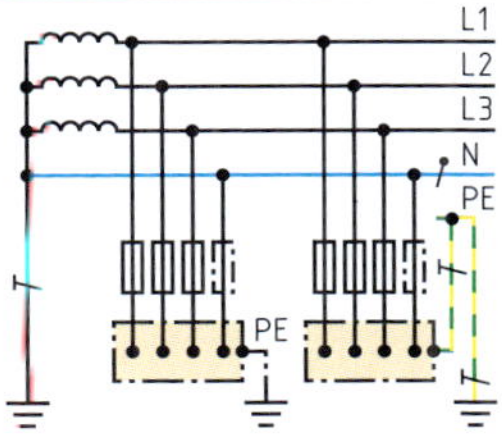 Prüfen![1] Diese Schutzart ist oft nicht anwendbar, da die erforderlichen kleinen Erdungswiderstände nicht mit vernünftigem Aufwand erreicht werden können.	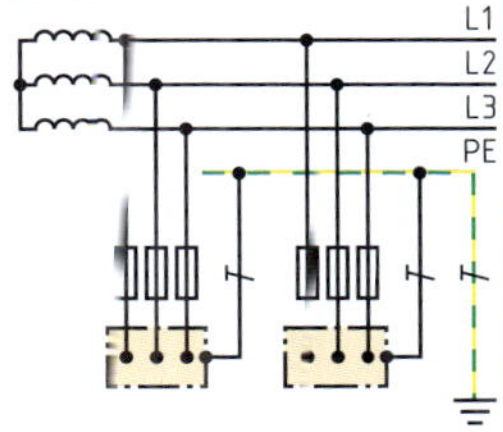 Körper gemeinsam geerdet. 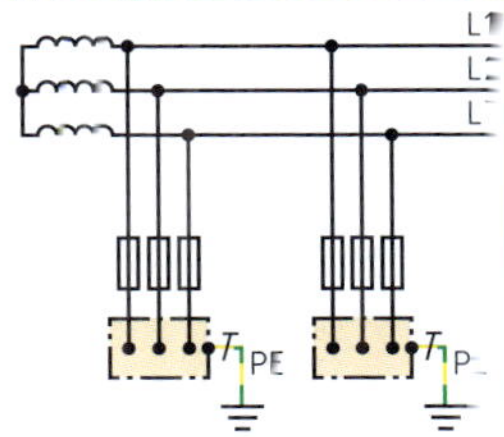 Körper einzeln geerdet Prüfen![1] Nur zulässig, wenn die Erdungswiderstände so klein sind, dass bei einem zweiten Fehler sofort abgeschaltet wird.
Schutz durch Fehlerstrom-Schutzeinrichtung RCD	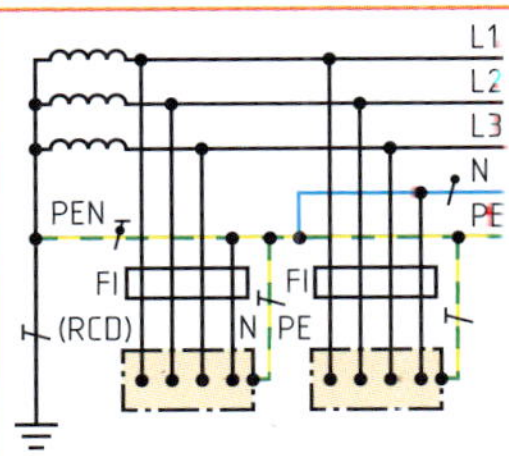	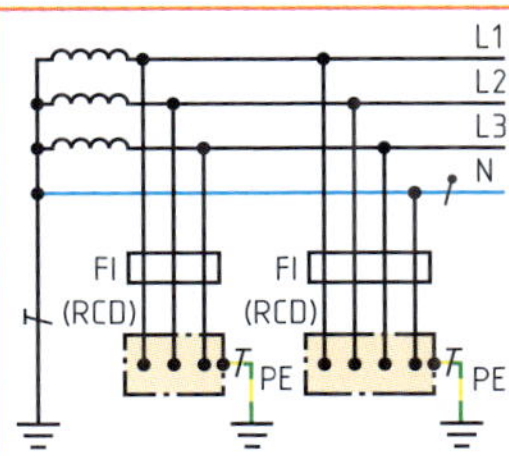	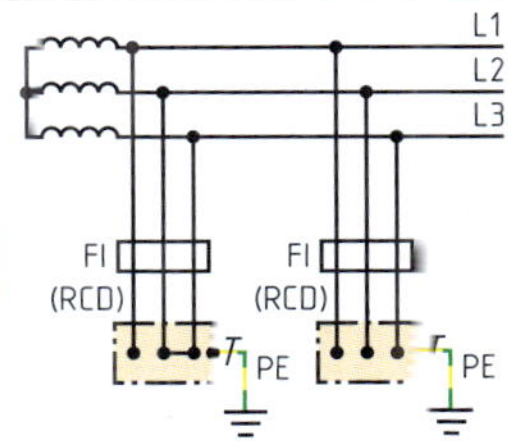
Schutz durch Isolationsüberwachungseinrichtung	Ein zusätzlicher Schutzpotenzialausgleich ist erforderlich. 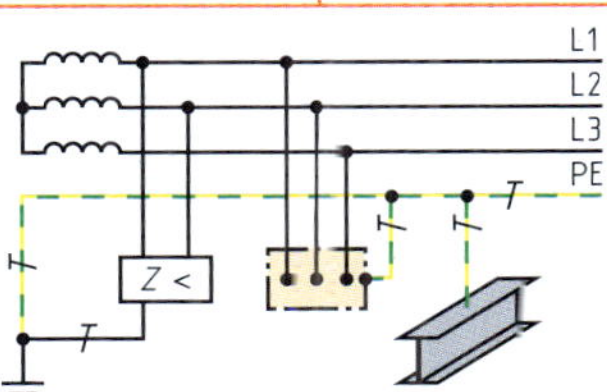		

[1] Prüfen! Bei Anwendung der Schutzeinrichtung im betreffenden Netz ist an Hand der VDE-Bestimmungen zu prüfen, ob die Anwendung zulässig ist.
C von combinated = kombiniert, FI von Fehlerstrom, I von isoliert, N von Neutralleiter, PE von Protection Earth = Schutzerde, RCD von residual current device = Reststromschaltung, S von separated = getrennt, T von franz. Terre = Erde

K

Berührungsarten, Stromgefährdung, Fehlerarten
Kinds of touching, endangering by current, kinds of failures

Berührungsarten

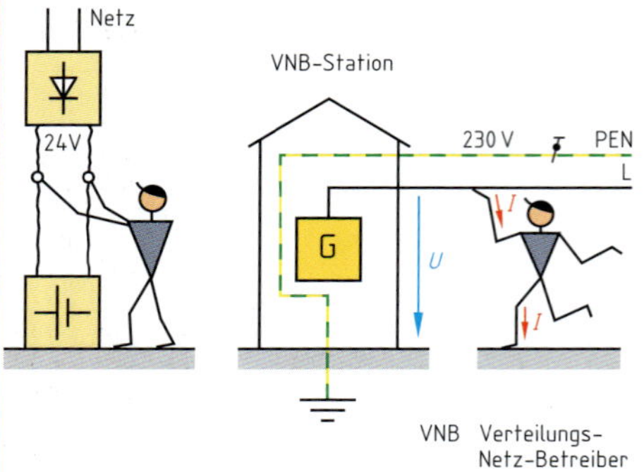

Direktes Berühren

Direktes Berühren: Berühren eines aktiven Teiles, z. B. eines blanken Außenleiters (**Bilder links**).

Indirektes Berühren: Berühren eines leitenden Betriebsmittelkörpers, der infolge eines Fehlers („Schlusses") eine Berührungsspannung führt (**Bild zu Fehlerarten**).

Innerhalb des Handbereiches darf direktes Berühren bei Spannungen > AC 25 V nicht möglich sein (**Bild**).

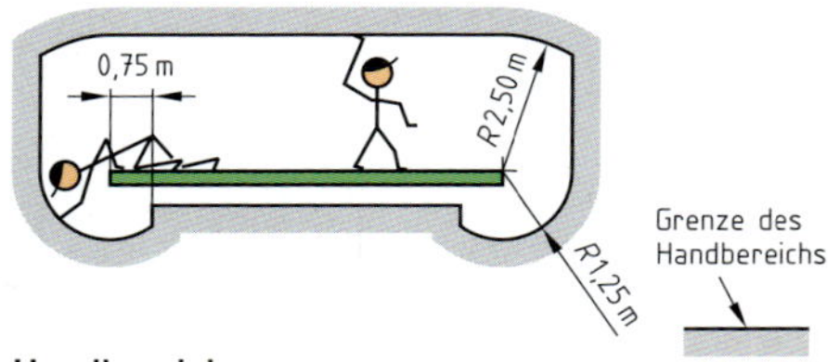

Handbereich

Stromgefährdung für Menschen

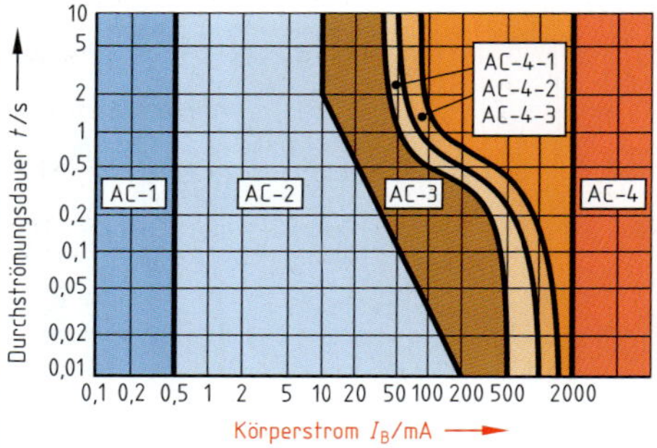

Sicherheitskurven nach IEC 479-1 für AC 50 Hz von Hand zu Hand oder Hand zu Fuß

Zone	Physiologische Wirkungen
AC-1	Normalerweise keine Wirkung.
AC-2	Meist keine schädlichen Wirkungen.
AC-3	Meist kein organischer Schaden. Krampfartige Muskelreaktionen möglich und Schwierigkeiten beim Atmen.
AC-4	Herzstillstand, Atemstillstand und schwere Verbrennungen zusätzlich zu den Wirkungen der Zone 3.
AC-4-1	Wahrscheinlichkeit von Herzkammerflimmern, ansteigend bis etwa 5%.
AC-4-2	Wahrscheinlichkeit von Herzkammerflimmern, ansteigend bis etwa 50%.
AC-4-3	Wahrscheinlichkeit von Herzkammerflimmern, über 50%.

In kleinen Strombereichen hat erst die dreifache Gleichstromstärke dieselbe Wirkung wie ein Wechselstrom.

Fehlerarten

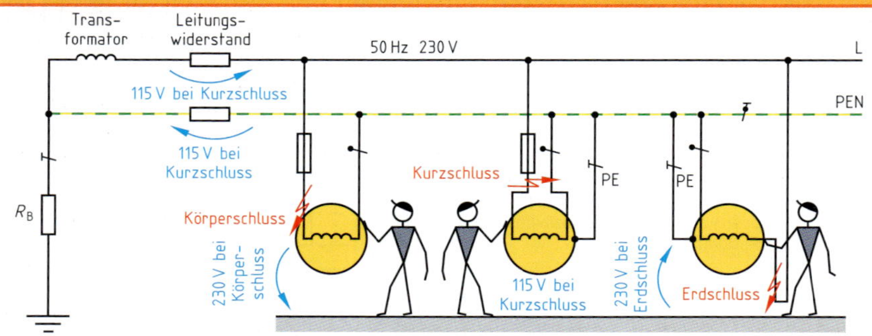

Indirektes Berühren der Spannung bei Körperschluss, Kurzschluss und Erdschluss ohne ordnungsgemäße Schutzmaßnahmen gegen indirektes Berühren

R_B Erdungswiderstand netzseitig, AC von Alternating Current = Wechselstrom.

K

Schutzmaßnahmen bei indirektem Berühren
Protective measures by indirect touch

Systemunabhängige Schutzmaßnahmen	Bemerkungen	Bedingungen
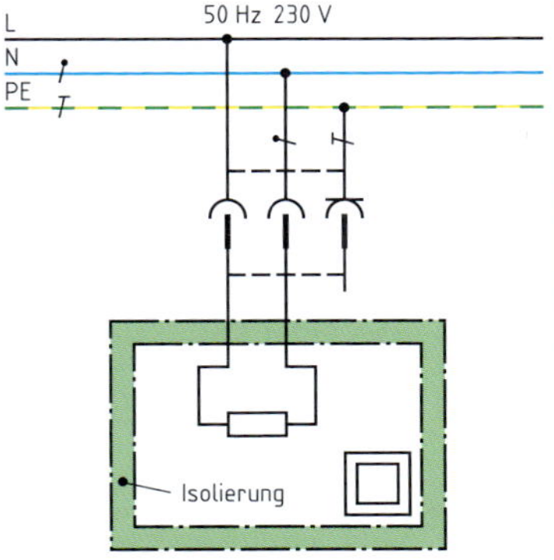 **Schutzklasse II**	Die Schutzklasse II (bisher Schutzisolierung) verhindert das Auftreten gefährlicher Spannungen an berührbaren metallischen Teilen elektrischer Betriebsmittel. Beispiele für Schutzklasse II: Isolierende Gehäuse, z. B. bei Rasierapparaten, Stereoanlagen; Isolierzwischenteile z. B. in Bohrmaschinen, Küchenmaschinen. Betriebsmittelkennzeichen für Schutzklasse II 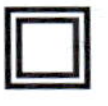	Zusätzliche Isolierung zur Basisisolierung. Verstärkte Isolierung an aktiven Teilen, z. B. Rasierapparate. Farbüberzüge und Lacküberzüge genügen den Anforderungen nicht. Der *Schutzleiter* darf innerhalb der Schutzisolierung nicht angeschlossen werden. Bei dreiadrigen und mehradrigen Anschlussleitungen ist der Schutzleiter nur im Stecker anzuschließen. Die *Prüfspannung* beträgt bei 230 V Nennspannung je nach Geräteart 2000 V bis 4000 V. Isolationsfähigkeit des Isolierstoffes darf durch Betriebsbeanspruchung nicht beeinträchtigt werden.
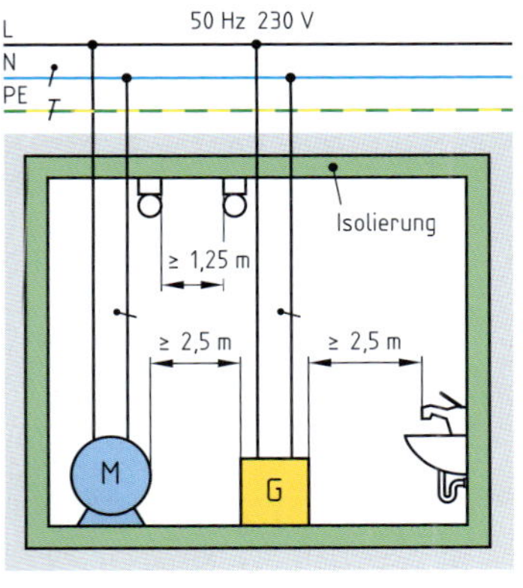 **Schutz durch nicht leitende Räume**	Beim Schutz durch nicht leitende Räume (Standortisolierung) wird gleichzeitiges Berühren von spannungsführenden Teilen, deren Basisisolation beschädigt ist, verhindert. Die Anordnung der Betriebsmittel muss gewährleisten, dass Personen nicht gleichzeitig zwei Körper oder einen Körper und andere leitfähige Teile, z. B. die Wasserleitung, berühren können.	Abstand zwischen den Körpern untereinander und zwischen Körper und z. B. der Wasserleitung von mindestens 2,5 m (außerhalb des *Handbereichs* ≥ 1,25 m). Der *Schutzleiter* darf nicht an die Geräte angeschlossen werden. Ortsveränderliche Geräte dürfen nicht verwendet werden. Einbau von Hindernissen aus Isolierstoffen zwischen den Körpern. Mechanisch feste Isolierung von fremden leitfähigen Teilen, z. B. Zentralheizung. Fremde leitfähige Teile dürfen keine Spannungen in den Raum verschleppen. Widerstand der Isolierung: ≥ 50 kΩ bei DC $U \leq 750$ V, AC $U \leq 500$ V ≥ 100 kΩ bei DC $U > 750$ V, AC $U > 500$ V
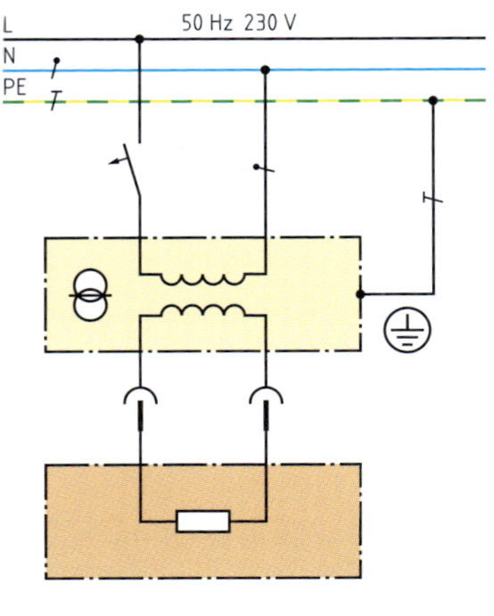 **Schutztrennung**	Bei der Schutztrennung wird das Betriebsmittel galvanisch vom speisenden Netz getrennt. Kennzeichen:  Zulässige Stromquellen zur Schutztrennung: Trenntransformator, Motorgenerator und Generator mit Dieselmotor oder Benzinmotor. Ortsveränderliche Trenntransformatoren müssen schutzisoliert sein.	Der *Ausgangsstromkreis* darf nicht mit anderen Stromkreisen verbunden werden. An die Geräte im Ausgangsstromkreis darf kein Schutzleiter angeschlossen werden. Zulässige Leitungslänge im Ausgangsstromkreis bei Nennspannung U_n: $l \leq 100000\ \text{Vm}/U_n$ Zulässige Gummischlauchleitungen H07RN-F und A07RN-F Bei *vorgeschriebener* Schutztrennung darf nur *ein* Gerät an den Ausgangsstromkreis angeschlossen werden. Werden mehrere Verbraucher angeschlossen, so sind diese durch einen *örtlichen Potenzialausgleich* untereinander zu verbinden. Der Potenzialausgleichsleiter darf nicht geerdet oder mit dem Schutzleiter oder anderen Teilen des Primärnetzes verbunden werden.

K

Schutzmaßnahmen bei indirektem Berühren (Fortsetzung)
Protective measures by indirect touch (continued)

Systemabhängige Schutzmaßnahmen	Wirkungsweise	Messschaltungen, Bedingungen

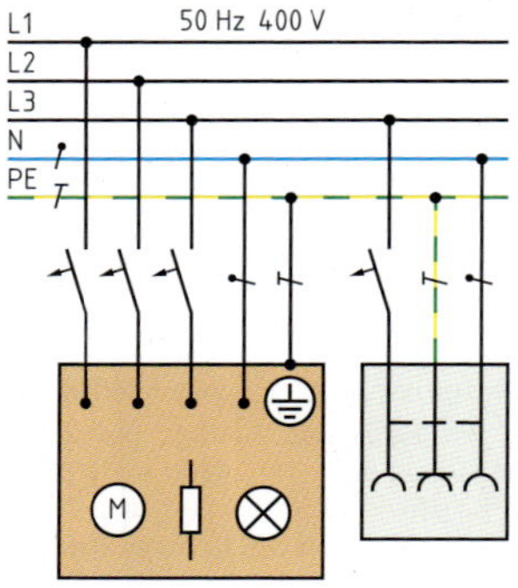

Schutz durch Abschaltung mit Überstrom-Schutzeinrichtung im TN-System

Durch Auslösen der Überstrom-Schutzeinrichtung wird vor unzulässig hoher Berührungsspannung geschützt (bei AC ≥ 50 V, bei DC ≥ 120 V).

$$Z_S \cdot I_a \leq U_0$$

$$I_k = \frac{U_0}{Z_S}$$

Abschaltzeiten für TN-Systeme:	
0,4 s	Bemessungsspannungen bis 230 V
0,2 s	Bemessungsspannungen bis 400 V
0,1 s	Bemessungsspannungen > 400 V

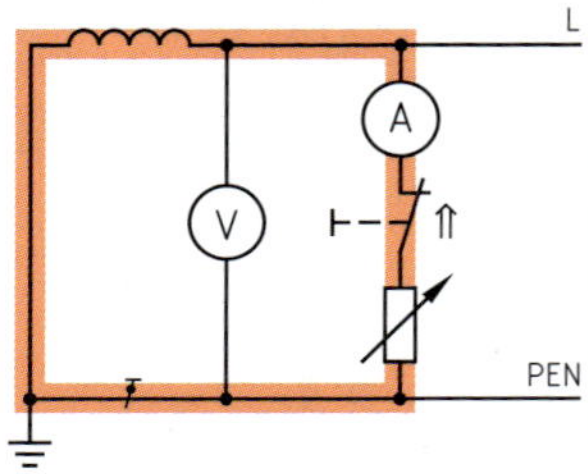

Messen der Schleifenimpedanz

$$Z_S = \frac{\Delta U}{\Delta I} \qquad Z_S = \frac{U_0 - U}{I}$$

PE-Leiter und PEN-Leiter dürfen nicht abgesichert oder allein abschaltbar sein.

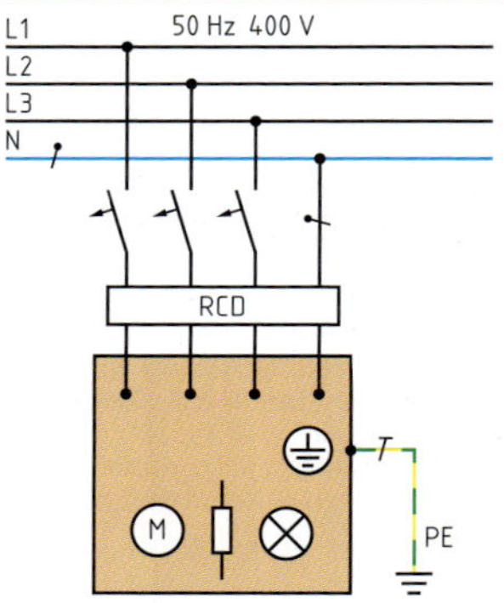

Schutz durch Abschaltung mit RCD im TT-System

Der RCD (FI-Schutzschalter) schaltet das Betriebsmittel allpolig ab, wenn ein Fehlerstrom fließt, der den Auslösestrom $I_{\Delta n}$ des RCD erreicht bzw. überschreitet.

($I_{\Delta n}$ = 10 mA bis 10 A)

$$R_A \cdot I_a \leq U_L$$

Der Abschaltstrom I_a muss die Auslösung innerhalb von 5 Sekunden bewirken, wenn die Schutzeinrichtung eine Überstrom-Schutzeinrichtung ist. Bei RCD liegt die Abschaltzeit bei 0,2 s.

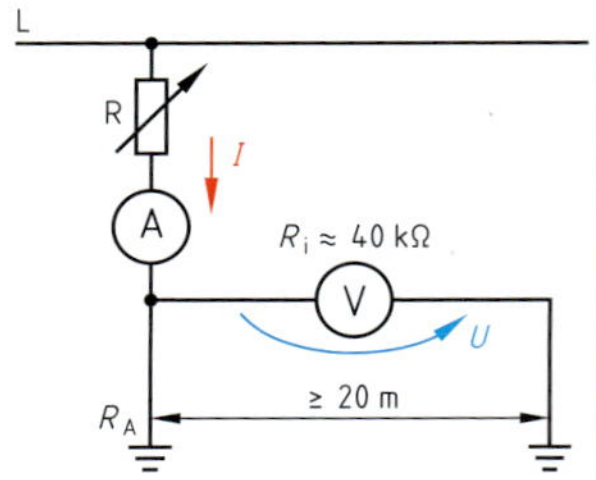

Messen des Erdungswiderstandes

$$R_A = \frac{U}{I}$$

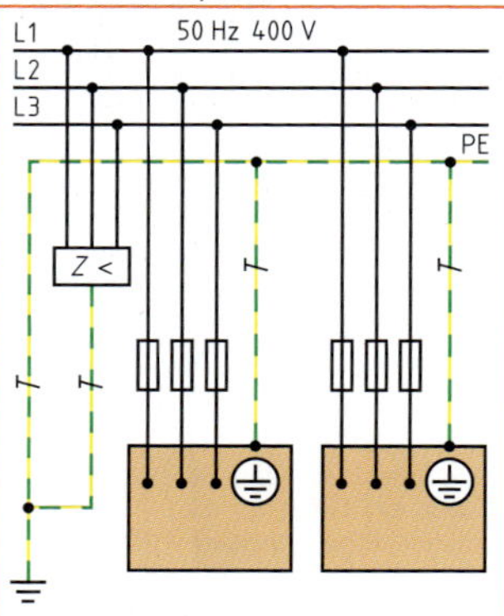

Isolationsüberwachung im IT-System

Bei Auftreten des 1. Fehlers löst die Überwachungseinrichtung ein optisches oder akustisches Signal aus.

Bei Auftreten eines 2. Fehlers schaltet die Anlage automatisch ab.

$$R_A \cdot I_d \leq U_L$$

Alle Betriebsmittel von Geräten der Schutzklasse I müssen einzeln oder gruppenweise mit dem Erder verbunden werden.

Aktive Teile des IT-Systems dürfen nicht geerdet werden.

Der Schutzleiter ist grüngelb isoliert mit den Außenleitern zu führen.

Erdungswiderstand der gesamten Anlage ≤ 20 Ω.

Mit zusätzlichem Schutzpotenzialausgleich:

$$R \leq \frac{U_L}{I_a} \qquad R \leq \frac{U_L}{I_{\Delta n}}$$

I_a Abschaltstrom, I_d Fehlerstrom beim 1. Fehler, I_k Kurzschluss-Strom, $I_{\Delta n}$ Bemessungsdifferenzstrom (Nennfehlerstrom), R Widerstand zwischen gleichzeitig berührbaren Körpern bzw. fremden leitfähigen Teilen, RCD (von Residual Current Device = Reststrom-Baugruppe), R_A Widerstand des Anlagenerders, R_i Instrumentenwiderstand, U_0 Spannung zwischen Außenleiter und PEN-Leiter bzw. PE-Leiter bei $I = 0$, U_L vereinbarte Grenze der Berührungsspannung, U Spannung bei $I > 0$, Z_S Schleifenimpedanz.

Schutzmaßnahmen bei indirektem Berühren (Fortsetzung), Geräteschutzklassen
Protective measures by indirect touch (continued), safety classes for devices

Schutzmaßnahmen	Bemerkungen	Bedingungen
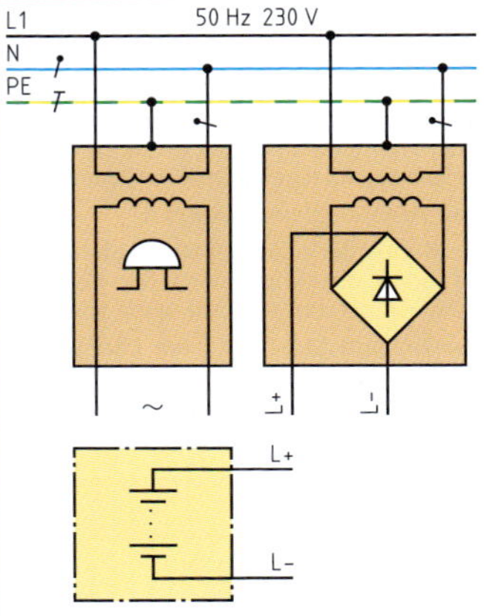 **Erzeuger für SELV**	**SELV**[1] (Schutzkleinspannung) <table><tr><td rowspan="2">Höchstzulässige Berührungs-spannung</td><td colspan="2">Spannung</td></tr><tr><td>AC</td><td>DC</td></tr><tr><td>Für Schutz gegen direktes Berühren</td><td>25 V</td><td>60 V</td></tr><tr><td>Für Schutz bei indirektem Berühren</td><td>50 V</td><td>120 V</td></tr></table>**Zulässige Stromquellen:** Sicherheitstransformatoren nach VDE 0551, Batterien **Kennzeichen:** 	**Aktive Teile auf der Kleinspannungsseite** ● nicht erden, ● nicht mit dem PE verbinden, ● nicht mit anderen Stromkreisen verbinden. **Leitungen** ● getrennt von anderen Stromkreisen verlegen, ● Isolation entsprechend der Reihenspannung 250 V. **Stecker, Steckdosen** ● ohne Schutzkontakt bzw. Schutzkontakt nicht anschließen, ● dürfen nicht in Steckdosen höherer Spannung passen. Beispiele von Geräten für SELV (Schutzklasse III): Spielzeuge, Geräte zur Körperpflege und für Tierhaltung Handleuchten für Kesselbau.
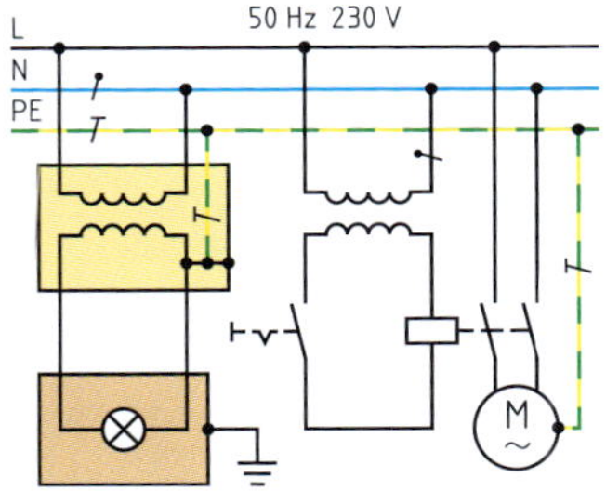 **PELV oder FELV (Beispiele)**	**PELV**[2] (Funktionskleinspannung mit sicherer Trennung) Bietet allein keinen Schutz gegen direktes Berühren. Schutz bei indirektem Berühren wie bei SELV. **FELV**[3] (Funktionskleinspannung ohne sichere Trennung) Bietet allein keinen Schutz, Betriebsspannungen wie bei SELV. Schutzmaßnahmen wie bei benachbarten Stromkreisen mit höherer Spannung	**Aktive Teile auf der Kleinspannungsseite** ● müssen isoliert sein, ● Schutzart IP2X, ● nicht mit anderen Stromkreisen verbinden. **Betriebsmittel auf der Kleinspannungsseite** ● können geerdet sein. **Stecker, Steckdosen** ● dürfen nicht in Steckdosen höherer Spannung passen.
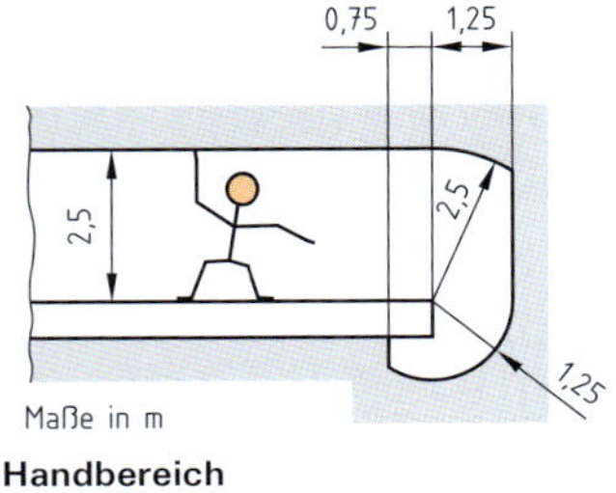 **Handbereich**	Unter Handbereich versteht man den Bereich, den Menschen ohne besondere Hilfsmittel, z. B. Leitern, von einer normalerweise üblichen Standfläche, z. B. einem Podium, mit der Hand erreichen.	Handbereich-Mindestmaße: nach oben: 2,5 m in seitlicher Richtung 1,25 m nach unten: 1,25 m nach hinten, unterhalb der Standfläche: 0,75 m In Räumen, in denen sperrige oder lange, nicht isolierte Gegenstände, z. B. Alu-Leitern, bewegt werden, sind die Mindestmaße zu vergrößern.

Geräteschutzklassen

Schutzklasse, Schutzart	Kennzeichen	Beispiel
I Schutzleiterschutz		Elektromotoren, Schaltschränke
II Schutzklasse II (Schutzisolierung)	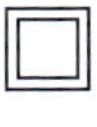	Haushaltsgeräte, Heimwerkermaschinen
III SELV (Schutzkleinspannung)		Handleuchten in Kesseln, elektrisches Spielzeug

[1] S Safety; [2] P Protective; [3] F Functional ELV Extra Low Voltage.

K

Schutzpotenzialausgleich und Erdungsanlagen für Antennen
Equipotential bonding and earthing system of antenna

Schutzpotenzialausgleich

Schutzpotenzialausgleich ist der Ausgleich von Potenzialen (Spannungen gegen einen Bezugspunkt, meist gegen Erde) oder die Beseitigung von Potenzialunterschieden durch eine elektrisch leitende Verbindung, z. B. zwischen allen leitfähigen Teilen eines Gebäudes.

In einem Gebäude mit einem geerdeten Schutzpotenzialausgleich ist der *Erder* der Antennenanlage in den Potenzialausgleich einzubeziehen.

Die Außenleiter der *Koaxialleitungen* (Schirm) sind zur Vermeidung von Spannungsunterschieden gut leitfähig untereinander und mit dem Erdungsleiter zu verbinden.

Ist eine *Blitzschutzanlage* für das Gebäude vorhanden, so müssen die Antennenträger auf kurzem Wege über einen Erdungsleiter mit der Blitzschutzanlage verbunden werden.

Erder für Antennenanlagen

Erder sind unisolierte Leiter, die im Erdreich liegen und mit ihm leitend verbunden sind.

Zulässige Erder für Antennenanlagen sind Fundamenterder, metallene Rohrnetze, deren Rohre im Erdreich liegen und leitend miteinander verbunden sind, Blitzschutzerder, Stahlskelette und eigene Erder für Antennen.

Als eigene Erder für Antennen sind geeignet

- zwei horizontale Banderder aus verzinktem Stahl von mindestens 5 m Länge, die mindestens 0,5 m tief verlegt und 1 m vom Fundament entfernt sind, oder
- Staberder aus verzinktem Stahl mit einer Länge von mindestens 2,5 m.

Der Mindestquerschnitt jedes Erders beträgt bei Stahl 90 mm².

Schutzpotenzialausgleichsleiter

Schutzpotenzialausgleich	0,5 × Querschnitt des Hauptschutzleiters (PE), mindestens 6 mm² Cu, höchstens 25 mm² Cu. Mindestens 16 mm² Al, 50 mm² Stahl.
Zusätzlicher (örtlicher) Schutzpotenzialausgleich	• Mechanisch geschützt 2,5 mm² Cu, mechanisch ungeschützt 16 mm² Cu. • Zwischen zwei Körpern: ≥ Querschnitt des kleineren PE. • Zwischen Körper und fremdem leitfähigen Teil: ≥ 0,5 × PE-Querschnitt. • Zwischen Betriebsmitteln einer Antennenanlage: 16 mm² Cu bei mechanisch ungeschützter Verlegung.

Farbkennzeichnung für isolierte Leiter: grüngelb

Beim *Schutzpotenzialausgleich* werden alle leitfähigen Teile, z. B. Schutzleiter PE, PEN-Leiter, leitfähige Rohrleitungen und leitfähige Gebäudeteile an der Haupterdungsschiene leitend verbunden.

Erdungsleiter

Werkstoff	Abmessungen oder Art
Kupfer	16 mm², blank oder isoliert, z. B. H07V-U, H07V-R, NYY, NYM.
Aluminium (nicht zur Verlegung in Erde)	25 mm², isoliert, z. B. NAYY; in Innenräumen auch blank.
Eisen	50 mm², feuerverzinkt, z. B. Rundstahl 8 mm ∅ oder Bandstahl, nicht rostend 3 mm × 30 mm.

Volldraht oder mehrdrähtig, jedoch nicht feindrähtig. Farbkennzeichnung für isolierte Leiter: grüngelb.

Weitere zulässige Erdungsleiter sind durchgehende, metallene Wasserverbrauchsleitungen, Heizungsrohrleitungen, Stahlskelette, Stahlbauten, leitfähig durchverbundene Armierungen im Beton, metallene Verkleidungen und Blenden, durchverbundene Feuerleitern und Eisentreppen. Schutzleiter PE, Neutralleiter N, PEN-Leiter und Außenleiter von Koaxialleitungen dürfen nicht als Erdungsleiter verwendet werden.

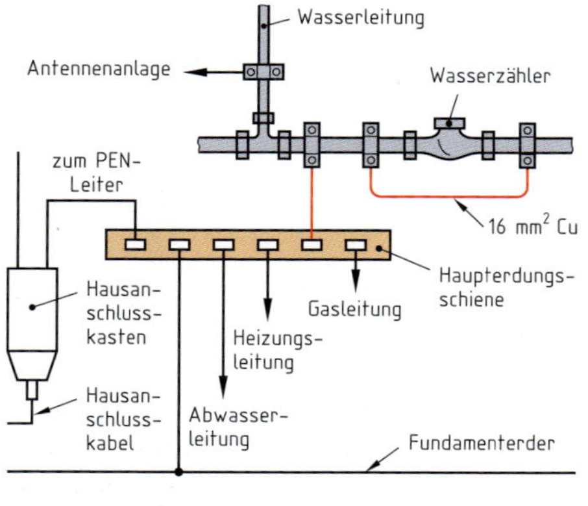

Schutzpotenzialausgleich

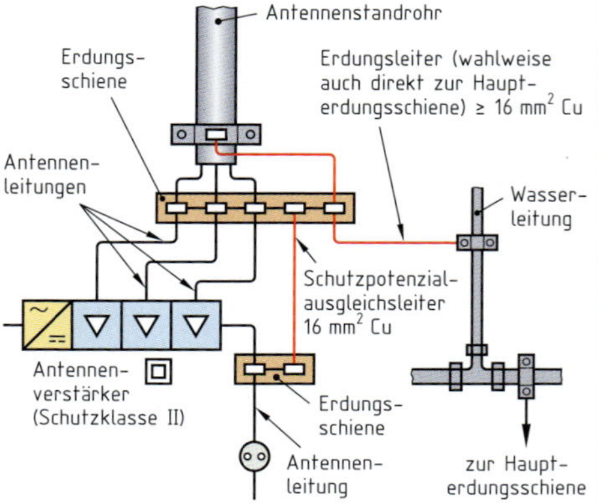

Erdungsanlage für Antennen

Auszug aus einer Technischen Anschlussbedingung (TAB)
Extract of technical supply conditions

Symmetrische Anschnittsteuerung oder symmetrische Abschnittsteuerung

Steuereinrichtungen	Maximale Anschlussleistung je Verbrauchseinheit bei		
	AC 230 V	AC 400 V	3 AC 400 V
Steller für Glühlampen	1,7 kW	3,3 kW	5,0 kW
Steller für Wirklasten, auch mit induktivem Anteil, z. B. Motoren oder Entladungslampen	3,4 kVA	6,6 kVA	10,0 kVA
Unkompensierte Entladungslampen	Nur bis 250 W je Außenleiter und Anlage		

Gleichrichtung, unsymmetrische Anschnittsteuerung

Arten der Gleichrichtung	Maximale Anschlussleistung je Verbrauchseinheit bei		
	AC 230 V	AC 400 V	3 AC 400 V
Gleichrichter mit kapazitiver Glättung, z. B. Netzteile oder Umrichter mit Gleichspannungszwischenkreis	0,3 kVA	0,6 kVA	1,0 kVA
Gesteuerte Gleichrichter mit induktiver Glättung, z. B. für Gleichstromantriebe	1,0 kVA	1,8 kVA	3,2 kVA
Einweggleichrichtung oder unsymmetrische Anschnittsteuerung	10 W	10 W	10 W

Vielperiodensteuerung

Schalthäufigkeit je Minute	Maximale Anschlussleistung je Verbrauchseinheit bei		
	AC 230 V	AC 400 V	3 AC 400 V
≥ 1000	0,4 kW	1,0 kW	2,0 kW
300 bis < 1000	0,6 kW	1,5 kW	3,2 kW
55 bis < 300	1,0 kW	2,4 kW	4,8 kW
7,5 bis < 55	1,7 kW	4,3 kW	8,7 kW
4,5 bis < 7,5	2,3 kW	5,6 kW	11,3 kW
3,5 bis < 4,5	2,5 kW	6,0 kW	12,0 kW
2,5 bis < 3,5	2,7 kW	6,6 kW	13,3 kW
1,5 bis < 2,5	2,9 kW	7,3 kW	14,7 kW
0,76 bis < 1,5	3,7 kW	9,2 kW	18,7 kW
< 0,76	4,0 kW	10,0 kW	20,0 kW

Motoren, Schweißgeräte

Arten	Maximale Leistung oder maximaler Anzugstrom		
	AC 230 V	AC 400 V	3 AC 400 V
Gelegentlich geschalteter Motor für AC oder 3 AC	$P_n = 1{,}7$ kW	–	$I_A = 60$ A
Wärmepumpenmotor dreimal pro Stunde eingeschaltet	$I_A = 24$ A	–	$I_A = 40$ A
Schweißgeräte (Schweißtransformatoren, Schweißgleichrichter)	2,0 kVA	2,0 kVA	2,0 kVA
	Größere Geräte können vom VNB genehmigt werden, wenn der $\cos\varphi \geq 0{,}7$, die Leerlaufleistung ≤ 4,5 kVA und der Neutralleiter stromlos ist.		

AC 230 V: Anschluss an einen Außenleiter und den Neutralleiter.
AC 400 V: Anschluss an zwei Außenleiter.
3AC 400 V: Anschluss an drei Außenleiter und evtl. Neutralleiter, Belastung auf die Außenleiter gleichmäßig verteilt.

I_A Anzugstrom; P_n Bemessungsleistung (Nennleistung); $\cos\varphi$ Wirkfaktor; TAB Technische Anschlussbedingungen.

Die in den TAB angegebenen Grenzwerte dürfen nur mit Genehmigung des VNB (Verteilungs-Netz-Betreiber) überschritten werden.

K

Überlastschutz, Kurzschlussschutz und Mindestquerschnitte von Leitungen
Overload, short-circuit protection and minimum cross sections of lines

Art	Erklärung	Bemerkung, Formeln
Überlastschutz		
Bedingung	Bei Überlast muss die Überstrom-Schutzeinrichtung ansprechen, bevor die Leitung unzulässig heiß wird.	$I_b \leq I_n \leq I_Z$ $I_2 \leq 1{,}45 \cdot I_Z$ $I_Z \geq 0{,}69 \cdot I_2$
Anwendung	Die Bedingungen sind erfüllt, wenn I_n der Überstrom-Schutzorgane höchstens so groß ist wie I_Z (siehe folgende Seiten).	Es müssen Überstrom-Schutzorgane nach den VDE-Bestimmungen verwendet werden.
Anordnung der Überstrom-Schutzeinrichtung	Grundsätzlich am Anfang des Stromkreises und dort, wo die Strombelastbarkeit verringert wird.	Versetzen der Überstrom-Schutzorgane zum Verbrauchsmittel hin ist zulässig, wenn der Schutz bestehen bleibt.
Wegfall der Überstrom-Schutzeinrichtung	Soll erfolgen, wenn eine Abschaltung gefährlicher ist als Überlastung, z. B. bei Hubmagneten.	Darf erfolgen, wenn eine Überlastung ausscheidet, z. B. bei Hilfsstromkreisen.
Kurzschlussschutz		
Normalfall	Schutz bei Kurzschluss erfolgt zugleich durch den Überlastschutz am Stromkreisanfang. Die Leitungen dürfen nicht zu lang sein. Bedingung: $I_{kmin} \geq I_2$	Kurzschluss einpolig/dreipolig: $I_k = \frac{U_0}{Z_S}$ $I_k \approx \frac{2 \cdot U_0}{Z_S}$
Anordnung der Überstrom-Schutzeinrichtung	Am Anfang des Stromkreises und dort, wo Belastbarkeit verringert ist und der Kurzschlussschutz nicht ausreicht.	Versetzung bis 3 m ist zulässig, wenn die Leitung vor der Schutzeinrichtung kurzschlusssicher ist.
Wegfall der Überstrom-Schutzeinrichtung	Wie beim Überlastschutz, z. B. bei Sicherheitsbeleuchtungen, Erregerstromkreisen, Stromwandler-Sekundärkreisen.	Verzicht darf erfolgen, wenn Leitung kurzschlusssicher ist und sich nicht in der Nähe von brennbaren Stoffen befindet.

Mindestquerschnitte von Leitungen

Verlegungsart	Querschnitt in mm²
Feste geschützte Verlegung	Cu 1,5, Al 2,5
Leitungen in Schaltanlagen und Verteilern	
• bis 2,5 A	Cu 0,5
• über 2,5 A bis 16 A	Cu 0,75
• über 16 A	Cu 1,0
Offene Verlegung auf Isolatoren mit Isolatorabstand bis 20 m	Cu 4,0
über 20 m bis 45 m	Cu 6,0
Fassungsadern	Cu 0,75
Starkstromfreileitungen aus	
Kupfer	10
Stahl	25
Aluminium	25
Aluminium-Stahl	25/4

Verlegungsart	Querschnitt in mm²
Bewegliche Leitungen für den Anschluss von	
• leichten Handgeräten bis 1 A, Länge der Anschlussleitung ≤ 2 m	Cu 0,1
• Geräten bis 2,5 A, Länge der Anschlussleitung ≤ 2 m	Cu 0,5
• Geräten bis 10 A	Cu 0,75
• Gerätesteckdosen und Kupplungsdosen bis $I_n = 10$ A	Cu 0,75
• Geräten über 10 A	Cu 1,0
• Mehrfachsteckdosen, Gerätesteckdosen und Kupplungsdosen bis $I_n = 10$ A	Cu 1,0
Lichtketten für Innenräume	
• zwischen Lichtkette und Stecker	Cu 0,75
• zwischen den einzelnen Lampen	Cu 0,5

I_2 Auslösestrom der Überstrom-Schutzeinrichtung
I_b Betriebsstrom
I_k Kurzschlussstrom
I_{kmin} Mindest-Kurzschlussstrom
I_n Bemessungsstrom der Überstrom-Schutzeinrichtung
I_Z Strombelastbarkeit der Leitung
U_0 Netz-Sternspannung
Z_S Schleifenimpedanz vor der Schutzeinrichtung

K

Strombelastbarkeit von Leitungen bei Umgebungstemperatur $\vartheta_u = 30\,°C$
Current ratings for cables at $\vartheta_u = 30\,°C$

Gruppe, Verlegeart	Verlegung, Wärmeabfuhr	Anzahl stromführender Leiter[1]	Belastbarkeit in A bei Betriebstemperatur 70 °C bei einem Bemessungsquerschnitt in mm² / Bemessungsstrom der Überstrom-Schutzeinrichtung in A									
			1,5	2,5	4	6	10	16	25	35	50	70
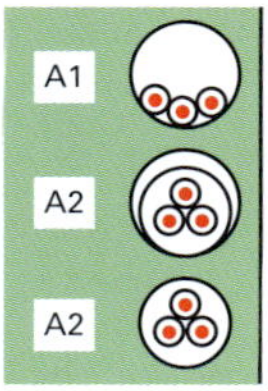	Verlegung in Wänden, Decken oder Fußböden mit wärmedämmenden Materialien. Sehr schlechte Wärmedämmung.	2	15,5	19,5	26	34	46	61	80	99	119	151
			13	16	25	32	40	50	80	80	100	125
		3	13,5	18	24	31	42	56	73	89	108	136
			13	16	20	25	40	50	63	80	100	125
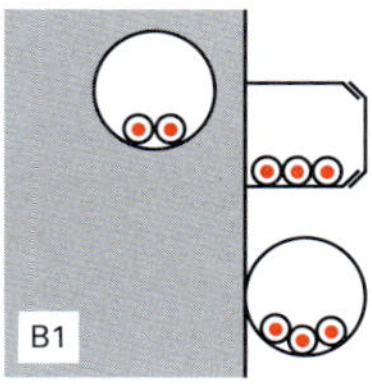	Verlegung auf oder in der Wand bzw. Decke oder unter Putz in Elektroinstallationsrohren oder Elektroinstallationskanälen. Schlechte Wärmeabfuhr.	2	17,5	24	32	41	57	76	101	125	151	192
			16	20	32	40	50	63	100	125	125	160
		3	15,5	21	28	36	50	68	89	110	134	171
			13	20	25	35	50	63	80	100	125	160
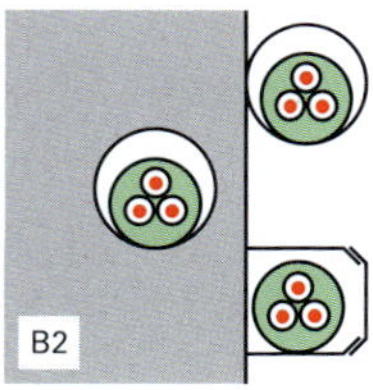	Verlegung auf der Wand bzw. Decke oder auf dem Fußboden in Elektroinstallationsrohren oder Elektroinstallationskanälen. Mäßige Wärmeabfuhr.	2	16,5	23	30	38	52	69	90	111	133	168
			16	20	25	35	50	63	80	100	125	160
		3	15	20	27	34	46	62	80	99	118	149
			13	20	25	32	40	50	80	80	100	125
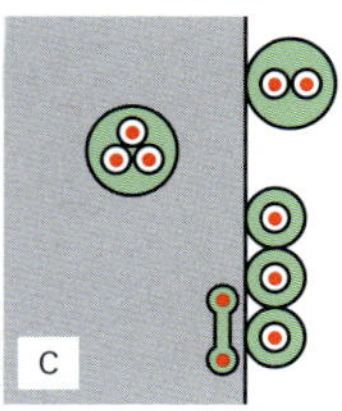	Verlegung auf Wand, Decke oder Fußboden, in oder unter Putz, auch im offenen Kanal und belüfteten geschlossenen Elektroinstallationskanal (Stegleitungen sind nur unter Putz zu verlegen). Gute Wärmeabfuhr.	2	19,5	27	36	46	63	85	112	138	168	213
			16	25	35	40	63	80	100	125	160	200
		3	17,5	24	32	41	57	76	96	119	144	184
			16	20	32	40	50	63	80	100	125	160
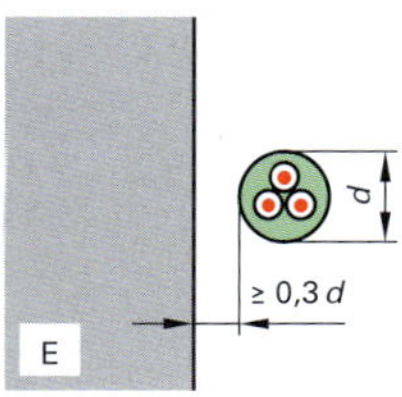	Verlegung frei in der Luft. Sehr gute Wärmeabfuhr.	2	22	30	40	51	70	94	119	148	180	232
			20	25	40	51	63	80	100	125	160	224
		3	18,5	25	34	43	60	80	101	126	153	196
			16	25	32	40	50	80	100	125	125	160

 Aderleitung   Mantelleitungen  Stegleitung  Elektroinstallationsrohr  Elektroinstallationskanal

[1] Kabel- und Leitungsbauart mit PVC-Isolierung, zulässige Betriebstemperatur 70 °C,
z. B. für Verlegungsarten A, B 1, B 2 und C: NYM, NYBUY, NHYRUZY, NYIF, H07V-U, H07V-R, H07V-K, NYIFY
für Verlegungsart E: NYM, NYMZ, NYMT, NYBUY, NYKY, NYY, NYCWY, NHYRUZY

K

Geräteschutzsicherungen Equipment and instrument fuses

Darstellungen	Erklärungen

verwechselbar
Größe: 5 mm × 20 mm

unverwechselbar
Größen: 5 mm × 30 mm
5 mm × 25 mm
5 mm × 20 mm

Sicherungseinsatz

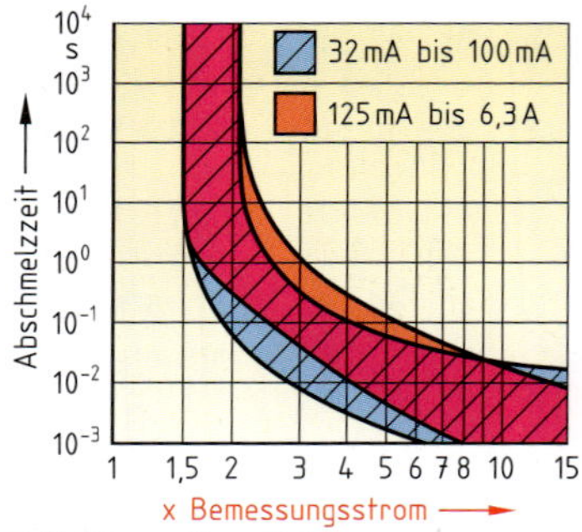

Zeit-Strom-Kennlinie (G-Sicherung flink)

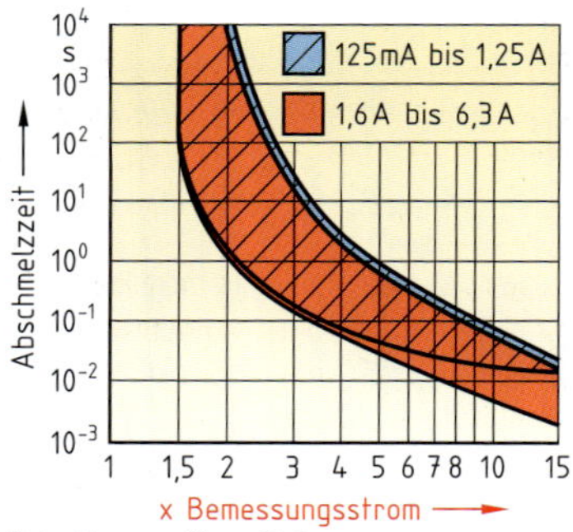

Zeit-Strom-Kennlinie (G-Sicherung mittelträge)

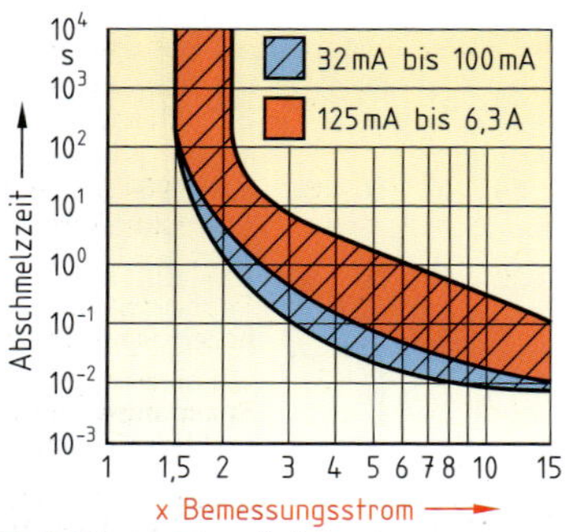

Zeit-Strom-Kennlinie (G-Sicherung träge)

Die Geräteschutzsicherung (G-Sicherung) besteht aus dem Sicherungseinsatz **(Bild)**, dem Sicherungseinsatzträger und dem Sicherungssockel. Die Sicherungseinsätze werden mit Glasrohr, Glasrohr mit Sandfüllung und Keramikrohr gebaut.

Auswahlkriterien

Bemessungsspannung: Sie muss gleich wie oder größer als die Betriebsspannung des zu schützenden Gerätes sein.

Bemessungsstrom: Er soll etwa dem Betriebsstrom des zu schützenden Gerätes entsprechen. Bei Einschaltstromstößen sind Sicherungseinsätze mit entsprechender Abschaltcharakteristik **(Tabelle)** zu verwenden.

Bemessungsstrombereich:

in mA: 32, 40, 50, 63, 80, 100, 125, 160, 200, 250, 315, 400, 500, 630, 800

in A: 1, 1,25, 1,6, 2, 2,5, 3,15, 4, 5, 6,3, ..., 20

Schaltvermögen:

Bemessungsspannung	Kennbuchstaben				
	B	C	D	E	G
DC 250 V	12,5 A	20 A	75 A	250 A	750 A
AC 250 V	50 A	80 A	300 A	1 000 A	1 500 A

Der Kurzschlussstrom, den der Sicherungseinsatz bei seiner Bemessungsspannung unterbrechen soll, darf nicht höher sein als der Strom, der dem Schaltvermögen des Sicherungseinsatzes entspricht. Der Sicherungseinsatz darf dabei nicht zerstört werden, und es darf kein Lichtbogen stehen bleiben. Das Schaltvermögen hängt von der Bauart des Sicherungseinsatzes ab.

Abschaltcharakteristik und Anwendung:

Superflink (FF)	Nicht genormt. Kurzschlussschutz für Halbleiterbauelemente (Thyristoren, Dioden, Triac).
Flink (F)	Schutz von Geräten gegen hohe Überströme und Kurzschlussströme. Einschaltstromstöße und Stromstöße im Betrieb dürfen nicht auftreten.
Mittelträge (M)	Werden vorzugsweise bei kleinen Betriebsspannungen eingesetzt, wenn keine großen Einschaltstromstöße auftreten.
Träge (T)	Finden Verwendung, wenn hohe und nur langsam abklingende Einschaltströme auftreten (Einschalten von Transformatoren).
Superträge (TT)	Nicht genormt. Zeigen bei hoher Überlast noch größere Trägheit als Sicherungseinsätze mit T-Charakteristik.

Die Zeit-Strom-Kennlinien sind für flinke, mittelträge und träge Sicherungseinsätze durch die Abschmelzzeiten beim 1,5-, 2,1-, 2,75-, 4- und 10fachen Bemessungsstrom festgelegt **(Bild)**. Die Auslösung wird innerhalb der Schmelzbänder gewährleistet.

Bezeichnung des G-Sicherungseinsatzes (Beispiel):

M 0,63/250 C

- C – Schaltvermögen: C
- 250 – Bemessungsspannung: 250 V
- 0,63 – Bemessungsstromstärke: 0,63 A
- M – Abschaltcharakteristik: mittelträge

Ansicht	Auslösekennlinien	Daten, Bemerkungen

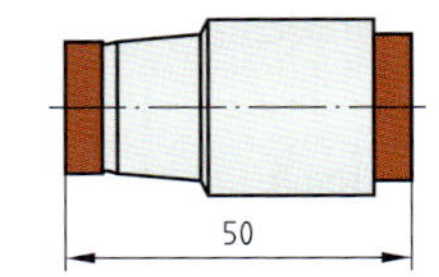

Bemessungsspannung:
AC 660 V, DC 500 V

DIAZED (D-System)-Schmelzeinsatz

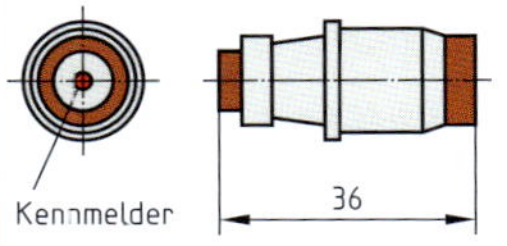

Bemessungsspannung:
AC 400 V, DC 250 V

NEOZED (DO-System)-Schmelzeinsatz

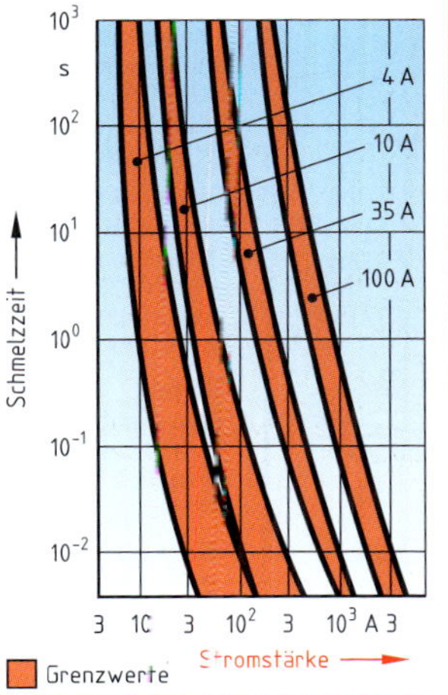

Bemessungsstrom in A	Farbe des Kennmelders	Größe Schmelzeinsatz System D	Größe Schmelzeinsatz System DO	Bemessungsverlustleistung in W beim D-System
2	Rosa	D II und ND	D 01	3,3
4	Braun			2,3
6	Grün			2,3
10	Rot			2,6
16	Grau			2,8
20	Blau		D 02	3,3
25	Gelb			3,9
35	Schwarz	D III		5,2
50	Weiß			6,5
63	Kupfer			7,1

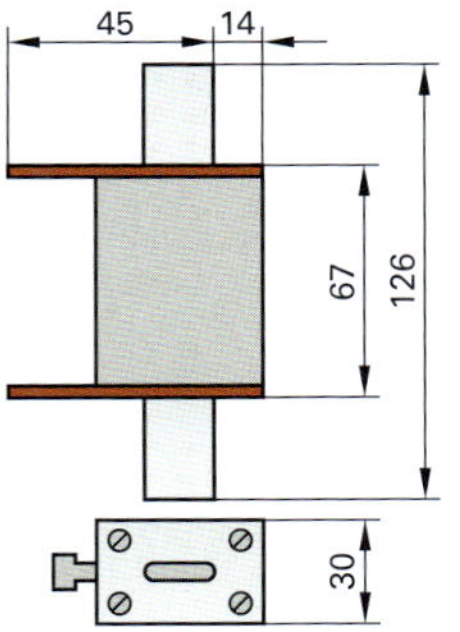

NH (Niederspannung-Hochleistung)-Schmelzeinsatz Baugröße 0

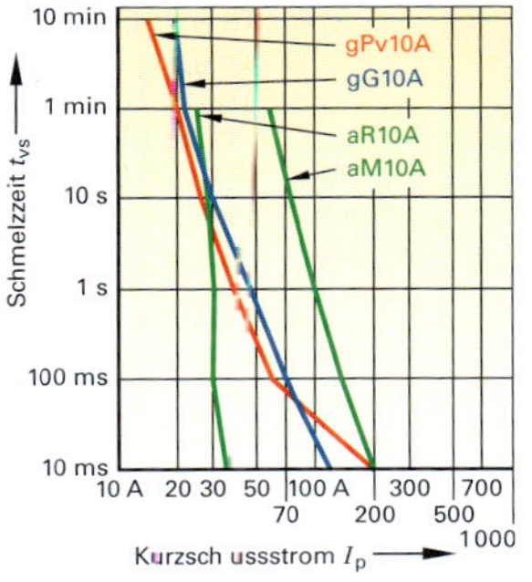

Mittlere Zeit-/Strom-Kennlinien bei verschiedenen Betriebsklassen

Funktionsklasse	Betriebsklasse	Einsatzgebiet
g Ganzbereichssicherung Überstromschutz Kurzschlussschutz	gL	Leitungsschutz (vor 01.06.2008)
	gG	Leitungs- und Geräteschutz (Ersatz für gL seit 1988)
	gB	Bergbauanlagen
	gTr	Transformatoren
	gPv	Photovoltaik-Anlagen
a Teilbereichssicherung nur Kurzschlussschutz	aM	Schaltgeräte
	aR	Halbleiter

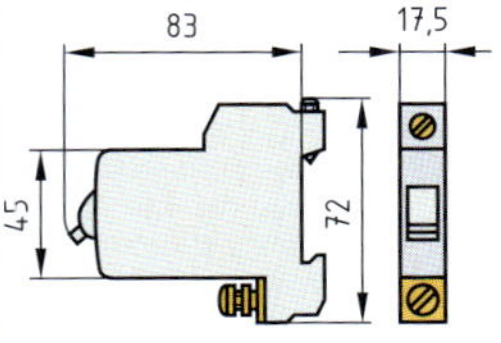

Leitungsschutzschalter

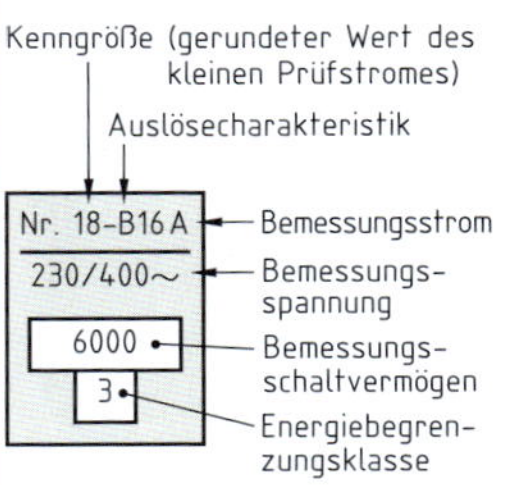

Typschild beim LS-Schalter

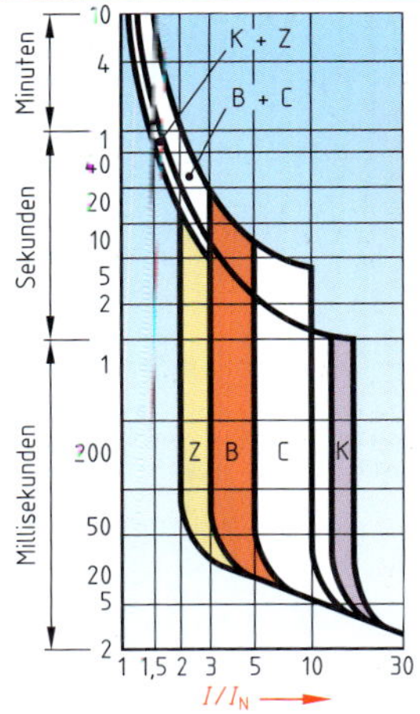

Bemessungsströme in A von LS-Schaltern:
2, 4, 6, 10, 13, 16, 20, 25, 32, 40, 50, 63

Auslösecharakteristik	Auslösung bei $I = n \cdot I_N$	Anwendung
B	3– 5	Hausinstallation
C	5–10	Hausinstallation Beleuchtungsstromkreise
D	10–20	Trafo, Scheinwerfer Motorstromkreise
G	6–10	″
K	8–12	Stromkreise mit hohen Stromspitzen
Z	2– 3	Stromkreise mit Spannungswandlern Halbleiterschutz

LS-Schalter Typ G und Z lösen im Überlastbereich früher aus (1,2 ... 1,35 I_N) als Typ B, C, D (1,45 I_N)

K

Fehlerschutz mit RCD und RCM, Isolationsüberwachung
Fault protection with RCD and RMC, Insulation monitoring

<table>
<tr><th>Art</th><th>Baugruppe, Schaltung</th><th>Daten, Bemerkungen</th></tr>
<tr><td>Fehlerstrom-Schutzeinrichtung,

Allstrom-sensitiv

RCD (Residual Current Device)</td><td>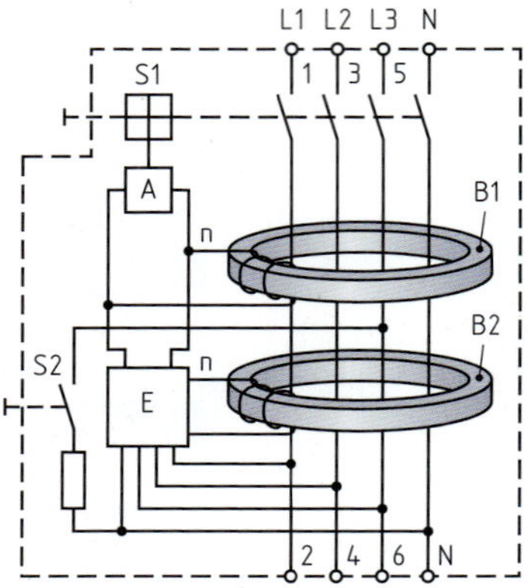
</td><td>

Anwendung

Bei einem Isolationsfehler entsteht über den Schutzleiter PE ein Fehlerstrom. RCDs gibt es für Bemessungsdifferenzströme $I_{\Delta N} = 10\,\text{mA}$, 30 mA, 0,1 A, 0,3 A und 0,5 A.

Wirkungsweise

Ist die Summe der Ströme in L1, L2, L3, N nicht Null, entsteht im Ringkern B1 ein Magnetfeld **(Bild)**, der RCD löst aus. Bei Erreichen des Bemessungsfehlerstroms wird abgeschaltet. Glatte Gleichfehlerströme werden über B2 zur Abschaltung erfasst.

Arten

Typ A schaltet bei AC-Fehlerströmen und pulsierenden DC-Fehlerströmen AC-Anlagen ab.
Typ B schaltet wie Typ A und bei glatten Gleichfehlerströmen ab.

Betrieb und Prüfung

- Wiederinbetriebnahme über das Schaltschloss S1.
- Test mit der Prüftaste S2.

</td></tr>
<tr><td>Differenz-strom-Über-wachungs-einrichtung

RCM (Residual Current Monitor)</td><td>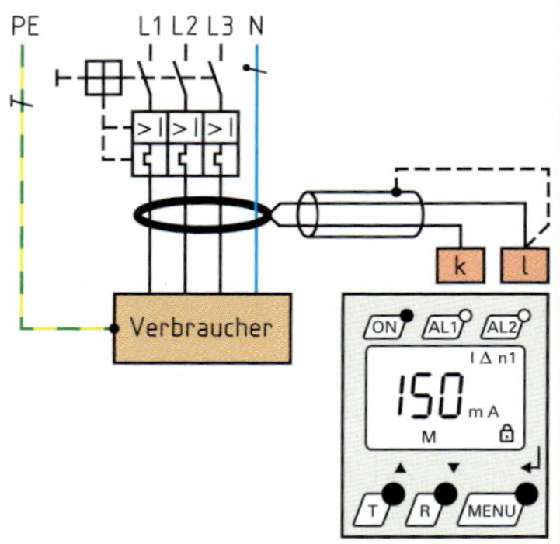
</td><td>

Anwendung

- Versorgungsnetze für Anlagen der IT-Technik,
- medizinisch genutzte Anlagen.

Aufbau

RCM bestehen aus Summenstromwandlern für jeden zu überwachenden Stromkreis und einer Auswerteeinheit **(Bild)**.

Wirkungsweise

Wie RCD, der Fehler wird jedoch nur angezeigt.

Arten

Typ A und **Typ B** entsprechend RCD-Typen.

Vorteile

- Abnahme der Isolationsfestigkeit rechtzeitig erkennbar,
- Instandsetzung planbar,
- keine nicht gewollte Abschaltung.

</td></tr>
<tr><td>Isolations-Über-wachungs-einrichtung</td><td>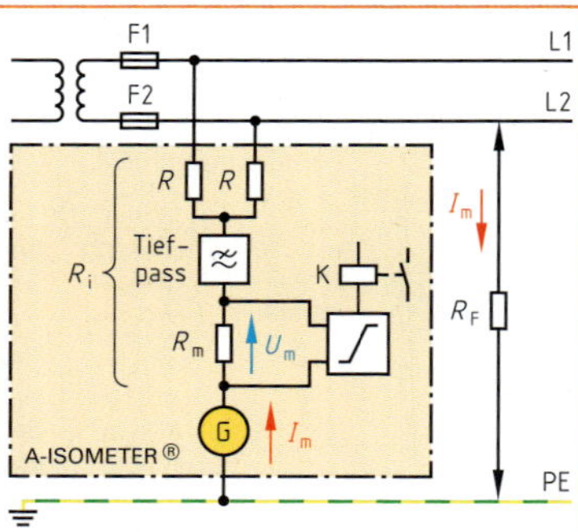
</td><td>

Anwendung

Überwachung von Isolationswiderständen von IT-Systemen in ungeerdeten AC-/DC-Stromkreisen zwischen 1 kΩ und 10 MΩ.

Wirkungsweise

Das Gerät vergleicht den Isolationswiderstand des Netzes mit zwei voreinstellbaren Werten.
Der erste Wert erzeugt z. B. bei Unterschreitung von 100 kΩ ein erstes Signal („Vorwarnung").
Der zweite Wert erzeugt z. B. bei Unterschreitung von 10 kΩ ein zweites Signal („Hauptmeldung"). Das zweite Signal bewirkt meist eine Netzabschaltung.

Prüfung

- Test mit der Prüftaste S1.

</td></tr>
</table>

RCD

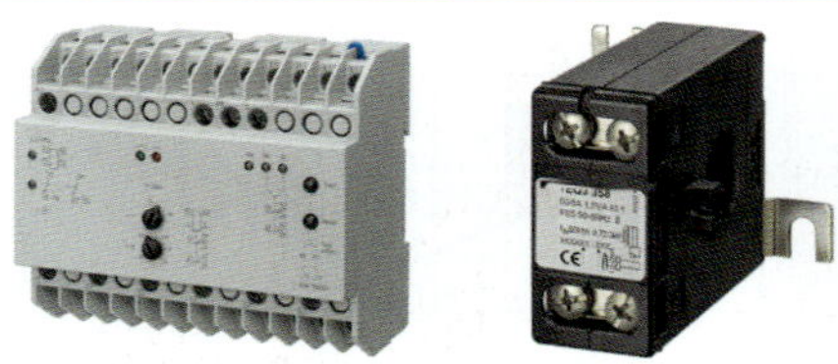

RCM mit Stromwandler

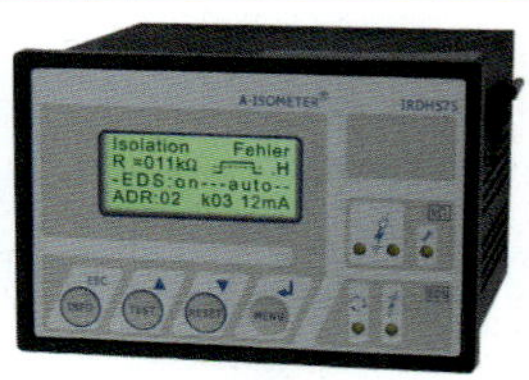

Isolationsmessgerät

K

Bauelemente für den Überspannungsschutz
Components for overvoltage protection

<table>
<tr><th>Art</th><th>Schaltung, Ansicht</th><th>Spannungsverläufe, Kennlinie</th><th colspan="2">Bemerkungen</th></tr>
<tr><td colspan="5">Bauelemente gegen Schaltüberspannungen</td></tr>
<tr><td>RC-Element</td><td>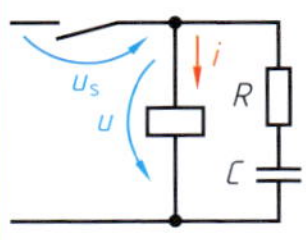</td><td>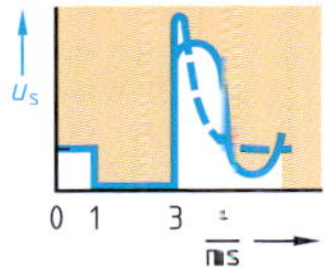</td><td>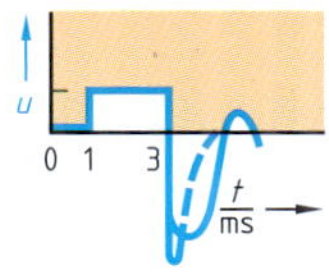</td><td>Die beim Schalten entstehende Überspannung lädt den Kondensator auf, der sich über R und die Spule entlädt. Anwendung insbesondere bei AC.</td></tr>
<tr><td>Freilaufdiode</td><td>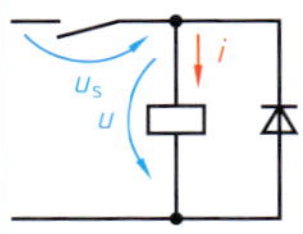</td><td>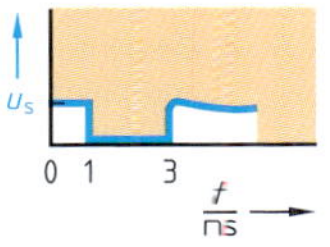</td><td>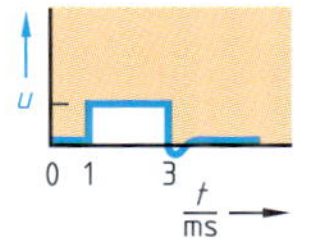</td><td>Der beim Schalten von Induktivitäten weiterfließende Strom bewirkt eine Spannung. Anwendung nur bei DC.</td></tr>
<tr><td>BOD (Durchbruchdiode)</td><td></td><td>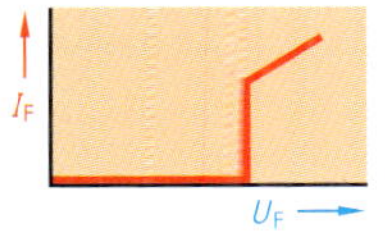</td><td colspan="2">Die BOD ist ein Thyristor ohne Gate.
<table>
<tr><th>Typ</th><th>U_{BO} in V</th><th>I_D in µA</th><th>I_F in A</th></tr>
<tr><td>BOD 04</td><td>400</td><td>1</td><td>0,3</td></tr>
<tr><td>BOD 10</td><td>1000</td><td>1</td><td>0,3</td></tr>
<tr><td>BOD 25</td><td>2500</td><td>80</td><td>0,3</td></tr>
<tr><td>BOD 42</td><td>4200</td><td>80</td><td>0,3</td></tr>
</table></td></tr>
<tr><td colspan="5">Bauelemente gegen Schaltüberspannungen und Netzüberspannungen</td></tr>
<tr><td>Suppressordiode
Silicium-Überspannungsableiter</td><td>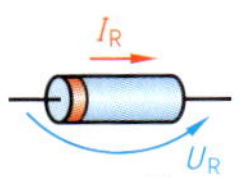
gepolt
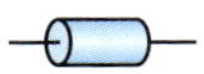
ungepolt</td><td>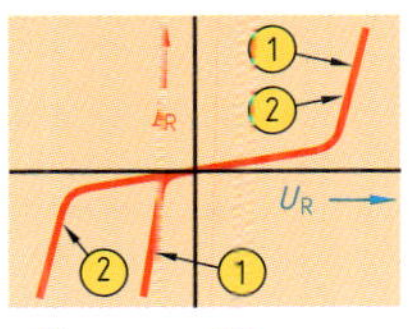
(1) gepolt (2) ungepolt</td><td colspan="2">Die Suppressordiode (lat. suppressor = Unterdrücker) verhält sich wie eine Z-Diode, kann aber mit einem höheren Strom belastet werden (je nach Typ bis 100 A).
Die ungepolte Suppressordiode besteht im Prinzip aus zwei gegeneinander geschalteten gepolten Suppressordioden.
Ansprechspannungen bis 3 kV. Der Silicium-Überspannungsbegrenzer hat einen PNP-Aufbau.</td></tr>
<tr><td>Varistor</td><td colspan="2">siehe Seite „Abhängige Widerstände (PTC, NTC, VDR, LDR)"</td><td colspan="2">Varistoren sind robust, werden aber nicht so schnell leitend wie Gasableiter, BOD oder Suppressordioden.</td></tr>
<tr><td colspan="5">Bauelemente gegen Netzüberspannungen</td></tr>
<tr><td>Gasableiter</td><td>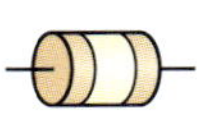</td><td>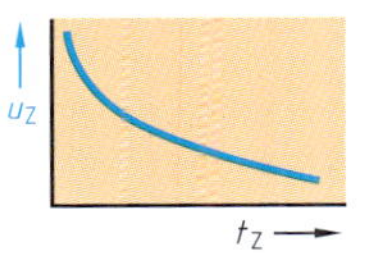</td><td>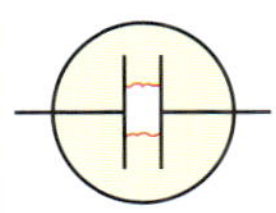</td><td>Zwei Plattenelektroden sind in einem mit Edelgas gefüllten Keramikrohr oder Glasrohr. Bei genügend hoher Spannung erfolgt Zündung. Ansprechspannung von 70 V bis einige hundert V. Meist Selbstlöschung.</td></tr>
<tr><td>Gleitableiter</td><td>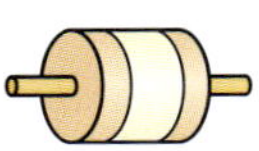</td><td>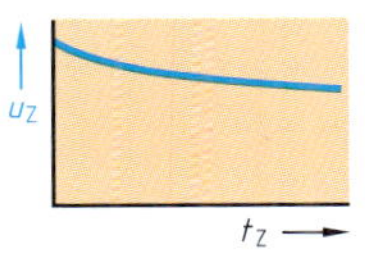</td><td>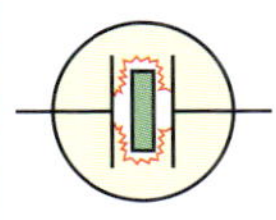</td><td>Aufbau ähnlich wie beim Gasableiter, jedoch fester Isolierstoff zwischen den Elektroden. Dadurch rotiert der Lichtbogen des Folgestroms, sodass Selbstlöschung eintritt. Ansprechspannung bei 2 kV.</td></tr>
</table>

BOD	von Break-Over-Diode = Durchbruchdiode
I, i	Stromstärke
I_D	Blockierstrom (Strom in Vorwärtsrichtung ohne Zündung)
I_F	Vorwärtsstrom
I_R	Rückwärtsstrom
t_Z	Zündimpulsdauer
U, u	Spannung
U_{BO}	Kippspannung (Spannung, bei der die BOD leitend wird)
U_F	Vorwärtsspannung
U_R	Rückwärtsspannung
u_S	Schalterspannung
u_Z	Zündspannung

K

Schaltungen für den Überspannungsschutz Circuits for overvoltage protection

Art	Schaltung	Erklärungen, Daten
Netz-Überspannungs-Schutz	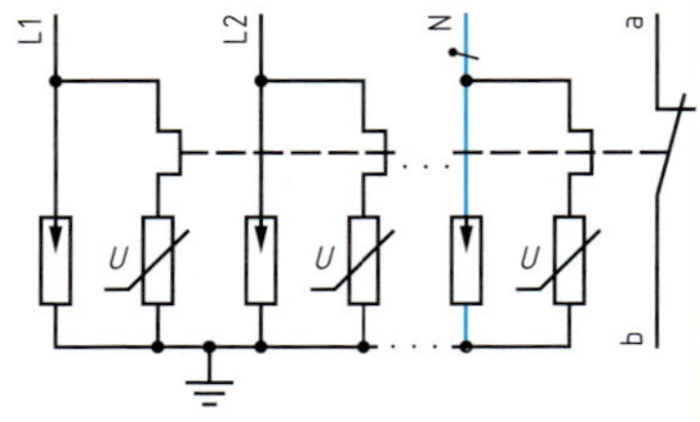	Der vierpolige Ableiter enthält Gleitableiter und Zinkoxid-Varistoren sowie eine Überwachungs-Trennvorrichtung. Er wird in der Nähe der Potenzialausgleichsschiene installiert. Bei Ferneinschlägen arbeiten die Varistoren, bei direktem Einschlag zusätzlich die Gleitableiter. Im Schadensfall trennt die Trennvorrichtung die Varistoren ab und öffnet zur Signalgabe einen Öffner. **Schutzpegel** 2 kV, Ansprechzeit 25 ns **Bemessungsspannung** 280 V 50 Hz **Prüfstrom** 100 kA
Steckbare Schutzkaskade	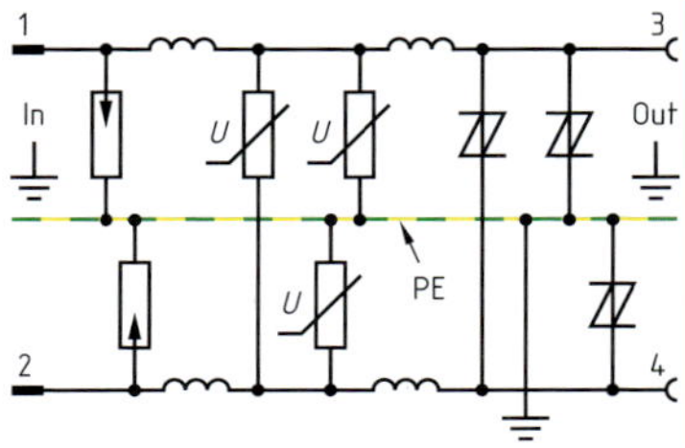	**Bestandteile:** Basiselement mit Schutzleiterfuß und steckbarer Teil **Bauelemente:** Gasableiter, Varistoren, Suppressordioden, Induktivitäten **Erdung:** Über die Tragschiene des Basiselements Je nach Anforderung können die steckbaren Teile auch weniger Bauelemente enthalten **Bemessungsspannungen** 5 V, 12 V, 24 V … 220 V DC **Spannungsbegrenzung** etwa 1,8 U_n Auch in Form von Leiterplatten mit bis 8 Kanälen.
Feinschutz-Reihenklemmen und Grobschutz-Reihenklemmen	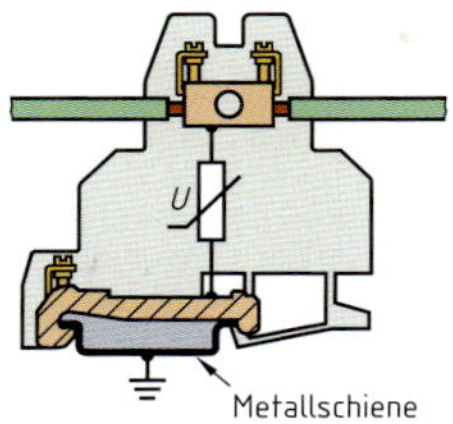	**Bauelemente:** Suppressordiode, Varistor oder Gasableiter. **Bemessungsspannungen** DC 5 V, 12 V, 24 V bis 220 V **Bemessungsspannung** AC 12 V, 24 V, 48 V bis 230 V **Spannungsbegrenzung** etwa 2 U_n Bei Trennklemmen ist die zu schützende Anlage am Klemmenausgang anzuschließen, damit auch bei offener Trennstrecke der Schutz erhalten bleibt. **Stoßstrom** je nach Bemessungsspannung 5 A bis 15 kA
Überspannungsschutz für Koaxialleitungen	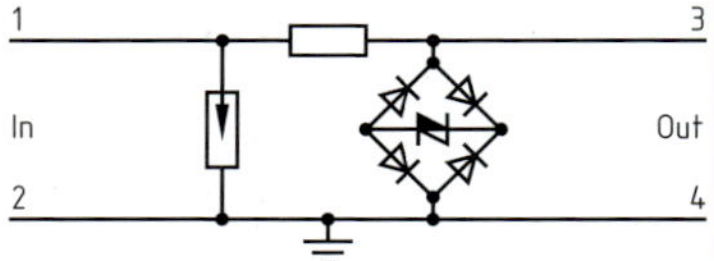	**Form:** Zylindrisches Metallgehäuse **Bemessungsspannungen** DC 5 V, DC 24 V **Ansprechzeit** 500 ns **Ableitstoßstrom** 10 kA **Max. Ausgangsspannung bei einer Anstiegsgeschwindigkeit** 1 kV/µs z. B. 8 V bzw. 40 V
Überspannungsschutz nach dem SEP-Prinzip	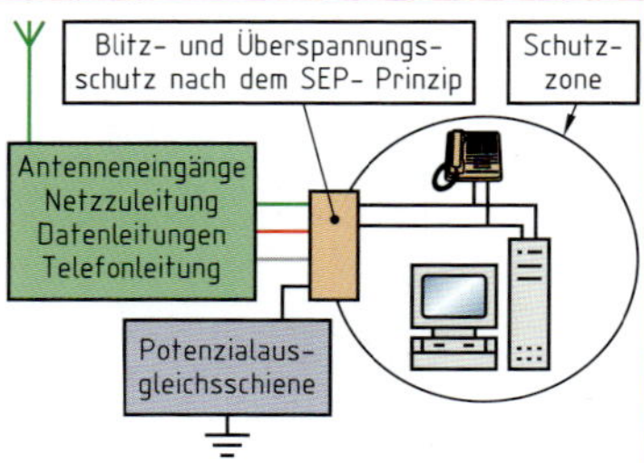	Vom Single Entry Point (SEP) werden alle ein- und austretenden Kupferleitungen aus einer Zone zusammengeführt. An diesem Punkt werden alle Kupferleitungen über gleichwertige Überspannungsschutzmaßnahmen geschaltet und von dort zu den Geräten der Schutzzone geführt. Die Überspannungsschutzmodule müssen in ihren technischen Parametern, z. B. Ableitstromtragfähigkeit, Ansprechverhalten, Restspannung, aufeinander abgestimmt sein. Dabei bildet der SEP den Potenzialausgleich für den Überspannungsschutz.
 **Gasableiter**  **Suppressordiode, ungepolt**	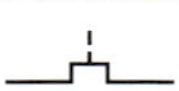 **Überwachungs-Trennvorrichtung**  **Suppressordiode, gepolt** 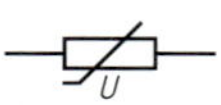 **Varistor**	Die verwendeten Schaltzeichen sind meist nicht genormt. In Anschluss des Netzes Out Anschluss des zu schützenden Anlageteils U_n Bemessungsspannung

K

Schutzarten elektrischer Betriebsmittel Protection classes for electrical equipment

Aufbau der Kennzeichnung für die Schutzart IP

Kennzeichen	Bedeutung	Bemerkungen
Kennbuchstaben IP	Schutz gegen Berühren und gegen Eindringen von Fremdkörpern und Wasser.	IP von International Protection = internationale Schutzart.
Erste Kennziffer 0 bis 6	Schutzgrade gegen Berühren und Eindringen von Fremdkörpern, z. B. Schmutz.	Bei einem großen Teil der Betriebsmittel kommen nicht alle Kennziffern für die Schutzart IP vor. Wenn nur eine einzige Kennziffer der Schutzart gebraucht wird, z. B. bei Beschreibungen, so wird die andere Kennziffer durch X ersetzt.
Zweite Kennziffer 0 bis 8	Schutzgrade gegen Eindringen von Wasser.	

Bedeutung der Kennziffern nach IP

Schutzart	Bedeutung	Bemerkungen
Berührungsschutz und Fremdkörperschutz		
IP 0X	Kein Berührungsschutz, kein Fremdkörperschutz	–
IP 1X	Schutz gegen Fremdkörper mit 50 mm ∅	„Handrückenschutz"
IP 2X	Schutz gegen Fremdkörper mit 12,5 mm ∅	„Fingerschutz"
IP 3X	Schutz gegen Fremdkörper mit 2,5 mm ∅	„Werkzeugschutz"
IP 4X	Schutz gegen Fremdkörper mit 1 mm ∅	„Drahtschutz"
IP 5X	Schutz gegen schädliche Staubablagerung im Inneren	„staubgeschützt"
IP 6X	Schutz gegen Eindringen von Staub	„staubdicht"
Wasserschutz		
IP X0	Kein Wasserschutz	
IP X1	Schutz gegen senkrecht fallendes Tropfwasser	„tropfwassergeschützt"
IP X2	Schutz gegen schräg fallendes Tropfwasser (15° gegen die Senkrechte)	fast „regengeschützt"
IP X3	Schutz gegen Sprühwasser (60° gegen die Senkrechte)	„sprühwassergeschützt"
IP X4	Schutz gegen Spritzwasser	„spritzwassergeschützt"
IP X5	Schutz gegen Strahlwasser, z. B. aus einer Düse kommend	„strahlwassergeschützt"
IP X6	Schutz bei Überflutung	fast „wasserdicht"
IP X7	Schutz beim Eintauchen	„wasserdicht"
IP X8	Schutz beim Untertauchen	„druckwasserdicht"

Beim selben Betriebsmittel können einzelne Teile von der übrigen Schutzart abweichen. Die Angabe ist dann z. B. Gehäuse IP 32 – Anschlüsse IP 11. Bei Bedarf geben *zusätzliche* Buchstaben (A, B, C, D) Schutz gegen Berühren (mit Handrücken, Finger, Werkzeug, Draht) an und *ergänzende* Buchstaben (H, M, S, W) weitere Informationen, z. B. Hochspannungsgerät.

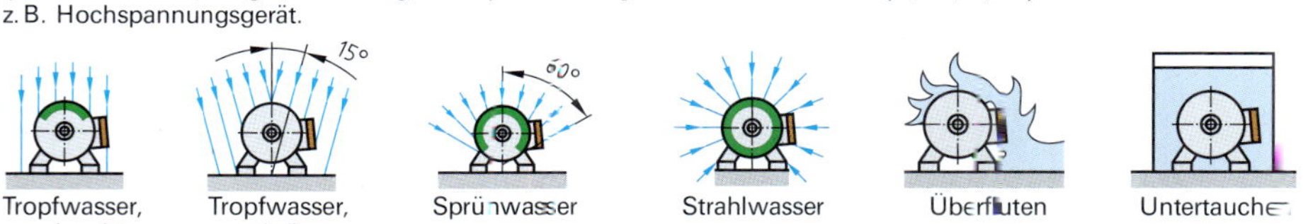

Tropfwasser, senkrecht | Tropfwasser, schräg | Sprühwasser | Strahlwasser | Überfluten | Untertauchen

Bildzeichen für die Schutzarten

Tropfwasser-geschützt | Sprühwasser-geschützt | Spritzwasser-geschützt | Strahlwasser-geschützt | Wasserdicht | Druckwasser-dicht | Staub-geschützt | Staub-dicht

Allgemeine Kennzeichnung für Schlagwetterschutz oder Explosionsschutz

Nach der allgemeinen Kennzeichnung wird bei Schlagwetterschutz EExI und bei Explosionsschutz EExII gesetzt. Daran wird die besondere Schutzart durch einen Kleinbuchstaben angehängt. Dabei bedeuten:

d	druckfeste Kapselung	e	erhöhte Sicherheit
q	Sandkapselung	i_a, i_b	Eigensicherheit
o	Ölkapselung	p	Überdruckkapselung

K

Prüfen elektrischer Geräte 1 Testing of electrical equipments 1

Vorschriften

DIN VDE 0701-0702	BGV A3
Die Norm enthält die Vorschriften zur Geräteprüfung ● nach Instandsetzung eines Gerätes ● nach Änderung eines Gerätes. ● Bei einer von der Berufsgenossenschaft vorgeschriebenen Wiederholungsprüfung. Damit wird die elektrische Sicherheit von elektrischen Geräten bis 1000 V~/1500 V= überprüft.	Diese Unfallverhütungsvorschrift der Berufsgenossenschaft schreibt die Zeitabstände fest, in denen ortsveränderliche Betriebsmittel, Verlängerungsleitungen, Geräteanschlussleitungen und Steckverbindungen geprüft werden müssen.

Zu prüfende Gerätearten	Vorzunehmende Prüfungen
Laborgeräte, Mess-, Steuer- und Regelgeräte, Geräte zur Spannungserzeugung, Elektrowerkzeuge, Elektrowärmegeräte, Leuchten, Elektromotorgeräte, Geräte der Unterhaltungstechnik, Geräte der Informationstechnik, Geräte der Kommunikationstechnik, Verlängerungsleitungen, Geräteanschlussleitungen.	Sichtprüfung, Messung des Schutzleiterwiderstandes, Messung des Isolationswiderstandes, Messung des Schutzleiterstromes, Messung des Berührungsstromes, Funktionsprüfung, Dokumentation der Prüfung.

Prüffristen nach BGV A3

Frist	gültig für
3 Monate	Baustellen
6 Monate	Richtwert
mindestens 1 Jahr	bei geringer Fehlerhäufigkeit in Betriebsstätten
mindestens 2 Jahre	Büros, Schulräume

Prüfgerät SECUTEST SII für DIN VDE 0701-0702 und 0751

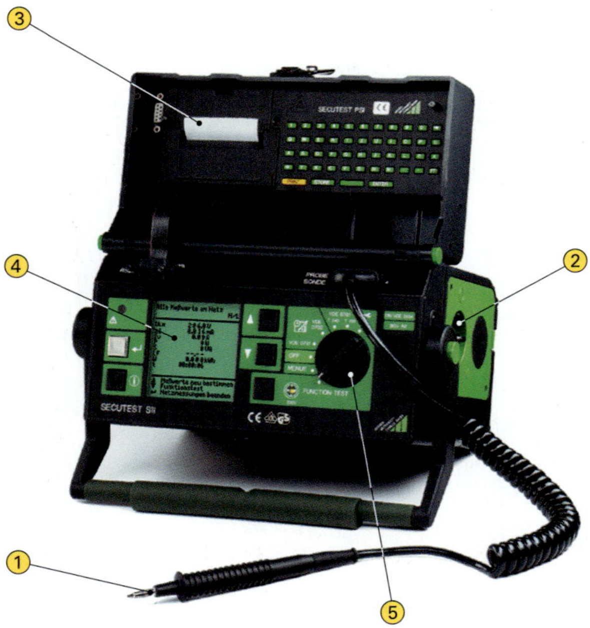

① Sonde mit Prüfspitze
② Prüfdose
③ Druckermodul
④ LCD-Anzeigeeinheit
⑤ Funktionsschalter

Das Prüfen nach der Instandsetzung und/oder Änderung elektrischer Geräte ist durch eine Elektrofachkraft vorzunehmen, Wiederholungsprüfungen können auch von elektrotechnisch unterwiesenen Personen unter Leitung und Aufsicht einer Elektrofachkraft durchgeführt werden.
Mit Universalprüfgeräten sind alle notwendigen Messungen durchzuführen.
Optional erstellen einige Geräte eine Bewertung der Prüfergebnisse. Weiterhin lassen sich auch gerätespezifische Prüfabläufe und Protokolle speichern.

Auszüge aus Original-Prüfprotokoll:

Allgemeines Setup

➤ speichern
Grenzwerte . . .
Modem . . .
Prüfablauf . . .
Protokolle . . .
Service . . .

▲▼ auswählen
↵ ändern

Alle Messwerte am Netz N/L

U_{LN}	206.0 V
ΔI	0.016 mA
I_V	0.00 A
P	0 W
S	0 VA
LF	--.--
W	0.000 kWh
t	00:00:06

K

Prüfen elektrischer Geräte (Fortsetzung)
Testing of electrical equipments (continued)

Art der Prüfung und Grenzwerte	Erklärung	Messschaltung

Messen des Schutzleiterwiderstandes

Prüfen ob eine Parallelverbindung besteht!

Länge der Anschlussleitung	Maximalwert
bis 5 m	0,3 Ω
je weitere 7,5 m	0,1 Ω
maximal	1,0 Ω

Der Schutzleiterwiderstand wird zwischen den Schutzkontakten bzw. dem Schutzleiteranschluss und jedem berührbaren leitfähigen Teil des Gerätegehäuses gemessen. Der Schutzleiterwiderstand umfasst den Widerstand der Anschlussleitung sowie den Übergangswiderstand der Steck- und Klemmverbindungen.

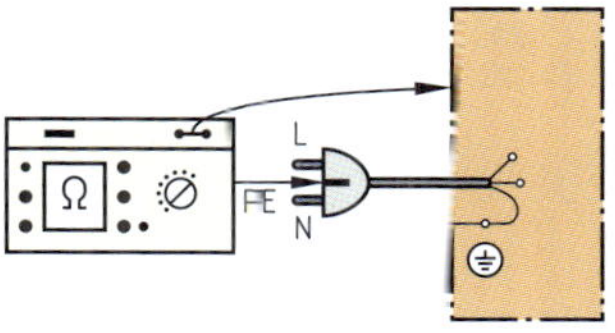

Messen des Isolationswiderstandes

Schutzklasse	Grenzwert
I	0,3 MΩ bis 2 MΩ
II	2 MΩ
III	0,25 MΩ

Der Isolationswiderstand wird zwischen dem Schutzleiter (Schutzklasse I), bzw. berührbarem leitfähigen Gehäuse (Schutzklasse II) und den kurzgeschlossenen Netzanschlüssen gemessen. Der Isolationswiderstand darf die Grenzwerte nicht unterschreiten!

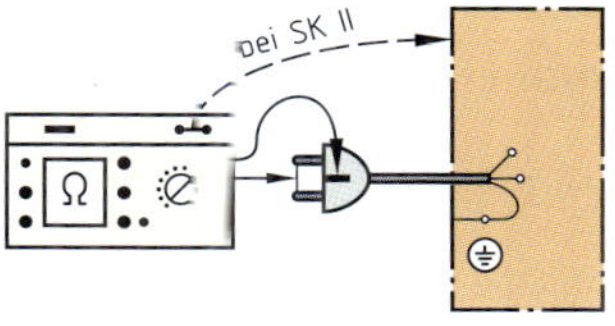

Messen des Schutzleiterstromes

Gerät	Grenzwert
Allgemein	3,5 mA
P < 3,5 kW Heizelemente	1 mA/kW Heizleistung
Höchstwert 10 mA	

Nach bestandener Prüfung des Schutzleiterwiderstandes und des Isolationswiderstandes erfolgt die Messung des Schutzleiterstromes mit Netzspannung. Der höchste Messwert ist als Messergebnis zu betrachten!

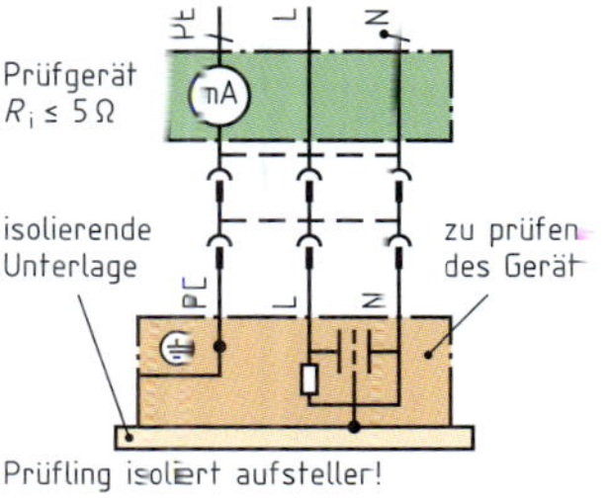

Messen des Berührungsstromes

Der Berührungsstrom darf nicht größer als 0,5 mA sein

Diese Messung ist bei Geräten der Schutzklasse II durchzuführen, wenn z. B. bei Geräten der Informationstechnik keine Betriebsunterbrechung möglich ist, bzw. der Isolationswiderstand nicht gemessen werden kann.

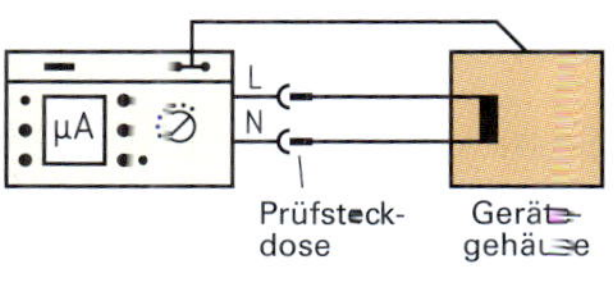

Auswertung, Beurteilung, Dokumentation	Prüfplaketten

- Das Gerät muss alle Einzelprüfungen bestehen und sollte entsprechend gekennzeichnet sein, z. B. durch eine Prüfplakette **(Bild)**.
- Der Betreiber ist über Geräte, die die Prüfung nicht bestanden haben, zu informieren. Dabei ist das Gerät deutlich als **unsicher** zu kennzeichnen, z. B. durch eine entsprechende Plakette **(Bild)**.

Schutzklasse I: Geräte mit Schutzleiteranschluss;
Schutzklasse II: Geräte ohne Schutzleiteranschluss;
Schutzklasse III: Geräte, die nur mit Schutzkleinspannung betrieben werden.

K

Nichteisenmetalle (NE-Metalle) Non-ferrous metals

Kupfer, Kupferlegierungen

Kurzzeichen	Zug-festigkeit in N/mm^2	Lieferform Blech Band	Stange	Draht	Rohr	Profil	Schmiede-stück	Hinweis auf Eigenschaften und Anwendung
Kupfer unlegiert								
E-Cu 58 E-Cu 58-F 20	– 200 bis 250			x x				Sauerstoffhaltig, empfindlich gegen reduzierende Gase, elektr. Leitfähigkeit gewährleistet; Elektrotechnik
SE-Cu SE-Cu-F 30	– 290 bis 360	x x	x x	x x	x x	x x		Hohe elektr. Leitfähigkeit, gut umformbar und schweißbar; Elektronik, auch Plattierwerkstoff
Kupfer-Legierungen								
CuZn 40 zh CuZn 40 F 42	– ≥ 410	x	x	x	x		x	Gut warm- und kaltumformbar; Beschlag- und Schlossteile
CuZn 40 Al 2			x		x	x	x	Bei gleitender Beanspruchung
CuSn 8 F 40	400 bis 470	x	x	x	x			Für Federn, Gleitlager, Apparateteile

Aluminium, Aluminiumlegierungen

Kurzzeichen	Zug-festigkeit in N/mm^2	Lieferform Blech Band	Stange	Draht	Rohr	Profil	Schmiede-stück	Hinweis auf Eigenschaften und Anwendung
Aluminium unlegiert								
Al 99,98 R	–	x	x	x				Reinstaluminium; Reflektoren
E-Al zh E-Al F 7	– 70 bis 100	x x	x x	x x	x x	x x		Reinaluminium, elektr. Leitfähigkeit gewährleistet; für Elektrotechnik
Aluminium-Knetlegierungen								
AlRMg 0,5 w AlRMg 0,5 h	≥ 80 ≥ 160	x x	x x	x x	x x	x x	x x	Korrosionsfest, gut umform- und schweißbar, Apparate, Reflektoren
AlMg 5 AlMg 5 dek	240 bis 320	x x	x x	x x	x x	x x	x	Gut umform-, schweiß- und zerspanbar; Apparateteile, Optik
E-AlMgSi 0,5	–		x	x	x	x		Hohe elektrische Leitfähigkeit; elektrische Leiter
AlZnMgCu 1,5	280 bis 520		x	x	x	x	x	Höchste Festigk.; Konstruktionsteile
Aluminium-Gusslegierungen								
G-AlSi 12	160 bis 280	Nicht aushärtbar, korrosionsbeständig, gut zerspanbar					Dünnwandige Gussstücke, Gehäuse von Büromaschinen und Haushaltsgeräten	
G-AlSi 10 Mg	170 bis 300	Aushärtbar, schweißbar, korrosionsfest					Schwierige und schwingungsbeanspruchte Gussteile; Gehäuse von Motoren und Pumpen	

Systematische Bezeichnung der NE-Metalle

1. Kennbuchstabe für die Herstellung und Verwendung

G	Guss (allgemein)
GD	Druckguss
GK	Kokillenguss
GZ	Schleuderguss
GC	Strangguss
Gl	Gleitmetall
Lg	Lagermetall
L	Lot

2. Kennzeichnung für die Zusammensetzung

a) Chemische Symbole

Al	Aluminum
Cu	Kupfer
Ni	Nickel
Sn	Zinn

b) Kennzahlen in %

Mg 3	3% Magnesium
Si 1	1% Silicium
Zn 40	40% Zink

3. Kurzzeichen für besondere Eigenschaften

a) Behandlungszustand

g	geglüht und abgeschreckt		
a	ausgehärtet;	wa	warm ausgehärtet
ka	kalt ausgehärtet;	ta	teilausgehärtet
dek	Oxidierbarkeit mit dekorativer Wirkung		

b) Mindestwert der Festigkeit
F 25 Mindestzugfestigkeit 250 N/mm^2

c) Härtezustand
p gepresst; w weich; h hart; zh ziehhart

Bezeichnungsbeispiele:

G-AlSi 5 Cu 1 ka	Aluminium-Gusslegierung mit ≈5% Silicium, ≈1% Kupfer, kaltausgehärtet
NiCr 10	Nickelknetlegierung mit mindestens 87% Nickel und 9% bis 11% Chrom

K

Lote, Widerstandswerkstoffe, Kontaktwerkstoffe
Solders, resistive materials, contact materials

Weichlote

Kurzzeichen	Schmelz-temperatur	Geeignete Lötverfahren	Umweltverträgliches Löten
Sn95,5Ag4Cu0,5	217 °C	Reflow-Löten	Lote müssen ab dem 01.06.2006 den Bedingungen der **RoHS** (von **R**estriction **o**f **H**azardous **S**ubstances = Einschränkung von gefährlichen Stoffen) entsprechen. Die RoHS-Lote benötigen eine um 30 K bis 40 K höhere Löttemperatur als die bleihaltigen Weichlote. Die Temperaturfestigkeit der Bauelemente muss so groß sein, dass sie die **RaSH**-Bedingungen erfüllen. (RaSH von **R**esistance **a**gainst **S**oldering **H**eat = Widerstandsfähigkeit gegen Löthitze).
Sn96,5Ag3,5	221 °C	Reflow-Löten, Selektiv-Löten	
Sn95,5Ag3,8Cu0,7	271 °C	Selektiv-Löten, Schwall-Löten	
Sn95,2Ag3,8Cu0,7 Sb0,3	217 °C	Schwall-Löten	
Sn99,3Cu0,7	227 °C	Schwall-Löten	

Leitkleber

Zusammensetzung	Gewichtsanteil	Eigenschaften	Verfahren
Kleber: Einkomponentenkleber aus Epoxidharz	20% bis 50%	Bei hitzeempfindlichen Bauteilen geeignet. Hohe Temperaturschockfestigkeit durch den Metallanteil im Kleber.	Elektrisch leitfähige Klebeverbindungen ersetzen das Löten. Kurze Aushärtungszeiten bei 140 °C bis 180 °C ermöglichen in der Produktion kurze Taktzeiten.
Metallischer Füllstoff: Silber	50% bis 80%		

Widerstandswerkstoffe und Heizleiterwerkstoffe

Kurzzeichen	Spezifischer Widerstand ϱ in $\frac{\Omega \cdot mm^2}{m}$	Belastbarkeit bis	Temperaturkoeffizient α in 1/K 20 °C bis 60 °C	Handelsnamen	Anwendungsbeispiele, Eigenschaften
CuMn 12 Ni	0,43	60 °C	0,00001	Manganin	Präzisions-, Mess- und Vorschaltwiderstände fast temperaturunabhängig
CuNi 20 Mn 10	0,49	300 °C	±0,00002	Isabellin	
CuNi 44	0,49	600 °C	+0,00004	Konstantan	
CuMn 2 Al	0,125	200 °C	−0,00008	ISA 13	Anlass-, Stell- und Belastungswiderstände temperaturabhängig.
CuNi 30 Mn	0,4	500 °C	–	Nickelin	
CuMn 12 Ni Al	0,5	500 °C	–	ISA 50	
NiCr 80 20	1,12	1200 °C	–	Cronix	Elektroöfen, Lötkolben
NiCr 60 15	1,13	1150 °C	–	Cronifer II	Hochbelastbare Widerstände
NiCr 30 20	1,04	1100 °C	–	Cronifer III	Elektrische Haushaltsgeräte
CrNi 25 20	0,95	1050 °C	–	Vacromium	schwefelbeständig
CrAl 20 5	1,37	1200 °C	–	Megapyr II	Strahlheizkörper.

Kontaktwerkstoffe

Werkstoff	Leitfähigkeit γ in $\frac{m}{\Omega \cdot mm^2}$	Dichte ϱ in $\frac{kg}{dm^3}$	Schmelztemperatur ϑ in °C	Eigenschaften	Anwendungsbeispiele
Silber	60	10,5	961	Geringe Härte, Abbrand- und Schweißfestigkeit sowie Korrosionsbeständigkeit in schwefelhaltiger Atmosphäre, große Neigung zur Materialwanderung, für $I < 1$ A	Schaltende Kontakte: Relais, Mikroschalter Steckkontakte: Federn, Messer, Buchsen Gleitkontakte: Schleifringübertrager, Kollektordrähte für Kleinstmotoren Ruhende Kontakte: Klemmverbindungen, Schraubverbindungen.
Silber-Kupfer-Legierung	52	10,3	940	Höhere Abbrandfestigkeit, höherer Kontaktwiderstand und geringere Materialwanderung als bei Silber, für $I \leq 16$ A	
Silber-Nickel-Legierung	50 bis 37	10,2 bis 9,7	–	Hohe Schweiß- und Abbrandfestigkeit, höhere Härte und mechanische Festigkeit	Hilfsstromschalter, Installationsschalter, Lastschalter bis 100 A
Silber-Graphit-Legierung	50 bis 35	9,1 bis 7,4	961	Hohe Sicherheit gegen Verschweißen niedriger Kontaktwiderstand. Selbstschmierung bei Gleitkontakten.	RCD (FI-Schalter), Schleifringübertrager, Niederspannungsleistungsschalter.

Plastomere (Thermoplaste) Plastomers

Werkstoff Permittivitätszahl ε_r Durchschlagfestigkeit E_d	Kurzzeichen ISO	Dichte g/cm³	geeignet bis °C	beständig gegen Lösungsmittel	unbeständig gegen Lösungsmittel	Besondere Eigenschaften, Lieferformen oder Anwendungen
Hartpolyethylen $\varepsilon_r = 2{,}5$ $E_d = 80$ kV/mm	PE (hart)	0,95	100	Säuren, Laugen, Benzin, Öle	aromatische Verbindungen, Halogene, Ether	Geeignet auch bei hohen Frequenzen. Aderisolation, Stecker, Kupplungen, Relaisteile, Spulenkörper; Trinkwasserrohre, Lieferbeutel. Als VPE (vernetztes PE) für Kabelisolation bis 380 kV.
Weichpolyethylen	PE (weich)	0,95	80			
Polypropylen $\varepsilon_r = 2{,}5$ $E_d = 70$ kV/mm	PP	0,9	130	Öle, Fette, Amine, Aldehyde, Alkohole, Säuren, Laugen	aromatische Verbindungen, Halogene	Sehr wenig Wasseraufnahme, elastisch und zäh. Anwendung auch glasfaserverstärkt, nach Vorbehandlung galvanisch metallisierbar. Elektrotechnische Installations- und Apparateteile, Haushaltsartikel, Folien, Gewerbe, Seile, Klebebänder.
Polyacetat $\varepsilon_r = 4$ $E_d = 70$ kV/mm	POM	1,4	120	Fette, Öle, Benzin, Ester, Ether, Laugen	Halogene, starke Säuren	Abriebfest, hart, gute Festigkeit und Formbeständigkeit. Spritzgussteile haben hohe Maßgenauigkeit, Metallteile einspritzbar. Präzisionsteile für Relais- und Zählerbau, Telefonapparate.
Polytetrafluorethylen $\varepsilon_r = 2$ $E_d = 40$ kV/mm	PTFE	2,2	250	fast alle bekannten Chemikalien	flüssige Alkalimetalle, Fluor	Zäh, flexibel, absolut nicht wasseraufnehmend, sehr gute Gleiteigenschaft, unbrennbar. Anwendung auch glasfaserverstärkt. Löttemperaturfeste Draht- u. Kabelisolationen, Folien für Wicklungen und Kondensatoren, trockenlaufende Lager, Bratpfannenbeschichtung.
Polystyrol $\varepsilon_r = 2{,}4$ $E_d = 50$ kV/mm	PS	1,05	80	Säuren, Laugen, Alkohol, Öl	Benzin, aromatische Verbindungen, Ester, Ether, Halogene	Glasklar oder in klaren Farben herstellbar, hart, spröde, sehr gute elektrische Eigenschaften. Teile für Rundfunkempfänger, Folien für Kondensatoren. Aufgeschäumt als Isolation von Hochfrequenzleitungen und als Wärmedämmstoff.
Polymethylmetacrylat $\varepsilon_r = 3{,}0$ $E_d = 40$ kV/mm	PMMA	1,2	80	Fette, Öle, Amine, Aldehyde, Laugen	aromatische Verbindungen, Säuren, Ester, Alkohole	Hohe Lichtdurchlässigkeit. Faseroptische Leiter (LWL), durchsichtige Abdeckungen, Leuchten, Verglasungen von Instrumenten, Zeichengeräte.
Hartpolyvinylchlorid $\varepsilon_r = 3{,}5$ $E_d = 50$ kV/mm	PVC (hart)	1,4	60	Fette, Öle, Alkohole, Säuren, Laugen	Benzin, Ester, Ether, aromatische Verbindungen	Beim Verbrennen entsteht giftiger Chlorwasserstoff. Installationsrohre, Akkumulatorkästen, Teile von Wasch- und Spülmaschinen, Schallplatten. Aderisolation, Schläuche, Schutzbekleidung, Sitzbezüge, Taschen (Kunstleder), Bodenbeläge.
Weichpolyvinylchlorid	PVC	1,2⋯1,5	60	Amine, Aldehyde	Benzin, aromatische Verbindungen, Ester, Ether, Alkohole	
Polycarbonat $\varepsilon_r = 3$ $E_d = 25$ kV/mm (Folie bis 180 kV/mm)	PC	1,2	135	Fette, Öle, Halogene, schwache Säuren	aromatische Verbindungen, Amine, Aldehyde, Ester, Ether, Laugen	Sehr schlagfest und zäh. Spulenkörper, Relaisteile, Kontaktleisten, Stecker, Drehknöpfe, Folien bis unter 1 µm Dicke für Kondensatoren, Rückleuchten, Haushaltartikel, Fahrzeugteile.
Polyamid $\varepsilon_r = 3$ bis 4 $E_d = 30$ kV/mm bis 40 kV/mm	PA	1,2	110	Öle, Fette, Kraftstoffe, Amine, Ester, Ether	Halogene, Säuren	Sehr hohe Zugfestigkeit besonders im gereckten Zustand, gute Gleiteigenschaften, Neigung zu Wasseraufnahme und zum Quellen, daher als Isolierstoff nur bedingt verwendbar. Lager, Zahnräder, Seile, Textilien.

Elastomere, Duromere, Schichtpressstoffe
Elastomers, duromers, laminated pressed materials

Elastomere

Werkstoff	Kurzzeichen ISO	Dichte	geeignet von … bis °C	Durchschlagfestigkeit kV/mm	Hinweis auf besondere Eigenschaften und Anwendungen
Naturkautschuk	NR	1,1	−30 ··· +60	25	Hohe Elastizität, hohe mechanische Eigenschaften, schlechte Öl- und Hitzebeständigkeit. Dichtungen, Puffer, Keilriemen, Luftschläuche, Schwingelemente.
Styrol-Butadien-Kautschuk	SBR	1,2	−25 ··· +75	25	In der Wärme- und Alterungsbeständigkeit dem Naturkautschuk überlegen. Anwendung wie Naturkautschuk.
Nitrilkautschuk	NBR	1,2 ··· 1,5	−25 ··· +130	15 ··· 20	Sehr gute Ölbeständigkeit, schlechte Wetterbeständigkeit. Dichtungen, Membranen, Faltenbälge.
Chloroprenkautschuk	CR	1,35	−20 ··· +100	–	Gute Ölbeständigkeit. Dichtungsprofile, Manschetten, Membranen, Keilriemen.
Polyurethankautschuk	PUR	1,3	80	–	Besonders reißfest (40 N/mm²) bei hoher Bruchdehnung (400 % ··· 700 %). Dichtungen, Faltenbälge, Laufrollen, Gleitlager.
Silikonkautschuk	MQ	1,2 ··· 2,4	−60 ··· +200	20 ··· 30	Besonders ölfest und temperaturbeständig. Schläuche, Dichtungen, Draht- und Kabelisolierungen.

Duromere

Typ	Zusammensetzung Harz	Füllstoff	Dichte g/cm³	geeignet bis °C	Hinweis auf besondere Eigenschaften und Anwendungen	
11	PF (Phenol-Formaldehyd)	Gesteinsmehl	1,8	150	Alle Phenoplaste werden dunkelgefärbt angewendet, da sie naturfarbig nachdunkeln würden. Geringe Kriechstromfestigkeit. Im Neuzustand Karbolgeruch.	Teile zu Glühlampenfassungen, Schalterteile in Lichtbogennähe.
30		Holzmehl	1,4	125		Hohe mechanische Festigkeit, elektrische Eigenschaften nicht gewährleistet. Handgriffe, Handräder.
31		Holzmehl	1,4	125		Elektrische Werte gewährleistet. Klemmengehäuse, Stecker
54		Papierschnitz.	1,4	125		Für großflächige, dünnwandige Formstücke wie Spulenkörper, Gehäuse, Lager.
74		Gewebeschnitzel	1,4	125		
150	MF (Melamin-Formaldehyd)	Holzmehl	1,5	120	Gute Kriechstromfestigkeit, geruchfrei.	Installationsmaterial, Stecker, Apparategehäuse, Abdeckungen, Haushaltsartikel.
152		Cellulosefasern	1,5	120		
–	UP (Polyester)	–	1,2	100	geringer Schwund	Härtet nach Zugabe des Härters ohne Hitze und Druck aus. Eingießen von Bauteilen oder Verarbeitung zu glasfaserverstärktem Verbundwerkstoff.
–	EP (Epoxid)	–	1,2	140	äußerst geringer Schwund	

Schichtpressstoffe

Typ	Zusammenfassung Harz	Füllstoff	Dichte g/cm³	geeignet bis °C	Hinweis auf besondere Eigenschaften und Anwendungen	
Hp 2061 Hp 2064	Phenolharz	Papierbahnen	1,3	120	dunkel, meist braun gefärbt	Platten, Stäbe, Rohre, Formteile für Spulen, Klemmenplatten.
Hgw 2031		Asbestgewebe	1,8	130		Platten, Stäbe, Rohre, Formteile für thermisch höher beanspruchte Konstruktionsteile.
Hgw 2072		Glasfilamentgewebe	1,7	130		
Hgw 2272	Melaminharz	Glasfilamentgewebe	1,9	130	in hellen Farbtönen herstellbar	Platten, Stäbe, Rohre, Formteile für die Elektrotechnik und für den allgemeinen Gebrauch, z.B. auch für Tischplatten.
Hgw 2372	Epoxidharz		1,8	130		
Hgw 2572	Silikonharz		1,7	180		
Hm 2471	Polyesterharz	Glasfilamentmatte	1,5	130		

Hp Hartpapier, Hgw Hartgewebe, Hm Hartmatte.

K

Isolierstoffe Insulating materials

Anorganische Isolierstoffe

Kurzzeichen Typ	Dichte $\frac{kg}{dm^3}$	Permittivitätszahl ε_r	Durchschlagfestigkeit kV/mm	Benennung und Verwendung	
Keramik Gruppe 100 (Aluminiumsilikat)					
110 110	2,4	6	30 ··· 35	Hartporzellan: Hoch- und Niederspannungsisolatoren	
Keramik Gruppe 200 (Magnesiumsilikat)					
210 220	2,7	6	30 ··· 45	Steatit: Hoch- und Niederspannung	
Keramik Gruppe 300 (Titandioxid)					
310 311	3,7	60···100 70···60	10···20		Kondensatorbau
320	3,2	12···20	10···20	mit Magnesiumtitanat	
340	4	180 ···350	5···10	mit Strontiumtitanat	
350 351	5	··· 3000	3···50	mit Bariumtitanat	

Kurzzeichen Typ	Dichte $\frac{kg}{dm^3}$	Permittivitätszahl ε_r	Durchschlagfestigkeit kV/mm	Verwendung
Keramik Gruppe 400 (Al-Mg-Silikatgemische)				
–	2,2	5	15	Hochfrequenz
Keramik Gruppe 500 (Mg-Al-Silikate, Tonerde)				
–	2,0	–	–	Heizleiterträger, Funkenkammern
Keramik Gruppe 600 (vorwiegend Tonerde)				
–	3,0	–	–	hochfeuerfeste Isolierteile
Keramik Gruppe 700 (Metalloxide)				
710 720	3,8 2,5	9 10	15 –	Zündkerzen, Vakuumtechnik
Glimmer				
–	2,8···3,2	5···8	60	Isolierscheiben, Kondensatoren
Hartglas				
–	2···2,5	5···15	15···40	Lampen, Röhren, Durchführungen

Organische Isolierstoffe: Einteilung nach Anordnung der Makromoleküle

Bezeichnung	Plastomere		Duromere	Elastomere
Struktur	 Amorph: Fadenmoleküle wattebauschartig verfilzt, keine Querverbindungen	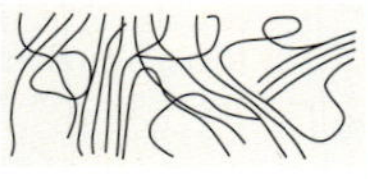 Teilkristallin: unvernetzte Fadenmoleküle, z. T. parallel zu kleinen Kristalliten vereinigt; durch Recken mit Vorzugsrichtung	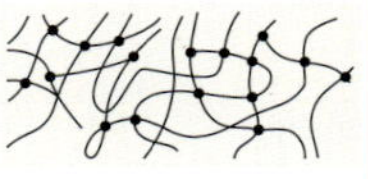 Makromoleküle mit vielen räumlichen Querverbindungen	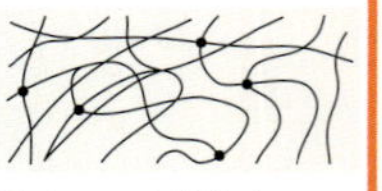 Fadenmoleküle in ungeordnetem Zustand mit wenigen Querverknüpfungen
Eigenschaften	In der Kälte hart, wiederholt bei erhöhter Temperatur umformbar, schweißbar, in geeigneten Lösungsmitteln lösbar.	Hohe Festigkeit und Zähigkeit, schmiegsam bis hart, nicht glasklar.	Durch Erwärmen oder Zusatz von Härtern entstehen die Querverbindungen endgültig; thermisch nicht mehr umformbar, nicht schweißbar, unlöslich.	In großem Temperaturbereich gummielastisches Verhalten, nicht thermisch umformbar, in gewissen Lösungsmitteln quellend.
Formgebung	Spritzgießen, Strangpressen, Walzen, Warmumformern, aus der Schmelze durch Spinndüsen abziehen.		Formpressen, Spritzgießen, Vergießen von Gießharzen, Schichtpressen	Walzen, Strangpressen, Formpressen, Spritzgießen
Verarbeitung	Spanlose Verformung, Spanen, Schneiden, Schweißen, Kleben	Recken vervielfacht die Zugfestigkeit; Spinnen, Weben	Spanen, Kleben	Spanen, Scherschneiden, Zusammenvulkanisieren, Kleben
Halbzeug- oder Werkstückformen	Formstücke, Platten, Profile, Folien, Fasern, Gewebe, Schaumstoffe		Folien, Schaumstoffe, Formpressstücke, Formgussstücke, Schichtpressstoffe	Formstücke, Platten, Schläuche, Profile, Folien, Schaumstoffe
Anwendung als Lack oder Klebstoff	Lösungsmittelhaltige Drahtlacke z. B. auf Polyamidbasis, lötbare Drahtlacke aus linearen Polyuretanen, Anstrichlacke		Tränklacke, Überzugslacke, Ein- oder Zweikomponentenkleber	Überzugslacke, Lösungsmittelkleber, Vergussmassen

K

Kunststoffe als Isolierstoffe — Synthetic materials as insulants

Arten, Bezeichnungen	Kurz-zeichen	Eigenschaften ϱ in g/cm³	ϑ_{max} in °C	ϱ in Ω · cm	E_d in kV/mm	Anwendungen, besondere Eigenschaften	Handels-namen (Beispiele)
Thermoplaste							
Acrylnitril-Butadien-Styrol	ABS	1,03 …1,07	85…105	10^{15}	20…50	Batteriekästen, Gehäuse, Geräteteile. Schlagzäh, kratzfest.	Novodur, Perluran
Celluloseacetat Cellulose-acetobutyrat	CA CAB	1,26 1,17	70…95	10^{1}[illegible]	30…40	Gehäuse für elektrische Geräte, Filme, Brillengestelle. Ölbeständig, transparent, zäh.	Cellidor, Tenite, Cellon, Osnacell
Polyamid 12	PA 12	1,02	140…150	10^{14}	50…60	Präzisionsteile der Elektrotechnik, Lebensmittelfolien.	Durethan, Ultramid
Polyethylen Weich-PE	PE, LDPE[1]	0,92	90…110	10^{17}	70...100	Flaschen. Wenig witterungsbeständig.	Baylon, Hostalen, Trolen
Hart-PE	HDPE[2]					Wannen, Körbe, Eimer, Rohre	Vestolen A
Vernetztes PE	VPE	…0,96				Kabelisolierung und Kabelmäntel bis 380 kV	Polythene, Trofil
Polyethylen-terephthalat	PETP	1,37	160	10^{14}	50...100	Aderisolierung, Zahnräder, Gehäuse, Rohre. Hart, abriebfest.	Vestolur A, Trevira
Polybutylen-terephthalat	PBTP	1,3					Vestolur B
Polycarbonat	PC	1,2	140	10^{16}	30…50	Steckerleisten, Gehäuse, Helme. Hart, zäh, maßhaltig, steif.	Makrolon, Lexan, Sustonat
Polyoxymethylen (Acetalharz)	POM	1,41	110...140	10^{15}	50…70	Armaturen, Schaltrelais, Zahnräder. Maßhaltig, abriebfest.	Hostaform, Dynal, Delrin
Polymethyl-methacrylat	PMMA	1,18	85…100	10^{17}	40	Leuchtenabdeckungen, Faserleiter, Linsen. Glasklar, spröde.	Plexiglas, Vedril
Polypropylen	PP	0,9	130...140	10^{17}	70…90	Batteriekästen, Haushaltsgeräte. Harte Oberfläche.	Hostalen, Novolen
Polystyrol	PS	1,05	75…90	10^{17}	50	Spulenkörper, Isolierfolien. Sehr gute elektrische Eigenschaften.	Styroflex, Vestyron
Polyvinylchlorid	PVC hart	1,35 …1,4	70…80	10^{16}	20…50	Elektoinstallationsrohre. Chemikalienbeständig.	Rhenalon, Hostalit
	PVC weich	1,2…1,3	60…70	10^{10} …10^{15}	20…35	Drahtisolation, Fußbodenbelag. Geringe chemische Beständigkeit.	Acella, Pegulan
Styrol-Butadien	SB	1,04	75…85	10^{16}	40...100	Installationsmaterial, Gehäuse. UV-Strahlungsempfindlich.	Vestyron, Hostyren
Duromere							
Epoxidharze	EP	1,1…1,4	180	10^{14}	35	Präzisionsteile, Zweikomponentenkleber.	Araldit, Terokal
Phenol-Formaldehyd	PF	1,25	140...200	10^{8} …10^{12}	20	Elektrische Kleinteile. Dunkelt nach, spröde.	Bakelite, Trolitan
Polyester, ungesättigt	UP	1,3	170	10^{12}	10...15	Schalter, Karosserieteile. Sehr fest, licht- und farbecht.	Vestopal, Bakelite

E_d Durchschlagfeldstärke, ϑ_{max} höchstzulässige Temperatur,

ϱ 1. Dichte, 2. spezifischer elektrischer Widerstand, hier bezogen auf einen Würfel mit der Kantenlänge 1 cm.

[1] LD von Low Density = Niedrige Dichte.
[2] HD von High Density = Hohe Dichte.

K

Arten und Typenschlüssel von Leitungen für feste Verlegung
Kinds and type-identification of cables for permanent installation

Wichtige Installationsleitungen für feste Verlegung

Art, Kurzzeichen	Aufbau	Anwendungen
PVC-Aderleitungen (Verdrahtungsleitungen) H07V-U H07V-R H07V-K	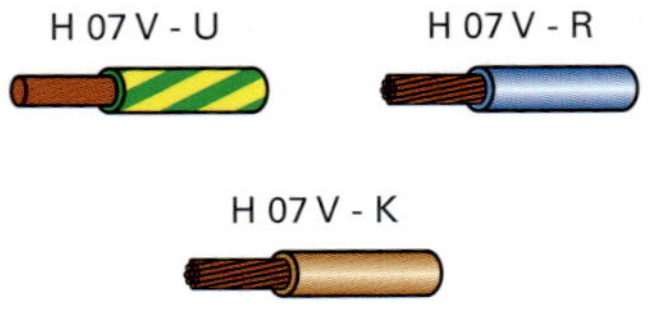	Wird in Rohren sowie in und an Leuchten verlegt. Weitere Verwendung zur inneren Verdrahtung von Geräten. Bemessungsspannungen: 450 V gegen Erde, 750 V Außenleiterspannung.
Mantelleitung NYM (Normen-Kunststoff-Mantelleitung)	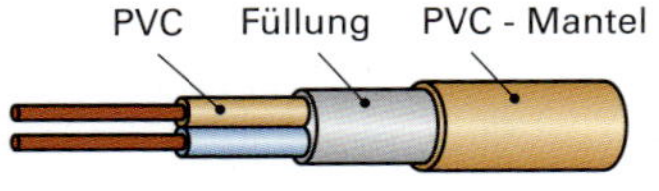	Zum Verlegen in allen Räumen über, auf, in und unter Putz. Auch im Freien, allerdings nicht im Erdboden.
Bleimantelleitung NYBUY (Normen-Kunststoff-Blei-Umhüllung)	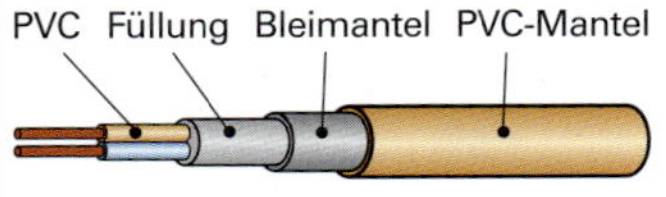	Wird in Räumen und im Freien bei Anwesenheit aggressiver chemischer Stoffe verlegt, jedoch nicht im Erdboden.
Stegleitung NYIF (Normen-Kunststoff-Imputz-Flachleitung)	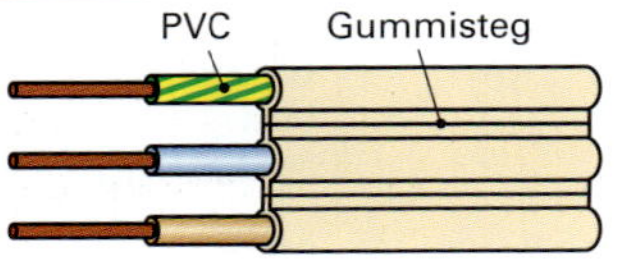	Nur für Inputzverlegung oder Unterputzverlegung in trockenen Räumen. Darf nicht auf Metall, auf Holz, in Holzhäusern und in Hohlräumen verlegt werden.
Illuminations-Flachleitung NIFLÖU	Ähnlich wie Stegleitung	Leitung ist freitragend, außerhalb des Handbereichs für Illuminationsfassungen (Lichterketten) mit geringer mechanischer Beanspruchung.

Typen-Kurzzeichenschlüssel für harmonisierte Installationsleitungen

	Bestimmung, Nennspannung	Isolierung	Aufbau	Aderzahl Schutzleiter Querschnitt
Beispiel:	H05	VV	F	3 X 1,5

Kennzeichen der Bestimmung
- Harmonisierte Bestimmung — H
- Anerkannter nationaler Typ — A

Nennspannung U_0/U[1]
- 100 V/100 V — 01
- 300 V/300 V — 03
- 300 V/500 V — 05
- 450 V/750 V — 07

Isoliermaterial
- PVC — V
- Silikonkautschuk — S
- sonstiger Kautschuk — R

Mantelmaterial
- PVC — V
- Polychloropren-kautschuk (abriebfest) — N
- sonstiger Kautschuk — R
- Glasfasergeflecht — J
- Textilgeflecht — T

Aderzahl, Schutzleiter, Querschnitt
- Querschnitt
- X — ohne Schutzleiter
- G — mit Schutzleiter
- Aderzahl

Aufbau
- F — feindrähtig bei flexiblen Leitungen
- H — feinstdrähtig bei flexiblen Leitungen
- K — feindrähtig, für feste Verlegung
- R — mehrdrähtig
- U — eindrähtig
- Y — Lahnlitze

[1] U_0 Spannung zwischen Außenleiter und Erde, U Spannung zwischen zwei Außenleitern

K

Kupferlitzenleiter der Informationstechnik
Stranded copper wire for information technology

Strombelastbarkeit von Kupferlitzenleitern bei Umgebungstemperatur bis 25 °C

Querschnitt in mm²	Gruppe 1: I in A	Gruppe 2: I in A	Gruppe 3: I in A
0,14	5	3,5	2,2
0,25	7,5	5,2	3,3
0,34	8,5	5,8	3,7
0,5	11,5	7,8	5,1
0,75	15,0	10,0	6,7
1,0	17,0	11,5	7,6
1,5	23,0	16,0	10,0

Gruppeneinteilung

Gruppe 1
Einzeln frei in Luft verlegte ein- bis dreiadrige geschirmte Schaltlitzen, wenn sie mit Zwischenraum von mindestens dem Schaltlitzen-Außendurchmesser verlegt sind.

Gruppe 2
2 bis 4 Schaltlitzen, verseilt oder gebündelt, wenn sämtliche Leiter gleichzeitig belastet werden.

Gruppe 3
5 bis 10 Schaltlitzen, verseilt oder gebündelt, wenn sämtliche Leiter gleichzeitig belastet werden.

Belastbarkeit bei Umgebungstemperaturen > 25 °C

Umgebungstemperatur in °C	Belastbarkeit in % der Werte für 25 °C
30	94
35	88
40	82
45	75
50	67
55	58
60	47
65	33

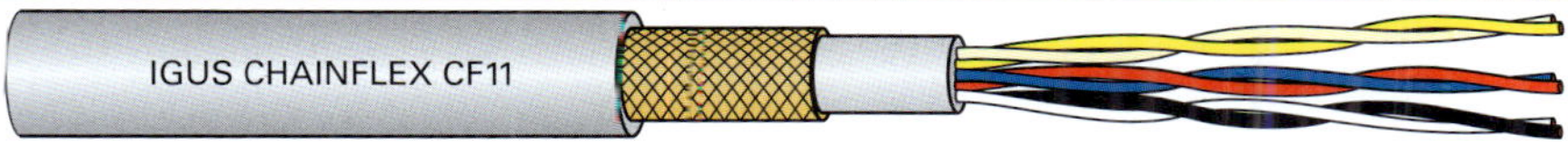

Flexible Busleitung mit Gesamtschirm

Kupferlitzen

Kupferlitzen nach VDE-Normen

Querschnitt in mm²	Litzenaufbau (Drahtzahl × Drahtdurchmesser in mm)	Litzendurchmesser in mm	Leiterwiderstand bei 20 °C in Ω/km
0,14	f 18 × 0,1	f 0,53	132 … 138
0,22	m 7 × 0,2	m 0,63	87,2 … 89,9
0,25	f 14 × 0,15	f 0,66	75,5 … 77,8
0,34	m 7 × 0,25	m 0,77	55,8 … 57,5
0,5	m 7 × 0,3; f 16 × 0,2	m 0,91; f 0,94	37,1 … 39,2
0,75	m 7 × 0,37; f 24 × 0,2	m 1,2; f 1,15	24,6 … 26,0
1,0	m 7 × 0,43; f 32 × 0,2	m 1,3; f 1,34	18,4 … 19,5
1,5	m 7 × 0,52 f 30 × 0,25	m 1,58; f 1,61	12,6 … 13,3
2,5	m 7 × 0,67; f 50 × 0,25	m 2,05; f 2,11	7,6 … 7,98
4	f 56 × 0,3	f 2,61	4,95

Kupferlitzen nach US-Normen

AWG-Größe	Querschnitt in mm²	Litzenaufbau (Drahtzahl × Drahtdurchmesser in mm)	Leiterwiderstand bei 20 °C in Ω/km
AWG 26	0,141	m 7 × 0,15	137,9
AWG 24	0,227	m 7 × 0,2	86,2
AWG 22	0,355	m 7 × 0,25	53,6
AWG 20	0,563	m 7 × 0,32	33,7
AWG 18	0,963	f 19 × 0,25	21,1
AWG 16	1,229	f 19 × 0,29	15,59
AWG 14	1,941	f 19 × 0,36	0,98

AWG von American Wire Gauge = Amerikanisches Drahtmaß (gibt ursprünglich die Anzahl der Durchgänge durch Ziehsteine beim Drahtziehen an), f feindrähtig, m mehrdrähtig.

Leitungen und Kabel für Signalanlagen und Datennetze
Lines and cables for signal systems and data networks

Arten der Verseilung

Art	Erklärung	Formel, Bemerkungen
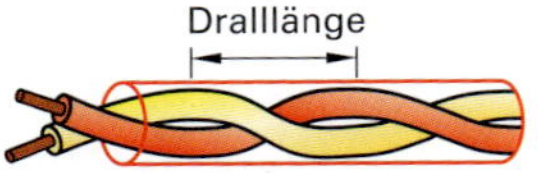 **Zweierverseilung (Paar)**	Zur Verringerung der Einstreuung von Feldern werden Adern verseilt oder verdrillt. Meist angewendet ist die Zweierverseilung (ein Adernpaar oder mehrere Adernpaare).	$F_v = \frac{l_a}{l}$ F_v Verseilungsfaktor l_a Länge einer Ader l Länge der Leitung $F_v = 1{,}04 \ldots 1{,}14$ Leitungen mit verseilten Doppeladern werden auch als STP (von Shielded Twisted Pair = geschirmtes verdrilltes Paar) oder als UTP (von Unshielded TP = ungeschirmtes TP) bezeichnet.
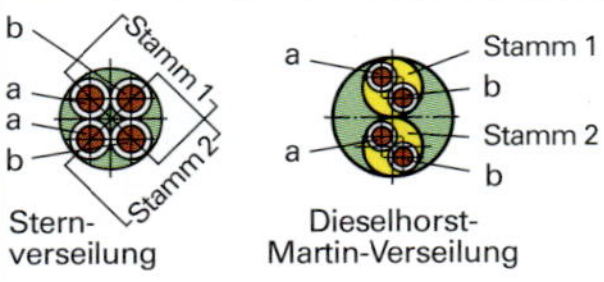 **Viererverseilungen**	Bei der Sternverseilung sind 4 Adern miteinander verseilt. Bei der Dieselhorst-Martin-Verseilung (DM-Verseilung) sind je 2 Adern miteinander verseilt und die beiden Adernpaare wieder miteinander.	
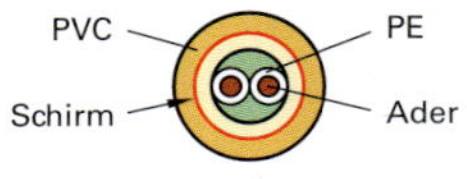 **Twinax-Kabel**	Aufbau ähnlich Koaxial-Kabel aber mit zwei verseilten Adern. Wellenwiderstand z. B. 105 Ω	Vom Twinax-Kabel ist das Doppel-Koaxialkabel zu unterscheiden, bei dem 2 Koaxialleitungen einen gemeinsamen Mantel haben.

Schlüssel für Leitungen in Datennetzen

STP 100 BASE- T

- STP: Name
- 100: Bitrate (etwa) in Mbit/s
- T: maximale Leitungslänge etwa (in 100 m) oder Kennbuchstaben, z. B. T (Twisted), F (Fibre = Faser), X (extended)

Name des Netzes	Aufbau, Daten	Bemerkungen
Twisted-Pair-Ethernet (10 BASE-T, 100 BASE-T, 1000 BASE-T)	Geschirmte Doppelader STP, ungeschirmte Doppelader UTP. Leitung mit mehreren Doppeladern mit Gesamtschirm und mit Doppelader-Schirmung S/STP, Leitung mit mehreren Doppeladern mit Gesamtschirm aber ohne Doppelader-Schirmung S/UTP. Leitungslänge ≤ 25 m bis ≤ 100 m Wellenwiderstand 85 Ω bis 115 Ω	Baumförmige oder sternförmige Punkt-zu-Punkt-Verbindung. Bei Ethernet-Anschluss ab Repeater (oder Switch oder Hub) zur Ethernet-Karte des PC oder zu Mini-Receiver. UTP bzw. S/STP bzw. S/UTP gibt es je nach Qualität in 7 Kategorien (Cat 1 bis Cat 7). Cat 5 und Cat 5e für 100 Mbit/s und 1 Gbit/s. Cat 6 für bis zu 2,4 Gbit/s. Cat 7 für bis zu 10 Gbit/s. Leitungen, Stecker, Dose müssen elektrisch abgestimmt sein.
Faseroptik-Ethernet, Lichtleiter-Ethernet, LWL-Ethernet (10 BASE-F, 100 BASE-FX, 1000 BASE-SX für 850 nm, 1000 BASE-LX für 1300 nm)	Multimode-Doppelfaserkabel oder Singlemode-Doppelfaserkabel. Baumförmige oder sternförmige Punkt-zu-Punkt-Verbindung. Anschluss an zwei Ports vom Repeater, Switch, Router oder Hub. Meist Verwendung für Primärverkabelung.	siehe Tabelle unten
Koaxialkabel-Ethernet (Thick-Wire-Ethernet 10 BASE-5); Thin-Wire-Ethernet, (Cheapernet 10 BASE-2)	Nicht mehr bei Neuanlagen. Wellenwiderstand 50 Ω. Bei 10 BASE-5 Teilnehmeranzahl ≤ 100, Leitungslänge ≤ 500 m. Bei 10 BASE-2 Teilnehmeranzahl ≤ 30, Leitungslänge ≤ 185 m.	Bei 10 BASE-5 Anschluss über Transceiver und Transceiverkabel an die Busleitung. Bei 10 BASE-2 Anschluss über Einfach-Transceiver (T-Stück) und Transceiverkabel an die Busleitung oder über Thin-Wire-Dosen. Abschlusswiderstände notwendig.

Bemerkungen zu Faseroptik-Ethernet:

Art	Glasfaser	Leitungslänge
10 BASE-F	Mm	≤ 1000 m
100 BASE-FX	Mm Sm	≤ 400 m
1000 BASE-SX	Mm 850 nm	≤ 250 m
1000 BASE-LX	Mm 1300 nm Sm	≤ 500 m ≤ 2000 m

Mm Multimode Sm Singlemode

K

Hochfrequenzleitungen Radio frequency cable (RF cable)

Arten

Ansichten	Aufbau	Anwendungen
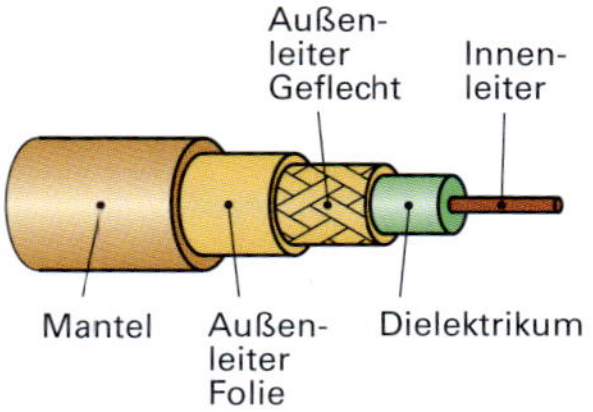 **Koaxialleitung**	Struktur: unsymmetrisch Innenleiter: massiver, Cu-plattierter Stahldraht (Staku), massiver Cu-Draht oder Cu-Litzenleiter, teilweise verzinnt oder versilbert. Außenleiter: Cu-Geflecht und (meistens) Cu-Folie teilweise verzinnt oder versilbert. Dielektrikum: PE, Zell-PE, Luft, Kunststofffolien. Mantel: vorwiegend PVC.	Sende- und Empfangseinrichtungen, Transformationsleitungen, Messleitungen, Multimedia-Kabelnetze, Antennenanlagen, Funktechnik. Einsatzbereich: 50 kHz bis 3 GHz.
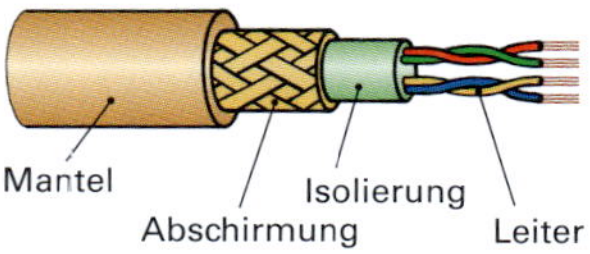 **Paarverseilte Leitung (Twisted Pair(TP))**	Struktur: symmetrisch Leiter: Kupferdraht oder -litze, PVC-isoliert, paarweise verseilt. Abschirmung: Cu-Geflecht und/oder Cu-Folie Abschirmung der einzelnen Leiter, der Leiterpaare und/oder aller Leiterpaare des Kabels.	Kommunikationsnetze, Datennetze, Verbindungsleitungen in der Steuerungs- und Regelungstechnik. Einsatzbereich: 0,4 kHz bis 1,5 GHz
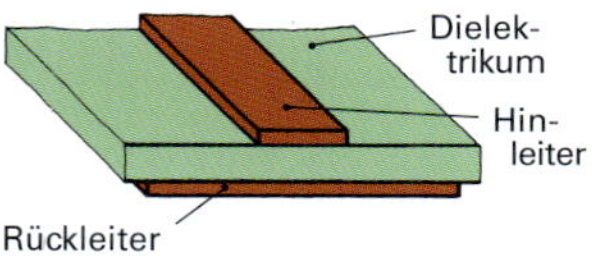 **Streifenleitung**	Struktur: unsymmetrisch Hinleiter: schmale Leiterbahn aus Kupfer (ggf. versilbert oder vergoldet). Rückleiter: flächige Kupferkaschierung oder Goldfilm. Dielektrikum: Epoxidharz, Teflon, Keramik.	Rundfunktechnik, Funktechnik, Radartechnik, Elektromedizin. Einsatzbereich: 100 MHz bis 10 GHz.
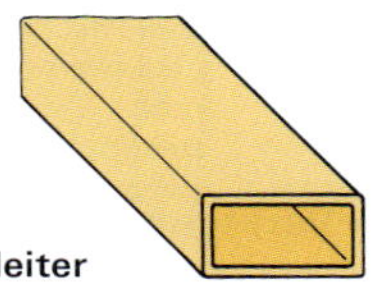 **Hohlleiter**	Metallische Rohre mit rechteckigem, rundem oder elliptischem Querschnitt. Optional sind Innenwände versilbert oder vergoldet. Die Übertragung erfolgt durch Reflexion elektromagnetischer Wellen an den Innenwänden nach den Gesetzen der Strahlungsoptik.	Richtfunktechnik, Radartechnik, Röntgentechnik. Einsatzbereich: 1 GHz bis 300 GHz

Kenngrößen von Kabeln

	RG-58C/U	HFE2,2/7,3	RG-216/U	HFE1,0/3,5	F10-120 S/F	G12-150S/F
Kabelart	Koax	Koax	Koax	Koax	TP	TP
Wellenwiderstand Z_0 in Ω	50	50	75	75	100	100
Durchmesser Innenleiter *d* in mm	0,9	2,15	1,2	1,0	0,16	0,64
Durchmesser Außenleiter *D* bzw. Kabel in mm	3,5	8,9	8,8	8,7	6,0	8,6
Kabeldämpfung in dB • bei 30 MHz • bei 100 MHz • bei 200 MHz • bei 500 MHz • bei 800 MHz	 9,1 17 24 39 51	 3,2 6,1 8,9 15 20	 4 7,6 11,0 18,5 24	 3,6 6,9 10 17 22,5	 1,0 2,4 3,7 5,6 7,9	 8,2 14,4 21,5 34,0 44,5
Schirmdämpfungsmaß in dB	70	70	75	75	60	80
Kapazitätsbelag in pF/m	101	101	67,5	67,5	–	–
Kleinster zulässiger Biegeradius in mm	25	60	50	50	30	43

K

Leitungen und Kabel für Melde- und Signalanlagen
Lines and cables for alarm and signal systems

Schlüssel der Leitungen und Kabel für Melde- und Signalanlagen

A–	2Y	C	Y	X	P	A

- A– : Typ
- 2Y : Isoliermaterial der Ader
- C : Schirm
- Y : Material von Mantel/Schutzhülle
- X : Verseil-Elemente, Aderzahl, Durchmesser in mm
- P : Verseilart, Anordnung
- A : Bewehrung

Es werden meist nicht alle Positionen angegeben.

Kurzzeichen	Bedeutung
Typ	
A–	Außenkabel
FL–	Flachleitung
J– (sprich: i)	Installations-leitung
Li–	Litzenleiter
RG	Koaxialleitung
S	Schaltkabel
Isoliermaterial	
Y	PVC
Yu	PVC, flammwidrig
Yw	PVC, wärmebeständig
2Y	PE (Polyethylen)
02Y oder 2X	VPE (vernetztes PE)
2HX	YPE, flammwidrig
3Y	Polystyrol PS
4Y	Polyamid PA
5Y	Polytetrafluorethylen PTFE
8Y	Polyimid PJ
9Y	Polypropylen PP
11Y	Polyurethan PU
Schirm	
C oder Cb	Kupfergeflecht
(K)	Cu-Band über PE-Mantel
(L)	Aluminiumband
(mS)	Stahlband
(St)	statischer Schirm
Bewehrung	
A	Al-Drähte
B	Stahlband
Mantel, Schutzhülle	
Y, 2Y ...	siehe Isoliermaterial
G, 26 bis 86	Gummi
H	halogenfrei
L	Aluminium
M	Bleimantel
Verseilart, Anordnung	
DM	Dieselhorst-Martin **(Seite 428)**
P	Paarverseilung
St, St I bis St VI	Sternvierer (nach Frequenz ansteigend)
Bd	Bündelverseilung
Lg	Lagenverseilung
rd	rund
se	sektorförmig

Leitungen und Kabel für Melde- und Signalanlagen zur festen Verlegung

Kurzzeichen	Bezeichnung	Aufbau	Verwendung
Y	Kunststoff-Aderleitung (Installationsdraht)	Ader: Cu-Draht 0,6 mm oder 0,8 mm, PVC-Isolierung oder PE-Isolierung. 1 Ader oder verseilt 2 bis 4 Adern.	In trockenen Räumen zur festen Verlegung in Isolationsrohren aP und uP.
YR	Kunststoff-Mantelleitung	Ader: Cu-Draht 0,8 mm ∅, Isolierung wie bei Y, Mantel aus PVC oder PE, 2 bis 24 Adern.	In trockenen und feuchten Räumen zur festen Verlegung aP und uP.
YRE	Schwachstrom-Erdkabel	Aufbau wie YR, aber verstärkter Mantel. Aderzahl 4 bis 16.	Wie YR und zusätzlich zur Verlegung im Erdboden.
IFY	Klingel-Stegleitung	Ader: Wie bei Y. 2 oder 3 Adern verbunden durch flaches Kunststoffband.	In trockenen Räumen zur festen Verlegung iP und uP.
A 2Y (St) 2Y	Außen-Kunststoffkabel	Aufbau wie bei YRE. Aderzahl 2 × 2 bis 100 × 2.	Zur festen Verlegung oberirdisch und unterirdisch.
J–Y (St) Y	Installations-Kunststoffkabel	Adern wie bei Y, Aufbau wie YR, aber verstärkter Mantel mit Schirm. Aderzahl 2 × 2 bis 80 × 2.	Wie YR. Qualitätsleitung, z. B. für EIB.
JE–Y (St) Y	Installationsleitung für Industrieelektronik	Aufbau wie YR, aber verstärkter Mantel mit Schirm.	Wie J–Y (St) Y bei erhöhten Anforderungen.
YCYM	Installations-Kunststoffkabel mit Cu-Schirm	Aufbau wie J–Y (St) Y, aber mit Cu-Schirm.	Wie JE–Y (S) Y, z. B. für EIB mit 2 × 2 × 0,8.

aP auf Putz, iP im Putz, uP unter Putz, PVC Polyvinylchlorid

Lichtwellenleiter (LWL) Fibre optic cables

Arten von Fasern

<table>
<tr><th>Aufbau, Bezeichnung</th><th>Übertragungsprinzip</th><th>Bemerkungen, technische Daten</th></tr>
<tr><td>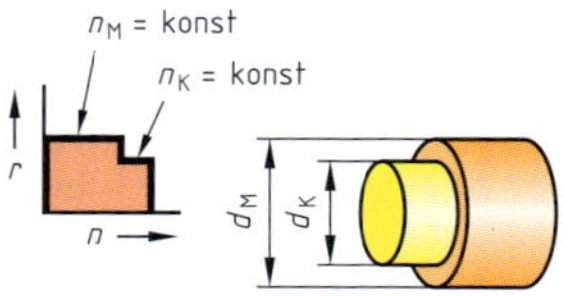

Multimodefaser mit Stufenprofil</td><td>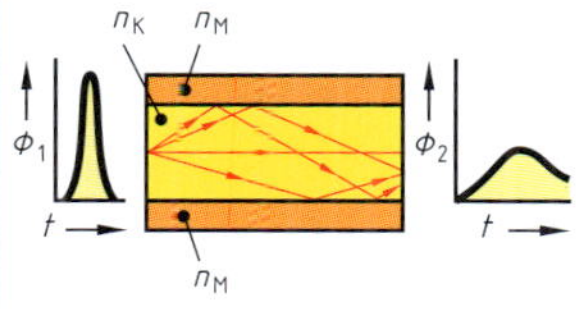
</td><td>Die Fasern bestehen aus Quarzglas oder Kunststoff.
Anwendung im Nahbereich, z. B. zwischen/in Gebäuden. Strahlungen mit verschiedenen Moden (Wellentypen) durch Totalreflexion übertragen.
$n_M = 1{,}517$; $n_K = 1{,}527$
$d_M = 200$ µm bis 500 µm
$d_K = 100$ µm bis 400 µm
$B \cdot l > 100$ MHz · km</td></tr>
<tr><td>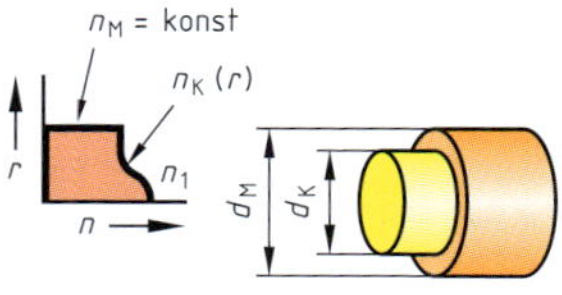

Multimodefaser mit Gradientenprofil</td><td>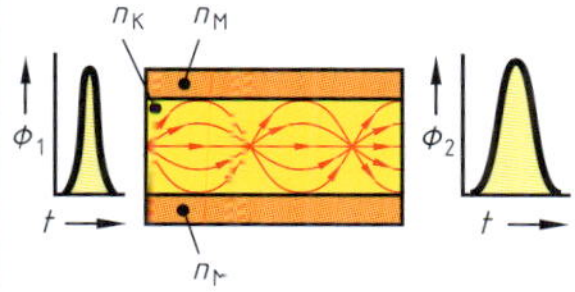
</td><td>Anwendung im erweiterten Nahbereich, z. B. im Ortsnetz. Die Brechzahl im Kernbereich ändert sich kontinuierlich. Dadurch entstehen fast keine Laufzeitunterschiede zwischen den Wellen.
$n_M = 1{,}457$; $n_K = 1{,}417$
$d_M = 125$ µm; $d_K = 50$ µm oder 62 µm
$B \cdot l > 1$ GHz · km</td></tr>
<tr><td>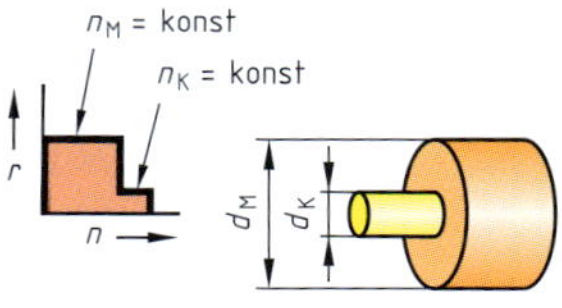

Singlemodefaser</td><td>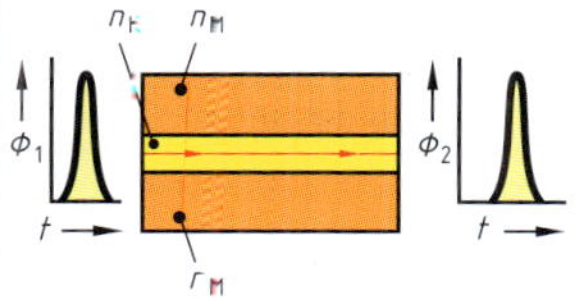
</td><td>Anwendung im Fernbereich.
Durch den sehr kleinen Kerndurchmesser breitet sich Strahlung gleicher Moden fast nur entlang der Längsachse aus. Die Ankopplung ist schwieriger herzustellen als bei den Multimodefasern.
$n_M = 1{,}457$; $n_K = 1{,}417$
$d_M = 125$ µm; $d_K \approx 10$ µm
$B \cdot l > 10$ GHz · km</td></tr>
</table>

Verbindungen zwischen Lichtwellenleitern

<table>
<tr><th>Aufbau</th><th>Bemerkungen</th></tr>
<tr><td>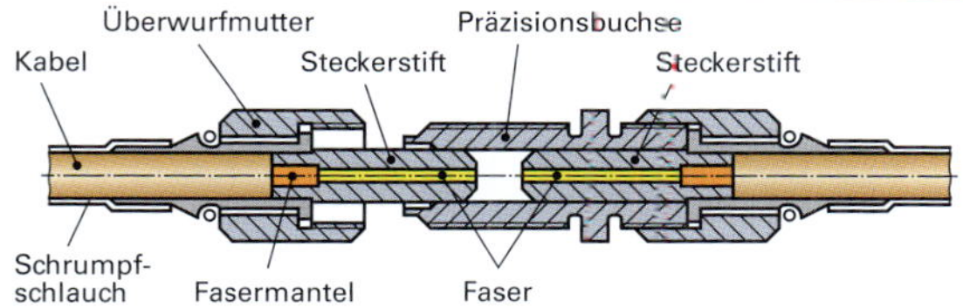

Direkte mechanische Steckverbindung</td><td>Eine besondere mechanische Präzision der Steckerelemente ist notwendig, um eine mittlere Dämpfung von < 1 dB der Steckverbindung zu erzielen. Die Toleranzen der Steckerelemente sind kleiner als 1 µm.
Das Anbringen eines LWL an einen Steckverbinder erfolgt mittels Kleben oder Crimpen. Dauerhaftes Verbinden von LWL erfolgt über Kleben oder Schmelzspleißen.</td></tr>
<tr><td>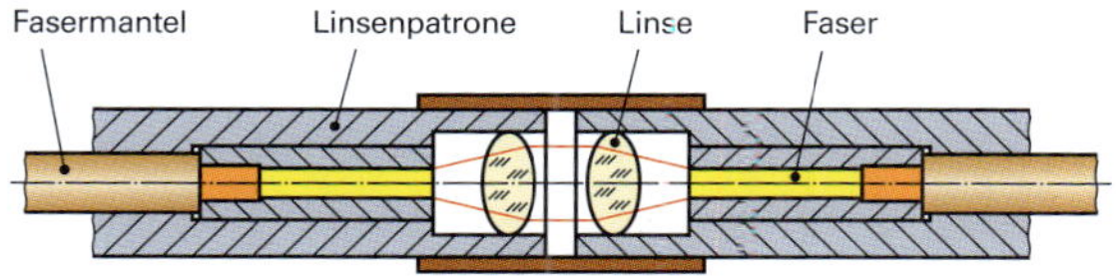

Prinzip der indirekten Verbindung über Linsensystem</td><td>Die indirekte Steckverbindung arbeitet mit einem Linsensystem. Diese Art der Ankopplung ist hinsichtlich Störungen, z. B. infolge von Strahlungsreflexionen an der Ankopplungsstelle, wesentlich weniger empfindlich als die direkte mechanische Ankopplung.</td></tr>
</table>

B Bandbreite
d_M Durchmesser Mantel
d_K Durchmesser Kern
l Reichweite
n_M Brechzahl Mantel
n_K Brechzahl Kern
n Brechzahl
r Radius
LWL Lichtwellenleiter
Φ_1 Eingangslichtstrom
Φ_2 Ausgangslichtstrom

K

Komponenten für Datennetze Components of data networks

Bezeichnung	Erklärung	Bemerkungen, Anwendung, Daten
AUI-Anschluss	Von Access Unit Interface = Zugriffs-Einheit-Schnittstelle	Spezielle Steckverbindung von Datengeräten. Siehe **Seite 440**.
Bridge	Von bridge = Brücke. Eine Bridge kann zwei LAN-Segmente miteinander verbinden, auch wenn diese nicht vom selben Typ sind, z. B. Ethernet mit Token-Ring.	Sobald die Bridge mit dem Netzwerk verbunden ist, lernt sie automatisch die Adressen. Bridges sind protokollunabhängig, sodass sie Daten übertragen, z. B. zwischen Workstations, ohne sie zu verstehen. Siehe auch **Seite 347**.
Frame-Relay-Komponenten (Rahmen-Relais)	Das Frame-Relay multiplext und sendet Daten in Form von Paketen.	Komponenten wie Bridges, Router, Switchs ermöglichen darüber Verbindungen von LAN zu WAN.
Gateway	Ist ein aktiver Netzknoten (Computer), der zwei physikalisch zueinander inkompatible Netze verbindet: Unterschiede in Adressierung, Übertragungsgeschwindigkeit und Übertragungsmedium.	Bekanntestes Beispiel: ISDN-Router, der zwischen LAN und Telefonnetz verbindet.
HDSL-Modem	HDSL von High Bitrate Digital Subscriber Loop = digitale Übertragungs-Schleife mit hoher Bitrate. Ermöglicht Breitbanddienste über vorhandene Kupferleitungen ohne Repeater.	Verfügbar sind Versionen für 2 oder für 3 Adernpaare. Bei Drahtdurchmesser 0,4 mm Reichweite bei 2-Paar-Version z. B. 3,6 km, bei Drahtdurchmesser 1,2 mm und 3-Paar-Version 15,4 km.
Konverter	Von to convert = umsetzen. Sammelbezeichnung für Geräte, die Übergänge von einem System in ein anderes erlauben.	Siehe Medienkonverter, Seriell-parallel-Konverter, und Seite „Konverter für Datenleitungen".
Load Balancer	Ist ein Lastverteilter, der Antwortzeiten und Auslastung (Performance) von Netzwerk-Servern beurteilt und Anfragen aus dem Internet zum Server mit aktuell bester Performance weiterleitet.	Die öffentliche Internet-Domain einer Firma ist dem Load-Balancer-Computer zugewiesen. Die eigentlichen Firmen-Web-Server besitzen nach außen nicht bekannte Adressen.
Manueller Switch (einfacher Mehrstellenschalter)	Im Wesentlichen mechanisch wirksamer Schalter zum Umschalten. Preisgünstige Lösung für Anwendungen, die keinen Speicher benötigen. Manuelle Switches sind ohne Stromversorgung, können also überall eingesetzt werden.	Mit einem ABC-Switch können zwei Benutzer ein Peripheriegerät teilen oder ein Benutzer kann zwischen zwei Peripheriegeräten wählen. Ein ABCDE-Switch ermöglicht vier Benutzern die Nutzung eines Gerätes oder einem Benutzer die Nutzung von vier Geräten. Mit einem X-Switch können zwei Benutzer zwei Geräte teilen. Ein Dual-Switch kann gleichzeitig zwei Anschlüsse schalten.
Medienkonverter	Erlaubt den Übergang von einem Übertragungsmedium auf ein anderes, z. B. von Koaxialleitung auf Twisted-Pair-Leitung.	Siehe **Seite „Konverter für Datenleitungen"**.
Modem	Kunstwort aus Modulator und Demodulator. Siehe auch Seite 349.	Ermöglicht den Anschluss von Digitalgeräten, z. B. einem PC, an das analoge Telefonnetz.
Modem, ISDN-	Ein ISDN-Modem sendet und empfängt Daten über Digitalleitungen mit 64 kbit/s.	Die Daten werden über einen Kanal oder zwei Kanäle übertragen, und zwar binär codiert.
Multiplexer, lokaler (Mux, lokaler)	In der Datentechnik Gerät, welches das Zeitmultiplexverfahren ermöglicht.	Lokale Mux ermöglichen den Anschluss von z. B. 48 Kanälen über ein einziges Kabel.
Netzwerk-Adapterkarte NIC	Von Network Interface Controller. Eine Hardware-Komponente, die direkt mit dem Endgerät verbunden ist.	Meist eine Steckkarte im PC, im Router oder in anderen Komponenten. Bildet die Schnittstelle zum Netz, z. B. als Ethernet-Karte.
Netzwerkkarte (Ethernet-Karte)	Steckkarte für den Steckplatz (Slot = Schlitz) im PC, die den Anschluss an das Ethernet ermöglicht.	Außer der Netzwerkkarte müssen Software-Treiber installiert werden.
Network Attached Storage (NAS)	Konfigurierbarer Datenspeicher in einem Netzwerk. Seine Festplatten sind eine eigenständige Einheit und an keinen Server gebunden.	Ein NAS-Speicher besteht aus einer oder mehreren Festplatten, einem Netzteil für die Stromversorgung und dem Netzwerkinterface.

Komponenten für Datennetze (Fortsetzung)
Components of data networks (continued)

Bezeichnung	Erklärung	Bemerkung, Anwendung, Daten
Parallel-Seriell-Konverter	Der Konverter macht einen parallelen Anschluss kompatibel zu einem seriellen Gerät.	Ermöglicht den Anschluss eines seriellen Druckers an einen parallelen Anschluss.
Patchfeld (Rangierfeld)	Ein Umsteckfeld, das dem Anschluss, dem Verteilen und Rangieren (Verändern) von Netzverbindungen dient.	Das Patchfeld erleichtert durch das Umstecken auch den Anschluss von Analysegeräten.
Print-Sharer	Siehe Sharer	In verschiedenen Leistungsklassen erhältlich.
Puffer (Spooler, Cache)	Einrichtung zur zeitweisen Speicherung (Zwischenspeicher). Puffer enthalten RAMs zur Aufnahme und anschließender Ausgabe von Daten. Caches sind Zwischenspeicher für oft verwendete Daten.	Ein Puffer sorgt für den Ausgleich von Geschwindigkeitsunterschieden beim Datenfluss zwischen zwei Geräten. Puffer können serielle und parallele Ports haben, sodass sie auch zur Konvertierung parallel–seriell und seriell–parallel eingesetzt werden können.
Remote-Access-Router	Von remote = entfernt, access = Zugang. Router, der den Zugang zu entfernten Netzen unterstützt. Auch als Remote-Access-Server bezeichnet.	Mit derartigen Routern ist z. B. der Zugang zum ISDN oder zum Internet möglich.
Router	Von route = Weg. Gerät zur Verbindung verschiedener LAN-Segmente oder LANs. Untersuchen Pakete und stellen sie bei Fehlern wieder her, ohne Fehler weiterzugeben. In Routern sind unter anderem Verstärker (im Sinne der Datentechnik) enthalten.	Multiprotokoll-Router unterstützen eine Vielzahl von LAN-Protokollen. Router müssen konfiguriert und installiert werden. Siehe auch Seite 347.
Seriell-Parallel-Konverter	Ein Seriell-Parallel-Konverter macht einen seriellen Port am PC kompatibel zu Geräten mit parallelem Port.	Seriell-Parallel-Konverter kommen zum Einsatz, wenn nur noch serielle Anschlüsse zur Verfügung stehen.
Sharer (Drucker-Switch)	Der Sharer (to share = aufteilen) teilt einem Gerät bis z. B. sechs Geräte zu. Enthält meist einen Puffer.	Print-Sharer ermöglichen den Anschluss von mehreren PC an einen einzigen Drucker.
Terminaladapter, USB-ISDN-	Adapter zur Kopplung eines PC mit der USB-Schnittstelle an ISDN.	Der Adapter wird an den NT (Netzabschluss) gesteckt. Die Stromversorgung erfolgt über den USB-Port.
Terminaladapter a/b	Mit diesem Adapter können analoge Endgeräte an das ISDN-Netz angeschlossen werden, z. B. Fax oder Telefon.	Bei der Datenübermittlung mit analogen Endgeräten im ISDN muss auch der Empfänger mit einem Terminaladapter a/b arbeiten.
Transceiver, Sende-Empfänger	Kunstwort von to transmit = übertragen und to receive = empfangen. Gerät, welches in den Datenweg geschaltet wird, um die Übertragung zu ermöglichen oder zu verbessern.	Z. B. setzen Fiberoptik-Transceiver die elektrischen Signale in Lichtsignale oder Infrarot-Signale zur Übertragung über LWL um und optische Signale der LWL in elektrische Signale.
Verstärker	Gerät, welches die Datenübertragung über längere Strecken als ohne Verstärker ermöglicht, und zwar oft auch bei größeren Bitraten als ohne Verstärker.	Anders als bei einem analogen Signalverstärker sind zusätzlich Signalregenerierer und Konverter enthalten.

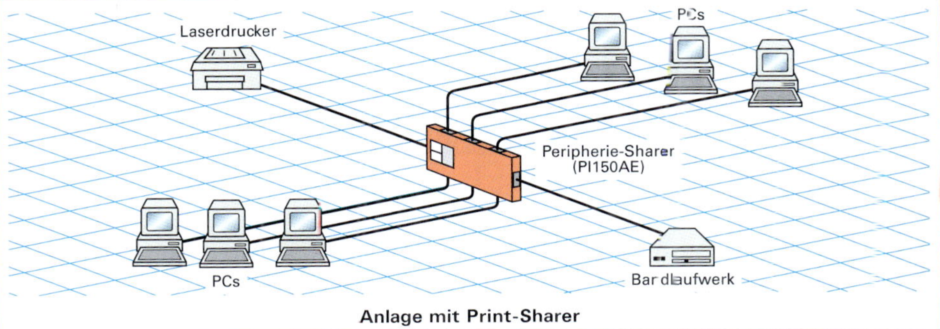

Anlage mit Print-Sharer

Konverter für Datenleitungen Converter for data lines

Art	Bemerkungen	Anschlüsse
PC-Medienkonverter	Steckkarte für den Steckplatz (Slot) eines PC, die eine Datenumsetzung zwischen Twisted-Pair-Leitungen (10 BASE-T für Ethernet, 100 BASE-TX für Fast Ethernet) und Thin-Koax-Leitungen oder zwischen Twisted-Pair-Leitungen und Singlemode-Glasfaser-Leitungen oder zwischen Twisted-Pair-Leitungen und Multimode-Glasfaser-Leitungen ermöglicht.	PCI-Slot oder ISA-Slot, Stromversorgung durch PC; RJ45-Anschluss für Twisted-Pair-Leitungen (4 Adern), BNC-Anschluss für Thin-Koax-Leitungen, Anschlüsse ST, SC für Glasfaser-Leitungen.
Medienkonverter 10Base-T	Dient zur Verbindung von 10 BASE-T-Leitungen mit Glasfaser-Leitungen. Über 10 BASE-T-Leitungen werden 10 Mbit/s (10 Mbps) übertragen. 10 BASE-T-Leitungen dürfen maximal 90 m lang sein, Multimode-Glasfaser-Leitungen bis 2 km.	RJ45-Anschluss geschirmt für 10 BASE-T, 8-polig, Anschlüsse SMA, ST, SC für Glasfaser-Leitungen, externes Netzteil.
10 BASE-T (100 BASE-TX) / Thin-Wire-Medienkonverter	Dient zur Verbindung von 10 BASE-T-Leitungen (100 BASE-TX-Leitungen) mit Thin-Wire-Leitungen.	RJ45-Anschluss geschirmt für 10 BASE-T (100 BASE-TX), BNC-Anschluss für Thin-Wire-Leitungen.
10 BASE-T/ AUI-Medienkonverter	Ermöglicht die Umsetzung von 10 BASE-T-Leitungen zu Leitungen mit AUI-Anschluss. AUI-Anschluss kann auch für Thick-Koax sein.	RJ45-Anschluss geschirmt für 10 BASE-T, AUI-Anschluss, 15-polig.
Crossover-Medienkonverter 100 BASE-T (Multiplexer)	Bis zu acht 100 BASE-T-Leitungen können an ein Paar Glasfaser-Leitungen (Multimode-Fiberoptik) angeschlossen werden **(Bild)**. 100 BASE-T-Leitung bis 90 m lang, Multimode-Glasfaser-Leitung bis zu 2 km, Singlemode-Glasfaser-Leitung bis 8 km.	RJ45-Anschluss geschirmt für 100 BASE-T, Anschlüsse SMA, ST, SC für Glasfaser-Leitungen.
Medienkonverter 100 BASE-TX	Dient zur Verbindung von 100 BASE-TX-Leitungen mit Glasfaser-Leitungen (100 BASE-FX). Über 100 BASE-TX-Leitungen werden 100 Mbit/s (100 Mbps) übertragen. Bei Multimode-Glasfaser-Leitung (Übertragung bis 2 km, bei Singlemode-Glasfaser-Leitung bis 8 km, 100 BASE-TX-Leitung bis 90 m.	RJ45-Anschluss geschirmt für 100 BASE-TX, Anschlüsse SMA, ST, SC für Glasfaser-Leitungen (Fiberoptik).
Schnittstellenkonverter	Auch als Leistungsverstärker bezeichnet. Verfügbar sind z. B. Schnittstellenkonverter RS 232 / RS 485, RS 232 / RS 422, RS 232 / X.21, RS 232 / V.35, RS 422 / V.35, V.35 / X.21, RS 232 (V.24) / 20-mA-Current-Loop.	Sub-D-Steckverbinder mit 9, 15, 25, 37 Kontakten.
Videokonverter	Setzt Bilder von XGA, VGA, SVGA, VESA oder Macintosh in Echtzeit in ein Videoformat mit RGB um. Die Auflösung beträgt z. B. 1024 × 768 Bildpunkte.	Eingänge, Ausgänge VGA DB15HD, S-Video Mini-DIN 4 Komposit BNC

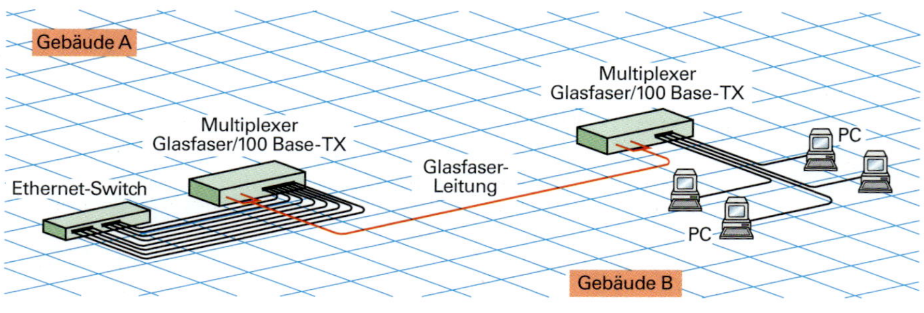

Einsatz von zwei Crossover-Medienkonvertern

K

Leiterplatten Basismaterialien

Material	TG-Werte	Anwendungen	Dauer-Betriebstemperatur
FR4 (120)	120 °CC	Standardbasismaterial für 1- und 2-seitige Leiterplatten	115 °C bis 140 °C
FR4 (170)	170 °C	Standardbasismaterial mit Epoxidharz und Glasfasergewebe	115 °C bis 170 °C
FR5	150 °C	Tetra/Multi-Epoxy mit Glasfasergewebe	140 °C bis 150 °C
Poliamid	250 °C	Flex-Leiterplatten	bis 210 °C
Teflon (PTFE)	260 °C	HF-Anwendungen ohne oder mit Glasfasern	Kleberlos im DB bis 190 °C
Verschiedene Klebstoffe	90 °C bis 120 °C	Zum Befestigen kleiner und größerer Bauteile	Eigenschaften siehe Datenblatt

Montageverfahren (Verbindungstechniken)

Prozesse	Temperaturen	Erklärungen	Bemerkungen
Eutektisches Bonden (Zusammenlegieren)	300 °C	Guter Ohm'scher Kontakt, keine Verschmutzung, große Festigkeit	Beim eutektischen Bonden bildet sich das Lot erst beim Prozess.
Löten	200 °C bis 300 °C	Guter Ohm'scher Kontakt, keine Verschmutzung, große Festigkeit, geringe Chipbelastung	Hohe Prozesstemperatur (Pb-Lot), anfällig für thermische Belastung (Sn-Lot).
Kleben mit Epoxid	175 °C bis 200 °C	Leicht automatisierbar, niedrige Härtetemperaturen	Thermisch stabil nur bis 200 °C, ausgasen bei hoher Temperatur.
Kleben mit Polyimid	ca. 300 °C	Gute thermische Stabilität, wenig Ausgasen	Absorbiert wenn gehärtet Feuchtigkeit, hoher Preis.
Reflow Löten	240 °C	Weichlötverfahren zum Auflöten von SMD-Bauteilen	Es gibt verschiedene Reflow-Verfahren z. B. beheizte Formteile, Infrarot-Strahler, Laser-Löten.

Manuelles Bestücken von Leiterplatten / Flachbaugruppen

Bauteile, Hilfsmittel	Erklärungen	Bemerkungen
Widerstand, Diode, Kondensator	Bauteile mit axialen Anschlüssen, aufliegend montieren und löten, Beschriftung von einer Seite lesbar.	Anschlüsse liegen auf einer Achse. Zuerst die kleinen, dann die größeren Bauteile montieren.
Kondensator, LED	Radiale Anschlüsse für stehende Montage.	Kondensatoren werden aufliegend, LED werden mit kleinem Abstand montiert.
Transistor, Halbleiter	Anschlüsse in Dreieckform oder in einer Linie.	Montage ca. 3 mm über der Leiterplatte.
Stecker, Buchsen	Schwere Bauelemente müssen vor dem Löten angeschraubt werden.	Bei umgekehrtem Vorgehen entstehen Belastungen der Lötverbindung.
IC, DIL-Bauelemente	Anschlüsse in einer oder mehreren Linien, Bauteil aufliegend montieren.	Zuerst nur zwei Anschlüsse anlöten, dann Lage kontrollieren.

TG-Wert Erweichungspunkt (Glass Transition Temperature), DB Dauerbetrieb, FR flame retardant (Flammen hemmend).

K

Arten von Leiterplatten   Types of boards

Begriff	Ansicht	Erklärung	Bemerkungen
Einseitig bestückte Leiterplatte			
Bestückungsseite	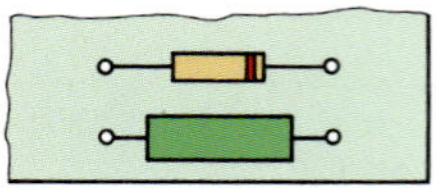	Auf der Bestückungsseite befinden sich die Bauteile mit Anschlussdrähten.	Bestückungsaufdruck kann Fertigung, Prüfung und Wartung erleichtern. Aufdruck erfolgt im Siebdruck.
Lötseite		Lötaugen mit Löchern in der Mitte für das Durchstecken und Löten der Bauteilanschlüsse.	Lötstoppmaske kann vorteilhaft sein. Diese überdeckt das Leiterbild mit Ausnahme der Lötaugen.
Rasterlinien der Layoutsoftware	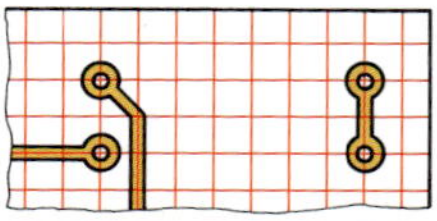	Zueinander rechtwinklige, gedachte parallele Geraden mit z. B. 2,5 mm oder 2,54 mm ($^1/_{10}$ Zoll) Abstand. Oft auch Punktraster möglich.	Die Lötaugenmitten müssen auf Schnittpunkten von Rasterlinien liegen. Für IC-Pins sind z. B. $^1/_{10}$ Zoll einstellbar.
Doppelseitig bestückte Leiterplatte			
Durchplattierung	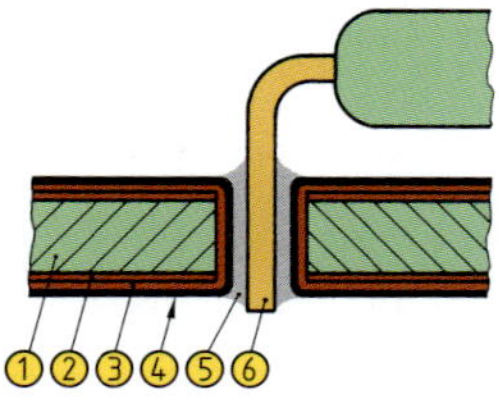	1 Schichtpressstoff 2 Kupferkaschierung 3 chemisch und elektrochemisch aufgebaute Kupferschicht 4 elektrochemisch aufgebaute Zinn-Blei-Schicht 5 Lot 6 Bauteilanschluss	Verbindung zwischen einem Leiter auf der Bestückungsseite und einem Leiter auf der Lötseite. Herstellung durch chemisch / elektrochemische Arbeitsschritte, denen jeweils die ganze Platte unterworfen ist.
SMD-Technik	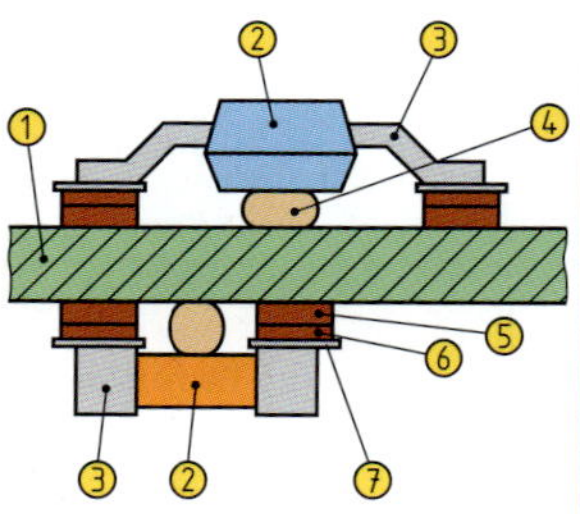	1 Leiterplatte 2 SMD-Bauelemente 3 Lötanschlüsse 4 Klebepunkt 5 Basis-Kupfer 6 galvanisches Kupfer 7 Lötpaste, aufgebracht im Siebdruckverfahren	Das SMD-Verfahren (SMD von Surface Mounted Device = oberflächenmontierbares Bauteil) führt zu hoher Packungsdichte auf der Platine. Die Platinen werden meist im Reflow-Verfahren gelötet (reflow = Rückfluss). Die Bauelemente werden zunächst auf die Platine geklebt. Anschließend wird die Lötpaste durch Infrarotstrahler zum Schmelzen gebracht.
Multilayer-Leiterplatte (Mehrschicht-Leiterplatte)			
Mehr-Lagen-Leiterplatte	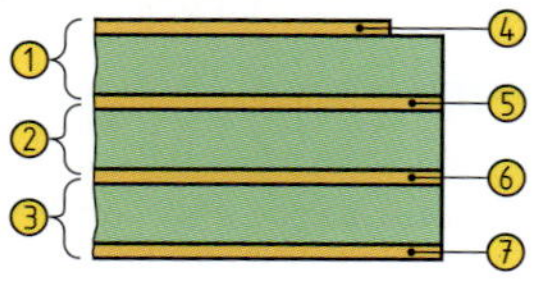	1 obere Platte 2 mittlere Platte 3 untere Platte 4 bis 7 } Signalleiter	Die Platten werden nach dem Ätzprozess miteinander verklebt.
Folien-Tastatur	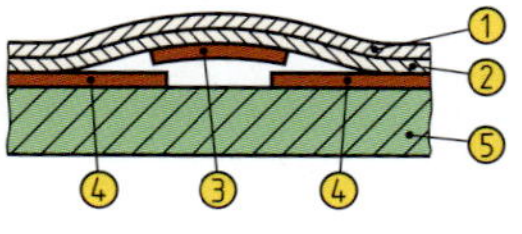	1 Schriftfolie 2 bewegliche Folie 3 Kupferfläche 4 Kupferleiter 5 Basisplatte	Ersatz für konventionelle Tastschalter.

Vorgang	Icon, Bildschirmanzeige	Erklärung, Klickweg
Programm starten	 E infach A nzuwendender G rafischer L ayout E ditor	Das Programm EAGLE (Adler) dient zur Erstellung fertigungsbezogener Schaltungsunterlagen wie Schaltplänen, Platinenlayouts, Bestückungsplänen, Belichtungsmasken, Bohrdateien oder Fräsdateien. Der Programmstart erfolgt durch Klicken auf das Icon EAGLE.
Schaltplan-editor öffnen		Zunächst muss mit dem Programmmodul Schaltplaneditor der Schaltplan für die Schaltung gezeichnet werden, die später auf der fertigen Platine aufgebracht wird.
Bibliotheken öffnen	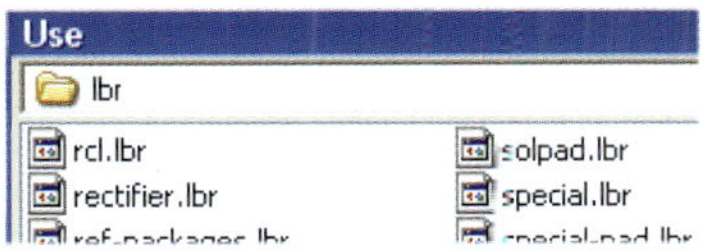	Mit dem Befehl Use (Nutzen) können verschiedene Bibliotheken mit Bauelementen ausgewählt und geöffnet werden. Z. B. enthält die Bibliothek rcl.lbr Widerstände (r), Kondensatoren (c), und Spulen (l) mit unterschiedlichen Bauformen und Abmessungen.
Bau-elemente auswählen	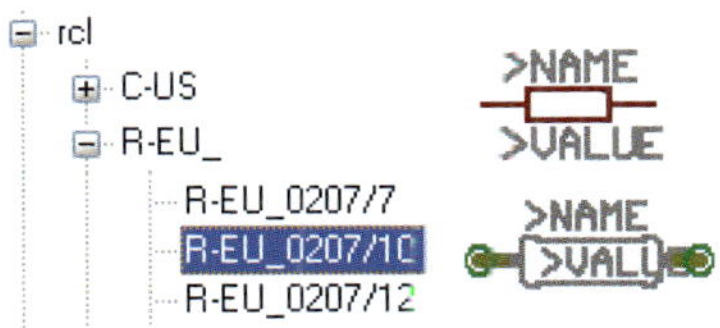	Jedem Device (Element) ist ein Symbol und ein Package (Gehäuse) zugeordnet. Symbole gibt es in verschiedenen Normdarstellungen. Bauelemente werden mit dem Befehl Add (Hinzufügen) ausgewählt. Der Widerstand R-EU_0207/10 hat ein europäisch genormtes Symbol (EU), hat einen Durchmesser von 2 mm (02), ist 7 mm lang (07) und der Bohrlochabstand beträgt 10 mm (/10).
Schaltplan zeichnen	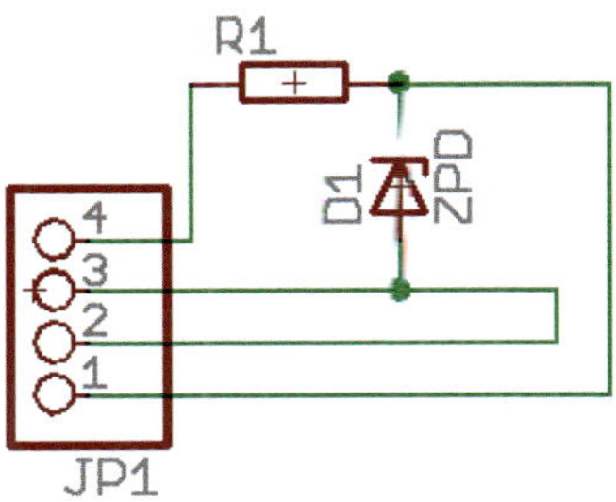	Ausgewählte Bauelemente hängen am Mauszeiger. Sie werden mit der rechten Maustaste gedreht und mit der linken Maustaste im Schaltplan platziert. Mit Klick auf den Befehl Net (Netzwerk) werden die Bauelemente elektrisch verbunden. Die Verbindungslinien beginnt man mit einem linken Mausklick. Man beendet sie mit einem linken Mausklick an einem Bauelementeanschluss oder mit einem Doppelklick an einer beliebigen Stelle im Schaltplan. Mit dem Befehl Move (Bewegen) werden Bauelemente im Schaltplan verschoben und mit dem Befehl Delete (Löschen) werden sie aus dem Schaltplan entfernt.
Namen und Werte zuweisen	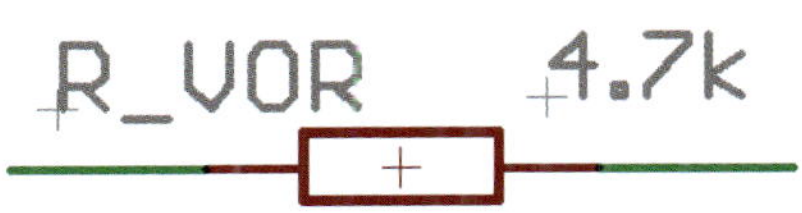	Mit dem Befehl Name wird die Bauteilbezeichnung geändert und mit dem Befehl Value (Wert) die Wertangabe. Um dargestellte Namen und Werte mit Move am Symbol anders anzuordnen, muss zuvor der Befehl Smash (Zerschlagen) gewählt werden und das Symbol angeklickt werden.
Schaltplan auf Fehler prüfen	EAGLE Version 5.11r1 Copyright (c) 1988–2011 CadSoft Electrical Rule Check für C:/Programme/EAGLE WARNUNG: Nur 1 Pin an Netz N$1 WARNUNG: Nur 1 Pin an Netz N$2 0 Fehler 2 Warnungen	Den Befehl ERC Electrical Rule Check = elektrische Regelüberprüfung) anklicken. Das Programm EAGLE unterscheidet Fehler von Warnungen. Bei einer Warnung, z. B. bei offenen Pins (Anschlüssen) eines Symbols, kann das Programm trotzdem fortgesetzt werden.
Schaltplan speichern	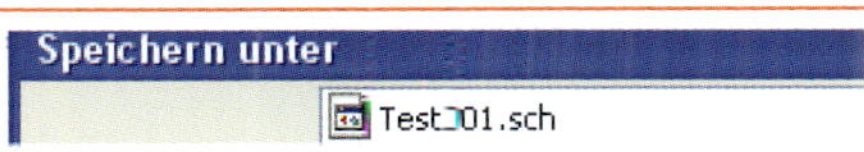	Der Schaltplan wird mit dem Dateizusatz sch (sch von Schematic = Schaltplan) abgespeichert.

Platinenanfertigung mit EAGLE (Fortsetzung)
Manufactoring of boards with EAGLE (continued)

Vorgang	Icon, Bildschirmanzeige	Erklärung, Klickweg
Platinendatei erzeugen und Platinengröße einstellen	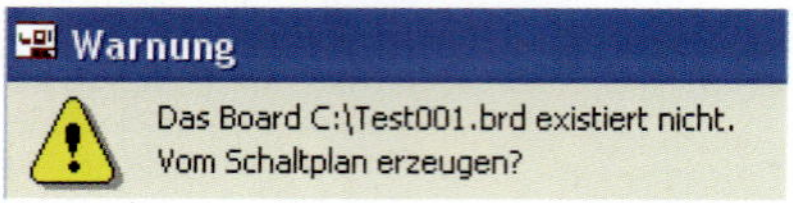 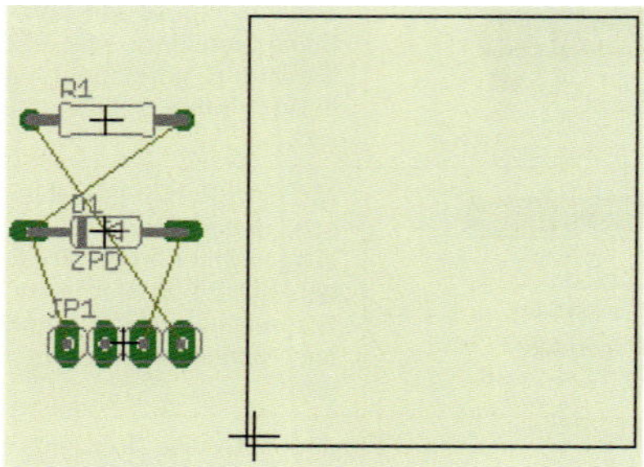	Durch Anklicken des Befehls Board (Platine) wird man gefragt, ob man eine Platinendatei aus dem Schaltplan erzeugen will. Mit der Schaltfläche Ja bestätigen. Neben der leeren Platine werden die Gehäuseformen (Packages) der Bauelemente mit Gummiverdrahtungen angeordnet. Den Befehl Move (Bewegen) anklicken, mit dem Mauszeiger den oberen Platinenrand in der Mitte anklicken und nach unten ziehen. Danach den rechten Platinenrand in der Mitte anklicken und nach rechts verschieben. Ist die Platine auf Millimeter genau einzustellen, wird mit dem Befehl Grid (Raster) das Rastermaß auf Millimeter umgestellt. Nach der Einstellung muss das Rastermaß auf Inch zurückgesetzt werden, weil viele Bauelementeanschlüsse (Pads) einen Abstand im Inch-Maß besitzen, z. B. 0,1 inch bei integrierten Schaltkreisen.
Bauelemente platzieren und Befestigungslöcher festlegen	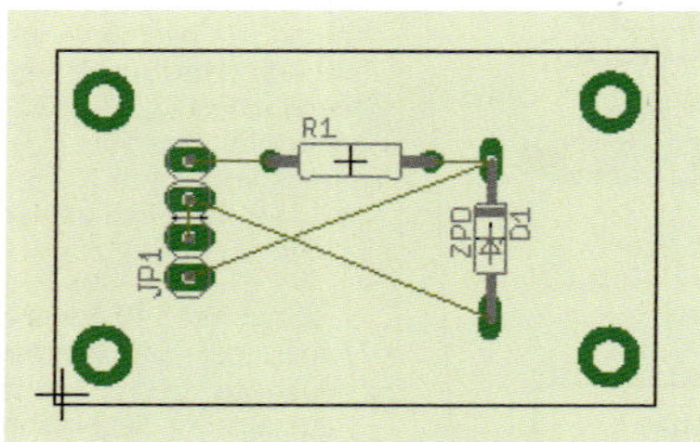	Mit dem Befehl Move werden die Gehäuseformen auf die Platine gezogen und so platziert, wie sie später bestückt werden. Mit dem Befehl Via (Durchkontaktierung) werden die Löcher für die Befestigungsschrauben angebracht. Deren Form wird mit den Befehlen Change und Shape (Ändern und Form), deren Größe mit den Befehlen Change und Diameter (Durchmesser) und deren Bohrlochgröße mit den Befehlen Change und Drill (Bohrloch) eingestellt. Mithilfe des Befehls Grid (Raster) kann die Einstellung in inch oder in mm erfolgen.
Platine routen	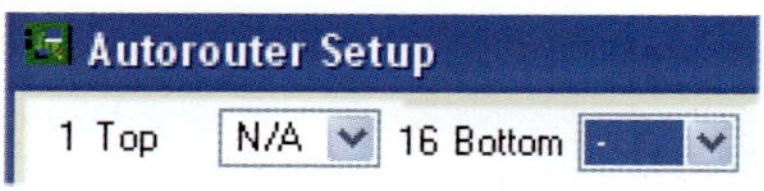 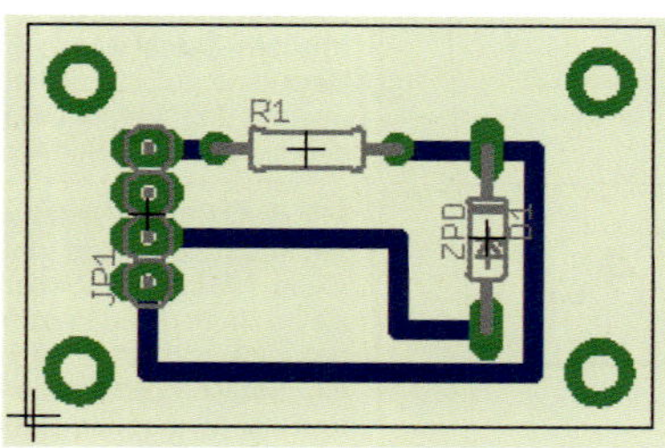	Mit dem Befehl Auto wird der Autorouter geöffnet. Soll die Platine nur auf der Unterseite Leiterbahnen erhalten, wird unter Top (Oberseite) die Einstellung N/A gewählt und unter Bottom (Unterseite) die Einstellung – **(Bild)**. Mit Klicken auf die Schaltfläche OK wird der Entflechtungsvorgang eingeleitet. Bei komplexeren Schaltungen führt man vor dem Befehl Auto eine Vorentflechtung mit dem Befehl ratsnest (Rattennest) durch. Zur Vergrößerung der Pads (Anschlüsse der Gehäuseformen) wählt man den Befehl DRC (Design Rule Check = Zeichnungsregelprüfung) → Restring (neu aufziehen) und trägt unter Pads Bottom % z. B. den Wert 50 ein. Durch Klicken auf die Schaltfläche Anwenden wird der Befehl ausgeführt.
Fertigungsbezogene Unterlagen erstellen	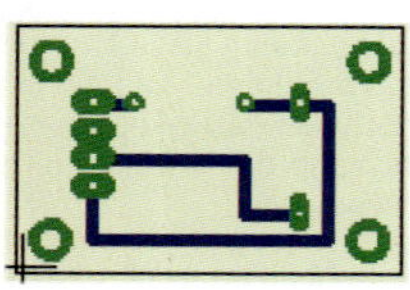 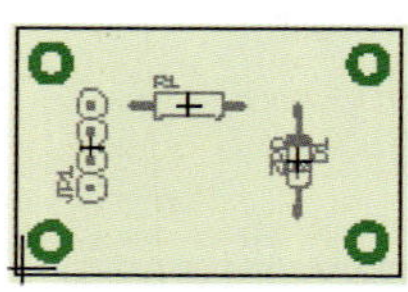	Mit dem Befehl Display (Anzeige) können Layer (Bildebenen) ausgeblendet oder eingeblendet werden. Für das Layout aktiviert man die Layer Bottom, Pads, Vias und Dimension (Größe). Für den Bestückungsplan wählt man die Layer Vias, Dimension und tPlace (Top-Bestückung).

Leiterplattenherstellung

Ätzverfahren

Schritte	Erklärungen
Schritt 1: Daten kontrollieren	Zur Herstellung einer Platine werden das Leiterplattenlayout der Lötseite, Bohrdateien, für mehrlagige Platinen (Multilayer) die Anzahl der Leitbahnlagen, Stärke der Kupferschicht (von 35 µm bis 300 µm) und die Nutzenzahl benötigt. Ein 8-fach-Nutzen heißt, auf einer Leiterplatte werden 8 gleiche Layouts untergebracht.
Schritt 2: Bilder (Filme) plotten	Mit Laserplottern werden teiltransparente Bilder erstellt, z. B. zum Belichten der Fotoschicht der Leiterplatte über den wegzuätzenden Kupferstrukturen, für die Lötstoppmaske oder zum Bedrucken der Bestückungsseite.
Schritt 3: Bohren und Bürsten	Nach dem Entfernen der Schutzfolie wird die Leiterplatte gebohrt. Darunter fallen Bohrlöcher zum Anbringen und Anlöten der Bauelemente, Durchkontaktierungen bei doppelseitig mit Kupfer beschichteten Platinen oder Sacklöcher bei Multilayerplatinen. Röntgensysteme erkennen die inneren Layer und unterstützen das Bohrprogramm. Die Bohrgrate werden durch Bürstmaschinen mit Schleifwalzen entgratet.
Schritt 4: Belichten	Falls auf der Kupferschicht noch nicht vorhanden, wird eine UV-empfindliche Lackschicht aufgetragen. Ist sie getrocknet, wird das geplottete Layout aufgebracht und passend zum Bohrbild ausgerichtet. Anschließend wird die UV-empfindliche Lackschicht über den wegzuätzenden Strukturen mit UV-Licht belichtet.
Schritt 5: Entwickeln	Bei Positivlacken wird der verfestigte Lack durch das Belichten wieder löslich und mit Entwicklerflüssigkeit entfernt. Bei Negativlacken verhärtet der Lack über den wegzuätzenden Kupferstrukturen, d. h. die Entwicklerflüssigkeit entfernt den Fotolack über den zu erhaltenden Kupferstrukturen.
Schritt 6: Ätzen	Bei Verwendung von Positivlacken können die nicht benötigten Kupferstrukturen direkt weggeätzt werden. Da in der industriellen Fertigung oft Negativlacke verwendet werden, wird mit Strom eine ätzresistente Zinnschicht auf die zu erhaltenden Kupferstrukturen aufgebracht. Dann werden die Restflächen mit einer chloridhaltigen Lösung weggeätzt und anschließend die Zinnschicht mit Salpetersäure entfernt (gestrippt).
Schritt 7: Lötstopplack auftragen	Lötstopplack verhindert die Haftung von Loten. Dadurch werden Lötbrücken vermieden. Der Lack verleiht der Platine die typisch grüne Farbe. Darüber hinaus können Lötpads zur besseren Lötbarkeit metallisiert werden.
Schritt 8: Beschriften	Im Siebdruckverfahren erhält die Bestückungsseite einen Kennzeichnungsdruck. Bei einem Mehrfachnutzen werden die einzelnen Platinen zugeschnitten oder zum Trennen mit einer V-Nut eingekerbt.

Fräsverfahren

Schritte	Erklärungen
Schritt 1: Fräsdateien erzeugen	Für Einzelstücke ist es erforderlich Platinen durch Fräsen zur erstellen. Dazu werden aus Layouteditoren, z. B. EAGLE, Daten in das Programm der Fräsmaschine übertragen, z. B. die Eintauchtiefe, Eintauchgeschwindigkeit und Durchmesser der Bohrer oder die Eintauchtiefe des Flachfräsers.
Schritt 2: Platine aufspannen	Aufspannen ist das Anbringen der Platine in der Fräsmaschine. Sie muss für Fräsen und Bohren identisch sein, damit zentrierte Bohrungen in den Lötpads erfolgen. Ohne Tiefenregler muss die Platine plan eingespannt sein.
Schritt 3: Fräsen	Mit einem Plotviewer, z. B. SheetCam oder LazyCam erhält man eine Voransicht auf das Fräsergebnis. Manche Plotviewer ermöglich noch eine Nachbearbeitung der Plotdatei. Die Platine wird z. B. mit einem 60°-Fräser oder 40°-Fräser gefräst, wobei die Frästiefe z. B. 0,15 mm beträgt. Ein Tiefenregler gewährleistet eine gleichmäßige Bohrtiefe.
Schritt 4: Bohren	Bohrungen sind bei der Platinenunterseite spiegelbildlich zur Oberseite, deshalb ist die Nullposition wie auch beim Fräsen für die Oberseite vorne links und für die Unterseite vorne rechts. Für einen Bohrerwechsel hält das Programm an und fährt die Spindel auf die dafür eingestellte Position.
Schritt 5: Beschichten	Nach dem Reinigen der Platine mit einem Lösungsmittel, z. B. Aceton oder Spiritus, wird sie mit Lötlack beschichtet. Dadurch wird die Lotannahme verbessert und sauberes Einlöten der Bauelemente erreicht. Der Lötlack schützt die Leiterbahnen vor Korrosion.

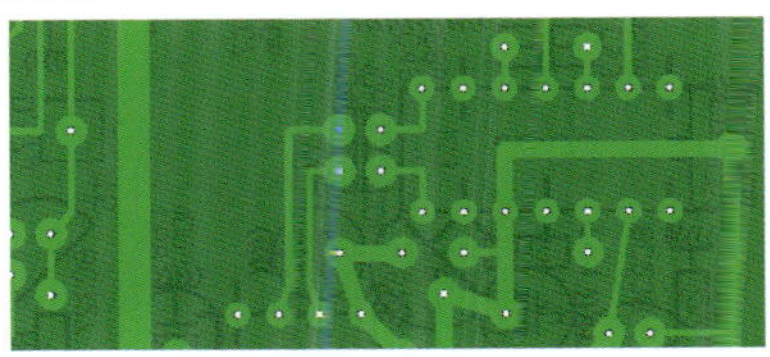

geätzte Leiterplatte

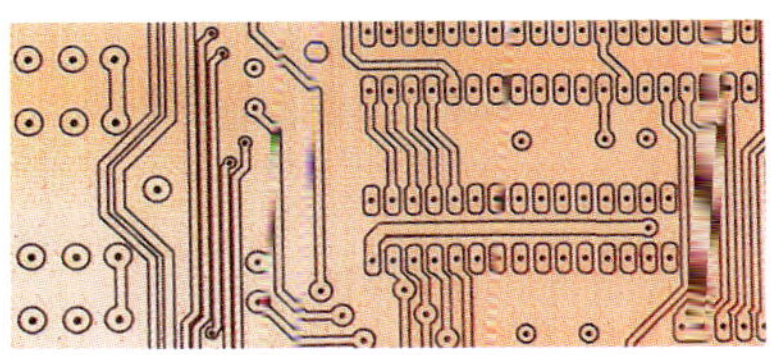

gefräste Leiterplatte

K

Steckverbinder Connectors

Art	Ansichten, Kurzzeichen
Einpolige oder zweipolige Verbinder	
Koax-Typen und Twinax-Typ	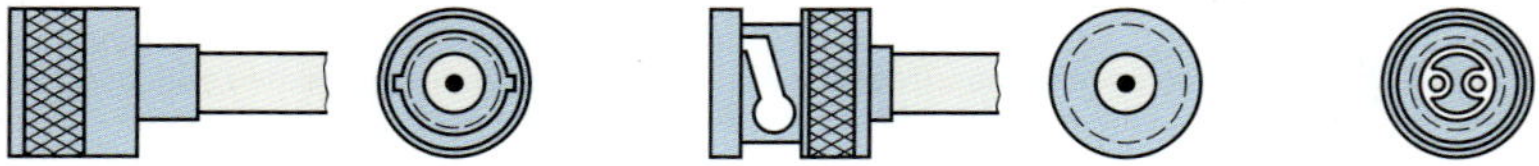 TNC, BNC, Twinax
Glasfaser-Steckverbinder	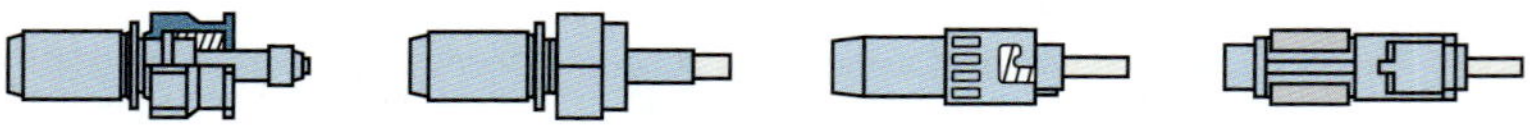 SMA 905, SMA 906, ST, SC **Bei Duplex-Leitungen sind zwei Stecker auf jeder Seite**
Vierpolige und mehrpolige Steckverbinder	
Western-Typen	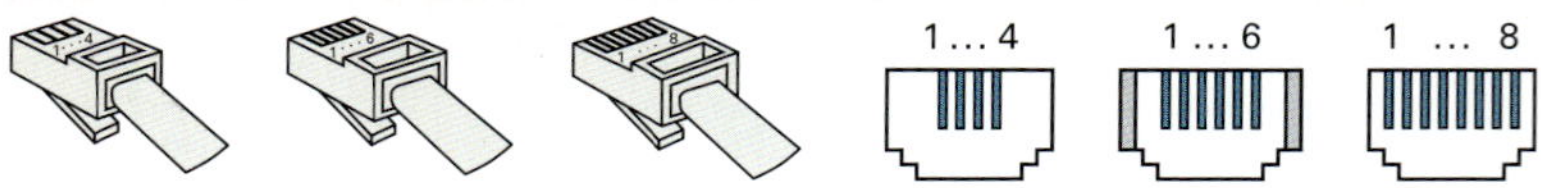 RJ-11, RJ-12, RJ-45, RJ-11, RJ-12, RJ-45
V-Typen DB-Typen (Data Bus)	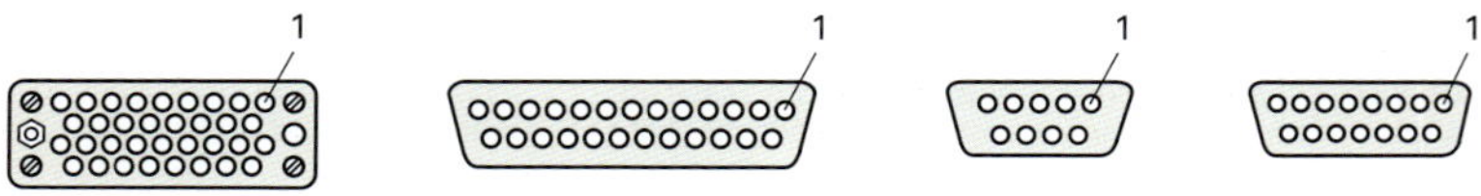 V.35, V.24, Centronics am PC, DB9, DB15
USB-Typen 2.0	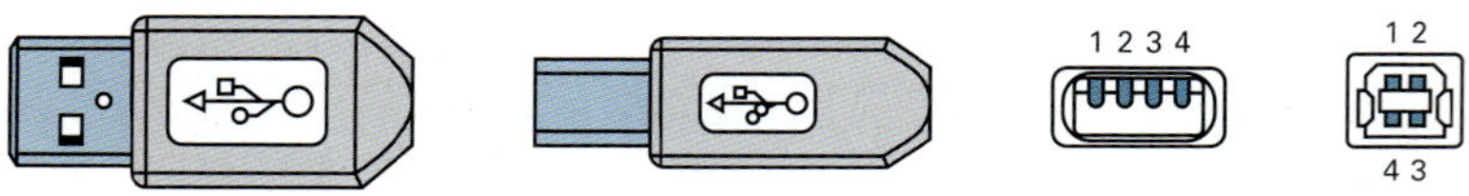 Typ A (upstream), Typ B (downstream), Typ A, Typ B
USB-Typen 3.0 mit 2.0	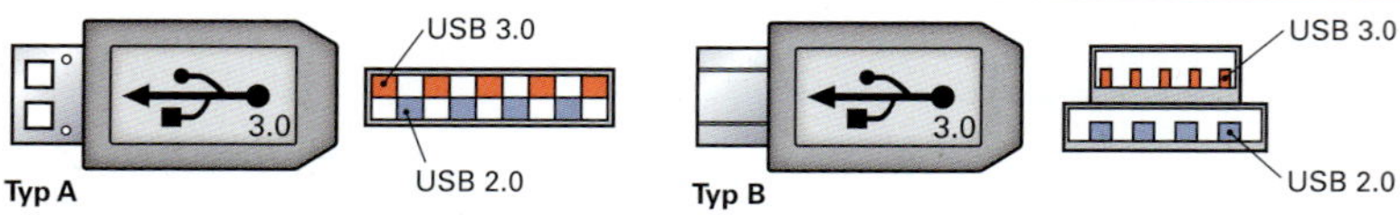
Firewire-Typen	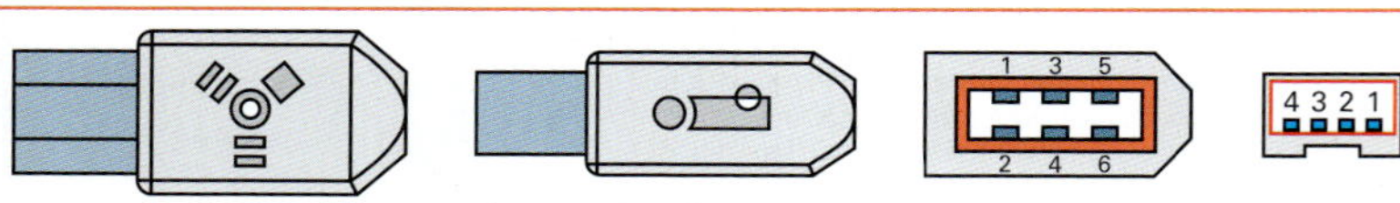 6-polig, 4-polig
SCSI-Steckverbinder, Centronics-Stecker	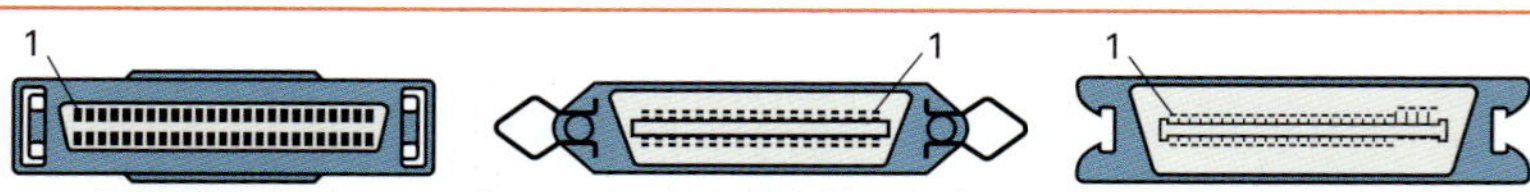 SCSI (Stecker), Centronics (36-Pin) (Stecker), Centronics (Parallel, Stecker)
DIN-Typen (Buchsen)	 4-Pin Mini DIN, 5-Pin DIN, PS/2 6-Pin Mini DIN, 8-Pin Mini DIN

K

Western-Steckverbinder Western connectors

Prinzip

Ansicht	Steckseite	Bemerkungen
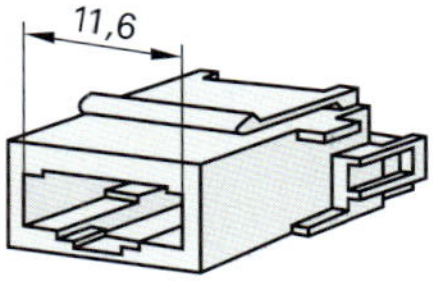 **Buchse** 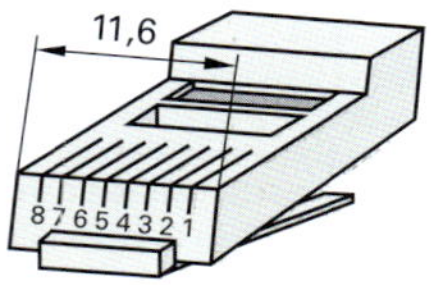 **RJ-45-Stecker**	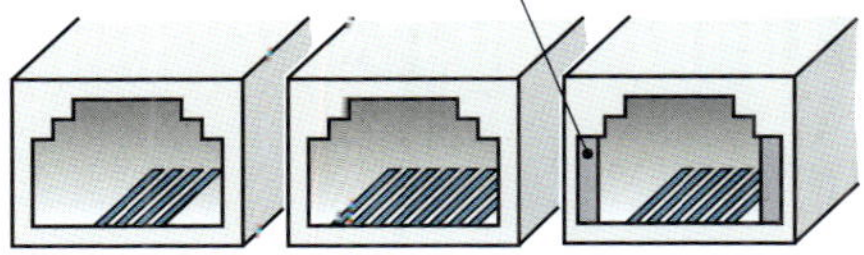 **Buchsen von vorn**	Die IAE entspricht der Western-Buchse mit 8-poligem Steckgesicht, es sind aber nur die mittleren 4 Kontakte vorhanden. Sie ist für digitale Endgeräte bestimmt. Die UAE ist wie die IAE aufgebaut, hat aber 8 bzw. 6 Kontakte. Digitale Endgeräte werden über 8-polige UAE-Stecker oder 4-polige IAE-Stecker angeschlossen, analoge Endgeräte über 6-polige UAE-Stecker.

Anschlusseinheiten

Ansicht, Kurzzeichen	Schaltung	Bemerkungen
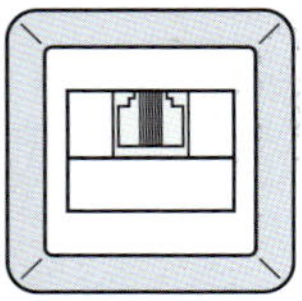 **IAE 8 (4)**	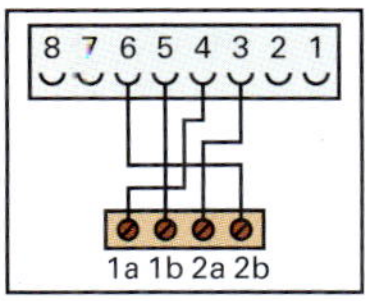 	Die einfachste Ausführung für ein einzelnes Endgerät ist die IAE 8 (4). Dabei gibt die 8 die Breite an, die 4 die Kontaktzahl.
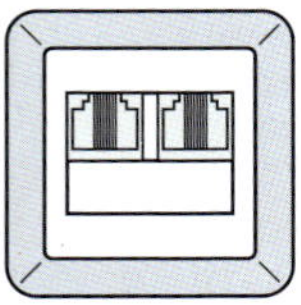 **IAE 2 × 8 (4)**	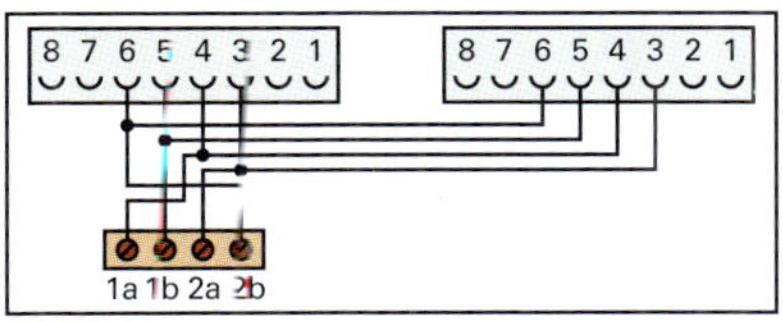 	Die IEA 2 × 8 (4) erlaubt den Anschluss von zwei Endgeräten. Die jeweils 4 Kontakte sind parallel geschaltet. IAE gibt es in Unterputzausführung und als Aufputzausführung
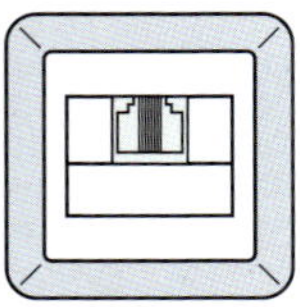 **UAE 8 (8)**	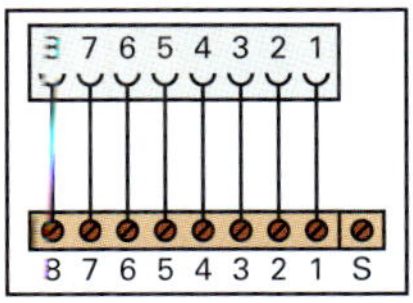 	Die UAE 8 (8) hat eine Buchse mit 8 Kontakten, die mit 8 Anschlussklemmen verbunden sind. Meist ist noch eine zusätzliche Klemme S für den Anschluss der Schirmung vorhanden.
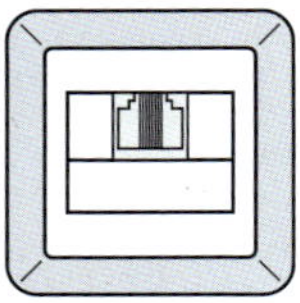 **UAE 8 (8) + 2**	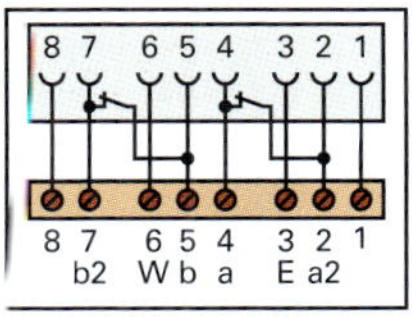 	Es gibt auch UAE, bei denen der Stecker in der Buchse zwei Öffner betätigt, z. B. bei der UAE 8 (8) + 2. Dadurch kann ein anderes Endgerät das an den UAE 8 (8) + 2 angeschlossene Endgerät abschalten.

IAE ISDN-Anschlusseinheit; UAE Universal-Anschlusseinheit.

K

Verbindungstechnik Connecting technology

Ansichten, Bezeichnungen	Ausführung, Anwendungen, Beispiele

Steckverbinder für gedruckte Schaltungen

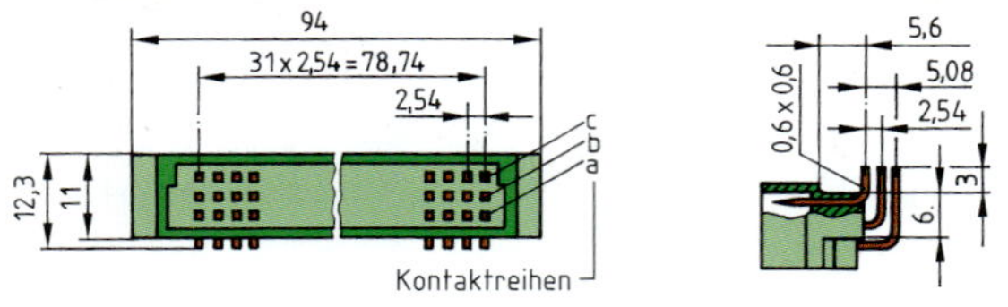

Messerleiste mit abgewinkelten Lötstiften

Messersteckverbinder werden als Messerleisten und Federleisten in verschiedenen Bauformen mit ein bis drei Kontaktreihen ausgeführt.

Bestückte Kontaktreihen:

a, b, c: 96-polig, a, c: 64-polig, a: 32-polig

Anwendung: Steckplatinen mit Bussystemen verbinden.

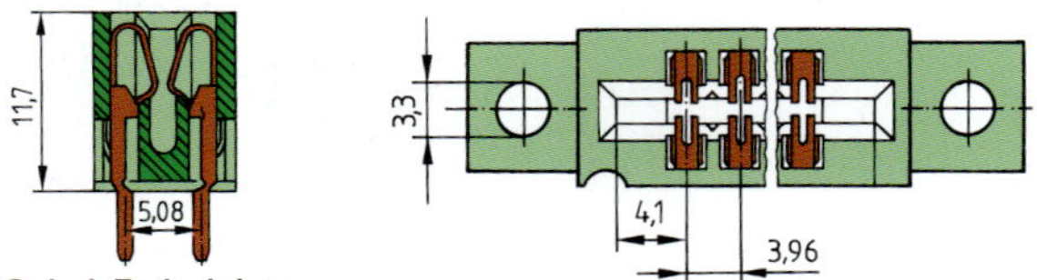

Gabel-Federleiste

Direktverbinder werden als Gabel-Federleisten ausgeführt, in die auf direktem Weg die veredelten Bahnkontakte der Leiterplatte eingeschoben werden.

Anwendung: Computersteckkarten mit der Grundplatine verbinden.

Kabelsteckverbinder

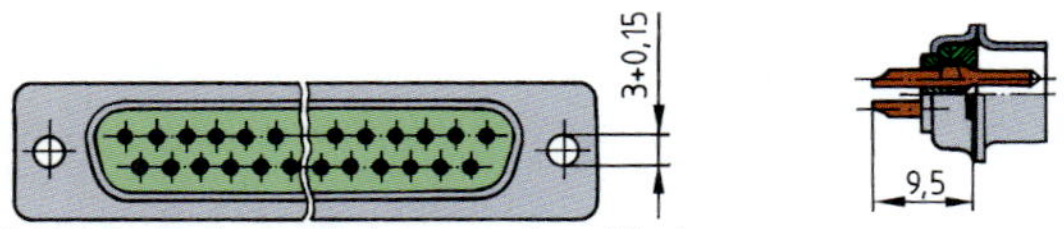

Stiftleiste eines Miniatursteckverbinders

Miniatursteckverbinder werden als Messer- und Federleisten 9- bis 104-polig für freie Verdrahtung und für gedruckte Schaltungen ausgeführt.

Anwendung: Peripherie-Anschlüsse an Computern, z. B. bei V.24-Schnittstellen oder Centronics-Schnittstellen.

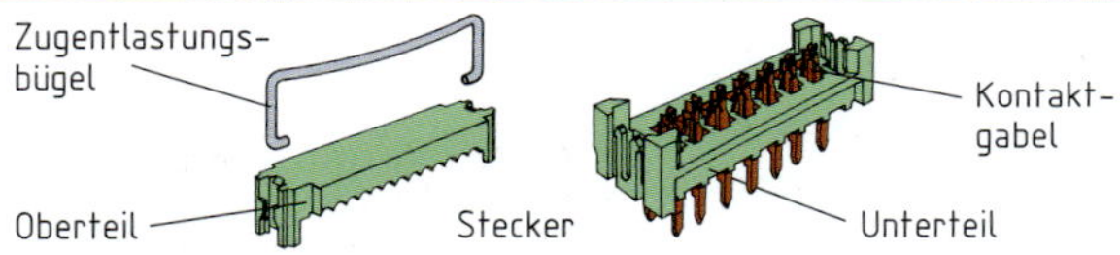

Schneidklemmverbinder für Flachleitungen

Zur festen und platzsparenden Verbindung zwischen Leiterplatte und Flachbandleitung.

Kontaktprinzip: Isolationsverdrängender Schneid-Klemmkontakt.

Anwendung: Computertechnik und Computermesstechnik.

Koaxiale Steckverbinder

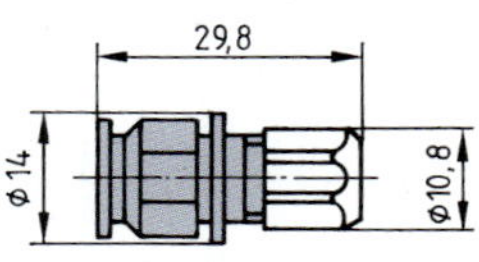

Gehäusestecker mit Kabelanschluss

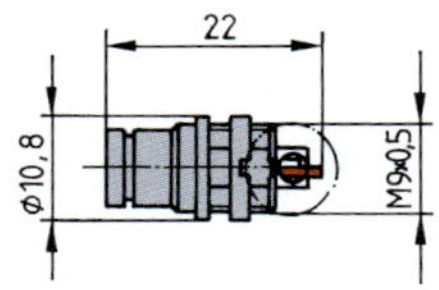

BNC-Gehäusekuppler mit Lötanschluss

Steckverbindungen für Koaxialleitungen. Nach Art der Befestigung werden Kabelanschluss, Gehäuseanschluss und Schaltungsanschluss unterschieden.

Anwendung: Radio- und Fernsehtechnik, Messtechnik, Sendertechnik, Glasfasertechnik.

BNC von Bayonet Nut Connector = Bajonettsteckverbinder mit Überwurfmutter.

Klemmverbinder

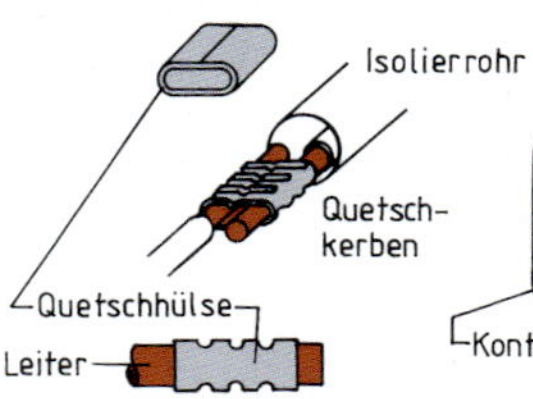

Quetschverbinder

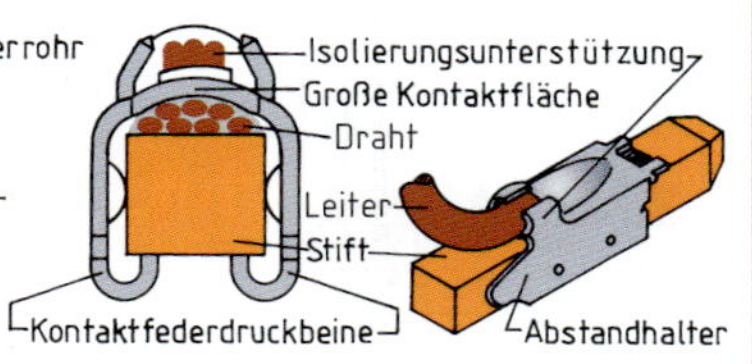

Termi-Point-Verbinder

Wire-Wrap-Verbinder:
Unter mechanischer Spannung wird der Draht fünfmal bis achtmal eng um die quadratische Fahne gewickelt.
Wire wrap = Draht wickeln

Quetschtechnik:
Verbindet die Leiter durch Druck auf die Quetschhülse.

Termi-Point-Verbinder:
Der Pressdruck verformt die Leiter durch Kaltfluss an den Kontaktflächen.
Termi-Point = Ziel-Punkt.

PC-Netzteilstecker PC Power supply plugs

Begriffe	Stecker	Erklärungen, Übersetzungen

ATX

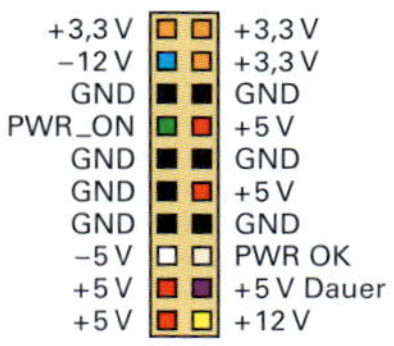

20-poliger ATX-Stecker

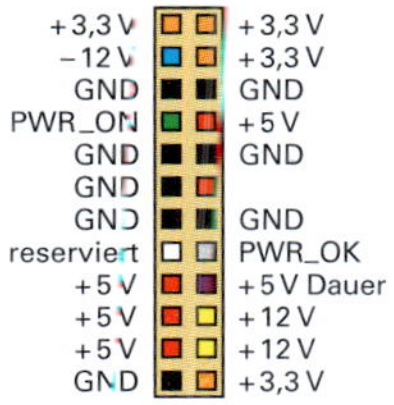

24-poliger ATX-Stecker

MPC von Main Power Connector = Stecker für Hauptstromversorgung
ATX von Advanced Technology eXtended = fortgeschrittene, erweiterte Technik.
PWR_OK von Power ok = Leistung ok.
PWR_ON von Power on = Leistung an.
SB von Standby = Gerät betriebsbereit.
Sense = Abtaster.
VDC von Voltage DC

ATX12V

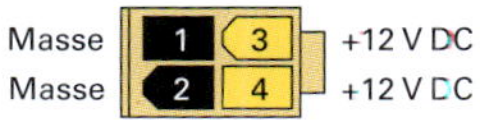

ATX12V-Stecker

Für Mikroprozessoren mit hoher Leistung wird die Betriebsspannung aus der Spannung 12 V durch Spannungswandler auf der Hauptplatine erzeugt.

PPC

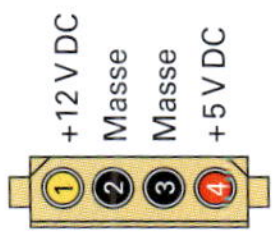

PPC-Stecker

PPC von Power Peripheral Connector = Stromversorgung für Peripherie-Geräte.
Dient zur Versorgung von Geräten mit 5,25"-Medien, z. B. Festplatten und DVD- oder CD-ROM.

FDPC

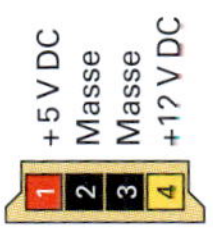

FDPC-Stecker

FDPC von Floppy Disk Power Connector = Floppy-Disk-Stromversorgungs-Stecker.
Dient zur Versorgung von Geräten mit 3,5"-Medien, z. B. Disketten.

APC

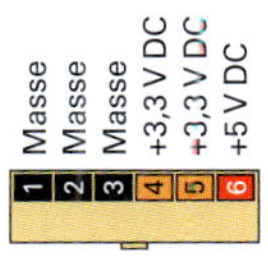

APC-Stecker

APC von Auxiliary Power Connector = Hilfs-Stromversorgungs-Stecker.
Stecker liefert Spannungen, die auf Server-hauptplatinen zusätzlich benötigt werden.

SATA

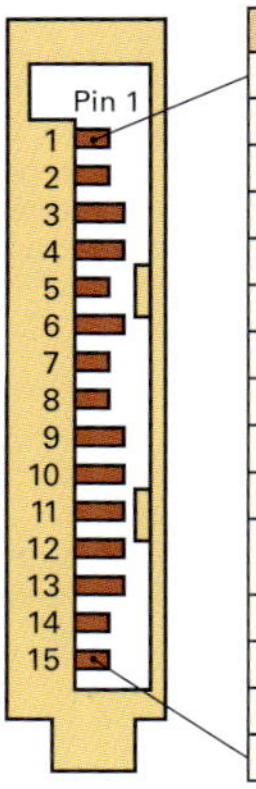

Bezeichnung	Funktion
V33	+ 3,3 V
V33	+ 3,3 V
V33pc	+ 3,3 V pre-charge
GND	Masse
GND	Masse
GND	Masse
V5pc	+ 5 V pre-charge
V5	+ 5 V
V5	+ 5 V
GND	Masse
	Staggered Spin-up/ Activity LED
GND	Masse
V12pc	+ 12 V pre-charge
V12	+ 12 V
V12	+ 12 V

Serial-ATA-Stecker

SATA (S-ATA) von Serial Advanced Technology Attachment = serieller, moderner Anschluss. Der SATA-Anschluss hat 15 Pins. Je 3 nebeneinander liegende Pins sind für 3,3 V, 5 V und 12 V vorhanden. 5 Pins sind Masserückführungen.
SATA-Festplatten können im laufenden Betrieb angeschlossen werden (hot plugging). Spannungseinbrüche im Netzteil durch Stromspitzen beim Anstecken werden begrenzt durch die Einschaltreihenfolge
1. Massekontakte 4 und 12 schließen,
2. Kontakte 3, 7, 13 und Massekontakte 5, 6, 10 schließen,
3. Kontakte 1, 2, 8, 9, 11, 14, 15 schließen.
Pin 11 signalisiert Aktivitäten der Festplatte oder dient zum gestaffelten Hochfahren von Festplatten.

Hotplugging (sinngemäß) = einstecken während des Betriebs, pre-charge = vorbelasten, staggered Spin-up (sinngemäß) = gestaffeltes Hochdrehen der Festplatten.

K

PC Netzteilstecker (Fortsetzung) PC Power supply plugs (continued)

Begriffe	Stecker	Erklärungen, Übersetzungen

BTX

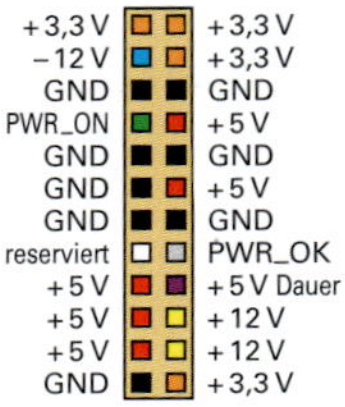

Pinbelegung des BTX-Stromsteckers

Farbe	Signal	Pin	Pin	Signal	Farbe
Orange	+3,3 VDC	1	13	−3,3 VDC	Orange/Braun
Orange	+3,3 VDC	2	14	−12 VDC	Blau
Schwarz	Masse	3	15	Masse	Schwarz
Rot	+5 VDC	4	16	PS_ON	Grün
Schwarz	Masse	5	17	Masse	Schwarz
Rot	+5 VDC	6	18	Masse	Schwarz
Schwarz	Masse	7	19	Masse	Schwarz
Grau	PWR_OK	8	20	Reserviert	nicht belegt
Violett	+5 VSB	9	21	+5 VDC	Rot
Gelb	+12 V1DC	10	22	+5 VDC	Rot
Gelb	+12 V1DC	11	23	+5 VDC	Rot
Orange	+3,3 VDC	12	24	Masse	Schwarz

BTX-MP-Stecker, 24-polig

BTX von Balanced Technology extended = ausgeglichene erweiterte Technologie.
MP von Main Power = Hauptstromversorgung.
Der Stecker ist mechanisch vor Verpolung geschützt.
PWR_ON von Power On = Leistung ein, Netzteil wird über das Motherboard ein- und ausgeschaltet.
StBy von Stand-By = Gerät betriebsbereit, Leitung führt +5 V, auch wenn das Netzteil ausgeschaltet ist, z. B. für Modem, Netzwerkkarte oder RAM-Bausteine.
Pwr_OK von Power Ok = Netzteil ist betriebsbereit, auch Power Good genannt.

PPC

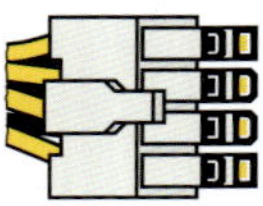

Farbe	Signal	Pin	Pin	Signal	Farbe
Schwarz	Masse	1	5	+12 V1DC	Gelb
Schwarz	Masse	2	6	+12 V1DC	Gelb
Schwarz	Masse	3	7	+12 V1DC	Gelb
Schwarz	Masse	4	8	+12 V1DC	Gelb

PPC-Stecker (EPS12V)

PPC von Processor Power Connector = Prozessor-Stromversorgungsstecker.
EPS12V von Extended Power Supply 12 V = Erweiterte Stromversorgung 12 V.
Es gibt zwei Ausführungen:
PPC-Common-Plane (gemeinsame Ebene), Pin 5 bis Pin 8 werden von einer Netzteileinheit versorgt.
PPC-Split-Plane (getrennte Ebene), Pin 5, Pin 6, Pin 7 und Pin 8 haben je eine eigene Netzteileinheit, z. B. für Zwei-Prozessor-Motherboards.

WPC

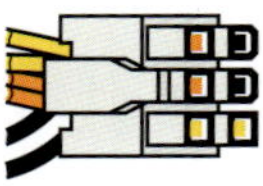

Farbe	Signal	Pin	Pin	Signal	Farbe
Orange	+3,3 VDC	1	4	Masse	Schwarz
Orange	+3,3 VDC	2	5	Masse	Schwarz
Gelb	+12 V2DC	3	6	+12 V2DC	Gelb

WPC-Stecker

WPC von Workstation Power Connector = Arbeitsstations-Stromversorgungsstecker.
Wird für die Versorgung von Grafikkarten mit großem Stromverbrauch verwendet.

PCI-E

Farbe	Signal	Pin	Pin	Signal	Farbe
Schwarz	Masse	1	4	+12 V1DC	Gelb
Schwarz	Masse	2	5	+12 V1DC	Gelb
Schwarz	Masse	3	6	+12 V1DC	Gelb

PCI-E-Stecker

PCI-E von Peripheral Component Interconnect Express = Express-Verbindungsbus für Erweiterungskarten.
Dient zur Stromversorgung von Grafikkarten mit höherem Leistungsbedarf.

Y-Steckverbinder

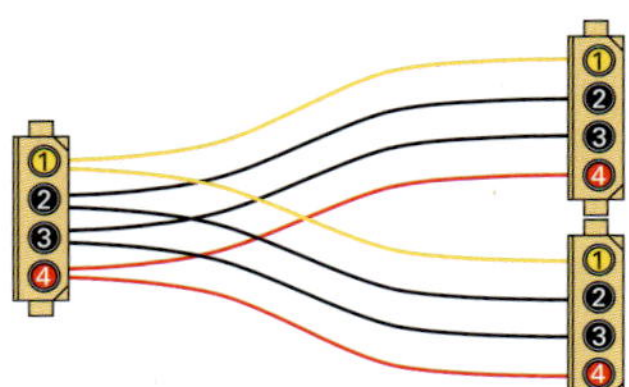

Y-Steckverbindung

Y-Steckverbindungen werden für den Anschluss von zusätzlichen Geräten mit PPC-Steckern verwendet.

K

Betrieb und sein Umfeld, Anhang

Projektplanung Planning a project

Konzept	Projekte sind Vorhaben, die im Wesentlichen durch die Einmaligkeit der Bedingungen in ihrer Gesamtheit gekennzeichnet sind (nach DIN 69901).	Projektplanung bedeutet mit den zur Verfügung stehenden Mitteln das Ziel zu erreichen. Für die Projektplanung stehen verschiedene Software-Tools zur Verfügung, z. B. MS-Projekt.
Fragen	**Aufgabe lösen mit**	**Erklärung**
Was ist in dem Projekt zu erledigen? 	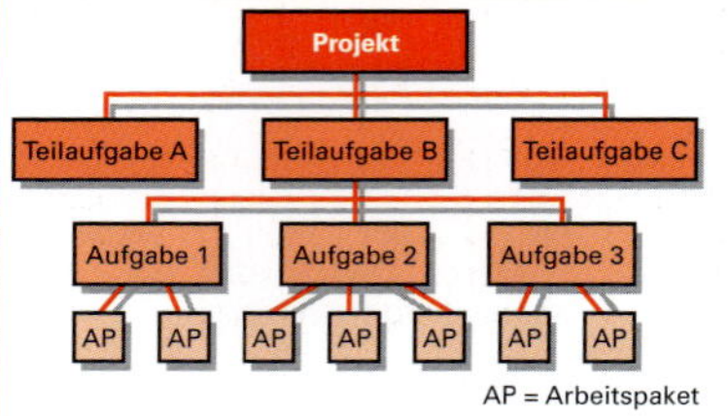 **Projektstrukturplan**	Der Projektstrukturplan (DIN 69901) beschreibt die Aufgaben und die zugehörigen Arbeitspakete des Projektes. Die einzelnen Arbeitspakete werden im Verlauf des Projektes bearbeitet. Festgelegt wird auch die Zuständigkeit der Teammitglieder für die einzelnen Arbeitspakete und die zu liefernden Ergebnisse. Für die Arbeitspakete schätzt man zu Projektbeginn den Arbeitsaufwand in Personentagen und den nötigen Investitionsaufwand ab.
In welcher Reihenfolge wird das Projekt bearbeitet? 	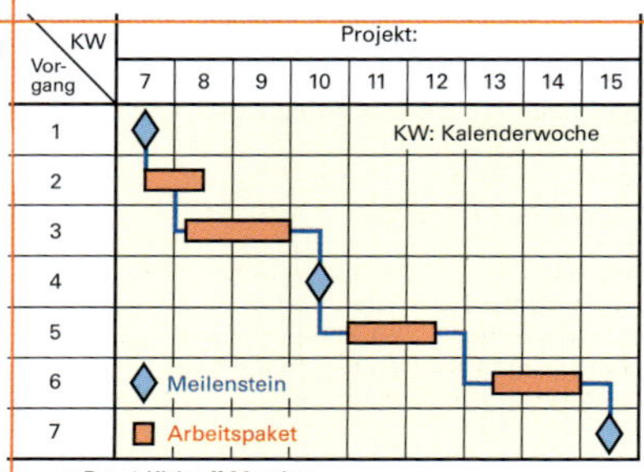 z.B.: 1 Kick-off-Meeting 2 Installation EG : 7 Übergabe **Projektablaufplan**	Im Projektablaufplan wird die zeitliche Reihenfolge der Arbeitspakete festgelegt und grafisch dargestellt. Wichtige Zwischenergebnisse nennt man Meilensteine des Projekts. Reihenfolge festlegen von ● Arbeitspaketen und ● Meilensteinsitzungen. An den Meilensteinsitzungen nehmen die Projekt-Verantwortlichen und das Projekt-Entscheidergremium teil.
Welche Kapazitäten müssen zur Einhaltung des Projektablaufs bereitgestellt werden? 	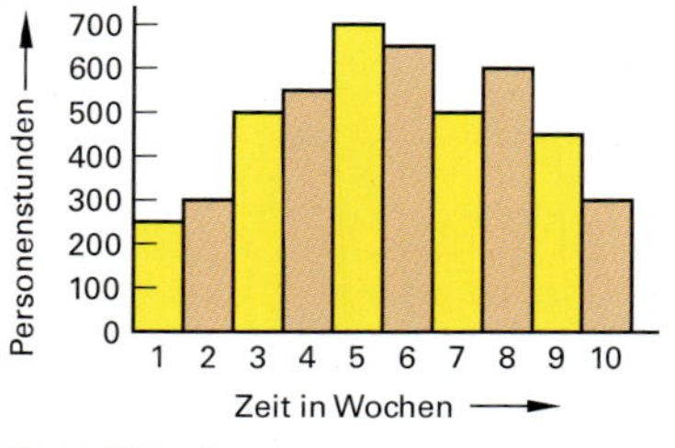 **Kapazitätsplanung**	Teammitglieder müssen mit den benötigten Stunden zur Verfügung stehen. Einzusetzende Maschinen müssen zur richtigen Zeit am richtigen Ort sein. Notwendige Geräte und Materialien müssen rechtzeitig beschafft werden. Projektkapazitäten ● umfassen das erforderliche Knowhow zur Projektumsetzung, ● werden in der Regel mit Personentagen beziffert.
Welche Kosten fallen bei der Bearbeitung des Projekts an? 	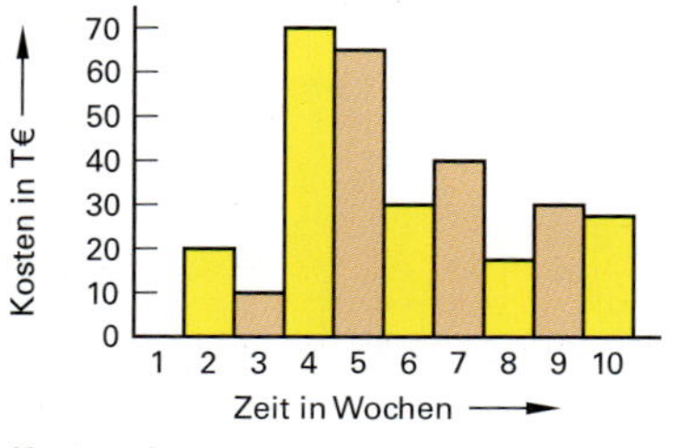 **Kostenplanung**	Die je Arbeitspaket abfallenden Kosten z. B. Material, Fremdleistungen, externes Personal, Investitionen werden ermittelt und über den Zeitraum der Projektlaufzeit dargestellt. Merkmale einer Kosten-Nutzen-Betrachtung sind ● Kosten, ● Kosteneinsparungen und ● Kostenvermeidungen. Eine Kosten-Nutzenbetrachtung ist über einen größeren Zeitraum anzustellen.

Kick-off = Anstoß; meeting = Begegnung, Treffen.

Begriff	Erklärung	Bemerkungen

Projektplanung

Inhalt

- Projektinhalt festlegen
- Projektrisiken abwägen
- Wirtschaftlichkeit analysieren
- Projektziele festlegen
- Projekt abgrenzen
- Projektvoraussetzungen prüfen
- Projektorganisation festlegen
- Projektarbeitspakete definieren
- Terminplan ausarbeiten

Projektplanung

Entwicklungsprojekte benötigen ab einer mehrwöchigen Entwicklungsdauer eine Projektplanung. Damit kann das Projekt fundiert geplant und durchdacht werden. Nur so ist neben einer genauen Beschreibung der anzugehenden Tätigkeiten und Investitionen auch eine realistische Aufwands-/Kostenabschätzung möglich.
Insbesondere die Projektziele sind als Lastenheft genau zu beschreiben. Das Projekt ist in Arbeitspakete zu gliedern (Projektstrukturplan PSP). Eine Projektorganisation muss festgelegt werden.

Projekte, die größere Investitionen und Personalkosten erfordern, müssen unbedingt eine Projektorganisation besitzen. Hierzu müssen ein Projektleiter, sein Stellvertreter, die Projektmitarbeiter und ein Entscheidergremium benannt werden.

Das Entscheidergremium muss bei Großprojekten auch aus Mitgliedern der Unternehmensleitung besetzt sein. Für die am Projekt beteiligten Personen muss deren für das Projekt verfügbare Arbeitszeit festgelegt sein.

Projektstrukturplan mit Arbeitspaketen

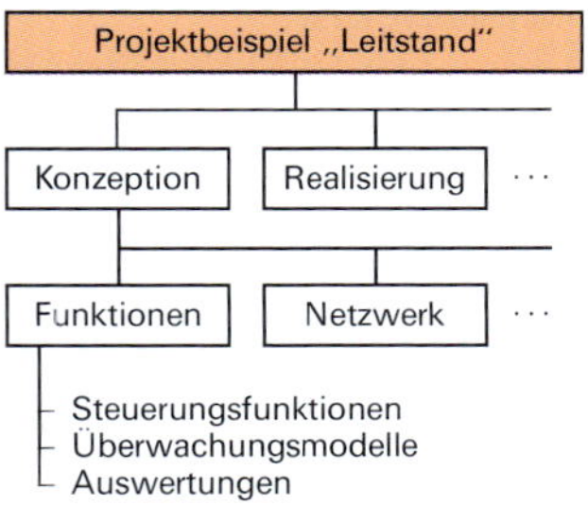

Projektstrukturplan mit Arbeitspaketen

Von wesentlicher Bedeutung ist das Strukturieren eines Projektes anhand von Arbeitspaketen. Die einzelnen Arbeitspakete sind im Laufe des Projektes zu bearbeiten. Zum Projektbeginn sind den Arbeitspaketen grobe Schätzungen bezüglich Arbeitsaufwand in Personentagen (PT) und notwendigen Investitionen zuzuordnen.
Anhand der geschätzten Personentage und der bekannten Personalkapazitäten kann der Projektphasenplan einschließlich der Terminplanung erstellt werden.

Es empfiehlt sich, dem Strukturieren in Arbeitspakete große Sorgfalt zukommen zu lassen. Nur dadurch wird erreicht, dass Projekte hinsichtlich Terminen und Kosten nicht unterschätzt werden.
Zum Projektbeginn ist festzulegen, nach welchen erledigten Arbeitspaketen Meilensteinsitzungen mit dem Projekt-Entscheidergremium stattfinden sollen. Nur so ist eine ständige Unterstützung durch das Management sichergestellt.

Projektphasenplan

Phase	1	2	3
Phasenergebnis			
Zugeordnete Arbeitspakete			
Arbeitsaufwand			
Invest			
Externe Kosten			
Kosten gesamt			
Meilensteintermine			

Projektphasenplan

In der Phasenplanung eines Projektes sind die einzelnen Projektphasen entsprechend z. B. Phase 1, 2, 3, 4 strukturiert. In jeder Projektphase sind die zugeordneten Merkmale zu beschreiben.

Beim Arbeitsaufwand sind die Personentage je Phase einzutragen und zusätzlich die daraus resultierenden Kosten (Berücksichtigung der Personentagessätze, z. B. 700 € je Tag).

An den Meilensteinterminen ist für das Entscheidergremium wichtig zu erfahren, welche Kosten und Arbeitsaufwendungen anstehen.

Hinsichtlich der Arbeitspakete ist empfehlenswert, diese zu nummerieren, sodass in dieser Tabelle nur Nummern aufzulisten sind.

Bei Invest sind die für Hardware-Software-Beschaffungen zu tätigende Investitionen einzutragen.

Bei externen Kosten sind z. B. Schulungskosten, Beratungskosten und externe Entwicklungskosten einzutragen.

Die Phasenergebnisse sind schlagwortartig zu beschreiben.

Kosten-Nutzenbetrachtung

Merkmal	2012	2013	2014
Kosten – einmalig – laufend			
Kosten-einsparung – einmalig – laufend			
Kosten-vermeidung – einmalig – laufend			

Kosten-Nutzenbetrachtung

Anhand der mit Personentagen und Investitionen versehenen Arbeitspakete wird die Kosten-Nutzenbetrachtung durchgeführt. Hierbei sind auf der Kostenseite einmalig anfallende Kosten, ständig anfallende Kosten, z. B. Wartungsgebühren, Betreuungsaufwendungen, zu berücksichtigen.

Auf der Seite der Kosteneinsparungen sind ebenfalls einmalige Effekte und ständig anfallende Einsparungen z. B. geringere Wartungsgebühren, zu betrachten.

In die Kosten-Nutzenbetrachtung können auch Effekte einer Kostenvermeidung einfließen. Dies sind Kosten, die durch Umsetzung des Projektes nicht anfallen, z. B. das Vermeiden einer Personalzusatzeinstellung.

Eine Kosten-Nutzenbetrachtung ist über einen mehrjährigen Zeitraum anzustellen.

B

Lastenheft, Pflichtenheft Requirement specification, system specification

Merkmale	Erklärung	Bemerkungen, Beispiele
Struktur eines Lastenheftes		
Inhaltsverzeichnis	Das Inhaltsverzeichnis enthält die Kapitelüberschriften des Lastenheftes.	Jedes Kapitel besitzt eine Kapitelnummer.
Auftraggeber	Der Auftraggeber des Projektes ist zu nennen.	Name, Abteilung, Telefon, E-Mail.
Zweck des Projektes	Beschreibung des Projektanlasses, des Projektzieles.	Verbesserte Performance (Zeiten), geringere Wartungskosten.
Ausgangssituation	Beschreibung bestehende Systeme, Datenstrukturen, organisatorische Abläufe.	Beschreibung der Nachteile der gegenwärtigen Situation.
Aufgabenstellung	Beschreibung aus Sicht des Auftraggebers.	Neue Funktionen, Benutzerdialoge, Ausgabedaten an Drucker.
Randbedingungen	Beschreibung der Anbindung, Einbindung existierender Lösungen.	Schnittstellen zu existierenden Geräten, Datenbanken, Programmen.
Terminrahmen	Nennung des Endtermines, ggf. Zwischentermine.	Begründung dient zur Betonung der Wichtigkeit des Projektes, z. B. Kundenwunsch.
Kostenrahmen	Angabe der zur Verfügung stehenden Mittel.	Investitionen, Kosten.
Struktur eines Pflichtenheftes		
Inhaltsverzeichnis	Auflistung der Kapitelüberschriften.	Kapitel mit Kapitelnummern.
Auftraggeber	Wie im Lastenheft beschrieben.	Siehe Lastenheft.
Zweck des Projektes	Wie im Lastenheft beschrieben.	Siehe Lastenheft.
Analyse Istsituation	Beschreibung der Istsituation bzgl. z. B. Anzahl Benutzer, Funktionen, Performance, Schnittstellen, Datenfluss, tangierte Systeme.	Beschreibung Wartungsaufwände, Grenzen in der Lösung, IT-Umgebung.
Funktionsspezifikation	Beschreibung aus Sicht des Auftragnehmers. Gliederung in Unterfunktionen. Aufzeigen funktionaler Zusammenhänge durch Grafiken.	Beschreibung der Realisierungsmöglichkeiten der geforderten Funktionen und deren Abhängigkeiten.
Datenspezifikation	Analyse der Daten, Datenmengen und der Datenflüsse, zugeordnet zu Funktionen.	Festlegung der Datentypen, ggf. der Datenbankstrukturen.
Schnittstellenspezifikation	Definition der Schnittstellen hardwareseitig und softwareseitig zu tangierenden Systemen. Definition der Benutzeroberflächen.	Festlegung von Übertragungsverfahren, Bildschirmmasken, Druckerausgaben.
Rahmenbedingungen	Beschreibung von Voraussetzungen zum Entwickeln, Testen, Schulen und Produktivgehen.	Nennung von Beschaffungskosten. Bei Bedarf sind weitere notwendige Projektpartner für die Projektabarbeitung zu benennen.
Qualitätsbetrachtungen	Beschreibung von Maßnahmen während der Entwicklungsphase und von Kennzahlen in der Einführungsphase und im Betrieb.	Richtlinien zur Dokumentation, Software-Erstellung. Führen von Checklisten, Durchführung von Messungen bzgl. Zeiten, Speicherplatz.
Realisierungsvorschlag	Unter Berücksichtigung von Marktrecherchen, der Ausgangssituation und den vorgenommenen Spezifikationen ist eine Empfehlung für die Realisierung niederzuschreiben.	Der Realisierungsvorschlag muss unter wirtschaftlichen Gesichtspunkten erfolgen.
Projektplanung	Arbeitspakete, Schritte der Projektumsetzung, Terminplanung sind festzulegen. Eine Kostenabschätzung ist vorzunehmen.	Die Verantwortlichkeiten von Auftraggeber und Auftragnehmer sind festzulegen.
Kosten-Nutzen-Analyse	Den anfallenden Kosten sind die Nutzenpotenziale gegenüber zu stellen, z. B. kürzere Durchlaufzeiten in den Abläufen.	Muss nicht unbedingt Bestandteil eines Pflichtenheftes sein. www.prolog.de

Aktivitätenbeispiele „Automatisierung einer Bearbeitungsmaschine"

Analysen durchführen
- Automatisierungsfunktionen
- Signalverarbeitung
- Sensorik
- Aktuatorik
- Systemhardware

Festlegungen treffen
- Funktionen
- Signalverarbeitung
- Benutzerschnittstellen
- Systemschnittstellen
- Sensoren
- Aktuatoren
- Systemhardware
- Richtlinien

Bewertungen vornehmen
- Kosten
- Aufwände
- Investitionen
- Termine

Schritte festlegen
- Projektphasen
- Meilensteintermine
- Projektteam

Entstehung eines Pflichtenheftes

Teamarbeit Teamwork

Konzept	Teamarbeit ist die zeitlich begrenzte Zusammenarbeit mehrerer Personen zum Lösen einer gemeinsamen Aufgabe. Bei der Teamarbeit muss Ausgewogenheit bestehen zwischen den Fähigkeiten der einzelnen Gruppenmitglieder und den gemeinsam entwickelten Vorstellungen bezogen auf die zu erfüllenden Aufgabe.

Teamentwicklungsphasen

Phase	Darstellung	Erklärung
Formierungsphase  	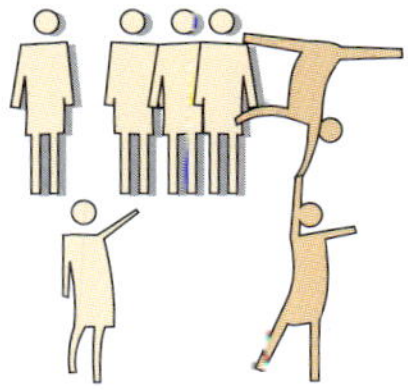	Die Formierungsphase (Orientierungsphase) beinhaltet die Erkundung der Situation, z. B. ● Wer sind die anderen? ● Welche Vorstellungen gibt es? ● Welche Rolle spiele ich? Die Gruppe wird gemäß Zielsetzung, Größe und Teilnehmerkreis festgelegt. Die Teammitglieder begegnen sich abtastend, gespannt, vorsichtig, erwartungsvoll und höflich.
Konfliktphase  		Verschiedene Ansichten, Interessen, Rollen tauchen auf und werden ausgetauscht. ● Rivalitäten ● Cliquenbildung ● Unterschiedliche Erwartungen Im Team kann es zu Konfrontationen und unterschwelligen Konflikten kommen.
Normierungsphase 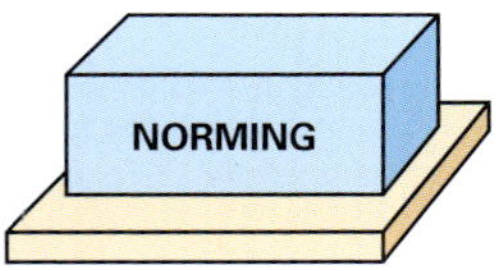 	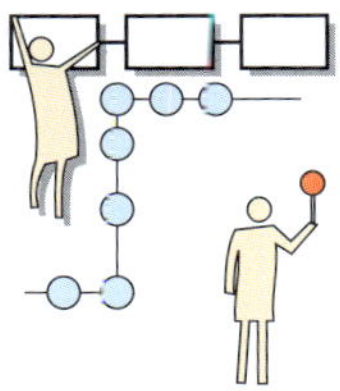	In der Normierungsphase (Regulierungsphase) beginnt das Team sich zu organisieren durch ● Herausbilden von Gruppenregeln, ● Rollenfestlegungen und ● Umgangsformen. Verhaltensmuster und Vorgehensweisen werden im Team festgelegt. Teamregeln werden aufgestellt. Umgangsformen und Verhaltensnormen entwickeln sich. Das Team beginnt sich zu organisieren.
Verschmelzungsphase  		Verschmelzungsphase (Leistungsphase) Das Team wird gemäß der festgelegten Verhaltensnormen und Umgangsformen aktiv und erzeugt Ergebnisse. Jedes Teammitglied kennt seine Aufgabe im Team und bringt sich ein. Diese eigentliche Arbeitsphase ist geprägt durch Kreativität und Ideenreichtum.

Teamregeln	Arbeitstechniken für Teams
Wir begegnen uns mit Respekt. Alle Meinungen sind zugelassen. Kritik wird offen und konstruktiv geäußert. Wir lassen uns gegenseitig ausreden. Ziele und Vorgehensweisen werden gemeinsam festgelegt. Persönliche Angriffe sind verboten. Unstimmigkeiten und Unmutsäußerungen werden sofort diskutiert. Wir helfen uns gegenseitig. Nach außen vertreten wir einen gemeinsamen Standpunkt.	Protokollführung in jeder Teamsitzung. Berichtserstattung aus den Teams. Moderatoren leiten Teamsitzung. Klare Aufgabenbeschreibung und Verteilung. Brainstorming für Problemerfassung. Pro- und Kontra – Diskussionen. Ist- Erhebung und Soll-Entwicklung. Beherrschung von Präsentationstechniken. Benutzung der Medien zur Visualisierung (Datenprojektor, Flipchart). Kenntnis geeigneter Darstellungstechniken, z. B. Metaplan, Funktionsdarstellungen, Projektablaufpläne

B

Fachgespräch   Conversation about subjects

Rechtliche Voraussetzungen

Die Ausbildungsordnung in den neuen Elektroberufen schreibt für die Prüfung die Durchführung und Bewertung eines Fachgesprächs vor. Damit kann der Prüfungsausschuss durch ein vielfältiges Gesprächsverhalten feststellen, ob die Inhalte der im betrieblichen Auftrag behandelten Aufgaben vom Auszubildenden verstanden worden sind bzw. fachlich korrekt behandelt worden sind.

Struktur

Prüfungsausschuss

Er hat fachliche und amtliche Autorität,

- bestimmt den Gesprächsverlauf,
- den Prüfungsgegenstand,
- kann fragen und belehren.

> Das Fachgespräch wird anschließend vom Fachausschuss beurteilt und bewertet.

Prüfungsausschüsse bestehen meist aus drei Prüfern, die von den Kammern bestimmt werden.

> Der Prüfling soll im Gespräch zeigen, in welchem Grade er die Lernziele der Ausbildungszeit erreicht hat.

Der Prüfling muss zuhören und antworten.

Prüfling

Es empfiehlt sich, in angemessener Kleidung zur Prüfung zu erscheinen.

Vorbereitung

Wie bereite ich mich optimal vor?	Wie bekämpfe ich meine Prüfungsangst?
• Sehr gute Beherrschung des bearbeiteten Themengebiets, • sehr gute fachliche Kenntnisse zu allen Baugruppen, die im Auftrag verwendet wurden, • erforderliche Konzentration während des Gesprächs, • Ich beginne frühzeitig mit den Vorbereitungen.	• Ich weiß, dass ich gut vorbereitet bin. • Ich stelle mir vor, dass der Prüfungsausschuss mir nicht fremd ist. • Ich weiß, dass ein mäßiges Angstniveau zu einer deutlichen Leistungssteigerung führt. • Ich habe schon häufig solche Prüfungssituationen geübt. • Ich erscheine gesund und ausgeruht zur Prüfung.

Mögliche Bewertungsmatrix

1. **Information**
   Wie beherrsche ich die fachlichen Hintergründe, die für die Ausführung des Arbeitsauftrags notwendig sind?
2. **Planung**
   Bin ich in der Lage, die gestellte Aufgabe selbstständig zu analysieren?

   Durchführung
3. Kann ich den Auftrag zielgerichtet ausführen und bin ich mir über meine Vorgehensweise im Klaren?
4. Kann ich zu meiner Vorgehensweise beim Auftrag auch Begründungen liefern.
   Kann ich erläutern vor welchen Entscheidungen ich bei der Abwicklung des Auftragsstand und warum ich mich für diesen Weg entschieden habe?
5. **Kontrolle**
   Kann ich die Ergebnisse bewerten und einordnen?

Note	Kriterien
Sehr gut	überzeugend, sicher, optimal, stets ...
Gut	zweckmäßig, richtig ,einwandfrei ...
Befriedigend	fast immer, überwiegend angemessen, meist ...
Ausreichend	im Allgemeinen, umständlich, unangemessen, lückenhaft ...
Mangelhaft	meist falsch, kaum erkennbar ...
Ungenügend	unsystematisch, zufällig, fachlich falsch ...

Präsentation durch Vortrag · Presentation by lecture

Merkmal	Beschreibung	Bemerkungen
Vorbereitung	• Themenstellung klären. • Zuhörergruppe klären: Anzahl und Niveau der Teilnehmer. • Ziel der Zuhörer klären oder festlegen. • Dauer des Vortrages klären. • Technische Ausstattung des Vortragsraumes klären. • Geeignetes Softwaretool für Erstellung von Bildern auswählen.	Das Niveau der Teilnehmer bestimmt die fachliche Tiefe des Vortrages im zur Verfügung stehenden Zeitrahmen. Wichtig ist, dass die Teilnehmer angesprochen werden. Die Teilnehmer müssen das Vorgetragene verstehen. Die Dauer des Vortrages legt bei einem Folienvortrag die Anzahl Folien fest. Als grafisches Softwaretool wird eine Präsentations-Software, z. B. oft Powerpoint, verwendet.
Mediengerät	• Overhead-Projektor für Folienpräsentation. • LCD-Projektor oder DLP-Projektor (Beamer) für Präsentationen von PC-erzeugten Bildern. 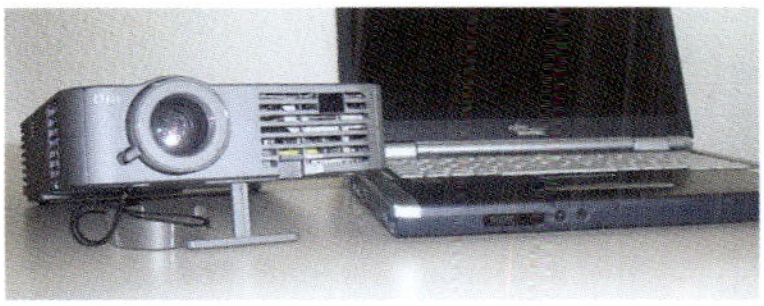 **LCD- oder DLP-Projektor mit Notebook**	LCD von Liquid Crystal Display DLP von Digital Light Processing Beamer von engl. beam = Strahl Technische Daten eines LCD-Projektors: Lichtleistung: 3000 lm Kontrastverhältnis: 850 : 1 (Weiß/Schwarz) Auflösung: 1024 × 768 Bildpunkte Helligkeitsverteilung: 80 % (Bildrand/Bildmitte) Zweilampensystem Leinwandabstand: 1 m bis 16 m Standardsignale: PAL, NTSC, SECAM, SVGA, SXGA Ansteuerung über Kabel, Funk.
Vortrags-erstellung	• Eine an die Wand projizierte Bildseite (Chart, Folie) muss mindestens eine Minute stehen bleiben. • Schriftgrad (Schriftgröße) mindestens 16. • Maximal acht Schriftzeilen je Bildseite, Bildseite nicht überladen. • Diagramme und Tabellen nicht mit Zahlen überladen. • Jede Bildseite muss ihr Bildseitenthema, die Archivnummer und ggf. das Firmenlogo enthalten. • Alle Bildseiten ähnlich strukturieren. • Vortrag in Schwerpunkte gliedern. • Titelseite und Seite für Vortragsgliederung nicht vergessen zu erstellen. • Vortrag vorab laut vorsprechen.	Eine Bildseite muss vom Zuhörer in Ruhe gelesen werden können. Die Schriftgröße darf deshalb keinesfalls zu klein gewählt werden. Die Leistungsfähigkeit des Projektors sowie die Größe des Vortragsraumes sind hier mitbestimmend. Als Schriftfarbe ist bei hellem Seitenhintergrund Schwarz am besten geeignet. Ein Seitenhintergrund mit Strukturen ist zu vermeiden. Zu viele Farben auf einer Bildseite verwirren. Beim Verwenden verschiedener Farben ist den Farben ein Sinn zuzuordnen Bei Bildschirmanimationen (animation = Bewegung) ist auf eine Beschränkung der bewegten Elemente zu achten.
Präsentation	• Kurze Zielangabe des Vortrages. • Nicht zu schnell und zu leise sprechen. • Nicht zu viele Handbewegungen und Körperbewegungen vornehmen. • Bei der Wortwahl auf nicht allgemein bekannte Fremdworte, Fachausdrücke oder Abkürzungen verzichten. • Am Vortragsende eine kurze Zusammenfassung geben.	Der Vortragende darf keine Hektik verbreiten. In der Sprechweise ist dennoch eine gewisse Lebhaftigkeit gefordert. Zur Aufmunterung der Zuhörer kann auch einmal eine passende, kurze Anekdote erzählt werden. Zu witzig darf man nicht werden. Die Zuhörer sind beim Reden anzuschauen.

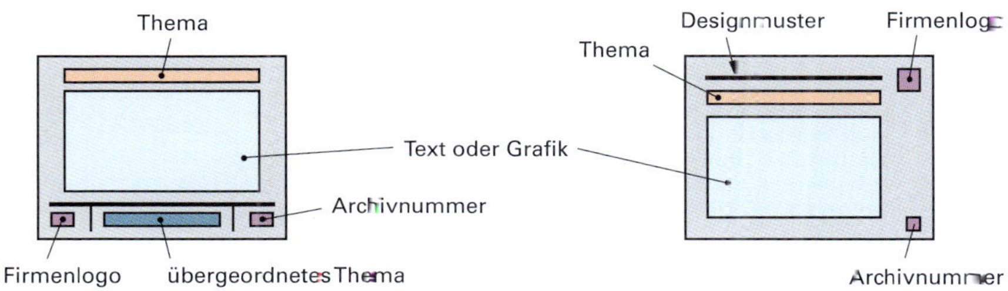

Mögliche Einteilungen von Bildseiten

B

Visualisierung Visualization

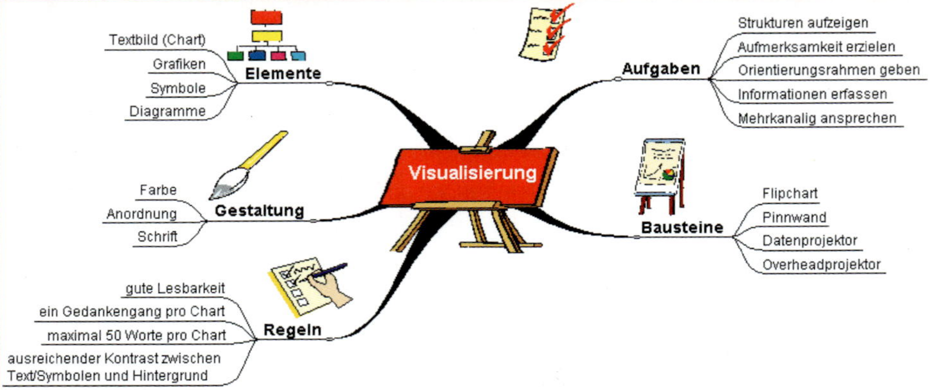

<table>
<tr><th>Elemente</th><th>Beschreibung</th><th>Beispiele</th></tr>
<tr><td>Diagramme</td><td>Häufigkeiten großer Datenmengen lassen sich durch verschiedene Diagrammarten darstellen. In ihnen lassen sich je nach Art
T Trends,
K Kontraste und
A Anteile erkennen.
Statt Säulendiagrammen werden auch Histogramme verwendet.</td><td><table><tr><th>Linien</th><th>Balken</th><th>Block</th><th>Säule</th><th>Kreis</th></tr><tr><td colspan="5">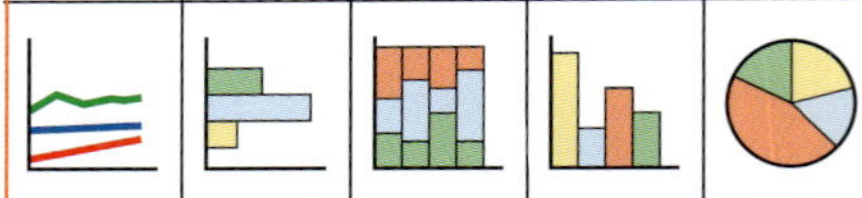</td></tr><tr><td>K, T</td><td>K</td><td>K, T, A</td><td>K, T</td><td>A, K</td></tr></table></td></tr>
<tr><td>Textbilder</td><td>Textbilder sind Bilder, die mit Text hinterlegt sind. Sie erleichtern dem Zuhörer das Mitverfolgen einer Präsentation

Schriftgrade in DTP-Punkten:

24 16 8 7</td><td>Grundsätze bei der Erstellung von Textbildern
• keine ganzen Sätze
• nur ein Gedankengang pro Textbild
• übersichtlich, groß und leserlich
– Schriftgrade > 16 pt[1]
– maximal 25 Worte
– harmonische Anordnung
• wenige Stilelemente, z. B. Farbe, Schriftart, verwenden
– maximal 2 verschiedene Schriftarten
– auf Dekorationselemente, z. B. kleine Bilder, verzichten</td></tr>
<tr><td>Metaplan</td><td>Die Metaplantechnik ist einsetzbar für Ideensammlung mit nachfolgender Strukturierung und Visualisierung. Ein Moderator entwickelt mit den Teilnehmern durch Kartenabfrage den Besprechungsablauf. Die Karten werden auf einer Stellwand mit den Teilnehmern gruppiert (geclustert). Der Ablauf wird visuell dargeboten. Auch weniger redegewandte Teilnehmer werden integriert.</td><td>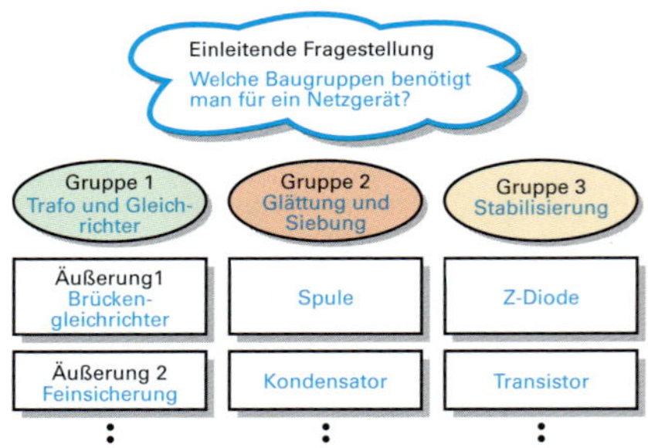</td></tr>
<tr><td>Mindmap-Methode</td><td>Mit der Mindmap-Methode lassen sich Ideen strukturiert sammeln und diese bildlich darstellen. Ausgehend vom Zentrum, dem Thema, werden Hauptäste gebildet, die sich weiter verzweigen können.</td><td></td></tr>
</table>

[1] DTP-Punkt von Desktoppublishing, abgekürzt pt; 1 pt bedeutet 1/72″ = 0,0138″ = 0,3527 mm.
24 pt ≈ 8,5 mm, 16 pt ≈ 5,6 mm, 8 pt ≈ 2,8 mm und 7 pt ≈ 2,5 mm

Zitierregeln Rules of citation

Grundlagen

Begriff	Aufzuführende Punkte	Erklärung, Beispiel
Aufgabe des Zitierens und Zitatarten	In einer schriftlichen Arbeit ist alles, was man der Literatur oder anderen Quellen entnimmt, durch Anmerkungen, d. h. Quellenangaben zu belegen. Allgemein bekannte Tatsachen, z. B. Geflügelte Worte werden meist nicht belegt.	Es gibt ● wörtliche Zitate oder indirekte Bezugnahmen auf Quellen, ● wörtliche oder annähernd wörtliche Wiedergaben von Texten und ● spezielle Einsichten und Erkenntnisse bestimmter Autoren.
Grundsätzliche Anordnung der Informationen	● Wer? ⇒ Wer hat die Information zur Verfügung gestellt? ● Wie? ⇒ Wie lautet die Bezeichnung der Information? ● Wo? ⇒ Wo ist die Information zu finden? ● Wann? ⇒ Wann wurde die Information zur Verfügung gestellt? ● Zitatformen	Herausgeber, Autor (Verfasser) Titel Verlag, URL Erscheinungsjahr, Publikationsdatum, letztes Update, Zugriffsdatum. Zitatangaben sollten in der ganzen Arbeit dieselbe Form haben.
Direktes Zitat	Text wird wörtlich, mit Hervorhebungen und Rechtschreibfehlern aus der Quelle in die eigene Arbeit übernommen.	Direkte Zitate werden durch doppelte Anführungszeichen gekennzeichnet, z. B.: „Herrschen lernt sich leicht, regieren schwer" – Johann Wolfgang von Goethe, deutscher Dichter
Indirektes Zitat	Sinngemäße Übernahme von Gedanken einer Quelle.	Indirekte Zitate erfordern keine Anführungszeichen Die Autoren werden nach 'vgl.' angeführt.

Zitierquellen

Bücher	● Autor, ● Titel und Untertitel des Werks, ● Auflage, ● Erscheinungsort, ● Erscheinungsjahr, ● Verlag, ● Reihe, wenn der Band einer Reihe entstammt.	Freyer, Ulrich: DAB – Digitaler Hörfunk – 1. Auflage – Berlin: Verl. Technik, 1997 Praxisreihe Radio Fernsehen, Elektronik ISBN 3-341-01181-1 Dehler et. al.: Fachkunde Büro- und Informationstechnik: mit Radio-, Fernseh- und Medientechnik – 5. Auflage
Aufsätze aus Zeitschriften und aus Sammelbänden	● Autor ● Titel ● Name, Jahrgang der Zeitschrift, ● Seiten, auf denen der Aufsatz steht.	C. Müller (CAM): Schnelle Displays: Praxis TFTs einstellen – PC Professional 2005 – S. 114 bei Sammelbänden zusätzlich: ● in: [komplettes Zitat des Sammelbandes]
Internet, E-Mail, Mailing-Liste	● Autor ● Titel ● Online im Internet, ● Quellenangabe (URL, E-Mail, ...) ● Datum der letzten Aktualisierung [Stand ....], ● bei älteren Quellen am Ende der URL das Zugriffsdatum in [. .]. Grundsätzlich wie bei Büchern und Zeitschriften, jedoch mit geänderten Erscheinungsvermerken.	Fehlt der Verfassername: ● Titelzeile der Hypertextseite oder der ● Name der Organisation oder Institution die für die Website verantwortlich angegeben. Fehlen Titel oder Untertitel: ● Untertitel angeben oder ● Beschreibung der Website oder ● Quellenangabe mit vollständiger URL.
CD-ROM, DVD, Audiokassette, Videokassette	● Autor ● Titel ● Herausgeber ● Erscheinungsort	Name, Vorname (Jahr) Titel des Aufsatzes. In: CD-Titel CD-ROM. Hrsg.: CD-Herausgeber, {Erscheinungsort} Z. B.: Heft-CD-ROM 25- 2004-Computer Bild: Sicherheit: Antivir6.28 00.66
Radio und Fernsehen	● Form der Sendung ● Angabe des Senders ● Sendetermin	Diskussion, Hörspiel, Nachrichtenbeitrag WDR 7. 7. 20xx um 20.15 Uhr.
Gesetzestexte	● Vollständiger Name des Gesetzes (Gesetzesabkürzung) vom ● Datum der Veröffentlichung im BGBl. ● BGBl Römische Nummer des BGBl.	Körperschaftssteuergesetz (KStG 1977) vom 31. August 1976. BGBl I. BGBl Bundesgesetzblatt
Literaturverweis	Jede wissenschaftliche Arbeit weist am Ende ein Literaturverzeichnis mit Titel, Untertitel, Erscheinungsort und Erscheinungsjahr auf.	Das Literaturverzeichnis wird alphabetisch nach Nachnamen der Autoren, Herausgeber geordnet.

B

Informationen zur Abschlussprüfung (Kammerprüfung) in den Elektroberufen[1]
Informations for examination (chamber ex.) in electro professions

Prüfungsteile und deren Gewichtung

Fragen	Prüfung Teil 1	Prüfung Teil 2
Wann findet die Prüfung statt?	vor Ende des zweiten Ausbildungsjahres	Am Ende der Ausbildung
Welche Inhalte werden geprüft?	Lernfelder 1 bis 6	Lernfeld 7 bis 13
Welche Prüfungsteile gibt es?	• komplexe Arbeitsaufgabe mit situativen Gesprächsphasen (20%) • Schriftliche Aufgabenstellung zu der komplexen Arbeitsaufgabe (20%)	• Funktions- und Systemanalyse (12/12,5[2]%) • Systementwurf (12/12,5[2]%) • Wirtschafts- und Sozialkunde (6/10[2]%) • Arbeitsauftrag (30/25[2]%)
Welche Gewichtung haben die Prüfungsteile?	40%	60%

Bestehensregelung

- Gesamtergebnis aller Prüfungsteile über 50%
- Bewertung des Arbeitsauftrages mit mindestens 50% der möglichen Punkte
- In dem gewichteten Durchschnitt der Prüfungsteile Funktions- und Systemanalyse, Systementwurf und Wirtschafts- und Sozialkunde muss mindestens 50% der möglichen Punkte erreicht werden. Dabei müssen mindestens zwei dieser Fächer mit ausreichend bewertet werden und es darf keine ungenügende Note erteilt werden.
  Eine mündliche Ergänzungsprüfung ist für das Bestehen möglich (Gewichtung 2/1 = schriftlich/mündlich)

Beispiel: Welche Punktezahl im 100-Punkte-Schlüssel der Kammern erreicht ein Auszubildender im Industrieberuf Elektroniker für Geräte- und Systemtechnik wenn er folgende Einzelergebnisse erzielt:
komplexe Arbeitsaufgabe 68 Punkte, schriftlicher Arbeitsauftrag 44 Punkte, Systementwurf 78 Punkte, Funktions- und Systemanalyse 87 Punkte, Wirtschafts- und Sozialkunde 91 Punkte, Arbeitsauftrag 98 Punkte.
Ergebnis = 68 · 0,2 + 44 · 0,2 + 78 · 0,12 + 87 · 0.12 + 91 · 0,06 + 98 · 0,3 = **77,06 Punkte**
Mein Ergebnis = □ · 0,2 + □ 0,2 + □ · 0,12 + □ · 0.12 + □ · 0,06 + □ · 0,3 = (Industrieberuf)
Mein Ergebnis = □ · 0.2 + □ 0,2 + □ · 0,125 + □ · 0.125 + □ · 0,1 + □ · 0,25 = (Handwerksberuf)

Häufig gestellte Fragen (FAQ) zur Prüfung in den neuen Elektroberufen

Gilt diese Prüfungsordnung auch für den Fachinformatiker?	Nein, Fachinformatiker machen die herkömmliche Zwischenprüfung.
Muss der Prüfungsteil 1 wiederholt werden, wenn in dieser Prüfung weniger als 50% der möglichen Punkte erreicht wurden?	Nein, über das Bestehen der Prüfung wird erst nach Ablauf aller Prüfungsteile befunden. Welche Prüfungsteile dann zu wiederholen sind, ist im Einzelfall vom Prüfungsausschuss zu entscheiden.
Kann ein Prüfling die Prüfung Teil 1 ein zweites Mal machen, wenn der Ausbildungsvertrag nach dem zweiten Ausbildungsjahr um ein weiteres Jahr verlängert wird?	Nein. Darum ist es sinnvoll die Vertragsverlängerung vor dem Ableisten der Prüfung in Teil 1 zu stellen und nicht zur Prüfung anzutreten.
Ab welcher Gesamtpunktzahl wird im Facharbeiterbrief die Note gut ausgewiesen?	Ab 81 Punkte gibt es die Note gut.
Wie oft kann die Prüfung wiederholt werden?	Es sind zwei Wiederholungsprüfungen möglich.
Im Fach Systementwurf wurde nur die Note mangelhaft erzielt. Gilt damit die Prüfung als nicht bestanden?	Falls im gewichteten Schnitt der Fächer Funktions- und Systemanalyse, Systementwurf und Wirtschafts- und Sozialkunde 50% der möglichen Punkte erreicht wurden und in keinem der anderen Fächer unter 50% erreicht wurden, gilt die Prüfung als bestanden.
Ist die Teilnahme an der mündlichen Ergänzungsprüfung zwingend erforderlich?	Nein, aber es ist die einzige Chance bei schlechten Leistungen noch in diesem Prüfungsdurchgang die Prüfung zu bestehen.

[1] **Industrie:** Elektroniker für Automatisierungstechnik, Elektroniker für Gebäude- und Infrastruktursysteme, Elektroniker für Geräte und Systeme, Elektroniker für Betriebstechnik, Elektroniker für Maschinen und Antriebstechnik, Systeminformatiker
Handwerk: Systemelektroniker, Elektroniker der Fachrichtungen Energie- und Gebäudetechnik, Automatisierungstechnik, Informations- und Telekommunikationstechnik
[2] Gewichtung bei Berufen des Handwerkes

Qualitätsmanagement Quality Management

Begriffe	Erklärungen	Ziele
Qualität	ist die Beschaffenheit einer Einheit bezüglich ihrer Eignung für die gestellten Qualitätsanforderungen.	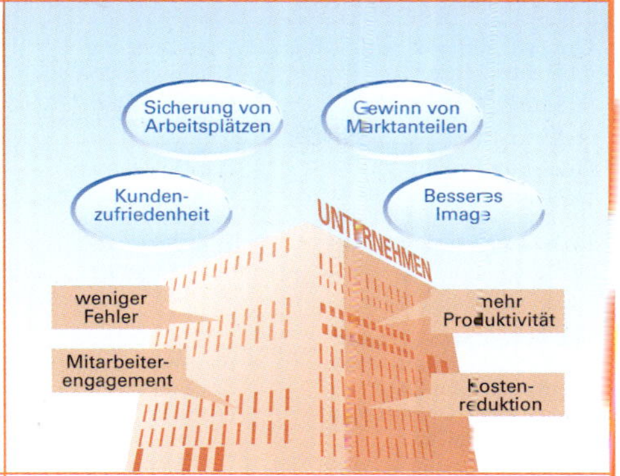
Qualitätssicherung	Sie ist in Unternehmen ein wichtiges Ziel. Damit werden Kunden zufriedengestellt und gebunden. Außerdem sollen kostengünstige und auch umweltfreundliche Produkte erstellt werden.	
Qualitätsmanagement	Es umfasst alle aufeinander abgestimmten Tätigkeiten zur Leitung und Lenkung einer Organisation bezüglich der Qualität. Dabei spielt neben der Ergebnisqualität auch die Struktur- und Prozessqualität eine entscheidende Rolle.	
Audit	Die Norm DIN EN ISO 19011 enthält eine Anleitung für das Auditieren von Qualitäts- und Umweltmanagementsystemen.	Audits[1] dienen zur Überprüfung der eingeleiteten Qualitätsmaßnahmen durch geschultes Personal. [1] lat. audire = hören, zu Gehör bringen.
DIN ISO 9000-Normenreihe	Die ISO-9000-Normenreihe besteht aus DIN EN ISO 9000 Grundlagen und Begriffe, DIN EN ISO 9001 Qualitätsmanagementsysteme und DIN EN ISO 9004 Effizienz eines Qualitätsmanagementsystems.	Diese Normenreihe beschreibt die Kriterien zum Aufbau Nachweis und zur Dokumentation eines Qualitätsmanagementsystems.
KVP	KVP steht für Kontinuierlicher Verbesserungsprozess. Im englischen wird der Begriff CIP von Coninous improvement process verwendet. KVP ist mit dem japanischen Kaizen vergleichbar.	Alle Prozesse im Untenehmen werden auf ständige Verbesserungsmöglichkeiten untersucht.
Qualitätswerkzeuge	Es gibt 7 Qualitätswerkzeuge: Strichliste, Histogramm, Pareto-Diagramm, Ursache-Wirkungsdiagramm, Streudiagramm, Regelkarte, grafischer Vergleich.	Sie dienen der Fehlererfassung und Fehleranalyse, und sind Methoden der KVPs.
Qualitätszirkel	Die Gruppenmitglieder helfen sich in regelmäßigen Abständen während der Arbeitszeit unter der Leitung eines Moderators.	Die Mitarbeiter besprechen die in ihrem Arbeitsbereich auftretenden Probleme.
TQM	In Deutschland ist TQM unter dem Begriff EFQM von European Foundation for Quality Management verbreitet.	Total Quality Management ist eine umfassende Qualitätsorientierung, die die gesamte Unternehmenskultur erfasst.
Zertifizierung	Die Zertifizierungen werden meist von Zertifizierungsinstituten durchgeführt, z. B. auch vom TÜV oder DEKRA. Bei erfolgreicher Prüfung wird ein Zertifikat ausgestellt.	Dem Unternehmen wird bescheinigt, dass es die Anforderungen nach DIN ISO 9001:xxxx erfüllt. xxxx Jahr der aktuelleren Norm.

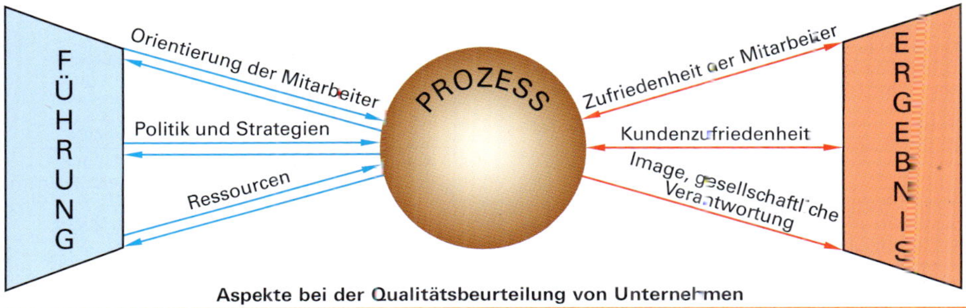

Aspekte bei der Qualitätsbeurteilung von Unternehmen

B

Qualitätsmanagement (Fortsetzung) Quality management (continued)

Begriffe und Definitionen nach DIN ISO EN 9000: 2005	Bemerkungen
Qualität. Grad, in dem ein Satz inhärenter Merkmale Anforderungen erfüllt.	Qualität ist die Erfüllung geforderter bzw. erwarteter Kundenansprüche.
Qualitätslenkung. Teil des Qualitätsmanagements, der auf die Erfüllung von Qualitatsanforderungen gerichtet ist.	Die Qualitätslenkung gibt Maßnahmen vor, die zur Erreichung der Qualitätsziele dienen.
Qualitätsmanagement. Aufeinander abgestimmte Tätigkeiten zum Leiten und Lenken einer Organisation bezüglich Qualität	Das Qualitätsmanagement umfasst das Festlegen der Q-Politik, der Q-Ziele, der Q-Planung und der Q-Verbesserung.
Qualitätsmanagement-Handbuch (QM-Handbuch). Dokument, in dem das Qualitätsmanagementsystem einer Organisation festgelegt ist.	QM-Handbücher sollten sich in ihrem Detaillierungsgrad an die Große der Organisation anpassen.
Qualitätsmanagementsystem, QM-System. Managementsystem zum Leiten und Lenken einer Organisation bezüglich der Qualität.	QM-System zur Realisierung des vorausschauenden Qualitätsmanagements.
Qualitätsmerkmal. Inhärentes Merkmal eines Produkts, Prozesses oder Systems, das sich auf eine Anforderung bezieht.	Inhärent bedeutet „einer Einheit innewohnend", insbesondere als ständiges Merkmal.
Qualitätsplanung. Teil des Qualitätsmanagements, der auf das Festlegen der Qualitatsziele und der notwendigen Ausführungsprozesse gerichtet ist.	Die Qualitätsplanung legt die Vorgaben fest, an Hand derer die Prozessergebnisse bewertet werden können.
Qualitätssicherung. Teil des Qualitätsmanagements, der auf das Erzeugen von Vertrauen ausgerichtet ist, dass Qualitätsanforderungen erfüllt werden.	Der Begriff Qualitätssicherung ist im Laufe der Entwicklung des Qualitätsmanagements ein Unterbegriff geworden.
Fähigkeit. Eignung einer Organisation, eines Systems oder Prozesses zum Realisieren eines Produktes.	Prozessfähigkeit kann mithilfe der Statistik nachgewiesen werden.
Fehler. Nichterfüllen einer Anforderung.	Fehler treten bei unsicheren Prozessen auf.
Zuverlässigkeit. Ausdruck zur Beschreibung der Verfügbarkeit und ihrer Einflussfaktoren Funktionsfähigkeit und Instandhaltbarkeit.	Eine Messgröße für die Zuverlässigkeit ist die Zeitspanne zwischen zwei erkannten Fehlern.

Zusammenhänge

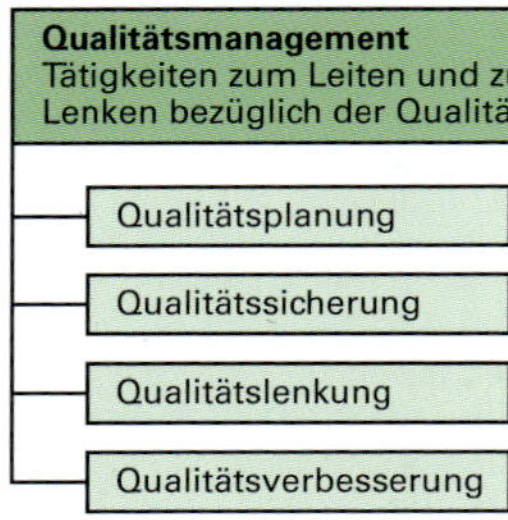

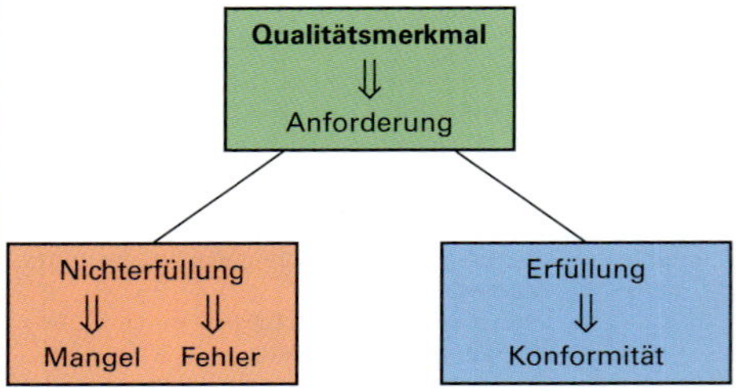

Qualitätsmerkmale

Quantitative Merkmale

Art	Kennzeichen	Beispiel
kontinuierliches Merkmal	messbarer, stetiger Merkmalswert	Durchmesser eines Bolzens **Merkmalswert:** z. B. 20,05 mm, 20,1 mm oder 20,02 mm
diskretes Merkmal	zählbar (0, 1, 2, . . .)	Schweißpunkte **Merkmalswert:** z. B. 23, 24 oder 20 Schweißpunkte

Qualitative Merkmale

Art	Kennzeichen	Beispiel
Ordinalmerkmal	Beurteilung mit Ordnungsbeziehung	Aussehen einer Oberfläche **Merkmalswert:** z. B. sehr gut, gut, geeignet, schlecht, sehr schlecht
Nominalmerkmal	Beurteilung ohne Ordnungsbeziehung	Rillenrichtung einer geschliffenen Fläche **Merkmalswert:** gekreuzt, quer oder längs zum Werkstück

Erstellen einer Dokumentation über Geräte oder Anlagen
Making a documentation about equipments or installations

Aktivitäten	Arbeitsabläufe	Bemerkungen, Beispiele
① Inhalts-verzeichnis erstellen	● Überschriften der Hauptabschnitte festlegen, ● Umfang der Hauptabschnitte festlegen, ● Unterteilung der Hauptabschnitte vornehmen, ● Seitennummern den Abschnittsnummern zuordnen, ● übertriebene Unterteilung vermeiden.	Nummerierung der Hauptabschnitte mit 1, 2, 3 usw., der nachgeordneten Abschnitte mit 1.1, 1.2 ... bzw. 1.1.1, 1.1.2 ... vornehmen. Überschriften in Fettdruck, evtl. nachgeordnete in kleinerer Type. Zuordnung der Seitennummern kann im Laufe der Bearbeitung geändert werden.
② Geeignete Bilder und Tabellen sammeln	● Bilder zu den Hauptabschnitten suchen oder entwerfen. ● Tabellen (soweit nötig) zu den Hauptabschnitten suchen bzw. entwerfen, ● Prüfen, ob die wichtigsten Inhalte durch Bilder und Tabellen abgedeckt sind, ● Bilder und Tabellen möglichst vereinfachen, ● Zielgruppe der Dokumentation berücksichtigen, ● Informationsgehalt prüfen.	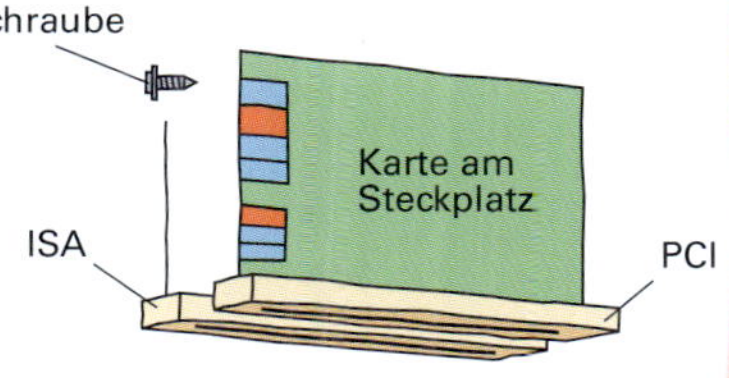 **Skizze**
③ Bilder bearbeiten	● Prüfen, ob einfarbig oder mehrfarbig, ● Strichzeichnungen normgerecht erstellen, ● Fotos evtl. durch Beschriftung ergänzen, ● Bilder gleich breit machen, ● Bildunterschriften zu jedem Bild festlegen, ● Bilder nicht überladen, ● im Bedarfsfall Bildquelle angeben, ● wesentliche Details entsprechend hervorheben.	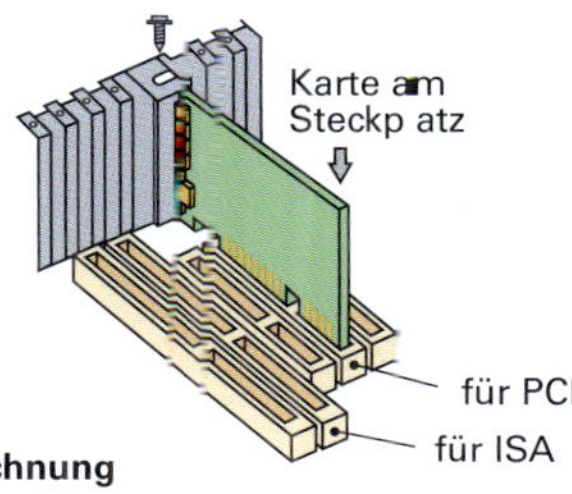 **Reinzeichnung**
④ Rohentwurf des Textes erstellen	● Anhand der besorgten Bilder den Text formulieren, ● dabei für Gleiches immer die gleichen Begriffe verwenden, ● bei gleichen Sachverhalten auch gleiche Satzstrukturen verwenden.	Ergänzungen zu Stellen ohne Bilder vornehmen. In einer Dokumentation können Begriffe beliebig oft wiederholt werden, kein Literaturdeutsch anstreben. Fachworte, insbesondere Fremdworte, erklären.
⑤ Endgültigen Text fertigstellen	● Rohentwurf des Textes selbst korrigieren, ● Korrektur durch sachkundige Person überprüfen lassen, ● die Korrekturen, wenn sinnreich, übernehmen, ● Reinschrift vornehmen.	Rechtschreibung und Kommasetzung beachten, Nachschlagewerke (z. B. Duden) verwenden. Bildhinweise im Text mindestens beim erstmaligen Gebrauch des Bildes einheitlich vornehmen. Bei erstmaligem Auftreten einer Abkürzung die Langform in Klammern angeben.
⑥ Layout festlegen	● Spaltenzahl beim Satz festlegen (einspaltig oder mehrspaltig). ● Blocksatz oder Flattersatz festlegen. ● Bei einspaltigem Satz nicht mehr als 60 Zeichen je Zeile vorsehen. ● Anordnung der Bilder festlegen. ● Tabellen einplanen.	Bilder einheitlich anordnen, z. B. in einer rechten Spalte oder nach dem entsprechenden Bildhinweis. Hauptabschnitte mit neuer Seite beginnen lassen. Auf eine Seite höchstens drei Überschriften setzen. Raum für Ergänzungen frei lassen.
⑦ Verzeichnisse für Bilder und Tabellen erstellen	● Nummerierung durchführen (z. B. nach Seiten oder Abschnitten (1.1, 1.2, ... oder 1-1, 1-2, ...)). ● Bildunterschriften festlegen. ● Tabellenbezeichnungen festlegen.	Urheberrechte beachten, besonders bei Übernahme aus anderen Werken. Bei Bildern und Tabellen im Bedarfsfall Quelle angeben.

Aufbau und Inhalt von Betriebsanleitungen
Structure and content of operating manuals

Kapitel	Inhalt	Bemerkungen
Beschreibung	Kurze Beschreibung der Bedienungselemente, Anzeigenelemente, Buchsen für Eingangssignale und Ausgangssignale. Grafiken dienen zur Verdeutlichung.	Dieses Kapitel dient der schnellen Orientierung. Es setzt oft mindestens Grundkenntnisse über das Gerät oder die Anlage voraus.
Montage	Hinweise für Aufstellungsbedingungen und den Zusammenbau anhand einer Stückliste, oft mit Explosionszeichnungen ergänzt.	Wichtig sind Abmaße und Umgebungsbedingungen wie Temperatur, Feuchtigkeit. Teilweise wird sogar das zu verwendende Werkzeug beschrieben bzw. abgebildet.
Inbetriebnahme	Reihenfolge der Inbetriebnahmeabläufe, Anschlussskizzen, Maßnahmen zum Einschalten, Ausschalten, Prüfen, Überwachen, Korrigieren. Hinweise zum Voreinstellen (Konfigurieren) von Grundfunktionen, Sicherheitshinweise.	Unter Inbetriebnahme ist das erstmalige Einschalten eines Gerätes oder einer Anlage beim Kunden zu verstehen.
Funktionen	Beschreibung der Funktionen und deren Zusammenwirken. Sind diese vom Benutzer beeinflussbar, so ist deren Bedienung zu beschreiben.	Sie stellen die Leistungsbeschreibung des Gerätes oder der Anlage dar.
Einstellungen	Standardeinstellwerte (Grundeinstellungen) von Komponenten, Baugruppen oder Softwaremodulen.	Es sind die Einstellwerte bei der Inbetriebnahme und für den ungestörten Betrieb anzugeben.
Betrieb	Einschalten und Ausschalten im ungestörten Betrieb durch den Kunden. Verhaltensweisen bei gestörtem Betrieb.	Vorsichtsmaßregeln für einen ungestörten Betrieb sind zu beschreiben, z.B. Temperaturwechsel, Feuchtigkeit, Staub, EMV.
Fehlermeldungen, Fehlerbehandlung	Beschreibung der Fehlermeldungen (Störmeldungen, Alarmmeldungen) und Beschreibung der jeweils einzuleitenden Maßnahmen zur Beseitigung.	Die Darstellung erfolgt am übersichtlichsten tabellarisch. Die Fehlermeldungen müssen aussagefähig und vollständig sein.
Instandhaltung, Wartung	Beschreibung von Wartungsintervallen und den zu wartenden Komponenten oder Baugruppen mit den dazugehörenden Maßnahmen.	Es ist zu unterscheiden, welche Wartungsarbeiten vom Kunden selbst und welche Wartungsarbeiten vom Kundendienstpersonal des Herstellers vorzunehmen sind.
Kundendienst, Ersatzteilbeschaffung	Angaben über notwendige Daten zur Ersatzteilbeschaffung. Angaben über Kundendienstleistungen. Kundendienstadressen, Adressen zur Ersatzteilbeschaffung, Hotline-Adressen (Telefon, Telefax, E-Mail, Internet).	Die Adressen für Kundendienst und Ersatzteilbeschaffung sind in Regionen einzuteilen.
Technische Daten	Angaben zur elektrischen Spannungsversorgung, elektrischen Leistungsaufnahme, Kennwerte für Hydraulikkomponenten, Pneumatikkomponenten. Angaben zu Schnittstellen, Datenübertragungsraten, Drehzahlen, Kraftmomente, Gewichte, Abmessungen, mitgeliefertes Zubehör.	Die technischen Daten sind meistens als Anhang angegeben. Sie gelten für den störungsfreien Betrieb. Auf Toleranzabweichungen sollte hingewiesen werden.

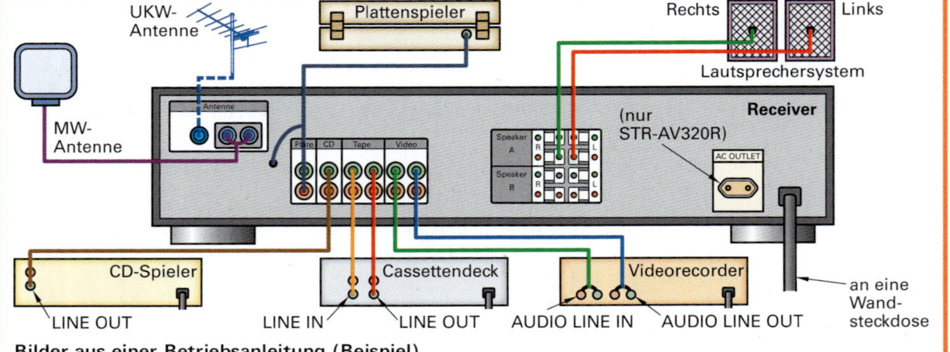

Bilder aus einer Betriebsanleitung (Beispiel)

B

Kalkulation von Kosten und Preisen Calculation of costs and prices

Kostenart	Bestandteile	Erklärung, Beispiele
Gemeinkosten (Kosten, die weder Lohnkosten der Produktion noch Materialkosten der Produktion sind)	Materialgemeinkosten Lohngemeinkosten Verwaltungsgemeinkosten	Hilfsstoffe, Brennstoffe, Kosten für Materialbeschaffung, Materialbereitstellung oder Abfallentsorgung. Lohngemeinkosten sind z.B. Zuschläge, Hilfslöhne, Sozialaufwändungen (Krankenversicherung, Rentenversicherung, Arbeitslosenversicherung, Unfallversicherung, Pflegeversicherung, Urlaubsgeld, bezahlte Feiertage, bezahlte Krankheitstage). Kosten der Bereiche Controlling, Rechnungswesen, Personalwesen, Unternehmensplanung, Informatik.
Materialkosten	Fertigungsmaterialkosten, Montagematerialkosten, Materialgemeinkosten	Zu unterscheiden ist zwischen Einzelkosten und Gemeinkosten. Einzelkosten entstehen als Materialpreis für Rohmaterial, Halbfertigteile oder Fertigteile, Gebühren für Frachten, Zölle, Verpackung.
Bearbeitungskosten	Fertigungslöhne, Montagelöhne, Fertigungsgemeinkosten, Montagegemeinkosten	Fertigungsgemeinkosten und Montagegemeinkosten enthalten die Lohngemeinkosten, Gehälter, Raumkosten (Abschreibungen, Zinsen, Instandhaltung, Reinigung, Heizkosten), Maschinenumzüge, Maschinenstundensätze (Abschreibungen, Zinsen, Energiekosten, Instandhaltungskosten, Platzkosten, Werkzeugkosten der Maschinen).
Produktionskosten (auch Fertigungskosten genannt)	Bearbeitungskosten, Produktionsverwaltungsgemeinkosten (auch Fertigungsverwaltungsgemeinkosten genannt)	Unter die Produktionsverwaltungsgemeinkosten fallen insbesondere die Kosten für die Arbeitsvorbereitung, Qualitätssicherung, interne Werkstransporte, Raumkosten, IT-Gerätekosten. Diese Gemeinkosten werden in Prozent der Bearbeitungskosten eines Produktes umgerechnet und so zur Preisfindung herangezogen.
Herstellkosten	Materialkosten, Produktionskosten, Wagniskosten, Kosten für Sonderbetriebsmittel, Entwicklungskosten, Konstruktionskosten, Verwaltungsgemeinkosten	Wagniskosten sind Kosten für Unsicherheiten in der Kalkulation, z.B. hinsichtlich Einkaufskosten, Aufwandsabschätzungen, Garantieleistungen, Kulanzleistungen. Wagniskosten, Kosten für Sonderbetriebsmittel, Entwicklungskosten, Konstruktionskosten und Verwaltungsgemeinkosten werden in Prozent bezogen auf die Summe aus Materialkosten und Produktionskosten für jeweils ein Produkt errechnet. Die Kosten für Sonderbetriebsmittel werden meist getrennt von den Werkzeugkosten einer Maschine erfasst, da diese wegen spezieller Anfertigung für ein Produktteil beträchtlich sein können.
Selbstkosten	Herstellkosten, Vertriebsgemeinkosten, Lizenzkosten	Die Vertriebsgemeinkosten und Lizenzkosten werden in Prozent der Herstellkosten bezogen auf ein Produkt umgerechnet und den Herstellkosten zugeschlagen.
Barverkaufspreis	Selbstkosten, kalkulierter Gewinn	Der kalkulierte Gewinn und der Barverkaufspreis sind nur dann realisierbar, wenn der Markt es ermöglicht.
Rechnungspreis	Barverkaufspreis, Kundenskonto, z.B. 2%, Vertreterprovision, z.B. 5%	Kundenskonto und Provision müssen einkalkuliert werden, da sie sonst zu Lasten des Gewinns gehen. Meist wird der Rechnungspreis nicht erzielt, da der Kunde einen Rabatt fordert.
Angebotspreis, Nettoverkaufspreis	Rechnungspreis, Kundenrabatt, z.B. 15%	Eine mögliche Rabattforderung des Kunden wird einkalkuliert, da sonst sogar ein Verlust eintreten könnte.

Barverkaufspreis = Selbstkosten + Kalkulatorischer Gewinn

- Materialkosten,
- Bearbeitungskosten,
- Kosten für Entwicklung, Konstruktion, Arbeitsvorbereitung
- Kosten für Verwaltung und Vertrieb,
- Sonderkosten

Bestandteile der Preiskalkulation

Kalkulation der Kosten   Cost calculations

Ermittlung der Zuschläge

Zuschläge	Erklärung	Berechnung der Zuschlagsätze
Material-Gemeinkostensatz	Materialbedingte Gemeinkosten je Fertigungs-Materialkosten	$MGKS = \frac{MGK \cdot 100\%}{FMK}$
Fertigungs-Gemeinkostensatz	Fertigungsbedingte Gemeinkosten je Fertigungslöhne	$FGKS = \frac{FGK \cdot 100\%}{FL}$
Verwaltungs-Gemeinkostensatz	Verwaltungsbedingte Gemeinkosten je Herstellkosten	$VwGKS = \frac{VwGK \cdot 100\%}{HK}$
Vertriebs-Gemeinkostensatz	Vertriebsbedingte Gemeinkosten je Herstellkosten	$VtGKS = \frac{VtGK \cdot 100\%}{HK}$
Kundenskonto-Zuschlag	Skonto vom Rechnungspreis	$Sk = \frac{RP \cdot SkS}{100\%}$
Provisions-Zuschlag	Handelsprovision vom Rechnungspreis	$P = \frac{RP \cdot PS}{100\%}$
Rabatt-Zuschlag	Rabatt vom Nettoverkaufspreis	$R = \frac{NVP \cdot RS}{100\%}$

Vorwärtskalkulation des Nettoverkaufspreises

Vorgang	Rechengang	Beispiel	
Ermittlung der Materialkosten	Fertigungs-Materialkosten	*FMK*	850,–
	+ materialbedingte Gemeinkosten	*MGK* (z.B. 20% von *FMK*)	+170,–
Ermittlung der Herstellkosten	Materialkosten	*MK*	1020,–
	+ Fertigungslöhne	*FL*	+1100,–
	+ fertigungsbedingte Gemeinkosten	*FGK* (z.B. 70% von *FL*)	+ 770,–
Ermittlung der Selbstkosten	Herstellkosten	*HK*	2890,–
	+ verwaltungsbedingte Gemeinkosten	*VGK* (z.B. 10% von *HK*)	+289,–
	+ vertriebsbedingte Gemeinkosten	*VtGK* (z.B. 20% von *HK*)	+578,–
Ermittlung des Barverkaufspreises ohne Provision	Selbstkosten	*SeK*	3757,–
	+ Kalkulatorischer Gewinn	*G* (z.B. 10% von *SeK*)	+375,70
Ermittlung des rabattfreien Rechnungspreises	Provisionsfreier Barverkaufspreis	*BVP* (≙ 93% bei z.B. 2% *SkS* und 5% *PS*)	4132,70
	+ Kundenskonto	$Sk = \frac{4132{,}70 \cdot 2\%}{93\%}$	+ 88,88
	+ Handelsprovision	$P = \frac{4132{,}70 \cdot 5\%}{93\%}$	+222,19
Ermittlung des Nettoverkaufspreises (bei Gewährung von Skonto und Provision vom Nettoverkaufspreis)	Rechnungspreis	*RP* (≙ 80% vom *NVP* bei z.B. *RS* = 20%)	4443,77
	+ Rabatt	$R = \frac{4443{,}65 \cdot 20\%}{80\%}$	+1110,94
	= Nettoverkaufspreis	*NVP*	5554,71

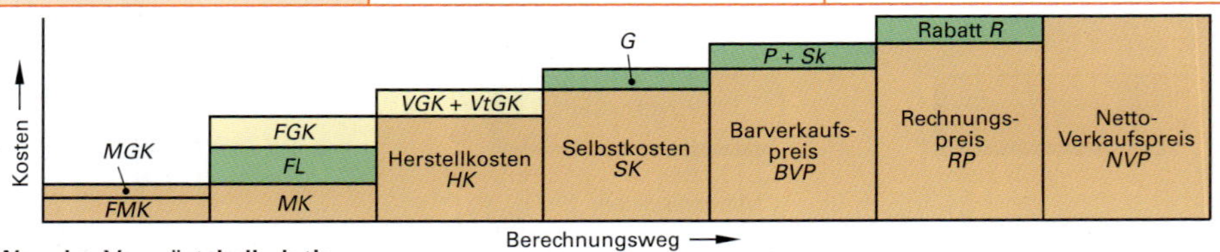

Weg der Vorwärtskalkulation

BVP	provisionsfreier Barverkaufspreis
FGK	fertigungsbedingte Gemeinkosten
FGKS	Fertigungs-Gemeinkostensatz
FL	Fertigungslöhne
FMK	Fertigungs-Materialkosten
G	kalkulatorischer Gewinn
HK	Herstellkosten
MGK	materialbedingte Gemeinkosten
MGKS	Material-Gemeinkostensatz
MK	Materialkosten
NVP	Nettoverkaufspreis
P	Provision, z.B. des Vertreters
PS	Provisionssatz (Provision in %)
R	Rabatt
RP	Rechnungspreis
RS	Rabattsatz (Rabatt in %)
SeK	Selbstkosten
Sk	Skonto
SkS	Skontosatz (Skonto in %)
VtGK	vertriebsbedingte Gemeinkosten
VtGKS	Vertriebs-Gemeinkostensatz
VwGK	verwaltungsbedingte Gemeinkosten
VwGKS	Verwaltungs-Gemeinkostensatz

B

Betriebsabrechnungsbogen BAB Operational accounting sheet

Kostenart	Bestandteile	Erklärung, Beispiele
Personalkosten	Lohnkosten, Gehaltskosten, sonstige Personalkosten	Monatslöhne, Monatsgehälter, Gelder für Mehrarbeit, Urlaubsgeld, Gratifikationen (Sonderzahlungen), Weihnachtsgeld, bezahlte Altersversorgung, Arbeitgeberanteile zur Sozialversicherung (Versicherungen bei Krankheit, Rentenfall, Arbeitslosigkeit, Unfall, Pflege). Prämien, Zuschüsse für Ferienaufenthalt, Verpflegungszuschüsse, Beiträge zur Berufsgenossenschaft, Insolvenzversicherung (für Konkursfall), Konkursausfallgeld, Fahrgeld für Strecke Wohnung–Arbeitsstätte, Schwerbehindertenabgabe.
Materialkosten	Hilfsstoffkosten, Betriebsstoffkosten, Rohstoffkosten	Kosten für Reinigungsmittel, Putzmittel, Schmierstoffe. Kosten für Emulsionsöle, Verschleißteile, Datenträger, Batterien, Brennstoffe, Treibstoffe. Kosten für Produktionsmaterialien (Rohmaterial, Halbfertigteile, Fertigteile, Kleinteile; also Zukaufteile), Abfallentsorgung.
Kalkulatorische Kosten	kalkulatorische Abschreibungen, kalkulatorische Zinsen	Abschreibungen von Betriebsausstattungen, z. B. Hebezeuge, Maschinen, von Geschäftsausstattungen, z. B. Mobiliar, IT-Geräte, und von geringwertigen Wirtschaftsgütern, z. B. Tischlampen, Stühle. Zinsen auf das Anlagevermögen, z. B. Gebäude, Maschinen, Betriebsmittel.
Sonstige Kosten	Mieten, Leasingkosten, Energiekosten, Kosten für bezogene Leistungen von extern, Gebühren, Beiträge, Büromaterialkosten, Kosten für Telefon, Porti, Kosten für Literatur, Werbungskosten, Versicherungskosten, Fortbildungskosten, Reisekosten	Kosten für Kfz, IT-Geräte, Bürogeräte, Gebäude. Kosten für Strom, Wasser, Gas, Öl. Kosten für Fremdleistungen, Fremdreparaturen. Für Zeitungsanzeigen, Berufsverbände. Schreibstifte, Papier, Vordrucke. Auch Faxkosten. Bücherkauf, Zeitschriftenabonnements. Kauf von Werbeartikeln, Ausstellungskosten. Transportversicherung, Diebstahlversicherung. Besuch von Seminaren, ohne Reisekosten. Transportkosten (Auto, Bahn, Flugzeug, Schiff), Spesen, Hotelkosten.
Innerbetriebliche Belastungen	Belastungsumlagen, Leistungsverrechnungen	Kosten für Räume, Benutzung von Computeranlagen. Unternehmensinterne Dienstleistungen, z. B. Hausdruckerei. Kosten durch interne Instandhaltungsaufwendungen.
Gutschriften	Leistungsverrechnungen	Erlös erbrachter Leistungen der Kostenstelle für andere Unternehmensbereiche (vgl. innerbetriebliche Belastungen).

Zur Ermittlung der Kosten in den unterschiedlichen Unternehmensbereichen (Abteilungen) werden bereichsmäßig Kostenstellen eingerichtet. Für jede Kostenstelle gibt es den BAB z. B. tagesaktuell über IT-Bereitstellung oder monatlich über Papierverteilung.
Der BAB einer Kostenstelle enthält die von ihr verursachten oder durch Umlage entstandenen Kosten, geordnet nach Kostenarten. Der *einstufige* BAB enthält nur die Hauptkostenstellen, der *mehrstufige* BAB enthält Hauptkostenstellen und Hilfskostenstellen.

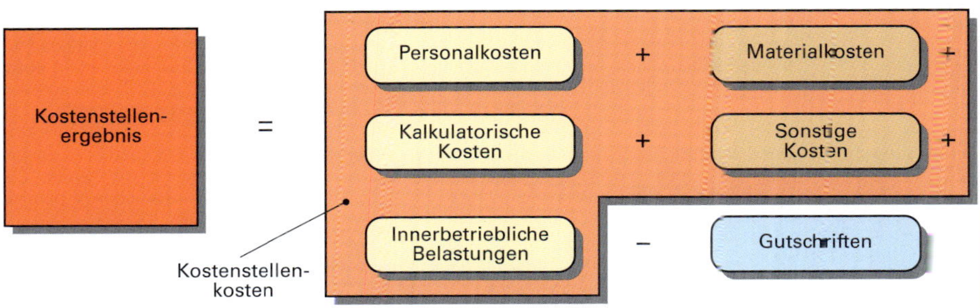

Berechnung des Kostenstellenergebnisses

Umgang mit Kunden Customer relations

Kundenorientiertes Verhalten

Kundentyp	Erkennungsmerkmale	Verhalten des Mitarbeiters
Sachverständiger Kunde	Stellt sachkundige Fragen, verwendet die richtigen Fachausdrücke, hat klare Vorstellungen.	Sachliche, knappe präzise Information ohne eigene Wertung, Behandlung des Kunden als Fachmann, Hinweise auf technische Besonderheiten, da Kunde wahrscheinlich vor allem an Neuheiten interessiert ist.
Misstrauischer Kunde	Verhält sich abwartend und wortkarg, hat offenbar mit einem Gerät schlechte Erfahrungen gemacht, stellt entsprechende Fragen.	Dem Kunden Zeit lassen, Verständnis zeigen, Vertrauen aufbauen, Einwände des Kunden respektieren und positiv beantworten („Ich stimme Ihnen zu, obwohl …"), das Gerät von ihm selbst ausprobieren lassen, Hinweise auf Garantie geben.
Unsicherer Kunde	Zeigt ratlosen Gesichtsausdruck, ist unerfahren, wirkt unentschlossen.	Durch geschickte Fragen die Kundenwünsche feststellen, keine fachliche Überlegenheit zeigen, Geräte anschaulich vorführen, Empfehlungen entsprechend begründen.
Redseliger Kunde	Lässt den Kundenberater oder Verkäufer kaum zu Wort kommen, erzählt gern und viel von seinen Erfahrungen.	Zunächst reden lassen, aus den Aussagen Informationen über die Wünsche und Absichten entnehmen, in Sprechpausen daran anknüpfen, keine neugierigen Fragen stellen.

Notwendige Fähigkeiten (Kompetenzen) des Mitarbeiters

Begriff	Bedeutung	Bemerkungen
Fachkompetenz	Das notwendige technische Wissen besitzen, Normen und Vorschriften beachten, Probleme erkennen, umfassende Warenkenntnis haben.	Technische Geräte werden überwiegend von nicht sachkundigen Personen erworben und betrieben. Sie erwarten Beratung und Hilfe vom Fachbetrieb.
Methodenkompetenz	Fähigkeit, schwierige technische Sachverhalte auf einfache Weise verständlich zu machen, den richtigen Lösungsweg für ein Problem finden.	Dazu gehört auch Hintergrundwissen, angelernte Fachbegriffe reichen nicht aus. Eine Skizze kann oft mehr erklären als viele Worte.
Kommunikationskompetenz	Fähigkeit, mit anderen Menschen Kontakt zu finden, freundlich mit ihnen umzugehen, Geduld beim Zuhören haben, den richtigen Ton finden.	Das wichtigste Kommunikationsmittel ist die Sprache. Sie soll kundenorientiert sein, d.h. der jeweilige Kundentyp ist zu berücksichtigen.

Weitere Anforderungen an Betrieb und Mitarbeiter

Zuverlässigkeit	Der Kunde soll sich auf Absprachen verlassen können.	Zweckmäßig ist es, Absprachen schriftlich festzuhalten, z. B. in Form eines Protokolls oder einer Notiz.
Termintreue	Ein abgesprochener Termin sollte eingehalten werden. Unabdingbar notwendige Verschiebungen sollten dem Kunden rechtzeitig mitgeteilt und begründet werden.	Termintreue erfordert eine entsprechende Planung und die Fähigkeit, den Zeitbedarf für eine Arbeit oder eine Lieferung richtig abzuschätzen. Es ist besser, einen Termin von vorneherein nicht zu knapp anzugeben.
Erscheinungsbild	Das Erscheinungsbild des Betriebs und seiner Mitarbeiter muss positiv sein und ansprechend auf den Kunden wirken.	Der erste Eindruck auf den Kunden ist oft entscheidend. Ein unordentlich wirkendes Geschäft und schlampig aussehende Mitarbeiter erwecken kein Vertrauen.
Höflichkeit	Der Kunde sollte als „König" und nicht als Bittsteller behandelt werden.	Für Fehler sollte man sich entschuldigen, auch wenn man nicht persönlich dafür verantwortlich ist.

Deutscher Geschäftsbrief nach DIN 5008
German business letter according DIN 5008

Beispiel

ELEKTRO MAIER 1

Webergasse 6 77770 Durbach
☎ 0781/258-40; Fax -41
☐ ElektroMaier@t-online.de

Herrn
Helmut Brenner
Rieslingstraße 13
77770 Durbach

2

Kunden-Nr.: 1129/777
Angebot-Nr.: 207/11
Ansprechpartner: Ilona Maier

3

Datum: 21. 09. 2011

Angebot zur Errichtung einer digitalen Satellitenanlage 4

5

Sehr geehrter Herr Brenner,

am 10. 09. 2011 vereinbarten wir die Erstellung eines Angebotes zur Errichtung einer digitalen Satellitenanlage.
Wir können Ihnen heute folgendes Angebot unterbreiten. Für die gesamte Errichtung der Anlage ist ein Gesamtpreis von 950 € zu entrichten. Die genaue Aufstellung entnehmen Sie der Anlage.
Für weitere Rückfragen stehen wir Ihnen gerne zur Verfügung. 6

Mit freundlichen Grüßen 7

8

Erwin Maier, Geschäftsführer

9

Anlage: 1 Angebot für eine Satellitenanlage

10

Volksbank Offenburg 777654 (BLZ 60350001),
Geschäftsführer: Erwin Maier
Amtsgericht Offenburg, Handelsregister HRB 3937,
St. Nr.: 770077/99412

Bestandteile

1. **Briefkopf des Absenders**
   Oft auch mit Logo des Unternehmens.
2. **Empfängerdaten**
   Diese sollen in Höhe und Breite möglichst in das Sichtfenster des Briefumschlags passen.
3. **Informations- und Kommunikationsangaben, Datum**
   Geben Auskunft über Verhandlungspartner und vorausgehende Schriftwechsel.
4. **Betreff**
   Gibt stichwortartig den Inhalt des Schreibens wieder.
5. **Anrede**
   Bei unbekanntem Empfänger ist die Anrede Sehr geehrte Damen und Herren zu verwenden.
6. **Brieftext**
   Keine Schachtelsätze, möglichst kurz fassen.
7. **Grußformel**
   Hochachtungsvoll wird eher unüblich.
8. **Unterschrift**
   Üblich ist unter der Unterschrift den Namen und die Funktionsbezeichnung des Unterschreibenden an zu bringen.
9. **Anlagenvermerk**
   Anzahl und Art der Anlagen, werden teilweise auch unter 4 aufgeführt.
10. **Gesellschaftsrechtliche Angaben**
    Z. B. Firmensitz, Handelsregistereintrag, Umsatzsteueridentifikationsnummer, Bankverbindungen.

Bemerkungen über das Layout

Merkmale	Erklärungen
Seitenränder	links 24,1 mm, rechts 8,1 mm oben 16,9 mm, unten 10
Schriftgrad	zwischen 10 und 12 tpi
Zeilenabstand	üblich 1-fach, bei wenig Text 1,5-fach möglich
Abstand zwischen den Absätzen	½ bis eine Zeile
Schriftart und Markierung	Nur **eine** Schriftart verwenden, Betreff **hervorheben**, z. B. Unterstreichungen und gesperrt schreiben oder *kursiven* Text verwenden.
Datumsangabe	Jahr-Monat-Tag z. B.: 2009-06-21 oder 09-07-21 oder 21. Juni 2009 (vorstehende Null bis zum 10. Monatstag entfällt) oder 21. 06. 09

B

Kaufvertrag und Werkvertrag Contract of sale and work

Unterscheidungsmerkmale

Vertragsarten	Merkmale	Beispiele
Kaufvertrag zwischen Käufer und Verkäufer	Der Verkäufer einer Sache verpflichtet sich, dem Käufer die Sache zu übergeben und ihm das Eigentum darüber zu verschaffen. Die Sache muss frei von Sach- und Rechtsmängeln sein. Der Käufer ist verpflichtet den vereinbarten Kaufpreis zu zahlen und die gekaufte Sache abzunehmen.	• Softwarebüro kauft eine neue PC-Ausstattung. • Einzelperson kauft Software. • Person kauft ein Auto.
Werkvertrag zwischen Besteller und Unternehmer	Der Unternehmer verpflichtet sich zur Herstellung des versprochenen Werkes. Das Werk kann sowohl die Herstellung oder Veränderung einer Sache als auch ein anderer durch Arbeit oder Dienstleistung herbeigeführter Erfolg sein. Das Werk muss frei von Sach- und Rechtsmängeln sein. Der Besteller wird zur Entrichtung der vereinbarten Vergütung verpflichtet.	• Softwarebüro lässt sich die Büros neu verkabeln. • Software wird installiert. • Haus wird gestrichen.

Behandlung von Sachmängeln sowie weiteren Reklamationen bei Kaufverträgen

Art der Mängel	Rechte	Erklärungen, Bemerkungen
Fehlerhafte Ware, schlechte Qualität, falsche Ware, fehlende Montageanleitung, nicht eingehaltene Werbeaussage	Nacherfüllung	Der Käufer muss zuerst die Nacherfüllung mit einer angemessenen Nachfrist verlangen. Erst dann kann er die anderen Rechte einfordern.
	Minderung	Der Käufer wählt z. B. bei geringen Mängeln die Herabsetzung des Kaufpreises.
	Rücktritt	Der Kaufvertrag wird rückgängig gemacht und der Käufer erhält sein Geld zurück.
	Schadensersatz	Der Verkäufer haftet sowohl bei vorsätzlichem als auch bei fahrlässigem Handeln.
Bedienungsfehler, unsachgemäße Behandlung, falsche Kaufentscheidung	Keine rechtliche Grundlage für Reklamationen, nur Kulanzleistung des Verkäufers möglich	Ein Rechtsanspruch von Seiten des Käufers besteht nicht. Kulanz ist oft zweckmäßig, um Kunden zu behalten.

Behandlung von Sachmängeln bei Werkverträgen

Art der Mängel	Rechte	Erklärungen, Bemerkungen
Mängelbehaftete Ausführung der Arbeiten	Nacherfüllung	Zuerst hat der Unternehmer das Recht zwischen Nachbesserung oder Neuherstellung des Werkes zu wählen.
	Selbstvornahme	Dieses ist nur dann möglich, wenn der Unternehmer die Nacherfüllung verweigert. Der Besteller lässt das Werk durch einen anderen Unternehmer auf Kosten des ursprünglich beauftragten Unternehmers fertig stellen.
	Minderung, Rücktritt, Schadensersatz	Voraussetzung ist, dass der Unternehmer den Mangel nach einer angemessenen Frist nicht behoben hat. Dabei ist der Rücktritt nur bei erheblichen Mängeln möglich. Statt Leistung kann der Besteller auch Schadensersatz verlangen.

Gewährleistungsfristen

Fristen	Besonderheiten	Beispiele
2 Jahre bei Sachmangelhaftung sowie bei Arbeiten an einem Grundstück	Frist beginnt mit Übergabe der Sache bzw. der Abnahme des Werks.	Kauf eines PCs, nachträglicher Einbau einer Alarmanlage in ein Büro.
5 Jahre bei Bauwerken	Die Trennung zwischen Bauwerk und Grundstück ist nicht immer ganz eindeutig.	Planung und Erstellung eines Einfamilienhauses.
3 Jahre bei unkörperlichen Werken	Dazu gehören alle Werke, die weder Bauwerke noch Sachen sind.	Entwicklung einer Software für einen Handwerksbetrieb.

Grundlage ist das BGB = Abkürzung für Bürgerliches Gesetzbuch aus dem Jahr 2002,
Kulanz = Entgegenkommen, Großzügigkeit.

Schritte zur CE-Kennzeichnung

Schritt	Erklärung	Bemerkungen
Untersuchung	Die für ein Produkt zuständigen EU-Richtlinien sind abzuklären. Es ist zu untersuchen, welche Anforderungen zu beachten und welche Nachweise zu erbringen sind. www.ce-zeichen.de	Die Richtlinien der EU (Europäische Union) müssen in nationales Recht umgesetzt werden. Für Erzeugnisse, die in den Anwendungsbereich einer Richtlinie fallen, besteht CE-Kennzeichnungspflicht (von franz. Communauté Européenne = Europäische Union).
Erfüllung grundlegender Forderungen	Richtlinien und Normen sind einzuhalten. Mögliche Gefahren müssen analysiert werden, Abhilfemaßnahmen sind zu definieren und umzusetzen.	Harmonisierungsrichtlinien legen die Anforderungen für Produkte fest, um diese in Verkehr bringen zu können.
Technische Dokumentation	Betriebsanleitungen müssen erstellt werden, ebenso die Konformitätserklärung (von engl. to conform = übereinstimmen). Für Zulieferteile sind Unterlagen beizulegen.	In der Konformitätserklärung wird vom Produktanbieter (Hersteller, Lieferant) bestätigt, dass die Produkte mit den angegebenen Normen übereinstimmen.
CE-Kennzeichnung	Durch das Anbringen des CE-Kennzeichens wird die Beachtung der Vorgaben der entsprechenden EU-Richtlinien bestätigt. Das CE-Kennzeichen wird vom Hersteller oder einem Bevollmächtigten angebracht. Die Hersteller weisen in eigener Verantwortung nach, teilweise unter Hinzuziehung von Zertifizierungsstellen, dass ihre Produkte die Anforderungen der Richtlinien erfüllen. www.tuv.com	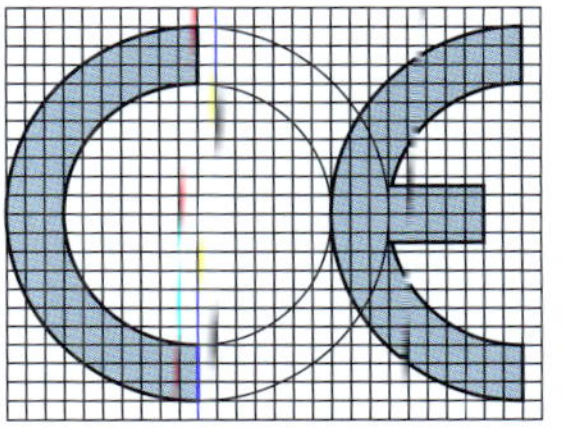 CE-Symbol
Produktüberwachung	Wirksame Änderungen von Normen müssen mit dem Produkt abgeglichen werden.	Muss während der Produktlebenszeit bei Bedarf ausgeführt werden.

Erzeugnisse mit CE-Kennzeichnungspflicht (Auswahl)

Bezeichnung, Richtlinie Jahr/Nr.	Beispiele	Bezeichnung, Richtlinie Jahr/Nr.	Beispiele
Bauprodukte 89/106	Zement, Gips, Dämmmaterial	Maschinen 2006/42/EG	Werzeugmaschinen, Holzbearbeitungsmaschinen, Textilmaschinen
einfache Druckbehälter 87/404	Druckbehälter in Kompressoranlagen	Medizinprodukte (EMV-Einzelrichtlinie) 93/042/EWG	Bestrahlungsgeräte, Röntgengeräte
Elektrische Betriebsmittel Niederspannung 2006/95/EG	Schaltgeräte	nicht selbsttätige Waagen 90/384/EWG	gewerbliche Waagen
EMV (Elektromagnetische Verträglichkeit) 2004/108/EG	Haushaltgeräte, Funkgeräte, Computer, Elektromotoren, Telefone, Industriemaschinen	persönliche Schutzausrüstungen 89/686/EWG	Schutzhelme, Schutzbrillen, Schutzkleidung
explosionsgefährdete Bereiche 94/009	elektrische Betriebsmittel für Ex-Bereiche	Spielzeug-Sicherheit 88/378/EWG	Kinderfahrräder, Spielzeugautos, Puppen
Gasverbrauchseinrichtungen 90/396/EWG	Gasherde, Gasöfen, Durchlauferhitzer	Telekommunikations-Endeinrichtungen 91/26	Telefone, Telefaxgeräte, Modems
Kfz (EMV-Einzelrichtlinie) 72/245	elektrische Ausrüstung von Kraftfahrzeugen	Warmwasserheizkessel 92/42/EWG	Wirkungsgrade der Geräte

Elektromagnetische Verträglichkeit EMV, Funkstörungen
Electromagnetic compatibility (EMC), radio interferences

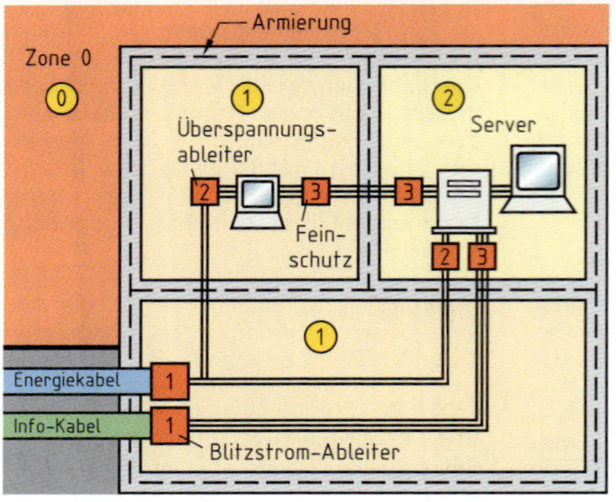

EMV-Zonen in einer Datenverarbeitungsanlage

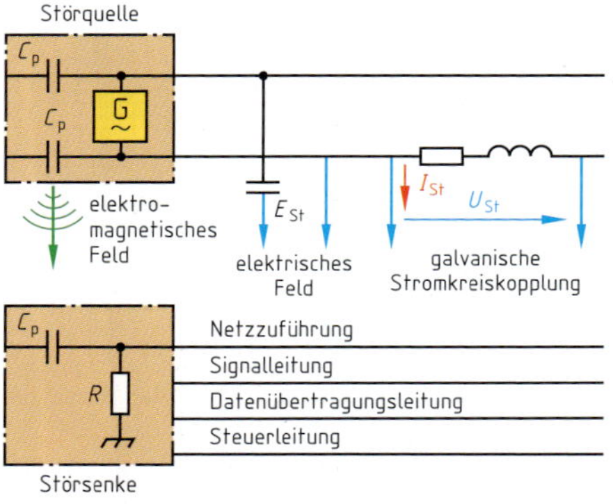

Ausbreitung von Funkstörungen

Elektromagnetische Verträglichkeit (EMV):
Elektrische Systeme sind elektromagnetisch verträglich, wenn sie in einem elektromagnetischen Umfeld bestimmungsgemäß arbeiten und andere elektrische Einrichtungen in der Umgebung nicht unzulässig beeinflussen. Anlagen mit starken Störquellen und empfindlichen Störsenken (Empfänger) werden in EMV-Zonen eingeteilt **(Bild)**, die voneinander abgesichert werden.

Ausbreitung elektromagnetischer Störungen, Funkstörungen:
Funkstörungen werden über elektromagnetische Felder, elektrische Felder und galvanisch in eine elektrische Einrichtung (Störsenke) eingekoppelt **(Bild)**.

Elektromagnetische Beeinflussung:
Elektrische Betriebsmittel: Beim Betrieb von Geräten, Maschinen u. a. können Funkstörungen entstehen, welche die Funktion anderer Systeme (Störsenken) beeinflussen können.
Elektrostatische Entladung: Bei Reibungsvorgängen kann sich ein Körper auf über 25 kV aufladen. Bei der Entladung kann eine elektrische Einrichtung beeinflusst werden, und es können z. B. explosive Staub- und Gasgemische gezündet werden.
Atmosphärische Elektrizität: Eine elektrische Einrichtung kann durch Potenzialanhebung beim Fließen eines Blitzstromes (LEMP), Spannungsinduktion in der Umgebung des Blitzstromkanales und durch das elektromagnetische Feld des Blitzstromes beeinflusst werden.

Störquellen:

Schmalbandig:	HF-Generatoren, Schaltnetzteile, HF-Schweißgeräte, Fernsehempfänger, Medizinische Geräte.
Breitbandig:	Schütze, Kollektormotoren, Gasentladungslampen, Leistungshalbleiter, Zündanlagen.

Grenzwerte für Funkstörungen

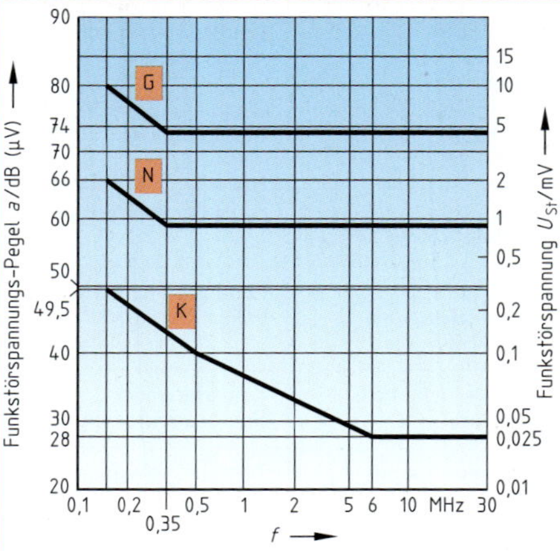

Funkstörgrade

Benennung	Anwendung
G Grobstörgrad	Industriegebiete
N Normalstörgrad	Wohngebiete
K Kleinstörgrad	Fernsehstudios

Diese Grenzwerte gelten für Dauerstörungen. Für Knackstörungen gelten höhere zulässige Werte als bei Dauerstörungen.

Größte Funkstörfeldstärke

Funkstörgrade	Spannung bzw. Pegel
G	500 µV/m ≙ 54 dBµV/m
N	100 µV/m ≙ 40 dBµV/m
K	40 µV/m ≙ 32 dBµV/m

Die Messung erfolgt in Frequenzbereich von 30 MHz bis 300 MHz in 10 m Entfernung von der Störquelle.

C_p parasitäre Kapazität, E elektrische Feldstärke, E_{St} elektrische Störfeldstärke, f Frequenz, H magnetische Feldstärke, Störfeldstärke, I_{St} Störstrom, R Eingangswiderstand der Störsenke, U_{St} Störspannung, LEMP von Lightning Electromagnetic Pulse = Elektromagnetischer Blitzpuls.

Funkentstörung Radio interference suppression

Entstörmittel	Schaltungsbeispiele	Anwendungen, Eigenschaften
X-Kondensator	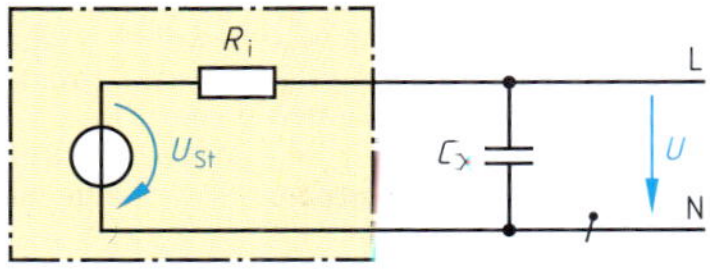 Entstörung eines Betriebsmittels der Schutzklasse II mit X-Kondensator.	X-Kondensatoren sind parallel zum Erzeuger oder Verbraucher geschaltet. Sie liegen an Netzspannung und haben beliebige Kapazität. X1-Kondensatoren haben eine Spitzenspannungsbelastung > 1,2 kV. X2-Kondensatoren haben eine Spitzenspannungsbelastung ≤ 1,2 kV.
Y-Kondensator	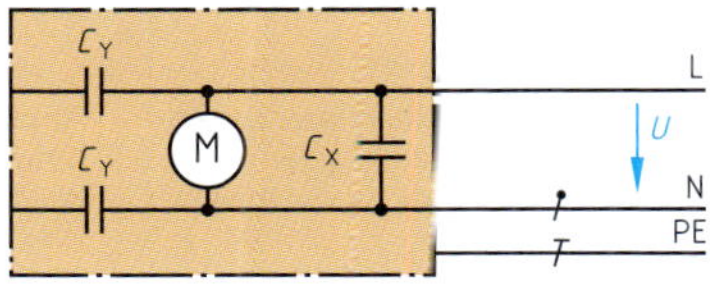 Entstörung eines Universalmotors der Schutzklasse I mit X-Kondensator und Y-Kondensatoren.	Y-Kondensatoren sind zwischen Netzleiter und Gehäuse geschaltet und überbrücken die Betriebsisolierungen. Kapazität zwischen 2,5 nF und 35 nF je nach Schutzmaßnahme und Schutzklasse. Isolierspannung U_{eff} = 250 V. Erhöhte elektrische und mechanische Sicherheit.
HF-Drossel	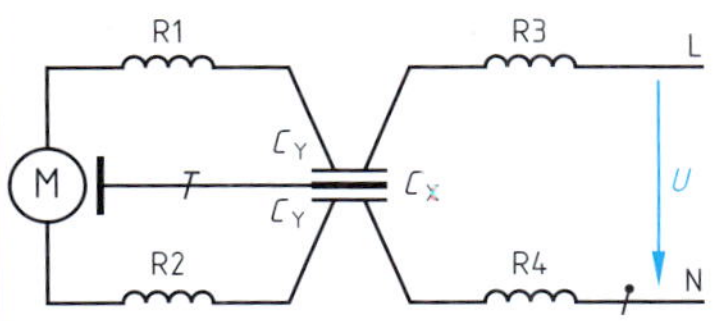 Entstörung eines Universalmotors der Schutzklasse II mit Vierpol-XY-Kondensator und UKW-Drosseln am Netzanschluss.	HF-Drosseln dienen zur niederfrequenten und hochfrequenten Entkopplung von Signalkreisen und Steuerkreisen. Siebung von Versorgungsspannungen. Induktivität: 0,1 µH bis 4700 µH Bemessungsstrom: 55 mA bis 1,2 A
UKW-Drossel		UKW-Drosseln dienen zur Sperrung von Hochfrequenz (f > 30 MHz), Entkopplung von UKW-Geräten. Induktivität: 5 µH bis 1200 µH Bemessungsstrom: 0,1 A bis 10 A
Schutzleiterdrossel	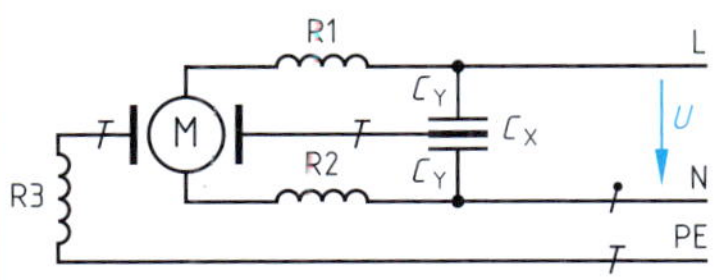 Entstörung eines Universalmotors mit XY-Kondensator und Schutzleiterdrossel.	Schutzleiterdrosseln dienen zur Bedämpfung von Funkstörspannungen auf dem Schutzleiter. Die Wicklung muss den gleichen Querschnitt wie der Schutzleiter haben. Induktivität: 1,2 mH bis 1,6 mH Bemessungsstrom: 16 A bis 36 A
Netzfilter	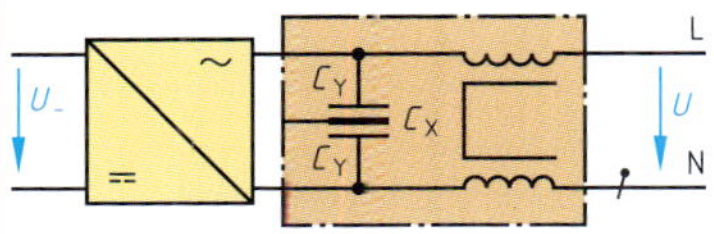 Entstörung eines Schaltnetzteils mit einem Einleiter-Netzfilter.	Netzfilter entstören einphasig angeschlossene Geräte und Maschinen bis zu einer Stromaufnahme von 20 A, z.B. Schaltnetzteile, Fernsehgeräte, Datentechnik. Sie bestehen aus einer Kombination aus XY-Kondensator und Ringkerndrossel.

Funkenlöschung

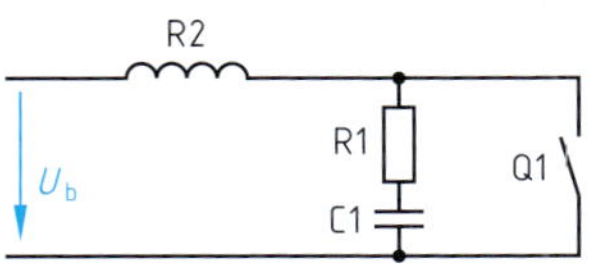	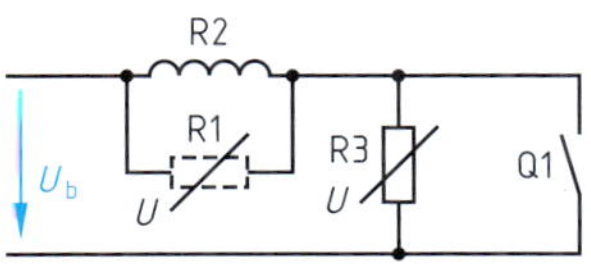	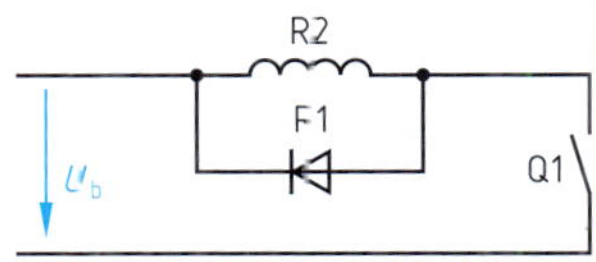
Für den Betrieb mit Wechselspannung < 100 V und für induktivitätsarme Belastung.	VDR parallel zur Spule, wenn die Spannung an ihr < 100 V.	Anforderungen an die Freilaufdiode R1: Hohe Sperrspannung, kurze Schaltzeit, hohe Stromstoßbelastbarkeit.

B

Umwelttechnische Begriffe Terms of environmental technology

Begriff	Erklärung	Beispiele
Abfall (nach dem Kreislaufwirtschafts- und Abfallgesetz, KrW-AbfG)	Bewegliche Sachen, die ihr Besitzer wegwerfen will oder loswerden muss. Abfall kann aus wiederverwertbaren Stoffen bestehen, aus denen sich noch Wertstoffe oder Energie gewinnen lassen, oder aus nicht verwertbaren Stoffen (Restmüll).	Hausmüll, Sperrmüll, Gewerbeabfälle, Sonderabfälle, z. B. alte Autoreifen oder giftige Stoffe, Arzneimittel, Lacke und Lösemittel.
Abfallentsorgung	Entsorgung umfasst Einsammeln, Transportieren, Behandeln, Verwerten oder Beseitigen von Abfällen.	Müllabfuhr, Müllverbrennung, Lagerung auf Deponien.
Abfallvermeidung	Abfälle sind in erster Linie zu vermeiden oder zumindest in Menge und Schädlichkeit zu mindern. Kreislaufführungen innerhalb von (industriellen) Anlagen sind anzustreben.	Abfallarme Produktgestaltung, auch aus wiederverwertbaren Stoffen. Wasserkreislauf oder Maschinenölkreislauf.
Abfallverwertung	Verwertung (Recycling) ist der Ersatz von Rohstoffen durch Gewinnen von Stoffen aus Abfällen. Verwertung hat Vorrang vor der Beseitigung, soweit dies technisch möglich und wirtschaftlich zumutbar ist.	Verpackungsmaterial, Reinigungsrückstände, Drehspäne, Frässpäne, Altpapier.
Energetische Verwertung	In Form von Verbrennungswärme bei Abfallverbrennung oder Vergasung (Pyrolyse). Verbrennung ist nur bei einem Heizwert der unvermischten Abfälle von ≥ 11 MJ/kg und einem Feuerungswirkungsgrad $\geq 0{,}75$ zulässig.	Müllverbrennungsanlagen, Pyrolysetrommeln (thermische Zersetzung ohne Sauerstoff), Thermoselect-Verfahren (Entgasung gepressten Mülls, dann Verbrennung).
Abfallbeseitigung	Die Abfall-Lagerung darf weder die Gesundheit der Menschen beeinträchtigen noch Tiere und Pflanzen gefährden. Sie darf nicht Gewässer oder Böden schädigen oder die Luft verunreinigen.	Deponie-Lagerung, Ableiten in Gewässer, Gruben oder Teiche, Ablagern in abgedichteten Räumen, z. B. in Salzdomen (Höhlen mit gewölbeartiger Decke).
Abwasserreinigung	Verringern schädlicher Abwasserbestandteile durch mechanische, biologische und chemische Verfahren. Ausfaulen des Klärschlamms liefert Biogas, der Rest ist, allerdings nur begrenzt, als Dünger verwendbar.	Klärbecken der Kläranlage mit Rechen und Sandfang, Klärstufe für mikrobakteriellen Abbau, Reinigungsstufe zum Ausfällen von Schwermetallen und Phosphaten.
Grenzwerte	Begrenzung z. B. der Konzentration giftiger Schadstoffe in der Umwelt, um Menschen vor Chemikalien oder Strahlen zu schützen. Die Stärke der biologischen Wirkung hängt von der Dosis und der Einwirkungsdauer ab.	AGW-Wert (Arbeitsplatzgrenzwert, früher MAK-Wert, maximale Arbeitsplatzkonzentration), MIK-Wert (höchstzulässige Immissionskonzentration), TRK-Wert (technische Richtkonzentration).
Immissionsschutz (nach dem Bundesimmissionsschutzgesetz, BImSchG)	Schutz vor schädlicher Luftverunreinigung, Umwelteinwirkung durch Lärm oder Erschütterungen. Zum Schutz sind Immissions- bzw. Emissionsgrenzwerte festgelegt. Immission = Einfall von Schadstoffen, Emission = Ausstoß von Schadstoffen. Verursacher sind Kfz-Verkehr, Industrieanlagen, Landwirtschaft und Haushaltheizungen.	Schadstoffe: Stickstoffoxide, Schwefeldioxid, Kohlenmonoxid und Kohlendioxid. Erdnah bildet sich durch Sonneneinstrahlung Ozon O_3.

Gefährliche Stoffe   Dangerous substances

Arbeitsplatz-Grenzwerte (AGW)

Chemischer Name (Handelsname), chemische Formel	AGW in mg/m³	AGW in ml/m³
Arsenwasserstoff AsH_3	0,05	0,014
Quecksilberdampf Hg	0,1	0,011
Phosphorwasserstoff (Phosphin) PH_3	0,15	0,1
Ozon O_3	0,2	0,09
Brom Br_2	0,7	0,1
Methanal (Formaldehyd) $H_2C{=}O$	1,2	0,9
Chlor Cl_2	1,5	0,5
Asbest-Fasern	2	–
Nitrobenzol $C_6H_5NO_2$	5	0,9
Schwefeldioxid SO_2	5	1,75
Chlorwasserstoff (Salzsäure-Gas) HCl	7	4,3
Tetrachlorethan (Acetylen-tetrachlorid) $(CHCl_2)_2$	7	0,93
Stickstoffdioxid NO_2	9	4,4
Tetrachlordibenzodioxin (Dioxin) $C_8H_5Cl_3O_3$	10	0,88
Cyanwasserstoff (Blausäure) HCN	11	9
Schwefelwasserstoff H_2S	15	9,9
Phenol (Carbolsäure) C_6H_5OH	7,8	2
Kohlenstoffdisulfid (Schwefelkohlenstoff) CS_2	20	5,9
Salpetersäure-Gas HNO_3	5,2	2
Benzol C_6H_6	26	7,5
Ammoniak (Salmiakgeist) NH_3	35	46
Trichlormethan (Chloroform) $CHCl_3$	50	9,4
Kohlenmonoxid CO	35	30
Tetrachlormethan (Tetrachlorkohlenstoff) CCl_4	65	9,5
Benzindämpfe	150	30
Cyclohexanon (Anon) C_6H_{10}	200	46
Methylcyclohexanon $C_7H_{12}O$	230	46
Trichlorethen (Trichlorethylen, Tri) C_2HCl_3	260	44
Methanol (Methylalkohol) CH_3OH	270	200
Dichlormethan (Methylenchlorid) CH_2Cl_2	360	95
Dioxan (Diethylendioxid) $C_4H_8O_2$	360	92
Ethanal (Acetaldehyd) $CH_3{-}CHO$	390	198

Der AGW-Wert ist die höchstzulässige Konzentration eines Gases, Dampfes oder von Schwebstoffen in der Luft, die 8 Stunden am Tag – auch wiederholt, regelmäßig und langfristig – die Gesundheit der Beschäftigten nicht beeinträchtigt.
Die AGW-Einheit ml/m³ (oder cm³/m³) ist gleichbedeutend mit ppm (von part per million = Teile auf eine Million = $1:10^6$).

Kennzeichnung gefährlicher Stoffe

Bezeichnung	Symbol	Kennbuchstabe	Merkmale
Sehr giftig		T+	Verursacht erhebliche Gesundheitsschäden. Tödl. Dosis ≤ 25 mg/kg Körpergewicht.
Giftig		T	Tödliche Dosis: 25 mg/kg … 200 mg/kg Körpergewicht.
Gesundheitsschädlich	 auch	Xn	Gesundheitsschäden. Tödliche Dosis: 0,2 g/kg … 2 g/kg Körpergewicht.
Reizend		Xi	Reizwirkung auf der Haut, in den Augen oder den Atemorganen.
Ätzend		C	Zerstört Stoffe und lebendes Gewebe.

Bezeichnung	Symbol	Kennbuchstabe	Merkmale
Explosionsgefährlich		E	Explodiert durch Schlag, Reibung oder Entzündung.
Brandfördernd		O	Können brennbare Stoffe entzünden oder Brände fördern.
Hochentzündlich		F+	Stoffe mit Zündtemperaturen ≤ 0 °C und Siedetemperaturen ≤ 35 °C.
Leicht entzündlich		F	Selbst- oder leichtentzündliche Stoffe, die mit Wasser brennbare Gase bilden, Flammtemperatur < 21 °C.

B

Schrott von Elektro- und Elektronikgeräten Electrical and electronic waste

Durchschnittliche Zusammensetzung der Elektrogeräte in Prozent der Masse

Gerät	Stahl, Eisen	NE-Metalle	Glas	Kunststoffe	Elektronikteile	Rest
Bügeleisen	20,59	27,20	–	36,03	16,18	–
Elektroherd	77,92	0,90	7,30	0,97	4,87	8,04
Fernsehgerät	9,90	3,00	56,90	9,50	8,00	12,70
Geschirrspüler	46,34	0,55	6,82	10,91	11,30	24,08
Heizlüfter	16,59	9,48	–	47,87	20,85	5,21
Kaffee-Automat, Tee-Automat	7,41	6,01	16,21	61,58	7,87	0,92
Mikrowellenkochgerät	71,25	7,80	7,04	3,78	6,70	3,43
Personalcomputer	32,00	18,00	15,00	23,00	12,00	–
Rasierapparat mit Akkumulator	6,06	9,09	–	39,39	45,46	–
Toaster	50,30	–	–	36,09	10,65	2,96
Trockner	50,51	0,94	–	14,85	20,89	12,81
Verstärker	62,19	20,72	–	1,55	15,54	–
Videorecorder	49,97	12,61	–	22,60	7,21	7,61
Waschvollautomat	67,35	2,82	1,09	6,95	14,34	7,45
Zahnbürste mit Akkumulator	12,82	5,13	–	41,02	41,03	–

Aufbereitung von Elektroschrott

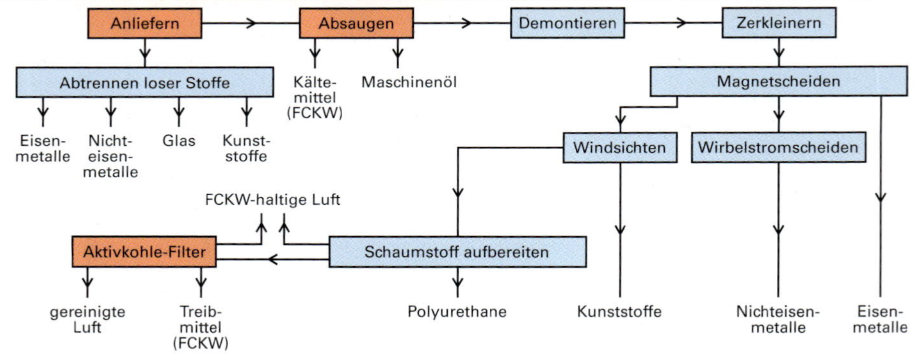

Wirkungsweise einer Kühlschrank-Aufbereitungsanlage

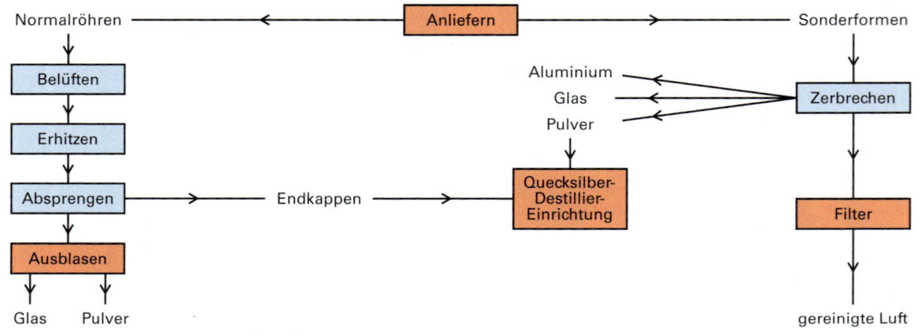

Wirkungsweise einer Leuchtstofflampen-Aufbereitungsanlage

Problemstoffe: Schwermetalle Pb, Ni, Cd, Cu und Sn, Halbleiterwerkstoffe GaAs und Se, polybromierte Diphenylether als Flammschutzmittel, PCB in Kondensatoren, bariumhaltiges Bildschirmglas mit Sr und Zr.

Abkürzungen von Fachbegriffen Short Cuts of Technical Terms

Kurzform	Langform
AC	Alternating Current
AC	Authentification Center
ACK	Acknowledge
ADC	Analog Digital Converter
ADF	Automatic Document Finder
ADPCM	Adaptive Pulse Code Modulation
ADSL	Asymmetric Digital Subscriber Line
AES	Advanced Encryption Standard
AGC	Automatic Gain Control
ALU	Arithmetic Logic Unit
AM	Amplitudenmodulation
AMI	Alternate Mark Inversion
APC	Auxiliary Power Connector
API	Application Programming Interface
APS	Active Pixel Sensor
ASCII	American Standard Code (for) Information Interchange
ASI	Aktor-Sensor-Interface
ASK	Amplitude Shift Keying
ATM	Asynchronous Transfer Mode
ATX	Advanced Technology Extended
B2B	Business to Business
BBAE	Broadband Access Einheit
BCD	Binary Coded Decimal
BCH	Bose, Chaudiri, Hocquengham
BGV	Berufsgenosenschaftliche Vorschriften
BMP	Bitmap
BNetzA	Bundesnetzagentur
BOD	Durchbruchdiode
BSC	Base Station Controller, Binary Synchronous Controller
BTS	Base Transceiver Station
BTX	Balanced Technology Extended
C/I	Carrier (to) Interference (Ratio)
C/N	Carrier (to) Noise (Ratio)
CAN	Control Area Network
CAPI	Common API
CAV	Constant Angular Velocity
CCD	Charge Coupled Device
CCMP	Counter (Mode with) Cipher (Block Chaining) Message (Authentification) Protocol
CD	Compact Disk
CE	Communauté Européenne, Chinese Export, Consumer Electronics
Centrex	Central Office Exchange
CI	Common Interface
CIRC	Cross Interleave Reed Solomon Code
CISC	Complex Instruction Set Computer
CLV	Constant Linear Velocity
CMMR	Common Mode Rejection Ratio
CMOS	Complementary Metal Oxide Semiconductor
CMTS	Cable Modem Termination System
Codec	Coder/Decoder
COFDM	Coded Orthogonal Frequency Division Multiplex
CRC	Cyclic Redundancy Check
CRT	Cathode Ray Tube
CSO	Composite Second Order
CTR	Current Transfer Ratio
DAB	Digital Audio Broadcasting
DAC	Digital Analog Converter
DAT	Digital Audio Tape
DC	Direct Current
DCT	Discret Cosinus Transform
DDR	Double Date Rate
DECT	Digital European Cordless Telecommunication
DEMUX	Demultiplexer
DGPS	Differential Global Positioning System
DIL	Dual In Line
DIMM	Dual In (Line) Memory Module
DiSEqC	Digital Satellite Equipment Control
DLP	Digital Light Processor
DLT	Digital Linear Tape
DMM	Digitales Multimeter
DMS	Dehnmessstreifen
DMT	Discret Multiton Transmission
DMZ	Demilitarisierte Zone
DNS	Domain Name System
DO	Diode Outline
DOCSIS	Data Over Cable Interface Specification
DRAM	Dynamic RAM
DRM	Digital Radio Mondale
DSLAM	Digital Subscriber Line Access Multiplexer
DTP	Desktop Publishing
DVD	Digital Versatile Disk
DVI	Digital Versatile Interface
DX	Demultiplexer
EAN	Europäische Artikel-Nummerierung
EAP	Extensible Authentification Protocol
EAX	Extended Audio X
EEI	Energieeffizienzindex
EFM	Eight to Fourteen Modulation
EFQM	European Foundation (of) Quality Management
EMC	Electromagnetic Compatibility
EMF	Enhanced Meta File

B

Abkürzungen von Fachbegriffen Short Cuts of Technical Terms

Kurzform	Langform	Kurzform	Langform
EMV	Elektromagnetische Verträglichkeit	IGBT	Insulated Gate Bipolar Transistor
EN	Europäische Norm	IIR	Infinite Impulse Response
eNodeB	LTE-Basisstation	IM	Intermodulationsabstand
ETS	European Telecommunication Standard	IP	International Protection, Internet Protocol
ETS	Engineering Tool Software	IPTV	Internet Protocol Television
ETX	End of Text	IPv4	Internet Protocol Version 4
FAC	Fast Access Channel	IPv6	Internet Protocol Version 6
FAMOUS	Floating Avalanche Injection Metal Oxide Semiconductor	IR	Infrarot
Fax	Faksimile	IRC	Internet Relay Chat
FDM(A)	Frequency Division Multiplex (Access)	IRDA	Infrared Data Organization
FEC	Forward Error Correction	IRED	Infrared Diode
FELV	Functional Extra Low Voltage	ISA	Industrie Standard Architecture
FET	Feldeffekttransistor	ISDN	Integrated Services Digital Network
FEXT	Far-End Crosstalk	ISM	Industrial Scientific Medical
FIR	Finite Impulse Response	IT	Information Technology
FLDT	Fast Linear Displacement Transducer	ITU	International Telecommunication Union
FM	Frequenzmodulation	JEDEC	Joint Electronic Devices Engineering Council
FPGA	Field Programmable Gate Array	JP(E)G	Joint Photographic (Experts) Group
FPS	Frames Per Second	JTAG	Joint Test Action Group
FSB	Front Side Bus	KVP	Kontinuierlicher Verbesserungsprozess
FSK	Frequency Shift Keying	LAN	Local Area Network
FTP	File Transfer Protocol	LASER	Light Amplification (by) Stimulated Emission (of) Radiation
GFSK	Gaussian Frequency Shift Keying	LCD	Liquid Crystal Display
GIF	Graphics Interchange Format	LCN	Local Control Network
GigE	Gigabit Ethernet	LDPC	Low Density Parity Check
GMR	Giant Magnetive Resistivity	LDR	Light Dependant Resistor
GPS	Global Positioning System	LED	Light Emitting Diode
GRAFCET	Graphe Fonctionnel de Commande Etapes/Transitions	LNB	Low Noise Blockconverter
GRUB	Grand Unified Bootloader	LPF	Low Pass Filter
GSM	Global System (for) Mobile (Communications)	LRC	Longitudinal Redundancy Check
GTO	Gate Turn Off (Thyristor)	LSB	Least Significant Bit
GÜP	Gebäudeübergabepunkt	LTE	Long Term Evolution
HbbTV	Hybrid Broadcast Broadband Television	LVDS	Low Voltage Differential Signaling
HDLC	High-Level Data Link Control	LWL	Lichtwellenleiter
HDMI	High Definition Multimedia Interface	MAC	Media Access Control
HDTV	High Definition Television	MAN	Manchester
HF	Hochfrequenz	MAU	Medium Attached Unit
HLR	Home Location Register	MCT	MOS Contolled Thyristor
HMI	Human Machine Interface	MD	Mini Disk
HTML	Hyper Text Markup Language	MELF	Metal Electrode Leadless Faces
HTTP	Hyper Text Transfer Protocol	MEMS	Microelectro-mechanical System
HÜP	Hausübergabepunkt	MER	Modulation Error Ratio
I^2C	Inter-Integrated Circuit	MHP	Multimedia Home Platform
IAE	ISDN-Anschlusseinheit	MIME	Multipurpose Internet Mail Extensions
IC	Integrated Circuit	MIMO	Multiple Input / Multiple Output
Icoupler	Isolated Coupler	MIPS	Million Instructions per Second
		MISO	Multiple Input / Single Output

Abkürzungen von Fachbegriffen   Short Cuts of Technical Terms

Kurzform	Langform
MMADo	Multimedia-Anschlussdose
MME	Mobile Management Entity
MOD	Magnetical Optical Disk
MOS	Metal Oxide Semiconductor
MPC	Main Power Connector
MSB	Most Significant Bit
MSC	Main Service Channel, Mobile Switching Center
MSN	Multiple Subscriber Number
MTTF	Meantime Between Failure
MTTR	Meantime to repare
MUSICAM	Masking (Pattern) Universal Subband Integrated Coding (and) Multiplexing
MUX	Multiplexer
NAS	Network Attached Storage
NEXT	Near-End Crosstalk
NIC	Network Interface Card
NRZI	Non Return (to) Zero Inversion
NTBA	Network Termination (for) Basic Access
NTBBA	Network Termination Broadband Access
NTC	Negatice Temperature Coefficient
NVoD	Near Video on Demand
OFDMA	Orthogonal Frequency Division Multiplex Access
OFW	Oberflächenwellenfilter
OLED	Organic Light Emitting Diode
OPC	Organic Photo Carrier
OSI	Open System Interconnection
PA	Power Amplifier
PAD	Programme Associated Data
PAL	Phase Alternating Line
PAM	Pulsamplitudenmodulation
PB	Protective Bonding
PBX	Private Branch Exchange
PCB	Printed Circuit Board
PCI	Peripheral Component Interface
PCI-E	Peripheral Component Interconnect Express
PCM	Pulse Code Modulation
PCMCIA	Personal Computer Memory Card International Association
PCX	PC-PaintBrush Format
PDF	Portable Document File (Format)
PDIP	Plastic Dual In Line
PDM	Pulsdichtemodulation
PDP	Plasma Display Panel
PELV	Protection Extra Low Voltage
PFC	Power Factor Correction
PFH	Propability (of dangerous) Failure (per) Hour
PFM	Pulsfrequenzmodulation
PFP	Power Factor Preregulator
PIC	Programmable Integrated Circuit
PL	Performance Level, Protection Level
PLC	Powerline Communication
PLD	Programmable Logic Device
PLL	Phase Locked Loop
PMXA	Primärmultiplex-Anschluss
PNG	Portable Network Graphics
PoE	Power over Ethernet
POF	Plastic Optical Fiber
POTS	Plain Old Telephone Service
PPC	Power Peripheral Connector, Processor Power Connector
PPM	Pulsphasenmodulation
ppm	parts per million
PPP	Point-to-Point Protocol
PROFIBUS	Process Field Bus
PSD	Photo Sensitve Diode
PSK	Phase Shift Keying, Preshared Key
PTC	Positve Temperature Coefficient
PTFE	Polytetrafluorethylene
PUT	Programmable Unijunction Transistor
PWM	Pulsweitenmodulation
QAM	Quadrature Amplitude Modulation
QoS	Quality of Service
QPSK	Quadrature Amplitude Modulation
RAM	Random Access Memory
RCD	Residual Current Device
RCM	Residual Current Monitor
RDS	Radio Data System
RFID	Radio Frequency Identification
RISC	Reduced Instruction Set Computer
RNC	Radio Node Controller
RoHs	Restriction of (the use of) Hazardous Substances
ROM	Read Only Memory
RS	Reed Solomon
RSNA	Robust Secure Network Architecture
RSS	Really Simple Syndication
RTP	Real Time Transport Protocol
RX	Receiver
RxD	Received Data
SAR	Successive Approximation Register
SATA	Serial Advanced Technology Attachment
SB	Standby
SC	Synchronisation Channel
SCART	Syndicat (des) Constructeurs (d')Appareils (Radio) Recepteurs et Televiseurs

Abkürzungen von Fachbegriffen **Short Cuts of Technical Terms**

Kurzform	Langform
SCSI	Small Computer System Interface
SDM(A)	Space Division Multiplex (Access)
SELV	Safety Extra Low Voltage
SGW	Service Gateway
SH, S&H	Sample and Hold
SIL	Safety Integrated Level
SIM	Subscriber Identity Module
SIMM	Single In (Line) Memory Module
SIP	Session Initialisation Protocol
SISO	Single Input / Single Output
SMA	Subminiatur-Adapter
SMD	Surface Mounted Device
SMS	Short Message Service
SMT	Surface Mounted Technology
SMTP	Simple Mail Transfer Protocol
SOAR	Safety Operating Area
SoC	System on Chip
SOT	Small Transistor Outline
SPDIF	Sony/Philips Digital Interface
SPI	Serial Peripheral Interface
SPS	Speicherprogrammierbare Steuerung
SR	Slew Rate
SRECS	Safety Related Elektrical Control System
SSD	Solid State Drive
SSID	Service Set Identifier
SSR	Solid State Relay
STB	Set-Top-Box
STP	Shielded Twisted Pair
STX	Start of Text
TAB	Technische Anschlussbedingungen
TAE	Telekommunikations-Anschlussdose
TCM	Trellis Code Modulation
TCP	Transmission Control Protocol
TDM(A)	Time Division Multiplex (Access)
Telnet	Teletype Network
TFT	Thin Film Transistor
TIF(F)	Tagged Image File (Format)
Tk	Telekommunikation
TKIP	Temporal Key Integrity Protocol
TO	Transistor Outline
TQM	Total Quality Management
TRX	Transceiver
TV	Television
TxD	Transmitted Data
TxD	Transmitter
UAE	Universalanschluss-Einheit
UC	Universal Character
UDP	User Datagram Protocol
UHF	Ultra High Frequencies
UJT	Unijunction Transistor
UL	Underwriters Laboratories (Incorporated)
UML	Unified Modelling Language
UMTS	Universal Mobile Telecommunications System
UR	Ultrarot
URAN	UMTS Radio Access Network
URL	Universal Ressource Locator
USB	Universeller Serieller Bus
USV	Unterbrechungsfreie Stromversorgung
UTP	Unshielded Twisted Pair
UTRAN	UMTS Terrestrial Radio Access Network
UV	Ultraviolett
VCO	Voltage Controlled Oscillator
VCSEL	Vertical Cavity Surface Emitting Laser
VDR	Voltage Dependant Resistor
VDSL	Very (High Bit Rate) Digital Subscriber Line
VFD	Voltage (and) Frequency Dependant
VFI	Voltage (and) Frequency Independant
VHDL	Very High (speed integrated circuit Hardware) Description Language
VHF	Very High Frequencies
VI	Voltage Independant
VI	Virtual Instrument
VLAN	Virtual Local Area Network
VLR	Visitor Location Register
VNB	Versorgungsnetzbetreiber
VoD	Video on Demand
VoIP	Voice over Internet Protocol
VPS	Verbindungsprogrammierte Steuerung
VPS	Video Programming System
VRC	Vertical Redundancy Check
VRML	Virtual Reality Modelling Language
WEP	Wireless Equivalent Privacy
WIFI	Wireless Fidelity
WLAN	Wireless Local Area Network
WMF	Windows Meta File
WPA	Wireless (Fidelity) Protected Access
WPC	Workstation Power Connector
WÜP	Wohnungsübergabepunkt
WWW	World Wide Web
XML	Extensible Markup Language
ZF	Zwischenfrequenz

ANSI	American National Standards Institute
ASA	American Standards Association (Amerikanische Normenorganisation)
BNetzA	Bundesnetzagentur
CCIR	Comité Consultatif International des Radiocommunications (ersetzt durch ITU-R)
CE	Communauté Européenne = Europäische Union
CEE	Commission Internationale pour la Réglementation et la Contrôle de L Équipment Électrique (Internationale Kommission für die Bewertung elektrotechnischer Erzeugnisse)
CEN	Comité Européen de Normalisation (Europäisches Komitee für Normung)
CENELEC	Comité Européen de Normalisation Électrotechnique (Europäisches Komitee für elektrotechnische Normung)
CENELCOM	Comité Européen de coordination des Normes Électrotechniques des états membres de la CEE (Europäisches Komitee zur Koordinierung elektronischer Normen der Länder der Europäischen Gemeinschaft)
CIE	Commission Internationale de l'Éclairage (Internationale Kommission für Beleuchtung)
DBP	Deutsches Bundespatent
DIN	Deutsches Institut für Normung, e.V.
DKE	Deutsche Elektrotechnische Kommission (FNE gemeinsam mit Vorschriftenausschuss des VDE)
EN	Europäische Norm
ETSI	European Telecommunications Standards Institute (Europäische Einrichtung für Standardisierung in der Telekommunikation)
EVÖ	Elektrotechnischer Verein Österreichs
FNE	Fachnormenausschuss Elektrotechnik im Deutschen Normenausschuss
HEA	Hauptberatungsstelle für Elektrizitätsanwendung e.V.
IEC	International Electrotechnical Commission (= CEI, Commission Electrotechnique Internationale), Internationale Elektrotechnische Kommission
ISO	International Organization for Standardization (Internationale Organisation für Normung)
ITG	Informationstechnische Gesellschaft
ITU	International Telecommunication Union (Internationale Fernmeldeunion)
JEDEC	Joint Electron Device Engineering Council (US-amerikan. Ausschuss für Bauelementnormierungen)
JEM	Japanese Electrical Manufacturer's Association/Verband japanischer Elektrohersteller
ÖNA	Österreichischer Normenausschuss
ÖNORM	Österreichische Norm
ÖVE	Österreichischer Verband für Elektrotechnik
PTB	Physikalisch-Technische Bundesanstalt
RAL	Ausschuss für Lieferbedingungen und Gütesicherung beim Deutschen Normenausschuss
REFA	Verband für Arbeitsgestaltung, Betriebsorganisation und Unternehmensentwicklung e.V.
SEV	Schweizerischer Elektrotechnischer Verein
SNV	Schweizerische Normenvereinigung
TAB	Technische Anschlussbedingungen der VDEW
TKV	Telekommunikations-Kundenschutzverordnung
UL	Underwriters Laboratories Inc., Technischer Zertifizierungsdienst der USA.
VDE	Verband der Elektrotechnik Elektronik Informationstechnik e.V.
VDEW	Verband Deutscher Elektrizitätswerke
VDMA	Verband Deutscher Maschinen- und Anlagenbau e.V.
VNB	Verteilungs-Netzbetreiber
ZVEH	Zentralverband der Deutschen Elektro- und Informationstechnischen Handwerke
ZVEI	Zentralverband der Elektrotechnik- und Elektronikindustrie e.V.

B

Wichtige Normen Important standards

Inhalt, gekürzter Titel	Nummer
Kennzeichnungen und Anschlüsse	
Aderkennzeichnung bei Nennspannungen bis 1000 V	DIN VDE 0293
Anschlussbezeichnung für Befehlsgeräte	DIN EN 50013
Anschlussbezeichnung für Stromrichter	DIN 42403
Anschlussbezeichnung für Transformatoren und Drosselspulen	DIN 42402
Anschlussbezeichnung und Kennzahlen	DIN EN 50005
Anschlussbezeichnung von Hilfsschaltgliedern	DIN EN 50012
Gas- und Wasserleitungen für Hauptpotenzialausgleich	DIN VDE 0190
HF-Leitungstechnik	DIN 47301
IP-Schutzarten	DIN VDE 0470
Kennzeichnung von Anschlüssen	DIN 42400
Kabelverteilsysteme für Ton- und Fernsehrundfunksignale	DIN VDE 0855
Kennzeichnung der Anschlüsse	DIN EN 60445
Kennzeichnung der Anschlüsse elektrischer Betriebsmittel	DIN 60445
Kennzeichnung elektrischer Betriebsmittel	DIN EN 61293
Kennbuchstaben der Objekte	DIN EN 61346
Kennzeichnung Fernmeldeschnüre	DIN 47100
Kennzeichnung für Signale und Verbindungen	DIN EN 61175
Leitungen für Informationsverarbeitungs-anlagen	DIN VDE 0815
Verwendung von Kabeln und Leitungen für Starkstromanlagen	DIN VDE 0298
Anlagen und Geräte	
Anlagen in explosionsgefährdeten Bereichen	DIN VDE 0165
Beleuchtung von Arbeitsstätten	DIN EN 12464
Blitzschutzanlage	DIN VDE 0185
Elektrische Anlagen in Wohngebäuden	DIN 18015
Elektrische Ausrüstung von Industriemaschinen	DIN VDE 0113
Gefahren- und Meldeanlagen	DIN VDE 0833
Innenraumbeleuchtung	DIN 5035
Netzbetriebene elektronische Heimgeräte	DIN VDE 0860
Leuchtröhrenanlagen	DIN VDE 0128
Schutz gegen elektrischen Schlag	DIN EN 50274
Unterbrechungsfreie Stromversorgungssysteme (USV)	EN 62040-3 (VDE 0558, Teil 530)
Bauelemente und Baugruppen	
Code zur Farbkennzeichnung	IEC 757
Farbkennzeichnung von Widerständen und Kondensatoren	DIN EN 60062
Gleichrichterdioden	DIN 41782
Kennzeichnung von Widerständen und Kondensatoren	IEC 62
Nennwerte von Widerständen und Kondensatoren	DIN 41426
Optoelektronische Halbleiterbauelemente	DIN 41855
Relais, Begriffe	DIN 41215
Sicherheitstransformatoren	DIN VDE 0551
Stromrichter (Begriffe)	DIN 41759
Stromrichterkennzeichnung	DIN IEC 971

Inhalt, gekürzter Titel	Nummer
Stromsysteme (Begriffe, Größen, Formelzeichen)	DIN 40108
Temperaturabhängige Widerstände, Heißleiter	DIN 44070
Temperaturabhängige Widerstände, Kaltleiter	DIN 44080
Transformatoren und Drosselspulen	DIN VDE 0532
Thyristoren, Begriffe	DIN 41786
Vorzugsreihen für die Nennwerte von R und C	IEC 63
Varistoren	IEC 40
Computertechnik	
Bildschirmarbeitsplätze	DIN 66234
Datenübertragung	DIN 66021
Elementar-BASIC	DIN 66284
Ethernet	IEEE 802.3
Informationsverarbeitung	DIN 44300
Informationsverarbeitung, 7-Bit-Code	DIN 66003
Rechnerunterstütztes Konstruieren	DIN 66304
Schnittstellen für die Datenübermittlung	DIN 66258
Schnittstellen in Fernsprechnetzen	DIN 66020
Sicherungsverfahren mit dem 7-Bit-Code	DIN 66019
Sinnbilder für Datenflusspläne und Programmablaufpläne	DIN 66001
Schrift A für Zeichenerkennung	DIN 66008
Schrift B für Zeichenerkennung	DIN 66009
Struktogramm nach Nassi-Shneiderman	DIN 66261
Elektrische Grundlagen	
Begriffe der Wellenausbreitung	DINN 40020
Elektrisches Feld	DIN 1324
Frequenz- und Wellenlängenbereiche	DIN 40015
Impulstechnik	DIN IEC 469
Magnetisches Feld	DIN 1325
Bemessungswert, Nennwert u. ä. (Begriffe)	DIN 40200
Normspannungen	IEC 38
Schwingungslehre	DIN 1311
Spannungsmerkmale	DIN EN 50160
Wechselstromgrößen	DIN 40110
Elektrische Maschinen und Systeme	
Bauformen von umlaufenden elektrischen Maschinen	IEC 34
Drehstrommotoren mit Käfigläufern, innengekühlt (Normmotoren)	DINN 42676
Drehstrommotoren mit Käfigläufern, oberflächengekühlt (Normmotoren)	DIN 42673
Elektrische Systemtechnik	DIN VDE 0829
Handhabungssysteme	DIN 2860
Niederspannungssicherungen	DIN VDE 0636
Leistungsreihe elektrischer Maschinen	DIN 42973
Leistungsschilder	DIN 42961
Leitungsschutzschalter	DIN VDE 0641
Umlaufende elektrische Maschinen	DIN VDE 0530
EMV	
Elektromagnetische Beeinflussung	DIN VDE 0870
Funkentstörung von Hochfrequenzgeräten	DIN VDE 0871
Geräte zur Messung von Funkstörungen	DIN VDE 0876
Maßnahmen zur Funktentstörung	DIN VDE 0875

Wichtige Normen (Fortsetzung) Important standards (continued)

Inhalt, gekürzter Titel	Nummer
Mathematik und Physik	
Allgemeine mathematische Zeichen und Begriffe	DIN 1302
Einheiten (Einheitenname, Einheitenzeichen)	DIN 1301
Einheiten elektrischer Größen	DIN 1357
Einheiten magnetischer Größen	DIN 1339
Formelschreibweise	DIN 1338
Formelzeichen	DIN 1304
Formelzeichen Akustik	DIN 1332
Fourier-Transformation	DIN 5487
Komplexe Größen	DIN 5475
Lautstärkepegel	DIN 1318
Logarithmische Größen und Einheiten	DIN 5493
Physikalische Größen und Gleichungen	DIN 1313
Richtungssinn und Vorzeichen in der Elektrotechnik	DIN 5489
Strahlungsphysik, Lichttechnik	DIN 5031
Übertragungsfaktor, Pegel	DIN 40148
Winkel	DIN 1315
Zahlenangaben	DIN 1333
Zeichen der mathematischen Logik	DIN 5474
Zeichen der Schaltalgebra	DIN 66000
Zeitabhängige Größen	DIN 5483
Messen	
Anzeigende Messgeräte	DIN 43780
Bestimmungen für elektrische Messgeräte	DIN VDE 0410
Bestimmungen für Messwandler	DIN VDE 0414
Durchgangsprüfgeräte	DIN VDE 0403
Eigenschaften von Oszilloskopen	IEC 351
Elektrische Messgeräte (Schalttafelmessgeräte)	DIN 43807
Elektrizitätszähler, Tarifschaltgeräte	DIN 43856
Geräte zum Prüfen der Schutzmaßnahmen	DIN VDE 0413
Messtechnik	DIN 1319
Schallpegelmesser	IEC 651
Skalen von Messgeräten	DIN 43802
Zähler	DIN 43865
Zählerplätze	DIN 43870
Steuern und Regeln	
Begriffe für NC-Maschinen	DIN 66257
Benennung und Einstellung von Reglern	DIN 19225
Bestimmungen für elektronische Messgeräte und Regler	DIN VDE 0411
Bildzeichen	DIN 40101
Bildzeichen für NC-Werkzeugmaschinen	DIN 55003
CLDATA	DIN 66215
Programmaufbau für NC-Maschinen	DIN 66025
Regelungstechnik und Steuerungstechnik	DIN 19226
Speicherprogrammierbare Steuerungen	DIN EN 61131
Steuerungstechnik (Begriffe)	DIN 19237
Starkstromanlagen	
Bau von Freileitungen bis 1000 V	DIN VDE 0211
Bau von Freileitungen über 1 kV	DIN VDE 0210
Betrieb von Starkstromanlagen	DIN VDE 0105
Elektronische Betriebsmittel in Starkstromanlagen	DIN VDE 0160

Inhalt, gekürzter Titel	Nummer
Errichten von Starkstromanlagen	DIN VDE 0100
Starkstromanlagen in medizinisch genutzten Räumen	DIN VDE 0107
Starkstromanlagen über 1 kV	DIN VDE 0101
Texte und grafische Darstellungen	
Benummerung von Texten	DIN 1421
Beschriftung	DIN 6776
Darstellungen in Normalprojektion	DIN ISO 5456
Dokumente der Elektrotechnik	DIN EN 61082
Gestaltung von Manuskripten	DIN 1422
Grafische Darstellung	DIN 461
Grafische Symbole der Prozessleittechnik	DIN 19227
Grafische Symbole für Schaltpläne	DIN EN 60617
Teil 2: Symbolelemente	DIN EN 60617
Teil 3: Leiter und Verbinder	DIN EN 60617
Teil 4: Passive Bauelemente	DIN EN 60617
Teil 5: Halbleiter und Elektronenröhren	DIN EN 60617
Teil 6: Erzeugung und Umwandlung elektrischer Energie	DIN EN 60617
Teil 7: Schalt- und Schutzeinrichtungen	DIN EN 60617
Teil 8: Mess-, Melde-, Signaleinrichtungen	DIN EN 60617
Teil 9: Vermittlungs- und Endeinrichtungen	DIN EN 60617
Teil 10: Übertragungseinrichtungen	DIN EN 60617
Teil 11: Installationspläne	DIN EN 60617
Teil 12: Binäre Elemente	DIN EN 60617
Teil 13: Symbole für analoge Elemente	DIN EN 60617
Maßeintragung	DIN 406
Kennzeichnungssystematik für technische Produkte	DIN 6779
Schraffuren	DIN 201
Schreibweise von Matrizen	DIN 5486
Titelangaben von Schrifttum	DIN 1505
Werkstoffe und Gehäuse	
Dauermagnetwerkstoffe	DIN 17410
Elektroblech und Elektroband	DIN 46400
Gehäuse für Halbleiterbauelemente	DIN 41868
Gehäuse für Halbleiterbauelemente	DIN 41869
Gehäuse für Halbleiterbauelemente	DIN 41873
Gehäuse für Halbleiterbauelemente	DIN 41876
Hartlote	DIN 8513
Magnetische Werkstoffe für Übertrager	DIN 41301
Weichlote	DIN 1707
Widerstandswerkstoffe	DIN 17471
Verbindungsmaterial, Kleinverteiler, Zählerplätze	DIN VDE 0606
Weitere Normen	
Akkumulatoren und Batterie-Anlagen	DIN VDE 0510
Akustik	DIN 1320
Begriffe der Nachrichtenübertragung	DIN 40146
Fluidtechnische Systeme	DIN ISO 1219
Galvanische Primärelemente	DIN 40827
Primärbatterien	IEC 86
Qualitätssicherung	DIN ISO 9000
Rückwirkungen in Stromversorgungsnetzen	DIN VDE 0838
Überspannungsschutzgeräte	DIN VDE 0675
Umweltmanagement-Systeme	DIN ISO 14001
Wärmebedarf von Gebäuden	DIN 4701

Wichtige DIN-VDE-Vorschriften Important DIN-VDE-regulations

DIN VDE 0100	Errichten von Niederspannungsanlagen
DIN VDE 0101	Starkstromanlagen mit Nennspannungen über 1 kV
DIN VDE 0103	Kurzschlussströme, Berechnung der Wirkung
DIN VDE 0104	Errichten und Betreiben elektrischer Prüfanlagen
DIN VDE 0105	Betrieb von elektrischen Anlagen
DIN VDE 0106	Messung von Berührungsstrom und Schutzleiterstrom
DIN VDE 0108	Sicherheitsbeleuchtungsanlagen
DIN VDE 0110	Luft- und Kriechstrecken für Betriebsmittel
DIN VDE 0113	Elektrische Ausrüstung von Industriemaschinen
DIN VDE 0160	Ausrüstung von Starkstromanlagen mit elektronischen Betriebsmitteln
DIN VDE 0165	Errichten elektrischer Anlagen in explosionsgefährdeten Bereichen
DIN VDE 0168	Errichten von Anlagen im Freien, die erschwerten Bedingungen unterworfen sind
DIN VDE 0185	Errichten von Blitzschutzanlagen
DIN VDE 0211	Bau von Starkstrom-Freileitungen mit Nennspannungen bis 1 kV
DIN VDE 0228	Maßnahmen für Beeinflussung von Fernmeldeanlagen durch Starkstromanlagen
DIN VDE 0293	Aderkennzeichnung von Starkstromkabeln und Starkstromleitungen bis 1 kV
DIN VDE 0298	Verwendung von Kabeln und isolierten Leitungen für Starkstromanlagen
DIN VDE 0410	Bestimmungen für elektrische Messgeräte
DIN VDE 0411	Bestimmungen für elektronische Messgeräte und Regler
DIN VDE 0413	Geräte zum Prüfen der Schutzmaßnahmen in elektrischen Anlagen
DIN VDE 0414	Bestimmungen für Messwandler
DIN VDE 0435	Elektrische Relais
DIN VDE 0510	Bestimmungen für Akkumulatoren und Batterie-Anlagen
DIN VDE 0530	Bestimmungen für umlaufende elektrische Maschinen
DIN VDE 0532	Bestimmungen für Transformatoren und Drosselspulen
DIN VDE 0543	Lichtbogen-Kleinschweißtransformatoren für Kurzschweißbetrieb
DIN VDE 0550	Bestimmungen für Kleintransformatoren
DIN VDE 0551	Sicherheitstransformatoren
DIN VDE 0636	Niederspannungssicherungen
DIN VDE 0641	Leitungsschutzschalter
DIN VDE 0660	Bestimmungen für Niederspannungsschaltgeräte
DIN VDE 0675	Schutz elektrischer Anlagen gegen Überspannungen
DIN VDE 0680	Schutzkleidung, Schutzvorrichtungen und Werkzeuge zum Arbeiten an unter Spannung stehenden Betriebsmitteln
DIN VDE 0681	Geräte zum Betätigen, Prüfen und Abschranken unter Spannung stehender Betriebsmittel mit Spannungen über 1 kV
DIN VDE 0700	Sicherheit elektrischer Geräte für den Hausgebrauch und ähnliche Zwecke
DIN VDE 0701-0702	Prüfung nach Instandsetzung, Änderung elektrischer Geräte – Wiederholungsprüfung elektrischer Geräte – Allgemeine Anforderungen für die elektrische Sicherheit
DIN VDE 0710	Leuchten mit Betriebsspannungen unter 1 kV
DIN VDE 0800	Errichten und Betrieb von Fernmeldeanlagen einschließlich Informationsverarbeitungsanlagen
DIN VDE 0815	Leitungen für Informationsverarbeitungsanlagen
DIN VDE 0829	Elektrische Systemtechnik für Heim und Gebäude
DIN VDE 0833	Gefahren- und Meldeanlagen
DIN VDE 0855	Kabelverteilsysteme für Rundfunksignale
DIN VDE 0860	Bestimmungen für netzbetriebene elektronische Geräte für den Heimgebrauch
DIN VDE 0870	Elektromagnetische Beeinflussung
DIN VDE 0871	Funkentstörung von Hochfrequenzgeräten
DIN VDE 0875	Bestimmungen für die Funkentstörung von Betriebsmitteln und Anlagen
DIN VDE 0880	Errichten und Betrieb von Fernmeldeanlagen

Literaturverzeichnis List of literature

Automatisierungstechnik Verlag Europa-Lehrmittel, Haan-Gruiten	D. Schmid
CAD/CAE/CAM/CIM Lexikon expert-verlag, Renningen	G. Klause
Compound Semiconductor Devices Verlag Wiley-VCH, Weinheim	Kenneth A. Jackson
DAB – Digitaler Hörfunk Verlag Technik, Berlin	U. Freyer
Datenkommunikations-Netzwerke heute und morgen expert-verlag, Renningen	Titu I, Bajenescu
Digitale Übertragungstechnik B. G. Teubner, Stuttgart	P. Gerdsen
DVB – Digitales Fernsehen Verlag Technik, Berlin	U. Freyer
Einführung in die elektrische Messtechnik AT-Verlag, Aarau, Stuttgart	Piller
Einführung in die Nachrichtentechnik B. G. Teubner, Stuttgart, Leipzig	J. Goerth
Einführung in die Nachrichtentechnik Verlag K. Wittwer, Stuttgart	G. Bosse u. a.
Einführung in die Radartechnik B. G. Teubner, Stuttgart, Leipzig	B. Huder
Elektrische Messgeräte und Messverfahren Springer-Verlag, Berlin	Jahn u. a.
Fachkunde Industrieelektronik und Informationstechnik Verlag Europa-Lehrmittel, Haan-Gruiten	Grimm u. a.
Elektrische Messtechnik Verlag Technik, Berlin	W. Richter
Fachbildung Telekommunikationstechnik Verlag Europa-Lehrmittel, Haan-Gruiten	H. Jansen u. a.
Fachkunde Büro- und Informationselektronik Verlag Europa-Lehrmittel, Haan-Gruiten	E. Dehler u. a.
Gebäudesystemtechnik Cornelsen Verlag, Berlin	H. Wellers
Handbuch Elektromagnetische Verträglichkeit VDE-Verlag, Berlin	E. Habiger u. a.
Informationstechnische Verkabelung von Gebäudekomplexen expert-verlag, Renningen	W. von Pattay u. a.
Lexikon der Datenverarbeitung Siemens AG, Berlin, München	Löbel-Müller-Schmid
Lexikon der Informatik und Datenverarbeitung Oldenbourg Verlag, München	H.-J. Schneider
Logik und Fuzzy-Logik expert-verlag, Renningen	A. Friedrich
Moderne Satellitenempfangsanlagen Verlag Technik, Berlin	K. Jungk
Kommunikationstechnik Verlag Europa-Lehrmittel, Haan-Gruiten	H. Gretzinger u. a.
Nachrichten-Übertragungstechnik Carl Hanser Verlag, München, Wien	U. Freyer
Nichtlineare Regelungstechnik und Fuzzy-Control expert-verlag, Renningen	H. Knappe

Literaturverzeichnis, Firmen und Dienststellen
List of literature, Companies and offices

Online-Lexikon
VDE-Verlag, Berlin — O. Rosenbaum

Optische Übertragungstechnik
Hüthig Buch Verlag, Heidelberg — Ch. Wrobel (Hrsg.)

Professionelle Stromversorgung
Franzis-Verlag, München — U. Freyer

Schaltungstechnik für den Satellitenempfang
Verlag Technik GmbH, Berlin — W. Brinkmann

Schutz in elektrischen Anlagen
VDE-Verlag, Berlin — G. Biegelmaier u.a.

Sensoren, Messaufnehmer
expert-verlag, Renningen — K.W. Bonfig u.a.

Steuern und Regeln
Verlag Europa-Lehrmittel, Haan-Gruiten — D. Schmid

SPS Projektierung und Programmierung
Hüthig Buch Verlag, Heidelberg — J. Petry

Tabellenbuch Computertechnik
Verlag Europa-Lehrmittel, Haan-Gruiten — B. Grimm u.a.

Tabellenbuch Elektrotechnik
Verlag Europa-Lehrmittel, Haan-Gruiten — H. Häberle u.a.

Taschenbuch Elektrotechnik
Carl Hanser Verlag, München — E. Philippow u.a.

Die nachfolgend aufgeführten Firmen und Dienststellen haben die Bearbeiter durch Beratung, durch Zurverfügungstellung von Druckschriften, Fotos und Retuschen sowohl bei der Textbearbeitung als auch bei der bildlichen Ausgestaltung des Buches unterstützt. Es wird ihnen hierfür herzlich gedankt.

ABB Asea Brown Boveri AG
68165 Mannheim

Agema Infrared Systems GmbH
61401 Oberursel

Agilent Technologies
71034 Böblingen

Ahlborn Mess- und Regelungstechnik
83602 Holzkirchen

AMP Deutschland GmbH
63201 Langen

ANIXTER DEUTSCHLAND GmbH
71711 Murr

Anton Piller GmbH
37520 Osterode

Axicon Mobilfunkdienste GmbH
85579 Neubiberg

BASF AG
67069 Ludwigshafen

BASF Magnetics GmbH
68165 Mannheim

Berker, Gebrüder
58579 Schalksmühle

Best Power Technologie
91058 Erlangen

Black Box Deutschland GmbH
85716 Unterschleißheim

BÜRK ZEITSYSTEME GmbH
78054 VS-Schwenningen

Busch-Jaeger Elektro GmbH
58513 Lüdenscheid

CAD-FEM GmbH
85567 Grafing

Cherry Mikroschalter GmbH
91275 Auerbach

Computervision GmbH
40549 Düsseldorf

CSM Computer-Systeme-Messtechnik GmbH
70794 Filderstadt

Danfoss Antriebs- und Regeltechnik GmbH
63004 Offenbach

Dehn + Söhne
92306 Neumarkt

Deutsche Philips GmbH
20095 Hamburg

Deutsche Telekom AG
53175 Bonn

Deutsche Telekom Medien GmbH
60329 Frankfurt

Deutsche Vitrohm GmbH & Co. KG
25421 Pinneberg

Digital-PCS Systemtechnik GmbH
81539 München

Dornier GmbH
88039 Friedrichshafen

EADS
81663 München

Eaton Moeller GmbH
53115 Bonn

EnBW Energie Baden-Württemberg AG
70174 Stuttgart

Euchner & Co.
70771 Leinfelden-Echterdingen

Fanuc
J-Jamanashi Prefecture 401-05

Felten & Guilleaume AG
51058 Köln

Fluke Deutschland GmbH
34123 Kassel

Forschungs- und Technologie-Zentrum FTZ
64295 Darmstadt

Forschungszentrum Karlsruhe GmbH
76131 Karlsruhe

Fraunhofer-Institut
91058 Erlangen

FRIWO Gerätebau GmbH
48342 Ostbevern

GE Power Controls
51105 Köln

Görlitzer Elektroschaltgeräte GmbH
02803 Görlitz

Gossen-Metrawatt
90471 Nürnberg

Gould Electronics GmbH
63128 Dietzenbach

Grundig
90766 Fürth

HAMEG GmbH
60528 Frankfurt

Hauptberatungsstelle für Elektrizitätsanwendung (HEA)
60329 Frankfurt

Dr. Johannes Heidenhain GmbH
83292 Traunreut

Hewlett-Packard GmbH
71034 Böblingen

Hirschmann, Richard GmbH & Co.
73728 Esslingen

Honeywell
63067 Offenbach

IBM Deutschland Bildungsgesellschaft mbH
71083 Herrenberg

IBM Deutschland Informationssysteme
70511 Stuttgart

IBM Deutschland Produktions GmbH
71065 Sindelfingen

Informationszentrale der Elektrizitätswirtschaft
60555 Frankfurt

Infranor GmbH
12045 Berlin

Inprise GmbH
63222 Langen

INSTA ELEKTRO GMBH & CO. KG
58511 Lüdenscheid

iR3 Video International GmbH
A-1232 Wien

ITT Lautsprecherwerk
94315 Straubing

IZE, Informationszentrale der Elektrizitätswirtschaft
60555 Frankfurt

JENOPTIK GmbH
07739 Jena

Jung, Albrecht
58579 Schalksmühle

Kathrein-Werke AG
83022 Rosenheim

Keithley Instruments GmbH
82110 Germering

Kistler Instrumente GmbH
73760 Ostfildern

KNOGO Deutschland GmbH
55118 Mainz

Leitz Messtechnik GmbH
35578 Wetzlar

Leuze electronic GmbH & Co
73277 Owen-Teck

Leybold AG
63450 Hanau

Licht- und Vakuumtechnik
85643 Steinhöring

Loewe Opta GmbH
78089 Kirnach

Matsushita Automation Controls
83607 Holzkirchen

Microsoft GmbH
85716 Unterschleißheim

Mitsubishi Electric Europe GmbH
40880 Ratingen

Mitsui Electronics Europe GmbH
41460 Neuss

MTU München GmbH
80995 München

Müller & Weigert
90014 Nürnberg

National Instruments Germany GmbH
81369 München

NEC Electronics (Europe) GmbH
40472 Düsseldorf

ORACLE Deutschland GmbH
80993 München

Panasonic Deutschland GmbH
22525 Hamburg

Phoenix Contact GmbH
32819 Blomberg

Pilz GmbH & Co.
73760 Ostfildern

Quick-Ohm GmbH
42349 Wuppertal

Robin Electronics
71140 Steinenbronn

Roederstein GmbH
84034 Landshut

Rohde & Schwarz GmbH & Co. KG
58029 Hagen

RS Components GmbH
64546 Mörfelden-Walldorf

Sennheiser Electronic
30900 Wedemark

Sick, Erwin GmbH
79177 Waldkirch

Siedle & Söhne
78113 Furtwangen

Siemens AG
91050 Erlangen

Siemens AG
80333 München

SORCUS GmbH
69126 Heidelberg

Spectra Computersysteme GmbH
70771 Leinfelden-Echterdingen

Stabo Elektronik GmbH
31137 Hildesheim

Südwest-Rundfunk (SWR)
70190 Stuttgart

TEAC Deutschland GmbH
65205 Wiesbaden

Texas Instruments Deutschland GmbH
85350 Freising

TOKO Elektronic Europe GmbH
40235 Düsseldorf

Toshiba Electronics Europe GmbH
40549 Düsseldorf

TÜV Rheinland Holding AG
51105 Köln

Umweltbundesamt
14191 Berlin

Vacuumschmelze
63412 Hanau

Valvo Bauelemente GmbH
22529 Hamburg

VDE, Verband der Elektrotechnik Elektronik Informationstechnik e.V.
60596 Frankfurt

VDI, Verein Deutscher Ingenieure
40002 Düsseldorf

Vicor Europe
85743 Garching

Vision GmbH
31552 Rodenberg

Volkswagen AG
38446 Wolfsburg

WAGO Kontakttechnik GmbH
32423 Minden

Wirns Bauelemente GmbH & Co. KG
33332 Gütersloh

XICOR GmbH
85630 Grasbrunn

Zeiss, Carl
73447 Oberkochen

Zentralverband der deutschen Elektrohandwerke ZVEH
53113 Bonn

Zentralverband Elektrotechnik- und Elektronikindustrie Deutschlands, ZVEI
60596 Frankfurt

ZF Friedrichshafen AG
88038 Friedrichshafen

Ziegler Instruments
41189 Mönchengladbach

B

B

B

C

B

E

F

G

H

B

I

B

L

M

B

N

O

Q

R

B

S

B

B

T

B

U

V

B

W

X

Y

Z

B

W0467881

Nachhaltigkeit liegt uns am Herzen

Hergestellt in Deutschland
Gedruckt auf FSC®-Papier
Lösungsmittelfreier Klebstoff
Drucklack auf Wasserbasis

Natürlich

magellan

SABINE GIEBKEN

PaNia

DIE LEGENDE DER WINDPFERDE

Band 1

SABINE GIEBKEN

PaNia

DIE LEGENDE DER WINDPFERDE

magellan

PROLOG

Sie wieherte, als er auf dem Hügel ankam. Trotz der Felsen, die ihr Gefängnis umgaben, konnte er sie hören, ihren verzweifelten Ruf, der irgendwo in der Nacht verhallte. Dieser viel zu langen Nacht. Millionen von Sternen kippten ihr Schimmerlicht über die Wiese, zauberten silbrige Ranunkeln und Hyazinthen aus der Dunkelheit, und einen Moment hielt er inne, um die Schönheit dieser Welt in sich aufzusaugen.

Und doch würde er sie verlassen.

Schon bald.

Vielleicht noch in dieser Nacht.

Er zog seine Füße aus den Steigbügeln, machte sich federleicht, atmete tief aus und ließ seine Gedanken davonschweifen, als würde er träumen. Der Bann löste sich und mit einem raschen Satz sprang er zu Boden. Das Gras raschelte leise, als seine Füße die Erde berührten, doch ein sanfter Wind blies und trug alle Geräusche mit sich fort.

Gin, dachte er. Ich befreie dich. Das habe ich dir versprochen.

Im Rhythmus des Windes bewegte er sich vorwärts, Schritt um Schritt, bis er den Eingang der Höhle erreicht hatte. Dort, irgendwo hinter all den Schatten, am wohl unlebenswertesten Ort der

Welt, hatten sie das Verlies errichtet. Wie grausam Menschen sein konnten. Sein Herz schlug schneller, als er in die Schwärze trat und sich blind vorantastete. Sein Atem durfte ihn nicht verraten, er musste mit dem Fels verschmelzen, unsichtbar bleiben, bis er sie erreicht und aus ihrem Versteck geholt hatte.

Wieder wieherte sie, sacht und vertraut und so unendlich traurig. Aber diesmal klang noch etwas anderes in ihrem Ruf mit. Fürchtete sie sich etwa? Hatten sie etwas mit ihr angestellt, etwas viel Schlimmeres, als sie nur in der Dunkelheit einzusperren?

Ich bin bei dir, dachte er. Gleich bist du frei! Nur noch ein paar Schritte, nur noch …

Das Feuer loderte so plötzlich vor ihm hoch, dass er aufschrie und gegen den Felsen prallte. Er keuchte und versuchte, etwas zu erkennen, aber die Flammen versperrten ihm die Sicht, und dichter Rauch drang in seine Nase, bis er kaum noch atmen konnte. Instinktiv taumelte er rückwärts, der Nacht entgegen – da hörte er sie. Sie wieherte nicht, sie schrie nun, panisch, voller Todesangst vor dem Feuer, er konnte sie doch nicht hier verbrennen lassen, in ihrem Gefängnis! Hustend blieb er stehen, presste sich den Ärmel auf Mund und Nase und schob sich entschlossen zurück in die Höhle.

Das Feuer erlosch so plötzlich, wie es gekommen war. Alles, was blieb, war der matte Schimmer eines Kerzenflämmchens. Er hörte sie in ihrem Verlies rumoren, noch immer voller Furcht – und dann sah er die Augen.

Unzählige.

Sie glotzten ihn aus der Dunkelheit heraus an wie böse Glühwürmchen, und was das Feuer nicht geschafft hatte, das machten diese Augen, denn nun hatte er Angst. Er ließ den Arm sinken und sein Mut fiel von ihm ab wie ein zu großes Kleidungsstück.

»Vergiss nie, mit wem du es zu tun hast«, raunte eine Stimme aus der Finsternis. »Ihr Leben liegt in deiner Hand.«

IM WIND

1

Ein Pferd starrt mich an, als ich aufwache. Mein Kopf lehnt an der Scheibe, ich habe überhaupt nicht gemerkt, dass ich eingeschlafen bin – aber ich spüre diesen Pferdeblick auf mir, und außerdem hat das Ruckeln aufgehört.

Es ist kein echtes Pferd. Nur ein gemaltes. Auf einem Schild mitten im Wald.

Irgendwie sieht es komisch aus, es hat kein Fell, sondern Federn wie ein Vogel. Nur seine Augen, die sehen ziemlich echt aus. Wie bei diesen lebensgroßen Figuren auf dem Volksfest, wo man sich dahinterstellen und seinen Kopf durch das Loch strecken kann, so als wäre man selbst die Figur. Das Pferdebild hat lebendige Augen.

»He, Nia!«

Ben hat sich auf dem Fahrersitz herumgedreht und schiebt sich die letzte Minisalami in den Mund. Sofort fällt mir auf, dass der Beifahrersitz leer ist.

»Wo ist Sammy?« Suchend schaue ich mich um. Wir stehen am Straßenrand, und das mitten im Wald. Um uns rum ist eine undurchdringliche Baumwelt voller dunkelgrüner Schatten – und keine Spur von Sammy.

»Musste mal.« Ben stippt das Wurstende aus dem Fenster und grinst. »Gruselig hier, was?«

Ich gucke wieder zu dem Pferd auf dem Schild. Hat sich gerade seine Pupille bewegt? Erst jetzt merke ich, dass die Federn echt sind – jemand muss sie auf das Bild geklebt haben. Und unten drunter steht etwas in einer blassen Schnörkelschrift. Ich drücke meine Nase an die Scheibe und kneife die Augen zusammen.

Den Menschen schuf Gott aus Erde, das Pferd formte er aus Wind. Willkommen in Windheim – Heimat der …

Weiter komme ich nicht, denn die Schrift löst sich langsam auf. Als hätte sie jemand von dem Schild gepustet.

»Kannst du das letzte Wort lesen? Rechts unten im Eck?«, frage ich Ben.

»Was, wo?« Ben rutscht auf den Beifahrersitz und presst ebenfalls das Gesicht an die Scheibe, aber genau in dem Moment wird die Beifahrertür aufgerissen, und er plumpst fast kopfüber auf den Grünstreifen.

»Alles klar bei euch?« Sammy stemmt kopfschüttelnd die Arme in ihre breite Hüfte. »In dem Wald kannst du dich keine zwei Schritte bewegen. Alles zugewuchert. Lasst uns bloß von hier verschwinden!«

Ben klettert zurück hinters Steuer, und sofort beschwert sich Sammy lautstark, dass ihre Minisalamis alle aufgegessen sind. Wir fahren wieder los und das Wort auf dem Schild ist vergessen. Aber irgendwie bin ich auch froh, als mir die Augen des Pferdebildes nicht mehr folgen.

Windheim liegt ganz am Ende der Straße in einer Sackgasse, umzingelt von Wald, und soweit ich mich erinnere, gibt es hier nicht viel – ein paar Läden, eine Bank, eine Kirche, einen Kindergarten. Aber seltsamerweise stört es mich gar nicht so arg. Nicht halb so arg wie Sammy.

»Das ist ja nicht zum Aushalten«, stöhnt sie. »Kann mir mal jemand sagen, was ich hier den ganzen Tag machen soll?«

»Na, hör mal«, braust Ben auf. »Du wolltest doch hierherziehen!«

»Ich wollte nur deiner Großtante helfen«, kontert Sammy mit lauter Stimme. »Wenn du mir gesagt hättest, in was für einem Kaff sie lebt …«

»Ja klar. Nur um meine Großtante geht es.«

Ich höre nicht hin, was Sammy zurückpfeffert, ich blende sie einfach aus, so wie immer, wenn sie streiten. Eigentlich streiten sie ja gar nicht richtig, sie sind nur beide müde und genervt und aufgeregt, und Sammy ist sowieso leicht reizbar wegen ihrer Hormone.

Sie merken gar nicht, was um sie herum geschieht.

Aber ich merke es.

Windheim ist … still. Also nicht ausgestorben oder so, es leben schon viele Menschen hier und laufen herum und reden miteinander. Autos und Radfahrer kommen uns entgegen und wir fahren sogar an einem kleinen Busbahnhof vorbei. Trotzdem ist es still. So als ob etwas fehlt, etwas Wichtiges.

Bei uns im Auto ist es nicht still. Ben und Sammy kabbeln sich immer noch, bis wir in eine Straße einbiegen und vor einem verwilderten, eingewachsenen Haus anhalten. Auch diese Straße ist eine Sackgasse. Drei Häuser weiter: Endstation Wald. Sammy sieht schon ganz verzweifelt aus, aber Ben hat leuchtende Augen gekriegt.

»Leute, ist das lange her! Das letzte Mal war ich hier, als du ein winziger Stöpsel warst, Nia.«

Wir steigen aus und klappern extralaut mit den Türen. An das Haus kann ich mich gar nicht so recht erinnern, obwohl ich die ersten Jahre meines Lebens darin gewohnt habe. Es ist komplett aus grauen Steinen gebaut und total mit Efeu zugewuchert. Es sieht aus, als würde es schon Jahrhunderte hier stehen, so robust und wild. An der Wand lehnt ein rostiges Fahrrad und in der Einfahrt steht ein Karton mit Milchtüten und einem Stapel Zeitungen darauf. Aber die Bewohnerin lässt sich nicht blicken.

»Die freut sich ja massig, dass wir hier sind«, murmelt Sammy. Sie legt die Hände auf ihren Bauch, atmet einmal tief durch und marschiert entschlossen auf die Haustür zu.

»Warte«, ruft Ben und hastet hinter ihr her. »Lass mich, ja?«

Aber er klopft nicht, er steht nur da und guckt die Tür an. Ich stelle mich hinter die beiden, ein Stück abseits, und warte. Über dem Knauf baumelt ein kleines Drahtgeflecht mit ein paar Federn darin, so ähnlich wie mein Traumfänger, nur viereckig und so, dass die Federn innen hängen und nicht unten dran baumeln.

Sammy verliert die Geduld, tritt vor und klopft an die Tür. Sie muss lange klopfen, bis endlich geöffnet wird und ein kleiner, schrumpeliger Kopf voller grauer, abstehender Haare in der Öffnung erscheint.

»Ja bitte?«, fragt die Frau und mustert Sammy gelangweilt.

»Ähm …« Sammy fehlen die Worte, aber Ben schiebt sie einfach zur Seite und breitet die Arme aus.

»Tante Lisbeth! Mensch, ist das lange her.«

Die alte Frau schaut jetzt Ben an, aber ihr Gesicht verändert sich nicht. Nur Ben ist ziemlich verwirrt.

»Ähm … ich bin es … der Ben … der Sohn von Clara? Wir haben telefoniert, erinnerst du dich?«

»Clara, soso …« Tante Lisbeth nickt. Aber ihre Augen bleiben trüb. Sie hat keine Ahnung, worum es geht, und ich glaube, es ist ihr auch egal.

»Dürfen wir reinkommen?« Ben deutet mit dem Daumen nach rechts. »Das ist meine Frau Samanta. Sammy.« Er dreht sich zu mir und winkt mich mit dem Kinn heran. »Und guck mal, wer wieder da ist – Nia! Na, hättest du sie noch erkannt?«

Ich trete einen winzigen Schritt nach vorn und strecke Tante Lisbeth die Hand hin. »Hallo, Tante Lisbeth!«

Auf einmal lächelt die alte Frau. Sie umschlingt meine Hand und drückt sie fest. »Nia! Meine kleine Nia … nein, was bist du gewachsen. Und so schnell alt geworden!« Sie beugt sich zur Seite, nimmt meinen Zopf in ihre freie Hand. »Was für wunderschöne lange Haare du hast! Weißt du noch, wie wir immer Federn hineingeflochten haben?«

Ein seltsames Gefühl strömt in meinen Bauch. Sie sieht so anders aus, so … gealtert. Aber ich erinnere mich an ihre Augen, an ihre Stimme, wenn sie Geschichten für mich erzählt hat, und an den Geruch, der aus dem Haus strömt. Diesen ganz eigenen Lisbeth-Geruch.

Mit einem Ruck lässt sie meine Hand los. Ihre Augen verändern sich und sie sieht wieder Ben und Sammy an. »Das ist lieb. Danke für euren Besuch! Kommt bald einmal wieder!«

Und damit will sie uns die Tür vor der Nase zuknallen.

»Halt!« Sammy hat blitzschnell ihren Fuß in der Tür. »Tante Lisbeth, ich weiß, es ist schwer. Für mich auch. Machen wir doch alle das Beste draus.«

Das Gesicht der alten Frau verhärtet sich. »Niemand vertreibt mich aus meinem Haus! Habt ihr verstanden? Niemand!«

Sammy holt tief Luft und will schon loslegen, aber Ben zieht sie entschlossen zurück. Mit einem Rums fällt die Tür ins Schloss.

Verzweifelt dreht Sammy sich zu uns um. »Was jetzt? Sie will uns hier nicht haben. Jetzt haben wir nicht mal mehr ein Dach über dem Kopf!«

»Mir fällt schon was ein«, murmelt Ben. Er rauft sich die Haare, bis sie wie kleine Stacheln vom Kopf wegstehen. Dann schaut er mich an. »Lass uns mal eine Weile allein mit ihr reden, Nia.«

»Was? Und wo soll ich hin?«

»Schau dir das Dorf an.«

»Ich kenn mich hier doch null aus!«

»Dann hock dich ins Auto und hör Radio oder so.«

»Aber das haben wir jetzt vier Stunden lang gemacht!«

Sammy schnauft genervt, und ich merke, dass ich störe. Die haben mal wieder andere Probleme.

»Na, ganz toll«, murmle ich, drehe mich um und laufe ein paar Schritte, bis sie nicht mehr auf mich achten. Wir sind nicht mal fünf Minuten hier und schon gibt es Schwierigkeiten. Vielleicht hätten sie ja ein Mal auf mich hören sollen, bevor sie unser ganzes Leben umkrempeln.

Ich stapfe durch das hohe Gras und hocke mich auf einen Stein zwischen die Efeuranken. Der Nachbargarten hat einen schönen Zaun und einen gemütlichen grünen Grasteppich, auf dem das Gerippe eines riesigen Trampolins steht. Zwei Häuser weiter entdecke ich Skulpturen um einen Rosenteich, aus dem Frösche quaken. Also gut, nicht alles an Windheim ist alt und verwildert. Ich könnte mich ja doch mal ein bisschen umschauen gehen.

Das Rostfahrrad fällt mir wieder ein, also laufe ich zurück zur Haustür (die inzwischen wieder einen Spaltbreit offen steht) und ernte sofort einen strengen Blick von Sammy. Zum Glück lässt sich das Fahrrad einfach wegschieben.

Was jetzt? Als ich das letzte Mal hier gewesen bin, war ich drei Jahre alt. In welcher Richtung liegt der Dorfkern? Nein, das hat Zeit. Auf einmal weiß ich, was ich mache. Ich fahre zurück und schaue nach, was auf dem Schild stand – dem Schild mit den lebendigen Pferdeaugen.

2

Fünfmal biege ich in eine Seitenstraße ab – und fünfmal lande ich in einer Sackgasse. Das kann doch nicht sein, wieso baut man ein Dorf so, dass alle Straßen ins Leere führen? Oder besser in den Wald, denn dort enden all die Wege. Manchmal hören sie einfach an den dicht stehenden Bäumen auf, manchmal geht die Straße aber auch in einen schmalen Waldpfad über. Wir sind doch durch den Wald gefahren, oder? Aber da war eine Straße, für Autos, mit Asphalt. Wieso finde ich die dann nicht mehr?

Straße Nummer sechs und wieder ein Holzweg. Auf dem blauen Schild steht: *Taifunweg*. Ist ja megalustig. Wie hieß die Straße noch mal, in der Tante Lisbeth wohnt? Oh, verdammt, das weiß ich gar nicht! Warum habe ich bloß nicht nachgeschaut?

Ich radle zwischen den – zugegeben ziemlich hübschen und gepflegten – Einfamilienhäusern zurück und biege wieder auf die Straße ein, die ich für die Hauptstraße halte. Aus welcher Richtung bin ich gekommen? Von links, oder? Aber bin ich nicht schon umgekehrt? All diese Wege sehen gleich aus, obwohl die Häuser und Gärten so unterschiedlich sind. So schwer kann das doch nicht sein. Also links.

Auf dem Schild steht: *Höllental*. Irgendwie will ich da nicht reinfahren und es sieht sowieso aus wie die falsche Straße. Ich teste den Giblipfad und die Boreasstraße, wo mich ein Schild »Zum Alten Böhmwind« lotst. Das klingt nach einem Gasthof oder so was, und da in so einem Dorf bestimmt jeder jeden kennt, werden die mir auch sagen können, wie ich zurück zu Tante Lisbeths Haus finde.

Ich trete in die Pedale und folge der kurvigen, einspurigen Strecke, bis ich vor einem Gasthof stehe. Gemütlich sieht das hier aus, dichte Rosenranken bilden ein duftendes Tor zu einem Kiesplatz, auf dem hölzerne Tische und Bänke im Schatten unter Buchen stehen. Die Blätter rascheln im leisen Wind und es riecht eindeutig nach gebratenen Kartoffeln.

Nur leider ist da niemand, der Biergarten ist leer und die Fenster des Gasthofs sind abgedunkelt. Hinter dem Haus scheint es einen großen Garten zu geben und dahinter – natürlich – Wald. Ich stelle das Fahrrad in den Ständer und gehe die wenigen Stufen zur Haustür rauf.

Aus familiären Gründen bleibt unsere Gaststube heute geschlossen. Wir bitten um Ihr Verständnis.

Schade – der Biergarten sieht gemütlich aus. Ich überlege gerade, ob ich einfach drum rumlaufen soll und gucken, ob jemand dort ist, der mir weiterhelfen kann, aber genau in dem Augenblick kommen fünf Wanderer aus dem Wald. Sie bleiben wie ich vor dem geschlossenen Gasthaus stehen und gucken sich enttäuscht um.

»Macht nichts«, sagt einer von ihnen und schwingt seinen Wanderstock. »Kommt mit, wir trinken im ›Gegenwind‹ noch was!«

Ich schaue ihnen nach, als sie wieder im Wald verschwinden, und dabei kommt mir eine Idee. Natürlich! Alle Straßen enden am Waldrand, also muss ich von dort auch zu Tante Lisbeths Haus zurückkommen! Wahrscheinlich finde ich die Straße sogar besser, weil man den Wald von ihrem Haus aus sehen konnte. Ich schnappe mir das Rostrad und fahre los. Das Schild ist mir gerade egal, das suche ich ein andermal. Wenn wir jetzt hier wohnen, werde ich noch hunderttausendmal daran vorbeifahren.

Im Wald ist es windstill und angenehm kühl. Vögel singen aus den Wipfeln und irgendwo in der Ferne höre ich die Wanderer schwatzen und lachen.

Das Rad hoppelt immer wieder, wenn eine Wurzel aus dem weichen Waldboden herausragt. Es ist gar nicht so leicht, die dünnen Reifen in der Spur zu halten, aber ich habe auch keine Lust, den ganzen Weg zu laufen. Eine Weile muss ich den Wanderern folgen, bis der Weg endlich eine Linksbiegung macht. Das Summen von Insekten erfüllt die Luft, Äste knacken, Blätter rascheln im Wind. Waldmusik. Am Wegrand wachsen lila-, türkis- und pinkfarbene Wedel, die aussehen wie Federn, die jemand auf einen Stiel geklebt hat. Dazwischen leuchten kleegrüne Farne und Sonnenlicht fließt durch das Blätterdach wie ein schimmernder Wasserfall. Ich wünschte, Sammy wäre hier und könnte das sehen.

Der Weg wird schmaler und schmaler, und ich muss den Kopf einziehen, als ich unter einer knorrigen Baumkrone durchfahre, die wie ein Torbogen auf die andere Seite hängt. Wie lange bin ich eigentlich schon unterwegs? Ich habe irgendwie das Zeitgefühl verloren, aber so langsam müsste ich doch wieder in Windheim ankommen. Ein Plätschern und Tröpfeln lotst mich wieder nach links. Tatsächlich, da fließt ein schmaler Bach! Schimmergrün und voller winziger Blütenblätter, die wie kleine Schiffchen durch den Wald treiben.

Ich steige ab, gehe hin und strecke meine Hände hinein. Herrlich kühl und so klar, dass ich nicht widerstehen kann, etwas davon in meine hohle Hand zu schöpfen und zu trinken. Schmeckt auch wie Märchenwaldwasser! Als ich den Kopf hebe, starrt mich ein Baum von der gegenüberliegenden Seite an. Eine uralte, knorrige Weide, die ihre Wurzeln ins Wasser streckt wie ich meine Hände. Der Baum hat eine Knollennase und zwei Astlöcher als Augen und um seinen Mund wächst Moos wie ein grüner Bart. Ich muss Sammy von diesem Ort erzählen, unbedingt. Sie sagt doch immer, der Englische Garten ist bloß eine riesige grüne Müllhalde. Diesen Märchenwald wird sie lieben!

Aber so langsam sollte ich wirklich zurückfinden. Was, wenn Tante Lisbeth Ben und Sammy rausgeworfen hat und wir wieder zurück nach München fahren müssen? Plötzlich kriege ich eine Gänsehaut und ziehe hastig meine Hände aus dem kalten Wasser. Die haben mich weggeschickt, um zu reden. In einem fremden Dorf, wo man sich irre leicht verlaufen kann. Wenn das nun volle Absicht war? Vielleicht wollen sie mich wieder hierlassen, so wie damals, als ich klein war. Vielleicht soll nur ich bei Tante Lisbeth leben, und sie fahren ganz woandershin, in ein neues Leben – ohne mich?

Ich packe das Fahrrad und schiebe es zurück auf den Pfad, der vom Weg noch übrig geblieben ist. Der Baum mit den Astaugen starrt mir nach, als ich die Richtung einschlage, aus der ich gekommen bin.

Glaube ich.

Der Pfad verschwindet nach wenigen Metern im dichten Gehölz, ich bin doch falsch gefahren. Wo ist denn dieser blöde Weg jetzt hin? Da, diese bunten Federblumen, die habe ich doch vorhin schon gesehen! Aber da sind sie am Wegrand gewachsen, und hier ist kein Weg, hier müsste ich das Fahrrad tragen, um voranzukommen.

Wieder kehre ich um. Aus der Richtung bin ich sicher nicht gekommen, dort fließt der Bach. Ich kann sein Wasser durch die Baumblätter schimmern sehen, seltsamerweise höre ich ihn aber nicht mehr. Der Wald um mich ist dicht und unwirklich.

Und irgendwie gruselig.

Ich bleibe stehen und stelle beide Füße auf den Boden. Der Wind spielt mit den Blättern über meinem Kopf, aber ihr Rascheln ist verstummt. Genau wie die Vögel, die gar nicht mehr herumpiepsen.

Und dann höre ich doch etwas, wie aus weiter Ferne, ganz dumpf und verzerrt: Stimmen.

Okay, das ist jetzt echt unheimlich. Fangen die Bäume hier an zu reden? Diese Weide am Wasser mit ihrem bemoosten Gesicht … ach, was für ein Quatsch. Wahrscheinlich sind die Wanderer noch in der Nähe. Ich halte die Luft an und drehe den Kopf, um die Geräusche einzufangen, aber sie schwimmen durch den Wald, mal hierhin, mal dorthin, und ich verstehe … ich verstehe kein Wort.

»Hallo?«, rufe ich laut. »Hallo, hört mich jemand?«

Der Wald fängt mein Echo auf und schluckt es wie dünnen Brei. Als würde er mich … leise drehen. Ich taste nach meinen Ohren. Alles klingt so dumpf, wie wenn man schnell von einem hohen Berg runterfährt und das Trommelfell zumacht – ich kann mich selbst kaum noch hören!

»Ist hier jemand?«, rufe ich noch mal, lauter. »Kann mich irgendwer hören?«

Stille.

Als ob ich die Stimmen mit meinem Gerufe verscheucht hätte. Oder nein, doch nicht – da sind sie wieder, hinter mir, links, nein rechts – oder eher vor mir?

Nüüüücht … nüüüücht … nüüüücht …

Ich wirble herum, das Fahrrad fällt fast um, ich kann gerade noch meine Knie um die Querstange schließen. Da ist doch niemand, woher kommen diese Stimmen?

… kooommen … kooommen …

Ich zucke zusammen, schaue wie wild hin und her. Diesmal habe ich die Stimmen ganz deutlich verstanden! Aber sehen kann ich immer noch niemanden, und das ist fast noch unheimlicher als das, was sie gesagt haben. Ich verschwinde jetzt, egal, wohin, hier bleibe ich keine Sekunde länger!

Aber mein Fuß bewegt sich nicht, ich bewege mich nicht, ich stehe wie festgewurzelt und lausche in den Wald. Irgendetwas … passiert hier, die Luft, alles wird dick und zäh, wie Honig. Die Stimmen werden lauter, wirbeln durcheinander, umkreisen mich – und werden alle zu einem einzigen, donnernden Befehl:

Nicht!

Entkommen!

Lassen!

3

Der Schmerz explodiert in meinem Kopf.

Ich schreie auf, drücke mir die Hände auf die Ohren und versuche, mich irgendwie gegen den Druck zu schützen, der plötzlich meine Ohren und meine Augen zusammenquetscht. Es tut so weh, dass ich kaum noch richtig sehen kann, aber ich muss hier weg, schnell, weg, nur weg, raus aus dem Wald!

Blind taste ich nach dem Lenker, ziehe mich auf den Sattel und fahre los, quer durchs Gehölz, über Äste und Wurzeln und Steine und rutschige Blätter, weg, schnell weg von den Stimmen. Verfolgen sie mich, sind sie immer noch hinter mir her? Der Druck lässt nach, mit jedem Meter, den ich strample und keuche und schlucke, also strenge ich mich noch mehr an, trete mit aller Kraft und …

Etwas springt vor mir auf den Weg, ein Schatten, der größer ist als mein Fahrrad. Ich kreische auf und versuche, dem Schatten auszuweichen, aber wir sind schon zu nah, und es kracht, als der Vorderreifen das Hindernis rammt.

Ein Ruck geht durch das Fahrrad und meine Füße rutschen von den Pedalen. Der Lenker verdreht sich, und ich lande hart auf dem Rücken, überschlage mich und kugle rückwärts einen Abhang hinunter. Das Pedal bohrt sich in meinen Bauch, und mein Bein, ich kann mein Bein nicht mehr bewegen! Ich schreie und reiße die Arme hoch, um irgendwie mein Gesicht zu schützen, aber mein Kopf rumst gegen einen Baumstamm, und für einen Moment sehe ich Sterne am Blätterhimmel.

Aua.

Der Schmerz holt mich zurück in die Wirklichkeit.

Blinzeln.

Atmen.

Das klappt noch.

Aufstehen geht nicht, auf mir liegt ein verdrehtes Stück Rostmetall, das einmal ein Fahrrad war. Besser gesagt zwischen mir und meinem Bein. Jetzt weiß ich wenigstens, wo der Schmerz herkommt. Ich bewege meine Zehen und hebe dann vorsichtig das Fahrrad ein Stück an, sodass ich meinen Fuß darunter rausziehen kann.

Der Schmerz lässt nach und vor lauter Erleichterung kommen mir die Tränen. Der Druck ist weg – und der Wald raschelt wieder. Überall um mich herum summt und pfeift und knackt es in den Bäumen. Ein ganz normaler Wald, in dem Vögel singen und keine Gruselstimmen herumraunen. Ich bin die Einzige, die hier nicht hingehört.

Vorsichtig rapple ich mich hoch. Was war das nur für ein Schatten, mit dem ich da zusammengeknallt bin? Sehen kann ich nichts, nur Blätter und Moos und jede Menge Bäume. Wahrscheinlich dachte ich nur, dass etwas vor mir auf den Weg springt, und bin gegen einen Baumstamm gefahren. Ja, so muss es gewesen sein. Dieser Druck im Kopf hat mir total die Sinne vernebelt.

Ich versuche aufzustehen, rutsche aber gleich wieder nach hinten weg. Au, verdammt! Das Bein fühlt sich gar nicht gut an und das ist definitiv keine Einbildung. Damit laufen wird lustig. Werde ich aber müssen, die Fahrradleiche bringt mich nirgendwo mehr hin. Ich schaue mich um. Die Böschung, die ich runtergekippt bin, sieht irre steil aus, und ich liege mitten im Gestrüpp, wo der Baum meinen Sturz gestoppt hat. Da hoch komme ich mit dem Bein im Leben nicht. Also muss ich runter, irgendwo wird dieser dumme Weg ja wohl sein.

Ich beiße fest die Zähne zusammen, dann lege ich das gequetschte Bein über das heile und beginne, vorsichtig die Böschung runterzurutschen. Es tut höllisch weh, aber ich schaffe es, heil unten anzukommen, ohne mit einem meiner unbeschädigten Körperteile an einem der dicken Baumstämme zu landen. Von der Fahrradleiche sehe ich nur noch den verrosteten Lenker. Ich kann sie ja später bergen, falls Tante Lisbeth einen Aufstand macht.

Nur leider gibt es hier auch keinen Weg und natürlich auch keine Hinweisschilder oder so. Weiterrutschen geht auch nicht, von hier aus wuchern Wildblumen und Riesenfarne alles kreuz und quer zu.

Oh Mann. Und was jetzt?

Ich schaue mich um. Also, hier war lange kein Mensch mehr. Alles dichter Buschwald. Aber Windheim kann doch nicht so weit weg sein! Oder? Links. Nein, rechts. Von wo komme ich noch mal? Scheiße, überall sieht es gleich aus! Was soll ich nur tun? Ob sie mich schon suchen gegangen sind? Sammy fällt mir ein. Sammy und Ben, die alles sind, was ich habe.

Die mich schon mal vergessen haben.

Nein. Wenn ich hier rauswill, muss ich es allein schaffen. Entschlossen schiebe ich mein heiles Bein unter den Po und stehe auf. Laufen kann ich so immer noch nicht, also strecke ich mich, bis ich an den untersten Ast einer gewaltigen Buche komme, und lehne mich einmal dagegen. Es knackst – und ich halte eine prima Krücke in der Hand.

Ich humple los und hinter mir knackt es unheimlich. Wald, das ist nur der Wald. Das Knacken wird lauter, da sind Schritte hinter mir, schwere Schritte – und plötzlich fällt mir der Schatten wieder ein, gegen den ich geknallt bin und der kein Baum war, so wie die Stimmen auch keine Einbildung waren! Ich bohre die Krücke in den Waldboden und wirble herum.

Hinter mir steht der Schatten und schaut auf mich herab. Bloß dass es kein Schatten ist.

Sondern ein Pferd.

Ich bin so überrascht, dass ich stolpere und auf den Po falle. Das Pferd kommt einen Schritt auf mich zu und senkt den Kopf, und irgendwie ist es diese Geste, die mein wild pochendes Herz beruhigt. Es wird mich nicht fressen und es wird mich auch nicht über den Haufen rennen. Es steht nur vor mir und guckt mich an.

Langsam strecke ich die Hand in Richtung seiner Nase.

»Na, du?«, flüstere ich.

Pferde soll man anpusten, wenn man ihnen zum ersten Mal begegnet. So machen es Pferde untereinander auch. Das Pferd hat die Nüstern tatsächlich weit gebläht und schnauft gegen meine Hand, also puste ich vorsichtig in seine Richtung, und eine ganze Weile atmen wir einfach nur gemeinsam.

Ein Pferd. Nur ein Pferd. Im Wald. Allein.

Ich stemme mich auf meine Krücke und stehe wieder auf. Das

Pferd weicht nicht zurück, aber nun sind wir auf Augenhöhe, und ich kann es mir genauer angucken.

Wow. Oh, wow. Sein Fell ist schwarz und schimmert im Waldlicht, als hätte man es mit etwas Metallischem eingesprüht. Es trägt weder ein Halfter noch Hufeisen und in der üppigen Mähne haben sich kleine Blätter und lilafarbene Blüten verfangen. Ich kann nicht anders, ich mache meinen Arm noch länger und berühre seinen Hals. Sein Fell ist kühl und so weich wie Entenflaum. Das Pferd stupst die Nase gegen meine Schulter und ich zupfe ein paar der Blätter aus seinen Haaren. Auch die Mähne und der Schweif haben diesen eigenartigen Regenbogenschimmer. Wie ein schwarzes Auto, das grelles Sonnenlicht reflektiert.

Es ist sicher irgendwo abgehauen. So ein megatolles Pferd läuft doch nicht einfach ohne Besitzer herum! Und das erklärt auch die Gruselstimmen, bestimmt hat jemand versucht, ihn aufzuhalten, und ich habe das nur so verzerrt gehört, weil der Wind die Geräusche im Wald herumgewirbelt hat. Ich werde einfach warten, hier bei dem Pferd, bis der Besitzer kommt und es abholt und mir sagt, wie ich aus diesem verdammten Urwald herausfinde.

»Wie heißt du denn?«, frage ich.

Das Pferd schaut mich nur aus großen dunklen Augen an.

»Also, ich bin Nia. Aber ich bin nicht von hier, wir sind nur, also, wir sind hier … für eine Weile.« Es tut gut, jemanden zum Reden zu haben, also rede ich. »Als ich klein war, habe ich bei Tante Lisbeth gewohnt. Sie ist gar nicht meine Tante, sie ist irgendwie mit Ben verwandt, aber das war ihr egal. Ich war noch so klein damals, ich erinnere mich kaum an sie! Und jetzt sind wir hergezogen, weil sie krank ist. Aber Tante Lisbeth … die will uns gar nicht hierhaben. Sie hat uns die Tür vor der Nase zugeknallt.

Ben sagt, sie weiß nicht, dass sie krank ist. Sie vergisst Dinge. Deshalb kann sie auch nicht mehr allein in ihrem Haus leben.«

Wieder stupst das Pferd gegen meine Schulter. Der ist ja irgendwie süß! Ich streichle über seine Brust und lege eine Hand auf seinen Rücken. Es ist größer als die Ponys zu Hause, aber auch nicht so groß, dass man nicht gut auf seinen Rücken klettern …

Auf einmal habe ich unbändige Lust, auf diesem Pferd zu reiten. Der könnte mich sicher aus diesem Wald herausbringen! Haben Pferde nicht einen guten Richtungssinn?

Es ist, als hätte das Pferd meine Gedanken verstanden. Noch einmal stupst es mich an, dann macht es eine Art Verbeugung und knickt mit den Vorderbeinen ein. Ich kann mich gerade noch auf meinem Krückenstock abstützen, sonst wäre ich über das Pferd gefallen, das plötzlich vor mir auf dem weichen Waldboden liegt und mich abwartend anschaut.

Das muss ein Trick sein, eine Zirkuslektion, die man ihm beigebracht hat. Und ich habe versehentlich das Signal dazu ausgelöst, vielleicht als ich über seinen Rücken gestreichelt habe? Die lange Mähne faltet sich über seinem Widerrist auseinander und strömt links und rechts davon über seine Schulterblätter, schimmernd wie ein nächtlicher Wasserfall.

Auf einmal will ich unbedingt auf ihm reiten, ich muss, ganz egal, was passiert! Sein runder, weicher Rücken sieht so einladend aus, wie ein Sofa, ein Sofa, das mich nach Hause tragen kann, sicher durch den Wald … Was soll schon passieren? Ganz offensichtlich kennt er es, geritten zu werden. Wenn ich herunterfalle, muss ich nur aufpassen, dass ich auf meinem verletzten Bein lande, sonst kann ich nämlich gar nicht mehr laufen.

Ich werfe meinen Krückenstock ins Gehölz, greife nach der

Schimmermähne und lege mein verletztes Bein über seinen Rücken. Das Pferd ist tatsächlich so bequem, wie es aussieht, ganz weich und rund. Einen Augenblick lang steht die Zeit still, still … und dann geschieht alles auf einmal, so schnell, dass ich kaum folgen kann.

Das Pferd dreht den Kopf nach vorn, steht in einer einzigen fließenden Bewegung auf und läuft los. Läuft? Nein, es rennt, wir galoppieren! Ich sehe Bäume an uns vorbeisausen, Blätterwirbel, und der Wind scheint uns zu folgen, er bläst uns vor sich her wie ein Segel auf dem Meer! Ich bekomme Angst, weil wir zu schnell sind – aber schon eine Sekunde später ist das Gefühl wieder verschwunden, und eine tiefe Zufriedenheit hüllt mich ein. Ich fühle mich getragen, geschützt und irgendwie … glücklich.

Wie lange wir so durch den Wald rasen, weiß ich nicht, es ist mir auch egal – bis ich den fremden Hufschlag höre. Jemand ist hinter uns! In meinem Kopf herrscht noch immer dichter Nebel, also höre ich einfach auf mein Gefühl und drücke dem Pferd meine Füße gegen den Bauch.

»Lauf«, flüstere ich ihm zu. »Lauf einfach!«

Noch nie habe ich mich so frei gefühlt! Ich will nicht aufhören, ich will niemals wieder von diesem Pferd absteigen – aber da ist noch ein anderes Gefühl, etwas, was in die andere Richtung zieht. Ich komme nicht dazu, darüber nachzudenken, denn der fremde Hufschlag holt uns ein, und ein dunkel gekleideter Reiter auf einem hellen Fuchs versperrt uns den Weg, sodass wir jäh abbremsen müssen.

Beinahe sofort sind meine Gedanken wieder klar und ich schaue verwirrt an mir herab. Ich habe die Beine um dieses fremde Pferd geschlungen, ein Tier, das mir nicht gehört, auf das ich ohne Erlaubnis geklettert und mit dem ich durch den Wald galoppiert bin! Habe ich sie noch alle? Mir oder dem Pferd hätte sonst was dabei passieren können!

Der fremde Reiter springt aus dem Sattel und schleudert ein Seil um den Hals meines Pferdes. Ich kann sein Gesicht nicht erkennen, weil er einen schwarzen Kapuzenpullover trägt und die ganze Zeit nur das Pferd ansieht, so als gäbe es mich überhaupt nicht. Als er doch unvermittelt zu mir aufschaut, schnappe ich nach Luft.

Das ist ein Junge, nicht viel älter als ich! Aber offenbar weiß er, was er tut, denn er arbeitet mit schnellen, sicheren Handgriffen und hat aus dem Seil im Nu ein kompliziert verknotetes Halfter geknüpft.

»Kannst du absteigen?«, fragt er und starrt mir in die Augen.

»Ähm … Ja, na klar!« Ich schwinge mein rechtes Bein über den Pferdepo und springe zu Boden. Sofort sacke ich zusammen und jaule vor Schmerz auf.

Der Junge stößt einen Fluch aus und kniet sich neben mich. »Was ist? Sag schon, was fehlt dir?«

»Mein Bein …«, stöhne ich und halte mir den Unterschenkel. »Das Pferd kann nichts dafür, ich hatte einen Unfall mit dem Fahrrad!«

»Welchem Fahrrad?« Der Junge schaut sich um, auf seiner Stirn erscheinen haufenweise Falten.

»Nicht hier. Weiter hinten im Wald … da, wo ich ihn gefunden habe.«

»Er hat dich gefunden«, sagt der Junge und reibt sich die Stirn. »Du meinst, sonst fehlt dir nichts? Außer diesem … Fahrradschmerz im Bein?«

Verwirrt schüttle ich den Kopf. »Reicht doch auch.«

Der Junge rückt von mir ab, plötzlich hat er es eilig. »Dann tschüss.«

Der will mich hier einfach so liegen lassen? Obwohl er sieht, dass ich nicht mal auftreten kann? Ich rapple mich hoch, hüpfe auf einem Bein zu dem schwarzen Pferd und halte mich an seinem Rücken fest. Im selben Augenblick spüre ich wieder diese Ruhe, die auf mich überströmt wie warmer Atem.

»Ist das dein Pferd?«, frage ich. »Ist er dir abgehauen?«

Der Junge antwortet mir nicht. Er steigt auf seinen Fuchs und packt das Seil fester, sodass der Schwarze einen Schritt von mir wegmachen muss.

»Woher kommt ihr denn?«, versuche ich es noch mal. »Seid ihr aus Windheim?«

Das schwarze Pferd dreht sich zu mir um und wiehert, ganz leise, als würde es mir antworten. Ich humple wieder los, aber da treibt der Junge seinen Fuchs an und schneidet mir den Weg ab.

»Lass die Finger von ihm, klar?«, faucht er. »Du kannst von Glück sagen, dass dir nicht mehr passiert ist!«

»Aber er war total lieb, er wollte mich nur nach Hause tragen!« Wie irre das klingt, merke ich erst, als ich die Worte schon gesagt habe. Ich hatte weder Reithalfter noch Zügel oder irgendeine Ahnung, in welche Richtung wir unterwegs waren. Wie kann ich behaupten, ich wüsste, wohin das Pferd wollte?

Der Junge drängt den Schwarzen von mir weg und zieht etwas aus der Tasche, einen winzigen Gegenstand, den ich nicht sehen kann. Er knotet das Ende des Seils darum und lässt es einmal durch die Luft wirbeln. Als es den Schwarzen auf dem Hinterteil berührt, wiehert der los und steigt steil in die Luft. Es sieht spektakulär und gefährlich aus – aber wahrscheinlich hat ihm die Berührung wehgetan.

»Spinnst du?«, keuche ich. »Warum tust du ihm weh? Er hat doch gar nichts gemacht!«

»Rscht«, macht der Junge und wirbelt erneut mit dem Seilende, und diesmal weicht der Schwarze zurück. Was hat er nur dort festgebunden? Der Junge wirft seinen Fuchs herum und galoppiert los und das schwarze Pferd folgt ihm anstandslos.

»He«, rufe ich ihm nach. »Kannst du mir wenigstens sagen, wie ich nach Windheim zurückkomme?«

Zuerst sieht es so aus, als würde er einfach wegreiten und mich stehen lassen, aber dann dreht er sich doch noch mal um und deutet mit dem Kopf nach links. Die Kapuze hängt ihm so tief ins Gesicht, dass seine Augen pechschwarze Höhlen sind.

»Kannst du mir nicht …«

… helfen, denke ich noch, aber der Junge hört mir nicht mehr zu. Er hetzt das schwarze Pferd durch den Wald, den Weg zurück, den wir gekommen sind. Ich schaue ihm nach, bis sie im dichten Farngrün verschwunden sind, bis die Bäume nur noch leise vor sich hin rascheln und ich mich zum zweiten Mal an diesem Tag frage, ob alles, was gerade geschehen ist, wirklich war oder nur in meinem Kopf passiert ist.

Eins steht jedenfalls fest: Der fürchterliche Junge mit den Pechaugen kann gern aus meinem Gedächtnis verschwinden. Aber dieses Pferd – das werde ich so schnell nicht vergessen.

4

Das erste Haus, das im Abendlicht hinter den Bäumen auftaucht, ist eigentlich kein richtiges Haus, sondern eine Blockhütte, die irgendeine Erinnerung in mir wachruft. Die Lampen brennen, und vor dem Eingang hängt eine bunte Lichterkette, und dort sitzen auch die fünf Wanderer, die ich getroffen habe, vor ewigen Stunden bei dem Gasthaus.

Die sehen irgendwie nicht so aus, als hätten sie sich im Wald zwischen Gruselstimmen verlaufen. Aber dafür sind sie auch nicht von einem schönen schwarzen Pferd gerettet worden!

»Du bist ja verletzt!«

Ein kleines Mädchen steht plötzlich neben mir. Diesmal ist die Erinnerung sofort da – das ist meine Sandkastenfreundin, die ich damals in Windheim hatte! Wie hieß sie noch? Carolyn. Aber warum ist sie noch immer so klein? Sie scheint seitdem keinen Tag älter geworden zu sein! Fasziniert starre ich sie an.

Die kleine Carolyn beugt sich zu meinem Bein hinunter. »Was hast du angestellt?«

»Ich hatte einen Fahrradunfall«, krächze ich. »Im … im Wald.«

Sie legt den Kopf schräg und mustert mich, so als würde sie überlegen, ob sie mich ebenfalls wiedererkennt. Dann nimmt sie einfach meine Hand und führt mich zu der Blockhütte. Eine Frau kommt heraus, hört sich von dem Mädchen an, was geschehen ist, und bringt sofort ein Kühlpad und eine Flasche eiskalte Limo.

»Danke«, murmle ich erschöpft. »Ich habe aber gar kein Geld dabei.«

»Das geht schon in Ordnung«, sagt die Frau und kniet neben meinem Bein nieder. »Lass mich mal sehen, ja?«

Ich kremple die Hose hoch und sie betastet mein Bein vorsichtig.

»Hast Glück gehabt. Scheint nur eine Prellung zu sein. Gegen die Schürfwunden habe ich was.«

Sie verschwindet in der Blockhütte, die, wie ich jetzt sehe, ein Laden ist und »Gegenwind« heißt. Vor dem Eingang hockt ein kleiner Junge mit schmutzigen Füßen und buddelt im Kies herum. Und hinter einer der großen Fensterscheiben sitzt ein Mädchen, so alt wie ich, an der Kasse und schaukelt ein schreiendes Baby im Arm, hin und her.

Augenblicklich fällt mir Sammy wieder ein.

»Ich muss zurück!« Als ich aufspringe, fährt der Schmerz nur so durch mein Bein. Stöhnend sinke ich zurück auf meinen Sitz.

»Mal langsam.« Die Frau kommt wieder heraus, tupft eine bräunliche Flüssigkeit auf meine Wunden und wickelt zwei dicke Verbände darüber. »Wo musst du denn hin?«

»Zu Tante Lisbeths Haus«, erzähle ich matt. »Aber ich habe vergessen, in welcher Straße sie wohnt.«

Neue Wanderer kommen aus dem Wald und die Frau lächelt ihnen zu. »Wo? Hier, in Windheim?«

»Mhm.«

»Ich kenne keine Lisbeth. Willst du sie anrufen?«

»Sie wohnt in einem alten Steinhaus in dieser Straße am Wald …«

»Hier enden alle Straßen am Wald, Schätzchen.« Die Frau steht auf und hebt den Jungen mit den schmutzigen Füßen auf ihren Arm, damit die Wanderer den Laden betreten können. Dann klopft sie an die Scheibe, hinter der noch immer das Mädchen mit dem weinenden Baby hockt und einhändig etwas in die Kasse eintippt. »Aber ich denke, ich weiß, welches Steinhaus du meinst. Caro! Beweg deinen Hintern mal nach draußen!«

Wieder gucke ich das kleine Mädchen an, das ich für Carolyn gehalten habe. Natürlich! Das muss ihre kleine Schwester sein! Das Mädchen hinter der Scheibe hebt fragend die Schultern, aber dann steht sie doch auf und tritt kurz darauf aus der Tür. Sofort fallen mir ihre superlangen Wimpern auf. Die hatte sie als Kind auch schon. Aber die Haare sind anders, kurz und blau, und sie hat angemalte Fingernägel zum Augenauskratzen. Außerdem ist sie so groß, dass sie sogar ihre Mutter überragt.

»Was denn?«, fragt sie gelangweilt.

»Kannst du das Mädchen zu ihrer Tante zurückbringen? Santa-Ana-Straße.«

Caro stöhnt auf. »Kannst du das nicht schnell machen? Ich pass doch schon auf Timo auf!«

»Ich kann hier jetzt nicht weg.« Die Frau deutet mit dem Kinn zu den Wanderern, die in der Eiskarte blättern. Sie überlegt einen Moment, dann läuft sie hinters Haus und kommt kurz darauf mit einem breiten Doppelkinderwagen zurück, in den sie den Jungen mit den schmutzigen Füßen hockt. »Darauf kannst du dich aufstützen beim Gehen«, sagt sie zu mir. »Meinst du, das klappt?«

»Bestimmt.« Bis hierher bin ich schließlich auch gekommen. Ich rapple mich hoch, schiebe die noch verschlossene Limoflasche von mir und stütze mich auf den Kinderwagen, der dank seiner Größe tatsächlich ziemlich stabil ist. »Das ist super, vielen Dank!«

Caro legt das zappelnde Baby einfach in das andere Kinderwagenbett. »Geradeaus und da vorne rechts.«

»Ich will auch mit!« Das kleine Mädchen, das mich entdeckt hat, schiebt seine Hand wieder in meine.

»Och nö, Leyla, echt nicht«, stöhnt Caro, aber da ruft jemand aus dem Laden, und die Frau dreht sich um und läuft schnell hinein.

»Ich weiß auch, wo die Santa-Ana-Straße ist«, verkündet Leyla stolz. »Ich kann dich hinführen!«

»Aber du kannst nicht Timo und Paul zurückschieben«, meint Caro. »Kannst sie ja schlecht dalassen.«

Leyla kichert. »Das wäre aber doch lustig!«

Eine Weile schiebe ich schweigend Paul und das wackelnde Baby neben ihnen her, bis sich der kleine Schreihals endlich beruhigt und sich die Stille von Windheim zwischen uns drängt.

»Ist Timo dein Baby?«, frage ich, als die Stille zu laut wird.

»Was?« Caro lacht auf. »Nein! Natürlich nicht.«

Ich merke, wie ich rot werde. »Tut mir leid, ich dachte … Na ja, ihr habt so vertraut ausgesehen.«

»Timo ist mein Bruder. Genau wie die beiden Nervensägen da.« Sie wuschelt Leyla durch die Haare. »Er ist leider ein Schreibaby, deshalb muss ihn immer einer von uns rumtragen.«

»Ich bekomme auch bald ein Geschwisterchen«, erzähle ich. »In ein paar Wochen.«

»Hoffentlich nicht so ein lautes wie Timo«, sagt Leyla, und Caro passt auf, dass der Kinderwagen nicht umkippt, als wir den Bordstein hinunterfahren müssen.

Ich schaue Caro von der Seite an. »Übrigens sind wir uns schon mal begegnet. Ich bin Nia.« Und meine Haare sind voller Moos und Erdklumpen, und bestimmt denkst du, ich habe nicht alle Tassen im Schrank.

Caro guckt mich überrascht an. »Nia? Das kleine Mädchen, das bei der alten Frau gewohnt hat, weil seine Eltern … Was war da überhaupt los?«

»Sie konnten sich nicht um mich kümmern«, murmle ich. Darüber will ich nicht reden.

»Und jetzt bist du wieder hier, oder was?«

»Wir wohnen jetzt alle bei Tante Lisbeth. Also ich und meine … meine Familie.«

»Aha.«

Caro sieht ziemlich gelangweilt aus. Von meiner Geschichte, aber auch von mir. Bestimmt hat sie mich längst vergessen. Wir waren damals ja auch noch ziemlich klein.

Ich überlege. Ob ich ihr von dem Pferd erzählen soll? Irgendwie würde ich sie gern beeindrucken, schließlich ist sie der einzige Mensch in meinem Alter, den ich in Windheim kenne.

Ich hole tief Luft und flüstere: »Wisst ihr, was mir passiert ist? Ich bin mit dem Fahrrad gestürzt, aber nicht einfach so, sondern weil ich mit einem Pferd zusammengeknallt bin.«

»Einem Pferd?«, fragt Leyla staunend.

»Oh ja. Einem superschönen schwarzen Pferd! Und als ich es berührt habe, da hat es sich plötzlich vor mir auf den Boden gelegt, so als ob es wollte, dass ich aufsteige.«

»Wie cool!«, quiekt Leyla und klatscht in die Hände. »Und bist du aufgestiegen?«

»Na klar. Und dann ist es mit mir durch den Wald galoppiert!«

»Hm, klar«, brummt Caro. »Ein schwarzes Pferd im Wald.«

»Wirklich! Das war total verrückt!«

Leyla schaut mich mit großen Augen an. »Nimmst du mich mal mit? Ich will auch durch den Wald galoppieren!«

»Zuerst mal muss ich das Pferd wiederfinden. Ich habe ja keine Ahnung, wem es gehört …« Okay, eine kleine Ahnung habe ich doch. Auch wenn der Junge mit den Pechaugen mir seltsamer vorkam als das schwarze Pferd. Aber ein Seitenblick auf Caro sagt mir, dass ich totalen Unsinn rede. Oder zumindest hört es sich wie Unsinn an. »Du glaubst mir nicht, oder?«

Caro verdreht nur die Augen, während Leyla versichert, dass sie mir sehr wohl glaubt und ganz unbedingt mit mir in den Wald zu dem Pferd gehen möchte.

»Wir sind übrigens da«, unterbricht Caro sie und deutet nach oben. »Hier, bitte schön. Die Santa-Ana-Straße.«

Ich bleibe stehen und schaue mich um.

Da ist der Garten mit dem gepflegten Rasen und dem verlotterten Riesentrampolin – und da vorn, zwischen den Efeuranken, kann ich endlich Tante Lisbeths Haus erkennen. Ich humple schneller und sehe Bens Auto in der Einfahrt stehen. Vor Erleichterung werden meine Knie ganz weich.

»Wir gehen dann mal zurück.« Caro greift nach dem Lenker des Kinderwagens. »Die Zeit nutzen, solange das Kreischbaby schläft.«

»Danke schön. Für den Bringservice.«

»Kein Problem.« Caro steuert den Kinderwagen zurück auf den

Gehweg, nur Leyla rührt sich nicht vom Fleck und zupft an meiner Hand.

»Das war bestimmt eines von ihnen«, flüstert sie mir zu.

Ich beuge mich zu ihr hinunter. »Was meinst du?«

»Na, das Pferd, das du gesehen hast! Es wollte dich entführen!«

Ein kalter Schauer läuft mir über den Rücken. »Das … das Pferd?«

»Na klar. Wenn es doch eines von ihnen war?«

»Leyla, jetzt komm schon«, ruft Caro ungeduldig vom Ende der Straße.

»Pass gut auf dich auf. Falls es zurückkommt.« Leyla nickt mir ernst zu, dann hüpft sie den Gehweg hinab und will Caro schon hinterherlaufen.

»Leyla, warte! Was meinst du damit? Zu wem gehört das Pferd?«

Das kleine Mädchen legt wieder den Kopf schräg. Dann dreht sie noch mal um, ist mit zwei Sätzen bei mir und legt die Hände wie einen Trichter vor ihren Mund. Sie wartet, bis ich in die Hocke gehe, legt den Trichter dicht an mein Ohr und wispert: »Zu den Windpferden!«

5

Die Tür zum Steinhaus steht einen Spalt weit offen, und drinnen brennt Licht, also humple ich so leise wie möglich hinein. Ein graugrüner Fliesenboden aus lauter unterschiedlich großen Steinen zieht sich durch den Flur, und es gibt kaum Möbel, nur eine alte Kommode mit einem Telefon darauf, eine kleine Garderobe, an der ein einsamer Mantel hängt, und einen Schrank für Schuhe. Superordentlich und megalangweilig geht es im Wohnzimmer weiter, in das der Flur einfach übergeht, auch hier steht nur ein einzelner Schrank mit einem Deckchen darauf und einer Art Vogelfigur, im Eck gegenüber ein Klavier aus der Steinzeit. Von einem Fernseher keine Spur, und das einzige Sitzmöbelstück ist ein abgewetzter Ohrensessel, der mit dem Rücken zum Fenster steht, als würde ihn die Welt da draußen nichts mehr angehen.

Das Haus ist innen ja noch schrecklicher als außen.

Plötzlich steht jemand hinter mir und ich fühle Bens Arme um mich.

»He, Nia! Da bist du ja.«

»Ich bin mit dem … Au!«

»Was hast du? Bist du verletzt?«

Ich verzichte auf Details und schildere die Kurzform von Verlaufen und Fahrradunfall. Von den Gruselstimmen, dem fremden Pferd und meinem wilden Ritt sage ich mal lieber nichts, Ben hätte sowieso nicht anders darauf reagiert als Caro. Und so müde, wie er aussieht, wären ihm meine Abenteuer im Augenblick auch egal.

»Brauchst du 'nen Arzt?«

»Nee. Die Frau von dem Laden hat gemeint, der Fuß wäre nur verstaucht.«

»Welchem Laden?«

Ich muss überlegen. »Gegen den Wind oder so. Gar nicht mal so weit weg von hier.«

»Ach, das ›Gegenwind‹. Das ist ein Souvenirshop für die ganzen Touris, die im Sommer herkommen. Du bist ja ganz schön rumgekommen an deinem ersten Tag!«

»Sie hat eine Tochter, Caro. Die kenne ich noch von früher! Sie ist so alt wie ich.« Und hält mich für durchgeknallt. Aber das sage ich lieber auch nicht.

»Na, wow, du hast schon Freunde gefunden! Siehst du? Doch nicht so schlecht hier.«

»Und was ist mit Tante Lisbeth?« Ich senke meine Stimme. »Ist sie … also, dürfen wir jetzt hierbleiben?«

Ben bläst die Backen auf, nickt, zuckt mit den Schultern.

»Wir werden sehen«, meint er nur, und dann hebt er mich hoch, einfach so, als würde ich nichts wiegen, und trägt mich in die Küche, wo zumindest Stühle stehen.

»Eine Regel, okay?« Ben guckt mich ernst an. »Nicht über ihre Krankheit reden. Rede am besten gar nicht über früher oder ihr Leben hier, sie wird sich nicht erinnern, und das frustriert sie nur und macht alles nur noch schlimmer für sie. Wir tun einfach so, als wäre alles ganz normal, als wären wir für einen längeren Besuch hier. Kriegst du das hin?«

Ich seufze. Dann nicke ich. »Ja. Klaro.«

»Gut. Was essen?« Er sieht sich in der kargen Küche um, dann nimmt er eine Banane aus der Obstschale und holt ein Glas Nutella aus einer Tüte. Mit einem Messer halbiert er die Banane und streicht die Flächen dick mit Nutella ein, bevor er sie wieder zusammensetzt und mir reicht. »Hier, bitte schön. Eingekauft wird morgen erst.«

Ich drehe die Banane gerade, damit das Nutella nicht heraustropft. Dann fällt mir etwas ein. »Du, Ben, was sind Windpferde?«

Ben verdreht die Augen. »Ach, das sind Fabelwesen. Hat sich irgendwer ausgedacht, damit man Touristen nach Windheim locken kann. Brauchst nur ins ›Gegenwind‹ zu gehen, da stehen ganz viele davon herum!«

Fabelwesen? Nein, auf einem Fabelwesen bin ich ganz bestimmt nicht gesessen. Mein Herz klopft schneller, als ich an den Schwarzen denke. »Und wie sehen die aus?«

»Wie Pferde. Nur haben sie Federn und können fliegen.« Ben deutet auf die Banane in meiner Hand. »Wenn du sie nicht magst …«

»Oh doch. Banane ist gesund!« Ich beiße kräftig hinein und merke, wie das Nutella an meinen Zähnen kleben bleibt. Das Gefühl ist so vertraut und schön, dass ich sofort schläfrig werde.

»Nutella auch. Lass dir nie was anderes einreden.«

Ich verspeise die ganze Nutellabanane und trinke zwei Gläser Wasser hinterher. Dann lasse ich mich von Ben die Treppe hinauftragen, in ein Zimmer, das aussieht wie das Matratzenlager im Schullandheim, ein heilloses Bettendurcheinander. Mitten in dem Deckenknoten liegt Sammy und schläft tief und schnarchend. Ihr Bauch wippt dabei unrhythmisch auf und ab.

»Kuschle dich dazu«, flüstert Ben und hilft mir, mein verstauchtes Bein aus der Hose zu schälen. »Aber weck sie bloß nicht auf!«

»Ben?«, murmle ich, obwohl ich kaum noch die Augen offen halten kann.

»Jupp?«

»Ich bin froh, dass ihr auch hier seid.«

Ben strubbelt mir über die Haare. »Schlaf gut, Nia.«

Sammy murmelt was und ich kuschle mich an sie und ziehe eine der Decken unter ihr weg. Und dann erzähle ich ihr von dem Pferd, so lange, bis mir die Stimme einschläft.

Es dauert bis Mittag, bis ich meine Augen richtig aufkriege. Und mein Bein pocht so schlimm, dass ich beschließe, erst einmal liegen zu bleiben. Aber irgendwann wird mir doch langweilig, und ich krabble zum Fenster, ziehe mich am Sims hoch und öffne es weit. Sofort zieht das Vogelgezwitscher zu mir ins Zimmer, ein Lärmkonzert aus unterschiedlich hohen Stimmen, die alle durcheinanderpfeifen, -quietschen und -trällern.

Vögel. Vögel sind nie still, nicht mal in Windheim. Oder nein, stimmt nicht ganz – gestern waren sie es. Im Wald. Für einen Moment sind sie verstummt, alle Vögel des Waldes. Und dann …

Ich schüttle den Kopf. Was für ein Unsinn! Mal ehrlich, Gruselstimmen im Wald? Aus dem Nirgendwo? Wie alt bin ich eigentlich? Gut, dass ich Caro nicht auch noch davon erzählt habe. Sie würde bestimmt kein einziges Wort mehr mit mir reden wollen.

Ich lasse das Fenster offen und schüttle mein Bein aus. Wenn man nur mal eine Weile drauf steht, geht es sogar, und ich kann ein paar vorsichtige Schritte hüpfen. Leider sieht man von hier aus nicht viel, nur einen ziemlich verwilderten, von allen Seiten zugerankten Garten mit Wuchergras und dahinter, natürlich, die Schatten der Bäume und den dichten immergrünen Wald.

Ich lasse mich wieder auf das Matratzenlager fallen und schaue zu den Bäumen hinüber. Das Erlebnis gestern geht mir einfach nicht aus dem Kopf! Okay, die gruseligen Stimmen, die habe ich mir eingebildet. Aber mit der Luft ist tatsächlich irgendwas passiert. Diesen Schmerz im Ohr habe ich ja deutlich gespürt.

Mehr als seltsam.

Und das Pferd … Wo ist es so plötzlich hergekommen? Eigentlich ist das egal, ich wüsste viel lieber, wo es hin ist, damit ich es wiedersehen kann. Das kann doch nicht so schwer sein, oder? Wenn es in Windheim Pferde gibt, finde ich die auch. Ich stelle mir vor, wie ich es wiederfinde und noch mal auf ihm reite und dasselbe Gefühl …

Aber es dauert nicht lang, und die Tür wird aufgerissen, und Tante Lisbeth kommt hereingefegt, im wahrsten Sinne des Wortes.

»Oh, äh, hallo!«, begrüße ich sie und rapple mich hoch.

Die alte Frau bleibt stehen, starrt verwirrt auf die Matratzen auf dem Boden und dann auf mich. Aber plötzlich zieht ein Lächeln über ihr Gesicht und sie nickt mir zu.

»Guten Tag, Nia! Hast du ausgeschlafen, ja? Es ist wunderbar, dass du mich endlich einmal besuchen kommst. Einfach wunderbar!«

Ich weiß echt nicht, was ich darauf sagen soll, nachdem sie uns gestern am liebsten davongejagt hätte, also lächle ich nur höflich. Tante Lisbeth fängt an, um die Matratzen herumzufegen, sie benutzt aber keinen normalen Besen dafür, sondern einen Schrubber, der ein unangenehmes Quietschen am Boden verursacht.

»Ich habe mir gestern dein Fahrrad geliehen«, gestehe ich. »Das rote, das in der Einfahrt stand.« Sie verzieht keine Miene, also rede ich schnell weiter. »Tut mir echt leid, aber es ist mir kaputtgegangen. Ich bin gestürzt und dabei ist es eine Böschung runtergefallen. Natürlich hole ich es zurück, aber ich fürchte, also … Könnte sein, dass es, ähm, etwas beschädigt wurde.«

»Aber das macht doch nichts.« Tante Lisbeth macht einen halben Tanzschritt um ihren Schrubber herum und wedelt damit auf mich zu. »Ich habe doch überhaupt kein Fahrrad!«

Verwirrt starre ich sie an. »Doch! So ein rotes, halb verrostetes. Das stand gestern in deiner Einfahrt!«

»Aber nein«, beharrt Lisbeth, und ihr Lächeln gefriert. »Was redest du da nur?«

Mir fällt wieder ein, was Ben gesagt hat. Nichts über ihr Leben fragen. Anscheinend gehörte das Fahrrad zu ihrem Leben. Und nun ist es weg. Verdammt.

»Ich muss mich getäuscht haben«, murmle ich. »Das mit dem Fahrrad habe ich wohl geträumt.«

»Bestimmt!« Schon lächelt Tante Lisbeth wieder. »Man träumt so viele schöne Dinge hier!« Sie schwingt den Schrubber über unser Bett und fängt an, die Wand abzuwedeln.

»Du, Tante Lisbeth, gibt es in Windheim Pferde?« Ich mache vorsichtshalber zwei Schritte zurück und stehe plötzlich im Zugwind. Der Vorhang wirbelt hoch und mit einem Rums knallt die Zimmertür ins Schloss.

Tante Lisbeth wirbelt herum, der Schrubber fällt aufs Bett.

»Dieser Wind«, flüstert sie. »Mach die Fenster zu, Nia, schnell!«

Ich gehorche, denn auf meinen Armen bildet sich bereits eine Gänsehaut. Der Wind lässt die Blätter der Ranken hin und her fliegen, und die Vögel … die Vögel sind verstummt, genau wie gestern, genau wie im Wald!

»Was … was bedeutet das?« Meine Stimme zittert ein bisschen, dabei schirmt uns das Haus vor dem Wind ab, und wahrscheinlich haben sich die Vögel nur in Sicherheit gebracht, damit der plötzliche Sturm sie nicht von den Bäumen pustet.

»Ach, Nia!« Tante Lisbeth lächelt versonnen. Sie hebt den Schrubber auf und geht damit zur Tür. »Es ist so schön, dich wieder hier zu haben!«

Ich schaue ihr nach, wie sie im Flur weiterfegt, sinnlos, weil sie den Staub nur von einer Seite auf die andere wedelt. Ob das zu ihrer Krankheit gehört? Und warum, bitte schön, fürchtet sie sich vor dem Wind?

Einige Augenblicke lang bleibe ich so stehen, sehe ihr zu und rühre mich nicht. Dann kann ich nicht anders, ich drehe am Griff und reiße das Fenster auf, so weit ich kann.

Draußen strahlt die Sonne vom Himmel und die Windheimer Stille ist voll mit dem Gezwitscher der Vögel.

6

Den ganzen Tag komme ich nicht aus dem Haus. Überall steht unser Zeug herum, und Sammy scheucht mich von einem Zimmer ins andere, um Kisten und Taschen mit Krempel auszuräumen, der irgendwie zu unserem Leben gehört. Das Steinhaus ist wirklich riesig, und dabei breiten wir uns nur im oberen Stockwerk aus: Es gibt ein Zimmer für mich, ein Zimmer für Sammy und Ben mit Ankleideraum, der als Babyzimmer eingerichtet wird. Auf der anderen Seite haben wir ein Bad mit einer riesigen Badewanne (die mitten im Raum steht) und noch mal zwei kleinere Räume, die wir erst mal als Wohnzimmer und Küche nutzen wollen.

Das Untergeschoss bleibt Tante Lisbeths Reich.

Ben hat mit ihr ausgemacht, dass wir nur durch den Flur nach draußen gehen und unsere Schuhe in der Garderobe abstellen. Und dass wir uns so wenig wie möglich in ihr Leben einmischen.

»Dann sag ihr aber auch, dass sie hier oben nichts zu putzen hat«, brummt Sammy, als wir unseren Campingtisch mit dem Gaskocher zur Küche umfunktionieren. Drei Klappstühle und zwei Hocker für die Körbe mit dem Essen und schon sind wir unabhängig.

»Sei doch froh, musst du weniger putzen.« Ben grinst.

»Hast du sie mal putzen sehen?«, fragt Sammy. Sie lässt sich stöhnend auf einen der Klappstühle fallen (der unter ihr quietscht, als würde er sich beklagen) und streichelt ihren Bauch. »Außerdem will ich nicht, dass sie in unseren Sachen rumwühlt.«

»Ich sag es ihr genau so.«

»Bist du verrückt? Sag ihr … sag ihr, sie könnte stürzen und sich schwer verletzen. Auf der schmalen Treppe. Deshalb soll sie unten bleiben.«

Ben verdreht die Augen. Wir schauen uns an und dann stehen wir beide auf und lassen Sammy lieber allein.

»Bin ich froh, wenn dieses Baby auf der Welt ist«, murmelt er. »Zurzeit ist sie voll das Nervenbündel.«

Zusammen pusten wir die aufblasbare Couch auf, die Ben mal für einen Kurzurlaub an der Adria gekauft hat. Sie hat zwei Flickstellen, aber sie hält noch, als Ben sich rücklings daraufschmeißt. Als Fernseher stellen wir einfach den Laptop auf, zwar etwas klein, aber Filme gucken können wir darauf auch.

»Fertig!« Ben guckt sich zufrieden um. »Sieht doch ganz wohnlich aus, oder?«

»Du, Ben«, sage ich und setze mich zu ihm. »Gibt es in Windheim eigentlich Pferde?«

»Klar! Leider nur ausgestopft und mit Glasaugen.«

»Ich meine doch echte Pferde!«

Er überlegt. »Keine Ahnung. Frag doch deine neue Freundin aus dem ›Gegenwind‹, die weiß das bestimmt.«

Ben schleppt noch eine der Matratzen aus dem großen Schlafzimmer in den leeren Raum am Ende des Flurs, der nun mir gehören soll. Ein eigenes Zimmer nur für mich. Es ist riesig, locker dreimal so groß wie der Platz hinter dem Raumteiler, den Ben mit Vorhängen von unserem Wohnzimmer abgetrennt hatte. So hatte ich mein eigenes Reich, aber wirklich allein war ich nie, weil immer jemand im Wohnzimmer war und man durch den dünnen Stoff jeden Pups hören konnte. Hier gibt es Wände statt Raumteiler voller Kitschromane und eine Tür, die alle Geräusche aussperrt. Als sie zufällt, ist es so still wie in einem Grab.

Auf einmal ist die alte Angst wieder da. Allein, sie lassen mich allein! Ich gehe zur Tür, überlege es mir anders und reiße stattdessen das Fenster auf. Von hier aus kann ich zum Wald hinüberschauen, wo ein riesiger grau-schwarzer Vogel über den Baumwipfeln kreist. Sein Schrei und das Rascheln der Bäume verscheuchen die Stille ein wenig.

Es wird schwierig werden, den großen Raum mit Leben zu füllen. Alles, was ich besitze, hat nämlich in zwei Reisetaschen gepasst.

Später holt Ben Pizza für uns aus Windheims einziger Pizzeria. Wir breiten eine Decke im Garten aus und hocken uns mitten in das wilde Grün von Ranken, Gras und Sträuchern. Lisbeth wollten wir auch einladen, aber sie isst lieber allein.

»Seltsame alte Frau«, mümmelt Sammy. »Aber macht nichts. Ich hab sowieso Hunger für drei!«

»Dabei darfst du nur für zwei essen«, zieht Ben sie auf, und Sammy zielt mit einer Olive auf ihn.

»Wie alt ist sie eigentlich?«, frage ich, bevor Sammy die Olive wirft. »Tante Lisbeth.«

Ben zuckt mit den Schultern. »Ich hab keine Ahnung. Sie muss ziemlich alt sein, immerhin war sie die Tante von meinem Dad.«

»Ich finde, sie sieht noch ziemlich rüstig aus«, behauptet Sammy. »Körperlich zumindest. Geistig … ähem.«

»Wir müssen sie unbedingt fragen«, sage ich. »Falls sie sich noch daran erinnert.«

Die Pizza schmeckt gut und der verwilderte Garten fühlt sich seltsam vertraut an. Hier habe ich die ersten Jahre meines Lebens verbracht, als Sammy nicht auf mich aufpassen konnte und ich stattdessen bei Tante Lisbeth leben musste. Ich weiß noch, dass ich gern hier draußen gespielt habe, zwischen den hohen Bäumen. Dieser fast vergessene Ort ist nun wieder mein Zuhause! Hier werde ich zur Schule gehen, neue Freunde finden, und ich muss das alles hinkriegen, ohne Sammy Ärger zu machen, weil sie bald genug zu tun hat mit dem neuen Baby. Ich weiß, wie das geht. Ich bin gut darin, nicht aufzufallen, gar nicht da zu sein. Aber ich habe trotzdem Angst, dass Sammy und Ben mich eines Tages satthaben und mich wieder allein lassen, da das Baby nun mal besser geeignet ist für ihre Familie als ich.

Nach dem Essen gehen wir raus auf die Straße, weil Sammy unbedingt noch eine Runde Federball spielen will. Natürlich trifft sie nichts, weil sie mit dem Schläger dauernd an ihrem Riesenbauch hängen bleibt, und nach den runtergefallenen Bällen bücken kann sie sich auch nicht.

Ben lacht, bis er Schluckauf kriegt, und ich bin einfach nur froh, die beiden so zu sehen. Nach all den Streitereien um den Umzug und Tante Lisbeth und alles tut es gut, einfach mal fröhlich zu sein.

Sammy spielt gegen Ben, dann ich gegen Ben und schließlich Sammy und ich zusammen gegen Ben, und immer gewinnt er. Als er sich jubelnd im Kreis dreht, bemerke ich die Augen. Unzählige Augen hinter den verschlossenen Fenstern, die zu uns herunterschauen und uns beobachten.

Wir sind wohl spannender als das Fernsehprogramm!

Ein Augenpaar wartet am Gartentor des Nachbargrundstücks auf uns. Es gehört zu einer älteren Frau, die mich überrascht mustert.

»Bist du es?«, fragt sie mit knorriger Stimme und legt den Kopf schräg. »Die kleine Nia?«

»Die große Nia, bitte schön. Guten Tag!« Ben reicht der Frau die Hand und stellt sich und Sammy vor. Die Frau kennt ihn auch von früher, von seinen Besuchen bei Tante Lisbeth, als er noch ein Kind gewesen ist. Ben erzählt, warum wir hier sind.

»Das ist gut.« Die Nachbarin seufzt. »Endlich kümmert sich mal jemand! Natürlich kann sie nicht allein bleiben, aber das sieht die alte Schachtel ja nicht ein.«

»Warum?«, fragt Sammy. »Was hat sie angestellt?«

»Sie hat sich im Wald verirrt«, berichtet die Nachbarin. »War fast vier Tage weg, bis wir es gemerkt haben. Als sie gefunden wurde, war sie dehydriert und konnte sich an nichts erinnern.« Sie senkt die Stimme. »Leute gehen in diesem Wald verloren, hört ihr? Der Wald verschluckt sie einfach! Sie verschwinden und tauchen nie wieder auf. Wir haben natürlich sofort einen Suchtrupp losgeschickt und Lisbeth zum Glück auch gefunden, aber so verträumt, wie sie in letzter Zeit ist, kann das jederzeit wieder passieren. Und wir können sie ja schlecht immerzu bewachen.«

»Wir passen schon auf sie auf«, behauptet Ben.

Sammy runzelt die Stirn. »Was stimmt nicht mit dem Wald? Ich dachte, es kommen extra Wanderer von überall, weil es hier diesen berühmten Felsen gibt.«

»Die Wanderer bleiben auf den Wegen«, erklärt die Frau. »Dort ist es sicher. Aber die andere Seite des Waldes … die meidet man besser.«

Ben wirft uns einen belustigten Blick zu. Er hält das wohl für einen Scherz – er hat bestimmt noch nie seltsame Gruselstimmen im Wald gehört.

»Ist denn schon mal was passiert?«, will Sammy wissen. Das Baby hüpft und ihr Bauch bewegt sich auf und ab.

»Oh ja. Wer nicht auf den Wegen bleibt, verläuft sich hoffnungslos. Deshalb gibt es die Schilder. Und die Pfade.« Die Nachbarin blickt über die Schulter und flüstert: »Vor genau zwanzig Jahren ist ein Junge aus Windheim verschwunden. Ein beliebtes, aufgewecktes Bürschchen. Hat nicht auf seine Eltern gehört. Er lief mit seinen Freunden in den Wald und kam nicht mehr zurück. Man hat nie eine Spur von ihm gefunden.«

»Und seine, äh, sterblichen Überreste … sind die auch nicht aufgetaucht?« Sammy hält sich den Bauch mit beiden Händen. »Vielleicht treibt sich da draußen ja ein Verrückter herum. Hat man wenigstens alles abgesucht?«

»Natürlich.« Die Nachbarin schaut sie empört an. »Wir hatten die Polizei wochenlang im Dorf. Aber sie fanden nichts. Die armen Eltern suchen noch heute nach ihrem Kind!«

»Gruselig.« Sammy schüttelt sich und greift nach Bens Arm. »Hast du das gewusst?«

Ben nickt, aber ich kann sehen, dass ihn die Geschichte nicht halb so erschreckt wie Sammy. Er legt den Arm um sie und zieht sie ein Stück vom Gartenzaun fort. »Wissen Sie, was, wir sind gerade hergezogen und würden uns ganz gern hier wohlfühlen. Also danke für die Warnung. Aber jetzt ist genug. Schönen Abend noch!«

Die knorrige Frau schaut uns mit großen Augen nach, ungläubig, weil wir sie nicht ernst nehmen.

Ben murmelt: »Kommt schon. Die will sich doch nur wichtigmachen!«

Doch irgendwie glaube ich ihr. Der Wald ist schön und märchenhaft, aber er hat zwei Seiten, genau wie die Frau gesagt hat. Alles hat zwei Seiten: eine, die man sehen kann, und eine, die dunkler ist und im Schatten verborgen bleibt.

7

Am nächsten Morgen gehe ich mit Ben ins Dorf zur Bäckerei. Ich weiß jetzt, was ich falsch gemacht habe: Ich bin der großen Ringstraße gefolgt, von der lauter Wege in Richtung Wald abzweigen. Und weil ich nicht wusste, dass Tante Lisbeth in der Santa-Ana-Straße wohnt und mir auch nicht gemerkt hatte, wie die Häuser aussehen, habe ich die richtige Einbiegung nicht mehr gefunden. Ich hätte einfach nur in die andere Richtung zu fahren brauchen und wäre mitten im Dorf gelandet.

Hier gibt es jede Menge kleiner Läden, keine Kaufhäuser oder Drogeriemärkte oder so, sondern Geschäfte im Untergeschoss von Wohnhäusern. An manche davon kann ich mich sogar noch ein bisschen erinnern.

»Die Leute leben und die Leute sterben in Windheim«, erklärt Ben, als wir daran vorbeilaufen. »Überleg mal: Es ist viel zu umständlich, jeden Tag zur Arbeit woandershin zu fahren. Die sind immer nur hier.«

»Und was ist, wenn sie mal ins Kino wollen? Oder was kaufen, was es hier nicht gibt?«

»Dann müssen sie in die nächste Stadt.« Ben grinst. »Oder sie streamen und shoppen wie jeder normale Mensch im Internet.«

»Das Krankenhaus«, fällt mir ein. »Ist das nicht auch ewig weit weg? Wenn das Baby jetzt ganz arg schnell kommt, was macht ihr dann?«

Ben winkt ab. »Früher haben die Menschen ihre Babys auch irgendwo auf 'ner Wiese gekriegt. Wenn es so schnell geht, dann kommt es auch von allein. Sammy ist doch nicht krank, nur schwanger.«

»Das wäre ihr Horror«, murmle ich, »wenn sie ihr Baby irgendwo auf einer Wiese kriegen müsste.«

Wir kaufen sieben Brötchen und drei Nussstangen, die bis auf die Straße rausduften. Als wir aus der Bäckerei kommen, laufe ich fast in Leyla rein, die eine Stofftasche um den Arm geschlungen hat und die Stufen heraufhopst.

»Hallo, Nia!« Sie strahlt mich an. »Kommst du uns mal wieder besuchen?«

»Ja, gern. Ist Caro auch zu Hause?«

»Caro muss gleich arbeiten. Sie mistet den Stall aus. Und ich darf solange die Pferde striegeln!«

Mein Magen macht einen Satz. Also gibt es hier doch Pferde! Das Gefühl ist plötzlich wieder da, so lebendig, dass ich kaum noch still stehen bleiben kann. Ob der Schwarze dort ist? In diesem Stall, den Caro ausmistet? Dann müsste sie ihn kennen, warum hat sie nichts gesagt?

Ich werfe Ben einen Blick zu. »Eigentlich habe ich gar keinen Hunger. Kann ich nicht gleich mit Leyla mitgehen?«

»Sicher. Ähm … Momentchen.«

Ben hastet zurück in die Bäckerei, während Leyla sich an der Theke anstellt. Sie ist so klein, dass sie nicht mal über den Tresen gucken kann, aber die Bäckerin kennt sie anscheinend, denn sie reicht ihr eine fertig gepackte Tüte, ohne dass Leyla etwas bestellen muss.

Ben kommt mit einer Broschüre zurück und gibt sie mir, zusammen mit einer Nussstange.

»Was ist das?«

»Proviant.«

»Nee. Der Zettel!«

Ben grinst. »Ein Faltplan von Windheim. Damit du dich nicht wieder verläufst.«

Ich klappe die Broschüre auseinander. Wanderwege sind darauf verzeichnet, in verschiedenen Farben. Gemalte Linien durch dickes Grün. Sie alle laufen in der Mitte zusammen, treffen sich in Windheim und kommen entweder am Gasthaus »Zum Alten Böhmwind« oder am großen Parkplatz hinter dem »Gegenwind« wieder zusammen. Viele Routen, viele Farben. Man kann kurz wandern oder lang, über Anhöhen oder feste Pfade, sodass man einen Kinderwagen mitschieben kann. Kilometerangaben, Höhenmeter, Schwierigkeitsgrade. All das steht da. Aber der Plan verrät nicht, wieso alle Wege nur durch den nordwestlichen Teil des Waldes führen und der Südosten nichts als ein grüner Klecks auf der Karte ist.

»Kommst du?« Leyla steht vor mir und strahlt mich an.

Nebeneinander laufen wir durch die Gassen, über Kopfsteinpflaster unter baumelnden Schildern durch, die anzeigen, welches Geschäft in dem jeweiligen Haus ist. Alles Mögliche gibt es in Windheim: eine Stickerei, einen Schokoladenladen, eine Waldapotheke, eine Käserei, ein Geschäft nur für Socken, einen Postkartenladen und am Ende der Straße eine Milchtankstelle. In all den Läden brennt Licht, und ich sehe auch Leute darin, aber durch die geschlossenen Türen dringt kein Laut, und auf der Straße herrscht tiefe Stille.

»Leyla«, frage ich, als wir die Ringstraße überqueren und auf das »Gegenwind« zulaufen, »was sind das für Pferde, zu denen wir gleich gehen?«

»Die sind total lieb!« Leyla hüpft neben mir her. »Manche von denen dürfen ganz allein in den Wald laufen. Ohne dass jemand sie führt!«

Jetzt bin ich richtig aufgeregt. Ob ich den Schwarzen gleich wiedersehen werde? Aber dann fällt mir der Junge ein, der uns nachgejagt ist. Der hat den Besitzern doch bestimmt erzählt, was passiert ist. Was, wenn sie wütend auf mich sind, weil ich ohne Erlaubnis ihr Pferd geritten habe?

»Hey, grüß dich!« Caros Mama rennt uns beinahe über den Haufen. Sie schleppt eine ganze Ladung Kaffeetassen zu einem der Tische, die in der Morgensonne stehen.

Der Parkplatz, der zu dem kleinen Andenkenladen gehört, ist schon voll besetzt, und überall steigen Wanderer aus ihren Autos, schnallen sich Rucksäcke um und verschwinden im dichten Grün.

Caros Mama kommt mit dem leeren Tablett zurück. »Du bist die kleine Nia, die früher oft hier gespielt hat, richtig? Ich habe dich gestern gar nicht wiedererkannt. Geht es deinem Bein wieder gut?«

Ich wackle damit herum. »Ja, einigermaßen.«

Caro tritt aus einer Hintertür. Sie trägt Reithosen und angemalte Chucks und stutzt kurz, als sie mich sieht.

»Nia kommt mit zu den Pferden«, berichtet Leyla.

»Aha.« Caro läuft einfach los, und ich muss sehen, dass ich mit ihr Schritt halte. Schon nach wenigen Metern macht mein Bein wieder Probleme, aber ich beiße die Zähne zusammen und tue so, als ob nichts wäre. Wir folgen der Ringstraße bis zum Ortsausgang und gehen dann zwischen langen Feldern hindurch, wo dichter goldgelber Weizen im leisen Wind schaukelt.

»Kannst du gut reiten?«, frage ich Caro.

»Nicht so arg. Kim ist viel besser.«

»Wer ist Kim?«

»Meine Freundin. Ihr Vater ist der Bürgermeister von Windheim. Sie ist die Beste von uns.«

»Und was für Pferde gibt es dort? Auch diese Windpferde?«

Caro fängt an zu lachen. »Windpferde … nein. Die sind doch bloß eine Erfindung von den Erwachsenen. Windheims berühmte Legende. In echt gibt es gar keine Windpferde.«

»Gibt es wohl«, schnaubt Leyla. Sie bleibt stehen, dreht sich zu uns um und stemmt die Hände in die Hüften. »Mama sagt, wenn man im Wald ein Pferd trifft, dann nimmt es einen mit in seine Windpferdewelt.«

»Das erzählt sie dir, damit du nicht allein im Wald rumstreunerst.« Caro verdreht die Augen. »Lass dir keine Angst machen, Leyla. Und außerdem: Unsere Pferde sind fast alle ganz harmlose Irische Tinker.«

Am Ende des Feldes steht ein Reiterhof mit einem Wohnhaus und zwei angrenzenden Stallgebäuden. Das Hausdach ist voller bunter Blumen. Zuerst denke ich, die Blumen wachsen auf dem Haus, aber es sind nur Ranken, die sich über das Dach legen wie schützende Arme. Der Hof steht frei, umgeben von weiten Wiesen, auf denen ziemlich viele bunt gefleckte Pferde grasen. Manche von ihnen sind braun-weiß, manche schwarz-weiß und bei manchen wechseln sich sogar alle drei Farben ab. Ich habe noch nie Pferde gesehen, die so viele Haare an den Füßen haben wie die. Es sind hübsche Pferde, aber wenn sie laufen, sieht es aus, als würden sie sich in Zeitlupe vorwärtsbewegen.

Und mein Schwarzer ist nicht dabei. Das erkenne ich auf den ersten Blick.

Enttäuscht wende ich mich an Caro. »Sind das alle Pferde? Oder haben die noch mehr?«

»Nur eines. Kims Pferd. Aber das steht momentan im Stall.« Caro krempelt die Ärmel ihrer Bluse rauf. »Ich muss anfangen zu arbeiten. Was ist, willst du mir helfen oder nur hier rumstehen und Pferde angucken?«

Ich folge Caro auf den großen Sandauslauf, wo sich eine Million Fliegen auf den frischen Pferdeäpfeln tummeln. Caro holt eine Schubkarre und drückt mir eine Mistgabel in die Hand, und gemeinsam fangen wir an, Pferdekacke mit Fliegen in die Karre zu schaufeln. Schon bald tut mir der Rücken weh, und meine Arme werden lahm, aber dafür merke ich den Schmerz im Bein kaum noch.

Als wir fertig sind, läuft Caro los, um frische Einstreu zu holen. Ich halte nach Leyla Ausschau, aber die ist mit einem Eimer voller Bürsten und Striegel auf die Wiese gelaufen und putzt mit Hingabe ein Pferd nach dem anderen. Wie sie es schafft, dabei nicht von den Riesenhufen zertrampelt zu werden, bleibt mir ein Rätsel.

Ich gehe zum Zaun und strecke meine Hand nach einer braun-weißen Pferdenase aus. Das Pferd schnuppert kurz an mir, prüft, ob ich was in der Hand versteckt halte, und lässt sich dann willig kraulen und an den Ohren streicheln. Sie scheinen wirklich alle sehr lieb zu sein, und ich frage mich gerade, was die mit all den Pferden wohl machen …

… da höre ich das Rumpeln aus dem Stall hinter mir. Ein markerschütterndes Wiehern erklingt und der Boden unter meinen Füßen vibriert wie bei einem Erdbeben.

Wer ist da im Stall eingesperrt? Kims Pferd, hat Caro gesagt. Okay, dieses Pferd muss ich mir anschauen! Aber zuerst gehe ich gucken, ob mit Leyla alles in Ordnung ist, ich sehe sie gar nicht mehr zwischen all den riesigen gefleckten Pferdebäuchen. Da steht sie, ganz hinten, bei einer fast weißen Stute, die sich von ihr die Brust bürsten lässt. Die Pferde reagieren null auf das Gerumse aus dem Stall, als ob sie alle taub wären. Und Leyla weiß das anscheinend, sie steht bestimmt nicht zum ersten Mal auf der Wiese mitten unter ihnen.

Wieder das Wiehern. Wütender diesmal. Ich laufe an dem langen Stallgebäude entlang, das auf der anderen Seite des Wohnhauses liegt. Hier gibt es zwei Türen, aber die stehen beide offen, und ich sehe, dass die eine in die Sattelkammer führt und hinter der anderen Futtereimer stehen. Keine Boxen. Und auch kein wieherndes Pferd.

Auf einmal ist mir, als würde mich das Pferd rufen, als würde nur seine Anwesenheit diesen ruhigen, stummen Ort mit Leben füllen – ich bin mir so sicher, dass es der Schwarze ist, dass ich es kaum noch aushalte und an dem Stall entlangrenne. Weiter hinten gibt es ein Tor – aber das ist abgeschlossen. Wie komme ich nur in diesen verdammten Stall?

Da, ein Fenster. Etwas klein, aber gut erreichbar. Und offen steht es auch. Gut, dass ich so schmal bin! Ich finde eine blaue Plastiktonne, die ich unter das Fenster rollen kann, und klettere darauf. Das Fenster ist staubig, also schiebe ich es komplett auf und stecke meinen Kopf durch die Öffnung.

Zuerst sehe ich gar nichts. Draußen scheint die Sonne und im Stall ist es duster und außerdem schirme ich das ganze Licht mit meinem Körper ab. Ich blinzle, huste – und erkenne die Umrisse eines Pferdes. Es scheint dunkel zu sein, und es steht in einer riesigen Laufbox, die an allen Seiten bis zur Decke vergittert ist.

Eingesperrt.

Sofort fühle ich das Wort, und ich kann verstehen, warum das Pferd wiehert und gegen die Wände schlägt. Es ist kein schönes Gefühl.

»He! Was machst du da?«

Ich rutsche auf der glatten Tonne weg, verliere den Halt und lande hart auf dem Boden, genau auf meinem verletzten Bein. Vor Schmerz heule ich auf, beiße mir aber gleich auf die Zunge, als sich ein hagerer Mann mit schulterlangen, struppigen Haaren über mich beugt und mir grimmig ins Gesicht schaut.

»Ich … ähm … also …«

»Versuchst du, hier etwas zu stehlen?« Der Mann stemmt die Hände in die Hüften. »Ist ja unglaublich. Diese Touristen werden immer dreister.«

»Ich will nichts stehlen«, piepse ich und umklammere mein Bein. Mühsam rapple ich mich hoch.

Der Mann kickt die blaue Tonne zur Seite, sodass sie rumpelnd umfällt und davonrollt. »Du willst reiten, was? Da stehen die Pferde für euch!«

Er deutet zur Wiese, auf der immer noch Leyla herumhüpft, was ihn allerdings nicht zu stören scheint. »Der dadrin hat dich nicht zu interessieren, klar?«

»Er hat so einen Lärm gemacht«, sage ich schnell. »Ich dachte … ich dachte, es könnte etwas passiert sein.«

»Soso.« Der Mann schüttelt leicht den Kopf. »Dann weißt du jetzt: Es passiert erst was, wenn du dein Gesicht noch mal durch die Stallluke steckst. Dann schmeiß ich dich nämlich vom Hof, klar?« Er schaut sich um. »Wo sind denn deine Eltern?«

Ich ziehe die Schultern hoch. »Ähm … ich bin allein gekommen. Mit Caro.«

Der Mann verdreht die Augen, dann stapft er los und brüllt: »Carolyn! Kommst du mal?«

Es dauert nur wenige Sekunden, da schlüpft Caro durch den Zaun des Sandauslaufs und kommt mit eiligen Schritten auf uns zu. In ihren Haaren kleben Sägespäne und um ihre Stiefel schwirren die Fliegen.

»Dein Besuch schnüffelt hier herum und versucht, sich unbefugt Zugang zum Stall zu verschaffen.« Er zieht die Brauen zusammen. »Ich sage nichts, wenn du deine kleine Schwester im Schlepptau hast. Aber Hinz und Kunz brauche ich hier nicht auf dem Hof, ist das klar? Der Stall ist tabu, das weißt du. Wenn ihr euch nicht daran haltet, ist es vorbei mit Stallarbeit gegen Reiten, klar?«

Caro ist knallrot angelaufen. »Natürlich. Ich … Das kommt nicht mehr vor. Tut mir leid, Anno, ehrlich!«

Der Mann, Anno, wirft mir noch einen düsteren Blick zu, dann dreht er sich um und stapft wortlos zurück auf die Veranda vor seinem Haus.

»Na toll«, schnauft Caro und zieht mich am Ärmel mit sich zu dem Offenstall. »Spinnst du oder was? Du kannst doch nicht einfach in fremde Ställe einsteigen!«

»Ich wollte doch nur mal gucken!«

»Das geht halt nicht! Der ist nicht umsonst dadrin, klar? Oh Mann, ich hab Monate gebraucht, bis ich Mama so weit hatte, dass sie mich hier arbeiten lässt. Und du versaust es mir noch, vielen Dank!« Sie lässt mich los und duckt sich wieder unter dem Zaun hindurch, um die Streu fertig zu verteilen.

»Caro!« Ich will ihr nach, bleibe aber lieber am Zaun stehen. »Tut mir leid, echt. Ich wusste das doch nicht.«

Sie antwortet mir nicht, schaufelt nur mit hektischen Bewegungen die Streu in die Ecken.

»Er hat so gewiehert«, sage ich leise. »Und er klang so … einsam dadrin.«

»Tu mir einen Gefallen und verschwinde«, murrt Caro, ohne mich anzuschauen. »Mein Leben ist echt kompliziert genug.«

8

Der Waldweg streckt sich endlos vor mir aus. Links und rechts wachsen in kleinen Gruppen rosa-, flieder- und türkisfarbene Federblumen, aber vor meinen Augen klebt ein Tränenschleier und lässt ihre Farben ineinanderlaufen.

Noch immer habe ich Caros Stimme im Ohr. Wie sauer sie auf mich war. Es schmerzt, obwohl ich Caro kaum kenne, und es tut mir leid, dass ich mich gar nicht von Leyla verabschiedet habe. Bestimmt hätte sie mir gern die Pferde gezeigt, ihre Namen verraten und erzählt, welches sie reiten darf.

Aber noch etwas lässt mich weiterlaufen, immer weiter, ohne zurückzuschauen: mein schlechtes Gewissen. Was ist nur in mich gefahren? Zuerst reite ich ein fremdes Pferd ohne Erlaubnis, dann klettere ich einfach in einen fremden Stall. Kein Wunder, dass niemand mehr etwas mit mir zu tun haben will. Kein Wunder …

Vor der nächsten Abzweigung bleibe ich keuchend stehen. Diesmal folge ich den Schildern und den Weg werde ich auch nicht verlassen. Noch mal verlaufe ich mich nicht blind im Wald. Aber wo lang ich laufe, ist egal. Egal, solange ich Caro nicht wieder in die Quere komme und niemanden störe.

Und was war mit diesem Pferd? Wenn ich mich anstrenge, höre

ich sein Wiehern und Rufen immer noch! Warum war es eingesperrt? Allein? Hat es was angestellt? Oder ist es krank? Vielleicht kann ich diese Kim fragen, schließlich ist es ihr Pferd. Aber wenn ich recht habe und das Pferd im Stall war mein Schwarzer … dann muss der Junge aus dem Wald auch zu ihnen gehören, oder? Und der hat dieser Kim bestimmt erzählt, was ich getan habe. Nein, besser, ich halte den Mund. Ich werde mit niemandem mehr über dieses Pferd sprechen.

Der Weg macht eine scharfe Kurve. Ich wische mir die Tränen aus dem Gesicht, und als ich die Hände sinken lasse, stehe ich vor einem toten Pferd.

Vor Schreck schreie ich auf.

Erst jetzt bemerke ich die Wanderer, die um das Pferd herumstehen und mich irritiert angucken. Ich schlucke und dann schaue ich noch mal genauer hin.

Das Pferd ist nicht tot. Es ist nur aus Stein. Ein Steinpferd, das auf der Erde liegt und die Sonnenstrahlen in seinen grauen Augen sammelt, sodass sie glitzern und seltsam … echt aussehen. Genau wie auf dem Bild am Ortseingang von Windheim.

»Psst«, macht einer der Wanderer und schüttelt tadelnd den Kopf.

Ich störe bei irgendetwas, mal wieder, und irgendwie ist mir dieses Steinpferd auch unheimlich. Die Menschen knien davor auf dem Boden, legen ihre Hände an seinen harten Körper und schließen die Augen dabei, so als würden sie meditieren. Eine Frau sitzt sogar auf seinem Po und hat beide Hände ausgebreitet. Es sieht religiös aus und auch irgendwie friedlich, aber ich fühle nichts an diesem Ort, und ich will jetzt auch nicht zwischen all diesen Wanderern stehen und sie komisch anstarren.

Als ich weitergehe, komme ich an einem Schild vorbei, auf dem steht: *Kraftort. An diesem Ort pulsiert die Erde. Verweilen Sie einige Minuten, und spüren Sie die Energie, die von den Windpferden zu Ihnen dringt. Gern dürfen Sie den Stein dafür berühren.*

So was haben wir schon mal gesehen, bei einem Wanderausflug in Österreich. Da war der geheimnisvolle Kraftort ein Brunnen, der Wasser tief aus der Erde spuckte. Anstatt still zu meditieren, hat Sammy den Strahl so zugehalten, dass er Ben nass gespritzt hat, und am Ende haben wir den Kraftort für eine wilde Wasserschlacht benutzt. Aber ich glaube eh nicht an so was.

An den Schwarzen glaube ich allerdings schon. Wieder muss ich an ihn denken, und wieder ärgere ich mich, dass ich das Pferd in dem Stall nicht wenigstens kurz richtig sehen konnte! War er es? Oder nicht? War das doch ein geflecktes Pferd, so wie die anderen?

Versunken wandere ich vor mich hin, bis mir auffällt, dass ich schon länger an keinem Schild mehr vorbeigekommen bin. Überhaupt sieht der Weg gar nicht mehr wie ein Weg aus, dabei bin ich doch nur immer weitergelaufen. Ich kann ihn doch nicht schon wieder verloren haben – das darf jetzt nicht wahr sein!

Auf der Stelle mache ich kehrt und gehe auf meiner Spur zurück. Von irgendwo da bin ich gekommen, ganz bestimmt. Da waren Federblumen … aber die hier sind gelb und rot, nicht blassblau-lila. Ich werde noch verrückt in diesem Wald! Als nach etlichen Schritten immer noch kein Weg in Sicht ist, drehe ich nach rechts. Weiterlaufen, immer weiter. Aber der Pfad verschwindet, wird zu dichtem Gestrüpp, bis ich kaum noch vorankomme.

In dem Augenblick spüre ich es. Eine Art … Schub. Er kommt

von der Seite, so als würde jemand mit großer Geschwindigkeit auf mich zurennen, jemand, der sehr groß ist und viel, sehr viel Energie besitzt …

Lauf, Nia. Lauf!

Ich renne los. In irgendeine Richtung. Meine Füße verfangen sich in Dornenranken, ich stolpere, falle auf die Nase, rapple mich wieder hoch und laufe weiter, schneller, ich laufe vor dem Energieschub davon, aber das klappt nicht, er verfolgt mich wie ein heftiger Wind, und vor dem kann man auch nicht davonrennen, irgendwann holt er mich ein und überrollt mich …

Plötzlich breche ich durch das Dickicht und lande auf einem endlosen Moosfeld, auf dem überall steinerne Gebilde stehen, kreuz und quer. Ich renne zwischen den Steinen hindurch, bis mir klar wird, worauf ich gerade herumtrample – und bleibe erschrocken stehen.

Das sind keine Steingebilde, das sind Grabsteine, und der Boden davor, der zum Teil verwildert und zum Teil mit Kerzen und bunten Blumen geschmückt ist – das sind Gräber!

Die seltsame Kraft hat mich auf einen Friedhof gejagt!

Ich drücke mich mit dem Rücken gegen einen Grabstein, schaue mich panisch um. Der Wind hat nachgelassen, zum Glück. Ich traue dem Frieden noch nicht, keuche, atme, lausche. Nein, nichts. Nur ein paar Vögel pfeifen vor sich hin.

Vor lauter Erleichterung muss ich lachen. Ein Windverfolger! Nein, das glaubt mir niemand. Aber wenigstens ist er abgezogen.

Immerhin habe ich jetzt etwas, woran ich entlanggehen kann. Der Friedhof muss ja irgendwie zu Windheim gehören. Die Grabsteine stehen in kleinen Grüppchen zusammen, verteilen sich aber über das ganze Moosfeld. Irgendwie habe ich das Gefühl, schon einmal hier gewesen zu sein. Ja, damals, mit Tante Lisbeth! Sie hat mich nur ein einziges Mal mit hierhergenommen und mir irgendeine Geschichte erzählt, an die ich mich aber nicht mehr erinnern kann. Liegt nicht ihr Mann hier begraben?

Ich wandere zwischen den Gräbern entlang. Da vorn in der Mitte steht eine kleine Kapelle aus grauen Steinen. Auf der einen Seite gibt es ziemlich viele Gräber, auf der anderen Seite nur ein paar wenige. Trotzdem sieht es aus, als würde sie genau in der Mitte stehen.

Ein Licht flackert in der Kapelle auf. Ist da jemand drin? Ich laufe hinüber und spähe durch das Fenster. Nein, die Kapelle ist leer. Und Kerzen brennen auch nicht. Was war das dann für ein Flackern, das ich gesehen habe? Ich reibe mir die Augen. So langsam werde ich noch verrückt in diesem Dorf.

Und jetzt habe ich auch noch die einzige Person vergrault, die so was wie eine Freundin sein könnte.

Ich gehe an der Kapelle vorbei. Ein Stück entfernt auf einem Hügel stehen ein paar wirklich riesige Kastanienbäume. Die müssen ja uralt sein! Als Kind habe ich es geliebt, Kastanien zu sammeln und daraus Sachen zu basteln, am liebsten kleine Pferde. Ob Tante Lisbeth mit mir mal dort gewesen ist? Schade, dass man sich an so wenig aus seiner Kindheit erinnern kann. Das ist genau wie bei Tante Lisbeth – die Erinnerungen sind schon da, aber sie verschwimmen und bleiben im Nebel, ganz egal, wie sehr man sie herausziehen möchte.

Plötzlich bleibe ich mit dem Fuß an einem umgekippten Grabstein hängen und stolpere. Es geht so schnell, dass ich nichts dagegen machen kann. Der Boden fällt in eine Senke ab, durch die ein Fluss läuft, ich kann ihn hören und dann auch spüren, denn ich lande mit voller Wucht im Wasser.

Ärgerlich rapple ich mich hoch. Der Fluss ist zum Glück nicht tief, das Wasser reicht mir nur bis zu den Knien. Er ist vom Friedhof aus kaum zu sehen und wird rundum von dichtem Gestrüpp begrenzt, nur an dieser einen Stelle nicht – und genau dort muss ich natürlich herunterplumpsen.

Ich schaue den Hügel auf der anderen Seite hinauf. Jetzt kann ich eigentlich auch zu den Kastanienbäumen hochgehen, wenn ich schon mal hier bin. Ich stapfe ans Ufer und schütte das Wasser aus meinen Schuhen. Zum Glück ist es nicht kalt heute und der leise Wind wird meine Sachen schnell trocknen.

Der Hügel steigt ganz schön an. Auch hier wachsen wieder diese Federblumen, aber es gibt noch mehr ungewöhnliche Pflanzen, riesengroße Blumenkelche, die ich noch nie gesehen habe. Auf einmal laufe ich auf einen Geruch zu, den ich mir bestimmt einbilde – gebackene Banane. Oha. Eine Essens-Fata-Morgana. Na klar, ich habe nicht gefrühstückt und meine Nussstange liegt irgendwo bei Caros Sachen auf einer Bank des Pferdehofs. Gebackene Banane wäre jetzt einfach der Hammer.

Wie seltsam … Ich höre Kinder lachen! Liegt Windheim doch in dieser Richtung? Ich gehe auf das Lachen zu, es lockt mich richtig an, und der Bananengeruch wird stärker und mischt sich mit … mit …

Oben zwischen den mächtigen Kastanien bleibe ich stehen. Ich muss von der anderen Seite gekommen sein, aber ich bin tatsächlich wieder in Windheim gelandet! Auch wenn die Häuser ein bisschen anders aussehen. Doch das Beste sind die großen Wiesen, die hinter der letzten Häuserreihe anfangen und sich einen sanften Hügel hinaufziehen. Endlose gelbgrüne Weiden mit hohem Sommergras, auf denen bunt verstreut wunderschöne, im Sonnenlicht schimmernde Pferde grasen.

Ich habe es ja gewusst. Es gibt doch noch mehr Pferde in Windheim!

IM WALD

9

Ich ziehe meine nassen Schuhe wieder an und laufe auf die Häuser zu. Die Straße ist nicht geteert, sondern nur ein Schotterweg, der sich den kleinen Hügel hinunterschlängelt. Die Häuser sind eher klein, und riesige Bäume werfen ihre Schatten auf die Dächer, die zum Teil mit Moos bedeckt sind.

Auf dieser Seite von Windheim war ich, glaube ich, noch nie.

Aber schön ist es hier! Überall dichte Blumenranken, die sich an den Hauswänden entlang und durch die Vorgärten ziehen. Zwei Frauen hängen pfeifend frische Wäsche auf, ein paar Kinder spielen Fangen zwischen den Bäumen, und oben, auf der Wiese am Hügel gegenüber, steht ein Mädchen mit roten Haaren, vielleicht etwas älter als ich, und krault einem kräftigen Schimmel das Fell.

Ich folge dem Schotterweg, bis ich an eine Abzweigung komme. Hier geht es rauf zu der Pferdewiese. Die Häuser, zwischen denen ich durchlaufe, sind alle aus dicken grauen Steinen gebaut, genau wie Tante Lisbeths Haus. Aber diese hier sind nicht zugewuchert oder heruntergekommen, sie sehen aus, als hätte man sie vor wenigen Jahren erst dorthin gebaut. Die Fensterläden haben alle unterschiedliche Farben, passend zu den Blumen in den Gärten. Auf den meisten sind kleine Figuren eingeritzt, und bei manchen steht neben dem Haus noch ein Anbau, wie ein Carport, in dem große Büschel Heu und Stroh lagern.

Als ich an der Pferdewiese ankomme, ist das Mädchen verschwunden. Nur der Schimmel steht noch am Zaun und schaut zu mir herüber. Ich trete ganz nah an ihn heran und halte ihm die Hand hin. Der Schimmel weitet die Nüstern, so als würde er mich abchecken. Seine Berührung fühlt sich weich an, fließend, wie Wind auf meiner Haut. Ich strecke die Hand durch den Zaun und streichle seine Mähne.

Wie schön er ist! So glänzend weiß mit einem Schimmer von Blau und Violett in den Haaren. Wie es sich wohl anfühlt, auf ihm zu reiten? Der Schimmel tänzelt zur Seite, auf den Zaun zu. Er steht jetzt so nah, dass ich einfach hinüberklettern und auf seinen Rücken steigen könnte! Rasch schaue ich mich um, aber niemand ist zu sehen, niemand beobachtet mich. Ich mache einfach ganz schnell! Auf die Latten klettern, Füße über den Zaun. Schon hocke ich auf dem obersten Balken. Ich lege meine Hand auf den Widerrist des Schimmels – er ist wirklich ziemlich kräftig! – und schwinge mein Bein …

»Lun!«

Erschrocken zucke ich zusammen. Das Mädchen ist wieder da, das Mädchen, das den Schimmel eben noch gekrault hat. Sie stemmt die Hände in die Hüften und schaut mich bestürzt an.

»Ich … ich wollte …« Meine Stimme bricht ab. Ich schaue an mir herab, auf meine seltsame Verrenkung hier auf dem Zaun. Es ist ja wohl offensichtlich, was ich wollte. Oh mein Gott, was ist nur in letzter Zeit mit mir los? Bin ich völlig irre?

Mit einem Satz springe ich vom Zaun. Das Mädchen kommt

auf mich zu, jetzt fällt mir auf, dass noch ein zweites Mädchen bei ihr ist, ein Kind, vielleicht so alt wie Leyla, dem jemand frische Blumen in die Zöpfe geflochten hat.

»Entschuldigung«, murmle ich und gehe zwei Schritte vom Zaun weg. »Ich habe eure Pferde gesehen, und … also, ich suche nach einem Pferd, einem großen schwarzen, und ich dachte …«

Das kleine Mädchen kommt vorsichtig näher und streckt die Hand nach mir aus. »Sind deine Haare echt?«

Vor lauter Erleichterung muss ich lachen. »Ja. Klar!«

»Darf ich sie mal anfassen?«

Ich gehe in die Hocke und drehe mich um. Mein Zopf ist so lang, dass er beinahe den Boden berührt.

Das kleine Mädchen, das auch rote Haare hat und ungefähr eintausend Sommersprossen im Gesicht, lässt andächtig meinen Haarzopf durch ihre Finger gleiten und zieht daran, um zu prüfen, ob er wirklich festgewachsen ist.

»Ich will auch mal so lange Haare haben«, seufzt sie. »Aber meine wachsen einfach nicht!«

»Irma! Das macht man aber nicht!« Das ältere Mädchen versucht, die Kleine von mir wegzuziehen.

»Weißt du«, sage ich zu der Kleinen, »so lange Haare sind auch ziemlich unpraktisch. Ich muss sie jeden Tag flechten, sonst verknoten sie sich, und das Bürsten tut superweh.«

Das Mädchen beäugt meinen Zopf fasziniert. »Wenn du ihn mal abschneidest, kann ich ihn dann haben?«

Das ältere Mädchen verdreht die Augen, aber ich lächle nur. »Von mir aus.«

»Wie heißt du?«, fragt Irma und stellt sich vor mich hin.

»Nia.«

»Schöner Name.«

»Deiner aber auch.«

Das ältere Mädchen reicht mir die Hand. »Ich bin Hilde. Bist du … mit jemandem hier?«

»Nein. Ich bin nur so herumgelaufen. Wir sind gerade erst hergezogen. Nach Windheim.« Wenn ich ihr erzähle, dass der Wind mich auf den Friedhof gejagt hat, lacht sie mich garantiert aus, also behalte ich das lieber für mich.

Wie als Antwort auf meine Gedanken fährt ein Windstoß durch die Gasse und wirbelt die Wäsche auf, die die beiden Frauen eben aufgehängt haben. Hilde schaut zu dem Schimmel, aber der streckt nur seine Nase in den Wind und scheint zu träumen.

»Ich wollte nicht …«, fange ich an und werde bestimmt furchtbar rot dabei. Was muss sie von mir denken? Eine Fremde, die einfach so herkommt und auf ihr Pferd steigen will?

»Schon gut«, flüstert Hilde und schüttelt ganz leicht den Kopf. »Er ist manchmal ein bisschen … aufdringlich. Ich hätte besser aufpassen müssen.«

»Dann ist er dein Pferd?« Fasziniert betrachte ich den Schimmel. Wenn ich so ein Pferd hätte, würde ich auch nicht zulassen, dass Fremde einfach so auf seinen Rücken klettern!

»Ja.« Hilde streckt die Hand aus und legt sie behutsam auf seine Nase. »Er gehört zu mir.«

»Sein voller Name ist Luna«, sagt Irma. »Weil wir ihn in einer Mondnacht gefangen haben.«

»Gefangen?«, frage ich, aber in dem Moment laufen zwei weitere Kinder zwischen den Häusern entlang, zwei Jungen, die etwas rufen, was ich nicht verstehe.

»Es gibt Bananen!« Irma springt aufgeregt auf und ab. »Kommt, kommt, kommt!«

Ich bleibe unsicher stehen, aber Hilde nimmt mich einfach an die Hand. »Komm mit! Wenn du schon hier bist, kannst du auch mitessen. Wir haben immer genug für alle.«

Sie zieht mich mit und wir rennen über die Schotterwege. Von überall kommen Kinder aus den Gassen gelaufen oder springen vom Dachvorsprung in Blumenbeete und alle rufen und lachen durcheinander. Hier ist es kein bisschen still. Zwei Frauen, die schwer aussehende Körbe schleppen, weichen kopfschüttelnd aus, als die Kinderschar durch die Gasse strömt. Ich merke, dass ich ganz von selbst mit ihnen laufen, es ist wie ein Strom, der mich mitreißt, und auf einmal bin ich sicher, dass es in Windheim doch schön sein kann und ich Freunde finden werde!

Die Schotterstraße macht einen Bogen, und dann stehen wir plötzlich auf einem riesigen, gepflasterten Platz, wo ein so langer Tisch aufgebaut ist, dass ich kaum bis zu seinem Ende schauen kann. Davor stehen Holzbänke mit weichen Kuschelfellen und auf dem Tisch dampft es aus gusseisernen Pfannen. Es riecht süß und würzig zugleich, und ich wehre mich nicht, als Hilde mich zu einer der Bänke zieht und mir einen Tonteller hinschiebt.

Meine Nase hatte recht: Es gibt tatsächlich gebackene Bananen, die in einem gelblichen Sud schwimmen und so sehr duften, dass es mir fast den Magen zerreißt.

»Was ist das?«, frage ich Hilde.

Sie rutscht näher zu mir. »Waldhonig.«

Ich beobachte die anderen Kinder. Ein paar von ihnen schauen mich neugierig an, aber die meisten sind damit beschäftigt, ihre Honigbanane in sich hineinzustopfen.

»Ich esse meine Banane immer mit Nutella«, erzähle ich und probiere ebenfalls ein Stück. Es schmeckt nicht so süß, wie ich gedacht habe – irgendwas ist da noch mit drin, ein kräftiges Gewürz oder etwas, was wie Käse riecht. Aber höllisch gut.

»Nutella?«, fragt Irma neugierig. »Was ist das?«

»Du kennst kein Nutella?« Entgeistert starre ich sie an. »Echt jetzt?«

Sie schüttelt den Kopf.

»Dann musst du mal zu mir kommen.« Ich deute in die Richtung, in der ich Lisbeths Haus vermute. »Und dann essen wir Nutellabanane.«

»Das machen wir bestimmt«, antwortet Hilde und sieht Irma streng an. »Sag mal, Irma, musst du nicht heute noch dein Zimmer aufräumen?«

Irma grinst bis über beide Ohren. »Jaa, später!«

»Das hast du vorhin auch schon gesagt.«

»Zuerst muss ich noch etwas anderes erledigen!«

Irma springt auf, läuft an den Sitzbänken entlang und zieht eine Vase vom Tisch, die voller winzig kleiner Federblumen ist. Sie angelt zwei davon heraus, bricht den Stiel ab und kommt damit zu mir zurück. Dann stellt sie sich hinter mich, macht meinen Zopf auf und fängt an, die Blumen hineinzuflechten.

»Jetzt siehst du schön aus.« Sie kichert und nickt zufrieden.

Nach dem klebrigen Essen laufen alle zum Brunnen, wo man eine Pumpe bewegen muss, damit Wasser in ein großes Steinbecken läuft.

»Das Wasser kannst du ruhig trinken«, sagt Hilde zu mir. »Es kommt direkt von der geheimen Quelle.«

Was für eine geheime Quelle? Aber ich vergesse die Frage in

dem Moment, als ich das Wasser trinke. Eigentlich schmeckt Wasser ja immer gleich, solange es keine Kohlensäure hat. Wie Wasser eben. Dieses Wasser ist anders. Es fließt langsamer die Kehle hinunter, und als ich schlucke, merke ich, wie mein ganzer Körper vibriert. Als ob ich pures Leben trinken würde.

»Du musst nach Hause«, ruft Hilde plötzlich, während ich gar nicht aufhören kann, meine Hände in das Wasser zu tauchen und Wasser in meinen Mund zu schöpfen. »Die Sonne geht bald unter.«

»Oh. Dann sollte ich wirklich zurück.« Ich schaue in den Himmel. Die Sonne versteckt sich hinter ein paar Wolken, aber steht sie tatsächlich schon so tief? Wie lange war ich denn hier?

Wir gehen zusammen den Schotterweg entlang und Irma rennt mit mir den Hügel hinauf um die Wette. Erst als ich zwischen den alten Kastanienbäumen stehe und auf den Friedhof hinabschaue, fällt mir wieder ein, was ich eigentlich gesucht habe.

»Hilde«, frage ich, »habt ihr hier bei euch auch ein schwarzes Pferd? Es ist ein bisschen schmaler als Lun und total schön, mit einem Regenbogenschimmer im Fell.«

Irma macht den Mund auf, aber Hilde legt ihr den Arm um die Schultern und schüttelt den Kopf. »Nein, tut mir leid. Du hast die Pferde ja gesehen, sie sind alle braun. Lun ist der Einzige, der eine andere Farbe hat. Wo hast du das Pferd denn gesehen?«

»Im Wald«, murmle ich. »Aber es war wohl nicht von hier … Ein Junge hat es eingefangen und weggebracht.«

Hilde runzelt die Stirn, aber dann lächelt sie gleich wieder. »War schön, dass du uns besucht hast, Nia!«

»Du kommst doch wieder, oder?« Irma macht sich von Hilde los und springt auf mich zu, um mich zu umarmen.

»Natürlich«, sage ich schnell. »Ich wohne ja jetzt auch hier, ich kann euch noch oft besuchen kommen.«

Sie schauen mir nach, wie ich den Hügel hinunterlaufe, und winken mir zum Abschied hinterher. Die Sonne steht immer noch hoch genug, um mir den Rückweg zu Tante Lisbeths Haus zu zeigen. Warum hatte Hilde denn so eine Eile? Am liebsten wäre ich dortgeblieben.

Wenigstens muss ich nicht wieder durchs Wasser waten. Es gibt eine Brücke aus grauem Stein, ein Stück weiter oben am Fluss, und dahinter eine schmale Straße, die in einem Bogen zu der kleinen Friedhofskapelle zurückführt. Als ich dort ankomme und mich noch mal umdrehe, sind Hilde und Irma schon verschwunden.

10

Das Forstauto gabelt mich auf, als ich den Friedhof eben hinter mir gelassen habe. Eine grimmig dreinschauende Frau kurbelt das Fenster runter und fragt: »Antonia Schmid? Bist du das?«

Verwirrt bleibe ich stehen. »Ähm, ja. Warum?«

»Weil wir dich suchen, Fräulein. Schon seit zwei Stunden.«

»Aber ich bin doch nur …«

»Du solltest mit Carolyn Landmann unterwegs sein. Warst du aber nicht. Sie konnte uns auch nicht sagen, wo du hingegangen bist, und als du nach Stunden immer noch nicht zurück warst, hat ihre Mutter uns angerufen.«

»Caros Mutter?« Ich kann es nicht glauben. Die Försterin schaut so böse, dass ich kleinlaut frage: »Kriege ich jetzt Ärger?«

»Das hoffe ich mal!« Sie steigt aus, reißt die hintere Wagentür auf und bedeutet mir einzusteigen. »Rein mit dir! Ich fahre dich nach Hause.«

Kurz habe ich ein mulmiges Gefühl – immerhin kenne ich die Frau nicht, und nur weil sie wie eine echte Försterin aussieht und ein Forstauto fährt, heißt das ja noch lange nicht, dass sie auch wirklich eine Försterin ist! Aber dann fällt mir ein, dass sie mit Caro und ihrer Mutter gesprochen hat und ihre ganze Geschichte irgendwie glaubwürdig klingt. Bevor die Försterin zu ungeduldig wird, steige ich in den Wagen und schnalle mich schnell an.

»Hat man dir nicht gesagt, dass man im Wald besser auf den Wegen bleibt?«, fragt sie, als sie ruckartig losfährt. »Der Windheimer Wald ist kein Spielplatz.«

»Schon«, murmle ich. »Aber ich war ja gar nicht im Wald, ich war nur bei den Pferden.«

»Welchen Pferden?« Die Försterin schaut mich überrascht im Rückspiegel an. »Bist du etwa mit jemandem mitgefahren?«

»Nein«, sage ich schnell. »Hingelaufen. Gleich dort hinten.«

»Aha.« Die Försterin verdreht die Augen. »Pferde also, na prima.«

Wir halten vor dem Gasthaus »Zum Alten Böhmwind«, wo sich eine kleine Traube an Menschen versammelt hat. Sofort springt eine ältere Frau auf und rennt auf das Forstauto zu.

»Und? Haben Sie … oh, Gott sei Dank!«

»Habe ich dir ja gesagt.« Die Försterin lächelt beruhigend. »Sie hat nur einen kleinen Spaziergang gemacht.«

Ich steige aus, und die Frau, die eben so erleichtert war, kommt zu mir und nimmt mich fest in den Arm. »Lauf nicht in den Wäldern herum, Kleine. Versprich mir das, ja? Bitte, mach das nie wieder!«

Verwirrt schaue ich mich um. Ich kenne die Menschen nicht, die hier auf mich gewartet haben. Dann entdecke ich Sammy und Ben, ganz hinten auf den Stufen vor dem Gasthaus. Sie kommen nur zögerlich durch die Menge nach vorn und bleiben unsicher neben der älteren Frau stehen, die mich so fest umarmt hat.

»Sie ist wieder aufgetaucht«, murmeln die Leute, und: »Es ist ihr nichts passiert!«

Einer nach dem anderen verlässt den Platz vor dem Gasthaus. Die alte Frau kann mich gar nicht loslassen, so erleichtert scheint sie, dass ich heil wieder da bin. Sie trägt eine Schürze – ob sie die Wirtin vom »Alten Böhmwind« ist?

»Wenn du in den Wald gehst, bleib auf den Wegen«, warnt mich die Försterin aus ihrem Auto und schaut die Wirtin intensiv an. Ben murmelt etwas, und die Försterin tippt sich an ihren Hut, kurbelt das Fenster hoch und rauscht davon. Sammy schiebt die Hände in die Taschen ihrer Jacke und blinzelt mich auffordernd an.

»Ich bin so froh, dass alles gut ausgegangen ist«, sagt die alte Wirtin und tritt zurück. »Passt gut auf das Mädchen auf, ja?«

Ben und Sammy tauschen einen Blick. Ich kann das Unbehagen der beiden spüren, also lächle ich nur höflich und schließe mich ihnen an.

Die Sonne – sie ist immer noch da. Als glutroter Leuchtball steht sie über den Baumwipfeln, weil der Sonnenuntergang im Sommer ewig dauert. Ich hätte also noch endlos Zeit gehabt zurückzulaufen. Ewig.

Ben erklärt den Schaulustigen vor dem Gasthaus, dass alles nur ein Missverständnis war, und verdreht die Augen, als wir endlich in die aufziehende Dunkelheit laufen.

»Diese Leute hier«, murmelt er und legt den Arm um Sammy, »die reden wirres Zeug. Man darf das nicht alles so ernst nehmen. Manchmal denken sie sich auch Sachen aus, damit dieses langweilige Nest interessanter wird. Für die Touristen.«

»Dass ein Junge im Wald verschwunden ist, haben sie sich nicht ausgedacht«, gibt Sammy zurück. »Irgendwas stimmt doch hier nicht.«

»In Großstädten verschwinden auch Kinder.« Ben zieht Sammy und mich mit sich. »Das ist zwanzig Jahre her! Komm schon. Mehr als ihren Wald haben sie doch nicht. Und ihre Geschichten natürlich.«

»Mensch, war das peinlich, mit all diesen Leuten auf dich zu warten!« Sammy verschränkt die Arme über ihrem Bauch und schaut mich streng an. »Es reicht echt, dass wir auf diese alte Tante aufpassen müssen.«

»Ich mache euch keinen Ärger mehr«, sage ich schnell.

»Wo warst du denn überhaupt?«

»Ich habe ein Mädchen kennengelernt. Sie haben Pferde direkt hinter ihrem Haus stehen, und dann hat sie mich noch eingeladen, Honigbanane mit ihnen zu essen.«

»Hier? In Windheim?«

»Hm.«

Ben wirft die Arme in die Luft und schaut Sammy an. »Na also! Dann ist doch alles cool. Wir verpassen Nia keinen Hausarrest, bloß weil die Leute hier mit ihren komischen Legenden herumspinnen! Wäre ja noch schöner.«

Sammy fröstelt und Ben zieht seinen Pullover aus und legt ihn ihr um die Schultern. Mir ist auch kalt, aber ich versuche, mir nichts anmerken zu lassen. Tiefe Schatten senken sich auf Windheim, legen sich um die Häuser und wickeln Bäume und Sträucher ein. Wie dunkel es hier wird! Hinter ein paar Fenstern brennt Licht, aber die meisten Häuser sind schwarz und stumm. Die Straßenbeleuchtung ist so spärlich, dass wir von Schatten zu Schatten laufen. Ich höre Ben mit Sammy flüstern, und dann höre ich noch etwas: fremde Schritte.

Ich bleibe stehen und versuche, in der Dunkelheit etwas zu erkennen, aber wen immer ich gehört habe, er wird von der Nacht versteckt. Wieso stellen die hier nicht mehr Lampen auf? Die Antwort darauf ist einfach: weil es sich nicht lohnt. Weil sowieso niemand nachts draußen rumläuft, wohin auch? Es gibt hier ja nichts, noch nicht einmal ein Kino.

Ich schüttle den Kopf. Da sagen sie, der Wald wäre unheimlich. Schwarze Straßen sind mindestens so daneben.

»Nia! Kommst du?« Sammys Stimme. Viel zu laut in der dunklen Stille.

Wieder laufe ich los, zwei Schritte, dann pralle ich mit voller Wucht gegen einen fremden Körper. Unsere Köpfe knallen aneinander und etwas fällt polternd zu Boden.

»Entschuldigung«, sage ich hastig.

Der andere flucht und geht vor mir in die Knie, um einzusammeln, was er verloren hat.

»Kann ich helfen?« Ich lasse mich in die Hocke nieder und taste unbeholfen den Boden um meine Füße ab.

»Nein«, fährt mich die dunkle Gestalt an. »Hau einfach ab, ja?«

»Okay, schon gut«, murmle ich und stehe auf.

Ich hätte gern geholfen, aber ich will mich auch nicht in fremde Angelegenheiten mischen. Vorsichtig mache ich zwei Schritte rückwärts, damit ich nicht versehentlich auf eines der heruntergefallenen Dinger trete.

Die Gestalt ist schon fertig mit Aufsammeln und verschwindet ohne ein Wort in die Richtung, aus der ich gekommen bin. Na toll, war das jetzt meine Schuld? Der hat mich doch genauso umgerannt wie ich ihn! Was stimmt nicht mit diesen Windheimern, dass die immer gleich so austicken?

»Nia!«

Sammy ist auch sauer, aber sie hat immerhin einen Grund. Schnell laufe ich los, bleibe aber mit dem Fuß an etwas hängen und stolpere. Als ich mich bücke, berühren meine Finger etwas Weiches. Die geheime Beute, die der unfreundliche Typ eben verloren hat! Ich will sie schon mit dem Fuß zur Seite kicken, aber dann bücke ich mich doch und hebe den Gegenstand auf. Er wiegt quasi nichts, obwohl er etwa so groß ist wie mein Turnschuh.

Ich wickle das Ding in meinen Pullover, blinzle die Dunkelheit weg und haste hinter Ben und Sammy her.

»Tante Lisbeth! Bist du da?« Ben legt den Finger an die Lippen und lauscht in das stille dunkle Haus. »Verdammt«, murmelt er. »Wir müssen uns künftig aufteilen, sodass immer jemand von uns bei ihr ist.«

»Also ehrlich.« Sammy streift sich die Schuhe an der unteren Treppenstufe ab. »Wir können sie ja schlecht in ihrem eigenen Haus einsperren!«

»Nee. Nur auf sie aufpassen.«

»Das kann Nia machen, solange sie Ferien hat.« Sammy grinst mich an. »Da kann sie gleich üben, wie das als Babysitter so ist.«

»Nein danke. Am Ende müssen wir die beiden noch im Wald suchen.« Ben läuft in den Flur und ruft erneut nach Tante Lisbeth. Als er die Tür zum Wohnzimmer aufstößt, bleibt er abrupt stehen. Er dreht sich zu uns um und macht Zeichen, dass alles okay ist. Sammy verdreht die Augen und stapft die Treppe hinauf, ich tappe in den Flur und spähe an Ben vorbei.

Tante Lisbeth sitzt in ihrem Ohrensessel, der noch immer vom Fenster abgewandt steht. Das Fenster steht weit offen, und in ihrer

Hand hält sie ein Glas mit einer Kerze, deren Flackerlicht alles ist, was den düsteren Raum erhellt. Der Schatten der Flamme tanzt ein wenig auf ihrem Gesicht, aber die Bewegung kommt nur von ihrem Atem. Stille erfüllt den Raum, Stille und Dunkelheit.

»Ist alles okay?« Bens leise Stimme. Er bleibt stehen, geht nicht auf Tante Lisbeth zu, will sie nicht stören. Ihre Augen sind offen, aber sie guckt nur starr vor sich hin, als würde sie auf etwas warten – etwas, was sie nur mithilfe der Kerze sehen kann.

»Lisbeth, hey!« Ben macht nun doch einen Schritt auf sie zu.

Tante Lisbeth hebt den Kopf, als wolle sie Ben ansehen. Aber ihre Augen bleiben starr auf die Flamme gerichtet, als wäre ihr Blick daran festgeklebt.

»Sie sind zurück«, flüstert sie. »Sie alle!«

»Wer ist zurück?« Ben geht vor ihr in die Hocke. »Von wem redest du?«

»Sie sind zurück«, wispert Tante Lisbeth mit verlorener Stimme und streckt die Hände mit der Kerze darin aus. »So glaubt mir doch!«

»Alles gut«, tröstet Ben und berührt ihre Hand. »Wir glauben dir ja! Du bist hier in Sicherheit, hörst du? Niemand kann dir was tun.«

Aber Tante Lisbeth antwortet nicht. Reglos sitzt sie da und starrt in die Flamme, und sie rührt sich auch nicht, als Ben die Kerze auspustet und vorsichtig auf dem Boden abstellt. Er tritt hinter sie, schließt das Fenster, dann nimmt er behutsam ihren Arm und führt sie aus dem Zimmer. Er wirft mir einen scharfen Blick zu, als er an mir vorbeikommt, und sofort fühle ich mich ertappt. Ich sollte nicht hier stehen und heimlich zuhören. Auch das sind nicht meine Angelegenheiten.

Ohne ein Geräusch zu machen, husche ich durch den Flur zur Treppe und nach oben und schlüpfe in mein Zimmer.

Seltsame alte Tante. Irgendwie tut sie mir leid, sie scheint so verloren zu sein, gefangen in ihrem Kopf, der alles durcheinanderwirbelt. Wahrscheinlich hat Ben recht und man darf sie wirklich nicht mehr allein lassen. Sie wirkt verwirrt und hilflos.

Ich lehne mich von innen an die Tür und drücke sie ins Schloss. Erst da fällt mir auf, dass ich immer noch meinen Pullirand umklammert halte, in dem der Gegenstand eingewickelt ist, den die Gestalt auf der dunklen Straße verloren hat. Ich lasse den Saum los und der Gegenstand fällt zu Boden.

Was ist das? Ich bücke mich, berühre … Federn … und … Blut?

Angewidert ziehe ich meine Finger zurück. Ja, Blut, tatsächlich! Es klebt an den Federn eines Vogels, auf seiner kleinen Brust. Ein winziges, rundes Loch klafft an der Stelle, wo sein Herz sein muss. Der Vogel ist tot und steif, aber sein Federkleid ist noch weich, und der grau-schwarze Flaum zittert leicht unter meiner Berührung.

Ein toter Vogel. Nein. Ein ganzer Haufen toter Vögel.

Plötzlich bin ich mir sicher, dass ich solche grau-schwarzen Federn schon einmal gesehen habe. Und die Stimme … die Stimme dieser unfreundlichen Gestalt im Dunkeln habe ich ebenfalls schon einmal gehört, aber nicht hier, sondern im Wald.

Der unfreundliche Junge, der das schwarze Pferd mitgenommen hat.

11

Am Morgen schickt Sammy mich ins Dorf zum Einkaufen. Sie kann sich nicht bewegen, sagt sie, weil das Baby die ganze Nacht herumgestrampelt hat und sie überhaupt nicht liegen konnte. Jetzt schläft es endlich, also muss sie zusehen, dass sie auch etwas Schlaf kriegt. Beinahe hätte ich sie gefragt, ob ich als Baby auch so anstrengend war, damals in ihrem Bauch, aber ich kann mir gerade noch auf die Zunge beißen.

Mit der Einkaufstasche in der einen und meinem Faltplan von Windheim in der anderen Hand laufe ich los. Der Himmel ist freundlich heute, ein leichter Wind bläst – ein leiser Wind. Er flüstert durch die Straßen und macht keinen Laut, aber er ist trotzdem da. Spürbar und still.

Eine Frau mit einem Hund kommt mir entgegen. Sie nickt mir zu, der Hund schnüffelt kurz an mir. In einem Garten sehe ich zwei alte Männer, die ein Brettspiel machen, daneben eine Frau mit grauen Haaren, die auf einer Liege sitzt und strickt.

Friedlich.

Und still.

Im Ortskern parken nur wenige Autos vor einem Café. Ich gucke wieder auf meinen Plan. Der einzige Laden, der Lebensmittel führt, hat noch geschlossen. Sammy schläft, und Ben ist mit Tante Lisbeth zu der Pflegerin gefahren, die sie bisher betreut hat. Er will fragen, was wir mit ihr anstellen sollen – was sie braucht und so weiter.

Sie kümmern sich um Tante Lisbeth, aber mich haben sie vergessen. Und bald werden sie sich um das Baby kümmern und auch Tante Lisbeth vergessen.

Ich setze mich auf die Stufen vor dem Laden und schaue auf die große Turmuhr an der Kirche. Noch über eine halbe Stunde! So lange hier sitzen und warten? Nein danke. Ich stehe wieder auf, laufe los – in irgendeine Richtung. Es ist egal, wohin ich gehe, solange es nur nicht der Wald ist. Der Wald …

Wieder schaue ich auf meinen Plan. Plötzlich weiß ich, wohin ich will. Und diesmal lasse ich mich nicht so einfach abwimmeln!

Der Weg durch die Sonnenfelder zum Reiterhof ist so gut ausgeschildert, da kann ich mich gar nicht verlaufen. Ein bisschen wünsche ich mir trotzdem, Caro wäre bei mir, aber Caro ist wahrscheinlich immer noch sauer auf mich. Sie hat mir das mit dem Pferd im Wald von Anfang an nicht geglaubt, also warum sollte sie mir jetzt helfen, es zu finden? Okay, hätte ich so eine Geschichte geglaubt? Nein. Ziemlich sicher nicht.

Vor dem Stall parken heute einige Autos, alle mit fremden Kennzeichen, und eine dicke Frau stopft gerade Kekspackungen und Müsliriegel in ihren Rucksack. Ich laufe um das Auto herum und schlüpfe durch den Torbogen.

Da stehen sie, die gemütlichen Schecken mit ihren dick behaarten Füßen. Sie tragen Sättel und einfache Zäume, an denen Zügel baumeln, über ihren Halftern. Irgendwie sehen sie alle echt niedlich aus, aber auch schläfrig und so, als hätten sie das langweiligste Pferdeleben überhaupt. Ich halte Ausschau nach ihrem Besitzer, kann ihn aber nirgends entdecken, also ducke ich mich unter dem Zaun durch, an dem die Pferde angebunden sind, und streichle dem ersten den Hals.

Das Pferd aus dem Stall scheint nicht darunter zu sein.

Ob ich mich ungesehen an denen vorbeischleichen kann? Wie es aussieht, werden die Pferde gleich vom Hof geritten. Eine Gruppe von Touristen steht vor dem Anbinder, probiert Helme auf oder schlüpft in Reitstiefel.

»Ihr dürft sie losbinden. Und aufsitzen!«

Erschrocken zucke ich zusammen. Die Stimme gehört dem Mann, der mich zusammengepfiffen hat – diesem Anno. Ich erkenne ihn sofort. Er ist hager, ziemlich groß und trägt seine Haare zu einem Pferdeschwanz gebunden, genau wie letztes Mal.

Augenblicklich verstecke ich mich hinter dem schwarz-weiß gescheckten Pferd und will gerade davonhuschen, da sagt Anno: »Wer weiß, vielleicht begegnen wir heute tatsächlich einem Windpferd!«

Ich bleibe stehen, wo ich bin. Was haben die vor? Caro hat doch gesagt, Windpferde sind nichts als eine Legende, eine Geschichte für Touristen. Keine echten Pferde. Stimmt das gar nicht? Aber was genau sind diese Windpferde? Eigentlich weiß ich gar nichts über sie, ich kenne noch nicht einmal die Geschichten. Ob ich versuchen soll …

»Du brauchst einen Helm.« Anno steht vor mir, mustert mich flüchtig. Erkennt er mich gar nicht? Wahrscheinlich denkt er, dass ich zu der dicken Frau mit den Keksen gehöre, die steht nämlich direkt hinter mir. Er geht zu einem Schrank, sucht darin herum und reicht mir einen geflickten Fahrradhelm, den ich zumindest auf meine Größe einstellen kann.

Wenn sie weg sind, könnte ich nach dem Pferd im Stall gucken! Aber die Versuchung, mehr über die Windpferde rauszufinden, ist zu groß. Ich setze mir den Helm auf den Kopf und binde den schwarz-weißen Schecken los.

»Warte mal!«

Ich wirble herum. Anno, schon auf einem der Pferde, reitet ganz nah an mich heran. Oh nein. Er hat mich doch erkannt, und jetzt lässt er mich nicht mitreiten, weil ich herumspioniert habe! Ich merke, wie ich rot werde. Er wird mich davonjagen, so wie beim letzten Mal, ganz bestimmt!

»Du hast noch gar nicht gezahlt, oder?«

»Ähm … nein.«

»Gezahlt wird vor dem Reiten.« Er hält die Hand auf und streckt sie mir entgegen. »Macht fünfundvierzig!«

Ich schlucke. So viel! Das Geld in meiner Jackentasche fällt mir ein. Die Einkäufe für Sammy. Die wird mich umbringen. Ich krame den Fünfziger heraus und reiche ihn Anno. Der zieht einen Packen Scheine aus der Hosentasche, fummelt einen Fünfer heraus, gibt ihn mir und stopft den Rest achtlos wieder zurück. Dann wendet er sein Pferd und ich gehöre zur Truppe.

Hat er mich wirklich nicht erkannt? Vielleicht ist es ihm auch egal, wer ich bin. Schließlich bin ich jetzt ja unter seiner Kontrolle.

Die Leute klettern alle ziemlich unbeholfen in die Sättel, aber die Pferde scheint das nicht zu stören. Bestimmt sind sie nichts anderes gewohnt. Ich merke, wie sich der Schecke unter mir anspannt und dann relativ schnell abschnaubt, als er merkt, dass ich ihm nicht in den Rücken krache. Ich brauche keine Zügel, er geht ganz von allein den anderen hinterher.

Mit Reiten hat der Ausflug echt nichts zu tun – wir werden lediglich von Lebewesen transportiert. Aber alles ist besser als rostige Fahrräder, die einen abwerfen, wenn man sich in Gruselwäldern verirrt.

Ich versuche, ganz ruhig zu sitzen, damit ich den Schecken nicht störe. Okay, wahrscheinlich bin ich dem total egal. Wir reiten zwischen zwei Weizenfeldern hindurch, die im Morgenlicht schimmern wie geschmolzenes Gold. Der Wind rauscht durch die Ähren, es klingt, als wären wir am Meer. Ich muss nichts tun, nicht reiten, aber es ist trotzdem cool, so dahingetragen zu werden. Ich streichle meinem Pferd – von dem ich nicht mal den Namen weiß, falls es überhaupt einen hat – den Hals und lege die Zügel auf seiner Mähne ab, damit ich die Arme ausbreiten kann. Am liebsten würde ich eine Runde traben oder galoppieren, aber dafür fehlt diesem Pferd eindeutig die Energie.

Vor uns ragen die Bäume hoch auf und bilden einen Tunnel mitten hinein in dichten, düsteren Wald. Auf einmal ist mir kühl auf der Haut. Zum Glück scheut mein Pferd nicht vor den Schatten im grünen Schummerlicht.

Ganz vorn dreht sich Anno zu uns um. Er stoppt sein Pferd, und wie bei einem Jahrmarktszug halten auch all die anderen Pferde an, ganz von allein.

»Wir tauchen nun ein in das Geheimnis dieses Waldes. Ich muss euch warnen, ihr werdet Dinge hören, die ihr nie wieder vergesst! Deshalb bleibt dicht zusammen, fallt nicht zurück, und vor allem: Verlasst auf keinen Fall die befestigten Wege.«

Einen Moment ist es sehr still. Alle lauschen in den Wald. Bis eines der Pferde pupst und die dicke Frau vor mir knackend in einen ihrer Kekse beißt.

Anno macht eine ausladende Handbewegung. »Vor zweihundert Jahren wimmelte es in diesem Wald von geheimnisvollen Pferden, die verborgen zwischen den Hügeln lebten. Sie besaßen eine unglaubliche Kraft und konnten jeden, der sie ritt, unbesiegbar machen. Weil jedoch kaum jemand diese Pferde je zu Gesicht bekam, nannte man sie die Pferde des Windes.«

Einer der Reiter weiter vorn meldet sich, wie in der Schule. »Aber wenn niemand sie je zu Gesicht bekommen hat, woher weiß man dann, dass es sie gab?«

»Nun ja.« Anno sieht sich unbehaglich um. Er erzählt die Geschichte bestimmt jeden Tag dreimal und spielt das nur, aber er macht es ziemlich gut. »Um das herauszufinden, sind wir hier.«

Anno reitet wieder los und auch unsere Pferde setzen sich träge in Bewegung.

»Die Windpferde lebten in Einklang mit der Sonne und den Schatten, schliefen auf dem Moos des Waldbodens, tranken aus den Bächen und Quellen und rannten auf den weiten, unentdeckten Hochebenen mit dem Wind um die Wette. Man hätte sie vermutlich für gewöhnliche Wildpferde gehalten, wäre da nicht diese eine Besonderheit gewesen: Ihr ganzer Körper war bedeckt von winzigen schimmernden Federn.«

Der Wald um uns wird immer dichter. Oder bilde ich mir das ein? Nein, ich kann Blätter von den Bäumen zupfen. Und immer wieder bleibt mein Fahrradhelm an einem der Äste über mir hängen. Der Wald schließt sich um uns und plötzlich wird mir komisch im Magen. Dieser Anno, wo reitet der eigentlich mit uns hin?

»Da!« Die dicke Frau vor mir rutscht beinahe vom Pferd, als sie ihren Arm ausstreckt und ins Dickicht zeigt. Wir bleiben wieder stehen, und ich beuge mich vor, um besser sehen zu können …

Im Wald vor uns steht ein Pferd. Ein riesiges helles Tier mit schillernder Mähne und einem Körper, der über und über mit silbergrauen Federn bedeckt ist, und ich muss an den Vogel denken, den toten Vogel, der immer noch in meinem Zimmer liegt. Das Pferd starrt mich an, aus dem Gestrüpp heraus, mit dunklen, schwimmenden Augen.

Lebende Augen.

Ein Pferd im Wald.

Nur ein Pferd.

Ich kriege kaum Luft. Mein Hals ist wie zugeschnürt, ich kann den Blick nicht abwenden von diesem Pferd! Warum bewegt es sich gar nicht? Es steht komplett still, sein seltsam starrer Blick klebt an uns.

Die Gruppe setzt sich wieder in Bewegung. Wie können sie einfach weiterreiten? Ich nehme die Zügel an, bis mein Pferd steht, und springe aus dem Sattel. Dieses Pferd, ich muss es mir aus der Nähe angucken, ich muss einfach! Ohne auf den Weg zu achten, stolpere ich ins Dickicht. Hinter mir ruft die dicke Frau etwas, aber ich habe nur Augen für dieses Federpferd. Wind summt, hier mitten im dichten Wald. Die Federn plustern sich ganz leicht, und ich strecke meine Hand aus, berühre …

»Mensch, Mädchen. Was machst du denn da?« Anno steht plötzlich hinter mir, packt mich am Arm. »Keiner verlässt die Wege!«

»Ich wollte doch nur …«

Etwas stimmt nicht mit diesem Pferd. Jetzt sehe ich es auch. Ich weiß es in dem Augenblick, als Anno mit der flachen Hand auf das Federkleid klatscht.

»Ist doch nicht echt! Was hast du denn gedacht? Das ist nur eine Figur, eine Puppe.«

Ich fasse die Federn an. Ja klar. Natürlich. Man sieht es deutlich, die Federn sind an den Kielen aufgesteckt. Und die Augen gucken mich auch nicht an, sie starren ins Nichts, wenn man genau darauf achtet. Das Waldlicht hat sich auf der glatten Oberfläche gespiegelt und es so wirken lassen, als würden sie mich ansehen.

Dafür starren mich nun alle anderen an. Die Touristen und die gescheckten Pferde. Und ich komme mir so was von dumm vor, dass ich am liebsten im Waldboden versinken möchte.

»Es hat nur … es hat so echt ausgesehen.«

Anno lässt mich erst los, als wir vor meinem Pferd stehen, und er wartet neben mir, bis ich wieder fest im Sattel sitze.

»Das soll es ja auch. Trotzdem bleibst du oben, ist das klar?« Er nimmt mein Pferd am Zügel und reiht es hinter seinem ein, damit er auf mich aufpassen kann. Spätestens jetzt weiß er bestimmt wieder, wer ich bin.

»Windpferde lebten versteckt in den Wäldern«, fährt Anno fort. »Aber sie waren so scheu, dass die Menschen sie kaum jemals zu Gesicht bekamen. Doch man erzählte sich Geschichten von ihren geheimnisvollen Fähigkeiten, und irgendwann machte sich eine Gruppe mutiger Männer auf den Weg, um eines von ihnen zu fangen.«

Wir kommen an einem Netz vorbei, das zwischen den Bäumen hängt. Es ist so dünn, dass man es nur deswegen wahrnimmt, weil sich ein riesiger Vogel (nein, kein echter – diesmal sehe ich sofort, dass es sich um eine Holzfigur handelt) darin verfangen hat.

»Mit Stricken und Peitschen trieben sie das Wesen aus dem Wald und sperrten es in eine Hütte. Dort versuchten sie, es zu zähmen.«

»Und haben sie es geschafft?«, fragt der Mann, der sich vorhin gemeldet hat.

»Oh ja.« Annos Stimme wird leiser, düsterer. »Es war sogar ziemlich leicht. Das Pferd ließ willig alles mit sich machen, und schon bald fingen sie an, es zu reiten.«

»Was ist dann passiert?«, fragt jemand von weiter hinten.

Anno presst die Lippen aufeinander und guckt alle Reiter der Reihe nach an, bevor er antwortet. »Rein gar nichts. Das Pferd benahm sich so artig, dass sie schon bald nicht mehr an seinen Zauber glaubten. Allem Anschein nach war es doch nur ein gewöhnliches Pferd.«

Ein Geräusch schwirrt durch den Wald. Ein Raunen, dann ein Flüstern und dazwischen das Schlagen von Hufen auf Holz …

»Lasst ihn frei«, ruft eine Stimme. »Er nützt uns nicht!«

»Nein«, wirft eine andere Stimme ein. »Noch ein letzter Versuch. Sieh ihn dir doch nur an! Er verbirgt etwas, ich weiß es genau!«

Zwischen den Bäumen steht eine Holzhütte mit verwittertem Dach. Eine dicke Kette ist einmal außen herumgeschlungen und mit einem Schloss vor dem Eingang gesichert.

»Brauchst keine Angst zu haben«, brummt Anno mir zu. »Die Stimmen kommen aus dem Lautsprecher. Bewegungsmelder.«

Die Touristen finden dieses Schauspiel anscheinend ziemlich amüsant. Ich grusle mich eher. Haben die Menschen damals wirklich ein Pferd aus dem Wald gefangen und in eine so kleine Hütte gesperrt? Und was haben sie bloß mit ihm angestellt, dass es so friedlich war?

»Doch eines Nachts kam eine Gruppe Halbwüchsiger und drang heimlich in die Hütte ein. Sie waren neugierig, wollten selbst sehen, was es mit dem geheimnisvollen Pferd aus dem Wald auf sich hatte.«

Anno schwingt sein Bein über den Rücken seines Pferdes, sodass er verkehrt herum im Sattel sitzt und uns ansehen kann.

»Sie sattelten und trensten es, und einer der Jungen stieg auf seinen Rücken, um es zu reiten. Zuerst geschah nichts Ungewöhnliches. Der Hengst trug den Jungen Runde um Runde durch den Wald, bis der übermütig wurde und schneller reiten wollte. Eine Empfindung hatte von ihm Besitz ergriffen, er fühlte sich plötzlich so stark, dass er glaubte, über alles herrschen zu können. So gingen sie raus auf die Hochebene. Und dort geschah es.« Anno macht eine kunstvolle Pause. »Das seltsame Federpferd bäumte sich plötzlich auf, schien größer zu werden und rannte los. Es rannte so schnell, dass die anderen ihm nicht mal mit den Augen folgen konnten, und nahm den Jungen mit sich fort.«

»Also waren die Windpferde gefährlich«, sagt eine Frau hinter mir. »Und böse.«

»Gefährlich ja.« Anno nickt. »Aber nicht böse. Solange man sie in Ruhe ließ.«

»Und was passierte mit dem Jungen? Ist er je wieder aufgetaucht?«

»Er kam zurück«, sagt Anno düster. »Aber er hatte sich verändert. Seine Lebenskraft war aus ihm gewichen, sein Körper war bloß noch eine gebrechliche Hülle ohne Energie. Das war der Preis, den er zahlen musste für seinen Übermut.«

»Was haben die Leute gemacht?«, will die dicke Frau wissen, die schon wieder auf einem Keks herumkaut. »Haben sie das Pferd gejagt?«

»Nicht nur dieses eine. Sie haben sie alle gejagt, bis auf das letzte. Auf dieser Wiese haben sie die Windpferde zusammengetrieben und sie in nur einer Nacht ausgelöscht.«

Der Wald öffnet sich urplötzlich und wir reiten auf eine Lichtung. Es ist die Lichtung mit dem Felsen in der Mitte, dem Stein in Form eines riesigen schlafenden Pferdes.

»Der Boden an diesem Ort ist getränkt mit ihrem Blut und gesättigt mit ihren Knochen. Die Federn hat man dem Wind übergeben, der seitdem unbarmherzig über unsere Wälder wacht.« Annos Pferd bleibt vor dem Felsen stehen und Anno breitet die Arme aus. »Kein Ort der Welt wurde von mehr Energie durchdrungen als dieser Boden. Die letzte Ruhestätte der Windpferde.«

Er springt vom Rücken seines Pferdes, lässt es einfach los und geht zu der kleinen Treppe, die seitlich in das Steinpferd eingeschlagen ist.

»Spürt ihr sie? Ihre Energie?«, ruft er laut und stellt sich so, dass der Wind sein Hemd aufbläht und lose Haarsträhnen herumwirbelt.

Die Touristen klettern von ihren Pferden und folgen ihm auf den Felsen, einer nach dem anderen. Nur die dicke Frau und ich bleiben zurück. Sie ist offenbar der Meinung, für heute hat sie sich genug angestrengt.

Ich habe immer noch eine Gänsehaut von Annos Geschichte. Aber es ist wie mit dem Pferd im Wald: Die Federn waren echt, seine Augen waren es nicht. All das Gerede. Wie viel davon ist wahr? Oder gehört das alles zu einer erfundenen Geschichte?

Ich weiß nur eins: Dieser Ort verströmt keine besondere Energie. Also entweder haben die Windheimer sich all das nur ausgedacht – oder die Geschichte hat in Wahrheit ein anderes Ende.

12

Wir bleiben fast eine Stunde bei dem Felsenpferd, und ich sehe zu, wie die anderen Leute darauf herumklettern und sich auf die Kanten hocken und ihre Gesichter in die Sonne recken. Sie spüren alle das, was Anno ihnen erzählt – eine Kraft, die sie nicht sehen können, die aber da ist und sie auf geheimnisvolle Art erfüllt. Ziemlich bescheuert, wenn man mich fragt. Aber natürlich fragt mich niemand.

Als wir endlich weiterreiten, knurrt mein Magen so laut, dass mich die dicke Frau überrascht ansieht und mir ohne Worte einen ihrer Kekse anbietet.

Unsere Pferde dümpeln dahin. Sie kennen den Weg auswendig, und sie machen keinen Schritt zu viel oder gar zu schnell, darauf kann Anno sich verlassen. Er braucht nicht einmal nachzusehen, ob ihm noch alle folgen – die Pferde tun es von selbst, wie Lemminge.

Wieder muss ich an das Pferd im Stall denken. Es war anders als diese hier. Es hatte Power!

Zurück führt uns der Weg nicht mehr durch den Wald, sondern am Feldrand entlang, von wo aus wir die Kirchturmspitze und die Häuser von Windheim sehen können. Dichtes Grün umschließt das kleine Dorf, so fest, als wolle es die Häuser jeden Moment verschlucken. Anno erzählt irgendwas von einem Bauern, der früher einmal hier gelebt hat und dem das alles gehörte, die Felder und ein Haufen Tiere, und der ganz plötzlich verschwand und all seinen Besitz zurückließ. Nun gehört es niemandem mehr, und er hat das Land von der Gemeinde Windheim gepachtet, die alles verwaltet.

»Und die Grabstätte?«, fragt die Keksfrau, die kauend vor mir reitet. »Wer hat die errichtet?«

»Niemand.« Anno deutet mit ausgestrecktem Arm in die Richtung. »Nachdem das Blut der Windpferde in den Boden gesickert war, formte der Wind die Felsen zu einem schlafenden Pferd, damit es über ihre Gebeine wachen konnte.«

Wir erreichen den Hof zur Mittagszeit, und alle Gäste scheinen froh zu sein, aus dem Sattel zu kommen, nur ich nicht. Mein Pferd stellt sich ganz von selbst an den Anbinder und reiht sich auf seinem Platz ein. Niemand muss es festbinden oder ihm sagen, was es tun soll – es steht einfach da, schließt die Augen und nutzt die freie Zeit für ein Nickerchen. Ich bleibe noch eine Weile sitzen und streichle seinen Hals, der fest und muskulös ist, aber dann steige ich doch ab, öffne den Sattelgurt und ziehe den Sattel von seinem Rücken.

»Was machst du da?« Anno steht plötzlich neben mir, reißt mir den Sattel aus der Hand und pfeffert ihn zurück auf den Rücken des Schecken. Der zuckt zusammen, lässt aber gleich wieder den Kopf sinken und schläft ergeben weiter.

»Ich dachte … Kommen die Pferde nicht auf die Weide?«

Anno zerrt den Gurt wieder fest. »Nein. Gleich kommen die

nächsten. Hier«, er reicht mir ein Stück vertrocknetes Brot, »das kannst du ihm geben. Und dann verabschiede dich!«

Der letzte Satz war ein Befehl, eindeutig. Ich verfüttere den harten Kanten und der Schecke kaut mit geschlossenen Augen. Er hat einen kleinen Schnauzbart an der Oberlippe, irgendwie süß.

Ich streichle seinen Kopf, aber Anno wirft mir einen scharfen Blick zu, also lasse ich das Pferd allein und schiebe mich zwischen die anderen Touristen.

Ganz schön heftig für die Pferde, zweimal am Tag so eine Tour zu laufen! Und noch dazu mit völligen Reitanfängern. Wenigstens haben sie am Pferdefelsen Gras gefressen und konnten etwas verschnaufen.

»Noch einen Keks?«

Die dicke Frau hält mir die beinahe aufgebrauchte Packung hin und lächelt mich freundlich an. »Ich glaube ja nicht an diesen Hokuspokus. Aber draußen bei dem Felsen … das war schon unheimlich, als der Wind plötzlich blies.«

»Danke.« Ich nehme noch einen von den Keksen, die wirklich lecker sind, und lächle freundlich zurück. Aus den Augenwinkeln sehe ich, dass Anno mich nicht weiter beobachtet. Vielleicht glaubt er ja, ich gehöre zu der Keksfrau. Umso besser!

Ich tue so, als ob ich es total interessant finde, was sie erzählt (zuerst wollte sie ja nicht nach Windheim, weil ein Wanderausflug so gar nicht ihr Ding ist, aber als sie von den Pferden gehört hat, konnte ihr Mann sie doch noch überreden mitzukommen), und schlendere mit ihr und den anderen Besuchern zum Parkplatz zurück. Als die Autos nach und nach abfahren, drücke ich mich in den Schatten eines Baumes und bleibe dort, bis neue

Touristen ankommen und auf den Hof strömen. Ich rühre mich nicht. Anno ruft etwas, erklärt, wie sie auf die Pferde klettern sollen. Kurz darauf ertönt das Trappeln der Hufe.

Ich warte so lange, bis das Geräusch im Rauschen des Windes untergegangen ist. Dann erst schleiche ich zurück zum Tor, spähe um die Ecke – es ist niemand mehr zu sehen – und husche über den Vorplatz.

Der Stall ist abgeschlossen, ein dickes Eisenschloss baumelt daran. Aber weil Anno nicht hier ist, kann ich es genau wie beim letzten Mal machen, die Tonne vor das Fenster rollen, den Fensterflügel aufkippen und mich am Sims hochziehen. Ich passe gerade so durch die schmale Öffnung und springe auf der staubigen Seite ins Dunkel.

Stille empfängt mich. Ist das Pferd gar nicht hier? Ich muss blinzeln, bis meine Augen sich an das Dämmerlicht gewöhnt haben. Doch, da steht es, in einer ziemlich großen Laufbox, die ebenfalls verriegelt ist. Lange Gitterstäbe laufen bis zur Decke hoch, das Pferd ist in seinem Gefängnis eingeschlossen und kann nur die Nase herausstrecken.

Langsam gehe ich auf das Pferd zu. Mein Herz klopft heftig und schnell, doch etwas … nein, etwas stimmt nicht. Das Pferd ist dunkel, aber es hat einen hellen Schimmer im Fell. Flecken. Ein Schecke!

Die Enttäuschung kriecht in mir hoch wie Magensäure. Das Pferd ist wunderschön mit seinem geschwungenen Kopf, den großen Augen und dem Schopf, der bis auf die Nase hinunterfällt. Aber es ist leider das falsche Pferd.

»He«, flüstere ich ihm zu und schiebe vorsichtig meine Hand

durch die Gitterstäbe. »Tut mir leid, ich habe jemand anders gesucht.«

Das Pferd prustet mich warnend an. Laut und wild. Schnell ziehe ich meine Hand zurück und mache einen Schritt nach hinten und genau in dem Moment schnappt es zu.

»Au! Spinnst du?«

Das Pferd legt die Ohren an und stampft einmal im Kreis. Vielleicht ist es nur sauer, weil es eingesperrt ist? Wäre ich auch, wenn man mich in diesen Käfig stecken würde. Es kriegt hier ja nicht mal richtiges Sonnenlicht ab.

»Was hast du verbrochen, hm?«, frage ich es.

Das Pferd donnert einmal gegen die Gitterstäbe. Dann wiehert es, so laut, dass Anno es bestimmt bis in den Wald hören kann!

»Pssssst«, flüstere ich schnell. »Sei mal besser still!«

Aber das Pferd denkt gar nicht daran. Es verströmt eine solche Energie, dass ich sie im ganzen Raum fühlen kann! Trotzdem muss er sich beruhigen. Hastig schaue ich mich um. Vielleicht finde ich ja was zu fressen für ihn? Ich hebe den Deckel einer Tonne an, doch sie ist leer. Dahinten stehen ein paar Kisten und ein loser Sack, der sieht aus, als ob …

Der Riegel an der Tür quietscht, als jemand von draußen daran rappelt. Oh, verdammt! Das muss Anno sein … Wieso sind die denn so schnell zurück? Ich kann mich hier echt nicht von ihm erwischen lassen, ich muss verschwinden, schnell! Möglichst leise sprinte ich hinter die Kisten, kauere mich in die Schatten und ziehe den Jutesack so, dass er über meinen Kopf fällt. Schon bin ich unsichtbar, zumindest solange niemand auf die Idee kommt, ausgerechnet jetzt hier im Eck etwas zu holen!

Der Riegel bewegt sich. Ich halte die Luft an, lausche auf Annos Stimme. Die Tonne fällt mir wieder ein, direkt unter dem offenen Fenster. Er wird wissen, dass ich hier bin. Mir wird ganz flau im Bauch, aber ich rühre mich nicht, vor lauter Angst, entdeckt zu werden.

Die Tür wird aufgeschoben, Tageslicht flutet den staubigen Stall. Schritte auf dem harten Betonboden, kleine, leichte Schritte – Moment mal, das ist nicht Anno! Erleichtert ziehe ich mir den Sack vom Kopf.

Ein Mädchen steht im Gegenlicht, groß, schlank, mit kurzen dunklen Haaren. Sie steuert genau auf die Box zu und stellt sich dorthin, wo ich eben noch gestanden habe. Das Pferd scheint sie zu kennen, es macht jedenfalls keine Anstalten, sie zu beißen, aber die Ohren hat es immer noch angelegt.

»Krieg dich wieder ein«, sagt das Mädchen zu ihm. »Du hast Anno gehört. Hausarrest bis zum Ende des Monats. Wenn deine Infektion abgeklungen ist, darfst du ja wieder raus.«

Das Pferd explodiert fast. Es steigt, bis seine Hufe beinahe die Decke berühren, und wiehert so schrill, dass es mir in den Ohren klingelt.

Das Mädchen nimmt nun einen Strick, öffnet die Tür und tritt furchtlos in die Box zu dem tobenden Pferd. Sofort steht es still und schiebt ihr seine Nase entgegen. Das Mädchen schließt die Tür, dann lässt es den Strick durch die Luft sausen und scheucht das Pferd im Kreis um sich herum. Zuerst habe ich Angst um sie, das Pferd könnte sie treten oder umrennen – aber es hält seinen Abstand zu ihr, und das Mädchen scheint sich ihrer Sache sehr sicher zu sein. Runde um Runde läuft das Pferd, mal links und mal rechts herum, bis sein Atem dampfend aus seinen Nüstern strömt.

Plötzlich mischt sich ein neues Geräusch unter das Schnaufen des Pferdes – Stimmen, schwatzend und ausgelassen. Oh, verdammter Mist! Die Touristen sind zurück! Hektisch spähe ich um die Ecke. Nein, keine Chance. Da komme ich nicht raus, ohne dass ich dem Mädchen auffalle.

Was nun? Was wird Anno mit mir anstellen, wenn er mich erwischt? Als laute Schritte ertönen, zerre ich den Sack vorsichtshalber wieder über meinen Kopf. Dabei ziehe ich aber versehentlich zu fest an, er rutscht von der obersten Kiste und etwas prasselt genau auf meinen Kopf.

Anno kommt in den Stall gestapft und stößt das Tor noch ein wenig weiter auf. Licht strömt herein, und da sehe ich, was mir über den Kopf gerieselt ist. Ich reiße die Hand hoch und beiße mir auf die Finger, um nicht zu schreien.

In meinem Schoß liegen drei große, nackte Vögel.

13

Ich presse die Finger so fest auf meinen Mund, dass es wehtut. Die toten Vögel starren mich an und ich kann ihre ledrige, kalte Haut an meiner spüren. Mir wird schlecht.

»Na«, höre ich Anno schnarren. »Wie geht es ihm heute?«

»Ganz gut«, antwortet das Mädchen. Sie scheucht das Pferd noch immer in der Laufbox herum, ich kann seine schnellen Huftritte hören. »Wann darf er wieder zu den anderen?«

»Noch eine Weile«, murmelt Anno. »Ich räume die hinteren Kisten raus, dann können wir ihm noch mehr Platz verschaffen.«

»Und du meinst, es wäre wirklich zu gefährlich …«

»Ja«, sagt Anno fest. »Ist es.«

Sie reden nicht mehr, eine Weile höre ich nichts als das gleichmäßige Klopfen der Hufe auf dem weichen Untergrund. Oh Gott, der Geruch dieser toten Vögel bringt mich beinahe um den Verstand! Ich traue mich aber auch nicht, sie von mir runterzuschieben, weil man das bestimmt da vorn hören kann. Wann gehen die nur endlich? Ich lehne mich vor und spähe um die Ecke.

Anno steht im Eingang der Box und beobachtet das Mädchen und das gefleckte Pferd. Es ist keines seiner Touristenpferde, dazu bewegt es sich zu schwungvoll. Warum lässt er das Mädchen mit ihm arbeiten? Und was ist so gefährlich, dass sie das Pferd nicht herauslassen können?

Ich beuge mich noch ein Stückchen weiter vor. Wenn Anno in die Box hineingeht und ich schnell bin, könnte ich hinter ihm …

Der Sack rutscht über meinen Rücken und öffnet sich dabei. Es macht plopp, drei-, vier-, fünfmal, und ein riesiger Haufen grau-schwarzer Federn rieselt zu Boden und deckt die toten Vögel mit einem Daunenbett zu. Igitt, ist das eklig! Ich starre sie an, aber dann schaltet mein Verstand wieder ein, und ich drücke mich, so weit es geht, zwischen die Kisten.

»Was war das?« Anno ist mit ein paar schnellen Schritten bei mir. Aber er guckt nur auf die Bescherung am Boden, er sieht mich nicht, obwohl ich keine fünf Schritte von ihm entfernt kauere!

»Alles okay?«, fragt das Mädchen.

»Hm«, macht Anno und bückt sich, um die Federn mit der flachen Hand zurück in den Sack zu kehren. Die toten Vögel hebt er einzeln auf und lässt sie ebenfalls in dem Sack verschwinden. »Dämliche Nebelkrähen«, murmelt er leise.

Er runzelt die Stirn und wirft einen raschen Blick über seine Schulter, so als würde er sichergehen wollen, dass dieses Mädchen nicht sieht, was er da macht. Dann schleudert er den Sack einmal herum, knotet ihn sorgfältig zu und lässt ihn in einer der Kisten oben auf dem Schrank verschwinden.

Ich kann mein Glück kaum fassen, als er sich danach einfach umdreht und geht, ohne mich zu bemerken!

»Mach nicht mehr zu lange«, knurrt er dem Mädchen zu, das wieder angefangen hat, das Pferd im Kreis laufen zu lassen. Mit langen Schritten verlässt er den Stall.

Ich bleibe in meinem Versteck, bis sich mein Atem beruhigt hat. So knapp … das war so, so knapp! Aber Anno hat mich nicht gesehen, sonst hätte es ein riesiges Donnerwetter gegeben, ganz bestimmt. Als ich mich wieder zwischen den Kisten hervorwage, hat das Mädchen mir den Rücken zugekehrt. Ich ducke mich, drücke mich ganz dicht an der Wand entlang und husche aus dem Stall, bevor ich es mir anders überlegen kann.

Die Sonne scheint, aber warm ist es trotzdem nicht. Zu viel Wind. Ich drehe mich im Kreis, lasse meine Haare zurückwirbeln und drehe sie zu einem Knoten. Dann bücke ich mich, pflücke eine Blume vom Wegrand und binde meine Haare mit ihrem Stiel zusammen.

Ich bin noch immer außer Atem, weil ich so gerannt bin. Weg von diesem Stall, wo das einzige Pferd mit etwas Leben in sich weggesperrt wird, als würde es die Touristen-Lemminge in ihrem Tiefschlaf stören. Nein, das ist fies. Die Pferde können ja nichts dafür, dass sie so abgestumpft und fade sind. Eigentlich waren sie alle bloß unglaublich lieb und rücksichtsvoll. Trotzdem. Das Pferd in dem Stall war anders! Es sah aus wie eines von ihnen, aber in dem brannte noch Feuer. Was es wohl für eine seltsame Infektion hat?

Ich merke erst, wohin ich gehe, als ich schon dort bin. Ganz von allein. Es muss schon mitten am Nachmittag sein, weil die Sonne nicht mehr im Zenit steht. Glitzergoldene Sprenkel fallen auf die Grabsteine des alten Friedhofs wie Tropfen aus purem Licht. Der Wind rauscht durch die riesigen alten Kastanien, als würde er Geschichten erzählen. Auf einmal bin ich ganz sicher, dass ich als Kind öfter hier gewesen bin, mit Tante Lisbeth, und dass sie mir die Geschichten der Leute erzählt hat, die unter den Grabsteinen begraben liegen. Sie kannte so viele von ihnen, und damals fand ich alles aufregend, was mit Friedhöfen zu tun hat.

Ich streife zwischen den Gräbern hindurch und lese dabei die Namen, die darauf stehen. Hildegur, Friedhelm und Mechthild hören sich schon ziemlich an wie aus dem letzten Jahrhundert. Moment, daran erinnere ich mich noch: Die Gräber in Windheim sind tatsächlich sehr alt, weil sie nicht neu vergeben werden, sondern einfach verwittern. Irgendwann sind dann auch Enkel und Urenkel gestorben, und es kümmert sich keiner mehr um das Grab, aber der Tote liegt ja immer noch in der Erde. Diesen Platz darf er behalten, weil nicht genug Leute in Windheim leben, um den Friedhof vollzubekommen. Noch immer gibt es ganze Moosfelder, auf denen nur vereinzelte Grabsteine stehen. Und irgendwie bin ich ja auch mit ihnen verwandt, über viele Ecken natürlich, genau wie Ben.

Ganz am Rand, ein Stück von den übrigen Gräbern entfernt, gibt es noch zwei Steine. Sie sind kleiner als die anderen und rund geschliffen. Zuerst denke ich, es sind Kindergräber, weil sie so winzig sind. Aber sie stehen abseits, weil es kein Todesdatum gibt, dafür ein Geburtsdatum und eine kleine Inschrift, die nur aus einem Wort besteht: *Hoffnung*.

Okay, das ist krass. Aber wie können hier Menschen begraben liegen, die … noch gar nicht gestorben sind? Nein, Blödsinn. Das geht ja gar nicht! Aber dann sind das auch keine Gräber, keine richtigen.

Auf einmal habe ich eine Gänsehaut, weil ich verstehe, was das für Steine sind. Das sind Mahnmale! Erinnerungen aus Stein. Und die Menschen, deren Namen hier draufstehen, die sind nicht tot, sondern vermisst. Vielleicht sind die ja im Wald verschwunden, in dem Teil, den man nicht betreten soll. Ich gehe jetzt doch näher heran. Auf dem einen Stein klebt sogar ein Bild, aber es ist so vergilbt, dass ich kaum etwas erkennen kann. Der Name darauf lautet Paul, der auf dem anderen Johannes. Der Stein von Johannes sieht aus, als würde sich jemand besonders liebevoll darum kümmern, Familie und Angehörige wahrscheinlich. Macht Sinn. Ein Toter braucht keine Blumen mehr. Ein Lebender schon.

Auf einmal habe ich genug von Gräbern und dieser Friedhofsstimmung, ich würde tausendmal lieber mit jemandem reden, jemandem, der mir auch zuhört und dem ich vielleicht sogar von Anno und dem seltsamen eingesperrten Pferd erzählen kann. Aber wem? Caro fällt aus. Die würde eher ziemlich sauer werden, wenn sie mitkriegt, was ich gemacht habe. Als ich hochschaue, fällt mein Blick auf die kleine Steinbrücke, die ein Stück von der Kapelle entfernt über den Fluss führt. Natürlich! Ich besuche jetzt Hilde. Und Irma.

Ich überquere den Fluss, laufe weiter, hoch zu den Kastanien, und sehe mich überrascht um.

War das nicht hier? Ich könnte schwören, dass ich gleich hinter der Kapelle rausgekommen bin, als ich von meinem letzten Besuch zurückgelaufen bin. Doch hier gibt es keine Häuser, nur ein paar Ruinen. Verfallene Steinhaufen, die vielleicht mal Häuser waren, in ihrem vorletzten Leben oder so. Verwirrt gehe ich wieder zurück. Komisch, einen anderen Weg gibt es nicht! Zumindest sehe ich keinen. Aber das kann gar nicht sein, ich bin über eine Brücke gelaufen, diese Brücke, und dahinter war der Teil von Windheim, in dem Hilde wohnt!

Ich gehe ein Stück flussaufwärts, aber da gibt es keine Brücke mehr. Also drehe ich um und renne in die andere Richtung. Auch hier finde ich keine zweite Brücke.

»Das gibt's doch nicht«, murmle ich.

Also doch diese Brücke! Vielleicht sind mir die verfallenen Ruinen vorher bloß nicht aufgefallen? Ich laufe noch einmal hinüber, zwischen den Ruinen hindurch und lande auf einer großen Wiese.

Okay, seltsam. Wie kann man sich derart täuschen? Die Häuser müssen doch hier irgendwo sein, ich bin mir so, so sicher, dass ich beim letzten Mal auf dem Friedhof rausgekommen bin! Gibt es vielleicht noch einen zweiten Friedhof, irgendwo anders? Ja, so wird es sein. Ich bin am falschen Ende von Windheim! Später werde ich Tante Lisbeth danach fragen. Oder Ben.

Ein Windstoß wirbelt ein paar Zweige auf mich zu. Mein Haarknoten geht auf und meine Haare fallen in den Wind. Mit einem Mal ist mir kalt, so richtig eisig. Das ist gruselig, hier bleibe ich keine Sekunde länger!

Aus der hohen Kastanie krächzt es unheilvoll. Ich schaue hoch und sehe zwei grau-schwarze Vögel im Baum sitzen und zu mir herunterstarren. Sind das die Nebelkrähen, von denen Anno gesprochen hat? Und die ich in seinem Stall gefunden habe?

Auf jeden Fall sind es die Vögel, die der Junge verloren hat – der Junge in der Nacht.

14

Am Abend frage ich Lisbeth nach einem anderen, einem zweiten Friedhof.

»Ein zweiter Friedhof?«, wiederholt sie und sieht mich erstaunt an. »Aber nein, Nia. All unsere Toten werden auf demselben Friedhof begraben.«

All unsere Toten … Wie das klingt. In Windheim ist die Sterberate doch mindestens fünfmal so hoch wie die Geburtenrate. Bei dem Durchschnittsalter.

»Und gibt es einen Ort, der so ähnlich aussieht wie der Friedhof?«, nerve ich weiter. »Mit einer Kapelle und so einer Brücke aus Stein?«

Tante Lisbeth schaut aus dem Fenster.

Etwas an ihrer Miene sagt mir, dass ich besser nicht über Friedhöfe mit ihr reden sollte, aber ich will das jetzt wissen, und ich habe ja schließlich nichts über irgendwelche verstorbenen Leute gefragt.

»Die Brücke«, murmelt sie. »Die Brücke führt nirgendwohin.«

»Ich weiß«, sage ich leise. »Aber gibt es noch eine? Irgendwo in Windheim?«

»Oh ja!« Auf einmal hat Lisbeth leuchtende Augen, so als wäre ihr etwas eingefallen, was sie schon lang vergessen hat. »Es gibt noch eine Brücke! Auf der anderen Seite …«

Sie verstummt, ebenso plötzlich geht das Licht in ihren Augen wieder aus, und sie fällt in sich zusammen wie eine Marionette ohne Schnüre.

»Mir … ist … so … schwindlig«, krächzt sie heiser und stolpert ohne ersichtlichen Grund.

»Tante Lisbeth!«

Ich hechte zu ihr und packe ihren Arm. Mit viel Mühe schaffe ich es, sie auf ihren Sessel zu setzen.

Sie zittert, wahrscheinlich vor Anstrengung, also suche ich nach einer Decke, finde eine auf dem Fensterbrett und breite sie behutsam über Lisbeth aus.

»Ist gut«, flüstere ich. »Schon gut. Tut mir leid! Alles gut, du bist hier, zu Hause. Alles gut …«

Ich streichle ihre dünne, zerbrechliche Hand. Irgendwann schläft sie ein, im Sitzen, mit Gänsehaut an den Armen, und ich wickle sie, so gut es geht, in die Decke. So kalt ist es gar nicht, aber Lisbeth ist schon arg dünn. Als ihr Atem ruhiger geht, lösche ich das Licht und verlasse das Zimmer.

Ben sitzt mit Sammy vor dem Laptop und schaut einen Film, den er stoppt, als ich ins Zimmer platze.

»Weißt du, wo es in Windheim …«

»Ach, Nia!« Sammy schaut mich schräg an. »Falls du dich beim Frühstück wunderst: Die Milch ist alle, und wir haben keinen Toast mehr, weil irgendwer vergessen hat, heute einkaufen zu gehen.«

»Ach du Sch…« Das Geld fällt mir wieder ein. Ich fasse an meine hintere Hosentasche, wo noch immer der Restfünfer steckt, den Anno mir wiedergegeben hat. Auweia.

Sammy schaut mich immer noch abwartend an.

»Tut mir leid«, hasple ich kleinlaut. »Hab's total vergessen.«

»Na super.« Sammy schüttelt den Kopf. »Auf dich kann ich mich ja verlassen!«

»Ich kaufe morgen früh ein«, verspreche ich schnell und schaue Ben eindringlich an. »Ich hab nur eine Frage: Wo ist die zweite Steinbrücke? Die so aussieht wie die am Friedhof?«

»Hä, was?« Ben fährt sich durch die Haare. »Keine Ahnung. Ich war schon ewig nicht mehr auf diesem Friedhof.«

»Es muss noch eine geben«, beharre ich. »Und noch eine Kapelle, die so ähnlich aussieht! Wo sind die? Wie komme ich dahin?«

»Nia«, stöhnt Sammy. »Wir sind gerade mitten im Film. Können wir das morgen bereden?«

»Aber …«

»Ich weiß es eh nicht«, sagt Ben. »Frag doch Lisbeth!«

»Hab ich schon«, murre ich. »Die ist eingeschlafen.«

»Dann geh morgen zu Caro, die muss es ja wissen.« Ben lässt seinen Finger über der Tastatur schweben. »Kannst du uns jetzt wieder …«

Ich trete einen Schritt zurück und knalle die Tür zu. Na toll! Und jetzt? Es wird schon dunkel draußen. Ich hätte so gern mit jemandem über das Pferd geredet. Caro erzählt mir sicher nichts darüber, aber auf jeden Fall kann ich sie nach der Brücke fragen.

Als ich die Tür zu meinem Zimmer aufdrücke, fällt etwas zu Boden, ganz leise. Etwas, was in meinen Haaren geklebt hat. Ich bücke mich und hebe es auf.

Es ist eine winzige graue Flaumfeder.

In dem Plan, den Ben mir vor ein paar Tagen gegeben hat, ist gar keine Brücke eingezeichnet, auch nicht die beim Friedhof. Eine Totenstätte interessiert die Wanderer wohl nicht. Dafür ist jede öffentliche Toilette mit einem Symbol markiert.

Ich frühstücke nur eine zerdrückte Banane mit Honig und mache mich dann auf den Weg zum »Gegenwind«. Auch heute bläst ein kräftiger Wind, aber diesmal habe ich wenigstens daran gedacht, ein Gummi für meine Haare mitzunehmen.

Caros Mutter ist gerade dabei, Kaffee zu kochen, als ich in den Souvenirladen stürme. An den windgeschützten Tischen im Außenbereich sitzen schon die ersten Wanderer des Tages und blicken sorgenvoll in den Himmel.

»Diese Leute«, raunt sie mir zu, »fahren zwei Stunden hier raus und dann beschweren sie sich wegen ein bisschen Wind.«

Das Baby liegt in dem Kinderwagen und brabbelt vor sich hin. Ich schaue mich im Laden um und frage nach Caro.

»Das tut mir leid, Nia. Caro ist mit Kim ins Dorf gegangen. Ich glaube, die wollten zum Brunnen, Eis essen. Lauf ihnen doch einfach mal nach, und guck, ob du sie findest, hm?«

Kim. Der das Pferd gehört. Auf einmal bin ich neugierig, so sehr, dass es mich nicht mal stört, dass Caro sich seit dem Streit am Stall nicht gemeldet hat. Sie war eben sauer auf mich, das ist sogar verständlich. Und wer weiß, vielleicht ist diese Kim ja auch ganz nett?

Ich lasse mir von Caros Mutter den Weg zur Eisdiele erklären und bedanke mich. Erst als ich schon durch das halbe Dorf gelaufen bin, fällt mir ein, dass ich genauso gut sie nach der Brücke hätte fragen können.

Wie üblich ist nicht viel los auf den Straßen von Windheim.

Die Geschäfte haben entweder geschlossen, oder drinnen brennt Licht, aber die Türen sind zu. So als wollte man vermeiden, dass Leben auf die Straßen dringt. Außer ein paar Autos mit auswärtigen Kennzeichen und einem älteren Ehepaar mit einem Wuschelhund kommt mir niemand entgegen.

In der Stadt finde ich den Brunnen sofort. Er steht mitten auf dem gepflasterten Platz, um den sich die Geschäfte reihen, auf der einen Seite das Rathaus und auf der anderen die kleine Kirche mit ihren trüben Fenstern. Der Brunnen besteht aus einem riesigen Felsen, aus dem oben das Wasser rinnt und zu allen Seiten in ein rundes Becken plätschert. Drum herum zieht sich ein Mäuerchen, und als ich es umrunde, sehe ich, dass auf seinem Rand zwei Mädchen hocken, beide ein Eis in der Hand, und miteinander lachen.

Ich gehe schneller, aber nach ein paar Schritten bleibe ich abrupt stehen. Diese Kim … sie ist das Mädchen aus dem Stall! Ihre kurzen dunklen Haare habe ich zwar nur von hinten gesehen, aber sie ist es, ganz bestimmt.

Auf einmal fühlen sich meine Beine schwer an und mein Mund wird ganz trocken. Ich traue mich nicht, einfach zu ihnen zu gehen. Aber was sonst? Soll ich wieder abhauen, soll ich mein Leben in Windheim mit Tante Lisbeth verbringen, die nicht mal mehr aus dem Fenster schauen mag? Nein. Und überhaupt. Was soll schon passieren? Caro war immerhin mal so was wie meine Sandkastenfreundin. Die müssen mich ja nicht gleich mögen, aber bestimmt kann ich mir auch ein Eis holen und mich eine Weile zu ihnen setzen.

Mein Herz klopft heftig, als ich auf den Brunnen zuschleiche. Noch sehen sie mich nicht, weil sie mit dem Rücken zu dem Wasserfelsen sitzen und ich von der anderen Seite komme. Ich gehe um das Mäuerchen herum und bleibe wieder stehen, als ich Kims Stimme höre.

»Mein Dad sagt, das sind Schmarotzer.«

Caro gluckst. »Was meint er denn damit?«

»Na, Leute, die sich an andere anschleimen und sie dann ausnutzen und so.« Kim dreht sich halb zu Caro um und ich kann ihr Gesicht im Profil sehen. Sie ist hübsch, das auf jeden Fall. »Die kümmern sich gar nicht wirklich um Lisbeth Schmid, die sind nur scharf auf das Haus, damit sie es erben können! Bestimmt hoffen sie, dass die arme alte Frau bald stirbt, und dann verkaufen sie alles und verschwinden hier wieder. Wetten?«

Die Worte fahren mir ins Herz wie ein Stich. Ich kann nicht fassen, dass sie das wirklich gesagt hat. Dieses Mädchen kennt uns doch überhaupt nicht!

»Aber Nia hat als Kind auch bei ihrer Tante gewohnt«, sagt Caro langsam. »Da war sie doch nicht auf das Haus scharf.«

»Sie nicht, aber ihre Eltern schon! Und überhaupt. Sind die nicht viel zu jung, um ihre Eltern zu sein?« Kim schnauft. »Im Ernst, da stimmt was nicht. Die ganze Geschichte stinkt zum Himmel.«

»Meinst du, die gehören gar nicht zusammen? Die haben Nia adoptiert und benutzen sie jetzt, damit sie das Haus erben können?«

»Kann doch sein.« Kim legt den Kopf schräg. »Auf jeden Fall passen solche Leute nicht hierher. Die sollen in ihrer Stadt bleiben und uns in Ruhe lassen.«

Ich habe genug gehört. Ohne mich noch mal umzudrehen, laufe ich in die entgegengesetzte Richtung davon.

Viele Orte gibt es nicht, an die ich jetzt gehen möchte. Eigentlich will ich am liebsten nirgendwo mehr sein. Kims Worte sind immer noch da, wie Kopfschmerzen. Aber auch etwas anderes … ein Gedanke, der sich durch den Schmerz schiebt und mich wieder zu dem alten Friedhof lockt.

Ich weiß nämlich wieder, wie ich letztes Mal zu Hilde gekommen bin. Der Brunnen hat mich draufgebracht, das Wasserbecken, das mich von den beiden Mädchen getrennt hat.

Ich bin über keine Brücke gelaufen, sondern ins Wasser gefallen, in den Fluss!

Erklären kann ich es nicht. Es macht null Sinn, denn die Brücke führt auch nur auf die andere Seite. Aber ich weiß sowieso nicht, was ich sonst machen soll, also kann ich auch ausprobieren, ob ich recht habe.

Ich rutsche die Böschung runter, bis das Gestrüpp mich stoppt. War das die Stelle? Nein, ich war weiter oben. Die Brücke habe ich erst später gesehen. Es tut gut, einen Plan zu haben, die Kopfschmerzen lassen nach, und Kims Worte sind nur noch ein verklingendes Echo.

Diesmal mache ich mir nicht die Schuhe nass! Ich ziehe sie aus, ziele und werfe sie mit Wucht auf die andere Seite hinüber, wo sie in einem Strauch hängen bleiben. Kein normaler Mensch würde auf die Idee kommen, an dieser zugewachsenen Stelle durch den Fluss zu waten! Aber ich bin jetzt ganz sicher, dass dies der Weg war, den ich beim letzten Mal gegangen bin.

Meine Leggins kann ich hochkrempeln, das Kleid anheben. Das Wasser ist kalt, aber voller Energie – es zieht mich richtig mit, obwohl der Fluss an der Stelle gar nicht tief ist! Ich taste mich langsam vorwärts, Schritt um Stolperschritt, aber diesmal falle ich nicht hin, und auch meine Sachen bleiben einigermaßen trocken. Als ich auf der anderen Seite ankomme und meine Schuhe wieder anziehe, muss ich lachen.

So, spätestens jetzt würden Caro und Kim mich für bekloppt erklären!

Der Hügel mit den Kastanienbäumen sieht nicht anders aus als vorhin. Natürlich war das eine komplett bescheuerte Idee! Aber jetzt bin ich schon mal hier und zurück werde ich definitiv über die Brücke laufen. Ich stehe auf und gehe los.

Hmmm. Diese Blumen! Die sind mir gestern gar nicht aufgefallen. Löwenzahn ist das nicht, obwohl die Blüten gelb und buschig sind. Sie riechen auch irgendwie anders. Ich drehe mich um. Hinter dem Fluss ist der Friedhof. Einen Moment lang sieht es so aus, als würde in der Kapelle ein Licht flackern, aber ich bin ja vorhin daran vorbeigelaufen, und da habe ich keine Kerze gesehen.

Als ich oben am Hügel bei den Kastanienbäumen ankomme, lächle ich erleichtert. Vor mir, den Hügel hinab, reihen sich die Häuser aneinander, eines nach dem anderen. Kinder rennen in den Vorgärten herum und hinter der letzten Häuserreihe grasen die Pferde auf der riesigen Wiese.

Wo bin ich gestern nur langgelaufen? Natürlich, ich bin von der anderen Seite gekommen. Ja, so muss es sein. Die Brücke ist ein ganzes Stück links und die Häuser fangen weiter rechts an. Deshalb habe ich sie gestern also nicht gesehen. Auf jeden Fall habe ich wieder hergefunden und diesmal merke ich mir den Weg!

Ich folge dem Schotterweg, der sich den Hügel hinabschlängelt, bis ich zum Marktplatz komme. Hier stehen mehrere Karren, die große Mengen Holz geladen haben. Außerdem flattern bunte Girlanden im Wind, und überall laufen Leute herum, schleppen Bierfässer und große Körbe mit allen möglichen Backwaren und duftenden Kuchen. Um eine Art Scheiterhaufen liegen große, weiche Tierfelle im Kreis.

Das sieht ja aus wie die Vorbereitung zu einem Fest!

Ich stehe einer Frau mit zwei riesigen runden Laiben Brot im Weg, also gehe ich um den Scheiterhaufen herum und versuche, Hilde zu finden. Schließlich entdecke ich sie zwischen ein paar anderen Kindern. Sie alle halten scharfe Schnitzmesser in den Händen und basteln an etwas herum, was wie riesige Flöten aussieht.

»Hallo, Hilde!«

Hilde sieht hoch. Ihre Augen leuchten auf, und sie lässt ihr Schnitzmesser fallen, springt auf mich zu und umarmt mich stürmisch. »Nia! Oh, schön, dass du wiedergekommen bist!«

Ich werde bestimmt rot, weil ich mich so sehr über ihre Reaktion freue. »Was macht ihr da?«

»Instrumente!«

»Jedes Jahr schnitzen wir neue«, erklärt mir ein Junge. Es ist der, der letztes Mal die Bananen verteilt hat. »Damit wir immer neue Lieder spielen können.«

»Die sehen schön aus.« Vorsichtig nehme ich Hildes Flöte in die Hand. Sie hat drei Schäfte so nebeneinander angeordnet, dass sie von oben in jedes hineinblasen kann. Jeder Schaft besitzt sechs Löcher, die man mit den Fingern zuhalten kann.

»Das habe ich mir ausgedacht.« Hilde grinst. »So ein Instrument gibt es gar nicht.«

»Es sieht ein bisschen aus wie eine Panflöte, oder?« Ich gebe ihr das Instrument zurück.

Hilde runzelt die Stirn. »Ich wollte eine mehrstimmige Flöte haben, die man in verschiedenen Tonarten spielen kann. Aber ich habe noch nicht ausprobiert, ob es auch funktioniert.«

»Du hast nicht mehr viel Zeit«, ruft ein anderes Mädchen herüber. »Bald geht die Sonne unter!«

»Bis dahin sind es noch ein paar Stunden«, beruhige ich sie. »Was feiert ihr denn?«

»Wir feiern morgen Abend das Feuerfest«, erklärt Hilde. »Um den Kräften des Waldes und der Natur zu danken, weil sie uns das ganze Jahr über beschützt und auf uns aufgepasst haben.«

»Pan«, sage ich und muss lächeln.

»Wie bitte?«

»Deine Flöte. Du hast sie gebaut wie eine Panflöte, um sie für den Wald und die Natur zu spielen. Und Pan war der Gott des Waldes und der Natur.«

Hilde starrt mich verständnislos an.

»Griechische Mythologie?« Ich zucke mit den Schultern. »Egal. Wir hatten das nur gerade in der Schule. Ich finde die Geschichten eigentlich langweilig, aber die von Pan habe ich mir gemerkt, weil ich seinen Namen so schön fand. Pan …«

»Hilde«, ruft ein anderes Mädchen, das bereits eine fertige Rassel vor sich liegen hat. »Du muss dich wirklich beeilen! Sonnenuntergang … Du weißt schon!«

»Ich kann dir helfen«, biete ich schnell an. »Ich bin gut im Schnitzen.«

Und dann bauen wir die Mundstücke für Hildes Flöte fertig. Ich spanne mit Irma ein Stück Tierhaut über ihre selbst ausgehöhlte Trommel und helfe einem Jungen, Haarsaiten auf seine Gitarre zu ziehen. Es macht Spaß, gemeinsam die Instrumente zu basteln, vor allem, weil die ganze Zeit dabei geredet und gelacht und schließlich gesungen wird.

»Vielen Dank«, sagt Hilde zu mir, als wir fertig sind.

»Kein Problem«, gebe ich zurück. »Das war lustig!«

»Kommst du wieder?«, fragt sie hoffnungsvoll.

»Na klar! Vielleicht kann ich Sammy und Ben ja überreden, mit zu dem Feuerfest zu kommen. Wann beginnt es denn?«

»Oh!« Hilde sieht auf einmal traurig aus. »Das geht nicht, leider. Das Feuerfest ist nur für … für uns.«

Verwirrt schaue ich sie an. »Feiert nicht das ganze Dorf?«

»Nein.« Sie schüttelt den Kopf. »Nur wir.«

»Ach so.« Ich beiße mir auf die Lippe. »Das wusste ich nicht.«

Ein Schatten fällt auf Hildes Gesicht. Als ich aufschaue, steht ein Mann neben ihr, der sie mit ernster Miene anguckt.

»Hilde, denk daran, was wir besprochen haben.«

Hilde zieht die Schultern hoch und nickt. »Ja, natürlich.« Sie wirft mir einen Seitenblick zu und lächelt vorsichtig. »Du musst gehen, Nia. Ich begleite dich noch ein Stück.«

»Wer war das?«, frage ich, als wir außer Hörweite sind.

»Mein Vater.« Hilde beißt sich auf die Lippe. »Wir haben noch so viel vorzubereiten für das Fest morgen, da muss ich mithelfen, weißt du?«

Ich merke, dass sie nicht die Wahrheit sagt. Und sie merkt, dass ich es merke.

»Er mag es nicht, wenn Fremde herkommen«, seufzt sie. »Die bringen alles durcheinander, sagt er.« Sie bleibt stehen und packt mich bei der Schulter. »Aber ich mag dich, Nia! Wenn das Fest vorbei ist, treffen wir uns bei den Kastanien, in Ordnung?«

Wir haben das Ende der Straße erreicht, wo die letzten Häuser stehen. Von hier aus muss ich nur noch über den Hügel und dann zur Brücke.

»Dann sehen wir uns in zwei Tagen.«

Hilde nickt, aber dann macht sie plötzlich zwei Schritte auf mich zu und fällt mir um den Hals. »Bis bald, Nia.«

Ich winke ihr zu, als ich zwischen den Kastanien zurück zum Fluss laufe. Doch kurz bevor ich die Brücke erreiche, habe ich plötzlich das Gefühl, beobachtet zu werden.

Ich betrete die Brücke, laufe schneller. Mit jedem Schritt fällt mir das Gehen schwerer, so als würde ich in einen tiefen Schlaf hineinlaufen. Dann ist das Gefühl vorbei, die Augen auf mir sind verschwunden und ich kann wieder befreit gehen. Ich drehe mich um und winke Hilde, aber sie ist schon nicht mehr da – und so winke ich nur noch den Kastanienbäumen zu.

15

Als ich nach Hause komme, stürmt mir Sammy entgegen, mit rotem Kopf und wilden Haaren.

»Wo kommst du her?«

Verwirrt bleibe ich stehen. Sie hat doch nicht etwa nach mir gesucht, oder?

»Ich war bei Hilde«, sage ich vorsichtig.

Sammy bleibt keuchend stehen. »Hast du sie gesehen?«

»Wen?«

»Na, Lisbeth!«

Ich schüttle den Kopf. »Ist sie nicht hier?«

»Nein! Die ist schon den ganzen Nachmittag verschwunden. Wenn sie wieder einen Anfall hat, findet sie nicht mehr zurück. Mann, echt, diese Frau ist schlimmer als ein Kleinkind!«

»Sie kann ja nichts dafür«, sage ich leise.

»Ich auch nicht!« Sammy hält sich den Bauch. »Komm schon, hilf uns suchen. Ben ist zum Gasthof, um ein paar Leute zusammenzutrommeln. Die sollen im Wald nach ihr suchen. Ich lauf jetzt noch mal nach Windheim rein und du kannst die Umgebung durchkämmen. Machst du das?«

»Ja.« Ich nicke. »Klar!«

»Dann los. Gib Bescheid, wenn du sie gefunden hast.«

Ich warte, bis Sammy davongewatschelt ist. Es sieht inzwischen echt lustig aus, wenn sie sich bewegt, wie ein Pinguin. Dann laufe ich hinters Haus, drehe den Wasserschlauch auf und trinke erst mal ein paar Schlucke.

Der Garten sieht verändert aus, seit Ben hier gewütet hat, gar nicht mehr verwildert und gemütlich, sondern kahl und traurig. Er hat sämtlichen Büschen die Kronen abrasiert und die zwei größten Bäume gefällt, weil sie angeblich beim nächsten Sturm aufs Haus fallen könnten. Als ob sie das nicht in den letzten Jahren auch hätten tun können.

»Bei dem Wind hier ist das eine ernst zu nehmende Gefahr«, hat er zu Sammy gesagt und die Kettensäge geholt. Aus den toten Baumstümpfen quillt noch immer dickes Harz, als würde die Wurzel um ihr Lebenswerk weinen.

Ich glaube, der Garten war Tante Lisbeths Zufluchtsort. Hierher ging sie, wenn das Chaos im Kopf zu groß wurde, und jetzt, seit alles anders aussieht, ist sie noch verwirrter.

Ich schaue mich um. Wohin würde ich gehen?

Es gibt einen Weg, der zum Tor hinaus und in Richtung Wald führt. Eigentlich ist es kein Weg, nur ein Trampelpfad im hohen Gras außerhalb des Grundstücks. Und das Tor steht offen, einen Spalt zumindest.

Ich schiebe das Tor ganz auf und folge dem Pfad. Das Gras wächst mir bis zur Hüfte und sieht verdorrt und gelb aus, aber es raschelt leise im Wind, und ich bin froh, dass es dadurch nicht ganz so still ist. Der Weg führt auf den Wald zu und er schlängelt sich weiter über zwei Moosfelder. Jetzt kann ich ganz deutlich Spuren entdecken, Fußspuren, die das weiche Moos platt gedrückt haben. Der Pfad geht hier weiter in den Wald hinein, verschwindet ein wenig unter Farngestrüpp, aber man kann ihn immer noch erkennen.

»Tante Lisbeth«, rufe ich laut. »Tante Lisbeth, hörst du mich?«

Ein Vogel antwortet mir. Als ich hochschaue, sehe ich ihn auf einem Ast sitzen, grau-schwarzes Federkleid, und ich muss wieder an die toten Vögel in Annos Versteck denken. Die Nebelkrähen. Was hat er bloß vor mit denen? Und warum gibt es so viele tote Vögel in Windheim?

Plötzlich ein Windstoß. Der Vogel fliegt hoch, schreit noch einmal zu mir herunter und verschwindet im dichten Wald. Der Wind wirbelt die Äste über meinem Kopf herum und ich spüre kleine Schauer auf meiner Haut. Wie Nadelstiche. Etwas – oder jemand – kommt durch den Wald, kommt auf mich zu, ich höre es nicht, doch ich kann es fühlen, ganz deutlich! Die Luft lädt sich auf, wie vor einem Gewitter, aber es regnet nicht, und ich sehe auch keine Blitze, da ist nur dieser Wind, der etwas mit sich bringt, immer näher, immer schneller …

Ich muss hier weg. Sofort!

Ich renne los. Der Wind ist so kräftig geworden, dass er mich durch den Wald schiebt und ich vor lauter Blätterwirbeln den Weg kaum noch sehen kann, aber ich renne weiter, bis …

Eine Gestalt kauert auf dem Weg. Fast wäre ich über sie gefallen. Klein und zusammengefaltet wie ein Kind, aber es ist kein Kind, sondern Tante Lisbeth, die beide Hände schützend über ihren Kopf hält und wimmernd vor und zurück wippt.

»Nein«, höre ich sie jammern. »Nein, bitte nicht, nein!«

»Tante Lisbeth!«

Ich bleibe abrupt stehen und wirble herum. Der Wind hat aufgehört, genauso plötzlich, wie er gekommen ist, und was immer es war, es ist weitergezogen. Dafür ist die Nebelkrähe wieder da. Stumm hockt sie uns gegenüber auf einem Ast und starrt uns aus glänzenden Augen an.

Schnell schlüpfe ich aus meiner Jacke und schlinge sie Tante Lisbeth um die Schultern. Dann gehe ich neben ihr in die Hocke und lege meinen Arm um sie, ganz sacht, um sie nicht zu erschrecken. Sie wimmert immer noch, aber ihr Gewippe wird langsamer. Auf einmal gibt ihr Körper nach und sie sackt in meine Arme.

»Ist gut«, murmle ich und halte sie, so gut ich kann. Sie ist federleicht, wiegt kaum genug für einen erwachsenen Menschen. »Alles gut, ich bin ja hier. Ich habe dich gefunden.«

Minutenlang sitzen wir so gemeinsam im Moos.

Irgendwann hebt sie den Kopf und sieht mich an. »Wer bist du?«, fragt sie verwirrt.

»Nia.« Ich streiche ihr verirrte graue Haarsträhnen aus dem Gesicht. »Ich bringe dich jetzt nach Hause, okay?«

»Nia …«, grummelt sie. Dann lächelt sie. »Das ist aber schön, dass du mich besuchst!«

»Jaja«, seufze ich und stehe auf. Sie hochzukriegen, ist schon schwieriger, weil sie kein bisschen Energie mehr in sich zu haben scheint. »Hab keine Angst. Diesmal hast du dich nicht verlaufen. Ich weiß, wo wir sind, ich kenne den Weg.«

Sie lässt sich von mir führen, und obwohl ihre Augen immer noch glasig sind und ihr Blick in eine andere Ferne zu sehen scheint, bleibt sie bei mir. Ihre Schritte gleichen sich meinen an und nach einigen Metern kann ich ihren Arm loslassen und sie behutsam an die Hand nehmen. Äste knacken unter unseren Füßen, und ich fühle unseren Weg mehr, als dass ich ihn sehe.

Als wir aus den Baumschatten treten, blinzelt sie plötzlich und schaut mich ernst an.

»Seltsame Dinge geschehen in diesem Wald«, flüstert sie. »Weißt du noch? Ich habe dich gewarnt, Nia. Nimm dich in Acht vor dem Wind!«

»Mache ich«, antworte ich ebenso leise. Wie zur Antwort rascheln uns die verdorrten Gräser entgegen. »Keine Sorge. Der Wind tut uns nichts.«

»Dieser Wind ist anders«, fährt sie mich an. »Spürst du das nicht? Er verschluckt alles, er verschluckt … Leben!«

Mir ist mit einem Mal kalt, furchtbar kalt, trotzdem hole ich mir meine Jacke nicht zurück. Tante Lisbeth ist eine verrückte alte Frau, die gar nicht weiß, was sie sagt. Aber etwas zieht an meinem Gedächtnis. Ich kann mich vage an Geschichten erinnern, die sie mir erzählt hat, als ich noch ein ganz kleines Mädchen gewesen bin. Da hat sie auch immer vom Wind und bösen Gestalten darin gesprochen. Wie verwirrt war sie damals schon? Oder erinnert sie sich bloß an ihre eigenen verrückten Fantasien?

Endlich haben wir das Ende der Wiese erreicht. Inzwischen ist es vollkommen dunkel, sodass ich dem Pfad blind folgen muss. Jetzt ist es ein Vorteil, dass Ben den Garten kahl geschoren hat – so sehen wir das Haus im Licht der wenigen Sterne und ich kann Tante Lisbeth innen an der Gartenmauer entlang zur Eingangstür führen. Eine Einkaufstasche steht dort an die Wand gelehnt. Oh Gott – mein Versprechen! Bestimmt hat Sammy es jetzt selbst gemacht. Und ich habe keine Ahnung, wie ich ihr das mit dem fehlenden Geld erklären soll.

»Du bist ein gutes Mädchen.« Tante Lisbeth bleibt vor der Einkaufstasche stehen und schaut mich an.

»Muss ich auch sein«, murmle ich und schiebe die Tasche mit dem Fuß zur Seite. Oben aus der Öffnung gucken Gurken und Bananen heraus. »Sonst bringt Sammy mich ins Kinderheim.«

»Du kannst es sehen. Das Gute. In jedem Augenblick.« Tante Lisbeth bückt sich und angelt eine Banane aus der Tasche, aber anstatt sie zu schälen, beißt sie einfach herzhaft hinein. Dicker Bananenschleim quillt links und rechts aus ihrem Mund, und ich kann nicht anders – ich muss lachen.

»Warte«, pruste ich. »Gib mal her!« Vorsichtig schäle ich die Banane. Dann hole ich ein neues Nutellaglas aus der Tasche, schraube es auf und tunke die Bananenhälfte hinein. »So, und jetzt probier mal.«

Tante Lisbeth sieht mich ungläubig an. »Das ist Schokoladencreme!«

»Ja und? Schmeckt besser als Banane mit Schale.«

Tante Lisbeth guckt sich die Nutellabanane skeptisch von allen Seiten an, aber dann beißt sie doch hinein und noch mal und noch mal, bis alles weg ist. Wie bei einem Kind sind ihre Wangen danach braun verschmiert, aber ihre Augen leuchten.

»Gut, was? Bens und meine Lieblingsspeise.«

Tante Lisbeth nimmt mir das Glas aus der Hand, tunkt ihren Finger hinein und schleckt ihn ab. Sie grinst mich mit verschmierten Zähnen an, und wieder muss ich lachen, weil sie so unbeschwert dabei aussieht und sich keine Gedanken darüber macht, was andere über sie denken.

»Bist du froh, dass du zurückgekommen bist?«, frage ich sie, als das Glas schon halb leer ist. »Nach Windheim, meine ich.«

Verwirrt sieht sie mich an. »Ich bin nie weg gewesen, Nia.«

Komisch. Hat Ben nicht immer erzählt, dass Tante Lisbeth zehn Jahre in Amerika gelebt hat? Das war, bevor ich bei ihr gewohnt habe. Doch, er hat das erzählt, und auch, dass ihr Haus leer stand in dieser Zeit. Es hat sich nie ganz von ihrer Abwesenheit erholt.

Aber wahrscheinlich ist die Erinnerung zu schmerzlich für sie. Deshalb hat sie alles verdrängt, was mit diesem anderen Leben zu tun hatte. Ben hat mal gesagt, sie sei wegen eines Mannes dort rübergegangen. Besser, ich frage nicht allzu genau nach. Sie wirkt gerade so friedlich, so entspannt. Diese verwirrten Phasen scheinen ihr gutzutun.

»Ben weiß nichts davon«, murmelt Tante Lisbeth und stößt die Tür auf. »Aber jetzt bin ich müde. Gute Nacht, Nia!«

Später, tief in der Nacht, kommt das schwarze Pferd zurück. Nicht wirklich, nicht in Fleisch und Blut, sondern als Traumgestalt. Ich kann es so deutlich vor mir sehen und seinen intensiven Blick spüren, dass ich wach werde, zum Fenster laufe und es aufreiße, um frische Nachtluft hereinzulassen. Mein Herz schlägt schnell und laut. Ich lehne mich weit hinaus, so weit, dass ich den schlafenden Wald sehen kann. Irgendwo dort draußen muss der Schwarze sein! Warum nur kann ich nicht aufhören, an ihn zu denken? Warum wünsche ich mir die ganze Zeit, noch einmal auf seinen Rücken zu steigen, noch einmal durch den Wald zu fliegen …

Wind kommt auf, plötzlich, wie immer. Er wirbelt in mein Zimmer, zerrt an meinem Zopf und treibt mir die Tränen in die Augen.

Der Wind.

Das schwarze Pferd.

Der Wald und sein Geheimnis.

Nein, oh nein! Ich lasse mich nicht von diesen Geschichten abschrecken und auch nicht von Caro oder Kim oder sonst wem, ich finde dieses Pferd, ich muss es einfach wiedersehen, das spüre ich ganz fest!

Anstatt das Fenster zu schließen, ziehe ich das Gummi aus meinen Haaren, schüttle den Kopf und stelle mich so, dass der Wind meine Haare wild durcheinanderpustet. Es fühlt sich an, als würde er mich mit Leben füllen, mit purer Energie, und sein Brausen klingt wie das ferne Summen einer Flötenmelodie.

»Pan«, flüstere ich. »Wärst du mein Pferd, würdest du Pan heißen!«

16

Den nächsten Vormittag verbringe ich damit, die Küche aufzuräumen. Keine Ahnung, wie Sammy es immer wieder schafft, in kurzer Zeit solch ein Chaos entstehen zu lassen. Ich lege das Geld, das ich in meiner alten Sparsocke gefunden habe (fast alles davon, um genau zu sein), zusammen mit dem Fünfer von Anno auf den Klapptisch und schreibe in Großbuchstaben *SORRY!!!* auf einen Zettel. Nun muss ich wenigstens nicht erklären, warum ich ohne Einkäufe und ohne Geld nach Hause gekommen bin.

Als ich fertig bin, gehe ich runter zu Tante Lisbeth. Sie scheint noch zu schlafen, also mache ich ihr einen Tee und stelle ihn auf das Fenstersims, von wo aus man in den Kahlschlaggarten gucken kann. Ben ist gerade dabei, das Gartentor hinten am Wald gegen eine stabile Bretterkonstruktion auszutauschen. Ui, das ging schnell. Nachdem er gestern ein Riesentheater gemacht und gedroht hat, Lisbeth nicht mehr aus dem Haus zu lassen, dachte ich eigentlich, er würde sich wieder beruhigen.

Ich verlasse Lisbeths Küche – die picobello ordentlich und aufgeräumt ist – und ziehe meine Sneaker an. Draußen will Sammy sich eben hinter das Steuer des alten Polos klemmen, was mit dem Riesenbauch langsam schwierig wird.

»Wohin fährst du?«

»Ich suche mir eine ordentliche Hebamme. Die einzige, die sie hier haben, ist komplett unfähig.«

»Aber ist das nicht viel zu weit weg? Du brauchst doch jemanden hier in der Nähe, wenn das Baby schnell kommt!«

»Pah«, schnauft sie. »Bis diese Schnarchnase in die Gänge kommt, bin ich selbst mit Wehen in die nächste Stadt gelaufen. Das erklärt auch, warum es hier fast keine Kinder gibt.«

Ich schaue zu, wie sie mühsam den Sicherheitsgurt über ihren Unterleib zieht.

»Soll ich vielleicht mitkommen?«

Ein bisschen zu schnell schüttelt Sammy den Kopf. »Nee, lass mal. Ich muss mal allein sein jetzt.«

Das Auto rollt aus der Einfahrt, und der Motor heult auf, als Sammy die Straße hinunterbraust. Sie hat es ziemlich eilig mit ihrem Alleinsein. Ratlos schaue ich ihr hinterher. Dann gehe ich zu Ben in den Garten, aber auch der will keine Hilfe.

»Hab gleich noch einen Termin mit dem Anwalt«, verkündet er. »Wegen dem Haus.«

»Kann ich da mit?«

Ben zieht die Brauen hoch. »Das ist stinklangweilig für dich. Geh doch ins Dorf, und schau, ob du … irgendwen triffst!«

Er dreht sich um und räumt seine Gerätschaften weg. So langsam wird der Garten ein Hochsicherheitstrakt, nicht mal mehr rausgucken kann man über die Zaunelemente, die Ben vor das Tor geschraubt hat. Ich pule ein bisschen an dem Holz herum, bis ich einen Splitter im Finger habe und mir die Haut aufreißen muss, um ihn wieder herauszubekommen.

Also gut, dann gehe ich eben. Irgendwen werde ich schon

treffen. Am liebsten würde ich ja zu Hilde rüber, aber die haben heute ihr Feuerfest, und ihr Vater hat ziemlich deutlich gemacht, dass dabei keine Fremden willkommen sind. Schade. Hilde ist die einzige Person, die so was wie meine Freundin geworden ist.

Im Dorfkern von Windheim herrscht die übliche Morgenstille. Ich laufe am Café vorbei, am Rathaus entlang hinüber zur Kirche, vor der sich ein paar Menschen zur Andacht versammelt haben. Ob ich mit reingehen soll? Nein, besser nicht. Sammy hat mich nie taufen lassen, ich wäre auch dort eine Fremde.

Die meisten Läden haben noch geschlossen, nur im Hotel »Windpferd« herrscht reges Treiben. Die Leute sitzen in der Sonne beim späten Frühstück und tun so, als wäre Windheim der erholsamste Ort der Welt.

Ich will eben wieder gehen, zurück in unseren kahl geschorenen Garten, da sehe ich zwei Mädchen aus dem Rathaus kommen. Sie stecken die Köpfe zusammen und kichern miteinander. Eingeschüchtert bleibe ich stehen. Das sind Caro und Kim! Am liebsten würde ich mich verkriechen. Ich kann noch immer hören, was Kim über meine Familie gesagt hat: Schmarotzer. Trotzdem bleibe ich stehen, sodass sie praktisch in mich hineinlaufen.

»Hallo, Caro«, begrüße ich sie.

»Oh, hi!« Caro grinst kurz. »Äh, meine Mama sagt, du warst gestern bei uns. Was wolltest du denn?«

Ich muss tatsächlich überlegen. »Ach, das hat sich erledigt. Ich habe nur was gesucht, einen Ort.«

»Ah«, macht Caro ungerührt. Dann zeigt sie auf ihre Freundin. »Das ist Kim.«

»Tag«, sagt Kim und legt den Kopf schräg. Aus der Nähe kann ich sehen, dass ich recht hatte. Sie ist bombenhübsch, mit leichten Grübchen in den Wangen und grünen Katzenaugen, die bestimmt in der Dunkelheit funkeln.

»Was macht ihr so?«, frage ich vorsichtig.

»Wir räumen den Keller vom Rathaus auf«, antwortet Kim. »Das ist voll die Schatzkammer.«

»Dürft ihr da einfach rein?« Mit meiner alten Klasse waren wir auch mal im Rathaus. Da hat man uns gesagt, der Keller wäre absolut tabu, weil da die alten Akten lagern. Mit lauter Personendaten drin.

»Klar! Das ist unser Ferienjob, wir kriegen sogar Geld dafür, dass wir dort mal Ordnung machen.«

»Kims Vater ist der Bürgermeister«, erinnert Caro mich.

Oha. Jetzt bin ich doch neugierig. »Und was für Schätze findet man da so?«

Caro und Kim wechseln einen Blick und kichern wieder. »Ach, nix!«

»Nur über wen in der Schule!«

»Ja, genau. Kennst du sowieso nicht.«

Kim flüstert Caro was zu und beide lachen.

»Wir müssen jetzt auch wieder los.« Kim lächelt freundlich. »Wir holen uns nur schnell was zu essen, dann müssen wir weitermachen.«

»Ich gehe auch bald in eure Schule«, sage ich schnell.

»Aha.« Kim hebt die Schultern. Auf einmal lächelt sie nicht mehr, sondern guckt mich an, als wäre ich schwer von Begriff. »Du kannst nicht mitkommen. Privatangelegenheit. Alles klar?« Damit packt sie Caro am Arm und die beiden laufen an mir vorbei.

Ich bleibe stehen und rühre mich nicht. Ein Gefühl breitet sich in meinem Bauch aus, ein Glühen, so als würde ich Durchfall bekommen. Mir ist warm und kalt gleichzeitig.

Einen Moment schaue ich ihnen noch hinterher, aber dann drehe ich mich um und laufe los, einfach los, in die Richtung, in die sie nicht gegangen sind.

Ich streife ziellos durch die Straßen, setze mich an den Rand eines Feldes und lasse mich vom Wind ablenken. Am Waldrand sehe ich Anno mit einer Gruppe Touristen auf den gescheckten Pferden im Zeitlupentempo vorbeiziehen. Sie sehen fast aus wie ein Gemälde, nur die hell und dunkel gemischten Mähnen flattern im Wind.

Anno und die toten Vögel. Caro und Kim und ihre Privatangelegenheit. Ben hat seinen Haustermin und Sammy, Sammy will allein sein. Ich will nicht allein sein, aber ich bin es, und weil ich nicht weiß, was ich dagegen machen soll, rolle ich mich in das goldgelbe Feld hinein, verschränke die Arme hinter dem Kopf und starre hinauf in den wolkenlosen Himmel.

Nun kann auch mich niemand mehr sehen. Und das Gefühl, allein zu sein, verwandelt sich in etwas Gutes.

Als ich aufwache, sitzt ein gelber Grasfrosch auf meinem Bauch und quakt mich an. Ich erschrecke so sehr, dass ich hochfahre und ihn von mir runterschubse, aber zum Glück passiert ihm nichts, er hüpft nur eilig davon und verschwindet in den Schatten der Ähren.

Die Schatten.

Langsam rapple ich mich hoch. Es ist Abend geworden, die Sonne ist noch zu sehen, aber sie hängt tief über dem Feld und malt es komplett golden an. Wie kann das sein? Habe ich so lange geschlafen, ohne es zu merken?

Langsam stehe ich auf und schüttle Erdreste und abgebrochene Ähren von meinem Pullover. Windheim liegt hinter einem Schleier aus Nebelgold und sieht irgendwie schön aus, aber dorthin zieht mich nichts zurück.

Ich drehe mich, bis mein Körper ganz von selbst in die Richtung zeigt, wo er hinwill. Mitten durch das Feld ist der direkteste Weg und dort kann ich wenigstens Caro nicht mehr begegnen.

Im Abendschimmer komme ich beim Friedhof an. Die alten Gräber sehen aus, als hätte jemand einen Strahler auf sie gerichtet, damit irgendwer bemerkt, dass sie da sind und auch zu Windheim gehören. Es sieht tatsächlich so aus, als würde sich das ganze Licht hier an diesem Fleckchen bündeln. Eine seltsame Energie strömt über den Hügel. Der Boden ist weich und trägt mich über das Moos zwischen den Grabsteinen und aus der alten Kapelle strömt ein Geruch nach Honig. Das ist seltsam, hier ist doch niemand. Ich bleibe vor dem blinden Fenster stehen, spähe hinein, aber die Kapelle scheint leer zu sein, also laufe ich weiter, rutsche den Hügel hinunter bis zum Ufergestrüpp.

Inzwischen ist dieser Weg so vertraut geworden, dass ich automatisch zum Fluss hinunterklettere. Es geht sowieso schneller, als wenn ich den Umweg links über die Brücke nehme. Ich ziehe meine Schuhe aus, knülle die Socken hinein und werfe alles über den Fluss. Dann kremple ich meine Hosenbeine hoch und wate durch das kühle Wasser. Es ist immer kühl, aber heute scheint es besonders eisig zu sein. Bestimmt weil es so spät ist. Drüben ziehe ich meine Füße durch das Gras, bis sie einigermaßen trocken sind, und stülpe mir Socken und Schuhe wieder über.

Auf einmal höre ich das Lachen. Stimmen, unzählige, die miteinander singen – ein harmonisches, leicht trauriges Lied, das ich nicht kenne, mir aber sofort gefällt. Jetzt renne ich fast. Funken steigen über dem Hügel auf, ich kann auch das Feuer riechen und das Prasseln der Flammen hören. Wieder das Lachen, dann ein neues Lied. Endlich habe ich die Hügelkuppe erreicht und stehe schwer atmend unter den hohen Kastanien.

Das Feuer brennt auf dem Marktplatz, wo der lange Tisch steht. Sein Schimmer leitet mich durch die Häuserschatten. Ich kenne den Weg inzwischen so gut, dass ich ihn blind laufen könnte. Die Häuser sind alle leer, die Familien scheinen sich alle um das große Feuer versammelt zu haben. Nur die Pferde stehen auf der Wiese zusammen, ich erkenne Lun, der mit seinem hellen Fell aus der Dunkelheit herausleuchtet.

Feuer, Feuer in der Nacht, mitten unter uns gebracht.

Feuer, Feuer, leuchte hell, durch die Zeit mit uns gar schnell!

Sie wiederholen das Lied, wieder und wieder, und ihre Stimmen werden immer lauter. Trommelschläge fallen in die Töne ein wie ein endloser wummernder Herzschlag. Ich bleibe stehen, obwohl mich nur noch wenige Meter vom Feuer trennen. Die Leute, sie sitzen nicht, sie halten sich an den Händen und bewegen sich im Gleichklang um das Feuer herum. Ihr Takt passt sich dem Trommelschlag an, und sie wiederholen die Feuerworte wieder, immer wieder, und bewegen sich dazu im Kreis.

Da vorn ist Hilde! Ich gehe zwei Schritte auf sie zu, bleibe aber gleich wieder stehen. Hilde sieht mich gar nicht. Sie ist wie in Trance, starrt in die Flammen, dreht sich im Kreis und spricht die Worte mit all den anderen. Sie bewegen sich wie eine riesige Raupe, völlig gleich – am liebsten möchte ich auch mitmachen, die Worte habe ich mir längst eingeprägt, aber ich bin kein Teil der Raupe, nur ein Teil der Schatten.

Der Singsang wird immer lauter, bis schließlich alle die Hände der anderen loslassen und ihre Arme in die Luft werfen. Sie kreischen wild durcheinander, dann fallen sie sich lachend in die Arme und setzen sich hin, wo sie gerade stehen. Ein Junge läuft ums Feuer und verteilt etwas aus einer großen Schale. Es scheint gut zu schmecken, denn Irma langt gleich dreimal hinein und leckt sich genießerisch die Lippen ab. Flammenschatten tanzen auf ihren Gesichtern, und irgendwer stimmt wieder ein ruhiges Lied an, in das Hilde und Irma einfallen.

Nein, hier kann ich nicht bleiben. Sie haben gesagt, das ist eine Familienfeier, da darf ich nicht stören. Ich komme morgen wieder. Hilde erzählt mir bestimmt, wie es war, und vielleicht ist ja auch noch was von dem leckeren Zeug übrig, das in der Schale war …

Ich drehe mich um, blinzle in die Dunkelheit. Flammenlicht flackert immer noch vor meinen Augen. Dennoch sehe ich ihn sofort. Er drückt sich in die Schatten, fort von den Menschen am Feuer. Heimlich, genau wie ich.

Täusche ich mich? Nein, bestimmt nicht. Er trägt einen schwarzen Pullover, genau wie beim letzten Mal. Die Kapuze hat er tief in sein Gesicht gezogen, sodass seine Augen zu schwarzen Höhlen werden.

Er ist es, ganz sicher.

Der unfreundliche Junge aus dem Wald.

DER STURM

17

Mein Magen macht einen Satz. Das ist der Junge, der mich von dem schwarzen Pferd geholt hat! Und das bedeutet, er ist die einzige Verbindung, die ich zu ihm habe. Wenn er jetzt wieder verschwindet, finde ich das Pferd nie!

Ich warte einige Herzschläge lang, bevor ich ihm folge. Er dreht sich immer wieder um und guckt verstohlen hinter sich, gerade so, als würde er heimlich abhauen … Was hat der vor? Bestimmt irgendwas Verbotenes.

Ist mir egal. Ich schleiche ihm nach, mit viel Abstand zwischen uns. So weit wird er schon nicht gehen.

Der Junge huscht zwischen den Häuserreihen den Hügel hinauf, umrundet einen Karren und läuft auf eines der Häuser zu. Im matten Sternenlicht kann ich erkennen, dass er etwas von einem Haken nimmt, das im Dunkeln aussieht wie ein totes Huhn, und damit über die Wiese läuft. Hier scheint er sich sicherer zu fühlen, zumindest guckt er nicht mehr dauernd hinter sich.

Gut für mich, denn so kann ich ihm folgen!

Mitten auf der Wiese bleibt er plötzlich stehen. Er stößt einen Ton aus, der wie ein Sirren klingt – und schon kommt eines der Pferde angelaufen, ein riesiges, ziemlich dunkles Tier mit wallender heller Mähne, das den Schimmer der Sterne darin aufzufangen scheint. Er streichelt den Hals des Pferdes, dann legt er ihm blitzschnell das tote Huhn an, das bei Tageslicht vermutlich eine Art Zaumzeug mit Federschmuck ist.

Och nein. Jetzt wird mir auch klar, was er vorhat! Er wird reiten. Das heißt für mich wohl: Endstation.

Der Junge führt das Pferd ein Stück mit sich, aber dann wirft er unvermittelt die Zügel über seinen Hals, packt die Mähne und zieht sich mit einem raschen Satz auf seinen Rücken. Jetzt wird er bestimmt gleich davongaloppieren! So würde ich es machen, wenn ich etwas zu verbergen hätte. Aber das Pferd bewegt sich ziemlich langsam durch die Nacht, mit federnden Schritten, die tief in den Boden einsinken.

Ich weiß, dass ich ihm nicht nachlaufen sollte. Er könnte wer weiß wohin unterwegs sein! Außerdem ist es ziemlich wahrscheinlich, dass er doch noch losgaloppiert und ich da draußen im Nachtwald hoffnungslos verloren gehe. Aber ehrlich gesagt ist mir das gerade ziemlich egal. Ich will nur wissen, ob er mich zu dem schwarzen Pferd führen kann!

Als die Wiese zu Ende ist, geht es hinein in den Wald. Die Dunkelheit schluckt mich wie Wasser, in das man hineinspringt, ohne das andere Ufer zu sehen. Es ist gruselig, unheimlich, aber auch superaufregend! Irgendwann folge ich nur dem Knacken, das die Hufe auf dem Waldboden verursachen, weil ich so gut wie nichts mehr sehen kann. Jedes Mal, wenn die Bäume weiter auseinanderstehen und die beiden vom Sternenlicht angestrahlt werden, schließe ich vorsichtig auf, um sie nicht zu verlieren, aber immer nur so nah, dass mich das Pferd nicht entdeckt. Meine Schritte sind deutlich leiser als seine und der Junge dreht sich nicht mehr um. Was immer er vorhat, hier draußen fühlt er sich unbeobachtet.

Aber dann werden meine Füße müde, und mein Kopf schmerzt, weil ich so lange in die Dunkelheit gestarrt habe. Der schwarze Pullover des Jungen verschmilzt mit der Nacht zu einem dunklen Brei. Ich würde jetzt gern mit ihm tauschen und an seiner Stelle auf diesem Pferd sitzen!

Plötzlich ein Geräusch. Ein Schnauben, direkt hinter mir! Vorsichtshalber bleibe ich stehen und drücke mich tiefer in die Schatten. Der Junge wendet sein Pferd scharf nach links, und nun kann ich ihn auch wieder sehen, weil wir auf einer Lichtung gelandet sind.

Das Geräusch folgt dem Jungen und seinem Pferd. Mich hat niemand bemerkt, trotzdem bleibe ich lieber etwas zurück. Vorsichtig, Schritt für Schritt, taste ich mich über den Waldboden und halte mich dabei immer am nächsten Baumstamm fest, um notfalls etwas zu haben, hinter dem ich schnell in Deckung gehen kann.

Der Junge reitet am Rand der Lichtung entlang, immer im Schutz der Baumschatten.

Ich warte noch, bis das Geräusch mit ihm weitergezogen ist, dann laufe auch ich auf die Lichtung.

Und bleibe atemlos stehen.

Vor mir, endlos ausgestreckt unter dem Sternenhimmel, zieht sich eine Wiese den Hang hinunter. Ich höre es plätschern und rauschen wie von einem Wasserfall, vor allem aber sehe ich die Pferde, Pferde, so viele Pferde! Eine ganze Herde ist das, Stuten mit ihren Fohlen, die in Gruppen stehen oder auch einzeln über die ganze Wiese verstreut. Ich kann sie gar nicht zählen, so viele sind es! Soweit ich erkennen kann, haben sie alle unterschiedliche Farben, aber auf jeden Fall ähneln sie dem Pferd, auf dem der Junge sitzt. Es sind definitiv keine von Annos Schlafpferden!

Der Junge. Wo ist der überhaupt hin? Ich strenge meine Augen an und sehe ihn, ganz am anderen Ende der Herde. Vielleicht muss er hier nach dem Rechten schauen? Oder hat er ein anderes Ziel? Er reitet auf die Felsen zu, von denen das Plätschern kommt. Vielleicht ist das auch wieder so ein Kraftort. Scheint bei den Windheimern ja beliebt zu sein.

Ich zögere einen Moment. Wahrscheinlich sollte ich ihm nach, damit ich wieder zurückfinde. Aber ich muss einfach zu den Pferden hingehen, nur ein Mal!

Eine hellbraune, zierliche Stute steht ganz vorn. Sie hat ein langbeiniges Fohlen bei sich, das genau ihre Fellfarbe besitzt und mich neugierig anguckt. Ich strecke die Hand aus und darf es sogar streicheln. Sein Fell ist so weich und kuschelig, dass ich es am liebsten einpacken und mitnehmen würde. Oh, wow! Warum tun sie in Windheim eigentlich immer so, als gäbe es hier keine Pferde?

Ich streife weiter durch die Herde. Sie scheinen alle ganz friedlich zu sein, außerdem kennen sie wohl Menschen, denn ich kann jedes einzelne von ihnen berühren und streicheln. Die Fohlen sind am zutraulichsten, ein paar von ihnen laufen mir sogar hinterher! Die beiden Hellgrauen finde ich am schönsten oder die zierliche Stute oder das dunkle Pferd dort hinten, von dem man nur den Schimmer in der Mähne …

Das Pferd hebt den Kopf, als hätte ich es gerufen. Einen Augenblick lang gucken wir uns nur an. Ich halte den Atem an.

Du bist es. Dich habe ich gesucht!

Ich gehe einen Schritt und das Pferd bewegt sich ebenfalls. Langsam, mit gesenktem Kopf kommt es auf mich zu, bis es so nah vor mir steht, dass ich es berühren kann.

»Hi«, wispere ich und hebe die Hand. Es stupst gegen meine Finger, ganz sacht, als würde es antworten.

Vor lauter Rührung könnte ich schreien. Es erkennt mich, es erinnert sich tatsächlich an mich!

Behutsam streichle ich über seine Mähne, die schimmert wie flüssiges Metall. Blätter und Federblumen haben sich darin verfangen, also trete ich ganz nah heran und zupfe das Gemüse vorsichtig aus seiner langen Mähne.

Es ist das Pferd, ganz sicher. Das Pferd aus dem Wald!

Mein Pferd.

»Ist das deine Familie?«, frage ich flüsternd.

Das Pferd legt den Kopf schräg und brummelt leise. Vor lauter Freude muss ich lachen. Ich habe es gefunden, tatsächlich gefunden! Jetzt muss Caro mir einfach glauben! Aber wie soll ich ihr das Pferd zeigen? Ich habe null Ahnung, wie wir hierhergekommen sind oder wie ich jemals wieder zurückfinden soll. Und ich kann es ja schlecht mitnehmen, einfach so.

Für einen Moment flackert ein inneres Bild auf, ich auf dem Schwarzen, ohne Sattel und ohne Zügel. Rasend durch den Wald. Ich könnte natürlich versuchen, ihn noch mal zu reiten! Wie habe ich das beim letzten Mal gemacht? Ich bin mit meiner Hand an seiner Schulter entlanggefahren und habe ihn am Widerrist berührt.

Das Pferd zuckt zusammen und wirft den Kopf hoch und ich ziehe schnell meine Hand zurück.

Oder war es am Mähnenkamm? Darauf habe ich nicht geachtet, weil ich mich ja eigentlich abgestützt habe. Irgendwas habe ich gemacht und dann hat er sich hingelegt und …

»Sieh an«, sagt eine Stimme hinter mir. »Wen haben wir denn da?«

18

Ich wirble herum.

Und stolpere rückwärts, bis ich gegen den Schwarzen stoße.

Vor mir stehen zwei Pferde, auf denen düster dreinblickende Typen hocken. Sie tragen dunkle Mäntel mit einer Kapuze, ganz ähnlich der, die der Junge vorhin angehabt hat. Nur dass sie die Kapuzen nicht über den Kopf gestülpt haben und ihre Augen frei liegen, sodass ich ihren durchdringenden Blick mit voller Macht spüren kann.

»Ich … ich wollte nur …«, stammle ich. Die Typen machen mir Angst, vor allem, weil sie so plötzlich gekommen sind. Und so nah stehen.

»Wer bist du?«, fragt der eine barsch. Seine Stimme klingt nicht halb so alt, wie er aussieht, aber bedrohlich genug, dass ich antworte, ohne zu zögern.

»Nia.«

»Aha. Und wie noch?«

»Nia … Schmid!«

»Wie bist du hergekommen, Nia Schmid?«

»D…d…durch den Wald!« Ich strecke den Arm aus und deute in die Richtung. Das Pferd steht immer noch hinter mir. Es hat sich nicht wegbewegt, so als wolle es mich vor ihnen beschützen.

»Bist du allein?«, fragt der andere. Er klingt genauso unfreundlich, aber seine Stimme ist heller. Jungenhafter.

Ich blinzle. »J…ja.«

Eigentlich stimmt das nicht, und ich habe Angst, dass sie meine Lüge hören können. Aber es gibt keinen Grund, den Jungen zu verraten. So wie er sich benommen hat, darf er womöglich gar nicht hier sein, und solange ich es nicht besser weiß, werde ich einfach nichts sagen.

Die beiden Reiter wechseln einen Blick. »Du bist allein durch den Wald gelaufen? Hierher?«

»Also, ich …«

»Woher kommst du?«, unterbricht der Ältere mich.

»Aus Windheim.«

Der Jüngere beugt sich zu dem anderen vor. Er sagt es leise, aber ich kann seine Worte trotzdem hören: »Die hat sich verirrt. Eine Touristin oder so.«

Der Ältere nimmt den Blick nicht von mir. Er hält mich richtig damit fest, denn ich traue mich nicht, mich auch nur einen Millimeter wegzubewegen. Wozu auch? Er wäre sowieso schneller als ich.

»Du bist in unser Land eingedrungen«, sagt er langsam. »Wir können es uns nicht leisten, dass du herumerzählst, was du hier gesehen hast.«

Vor Schreck verschlucke ich mich und muss husten. Das Pferd legt seine Lippen an meine Haare und schnauft leise hinein und sofort beruhigt sich mein rasender Herzschlag wieder.

Gesehen? Was habe ich denn gesehen? Eine Herde grasender

Pferde! Aber noch im selben Moment weiß ich, wie offensichtlich das alles ist. Die Pferde, natürlich! Es geht nur um die Pferde! Was, wenn die gestohlen sind? Und superwertvoll? Sie sind wunderschön, alle zusammen. Etwas stimmt nicht mit den Pferden, und es muss einen Grund geben, warum diese Leute sie hier im Wald verstecken und niemand in Windheim davon weiß!

Auf einmal wird mir ganz kalt. Wertvoll … oh Gott. Wenn sie richtig, richtig wertvoll sind, hätte ich sie nicht sehen dürfen. Ich könnte ihr Versteck verraten, ich könnte erzählen, was hier los ist, dann bin ich eine Zeugin – und ich habe genug Krimis gesehen, ich weiß, was man mit unliebsamen Zeugen macht!

»Bitte«, stammle ich. »Ich wollte nicht … Ich hab nichts gesehen, wirklich! Es ist mir egal! Ich hab mich nur verirrt, ich wohne doch noch nicht lange hier, ich kenne mich in Windheim nicht aus …« Tränen strömen aus meinen Augen, und meine Hände zittern so sehr, dass ich sie ineinanderschlinge. Meine Angst wird so groß, dass ich kaum noch atmen kann.

Ein Pfiff ertönt, durchdringend und laut. Ich wage nicht, mich umzudrehen, erst als der jüngere der beiden Reiter wendet und aus dem Stand losgaloppiert, werfe ich einen Blick über die Schulter.

Am Rand der Nachtwiese haben sich zwei weitere Reiter eingefunden. Im Schimmer der vielen Sterne über uns kann ich ihre Umrisse deutlich erkennen. Sie flankieren jemanden, ich erkenne in ihrer Mitte ein drittes Pferd, einen dritten Reiter.

Den Jungen.

Etwas fällt von mir ab. Das letzte bisschen Hoffnung. Der Junge wird mir nicht helfen, ganz sicher nicht. So wie sie ihn einkreisen, hatte ich recht – er darf überhaupt nicht hier sein.

Also sind wir beide Eindringlinge.

Ich drehe mich wieder nach vorn, zu dem Reiter, der mich noch immer bewacht.

»Komm«, sagt er und lässt sein Pferd einen Schritt gehen.

Ich zögere. Am liebsten würde ich das schwarze Pferd mit mir nehmen, bei ihm habe ich mich so beschützt gefühlt, aber der Reiter scheucht es mit einem schrillen »Woja!« fort. Und ich muss loslaufen.

»Schau, wen wir aufgegabelt haben!« Einer der neuen Reiter, ebenfalls ein junger Mann mit relativ tiefer Stimme, deutet auf den Jungen, der zusammengesunken auf seinem Pferd hockt und missmutig vor sich hin starrt. »Jetzt weißt du auch, wie die Kleine da den Weg zu uns gefunden hat.«

»Ich brauche ja wohl nicht zu fragen, wohin du wolltest«, höhnt mein Bewacher. »Hast du es immer noch nicht kapiert, Ginnes? Du. Hast. Hier. Nichts. Verloren!«

Der Junge, den er Ginnes genannt hat, zuckt zusammen.

»Ich wollte nur nach ihr sehen«, faucht er. Im Gegensatz zu mir scheint er keine Angst zu haben. Bloß eine riesige Wut. »Wo ist das Problem?«

»Das Problem«, knurrt der Jüngere, der noch immer dicht neben mir steht, »ist, dass du dieses Mädchen hier in den Wald geführt hast. Genau zu uns! Was glaubst du, was wir jetzt mit ihr machen sollen? Hä?«

Der Junge sieht mich nicht mal an. Ich bin ihm total egal. Verzweifelt schaue ich mich um. Das Pferd – das schwarze Pferd, es ist uns gefolgt und steht nur ein paar Schritte von uns weg! Wenn ich es nur erreichen könnte, wenn ich es schaffe, auf seinen Rücken zu springen …

Mein Bewacher lässt sein Pferd einen Schritt nach vorn machen, so als hätte er meine Gedanken gehört. Der Jüngere kommt hinterhergeritten, und auch die beiden, die eben noch den Jungen flankiert haben, scharen sich jetzt um mich. Mit ihren Pferden kreisen sie mich ein, versperren mir jeden Fluchtweg, und ich spüre die Gefahr, ich spüre sie mit jeder Faser meines Körpers!

»Nein«, kreische ich und versuche, aus ihrem Kreis zu entkommen.

Eines der Pferde springt vor und stößt mich von den Füßen. Ich falle, rapple mich aber gleich wieder hoch.

»Bitte«, heule ich. »Bitte, lasst mich gehen! Ich verrate auch niemandem, was ich gesehen habe!«

»Dazu ist es zu spät«, ruft der Jüngere. Sie bleiben stehen, der dampfende Atem ihrer Pferde vernebelt mir die Sicht. Einer der Typen springt vom Pferd. Er kommt auf mich zu, ich kann nichts machen, nirgendwohin, ich sehe nur seinen Umriss, und ich schreie, schreie, so laut ich kann …

»Wartet!«

Der Junge. Er steht plötzlich neben mir, zwischen ihnen. Instinktiv schlüpfe ich hinter ihn. Meine Beine zittern so sehr, dass sie mich gleich nicht mehr tragen.

»Sie kann auf ihnen reiten.«

Einen Moment ist es vollkommen still. Sogar die Pferde hören auf, Nebel auszuatmen, zumindest kommt es mir so vor.

»Was sagst du da?«

»Sie ist den Schwarzen geritten! Im Wald. Als er … entkommen ist.«

Die Typen sehen sich an. Noch immer ist es gruselig still, aber ich traue dem Frieden nicht – ich traue ihnen nicht.

»Ist das wahr?« Derjenige, der vom Pferd gesprungen ist, stupst mich an. Ich stolpere gegen den Schwarzen und spüre einen Stoß im Rücken.

Ist das jetzt gut oder schlecht? Wenn ich was Falsches sage, mache ich sie womöglich nur noch wütender.

»Ist das wahr?«, schnauzt mich mein Bewacher vom Pferd aus an. »Hast du ihn geritten?«

»Ja!«, schreie ich. »Ja, verdammt! Aber nur, weil ich verletzt war, er hat mir geholfen, ich wollte nicht …« Mein Schrei geht in einen neuen Heulkrampf über. Noch immer zittert mein Körper vor Angst.

»Das ändert alles«, murmelt der Angreifer. Er schaut auf mich herab, aber etwas von seiner Bedrohlichkeit ist gewichen. »Was nun?«

Mein Bewacher schnauft laut. »Was wohl? Wir bringen sie zu ihm. Soll er entscheiden.«

Der Angreifer weicht zurück. Er schwingt sich wieder auf sein Pferd und er und die beiden anderen geben den Weg frei.

Ich kann mein Glück kaum fassen. Sie lassen mich tatsächlich gehen! Jetzt bloß nicht ohnmächtig werden, ich muss hier weg, keine Ahnung, wohin, aber so schnell wie möglich …

Auf einmal spüre ich Arme, die sich um meine Taille schlingen. Eine Kraft, die stärker ist als ich, stärker als Ben, stärker als alles, was ich bisher erlebt habe, hebt mich hoch, auf das Pferd, und hält mich unerbittlich fest. Ich habe noch nicht einmal mehr genug Energie, um erneut zu schreien. Am Rande meines Blickfelds sehe ich noch, wie die anderen ihre Pferde wenden und zurück in die Dunkelheit verschwinden. Nur der Junge folgt uns, der Junge, der keine Wahl hat, der erwischt wurde, genau wie ich.

Und der mich trotzdem irgendwie gerettet hat.

19

Ich merke nicht viel von dem Ritt, dazu geht alles viel zu schnell. Wir galoppieren mit solch einer Geschwindigkeit, dass ich unmöglich sagen kann, in welche Richtung es geht oder was mit mir geschieht. Ich weiß nur, dass es sich nicht unangenehm anfühlt, auf diesem Pferd zu sitzen … und dass etwas von der Kraft zurückkommt, die meine Angst mir auf der Nachtwiese genommen hat.

Nur der Klammergriff, mit dem der Typ mich festhält, ist superunangenehm. Ich sehe nicht, worauf ich sitze, aber es muss eine Art Kissen sein, kein richtiger Sattel – oder er hat mich nur vorn auf den Hals des Pferdes gesetzt. Auf jeden Fall ist es unmöglich, einfach abzuspringen und zu fliehen, dazu hält er mich zu fest. Und dazu sind wir auch viel zu schnell.

Seltsamerweise will ich auch gar nicht mehr absteigen! Das Gefühl hatte ich schon einmal, bei meinem Ritt auf dem Schwarzen. Auch da sind wir in einem Höllentempo durch den Wald gerast. Und auch da hatte ich weder Angst vor der Geschwindigkeit noch das Bedürfnis, jemals wieder von seinem Rücken zu steigen.

Aber dann ist der Wald zu Ende und der Typ hält das Pferd an.

Er atmet aus, springt zu Boden und reißt mich mit sich. Es fühlt sich tatsächlich so an, als wäre ich vorher festgeklebt gewesen und als würde er mich gewaltsam von dem Tier trennen. Im ersten Moment bin ich so benommen, dass ich vor seinen Füßen zu Boden sacke.

»Steh auf«, knurrt er mich an. »Ich dachte, du kannst sie reiten!«

Ich bin zu erschöpft, um mich über seine Wortwahl zu ärgern. Wenn man fast umgebracht und dann verschleppt wird, darf man ja wohl mal die Kraft verlieren.

Aber ebenso schnell, wie ich gestolpert bin, stehe ich wieder auf meinen Beinen und schaue mich um. Häuser in der Dunkelheit, ein Dorf, am Rand. Ich weiß sofort, wo wir sind – nicht weit von uns steigt eine Rauchsäule in den Himmel und ich höre das Lachen und Singen der Dorfbewohner. Wir sind wieder in Windheim. Was hat das zu bedeuten?

»Ginnes!« Mein Bewacher dreht sich um. »Du kommst mit.«

Diesmal sind es die beiden, die mich flankieren. Der Junge gehört zu ihnen, ich darf nicht glauben, dass er mir wirklich helfen wollte. Er hat selber ein Problem, und aus irgendeinem Grund hat er mich gerettet, aber bestimmt nicht um meinetwillen!

Wir gehen zwischen den dunklen Häusern entlang, bis wir den Rand des Marktplatzes erreichen. Nicht weit von uns liegen die Felle am Boden, auf denen Hilde und die anderen Bewohner ums Feuer sitzen.

Ich sehe ihre fröhlichen Gesichter im Schein der Flammen und sofort fällt etwas von der Anspannung von mir ab. Wenn wir hier sind, kann es nicht so schlimm werden …

Mein Bewacher stößt einen Pfiff aus. Sofort drehen sich die

Kinder um, die am nächsten zu uns sitzen. Als sie ihn erkennen, springt eines von ihnen auf und rennt zu uns.

»Ist was passiert?«, ruft das Kind aufgeregt.

»Den Pferden geht's gut«, sagt mein Bewacher. »Aber ich brauche Norwin.«

Das Kind macht große Augen, fragt aber nicht weiter, sondern sprintet los. Kurz darauf löst sich eine hagere, mit einem roten Pullover bekleidete Gestalt aus dem Kreis und kommt auf uns zu. Ich merke, wie sich mein Bewacher aufrichtet, als wäre dieser Mann furchtbar wichtig.

Der Junge dagegen fällt in sich zusammen, so als würde er nun aufgeben.

Der Mann im roten Pullover fragt nicht, was passiert ist. Er mustert uns nur, uns drei, wie wir da stehen, und scheint schon alles zu wissen. Er ist weder besonders groß noch kräftig und strahlt eine seltsame Ruhe aus. Trotzdem ist mir klar, dass er derjenige ist, der hier das Sagen hat. Das spürt man sofort.

Wir folgen ihm wortlos in das letzte Haus in der Reihe. Es grenzt wie unseres an den Wald, aber das ist für Windheim ja nicht ungewöhnlich. Sein ganzes Haus ist vollgepackt mit Büchern, Bücher in Regalen, Bücher in Stapeln auf Stühlen, Kommoden und Tischen, sogar auf dem Fußboden liegen einige davon herum. Die meisten Titel kann ich nicht lesen, weil der Einband abgebröckelt ist, aber es scheint sich dabei nicht um Romane zu handeln, sondern um wissenschaftliche Werke.

»Setzt euch«, sagt der Mann freundlich und räumt die Bücherstapel von den Stühlen. »Es sieht ein bisschen aus. Das bringt die Arbeit mit sich.«

Ich will mich nicht hinsetzen. Lieber stehen bleiben und fluchtbereit sein! Aber der Junge und mein Bewacher gehorchen, also setze ich mich auch auf einen Holzstuhl.

»Wollt ihr einen Tee?« Der Mann im roten Pullover wartet unsere Antwort nicht ab. Er geht hinüber in seine Küche, hantiert kurz herum und kommt kurz darauf mit drei Tassen zurück, die er vor uns abstellt. Es dampft und duftet daraus, aber ich werde einen Teufel tun und das Zeug anrühren!

Der Mann, den sie Norwin genannt haben, mustert mich nun neugierig. »Wir kennen uns noch gar nicht. Dabei warst du schon öfter hier, stimmt das?«

»Äh … ja.« Ich fühle mich eingeschüchtert, schon wieder. Das nervt mich, aber ich kann auch nichts dagegen machen. »Ich wohne seit Kurzem in Windheim.«

»Soso.« Der Mann lächelt. »Du hast dich mit Hilde angefreundet.«

Ich nicke. Sie hat also von mir erzählt. Sollte ich mich darüber freuen?

»Was führt dich zu uns?« Norwin schaut meinen Bewacher an.

Der räuspert sich, und dann erzählt er in wenigen Worten, wie ich an der Pferdewiese aufgetaucht bin und den Schwarzen gestreichelt habe und was Ginnes daraufhin behauptet hat. Die Szene, wie sie mich umkreist und bedroht und anschließend hierher verschleppt haben, lässt er aus.

Norwin wirft Ginnes einen raschen Blick zu, lächelt aber sofort wieder in meine Richtung. »Soso, dann magst du also Pferde.«

»Ja«, sage ich ehrlich. Mein Mund ist staubtrocken.

Ich probiere doch einen Minischluck von dem Tee. Er ist warm und süß und er tut gut. Sofort fühle ich mich besser.

»Dieses Pferd, es ist euch weggelaufen, oder? Ich habe es im

Wald gefunden oder eigentlich hat es mich gefunden. An meinem ersten Tag war das. Ich hatte mich verletzt und konnte nicht mehr laufen, und als es so plötzlich vor mir stand, da … also, ich wollte es nicht ohne Erlaubnis reiten, wirklich nicht! Aber es hat mich aufsteigen lassen, es hat sich sogar vor mir hingelegt, als wollte es mich auf seinen Rücken bitten, und da habe ich mich eben draufgesetzt.« Ich schnappe nach Luft, atme einmal tief durch. »Ich habe ihm doch nicht geschadet, oder? Ich wollte wirklich niemandem schaden, er war nur so … so …«

»… freundlich«, sagt Norwin. Sein Lächeln wird breiter. »Das sind unsere Pferde alle. Und trotzdem lassen sie nur ausgewählte Menschen so nah an sich heran, wie es der Schwarze bei dir getan hat. Wenn es stimmt, was du erzählst, bist du etwas ganz Besonderes.« Er sieht mich eindringlich an. »Du hast dem Schwarzen nicht geschadet. Er ist freiwillig zu dir gekommen, das ist ein großes Geschenk.«

»Ich hatte das Gefühl, als wollte er mich … beschützen.« Das klingt total bescheuert. Aber Norwin scheint zu verstehen, was ich meine.

»Unsere Kinder sind keine normalen Reiter«, sagt er und sieht zu meinem Bewacher hinüber. »Sie verschmelzen mit ihren Pferden. Sie teilen das Wichtigste miteinander, was sie haben: ihre Zeit!«

»Und kann …« Ich schlucke. »… kann ich das lernen? So zu reiten? Kann ich ihn wiedersehen, darf ich vielleicht …« Meine Stimme bricht. Ich trinke noch einen Schluck von dem Tee.

Norwin lässt seinen Blick auf mir ruhen. Er scheint zu überlegen. Etwas hat dieser Mann an sich, diese Ruhe, die er ausstrahlt – ist die echt? Oder tut er nur so? Er kommt mir vor wie ein uralter

Professor, der einfach alles weiß im Leben. Aber so alt ist Norwin noch gar nicht. Deutlich jünger als Tante Lisbeth zumindest.

»Du bist also auf ihm geritten«, wiederholt Norwin. »Und hattest du danach irgendwelche Beschwerden? Hat sich dein Kopf seltsam angefühlt, haben deine Beine gezittert?«

Ich überlege. »Nein. Nur mein Fuß hat wehgetan. Aber den hatte ich mir ja beim Fahrradsturz verletzt.«

Wieder lächelt er. »Du wohnst in Windheim, hast du gesagt?«

»Ja.«

»Und du kennst den Weg zu uns?«

Ich nicke.

Er sieht mich nachdenklich an. Eine kleine Ewigkeit lang sagt er nichts, denkt nur nach, und ich merke, dass ich unruhig werde.

»Ich mache dir einen Vorschlag. Du kannst wiederkommen. Du wirst zu uns gehören und zu unseren Festen eingeladen werden, und wir bringen dir alles bei, was es über unsere Reitweise zu wissen gibt.«

Ich halte den Atem an. Das klingt zu schön, um wahr zu sein! Ich weiß nämlich jetzt schon, dass ich das will, ich will dazugehören, ich will ein Teil von ihnen sein und alles über diese Pferde erfahren, alles, vor allem über den Schwarzen.

»Und was muss ich dafür tun?«

»Du wirst das schwarze Pferd zähmen«, sagt er schlicht.

Für einen Moment bin ich zu perplex, um zu antworten. Wie, zähmen? Es ist doch schon gezähmt, ich bin ja schließlich auf ihm geritten!

»Aber … es kann doch schon alles.«

Norwin lacht. »Oh nein. Es kann noch nichts! Der Kerl ist

noch jung, es hat noch niemand was mit ihm gemacht. Er war eigentlich bestimmt für … eine andere Aufgabe. Aber nun, da wir dich haben, darf er gern seine Chance erhalten. Gute Reiterinnen können wir jederzeit gebrauchen!«

Ich verstehe es immer noch nicht. »Aber was genau soll ich denn mit ihm machen?«

Norwin wird nun ernst. Sein Ausdruck verändert sich, und ich merke, dies ist kein Spiel. Es ist ein Deal, auf den ich mit Haut und Haar eingehe – oder den ich bleiben lasse, jetzt und hier.

»Du wirst ihn satteln und halftern, ihm beibringen, still stehen zu bleiben, wenn du das möchtest, und dorthin zu laufen, wo du ihn haben willst. Auf einem Pferd zu sitzen, ohne die Richtung oder die Geschwindigkeit zu bestimmen, zählt nicht als Reiten. Du hast dafür zehn Tage Zeit, und am Ende dieser Zeit werden wir sehen, ob ihr ein Team seid. Oder ob eure Wege sich wieder trennen.«

Ich schlucke. »Zehn Tage? Aber … das ist unmöglich!«

»Glaub mir, das ist es nicht. Die meisten von uns brauchen halb so lang.«

Aber ich habe noch nie ein Pferd ausgebildet, will ich rufen. Ich hatte Reitstunden auf Ponys, von einer Sozialarbeiterin, die mir einen Gefallen getan hat! Das war keine besonders tolle Ausbildung. Ich kann doch eigentlich noch gar nichts!

Ich merke, wie der Junge mich ansieht. Ginnes. Und ich muss wieder daran denken, wie er sich auf seinem Pferd bewegt, wie er es mit Flüsterbewegungen steuert, ihm seine Gedanken in Gesten übermittelt. Es geht nicht darum, was ich kann, wer ich bin oder woher ich komme. Es geht einzig darum, wer und was ich sein will.

Ich stehe auf. Mein Kopf schwirrt von all den Gedanken, aber ich weiß, dass ich das schwarze Pferd wiedersehen will, wiedersehen muss! Eine Chance, hat Norwin gesagt. Wer weiß, was sie sonst mit ihm anstellen! Er bekommt seine Chance. Genau wie ich.

»Okay«, antworte ich. Meine Stimme klingt erstaunlich fest. »Ich mache es.«

Norwin lächelt wieder. Dann steht auch er auf. Er ist kaum größer als ich, aber er strahlt pures Leben aus. »Dann sehen wir uns in zehn Tagen. Wenn du einen Rat brauchst, wende dich an Ginnes, er wird dir alles zeigen. Ich freue mich schon, dich bald öfter bei uns zu sehen, Nia.«

Auch die anderen beiden stehen auf. Ginnes läuft zur Tür, aber Norwin hält ihn auf.

»Bring sie nach Hause, hörst du? Nicht dass sie sich noch mal in den Wald verirrt.«

»Ich kenne den Heimweg«, sage ich schnell, aber Norwin sieht Ginnes eindringlich an, bis dieser nickt. Ich habe überhaupt keine Lust, neben ihm herzulaufen, und er anscheinend auch nicht, denn er rennt voraus, Slalom um die dunklen Häuser, genau wie vorhin, und ich ihm hinterher. Das Feuer ist heruntergebrannt, die Kinder hängen schlummernd in den Armen ihrer Eltern. Ich versuche noch, Hilde auszumachen, um ihr die Neuigkeiten gleich zu erzählen, kann sie aber nirgends entdecken.

»Kommst du?«, murrt Ginnes, ohne stehen zu bleiben.

»Ja, schon gut«, gebe ich zurück. Ich fühle mich noch immer zittrig, aufgeputscht und gleichzeitig so müde, dass ich jede Sekunde in Tiefschlaf fallen könnte.

Wir laufen auf direktem Weg zur Brücke. Von hier sehe ich

ganz deutlich das Flackern in der kleinen Kapelle, drüben am Friedhof.

Erst als wir über den Fluss laufen, fällt mir auf, dass Norwin meinen Namen kannte, obwohl ich mich ihm nie vorgestellt habe.

20

Wir gehen schweigend nebeneinanderher.

Seit der Brücke wartet er auf mich, so als wäre sie eine Schwelle, die uns plötzlich zu Verbündeten macht. Oder ist es, weil ich zugestimmt habe, mit dem Pferd zu arbeiten? Vorsichtig sehe ich ihn von der Seite an. Ich würde ja gern mit ihm reden, aber er starrt vor sich hin, und ich brauche bis zum Ende des Friedhofs, bis ich mich endlich traue, ihn anzusprechen.

»Hat er einen Namen?«

Ginnes sieht auf. Noch immer trägt er diese Kapuze. Aber ich könnte sowieso nicht viel von seinem Gesicht erkennen, dazu ist es zu dunkel. »Wer?«

»Der Schwarze.«

»Nein.«

»Und wie … wie soll ich ihn dann nennen?«

»Denk dir einen Namen aus.«

»Irgendeinen?«

Er verdreht die Augen. »Ja! Er muss nur … er sollte nicht zu lang sein. Unsere Pferde haben alle eher kurze Namen.«

Das ist ja witzig. Ich darf ihm sogar seinen Namen geben!

»Wie heißt dein Pferd?«, will ich wissen.

Er zuckt zusammen und bohrt die Hände in die Taschen. »Ich habe kein Pferd mehr«, murmelt er düster.

»Aber das Pferd, auf dem du geritten bist …?«

»Ach. Die. Das war Moa. Sie gehört mir nicht, ich reite sie nur.«

»Und … dein Pferd …«, beginne ich, verstumme aber gleich wieder, als ich sein Gesicht sehe. Okay, böses Thema. Darüber wird also nicht geredet.

Wieder gehen wir schweigend weiter, bis ich es nicht mehr aushalte. »Sag mal, kann der Schwarze wirklich noch gar nichts? Er kam mir so zutraulich vor, ich kann mir gar nicht vorstellen, dass so ein Pferd gezähmt werden muss.«

»Du wirst es ja selbst merken«, sagt Ginnes nur. »Warte es ab!«

Noch etwas fällt mir ein. »Ich weiß gar nicht, wie ich zu ihm komme! Bringt ihr ihn ins Dorf? Oder muss ich ihn von der Wiese holen? Ich fürchte, ich finde da nicht wieder hin. Ich bin ja nur …«

»… nur mir nachgelaufen.« Er wirft mir einen Blick zu, als wäre ich der dümmste Mensch auf der Welt. »Das hättest du nicht tun sollen, das ist dir klar, oder?«

Die Typen fallen mir wieder ein, die mich mit dampfendem Pferdeatem eingekreist haben. Und sofort läuft mir wieder ein Schauer über den Rücken.

»Was hätten die mit mir gemacht? Mich … zum Schweigen gebracht?« Ich stolpere, schaffe es aber, aufrecht zu bleiben.

Ginnes zuckt mit den Schultern. »Wahrscheinlich hätten sie dich eingesperrt. Für eine Weile.«

Okay. Ich glaube, ich will es doch nicht so genau wissen.

»Warum bist du zur Wiese geritten?«, frage ich angriffslustig.

»Du hast dich davongeschlichen und du durftest auch nicht dort sein!«

Er lacht müde auf. »Ha! Ich habe jedes Recht der Welt, dort zu sein. Nur sehen die das leider anders als ich. Aber das geht dich nichts an. Wo wohnst du?«

Ich bleibe stehen. »Oh, Mist. Ich habe keine Ahnung, wo wir sind.«

»Weißt du die Straße?«

»Santa-Ana-Straße Nummer 8.«

Kurz zögert er. »8?«

»Ja. Ziemlich sicher.«

»Schmid«, murmelt er und schüttelt den Kopf. »Ach du meine Güte.«

»Was?«

»Nichts.«

»Sag schon. Was meinst du?«

»Lisbeth. Ich kenne sie. Von … früher.«

Überrascht drehe ich mich zu ihm. »Echt jetzt? Wann früher?« So alt kann der doch auch noch nicht sein, dass er von »früher« reden kann.

»Ist egal. Ich weiß, wo das ist. Komm.« Er geht wieder los.

Na super! Einen gesprächigeren Partner hätte man mir nicht zuteilen können.

»Wo hast du reiten gelernt?«, frage ich ihn, als das Schweigen in der Dunkelheit wieder seltsam wird.

»Auf einem kleinen Hof hier in der Nähe.«

»Du meinst aber nicht bei Anno, oder?«

Er lacht leise auf. »Nein! Wir hatten andere Pferde. Die von Anno kamen erst später nach Windheim.«

»Wohnst du denn schon länger hier?« Zumindest scheint er sich auszukennen, denn er führt mich zielsicher durch die Straßen. Ich brauche ihm eigentlich nur nachzulaufen.

»Schon mein ganzes Leben«, murmelt er.

»Ich war auch schon mal hier«, erzähle ich, einfach nur, um irgendwas zu sagen. »Als Kind habe ich vier Jahre bei Tante Lisbeth gewohnt. Aber ich erinnere mich kaum daran. Ich war einfach noch zu klein.«

»Windheim kann sehr schön sein«, sagt er leise. »Und friedlich.«

»Aber es ist auch … seltsam, oder?«

Er zuckt mit den Schultern. »Dafür kann es nichts.«

Wieder so ein Satz, den ich nicht verstehe. Doch er erklärt mir ja sowieso nichts. Auf einmal merke ich, dass ich die Büsche und Sträucher wiedererkenne. Wir sind richtig, da vorn ist Tante Lisbeths Steinhaus!

Ginnes bleibt stehen, wenige Schritte von dem Haus entfernt. »Du solltest nicht wiederkommen.«

Überrascht schaue ich ihn an. »Was?«

»Das schwarze Pferd … vergiss es lieber.«

»Das kann ich nicht!« Und das will ich auch überhaupt nicht. Was ist denn jetzt los?

Er dreht sich ganz zu mir, packt mich an den Schultern und ist mir auf einmal so nah, dass ich seinen Atem fühlen kann. Mein Herz setzt einen Schlag aus und rast dann weiter.

»Pass auf. Das sage ich dir jetzt nur ein Mal, also hör gut zu. Dieses Pferd ist gefährlich. Norwin ist gefährlich! Er verspricht dir einen Gefährten, aber im Grunde rauben sie dir dein ganzes Leben, also bleib lieber weg! Halte dich von uns allen fern!«

Ich muss schlucken. Dass er so nah ist, verwirrt mich total. »Dann stimmt das gar nicht? Das mit dem … Gefährten?«

Er seufzt. Etwas schimmert in seinen Augen, aber er hält meinen Blick noch immer fest. Nicht mit Gewalt, wie mein Bewacher vorhin, sondern mit den Geheimnissen, die er kennt, mir aber nicht erzählen kann.

»Doch«, gibt er zu. »Doch, das stimmt.«

»Dann muss ich wiederkommen«, flüstere ich. »Ich habe gar keine andere Wahl.«

Er kaut auf seiner Lippe herum und sieht mich so eindringlich an, dass mir schwindlig wird. Doch dann lässt er mich los und macht zwei Schritte rückwärts.

»Wie du willst. Wir treffen uns an der Brücke. Morgen bei Sonnenaufgang. Komm nicht zu spät.«

»Warte«, rufe ich, weil mein Kopf auf einmal voller Fragen ist und weil ich wissen muss … Aber er ist schon verschwunden, in der Dunkelheit, die ihn hergebracht hat.

Morgen. Bei Sonnenaufgang.

Die Nacht wird kurz.

21

»Wo warst du?«, fragt Ben, als ich in die Küche komme.

»Weg«, sage ich und lasse mich auf einen Stuhl fallen. »Gibt's noch was zu essen?«

»Wir haben Pizza warm gemacht.« Er klappt den Ofen auf. »Ist noch was übrig.«

»Oh, super.«

Ben tippt auf seinem Handy herum, während ich mir die restliche Pizza aus dem Ofen hole.

»Ben?«, frage ich, als ich zwei Stücke vertilgt habe.

»Hm.«

Er schaut nicht hoch.

»Warum sind wir hier?«

»Was meinst du?«

»Hofft ihr, dass Tante Lisbeth bald stirbt und wir das Haus erben?«

Jetzt schaut Ben doch auf. »Sag mal, geht's noch? Wer erzählt dir denn so einen Scheiß?«

»Leute. Die reden über euch. Im Dorf.« Ich kriege das Wort »Schmarotzer« einfach nicht über die Lippen.

»Dann halt dich von den Leuten fern, die so was sagen, klar?

Wir sind hier wegen Lisbeth. Weil sie alt ist und Hilfe braucht.« Schon guckt er wieder auf sein Handy und tippt weiter.

»Aber sie hätte ja auch zu uns kommen können! Sammy wollte doch gar nicht weg.«

»Sammy kriegt ein Kind!« Ben wirft das Handy auf den Tisch und springt auf. »Wo hätten wir das denn untergebracht in unserer kleinen Wohnung, hm? Und Tante Lisbeth auch noch? Man kann sich nicht immer alles aussuchen im Leben. Wir sind jetzt nun mal hier und wir bleiben es auch. Und mir ist scheißegal, was die Leute sagen!« Damit stürmt er aus der Küche und knallt die Tür hinter sich zu.

Ich bleibe noch eine Weile sitzen und schaue raus in den dunklen Garten. Mein Hunger ist plötzlich verschwunden, allein schmeckt es mir nicht mehr. Ich überlege, zu Sammy zu gehen, aber wahrscheinlich schläft sie schon, und wenn nicht, will sie bestimmt nicht gestört werden.

»Ach, ich hätte euch so gern von den Pferden erzählt«, flüstere ich in den leeren Raum. Dann stehe ich auf, gehe rüber in mein Zimmer und bin eingeschlafen, noch ehe ich mich aus meinen Klamotten schälen kann.

Als mein Wecker klingelt, ist es noch dunkel draußen. Schnell husche ich ins Bad, wasche mich notdürftig und ziehe mich um. Frühstück fällt aus, ich schnappe mir nur eine Scheibe Toast und lege ein Stück Käse darauf. Für unterwegs. Noch vor den ersten Sonnenstrahlen stehe ich an der Brücke und warte auf Ginnes.

Und warte.

Warte.

Irgendwann zieht Morgennebel auf und wabert zwischen den

Grabsteinen umher. Ich schaue mich um, aber noch bin ich allein, also laufe ich zu der kleinen Kapelle hinüber. Das Moos quietscht feucht unter meinen Schritten, und es ist ziemlich gruselig, durch den Nebel zu laufen.

In der Kapelle ist es kühl und modrig. Ein Kreuz hängt an der Wand, darunter eine Jesusdarstellung, und auf einem Gestell stehen unzählige Teelichter, die man kaufen und dann für die Verstorbenen anzünden kann. Mitten unter ihnen klebt noch eine Kerze, größer als die anderen, in einem matten Honigton – eine Bienenwachskerze. Sie ist schon ziemlich runtergebrannt, aber ihr Docht ragt noch deutlich hinaus, sodass man sie jederzeit wieder anzünden kann.

In dem Wachs der Kerze sind Dinge eingeritzt. Zeichen oder Buchstaben oder so. Oder … Namen? Ich beuge mich vor und versuche, die krakelige Ritzschrift zu entziffern.

»Das ist nicht die Brücke«, sagt eine Stimme hinter mir.

Ich wirble herum. Ginnes steht im Eingang der Kapelle. Diesmal hat er die Kapuze nicht über den Kopf gezogen, sodass ich zum ersten Mal sein Gesicht sehen kann. Er sieht ein bisschen aus wie dieser Schauspieler, dessen Namen ich immer wieder vergesse, der mit den großen Augen und dem schiefen Lächeln. Irgendwie … gut. Seine Haare sind länger, als ich gedacht hätte, sie reichen ihm fast bis auf die Schulter und wellen sich ganz leicht, und seine Augen sind blau, richtig tiefblau.

»Hallo, Ginnes«, sage ich. Ich will ihn nicht anstarren, also gucke ich schnell wieder zu der Kerze auf dem Alter. »Wird die nur in bestimmten Nächten angezündet?«

Er zuckt mit den Schultern und macht mit dem Kopf eine Bewegung, dass ich ihm folgen soll. Eilig schließe ich auf. Zu meiner Überraschung gehen wir gar nicht über die Brücke, sondern wandern auf dieser Seite des Flusses entlang, bis wir den Wald erreichen. Es gibt keinen Weg, wir müssen über quer liegende Äste und Farne und Dornengestrüpp hinwegklettern. Es ist richtig mühsam, aber Ginnes scheint nicht müde zu werden.

Immer tiefer tauchen wir in den Wald ein, immer dem Fluss nach, der neben uns herplätschert und kleine Blätterschiffchen spazieren trägt. Als wir an einem riesigen, knorrigen Baum vorbeikommen, der aussieht, als würde er seinen langen Bart im Wasser baden, bleibe ich wie festgewurzelt stehen.

»Warte mal. Hier war ich schon mal. Ja, hier hatte ich den Unfall!«

»Welchen Unfall?«

»Den Unfall mit dem Fahrrad!«

»Aha.«

»Ich hatte mich verirrt. Dabei hätte ich nur dem Fluss folgen müssen!«

»Das konntest du nicht wissen. Niemand kommt je in diesen Teil des Waldes. Die Wanderwege enden alle auf der anderen Seite des Flusses.«

»Warum?«

»Weil dieser Teil nicht erschlossen ist.«

Ich schaue ihn vorsichtig von der Seite an. »Hast du hier auch schon mal so was wie Stimmen gehört? Stimmen, die aus dem Nichts kommen?«

Er zieht die Augenbrauen hoch und grinst leicht. »Stimmen aus dem Nichts, ja?«

»Es klingt bescheuert, aber ich schwöre, ich habe was gehört! Das war ganz komisch, so als ob … irgendwas … die Stimmen verzerrt hätte! Ich habe sogar verstanden, was sie gesagt haben.« Ich schlucke. Keine schöne Erinnerung. Das hat mir echt Angst gemacht.

»Du solltest nicht so viel allein im Wald rumlaufen«, meint er achselzuckend und geht weiter.

Nach einer Weile bleibe ich wieder stehen. »Ginnes? Ich muss dich noch was fragen.«

Er dreht sich um, aber er hat einen seltsamen Ausdruck im Gesicht. »Kannst du damit aufhören?«

»Darf ich nicht mit dir reden?«

»Du sollst aufhören, mich Ginnes zu nennen.«

Verwirrt starre ich ihn an. »Ist das nicht dein Name? Die anderen haben dich doch so genannt.«

Er seufzt leicht. »Es ist der Name von mir und meinem Pferd. Unsere … Verbindung. Die anderen benutzen ihn, aber ich will ihn eigentlich nicht hören. Klar?«

»Klar«, murmle ich. Seine Verbindung? Was immer da passiert ist mit ihm und seinem Pferd – es scheint ziemlich schmerzhaft für ihn zu sein. »Wie soll ich dich denn dann nennen?«

Er überlegt einen Moment. »Wie wäre es mit Hannes?«

Ich nicke. »Hannes. Okay.«

Wir klettern weiter. Das Flussufer wird immer unwirtlicher, aber ich bin inzwischen ziemlich geübt darin, nicht über jeden Ast zu stolpern. Hannes bleibt schließlich stehen und deutet auf zwei große Felsen, die aus dem Fluss herausragen. »Hier ist eine gute Stelle, um den Fluss zu überqueren.«

Er springt zuerst, mit einem großen Satz landet er auf dem ersten Stein und streckt die Hand aus, um mir zu helfen. Nun stehen wir mitten im Fluss, der an dieser Stelle um einiges tiefer zu sein scheint als vorne am Friedhof. Auch sein Rauschen ist lauter, so als hätte er hier im Wald viel mehr Energie.

»Warum sind wir denn nicht gleich über die Brücke gegangen?«, frage ich, als ich auf wackeligen Beinen drüben ankomme.

»Weil du den Weg durch den Wald nie allein findest.«

Allein? Na, ganz toll. Dann muss ich diesen nicht vorhandenen Weg also künftig allein gehen?

»Und warum steht eure Herde so weit weg? Rund um Windheim gibt es doch jede Menge Wiesen und Felder.«

»Die sind aber nichts für unsere Pferde.« Hannes biegt ein paar Äste zur Seite und deutet nach vorn. Ich staune. Wir stehen am Rand einer gewaltigen Wiese! Gestern habe ich sie nur bei Nacht gesehen, aber jetzt verstehe ich auch, warum dieser Platz so besonders ist.

Die Wiese ist riesig, weit und hügelig. Ihr Gras steht an manchen Stellen hüfthoch, sodass die Pferde durch einen natürlichen Fliegenschutz laufen können. Auf den Hügeln wachsen Wildblumen, die ich noch nie gesehen habe, mit Blüten in allen möglichen Formen und Farben. Es gibt keinen Zaun, aber es gibt auch keinen Grund für die Pferde, diesen Ort zu verlassen. Hinten bei den Felsen strömt eine Quelle aus dem Stein und plätschert als kleiner Wasserfall in ein Felsenbecken, in das zwei Fohlen eben ihre Nasen stecken. Und die Nischen und überhängenden Felsdächer bieten Schutz vor Regen.

»Wow«, murmle ich. »So was Schönes hab ich noch nie gesehen. Eure Pferde haben ein Traumleben!«

»Es ist nicht alles so, wie man es sieht«, murmelt Hannes. Er läuft weiter, zwischen den Pferden hindurch, und schiebt ihre Leiber aus dem Weg. Zwei Jungpferde spielen Fangen und rennen ihn beinahe über den Haufen, aber Hannes geht schnurgerade weiter, ohne sich um sie zu kümmern, und sie weichen in letzter Sekunde aus.

Staunend folge ich ihm und schaue mich um. Wo ist das schwarze Pferd? Ob sie es irgendwohin gebracht haben, wo ich mit ihm arbeiten kann? Einen umzäunten Platz oder so? Ich sehe gar nichts, aber es ist sowieso unmöglich, das ganze Areal zu überblicken. Dafür ist es einfach zu riesig.

»Kommst du?« Hannes ist beim Eingang einer Höhle stehen geblieben. »Hier drin verstauen wir unsere Sachen. Dann müssen wir sie nicht immer mit herschleppen.«

Ich folge ihm. In der Höhle gibt es Licht, aber wo es herkommt, kann ich nicht ausmachen. Hannes geht zu einer Kiste, klappt sie auf und nimmt ein Halfter heraus, an dem unzählige Federn baumeln. Er befestigt noch zwei lange Seile daran und gibt es mir.

»Was ist das?« Ich betrachte das Halfter skeptisch. Es sieht nicht viel anders aus als ein stinknormales Stallhalfter, nur dass es nicht aus Gurtband, sondern aus einem superweichen Leder gemacht ist, in das die Federn regelrecht hineingetrieben sind.

»Damit musst du ihn kontrollieren lernen.«

Ich drehe das Halfter in den Händen. Es besitzt kein Gebiss und auch keinen Sperrriemen, nur das Nasenband und das Genickteil, das man hinter die Ohren schiebt. Die Federn sehen richtig hübsch aus, wie für ein Indianerpferd gemacht.

Ich hänge mir das Halfter über die Schulter und schaue mich um. »Brauche ich auch einen Sattel?«

Hannes schüttelt den Kopf. »Heute noch nicht. Zuerst lernst du, ihn aufzuhalftern.«

Wir treten aus der Höhle ins Sonnenlicht. Der Wald und die Blumen auf der Wiese leuchten in satten Farben und einen Moment lang würde ich am liebsten die Zeit anhalten und mir das ewig angucken. Aber dann sehe ich eine Bewegung aus den Augenwinkeln. Hinten, am anderen Ende der Felsen, hocken drei Reiter auf ihren Pferden und starren zu uns rüber. Ihre Gesichter liegen im Schatten, trotzdem meine ich, in einem von ihnen meinen Bewacher von gestern wiederzuerkennen. Ein Schauder läuft mir über den Rücken.

»Die … die passen auf, dass keines der Pferde wegläuft, oder?«

Hannes folgt meinem Blick und seine Augen werden düster.

»Sie bewachen die Herde«, sagt er ausweichend.

Ich recke den Hals. Die Höhle scheint auf der anderen Seite noch weiterzugehen. Ja, es sieht so aus, als ob es sogar mehrere Eingänge gibt, viel größer noch als der auf dieser Seite!

»Denk nicht mal dran«, murmelt Hannes. »Was immer du tust, komm nicht in die Nähe dieser Höhlen, klar?«

»Was ist in diesen Höhlen?«, frage ich flüsternd.

Aber Hannes antwortet mir nicht. Er stapft einfach voran, quer über die Wiese auf den Wasserfall zu.

Und da sehe ich ihn. Er steht hinter zwei Mutterstuten mit ihren Fohlen und krault sich mit einem hellbraunen Pferd den Hals. Versonnen bleibe ich stehen und gucke ihnen zu. Das ist so idyllisch, wie kann ich da stören?

Hannes ist das egal, er geht einfach hin, scheucht den Hellbraunen davon und winkt mich zu sich.

»Hey«, sage ich leise zu dem Schwarzen.

Das Pferd wirft den Kopf hoch, lässt Hannes stehen und kommt zu mir. Ich kann mein Glück kaum fassen. Vorsichtig strecke ich die Hand aus und streichle über seine schimmernde Mähne. Ich wusste, dass sie lang ist, aber wie lang tatsächlich, hatte ich vergessen. Der metallene Schimmer seiner Haare funkelt in der Sonne in allen Regenbogenfarben.

»Kuschelstunde beendet«, brummt Hannes. »Du hast nur zehn Tage Zeit, schon vergessen?«

Ich nehme meine Hände herunter, kann die Augen aber nicht von dem Pferd abwenden. Wie selbstverständlich es zu mir gekommen ist und neben mir stehen bleibt …

»Willst du ihm heute noch das Halfter anlegen?«, fragt Hannes ungeduldig.

»Schon gut, schon gut!«

Ich lasse das Halfter von meiner Schulter gleiten. Der Schwarze rührt sich nicht. Vorsichtig berühre ich ihn mit dem Seil, aber auch darauf kommt keine Reaktion. Na also. Er war von Anfang an so zutraulich, ich habe ja gewusst, das wird kein größeres Problem! Mit einer fließenden Bewegung streife ich das Halfter über seine Nase und über das erste Ohr …

Das Pferd explodiert förmlich. Mit einem Satz hat er sich losgerissen, das Halfter fliegt in hohem Bogen ins Gras und der Schwarze galoppiert mit wehendem Schweif davon.

Hannes steht da und lacht. Er lacht mich einfach aus.

Ich stemme die Hände in die Hüften. »Sag mal, geht's noch?«

»Nein«, prustet er. »Du hättest mal dein Gesicht sehen sollen!«

»Sehr witzig«, brumme ich. »Was ist mit dem Halfter, sag schon? Ist da irgendwas dran, was ihm wehtut?«

»Nichts. Sie lassen sich nicht gern kontrollieren, das ist alles.«

»Aber …« Ich verstumme. Falsch, alles ganz falsch! »Ich hatte auch gar keine Zeit, mich mit ihm anzufreunden. Man geht nicht zu einem jungen Pferd, und zack, Halfter drauf, so läuft das nicht, das weiß doch jeder.«

»Ach ja. Du weißt es also besser, ja?«

»Zuerst muss ich mich mit ihm anfreunden.«

»Dann mach mal.«

Ich hebe das Halfter auf und lasse es einmal durch meine Finger gleiten. Nein, nichts dran, keine spitzen Nägel oder so was. Nur weiches Leder. Deshalb kann er also nicht so ausgeflippt sein. Ich gebe es Hannes zurück.

»Hier«, sage ich fest. »Das brauchen wir heute noch nicht.«

Hannes kneift die Augen zusammen. »Was soll das denn jetzt?«

»Er hat ein Problem mit dem Ding. Also lassen wir es weg, bis er mir vertraut.«

Hannes rollt mit den Augen. »Willst du jetzt was lernen oder nicht?«

Ich zögere. Nein, ich will es ihm nicht mit Gewalt anziehen. Das wäre falsch, und es ist ganz egal, wie lang es dauert! Ich schaue Hannes an und schüttle den Kopf.

Er guckt mich feindselig an. »Wenn du meinst, dass du es besser weißt, dann mach doch.«

»Gut!«

»Gut. Den Rückweg kennst du ja.« Damit dreht er sich um, geht zu einem der grasenden Pferde und schlingt das Halfter in Windeseile um seinen Kopf. Schneller, als ich gucken kann, hat er sich schon auf seinen Rücken geschwungen und ist zwischen den Pferden hindurch davongaloppiert.

22

Ich brauche ewig, bis ich den Schwarzen wiederfinde. Er flüchtet nicht, als ich mich ihm nähere, aber er beobachtet mich argwöhnisch aus den Augenwinkeln.

»Schon gut«, sage ich zu ihm und hebe meine Hände. »Ich habe es nicht mehr, siehst du?«

Ich hocke mich ins Gras und beobachte ihn einfach nur. Er tut so, als wäre ich nicht da, aber ich merke, wie er trotzdem immer ein Stück näher bei mir grast. Von Hannes ist keine Spur mehr zu sehen. Pah, das ist auch besser so! Er hat mir keine einzige Frage wirklich beantwortet, eigentlich hat er mir nur gesagt, was ich alles nicht darf. Passt es ihm nicht, dass ich hier bin? Oder hat er doch irgendwas mit dem Halfter angestellt, so wie mit dem Seil, mit dem er im Wald nach dem Schwarzen geschlagen hat, als er nicht mit ihm kommen wollte? Der Schwarze ist mir inzwischen so nah gekommen, dass ich ihn am Schopf streicheln kann. Zum Glück scheint ihn das null zu stören, also stehe ich auf und fange an, seinen ganzen Körper zu berühren, vom Kopf über den Hals, seine Schulter und Kruppe bis zum Hinterteil. Er grast seelenruhig weiter, und einen Moment lang habe ich eine Vision … ich auf seinem Rücken, hier auf der Wiese … ohne das blöde Halfter …

»Zuerst brauchst du einen Namen«, sage ich und setze mich wieder hin. »Vorher passiert mal gar nichts!«

Der Schwarze hebt den Kopf und guckt mich an. Er scheint auf etwas zu warten, zumindest bilde ich mir das ein. Ich muss lächeln, strecke die Hand aus und locke ihn ganz zu mir.

»Pan«, flüstere ich. »Ab heute heißt du Pan!«

Im Dämmerlicht folge ich dem Flusslauf durch den Wald. Der Hinweg war ein bisschen schwierig, aber so allein durch das Gestrüpp stapfen zu müssen, ist doch ziemlich gruselig. Ich wünsche mir wirklich, Hannes wäre hier, stumm und biestig, aber wenigstens bei mir. Vielleicht hätte ich auch die anderen Jungs fragen können, ob sie mich zurückbringen, den Bewacher, doch irgendwie war ich ganz froh, dass ich denen aus dem Weg gehen konnte. Die haben mich natürlich beobachtet. Den ganzen Tag. Und sich bestimmt königlich amüsiert, wie ich neben Pan saß und den halben Tag nur mit ihm rumgeflüstert habe.

Pan. Mein Herz schlägt schneller bei dem Gedanken an ihn. Schon jetzt ist mir diese Aufgabe so wichtig, dass ich dafür sogar den Nachtweg durch den Wald in Kauf nehme. Noch nie hatte ich die Möglichkeit, einem Pferd so nah zu sein wie ihm! Und ich bin ganz sicher, dass es kein verlorener Tag war. Ich bin bei ihm gesessen, aber Pan ist auch bei mir geblieben. Wir haben Kirschen gepflückt und zusammen aus der Quelle getrunken. Und als ich gegangen bin, im Abendsonnenlicht, hat er mich bis zum Fluss begleitet. Der Fluss schien eine Barriere für ihn darzustellen, denn weiter wollte er nicht mitkommen. Aber er hat mir nachgesehen, als ich über die Steine gesprungen bin, bis ich im dichten Wald verschwunden bin.

Auf einmal höre ich ein Knacken hinter mir. Ich bleibe stehen und drehe mich langsam um. War da was? Nichts zu sehen. Okay, es ist auch dunkel. Zu dunkel. Gruselig. Lieber weitergehen, schnell, nicht zu schnell, aber zügig, und so tun, als wäre nichts. Da! Oh, verdammt! Diesmal war das Knacken eindeutig rechts von mir.

Der Gruselstimmenwald.

Plötzlich ist mir, als ob mich jemand anguckt. Ich spüre es so deutlich, dass ich eine Gänsehaut davon bekomme. Soll ich mich noch mal umdrehen? Nein, lieber nicht, lieber verschwinden, schnell! Aber durch das blöde Gestrüpp kann ich nicht schnell laufen, und wer immer mich verfolgt, kann mich sehen und ich ihn nicht! Ich keuche, laufe, strauchle, laufe weiter.

Beim nächsten Knackgeräusch habe ich genug. Ich stolpere in den Fluss, der mir immer noch übers Knie reicht, und laufe im Flussbett weiter. Der Boden ist steinig, aber das Wasser fließt in dieselbe Richtung, wie ich laufe, und ich komme gut voran, viel besser als am Waldrand! Das Gefühl, beobachtet zu werden, ist noch immer da. Lacht da jemand? Egal, Nia, nur laufen! Ich blende alle Geräusche aus und renne durch das Wasser, so schnell ich kann.

Es ist niemand da, als ich nach Hause komme. Auf einem Zettel steht nur: *Sind essen gegangen!*

Na toll.

Ich mache einen Abstecher zu Tante Lisbeth, die vergessen in ihrem Wohnzimmer im Lehnstuhl sitzt und schläft. Ben hat doch tatsächlich Kindersicherungen an alle Fenster gemacht und die Haustür abgesperrt. Damit Tante Lisbeth nicht wieder weglaufen und Ärger machen kann.

»Lisbeth«, flüstere ich und setze mich neben sie.

Sie rührt sich nicht, aber ihre Lider flackern im Schlaf.

»Ich habe jetzt ein Pferd«, erzähle ich leise. »Er heißt Pan, und du kannst dir nicht vorstellen, wie schön er ist! Groß und schwarz und mit einem Regenbogenschimmer in der Mähne. Und wenn ich es schaffe, dass er mir gehorcht, darf ich ihn reiten und immer bei ihm sein.«

Lisbeth schnauft ein wenig, schläft aber ganz ruhig weiter. Ich nehme ihre Hand und drücke sie sacht.

»Was dagegen überhaupt nicht schön war, das war dieser Junge heute«, plappere ich weiter. »Er heißt Hannes. Wir haben uns beim Friedhof getroffen und er hat mir den Weg durch den Wald gezeigt … Tante Lisbeth? Was hast du?«

Lisbeths Augenlider flackern jetzt heftiger. Ihre Hände zucken, und ihr Kopf schlenkert hin und her, immer wieder.

»Lisbeth? Tante Lisbeth, wach auf, wach doch bitte auf!«

Ich bekomme es mit der Angst zu tun. Sie scheint einen schlimmen Traum zu haben, aber ich kriege sie einfach nicht wach!

»Lisbeth«, schreie ich sie an und rüttle an ihrem Stuhl.

Tante Lisbeth schlägt die Augen auf. Verwirrt blinzelt sie in mein Gesicht. »Wer … bist … du?«, fragt sie mich.

»Oh Gott.« Erschöpft sinke ich über ihrem Stuhl zusammen. »Zum Glück bist du wieder du selbst!«

Lisbeth sieht sich im Zimmer um, als würde sie es zum ersten Mal sehen. Ihre Verwirrung nimmt kein Ende, aber dabei kann ich ihr nicht helfen. Ich streiche ihr das dünne graue Haar aus dem Gesicht und lehne mich an sie, bis sich ihr Atem beruhigt hat und sie wieder ruhig schläft.

Einfach nur da sein ist manchmal die beste Medizin.

Am nächsten Morgen bin ich von selbst vor Sonnenaufgang wach. Ich schlüpfe in den Flur, um zu sehen, ob Sammy und Ben da sind. Sie schlafen beide fest, also störe ich sie nicht, sondern ziehe die Tür leise zu und verschwinde nach draußen.

Diesmal habe ich immerhin daran gedacht, mir Proviant einzupacken. Trinken kann ich an der Quelle, aber zu essen gab es außer den Kirschen nicht viel.

Als ich bei der Wiese ankomme, sitzt Hannes vor dem Eingang zur Höhle und bastelt an einem Halfter. Er schaut kurz auf, arbeitet aber gleich weiter.

»Kontrollierst du mich?«, frage ich ihn.

»Von wegen«, brummt er. »Ich soll dir helfen.«

Ich stemme die Arme in die Hüften. »Ach ja. So wie gestern, wie?«

Er verzieht keine Miene, antwortet aber auch nicht.

»Danke. Das schaffe ich schon allein!« Ich bin nicht halb so sicher, dass ich irgendwas schaffe, aber er hat mich schließlich auch nicht weitergebracht.

Ich gehe an ihm vorbei in die Höhle und öffne die Kiste. Heute suche ich mir mein Halfter selbst aus! Es liegen einige darin, alle aus weichem, anschmiegsamem Leder und alle mit diesen Federn bestückt. Ich wähle eines, das sich besonders leicht anfühlt, und gehe damit an Hannes vorbei.

»Nia!«

Ich drehe mich noch mal um.

Er deutet auf das Halfter in meinen Händen. »Du wirst es nicht schaffen. Geh nach Hause. Vergiss, dass du jemals hier warst!«

Seine Worte sind wie ein Schlag in den Magen. Er will mich nicht hierhaben, ganz genau wie Caro und Kim. Und Ben und

Sammy. Aber es gibt jemanden, der mich hierhaben will, und das ist Pan.

Ich will diese Sache schaffen. Ich will einfach! Noch nie habe ich mich zu jemandem so stark hingezogen gefühlt wie zu diesem Pferd, und bevor die zehn Tage nicht um sind, werde ich den Teufel tun und aufgeben!

Ohne Hannes weiter zu beachten, suche ich nach Pan. Er entdeckt mich zuerst, und eine ganze Weile gehen wir wieder nebeneinanderher, und ich rede mit ihm, so wie ich es gestern gemacht habe.

Dann lege ich ihm die Zügel über den Hals. Sofort wird er skeptisch und macht zwei Schritte von mir weg.

»Ganz ruhig«, murmle ich. »Ich tu dir nichts.«

Langsam strecke ich meine Arme aus, damit er das Halfter in Ruhe beschnuppern kann. Aber Pan ist das Halfter egal, ich bin ihm mit einem Mal egal. Er schnauft, wirft den Kopf hoch und weicht zurück. Ich verliere den Halt und im Nu hat er sich aus dem Zügel gewunden und galoppiert davon.

»Na prima!« Ich werfe das Halfter von mir. »Warum klappt das denn nicht?«

Erbost schaue ich zu Hannes hinüber. Der sitzt immer noch vor der Höhle und grinst sich eins. Na klar. Von wegen Hilfe!

Doch so leicht gebe ich nicht auf. Ich verfolge Pan, aber der will mich mit dem Halfter in der Hand gar nicht mehr in seine Nähe lassen. Ich weiß nicht weiter und das nervt mich.

Drei Versuche und ebenso viele Enttäuschungen später schleiche ich mit gesenktem Kopf zur Höhle zurück und schmeiße das Halfter vor Hannes' Füße.

»Okay, es funktioniert nicht.«

Er zuckt mit den Schultern, aber seine Mundwinkel zucken. »Hab ich dir ja gesagt.«

»Und? Du wolltest mir doch helfen!«

»Falsch. Ich soll dir helfen. Von wollen war nicht die Rede.«

Ich starre ihn an. »Und was heißt das jetzt?«

»Dass ich dir gesagt habe, was du tun musst. Sieh zu, wie du es hinkriegst, oder geh nach Hause!«

»Was soll das?« Vor lauter Enttäuschung könnte ich heulen. »Warum bist du so?«

»Erfahrung«, knurrt er und steht auf. Er geht einfach und lässt mich hier stehen, und helfen wird er mir auch nicht, so viel ist klar. Wütend kicke ich das Halfter mit dem Fuß weg. Was jetzt? Hier herumstehen bringt ja auch nichts. Dann muss mir eben jemand anders helfen … auch wenn es schwerfällt.

Ich sammle das Halfter wieder vom Boden auf und laufe um die Höhle herum. Die Bewacherpferde sind nicht auf ihrem Posten, zumindest sehe ich keines von ihnen. Ob sie in die Höhle geritten sind? Diese Höhlen … Was hat Hannes noch mal darüber gesagt? Die Höhlen auf der anderen Seite sind tabu. Aber er hat nicht gesagt, warum.

Die Sonne steht hoch am Himmel, aber der Höhleneingang zeigt nach Norden, und so liegt ihr Inneres in tiefer Dunkelheit. Ich zögere, aber dann gehe ich doch die paar Schritte, bis ich drinnen stehe. Hier brennt kein Licht, und es riecht seltsam, nach … Kot? Oder irgendwie nach Verwesung. Eigentlich will ich nicht weitergehen, aber neugierig bin ich jetzt doch.

Etwas ist in dieser Höhle, ich kann es atmen hören. Langsam und angestrengt. Oh Gott. Die werden doch hier nicht irgendwelche Leute eingesperrt haben? Hatten sie das mit mir vor, in der Nacht, als sie mich umzingelt haben? Mir ist kalt und die tiefe Dunkelheit macht mir Angst. Ich wüsste gern, wer da atmet, aber ich traue mich nicht, tiefer hineinzugehen, nicht ohne Licht, nicht …

»Vergiss es«, dröhnt da plötzlich eine Stimme. Ich zucke so fest zusammen, dass ich mich an der Wand anschlage. »Du hast hier nichts verloren, das weißt du.«

Ja, will ich sagen, aber aus meinem Mund kommt kein Laut.

»Verdammt, lass mich kurz zu ihr!« Das ist Hannes' Stimme! Sie hallt von den Höhlenwänden wider, genau wie die barsche Stimme eben. Aber Hannes ist nicht hier – ich kann ihn sehen, draußen, am Höhleneingang! Und da ist auch das Bewacherpferd mit seinem gruseligen Reiter. Ihre Stimmen werden in die Höhle getragen, deshalb hat es sich so angehört, als würden sie mit mir reden. Aber sie haben mich überhaupt nicht bemerkt! Steif bleibe ich stehen und drücke mich noch dichter in den dunklen Gang.

»Du kennst die Regeln. Und jetzt geh und spiel weiter den Babysitter.«

Hannes kocht vor Wut, das kann ich sehen. Aber er kann auch nichts machen, was immer er vorhat – der Bewachertyp ist stärker als er.

»Bitte«, versucht er es nun anders. »Nur kurz, nur ein paar Minuten!«

»Du immer mit deinen Minuten«, höhnt der andere. »Die Antwort ist NEIN. Und wenn du noch mal fragst, lasse ich es sie büßen.«

Hannes gibt auf. Diese Worte genügen ihm, und ich würde zu gern wissen, wer »sie« ist, doch meine Angst ist zu groß, um weiter darüber nachzudenken. Ich warte, bis Hannes den Rückzug angetreten hat und der Bewacher ihm nachreitet, erst dann husche ich aus der Höhle und verschwinde klammheimlich wieder in Richtung Pferdewiese.

Okay, das reicht. Dieser Bewacher ist mir sicher keine Hilfe! So wie er Hannes bedroht hat, will ich mit ihm auch gar nichts zu tun haben. Der würde bestimmt eine Gegenleistung dafür haben wollen.

Ich muss mir die Hilfe woanders holen. Und ich weiß auch schon, wo.

Aber zuerst schließe ich Frieden mit Pan! Ich räume das Halfter weg und nähere mich ihm so wie gestern, mit leeren Händen. Und innerhalb kürzester Zeit sind wir wieder Freunde und wandern nebeneinanderher, als hätte es nie einen Zwischenfall gegeben.

23

Der Tinkerhof kommt mir vor wie ein Gefängnis. Natürlich stimmt das nicht, die Pferde haben auch hier Platz, sich zu bewegen, aber wenn ich an die riesige Blumenwiese mit dem Quellbecken denke, auf der Pan lebt, tun mir die Pferde hier schon ein bisschen leid.

Leyla sieht mich sofort, als ich ankomme. Sie winkt stürmisch, aber da sie gerade eines der Pferde putzen darf, hat sie keine Zeit, zu mir zu kommen.

»Caro mistet da drüben den Paddock ab«, ruft sie mir zu, so als könnte sie Gedanken lesen.

Caro sieht hoch, als ich an den Zaun trete. Eine blaue Haarsträhne hängt ihr ins Gesicht und ihre Füße sind voller Pferdemist.

»Was willst du?«, murrt sie.

»Dich was fragen.« Ich lehne mich an das Gatter. Heute ist es mir egal, dass sie so kühl zu mir ist. »Du hast doch Ahnung von Pferdetraining, oder?«

Ihre Augen blitzen neugierig auf. »Was willst du denn wissen?«

»Wie man ein Pferd ans Halfter gewöhnt. An ein Reithalfter. Wenn es das noch nicht kennt und immer wegläuft, sobald man es ihm anziehen will.«

Caro pustet sich die Haarsträhne aus dem Gesicht. »Puh! Mit Futter würde ich es versuchen. Also was Leckeres zu fressen mitbringen, futtern lassen und dann langsam immer höher ziehen. So sind sie abgelenkt und verknüpfen das komische Ding am Kopf mit was Positivem.«

Irgendwie kann ich mir gut vorstellen, dass diese Methode bei den dicken Schecken funktioniert. Aber bei Pan?

»Desensibilisierung«, sagt jemand hinter mir. Ich drehe mich um, und da steht Kim, natürlich ohne Pferdeäpfel an den Schuhen, und sieht mich lässig an.

»Was ist das?«

»Na, das ist doch ganz einfach. Ein Pferd hat Angst vor etwas, also bringst du es damit in Berührung. Du machst das so lange, bis das Pferd nicht mehr wegläuft, sondern sich beruhigt und den Druck akzeptiert. Dann wegnehmen. Und immer so weiter, bis du das Halfter schließlich anziehen kannst.«

Überrascht starre ich sie an. Das klingt total logisch, es könnte wirklich funktionieren! Ich bin einfach viel zu schnell vorgegangen!

»Danke«, sage ich. »Das ist, äh, ein super Tipp!«

»Um welches Pferd geht es denn?«

»Um …« Ich zögere. Soll ich ihnen von Pan erzählen? Und von den anderen? Sie müssen die Herde doch auch kennen, so viele Pferde in unmittelbarer Nähe … Ich beschließe, dass Kim doch nicht so fies ist, wie ich gedacht habe, und dass uns nun endlich ein Thema verbindet.

»Ich darf eines von den Pferden einreiten, das den Leuten auf der anderen Seite vom Fluss gehört«, berichte ich. »Aber ich muss es allein ans Halfter gewöhnen, und eigentlich ist er ja ganz lieb, aber das Halfter will er partout nicht akzeptieren. Ich habe nur noch acht Tage Zeit dafür, dann muss ich mit ihm eine Prüfung reiten.«

Kim hat die Brauen nach oben gezogen und wirft Caro einen Blick zu. Dann fragt sie ganz langsam: »Von welchem Pferd redest du noch mal?«

»Er heißt Pan. Er ist groß und schwarz und hat so einen coolen Regenbogenschimmer in der Mähne.«

»Wo soll der stehen?«, will Caro nun wissen. Sie hat ihre Mistforke fallen lassen und ist zu mir an den Zaun gekommen.

»Auf dieser riesigen Weide im Wald.«

»Aha«, macht Kim. »Und wem gehört es, sagst du?«

»Die gehören alle den Leuten auf der anderen Seite vom Fluss. Glaube ich.«

»Wir meinen schon den gleichen Fluss, oder?« Caro deutet in die Richtung. »Beim Friedhof?«

»Ja, der Fluss hinter der Kapelle.«

Wieder tauschen die beiden einen Blick. Kim gluckst vor sich hin.

»Was?«, will ich wissen. »Kennt ihr die Pferde nicht?«

Kim prustet los.

Caro grinst, wird aber gleich wieder ernst. »Nia, da wohnt doch keiner mehr.«

Verwirrt starre ich sie an.

»Du denkst dir das aus, um dich wichtig zu machen, oder?« Kim schüttelt mitleidig den Kopf. »Oh Mann. Du bist genauso verrückt wie Lisbeth Schmid.«

Die glauben mir nicht. Die glauben mir einfach nicht!

»Pan gibt es wirklich«, rufe ich viel zu laut. »Warum sollte ich mir das ausdenken?«

»Ein Pferd einreiten in acht Tagen!« Kim gluckst schon wieder. »Und dann gleich ein Turnier mitgehen? Sorry, das glaubt doch keiner.«

Ich sehe zwischen ihnen hin und her, aber ich weiß auch nicht, wie ich mich verteidigen soll. Sie kennen die Pferde im Wald nicht. Aber warum? Sind sie doch gestohlen? Oder aus einem anderen Grund versteckt?

»Ich kann es beweisen«, sage ich und gehe ein paar Schritte rückwärts. »Kommt mit, dann zeige ich euch alles.«

Kim wirft die Arme in die Luft. »Von mir aus! Schauen wir uns das regenbogenfarbene Wunderpferd an.«

»Ich bin hier sowieso fertig«, verkündet Caro und packt die volle Schubkarre.

Wir laufen schweigend durch Windheim, oder besser, ich laufe schweigend voraus, und die beiden Mädchen folgen mir und glucksen immer wieder vor sich hin.

Kim hat ihr Fahrrad dabei, ein schickes Mountainbike, das sie neben uns herschiebt.

»Auf dem Friedhof war ich ja ewig nicht mehr«, sagt Kim. »Hast du dir das mit dem Pferd ausgedacht, damit wir mit dir dorthin gehen?«

»Ich habe mir gar nichts ausgedacht«, murmle ich. Warum sind sie so sicher, dass ich lüge? Pan existiert und nicht nur in meinem Kopf. Er ist real, ich habe ihn berührt, ich bin sogar schon auf seinem Rücken gesessen!

Als wir beim Friedhof ankommen, ist es schon spät am Nachmittag. Ich sollte längst zurück bei Pan sein, aber vielleicht kann ich Kim ja überzeugen, mit mir zu kommen. Immerhin scheint sie richtig viel Ahnung zu haben. Sie könnte mir wirklich weiterhelfen.

»Brr, gruselig hier.« Caro schüttelt sich. »Können wir schnell machen, bitte? Ich bin hier nicht gern.«

»Um zu Pan zu gelangen, müssen wir am Fluss entlang.«

»Mitten durch den Wald?« Caro starrt mich entrüstet an. »Das ist der Teil, in den wir niemals gehen. Solltest du auch nicht.«

»Es ist nicht weit«, versuche ich, sie zu überreden. »Höchstens eine halbe Stunde.«

Kim lacht auf. »Wir sollen uns eine halbe Stunde durch den verwilderten Wald schlagen? Echt nicht, nein. Aber zeig uns doch die Leute, denen die Pferde gehören. Wo, sagst du, wohnen die noch mal?«

Ich deute auf den Hügel mit den Kastanienriesen. »Hinter den Bäumen da.«

Wieder wechseln Kim und Caro einen Blick, und wieder fühle ich mich unbehaglich … so als wüssten sie Geheimnisse, die sie mir nicht sagen. Ich hasse es, dass sie mich so behandeln. Als wäre ich zu dumm, um es zu kapieren.

»Also schön! Dann gehen wir dorthin!« Kim geht voraus, auf die kleine Steinbrücke zu. Ich schließe mich an, aber im letzten Moment fällt mir ein, dass wir an der falschen Stelle über den Fluss gehen.

»Warte mal, Kim!«

Kim bleibt stehen und guckt mich abwartend an.

»Das stimmt so nicht. Wir müssen viel weiter unten über den Fluss. Dahinten, wo das Gestrüpp lichter wird.«

»Dann gehen wir halt da runter.« Sie läuft weiter, über die Brücke drüber. Caro folgt ihr unsicher.

»Aber …« Nein, denke ich. Irgendwas ist falsch. So funktioniert das nicht!

Kim geht vor, mit großen Schritten. Ihr Fahrrad hat sie bei der Kapelle stehen lassen, ich kann es von hier aus sehen, weil es von Weitem neongrün leuchtet. Caro und ich folgen ihr, bis wir bei den Ruinen anlangen.

»Und jetzt?« Belustigt sieht Kim mich an. »Wo sind jetzt die Leute, denen die Pferde im Wald gehören? Hast du dir ausgedacht, so wie deinen Pan. Also echt.« Sie schüttelt den Kopf, dreht sich um und stapft zurück zur Brücke.

»Nein, warte!« Ich laufe ihr nach. »Wir sind nur zu weit oben, die wohnen viel weiter unten am Fluss, da bei den …«

»Hör doch endlich auf zu lügen.« Kim deutet auf die karge Landschaft hinter uns. »Hier wohnt niemand! Kein Mensch. Und auch kein Wunderpferd mit Regenbogenmähne!«

24

Ich bleibe mitten auf der Brücke stehen und schaue ihnen nach, wie sie über den Friedhof davonrennen. Kims Lachen höre ich noch ewig, also mache ich die Augen zu, presse mir die Hände auf die Ohren und zähle, zähle, bis ich sicher bin, dass sie verschwunden sind.

Sammy ist nur noch schwanger, Ben dauernd mit dem Haus beschäftigt und Caro hält mich für eine Lügnerin. Die Einzige, die mir zuhört, ist Tante Lisbeth – wenn sie schläft. Ich weiß nicht, was ich tun soll, aber es hilft mir auch keiner, es gibt niemanden mehr, den ich fragen kann.

Außer mich selbst.

Ich nehme die Hände von meinen Ohren und mache die Augen wieder auf. Die Luft hat sich verändert, Wind ist aufgekommen. Er schüttelt die Kastanienblätter und heult über den verlassenen Friedhof. Etwas flattert im Wind davon, ein Stück Papier, das an einem der Grabsteine hing, aber der Wind ist zu schnell für mich, ich erwische es nicht mehr.

Sollen sie doch glauben, was sie wollen. Ich habe nicht gelogen!

»Ich habe nicht gelogen«, schreie ich in den nächsten Windstoß. »Pan gibt es wirklich, ihr werdet schon sehen!«

Pan. Der Gedanke an ihn treibt mich an, und ich beginne zu rennen, am Fluss entlang, und diesmal stolpere ich nicht einmal.

Auf der Pferdewiese wütet ein ausgewachsener Sturmwind. Die Bäume ringsum biegen sich unter den kräftigen Böen, und ich muss gegen eine Windwand anlaufen, um überhaupt aus dem Wald treten zu können. Ich erinnere mich, dass unsere Ponys bei Windwetter immer völlig aufgekratzt waren und wie wild rumgerannt sind. Diese Pferde hier scheinen den Wind zu inhalieren – sie stehen ganz ruhig, recken ihre Nasen nach oben und schließen die Augen, als würden sie im Sturm baden.

Ich suche Pan. Gar nicht so einfach unter so vielen Pferden, außerdem treibt mir der Wind dauernd Tränen in die Augen und bläst mir die Haare vors Gesicht.

Also rufe ich ihn, laut, gegen den Wind. »Pan! Paaaaan!«

Zuerst höre ich nur das Brausen und Tosen des Windes. Er heult durch die Felsenhöhlen, es klingt wie ein schauriges Lied zu Halloween oder aus einem Horrorfilm. Dann spüre ich es – das Donnern seiner Hufe auf dem Boden. Ich wirble herum, und Pan steht vor mir, groß und schön und schwarz und mit solch einem Feuer in den Augen, dass ich ihn ein paar Momente lang nur anstarren kann.

»Hallo, Pan«, flüstere ich ihm zu. Der Wind pustet meine Worte gleich wieder weiter, aber um Worte geht es nicht, nicht mit Pferden. Ich breite die Arme aus, damit Pan sieht, dass ich kein Halfter dabeihabe. »Siehst du? Wir brauchen es nicht, okay? Wir versuchen es anders, so wie wir es schon mal gemacht haben!«

Ich hebe meine Hand und streiche seinen Hals entlang. Dabei stelle ich mir vor, wie er sich hinlegt und ich auf seinen Rücken steigen kann, ich denke nur daran, sonst an nichts. Und wie auf Kommando knickt Pan mit den Vorderbeinen ein. Sein schmaler Körper wirkt viel kräftiger, wenn er liegt, aber ich habe keine Angst vor ihm, ich weiß, dass ich ihn reiten kann!

»Okay«, sage ich und lege mein Bein über seinen Rücken. Nun etwas Schwung und schon stehe ich über ihm. Meine Beine flattern nun doch ein wenig, aber es fühlt sich gut an, richtig, und außerdem ist es wohl das Aufregendste, was ich jemals gemacht habe!

Pan sammelt Kraft, das kann ich nun spüren, dann geht ein Flattern durch seinen Körper, und er steht, vorn zuerst, dann auf allen vier Beinen. Meine Beine heben sich vom Boden, ich werde hochgehoben und sitze auf ihm, so leicht, ha, es war so, so leicht! Oh, wenn Kim mich jetzt sehen könnte! Oder Hannes. Wo ist der überhaupt? Ich schaue mich um, aber in dem Moment erfasst uns eine Windbö, und Pan setzt sich ruckartig in Bewegung.

Oha.

Ich greife nach seiner Mähne, mehr aus Reflex, er wirft mich ja nicht ab oder so, er geht bloß. Allerdings geht er schnell, ziemlich schnell! Ich kann nichts machen, nur ruhig sitzen bleiben und abwarten, was er vorhat. Aus den Augenwinkeln sehe ich etwas, eine Bewegung, doch sobald ich den Kopf drehe und überlege, was ich gesehen habe, wird Pan noch schneller.

Jetzt muss ich reiten! Nur ohne Zügel habe ich das noch nie gemacht. Denk nach, Nia, erinnere dich! Man bremst ein Pferd nicht mit den Zügeln, sondern … mit Schenkel und Gewichtshilfen. Genau. Ich mache mich schwer, lege meine Beine an seinen Bauch. Reaktion gleich null. Okay, keine Panik jetzt. Mein Herz klopft, ich kann nichts dagegen machen!

Und dann geschieht etwas Seltsames, etwas, womit ich nicht gerechnet habe. Der Wind erfasst mich. Es ist, als würde er durch meinen Körper hindurchpusten, mich leicht machen, schwerelos, und das Gefühl ist so schön, dass ich es nie mehr hergeben möchte! Auf einmal sind wir nicht mehr zwei Wesen, sondern eins, und als Pan diesmal schneller wird und in den Galopp wechselt, gehe ich mit, mein Körper verschmilzt mit seinem, es ist wie fliegen, ja, wie fliegen!

Ein Stoß durchzuckt mich, wie ein Stromschlag, aber es ist pures Adrenalin, das da durch meine Adern fließt. Wir galoppieren einfach immer weiter, ohne aufzuhören, ich hatte ja keine Ahnung, dass sich galoppieren so wundervoll anfühlt! Wie konnte ich nur Angst davor haben? Zweifeln? Mein ganzes Leben lang habe ich auf diesen Moment gewartet, ich könnte schreien vor Glück. Schneller, Pan, schneller, lauf, lauf!

Und dann – dann ist das Gefühl vorbei. Einfach so. Es ist, als ob ich aus einem Traum aufwachen würde. Ich blinzle, dann sehe ich nur dicht und nah die Bäume, spüre, wie sich unter mir eine Kraft bewegt, die ich nicht steuern kann, nicht kontrollieren, der ich ausgeliefert bin und die mich nie, niemals mehr loslassen wird. Aus dem schönen Adrenalinkick wird nun doch Angst, Angst, dass ich nicht heil von diesem Pferd runterkomme, dass ich runterfalle und mir das Genick breche und niemals wieder …

»Fang auf«, keucht eine Stimme hinter mir.

Wie kann irgendjemand mir gefolgt sein? Wir sind doch so schnell davongaloppiert! Dann fällt mir wieder ein, wer es ist. Wer es sein muss. Ich strecke meine Hand aus, greife nach dem Seil und halte es fest in meinen Händen.

»Jetzt schling es um seinen Hals«, schreit Hannes. Er muss schreien, weil der Wind seine Worte sonst wegtragen würde.

Ich beuge mich vor, lasse das Seil aber fast fallen. Tief durchatmen! Noch einmal. Vor, mit beiden Händen um den Hals, umgreifen. Geschafft! Jetzt kann ich das Seil wie einen Zügel benutzen, ziehen, Kontakt herstellen.

Pan reagiert sofort. Er bremst ab, bäumt sich auf und schlägt mit dem Kopf, als hätte ich ihm wehgetan. Sofort lasse ich den Zügel wieder locker, aber da ist Hannes schon von seinem Pferd runter und packt Pans Seil mit eisernem Griff.

»Jetzt steig ab«, sagt er ruhig.

Meine Beine zittern zu sehr, ich werde umkippen, wenn ich jetzt zu Boden springe!

Dann mache ich es einfach. Ein bisschen schwanke ich, aber wir sind hier, mir ist nichts passiert. Und Pan auch nicht.

»Wow.« Hannes schaut mich an. »Du bist einfach abgesprungen.«

Ich kann noch nicht klar denken, trotzdem ist mir klar, dass Hannes mich eben gerettet hat. Zum dritten Mal schon.

»Nichts passiert«, sage ich matt. »Das war dumm von mir … hätte ich nicht machen sollen.«

»Habe ich dir ja gesagt.«

Ich bin noch zu erleichtert, um mit ihm zu streiten, also frage ich: »Wie meinst du das, ich bin einfach abgesprungen?«

Eine Weile guckt er mich nur an. Dann senkt er den Kopf und seufzt. »Na ja, weißt du … die meisten Menschen hätten das nicht gekonnt.«

»Warum?« So langsam werden meine Synapsen wieder wach. »Er stand doch und du hast ihn festgehalten.«

»Pan ist kein gewöhnliches Pferd, Nia«, sagt er leise.

Ich gucke Pan verwirrt an. »Was soll das denn heißen?«

Hannes pustet sich eine Strähne aus der Stirn. Seine Haare sind so lang, dass sie ihm dauernd vor die Augen rutschen. Irgendwie sieht das verwegen aus und auch ziemlich cool. Er lässt das Seil um Pans Hals los und geht ein paar Schritte, quer durch den Wald. Ich folge ihm und Pan folgt mir. So selbstverständlich, als würde ich ihn führen.

»Was hast du gefühlt?«, fragt Hannes mich, als ich zu ihm aufschließe.

»Gefühlt?«

»Als er losgaloppiert ist.«

»Ich … weiß nicht mehr so genau.«

»Versuch's mal zu beschreiben.«

»Sag mir doch erst mal, was du eben gemeint hast. Pan ist kein gewöhnliches Pferd …«

»Nein.« Hannes schüttelt den Kopf. »Du verstehst es sonst nicht. Beschreib mir, was los war mit dir in dem Moment, als er davongejagt ist und du die Kontrolle über ihn verloren hast.«

Ich muss mich anstrengen, um mich daran zu erinnern. Mein Kopf pfeift immer noch, als hätte ich den Wind darin eingesperrt.

»Es war … also, es hat sich nicht so angefühlt, als würde ich die Kontrolle verlieren. Es war mehr ein … ein Glücksgefühl! Wie wenn man Achterbahn fährt und ganz vergisst, dass man eben noch totale Angst davor hatte, da einzusteigen. Wie ein Adrenalinstoß! Ich hätte ewig so weitergaloppieren können.«

»Du hast dich stark gefühlt. Unbesiegbar. War es so?«

Ich nicke. Ja, das beschreibt es ganz gut.

»Und dann?«

Und dann … Wieder muss ich meinen Kopf sehr, sehr anstrengen, damit es mir einfällt. »Es hat aufgehört. Ganz plötzlich. Als ob ich aufwachen würde. Ich konnte wieder klar denken und habe gemerkt, dass … dass er mit mir durchgeht.«

Hannes lächelt. »Ja, das habe ich mir gedacht.«

»Jetzt erklär mir endlich, was los ist! Was ist mit Pan? Warum sagst du, er ist kein gewöhnliches Pferd?«

Eine ganze Weile geht Hannes schweigend neben mir, sein Pferd locker am Zügel. Pan stupst mich immer wieder an, fast so, als wolle er fragen, ob mit mir alles okay ist. Ich schiebe meine Hand unter seine Mähne und kraule seinen Hals. Er kann ja nichts dafür, was passiert ist! Ich hätte nie so mit ihm losreiten dürfen. Meine Schuld.

»Pan hat dich auf seinen Rücken gelassen, weil das seine Aufgabe ist«, sagt Hannes da langsam. »Er sucht sich Menschen, lockt sie auf seinen Rücken, und wenn sie einmal oben sind, stiehlt er genau das, was du da oben gefühlt hast: dein Adrenalin, dein Glücksgefühl.«

Ich bleibe stehen, starre ihn an. Pan bohrt seine Nase in meinen Rücken. »So ein Quatsch!«

Hannes schüttelt den Kopf. »Nein, Nia. Kein Quatsch. Sie sind nicht wie andere Pferde, sie alle nicht!« Er kommt einen Schritt auf mich zu und schaut mich mit ernster Miene an. »Pan ist ein Windpferd.«

ERWACHT

25

Es gibt so Momente, an die wird man sich sein Leben lang erinnern. Davon bin ich fest überzeugt. Den Moment zum Beispiel, an dem ich Windheim verlassen musste, damals vor zehn Jahren, und zu fremden Leuten in ein Auto gehoben wurde. Und ganz genauso ist es mit diesem Moment, jetzt, hier, in diesem Augenblick. Hannes und ich im Wald. Mit unseren wunderschönen Pferden. Und dieser unglaublichen Geschichte.

»Windpferd«, sage ich. Ein Gefühl in meinem Bauch. Trotzdem muss ich fast lachen dabei. »Du denkst wohl, ich falle auf alles rein, oder?«

»Steig noch mal auf. Ich beweise es dir.«

Das Gefühl wird stärker. Es kribbelt, wie fliegen. »Du hast gesagt, du willst mir nicht helfen. Warum machst du es dann?«

»Will ich auch nicht. Aber ich will, dass du mir glaubst. Also, traust du dich?«

Ich schaue Pan an. Alles, was er ist oder nicht ist, kann mir doch eigentlich egal sein, oder? Denn für mich ist er schon etwas geworden. Der Grund, warum ich mitten durch den Wald laufe, allein, und mich von Dornen zerkratzen lasse und von Gruselstimmen verfolgen. Dieses Pferd hat etwas mit mir gemacht, was ich selbst noch nicht ganz verstehe, er ist meine Aufgabe geworden – mein heimliches Leben. Und wenn ich mich anstrenge, gehört er zu mir.

»Okay«, stimme ich zu. »Du bleibst bei mir, ja?«

Hannes nickt. Er stoppt Pan und formt mit den Händen eine Räuberleiter.

»Was ist mit dem Halfter?«, frage ich.

»Kein Halfter.«

»Aber …«

»Nia, ich zeige dir, was du wissen wolltest. Du kannst mitkommen oder du kannst gehen. Deine Entscheidung.«

Ich kann es nicht erklären, doch ich vertraue ihm – er weiß, was er tut. Und er wird mich nicht im Stich lassen, auch wenn er mich eigentlich nicht leiden kann. Ach, verdammt. Ich trete ganz nah an Pan heran, streiche ihm über seinen Hals und lege die Hände auf seinen Rücken. Dann steige ich in Hannes' Hände und ziehe mich hoch.

»Jetzt pass auf. Mach deine Augen zu und denk an etwas wirklich Scheußliches. So schrecklich, dass du nie wieder daran erinnert werden wolltest.«

Ich frage nicht, warum ich ausgerechnet schlimme Gedanken haben soll. Es sind ja nur Gedanken, ich muss sie ihm nicht erzählen. Und lange zu überlegen brauche ich da nicht. Ich mache die Augen zu. Die Bilder, die ich normalerweise nicht in meinen Kopf lasse, zeigen mich als kleines Kind, wie ich weinend in der Tür stehe und die Hände nach Tante Lisbeth ausstrecke. Ich wollte nicht weg von ihr, weg von den Geschichten und dem einzigen Zuhause, das ich kannte, und ich wollte auch nicht in dieses fremde Auto einsteigen, das mich abholen gekommen war.

Das Auto gehörte Ben, und er brachte mich heim, zu Sammy. Das kleine Mädchen verstand nicht, warum es wegmusste, und dachte ganz lang, es wäre schuld, es hätte irgendwas falsch gemacht und durfte deshalb nicht bleiben. Seitdem versucht das kleine Mädchen, immer alles richtig zu machen, damit niemand es wieder wegholt. »Öffne deine Augen«, befiehlt Hannes. Seine Stimme klingt dumpf, als würde er durch Nebel reden.

Ich gehorche. Und schaue mich überrascht um.

»Wir sind ja noch hier«, sage ich verdutzt. »Warum hat Pan sich nicht bewegt?«

Hannes lächelt ganz leicht. »Tja. Und nun zum zweiten Punkt.«

Er dreht sich um und steigt selber auf sein Pferd. Es ist der Fuchs, den er immer reitet – der nicht sein Pferd ist.

»Jetzt mal das Gegenteil, Nia. Denk an was Wunderschönes. Stell dir vor, du könntest fliegen, zusammen mit Pan, er gehört nur dir, und du darfst mit ihm reiten, wohin du willst!«

Auch die Bilder sind nicht schwer, sie überschwemmen mich regelrecht! Ich brauche nicht mal meine Augen zu schließen, das kann ich mir auch so vorstellen. Sofort fängt mein Bauch wieder an zu kribbeln.

Und tatsächlich setzt Pan sich in Bewegung, obwohl ich nichts tue, mich nicht rühre, nur meine Gedanken steuern ihn! Es ist fast wie Zauberei – eine geheimnisvolle, magische Art der Gedankenübertragung.

Pan galoppiert an. Wir werden immer schneller, und je höher ich mein Glücksgefühl schraube, desto ausgelassener wird auch er. Ich schreie vor Glück, weil ich mich so unglaublich sicher auf seinem Rücken fühle und weil es nichts Schöneres gibt, als so durch den Wald zu …

Das Gefühl stoppt, ganz plötzlich. Es hört einfach auf. Und wir rennen bloß noch. Ich schreie auf, es gibt kein Halten, es ist genau wie vorhin! Da fliegt etwas an mir vorbei, dicht an meinen Ohren – das Seil, das ich Pan vorhin um den Hals geschlungen habe. Ich fange es auf und drücke es gegen Pans Haut. Sofort bleibt Pan stehen, reißt den Kopf hoch und windet sich vor Unbehagen.

Hannes steht schon wieder neben mir. »Du kannst absteigen.«

Ich überlege gar nicht, sondern schwinge mein Bein über Pans Rücken und lasse mich zu Boden fallen.

Hannes schüttelt den Kopf. »Wie machst du das?«

»Wie mache ich was?«

»So abspringen.«

»Was ist daran schwer?«

»Ich habe Wochen gebraucht, bis ich es ohne Schwierigkeiten hinbekommen habe.«

Ich starre ihn nur verständnislos an.

»Ihr Zauber«, erklärt er. »Der wirkt, solange du auf ihrem Rücken sitzt. Normalerweise lassen sie dich nicht so einfach gehen. Sie halten dich fest. Du springst runter wie von einem normalen Pferd.«

»Und du nicht?« Ich überlege, was ich anders gemacht habe als früher auf dem Ponyhof. Eigentlich nichts.

»Nein«, sagt Hannes. »Ich muss meine Gedanken wieder in eine Richtung steuern, die sie nicht haben wollen. Normalerweise funktioniert es ganz gut, wenn du an nichts denkst, also den Kopf leer machst. Aber das muss man üben, die meisten kriegen das nicht beim ersten Mal hin.«

»Ich habe ja auch an nichts Bestimmtes gedacht.«

Hannes tritt auf Pan zu und nimmt mir vorsichtig das Seil wieder ab.

»Warum mag er es nicht?«, will ich wissen und betrachte das Seil. Es ist aus weichem Leder und genau wie die Halfter mit Federn geschmückt. »Tut es ihm weh?«

»Nein.« Hannes reicht mir das Seil. »Nicht körperlich zumindest. Aber es hält sie unter Kontrolle und das mögen sie nicht.«

»Warum ist das wichtig?«

»Damit wir sie stoppen können. Sonst würde er ewig so mit dir weitergaloppieren, bis all deine Kraft verbraucht und kein Leben mehr in dir ist.«

Ungläubig schaue ich Pan an. »Warum sollte er so etwas tun? Er hat doch auf dieser riesigen Wiese alles, was er braucht, Gras ohne Ende, frisches Quellwasser …«

»Er braucht Energie, um zu leben. Die Energie zieht er normalerweise aus dem Wald. Nur … wenn ein Mensch in seine Nähe kommt, wird er seine Energie stehlen. Das ist seine Natur. Er meint es nicht böse oder so, er verhält sich nicht anders als ein Raubtier.«

Ich überlege weiter. »Haltet ihr sie deshalb auf der Wiese gefangen? Damit sie keinem Menschen zu nahe kommen?«

»Auch«, antwortet Hannes ausweichend.

»Was heißt auch? Warum noch?«

»Erzähle ich dir ein andermal.« Hannes presst die Lippen aufeinander, und ich weiß, er wird mir jetzt nicht mehr darüber sagen.

Mir fällt noch etwas ein. »Die Leute in Windheim denken doch, die Windpferde sind alle ausgestorben! Schon vor ewigen Zeiten! Das hat Anno erzählt, als wir bei dem Pferdefelsen waren. Ihrer … Grabstätte.«

Hannes grinst. »Tja, gut, was? So sucht sie niemand. Übrigens war der Felsen früher ein ganz gewöhnlicher Stein, den man mit viel Geschick und scharfen Meißeln in ein schlafendes Pferd verwandelt hat. Kein einziger Blutstropfen ist je in diesen Boden gesickert, außer es hat sich mal jemand an dem Felsen das Knie aufgeschlagen.«

»Windpferde haben Federn, kein Fell«, überlege ich weiter. »Und sie können fliegen!«

»Totaler Quatsch. Die Federn hat sich irgendwer ausgedacht. Das mit dem Fliegen stimmt auch nicht, obwohl sie sehr schnell laufen können. Vielleicht sah das früher so aus, als würden sie fliegen.«

Wir kommen an einem umgefallenen Baumstamm vorbei, und ich fühle mich plötzlich so ausgelaugt, dass ich mich darauf fallen lasse. Pan bleibt hinter mir stehen. Er folgt mir wie ein Schatten, und ich weiß, dass all die Dinge, die ich eben über ihn gehört habe, mir Angst machen sollten – aber ich fühle mich trotzdem noch zu ihm hingezogen. Erklären kann ich mir das nicht. Das Gefühl ist einfach da, wie Hunger.

»Alles klar?« Hannes setzt sich neben mich. Er wirkt nicht besorgt oder so, aber immerhin lässt er mich nicht allein.

»Warum erzählst du mir das alles?«, frage ich müde. »Darfst du das überhaupt?«

Er schaut einen Moment in die Ferne. »Nein, wahrscheinlich nicht. Aber es hat auch niemand gesagt, dass ich den Mund halten soll.«

»Und warum machst du es dann?«

»Weil du die Wahrheit kennen sollst.« Er sieht mich wieder an. Haarsträhnen hängen in seine Augen, diesmal lässt er sie dort.

»Noch kannst du verschwinden, Nia. Solange du in Windheim bleibst, bist du sicher.«

In Windheim … und nicht im Wald? Ich schlucke. Pan stupst mich, ganz sanft. »Das hieße aber, ich sehe ihn nie wieder, oder?«

Hannes nickt langsam.

Ich denke darüber nach. So drei Sekunden lang. Dann stehe ich auf, lege Pan die Hand auf den Hals und gehe wieder los.

»Was machst du?« Hannes springt hoch und kommt mir nach.

»Ich bringe Pan zurück zu seiner Wiese.« Im Gehen drehe ich mich um. »Ich glaube dir, Hannes. Ich glaube dir wirklich! Aber ich werde mich nicht von ihm fernhalten, ganz egal, wer oder was er ist.«

26

Als ich am späten Nachmittag wieder in Windheim bin, laufe ich nicht nach Hause, sondern ins »Gegenwind«. Der Wind hat nachgelassen und ein ganzer Schwung Wanderer sitzt vor dem Laden und unterhält sich lachend.

Caros Mutter begrüßt mich freundlich.

Sie hat das Baby in der Bauchtrage und balanciert ein Tablett in den freien Händen.

»Caro ist drinnen, wenn du sie suchst.«

»Danke«, sage ich höflich.

Caro sitzt an der Kasse und malt an ihren Fingernägeln herum. Sie schaut auf, als ich reinkomme. Aber zu Caro will ich gar nicht.

Im Laden herrscht ein solches Durcheinander, dass ich zuerst nicht weiß, wo ich anfangen soll mit meiner Suche. Auf den Regalen stehen kleine Pferdefiguren in allen Größen und Preiskategorien. Sie sind elegant und schön und haben den Ausdruck in den Augen, den ich auch bei Pan beobachtet habe, als er sich heute in den Wind gestellt hat. Aber die Pferde sind mit flaumigen Federn beklebt. Und manche von ihnen sind lila, rosa oder blassviolett. Ich nehme eines davon aus dem Regal und betrachte es. Nein, da hat sich jemand einen schönen Blödsinn ausgedacht!

Die Pferde, die sie hier verkaufen, haben mit den echten Windpferden nichts gemeinsam.

Ich schlendere weiter. Bleistifte, Tassen, Flaschenöffner, Stiftedosen und Getränkehalter, alle mit filigranen Federpferden bemalt und der Aufschrift: *Windheim – Heimat der Windpferde*. Der reine Touristenblödsinn.

Im nächsten Regal finde ich Comics und Hefte, die Zeichnungen von Federpferden enthalten und kitschige Abenteuergeschichten für Kinder. Poster und Ringe und Kaffeeuntersetzer, die echt schön sind, mir aber auch nicht weiterhelfen. Enttäuscht will ich den Laden wieder verlassen, als mein Blick am Postkartenständer hängen bleibt. Die meisten Motive zeigen Windheim im Morgen- oder Abendlicht, Windheim von oben, umgeben von Wald, das Felsenpferd oder die Karikatur eines Windpferdes. Doch auf einer Postkarte, ganz unten und ganz hinten im Drehständer, ist ein aufgerolltes Stück Pergament abgebildet, mit lauter winzigen, verschnörkelten Buchstaben darauf. Ich drehe das Gestell, bis ich die Karte herausnehmen kann.

Der Text ist nicht lang, und er ist nicht das, was ich gesucht habe, aber kaufen muss ich die Karte trotzdem. Ganz oben steht: *Die Legende der Windpferde*.

Ich gehe damit zu Caro.

»He«, sagt sie und grinst ein bisschen schief.

»Hallo«, gebe ich zurück. Ich schaffe sogar ein Lächeln.

Sie wirft einen Blick auf die Karte. Ich schwöre, ich kann ihre Gedanken hören, aber es ist mir total egal, was sie denkt.

»Nur die Karte?«, fragt sie und reicht sie mir in einem simplen Papierumschlag.

»Ja. Mehr brauche ich nicht.«

Sie guckt mich an. Und ich sie. Ich bezahle, sage freundlich: »Tschüss, mach's gut!«, und verlasse den Laden mit hocherhobenem Kopf.

Jetzt bin ich die mit dem Geheimnis. Caro und Kim, die beiden können mir nichts mehr anhaben!

»Wo bist du denn die ganze Zeit?«, blafft Sammy mich schlecht gelaunt an, als ich nach Hause komme. Sie hält sich den Bauch und läuft Kreise in den Holzdielenboden.

»Unterwegs. Ich habe … einen Freund gefunden.« Und damit meine ich nicht Hannes!

»Du könntest dich ruhig mehr einbringen, solange du noch Ferien hast. Auch mal auf Lisbeth aufpassen oder so. Ich werde irre, wenn ich den ganzen Tag nicht aus dem Haus gehen kann!«

Schuldbewusst bleibe ich stehen. Lisbeth tut mir leid, aber deshalb auf die Zeit verzichten, die mir mit Pan noch bleibt?

»Ich verspreche, dass ich morgen früher nach Hause komme. Dann bleibe ich bei ihr. In Ordnung?«

»Hm«, macht Sammy. »Aber vergiss es nicht!«

Hannes ist nirgendwo zu sehen, als ich am nächsten Morgen im Wald bei der Pferdewiese ankomme. Komisch, dabei habe ich gedacht, wir hätten jetzt so was wie eine Verbindung. Aber da habe ich mich wohl getäuscht.

Wenigstens begrüßt Pan mich! Er galoppiert aus einer Gruppe Pferde auf mich zu und bleibt dicht vor mir stehen. Will er, dass ich wieder auf seinen Rücken steige? Er stupst gegen mein Bein, dreht seinen Körper in meine Richtung. Vielleicht hat ihm der kleine Ausflug auch gefallen? Und eigentlich ist ja auch gar nicht viel passiert, ich könnte nur eine kleine Runde …

Nein. Hannes' Worte waren klar, und er ist hier nirgends, also kann er mich diesmal auch nicht retten! Ich muss zuerst lernen, mit Pan zu kommunizieren. Auf eine für uns beide gesunde Art und Weise.

Ich laufe zur Höhle hinüber, um das Halfter zu holen. Irgendwas wird mir schon einfallen! Aber als ich dort ankomme, steht die Kiste offen, und das Halfter ist fort, zumindest ist die Kiste leer. Ratlos schaue ich mich um. Natürlich, es ist die einzige Kiste. Na toll.

»Und jetzt? Was machen wir nun?«, frage ich Pan, der mir gefolgt ist, so wie immer.

Pan hört mir gar nicht zu, er lauscht in den dunklen Teil der Höhle hinein. Etwas ist von dort zu hören. Leider kann ich nicht bestimmen, was.

»Bleib mal da, ja? Nicht weglaufen«, flüstere ich und taste mich an der rauen Wand entlang tiefer in die Höhle hinein. Schon nach wenigen Schritten ist es so dunkel, dass ich meine Hand nicht mehr erkennen kann. Es wird kalt, so kalt, dass ich friere. Ich drehe mich um, und als ich Pan sehe, der als dunkle Silhouette im Höhleneingang steht, wird mir gleich etwas wohler. Wenige Schritte später ist meine Expedition beendet, denn die Höhle endet hier. Wie kann das sein? Kein geheimer Gang, auch nicht auf Kriechhöhe. Einfach nur ein düsteres, kaltes Loch. Die Geräusche kamen aber von dort, ganz sicher!

In dem Moment höre ich es noch mal. Eine Art Schaben oder ein Scharren. Als ob jemand an den Wänden kratzt. Vorsichtig klopfe ich mit dem Finger gegen den Stein.

Stille.

Ich halte die Luft an.

Dann wieder das Geräusch, dieses Scharren! Es gibt nur eine Erklärung dafür – die Geräusche kommen nicht aus dieser Höhle, sondern aus der dahinter! Der Höhle, in die Hannes immer hineinwill. Und die er nicht betreten kann, weil sie bewacht wird.

Ich klopfe wieder. Ein bisschen lauter diesmal. Und ich bekomme keine richtige Antwort, denn das Scharren hört gar nicht mehr auf, es hört sich an, als wäre jemand in dieser Höhle gefangen, tief in ihr drin, und würde nun versuchen, aus ihr zu entkommen, indem er an den Wänden kratzt!

»Hallo?«, flüstere ich gegen den Stein.

Erschrocken ziehe ich den Kopf ein. Oh, verdammt. Meine Stimme hallt laut an den Wänden wider, so laut, dass man es bestimmt bis in den anderen Gang hinüberhören kann!

Als nichts passiert, wage ich es noch einmal. Ich beuge mich vor, so weit es geht, und wispere: »Hallo! Wer ist da?«

Wieder antwortet mir nur dieses Scharren, aber ich bilde mir ein, es ist lauter geworden. Vielleicht kann die Person, die da eingesperrt ist, ja nicht sprechen, weil sie geknebelt ist. Eine gruselige Vorstellung, vor allem, weil uns wahrscheinlich nur ein paar Felssteine trennen.

Und plötzlich höre ich doch eine Stimme. Ganz klar und deutlich. Ich drücke mein Ohr gegen den Felsen und lausche mit angehaltenem Atem.

»… hinauslassen, das weißt du genau!«

»Du sollst niemanden hinauslassen. Sondern mich hinein!«

»Auch das geht nicht.«

»Aber es weiß doch niemand! Glaubst du, ich verrate dich?«

»Sie wissen alles, Ginnes. Sie wissen es einfach, und jetzt geh, verdammt, verschwinde von hier!«

Ginnes! Also ist es Hannes, der da drüben redet. Er will in die Höhle, er will zu der Person, die dort eingesperrt ist. Das hat er schon mal versucht. Ich werde ganz aufgeregt. Ob ich von hier aus doch einen Weg hinüberfinde? Ich wüsste zu gern, wen sie dort gefangen halten. Und warum.

Die Dunkelheit kommt so plötzlich, dass ich erschrocken herumfahre und zum Höhleneingang zurückstürze.

»Was machst du denn hier?«, knurrt Hannes. Er geht zu der Kiste, kippt etwas hinein, aus einem Beutel, den er bei sich hatte, und schlägt die Kiste wieder zu. Er ist so wütend, dass ich lieber Abstand halte.

»Das Halfter«, sage ich. »Ich habe das Halfter gesucht.«

Er reißt den Kistendeckel wieder auf, angelt es raus und schmeißt es mir vor die Füße. Pan macht erschrocken einen Satz nach hinten und galoppiert aus der Höhle.

Ich hebe das Halfter auf und drehe es in den Händen. Damit allein kann ich nicht viel anfangen. Als ich mich umdrehe, hat Hannes die Hände in die Taschen gebohrt und läuft auf und ab, den Blick fest auf den Boden gerichtet.

»Kannst du mir nicht …«

»Nein«, unterbricht er mich sofort. »Lass mich einfach in Ruhe, ja?«

Na toll. Also wieder ein verschenkter Tag! Ich kann auf Pan reiten, das schon. Aber nach gestern wage ich es nicht mehr, nicht ohne Schutz.

Ich nehme das Halfter mit und trete aus der Höhle. Pan steht ein Stück entfernt und hält den Kopf in die Höhe. Seine Nüstern sind gebläht, als würde er Wind atmen. Ich gehe zu ihm. Versuchen kann ich es ja mal – wenn er sich heute halftern lässt, brauche ich Hannes überhaupt nicht mehr! Aber mit dem Halfter in der Hand lässt Pan mich nicht näher als fünf Schritte an sich herankommen, bevor er Reißaus nimmt und davonstürmt.

Verdammt.

Ein Plan muss her. Ein guter Plan.

Wieder schaue ich zu der Höhle. In einer sitzt Hannes, in der zweiten ist jemand gefangen, den er unbedingt sehen will. Aber die Bewacher lassen ihn nicht.

Ich könnte versuchen, sie abzulenken. Wenn der Bewacher mit mir beschäftigt ist, könnte Hannes in die Höhle laufen. Ein ziemlich gewagter Plan, aber wenn er funktioniert, wäre Hannes mir einen Gefallen schuldig.

Leise gehe ich außen an der Höhle entlang. Als kleines Kind war ich ganz gut im Klettern, und der Fels sieht rissig aus, das müsste klappen! Immerhin sieht mich der Wächter von dieser Seite aus nicht. Ich drücke meine Hände auf den Boden und reibe sie mit loser Erde ein, dann lege ich meine Hand auf den Stein und ziehe mich an den überstehenden Felskanten nach oben. Der Stein ist rau und bröselig, aber es gibt viele Kanten, an denen ich mich festhalten kann. Als ich fast abrutsche, schlinge ich schnell das Halfter um einen Vorsprung und ziehe mich daran weiter – es ist erstaunlich stabil, ich kann mich locker daran festhalten. Als ich oberhalb der Höhle sitze, sehe ich, warum Hannes versucht hat hineinzugelangen – heute steht nur ein Wachposten davor! Allerdings ist es ein älterer, ziemlich kräftiger Junge auf einem mächtigen silbernen Pferd, das genauso entschlossen dreinschaut wie er.

An denen komme ich auch nicht vorbei.

Aber vielleicht kann ich sie weglocken.

Ich überlege fieberhaft, was ich machen könnte. Tante Lisbeth hat mir als kleines Mädchen immer die Geschichte vom Jungen mit den Schafen und dem Wolf erzählt. Jedes Mal, wenn der Junge die Männer zu Hilfe rief, weil angeblich ein Wolf die Schafe fressen wollte, kamen sie umsonst gelaufen, weil er sich einen Spaß daraus machte, sie zu veralbern. Als dann tatsächlich der Wolf kam, glaubte ihm niemand mehr, und der Wolf konnte ungehindert alle Schafe auffressen.

Ich weiß nicht, ob der Wolf eines Tages tatsächlich kommt. Aber eine kleine Notlüge wird schon nicht gleich mein Leben kosten!

Damit der Wächter mit dem Silberpferd mir glaubt, muss es aber dramatisch aussehen. Wie bei einem Wolf, der sich gerade über ein Schaf hermacht. Also rutsche ich seitlich auf der gegenüberliegenden Seite der Felsen wieder hinunter, und diesmal achte ich nicht darauf, mir nicht wehzutun. Ich ratsche mir sogar absichtlich die Haut auf! Ein fieser, spitzer Stein schlitzt einen Riss in mein Schienbein und das Blut quillt nur so heraus. Gut, super! Das sieht nicht nur echt aus – das tut wirklich höllisch weh!

Kurz bevor ich den Boden erreiche, bremse ich ab. Noch kann er mich nicht sehen, aber sobald ich unten bin, muss ich loslegen. Auf einmal werde ich nervös. Traue ich mich das wirklich? Ich schaue zurück, zu Pan. Er beobachtet mich, Nüstern im Wind, die Ohren gespitzt. Ich will alles über dieses Pferd wissen und ich will wieder auf seinen Rücken und dieses Gefühl erleben. Dafür traue ich mich alles!

Ich springe. Lande im Gebüsch, überschlage mich und schreie

los, so laut ich kann, damit Hannes in der anderen Höhle es auch hört.

»Aha, nein, aaarh, nicht, Hilfe, nein!«

Es dauert nicht lang und der Junge auf dem Silberpferd ist bei mir. Verwirrt starrt er zu mir runter, schaut auf meine blutenden Wunden. »Was ist passiert?«

»Ich … weiß nicht … da war … ein Tier!« Mit zitternder Hand deute ich hinter mich ins dichte Gestrüpp. »Es hatte Zähne, und es hat versucht, mein Bein …« Ich robbe panisch rückwärts auf ihn zu. Sein Pferd stampft auf den Boden und mein ganzer Körper vibriert vor Aufregung.

»Zähne?« Stirnrunzelnd schaut sich der Junge um. »Wo? Wie groß war das Tier?«

»Groß, riesig!« Ich schluchze erneut. Und dann sehe ich Hannes, der hinter dem Silberpferd auftaucht. Er steht jetzt genau vor dem unbewachten Höhleneingang. Aber er geht nicht hinein – er kommt zu mir, zu uns. Was macht er?

Zu spät begreife ich, dass meine Show zu gut war. Und Hannes doch kein so übler Mensch ist, wie ich gedacht habe.

»Da!« Ich kreische auf, deute auf eine Stelle im Gebüsch, die seltsam aussieht. Mit etwas Fantasie wie lange Tierohren. Der Junge auf dem Silberpferd galoppiert los und ich habe für wenige Sekunden unbeobachteten Blickkontakt mit Hannes.

Höhle, denke ich und deute mit dem Kinn in die Richtung. Deine Chance, los!

Hannes kapiert. Etwas fällt von ihm ab, ich kann es spüren, im nächsten Moment rennt er schon los und verschwindet im Inneren der Höhle, genau in dem Augenblick, als der Junge auf dem Silberpferd zu mir zurückkommt.

»Da war nichts.«

»Aber ich habe es doch gesehen«, schluchze ich verzweifelt. »Es hat mich angegriffen, schau doch!« Ich halte ihm mein Bein hin, von dem immer noch Blut tropft, und stelle fest, dass ich mir auch die Ellbogen aufgerissen habe und mein Shirt in Fetzen hängt. »Wir müssen die Pferde von hier wegbringen, sofort!«

»Wir … nein, Quatsch, das müssen wir nicht!«

Der Junge blickt sich um. Anscheinend ist ihm jetzt doch unbehaglich zumute. Er sucht vielleicht nach den anderen Jungen, die sonst mit ihm hier sind, aber von denen ist nichts zu sehen.

»Ginnes«, brüllt er stattdessen und will um die Höhle herum.

»Der ist weggelaufen«, rufe ich schnell. »Er kam mir entgegen. Am Fluss.«

»Verdammt«, knurrt der Junge und lässt sein Pferd ein Stück an den Büschen entlangtänzeln. Dann schaut er mich streng an. »Du wartest hier. Rühr dich nicht vom Fleck, klar?«

Das braucht er mir nicht zweimal zu sagen. Ich drücke mich gegen den Felsen und atme tief ein und aus, bis sich mein Atem beruhigt.

Hannes, wo bleibst du nur?

Der Junge reißt einen Stock ab und pflügt damit durch das Dickicht. Er findet nichts, natürlich nicht, und mit jedem Schritt verliert er ein Stück seiner Unsicherheit, bis er sein Pferd wendet und im Galopp zu mir zurückkehrt. Ich werfe einen schnellen Blick zum Höhleneingang hinüber, aber von Hannes fehlt immer noch jede Spur.

»Da ist nichts«, sagt er. »Willst du mich verarschen?«

»Nein, niemals!« Ich deute auf mein Bein. »Es muss weggerannt sein. Als ich nach ihm getreten habe.«

Ich mache meinen Hals lang, spähe hinter seinen Rücken. Versuche, blass zu werden und erschrocken auszusehen.

»Da!« Ich strecke die Hand aus. »Da, im Gestrüpp!«

Der Junge schaut zweifelnd über seine Schulter, bleibt aber bei mir. Verdammt, verdammt! Er muss verschwinden, wenigstens kurz, damit Hannes wieder aus der Höhle rauskann!

»Da war kein Tier, oder?« Der Junge mustert mich argwöhnisch. Dann fällt sein Blick auf den Höhleneingang und seine Miene verdüstert sich. Bevor ich was machen kann, hat er zwei Finger in den Mund geschoben und stößt einen lauten Pfiff aus.

Oh nein. Nein! Verdammter Mist!

Die anderen beiden Reiter, die normalerweise mit ihm Wache schieben, kommen aus dem Wald zu uns galoppiert. Jetzt wird es wirklich eng für Hannes! Ich muss was tun, irgendwas, damit er aus der Höhle rauskommt!

Als ich hochschaue, traue ich meinen Augen kaum. Das weiße Pferd … das habe ich doch schon mal gesehen!

»Hilde?«, frage ich verblüfft.

Sie schaut mich genauso überrascht an wie ich sie. »Nia! Was tust du denn hier?«

Ich gehe einen Schritt auf ihr Pferd zu. Es heißt Lun, so viel weiß ich noch. Weil sie es in einer Mondnacht … Und auf einmal ergibt alles Sinn. Lun, die Mondnacht und Hilde mit ihren komischen Andeutungen. Natürlich! Hier hat sie Lun gefangen, hier draußen. Lun ist ein Windpferd, genau wie Pan, genau wie alle hier!

Aber dann sehe ich, dass Hilde einen Umhang trägt, so wie die anderen Reiter. Sie ist also auch eine der Wachen. Vorsichtshalber mache ich wieder zwei Schritte zurück.

»Gehörst du jetzt zu uns?«, fragt Hilde hoffnungsvoll. Ihre Augen strahlen.

»Ich … weiß nicht.« Mein Mund ist plötzlich ganz trocken. Ich weiß nicht, ob ich ihr trauen kann, ich weiß ja nicht mal wirklich, wer sie ist! Nur weil sie nett zu mir war, mich eingeladen hat, heißt das noch lange nicht, dass sie mich nicht auch in die Höhle sperren würde, wenn sie rauskriegt, dass ich Hannes geholfen habe.

Aber Hilde ist meine Chance. Oder besser: Hannes' Chance.

Ich trete jetzt doch an Lun heran. Er ist riesig, genau wie das Silberpferd, und schnauft mir in die Ohren. Egal, ich strecke die Hand aus, berühre sein Gesicht. Er ist so weich, dass ich gar nicht aufhören kann, ihn zu streicheln. Langsam senkt er den Kopf, und ich kann seine Mähne berühren, diesen Regenbogenschimmer, er ist so lieb, es muss herrlich sein, auf ihm zu …

Ein Blutstropfen, dunkelrot auf dem reinen weißen Fell. Mein Blut. Ich schüttle den Kopf und mein Verstand wird wieder klar. Blut? Die Wunde, meine Wunde – für Hannes! Ich beiße die Zähne zusammen, schüttle die weichen Gedanken ab und löse meine Hand langsam von Luns Hals.

Sobald ich ihn losgelassen habe, kann ich wieder klar denken. Ein Blick zur Höhle, ich sehe Hannes' hellen Schopf im Dunkel hinter dem Eingang aufleuchten. Wenn sie sich jetzt umdrehen, sehen sie ihn!

»Hilde, ich brauch deine Hilfe«, sprudelt es aus mir heraus.

Ich gehe einmal um Lun herum, sodass sein Kopf und Hildes Körper vom Höhleneingang wegzeigen. Dann werfe ich die Arme in die Luft und versuche, möglichst theatralisch zu klingen, damit auch die anderen mir zuhören.

»Ich darf Pan reiten, wenn ich es schaffe, ihn zu zähmen. Aber ich kann ihm dieses blöde Halfter nicht anlegen, er lässt es einfach nicht zu! Dieser Junge, der mir helfen sollte, der ist einfach abgehauen. Ich habe niemanden mehr, den ich fragen kann, und ich kriege es einfach nicht hin! Hilfst du mir?«

»Pan?«, fragt Hilde neugierig.

Ich drehe mich um und suche in der Herde. Pan steht ganz nah bei den Felsen, dort, wo ich hinaufgeklettert bin, und sieht zu uns herüber. Ich zeige auf ihn und sie schauen alle automatisch in die Richtung.

Diesen Moment nutzt Hannes und sprintet aus der Höhle! Ich kann sehen, welche Angst er hat, weil er stolpert, sich noch im Fallen wieder fängt und dann rennt, rennt – er hat nicht mal Schuhe an!

Der Junge auf dem Silberpferd wirbelt herum.

»Du bist von keinem Tier gebissen worden«, brüllt er und nickt zu Pan hinüber. »Du bist dort auf die Felsen geklettert und runtergefallen!«

»Die Höhle«, ruft der andere Junge und springt von seinem Pferd. »Ich gehe nachsehen!«

Hilde bleibt vor mir stehen. Es sieht aus, als wollte sie einfach nur weiter mit mir plaudern, aber mein Gefühl sagt etwas anderes. Ich werde bewacht.

»Hilde«, flüstere ich, »was ist los?«

»Es geht nicht um dich«, murmelt sie abwesend und beobachtet mit zusammengekniffenen Augen den Höhleneingang.

»Worum dann?« Lun macht einen Schritt auf mich zu, aber ich passe auf, dass ich ihn nicht noch mal berühre. »Was ist denn in dieser Höhle?«

Hilde lehnt sich vor und flüstert mir zu: »Das kann ich dir nicht sagen. Aber, Nia, hör zu: Ginnes ist ein Verräter! Er hat eines unserer Pferde gestohlen. Pass auf, ja? Vertrau ihm nicht!«

Der zweite Junge kommt aus der Höhle und steigt wieder auf sein Pferd.

»Alles in Ordnung«, sagt er zu Hilde. »Wir reiten zurück.«

Ich schaue Hilde an.

Sie lächelt mir zu. »Du musst das mit Pan allein schaffen, Nia. Es müssen eure Gedanken sein, die euch verbinden, nicht meine oder die von irgendwem sonst.«

Ich schaue ihnen nach, wie sie in Richtung Wald davongaloppieren. Es sieht so leicht aus, wie sie auf den Rücken ihrer Pferde sitzen, so normal. Dabei habe ich den Windpferde-Zauber doch eben selbst gespürt, bei Lun! Auf einmal ist der Wunsch, das mit Pan auch zu können, wieder übermächtig. Ich straffe die Schultern und stapfe los.

Der Junge mit dem Silberpferd postiert sich wieder vor dem Eingang der Höhle und sieht mich grimmig an. Er glaubt mir kein Wort, aber er kann auch nicht beweisen, dass ich ihn angeschwindelt habe. Nur: War es richtig, das zu tun? Oder war es ein Fehler, Hannes zu helfen? Er verbirgt etwas, so viel ist klar. Wem kann ich überhaupt vertrauen? Hilde, Hannes – oder keinem von beiden?

27

»Wir gehen essen«, verkündet Sammy vom Treppenabsatz, als ich zu Hause ankomme. »Los, beeil dich. Dann kannst du mit!«

Zögernd bleibe ich im Flur stehen. »Und Tante Lisbeth?«

»Die bleibt hier, was sonst?«

Ich werfe einen Blick ins Wohnzimmer, wo Tante Lisbeth in ihrem Ohrensessel sitzt und vor sich hin summt. »Ich komme nur mit, wenn sie auch mitdarf.«

»Hä?« Sammy poltert die Treppe runter und bleibt direkt vor mir stehen. »Was soll denn das jetzt?«

»Ich finde es unfair, dass ihr sie einsperrt wie einen … einen lästigen Hund!«

»Spinnst du jetzt völlig?« Sammy steigt umständlich in ihre Turnschuhe. »Ihr geht es doch gut hier, sie hat alles, was sie braucht. Wir haben sogar eingekauft für sie und Ben hat ihr vorhin Suppe gemacht!«

»Super. Tütensuppe«, murmle ich.

Sammy guckt mich lauernd an. »Was ist los mit dir? Warum bist du so geladen?«

»Bin ich gar nicht!«

»Doch. Schon. Und das nervt, weißt du das?«

Ihre Worte treffen mich tief im Bauch. Sofort drücke ich mich gegen die Wand und senke den Blick. Ich will sie nicht nerven, ehrlich nicht. Aber ich finde es auch nicht richtig, dass Tante Lisbeth bei Einbruch der Dunkelheit eingeschlossen wird wie ein gefährliches Tier.

»Meinetwegen kann sie mitkommen«, ruft Ben von oben. Er poltert die Treppe runter und raunt Sammy zu: »Überleg doch mal. Wir müssen uns auch ab und zu mit ihr sehen lassen. Das ist ein Dorf, Sammy, du hast das Gerede der Leute gehört.«

Sammy stöhnt ausgiebig, aber dann nickt sie ergeben. »Also schön, packen wir Kind Nummer zwei auch noch mit ein. Aber wenn sie Ärger macht, bringst du sie nach Hause!«

Als wir beim »Alten Böhmwind« ankommen, bläst der Wind so heftig, dass Kastanienbaumblätter über die Tische gefegt werden und sogar manche der Stühle umgekippt am Boden liegen. Nur ein paar wenige tapfere Bienen schwirren todesmutig vor ihren Kästen herum.

»Drinnenwetter«, beschließt Sammy und zieht die Schultern hoch. »Bäh, warum windet das so? Vorhin war es doch noch total schön!«

»Nur um dir die Stimmung zu vermiesen.« Ben grinst und hält uns die Tür auf.

Drinnen ist es gerappelt voll, sodass wir kaum einen Platz finden. Das schöne Wetter hat wohl viele Ausflügler in die Windheimer Wälder gelockt, und jetzt sind sie froh, einen Schutz vor dem Sturm da draußen gefunden zu haben, in dem man auch noch gut essen kann.

Wir überlassen Sammy und Tante Lisbeth die Stühle, Ben und

ich quetschen uns freiwillig auf die Eckbank um den letzten freien Tisch. Sammy klaut schnell eine unbewachte Speisekarte vom Nachbartisch, aber schon kurz darauf kommt die ältere Wirtin aus der Küche und bringt uns eigene Karten. Ich brauche nur eine halbe Minute, dann habe ich mich für Knödel mit Soße entschieden und gucke stattdessen lieber im Lokal herum.

Der ganze Raum sieht rustikal aus, mit Holz vertäfelte Wände, an denen gemalte Landschaften hängen, Schluchten, Hügel, Wasserfälle. Alles, nur kein Wald. Es gibt ein paar gerahmte Urkunden, Auszeichnungen vom Bienenzüchterverein. Und auf allen Tischen stehen kleine Vasen mit Vergissmeinnicht.

Am Tresen sitzen zwei ältere Männer hinter ihren Biergläsern, neben ihnen jemand mit verwilderten, langen dunklen Haaren. Als er aufsteht, sehe ich, dass es Anno ist, der sich nun die Mähne aus dem Gesicht streicht und zu einem Zopf zusammenbindet.

Ich gehe hinter Ben in Deckung, damit er mich nicht sieht, aber in dem Moment kommt die alte Wirtin aus der Küche, bleibt kurz vor ihm stehen und reicht ihm ein paar mit Folie umwickelte Schalen. Dann tritt sie auf ihn zu und umarmt ihn fest.

Das ist ein Dorf, hier kennen sie sich alle. Aber diese Umarmung sieht anders aus – diese zwei verbindet eine Geschichte. Als sie sich voneinander lösen, sieht Anno kurz in meine Richtung und runzelt die Stirn, aber vielleicht bilde ich mir das auch nur ein, denn er verlässt das Gasthaus mit schnellen Schritten.

Die Wirtin kommt zu uns an den Tisch, zückt ihren Bestellblock und legt Tante Lisbeth die Hand auf die Schulter.

»Lisbeth! Wie schön, dass du mal aus dem Haus kommst.«

»Guten Tag, Ingrid. Ich konnte leider nicht zu unserer Verabredung kommen. Ich war verreist.«

Irritiert guckt die Wirtin uns an, lächelt aber gleich wieder. »Stimmt. Mach dir nichts draus. Nun bist du ja hier!«

»Kennst du schon meine Familie?« Tante Lisbeth legt den Arm um Sammy und kneift ihr in die Backe. »Das ist unsere Sammy. Sie bekommt ein Baby, stell dir vor!«

Ben springt halb auf, auch ich kann sehen, dass Sammy kurz davor ist zu platzen. Aber da lässt Lisbeth sie auch schon wieder los und greift nach Bens Händen.

»Und Ben! Erinnerst du dich? Ben hat immer die Sommerferien in Windheim verbracht. Er und Johannes haben so oft zusammen gespielt. Unsere Jungen!«

Die Wirtin versteift sich etwas, aber gleich lächelt sie wieder.

»Ben«, sagt sie, legt den Kopf schräg und mustert ihn lange. »Ja, ich erinnere mich. Du warst ein paarmal im Sommer hier zu Besuch, stimmt's?«

»Ja, genau.« Ben macht eine ausladende Handbewegung. »Ich kann mich sogar noch an den ›Alten Böhmwind‹ erinnern. Wir haben hier immer unseren Honig gekauft. Ihr Mann hat uns gezeigt, wie er gemacht wird.«

»Der und seine Bienen!« Ihr Lächeln wird breiter und sie entspannt sich wieder. »Einmal haben sie ihn durch den ganzen Garten verfolgt, weil er nicht aufgepasst hatte.« Sie guckt mich an. »Wenn du ums Haus gehst, kannst du sie dir ansehen!«

»Johannes hat mir immer den Honig gebracht«, wirft Tante Lisbeth fröhlich ein. »Dieser Junge … Schade, dass er die Bienen nicht mehr sehen kann. Sie fehlen ihm sehr.«

Ich kann sehen, wie die Wirtin blass wird. Ben räuspert sich und greift wieder nach Lisbeths Hand, will sie zum Schweigen bringen. »Ist schon okay, Lisbeth. Lass gut sein!«

»Wo ist er denn?« Suchend guckt sie sich um. »Ist er gar nicht da?«

Die Wirtin steht da wie vom Donner gerührt. Sie schüttelt nur benommen den Kopf, ich sehe, wie sie heftig schluckt, aber sie rührt sich nicht, sie reißt sich zusammen, den Block zum Aufschreiben unserer Bestellung noch immer in der Hand.

»Johannes ist nicht mehr da«, sagt Ben leise. »Er ist verschwunden. Schon vor zwanzig Jahren.«

»Verschwunden?«, ruft Lisbeth laut. »Aber nein! Er ist doch nicht verschwunden, er ist hier, jetzt gerade ist er hier!« Sie steht auf, aber ihre Beine zittern zu sehr, und sie kann sich nicht halten, und so sinkt sie hilflos wieder auf ihren Stuhl zurück. Verwirrt schaut sie die Wirtin an. Die Leute an den Tischen um uns sind alle verstummt und gucken zu uns rüber, und ich weiß, wie peinlich Sammy das ist.

»Lisbeth«, zischt Sammy. »Bitte, sei jetzt einfach still!«

Die Wirtin legt den Bestellblock auf den Tisch, zieht sich einen Stuhl heran und setzt sich neben Lisbeth. Dann legt sie ihr beide Hände auf die Schultern, sieht ihr einen Moment lang nur stumm in die Augen und lächelt dann, so wie manche Mütter ihre kleinen Kinder anlächeln.

»Johannes wohnt nicht mehr bei uns, Lisbeth. Aber vielleicht kommt er ja eines Tages zurück. So wie Ben zu dir zurückgekommen ist. Und deine kleine Nia!«

Ihre Worte wirken wie ein Schlafmittel auf Lisbeth. Sie sinkt in sich zusammen, ihre Schultern fallen herab und ihre Lider flattern. Auf einmal ist sie wieder hier, wieder klar. Sie dreht sich zu mir und streckt ihre Hand aus.

»Ben ist einmal gestochen worden, genau hier in die Mitte seiner Hand. Sie ist angeschwollen und er konnte zwei Tage lang seine Faust nicht mehr schließen. Du musst aufpassen, wenn du zu den Bienen gehst.«

Ich nicke, erleichtert, dass der Bann gebrochen ist. Dass sie wieder über Bienen redet und nicht über verschwundene Jungen. Manchmal ist sie mir doch unheimlich.

Ben lehnt sich über den Tisch zu der Wirtin. »Tut mir leid, echt«, murmelt er verlegen. »Das wollte ich nicht, ich dachte, es tut ihr gut, aus dem Haus zu kommen.«

»Das tut es bestimmt.« Die Wirtin lächelt in die Runde. Sie ist immer noch blass um die Nase, aber sie bleibt ganz ruhig. »Macht euch keinen Kopf«, sagt sie zu Ben und Sammy. »Das gehört nun mal zum Altwerden dazu. Ich bin niemandem böse, Lisbeth schon gar nicht.«

»Danke.« Ben seufzt erleichtert, während Sammy ungeduldig auf ihrem Platz herumrutscht. Sie will endlich bestellen, sie war schon hungrig wie ein Bär, als wir losgefahren sind.

Die Wirtin holt den Stift aus ihrer Schürze und lässt ihn über dem Bestellblock schweben. Doch als Sammy gerade ihren Mund aufmacht, beugt sie sich noch einmal vor und sieht mir geradewegs in die Augen.

»Geh nicht allein in den Wald, Nia. Egal, was dich anlockt … es ist gefährlich.«

Ich schlucke. Damit habe ich nicht gerechnet. Weiß sie etwas? Weiß sie von den Pferden?

Ich beiße mir auf die Lippen und nicke nur ganz leicht. Ja, heißt das. Ja, ich habe es gehört. Nicht dass ich mich daran halte.

Aber ich frage mich schon, was mit diesem Jungen damals passiert ist. Ob er auch Pferde im Wald entdeckt hat? Vielleicht hatte er nicht so viel Glück wie ich und sie haben ihn in die Höhlen gesperrt … Ich blinzle, weil alle mich angucken.

»Was willst du essen, Nia?«

»Äh … die Knödel mit Soße.«

»Dann haben wir alles!« Die Wirtin kritzelt es auf ihren Block und steht auf. »Dauert etwas, ihr seht ja, was hier los ist.«

»Kein Problem«, sagt Ben schnell, und die Wirtin geht Richtung Küche.

Sammy lässt den Kopf in ihre auf dem Tisch verschränkten Arme sinken. »Na super, bis das Essen kommt, sind das Baby und ich verhungert!«

Tante Lisbeth hat angefangen, in der Speisekarte zu blättern. Sie schaut so konzentriert hinein, als hätte sie nicht mitbekommen, dass wir längst bestellt haben.

Sammy hebt wieder den Kopf. »Diesen verschwundenen Jungen. Kanntest du den etwa?«

Ben zuckt mit den Schultern. »Ach, nicht gut. Ich bin ihm ein paarmal begegnet. Aber er war eher mit den älteren Jungs unterwegs.«

»Und du weißt nicht, was mit ihm passiert ist? Jungs haben doch immer irgendwelche Geheimplätze, von denen sie den Erwachsenen nichts sagen. Suchen die Gefahr und so. Hast du nichts davon mitbekommen?«

»Ich soll das Verschwinden von diesem Jungen aufklären?« Ben lacht leise. »Echt, Sammy, du hast ’nen Knall. Das ist zwanzig Jahre her!«

»Und? Manche Verbrechen werden noch viel später aufgeklärt.«

Ben wirft einen Blick zur Küche, aber von der Wirtin ist nichts zu sehen. »Ich mochte den Johannes gar nicht so wirklich. Das war einer von diesen Supercoolen, die sich für was Besseres halten. Er sah natürlich megagut aus und er konnte auch richtig nett sein. War so ein Beschützertyp. Aber nur, wenn er jemanden mochte. Zu den anderen war er ein richtiger Arsch.«

»Und du hast nicht zum erlauchten Kreis gehört, was?«, witzelt Sammy. »Es sind nicht immer die anderen schuld, das weißt du, gell?«

Ben verengt die Augen und funkelt Sammy gespielt böse an, aber er grinst dabei. »Ich war doch viel jünger als die! Und ich war kein Windheimer, sondern einer von draußen, der nur zu Besuch hier war, zwei oder drei Sommer lang. Da gehörst du sowieso nicht dazu.« Er streckt sich. »Der Typ vorhin, der am Tresen stand, der war aus seiner Clique. Ich weiß es noch, weil er früher schon so lange Haare hatte. Johannes' bester Kumpel.«

»Anno?«, platze ich heraus.

»Wieso kennst du den?«, fragt Ben überrascht.

»Er hat einen Pferdehof. Zwischen den Feldern, hinterm ›Gegenwind‹.«

»Aha.« Ben guckt zur Theke, als würde Anno da noch herumstehen. »Dass der noch hier ist, nach allem, was passiert ist …«

»Meinst du, er sucht noch nach ihm?« Der Gedanke kommt mir ganz plötzlich. Annos durchweg miese Laune, die Touren durch den Wald, der Blutstein am Grab der Windpferde, das gar kein Grab ist. Der hat definitiv auch seine Geheimnisse.

»Hallo, können wir mal das Thema wechseln?« Sammy hält sich den Bauch. »Ich kriege echt die Motten, wenn das Essen nicht bald kommt!«

Eine Weile schweigen wir alle. Sammy trommelt ungeduldig auf dem Tisch herum, Ben guckt sich die anderen Leute an und ich gucke mir Ben und Sammy an. Die werden bald eine richtige Familie sein, wenn erst das Baby da ist. Aber was passiert dann mit mir? Wo gehöre ich hin?

Die Wirtin kommt zurück und unterbricht meine Gedanken, sie trägt ein Tablett mit unserem Essen darauf. Es sieht schwer aus und ihre Hände zittern ganz leicht. Sammy kriegt sofort Stielaugen.

»Ich bin fertig«, sagt Tante Lisbeth da, klappt mit einem Knall die Karte zu und steht auf. »Wir können gehen!«

28

Ben hat keine Lust, Tante Lisbeth nach Hause zu bringen, also lasse ich mir meine Knödel einpacken und stehe mit Lisbeth auf, bevor sie Sammy das Essen verderben kann.

Als wir auf die Straße treten, ist es dämmrig geworden. Ein bisschen wie im Winter, wenn zu viele Wolken am Himmel hängen und alles abdunkeln, obwohl es eigentlich erst Nachmittag ist.

Gruselhimmel.

Tante Lisbeth läuft gedankenverloren in die falsche Richtung, zum Wald.

»Halt«, rufe ich und renne ihr nach. »Wo willst du denn hin?«

»Nach Hause«, summt sie und geht einfach weiter.

»Aber das ist falsch. Der Weg geht nicht nach Hause. Wir müssen da entlang!« Ich deute die Straße hinauf. Dabei bemerke ich die Gestalt, die hinten bei den Bienenstöcken an der Hauswand lehnt und an etwas herumdreht. Verwundert bleibe ich stehen. Ich könnte schwören …

Lisbeth fällt mir wieder ein. Sie hat schon fast die Baumschatten erreicht, also laufe ich ihr wieder nach, fasse sie vorsichtig am Arm und drehe sie herum. Sie lässt es geschehen, wie ein Aufziehmännchen, mit ausdrucksloser Miene.

Wo ist die Gestalt jetzt hin? Ich würde am liebsten nachgucken, aber mit Tante Lisbeth im Schlepptau wird das nichts. Bei den Bienenstöcken versteckt sich niemand mehr – vielleicht habe ich mir das ja doch nur eingebildet.

Nein, habe ich nicht! Die Gestalt schleicht jetzt um den Eingang herum. Was macht sie da? Wir sind zu weit entfernt, um im Dämmerlicht ein Gesicht zu erkennen, aber etwas an den Bewegungen kommt mir bekannt vor, diesmal bin ich sicher! Ich lasse Lisbeth stehen, laufe zurück zum Gasthof und rufe laut: »Hannes?«

Die Gestalt zuckt zusammen und fährt herum. »Sei still, verdammt!«

Ich bleibe wie erstarrt stehen. Wie wäre es mit »Danke, dass du mir geholfen hast«? Nein, nichts. Stattdessen blafft er mich bloß wieder an. Hilde hat recht, mit diesem Hannes stimmt irgendwas ganz und gar nicht!

»Ich wollte nur Hallo sagen«, murre ich zurück und versuche zu erkennen, was er an der Tür herumgefummelt hat. Reingehen will er ja offensichtlich nicht.

»Hallo. Und jetzt verschwinde!«

»Was habe ich dir eigentlich getan?«, frage ich, genauso laut. »Ich hab dir geholfen, da ist es nur fair, dass du mir auch hilfst, oder?«

Hannes verdreht die Augen. Okay, ich habe ihn bei irgendwas gestört, aber das ist mir gerade egal. Ich habe mir heute für ihn buchstäblich das Bein aufgerissen.

»Was willst du?«, will er wissen und stopft irgendwas in den Jutebeutel, den er heute Morgen schon bei sich getragen hat.

»Pan«, sage ich nur. »Zeig mir, wie das mit dem Halfter funktioniert.«

Er überlegt, wie er mich abwimmeln kann, aber in dem Moment fällt hinter ihm ein Schatten in den Flur, jemand kommt, und Hannes hat es plötzlich furchtbar eilig, sich an mir vorbeizudrücken.

»Von mir aus«, zischt er und stößt mich zur Seite. »Aber du hältst dich aus meinen Angelegenheiten raus!«

Es ist einer der Gäste, der zum Telefonieren nach draußen geht. Ich warte, bis er ein paar Schritte weg ist, dann inspiziere ich die Tür genauer. Was hat Hannes gemacht? Irgendwas am Türschloss? Ist er etwa ein Einbrecher? Kommt er später zurück, um die alten Wirtsleute zu berauben? Mein Blick fällt auf den Kranz, der über der Tür hängt. Ein Geflecht aus getrockneten Blumen und Gräsern, es sieht schön aus, aber etwas stört mich.

Dann sehe ich es.

Zwischen den Blüten stecken winzige grau-schwarze Federn.

Ich schaue mich um. Hannes ist irgendwo in der Dunkelheit verschwunden, den brauche ich jetzt nicht mehr zu suchen. Ich ziehe eine der Federn heraus, drehe sie in den Fingern und schiebe sie in meine Hosentasche.

Dann fällt mir ein, dass ich ja auf Lisbeth aufpassen soll!

Ich springe die Stufen hinunter und renne los.

Am nächsten Morgen wartet Hannes an der kleinen Kapelle beim Friedhof auf mich. Er hockt auf einem der alten Grabsteine und knetet auf etwas Gelbem herum, aber als ich näher komme, lässt er es schnell in der Tasche verschwinden.

»Hallo«, grüße ich vorsichtig. Bei Hannes weiß man nie so genau, wie er drauf ist.

Er sagt nichts, springt nur von dem Grabstein und läuft los.

Wir stapfen am Fluss entlang durch den Wald, so wie jedes Mal. Inzwischen habe ich einen ganz guten Pfad ausgetrampelt, auf dem ich auch nicht ständig stolpere. Hannes geht vornweg und eine Weile sagt keiner von uns ein Wort. Dabei würde ich gerne reden, ich will so viel fragen! Was er so dringend in dieser Höhle wollte, zum Beispiel. Aber heute ist kein guter Tag für ihn, das merke ich genau. Er bohrt die Hände in die Bauchtasche seines schwarzen Pullovers und die Kapuze auf seinem Rücken wippt auf und ab.

Ich beobachte ihn, seine blonden Haare, die ihm ein bisschen zu lang sind und in Fransen über die Ohren und in die Augen hängen. Wenn ich ein Foto von ihm sehen würde, fände ich wohl, dass er ziemlich gut aussieht mit dieser verwegenen Frisur und seinen klaren blauen Augen. Aber seine Hängeschultern und die miese Laune, die er verbreitet, machen das Bild wieder zunichte.

Plötzlich bleibt er stehen, hebt die Hand und lauscht. Ich halte mich hinter ihm und rühre mich nicht. Was hat er jetzt wieder gehört? Da, ein grauer Blitz, vor uns zwischen den Bäumen! Hannes zieht eine Schleuder aus der Tasche, spannt sie auf und zielt. Alles geht wahnsinnig schnell, etwas plumpst zu Boden, ein grauer Stein, nein, kein Stein – ein großer grauer Vogel.

»Bist du wahnsinnig?«

Ich schiebe mich an Hannes vorbei und knie mich über den Vogel. Es ist eine Nebelkrähe, ihr grau-schwarzes Federkleid und den hellen Bauch erkenne ich sofort. Auf der Brust klafft ein winziges Loch, aus dem dunkelrotes Blut sickert.

Fassungslos starre ich zu Hannes hoch. »Warum hast du das gemacht?«

»Notwendigkeit«, sagt er nur.

Ich schüttle den Kopf, kann einfach nicht glauben, was gerade geschehen ist. Mit dem kleinen Finger streichle ich über die Brust des Vogels und versuche, einen Herzschlag zu finden, aber da ist nichts mehr, kein Pochen – kein Leben. Meine Augen füllen sich mit Tränen.

»Er war sofort tot.« Hannes schiebt sich neben mich und nimmt die Nebelkrähe hoch, behutsam, als würde er sie zu ihrer Beerdigung tragen. »Ich lasse sie nie leiden. Sie spürt nur einen Schlag und schon ist es vorbei. Geht ganz schnell.«

»Das macht es nicht besser!« Ich merke, dass mir die Tränen über die Wangen laufen, aber das darf er ruhig sehen. »Wer gibt dir das Recht, ein Lebewesen einfach abzuschießen?«

Hannes bleibt vor mir stehen, den Vogel noch immer auf den offenen Handflächen. »Wer gibt euch das Recht, Fleisch zu essen? Ihr tötet doch auch Tiere, weil sie euch nutzen. Nur dass ihr es nicht selbst macht. Ihr lasst jemand anders die Drecksarbeit erledigen und redet euch dann ein, das auf eurem Teller wäre bloß Nahrung. Was ist daran besser?«

Ich will ihm sagen, dass ich gar kein Fleisch gegessen habe, nicht gestern im Gasthof und auch sonst lange nicht mehr, aber ich verstehe, was er mir sagen will. Also schlucke ich nur und wische mit dem Ärmel über mein Gesicht.

Hannes streicht dem Vogel über den Rücken, klappt seine Flügel ein und steckt ihn behutsam in seinen Beutel. Auch die kleine Steinschleuder schiebt er hinein.

»Es sind ihre Federn, oder?«, rate ich. »An den Halftern?«

Hannes stapft weiter, ohne auf mich zu warten. Ich muss laufen, um mit ihm Schritt zu halten.

»Ja«, sagt er nur, ohne sich umzudrehen.

»Und warum?«

»Weil sie die einzigen Vögel sind, die nicht fliehen, wenn der Wind kommt. Sie rufen weiter. Das mögen Windpferde nicht, und deshalb nutzen wir sie, um die Wirkung des Halfters zu verstärken. Sie mögen das Halfter schon nicht, mit den Federn fühlen sie sich ausgeliefert. Das macht es leichter, sie zu kontrollieren.«

Ich bleibe stehen. Anno. Anno hatte doch auch Vögel in seinem Versteck! Ob er seine Zaumzeuge auch damit schmückt? Aber warum sollte er? Dann fällt mir wieder ein, was ich gestern beobachtet habe, und ich springe schnell über zwei Wurzeln hinweg, um zu Hannes aufzuschließen.

»Du hast die Federn in dem Blumenschmuck versteckt. An der Tür zum Gasthof. Stimmt's?« Herausfordernd sehe ich ihn an.

Hannes beißt die Zähne zusammen, ich kann sehen, wie sich seine Kiefermuskeln anspannen. Dann nickt er. »Ja. Sie schützen vor Windpferden.«

»Aber sie laufen doch nicht rum und sammeln Leute ein, um sie in den Wald zu schleppen!«

Tante Lisbeth … sie hat auch ein Windspiel an ihrer Haustür hängen! Eine Art Traumfänger aus winzigen Perlen und Federn.

»Wenn sie es doch tun, bleiben sie von den Häusern fern. Die Federn rascheln und summen im Wind eine besondere Melodie. Daran erkennst du, ob sich ein Windpferd nähert.«

Ich kann noch immer nicht glauben, dass er eben vor meinen Augen diesen Vogel abgeschossen hat. »Was heißt das? Wenn sie es doch tun? Wann passiert das denn?«

Hannes schüttelt sich eine Haarsträhne aus dem Gesicht. »Sie tun es nicht. Normalerweise. Aber normalerweise schlägt auch der Blitz nicht in dein Haus ein, oder? Trotzdem schützt du dich mit einem Blitzableiter.«

Jetzt muss ich grinsen. Und dann fällt mir noch etwas ein, was ich ihn schon längst fragen wollte.

»Dieses Halfter, woraus besteht es?« Es ist jedenfalls kein Nylon und auch kein Stoff, den ich kenne. Eine Art Kunstleder vielleicht?

Hannes sieht mich von der Seite an. »Das willst du nicht wissen.«

»Doch, will ich.«

»Aus einem natürlichen Material.«

»Titanseil?«

Hannes lacht auf. »Ist das für dich natürlich?«

»Ich hab keine Ahnung!«

»Na, Haut eben.«

Entsetzt starre ich ihn an. »Menschenhaut?«

Er schüttelt den Kopf. Wieder lacht er fast. »Nee, ganz so gruselig ist es nicht. Die Haut von Windpferden.«

»Bäh, ihr behängt sie mit der Haut ihrer verstorbenen Freunde?«

»Jedes Leder ist tote Haut.« Er zuckt mit den Schultern. »Es gibt nichts, was sie scheußlicher finden. Deshalb ist es ja so schwierig, ihnen das Halfter anzulegen.«

Ich merke, wie mir übel wird. Igitt, wenn ich mir vorstelle, ich müsste Kleidung aus Menschenhaut tragen! Ich muss mich schütteln, aber die Fragestunde ist sowieso beendet, denn wir sind angekommen. Der Sprung über die Steine im Fluss geht schon fast wie von selbst.

Die Pferde stehen verstreut auf der Wiese, trinken am Wasserfall, grasen Nase an Nase oder kraulen sich gegenseitig das Fell. Auf den ersten Blick ist nichts ungewöhnlich an ihnen oder ihrem Verhalten. Man muss zweimal hinsehen, um die Unterschiede zu erkennen – ihr lauernder Blick, ihre Nüstern, die sich mit dem Wind bewegen, und die Mähnen, die unnatürlich lang sind und von diesem Schimmer durchzogen, der an metallischen Lack erinnert. Bei jedem Pferd ist die Farbe ein wenig anders, nur bei den Rappen wirkt es, als würde sich ein ganzer Regenbogen in ihnen spiegeln.

Ich merke, wie ich suche. Da, Pan steht ganz hinten, bei den Felsen! Ich laufe durch die Pferdeherde auf ihn zu, und mein Herz macht einen Satz, als er den Kopf hebt und leise schnaubt, weil er mich erkennt.

»Hallo, Pan!« Ich strecke meine Hände aus und er kommt zu mir und legt seine Nase hinein. Sie ist samtig weich, mit irre vielen feinen Härchen ringsherum. Damit er den Wind spüren kann, bevor er richtig zu wehen beginnt.

»Streck mal die Hand nach hinten aus. Nur die Hand. Deine Gedanken bleiben bei Pan, denk nicht daran, was ich dir gebe.« Hannes steht so dicht hinter mir, dass ich den Stoff seines Pullis an meinen Handgelenken spüren kann. Er reicht mir etwas, und im selben Moment weiß ich, was es ist.

Pan, denke ich.

Und vergesse, was ich in Händen halte.

»Pan ist noch jung«, flüstert Hannes weiter. »Du siehst es am Farbenspiel in seinen Haaren. Wenn er älter wird, verschwindet der Regenbogen, und es bleibt nur noch ein Schimmer in seiner Farbe.«

»Was ist seine Farbe?«, flüstere ich zurück.

»Das weiß niemand. Erst wenn er sie trägt.« Hannes nimmt

meine Hand und führt sie vorsichtig an meinem Körper entlang. Jetzt hängt das Ding, das ich halte, an meiner Seite.

»Seine Hufe bestehen nicht aus Horn.« Hannes' Stimme ist so weich, so warm. Er führt meinen Arm nach vorn, bis ich Pan beinahe mit dem Ding berühre.

»Woraus dann?«

»Aus einem knochenartigen Material, ganz ähnlich dem Elfenbein. Deshalb sind sie so hell.«

Ich schiele nach unten auf Pans Hufe. Tatsächlich ist mir noch nie aufgefallen, dass er helle Hufe besitzt, obwohl sein Fell doch schwarz ist.

Das Ding berührt nun seine Schulter. Ich kann sogar an seinem Hals entlangstreichen. Hannes steht noch immer hinter mir, ziemlich nah, fast zu nah – aber sein Flüstern hilft meinen Gedanken, auf einer anderen Spur zu bleiben, und ohne Schwierigkeiten kann ich das Ding über Pans Kopf ziehen und die Schnalle schließen.

Hannes lässt meine Hand los und tritt einen Schritt zurück. »Und siehe da, er trägt sein Halfter!«

Verblüfft schaue ich Pan an. Ich habe selbst kaum gemerkt, was wir da getan haben, so sehr habe ich mich auf Hannes' Stimme konzentriert! »Das ist das ganze Geheimnis? Ich hatte bloß die falschen Gedanken?«

»Du bist gekommen, um ihn aufzuhalftern. Mit einem Ding, das ihm unangenehm ist. Windpferde nehmen Gedanken wahr wie normale Pferde Töne mit ihren Ohren. Würdest du Lärm machen und versuchen, dabei ein Pferd zu zäumen? Nein. Du würdest dich ruhig und still bewegen. Dasselbe tun wir hier auch, nur … anders.«

»Gedankenkontrolle.« Ich schüttle den Kopf, immer noch fasziniert. Aber Pan scheint das Halfter trotzdem unangenehm zu sein, er spielt ständig mit seinen Ohren und bewegt den Unterkiefer auf und ab.

Hannes reicht mir einen Strick. Einen ganz normalen Strick, soweit ich sehe. Ich klinke ihn in das Halfter ein und Pan hebt den Kopf.

»Behalte deine Gedanken für dich«, raunt Hannes. »Nun geh spazieren. Hier auf der Wiese. Das könnt ihr doch.«

Ja, denke ich. Wir können das auch ohne das Halfter! Aber ich bin froh und dankbar, dass er mir hilft, dass er endlich mit mir redet und seine Geheimnisse mit mir teilt. Also sage ich nichts. Ich denke daran zu gehen, und Pan folgt mir, ohne dass ich mit dem Strick eine Bewegung ausführen muss.

»Es klappt«, rufe ich nach mehreren Runden begeistert. »Es fühlt sich ganz leicht an. Sollen wir es jetzt mit dem Reiten probieren?«

»Mal langsam.« Hannes grinst. »Du könntest ihn zuerst …«

Weiter kommt er nicht. Drüben am Waldrand bricht plötzlich wilder Tumult los, ein Schrei jagt über die Wiese, kurz darauf kommt ein Pferd angeschossen, ein großes braunes Pferd, das einen Sattel trägt, aber keinen Reiter.

»Scheiße«, flucht Hannes und rennt los.

Ich weiß nicht, was ich machen soll, also bleibe ich einfach stehen. Pan an meiner Seite sieht zu, während alle anderen Pferde losstürmen. Er wird ganz aufgeregt, doch er rührt sich nicht vom Fleck. Dann wird mir klar, warum. Es ist das Halfter!

»Na komm«, sage ich zu ihm, löse die Schnalle und ziehe es von seinem Kopf. »Für heute haben wir genug geübt.«

Pan bäumt sich auf, schlägt mit den Vorderhufen in die Luft und wirbelt los, hinter den anderen her. Sie schließen den Braunen ein, scharen sich um ihn, als wollten sie alle hören, was er zu berichten hat.

Dann kommt der Wind. Erst leise, sacht und vorsichtig, aber im Nu hat sich aus der Brise ein kleiner Sturmwind gebildet, der die Mähnen der Pferde durcheinanderpustet und die Luft elektrisch auflädt. Es fühlt sich seltsam an – ich spüre die Energie, aber sie macht mir auch Angst, weil sie plötzlich überall um uns herum ist, genau wie der Wind. Eines der Pferde löst sich aus dem Kreis und kommt auf mich zu. Es ist nicht Pan, es ist eines der anderen. Es wirkt freundlich, die Ohren weit nach vorn gestreckt, doch etwas in der Art, wie es mich fixiert, lässt mich rückwärtsweichen.

»Nia!« Hannes rennt auf mich zu. »Weg hier, schnell!«

Er zieht mich mit sich zu der Höhle, wo zwei der Reiter hocken. Erst jetzt sehe ich, dass sie alle von ihren Pferden gesprungen sind und sie am Zügel halten, und das ist auch besser so, denn die Pferde gebärden sich wie wild. Und dann verstehe ich. Sie wollen auch zu dem reiterlosen Braunen hinüber.

»Was ist passiert?«, schreie ich über den Sturmwind hinweg.

Hannes schiebt mich in die Höhle. »Wissen wir nicht!«

»Da!« Einer der Reiter, der eine Narbe quer übers Gesicht hat, deutet mit dem Finger auf etwas am Waldrand.

Sofort stürmen Hannes und der andere Windhüter los. Hannes überschlägt sich beinahe, so schnell rennt er zu der Person, die nun am Waldrand kauert. Der andere Wächter schwingt sich auf sein silbernes Pferd, um noch schneller bei ihm zu sein.

Dann, ganz plötzlich, ist es vorbei. Der Wind legt sich, als hätte jemand den Aus-Knopf gedrückt. Mit der Windstille werden auch die Pferde ruhig. Sie kehren zurück zum Gras, zum Wasser, zum Kraulen, als wäre nichts geschehen.

Ich schaue zum Waldrand. Hannes und der Wächter mit dem Silberpferd tragen die Person, die sich anscheinend nicht selbst bewegen kann.

»Ist er vom Pferd gefallen?«, frage ich und laufe aus der Höhle, um ihnen entgegenzugehen.

»Wohl kaum«, murmelt der Junge mit der Narbe. Er schwingt sich nun ebenfalls auf sein Pferd und galoppiert an mir vorbei.

Als ich näher komme, höre ich das Stöhnen. Natürlich kann sich die Person schlecht bewegen, das ist ja auch ein uralter Mann, der kaum allein stehen kann! Ich schaue an ihm runter. Seltsam, er kommt mir irgendwie bekannt vor. Und in der Hand hält er etwas, was aussieht wie …

Oh mein Gott.

Ich schlage mir die Hand vor den Mund. Das ist gar kein alter Mann! Seine Augen, die kenne ich, die haben mich fixiert, erst ein paar Tage ist das her! Und seine Hände, die nun heftig zittern und kaum das Halfter festhalten können, die haben mich gepackt und umklammert gehalten, sodass ich mich nicht mehr rühren konnte.

Der Windreiter. Mein Bewacher. Der Junge, der mich entführt hat.

Ohne es zu verstehen, starre ich ihn an, starre auf das Halfter, das in Fetzen von seiner Hand baumelt, starre auf ihn, seinen ausgebrannten, verbrauchten Körper. Er hebt den Blick und sieht, dass ich ihn anstarre, dann stöhnt er auf und windet sich, und das zerrissene Halfter rutscht aus seinen knochigen Fingern. Er sackt auf den Boden, einfach so, weil er keine Kraft mehr hat.

Voller Entsetzen wende ich mich ab. Mir wird so schlecht, dass ich würgen muss.

Hannes packt mich bei den Schultern, führt mich ein Stück fort.

»Das passiert, wenn man sie ohne Halfter reitet«, murmelt er und presst die Lippen zusammen.

»Er … er wird …«, sage ich, aber meine Stimme bricht ab. Ich bin so geschockt, dass ich nicht sprechen kann.

»Er wird nie wieder irgendwas«, flüstert er. »Verbrauchte Lebensenergie lässt sich nicht zurückholen. Das ist kein Spiel, Nia! Pan ist wie sie. Er ist noch ein Kind, er weiß vieles noch nicht. Aber er ist wie sie! Ohne das Halfter riskierst du dein Leben!«

Ich gehe in die Hocke und schlinge die Arme um meine Knie. Mein Körper zittert wie im Fieber, aber ich kann einfach nicht wegschauen, ich muss es sehen, ich muss verstehen, was mit ihm passiert, auch wenn das nicht zu verstehen ist.

Der Körper des Jungen ist eingefallen und zusammengesackt, als hätte man jede Kraft aus ihm herausgesaugt. Er weint und streckt Hilfe suchend die bebenden Hände aus, und die anderen trösten ihn, aber dabei sehen sie sich immer wieder wissend über seinen Kopf hinweg an. Hannes kniet neben ihm nieder, zieht seinen Pullover über den Kopf und wickelt ihn darin ein, aber das Zittern hört nicht auf, und der Horror in seinen Augen wird immer größer.

»Wir müssen ihn zurückbringen«, sagt Hannes.

Der Wächter mit dem Silberpferd zerrt am Zügel seines Pferdes, bis es genau vor dem zitternden Jungen steht. Dann beugt er sich hinab, um ihm hochzuhelfen.

»Kein Pferd!«, ruft Hannes. »Es wird nur schlimmer.«

»Wir bringen ihn aber anders nicht zurück!«

»Doch«, bestimmt Hannes und winkt den Jungen mit der Narbe heran. »Wir tragen ihn. Zu zweit schaffen wir das.«

Ich sehe zu, wie sie den weinenden Jungen in ihre Mitte nehmen und in Richtung Wald davonstapfen. Hannes sieht zu mir herüber, als er auf meiner Höhe ist.

»Reiten fällt heute aus«, sagt er nur.

Ich nicke vage. Nein, an Reiten habe ich jetzt auch nicht mehr gedacht. Hannes dreht sich noch einmal zu mir um und schaut mich an, aber der Junge, der halb auf seiner und halb auf der Schulter des Jungen mit der Narbe im Gesicht hängt, windet sich stöhnend, und Hannes braucht beide Hände, um ihn zu tragen.

Ich bleibe sitzen, bis sie im Wald verschwunden sind. Erst dann fällt mir ein, dass ich ja auch hätte mitlaufen können – nun muss ich allein zurückgehen. Der Windhüter, der noch hier ist, hat sein Silberpferd gewendet und vor der geheimen Höhle Stellung bezogen. Offenbar ist das, was sie darin versteckt halten, wichtiger als der verunglückte Junge.

Ob ich ihn fragen soll, was passiert ist?

Nein, besser nicht. Und ich kann es mir sowieso denken. Hannes hat mir genug erzählt. Ich stehe auf und gehe zu der Stelle hinüber, wo der Junge am Boden gelegen hat. Das Halfter haben sie liegen lassen, also hebe ich es auf. Es ist an einer Stelle durchgerissen, die Federn abgewetzt – vielleicht ist er irgendwo entlanggeschabt oder hängen geblieben. Wie sich das wohl angefühlt hat? Plötzlich reißt das Halfter, jeder Schutz ist weg und das Pferd übernimmt die Kontrolle. Was hat Hannes noch mal über den Zauber der Windpferde gesagt? Sie halten dich auf ihrem Rücken fest. Du wirst von einem Glücksgefühl überschwemmt, aber ganz plötzlich bricht es ab, und du fällst in die totale Panik. Das ist der Moment, in dem der Energiefluss beginnt, so lange, bis all deine Lebenskraft verbraucht ist.

Mein Bauch hat es ihm geglaubt, mein Verstand nicht. Nicht wirklich.

Bis jetzt.

Ich nehme das Halfter mit in die kleine Höhle und lege es in die Kiste zu dem anderen. Weiches, glattes Leder, gespickt mit den Federn toter Nebelkrähen. Wie viel Macht so einfache Dinge haben können.

Pan steht unter dem Wasserfall und lässt Perlen auf seine Haut regnen. Er schnappt nach den Tropfen wie ein junger Hund, verspielt und fröhlich – ich kann mir nicht vorstellen, dass Pan mir so etwas antun würde! Aber eben, als der Wind die Pferde aufgescheucht hat, wollte er zu dem Braunen, er wollte es mit aller Macht, und nur das Halfter hat ihn daran gehindert. Ob sie die gestohlene Energie teilen können? So wie Wölfe, die gemeinsam über ein erlegtes Tier herfallen?

»Bis morgen«, flüstere ich ihm zu, weil ich ihn nicht stören will.

Pan kippt seine Ohren zur Seite und schaut zu mir herüber. Und dann wiehert er, ganz leise, so als würde er sich auch von mir verabschieden.

29

»He, Nia!« Ben hört auf, Sammys Bauch zu streicheln, und schaut auf, als ich die Tür zum Schlafzimmer aufschiebe und meinen Kopf hineinstrecke. »Na, wo treibst du dich so rum?«

»Bei den Pferden«, sage ich und überlege, ob ich mich zu ihnen setzen darf. Sie haben sich aus Kissen ein Kuschelnest gebaut, in dem Sammy auf der Seite liegen und ihren nackten Bauch entspannen kann. Ich bleibe im Türrahmen stehen und warte.

»Aha. War's schön?«

»Ja, schon.« Ich beiße mir auf die Lippe. »Es hat einen Unfall gegeben. Ein Pferd … es ist wild geworden und ein Mann wurde verletzt.« Jetzt mache ich doch einen Schritt ins Zimmer. So, so gern will ich ihnen davon erzählen! Ich muss das irgendwem sagen, sie müssen doch wissen, was ich bald tun werde und womit ich es zu tun habe!

»Aber nicht dein Pferd, oder?«, fragt Sammy.

»Nein. Ein anderes Pferd. Pan … Pan ist ganz lieb.«

»Dann ist ja gut.« Sammy schaut auf ihren Bauch, der sich in unregelmäßigen Formen wölbt und verschiebt. »Guckt mal, er dreht sich schon wieder! Bald hat er dafür keinen Platz mehr, der kleine Mann.«

Ben legt die Hand auf den Bauch und sie gucken verzückt zu.

Ich atme tief ein und wieder aus. »Wisst ihr, es gibt bald eine Prüfung. Für Pan und mich. Ich dachte, ihr wollt vielleicht auch kommen und zusehen.«

»Wann soll das sein?«, fragt Ben, ohne den Blick von Sammys Bauch zu nehmen.

»In drei Tagen.«

»Schlecht, Nia. Da müssen wir ins Krankenhaus zum letzten großen Ultraschall. Kannst du das nicht verschieben?«

Ich schüttle den Kopf. »Das glaube ich nicht, nein.«

»Dann gucken wir halt beim nächsten Mal zu«, sagt Sammy und grinst. »Geburtstermine lassen sich nämlich auch schwer verschieben.«

Ben streichelt wieder über den Babybauch, und ich stehe noch eine Weile im Zimmer, ohne einen Mucks zu machen. Dann gehe ich rückwärts hinaus und schließe leise die Tür.

Ich weiß nicht, wo ich mich schrecklicher gefühlt habe – im Angesicht des Todes, heute auf der Wiese, oder hier, bei Ben und Sammy, die nur noch Augen für ihr neues Leben haben.

In der Nacht schleiche ich mich aus dem Haus. Schlafen kann ich ja doch nicht mehr, die Sache mit dem Jungen lässt mir keine Ruhe. Was ist wohl mit ihm passiert? Sie haben ihn ins Dorf gebracht und dann wahrscheinlich in ein Krankenhaus gefahren. Aber was erzählen sie dort? Die Wahrheit? Wohl kaum.

Ich schlage mich durch die tief hängenden Äste und merke zu spät, dass ich ein Licht hätte mitbringen sollen. Egal. Der Fluss leitet mich, sein Rauschen ist wie eine akustische Taschenlampe, ich könnte sogar mit geschlossenen Augen gehen und würde mich nicht verirren.

Als ich die Pferdewiese erreiche, sehe ich am anderen Ende der Höhlen die Silhouetten zweier Reiter. Sie passen also auch in der Nacht auf. Wer es ist, kann ich nicht erkennen, nur ihre Umrisse. Ich wage nicht, zu ihnen zu gehen, obwohl ich gern fragen würde, was mit dem Jungen geschehen ist und ob sie ihm irgendwie doch helfen konnten. Sie reiten auf und ab und spähen in die Dunkelheit hinein, aber alles sehen sie nicht, mich sehen sie nicht. Ich bleibe unsichtbar, solange ich das will.

Niemand sieht mich hier. Niemand weiß, wo ich bin. Niemand kennt meine Gedanken, kennt mich. Ich kenne mich ja selbst nicht mal. Aber tausendmal lieber bin ich hier allein, unter den Sternen. Ich schlucke die Tränen runter, die mir beim Gedanken an Sammy kommen, an alles. Und dann verstecke ich mich in den Büschen und warte, warte darauf, dass die Zeit vergeht und ein neuer Tag anbricht.

»Traust du dich?« Hannes hält mir das Halfter hin. Zwei Seile baumeln daran, als Zügel. Es sieht unspektakulär aus, wie ein stinknormales Stallhalfter. Aber ich weiß jetzt, welche Macht es besitzt.

»Ich traue mich.« Ich nehme das Halfter, das er mir entgegenstreckt, und lasse es durch meine Finger gleiten. So weich, so leicht. Plötzlich bin ich sicher, dass ich es schaffen kann, dass dieses Halfter mich schützt und Pan zu meinem Reitpferd wird, zu meinem Freund, meinem Beschützer. Meinem zweiten Ich.

Wir gehen zu der Stelle, wo wir die Pferde zurückgelassen haben. Sie grasen friedlich, Nase an Nase, und sehen dabei aus wie zwei stinknormale Pferde.

»Der Sattelbaum ist aus Elfenbein gemacht«, verrät mir Hannes, als wir aufsatteln. »Wir überziehen ihn mit normalem Leder, dann spüren sie es nicht so.«

Elfenbein? Ich schlucke. Wenn sie daraus Sättel machen, heißt das, ein Windpferd musste dafür sein Leben lassen. Mindestens eines. Ich frage lieber nicht, wie sie gestorben sind, Pferde sterben nun mal, bestimmt waren es alte Tiere, kranke oder verletzte. Ich glaube, ich will es gar nicht wissen.

Dann muss ich Pan das Halfter anlegen. Ich denke an etwas völlig anderes, an Sammy, denn diese Gedanken sind stark genug, damit ich meine Absichten vergesse. Sobald Pan das Halfter trägt, rührt er sich nicht von meiner Seite. Hannes hilft mir in den Sattel.

»Wir reiten nur um die Wiese«, ruft er mir zu, als er auf sein Pferd geklettert ist. »Du darfst ihn laufen lassen, wenn er das möchte.«

Pan ist wie ausgewechselt. Liegt es an dem Halfter? Er bewegt sich nicht so frei und fließend, wie er es bei unserem wilden Ritt durch den Wald getan hat. Er wirkt … gebremst. Dafür habe ich nicht eine Sekunde lang das Gefühl, meine Gedankenkontrolle zu verlieren.

Hannes hält den Daumen hoch. »Super, Nia! Das sieht schon viel besser aus.«

Ich kann Pan im Trab reiten und auch im Galopp. Er lässt sich lenken und steuern und durchparieren, und als ich es von ihm verlange, geht er sogar rückwärts. Er fühlt sich superleicht an, absolut schwerelos! Ich klopfe ihm zufrieden den Hals und steige ab.

»Braver Junge«, murmle ich. Und erschrecke.

Aus Pans Maul tropft der Schaum, seine Augen sind geweitet

und auf seinem Hals und seiner Brust flockt sich der Schweiß! Beruhigend lege ich ihm die Hand auf die Schulter, aber Pan tänzelt weg von mir, jede Faser seines Körpers steht unter Hochspannung.

Mit ihm stimmt etwas nicht!

»Hannes!«, schreie ich. »Was hat er? Was ist mit ihm?«

»Ganz ruhig.« Hannes sieht sich Pan flüchtig an, dann nickt er mir zu. »Nimm ihm das Halfter ab. Langsam, mit vorsichtigen Bewegungen.«

Ich ziehe das Halfter über Pans Ohren, und sofort merke ich, wie etwas in ihm zur Ruhe kommt. Als ob ich spitze Nadeln aus seinem Körper gezogen hätte. Bestürzt werfe ich das Halfter von mir.

»Er muss sich daran gewöhnen«, erklärt Hannes leise. »Das ist normal, das ist bei allen so. Sie lernen, es zu tragen, sie lernen, sich kontrollieren zu lassen. Nichts anderes tust du, wenn du einem gewöhnlichen Pferd ein Gebiss ins Maul schnallst und einen Sattel auflegst. Sie müssen sich genauso damit abfinden lernen.«

Ich starre ihn an. »Aber Pan hatte Schmerzen! Hast du das nicht gesehen?«

Hannes kneift die Augen zusammen. »Hast du vergessen, was gestern passiert ist, Nia? Wozu sie imstande sind? Pan kann dir all deine Lebenskraft stehlen, er kann dich sogar töten. Ohne das Halfter hast du keine Chance, ihn zu stoppen. Er wird sich daran gewöhnen.« Plötzlich schluckt er und schaut zu Boden. »Oder du lässt ihn gehen.«

Die nächsten Tage üben wir. Wir ziehen Pan das Halfter an und aus, und ich lerne, meine Gedanken zu lenken. Sobald er merkt, was ich vorhabe, komme ich mit dem Halfter nicht an ihn heran. Gehe ich aber auf ihn zu und denke an Sammy oder Tante Lisbeth oder das Abendessen von gestern, dann kann ich aufhalftern und ihn mitnehmen wie jedes andere Pferd auch. Doch jedes Mal, wenn ich das Halfter löse, merke ich, wie Pan wieder zu dem Wesen wird, das ich kennengelernt habe, das Waldpferd, das mich spielerisch und ohne böse Absicht durch seine Welt getragen hat. Und ich bekomme ein schlechtes Gewissen, weil ich seine Energie zügle, ohne ihm etwas dafür zu geben.

Hannes lacht mich nicht aus, als ich ihm davon erzähle. »Du kannst immer noch zurück, Nia. Du musst nicht hingehen.«

Ich atme tief aus. »Und was … was passiert dann mit Pan?«

Hannes schaut weg. »Pan gibt es dann nicht mehr. Er wird ein Pferd unter vielen sein, eines ohne Namen und Geschichte.«

Er sagt das, als wäre es etwas Schlimmes. Aber so, wie die Windpferde leben, so frei auf ihrer Wiese, ist das doch nicht das Schlechteste, oder?

Wir steigen auf und Hannes deutet zum Wald hinüber. »Du wirst bei der Prüfung schnell sein müssen, Nia. Das sollten wir üben. Bist du bereit?«

Ich setze mich aufrecht im Sattel hin und nicke. Bin ich bereit? Pan hebt den Kopf, sodass der Windzug seine schimmernde Mähne aufwirbelt. Er freut sich bestimmt, wenn er laufen darf! Und vielleicht gibt es doch eine Möglichkeit, unsere Energie zu teilen, während er das Halfter trägt?

»Alles klar«, rufe ich Hannes zu. »Kann losgehen!«

Hannes nickt, dann gibt er ein unsichtbares Signal, und sein Pferd stürzt los, aus dem Stand, und verschwindet im Wald.

Ich erwarte, dass Pan losstürmt und sich ihm anschließt, so wie jedes Pferd das tun würde, aber Pan springt nur in einen lässigen Schaukelgalopp.

»Was ist?«, frage ich ihn und lasse ihn anhalten. »Tut dir was weh?«

Hannes kommt zurück und grinst. »He, wo bleibt ihr denn?«

»Er will nicht. Was ist los mit ihm?«

»Du bewegst ihn.« Hannes hebt beide Hände. »Mit deiner Energie! Du bestimmst nun über seine Bewegungen.«

»Und wie stelle ich das an?«

»Reite los! Im Kopf. Wenn dir das gelingt, wird Energie freigesetzt, die wird ihn antreiben. Je mehr, desto schneller!«

Ich habe keine Ahnung, was er von mir will, aber ich versuche es. Ich denke daran, dass wir loslaufen. Und tatsächlich bewegt sich Pan, zuerst nur im Schritt, aber immerhin.

»Du brauchst schon mehr Power.« Wieder grinst Hannes. »Sonst steht ihr morgen noch da rum. Schrei mal laut, wenn dir das hilft.«

»Was?«

»Schrei! Los!«

Ich öffne meinen Mund, aber in dem Moment kommt einer der Hüter vom anderen Ende der Wiese zu uns herübergeritten. Er lässt sein Pferd genau vor Pan anhalten und sieht mich ziemlich direkt an.

»Deine Prüfung findet morgen bei Sonnenaufgang statt. Komm ins Dorf, zum großen Marktplatz. Dort warten wir auf dich.«

Ich schlucke und schaue Hilfe suchend zu Hannes, aber der starrt nur auf den Boden. »Soll ich Pan mitbringen?«

»Um den kümmern wir uns.«

»Und was …«, fange ich an, aber er dreht sich um und verschwindet wieder zu seiner Höhle. Hannes guckt ihm missmutig nach, dann wendet er sein Pferd und lässt es losgaloppieren. Nur dass es diesmal kein Spaß ist wie eben. Diesmal will er wirklich weg, so schnell und so weit wie möglich.

Also gut. In meinem Kopf sammle ich Bilder, ich versuche, nur an Pan zu denken, der mit mir durch den Wald galoppiert. So wie damals bei unserer ersten Begegnung …

Ich merke erst, dass wir laufen, als wir schon mitten im Wald sind. Pan ist schnell, so schnell, und ich spüre das Glücksgefühl, das mich immer auf seinem Rücken überkommt. Aber diesmal ist es nicht so stark wie sonst, nicht so … überwältigend.

Irgendwann haben wir Hannes eingeholt oder vielleicht hat er auch auf uns gewartet. Ich zügle Pan, zu fest, denn er reagiert heftig und schnell.

»Wie läuft so eine Prüfung ab?«, frage ich atemlos. »Wie ein normales Reitturnier? Springen, Dressur, Geländeparcours?«

Hannes lacht leise. »Nee, keine Angst. Solche Lektionen will keiner sehen.« Er wird wieder ernst. »Es geht nur um dein Leben.«

Ein Schauer läuft mir den Rücken hinunter. »Wie meinst du das?«

»Sie werden verlangen, dass du Pan reitest. Eine Strecke, die sie aussuchen, die schwierig ist für Pan, ihn einen Haufen Energie kostet. Und dann kommt es darauf an, ob du ihn stoppen kannst, ob du …« Er verstummt.

»Ob ich es überlebe«, beende ich den Satz für ihn. »Oder ob Pan stattdessen meine Energie stiehlt.«

Hannes reitet stumm weiter. Ich folge ihm auf einen Hügel, auf dessen Kamm wir anhalten. Von hier aus kann man über die

Baumwipfel sehen, das endlose grüne Baumspitzenmeer, in dem ein winziges grau-gelb-rotes Inselchen schwimmt – Windheim. Ich wusste zwar, dass Windheim abseitsliegt, aber nicht, wie dicht es vom Wald umschlungen wird.

»Hannes?« Ich muss ihn das einfach fragen, auch wenn ich keine Antwort darauf kriege. »Hast du mit deinem Pferd … Musstet ihr auch so eine Probe bestehen?«

Er presst die Lippen zusammen. Sein Blick gleitet über die Waldwipfel und bleibt an einer Stelle hängen, die irgendwo südlich von uns liegt.

»Ist lange her«, sagt er leise.

»Was ist passiert?«, frage ich, ebenso leise. Ob das Pferd gestorben ist? Ist das sein Problem? Etwas ist schiefgegangen, das spüre ich. Etwas, was er sich nicht verzeihen kann.

Hannes antwortet nicht. Stattdessen reitet er weiter, den Hügel entlang westwärts, der untergehenden Sonne entgegen.

»Du musst es mir nicht erzählen«, rufe ich ihm nach. »Ich will doch nur wissen, was morgen passiert, ob ich das schaffen kann oder ob ich Pan womöglich in Gefahr bringe, verstehst du das nicht?«

Hannes beugt sich vor, eine winzige Bewegung nur. Aber sie genügt, damit sein Pferd losschießt. Es stürmt den Hügel hinab und verschwindet im dichten Wald.

»Na toll«, rufe ich ihm nach.

Pan wartet anständig, bis ich ihm ein Kommando gebe. Mit dem Halfter ist es beinahe zu leicht, ihn zu kontrollieren. Er rennt los, aber er fliegt nicht so dahin wie damals bei unserem ersten, unbeholfenen Ritt durch den Wald.

Trotzdem haben wir Hannes schon nach kurzem Sprint eingeholt. Oder hat er sich einholen lassen? Wir jagen unter tief hängenden Tannen durch, hier ist kein Weg, nur Wurzeln, Flechten, Unterholz. Als wir stehen bleiben, sind wir alle außer Atem, selbst Pan, der sich mit heftigem Kopfschütteln gegen das Halfter wehrt.

Hannes dreht sich zu mir um.

»Hier«, sagt er und deutet um uns. »Hierher haben sie uns gebracht. Gin und mich.« Er blinzelt.

Gin. Der Name tut ihm weh, das ist deutlich zu sehen. Als er weiterredet, ist seine Stimme tief und dunkel.

»Es war wie ein Versteckspiel, ich musste zählen und mir die Augen zuhalten, und als ich sie wieder öffnete, waren alle verschwunden. Ich bekam Panik und das übertrug sich auf Gin. Sie wurde nervös. Wir sollten nur nach Hause reiten, Gin und ich. Aber der dichte Wald machte mir Angst. Ich dachte, ich finde nie wieder zurück.«

Das Gefühl kenne ich. Aber ich sage nichts, ich will ihn nicht unterbrechen. Der Wald ist so zugewachsen an dieser Stelle, dass man kaum bis zum übernächsten Baum sehen kann. Und auf einmal wird mir schlecht. Ob sie dasselbe auch mit mir vorhaben? Mich im Wald aussetzen, ganz allein mit Pan, und zusehen, ob ich wieder hinausfinde?

»Es hat eine Weile gedauert, bis ich verstanden habe, was zu tun ist«, sagt Hannes leise. »Solange ich Angst hatte, ist Gin einfach nur gerannt und hat all ihre Energie für mich verbraucht. Wir rasten so lange durch den Wald, bis wir beide völlig erschöpft waren.«

»Wie habt ihr aus dem Wald rausgefunden?«, frage ich jetzt doch.

»Wir sind dem Moos an den Bäumen gefolgt.« Hannes lächelt

ganz leicht. »Altes Pfadfinderwissen. Bestimme die Richtung, wenn du sonst nichts hast! Das hat mir Sicherheit gegeben. Sobald ich keine Angst mehr hatte, konnte auch Gin weitergehen.«

»Hat sie denn nicht nach Hause gefunden?«

»Doch, das hätte sie. Aber nicht mit dem Halfter. Damit hat sie nur auf mich gehört. Hätte ich sie bis zur völligen Erschöpfung geritten, sie hätte sich nicht wehren können.«

»Warum hast du ihr das Halfter dann nicht einfach abgenommen?«

Hannes sieht mich an, als hätte ich etwas Grundsätzliches immer noch nicht verstanden. »Nia, sie hören nicht auf uns, wenn wir sie nicht kontrollieren. Dann rennen sie, bis *wir* uns nicht mehr wehren können, und holen sich die Energie von uns!«

»Aber Gin und du …« Ich beiße mir auf die Zunge.

Nichts sagen, gar nichts. Wenn es zu viel wird, macht er wieder zu.

»Wie ist es ausgegangen?«, frage ich stattdessen. »Habt ihr aus dem Wald rausgefunden? Und die Probe bestanden?«

Hannes nickt. Und damit ist die Fragestunde beendet, denn er presst die Lippen fest zusammen. Er wird mir nicht erzählen, was mit Gin passiert ist, aber vielleicht muss er das auch gar nicht. Es ist nicht gut ausgegangen, sonst wäre Gin hier, bei ihm. Und nicht irgendwo in seiner Erinnerung versteckt.

Ich strecke den Arm aus, deute in den umliegenden Wald. »Meinst du, sie werden dasselbe mit mir machen? Mich und Pan hier aussetzen?«

Hannes blinzelt. »Möglich.«

Ein bisschen verzweifelt schaue ich mich um. Es ist nicht gruselig, jetzt hier zu sein, obwohl die Schatten schon recht lang sind und nur noch goldrotes Sonnenlicht durch das Baumdach fällt. Hannes ist bei mir. Er will nicht, dass Pan zu mir gehört, er möchte am liebsten, dass ich einfach wieder verschwinde. Aber er lässt mich auch nicht im Stich.

»Was soll ich dann tun?«, frage ich ihn. Eine Frage, auf die ich eine Antwort bekomme, ist besser, als ihn an Gin zu erinnern.

Hannes lässt sein Pferd einmal im Kreis tanzen. »Du guckst dir die Sonne an. Sie steht niemals genau über dir, immer leicht zu einer Seite geneigt. Dorthin reitest du nicht. Du musst immer von der Sonne weg, in den dunkelsten Teil des Waldes.«

»Nach Norden«, nicke ich.

»Genau.« Hannes reitet zu einem Baum, der ein Stück von den anderen entfernt wächst. Er sieht aus, als würde er sich in den Himmel strecken, die knorrigen Äste wie uralte Finger ausgebreitet. »Bäume wie dieser hier, die ein bisschen allein stehen, verraten dir noch mehr. Schau dir den Stamm genau an.«

»Er ist voller Moos«, stelle ich fest. »Aber nur auf der einen Seite.«

»Genau. Auf der Nordseite. Moos wächst dort, wo die Schatten sind.«

Ich nicke fest. Merken. Wo Moos wächst, ist Norden.

»Solange du keine Angst bekommst, wird Pan laufen. Du musst dir sicher sein, du bist diejenige, die euch führt! Deine Angst wird ihn stoppen. Er kann dir dann nicht mehr helfen, Nia. Du wirst ihm all seine Energie stehlen, bis er nicht mehr weiterkann.«

»Aber wie stellt man Angst ab?« Ich schaue wieder hoch, zu den Baumwipfeln. Dort oben, wo das Licht ist, hätte ich keine Angst. Aber hier unten?

»Du musst deine Gedanken abschotten. Stell dir vor, du trägst einen Mantel aus Mut, der dich schützt. Den wickelst du um deinen Körper. Solange du den Mantel trägst, kann dir nichts passieren.«

Sein schwarzer Pullover mit der Kapuze – ob der auch eine Art Schutzmantel für ihn ist? Er trägt ihn immer, als ob er kein anderes Kleidungsstück besäße. Wie einen Talisman. Ich schlucke.

»Pan hat mir schon mal geholfen«, sage ich hoffnungsvoll. »Weißt du noch? Als ich den Unfall mit Tante Lisbeths Fahrrad hatte und nicht auftreten konnte. Da war es genauso! Pan hat mir geholfen. Er kannte die Richtung …«

Hannes kneift die Augen zusammen und sieht mich fest an. »Aber morgen bin ich nicht da, um ihn zu stoppen, Nia. Du allein musst ihn kontrollieren.«

Mein Kopf schwirrt, und Hannes merkt das, denn er reitet los, zügig, zielgerichtet, in die Richtung, die er mir genannt hat. Von den Sonnenstrahlen weg. Der Wald wird immer dunkler, immer unwegsamer, aber unsere Pferde scheint das nicht zu stören. Wir rennen jetzt nicht, wir schreiten nur. Und so kann ich mir den Weg angucken, mir Stellen einprägen, wie das Loch in der knorrigen Weide, aus dem die Flügel winziger Vogelkinder heraushängen, oder die drei umgefallenen Bäume, die zu einem Dreieck übereinandergestapelt sind.

Ich kenne sogar die Stelle, an der wir wieder aus dem Wald kommen – ganz unten am Fluss, wo der Friedhof beginnt. Aber Hannes reitet nicht über die Brücke, sondern biegt ab ins Dorf, wo bereits die Lichter hinter den Fenstern brennen. Wohlige Wärme strömt aus den Häusern. Mir ist gar nicht kalt, doch ich fühle mich sofort geborgen zwischen all den Lichtern.

»Was hast du vor?«, flüstere ich. Es gibt keinen Grund zu flüstern, die Schritte unserer Pferde hallen laut in der Gasse wider. Aber es fühlt sich irgendwie richtiger an.

»Pan muss heute Nacht hierbleiben«, verkündet Hannes. »Keine Sorge, es wird ihm nichts geschehen. Sie werden ihn vorbereiten. Auf die Prüfung morgen.«

»Vorbereiten?« Mein Bauch fängt an zu flattern. Das wohligwarme Gefühl ist verschwunden, dafür habe ich plötzlich einen Schwarm Fledermäuse im Bauch.

Hannes biegt in die nächste Gasse ein. Ich kenne den Weg – hier stehen die anderen Pferde. Lun sieht man von Weitem, weil sein Fell hell leuchtet. Pan schnaubt nervös, und ich kann ihn nicht beruhigen, weil ich selbst vor Aufregung ganz zappelig bin. Vor dem Gatter atme ich tief ein und steige ab.

»Bringt ihn rein«, sagt eine Stimme hinter uns.

Ich wirble herum. Es ist Hilde, die mich freundlich anlächelt. Sie geht um uns herum, um das Gatter zu öffnen. Am liebsten würde ich noch bei Pan bleiben, ihm gut zureden und mich ordentlich von ihm verabschieden, aber Hilde schließt das Gatter sofort wieder, und schon stehe ich draußen und er dort drin.

Lun kommt, um sich den Neuankömmling anzusehen. Sie beschnuppern sich, aber Lun wirft den Kopf hoch und weicht vor ihm zurück, als würde er schlecht riechen.

»Was hat er?«, frage ich überrascht.

»Nichts«, sagt Hilde leichthin. »Es ist nur wegen dem Halfter.«

»Dann nehmen wir es ihm ab!«

Sie sieht mich überrascht an. »Aber das geht nicht, Nia. Er ist bald ein Hüterpferd, er wird das Halfter ab jetzt immer tragen.«

»Was?« Bestürzt schaue ich zu Pan. »Aber es stört ihn!«

Pan wirft den Kopf herum, kratzt sich an den Vorderbeinen, aber das Halfter sitzt zu fest, er bekommt es nicht ab. Ich kann nicht erkennen, ob es ihm Schmerzen bereitet – auf jeden Fall ist es ihm unangenehm.

»Er wird sich daran gewöhnen.« Hilde lächelt mir zu, dann legt sie den Arm um mich und führt mich vom Gatter weg. »Jetzt komm. Pan braucht seine Ruhe. Und du solltest auch nach Hause gehen und ein bisschen schlafen, meinst du nicht?«

Ich drehe mich um. Hannes ... ich muss ihn noch so viel fragen. Aber Hannes ist schon nicht mehr da. Klammheimlich verschwindet er in der Dunkelheit, ich höre nur noch das Klappern der Hufe, das mit jedem meiner heftigen Herzschläge leiser wird, leiser, bis ich allein bin mit meinen Fragen.

Als ich über die Brücke nach Hause gehe, stelle ich mir vor, ich würde einen schwarzen Pullover tragen, mit einer Kapuze dran, die ich mir aufsetzen kann, wenn die Angst zu groß wird.

Es klappt tatsächlich!

Bis ich zu Hause ankomme. Dort ist der Schreck mit einem Schlag wieder lebendig, denn aus dem oberen Stock des alten Steinhauses dringt eine dünne Rauchsäule.

»Sammy! Sammy, Ben!«

Ich schreie, gleichzeitig versuche ich, die Tür zu entriegeln. Der Schlüssel klemmt, verflixt, warum klemmt er gerade jetzt, die Tür geht auf, ich stürze ins Innere. Bleibe keuchend stehen. Kein Rauch, kein Feuer. Aber woher kamen dann die Flammen?

Jetzt rieche ich doch was. Das kommt von oben, aus dem Raum, den wir notdürftig als Küche nutzen. Ich renne die Treppe hinauf, reiße die Tür auf.

Tante Lisbeth kniet in der Mitte des Raumes, vor sich einen Haufen Holzscheite, den sie angezündet hat wie bei einem Lagerfeuer. Auf dem Linoleumboden hat sich bereits ein großer schwarzer Fleck gebildet, aber noch haben die Flammen nichts angefressen, noch sind sie zufrieden mit den Holzscheiten. Ein paar Herzschläge lang stehe ich fassungslos in der Tür und starre auf die Bescherung.

»Lisbeth!« Auf einmal kann ich mich wieder bewegen. Hastig ziehe ich einen Topf aus einer Kiste, lasse ihn im Bad voll Wasser laufen und schütte ihn über den Flammen aus. Das Feuer zischt wie tausend Schlangen und züngelt mit den verbleibenden Flammen nach mir.

Ich reiße Tante Lisbeth zurück, damit sie nichts abbekommt, fülle den Topf erneut. Eine Decke, schießt es mir durch den Kopf, ich brauche eine Decke! Mir fällt nur meine Bettdecke ein, also lasse ich den Topf im Waschbecken stehen, laufe los und hole sie.

Meine Decke erstickt die Flammen, aber noch ist das Feuer nicht gelöscht. Schon steigen erste Rauchsäulen aus dem Steppbett hoch, also hole ich den Topf und kippe ihn über der Decke aus und dann noch mal und noch mal, bis ich es wage, unter die Decke zu blicken.

Das Feuer ist aus, ertrunken, und meine Decke hat ein schwarzes Loch, aber das ist mir egal. Es ist niemandem was passiert, mir nicht, Lisbeth nicht und auch nicht dem Haus. Glück gehabt.

»Was machst du denn?« Ich lasse den Topf fallen und renne zu Tante Lisbeth, umarme sie, drücke mich an sie. »Willst du das Haus abfackeln?«

Überrascht schiebt sie mich von sich weg. »Aber nein, Nia! Ich feiere das Feuerfest! Ich wollte hingehen, aber die Tür … Ich habe die Tür nicht aufbekommen. Ich bin zu alt, um die Tür zu öffnen, also musste das Feuerfest zu mir kommen.«

»Oh Mann.« Ich verberge das Gesicht in meinen Händen. »Das Feuerfest ist doch schon lang vorbei. Das war vor einer Woche, Tante Lisbeth!«

»Bist du sicher?«

»Aber ja. Ich war dort!«

»Du?« Ungläubig sieht sie mich an. »Nia, geh nicht dorthin. Sprich mit niemandem im Wald, hörst du?«

Zu spät, denke ich. Dafür ist es längst zu spät!

»Du wolltest raus, hm?« Ich setze mich neben Lisbeth auf den Boden und nehme ihre Hand. »Du hasst es, eingesperrt zu sein.«

»Ich muss raus«, flüstert sie. Ihre Augen sind ganz glasig, als hätte ich mit dem Feuer auch das Licht hinter ihren Augen gelöscht. »Ich muss zu ihm, er wartet vielleicht auf mich!«

In meinem Kopf überschlagen sich die Gedanken. Sie werden Lisbeth nicht hierbehalten, wenn sie erfahren, was sie gemacht hat. Am Ende stecken sie sie noch in ein Altersheim, weit weg von Windheim, und was passiert dann mit ihr?

Ich gucke Lisbeth an. Ihr zerfurchtes Gesicht, die verirrten Augen. Nein, das lasse ich nicht zu! Tante Lisbeth ist hier verwurzelt, sie hat fast ihr ganzes Leben in Windheim verbracht. Sie dürfen sie jetzt nicht wegbringen, auf keinen Fall!

»Okay«, sage ich und stehe auf. »Schnell jetzt, bevor sie wiederkommen!«

Entschlossen packe ich Lisbeth am Ärmel und ziehe sie hoch. Dann führe ich sie nach unten in ihre Wohnung und setze sie in den Ohrensessel, wo sie sofort schläfrig die Augen zuklappt.

»Du erzählst nicht, was passiert ist, okay? Gar nichts! Ich regle das schon.«

Ich haste zurück in den Flur, wo noch immer die Haustür offen steht. Schnell ziehe ich den Schlüssel ab, aber anstatt ihn einzustecken, laufe ich zurück ins Wohnzimmer und drücke ihn Tante Lisbeth in die Hand.

»Pst«, flüstere ich ihr zu, bevor sie wegdämmert, »das ist jetzt wieder deiner!«

Bis Sammy und Ben nach Hause kommen, habe ich die Holzscheite aus der Küche geräumt und das Haus gelüftet, bis kein Rauch mehr zu riechen war. Meine Bettdecke habe ich im Garten vergraben und den Linoleumboden, so gut es ging, geschrubbt. Trotzdem ist ein schwarzer Fleck geblieben, den ich nun irgendwie erklären muss.

»Ach du Scheiße!« Sammy schlägt die Hände vor den Mund. »Nia, was hast du angestellt?«

Ich hasse es zu lügen. Selbst wenn es eine Notlüge ist.

»Tut mir leid«, murmle ich, ohne sie anzusehen. »Ich wollte den Topf mit dem Nudelwasser am Boden abstellen. Aber er war heiß und dann ist das passiert.«

»Mann, Nia!«

Sammy kommt zu mir, packt mich an den Schultern und rüttelt mich. »So viel Hirn musst du doch haben, dass man keinen heißen Topf auf Linoleum abstellt!«

»Ach, komm.« Ben steht hinter ihr und begutachtet die Bescherung. »Das können wir alles neu machen.«

»Du lässt die Finger vom Herd«, keift Sammy mich an. »Klar? Wenn du es nicht richtig kannst, fass nichts mehr an, was uns nicht gehört! Gott, zum Glück hat sie nicht die ganze Bude abgefackelt!«

Ben bleibt noch relativ ruhig, aber auch nur, weil Sammy so ausflippt. Ich beiße mir auf die Zunge und warte, bis ich mich davonmachen kann. Davon, dass ich jetzt keine Bettdecke mehr habe, sage ich nichts.

Erst später, als es still geworden ist im Haus, wage ich, noch mal nach Sammy zu suchen. Als ich ihre leise Stimme aus der dunklen Küche höre, bleibe ich vor der Tür stehen und wage mich nicht hinein.

»… absichtlich gemacht«, höre ich Ben sagen. »Vielleicht will sie nur mehr Aufmerksamkeit. Manche Kids stellen komische Sachen an, wenn sie kleine Geschwister kriegen.«

»Das kann ich jetzt echt nicht brauchen«, schnaubt Sammy. »Und diese Geschichte mit dem Pferd, das sie angeblich im Wald reiten darf? Das ist doch Bullshit, oder?«

»Klar. Es gibt keine Pferde im Wald.«

»Dann hat sie sich das ausgedacht. Sie erzählt uns nur Mist, seit wir hier sind!«

»Wir warten mal ab«, meint Ben. »Bis sie zur Schule geht. Dann kommt sie auf andere Gedanken, findet Freunde und so. Das wird sie ablenken.«

»Und wenn nicht? Wenn sie … ich weiß nicht … wenn sie auch anfängt, Dinge zu sehen, so wie Lisbeth?«

»Mal langsam, Sammy. Lisbeth ist eine alte Frau, Nia noch ein Kind! Wir geben ihr Zeit, okay? Aber wenn sie in der Schule auch sonderbar wird, lassen wir uns was einfallen.«

Eine Weile bleibt es still. Ich habe mir so fest auf die Zunge gebissen, dass ich Blut schmecke, aber ich rühre mich trotzdem nicht vom Fleck.

»Ben?« Sammys Stimme, leiser jetzt, sanfter. Ich halte den Atem an und lausche.

»Hm?«

»Ich wünschte, sie wäre zehn Jahre später geboren. Ich wünschte, sie wäre dieses Kind.«

»Ich weiß«, flüstert Ben leise. »Aber so ist es nun mal. Wir müssen damit leben.«

30

In dieser Nacht kann ich nicht schlafen. Meine Gedanken ziehen Kreise, und ich weiß genau: Wenn ich versage, wenn ich Pan nicht für mich gewinnen kann, dann bleibt mir nichts, niemand.

Sammy hat mal gesagt, ich wäre anders. Ich hatte keine Ahnung, was sie damit meinte, bis ich gehört habe, wie sie sich mit meiner Lehrerin über mich unterhalten hat. Außenseiterin, haben sie gesagt. Nia kapselt sich ab. Spielt nicht mit anderen Kindern.

Dabei stimmte das gar nicht. Ich wollte keine Außenseiterin sein und ich habe mich auch nie abgekapselt. Die anderen Kinder spielten nicht mit mir. Ich kenne den Grund dafür nicht. Ich bin, wie ich bin.

Es gab immer nur eine Person, der ich es recht machen wollte, für die ich gut genug sein musste: Sammy. Aber für Sammy bin ich immer noch nicht gut genug. Sammy wünscht sich, ich wäre das Kind in ihrem Bauch. Sammy will mich eintauschen, gegen dieses Baby, das sie noch nicht einmal kennt. Für Sammy werde ich nie gut genug sein, ganz egal, was ich mache.

Ich wälze mich zurück auf die linke Seite, sodass ich aus dem Fenster gucken kann. Nein, kein Mond. Dafür aber Tausende von Sternen. Sie leuchten zu mir ins Zimmer und rufen mich, und als ich es aufgebe mit dem Schlaf und ans Fenster trete, kann ich eine Silhouette in ihnen erkennen, ein Muster aus Leuchtpunkten, winzig klein – ein rennendes Pferd mit fliegender Mähne.

Ein Zeichen?

Ich öffne das Fenster, lehne mich hinaus. Auf einmal rascheln die Blätter der Gartenbäume und ein leises Rauschen wirbelt meine Haare auf. Das laufende Pferd bewegt sich am Nachthimmel, es kommt auf mich zu! Ich blinzle und dann weiß ich es. Es gibt jemanden, zu dem ich gehören darf, der mein sein wird, der zu mir kommen mag. Jemanden, dem ich einen Namen und eine Geschichte geben kann.

Pan.

Noch ein paar Atemzüge lang stehe ich im Nachtwind, warte, lausche. Dann schließe ich das Fenster und ziehe mich leise an. Ich krame Zettel und Stift aus meinem Schulrucksack, schreibe: »ICH HAB EUCH LIEB!« in Großbuchstaben und lege den Zettel auf mein Kopfkissen.

Jetzt kann ich gehen.

Die Bienenwachskerze in der alten Kapelle ist das einzige Licht in der Nacht. Ihr Schein flackert leicht im Windzug, dem Wind, der mitgekommen ist und mich zum Wasser begleitet. Ich laufe den Abhang hinunter, schiebe das Gestrüpp weg und springe über den Fluss. Auf der anderen Seite ist es still, kein Rauschen in den uralten Kastanienbäumen. Der Wind ist am gegenüberliegenden Ufer zurückgeblieben, als wollte er mich herbringen und hätte nun seine Schuldigkeit getan.

Die meisten Häuser liegen im Dunkeln, die Bewohner schlafen noch tief und fest. Kein Wunder, es ist bestimmt noch mitten in der Nacht! Aber in zweien sehe ich doch Licht. Das vorletzte Haus und das ganz am Ende des Hügels sind hell erleuchtet und die Eingangstüren stehen ebenfalls weit offen.

Ich gehe auf das letzte Haus zu. Dort wohnt Hilde, ich erkenne ihren blonden Haarschopf im Licht der Außenlaterne.

Als sie mich sieht, breitet sie die Arme aus. »Nia! Du bist aber früh dran.«

»Ich konnte nicht mehr schlafen.«

»Das kann ich verstehen. Ich konnte vor meiner Prüfung auch nicht schlafen.«

»Hilde«, flüstere ich. »Weißt du, was passiert? Mit Pan und mir?«

Sie legt den Kopf schräg. »Nein, Nia. Weiß ich nicht. Jede Prüfung ist anders, so wie jedes Pferd anders ist. Aber du wirst das schaffen. Du und Pan, ihr seid sehr stark zusammen!«

Mein Herz hüpft vor Freude. Hilde glaubt an uns, Hilde findet uns stark – noch nie hat jemand das zu mir gesagt!

»Willst du Frühstück? Du musst was essen, du brauchst viel Energie!«

Ich nicke und sie zieht mich ins Haus. Überall brennen die Lampen und sofort schaltet mein Körper auf Tagesprogramm und ich fühle mich gleich viel wacher. Leider kann ich wegen der Helligkeit nicht nach draußen sehen, zur Koppel. Dabei hätte ich so gern Pan Guten Morgen gesagt. Aber womöglich ist es besser so. Pan braucht bestimmt seinen Schlaf.

Hilde setzt mich an den Frühstückstisch und serviert mir Orangensaft und frisch gebackenes Brot mit Butter und Honig. Ich lange zu, weil ich am Abend zuvor gar nichts gegessen habe – und es schmeckt so gut, dass ich gleich zwei Scheiben vertilge.

Als Hildes Vater an der Küche vorbeigeht, bleibt er kurz stehen und wirft Hilde einen seltsamen Blick zu, aber Hilde lächelt nur und deutet auf mich. »Ich passe schon auf sie auf.«

Es dauert nicht lang, und ich fühle mich so gut, dass ich aufspringe und beinahe den Stuhl umwerfe.

»Wo willst du hin?«, fragt Hilde und steht ebenfalls auf.

»Zu Pan«, sage ich verwundert, weil es doch nur logisch ist, dass ich ihn begrüßen möchte.

Hilde steht plötzlich vor mir. »Warte, Nia. Setz dich wieder hin.«

Verwirrt falle ich zurück auf meinen Stuhl. Will sie mir noch etwas sagen? Einen Geheimtipp vielleicht? Erwartungsvoll sehe ich sie an, aber Hilde wirft nur ungeduldige Blicke zum Fenster, hinter dem die Nacht nun langsam dahinschmilzt.

Ein Pferd wiehert, laut und schrill.

Ich fahre hoch. »Pan!«

»Sssscht«, macht Hilde und drückt mich wieder in meinen Stuhl. »Bleib hier, Nia.«

»Aber … aber das war Pan!« Erneut ein Wiehern. Etwas stimmt nicht mit ihm!

»Sie bringen ihn nur raus, alles ist gut.« Hilde lässt sich neben mir auf einen Stuhl fallen. »Er kennt es nicht, von anderen geführt zu werden. Sie sind anders als du. Verstehst du? Aber das gehört dazu. Sie bringen ihn nur woandershin!«

Pan schreit erneut. Er klingt verwirrt, und er hat Schmerzen, vielleicht sind sie zu ruppig am Halfter, diesem blöden Halfter – ich merke, wie mir die Tränen kommen. Wieder springe ich auf und diesmal lasse ich mich nicht von Hilde aufhalten!

»Nia«, ruft Hilde mir hinterher, aber ich reiße das Fenster auf und springe hinaus in die verblassende Dunkelheit.

Zwei Männer halten Pan, auf jeder Seite einer von ihnen. Sie sehen stark aus, aber Pan ist stärker. Er stellt sich auf die Hinterbeine und wiehert durchdringend, es hallt von den Häuserwänden wider.

»Bleib doch stehen, verdammt«, flucht einer der Männer und reißt an dem Seil, aber das macht Pan nur noch wilder.

»Lasst ihn los«, rufe ich und stürme auf sie zu. »Loslassen!«

Die Männer schauen mich verdutzt an, dann erkennen sie mich.

»Hilde«, ruft einer von ihnen. »Kümmerst du dich um sie? Wir müssen den Kerl …«

»Wartet.« Hilde bleibt neben mir stehen, keuchend, weil sie durch die Tür gerannt ist. »Was ist, wenn Nia das selbst macht?«

Die Männer schauen sich an. »Wie bitte?«

»Lasst Nia das Pferd hinaufführen.«

Die Männer tauschen einen Blick.

»Warum nicht?«, brummt der eine. »Wir haben bis Sonnenaufgang Zeit.«

Ich angle nach Pans Stricken und knote sie zu Zügeln zusammen. Sie haben ihm schon seinen Elfenbeinsattel aufgezogen. Darunter trägt er ein Fell, das nicht nach Schaf aussieht. Ob er weiß, was da an seiner Haut klebt?

»Pan«, flüstere ich und streichle über seinen Hals. »Alles gut. Dir geschieht nichts!«

»Komm«, sagt der andere Mann zu mir.

Pan folgt mir, ohne dass ich den Strick gebrauchen muss. Ich sehe mich nach Hilde um, aber sie bleibt im Laternenschein ihres Hauses zurück und winkt mir hinterher.

»Kommst du nicht mit?«, rufe ich ihr zu, weil es mir lieber

wäre, eine vertraute Person an meiner Seite zu haben als diese fremden Männer.

»Ich sehe dich, wenn du es geschafft hast«, antwortet Hilde. »Hab keine Angst, Nia!«

Wir kommen auf dem Hügel an, als über den Feldern eben die ersten Sonnenstrahlen aufglimmen. Die goldgelben Ähren stehen kerzengerade im windstillen Tal, und soweit ich sehen kann, geht das endlos so weiter. Wir haben das Dorf hinter uns gelassen und warten nun auf diesem Hügel, die beiden Männer, Pan und ich. Die Zeit scheint hier stillzustehen – dafür schlägt mein Herz dreimal so schnell wie sonst.

»Nia«, sagt eine Stimme hinter mir.

Ich wirble herum. Hinter mir kommt der Mann den Hügel herauf, der mir diese Prüfung vorgeschlagen hat – in dieser Nacht, in der ich Pan wiederfand. Wie hieß er gleich? Norwin. Ihn begleitet der Hüter auf seinem Silberpferd. Pan tänzelt herum, ich merke, wie seine Anspannung wächst. Nein, falsch, nicht seine – meine.

»Guten … Morgen«, stammle ich.

Norwin ist anscheinend derjenige, der hier das Sagen hat. Dem die Pferde gehören oder der zumindest über sie bestimmt. Er wird entscheiden, ob ich Pan hinterher überhaupt wiedersehen darf. Mein Mund ist so trocken, dass ich kaum sprechen kann.

»Ewald ist dein Begleiter«, stellt er den anderen Jungen vor. »Du folgst ihm in den Wald. Irgendwann wird Ewald dich und Pan allein lassen, und ihr müsst nichts tun, als einfach nur zurück ins Dorf zu reiten.« Norwin lächelt mich an. »Klingt das für dich in Ordnung, Nia?«

Ich nicke vorsichtig. Ja, natürlich, das klingt sogar fast ein wenig zu einfach! Der andere Junge begleitet mich in den Wald und wird mich dort aussetzen. Genau wie bei Hannes! Nein, nicht genauso. Denn ich bin ziemlich sicher, dass wir aus dem Wald wieder hinausfinden. Ich wende einfach Hannes' Methode an und folge dem Moos nach Norden. Und ich habe keine Angst. Ich nicke noch einmal, fester diesmal.

»Dann los!« Norwin macht eine Räuberleiter, um mir auf Pans Rücken zu helfen. Wieder tänzelt Pan nervös herum. Rasch schiebe ich meine Hand unter seine Mähne und lasse die Seilzügel ganz locker durchhängen, um ihm zu zeigen, dass wir alles im Griff haben und er sich nicht fürchten muss, auch nicht vor dem Halfter.

Das silberne Windpferd macht ein paar Schritte in Richtung Wald. Ich will schon losreiten, da hebt Norwin die Hand und lächelt wieder.

»Entschuldigung. Wo habe ich nur meinen Kopf? Ich habe ja etwas vergessen!« Er fasst in die Tasche seines Mantels und zieht etwas hervor, lang, schwarz, ein Stück Stoff oder Tuch. Er tritt an Pan heran und greift in den Zügel, damit Pan still stehen muss. »Eine kleine … nennen wir es Schwierigkeit.«

Ewald bremst sein Pferd, und beide warten geduldig, bis Norwin den Stoff aufgefächert und im Kreis geschwungen hat, sodass ein langes schwarzes Band entsteht.

Mir wird eiskalt. Ich verstehe, was er vorhat – das ist eine Augenbinde.

»Du wirst sie aufbehalten«, raunt Norwin mir zu, »die ganze Zeit über. Schaffst du es blind, mit Pan gemeinsam zurückzukehren, werde ich euch zu Windhütern verbinden, und es ist fortan deine Entscheidung, was mit ihm geschieht.«

Mein Herz klopft laut und schnell, als er mir die Augenbinde umlegt und sie an meinem Hinterkopf festknotet. Ich spüre sie kaum, so leicht ist sie, aber als ich die Augen öffne, herrscht um mich pechschwarze Nacht.

»Und wenn ich es nicht schaffe?«, frage ich, leise, damit er nicht hört, wie sehr meine Stimme nun zittert.

»Bleibt der Schwarze bei den anderen Pferden«, antwortet er nur.

Auf einmal spüre ich seine Hand auf meinem Rücken.

»Nia«, sagt er, plötzlich wieder sehr laut, »hiermit schicke ich dich in deine und Pans Prüfung. Möge der Wind mit euch sein!«

Die Hand verschwindet, ganz plötzlich bin ich allein, um mich ist nichts als Dunkelheit. Ich drehe mich nach links, nach rechts, dann kapiere ich: Ich muss die Richtung mit den Ohren bestimmen!

Da, es knackst schräg vor uns – das muss Ewald sein! Folge ihm in den Wald. Folge ihm!

Ich drücke Pan die Fersen gegen den Bauch. Falsch, Pan ist kein Pferd, kein normales Pferd. Pan kann ich nur steuern, wenn ich meine Energie mit ihm teile, also teile ich, ich bilde ein rennendes Pferd in meinem Kopf, wie das Sternbild heute Nacht, und schon spüre ich, wie Pans Beine anfangen zu laufen, zögerlich, aber sie laufen.

Wo ist Ewald bloß hin? Ich rufe – »Ewald! Wo bist du?« –, aber ich bekomme keine Antwort, natürlich nicht. Wohin? Mein Atem geht keuchend. Wir müssen schneller werden! Pan wartet auf meine Anweisung, wohin – ich weiß es nicht!

Da, das war links, nein, rechts, das Knacken kam von rechts! Ich höre ein Schnaufen, das muss der Silberne sein, also folge ich der Spur aus Geräuschen. Es klappt immer besser, ich muss nur auf das Knacken lauschen und auf das Schnaufen, da, jetzt kann ich sogar Hufschläge ausmachen.

Gut, Pan hat begriffen, was wir tun. Ich habe es begriffen. Ich folge dem silbernen Pferd nun in meinem Kopf, in meinen Gedanken, und sofort wird das Knacken und Schnaufen vor uns lauter, stetiger. Mein Atem geht immer noch so schnell, dass ich ihn hören kann, also beruhige ich mich, ich beruhige mich jetzt! Atme, Nia. Atme, Pan. Wir atmen gemeinsam.

Rennen. Durch den Wald, irgendwohin, ganz egal. Wir rennen und wir atmen. Und dann ist es plötzlich vorbei. Wir halten an. Ich kann Waldgeräusche hören, Zirpen und Zwitschern und ein fernes Krächzen, aber wir stehen und rühren uns nicht mehr.

Dann eine Stimme. »Wir sind da«, höre ich Ewald sagen. »Ab jetzt musst du allein weiterreiten!«

»Wohin?«, rufe ich ins Dunkel. »Wo muss ich hin?«

»Du bist schon dort«, antwortet er wie aus weiter Ferne. »Du kannst dich nicht verirren!«

Nicht verirren? Ich bin mitten im Wald! Pan will kehrtmachen, er will ihm wieder folgen, also schalte ich ganz schnell meine Gedanken ab, meinen Wunsch, Ewald hinterherzureiten. Das war nicht die Aufgabe. Unsere Prüfung, die wahre Prüfung, beginnt jetzt.

Pan steht verwirrt da, dann gehen wir los, in die andere Richtung. Auf einmal ändert sich der Klang seiner Hufe, die Schritte werden kürzer und … lauter? Ja, lauter, weil wir nicht mehr über Waldboden laufen, sondern über Asphalt. Wie kann das sein? Wo sind wir bloß?

»Pan«, flüstere ich, »alles gut, alles gut!«

Pan schnauft. Seine Schritte werden abgehackter, je unsicherer ich werde. Wohin reiten wir nur? Wo bin ich? Der Hall wird immer stärker, inzwischen hört es sich fast an, als würden nicht nur wir diese Straße entlanggehen, sondern ganz viele von uns! Ob da noch mehr Reiter sind? Unsicher sehe ich mich um, aber natürlich erkenne ich nichts.

»Hallo?«, frage ich in die Dunkelheit und zucke zusammen, weil meine Stimme von allen Seiten zu mir zurückschallt.

Pan macht einen Satz zur Seite, aber ich falle nicht, zum Glück falle ich nicht.

Mein Herz klopft so laut, so schnell. Beobachtet uns jemand? Oder sind wir allein, ist das alles … nur unser Echo?

»Hallo«, flüstere ich, und meine Geisterstimme antwortet mir wispernd »…allo …allo …«

Da sind keine anderen, das sind unsere Schritte! Und wir reiten auch nicht über Asphalt, sondern an einem Ort, wo es Hall gibt, in einer Schlucht oder …

»… einer Höhle«, flüstere ich und sehe mich wieder um, völlig sinnlos. »Wir sind in einer Höhle, Pan!«

Der Gedanke ist gruselig, aber er beruhigt mich auch. Wenn es ein Höhlenweg ist, muss der ja irgendwohin führen. Hin … oder hinaus. Oder? Was, wenn ich in einer Sackgasse lande? Aber das muss ich riskieren, denn zum Umkehren ist es längst zu spät. Und ein Gutes hat die Sache: In einer dunklen Höhle wäre ich ohnehin blind gewesen, also ist es auch nicht weiter schlimm, dass ich mit Augenbinde reiten muss.

Wir tauchen tiefer in die Höhle ein. Ich merke es daran, dass mir kalt wird. Auf meinen Armen bildet sich schon spürbar eine Gänsehaut. Außerdem ist es dunkel. Seltsam, dieser Gedanke, denn schließlich kann ich nichts sehen, gar nichts, nicht mal Schatten, aber ich spüre die Dunkelheit, die immer dichter wird.

Ein Geräusch mischt sich in unsere hallenden Schritte, ein Schaben oder Scharren, es kommt von links oder eher von …

Ein Schrei.

Ich kralle mich an Pans Mähne fest, panisch fährt mein Kopf herum.

Da! Wieder!

Nein, das ist kein Schrei, das ist ein … ein … ein Wiehern?

»Wo bist du?«, rufe ich und dann: »Wir sind hier, hörst du uns?«

Ganz eindeutig ist das ein Wiehern! Aber es klingt wie ein Schrei. Ein Schrei nach Hilfe.

»Ich höre dich«, rufe ich zurück. »Ich bin hier!«

Das Wiehern wird lauter. Das Pferd – ist es ein Pferd oder ein Windpferd? – stampft und tobt, offenbar versucht es, zu uns zu gelangen, aber aus irgendeinem Grund klappt das nicht. Dann kommt mir ein noch viel gruseliger Gedanke: Was, wenn noch jemand hier ist? Wenn nicht nur ein Pferd hier unten ist, sondern ein Pferd mit Reiter?

Ich beiße mir auf die Lippe, nichts mehr werde ich sagen, kein Wort. In Gedanken lenke ich Pan weiter, vorwärts, nur weg von den Schreien und dem Stampfen dieses Pferdes. Es wird leiser, endlich. Ich hätte gern nachgesehen, aber ich wage nicht, die Binde abzunehmen, weil ich die Prüfung damit ungültig machen würde. Wer weiß, wer mich sehen kann, wer weiß, wo sie sind! Ich reite einfach weiter, noch tiefer in die Höhle, bis wir an ihr Ende gelangt sind.

Irgendwann sind unsere Schritte wieder alles, was ich höre. In meinem Kopf macht sich das Echo breit, das wir selbst verursachen, es wird lauter, so laut, dass es mir fast den Kopf sprengt. Ein tiefes, dröhnendes Röhren, das sich direkt in mein Gehirn bohrt! Verzweifelt lege ich die Hände auf meine Ohren, aber das Geräusch ebbt nicht ab, es wird schlimmer. Ein tiefes Summen mischt sich darunter, in einer Tonlage, die mir bis in die Zehenspitzen fährt.

Pan wird mit einem Mal hektisch. Er geht schneller, ich muss mich beruhigen, ich darf ihm keine Angst einflößen! Der Mantel fällt mir wieder ein – der Schutzmantel, von dem Hannes gesprochen hat. In Gedanken ziehe ich seinen Kapuzenpullover über meinen Kopf und hülle mich tief darin ein. Nun kann mir nichts mehr passieren, ich bin sicher vor den Schreien, sicher vor dem Dröhnen und auch sicher vor der Dunkelheit.

Sicher.

Aber Pan ist nicht sicher! Der Schutzmantel reicht nicht für uns beide, ich merke es, oder Pan sieht etwas, was schrecklicher ist als das Geräusch in meinem Kopf und das Ziehen in meinem Körper, er wirft sich herum, sodass ich beinahe herunterrutsche, er tänzelt und spannt seinen Körper an, bereit, jede Sekunde zu fliehen.

»Alles gut, Pan«, murmle ich.

Aber Pan hört nicht mehr zu, ich bin sinnlos geworden. Mit jedem Schritt wird seine Panik größer und das Dröhnen und Stampfen um uns lauter, als wären wir in einem unterirdischen Hafen gelandet. Und Pan beginnt zu rennen, immer schneller, bis ich das Blut durch seine Adern rauschen höre. Er pumpt und keucht, der Boden ist hart, das Laufen strengt ihn an, es ermüdet ihn, wir werden nicht mehr weit kommen, ich weiß es, wir werden es nicht schaffen, zurück ans Licht zu laufen, weil das Stampfen und Dröhnen nun direkt hinter uns ist und uns folgt, es treibt uns vor sich her, und Pan hat Angst, solche Angst, dass er sich zu Tode laufen wird!

»Pan!«, schreie ich und zerre an den Zügeln. Ich will ihm nicht wehtun, aber nun erwacht auch meine Angst. »Pan, bitte, Pan, lauf nicht davon, du verlierst deine Energie, ruhig, bleib ruhig, bitte, Pan, bitte!«

Schneller, noch schneller. Wie ein Pferd rennen kann! Und diese schreckliche Höhle scheint kein Ende zu nehmen, wir kommen hier niemals raus!

Da merke ich, wie Pan schwächelt. Zuerst strauchelt er bloß, dann stolpert er richtig. Beinahe fallen wir beide hin! Sein Keuchen mischt sich in das laute Röhren, und ich kann ihm nicht helfen, ich kann mich nicht umdrehen und sehen, wovor er solche Angst hat, ich kann ihn nicht mal …

Doch.

Ich kann.

Wenn ich mich traue.

Auf einmal weiß ich, wozu es gut ist. Die Augenbinde, die Höhle, all das. Es ist ein Test. Eine Prüfung. Eine, die nur wir bewältigen können und niemand sonst, nicht mal Hannes.

Ich strecke mich, greife nach vorn, mache mich ganz leicht. Pans Ohren zucken wild hin und her, und ich habe Mühe, das Halfter zu packen. Zwei Federkiele zerbrechen unter meinen Fingern, dann habe ich es geschafft! Ich ziehe das Halfter über Pans Ohren, merke, wie es rutscht, höre es gegen seine Brust klatschen. Nur noch die Seile auseinanderknoten, fallen lassen … und schon ist Pan frei. Wir sind frei!

Pan wird nicht langsamer, aber ich fühle mich plötzlich wieder ganz leicht. Ein Rausch strömt durch meinen Körper wie flüssiges Glück. Ich schreie vor lauter Übermut, werfe die Arme um Pans Hals. Wir laufen immer noch, schneller, noch schneller, aber Pan hat aufgehört zu keuchen, aufgehört, am Ende zu sein. Wir sind wieder am Anfang, am Anfang meiner Kraft.

Ich lasse es zu, dass mein Glück auf ihn überströmt, langsam, nur so viel, wie er es braucht. Dann hülle ich mich wieder in meinen gedanklichen Schutzpullover, aber diesmal schließe ich auch Pan darin ein.

Und endlich spürt er keine Angst mehr.

Wir werden langsamer, fallen in Schritt. Das Dröhnen stoppt, etwas klirrt, seitlich von uns, aber uns kümmert es nicht. Wir sind auf dem richtigen Weg, das spüre ich, denn es wird wärmer, und die Dunkelheit macht Platz.

Dann sind wir draußen. Pans Hufe sinken wieder in weichen Boden und seine Schritte werden lang und gleichmäßig. Ich kann kaum noch sitzen, so erschöpft fühle ich mich plötzlich. Ein Ruck geht durch Pans Körper, ein Zittern durch meinen.

Bleib stehen, Pan, bitte, bleib stehen!

Pan wiehert. Seine Vorderbeine heben sich in die Luft und er schießt los. Wir jagen einen Hügel hinauf, ich kann nichts sehen, nur spüren.

Auf einmal ändert sich wieder der Untergrund. Wir laufen über Schotter, diesmal ist es eine Straße, ich rieche die Bäume und den Wind. Das Leichtigkeitsgefühl schwindet, und ich merke, wie die Panik einsetzt, wie ich die Kontrolle verliere …

Stopp.

Nur ein Gedanke, aber Pan bleibt stehen. Er wirft den Kopf

nach oben und wiehert erneut. Da höre ich sie. Menschen, die langsam näher kommen, die einen Kreis um uns bilden.

»Nimm die Augenbinde ab«, ruft jemand.

Ich gehorche nur zu gern. Mit beiden Händen ziehe ich die Binde von meinem Kopf und muss blinzeln, als ich ins tiefrote Abendlicht blicke. Um uns herum die goldgelben Weizenfelder unter einem nebligen Schleier und vor uns … vor uns liegt das Dorf.

Ich kann nicht glauben, dass es Abend ist. So lange waren wir unterwegs? Ewald kommt an meine Seite geritten, aber er blockiert uns nicht, sondern macht den Weg frei für Pan und mich. Ich brauche einige Momente, um zu verstehen, was das bedeutet.

Pan und ich. Wir haben es geschafft!

31

Sie eskortieren mich durch die abendgoldenen Straßen. Es dämmert bereits, und kurz flackert die Angst wieder auf – die Angst, die Pan und ich eben gemeinsam besiegt haben. Ich schaue mich um, und einen Moment lang glaube ich, Sammys Gesicht in der Menge zu sehen … Sammy! Sie ist doch gekommen.

Aber nein, das ist nicht Sammy. Nur irgendeine andere Frau. Sie lächelt mir zu, obwohl ich sie bestimmt enttäuscht angucke. Sammy hat wichtigere Dinge zu tun. Es gibt so viel, was wichtiger ist als ich.

Pan schnaubt und ich lege meine Hand auf seinen Hals. »Alles gut«, flüstere ich. »Jetzt habe ich ja dich!«

Wir reiten auf den Marktplatz, ich vorneweg, Ewald und die anderen folgen mir. Letztes Schimmersonnenlicht auf den Hausdächern. Etwas ist anders heute. So feierlich! Dann fällt es mir auf. Sie haben die Straße geschmückt, mit bunten Wimpeln und Federblumen in riesigen Körben, und auf dem langen Tisch stehen Teller und Besteck auf schönen Tischtüchern, die mit galoppierenden Pferden verziert sind. Dazwischen sehe ich riesige Schalen voll mit Kartoffelkringeln und etwas, was aussieht wie bunte Riesenmarshmallows. Erst jetzt merke ich, wie viel Hunger ich habe.

Pan wirft den Kopf hoch und wittert, als wir auf dem großen Platz halten. Ich glaube, alle Leute von diesem Teil Windheims haben sich hier versammelt, alle, sogar die Pferde! Aber warum? Die Windpferde bilden einen Halbkreis um uns, die Menschen schließen ihn von der anderen Seite, sodass Pan und ich in ihrer Mitte stehen. Sind die alle wegen uns gekommen? Wegen Pan und mir?

Sobald mir das klar wird, gibt es für Pan fast kein Halten mehr.

»Ruhig«, sage ich zu ihm, aber er hört nicht, natürlich, er spürt meinen Überschuss an Energie und möchte laufen, laufen, ganz egal, wohin.

»Nia!«

Norwin schiebt sich durch die Menschenansammlung. Er breitet die Arme aus und lächelt mir so herzlich zu, dass ich meine Aufregung für einen Moment vergesse. Sofort wird Pan ruhig und streckt den Hals aus, um sich von ein paar kleinen Kindern streicheln zu lassen.

Norwin bleibt vor mir stehen. Ich will nicht absteigen, meine Knie sind zu weich! Auf Pan fühle ich mich sicher. Wir sind in den letzten Stunden zu einem Wesen verschmolzen und dieses Gefühl möchte ich niemals wieder verlieren. Doch all die anderen Reiter springen vom Rücken ihrer Pferde, also steige ich ebenfalls ab und stelle mich dicht neben Pan.

»Meinen Glückwunsch!« Norwin lächelt noch immer. Mir fällt auf, dass er Abstand zu Pan hält und ihn nicht berührt, obwohl nun schon vier Kinder an ihm kleben und ihn streicheln und kraulen wie einen sanften Hund.

Er dreht sich zu der Menge der Wartenden, und wie auf ein unausgesprochenes Kommando hin verstummen die Leute, nur noch vereinzeltes, heimliches Geflüster dringt durch die Nacht.

»Nia hat heute bewiesen, dass sie in der Lage ist, Pan zu reiten und seine Energie zu kontrollieren. Ich frage euch deshalb: Sollen wir sie in die Riege der Windhüter aufnehmen?«

Einen winzigen, aufregenden Augenblick ist es mucksmäuschenstill um uns herum. Aber dann brandet Applaus auf, immer lauter, und ich merke wieder, wie heftig mein Herz klopft. Ein Kind schiebt sich durch die Menge, ein kleines Mädchen, das eine Art Laterne trägt. Sie stellt sie vor mir ab, behutsam, mit einem stolzen Lächeln im Gesicht.

Die Laterne scheint aus einer Art dünnem Papier zu bestehen, und auf ihrer Haut stehen in verschnörkelten Buchstaben zwei Namen: Pan und Nia.

Norwin wartet, bis die Leute sich beruhigt haben und es wieder leiser wird, dann sieht er mich an. Etwas liegt in der Luft. Nein, hinter ihm, auf dem Tisch. Er verbirgt es geschickt mit seinem Körper, aber ich bemerke es trotzdem, weil alle Umstehenden immer wieder auf die Stelle hinter seinem Rücken gucken.

»Bist du bereit, Nia?«

Ich weiß es nicht, ich weiß ja nicht einmal, was geschieht! Aber schlimmer kann es kaum werden. Wieder wünsche ich mir, Sammy wäre hier, ganz kurz nur und dann nicht mehr. Sammy war nie da, wenn ich sie gebraucht habe. Nur ich war da, ich allein. Ich schaffe es auch diesmal ohne sie!

Norwin tritt einen Schritt zur Seite, und da sehe ich, was hinter ihm auf dem Tisch liegt, sauber und ordentlich auf einem weißen Tuch: ein langes silbernes Messer.

Mein Herz macht einen Satz. Ich starre auf die schimmernde Klinge. Messer haben etwas Endgültiges, etwas Entscheidendes an sich. Sie können töten, aber sie können auch besiegeln.

»Nur ein kleiner Schnitt in eure Haut ist notwendig. Wir brauchen das Blut von euch beiden.«

Norwin dreht sich zum Tisch und nimmt das Messer hoch. Einen Moment hält er es ins Licht und ein ehrfürchtiges Raunen geht durch die Menge. Dann reicht er es mir mit einer fließenden Bewegung. Er zieht die Brauen hoch, aber in seinen Augen sehe ich keine Frage. Er weiß, dass ich es tue, das war ihm in dem Augenblick klar, als ich mit Pan zurückgekommen bin.

Ich habe es ihnen gezeigt. Ihnen allen!

Und jetzt gehört Pan zu mir.

Ohne zu zögern, kremple ich meinen Ärmel ein Stück hoch. Meine Haut kribbelt, als ich das Messer in die Hand nehme. Wie tief muss man schneiden, bis Blut kommt? Und wo darf ich es tun, damit es nicht zu viel wird? Ich merke, dass alle mich anschauen, sogar Pan, der nicht ahnt, was ihm gleich blüht. Pans Augen sind nebelgrau, wie der Sturmwind. Ich hole tief Luft. Ja, verdammt, ich habe Angst vor dem Messer, vor dem Schnitt und dem Schmerz, aber nicht vor den Konsequenzen. Ich will zu Pan gehören, für immer!

Ratsch. Es geht ganz schnell, ganz leicht. Ein schmaler Streifen, quer über meinen Handballen.

Schon quellen die ersten Blutstropfen heraus. Wieder geht ein Raunen durch die Menge. Den Schmerz spüre ich gar nicht, dafür bin ich viel zu aufgeregt!

Norwin nimmt mir das Messer ab. Mit einer raschen Bewegung beugt er sich herunter und setzt einen gezielten Schnitt in Pans Schulter. Pan zuckt, ganz leicht, so als müsste er eine lästige Fliege loswerden.

»Lasst euer Blut eins werden, eure Seelen, eure Herzen, eure Lebenskraft. Lasst sie füreinander kämpfen und miteinander lieben, lasst sie für immer ineinanderfließen!«

Norwin hebt den Papierballon an und greift nach meiner Hand. Er wartet, bis ein, zwei Tropfen Blut herausgequollen sind und in das dünne weiße Papier sickern. Dann tut er dasselbe mit Pans Wunde, wobei er darauf achtet, ihn nur mit dem Papier des Ballons zu berühren. Pan wirft seine Mähne herum und wiehert leise. Was hat er?

Dann sehe ich es auch.

Der Ballon, der bis eben weiß war, weiß mit vier winzigen Blutstropfen darauf, verfärbt sich innerhalb weniger Sekunden dunkelrot. Eine Art Energiefeld umgibt die Erde an der Stelle, wo er steht, und ich mache unwillkürlich einen Schritt zurück. Wo eben noch mein Name war, kräuseln sich die Buchstaben, als würden sie plötzlich lebendig werden und die Plätze tauschen. Sie wandern über die Haut des Ballons, bis aus Pan und Nia ein Wort geworden ist, ein Name. Unser Name.

PaNia.

Das Raunen und die Rufe werden immer lauter. Ich höre, wie die Leute um uns mit den Füßen stampfen. Was sie rufen, verstehe ich nicht, aber ich spüre, was es bezweckt.

Sie rufen den Wind.

»Tretet zurück«, ruft Norwin, und alle, sogar Pan, gehorchen.

Der plötzliche Windstoß, der unseren Ballon erfasst, lässt die Erde erzittern, wie ein umgekehrter Blitz, der vom Boden in den Himmel schlägt. Der Ballon fängt an zu glühen, wie mit Feuer gefüllt leuchtet er sich seinen Weg in den dunklen Himmel, steigt höher, immer höher, und unser Name wird zu einem Stern in der Nacht.

Ich schaue auf meine Hand. Das Blut ist versiegt, nur den Schnitt kann man noch sehen. Auch an Pans dunklem Fell ist das Blut längst getrocknet.

Wir schauen uns an.

Es ist ja gar nichts anders als zuvor, denke ich …

Der Hunger schlägt mit einer Macht zu, die ich nicht erwartet habe. Pan macht einen Schritt auf Norwin zu und augenblicklich springe ich vor und packe seinen Arm. Ich fühle die Energie, die von Pan ausströmt wie ein unwiderstehlicher Duft, und ich weiß, ich muss ihn nur dazu bringen, mit mir zu kommen, mir zu vertrauen …

Norwin sieht mich überrascht an, dann Pan, dann lächelt er.

»Du wirst dich daran gewöhnen«, sagt er und löst meinen Arm sehr bestimmt von seiner Kleidung. Dann klatscht er in die Hände. »Und nun lasst uns feiern! Auf unsere jüngsten Windhüter! Auf PaNia! Möge der Wind euch beschützen.«

Die Leute jubeln und klatschen, die Kinder streicheln Pan und die Erwachsenen nehmen mich in die Arme und drücken mich wie eine verlorene Tochter. Ich fühle mich seltsam, so fremd, aber gleichzeitig glücklich wie noch nie.

Pan gehört jetzt zu mir! Was könnte ich mir Schöneres wünschen?

Auf einmal steht Hilde vor mir und umarmt mich fest.

»Toll gemacht«, sagt sie und grinst bis über beide Ohren. »Ich wusste, du schaffst es! Du bist nicht wie die anderen, Nia, das habe ich sofort gesehen!«

Nur einer gratuliert mir nicht. Ich schaue mich um.

»Wo ist eigentlich Hannes?«, frage ich Hilde.

Sie deutet zwischen zwei Häuser, wo ein kleines Gartenlicht silberne Schatten wirft. Hannes lehnt an der Hauswand, wie immer ein Stück abseits, und beobachtet das Geschehen aus der Ferne. Ich spüre, dass er mich anguckt, aber seine Gedanken bleiben mit ihm in den Schatten.

»Er gönnt es dir nicht«, verrät Hilde leise. »Dabei gab es für ihn dieselbe Zeremonie, damals mit seinem Pferd.«

»Ginnes«, flüstere ich. Jetzt ergibt der Name endlich Sinn. Ich nehme mir vor, Hannes danach zu fragen, aber nicht jetzt. Das ist mein Moment, mein Abend!

Hilde zieht mich mit zum Tisch, wo wir uns mitten hineinquetschen. Jemand schiebt mir einen Krug hin, in dem eine dunkelrote Flüssigkeit perlt. Ich greife danach und stoße mit den anderen an, und schon habe ich Kringelkartoffeln auf meinem Teller und einige der Riesenmarshmallows, die man über einer Kerze erwärmen und dann über die Kartoffelspiralen träufeln kann. Es ist mir egal, was das ist, es schmeckt besser als alles, was ich jemals gegessen habe.

Aus irgendeinem Grund, den ich mir selbst nicht erklären kann, hätte ich Hannes jetzt gern dabei. Es ist ein bisschen wie mit Sammy, er gehört nicht zu dem Kreis von Leuten, die sich lachend für mich freuen, aber dennoch fehlt er mir.

Pan atmet in meinen Rücken, ich fühle seine Nase dicht an meinem Nacken. Und ein so großes Glücksgefühl schwappt über mich, wie ich es noch nie erlebt habe.

Mach doch, was du willst, Hannes! Du hast ja keine Ahnung, wie es sich anfühlt, unerwünscht zu sein. Endlich gibt es jemanden, der mich braucht, der mich will … und dieses Gefühl gebe ich niemals wieder her!

Genauso wenig wie Pan.

32

Ich treffe Ben und Sammy auf der Straße, die zum »Gegenwind« führt.

Ben läuft los, als er mich sieht. »Mensch, Nia, wo warst du denn? Wir haben ganz Windheim nach dir abgesucht!«

Ein Kribbeln strömt in meinen Bauch wie warmer Kakao. »Nicht ganz Windheim, sonst hättet ihr mich ja gefunden.«

»Was ist los mit dir?« Sammy schaut mich zweifelnd von der Seite an. »Warst du mit dieser Caro zusammen?«

Ich schüttle den Kopf. »Ich erzähle euch alles, okay? Aber nicht mehr heute. Ich bin hundemüde.«

Ben greift nach Sammys Arm und gemeinsam laufen wir durch die Straßen zurück zur Santa-Ana-Straße. Sammy sieht so glücklich aus heute. Trotzdem muss ich mir erst noch überlegen, wie viel ich ihr erzähle … nicht dass sie mich für total verrückt hält! Wenigstens scheint unser Streit vergessen zu sein. Und das angebrannte Linoleum auch.

Als wir zu Hause ankommen und Sammy die Tür aufsperren will, dreht der Schlüssel im Schloss durch.

»Was ist denn jetzt los?« Sie zieht den Schlüssel raus und guckt ihn von allen Seiten an.

»Falschen Schlüssel eingepackt?« Ben grinst und legt von hinten die Arme um ihren riesigen Bauch. »Schwangerschaftsdemenz nennt man das.«

»Hab ich gar nicht«, murmelt Sammy und steckt den Schlüssel wieder rein. »Er geht nicht!«

»Lass mich mal«, meint Ben lässig und greift nach dem Schlüssel, aber auch er kann das Schloss damit nicht öffnen.

Ich drücke mich an die Hauswand. Ein schlechtes Gewissen habe ich ja schon, ein bisschen zumindest, trotzdem muss ich mir kräftig auf die Zunge beißen, um nicht zu lachen.

»Diese alte …«, murmelt Ben, und dann hämmern er und Sammy gleichzeitig an die Tür. »Tante Lisbeth«, rufen sie, laut und ungeduldig. »Lisbeth, bist du da?«

Es dauert eine ganze Weile, bis Lisbeths dünne Stimme von innen zetert: »Geht weg! Das ist mein Haus, mein Haus allein. Ich lasse euch nicht rein!«

Sammy knurrt wütend und hämmert noch fester gegen die Tür. »Oh verdammt, Lisbeth, das hatten wir doch alles schon! Mach auf jetzt, los!«

»Scht«, macht Ben und hält ihre Hände fest. »Das bringt doch nichts. Wir müssen mit ihr reden, ganz in Ruhe!«

Sammy bekommt Schnappatmung. »Sie hat uns ausgesperrt! Diese Frau treibt mich noch in den Wahnsinn!«

»Das bringt so nichts«, murmelt Ben. »Ich rede mit ihr. Das wird schon.«

»Sollen wir jetzt im Garten campieren?« Sammy pfeffert den Schlüssel gegen die Tür, aber von drinnen kommt kein Laut mehr.

»Lisbeth«, fängt Ben an.

Seine Stimme klingt freundlich, fast kindlich. Darauf würde ich nicht reinfallen. »Lass uns reden wie Erwachsene, bitte. Komm raus und wir klären das!«

Als ihr sie noch einsperren konntet, war euch ihr Schweigen gerade recht. Aber das sage ich nicht. Ich denke es nur.

Dann nehme ich plötzlich eine Bewegung wahr, hinten im Garten. Ben und Sammy haben es nicht bemerkt, sie sind zu sehr damit beschäftigt, beschwörend auf die Eingangstür einzureden. Ich lasse sie stehen und laufe zur Terrassentür, die nun einen Spalt offen steht.

Tante Lisbeth steht im Garten und sieht sich verwundert um.

»He«, sage ich leise und gehe zu ihr. Ich will sie nicht erschrecken, bei ihr weiß man nie, in welcher Stimmung sie gerade ist. »Sieht anders aus, oder?«

Tante Lisbeth dreht sich zu mir um. »Das hat er schön gemacht, der kleine Ben.«

Ich muss lächeln. Ach so, heute gefällt es ihr also mal! Der kleine Ben hämmert immer noch gegen die Eingangstür, aber ich habe keine Lust, das kleine Versteckspiel jetzt schon aufzulösen.

Tante Lisbeth sieht zum Tor, das nun mit Brettern verkleidet ist. Sie will raus, ihren alten Weg entlanggehen. Und ist das nicht ihr gutes Recht? Wir kommen einfach her und platzen in ihr Leben, sperren sie ein, verbieten ihr, an ihre Lieblingsplätze zu gehen … Mir kommt das alles so falsch und grausam vor. Ich weiß, dass Ben sauer werden wird, aber ich packe die Bretter trotzdem und zerre sie einfach nach vorn, bis das Provisorium nachgibt und das Tor wieder freiliegt.

Tante Lisbeth sieht mich an. Ihre Augen funkeln unternehmungslustig, als sie mit knorrigen Fingern das Schloss entriegelt.

»Komm«, sage ich und nehme ihre Hand. »Ich weiß, wohin wir gehen.«

Wir laufen schweigend nebeneinanderher, und ein bisschen ist es wie früher, nur dass ich diesmal ihre Hand halte und nicht sie meine. Aber ich kann die alte Vertrautheit fühlen, die Geborgenheit, die von ihr ausging. Bei ihr stand nie infrage, ob ich bei ihr sein darf. Sie hat mich einfach aufgenommen und beschützt und ihre kleine Welt mit mir geteilt.

»Sie meinen es nicht böse«, murmle ich. »Auch Sammy nicht. Sie kann wirklich nett sein und lustig! Wenn erst das Baby da ist …«

Ich verstumme. Das Baby. Ich war auch mal so ein Baby, und danach war überhaupt nichts besser, nur alles schlimmer.

Ich wünschte, sie wäre zehn Jahre später geboren.

Ich schlucke. Wird Sammy dieses Baby mehr lieb haben können als mich? Wird es sich diesmal richtig anfühlen? Meine Augen brennen, ich merke es, und wieder schlucke ich heftig.

Tante Lisbeth sieht mich von der Seite an. Wir sind fast gleich groß, unglaublich. Als sie meine Tränen sieht, stülpt sie ihren Ärmel über den Daumen und wischt sie damit weg.

Wir laufen am Waldrand entlang, bis wir das Moos unter unseren Füßen spüren. Der Friedhof liegt im Schummerlicht, schon halb schlafend unter einer Nebeldecke. Nur in der Kapelle brennt ein tanzendes Kerzenlicht.

»Sie kommen noch immer her und zünden sie an«, sagt Tante Lisbeth.

»Wer?«, frage ich. Da bemerke ich, dass sie zur Kapelle hinübersieht, genau wie ich.

»Seine Eltern.«

Ich gehe ein paar Schritte auf die Kapelle zu und gucke durch das Fenster. Es ist die lange Bienenwachskerze, die brennt. Auch einige der Teelichter sind angezündet, aber ihr kleines Flackerlicht reicht nicht aus, um durch die Fenster zu scheinen.

»Sie suchen immer noch nach ihrem verschwundenen Kind«, flüstert Tante Lisbeth. »Sie haben ihn nie aufgegeben.«

Sie meint die Wirtin und ihren Mann. Vom Gasthof. Die beiden alten Leute tun mir leid. Zwanzig Jahre vergebliche Hoffnung sind hart. Gleichzeitig beneide ich diesen Jungen um seine Eltern. Sie müssen ihn sehr geliebt haben.

»Er zündet die Kerze auch manchmal an«, sagt Tante Lisbeth plötzlich. »Aber das sehen sie natürlich nicht.«

»Wie meinst du das?«, frage ich. Aber sie ist mit ihren Gedanken schon wieder woanders.

Wir schlendern über den Friedhof, und Tante Lisbeth murmelt die Namen, die auf den Grabsteinen stehen. Schon lange wundert es mich nicht mehr, dass die Windheimer ihre Toten hier kreuz und quer begraben, ein Haufen Knochen aus verschiedenen Jahrhunderten, verstreut unter unseren Füßen. Erst denke ich, wir wandern nur mitten hindurch, ohne Ziel, aber dann bleibt Tante Lisbeth vor einem Grabstein stehen, wie zufällig, und ihre Augen weiten sich überrascht.

»Wilfred«, flüstert sie den Namen, der auf dem Stein steht.

»Kanntest du ihn?«, will ich wissen, aber da sinkt sie schon auf die Knie und schlingt ihre dünnen Arme um den kalten Stein. Ihr Gesicht ist im Nu nass vor Tränen, sie kann gar nicht mehr aufhören zu schluchzen.

»Lisbeth«, rufe ich bestürzt. »Bitte, ich …«

Was soll ich tun? Sie weint um einen verstorbenen Freund.

Das ist nichts Schlimmes, also lege ich ihr nur die Hand auf den Rücken, lasse sie weinen und warte, bis ihr Körper nicht mehr zittert. Dann ziehe ich meinen Ärmel über den Handrücken und wische damit ihre Tränen fort, jede einzelne.

»War das dein Mann?«, frage ich vorsichtig.

Den Namen Wilfred habe ich noch nie gehört, aber wer weiß, was in so einem Dorf alles nicht erzählt wird.

Lisbeth nickt. »Wir haben zusammengelebt. Zehn Jahre lang!«

Wie seltsam. Dabei dachte ich immer, sie ist damals wegen einem Mann nach Amerika gegangen. Gab es in Windheim jemanden, mit dem sie vorher zusammen war?

Dann fällt mein Blick auf das Datum. Und mir wird einiges klar.

Wilfred Kranz, geboren 1847.

»Du täuschst dich, Tante Lisbeth«, flüstere ich ihr zu. »Das hier ist das falsche Grab.«

Sie schüttelt vehement den Kopf. »Ist es nicht! Ich weiß es bestimmt, ich habe ihn doch selbst hier beerdigt!«

Wieder schaue ich auf den Grabstein. Gut, dann ist die Inschrift eben falsch. Oder jemand hat das Geburtsjahr verwechselt. Oder sie hat wieder einen ihrer … Momente.

Tante Lisbeth packt meine Hand und hält sie fest umklammert. Sie schaut mich so eindringlich an, dass mir ein Schauder über den Rücken läuft.

»Du musst mir versprechen, dass du mich in dieses Grab legst, wenn ich eines Tages sterbe. Tust du das? Ich will in diesem Grab liegen. Bei ihm.«

Ich nicke. Ihr Griff ist hart, und sie tut mir weh, aber das merkt sie gar nicht.

»Versprochen«, flüstere ich, und endlich lässt sie mich los. Nach einer Weile hat sie sich wieder gefangen, also helfe ich ihr auf, und wir schlendern weiter, fort von dem seltsamen Grab.

Der Friedhof liegt schon beinahe hinter uns, als wir an den beiden Gedenksteinen vorbeikommen. Auf dem rechten klebt immer noch das vergilbte Bild des Verschwundenen, aber es ist zu alt und zu körnig, um darauf noch ein Gesicht zu erkennen.

Dafür hat jemand ein neues Bild auf den zweiten Gedenkstein geklebt, den linken. Ich bleibe stehen. Und mit mir bleibt der Wind stehen und die Zeit und mein Atem. Ich spüre Tante Lisbeth neben mir, ich spüre, wie sie meine Hand nimmt, als wüsste sie es, als wüsste sie, warum meine Gedanken auf einmal Purzelbäume schlagen.

Johannes Keller, steht da auf dem Stein.

Mehr nicht.

Aber das Bild. Dieses Bild von einem hübschen, lachenden Jungen mit blonden Wuschelhaaren und strahlend blauen Augen. Es klebt auf dem Stein, ganz fest, und es besteht kein Zweifel daran, dass es am richtigen Platz ist.

»Hannes«, flüstere ich in den Wind.

EPILOG

Er schwang seine Füße vom Dach, sprang zu Boden und schlich an der Hauswand entlang. Der Wind klapperte mit den Fensterläden. Sie hatten die Vorhänge noch nicht zugezogen, obwohl es bereits dunkel war. Rasch stülpte er sich die Kapuze über den Kopf, schlüpfte in den Schatten einer Buchenhecke und stellte sich auf die Zehen, um durch das beschlagene Küchenfenster sehen zu können.

Der Mann lehnte mit dem Rücken zu ihm an der Arbeitsplatte. Sein Haar war silbergrau und seine Kopfhaut fleckig geworden, und als er sich umdrehte, um etwas aus dem Regal zu nehmen, musste er sich abstützen, um nicht den Halt zu verlieren. Der Mann sah uralt aus, viel älter als bei seinem letzten Besuch, und er musste zweimal hinsehen, um sich sicher zu sein.

Papa.

Tränen traten in seine Augen. Am liebsten wäre er hineingerannt und hätte den alten Mann umarmt, hätte ihn umgestoßen vor Freude, aber gleichzeitig wusste er, dass es zu spät war, für immer. Dieser Mann hatte seinen Sohn schon vor langer Zeit verloren. Ein Zurück gab es nicht.

Er musste an die Kerze denken. Die Bienenwachskerze in der

alten Kapelle. Das einzige Geheimnis, das nie gelüftet worden war. Und er überlegte, ob er es riskieren konnte … ob er diesmal ein Zeichen dalassen sollte. Denn so, wie sein Vater dastand, war es gut möglich, dass er ihn zum letzten Mal sah.

Die Tür schwang auf und eine Frau betrat die Küche. Sie erkannte er sofort, obwohl auch ihr Gesicht faltiger war, der Körper eingesunken, ihre Schultern müde.

Aber ihre Augen.

Diese Augen konnten immer lachen, egal, wie dreckig er vom Spielen nach Hause gekommen war, egal, was er angestellt hatte – und sie konnten trösten, wenn er aus einem schlimmen Traum aufgewacht war. Noch heute sah er diese Augen vor sich. In jeder langen Nacht.

Er wandte sich ab. Seine Mutter zu sehen, hielt er nicht aus. Das Leben schien ihr nichts anhaben zu können. Sie würde noch hier sein, wenn er zurückkam. Sie würde immer hier sein, weil sie auf ihn wartete, bis er aufgab.

Oh Mama.

Es tut mir so leid.

Wie groß konnte die Liebe werden? Hätte seine Mutter verstanden, was ihn antrieb, warum er nicht gehen konnte, niemals, nicht ohne sie?

Er wusste es nicht. Er konnte sie nicht fragen, er durfte sie nicht fragen, und er würde jetzt gehen, bevor er schwach wurde, bevor die Augen seiner Mutter ihn zu sehr anlockten und er vergaß, was er tun musste.

Ich gebe dich nicht auf, Gin. Ich komme zu dir zurück und dann rette ich dich! Ich habe es dir versprochen.

Sabine Giebken, geboren 1979 in München, tauschte mit acht Jahren Ballettunterricht gegen Reitstunden und träumte fortan vom eigenen Pferd. Schon als Kind schrieb sie Geschichten in Schulhefte, die später zu ihren ersten Pferdebüchern wurden. Nach einem Diplom in Betriebswirtschaft und einigen beruflichen Irrwegen entschied sie sich, ihr Hobby vom Schreiben endlich zum Beruf zu machen. Sabine Giebken lebt in Bayern und ist Mama von zwei wilden Kindern, einem anhänglichen Hund und einer ziemlich selbstbewussten Islandstute.

Natürlich magellan©

FSC
www.fsc.org
MIX
Papier aus verantwortungsvollen Quellen
FSC® C083411

Wir pflanzen Bäume
Für unsere Umwelt
www.magellanverlag.de

FAIR PRODUZIERT
www.magellanverlag.de

Hergestellt in Deutschland
Gedruckt auf FSC®-Papier
Lösungsmittelfreier Klebstoff
Drucklack auf Wasserbasis

1. Auflage 2020

Dieses Werk wurde vermittelt durch die Literatur Agentur Hanauer
Lektorat: Marion Perko
Umschlaggestaltung: Christian Keller
unter der Verwendung von Motiven von iStock / Vectorig / mysondanube / Julia_Henze / BlueLela / kate_sun / stevanovicigor / Daniela Yumi Iga / Linda Blazic-Mirosevic und shutterstock / Ciurtin Ramona Georgiana / Robsonphoto / Daniel Marian / Dmitry Sedakov / Alla-Berlezova
Druck: CPI, Leck
ISBN 978-3-7348-4725-7

www.magellanverlag.de

Nicole Brecht 6.9.09

Ihr Hobby

Ragdoll

Dominik Kieselbach

unter Mithilfe von
Claudia Ley und Renate Wald

INHALTSVERZEICHNIS

E-mail: info@bede-verlag.de; Internet: www.bede-verlag.de
Konzept der Reihe „Ihr Hobby...", Herstellung und Gestaltung: bede-Verlag

Wir bedanken uns bei folgenden Personen, die uns mit Bildmaterial unterstützt haben:
Isabelle Francais
Claudia Ley, Little Leys', Crailsheim-Goldbach, www.littleleys-ragdolls.de
Elke Jack-Schmidt, Meerbusch
Renate Wald, Ciara's, München, www.ciara.de

ISBN: 3-89860-037-8
bede-Bestellnummer: HO 502

Um kein anderes Haustier ranken sich so viele Legenden, Mythen und Sagen wie um die Katze. Dabei erlebte sie während ihres Zusammenlebens mit dem Menschen alle Höhen und Tiefen. Von der verehrten Gottheit des alten Ägyptens bis zur verfolgten Hexe des europäischen Mittelalters. Doch ganz endete die Liebe zu diesen Tieren nie.

Es darf somit nicht verwundern, dass es im vorderen Asien schon seit vielen Jahrtausenden, in Europa erst seit dem Ende des 19. Jahrhunderts, Bemühungen gibt, Katzen nach dem Schönheitsideal des Menschen zu züchten. Die Rassekatzen-Zucht hat dabei vor allem im 20. Jahrhundert eine Vielzahl von neuen Rassen, Farbschlägen, Zeichnungsvarianten und Fellarten hervorgebracht. Jede Rassekatze hat ihre eigene Geschichte. Bei einigen reicht diese viele Jahrhunderte zurück und ist kaum mehr vollständig rekonstruierbar, andere haben eine sehr kurze Rassegeschichte und ihre Entstehung kann bis zur ersten Paarung der Stammeltern zurückverfolgt werden. Zu dieser Gruppe gehört die Ragdoll, die in den 1960er Jahren im Süden Kaliforniens gezüchtet wurde. Und obwohl ihre Geschichte eigentlich so einfach erzählt werden könnte, umgeben kaum eine andere Rasse so viele Fehlinformationen, Missverständnisse und so viel Unwissen wie die Ragdoll.

Die Ragdoll ist eine Katze wie jede andere auch. Sie ist etwas größer als die meisten Rassekatzen, zeigt ansonsten aber keine besonderen Auffälligkeiten – schon gar nicht die ihr nachgesagte Schmerzunempfindlichkeit, um gleich mit dem größten Vorurteil aufzuräumen. Die Ragdoll ist eine liebe, verschmuste Katze, die ideal für die Wohnung geeignet ist. Sie ist ruhig und freundlich, schön gezeichnet und sanft in ihrer Art. Wer in ihr die ideale Katze für sich entdeckt hat, wird einen treuen Freund in ihr finden.

Die Ragdoll eroberte in kurzer Zeit die Herzen vieler Katzenliebhaber weltweit. Sie besticht nicht nur durch ihre Schönheit, sondern auch durch ihr sanftes Wesen. Foto: Claudia Ley

Geschichte der Rasse

Die Domestikation der Katze

Niemand kann mit Sicherheit sagen, wann und wo die ersten wilden Katzen ihren Weg zum Menschen gefunden haben. Doch es gibt einige Theorien, wie die Domestikation stattgefunden hat, und verschiedene Anhaltspunkte dafür, wo die Katze domestiziert wurde.

Vermutlich hat der Mensch die ersten Katzen nicht aktiv zu sich geholt. Wahrscheinlicher ist es, dass die Katze selbst die Nähe zu menschlichen Siedlungen suchte. Dies vor allem zu den Zeiten, in denen der Mensch sesshaft wurde und Ackerbau betrieb, denn die Kornkammern lockten Mäuse und andere Kleinnager in Scharen an – perfekte Bedingungen für die geschickten Jäger. Der Mensch bemerkte die Fähigkeiten der Katzen und den daraus für ihn resultierenden Nutzen sicher schnell. Er duldete die Katzen nicht nur, er war ihnen in den meisten Fällen bestimmt auch freundlich gesonnen. Dennoch waren dies Zeiten, in denen Mensch und Katze noch nicht unter einem Dach lebten – sie lebten nebeneinander her und nicht miteinander. Doch dies war nunmehr nur eine Frage der Zeit.

Domestikation

Die Domestikation der Wildkatze fand nicht von heute auf morgen statt. Vermutlich hat es sogar viele Jahrzehnte gedauert, bis die ersten Nachkommen der Katzen, die in den Siedlungen jagten, in menschlicher Obhut aufwuchsen.

Durch gezielte Zucht ist aus der wilden Katze ein sehr anhängliches Haustier geworden. Ragdolls sind besonders ruhige Katzen, die gerne einmal faul in der Gegend liegen. Foto: Claudia Ley

Die erste anerkannte Zeichnungsvariante der Ragdoll war Bicolour, wie sie diese Katze zeigt. Foto: Renate Wald

Was ist eine Rassekatze?

Eine Katze, auch wenn sie noch so sehr wie eine Siam, Perser oder Ragdoll aussieht, ist erst dann eine Rassekatze, wenn ihre Abstammungspapiere ihre reinrassige Herkunft belegen. Diese Abstammungspapiere darf prinzipiell jeder ausstellen. Achten Sie deshalb sehr auf die Seriösität des Vereins. Bei vielen Vereinen heißen Rassekatzen übrigens Edelkatzen.

Evolutionsbiologisch könnte man vermuten, dass die Katzen mit der geringsten Scheue vor dem Menschen die größte Beute in seinen Siedlungen machten. Dies wiederum führte dazu, dass sie gesünder und kräftiger waren und sich somit auch häufiger fortpflanzten. So wurden in der Nähe von menschlichen Siedlungen verstärkt Katzen geboren, denen die natürliche Scheue vor dem Menschen immer mehr fehlte.

Verhaltensbiologisch gesehen könnten auch Katzen, die positive Erfahrungen in der Nähe des Menschen gesammelt haben, diese an ihre Welpen weitergegeben haben, indem sie mit ihnen von Beginn an häufiger menschliche Siedlungen zur Jagd aufsuchten.

Eine andere Entwicklung erscheint allerdings am wahrscheinlichsten: Es blieb nicht aus, dass erste Welpen in menschlicher Obhut geworfen und aufgezogen wurden. Manche Kätzchen, deren Mütter die Geburt nicht überlebten, wurden sogar von Menschenhand großgezogen. Diese Katzen waren von Geburt an an den Menschen gewöhnt. Einige von ihnen verließen vermutlich auch als erwachsene Katzen den Menschen nicht mehr. So wurde die Beziehung Mensch-Katze immer enger.

Wir haben also eine recht genaue Vorstellung davon, wie die Domestikation der Katze vonstatten gegangen ist. Wo sich das geschilderte Zusammenwachsen allerdings abspielte, kann bislang nicht abschließend beantwortet werden. Es ist sogar noch strittig, welche Wildkatzenart der Stammvater unserer Haus- und Rassekatzen ist. Wahrscheinlich ist die Afrikanische Wildkatze, *Felis lybica*, die Ahnin der modernen Katzen.

Die Einteilung der Rassekatzen

Es gibt leider nicht die eine weltweit anerkannte Einteilung der Rassekatzen. Das liegt vor allem daran, dass es weltweit und sogar innerhalb Deutschlands verschiedene Verbände gibt, deren Einteilungen sich alle zumindest leicht unterscheiden. Einer der größten europäischen Verbände ist die FIFé, die Fédération Internationale Féline. Sie fasst sinnvollerweise nahe verwandte und ähnliche Rassen in folgenden Gruppen zusammen.

- **Langhaar**
- **Semilanghaar**
- **Kurzhaar**
- **Siamesen und Orientalisch Kurzhaar**
- **Hauskatzen**

Die nahe verwandten Arten, die Europäische Wildkatze, *Felis silvestris*, und die Dschungelkatze, *Felis chaus*, gehören allerdings auch zu den wahrscheinlichen Vorfahren. Diese drei Arten sind sehr eng miteinander verwandt und untereinander fortpflanzungsfähig. Manche Wissenschaftler sehen in ihnen sogar nur Unterarten.

Den Ursprung der Hauskatzen vermuten die meisten Wissenschaftler in Ägypten. Nicht zuletzt, weil hier auch die größte Verehrung dieser Tiere stattfand. Auch wenn man davon ausgeht, dass die Katze nicht in Ägypten domestiziert wurde, sondern bereits zahme Exemplare auf verschiedenen Handelswegen aus dem Orient in das Land kamen, so ging zumindest die Verbreitung wohl von Ägypten aus.

Nach Europa kamen die Katzen über Griechenland und Italien. Wann dies allerdings der Fall war, kann man kaum rekonstruieren. Sicher scheint jedoch, dass die ersten Katzen schon weit vor der ersten Jahrtausendwende ihren Weg zu uns fanden.

Durch gezielte Zuchtprogramme konnte die attraktive, ursprünglich von der Siam stammende Point-Zeichnung auch in Ragdoll-Linien eingekreuzt werden. Foto: Claudia Ley

Die Geschichte der Ragdoll

Die geschichtliche und züchterische Entwicklung der Ragdoll ist mit Sicherheit eine der kuriosesten, wenn nicht sogar die kurioseste in der Katzenwelt. Geprägt ist die Geschichte der Ragdoll von vielen Gerüchten, Unwahrheiten und Vorurteilen. Als Verantwortliche hierfür muss die erste Züchterin selbst, Ann Baker, genannt werden. Um die von ihr geschaffene Rasse möglichst medienwirksam zu präsentieren, war ihr fast jedes Mittel recht. Nicht zuletzt sollte sich die Zucht der neuen Rasse auch für sie finanziell lohnen. So ließ sie sich immer neue Schikanen und Vorschriften für jene einfallen, die Katzen von ihr und ihren Züchtern erwarben. Die Geschichten um die Entstehung der Ragdoll trieben solche Spitzen, dass Mrs. Ann Baker sogar Außerirdische mit ins Spiel brachte, die an der Entstehung der Rasse beteiligt gewesen sein sollen. Dabei begann Anfang der 1960er doch alles ganz friedlich im schönen Städtchen Riverside im Süden Kaliforniens ...

Sicher sind sich diese kleinen Strolche nicht darüber bewusst, welch kuriose Entstehungsgeschichte ihre Rasse begleitet. Foto: Claudia Ley

In Riverside lebte die Perser-Züchterin Ann Baker mit ihren Katzen. Auch ihre Nachbarin Mrs. Pennels besaß einige Katzen, die sich mehr oder weniger kontrolliert auf ihrem Grundstück paaren konnten. Unter diesen stammbaumlosen Katzen befanden sich einige, die in ihrem Typ Persern glichen und von Mrs. Baker in ihre Zuchtlinien eingekreuzt wurden. In der weiteren Geschichte der Ragdoll nimmt eine Katze von Mrs. Pennels, Josephine, eine weiße, angoraähnliche Katze, eine zentrale Position ein. Mrs. Baker züchtete nicht direkt mit Josephine, doch war sie die Mutter vieler Katzen, die Ann Baker mit ihren Persern paarte. Eines Tages wurde die besagte Josephine von einem Auto angefahren und schwer verletzt. Wie schwer genau die Verletzungen waren, ist nicht sicher, doch sie müssen erheblich gewesen sein. Die Katze wurde nicht zum nächstbesten Tierarzt, sondern gleich in eine Tierklinik gebracht. Glücklicherweise erholte sie sich von den Folgen des Unfalls und brachte in der folgenden Zeit noch mehrere Würfe zur Welt. Die Welpen, die Josephine nach ihrem

Schein und Sein

Man unterscheidet – nicht nur in der Zucht – zwischen dem Phänotyp, also der äußeren Erscheinung, und dem Genotyp, dem genetischen Material, eines Lebewesens. Ziel der Reinzucht ist es, neben einem klaren Erscheinungsbild einer Rasse auch den Genotyp zu festigen. Dies gelingt bei rezessiven Genen besonders gut, da diese nur dann ausgeprägt sind, wenn sie reinerbig vorliegen.

Kurzhaarkatzen

Die Ahnen unserer Hauskatze hatten allesamt ein kurzes Fell. Es bietet Schmutz kaum Halt und kann von der Katze selbst gut sauber gehalten werden. Das lange Haar mancher Rassen ist das Produkt von Mutationen und gezielter Weiterzucht. Die Kurzhaarigkeit wird dominant vererbt. Tragen zwei kurzhaarige Eltern ein rezessives Gen für Langhaarigkeit in sich, können in dem Wurf auch langhaarige Welpen fallen

Foto: Claudia Ley

Geliebt und verfolgt

Die Sympathien, die der Katze entgegengebracht wurden, waren nicht in allen Ländern und zu allen Zeiten gleich groß. Den Höhepunkt ihrer Beliebheit und gotthaften Verehrung erreichte sie etwa 1000 v. Chr. in Ägypten. Als Katzengöttin Bastet verehrt, stand sie für Sanftmut und sollte die Menschen vor bösen Einflüssen und Krankheit schützen.

Der Tiefpunkt in der Geschichte der Katzen liegt im westlichen Europa des Mittelalters zwischen dem 13. und dem 17. Jahrhundert. Die Katzen wurden verfolgt und getötet. Man brachte sie mit Hexerei in Verbindung und verfolgte sie als Götzenbilder eines heidnischen Kultes.

Wenn man diese genießerische Ragdoll sieht, kann man sich gar nicht vorstellen, dass nicht jeder Mensch auch gleichzeitig ein Katzenliebhaber ist. Foto: Claudia Ley

Haartypen

Das Fell der Katze besteht ursprünglich aus drei Haartypen: Dem Leithaar, es bildet alleine das sogenannte Deckhaar, dem Grannen- und dem Unterhaar, welche zusammen auch als Unterwolle bezeichnet werden. Die längeren Sinneshaare, beispielsweise die Schnurrhaare, sind von ihrem Ursprung her Leithaare.

Für die Zeichnungsvariante Mitted sind unter anderem das weiße Kinn und die weißen Pfoten typisch.
Foto:
Renate Wald

Bicolour gezeichnete Ragdolls zeigen im Gesicht typischerweise ein umgekehrtes weißes „V".
Foto:
Claudia Ley

Unfall warf, zeigten nach der Auffassung von Ann Baker einige besondere Merkmale: Sie erschlafften vollständig, wenn man sie hochnahm, sie waren von ihrem Charakter wesentlich friedfertiger und freundlicher als ihre Mutter und sie zeigten sich auffallend unempfindlich gegenüber Schmerzen.

Den Namen Ragdoll erhielt die Rasse übrigens aufgrund der zuerst genannten Eigenschaft. Ragdoll bedeutet übersetzt einfach Stoffpuppe. Dass diese – nun angeblich erst erworbenen – Eigenschaften ursächlich nichts mit dem Unfall zu tun haben können, muss jedem klar sein, der auch nur ein wenig von Vererbung versteht. Doch Ann Baker schien dieses Wissen zu fehlen oder sie ignorierte Tatsachen. Jedenfalls begann sie mit einigen Welpen von Josephine und ihren eigenen Katzen zu züchten und die von ihr bemerkten Eigenschaften – und natürlich auch den Erscheinungstyp – zu festigen. Leider ist heute nicht mehr ganz nachvollziehbar, welche Katzen genau in dieser ersten Zuchtphase verpaart wurden. Auch ist nicht geklärt, ob neben verschiedenen

Nachkommen von Josephine und Katzen aus dem Bestand von Ann Baker, darunter auch Welpen Josephines vor dem Unfall, weitere Katzen eingekreuzt wurden. Die typischen Ragdoll-Zeichnungen Colourpoint und Mitted machen die Annahme wahrscheinlich, dass Birma- und Siam-ähnliche Katzen an der Entstehung der Rasse beteiligt waren. Die Gene hierfür können aber auch aus den Zuchtlinien von Mrs. Pennels und Mrs. Bakers Katzen stammen.

Die haarsträubende Geschichte, wie die Ragdolls durch den Unfall Josephines zu ihren Eigenschaften kamen, ist aber nicht die einzige Kuriosität bei der Entstehung dieser Rasse. Mrs. Ann Baker war eine recht geschäftstüchtige Frau. Zumindest wollte Sie auch einen finanziellen Profit aus ihrer Katzenzucht ziehen und begann mit der Vermarktung der Ragdoll. Sie tingelte durch das Fernsehen, wurde in der Presse erwähnt und scheute sich dabei nicht, die abenteuerliche Geschichte von Josephines erstaunlich verändertem Nachwuchs zu erzählen. Dabei bekräftigte sie ungeniert, dass der Unfall ihr genetisches Material verändert hat. Sie schreckte später nicht einmal davor zurück zu behaupten, dass an Josephine während ihres Krankenhausaufenthaltes genetische Experimente gemacht wurden und ihre Nachkommen menschliche Gene in sich tragen würden. Das gipfelte in der Behauptung, Josephines Nachkommen wärendas Bindeglied zwischen der Menschheit und einer Gruppe Außerirdischer.

Dass man dies nun vollends nicht mehr ernst nehmen konnte, ist jedem klar. Doch neben dieser Legendenbildung verfolgte Mrs. Baker noch ein anderes Ziel. Durch die Geschichten ist die Nachfrage nach den Ragdolls sehr gestiegen. Welpen zu verkaufen, war ein lukratives Geschäft, an dem sie verdienen wollte. Außerdem wollte Sie die vollständige Kontrolle über die Zucht behalten. Das erste Zuchtpaar verkaufte sie 1969 an das Ehepaar Laura und Denny Dayton. Die Auflager, die den Züchtern gemacht wurden, entsprachen regelrechten Lizenz-Verträgen. Heutzutage

Die Ragdoll ist eine ganz normale Katze, wenn auch eine besonders schöne. Von den vielen Gerüchten um ihre besonderen Veranlagungen ist wahrscheinlich kein einziges wahr. Foto: Claudia Ley

nennt man so etwas Franchise. Eine Praxis, die bei vielen Fast Food-Ketten üblich ist. So ließ sich Mrs. Baker den Namen Ragdoll auch urheberrechtlich schützen und erhob später eine Beteiligung an jedem verkauften Welpen. Das reichte den Daytons und sie zogen vor Gericht. Die Auseinandersetzung endete mit einer Spaltung der Ragdoll-Züchter. Ann Bakers Club blieb die International Ragdoll Cat Association (IRCA) und die Daytons gründeten die Ragdoll Society, die später in Ragdoll Fanciers Club (RFC) umbenannt wurde und sich heute Ragdoll Fanciers Club International (RFCI) nennt. Ann Baker verstarb 1997. Sie hat sich mit ihren ungewöhnlichen Geschäftspraktiken sicher einen bleibenden Namen in der Geschichte der Ragdoll geschaffen. Leider steht dieser in einem mehr als zweifelhaften Licht.

In Deutschland hat sich die Ragdoll unter den Rassekatzen etabliert. Ihre Fangemeinde wächst zusehends und hält sich glücklicherweise weitestgehend aus den Streitereien des Ursprungslandes heraus. Die Bicolour-Variante bekam schon 1992 den vollen Zertifikat-Status der FIFé, doch die Colourpoint und die Mitted warteten immer noch auf diese Anerkennung. Weitere züchterische Bemühungen und der Einsatz aller Ragdoll-Freunde halfen jedoch inzwischen auch der Colourpoint zu ihrer Anerkennung am 01.01.1997 und der wohl umstrittensten Variante Mitted am 01.01.1999.

Vor allem der Widerstand von Züchtern der Birma, die eine zu große Ähnlichkeit zu ihrer Rasse sahen, führte zu der späten Anerkennung der Mitted Ragdoll in Europa. Foto: Renate Wald

Jede Katze ist ein Individuum und es wäre verkehrt, alle Ragdolls über einen Kamm zu scheren. Aber Rassekatzen unterscheiden sich nicht nur durch äußerliche Merkmale, sondern zeigen auch ganz typische Verhaltensweisen und Wesenszüge. Diese können bei der einen Katze stärker und bei der anderen schwächer ausgeprägt sein, doch sind sie in der Regel vorhanden und somit für die Rasse als typisch anzusehen.

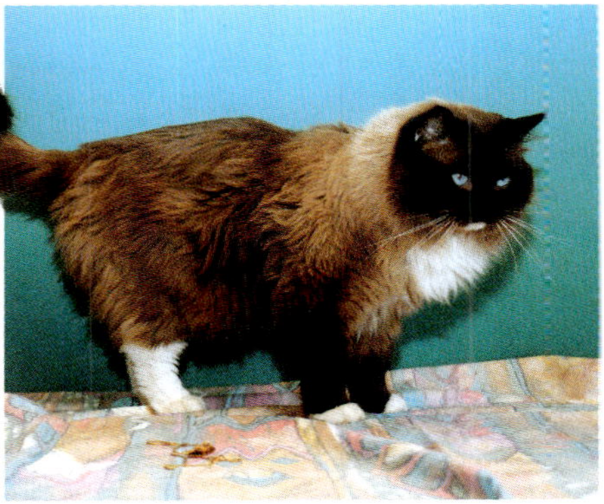

Ragdolls sind sehr anschmiegsame, unkomplizierte Katzen, die auch mit anderen Haustieren nach kurzer Eingewöhnung bestens auskommen können. Foto: Claudia Ley

Der typische Ragdoll-Halter

Den typischen Ragdoll-Halter gibt es kaum, da die Rasse sehr unproblematisch und ruhig ist. Sie passt eigentlich in jeden Haushalt, ist nicht sehr pflegeintensiv und kommt auch mit Kindern gut klar. Im Vergleich zu anderen Rassen werden die meisten Ragdolls ziemlich groß und entsprechend schwer..

Der Charakter der Ragdoll

Die Ragdoll ist eine angenehm unkomplizierte Katze. Sie ist unaufdringlich, weder besonders laut noch besonders temperamentvoll – und das im besten Sinne. Doch sie ist auch nicht für jeden die ideale Katze. Eine Ragdoll möchte nämlich überall gerne dabei sein. Wer seine Katze also nicht immer um sich herum haben möchte, könnte diese Angewohnheit seiner Ragdoll doch als aufdringlich empfinden. Aber auch bei der kritischsten Betrachtung scheint dieser Wesenszug der einzig vermeintlich negative zu sein. Eine Ragdoll muss man einfach lieb haben, und auch die Katze kommt mit fast jedem klar. Selbst andere Haustiere sind schnell ihre Freunde. Haben Sie Kinder im Haus, dann wird sich die Katze auch mit diesen anfreunden, selbst wenn sie noch etwas kleiner sind. Und dass kleine Katzenwelpen immer etwas verspielt und wild sind, sollte keinen Katzenfreund stören, er sollte die kleinen Fellknäule dafür eher lieben. Als erwachsene Katze wird die Ragdoll schnell ruhiger und liebt ihre Streicheleinheiten. So muss man sagen, dass der mit einer Ragdoll die falsche Wahl trifft, der immer etwas Tumult um sich herum braucht.

Als Fazit bleibt zu sagen, dass die Ragdoll ein angenehmer, liebevoller und toleranter Mitbewohner ist, der nicht gerne alleine lebt und seinen Menschen liebt. Sind Sie absehbar häufiger unterwegs, sollten Sie unbedingt die Anschaffung gleich zweier Ragdolls erwägen. Sie tun sich und Ihren Katzen damit einen großen Gefallen. Selbst die liebste Katze kann sich nämlich aus Langeweile zur zerstörerischen Randaliererin entwickeln.

Der Standard

Für jede Rassekatze gibt es einen Standard. Der Standard beschreibt den idealen Vertreter dieser Rasse. Wie auch bei der Rasseeinteilung gibt es leider keinen alleinigen weltweit gültigen Standard für die Ragdoll. Vielmehr gibt jeder Verband seinen eigenen Standard heraus oder erkennt einen der anderen auch für sich an. Der abgedruckte Standard ist der der FIFé.

Der FIFé-Standard der Ragdoll

Allgemein

Gesamteindruck Die Ragdoll ist eine massive, große Katze mit mittlerem Knochenbau und muskulösem Körper. Kräftig in der gesamten Erscheinung.

Kopf

Form Mittlere Größe, breite modifizierte Keilform mit einer flach erscheinenden Stelle zwischen den Ohren.

Nase Die Nase ist mittellang und sollte einen leichten Bogen im oberen Drittel aufweisen.

Wangen, Schnauze und Kinn Wangen gut ausgebildet, die sich zu einer gerundeten, gut entwickelten, mittellangen Schnauze mit gut entwickeltem Kinn verjüngen.

Ohren

Form Mittlere Größe mit breitem Ansatz und gerundeten Spitzen.

Platzierung Weit auf dem Schädel auseinander gesetzt, leicht nach vorn geneigt.

Augen

Form Groß und oval, der äußere Augenrand sollte eine Linie mit dem Ohransatz bilden.

Farbe Blau, je intensiver, desto besser, in Relation zur Körperfarbe.

Körper

Struktur Langer Körper, mittlerer Knochenbau. Brust breit und gut ausgebildet. Muskulös und schwerer in der Hinterhand. Die ausgewachsene Katze ist an den Schultern so breit wie am Hinterteil.

Hals Kurz und kräftig.

Beine Mittellang mit mittlerem Knochenbau. Hinterbeine etwas höher als die Vorderbeine, dadurch erscheint die Rückenlinie etwas nach vorn geneigt.

Pfoten Groß, rund und kompakt, mit Haarbüscheln zwischen den Zehen.

Schwanz Lang, mittelstark am Ansatz, verjüngt sich etwas zum Schwanzende hin, in Proportion zum Körper. Gut behaart, buschig.

Fell

Struktur Mittlere Länge, dichte, weiche und seidige Textur, liegt am Körper an und bricht sich in der Bewegung. Das Fell ist am Hals am längsten und umrahmt den äußeren Gesichtsrand, wodurch sich das Aussehen eines Lätzchens ergibt. Im Gesicht ist das Fell kurz und wird ab Kopfende über die Schultern zum Rücken hin länger. An den Seiten, am Bauch und am Hinterteil ist es mittellang bis lang, an den Vorderbeinen kurz bis mittellang.

Farbe Siehe Farbvarietäten.

Anmerkungen
- Kätzinnen sind auffallend kleiner als Kater.
- Katerbacken sollen berücksichtigt werden.
- Die Entwicklung ist langsam.

Fehler
Kopf Schmaler Kopf.
Nase Stop oder römische Nase.
Ohren Große, kleine oder spitze Ohren.
Augen Mandelförmig.
Nacken Zu langer und zu dünner Hals.
Körper Gedrungener Körper oder schmale Brust.
Beine Kurze Beine, gespreizte Zehen oder fehlende Haarbüschel.
Schwanz Kurzer Schwanz oder abgestumpfte Spitze.
Fell Kurzes Fell (saisonbedingt).

Punkteskala
Total 100 Punkte

Kopf
Allgemeine Form, Nase, Stirn, Wangen und Schnauze, Gebiss und Kiefer, Kinn Form und Größe der Augen.
– 20 Punkte

Ohren
Form und Platzierung.
– 5 Punkte

Augenfarbe
– 5 Punkte

Körper
Körperbau, Größe, Knochenbau.
– 20 Punkte

Beine und Pfoten
Länge der Beine, Form der Pfoten.
– 5 Punkte

Schwanz
Form und Länge.
– 5 Punkte

Fell
Farbe und Muster.
– 25 Punkte
Qualität und Textur, Länge.
– 10 Punkte

Kondition
– 5 Punkte

Die einzig zugelassene Augenfarbe der Ragdoll ist, unabhängig von der Fellfarbe, blau. Foto: Renate Wald

Die Ragdoll wird in drei Zeichnungsvarianten und vier Farben anerkannt. Oben sehen Sie die Zeichnungsvariante Colourpoint bei der linken Katze, die rechte ist mitted gezeichnet. Auf dem Foto im unteren Kasten zeigt die Katze die ursprüngliche Biclolour-Zeichnung. Fotos: Claudia Ley

Anerkannte Farbvarietäten

Ragdoll Bicolour

Fell
Die Points an Ohren, Maske und Schwanz sollen gut abgegrenzt sein. Die Maske muss ein umgekehrtes weißes „V“ aufweisen.
Körperfarbe
Etwas heller als die Points, weiße Flecken am Rücken sind gestattet. Bauch weiß und ohne Flecken. Weiße Beine werden bevorzugt.
Nasenspiegel und Fußballen
Müssen rosa sein.
Fehler Weiß an den Ohren oder auch weiß am Schwanz
Farbe Seal, Blue, Chocolate, Lilac.

Farbe und Wesen

Manche Halter wollen einen Zusammenhang zwischen der Farbe ihrer Katze und deren Verhalten erkannt haben. Ob es diesen wirklich gibt, ist bis heute nicht geklärt.

Ragdoll Colourpoint

Fell
Die Farbe der Points an Ohren, Maske, Beine und Schwanz soll gut ausgefärbt sein und mit der Körperfarbe harmonieren.
Nasenspiegel und Fußballen
Analog der Farbe der Points.
Fehler Jeder weiße Fleck im Fell.
Farbe Seal, Blue, Chocolate, Lilac.

Ragdoll Mitted

Fell
Points (außer an Pfoten und Kinn) und Körperfarbe wie bei den Colourpoint, gut abgegrenzt und mit der Körperfarbe harmonierend. Weißes Kinn, mit oder ohne weißem Streifen auf dem Nasenrücken. Weiße Handschuhe an den Vorderpfoten, die Hinterbeine sollen mindestens bis zur Ferse und höchstens bis Mitte Oberschenkel ganz weiß sein. Ein weißer Streifen, beginnend am Lätzchen, geht nach unten zwischen den Vorderbeinen durch bis zum Schwanzansatz.
Nasenspiegel Analog der Farbe der Points
Fußballen Rosa.
Fehler
Fehlen des weißen Kinns.
Jeder dunkle Fleck auf den weißen Handschuhen.
Jeder dunkle Fleck am Bauch.
Fehlen des weißen Steifens.
Farbe: Seal, Blue, Chocolate, Lilac.

Ragdoll, Birma und Colourpoint

Die Anerkennung der Ragdoll stieß in vielen Ländern auf den Widerstand der etablierten Birma- und Colourpoint-Züchter. Die Mitted-Zeichnungsvariante bereitete den Birma-Züchtern Kopfschmerzen, denn diese zeigte mit den weißen Vorderpfoten ein typisches Merkmal der Birma. Doch im Gegensatz zu dieser ist bei einer Mitted-Ragdoll auch das Kinn weiß, ebenso die kompletten Hinterfüße – beides Fehler bei einer Birma. Ferner zeigt die Mitted-Ragdoll auch auf dem Bauch einen weißen Streifen. Mit den colourpoint gezeichneten Ragdolls hatten Colourpoint-Züchter Probleme, da diese ihrer Meinung nach dem älteren Typ ihrer Katzen entsprachen. Dies erscheint heute verwunderlich, denn die Colourpoint ist eine langhaarige, die Ragdoll eine semilanghaarige Katze.

Die Bicolour-Ragdoll war ab dem 1. Januar 1992 die erste von der FIFé vollständig anerkannte Zeichnungsvariante. In der gesamten Diskussion ging leider völlig unter, dass sich Birma, Colourpoint und Ragdoll im Körperbau und in der Kopfform deutlich voneinander unterscheiden.

Foto: C. Ley

Foto: E. Jack-Schmidt

Foto: I. Francais

Sehr gut kann man bei dieser Mitted-Ragdoll erkennen, dass das Weiß an den hinteren Beinen sehr hoch geht, ebenso sieht man den Ansatz des weißen Bauchstreifens.

Die Heilige Birma darf keinen weißen Bauchstreifen und kein weißes Kinn zeigen. Auch das Weiß an den Hinterbeinen darf nur an den Pfoten ausgeprägt sein.

Die moderne Colourpoint ist eindeutig eine langhaarige Katze mit klaren Zügen einer Perser.

Die klassischen Irrtümer

• Schmerzunempfindlichkeit

Selbstverständlich ist keine Ragdoll, und auch keine andere Katze, auffallend unempfindlich gegenüber Schmerzen. Diese Behauptung entbehrt jeder Grundlage und hat der Ragdoll sicher mehr geschadet als geholfen.

• Schlaffheit

Hebt man eine Ragdoll hoch, so soll sie schlaff wie ein Stück Stoff durchhängen. Ragdoll bedeutet übersetzt nichts anderes als Stoff- oder Lumpen-Puppe. Probieren Sie es gerne aus! Sie werden feststellen, dass sich eine Ragdoll sicher nicht immer „hängen" lässt. Vielleicht ist die Ragdoll insgesamt gelassener als andere Katzen, aber dies ist sicher nicht auf ihre Schlaffheit begründet.

• Furchtlosigkeit

Wahrscheinlich ist dieses Vorurteil auf ihre angebliche Schmerzunempfindlichkeit zurückzuführen. Sicher ist die Ragdoll nicht furchtloser als andere Katzen.

Selbst einmal einen Wurf großziehen ist sicher der Wunsch vieler Menschen. Doch übersehen Sie bei aller Freude, die dies sichtlich mit sich bringt, dass der Zeitaufwand enorm ist.
Foto: Renate Wald

Überlegungen vor dem Kauf

So sehr Sie auch von dem Gedanken fasziniert sein mögen, mit einer Katze zusammenzuleben, es gibt einige Dinge, die Sie vor der Anschaffung unbedingt bedenken müssen.

Nicht wenige Menschen sind gegen Katzenhaare allergisch. Sollte auch nur ein Mitglied Ihres Haushaltes an solch einer Allergie leiden, müssen Sie von der Anschaffung unbedingt absehen. Eine Desensibilisierung, die bei Heuschnupfen und manch anderer Allergie helfen kann, hat hier kaum Erfolg.

Der Allergiker ist den Haaren massiv und ständig ausgesetzt, was entweder sofort oder auf Dauer zu schweren Gesundheitsproblemen führen kann.

Wenn Sie zur Miete wohnen, sollten Sie Ihren Vermieter um eine schriftliche Einverständniserklärung bitten, in der Ihnen die Haltung gestattet wird. Rechtlich gesehen hat der Vermieter die Haltung einer Katze zu gestatten, auch wenn diese im Mietvertrag verboten ist. Die Katzenhaltung gehört heutzutage zum normalen Wohnkomfort, solange keine Belästigung anderer Mieter entsteht. Dies ist vor allem dann der Fall, wenn viele Katzen gehalten werden, die Katzen nicht kastriert wurden und lautstark nach einem Partner rufen oder in Wohnräumen gezüchtet wird.

Der Zeitaufwand, den die Haltung mit sich bringt, ist ein weiterer Punkt, den es zu bedenken gilt. Ihre Katze möchte nicht nur täglich gefüttert werden, sie braucht Ihre Zuwendung, Streicheleinheiten, Spielstunden und muss gepflegt werden. Insgesamt müssen Sie mindestens drei Stunden täglich einrechnen.

Grundsätzliche Überlegungen

Vor dem Kauf einer Katze fragen Sie sich, ob

- kein Haushaltsmitglied eine Allergie gegen Katzenhaare hat.
- Ihr Vermieter die Haltung gestattet.
- Sie täglich die Zeit für Pflege, Spiel- und Streichelstunden haben.
- Sie das Geld für Zubehör, Futter und Tierarztbesuche aufbringen können und wollen.

Nur wenn Sie alle diese Fragen positiv beantworten können, sollten Sie eine Katze anschaffen.

Die Anschaffung einer Katze muss gut überlegt sein. Sicher wird sie viel Freude in Ihr Leben bringen, aber auch Sie müssen ein guter Partner für Ihre Katze werden. Katzen bewahren zwar ihren eigenen Kopf, brauchen aber auch Ihre Gesellschaft. Foto: Renate Wald

Vom Züchter nach Hause

In aller Regel werden Sie Ihre Katze selbst beim Züchter abholen. Die Fahrt nach Hause kann für die kleine Katze recht anstrengend werden. Am besten haben Sie eine stabile Transportbox dabei, die Sie mit einer Decke bequem ausstaffiert haben. Vor und während der Fahrt sollte die Katze weder Fressen noch größere Mengen trinken dürfen – dies würde ihr nur unnötig Magen und Darm füllen.

Die finanziellen Aufwändungen sollten Sie ebenfalls nicht unterschätzen. Neben den einmaligen Anschaffungskosten entstehen Ihnen für Futter, Streu, Spielzeug und Tierarztbesuche regelmäßige Kosten. Auf das Jahr umgerechnet sind dies je nach Art des verwendeten Futters mindestens 50 bis über 100 Euro monatlich.

Woher bekomme ich meine Katze?

Sie haben sich aufgrund ihres Aussehens und Wesens für den Kauf einer Rassekatze entschieden. Selbstredend erwarten Sie von Ihrem künftigen Mitbewohner genau diese rassetypischen Eigenschaften. Außerdem möchten Sie natürlich ein körperlich und geistig gesundes Tier erhalten. Dies ist nur dann gewährleistet, wenn Sie die Katze aus vertrauensvollen Händen erwerben.

Katzen brauchen den Kontakt zum Menschen – von Geburt an. Kein Zoogeschäft verkauft Ihnen darum eine Katze, denn der ständige Kontakt zum Menschen ist hier nicht möglich. Idealerweise erwerben Sie Ihre Katze bei einem Züchter, der Mitglied in einem seriösen Klub ist und seine Katzen bei sich in der Wohnung großzieht.

Katzenwelpen sind sehr verspielt und werden eine Menge Leben in Ihr Zuhause bringen. Es ist ein Riesenspaß, mit den Kleinen herumzutollen und ihnen beim Wachsen zuzusehen. Foto: Renate Wald

Wichtige Unterlagen

Sie erhalten vom Züchter, wenn Sie das Kätzchen bei ihm abholen, den Impfpass, in dem alle Impfungen und Termine eingetragen sind, den Abstammungsnachweis, in dem die Ahnen des Kätzchens eingetragen sind – dieser wird eventuell nachgereicht, da das Ausstellen manchmal etwas länger dauern kann. Auch wenn ein mündlich geschlossener Kaufvertrag gültig ist, sollte dieser aus Beweisgründen, gerade wenn Nebenabsprachen getroffen wurden, noch schriftlich aufgesetzt werden.

Foto: Claudia Ley

Die Auswahl eines guten Züchters ist sehr wichtig, denn nur so haben Sie die größtmögliche Sicherheit, ein gesundes Kätzchen zu erwerben.
Foto: Claudia Ley

Ausstellen oder züchten?

Rassekatzen müssen, soll mit ihnen gezüchtet werden oder sollen sie erfolgreich an Ausstellungen teilnehmen, dem Zuchtstandard entsprechen. Solche sogenannten Zuchtkatzen sind teuer. Günstiger sind Katzen, die kleine Schönheitsfehler aufweisen und vom Züchter als sogenannte Liebhaberkatzen verkauft werden. Solche Katzen sind nicht weniger liebenswert oder gar zweite Wahl – meist sind es nur geringe Farb- oder Zeichnungsfehler, die sie von der weiteren Zucht ausschließen.

Auswahl des Züchters

Züchteradressen erhalten Sie von jedem Katzenverein. Es gibt einen angesehenen intenationalen Dachverband der Rassekatzenzüchter, die FIFé (Fédération Internationale Féline). Der Deutsche Dachverband, der 1. DEKZV e.V. (1. Deutscher Edelkatzen Züchterverband e.V., wie Rassekatzen auch oft genannt werden), ist Mitglied dieser Organisation. Fragen Sie bei den Züchtern nach, ob Würfe geplant sind oder gerade Kätzchen zum Verkauf angeboten werden. Häufig wird das englische Wort *kitten* (Kätzchen) für die jungen Katzen verwendet. Die Kitten-Vermittlung der Vereine weiß immer, welcher Züchter gerade einen Wurf hat oder plant.

Besuchen Sie unbedingt verschiedene Züchter und finden heraus, welcher Ihnen mit seinen Welpen am meisten zusagt. Ein seriöser Züchter züchtet nur mit rassereinen Katzen, die einen gesicherten Stammbaum vorweisen können. Seine Katzen sind gesund und zeigen einen guten Charakter. Er betreibt die Zucht aus Passion und als Hobby, denn man kann damit nicht das große Geld verdienen. Er wird sich sehr für das neue zu Hause seiner Kätzchen interessieren und Ihnen viele Fragen stellen.

Katzen und andere Haustiere

Wenn sie von klein auf aneinander gewöhnt werden, verstehen sich Katzen mit vielen Haustieren – selbst mit Hunden und kleinen Nagern. Doch sollten Sie gerade im Spiel mit Kleinnagern, der natürlichen Beute jeder Katze, keine Experimente wagen. Freundschaften sind hier eher die Ausnahme. Die Gewöhnung an Hunde funktioniert meist gut, wenn beide noch jung sind.

Manche Züchter lassen es sich auch nicht nehmen, den neuen Besitzern das Kätzchen nach Hause zu bringen. Nutzen Sie diese Chance, denn der erfahrene Blick des Züchters wird bestimmt noch die eine oder andere gefährliche Stelle in Ihrer Wohnung zu beseitigen helfen.

Die jungen Katzen werden frühestens mit zwölf Wochen abgegeben, meist erst mit dem Vollenden der sechzehnten Lebenswoche. Bis dahin sorgen sich die Katzenmutter und der Züchter um die Kleinen. Wenn Sie Ihre Katze im Alter von zwölf Wochen abholen, ist sie bereits entwurmt und die Grundimmunisierung ist fast abgeschlossen (siehe Impfschema).

Für die ersten Tage werden Sie vom Ihrem Züchter das gewöhnte Futter mitbekommen, damit es zu keiner schnellen Futterumstellung kommt. Am besten füttern Sie auch künftig nach den Empfehlungen des Züchters. Er wird Ihnen vielleicht einen guten Tierarzt in Ihrer Nähe empfehlen können, den Sie möglichst innerhalb von zwei Wochen nach der Übernahme der Katze einmal aufsuchen. Sie können die kleine Katze von Grund auf untersuchen lassen und gegebenenfalls die nächsten Impftermine absprechen.

Katze oder Kater?

Wenn Sie mit Ihrer Katze nicht züchten, werden Sie sie kastrieren lassen. Die Unterschiede im Verhalten sind dann kaum mehr spürbar. In der Größe variieren männliche und weibliche Katzen leicht. Die Männchen sind meist etwas größer und massiver.

Eine Bicolour- (außen) oder eine Mitted-Ragdoll (Mitte) – welches ist Ihre liebste Zeichnung? Foto: Renate Wald

Auswahl des Kätzchens

Sie haben dem Züchter gesagt, ob Sie eine Liebhaber-, Ausstellungs- oder Zuchtkatze erwerben möchten. Er wird Ihnen zeigen, welche Kätzchen für Ihre Ansprüche in Frage kommen und Sie dabei sicher gut beraten. Ein seriöser Züchter hat schließlich einen Ruf zu verlieren. Auf ein paar Dinge sollten Sie trotzdem bei der Auswahl achten.

Junge Katzen sind sehr verspielt und neugierig. Werden Sie misstrauisch, wenn ein Kätzchen sich wenig bewegt, scheu oder ängstlich ist und kein Interesse am Spiel mit Ihnen oder den anderen zeigt.

Sie sind kein Tierarzt, aber auf ein paar Krankheitsanzeichen können Sie achten. So darf kein Ausfluss an den Ohren und Augen erkennbar sein, das Fell muss glänzen und auch um den After herum muss es sauber sein. Die Ohren müssen frei von Parasiten sein, die Sie an einem dunklen Belag und einem schlechten Geruch leicht erkennen können. Die Augen müssen klar sein, es darf keine Trübung erkennbar sein.

Vorbereitungen zu Hause

Die Vorbereitungen in Ihrem Zuhause treffen Sie selbstverständlich bevor Sie das Kätzchen zu sich holen.

Als erstes müssen Sie die Grundausstattung für Ihre Katze besorgen. Auch wenn Sie schon eine Katze besitzen, bekommt Ihre neue Mitbewohnerin alles auch für sich. Wenn Sie Ihre Katze mit Feucht- und Trockenfutter versorgen, müssen Sie zwei stabile, rutschfeste Fressnäpfe besorgen, dazu kommt ein ebenfalls rutschfester Wassernapf. Das beste Material ist Edelstahl, denn es ist stabil und leicht zu reinigen. Näpfe aus Steingut sind ebenfalls empfehlenswert, bei Plastik als Material achten Sie darauf, dass es nicht zu leicht und dünn gearbei-tet ist. Stellen Sie die Futternäpfe und den Wassernapf an einen ruhigen Ort, der nicht direkt der Sonne ausgesetzt ist. Eine Ecke in der Küche ist hierfür ideal.

Schon bevor Ihr Kätzchen zu Ihnen nach Hause kommt, müssen Sie eine Menge Vorbereitungen treffen. Foto: Renate Wald

Die Grundausstattung

Zur Grundausstattung für Ihre Katze gehören:

- ein Wassernapf
- je ein Fressnapf für Feucht- und Trockenfutter
- eine Katzentoilette und Streu
- ein Kratzbaum und ein Körbchen
- eine stabile Transportbox
- Futter und Leckerbissen
- sanfte Reinigungsmittel
- ein Halsband mit Adressanhänger
- Kamm und Bürste für die Fellpflege
- katzensicheres Spielzeug

Wollen Sie nicht, dass Ihre Katze Ihre Möbel oder Tapeten zerkratzt, müssen Sie ihr schnell beibringen, dass der Kratzbaum extra für diese Zwecke da ist. Es gibt sie in verschiedensten Ausführungen. Am besten sind solche, deren Stämme mit Sisal umwickelt sind und die der Katze gleichzeitig einige erhöhte Aussitzplätze geben. Am besten stellen Sie den Kratzbaum in einer Ecke des Zimmers auf, in dem Sie sich häufig aufhalten, zumeist ist das das Wohnzimmer.

Die Katzentoilette steht etwas abseits, da sich Katzen nicht gerne bei ihren Geschäften beobachten lassen – vielleicht im Badezimmer. Sie sollten den Standort möglichst nicht verändern, denn Ihre Katze benötigt auch eine gewisse Routine und Kontinuität in ihrem Leben. Es gibt sie in vielen verschiedenen Ausführungen. Am häufigsten sind sie aus Hartplastik entweder als einfache Wanne oder mit einem Häuschen darüber.

Katzensicher?

Wenn eine Katze zu Ihnen ins Haus kommt, muss die Umgebung katzensicher gemacht werden. Achten Sie darauf, dass sich keine giftigen Pflanzen, Putzmittel oder auch Medikamente und Chemikalien in Reichweite der Katze befinden. Stellen Sie auch sicher, dass alle Einrichtungsgegenstände sicher stehen und nicht umkippen können, wenn die Katze hinaufspringt. Damit Ihre Katze nicht vom Balkon springen kann, sollte dieser mit einem Katzenschutznetz gesichert sein.

Steht die Katzentoilette an einem ungestörten Ort, reicht eigentlich die einfache Wannenausführung. Der Vorteil des Häuschens liegt darin, dass entstehender Geruch sich nicht so schnell ausbreitet und nicht so viel Streu herausgescharrt oder herausgetragen wird.
Eine stabile Transportbox gehört ebenfalls zur Grundausstattung. Mit ihr holen Sie die Katze beim Züchter ab. Häufig sieht man geflochtene Boxen, die zwar nett aussehen, aber weder besonders praktisch sind, denn die Katze kann sich wunderbar mit ihren Krallen in ihr festklammern, noch können sie besonders hygenisch gereinigt werden. Besser ist eine Box aus Hartplastik, die möglichst große Eingriffe bietet und so ein leichtes Hineinsetzen und Herausnehmen der Katze ermöglicht. Wenn Ihre Katze auch frei außerhalb der Wohnung herumlaufen darf, dann sollte sie immer ein Halsband mit ihrer Adresse und Telefonnummer tragen, denn man weiß nie, ob sie vielleicht doch einmal auf weite Entdeckungstour geht und dann nicht mehr nach Hause findet.
Für die Fellpflege brauchen Sie entsprechende Bürsten und Kämme.
Der Handel bietet eine breite Palette an Spielsachen für Ihre Katze an. Achten Sie darauf, dass diese stabil sind und sich keine kleinen Teile ablösen und von Ihrer Katze verschluckt werden können. Das beliebte Wollknäuel sollten Sie meiden, denn wenn sich dieses abrollt, kann die Katze sich darin verheddern, in Panik geraten und dann sogar selbst strangulieren. Nicht zuletzt braucht Ihre Katze geeignetes Futter und Sie sollten ein paar Leckerbissen für sie zur Hand haben. Fragen Sie am besten Ihren Züchter nach seiner Futterempfehlung, damit das Kätzchen seine gewohnten Mahlzeiten bekommt.

Vorsicht Kippfenster

Kippfenster sind eine tödliche Falle für Katzen. Wenn sie versuchen, durch den engen Spalt ins Freie zu gelangen, können sie mit dem Kopf zwischen Fenster und Rahmen steckenbleiben. Im Handel gibt es spezielle Sicherungen, die dies effektiv verhindern.

Katzen wetzen Ihre Krallen an allen möglichen Gegenständen. Ein Kratzbaum gehört unbedingt zur Grundausstattung, wenn Sie nicht wollen, dass Ihre Einrichtung den Katzenkrallen zum Opfer fällt.
Foto: Renate Wald

Die Eingewöhnung

Katzen gewöhnen sich unterschiedlich schnell an ihr neues Zuhause. Die Eingewöhnung fällt jungen Katzen meist einfacher als älteren. Am unkompliziertesten verläuft die Umstellung, wenn Sie zwei Wurfgeschwister gleichzeitig bei sich aufnehmen. Vergessen Sie nicht, dass die Kätzchen nicht nur in eine fremde, ungewohnte Umgebung koommen, sondern auch von ihrer Mutter und den Geschwistern getrennt werden. Wenn dann noch ein Freund aus alten Zeiten dabei ist, fallen Abschied und Eingewöhnung nicht so schwer.

Junge Katzen sind sehr verspielt, brauchen aber auch viel Schlaf! Foto: Claudia Ley

Wenn Sie mit Ihrem Kätzchen nach Hause kommen, lassen Sie ihm erst einmal etwas Zeit für sich. Manche Katzen beginnen nun neugierig die Wohnung zu erkunden, andere sind eher verängstigt und ziehen sich schnell in eine Ecke oder einen Tisch zurück. Auf keinen Fall sollte von Ihrer Seite Hektik verbreitet werden. Auch wenn jeder die Katze gerne einmal streicheln und in den Arm nehmen will – jetzt geht das nicht.

Sobald sich die Katze etwas eingewöhnt hat, zeigen Sie ihr den Fress- und Wassernapf, die Katzentoilette, ihren Korb und geben ihr etwas zum Spielen.
Manche Katzen finden über das Spielen schnell Zugang zu ihren neuen Halter, andere Fremdeln auch noch die nächsten Tage. Seien Sie sehr einfühlsam und lassen Sie Ihrer Katze die Zeit, die sie braucht.

Die erste Nacht

Erfahrungsgemäß bedeutet die erste Nacht in der neuen Umgebung für ein Kätzchen die größte Umstellung. Tagsüber konnte es sich mit Spielen und Entdeckungsreisen noch ablenken, aber jetzt abends allein im Korb liegen, das ist schon etwas anderes, als sich an seine Mutter und die Geschwister kuscheln zu können! Einmal mehr erweist es sich als Vorteil, gleich zwei Katzen anzuschaffen. Wenn das Kätzchen allein bei Ihnen ist, wird es vielleicht versuchen, zu Ihnen ins warme Bett zu kommen. Wenn Sie dies nicht auf Dauer dulden wollen, müssen Sie dem von Anfang an Einhalt gebieten. Ein einmal angewöhntes Verhalten ist der Katze nur schwierig wieder abzuerziehen. Um dem kleinen Neuling die erste Nacht etwas angenehmer zu machen, können sie seinen Korb neben Ihr Bett stellen und vielleicht eine Wärmflasche dazu legen. Das ist natürlich kein Ersatz, aber viele Halter haben mit dieser Methode gute Erfahrungen gemacht.

Ragdolls sind sehr große Katzen und es dauert dementsprechend lange, bis sie vollständig ausgewachsen sind. Wer sich bei der Auswahl seiner Katze für einen Welpen entscheidet, der erlebt jeden Entwicklungsschritt gemeinsam mit seiner Katze. Foto: Claudia Ley

Eine zweite Katze

Es gibt keine Katze, die lieber alleine lebt. Am einfachsten ist es, wenn Sie gleich zu Beginn zwei Katzen aus einem Wurf erwerben, die sich sicher gut verstehen werden. Besitzen Sie bereits eine Katze, gelingt die Gewöhnung an eine junge Katze von maximal drei bis vier Monaten am problemlosesten.

Jede Katze hat ihre Lieblingsplätze. Was die Ragdoll an diesem Waschbecken nun besonders anziehend findet, wird wohl ihr Geheimnis bleiben.
Foto: I. Francais

Wie die erste Nacht verlaufen wird, kann man nie wissen. Vielleicht schläft Ihr Kätzchen ganz friedlich und von den Strapazen des aufregenden Tages erschöpft ein. Manch eine Katze hat ihren neuen Besitzer aber auch die Nacht lang wach gehalten. In jedem Fall verlieren Sie die Nerven nicht. Es ist nunmal eine aufregende Zeit für ein kleines Kätzchen.

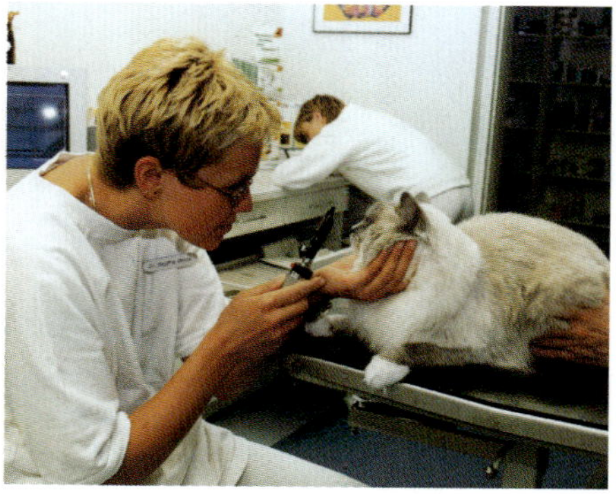

Eine Grunduntersuchung beim Tierarzt ist in den ersten Wochen nach der Übernahme vom Züchter Pflicht.
Foto: Renate Wald

Die nächsten Tage

Während der kommende Tage wird sich immer mehr Ruhe einstellen, soweit man davon bei einem Katzen-Welpen überhaupt sprechen kann. Zumindest lernt das Kätzchen Ihren Tagesablauf kennen und gewöhnt sich immer besser ein. Ein Besuch beim Tierarzt sollte innerhalb der ersten beiden Wochen nach der Übernahme folgen. Der Tierarzt sollte das Kätzchen sorgfältig untersuchen und mit Ihnen gegebenenfalls noch ausstehende Impftermine absprechen. Ebenso können Sie anhand einer Kotprobe nochmals den Erfolg der letzten Wurmkur, die der Züchter durchgeführt hat, überprüfen.

Eine Katze erziehen?

Oft hört man, eine Katze ließe sich nicht oder nur im engen Rahmen erziehen. Dieser Meinung liegt eine ganz bestimmte Vorstellung von dem Begriff Erziehung zu Grunde, der eher in die Nähe von Dressur zu rücken ist. Katzen sind sicher nicht so dressierbar wie Hunde – die Bemerkung sei erlaubt, auch wenn hier Äpfel mit Birnen verglichen werden. Katzen machen nicht auf Kommando, was man von ihnen will, sind nicht jederzeit zum Kuscheln aufgelegt und hören nicht immer auf ihren Namen. Dennoch sind sie sehr wohl lernfähig.

Verbote

Auch bei der Erziehung Ihrer Katze ist Konsequenz das oberste Gebot. Verbote müssen einheitlich gehandhabt werden, nicht wie es Ihnen gerade passt. Dabei genügt ein strenges „Nein" als Missbilligung vollkommen aus – Katzen sind sehr feinfühlig und wissen genau, was Sie meinen. Schläge sind ein absolut unakzeptables Erziehungsmittel.

Katzen sind intelligente Tiere, die schnell lernen können, was sie dürfen und was ihnen verboten ist. Man hat allerdings oftmals den Eindruck, dass sie dies gar nicht lernen wollen, sondern nach ihrer eigenen Façon leben möchten
Fotos: Claudia Ley

Typisch Katze

Katzen nehmen unter den vielen Tieren, die der Mensch im Lauf der Jahrtausende domestiziert hat, unbestritten eine Sonderstellung ein. Sie lassen sich nicht einsperren, haben sich aber dennoch an den Menschen gewöhnt und leben gerne mit ihm unter einem Dach. Sie brauchen und suchen unsere Nähe, sind uns aber dennoch nicht grenzenlos ergeben und haben sich ihren eigenen Willen bewahrt. Dies hat mit der Vergangenheit der Katze als Einzelkämpfer in der Natur zu tun. Die Ahnen unserer Hauskatzen lebten nicht im Rudel zusammen, sondern trafen nur selten zur Paarungszeit aufeinander. So verwundert es nicht, dass sie sich ungerne Vorschriften machen lassen und alles ablehnen, was nach Zwang und Unfreiheit aussieht.

Wenn wir mit einer Katze zusammenleben, können wir ihr jedoch nicht immer alles erlauben – so gerne mancher Halter dies auch täte! Deshalb ist eine Grunderziehung unbedingt erwünscht.

Das Krallenwetzen gehört zum notwendigen natürlichen Verhalten Ihrer Katze. Sie können es ihr nicht abgewöhnen, wohl aber in die richtige Richtung lenken. Foto: Claudia Ley

Erziehung Ihrer Katze

Eine Katze erziehen bedeutet nicht in erster Linie, ihr Kommandos oder Kunststücke beizubringen. Die Erziehung umfasst vielmehr das Aufzeigen bestimmter Ge- und Verbote. Die einzigen erlaubten Hilfsmittel sind dabei Ihre Stimme und eine Belohnung zur rechten Zeit. Zeigt Ihre Katze ein unerwünschtes Verhalten, sollten Sie ihr dies durch ein strenges „Nein“ auch sagen und ihr das gewünschte Verhalten zeigen. Wetzt sich Ihre Katze ihre Krallen beispielsweise an Ihren Möbeln oder den Wänden, sagen Sie streng „Nein“ und setzen sie an ihren Kratzbaum. Kratzt die Katze dort weiter, wird sie gelobt und erhält eine kleine Belohnung. Diesen Erziehungsstil nennt man positive Verstärkung. Der Theorie nach wird ein Verhalten, das zu einem positiven Ergebnis führte, gerne wiederholt. Auch der Umkehrschluss gilt: Eine Handlung mit einem negativen Resultat wird gemieden. Wenn also Ihr strenges „Nein“ die Quittung für eine bestimmte Aktion ist, überlegt es sich die Katze das nächste Mal genau, ob sie es wieder tut. Soweit die Theorie. In der Praxis kann es schon einiger Belohnungen oder „Neins“ bedürfen, bis Ihre Katze das gewünschte Verhalten zeigt bzw. unterlässt. Katzen sind aber nicht dumm, sie haben nur ihren eigenen Kopf. Wenn Sie Zeit und Lust haben und feststellen, dass Ihre Katze positiv auf Ihre Erziehung reagiert, können Sie auch versuchen, Ihr weitere Dinge beizubringen. Viele Katzen hören beispielsweise sehr gut auf ihren Namen. Ihrer Phantasie sind innerhalb gesundheitsbewusster und artgerechter Schranken keine Grenzen gesetzt!

Stubenreinheit

Katze sind sehr reinliche Tiere und gewöhnen sich schnell an den Besuch der Katzentoilette. Die Kätzchen kennen sie schon von ihrer Zeit beim Züchter. Sollte es dennoch vorkommen, dass Ihre Katze ständig irgendwo in der Wohnung uriniert, müssen Sie reagieren. Beobachten Sie Ihre Katze, denn bevor sie ihr Geschäft macht, läuft sie meist etwas unruhig durch die Gegend. Nehmen Sie sie dann und setzen sie in die Katzentoilette. Sie können auch etwas Streu nehmen, wenn Ihre Katze einmal außerhalb des Klos gemacht hat, das Missgeschick damit beseitigen und dieses Streu dann in das Katzenklo legen. Der Geruch könnte die Katze dazu veranlassen, ihr nächstes Geschäft dort zu verrichten. Wenn Ihre Katze plötzlich nicht mehr auf die Katzentoilette geht, kann es auch sein, dass diese einmal gereingt werden muss oder eine Erkrankung des Tieres vorliegt.

Katzen sind sehr reinliche Tiere und gewöhnen sich schnell an die Katzentoilette. Foto: Renate Wald

Katzen und Kinder

Katzen und kleinere Kinder scheinen nicht zusammenzupassen. Katzen mögen es eher ruhig, bedächtig und hassen Hektik und unkontrollierte Bewegungen. Kleine Kinder sind noch unsicher in ihren Bewegungen, oft unfreiwillig grob und laut. Es hat sich jedoch gezeigt, dass der Umgang nicht nur funktionieren kann, sondern Kinder sehr davon profitieren.

Foto: Claudia Ley

Foto: Renate Wald

Seine kleinen Katzenkinder möchte man in erster Linie verwöhnen. Dabei dürfen Sie jedoch nicht übersehen, dass unerwünschtes Verhalten von Beginn an unterbunden werden muss. Einer erwachsenen Katze können Sie schlecht verbieten, was sie als Welpe noch durfte!
Foto: Claudia Ley

Katzen lieben erhöhte Versteckplätze, aus deren Sicherheit sie einen weiten Überlick haben.
Foto: Renate Wald

Kommen auf Zuruf

Katzen hören nicht immer auf ihren Namen. Damit sie jedoch mit dem Nennen Ihres Namens nur Positives verbinden, sollten Sie ihn nie rufen, wenn Sie böse auf Ihre Katze sind, sondern nur in angehmen Situationen. So verbindet die Katze mit ihrem Namen auch positive Erlebnisse und reagiert bestimmt positiv, wenn Sie ihn nennen.

Katzen sind sehr reinliche Tiere. Den Großteil ihrer Pflege leisten sie selbst. Es vergeht keine Stunde, in der wir unsere Katze nicht dabei beobachten können, wie sie ihre Krallen wetzt oder sich ausgiebig der Fellpflege widmet. Unsere Aufgabe ist es mehr oder weniger nur, ihren Pflegezustand auch zu kontrollieren und dann gegebenenfalls einzuschreiten. Die tägliche Pflege ist eine Garantie für die Gesundheit unserer Katze. Achten Sie also sehr genau darauf, ob Ihre Katze immer gepflegt aussieht Krankheiten zeigen sich nicht zuletzt dadurch, dass die Katze ihr eigene Pflege vernachlässigt und das Fell ungeplegt und stumpf wirkt.

Die Fellpflege

Sollte ein Bad für Ihre Katze unbedingt notwendig werden, verwenden Sie nur spezielle Shampoos für Katzen. Dies ist dem Fett- und Säuremantel von Haut und Haaren genau angepasst. Produkte für den Menschen würden dieses Gleichgewicht stören. Im Prinzip muss eine Katze nicht gebadet werden. Gründe hierfür können allerdings in einer sehr starken Verschmutzung des Fells liegen, auch kann es medizinische Gründe geben. Bestimmte Hautkrankheiten lassen sich am besten mit Bädern kurieren. Ausstellungskatzen sollen in einem besonders schönen Licht erscheinen. Da kann es manchmal notwendig sein, dass die Katze gebadet wird, auch wenn viele ohne diese zusätzliche Pflege im schönsten Pelz daherkommen.

Die Fellpflege

Auch wenn Ihre Katze das Fell selbst immer in beste From bringt liebt sie dennoch Ihre Zuwendung und die zusätzlichen Streicheleinheiten, wenn Sie sie ausgiebig bürsten. Ein Bad ist für Katzen nicht ubedingt eine schöne Sache und auch nicht notwendig, solange das Fell nicht sehr stark verschmutzt ist oder die Katze für eine Ausstellung besonders nett zurecht gemacht werden soll.

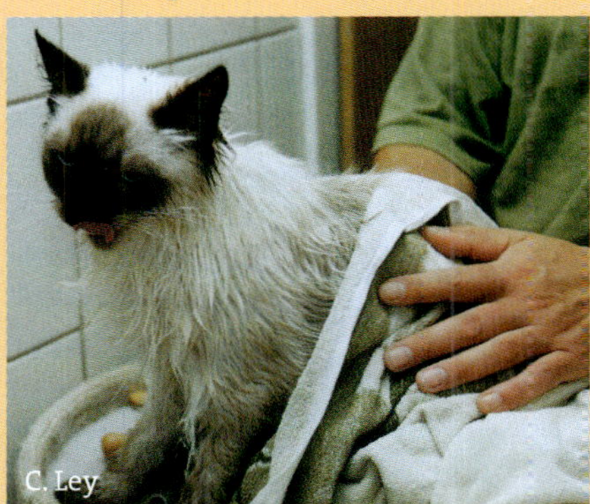
C. Ley

R. Wald

Wenn Sie Ihre Ragdoll von klein auf an die Krallenpflege gewöhnen, wird sie diese Prozedur als erwachsene Katze sicher genau so ruhig über sich ergehen lassen wie diese hier. Foto: Renate Wald

Das Fell der Ragdoll

Die Ragdoll gehört zu den semilanghaarigen Katzen. Ihre Fellpflege ist somit nicht so aufwendig wir bei langhaarigen Rassen, dennoch muss sie regelmäßig gebürstet und gekämmt werden, um Verfilzungen zu vermeiden. Hierzu verwenden Sie am besten zunächst einen grobzahnigen Metallkamm. Wenn das Fell Ihrer Ragdoll besonders dicht ist, können Sie zunächst auch eine Bürste verwenden. Danach kämmen Sie nochmals mit einem etwas feineren Metallkamm. Es ist normal, dass das Fell im Winter etwas dichter ist. Etwa ab August verliert die Katze ihr Sommerfell, ab dem März ihr Winterfell. Zu diesen Zeiten haart die Ragdoll dann etwas stärker. Ansonsten verliert sie wenig Haar, besonders wenn Sie Ihre Katze regelmäßig etwa zweimal die Woche kämmen.

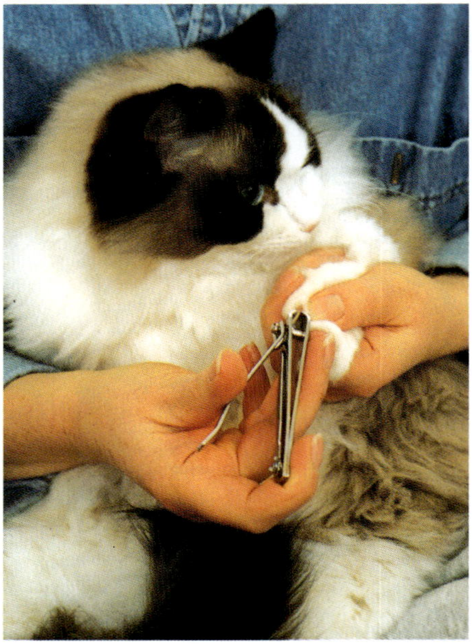

Zahnpflege

Ungepflegte Zähne sind ein häufig unterschätztes und auch gar nicht so seltenes Problem bei Katzen. Zwar leiden Katzen selten an Karies, doch kann sich Zahnstein bilden, der zu Zahnfleischentzündungen führen kann. Diese Entzündungen wiederum können zu schweren Infektionen auch innerhalb des Organismus der Katze führen. Um dem vorzubeugen sollten Sie die Zähne ihrer Katze mindestens einmal wöchentlich gründlich mit einer Bürste und einer speziellen Zahnpasta für Katzen reinigen. Haben Sie Ihre Katze von klein auf daran gewöhnt, wird sie dies auch gerne über sich ergehen lassen. Hat sich Zahnstein gebildet, muss dieser vom Tierarzt entfernt werden.

Die Krallenpflege

Sollte einmal eine oder mehrere Krallen zu lang geworden sein, können Sie diese mit einem speziellen Krallenschneider kürzen. Das erste Mal sollten Sie sich dies von einem erfahrenen Katzenhalter, Ihrem Züchter oder dem Tierarzt zeigen lassen. In jeder Kralle befindet sich zentral ein Blutgefäß mit Nerven. Sollten Sie dies anschneiden, tut das der Katze weh und es blutet. Bei hellen Krallen können sie das Gefäß gut als dunklen Strich gegen das Licht erkennen. Bei dunkel pigmentierten Krallen ist das kaum möglich. Sind Sie sich unsicher, lassen Sie die Krallen kürzen oder nehmen alternativ eine Feile und tragen immer nur wenig am Anfang der Kralle ab.

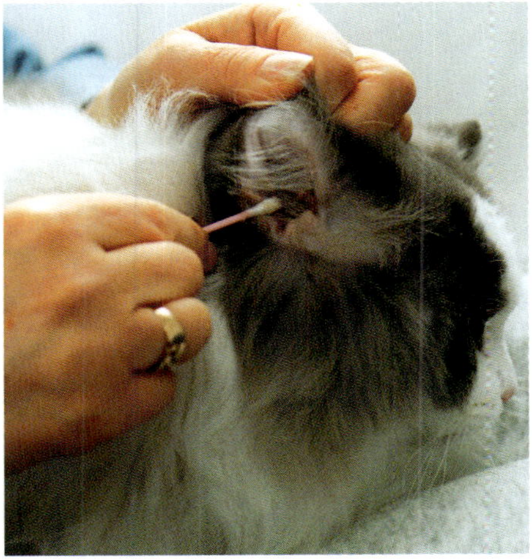

Seien Sie bei der Ohrenpflege besonders vorsichtig, denn das Ohr ist sehr empfindlich. Versuchen Sie nicht, zu tief in den Gehörgang einzudringen
Foto: Renate Wald

Augen- und Ohrenpflege

Die Augen und die Ohren einer Katze sind sehr empfindlich. Seien Sie also sehr vorsichtig, wenn Sie bei der Fellpfege in ihre Nähe kommen. Augen und Ohren müssen frei von Ausfluss sein. Tränen die Augen Ihrer Katze ständig, gehen sie mit ihr zum Tierarzt. Vielleicht hat sie eine Allergie oder eine Verletzung im Auge.

Die Ohren müssen sauber sein, der sichtbare äußere Gehörgang frei von Verunreinigungen. Sollten Sie dort Krusten und einen schlechten Geruch feststellen, liegt wahrscheinlich eine Infektion, möglicherweise mit Milben, vor. Stellen Sie in diesem Fall Ihre Katze dem Tierarzt vor!

Das Katzenklo

Für das Katzenklo gibt es inzwischen sehr gute Streus verschiedener Hersteller. Darunter sind viele sogenannte Klumpstreus. Diese bestehen aus einem Granulat, das die Feuchtigkeit und auch die Gerüche der Ausscheidungen bindet. Gleichzeitig verbindet sich das so verbrauchte Granulat zu festen Klumpen, die mit einer Siebschaufel leicht entfernt werden können. Das Streu muss nur wieder aufgefüllt werden. Es genügt somit, das Katzenklo alle vierzehn Tage komplett zu reinigen.

Schon die Welpen werden beim Züchter daran gewöhnt, die Katzentoilette aufzusuchen. Sie sollten bei der Übergabe weitgehend stubenrein sein.
Foto: Claudia Ley

Die Sauberkeit des Umfeldes

Katzen sind sehr reinlich und so sollte auch ihr Umfeld immer in einem gepflegten Zustand sein. Dies gilt im besonderen Maß für das Katzenklo, den Bereich der Futter- und Wassernäpfe und die hauptsächlichen Aufenthaltsorte Ihrer Katze, vor allem das Körbchen. Es darf hier niemals zu einer starken Geruchsbildung kommen.

Auch wenn es selten Streitereien um das Futter gibt, sollte jede Katze ihren eigenen Fressnapf haben. Foto: I. Francais

Das Körbchen

Im Körbchen achtet die Katze selbst schon auf Sauberkeit, doch können Sie von Zeit zu Zeit die Haare entfernen.

Der Fressplatz

Die Fressnäpfe nach jeder Mahlzeit gründlich mit heißem Wasser zu reinigen, sollte eine Selbstverständlichkeit sein. Der Napf mit dem Trockenfutter sollte auch täglich einmal ausgespült werden. Gleiches gilt für die Wasserschüssel. Achten Sie auch um die Näpfe herum auf Sauberkeit. Wischen Sie regelmäßig auf, um Fressensreste zu beseitigen.

Solch ein mit Sisal umwickelter Kratzbaum ist ideal zum Krallenwetzen. Foto: Renate Wald

Eine sehr wichtige Rolle bei der artgerechten Haltung Ihrer Katze und der Gesundheitsvorsorge spielt die richtige Ernährung. Diese muss auf die Bedürfnisse Ihrer Katze abgestimmt sein. Das ist heutzutage kaum mehr ein Problem, denn die Fertigfuttersorten sind heute eine gesunde, einfache und sichere Möglichkeit, seine Katze zu ernähren.

Die richtige Ernährung ist sehr wichtig für das Wohlbefinden Ihrer Katze. Die Ansprüche Ihrer Katze ändern sich im Verlauf ihres Lebens
Foto: Claudia Ley

Ernährungsansprüche der Katze

Wenn Sie die Katze vom Züchter abholen, sollten Sie sie bis zu einem Alter von etwa sechs Monaten mit einem speziellen Futter für Welpen ernähren und dann langsam auf eine Kost für erwachsene Katzen umstellen. Die Futtermenge ist abhängig davon, wie gut die Katze die Nährstoffe individuell verwertet und wie aktiv sie ist. Auf der Verpackung sollte ein Richtwert angegeben sein, wieviel Gramm Futter pro Kilogramm Katze gegeben werden sollte. Schauen Sie, ob diese Menge ausreicht, gegebenenfalls erhöhen oder senken Sie die Futtergabe.

Futterumstellung

Es gibt sehr verschiedene Meinungen. Die einen sagen, man soll möglichst abwechslungsreich füttern, um eine Gewöhnung zu vermeiden. Andere sehen gerade in dem häufigen Wechsel einen Grund für Verdauungsprobleme. Um bei einem Futterwechsel den Übergang schonend zu gestalten, vermengen Sie das neue mit dem alten Futter so, dass Sie über eine Woche immer mehr vom alten und immer weniger vom neuen Futter nehmen.

Nach dem Fressen muss die Katze genügend Ruhe für eine gesunde Verdauung bekommen.
Foto: Claudia Ley

Futtertipps

Proteine
Katzen benötigen in Ihrem Futter einen hohen Anteil an Proteinen, da sie die Aminosäure Taurin (Baustein der Proteine) nicht selbst synthetisieren können. Es ist deshalb wichtig, dass Sie Ihre Katze wirklich nur mit Katzenfutter füttern – auch wenn Hundefutter eine günstigere Alternative zu sein scheint, es würde bei Ihrer Katze zu Mangelerkrankungen führen.

Katzengras
In der freien Natur fressen Katzen gelegentlich Gras, das sie sofort im Anschluss wieder erbrechen. Mit dem Gras gelangen auch Haare, die bei der Fellpflege verschluckt wurden und nicht über den Darm ausgeschieden werden, aus dem Magen. Für Katzen, die überwiegend in der Wohnung gehalten werden, sollte immer Katzengras bereitstehen. Besonders die langhaarigen Rassen benötigen dieses Hilfsmittel!

Feinschmecker
Katzen sind Feinschmecker und nehmen nicht jedes Futter an. Sollte Ihre Katze also einmal den Futternapf nicht anrühren, ist dies noch kein Grund zur Sorge. Vielleicht ist sie einfach die Futtersorte oder Geschmacksrichtung leid. Probieren Sie eine andere aus!

Übergewicht
Katzen neigen prinzipiell nicht dazu, sich zu überfressen. Ursachen für Übergewicht sind eher falsches Futter, zu viele Leckerbissen, zu wenig Bewegung oder auch eine Erkrankung des Verdauungssystems. Mit einem leichten Druck auf die Rippen erkennen Sie schnell, ob Ihre Katze das richtige Gewicht hat. Sie sollten die Rippen dann unter einer leichten Fettschicht gut spüren.

Trinkwasser
Frisches Wasser ist lebensnotwendig. Katzen, die auch auch im Freien afhalten, trinken oft aus Pfützen. Es scheint so, dass sie abgestandenes Wasser lieber mögen als direkt aus dem Hahn. Sie könnten also in einer Kanne immer etwas Wasser für Ihre Katze über Nacht stehen lassen und erst dann in den Wassernapf geben.

Kein rohes Fleisch!
Verfüttern Sie niemals rohes Fleisch an Ihre Katze, egal ob es sich um Geflügel, Schwein, Rind, Fisch oder sonst eine Art handelt! In rohem Fleisch können sich immer verschiedene Krankheitserreger befinden. Vor allem im Schweinefleisch finden sich diese Erreger, darunter sogar tödliche Viren, die die Aujeszkysche Krankheit auslösen. Abgekocht stellen diese keine Gefahr dar.

Futterzusätze
Wenn Sie Ihre Katze mit einem Fertigfutter versorgen, gehören dort keine weiteren Nahrungsmittelzusätze – allen voran Vitamine und Mineralstoffe – hinein. Diese Futtersorten sind so konzipiert, dass sie alle Zusatzstoffe in ausreichender Menge enthalten. Und für Vitamine und Mineralien gilt nicht „je mehr desto besser“!

Milch und Eier
Kuhmilch ist für Katzen kein geeignetes Nahrungsmittel. Katzen können den Milchzucker, die Laktose, nicht verdauen, so dass dieser im Verdauungstrakt zu gären beginnt. Da bei der Säuerung von Milch die Laktose abgebaut wird, verfüttern Sie als gelegentlichen Leckerbissen lieber Joghurt oder Dickmilch. Rohe Eier können Salmonellen enthalten, auch gekocht sollte nur gelegentlich Eigelb gegeben werden.

Für Welpen gibt es spezielle Futtersorten, die die besonderen Ernährungsansprüche berücksichtigen. Welpen wachsen schnell, das muss bei der Zusammensetzung des Futters berücksichtigt werden. Foto: Renate Wald

Fertigfuttersorten

Fertigfutter werden als Feuchtfutter in Dosen oder Schalen oder als Trockenfutter im Beutel angeboten. Sie sind vom Hersteller so ausgewogen zusammengestellt und mit allen notwendigen Zusatzstoffen versehen, dass sie als Alleinfutter alle Bedürfnisse Ihrer Katze decken. Weitere Zusätze dürfen nur auf Anraten Ihres Tierarztes verfüttert werden. Häufiges Thema von Diskussionen ist die Gefahr der Gewöhnung an ein Futter. Sogar von süchtig machenden Zusätzen wurde eine Zeitlang gesprochen. Fakt ist, dass Fertigfutter so vollständig in ihrer Zusammensetzung sind, dass Ihre Katze auch keinen Schaden nehmen würde, wenn sie täglich die gleiche Futtersorte bekommt. Tatsache ist aber auch, dass eine Ernährungsumstellung in solch einem Fall die Verdauung, die sich auf diese eine Sorte eingestellt hat, stärker belastet. Es ist also sicher nicht verkehrt, ihre Katze von Beginn an nicht nur an ein Futter zu gewöhnen, sondern die Marken regelmäßig zu wechseln. Wenn Ihre Katze aber eine bestimmte Futtersorte bevorzugt, können Sie unbesorgt dabei bleiben – es wird sicher nicht zu Mangelerscheinungen kommen.

• Feuchtfutter

Feuchtfutter bestehen aus bis zu 80% aus Wasser. Sie werden in den verschiedensten Qualitäten und Geschmacksrichtungen angeboten. Viele Hersteller produzieren spezielle Sorten für junge und ältere Katzen. Feuchtfutter halten sich, einmal geöffnet, bei weitem nicht so lange wie Trockenfutter. Es werden aber Portionspackungen angeboten, die für eine oder zwei Fütterungen reichen. Trotzdem Ihre Katze einen großen Teil ihres Flüssigkeitsbedarfs über diese Futterart decken kann, müssen Sie ihr immer die Möglichkeit bieten, zusätzlich Wasser trinken zu können.

Für einen kleinen Leckerbissen wird sogar einmal die verdiente Mittagsruhe unterbrochen. großes Foto: Claudia Ley

Es gibt im Zoofachhandel eine große Auswahl an gesunden Leckereien für Ihre Katze, die mit Liebe gefressen werden. kleines Foto: Renate Wald

• Trockenfutter

Trockenfutter enthält maximal 15% Feuchtigkeit. Auf das Gewicht gerechnet ist es somit sehr ergiebig. Auch geöffnet ist es lange haltbar, dennoch sollten Sie es zügig verwerten, denn mit der Zeit – etwa innerhalb von zwei bis drei Monaten – bauen sich die Vitamine ab. Da das Futter selbst sehr wenig Wasser enthält, wird Ihre Katze relativ viel trinken – wundern Sie sich darüber nicht! Zur Abwechslung können Sie das Trockenfutter auch einmal in Wasser eingeweicht servieren. Auch Trockenfutter wird von vielen Herstellern in den unterschiedlichsten Geschmacksrichtungen für die verschiedenen Lebensabschnitte Ihrer Katze angeboten.

Besondere Ernährungsansprüche

Katzen stellen während der Trächtigkeit und der Stillzeit besondere Ansprüche an ihre Ernährung. Das betrifft nicht nur die Qualität, sondern vor allem auch die Menge. Sie können davon ausgehen, dass eine trächtige Katze bis zu 50% mehr Futter benötigt! Während Ihre Katze stillt, kann der Nahrungsbedarf sogar auf das Doppelte bis Vierfache der normalen Ration ansteigen. Dies ist vor allem von der Welpenanzahl abhängig.

Eine besondere Ernährung fordern auch junge Katzen bis zum sechsten Lebensmonat und ältere Katzen ab etwa dem siebten Lebensjahr.

Die jungen Katzen befinden sich in einer enormen Wachstumsphase. Jede Fehlernährung, jeder Nährstoffmangel macht sich in dieser Lebensphase sofort dramatisch bemerkbar – Wachstumsstörungen sind die offensichtliche Folge einer Mangelernährung. Verlassen Sie sich auf die angebotenen Fertigprodukte für Katzenkinder, denen alle notwendigen Inhaltsstoffe beigefügt sind.

Bei älteren Katzen kann es leicht zum Übergewicht und Verdauungsproblemen kommen, wenn Sie die Ernährung nicht anpassen. Zum einen ist die ältere Katze nicht mehr so aktiv und verbraucht dementsprechend weniger Energie. Zum anderen funktioniert die Verdauung nicht mehr so effektiv wie bei einer jüngeren Katze, so dass das Futter nun leichter verdaulich sein muss. Der Fachhandel bietet auch für ältere Katzen spezielle Futtersorten an, die diesen Bedürfnissen gerecht werden. Sollte es dennoch Probleme bei der Ernährung geben, suchen Sie den Tierarzt auf, um eventuelle altersbedingte Erkrankungen auszuschließen.

Leckerbissen

Nicht von ungefähr kommt der Begriff „Naschkatzen". Vielleicht wird hier und da mit dem Mythos Feinschmecker bei Katzen übertrieben, aber sie sind schon wählerischer als viele andere Haustiere. Um so mehr lieben sie es, neben den gewohnten Mahlzeiten einmal einen zusätzlichen Leckerbissen zu bekommen. Im Handel finden Sie viele geeignete Produkte, auch ein Löffel Naturjoghurt oder einen Stück Hartkäse sind willkommene Leckereien. Ungeeignet sind hingegen alle gewürzten Lebensmittel und Süßigkeiten. Leckerbissen sollen die Ausnahme bleiben, sonst frisst Ihre Katze ihr normales Futter nicht mehr – und darin sind schließlich die lebensnotwendigen Bestandteile, nicht im Leckerbissen.

Gesundheitsvorsorge

Der größte Wunsch jedes Katzenhalters ist natürlich, dass sein Liebling sich wohlfühlt, zufrieden und gesund ist. Um dies zu erreichen, tun Sie bereits eine ganze Menge für Ihre Katze: Sie verschaffen ihr Bewegung und Abwechslung, sorgen für eine ausgewogene Ernährung und nicht zuletzt haben Sie schon bei der Auswahl Ihres Kätzchens darauf geachtet, dass es gesund ist und aus einer seriösen Zucht stammt. Das allein genügt aber noch nicht. Deshalb wird Ihre Katze regelmäßig geimpft und entwurmt. Sie achten bei der täglichen Pflege auf Veränderungen an Augen, Ohren und der Haut und beobachten aufmerksam jede Verhaltensänderung Ihrer Katze. Schließlich kann sich dahinter immer auch eine ernsthafte Erkrankung verstecken. Nicht zuletzt achten Sie auf Außenparasiten wie Flöhe, Milben oder Zecken. All diese Maßnahmen dienen letztlich nicht nur der Gesundheit Ihrer Katze, sondern auch Ihrer eigenen, denn viele Parasiten können auch auf den Menschen übergehen.

Etwas mehr über die Krankheiten und Parasiten, die für Ihre Katze bedrohlich sind, sollen Sie nun erfahren.

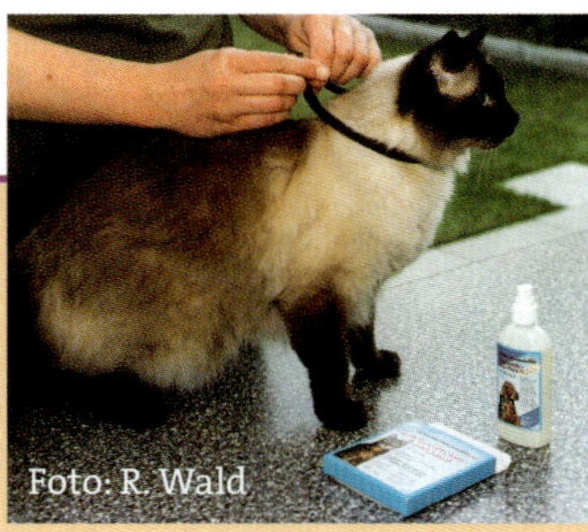
Foto: R. Wald

Parasiten

Man unterscheidet zwei Gruppen von Parasiten: Außen- und Innenparasiten. Für den Menschen lästiger sind sicher die Außenparasiten, denn gerade Flöhe können auch uns befallen und einen starken Juckreiz auslösen. Unbehandelt gefährlicher sind die Innenparasiten, also verschiedene Wurmarten. Manche von Ihnen können auch für den Menschen gefährlich werden. Die größte Gefahr geht dabei selten direkt vom Parasiten aus. Sie schwächen den Gesamtorganismus und ermöglichen anderen Infektionen so ihre Verbreitung, oder sie sind selbst Überträger verschiedener Krankheitserreger.

Außenparasiten (Ektoparasiten)

Unter Außenparasiten verstehen wir alle die Parasiten, die nicht in den Organismus ihres Wirtes eindringen, sondern sich auf ihm aufhalten. Diese Parasiten schädigen die Katze nicht primär dadurch, dass sie ihr Blut saugen oder ihr Speichel zu starkem Juckreiz und Hautirritationen führen kann, sondern dadurch, dass sie Überträger verschiedener Erreger sind. Die winzigen Einstichstellen bieten zudem anderen Krankheitskeimen die Möglichkeit, in den Organismus der Katze einzudringen. Dies in größerem Maß, wenn die Katze die kleinen juckenden Wunden aufkratzt.

Schutz vor Parasiten

Katzen putzen sich sehr gründlich. Dabei nehmen sie über die Zunge und die Mundschleimhäute auch Mittel aus dem Fell auf, die gegen einen Parasitenbefall schützen sollen. Verwenden Sie deshalb nur geprüfte Mittel zur Parasiten-Prophylaxe.

Vor allem Katzen, die sich viel im Freien aufhalten, werden schnell von Parasiten befallen. Foto: Claudia Ley

• Flöhe

Katzenflöhe werden etwa 3mm lang und können mit dem bloßen Auge erkannt werden. Charakteristisch ist der Kot, der aus kleinen schwarzen Kügelchen besteht, die teils auch etwas länglich sind. Flöhe sind für Ihre Katze und Sie nicht nur lästig. Sie können Krankheitserreger übertragen, die Einstichstellen können sich infizieren und nicht zuletzt können Katzen – und Menschen – gegen den eingetragenen Speichel allergisch reagieren. Der typische, je nach schwere der Allergie unterschiedlich starke Juckreiz ist sicherlich das offensichtlichste und auch lästigste aber im Vergleich zu den möglichen Infektionen nicht das bedrohlichste Symptom. Ein Flohbefall muss bekämpft werden. Sie erhalten heute genügend Mittel, die die Erreger und ihre Eier, Larven und Puppen zuverlässig beseitigen. Bevor Sie jedoch irgendein Mittel kaufen, sollten Sie Ihren Tierarzt um Rat fragen. Der Fachhandel hat dann bestimmt das passende Produkt für Sie und Ihre Katze parat. Es gibt verschiedene präventiv wirkende Mittel von denen flüssige Tropfen, die auf die Rückenhaut geträufelt werden, und Flohhalsbänder die populärsten sind.

• Zecken

Die häufigste Zeckenart bei uns ist der Holzbock. Er sitzt im Unterholz und ässt sich auf ein vorbeikommendes Tier einfach fallen. Eine vollgesaugte Zecke erreicht Maiskorn- bis Bohnengröße, ein „leeres" Tier ist wenige Millimeter lang. Zecken können gefährliche Krankheiten übertragen, und sollten schnell entfernt werden. Greifen Sie die Zecke mit einer Pinsette hinter dem Kopf, mit dem sie sich komplett in der Haut verankert hat, und ziehen Sie diese vorsichtig heraus. Sollte der Kopf abreißen, suchen Sie einen Tierarzt auf, der die Zecke dann vollständig entfernt. Suchen Sie Ihre Katze desöfteren auf diese Parasiten hin ab. Flohhalsbänder wirken auch gegen Zecken, sind aber kein hundertprozentiger Schutz.

Katzenflöhe

Katzenflöhe können sehr lästig werden – nicht nur für Katzen, sondern auch für Menschen und Hunde. Katzenflöhe sind bei der Wahl des Wirtes nicht auf nur einen festgelegt. Die Ansteckung erfolgt von Tier zu Tier. Auf dem Menschen halten sich die Flöhe meist nicht dauerhaft auf, doch verursachen die Stiche einen starken Juckreiz, der für Allergiker besonders unangenehm ist.

• Milben

Am häufigsten werden Katzen von Ohrmilben befallen, die direkt von Tier zu Tier übertragen werden. Ein Befall löst starken Juckreiz aus und kann zu schweren Infektionen führen. Die Milben vermehren sich rasch. Sie scheiden im Gehörgang ihren Kot aus und legen ihre Eier dort hinein. Der Kot bildet eine gute Grundlage für Pilze und weitere Krankheitserreger. Ein Befall ist leicht an der dunklen Verfärbung des äußeren Gehörganges und an einem schlechten Geruch aus den Ohren zu erkennen. Gehen Sie mit Ihrer Katze zum Tierarzt, der den Befall behandeln kann.

Innenparasiten (Endoparasiten)

Innenparasiten dringen in den Organismus ihres Wirtes ein und vermehren sich dort. Manche Parasiten zeigen einen komplizierten Lebenszyklus über mehrere Larvenstadien, die alle einen anderen spezifischen Wirt haben. Die häufigsten Innenparasiten bei Katzen sind Würmer, allen voran Band- und Spulwürmer.

• Bandwürmer

Der Katzenbandwurm ist der häufigste Bandwurm bei Katzen. Er kann die stattliche Länge von über einem halben Meter erreichen! Die Infektion erfolgt über infizierte Mäuse, die sich ihrerseits an Katzenkot, der Bandwurmeier enthielt, infizierten, oder direkt über den Kot anderer Katzen, in dem sich ausgeschiedene Bandwurmglieder (Proglottiden) befinden. Die Proglottiden sind annähernd reiskorngroß und können am After der Katze mit dem Auge gesehen werden. Ein Befall wird schnell mit einer Wurmkur unter Kontrolle gebracht, eine Infektion des Menschen ist selten. Gefährdet sind vor allem kleine Kinder, die beim Spielen am Boden mit infiziertem Kot in Berührung kommen.

Nicht jede Infektion merken Sie Ihrer Katze auch sofort an. Jedoch sind meist Verhaltensänderungen die ersten Warnzeichen für gesundheitliche Probleme. Foto: I. Francais

Wurmkuren

Wenn Sie Ihr Kätzchen nach der zwölften Woche beim Züchter abholen, hat Ihre Katze bereits die erste Wurmkur hinter sich und sollte weitestgehend wurmfrei sein. Von nun an entwurmen Sie Ihre Katze, soweit kein akuter Wurmbefall festgestellt wird, der natürlich sofort behandelt werden muss, im Rhythmus von drei Monaten.

• Spulwürmer (Rundwürmer)

Spulwürmer gehören zu den häufigsten Innenparasiten. Ein Befall kann kaum verhindert werden, denn die Katze kann sich an Mäusen, am Kot infizierter Katzen oder an infiziertem rohen Fleisch anstecken. Der Befall ist nicht bedrohlich. Für junge Katzen und geschwächte Tiere kann ein übermäßiger Befall sogar lebensbedrohlich werden. Die Würmer sitzen im Dünndarm der Katze und entziehen dem dort antreffenden Nahrbrei die Nährstoffe, so dass die Katze nicht mehr genügend für sich hat. Vermehren sich die Würmer übermäßig, können sie auch zu einem Darmverschluss führen. Wird kein akuter Befall festgestellt, genügen die vierteljährlichen Wurmkuren als Prophylaxe aus. Eine Übertragung auf den Menschen ist möglich, aber eher unhygienisch als gefährlich.

Impfungen

Gegen viele Infektionskrankheiten gibt es es heute wirksame Impfstoffe. Damit der Impfschutz auch wirklich greift, müssen die meisten Impfungen jährlich aufgefrischt werden. Bei der Grundimmunisierung bedenken Sie, dass der vollständige Impfschutz erst nach etwa zwei Wochen erreicht ist. Erst dann hat der Körper genügend eigene Abwehrkräfte gebildet.

Die gesunde Katze

Folgende Werte sind als normal für eine Katze anzusehen:

Temperatur	um 38°C
Puls	um 130 Schläge pro Minute
Atmung	um 25 Züge pro Minute

Infektionskrankheiten

Alle Krankheiten, die durch Bakterien oder Viren hervorgerufen werden, bezeichnet man als Infektionskrankheiten. Gegen viele Krankheitserreger gibt es inzwischen Impfstoffe. Wenn Sie Ihre Katze regelmäßig impfen lassen, brauchen Sie sich bezüglich solcher Infektionen keine Sorgen machen. Die häufigsten Krankheiten sollen dennoch aufgeführt werden, auch wenn wirksame Impfungen erhältlich sind.

Virusinfektionen

• Aujeszkysche Krankheit

Symptome

Speicheln, Unruhe, Schluckbeschwerden, in der Folge Appetitmangel und Gewichtsverlust, starker Juckreiz.

Erreger/Übertragung

Das Virus wird über rohes Fleisch infizierter Schweine übertragen.

Krankheitsverlauf/Behandlung

Eine Infektion führt sehr schnell, oft innerhalb weniger Tage, mit mehr oder weniger starker Ausprägung der genannten Symptome zum Tod. Eine Heilung ist nicht möglich!

Zögern Sie nicht lange, bevor Sie mit Ihrer Katze den Tierarzt aufsuchen. Nur hier kann Ihrer Katze wirklich fachkundig geholfen werden. Foto: Renate Wald

Vorbeugung/Impfung
Verfüttern Sie niemals rohes Schweinefleisch, dies ist der Hauptinfektionsweg. Eine Impfung ist nicht notwendig und der bei Schweinen verwendete Impfstoff für die Behandlung von Katzen verboten.

- **FIP (Feline Infektiöse Peritonitis = infektiöse Bauchfellentzündung)**

Symptome
Hohes Fieber, Appetitlosigkeit, Infektion des Bauch- oder Brustfells
– aber auch anderer Organe und Blutgefäße, aufgetriebener Bauch, Atemnot.

Erreger/Übertragung
Wie genau der Erreger, ein Corona Virus, übertragen wird, sich ausbreitet und die Infektion auslöst, ist weitgehend ungeklärt. Es sind zumindest wesentlich mehr Katzen infiziert, als wirklich erkranken. Was die Krankheit zum Ausbruch kommen lässt, ist unbekannt. Vielleicht eine allgemeine Schwächung des Immunsystems, beispielsweise durch Stress.

Krankheitsverlauf/Behandlung
Der Krankheitsverlauf ist sehr unterschiedlich, je nachdem, auf welche Bereiche die Infektion sich ausbreitet. Ist der Bauchbereich betroffen, kommt es zum typischen Bild eines durch Wassereinlagerung aufgetriebenen Bauches und gleichzeitigem Abmagern der Gliedmaßen. Ist das Brustfell betroffen, lagert sich dort Wasser ein und es kommt zu starken Atembeschwerden. Die Erkrankung, ist sie denn einmal ausgebrochen, verläuft so gut wie immer tödlich.

Vorbeugung/Impfung
Da die Infektionswege kaum geklärt sind, ist zu einer Impfung, die seit einigen Jahren auch in Deutschland erhältlich ist, unbedingt zu raten.

Übertragung auf den Menschen

Viele Viren, die Krankheiten bei Katzen auslösen, sind Viren ähnlich, die auch beim Menschen gefährliche Krankheiten auslösen. Das Tollwut-Virus ist jedoch das einzige, das von der Katze auf den Menschen übertragbar ist. Unter den bakteriellen Erregern sind die Tuberkulose und die seltenere Pseudotuberkulose die für den Menschen gefährlichsten auch bei Katzen gelegentlich vorkommenden Erkrankungen.

• FIV („Katzen-[H]IV“)

Symptome

Da es sich hierbei wie beim menschlichen HIV um eine allgemeine Schwächung des Immunsystems handelt, sind die Symptome sehr unterschiedlich. Erste Symptome erinnern eher an eine Erkältung.

Erreger/Übertragung

Das FIV (Feline Immundefizienz Virus) wird vor allem durch Blut und Speichel übertragen. Hauptinfektionsursache sind Bisse zwischen Katzen.

Krankheitsverlauf/Behandlung

Durch die voranschreitende Schwächung des Immunsystems können sich immer mehr Infektionen ausbreiten, die schließlich zum Tode führen. Eine Heilung ist nicht möglich, es können nur die Folgekrankheiten behandelt werden!

Vorbeugung/Impfung

Eine Impfung gibt es derzeit nicht. Da nur die Ansteckung von Katze zu Katze möglich ist, sollten Sie das Streunen Ihrer Katze unterbinden.

• Katzenseuche (Panleukopenie)

Symptome

Zunächst hohes Fieber, starker Durchfall (oft blutig, wässrig) und Erbrechen, Mattigkeit, in der Folge innerliche Austrocknung und Schmerzen

Erreger/Übertragung

Das Virus, es ist dem Parvovirus ähnlich, das die Parvovirose bei Hunden auslöst, ist sehr widerstandsfähig und leicht übertragbar. Eine direkte Übertragung ist ebenso möglich wie die Ansteckung an Gegenständen, die mit einer kranken Katze in Berührung kamen.

Krankheitsverlauf/Behandlung

Der Krankheitsverlauf richtet sich stark nach dem Zustand der Katze. Junge Katzen können innerhalb weniger Stunden nach Infektion sterben, sehr widerstandsfähige Katzen können eine Infektion auch überleben. Typisch ist neben den genannten Symptomen ein starker Rückgang der weißen Blutkörperchen, was Sekundärinfektionen begünstigt.

Vorbeugung/Impfung

Da die Viren so widerstandsfähig sind und sich über Monate auch außerhalb des Organismus halten können, muss jede Katze geimpft werden.

Toxoplasmose

Die Toxoplasmose wird von dem Einzeller *Toxoplasma gondii* hervorgerufen. Eine Infektion des Menschen über den Kot von Katzen ist möglich. Häufiger ist jedoch die Übertragung durch rohes Fleisch. Katzen infizieren sich über Mäuse oder rohes Schweinefleisch. Für Schwangere ist eine Erstinfektion mit dem Erreger gefährlich, da dieser schwere Missbildungen beim Fötus verursachen kann. Da die meisten Menschen aber schon unbemerkt eine Infektion überstanden haben, sind sie auch im Besitz von Antikörpern. Schwangere können dies beim Arzt testen lassen.

Eine gesunde Katze ist der ganze Stolz ihrer Besitzer. Dabei liegt es ganz in Ihrer Hand, Ihrer Katze die bestmögliche Gesundheitsvorsorge zukommen zu lassen.
Foto: Claudia Ley

Sorgen Sie besser vor!

Dieser gute Ratschlag ist durchaus ernst gemeint! Eine gute Vorsorge liegt nicht nur im Interesse Ihrer Katze, Sie schützen auch Ihre eigene Gesundheit und nicht zuletzt den eigenen Geldbeutel. Auch wenn nicht jede präventive Maßnahme absolut zuverlässig ist, so kann man doch davon ausgehen, dass der Krankheitsverlauf immer in gemäßigteren Bahnen verläuft.

Impfschema

8. bis 9. Woche	1. Katzenseuche, Katzenschnupfen
12. Woche	2. Katzenseuche, Katzenschnupfen
ab 14. Woche	Tollwut
ab 16. Woche	1. Leukose, evtl. 1. FIP
3 Wochen später	2. Leukose, evtl. 2. FIP
Auffrischungen	
jährlich	Katzenschnupfen, Tollwut, Leukose, FIP
alle 2 Jahre	Katzenseuche (je nach Impfstoff auch jährlich)

• Leukose (Katzenleukämie)

Symptome

Die Symptomatik richtet sich sehr danach, welche Blutzellen die Viren befallen. Typischerweise führt eine Infektion zu einem Rückgang der roten oder weißen oder zu einer starken Vermehrung allein der weißen Blutkörperchen. In der Folge kommt es zu einer Anämie, einer allgemeinen Immunschwächung oder zu Tumoren (innere Organe, Haut, Lymphknoten).

Erreger/Übertragung

Das Virus gehört zu der Gruppe der Retroviren, ist demnach ein Verwandter der HI- und FI-Viren. Die Übertragung ist allerdings wesentlich einfacher. Intensiver Körperkontakt beim gegenseitigen Putzen genügt, da das Virus über jede Körperflüssigkeit ausgeschieden wird.

Krankheitsverlauf/Behandlung

Ist die Krankheit noch nicht ausgebrochen, können immunstärkende Präparate den Ausbruch der Krankheit lange hinauszögern. Immunstarke Katzen können das Virus sogar abwehren und es erkranken letztlich unter 10% der infizierten Tiere. Zwischen der Infektion und dem Ausbruch der Krankheit können mehrere Jahre liegen, in der die Katze die Viren aber schon ausscheiden und andere infizieren kann. Gegen das Virus selbst gibt es kein Mittel, es können nur die Symptome der Folgeerkrankungen behandelt werden.

Vorbeugung/Impfung

Einzig sinnvolle Vorbeugung ist die sicher wirkende Impfung.

• Tollwut

Symptome

Plötzliches aggressives oder sehr zutrauliches Verhalten, starker Speichelfluss und Verlust der Körperkontrolle.

Erreger/Übertragung

Das Virus wird von Tier zu Tier über den Speichel übertragen, der in eine offene Wunde gelangt. Häufiger Infektionsweg sind Bissverletzungen durch infizierte Wildtiere.

Krankheitsverlauf/Behandlung

Die Viren wandern über die Nervenbahnen ins Gehirn, wo sie sich vermehren, um dann in die Speicheldrüsen zu gehen. Im Gehirn kommt es zu Entzündungen, die die motorischen Ausfälle und die Verhaltensänderungen zu verantworten haben. Bei der „stillen Wut" werden die Tiere sehr anhänglich, bei der „rasenden Wut" tritt eine plötzliche Aggresssivität auf. Die Infektion führt immer zum Tod, eine Heilung ist nicht möglich. Verdächtige Tiere werden auf amtstierärztliche Anordnung eingeschläfert.

Vorbeugung/Impfung

Einzig mögliche, dafür aber auch sichere Vorbeugung ist die regelmäßige Impfung.

Mischinfektionen

• „Katzenschnupfen"

Symptome

Typische Symptome einer Infektion der Atemwege – Niesen, leichtes Fieber, Ausfluss – und der Schleimhäute am Kopf, was zur Verweigerung der Nahrungsaufnahme führt, wenn die Mundschleimhäute betroffen sind. In schweren Fällen Entzündungen bis in die Bronchien und eitriger Ausfluss, dann auch Atembeschwerden und Husten.

Erreger/Übertragung
Verantwortlich für die Erkrankung sind vor allem Viren, aber es können auch Bakterien an der Infektion beteiligt sein. Typische Tröpfcheninfektion. Ansteckungsorte finden sich vor allem dort, wo viele Katzen zusammenkomen wie auf Ausstellungen, im Tierheim, etc.

Krankheitsverlauf/Behandlung
Der Verlauf ist abhängig von den an der Infektion beteiligten Viren und Bakterien. Von leichten Verläufen, die wirklich nur einem Schnupfen ähneln, kann es zu sehr schweren Infektionen der gesamten Atemwege einschließlich der Lungen kommen. Die Infektion der Gesichtsschleimhäute kann auch zu Geschwüren vor allem im Maul und in den Augen führen. Die Behandlung kann länger dauern, ist aber erfolgversprechend.

Vorbeugung/Impfung
Meiden Sie möglichst Orte, an denen sich viele Ihnen unbekannte Katzen aufhalten. Gegen die gefährlichsten Erreger gibt es Kombinationsimpfungen.

Hautkrankheiten

Veränderungen der Haut können die verschiedensten Ursachen haben. Parasiten wie Flöhe, Milben oder Zecken schädigen die Haut durch ihre Bisse und eventuell auftretende allergische Reaktionen. Viele Hautkrankheiten haben auch bakterielle Ursachen, sind die Folge einer Pilzinfektion oder auch die allergische Reaktion auf ein bestimmtes Futter. Die genaue Diagnose ist schwierig zu stellen und in jedem Fall Sache Ihres Tierarztes.

Zahnpflege

Es ist nicht unbedingt einfach, einer Katze die Zähne zu putzen, besonders dann nicht, wenn sie nicht von Kleinauf daran gewöhnt wurde. Doch die Zahnhygiene ist fester Bestandteil der Gesundheitsvorsorge. Auch wenn man eine Zahnfleischentzündung gerne als Lapalie abtun möchte, kann sie zu schweren Infektionen führen.

Die meisten Menschen halten ihre Katze als reines Liebhabertier. Die Katze wird, gleich ob Kätzin oder Kater, nach Erreichen der Geschlechtsreife kastriert – an eine Zucht ist somit nicht zu denken. Andere lassen ihre Katze zwar auch kastrieren, finden jedoch Spaß daran, sie auf den regelmäßig stattfindenden Katzenausstellungen bewerten zu lassen. Da es immer auch eine Gruppe für Kastraten gibt, ist dies kein Problem. Die dritte Gruppe Katzenhalter, die sicher in der Minderheit ist, beginnt mit ihrer Katze zu züchten. Manche halten einen Kater zum Decken, andere halten sich eine unkastrierte Kätzin, lassen sie belegen und ziehen mit ihr Welpen auf. Auch wenn dieser kleiner Ratgeber nicht ausführlich auf Zucht und Ausstellung eingehen kann, so soll Ihnen doch zumindest ein Eindruck vermittelt werden, was auf Sie mit der Entscheidung, Ihre Katze auszustellen oder mit ihr zu züchten, zukommen kann.

Wer das Aussehen seiner Katze einmal objektiv von einem Richter bewerten lassen möchte, der sollte sich nicht scheuen, sie bei einer der regelmäßig stattfindenden Ausstellungen anzumelden. Foto: Claudia Ley

Kastration

Wenn Sie nicht planen, Ihre Katze auszustellen oder mit Ihr zu züchten, sollten Sie sie kastrieren lassen. Im Gegensatz zur Sterilisation, bei der die Eileiter durchtrennt und somit eine Schwangerschaft verhindert wird, werden hierbei die hormonproduzierenden Eierstöcke komplett entfernt. Der Geschlechtstrieb und somit die Symptome der Rolligkeit der Katze werden so komplett unterdrückt. Auch einen Kater sollten Sie kastrieren lassen. Wird er geschlechtsreif, beginnt er ansonsten sein Revier mit Urin zu markieren, was eine kaum auszuhaltende Geruchsbelästigung bedeutet.

Foto: Claudia Ley

Überlegungen vor der Zucht

Es klingt so banal, ist aber dennoch die Sache, die die größten Einschränkungen mit sich bringt, wenn Sie züchten wollen: Sie müssen sich im Zusammenleben mit einer unkastrierten Katze arrangieren. Eine rollige Kätzin stellt keine geringe Belastung dar. In einer Mietswohnung werden Ihre Nachbarn den ohrenbetäubenden Lärm ihres Schreiens sicher nicht lange mitmachen. Es gibt Medikamente, die die Rolligkeit unterdrücken. Diese Hormonpräparate sollten jedoch nicht auf Dauer gegeben werden. Wollen Sie Ihre Katze belegen lassen, sollte diese zumindest eine Rolligkeit nach dem Ende der Pillengabe durchgemacht haben.

Vorraussetzungen für die Zucht

Welche Voraussetzungen Sie zum Züchten erfüllen müssen, hängt sehr davon ab, ob Sie innerhalb eines Vereins züchten oder nicht. Wenn Sie jedoch eine wertvolle Rassekatze mit Abstammungspapieren besitzen, möchten Sie wahrscheinlich auch, dass die Nachkommen diese Papiere erhalten. Das ist aber nur innerhalb eines Vereins möglich.

Vor der Zucht müssen Sie dann neben den Vorschriften, die das Tierschutzgesetz einer Zuchtstätte macht, die Auflagen Ihres Vereins erfüllen. Diese Auflagen betreffen vor allem das Alter und den Gesundheitszustand der Zuchttiere, die maximale Wurfstärke und Anzahl der Würfe pro Jahr, ferner die Größe und Ausstattung der Zuchtstätte.

Erkundigen Sie sich hierzu vor der Zucht genau bei Ihrem Verein, denn die Bestimmungen sind recht unterschiedlich.

Wer mit seiner Katze züchten will, muss sich vorher über alle Konsequenzen bewusst sein. Die Zucht bedeutet neben viel Spaß auch jede Menge Arbeit und schlaflose Nächte! Foto: Renate Wald

Wichtiges rund um die Zucht

Die Rolligkeit

Katzen werden zwischen dem fünften und neunten Lebensmonat das erste Mal rollig. Zu dieser Zeit befinden sich befruchtungsfähige Eier im Eierstock der Katze. Die Rolligkeit dauert etwa eine Woche. Der Eisprung wird bei Katzen erst durch den Deckakt ausgelöst. Findet keine Paarung statt, bauen sich die befruchtungsfähigen Eier im Eierstock ab. Die Katze wird nach frühstens drei Wochen erneut rollig.

Der Deckakt

Der Deckakt findet wegen der erwähnten Besonderheiten sinnvollerweise beim Besitzer des Deckkaters statt. Sie bringen Ihre rollige Katze zu dem Züchter, der sie einige Tage bei sich behält. In aller Regel klappt die Belegung, und Sie können Ihre Katze wieder zu sich nach Hause holen. Der Züchter stellt einen Deckschein aus, den Sie bei Ihrem Verein vorlegen müssen. Auch nach erfolgreicher Belegung zeigt die Katze noch einige Tage die typischen Merkmale der Rolligkeit.

Der Zwingername

Wenn Sie züchten wollen, sollten Sie einem Rassekatzenverein beitreten, der die Abstammungspapiere Ihrer Katze anerkennt. Idealerweise ist dies der Verein, der die Ahnentafel ausgestellt hat. Bei Ihrem Verein können Sie dann Ihren Zwingernamen, also der Name, unter dem Sie züchten wollen, eintragen und schützen lassen. Der Zwingername wird auch gleichzeitig der Nachname Ihrer Katzen.

Der Deckkater

Die Haltung eines Deckkaters ist nicht einfach. Unkastrierte Kater markieren ihr Revier und signalisieren ihre Fortpflanzungsbereitschaft, indem sie ihren Urin verspritzen. Dies geschieht etwa ab dem neunten Monat. Der Geruch ist unangenehm. Die Haltung eines unkastrierten Katers ist in den Wohnräumen eigentlich unmöglich.

Die erste Geburt

Katzen brauchen bei der Geburt selten unsere Hilfe. Dennoch wird die erste Geburt für die Katze und für Sie als Züchter sehr aufregend sein. Am besten vereinbaren Sie mit einem erfahrenen Züchter, dass er bei der Geburt dabei ist. Sollte es zu Komplikationen kommen, kann er mit seiner Erfahrung bestimmt helfen.

Die Trächtigkeit

Die Trächtigkeit dauert bei Katzen etwa acht bis maximal zehn Wochen. Die Kätzchen werden im Abstand von etwa einer Viertelstunde mit geschlossenen Augen geboren. Nach etwa zehn Tagen öffnen sich die Augen.

Wer züchten möchte, sollte sich zuvor mit den wichtigen Vererbungsgängen der Farbe und der Zeichnungsvarianten vertraut machen. Nur so kann die Zucht in die gewollte Richtung gelenkt werden.
Foto: Renate Wald

Auswahl der Zuchttiere

Es gehört schon etwas Fingerspitzengefühl und züchterischer Verstand dazu, den richtigen Zuchtkater für Ihre Katze auszusuchen. Einfach die beiden bestprämierten Katzen einer Rasse zu verpaaren bringt alleine sicher nicht den gewünschten Zuchterfolg. Vielmehr bedarf es schon eines gewissen Grundverständnisses genetischer Zusammenhänge und natürlich auch eines Quäntchens Glück.

Mit der Auswahl der Zuchttiere legen Sie den Grundstein für Aussehen und Gesundheit des Nachwuchses.
Foto: Claudia Ley

Wer viel mit seiner Katze unterwegs ist, weil er beispielsweise häufiger Ausstellungen besucht, sollte sie an das Tragen von Halsband und Leine gewöhnen. Foto: Claudia Ley

Wenn Sie das erste Mal züchten wollen, fragen Sie am besten erfahrene Züchter in Ihrem Klub, worauf diese bei der Auswahl eines zu Ihrer Kätzin passenden Zuchtkaters Wert legen würden. Die Auswahl ist groß. Wenn Sie einmal in die einschlägig bekannte Literartur schauen oder häufiger eine Katzenausstellung besuchen, werden Sie bestimmt den passenden Kater finden – wenn Sie wissen, wonach Sie suchen müssen. Die Halter werden von Ihnen einen Preis für die erfolgreiche Belegung fordern.

Bei so jungen Katzen kann man nur darüber mutmaßen, ob sie später zu Ausstellungen oder zur Zucht geeignet sein werden, obwohl sie alle niedlich aussehen. Foto: Renate Wald

Wer das erste Mal züchtet, sollte sich zum Geburtstermin möglichst einen erfahrenen Züchter zur Seite holen. Die großen Ragdolls haben aber meist keine Probleme, ihre Jungen selbstständig zur Welt zu bringen.
Foto: Claudia Ley

Geburt und Aufzucht

Die Trächtigkeit einer Katze dauert zwischen knapp sechzig und siebzig Tagen. Kurz vor der Geburt sucht die Katze ein bequemes Plätzchen auf. Bieten Sie ihr eine Wurfkiste an, die Sie weich auskleiden. Die Katze legt sich unmittelbar vor der Geburt dort hinein und beginnt, sich ausgiebig an der Scheide zu lecken. Eine Katze bringt etwa vier bis sechs Welpen zur Welt. Jeder Welpe hat im Mutterleib seine eigene Fruchtblase und seine eigene Plazenta. Die Welpen werden im Abstand von wenigen Minuten bis zu etwa einer halben Stunde geboren. Die Kätzin befreit die Jungen aus der Fruchtblase, sofern diese während der Geburt nicht bereits gerissen ist. Danach leckt sie sie sauber und frisst die Nachgeburt auf.

In den folgenden beiden Wochen besteht der Tag der Kätzchen aus schlafen und trinken. Die Kätzin muss nun reichlich hochwertiges Futter bekommen, um genügend Milch produzieren zu können. Besprechen Sie mit Ihrem Tierarzt, welche Nahrungszusätze er darüber hinaus empfiehlt. Vitamine und Mineralstoffe in richtiger Dosierung helfen Mutter und Welpen in dieser anstrengenden Phase.

In seltenen Fällen kann es passieren, dass sich eine Kätzin nicht um ihre Jungen kümmern will. Die Aufzucht von Hand ist dann eine Aufgabe, die Sie rund um die Uhr beschäftigen wird!
Foto: Claudia Ley

Ab der dritten Woche beginnen Sie mit ersten Zufütterungen. Geben Sie künstliche Welpenmilch und vermengen Sie diese mit etwas Welpenfutter. Mengen Sie täglich etwas mehr Futter darunter, bis die Kleinen etwa in der achten Woche von der Muttermilch entwöhnt werden.

Komplikationen bei der Geburt und der Aufzucht kann es immer geben. Manche Katze hat Schwierigkeiten während der Geburt, sie nimmt ihre Jungen nicht an oder hat nicht genügend Milch für alle. Deshalb der dringende Rat, bei der ersten Geburt Ihrer Katze einen erfahrenen Züchter zumindest abrufbereit in Ihrer Nähe zu haben, der bei Komplikationen schnell helfen kann. Natürlich ist es am besten, er könnte bei der Geburt bei Ihnen sein.

So stellt man sich gesunde und glückliche Katzenwelpen vor! Foto: Renate Wald

Die Katzenausstellung

Ausstellungen, auf denen Rassetiere vorgeführt werden, genießen in der breiten Bevölkerung einen oft eher zweifelhaften Ruf. Häufig fällt es auch nicht schwer, darin einen „Jahrmarkt der Eitelkeiten" zu entdecken. Die Motivation des Austellers sollte es aber nicht sein, mit seiner prächtigen Katze auch gleich sich selbst ins rechte Licht zu rücken. Obgleich natürlich jeder Züchter stolz darauf sein darf, dass seine Arbeit auch die gewünschten Früchte trägt. Eine Ausstellung dient direkt der Rasse, denn hier werden die ausgestellten Katzen mit den Zuchtstandard verglichen und dementsprechend bewertet. Eine Ausstellung gibt so ein gutes Bild darüber ab, in welchem Zustand sich eine Rasse befindet. Züchter finden hier geeignete Zuchtpartner für ihre Katzen, künftige Halter können Kontakte zu Züchtern und Vereinen knüpfen und wertvolle Informationen mit nach Hause nehmen. Voraussetzung für die Teilnahme an einer Ausstellung ist es, dass Sie Mitglied in einem Verein sind und die Abstammungspapiere vom Organisator der Ausstellung anerkannt werden.

Wichtige Adressen

1. DEKZV e. V.
Berliner Str. 13
35614 Asslar
www.dekzv.de

Interessengemeinschaft
Ragdoll
Karin Hughes-Dentler
Sperberstr. 45
90461 Nürnberg
www.ig-ragdoll.de

Ferner müssen Sie Ihre Katze bis zum genannten Meldeschluss der Ausstellung angemeldet und die Anmeldegebühr entrichtet haben. Am Ausstellungstag muss Ihre Katze gesund sein und den vollen Impfschutz besitzen, sonst dürfen sie mit ihr nicht auf das Ausstellungsgelände.

Die Katzen werden in verschiedenen Gruppen beurteilt, die sich in erster Linie nach der Rasse richten. Das Urteil des Richters über Ihre Katze kann natürlich von Ihren Vorstellungen abweichen, muss aber akzeptiert werden. Letztlich liegt die Bewertung trotz der objektiven Standards, die es für jede Rasse gibt, teilweise noch im Ermessen des Richters. Seien Sie nicht unglücklich, wenn Ihre Katze nicht als Sieger die Ausstellungshalle verlässt. Die Konkurrenz ist groß und vielleicht bewertet ein anderer Richter Ihre Katze auch positiver. Egal wie das Ergebnis auch sein wird, Ihre Katze bleibt bestimmt auch danach Ihr Liebling – und das ist auch das Wichtigste.

Jede Katzenrasse ist auf ihre Förderer angewiesen. In Deutschland verdankt die Ragdoll viel der Vorsitzenden der Interessengemeinschaft Ragdoll, Frau Karin Hughes-Dentler. Foto: Claudia Ley

Gewonnen! Bei solch einem Preis kann die Besitzerin ihre Freude nicht mehr verbergen. Auch die Katze scheint sich ihrer Schönheit genau bewusst zu sein.
Foto: Renate Wald

Eine Katze ausstellen

An einer Katzenausstellung kann fast jede Katze teilnehmen. Neben den vom jeweiligen Veranstalter anerkannten Rassekatzen gibt es auf gemischten Ausstellungen auch meist eine Kategorie für Hauskatzen. Auch kastrierte Katzen werden in einer eigenen Gruppe bewertet.

Foto: Renate Wald